SUPPLÉMENT

ALPHABÉTIQUE ET ANALYTIQUE

AUX

LOIS DE LA PROCÉDURE

CIVILE ET COMMERCIALE

III

Paris. — Imprimerie L. BAUDOIN et Ce, rue Christine, 2.

SUPPLÉMENT

ALPHABÉTIQUE ET ANALYTIQUE

AUX

LOIS DE LA PROCÉDURE

CIVILE ET COMMERCIALE

De C.-L.-J. CARRÉ et CHAUVEAU ADOLPHE

Contenant, avec le résumé succinct de ce traité, le tableau complet de la jurisprudence et de la doctrine jusqu'à ce jour

ET SERVANT DE TABLE GÉNÉRALE A L'OUVRAGE

Par Gustave DUTRUC

AVOCAT, ANCIEN MAGISTRAT,

Rédacteur en chef du *Journal des Avoués*, Membre correspondant de l'Académie de législation de Toulouse, etc.

TOME TROISIÈME

PARIS

IMPRIMERIE ET LIBRAIRIE GNÉÉRALE DE JURISPRUDENCE

MARCHAL, BILLARD ET Ce, IMPRIMEURS-EDITEURS

LIBRAIRES DE LA COUR DE CASSATION

Place Dauphine, 27.

1882

SUPPLÉMENT

ALPHABÉTIQUE ET ANALYTIQUE

AUX

LOIS DE LA PROCÉDURE CIVILE

P

PARTAGE.

(Art. 966 à 985, Cod. proc. civ).

SOMMAIRE ALPHABÉTIQUE.

PRINCIPALES FORMULES. — *Assignation en partage avec demande en licitation d'immeubles* — Form., t. 2, n. 967, p. 563. — *Simple acte de conclusions pour demander l'entérinement du rapport des experts.* — Form. n. 970, p. 572. — *Jugement qui entérine le rapport des experts et ordonne la vente par licitation des immeubles reconnus impartageables.* — Form. n. 971, p. 574. — ... *qui entérine le rapport des experts et ordonne le tirage au sort des lots formés par les experts.* — Form. n. 977, p. 592. — ... *qui entérine le rapport des experts quand les immeubles sont partageables et que les droits des parties ne sont pas liquidés.* — Form. n. 979, p. 593. — *Cahier des charges.* — Form. n. 972, p. 576. — *Acte de conclusions d'avoué à avoué pour obtenir l'autorisation de vendre au-dessous de la mise à prix.* — Form. n. 973, p. 585. — *Procès-verbal de compte, liquidation et partage dressé par le notaire liquidateur.* — Form. n. 981, p. 595. — *Opposition au partage formée par un créancier d'un héritier.* — Form. n. 997, p. 614. — *Sommation au créancier opposant d'être présent aux opérations du partage.* — Form. n. 998, p. 615.

DIVISION.

SECTION I.—PARTAGE JUDICIAIRE.

§ 1. — Introduction de la demande.

1. (Art. 966). *Quand le partage peut-il être demandé ?*

Ainsi que Carré l'observe au texte, t. 5, p. 1492, il résulte de l'art. 815, Cod. civ., que l'action en partage peut être formée en tout temps, nonobstant toute stipulation contraire.

2. Ajoutons qu'aux termes de l'art. 816 du même Code, le partage peut être demandé, même quand l'un des cohéritiers aurait joui séparément de partie des biens de la succession, s'il n'y a eu acte de partage ou possession suffisante pour prescrire.

3. Pour qu'un partage préexistant mette obstacle à l'exercice de l'action en partage devant les tribunaux, il n'est pas nécessaire qu'il résulte d'un acte écrit; un partage verbal est suffisant. Voy. notamment Cass., 21 janv. 1867 et 2 janv. 1872 (S.-V.67.1.53; 72.1.129); Lyon, 12 mars 1868 (S.-V. 68.2.276); Chambéry, 9 fév. 1870 (S.-V.70.2.123) et 24 janv. 1878 (*J. Av.*, t. 98, p. 329); Paris, 23 mars 1878 (S.-V.78.2.256); notre *Tr. du partage*, n. 20; MM. Demolombe, *Success.*, t. 3, n. 521; Dalloz, *Rép.*, vº *Success.*, n. 1513; Aubry et Rau, t. 6, p. 528 et 539. — Mais du moins faut-il que la preuve du partage verbal soit faite conformément aux principes généraux. —Ainsi l'existence d'un tel partage ne peut être tenue pour établie, lorsque, en l'absence de commencement de preuve par écrit, il n'est permis d'admettre ni la preuve testimoniale ni les présomptions, et qu'il n'existe dans la cause que des allégations contradictoires exclusives de tout aveu : Chambéry, 24 janv. 1873, précité.

4. Le droit de réclamer le partage ne peut, sous aucun prétexte, être dénié à un cohéritier, surtout lorsque la dévolution des biens à partager dérive de la volonté de la loi elle-même : Alger, 20 juill. 1874 (*J. Av.*, t. 100, p. 30).

5. Il en serait toutefois autrement si les cohéritiers étaient convenus de suspendre le partage pendant une durée limitée qui, suivant le § 2 de l'art. 815, Cod. civ., ne peut excéder cinq ans, sauf la faculté de renouveler la convention.

6. Il faut d'ailleurs remarquer que l'engagement de ne pas provoquer un partage du vivant d'une personne, quoique contracté pour une période indéterminée, n'est pas nul, mais seulement réductible à une durée de cinq ans : Lyon, 25 août 1875 (*J. Av.*, t. 101, p. 339).—Conf., Chabot, *Success.*, sur l'art. 815, n. 2; Duranton, t. 7, n. 81; Marcadé, art. 815, n. 1; Dalloz, vº *Success.*, n. 1511; notre *Tr. du partage*, n. 7. —*Contrà*, Demolombe, *Success.*, t. 3, n. 502.

7. Le mari ne peut demander, au nom de sa femme, un partage que celle-ci s'est obligée, avant son mariage, à ne pas provoquer, sur le fondement que la convention ne lui est pas opposable, comme n'ayant pas une date certaine antérieure au mariage, s'il résulte des faits et circonstances de la cause qu'avant ce mariage il a connu la déclaration dont il s'agit, et si les conclusions signifiées par lui en contiennent même l'aveu. — Dans tous les cas, ces faits et circonstances peuvent constituer un commencement de preuve par écrit autorisant l'admission de présomptions graves, précises et concordantes, pour établir que l'engagement a bien la date qui lui est assignée : arrêt précité de la Cour de Lyon du 25 août 1875.

8. Le désavantage que peut présenter, à raison de circonstances particulières, le partage de biens indivis, n'équivaut point à l'impossibilité absolue de procéder à ce partage, et ne suffit point, dès lors, pour motiver le rejet de la demande tendant à le faire ordonner : Trib. civ. de Marseille, 17 août 1875 (*J. Av.*, t. 101, p. 199). — V. aussi notre *Tr. du partage*, n. 1 et s. — Compar., dans le présent ouvrage, le mot *Licitation*, n. 5 et s.

9. M. Chauveau, sous la quest. 2503 *septies*, mentionne l'espèce suivante qui s'est présentée devant la Cour de Limoges : — Un créancier hypothécaire avait poursuivi la saisie des immeubles hypothéqués à sa créance; la veille du jour où l'adjudication devait avoir lieu, le saisi déclara, dans un dire consigné sur le cahier des charges, que des mineurs avaient des droits indivis sur les immeubles saisis, et que, d'après l'art. 2205, Cod. civ., il y avait lieu de procéder à un partage préalable, ce qui rendait la saisie nulle et sans effet. En exécution du même art. 2205, le saisissant assigna les mineurs pour voir procéder au règlement des droits qui pouvaient leur revenir, à raison de l'indivision alléguée, sur les biens compris dans la saisie. Il résulta des documents de la cause que les mineurs étaient les seuls qui pussent avoir intérêt à ce règlement; les coïntéressés se trouvant en présence, il fut positivement établi qu'il ne revenait aux mineurs qu'un soixante-quatrième dans un domaine d'une médiocre contenance (7 hectares 52 ares, étendue totale), et que cette petite quotité se subdivisait encore en trois portions, puisqu'ils étaient trois part-prenants. En cet état de choses, il ne pouvait pas y avoir lieu à partage en nature, et la licitation devenait indispensable. La Cour, appréciant ce fait, a déclaré, par arrêt du 3 fév. 1848 (*J. Av.*, t. 77, p. 16), que la licitation venait se juxtaposer à la saisie immobilière, et que, pour la régularité de l'adjudication, le poursuivant devait seulement y appeler le subrogé tuteur des mineurs, dans le délai et avec les précautions indiqués dans l'art. 962. — Certainement, en principe, dit notre auteur, la saisie d'un immeuble indivis est nulle ; mais cette nullité doit, à peine de déchéance, être proposée trois jours au plus tard avant la publication du cahier des charges ; et à raison des faits, la Cour de Limoges paraît avoir parfaitement jugé.

10. (Q. 2503 septies). *Au nom de qui l'action en partage doit-elle être intentée?*

M. Chauveau cite, en les approuvant, les décisions suivantes :

1° Une femme, mariée sous le régime dotal, doit concourir, avec son mari, au partage d'une succession qui lui est échue pour partie. Dans ce cas, tant qu'il n'y a pas opposition d'intérêts entre elle et son mari, l'action doit être poursuivie collectivement au nom du mari et de la femme ; et un seul avoué suffit pour représenter les deux époux : Cass., 21 juin 1846 (*J. Av.*, t. 70, p. 119).

2° Le condamné par contumace à une peine afflictive ou infamante ne peut être considéré comme absent, et doit être appelé au partage des successions qui s'ouvrent à son profit ; mais il ne peut être assigné personnellement et directement ; tous les actes de la procédure doivent être dirigés contre son représentant légal, le directeur des domaines, dans la personne du préposé local : Toulouse, 6 juill. 1847 (*J. Av.*, t. 72, p. 538).

Faisons remarquer nous-même que la jurisprudence et la doctrine admettent généralement, dans le sens de la première de ces deux solutions, que le mari ne peut provoquer seul le partage d'une succession échue à sa femme dotale. V. notamment Pau, 21 fév. 1861 (S.-V.62.2.241); Bordeaux, 30 mars 1871 (*J. Av.*, t. 97, p. 320); Chabot, *Success.*, sur l'art. 818, n. 9 ; Toullier, t. 14, n. 156, 157 et 215; Duranton, t. 7, n. 125, et t. 15, n. 396 ; Rodière et Pont, *Contr. de mar.*, t. 2, n. 464 ; Odier, *id.*, t. 3, n. 1181 ; Tessier, *de la Dot*, t. 2, p. 142 ; Seriziat, *Rég. dot.*, n. 75 ; Marcadé, sur les art. 818, n. 2, et 1549, n. 3 ; Demante, *Cours analyt. Cod. civ.*, t. 3, n. 145 *bis*, IV ; Aubry et Rau, d'après Zachariæ, t. 4, p. 462 ; Demolombe, *Success.*, t. 3, n. 584 ; Dalloz, v^is *Contr. de mar.*, n. 3327, et *Success.*, n. 1611 ; notre *Tr. du part. de success.*, n. 290.

11. On a demandé quelle procédure le légataire universel ou à titre universel, obligé, par l'existence d'un héritier réservataire, de demander la délivrance de son legs, doit suivre pour intenter une action en partage. Doit-il former d'abord sa demande en délivrance et attendre, pour intenter son action en partage, soit que la délivrance ait été amiablement consentie, soit que le jugement qui en tiendra lieu ait été rendu et qu'il ait acquis l'autorité de la chose jugée, ou bien peut-il former par un même exploit ces deux demandes, et assigner le réservataire pour s'entendre condamner à lui faire la délivrance du legs dans la huitaine du jugement à intervenir, et voir dire que, faute par l'héritier d'exécuter cette condamnation, le jugement tiendra lieu de délivrance, et qu'il sera procédé, aux requête et diligences du légataire, à la liquidation et au partage de la succession indivise? La marche indiquée en premier lieu, observe M. Chauveau, offre cet inconvénient pour le légataire, que, le privilège de la poursuite appartenant au plus diligent, l'héritier réservataire assigné uniquement en délivrance répondra par une assignation en partage, dans laquelle il déclarera faire délivrance. Il serait donc important que la double demande pût être formée par un seul acte; mais cette procédure est-elle parfaitement régulière?

Notre auteur reproduit cette réponse de M. Godoffre, qu'il paraît s'approprier : « Il y a d'autant moins d'inconvénients à réunir la demande en délivrance et la demande en partage dans une seule assignation, qu'à moins de supposer une succession purement mobilière dont l'actif et le passif sont parfaitement connus, l'héritier réservataire se trouvera toujours dans l'impossibilité de déférer à la demande en délivrance isolément notifiée. Il ne pourra, s'il ne veut pas critiquer le legs, que déclarer qu'il en reconnaît la validité et qu'il sera prêt à en faire la délivrance lorsque les opérations régulières d'un partage auront déterminé les parts afférentes à chacun des ayants droit. Ainsi donc, le légataire doit, en pareil cas : 1° citer, quand il y a lieu, en conciliation, l'héritier réservataire; 2° si l'héritier ne consent pas à la délivrance et si un partage amiable n'est pas possible, assigner cet héritier devant le tribunal du lieu de l'ouverture de la succession pour voir venir consentir à la délivrance demandée, ou, à défaut, entendre prononcer cette délivrance par le jugement à intervenir, lequel, afin de réaliser l'objet de la délivrance consentie ou prononcée, ordonnera qu'à la requête du légataire il sera procédé au partage de la succession conformément aux droits des parties. »

12. Quand un créancier a intérêt à diriger des exécutions sur un immeuble indivis de son débiteur, la loi, comme l'observe M. Chauveau, lui offre les ressources nécessaires pour vaincre l'inaction de ce dernier. Il peut, d'après une jurisprudence constante, exercer les droits et actions du débiteur sans s'être fait préalablement autoriser par justice. Mais il ne faut pas conclure de là, ajoute notre auteur, que le créancier puisse agir de son propre chef, lorsque rien ne démontre qu'il y ait de la part du débiteur négligence ou mauvais vouloir.

La Cour de Rouen, par arrêt du 1er déc. 1852 (*J. Av.*, t. 78, p. 577), avait déclaré un créancier non recevable à provoquer le partage d'une succession échue à son débiteur, sans mise en demeure préalable, et alors qu'aucune fraude ni négligence ne résultait des faits. Cet arrêt a été déféré à la Cour de cassation, qui a statué en ces termes le 26 juill. 1854 (t. 80, p. 43) : « Si l'art. 1166, Cod. civ., confère aux créanciers le pouvoir d'exercer les droits et actions de leur débiteur, et s'il ne subordonne la recevabilité de l'action ainsi accordée aux créanciers, ni à un consentement émané du débiteur, ni à une autorisation de justice, il ne suit pas de là que la loi interdise au juge du fait l'examen de la question de savoir si l'action est fondée sur un intérêt sérieux et légitime, ou si, au contraire, elle est inutile et frustratoire. — L'intention de la loi a été d'empêcher les fraudes et les négligences pouvant porter préjudice au créancier, et de laisser entier l'exercice de ses droits sur les biens de son débiteur; c'est en ce sens que les art. 822 et 2205, Cod. civ., faisant application du principe général de l'art. 1166, admettent, dans les partages de successions indivises appartenant pour partie au débiteur, la présence, l'intervention et la provocation du créancier.—Il a été jugé, en fait, par l'arrêt attaqué, que l'action du créancier en liquidation et partage de la succession du père de son débiteur décédé était mal fondée comme formée prématurément et sans utilité pour la conservation de ses droits; cet arrêt a expressément fait réserve au créancier de ses droits à intervenir, s'il le jugeait convenable, dans la poursuite de partage intentée par la veuve et les héritiers, et à demander sa subrogation à cette poursuite, si la veuve et les héritiers négligeaient de la mener à fin. En statuant ainsi, dans l'état des faits par lui déclarés, loin de violer les art. 1166, 882 et 2205 précités, il en a fait, au contraire, une juste application. »

Un jugement du tribunal civil de Die, du 23 déc. 1863 (*J. Av.*, t. 89, p. 479), a décidé aussi que les créanciers ne peuvent, comme exerçant les droits et actions de leur débiteur, provoquer un partage en son nom que lorsqu'il y a négligence de sa part à introduire la demande. V. également en ce sens, Bioche, v° *Partage*, n. 213. — Quant à nous, cette restriction ne nous a point paru légale; repoussée par les termes absolus de l'art. 1166, Cod. civ., elle pourrait, avons-nous dit (*Tr. du part.*, n. 252), devenir dangereuse en donnant prise à l'arbitraire.

13. La Cour de cassation a très bien jugé, le 29 juill. 1867 (t. 93, p. 291), que le droit qui appartient au créancier d'exercer les actions de son débiteur, et spécialement d'intenter au nom de ce dernier une demande en partage de succession, ne saurait être paralysé par le seul fait d'une semblable demande formée par le débiteur lui-même, mais devant un tribunal incompétent, si ce tribunal n'a encore, au moment où a été intentée la demande du créancier devant le tribunal du lieu de l'ouverture de la succession, seul compétent, rendu aucune décision définitive.

14. D'après un autre arrêt de la même Cour, du 30 mai 1877 (t. 103, p. 349), on ne peut, pour dénier à un créancier le droit de demander le partage des créances d'une succession dans laquelle son débiteur est intéressé, opposer la règle de la division de plein droit établie par l'art. 1220, Cod. civ., et prétendre qu'il n'a d'autre voie à suivre que celle de la saisie-arrêt à l'effet d'obtenir le paiement de ce qui lui est dû.

15. Celui au profit duquel une condamnation pénale a été prononcée contre un cohéritier à raison d'un délit dont ce dernier s'est rendu coupable peut, en vertu de cette condamnation, et comme créancier de ce cohéritier, exercer ses droits, et spécialement provoquer le partage de la succession : Cass., 5 avril 1865 (t. 91, p. 65).

16. Pour exercer les droits d'un mineur, son débiteur, et spécialement pour provoquer un partage en son nom, le créancier n'a pas besoin, comme le tuteur, d'une autorisation préalable du conseil de famille : Douai, 24 mai 1854 (*J. Av.*, t. 79, p. 594).

17. Le créancier d'un cohéritier qui veut provoquer le partage d'un immeuble possédé par un tiers détenteur, n'est pas tenu, comme le remarque M. Chauveau, de faire au préalable la sommation de payer ou de délaisser, exigée seulement pour le cas de saisie immobilière. Voy. *Saisie immobilière* (Q. 2198).

18. On s'est demandé quelle procédure doit suivre le créancier de l'un des cohéritiers, ou le légataire universel ou à titre universel, qui veut provoquer le partage d'une succession indivise, lorsque l'un des cohéritiers non interdit se trouve placé dans une maison d'aliénés (art. 36, loi du 30 juin 1838). — Sur ce point encore, M. Chauveau cite et s'approprie l'opinion de M. Godoffre, qui s'est exprimé en ces termes : « Au premier abord, rien de plus simple que la réponse à cette question : l'art. 36 de la loi du 30 juin 1838 dispose, en effet, qu'à défaut d'administrateur provisoire, le président, à la requête de la partie la plus diligente, commettra un notaire pour représenter les personnes non interdites placées dans un des établissements d'aliénés, dans les comptes, *partages et liquidations,* dans lesquels elles seraient intéressées. Mais tous les commentateurs reconnaissent que l'art. 36 précité n'est applicable qu'autant que la succession qu'il s'agit de partager a été acceptée par l'aliéné lui-même, à l'époque où il était en état de le faire, et que ni l'administrateur, ni le notaire ne peuvent accepter au nom de l'aliéné (Voy. notamment l'ouvrage de M. Bertin, *Chambre du conseil,* t. 1, p. 495 ; Dalloz, *Rép.*, v° *Aliénés*, n. 272 ; Duvergier, t. 38, p. 519, note 1 ; Demolombe, t. 8, n. 837). D'où la conséquence que, si à l'époque où la succession s'est ouverte, le cohéritier est déjà placé dans un établissement d'aliénés, il faut faire prononcer son interdiction. Si c'est un cohéritier qui veut poursuivre le partage, ce n'est là qu'un embarras et un retard ; mais, si c'est un légataire à titre universel non parent, qui ne peut, aux termes de l'art. 490, Cod. civ., poursuivre l'interdiction de l'aliéné, que devra-t-il faire? Comment pourra-t-il faire valoir les droits qui résultent pour lui de l'art. 815 du même Code ? Vainement dirait-on que le procureur de la République peut d'office provoquer l'interdiction ; il suffit de lire les termes de l'art. 491, Cod. civ., pour se convaincre combien le droit du procureur de la République est restreint, et que rien, au surplus, n'oblige ce magistrat à agir, alors surtout que la sécurité publique n'a pas à gagner à cette interdiction, puisque l'aliéné est déjà détenu. On pourrait peut-être prétendre que les parents de l'aliéné seront intéressés à le faire interdire, de manière à faire cesser l'indivision. Cette réponse ne serait pas juridique, car elle laisserait l'exercice du droit du légataire à la merci des parents de l'aliéné, et l'expérience prouve que, dans la plupart des cas, les parents n'agiront pas, ne fût-ce que pour obtenir du légataire une renonciation à une partie de ses droits. Souvent même, leur intérêt leur commandera cette inaction : supposons, en effet, et cette espèce se présente journellement, supposons un créancier qui ne peut se faire payer, et qui n'a d'autre gage que les droits de son débiteur dans un immeuble dépendant d'une succession indivise, dans laquelle un aliéné est intéressé. Aux termes de l'art. 2205, Cod. civ., le créancier ne peut saisir la part appartenant à son débiteur dans l'immeuble, qu'après le partage ou la licitation. Ordinairement, le créancier a une ressource ; c'est d'agir en vertu de l'art. 1166, Cod. civ., et, exerçant les droits et actions de son débiteur, de provoquer le partage ; mais, dans le cas spécial qui nous occupe, il ne peut suivre cette voie, puisque, préalablement, il faudrait faire interdire le cohéritier de son débiteur, et que l'art. 490 lui refuse ce droit. — Et les cohéritiers de l'aliéné, loin de venir en aide au créancier, feront tous les efforts pour l'empêcher d'agir, et se garderont bien de poursuivre l'interdiction. Que peut faire le créancier ?

« M. Chauveau a reconnu dans son *Formulaire de procédure,* t. 2, p. 419, note 1, que l'administrateur provisoire ne peut pas accepter une succession sous bénéfice d'inventaire, ni la répudier, etc. — Il est, en effet, impossible d'avoir un autre opinion lorsqu'on se reporte à la discussion de la loi du 30 juin 1838. Résulte-t-il de là que le créancier ou le légataire soit complètement désarmé et se trouve entièrement à la merci des héritiers? On ne saurait le penser, bien que ni ce créancier, ni ce légataire ne puissent provoquer directement l'interdiction de l'aliéné. Il est impossible d'admettre, en effet, que la position faite par la loi aux tiers intéressés aboutisse à une impuissance radicale. — Ces tiers ont des droits à faire valoir contre l'aliéné non interdit et placé dans un établissement d'aliénés. Cet aliéné a été ou non pourvu d'un administrateur provisoire; dans le premier cas, le légataire signifiera sa demande en délivrance à cet administrateur. — Dans cette demande il conclura aussi au partage, et fera sommation à cet administrateur de provoquer les mesures nécessaires pour que l'aliéné soit habilité à défendre à l'action, l'avertissant que, faute par lui de le faire, il sera donné suite à la demande, aux risques et périls dudit administrateur. — Certainement, sur cette signification, l'administrateur qui voudra mettre sa responsabilité à couvert en référera, de concert avec le procureur de la République, au tribunal civil, qui pourvoira aux nécessités de la situation, soit en nommant un mandataire spécial pour défendre à l'action, et en autorisant ce mandataire spécial à accepter la succession sous bénéfice d'inventaire, comme préalable indispensable pour prendre qualité dans le procès, soit, sur les réquisitions du procureur de la République, en procédant à l'interdiction de l'aliéné. Si aucun administrateur provisoire n'a été nommé, l'assignation et la sommation dont il a été parlé plus haut seront notifiées à l'aliéné dans l'établissement où il est placé, et la commission administrative de cet établissement sera invitée à faire désigner un administrateur provisoire, à moins que le demandeur ne préfère obtenir cette nomination en s'adressant, avant toute signification d'acte, au procureur de la République, qui a qualité pour la provoquer. Cette dernière voie paraît préférable à la première. Lorsque l'administrateur aura été nommé, on agira comme dans le premier cas.

« Il est évident qu'un créancier, pour provoquer le partage dans l'espèce prévue, aura à remplir des formalités analogues à celles qui viennent d'être indiquées pour le légataire.

« Si cette procédure paraît irrégulière, c'est la faute du législateur, et l'on ne voit aucun autre moyen de sortir de l'impasse signalée que de recourir aux tribunaux, qui, dans leur sagesse, suppléeront à l'insuffisance de la loi. »

19. (Q. 2503 octies). *Quand une succession est dévolue à des collatéraux, que les héritiers d'une ligne sont connus et certains, que le nombre et la qualité de ceux de l'autre ligne sont encore incertains, mais que d'ores et déjà plusieurs prétendants ont manifesté leur existence, les héritiers de la première ligne peuvent-ils valablement intenter l'action en partage contre ceux qui se sont manifestés dans l'autre ligne, sans avoir besoin de faire nommer un curateur pour représenter les héritiers inconnus qui pourront ou non se présenter?*

L'affirmative a été admise par la Cour de Dijon le 5 mai 1854 (*J. Av.*, t. 79, p. 506), sur le motif qu'il n'y avait ici ni succession vacante, ni personnes absentes dont l'existence serait inconnue. Dans l'espèce, il s'agissait du seul représentant existant dans la ligne maternelle dont les droits parfaitement établis devaient lui faire attribuer la moitié de la succession, et qui n'élevait aucune prétention à l'autre moitié; il savait qu'il existait des héritiers dans l'autre ligne, mais il n'en connaissait exactement ni le nombre ni la qualité. Il ne voulait pas cependant s'exposer, en dirigeant une action contre ces héritiers, à les considérer comme ayant un droit incontestable à la succession dévolue à la ligne paternelle et surtout comme ayant un droit exclusif à cette succession. Pour le mettre à l'abri de tout recours ultérieur de la part des cohéritiers inconnus au moment du partage, M. Chauveau consulté avait exprimé l'avis qu'il pouvait les faire représenter par un curateur, afin qu'en aucun cas le partage ne pût être critiqué quant à lui. C'est ce qui fut fait. Le tribunal civil d'Autun et la Cour de Dijon n'ont pas approuvé cette procédure. En restreignant la nécessité de la nomination d'un curateur au cas où il s'agit d'une succession vacante ou en déshérence, dit M. Chauveau, la Cour et le tribunal ont resserré l'interprétation de la loi dans de trop étroites limites. Quand dans une ligne se trouve un héritier connu et certain, et qu'il n'y a dans l'autre ligne que des héritiers possibles et incertains, est-ce que l'héritier connu ne peut pas valablement considérer la succession comme vacante ou en déshérence quant à la moitié qu'il ne réclame pas, et, sans entendre en rien approuver les prétentions de ceux qui se disent héritiers, faire liquider ses droits contre un curateur chargé de représenter les héritiers véritables, quels qu'ils soient? Au reste, ce n'était que pour mettre sa responsabilité à couvert que l'héritier, dans l'espèce, demandait la nomination d'un curateur; c'était simplement pour éviter que, le partage une fois consommé, des héritiers plus proches que ceux mis en cause dans l'instance ne vinssent réclamer un nouveau partage, et n'exerçassent même un recours contre l'héritier seul dans sa ligne pour faire diminuer sa part, en cas d'insolvabilité des autres héritiers indûment apportionnés.

20. (Q. 2504). *Devant quel tribunal se porte la demande en partage? Quid lorsque le partage est ordonné par un arrêt infirmatif? Quid du partage des biens communaux?*

La demande en partage, dit Carré au texte, doit être, dans tous les cas, portée devant le tribunal du lieu de la succession. Toutefois, lorsqu'il s'agit, non d'un premier partage de biens de succession, mais de celui d'objets restés communs après un tel partage, la connaissance de la demande appartient au tribunal de première instance de la situation des objets à diviser; s'ils sont situés dans divers arrondissements, le chef-lieu de l'exploitation détermine la compétence, et, à défaut de chef-lieu, c'est le lieu où sont situés les immeubles qui présentent le plus de revenu sur la matrice du rôle.

21. M. Chauveau regarde cette solution comme incontestable. V. aussi conf., Thomine-Desmazures, t. 2, p. 606; Colmet-Daage, t. 2, p. 544, n. 1157; Bioche, v° *Partage*, n. 74, 86 et 89; Dalloz, v° *Success.*, n. 1663 et suiv. — V. toutefois ce que nous avons dit v° *Ajournement*, n. 73. — Par application des mêmes principes, notre auteur enseigne que l'action en partage intentée par un légataire particulier contre ses colégataires après la délivrance de l'immeuble légué, volontairement consentie par les héritiers, devrait être portée devant le tribunal de la situation de l'immeuble. — Sur la compétence territoriale en matière de partage, Voy. encore le mot *Ajournement*, n. 70, 74 et s., 85 et s.

22. La Cour suprême a décidé, par arrêt du 28 mars 1849 (*J. Av.*, t. 74, p. 330), que lorsque, sur une action en partage de la succession d'un époux prédécédé, et de la communauté qui a existé entre lui et l'autre époux, le tribunal a déclaré qu'il n'y avait pas lieu au partage, par le motif que la succession de l'époux prédécédé ne se composait que de valeurs mobilières, lesquelles appartenaient à la veuve, à titre de donation ou par l'effet de son contrat de mariage, et que la Cour d'appel, infirmant le jugement de première instance, règle autrement les droits respectifs des parties et par suite ordonne un partage, cette Cour peut retenir l'exécution de son arrêt, et n'être pas forcée de renvoyer les opérations du partage devant le tribunal saisi. M. Chauveau a inséré, *loc. cit.*, avec cet arrêt, les conclusions contraires du savant avocat général M. Nicias-Gaillard, et il a lui-même combattu la doctrine de la Cour de cassation. — Il invoque ici en faveur de son opinion, MM. Rolland de Villargues, *Jurisprudence du notariat*, t. 20 (1847), p. 25; Bioche, v° *Partage*, n. 90, et *Vente judic.*, n. 183; Dalloz, v° *Success.*, n. 1677, et un arrêt de la Cour d'Aix du 2 août 1844, en indiquant que la solution opposée a été défendue par Pujol, *Success.*, t. 2, p. 81, et par nous, dans notre *Tr. du part.*, n. 464.

23. Dans ses *Principes de compétence et de juridiction administratives*, t. 3, p. 489, n. 674 à 681, et p. 958, n. 1417, M. Chauveau a déterminé les rôles respectifs de l'autorité judiciaire et de l'autorité administrative en matière de partage de biens communaux. — Il rappelle ici qu'une jurisprudence imposante décide qu'aux tribunaux ordinaires il appartient de statuer sur les questions de propriété et de possession qui surgissent à l'occasion de ces partages; et que tout ce qui a trait au mode et aux opérations du partage demeure réservé aux tribunaux administratifs. — Un arrêt de la Cour de Grenoble, du 24 janv. 1849, a appliqué cette distinction en déclarant que c'est à l'autorité judiciaire qu'il appartient de décider si la loi permet ou non un partage de biens indivis entre plusieurs communes; mais que l'autorité administrative est seule compétente pour procéder à ce partage.

24. (DVI decies). *L'action en partage ne peut-elle être intentée que par voie d'ajournement, et chaque copartageant a-t-il le droit de se faire représenter par un avoué particulier?*

Ainsi que l'explique M. Chauveau, lors de l'élaboration de la loi du 2 juin 1841, la commission du gouvernement avait, sur la proposition de M. Tarbé, introduit un paragraphe additionnel à l'art. 966, qui se trouvait ainsi rédigé: « Néanmoins les parties, même lorsqu'il y aura parmi elles des mineurs, pourront s'entendre et présenter une requête collective au tribunal pour demander le partage ou la licitation. » — « Autant il existe de copartageants, disait M. Tarbé, autant il peut être constitué d'avoués pour les représenter. Cette inutile multiplicité de rôles multiplie les requêtes, les significations, les frais et les abus; c'est là un mal qu'il faut guérir, et je propose d'admettre le concours simultané des majeurs et mineurs par voie de simple requête adressée au tribunal. Il n'y aura plus qu'un avoué poursuivant, et les contradicteurs apparents disparaîtront. » Mais la disposition additionnelle, que M. Chauveau eût approuvée, disparut plus tard du projet présenté aux Chambres, et n'a plus été reproduite. Il faut donc tenir pour certain, selon l'observation de notre auteur, que l'action en partage ne peut être intentée que par voie d'ajournement, et que chaque copartageant a le droit de se faire représenter par un avoué particulier; c'est d'ailleurs ce qu'enseignent MM. Bioche, vis *Partage*, n. 104, et *Vente jud.*, n. 155; Colmet-Daage, t. 3, p. 544; n. 1158; Dalloz, v° *Success.*, n. 1650; Demolombe, *Success.*, t. 3, n. 628; Michaux, *Liquidations et partages*, n. 315; Mollot, *Liquidations judiciaires*, n. 50; les auteurs de l'*Encyclop. des huissiers*, v° *Partage*, n. 74; Bertin, *Chambre du Conseil*, p. 520; Boucher d'Argis, *Nouv. Dict. de la taxe*, v° *Partage*, n. 2; et ce que nous avons nous-même soutenu dans notre *Traité du partage de succession*, n. 339, et dans notre *Formulaire annoté*, t. 2, p. 861, n. 63.

25. Néanmoins, M. Rodière, t. 3, p. 460, pense que la voie de la requête peut encore être suivie. Il la justifie par l'économie des frais, ainsi que par cette considération que rien dans la loi ne s'y oppose, et que, dans la pratique, le partage étant souvent demandé par plusieurs cohéritiers qui constituent le même avoué, on ne voit pas pourquoi le même avoué ne pourrait pas représenter tous les cohéritiers qui sont d'accord pour réclamer le partage. Et, de son côté, M. Hennequin, rédacteur du *Journal des Notaires*, a cru devoir dans ce recueil (nos des 14 février et 7 mars 1856), *recommander au notariat l'emploi de la procédure par requête collective*.... M. Chauveau déclare que ce conseil l'a singulièrement étonné, surtout de la part d'un jurisconsulte jaloux de faire respecter les prérogatives de chaque classe d'officiers ministériels. — Est-ce qu'il appartient, dit-il, aux notaires de faire faire une procédure quelconque? La direction de toute procédure, même de celle par requête, appartient exclusivement aux avoués, et les notaires ne doivent ni ne peuvent s'immiscer dans ces procédures directement ou indirectement. Autrement, ils manqueraient à un de leurs devoirs les plus essentiels. — Notre auteur les invite au contraire, avec beaucoup de raison, à rester complètement étrangers au mode de procéder que la justice voudra tolérer ou autoriser en matière de licitation et de partage.

M. Hennequin objecte que la procédure par exploit n'a été instituée que pour les matières *contentieuses*, et que la procédure par requête a été instituée pour toutes les procédures qui ne donnent lieu à *aucune contestation*. C'est précisément à cause de cela, répond M. Chauveau, que les demandes en partage ne peuvent pas être portées devant un tribunal par voie de requête; car, si les copartageants sont tous majeurs, le partage ne se fait en justice qu'à défaut d'accord, que parce qu'il y a litige entre eux, et rien n'est plus *contentieux;* s'il y a des mineurs, le législateur les considère comme *contestants*, comme ne pouvant pas consentir; l'affaire est donc encore nécessairement *contentieuse*, et il n'est permis à personne de rendre purement *gracieuse* une procédure déclarée *contentieuse* par le législateur.

26. La Cour de Liége a décidé, le 12 juin 1853 (*J. Av.*, t. 81, p. 195), que, lorsque des cohéritiers majeurs ou mineurs ne sont pas d'accord, la demande en partage ne peut être formée que par assignation. M. Chauveau n'admet pas la distinction qui paraît résulter des motifs de cet arrêt. Si tous les cohéritiers, dit-il, sont d'accord et qu'il y ait parmi eux des mineurs, ils sont obligés, malgré leur entente, de suivre les formes ordinaires. Si, au contraire, tous sont majeurs, comment pourront-ils vouloir faire intervenir la justice, malgré leur accord? S'ils s'adressent au tribunal, c'est évidemment parce qu'ils ne s'entendent pas complètement, et alors à quoi tend la distinction admise par la Cour de Liége? Aussi, notre auteur regarde-t-il comme certain que les copartageants doivent, dans tous les cas, agir par la voie ordinaire de l'assignation et non par requête. Voy. son *Formulaire de procédure*, 2e édit., t. 2, p. 563, note 1.

26 *bis*. Un jugement du tribunal civil de Vienne, du 21 déc. 1861 (*J. Av.*, t. 88, p. 278), a décidé en sens contraire, mais à tort, que la demande en partage d'une succession, dans laquelle des mineurs sont intéressés, peut être introduite par une requête collective de tous les cohéritiers. V. les critiques dirigées contre cette décision par M. Audier, *loc. cit.*

27. (Q. 2504 bis A). *La demande en partage est-elle sujette au préliminaire de conciliation?*

Oui, est-il répondu au texte, lorsqu'il n'y a pas plus de deux parties et qu'elles sont toutes majeures et maîtresses de leurs droits; car l'art. 49 ne fait point d'exception pour les demandes en partage.

Adde conf., MM. Thomine-Desmazures, t. 2, p. 686; Persil, *Comm. de la loi du 2 juin* 1841, p. 476, n. 572; Rodière, t. 3, p. 459; Bioche, vis *Partage*, n. 92, et *Vente judiciaire*, n. 158; notre *Traité du partage*, n. 340, et notre *Formul. annot.*, t. 2, p. 861, n. 65.

28. (Q. 2504 bis B). *Quand l'un des cohéritiers est domicilié à l'étranger, quel délai faut-il observer entre l'assignation en partage et le jugement qui statue sur cette assignation?*

Les principes généraux paraissent ici applicables à M. Chauveau. Consulté dans une espèce où l'un des héritiers était présumé absent et habitait actuellement la Russie, sur le point de savoir pendant quel délai il fallait surseoir avant de donner suite à l'assignation en liquidation et partage signifiée à cet héritier, sans lieu connu de domicile ni de résidence, et dont une première copie avait été laissée au parquet du procureur de la République, et une seconde copie affichée à la principale porte de l'auditoire du tribunal, notre auteur a répondu : La loi (art. 69, § 9, Cod. proc.) indique la marche à suivre pour les personnes résidant en pays étranger.— Dans l'espèce, on a remis la copie au procureur de la République. A la vérité, on s'est conformé aux prescriptions du § 8 du même article; mais, en pareille circonstance, il est prudent d'attendre que le délai de l'art. 73 soit écoulé avant de donner suite à l'action en partage. Si l'héritier, recevant l'assignation qui sera transmise en Russie par le ministre des affaires étrangères, se présentait à l'expiration des quatre mois qui lui sont accordés, il serait évidemment en droit de faire prononcer la nullité de la procédure suivie avant l'expiration de ce délai.

29. (Art. 966). *Un cohéritier peut-il intenter, pendant les vacances des tribunaux, une action en partage, alors qu'au moment où cette action prend naissance rien ne fait supposer qu'il puisse y avoir de contestation sur les droits des parties?*

Cette question soulève celle de savoir si l'instance en partage rentre d'une manière absolue dans la catégorie des matières ordinaires, ou si elle appartient, au contraire, soit dans tous les cas, soit pour quelques-unes de ses phases seulement, à la catégorie des matières sommaires. Or, c'est là un point fort délicat et qui divise la jurisprudence et les auteurs. — Pour nous, il y a longtemps que notre opinion est faite sur cette difficulté. Dans notre *Traité du partage de succession*, n. 354, nous avons embrassé le système qui, se plaçant entre les deux interprétations extrêmes, ne reconnaît à l'instance en partage le caractère de matière ordinaire qu'à l'égard des contestations portant sur le fond du droit des parties, et la maintient, tant qu'il ne survient aucune contestation de ce genre, dans la classe des matières sommaires, par argument de l'art. 823, Cod. civ.

Ce système, bien que combattu par de graves autorités (notamment par MM. Bourbeau, continuat. de Boncenne, *Théor. de la proc. civ.*, t. 6, p. 62; Boucher d'Argis, *Dict. de la taxe*, v° *Affaire sommaire*, obs. 3; Chauveau et Godoffre, *Comment. du tarif*, t. 1, n. 2126), semble être celui qui est destiné à prévaloir, car il a été consacré par les monuments de jurisprudence les plus récents (V., entre autres, Paris, 25 fév. 1849 et 23 août 1851, S.-V.51.2.649; Cass., 24 avr. 1854, *J. Av.*, t. 79, p. 363; Trib. civ. de Nîmes, 23 déc. 1861 et 11 mars 1862, t. 87, p. 224 et 228, à la note), et les jurisconsultes qui ont le plus nouvellement examiné la question l'ont également adopté (MM. Harel, Observat. sur les jugements précités du tribunal de Nîmes; Sorrel sur Boucher d'Argis, *verb. cit.*, p. 48, à la note). — Compar. *infrà*, n. 157.

30. Nous n'hésitons donc pas à croire qu'une instance en partage peut très régulièrement être introduite, à raison de son caractère de matière sommaire, pendant les vacances des tribunaux; que la chambre des vacations peut parfaitement y statuer, s'il ne surgit aucune contestation touchant au fond du droit, et qu'il n'est interdit de porter devant cette chambre que les incidents étrangers aux formes du partage. Le tribunal civil de Vienne a jugé, conformément à cette interprétation, le 21 déc. 1861 (*J. Av.*, t. 88, p. 278), que la chambre des vacations est compétente pour statuer en matière de partage, alors que la question à résoudre est simplement celle de savoir si une telle demande est valablement formée par une requête collective de tous les héritiers.

§ 2. — Instruction de la demande.

31. (Q. 2503 decies). *L'instance en partage est-elle indivisible?*

Par ce motif que la demande en partage est de sa nature indivisible, la Cour de Montpellier a déclaré, le 16 nov. 1842 (*J. Av.*, t. 63, p. 683): 1° qu'il suffit qu'elle ait été formée par l'un des cohéritiers pour qu'elle profite aux autres, et qu'elle interrompt la prescription à l'égard de tous; 2° que la tentative de conciliation essayée par un seul des cohéritiers est interruptive de la prescription, même lorsque les autres cohéritiers appelés au bureau de paix n'ont rien demandé ou n'ont pas comparu. M. Billequin a critiqué cette jurisprudence dans ses observations sur l'arrêt de la Cour de Montpellier, et il a cité comme contraires deux autres arrêts, l'un de la Cour de cassation, l'autre de la Cour de Limoges. Toute la difficulté consiste à savoir si la matière des partages est divisible ou indivisible. — Une vive controverse existe encore à cet égard. Voy. Cass., 20 juill. 1835; Toulouse, 30 mars 1844 et 8 août 1848; Limoges, 9 janv. et 18 nov. 1847; Dijon, 22 nov. 1848 et 18 janv. 1850; Montpellier, 12 janv. 1847; Bastia, 11 avr. 1856; Rouen, 24 juill. 1856 (*J. Av.*, t. 69, p. 52 et 635; t. 72, p. 374; t. 73, p. 214; t. 76, p. 181 et suiv.; t. 77, p. 32; t. 82, p. 376). M. Chauveau se prononce pour l'indivisibilité. Le jugement qui ordonne un partage, ne pouvant, dit-il, régir que la masse à partager et les droits de tous les cohéritiers, statue évidemment sur un objet indivisible. Voy. aussi M. Dalloz, v° *Success.*, n. 1578.

32. (Q. 2504 ter). *L'art. 967, d'après lequel, entre deux demandeurs, la poursuite appartient à celui qui a fait viser le premier l'original de son exploit par le greffier du tribunal, est-il applicable alors même que les deux assignations ne sont pas du même jour, ou qu'il résulte de toute autre circonstance que l'une des deux poursuites a été intentée avant l'autre?*

Le tribunal de Bordeaux a jugé, le 15 janv. 1841 (*J. Av.*, t. 60, p. 81), que la poursuite appartient, indépendamment de la date du *visa*, à celle des deux parties qui, la première, a obtenu du président une ordonnance portant permission d'assigner à bref délai. Il résulte aussi de son jugement que la priorité de l'ajournement ou même de la citation en conciliation produirait le même effet. Dans cette opinion, la disposition de l'art. 967 n'aurait été écrite que pour le cas où, les deux assignations étant du même jour, il existe entre elles une telle concurrence qu'on ne peut déterminer d'une manière sûre quelle est la partie qui a commencé la poursuite. Mais M. Chauveau déclare que, quant à lui, l'art. 967 lui paraît si formel et si général qu'il n'hésite pas à l'appliquer à tous les cas, et à considérer la poursuite comme appartenant toujours à celui qui, le premier, a fait viser son exploit, sans considération de la priorité réelle de ses démarches, alors même qu'elle serait authentiquement constatée. — Au surplus, le jugement du tribunal de Bordeaux, cité plus haut, a été infirmé par un arrêt du 23 mai 1841, ainsi conçu : « Attendu que l'art. 967 a eu pour objet de prévenir toute discussion sur la préférence à accorder aux poursuites en matière de partage et de licitation; qu'à cet effet, il a établi une formalité spéciale et positive, à l'observation de laquelle la préférence est attachée, et qu'il l'a accordée à celui qui aurait fait viser le premier l'original de son exploit; — Attendu que la loi ne fait aucune distinction, et que, dans le fait, l'appelant a fait apposer le visa sur l'original de son exploit avant que l'intimé eût rempli cette formalité, et que, dès lors, la préférence des poursuites appartient à l'appelant; — Ordonne, etc. »

33. La question s'est présentée dans une espèce où le premier demandeur, dont les exploits étaient en date des 23 et 25 septembre, avait fait viser ses originaux le 2 octobre à midi, tandis que le second, qui avait formé sa demande par exploits des 27 septembre et 2 octobre, avait fait viser ses originaux le 2 octobre, à onze heures du matin. Le tribunal civil du Blanc, par jugement du 13 janvier 1848 (*J. Av.*, t. 73), a considéré que, « si, d'après la disposition textuelle de l'art. 967, la poursuite de l'instance en partage, lorsque la demande est multiple, appartient, non à celui des indivisionnaires qui a introduit la sienne le premier, mais bien à celui qui, le premier, a fait viser au greffe l'original de son exploit introductif, il se fait, de cet article, une application naturelle et raisonnable, dans le cas où les demandeurs, à qui appartient en réalité un droit égal et pareil, ont voulu l'exercer et l'ont exercé simultanément *et présomptivement* dans l'ignorance respective de l'exercice du même droit par l'autre ou les autres indivisionnaires; — Qu'il s'applique encore d'une manière satisfaisante dans le cas où l'un des intéressés au partage, tout en se voyant assigné, ignore si le demandeur a de même interpellé tous les autres ayants droit, et, craignant qu'il ne l'ait pas fait, forme lui-même une demande complète ; — Mais que ce serait prêter au législateur une idée peu digne de lui que de supposer qu'il a entendu favoriser l'esprit d'agression au point d'autoriser le défendeur à une action en partage, à doubler les actes et les frais, en formant lui-même une autre demande aux mêmes fins, avant d'avoir la moindre suspicion raisonnable d'ignorance, de négligence ou de mauvaise volonté chez le premier demandeur. » — Il a, en conséquence, déclaré que la priorité appartenait au premier demandeur.

Il est facile, dit M. Chauveau, de saisir le motif qui a dicté cette décision diamétralement contraire à la loi. Les juges ont cru découvrir une fraude et n'ont pas voulu la sanctionner. Toute légitime que puisse être, en principe général, une semblable préoccupation, elle n'était pas admissible dans l'espèce. Il est évident que c'est précisément pour le cas qui a semblé frauduleux à ce tribunal que l'art. 967 a été édicté. En effet, pour que la demande de l'un des héritiers ou sociétaires soit antérieure à la demande d'un autre, il faut que ce dernier ait reçu la citation du premier avant de faire signifier la sienne. La loi, bien loin de réputer frustratoire la demande signifiée postérieurement à la réception de l'avertissement judiciaire, lui donne officiellement la priorité, pourvu que l'original du second exploit ait été visé avant la présentation du premier au greffe. Dans le n° DVI *undecies*, Carré donne clairement le motif de cette innovation. Il ne s'agit pas d'une préférence abandonnée à la prudence du juge ; la préférence est réglée par la loi ; l'art. 967 ne suppose pas une égalité de droits ; il s'occupe exclusivement de la priorité du visa. Les garanties requises consistent uniquement dans la qualité de cohéritier. La poursuite n'est plus que l'œuvre de l'officier ministériel.

Si la doctrine du tribunal du Blanc était admise, poursuit notre auteur, la source des incidents serait rouverte, et l'art. 967 ne serait plus qu'une superfétation.

34. Ayant eu nous-même à donner notre avis sur la question qui précède, nous l'avons exprimé ainsi : — L'art. 967, Cod. proc., a eu pour objet, on ne l'ignore pas, d'empêcher le retour des longs et dispendieux incidents auxquels donnait lieu, dans l'ancien droit, la concurrence entre plusieurs parties poursuivant un partage. Pour prévenir toute difficulté à cet égard, il a établi une règle absolue qu'il a formulée en des termes exclusifs de toute distinction. Prétendre que sa disposition si générale doit être appliquée seulement au cas où les deux demandes en partage ont été formées le même jour, parce que, dans le cas contraire, la date des exploits indique suffisamment à laquelle des deux poursuites appartient la priorité, ce serait faire une violence manifeste au texte de la loi, et en méconnaître également la pensée. Le législateur savait fort bien que les deux demandes en concurrence pouvaient ne pas avoir été intentées à la même date, et s'il avait voulu exclure cette hypothèse de la règle qu'il posait, il n'aurait certainement pas manqué d'exprimer cette pensée par une addition bien facile de quelques mots. Il a préféré adopter un principe uniforme, à l'application duquel toutes les parties pouvaient être soumises sans inconvénient et que la raison commandait d'ailleurs. Une disposition qui n'aurait assujetti à la formalité du visa que les demandes formées le même jour, eût été, en effet, dépourvue de toute portée pratique ; car le cohéritier qui intente une demande en partage ne peut savoir si une demande semblable sera ou non formée le même jour par un de ses cohéritiers, et s'il est ou non nécessaire qu'il cherche à s'assurer la priorité par l'accomplissement de la formalité du visa. Le seul moyen de faire disparaître tout embarras était évidemment de prescrire cette formalité d'une manière générale et absolue, comme le législateur l'a fait dans l'art. 967.

Il importe donc peu que celle des deux assignations en partage à l'égard de laquelle la formalité du visa n'a pas été remplie, soit la première en date : ce n'est pas la date de l'exploit, mais celle du visa seulement qui est à considérer ici ; il n'en serait autrement que si le visa n'avait eu lieu ni pour l'une ni pour l'autre des deux demandes.

Cette interprétation, que nous avons été un des premiers à soutenir dans notre *Traité du partage de succession*, n. 341, a rallié à peu près tous les suffrages. V. en effet conf., Paris, 9 mai 1837 (*Journ. de proc.*, art. 766) ; Bordeaux, 23 mai 1841 (*J. Av.*, t. 86, p. 142, à la note); Chauveau sur Carré (sous la présente question); Bioche, *Dict. de proc.*, v° *Partage*, n. 97 ; Boitard, *Leç. de proc. civ.*, t. 1, n. 1158 ; Dalloz, *Répert.*, v° *Succession*, n. 1652. Et compar. Cass., 28 fév. 1849 (*J. Av.*, t. 77, p. 12, à la note). — V. aussi notre *Formul. annot.*, t. 2, p. 862, note 1, n. 2.

35. M. Chauveau a eu à examiner l'hypothèse suivante : Une instance en partage devait être portée devant un tribunal d'une ville où deux des intéressés avaient leur domicile. L'un d'eux fait notifier son assignation à l'autre, et le visa du greffe est obtenu le même jour. Le lendemain, il fait assigner les autres intéressés et ne soumet pas cet original au visa. Le surlendemain, l'avoué du second intéressé, domicilié au siège du tribunal, dans l'ignorance de l'assignation déjà notifiée, et en vertu des instructions qu'il avait reçues, fait assigner par un seul original tous les cohéritiers, et obtient le visa. Auquel des deux avoués appartient la poursuite ? Notre auteur a répondu : le visa du premier exploit suffit pour attribuer la priorité à la partie qui l'a fait signifier. Pour qu'une demande en partage soit régulière, il n'est pas prescrit qu'un même exploit instancie le même jour toutes les parties. S'il n'est pas possible de faire annuler la procédure suivie par l'avoué de la partie adverse, comment serait-il possible de lui enlever la priorité ? En pareil cas, si la conduite de l'avoué paraissait motiver un blâme, il y aurait lieu seulement de saisir la chambre de discipline.

36. M. Chauveau fait remarquer qu'il est cependant des cas où la règle posée ci-dessus peut recevoir des exceptions. Ainsi, l'on comprend, dit-il, que la Cour de Bordeaux ait déclaré, le 27 juill. 1854 (*J. Av.*, t. 80, p. 193), que, lorsqu'il existe deux instances en licitation et partage des biens d'une même succession, l'une régulièrement introduite contre tous les cohéritiers et dans laquelle plusieurs jugements ont été rendus, mais non reprise contre les héritiers d'un cohéritier décédé, l'autre intentée par ces héritiers, il y a lieu de joindre les deux instances, et la poursuite appartient au premier poursuivant, bien que la seconde demande soit plus ample que la première et qu'elle ait été soumise avant celle-ci au visa du greffe. — Si la Cour de Bordeaux avait décidé différemment, observe l'auteur, et s'il était vrai de dire, avec le jugement qu'elle a infirmé, que l'art. 967 doit être appliqué en tout état de cause, on arriverait à des résultats étranges. Il faudrait, par exemple, donner la préférence à une poursuite toute récente, alors que la première remonterait officiellement à une époque bien antérieure et aurait déjà donné lieu à plusieurs jugements. Tel n'a pas été le but que s'est proposé la loi. Elle a voulu uniquement établir une règle pour le cas de concurrence et nullement pour les circonstances où l'action a été régulièrement engagée sans concurrence, et où il y a seulement lieu de la reprendre par suite de la mise hors de droit provenant du décès de l'une des parties.

37. On a élevé la question de savoir si, lorsque des cohéritiers se sont interdit de provoquer le partage des biens d'une succession pendant cinq ans, et qu'avant l'expiration de ce délai l'un des cohéritiers forme une demande en partage, sauf à n'y donner suite qu'après l'expiration des cinq ans, la priorité des poursuites est acquise à l'avoué de ce cohéritier ou à celui du créancier qui, le premier, après l'expiration des cinq ans, a fait notifier une action en partage. Dans l'espèce, le cohéritier avait formé la demande en partage un an avant l'expiration des cinq années; cette demande prématurée, qui se produisait à une époque où la convention, ayant force de loi entre les cohéritiers, mettait un obstacle invincible à ce qu'il fût procédé au partage en leur nom, ne pouvait évidemment, dit M. Chauveau, faire acquérir aucun droit de priorité, car l'art. 967 n'attache ce privilège qu'à une demande en partage régulièrement formée, c'est-à-dire émanant d'une personne ayant qualité pour exercer la poursuite et pouvant l'exercer immédiatement. La demande du cohéritier n'était donc ni légale ni recevable; elle n'annonçait que l'intention de se pourvoir en partage lorsque les cinq ans seraient expirés, et ce moment venu, il n'aurait certainement pas dépendu de ce cohéritier de donner suite à sa demande, sans appeler dans l'instance, par un exploit nouveau, les autres cohéritiers et les créanciers opposants. La priorité devait donc être accordée au créancier qui avait agi le premier en temps opportun Voy. le *Formulaire de procédure* de notre auteur, 2e édit., t. 2, p. 586, note 6.

38. Nous avons été invité à décider si la priorité de la poursuite appartient au créancier de l'un des cohéritiers qui, le jour même du décès du *de cujus*, a formé l'action en partage, comme exerçant les droits de son débiteur, et a fait aussitôt viser l'original de l'exploit, ou bien si cette priorité peut être réclamée par le cohéritier lui-même qui a, de son côté, intenté en son propre nom l'action en partage deux jours seulement après le décès. En principe, avons-nous dit, le créancier d'un cohéritier obtient, par le visa de l'original de la demande en partage qu'il a formée comme exerçant les droits de son débiteur, la priorité de la poursuite, aussi bien qu'un des cohéritiers pourrait l'obtenir lui-même. Compar. Cass., 28 fév. 1849 (S.-V.49.1.344). Mais cette faculté n'est pas tellement absolue pour le créancier, qu'on doive la lui reconnaître même dans le cas où son action serait purement vexatoire ou prématurée.

Si nous n'allons pas jusqu'à admettre, avec quelques décisions et un certain nombre d'auteurs, que le créancier soit obligé, pour pouvoir exercer les droits de son débiteur, d'attendre que celui-ci ait refusé ou négligé de les exercer lui-même (V. *suprà*, n. 12); si nous croyons que, même lorsque le débiteur ne peut être taxé de mauvais vouloir ou d'incurie, le créancier est recevable à prendre l'initiative d'une poursuite qu'il a intérêt à diriger avant d'avoir obtenu la certitude que son débiteur ne l'intentera pas en son propre nom (V. notre *Traité du partage*, n. 252); et si à la doctrine énoncée plus haut nous préférons celle qui dénie seulement au créancier le droit de substituer sa direction à l'initiative du débiteur (V. en ce sens, Dalloz, v° *Succession*, n. 2033; Demolombe, *Contrats*, t. 2, n. 94), — nous nous refusons néanmoins à considérer comme légitime la prétention du créancier d'un cohéritier de s'assurer la priorité de la poursuite en partage en formant la demande, non seulement avant que le cohéritier ait pu prendre qualité, mais même avant que la dépouille du défunt soit refroidie. — Il y a là une précipitation que l'intérêt véritable du créancier ne saurait justifier; c'est alors qu'on peut dire que l'action du créancier est vexatoire ou tout au moins prématurée, et qu'il est juste de la repousser, alors même que l'original de l'exploit qui la renferme aurait été visé avant celui de la demande du cohéritier. Dans ce cas, la solution consacrée par un arrêt de la Cour de Bordeaux du 3 août 1842 (*Journ. de proc.*, art. 2399), que nous avons critiqué à un point de vue général (*Tr. du part.*, n. 341), serait parfaitement applicable. Et il faut en dire autant, soit d'un jugement du tribunal de Metz du 12 avril 1850, cité par M. Dalloz, *loc. cit.*, soit même des arrêts de

Rouen, 1er déc. 1852, et Cass., 26 juill. 1854, mentionnés plus haut, n. 12, et qui sont intervenus dans une espèce où la demande du créancier avait été formée aussi prématurément, quoique avec infiniment moins de précipitation que dans l'hypothèse qui nous a été soumise.

39. Par application du principe rappelé ci-dessus, n. 12, mais non approuvé par nous, que les créanciers ne peuvent provoquer un partage au nom de leur débiteur que lorsqu'il y a négligence de sa part à introduire la demande, il a été jugé que si la demande se trouve simultanément engagée par un créancier et par des cohéritiers, la priorité de la poursuite doit être laissée à ces derniers, bien que l'exploit introductif d'instance du créancier ait été visé le premier, conformément à l'art. 966 : Trib. civ. de Die, 23 déc. 1863 (t. 89, p. 479).— Et il a été décidé aussi que lorsqu'une demande en partage a été formée par les créanciers de l'un des héritiers pendant les délais qui leur sont accordés pour faire inventaire et délibérer, et que postérieurement, mais avant l'expiration de ces délais, une même demande a été formée par quelques-uns des cohéritiers, la priorité de la poursuite appartient néanmoins à ces derniers, aucune négligence ne leur étant imputable, encore bien que les créanciers aient les premiers fait viser l'original de leur exploit de demande : Trib. civ. de Bayonne, 11 avril 1865 (t. 90, p. 405).

40. M. Bioche, dans son *Journal de procédure*, 1844, art. 2749, et dans son *Dict. de proc.*, v° *Partage*, n. 99, pose la question suivante : Deux demandes en licitation et partage ont été signifiées le même jour par deux avoués; l'un a fait viser au greffe l'original de la demande, le dimanche; l'autre a obtenu le visa le lendemain lundi, à l'ouverture du greffe : à qui doit être accordée la poursuite? Suivant ce jurisconsulte, elle appartient à l'avoué qui a obtenu le visa le lundi. Il se fonde sur l'art. 90 du décret du 30 nov. 1808, qui veut que les greffes soient ouverts tous les jours, *excepté les dimanches et fêtes*, et sur des motifs de convenance qui ne permettent pas de laisser le greffier libre d'accorder ou de refuser un visa auquel la loi attache une prérogative importante. M. Dalloz, v° *Success.*, n. 1656, semble être aussi de cet avis. Quant à M. Chauveau, il reconnaît que ces raisons ont leur gravité; mais il n'ose affirmer qu'elles paraissent décisives aux tribunaux qui valident la surenchère reçue au greffe un dimanche, et permettent ainsi au greffier de se faire l'arbitre du sort d'une adjudication. V. *Saisie immobilière et Surenchère.*

41. Pour produire son effet, le visa, dit M. Chauveau, doit être apposé sur l'exploit lui-même, ; il ne suffirait pas qu'il eût été mis antérieurement sur une requête tendant à obtenir la priorité de la poursuite. Un usage contraire s'est introduit dans le ressort de la Cour d'Orléans : avant d'assigner en partage, on présente au tribunal une requête pour obtenir la priorité des poursuites, et c'est cette requête, et non l'exploit, que l'on soumet au visa.— Un arrêt de cette Cour, sous la date du 8 janvier 1848, avait validé cette procédure en accordant la préférence à celui qui avait fait viser sa requête, quoique la demande de son concurrent eût précédé la sienne de quinze jours. Mais, sur le pourvoi, la Cour suprême a cassé cette décision le 28 février 1849 (D.P.49.1.119).—V. conf. notre *Tr. du part.*, n. 341, et notre *Formul. annot.*, t. 2, p. 862, note 1, n. 3.

42. Conformément au même principe, la jurisprudence décide que le visa du greffier sur l'original de l'exploit de citation en conciliation préalable à une demande en partage, n'a pas pour effet d'assurer la priorité de la poursuite à la partie qui a donné cette citation; et cela, alors même qu'elle l'aurait fait suivre de la demande dans le mois : Bordeaux, 18 août 1864 (*J. Av.*, t. 90, p. 85) ; Trib. civ. d'Issoudun, 13 déc. 1864 (*ibid.*); Caen, 30 avril 1872 (t. 98, p. 19); Cass., 4 mars 1873 (t. 99, p. 19); Rouen, 3 fév. 1874 (t. 100,

p. 110). Conf., notre *Formul. annot.*, p. 862, note 1, n. 4.—*Contrà*, Orléans, 22 nov. 1862 (t. 88, p. 122); M. Harel (*ibid.*).

43. Lorsqu'une commune a intenté une demande en partage, dont elle a fait viser l'exploit avant d'avoir été autorisée à former cette action, l'autorisation qui lui est accordée postérieurement ne produit un effet rétroactif que relativement au fond même de la demande, mais non en ce qui concerne le visa; de sorte que ce visa ne confère point à la commune la priorité de la poursuite sur celui des copartageants qui a formé contre elle une demande en partage et fait viser cette demande après l'autorisation obtenue : Bordeaux, 10 fév. 1863 (t. 88, p. 307).

44. Consulté sur le point de savoir si l'exploit d'assignation devait être enregistré avant d'être visé, ou si, de deux exploits portant la même date et présentés le même jour au visa, celui qui avait été visé le premier avant la formalité de l'enregistrement devait avoir la préférence sur celui qui n'avait été présenté que complet, M. Chauveau a adopté cette dernière solution. L'enregistrement, dit-il très-bien, n'est qu'une formalité extrinsèque qui n'ajoute rien à la perfection de l'acte signifié. La demande en partage, après l'assignation, est réalisée, et la loi n'exige que le visa de l'original de cette demande.

D'un autre côté, M. Chauveau exprime l'avis que pour constater ce visa, le greffier n'est point obligé de tenir un registre, et n'a droit à aucune remise.

45. (Q. 2504 quater B). *Si la partie la plus diligente, et qui, la première, aurait fait viser son exploit, conformément à l'art.* 967, *cessait ensuite ses poursuites, l'autre partie ne pourrait-elle pas les reprendre ou s'y faire subroger?*

L'affirmative est admise au texte par Carré, qui invoque en ce sens la disposition de l'art. 721.

M. Chauveau approuve cette solution, qu'enseignent aussi MM. Pigeau, *Comm.*, t. 2, p. 678; Thomine-Desmazures, t. 2, p. 607; Bioche, v° *Partage*, n. 103, et que nous avons nous-même adoptée, *Tr. du part.*, n. 342, et *Formul. annot.*, t. 2, p. 863, n. 7. C'est la procédure que notre auteur a conseillée dans une affaire où, au lieu de se pourvoir en subrogation, les cohéritiers avaient fait procéder à divers actes de la poursuite de la licitation, le poursuivant s'abstenant d'entretenir l'instance après le jugement qui avait renvoyé la vente des immeubles devant notaire.

46. (Art. 967). *Quand, faute par les héritiers d'avoir provoqué le partage, le créancier de l'un d'eux l'a demandé lui-même, est-ce à ce créancier qu'appartient la poursuite du partage?*

L'affirmative a été consacrée à très bon droit par un arrêt de la Cour de Chambéry du 18 juin 1878 (*J. Av.*, t. 103, p. 353).

46 *bis*. Lorsqu'un héritier, donataire de l'usufruit d'une partie des immeubles laissés par le défunt, a intenté une action en partage tant contre le nu propriétaire de ces immeubles que contre les autres héritiers, et que le nu propriétaire, afin de régulariser la procédure, s'est ensuite joint à l'usufruitier pour soutenir la demande, la constitution d'un nouvel avoué par l'usufruitier, au nom duquel tous les actes de la poursuite avaient été faits jusque-là, a-t-elle pour effet d'enlever la direction de cette poursuite à l'avoué qui occupait auparavant tant pour lui que pour le nu propriétaire, et de l'obliger de remettre, moyennant le paiement de ses frais, toutes les pièces de la procédure à l'avoué nouvellement constitué? Appelé à exprimer notre avis sur ce point, nous avons dit que le droit de l'avoué, constitué en premier lieu par l'usufruitier, de retenir les pièces de la procédure et de conserver la direction de la poursuite pouvait être victorieusement défendu.

Comme usufruitier d'une partie des biens composant la succession, l'ancien client de cet avoué avait à la vérité, avons-nous fait observer, le droit de provoquer le partage de cette succession, afin de faire cesser l'indivision de la jouissance à laquelle il était soumis (V. notre *Traité du partage de succession*, n. 247) ; mais il ne pouvait donner au partage un caractère définitif vis-à-vis du nu propriétaire qu'avec le concours de ce dernier, à l'égard duquel ce partage serait resté *res inter alios acta*, tant qu'il n'aurait pas reçu sa sanction (V. *ibid.*). L'avoué constitué d'abord par lui a donc parfaitement régularisé la situation en faisant adjoindre le nu propriétaire à l'usufruitier pour la demande et pour la poursuite du partage ou de la licitation. Dès ce moment, la procédure leur est devenue commune, ainsi qu'elle devait nécessairement l'être pour aboutir, comme nous l'avons dit, à une opération définitive relativement à chacun d'eux. Si, au moment d'arriver au but, l'usufruitier juge à propos de se séparer du nu propriétaire et de diviser deux rôles qui devaient se confondre dans une action commune, nous ne voyons pas ce qui peut justifier sa prétention d'obtenir, au profit de son nouvel avoué, la remise des pièces d'une procédure dont il n'avait pas, dont il ne pouvait pas avoir seul la direction. De ce qu'il a pris l'initiative de la demande en partage, il ne s'ensuit pas qu'il soit maître de la poursuite, puisque cette initiative était irrégulière à défaut du concours du nu propriétaire, et que l'adjonction de celui-ci a pu seule régulariser la demande. Les pièces doivent rester entre les mains de l'officier ministériel qui a judicieusement imprimé à la poursuite le caractère d'unité et d'indivisibilité qu'elle devait avoir à l'égard du nu propriétaire et de l'usufruitier ; et il est tout à la fois juste et rationnel que la direction de cette poursuite régularisée par ses soins, lui soit conservée, plutôt que de passer au nouveau mandataire dont l'usufruitier a fait choix, au risque de briser cette unité que nous rappelions tout à l'heure et sans laquelle le partage demandé ne peut être, dans les rapports de l'usufruitier et du nu propriétaire, qu'une opération incomplète et provisoire.

46 *ter*. La question nous a été posée de savoir si, dans le cas où le créancier qui avait formé une demande en partage et en avait fait viser l'original, n'a pas suivi sur cette demande, et où un héritier intente lui-même, à son tour, une demande semblable, la priorité de la poursuite appartient à l'héritier. — L'affirmative, avons-nous répondu, peut s'appuyer sur un arrêt de la Cour de Bordeaux du 3 août 1842, et sur l'opinion de M. Bioche, v° *Partage*, n. 100, qui considèrent l'action en partage de succession comme une action de famille pour l'exercice de laquelle les héritiers doivent être préférés aux créanciers. Mais c'est là, selon nous, une interprétation inexacte. Nulle part la loi n'a attribué à l'action en partage le caractère personnel d'où l'on fait dériver le droit de priorité de la poursuite en faveur de l'héritier qui se trouve en concours avec un créancier ; la généralité des termes de l'art. 967, Cod. proc., indique au contraire que le législateur n'a entendu établir aucune distinction entre les héritiers et les créanciers relativement à l'exercice de l'action en partage. C'est l'opinion que nous avons exprimée dans notre *Traité du partage de succession*, n. 341, et qui a été adoptée par M. Dalloz, v° *Succession*, n. 1657.

47. (Q. 2504 quinquies D). *Faut-il nécessairement, lorsqu'il y a plusieurs mineurs, que l'on nomme à chacun d'eux un tuteur spécial, conformément aux art.* 838, *Cod. civ., et* 968, *Cod. proc.?*

Carré, au texte, après avoir rappelé que quelques jurisconsultes ont soutenu l'affirmative, sur le motif que les mineurs copartageants ont nécessairement des intérêts opposés, par cela même que chacun a intérêt d'avoir exactement la portion qui lui revient, et d'empêcher que ses consorts n'en obtiennent une supérieure à celle qui doit leur revenir, repousse cette opinion pour se ranger à celle de Malleville, Pigeau et Chabot, d'après laquelle les mineurs dont parle l'art. 838, Cod. civ., s'entendent de ceux qui ont le même tuteur, comme c'est le cas ordinaire, par exemple, de plusieurs frères ou sœurs, et qui ont cependant des intérêts opposés, comme si l'un d'eux est avantagé sur les autres.

Telle est aussi l'interprétation que M. Chauveau admet, avec MM. Thomine-Desmazures, t. 2, p. 608 ; Bioche, v° *Partage*, n. 26 ; Dalloz, v° *Succes.*, n. 1595. Ce n'est donc, dit notre auteur, qu'au seul mineur qui a des intérêts différents de ceux de ses copartageants que l'on doit nommer un tuteur spécial. Ceux-ci continuent à être représentés collectivement par leur tuteur principal, quoiqu'il semble, au premier aspect, que le tuteur principal, protecteur commun de tous ses pupilles, ne doive jamais prendre la défense de l'un contre l'autre, et que, dès lors, il doive être remplacé de son côté par un autre tuteur spécial. Cependant M. Thomine-Desmazures, t. 2, p. 608, décide avec raison que tel n'a pas été l'esprit de la loi, et que ce serait inutilement multiplier les frais et les embarras du partage. — V. aussi notre *Tr. du part.*, n. 264.

48. Lorsque l'un des mineurs a des intérêts opposés, non pas avec les autres mineurs, mais avec son tuteur, M. Chauveau pense que c'est le cas de le faire représenter par son subrogé tuteur, et qu'il n'y a pas lieu de lui nommer un tuteur spécial. Conf., Lyon, 12 fév. 1851 (*J. Av.*, t. 77, p. 13); Bordeaux, 18 déc. 1855 (t. 81, p. 245); MM. Bioche, n. 27 ; Dalloz, n. 1596. Néanmoins, la Cour de Grenoble a jugé, le 10 janv. 1833 (S.-V.33.2.380), que l'un et l'autre mode satisfont également au vœu de la loi.

Pour nous, nous avons dit également, dans notre *Tr. du part.*, n. 265, qu'en pareil cas, le tuteur ne pouvant plus évidemment représenter son pupille, la demande ne saurait être formée, dans l'intérêt du mineur, que par son subrogé tuteur ; comme aussi c'est contre ce dernier que le tuteur doit lui-même diriger l'action, s'il en prend l'initiative. Mais nous avons ajouté que nous ne pensions pas qu'indépendamment du subrogé tuteur ordinaire, il faille, dans ce cas, nommer au mineur un tuteur ou un subrogé tuteur *ad hoc*. A l'objection consistant à dire que la loi exige deux garanties pour le mineur, et que, l'une d'elles venant à manquer, elle doit être remplacée par une garantie équivalente, nous avons répondu que les fonctions du subrogé tuteur consistent précisément, d'après l'art. 420, Cod. civ., à agir pour les intérêts du mineur lorsqu'ils sont en opposition avec ceux du tuteur, en sorte que ce n'est qu'autant qu'il n'y aurait pas de subrogé tuteur qu'il pourrait être nommé un tuteur *ad hoc*.

La Cour de Paris, par un arrêt du 4 août 1878 (*J. Av.*, t. 104, p. 52), a bien admis qu'en cas d'opposition d'intérêts entre le tuteur et son pupille, notamment dans une instance en partage, il n'y a pas lieu de nommer un tuteur *ad hoc* pour représenter le mineur (*Contrà*, Lyon, 5 juill. 1877, t. 104, p. 462) ; mais elle a décidé que le subrogé tuteur, auquel les fonctions de tuteur sont alors dévolues de plein droit, doit, en pareil cas, être remplacé par un subrogé tuteur spécial. V. aussi en ce sens, M. Bioche, v° *Vent. judic. d'imm.*, n. 161.

49. Il est incontestable que les prescriptions des art. 838, Cod. civ., et 968, Cod. proc., sont applicables aux interdits, comme nous l'avons fait remarquer dans notre *Traité* précité, n. 264 *in fine*, et comme l'admet également l'arrêt de la Cour de Paris que nous venons de mentionner.

50. (Q. 2504 sexies). *Qui doit nommer le tuteur spécial ?*

L'art. 968, Cod. proc., en indiquant pour cette nomination la forme réglée au titre des *Avis de parents*, a tranché la difficulté, répond M. Chauveau. C'est donc au conseil de famille à nommer le tuteur spécial, ainsi que l'enseignent MM. Thomine-Desmazures, t. 2, p. 608 ; Persil fils, *Comm.*, p. 477, n. 574 ; Bioche, v° *Partage*, n. 28 ; Dalloz, v° *Success.*, n. 1597, et que l'a décidé la Cour de Turin, le 9 janv. 1811 (*J. Av.*, t. 16, p. 686). Nous avons exprimé la même opinion dans notre *Tr. du part.*, n. 264.

51. (Q. 2504 septies). *Par qui doit être provoquée la nomination du tuteur spécial?*

Celui qui intente une action étant tenu, en général, dit M. Chauveau, d'y appeler tous ceux qui doivent y figurer, en les assignant dans la personne de ceux qui les représentent légalement, il semblerait que le majeur qui veut exercer l'action en partage, et qui est instruit de l'opposition d'intérêts entre les mineurs, ses copartageants, dût provoquer l'assemblée du conseil de famille, afin de faire nommer le tuteur spécial que la loi prescrit de donner pour défenseur à l'un de ceux-ci. Néanmoins notre auteur estime que le tuteur ordinaire étant le défenseur commun de tous les mineurs, c'est à lui que le poursuivant doit adresser sa demande, sauf à ce tuteur principal à poursuivre la nomination d'un tuteur spécial, s'il y a lieu. Tel est aussi l'avis de MM. Pigeau, *Comm.*, t. 2, p. 679 ; Thomine-Desmazures, t, 2, p. 608; Persil, *Comm.*, p. 478, n. 575 ; Bioche, v° *Partage*, n. 25; et c'est également ce qu'ont décidé la Cour de Paris, les 22 flor. an XI (*J. Av.*, t. 16, p. 674) et 21 frim. an XIII (S.-V.5.2.598), et la Cour de Rennes, le 17 juin 1812 (*J. Av.*, t. 15, p. 359).

52. Pour nous, il nous semble peu prudent d'abandonner au tuteur le soin de faire nommer l'administrateur spécial appelé à le remplacer, et nous croyons qu'il faut admettre, comme nous l'avons énoncé dans notre *Tr. du part.*, n. 264, que cette nomination peut être provoquée soit par les parents du mineur, soit par ses créanciers, soit par toute partie intéressée.

53. (Q. 2504 octies c). *Quand n'y a-t-il pas lieu de nommer un juge-commissaire?*

Cette question naît des expressions, *s'il y a lieu*, que renferment soit l'art. 823, Cod. civ., soit l'art. 969, Cod. proc. — « Si le tribunal, dit M. Persil, *Comm.*, p. 478, n. 577, croit la demande en partage fondée, il peut fixer le mode de partage et statuer immédiatement sur les contestations qui peuvent s'élever. — Si le tribunal pense que d'autres contestations surgiront plus tard, il peut commettre un juge pour assister aux opérations du partage. »

M. Chauveau, après avoir reproduit cette explication, fait observer, avec M. Jacob, t. 2, p. 78, n. 260, que si le tribunal peut ordonner immédiatement le partage, il ne s'ensuit pas qu'il puisse lui-même y procéder ; mais qu'il est tenu de renvoyer devant le notaire commis. Voy. à cet égard la quest. 2506 *quater* (*infrà*, n. 57).

54. Dans une contestation élevée entre copartageants et relative notamment à la quotité des droits respectifs de chacun d'eux, la nomination d'un juge-rapporteur est facultative pour la Cour ou le tribunal saisi de cette contestation : Cass., 19 nov. 1851 (D.P.51.1.315) et 24 fév. 1879 (*J. Av.*, t. 104, p. 462). Conf., M. Dalloz, v° *Success.*, n. 1681.

55. (Q. 2506 quinquies A). *La nomination d'un notaire est-elle obligatoire de la part du tribunal qui ordonne un partage, et est-il interdit à ce tribunal de procéder lui-même aux opérations du partage?*

L'affirmative, enseignée par Carré et par M. Chauveau, sous la présente question et t. 5, p. 1570, n. DVI *septies decies*, a été aussi consacrée par la jurisprudence. V. notamment Toulouse, 18 janv. 1832 (S.-V.36.2.564, à la note); Bordeaux, 5 juill. 1834 (S.-V.36.2.561) ; Cass., 19 juill. 1838 (S.-V.38.1.889). Et nous l'avons nous-même défendue dans notre *Tr. du part.*, n. 356. — *Adde* conf., Paignon, t. 2, p. 112; Bioche, v° *Partage*, n. 148. — V. toutefois Cass., 25 juill. 1838. — Suivant l'observation de Carré, on doit nommer un notaire même lorsqu'il n'y a que des deniers à partager.

56. Mais les juges saisis d'une contestation relative à un partage consommé peuvent y statuer directement, sans être tenus de renvoyer préalablement les parties devant un notaire, comme au cas de partage réclamé avant toute liquidation ; Cass., 21 août 1835 (S.-V.35.1.719); 23 août 1869 (*J. Av.*, t. 95, p. 368). — Conf., notre *Traité*, n. 356, *in fine.*

57. (Q. 2506 quater). *Le tribunal saisi d'une demande en partage doit-il renvoyer les parties devant un notaire pour toutes les opérations du partage?*

Carré fait justement remarquer qu'il résulte des dispositions de l'art. 828, Cod. civ., et de l'art. 976, Cod. proc., que les tribunaux ne peuvent diviser la demande en partage, en renvoyant, par exemple, devant un juge-commissaire pour le partage des immeubles, et devant un notaire pour celui des meubles.

M. Chauveau adhère à cette solution, qu'admettent aussi MM. Bioche, vº *Partage*, n. 111 et 148 ; Colmet-Daage, t. 2, p. 549, n. 1163, et Dalloz, vº *Success.*, n. 1742 et suiv. Un arrêt de la Cour de cassation, du 26 avril 1808 (*J. Av.*, t. 16, p. 678), avait jugé, il est vrai, que les tribunaux pouvaient, pour le partage d'une succession, renvoyer les parties devant des experts, l'art. 828, Cod. civ., qui prescrit de les renvoyer devant un notaire n'étant que facultatif; et il existe, dans le même sens, un arrêt de la Cour de Grenoble, du 23 nov. 1826 (*Journ. de cette Cour*, t. 3, p. 304). — Mais, comme l'observe M. Chauveau, cette jurisprudence, déjà fort contestable sous le Code de 1807, est surtout inadmissible, aujourd'hui que l'art. 969 prescrit d'une manière absolue de nommer le notaire dès le début de la procédure, et que le législateur a clairement exprimé son intention à ce sujet. Voy. les explications de notre auteur, p. 1570, n. DVI *septies decies.* — Cependant le tribunal civil d'Avallon a jugé, le 25 juin 1856 (*J. Av.*, t. 82, p. 178), que le tribunal saisi d'une demande en partage peut décider qu'il y sera immédiatement procédé, sans expertise préalable, et afin d'éviter les frais, procéder lui-même à la composition des lots, en ordonner le tirage au sort devant lui, et envoyer chacun des copartageants en possession des biens compris dans le lot qui lui est échu. Et la même solution résulte aussi d'un jugement du tribunal civil de Saint-Omer, du 10 fév. 1854 (t. 79, p. 384). M. Chauveau n'hésite pas à déclarer ces deux décisions essentiellement contraires aux principes.

58. (Q. 2504 duodecies B). *Le notaire commis peut-il refuser la mission qui lui est confiée, et, dans ce cas, comment est-il pourvu à son remplacement?*

M. Chauveau rappelle, d'un côté, que la rédaction proposée par la commission du Gouvernement supposait au notaire la faculté de refuser la mission dont le charge le tribunal, puisqu'elle s'exprimait ainsi : « en cas d'empêchement ou de refus du notaire..., le tribunal pourvoit au remplacement; » et, d'un autre côté, que la Cour d'Aix, faisant remarquer que le notaire ne devait pas avoir le droit de refuser son ministère quand la justice le lui demandait, ni être juge des motifs légitimes d'abstention qui seraient en sa personne, proposait une rédaction d'après laquelle le notaire aurait dû soumettre ses motifs au tribunal, chargé de les apprécier, et libre de les accueillir ou de les rejeter. Ni l'une ni l'autre de ces rédactions n'a passé dans la loi, observe notre auteur. Le législateur s'est borné à prévoir le cas d'empêchement, soit du juge, soit du notaire, et à prescrire un mode uniforme (une ordonnance du président sur requête) pour les remplacer. Mais M. Chauveau pense que, s'il s'élève des contestations sur la légalité de l'empêchement, c'est au tribunal de les trancher, ainsi que le veut le droit commun. Telle est également l'opinion de M. Bioche, vis *Partage*, n. 114, et *Vente judic.*, n. 77.

59. Ayant été consulté sur le point de savoir si c'est devant le président ou devant le tribunal lui-même que les parties doivent se pourvoir pour obtenir le remplacement du notaire qui refuse de remplir la mission qui lui a été confiée, nous avons dit :

Dans le cas de simple empêchement du notaire (ou du juge-commissaire), l'art. 969, Cod. proc., dispose expressément que c'est le président du tribunal qui doit pourvoir au remplacement par ordonnance sur requête ; mais à l'empêchement faut-il assimiler le refus ? La négative nous semble certaine. Le simple empêchement est un fait qui ne saurait exiger aucune décision ; en présence de l'impossibilité matérielle où se trouve le notaire de remplir la mission qui lui a été confiée, son remplacement est une pure formalité, et une ordonnance sur requête suffit pour la nomination d'un autre notaire. Le refus, au contraire, est une prétention qui peut soulever des questions délicates ; il nécessite par cela même une appréciation et un véritable jugement, qui ne peuvent être l'œuvre que du tribunal. On ne saurait admettre, en effet, que le notaire puisse arbitrairement décliner le mandat que lui a donné la justice. Ce refus doit être appuyé sur des motifs plausibles, et, dans le cas contraire, le juge ne saurait y avoir égard.

Il importe de remarquer que le législateur n'a point adopté dans l'art. 969, Cod. proc., la rédaction qui avait été proposée par la commission du gouvernement et d'après laquelle le refus du notaire était placé sur la même ligne que son empêchement. Il n'a pas non plus, il est vrai, consacré la proposition que faisait la Cour d'Aix d'obliger le notaire à déduire devant le tribunal les motifs de son refus ; mais, par son silence, il s'en est évidemment référé au droit commun, qui veut que tous les incidents de la procédure du partage soient jugés par le tribunal.

Telle est l'opinion que nous avons embrassée dans notre *Traité du partage de succession*, n. 358, après MM. Chauveau et Bioche (*loc. cit.*). C'est aussi celle que la Cour de cassation avait consacrée avant le 2 juin 1841 (arrêt du 19 juill. 1838, D.P.38.1.325).

60. (Q. 2504 quaterdecies B). *Le choix du notaire est-il toujours et exclusivement à la disposition du tribunal? Le notaire peut-il être récusé? Peut-on commettre plusieurs notaires ? Le notaire commis peut-il être révoqué ?*

Sur le premier point, M. Chauveau, rappelant que l'art. 827, Cod. civ., accorde aux parties, lorsqu'elles sont toutes majeures et maîtresses de leurs droits, la faculté de s'accorder sur le choix du notaire, dit qu'il pense que la loi de 1841 n'a pas voulu déroger à cette disposition. Conf., MM. Bioche, v° *Partage*, n. 112, et *Vente judic.*, n. 178 ; Colmet-Daage, t. 2, p. 545, n. 1160 ; Dalloz, v° *Vente publ. d'imm.*, n. 2000 ; notre *Tr. du part.*, n. 347.

61. Au sujet de la deuxième question, notre auteur cite l'espèce suivante : Le notaire commis ayant été l'avocat de l'un des cohéritiers entre lesquels existait l'instance en partage, les autres refusèrent de l'accepter comme liquidateur. — Sans examiner s'il y avait lieu ou non de récuser le notaire ainsi nommé, la Cour de Riom, par arrêt du 13 juin 1846 (*J. Av.*, t. 72, p. 394), a déclaré que cette récusation était tardive comme n'ayant pas été proposée dans les trois jours de la nomination du notaire. Quant à M. Chauveau, il pense, en principe, que la récusation est admissible pour les causes qui l'autorisent à l'égard des juges, et qu'il faut observer les délais fixés pour cette procédure.

62. Il résulte cependant d'un arrêt de la Cour de Nancy, du 3 mars 1853 (*Journ. de proc.*, 1854, p. 31), qu'un notaire chargé d'une liquidation ne peut être écarté par cela seul qu'il a reçu le testament du défunt et procédé à l'inventaire, les règles de la récusation n'étant pas ici applicables. Tout en repoussant cette solution, M. Chauveau reconnaît que les dispositions du § 8 de l'art. 378, Cod. proc., offrent moins d'inconvénients chez le notaire que chez le juge, et que, conclure à la partialité du notaire, parce qu'il a reçu le testament et procédé à l'inventaire, serait raisonner avec moins de logique que de conclure de ces circonstances que, mieux qu'un autre, ce notaire est au courant des affaires de la succession et plus capable d'en faire facilement la liquidation.

63. Il a été jugé que la récusation du notaire commis pour procéder à un partage doit être proposée par voie d'appel du jugement de nomination ou par action directe dans les trois jours de la nomination : Trib. civ. de Grenoble, 9 juin 1877 (*J. Av.*, t. 102, p. 362).

64. L'auteur répond, sur le troisième point, qu'en principe, un seul notaire doit être commis ; mais que des circonstances exceptionnelles peuvent motiver l'adjonction d'un second notaire, soit pour concourir à toutes les opérations de la liquidation, soit pour s'occuper d'une certaine partie de ces opérations. Dans tous les cas, dit-il, où deux notaires sont délégués, le jugement doit s'expliquer clairement sur le rôle assigné à chacun d'eux, car le silence des magistrats est interprété en ce sens, que les deux notaires doivent ensemble procéder à tous les actes, et que l'un ne peut agir sans l'autre. Voy. Douai, 10 août 1850 (*J. Av.*, t. 77, p. 25). Un autre arrêt de la même Cour, du 8 janv. 1853 (t. 78, p. 474), a décidé que, s'il est permis aux tribunaux, en certains cas, de commettre deux notaires pour procéder à un partage judiciaire, il n'y a pas lieu de profiter de cette faculté lorsque les deux notaires ont des résidences différentes, dans l'étendue desquelles chacun d'eux n'a pas capacité pour instrumenter. La solution que consacre cet arrêt, observe M. Chauveau, est pleine de sagesse, car elle a pour but une économie de frais, et de plus elle est seule compatible avec la nature du mandat judiciaire conféré en pareil cas aux notaires. — Mais il en serait autrement si la commission, au lieu d'être collective, était disjonctive, chacun des notaires ayant un mandat spécial à remplir dans son ressort.

65. Enfin, relativement à la quatrième question, M. Chauveau signale comme ayant posé le principe exact en cette matière, un arrêt de la Cour de cassation du 30 avril 1855 (*J. Av.*, t. 80, p. 424), qui porte que le notaire commis par un tribunal, sur le choix de tous les cohéritiers, pour procéder à un partage, ne peut être révoqué que par le tribunal ou par l'accord unanime des cohéritiers.

66. (Q. 2504 undecies). *S'il s'élève des contestations sur la consistance des biens de la succession, quand doivent-elles être proposées, et quel est le jugement qui doit les décider ?*

M. Chauveau croit qu'il est dans l'esprit de la loi que le partage ne soit ordonné qu'autant que toutes les difficultés préliminaires ont été levées. La rapidité qu'elle imprime à la procédure, à partir de ce jugement, en paraît une preuve, dit-il. — Ainsi la consistance devra être réglée antérieurement ; c'était déjà, sous l'ancienne loi, la pratique de plusieurs tribunaux. Conf., MM. Bioche, *Vente judic.*, n. 165 ; Dalloz, v° *Success.*, n. 1679.

67. (Q. 2504 quindecies c). *Le notaire commis pour un partage peut-il être choisi hors de l'arrondissement du tribunal ?*

M. Chauveau enseigne la négative. Le tribunal devant lequel doit être portée la demande en partage est, dit-il, en cas de succession, celui de l'ouverture ; dans les autres cas, celui de la situation des immeubles. V. *suprà*, n. 20 et s. La raison de cette compétence est trop palpable pour qu'il faille insister. C'est précisément cette raison qui détermine le choix du notaire. — Mieux qu'aucun autre, en effet, le notaire du lieu de l'ouverture de la succession, qui est ordinairement celui du domicile du défunt, pourra, par la connaissance personnelle qu'il a des affaires de cette succession, régler les comptes, prélèvements, etc. — Si, pour la vente, il y a un réel avantage à ce qu'il soit permis d'y faire procéder par un notaire pris en dehors du ressort du tribunal, mais qui réside au lieu où sont situés les immeubles, on ne trouve plus cet avantage lorsqu'il s'agit de liquider les affaires de la succession, de rapprocher les héritiers, etc., toutes choses évidemment plus faciles à opérer au lieu de l'ouverture que partout ailleurs. — Voy. conf., M. Rolland de Villargues, *Répert. du notar.*, v° *Partage judiciaire*, n. 42.

68. (Q. 2505 bis). *Le tuteur des mineurs peut-il choisir l'expert ou les experts d'un commun accord avec les majeurs ?*

M. Chauveau fait remarquer qu'en renvoyant au titre *des Rapports d'experts*, l'art. 971 n'entend pas déroger, pour la matière du partage, aux règles générales du droit, auxquelles les dispositions de ce titre sont elles-mêmes subordonnées. Or, dit-il, si l'art. 305 attribue, en premier lieu, aux parties les nominations d'experts, ce ne peut être qu'en les supposant toutes capables et maîtresses de leurs droits. Mais un tuteur ne peut disposer des intérêts de ses mineurs. Il faut donc, lorsqu'il y a des mineurs parmi les copartageants, que la nomination des experts émane du tribunal. — Conf., MM. Thomine Desmazures. t. 2, p. 612; Dalloz, v° *Success.*, n. 1711, et Bioche, v° *Partage*, n. 121 ; notre *Tr. du part.*, n. 359.

69. (Q. 2506). *Dans quels cas y a-t-il lieu à plusieurs expertises ?*

C'est, dit M. Chauveau, lorsque les immeubles sont situés à de grandes distances les uns des autres, ou qu'ils sont d'espèces différentes, en sorte que, par suite de ces circonstances, l'estimation cumulative n'en peut être confiée aux mêmes experts.

70. La Cour de Rouen, par un arrêt du 5 août 1847 (*J. Av.*, t. 73, p. 416), a décidé que lorsque, en matière de partage, divers experts ont été chargés d'estimer des immeubles situés dans des arrondissements différents, il est convenable qu'ils se concertent sur les bases de leurs opérations respectives, afin d'arriver à une juste proportionnalité. — C'est là, en effet, observe notre auteur, une mesure dans l'intérêt de tous les copartageants, qui contribue à la bonne exécution de la loi, et que tous les tribunaux peuvent ordonner quand les circonstances l'exigent.

71. (Q. 2504 novies c). *Le jugement qui nomme des experts doit-il être signifié à partie ?*

Ce jugement ne doit pas être signifié, dit M. Chauveau, parce qu'il ne prononce pas de condamnation, comme l'art. 147 le veut pour que la signification à partie soit nécessaire. Voy. en ce sens, Cass., 25 fév. 1834 (*J. Av.*, t. 46, p. 107) et 16 juin 1846 (t. 72, p. 205). — Mais, dans les deux espèces, la Cour suprême s'est basée sur cette considération que le jugement avait été rendu du consentement des parties, sur les conclusions conformes de toutes, et qu'alors l'art. 147, § 2, Cod. proc., n'était pas applicable. En serait-il de même s'il y avait contestation entre les parties; si l'une d'elles critiquait la valeur des titres présentés par son adversaire, si elle déniait des qualités...? M. Chauveau est d'avis qu'alors le jugement, prononçant une condamnation, doit être signifié à personne ou domicile. Celui qui a obtenu gain de cause, dit-il, a le plus grand intérêt à faire courir le délai d'appel, et il ne peut profiter de cet avantage qu'en faisant faire cette signification.

72. (Q. 2504 terdecies A). *Le jugement rendu dans le cas des art.* 969 *et* 970, *peut-il être attaqué, soit par opposition, soit par appel ?*

M. Chauveau rappelle que la Cour de Douai avait trouvé des raisons de douter, sur ce point, dans la rédaction proposée par la commission du Gouvernement. Les mots « *évidemment* » et « *s'il n'y a réclamation de la part d'aucune des parties,* » que contenait cette rédaction, lui paraissaient révéler, de la part du législateur, l'intention de ne soumettre ce jugement à aucune voie de recours. Elle proposait cependant de l'exprimer d'une manière plus formelle, et ne dissimulait point sa préférence pour un système qui aurait admis l'opposition et l'appel. M. Chauveau croit que c'est celui de la loi nouvelle. Car, d'abord, dit-il, les expressions qui avaient fait naître les doutes de la Cour de Douai ont disparu; l'art. 969 lui-même présente un exemple dans lequel la prohibition est prononcée; et de plus le § 4 de l'art. 973, en n'interdisant l'opposition et l'appel qu'à l'égard de certains jugements postérieurs à la sommation de prendre communication du cahier des charges, laisse implicitement subsister ces voies de recours de droit commun à l'égard de tous les autres. — Conf., Bioche, v[is] *Partage*, n. 116, et *Vent. judic.*, n. 182; notre *Tr. du part.*, n. 363.

73. Il a été jugé que l'appel interjeté en temps utile par l'un des intéressés relève les autres de la déchéance qu'ils ont encourue : Dijon, 12 janv. 1847 (*J. Av.*, t. 72, p. 374); Montpellier, 22 nov. 1848 (t. 76, p. 181 et 182). — *Contrà*, Limoges, 18 nov. 1847 (t. 73, p. 214). — V. aussi un arrêt de la Cour de cassation du 13 déc. 1848 (t. 74, p. 372), d'après lequel une demande en rescision de partage n'étant pas indivisible, l'appel du jugement rendu sur cette demande est valablement interjeté contre l'un des défendeurs, bien qu'il n'y ait pas d'appel vis-à-vis des autres : Bastia, 11 juin 1856 (t. 82, p. 376); Rouen, 24 juill. 1856 (*Journ. de cette Cour*, 1856, p. 324). — Compar. *Appel*, n. 163 et s.

74. Quant au délai de l'appel, il a été décidé avec raison que l'art. 973, Cod. proc., qui règle les formes et les délais d'appel des jugements rendus sur les difficultés qui s'élèvent sur le cahier des charges et les difficultés relatives aux formalités postérieures à la sommation d'en prendre communication, est inapplicable au jugement qui statue sur la question de savoir si les biens seront partagés en nature ou licités : Caen, 13 mai 1853 (*Journ. de proc.*, 1853, p. 450).

75. Le créancier d'un cohéritier intervenant dans l'instance en partage qui intéresse son débiteur, n'est pas admis à exciper de ce que, sur l'appel, il n'a pas été intimé dans le délai de l'art. 443, Cod. proc. — Sur les points qui précèdent, Compar. *Licitation*, n. 89 et s.

76. (Q. 2504 terdecies B). *Quels sont les effets du jugement dont il est parlé à la question précédente, au point de vue soit de l'hypothèque judiciaire, soit de la chose jugée?*

On a vu *suprà*, n. 71, que lorsque le jugement qui ordonne un partage ne prononce pas de condamnation, il n'est pas nécessaire qu'il soit signifié à partie. C'est qu'alors, en effet, observe M. Chauveau, le jugement n'est qu'une mesure purement préparatoire et d'instruction. Aussi la Cour de cassation a-t-elle décidé, le 18 avril 1855 (*J. Av.*, t. 80, p. 405), qu'une hypothèque judiciaire ne résulte pas du jugement qui renvoie des cohéritiers devant un notaire pour procéder aux comptes qu'ils peuvent devoir à l'effet de parvenir à la liquidation de la succession.

77. S'il est des décisions condamnant une partie à rendre compte qui sont capables de conférer hypothèque judiciaire (Voy. *Compte (reddition de)*, n. 30 et s.; le *Formulaire de proc.* de M. Chauveau, t. 2, p. 436, note 1, et une dissertation de M. Bressolles, *J. Av.*, t. 72, p. 616), il faut reconnaître, dit notre auteur, qu'un pareil effet ne peut être produit qu'autant que du jugement ou de l'arrêt il résulte une présomption de dette bien caractérisée. Et il est évident qu'un jugement qui, pour arriver à la liquidation d'une succession, renvoie des cohéritiers devant notaire, n'engendre pas une telle présomption.

78. M. Chauveau regarde comme exempts de critiques deux arrêts de la Cour de cassation des 28 nov. 1843 (*J. Av.*, t. 65, p. 594) et 20 fév. 1855

(S.-V.56.1.415) qui ont décidé, l'un qu'un jugement qui admet une demande en supplément de partage d'immeubles en se fondant uniquement sur ce qu'une prescription invoquée n'est pas acquise, et qui nomme des experts pour fixer les bases du partage à intervenir, n'est qu'un interlocutoire qui ne lie pas le juge et ne l'empêche pas de décider plus tard qu'il n'y a pas lieu de procéder au supplément de partage, lorsque le rapport des experts a établi que tous les immeubles avaient été partagés ; — et l'autre, que le jugement qui, sur l'action en partage d'une communauté, ordonne que ce partage aura lieu d'après les bases de l'inventaire, n'a pas l'autorité de la chose jugée sur le point de savoir si un immeuble compris dans l'inventaire comme bien de communauté, fait partie de cette communauté ou est un propre de l'époux survivant, alors au moins qu'il n'y a eu sur ce point, lors du jugement, ni débat ni conclusions.

§ 3. — Opérations du notaire.

79. (Q. 2506 quinquies B). *Dans quels cas y a-t-il lieu à l'application de l'art. 976, prescrivant au poursuivant de faire sommer les copartageants de paraître devant le notaire pour procéder à la formation de la masse, aux comptes, prélèvements et fournissements?*

C'est, dit Carré, lorsque les droits ne sont pas liquides, ou qu'étant certains quant aux parts qui reviennent à chacun, le prix de la vente par licitation à laquelle il a été procédé doit être confondu dans une masse commune de partage, à l'effet de former la balance entre les divers lots. — M. Chauveau, en reproduisant cette explication sans y rien ajouter, paraît l'admettre lui-même.

80. (Q. 2506 quinquies C). *Le notaire commis pour procéder à une liquidation ou à un partage doit-il indiquer le jour où commenceront ses opérations au bas d'une requête présentée par l'avoué poursuivant? S'il répond à une semblable requête, l'espèce d'ordonnance qu'il rend doit-elle être portée sur le répertoire?*

En traçant, dans son *Formul. de proc.*, 2ᵉ édit., t. 2, p. 595 et s., n. 981 et s., les formules des divers actes du ministère des notaires dans une procédure de partage, M. Chauveau a supposé que les jours de comparution étaient indiqués par cet officier public, soit verbalement, soit par écrit, mais jamais à la suite d'une requête présentée par l'avoué poursuivant. Nulle part, en effet, dit ici notre auteur, le tarif de 1807 ni celui de 1841 ne prévoient la nécessité d'un tel acte, qui serait essentiellement frustratoire. Cependant, devant certains tribunaux, l'usage de la requête s'est établi, et n'a pas donné lieu à des réclamations de la part des copartageants ; mais il a fait surgir une question, celle de savoir si le notaire doit porter sur le répertoire l'espèce d'ordonnance par laquelle il indique les jour et heure de la comparution. Deux fois cette question a été soumise au tribunal civil de Vesoul, qui l'a résolue affirmativement en faveur de la Régie par jugements des 8 déc. 1851 et 20 juill. 1853. Ce dernier jugement a été l'objet d'un pourvoi en cassation qui a été rejeté le 4 avril 1854, sur le motif que l'art. 29 de la loi du 25 vent. an XI oblige les notaires à tenir un répertoire sur lequel ils doivent inscrire à leur date tous les actes et écrits de leur ministère, à l'exception de certains écrits spécifiés par la loi ; que l'acte par lequel un notaire commis par jugement pour procéder à une liquidation fixe un jour pour la comparution devant lui des parties intéressées à cette liquidation est un acte du ministère du notaire, constituant un préliminaire à la liquidation, emportant pour les parties obligation sous peine de défaut à se trouver au jour indiqué en l'étude du notaire ; d'où il suit que cet acte doit être inscrit au répertoire, sous peine d'amende.

81. Cet arrêt de la Cour suprême, observe M. Chauveau, n'implique aucune approbation de la procédure suivie à Vesoul. Il a été, du reste, vivement critiqué, au point de vue fiscal, par les rédacteurs du *Contrôleur de l'Enregistrement*, année 1854, p. 133.— « Le notaire, ont-ils dit, qui doit procéder à une liquidation ou à une vente, ou à une opération quelconque, soit qu'il ait été commis par la justice, soit qu'il ait été chargé par les parties, n'a pas d'ordonnance à rendre. Le Code de procédure parle quelquefois des ordonnances d'un juge-commissaire, le tarif prévoit également l'obtention par l'avoué de ces ordonnances. La loi du 22 frim. an VII a tarifé les ordonnances des juges, les ordonnances sur requêtes et mémoires ; mais nulle part il n'est question des ordonnances des notaires. Le notaire qui doit procéder à un acte doit, sans doute, être préalablement consulté sur la fixation du jour ; mais une indication orale, une lettre suffisent, et il n'est pas nécessaire que cette indication soit constatée. S'il devait y avoir une ordonnance, il y aurait une requête, et une requête ne se fait que par l'intermédiaire d'un avoué. Or, devant les notaires, les avoués n'ont pas de rôle officiel. Si une partie a intérêt à constater qu'elle a appelé une autre partie pour la faire trouver à jour fixe chez un notaire, elle est obligée de lui faire sommation par huissier. Ce n'est donc pas une ordonnance que rend le notaire lorsqu'il indique un jour. — En tout cas, les notaires tireront de l'arrêt ci-dessus cette conséquence qu'ils doivent s'abstenir d'indiquer sur papier timbré les *rendez-vous* qui leur seront demandés, car c'est en définitive à cela que se réduit l'*acte notarié* dont il s'agit; ils se borneront à écrire une lettre, et ce sera à la partie qui croira avoir à prendre de plus grandes précautions de sommer ses coïntéressés par un acte extrajudiciaire auquel le notaire sera étranger. »

Telle est aussi l'opinion exprimée dans le *Journ. du Notariat* du 3 mai 1856, n. 953 ; et M. Chauveau partage lui-même avec pleine raison cette doctrine.

82. (Q. 2506 sexies A). *La sommation de comparaître devant le notaire doit-elle être notifiée par exploit à domicile ou par acte d'avoué à avoué ?*

La Cour de Toulouse a jugé, le 20 mars 1840 (*J. Av.*, t. 59, p. 589), que la sommation est valablement donnée par acte d'avoué à avoué, en se fondant sur ce que l'avoué est censé représenter la partie pour tous les actes de la procédure à l'égard desquels une notification à personne n'est pas spécialement prescrite par la loi. — La même solution est admise par MM. Rodière, t. 3, p. 463, Bioche, v° *Partage*, n. 147, et Dalloz, v° *Success.*, n. 1751, et c'est aussi celle que nous avons adoptée dans notre *Traité du partage*, n. 406. — M. Chauveau pense, au contraire, qu'il s'agit ici d'un acte personnel, puisque l'art. 977, en refusant des honoraires au conseil dont la partie se fait assister, suppose nécessairement qu'elle doit comparaître elle-même ; et que dès lors on ne saurait prétendre qu'une sommation à avoué puisse suffire pour l'avertir.

83. Il estime d'ailleurs, avec les auteurs précités, que la sommation doit être signifiée au moins trois jours francs à l'avance.

84. (DVI duodecies). *Le procès-verbal par lequel il est procédé à la formation de la masse, aux comptes, prélèvements et fournissements, est-il distinct de l'acte de partage ?*

L'affirmative est établie par Carré et par M. Chauveau ; et ce dernier auteur fait remarquer que si, dans ce procès-verbal, le notaire est dispensé d'observer les solennités prescrites pour les actes notariés en général, il n'en est pas moins tenu de se conformer aux lois sur l'enregistrement et le timbre, et qu'ainsi il contrevient aux lois fiscales, s'il mentionne des quittances, produites à l'appui d'un compte, sans qu'elles aient été enregistrées et sans énoncer si elles sont sur papier timbré, comme l'a jugé le tribunal de Mortain le 5 juill. 1856 (*Contrôleur*, 1856, p. 402). — Compar. notre *Tr. du part.*, n. 407.

85. (Q. 2506 sexies B). *L'avoué constitué sur une demande en liquidation et partage peut-il, sans mandat spécial, représenter son client devant le notaire liquidateur commis par le tribunal?*

L'art 977, répond M. Chauveau, veut que le notaire procède seul et que les honoraires des conseils dont les parties peuvent se faire assister n'entrent point en taxe; cette disposition prouve qu'il a été dans la pensée du législateur que les parties fissent leurs affaires par elles-mêmes. Qui en effet peut, mieux qu'elles, donner en cette matière les renseignements destinés à faciliter le travail du notaire? Comment un avoué, sans pouvoir spécial, aurait-il capacité pour représenter son client devant ce notaire? Son mandat *ad litem* est évidemment insuffisant.

Le tribunal civil de Tours s'est prononcé dans ce sens le 10 janv. 1850, en se fondant sur ce que, si les avoués sont les mandataires légaux et nécessaires de leurs clients, ils ne jouissent de cette attribution que lorsqu'ils occupent devant le tribunal ou devant le juge par lui commis, ou lorsque leur ministère est forcé, comme quand il s'agit de reddition de compte ou d'enquête, etc. Dans ces divers cas, les émoluments qui leur sont dus sont compris dans les frais de l'instance, et, comme tels, mis à la charge de la partie qui succombe. Lorsque, au contraire les parties, pouvant agir seules ou en personne, comme en matière d'expertise ou de liquidation devant notaire, se font cependant assister par un avoué, cet officier ministériel comparaît alors plutôt pour le besoin de son client que dans l'intérêt de la justice. Les émoluments auxquels il peut avoir droit doivent toujours rester à la charge de la partie qui l'a requis; il ne peut plus avoir que le caractère de simple mandataire, et, comme tel, il est soumis à l'exhibition et au dépôt des pouvoirs à lui donnés, puisque, aux termes de l'art. 13 de la loi du 25 vent. an XI, le notaire doit, à peine d'amende, annexer les procurations aux minutes, lorsque les parties emploient des mandataires. — On ne comprendrait pas, ajoute M. Chauveau, comment, en l'absenee de sa partie et sans mandat spécial de sa part, un avoué pourrait comparaître aux opérations renvoyées devant un notaire, qui consistent toujours en comptes entre copartageants, formation de la masse, composition des lots et fournissements à faire à chacun des copartageants (art. 828, Cod. civ.), lorsqu'aux termes de l'art. 352, Cod. proc., un avoué a besoin d'un pouvoir spécial pour faire, donner ou accepter des offres, aveux ou consentements. — La pratique est d'ailleurs conforme à cette solution. — Compar. M. Dalloz, v° *Succession*, n. 754.

86. (Q. 2506 septies). *Doit-on, malgré la dernière disposition de l'art. 977, sommer les parties de comparaître, soit devant le juge, soit à l'audience, pour voir prononcer sur les difficultés qui surviendraient dans le cours des opérations du notaire?*

Pigeau, t. 2, p. 688, enseigne que, malgré la disposition dont il s'agit, il est nécessaire de sommer les parties de se présenter devant le juge-commissaire, pour faire fixer le jour où le rapport aura lieu et pour déposer les pièces qu'elles peuvent avoir et qui seront nécessaires pour le rapport. — M. Berriat-Saint-Prix, p. 714, not. 18, fait observer que le texte de l'art. 977 est trop positif pour qu'on puisse admettre cette solution, et son observation paraît d'autant plus juste à Carré, que le tarif, dit-il, ne porte aucune taxe pour la sommation dont il s'agit. M. Bioche, v° *Partage*, n. 177, est du même avis. — V. aussi conf., notre *Tr. du part.*, n. 460.

87. Dans une espèce sur laquelle est intervenu un arrêt de la Cour d'Orléans du 12 juin 1845 (*J. Av.*, t. 71, p. 407), le notaire liquidateur, ne pouvant accorder les parties, s'était borné à les renvoyer à se pourvoir devant le juge-commissaire, ce qu'elles firent en effet, en présentant requête à ce magistrat, qui rendit une ordonnance par laquelle il fixa le jour où il les entendrait. Sommation fut donnée aux adversaires de comparaître ce jour-là. M. Rodière, t. 3, p. 464, enseigne que cette procédure vient inutilement grossir les frais de l'instance, et qu'elle est occasionnée par la faute du notaire qui doit constater, dans son procès-verbal, qu'il a ajourné les parties à comparaître à jour marqué devant le commissaire : s'il ne le fait pas, les parties ne sont tenues de comparaître devant le juge qu'autant qu'un jour a été indiqué par ce dernier, et que cette indication a été, par sommation, transmise aux intéressés.

88. Quant à M. Chauveau, il reproduit ici les observations suivantes, qu'il a présentées dans son *Formulaire de procédure*, 2e édit., t. 2, p. 600 : « En proscrivant d'une manière absolue toute sommation pour comparaître, soit devant le juge, soit à l'audience, la loi a placé les praticiens dans un singulier embarras. La mission du notaire se borne à renvoyer les parties à se pourvoir pour le règlement des difficultés constatées dans le procès-verbal dont la minute est déposée au greffe. Il ne peut pas assigner aux parties le jour où elles doivent comparaître devant le juge-commissaire, parce qu'il ne sait pas quand il plaira à ce magistrat d'entendre les parties, et qu'il n'est pas tenu de s'en informer. C'est donc le poursuivant, ou la partie la plus diligente qui doit prévenir son avoué. Que doit faire ce dernier lorsque le notaire a déposé son procès-verbal ? A Toulouse, cet avoué fait notifier une simple sommation d'audience aux avoués des autres parties, et lorsque le juge-commissaire, prévenu par lui, est prêt, l'incident est jugé sur son rapport. Si l'une des parties n'a pas d'avoué constitué, elle est appelée par un ajournement dans la forme ordinaire. — Dans d'autres tribunaux, l'avoué poursuivant obtient du juge-commissaire, au bas du procès-verbal déposé, une ordonnance de renvoi. L'avoué a droit à une vacation de six francs pour assistance à ce renvoi. — Enfin, à Paris, l'avoué du poursuivant donne avenir aux avoués des autres parties pour le jour indiqué dans l'ordonnance, et, si une partie n'a pas d'avoué, on l'appelle à l'audience par une assignation dans la forme ordinaire. Cette marche paraît être la plus régulière. Elle a néanmoins l'inconvénient de ne faire du juge-commissaire qu'un intermédiaire entre les parties et le tribunal, intermédiaire dont le rôle se borne à une simple indication de renvoi, Pour que le vœu de la loi fût rempli, il faudrait que les parties fussent sommées par exploit ou par acte d'avoué, suivant les circonstances, de comparaître devant le juge-commissaire au jour indiqué par l'ordonnance de ce magistrat, à l'effet d'être entendues par lui, et, faute de s'entendre sur leurs prétentions respectives, de voir fixer le jour où le rapport serait présenté au tribunal, devant lequel lesdites parties seraient tenues de comparaître sans sommation nouvelle. Ainsi seraient conciliées, à peu de frais, toutes les nécessités de la situation. Les termes prohibitifs de la loi semblent ne permettre, en pareil cas, que des démarches officieuses entre le juge-commissaire et les avoués. C'est évidemment une lacune échappée aux prévisions du législateur, qui ne s'est pas aperçu que le but essentiel qu'il se proposait, c'est-à-dire mettre les parties en présence devant le juge-commissaire, ne pouvait être atteint à cause de l'absence des mesures qu'il défendait de prendre. Quoi qu'il en soit, c'est aux tribunaux à corriger ce que la loi présente de défectueux, et les avoués doivent se conformer aux usages suivis dans le ressort où ils exercent. Les traditions suffisent pour les éclairer.

89. Notre auteur ajoute ensuite qu'un examen plus attentif de la difficulté a modifié son opinion. — Au jour fixé, dit-il, le juge-commissaire fait son rapport, et le tribunal statue. Expédition du jugement est levée par le poursuivant, qui la signifie à avoué et à partie, avec sommation de comparaître devant le notaire au jour indiqué par ce dernier. Dans l'intervalle, cet officier public termine son travail. Il en donne ensuite connaissance aux parties, qui l'approuvent, et cette approbation est constatée par un procès-verbal. Les frais du jugement sont ceux d'un jugement sur incident. Les avoués, qui ont obtenu la distraction des dépens à employer en frais privilégiés de partage, doivent, selon M. Chauveau, faire notifier un extrait du dispositif au notaire, s'ils veulent conserver le privilège, afin que cet officier public déduise le montant de ces frais de la masse à partager. — Relativement aux frais, V. *infrà*, n. 150 et s.

90. M. Rodière, t. 3, p. 464, pense que le juge-commissaire doit tâcher de concilier les parties, et que, s'il n'y parvient pas, ou si quelqu'une ne se présente pas devant lui, il les renvoie à l'audience. Si l'honorable professeur a voulu exprimer cette pensée, qu'il entrait dans les devoirs bien entendus du juge-commissaire de tenter cette conciliation, M. Chauveau déclare être de son avis; mais s'il a entendu dire que ce juge était *tenu*, avant d'ordonner le renvoi devant le tribunal, de pratiquer cet essai; que c'était là une formalité à laquelle les parties avaient droit, et dont l'omission pouvait faire l'objet d'un recours, notre auteur ne partage pas son opinion, parce que le contredit élevé par un des copartageants ne présente pas le caractère *de demande principale, introductive d'instance*, exigé par l'art. 48, Cod. proc. C'est aussi ce qui a été jugé par la Cour d'Orléans, dans l'arrêt du 12 juin 1845 cité plus haut, n. 87, et dont M. Morin a approuvé la solution dans les observations qui y sont jointes.

90 *bis*. Lorsqu'il y a des mineurs, le conseil de famille n'a pas à délibérer sur les contestations auxquelles donne lieu le partage : Cass., 24 fév. 1879 (*J. Av.*, t. 104, p. 462).

91. La Cour de Besançon a jugé, le 1er avril 1863 (*J. Av.*, t. 88, p. 312), que les parties, qu'elles se soient ou non présentées devant le notaire commis, peuvent, même après la clôture du débat contradictoire, élever des contestations; et que ces contestations tardives les exposent seulement à une condamnation aux dépens. — La Cour de Douai s'était déjà prononcée dans le même sens le 24 août 1839 (*Journ. de proc.*, art. 1612), et une opinion conforme a été adoptée par M. Bioche, n. 180, et par nous, *Tr.*, n. 460.

92. D'après un autre arrêt de la Cour de Douai du 14 fév. 1863 (*J. Av.*, t. 89, p. 482), des prétentions nouvelles ne peuvent être élevées contre le travail du notaire commis, sur l'appel du jugement qui a statué sur la contestation dont ce travail a été l'objet. — Mais cette décision ne saurait être suivie; et il est, au contraire, de principe certain qu'en matière de liquidation et partage, les parties sont toujours recevables à former de nouvelles réclamations, qui ne constituent que des défenses à l'action principale. V. *Appel*, n. 462, 498, 506.

93. (Q. 2506 octies A). *Le dépôt du procès-verbal du notaire doit-il nécessairement être fait au greffe? Ce procès-verbal peut-il être notifié?*

Bien qu'il ait été décidé que le juge-commissaire pouvait lui-même, du consentement de toutes les parties intéressées comparantes et majeures, recevoir en son hôtel le procès-verbal du notaire, Carré est d'avis que la prudence exige que l'on se conforme strictement à la disposition de l'art. 977; et M. Chauveau croit même que c'est la seule marche régulière. Il ajoute que le procès-verbal des difficultés ne doit jamais être notifié, et que le rapport du juge-commissaire suffit pour en saisir le tribunal. Voy. conf., MM. Bioche, v° *Partage*, n. 174; Dalloz, v° *Succession*, n. 1752; notre *Tr. du part.*, *loc. cit.* — Consult. une délibération du tribunal civil de la Seine (*J. Av.*, t. 43, p. 410).

94. (Q. 2506 octies B). *Le jugement rendu par défaut, sur le renvoi du juge-commissaire à l'audience, est-il susceptible d'opposition?*

M. Rodière, t. 3, p. 464, se prononce pour l'affirmative, sur le motif que la voie de l'opposition est tellement favorable, qu'il faudrait, pour l'exclure, une disposition formelle qui n'existe pas ici. M. Chauveau pense, au contraire, que, lorsque les parties ont comparu devant le notaire liquidateur, il n'y a plus d'opposition possible au jugement qui prononce sur le contredit. C'est ce qu'a décidé un arrêt de la Cour d'Orléans du 12 juin 1845 (*J. Av.*, t. 71, p. 407).

95. (Q. 2507 ter). *La sommation d'assister à la clôture du procès-verbal, prescrite par l'art. 980, est-elle toujours nécessaire?*

Carré et M. Chauveau répondent que cette sommation n'est évidemment exigée que pour le cas où les parties ne s'accordent pas pour se rendre chez le notaire afin de concourir à la clôture du procès-verbal.

96. La sommation est valablement donnée par acte d'avoué à avoué : Toulouse, 20 mars 1840 (*Journ. de proc.*, art. 1802); Bioche, n. 171; notre *Tr. du part.*, n. 459.

97. (Q. 2507 quater). *Que doit faire le notaire lorsque, sur la sommation qui leur a été faite, les parties ne se présentent pas dans son étude ou refusent de signer?*

Ainsi que l'explique Carré et que l'admet M. Chauveau, le notaire constate le défaut de comparaître ou le refus de signer, et les causes de ce refus, et la partie la plus diligente poursuit l'homologation, conformément à l'art. 981. V. conf., Bioche, n. 171; notre *Traité*, n. 459.

98. Il est donc bien certain, ajoute M. Chauveau, que le refus de signer ne forme pas une contestation de la nature de celles qui, aux termes des art. 837, Cod. civ., et 973, Cod. proc., doivent être renvoyées à l'audience. *Sic*, Bruxelles, 11 fév. 1820 (*J. de cette Cour*, t. 1er de 1820, p. 51); MM. Dalloz, v° *Vente*, n. 2078, et *Succ.*, n. 1756, et Bioche, v° *Partage*, *loc. cit.*

99. M. Rodière, t. 3, p. 466, observe qu'il suffit que l'un des copartageants soit absent pour que le notaire ne puisse clore le partage, et que l'entérinement du rapport contenant la composition des lots soit indispensable. Il enseigne, d'un autre côté, p. 470, que, si toutes les parties sont majeures et capables, et qu'elles comparaissent toutes devant le notaire au jour fixé pour la clôture du procès-verbal, le notaire peut leur épargner les frais d'un jugement d'homologation, en se faisant assister d'un second notaire ou de deux témoins, pour attester solennellement l'accord de ces parties. M. Chauveau regarde avec raison ces deux points comme incontestables.

100. (Q. 2507 quinquies). *Peut-on opposer la signature donnée au procès-verbal comme une fin de non-recevoir contre la demande en rescision du partage formée en temps utile?*

Carré enseigne la négative, qu'il fonde sur ce que la loi, en exigeant la signature des intéressés, n'a eu d'autre but que de mettre les parties à portée de prendre connaissance du partage, afin de faire, si elles le veulent, leurs dernières observations sur ce partage. — V. aussi en ce sens, Paris, 20 fév. 1832 et 22 déc. 1838 (D.P.34.2.190; 39.2.35); MM. Thomine-Desmazures, t. 2, p. 622; Paignon, t. 2, p. 124, n. 299, et notre *Traité*, n. 459. M. Chauveau pense que cette décision serait plus convenablement fondée sur la disposition générale de l'art. 888, Cod. civ., aux termes de laquelle l'action en rescision est admise contre *tout acte* qui a pour objet de faire cesser l'indivision entre cohéritiers, encore qu'il fût qualifié de vente, d'échange, de transaction ou de toute autre manière.

§ 2. — Formation et tirage au sort des lots.

101. (Q. 2506 ter). *Quand peut-on dire que les droits des intéressés sont* LIQUIDES, *comme l'art.* 975 *l'exige pour que les experts composent les lots en procédant à l'estimation?*

C'est, dit Carré, lorsqu'ils sont constants et déterminés, soit par la loi, soit par un testament reconnu valable, soit enfin par la convention, s'il s'agit de la simple division d'objets possédés par des coïntéressés, de manière que chacun connaisse sa part, et qu'il ne s'élève à ce sujet aucune contestation sur la quotité.

M. Chauveau approuve cette explication, qui est également reproduite par M. Paignon, t. 2, p. 111, n. 282.

102. (Q. 2507). *S'il y a des mineurs, des interdits ou des absents, les lots peuvent-ils être faits par un cohéritier?*

Non, répond Carré; il faut en ce cas qu'un expert soit nommé par le juge-commissaire.

C'est ce qui résulte, en effet, de la disposition de l'art. 978, Cod. proc., ainsi que nous l'avons remarqué dans notre *Tr. du part.*, n. 452. Cette solution est admise aussi par M. Chauveau, après MM. Thomine-Desmazures, t. 2, p. 620, Paignon, t. 2, p. 119, n. 226, et Colmet-Daage, t. 2, n. 1164.

M. Bioche, vº *Partage*, n. 166, exprime l'avis qu'en pareil cas, il n'y a pas lieu à désignation d'expert, si le tribunal a dispensé de l'expertise préalable. Au contraire, la Cour de Caen, par deux arrêts des 30 janv. 1843 et 29 avril 1844 (*J. Av.*, t. 68, p. 372), a décidé que, dans les partages où les mineurs sont intéressés, le juge-commissaire doit nommer un expert pour la formation des lots, bien que le tribunal saisi de la demande ait ordonné qu'il serait procédé au partage sans expertise préalable. C'est la doctrine que nous avons défendue, *loc. cit.*, et que M. Chauveau embrasse également.

103. Il résulte d'un arrêt de la Cour de Bordeaux, du 17 fév. 1858 (*Journ. de cette Cour*, 1858, p. 59), que le notaire commis peut, sans en avoir reçu la mission, valablement procéder lui-même à la formation des lots et à leur tirage au sort, s'il constate dans son procès-verbal que ces opérations n'ont eu lieu que sur les réquisitions et du consentement des parties, et cela, alors même que l'une d'elles aurait cependant refusé de signer le procès-verbal. — Il n'y avait pas de mineurs, ni d'absents, ni d'incapable, observe M. Chauveau ; et si le défaut de signature de procès-verbal n'était pas motivé sur le refus de confier au notaire le mandat de former les lots, ce refus ne pouvait pas infirmer l'autorité du mandat collectivement donné.

104. (Q. 2507 bis). *Quelle est la marche à suivre pour faire nommer un expert, dans le cas prévu par l'art.* 978, *et comment procède cet expert ou le copartageant nommé pour composer les lots?*

Celui qui poursuit le partage, dit Carré, présente requête au juge-commissaire, pour avoir permission de faire citer ses copartageants devant lui, afin d'être présents à la nomination de l'expert. Cette nomination étant faite contradictoirement avec ceux-ci, l'expert prête serment devant le juge-commissaire et fait un rapport dans lequel il établit la composition des lots ; ce rapport est reçu et rédigé par le notaire à la suite des opérations précédentes. Il en est de même, à l'exception du serment, lorsque les lots sont formés par un copartageant ; l'usage assez généralement reçu est de faire composer les lots par le plus âgé.

Cette marche, indiquée aussi par MM. Favard de Langlade, t. 4, p. 137; Thomine-Desmazures, t. 2, p. 621 ; Paignon, t. 2, p. 119, n. 226 ; Bioche, vº *Partage*, n. 167, est celle que nous avons nous-même énoncée dans notre *Traité du partage*, n. 453, et qu'approuve également M. Chauveau.

105. Il y a lieu de reconnaître, dit ce dernier auteur, avec un arrêt de la Cour de Montpellier, du 27 janv. 1852 (*J. Av.*, t. 78, p. 134), que lorsque trois experts ont été commis pour dresser un rapport en matière de partage, et qu'ils ont régulièrement déposé ce rapport, si l'un d'eux seulement est ultérieurement commis pour la composition des lots, il peut former valablement ces lots sans nouvelle prestation de serment.

106. (Q. 2507 novies). *Comment se fait le tirage des lots ordonné par le jugement d'homologation du partage, conformément à l'art. 982?*

Comme le dit Carré, il se fait au sort, conformément à l'art. 834, Cod. civ. Les parties elles-mêmes sont appelées à tirer au sort; mais, si elles s'y refusent, comme ce refus, observe M. Chauveau, ne doit pas empêcher l'exécution d'un acte de la justice, ce serait alors au juge lui-même ou au notaire à procéder à ce tirage. Conf., M. Paignon, t. 2, p. 127, n. 305. M. Rodière, t. 3, p. 471, pense que les parties doivent être sommées d'assister au tirage, par acte d'avoué ou par exploit, et qu'il y est procédé tant en leur absence qu'en leur présence. Il ajoute que si le partage est renvoyé devant notaire, celui-ci doit procéder avec l'assistance d'un confrère ou de deux témoins; que son procès-verbal en forme exécutoire doit être notifié aux autres parties avant qu'on puisse en poursuivre l'exécution, et que, s'il a lieu devant le juge-commissaire, l'ordonnance de ce dernier doit être notifiée à avoué, conformément à l'art. 147. Dans l'usage, dit M. Chauveau, le tirage au sort se fait devant un seul notaire, qui est réputé accomplir un acte complémentaire du mandat qu'il a reçu de justice et pour lequel l'art. 977 trace une forme spéciale de procéder.

107. D'une solution de la Régie, en date du 25 sept. 1848, il résulte que le procès-verbal de tirage au sort des lots peut être écrit à la suite du partage et sur la même feuille de papier timbré.

108. Sur l'opération du tirage, voy. les explications que nous avons données dans notre *Tr. du part.*, n. 465.

109. (Q. 2506 bis). *Le tirage au sort est-il si impérieusement prescrit par la loi, que tout partage par attribution soit interdit?*

M. Chauveau rappelle que la jurisprudence et la doctrine ont proclamé le principe du tirage au sort comme absolu, en exceptant toutefois certaines hypothèses, et notamment celle où le partage par attribution serait fait avec le consentement unanime des parties, consentement qui peut être donné par le tuteur au nom de son pupille, pourvu que ce soit avec les garanties exigées par l'art. 467, Cod. civ. V. en ce sens notre *Tr. du part.*, n. 454.

110. Mais le partage par attribution pourrait-il être ordonné, dans certains cas, par le tribunal, malgré l'opposition de l'une des parties? Dans ses observations sur le projet devenu la loi du 2 juin 1841, la Cour de Besançon proposait de trancher affirmativement cette question pour le cas d'inégalité dans les droits des copartageants. Mais cette innovation fut combattue par le garde des sceaux, qui objecta « qu'il était impossible de jeter dans une loi de procédure une disposition de cette importance, sans la mettre en harmonie avec les dispositions du Code civil; et que, comme il n'était pas question des partages, mais seulement des licitations, l'amendement était inadmissible. » On eut beau répondre que c'était là une erreur matérielle, puisque le titre est intitulé *des Partages et licitations*, l'amendement ne fut pas adopté par la Chambre. Et, comme il avait été reconnu dans la discussion que la jurisprudence qui consacrait le partage par attribution, et qu'on voulait faire prévaloir par l'amendement, était néanmoins contraire à la loi existante, on peut en conclure, observe M. Chauveau, que le partage par attribution n'est jamais permis sans le consentement unanime des parties.

111. M. Duvergier, t. 41, p. 286, note 2, est encore plus restrictif, puisqu'il enseigne que, s'il y a des mineurs, le tirage des lots au sort est indispensable, et que le mode de partage par attribution ne peut être permis qu'entre majeurs et avec leur consentement. M. Rodière, au contraire, t. 3, p. 466, après avoir examiné longuement la difficulté, conclut en disant que le tirage des lots n'est obligatoire que lorsque, tous les prélèvements ayant été exercés, ce qui reste dans la succession doit se diviser en autant de parts *égales* qu'il y a de copartageants ou de souches copartageantes. L'une ou l'autre condition manquant, le tribunal peut autoriser le partage par attribution, soit avant que les lots aient été composés par le cohéritier ou l'expert, soit après, en sanctionnant ou en réformant le rapport. — La jurisprudence, suivant la remarque de M. Chauveau, ne confirme pas cette doctrine. La Cour de Caen a, il est vrai, décidé, le 20 août 1847 (*J. Av.*, t. 77, p. 135), qu'à raison des circonstances, lorsque les copartageants ont des droits inégaux, les tribunaux peuvent ordonner que le partage d'immeubles indivis s'opérera par lots d'attribution. Elle a adopté ce système sur le motif unique qu'il était le seul raisonnablement praticable, dans l'espèce, d'après les circonstances de la cause. Mais la Cour suprême, en cassant un arrêt de la Cour de Colmar, du 6 juin 1844, a formellement déclaré, le 26 avril 1847 (*ibid.*), que la prescription de la loi qui veut que dans les partages judiciaires les lots soient tirés au sort doit être rigoureusement observée; qu'ainsi, l'institution contractuelle d'une quote-part de l'universalité de la succession doit être prise sur toute la succession au moyen d'un partage dans les règles, fait avec tous les successibles, et non sur une partie déterminée de cette succession, en excluant d'autres biens dont l'instituant aurait disposé au profit de ses autres héritiers; et, d'un autre côté, la Cour de Montpellier a reconnu que le partage par voie d'attribution de lots peut être ordonné *lorsque tous les cohéritiers majeurs et maîtres de leurs droits y consentent*, en ajoutant qu'on n'est pas admis à réclamer le tirage au sort lorsqu'un jugement passé en force de chose jugée a ordonné le partage par attribution : arrêt du 21 janv. 1848 (*ibid.*). — De même, la Cour de Lyon a jugé, le 18 août 1849 (*ibid.*), qu'il ne suffit pas, pour pouvoir faire ordonner un partage de biens par attribution, que la division des immeubles ne puisse se faire commodément; qu'il faut nécessairement le consentement de tous les copartageants; sinon il doit être procédé à la vente par licitation devant le tribunal du lieu où la succession s'est ouverte et où les immeubles sont situés. — Enfin, la Cour de Bastia a aussi décidé, le 4 janv. 1858 (S.-V.58.2.88), que le lotissement par attribution n'est pas dans les pouvoirs du juge. — Telle est l'opinion de MM. Colmet-Daage, t. 2, p. 552, n. 1164, et Bioche, v° *Partage*, n. 195; et c'est celle que nous avons nous-même embrassée dans notre *Traité* précité, n. 453. M. Dalloz, v° *Success.*, n. 1835, pense que, suivant les cas, le partage peut être fait par voie d'attribution.

§ 5. — Homologation du procès-verbal de partage.

112. (Q. 2507 sexies). *Comment s'exécute la disposition de l'art. 981, en ce qu'elle porte que le notaire remettra* l'expédition *du procès-verbal à la partie la plus diligente ?*

Carré remarque que, par le mot *procès-verbal*, le législateur a entendu désigner ici, non l'acte séparé contenant les dires et contestations des parties, et dont la minute est déposée au greffe, selon l'art. 977, mais celui qui contient la liquidation de la succession ou de la communauté, la formation de la masse et des lots. Telle est aussi l'opinion de M. Rodière, t. 3, p. 470. — Quant à M. Chauveau, il dit que, dès qu'il est entendu que le procès-verbal contenant les dires des parties est distinct de l'acte de partage, le premier doit être remis au greffe en minute, et le second délivré en expédition à la partie la plus diligente. Peu importe la qualification qu'on donne à chacun d'eux. V. aussi MM. Colmet-Daage, t. 2, p. 554, n. 1165; Bioche, v° *Partage*, n. 183, ainsi que les observations que nous avons présentées dans notre *Tr. du part.*, n. 462.

113. (Q. 2507 septies). *De ce que l'art.* 981 *porte que le tribunal homologuera le partage, les parties présentes ou appelées,* si toutes n'ont pas comparu *à la clôture du procès-verbal, s'ensuit-il que l'on ne doive pas appeler les parties qui ont comparu et signé le procès-verbal ?*

Carré répond, et M. Chauveau avec lui, que les parties qui ont signé le procès-verbal doivent elles-mêmes être appelées, parce qu'un acte de partage n'est obligatoire qu'autant qu'il a été consenti par tous les intéressés; que si un seul d'entre eux refuse de l'approuver, les autres cessent d'être liées; que, d'ailleurs, ceux qui ont signé le partage ont intérêt à connaître et à contester les motifs d'opposition qui pourraient être allégués par ceux qui n'auraient pas comparu à la clôture du procès-verbal; et enfin que les termes mêmes de l'art. 981 prouvent qu'il suffit qu'une seule partie ne se soit pas présentée lors de cette clôture pour que toutes soient assignées sur la demande en homologation.

C'est aussi l'avis de MM. Pigeau, *Comm.*, t. 2, p. 690; Thomine-Desmazures, t. 2, p. 622; Paignon, t. 2, p. 123, n. 297; Colmet-Daage, t. 2, p. 554, n. 1165; Bioche, v° *Partage*, n. 185; Dalloz, v° *Success.*, n. 1819, ainsi que le nôtre (*Tr. du part.*, n. 461).

114. (Q. 2507 octies A). *Dans le cas de l'art.* 981, *comment la partie la plus diligente doit-elle poursuivre l'homologation ?*

M. Chauveau avait dit, en 1841 : « La partie la plus diligente poursuit l'homologation en la demandant par un réquisitoire sur le procès-verbal du juge-commissaire, lequel renvoie les parties à l'audience; c'est ce qui résulte par induction des termes de l'art. 823, Cod. civ., qui veut que les contestations relatives au partage soient jugées sur le rapport du juge-commissaire, et de l'art. 981, Cod. proc. civ., qui dit que l'homologation aura lieu sur son rapport. »

115. En 1861, notre auteur a reconnu qu'on peut procéder par voie de requête présentée au tribunal et non pas seulement au juge-commissaire, lorsque toutes les parties ont signé le procès-verbal de clôture de la liquidation; en ajoutant que le tribunal ne doit accueillir cette requête que si elle est signée de tous les avoués en cause, et que, dans le cas où, soit l'une des parties, soit plusieurs, ont fait défaut à la clôture de la liquidation, on doit se pourvoir autrement. Conf., MM. Bioche, n. 182, Dalloz, n. 1826, et notre *Tr. du part.*, n. 461.

M. Chauveau explique que le président rend, au bas de la requête, une ordonnance portant que la requête, la liquidation et les pièces à l'appui, seront communiquées au procureur de la République; que ce dernier magistrat, après avoir examiné la liquidation, donne ses conclusions; que le juge commis fait son rapport, et qu'ensuite le tribunal rend le jugement d'homologation, dont la minute est écrite par le greffier à la suite des conclusions du ministère public; qu'enfin, le tout est expédié avec la formule exécutoire, la requête servant de qualités du jugement.

116. Ce jugement doit-il être signifié aux subrogés tuteurs des mineurs ou interdits, pour faire courir à leur égard les délais de l'appel? M. Chauveau pense qu'il est prudent de faire procéder à cette signification. Cependant, la négative est enseignée dans un article inséré au *Droit*, du 20 oct. 1852, n. 252. — Il a été jugé que lorsque la décision qui homologue un partage doit être exécutée par des tiers, la signification à ces tiers est indispensable (*ibid.*).

117. Quand on ne procède point par voie de requête collective, il s'élève, remarque notre auteur, des difficultés pratiques qui ne reçoivent pas les mêmes solutions devant tous les tribunaux.

1° Faut-il présenter requête au juge-commissaire pour obtenir une ordonnance indiquant le jour auquel il fera son rapport? La négative est admise dans beaucoup de ressorts; néanmoins, dans certains autres, cette requête est présentée, et copie de l'ordonnance donnée en tête de l'assignation. C'est la procédure que M. Chauveau avait indiquée en 1841. V. *suprà*, n. 114.

2° Lorsque les parties ont constitué avoué sur la demande en partage, doivent-elles être appelées à l'homologation par simple acte d'avoué ou par assignation? L'assignation doit-elle être signifiée au domicile réel ou au domicile élu de droit chez l'avoué? La demande en homologation, répond M. Chauveau, n'est certainement pas une demande nouvelle; elle n'est qu'une phase particulière de la procédure de liquidation; tout au plus pourrait-on la considérer comme un acte tendant à l'exécution du jugement intervenu sur la demande en partage. Or, dans la première hypothèse, un simple acte d'avoué à avoué doit suffire pour appeler les parties; il en est de même dans la seconde. V. en sens MM. Boucher-d'Argis, v° *Partage*, n. 14; Dalloz, v° *Succession*, n. 1823, et notre *Traité*, n. 461.

M. Chauveau dit qu'à Toulouse, l'avoué poursuivant fait signifier un acte de conclusions tendant à l'homologation; que les autres avoués répondent par un acte analogue, s'il y a lieu, et que l'audience est dénoncée par un simple avenir. — Mais notre auteur est d'avis qu'il est plus simple de notifier dans un même acte les conclusions et l'avenir.

Si l'on regarde une assignation comme indispensable, ajoute-t-il, elle doit être donnée au domicile réel; car, si le domicile était élu de droit chez l'avoué, celui-ci serait considéré comme occupant encore, et un simple acte suffirait.

118. Dans notre *Traité du partage, loc. cit.*, nous avons signalé un arrêt de la Cour de Riom du 14 janv. 1842 (D.P.42.2.71), qui a jugé que si, durant les comptes auxquels a procédé le notaire, l'avoué de l'une des parties a cessé de postuler, le notaire a pu valablement continuer ses opérations sans qu'il fût nécessaire d'assigner cette partie en constitution de nouvel avoué; mais que, dans le cas où le copartageant dont l'avoué est démissionnaire n'a pas comparu à la clôture du procès-verbal, l'homologation du partage n'a pu être poursuivie en justice sans assignation en constitution de nouvel avoué. La première partie de cette décision nous a paru parfaitement exacte; mais nous avons considéré la seconde comme trop restrictive; car elle suppose, avons-nous dit, que, si l'héritier dont l'avoué a cessé ses fonctions avait concouru à la clôture du procès-verbal, il aurait été inutile de l'appeler (et par conséquent de l'assigner en constitution de nouvel avoué), tandis que l'art. 981 ne saurait être ainsi entendu. V. *suprà*, n. 113.

119. (Q. 2507 octies B). *Le jugement d'homologation d'une liquidation qui intéresse des mineurs doit-il être rendu à l'audience et non en chambre du conseil, soit que l'homologation ait été demandée par voie de requête collective, soit qu'elle ait été provoquée par le poursuivant dans la forme ordinaire?*

Un arrêt de la Cour de Paris, du 16 janvier 1855 (le *Droit* du 1er février), a décidé que ce jugement doit être rendu à l'audience publique, en se fondant sur les motifs suivants : « La loi ne prescrit point de formes particulières pour les demandes en partage; elles constituent dès lors des instances qui doivent être suivies conformément aux règles ordinaires de la procédure. Or, en général, la publicité est de l'essence des jugements, sauf les cas réservés, ils doivent être rendus à l'audience, et leur validité tient à l'accomplissement de cette condition. — Aucune disposition ne soustrait à la publicité les homologations de partages dans lesquels figurent des mineurs ; il résulte, au contraire, de la saine entente et de la combinaison des art. 966, 969, 981, Cod. proc., que les jugements d'homologation ne peuvent être rendus qu'à l'audience. — D'ailleurs, rien ne s'oppose à ce que les parties, quand le partage ne soulève aucune difficulté, présentent une requête collective, et à ce que le tribunal, sur le rapport du juge-commissaire et sur les conclusions du ministère public, statue sans autre procédure à l'audience publique. »

120. Cet arrêt, qui infirme un jugement du tribunal civil de la Seine, du 8 déc. 1854, portant qu'à défaut de contestation, la chambre du conseil est seul compétente, a été accompagné d'observations approbatives par M. Bertin, dans le journal *le Droit.* — Après avoir rappelé la doctrine développée dans son ouvrage sur la *Chambre du conseil,* doctrine qui distingue entre la juridiction gracieuse et la juridiction contentieuse, pour réserver la première à la chambre du conseil, et ne lui attribuer que très exceptionnellement la seconde, M. Bertin se demande à laquelle des deux catégories appartiennent les jugements d'homologation où figurent des mineurs. Voici comment il s'exprime à ce sujet : « Si nous avions à nous expliquer sur l'opportunité d'une instance alors que le compte, la liquidation et le partage ne soulèvent aucune difficulté, nous dirions que, s'agissant non d'un litige, mais de l'appréciation, dans l'intérêt des incapables, de l'utilité d'un acte auquel les parties auraient pu procéder seules si elles avaient été toutes capables, il n'y a pas lieu, dans de telles circonstances, d'engager une instance qui aurait pour résultat des frais et des lenteurs inutiles; que l'incapacité de l'une ou de plusieurs des parties étant le seul obstacle à la réalisation des comptes, liquidation et partage, il y aurait lieu, dans ce cas, de recourir à l'autorité judiciaire, qui a été instituée pour habiliter à contracter les incapables ou leurs représentants, et que, par conséquent, la voie à suivre, en pareille matière. serait celle de l'autorisation qui doit être sollicitée de la chambre du conseil. Mais telle n'a pas été incontestablement la volonté de la loi; il suffit de lire l'art. 838, Cod. civ., et les art. 966 et 984, Cod. proc., pour être convaincu que les demandes en compte, liquidation et partage doivent, en toute circonstance, et même en l'absence de contradiction, être formées par action principale et donner lieu à une instance, alors que des incapables se trouvent intéressés dans ces opérations. Cette règle, qui doit servir de point de départ à la controverse qui s'est établie sur la question que nous examinons, fournit un argument capital contre la doctrine du jugement de première instance.

« De l'attribution, faite à la juridiction ordinaire, de la connaissance des demandes en compte, liquidation et partage, ne résulte-t-il pas, en effet, que l'instance tout entière appartient à cette juridiction? Comment admettre la division de cette instance en deux parties qui seraient successivement dévolues à deux juridictions différentes? Le juge saisi de la demande en compte, liquidation et partage, n'a rempli sa mission qu'autant qu'il a réglé définitivement la situation des parties; lorsqu'il a ordonné le renvoi devant notaire, pour qu'il y soit procédé aux opérations de compte, de liquidation et de partage, il n'a accompli qu'une partie de sa tâche; si des contestations s'élèvent devant le notaire, ou si, en l'absence de contestation, il existe parmi les intéressés des absents ou des incapables, il doit achever son œuvre en statuant sur la demande d'homologation. Il est certain que cette demande, qui n'est qu'une suite et une conséquence de la première, qui n'est qu'une partie d'un même tout, qui termine et complète l'instance en compte, liquidation et partage, doit appartenir au juge saisi de la connaissance de cette instance. Pour qu'il en fût autrement, pour qu'une juridiction autre que celle saisie de la demande originaire pût connaître de la question d'homologation, il faudrait que l'exception eût été inscrite dans la loi ; or, cette exception n'existe pas. Reste donc la règle qui ne permet pas d'enlever au juge la connaissance d'une action dont il a été régulièrement saisi.

« Le jugement du tribunal a cru trouver cette exception dans la nature même de la juridiction de la chambre du conseil, qui, dit-on « est investie d'une juridiction spéciale *dans tous les cas* où il n'existe pas de contestation. » La doctrine qui consiste à prétendre que la chambre du conseil est compétente toutes les fois qu'il n'existe pas de contestation, n'est pas nouvelle ; nous avons déjà eu occasion de la combattre et de dire que la chambre du conseil a des attributions particulières, une juridiction spéciale, dont les limites ne doivent pas être dépassées ; que si, en matière gracieuse, elle a la plénitude de juridiction, elle ne peut connaître, en matière contentieuse, que des seules affaires qui lui ont été spécialement et exceptionnellement attribuées par les lois. Peu importe, suivant nous, qu'il y ait ou non accord entre les parties. Pour savoir si la chambre du conseil est compétente, il faut rechercher si l'affaire est gracieuse ou si, étant litigieuse, elle a été déférée par la loi à la chambre du conseil. Lorsque l'espèce ne rentre pas dans l'une ou dans l'autre de ces deux catégories, la chambre du conseil est incompétente ; les parties ne sauraient, par des consentements réciproques, lui conférer un droit de juridiction que la loi ne lui a pas donné ; les principes, l'ordre public ne permettent pas, en effet, que les limites tracées aux différentes juridictions soient dépassées.... Or, la réponse à ces deux questions ne peut être incertaine. Ces demandes ont été classées par la loi au nombre des affaires litigieuses ; non seulement elles n'ont pas été attribuées à la chambre du conseil, mais des textes précis et formels les ont spécialement déférées à la juridiction ordinaire.

« Le jugement du 8 décembre reproduit, sous des formes diverses, l'argumentation tirée de l'absence de contradiction entre les parties, et de leur accord sur la liquidation ; de même, dit-il, qu'après un partage ordonné, sur conclusions contradictoires, l'approbation de l'état liquidatif, par toutes les parties majeures, les dispenserait de l'obligation de soumettre le travail du notaire à l'homologation du tribunal, de même l'adhésion donnée à l'approbation des autres parties par le représentant légal des mineurs *met fin à tout débat* et doit, *par cette raison*, déterminer la compétence de la chambre du conseil. — Il est évident que, si toutes les parties sont majeures et s'entendent sur la liquidation, elles ne reparaîtront pas devant la justice. Si, par suite de leur accord, l'homologation n'est pas demandée, il est clair que tout se trouve terminé, et que la justice n'ayant pas à intervenir, aucune question de compétence ne peut être soulevée. — Mais, s'il y a parmi les parties intéressées des mineurs ou d'autres incapables, il faut, de toute nécessité, se pourvoir en homologation de la liquidation. Devant quel juge cette demande doit-elle être portée? Devant la chambre du conseil, répond le jugement, parce que l'accord de toutes les parties a mis fin à tout débat, et que, par cette raison, la chambre du conseil est compétente. — Nous ne pensons pas que le motif indiqué détermine la compétence de la chambre du conseil. En effet, lorsque des incapables figurent comme parties dans des compte, liquidation et partage, la loi exige, même dans le cas où aucune contestation ne s'élève entre eux, que la demande soit portée devant la juridiction ordinaire. On ne peut donc pas dire que l'accord des parties met fin à un débat qui peut n'avoir jamais existé, et que cet accord, qui n'a pas dispensé les parties de l'obligation de porter la demande primitive devant la juridiction ordinaire, doit avoir pour résultat de dessaisir cette juridiction. Le concours des volontés, relativement à la liquidation, ne peut avoir, au point de vue de la compétence, des conséquences autres que celles du concours des mêmes volontés sur la demande en partage. Or, dès qu'il est constant que ce concours ne dispense pas les parties de l'obligation de recourir à la juridiction ordinaire, elle seule doit et peut statuer. C'est donc avec raison que la Cour a déclaré que la demande en homologation de liquidation devait être soumise aux juges ordinaires. »

121. M. Chauveau fait remarquer que l'arrêt de la Cour de Paris, contraire à la jurisprudence constante du tribunal civil de la Seine, a conduit M. Bertin à modifier l'opinion par lui exprimée dans son ouvrage, t. 1, p. 275, où il dit que « si toutes les parties sont d'accord pour l'homologation, elle est demandée par requête collective, signée des avoués de toutes les parties, communiquée au ministère public, qui donne ses conclusions écrites ; le jugement est rendu *à huis clos en chambre du conseil,* sur le rapport du juge-commissaire. »

Bien qu'il se soit prononcé pour la compétence de la chambre du conseil, dans son *Formul. de proc.*, t. 2, p. 607, formule n° 990, M. Chauveau dit ici que, n'étant pas, en principe, partisan des jugements à huis clos, il est tout disposé à suivre la doctrine de l'arrêt de la Cour de Paris, qui présente encore plus de garanties, s'il est possible, que le premier. Mais la décision en chambre du conseil offre-t-elle, en cette matière, l'apparence d'un inconvénient ? Notre auteur n'en répond pas moins négativement sans hésiter ; car, observe-t-il, toutes les formalités protectrices des intérêts des mineurs ont été épuisées lorsque l'heure de l'homologation arrive. Si le travail du notaire commis lésait le mineur, incontestablement le tuteur réclamerait, et sa réclamation serait vidée avant l'homologation par le tribunal, à l'audience. Lors donc qu'il n'y a qu'une approbation, qu'une ratification unanimes à constater, il n'y a plus procès, et la décision du tribunal n'est plus qu'un simple acte de *tutelle judiciaire*, rentrant sous tous les rapports dans les limites des attributions que M. Bertin reconnaît appartenir à la chambre du conseil.

La compétence de cette juridiction est admise par MM. Thomine-Desmazures, t. 2, p. 622, et Bioche, n. 182, et nous l'avons nous-même regardée comme incontestable dans notre *Tr. du part.*, n. 461. — *Contrà*, M. Dalloz, v° *Success.*, n. 1827.

122. (Q. 2507 octies c). *Le jugement d'homologation rendu par défaut est-il susceptible d'opposition ? Quid de l'appel ?*

M. Chauveau, après avoir rappelé que la première de ces deux questions a été résolue négativement par la Cour de Paris, les 30 déc. 1846, 27 nov. 1847 (*J. Av.*, t. 72 et 73, p. 98 et 204) et 26 mars 1857 (t. 82, p. 383), et affirmativement par le tribunal d'Arcis-sur-Aube, le 14 janv. 1847 (*J. Av.*, t. 72, p. 180), rapporte l'appréciation ci-après que le journal *le Droit* faisait en 1846 de l'arrêt de la Cour de Paris : « La jurisprudence du tribunal de la Seine paraît aujourd'hui constante à cet égard. La Cour de Paris, bien qu'elle n'ait pas eu d'occasions fréquentes de se prononcer sur ce point, a admis la doctrine des juges du premier degré ; et la deuxième chambre, notamment, en refusant aujourd'hui la voie de l'opposition, n'a fait que confirmer une jurisprudence qu'elle avait déjà adoptée en 1836 ; toutefois, nous ne saurions admettre l'assimilation trop large que les motifs du jugement établissent en la forme, entre la procédure générale sur les partages et liquidations et l'instruction par écrit. Tout en reconnaissant les points de contact qui unissent ces deux procédures, nous craindrions qu'un rapprochement trop absolu n'entraînât des conséquences inattendues, contraires aux principes différents qui ont guidé le législateur, lorsqu'il a réglementé l'une et l'autre matière. »

123. Ces réflexions sont fort sages, dit M. Chauveau. Le juge est exposé à commettre des erreurs, lorsqu'il puise des fins de non-recevoir dans les règles particulières d'une procédure spéciale et tout exceptionnelle. Les licitations et partages ne sont pas des instructions par écrit. Si la Cour de Paris voulait chercher des assimilations plus naturelles, elle en aurait trouvé dans la procédure d'ordre. Notre auteur pencherait néanmoins à adopter la solution qu'a cru devoir combattre le rédacteur du *Droit*, mais en se défendant de donner à cette solution des conséquences trop étendues ; ainsi il n'admettrait pas que la plaidoirie fût interdite, par analogie avec ce qui se pratique en matière d'instruction par écrit. Et même, comme une instruction par écrit peut être ordonnée par défaut, et qu'alors la voie de l'opposition est évidemment ouverte contre le jugement qui l'a prescrite, il regarderait comme admissible, en matière de partage, l'opposition au jugement d'homologation, qui serait le dernier acte d'une procédure contre un défaillant.

Il peut y avoir, au moment de l'homologation, ajoute M. Chauveau, des motifs d'opposition si graves, qu'il ne faut pas légèrement priver une partie du droit naturel de prévenir un dernier acte qui la dépouille sans qu'elle ait assisté à la procédure antérieure. Si la sommation de paraître devant le notaire n'a pas été faite, ou l'a été irrégulièrement, tout ce qui aura suivi sera par défaut, et l'opposition au jugement d'homologation sera permise. La Cour de Paris elle-même, dit-il, l'eût décidé ainsi, puisqu'elle a pris le soin de constater que, dans l'espèce de l'arrêt mentionné ci-dessus, les parties avaient été régulièrement appelées tant devant le notaire que devant le tribunal.

124. La doctrine de M. Chauveau a été consacrée par un jugement du tribunal d'Arcis-sur-Aube du 14 janv. 1847 (*J. Av.*, t. 72, p. 180), par un jugement du tribunal de la Seine du 25 mai 1860 (*Droit* du 29 juin), par un arrêt de la Cour de Riom du 2 fév. 1867 (t. 92, p. 327), qui l'applique même au cas d'un jugement de défaut profit-joint, et par un arrêt de la Cour de Chambéry du 2 fév. 1870 (t. 95, p. 392). Mais l'interprétation contraire a prévalu en jurisprudence comme parmi les auteurs. Aux décisions citées par M. Chauveau, il faut ajouter un nouvel arrêt de la Cour de Paris du 6 mars 1862 (t. 88, p. 65), deux arrêts de la Cour de cassation des 7 juill 1869 (S.-V.70.1.14) et 24 juin 1874 (*J. Av.*, t. 100, p. 249), et un arrêt de la Cour de Bordeaux, du 3 juin 1872 (t. 99, p. 22) ; MM. Poujol, *Success.*, t. 2, p. 81 ; Bioche, v° *Partage*, n. 187 et 189 ; Mollot, *Liquidations judiciaires*, n. 193 ; Michaux, *Id.*, n. 2004 ; Dalloz, v° *Success.*, n. 1031 ; notre *Tr. du part.*, n. 464, et notre *Formulaire annoté*, t. 2, p. 867, n. 47. — L'arrêt de la Cour de Bordeaux et celui de la Cour de cassation du 24 juin 1874 déclarent l'opposition non recevable de la part des parties qui n'ont pas comparu lors du jugement homologatif, mais avec lesquelles l'instance en partage avait été liée contradictoirement, encore bien qu'après le jugement qui a ordonné le partage, l'avoué de ces mêmes parties ait donné sa démission, et qu'il n'en ait pas été constitué d'autre, si ces parties ont été assignées en reprise d'instance et en constitution de nouvel avoué, et si, sur cette assignation, un jugement par défaut a tenu l'instance pour reprise.

125. L'appel du jugement qui homologue le partage est évidemment recevable aux yeux de M. Chauveau, dont l'opinion est conforme à celle des auteurs précités et à la nôtre, *loc. cit.*

126. La Cour de Paris a décidé, le 29 juill. 1840 (*J. Av.*, t. 59, p. 530), que les jugements d'homologation sont sujets à l'appel comme les autres jugements, encore bien qu'aucune contestation n'ait été élevée dans l'intérêt des mineurs, et que le tuteur ait signifié le jugement sans réserves. — Mais la Cour de Caen a très exactement jugé, le 26 mai 1856 (*Journ. de cette Cour*, 1856, p. 208), que lorsqu'un acte de partage intéressant des majeurs et des mineurs a été rédigé par un notaire, et que dans le procès-verbal même du notaire toutes les parties majeures y ont acquiescé, elles ne peuvent ni revenir sur cet acquiescement, ni critiquer le partage, ni, par suite, relever appel du jugement d'homologation qui, vu la présence des mineurs, a dû être rendu.

127. (Q. 2507 decies A). *En quel sens doit être entendue la disposition de l'art.* 983 *d'après laquelle soit le greffier, soit le notaire, sont tenus de délivrer extrait total ou partiel du procès-verbal de partage?*

Carré, repoussant l'opinion de certains commentateurs d'après lesquels le greffier ne peut avoir d'occasion de délivrer des extraits du procès-verbal de partage qu'autant qu'il a été homologué, et le notaire qu'avant l'homologation, c'est-à-dire pendant le cours de ses opérations, exprime l'avis que le greffier peut délivrer, même avant l'homologation, des extraits du procès-verbal des dires et contestations dont la minute est déposée en son greffe, conformément à l'art. 977, et que, l'homologation ordonnée, il a concurrence avec le notaire pour délivrer des extraits du procès-verbal, dont l'expédition, sur laquelle l'homologation est intervenue, lui est restée pour faire partie de ses minutes.

M. Chauveau approuve cette interprétation, qui est aussi adoptée par MM. Thomine-Desmazures, t. 2, p. 623; Paignon, t. 2, p. 128, n. 307; Colmet-Daage, t. 2, p. 554, n. 1165. Cependant, ajoute notre auteur, un arrêt de la Cour de Riom, du 23 avril 1834 (*J. Av.*, *t.* 47, p. 611), la condamne formellement et la rend même impossible, en décidant que l'expédition du procès-verbal de partage délivrée par le notaire à la partie la plus diligente qui veut en poursuivre l'homologation, ne doit pas être déposée au greffe pour devenir une seconde minute. Par une conséquence naturelle de cette solution, le même arrêt décide aussi que le jugement d'homologation doit être porté sur la feuille d'audience, et non à la suite de l'expédition du procès-verbal. M. Bioche, v° *Partage*, n. 184, fait remarquer que ce mode de procéder est toujours suivi à Paris; et il l'admet avec MM. Boucher-d'Argis, n. 14, et Dalloz, v° *Succession*, n. 1758. — M. Chauveau déclare qu'à ses yeux la doctrine consacrée par la Cour de Riom est en opposition formelle avec le texte de l'art. 983, qui, si elle était admise, n'aurait, dit-il, plus d'application. Au reste, observe notre auteur, le greffier peut toujours délivrer expédition du procès-verbal des dires des parties, dont la minute est déposée à son greffe, d'après l'art. 977.

128. Pour nous, dans notre *Tr. du part.*, n. 462, nous avons embrassé l'opinion que combat M. Chauveau. « Le procès-verbal renfermant les dires des parties, avons-nous observé, doit être déposé au greffe parce que législateur a voulu qu'il n'en fût pas délivré d'expédition, et que cependant les magistrats pussent en prendre connaissance; mais il n'en est point de même pour l'acte de partage; il doit être expédié; l'art. 981 l'atteste énergiquement. Quelle nécessité pourrait-il donc y avoir de le déposer au greffe? Quant à l'art. 983, il ne signifie autre chose, suivant-nous, si ce n'est que le notaire et le greffier peuvent délivrer des extraits, l'un de l'acte de partage, l'autre du procès-verbal contenant les réclamations des parties: nous n'hésitons pas à croire qu'ici le législateur a confondu ces deux actes dans la seule expression d'acte de partage, et l'un n'est, en effet, qu'une dépendance de l'autre. Nous n'admettons pas même que l'expédition de l'acte de partage doive être déposée au greffe après l'homologation. Encore une fois, nulle disposition du Code de procédure ne prescrit ce dépôt, et il est impossible d'en concevoir l'utilité, dès l'instant que les parties ont la faculté de se faire délivrer par le notaire tels extraits de l'acte de partage qu'elles désirent. »

129. Un jugement du tribunal civil d'Amiens, du 24 juill. 1874 (*J. Av.*, t. 100, p. 28) a décidé, en effet, comme l'arrêt précité de la Cour de Riom, que l'expédition du procès-verbal de liquidation et de partage remis par le notaire à la partie la plus diligente pour en poursuivre l'homologation, ne doit pas être déposée au greffe pour y devenir une nouvelle minute.

130. Le tribunal de Dunkerque est allé jusqu'à déclarer, par jugement du 8 nov. 1844 (D.P.45.3.110), que les greffiers peuvent, sans attendre la réquisition des parties, délivrer à celles-ci des extraits des procès-verbaux de partage notariés, homologués par jugement, et les contraindre à en payer le coût, bien qu'elles refusent d'accepter ces extraits comme leur étant inutiles. Nous repoussons surtout de toutes nos forces une semblable décision. Quelle que soit l'opinion que l'on adopte relativement à la nature des extraits que peuvent délivrer les greffiers, on reconnaîtra nécessairement que la disposition de l'art. 983 est simplement facultative pour les copartageants, et que les greffiers, pas plus que les notaires, ne peuvent y puiser un droit de coaction contre ces derniers.

§ 6. — Intervention dans l'instance en partage. — Opposition au partage.

131. (Q. 2507 septies-decies B). *Quels sont les droits des créanciers des copartageants pour éviter que le partage ne lèse leurs intérêts?*

M. Chauveau rappelle que l'art. 882, Cod. civ., édicte, en faveur des créanciers des copartageants, des dispositions prévoyant trois cas : 1° celui où, avant le partage, le créancier notifie, tant au cohéritier, son débiteur, qu'aux autres cohéritiers, son opposition à ce qu'il y soit procédé hors de sa présence ; 2° celui où, l'instance en partage ayant été commencée, il y intervient par requête dans la forme ordinaire ; 3° celui enfin où, le partage ayant été consommé malgré son opposition, il conserve le droit de l'attaquer. Dans les deux premiers cas, dit notre auteur, les frais que nécessite la présence du créancier sont à sa charge (Conf., Bordeaux, 23 mars 1858, *Journ. de cette Cour,* 1858, p. 291; Dalloz, v° *Success.*, n. 2020); tandis que dans le troisième, s'il parvient à prouver que le partage a été consommé par fraude à son préjudice et s'il le fait annuler, tous les frais de son action sont à la charge des copartageants, ainsi que l'a décidé la Cour d'appel de Montpellier, le 19 juin 1848. — Mais il devrait supporter les frais, si le partage était maintenu, bien qu'il eût été consommé au mépris de son opposition. L'opposition régulièrement faite, observe M. Chauveau, ne donne en effet qu'un droit au créancier opposant, celui d'être appelé, ou, s'il ne l'est pas, d'attaquer le partage *en son nom personnel;* mais lorsque son action est repoussée au fond, parce que le partage ne lui cause aucun préjudice, il a eu tort de se plaindre, il doit subir les conséquences de sa témérité.

132. M. Chauveau déclare approuver un arrêt de la Cour de Montpellier, du 15 mai 1855 (*Journ. de cette Cour,* 1856, n°s 839 et 840), qui a jugé que, dans l'application de la disposition de l'art. 882 relative aux frais d'intervention des créanciers, il faut distinguer le cas où des créanciers interviennent spontanément dans un partage pour y veiller à la conservation de leurs droits, du cas où, défendeurs à une action en délaissement, ils sont contraints par cette action même à suivre les opérations d'un partage auquel ils seraient intéressés en cas de perte du procès, pour exercer un recours subsidiaire en garantie. L'art. 882, fait pour le premier cas, est inapplicable au second, lorsque l'action qui a rendu l'intervention nécessaire se trouve mal fondée. Ainsi les frais nécessités par cette action injuste ne doivent pas être supportés par les intervenants défendeurs.

133. Disons, de notre côté, que les frais que doivent supporter les créanciers intervenants s'entendent non seulement de ceux que ces créanciers ont faits eux-mêmes, mais encore de ceux que leur présence a nécessités de la art des héritiers, par exemple, des frais de signification faits par le poursuivant aux avoués de ces créanciers, tels que droits de copies, timbre et enregistrement de ces copies, droits de signification de l'huissier audiencier et droits de copies de pièces, ainsi que de tous les frais des contestations que les créanciers ont soulevées tant en première instance qu'en appel, sauf à ceux-ci à les répéter contre les débiteurs, s'il y a lieu. V. Bordeaux, 17 janv. 1831 (D.P.31.2.80) ; Cass., 27 août 1838 (D.P.38.1.358); Orléans, 28 mars 1845 (D.P.45.4.385) ; notre *Tr. du part.*, n. 351.

134. Ces frais ne sont pas privilégiés, et ils ne peuvent être prélevés sur la part héréditaire afférente aux débiteurs ; autrement on en ferait supporter une portion par ceux des créanciers de celui-ci qui n'ont pris aucune part à la contestation, ce qui serait souverainement injuste : Orléans, 26 juill. 1849 (D.P.50.2.29) ; notre *Traité, ibid.*

135. Les créanciers de la succession ne sont pas plus recevables à intervenir dans le partage qu'ils n'ont qualité pour le provoquer (V. Metz, 28 janv. 1818; Bioche, n. 222; notre *Tr. du part.*, n. 348.—V. aussi *Licitation*, n. 64 et s.). Le contraire a été cependant admis par un arrêt de la Cour de Besançon du 1er août 1863 (*J. Av.*, t. 88, p. 312), qui a jugé que les créanciers du défunt qui interviennent en appel, dans l'instance en liquidation et partage de la succession, doivent supporter non seulement leurs frais personnels, mais encore tous ceux auxquels leur intervention peut donner lieu, et que ceux de ces créanciers qui sont intervenus en première instance dans cette procédure doivent également supporter leurs dépens en appel, bien qu'il n'y figurent que comme intimés, si, au lieu de demander leur mise hors de cause, ils ont déclaré s'en rapporter à justice. — Ces solutions seraient parfaitement exactes, s'il agissait de créanciers d'un cohéritier. Mais, selon la remarque de M. Harel sur l'arrêt précité, admettre les créanciers du défunt, auxquels le partage ne peut porter aucun préjudice, puisque leurs droits portent sur tous les biens de la succession, à intervenir dans l'instance en partage, même à leurs frais, c'est donner aux art. 882 et 2205, Cod. civ., une extension qu'ils ne comportent pas, et autoriser des frais qui, bien que ne retombant pas sur la succession, n'en sont pas moins inutiles.

136. En ce qui touche l'opposition au partage, M. Chauveau mentionne différentes décisions qui en ont apprécié les formes. Ainsi, il a été jugé par la Cour de Toulouse, le 11 juill. 1829 (*J. Av.*, t. 38, p. 160); par la Cour de cassation, le 11 nov. 1840 (t. 60, p. 115); par la Cour d'Agen, le 11 déc. 1854, et par celle de Pau, le 3 fév. 1855 (t. 80, p. 469), que la saisie pratiquée avant tout partage, par le créancier de l'un des cohéritiers sur les immeubles de la succession, équivaut à une opposition au partage lorsqu'elle a été dénoncée aux autres copartageants, ou que ceux-ci sont intervenus dans la procédure; mais cette jurisprudence, que notre auteur a combattue, a été aussi critiquée par M. Dalloz, v° *Succession*, n. 2029 ; et nous l'avons nous-même repoussée, soit dans notre *Tr. du part.*, n. 526, soit dans notre *Formulaire annoté*, t. 2, p. 803, n. 12. On peut d'ailleurs y opposer un arrêt de la Cour de Bourges du 29 août 1852 (*J. Av.*, t. 78, p. 335). — M. Chauveau n'admet pas non plus que l'opposition au partage puisse résulter d'une saisie-arrêt pratiquée sur la part indivise d'un héritier dans la succession. La même solution a été consacrée par deux arrêts de la Cour de cassation des 24 janv. 1837 et 19 nov. 1838 (*Journ. de proc.*, art. 965; D.P.39.1.16); et est enseignée par MM. Bioche, n. 233, et Dalloz, v° *Success.*, n. 2033. Nous l'avons également embrassée, *loc. cit.*— La Cour de Rouen a jugé, le 17 janv. 1849, que l'inscription hypothécaire prise par le créancier d'un cohéritier, sur les biens encore indivis de la succession, n'équivaut pas à une opposition au partage ; qu'en conséquence, ce créancier ne peut demander la nullité du partage, après qu'il y a été procédé, par cela seul qu'il n'y aurait pas été appelé. M. Chauveau approuve encore cette décision, comme M. Dalloz, n. 2035, et nous-même, *ut suprà*.

137. Au contraire, il est généralement admis que l'opposition à la levée des scellés équivaut à une opposition à partage, et cela encore bien qu'elle n'ait pas été notifiée aux héritiers. V. Nancy, 9 janv. 1817; Douai, 26 mars 1824; Cass., 9 juill. 1838 (S.-V.38.1.764); Paris, 10 juin 1858 (S.-V.59.2.161); Dijon, 16 mars 1874 (*J. Av.*, t. 100, p. 419); Rolland de Villargues, *Répert. du not.*, v° *Opp. à part.*, n. 29; Dalloz, n. 2025; notre *Tr. du part.*, n. 525, et notre *Form. annot.*, t. 2, p. 863, n. 11.

L'opposition à partage, en effet, n'est soumise à aucune forme particulière; elle résulte suffisamment de tout acte remplissant la triple condition d'avoir date certaine, de manifester l'intention du créancier de surveiller ses droits, et d'être connu de tous les copartageants.

138. Lorsqu'elle est formulée par exploit, elle doit être notifiée à chacun des cohéritiers. Cependant, un de ces derniers ne serait pas recevable à se prévaloir du défaut de notification vis-à-vis du créancier opposant, s'il était établi qu'il eût une connaissance personnelle de l'opposition. V. M. Duranton, t. 7, p. 506; notre *Tr. du part.*, n. 527. — Il a été jugé en ce sens que l'opposition à partage n'est pas soumise aux formalités et aux règles de la saisie-arrêt; et qu'ainsi, elle est valable, quoiqu'elle n'ait été signifiée qu'aux cohéritiers de celui contre lequel elle a été formée, si d'ailleurs il est établi que ce dernier en a eu connaissance : Cass., 18 fév. 1862 (*J. Av.*, t. 88, p. 61).

139. La Cour d'Orléans a déclaré, le 24 nov. 1855 (*J. P.* 1856, p. 78), que le créancier opposant à un partage est recevable à produire ses prétentions pour la première fois devant le tribunal, même après le rapport du juge-commissaire qui précède le jugement d'homologation. M. Chauveau, en reconnaissant que cela est rigoureusement exact, dit qu'il ne conseille pas d'attendre aussi tard pour agir.

140. C'est avec raison, selon notre auteur, que la Cour de Pau a jugé, le 27 janv. 1855 (*J. Av.*, t. 80, p. 401), qu'une opposition formée par un créancier à un partage doit être écartée comme tardive, lorsqu'elle intervient après un jugement qui, au lieu d'homologuer immédiatement le travail du notaire, sauf à celui-ci à opérer quelques rectifications indiquées, a au préalable renvoyé devant le notaire pour faire ces rectifications. Il fait remarquer que, dans l'espèce, la clôture de la liquidation avait été établie dans le jugement qui avait renvoyé devant un notaire afin de procéder aux rectifications; et que ce renvoi devant le notaire n'était en quelque sorte que l'exécution du partage dont les bases et le principe avaient été irrévocablement fixés par la décision du tribunal, qui avait établi entre les parties un véritable contrat judiciaire.

141. D'après l'art. 882, Cod. civ., les créanciers qui n'ont pas formé opposition au partage ne peuvent plus l'attaquer après qu'il a été consommé. Cette fin de non-recevoir est opposable, non point seulement aux créanciers de chaque héritier, mais à tous ses ayants droit et, par exemple, à son cessionnaire : Douai, 11 janv. 1854 (S.-V.54.2.357).

142. L'opposition ne profite qu'au créancier ou à l'ayant droit de l'un des héritiers qui l'a formée, et le bénéfice n'en peut être invoqué par les autres créanciers ou ayants droit de cet héritier : Bordeaux, 3 mai 1833 (D. P. 33.2.188); notre *Traité*, n. 528. Ceux-ci, dit M. Chauveau, doivent porter la peine de leur inaction. Si donc, ajoute-t-il, le créancier opposant se désiste en recevant des héritiers ce qui lui est dû, l'instance est éteinte, malgré l'intervention des derniers. Notre auteur reconnaît, du reste, avec un arrêt de la Cour de cassation du 16 nov. 1847 (*J. Av.*, t. 73, p. 215), que les créanciers non opposants peuvent cependant relever les erreurs, omissions, faux et doubles emplois de la liquidation consommée et homologuée.

143. On peut regarder aujourd'hui comme constant, malgré de graves dissidences, que le défaut d'opposition au partage de la part d'un créancier de l'un des copartageants, ne prive pas ce créancier du droit d'attaquer le partage consommé, lorsqu'il dirige contre cet acte un reproche de fraude. — Dans le sens de cette doctrine, qu'embrasse M. Chauveau, Voy. notamment Agen, 21 fév. 1824 ; Toulouse, 8 déc. 1830 ; Bordeaux, 11 juill. et 25 nov. 1834 (S.-V.34.2.477 ; 35.2.139) ; Montpellier, 11 juin 1839 (S.-V.39.2.473); Paris, 10 juill. 1839 (S.-V.39.2.328) et 21 janv. 1858 (S.-V.58.2.565); Amiens, 14 nov. 1840 (D.P.42.4.243) et 17 mars 1869 (S.-V.69.2.196); Lyon, 18 fév. 1854 (S.-V.54.2.506) ; Grenoble, 1er juin 1854 (D.P.54.5.540); MM. Toullier, t. 4, n. 412 et 563 ; Vazeille, *Success.*, sur l'art. 882, n. 4; Fouët de Conflans, *Id.*, n. 12 ; Bédarride, *du Dol et de la Fraude*, n. 1552 et s.; Dalloz, n. 2046 ; Aubry et Rau, d'après Zachariæ, t. 5, p. 292 ; notre *Tr. du part.*, n. 532. — *Contrà*, Bordeaux, 3 mai 1833 (S.-V.33.2.509) et 29 nov. 1836 (D.P.38.2.96); Pau, 28 mai 1834 (P.P.35.2.17) ; Bastia, 8 déc. 1834 (D.P.35.2.12) ; Riom, 23 juill. 1838 (S.-V.39.2.278) ; Douai, 17 juin 1848 (S.-V.40.2.362) et 15 déc. 1851 (S.-V.52.2.57) ; Caen, 24 avril 1863 (S.-V.63.2.170) ; Cass., 9 juill. 1866 (S.-V.66.1.361); MM. Duranton, t. 7, n. 509 ; Malpel, *Success.*, n. 253 ; Poujol, *Id.*, sur l'art. 882 ; Belost-Jolimont sur Chabot, *Id.*, obs. 1 ; Marcadé, même art. n. 1 ; Demante, *Cours analyt. de Cod. civ.*, t. 3, n. 224 *bis ;* Massé et Vergé sur Zachariæ, t. 2, p. 390 ; Demolombe, *Success.*, t. 5, n. 241.

144. Il a été jugé, en tout cas, que les créanciers qui n'ont pas formé opposition au partage n'en conservent pas moins le droit d'attaquer le partage après qu'il a été consommé, s'il a été fait avec une précipitation telle que l'opposition a été rendue impossible : Cass., 22 mai 1854 (S.V.55.1.520); 9 juill. 1866 précité, et 14 fév. 1870 (*J. Av.*, t. 95, p. 334) ; Caen, 24 avril 1863, aussi précité ; Lyon, 9 juin 1876 (t. 103, p. 478); Paris, 10 août 1877 (t. 102, p. 379); et qu'ils jouissent particulièrement de ce droit lorsque la fraude dont le partage est l'œuvre a porté, non sur la composition des lots, mais sur les comptes entre copartageants : Lyon, 20 mai 1857 (t. 95, p. 79).

145. Il est surtout incontestable que les créanciers peuvent attaquer le partage consommé auquel ils n'avaient pas formé opposition, lorsque ce partage n'est qu'un acte simulé. Voy. Agen, 19 mai 1823 (D.P.24.2.139); Cass., 10 mars 1825 (D.P.25.1.449); Toulouse, 21 mai 1827 (D.P.28.2.53); Paris, 8 déc. 1830 (D.P.31.2.68) et 10 août 1877, précité ; Bourges, 18 juill. 1832 (D.P.34.2.41); Agen, 15 juill. 1842, et Cass., 27 nov. 1834 (D.P.45.1.39), 4 fév. 1857 (S.-V.58.1.47) et 9 juill. 1866, mentionné plus haut ; Caen, 24 avr. 1863, également susmentionné ; Lyon, 9 juin 1876, aussi précité ; M. Demolombe, n. 242 et 243 ; notre *Traité*, n. 533.

146. A plus forte raison, les créanciers conservent-ils le droit d'attaquer le partage consommé, du chef de leur débiteur, soit comme fictif ou simulé, soit comme rescindable pour cause de lésion de plus du quart : Montpellier, 5 juill. 1870 (*J. Av.*, t. 95, p. 83). — V. aussi notre *Traité*, n. 540.

147. Relativement aux effets de l'opposition au partage, M. Chauveau admet, avec un arrêt de la Cour de Paris, du 18 fév. 1853 (*J. Av.*, t. 78, p. 336), que cette opposition, régulièrement formée par le créancier de l'un des héritiers, empêche cet héritier de céder valablement ses droits successifs à l'un de ses cohéritiers ; et qu'elle profite aux créanciers qui ne se rendent opposants qu'après le transport, alors même qu'il en est donné mainlevée plus tard, une pareille cession ne pouvant être assimilée à un partage qui prive les créanciers de se prévaloir des effets d'une opposition postérieure.

Il résulte aussi de diverses autres décisions qu'un héritier ne peut valablement disposer de sa part héréditaire postérieurement à l'opposition au partage formé par un de ses créanciers. V. Cass., 2 juill. 1838 (*J.P.*38.2.253) et 11 juin 1846 (*J. Av.*, t. 77, p. 144); Paris, 10 juin 1858 (*J. Av.*, t. 88, p. 64 et note) et 20 fév. 1861 (*Id.*, p. 63). — V. également notre *Tr. du part.*, n. 538.

148. Cependant la Cour de Paris a décidé, le 15 mars 1860 (t. 88, p. 63, et note), que l'opposition à partage ne crée point au profit du créancier qui l'a formée un droit de préférence sur les valeurs qui seront attribuées par le partage à son débiteur, et n'a pas pour effet d'exclure de toute participation à ces valeurs un cessionnaire qui s'est de bonne foi couvert d'une créance sous la forme d'un transport de droits successifs. Et la Cour de Dijon a jugé également, le 16 mars 1874 (t. 100, p. 419), que l'opposition à partage n'a pas pour effet de dessaisir le cohéritier débiteur du créancier opposant, de la libre disposition de ses droits héréditaires, et ne met pas obstacle à ce qu'il les cède en tout ou en partie à un autre créancier, pourvu qu'il n'y ait de sa part ni dol ni fraude. Et même, d'après ce dernier arrêt, l'opposition ne confère pas non plus au créancier de qui elle émane le droit de concourir avec les cessionnaires, au marc le franc de leurs créances respectives, sur les deniers héréditaires à distribuer;... surtout lorsque les cessions consenties par le cohéritier débiteur sont postérieures à la levée des scellés et à l'inventaire, et que le créancier opposant a assisté, par son avoué, à ces opérations. — V. aussi Douai. 19 juill. 1849 (t. 75, p. 240).

149. Il a même été jugé que le créancier qui poursuit le partage du chef de son débiteur ne peut, pendant l'instance, ni saisir-arrêter les sommes qu'il prétend être dues à celui-ci par ses cohéritiers ou par les débiteurs de la succession; ni saisir les fruits des immeubles dépendant de la succession. — Compar. toutefois notre *Formul. annot.*, t. 1, p. 461, n. 15.

§ 7. — Frais du partage.

150. (Q. 2507 decies A). *Quel doit être le sort des frais du partage?*

Il est évident, dit M. Chauveau, que, comme l'a décidé la Cour de cassation, le 21. juill. 1856 (*J.P.*56.2.478), lorsque, dans une instance en partage, les parties succombent respectivement sur divers chefs, les juges peuvent, au lieu d'user de la faculté que leur donne la loi de répartir les dépens entre elles, en ordonner l'emploi en frais de partage.

151. Notre auteur déclare adhérer aussi à la doctrine d'un arrêt de la Cour de Limoges, du 12 déc. 1844 (*J. Av.*, t. 72, p. 563), accordant à l'héritier qui, dans un partage, a fait l'avance des frais, alors qu'il avait été ordonné qu'ils seraient employés en frais de liquidation, le droit de réclamer les intérêts de la somme déboursée, pourvu que la date des paiements soit légalement constatée. C'est également ce qui résulte d'un arrêt de la Cour de Riom, du 26 déc. 1850.

152. Le cohéritier, ou le créancier exerçant ses droits, qui succombe sur un incident soulevé dans une instance en partage, peut incontestablement être condamné personnellement aux dépens de la contestation : Cass., 24 avril 1861 (*J.P.*61.992); notre *Tr. du part.*, n. 473.

153. Mais, ainsi que le remarque M. Chauveau, avec un arrêt de la

Cour d'Orléans du 26 juill. 1849, les dépens qu'occasionnent des contestations soulevées par quelques créanciers d'un copartageant contre les opérations du partage ne sont pas privilégiés, et ne peuvent être prélevés sur la part afférente au débiteur, « parce que, a dit la Cour d'Orléans, opérer un tel prélèvement, alors surtout que le débiteur n'a personnellement élevé aucune contestation, ce serait en faire supporter une portion à ceux de ses créanciers qui n'ont pris aucune part au procès, ce qui serait souverainement injuste. » Dans l'espèce, il s'agissait des frais d'un appel interjeté, au nom du débiteur, par quelques-uns de ses créanciers.

154. Suivant un arrêt de la Cour de Bruxelles du 24 mai 1810 (*J. Av.*, t. 16, p. 684), les frais exposés pour faire ordonner le partage en justice, dans les cas où la loi prescrit ce mode de partage, ne peuvent être à la charge des héritiers majeurs, par cela seul que les tuteurs des mineurs acquiescent à la demande, parce qu'il ne serait pas juste que les héritiers majeurs, dont la condition est déjà assez désavantageuse, puisqu'il sont tenus de suivre les formes judiciaires, supportassent les frais d'une demande en partage à laquelle des mineurs seuls donnent lieu. Cette solution, est aussi approuvée par M. Chauveau.

155. Pour nous, nous croyons au contraire, que les frais du partage judiciaire sont à la charge de toute la succession, alors même que cette forme de partage n'a été rendue nécessaire que par l'absence ou la qualité de mineur ou d'interdit de quelques-uns des copartageants. Les autres, en effet, profitent eux-mêmes de l'intervention de la justice, puisqu'elle rend irrévocable un partage qui n'aurait été que provisoire s'il avait été fait amiablement. Peut-on savoir d'ailleurs si, dans le cas où tous les héritiers majeurs auraient été présents et capables, il ne serait pas survenu entre eux quelque contestation qui aurait nécessité elle-même cette intervention de la justice? A l'appui de cette doctrine, que nous avons soutenue dans notre *Tr. du part.*, n. 472, et qu'ont adoptée aussi plusieurs graves auteurs, nous avons invoqué la discussion décisive à laquelle la disposition de l'art. 466, Cod. civ., a donné lieu au Conseil d'Etat.

156. Il ne suffit pas non plus que le partage ait été demandé en justice par un seul des cohéritiers, pour que les frais puissent en être mis à la charge de celui-ci. On ne saurait punir cet héritier d'avoir usé du droit de faire opérer judiciairement un partage dans lequel il a craint que ses droits ne fussent lésés s'il était accompli à l'amiable. Du reste, s'il n'avait pas provoqué l'intervention de la justice, peut-être un de ses cohéritiers l'eût fait à sa place : notre *Traité, ibid.*

157. C'est une question délicate que celle de savoir si les frais en matière de partage doivent toujours être taxés comme en matière sommaire. — Il s'est produit à cet égard trois systèmes. D'après l'un, l'art. 823, Cod. civ., rappelé par l'art. 966, Cod. proc., en disposant que si l'un des cohéritiers refuse de consentir au partage, ou s'il s'élève des contestations soit sur le mode d'y procéder, soit sur la manière de le terminer, le tribunal prononce comme en matière sommaire, a entendu soumettre à une décision et à une taxe comme en matière sommaire toutes les contestations indistinctement, auxquelles peut donner lieu l'action en partage. V. en ce sens, Cass., 9 mai 1827 (*J. Av.*, t. 33, p. 289); 25 mars 1829 (t. 41, p. 517); 24 avril 1854 (t. 79, p. 363); Trib. civ. de Nîmes, 23 déc. 1861 (t. 87. p. 228, à la note); Bourbeau, continuat. de Boncenne, *Théor. de la proc. civ.*, t. 6, p. 62; Boucher d'Argis, *Dict. raisonn. de la taxe en mat. civ.*, v° *Affaire sommaire*, n. 3. V. aussi Bonnesœur, *Nouv. man. de la taxe*, p. 320). — Suivant un second système, les demandes en partage doivent, au contraire, être dans tous les cas jugées comme affaires ordinaires, et les frais qui en sont la suite doivent être taxés d'après le tarif des matières ordinaires. *Sic,* Trib. de Nantes, 9 déc. 1843 (*J. Av.*, t. 72, p. 175); de Blois, 11 janv. 1848 (t. 73, p. 248); de Metz, 12 avril 1850 (t. 77, p. 11); de Caen, 30 déc. 1856 (t. 82, p. 322); de Nîmes, 11 mars 1862 (t. 87, p. 224); Sudraud-Desisles, *Man. du jug. taxat.*, n. 772 et 1560; Rivoire, *Dict. rais. du tar.*, p. 298; Fons, *Tarif en mat. civ.*, n. 53; Chauveau et Godoffre, *Comment. du tar.*, t. 1, n. 2126. — Enfin, le troisième système fait une distinction : il considère comme étant affaires sommaires et comportant dès lors la taxe propre à ces affaires, les demandes en partage et les contestations qu'elles soulèvent sans toucher au fond du droit des parties; mais il fait rentrer dans la catégorie des affaires ordinaires tous les incidents portant sur le fond du droit, aux dépens desquels il applique dès lors le tarif concernant les matières ordinaires. Ce système a été admis par les autorités ci-après : Cass., 30 juill. 1827 (*J. Av.*, t. 33, p. 287); 18 mars 1828 (t. 34, p. 193); 31 mars et 15 déc. 1829 (t. 41, p. 515 et 517); 22 fév. et 14 juill. 1830 (t. 40, p. 109, et t. 41, p. 517); Bourges, 6 avril 1841 (*J.P.*41.1.658); Paris, 23 fév. 1849 (*J. Av.*, t. 77, p. 11) et 23 août 1851 (*ibid.*); N. Carré, *Taxe en mat. civ.*, n. 793; Bioche, v° *Partage*, n. 107; Dalloz, *Rép.*, v° *Matières sommaires*, n. 56 et s.; Sorrel sur Boucher d'Argis, *loc. cit.*, à la note. C'est aussi l'interprétation que nous avons embrassée dans notre *Tr. du part.*, n. 354.

158. (Q. 2507 decies B). *Les avoués ont-ils un privilège pour les frais de partage par eux avancés?*

M. Chauveau, après avoir rappelé que, dans son *Commentaire du tarif*, t. 2, p. 475, n. 82, il a adopté l'affirmative, cite comme favorables à cette opinion un jugement du tribunal civil de Clamecy, du 12 juin 1846 (D.P.47.3.96), et un arrêt de la Cour d'Agen du 9 fév. 1848 (*J. Av.*, t. 73, p. 482), et, comme contraires, un arrêt de la Cour de cassation du 11 déc. 1834 (*J. Av.*, t. 48, p. 31), un autre jugement du tribunal de Clamecy du 30 avr. 1845 (D.P.47.3.95), et un jugement du tribunal du Puy du 14 déc. 1849 (*J. Av.*, t. 75, p. 96).

En se reportant à ces précédents judiciaires, il a cru s'apercevoir, dit-il, que les circonstances particulières, le mode de demande des frais, l'état des procédures en partage, avaient eu une grande influence sur la solution de la difficulté. — Il ne pense pas que la Cour de cassation ait jugé en principe qu'en matière de partage les frais ne sont jamais privilégiés. L'autorité de sa décision lui paraît devoir être restreinte à l'espèce qui avait donné lieu au pourvoi.

159. Notre auteur recherche ici quels sont les cas qui peuvent se présenter, pour examiner ensuite comment on doit appliquer les principes découlant des termes et de l'esprit de la loi.

1° Un partage est nécessaire; toutes les parties ont le même intérêt et chargent un seul avoué de faire opérer la division en justice; la licitation est ordonnée, les biens sont vendus. Quel est le droit de l'avoué sur le prix de ces biens? Quelle action pourra-t-il avoir contre chacun des copartageants?

2° Une action en partage est intentée; les parties choisissent chacune leur avoué; à chacune d'elles est attribué un lot spécial. Quelle voie doit suivre l'avoué du demandeur qui a fait la presque totalité des frais, pour s'en faire rembourser?

3° Après un partage consommé, l'avoué, qui n'a pas été payé de ses frais et qui poursuit un des copartageants, peut-il lui demander la totalité de l'exécutoire, sauf recours de ce copartageant contre les autres parties?

En droit, M. Chauveau ne croit pas qu'il soit possible de contester que les frais faits pour le partage d'une chose indivise ne soient privilégiés sur le prix de cette chose; ils ont évidemment été faits, dit-il, pour l'utilité communé, pour l'avantage de tous, et pour que chacun pût jouir de sa portion. Il en serait autrement s'il s'agissait de créanciers de la succession.

De ce principe doit-il nécessairement résulter que la créance privilégiée puisse suivre pour le tout chacune des parties de la chose, dans quelques mains qu'elle passe? En d'autres termes, cette créance est-elle indivisible? Oui et non, répond M. Chauveau; oui, si l'action est exercée à temps contre la communauté, contre la société, contre l'hérédité; non, si chaque partie prenante est attaquée isolément. Quand les avoués présentent leur état de frais au moment où se fait le partage, les copropriétaires ne sauraient être fondés à demander que ces frais soient divisés pour que la répétition en soit exercée contre chacun d'eux individuellement, à raison de sa part légale. Il n'y a de part légale que déduction faite des frais qui ont été faits pour déterminer cette part. Mais si, le partage une fois consommé, et chacun des cohéritiers mis en possession de son lot, un d'eux est poursuivi en paiement d'une dette quelconque de la communauté, il aura le droit de répondre que la dette s'est divisée, et qu'il n'est tenu de payer que *pro modo emolumenti*, à moins que l'avoué ne puisse agir à un autre titre, comme mandataire et ayant alors une action solidaire contre chacun de ses mandants.

Objecterait-on que les frais de partage étant privilégiés sur la totalité des biens partagés, le privilège dont ils jouissent est de sa nature indivisible et doit s'attacher à la portion la plus minime de ces biens, comme l'hypothèque, *in toto et in qualibet parte*; que la créance privilégiée des avoués doit être mise sur la même ligne que celle des créanciers hypothécaires inscrits sur le bien qui a été partagé? Notre auteur déclare que l'assimilation ne serait pas exacte, parce que rien ne démontre qu'un privilège relatif à des frais de justice ne puisse se diviser entre ceux auxquels ces frais ont été utiles. Autre chose est l'indivisibilité de l'hypothèque, autre chose l'indivisibilité d'une dette. On conçoit que l'hypothèque soit indivisible, mais on ne concevrait pas qu'une action en paiement qui n'est pas solidaire ne fût pas divisible. Tant que l'objet à raison duquel les frais ont été faits peut être frappé de l'action du créancier de ces frais, poursuit M. Chauveau, la totalité des frais sera exigible sur le prix de cet objet; mais si la propriété de cet objet passe, par suite d'une décision judiciaire, entre les mains de plusieurs intéressés, le privilège de ces frais se divisera naturellement au prorata des droits de chacun; on ne peut opposer à un seul qu'il doit payer la totalité des frais dont une partie seulement a été faite dans son intérêt; par rapport à lui, le privilège devient ainsi divisible.

160. Tout en reconnaissant que ces distinctions sont abstraites, l'auteur les croit conformes aux principes généraux du droit.

Le légataire, ajoute-t-il, a un privilège sur les biens de la succession du testateur; il peut conserver ce privilège en accomplissant les formalités indiquées par la loi. S'il ne le fait point, perd-il ses droits de légataire? Non; seulement il n'a plus qu'une action particulière contre chacun des cohéritiers. Pourquoi en serait-il autrement de l'avoué d'un copartageant? Pourquoi ne dirait-on pas qu'il conservera son privilège de créancier de frais de justice jusqu'à la délivrance des lots, sur la totalité des biens, contre tous les copropriétaires, et qu'il n'aura plus qu'une action *pro modo emolumenti* contre chacun des copartageants devenu propriétaires d'une quote-part de l'objet partagé?

Quelle conclusion à tirer de ces principes? c'est, dit M. Chauveau, que les avoués peuvent conserver tous leurs droits en suivant la seule voie qui leur soit ouverte. Dans les procédures en partage ou licitation, les avoués de chaque partie ont le droit de demander la distraction de leurs frais et honoraires; ils sont donc parties dans ces procédures spéciales. Ils doivent s'opposer à ce qu'un partage ou une distribution de deniers après licitation ait lieu avant le paiement intégral de ce qui leur est dû. Ils doivent demander et obtenir qu'un prélèvement conforme à la formule d'usage insérée dans tout jugement intervenu en cette matière soit fait en leur faveur. S'agit-il d'un partage? Les lots ne seront déterminés que déduction faite de la somme nécessaire pour payer tous les frais de justice. S'agit-il d'une licitation? A l'ordre, chacun des avoués demandera sa collocation en vertu du privilège résultant du jugement lui-même obtenu par eux, et dans lequel il aura été ordonné que les frais seront prélevés par privilège sur la totalité du prix, et non pas *en ce qui concerne chaque partie*, comme on l'avait dit dans l'espèce de l'arrêt cité plus haut de la Cour de cassation. Que si les avoués ne prennent pas cette voie comme ils ont le droit de la prendre, et s'ils attendent la dévolution des biens ou des sommes aux copropriétaires pour exercer contre chacun d'eux une action individuelle, ils seront obligés de fractionner leur demande, mais ils ne pourront pas accuser l'imprévoyance du législateur.

161. Depuis, il a été décidé, d'un côté, par un arrêt de la Cour de Pau du 12 mai 1863 (*J. Av.*, t. 89, p. 110), que les frais d'un partage de succession ne sont point des frais de justice dans le sens de l'art. 2101, Cod. civ.; et, qu'en conséquence, ils ne donnent lieu à aucun privilège au profit de la partie qui les a exposés ou de l'avoué qui en a fait l'avance; — par un jugement du tribunal civil de Grenoble du 16 mai 1868 (t. 94, p. 166), que les frais de l'instance en partage de biens indivis entre époux, faits dans l'intérêt des créanciers de l'un d'eux seulement, ne peuvent être privilégiés vis-à-vis des autres créanciers; — et, par un autre jugement du même tribunal, du 15 fév. 1872 (t. 98, p. 151), que les frais d'une procédure de partage ne sont pas privilégiés vis-à-vis des créanciers de la succession, lorsque cette procédure n'a pour but que le règlement des droits des cohéritiers entre eux, sauf à les prélever sur la part de ces derniers. — D'un autre côté, et, en sens contraire, il a été déclaré par un jugement du tribunal civil de Condom du 24 nov. 1864 (t. 90, p. 177), que ces frais jouissent d'un privilège spécial, qui, alors même qu'il n'a pas été inscrit, autorise l'avoué par lequel ces frais ont été avancés, à en poursuivre le paiement après le partage, à la fois contre ses clients solidairement et contre les autres cohéritiers; — et par le tribunal civil de Die, le 29 mars 1865 (t. 90, p. 460), que les frais de procédure de partage constituent des frais de justice privilégiés, même au regard des créanciers des successibles postérieurs au partage, alors que le jugement de liquidation en ordonne le prélèvement sur la masse des biens de la succession; et que l'avoué qui a fait l'avance de ces frais jouit d'un privilège qui lui permet d'en poursuivre le paiement intégral sur le lot d'un seul des cohéritiers.

162. Il a été encore jugé, par un arrêt de la Cour de Toulouse du 16 mai 1863 (t. 90, p. 100), que si les frais dont il s'agit doivent, comme frais de justice, obtenir le bénéfice du privilège établi par l'art. 2101, Cod. civ., vis-à-vis des copartageants dans l'intérêt desquels ils ont été avancés, ils ne jouissent pas de la même faveur à l'égard des créanciers du défunt, encore bien que ceux-ci seraient au nombre des cohéritiers, et que des jugements et arrêts, rendus avec eux en cette dernière qualité et passés en forme de chose jugée, auraient ordonné le prélèvement sur la masse des frais de partage.

163. Enfin un arrêt de la Cour de cassation, du 5 avril 1865 (*J. Av.*, t. 91, p. 65), sans se prononcer formellement sur cette question du privilège des frais de partage, a déclaré que la disposition d'un arrêt qui autorise les intimés à prendre comme frais privilégiés de poursuites les dépens d'une instance en partage auxquels est condamné l'appelant, ne fait pas obstacle à ce que les copartageants pour lesquels ces frais ont été faits sans utilité, exercent un recours contre celui qui y a été condamné. — V. encore l'arrêt de la Cour d'Orléans du 26 juill. 1849, mentionné ci-dessus, n. 153.

164. Quant à nous, nous avons, dans notre *Traité du partage de succession*, n. 469 et suiv., exposé la théorie suivante : Les frais du partage judiciaire étant faits dans l'intérêt de tous les héritiers, doivent être supportés par chacun d'eux dans la proportion de son émolument ; ce qui revient à dire qu'ils sont à la charge de la succession. Le paiement de ces frais s'opérant par un prélèvement sur la valeur de la succession, il doit passer avant l'acquittement de toutes dettes personnelles des héritiers, fussent-elles même garanties par une hypothèque légale antérieure. Ce prélèvement a, sous ce rapport, toute la portée d'un privilège.

L'avoué qui a pris exécutoire pour les frais de partage qu'il a avancés, ne peut, en vertu de cet exécutoire, réclamer le paiement intégral de ses frais à un adjudicataire sur licitation d'immeubles dépendant de la succession, dont un jugement a délégué le prix à certains des copartargeants ; car le privilège de l'avoué ne saurait aller jusqu'à enlever aux copartageants le bénéfice de cette règle de l'égalité qui est fondamentale en matière de partage, et devant laquelle les tiers doivent eux-mêmes s'incliner.

Au reste, dans les cas ordinaires, l'avoué qui a avancé les frais de partage ne jouit pas d'un véritable privilège pour le recouvrement de ces frais, car un privilège ne peut exister qu'autant qu'il y a concours de créanciers ; d'où il suit que l'avoué qui a obtenu la distraction des dépens en matière de partage n'est point fondé à invoquer les art. 2101 et 2104, Cod. civ., pour faire prélever les dépens par privilège sur la masse des biens à partager. — Mais quand l'avoué se trouve en concours avec d'autres créanciers, il doit obtenir l'allocation en privilège des frais de partage dont il a fait l'avance et qui ont été distraits à son profit, si le partage a eu lieu dans l'intérêt commun des héritiers et des créanciers, parce qu'alors ils se trouvent dans la catégorie des frais de justice ; de manière toutefois à ce que la part de chaque cohéritier n'y contribue que dans la proportion de l'émolument de celui-ci.

165. Dans tous les cas, l'avoué peut exercer, pour le recouvrement de ses frais, le privilège de copartageant qui appartient à ses clients, privilège qui s'applique à tous les droits transmis à ceux-ci par l'événement du partage en principal et accessoires. Il a donc le droit de poursuivre ce recouvrement contre les tiers détenteurs des immeubles échus en partage aux autres héritiers, jusqu'à concurrence de la part de ces derniers dans les frais, s'il a eu soin de conserver le privilège.

166. Ajoutons qu'il ne saurait être douteux que le privilège qui appartient, dans la mesure indiquée ci-dessus, à l'avoué pour les frais de partage dont il fait l'avance, ne s'étend point aux honoraires que l'avoué a payés à l'avocat de ses clients, et que, conséquemment, il n'en peut réclamer le paiement que contre ceux-ci. V. en ce sens le jugement précité du tribunal de Condom, du 24 nov. 1864 (*suprà*, n. 161).

166 *bis*. Dans une espèce sur laquelle nous avons été consulté, les défendeurs à la demande en partage ayant combattu cette demande par le motif que le défunt avait vendu ses immeubles avant son décès et n'avait rien laissé à partager, le tribunal, avant de statuer sur le mérite de la vente invoquée, avait nommé un expert pour estimer les immeubles, et, après l'expertise, avait renvoyé les parties devant le notaire commis, à l'effet de procéder conformément à la loi. Puis, aucune des parties ne faisant face aux frais, les choses en étaient restées là. Il faut noter que dans le jugement ordonnant le partage comme dans celui homologuant le rapport des experts, le tribunal avait dit que les dépens seraient pris sur la masse et employés en frais privilégiés de partage. L'avoué des défendeurs, désirant poursuivre le recouvrement de ses frais, dont il avait obtenu distraction, nous demandait quelle marche il devait suivre pour agir contre les parties adverses, s'il devait prendre exécutoire contre elles, ou les assigner en paiement.

La manière dont le tribunal a procédé dans l'espèce, avons-nous répondu, est, selon nous, absolument vicieuse. La plus simple logique s'oppose en effet à ce que l'expertise soit ordonnée et homologuée avant que la question de propriété des immeubles prétendus héréditaires soit vidée, et que l'on sache s'il y a réellement lieu, ou non, au partage. Un des inconvénients de cette marche irrationnelle est d'exposer la disposition soit du jugement ordonnant l'expertise, soit du jugement d'homologation, qui prescrit l'emploi des dépens en frais privilégiés de partage, à rester sans exécution, s'il est ultérieurement décidé que les immeubles avaient cessé d'appartenir au défunt et ne peuvent dès lors être partagés entre les héritiers. De là il suit que si, par une cause ou par une autre, la procédure est laissée en suspens ; si la contestation relative à la propriété des immeubles reste pendante, et si, par cela même, les opérations du partage ne peuvent avoir lieu, le prélèvement des frais sur une masse, qui non seulement n'est pas formée, mais qui même n'existera jamais, est véritablement impossible.

Il faut mener à fin l'instance, afin que si les immeubles sont reconnus dépendre de la succession, et si conséquemment le partage en est opéré, les frais soient employés comme l'a ordonné le tribunal, et que, dans le cas contraire, ils soient supportés par les demandeurs ; autrement l'avoué des défendeurs ne pourra se prévaloir de la distraction qu'il a obtenue, et sera réduit à son action directe contre ses clients.

SECTION II. — Partage amiable.

167. (Q. 3507 quaterdecies). *Quand peut-on dire que les parties majeures sont* dûment représentées, *ainsi que l'exige l'art.* 985, *pour qu'elles puissent s'abstenir des voies judiciaires ou les abandonner?*

M. Chauveau répond, avec Pigeau, t. 2, p. 671, et Carré, au texte, que ceux-là seuls sont *dûment représentés,* qui le sont par un fondé de pouvoirs spécial. Mais que le notaire commis par le tribunal pour représenter un présumé absent, ne le *représente* point *dûment* à l'effet de procéder au partage amiable.

168. (Q. 2507 sedecies). *Si, dans un partage où des mineurs sont intéressés, les formalités judiciaires n'ont pas été observées, qu'en résulte-t-il?*

Aux termes du dernier paragraphe de l'art. 840, Cod. civ., le partage n'est, dans ce cas, que provisionnel. C'est-à-dire, selon la juste observation de M. Chauveau, que les parties sont libres d'en demander un nouveau, le premier étant, si elles le veulent, considéré comme nul. Il en serait ainsi, par exemple, si le mineur dont les intérêts sont en opposition avec ceux de son tuteur, n'avait été représenté ni par un tuteur spécial, ni par son subrogé tuteur : Grenoble, 10 janv. 1833 (S.-V.33.2.380).

169. Mais notre auteur fait remarquer que la nullité est simplement relative, et ne peut être invoquée que par les mineurs, à l'exclusion des parties majeures, pour lesquelles le partage ne laisse pas d'être définitif. C'est ce qu'ont jugé la Cour de Lyon, les 4 avril 1810 et 16 juill. 1812 (*J. Av.*, t. 16, p. 683); la Cour de Colmar, le 28 nov. 1816 ; celle d'Agen, le 12 nov. 1823 (*J. Av.*, t. 16, p. 698) ; la Cour de cassation, le 24 juill. 1835 (S.-V. 36.1.258), et la Cour de Douai, le 7 juin 1848 (D.P.49.2.194). Telle est aussi la doctrine qu'enseignent MM. Favard, *Rép.*, v° *Partage provis.*, 4-114 ; Malpel, n. 318 ; Poujol, art. 840, n. 3 ; Bioche, n. 66, et que nous avons nous-même adoptée dans notre *Tr. du part.*, n. 270. — *Contrà*, Limoges, 27 janv. 1824 ; Toulouse, 7 avril 1834 (D.P.34.2.243) ; Delvincourt, t. 2, p. 356, note 2.

D'après un système intermédiaire, le partage n'est inattaquable par les majeurs qu'autant qu'ils ont exprimé l'intention de faire un partage définitif.

V. Cass., 24 juin 1839 (D.P.39.1.372) et 9 mars 1846 (D.P.46.1.385); MM. Troplong, rapport lors de l'arrêt de 1839; Colmet-Daage, t. 2, p. 543.

170. Le tribunal civil d'Audenarde (Belgique) a décidé, le 25 juill. 1855 (*J. Av.*, t. 81, p. 552), qu'un tribunal doit refuser d'homologuer une prétendue transaction faite avec des mineurs, qui n'est autre chose qu'un partage déguisé fait sans l'observation des formalités de justice.—M. Chauveau a toujours condamné cette forme de partage, trop usitée dans la pratique.

171. Il estime, avec un arrêt de la Cour de Riom, du 1er avril 1854 (*J. Av.*, t. 79, p. 622), qu'il n'est pas permis à un tribunal, dans un partage de communauté auquel des mineurs sont intéressés, d'ordonner, en homologuant un procès-verbal de liquidation qui constate que tout l'actif est absorbé par les dettes et par les reprises de la veuve, que cette veuve conservera toutes les forces actives mobilières et immobilières de la communauté, avec obligation d'acquitter toutes les dettes. La Cour, dit-il, devait infirmer un jugement qui ne tenait aucun compte des prescriptions de la loi, et ordonner la licitation des immeubles, pour le prix en provenant être appliqué au paiement des dettes, et en cas d'excédent, être attribué aux copartageants dans la proportion de leurs droits. Voy. son *Formulaire de procédure*, 2e éd., t. 2, p. 562, note 1.

172. (Q. 2507 undecies). *La personne pourvue d'un conseil judiciaire peut-elle concourir à un partage amiable, sans l'assistance de son conseil? La femme mariée le peut-elle sans l'autorisation de son mari?*

Carré, au texte, après avoir rappelé l'opinion d'après laquelle la personne pourvue d'un conseil judiciaire n'étant pas privée de ses droits civils, mais seulement empêchée d'agir dans certains cas sans l'assistance de ce conseil, pourrait agir et procéder comme tout autre majeur, lorsqu'il s'agit de partage, puisqu'il n'est point question de partage dans l'art. 513, Cod. civ., dit que cette opinion ne lui paraît pas devoir être admise, attendu que le droit d'un cohéritier ou copropriétaire dans les immeubles indivis est *totum in toto, et totum in qualibet parte;* d'où suit qu'en partageant, le cohéritier aliène, du moins indirectement, la portion qui ne lui échoit pas. Or, l'art. 513 interdit à la personne pourvue de conseil judiciaire tout acte d'aliénation pour lequel elle ne serait pas assistée de ce conseil. On sentira d'ailleurs, ajoute ce jurisconsulte, combien il serait à craindre que la personne pourvue d'un conseil pour cause de prodigalité, par exemple, se laissât entraîner par l'appât d'une somme qui lui serait comptée de suite, à consentir à un partage volontaire dans lequel ses droits pourraient être blessés.

173. Quant à la femme mariée, Carré pense qu'elle peut renoncer aux formalités judiciaires, pourvu qu'elle soit autorisée de son mari, comme elle doit l'être dans tous les contrats qu'elle veut passer.

M. Chauveau partage sur les deux points cette manière de voir, avec MM. Bioche, vo *Partage*, n. 33 et 34; Dalloz, vo *Succ.*, n. 1602, 1607 et s., et Marcadé, art. 817. Il mentionne deux arrêts de la Cour de Bordeaux, l'un du 29 avril 1856 (*Journ. du Notar.*, 1857, p. 87), qui a jugé que la femme mariée sous le régime dotal peut valablement procéder, contradictoirement avec son mari, au partage amiable des biens à elle échus par succession, sans avoir besoin de l'autorisation de la justice; et l'autre du 27 juin 1846 (*J. Av.*, t. 72, p. 89), décidant qu'en matière de partage amiable, le refus d'autorisation du mari ne force pas la femme à recourir à un partage judiciaire, mais qu'il suffit à celle-ci d'obtenir l'autorisation de la justice pour pouvoir faire un partage amiable.

174. Pour nous, en ce qui concerne les individus pourvus d'un conseil judiciaire, nous avons, dans notre *Tr. du part.*, n. 24, adopté la doctrine de Carré et de M. Chauveau. — Mais relativement à la femme mariée, nous avons été d'avis, n. 25, 281 et s., qu'il y a lieu de faire les distinctions suivantes :

175. Si les époux sont mariés sous le régime de la communauté, le partage d'une succession dans laquelle est intéressée la femme peut être fait amiablement par le mari seul ou avec le concours de celle-ci, quant aux biens qui tombent dans la communauté. Mais à l'égard de ceux qui en sont exclus, le concours de la femme est indispensable, sans qu'il y ait à distinguer si la succession est mobilière ou immobilière. Et la même solution doit être admise soit dans l'hypothèse où les époux ont déclaré se marier sans communauté, soit dans celle d'une clause de réalisation ou de communauté réduite aux acquêts, soit enfin dans l'hypothèse où les époux se sont soumis au régime de la séparation de biens. Néanmoins, lorsque le mari a le droit de jouir des biens personnels de sa femme, il peut, dans son intérêt particulier, faire déterminer la part de celle-ci dans la succession à laquelle elle est appelée ; comme aussi la femme peut alors, sans l'autorisation de son mari, procéder au partage de la nue propriété.

176. Si les époux ont adopté le régime dotal, la femme ne peut consentir un partage amiable, même avec le concours de son mari, à raison du caractère d'aliénation que présente cet acte. Mais le mari a le droit de procéder seul au partage d'une succession purement mobilière échue à sa femme et dont la part revenant à celle-ci est affectée de dotalité. Et la femme elle-même peut, sans l'autorisation de son mari ou de la justice, faire amiablement le partage de biens qui doivent avoir pour elle le caractère de paraphernaux.

177. Pour le développement de cette théorie et l'indication des autorités en sens divers, Voy. *loc. cit.*

177 *bis*. (Q. 2507 duodecies). *Le partage peut-il être fait à l'amiable, lorsqu'il y a un grevé de substitution, si ce dernier est majeur ainsi que les autres intéressés ?*

M. Chauveau adopte, après Carré, la solution négative, par le motif que le grevé, quoique majeur, n'a point la libre disposition de l'objet à partager. La présence du tuteur à la restitution, ou la majorité des appelés, disent ces auteurs, ne changeraient rien à la nécessité de faire le partage en justice, attendu que la restitution est au profit des enfants nés ou à naître (Cod. civ., 1050), et qu'il faut conserver leurs droits. — Conf., M. Bioche, v° *Partage*, n. 53.

178. La Cour de Bordeaux a jugé, le 20 avril 1831 (*J.P.*23.1481), que lorsque les biens à partager sont en partie libres et en partie grevés de substitution, il faut suivre, pour la formation des lots, le mode qui est le plus conforme aux intérêts des copartageants grevés, et qui ne lèse point ceux des copartageants appelés à la substitution.

179. (Q. 2507 terdecies). *Si l'un des copartageants est un étranger peut-on faire un partage amiable ?*

D'après certains auteurs, la loi française n'ayant en vue que les Français, le partage peut toujours être fait à l'amiable entre des Français majeurs et un étranger, fût-il interdit ou mineur.

M. Chauveau trouve cette opinion trop absolue pour pouvoir être adoptée. Si l'étranger est majeur, dit-il, le partage pourra avoir lieu à l'amiable, et aucune des parties, toutes maîtresses de leurs droits, ne devra s'en plaindre plus tard. Si, au contraire, l'étranger est interdit ou mineur, et que, dans sa nation, la loi défende à un mineur ou à un interdit d'aliéner, de partager, sans accomplissement de formalités spéciales, cette loi, qui formera le statut personnel de l'étranger ou du mineur, le suivra en France, et il ne pourra agir qu'en suivant les formes exigées par la loi de son pays. Si celui que nous nommerions *mineur* est *majeur* dans le pays étranger, il aura capacité pour consentir à un partage à l'amiable. Mais si, dans son pays comme dans le nôtre, il ne jouit d'aucune capacité, s'il ne jouit pas de ses droits civils, son incapacité le suivra partout. —Telle est aussi l'opinion de M. Bioche, v° *Partage*, n. 58, et celle que nous avons nous-même embrassée dans notre *Tr. du part.*, n. 32.

180. M. Chauveau ajoute que ce ne sera pas aux magistrats que sera réservé le soin de faire nommer un tuteur ou un curateur à l'étranger incapable; mais que ce sera à celui qui voudra contracter avec l'étranger, personne n'étant censé ignorer la capacité de celui avec qui il contracte.

Cependant, ajoute notre auteur, qu'arriverait-il si les formes du pays de l'étranger, le défaut de communication entre les deux pays, ou toute autre cause qu'il est impossible de prévoir, empêchaient le Français de faire accomplir les formalités prescrites par la loi étrangère? Alors on devrait, selon lui, appliquer l'art. 838, Cod. civ., qui prescrit de faire le partage en justice lorsque tous les cohéritiers ne sont point présents. L'étranger incapable devrait être considéré comme absent, et les règles relatives aux absents lui seraient appliquées.

181. (Art. 985). *Quel est le sort des frais du partage amiable?*

Comme ceux du partage judiciaire, ils doivent être supportés par chacun des héritiers dans la proportion de son émolument, et, par conséquent, être prélevés sur la masse de la succession, à moins d'une stipulation contraire. V. notre *Tr. du part. de success.*, n. 51.

Mais ces frais, ainsi que l'ont décidé la Cour de Lyon et la Cour suprême, les 14 mai 1851 et 14 fév. 1853 (D.P.53.1.32; *J. Av.*, t. 90, p. 464, et la note), n'ont pas le caractère de frais privilégiés; en sorte que la créance qui en résulte, soit pour le notaire à qui ils sont dus, soit pour l'héritier qui les a payés à l'acquit de ses cohéritiers, se trouve primée, par exemple, sur la somme provenant de la vente que l'un de ces derniers a passée d'un immeuble héréditaire compris dans son lot, par les créances inscrites contre les héritiers pendant l'indivision de l'immeuble. Des frais ne peuvent être privilégiés qu'autant qu'ils ont eu lieu dans l'intérêt des créanciers contre lesquels le privilège est invoqué, et l'on ne peut regarder comme tels les frais d'un partage accompli en dehors de toute participation des créanciers. On ne saurait objecter qu'ils ont été utiles à ceux-ci en ce que le partage a fait tomber dans le lot de leur débiteur l'immeuble qui leur était hypothéqué; car ce résultat est indépendant de la forme du partage, et il aurait pu tout aussi bien se produire dans le cas où le partage aurait été purement verbal ou constaté dans un acte sous seing privé. Voy. en ce sens, notre *Traité* précité, *ibid.*

— V. *Absence*; *Actions possessoires*; *Ajournement*; *Appel*; *Arbitrage*; *Avoué*; *Bénéfice d'inventaire*; *Chose jugée*; *Compromis*; *Compte (reddition de)*; *Conciliation*; *Délai*; *Désaveu*; *Désistement*; *Exceptions*; *Expertise*; *Frais et dépens*; *Interdiction et nomination de conseil judiciaire*; *Intervention*; *Jugement*; *Péremption d'instance*; *Qualités de jugement ou arrêt*; *Référé*; *Règlement de juges*; *Saisie-arrêt*; *Saisie immobilière*; *Tierce opposition.*

PARTAGE AMIABLE. V. *Bénéfice d'inventaire*; *Partage.*

— **D'ASCENDANT.** V. *Frais et dépens.*

— **JUDICIAIRE.** V. *Partage.*

— **PROVISIONNEL.** V. *Partage.*

— **D'OPINIONS.** V. *Appel*; *Arbitrage*; *Faux incident civil*; *Incident*; *Jugement*; *Récusation.*

PARTIE CIVILE. V. *Caution* judicatum solvi; *Expertise*; *Faux incident civil*; *Frais et dépens.*

PATENTE. V. *Ajournement.*

PAUVRES. V. *Communication au ministère public.*

PAYS ANNEXÉ. V. *Appel.*

— ÉTRANGER. V. *Enquête*; *Inventaire.*

PEINE. V. *Prise à partie*; *Saisie exécution*; *Saisie immobilière*; *Séparation de corps.*

— DISCIPLINAIRE. V. *Avertissement*; *Jugement.*

— PÉCUNIAIRE. V. *Compte (reddition de).*

PENSION ALIMENTAIRE V. *Ajournement*; *Assistance judiciaire*; *Gession de biens*; *Exceptions*; *Interdiction et nomination de conseil judiciaire*; *Saisie-arrêt.*

PENSIONNAIRE. V. *Enquête.*

PERCEPTEUR. V. *Acte (délivrance d').*

PÈRE. V. *Saisie-arrêt*; *Saisie-brandon*; *Saisie immobilière*; *Scellés.*

PÉREMPTION. V. *Arbitrage*; *Assistance judiciaire*; *Conciliation*; *Constitution d'avoué*; *Exécution forcée*; *Reprise d'instance*; *Saisie-arrêt*; *Saisie immobilière*; *Tribunal de commerce.*

PÉREMPTION D'INSTANCE.

(Art. 397 à 401, Cod. proc. civ.).

SOMMAIRE ALPHABÉTIQUE.

FORMULES. — *Requête pour demander la péremption.* — Form. t. 1er, n. 237, p. 213 — *Requête en réponse à une demande en péremption.* — Form., n. 238, p. 219. — *Demande en péremption formée par exploit* — Form. n. 239, p. 219. — *Conclusions motivées sur la demande en péremption formée par assignation.* — Form. n. 240, p. 220. — *Jugement qui rejette la demande en péremption.* — Form. n. 241, p. 220. — *Jugement qui prononce la péremption.* — Form., n. 242, p. 220.

DIVISION.

§ 1. — *Observations générales.*
§ 2. — *Délai de la péremption.*
§ 3. — *Quelles instances sont soumises à la péremption.*
§ 4. — *Contre quelles personnes court la péremption.*
§ 5. — *Par qui, en quelle forme et devant quels juges peut être intentée la demande en péremption.*
§ 6. — *Formes de la demande en péremption.*
§ 7. — *Actes interruptifs de la péremption.*
§ 8. — *Instruction de la demande en péremption. — Appel.*
§ 9. — *Effets de la péremption.*

§ 1. — Observations générales.

1. (Q. 1410 bis). *Que faut-il entendre par le mot* instance *dans les dispositions de la loi relatives à la péremption ?*

Il faut entendre, d'après l'explication donnée au texte par M. Chauveau, toutes les procédures faites devant un tribunal pour parvenir à la décision d'une contestation. Ainsi, les procédures extrajudiciaires, telles que le préliminaire de conciliation et les saisies pour lesquelles le ministère du juge n'est pas requis, ne peuvent tomber en péremption ; et il en est de même de la procédure d'ordre, tant qu'il n'a pas été formé de contredits. Mais les saisies-arrêts, les saisies de rentes et les saisies immobilières, pour lesquelles il est nécessaire de désigner le tribunal qui doit en connaître et de constituer avoué, constituent de véritables instances sujettes à la péremption.

2. M. Chauveau, dans le *Supplément* précédent, citait en faveur de sa doctrine : un arrêt de la Cour de Paris du 19 janv. 1858 (*le Droit* du 20 janv., n° 16), portant que la péremption peut atteindre l'instance en validité de saisie-arrêt ; un jugement du tribunal civil de Montauban du 19 juill. 1854 et un arrêt de la Cour de Grenoble du 15 déc. 1856 (*J. Av.*, t. 82, p. 202), déclarant aussi la saisie immobilière susceptible de péremption ; deux arrêts, l'un de la Cour de Pau du 6 mars 1839 (t. 57, p. 572), l'autre de la Cour de Paris du 12 juin 1844 (t. 69, p. 601), décidant qu'il n'en est pas de même de la procédure d'ordre devant le juge-commissaire (V. aussi Dalloz, v° *Péremption*, n. 110); enfin, un arrêt de la Cour de Riom, du 6 nov. 1847 (t. 73, p. 371), rangeant parmi les instances sujettes à péremption celle à laquelle donne lieu l'exécution d'un jugement passé en force de chose jugée. — *Adde* conf., notre *Formul. annot.*, t. 1, p. 278, n. 4 et 5.

3. Notre auteur, en mentionnant aussi un arrêt de la Cour de Paris du 12 janv. 1848 (t. 76, p. 400), jugeant que la procédure de saisie-gagerie ne constitue pas une instance à laquelle s'applique la péremption, faisait remarquer que, dans l'espèce de cet arrêt, il s'agissait de la procédure d'exécution seulement; mais que la péremption aurait dû être admise si la demande en validité de la saisie formée devant le tribunal était demeurée impoursuivie pendant trois ans.

4. (Q. 1431). *Lorsque l'instance a été introduite avant la publication du Code de procédure, les anciennes saisies réelles sont-elles devenues depuis sujettes à la péremption, dans les lieux où elles n'y tombaient pas ?*

Résolu affirmativement au texte.

5. (Art. 397). *Quels sont les actes que comprend l'instance dont la péremption emporte l'anéantissement?*

Carré explique, au texte, sous le titre XXII, t. 3, p. 377 et 378, que l'instance comprend les divers actes de la procédure respective des parties, depuis l'exploit introductif jusqu'au dernier acte qui en est la suite ; et il ajoute que la péremption n'ayant pour objet que d'anéantir l'instance, le demandeur, lorsqu'elle est admise, conserve la faculté d'intenter de nouveau l'action, mais sans pouvoir opposer aucun des actes de la procédure éteinte ni s'en prévaloir. — V. aussi *infrà*, n. 160 et s.

6. (Id.). *Les règles prescrites pour l'accomplissement de la péremption en première instance sont-elles également applicables à la péremption en appel ?*

Oui, répond Carré au texte, avec cette seule différence que tandis qu'en première instance la péremption laisse subsister l'action (V. le numéro précédent), en appel, la partie condamnée étant présumée avoir renoncé à son recours, le jugement acquiert la force de chose jugée ; résultat dont l'explication est dans cette circonstance qu'au moment où la péremption peut être acquise les délais de l'appel sont depuis longtemps expirés. — M. Chauveau adopte lui-même cette doctrine, et fait remarquer que l'art 469, qui, à l'égard des instances d'appel, attribue à la péremption l'effet de donner la force de chose jugée à la décision attaquée, n'est destiné qu'à ajouter, pour ces instances, un effet de plus à ceux que l'art. 401 détermine pour celles de première instance. V. *infrà*, n. 154 et s.

Adde conf., Bonnier, t. 2, n. 1263 ; notre *Formulaire annoté*, t. 1, p. 478, note 1, n. 2.

7. (Q. 1411). *La péremption a-t-elle lieu devant les tribunaux de commerce ?*

Au texte, la négative est admise par Carré ; mais la négative est longuement établie par M. Chauveau.

Adde conf. à cette dernière opinion, Trib. de comm. de la Seine, 30 avril

1844 (*J. Av.*, t. 66, p. 382); Paris, 12 nov. 1844 (t. 69, p. 578 et 25 mai 1848 (t. 73, p. 426); Rouen, 26 nov. 1835, 26 août 1836 et 12 mars 1847 (t. 72, p. 623); Bastia, 2 déc. 1856 (t. 83, p. 227); Delvincourt, t. 2, n. 187; Dalloz, v° *Péremption*, n. 95; Bourbeau, t. 2, p. 559; notre *Dictionn. du contentieux commerc. et industr.*, v° *Trib. de comm.*, n. 157.

8. (Q. 1412). *Une instance soumise à des arbitres est-elle également soumise à la péremption?*

Il est observé au texte qu'à l'égard d'une semblable instance la péremption est réglée d'une manière spéciale par l'art. 1007, Cod. proc. — V. *Arbitrage*, n. 37 et s.

Adde notre *Formul. annot.*, p. 278, note 1, n. 3. — Quant à la péremption des instances en justice de paix, V. *Justice de paix*, n. 235 et s.

9. (Q. 1421 ter). Quid *des instances devant la Cour de cassation?*

Ces instances, est-il répondu au texte, ne sont pas soumises à la péremption triennale, mais seulement à la prescription trentenaire, par laquelle s'éteignent toutes les actions d'après le droit commun.

§ 2. — Délai de la péremption.

10. (Art. 397). *Le laps de temps nécessaire pour la péremption d'une instance se règle-t-il par la loi en vigueur dans le lieu du tribunal où elle est pendante, ou bien par la loi de la situation de l'objet litigieux?*

Décidé au texte, t. 3, p. 380, note, 2°, que ce délai se règle par la loi en vigueur dans le lieu du tribunal où l'instance est pendante.

11. (Q. 1428 A) *L'art. 397, qui veut que la péremption d'une instance soit acquise par la discontinuation de poursuites pendant trois ans, est-il applicable à une instance introduite avant la publication du Code de procédure?*

Solution affirmative au texte, où sont mentionnées de nombreuses autorités en ce sens, et seulement l'opinion d'un auteur et une décision de Cour d'appel en sens contraire.

12. (Q 1430). *Peut-on, à l'effet de compléter le temps exigé pour la péremption, ajouter à celui qui se serait écoulé avant la publication du Code le temps passé depuis sans poursuites?*

Il est enseigné au texte, conformément à une jurisprudence bien établie, que cela ne peut avoir lieu qu'autant que le temps antérieur au Code aurait eu un cours utile pour la péremption d'après les anciens principes; sans quoi la péremption ne serait acquise que par le laps de trois ans, sans poursuites, depuis la promulgation du Code de procédure.

13. (Id.). *La suspension des péremptions pendant le temps de la guerre, qu'ont édictée les décrets des 9 sept. et 30 oct. 1870 et la loi du 26 mai 1871, s'applique-t-elle même aux péremptions dont la durée n'a pris fin que postérieurement à la cessation de la guerre?*

La Cour de Paris a résolu affirmativement cette question par un arrêt du 20 janv. 1874 (*J. Av.*, t. 99, p. 313), qui a jugé spécialement que, pour la péremption d'une instance dont le dernier acte de poursuite est du mois de septembre 1870, il y a lieu, pour le calcul du délai de trois ans exigé par l'art. 397, Cod. proc., de déduire le temps que la guerre a duré. Et la même solution résulte d'un jugement du tribunal civil de la Seine du 1er déc. 1875 (t. 101, p. 58), décidant que les dispositions des décrets et loi précités n'ont point eu pour but de donner au demandeur, à partir de la cessation de la guerre, le délai entier de trois années exigé pour l'accomplissement de la péremption d'instance; mais qu'elles ont eu simultanément pour effet de suspendre pendant la guerre le délai commencé et d'y ajouter le temps qu'a duré la guerre. — Cette doctrine est, malgré quelques dissidences, celle qui a définitivement prévalu, en matière de prescriptions comme en matière de péremptions. V. notamment Grenoble, 19 mai 1874 (*J. Av.*, t. 99, p. 356); Cass., 17 août 1874 (*Ibid.*, p. 437) et 9 mars 1875 (t. 100, p. 339); Montpellier, 8 fév. 1875 (*Ibid.*, p. 351). Toulouse, 15 mai 1875 (*Ibid.*, p. 287); Nancy, 30 juill. 1875 (t. 101, p. 293); Aix, 14 déc. 1876 (t. 102, p. 62); Angers 27 mars 1878 (t. 103, p. 265). — Nous avons été l'un des premiers à la défendre dans le *Journ. des Av.*, t. 99, p. 255. V. aussi notre *Formulaire annoté*, t. 1, p. 279, n. 15. — Compar. la loi du 20 déc. 1879 (*J. Av.*, t. 105, p. 40).

14. (Q. 1423 A). *Pour qu'il y ait lieu à l'addition du délai de six mois, conformément à la disposition de l'art. 397, faut-il que les événements qui amèneraient une reprise d'instance ou une constitution de nouvel avoué soient survenus pendant le premier délai de trois ans?*

Cela n'est point nécessaire, d'après l'opinion exprimée au texte, et le décès d'une partie ou de l'avoué arrivé après les trois ans d'interruption, forme obstacle à la demande jusqu'à ce qu'il se soit écoulé un délai de six mois. M. Chauveau, *ibid.*, pense même que le délai de six mois prescrit par l'art. 397 ne commençant à courir que du jour de l'événement qui y donne lieu, il faut attendre encore six mois avant de demander la péremption, quoique trois ans et six mois fussent déjà écoulés au moment de l'événement, depuis la dernière poursuite.

Adde conf., sur la première proposition, Alger, 3 juin 1850 (*J. Av.*, t. 73, p. 460); Cass., 16 août 1853; Grenoble, 17 déc. 1852 (t. 79, p. 144 et 146). — Ces deux dernières décisions ainsi qu'un arrêt de la Cour de Bordeaux, du 30 juill. 1856, et un arrêt de la Cour de Paris du 31 juill. 1856 (t. 82, p. 190), ont jugé aussi que le délai additionnel court seulement, quelle que soit la multiplicité des causes d'augmentation, du jour où est arrivé le dernier événement motivant une prolongation de délai, sans qu'il faille d'ailleurs se préoccuper de la longueur du délai écoulé auparavant. — Ces questions, selon l'observation de M. Chauveau dans le précédent *Supplément*, ne se discutent plus. — V. conf., notre *Formul. annot.*, p. 279, n. 13. — Néanmoins, M. Rodière est d'un avis différent sur le point de départ du délai supplémentaire. Il pense que la date de l'événement est de peu d'importance, pourvu que l'interruption des poursuites soit de trois ans six mois (t. 3, p. 245 et 246).

15. Ayant été appelé à nous expliquer nous-même sur ces différents points dans le *Journal des Avoués*, nous avons exposé la théorie suivante :

Un principe généralement admis par la jurisprudence, ainsi que par les auteurs, est que le délai additionnel de six mois imparti par le § 2 de l'art. 397, Cod. proc., dans le cas où il y a lieu à demande en reprise d'instance ou constitution de nouvel avoué, doit être compté à partir seulement de l'événement qui motive l'augmentation de délai, et non point de l'expiration des trois années pendant lesquelles les poursuites ont été interrompues. Voy. Carré et Chauveau, *Lois de la proc.*, quest. 1423; Dalloz, *Repert.*, v° *Péremption*, n. 161 et 162; Bioche, *Dict. de proc.*, v° *Perempt. d'inst.*, n. 54; Reynaud, *Pérempt. d'inst. en mat. civ.*, n. 25, et les arrêts cités par ces auteurs. La raison de ce principe est facile à saisir. En accordant un délai supplémentaire dans les cas que détermine le § 2 de l'art. 397, la loi a voulu évidemment laisser aux héritiers de la partie décédée ou à la partie dont l'avoué a cessé ses fonctions, le temps de reprendre l'instance ou de constituer un nouvel avoué, avant que la péremption, qui n'a pas lieu de plein droit, puisse être demandée contre eux. Or, cette faculté essentiellement équitable leur serait enlevée toutes les fois que les événements dont il s'agit arriveraient plus ou moins longtemps après les trois années d'interruption des poursuites, si le délai supplémentaire devait commencer à courir dès l'expiration de ces trois années ; et l'on ne saurait admettre que telle ait été la volonté de la loi.

16. Mais lorsque, postérieurement à la période triennale que prévoit le § 1er de l'art. 397, il est survenu successivement deux ou plusieurs événements de la nature de ceux auxquels le § 2 du même article fait allusion, le délai additionnel de six mois court-il à partir du premier de ces événements, ou seulement à partir du dernier? Sur ce point, il existe plusieurs systèmes. D'après l'un, on devrait admettre autant de prorogations du délai de trois ans qu'il y a d'événements donnant lieu à reprise d'instance ou à constitution de nouvel avoué. *Sic*, Billequin, *Journ. des Av*, t. 48, p. 456; Bioche, *loc. cit.*, n. 56. Un second système ne considère au contraire ce délai comme susceptible que d'une seule prorogation, quel que soit le nombre des événements survenus, sans se prononcer d'ailleurs sur le point de départ du délai supplémentaire. V. Cass., 19 août 1816 et 10 août 1842 (S.-V.42.1.783); Limoges, 9 août 1836 (S.-V.36.2.500); Bordeaux, 25 janv. 1839 (S.-V.39.2.301); Agen, 20 juill. 1843 (S.-V.43.2.525); Paris, 3 mars 1853 (*J.P.*53.1.620); Chauveau, *loc. cit.*; Rodière, *Compét. et proc.*, t. 2, p. 265. Suivant une troisième interprétation, la prorogation unique qu'entraînent les diverses circonstances nécessitant la reprise d'instance ou la constitution de nouvel avoué, doit avoir lieu à dater de la première de ces circonstances : Bordeaux, 11 mars 1835 (S.-V.35.2.306); Reynaud, *loc. cit.*, n. 30. Et enfin, selon les autorités les plus récentes, cette seule prorogation doit avoir pour point de départ le dernier des événements qui ont successivement motivé les actes de procédure dont parle le § 2 de l'art 397. V. en ce sens, Cass., 16 août 1833 (*J. Av.*, t. 79, p. 114): Paris, 31 juill. 1855 (*Id.*, t. 82, p. 190); Bordeaux, 30 juill. 1856 (*Ibid.*); Dalloz, *loc. cit*, n. 164.

17. Nous n'hésitons pas à regarder cette dernière opinion comme la plus rationnelle. Il ne nous paraît pas douteux que l'intention de la loi ait été de n'accorder qu'un seul délai additionnel de six mois toutes les fois qu'il y a lieu à reprise d'instance ou constitution de nouvel avoué; et puisque, d'après le principe rappelé au commencement de ces observations, le délai additionnel ne doit point courir à partir de l'expiration des trois années d'interruption des poursuites, lorsque c'est postérieurement que sont survenues les causes de la reprise d'instance ou de la constitution de nouvel avoué, il est tout naturel de donner le dernier événement pour point de départ à ce délai, destiné, comme nous l'avons déjà remarqué, à faciliter l'accomplissement des formalités de la constitution de nouvel avoué ou de la reprise d'instance.

18. (Q. 1423 B). *Y a-t-il lieu à l'addition du délai de six mois lorsque l'avoué constitué par le demandeur principal n'a ni reçu ni accepté le mandat d'occuper pour lui, et qu'il s'est constitué pour le demandeur en péremption?* — Quid *si l'avoué constitué par l'une des parties donne sa démission?*

M. Chauveau résolvait affirmativement le premier point dans le précédent *Supplément*.

19. Après avoir cité un arrêt de la Cour de Nîmes du 25 fév. 1855 (*J. Av.*, t. 80, p. 476), qui a jugé en ce sens que la demande en péremption d'instance est valablement formée par exploit à personne ou domicile, lorsque l'avoué constitué par le demandeur principal n'a ni reçu ni accepté le mandat d'occuper pour lui, et qu'il s'est constitué pour le demandeur en péremption, mais qu'en pareil cas le délai ordinaire de trois ans doit être augmenté de six mois à partir du jour où il y a lieu à constitution de nouvel avoué;

notre auteur reproduisait les observations dont M. Godoffre a fait suivre cet arrêt, *loc. cit.*, et dont nous croyons devoir nous-même donner ci-après la substance :

« Il est à remarquer, a dit M. Godoffre, que, dans l'espèce, le défendeur en péremption, qui s'était arrêté dans son appel, après avoir fait notifier l'acte d'appel, n'a su qu'il y avait lieu à constitution d'un nouvel avoué que lorsque la péremption a été demandée. Dans cette position, la demande en péremption sera toujours prématurée, puisque le délai supplémentaire ne commence à courir que par le fait seul de la demande en péremption. Malgré cet inconvénient, ou plutôt à cause de cet inconvénient, que le demandeur en péremption peut toujours éviter en s'adressant à un autre avoué que celui que la copie d'assignation qui lui a été notifiée indique comme étant l'avoué choisi par l'adversaire, la Cour de Nîmes a bien jugé en appliquant l'augmentation du délai. Certes, la péremption, qui a été établie pour empêcher les procès de s'éterniser et pour punir la négligence des plaideurs, était parfaitement applicable dans cette cause, où l'appelant, après avoir fait signifier un acte d'appel, n'avait donné signe de vie à personne, pas même à l'avoué qu'il avait constitué dans cet acte; mais, d'un autre côté, la loi est formelle, elle veut que l'augmentation de six mois soit accordée dans *tous les cas où il y aura lieu à constitution de nouvel avoué*. N'était-ce pas un de ces cas qui se présentait dans l'espèce? Le demandeur, en admettant qu'il n'y eût pas eu d'incident en péremption, n'aurait-il pas été contraint de constituer un nouvel avoué pour suivre sur son appel? L'intimé demandeur en péremption qui, au lieu d'employer ce mode d'instruction de l'instance, aurait voulu faire statuer sur l'appel, n'aurait-il pas été obligé de provoquer une nouvelle constitution d'avoué de la part de son adversaire, et faute par celui-ci de constituer un autre avoué, d'agir contre lui par défaut? Il faut donc reconnaître qu'en disposant pour lui de l'avoué choisi par l'appelant, l'intimé rendait nécessaire, par cela seul que l'avoué déclinait les pouvoirs de l'appelant pour accepter les siens, la constitution d'un nouvel avoué, et, par suite, la prorogation du délai.

« On ne peut pas objecter contre cette opinion que l'événement qui donne lieu à constitution de nouvel avoué ne naissant que par la demande en péremption, ne doit pas faire profiter le plaideur négligent d'une prorogation; car ce plaideur s'est trouvé sans avoué lors de la demande en péremption, bien qu'il en eût constitué un dès l'origine, et ce défaut d'avoué a précédé, ne fût-ce que d'un instant, la demande en péremption. Ce fait capital résultait dans l'espèce de l'aveu et de la conduite du demandeur en péremption qui avait formé sa demande par exploit à personne ou domicile, et non par requête, parce qu'il avait reconnu que le demandeur originaire n'avait pas d'avoué. »

La décision de la Cour de Nîmes a été, en effet, maintenue, sur le pourvoi, par un arrêt de la Cour de cassation du 9 nov. 1857 (*J. Av.*, t. 83, p. 329).

20. Sur le second point, M. Chauveau mentionnait un jugement du tribunal civil de la Seine, du 1er mars 1849 (*J. Av.*, t. 74, p. 253), d'après lequel le demandeur dont l'avoué donne sa démission a droit au bénéfice du délai de six mois accordé par l'art. 397, pour la constitution d'un nouvel avoué, quoique le défendeur, après avoir fait défaut sur la demande principale, n'ait constitué avoué que sur la demande en péremption qu'il a formée.

20 *bis*. D'après un arrêt de la Cour de cassation du 13 mai 1878 (*J. Av.*, t. 104, p. 463), le § 2 de l'art. 97, qui proroge de six mois le délai de la péremption d'instance en cas de constitution de nouvel avoué, n'est applicable que lorsque la partie est obligée, par suite d'un événement indépendant de sa volonté, de remplacer, devant la juridiction déjà saisie, l'avoué qui occupait pour elle ; d'où la conséquence qu'il n'y a pas lieu d'appliquer cette disposition dans le cas de renvoi après cassation, la constitution d'un avoué devant la Cour de renvoi ne pouvant être considérée comme une constitution de nouvel avoué.

21. (Q. 1423 bis). *Pour proroger de six mois le délai de la péremption, l'événement qui donne lieu à reprise d'instance doit-il être notifié?*

Solution négative, au texte, de la part de M. Chauveau, qui fait observer que les héritiers de la partie décédée peuvent dès lors, par une reprise d'instance signifiée dans les six mois du décès, couvrir la péremption, quoiqu'elle ait été demandée avant tout acte et toute notification de leur part, et qui ajoute que le simple changement d'état ne donnant pas lieu à reprise d'instance, ne peut pas non plus produire l'augmentation de six mois.

22. Dans le *Supplément* précédent, notre auteur mentionnait un arrêt de la Cour d'Aix, du 14 mai 1843 (*J. Av.*, t. 65, p. 309), qui a jugé, conformément à son opinion sur le premier point, qu'il y a lieu d'ajouter le délai de six mois, bien que le décès de la partie n'ait pas été notifié. Mais il citait en même temps un arrêt de la Cour de Bastia, du 6 mai 1857 (S. V. 58.2.80), qui a formellement déclaré que le défaut de notification du décès de l'intimé à l'appelant empêche, à l'égard de ce dernier, l'augmentation de six mois édictée par l'art. 397 ; qu'ainsi la péremption est acquise, si, entre le dernier acte de la poursuite et la demande en péremption faite par les héritiers de l'intimé, plus de trois ans se sont écoulés. Tel est aussi l'avis de M. Rodière, t. 2, p. 245.

23. Conformément à la doctrine de M. Chauveau sur le simple changement d'état, la Cour de Montpellier a décidé, le 5 août 1850 (*J. Av.*, t. 76, p. 150), que le mariage d'une fille, partie dans une instance, ne donne point lieu à l'augmentation du délai de la péremption.

24. (Q. 1424). *Ne peut-on former une demande en reprise d'instance ou en constitution de nouvel avoué, après le délai de trois ans et demi accordé par l'art.* 397?

Suivant l'opinion adoptée au texte, la reprise d'instance est recevable tout le temps que la péremption n'a pas été demandée ; mais elle peut être rendue irrecevable par une demande en péremption intentée après les trois ans et demi depuis la dernière poursuite. Quant à la durée du délai pour reprendre l'instance, que Carré mesure sur celle du délai pour introduire l'action, M. Chauveau renvoie à ce qu'il a dit, dans le sens contraire, sous la quest. 1413 (*infrà*, n. 49 *ter*).

25. (Q. 1425 A). *Le délai supplémentaire accordé par l'art.* 397, *dans le cas où il y a lieu à demande en reprise d'instance, est-il commun aux deux parties*, ou, en d'autres termes, *le demandeur peut-il invoquer ce délai, lorsque c'était au défendeur à reprendre l'instance?*

C'est affirmativement que cette question est résolue au texte, où sont mentionnées une jurisprudence et une doctrine conformes.

Adde dans le même sens, Grenoble, 4 mai 1866 (*J. Av.*, t. 92, p. 40).

26. Il résulte aussi de cet arrêt que, lorsqu'il y a plusieurs défendeurs dans une instance, le décès de l'un d'eux donne lieu à l'augmentation du délai de la péremption à l'égard des autres défendeurs, l'instance étant sous ce rapport indivisible, alors même que les défendeurs auraient un intérêt distinct.

27. (Q. 1425 B). *Le concours de deux événements qui donneraient isolément lieu à une augmentation de six mois autorise-t-il une double prorogation du même délai?*

Sur ce point, la négative est enseignée au texte ; et M. Chauveau y soutient que cette solution doit être admise même dans le cas où les divers événements survenus ont eu lieu à des intervalles éloignés.

28. Dans le sens du principe d'après lequel une seule prorogation doit être accordée, quelle que soit la multiplicité d'événements dont chacun, isolément, entraînerait une augmentation de délai, V. Cass., 10 août 1842 (*J. Av.*, t. 63, p. 567); Paris, 3 mars 1853 (*J.P.* 53.1.620); M. Rodière, t. 2, p. 265.

29. (Q. 1409 ter). *Le délai, soit ordinaire, soit extraordinaire, fixé par l'art. 397, doit-il être augmenté à raison des distances?*

Résolu négativement au texte.

30. (Q. 1411). *Y a-t-il des cas où la péremption puisse être acquise à l'expiration d'un terme moindre que celui fixé par l'art. 397?*

Il est répondu affirmativement au texte, où sont mentionnés les instances en justice de paix, le commandement qui précède une saisie immobilière, les poursuites exercées après une contrainte en matière d'enregistrement.

31. Il y est en même temps établi que la péremption de six mois, à laquelle sont soumis les jugements par défaut faute de comparaître, n'emporte point la péremption de l'instance. — V. *Jugement par défaut*, n. 193 et s.

31 bis. Mentionnons à ce propos un arrêt de la Cour de Paris, du 16 juill. 1877, qui a décidé que la péremption du jugement par défaut n'emportant point celle de la procédure, et la péremption d'instance n'ayant pas lieu de plein droit, il s'ensuit que le litige sur lequel a statué ce jugement continue de subsister, encore bien que plus de trois ans se soient écoulés depuis le dernier acte de poursuite valable, et tant que la péremption de l'instance n'a pas été prononcée. D'où la conséquence que les droits du demandeur sont litigieux, et que la cession qu'il en a faite peut donner lieu à l'exercice du retrait autorisé par l'art. 1699, Cod. civ., jusqu'au jugement prononçant cette péremption.

31 *ter* (Q. 1415 A). *Le temps de la péremption doit-il être compté* de momento ad momentum?

Non, suivant l'opinion adoptée au texte; ce temps doit être compté par jour, et le jour *a quo* n'y est pas compris.

Adde conf., notre *Formul. annot.*, p. 278, n. 12.

32. (Q. 1415 B). *Pour que la péremption puisse être demandée, faut-il que le dernier jour des trois ans soit accompli?*

M. Chauveau, au texte, enseigne l'affirmative, qu'il fonde sur l'art. 2061, Cod. civ.

33. (Q. 1410). *Lorsque la demande en péremption est formée avant l'expiration des trois années, et que, dans l'intervalle de cette demande aux plaidoiries, aucun acte valable n'a été signifié, peut-on déclarer la péremption acquise, en ajoutant au temps écoulé jusqu'à l'époque de la demande celui qui a couru depuis cette époque jusqu'aux plaidoiries?*

La solution négative est établie au texte.

34. Dans le *Supplément* précédent, M. Chauveau citait un arrêt de la Cour de Riom du 14 nov. 1854 (*J. Av.*, t. 80, p. 551), qui a jugé que la demande en péremption formée prématurément n'empêche pas la péremption d'être prononcée, lorsque, au moment du jugement, le défendeur en péremption n'a encore fait aucun acte pour l'interrompre, et que le délai de l'art. 397, Cod. proc., est expiré, mais il se hâtait de dire que les motifs invoqués à l'appui de cette décision ne peuvent prévaloir contre la nécessité absolue de réitérer une demande prématurée, dès que le temps requis par la loi a été complété.

35. Il est, en effet, admis, observait-il, que la partie qui a fait signifier un acte irrégulier est libre de le remplacer par un acte valable, tant que les délais pour faire cet acte utilement ne sont pas expirés. Il ne faut pas confondre ce cas avec celui où il s'agit d'un désistement d'instance. — Compar. le *Formulaire de procédure* de notre auteur, t. 2, p. 117 et 411, formules 637 et 863, et note 1.

36. M. Chauveau ajoutait que si le demandeur principal, défendeur à l'incident de péremption, était bien avisé, au lieu d'attendre, pour contester la péremption, que l'autre partie réparât son imprudence, il interromprait par quelque acte le délai, qui ne commencerait plus à courir qu'à partir de cet acte. C'est ce qui a eu lieu dans une espèce soumise à la Cour de Caen. Une demande en communication de pièces, formée après la demande prématurée en péremption et après les trois ans, mais avant toute régularisation de cette demande, a suffi pour faire rejeter la péremption : arrêt du 5 août 1850 (*J. Av.*, t. 76, p. 400).

37. Le même arrêt porte, ce qui est de toute évidence, comme le remarque M. Chauveau, qu'après une première demande prématurée en péremption, interrompue par un acte de procédure, la péremption s'acquiert de nouveau par l'expiration d'un second délai de trois années sans poursuites, la première demande ne pouvant constituer une fin de non-recevoir contre la seconde.

38. (Q. 1416 A). *La péremption serait-elle acquise par l'expiration du délai de trois ans depuis que l'affaire est en état ?*

Ce point est résolu affirmativement au texte.

39. Dans le précédent *Supplément*, M. Chauveau mentionnait un arrêt de la Cour de Riom, du 28 janv. 1857 (*Journ. de cette Cour*, 1857, n° 963), qui a jugé que lorsque dans une instance les qualités ont été posées et que la cause se trouve ainsi en état, les délais de la péremption ne peuvent plus courir; mais que la péremption d'une demande en péremption doit être prononcée, bien qu'il soit constaté sur le rôle d'audience, que les conclusions ont été posées sur l'incident, si, en réalité, il n'est justifié d'aucunes conclusions écrites, signées par les avoués, et si le tribunal n'a indiqué aucun jour pour la plaidoirie.

40. Cet arrêt, comme on le voit, est contraire à l'opinion de notre auteur. — Mais il y a lieu de se demander, disait-il, ce que la Cour de Riom a voulu exprimer en déclarant qu'une *cause ne peut être réputée en état qu'autant que la plaidoirie est commencée par des conclusions contradictoirement prises à l'audience, et que cette mise en état ne peut être constatée que conformément aux prescriptions du* § 3 *de l'art.* 69 *du décret du* 30 *mars* 1808. Ce texte est ainsi conçu : « Si les deux avoués sont présents, ils seront tenus de poser qualités et de prendre des conclusions; il leur sera indiqué un jour pour plaider. » Selon l'avis de M. Chauveau, une cause n'est contradictoirement liée qu'autant qu'après avoir subi le rôle et l'affiche, elle a été l'objet de conclusions prises à l'audience, et qu'un jour a été indiqué pour la plaidoirie : si, dans l'espèce, ces diverses formalités n'avaient pas été remplies, la cause ne pouvait pas être réputée en état, et alors l'arrêt confirmerait sa doctrine. D'après les faits exposés dans le journal judiciaire de Riom, les conclusions avaient été signifiées, et le rôle où la cause avait été inscrite constatait que les qualités avaient été posées. Il y a lieu de croire, observait M. Chauveau que, suivant l'usage en vigueur au tribunal du Puy (qui, dans l'espèce dont il s'agit, avait rendu le jugement déféré à la Cour), il suffit que les conclusions aient été réciproquement signifiées pour que les qualités soient réputées posées, alors qu'il en est fait mention sur le rôle. S'il en est ainsi, c'est là un usage vicieux, parce qu'il n'y a réellement qualités posées qu'autant qu'après l'inscription au rôle et l'affiche, signification des conclusions préalablement faite (art. 71 du décret), les avoués prennent leurs conclusions à l'audience, au moment de l'appel de la cause, et que la feuille d'audience, en constatant l'accomplissement de cette formalité, fixe le jour de la plaidoirie.

41. (Q. 1416 B). *Y a-t-il discontinuation de poursuites permettant de demander la péremption, lorsque trois ans se sont écoulés depuis la clôture des débats et l'audition du ministère public, sans que le tribunal ait rendu son jugement?*

Solution affirmative au texte, où sont mentionnés des arrêts en sens divers.

42. (Q. 1417). Quid *en cas de négligence d'un juge rapporteur à faire son rapport sur un procès, d'un juge-commissaire à procéder à une opération ordonnée, d'un expert et des parties à se rendre sur les lieux contentieux pour faire l'expertise ?*

Même solution que sur le point précédent.

43. Mais M. Chauveau (précédent *Supplément*) faisait remarquer, en ce qui concerne l'expertise, qu'il en serait autrement s'il apparaissait d'un acte quelconque que l'expert et les parties s'étaient transportés sur les lieux, ou bien si l'expert avait déposé son rapport au greffe du tribunal.

44 (Q. 1418). *Le décès d'un juge-commissaire ou d'un juge rapporteur interrompt-il la péremption ?* Quid *du décès d'un expert ?*

Il est répondu au texte que ces décès n'interrompent pas la péremption, parce qu'il est toujours facile au demandeur de faire remplacer le commissaire, le rapporteur ou l'expert décédé.—Et M. Chauveau ajoute qu'il n'y a même aucune raison, en pareil cas, pour augmenter de six mois le délai de la péremption.

45. (Q. 1423 ter). *Le décès du défendeur est-il un obstacle à la péremption?*

Oui, selon M. Chauveau, au texte, si le décès a été notifié et tant que l'instance n'est pas reprise; non, si le décès n'a pas été notifié.

46. Dans le précédent *Supplément*, notre auteur ajoutait qu'il faut reconnaître, avec un arrêt de la Cour de Montpellier, du 5 août 1850 (*J. Av.*, t. 76, p. 150), que le délai de la péremption ne doit pas être augmenté, lorsque la partie qui est décédée n'avait pas été assignée en reprise d'instance ; parce que le décès d'une partie qui ne figure pas dans la cause ne peut exercer aucune influence sur la procédure.

47. (Q. 1420). *Des cas fortuits qui ont mis le demandeur dans l'impossibilité d'agir, interrompent-ils le cours de la péremption?*

Réponse affirmative au texte.

48. (Art. 397). *Lorsque, sur une demande en péremption, un tribunal, conformément aux conclusions du défendeur à la péremption, a ordonné qu'il serait instruit et défendu au fond, sans avoir égard à la péremption, le tribunal ne se trouve-t-il pas saisi d'une nouvelle instance, et le délai d'une nouvelle péremption ne commence-t-il pas à courir ?*

Décidé affirmativement au texte, t. 3, p. 380, note, 5°.

49. (Q. 1443). *Les changements survenus dans l'organisation judiciaire empêchent-ils la péremption de courir tant qu'il n'y a pas eu reprise d'instance devant le tribunal existant ?*

Solution négative au texte, où il est dit qu'il suffit d'un avenir donné par la partie la plus diligente à la partie adverse pour procéder immédiatement devant le tribunal actuel selon les derniers errements de la procédure qui avait eu lieu devant le précédent tribunal, sans jugement préalable.

49 *bis.* (Art. 397). *Une instance dont la péremption n'a pas été demandée et ne peut plus l'être, et qui se trouve abandonnée depuis plus de trente ans, est-elle atteinte par la prescription trentenaire établie par l'art.* 2262, *Cod. civ.?*

L'affirmative a été consacrée par un arrêt de la Cour de Lyon du 22 août 1878 (*J. Av.*, t. 104, p. 464).

49 *ter.* (Q. 1413). *La prescription de l'action emporte-t-elle la péremption de l'instance?*

Carré, au texte, ne se prononce pas nettement sur ce point; mais M. Chauveau y soutient la négative, à l'appui de laquelle il développait de nouveaux arguments dans le *Supplément* précédent, en citant des autorités en sens divers.

§ 3. — Quelles instances sont soumises à la péremption.

50. (Q. 1410 ter). *La demande en séparation de corps tombe-t-elle en péremption, si elle reste impoursuivie pendant trois ans depuis la comparution devant le président?*

Cette question doit être résolue affirmativement, dit, au texte, M. Chauveau, parce que la citation à comparaître devant le président du tribunal constitue une véritable introduction de l'instance en séparation de corps. V. la quest. 234, au texte.

51. (Q. 1426 A). *La péremption d'une instance qui a pour objet une question d'état peut-elle être prononcée?*

Solution également affirmative au texte.

Adde conf., Bordeaux, 5 juill. 1849 (*J. Av.*, t. 75, p. 146); Bourbeau, p. 570; Rodière, t. 2, p. 245, et Bioche, n. 16.

52 (Q. 1426 B). *En général, les instances dans lesquelles il s'agit de questions intéressant l'ordre public, sont-elles sujettes à péremption?*

La solution affirmative est aussi soutenue au texte par M. Chauveau, qui n'admet pas notamment que l'instance d'appel doive échapper à la péremption par le motif que le jugement attaqué aurait été rendu par des juges incompétents *ratione materiæ*, et qu'il aurait statué en matière de séparation de corps. — Compar. les deux questions précédentes.

53 (Art. 397). *L'art. 397 est-il applicable aux instances sur la perception des droits d'enregistrement dans tous les cas qui n'ont pas été réglés par la législation spéciale sur cette matière?*

Décidé affirmativement au texte, t. 3, p. 380, note, 4°.

54. (Q. 1421 A). *La péremption peut-elle courir contre une instance dont la poursuite est suspendue, soit par une demande incidente, soit par tout autre incident qui devrait être vidé préalablement au jugement du fond, soit enfin par des jugements préparatoires, interlocutoires ou provisoires?*

L'affirmative est encore admise au texte en ce qui touche les jugements sur incidents et les jugements préparatoires ou interlocutoires. Mais Carré refuse d'étendre cette solution aux jugements provisoires, qui ne sont pas des jugements d'instruction et ne se prescrivent que par trente ans. Et M. Chauveau, en ce qui concerne les jugements qui contiennent des chefs définitifs et des chefs interlocutoires, enseigne qu'ils prorogent l'instance pendant trente ans, pourvu que leurs dispositions définitives touchent au fond du procès, et qu'il en serait autrement si elles ne statuaient que sur une fin de non-recevoir tirée d'un vice dans la procédure.

55. Notre auteur, dans le précédent *Supplément*, citait dans le sens de son opinion, en ce qui concerne les décisions préparatoires : Limoges, 4 mars 1844 (*J. Av.*, t. 65, p. 510); Berriat, p. 357, note 12, n. 8, et Bioche, n. 8. — Il signalait, en outre, comme ayant consacré le même principe, un arrêt de la Cour de Nîmes du 1er mai 1854 (*J.P.*54.1.516), qui a décidé que les jugements et arrêts qui ne statuent définitivement sur aucun des points en litige sont sujets à péremption comme les actes de procédure et moyens d'instruction destinés à préparer la décision du fond du procès; un arrêt de la Cour de Paris, du 3 mars 1853 (*J.P.*53.1.620), portant que le jugement qui ordonne une expertise, tous droits et moyens réservés, n'est que préparatoire, et ne peut, dès lors, former obstacle à la péremption de l'instance; un arrêt de la Cour de Montpellier, du 9 nov. 1844 (*J. Av.*, t. 68, p. 116), d'après lequel le jugement qui rétracte un jugement par défaut et ordonne une nouvelle expertise n'a point le caractère d'un jugement définitif, mais bien celui d'un simple jugement interlocutoire, qui ne fait point obstacle à la péremption; un arrêt de la Cour de Paris, du 22 juin 1846 (t. 73, p. 607), aux termes duquel un jugement préparatoire qui renvoie les parties devant le juge-commissaire d'une faillite n'empêche point la péremption de courir; un autre arrêt de la même Cour, du 25 mai 1848 (t. 73, p. 426), déclarant qu'un jugement qui se borne à ordonner la mise en cause d'un tiers dans le délai d'un mois, à la requête de la partie la plus diligente, ne forme point non plus un obstacle au cours de la péremption.

56. Quant aux jugements qui contiennent des chefs définitifs et interlocutoires, M. Chauveau faisait remarquer que la jurisprudence a persisté avec raison à les considérer comme formant obstacle à la péremption. C'est ainsi que la Cour de Limoges a jugé, le 24 mars 1852 (S.V.52.2 524), qu'une instance est à l'abri de la péremption, du moment qu'il est rendu un jugement simplement interlocutoire ou préparatoire, mais qui contient un chef définitif touchant au fond du procès, et que, spécialement, l'on doit considérer comme offrant cette condition le jugement rendu dans une instance relative à un compte de tutelle qui condamne le tuteur à rendre le compte de sa gestion; un tel jugement, quoique simplement préparatoire quant au résultat final de l'instance, n'en contenant pas moins au fond un chef définitif qui est la condamnation du tuteur à rendre compte, et cela alors même que le tuteur n'aurait pas contesté cette obligation de sa part. — Conf., Dalloz, n. 129.

57. La Cour d'Alger a aussi jugé dans le même sens, le 3 déc. 1850 (*J. Av.*, t. 76, p. 400), dans une espèce où il s'agissait d'un arrêt renvoyant les parties devant un conseiller commissaire pour établir et débattre leurs comptes, et cependant condamnant dès à présent l'une d'elles à payer par provision une somme déterminée — Une doctrine semblable a servi de base à un arrêt de la Cour de Lyon du 5 janv. 1847 (*J. Av.*, t. 72, p. 257), portant que la péremption d'instance ne peut pas être demandée lorsqu'il été rendu un jugement définitif passé en force de chose jugée, quoique ce jugement ne soit qu'interlocutoire sur un point; et qu'il en est ainsi surtout si l'exécution de la disposition interlocutoire dépend d'un tiers, et si les parties ne peuvent pas être accusées de négligence. Enfin, les Cours de Bastia, le 16 avril 1856, et de Pau, le 30 mai 1857 (*J. Av.*, t. 83, p. 142), ont déclaré que la discontinuation des poursuites pendant trois ans, à partir d'un jugement interlocutoire, emporte péremption; mais que la péremption ne peut pas être invoquée si le jugement contient aussi des chefs définitifs et s'il y a connexité, solidarité ou indivisibilité entre les chefs interlocutoires et définitifs. Le premier de ces arrêts ajoute que la péremption ne peut pas davantage être admise en appel lorsqu'elle aurait pour effet de faire acquérir force de chose jugée à un jugement que l'arrêt interlocutoire a infirmé.

58. (Q. 1421 bis). ***Le jugement par défaut sur le fond est-il censé termi-***

ner l'instance, et, par conséquent, mettre obstacle à une demande ultérieure en péremption? Faut-il à cet égard distinguer entre les jugements faute de comparaître et les jugements faute de plaider?

M. Chauveau, au texte, regarde la solution affirmative de la première question comme incontestable à l'égard des jugements par défaut qui ont été signifiés avant l'expiration du délai de la péremption. Mais la question lui semble plus grave lorsque ces jugements n'ont pas été signifiés. Il faut alors, selon lui, distinguer les jugements faute de comparaître d'avec les jugements faute de plaider, pour faire échapper les premiers à la péremption d'une manière absolue, et les autres pendant les six mois qui suivent leur prononciation.

59. (Q. 1421 ter). *Un arrêt de cassation est-il un obstacle à la péremption de l'instance devant la Cour de renvoi?*

M. Chauveau, au texte, enseigne la négative, qu'il fonde sur ce qu'un tel arrêt ne termine point l'instance d'appel.

60. Dans le *Supplément* précédent, il citait comme conformes : Amiens, 29 nov. 1838 (*J. Av.*, t. 57, p. 636) ; Orléans, 3 fév. 1848 (t. 73, p. 220) ; Riom, 8 juin 1853 (t. 79, p. 113) ; Metz, 11 mai 1854 (t. 79, p. 647); et il ajoutait qu'en pareil cas, le délai de la péremption est de trois ans lorsque les parties sont placées dans les circonstances ordinaires, où les poursuites ont été reprises devant la Cour de renvoi et discontinuées pendant ce laps de temps. Notre auteur remarquait ensuite qu'il n'en était pas ainsi dans l'espèce de l'arrêt ci-dessus de la Cour d'Orléans. Aucun acte de procédure n'avait été fait; le premier acte à faire était une assignation, avec constitution par le demandeur d'un avoué devant la Cour de renvoi. On se trouvait donc dans la position prévue par le § 2 de l'art. 397; il y avait lieu à constitution de nouvel avoué; le délai ordinaire devait par conséquent être augmenté de six mois.—Dans des circonstances semblables, remarquait encore notre auteur, les deux derniers des arrêts susmentionnés ont également admis cette augmentation de délai.

61. (Q. 1422). *L'opposition à un arrêt ou jugement par défaut est-elle le principe d'une nouvelle instance susceptible de péremption?* — En d'autres termes : *Peut on déclarer périmée l'instance particulière sur l'opposition, sans étendre la péremption à l'instance principale?*

Solution négative au texte.

62. Dans le *Supplément* précédent, M. Chauveau citait comme conformes : Cass., 5 mai 1857 (*J. Av.*, t. 83, p. 81), et Paris, 19 fév. 1858 (t. 85, p. 161).

Depuis, il a été encore décidé par un autre arrêt de la Cour suprême du 21 fév. 1859 (S.-V.60.1.655) et par un arrêt de la Cour de Caen du 25 nov. 1874 (*J. Av.*, t. 100, p. 238), que la péremption d'instance ne peut être prononcée pour certains actes seulement de la procédure, mais qu'elle s'applique nécessairement à l'instance entière ; et qu'en conséquence, la demande en péremption de l'instance engagée sur l'opposition à un jugement par défaut est inadmissible, si elle se restreint à cette instance même, au lieu de comprendre l'instance originaire, dont celle-ci n'est que la continuation.

63. Mais, d'après l'arrêt précité de la Cour de cassation du 5 mai 1857, il en est autrement de l'instance sur l'opposition à un commandement à fin d'exécution d'un jugement par défaut devenu définitif; la péremption de cette instance peut être prononcée séparément et sans entraîner la péremption du jugement par défaut.

64. (Art. 397). *Le défaut de poursuites pendant trois années depuis l'assignation en reprise d'instance, entraîne-t-il la péremption de l'instance principale?*

Décidé affirmativement au texte, t. 3, p. 380, note, 1°, et p. 441, 1°.

65. (Q. 1427 bis). *L'instance introduite par la demande en péremption peut-elle tomber elle-même en péremption ?*

Au texte, M. Chauveau enseigne l'affirmative.

66. Dans le *Supplément* précédent, il citait à l'appui de sa doctrine, Riom, 14 nov. 1854 (*J. Av.*, t. 80, p. 551) et 28 janv. 1857 (t. 83, p. 172); Bastia, 3 août 1854 (t. 80, p. 56); Reynaud, n. 5, p. 8; Bourbeau, t. 5, p. 667; Bioche, vᵒ *Pérempt.*, n. 14. — *Adde* conf., notre *Formul. annot.*, t. 1, p. 278, n. 6. — Mais V. en sens contraire, M. Rodière, observat. sur l'arrêt précité de la Cour de Bastia (*J.P.*56.2.302).

§ 4. — Contre quelles personnes court la péremption.

67. (Q. 1433). *La péremption court-elle contre le mineur qui n'est pas pourvu de tuteur ?*

La solution négative, admise au texte par Carré, y est défendue avec de plus amples développements par M. Chauveau, qui l'étend soit au cas où le tuteur d'un interdit serait décédé, soit à celui où un aliéné placé dans un établissement ne serait pas pourvu d'un administrateur, et qui ajoute que la nomination d'un conseil judiciaire à un prodigue ou à une personne faible d'esprit ne saurait interrompre la péremption.

68. Un arrêt de la Cour de cassation, du 10 août 1842 (*J. Av.*, t. 63, p. 567), a jugé en sens contraire que la péremption d'instance court contre les mineurs, sans distinction entre ceux qui sont pourvus de tuteur et ceux qui ne le sont pas, et sans que le recours à eux accordé par l'art. 398 puisse être considéré comme une condition de la péremption.

69. (Q. 1433 bis). *La prescription court-elle contre une succession vacante non pourvue de curateur ?*

Résolu affirmativement au texte par M. Chauveau.

70. (Q. 1443 ter). *Court-elle contre l'héritier bénéficiaire demandeur, à l'égard des demandes qu'il a dirigées contre son auteur, et qui frappent la succession ?*

Solution également affirmative au texte de la part de notre auteur.

71. (Q. 1433 quater). *Si une femme qui a entamé une instance vient à se marier, la péremption, commencée avant, court-elle après son mariage ?*

M. Chauveau enseigne encore sur ce point, au texte, l'affirmative, qu'il fonde soit sur la généralité de la disposition de l'art. 398, soit sur l'art. 345, d'après lequel le changement d'état des parties n'empêche pas la continuation des poursuites, — Mais notre auteur observe que si le mari était intervenu dans l'instance comme maître ou administrateur de la dot, la péremption ne pourrait être demandée que contre les époux conjointement.

72. (Q. 1433 quinquies). *La péremption peut-elle courir contre les communes avant qu'elles aient été autorisées à plaider ?*

L'affirmative paraît incontestable à M. Chauveau, au texte.

73. (Q. 1432). *Court-elle contre les militaires en activité de service ?*

Carré, au texte, s'inspirant de la loi du 6 brumaire an V, estime que la péremption serait inapplicable à tout militaire ou employé qui, durant le cours d'un procès, aurait fait partie d'une armée belligérante; tandis que M. Chauveau, *ibid.*, est d'avis qu'une nouvelle loi pourrait seule maintenir cette immunité.

74. (Art. 398). *L'instance se périme-t-elle contre l'étranger appelant condamné à fournir la caution* judicatum solvi, *quoique l'intimé ne poursuive point les effets de cette condamnation ?*

Décidé affirmativement au texte, t. 3, p. 420, note, 2ᵒ.

§ 5.—Par qui, en quelle forme et devant quels juges peut être intentée la demande en péremption.

75. (Q. 1427 sexies). *Le demandeur peut-il provoquer la péremption de sa propre demande?*

M. Chauveau, au texte, répond négativement, et ajoute que la voie du désistement est seule ouverte au demandeur.

76. Dans le précédent *Supplément*, notre auteur observait qu'en présence de cette solution une grande importance s'attache au point de savoir à qui doivent s'appliquer les qualifications de demandeur et de défendeur. La Cour de cassation, disait-il, a établi le principe dans un arrêt du 10 déc. 1839 (*J. Av.*, t. 58, p. 178), qui porte que, pour connaître le demandeur, il faut uniquement s'attacher à l'exploit introductif d'instance, quelle que soit d'ailleurs la cause de la demande. — La Cour de Montpellier a fait une saine application de cette règle, en jugeant, le 22 juin 1846 (*J. Av.*, t. 73, p. 607), que le défendeur qui forme une demande incidente ne perd pas sa qualité de défendeur et conserve le droit de demander la péremption de l'instance contre le demandeur.

77. Mais M. Chauveau déclarait ne pouvoir donner son assentiment à une décision de la Cour de Riom du 8 fév. 1854 (*Journ. de cette Cour*, 1854, n° 805), portant que, lorsque sur la sommation hypothécaire dirigée par un créancier contre un tiers détenteur, ce dernier forme opposition aux poursuites avec assignation en validité de l'opposition, le demandeur dans l'instance n'est point l'opposant, mais bien le créancier qui a fait la sommation; la cause de l'instance, dans ce cas, étant la sommation hypothécaire et le commandement de payer, et non l'opposition au commandement.

78. C'est, au contraire avec raison, selon lui, que la cour de Montpellier a décidé, le 5 août 1850 (*J. Av.*, t. 76, p. 150), que la péremption de l'instance en validité de saisie-arrêt doit être demandée contre le saisissant et non contre le tiers saisi; parce que le débat est étranger à ce dernier, qui n'y prend une part active qu'autant que la déclaration est contestée.

79. Le défendeur, recevable à demander la péremption de l'instance primitive, est non recevable à demander la péremption de l'instance reconventionnelle introduite à sa requête : Trib. civ. de Villefranche, 9 août 1855 (*J. Av.*, t. 81, p. 100).

80. Le cessionnaire a le droit de poursuivre la péremption de l'instance demandée par son cédant : Montpellier, 5 août 1850 (*J. Av.*, t. 76, p. 150).

81. Celui qui est assigné en garantie peut opposer la péremption de l'instance principale au demandeur originaire : Liége, 20 janv. 1851 (*Jurispr. belge*, 1852, t. 2, p. 82).

82. A ces décisions que mentionnait M. Chauveau, il faut ajouter un arrêt de la Cour de Nîmes du 30 déc. 1861 (*J. Av.*, t. 88, p. 477), qui a jugé, conformément à sa doctrine, que la péremption d'instance ne peut être demandée que par le défendeur; et qui a en même temps déclaré que l'on doit considérer comme tel celui qui a formé opposition à un jugement par défaut rendu contre lui.

83. (Q. 1427 ter). *La péremption d'une instance en licitation peut-elle être demandée contre le poursuivant, par un des copropriétaires qui veut intenter à son tour une demande en partage?*

M. Chauv. au regarde cette demande comme admissible.

84. (Art. 390). *Des créanciers peuvent-ils proposer la péremption d'instance, du chef de leur débiteur?*

Décidé affirmativement au texte, t. 3, p. 433, note, 1°.

85. Il a été aussi jugé, depuis, que le droit de demander la péremption d'instance n'est pas exclusivement attaché à la personne du défendeur ; mais que les créanciers de ce dernier peuvent intervenir dans l'instance pour en opposer la péremption : Grenoble, 9 avril 1862 (*J. Av.*, t. 88, p. 477).

86. (Id.) *La cession d'une créance qui fait l'objet du procès empêche-t-elle le cédant de suivre l'instance et d'en demander, s'il y a lieu, la péremption?*

Décision négative au texte, t. 3, p. 380, note, 6°.

87. (Q. 1421 B). *La péremption peut-elle être demandée par une partie qui aurait apporté des obstacles à la procédure?*

Oui, répond M. Chauveau, au texte, sauf le cas de dol ou de fraude, parce qu'il dépend de la partie adverse de lever les obstacles ou de suppléer à la négligence de l'autre partie. Notre auteur critique quelques décisions rendues en sens contraire; mais il admet, avec un arrêt de la Cour de cassation, que l'appel interjeté pour un cas éventuel, ou sous une condition apposée par l'appelant seul, est susceptible de péremption, même avant que ce cas ou cette condition se réalise, parce qu'autrement ce serait permettre à l'appelant de se prévaloir, pour excuser sa négligence, d'un fait qui lui est personnel et qui, d'ailleurs, ne pourrait l'empêcher d'agir.

88. (Q. 1427 quater). *Devant quel tribunal doit être portée la demande en péremption?*

Elle ne peut l'être, suivant l'observation de M. Chauveau, au texte, que devant le tribunal saisi de la contestation principale.

89. (Q. 1424 bis). *Dans le cas où il y a lieu à reprise d'instance, le demandeur en péremption doit-il préalablement faire un acte de reprise ou signifier une assignation en reprise?*

La négative est soutenue au texte par M. Chauveau, qui se fonde sur ce qu'en reprenant l'instance ou en en provoquant la reprise, celui qui veut faire prononcer la péremption se rendrait non-recevable dans sa demande.

89 *bis.* Dans le précédent *Supplément*, notre auteur rappelait qu'en principe, une reprise d'instance antérieure à la demande en péremption couvre cette péremption, et que c'est ce qui l'a amené à décider avec la jurisprudence que, pour demander la péremption, les héritiers du défendeur n'ont pas besoin de reprendre l'instance, ainsi que l'a reconnu encore depuis un arrêt de la Cour de Riom du 6 nov. 1847 (*J. Av.*, t. 73, p. 371). — Mais, se demandait M. Chauveau, est-il toujours bien exact de dire, comme l'a fait un arrêt de la Cour de Bastia du 6 mai 1857 (S.-V. 58.2. 80), que la demande en reprise d'instance et celle en péremption sont contradictoires et inconciliables dans leur exercice, et que la reprise d'instance implique renonciation à la demande en péremption? Il en est ainsi sans doute, répondait-il, si la reprise d'instance est pure et simple; mais dans le cas où elle n'est faite que pour demander la péremption, la Cour de cassation a admis la négative, le 6 juill. 1852 (*Droit*, 1852, n° 160), et cette solution a été aussi admise par le tribunal de Gand, le 15 fév. 1858 (*Belgique jud.*, 1851, n° 45).

La Cour de Paris a jugé, de son côté, le 23 nov. 1848 (*J. Av.*, t. 74, p. 220), que l'héritier du défendeur qui reprend l'instance ne couvre point la péremption, lorsqu'il ne la reprend que pour *avoir qualité* à l'effet de demander la péremption de l'instance et qu'il conclut en même temps à cette péremption.

§ 6. — Formes de la demande en péremption.

90. (Q. 1428 B). *La demande en péremption d'une instance introduite avant la publication du Code de procédure civile doit-elle être instruite et jugée suivant les dispositions de ce Code ou suivant les règles de l'ancienne jurisprudence?*

Il est enseigné au texte que cette demande doit être instruite et jugée conformément aux dispositions du Code de procédure.

91. (Q. 1429). *Mais ne pourrait-on pas opposer la péremption par exception, comme le permettait l'ancienne jurisprudence, au lieu de la demander par requête, ainsi que le veut l'art. 400, Cod. proc., si, l'action principale ayant été introduite avant la publication de ce Code, la prescription s'était accomplie aussi avant cette publication?*

L'affirmative est établie au texte.

92. (Q. 1435). *Dans le cas qui précède, les juges pourraient-il suppléer l'exception de péremption, si le défendeur au principal négligeait de l'invoquer?*

Solution négative au texte. — V. aussi Carré, t. 3, p. 420, n. CCCXXVII; notre *Formul. annot.*, p. 280, n. 2.

93. (Q. 1444 B). *La demande en péremption d'instance est-elle soumise au préliminaire de conciliation?*

Solution négative au texte.

Adde conf., notre *Formul. annot.*, p. 281, n. 34.

94. (Q. 1443 bis). *La requête dont parle l'art. 400 doit-elle être répondue d'une ordonnance du juge?*

Résolu aussi négativement au texte.

95. (Q. 1444 A). *Dans une demande en péremption suffit-il d'assigner l'avoué? Faut-il, au contraire, assigner la partie elle-même?* — En d'autres termes, *l'art. 400, en exigeant une requête d'avoué à avoué, exprime-t-il autre chose, si ce n'est que la partie sera assignée au domicile de l'avoué?*

Il est établi au texte que la demande ne peut être introduite par assignation signifiée à la partie, mais qu'elle doit l'être par requête signifiée à l'avoué de celle-ci, dans la forme des actes d'avoué à avoué, et non dans celle des exploits.

96. Dans le précédent *Supplément*, M. Chauveau citait à l'appui de son opinion sur l'obligation de procéder par requête pour demander la péremption lorsqu'il y a avoué : Caen, 22 nov. 1852 (*Journ. de cette Cour*, 1853, p. 9); Bastia, 3 août 1854 (*J. Av.*, t. 80, p. 56). V. aussi son *Formulaire de procédure*, 2e édit., t. 1, p. 213, note 1. — Il mentionnait, en outre, les décisions suivantes :

La signification de la requête est valable lorsqu'elle est faite dans la forme ordinaire des actes d'avoué à avoué; notamment l'immatricule de l'huissier est inutile : Montpellier, 15 mai 1847 (*J. Av.*, t. 72, p. 405); mais la demande en péremption est irrecevable lorsque la requête ne porte pas la signature de l'avoué : Riom, 9 août 1847 (*J. Av.*, t. 73, p. 178). La demande n'est pas non plus valable, si elle a été faite par une signification au procureur de la République pour une partie dont le domicile était connu : Lyon, 5 janv. 1847 (*J. Av.*, t. 72, p. 257).

97. Pour être régulière et produire son effet, ajoutait notre auteur, la requête en péremption doit, avant tout acte interruptif, être notifiée par requête à tous les avoués de la cause, et par exploit aux demandeurs originaires qui n'ont pas d'avoué. Aussi la Cour de Toulouse a-t-elle refusé de prononcer la péremption dans une espèce où la requête avait été présentée au tribunal et dénoncée aux avoués de la cause, mais n'avait été signifiée par exploit à des parties sans avoué que postérieurement à l'acte de reprise d'instance notifié à la requête de ces parties : arrêt du 8 mai 1852 (*Publicité*, 1852, n° 68).

98. Appelé à se prononcer sur le point de savoir si, lorsque l'avoué constitué dans une instance donne sa démission, que son successeur ne fait aucun acte dans cette instance pour laquelle il n'a pas été lui-même constitué, qu'il se démet à son tour, et que le prédécesseur est de nouveau investi des fonctions d'avoué, ce dernier doit être considéré comme ayant ressaisi les pouvoirs dérivant de sa constitution originaire, et si, par conséquent, la péremption doit être demandée par requête notifiée à cet avoué, ou par ajournement à personne ou à domicile, M. Chauveau a répondu que le doute n'était pas permis, que la démission avait mis fin aux pouvoirs dérivant de la constitution, et qu'à défaut d'une constitution nouvelle, il fallait procéder par ajournement contre le demandeur.

99. Indiquons nous-même quelques décisions plus récentes.

Le 1er février 1867 (*J. Av.*, t. 92, p. 316), la Cour de Toulouse a jugé, conformément à la doctrine enseignée au texte, que la demande en péremption d'instance est nulle, lorsqu'elle est intentée par exploit signifié à personne ou domicile, au lieu de l'être par acte d'avoué à avoué. V. aussi en ce sens, Bonnier, t. 2, n. 1267; notre *Formul. annot.*, t. 1, p. 280, n. 27.—Et, d'après un arrêt de la Cour de Paris du 21 nov. 1871 (t. 97, p. 22), il en est de même dans le cas où la copie de l'acte d'avoué à avoué qui renferme cette demande n'énonce ni le mois, ni l'année de sa signification, encore bien qu'il y soit dit qu'un délai de plus trois ans s'est écoulé depuis le dernier acte valablement signifié dans la cause et dont il mentionne la date. — Peu importe d'ailleurs qu'une seconde copie ait été signifiée régulièrement au même avoué, comme occupant pour un autre demandeur, et que la demande principale soit indivisible.

100. Mais il résulte d'un autre arrêt de cette dernière Cour, en date du 24 juill. 1869 (t. 94, p. 455), que l'acte d'avoué à avoué dont il s'agit est valable, quoique la copie qui en est signifiée n'indique pas le mois, mais seulement le jour et l'année de la signification, et que l'omission dont il s'agit ne peut faire obstacle à ce que la péremption soit prononcée, s'il est constant que, avant le premier jour de l'année dans laquelle la signification a eu lieu, il s'est écoulé plus de trois ans ans sans qu'aucun acte nouveau de procédure ait été fait dans l'instance par aucune des parties.

101. L'arrêt précité de la Cour de Toulouse décide encore que, la péremption étant indivisible de sa nature (V. *infrà*, n. 165 et s.), la nullité provenant de ce que la demande a été formée contre l'une des parties par exploit à personne ou domicile, profite à celle à l'égard de laquelle elle a été intentée par acte d'avoué.

102. (Q. 1445). *De quel avoué entend parler l'art. 400, lorsqu'il dispose que la péremption cesse de devoir être demandée par requête dans le cas où l'avoué est décédé, ou a été interdit, ou suspendu depuis le moment qu'elle a été acquise?*

Il résulte des explications données par Carré, au texte, t. 3, n. CCCXXVIII, qu'il s'agit de l'avoué du demandeur, et que la demande en péremption doit alors être formée par exploit à personne ou domicile; mais que, si c'est l'avoué du défendeur dont le mandat a pris fin, la demande doit être formée par requête d'avoué contenant, de la part de celui-ci constitution d'un avoué pour occuper sur cette demande. La même observation est reproduite par Carré, sous la présente question, et M. Chauveau se l'approprie, *ibid.*, en citant des décisions conformes, et en ajoutant, d'une part, que la demande en péremption est valablement formée au domicile de l'avoué primitivement constitué par le demandeur dans l'instance principale, si celui-ci n'a pas notifié à son adversaire son changement d'avoué; et, d'autre part, qu'il importe peu que la péremption soit ou non acquise à l'époque où l'avoué a cessé ses fonctions, et qu'il n'est pas nécessaire d'en faire précéder la demande par une assignation en constitution de nouvel avoué.

103. M. Chauveau remarque, en outre, que de ce que l'avoué du demandeur est le seul dont entend parler l'art. 400, il suit que le défendeur qui n'a pas constitué avoué dans l'instance n'est pas dispensé d'employer la voie de la requête pour former sa demande en péremption; mais qu'il peut le faire par la requête même qui contient constitution de nouvel avoué et sommation d'audience.

104. (Q. 1445 bis). *Si l'une des parties est décédée, est-ce par requête ou par exploit que la demande en péremption doit être formée?*

Il y a lieu, suivant l'opinion admise au texte par M. Chauveau de faire cette distinction : si le décès a été notifié, la péremption peut être demandée par exploit signifié aux héritiers du défunt. S'il ne l'a pas été, la demande est valablement formée par requête. L'auteur mentionne ensuite, sans se prononcer lui-même, des décisions en sens divers sur le point de savoir s'il faut procéder par voie d'assignation, ou si l'on peut employer la voie de la requête, lorsque le décès, quoique non notifié, est officiellement connu.

105. Dans le *Supplément* précédent, M. Chauveau invoquait à l'appui de la distinction ci-dessus : Montpellier, 15 mai 1847 (*J. Av.*, t. 72, p. 405); Riom, 6 nov. 1847 (t. 73, p. 371), et Paris, 3 mars 1853 (*J.P.*53.1. 620). La Cour de Riom a jugé, en thèse générale, le 30 nov. 1840 (*J. Av.*, t. 60, p. 303), que la péremption d'instance doit être demandée par exploit à personne ou domicile et non par requête, lorsqu'elle est dirigée contre les héritiers d'une partie décédée avant que la cause fût en état; et la Cour de Caen a décidé, le 16 avril 1849 (t. 74, p. 579), que la demande en péremption, lorsqu'une partie est décédée, et bien que ce décès n'ait pas été notifié, peut être formée par exploit à domicile contre ses héritiers.

Enfin, un arrêt de la Cour de Pau, du 13 janv. 1858 (*Gaz. des Trib.*, 1er août 1858), porte qu'une assignation en péremption d'instance donnée à une partie décédée est valable, bien que le décès n'ait pas été notifié, si d'ailleurs il n'est pas établi que le demandeur en péremption avait connaissance du décès.—M. Chauveau déclarait qu'à ses yeux l'ignorance du décès justifie la voie de la requête, mais non celle de l'assignation, à moins qu'il n'y eût décès, interdiction ou suspension de l'avoué.—V. aussi notre *Formul. annot.*, p. 280, n. 28.

106. (Art. 400). *Est-on obligé de diriger la demande en péremption contre les héritiers de la femme du demandeur, décédée pendant l'instance, lorsqu'on est censé ignorer et le décès de cette dernière et l'intérêt de ses héritiers à la reprise de cette instance?*

Décidé négativement au texte, t. 3, p. 433, note, 4°.

107. (Q. 1447 ter). *Comment doit être formée la demande en péremption des instances dans lesquelles les directions générales de l'enregistrement et des domaines, des douanes ou des contributions indirectes se trouvent parties?*

Il est enseigné au texte par M. Chauveau que la demande est valablement formée par ajournement signifié à personne ou domicile, lorsque ces administrations ont usé de leur droit de ne pas constituer avoué; mais que, dans le cas contraire, c'est par requête que doit être demandée la péremption d'instance.

108. (Q. 1447 bis). *La péremption doit-elle être proposée avant la nullité de l'exploit introductif de l'instance? Dans le cas de l'affirmative, la demande en péremption couvre-t-elle la nullité de cet exploit?*

M. Chauveau, au texte, résout affirmativement la première question et négativement la seconde.

109. (Q. 1446). *Si la péremption a été demandée, mais autrement que de la manière prescrite par l'art.* 400, *peut-elle être couverte par des actes postérieurs, conformément à l'art.* 399?

Résolu affirmativement au texte.

110. (Q. 1447). *Lorsque, le jour même où la requête à fin de péremption a été signifiée, un acte a été également signifié par la partie contre laquelle la péremption est demandée, les juges saisis de l'instance peuvent-ils la déclarer périmée, en accordant la priorité à la requête en péremption, quoique l'acte dont excipe l'autre partie indique l'heure précise de sa signification?*

Il est répondu au texte par Carré que la solution de cette question de priorité dépend essentiellement des faits. M. Chauveau, *ibid.*, s'associe à la théorie de Merlin, qui distingue trois cas : celui où les deux actes en concours constatent l'heure de leur signification, celui où l'heure n'est indiquée que dans un seul des deux actes, celui où elle ne l'est ni dans l'un ni dans l'autre, et qui, décidant que la priorité, dans la première hypothèse, doit se déterminer d'après les énonciations respectives des deux actes, met, dans les deux autres hypothèses, à la charge du demandeur en péremption la preuve de l'antériorité de sa requête, preuve qui peut être faite par présomptions.

111. Dans le précédent *Supplément*, M. Chauveau mentionnait un arrêt de la Cour de Lyon du 5 janv. 1847 (*J. Av.*, t. 72, p. 257), qui a jugé que, dans le cas où la demande en péremption et l'acte de reprise d'instance sont de la même date, et qu'on ne peut déterminer quel est celui qui est antérieur à l'autre, il faut donner la préférence à l'acte en reprise d'instance. — C'est aussi avec raison, disait ensuite notre auteur, que la Cour de Riom a décidé, le 15 mars 1853 (*Journ. de cette Cour*, 1853, p. 791), que, lorsque dans une instance engagée entre plusieurs parties l'une d'elles a fait signifier une demande en péremption de cette instance, et que le même jour une demande en reprise d'instance a été formée par un des demandeurs primitifs contre ses litis-consorts, l'enregistrement de l'acte en péremption, quoique opéré avant celui de l'acte en reprise, ne suffit pas pour déterminer *de plano* la priorité du premier ; et que les magistrats, pour résoudre la question de savoir auquel de ces deux actes il convient d'accorder la préférence, doivent consulter les faits et circonstances du procès. — M. Rodière, t. 2, p. 248, pense que la présomption est en faveur de la péremption, ce que M. Chauveau n'admet pas, et il conclut en disant que l'acte est d'ailleurs, livré à l'appréciation du juge, ce que notre auteur regarde comme plus exact.

§ 7. — Actes interruptifs de la péremption.

112. (Q. 1437). *Qu'entend-on par les* actes valables *qui, aux termes de l'art.* 399, *Cod. proc., couvrent la péremption?*

On entend, dit Carré au texte, les actes ordonnés ou permis par la loi, et que l'une des parties a signifiés à l'autre, pourvu qu'ils ne soient pas nuls pour vice de forme. M. Chauveau, de son côté, cite un arrêt de la Cour de cassation du 9 août 1837 (*J. Av.*, t. 53, p. 831), qui a défini les actes dont il s'agit, *les actes de poursuites qui émanent d'une partie en cause, qui interviennent dans son intérêt, et qui ont pour objet la continuation de l'instance*;

après quoi il énumère les cas dans lesquels la jurisprudence a déclaré la péremption interrompue ou non interrompue.

113. Dans le *Supplément* précédent, notre auteur mentionnait encore les solutions suivantes :

I. La péremption d'instance est interrompue :

Par un acte de procédure contenant demande en communication de pièces, bien qu'il soit fait le lendemain de l'expiration du délai et malgré la demande prématurée en péremption, qui doit être jugée suivant l'état où est la cause au moment où la demande a été formée : Caen, 5 août 1850 (*J. Av.*, t. 76, p. 400);

Par la constitution d'un avoué, alors même que cet avoué aurait cessé ses fonctions, quand surtout l'appelant étranger à la localité a pu ignorer ce fait, survenu postérieurement à la signification de l'exploit : Rouen, 11 juill. 1854 (*Journ. de proc.*, 1855, p. 133). — Mais, après que la péremption a été demandée, la constitution d'avoué sous toutes réserves ne constitue pas une renonciation tacite à cette péremption : Orléans, 3 fév. 1848 (*J. Av.*, t. 73, p. 220);

Par le transport des experts sur les lieux, pourvu qu'il soit constaté par le rapport ; la preuve testimoniale, ni la déclaration des experts ne pouvant suffire pour le prouver : Montpellier, 9 nov. 1844 (*J. Av.*, t. 68, p. 116);

Par la radiation de la cause du rôle prononcée sur la demande des parties avec déclaration que l'affaire doit être regardée comme terminée, bien qu'une telle déclaration n'empêche pas la péremption de courir à l'avenir : Caen, 4 mars 1850 (*J. Av.*, 1853, p 24). — La Cour de Bordeaux a même considéré comme un acte interruptif un simple bulletin de remise de cause : arrêt du 7 janv. 1852 (*Journ. de proc.*, 1852, p. 157); mais M. Chauveau trouvait cette décision beaucoup trop indulgente;

Par un acte d'avoué signifié au ministère public qui s'est présenté pour l'Etat : Toulouse, 27 mars 1844 (*J. Av.*, t. 72, p 684);

Par une requête en intervention : Toulouse, 28 mars 1843 (*J. Av.*, t. 67, p. 417);

Par la requête signifiée à l'avoué de la partie adverse, à l'effet de reprendre une instance engagée à une époque remontant à plus de trois ans et d'obtenir que cette instance soit jointe à celle introduite contre elle par cette même partie et relative au même objet. Il y a dans ce cas interruption, alors même que l'acte ayant pour but la demande en jonction d'instances n'a été notifié qu'au défenseur ayant charge d'occuper seulement dans la seconde instance. On ne saurait donc invoquer comme une cause de nullité de l'acte le défaut de notification à la partie elle-même, puisque en définitive cet acte sert de lien légal entre les deux instances, et qu'à ce point de vue, le défenseur adverse a qualité pour le recevoir et y répondre : Alger, 7 oct. 1852 (*Jurispr. algérienne*, 1853, p. 14);

Par la consignation de l'amende d'appel : Caen, 7 juill. 1840 (*J. Av.*, 1841, p. 370). La Cour de Poitiers s'est à tort, selon M. Chauveau, prononcée en sens contraire, le 26 mars 1852 (*J. Av.*, t. 77, p. 292);

Enfin par tout acte qui a pour objet l'instruction du procès, et spécialement par l'appel et la remise contradictoire de la cause à une autre audience : Limoges, 24 juill. 1846 (*J. Av.*, t. 72, p. 373). Conf., Rodière, t. 2, p. 248.

114. II. La péremption n'est pas interrompue :

Par la fixation de la cause pour être plaidée, s'il ne résulte ni du plumitif, ni d'aucune pièce de la procédure que les avocats ou les avoués des parties aient été présents et aient consenti à cette fixation. La présomption que les mandataires des parties ont été présents ne peut résulter de l'usage existant au tribunal de ne fixer les causes pour être plaidées qu'en présence et du consentement des parties : Liège, 20 janv. 1851 (*Jurisprud. belge*, 1852, t. 2);

Par la signification de simples actes déclaratifs de la partie exprimant qu'elle persiste dans sa demande : ces actes étant inutiles à la marche de la procédure ne sont pas des actes valables dans le sens de la loi : Paris, 2 août 1852 (S.-V.52.2.522). — *Contrà*, M. Rodière, t. 2, p. 247, dont M. Chauveau regarde l'opinion comme préférable ;

Par un acte nul, en ce que, signifié au maire d'une commune en sa qualité, il ne porte pas le visa de ce fonctionnaire : Bordeaux, 11 juin 1844 (*J. Av.*, t. 67, p. 637). Conf., Rodière, *loc. cit.*;

Par un concordat intervenu entre le mari défendeur à une demande en séparation de biens et ses créanciers, et auquel la femme demanderesse a été partie, alors du moins que ce concordat, resté sans exécution, a depuis été annulé : Caen, 25 août 1852 (S.V.53.2.584) ;

Par l'appel et la remise de la cause non contradictoires ; par les conclusions prises en l'absence de la partie adverse, et par le jugement rendu par défaut sur ces conclusions et qui est tombé en péremption faute d'exécution dans les six mois : Riom, 8 mars 1851 (*J. Av.*, t 76, p. 269). Cette solution semblait à M. Chauveau susceptible de critique. Il admettait bien qu'un jugement par défaut, périmé faute d'exécution dans les six mois, n'a pas interrompu la péremption qui courait avant l'époque où il a été rendu ; mais il ne croyait pas exact de dire que l'appel et la remise de la cause prononcés en l'absence du défendeur défaillant n'interrompent pas la péremption. Pour que l'appel de la cause soit non interruptif, il faut, disait-il, qu'il n'ait été provoqué par aucun des avoués constitués, qu'il émane directement des magistrats, sans participation des avoués. C'est en ce sens qu'on doit entendre l'arrêt de la Cour de Bruxelles du 12 janv. 1828, cité au texte. Dans l'espèce de l'arrêt de la Cour de Riom, la cause avait été appelée et deux fois remise. C'est de la seconde de ces remises que devait courir le délai de la péremption et non du jour de l'inscription au rôle. Telle est aussi l'opinion de M. Rodière, qui dit, t. 2, p. 248 : « Il n'est pas douteux pour nous que la mise au rôle interrompt la péremption; qu'un jugement de simple remise de cause rendu, même en l'absence de l'avoué, produit le même effet, etc. » Voy. encore l'arrêt de la Cour de Limoges du 24 juill. 1846, précité (*suprà*, n. 113). — C'est en vertu de ces principes que la Cour de Caen a décidé, le 23 mai 1857 (*Journ. de cette Cour*, 1858, p. 95), que le jugement ou l'arrêt qui ordonne qu'une affaire soit distraite du rôle, faute par les avoués de se présenter pour conclure, ne peut être considéré comme un acte de poursuite interrompant la péremption, s'il n'est pas prouvé que la mise au rôle d'audience et la fixation d'un jour pour plaider aient été provoqués par l'une des parties ;

Par la radiation de la cause du rôle opérée sur la déclaration des avoués que leurs clients ne veulent pas donner suite à l'affaire quant à présent : Besançon, 12 juill. 1848 (*J. Av.*, t. 77, p. 486).—M. Chauveau considère encore cette décision comme contestable. V. d'ailleurs *suprà*, n. 113, et *infrà*, n. 126 ;

Par la radiation ordonnée sur le motif, donné par l'avoué de l'appelant seul, qu'un traité a dû intervenir entre les parties : Grenoble, 26 mai 1851 (*Journ. de cette Cour*, 1851, n° 46). — M. Chauveau adhérait, au contraire, à cette solution. La radiation, disait-il, est en pareil cas, comme une mesure d'ordre tendant à l'expédition des affaires. Il ne faut pas confondre cette hypothèse avec celle où les diligences d'une seule des parties pour *entretenir* la procédure produisent un effet interruptif.

115. Depuis il a été jugé, contrairement à l'opinion de M. Chauveau, par la Cour de Paris, le 27 mai 1872 (*J. Av.*, t. 97, p. 437), que la radiation de la cause du rôle après envoi d'un bulletin par le greffier aux avoués, ne constituant qu'une mesure d'ordre intérieur à laquelle les parties sont étrangères, n'a pas le caractère d'un acte interruptif de la péremption d'instance.

116. Voici encore différentes solutions proclamant les unes l'interruption, les autres la non-interruption de la péremption d'instance :

Lorsque trois ans se sont écoulés depuis la demande en débouté de l'opposition à un jugement par défaut, sans que le défaillant ait renouvelé son opposition avec demande en péremption de l'instance, cette péremption est interrompu par la nouvelle assignation en débouté d'opposition donnée avant qu'elle ait été demandée : Trib. de comm. de la Seine, 12 nov. 1875 (*J. Av.*, t. 101, p. 57).

La péremption d'une instance au cours de laquelle a été rendu un jugement ordonnant une expertise est interrompue par l'envoi que le conseil de l'une des parties a fait à l'expert de pièces et renseignements réclamés par celui-ci : Paris, 24 nov. 1853 (t. 99, p. 107).

117. En ce qui concerne l'instance d'appel, la Cour de Paris a décidé, par arrêt du 1er fév. 1865 (t. 90, p. 361), que la péremption est couverte par la signification d'un acte faite à l'avoué constitué par l'intimé, non sur l'appel, mais dans un exploit contenant demande, et que, d'ailleurs, la péremption ne peut être prononcée contre l'appelant qui, dans le cours d'une autre instance suivie entre lui et l'intimé, a demandé un sursis afin de faire statuer sur son appel, cette circonstance excluant de sa part l'intention de se désister de l'appel par lui interjeté, et rendant, par conséquent, inadmissible la péremption d'instance.

118. Il résulte d'un arrêt de la Cour de Montpellier, du 12 août 1865 (t. 91, p. 183), que les actes qui interrompent la péremption d'instance ne sont pas uniquement les actes de procédure relatifs à l'instance dont la péremption est plus tard demandée, mais tous ceux qui tendent à suspendre ou à terminer le litige, comme, par exemple, la contestation engagée entre les parties, dans le cours de la procédure de saisie immobilière, sur la validité du titre en vertu duquel il a été procédé à la saisie, dont la péremption est demandée.

119. Du reste, ce ne sont pas seulement les actes de procédure qui ont pour effet de couvrir ou d'interrompre la péremption d'instance ; cet effet appartient aussi aux négociations et accords par suite desquels le litige se trouve suspendu : Paris, 23 août 1862 (t. 88, p. 477). — V. *infrà*, n. 124 et 128.

119 *bis*. Le paiement d'un acompte, même lorsqu'il n'a lieu qu'à titre de garantie, constitue aussi un acte interruptif de la prescription, comme étant le prix de la suspension de la poursuite : Trib. civ. de la Seine, 21 juill. 1817 (t. 103, p. 143).

120. Mais, d'autre part, il a été jugé que la signification d'un jugement par défaut faite après les six mois de son obtention, ne constitue pas un acte interruptif de la péremption d'instance : Paris, 16 juill. 1877 (t. 102, p. 311); et qu'il en est de même de la demande et de l'obtention de l'assistance judiciaire à l'effet de procéder à l'enquête ordonnée par un jugement : Besançon, 31 août 1870 (t. 99, p. 464).

121. (Q. 1410 B). *La requête à fin de péremption d'instance, présentée avant l'expiration des trois ans, pourrait-elle être considérée comme acte interruptif de la péremption, et fournir une fin de non-recevoir contre la seconde demande formée après l'expiration du délai?*

Réponse négative au texte de la part de M. Chauveau, qui cite des arrêts en sens divers sur cette question.

Son opinion a été confirmée par un arrêt de la Cour de Montpellier du 20 janv. 1854 (*J. Av.*, t. 79, p. 571).

122. D'après un jugement du tribunal de la Seine du 21 juill. 1877

(t. 103, p. 143), si une seconde assignation, fondée sur la même cause qu'une première demande, est par elle-même insuffisante pour empêcher la péremption de l'instance introduite par celle-ci, alors qu'elle ne rappelle pas cette première demande, elle prend le caractère d'un acte interruptif de la péremption lorsque, dans des conclusions postérieures, la première instance est rappelée, et que le demandeur y conclut au paiement des frais de l'instance suspendue. En tout cas, les conclusions qui rappellent la première instance et tendent à une condamnation ayant les mêmes causes, ainsi qu'au paiement des frais, sont une véritable demande en jonction de cette instance à la seconde, et il appartient au tribunal d'apprécier si la jonction ainsi opérée est un acte valable d'interruption. — A plus forte raison, la péremption est-elle interrompue par un acte qui, en rappelant aussi l'instance antérieure, explique l'objet de la nouvelle procédure, suite de la première demande, et reprend formellement les conclusions de celle-ci.

123. (Q. 1419). *Une transaction ou un compromis intervenu dans le cours d'une instance, mais qui n'a pas été exécuté, interrompt-il le cours de la péremption?*

L'affirmative, admise au texte par Carré, d'une manière absolue quant à la transaction, avec restriction quant au compromis, a été consacrée par différents arrêts mentionnés, *ibid.*, par M. Chauveau, qui, lui, est d'avis que les circonstances particulières peuvent seules ici déterminer la décision du juge.

124. Dans le *Supplément* précédent, notre auteur citait un arrêt de la Cour de Bordeaux, du 9 juill. 1844 (*J. Av.*, t. 67, p. 625), et un arrêt de la Cour de cassation du 6 fév. 1844 (t. 66, p. 370), qui ont décidé que la transaction intervenue entre deux parties interrompt la péremption.—Il rappelait qu'il a été jugé par la Cour de Lyon, le 17 janv. 1844 (t. 66, p. 242), et par la Cour de Bordeaux, le 2 juill. 1852 (*Journ. de cette Cour*, 1852, p. 331), qu'un projet sérieux de transaction intervenu dans le cours d'une instance peut aussi être considéré comme suffisant pour empêcher la péremption ; tandis qu'il a été décidé par la Cour de Bordeaux, les 12 févr. et 18 nov. 1850 (t. 76, p. 400), qu'un simple projet de compromis, supposant des pourparlers sérieux entre les parties, doit avoir le même effet ; par la Cour de Bordeaux, le 21 fév. 1845 (t. 69, p. 494), que la péremption d'instance d'appel n'est pas interrompue par de simples propositions d'arrangement ; et c'est aussi ce qui résulte d'un arrêt de la Cour de Grenoble du 27 mai 1851 (*Journ. de cette Cour*, 1851, n° 46).

125. M. Chauveau mentionnait encore les solutions suivantes : — Le délai de la péremption d'instance qui court sur l'appel d'un jugement de séparation de corps est interrompu par la réconciliation du mari et de la femme : Agen, 4 mars 1857 (*J. Av.*, t. 82, t. 141).

126. L'arrêt qui ordonne la radiation de la cause du rôle sur la déclaration des avoués que la cause est terminée, interrompt la péremption : Montpellier, 6 mars 1848 (t. 73, p. 435) et 9 août 1857 (t. 77, p. 486).—Compar. *suprà*, n. 113, 114 et 115.

127. Enfin, il résulte de l'arrêt de la Cour de Bordeaux, du 12 fév. 1850 précité (*suprà*, n. 124), que la péremption d'une instance dont la décision est subordonnée au résultat d'un arbitrage, est valablement interrompue tant que les arbitres n'ont pas statué, et alors que la cause a été mise hors du rôle, du commun accord des parties.

128. Depuis, l'effet interruptif de la péremption a été reconnu, soit au compromis, parce qu'il est un moyen de suspendre et même de déterminer le litige : Montpellier, 25 fév. 1873 (t. 98, p. 331) ; — soit à tous actes desquels il résulte que le demandeur a eu de justes motifs pour arrêter ses diligences; et, par exemple, aux propositions d'arrangement qui ont été faites au demandeur, et qui se sont continuées pendant tout le temps qu'a duré la suspension des poursuites : Besançon, 31 août 1870 (t. 99, p. 464). — Mais les projets et pourparlers d'arrangement ne peuvent constituer des actes interruptifs de la péremption, qu'autant qu'ils sont postérieurs à l'instance dont la poursuite a été suspendue : Trib. civ. de la Seine, 21 juill. 1877 (*J. Av.*, t. 103, p. 143).

129. (Q. 1436 A). *Peut-on considérer comme acte valable dont l'effet, aux termes de l'art. 399, serait de couvrir la péremption, un acte quelconque qui pourrait, à la vérité, se rattacher à l'instance, mais qui ne serait pas fait dans cette instance ?*

La négative est établie au texte par Carré, qui pose en principe que les actes dont parle l'art. 399 ne peuvent être que des actes de procédure faits dans l'instance sujette à péremption et devant le tribunal qui en est saisi. — M. Chauveau, *ibid.*, embrasse cette doctrine, en faveur de laquelle il invoque diverses décisions.

130. Notre auteur observe toutefois, en citant dans ce sens un arrêt de la Cour de cassation, qu'une procédure en faux intentée devant un autre tribunal, mais contre les actes produits dans l'instance dont on poursuit la péremption, a pour effet de suspendre cette péremption, parce qu'il y a nécessairement interruption de la procédure originaire toutes les fois qu'un incident en faux est soulevé.

131. Dans le *Supplément* précédent, M. Chauveau citait également, dans le sens de la solution adoptée au texte, un jugement du tribunal de la Seine, du 4 déc. 1857 (*J. Av.*, t. 83, p. 272), et un arrêt de la Cour de Bordeaux du 23 janv. 1854 (t. 79, p. 310).

132. Il a été jugé encore que les actes de procédure, pour interrompre ou couvrir la péremption, doivent se rattacher à l'instance même dont l'extinction est demandée; et qu'ainsi la tierce opposition formée par le saisissant à un jugement qui, postérieurement à la demande en validité de la saisie-arrêt, a attribué à un autre créancier du débiteur les sommes saisies-arrêtées, n'est pas un acte interruptif de la péremption de l'instance en validité : Paris, 24 août 1862 (t. 88, p. 477).

133. (Q. 1436 B). *Une nouvelle constitution d'avoué, signifiée dans un acte introductif d'une nouvelle instance, empêcherait-elle la péremption d'une instance déjà engagée ?*

M. Chauveau, dans le précédent *Supplément*, exprimait l'avis que la Cour d'Alger s'est écartée des vrais principes en consacrant l'affirmative par arrêt du 25 fév. 1851 (*Echo d'Alger*, 1851, n° 8).

134. (Q. 1440). *L'inscription de la cause au rôle couvre-t-elle la péremption? — Le cours de la péremption est-il suspendu tout le temps que la cause demeure inscrite au rôle ? — Au cas de simultanéité entre la mise au rôle et la demande en péremption, à qui du demandeur ou du défendeur en péremption appartient-il de justifier de l'antériorité de sa demande ?*

Le premier point est résolu affirmativement au texte par Carré et par M. Chauveau. Sur le second point, Carré paraît adopter aussi l'affirmative; tandis que M. Chauveau embrasse l'opinion contraire.

135. Ce dernier auteur, dans le précédent *Supplément*, invoquait à l'appui de la doctrine du texte sur la première question, Bordeaux, 27 fév. 1845 (*J. Av.*, t. 69, p. 571); Riom, 8 mars 1851 (t. 76, p. 269); Paris, 5 juill. 1855 (*Gaz. des trib.*, du 5 sept.; *Droit*, du 16 sept.). — Il est évident, observait-il ensuite, que, comme l'a jugé la Cour de Bordeaux, le 26 fév. 1844 (*J.

Av., t. 66, p. 311), la péremption n'est pas interrompue par la mise au rôle de la cause, si la demande en péremption est antérieure.

136. Sur le troisième point, M. Chauveau mentionnait un arrêt de la Cour de Paris, du 5 juill. 1855 (*J. Av.*, t. 81, p. 103), qui a décidé qu'en cas de simultanéité entre la mise au rôle, et la demande en péremption, c'est au demandeur en péremption de justifier de l'antériorité de sa demande, décision qui rentre dans la doctrine enseignée par lui sous la quest. 1447 (V. *suprà*, n. 110), et dans son *Formul. de proc.*, 2e éd., t. 1, p. 218, note 8.

137. Il a été jugé aussi, conformément à la solution de M. Chauveau, sur la seconde question ci-dessus, que si l'inscription de la cause au rôle interrompt la péremption de l'instance, elle n'a pas pour effet de suspendre le cours de la péremption pendant tout le temps que la cause demeure inscrite : Riom, 8 mars 1851, susénoncé.

138. On comprend d'ailleurs, ajoutait M. Chauveau, que la mise au rôle ne produit d'effet interruptif qu'autant qu'elle a été régulièrement faite. Ainsi lorsque l'avoué constitué par le demandeur vient à décéder, la mise au rôle faite par le *successeur* de cet avoué sans reprise d'instance, et sans qu'il ait été constitué par le demandeur, n'a aucune influence sur le cours de la péremption. En pareil cas, le successeur est étranger à l'instance dans laquelle occupait son prédécesseur, et tant qu'il n'a pas été constitué, il n'a pas qualité pour faire un acte quelconque valable dans cette instance.

139. Notons à notre tour, qu'il a été jugé, d'une part, conformément à la doctrine du texte, que la mise au rôle, encore bien qu'elle n'ait pas eu lieu contradictoirement, est un acte interruptif de la péremption : Metz, 4 juill. 1865 (t. 90, p. 367); et, d'autre part, que l'appel général des causes à l'audience n'a pas ce caractère; mais qu'il en est différemment du renvoi de la cause au rôle général, lors d'une audience à laquelle elle avait été fixée pour poser qualités et s'expliquer : Bruxelles, 9 juin 1870 (t. 97, p. 113). — V. aussi notre *Formul. annot.*, t. 1, p 279, n. 20.

140. (Q. 1441). *Un avenir auquel on n'a donné aucune suite peut-il couvrir la péremption ?*

Solution affirmative au texte.

141. La Cour de Paris a toutefois décidé, le 27 mai 1872 (*J. Av.*, t. 97, p. 437), qu'on ne saurait voir un acte interruptif de la péremption dans l'avenir qui, tout en étant donné pour voir prononcer la péremption de l'instance, contient sommation de communiquer les pièces, alors surtout que la partie de l'avenir relative à cette sommation se trouvait autographiée d'avance.

142. (Q. 1433 bis). *La dénonciation d'une saisie-arrêt au tiers saisi interrompt-elle la péremption vis-à-vis du débiteur principal ?*

Résolu affirmativement au texte par M. Chauveau.

143. (Q. 1438 A). *Des actes de procédure qui ne seraient pas frappés de nullité, mais qui ne seraient pas permis par la loi, comme les dupliques en matière ordinaire, les écritures en matière sommaire, couvriraient-ils la péremption ?*

L'affirmative est également enseignée au texte sur ce point.

144. (Q. 1438 B). *Des actes inutiles et frustratoires peuvent-ils interrompre la péremption ?*

Carré, au texte, paraît admettre la négative; tandis que M. Chauveau y adopte l'opinion contraire.

Adde conf. au sentiment de Carré, Bordeaux, 11 juin 1844 (*J. Av.*, t. 67, p. 637), et à celui de M. Chauveau, Rodière, t. 2, p. 247. — V. *suprà*, n. 114.

145. (Q. 1439). *La péremption est-elle couverte par des actes de procédure faits devant un juge incompétent?*

L'affirmative, enseignée au texte, est constante.

Adde notre *Formul. annot.*, t. 1, p. 279, n. 19.

146. (Q. 1442). *Des actes faits au nom du défendeur et qui seraient de nature à couvrir la péremption pourraient-ils être désavoués par lui?*

Solution négative au texte, sauf l'action en dommages-intérêts à laquelle serait soumis l'avoué qui, ayant reçu des ordres pour demander la péremption, ferait au contraire des actes propres à la couvrir.

147. (Art 399). *Les juges peuvent-ils déclarer la péremption interrompue par l'effet d'un acte qui n'est pas représenté, mais dont ils connaissent l'existence, lorsque la suppression frauduleuse de cette pièce n'a pu avoir lieu que par le fait du demandeur en péremption?*

Décidé affirmativement au texte, t. 3, p. 420, note 1, 1°.

§ 8. — Instruction de la demande en péremption. — Appel.

148. (Q. 1428 B). *La demande en péremption d'une instance introduite avant la publication du Code de procédure civile doit-elle être instruite et jugée suivant les dispositions de ce Code ou d'après les règles de l'ancienne jurisprudence?*

Il est enseigné au texte que cette demande doit être instruite et jugée suivant les dispositions du Code de procédure.

149. (Art. 400). *Quand il a été formé plusieurs demandes en péremption, est-il nécessaire de les faire juger dans l'ordre où on les a présentées?*

Décidé négativement au texte, t. 3, p. 433, note, 3°.

150. (Id.). *Une demande en péremption constitue-t-elle un procès à part, dans lequel on puisse ne plaider que le seul fait de la discontinuation des poursuites, sans entrer dans la discussion d'aucune question relative au fond de l'instance?*

Décision affirmative au texte, *ibid.*, 2°.

151. (Q. 1427 quinquies). *Si l'objet de l'instance dont la péremption est demandée n'est pas d'une valeur supérieure au taux du dernier ressort, le jugement sur la péremption peut-il être attaqué par la voie de l'appel?*

La négative est établie au texte par M. Chauveau.

152. Il a été jugé que la demande en péremption d'une saisie immobilière étant une demande principale et nouvelle, et non un incident de la poursuite de saisie, l'appel du jugement rendu sur cette demande n'a pas besoin d'être notifié au greffier du tribunal, comme celui des jugements statuant sur les incidents de saisie immobilière : Montpellier, 12 août 1865 (*J. Av.*, t. 91, p. 183). — Mais M. Chauveau professe l'opinion contraire. V. *Saisie immobilière* (quest. 2424).

153. (Art. 400). *L'exception de nullité d'une signification de requête en péremption d'instance peut-elle être proposée pour la première fois en appel?*

Solution négative au texte.

§ 9. — Effets de la péremption.

154. (Q. 1448). *La péremption qui, aux termes de l'art. 401, n'éteint pas l'action, peut-elle néanmoins contribuer à l'éteindre, en sorte qu'une nouvelle demande ne puisse être formée?*

La péremption contribue à éteindre l'action, selon l'observation au texte de Carré, approuvée par M. Chauveau, lorsque le temps de la prescription est venu à expirer pendant le cours de l'instance périmée. — Compar. *suprà*, n. 49 *ter*.

155. (Q. 1449). *N'est-il pas un cas où la péremption éteint absolument l'action ?*

Ce cas, est-il dit au texte, est celui où la péremption frappe sur l'instance d'appel. — V. *Appel*, n. 549, et *suprà*, n. 6.

156. (Art. 401). *La péremption de l'instance introduite par la demande en péremption entraîne-t-elle celle de l'instance principale?*

Décision négative au texte, t. 3, p. 441, note, 2°.

Mais on a vu plus haut, n. 65, que l'instance introduite par la demande en péremption se périme elle-même.

157. (Id.). *La péremption d'une instance éteint-elle les qualités sous lesquelles les parties ont agi dans cette instance; de telle sorte qu'on ne puisse postérieurement leur opposer la qualité d'héritier qu'elles y auraient prise ?*

Ce point est aussi résolu négativement au texte, *ibid.*, 3°.

158. (Q. 1450). *La péremption enlève-t-elle au demandeur le bénéfice des intérêts que la demande faisait courir ?*

Oui, est-il répondu au texte, et le demandeur perdrait même les intérêts ayant couru depuis l'essai de conciliation qui aurait précédé la demande, l'art. 57 ne les faisant courir depuis la citation en conciliation, que sous la condition que la demande soit formée dans le mois, et la péremption faisant disparaître la demande.

159. (Q. 1450 bis). *Celui contre lequel la péremption est prononcée doit-il les frais des actes nuls ou frustratoires ?*

Réponse négative au texte.

160. (Q. 1451 A). *La disposition de l'art. 401, d'après laquelle on ne peut, dans aucun cas, opposer aucun des actes de la procédure éteinte, ni s'en prévaloir, s'étend-elle jusqu'aux jugements qui auraient été rendus durant l'instance ? — La péremption d'instance laisse-t-elle subsister les actes antérieurs, et notamment le protêt qui a servi de base à l'instance, sans en faire partie intégrante ?*

Le premier point est résolu affirmativement au texte quant aux jugements préparatoires ou interlocutoires et aux jugements par défaut, et négativement à l'égard des jugements définitifs et contradictoires.

161. Dans le précédent *Supplément*, M. Chauveau mentionnait un arrêt de la Cour de cassation du 5 mai 1857 (*J. Av.*, t. 83, p. 81), qui a déclaré avec raison, suivant lui, que la péremption de l'instance engagée par suite des contestations élevées sur l'exécution d'un jugement définitif ne s'étend pas à l'instance terminée par ce jugement.

162. Ensuite, sur le second point, il citait un autre arrêt de la même Cour, du 2 janv. 1855 (*J. Av.*, t. 80, p. 512), qui a décidé que la péremption d'instance entraîne l'extinction de tous les actes de procédure qui constituaient l'instance, mais qu'elle laisse subsister les actes antérieurs et notamment le protêt qui a servi de base à l'instance, sans en faire partie intégrante. Le protêt ne faisant pas partie des actes de l'instance, ajoutait notre auteur, il est évident qu'il n'est pas atteint par les dispositions de l'art. 401. Voy. *Formulaire de procédure*, 2e éd., t. 1, p. 221, note 4. Mais il faisait remarquer qu'à l'égard des endosseurs d'une lettre de change, la péremption, sans toucher au protêt, peut avoir pour effet d'entraîner une déchéance irréparable au préjudice du porteur qui ne se trouvera plus dans les délais pour exercer son recours (Cod. comm., 165, 166, 167, 168).

163. (Q. 1451 B). *En prononçant la péremption d'instance, un tribunal peut-il valablement statuer au fond, si toutes les parties y concluent?*

Par arrêts des 15 nov. 1855 et 17 juin 1856 (*J. Av.*, t. 82, p. 273), la Cour de Paris et la Cour suprême ont résolu affirmativement cette question.

164. Dans le précédent *Supplément*, M. Chauveau observait que le point sur lequel ces arrêts ont prononcé est sans précédents dans la jurisprudence, et il se demandait si la solution qu'ils lui ont donnée peut se concilier avec le principe universellement admis que, si l'action n'est pas éteinte par la péremption, il en est autrement de tous les actes de la procédure périmée, y compris l'exploit introductif d'instance.

Il est incontestable d'abord, disait-il, qu'on peut conclure principalement à l'admission de la péremption et subsidiairement au rejet de la demande au fond pour le cas où la péremption ne serait pas accueillie, parce qu'alors aucune contradiction n'existe, le juge ne devant examiner le fond qu'autant que l'incident en péremption ne l'a pas arrêté. — Mais peut-on, en même temps, demander au tribunal de déclarer la procédure périmée, et, cette déclaration faite, de prononcer sur le fond, comme si la procédure périmée existait encore et si l'instance n'avait pas été éteinte? L'affirmative que les arrêts ci-dessus ont adoptée ne paraissait point juridique à notre auteur; elle a, il est vrai, pour résultat, observait-il, d'économiser les frais et de faire vider un litige qui pourrait être, immédiatement après la péremption prononcée, reproduit devant le tribunal, et donner lieu à une instance nouvelle. Mais, si la procédure est annulée par la péremption, il n'y a plus d'instance, et s'il n'y a plus d'instance, comment le tribunal peut-il statuer sur des conclusions prises avant la péremption et que cette péremption est venue frapper de stérilité?

Tels sont les doutes que lui suggérait la solution qui vient d'être rappelée et d'après laquelle les effets de la péremption se résolvent en une condamnation aux dépens mise à la charge de celui contre qui la péremption est prononcée, la procédure survivant, d'ailleurs, fictivement à la péremption par le consentement des parties, et laissant, en conséquence, les juges saisis au moyen des conclusions au fond. — Il serait plus logique, disait-il en terminant, de voir, dans une procédure aussi bizarre, une véritable renonciation à la péremption, à cause de la contrariété des conclusions prises.

165. (Q. 1427). *La péremption est-elle de sa nature indivisible, lors même que l'objet du procès est susceptible de division, et quelles sont les conséquences de cette indivisibilité?*

Le principe de l'indivisibilité absolue de la péremption est établi au texte, où M. Chauveau repousse la distinction que Pigeau propose de faire entre le cas où l'objet de l'instance est indivisible et celui où il ne l'est pas, mais n'applique toutefois le principe dont il s'agit qu'à l'égard des demandeurs au principal, défendeurs à la péremption, et refuse d'admettre, par exemple, que la demande en péremption formée par un seul des défendeurs au principal profite aux autres. Notre auteur reconnaît d'ailleurs, *ibid.*, que l'indivisibilité de la péremption cesserait d'avoir lieu si les diverses parties qui se prétendent coïntéressées n'avaient pas réellement intérêt dans la même contestation, comme si, par exemple, elles avaient interjeté appel, sur des chefs différents, du jugement intervenu sur l'instance principale, etc.; et que cette indivisibilité est restreinte aux actes antérieurs à la demande en péremption.

166. Dans le précédent *Supplément*, M. Chauveau exposait de la manière suivante l'état de la jurisprudence :

Le 14 nov. 1845 (*J. Av.*, t. 69, p. 722), la Cour de Paris avait reconnu que l'instance d'appel pouvait être périmée vis-à-vis de l'un des intimés, bien que des actes interruptifs eussent été faits contre les autres intimés.

ayant, d'ailleurs, des intérêts distincts. Cette solution n'est plus appliquée aujourd'hui. Il est généralement admis que l'indivisibilité s'oppose à ce que l'instance existe ou périsse en partie (Montpellier, 22 juin 1846, *J. Av.*, t. 73, p. 607), sans avoir égard, d'ailleurs, à la divisibilité ou à l'indivisibilité de l'objet litigieux (Riom, 9 fév. 1848, t. 73, p. 674), et bien que les intérêts des parties soient opposés (Riom, 8 fév. 1854, *Journ. des arrêts*, 1854, n° 805). — Pour que la péremption puisse être prononcée, il faut qu'elle soit acquise contre tous les demandeurs principaux et qu'elle soit demandée contre tous. Un seul acte interruptif fait à la requête de l'un de ces demandeurs profite à tous les autres et rend les défendeurs, demandeurs en péremption, non recevables : Bastia, 19 juin 1839 (t. 57, p. 633) et 2 déc. 1856 (t. 83, p. 227); Toulouse, 8 mai 1852 (*Journ. de cette Cour*, 1852, n° 68); Cass., 4 mai 1853 (*J. Av.*, t. 79, p. 111). — Il a été aussi jugé que le désistement de l'acte interruptif ne peut nuire ni au désistant, ni aux autres demandeurs principaux qui ont refusé de l'accepter : Pau, 11 mai 1853 (t. 82, p. 455), arrêt intervenu dans un procès où la péremption n'avait été demandée que contre le demandeur principal, tandis qu'à ce demandeur était venu se joindre un garant formel.—V. encore Grenoble, 17 déc. 1852 (t. 79, p. 114); Nîmes, 10 déc. 1855 (*Journ. des arrêts*, 1855, p. 57), arrêt qui a jugé que des démarches pour un arrangement sérieux avec certains intimés empêchent le cours de la péremption vis-à-vis des autres intimés : Cass., 10 juin 1856 (*J. Av.*, t. 82, p. 188), décision annulant un arrêt de la Cour de Lyon du 31 janv. 1855, contraire au principe de l'indivisibilité.

167. La demande en péremption d'instance formée seulement contre ceux des héritiers ou ayants cause du demandeur primitif qui se sont fait connaître par une reprise d'instance, a été déclarée valable par un jugement du tribunal civil de Villefranche du 9 août 1855 (*J. Av.*, t. 81, p. 100).

168. En ce qui concerne les défendeurs principaux, demandeurs en péremption, la jurisprudence décide que lorsque la péremption est acquise en faveur de tous, il suffit qu'un ou plusieurs d'entre eux la demandent pour qu'elle soit prononcée au profit de tous : Colmar, 20 déc. 1839 (*J. Av.*, t. 58, p. 103), Cass., 8 fév. 1843 (t. 64, p. 231), et cela même lorsque les défendeurs qui ne l'ont pas demandée déclarent ne vouloir pas en profiter et la repousser : Nîmes, 27 janv. 1845 (t. 73, p. 627); Trib. de Gand, 15 fév. 1858 (*Belgique judiciaire*, 1858, n. 45).

168 *bis*. Sur le principe général de l'indivisibilité de la péremption, M. Chauveau citait encore : Riom, 6 nov. 1847 (t. 73, p. 371); Bordeaux, 23 avril 1847 (*ibid.*); Toulouse, 18 mars 1850 (t. 76, p. 437); Montpellier, 5 août 1850 (t. 76, p. 150); Riom, 8 juin 1853 (t. 79, p. 113) et 15 mars de la même année (*Journ. des arrêts*, 1853, p. 751); Bastia, 2 déc. 1856 (t. 83, p. 227).

169. En ce qui touche les restrictions que comporte ce principe, notre auteur rappelait qu'il a été jugé que lorsque plusieurs parties, ayant même intérêt, cessent d'être représentées par le même avoué et constituent des avoués différents, l'arrêt définitif que l'une de ces parties obtient en son nom personnel ne donne pas aux autres le droit de repousser la demande en péremption qui serait formée contre elles, en se fondant sur l'indivisibilité de l'instance : Lyon, 17 janv. 1844 (*J. Av.*, t. 66, p. 242); que, d'après un arrêt de la Cour de Bordeaux du 26 févr. 1844 (t. 66, p. 311), lorsqu'en première instance diverses demandes ont été jointes, et qu'après le jugement définitif appel a été interjeté séparément par chacune des parties condamnées, la péremption peut être demandée contre celui à l'égard duquel elle est acquise, sans qu'il soit nécessaire de la demander contre les autres; et que la Cour de Toulouse s'est prononcée dans le même sens par arrêt du 18 mars 1850

(*J. Av.*, t. 76, p. 437), dans une espèce où les parties avaient figuré en première instance collectivement, et où les appels distincts et séparés n'avaient pas été joints.

170. La péremption d'une instance peut-elle être demandée par une partie qui a acheté les droits de ses coïntéressés, lorsque dans l'acte d'acquition, quelques-uns de ces coïntéressés se sont portés forts pour les autres? —Cette question que M. Chauveau avait résolue négativement dans le *Journ. des Av.*, t. 72, p. 51, sous l'influence de la distinction faite par lui au texte entre les demandeurs et les défendeurs, devrait, en effet, recevoir une telle solution, disait-il dans le *Supplément*, si l'on s'en tenait aux principes qui lui paraissaient devoir être suivis; mais il reconnaissait que la jurisprudence analysée ci-dessus impliquait l'affirmative.

171. M. Rodière, *de la Solidarité* et *de l'Indivisibilité*, p. 384, n. 474 à 479, résume ainsi son opinion sur la portée du principe de l'indivisibilité dans notre matière : « La péremption interrompue ou couverte vis-à-vis d'un des défendeurs l'est vis-à-vis des autres. L'indivisibilité de l'instance n'empêche point qu'un des défendeurs ne puisse demander la péremption sans le concours des autres, mais la péremption demandée par un seul des défendeurs ne profite aux autres qu'autant qu'il y a solidarité ou indivisibilité. La péremption demandée par le débiteur principal profite à la caution; mais celle demandée par la caution ne profite pas au débiteur principal. La péremption demandée par le garant profite au garanti, mais non *vice versâ*. »

— V. *Appel*; *Désaveu*; *Expertise*; *Exploit*; *Instruction par écrit*; *Reprise d'instance*; *Saisie-arrêt*.

PÉREMPTION DE JUGEMENT PAR DÉFAUT. V. *Appel*; *Chose jugée*; *Délai*; *Exploit*; *Jugement par défaut*.

PÉRIL EN LA DEMEURE. V. *Intervention*.

PERMISSION D'ASSIGNER. V. *Garantie*; *Règlement de juges*.

— **DU JUGE**. V. *Saisie-arrêt*; *Saisie-exécution*; *Saisie-gagerie*; *Scellés*; *Tribunal de commerce*.

— **DE JUSTICE**. V. *Vente d'immeubles de mineurs*.

PERQUISITION. V. *Scellés*.

PERSONNE ILLETTRÉE. V. *Arbitrage*.

— **INTERPOSÉE**. V. *Saisie immobilière*.

— **MORALE**. V. *Saisie-arrêt*; *Surenchère*.

PESAGE. V. *Saisie-exécution*.

PHARMACIEN. V. *Enquête*.

PIÈCES ADIRÉES. V. *Communication de pièces*.

— **ALTÉRÉES**. V. *Frais et dépens*.

— **(COMMUNICATION DE)**. V. *Communication de pièces*; *Faux incident civil*; *Frais et dépens*.

— **DE COMPARAISON**. — V. *Faux incident civil*; *Vérification d'écriture*.

— **JUSTIFICATIVES**. V. *Interdiction et nomination de conseil judiciaire*; *Intervention*; *Saisie-arrêt*.

— **(LACÉRATION DE)**. V. *Faux incident civil*.

— **(PRODUCTION DE)**. V. *Absence*; *Communication au ministère public*; *Jugement*.

PRÉSOMPTION DE PROPRIÉTÉ. V. *Actions possessoires.*

PRÉSOMPTIONS. V. *Compte (reddition de); Désaveu; Faux incident civil; Interrogatoire sur faits et articles; Jugement; Partage.*

PRÉSUMÉ ABSENT. V. *Absence.*

PRÊT. V. *Interdiction et nomination de conseil judiciaire; Saisie-exécution.*

PRÊTE-NOM. V. *Appel; Exécution forcée.*

PRÊTEUR. V. *Interdiction et nomination de conseil judiciaire.*

PREUVE. V. *Actions possessoires; Compte (reddition de); Délai; Désaveu Distribution par contribution; Enquête; Faux incident civil; Jugement; Prise à partie; Saisie-arrêt; Saisie-exécution; Saisie immobilière; Scellés; Séparation de biens; Serment; Tribunal de commerce; Vérification d'écriture.*

— **CONTRAIRE.** V. *Faux incident civil.*

— **PAR EXPERT.** V. *Faux incident civil.*

— **LITTÉRALE.** V. *Ajournement.*

— **TESTIMONIALE.** V. *Acte (délivrance d'); Appel; Avoué; Comparution personnelle; Compromis; Constitution d'avoué; Désaveu; Exceptions; Faux incident civil; Interrogatoire sur faits et articles; Jugement; Partage; Récusation; Renvoi d'un tribunal à un autre pour parenté ou alliance; Tribunal de commerce.*

PRÉVARICATION. V. *Prise à partie.*

PRIORITÉ DE POURSUITE. V. *Partage; Péremption d'instance; Référé.*

PRISE D'EAU. V. *Actions possessoires.*

PRISE A PARTIE.

(Art. 505, etc. Cod. proc. civ.).

SOMMAIRE ALPHABÉTIQUE.

FORMULES. — *Réquisition pour constater le déni de justice.* — Form., t. 1er, n. 440, p. 439. — *Requête présentée pour obtenir la permission de prendre un juge à partie.* — Form. n. 441, p. 440. — *Arrêt qui rejette la requête en autorisation de prendre à partie.* — Form., n. 442, p. 442. — *Arrêt qui permet la prise à partie.* — Form. n. 443, p. 443. — *Signification au juge de l'arrêt qui admet la prise à partie avec assignation devant la Cour d'appel.* — Form. n. 444, p. 443 — *Constitution d'avoué.* — Form. n. 445, p. 444. — *Défenses fournies par le juge pris à partie.* — Form. n. 446, p. 444. — *Réponse aux défenses.* — Form. n. 447, p. 445. — *Intervention dans l'instance en prise à partie.* — Form. n. 448, p. 445. — *Arrêt qui rejette la prise à partie.* — Form. n. 449, p. 445. — *Arrêt qui accueille la prise à partie.* — Form. n. 450, p. 446.

DIVISION.

§ 1. — *Notions générales.*
§ 2. — *Contre quelles personnes peut être exercée la prise à partie.*
§ 3. — *Cas dans lesquels il y a lieu à prise à partie.*
§ 4. — *Devant quel tribunal doit être portée la prise à partie. — Formalités et procédure auxquelles cette voie est soumise.*
§ 5. — *Effets de la prise à partie.*

§ 1. — Notions générales.

1. (Art. 505). *Quelle est l'origine de la prise à partie?*

Au texte, t. 4, p. 386, Carré rappelle qu'à l'ancienne pratique qui obligeait les juges inférieurs de comparaître dans les causes d'appel pour soutenir leurs jugements, le législateur moderne a substitué la règle qui ne permet d'intimer, pour justifier le bien jugé de la sentence, que la partie qui a obtenu gain de cause, mais qui, en même temps, réserve aux plaideurs une action contre le magistrat coupable de prévarication, et à celui-ci une garantie contre le ressentiment et la passion des plaideurs ; d'où l'origine de la prise à partie et la source de toutes les dispositions qui la régissent.

2. (Id.). *Les dispositions du Code de procédure civile relatives à la prise à partie ont-elles été comprises dans l'abrogation que le décret du* 19 *septembre* 1870 *a prononcée de toutes les dispositions des lois générales et spéciales ayant pour objet d'entraver les poursuites contre les fonctionnaires de tout ordre?*

La négative a été consacrée par un arrêt de la Cour de cassation du 14 juin 1876 (*J. Av.*, t. 101, p. 321). — Cette solution est en harmonie avec la jurisprudence bien établie qui refuse de voir dans le décret du 10 septembre 1870 une abrogation des art. 479 et suiv., Cod. instr. crim., relatifs au mode de poursuite et d'instruction contre les magistrats et officiers de police judiciaire. V. Cass., 14 sept. 1871, 10 fév. 1872 et 24 déc. 1874; Montpellier, 29 janv. 1871; Douai, 21 déc. 1874, rapportés dans notre *Journ. du minist. publ.*, t. 14, p. 167 ; t. 15, p. 109; t. 18, p. 12 et 196.

3. (Q. 1820 bis). *Quelle est la durée de l'action en prise à partie?*

Au texte, M. Chauveau, après avoir consacré de longs développements à établir cette proposition, que l'action civile exercée séparément de l'action publique, devant le juge civil, n'est soumise qu'à la prescription ordinaire de trente ans, en conclut que l'action en prise à partie, quoique ayant pour principe un crime, un délit ou une contravention, ne se prescrit elle-même que par cette durée.

V. aussi, en ce sens, notre *Formulaire annoté*, t. 1, p. 411, n. 31.

§ 2. — Contre quelles personnes peut être exercée la prise à partie.

4. (Q. 1801). *Peut-on prendre à partie les juges des Cours souveraines comme ceux des tribunaux inférieurs?*

Solution affirmative au texte.

Adde conf., Dalloz, *Répert.*, v° *Prise à partie*, n. 35 et 36.

5. (Q. 1802). *Lorsque la prise à partie est fondée sur un jugement émané d'un tribunal entier, peut-elle être dirigée contre un des juges seulement, le rapporteur, par exemple?*

Ce point est résolu négativement au texte.

Adde conf., Aix, 4 août 1875 (*J. Av.*, t. 102, p. 335); Dalloz, n. 55; Bioche, *Dict. de proc.*, v° *Prise à partie*, n. 17; notre *Formul. annot.*, t. 1, p. 408, n. 4.

6. (Q. 1803). *La prise à partie peut-elle être exercée contre l'héritier du juge?*

L'affirmative est admise au texte, où M. Chauveau ajoute qu'elle ne doit être appliquée qu'avec le tempérament d'examen prudent et sévère commandé aux tribunaux par la difficulté qu'aura l'héritier à défendre à une action qui, en fait, est entièrement personnelle à son auteur.

Adde conf., Dalloz, n. 44; Rodière, t. 2, p. 411; notre *Formul.*, *ibid.*, n. 2.

7. (Q. 1800). *Les officiers du ministère public peuvent-ils être pris à partie?*

La solution affirmative, adoptée au texte, est bien constante.

Adde conf., Trib. de Caen, 12 juin 1849 (*J. Av.*, t. 74, p. 500); Dalloz, n. 31 et suiv.; Rodière, t. 2, p. 411; Bioche, v^is *Minist. publ.*, n. 80, et *Prise à partie*, n. 12; notre *Formul. annot.*, *loc. cit.*

8. Par son arrêt du 14 juin 1876, cité plus haut, n. 2, la Cour de cassation a décidé d'une manière générale que les règles de la prise à partie ne s'appliquent pas seulement aux juges proprement dits, mais encore à tous ceux qui, par leurs fonctions, appartiennent à l'ordre judiciaire, soit qu'ils concourent à l'action de la justice comme chargés du ministère public ou de l'instruction, soit qu'ils agissent comme officiers de police judiciaire ou auxiliaires du ministère public; et que, spécialement, c'est par la voie de la prise à partie qu'un adjoint et un garde champêtre doivent être poursuivis en réparation du préjudice résultant d'actes par eux commis en leur qualité d'officiers de police judiciaire. — L'extension des règles de la prise à partie aux officiers de police judiciaire semble en effet justifiée tant par l'esprit de la loi que par la disposition même de l'art. 358, § 4, Cod. instr. crim.

9. (Q. 1801 ter). Quid *des greffiers des tribunaux?*

Ils ne peuvent être pris à partie, est-il répondu au texte par M. Chauveau, à part le cas prévu par le Code d'instruction criminelle (art. 164 et 370), où la minute d'un arrêt ou d'un jugement n'a pas été signée dans les vingt-quatre heures par les juges qui l'ont rendu.

Adde conf., notre *Formul. annot.*, p. 408, n. 5.

10. (Q. 1801 bis). *La voie de la prise à partie est-elle ouverte contre les arbitres?*

M. Chauveau, au texte, embrasse la négative, et ajoute que si les arbitres refusent de juger, ils sont simplement passibles d'une action ordinaire en dommages-intérêts.

C'est ce qui résulte d'un arrêt de la Cour d'Agen, du 27 août 1845 (*J. Av.*, t. 74, p. 302). Cependant la Cour de cassation a décidé, le 12 févr. 1850 (*J. Av.*, t. 76, p. 402), que l'architecte chargé *comme arbitre, amiable compositeur*, de statuer sur les différends survenus entre l'entrepreneur d'une construction et le propriétaire, et d'indiquer les travaux de réparations à faire avec mission d'en surveiller l'exécution, n'encourt pas, à raison de ces travaux, la responsabilité qui pèse sur les architectes, *mais n'est passible que de celle qui résulte des cas de la prise à partie.*

Cette décision, comme M. Chauveau l'observait dans le précédent *Supplément*, est contraire à la doctrine admise par le plus grand nombre des auteurs. Voy. en effet, outre ceux mentionnés au texte, M. Dalloz, n. 38; notre *Dictionn. du contentieux commerc.*, v° *Arbitrage*, n. 230 et 245, et notre *Formul. annot.*, *loc. cit.*

11. (Q. 1811) *Un juge de paix peut-il être pris à partie à raison de ses fonctions dans un conseil de famille?*

Solution affirmative au texte.

Adde conf., notre *Formul. annot.*, p. 408, n. 3.

§ 3. — Cas dans lesquels il y a lieu à prise à partie.

12. (Q. 1805). *La faute grossière donne-t-elle lieu à cette action comme le dol, que mentionne l'art.* 505, *n°* 1?

Au texte Carré, et après lui M. Chauveau, tout en admettant la règle que le mal jugé n'est pas un moyen de prise à partie, estiment que cette voie est ouverte contre le juge qui a commis une erreur tellement grossière qu'il est impossible de ne la pas considérer comme un véritable dol, suivant l'axiome *Lata culpa dolo æquiparatur*. M. Chauveau combat sur ce point un arrêt de la Cour de cassation, du 17 juill. 1832 (*J. Av.*, t. 42, p. 373), qui a refusé de voir dans la faute grossière du magistrat un cas de prise à partie.

13. Il mentionnait, dans le précédent *Supplément*, un nouvel arrêt de la Cour suprême, en date du 6 juill. 1858 (*J. Av.*, t. 83, p. 482), qui a jugé encore que la faute sans dol ne donne pas ouverture à la prise à partie; et qu'ainsi l'appréciation dans les motifs d'un jugement de la conduite d'un tiers étranger au procès, alors même que cette appréciation est de nature à causer préjudice à ce tiers, ne suffit pas pour justifier la prise à partie, lorsqu'il n'est pas établi que cette appréciation ait été faite avec le dessein de nuire.

14. Notre auteur n'en persistait pas moins à considérer la doctrine de la Cour de cassation comme contraire aux principes qui régissent la matière. Après avoir invoqué en faveur de son opinion M. de Fréminville, *Organis. et compét. des Cours d'appel*, t. 1er, n. 430, il reproduisait les observations dont M. Devilleneuve a fait suivre l'arrêt précité (S.-V.58.1.497), et que voici: « Dans cette matière, où tout est de rigueur, où le législateur, sans entendre aucunement protéger le juge contre le dol et la fraude dont il pourrait se rendre coupable, a cependant voulu le mettre à l'abri des attaques inconsidérées des plaideurs, il n'est pas permis de raisonner par assimilation ou analogie (Voy. Cass., 31 juill. 1850, vol. 1851, 1, p. 126); il faut s'en tenir à la lettre de la loi. Or, la loi ne parle pas de *faute;* elle ne parle que de *dol* et de *fraude*, et elle ajoute la *concussion*. L'art. 565 du Code de brumaire an IV lui-même y ajoutait, comme on l'a vu plus haut, *la prévarication par inimitié personnelle;* mais bien évidemment cela rentrait dans le dol et la fraude, et l'on peut penser qu'il a dû paraître inutile aux auteurs du Code de procédure de le répéter dans le nouvel art. 505 de ce Code. En somme donc, il faut s'en tenir aux termes limitatifs de cet article, et dire que, quelque lourde que puisse être la *faute* commise par le juge, elle ne peut donner lieu à prise à partie qu'autant qu'elle serait en même temps empreinte de dol ou de fraude. »

M. Dalloz, n. 10 et suiv., soutient la même opinion, et M. Rodière semble l'admettre lorsqu'il dit, t. 2, p. 411, que la faute grossière ne peut être assimilée au dol si le juge a pu la commettre de bonne foi. M. Chauveau déclarait que, quant à lui, il soutiendrait toujours qu'il peut exister des fautes tellement grossières, qu'il soit impossible de ne pas les considérer comme un véritable dol. Du reste, ajoutait-il, il s'agit là d'une question de fait, qui, malgré les termes restrictifs de l'art. 505, laisse aux juges supérieurs un pouvoir d'appréciation très étendu.

15. La Cour de Rouen a décidé, le 30 avril 1847 (*J. Av.*, t. 73, p. 412), que, hors des cas prévus par l'art. 505, le juge n'est point responsable, et que l'erreur *qui a pu lui échapper* doit être supportée par la partie contre laquelle la réparation de cette erreur est prononcée. C'est pourquoi cette Cour a mis à la charge de l'intimé les frais du procès dans une espèce où les premiers juges s'étaient d'office déclarés incompétents, alors, au contraire, que l'affaire rentrait parfaitement dans les limites de leur compétence.

16. La Cour de Besançon a rendu, le 3 mars 1860 (D.P.60.2.69), un arrêt conforme à la doctrine de la Cour de cassation, mais dont cependant les motifs semblaient à M. Chauveau précieux à signaler : « A la vérité, y lit-on, la sentence dans la rédaction des motifs s'écarte de la réserve et de la dignité de langage que le magistrat doit s'imposer; mais si elle trahit la vivacité des impressions et l'inexpérience, elle n'indique pas *nécessairement* l'intention malicieuse de diffamer ou d'injurier; — A... S..., saisi comme juge des conclusions du demandeur, avait le droit incontestable d'en apprécier la nature et le but; ces appréciations peuvent être erronées; il n'est point établi qu'elles aient été dictées par *la passion.* »

17. Peut-on concevoir, dans une société bien organisée, observait notre auteur, qu'il dépende absolument et arbitrairement d'un tribunal quelconque d'injurier ou de diffamer un plaideur ou un tiers, sans qu'il soit possible d'obtenir la réparation d'une faute aussi grave et aussi nuisible à l'homme et à sa réputation? Si nos lois nouvelles ont imposé aux tribunaux l'obligation de motiver leurs décisions, elles ne les ont pas armés de l'exorbitante prérogative d'apprécier sans nécessité la conduite des plaideurs ou des tiers. Une pareille omnipotence, si la prise à partie n'est pas admissible, peut donner lieu à des abus qu'il appartient au législateur de prévenir.

Que penserait-on (s'il se trouvait un magistrat assez oublieux de ses devoirs pour agir ainsi) d'un président d'assises qui, en prononçant l'acquittement d'un accusé, lui dirait : « Vous êtes bien heureux, car vous étiez coupable. » Ne serait-ce pas là une calomnie publique qui n'est pas plus permise au président qu'au plus humble auditeur? Mais enfin, si le fait se produisait, la prise à partie ne serait-elle donc pas mille fois recevable, à moins qu'une action directe en calomnie ne fût ouverte contre le président ?

18. M. Chauveau s'excusait d'insister de nouveau sur une théorie qui paraît solennellement condamnée. S'il cédait parfois, disait-il, à une jurisprudence unanime, ce n'était que dans les cas où il importe peu à l'ordre social que la solution soit affirmative ou négative. Mais il s'agit ici de la protection de l'honneur individuel, et il croyait devoir persévérer dans la conviction profonde qu'il avait conçue dès 1832.

19. La Cour de cassation a persisté elle-même dans sa jurisprudence. Elle a déclaré dans un arrêt du 12 juill. 1864 (*J. Av.*, t. 89, p. 403), que la prise à partie contre les juges n'est admissible que dans le cas de dol, fraude ou concussion, soit dans le cours de l'instruction, soit lors des jugements, et dans les autres cas spécifiés par l'art. 505, Cod. proc. Et cet arrêt décide spécialement que le fait, par le président d'un tribunal, d'avoir inséré, par renvoi, sur la minute d'un jugement, une disposition modificative de celle prononcée à l'audience, ne donne pas ouverture à la prise à partie, alors que le renvoi, signé seulement par le président et non par le greffier, est resté sans valeur légale, et que, la disposition primitive n'ayant pas cessé de figurer au jugement, qui a été en réalité maintenu tel qu'il a été prononcé, la partie plaignante n'a éprouvé aucun préjudice.

20. V. aussi notre *Formul. annot.*, p. 409, n. 8 et 9, où nous exprimons l'avis que l'énumération des cas de prise à partie que renferme l'art. 505 étant limitative, l'erreur du juge ne donne pas lieu à cette action, bien qu'elle constitue une faute grossière, si elle n'est pas telle qu'elle implique nécessairement une intention frauduleuse de la part du magistrat.

21. (Q. 1806). *Quels sont les cas visés par l'art.* 505, *n° 2, où la prise à partie est expressément prononcée par la loi ?*

Il est observé au texte que, nulle des dispositions de nos Codes sur les matières civiles ne prononçant la prise à partie, le n° 2 de l'art. 505 ne s'applique qu'aux cas prévus par les art. 77, 112, 164 et 271, Cod. instr. crim.

22. (Q. 1807). *Quels sont les cas où, comme l'énonce le n°* 3 *de l'art* 505, *la loi déclare les juges responsables, à peine de dommages-intérêts ?*

V. à cet égard les indications données au texte.

23. (Q. 1807 bis). *Pour faire prononcer des dommages-intérêts contre le juge, est-on libre de se servir des voies ordinaires ou de la prise à partie ?*

M. Chauveau établit, au texte, qu'on ne peut suivre que la voie de la prise à partie, et cite diverses autorités à l'appui de son opinion.

24. Dans le *Supplément* précédent, il indiquait encore dans le même sens, les arrêts ci-après de la Cour de cassation : — Le 24 mai 1840 (*J. Av.*, t. 64, p. 221), cette Cour a décidé que tout acte du ministère du juge qui ne rentre pas dans l'énumération limitative de l'art. 505, ne peut servir de base à une poursuite personnelle contre lui ; que, partant, la voie extraordinaire de la prise à partie est le seul moyen donné par la loi pour faire condamner des juges à des dommages-intérêts. — Solution analogue le 12 février 1850 (Voy. *suprà*, n. 10). — Enfin, on lit dans un arrêt du 13 mars 1850 (*J. Av.*, t. 76, p. 402), que le juge-commissaire d'une faillite ne peut être actionné en dommages-intérêts, à raison des fautes qu'il a pu commettre dans les opérations de la faillite, que par la voie de la prise à partie, et sous les conditions auxquelles on subordonne ce mode de recours ; qu'ainsi le failli est non recevable dans son action en dommages-intérêts, lorsqu'il l'intente par la voie ordinaire, et surtout s'il déclare que, n'imputant au juge ni dol, ni fraude, mais une simple faute dommageable, il ne veut pas le prendre à partie. — V. aussi *Conf.*, Dalloz, n. 65 ; notre *Formul. annot.*, p. 408, n. 7.

25. (Q. 1809). *En quelles circonstances particulières y a-t-il déni de justice, donnant lieu à la prise à partie, aux termes du n° 4 de l'art.* 505 ?

Voy. sur ce point les indications données au texte.

26. M Chauveau les complétait comme il suit dans le *Supplément* précédent :

Il y a déni de justice dans la décision d'un tribunal qui ordonne *un sursis d'une manière indéfinie*, jusqu'à la preuve de certains faits et à la production de certains actes : Cass., 6 mai 1848 (*J. Av.*, t. 76, p. 137).

27. Il y a aussi déni de justice quand un juge refuse de répondre *affirmativement* ou *négativement* à une requête, mais non lorsqu'il répond à la requête par une ordonnance négative. (Voy. les observations de notre auteur sur un arrêt de la Cour de Metz, du 12 nov. 1850, *J. Av.*, t. 76, p. 96).

28. Il n'y a pas non plus déni de justice de la part des juges qui refusent de statuer sur des demandes qui n'intéressent pas seulement une des parties en cause, mais encore un tiers non assigné : Cass. 30 janv. 1849 (*J. Av.*, t. 74, p. 253). Conf., Dalloz, n. 5 et suiv.

29. (Q. 1810). *Les réquisitions adressées au juge conformément à l'art.* 507 *pourraient-elles être faites en la personne du greffier trouvé ailleurs qu'au greffe?*

Solution affirmative au texte.

Adde conf., Dalloz, n. 22 ; notre *Formul. annot.*, p. 409, n. 13.

30. (Art. 507). *Quoique l'art.* 508, *qui déclare que la prise à partie peut avoir lieu après deux réquisitions, ne parle de ces réquisitions qu'à l'égard d'un juge, sont-elles également prescrites pour le cas où la prise à partie est dirigée, soit contre une partie du tribunal, soit contre un tribunal entier ?*

Réponse également affirmative au texte.

31. (CCCCXV). *Les deux réquisitions suffisent-elles pour former la demande de prise en partie ?*

Carré, au texte, observe qu'il faut de plus, suivant l'art. 510, avoir obtenu la permission préalable du tribunal devant lequel l'action doit être portée, et que les réquisitions ne sont qu'un préliminaire indispensable pour obtenir cette permission.

32. (Q. 1808). *Le déni de justice ouvre-t-il non seulement la voie de la prise à partie, mais aussi celle de l'appel ; et, si on ne peut prendre cette dernière voie, comment le fond sera-t-il jugé ?*

Il est répondu au texte que la voie de l'appel ne peut être suivie dans ce cas, et que, pour faire juger le fond, la partie doit se pourvoir devant les juges compétents afin de se faire indiquer le tribunal auquel elle devra soumettre sa demande, à l'exception du cas où, le déni de justice résultant d'un jugement par lequel le tribunal de première instance se serait mal à propos dessaisi d'une affaire disposée à recevoir une décision définitive, le juge supérieur pourrait lui-même statuer sur le fond.

Adde conf., Dalloz, n. 25.

33. (Q. 1804). *Peut-on prendre un juge à partie pour d'autres causes que celles mentionnées en l'art.* 505 ?

Carré, au texte, répond négativement. M. Chauveau, *ibid.*, partage cette opinion, mais en ajoutant qu'il ne s'ensuit point qu'on doive restreindre la portée de l'art. 505, en ce sens, par exemple, qu'il ne s'applique à la prévarication du juge que dans les cas taxativement prévus par le Code d'instruction criminelle (art. 67, 112, 164 et 271) ; mais qu'on doit au contraire, admettre que cet article s'applique à toute sorte de prévarication de la part du juge, à quelque juridiction qu'il appartienne.

34. La doctrine enseignée au texte a été confirmée par un arrêt de la Cour de cassation du 31 juillet 1850 (*J. Av.*, t. 76, p. 402), portant que la prise à partie n'est pas ouverte contre le juge des référés qui accorde illégalement un sursis à l'exécution de la contrainte par corps prononcée par un jugement du tribunal de commerce. Ici, en effet, observait M. Chauveau dans le précédent *Supplément*, ne s'applique pas l'art. 647, Cod. comm., dont la disposition, relative seulement aux Cours saisies de l'appel des jugements des tribunaux de commerce, ne peut être étendue par analogie aux juges des référés. — Voy. aussi un autre arrêt de la Cour de cassation du 24 mai 1842 (*J. Av.*, t. 64, p. 221), et un arrêt de la Cour de Rouen du 30 avril 1847 (t. 73, p. 412). Conf., Dalloz, n. 8 ; notre *Formul. annot.*, p. 409, n. 8.

35. (Q. 1804 bis). *Spécialement, un tribunal de première instance peut-il être pris à partie pour cause de suspicion légitime, bien que cette espèce de récusation ne se trouve pas au nombre des cas énumérés dans cet article ?*

Solution négative au texte, où M. Chauveau fait observer que toute abstention de la part du juge, quoique ayant lieu mal à propos, ne constitue pas contre lui une cause de prise à partie ; mais qu'il faut pour cela qu'elle soit dolosive, parce qu'alors seulement il y a déni de justice, et que, dans le cas contraire, le plaideur a la facilité de se pourvoir pour faire rejeter la récusation ou demander d'autres juges.

36 (Art. 505). *Le juge qui s'est abstenu dans une procédure au civil, et qui, sur une plainte incidente en faux témoignage, exerce ultérieurement les fonctions de juge d'instruction, peut-il être pris à partie à raison de ce fait ?*

Décidé négativement au texte, t. 4, p. 388, note, 1°.

§ 4. — Devant quel tribunal doit être portée la prise à partie. — Formalités et procédure auxquelles cette voie est soumise.

37. (CCCCXVI). *Que doit-on entendre par la haute Cour dont parle l'art.* 509 ? En d'autres termes, *quelle est l'autorité compétente pour connaître de la prise à partie dirigée contre une Cour d'assises ou contre une autre Cour d'appel ?*

Il est répondu au texte que cette prise à partie doit être portée devant la Cour de cassation.

Adde conf., Dalloz, n. 46 ; Rodière, t. 2, p. 412.

38. Il n'est pas douteux, observait M. Chauveau dans le précédent *Supplément*, que la prise à partie dirigée contre les membres d'un tribunal et d'une Cour, à raison des motifs d'un jugement adoptés sans distinction en appel, doit être portée devant la Cour de cassation, alors même que les motifs incriminés sont relatifs à celle des parties qui n'a pas interjeté appel. *Sic*, Cass., 6 juill. 1858 (*J. Av.*, t. 83, p. 481).

39. Dans le cas où la Cour de cassation est compétente pour connaître de la prise à partie, il est évident, ajoutait-il, qu'elle a le droit d'apprécier le mérite des faits sur lesquels la prise à partie est fondée, ainsi qu'elle l'a décidé par arrêt du 29 nov. 1836 (*J. Av.*, t. 52, p. 709).

40. (Q. 1812). *Est-il, nonobstant la disposition de l'art.* 509, *des cas où une action en prise à partie puisse être portée devant la Cour de cassation ?*

Indépendamment du cas signalé sous la question précédente, le texte indique celui où l'action en prise à partie est incidente à une plainte en forfaiture.

41. (Art. 509). *Si la prise à partie est dirigée contre les membres de la Cour de cassation, à quelle juridiction doit-elle être déférée ?*

M. Chauveau, au texte, mentionne l'avis de Poncet, *Jugements*, t. 2, p. 399, suivant lequel la juridiction compétente en pareil cas aurait dû être la Chambre des pairs transformée à cette occasion en *Cour de judicature ;* mais il repousse cette interprétation, sans résoudre lui-même la question ci-dessus.

42. (Q. 1813 A). *Avant d'obtenir la permission du tribunal, prescrite par l'art.* 510, *faut-il citer en conciliation ?*

Solution négative au texte.

Adde conf., notre *Formul. annot.*, p. 410, n. 17.

43. (Q. 1813 B). *Cette permission ne peut-elle être accordée qu'après communication au ministère public ?*

Ce point est au contraire résolu affirmativement au texte.

44. (Q. 1814). *La permission de prendre à partie un juge qui ne serait pas désigné suffirait-elle ?*

Non, suivant l'opinion exprimée au texte et que M. Chauveau fonde sur ce que la moindre incertitude ne saurait être permise dans une matière si délicate.

45. (Q. 1815). *Lorsque la demande porte sur le dol, la fraude ou la concussion, la partie est-elle obligée d'en administrer les preuves avec sa requête à fin de permission?*

Elle le doit, répond Carré, au texte, si elle a des preuves écrites ; et si elle ne peut fournir qu'une preuve par témoins, elle doit détailler les faits, sur lesquels la Cour ordonne une enquête, s'ils sont admissibles. M. Chauveau ajoute, *ibid.*, que la prise à partie ne doit être accueillie que s'il y a évidence de preuve.

Adde dans le sens de l'observation de Carré, notre *Formul annot.* p. 410, n. 18.

46. (Q. 1815 bis). *Dans le cas où la partie ne peut pas signer la requête, l'avoué qu'elle charge de la présenter peut-il déclarer au bas que sa partie est dans l'impuissance de signer ?*

Non, est-il répondu au texte ; il faut absolument que la requête non signée par la partie le soit par un fondé de procuration authentique et spéciale, conformément à l'art. 511.

47. (Q. 1815 ter A). *La récusation dirigée contre tous les membres d'un tribunal est-elle non recevable, si elle n'est pas formée ainsi qu'il est prescrit en matière de prise à partie ?*

Solution négative au texte de la part de M. Chauveau. — V. *Récusation* (quest. 1337).

48. (Q. 1815 ter B). *En matière de prise à partie, le demandeur a-t-il le droit, spécialement devant la Cour de cassation, de faire présenter par un avocat des observations orales à l'appui de sa requête ?*

L'affirmative résulte d'un arrêt de la Cour de cassation, du 6 juill. 1858 (*J. Av.*, t. 83, p. 482), ainsi motivé : « Les affaires, en matière de prise à partie, s'instruisent et se jugent devant la chambre des requêtes de la Cour de cassation, comme les affaires ordinaires. Aux termes de l'art. 37 de l'ordonnance du 15 janv. 1827, les avocats des parties doivent être entendus, s'ils le requièrent. Il n'est pas fait d'exception à cette règle pour le cas de prise à partie ; seulement, comme la loi le prescrit pour la rédaction de la requête, les avocats doivent se montrer attentifs à n'employer aucuns termes injurieux contre les juges dont la prise à partie est demandée. »

49. M. Chauveau, dans le précédent *Supplément*, observait que ce droit n'a jamais été contesté devant la Cour de cassation ; et il ajoutait qu'un arrêt de la Cour de Paris du 30 janv. 1836 (S.-V.37.2.267) a décidé à tort qu'il devait en être autrement devant les Cours d'appel.

50. La Cour d'Aix s'est cependant prononcée dans le même sens par arrêt du 16 août 1875 (*J. Av.*, t. 102, p. 335), et une doctrine conforme est enseignée par MM. Bioche, n. 52, et Dalloz, n. 55.

51. Et la Cour de cassation a décidé elle-même, le 17 nov. 1862 (t. 88, p. 485), que le jugement ou l'arrêt qui, en matière de prise à partie, statue sur la requête à fin de permission préalable de former la demande, est valablement rendu en la chambre du conseil ; et que ce n'est qu'après l'admission de la requête et sa signification au magistrat pris à partie, que commence le débat judiciaire à porter à l'audience.

52. (Q. 1815 sexies). *Quel est le pouvoir du juge relativement à l'amende encourue par la partie dont la requête est rejetée?* En d'autres termes, *l'amende peut-elle excéder* 300 *francs?*

M. Chauveau adopte ici la même solution qu'à l'égard de l'amende prononcée en cas de rejet de la tierce opposition, sous la quest. 1734, à laquelle il se borne à renvoyer. V. *Tierce opposition.*

53. (Q. 1815 quater). *Les parties qui ne figurent pas dans la requête, mais qui souffrent du retard dans la procédure, peuvent-elles intervenir dans la demande, pour obtenir des dommages-intérêts par le même jugement qui rejettera la prise à partie?*

M. Chauveau au texte, admet dans ce cas l'intervention, en la soumettant pour les frais aux règles qu'il a exposées sous la quest. 1270 *bis*. Voy. *Intervention*, n. 8 et 9.

Adde notre *Formul. annot.*, p. 410, n. 27.

54. (Q. 1815 quinquies). *Le juge outragé à raison de ses fonctions, soit par lettres missives, soit par libelles, peut-il, s'il ne veut pas prendre la voie correctionnelle, obtenir de la Cour qui connaît de la demande en prise à partie la permission de traduire le plaideur devant elles à fins civiles?*

Réponse négative au texte de la part de M. Chauveau.

55. (Q. 1816). *Si la requête est admise, la signification que l'art.* 514 *prescrit d'en faire au juge doit-elle être faite à celui-ci dans la personne du greffier, comme les réquisitions exigées par l'art.* 507?

Au texte, Carré enseigne que cette signification doit être faite au domicile ou à la personne du juge; mais qu'elle ne serait pas nulle si elle était remise au greffier; tandis que M. Chauveau considère ce dernier mode de signification comme entaché de nullité.

V. aussi notre *Formulaire annoté*, t. 1, p. 410, n. 23.

56. (Q. 1818). *Doit-on signifier avec la requête l'arrêt qui l'admet?*

L'affirmative est embrassée au texte, où M. Chauveau ajoute toutefois qu'il serait difficile de prétendre qu'il y eût nullité, si l'on se bornait à énoncer le jugement d'admission.

Adde conf., Rodière, t. 2, p. 413; Dalloz, n. 60 *in fine*; notre *Formulaire annoté, loc. cit.*, n. 21.

57. (Q. 1817). *Si la requête était signifiée après le délai de trois jours, la signification serait-elle réputée non avenue?*

Solution négative au texte.

Adde conf., Rodière, t. 2, p. 413, et Dalloz, n. 58 et 59.

58. (Q. 1816 bis). *La demande à présenter à la Cour de cassation, pour être autorisé à prendre un magistrat à partie, doit-elle être préalablement notifiée à ce magistrat dans les termes de l'art.* 514?

M. Chauveau résout négativement ce point au texte.

59. (Q. 1816 ter). *Est-il nécessaire que le juge pris à partie soit assigné à comparaître devant la Cour par un exploit séparé?*

Solution également négative au texte de la part de M. Chauveau, qui estime que l'assignation doit être donnée par l'acte même de signification de la requête et de l'arrêt d'admission.

Adde conf., notre *Formul. annot.*, p. 410, n. 22.

60. (Q. 1818 bis). *Le juge, sur la notification de la requête, doit-il constituer un avoué?*

M. Chauveau, au texte, répond affirmativement, et dit que la constitution d'avoué doit avoir lieu en même temps que les défenses pour lesquelles l'art. 514 prescrit au juge un délai de huitaine que notre auteur ne considère point d'ailleurs comme fatal.

61. (Q. 1819). *Celui qui prend le juge à partie peut-il répondre à l'écrit de défenses fourni par ce dernier?*

Solution également affirmative au texte.

Adde conf., Rodière, t. 2, p. 413, et Dalloz, n. 62.

62. (Q. 1820). *Un juge pourrait-il, du consentement des plaideurs, concourir au jugement d'un procès dans lequel serait intéressé celui qui l'a pris à partie?*

Résolu négativement au texte.

63. (Q. 1817 bis). *Par quelle voie peut-on faire prononcer la nullité établie par l'art. 514, dans le cas où le juge pris à partie ne s'abstient pas de la connaissance du différend?*

M. Chauveau, au texte, exprime l'avis que si la prise à partie n'a été dirigée que contre un seul juge, et que le tribunal soit encore en nombre suffisant, on peut demander la nullité devant lui dans le cas où l'opposition est ouverte, sinon l'on doit employer la voie de l'appel ou de la requête civile, selon que le jugement est en premier ou en dernier ressort ; et que, lorsque le tribunal ne peut statuer faute d'être en nombre, il faut se pourvoir devant la Cour de cassation.

Adde conf., Dalloz, n. 72.

64. (CCCCXX bis). *S'il n'y a qu'une chambre civile dans une Cour, quelle est la juridiction qui doit juger la prise à partie?*

C'est, comme le dit M. Chauveau, au texte, la chambre correctionnelle ou la chambre des mises en accusation.

Adde conf., Dalloz, n. 63 et 64.

65. (Q. 1821). *La section d'une Cour d'appel qui est appelée à statuer sur l'admission de la prise à partie doit-elle prononcer en audience publique?*

La négative est soutenue au texte,

Adde conf., M. Dalloz, n. 55. — *Contrà*, M. Rodière, t. 2, p. 413. Ce dernier auteur se fonde sur le décret du 30 mars 1808, que M. Chauveau, dans le précédent *Supplément*, déclarait ne pouvoir recevoir aucune application en cette matière.

66. (Q. 1822). *Le ministère public doit-il être entendu lors du jugement de prise à partie?*

Réponse affirmative au texte. — Compar., *suprà*, n. 43.

67, (Q. 1823 ter). *Un tribunal pouvait-il, avant la suppression de l'arbitrage forcé, en déclarant non recevable la prise à partie exercée contre un arbitre forcé, s'abstenir néanmoins de condamner le demandeur à l'amende fixée par l'art. 516?*

Sur ce point, aujourd'hui sans intérêt, nous nous bornons à renvoyer au texte.

68. (CCCCXX ter). *Le tribunal, en déboutant le demandeur, peut-il prononcer contre lui, par un seul et même jugement, des dommages-intérêts au profit des parties lésées?*

L'affirmative est enseignée au texte par M. Chauveau, qui reconnaît aux parties lésées le droit d'intervenir dans l'instance existant entre le juge et le demandeur en prise à partie.

69. (Q. 1823). *Si la demande est jugée bien fondée, quelles peines sont encourues par le juge?*

Le juge, est-il répondu au texte, devra être condamné à des dommages-intérêts proportionnés au préjudice éprouvé par la partie, quelle que soit la pénalité spéciale dont la loi criminelle frappe ce magistrat.

Adde conf., Rodière, t. 2, p. 414 ; Dalloz, n. 73.

70. (Q. 1823 bis). *Le juge qui a été mal à propos pris à partie peut-il connaître ensuite de l'affaire?*

L'affirmative n'est admise, au texte, par M. Chauveau, que dans le cas où le juge ne s'est pas constitué demandeur en dommages-intérêts.

§ 5. — Effets de la prise à partie.

71. (Q. 1823 quater). *La décision à l'occasion de laquelle le juge a été déclaré à bon droit pris à partie subsiste-t-elle, ou bien, au contraire, peut-elle être réformée?*

M. Chauveau enseigne, au texte, que la prise à partie ne constituant qu'une action personnelle contre le juge, ne saurait entraîner l'anéantissement ni l'infirmation de la décision à l'occasion de laquelle elle a été exercée. Mais il reconnaît en même temps que celui dont la demande en prise à partie a été admise, peut, indépendamment de la réparation pécuniaire obtenue par lui, attaquer le jugement par l'appel ou la requête civile, en se fondant sur les mêmes causes pour lesquelles le juge a été pris à partie; sans adopter l'opinion de Pigeau, d'après laquelle il y aurait lieu à l'appel ou à la requête civile par cela seul que le juge aurait agi pour satisfaire une passion personnelle sans complicité de la partie qui a obtenu le jugement.

72. M. Dalloz, n. 75, s'est, au contraire, rangé au système de Pigeau. M. Rodière, t. 2, p. 414, soutient, d'une manière générale, que lorsque la prise à partie est fondée sur un dol ou sur une fraude commise par le juge lors du jugement, ce jugement doit être annulé par l'arrêt qui admet la prise à partie.

73. Dans le *Supplément* précédent, M. Chauveau rappelait qu'il a cherché, au texte, à démontrer que ce recours extraordinaire n'a d'autre but que de soumettre le juge prévaricateur à la *réparation personnelle* du dommage qu'il a causé.

PROTÊT.

(Art. 68, Cod. proc.; 173, Cod. comm.).

Formules. — *Protêt faute d'acceptation.* — Form., t. 2, p. 825, n. 1159. — .... *faute de paiement.* — Form. n. 1160, p. 827. — *Acte de perquisition et protêt.* — Form. n. 1161, p. 829. — *Dénonciation de protêt.* — Form. n. 1162, p. 830.

1. (Q. 370). *L'art. 68, Cod. proc., relatif à la signification des exploits, déroge-t-il aux lois commerciales sur les formes à observer pour les protêts?*

La négative résulte, comme le font observer, au texte, Carré et M. Chauveau, d'un avis du Conseil d'Etat du 25 janv. 1807 (*J. Av.*, t. 6, p. 59). Ainsi, l'art. 176, Cod. comm., exigeant seulement que la copie soit *laissée*, ce qui ne suppose autre chose si ce n'est qu'elle sera laissée ou à la partie elle-même ou à son domicile, elle peut y être remise à toute personne, et l'huissier est dispensé de la remettre à un voisin, ou, à défaut, au maire.

Adde conf., Bordeaux, 18 juin 1834 (S.-V.34.2.437); MM. Pardessus, *Cours de droit commerc.*, n. 421; Nouguier, *Trib. de comm.*, t. 1, p. 433; Dalloz, *Répert.*, v° *Effets de commerce*, n. 747; Alauzet, *Comment. Cod. comm.*, n. 1505; notre *Dict. du contentieux commerc.*, v° *Protêt*, n. 46, 49 et s.

2. Mais le protêt doit, à peine de nullité, contenir les formalités communes à tous les exploits que prescrit l'art. 61, Cod. proc. V. notre *Dict.* précité, *eod. verb.*, n. 84; et notre *Formulaire annoté*, t. 2, p. 954, n. 41.

— V. *Distribution par contribution*; *Enquête*; *Frais et dépens*; *Instruction par écrit*; *Scellés*.

PROMESSE. V. *Tribunal de commerce.*

— RECONNUE. V. *Exécution provisoire; Faux incident civil.*

PROMISCUITÉ. V. *Actions possessoires.*

PRONONCIATION DE JUGEMENT. V. *Jugement.*

— INSTANTANÉE. V. *Jugement.*

— NOUVELLE. V. *Jugement.*

PROPRIÉTAIRE. V. *Citation en justice de paix; Distribution par contribution; Exploit; Récusation; Saisie-arrêt; Saisie de rentes; Saisie-exécution; Saisie-gagerie; Saisie immobilière; Tribunal de commerce.*

PROPRIÉTÉ. V. *Cession de biens; Chose jugée; Communication de pièces; Incident; Saisie-arrêt; Saisie-exécution; Saisie-gagerie; Saisie immobilière; Surenchère; Vente d'immeubles de mineurs.*

— DES PIÈCES. V. *Instruction par écrit.*

PROROGATION DE JURIDICTION. V. *Exceptions.*

PROTESTATION. V. *Qualités de jugement ou arrêt.*

PROTET. V. *Appel; Exploit; Péremption d'instance; Tribunal de commerce.*

PROVISION. V. *Appel; Compte (reddition de); Enquête; Exceptions; Frais et dépens; Provisoire; Référé; Saisie-arrêt; Séparation de biens.*

— ALIMENTAIRE. V. *Saisie-arrêt.*

PROVISOIRE.

(Art. 134, Cod. proc. civ.).

1. (Q. 571). *A quelle époque et comment les demandes provisoires doivent-elles être formées ?*

Elles peuvent l'être, dit Carré au texte, ou *avant la demande principale*, soit en référé, soit devant le tribunal; ou *en même temps que la demande principale*, et alors on assigne tout à la fois à bref délai, en vertu d'une ordonnance du président, pour voir statuer sur le provisoire, et au délai ordinaire pour entendre prononcer sur le fond; — ou enfin *après la demande principale*, et, dans ce cas, la demande provisoire étant incidente, elle doit être formée d'après les règles tracées par les art. 406 et 337, selon que la matière est sommaire ou ordinaire. — M. Chauveau approuve cette doctrine, dans le sens de laquelle il cite diverses autorités.

Adde conf., Dalloz, *Répert.*, v° *Jugem. d'avant dire droit*, n. 77 et suiv.

2. (Q. 572). *Quand s'applique la disposition de l'art. 134, qui veut que les juges prononcent par un seul et même jugement sur le provisoire et sur le fond, lorsque la cause est en état ?*

Carré, au texte, exprime l'avis que cette disposition n'est guère applicable que dans le cas où le principal rentre dans les matières sommaires, parce qu'alors seulement le principal et le provisoire sont presque toujours en état d'être jugés en même temps. Mais M. Chauveau observe que l'application de l'art. 134 est subordonnée aux circonstances.

3. M. Dalloz, *Rép.*, *Sépar. de corps*, n. 269, cite et critique un arrêt de la Cour de Besançon du 20 déc. 1816 qui a décidé qu'en matière de séparation de corps, il ne peut y avoir lieu de statuer sur le provisoire et sur le fond par un seul jugement.

4. (Q. 572 bis). *Où est l'utilité de statuer sur le provisoire, lorsque le fond reçoit jugement ?*

C'est, selon la remarque de M. Chauveau, au texte, d'une part, de pouvoir prononcer sur les dépens de l'incident, et, d'autre part, s'il y a appel du jugement sur le fond, de pouvoir prendre pendant l'instance d'appel les mesures provisoires qui avaient été réclamées devant les premiers juges.

5. (Q. 573). *Les juges peuvent-ils statuer d'office sur un provisoire qui n'a pas été demandé ?*

Il est répondu au texte qu'en principe le juge ne saurait d'office prescrire une mesure provisoire, mais que l'urgence et l'intérêt des deux parties peuvent l'y autoriser exceptionnellement.

Adde conf. sur le principe, M. Dalloz, *verb. cit.*, n. 81. — Mais décidé que des arbitres chargés de procéder au partage définitif d'une succession peuvent d'office, en accordant une provision à des cohéritiers qui la demandent, en accorder également une à ceux qui n'en réclament pas : Cass. 30 juin 1841 (Dall., *ibid.* et v° *Arbitr.*, n. 1013).

6. (Q. 574). *Un tribunal peut-il, en se déclarant compétent sur le fond, statuer sur le provisoire ?*

Solution négative au texte.

Adde conf., Dalloz, v° *Jugement d'avant dire droit*, n. 84.

7. (Q. 575). *Peut-on adjuger une provision sur l'appel ? Le peut-on même sur l'appel d'un jugement de renvoi avant d'y statuer ?*

Réponse affirmative au texte, fondée sur ce qu'en tout état de cause il doit être statué sur les demandes en provision, lorsque l'urgence en est reconnue.

PUBLICITÉ. V. *Conciliation*; *Interdiction et nomination de conseil judiciaire*; *Jugement*; *Placards*; *Saisie-exécution*; *Saisie immobilière*; *Séparation de biens*; *Séparation de corps*; *Surenchère*; *Vente d'immeubles de mineurs.*

— DES AUDIENCES. V. *Audience publique*; *Jugement.*

PUISSANCE PATERNELLE. V. *Référé.*

PURGE DES HYPOTHÈQUES APRÈS ALIÉNATION VOLONTAIRE.

(Art. 832, Cod. proc. civ.; 2169, 2181 et s., 2193 et s., Cod. civ.)

SOMMAIRE ALPHABÉTIQUE.

FORMULES. — *Sommation à l'acquéreur d'un immeuble de payer ou de délaisser.* — Form., t. 2, n. 1025, p. 648. — *Extrait et tableau dressés conformément aux dispositions de l'art. 2183, Cod. civ.* — Form. n. 1026, p. 649. — *Requête au président pour faire commettre l'huissier chargé de faire les notifications.* — Form. n. 1027, p. 652. — *Exploit de notification aux créanciers inscrits.* — Form. n. 1028, p. 652. — *Acte de dépôt au greffe de la copie collationnée d'un titre d'acquisition pour parvenir à la purge des hypothèques légales non inscrites.* — Form. n. 1019, p. 642. — *Extrait à afficher par le greffier dans l'auditoire du tribunal.* — Form. n. 1020, p. 644. — *Notification de l'acte de dépôt au procureur de la République et aux femmes, subrogés tuteurs, mineurs devenus majeurs, etc.* — Form. n. 1021, p. 644. — *Insertion des notifications au journal d'annonces judiciaires.* — Form. n. 1022, p. 645. — *Acte du greffe constatant que l'affiche a été faite conformément à la loi.* — Form. n. 1023, p. 646. — *Certificat délivré par le conservateur des hypothèques.* — Form. n. 1024, p. 647.

DIVISION.

§ 1. — *Purge des hypothèques inscrites.*
§ 2. — *Purge des hypothèques légales.*

§ 1. — Purge des hypothèques inscrites.

1. (Art. 2169). *La sommation de payer ou de délaisser dont doivent être précédées, aux termes de l'art. 2167, Cod. civ., les poursuites que les créanciers hypothécaires peuvent exercer contre le tiers détenteur d'un immeuble et auxquelles les formalités de la purge ont pour objet de soustraire celui-ci, doit-elle contenir copie du titre du créancier ?*

L'affirmative a été consacrée par un arrêt de la Cour d'Orléans du 9 janv. 1849 (J. P. 49.1.133), et elle a été adoptée par M. Harel dans le *Journal des Avoués*, t. 89, p. 369 et 370. Mais cette solution nous paraît inacceptable, en ce qu'elle ajoute aux exigences de la loi ; et, c'est avec pleine raison, selon nous, qu'elle a été repoussée par un arrêt de la Cour de cassation du 16 avril 1821 (*J. Av.*, t. 23, p. 136) et un arrêt de la Cour d'Alger du 24 juin 1876 (t. 96, p. 234), dont M. Pont, *Priv. et hyp.*, t. 2, n. 1150, a embrassé la doctrine.

2. (Q. 2198 A). *Résulte-t-il de l'art. 2183, Cod. civ., qu'il faille que le tiers détenteur, pour encourir la déchéance du droit de purger les hypothèques et pouvoir être poursuivi par les créanciers hypothécaires, ait reçu une sommation distincte de celle prescrite par l'art.* 2169 ? En d'autres termes, *doit-il être fait au tiers détenteur : 1° une sommation de purger ; 2° une sommation de payer ou délaisser ?*

Carré, au texte, répond négativement. Il estime que le tiers détenteur qui veut purger les hypothèques grevant l'immeuble par lui acquis est suffisamment averti par la loi qu'il doit user de cette faculté, soit avant les poursuites du créancier hypothécaire, soit au plus tard dans le mois de la sommation de payer les dettes exigibles, ou de délaisser l'héritage. L'auteur observe qu'aucune disposition de loi n'impose au créancier l'obligation de sommer l'acquéreur de purger. Or, dit-il, il est contraire aux principes de suppléer une obligation à la charge d'une partie, et, à plus forte raison, d'attacher au défaut d'accomplissement de cette obligation la sanction d'une nullité de poursuite.

3. Au reste, ajoute Carré, il est ici une raison qui paraît tranchante ; c'est que le droit du créancier contre l'acquéreur ne peut prendre naissance que lorsque celui-ci a perdu la faculté de purger; jusque-là, il ne peut agir que contre le débiteur; aussi la loi veut-elle qu'un commandement soit préalablement fait à ce débiteur, et que le tiers détenteur ne puisse être poursuivi que si ce commandement est resté infructueux. Il serait dès lors contraire à l'économie de la loi d'exiger une sommation de purger qui précéderait le commandement au débiteur. Un tel système serait absurde, et aurait pour résultat de multiplier les frais et d'étendre les délais sans nécessité.

4. M. Chauveau partage cette manière de voir, à l'appui de laquelle il cite deux arrêts, l'un de la Cour d'Orléans, du 4 juill. 1828, et l'autre de la Cour d'Amiens, du 10 mai 1837 (*J. Av.*, t. 55, p. 427), ainsi que l'opinion de MM. Persil *Régim. hyp.*, t. 2, p. 175; Delvincourt, t. 3, p. 597, et Lachaize, *Vente des imm. par expr. forc.*, t. 2, p. 308, n. 502. — V. toutefois en sens contraire, Limoges, 28 nov. 1818; Riom, 31 mai 1818 (*J. Av.*, t. 20, p. 488); Bruxelles, 6 fév. 1823 (t. 25, p. 37).

Adde conf. à l'opinion de Carré, MM. Troplong, *Priv. et hyp.*, t. 3, n. 793 *bis* et 916; Pont, *id.*, t. 2, n. 1299; notre *Formul. annot.*, t. 2, p. 781, note 1, n. 2.

5. M. Chauveau ajoute qu'il est du reste certain que, pour mettre le tiers détenteur en demeure de purger, la sommation qui lui est faite doit nécessairement avoir précédé ou accompagner le commandement au débiteur originaire : c'est, dit-il, ce qui résulte de la disposition de l'art. 2169, Cod. civ., qui a été ainsi appliquée par la Cour de Caen, le 9 août 1824 (*J. P.*, 3e édit., t. 18, p. 952).

6. Pour faire encourir la déchéance de purger, observe encore M. Chauveau, il faut que la sommation n'ait pas été signifiée dans le simple but de provoquer la notification du titre en vue de la purge, mais bien qu'elle ait pour objet le paiement de la créance ou le délaissement de l'immeuble. La poursuite commencée sans ce préalable indispensable est nulle : Angers, 15 nov. 1848 (*J. Av.*, t. 75, p. 373).

7. Par un jugement du 28 avril 1854, le tribunal civil de Libourne a reconnu avec raison que si l'immeuble est possédé par plusieurs tiers détenteurs, ils doivent tous recevoir, préalablement aux poursuites et à peine de nullité, la sommation de payer ou de délaisser.

8. (Q. 2198 B). *La sommation de payer ou de délaisser, faite par un créancier, profite-t-elle à tous les autres ?*

M. Chauveau, sous la présente question, qui appartient à son commentaire sur la saisie immobilière, rappelle que l'affirmative a été admise par les Cours de Riom, le 31 mai 1817 (*J. Av.*, t. 20, p. 489); de cassation, le 30 juill. 1822 (*J.P.*17.544), et de Caen, le 1er déc. 1849 (*J. Av.*, t. 76, p. 605); et il fait remarquer qu'il résulte de là que si le tiers détenteur laisse écouler un mois à partir de la sommation qui lui a été adressée par un des créanciers, sans faire, soit à lui, soit aux autres, les notifications prescrites par les art. 2183 et suiv., Cod. civ., il est déchu du droit de remplir cette formalité à l'égard de ceux vis-à-vis desquels il est en retard. *Sic*, Grenier, *Priv. et hyp.*, t. 2, p. 342; Troplong, *id.*, t. 3, n. 795 *bis*. — V. aussi notre *Formul. annot.*, t. 2, p. 609, n. 6.

9. Il en est d'ailleurs ainsi, comme l'observe également M. Chauveau, alors même que le tiers détenteur a formé opposition à la sommation et contesté devant le tribunal le titre du créancier poursuivant et la validité des poursuites. C'est ce qu'ont décidé un arrêt de la Cour de Limoges du 14 juill. 1847 (*J. Av.*, t. 73, p. 397), et un arrêt de la Cour de Nîmes du 5 mai 1857 (*Journ. de cette Cour*, 1857, p. 137).

10. (Q. 2458 quinquies). *A quelle époque faut-il que les inscriptions d'hy-*

pothèques aient été prises pour que l'acquéreur soit tenu de faire aux créanciers inscrits la notification de son contrat ? Quelles sont les conséquences du défaut de notification aux créanciers inscrits ?

La transcription du contrat, observe M. Chauveau, met seule obstacle aux inscriptions du chef du vendeur. — Ainsi l'acquéreur ne peut opposer aux créanciers la date de son contrat d'acquisition comme antérieure à toute inscription ; il faut qu'il l'ait fait transcrire, et il compromettrait évidemment sa sûreté, s'il se dispensait de cette mesure, sous prétexte qu'il aurait reconnu qu'il n'existait pas d'inscriptions prises contre le vendeur au moment de son acquisition. — Au reste, ce n'est pas seulement à l'acquéreur que la formalité de la transcription est nécessaire ; elle est particulièrement utile au vendeur, puisque sans elle il ne peut être formé d'inscription d'office à son profit, seul moyen de lui assurer le privilège pour le paiement du prix et la conservation de l'action résolutoire.

11. Dès que la transcription a été opérée, poursuit M. Chauveau, le certificat du conservateur des hypothèques fait connaître la situation hypothécaire de l'immeuble. Cette situation est définitive quant aux inscriptions, lorsque la délivrance du certificat est postérieure aux délais accordés pour la purge des hypothèques légales dont l'inscription n'est pas exigée.—Rien ne dispense donc de la notification aux créanciers inscrits avant la transcription, et l'omission de cette formalité, si elle provenait du fait de l'acquéreur, l'exposerait aux recours des créanciers dont l'hypothèque n'aurait pas été purgée, tandis que si elle provenait du conservateur, l'immeuble demeurerait affranchi, sauf la responsabilité de ce fonctionnaire, et sans préjudice du droit qu'aurait le créancier omis de se faire colloquer dans l'ordre (Voy. *Ordre*, n. 58 et s.

12. Que décidera-t-on, se demande ensuite notre auteur, lorsque la transcription et l'inscription seront du même jour? Si l'heure de la transcription et l'heure de l'inscription étaient authentiquement constatées, point de difficulté : l'inscription serait nulle ou valable, selon l'antériorité ou la postériorité de la transcription. Dans le doute, la solution est fort délicate. M. Chauveau pencherait, dit-il, pour la nullité de l'inscription ; mais il reconnaît qu'en décidant le contraire, on ne violerait aucune loi.

12 *bis*. Le vendeur peut remplir les formalités de la purge au nom de l'acquéreur qui refuse de le faire : Toulouse, 23 juin 1829 (*J. Av.*, t. 73 p. 430).

13. L'avoué qui a rédigé les bordereaux d'inscription et chez lequel il a été fait élection de domicile est obligé, sous peine de dommages-intérêts, de transmettre à son client les notifications qui ont trait à l'inscription : Paris, 15 juin 1850 (*J. Av.*, t. 75, p. 529). — *Adde* conf., notre *Formul. annot.*, t. 2, p. 782, note 4. Compar. *Ordre*, n. 185 et s. — Néanmoins, l'action en garantie dirigée par un client contre son avoué pour défaut de purge d'hypothèques n'est pas recevable tant que le client n'a éprouvé aucun préjudice provenant de ce défaut de purge : Rouen, 31 août 1850 ; Cass., 5 janv. 1852 (*J. Av.*, t. 76, p. 112, et t. 77, p. 288).

14. Sous la quest. 2460 *quater*, M. Chauveau regarde avec raison comme incontestable que lorsque l'acquéreur d'un immeuble hypothéqué au profit de plusieurs créanciers a, après avoir rempli les formalités de la purge et avant la clôture définitive de l'ordre ouvert pour la distribution du prix de la vente, revendu certaines portions de ce même immeuble à des acquéreurs qui ont également fait aux créanciers inscrits les notifications prescrites par les art. 2183 et 2184, Cod. civ., il n'est nul besoin de faire de nouvelles notifications, s'il n'existe aucun créancier inscrit du chef de l'acquéreur devenu vendeur.

15. (Q. 2457). *La notification prescrite à l'acquéreur qui veut purger* *doit-elle contenir, à peine de nullité, la désignation exacte du prix de l'immeuble vendu, lorsqu'il l'a été moyennant une somme fixe et une rente viagère ou des prestations en nature non évaluées au contrat de vente?*

Nul doute, répond M. Chauveau, que lorsque le prix de la vente est simple, la fausse énonciation qui en aurait été faite ne vicierait l'acte conservatoire prescrit à l'acquéreur pour se mettre à couvert des poursuites des créanciers. La raison en est, ainsi que le font observer judicieusement Pigeau, *Comm. proc. civ.*, t. 2, p. 525, et M. Persil, *Comm. de la loi de* 1841, p. 355, n. 418, qui réfute l'opinion contraire de M. Troplong, *Hypoth.*, t. 4, n. 924, que la loi veut que les créanciers soient instruits du prix, afin de surenchérir s'ils le jugent convenable, et qu'une fausse énonciation, loin d'atteindre ce but, ne fait que les induire en erreur. On conçoit donc que la nullité puisse être prononcée en ce cas, bien qu'elle ne soit point édictée par le Code, parce que toute notification doit nécessairement contenir d'une manière implicite ou explicite, mais toujours claire, tous les renseignements voulus par la loi, faute de quoi l'on peut dire que ce n'est point l'acte exigé par elle. V. en ce sens, Turin, 2 mars 1811 (*J. Av.*, t. 21, p. 393).

16. Mais en est-il de même lorsque le prix d'achat se compose d'une somme fixe et d'une somme indéterminée, quoique certaine? Notre auteur ne le pense pas. En effet, dit-il, parmi les diverses déclarations auxquelles les art. 2183 et suiv. attachent l'effet de la purge, aucune ne se rencontre d'où l'on puisse raisonnablement induire que l'acquéreur est tenu d'énoncer le prix ou les charges de son contrat d'acquisition autrement qu'ils ne sont stipulés dans ce contrat même. Tout indique, au contraire, que la notification du contrat ne doit en être que l'analyse ou l'extrait, et qu'elle ne peut, sous peine de le dénaturer, capitaliser des rentes ou évaluer des prestations en nature qui ne l'ont pas été dans cet acte. Il en serait, sans doute, tout différemment, s'il s'agissait d'un échange ou d'une donation; mais alors l'évaluation serait exigée aux termes mêmes de l'art. 2183, et non point en vertu d'une prétendue analogie qui ne résulte d'aucun texte du Code. C'est donc à tort, selon M. Chauveau, que MM. Persil, *Régim. hypoth.*, t, 2, p. 278, Delvincourt, t. 2, p. 243 et 684, et Troplong, *Priv. et hypoth.*, t. 4, n. 935, pensent que l'acquéreur doit *évaluer la chose, si le prix est indéterminé, comme lorsqu'il consiste dans une rente viagère*, et que la Cour de Paris s'est prononcée dans le même sens, le 5 fév. 1814 (*J. Av.*, t. 21, p. 425). Il est, au contraire, d'avis que l'acquéreur n'est obligé, dans ce cas, à l'égard des créanciers inscrits, qu'à leur notifier la copie fidèle du contenu de l'acte de vente; et qu'ainsi, lorsque la notification du jugement d'adjudication contient l'énumération de toutes les charges, elle est valable, encore bien qu'elle ne distingue pas celles qui font partie du prix de celles qui n'en font pas partie. *Sic*, Cass., 2 nov. 1813 (*J. Av.*, t. 21, p. 399).

17. Il a été également jugé que l'acquéreur n'est pas tenu d'évaluer le capital d'une rente viagère qui fait partie du prix : Grenoble, 17 mars 1852 (*J. Av.*, t. 77, p. 663).

18. Mais un arrêt de la Cour de Toulouse, du 7 fév. 1846 (*J. Av.*, t. 71, p. 498), a décidé, conformément aussi à la doctrine de M. Chauveau, qu'il y a nullité de la notification faite par l'acquéreur aux créanciers inscrits, si elle ne contient que l'énonciation d'un prix hypothétique par suite de réserves d'une action *quanti minoris* à intenter. Aussi, notre auteur se refuse-t-il à admettre, avec une décision de la Cour de Grenoble, du 14 juin 1849 (t. 76, p. 638), qu'après la notification aux créanciers inscrits d'un contrat de vente, avec indication de la contenance de l'immeuble vendu, l'acquéreur puisse encore former une demande en réduction de prix pour défaut de contenance; en pareille circonstance, selon lui, l'acquéreur doit faire admettre son action avant de notifier, afin de ne porter dans la notification que le prix réduit. Tandis qu'il approuve une décision de la Cour d'Orléans, du 8 janv. 1847 (t. 72, p. 624), suivant laquelle lorsque le prix de la vente a été fixé dans le contrat, d'après la contenance garantie par le vendeur, et qu'il a été stipulé que ce prix serait réductible proportionnellement à la diminution de contenance constatée par un arpentage ultérieur, la notification est valablement faite par l'acquéreur au moment où, après avoir fait procéder à l'arpentage, il poursuit la réduction du prix conformément aux résultats de cette opération. Entre cette solution et les précédentes, il y a, dit-il, des différences qui expliquent son adhésion à la dernière. Dans la première, en effet, l'éventualité du résultat d'une action *quanti minoris* rendait le prix indiqué très hypothétique; en sorte qu'à vrai dire il n'existait pas de base pour asseoir une surenchère. Dans la seconde, le prix du contrat et des notifications était le même, et l'action *quanti minoris* était postérieure à l'expiration du délai de quarante jours, après lequel le prix figurant dans le contrat et la notification demeure définitivement fixé (art. 2186, Cod. civ.). Dans l'espèce de la Cour d'Orléans, au contraire, une clause formelle de l'acte de vente proportionnait l'importance du prix à la contenance qui devait être constatée par un arpentage, et, dans la notification, l'acquéreur faisait connaître le prix primitif, la clause de garantie, celle de réduction du prix, et enfin *le résultat de l'arpentage;* en d'autres termes, la notification reproduisait exactement le contrat d'acquisition.

19. La Cour de Grenoble a toutefois persisté dans sa doctrine en décidant, par un second arrêt, en date du 25 mai 1863 (*J. Av.*, t. 89, p. 410), que l'acquéreur, évincé d'une partie de l'immeuble peut, à raison de l'éviction, demander dans l'ordre une réduction du prix à distribuer, encore bien qu'il ait précédemment notifié son contrat aux créanciers inscrits, avec offre de payer le prix porté dans ce contrat.

20. (Q. 2458). *La notification doit-elle être faite à tous les créanciers inscrits dans le seul et même délai d'un mois, à partir de la première sommation, quel que soit celui d'entre les créanciers qui ait fait faire cette sommation?*

L'affirmative a été jugée, avec raison, selon M. Chauveau, par un arrêt de la Cour de cassation, du 29 nov. 1820 (*J. Av.*, t. 21, p. 477), qui la considère comme une conséquence nécessaire de ce principe posé par l'art. 2185, Cod. civ., que les créanciers n'ont tous que le même délai relatif pour surenchérir, quel que soit l'éloignement de l'un d'eux (Voy. *Surenchère, Q.* 2459). M. Favard de Langlade émet la même opinion, t. 5, p. 474.

Adde conf., Cass. 30 juill. 1822; MM. Troplong, *Priv. et hypoth.*, t. 3, n. 793 et t. 4, n. 916; Pont, *Id.*, t. 2, n. 1299; notre *Formul. annot.*, t. 2, p. 781, note 1, n. 1.

21. (Q. 2458 bis). *La notification tendant à la purge doit-elle être faite aux créanciers gagistes mentionnés dans l'inscription prise par le créancier qui leur a donné sa créance en gage ?*

Ces créanciers sont inscrits, répond M. Chauveau; or, tout créancier inscrit doit être averti; sinon la purge n'est pas opérée à son égard. On oppose l'aggravation de frais qui en résultera dans certaines circonstances (notre auteur avait été consulté dans une espèce où l'immeuble avait été acquis moyennant 4,000 fr., et où le nombre des créanciers gagistes s'élevait à plus de trente); c'est là, dit-il, un inconvénient inhérent à toute créance hypothécaire; car qui empêche le créancier de céder le lendemain de l'inscription le bénéfice de sa créance à dix, vingt, trente cessionnaires, qui feront notifier leurs cessions au débiteur et éliront chacun un domicile différent? Les créances hypothécaires ne se divisent-elles pas aussi entre les héritiers du créancier, qui peuvent renouveler l'inscription, chacun pour sa part, en faisant des élections de domicile différentes? Ne faudra-t-il pas dans ces cas autant de notifications que de cessionnaires ou de cohéritiers?

22. Le créancier gagiste a un droit réel sur la créance dont l'hypothèque garantit le paiement. Si l'on décide qu'aucune notification ne doit lui être adressée, il est exposé à perdre son gage sans qu'il lui soit possible de prévenir cette perte. En prenant une inscription, il a suffisamment prévenu les tiers détenteurs de l'éventualité de ses droits; ces tiers doivent l'avertir que la créance qui lui a été donnée en gage va entrer dans une phase nouvelle.

23. (Q. 2457 bis). *Les avoués ont-ils, à l'exclusion des huissiers, le droit de composer l'extrait du titre et le tableau à notifier aux créanciers inscrits?*

Quoique cette question, qui a excité une assez vive controverse, appartienne plutôt au tarif qu'au Code de procédure, M. Chauveau a cru devoir indiquer ici la solution qu'elle a définitivement reçue.

Dans son *Commentaire du tarif*, t. 2, p. 315, n. 12 et s., il a reconnu le droit des avoués, mais il ne s'était pas occupé de la concurrence possible de la part des huissiers. Le droit exclusif des avoués, repoussé par un jugement du tribunal de Meaux du 28 mars 1831, par un arrêt de la Cour de Paris du 9 fév. 1833 (*Journ. des Huiss.*, t. 14, p. 38), et par un jugement du tribunal de Tours du 4 juill. 1844 (*J. Av.*, t. 67, p. 672), avait été, au contraire, admis par un jugement du tribunal de Coulommiers, du 17 juill. 1832; par un arrêt de la Cour de Paris, du 5 août 1834, confirmatif de ce jugement; par un arrêt de la Cour de cassation, du 22 mai 1838 (*J. Av.*, t. 54, p. 404), qui maintenait la décision de la Cour de Paris; ainsi que par trois autres arrêts, l'un de la Cour de Nancy, du 3 juill. 1834; le second, de la Cour d'Amiens, du 24 nov. 1836; le troisième de la Cour d'Orléans, du 21 nov. 1844 (t. 68, p. 15), infirmatif du jugement du tribunal de Tours; et enfin par un jugement du tribunal de Versailles, du 9 fév. 1844 (t. 68, p. 144); — lorsque, sur le pourvoi formé contre l'arrêt précité de la Cour d'Orléans, la Cour suprême a rendu, le 20 août 1845 (t. 70, p. 35), une décision destinée à mettre fin aux dissidences.

24. Cette décision s'appuie sur les considérations suivantes : L'accomplissement des formalités tendant à la purge des hypothèques légales constitue une procédure spéciale qui, sans être contentieuse à son début, contient cependant tous les éléments d'une contestation possible. Dès le premier pas de cette procédure, le ministère de l'avoué est exigé, puisqu'une requête, qui ne peut être que l'œuvre d'un avoué, doit, aux termes de l'art. 832, Cod. proc., être présentée au président du tribunal, à l'effet qu'un huissier soit commis pour faire les notifications prescrites par l'art. 2183, Cod. civ. L'extrait du contrat et le tableau qui doivent être notifiés, formant l'élément principal de la procédure dont il s'agit, ne peuvent être dressés ou composés que par l'avoué déjà chargé de représenter l'acquéreur. On ne saurait, en effet, confondre ce travail, qui présente quelquefois de sérieuses difficultés, avec les simples copies de pièces qu'il appartient aux huissiers de certifier concurremment avec les avoués dans les notifications qu'ils ont à faire dans le cours d'une instance. Du reste, le droit exclusif des avoués en cette matière est reconnu pour un texte formel de loi, par l'art. 143 du tarif, qui alloue un émolument pour la composition des extraits de l'acte de vente ou de donation qui doit être dénoncé aux créanciers par l'acquéreur ou donataire. Cet article ne peut évidemment s'appliquer qu'aux avoués, puisqu'il est placé sous le titre des *avoués de première instance* et dans le chapitre consacré aux actes des *matières ordinaires*. On ne peut pas dire que le même chapitre contient des dispositions étrangères aux actes des avoués, particulièrement dans les art. 80, 82 et 140, puisque les émoluments accordés par ces articles, bien qu'ils ne soient pas dus personnellement à l'avoué, n'en doivent pas moins lui être passés en taxe, par suite de l'avance qu'il est appelé à en faire, et devaient par ce motif être compris dans le chapitre précité. De la distinction faite par l'art. 143 du tarif entre la composition de l'extrait de contrat et les copies de cet extrait, il résulte que ces dernières seules sont taxées comme copies de *pièces*, tandis que la composition de l'extrait est un travail spécial du ministère des avoués qui seuls, dès lors, doivent en percevoir l'émolument.

Adde conf., notre *Formul. annot.*, t. 2, p. 784, note 7, n. 1.

25. Mais le droit exclusif des avoués s'étend-il à la confection et à la certification des copies de l'extrait du titre et du tableau à notifier aux créanciers inscrits? Dans une espèce où ce droit était revendiqué par un avoué, et où nous étions consulté par l'huissier qui le lui contestait, nous avons exprimé notre avis en ces termes :

On n'avait jamais prétendu jusqu'ici que le droit exclusif reconnu aux avoués par la jurisprudence et par les auteurs de composer l'extrait et le tableau que doivent contenir les notifications aux créanciers inscrits, s'étendît à la confection et à la certification des copies de l'extrait et du tableau dont il s'agit. Si les huissiers ne jouissent pas eux-mêmes à cet égard d'un monopole, au moins est-il certain qu'il y a concurrence entre eux et les avoués pour des formalités qui n'exigent pas nécessairement, comme les premières, le ministère de ceux-ci, mais qui rentrent dans les attributions des huissiers non moins que dans les leurs. Ce droit de concurrence a été du reste proclamé par un arrêt de la Cour de Nancy du 3 juill. 1834 et un arrêt de la Cour d'Amiens du 24 nov. 1836, et l'*Encyclop. des huiss.*, v° *Purge des hypoth.*, n. 105, le déclare avec raison incontestable. V. aussi le même ouvrage, v° *Copies de pièces*, n. 25.

De ce droit découle pour l'huissier qui, chargé lui-même de remplir les formalités de la purge, n'a remis les pièces à l'avoué que pour l'accomplissement des actes de procédure à l'égard desquels le ministère de ce dernier est obligatoire, de se refuser à faire des notifications pour lesquelles les copies auraient été préparées par l'avoué. La doctrine suivant laquelle les huissiers sont tenus de signifier les exploits qui leur sont remis tout préparés, même quand il s'agit d'actes pour lesquels il y a concurrence entre eux et les avoués (doctrine qui n'est pas d'ailleurs universellement admise; Voy. *Exploit*, n. 74), ne peut recevoir son application que dans le cas où c'est l'avoué qui a été chargé de diriger la procédure.

26. (Q. 2461). *Quel est le tribunal dont le président doit commettre l'huissier ?*

L'art. 832, comme l'observe Carré, au texte, dit bien que ce tribunal est celui dans l'arrondissement duquel la notification sera faite, mais il laisse ignorer quel doit être cet arrondissement. L'auteur fait remarquer que ce ne peut être que l'arrondissement dans lequel est situé le bureau des hypothèques, puisque, d'après l'art. 2183, Cod. civ., la notification doit avoir lieu au domicile élu par l'inscription, et que, suivant l'art. 2148, même Code, cette élection doit être faite dans l'arrondissement du bureau où l'inscription est prise, c'est-à-dire, aux termes de l'art. 2146, dans l'arrondissement où les immeubles sont situés.

27. M. Chauveau se borne à dire sur ce point que les règles tracées par Carré continuent de subsister sous l'empire de la loi de 1841. — *Adde* conf., notre *Formul.*, p. 782, note 3, n. 2.

27 *bis*. Notre auteur ajoute toutefois que l'art. 838, qui prononce la peine de nullité pour inobservation de l'art. 832, ne permet pas d'admettre aujourd'hui, comme le faisait Carré, que la notification ne serait pas nulle, si l'huissier avait été commis par un président incompétent. — V. aussi en ce sens, Bioche, v° *Surenchère*, n. 111, et notre *Formul.*, *ibid.*

28. (Q. 2462). *Est-il nécessaire, à peine de nullité, que le juge qui signe, à la place du président empêché, l'ordonnance portant commission d'un huissier pour faire la notification prescrite par l'art.* 2183, *Cod. civ., mentionne l'empêchement du président ?*

M. Chauveau, qui examine cette question au sujet de la notification de la surenchère, croit devoir, en présence de l'incertitude de la jurisprudence, conseiller de ne pas manquer de faire insérer la mention de l'empêchement dans l'ordonnance.

29. (Q. 2462 ter). *La notification faite par l'huissier commis, dans l'ignorance du décès de l'acquéreur survenu antérieurement, est-elle valable ?*

Le tribunal de la Seine, le 20 janv. 1859, et la Cour de Paris, le 18 mars suivant (*J. Av.*, t. 84, p. 345), ont avec raison, dit M. Chauveau, considéré l'huissier commis comme le mandataire substitué de l'avoué mandataire de l'acquéreur, et lui ont, en conséquence, appliqué les dispositions de l'art. 2008, Cod. civ., qui consacre la validité des actes faits par le mandataire dans l'ignorance du décès du mandant.

30. (Art. 832). *Les acquéreurs par un même acte sont-ils tenus de faire par un même exploit les notifications que prescrit l'art.* 2183, *Cod. civ., et le président du tribunal auquel est présentée la requête à fin de commission d'un huissier pour ces notifications, a-t-il le droit de se refuser à commettre, dans ce cas, autant d'huissiers qu'il y a d'acquéreurs différents d'immeubles ?*

Cette question, sur laquelle nous avons été appelé à donner notre avis, nous a paru devoir être résolue négativement.

Dans le cas où, par le même contrat, plusieurs personnes acquièrent du même vendeur des immeubles distincts, sans solidarité, avons-nous dit, elles ne peuvent être considérées comme coïntéressées, et l'on ne saurait dès lors leur faire une obligation de notifier collectivement leur acte d'acquisition aux créanciers inscrits. Elles ont sans doute la faculté de procéder ainsi ; et même, dans ce cas, la division des intérêts ne subsistant pas moins, la Cour de cassation a décidé que le droit d'enregistrement de 3 francs en principal est dû autant de fois qu'il y a d'acquéreurs (V. *infrà*, n. 34). Mais ces acquéreurs sont libres aussi de faire chacun une notification séparée, sans se préoccuper ni de la modicité de leur prix d'acquisition, ni de l'éventualité de l'ouverture d'un ordre unique pour la distribution de la totalité des prix. Assurément, ce mode de notification peut avoir des conséquences regrettables au point de vue des frais qu'il augmente au détriment des créanciers ; mais cette considération ne saurait prévaloir contre le droit.

31. Il suit de là que le président du tribunal auquel est présentée la requête à fin de commission d'huissier, conformément à l'art. 832, Cod. proc., ne serait nullement fondé à refuser de commettre pour les notifications et réquisitions prescites par l'art. 2183, Cod. civ., autant d'huissiers qu'il y a d'acquéreurs d'immeubles différents, sous prétexte que ceux-ci, ayant tous acquis par le même acte, sont tenus de faire une notification collective. Où d'ailleurs le président puiserait-il le droit d'opposer un refus à la demande des acquéreurs ? Il ne s'agit pas ici d'une mesure dont il lui appartienne d'apprécier l'opportunité. La commission d'huissier que prescrit l'art. 832, Cod. proc., est une formalité dont il n'a pas le pouvoir de décliner ni même d'ajourner l'accomplissement ; car elle doit être remplie dans un délai d'une assez courte durée et dont l'expiration peut être prochaine au moment où la requête lui est présentée.

Dans le cas même où l'identité d'intérêts commanderait aux acquéreurs de ne point agir séparément, le président ne pourrait se constituer juge de la nécessité d'une notification collective, et exiger qu'ils se concertent pour demander la commission d'un seul huissier. Quelle serait la sanction d'une décision de cette nature? Par quel genre de contrainte l'exécution en serait-elle obtenue? C'est au juge appelé à taxer les frais de la procédure qu'est réservé le droit d'assurer ultérieurement l'observation de la loi en rejetant de la taxe comme frustratoire le surcroît de frais qui aura été fait inutilement.

Il n'existe, à notre connaissance, aucune autorité sur la question, mais la saine entente des principes ne nous semble pas permettre d'adopter une autre solution que celle que nous venons d'indiquer.—Compar. MM. Boucher d'Argis, *Nouv. Dict. raisonn. de la taxe en mat. civ.*, v° *Frais frustratoires*, p. 293, 1°, et p. 456, n. 4, et Chauveau et Godoffre, *Comment. du tarif en mat. civ.*, t. 2, p. 520, 3°.

32. (Q. 2458 ter). *Quand l'inscription a été prise par plusieurs créanciers, faut-il que la notification soit faite en autant de copies qu'il y a d'intéressés?*

M. Chauveau enseigne qu'une seule copie suffit pour tous les créanciers qui ont pris, en vertu du même titre, une inscription collective et élu un domicile commun; mais qu'en l'absence de ces conditions, il faut autant de copies qu'il y a d'intéresssés. Telle est l'opinion qu'il avait déjà exprimée *J. Av.*, t. 42, p. 339.

33. Mais il a été jugé plus exactement, selon nous, que, même dans le cas d'une élection prise collectivement par plusieurs créanciers, avec élection d'un domicile commun, il faut une copie pour chaque créancier: Bourges, 9 janv. 1857. Conf., M. Pont, n. 1301.

34. (Q. 2458 quater). *De quels droits d'enregistrement sont passibles les notifications tendant à la purge?*

Dans son *Comment. du tarif*, t. 2, p. 314, n. 11, M. Chauveau avait reconnu que si les notifications étaient faites collectivement par plusieurs acquéreurs de lots distincts, non associés ni solidaires, chacun d'eux ayant un intérêt parfaitement séparé et ne pouvant être considéré comme coïntéressé, il y avait lieu de percevoir autant de fois le droit de 2 fr. 20 cent. (aujourd'hui 3 fr.) qu'il y avait d'acquéreurs; mais il avait pensé qu'il en était autrement des créanciers inscrits; que ceux-ci pouvaient rentrer dans la définition que la loi fiscale devait donner au mot *coïntéressé*, et qu'ainsi leur nombre était indifférent quant à la perception du droit.—Les tribunaux consacraient cette interprétation de la loi (V. Trib. de Saint-Dié, 6 janv. 1831; de Bressuire, 14 nov. 1848; de Château-Thierry, 17 nov. 1849; de Saint-Omer, 13 avril 1850, *J. Av.*, t. 75, p. 215, et t. 76, p. 639), lorsque la Cour de cassation a rendu, le 17 juin 1851 (*J. Av.*, t. 76, p. 470), un arrêt par lequel elle a formellement déclaré que la qualification de coïntéressés ne pouvait être appliquée à des créanciers inscrits, non associés ni solidaires, et qu'il était dû autant de droits qu'il y avait de créanciers auxquels les notifications étaient faites. De cette jurisprudence il résulte, selon l'observation de M. Chauveau, que le nombre des acquéreurs distincts qui purgent collectivement doit être multiplié par le nombre des créanciers pour fixer la quotité du droit à percevoir; de sorte, par exemple, que, s'il y a cinq acquéreurs et dix créanciers, il sera perçu cinquante droits de 3 fr. ou 150 fr. V. aussi en ce sens notre *Formul.*, p. 785, note 11.

35. (Q. 2460 ter A). *A la charge de qui sont les frais de notification et de purge des hypothèques inscrites?*

Il n'est pas douteux, dit M. Chauveau, que les frais de la transcription du contrat sont à la charge du vendeur, pourvu, bien entendu, qu'il y ait lieu à cette purge, c'est-à-dire que le prix ne soit pas suffisant pour payer les créanciers inscrits. — Pour le développement de son opinion, il renvoie à la quest. 2616. V. *Ordre*, n. 424 et s.

36. (Q. 2458 septiès). *Lorsque l'adjudication des immeubles d'un failli vendus à la requête des syndics n'a pas été suivie d'une surenchère dans la quinzaine (Cod. comm., 573), les frais des notifications relatives à la purge des hypothèques sont-ils frustratoires?*

M. Chauveau expose de la manière suivante l'état de la doctrine et de la jurisprudence sur cette question :

M. Morin s'est prononcé en faveur des notifications dans une une dissertation savante, insérée *J. Av.*, t. 69, p. 449. La même opinion est exprimée par M. Petit, *Traité de la surenchère*, p. 269. Elle a été consacrée par les tribunaux de Sedan, le 27 août 1841 (*J. Av.*, t. 77, p. 74); de Caen, le 29 janv. 1845 (t. 69, p. 524) ; de Nogent-sur-Seine, le 2 août 1845 (t. 75, p. 92); de Roanne, le 7 oct. 1845 (t. 69, p. 598) ; du Mans, le 31 juill. 1849 (t. 76, p. 639), ainsi que par la Cour de Douai, le 4 août 1859 (t. 85, p. 74). Cette doctrine repose sur ces considérations très graves, que l'adjudication, dans l'espèce, ne purge pas les hypothèques; qu'alors même que la surenchère ne serait pas recevable, les notifications devraient être faites pour éteindre le droit de suite; qu'enfin, la prohibition de la loi se conçoit quand il y a une surenchère, mais qu'elle cesse d'être justifiable quand aucune surenchère n'est intervenue.

37. On a répondu : Les notifications n'ont de raison d'être qu'en vue de la surenchère; sinon les frais qu'elles entraînent absorbent inutilement une partie du prix, au préjudice des créanciers. — Aux termes de l'art. 565 du Cod. de comm. de 1807, pendant la huitaine après l'adjudication des biens du failli, sur la poursuite des syndics, tout créancier avait le droit de surenchérir, pourvu que la surenchère ne fût pas au-dessous du dixième du prix principal de l'adjudication. Cet article, combiné avec l'art. 564, qui, pour les formes de la première adjudication, se réfère aux dispositions du Code civil sur la vente des biens des mineurs et, par suite, aux dispositions des art. 905, 707 et suiv. de l'ancien Code de procédure civile, avait donné lieu à plusieurs systèmes : l'un, consistant à assimiler la surenchère de l'art. 565, quant à sa forme et à ses effets, à celle de l'art. 710, exclusive de toute surenchère ultérieure; un autre, qui, confondant la nouvelle adjudication par suite de surenchère avec toutes les aliénations n'ayant pas le caractère de vente forcée, la soumettait aux formalités de transcription et de purge, avec la faculté pour les créanciers inscrits d'user du droit de surenchère auquel l'accomplissement de ces formalités donnait ouverture ; un troisième, consacré spécialement par la Cour de cassation, qui admettait en concurrence et successivement la surenchère de l'art. 565 et celle de l'art. 2185, Cod. civ., et, à plus forte raison, l'exercice de la seconde à défaut de la première ; et enfin un quatrième, qui, indépendamment du droit spécial, créé par l'art. 565 en faveur des créanciers de la faillite, revendiquait au profit de toute personne le droit de surenchère du quart, de l'art. 710. La loi du 28 mai 1838 a eu évidemment pour objet de trancher toutes ces difficultés et de substituer à des procédures multipliées et coûteuses un seul mode de surenchère réunissant tous les avantages de chacun des autres séparément, savoir, la simplicité et la rapidité des formes, la modicité du taux de la surenchère et le concours des étrangers, avec l'extension du délai fixé par les art. 565 et 710.

38. Le tribunal civil de Montargis a adopté ce système, le 27 nov. 1849 (*J. Av.*, t. 75, p. 92), et, sur l'appel, la Cour d'Orléans, par arrêt du 20 mars 1850, a confirmé cette décision purement et simplement, en s'appropriant les motifs des premiers juges. Cet arrêt a été déféré à la Cour de cassation, et le 19 mars 1851 (t. 76, p. 472), la chambre des requêtes a prononcé le rejet du pourvoi, en considérant que la loi du 28 mai 1838, dans le but de réduire et de simplifier les formalités relatives à la vente des biens immeubles appartenant à des faillis, a, dans sa nouvelle rédaction, devenue l'art. 573, Cod. comm., organisé sous une forme unique tout ce qui concerne les effets de ces ventes et leurs suites; que, prévoyant en particulier le cas de surenchère, elle a admis à y concourir, non seulement tous les créanciers du failli, mais même tout étranger; qu'elle a prolongé le délai durant lequel la surenchère pouvait avoir lieu, et établi, par une disposition formelle, qu'aucune surenchère ne pourrait être faite en dehors de ces prescriptions; que cette disposition, spéciale aux ventes d'immeubles en cas de faillite, trouve son explication dans la communauté d'intérêts existant entre les créanciers, dans les règles particulières aux faillites, dans la garantie offerte par la présence du syndic, représentant au nom de la loi tous les intéressés, et dans l'utilité de fixer un terme aux opérations de la faillite; que les dispositions réglementaires de toute faillite ne permettent pas d'admettre qu'un créancier hypothécaire, par la seule raison que la vente ne lui a pas été personnellement notifiée, l'a ignorée, qu'il n'a pu surenchérir, et que la vente a pu s'opérer en l'absence de toute contradiction de sa part et lui causer un préjudice. Répondant à l'objection tirée de l'effet des notifications quant à l'extinction du droit de suite, la Cour a dit qu'en pareil cas le jugement d'adjudication règle définitivement la position de l'adjudicataire, qui ne peut se soustraire aux obligations qui en dérivent, c'est-à-dire à l'obligation de payer son prix; qu'ainsi il y a lieu seulement de provoquer l'ouverture d'un ordre et non de faire une purge, désormais sans objet.

39. Comme on le voit, la Chambre des requêtes prohibe tout à la fois la surenchère et les notifications. — *Adde* conf., Cass., 3 août 1864 (S.-V.64.1.381), 8 avr. et 13 août 1867 (S.-V.67.1.390; 68.1.31); Caen, 1er juill. 1864 (S.-V.64.2.284); Rodière, t. 3, p. 453; Dalloz, v° *Surench.*, n. 420; Alauzet, *Comment. Cod. comm.*, n. 2818; notre *Dict. du contentieux commerc.*, v° *Faillite*, n. 1433 et 1434.

39 *bis*. La question s'est présentée, sous un aspect particulier, devant la Chambre civile qui, le 9 nov. 1858 (*J. Av.*, t. 84, p. 634), l'a résolue ainsi :

« Aux termes de l'art. 572, Cod. comm., la vente des immeubles des faillis est assimilée dans ses formes à la vente des immeubles des mineurs; en supposant l'impossibilité légale, pour tout créancier inscrit sur ces immeubles, de requérir la mise aux enchères aux conditions réglées par l'art. 2185, Cod. civ., non seulement dans le cas où la surenchère spécialement autorisée par les art. 573, Cod. comm., et 965, Cod. proc. civ., aurait eu lieu, mais même dans l'hypothèse où aucune surenchère ne se serait produite selon le mode et dans le délai déterminé par chacune de ces deux dispositions, il n'en saurait résulter que l'adjudicataire des immeubles d'un failli soit dispensé de se conformer aux prescriptions des art. 2181 et suiv., Cod. civ., sur la nécessité, soit de la transcription, soit de la notification de son titre d'adjudication, s'il veut, vis-à-vis des créanciers hypothécaires qui n'ont pas concouru aux opérations de la faillite, affranchir l'immeuble par lui acquis, des privilèges ou hypothèques dont il est grevé. En effet, à la différence de la vente sur saisie immobilière qui, provoquée et accomplie dans l'intérêt spécial et avec le concours des créanciers hypothécaires afin de réaliser leur gage et de convertir en un droit sur le prix leur droit sur l'immeuble saisi, opère aussi la purge des privilèges et hypothèques, la vente des immeubles d'un failli et les formes qui lui sont propres, ne s'accomplissant nullement ni dans l'intérêt spécial, ni avec le concours des créanciers hypothécaires, ne peuvent par elles-mêmes, en l'absence et à l'insu de ces créanciers, avoir pour effet de porter atteinte à leur droit réel et de le transformer en un simple droit sur le prix. Il en est ainsi particulièrement, en matière de faillite, à l'égard des créanciers qui, comme dans l'espèce, inscrits sur les immeubles du failli du chef du précédent propriétaire, mais n'étant pas ses créanciers personnels, seraient restés étrangers aux opérations et n'auraient pas figuré au contrat d'union ; vis-à-vis d'eux, en pareil cas, l'adjudicataire reste dans les conditions d'un tiers détenteur soumis à l'action hypothécaire, s'il ne s'affranchit des périls de cette situation par l'accomplissement des formalités de la purge. Ces formalités, telles qu'elles sont réglées par les art. 2181 et suiv., Cod. civ., n'ont pas seulement pour but de mettre les créanciers hypothécaires en demeure de provoquer par une surenchère l'élévation du prix ; elles ont aussi pour objet de les avertir de la transmission de propriété de l'immeuble grevé, et de la soumission de l'acquéreur de mettre immédiatement son prix à leur disposition, avec renonciation de sa part, soit aux termes stipulés vis-à-vis du vendeur pour l'acquittement de son prix, soit à toute distinction entre les dettes exigibles ou non exigibles, résultat indépendant du droit de surenchère. »

On remarque que cet arrêt ne résout pas la question de surenchère, mais qu'il se prononce très catégoriquement pour la validité des notifications, au moins dans le cas où les créanciers hypothécaires sont restés étrangers aux opérations de la faillite et au contrat d'union. — V. toutefois M. Alauzet, *loc. cit.*

40. Par un arrêt du 28 janv. 1856 (*J. Av.*, t. 81, p. 252), la Cour de Nîmes a décidé que lorsque l'adjudication des immeubles d'un failli, vendus à la requête des syndics de la faillite, n'a pas été suivie d'une surenchère dans la quinzaine, l'adjudicataire qui a payé son prix aux créanciers alloués dans l'ordre, ne peut être ultérieurement sommé, à la requête d'autres créanciers non produisants, d'avoir à payer ou délaisser. Mais, même en reconnaissant que les termes prohibitifs de l'art. 573, Cod. comm., dussent soustraire l'acquéreur à la nécessité de répondre à une sommation de payer ou de délaisser, par la notification de son titre, l'espèce de cet arrêt, observe M. Chauveau, ne présentait-elle pas une particularité de nature à modifier la solution qu'a admise la Cour de Nîmes ? Il ne s'agissait pas, en effet de savoir si l'adjudicataire était dispensé, par l'art. 573 précité, de faire aux créanciers inscrits les notifications prescrites par les art. 2183 et 2184, Cod. civ., mais bien si l'adjudication tranchée sur la poursuite des syndics d'une faillite purgeait de plein droit les hypothèques légales dispensées d'inscription, et si l'adjudicataire n'était pas, au contraire, tenu de remplir les formalités prescrites pour la purge des hypothèques. La dernière jurisprudence de la Cour de cassation explique comment, en pareil cas, les sommations sont utiles.

41. (Q. 2458 sexies). *Quelle procédure doit suivre l'acquéreur d'un immeuble appartenant à un failli concordataire pour purger et provoquer une surenchère ?*

Cette question, que M. Chauveau regarde comme très-difficile à résoudre, a été examinée dans le *Journ. des Av.*, t. 75, p. 426, par M. Dufour, de l'opinion duquel il résulte que l'acquéreur agira avec prudence en adressant la notification : 1° aux anciens syndics qui ont pris l'inscription au nom de la masse en vertu des art. 490 et 517, Cod. comm. ; 2° au délégué spécial que les créanciers choisissent ordinairement dans le concordat pour surveiller les opérations du failli concordataire. — Il semble, ajoute M. Chauveau, que, l'art. 517 précité confiant aux syndics le droit de faire inscrire le jugement d'homologation du concordat, c'est au domicile élu dans cette inscription que la notification doit être faite ; mais les auteurs ne sont pas d'accord sur le mode d'inscription, ni sur les effets qu'elle produit. Dans l'usage, la masse consent, dans le concordat, à la radiation de l'inscription prise en son nom par les syndics, et subordonne la validité des aliénations que fera le concordataire au consentement d'un délégué qu'elle investit de ses pouvoirs. Cette marche est la plus sage, selon notre auteur.

42. (Q. 2460 quater). *Quels sont les effets des notifications par rapport au renouvellement des inscriptions?*

La Cour de Caen a déclaré, le 1er août 1850 (*J. Av.*, t. 76, p. 348), que les notifications faites aux créanciers inscrits par l'acquéreur dispensent de tout renouvellement postérieur; que les inscriptions alors existantes ont produit leur effet, et que la survenance d'une surenchère ne change rien au rang des créanciers; qu'elle ajoute seulement un supplément au prix primitif. — La jurisprudence se prononce généralement dans le même sens. Voy. le Code Gilbert, sur l'art. 2154, Cod. civ., n. 17 et suiv., et Cass., 19 juill. 1858 (*J. Av.*, t. 84, p. 459).

M. Chauveau estime toutefois qu'il est toujours prudent de ne pas laisser périmer l'inscription.

43. (Art. 832). *Quelles sont les autres solutions pratiques qui résultent, en cette matière, du dernier état de la jurisprudence?*

Nous croyons devoir grouper ici un certain nombre de solutions qui ne se rattachent pas directement aux questions examinées soit par Carré, soit par M. Chauveau, mais que leur intérêt pratique nous engage à signaler.

La Cour de cassation a jugé, le 28 nov. 1865 (*J. Av.*, t. 91, p. 282), que, dans le cas où, tout en prononçant contre l'acquéreur, sur la demande du vendeur d'un immeuble, la résolution de la vente pour défaut de paiement du prix, les juges ont maintenu une hypothèque privilégiée consentie par l'acquéreur et inscrite sur l'immeuble, le vendeur remis en possession ne peut être tenu de la créance inscrite que comme tiers détenteur, et, qu'il a, par suite, le droit de faire au créancier inscrit, pour arriver à la purge de l'hypothèque, la notification prévue par l'art. 2183, Cod. civ.; alors surtout que ce créancier a fait lui-même au vendeur réintégré dans l'immeuble sommation de payer ou de délaisser, conformément à l'art. 2169, même Code.

44. Suivant un jugement du tribunal civil de Mirecourt du 4 juill. 1873 (t. 100, p. 465), après l'adjudication sur surenchère du sixième à la suite d'une conversion de saisie immobilière en vente ordinaire, il y a lieu de faire les notifications à fin de purge des hypothèques.

45. Bien que la requête à fin de commission d'un huissier pour faire aux créanciers inscrits les notifications prescrites par l'art. 2183, Cod. civ., soit présentée par plusieurs acquéreurs, l'ordonnance rendue sur cette requête ne disposant qu'à l'égard d'un fait unique, n'est passible que d'un seul droit fixe d'enregistrement de 3 fr. : solution de l'adm. de l'enregistr. 28 janv. 1869 (t. 94, p. 189).

46. Le résumé des inscriptions hypothécaires que l'acquéreur qui veut purger les hypothèques inscrites notifie aux créanciers en un tableau sur trois colonnes, doit, lorsqu'une de ces inscriptions a été prise pour garantir les arrérages et le capital d'une rente foncière, énoncer non seulement l'évaluation faite dans l'inscription, mais encore la rente elle-même : Trib. civ. de Saint-Pons, 8 juill. 1874 (t. 100, p. 354). — Il résulte d'ailleurs du même jugement que les lacunes que présente le tableau dont il s'agit peuvent être comblées au moyen des énonciations des autres actes notifiés, et notamment par celles du contrat d'acquisition.

47. Le vendeur qui, après résolution de la vente, fait la notification prescrite par l'art. 2183 à un créancier inscrit de l'acquéreur, dont l'hypothèque a été maintenue par le jugement de résolution (V. *suprà*, n. 43), n'est pas tenu d'offrir dans l'exploit de notification le prix même de la vente résolue; l'offre d'acquitter les dettes et charges hypothécaires jusqu'à concurrence du prix évalué par lui dans cet exploit est suffisante et valable : Cass. 28 nov. 1865 (*J. Av.*, t. 91, p. 282).

48. La notification que l'acquéreur fait aux créanciers inscrits ne doit pas contenir de réserves; et spécialement elle est nulle, si elle est faite sous la réserve par l'acquéreur de demander une diminution du prix au cas où il serait jugé qu'un immeuble compris dans la vente a été affermé à d'autres conditions que celles déclarées par le vendeur : Chambéry, 28 nov. 1870 (t. 98, p. 374). — V. également Liège, 8 mai 1811; Toulouse, 17 juill. 1844 (S.-V.45.2.182); Aubry et Rau d'après Zachariæ, t. 2, p. 943; Massé et Vergé sur Zachariæ, t. 5, p. 261. — Du reste, la notification faite sous réserve n'empêche pas que l'acquéreur ne puisse ultérieurement, et, par exemple, dans l'ordre, demander la réduction de son prix dans le cas où il viendrait à subir quelque éviction. V. notamment Grenoble, 25 mai 1863 (*J. Av.*, t. 89, p. 410). — V. aussi *Ordre*, n. 216.

49. Le défaut de déclaration, dans la notification de son contrat, par l'acquéreur d'immeubles frappés d'inscriptions particulières, du prix de chaque immeuble par ventilation du prix total, emporte nullité à l'égard des créanciers ayant une hypothèque générale, aussi bien qu'à l'égard de ceux qui n'ont que des hypothèques spéciales : arrêt précité de la Cour de Chambéry du 28 nov. 1870.

50. L'acquéreur qui a notifié son contrat aux créanciers inscrits, sans mentionner des paiements qu'il aurait été dans la nécessité de faire (au Crédit foncier, par exemple) en diminution de son prix, n'est pas fondé ensuite à exiger que le montant de ces paiements soit déduit de la somme par lui offerte aux créanciers dans sa notification : Paris, 8 déc. 1874 (*J. Av.*, t. 100, p. 159).

51. Dans le cas où l'acte de vente porte qu'une partie du prix ne sera payable qu'à terme et sans intérêts, si l'acquéreur a néanmoins offert, dans les notifications par lui faites pour arriver à la purge, de payer sur-le-champ le prix d'acquisition, sans aucune distinction ni restriction, et si ses offres ont servi de base à une surenchère suivie d'adjudication à son profit, il ne peut plus réclamer le bénéfice du terme : Cass. 4 nov. 1863 (t. 89, p. 357).

52. L'acquéreur, qui a notifié son contrat aux créanciers inscrits, peut, même sur la demande d'un seul d'entre eux, être forcé de consigner son prix, alors d'ailleurs que sa position est de nature à inspirer, quant à sa solvabilité, de sérieuses inquiétudes, et encore bien qu'il ait entre les mains des oppositions : Caen, 29 avril 1864 (t. 90, p. 322). — V. aussi *Ordre*, n. 582.

53. D'autre part, il a été jugé que l'acquéreur auquel le cahier des charges de son adjudication volontaire interdit de notifier son contrat aux créanciers inscrits, sans y être contraint par ceux-ci, et qui ne peut conséquemment remplir les formalités de la purge, a le droit de se libérer de son prix envers le vendeur en suivant les voies ordinaires des offres et de la consignation, l'art. 777, Cod. proc., qui prescrit à l'acquéreur un mode particulier de consignation, étant inapplicable à ce cas : Rouen, 14 mars 1863 (t. 90, p. 323, à la note).

54. Les offres que l'acquéreur doit faire aux créanciers inscrits en leur notifiant son contrat, son valablement signifiées au domicile élu dans l'inscription, encore bien qu'il ait stipulé dans l'acte constitutif de l'hypothèque que le paiement aurait lieu en l'étude du notaire rédacteur, si cette stipulation n'a point été relatée dans l'inscription et est restée ignorée de l'acquéreur : Cass. 24 mars 1862 (t. 88, p. 399). — C'est là un point incontestable.

55. La notification à fin de purge des hypothèques inscrites est-elle valablement faite à des héritiers bénéficiaires au nom desquels une inscription hypothécaire a été prise, poursuites et diligences de l'administrateur de la succession, par une seule copie remise au domicile élu pour ces héritiers? Appelé à résoudre cette question, nous avons dit que nous ne saurions considérer comme régulière la notification faite dans les conditions qui viennent d'être indiquées. Il est constant, avons-nous observé, que l'assignation donnée à plusieurs héritiers au même domicile, qu'ils ont tous élu dans un intérêt commun, doit leur être signifiée, non point collectivement, mais par autant de copies séparées qu'ils sont de personnes. V. Bioche, *Dict. de proc.*, v° *Exploit*, n. 229; Dalloz, *eod. verb.*, n. 364; l'*Encycl. des huiss.*, *eod. verb.*, n. 550 et 551. Or, il n'y a pas de raison, selon nous, pour ne pas appliquer cette règle à la notification prescrite par l'art. 2183, Cod. civ., et la circonstance qu'il s'agit d'héritiers bénéficiaires ne nous paraît pas non plus de nature à la faire écarter.

56. La Cour de cassation a très bien jugé, le 7 juill. 1868 (t. 94, p. 101), que les frais faits par un avoué pour la notification de contrats d'acquisition à des créanciers dont les inscriptions, quoique périmées ou rayées, étaient portées sur l'état délivré par le conservateur, ne sauraient être considérés comme frustratoires et doivent, dès lors, être compris dans la taxe des frais de purge, lorsqu'il est reconnu que les notifications faites étaient indispensables, et que l'avoué chargé de la purge n'aurait pu en négliger aucune sans engager imprudemment sa responsabilité.

§ 2. — Purge des hypothèques légales.

57. (Art. 2193 à 2195, Cod. civ.). *Quelles sont les règles essentielles que la jurisprudence a consacrée relativement aux formalités de la purge des hypothèques légales ?*

Quoique le Code de procédure ne renferme aucune disposition sur cette matière, et qu'elle n'ait été traitée ni au texte par Carré, non plus que par M. Chauveau, ni par ce dernier auteur dans le précédent *Supplément*, il nous a semblé qu'elle était trop intimement liée à celles qui font l'objet du présent ouvrage pour que les solutions jurisprudentielles, au moins les plus pratiques, auxquelles elle a donné lieu, ne fussent pas également résumées ici.

58. La confection de la copie dûment collationnée de l'acte d'acquisition et son dépôt au greffe étant des formalités extrajudiciaires dont l'art. 2194 prescrit l'accomplissement à l'acquéreur lui-même qui veut purger les hypothèques légales, il s'ensuit, d'une part, que les avoués n'ont pas seuls qualité pour remplir ces formalités, mais que les huissiers peuvent en être aussi chargés; et, d'autre part, que les avoués et les huissiers n'agissent, en pareil cas, que comme mandataires ordinaires de l'acquéreur, et non en leur qualité d'officiers ministériels, de telle sorte que le greffier pourrait rigoureusement exiger d'eux la représentation d'un pouvoir spécial, dont ils sont toutefois dispensés dans la pratique. V. Amiens, 24 nov. 1836 (*J. Av.*, t. 58, p. 365); Cass, 31 mars 1840 (*ibid.*); Trib. de Versailles, 24 nov. 1843 (*J. des Huiss.*, t. 24, p. 351); Limoges, 9 avril 1845 (S.-V.45.2.577); Trib. de Saint-Yriex, 13 fév. 1856 (*J. Av.*, t. 81, p. 381); Trib, d'Orange, 30 mai 1856 (*ibid.*, t. 11, p. 450); Nîmes, 19 mai 1857 (t. 82, p. 504). — V. aussi, entre autres auteurs, MM. Chauveau et Godoffre, *Comment. du tarif civil*, t. 2, n. 4562.— *Adde* notre *Formul. annot.*, t. 2, p. 787, note 5.

59. Du principe qui vient d'être énoncé, que l'officier ministériel qui remplit les formalités prescrites par l'art. 2194, Cod. civ., n'agit que comme mandataire ordinaire de l'acquéreur, il semble juste de conclure qu'en faisant et en certifiant la copie collationnée de l'acte d'acquisition de celui-ci, l'huissier échappe à l'application des dispositions fiscales relatives soit au délai à observer pour l'enregistrement des actes des huissiers, soit à l'inscription de ces actes sur le répertoire. — V. en effet dans ce sens le *Journ. des Huiss.*, t. 38, p. 33, et l'*Encyclop. des Huiss.*, vº *Purge*, n. 198. Toutefois l'administration de l'enregistrement ne l'entend pas ainsi ; elle considère la copie collationnée comme étant au nombre des actes extrajudiciaires du ministère des huissiers dont parle le nº 30 du § 1er de la loi du 22 frim. an VII, et comme devant dès lors être soumise à la formalité de l'enregistrement dans les quatre jours de sa date (art. 20 de la même loi). — V. solut. du 6 août 1872 (*J. Huiss.*, t. 54, p. 287). — Il résulte nécessairement de cette interprétation que la copie collationnée faite par l'huissier doit être datée et inscrite au répertoire. —V. notre *Formul. annot.*, p. 788, n. 2, et p. 789, n. 3.

60. D'après une autre solution de l'administration de l'enregistrement du 5 mars 1866 (*J. Av.*, t. 93, p. 73), le certificat du greffier constatant le dépôt au greffe, par un seul et même acte, et pour parvenir à la purge des hypothèques, de la copie collationnée de plusieurs contrats de vente au profit d'acquéreurs distincts, n'est passible que d'un seul droit d'enregistrement.

61. Nous avons été consulté sur le point de savoir quel est le droit d'enregistrement auquel est soumis l'exemplaire du journal contenant l'insertion de l'extrait de l'acte de dépôt prescrite en matière de purge d'hypothèques légales. Il ne peut y avoir de doute sérieux sur cette question. Le droit d'enregistrement à percevoir sur l'exemplaire du journal dont il s'agit est incontestablement le droit fixe de 1 fr. (plus les décimes de guerre) établi par l'art. 68, § 1er, nº 51, de la loi du 22 frim. an VII, qui n'a certainement pas été compris dans la disposition de l'art. 8 de la loi du 15 mai 1850 portant à 2 fr. le moindre droit fixe d'enregistrement pour les actes civils et administratifs (Compar. *J. Av.*, t. 75, p. 448), mais qui a été frappé de l'augmentation de moitié qu'ont subie les actes extrajudiciaires en vertu de la loi du 19 mai 1847 (art. 2).

62. Les certificats d'imprimeur constatant l'insertion dans un journal d'actes signifiés pour parvenir à la purge des hypothèques légales n'étant point assujettis à l'enregistrement dans un délai déterminé, un notaire peut ne les faire enregistrer qu'avec l'acte public dans lequel il les mentionne : solut. de l'administr. de l'enregistr. 20 déc. 1866 (*J. Av.*. t. 93, p. 72).

63. L'acquéreur d'un immeuble appartenant à un tuteur qui veut purger l'hypothèque légale d'un mineur, est-il tenu, lorsque la nomination du subrogé tuteur, faite en l'absence de ce dernier, ne lui a pas été notifiée, selon le vœu de l'art. 882, Cod. proc., de faire lui-même cette notification au subrogé tuteur, sous peine de nullité des formalités de la purge ? Ayant été appelé également à exprimer notre opinion sur ce point, nous l'avons fait en ces termes :

64. L'acquéreur qui procède à la purge de l'hypothèque légale d'un mineur ne nous paraît pas être dans l'obligation de notifier lui-même au subrogé tuteur la délibération du conseil de famille qui a nommé ce dernier en son absence. — Du devoir imposé à l'acquéreur par l'art. 2194, Cod. civ., de signifier au subrogé tuteur du mineur le dépôt qu'il a fait au greffe d'une copie collationnée de son contrat d'acquisition, il résulte sans doute que s'il n'a pas été nommé de subrogé tuteur, l'acquéreur est tenu de provoquer cette nomination. *Sic*, Cass, 8 mai 1844 (S.V.44.1.416) ; Pont, *Priv. et hyp.*, t. 2, n. 1411. Mais l'obligation de l'acquéreur à cet égard ne va pas plus loin ; et, la nomination une fois faite, il ne saurait être tenu encore de veiller à ce que cette nomination soit notifiée au subrogé tuteur; dans le cas où elle a eu lieu en son absence : l'art. 882, Cod. proc., dispose expressément que la notification dont il s'agit doit être faite, dans les trois jours de la délibération, à la diligence du membre de l'assemblée qui aura été désigné par elle. Si ce dernier ne remplit pas la mission dont il a été chargé, c'est lui seul qui est responsable des suites de sa négligence (V. *Conseil de famille*, n. 8).

Il suffit donc, selon nous, que le délai dans lequel la nomination du subrogé tuteur a dû lui être notifiée, aux termes de l'art. 882, soit expiré, pour que l'acquéreur procède valablement en signifiant à celui-ci le dépôt de la copie collationnée de son contrat, et le défaut de notification de la nomination au subrogé tuteur ne saurait vicier la procédure de la purge.

65. La Cour de cassation a très bien jugé, le 14 juillet 1868 (*J. Av.*, t. 94, p. 45) que la copie dûment collationnée du contrat translatif de propriété, que l'acquéreur doit déposer au greffe pour parvenir à la purge des hypothèques légales, ne peut être suppléée par la copie de la transcription de ce même contrat délivrée par le conservateur des hypothèques, et, qu'en conséquence, le greffier a le droit de refuser de recevoir le dépôt d'une telle copie.

66. Il résulte d'un jugement du tribunal de Valence du 17 juin 1876 (t. 101, p. 335), que le délai de deux mois pour inscrire les hypothèques légales, après l'expiration du contrat, n'est pas franc; que le jour de l'échéance est compris dans ce délai, et que si le jour de l'échéance est un jour férié, le délai n'est pas prorogé au lendemain.

67. Il a été aussi décidé que ce délai n'est pas susceptible d'augmentation à raison de la distance entre le domicile de la personne qui doit prendre inscription et le bureau des hypothèques : Grenoble, 8 mars 1855 (t. 81, p. 95). Conf., Dalloz, v° *Priv. et hyp.*, n. 2218. — *Contrà*, Trib. de Bergerac, 23 fév. 1854 (D.P.54.2.20).

68. (Q. 2460 ter B). *A la charge de qui sont les frais de purge des hypothèques légales?*

Ainsi que M. Chauveau le dit sous la présente question, et qu'il l'établit sous la quest. 2616, ces frais doivent être supportés par l'acquéreur. V. *Ordre*, n. 426 *bis*.

— V. *Désaveu; Frais et dépens; Saisie immobilière; Surenchère.*

Q

QUALIFICATION DU JUGEMENT. V. *Appel*.

QUALITÉ. V. *Arbitrage; Bénéfice d'inventaire; Compromis; Exploit; Jugement; Vente de mobilier de succession.*

— **(DÉFAUT DE)**. V. *Exceptions*.

— **POUR AGIR**. V. *Appel*.

QUALITÉS DE JUGEMENT OU ARRÊT.

(Art. 142 à 145, Cod. proc. civ.).

SOMMAIRE ALPHABÉTIQUE.

FORMULE. — *Qualités d'un jugement contradictoire.* — Form., t. 1, p. 288, n. 309. — .... *d'un jugement par défaut faute d'avoir constitué avoué*, .. *faute de conclure*, *d'un jugement de défaut profit-joint.* — Form. n. 310, 311 *et* 312, p. 294 *et* 295. — *Opposition aux qualités d'un jugement contradictoire.* — Form. n. 314, p. 296. — *Avenir en règlement de qualités.* — Form. n. 315, p. 297.

DIVISION.

§ 1. — *Rédaction et signification des qualités.*
§ 2. — *Opposition aux qualités.*

§ 1. — Rédaction et signification des qualités.

1. (Q. 598 A). *Par qui les qualités d'un jugement doivent-elles être rédigées ?*

Il résulte des explications données au texte par Carré et approuvées par M. Chauveau qu'en principe le droit de rédiger les qualités appartient à la partie qui a obtenu gain de cause, et que la partie qui a succombé ne peut les rédiger elle-même qu'après avoir inutilement mis l'autre partie en demeure de lever le jugement. — Compar. *infrà*, n. 23.

2. Dans le précédent *Supplément*, M. Chauveau faisait remarquer toutefois que de sérieuses difficultés peuvent s'élever sur le point de savoir à qui appartient la rédaction des qualités. — Il observait que, si la partie qui veut produire le jugement n'a pas le droit, *in abstracto*, de rédiger les qualités, elle peut acquérir ce droit par la négligence de l'autre partie. C'est une espèce de subrogation, disait-il; après avoir fait sommation, elle fait cette rédaction; s'il s'élève quelques contestations, le président les règle par la voie gracieuse.

3. En règle générale, ainsi que cela est dit au texte, la rédaction appartient à la partie qui a gagné son procès; mais il n'est pas toujours facile de discerner quelle est la partie qui a obtenu jugement. Notre auteur consignait ici à ce sujet des observations que lui avait communiquées un ancien président de chambre d'avoués, et que nous reproduisons nous-même.

4. « Une demande reconventionnelle formée dans le cours d'une instance est-elle accueillie en partie, et, d'autre part, les conclusions du demandeur sont-elles aussi admises en partie, la rédaction des qualités, portent ces observations, appartient à celui qui, d'après le jugement, a le plus d'intérêt à l'exécution.

« Tout jugement *qui tend au but de la procédure* doit appartenir au poursuivant : *Dans les partages*, le jugement qui ordonne le partage, celui qui statue sur des incidents, par exemple, sur la rectification du cahier des charges, qui homologue la liquidation faite par le notaire...; *Dans les ordres*, celui qui ordonne des restitutions, celui qui statue sur des incidents ou des contredits...

« Si le jugement *ne tend pas au but de la procédure*, s'il est rendu dans l'intérêt unique de l'une des parties, les qualités appartiennent alors à cette partie. Si un des cohéritiers demande dans un partage une provision pendant le procès, il est évident que le jugement qui la lui accorde, et qui est son titre, doit lui appartenir.

« Pour juger les questions que le droit de préférence peut faire naître, voici les règles principales que suit la chambre des avoués de Toulouse. Ont la préférence : Dans les procès ordinaires, celui qui gagne son procès, d'après les divers chefs du jugement combinés entre eux, d'après surtout le chef relatif aux dépens qui est l'un des meilleurs indices. Dans le doute, le demandeur l'emporte. Dans les procédures, le poursuivant pour tous les jugements qui font faire un progrès quelconque à la procédure; dans le doute, le poursuivant est toujours le plus favorable. En cas de droits égaux, l'avoué le plus ancien est préféré. En matière de revente sur surenchère après expropriation, c'est le saisissant qui poursuit cette revente. Après les notifications aux créanciers inscrits, faites conformément à l'art. 2183, Cod. civ., s'il y a surenchère et revente, la poursuite appartient à l'avoué de l'acquéreur qui a fait les notifications. C'est peut-être là un abus introduit par le respect exagéré du droit du poursuivant. Il paraîtrait plus rationnel que le surenchérisseur ou le vendeur fissent la procédure pour la revente : car, par la surenchère, l'acquéreur est évincé et sans intérêt dans la revente. L'expédition du jugement qui valide la surenchère est laissée au surenchérisseur. — Dans les incidents en distractions d'immeubles saisis, c'est encore le poursuivant qui fait expédier.

« Cette pratique provient de la nécessité de créer une règle uniforme. Aussi, cette règle s'exécute-t-elle sans difficulté, et si des questions de préférence sont soumises à la chambre, ce n'est que dans des cas nouveaux et fort rares. »

5. En appel, remarquait ensuite M. Chauveau, des difficultés moins graves peuvent se présenter. Il est admis, en général, que les qualités appartiennent à l'avoué poursuivant qui a mis la cause au rôle, et dont la partie a le plus d'intérêt à ce que l'arrêt soit expédié.

6. Lorsqu'un arrêt d'expédient ordonne une mesure d'instruction convenue entre parties (un nouveau rapport d'expert, par exemple), c'est à l'avoué de la partie qui a le plus d'intérêt à la poursuite qu'appartiennent les qualités, quoique la réformation du jugement de première instance ait été prononcée en faveur de l'autre partie, qui ainsi, en apparence, a obtenu gain de cause : Montpellier, 7 fév. 1851 (*J. Av.*, t. 76, p. 466).

7. Il a été décidé que l'avoué qui a occupé pour une partie conserve le droit de concourir à la rédaction des qualités du jugement, malgré le décès de cette partie, survenu depuis la mise en délibéré de l'affaire, ou la révocation de son mandat après le prononcé du jugement : Gand, 23 nov. 1878 (*J. Av.*, t. 104, p. 463).

7 bis. Voy. encore sur toute cette matière le *Formulaire de procédure* de M. Chauveau, t. 1, p. 290, note 1, II.

8. (Q. 597 quater). *Comment doivent être rédigées les qualités? Que doivent énoncer les conclusions qu'elles renferment ?*

Après avoir, au texte, rappelé que l'art. 87 du tarif défend d'insérer dans les qualités les motifs des conclusions et d'énoncer dans les points de fait et de droit les moyens des parties, et constaté, d'autre part, qu'il résulte de la jurisprudence de la Cour de cassation que les qualités des jugements et arrêts sont les seuls documents que consulte cette Cour pour connaître les moyens des parties, M. Chauveau dit que les avoués doivent apporter la plus grande attention à faire, de chacun des moyens de leur partie, un chef bien distinct de conclusions, quoique tous tendent au même but, parce qu'ils obtiendront ainsi le droit de faire insérer ces différents moyens dans les qualités.

9. Dans le précédent *Supplément,* notre auteur renvoyait à son *Formulaire de procédure,* t. 1, p. 288, note 1, où sont mentionnées des observations de M. Tarbé sur cette matière, puis il ajoutait :

Il faut que les diverses parties constitutives du jugement soient reliées ensemble de façon à s'éclairer mutuellement ; que les points de fait et de droit soient nettement dégagés; que les conclusions soient claires et précises et indiquent les limites qui doivent circonscrire le débat et l'appréciation du juge; enfin, qu'en rapprochant de ces deux éléments le dispositif du jugement et ses motifs, on puisse voir immédiatement si les juges ont répondu à tous les chefs de conclusions et comment ils les ont appréciés.

10. La compagnie des avocats près la Cour de cassation, frappée des graves inconvénients qui résultent de la mauvaise rédaction des qualités, a rédigé des observations précieuses qu'elle a communiquées à tous les avoués de première instance et d'appel. M. Chauveau avait jugé utile de reproduire *in extenso* ces observations, que nous transcrivons également : — « Aux termes de l'art. 142, y lit-on, les qualités servant à la rédaction des jugements doivent contenir, outre les noms, profession et demeure des parties, les conclusions et les points de fait et de droit.— Mais l'art. 87 du Tarif défendant d'insérer dans les qualités les motifs des conclusions, et dans les points de fait et de droit les moyens qui ont été produits par les parties, on se borne souvent à ne transcrire dans les qualités qu'un dispositif général de conclusion, à ne rappeler dans le fait les actes de procédure que par leur date et leur titre, et à ne poser ensuite le point de droit que dans des termes généraux et vagues.

« L'insuffisance et les inconvénients d'une pareille rédaction passent la plupart du temps inaperçus, car la partie qui a gagné son procès ne croit plus avoir besoin d'aucune précaution ; et celle qui l'a perdu pense généralement que ses moyens de défense sont assez garantis, dès qu'ils se trouvent consignés dans les actes de la procédure.

« Mais ces inconvénients se révèlent toutes les fois qu'il doit y avoir pourvoi en cassation, car devant la Cour de cassation on ne peut discuter que sur les faits et les moyens rapportés dans la décision attaquée, et alors il arrive souvent que le pourvoi ne peut pas être formé, ou que, s'il est formé, il peut être rejeté par cela seul que le moyen qui l'aurait justifié ne se trouve pas suffisamment rappelé dans les qualités.

« Sous ce rapport, les observations suivantes, puisées dans un grand nombre d'affaires jugées par la Cour de cassation, paraîtront sans doute utiles, dans l'intérêt d'une bonne justice.

« Par exemple, la partie assignée en paiement d'une dette peut se défendre :

« Soit en demandant la nullité de l'exploit d'ajournement;

« Soit en déclinant la compétence du tribunal;

« Soit en se prétendant libérée par la prescription, la compensation, la novation, la remise de la dette, la chose jugée, etc.;

« Soit en soutenant, par d'autres moyens, qu'elle n'a jamais été débitrice ou qu'elle s'est libérée.

« On voit souvent les défendeurs conclure, dans tous ces cas indistinctement, à ce que le demandeur soit déclaré non recevable et subsidiairement mal fondé. Or, de semblables conclusions n'indiquent pas, dans leur dispositif, seul transcrit dans les qualités, quelle est la nullité ou l'exception spéciale opposée à titre de fin de non-recevoir, ou quelle est le moyen particulier de libération que le défendeur a invoqué contre le demandeur, et si alors le point de droit se réduit à des termes généraux, comme ceux-ci : La demande est-elle recevable? La fin de non-recevoir opposée à la demande est-elle fondée? — il n'existe pour la Cour de cassation aucune certitude que telle nullité, telle exception ou tel moyen du fond a véritablement été opposé, ou que la partie qui l'avait annoncé dans le cours de la procédure, y a persisté en définitive et l'a réellement proposé au juge, le jour de l'audience.

« En pareille circonstance, le moyen de cassation est ordinairement considéré comme non recevable par la chambre des requêtes, sans que le demandeur en cassation soit admis à invoquer et à produire ni les conclusions motivées, requêtes et autres actes signifiés par les avoués, ni les mémoires ou consultations qui auraient été signés et distribués par les avocats.

« Pour éviter un si grand inconvénient et le préjudice qui en résulte pour les parties, il est essentiel que chaque exception et chaque moyen principal ou subsidiaire soient formulés dans un dispositif de conclusions explicite et spécial, tendant par exemple :

« A ce qu'il plaise au juge déclarer nul l'exploit d'ajournement, faute de contenir la date, les noms, etc.;

« Se déclarer incompétent parce que...;

« Déclarer la demande non recevable, par l'exception de la chose jugée;

« Déclarer la dette éteinte par la prescription, la compensation, etc.; en conséquence, déclarer la demande non recevable.

« En appel aussi, il est d'usage, dans beaucoup de Cours, de conclure, par précaution, dans toutes les affaires, à ce que l'appel soit déclaré nul et non recevable, en tout cas mal fondé; et comme ces termes généraux paraissent comprendre toutes les exceptions et tous les moyens possibles, on croit souvent superflu d'expliquer ou d'indiquer, d'une manière plus spéciale, les moyens que l'avocat est chargé de développer à l'audience.

« Mais de telles conclusions, précisément parce qu'elles sont trop générales, sont tout à fait insuffisantes pour constater l'existence réelle et l'emploi sérieux d'une exception spéciale ou d'un moyen de nullité, et le demandeur en cassation ne peut y puiser aucun secours à l'appui de son pourvoi, si les qualités ne relatent pas l'exception ou le moyen de nullité d'une manière plus précise et plus explicite, soit dans le point de fait, soit dans le point de droit.

« Pour bien faire, chaque moyen invoqué à l'appui d'un chef de demande, et chaque moyen ou exception proposé contre tout ou partie d'un chef de demande, devraient être triplement mentionnés dans les qualités :

« 1° Par un dispositif spécial de conclusions, mode dont l'utilité ne paraît pas encore suffisamment comprise;

« 2° Dans le récit de la procédure; car le tarif, qui défend de reproduire le développement des moyens de fait et de droit, ne s'oppose pas à ce que les qualités mentionnent et constatent que telle exception ou tel moyen ont été proposés dans tel but ou à telle phase de la procédure;

« 3° Dans le point de droit, car régulièrement il doit être posé une question spéciale pour chaque moyen invoqué pour ou contre la demande, de même que le jugement ou l'arrêt qui y statue doit régulièrement contenir un motif spécial sur chaque chef de demande ou de défense présenté par un dispositif de conclusions.

« Tout ce qui vient d'être dit s'applique aussi, dans beaucoup de cas, aux conclusions subsidiaires, que le défendeur ne doit pas négliger de prendre, quand, après avoir combattu la demande d'une manière générale, il entend encore subsidiairement en contester la quotité ou les accessoires; ou bien quand, sur une demande alternative, il prétend subsidiairement n'être tenu qu'à l'une des deux choses demandées.

« En appel aussi, il est souvent important, pour l'intimé, de reprendre, d'une manière explicite, les conclusions qui avaient été posées en première instance, et de reproduire expressément les moyens qu'il avait fait valoir, et qui ne se trouveraient pas insérés dans le jugement dont il demande la confirmation, car on pourrait, sans cela, lui opposer en cassation que, s'étant borné à défendre le jugement obtenu en première instance, il est censé avoir abandonné en appel les moyens qui n'avaient pas été adoptés par les premiers juges. »

11. M. Chauveau citait encore, sur le même sujet, un article de M. Morin dans le *Journ. des Av.*, t. 64, p. 129; des observations de M. Nicias-Gaillard, insérées *ibid.*, t. 77, p. 395, et une dissertation de M. Corne, publiée aussi *ibid.*, t. 77, p. 583; t. 78, p. 36, 312 et 592.

12. Complétons ces indications par les solutions qui suivent :

La Cour de Paris a jugé, le 20 juin 1859 (*J. Av.*, t. 85, p. 66), que l'omission, dans les qualités, des nom, profession, demeure et conclusions de l'une des parties, entraîne la nullité du jugement. — Cela n'est pas contestable. La nullité n'atteint pas seulement les qualités, en ce sens que le jugement ne puisse être mis à exécution que sur une expédition contenant des qualités complètes et régulières; elle porte sur le jugement même, parce que, comme l'a fait remarquer M. Chauveau dans le *Journ. des Av.*, t. 78, p. 378, les éléments constitutifs de la décision judiciaire, c'est-à-dire l'œuvre du magistrat et celle de l'avoué, forment un tout indivisible qui ne peut être détruit partiellement, mais qui tombe tout entier, s'il ne peut intégralement rester debout.

13. Si l'omission était seulement relative aux prénoms des parties, elle ne serait pas une cause de nullité; il suffit que les qualités énoncent les noms de famille : Cass., 21 janv. 1862 (*J. Av.*, t. 89, p. 444).

14. Le défaut d'énonciation du point de droit dans les qualités d'un jugement ou arrêt n'en entraîne pas la nullité, si cette énonciation se trouve dans les motifs de la décision : Cass., 29 juill. 1874 (t. 101, p. 120). Il a été décidé même qu'il en est ainsi (spécialement, en matière d'enregistrement), non seulement à l'égard des points de fait et de droit, mais encore à l'égard des conclusions : Cass., 16 juin 1863 (t. 89, p. 443) et 9 avril 1866 (t. 91, p. 367).

15. (Art. 142). *Est-il des jugements pour lesquels il ne doive pas être rédigé de qualités?*

Un arrêt de la Cour de Rouen du 26 juill. 1870 (*J. Av.*, t. 97, p. 114) répond que les qualités ne sont exigées que pour les jugements qu'il est nécessaire de lever et de signifier, et décide spécialement qu'il n'y a pas lieu de rédiger des qualités, préalablement à l'exécution, pour un jugement qui rejette une demande en sursis.

16. M. Chauveau a examiné lui-même ce point, en recherchant, sous la quest. 2412 *sexies*, quelle doit être la forme des jugements sur incident de saisie immobilière, et il a exprimé l'avis, conforme à la solution ci-dessus, que les qualités ne doivent être rédigées, pour ces jugements, que lorsqu'ils doivent être signifiés avant leur mise à exécution. V. *Saisie immobilière.*

17. (Q. 597). *Quels sont les tribunaux, les affaires et les jugements où la signification des qualités n'est pas exigée?*

Il est répondu au texte que la signification des qualités prescrite par l'art. 142 ne saurait avoir lieu dans les juridictions et dans les affaires où le ministère des avoués n'est pas admis ; par exemple, dans les justices de paix et les tribunaux de commerce, et dans les affaires où l'administration de l'enregistrement procède par simples mémoires ; et qu'enfin les jugements par défaut ne comportent pas non plus cette signification (V. l'art. 88 du tarif). — M. Chauveau, *ibid.*, fait remarquer que cette dernière solution s'applique même au cas où le jugement est seulement rendu par défaut faute de conclure ; et il observe de plus qu'il résulte de la combinaison des art. 699 et 714, Cod. proc., que la signification des qualités n'a pas lieu pour les jugements d'adjudication.

18. Dans le *Supplément* précédent, notre auteur signalait un arrêt de la Cour de cassation, du 18 août 1842 (*J. Av.*, t. 63, p. 553), qui a jugé, conformément à l'opinion émise au texte, qu'en matière d'enregistrement la signification des qualités n'est pas obligatoire.

19. M. Chauveau se demandait ensuite s'il en est de même pour les décisions émanées de la chambre du conseil. Mentionnant un arrêt de la Cour de Nîmes du 22 mai 1854 (*Journ. de cette Cour*, 1854, p. 213), d'après lequel ces décisions ne sont pas rigoureusement soumises aux formalités prescrites par les art. 141, 142 et suiv., Cod. proc., il observait qu'une telle solution est exacte en tant qu'elle s'applique aux décisions intervenues en matière gracieuse, sans débat contradictoire ; mais qu'elle cesserait de l'être si l'on prétendait l'étendre aux matières contentieuses, quand il y a eu un contradicteur. M. Bertin, *Chambre du cons.*, 2e édit., n. 62 et suiv., ne s'explique pas à ce sujet, mais les distinctions qu'il établit semblaient à M. Chauveau impliquer une opinion conforme à la sienne.

20. En ce qui concerne les jugements par défaut, notre auteur citait, comme proscrivant la signification des qualités, un jugement du tribunal de Castelsarrasin, du 16 juin 1843 (*J. Av.*, t. 66, p. 210). Mais cette défense, remarquait M. Chauveau, ne s'applique qu'à celui qui a comparu et a obtenu une décision favorable : son adversaire jouit du droit d'opposition qui fera tomber tout à la fois et le jugement et les qualités. Si, au contraire, le défendeur gagne son procès sans comparaître, la décision est contradictoire au regard du demandeur auquel il veut signifier la décision. Avant de la lever, il faut donc le mettre en position de critiquer une rédaction de qualités qui peut lui être préjudiciable. De là, il suit que lorsque, en l'absence de l'intimé, le jugement de première instance a été confirmé, l'arrêt ne peut être levé par cet intimé qu'après constitution d'avoué de sa part et signification des qualités. *Sic*, Orléans, 10 fév. 1852 (*J. Av.*, t. 77, p. 630). — V. aussi dans le même sens, Cass., 13 déc. 1853; 29 juill. 1857 (t. 89, p. 443) ; 17 avril 1872 (t. 98, p. 37).

21. (Q. 597 bis). *Si l'avoué de l'une des parties a cessé de postuler depuis le jugement, et qu'il n'en ait pas été constitué d'autre à sa place, y aura-t-il lieu, de la part de l'autre partie, qui voudra prendre expédition, à la signification des qualités?*

M. Chauveau, au texte, répond que, dans ce cas, la partie qui veut lever le jugement doit signifier les qualités à la personne ou au domicile de l'autre partie, avec sommation d'avoir à déclarer dans la huitaine (délai qui n'est pas de rigueur) si elle entend s'opposer à la rédaction proposée, et il combat l'opinion d'après laquelle la signification des qualités est inutile en pareil cas.

Adde conf., Rennes, 6 août 1853 (*J. Av.*, t. 79, p. 381); Dalloz, v° *Jugement*, n. 238.

22. Il a été toutefois jugé, par un arrêt de la Cour de Bordeaux du 16 mars 1870 (*J. Av.*, t. 95, p. 347), que dans le cas où l'avoué de l'adversaire de la partie qui veut lever un jugement vient à décéder avant la signification des qualités, celle-ci n'est tenue ni d'assigner préalablement la partie adverse en constitution de nouvel avoué ou en reprise d'instance, ni de signifier les qualités à cette partie elle-même ; le défaut de signification ayant seulement pour effet de laisser à la partie adverse le droit de contester les qualités, surtout alors qu'il s'agit d'un jugement frappé d'appel et dont l'expédition est produite devant la Cour. — Et la même doctrine est professée par Thomine-Desmazures, t. 1, p. 272, et par M. Perrin, Dissertation insérée dans le *Journ. des Av.*, t. 56, p. 87.

23. (Q. 598 B). *S'il arrivait que chacune des parties signifiât des qualités, quelles seraient celles sur lesquelles le greffier devrait faire la rédaction du jugement ?*

Il est dit au texte que le jugement devra être rédigé sur les qualités signifiées par la partie qui a obtenu gain de cause, et que, si chacune d'elles a obtenu gain de cause à l'égard de certains chefs, sur les qualités de la partie qui a l'intérêt principal ; que, s'il y a égalité d'intérêt, la rédaction du jugement devra avoir lieu sur les qualités signifiées par l'une des parties et auxquelles l'autre n'aura pas fait opposition, et, en cas d'opposition de la part de celle-ci, d'après les changements ordonnés par le président, ou sur les qualités que l'opposant aura signifiées de son côté, si ce magistrat leur accorde la préférence.

24. (Q. 597 ter A). *Le jugement expédié sur qualités non signifiées, dans le cas ou cette signification est requise, est-il nul ?*

Le jugement ne serait pas nul, répond, au texte, M. Chauveau ; mais l'expédition qui en aurait été prise et la signification qui en aurait été faite seraient sans aucune valeur. — Notre auteur observe toutefois qu'il n'y aurait pas violation de l'art. 142, si l'expédition n'énonçait pas la signification des qualités.

Adde en sens contraire, Cass., 14 juill. 1845 (*J. Av.*, t. 70, p. 51); Bordeaux, 17 juin 1847 (t. 73, p. 289).

25. (Q. 597 ter B). Quid, *si le jugement est expédié sur les qualités signifiées, mais avant qu'il ait été statué sur l'opposition formée par la partie adverse ?*

Même solution au texte, où M. Chauveau ajoute que l'expédition serait à plus forte raison nulle si les qualités avaient été signifiées pour servir à un autre jugement.

26. La Cour de Nîmes a jugé, le 26 janv. 1852 (*J. Av.*, t. 78, p. 377), que, lorsqu'un jugement a été expédié avant le règlement sur l'opposition aux qualités, il y a nullité, non seulement de l'expédition délivrée, mais encore du jugement. Cette opinion est erronée, disait M. Chauveau dans le *Supplément* précédent. On comprend, en effet, que l'absence, dans les qualités devenues définitives faute d'opposition, ou parce qu'il a été statué sur l'opposition, de l'une des énonciations essentielles qu'elles doivent contenir, entraîne nullité du jugement, parce qu'alors les éléments constitutifs de la décision judiciaire sont définitivement réunis pour ne plus former qu'un tout indivisible. Mais il n'en est pas ainsi lorsque, l'œuvre du magistrat étant terminée, il s'agit d'y joindre celle de l'avoué. Dès qu'une opposition aux qualités est régulièrement faite, elle constitue un obstacle à la levée du jugement jusqu'à l'époque où cette opposition est réglée. — Si, par surprise ou autrement, l'expédition est délivrée avant ce règlement, l'œuvre du magistrat n'est pas affectée par cette précipitation : seulement, la prétendue expédition, n'ayant pas les caractères intrinsèques voulus par la loi, ne saurait être considérée que comme un document sans valeur. L'exécution à laquelle elle aura servi de base tombera avec elle, et celui à qui le jugement conférerait des droits ne pourra les exercer qu'en faisant statuer sur l'opposition et en obtenant une nouvelle expédition sur les qualités réglées. — Voy. toutefois, dans le sens de la décision de la Cour de Nîmes, Riom, 5 juill. 1868 (t. 85, p. 156).

27. (Q. 597 ter c). *Comment doit-on se pourvoir contre un jugement expédié sur des qualités qui n'ont pas été signifiées ou qui l'ont été irrégulièrement ?*

M. Chauveau, dans le précédent *Supplément*, se demandait si, en pareil cas, c'est par voie d'appel, lorsque le jugement est en premier ressort, par voie de cassation, quand il est en dernier ressort, qu'il faut se pourvoir pour enlever à l'expédition l'autorité que la loi lui accorde ; et il répondait que c'est par voie d'exception que la nullité doit naturellement être proposée, toutes les fois que la partie qui a obtenu le jugement manifeste l'intention de lui faire produire un effet ; mais que pourtant la partie lésée peut en faire un grief d'appel, ou de cassation, sans craindre d'encourir une fin de non-recevoir. Dans cette position, les juges supérieurs, avant de statuer sur le fond, prononceront la nullité de l'expédition, et renverront la partie qui l'a produite à régulariser les qualités. C'est ce qui a été décidé par un arrêt de la Cour de Liège, du 23 juin 1852 (*J. Av.*, t. 78, p. 379). — *Adde* conf., Cass., 30 déc. 1862 (t. 88, p. 493).

28. Ainsi donc, observait encore notre auteur, ce ne serait pas le jugement qu'atteindrait la nullité, mais l'expédition, ainsi que la signification qui en aurait été faite, comme il a été dit au texte (V. *suprà*, n. 24). Cette signification étant sans valeur, ne pourrait avoir pour effet de faire courir le délai d'appel. C'est à tort, ajoutait-il, que le contraire a été jugé par la Cour de Bordeaux, le 17 juin 1847 (*J. Av.*, t. 73, p. 289). Voy. toutefois dans le même sens, Cass., 14 juill. 1845 (t. 70, p. 51) et 30 déc. 1862, précité.

29. L'arrêt dont les qualités diffèrent de celles signifiées ne doit pas d'ailleurs être cassé, si cette différence est insignifiante, et qu'il n'y ait aucune altération dans les points de fait et de droit : Cass., 30 août 1831 (D.P. 31.1.338).

30. (Art. 142). *Quelles sont les formes de la signification des qualités ?*

Cette signification ayant lieu par acte d'avoué à avoué, sauf dans le cas de décès de l'avoué de la partie adverse (V. *suprà*, n. 21), elle ne saurait comporter d'autres formes que celles de ce genre d'acte.

31. La Cour de cassation a jugé, le 20 juill. 1864 (*J. Av.*, t. 89, p. 407), que la signification des qualités d'un jugement ou arrêt n'est pas soumise aux formalités prescrites par l'art. 61, Cod. proc., pour la validité des ajournements ; et qu'ainsi, elle est valable dès lors qu'elle constate sa date, le nom de la partie à la requête de qui elle est faite, le nom de l'officier ministériel qui l'a remise et celui de l'avoué à qui elle a été donnée.

32. Dans l'espèce de cette décision, l'acte de signification ne contenait pas de *parlant à*, ou du moins il y avait été laissé en blanc. Est-ce avec raison que la Cour suprême a refusé de voir dans cette omission une cause de nullité ? Nous ne le pensons pas. Si toutes les énonciations prescrites pour les exploits par l'art. 61 ne sont pas exigées pour les actes d'avoué à avoué, la désignation de la personne à laquelle la copie est remise doit être considérée comme l'une des formalités indispensables à l'existence de l'acte, dont l'observation est nécessaire à peine de nullité. V. *Exploit*, n. 10 et 11.

33. (Q. 598 bis). *La signification des qualités sans réserve rend-elle non recevable à appeler du jugement ?*

Solution négative au texte.

§ 2. — Opposition aux qualités.

34. (Q. 600). *De ce que l'art. 144 exige que l'huissier fasse mention de l'opposition sur l'original, s'ensuit-il que l'avoué ne puisse écrire lui-même et signer son opposition ?*

La négative est enseignée au texte, où il est toutefois ajouté que l'huissier, dans ce cas, doit, à la suite de la déclaration écrite par l'avoué, mentionner qu'elle l'a été en sa présence pour valoir comme opposition.

35. M. Chauveau, *ibid.*, fait encore remarquer que l'opposition serait certainement irrégulière, si elle n'avait lieu que sur la copie laissée entre les mains de l'avoué.

36. (Q. 599). *L'avoué qui veut former opposition aux qualités est-il tenu d'en faire la déclaration à l'huissier dans le délai de vingt-quatre heures, à peine de déchéance ?*

Réponse négative au texte, où il est dit que l'avoué peut encore, après ce délai, se pourvoir par acte d'avoué à avoué devant le président du tribunal, et qu'à plus forte raison si, s'étant présenté dans les vingt-quatre heures pour former opposition aux qualités, il n'en trouvait pas l'original entre les mains de l'huissier, serait-il fondé à signifier son opposition à l'avoué adverse, et même au greffier pour empêcher qu'il ne fût fait usage de cet original.

37. En tout cas, le délai de vingt-quatre heures fixé par l'art. 643 ne court pas les dimanches et jours fériés. En conséquence, est valable l'opposition formée le lundi aux qualités signifiées le samedi : Amiens, 21 janv. 1865 (*J. Av.*, t. 90, p. 134).

38. (CVI). *Dans quel délai l'avoué qui veut provoquer le règlement des qualités doit-il donner avenir à l'avoué de la partie adverse ?*

Dans le précédent *Supplément*, M. Chauveau faisait remarquer que, bien que l'art. 145 n'indique pas le délai à observer par la partie qui donne avenir en règlement de qualités, les présidents exigent en général, pour prononcer défaut, que l'avenir soit donné à un jour franc d'intervalle et qu'il leur soit représenté (V. son *Formulaire de procédure*, t. 1, form. 315, remarque). Par conséquent, il n'admettrait pas, disait-il, qu'une sommation de ce genre pût être faite à huit heures du soir pour le lendemain matin à neuf heures.

39. L'ordonnance par défaut que le président rend contre l'avoué qui a formé opposition aux qualités, avant l'expiration du délai de comparution au règlement fixé par la sommation, est entachée d'une nullité radicale qui a pour résultat de vicier les qualités et le jugement ou arrêt lui-même : Cass., 12 avril 1876 (*J. Av.*, t. 102, p. 339) et 27 août 1878 (t. 104, p. 463).

39 *bis*. Mais le règlement peut valablement intervenir, même en l'absence de l'avoué du défendeur, après le jour indiqué par la sommation, lorsque celle-ci a été donnée pour ce jour-là et pour *les jours suivants* : Cass., 18 nov. 1878 et 14 juill. 1879 (S.-V.79.1.408 ; 80.1.29).

40. La Cour de Rennes a jugé, le 19 fév. 1872 (t. 99, p. 80), que les frais de la sommation pour être réglé sur l'opposition aux qualités et la vacation pour ce règlement ne sauraient être rejetés de la taxe, sous prétexte que l'opposition aux qualités aurait été formée sans droit ; le droit de recourir à cette opposition ne pouvant être contesté à l'avoué de la partie qui a succombé, en dehors du cas (que le juge est d'ailleurs tenu de mentionner expressément dans son ordonnance) où il serait démontré que l'avoué, en exerçant ce droit, n'a eu d'autre but que d'émolumenter.

41. Le principe posé par cet arrêt est d'une exactitude incontestable. Mais la Cour de Rennes y apporte une restriction qui n'a rien de juridique à nos yeux, en faisant dépendre du mérite de l'opposition, dans le cas exceptionnel qu'elle indique, l'admission en taxe, au profit de l'avoué défendeur à l'opposition, soit des frais de la sommation pour être réglé sur cette opposition, soit de la vacation pour le règlement. Dès que l'avoué de la partie qui a perdu son procès a formé, avec raison ou sans droit, opposition aux qualités, l'avoué de la partie gagnante est fondé à provoquer ce règlement, et à comprendre par conséquent dans son mémoire les frais et la vacation dont il s'agit. L'avoué opposant peut seul se voir refuser la vacation, si aucune réformation n'a été ordonnée par le président. V. en ce sens, Boucher d'Argis, *Dict. rais. de la taxe en mat. civ.*, 2e édit., p. 462, n. 6.

42. Le fait de l'avoué d'avoir présenté requête pour être autorisé à citer son confrère en règlement des qualités auxquelles il a été formé opposition, au lieu de l'appeler par un simple acte, ne constitue pas une cause de nullité de l'ordonnance de règlement, mais est seulement de nature à autoriser le juge taxateur à rejeter comme frustratoires les frais de la procédure ainsi suivie : Cass., 7 mai 1866 (t. 91, p. 439).

43. (Q. 601 bis). *Les motifs ou le dispositif du jugement peuvent-ils prévaloir contre les conclusions insérées aux qualités ?*

La négative est enseignée au texte par M. Chauveau, qui refuse toute autorité aux énonciations de faits ou aveux contenues dans les motifs seuls du jugement.

44. Toutefois, dans le *Supplément* précédent notre auteur faisait observer qu'il ne faudrait pas étendre cette solution au cas où les motifs du jugement constatent des faits différents de ceux posés, non dans les conclusions, mais dans le point de fait lui-même. Il pense donc que la doctrine de l'arrêt de la Cour de Nancy, cité au texte, n'est pas contraire à celle d'un arrêt de la Cour de cassation du 14 mars 1853 (D.P.53.1.57), qui décide que les faits constatés dans les motifs d'un arrêt ne peuvent, surtout lorsqu'ils servent de base à cet arrêt, être détruits par l'énonciation de faits contraires maintenus, sans opposition, dans le point de fait des qualités; qu'ainsi il n'y a pas contradiction juridique entre les qualités d'un arrêt qui exposent, en détail, les circonstances d'une vente, et les motifs qui déclarent que cette vente masque une opération usuraire; et que, par suite, il n'est pas permis de faire prévaloir ces qualités sur l'arrêt lui-même, pour soutenir devant la Cour de cassation qu'il y a eu vente véritable et non pas usure.

45. M. Chauveau constatait ensuite que la Cour de Montpellier, par arrêt du 25 août 1848 (*J. Av.*, t. 73, p. 693), a confirmé l'opinion émise au texte, en déclarant que les aveux d'une partie qui ne sont consignés ni dans les conclusions, ni dans les qualités, ni dans le dispositif, ne peuvent être constatés par les motifs.

46. Notre auteur, au texte, mentionne, en l'approuvant, une décision d'après laquelle l'authenticité des faits et des conclusions énoncés dans les qualités ne peut être détruite par un certificat émané du greffier.

47. Il a été jugé aussi que la mention dans les qualités d'un jugement ou arrêt que la cause a été contradictoirement plaidée à telle audience, ne peut être infirmée par un bulletin du greffe portant que l'affaire a été continuée à un jour plus éloigné : Cass., 16 mai 1865 (t. 90, p. 362).

48. (Q. 601). *Lorsqu'il n'y a point eu d'opposition aux qualités, et que l'avoué a laissé lever le jugement, sa partie est-elle non recevable à nier les faits qui s'y trouvent consignés ?*

Résolu négativement au texte, où M. Chauveau admet toutefois que la partie pourrait, suivant les circonstances, être recevable à soumettre aux juges d'appel l'erreur ou l'inexactitude qui aurait été commise.

49. Dans le précédent *Supplément*, notre auteur mentionnait les solutions qui suivent : — Les faits posés dans les qualités d'un jugement sans opposition de la part des avoués sont acquis aux parties. Il suit de là que, dans tous les cas, et alors même que, dans un considérant du jugement, le fait mentionné dans les qualités serait déclaré douteux, cette mention constituerait néanmoins un commencement de preuve par écrit : Grenoble, 14 janv. 1849 (*J. Av.*, t. 76, p. 307). — De même, les faits non consignés dans les qualités sont non avenus, et par conséquent lorsque, dans les qualités d'un arrêt ou dans les conclusions des parties, on ne trouve pas l'énonciation d'un aveu ou d'un consentement de l'une des parties sur lequel cet arrêt s'est fondé, la Cour de cassation statue sur le moyen proposé comme s'il n'y avait eu ni aveu ni consentement : Cass., 4 fév. 1852 (*J. Av.*, t. 77, p. 640). La même Cour avait déjà rendu une décision analogue le 27 fév. 1845 (*J. Av.*, t. 73, p. 693). — Les parties sont certainement admissibles à revenir contre les fausses énonciations des qualités d'un jugement déféré à la censure d'une Cour ; mais pour cela il faut que les conclusions formelles, par elles prises en première instance établissent l'erreur des juges; il ne suffit pas de pures allégations, ou de simples présomptions : Toulouse, 17 juin 1837 (*J. Av.*, t. 72, p. 689). Cependant la Cour de Douai, par arrêt du 28 avril 1846 (t. 72, p. 623), a déclaré que des documents du procès, et de la rédaction des motifs et du dispositif du jugement dont est appel, la Cour peut induire que certaines conclusions ont été prises par l'une des parties devant le tribunal, bien que ces conclusions ne soient pas expressément relatées dans le point de fait de ce jugement. M. Chauveau déclarait approuver cette décision, tout en reconnaissant qu'elle ne doit pas être appliquée d'une manière absolue. Les conclusions, disait-il, sont le mode légal de fixer l'état d'une cause. Un appel peut être précisément fondé sur ce que le premier juge a mal compris les conclusions prises par les parties. — Ce sont là des questions d'appréciation.

50. Conformément au même principe, la Cour de Chambéry a jugé, le 14 mars 1873 (t. 99, p. 33), que la mention des conclusions d'une partie, dans les qualités du jugement signifiées et non suivies d'opposition, ne saurait prévaloir contre l'énonciation de la feuille d'audience portant que cette partie a renoncé à conclure : en pareil cas, porte l'arrêt précité, il appartient aux juges d'appel de rectifier l'erreur des qualités à l'aide des constatations de la feuille d'audience. — Voy. la question suivante.

51. Un arrêt de la Cour de Limoges du 22 déc. 1868 (*J. Av.*, t. 94, p. 448) a décidé que lorsque dans les qualités d'un jugement ou arrêt l'avoué d'une commune a, par erreur, désigné un simple particulier comme maire de la commune, au lieu de mentionner le nom de l'adjoint qui, par suite de la démission du maire, en remplissait les fonctions, cette erreur ne met pas obstacle à l'exécution du jugement ou arrêt, et n'exige pas une rectification, alors surtout qu'elle trouve son redressement naturel et nécessaire dans l'ensemble des autres actes et pièces de la procédure.

52. (Q. 601 ter). *Le règlement des qualités, lorsqu'il est fait par un juge autre que celui qu'indique l'art. 145, est-il atteint d'une nullité qui affecte le jugement lui-même ? — Quelles sont les formes et la portée de ce règlement ?*

Dans le précédent *Supplément*, M. Chauveau reconnaissait, avec différentes décisions de la Cour de cassation (21 avril 1847, *J. Av.*, t. 72, p. 530 ; 20 janv. 1852, *Droit*, 1852, n° 18 ; 22 avril 1857, *J. Av.*, t. 83, p. 124), que les juges qui ont pris part à un jugement ou à un arrêt sont les seuls magistrats qui puissent régler les parties sur l'opposition faite aux qualités, tant qu'ils sont en exercice au siège d'où émane cet arrêt ou jugement.

53. Mais la Cour suprême a été plus loin; elle a décidé, dans une espèce où les parties s'étaient volontairement présentées, par le ministère de leurs avoués, devant un magistrat qui n'avait pas concouru au jugement, « que l'art. 145 renferme une attribution de compétence qui est d'ordre public comme le principe même d'où elle découle, et que, dès lors, le consentement des parties est inefficace pour enlever à ces magistrats (ceux qui ont concouru au jugement) et transporter à un autre le pouvoir de prononcer sur l'opposition » : arrêts de la chambre civile des 23 juin 1845 (*J. Av.*, t. 72), 14 fév. 1848 (t. 76, p. 165), 22 août 1855 (t. 81, p. 262) et 22 avril 1857 (t. 83, p. 124). — *Contrà*, arrêt de la chambre des requêtes du 29 déc. 1847 (t. 76, p. 165).

54. Notre auteur observait toutefois que si, par suite de décès ou de changement de fonctions, aucun des juges qui ont concouru au jugement n'était plus attaché au tribunal, il y aurait force majeure, et le président actuel du tribunal devrait régler les qualités. On comprend, disait-il, qu'alors il ne pourrait pas y être consigné de prétendus aveux d'audience; les faits seraient uniquement le résumé des actes du procès.

55. Mais il a été jugé plus exactement, selon nous, que, lorsque, depuis l'opposition formée aux qualités d'un jugement ou d'un arrêt et non suivie de règlement, il s'est écoulé un temps assez long pour qu'il ne reste plus en fonctions aucun des magistrats ayant concouru à la décision, c'est au tribunal ou à la Cour de qui cette décision émane qu'il appartient de régler les qualités, sans distinction entre la chambre qui a rendu le jugement ou arrêt et les autres chambres : Paris, 22 juill. 1876 (*J. Av.*, t. 101, p. 376).

56. En rappelant que la nullité du jugement, dans le cas où les qualités ont été réglées par un magistrat incompétent, avait été prononcée par plusieurs arrêts de Cours d'appel (Riom, 15 mars 1854, *J. Av.*, t. 79, p. 514, et 14 janv. 1857, t. 83, p. 215; Bordeaux, 27 juin 1855, *Courrier*, 1855, 29 juillet), et même par des arrêts de la Cour suprême, M. Chauveau déclarait que cette doctrine lui paraissait rigoureuse.

57. La jurisprudence est cependant aujourd'hui constante en ce sens. V. Cass., 21 avril 1847 (*J. Av.*, t. 73, p. 530); 22 août 1855 (t. 81, p. 262); 22 avr. et 29 déc. 1857 (t. 83, p. 124 et 277); 27 juill. 1858 (t. 84, p. 120); 25 janv., 21 mars et 16 août 1859 (t. 85, p. 71); 16 janv. 1861 ; 3 juin 1862; 14 déc. 1863 (t. 89, p. 146); 5 janv. et 25 juill. 1864 (*Ibid.*, et t. 90, p. 132); 2 janv. 1866 (t. 91, p. 303) ; 6 fév. 1867 (t. 93, p. 266); 27 juill. 1869 (t. 94, p. 458) et 8 juill. 1873 (deux arrêts (t. 99, p. 66); Bordeaux, 5 avril 1870 (t. 91, p. 346). Elle applique du reste la nullité au cas où le règlement a eu lieu par défaut aussi bien qu'à celui où il a été contradictoire (Cass., 3 juin 1862, 6 fév. 1867 et 8 juill. 1873; Bordeaux, 5 avril 1870, précités). Et elle décide que cette nullité est d'ordre public; en sorte qu'elle doit être prononcée, quoique l'incompétence du magistrat étranger au jugement ou à l'arrêt n'ait pas été proposée, lors du règlement des qualités, par les parties ou par leurs avoués (Cass., 14 déc. 1863), et qu'elle ne peut, ni être couverte par le silence ou le consentement des parties ou de leurs avoués qui ont comparu devant le magistrat incompétent (Cass., 25 janv. et 21 mars 1859. Compar. *suprà*, n. 53); ni être réparée par aucune approbation, ratification ou mainlevée donnée ultérieurement par un magistrat incompétent, sans le concours et la volonté de la partie opposante (Cass., 8 juill. 1873).

58. Mais, dans le cas où, un règlement de qualités ayant été fait par un magistrat incompétent, les parties ont consenti à procéder à un nouveau règlement devant le magistrat compétent, l'une d'elles ne peut plus se faire un moyen de cassation de la nullité du premier règlement : Cass., 8 mai 1866 (*J. Av.*, t. 92, p. 145).

59. Du reste, la mention, dans la copie signifiée d'un arrêt, d'un magistrat étranger à cet arrêt, comme en ayant réglé les qualités, n'est pas une cause de nullité, si cette mention est erronée, et s'il est constant que les qualités ont été réglées par un magistrat qui a concouru à l'arrêt : Cass., 16 avr.

1866 (t. 92, p. 51). — Décidé aussi que l'irrégularité résultant d'une fausse indication du magistrat qui doit procéder à un règlement de qualités n'entraîne pas nullité de l'ordonnance, si cette irrégularité n'a pu induire en erreur l'avoué sommé de comparaître : Cass., 7 mai 1866 (t. 91, p. 439). — Compar. *suprà*, n. 51.

60. Lorsque les qualités ont été réglées, en l'absence du président, par un magistrat qui a concouru au jugement ou à l'arrêt, le règlement est valable, encore bien que l'empêchement du président n'ait pas été constaté : Cass., 8 nov. 1859 (t. 85, p. 71). D'ailleurs, quand les qualités ont été réglées par le conseiller le plus ancien de la chambre qui a rendu le jugement ou l'arrêt, il y a présomption d'empêchement légitime du président : Cass., 16 avril 1869 (t. 92, p. 51) et 14 déc. 1868 (t. 94, p. 461).

61. D'un autre côté, dans le cas où le magistrat autre que le président, qui a réglé les qualités, était moins ancien que d'autres magistrats ayant concouru au jugement ou à l'arrêt, il y a présomption d'empêchement légitime du président et des magistrats plus anciens : Cass., 7 mai 1866 (t. 91, p. 439) et 9 juill. 1867 (t. 93, p. 267). — En tout cas, l'incompétence du juge ne peut, dans cette circonstance, être invoquée par la partie qui a volontairement discuté devant lui le mérite des qualités auxquelles elle avait formé opposition : Cass., 9 juill. 1867, précité.

62. En indiquant le magistrat qui est chargé de régler les qualités auxquelles il a été formé opposition, la loi n'exclut point le règlement amiable. Ces qualités peuvent donc être réglées par les avoués eux-mêmes, sans l'intervention du magistrat : Cass., 19 déc. 1866 (t. 94, p. 227).

63. D'après le même arrêt, il n'est pas nécessaire que les qualités réglées fassent connaître les modifications apportées à la rédaction primitive.

64. La Cour de cassation décide que pour régler les parties sur une opposition aux qualités d'un jugement, le juge n'a pas besoin d'être assisté du greffier : arrêts des 23 août 1847 (*J. Av.*, t. 72, p. 668); 6 janv. et 3 mars 1858 (t. 83, p. 278); 15 juin 1869 (t. 94, p. 159). Elle se fonde sur ce que l'art. 1040 n'est pas ici applicable parce que le règlement des qualités est fait sur les qualités elles-mêmes, remises aux mains de l'avoué, sans qu'il en soit gardé minute et délivré expédition. La même Cour a, d'ailleurs, jugé, les 8 mai 1850 (t. 76, p. 306) et 15 juin 1869 (arrêt précité), que la signature du greffier apposée au bas d'un jugement ou d'un arrêt fait présumer qu'il a assisté au règlement des qualités.

65. Le magistrat qui règle les qualités d'un arrêt peut ordonner qu'elles seront expédiées sans préjudice des protestations et réponses des parties, alors, d'ailleurs, qu'elles contiennent les noms, profession et demeure de celle-ci, les conclusions et les points de fait et de droit, et qu'elles ont été rectifiées à la suite de l'opposition : Cass., 3 mars 1868 (t. 93, p. 334).

66. La demande en suppression d'expressions contenues dans un acte d'opposition aux qualités d'un jugement, comme injurieuses, ne rentre pas dans la compétence du président du tribunal pour le règlement des qualités ; en pareil cas, il y a lieu de renvoyer l'incident au tribunal entier : ordonn. du prés. du trib. de Redon, 1er fév. 1869 (t. 95, p. 93).

67. (Q. 602). *La décision qui intervient sur l'opposition aux qualités doit-elle être mise à la suite de l'original de la signification, ou doit-elle être écrite sur une feuille à part ?*

Il est répondu au texte que cette décision doit être portée sur l'original de la signification des qualités, où le juge, soit qu'il approuve, soit qu'il modifie les qualités, met au bas les mots : *Bon à expédier sur les présentes qualités*, qu'il signe.

D'après un arrêt de la Cour de cassation du 26 fév. 1878 (*J. Av.*, t. 104, p. 110), l'ordonnance contenant règlement des qualités est nulle, si elle ne porte pas de date et se borne à la formule : *Bon à expédier*. — Mais, contrairement à cette décision, les auteurs ne regardent point comme une formalité nécessaire la date de l'ordonnance contenant règlement de qualités. Voy. Pigeau, *Proc. civ.*, t. 1, p. 630; Bioche, *Dict. de proc.*, v° *Jugement*, n. 407; Rodière, *Compét. et proc.*, t. 1, p. 263; Carré et M. Chauveau, au texte, sous la présente question. — En tout cas, les présomptions de fait invoquées pour établir que la date portée à l'ordonnance est le résultat d'une erreur matérielle, ne peuvent prévaloir contre la foi qui est due à cette ordonnance jusqu'à inscription de faux : Cass., 27 août 1878 (t. 104, p. 463).

68. Du reste, il n'est pas exigé, à peine de nullité, qu'il soit fait mention du règlement des qualités dans le jugement ou l'arrêt : Cass., 12 fév. 1817 (*J. Av.*, t. 18, p. 605); 18 fév. 1865 (t. 90, p. 214); 6 mars 1866 (t. 92, p. 15); M. Chauveau, au texte, sous la quest. 597 *ter, in fine*. L'omission de cette mention ne pourrait que rendre l'expédition irrégulière ou incomplète, sans affecter le jugement ou l'arrêt, si d'ailleurs ils réunissent toutes les conditions exigées par la loi : arrêt précité du 18 fév. 1865.

69. (Q. 603). *Peut-on se pourvoir par appel contre la décision rendue sur l'opposition aux qualités?*

La négative est soutenue au texte.

70. Dans le *Supplément* précédent, M. Chauveau disait encore que le règlement des qualités est une mission conférée à la loyauté et à la conscience du magistrat qui a présidé l'audience, et qu'il résulte de la nature spéciale de cette mission et du silence de la loi qu'aucun recours ne saurait être ouvert contre la décision du juge qui l'a remplie. Il citait, en ce sens : Cass., 23 juin 1852 (*J. Av.*, t. 80, p. 397); MM. Boucher d'Argis, *Dict. de la Taxe*, p. 273; Bioche, *Journ. de proc.*, 1847, p. 352, qui ajoute que, si l'ordonnance de règlement est rendue par défaut, l'avoué défaillant ne peut pas y former opposition; Dalloz, v° *Jugement*, n. 257; — et en sens contraire, M. Rodière, t. 1, p. 357, suivant lequel l'ordonnance du président est susceptible d'être attaquée par opposition devant le tribunal.

71. Notre auteur faisait d'ailleurs remarquer que l'appel est recevable quand, au lieu de régler purement et simplement les qualités, le président a attribué à l'un des avoués le droit exclusif de lever le jugement et d'en poursuivre l'exécution. *Sic.*, Pau, 6 mai 1850 (*J. Av.*, t. 75, p. 486).

La jurisprudence s'est encore prononcée, depuis, en faveur de cette doctrine. V. Agen, 13 fév. 1867 (*J. Av.*, t. 92, p. 339).

— V. *Appel*; *Assistance judiciaire*; *Cassation (pourvoi en)*; *Communication de pièces*; *Constitution d'avoué*; *Délibéré*; *Désaveu*; *Frais et dépens*; *Greffier*; *Jugement*.

QUALITÉS POSÉES.

(Art. 80, Cod. proc. civ.)

1. (Q. 613 bis). *Qu'est-ce qu'on entend dans la pratique par ces mots :* qualités posées?

M. Chauveau, au texte (t. 2, p. 5, à la note), explique qu'au palais, notamment à Paris, *poser qualités* signifie *prendre des conclusions par écrit*. C'est en effet ce qui résulte du règlement arrêté par la Cour d'appel de Paris en exécution de l'art. 40 de la loi du 27 vent. an VIII, et approuvé par le gouvernement le 29 therm. an XI, et la locution dont il s'agit paraît être entendue dans le même sens par la Cour de cassation, dont un arrêt, en date du 24 avril 1834 (*J. Av.*, t. 47, p. 694), met absolument sur la même ligne les *qualités posées* et les *conclusions contradictoirement prises*. V. aussi les art. 28, 69 et 70 du décret du 30 mars 1808. — Suivant M. Berriat-Saint-Prix, *Cours de proc. civ.*, p. 270, note 15, poser les qualités, ce serait « désigner les parties, énoncer les qualités en lesquelles elles agissent, et prendre *verbalement* les conclusions ». M. Chauveau regarde avec raison cette définition comme erronée.

2. Suffit-il que les qualités aient été posées pour que le jugement qui intervient ensuite doive être réputé contradictoire? ou bien le jugement ne prend-il ce caractère qu'après les conclusions prises à l'audience indiquée par le rôle pour plaider? M. Chauveau, *ibid.* (t. 2, p. 8 et s.) se prononce pour cette dernière interprétation. V. *Jugement par défaut*, n. 12 et 13.

— V. *Jugement; Jugement par défaut; Reprise d'instance.*

QUALITÉS DES PARTIES. V. *Appel; Arbitrage.*

QUANTIÈME. V. *Ajournement; Délai.*

QUASI-DÉLIT. V. *Ajournement; Saisie immobilière; Tribunal de commerce.*

QUESTION DE DROIT. V. *Arbitrage.*

— **D'ÉTAT.** V. *Actes de l'état civil; Appel; Arbitrage; Compromis; Désistement; Enquête; Incident; Tierce opposition.*

— **D'ORDRE INTÉRIEUR.** V. *Jugement.*

— **PRÉJUDICIELLE.** V. *Appel; Tribunal de commerce.*

— **DE PROPRIÉTÉ.** V. *Actions possessoires; Référé.*

QUESTIONS CONNEXES. V. *Jugement.*

QUITTANCE. V. *Acte (délivrance d'); Chose jugée; Exécution forcée; Inventaire; Saisie-arrêt; Saisie-exécution; Saisie de rentes; Vérification d'écriture.*

R

RADIATION D'INSCRIPTION. V. *Ajournement; Autorisation de femme mariée; Exécution forcée; Frais et dépens.*

— **DU ROLE.** V. *Bénéfice d'inventaire; Descente sur les lieux; Expertise.*

— **DE SAISIE.** V. *Saisie immobilière.*

RAISON SOCIALE. V. *Faux incident civil.*

RANG DES JUGES. V. *Jugement.*

RAPPORT. V. *Actes de l'état civil; Arbitrage; Délibéré; Distribution par contribution; Expertise; Faux incident civil; Interrogatoire sur faits et articles; Récusation; Règlement de juges; Renvoi d'un tribunal à un autre; Tribunal de commerce; Vente d'immeubles de mineurs; Vérification d'écriture.*

— **D'EXPERT.** V. *Jugement; Qualités de jugement ou arrêt; Tierce opposition.*

— **NOUVEAU.** V. *Jugement.*

RAPPORTEUR. V. *Instruction par écrit; Jugement; Renvoi d'un tribunal à un autre; Séparation de biens.*

RATIFICATION. V. *Compromis; Désaveu; Distribution par contribution; Qualités de jugement ou arrêt; Tribunal de commerce.*

RATURES. V. *Exploit; Faux incident civil.*

RÉASSIGNATION. V. *Désaveu; Descente sur les lieux; Enquête; Exceptions; Jugement; Jugement par défaut; Reprise d'instance; Tribunal de commerce.*

RÉCÉLÉ. V. *Enquête.*

RÉCÉPISSÉ. V. *Communication de pièces.*

RECEVEUR D'HOSPICE. V. *Saisie-arrêt; Saisie immobilière.*

RÉCEPTION DE CAUTION. V. *Surenchère.*

— DE CRÉANCES. V. *Référé.*

— DE FONDS. V. *Avoué.*

RECEVEUR DE DENIERS PUBLICS. V. *Saisie-arrêt.*

— D'ENREGISTREMENT. V. *Conciliation; Ordre.*

— DE LA POSTE AUX LETTRES. V. *Exécution forcée; Saisie-arrêt.*

RÉCOLEMENT. V. *Saisie-exécution.*

RÉCOLTES (SAISIE DE). V. *Saisie-brandon; Saisie immobilière.*

RÉCONCILIATION. V. *Récusation; Séparation de corps.*

RECONNAISSANCE DE DETTE. V. *Frais et dépens; Inventaire; Ordre.*

— D'ÉCRITURE. V. *Conciliation; Exécution forcée; Vérification d'écriture.*

— DE MONT DE PIÉTÉ. V. *Saisie-exécution.*

RECOUVREMENT DE CRÉANCE. V. *Avoué; Exploit.*

RECRÉANCE. V. *Actions possessoires.*

RECTIFICATION. V. *Compte (reddition de); Distribution par contribution; Ordre; Saisie immobilière.*

— DES ACTES DE L'ÉTAT CIVIL. V. *Actes de l'état civil.*

— DE CHIFFRES. V. *Conciliation.*

RÉCUSATION.

(Art. 378 à 396, Cod. proc. civ.).

SOMMAIRE ALPHABÉTIQUE.

FORMULES. — *Jugement qui, sur la déclaration du juge, ordonne qu'il s'abstiendra.* — Form., t. 1er, p. 40, n. 38. — *Acte de récusation.* — Form. n. 39, p. 41. — *Jugement qui admet la récusation.* — Form. n. 40, p. 44. — *Déclaration du juge récusé.* — Form. n. 41, p. 44. — *Acte pour faire remplacer le juge récusé, en cas d'urgence.* — Form. n. 42, p. 45. — *Jugement qui rejette la récusation.* — Form. n. 43, p. 46. — *Acte d'appel d'un jugement qui rejette la récusation.* — Form. n. 44, p. 46. — *Certificat du greffier de la Cour constatant que l'appel n'est pas jugé.* — Form. n. 44 *bis*, p. 47. — *Signification du certificat du greffier de la Cour constatant que l'appel n'est pas jugé.* — Form. n. 45, p. 48.

DIVISION.

§ 4. *Par qui, quand et comment doit être proposée la récusation, et comment elle doit être jugée.*

§ 1. — Qui l'on peut récuser, et dans quels tribunaux la récusation est admise.

1. (Q. 378). *En disposant que tout juge peut être récusé, l'art.* 378 *entend-il restreindre la récusation aux membres titulaires des tribunaux?*

Réponse négative au texte, t. 3, p. 330, note 2, où il est expliqué que le mot juge comprend ici les juges suppléants, les avocats et les avoués, lorsqu'ils se trouvent appelés à connaître d'une affaire, soit en remplacement des juges titulaires, soit pour vider un partage; mais que la récusation ne peut être exercée à l'égard des greffiers.

Adde conf., notre *Formul. annot.*, t. 1, p. 277, n. 3.

2. (Q. 1366 bis.) *Peut-on récuser un tribunal ou une Cour en masse, et quelle serait la procédure à suivre en pareil cas?*

Pour la solution de cette question, V. *Indication de juges; Renvoi d'un tribunal à un autre.*

3. (Q. 1365 A). *La récusation peut-elle être proposée dans les tribunaux de commerce?*

Solution affirmative au texte.

4. La Cour de Montpellier, par a êt du 1er avril 1852 (S.-V.53.2.38), a décidé en ce sens que les tribunaux de commerce sont assimilés aux tribunaux ordinaires quant aux règles de la récusation. — V. aussi conf., Dalloz, *Répert.*, vº *Récusat.*, n. 18; notre *Dictionn. du contentieux commerc.*, vº *Trib. de comm.*, n. 127.

5. (Q. 1365 B). *Est-elle admise en matière criminelle, correctionnelle, de simple police, ou administrative?*

M. Chauveau, au texte, dit qu'on a toujours pensé qu'il doit être suppléé au silence des lois qui régissent les tribunaux criminels et administratifs relativement à la récusation de leurs membres, par les dispositions concernant la récusation en matière civile.

6. Un arrêt de la Cour de Montpellier, du 14 août 1848 (*J. Av.*, t. 76, p. 404), a décidé, conformément à cette doctrine, que pour récuser un juge, en matière correctionnelle, il faut appliquer les règles prescrites par les art. 378 et s., Cod. proc. civ. — *Adde*, dans le même sens, notre *Mémorial du Ministère public*, vº *Récusation*, n. 1 et s., ainsi que les autorités qui y sont mentionnées.

7. En ce qui concerne la récusation des juges de paix, Voy. le mot *Justice de paix*, n. 253 et s.; et en ce qui touche celle des arbitres, le mot *Arbitrage*, n. 24 et suiv.

8 (Art. 332). *Les magistrats composant un tribunal appelé à juger une question de discipline concernant un avocat ou un officier ministériel, peuvent-ils être de la part de ces derniers l'objet d'une récusation?*

Décision affirmative au texte, t. 3, p. 332, note, 2°.

9. (Q. 1393). *Dans quel cas le ministère public est-il récusable? La récusation dirigée contre lui, lorsqu'il agit d'office, est-elle nulle de plein droit?*

Il résulte des termes mêmes de l'art. 381 que le ministère public peut être récusé pour les mêmes causes que les juges lorsqu'il est partie jointe; mais qu'il n'est pas récusable quand il agit comme partie principale; et, dans ce dernier cas, il est enseigné, au texte, que la récusation qu'on dirigerait contre lui serait nulle de plein droit.

10. La disposition de l'art. 381 est d'ailleurs applicable en matière criminelle comme en matière civile Sur ce point, qu'admet M. Chauveau, *ibid.*, V. notre *Mémorial du Ministère public*, v° *Ministère public*, n. 62.

§ 2. — Causes de récusation.

11. (Q. 1367). *Le juge parent ou allié des deux parties peut-il être récusé?*

Solution affirmative au texte.

Adde conf., Dalloz, v° *Récusation*, n. 29; Bourbeau, t. 5, p. 485; Rodière, t. 2, p. 83.

12. (Q. 1368). *Le juge peut-il être récusé par la partie dont il serait parent ou allié, sans l'être de la partie adverse?*

Résolu aussi affirmativemnt au texte.

Adde conf., Dalloz, n. 30; Bourbeau, t. 5, p. 485; Rodière, t. 2, p. 83.

13. (Q. 1368 bis). *La parenté naturelle produit-elle, en ce qui concerne la récusation, les mêmes effets que la parenté légitime?*

Ce point est encore résolu affirmativement au texte par M. Chauveau.

Adde conf., Dalloz, n. 31; Bourbeau, t. 5, p. 486.

14. (Q. 1369). *Dans le cas où le mariage a été dissous par le divorce, le beau-père, le gendre et les beaux-frères sont-ils récusables, lorsqu'il n'existe pas d'enfants, de même qu'ils le sont dans le cas du décès de la femme?*

Solution négative au texte.

15. (Q. 1386.) *Que faut-il entendre par "l'intérêt distinct ou personnel que doivent avoir, aux termes de l'art. 379, soit le tuteur ou curateur de l'une des parties, soit les membres ou administrateurs d'un établissement, d'une société ou union partie dans la cause pour que le juge, parent de ce tuteur, curateur ou administrateur puisse être récusé?*

Carré, au texte, explique que le législateur a prévu ici le cas où, par exemple, un tuteur ou curateur agirait tant dans son propre intérêt que dans l'intérêt du mineur ou de l'interdit; où un administrateur aurait une part, soit comme émolument, soit à tout autre titre, dans l'objet litigieux; où la contestation porterait sur un fait donnant lieu à la responsabilité civile édictée par l'art. 1384, Cod. civ. – M. Chauveau, *ibid.*, ajoute que l'intérêt est *distinct* lorsqu'il procède de causes différentes; comme, dans un ordre, l'intérêt de créancier hypothécaire opposé à celui de créancier chirographaire; mais que tout ce qu'il faut pour rendre récusable le juge parent du tuteur, curateur, etc., c'est que celui-ci ait un *intérêt personnel* dans la cause, c'est-à-dire qu'il y figure pour lui-même, et non pas seulement pour le mineur ou l'interdit; en sorte qu'un intérêt même *commun* avec celui de ce dernier, mais en même temps personnel au tuteur ou curateur, suffirait pour donner lieu à la récusation; ce qui fait dire à notre auteur que c'est par un vice de rédaction que l'art. 379 exige un intérêt à la fois personnel et distinct, et qu'il aurait dû se borner à ces mots : *un intérêt personnel.*

16. (Q. 1370). *Qu'est-ce que l'art.* 378 (§ 3) *entend par le* différend *du juge sur pareille question que celle agitée entre les parties, dont il fait contre lui une cause de récusation?*

Au texte, Carré exprime l'avis que la loi a entendu parler d'un procès déjà soumis à des juges ou à des arbitres; tandis que M. Chauveau émet l'opinion qu'il y a différend par cela seul que des prétentions contraires ont été élevées, sans qu'il y ait procès déjà engagé.

17. M. Dalloz, n. 40, pense aussi que *différend* n'est pas synonyme de *procès*; M. Rodière, t. 2, p. 84, se borne à dire que le différend doit être né. — Mais M. Bourbeau, continuateur de Boncenne, t. 5, p. 464, estime que l'expression *différend* désigne un procès actuellement pendant.

18. (Q. 1371). *Qu'entend la disposition précitée par ces mots : Pareille question?*

La loi n'entend pas, est-il répondu au texte, que le différend qu'aurait le juge soit pareil, dans toutes les particularités, à celui dans lequel est proposée la récusation; il suffit qu'il présente, en droit ou en fait, une question susceptible de recevoir la même décision.

19. (Q. 1372). *Peut-on prouver par témoins qu'il existe, sur une pareille question, un différend auquel le juge ou ses parents ou alliés en ligne directe seraient intéressés?*

Il est enseigné au texte que, si l'on ne peut prouver par témoins la similitude des questions à juger, chose qui n'est pas du domaine des sens, il n'est pas interdit de recourir à ce genre de preuve pour établir l'existence du différend qu'on allègue, sauf aux juges à apprécier par d'autres moyens le plus ou moins d'analogie qu'il présente avec le procès sur lequel le juge récusé est appelé à statuer.

20. (Q. 1373). *En quel cas le juge est-il récusable, si, lui-même, sa femme, ses ascendants, etc., sont créanciers ou débiteurs d'une des parties?*

Selon Carré, au texte, le juge est récusable lorsqu'il est obligé envers la partie, ou qu'elle est obligée envers lui pour un capital, même non encore exigible; mais, relativement à la dette des loyers, fermages ou arrérages de recettes, elle n'est une cause de récusation que dans le cas où il y a des termes arriérés. —M. Chauveau, *ibid.*, tout en faisant dépendre des circonstances la solution de la question posée, estime en principe qu'une dette à terme ou conditionnelle rentre dans les prévisions de l'art. 378 aussi bien qu'une dette exigible. —Il fait d'ailleurs remarquer que les rapports de créancier ou de débiteur entre une partie et son juge, ne peuvent être un motif de récusation que pour la partie adverse.

21. Un arrêt de la Cour de Rennes, du 9 juin 1845 (*J. Av.*, t. 69, p. 619), a décidé qu'un juge n'est récusable comme débiteur d'une partie qu'autant que la dette est actuelle; qu'ainsi un arbitre n'est pas récusable comme débiteur du mari en cause, lorsqu'il est débiteur d'une rente viagère envers la femme séparée de biens, quoiqu'il soit stipulé qu'une portion de la rente est réversible sur la tête du mari en cas de prédécès de la femme. MM. Bourbeau, t. 5, p. 469, et Rodière, t. 2, p. 84, pensent, comme M. Chauveau, que le terme ou la condition n'empêchent pas la dette d'être une cause actuelle de récusation.

22. M. Rodière, *ibid.*, partage aussi l'opinion de notre auteur en ce qui touche le droit exclusif de la partie adverse de proposer la récusation. V. également M. Bourbeau, p. 484. — Mais la jurisprudence décide, au contraire, que le droit de récuser un juge à raison de sa qualité de créancier ou de débiteur de l'une des parties appartient aussi bien à la partie créancière ou débitrice du juge qu'à la partie adverse. V. Montpellier, 1er avril 1852 (*J. Av.*, t. 87, p. 147, à la note); Nancy, 31 janv. 1862 (*ibid.*, p. 145) et 4 juin 1868 (t. 94, p. 419).

23. Toutefois, d'après ce dernier arrêt, le tribunal, en pareil cas, a le droit d'apprécier si l'intérêt du juge à la contestation est assez important pour motiver la récusation proposée contre lui; et, spécialement, il peut considérer comme n'étant pas une cause de récusation l'intérêt que le juge peut avoir au procès à raison de sa qualité d'actionnaire d'un établissement de crédit qui y est partie, si le chiffre de sa créance est insignifiant. Cette dernière solution a été également admise par un arrêt de la Cour de Rennes du 8 avril 1862 (t. 88, p. 351).—Il résulte d'ailleurs d'un arrêt de la Cour de cassation du 10 août 1868 (t. 94, p. 419), que la récusation d'un juge, fondée sur ce qu'il serait actionnaire ou parent au degré prohibé d'un actionnaire dans une société déclarée en faillite, est inadmissible, s'il est établi que ce juge a versé intégralement le montant de sa souscription, et que, le capital social étant absorbé, le droit éventuel des actionnaires s'évanouit complètement.

Mais la qualité de membre du conseil de surveillance d'une société constitue, chez un juge, une cause de récusation : Rennes, 16 juin 1858 (t. 88, p. 352, à la note).

24. (Q. 1374). *Y aurait-il lieu à récuser le juge sur lequel une partie aurait accepté un transport de créance ?*

Suivant l'opinion admise au texte, la récusation pourrait être exercée dans ce cas, si la cession était antérieure à l'introduction de l'instance ; mais elle ne pourrait l'être si la cession était postérieure, parce qu'il serait alors présumable que la partie n'a accepté le transport que pour s'en faire un moyen de récusation.

25. (Q. 1375). *Que doit-on entendre par ces mots :* procès criminel, *employés par l'art.* 378, § 5 ?

Carré, au texte, est d'avis que ce sont là des termes génériques qui comprennent tous procès, soit en police simple ou correctionnelle, soit en justice criminelle, et non pas seulement les derniers. Au contraire, M. Chauveau, *ibid.*, adopte l'opinion d'après laquelle les mots *procès criminel* ne doivent s'entendre ici que de ceux intentés à raison de faits qualifiés *crimes* par la loi.

26. *Adde* conf. à cette dernière interprétation, Dalloz, n. 52. M. Rodière, t. 2, p. 85, inclinerait à assimiler aux procès criminels les procès correctionnels pouvant donner lieu à d'autres peines que des amendes. M. Bourbeau, t. 5, p. 494, met sur la même ligne les procès criminels et les procès correctionnels, sans distinguer pour ceux-ci entre les peines corporelles et celles qui sont simplement pécuniaires.

27. (Q. 1376). *Peut-on récuser un juge, relativement à un procès intenté par lui, ses parents ou alliés en ligne directe, depuis celui à l'occasion duquel cette récusation serait proposée ?*

Solution affirmative au texte.

28. (Q. 1376 bis A). *Le juge, conseil judiciaire de l'une des parties, peut-il être récusé par l'autre ?*

L'affirmative est aussi admise au texte sur ce point.

Adde conf., Bourbeau, t. 5, p. 472, et Rodière, t. 2, p. 86. — *Contrà*, M. Dalloz, n. 61.

29. (Q. 1376 bis B). — Quid *du juge donateur ?*

Suivant M. Chauveau, au texte, le juge donateur n'est pas récusable.

30. (Q. 1377). *Que doit-on entendre par le mot* maître *et par le mot* commensal *employés au* § 7 *de l'art.* 378 ?

Carré et M. Chauveau sont d'avis, au texte, que le maître, dans le sens de cette disposition, est celui qui a des domestiques à son service ou des ouvriers sous ses ordres, et que cette expression ne désigne pas le propriétaire d'un bien loué ou affermé. — Quant au commensal, c'est ici, selon la remarque de M. Chauveau, non pas le juge qui mange à la même table que la partie chez un tiers, où chacun paie son écot, mais celui qui mange chez la partie elle-même, à ses frais ou autrement.

Adde conf., Dalloz, n. 65 ; Bourbeau, t. 5, p. 478, et Rodière, t. 2, p. 86.

31. (Q. 1376 ter). *Les juges sont-ils récusables comme habitants d'une commune partie au procès ?*

Si le juge exerçait dans la commune des fonctions municipales, il serait récusable, selon M. Chauveau ; mais la simple qualité d'habitant n'autoriserait la récusation que dans le cas où l'objet de la contestation serait de nature à intéresser personnellement chacun des habitants, comme lorsqu'il s'agit d'un droit de dépaissance, d'usage, etc.

32. Il a été jugé en ce sens que la seule qualité de conseiller municipal suffit pour frapper un juge de suspicion légale et pour justifier à son égard la récusation, les conseillers municipaux participant à l'administration des communes, qui sont nécessairement comprises parmi les établissements énumérés d'une manière générale dans l'art. 378, § 7, Cod. proc.; et qu'il en est de même de la qualité d'habitant d'une commune, si, à raison de la nature du litige, le juge a dans la cause un intérêt réel, direct et personnel, par exemple, quand il s'agit de droits d'usage et de parcours dont il peut jouir *ut singulus* : Dijon, 24 janv. 1866 (*J. Av.*, t. 91, p. 285).

33. (Q. 1378). *En quel cas peut-on dire qu'un juge a donné conseil ou connu du différend ?*

Il est enseigné au texte que le juge est réputé avoir donné conseil, non seulement quand il a conseillé d'entreprendre ou de soutenir le procès, mais encore s'il a dirigé les démarches de la partie ; s'il a conféré avec son avocat ou son avoué, s'il a agi pour lui procurer des pièces, etc. — Toutefois, suivant la remarque de M. Chauveau, *ibid.*, les avis donnés par le juge à une partie ne le rendraient pas récusable, s'ils concernaient une instance terminée avant le dépôt au greffe de l'acte de récusation. — Il est encore dit au texte qu'un juge peut être récusé pour avoir connu du différend, s'il a déjà été pris pour arbitre, ou si, comme amiable compositeur, il a essayé de concilier les parties.

34. Dans le précédent *Supplément*, M. Chauveau ajoutait qu'un juge qui a concouru à un jugement interlocutoire ne peut être récusé pour ce motif lors du jugement définitif. — Conf., Dalloz, n. 78; Bourbeau, t. 5, p. 499. V. aussi *infrà*, n. 46 et 81.

35. Notre auteur se demandait ensuite si le juge qui a prononcé au criminel sur le fait dont on réclame devant lui la réparation civile, peut être récusé comme ayant connu du différend. La négative, disait-il, résulte d'un arrêt de la Cour de Rennes, du 3 mai 1852 (*Journ. de cette Cour*, 1852, p. 85), ainsi que d'un arrêt de la Cour d'Alger du 22 oct. 1851 (*Journ. de cette Cour*, n° 197), dans l'espèce duquel la récusation était basée sur ce que le juge avait instruit une affaire criminelle se rattachant au procès civil. — Pour rendre la récusation admissible, observait M. Chauveau, il faut qu'il s'agisse du même différend : or, il n'y a pas identité d'objet, ni en la forme ni au fond, dans une affaire appréciée d'abord au point de vue de la répression pénale encourue par une partie, et ensuite au point de vue de la responsabilité civile qu'elle peut entraîner. Mais quand, à l'occasion de l'instance criminelle, le fait sur lequel est plus tard basée l'action civile a été caractérisé de manière à préjuger la solution purement civile, la récusation peut être admise. — Ainsi la Cour de Bourges a eu raison de décider, le 29 janv. 1851 (*J.P.*51.1.393), qu'il y a lieu à récusation, en matière civile, sur une action principale en dommages-intérêts contre les magistrats qui, comme juges correctionnels, et tout en renvoyant de la plainte le prévenu principal et la personne civilement responsable, ont néanmoins apprécié sans nécessité les faits de responsabilité civile et déclaré qu'ils étaient constants. — Ainsi encore, la Cour de Riom a été fondée à déclarer, le 11 déc. 1849 (*J. Av.*, t. 75, p. 111), que les juges qui, dans un procès correctionnel, ont apprécié les manœuvres frauduleuses opposées à une partie qui demande l'exécution d'un titre, peuvent être récusés dans l'instance civile ayant pour objet l'exécution de ce titre. — C'est aussi parce que le fond du droit avait été apprécié par le juge que la Cour de Douai a admis, le 4 fév. 1851 (*J. Av.*,

t. 76, p. 324). la récusation formée contre un juge de paix, commissaire délégué dans un procès civil, qui avait connu antérieurement, comme juge de simple police, du fait qui avait donné lieu au litige.

36. Quelques décisions intéressantes sont survenues depuis. — La Cour de Dijon, par arrêt du 24 janv. 1866 (*J. Av.*, t. 91, p. 285), a déclaré récusable, comme ayant donné conseil sur un différend intéressant une commune, le juge, membre du conseil municipal, qui a concouru aux délibérations par lesquelles celui-ci, après avoir constaté les droits de la commune, a décidé, non seulement que l'instance serait introduite et l'autorisation de plaider demandée, mais encore qu'une offre amiable de la partie adverse pour le rachat des droits litigieux serait acceptée à titre de transaction.

37. C'est avec pleine raison qu'il a été jugé que le magistrat qui, commis pour provoquer et recevoir les éclaircissements contradictoires des parties et en faire rapport au tribunal, a réclamé à l'une des parties en présence de l'autre certaines justifications à l'appui de sa prétention, ne peut être considéré comme ayant donné un conseil le rendant récusable : Amiens, 5 av. 1876 (t. 102, p. 365).

37 *bis*. En admettant que le fait imputé au président d'un tribunal, d'avoir engagé l'une des parties en cause à rectifier dans un sens déterminé des conclusions présentées à l'effet d'obtenir un jugement d'expédient, soit susceptible de servir de base légale à une récusation, les juges peuvent, sans excéder les limites de leur droit d'appréciation, rejeter la récusation dont il s'agit, par le motif que le magistrat qui en est l'objet a déclaré s'être borné à inviter la partie à aller prendre les conseils de son avocat : Cass., 29 déc. 1875 (t. 101, p. 61).

38. La Cour suprême a non moins exactement décidé que, l'action publique et l'action civile étant indépendantes l'une de l'autre, le magistrat qui a connu de la première ne peut, lors du jugement de la seconde, être récusé comme ayant connu du différend : arrêt du 16 av. 1879 (t. 102, p. 186).

39. (Q. 1881 A). *Le juge peut-il être récusé, s'il a ouvert son avis extrajudiciairement ?*

Solution négative au texte.

40. S'il n'y a pas cause de récusation dans le cas où le juge a émis extrajudiciairement son avis sur la difficulté, observait M. Chauveau dans le *Supplément* précédent, il est évident qu'il y a en pareil cas un motif suffisant pour justifier l'abstention du magistrat. V. en ce sens, Caen, 4 déc. 1854 (*Journ. de cette Cour*, 1854, p. 318).

41. (Art. 378, § 8). *Les juges qui ont rendu un jugement attaqué par tierce opposition sont-ils réputés avoir manifesté leur opinion, dans le sens de l'art.* 378, § 8, *et peuvent-ils être récusés pour cette cause, lorsque la tierce opposition leur est soumise ?*

Décision négative au texte, t. 3, p. 346, note. — V. aussi en ce sens M. Chauveau, sur la quest. 1381, *in fine*, qui admet la même solution pour le cas d'opposition ou de requête civile.

42. (Q. 1379 A). *Le magistrat appartenant à un tribunal de première instance qui a concouru au jugement d'une affaire, peut-il, s'il devient membre de la Cour d'appel, être récusé dans l'instance soumise à cette Cour ?*

Résolu affirmativement au texte.

43. (Q. 1379 B). *Le juge taxateur qui a fixé les honoraires du notaire et le coût d'un acte, peut-il connaître de l'action portée devant le tribunal en paiement de ce même acte, lorsque la taxe est contestée ?*

La Cour de cassation, par arrêt du 11 nov. 1833, a consacré la négative, motivée sur ce que le président est d'autant moins tenu de s'abstenir, en pareil cas, lorsqu'il siége avec le tribunal, qu'il aurait pu connaître seul de l'opposition, si elle avait été portée devant lui. Dans l'usage à Paris, le juge taxateur est même considéré comme juge nécessaire.

44. Dans le précédent *Supplément*, M. Chauveau déclarait adhérer à la décision de la Cour suprême.

45. (Q. 1380 A). *Un juge est-il récusable, lorsqu'il n'a précédemment connu de l'affaire que pour se déclarer incompétent, soit à raison de l'état où l'affaire se trouvait alors, soit à raison de la qualité en laquelle on prétendait qu'il devait en connaître?*

Solution négative au texte.

46. (Q. 1380 B et 1381 B). *Peut-il y avoir récusation, lors du jugement définitif, du juge qui a participé à un jugement préparatoire, interlocutoire ou provisoire ? — Le magistrat d'une Cour qui a assisté à une audience solennelle où, après audition des plaidoiries, l'affaire a été renvoyée à une audience ordinaire, peut-il, sans encourir la récusation, faire partie de la chambre qui doit tenir cette dernière audience ?*

Résolu aussi négativement au texte.—Compar. *suprà*, n. 34, et *infrà*, n. 81.

47. (Art. 378, § 8). *Le juge qui, dans une affaire criminelle, a conclu contre un individu, en qualité d'officier du ministère public, peut-il, étant devenu juge, participer au jugement d'une autre affaire non connexe, mais de la même nature, qui concerne cet individu ?*

Décidé affirmativement au texte, t. 3, p. 332, note 1, 1°.

48. (Art. 378, § 8) *Un juge peut-il être récusé pour avoir déposé comme témoin, lorsqu'il a porté témoignage, non dans l'instance même sur laquelle il est appelé à statuer, mais dans un procès dont cette instance est la continuation sous une autre forme ?*

La Cour de cassation a jugé dans le sens de l'affirmative, par arrêt du 11 mai 1847 (*J. Av.*, t. 72, p. 433), que les membres d'un conseil de discipline qui ont déposé comme témoins dans un procès civil en diffamation contre un avocat, peuvent être récusés par cet avocat, dans la poursuite disciplinaire dirigée contre lui à raison des mêmes faits. — La Cour a donné pour motifs de cette décision qu'en plaçant au nombre des cas de récusation celui où le juge a déposé comme témoin, la loi s'est proposé, ainsi qu'à l'égard des autres causes de récusation, un double but : d'une part, celui de garantir le magistrat contre toute préoccupation personnelle susceptible de gêner, même à son insu, la complète liberté de son opinion; et, d'autre part, celui de rassurer les justiciables, et de maintenir le respect dû à l'autorité judiciaire, en écartant de la personne du juge tout soupçon, même immérité, de partialité; — Que ce cas de récusation est applicable non seulement lorsque le magistrat a été entendu comme témoin dans l'instance même sur laquelle il se trouvait appelé à statuer comme juge, mais aussi lorsque le procès dans lequel il a porté témoignage se continue, sous une autre forme, par le litige introduit devant lui, et en est un élément décisif, essentiel et constitutif.

49. (Q. 1382). *Un juge serait-il récusable pour avoir bu et mangé avec la partie, soit chez lui, soit en maison tierce ?*

Solution négative au texte, à moins qu'en maison tierce le juge n'ait été défrayé par la partie.

50. D'un arrêt de la Cour de Douai, du 16 déc. 1850 (*J. Av.*, t. 76, p. 324), il résulte qu'une partie peut, en vue de la récusation, être admise à prouver qu'un juge a dîné, depuis le commencement du procès, chez un maire représentant une commune partie au procès, sauf à tenir compte des circonstances qui ont pu amener ce fait.

51. (Q. 1383). *Le juge est-il récusable, si sa femme ou ses enfants ont reçu des présents de la partie ?*

L'affirmative est admise au texte sur ce point.

52. (Q. 1384). *Quel caractère doit avoir l'inimitié pour être* capitale *et constituer une cause de récusation ?*

Voy. la définition donnée au texte, où l'on fait remarquer, d'une part, que la récusation ne peut être admise qu'autant que la partie précise et articule les faits caractéristiques de l'inimitié, et, d'autre part, que l'inimitié cesse de donner lieu à la récusation si elle a été suivie de réconciliation.

53. La jurisprudence a encore décidé, depuis, que la récusation fondée sur l'inimitié capitale n'est admissible qu'autant que le récusant articule des faits caractéristiques d'inimitié tels que, si la justification en était rapportée, il en résulterait la preuve certaine de l'existence, chez le magistrat, du sentiment à lui attribué : Lyon, 18 janv. 1847 (*J. Av.*, t. 72, p. 661) ; Alger, 22 oct. 1851 (*Journ. de cette Cour*, 1851, n° 197); Douai, 27 fév. 1855 (*Journ. de cette Cour*, 1855, p. 131); Amiens, 5 avril 1876 (*J. Av.*, t. 102, p. 365). — Conf., Dalloz, n. 55, et Rodière, t. 2, p. 88.

54. Du reste, d'après l'arrêt précité de la Cour d'Amiens, les circonstances constitutives de l'inimitié capitale entre un magistrat et l'une des parties, sont abandonnées à l'appréciation des juges. Et cet arrêt a jugé spécialement que l'inimitié dont il s'agit ne saurait s'induire d'une dénonciation au garde des sceaux, que le récusant aurait précédemment dirigée contre le juge ;... ni de ce que ce juge, rapporteur dans un précédent procès qu'aurait eu le récusant, aurait omis de suppléer les moyens que celui-ci lui-même avait négligé de présenter.

55. Des relations même très amicales ne sont pas un motif légitime d'abstention ou de récusation : Caen, 4 déc. 1854 (*Journ. de cette Cour*, 1854, p. 318).

56. (Q. 1385). *De ce qu'une partie peut récuser le juge qui l'aurait injuriée, attaquée ou menacée, suit-il qu'elle puisse récuser celui contre lequel elle aurait elle-même proféré ou écrit des injures, etc. ?*

Solution négative au texte.

57. Mentionnons ici une décision de la Cour d'Amiens du 5 avril 1876 (*J. Av.*, t. 102, p. 365), d'après laquelle il n'y a pas une injure pouvant motiver une récusation, dans l'observation faite par un magistrat à l'un des colitigants, ancien officier ministériel, que, faute d'avoir inscrit sur ses livres une remise de fonds à lui faite, il avait commis une infraction à ses devoirs professionnels qui, s'il eût été encore en exercice, aurait motivé contre lui une poursuite et une peine disciplinaires.

58. (Q. 1364). *Les causes de récusation indiquées par l'art.* 378 *sont-elles les seules qui puissent être proposées ?*

L'affirmative est admise au texte.

59. En rappelant ce principe dans le précédent *Supplément*, M. Chauveau mentionnait, comme l'ayant appliqué, les décisions suivantes : — Un juge ne peut pas être récusé parce que son beau-frère est simplement actionnaire d'une société contre laquelle le procès est dirigé : Montpellier, 10 août 1846 (*J. Av.*, t. 73, p. 690). Compar. *suprà*, n. 23 ; — ni sur le motif que la partie a l'intention de le faire entendre comme témoin dans le cas où l'enquête à laquelle elle conclut sera ordonnée : Douai, 9 fév. 1847 (t. 72, p. 696). Rien n'empêche, observait notre auteur, qu'après avoir pris part à l'interlocutoire, le juge ne soit assigné et entendu comme témoin.

§ 3. — Abstention du juge.

60. (Q. 1387). *Le juge qui sait une cause de récusation en sa personne peut-il s'abstenir de lui-même, ou ne peut-il le faire qu'en vertu de la décision de la chambre dont il fait partie?*

Résolu dans le premier sens au texte, où Carré admet cependant que le principe souffre exception lorsque l'une des parties, ou le ministère public, si l'affaire concerne ses fonctions, exige que le juge déclare le motif de son déport.

61. (Q. 1390). *La déclaration que le juge doit faire à la chambre des causes de récusation qui existent en sa personne, peut-elle avoir lieu en tout état de cause, même après les délais de récusation?*

Solution affirmative au texte.

62. (CCCXV). *La décision de la chambre qui maintient un juge dans une affaire, nonobstant sa déclaration, dépouille-t-elle les parties du droit de proposer elles-mêmes la récusation?*

La négative est énoncée au texte par M. Chauveau.

63. (Q. 1388). *Si un juge fait sa déclaration à la chambre, à l'effet d'être dispensé, et que cette déclaration ne soit pas fondée sur un motif qui établirait une cause de récusation, la chambre peut-elle ordonner qu'il s'abstiendra?*

Résolu affirmativement au texte.

64. Dans le précédent *Supplément*, après avoir rappelé que les juges peuvent s'abstenir pour d'autres causes que celles qui sont de nature à motiver leur récusation, M. Chauveau ajoutait que la parenté, au septième degré, d'un juge avec le créancier d'une partie, et les relations d'intimité qui existent entre la famille du juge et celle du créancier, ne sont pas des motifs suffisants d'abstention. V. en ce sens, quant à l'intimité, l'arrêt de la Cour de Caen, cité *suprà*, n. 55.

65. D'après un autre arrêt de la même Cour, du 23 janv. 1850 (*J. Av.*, t. 76, p. 403), un magistrat peut s'abstenir lorsqu'il a, en cette qualité, donné des conseils à des personnes intéressées au procès même par leur ayant droit. Mais cette faculté n'appartient pas au juge qui a été l'avocat de l'adversaire d'une partie dans une contestation terminée par des décisions ayant acquis l'autorité de la chose jugée.

66. (Art. 380). *Lorsqu'une récusation proposée par les parties contre plusieurs juges est rejetée comme non recevable, parce qu'elle a été proposée trop tard, les juges qui en ont été l'objet peuvent-ils soumettre à la chambre dont ils font partie, les motifs d'abstention qu'ils reconnaissent en eux, et la chambre sanctionner leur abstention?*

Décidé affirmativement au texte, t. 3, p. 357, note 2, 3°.

67. (Art. 380). *Un tribunal peut-il d'office se déclarer incompétent parce que les juges qui le composent auraient essayé de concilier les parties; ou bien doit-il chercher à se compléter en appelant les suppléants et les membres du barreau?*

Décidé en ce dernier sens au texte, t. 3, p. 351, note.

68. (Q. 1392 bis A). *Comment doit être composée la chambre pour statuer sur les motifs d'abstention que lui propose un de ses membres?*

Elle doit l'être, suivant M. Chauveau, au texte, de la même manière qu'elle l'était au moment où le juge a fait sa déclaration.

69. (Q. 1392 bis B). *Dans le cas d'abstention volontaire, les formes de procéder sont-elles les mêmes que dans le cas de récusation proposée par les parties ?*

Un arrêt de la Cour de cassation du 6 août 1844 (*J. Av.*, t. 67, p. 535), que M. Chauveau mentionnait dans le *Supplément* précédent, a consacré la négative, et décidé spécialement que l'art. 385 (V. *infrà*, p. 154), n'est pas applicable dans le cas d'abstention.

70. (Q. 1392 ter). *Lorsque plusieurs juges d'un même tribunal déclarent s'abstenir pour cause de parenté ou d'alliance, ce tribunal doit-il statuer sur chacune des abstentions par jugement distinct et séparé, ou bien un simple procès-verbal suffit-il?*

La Cour de Bastia a décidé, par arrêt du 12 fév. 1855 (*J. Av.*, t. 80, p. 501), qu'un procès-verbal est insuffisant pour constater légalement les causes d'abstention, et que, l'art. 380 disposant que tout juge qui sait cause de récusation en sa personne est tenu de la déclarer au tribunal qui apprécie s'il doit s'abstenir, il faut, pour obéir aux prescriptions de cet article, que le tribunal rende des jugements successifs et distincts sur chacune des abstentions proposées.

71. M. Chauveau, dans le précédent *Supplément*, déclarait que cette décision lui paraissait interpréter d'une manière bien rigoureuse la disposition de l'art. 380. Si l'on se reporte, en effet, observait-il, à ce qui a été dit sous les quest. 1387, 1388, 1389 et 1392 (*suprà*, n. 60 et 63, et *infrà*, n. 73, 75 et 76), on y voit que, d'après la Cour de cassation, la déclaration du juge qui s'abstient ne donne point lieu à un véritable jugement de la part de ses collègues, mais bien à un simple avis; que la décision qui intervient n'est susceptible ni d'opposition ni d'appel; qu'il n'est pas nécessaire qu'elle soit motivée ni prononcée publiquement; qu'enfin, pour statuer sur l'abstention, la chambre n'a pas besoin d'être composée du nombre de juges prescrit pour la validité des jugements, et que les magistrats qui déclarent ne pas s'abstenir prononcent sur l'admission de l'abstention de leurs collègues. D'un autre côté, il est évident que plusieurs abstentions peuvent se manifester simultanément et ne laisser disponible pour statuer qu'un seul magistrat; on a même vu des circonstances où un tribunal tout entier déclarait s'abstenir. En pareil cas, nulle disposition de la loi ne prescrit autant de jugements qu'il y a d'abstentions. Il suffit que l'impuissance de connaître de l'affaire soit constatée par un acte quelconque, jugement ou procès-verbal, comme l'on voudra, pour que les parties soient admises à se pourvoir devant la Cour d'appel afin d'obtenir la désignation d'autres juges. Il est difficile de comprendre comment la Cour de Bastia veut que le tribunal rende des jugements sur chacune des abstentions, alors que l'admission de ces abstentions peut avoir précisément pour effet de laisser le tribunal sans juges pour prononcer.

72. La Cour de Toulouse, ajoutait notre auteur, s'est montrée, avec raison, moins difficile dans un arrêt du 23 fév. 1846 (*J. Av.*, t. 72, p. 373), statuant sur une espèce où il n'était produit à la Cour qu'une sorte de procès-verbal qu'elle a regardé comme suffisant pour servir de base au renvoi.

73. (Q. 1389). *La décision de la chambre du conseil décidant qu'un juge s'abstiendra doit-elle être notifiée ou communiquée aux parties? Celles-ci peuvent-elles en interjeter appel?*

Solution négative au texte sur les deux points.

74. (Q. 1391). *Le juge qui s'est déporté peut-il reprendre la connaissance de l'affaire, quand les causes de son déport ont cessé?*

Résolu aussi négativement au texte.

75. (Q. 1392). *Le concours d'un juge récusable rendrait-il nul le juge-*

ment sur le fond, s'il n'avait pas déclaré les causes de récusation qu'il savait exister dans sa personne, ou s'il n'avait pas été récusé ?

Résolu négativement au texte.

76. Dans le précédent *Supplément*, M. Chauveau, après avoir rappelé qu'il est de principe que le juge récusable, mais qui n'a pas été récusé, n'est pas tenu de s'abstenir d'office et que son concours ne vicie pas le jugement auquel il a participé, signalait, comme ayant fait application de cette règle, un arrêt de la Cour de Paris, du 8 nov. 1848 (*J. Av.*, t. 74, p. 281), et un arrêt de la Cour de cassation, du 2 avril 1854 (D.P.54.1. 272). Il faisait observer que la Cour de Paris, dans l'arrêt précité, n'a pas considéré comme viciant le jugement par son concours, à cause de l'intérêt qu'il pouvait avoir dans la cause, le juge-commissaire dont l'enquête était attaquée de nullité pour être recommencée à ses frais ; et que cette décision, qui lui paraissait indulgente, a cependant été maintenue par un arrêt de la Cour suprême du 11 déc. 1850 (S.-V.51.1.356), qui porte expressément que le juge-commissaire à une enquête dont la nullité est demandée et contre lequel on conclut à ce qu'elle soit recommencée à ses frais, peut, s'il n'a pas été récusé, concourir au jugement qui prononce sur la demande en nullité.

§ 4. — Par qui, quand et comment doit être proposée la récusation, et comment elle doit être jugée.

77. (Q. 1366 A). *Le demandeur peut-il récuser un juge, quand le défendeur n'a pas constitué avoué ?*

Ce point est résolu affirmativement au texte.

78. (Q. 1366 B). *Le défendeur a-t-il aussi ce droit, lorsque c'est le demandeur qui fait défaut ?*

L'affirmative est également admise, au texte, par Carré ; tandis que M. Chauveau s'y prononce dans le sens contraire. — Compar. *Jugement par défaut*, n. 47 et s.

79. (Art. 382). *Comment faut-il entendre la disposition de l'art. 382, d'après laquelle la demande en récusation doit être formée* avant le commencement de la plaidoirie?

Suivant l'explication donnée au texte, t. 3, p. 357, note 1, ces expressions signifient que la demande doit être formée avant que les conclusions aient été contradictoirement prises à l'audience.

80. La Cour de Lyon a consacré cette interprétation le 18 janv. 1847 (*J. Av.*, t. 72, p. 661). D'après un arrêt de la Cour de cassation du 2 juill. 1845 (*J. Av.*, t. 69, p. 619 et 674), les plaidoiries sont réputées commencées lorsque le défendeur a déjà saisi le tribunal d'une demande reconventionnelle et plaidé sur la jonction des deux demandes. Dans le sens de cette décision, que M. Chauveau mentionnait et paraissait approuver dans le *Supplément* précédent, V. aussi M. Dalloz, n. 103.

81. (Q. 1393 bis). *En cas de jugement interlocutoire, quand les plaidoiries sont-elles réputées commencées ?*

M. Chauveau, au texte, admet l'opinion suivant laquelle la récusation, en pareil cas, est proposable tant que les plaidoiries à l'effet d'obtenir jugement définitif n'ont pas été commencées ; en sorte que le juge qui a concouru à l'interlocutoire sans être récusé, peut l'être postérieurement et jusqu'aux nouvelles plaidoiries que nécessitera l'évacuation de cet interlocutoire. — Compar. *suprà*, n. 34 et 46.

82. Un jugement du tribunal civil de Castelsarrasin, du 25 janv. 1850, a statué en sens contraire. V. aussi conf. à cette dernière solution, MM. Levasseur, *Man. des jug. de paix*, p. 69, n. 126 ; Bioche, v° *Juge de paix*, n. 226.

83. (Q. 1393 ter). *Résulte-t-il de l'art.* 382 *que la récusation d'un juge de première instance ne soit plus admissible en appel, et celle d'un magistrat de Cour d'appel, en cassation ?*

Solution affirmative au texte.

Adde conf., Paris, 27 avril 1855 (*Gaz. des trib.*, 28 avril 1855) ; Agen, 28 juin 1870 (*J. Av.*, t. 95, p. 374); Dalloz, n. 102.

84. (Q. 1393 quater). *La récusation doit-elle, à peine de déchéance, être proposée avant les exceptions d'incompétence ?*

L'affirmative s'induit du jugement du tribunal civil de Castelsarrazin, du 25 janv. 1850, mentionné ci-dessus, n. 82. — Les objections ci-après avaient été soumises à M. Chauveau contre cette décision : « Quand une partie est appelée devant une juridiction, elle se demande d'abord si cette juridiction est compétente ; si elle ne l'est pas, elle oppose un déclinatoire qui n'est autre chose qu'une espèce de récusation, non pas contre la personne des juges, mais contre leur pouvoir. Si ce déclinatoire est admis, le renvoi est prononcé. Jusque-là, quels que soient les griefs de la partie contre les juges, elle doit s'abstenir de les articuler, puisqu'elle agirait prématurément. Ce n'est qu'autant que, par le rejet du déclinatoire, elle se voit forcée de procéder devant eux, qu'il lui est permis de récuser ceux dont l'impartialité lui est à bon droit suspecte. Alors seulement naît l'intérêt de la récusation. La priorité qu'il faut accorder à l'exception d'incompétence sur la récusation est fondée non seulement sur la logique, mais encore sur la loi qui veut que le déclinatoire proposé pour cause d'incompétence *ratione personæ*, soit couvert, si la partie a proposé des exceptions autres que la caution *judicatum solvi.* »

85. Dans le précédent *Supplément*, M. Chauveau déclarait préférer la solution du tribunal de Castelsarrazin, par ce double motif, que la récusation n'est pas une exception, mais une procédure préliminaire à toute espèce d'instruction, et que si l'impartialité d'un juge peut être suspectée sur la forme ou sur le fond, il y a identité de motifs pour la suspecter sur une question de compétence qui peut avoir une grande importance. Ce qui n'empêchait pas notre auteur de conseiller à l'avoué de la partie qui présente une récusation, de déclarer que son intention est de proposer l'incompétence du tribunal ou toute autre exception, dans l'ordre indiqué par le Code de procédure civile. Il faisait remarquer que c'est le cas où une énonciation qui est plus que de simples réserves, trouve son utilité.

86. (Q. 1394). *Pourrait-on, après les époques déterminées par l'art.* 382, *admettre une récusation, si les causes existantes n'avaient été connues que depuis ces mêmes époques ?*

La négative est soutenue au texte par Carré ; tandis que M. Chauveau y adopte l'opinion suivant laquelle la récusation dont les causes sont antérieures aux époques déterminées par l'art. 382 peut être admise, si la partie a été dans l'impossibilité physique de les connaître.

87. Ce dernier auteur faisait d'ailleurs remarquer, dans le *Supplément* précédent, que si l'on doit considérer comme tardive la récusation qui ne se produit qu'après le commencement des plaidoiries de la cause, alors qu'elle a pour base des faits dont le récusant a pu et dû avoir connaissance avant ce moment, ainsi que l'a décidé la Cour d'Agen, le 12 fév. 1858 (*J. Av.*, t. 83, p. 641), il faut reconnaître, avec un arrêt de la Cour d'Alger, du 22 oct. 1851 (*Journ. de cette Cour*, 1851, n° 197), que la récusation est admissible à quelque moment qu'elle se produise, même après les plaidoiries et pendant le délibéré, si le récusant n'a connu qu'alors les faits sur lesquel sa récusation est basée.

88. (Q. 1395). *Lorsqu'une récusation a été formée tardivement, peut-elle être considérée comme non avenue, sans qu'il soit besoin d'un jugement qui la déclare non recevable ?*

Carré, au texte, adopte l'affirmative, à laquelle M. Chauveau, *ibid.*, n'adhère qu'avec hésitation.

89. (Q. 1395 bis). *La récusation peut-elle avoir lieu contre un juge commis aux descentes, enquêtes, etc., si ce juge est un de ceux qui ont pris part au jugement ?*

L'affirmative est enseignée au texte par M. Chauveau, qui fait observer que, bien qu'en pareil cas la récusation ait lieu après le commencement des plaidoiries, elle doit être permise, parce que le fait de la commission du juge est de nature à faire sentir d'une manière particulière la nécessité de la récusation qui, jusque-là, avait pu paraître inutile. Notre auteur ajoute d'ailleurs que cette solution est d'accord avec celle qu'il a admise sous la quest. 1393 *bis* (*suprà*, n. 81), et suivant laquelle la récusation peut être proposée après un jugement préparatoire ou interlocutoire.

90. (Q. 1396). *Faut-il distinguer, pour l'application de l'art. 383, touchant le point de départ du délai pour proposer la récusation contre les juges commis, entre les jugements par défaut rendus faute de constitution d'avoué et les jugements rendus faute de plaider ?*

Solution négative au texte.

91. Il a été décidé que le jugement qui nomme ou remplace le juge-commissaire d'une faillite est réputé contradictoirement rendu avec le syndic; et que, par suite, la récusation contre ce juge-commissaire n'est recevable de la part du syndic que dans les trois jours de ce jugement : Cass., 2 juill. 1855 (S.-V.55.1.666).

92. (Q. 1397). *Doit-on appliquer au cas de l'art. 383 l'exception portée par l'art. 382 relativement à la survenance des causes après les delais fixés par l'art. 383 ?*

La négative est admise par Carré, au texte, où M. Chauveau se montre disposé à adopter l'opinion contraire, en exceptant cependant le cas où, dans une campagne écartée et mal approvisionnée, le juge commis pour une descente de lieux aurait mangé chez l'une des parties avec l'avoué de la partie adverse.

93. (Q. 1397 bis). *Faut-il ajouter au délai de l'art. 383 un jour par cinq myriamètres de distance ?*

Réponse affirmative au texte.

94. (Art. 384). *La récusation peut-elle être faite verbalement en présence du juge ? L'acte au greffe peut-il être suppléé par l'énonciation du grief dans une requête sans dépôt ?*

Sur ces deux points, la solution négative est énoncée au texte.

95. Dans le *Supplément* précédent, M. Chauveau déclarait qu'il ne croyait pas prudent de suivre l'avis exprimé par la Cour d'Alger dans un arrêt du 22 octobre 1851 (*Journ. de cette Cour*, 1851, n° 197), et d'après lequel l'assistance d'un avoué à l'acte de récusation fait au greffe est purement facultative. Il s'agit, observait il, d'un acte essentiellement judiciaire.

96. Au sujet de la disposition de l'art. 384, aux termes de laquelle l'acte de récusation doit contenir les moyens, notre auteur disait que c'est avec raison qu'il a été jugé que la récusation doit être spéciale et se produire à l'occasion d'un litige actuel; qu'ainsi doit être repoussée la récusation formée contre un juge pour toutes les affaires qu'on aura par la suite devant le tribunal auquel il appartient : Lyon, 18 janv. 1847 (*J. Av.*, t. 72, p. 661).

97. Par arrêt du 4 juin 1868 (*J. Av.*, t. 94, p. 419), la Cour de Nancy a décidé que la récusation des magistrats intéressant l'ordre public, les tribunaux doivent relever d'office les irrégularités dont la procédure peut être entachée, et notamment la nullité résultant de ce que le mandataire du récusant a agi en vertu d'une procuration générale, nullité que ne couvre pas la production ultérieure d'une procuration authentique et spéciale, telle que l'exige l'art. 384.

98. (Id.). *L'acte de récusation doit-il être fait au greffe, même lorsqu'il s'agit d'un juge du tribunal de commerce ou d'un membre d'un tribunal correctionnel?*

Résolu affirmativement au texte.

99. (Q. 1398 bis). *Quel est le tribunal qui doit statuer sur la récusation?*

Il est enseigné au texte que ce tribunal est celui dont fait partie le magistrat récusé, et qui est saisi de la cause à l'occasion de laquelle la récusation est proposée.

Adde conf., Dalloz, n. 97.

100. (Q. 1398). *Spécialement, devant quel tribunal doit être portée la récusation d'un juge-commissaire, lorsque ce juge n'a pas été pris parmi les membres du tribunal saisi de la contestation?*

Suivant l'opinion admise au texte, la récusation doit alors être portée devant le tribunal auquel appartient le juge délégué, ou, s'il s'agit d'un juge de paix, devant le tribunal duquel il dépend.

101. Il résulte d'un arrêt de la Cour de Douai, du 4 fév. 1851 (*J. Av.*, t. 76, p. 324), que, lorsqu'une Cour d'appel choisit hors de son sein un magistrat qu'elle commet pour procéder à une mesure d'instruction, la récusation proposée contre magistrat doit être portée devant la Cour et non devant le tribunal d'où relève le juge commis; et que le juge récusé doit alors faire sa déclaration au bas de l'expédition de l'acte de récusation transmise par le greffier de la Cour au greffe du tribunal auquel appartient ce juge. Telle est aussi l'opinion de MM. Dalloz, n. 98, et Bourbeau, t. 5, p. 524. M. Rodière, t. 2, p. 91, pense, conformément à la doctrine exprimée au texte, que la récusation doit être jugée par le tribunal auquel appartient le juge récusé, ou, s'il s'agit d'un juge de paix, par le tribunal de son arrondissement. Il croit seulement que la récusation peut être faite au greffe du tribunal qui a fait la délégation.

102. En ce qui concerne le point de savoir quelle est la juridiction compétente pour connaître de la récusation d'un tribunal entier, M. Chauveau, dans le *Supplément* précédent, renvoyait à ce qu'il a dit sous la quest. 1337. V. *Renvoi d'un tribunal à un autre.*

103. (Q. 1398 ter). *L'instruction sur la demande en récusation doit-elle être publique ou secrète?*

Cette demande, est-il enseigné au texte par M. Chauveau, s'instruit et se juge publiquement.

Adde conf., Dalloz, n. 116; Bonnier, *Elém. de proc. civ.*, t. 2, n. 1237, et Rodière, t. 2, p. 93, ainsi qu'un arrêt de la Cour de Douai, du 27 fév. 1855 (*Journ. de cette Cour*, 1855, p. 131), portant que c'est devant le tribunal civil, en audience publique, et non devant le tribunal en assemblée générale réunie en chambre du conseil, qu'il doit être statué sur les récusations proposées par un avoué poursuivi disciplinairement.—Il résulte néanmoins de cet arrêt que le récusant ne peut produire à l'audience par des conclusions et développer par la plaidoirie, les motifs de sa récusation, soit pour en faire juger l'admissibilité, soit pour y faire statuer au fond.

104. Et il a été jugé encore dans le même sens, par la Cour de cassation, le 6 août 1860 (deux arrêts) (S.-V.60.1.951), qu'il peut être statué sur la récusation sans entendre ni avertir le récusant; — par la Cour d'Amiens, le 5 avril 1876 (*J. Av.*, t. 102, p. 365), que la procédure adoptée par la loi en matière de récusation étant celle des instructions par écrit, elle ne saurait comporter de débat oral, et que, pour ce motif, il ne doit pas être fait notification au récusant du jour indiqué par le tribunal pour statuer sur la récusation; — par la Cour de Nîmes, le 16 juin 1865 (t. 94, p. 499), que les mémoires distribués, en cette matière, en dehors de l'audience, doivent être rejetés du procès; — enfin, par la Cour suprême, le 16 avril 1877 (t. 102, p. 186), que les récusations doivent être jugées sans plaidoiries, le principe de la défense orale recevant une dérogation en cette matière.

105. Le rapport prescrit par l'art. 385 doit, comme le prononcé du jugement, avoir lieu à l'audience publique : Bourbeau, continuat. de Boncenne, t. 5, p. 514. Il est nul, s'il est fait en la chambre du conseil, et cette nullité entraîne celle du jugement : Cass., 19 déc. 1831 (*J. Av.*, t. 42, p. 161); Paris, 7 juin 1834 (*J.P.* chronolog.); Nancy, 31 janv. 1862 (*J. Av.*, t. 87, p. 145). — Du reste, en prononçant la nullité, la Cour d'appel peut évoquer le fond et statuer sur la récusation, si la cause est en état : même arrêt de Nancy.

106. D'après l'arrêt de la Cour d'Amiens du 5 avril 1876, cité plus haut, n. 104, dans le cas de récusation du président d'un tribunal, c'est au juge le plus ancien de la chambre à laquelle il est attaché, et non au vice-président, qu'il appartient de faire à l'audience de cette chambre le rapport prescrit part. 385, le président ne devant être remplacé par le vice-président que pour les fonctions qui lui sont spécialement attribuées, et non pour le service des audiences.

107. (Q. 1399 A). *Le juge récusé peut-il concourir au jugement qui statue sur l'admissibilité de la récusation?*

Solution négative au texte.

Adde conf., Cass., 22 déc. 1840 (*J. Av.*, t. 60, p. 318); Bourges, 29 janv. 1851 (*J.-P.*51.1.393); Bastia, 28 mai 1858 (*Journ. de cette Cour*, 1858, p. 333); Agen, 26 nov. 1858 (*J. Av.*, t. 83, p. 643); Rodière, t. 2, p. 93.

108. (Q. 1399 B). *Les juges parents du juge récusé doivent-ils eux-mêmes s'abstenir?*

Ce point est aussi résolu négativement au texte par Carré.

109. (Q. 1400). *Le tribunal peut-il, quel que soit le nombre des juges auquel il est réduit par l'éloignement du juge récusé ou qui s'abstient, prononcer sur l'abstention ou la récusation?*

Non, suivant l'opinion exprimée au texte; le tribunal doit alors être complété comme dans les cas ordinaires.

Les arrêts des Cours de Bourges et de Bastia cités, *suprà*, n. 107, confirment cette doctrine.

110. (Q. 1401). *Quel est l'objet de la déclaration que le juge doit faire à la suite de la minute de l'acte de récusation, aux termes de l'art.* 386?

Par cette déclaration, est-il dit au texte, le juge doit s'expliquer sur les causes de la récusation, soit en les avouant, soit en les contestant, soit en donnant à ce sujet tous les renseignements qui pourront mettre le tribunal à portée de statuer avec connaissance de cause.

111. (Q. 1402). *La déclaration faite par le juge, dans laquelle il conteste les causes de récusation, l'établit-elle partie dans l'incident?*

Non, est-il répondu au texte, et dès lors le juge qui conteste les causes de récusation ne peut être condamné aux dépens de l'incident, lorsque la récusation est admise.

112. (Art. 387). *L'art.* 387, *qui veut que tous jugements et opérations sur l'instance principale soient suspendus jusqu'à ce qu'il ait été statué sur la récusation par jugement définitif, reçoit-il exception en cas de péril ou d'urgence ?*

L'affirmative est enseignée au texte, t. 3, p. 365, à la note, où il est dit que, s'il s'agit, par exemple, de constater un état d'objet ou de lieu qui peut changer, d'entendre des témoins qui vont s'éloigner, d'enlever une récolte, etc., l'incident est porté sur un simple acte devant le tribunal qui, après s'être complété en remplaçant le juge récusé, peut ordonner que l'opération sera faite, ou qu'il y sera procédé par un autre juge, etc. (arg. de l'art. 391).

113. (Q. 1403). *Si un juge commis est pris hors du tribunal et est récusé, et qu'il y ait urgence dans l'opération, à quel tribunal faut-il s'adresser pour faire commettre un autre juge ?*

D'après l'opinion exprimée au texte, le remplacement doit être fait par le tribunal auquel appartient le juge-commissaire, si le tribunal saisi de la contestation l'a chargé de commettre un de ses membres ; mais il doit l'être par le tribunal déléguant, si celui-ci a commis directement tel juge d'un autre tribunal désigné par lui.

114. (Q. 1404). *Peut-on, s'il est urgent de faire prononcer un jugement interlocutoire ou provisoire, demander au tribunal qu'il fasse remplacer le juge récusé, afin qu'il puisse rendre ce jugement ?*

Carré, au texte, se prononce dans le sens de la négative. M. Chauveau, au contraire, est d'avis que le tribunal, en pareil cas, peut remplacer le juge récusé, mais qu'il doit se montrer plus rigoureux quand la demande de remplacement est formée par le récusant, que lorsqu'elle émane de la partie adverse.

115. (Q. 1405). *Les jugements rendus ou les opérations faites au mépris de la prohibition de l'art.* 387, *seraient-ils frappés de nullité ?*

L'affirmative est admise au texte, où il est dit que ces jugements peuvent être attaqués, suivant les cas, par les voies d'appel ou d'opposition, de pourvoi en cassation ou de requête civile.

116. (Q. 1405 bis). *Si, indépendamment du juge récusé, les autres membres de la chambre étaient en nombre suffisant, la suspension des jugements et opérations devrait-elle encore avoir lieu ?*

Oui, répond M. Chauveau, au texte, à moins que le juge ne s'abstienne volontairement et du consentement de ses collègues.

117. (CCCXIX). *Cette suspension s'applique-t-elle même aux actes de la procédure qui sont étrangers au ministère du juge ?*

Résolu négativement au texte par M. Chauveau.

118. (CCCXX). *L'aveu par le juge récusé des faits sur lesquels est motivée la récusation peut-il être contesté par les parties ?*

Réponse négative au texte.

119. (Q. 1405 ter). *Le commencement de preuve des causes de la récusation dont parle l'art.* 389 *doit-il être établi par écrit ?*

L'affirmative est admise, au texte, implicitement par Carré, sous le nº CCCXXI, et explicitement par M. Chauveau, sous la présente question.

120. (Q. 1405 quater). *Peut-on appeler du jugement qui ordonne la preuve testimoniale des causes de récusation ?*

M. Chauveau, au texte, admet l'affirmative à raison du caractère interlocutoire d'un tel jugement.

121. (Q. 1405 quinquies). *Contre qui et avec qui se fait la preuve testimoniale?*

Elle ne doit être contradictoire, dit M. Chauveau, au texte, ni avec le juge récusé, ni avec les parties. L'enquête ne sera donc pas assujettie aux formes ordinaires, et le tribunal statuera sur les conclusions du ministère public.

122. (Q. 1406 A). *Le demandeur est-il sujet à l'amende soit dans le cas où la récusation a été déclarée inadmissible et non recevable par le jugement dont parle l'art.* 385, *soit dans celui où elle est jugée mal fondée par celui qui intervient en exécution de l'art.* 390?

Résolu affirmativement au texte.

Adde conf., MM. Dalloz, n. 134; Bourbeau, t. 5, p. 517, et Rodière, t. 2, p. 95.

123. La Cour de Douai a décidé, le 9 fév. 1847 (*J. Av.*, t. 72, p. 696), qu'une seule amende doit être prononcée contre la partie qui succombe dans la récusation qu'elle a formée, quel que soit le nombre des juges récusés. Il y a d'autant moins d'inconvénient à ce que l'amende soit une, observait M. Chauveau dans le *Supplément* précédent, que l'art. 390 ne fixe qu'un minimum, laissant aux juges la plus grande latitude pour le maximum. Cependant la Cour de Montpellier a jugé, le 14 août 1848 (t. 76, p. 404), qu'il doit être prononcé autant d'amendes qu'il y a de juges à tort récusés.

124. (Q. 1406 B). *L'amende est-elle encourue par le demandeur, si la récusation est rejetée à cause d'une nullité de procédure?*

Solution négative au texte de la part de M. Chauveau.

125. (Q. 1407). *L'adversaire du récusant peut-il appeler des jugements rendus sur la récusation ?*

L'affirmative est soutenue au texte par Carré, sous la présente question, et par M. Chauveau, sous la quest. 1409.

Adde conf., Bioche, n. 148; Boitard et Colmet-Daage, t. 1, n. 575; arrêt de la Cour de Poitiers du 31 janv. 1877 (*J. Av.*, t. 103, p. 36) décidant que l'adversaire du récusant a surtout le droit d'interjeter appel, lorsqu'il est intervenu dans l'instance de récusation. V. aussi en ce sens, Cass. 28 fév. 1838 (S.-V.38.1.730). — Ce droit d'appel est, au contraire, dénié à l'adversaire du récusant par M. Rodière, t. 1, p. 367.

126. (Q. 1408 A). *Le juge récusé peut-il se rendre appelant du jugement qui déclare que la récusation est admise, ou qu'il s'abstiendra?*

Carré, au texte, sous la présente question, admet l'affirmative, soit dans le cas où le jugement blesserait l'honneur ou l'intérêt du juge, soit dans celui où il aurait réclamé des dommages-intérêts. Mais M. Chauveau, sous la quest. 1409, exprime l'opinion que le droit d'appel n'appartient au juge que lorsqu'il a demandé des dommages-intérêts et s'est ainsi rendu partie dans la cause. Suivant lui, quand le jugement blesse l'honneur du magistrat récusé, celui-ci n'a que la voie de la tierce opposition et, par suite, celle de l'intervention en appel.

127. (Art. 391). *L'appel du jugement sur récusation est-il suspensif? Le tribunal peut-il ordonner l'exécution provisoire de ce jugement?*

Au texte, l'affirmative est admise sur le premier point, la négative sur le second.

128. (Q. 1409 bis). *Les jugements auxquels le juge récusé aurait participé, les opérations qu'il aurait faites, au mépris de l'appel et hors du cas d'urgence reconnue, seraient-ils nuls, lors même que la récusation serait en définitive jugée mal fondée ?*

Solution affirmative au texte de la part de M. Chauveau. — **Compar.** *suprà*, n. 107.

129. (Art. 392). *Le délai de cinq jours fixé par l'art. 392 pour appeler, est-il fatal?*

Au texte, cette question est résolue affirmativement par Carré, négativement par M. Chauveau.

130 La déchéance résultant de l'expiration du délai de cinq jours fixé par l'art. 392 a été admise par un arrêt de la Cour de Montpellier du 14 août 1848 (*J Av.*, t. 76, p. 404). M. Rodière, t. 2, p. 96, paraît adopter aussi cette solution, et M. Chauveau, dans le précédent *Supplément*, ne pouvait dissimuler, disait-il, qu'il est prudent de se renfermer dans ce délai, l'opinion qu'il a adoptée au texte pouvant être trop indulgente.

131. Il a été décidé que le jugement sur l'admissibilité de la récusation a un caractère définitif, son sort n'étant point lié à celui du jugement qui termine l'instance; et que, par suite, c'est à partir de sa date que court le délai de cinq jours dans lequel l'appel doit en être interjeté : Poitiers, 31 janv. 1877 (*J. Av.*, t. 103, p. 36).

132. (Art. 391). *L'adversaire du récusant, ou le juge récusé peut-il être intimé sur l'appel?*

Décidé négativement au texte, t. 3, p. 371, note 2.

133. (CCCXXIV). *L'acte d'appel serait-il nul, s'il n'avait été signé que de l'avoué?*

Solution négative au texte de la part de M. Chauveau.

134. (Id.). *L'appelant doit-il, devant la Cour, se faire représenter par un avoué, ou bien le ministère du greffier suffit-il pour instruire la cause?*

M. Chauveau, au texte, se prononce négativement sur le premier point, et affirmativement sur le second.

135. (Art. 394). *L'arrêt qui admet la récusation doit-il être notifié au juge avec sommation de s'abstenir ?*

Solution négative au texte de la part de M. Chauveau, *ibid.*, qui estime que le greffier seul doit faire connaître l'arrêt au juge, ainsi qu'au tribunal, lequel procèdera en conséquence.

136. (Q. 1409). *L'adversaire du récusant ou le juge récusé peut-il former opposition au jugement rendu sur récusation ?*

Ce point est aussi résolu négativement au texte, où M. Chauveau établit que la partie adverse du récusant est toujours en cause, et où il émet l'avis que les parties peuvent se présenter à l'audience pour plaider.

Adde conf., Rodière, t. 2, p. 95, sur la prohibition de l'opposition. Quant à la faculté de plaider devant le tribunal, cet auteur, p. 93, la repousse.

137. (Q. 1408 B). *Lorsque la récusation a lieu devant une Cour d'appel, comment l'arrêt qui intervient peut-il être attaqué ?*

Il ne peut l'être, dit M. Chauveau, au texte, que par le pourvoi en cassation : on a prétendu à tort qu'il était susceptible d'opposition de la part soit du juge récusé, soit de l'adversaire du récusant.

— V. *Arbitrage; Enquête; Expertise; Tribunal de commerce.*

RÉCUSATION D'ARBITRE. V. *Communication au ministère public; Récusation.*

— **D'EXPERT.** V. *Communication au ministère public.*

— **DE JUGE.** V. *Communication au ministère public; Récusation.*

— **DE JUGE DE PAIX.** V. *Communication au ministère public; Récusation.*

— **EN MASSE.** V. *Indication de juges; Récusation; Renvoi d'un tribunal à un autre.*

— **DU MINISTÈRE PUBLIC.** V. *Communication au ministère public; Récusation.*

RÉFÉRÉ.

(Art. 806 à 811, Cod. proc. civ.)

SOMMAIRE ALPHABÉTIQUE.

FORMULES. — *Assignation en référé.* — Form., t. 2, p. 456, n. 900. — *Requête présentée au président pour obtenir une ordonnance qui permet d'assigner en référé à heure fixe.* — Form. n. 901, p. 459. — *Ordonnance de référé.* — Form. n. 902, p. 460. — *Signification d'une ordonnance de référé.* — Form. n. 903, p. 465. — *Appel d'une ordonnance de référé.* — Form. n. 904, p. 465.

DIVISION.

§ 1. — Quand il y a lieu à référé.

1. (DXXVI). *Qu'entend l'art.* 806 *par les* cas d'urgence *dans lesquels il ouvre la voie du référé?*

Carré, au texte, fait remarquer qu'il ne faut point confondre la célérité qu'une cause peut requérir et à raison de laquelle la loi permet seulement d'abréger les délais, avec l'urgence qui donne lieu à référé; l'urgence suppose, dit-il, indépendamment de la brièveté du délai, que le fait litigieux ne peut attendre la réunion de tous les membres du tribunal sans qu'il en résulte un péril. Cessation d'entraves, levée d'obstacles, aplanissement de difficultés sur l'exécution, sur des saisies, conservation d'un fait ou d'une chose sans lesquels l'action n'a plus d'intérêt, voilà, observe Carré, ce qui peut faire l'objet d'un référé, dans les matières qui ne sont pas réservées à la matière des juges de paix. Dans tous les cas où il s agit d'un droit litigieux fondé sur des faits permanents, quelque célérité qu'exige la décision, c'est au tribunal à statuer sur assignation à bref délai. Enfin, ce jurisconsulte ajoute que l'art. 806 ne laisse pas au juge des référés un pouvoir discrétionnaire d'appréciation, et que les seuls cas d'urgence dont il parle sont ceux prévus soit par les anciens règlements, soit par la législation actuelle, ou qui sont dans la même catégorie — M. Chauveau, *ibid.*, en adhérant à cette opinion, observe néanmoins que l'appréciation de l'urgence, subordonnée aux faits particuliers de chaque cause, doit être entièrement abandonnée au juge des référés, sauf appel de sa décision, si elle renfermait un excès de pouvoir; après quoi il indique un grand nombre de cas d'urgence.

2. Dans le précédent *Supplément*, il complétait cette nomenclature par le relevé ci-après des solutions de la jurisprudence : – La Cour de Bordeaux a caractérisé l'*urgence* motivant la voie du référé dans un arrêt du 21 mai 1852 (*Journ. de cette Cour*, 1852, p. 282), portant que l'urgence, pour qu'il y ait lieu à référé, doit être telle que le droit puisse être perdu, s'il n'intervient pas à l'instant une décision provisoire, ou que la demande ne puisse attendre, sans péril, l'échéance d'une assignation, même à bref délai, et que les difficultés, même relatives à l'exécution d'un titre exécutoire, ne sont susceptibles d'une décision en référé qu'autant qu'il y a péril en la demeure. — Le référé a été déclaré admissible à raison de l'urgence dans les cas suivants : pour assurer à un locataire le service dû par le concierge : Paris, 19 avril 1861 (*J. Av.*, t. 86, p. 445); — pour faire démolir et reconstruire un mur de clôture insuffisant : Paris, 20 fév. 1861 (*ibid.*, p. 444) ; — pour ordonner l'expulsion d'un locataire qui ne paie pas et qui n'a pas garni les lieux d'un mobilier suffisant : Paris, 21 avril et 21 juill. 1860 (t. 86, p. 416); solution que M. Chauveau hésitait à approuver, disait-il, parce qu'il s'agit ici d'une mesure définitive (V. *infrà*, n. 67, 80, 84 et s.);— pour ordonner qu'un père destitué de la tutelle pourra faire sortir son enfant de pension les jours de congé, malgré la défense du tuteur : Caen, 11 fév. 1861 (*ibid.*, p 448): — pour faire évacuer des bâtiments occupés par simple tolérance : Douai. 26 août 1861 (*ibid.*); — pour remplacer momentanément le gérant d'une société commerciale dont la révocation est demandée : Lyon, 18 nov. 1853 (*Journ. de cette Cour*, 1854, p 28); — pour faire constater l'état d'une maison soumise à l'expropriation pour cause d'utilité publique et dans laquelle le propriétaire a fait exécuter des travaux : Paris, 18 juill. 1856 (*J. Av.*, t. 81, p. 535); — pour apprécier provisoirement des lettres d'un caractère confidentiel et intime, qu'un légataire universel réclame comme émanant de lui, et que l'héritier légitime veut faire inventorier comme justifiant ses prétentions contre le testament : Paris, 18 nov. 1852 (t. 78, p. 135).

3. Quand l'urgence est extrême et quand l'observation du délai des distances dans une assignation pourrait occasionner un préjudice irréparable, le juge des référés, demandait notre auteur, est-il compétent, que la matière soit civile ou commerciale, qu'il y ait ou non instance engagée au principal, pour ordonner sur requête non signifiée une mesure provisoire ? Il citait dans le sens de l'affirmative un arrêt de la Cour de Bordeaux du 21 août 1854 (*J. Av.*, t. 80, p. 109), ainsi que deux autres arrêts de la même Cour, l'un du 27 fév., l'autre du 6 mars 1854 (*Journ. de cette Cour*, 1854, p. 76 et 120); un arrêt de la Cour de Douai du 20 janv. 1852 (*Journ. de proc.*, 1852, p. 147); un arrêt de la Cour de Nîmes du 28 déc. 1853 (*J. Av.*, t. 86, p. 198); et enfin un arrêt de la Cour de Liège du 3 janv. 1852 (*Belg. jud.*, 1852, p. 4), rendu dans une espèce où il s'agissait de faire suspendre la démolition d'un mur objet d'une instance possessoire pendante devant le juge de paix.

4. Il est des positions qui exigent des mesures tellement promptes, observait M. Chauveau, que le recours aux voies ordinaires, s'il était obligatoire, constituerait un véritable déni de justice. Notre législation sur l'organisation judiciaire, sans avoir formellement prévu ces circonstances exceptionnelles, offre des ressources suffisantes pour sauvegarder tous les intérêts. S'il y a simplement célérité, elle permet l'assignation à bref délai. S'agit-il d'une mesure provisoire et urgente, elle ouvre la voie du référé. L'urgence est-elle extrême? on peut obtenir du président du tribunal l'autorisation de citer à heure déterminée. Si enfin l'éloignement du contradicteur est tel, que le temps manque pour le mettre régulièrement en cause, la décision du magistrat peut être rendue sur requête. — La circonstance que l'affaire est commerciale et qu'il s'agit d'une demande se rattachant à une instance pendante devant la juridiction consulaire est-elle de nature à faire fléchir l'autorité de ces règles? La question est délicate, disait-il. Lorsque la mesure sollicitée peut être ordonnée avec autant de rapidité par la juridiction déjà saisie du principal que par le juge des référés, il faut repousser l'intervention de ce magistrat. C'est ce que la Cour de Paris a fait dans un arrêt du 14 nov. 1846 (*J. Av.*, t. 72, p. 150). La Cour de Nancy a, le 6 juill. 1850 (*J. Av.*, t. 76, p. 249), déclaré valable une ordonnance de référé qui prescrivait des mesures pour éviter une interruption immédiate dans l'envoi d'un journal aux abonnés; mais notre auteur croyait qu'on pouvait objecter que l'art. 417, Cod. proc., donne aux juges consulaires la faculté de statuer immédiatement sur les difficultés commerciales, et que, dans l'espèce, le demandeur eût obtenu tout aussi promptement satisfaction, en s'adressant au tribunal de commerce, qui se trouvait déjà saisi du principal, qu'au juge des référés. — V. *infrà*, n. 15 et 16.

5. M. Chauveau mentionnait un arrêt de la Cour de Toulouse, du 31 juill. 1844 (t. 76, p. 404) décidant qu'il n'y avait pas urgence donnant lieu à l'application de l'art. 806. dans une espèce où l'intimé avait cité à l'audience des référés l'appelant, à l'effet d'y faire déclarer que celui-ci serait tenu de réaliser, dans un délai de quinzaine, la promesse verbale qu'il lui avait faite de le subroger au bail à loyer de l'appartement qu'il occupait.

6. Quelle que puisse être l'urgence, remarquait encore notre auteur, il y a toujours exception pour le cas où la matière est dans les attributions de l'autorité administrative, à cause du principe de la séparation des pouvoirs. V. *infrà*, n. 125.

7. Mentionnons, de notre côté, un arrêt de la Cour de Bruxelles du 3 déc. 1873 (t. 99, p. 367), d'après lequel l'urgence, dans le sens de l'art. 806, existe lorsque le moindre retard, ne fût-il que de quelques heures, peut causer un préjudice irréparable.

8. V. aussi sur la distinction entre l'urgence et la célérité, et sur les différents degrés de l'urgence autorisant le référé, notre *Formulaire annoté*, t. 2, p. 718, n. 3 et 4.

9. (Q. 2763 bis). *Peut-on se pourvoir en référé pendant la durée d'une contestation?*

Au texte, M. Chauveau admet l'affirmative.

Dans le *Supplément* précédent, il se bornait à renvoyer à ce qu'il a dit sous le nº DXXVI (*suprà*, n. 2 et s.).

10. Il a été jugé depuis, conformément à la doctrine de notre auteur, que le juge des référés est compétent pour ordonner, au cours d'une instance introduite par un locataire contre le propriétaire en réparation de dégradations survenues pour fait de guerre à l'immeuble loué, que les travaux reconnus nécessaires pour un expert que le tribunal avait nommé, seront exécutés immédiatement, à raison de l'urgence, sous la direction de cet expert, et à charge de faire l'avance des frais; une telle décision ne portant point sur le fond du litige : Paris, 25 nov. 1871 (*Journ. des Huiss.*, t. 53, p. 13).

11. Mais il a été, d'autre part, décidé dans un sens contraire à l'opinion de M. Chauveau, que le juge des référés ne peut être saisi d'une demande qui n'est qu'un incident d'une instance pendante devant le tribunal, celui-ci ayant seul le droit de statuer sur la demande incidente comme sur la demande principale elle-même; et qu'ainsi, spécialement, des cohéritiers ne peuvent, au cours d'une instance en liquidation et partage d'une succession, faire déterminer par le juge des référés la jouissance de cette succession jusqu'à la liquidation et au partage; que le tribunal est exclusivement compétent à cet égard : Pau, 27 déc. 1871 (*J. Av.*, t. 98, p. 186); — que le juge des référés est incompétent pour ordonner une mesure provisoire se rattachant à l'action principale dont un tribunal est saisi; qu'un tel droit n'appartient qu'à ce tribunal lui-même; et que, par exemple, lorsque le tribunal de commerce est saisi d'une demande en nullité d'un marché, le juge des référés n'a pas compétence pour ordonner, sous prétexte d'urgence, la vérification des marchandises faisant l'objet de ce marché : Paris, 29 avril 1875 (t. 101, p. 16); — enfin, qu'il n'y a pas lieu à référé, lorsqu'il a été introduit au principal une instance qui se trouve en discontinuation de poursuites : Paris, 11 mars 1873 (t. 99, p. 468). V. aussi notre *Formul. annot.*, t. 2, p. 722, n. 46.

12. (Q. 2763 quater). *Le juge des référés est-il compétent pour statuer provisoirement, en cas d'urgence, sur des matières dont la connaissance au fond appartient au juge de paix ?*

La négative résulte d'un arrêt de la Cour de Lyon, du 26 juill. 1851 (*Journ. de cette Cour*, 1851, p. 369), qui, attendu que la contestation appartenait exclusivement au juge de paix (il s'agissait du paiement du prix ou de la résiliation d'un bail inférieur à 200 fr.), a déclaré que le juge des référés avait été mal à propos saisi. — La Cour de Douai a statué en sens contraire, le 27 mai 1854 (*Journ. de proc.*, art. 4896).

13. M. Chauveau, dans le précédent *Supplément*, déclarait que la première solution lui paraissait préférable parce que le juge de paix présente tous les avantages de célérité qui rendent si précieuse la juridiction des référés; qu'il est, en général, placé plus près des justiciables et plus facilement accessible quotidiennement que le président. Tel est aussi l'avis exprimé par Carré, t. 6, p. 538, au texte, et par M. de Belleyme, *Ordonn. sur req. et réf.*, t. 2, p. 16; tandis que M. Bioche, dans son *Journ. de proc.*, 1855, p. 119, se rallie à la doctrine de l'arrêt de la Cour de Douai.

14. Cette interprétation a été confirmée par la jurisprudence. — Ainsi, la Cour de cassation a décidé, par arrêt du 18 déc. 1872 (*J. Av.*, t. 98, p. 410), que le juge des référés est incompétent pour statuer, en cas d'urgence, sur les matières dont les juges de paix doivent connaître d'après les lois de leur institution, l'art. 6, Cod. proc., ayant suffisamment pourvu à ce cas; et qu'ainsi, spécialement, le juge des référés ne peut compétemment ordonner une expertise pour constater des dommages causés aux champs et récoltes par les animaux, dommages dont l'appréciation est dévolue au juge de paix par l'art. 5, § 1, de la loi du 25 mai 1838. Et la Cour de Paris a rendu, sur ce dernier point, une décision identique, le 15 mars 1875 (t. 100, p. 234). — Conf., notre *Formulaire annoté*, t. 2, p. 722, n. 42.

15. (Art. 806). *Appartient-il au juge des référés de statuer, en cas d'urgence, par mesures provisoires, sur des matières dont la connaissance au principal est dans les attributions des juges d'exception, et notamment du tribunal de commerce ?*

L'affirmative a été admise par un arrêt de la Cour de Rouen du 3 déc. 1867 (S.-V.68.2.226) et par un arrêt de la Cour de Bruxelles du 3 déc. 1873 (*J. Av.*, t. 99, p. 467). — Mais la Cour d'Amiens a décidé en sens contraire, le 26 mai 1875 (t. 101, p. 85), que la compétence du juge des référés ne s'étend pas au delà des matières soumises par la loi à la décision des tribunaux de première instance, des formes spéciales ayant d'ailleurs été établies pour les cas d'urgence dans les matières attribuées aux autres juridictions; et que, spécialement, il n'appartient pas au juge des référés d'ordonner une expertise dans une contestation qui est de la compétence du tribunal de commerce.

16. La première interprétation est celle qu'a adoptée M. de Belleyme, t. 1, p. 491, et nous l'avons nous-même admise dans notre *Dict. du contentieux commerc.*, v° *Référé*, n. 3. — Elle se trouve également consacrée par un arrêt de la Cour de cassation du 29 juin 1859 (S.-V.60.1.158) reconnaissant au juge des référés le droit d'ordonner, en cas d'urgence, une expertise à l'effet de constater les causes du chômage d'une usine et le préjudice qui en résulte; — par un autre arrêt de la même Cour, du 11 nov. 1867 (S.-V.68. 1.69), portant que, dans le cas de notification, par un créancier à qui des titres d'obligations d'une société commerciale ont été remis en nantissement, de son intention de vendre ces titres à défaut de paiement de sa créance, le juge des référés est compétent pour ordonner, sur la demande des administrateurs de la société, et dans l'intérêt commun, à titre de mesure urgente et conservatoire, certaines dispositions relatives au mode de vente de ces obligations; — par un arrêt de la Cour de Lyon du 17 nov. 1869 (S.-V.71.2.26), aux termes duquel il appartient également au juge des référés d'ordonner, en cas d'urgence, la communication à un actionnaire d'une société en commandite d'un rapport fait par des experts, en exécution d'une délibération de l'assemblée générale, sur la situation de la société et l'administration des gérants, et de régler le mode de cette communication; — par un arrêt de la Cour de Paris du 21 déc. 1877 (t. 103, p. 32), décidant que le juge des référés du domicile du failli est compétent pour connaître de la demande du syndic tendant à faire nommer, durant l'instance introduite pour faire déclarer frauduleuse une société dont le failli faisait partie, un séquestre à l'effet d'administrer provisoirement la maison de banque dont l'exploitation faisait l'objet de la société, encore bien que le coassocié du failli soit domicilié dans un autre arrondissement; — et enfin par un arrêt de la Cour de Bordeaux du 31 oct. 1868 (*Journ. de cette Cour*, 1869, p. 435), déclarant le juge des référés compétent pour ordonner la vérification de marchandises au sujet desquelles un procès est sur le point d'être intenté devant le tribunal de commerce.

17. (Q. 2754 bis). *Y a-t-il lieu à référé, lorsque le caractère de la contestation qui s'élève sur l'exécution d'un jugement ou d'un acte authentique ne présente rien d'urgent ?*

M. Chauveau, au texte, soutient la négative.

18. Contrairement à son opinion, la Cour de Douai a décidé, le 3 mai 1853 (*J. Av.*, t. 78, p. 552), qu'il y a lieu à référé lorsqu'il s'agit de statuer provisoirement sur des difficultés d'exécution d'un titre exécutoire, sans qu'il soit nécessaire que la contestation offre aussi un caractère d'urgence. M. Dalloz, v° *Référé*, n. 8, constate que la jurisprudence distingue en ce sens deux cas de référé : l'urgence et l'exécution d'un titre exécutoire.

19. (Q. 2756 bis). *Peut-on se pourvoir en référé sur les difficultés qui s'élèvent lors de l'exécution d'un jugement dont il a été interjeté appel?*

M. Chauveau, au texte, fait remarquer que cette question peut se présenter, soit lorsque le jugement frappé d'appel ayant été mal à propos qualifié en dernier ressort, l'exécution en est poursuivie à ce titre, soit lorsque l'exécution provisoire a été prononcée dans un cas où elle ne devait pas l'être; et qu'alors le juge des référés est incompétent, parce que la loi exige que l'on procède par la voie de défenses demandées à la Cour d'appel. Mais il ajoute qu'il en est autrement, en cas d'urgence, lorsque le jugement est exécuté malgré l'appel, soit parce que le poursuivant allègue que l'appel a été interjeté tardivement, soit parce qu'il prétend qu'il ne lui a pas été légalement signifié.

20. Un arrêt de la Cour de Nîmes, du 26 sept. 1855 (*J. Av.*, t. 81, p. 106), déclare que le juge des référés est incompétent pour statuer sur les difficultés relatives à l'exécution provisoire d'une sentence arbitrale frappée d'appel; et spécialement qu'il ne peut décider qu'il sera fourni caution, alors que la sentence arbitrale de l'exécution de laquelle il s'agit ne l'a point ordonné. Cette Cour paraissait à M Chauveau (*Supplément* précédent), s'être écartée des vrais principes, en décidant d'une manière générale que le fait de l'appel antérieurement à l'introduction du référé a pour résultat de dessaisir complètement le juge des référés, et que, par suite, ce magistrat doit toujours se dénantir pour cause de litispendance. Il rappelait qu'en dehors des cas prévus par les art. 457, 458 et 459, Cod. proc., il peut arriver qu'un jugement soit encore susceptible d'exécution, nonobstant appel; il faut donc, disait il, admettre que, dans cette hypothèse, le juge de référé sera compétent, s'il y a urgence pour statuer sur les difficultés relatives à l'exécution, malgré l'appel antérieurement formé contre le jugement.—Conf., notre *Formul. annot.*, t. 3, p. 724, n. 54.

21. (Q. 2759). *Le créancier hypothécaire qui veut prendre des mesures conservatoires relativement aux fruits de l'immeuble hypothéqué, à une époque très rapprochée de celle de la récolte, peut-il se pourvoir en référé?*

Solution négative au texte.

Adde conf., notre *Formul. annot.*, t. 2, p. 721, n. 33.

22. (Q. 2761). *Peut-on se pourvoir en référé pour faire statuer sur l'opposition à un commandement à fin de saisie immobilière?*

Carré, en mentionnant au texte une décision qui a consacré l'affirmative, se borne à objecter qu'il ne paraît pas qu'il y eut urgence dans l'espèce. M. Chauveau, *ibid.*, reconnaît au juge des référés le droit de suspendre les poursuites, sans se prononcer sur le mérite de l'opposition, pour le jugement de laquelle il doit renvoyer les parties à l'audience.

Adde conf., notre *Formul. annot.*, p. 723, n. 49.

23. Dans le *Supplément* précédent, M. Chauveau citait un arrêt de la Cour d'Alger du 9 mars 1850 (*J. Av.*, t. 76, p. 600), d'après lequel il n'appartient pas au juge des référés d'arrêter des poursuites de saisie immobibilière, alors qu'il existe devant le tribunal une instance en opposition au commandement, et il disait que cette solution posée comme règle générale prêterait à la critique. L'opposition, observait-il, n'impose pas au créancier, l'obligation de surseoir; le sursis ne peut résulter que d'une ordonnance de référé. Voy. *Exécution*, n. 126, et Compar., *infrà*, n. 60 et s.

24. (Q. 2762). *Peut-on porter en référé une demande ayant pour objet, 1° de faire accorder une provision à la veuve dont les reprises ne sont pas liquidées ; 2° de faire une distribution de deniers entre les créanciers du défunt, avant qu'il ait été procédé à l'inventaire ; 3° de proroger le délai accordé pour la confection de cet inventaire?*

Ici encore, Carré, après avoir cité au texte un arrêt qui a résolu ces points affirmativement, objecte que l'espèce ne présentait pas une véritable urgence. — M. Chauveau, *ibid.*, admet que le juge des référés peut accorder une provision lorsque nul retard n'est possible ; mais il lui refuse compétence pour la distribution de deniers et la prorogation de délai dont il est parlé dans la question.

Adde conf., Montpellier, 30 juill. 1853 (*Journ. de cette Cour*, 1er avril 1854, n° 688).

25. (Q. 2763). *Pourrait-on porter en référé une demande tendant à la nomination d'un notaire pour procéder à un inventaire?*

La solution affirmative est enseignée au texte, où l'on fait remarquer qu'en pareil cas la demande doit être portée en référé devant le président du lieu de l'ouverture de la succession.

Adde conf., notre *Formul. annot.*, t. 2, p. 728, n. 6.

26. (Q. 2754 quater). *Un incapable peut-il se pourvoir en référé sans autorisation ni assistance?*

M. Chauveau, au texte, résout cette question affirmativement, en restreignant le droit d'appréciation du juge des référés au point de savoir s'il y a urgence.

Adde conf., Dalloz, n. 15 ; de Belleyme, 3e édit., t. 1, p. 399; notre *Formul. annot.*, p. 726, note 2.

27. (Art. 806). *Le juge peut-il annuler d'office l'assignation pour le cas où une partie est appelée en référé dans un débat qui ne comporte pas cette procedure?*

Décidé affirmativement au texte, t. 6, 2e part., p. 291, à la note.

§ 2. — Juge compétent.

28. (Q. 2764 bis). *Quel est le tribunal de première instance dont le président est compétent pour connaître de la demande en référé?*

Il est répondu par M. Chauveau, au texte, que le président compétent est celui du lieu, toutes les fois qu'il n'y a pas attribution formelle de la loi, et que l'on se trouve dans un cas de nécessité absolue ; autrement les règles générales de la compétence reprendraient leur empire.

Adde conf.., Dalloz, n. 29 et 30; de Belleyme, t. 1, p. 400 ; Bioche, t. 4, p. 179; Rodière, t, 2, p 388; notre *Formul. annot.*, t. 2, p. 727, n. 5.— Un arrêt de la Cour d'Amiens du 26 mai 1875 (t. 101, p. 85), a décidé qu'en admettant que le juge des référés puisse ordonner une expertise dans une contestation commerciale (V. *suprà*, n. 15 et 16), cette mesure ne pourrait être ordonnée par un magistrat d'un arrondissement autre que celui dont dépend le tribunal de commerce compétent pour statuer au fond.

29. Nous avons été consulté sur le point de savoir si un administrateur-séquestre, auquel un tiers conteste le droit de toucher des fermages qui lui ont été délégués et qui sont dus par un fermier domicilié dans un arrondissement autre que celui dans lequel a été passé l'acte de délégation, peut appeler ce tiers en référé devant le président du tribunal de ce dernier arrondissement. La jurisprudence, avons nous dit, conduit à la solution de la difficulté qui nous est soumise Si, en principe, le juge compétent pour connaître d'un référé est celui du domicile du défendeur, suivant la règle générale, ainsi que l'a décidé un arrêt de la Cour de Pau du 31 août 1837 (*J. Av.*, t. 56, p. 303), ce principe doit fléchir en cas de *nécessité*, selon cet arrêt même, et cette nécessité existe évidemment lorsque le lieu où se poursuit l'exécution qui motive le référé est autre que celui du domicile du défendeur. On se trouve du reste alors en présence de l'art. 554, Cod. proc., qui, suivant la remarque de M. Chauveau, quest. 1915 et 2764 *bis* (au texte), d'accord en cela avec M. Thomine-Desmazures, *Comment. proc. civ.*, t. 2, p. 54 et 55, a certainement eu en vue un cas de référé, malgré les expressions *du tribunal du lieu*, dont il se sert. Aussi a t-il a été jugé par un arrêt de la Cour de Lyon du 26 mai 1853 (S.-V.55.1.97) que le débiteur qui introduit un référé pour obtenir la discontinuation des poursuites dirigées contre lui en divers lieux, peut le porter devant le président du tribunal de l'un de ces lieux à son choix.

30. Il résulte de là que, dans l'espèce de la question posée, le séquestre qui assigne en référé à raison des difficultés auxquelles donne lieu l'exécution de l'acte contenant délégation de fermages, a pu saisir de ce référé le président du tribunal dans l'arrondissement duquel cet acte a été passé.

31. (Q. 2764 ter). *Le juge du tribunal appelé à statuer sur le référé doit-il mentionner dans l'ordonnance, à peine de nullité, qu'il remplit ses fonctions en remplacement du président ou du juge le plus ancien ?*

M. Chauveau, au texte, admet l'affirmative en principe, mais ajoute que lorsqu'un juge a été désigné d'avance pour tenir les audiences de référé, il n'est pas dans l'obligation de constater chaque fois qu'il remplace le président.

32. Dans le *Supplément* précédent, notre auteur mentionnait, comme ayant prononcé la nullité de l'ordonnance de référé rendue par le vice-président ou un juge et qui ne constate pas l'empêchement ou l'abstention du président, Montpellier, 20 juill. 1844 (*J. Av.*, t. 67, p. 679) ; Rouen, 15 avril 1848 (t. 73, p. 694) ; Caen, 12 juin 1854 (t. 80, p. 198). Cette dernière Cour a décidé cependant en sens contraire, le 17 juin 1854 (*ibid.*, p. 195), que dans les tribunaux divisés en deux chambres le vice-président statue valablement sur les référés à juger les jours où siège la deuxième chambre, sans être tenu, à peine de nullité, de constater l'absence du président, qui est présumé empêché.

Cette dernière décision est critiquée par M. Bazot, *Ordonn. sur req. et ordonn. sur réf.*, p. 222, qui dit très bien qu'un vice-président ne peut statuer comme juge de référé qu'en cas d'absence ou d'empêchement constaté du président.

33. Un arrêt de la Cour de Nancy du 26 fév. 1876 (*J. Av.*, t. 101, p. 270), a fort exactement jugé que le droit de tenir l'audience des référés étant exclusivement attribué au président du tribunal de première instance, ce magistrat doit, en cas d'absence ou d'empêchement, être remplacé, lorsque le tribunal est composé de deux chambres, non par l'un des juges, fût-il le plus ancien, mais par le vice-président.

34. (Art. 806). *Les parties peuvent-elles porter directement le référé devant le tribunal ?*

Décidé négativement au texte, t. 6, 2e partie, p. 289, à la note.

35. (Q. 2764 quater). *Le magistrat compétent pour statuer sur le référé peut-il, s'il le juge convenable, en renvoyer la connaissance au tribunal tout entier ?*

M. Chauveau, au texte, se prononce dans le sens de l'affirmative en invoquant, indépendamment de l'usage, la disposition de l'art. 60 du décret du 30 mars 1808.

Adde conf., M. Dalloz, n. 24 ; notre *Formul. annot.*, t. 2, p. 729, n. 6.

36. Dans le *Supplément* précédent, M. Chauveau observait que si cette solution est incontestable, il y a lieu de reconnaître, avec un arrêt de la Cour d'Angers, du 15 juin 1848 (*J. Av.*, t. 76, p. 405), que le juge des référés méconnaît les règles de sa juridiction lorsque, étant saisi d'une demande en remise de grosse d'un acte, formée contre un notaire, au lieu de statuer sur cette demande, il se borne à en ordonner la jonction avec une autre demande pendante devant le tribunal, entre le notaire et une autre partie; et avec deux décisions des Cours de Lyon, 22 déc. 1848 (t. 74, p. 258), et de Rennes, 20 janv. 1849 (t. 76, p. 405), que le président, auquel un légataire universel demande l'envoi en possession, est investi d'une juridiction personnelle non déléguable, à la différence du cas où il est saisi d'un référé, et que, par suite, il ne peut pas renvoyer les parties devant le tribunal.

37. (Q. 2764). *Peut-on se pourvoir en référé devant une Cour d'appel, lorsqu'il s'agit de l'exécution d'un arrêt émané de cette Cour ?*

Il est enseigné au texte que, même dans ce cas, le référé doit être porté devant le président du tribunal, malgré la disposition de l'art. 472, parce que les décisions du juge des référés ne portent pas préjudice au fond.

38. Par un arrêt du 6 janv. 1872 (*J. Av.*, t. 98, p. 382), la Cour de Caen a posé le principe que le juge des référés est compétent pour connaître des difficultés qui s'élèvent sur l'exécution d'un arrêt, même infirmatif, et elle a décidé qu'il en est ainsi notamment lorsque cet arrêt a été déclaré exécutoire par provision. — Il semble au premier abord que le président d'un tribunal ne saurait avoir à exercer son pouvoir de juge des référés à l'occasion d'une décision émanant d'une juridiction supérieure, surtout quand cette décision est infirmative et que l'exécution n'en appartient pas au tribunal de première instance. Cependant il doit en être ainsi. La juridiction du juge des référés est le seul moyen organisé par la loi pour les cas qui présentent une urgence absolue; il en résulte que lorsqu'à l'occasion d'un arrêt même exécutoire par provision, ou plutôt *surtout* exécutoire par provision, une difficulté subite vient à se produire, à moins de dire qu'il n'y a aucun juge auquel elle puisse être soumise, elle ne peut être portée que devant le président du tribunal statuant en matière de référé; car la loi n'a pas établi de juridiction de référé en appel, et la Cour ne peut être elle-même saisie. — Seulement, il ne saurait être permis au président, ni d'interpréter l'arrêt, droit qui n'appartient qu'à la Cour de laquelle il émane, ni d'en contrarier l'exécution, droit qui n'appartient à personne. Mais il est tels actes qui supposent précisément l'exécution de l'arrêt, l'application de la pensée qui l'a inspirée; ce sont ces actes qui, en cas de désaccord entre les parties, peuvent être soumis à l'appréciation du juge des référés. — Dans l'espèce jugée par l'arrêt ci-dessus de la Cour de Caen, un arrêt infirmatif, exécutoire par provision, avait ordonné une vente de meubles, à la suite d'une saisie-gagerie convertie en saisie-exécution. Le jour pour lequel la vente avait été annoncée, le débiteur fit des offres réelles au poursuivant et assigna ce dernier en référé pour le lendemain. Néanmoins le poursuivant passa outre et fit procéder à la vente; mais, sur l'assignation en référé, le président du tribunal ordonna la discontinuation des poursuites. La Cour de Caen a regardé avec raison cette ordonnance comme compétemment rendue.

39. La Cour de Dijon n'a fait qu'appliquer ces principes en décidant, le 28 fév. 1872 (t. 97, p. 337), que le président du tribunal qui a rendu un jugement réformé sur appel n'est pas compétent pour statuer en référé et par voie d'interprétation sur les contestations auxquelles donne lieu l'exécution de mesures ordonnées par l'arrêt infirmatif; mais que c'est à la Cour elle-même qu'il appartient de prononcer en pareil cas.

40. C'est aussi à bon droit qu'il a été jugé que le juge des référés ne peut suspendre l'exécution d'un arrêt ordonnant la réintégration d'un locataire expulsé, sur la production de jugements postérieurs ordonnant de nouveau l'expulsion, si ces jugements sont frappés d'opposition ou d'appel : Paris, 29 août 1873 (t. 99, p. 466).

41. Mais le juge des référés peut incontestablement statuer, en cas d'urgence, sur les difficultés naissant du refus fait par un avoué de se conformer à un arrêt qui a ordonné à ses clients de communiquer à la partie adverse, dans un délai déterminé et sous peine de dommages-intérêts en cas de retard, des pièces dont il est détenteur : Rouen, 3 mai 1875 (t. 101, p. 102).

41 *bis*. Et il est compétent pour ordonner la continuation des poursuites faites en vertu d'un arrêt non signifié, si c'est par suite d'un accord entre les parties que la signification n'a point eu lieu : Grenoble, 27 mai 1865 (*J. des Huiss.*, t. 48, p. 65) ; notre *Formul. annot.*, t. 2, p. 724, n. 55.

42. (Art. 806). *Lorsque, dans une matière de référé, on a élevé une question de propriété, et que le juge s'est déclaré incompétent, que devant le tribunal on a abandonné la question de propriété pour discuter celle du référé, et que le tribunal s'est à son tour déclaré incompétent, le juge des référés est-il valablement ressaisi de la question du référé, ou bien y a-t-il conflit négatif, et ce juge ne peut-il statuer sur cette question sans qu'il y ait violation de la chose jugée ?*

Décidé au texte, t. 6, 2e partie, p. 265, note, 2°, que le juge des référés est valablement ressaisi de la question de référé.

§ 3. — Formes de la demande.

43. (Q. 2766). *Dans quelle forme une demande en référé doit-elle être introduite ?*

Il est répondu au texte que cette demande doit être formée par assignation, selon les règles ordinaires, et qu'elle ne peut l'être par requête d'avoué à avoué. — Compar. notre *Formul. annot.*, t. 2, p. 726, note 3.

44. La Cour de Rennes a décidé, le 17 juin 1854 (*J. Av.*, t. 80, p. 195), que quand les parties sont en instance, et qu'il s'agit d'obtenir une décision provisoire et urgente sur un accessoire de la demande principale, le référé est valablement introduit par acte d'avoué à avoué. M. Chauveau, dans le précédent *Supplément*, déclarait ne pouvoir approuver cette décision. Le référé ne doit jamais, disait il, être considéré comme un incident de l'instance pour lequel les avoués (dont le ministère n'est pas requis en référé ; Voy. *infrà*, n. 138) seraient de plein droit réputés mandataires des parties.

45. Il a été parfaitement jugé que l'assignation en référé donnée, sur un procès-verbal de saisie-gagerie, à la requête du saisissant, au saisi se trouvant absent de son domicile, à comparaître sur l'heure, est nulle, alors surtout que cette assignation n'a pas pour objet de faire statuer que sur un incident relatif à la saisie-gagerie, mais tend à l'expulsion du locataire et à la vente des meubles du saisi : Paris, 18 juin 1869 (t. 94, p. 438).

46. L'assignation en référé donnée au principal établissement du défendeur est régulière et valable, si un autre établissement que celui-ci prétend constituer son domicile, n'est qu'une succursale du premier : Paris, 7 mai 1875 (t. 100, p. 337). — Compar. *Ajournement*, n. 53 et s.

47. (Q. 2768). *Peut-on, sans permission préalable du juge, porter une demande à l'audience ordinaire des référés ?*

Résolu affirmativement au texte.

Adde conf., Dalloz, n. 40.

48. (Q. 2766 bis). *Les parties sont-elles suffisamment intimées à l'effet de comparaître devant le juge des référés, par le renvoi que fait le juge de paix en leur présence, aux termes de l'art.* 921, *à l'occasion des opérations des scellés ?*

Solution négative au texte.

Adde conf., notre *Formul. annoté*, p. 726, note 1, n. 4, où nous avons toutefois, avec M. Chauveau lui-même (*Form. de proc.*, t. 2, p. 456, note 1, et *Comment. du tarif*, t. 2, p. 415, n. 50), excepté le cas où les parties toutes présentes auraient reçu du juge de paix l'indication du jour et du lieu où le président du tribunal videra le référé.

49. (Q. 2764 quinquies). *Le renvoi à l'audience prononcé par le juge des référés suffit-il pour instancier valablement les parties devant le tribunal; ou bien faut-il, en outre, que la partie la plus diligente fasse notifier l'ordonnance de renvoi avec assignation à son adversaire ?*

La Cour de Rennes a exigé une assignation par un arrêt du 6 août 1853 (*J. Av.*, t. 79, p. 395). Mais, dans l'espèce, le juge des référés s'étant borné *à renvoyer les parties à se pourvoir devant le tribunal*, on pourrait croire que la Cour n'a décidé qu'il fallait, en pareil cas, une assignation, que parce que le renvoi était indéfini. Doit-on, en effet, restreindre à ces limites la portée de l'arrêt, et admettre que la décision eût été différente, si le juge des référés eût renvoyé à jour et heure fixes, comme M. Chauveau l'indique dans son *Formulaire de procédure*, t. 2, p. 464, *Remarque* de la formule n. 902?

50. Il semble, observait notre auteur dans le précédent *Supplément*, qu'on pourrait dire alors : à quoi bon exiger une assignation, puisque le renvoi a lieu par la volonté du juge, officiellement communiquée aux parties, et que le tribunal se trouve saisi par le rapport de son président? Il ne faut point multiplier les actes de procédure sans nécessité. Or, la nécessité n'existe qu'autant que l'une des parties fait défaut, ou que le renvoi est indéterminé. V. en ce sens, M. Boucher d'Argis, *Dict. de la taxe en mat. civ.*, v° *Référé*, n. 2. — Ce raisonnement séduit d'abord par l'économie et la célérité qu'il tend à faire introduire dans la procédure, mais il pèche contre la règle la plus essentielle dont l'observation est prescrite devant les tribunaux. Bien que le tribunal soit appelé par le renvoi du président à statuer en état de référé, bien que son jugement ne soit pas susceptible d'opposition s'il est par défaut (V. *infrà*, n. 158), et que le délai d'appel soit de quinze jours, et non de deux mois (il est vrai que ce point est controversé), les parties ne peuvent pas procéder devant le tribunal, sans y être instanciées. —Conf , Dalloz, n. 45.—*Contrà*, Bioche, v° *Référé*, n. 378.—Compar. *suprà*, n. 35, 36 et 128.

51. La Cour de Rennes a toutefois admis elle-même, par un autre arrêt du 2 mai 1868 (*J. Av.*, t 94, p. 400), que lorsque le juge des référés, se déclarant incompétent, renvoie les parties devant le tribunal, à une audience déterminée, le tribunal est régulièrement saisi de la contestation par un simple avenir sans assignation préalable, si l'ordonnance de renvoi a été rendue en présence des avoués des parties, et si celles-ci l'ont acceptée en prenant devant le tribunal des conclusions au fond. — V. aussi en ce sens, notre *Formul. annot.*, t. 2, p. 726, n. 5.

52. Quant à la nécessité de la notification de l'ordonnance de référé, elle est démontrée, disait M. Chauveau, lorsque le défendeur a fait défaut; mais, s'il a comparu, on ne saurait croire qu'il soit indispensable de faire expédier cette ordonnance purement préparatoire; il suffira d'en rappeler la date dans l'assignation.

53. (Q. 2767). *Le délai nécessaire entre l'assignation et l'audience des référés est-il fixé par la loi, ou laissé à l'arbitrage du juge?*

Selon Carré, au texte, ce délai est celui qui s'écoule depuis l'assignation jusqu'au jour fixé pour l'audience ordinaire des référés.— Quant à M. Chauveau, *ibid.*, il enseigne que si, dans le cas d'urgence extrême, la fixation du délai dépend du juge, cette fixation à l'égard des référés portés à l'audience sur assignation, dépend des circonstances, et que, si le temps accordé au défendeur est réellement insuffisant, le juge peut ordonner une réassignation.

Adde conf. à cette dernière opinion, Paris, 13 avril 1861 (*J. Av.*, t. 86, p. 467) ; Aix, 14 juill. 1870, (t. 95, p. 384) ; notre *Formul. annot.*, p. 727, note 4.

54. Ainsi, non seulement il n'est pas nécessaire d'observer le délai de huitaine fixé pour les ajournements en général (Paris, 25 octobre 1838 *J. Av.*, t. 56, p. 303 ; Boitard, t. 2, p. 475, n. 1070) ; mais même l'observation du délai d'un jour franc n'est pas exigée à peine de nullité (Paris, 25 oct. 1838, précité ; 12 janv. 1867, t. 92, p. 114).—Suivant un autre arrêt de la Cour de Paris du 8 mars 1870 (t. 95, p. 269), l'assignation est valablement donnée à comparaître, d'heure à heure, à l'audience ordinaire des référés, à raison de l'urgence, et en dehors des cas prévus par l'art. 808, si la partie assignée a eu le temps de préparer sa défense. — Mais, comme l'a encore décidé cette Cour, à la même date (*ibid.*), la citation est nulle, si, cette citation n'ayant pas été remise à la partie citée personnellement, le délai est matériellement insuffisant pour qu'elle ait pu préparer ses moyens de défense.

55. (Q. 2770). *Comment doit être demandée la permission d'assigner à bref délai dans le cas de l'art.* 808?

Elle doit l'être, est-il répondu au texte, par une requête non grossoyée.

Adde conf , notre *Formul. annot.*, t. 2, p. 728, note 1, n. 2. M. Dalloz, n. 40, exprime l'avis qu'en cas d'urgence extrême il n'est pas absolument nécessaire que la requête soit signée par un avoué ; et cependant, au n. 44, il enseigne que la signature de l'avoué est indispensable. — Compar. ci-après, n. 58.

56. (Q. 2770 bis). *Les assignations en référé à bref délai doivent-elles être signifiées par un huissier commis, à peine de nullité?*

Solution affirmative au texte.

Adde conf., Bourges, 29 août 1838 (*J. Av.*, t. 64, p. 360) ; Montpellier, 27 janv. 1843 (t. 64, p. 361); Cass., 6 nov. 1861 (t. 86, p. 465); Paris, 21 janv. 1867 (t. 92, p. 114), et 4 janv. 1873 (t. 98, p. 381); Dalloz, n. 40, 43 et 50; notre *Formul., loc. cit.*, n. 3.—Mais la nullité, pour défaut de permission du juge, de l'assignation en référé donnée à jour et heure autres que ceux de l'audience ordinaire des référés, est couverte par la comparution de la partie assignée : Caen, 8 janv. 1867 (t. 92, p. 450).—V. aussi en ce sens Bilhard, *Référés*, p. 346 ; *Formul , ibid.*, n. 5.

57. (Art. 807). *La nullité de l'assignation en référé entraîne-t-elle celle de l'ordonnance?*

Décidé aussi affirmativement au texte, t. 6, 2e part., p. 291, à la note.

58. (Q. 2768). *L'assistance des avoués est-elle exigée dans les contestations portées en référé?*

Réponse négative au texte.

Adde conf., Dalloz, n. 46 ; de Belleyme, t. 1, p. 409.

59. (Q. 2769). *Le ministère public doit-il assister aux audiences ordinaires de référé?*

Sur ce point aussi la négative est exprimée au texte.

59 *bis*. Un avis du comité de législation du Conseil d'Etat, du 3 mai 1844, rapporté dans le *Dict. de l'administr. française* de M. Block, v° *Conflit*, n. 38, p. 466, énonce que le ministère public doit assister aux audiences de référé quand l'Etat est en cause (art. 83 et 113, Cod. proc.). Mais M. Chauveau, dans son *Code d'instr. administr.*, 2e éd., n. 447 *ter*, a pensé qu'il ne fallait pas s'arrêter à cette opinion du Conseil d'Etat.

§ 4. — Pouvoirs du juge des référés.

60. (Q. 2754 ter). *Quelle est l'étendue du pouvoir attribué au juge des référés de statuer dans les cas d'urgence ou de prononcer provisoirement sur les difficultés relatives à l'exécution d'un titre exécutoire ou d'un jugement?*

M. Chauveau enseigne au texte que, relativement à l'une et à l'autre de ces attributions, les ordonnances de référé ne survivent pas à la circonstance pour les exigences de laquelle elles sont intervenues; que le juge des référés ne peut, même provisoirement, rendre des décisions sur le principal; et qu'il commet un excès de pouvoir toutes les fois qu'il fait rentrer dans sa juridiction des cas dont la loi réserve la connaissance aux tribunaux, à moins pourtant qu'il ne s'agisse de mesures urgentes et desquelles doit résulter un avantage incontestable. Notre auteur entre ensuite dans de longs développements pour déterminer spécialement l'étendue des pouvoirs du juge des référés au sujet des difficultés relatives à l'exécution des titres exécutoires et des jugements. Il admet notamment que pour statuer sur la continuation ou la discontinuation des poursuites, le juge des référés a le droit d'examiner les questions que soulève ce débat; d'apprécier, s'il y a lieu, le sens des jugements ou des actes produits; de faire, en un mot, tout ce qui est nécessaire pour un accomplissement convenable de sa mission.

61. Dans le précédent *Supplément*, M. Chauveau constatait que la jurisprudence avait généralement consacré sa doctrine, et il en résumait comme il suit les solutions :

La Cour de Lyon, dans un arrêt du 6 fév. 1851 (*Journ. de cette Cour*, 1853, p. 47), a caractérisé avec précision la juridiction des référés en disant : La seule circonstance qu'une cause requiert célérité ne suffit pas pour que cette cause tombe de plein droit sous la juridiction du juge des référés; il faut de plus qu'elle réunisse les autres caractères exigés par la loi. L'un de ces caractères les plus essentiels, c'est que, les conclusions soumises au juge des référés n'aient pour objet que des mesures purement provisoires, et laissent le fond entier du litige à la décision ultérieure du tribunal. Spécialement, le juge des référés excède ses pouvoirs, lorsque, sur la demande d'un bailleur, il ordonne la restauration d'un plancher à effectuer par un locataire dans un délai déterminé, et, à défaut, condamne ce dernier à souffrir que la restauration soit faite par le demandeur, aux frais de la partie adverse, en condamnant celle-ci aux dépens. — La Cour de Montpellier a statué, dans le même sens, le 27 janvier 1849 (*J. Av.*, t. 74, p. 255).

62. C'est parce qu'il s'agissait de mesures provisoires et urgentes que la compétence du juge des référés a été admise dans les cas suivants : — Discontinuation de poursuites exercées en vertu d'un acte exécutoire : Riom, 15 déc. 1857 (*Journ. de cette Cour*, 1858, n° 1003); — Exécution d'un bordereau de collocation contre la Caisse des consignations : Toulouse, 4 mars 1850 (*J. Av.*, t. 76, p. 406); — Réintégration du preneur dans les locaux dont il a été indûment expulsé : Lyon, 28 mai 1852 (*Journ. de cette Cour*, 1852, p. 264); — Enlèvement du matériel d'exploitation appartenant à l'associé d'une compagnie de recherche de houille, qui a déclaré vouloir cesser les travaux : Douai, 9 fév. 1857 (*J. Av.*, t. 85, p. 216); —

Opposition à la vente de la clientèle et de l'achalandage d'une société de commerce en liquidation, lorsque l'un des associés prétend que le jugement qui a prescrit cette vente n'y a pas compris le droit au bail : Cass., 3 déc. 1855 (D.P.56.1.258); — Sursis à une saisie pratiquée en vertu d'une décision qu'on prétend avoir produit tous ses effets : Rennes, 12 janv. 1854 (*Journ. de cette Cour*, 1854, p. 379); — Sursis à la saisie de meubles dont un tiers revendique la propriété avec des circonstances qui tendent à justifier cette prétention : Douai, 29 juillet 1854 (*Journ. de cette Cour*, 1854, p. 424); mais non s'il s'agissait d'apprécier le mérite de la demande au fond et d'ordonner soit la mainlevée, soit la continuation des poursuites : Paris, 11 fév. 1847 (*J. Av.*, t. 72, p. 628); — Plus généralement, sursis en matière de saisies : Cass., 17 déc. 1860; Lyon, 2 mars 1860 (*J. Av.*, t. 86, p. 454 et 455); — Appréciation provisoire d'offres de paiement faites au moyen de fonds déjà déposés : Paris, 8 fév. 1844 (*J. Av.*, t. 66, p. 103); — Sursis à l'exécution d'un jugement sur l'opposition d'un tiers : Bordeaux, 15 mars 1859 t. 84, p. 522); — Sursis motivé sur un paiement avoué par le créancier qui prétend que ce paiement n'est pas un obstacle aux poursuites : Douai, 5 déc. 1850 (*Journ. de cette Cour*, 1851, p. 270); ou sur une compensation qui paraît sérieuse : Rouen, 23 fév. 1856 (*Journ. de cette Cour*, 1858, p. 124); — Lorsque le débiteur produit un titre de créance exigible et liquide : Paris, 9 fév. 1857 (*J. Av.*, t. 82, p. 493); — *Secus* dans le cas contraire : Paris, 6 déc. 1844 (t. 68, p. 378); — Ou sur la libération du débiteur qui produit une pièce rendant cette libération vraisemblable : Douai, 30 août 1848 (*J. Av.*, t. 76, p. 406); — Nomination d'un séquestre en cas d'urgence pour assurer la conservation d'objets litigieux : Rouen, 28 juill. 1852 (*Journ. de cette Cour*, 1852, p. 132); — *Secus* s'il n'y avait rien d'urgent et si l'opposition des scellés rendait toute autre mesure conservatoire inutile : Paris, 12 fév. 1853 (*J.P.*2.53.254).

63. D'après deux arrêts de la Cour de Paris, des 18 déc. 1844 (*J. Av.*, t. 72, p. 217) et 29 nov. 1848 (t. 74, p. 260), il ne suffit pas qu'un jugement porte condamnation à des dommages-intérêts par chaque jour de retard dans l'exécution des mesures qu'il prescrit, pour autoriser le juge des référés à ordonner la continuation des poursuites commencées par la partie qui réclame ces dommages-intérêts. La contravention au jugement doit être régulièrement constatée, ce qui ne peut avoir lieu que dans une instance au principal. M. Chauveau déclarait ne pouvoir admettre cette solution qui, disait-il, a l'inconvénient d'éterniser les procès et qui met à l'exécution d'un titre exécutoire des obstacles que la chose jugée ne comporte pas. Voy. Trib. de la Seine, 11 mai 1847 (t. 74, p. 675).

64. La Cour de Riom a décidé, le 20 juill. 1851 (*J. Av.*, t. 78, p. 77), que, lorsque la nullité d'un testament authentique est demandée aux tribunaux pour des motifs graves et sérieux, le juge des référés a le droit *pendente lite*, malgré la saisine que la loi accorde à l'héritier institué, de mettre obstacle, par un sursis d'exécution et des défenses, au détournement d'une partie des valeurs de la succession, et qu'il doit appliquer les dispositions des art. 806 et suiv. En fait, c'était pendant l'instance au principal que le juge des référés avait statué. M. Chauveau regardait cette décision comme susceptible de critique. Le plaideur, observait-il, avait tous les moyens nécessaires d'arriver au résultat qu'il voulait atteindre par une instance en référé. La loi lui permettait, sur assignation à bref délai, d'obtenir un séquestre judiciaire qui aurait sauvegardé tous ses droits (Cod. civ., 1961) C'était au juge ordinaire de peser la gravité des motifs de la demande, les dangers d'une possession, ou d'une saisine. — Si notre auteur ne croyait pas devoir combattre un arrêt de la Cour de Rouen du 24 août 1850 (*J. Av.*, t. 76, p. 405), qui a décidé que le président, après avoir envoyé en possession un légataire universel porteur d'un testament sous seing privé, peut, par voie de référé, suspendre les effets de son ordonnance, sur la présentation d'un second testament portant également institution universelle, c'est, disait-il, parce qu'en cette matière le président est investi d'un pouvoir tout particulier. Et, par le même motif, il refusait son approbation à un arrêt de la Cour de Bordeaux, du 4 avril 1855 (*J. Av.*, t. 80, p. 505), duquel il résulte que le président statuant en référé ne peut, sans excéder sa compétence, suspendre l'effet de l'ordonnance d'envoi en possession par lui antérieurement rendue, sauf à confier à un séquestre l'administration provisoire des biens de la succession. Mais, dans l'espèce de l'arrêt précité de la Cour de Riom, le légataire universel était porteur d'un testament authentique de l'exécution duquel il ne s'agissait nullement. Les héritiers, qui n'étaient pas saisis, demandaient la nullité du testament et revendiquaient une qualité contraire à sa teneur. Or, l'art. 1319, Cod. civ., n'accorde le droit de suspendre provisoirement l'exécution d'un acte authentique qu'au tribunal saisi d'une inscription de faux. L'ordonnance de référé s'est fondée sur ce qu'il est permis au président de statuer provisoirement sur toutes les difficultés relatives à l'exécution d'un titre authentique. Ce principe est exact, puisqu'il est expressément posé par l'art. 806. Mais c'est singulièrement exagérer la portée de cet article que de donner au juge des référés le droit d'entraver l'exécution d'un jugement, d'un arrêt ou d'un acte authentique exécutoire, en se fondant sur ce que ces actes sont argués de faux.

Que cette doctrine étrange serait précieuse, disait M. Chauveau, pour tous les demandeurs en cassation qui emploient les moyens les plus ingénieux de la plus habile chicane pour retarder l'exécution d'un arrêt qui ordonne le paiement d'une somme considérable, et qui sera peut être cassé le lendemain du paiement ! Ces demandeurs pourraient s'adresser au président qui, par les motifs de l'ordonnance intervenue dans l'affaire jugée par la Cour de Riom, leur donnerait la satisfaction la plus complète.

65. C'est parce que les conditions voulues par la loi ne se rencontraient pas dans les espèces soumises au juge des référés, ou parce qu'il y avait excès de pouvoirs, qu'il a été décidé qu'il n'appartenait pas à ce juge : — de surseoir à l'exécution des poursuites intentées en vertu d'une contrainte de l'administration des contributions indirectes : Bordeaux, 13 déc. 1844 (*J. Av.*, t. 68, p. 373); — de statuer sur des questions de propriété, de privilège et d'hypothèques : Douai, 16 fév. 1839 (*Journ. de cette Cour*, 1857, p. 126); Cass., 3 août 1847 (t. 72, p. 656) ; Paris, 10 mai 1848 (t. 73, p. 583); Toulouse, 28 déc. 1849 (t. 76, p. 334); Trib. de la Seine, 27 avril 1850 (*ibid.*, p. 406); Paris, 19 juill. 1852 (*J.P.*52.3.370) ; – de donner une mainlevée de saisie-arrêt, de saisie-exécution, de saisie-gagerie, et d'autoriser des paiements nonobstant ces saisies : Orléans, 28 mars 1849 (t. 76, p. 338), Paris, 8 juill. 1850 (*ibid.*, p. 407); Rennes, 24 août 1854 (*Journ. de cette Cour*, 1856, p. 520); Bordeaux, 10 janv. 1855 (*Journ. de cette Cour*, 1855, p. 9). (Compar. *infrà*, n. 72 et 134); sans préjudice du droit attribué au juge des référés pour l'exercice du privilège du bailleur en cas de distribution par contribution : Paris, 31 juill. 1861 (*J. Av.*, t. 86, p. 441), (V. aussi *infrà*, n. 81 et s.) ; — de prescrire la vente d'objets mobiliers, de fonds de commerce, d'actions industrielles et d'autres mesures définitives et irrévocables : Paris, 30 août 1849 (*J. Av.*, t. 75, p. 26) ; 26 mai 1852 (*J.P.*52.2.86) ; Lyon, 4 juill. 1853 (*Journ. de cette Cour*, 1853, p. 258) ; Liège, 10 mai 1858 (*J. Av.*, t. 85, p. 217) ; la Cour de Paris a cependant jugé en sens contraire, le 9 juin 1860 (t. 86, p. 451) ; — d'ordonner une expertise préjugeant le fond : Paris, 14 nov. 1846 (t. 72, p. 50) ; Toulouse, 12 janv. 1849 (t. 74, p. 614) ; sans qu'il faille refuser au juge des référés le droit de commettre des experts pour des mesures provisoires et urgentes telles que la constatation des dommages occasionnés par le gibier : ordonnance de référé du président du tribunal de Senlis,

24 janv. 1856 (*Journ. de proc.*, 1856, p. 70) ; la constatation de faits que doit apprécier l'ordonnance de référé à intervenir : Riom, 19 fév. 1855 (*Journ. de cette Cour*, 1855, 14 nov.); la constatation du chômage d'une usine par suite de privation d'eaux qui ont été usurpées ou détournées : Cass., 20 juin 1859 (*J. Av.*, t. 86, p. 443); celle des dommages et dégradations provenant du fait du propriétaire dépossédé au préjudice de l'adjudicataire : Limoges, 3 janv. 1852 (t. 77, p. 205).

66. Le juge des référés a été encore déclaré incompétent pour statuer sur les dépens de l'instance en référé : Douai, 12 août 1843 (D.P.46.2.33); Trib. de Termonde (Belgique), 4 oct. 1855 (*J. Av.*, t. 85, p. 217); Montpellier, 2 août 1847 (t. 73, p. 173); Bruxelles, 12 avril 1856 (*Belg. jud.*, 1856, p. 724). — Dans une lettre qui a été insérée *J. Av.*, t. 73, p 387, M. de Belleyme s'est ainsi exprimé : « La jurisprudence constante du tribunal de la Seine est que le président ne peut, en référé, prononcer une condamnation de dépens, et comme il ne s'est jamais élevé de contestation à ce sujet, je n'ai fait que poser la règle dans le chapitre *Principes généraux, compétence.* Cette règle était celle de tous mes prédécesseurs. Mais, en cas d'appel d'une ordonnance de référé, la Cour de Paris, en vertu de son pouvoir souverain et parce que le provisoire peut devenir définitif, s'il n'y a pas instance au principal, prononce la condamnation aux dépens, avec raison, selon moi. » C'est en ce sens que s'est prononcée la Cour de Douai, dans un arrêt du 30 août 1848 (t. 76, p. 406).

67. Il a été aussi décidé que le juge des référés est incompétent pour ordonner qu'il sera dressé un état de lieux, alors qu'un bail authentique avait stipulé que cette formalité serait remplie avant l'entrée en jouissance, et que ce bail est depuis longtemps en cours d'exécution : Douai, 20 août 1856 (*Journ. de cette Cour*, 1857, p. 126); — pour déclarer un titre exécutoire et permettre, par suite, une saisie qui peut occasionner un préjudice irréparable : même Cour, 7 fév. 1827 (*Ibid.*); — pour interpréter une clause litigieuse d'un bail et ordonner l'exécution immédiate de la décision interprétative : Rouen, 18 avril 1860 (*J. Av.*, t. 86, p. 456); — pour substituer un un gérant provisoire au gérant d'un journal accepté par l'administration : ordonnance de référé du président du trib. de la Seine, sept. 1861 (*Ibid.*, p. 458); — pour déterminer les droits d'une femme séparée de biens relativement à la réception des capitaux : Bourges, 5 fév. 1861 (*Ibid.*); — pour ordonner l'expulsion d'un locataire quand le congé est contesté : Lyon, 26 juill. 1851 (*Journ. de cette Cour*, 1851, p. 369) et 26 août 1854 (*Journ. de proc.*, 1854, p. 481); — pour prescrire un remploi au moyen d'un placement hypothécaire quand le mode de remploi fait l'objet d'une instance au principal : même Cour, 22 nov. 1854 (D.P 54.5.638) ; — pour arrêter par des délais l'exécution d'un titre authentique contre lequel aucune critique n'est élevée : Angers, 1er sept. 1851 (*J. Av.*, t. 77, p. 53); Bordeaux, 24 nov. 1848 (t. 76, p. 406); — pour suspendre l'exécution provisoire prononcée par un jugement : Montpellier, 11 déc. 1841 (*J. Av.*, t. 63, p. 592); Toulouse, 13 juill. 1848 (t. 73, p. 623); Paris, 20 mars 1849 (t. 74, p. 257) et 26 nov. 1849 (t. 76, p. 405); Dijon, 11 nov. 1856 (t. 82, p. 485); — pour statuer sur le privilège des frais de garde demandés contre les syndics d'une faillite : Limoges, 20 avril 1844 (t. 68, p. 165); — pour ordonner la levée des scellés apposés en exécution du jugement déclaratif de faillite : Lyon, 26 août 1853 (*Journ. de cette Cour*, 1853, p. 316), ou la vente du mobilier du failli, pour laquelle le juge-commissaire est seul compétent : Paris, 25 mars 1847, 5 janv. et 24 mai 1849 (*J. Av.*, t. 74, p. 550; t. 76, p. 406); — pour remplacer un tuteur en exercice et non démissionnaire par un séquestre : Lyon, 21 avril 1853 (*Journ. de cette Cour*, 1858, p. 143).

68. Quoique assez long déjà, cet exposé de jurisprudence doit être com plété par l'analyse ci-après d'un grand nombre de solutions intervenues depuis le *Supplément* qu'avait publié M. Chauveau.

Le juge des référés est compétent pour nommer un administrateur provisoire d'une succession, et, en cas de décès de cet administrateur, pour pourvoir à son remplacement : Douai, 3 déc. 1867 (*J. Av.*, t. 93, p. 240). — Spécialement, lorsqu'il y a contestation entre un légataire institué par un testament olographe et l'héritier naturel sur le point de savoir si le legs fait au premier est un legs universel ou un simple legs particulier, le légataire peut, avant l'envoi en possession, réclamer, par voie de référé, les mesures provisoires de nature à sauvegarder les biens et droits auxquels il prétend, et notamment la nomination d'un administrateur provisoire de la succession : Paris, 18 nov. 1871 (t. 96, p. 381).

69. Les questions suivantes nous ont été posées : — Le légataire particulier d'immeubles déterminés, ainsi que du mobilier qui garnit ces immeubles et des bestiaux qui y sont attachés, peut-il, après avoir formé la demande en délivrance de son legs, réclamer en référé la nominatisn d'un administrateur provisoire chargé de gérer les immeubles et prendre soin du mobilier et des bestiaux? Les héritiers légitimes peuvent-ils, sous prétexte qu'ils ont la saisine légale et qu'ils sont encore dans les délais pour faire inventaire et délibérer, s'opposer à la nomination de cet administrateur provisoire, alors qu'il s'est écoulé depuis le décès près d'un mois, sans qu'ils aient fait eux-mêmes aucun acte d'administration?

Par l'effet de la saisine légale, avons-nous répondu, les héritiers légitimes sont de plein droit en possession des biens légués par le défunt, tant que la délivrance des legs n'a pas été ordonnée ou consentie, et ils sont jusque-là autorisés à faire tous les actes conservatoires et d'administration dont ces biens peuvent être l'objet, sans que les légataires puissent les obliger à fournir aucune garantie (Angers, 16 mai 1816, S.-V. chr.; Dalloz, *Répert.*, v° *Succession*, n. 67). — Toutefois la saisine dont sont investis les héritiers n'est pas exclusive du droit, pour les légataires, de veiller, de leur côté, à la conservation des biens qu'ils sont appelés à recueillir. Ainsi, ces derniers ont incontestablement qualité pour requérir l'apposition des scellés (V. notre *Tr. du partag. de success.*, n. 55); et la loi leur accorde de plus la faculté, soit de prendre une inscription hypothécaire sur les biens de la succession (Cod. civ., 1017), soit de demander la séparation du patrimoine du défunt d'avec celui des héritiers (Cod. civ., 878 et 2111).

70. Mais ces mesures peuvent être insuffisantes pour assurer la conservation de leurs droits; les héritiers peuvent, pendant l'instance en délivrance de legs, compromettre par une gestion inhabile ou même par le défaut d'administration, les valeurs léguées. Sera-t-il interdit aux légataires, en pareil cas, de demander à la justice la nomination d'un gérant provisoire qui, sans déposséder les héritiers, procédera aux actes d'administration réclamés par les intérêts des légataires? Nous ne saurions le croire. La nomination d'un gérant pour l'administration des biens d'une succession est un acte purement conservatoire, ainsi que l'a jugé un arrêt de la Cour de cassation du 27 avril 1825 (S.-V. chr.) : comme telle, elle doit être au nombre des mesures auxquelles la saisine des héritiers n'empêche point les légataires de recourir. On peut du reste invoquer à l'appui de cette solution quelques décisions qui ont fait fléchir d'une manière analogue le droit de saisine légale. V. Cass., 15 niv. an XI et 8 août 1809 (Dalloz, *v° cit.*, n. 68). Quant à la circonstance que les héritiers sont encore dans les délais pour faire inventaire et pour délibérer, elle est évidemment sans influence sur le droit des légataires de procéder à des actes conservatoires. V. l'arrêt précité de la Cour de cassation du 27 avril 1825.

71. Ajoutons qu'il résulte encore de cet arrêt que la demande en nomination d'un gérant des biens d'une succession doit être portée, non devant le juge des référés, mais devant le tribunal de première instance. — Cette solution ne peut être admise qu'autant qu'il serait reconnu que la mesure dont il s'agit n'est pas urgente.

72. D'après l'arrêt de la Cour de Douai du 3 déc. 1867 mentionné ci-dessus, n 68, le juge des référés, en nommant un administrateur provisoire des biens d'une succession, peut l'autoriser à recevoir et débattre tous comptes, à toucher toutes créances chirographaires ou hypothécaires, à exercer toutes poursuites pour la rentrée des créances exigibles, à donner mainlevée, moyennant paiement, de tous privilèges, hypothèques, saisies-arrêts ou oppositions, et à consentir à toutes distributions ou ordres amiables réglés par les magistrats. Cette décision nous paraît aller trop loin. Parmi les actes qu'elle reconnaît au juge des référés le droit d'autoriser, il en est qui, loin d'avoir un caractère purement conservatoire, sont de nature à engager les droits de toutes les parties intéressées. Pour obtenir une autorisation aussi étendue, c'est au tribunal, et non au juge des référés, qu'on doit recourir.

73. Le juge des référés a compétence pour ordonner la mise sous séquestre de valeurs frappées d'opposition, même avec mission de les vendre en tout ou partie pour l'acquittement des dettes privilégiées, et sauf à conserver l'excédent pour être remis aux ayants droit : Paris, 5 et 19 avril 1873 (t. 99, p. 471).

74. Mais faut-il aller jusqu'à décider, avec un arrêt de la Cour de Nancy, du 26 fév. 1876 (t. 101, p. 270), que la mise sous séquestre des valeurs d'un débiteur en état de déconfiture, et la mission donnée au séquestre d'opérer le recouvrement de toutes les créances de ce dernier, sont des mesures qui, à raison de leur caractère provisoire et urgent, rentrent dans les attributions du juge des référés? Il est sans doute généralement admis, et à très bon droit, que les tribunaux peuvent ordonner le séquestre même d'une chose dont la propriété ou la possession n'est pas litigieuse; mais à la condition toutefois qu'il y ait contestation d'un droit portant directement et principalement sur cette chose, comme, par exemple, dans le cas d action en résolution d'une vente pour défaut de paiement du prix et autres analogues. Voy. notamment MM. Aubry et Rau d'après Zachariæ, t. 3, p. 456, note 2, et Pont, *Petits contrats*, t. 1, n. 560, ainsi que les décisions mentionnées par ces auteurs. — Ce ne serait point seulement étendre les dispositions de l'art. 1961, Cod. civ., mais en changer les termes et en méconnaître la pensée, que d'en faire résulter la faculté pour les juges de mettre sous le séquestre toutes les ressources d'un débiteur, au sujet desquelles il n'existe aucune contestation, par le seul motif que les circonstances peuvent faire craindre qu'il ne les dissipe. Quoi qu'en dise la Cour de Nancy, ce serait là autoriser les juges civils à frapper le débiteur en déconfiture d'un dessaisissement à peu près semblable à celui qu'entraîne la faillite pour le commerçant qui a cessé ses paiements. Le débiteur ne serait-il pas privé de l'administration de ses biens, et les actions individuelles de ses créanciers ne se trouveraient-elles pas paralysées par le droit conféré au séquestre d'opérer seul le recouvrement des créances appartenant à ce débiteur? Or, comment admettre que cette double atteinte aux droits du débiteur et de ses créanciers, pour la consécration de laquelle un texte formel a été nécessaire en matière commerciale, où elle est justifiée d'ailleurs par des considérations d'un ordre particulier, puisse découler, en matière civile, d'une disposition qui permet seulement la séquestration d'une chose déterminée faisant l'objet d'un litige?

75. Cette induction, qui, sous l'apparence d'une protection pour les intérêts des créanciers et pour ceux du débiteur lui-même, cache une violation flagrante de la loi, en jetant sur les biens de ce dernier un interdit, que nulle disposition légale n'autorise, a été repoussée, soit par différentes décisions refusant de mettre sous le séquestre les biens de la femme demanderesse en séparation de corps, quoiqu'il soit allégué que le mari peut les détourner (Liège, 13 janv. 1809 et 12 janv. 1813 ; Angers, 27 août 1817); soit plus directement encore par un arrêt de la Cour suprême déniant aux tribunaux, en cas de déconfiture d'un débiteur, le droit de nommer un séquestre chargé de recouvrer seul tout l'actif de ce dernier et d'en faire la distribution entre ses créanciers, avec défense à ceux-ci de diriger personnellement des poursuites contre ce débiteur (Cass., 17 janv. 1855, *J. Av.*, t. 80, p. 156). Si, dans l'espèce de ce dernier arrêt, les juges étaient allés plus loin que ne le fait la Cour de Nancy dans la décision que nous discutons, cette Cour ne méconnaît pas moins elle-même le véritable caractère du séquestre judiciaire, qui, suivant les expressions de l'arrêt précité de la Cour de cassation, peut bien autoriser le tiers qui en est chargé à faire tous les actes d'administration nécessaires à la conservation de la chose séquestrée, mais ne saurait empêcher les créanciers d'exercer sur cette chose leur droit de poursuite dans les formes tracées par la loi.

76. Il est surtout inadmissible que la mesure du séquestre puisse être ordonnée dans ces conditions par le juge des référés. Et c'est encore ce que met parfaitement en lumière le même arrêt de la Cour suprême : « Si ces principes d'ordre public (ceux que nous venons d'énoncer) lient le juge prononçant au principal dans toute la plénitude de sa juridiction, dit cet arrêt, à plus forte raison le juge des référés, statuant d'urgence et sans jamais préjudicier au principal, ne peut il y porter atteinte par des mesures qualifiées à tort de provisoires, mais en réalité définitives, lesquelles aboutissent à la suppression du droit d'action que tout créancier tient de son titre et de la loi. » MM. Bazot, *Ordonn. sur req. et ordonn. sur réf.*, p. 295, et Bertin, *Id.*, n. 1007, n'hésitent pas à approuver cette doctrine, à l'appui de laquelle on peut encore citer un arrêt de la Cour de Lyon du 26 janv. 1871 (*J. Av.*, t. 96, p. 942), décidant que le juge des référés excède sa compétence en ordonnant que, faute par un héritier bénéficiaire de fournir bonne et valable caution dans un délai déterminé, il sera privé de son droit d'administration, qui sera confié à un séquestre déterminé. — V. aussi notre *Formul. annot.*, p. 721, n. 36.

77. Mais le juge des référés peut incontestablement appliquer la mesure du séquestre en en respectant le caractère purement conservatoire et provisoire. Voy., indépendamment des arrêts de la Cour de Paris cités plus haut, n. 73, MM. de Belleyme, t. 2, p. 208 et suiv.; Dalloz, *Répert.*, v° *Dépôt-séquestre*, n. 246 ; Bazot, p. 290, et les décisions qu'ils rapportent, ainsi que celles plus récentes que nous allons encore indiquer.

78. Le juge des référés est compétent pour nommer un séquestre chargé de toucher des loyers frappés d'opposition, avec mission, soit d'acquitter les dettes privilégiées : Paris, 30 juill. 1873 (*J. Av.*, t. 99, p. 466); soit d'employer ces loyers, jusqu'à due concurrence, au paiement des dépenses et charges d'entretien des immeubles loués : Paris, 21 août 1876 (t. 101, p 443). Il a également le pouvoir de nommer un séquestre pour garantir les intérêts des personnes faisant partie d'une société, notamment pour recouvrer des créances sociales, et cela, encore bien que la société aurait été pourvue d'un liquidateur : Cass., 23 janv. 1866 (*J. Av.*, t. 92, p. 229, à la note); Paris, 4 mai 1867 (*Ibid.*, p. 223). — Mais ce magistrat excède, au contraire, ses pouvoirs en autorisant le séquestre, en l'absence de toute saisie réelle, à appliquer l'excédent des loyers au paiement des intérêts échus ou à échoir des créances hypothécaires : même arrêt de Paris, 21 août 1876.

79. Il n'appartient pas non plus au juge des référés, dans le cas de faillite du locataire, de nommer un séquestre chargé de la gérance du commerce du failli, alors que les syndics ont reçu du juge-commissaire la mission de continuer ce commerce, et d'exécuter les obligations du failli vis-à-vis du propriétaire : Paris, 11 juillet 1874 (t. 99, p. 406).

79 *bis*. D'après un arrêt de la Cour de Bordeaux du 28 avril 1879 (*J. Av.*, t. 104, p. 463), le juge des référés, est aussi incompétent pour commettre, pendant l'instance d'appel d'un jugement qui a prononcé l'interdiction d'un individu, un administrateur provisoire chargé de veiller à la personne et aux biens de celui-ci.

80. Il résulte de la jurisprudence de la Cour de Paris que le juge des référés est compétent pour connaître, dans les cas urgents et par provision, d'un congé donné en temps utile à un locataire et pour ordonner l'expulsion de ce locataire, alors surtout que ce dernier s'est borné à protester contre le congé et n'en a pas demandé la nullité au principal : arrêt du 8 mars 1870 (t. 95, p. 269) ; — mais qu'il ne peut, ni autoriser un locataire à rester dans les lieux loués, malgré le congé donné par lui : arrêt du 10 nov. 1871 (t. 97, p. 142); ni, lorsqu'il y a instance pendante sur la validité du congé donné par le propriétaire au locataire, décider, dans le cas où celui-ci vient à s'absenter, qu'à défaut par lui d'avoir déposé la clef de son appartement entre les mains du concierge, ou d'avoir pourvu de telle manière qu'il lui conviendra à ce que cet appartement soit accessible aux visiteurs, le propriétaire aura le droit d'en faire ouvrir la porte avec l'assistance du commissaire de police, une telle mesure préjugeant le fond de la contestation : arrêt du 18 sept. 1872 (t. 97, p. 421). Conf., notre *Formul. annot.*, p. 719, n. 12 et s. ; — que si, en cas de désaccord entre le propriétaire et le locataire sur l'insalubrité des lieux loués, le juge des référés peut tout à la fois ordonner un constat, et autoriser le locataire à déménager sur le champ moyennant le dépôt de la somme nécessaire pour la garantie des loyers à échoir : arrêt du 29 janv. 1873 (t. 99, p. 466) ; il excède ses pouvoirs, comme faisant préjudice au principal, lorsqu'il autorise un locataire dont le bail a encore plusieurs années à courir, à déménager en justifiant du dépôt à la caisse des consignations d'un titre de rente représentant le loyer d'une année : arrêt du 13 juill. 1878 (t. 103, p. 368).

81. Nous avons examiné au mot *Distribution par contribution*, n. 89 et s., la question de savoir si le juge des référés est compétent, dans le cas où le prix de la vente des meubles est absorbé par la créance privilégiée du bailleur, pour autoriser ce dernier à toucher ce prix, défalcation faite des frais de poursuite et des impôts, en déduction du montant de sa créance, nonobstant les oppositions des autres créanciers simplement chirographaires ; et, après avoir indiqué les éléments de la controverse qui s'est élevée sur cette question, nous nous sommes prononcé pour l'affirmative, en ajoutant que notre opinion serait différente s'il n'était pas établi que la créance du bailleur dût nécessairement absorber le prix de la vente. V. aussi notre *Formul. annoté*, p. 721, n. 31 et 32.

82. Il a été également décidé que le juge des référés est incompétent pour autoriser le syndic d'une faillite, nonobstant l'opposition mise par le propriétaire sur le prix de la vente du mobilier du failli, à toucher ce prix, à la charge de payer au propriétaire le terme courant : Paris, 5 juin 1878 (t. 103, p. 369).

83. Il ne lui appartient pas non plus de décider si le mobilier d'un pensionnaire du locataire est soumis au privilège du bailleur : Paris, 12 juin 1876 (t. 101, p. 404).

84. Sur la question de savoir s'il rentre dans les attributions du juge des référés d'ordonner l'expulsion d'un locataire en cas de non paiement des loyers ou d'insuffisance des meubles garnissant les lieux loués, la jurisprudence de la Cour de Paris a semblé distinguer d'abord entre le cas où il existe un bail écrit et celui où la location est simplement verbale, pour refuser compétence au juge des référés dans le premier cas, sur le motif que le bailleur doit alors demander la résiliation du bail par action principale, conformément à l'opinion admise au texte par M. Chauveau (*sic*, arrêt des 3 juill. 1832, t. 43, p. 568, et 31 déc. 1864, t. 90, p. 382), et pour le déclarer au contraire compétent dans le second cas. Mais elle a, dans la suite, reconnu le pouvoir du juge des référés d'ordonner l'expulsion du locataire sans s'attacher à l'existence ou à l'absence d'un bail écrit.

85. C'est ainsi qu'elle a décidé d'une manière absolue que ce juge est compétent pour ordonner l'expulsion d'un locataire qui est en retard de payer ses loyers et n'a pas garni les lieux loués de meubles suffisants pour la garantie du propriétaire ; arrêts des 21 avr. et 21 juill. 1860 (t 86, p. 446) ; 17 déc. 1866, 12 et 21 janv. 1867 (t. 92, p. 114); 2 mars 1875 (t. 100, p. 139) ; 22 fév. 1878 (t. 103, p. 140); et qu'elle a jugé qu'il appartient au juge des référés d'ordonner, même lorsqu'il y a un bail écrit, l'expulsion du locataire à défaut de paiement des loyers : arrêts des 28 juill. et 29 août 1873 (t. 99, p. 465) et 4 mai et 13 juill. 1874 (t 99, p. 372) ; de statuer sur les contestations relatives à l'exécution d'un bail authentique, s'il s'agit d'une mesure d'urgence, par exemple, de l'expulsion du locataire pour défaut de paiement des loyers : arrêt du 13 mars 1869 (t. 95, p. 209); d'ordonner l'expulsion d'un locataire qui, par lettre missive, s'est reconnu débiteur d'un reliquat de loyer et a accepté le congé à lui donné par le bailleur : arrêt du 20 déc. 1873 (t. 99, p. 465); qu'il a le droit d'ordonner cette expulsion, après un commandement de payer, lorsque le bail stipule que la location sera résiliée de plein droit, en cas de non paiement, à la suite d'une mise en demeure infructueuse : arrêts des 6 juin 1872 (t. 97, p. 339), 29 août 1873 (t. 99, p. 465) et 11 fév. 1874 (t. 99, p. 369). — Il résulte également d'un arrêt de la Cour de Bordeaux du 11 déc. 1863 (t. 93, p. 134, à la note), que le juge des référés est compétent pour ordonner l'expulsion d'un colon partiaire des lieux qu'il prétend occuper par tacite réconduction, alors surtout qu'il s'agit de pourvoir à l'exécution d'un titre exécutoire. — Mais, d'après un arrêt de la Cour de Paris du 15 nov. 1878 (*J. Av.*, t. 104, p. 66), le juge des référés ordonne à tort l'expulsion d'un locataire des lieux loués, pour défaut de paiement des loyers échus, lorsqu'il y a compte à débattre entre les parties, que le locataire a garni les lieux d'un mobilier en rapport avec sa condition, et qu'il n'existe aucun motif d'urgence tiré, soit d'un abus de jouissance, soit d'une insuffisance de garantie.

86. L'expulsion du locataire principal, pour défaut de paiement de loyers, ordonnée par le juge des référés, entraîne celle du sous-locataire, si celui-ci ne tient ses droits que du locataire principal : Paris, 13 mars 1809, arrêt précité. — Mais la clause d'un bail authentique qui, sans qu'il soit d'ailleurs attaché de sanction à cette clause, interdit au preneur de sous-louer sans l'autorisation du bailleur, ne donne pas à celui-ci le droit de se pourvoir en référé pour obtenir l'expulsion du sous-locataire introduit par le preneur dans les lieux loués, alors qu'il est affirmé, tant par le sous-locataire que par le preneur, qu'une autorisation verbale avait été donnée à ce dernier par un mandataire du bailleur, cette affirmation soulevant une question d'existence d'un contrat qui échappe à la compétence du juge des référés : Paris, 21 avril 1877 (t. 102, p. 234).

87. Quand le juge des référés ordonne l'expulsion d'un locataire dans les cas mentionnés plus haut, il peut autoriser en même temps la mise sous séquestre des meubles garnissant les lieux loués : Paris, 30 nov. 1859 (t. 86, p. 446), 21 juill. 1860, 6 juin 1872 et 11 fév. 1874, précités.

88. Il lui appartient aussi d'autoriser le bailleur à relouer aux risques de qui il appartiendra : Paris, 28 juill. et 29 août 1853, également précités. — Mais le locataire peut, en appel, obtenir sa réintégration dans les lieux loués, en justifiant qu'il a payé les loyers échus, et qu'il a garni les lieux de meubles suffisants : même arrêt de Paris, 28 juill. 1873.

89. Dans ces différentes circonstances, le pouvoir du juge des référés va-t-il jusqu'à ordonner, même en l'absence de toute saisie-gagerie, la vente sur simples affiches du mobilier du locataire expulsé, en autorisant le bailleur à recevoir le prix de cette vente jusqu'à concurrence des loyers qui lui sont dus, s'il n'est pas formé d'opposition? L'affirmative résulte de l'arrêt de la Cour de Paris du 6 juin 1872, mentionné ci-dessus, n. 85. V. aussi dans le même sens, Paris, 23 janv., 10 mars, 1er mai, 23 juin, 28 juill. et 29 août 1873 (t. 99, p. 465). — D'autres arrêts de la même Cour ont aussi admis que le juge des référés peut, lorsqu'il y a eu saisie-gagerie, et avant que cette saisie ait été validée, ordonner, indépendamment de l'expulsion du locataire et du séquestre de son mobilier, la vente de ce mobilier sur simples affiches : arrêts des 29 août 1873 (t. 99, p. 465), 13 juill. 1874 (t. 99, p. 372) et 22 fév. 1878 (t. 103, p. 140) ; que, dans le cas où le locataire auquel il a été donné congé a quitté les lieux loués, à l'expiration du terme, sans payer les loyers échus et sans emporter son mobilier, le propriétaire peut, après avoir pratiqué une saisie-gagerie sur ce mobilier, se faire autoriser par le juge des référés, encore bien que cette saisie n'ait pas été validée, à faire vendre sur simples affiches les meubles saisis-gagés : arrêt du 11 mai 1874 (t. 99, p. 231).

90. Mais la Cour de Paris elle-même s'est prononcée en sens contraire dans différentes décisions. Ainsi elle a jugé qu'il n'appartient pas au juge des référés d'ordonner la vente des meubles du locataire mis sous séquestre à défaut de paiement des loyers : arrêt du 10 nov. 1871 (t. 97, p. 142) ; que le juge des référés est incompétent pour ordonner la vente du mobilier du locataire sur simples affiches, cette vente ne pouvant avoir lieu qu'après un jugement qui valide la saisie, et dans les formes ordinaires : arrêt du 7 fév. 1873 (t. 98, p. 224) ; que lorsque les meubles du locataire ont été frappés de saisie-gagerie, il n'appartient pas au juge des référés d'en ordonner la vente sur simples affiches, avant que la saisie ait été validée ; à moins, toutefois, que ces meubles ne puissent ni rester dans les lieux, ni être transportés ailleurs, ni être séquestrés, eu égard au peu d'importance de leur valeur : arrêt du 2 mars 1875 (t. 100, p. 139). — La Cour de Paris a même décidé, le 23 déc. 1852 (t. 98, p. 384), qu'il n'appartient pas au juge des référés d'ordonner que les meubles qui ont été l'objet d'une saisie-gagerie validée seront vendus aux requête et diligence de la partie saisie.

91. Cette dernière jurisprudence est incontestablement la seule exacte, selon nous, en présence de la disposition de l'art. 824, Cod, proc., aux termes de laquelle il ne peut être procédé à la vente des meubles du locataire frappés de saisie-gagerie qu'après que cette saisie aura été validée par le tribunal. On ne pourrait reconnaître au juge des référés le pouvoir d'ordonner la vente de ces meubles avant la validation de la saisie, que dans le cas où les circonstances donneraient à cette mesure un caractère de nécessité immédiate et absolue. V. aussi notre *Formul. annot.*, t. 2, p. 720, n. 24.

92. Dans le cas de stipulation qu'à défaut de paiement des loyers, le bail sera résilié de plein droit après un commandement resté sans effet, le juge des référés ne peut accorder au locataire un délai pour le paiement : Paris, 11 fév. 1874 (t. 99, p. 369.—Et même, d'une manière plus absolue, il n'appartient pas au juge des référés d'accorder un délai au locataire poursuivi en vertu d'un bail authentique non contesté : Paris, 16 nov. 1878 (t. 104, p. 65) ; et spécialement à celui contre lequel il a été procédé à une saisie-gagerie : Paris, 29 nov. 1871 (t. 97, p. 142). — V. toutefois *infrà*, n. 93. — Et compar. *Saisie-gagerie*.

92 *bis*. Si le juge des référés est compétent, à raison de l'urgence, pour ordonner, sur la demande du propriétaire, certaines mesures propres à faire cesser le scandale résultant de la manière dont le locataire exploite l'établissement auquel il a affecté les lieux loués, son droit ne va pas toutefois jusqu'à prescrire des mesures entraînant implicitement la résiliation du bail et de nature à anéantir les droits du locataire sur l'établissement par lui acquis, telles que l'expulsion de ce locataire, la séquestration de son mobilier et la reprise de possession immédiate des lieux par le propriétaire. — Spécialement, le juge des référés ne peut ordonner de semblables mesures dans le cas où le locataire a introduit dans les lieux loués des femmes de mauvaise vie ; il suffit d'autoriser le propriétaire à expulser celles-ci, sauf à la juridiction des référés à faire droit de nouveau si le scandale se reproduisait : Paris, 27 août 1878 (t. 103, p. 446). — Le juge des référés ne peut pas non plus interdire au locataire d'enlever, pendant la durée du bail, dans les lieux loués, tous objets quelconques, alors surtout que cette interdiction n'est justifiée par aucun motif d'urgence : Agen, 25 juil. 1866 (t. 93, p. 227).

93. Plusieurs décisions ont proclamé le pouvoir du juge des référés d'ordonner la discontinuation des poursuites dirigées par le bailleur contre le preneur. — Ainsi, il a été jugé que ce magistrat est compétent pour prescrire qu'il soit sursis à une saisie-gagerie pratiquée par le propriétaire contre son fermier pour fermages échus : Rouen, 1er déc. 1866 (t. 92, p. 118); — que le juge des référés, compétent pour statuer sur les difficultés relatives à l'exécution d'un titre, a le pouvoir d'accorder à un locataire dont le mobilier a été saisie en vertu d'un bail authentique, un délai pour se libérer, et d'ordonner qu'il sera sursis aux poursuites pendant ce délai ; — que le juge des référés n'excède pas sa compétence, lorsque, après avoir décidé qu'un locataire a satisfait aux prescriptions d'une première ordonnance par laquelle il lui avait accordé un délai pour se libérer, il ordonne la discontinuation des poursuites exercées contre le locataire et sa réintégration dans les lieux loués : Paris, 5 mai 1873 (t. 99, p. 466) ; qu'une saisie-gagerie pratiquée en vertu d'un bail authentique et l'imminence de la vente du mobilier saisi, constituent un cas d'urgence permettant au preneur de se pourvoir en référé pour obtenir la discontinuation des poursuites ; et que le juge des référés ne sort pas des limites de ses attributions quand, pour ordonner cette discontinuation de poursuites, il se fonde sur l'existence d'offres réelles faites par ce dernier, encore bien que ces offres n'aient pas encore été suivies de consignation au moment de statuer : Paris, 26 avril 1877 (t. 102, p. 235). — Compar. M. de Belleyme, t. 1, p. 269.

94. En tout cas, le juge des référés ne peut, sur la demande d'un tiers auquel le locataire a cédé le droit au bail et qui se prétend propriétaire des meubles et marchandises garnissant les lieux loués, ordonner la discontinuation des poursuites de saisie-exécution faites par le bailleur contre ce locataire en vertu d'un acte authentique de bail non attaqué au principal, en se fondant sur ce que la réception par le bailleur d'une partie des loyers des mains du cessionnaire du droit au bail aurait créé un lien de droit entre lui et ce dernier : une telle décision repose sur une appréciation de qualité et de droits qui excède la compétence du juge des référés : Paris, 27 janv. 1852 (t. 97, p. 209).

95. La question de savoir dans quels cas le juge des référés peut, sur la demande d'un tiers se prétendant propriétaire des objets saisis, ordonner de discontinuer les poursuites de saisie-exécution, est incontestablement très délicate. — Il résulte des art. 806 et 809, Cod. proc., que s'il appartient au juge des référés de statuer sur les difficultés relatives à l'exécution d'un titre authentique, ce n'est que par décision provisoire et sans faire aucun préjudice au principal. Or, n'est-ce pas rendre une décision définitive et faisant préjudice au principal, que d'ordonner d'une manière absolue la discontinuation des poursuites d'exécution exercées en vertu d'un titre exécutoire, sur la prétention élevée par un tiers d'être propriétaire des objets saisis? N'est-ce pas là juger une question de propriété qui excède la compétence du juge des référés?

96. M. Debelleyme, t. 1, p. 33, trace en cette matière la marche suivante, autorisée, selon lui, par la jurisprudence : « Si la réclamation est évidemment frauduleuse ou dénuée de toute justification, par exemple, si la vente ou le bail est postérieur aux poursuites et à la saisie, si le débiteur est resté en possession sans livraison des objets mobiliers, on ordonne la continuation des poursuites avec d'autant plus de raison que le réclamant peut, après la saisie, se pourvoir au principal en revendication (Cod. proc., 608), et, dans ce cas, il est sursis à la vente jusqu'à ce qu'il ait été statué sur l'action principale. — Si la réclamation repose sur des titres justificatifs de la propriété, par exemple un bail, des quittances de loyers, contributions, patentes, et autres documents certains et antérieurs aux poursuites, si le réclamant est seul en possession, on ordonne la discontinuation des poursuites. Si la réclamation présente une contestation sérieuse, on prend une mesure conservatoire, en ordonnant provisoirement que les poursuites seront continuées jusqu'à la vente exclusivement, afin de conserver les droits du saisissant et de laisser au réclamant la faculté de faire sa réclamation avant la vente. »

97. Il résulterait de ces principes, dans le sens desquels M. de Belleyme mentionne diverses décisions, que, lorsque le juge des référés regarde comme bien fondée la prétention du réclamant, il peut et doit ordonner sans restriction la discontinuation des poursuites ; que, dans le cas contraire, la continuation des poursuites doit être autorisée par lui, aussi sans réserve, et qu'enfin si la réclamation, sans être dès à présent justifiée à ses yeux, lui paraît soulever une contestation sérieuse, il doit encore permettre la continuation des poursuites, mais seulement toutefois jusqu'à la vente exclusivement. M. Chauveau, au texte, sous la présente question, repousse avec juste raison, selon nous, une telle doctrine, comme attribuant au juge des référés le pouvoir de statuer au fond. Mais il est à regretter que notre auteur n'ait pas précisé lui-même les attributions du juge des référés en cette matière. Néanmoins, on peut induire de sa discussion que le pouvoir du juge des référés se borne à apprécier le mérite de la prétention du réclamant en vue simplement d'ordonner la continuation ou la discontinuation *provisoire* des poursuites. L'expression de la pensée de M. Chauveau à cet égard se complète d'ailleurs dans les observations qu'il a présentées (*J. Av.*, t. 72, p. 628, n. 32) sur un arrêt de la Cour de Paris du 11 fév. 1847, lequel a confirmé, dit-il, son sentiment en annulant une ordonnance de référé qui, sur l'opposition à la vente des meubles saisis, de la part d'un tiers s'en prétendant propriétaire, avait ordonné la continuation des poursuites *jusqu'à la vente inclusivement*.

98. La Cour de Lyon a jugé dans le même sens, par arrêt du 2 mars 1860 (t. 86, p. 455), que le juge des référés peut, lorsqu'il y a urgence, ordonner d'une manière provisoire et par voie de simple sursis la discontinuation des poursuites de saisie ; mais que l'ordonnance de référé qui fait défense d'une manière absolue de continuer les poursuites, est nulle comme entachée d'excès de pouvoir. Dans l'espèce de cet arrêt, à la vérité, la demande de discontinuation des poursuites avait été formée par le saisi lui-même, et non par un tiers ; mais la circonstance que la réclamation émane d'un tiers ne saurait évidemment modifier la compétence du juge des référés. Pour quelque cause et par quelque personne qu'elle soit demandée, la discontinuation des poursuites de saisie-exécution faites en vertu d'un titre authentique, ne peut être ordonnée par ce juge que d'une manière provisoire et sans préjudicier aucunement au principal.—V. en ce sens, notre *Formul. annot.*, t. 2, p. 724, n. 61, et p. 725, n. 66.—En sens contraire, M. de Belleyme, t. 1, p. 33.

99. Il résulte de ce qui précède que c'est à tort que la Cour de Paris a jugé, d'une manière absolue, par arrêts des 12 mars, 13 mai et 29 août 1873 (t. 99, p. 471), que le juge des référés ne peut ordonner la discontinuation des poursuites exercées en vertu d'un titre exécutoire; et cela, d'après la dernière de ces décisions, encore bien que le débiteur opposerait la compensation, si la créance dont il se prévaut n'est pas liquidée; et qu'elle a dénié à ce juge, par un arrêt du 18 fév. 1873 (t. 93, p. 174), le droit de surseoir, même pendant un temps déterminé, à l'exécution d'un titre authentique, notamment sur l'opposition formée à une saisie-exécution. — La même Cour a décidé plus juridiquement, d'une part, le 2 mai 1873 (t. 99, p. 467), que le juge des référés ne peut arrêter les poursuites exercées en vertu d'un acte authentique d'ouverture de crédit, lorsqu'il est justifié que ce crédit a été réalisé par des billets protestés faute de paiement ou de renouvellement dans les termes stipulés; et, d'autre part, le 28 août 1873 (t. 99, p. 468), que ce juge a le droit d'ordonner la discontinuation des poursuites exercées, en vertu d'un titre exécutoire, contre un débiteur commerçant, pendant un temps déterminé que ce dernier devra mettre à profit pour vendre son fonds de commerce, à charge de déposer l'enchère dans un certain délai.

100. La discontinuation des poursuites exercées en vertu d'un jugement frappé d'opposition est compétemment ordonnée par le juge des référés : Paris, 25 août 1853 (t. 99, p. 465). — Mais ce juge ne peut ordonner la continuation de poursuites exercées en vertu d'un jugement, lorsque la partie condamnée l'a frappé d'appel, bien que le poursuivant prétende que cet appel est tardif comme n'ayant pas été formé dans les délais légaux, l'appréciation de la régularité et de la validité de l'appel échappant à sa compétence : Paris, 25 avril 1877 (t. 102, p. 250).

101. Il est constant que le juge des référés n'a pas le droit de suspendre l'exécution provisoire d'un jugement. V. Paris, 23 sept. 1863 (t. 89, p. 389), et les autres décisions mentionnées *ibid.* Et il est particulièrement hors de doute, comme la Cour de Paris l'a aussi décidé, le 16 mai 1874 (t. 99, p. 232), que le juge des référés ne peut ordonner la discontinuation de poursuites faites en vertu d'un jugement exécutoire par provision, alors que le débiteur qui demande le sursis ne formule aucune contestation relativement à l'exécution du jugement.

102. Mais cesse-t-il d'en être ainsi lorsque le jugement dont l'exécution provisoire a été ordonnée se trouve frappé de tierce-opposition ? L'affirmative résulte d'un jugement du tribunal de la Seine du 5 mai 1872 (t. 98, p. 179), ainsi que de quelques arrêts mentionnés par M. de Belleyme, t. 1, p. 486 et 487, et elle est adoptée par M. Bioche, n. 212. La négative a été au contraire admise, et à bon droit, selon nous, par un arrêt de la Cour de Paris, du 26 nov. 1849 (t. 76, p. 405), et par plusieurs autres décisions citées également par M. de Belleyme, *ibid.* — V. aussi notre *Formul. annot.*, t. 2, p. 723, n. 53.

103. La même Cour de Paris a également bien jugé, par arrêt du 15 déc. 1874 (t. 100, p. 109), que le juge des référés, saisi d'une demande en discontinuation de poursuites exercées en vertu d'un jugement commercial exécutoire par provision, à charge de donner caution ou de justifier de solvabilité suffisante, n'est pas compétent pour décider si le mode de caution offert est suffisant; qu'il n'appartient qu'au tribunal de commerce de statuer à cet égard ; et que, dès lors, c'est à bon droit qu'à défaut de preuve de caution ou de solvabilité reconnue suffisante par le tribunal de commerce, le juge des référés ordonne en pareil cas la discontinuation des poursuites.

104. Suivant un arrêt de la Cour de Bordeaux du 4 déc. 1873 (t. 99, p. 469), il n'appartient pas au juge des référés d'ordonner qu'il soit sursis à la saisie-exécution pratiquée en vertu d'une contrainte décernée par l'administration des contributions indirectes. — Mais un arrêt de la Cour de Paris du 20 juin 1874 (t. 99, p. 408) a déclaré qu'un mandat de paiement délivré sur le Trésor public par l'autorité administrative compétente étant un titre authentique, il appartient au juge des référés de statuer sur les difficultés relatives à son exécution.

105. Le juge des référés est compétent pour ordonner la continuation de l'exécution d'un titre, lorsque l'opposition à cette exécution est fondée uniquement sur le défaut de signification du titre ou sur ce que la signification en est incomplète : Paris, 12 octobre 1865 (t. 91, p. 128).

106. De ce que le juge des référés a le droit, en cas d'urgence, de statuer sur les difficultés que soulève l'exécution d'un jugement, on n'est pas autorisé à conclure qu'il puisse, sous prétexte d'une urgence qui n'est pas d'ailleurs établie, ajouter au jugement une nouvelle disposition, en prescrivant une mesure qui remplacerait l'exécution provisoire non prononcée, et, par exemple, ordonner qu'un administrateur nommé par le jugement entrera immédiatement en fonctions : Grenoble, 31 déc. 1869 (t. 96, p. 379).

107. Le juge des référés n'est pas compétent pour décider si des constructions temporaires élevées par le locataire sur le terrain loué et frappées de saisie-exécution par le propriétaire, ont un caractère mobilier ou immobilier : Paris, 20 mai 1874 (t. 99, p. 374).

108. Entre-t-il dans les attributions du juge des référés d'accorder un délai au débiteur poursuivi en vertu d'un titre exécutoire, et spécialement d'un jugement de condamnation ? Voy. à cet égard ce qui est dit sous la quest. 2760 (*infrà*, n. 122 et 123) ; et compar. *suprà*, n. 92.

109. Il appartient incontestablement au juge des référés d'apprécier l'opportunité et l'étendue des mesures provisoires et ne préjugeant point le fond, qu'il peut avoir à prescrire. Il peut, spécialement, ordonner une expertise ou une vérification s'il les juge nécessaires. Voy., outre les arrêts mentionnés à cet égard par M. Chauveau (*suprà*, n. 65), Cass., 30 mars 1858 (t. 83, p. 575) ; Colmar, 1er août 1860 (t. 86, p. 449) ; Paris, 1er juin 1869 (t. 95, p. 23) ; Bordeaux, 17 mars 1871 (t. 96, p. 339) ; Grenoble, 13 juill. 1872 (t. 98, p. 144). Il n'y a exception à cette règle que pour le cas où il s'agirait de faire constater des dommages causés par des travaux publics ; V. *infrà*, n. 126 et s.

110. Le juge des référés peut notamment ordonner, par provision et tous droits réservés, qu'une maison incendiée sera visitée par des experts ayant mission de constater s'il existe des vices de construction dans cette maison, et d'indiquer, d'après leurs observations, le foyer originaire de l'incendie : Bordeaux, 17 mars 1871, précité. — Il est également compétent, et cela à l'exclusion du juge de paix, pour ordonner, en exécution d'un bail authentique, la constatation par experts des réparations locatives à la charge du fermier sortant et de l'état des empaillements et fumiers qu'il est tenu de laisser dans la ferme : Paris, 1er juin 1869, aussi précité.

111. Du reste, le juge des référés n'est pas tenu, lorsqu'il ordonne une expertise, de respecter les formes prescrites par les art. 302 et 303, Cod. proc., dont le caractère urgent et provisoire de cette mesure ne comporte pas l'application : Paris, 2 mai 1872 (t. 97, p. 217). — V. aussi l'arrêt susmentionné de la

Cour de cassation du 30 mars 1858. — Ainsi, il peut ne nommer qu'un seul expert, sans le consentement des parties : Limoges, 3 janv. 1852, cité par M. Chauveau (*suprà*, n. 65) ; Grenoble, 13 juill. 1872, susindiqué. — Décidé, par exemple, que le juge des référés peut ordonner, sur la demande du propriétaire et malgré la résistance du locataire, l'exécution dans les lieux loués, sous la direction d'un expert de travaux de salubrité prescrits par l'administration : Paris, 25 août 1873 (t. 99, p. 467).

112. Sur le point de savoir si le juge des référés est compétent pour ordonner des mesures provisoires, et particulièrement une expertise, dans les matières dont la connaissance est attribuée soit au juge de paix, soit au tribunal de commerce, Voy. *suprà*, n. 14 et suiv.

113. Ainsi que la Cour de cassation l'a décidé, par arrêt du 6 fév. 1877 (t. 102, p. 364), le juge des référés n'est pas compétent pour statuer sur l'existence ni pour régler l'effet et l'étendue du droit de rétention qu'un avoué prétend exercer sur des pièces qui sont entre ses mains. Spécialement, il ne lui appartient pas d'ordonner à un avoué non payé de ses frais et qui excipe de son droit de rétention, de se dessaisir des pièces qu'il tient d'anciens clients pour les remettre, même temporairement, à un autre avoué actuellement chargé de leurs intérêts. C'est là, en effet, statuer en réalité sur le fond du droit litigieux, en déterminer la portée, et préjudicier au principal.

114. Mais le juge des référés est compétent pour connaître de la demande formée par le nouveau trésorier d'une fabrique d'église contre son prédécesseur, en remise des titres de la fabrique, valeurs et autres objets dont ce dernier était dépositaire : Chambéry, 4 mai 1870 (t. 96, p. 397).

115. Le juge commissaire d'une faillite étant investi d'une compétence spéciale pour ordonner la vente du mobilier du failli et pour en régler le mode, le juge des référés n'a aucun pouvoir à cet égard, alors même que, par des ordonnances antérieures à la faillite, il aurait prescrit des mesures provisoires qui n'auraient pas été exécutées : Paris, 5 janv. et 24 mai 1849 (t. 76, p. 406 et 550); Alauzet, *Comment. Cod. comm*, n. 2594; notre *Dict. du contentieux commerc.*, v° *Faillite*, n. 697. — Et il ne lui appartenait pas davantage, ni de changer le mode suivant lequel le juge commissaire de la faillite a ordonné qu'il serait procédé à la vente du mobilier et des marchandises du failli, et de prescrire, par exemple, que cette vente ait lieu dans l'étude d'un notaire, alors que le juge commissaire a ordonné qu'elle serait faite par un commissaire priseur : Paris, 30 déc. 1873 (t 99, p. 409); — ni de suspendre l'exécution de l'ordonnance par laquelle le juge commissaire a autorisé le syndic à faire vendre aux enchères et par le ministère d'un commissaire-priseur le mobilier, le matériel et les marchandises du failli : Paris, 6 mai 1867 (t. 92, p. 438)

116. En ce qui concerne la compétence du juge des référés en matière de *scellés*, Voy. ce mot.

117. Par une ordonnance du 17 juin 1870 (t. 96, p. 26), le président du tribunal civil du Havre, statuant en référé, a décidé qu'il appartient au juge des référés de statuer au provisoire sur les mesures nécessaires pour assurer la prompte réception des lettres missives par le destinataire ; qu'ainsi, spécialement, il peut prescrire qu'au cas d'incertitude sur le véritable destinataire de lettres missives, à raison de la similitude de noms et de professions de diverses personnes de la même commune, et faute par les intéressés de s'être présentés devant le receveur des postes, conformément à l'art. 521 du règlement du 29 mars 1832, les lettres seront remises au juge de paix, ouvertes par lui en présence des intéressés ou eux dûment appelés, et par lui délivrées à celui à qui elles lui paraîtront être réellement destinées, et que le juge des référés peut ordonner, en outre, que, dans le cas où la propriété d'une lettre ainsi ouverte serait contestée ou réclamée par plusieurs parties, cette lettre sera placée par le juge de paix, avec son enveloppe primitive, sous une nouvelle enveloppe scellée du cachet de ce magistrat, et les parties renvoyées devant les tribunaux compétents pour faire statuer sur la question de propriété. — Conf. notre *Formul. annot.*, t. 2, p. 718, n. 7 et s.

118. Il résulte d'un arrêt de la Cour de Bordeaux du 28 août 1867 (t. 93, p. 134), que le juge des référés est compétent pour ordonner l'expulsion immédiate d'un domestique établi dans une propriété comme gardien, et dont le temps de service est expiré, en lui réservant ses droits quant au partage des fruits et autres règlements à faire. V. aussi en ce sens, M. de Belleyme, t. 2, p. 150. — Mais la Cour de Paris a jugé, le 1er février 1873 (t. 98, p. 103) que lorsqu'il existe un traité entre un patron et son commis, il n'appartient pas au juge des référés, mais au tribunal seul, d'ordonner le renvoi du commis, soit par interprétation du traité, soit à raison d'un grief de concurrence déloyale articulé par le patron contre le commis ; et que, dans le cas où ce renvoi a été ordonné à tort par le juge des référés, il peut, sur l'appel, donner lieu à une condamnation à des dommages-intérêts par la Cour.

119. La jurisprudence reconnaît au juge des référés le pouvoir de statuer, en cas d'urgence, sur les difficultés qui peuvent s'élever au cours de l'instance en séparation de corps sur la garde des enfants. V. Grenobble, 2 mai 1864 (S.V.64.2.296) ; Orléans, 1er mai 1869 (S.V.70.2.13) ; ordonn. du Présid. du trib. civ. d'Anvers, 7 sept. 1875 (*J. Av.*, t. 101, p. 406). Conf. M. Bazot, *Ordonn. sur req. et sur réf.*, p. 281 et s. — La dernière des décisions qui viennent d'être citées, après avoir posé le principe que le juge des référés est compétent pour statuer sur les difficultés relatives à l'exercice de la puissance paternelle, déclare qu'il a compétence notamment pour ordonner, à l'expiration du délai pendant lequel la femme demanderesse en séparation de corps avait été autorisée, du consentement du mari, à garder les enfants auprès d'elle, que ces enfants seront remis par elle au mari Un arrêt de la Cour de Douai du 16 mars 1875 (t. 101, p. 208) et un arrêt de la Cour de Paris du 27 mai 1879 (t. 104, p. 264) admettent que le même pouvoir peut être exercé par le président du tribunal, lorsqu'il autorise un époux à former sa demande en séparation de corps. Si cette solution est fondée (V. *Séparation de corps*), elle ne saurait, dans tous les cas, trouver une base dans l'art. 806, car c'est comme exerçant une juridiction spéciale, instituée par l'art. 878, et non comme juge des référés, que le président autorise l'un des époux à former contre l'autre une demande en séparation de corps. C'est donc par une manifeste confusion que l'arrêt précité de la Cour de Paris a repoussé l'objection tirée du silence de l'art. 878 au sujet du pouvoir qu'aurait le président de statuer sur la garde des enfants, en se fondant sur la compétence que l'art 806 confère à ce magistrat pour prononcer provisoirement dans tous les cas d'urgence.

120. Le principe énoncé par M. Chauveau, *suprà*, n. 66, et d'après lequel le juge des référés ne peut statuer sur les dépens, a été contredit par un arrêt de la Cour de Douai du 18 juin 1845 (*J. Av.*, t. 69, p. 533), un arrêt de la Cour de Bourges du 9 nov. 1870 (S.V.71.2.47) et un arrêt de la Cour d'Amiens du 4 mars 1874 (*J. Av.*, t. 99, p. 464). Suivant ces deux dernières décisions, le juge des référés serait surtout compétent pour statuer sur les dépens, alors qu'il n'a pas été engagé d'instance au principal. Mais la doctrine embrassée par notre auteur, et fondée sur le caractère provisoire des décisions du juge des référés, nous semble plus exacte.

On admet également que ce juge ne peut allouer des dommages-intérêts. V. Metz, 13 fév. 1830 et 1er juin 1833 ; Dalloz, n. 223 ; Bioche, n. 302.

121. Nous avons été consulté sur le point de savoir si, lorsqu'un huissier, après avoir saisi dans un hôtel les meubles d'un débiteur qui y est logé, a fait enlever ces meubles de l'hôtel pour procéder à leur vente, et qu'ensuite un référé a été introduit contre cet huissier par le maître de l'hôtel pour voir ordonner que les meubles saisis, étant soumis à son privilège, seront réintégrés chez lui, le juge des référés peut décider que cette réintégration aura lieu aux frais de l'huissier. — Si, dans l'espèce de la question proposée, avons-nous répondu, le juge des référés avait statué sur les effets du privilège du maître de l'hôtel, il aurait incontestablement dépassé les limites de sa compétence (V. ci-dessus, n. 64 et s.), Mais si, en prescrivant la réintégration des objets saisis dans l'hôtel d'où l'huissier les avait fait enlever, il s'est contenté d'empêcher la vente de ces objets, afin de laisser à l'hôtelier le moyen de faire juger par le tribunal la question de privilège, il est, sans aucun doute, resté dans le cercle de ses attributions.

Seulement son droit n'allait pas, selon nous, jusqu'à mettre à la charge de l'huissier les frais de la réintégration des meubles dans l'hôtel. Le référé avait bien pu être introduit contre cet officier ministériel, et le président avait bien eu le droit d'ordonner que celui-ci rétablirait dans lieu où ils se trouvaient avant la saisie, les meubles qu'il en avait fait emporter; mais il ne lui appartenait pas de condamner l'huissier à le faire à ses frais, soit parce qu'une telle condamnation peut être considérée comme impliquant un préjugé à l'égard du principal, soit parce qu'elle méconnaît le double principe rappelé au numéro précédent, que le juge des référés ne peut allouer ni frais et dépens, ni dommages-intérêts.

122. (Q. 2760). *Si le débiteur n'a pas demandé de délai lors des condamnations prononcées contre lui, le juge des référés peut-il ordonner un sursis aux exécutions faites à la requête du créancier ?*

La négative est enseignée au texte sur ce point.

123. La Cour de Paris a décidé dans le même sens, que le juge des référés excède ses pouvoirs, lorsqu'il accorde un délai au débiteur poursuivi en vertu d'un jugement passé en force de chose jugée, ou d'un arrêt, surtout si la cause est commerciale : arrêts des 27 janv. 1872, 21 fév., 5 mai, 10 juill., 19 août et 19 nov. 1873 (t. 99, p. 468). — Mais il résulte, au contraire, d'autres décisions de la même Cour, des 19 avril et 28 août 1873 (*ibid.*), que le juge des référés peut accorder des délais modérés au débiteur poursuivi en vertu d'un titre exécutoire, et même que le débiteur d'un effet de commerce auquel le tribunal de commerce a accordé (suivant l'usage) un délai de vingt-cinq jours, peut, en référé, obtenir encore un semblable délai. Et une ordonnance du président du tribunal civil de Wassy du 15 fév. 1876 (t. 101, p. 230) porte également qu'il appartient au juge des référés d'accorder un délai au débiteur poursuivi en vertu d'un titre exécutoire, et spécialement d'un jugement du tribunal de commerce. — Cette dernière interprétation nous paraît être la plus juridique. Il est difficile de comprendre pourquoi le juge des référés, qui a le pouvoir de surseoir provisoirement à l'exécution d'un titre exécutoire (V. *suprà*, n. 43 et s.), n'aurait pas celui d'accorder au débiteur contre lequel un jugement de condamnation est intervenu, un court délai pour payer le montant de la condamnation. Cette distinction est exclue par les termes généraux de l'art. 1244, Cod. civ., et elle ne trouve pas une justification suffisante dans la disposition de l'art. 122, Cod. proc. — V. aussi notre *Formul. annot.*, p. 725, n. 69.

124. (Q. 2755). *Le président du tribunal peut-il, par une ordonnance sur référé, suspendre l'exécution d'un acte authentique et en forme exécutoire ?*

Carré, au texte, pose en principe que toutes les fois qu'un titre est exécutoire, le juge des référés ne peut, sans excéder ses attributions, en suspendre l'exécution, parce qu'il n'est pas permis, en dehors des cas prévus par la loi, d'arrêter par des défenses l'exécution des jugements et actes. — M Chauveau a exprimé une opinion contraire sous la question précédente. V. *suprà*, n. 122. V. aussi notre *Formulaire annoté*, t. 2, p. 724, n. 56 et s.

125. (Q. 2755 bis). *Le juge des référés est-il compétent pour connaître des difficultés qui s'élèvent sur l'exécution d'un acte administratif ou d'une décision émanée des tribunaux administratifs ?*

Au texte, Carré reconnaît au juge des référés le pouvoir de statuer sur les difficultés relatives à l'exécution des actes administratifs, mais il lui dénie celui de suspendre cette exécution. — M. Chauveau, *ibid.*, regarde cette doctrine comme contradictoire, la connaissance des difficultés relatives à l'exécution d'un jugement ou d'un acte administratif impliquant nécessairement, suivant lui, le droit de suspendre cette exécution, s'il y a lieu. Notre auteur estime, quant à lui, qu'il convient de distinguer entre l'exécution des actes administratifs par les voies ordinaires et leur exécution par la voie administrative, et d'admettre que, dans le premier cas, le président est toujours compétent pour statuer en référé, mais que, dans le second, il ne l'est jamais.

126. Dans le précédent *Supplément*, M. Chauveau disait que la jurisprudence unanime des Cours d'appel, proclamant, conformément à son opinion, l'incompétence du juge des référés pour prescrire les constatations ou les mesures urgentes et conservatoires auxquelles peut donner lieu l'exécution de travaux publics, n'a pas empêché qu'il ne s'élevât à ce sujet une vive controverse doctrinale dont M. Bertin, rédacteur en chef du *Droit*, a été le principal champion. Notre auteur se croyait dispensé de reproduire ici les éléments de cette controverse, la question étant définitivement jugée ; il se bornait à renvoyer à son *Code d'instruction administrative*, 2e édit., t. 2, p. 54, n 877 et 877 *bis*, ainsi qu'à son *Journal du droit administratif*, t. 5, p. 165, 193, 241, 329 et 438, et t. 7, p. 239, et au *Journal des Avoués*, t. 82, p. 301, 422, 545 et 663; et à mentionner les arrêts ci après : Paris, 2 janv., 23 fév., 9 et 30 août 1847 (*J. Av.*, t. 73, p 433 ; t. 72, p. 268 ; t. 73, p. 404) . 10 juill. 1848 (t. 76, p. 404); 23 avril 1849 (t. 74, p 297) ; 10 fév. 1857 (*Gaz. des trib.*, 11 fév.) et 29 août 1857 (S.-V.57.2.597) ; 16 janv. (D.P.58.2.55) et 11 juin 1858 (*J. Av.*, t. 85, p. 217); 17 fév. 1860 (t. 86, p. 459) ; Agen, 27 juin 1843; Cass., 6 juill. 1847 (t. 73, p. 169); Rennes, 27 août 1851 (*J.P.*52.1. 376) et 5 janv. 1858 (*J. Av.*, t. 83, p. 488); Douai, 26 nov. 1852 (*Journ. de cette Cour*, 1853, p. 24); Montpellier, 17 déc. 1856 (*Journ. de cette Cour*, 1857, n. 867); Aix, 12 fév. 1858 (*J. Av.*, t. 83, p. 488). Enfin, il faisait remarquer que M. Dalloz, n. 235, paraît se rallier à l'opinion de M. Bertin.

127. La même Cour de Paris qui a maintenu énergiquement l'incompétence du juge des référés en matière de travaux publics régulièrement ordonnés, a su parfaitement, observait M. Chauveau, laisser ce principe de côté dans les circonstances où il ne devait pas être invoqué. Ainsi, elle a reconnu la compétence du juge des référés pour ordonner une expertise à l'effet de constater l'existence et la cause de dégradations survenues au mur qui sépare un chemin de fer d'une propriété privée, et dont la construction et l'entretien ont été mis à la charge de la compagnie du chemin de fer, par un contrat judiciaire intervenu entre elle et le maître de cette propriété, lors du jugement relatif à l'expropriation des terrains sur lesquels est établi le chemin. Mais elle a décidé en même temps avec raison que, comme les chemins de fer concédés par l'Etat font partie de la grande voirie, le président est incompétent, dans le cas ci-dessus, pour prescrire l'exécution des réparations jugées nécessaires par l'expert commis, le droit d'ordonner des travaux de réparation appartenant alors exclusivement à l'autorité administrative : arrêt du 26 déc. 1857 (*J. Av.*, t. 85, p. 216).

128. La Cour de Dijon, ajoutait notre auteur, a encore très exactement appliqué cette distinction dans un arrêt du 10 août 1858 (*J. Av.*, t. 84, p. 339), portant que le juge des référés est compétent pour ordonner la discontinuation des travaux d'ouverture d'un chemin vicinal exécutés, malgré l'opposition des propriétaires, sans que les formalités de l'expropriation pour cause d'utilité publique aient été observées. Dans cette espèce, il s'agissait bien de travaux publics, mais la question à résoudre, tenant à la propriété, était essentiellement judiciaire. M. Chauveau citait aussi dans le même sens un arrêt de la Cour de Colmar du 1er août 1860 (*J. Av.*, t. 86, p. 449). — Voy. également conf., notre *Formul. annot.*, t. 2, p. 722, n. 44 et 45.

129. La jurisprudence a continué, depuis, à se prononcer dans le sens de cette même distinction. Ainsi, d'une part, il a été décidé d'une manière constante que le juge des référés n'est pas compétent pour ordonner les mesures provisoires qu'exigent des travaux publics, telles notamment qu'une expertise à l'effet de déterminer les moyens propres à éviter les dommages que ces travaux pourraient causer à la propriété privée, mais qu'à l'autorité administrative seule il appartient de statuer à cet égard : Limoges, 13 juill. 1869 (*J. Av.*, t. 97, p. 143) ; Cons. d'Et., 18 nov. 1869 (t. 96, p. 379) ; Nancy, 19 mars 1870 (t. 97, p. 143) ; Chambéry, 27 janv. 1873 (t. 98, p. 332); Paris, 29 mai 1875 (t. 101, p. 19); et que le juge des référés est également incompétent pour ordonner une expertise à l'effet de vérifier la qualité de viandes dont un arrêté municipal a ordonné l'enfouissement, et de reconnaître si ces viandes sont ou non propres à la consommation : Bordeaux, 24 août 1875 (t. 101, p. 203).

130. Et, d'autre part, il a été jugé que le principe d'après lequel l'autorité administrative est seule compétente, à l'exclusion de l'autorité judiciaire, pour statuer sur les dommages causés par des travaux publics à une propriété privée, est inapplicable au cas où ces travaux constituent une usurpation de la propriété sans indemnité préalable ; et qu'en conséquence le juge des référés saisi d'une demande en nomination d'experts à l'effet de faire évaluer les dommages résultant de travaux publics, peut, alors que sa compétence est déclinée, et avant de statuer sur le déclinatoire, ordonner une expertise dans l'objet de rechercher s'il s'agit de dommages ordinaires causés à une propriété privée par les travaux dont il s'agit, ou si ces travaux n'ont pas le caractère d'un empiètement sur un terrain non encore exproprié pour cause d'utilité publique : Prés. du trib. d'Alger, 31 oct. 1853 (t. 98, p. 469).

131. (Q. 2756). *Le président du tribunal, jugeant en référé, est-il incompétent ; 1° pour connaître de l'exécution d'un jugement, lorsqu'elle se lie à l'interprétation de la loi ; 2° pour suspendre cette exécution pendant un délai déterminé ?*

Sur le premier point, Carré, au texte, estime que l'interprétation de la loi n'appartient qu'au tribunal, et non au président, et que le juge des référés ne peut accorder de délai pour l'exécution d'un jugement. — M. Chauveau, *ibid.*, se demande, si l'on suit à la rigueur la première solution de Carré, ce que devient le droit du juge des référés de statuer sur les difficultés relatives à l'exécution des titres exécutoires. En ce qui concerne la solution, il se contente de renvoyer à la quest. 2760. V. *suprà*, n. 122.

132. (Q. 2757). *Le juge des référés, saisi d'une contestation relative à l'exécution d'un titre exécutoire, excède-t-il ses pouvoirs, lorsqu'après avoir reconnu en principe que l'exécution ne peut être paralysée, il décide qu'elle sera continuée jusqu'à la vente des objets saisis exclusivement, et que le débiteur pourra l'arrêter, en déposant à la Caisse des consignations la somme pour laquelle les poursuites ont eu lieu ?*

Solution affirmative de la part de Carré au texte, où M. Chauveau apporte une restriction à cette opinion pour le cas d'une demande de sursis fondée sur des moyens sérieux. — Compar. *suprà*, n. 122 et s.

133. (Q. 2757 bis A). *Le président du tribunal civil qui a, conformément à l'art. 558, permis à un créancier sans titre de faire une saisie-arrêt à concurrence d'une somme déterminée, peut-il réserver à la partie saisie le droit d'en référer devant lui en cas de contestation ?*

M. Chauveau, au texte, critique l'usage établi en ce sens par M. de Belleyme au tribunal civil de la Seine et confirmé par la jurisprudence de la Cour de Paris, et il exprime l'opinion que les avantages d'une telle pratique ne sauraient légitimer la violation de la loi sur laquelle elle repose.

Adde conf., Bruxelles, 2 janv. 1879 (*J. Av.*, t. 104, p. 465); M. Dalloz, n. 135 et suiv. — Mais Voy. le mot *Saisie-arrêt*.

134. Des décisions récentes ont déterminé l'étendue des pouvoirs du juge des référés en matière de saisie-arrêt. — La Cour de Paris a décidé que ce juge est incompétent pour prononcer la mainlevée d'une saisie-arrêt formée en vertu d'un titre : arrêt du 11 juin 1861 (t. 87, p. 477); qu'il en est surtout ainsi lorsque le tribunal civil se trouve saisi de la question de validité de cette saisie; et qu'il ne lui appartient de statuer en cette matière qu'à la condition qu'il y ait urgence et que son ordonnance ne fasse aucun préjudice au principal : arrêt du 28 nov. 1876 (*J. Av.*, t. 102, p. 17). V. aussi *infrà*, n. 136 *ter*.— Conformément au même principe, il a été également jugé que le président du tribunal est incompétent pour annuler en référé une saisie-arrêt pratiquée en vertu de l'autorisation donnée par lui, sous réserve de référé, alors que la demande en validité de cette saisie a été déjà formée devant le tribunal : Alger, 29 avril 1872 (t. 97, p. 340); Paris, 23 nov. 1878 (t. 104, p. 17). — V. dans le même sens, notre *Formulaire annoté*, t. 2, p. 720, n. 27 et 28.

135. Mais la Cour de cassation, après avoir décidé en thèse générale que si les ordonnances du juge des référés ne doivent faire aucun préjudice au principal, c'est en ce sens que ces ordonnances ne lient nullement le tribunal pour l'appréciation du litige au fond, et non en ce sens que le juge des référés n'ait en aucun cas qualité pour prescrire à titre provisoire une mesure de nature à causer à l'une des parties un dommage irréparable en fait, a reconnu spécialement à ce juge le droit d'autoriser l'individu dont les appointements ont été frappés de saisie-arrêt, à en toucher néanmoins la quotité qui lui est nécessaire pour subvenir à ses besoins et à ceux de sa famille : arrêt du 17 fév. 1874 (t. 99, p. 223).

136. Et des applications semblables ou analogues de ce principe ont été faites par de nombreux arrêts. — Ainsi, il a été jugé que le juge des référés est compétent pour déterminer provisoirement la portion des appointements d'un artiste dramatique qui doit être considérée comme alimentaire et qui, à ce titre, n'est pas susceptible de saisie-arrêt : Lyon, 28 juin 1837 (*J.P.*38.1.188); Paris, 7 juill. 1843 (*Id.*43.2.262); Trib. civ. de la Seine, 29 juin 1860 (*le Droit* du 30 juin); Bordeaux, 15 nov. 1860 (*J. Av.*, t. 86, p. 8); Paris, 15 déc. 1860 (*Ibid.*); — qu'il lui appartient, en cas d'urgence, de réduire, quant au chiffre, l'effet d'une saisie-arrêt pratiquée sur les appointements d'un employé : Paris, 29 mai 1865 (t. 90, p. 295); — qu'il est compétent, alors surtout que les dispositions de son ordonnance sauvegardant tous les intérêts engagés au principal, pour autoriser le débiteur saisi ou son cessionnaire à toucher l'excédent de la somme par lui fixée et affectée aux éventualités de la créance pour laquelle la saisie-arrêt a été pratiquée : Paris, 5 mai 1866 (t. 91, p. 483); — qu'il a le pouvoir de restreindre une saisie-arrêt qui serait de nature à frapper d'indisponibilité la fortune entière du saisi, et qu'il peut ordonner cette restriction même au cours de l'instance en validité de la saisie ; son ordonnance, en ce cas, ne portant aucun préjudice au fond du droit, ni aucune atteinte aux règles de la litispendance : Trib. civ. du Puy, 10 fév. 1876 (t. 102, p. 465).

136 *bis*. Des arrêts sont allés jusqu'à déclarer le juge des référés compétent soit pour autoriser le débiteur saisi à toucher les deniers saisis-arrêtés, à la condition de déposer à la Caisse des consignations la somme suffisante pour garantir les causes de la saisie : Paris, 18 août 1876 (t. 102, p. 481); soit pour lui donner l'autorisation absolue de toucher les sommes saisies, lorsque la saisie-arrêt a été faite en vertu d'un engagement contracté sous une condition qui ne s'est pas réalisée : Paris, 16 sept. 1874 (t. 99, p. 470). — Compar. notre *Formulaire* précité, t. 1, p. 463, n. 36 et 37.

136 *ter*. Toutefois, la Cour de Paris elle-même a décidé, d'autre part, le 14 avril 1877 (t. 102, p. 356), que dans le cas où une saisie-arrêt a été pratiquée en vertu d'un titre, et non en vertu d'une permission du président du tribunal, ce magistrat n'est pas compétent, lorsque d'ailleurs il n'y a pas urgence, pour accorder en référé, au débiteur saisi, après demande en validité et dénonciation de cette demande au tiers saisi, l'autorisation de toucher la somme saisie-arrêtée. — Compar. *suprà*, n. 134.

137. (Q. 2758). *Le juge des référés peut-il statuer sur l'exécution des clauses d'une adjudication, lorsqu'il s'agit de déterminer la priorité entre les créanciers inscrits et un créancier indiqué par l'acte d'adjudication lui-même ? Est-il compétent pour déterminer la priorité entre saisissants ?*

Carré, au texte, approuve un arrêt qui a consacré la négative en se fondant notamment sur ce que, dans l'espèce, il n'y avait pas urgence. M. Chauveau, *ibid.*, adhère aussi à cette décision en faisant ressortir d'autres motifs qui lui servent également de base, mais il exprime l'opinion que le juge des référés peut, en cas d'urgence, déterminer la priorité entre saisissants.

138. Les questions de préférence entre créanciers, quant au paiement qu'ils poursuivent, échappent à la compétence du juge des référés, répétait notre auteur dans le précédent *Supplément*. *Sic*, Trib. de la Seine, 22 mars 1850 (*J. Av.*, t. 76, p. 405). — Compar. *suprà*, n. 65 et 67. — Mais ce magistrat est compétent pour statuer sur les contestations qui s'élèvent entre le cessionnaire et le saisissant, relativement à l'exécution de l'acte authentique de transport ; il peut ordonner, surtout lorsque le saisissant n'a pas formé de demande au principal contre la validité du transport, que ce transport, signifié antérieurement à la saisie-arrêt, sera exécuté nonobstant cette saisie : Paris, 26 août 1848 (*ibid.*).

139. (Q. 2761). *Si l'opposant à un commandement à fin de saisie immobilière, en prenant la voie du référé pour se faire accorder un sursis, se pourvoyait aussi devant le tribunal civil pour faire statuer sur le mérite de son opposition, le président devrait-il ordonner le sursis sans préjuger le fond ?*

En mentionnant, au texte, un arrêt qui a consacré l'affirmative, Carré objecte qu'on ne voit pas qu'il y ait urgence dans l'espèce. M. Chauveau, *ibid.*, observe que l'urgence pouvait résulter des poursuites dirigées contre le débiteur; mais ni l'un ni l'autre des deux auteurs ne résout la question en principe.

140. (Q. 2770 ter). *Le juge des référés peut-il ordonner qu'il sera fourni caution, lorsque le jugement dont l'exécution est demandée ne le prescrit pas ?*

Solution négative au texte.

Adde conf., arrêt de la Cour de Nîmes, du 27 sept. 1855 (*J. Av.*, t. 81, p. 106); Dalloz, n. 219.

141. Le juge des référés excède également sa compétence en ordonnant que, faute par un héritier bénéficiaire de fournir bonne et valable caution dans un délai déterminé, il sera privé de son droit d'administration, lequel sera confié à un séquestre désigné : Lyon, 26 janv. 1871 (t. 96, p. 342).

142. (Q. 2770 quater). *Ce juge doit-il exprimer le délai dans lequel la caution, s'il ordonne d'en fournir une, sera présentée et contestée ?*

Solution également négative au texte.

§ 5. — Ordonnance. — Voies de recours.

143. (Q. 2771). *Les ordonnances de référé doivent-elles être motivées ?*

Au texte, Carré, tout en étant d'avis que la prescription de l'art. 141, Cod. proc., ne s'applique pas aux ordonnances de référé, conseille de motiver ces ordonnances. — M. Chauveau, *ibid.*, considère les motifs comme obligatoires. *Adde* conf., Dalloz, n. 59.

144. (Q. 2778 A). *La rédaction des ordonnances de référé doit-elle être faite sur qualités déposées par les parties ?*

Solution négative au texte, où il est dit que cette rédaction doit être en entier l'œuvre du juge, qui la dicte au greffier aussitôt après l'avoir prononcée.

145. L'assistance et la signature du greffier ne sont pas nécessaires pour la validité d'une ordonnance de référé, quand elle est rendue par le juge en son hôtel : Grenoble, 13 juill. 1872 (*J. Av.*, t. 98, p. 145). — Conf. MM. de Belleyme, t. 1, p. 409 ; Bioche, n. 305 ; Dalloz, n. 51 ; Chauveau, sous la quest. 2770 au texte.

146. (2778 bis A). *Quand l'ordonnance de référé n'est pas exécutoire sur la minute, doit-elle être signifiée pour produire effet ?*

Il n'est pas douteux, disait M. Chauveau dans le *Supplément* précédent, que l'ordonnance non signée est comme non avenue dans le cas où elle n'est pas exécutoire sur la minute, et que celui contre qui elle a été obtenue n'est pas tenu d'y avoir égard. C'est ce qu'a décidé la Cour de Riom, le 4 mai 1852 (*J. Av.*, t. 78, p. 127). Conf. Dalloz, n. 66. — S'il y a avoué en cause, l'art. 147 est-il applicable et faut-il, avant d'exécuter, que l'ordonnance ait été préalablement signifiée à avoué ? La négative a été adoptée par un arrêt de la Cour de Caen du 8 fév. 1849 (*J. Av.*, t. 76, p. 407), qui est en harmonie avec l'opinion que M. Chauveau a émise sous la Q. 2768 (*suprà*, n. 58), et d'après laquelle l'assistance des avoués, en matière de référé, n'est pas nécessaire. Conf. le *Formulaire de procédure* de notre auteur, 3e édit., t. 2, p. 445, note 1 ; Dalloz, *loc. cit.*, et de Belleyme, t. 1, p. 422. — Ce dernier jurisconsulte pense que, si l'ordonnance est par défaut, elle doit être signifiée par un huissier commis. M. Dalloz critique cette opinion, que M. Chauveau déclarait, au contraire, devoir être suivie. Voy. son *Formulaire de procédure*, t. 2, p. 463, formule n° 902. — V. aussi conf. sur les deux points, notre *Formul. annot.*, t. 2, p. 730, n. 4 et 5.

147. (Q. 2778 bis B). *Le juge des référés peut-il, en ordonnant une expertise, prescrire que le rapport de l'expert sera déposé au greffe, pour, sur le vu de ce document, être statué sans expédition ni signification préalable, par dérogation à l'art. 221, Cod. proc. ?*

L'affirmative, qui résulte d'un arrêt de la Cour de cassation du 30 mars 1858 (*J. Av.*, t. 83, p. 575), était admise aussi dans le précédent *Supplément*, par M. Chauveau, qui tirait un argument *à fortiori* de l'art. 811.

148. (Q. 2778 B). *L'expédition de l'ordonnance de référé est-elle soumise aux formes tracées par l'art. 146 ?*

Ces formes ne sont point nécessaires, d'après un arrêt mentionné et approuvé au texte par M. Chauveau.

149. (Q. 2777). *Les minutes des ordonnances sur référé doivent-elles toujours être déposées au greffe ?*

Réponse négative au texte, où sont indiqués des cas dans lesquels ce dépôt ne peut avoir lieu.

150. (DXXVII). *Peut-on se prévaloir contre une partie, au principal, de ce qu'elle aurait exécuté, sans réserves, l'ordonnance rendue par le juge des référés ?*

La négative est enseignée au texte.

151. (Q. 2779). *L'art. 811, qui permet au juge, en cas d'absolue nécessité, d'ordonner l'exécution de son ordonnance sur la minute, est-il exclusivement applicable aux référés ?*

Carré, au texte, cite et approuve un arrêt de la Cour de cassation d'après lequel les Cours d'appel peuvent, en cas d'urgence, ordonner l'exécution de leurs arrêts sur minute ; mais M. Chauveau repousse cette opinion. — V. aussi *Exécution forcée*, n. 43, et *Exécution provisoire*, n. 34 et 35.

152. (Q. 2779 bis). *Une ordonnance de référé, même exécutoire sur minute et nonobstant appel, n'est-elle exécutoire contre un tiers qu'après le délai d'appel et sur les justifications prescrites par l'art. 548 ?*

L'affirmative résulte d'un arrêt de la Cour de Paris du 11 (et non 7) juin 1861 (*J Av.*, t. 86, p. 469), rendu contrairement aux conclusions du ministère public, et qui a infirmé un jugement du tribunal de la Seine du 1er mai précédent. En rapportant cet arrêt, M. Dalloz (61.2.169) critique vivement l'assimilation qu'il établit entre les jugements et les ordonnances de référé ; il fait remarquer que tous les bénéfices du référé sont perdus par cette assimilation, alors pourtant que l'exécution provisoire est sans danger, puisque la décision de référé est essentiellement provisoire, et ne statue que pour un cas d'urgence et sans toucher au principal. M. Chauveau, dans le précédent *Supplément*, déclarait qu'il hésiterait d'autant moins à adhérer à cette critique qu'il a combattu la jurisprudence qui applique l'art. 548 aux jugements exécutoires par provision nonobstant appel. V. *Exécution forcée*, n. 154 et s.

153. (Art. 809). *L'ordonnance qui commet un huissier pour la notification d'un contrat d'acquisition, dans le cas prévu par l'art. 882, est-elle susceptible d'opposition ?*

Décidé négativement au texte, t. 6, 2e part., p. 299, à la note, par le motif que c'est là une ordonnance de référé.

Cette solution, quant à nous, nous semble fort contestable.

154. (Q. 2773). *L'opposition est-elle admissible contre un jugement rendu par défaut sur le renvoi du juge des référés à l'audience ?*

D'après l'opinion enseignée au texte, l'opposition est admissible lorsque le jugement par défaut intervient à la suite d'un renvoi pur et simple des parties à se pourvoir au principal devant le tribunal ; mais elle ne l'est point si les parties ont été renvoyées à l'audience du tribunal *en état de référé*, parce que, dans ce dernier cas, le jugement, remplaçant l'ordonnance de référé, participe de son caractère.

Adde conf. notre *Formul. annot.*, t. 2, p. 730, note 1, n. 2.

155. (Q. 2773 bis). *Les parties intéressées qui n'auraient pas été appelées à l'audience de référé pourraient-elles former tierce opposition à l'ordonnance ?*

Solution négative au texte de la part de M. Chauveau, qui est d'avis que les personnes auxquelles l'ordonnance de référé est de nature à causer un préjudice immédiat, doivent se pourvoir elles-mêmes en référé, à moins qu'elles ne préfèrent attendre le jugement sur le fond.

Adde conf. notre *Formul.* précité, p. 731, n. 5.

156. (Q. 2774). *Le mot* jugement, *dans l'art.* 809, *suppose-t-il qu'il faille, pour que l'on puisse appeler de l'ordonnance sur référé, que le tribunal entier ait rendu un jugement sur cette ordonnance ?*

La négative, embrassée au texte, est évidente; c'est par inadvertance que, dans l'art. 809, le mot *jugement* a été employé au lieu du mot *ordonnance*.

Compar. notre *Formul.*, p. 730, note 1, n. 1.

157. (Q. 2775). *Les jugements rendus en état de référé par le tribunal entier sont-ils, quant à l'appel, assujettis aux règles prescrites pour les ordonnances?*

Solution affirmative au texte.

Adde conf., Bordeaux, 19 déc. 1846 (*J. Av.*, t. 72, p. 401); Riom, 23 avril 1839 (*ibid.*); MM. de Belleyme, t. 2, p. 47 et 57; notre *Formul.*, p. 731, n. 6, et 732, note 3, n. 5. — *Contrà*, Lyon, 28 fév. 1846 (*J. Av.*, t. 71, p. 498); MM. Dalloz, n. 84; Rivoire, *Traité de l'appel*, p. 356, n. 253.

Ce dernier jurisconsulte s'exprime en ces termes : « Les avis ont été partagés, et ils l'ont été, selon moi, parce qu'on a peu réfléchi sur le texte de la loi et sur les causes qui déterminent le renvoi à l'audience. — En effet, l'art. 809 s'applique à une ordonnance, et non à un jugement; à une décision rendue par un seul juge et non à celle du tribunal. Ensuite, quand le juge renvoie à l'audience, il purge le référé, il reconnaît qu'il ne peut être statué provisoirement; il substitue le pouvoir ordinaire à son pouvoir d'urgence; en un mot, il y a conversion d'une demande en référé en une véritable instance qui se trouve soumise aux règles générales. »

158. M. Chauveau, dans le précédent *Supplément*, s'étonnait que M. Rivoire, ancien avoué, auteur d'ouvrages remarquables sur la pratique judiciaire, ait émis des principes aussi erronés que ceux-ci : *Le président qui renvoie à l'audience purge le référé... il y a conversion d'une demande en référé en une véritable instance.* Tous les auteurs, et notamment les savants professeurs Carré, Demiau-Crousilhac, Pigeau, se refusent à admettre l'opposition à un jugement rendu *en état de référé*, et ne statuant que sur le provisoire. L'homme le plus compétent en pareille matière, M. de Belleyme, après avoir cité et approuvé la jurisprudence de la Cour de Paris sur l'opposition et le délai d'appel, ajoute : « Les règles relatives à l'opposition et à l'appel des ordonnances s'appliquent aux jugements rendus sur référés renvoyés à l'audience, *parce qu'ils remplacent les ordonnances.* »

159. (Q. 2776). *Les ordonnances et les jugements de référé ne sont-ils sujets à l'appel qu'autant que l'objet litigieux excède la valeur jusqu'à concurrence de laquelle les tribunaux de première instance sont autorisés à prononcer en dernier ressort? En cas d'affirmative, l'opposition est-elle du moins admissible contre les ordonnances et jugements rendus en dernier ressort?*

Au texte, le premier point est résolu affirmativement, et le second négativement. Toutefois, M. Chauveau, *ibid.*, fait très justement remarquer qu'il est deux cas où le droit d'interjeter appel est indépendant de la quotité de la valeur du litige; c'est : 1° lorsque l'ordonnance est attaquée comme ayant été rendue par un juge incompétent, ou qui s'est à tort déclaré incompétent; — 2° lorsqu'il s'agit d'objets d'une valeur indéterminée.

Adde conf., sur la règle posée au texte en ce qui touche le taux de l'appel : Paris, 6 déc. 1845 (*J. Av.*, t. 69, p. 721); 26 mai (t. 73, p. 408); 5 oct. et 2 déc. 1848 (t. 74, p. 37; t. 75, p. 257); 29 mai 1852 (*Bull. Huiss.*, 1852, p. 222); Dalloz, n. 81 : de Belleyme, t. 1, p. 426 et suiv.; et sur l'exception apportée à cette règle dans le cas où l'appel porte sur la compétence : Paris, 8 janv. 1853 (*J. Huiss.*, 1853, p. 64) ; 1er avril 1854 (*J.P.*54.1.563), et 29 nov. 1871 (*J. Av.*, t. 97, p. 142) ; Dalloz, n. 91 ; notre *Formul. annot.*, p. 731, n. 8.

160. Un arrêt de la Cour d'Orléans, du 1er déc. 1866 (t. 92, p. 118), a jugé que l'ordonnance par laquelle le juge des référés prescrit qu'il soit sursis à une saisie-gagerie pratiquée par le propriétaire pour fermages échus est en dernier ressort, et, par suite, non susceptible d'appel, si les fermages s'élèvent à moins de 1,500 fr. Cependant l'appel, dans l'espèce de cette décision, avait été formé à raison de l'incompétence du juge, ce qui devait suffire pour le rendre recevable, selon l'observation faite ci-dessus.

161. C'est une question controversée que celle de savoir si l'ordonnance de référé qui intervient par suite de la réserve contenue dans une précédente ordonnance du président du tribunal portant autorisation de saisie-arrêt, et d'après laquelle il devait en être référé à ce magistrat en cas de difficulté (V. *suprà*, n. 133), n'est qu'un complément de cette première ordonnance, et échappe par suite, comme elle, à la voie de l'appel, ou si elle constitue une véritable ordonnance de référé, soumise à ce recours. V. dans le premier sens, Paris, 25 mars et 20 août 1844 (t. 67, p. 473 et 591) ; 18 mars 1847 (t. 72, p. 297) ; 16 mars 1850 (t. 77, p. 16) ; 15 mars 1856 (t. 81, p. 290) ; 14 mai 1857 (t. 82, p. 445) ; 24 juill. 1858 (t. 85, p. 220) ; 25 août 1860 (t. 86, p. 18) ; 3 et 4 mai 1867 (t. 92, p. 221) ; 31 déc. 1867 (t. 93, p. 183) ; 7 août 1871 (t. 96, p. 215) ; 8 et 19 avril et 2 mai 1873 (t. 99, p. 469) ; 27 juill. 1877 (t. 102, p. 443) ; Bastia, 12 fév. 1859 (S.-V.59.2.253) ; Lyon, 6 mai 1861 (t. 87, p. 447) ; Bordeaux, 16 juill. 1872 (t. 98, p. 40) ; — et, dans le sens contraire, Bordeaux, 19 mars 1855 (t. 80, p. 400) ; Lyon, 29 juin 1857 (t. 85, p. 219) ; Paris, 16 juin 1866 (t. 91, p. 400) ; 23 mars 1867 (t. 92, p. 221) ; 11 fév. 1868 (t. 94, p. 296) ; 28 janv. 1870 (t. 95, p. 216) ; 30 avril 1870 (t. 95, p. 299) et 23 nov. 1878 (t. 104, p. 17) ; Montpellier, 26 déc. 1870 (t. 96, p. 215) ; Alger, 19 nov. 1870 (t. 96, p. 62), 29 avril 1872 (t. 97, p. 340) et 1er avril 1874 (t. 99, p. 469) ; Bruxelles, 2 janv. 1879 (t. 104, p. 465).

162. De ces décisions, il faut encore rapprocher, d'une part, un arrêt de la Cour de Paris du 6 fév. 1872 (t. 97, p. 98), qui a jugé que l'ordonnance de référé rendue sur l'opposition formée à une précédente ordonnance qui portait permission de saisir conservatoirement, sauf à en référer au juge en cas de difficultés, n'a pas un caractère contentieux, et n'est point dès lors susceptible d'appel ; et, d'autre part, un arrêt de la Cour de cassation du 16 mai 1860 (S.V.61.1.181), duquel il résulte que l'ordonnance du président du tribunal civil autorisant un breveté à faire procéder à la saisie ou description détaillée d'objets prétendus contrefaits, peut, en cas d'opposition, donner lieu à un référé susceptible d'appel, alors surtout que l'ordonnance contient une réserve à cet égard.

163. L'interprétation d'après laquelle la seconde ordonnance n'est pas plus susceptible d'appel que la première, nous a paru être la plus juridique. V. notre *Formul. annot.*, t. 1, p. 457, n. 29. Mais elle doit être restreinte au cas où le président du tribunal se maintient dans le cercle des attributions qui lui sont conférées par l'art. 558 (ou par l'art. 417, s'il s'agit d'une saisie conservatoire, ou encore par l'art. 47 de la loi du 5 juill. 1844, s'il s'agit d'une saisie d'objets contrefaits), et la seconde ordonnance pourrait être attaquée par la voie de l'appel, si le président avait excédé ces attributions, comme si, par exemple, il avait ordonné la mainlevée ou prononcé la nullité de la saisie (V. *suprà*, n. 134), ou bien s'il avait statué dans les limites de la juridiction ordinaire du référé, en prescrivant, par exemple, à raison de l'urgence, quelque mesure provisoire (Voy. les motifs de l'arrêt de la Cour de Lyon du 6 mai 1861 mentionné ci-dessus). — Compar. *Saisie-arrêt* et *Saisie conservatoire*.

164. (DXXVII). *L'acquiescement donné par les parties à une ordonnance de référé les prive-t-il du droit d'interjeter appel?*

Résolu négativement au texte.

164 *bis*. Il a été cependant jugé que le créancier dont la saisie-arrêt a été, par une ordonnance de référé, déclarée inexistante, comme ayant été faite sans titre ni permission du juge, se rend non recevable à interjeter appel de cette ordonnance, lorsque, avant de le former, il se pourvoit de la permission nécessaire pour pratiquer régulièrement une nouvelle saisie-arrêt ; et cela, encore bien que cette permission lui serait ultérieurement retirée par le juge : Paris, 22 déc. 1876 (t. 102, p. 146).

165. (Q. 2776 ter A). *Le délai de quinzaine fixé par l'art.* 809 *pour l'appel des ordonnances de référé est-il de rigueur?*

Réponse affirmative au texte.

166. La Cour de Paris a décidé, le 16 juin 1866 (*J. Av.*, t. 91, p. 400), que la disposition de l'art. 1033, d'après laquelle, si le dernier jour du délai est un jour férié, le délai est prorogé au lendemain, s'applique à l'appel d'une ordonnance de référé, et qu'ainsi cet appel est valablement signifié le seizième jour, si le quinzième jour est un jour férié.

Adde conf., sur l'un et l'autre point, notre *Formul. annot.*, p. 732, note 3, n. 1 et 3.

167. (Q. 2776 ter B). *Le jour de la signification et celui de l'échéance doivent-ils être compris dans ce délai?*

Sur ce point, M. Chauveau, après avoir cité deux arrêts qui ont admis la négative, renvoie à la doctrine qu'il a exposée sous l'art. 1033, Cod. proc. V. *Délai*, n. 11 et 17.

Nous avons, dans notre *Formul.*, *loc. cit.*, n. 2, admis l'opinion d'après laquelle le jour de la signification n'est pas compris dans le délai, mais le jour de l'échéance compte.

168. (Art. 809). *L'appel d'une ordonnance de référé est-il, comme l'appel de tout jugement en matière civile, soumis à la consignation préalable de l'amende?*

Décidé affirmativement par un arrêt de la Cour de cassation du 20 août 1867 (*J. Av.*, t. 93, p. 225), qui se fonde avec raison sur ce que les dispositions de la déclaration du 21 mars 1671 et de l'art. 10 de la loi du 16 juin 1824 sont générales, et sur ce que les ordonnances de référé ont d'ailleurs le caractère de jugement.

169. (Q. 2776 bis). *L'acte d'appel d'une ordonnance de référé doit-il, comme l'acte d'appel ordinaire, être signifié à personne ou au domicile réel de la partie?*

Solution affirmative au texte, de la part de M. Chauveau, qui admet toutefois que l'appel pourrait être signifié au domicile élu, si le référé avait pour cause un débat antérieur à raison duquel les parties étaient tenues de faire élection de domicile.

Adde conf., notre *Formul. annot.*, t. 2, p. 731, note 2, n. 1.

170. (Art. 809). *L'appel d'une ordonnance de référé, sur lequel il y a urgence à statuer, à raison des circonstances de la cause, peut-il être déclaré recevable, bien qu'il ne soit pas rapporté une expédition en forme de cette ordonnance, s'il en est produit une copie dont le texte n'est pas contesté ?*

L'affirmative a été admise par un arrêt de la Cour de Paris du 2 mai 1877 (*J. Av.*, t. 102, p. 424).

171. (Q. 2772 A). *Lorsque de plusieurs parties intimées sur l'appel d'une* *ordonnance de référé, l'une fait défaut, y a-t-il lieu de prononcer un jugement de défaut profit-joint?*

M. Chauveau, au texte, admet l'affirmative par les mêmes motifs qui ont déterminé son opinion sur la question précédente.

Adde conf, MM. Dalloz, n. 78; Bioche, n. 315; de Belleyme, t. 1, p. 539. — *Contrà*, les arrêts d'Orléans, d'Angers et de Bastia cités *infrà*, n. 175; notre *Formul. annot.*, t. 2, p. 731, n. 4.

172. (Q. 2776 quater A). *La Cour saisie de l'appel d'une ordonnance de référé peut-elle statuer sur des conclusions au fond prises devant elle pour la première fois?*

La négative est enseignée au texte par M. Chauveau, qui admet néanmoins que la Cour d'appel peut, soit accorder des dommages-intérêts à raison de l'exécution donnée à l'ordonnance, soit statuer sur une exception d'incompétence à raison de la matière qui n'avait pas été élevée devant le juge du référé.

173. (Art. 809). *La Cour d'appel qui annule une ordonnance de référé pour cause d'incompétence peut-elle évoquer le fond dans le cas où la matière est disposée à recevoir une solution définitive?*

L'affirmative a été consacrée par plusieurs décisions. V. Toulouse, 31 août 1838 (*J. Av.*, t. 55, p. 675); Montpellier, 20 juill. 1844 (t. 67, p. 680); Caen, 12 juin 1854 (D.P.55.5.199); Nancy, 27 déc. 1860, et Bourges, 5 fév. 1861 (t. 86, p. 468) — Jugé aussi que la Cour est autorisée à évoquer le fond, lorsqu'elle annule une ordonnance de référé pour irrégularité de l'assignation : Caen, 6 mars 1861 (*ibid*). — V. toutefois Grenoble, 18 nov. 1856 (t. 83, p. 156). — Mais la Cour ne peut évoquer si elle est elle-même incompétente pour connaître de l'objet de la contestation : Paris, 18 fév. 1873 (t. 98, p. 174); notre *Formul. annot.*, t. 2, p. 725, n. 70.

174. (Q. 2776 quater B). *Lorsque la Cour devant laquelle est porté l'appel d'un jugement de référé trouve le fond en état de recevoir devant elle une solution définitive, peut-elle statuer sur le référé et sur le fond par un seul et même arrêt?*

Solution affirmative au texte de la part de M. Chauveau.

175. (Q. 2772 B). *De ce que les ordonnances de référé ne sont pas sujettes à l'opposition, s'ensuit-il que cette voie soit interdite contre les arrêts par défaut qui statuent sur l'appel de ces ordonnances?*

Solution négative au texte.

Adde conf., Limoges, 16 fév. 1842 (S.-V.42.2.461); Paris, 22 nov. 1851 (*J. Av.*, t. 77, p. 238); 27 sept. 1860 et 20 fév. 1861 (t. 86, p. 467); Amiens, 4 mars 1874 (t. 99, p. 464); de Belleyme, *Ord. sur req. et sur réf.*, p. 439; Bioche, v° *Référé*, n. 315; notre *Formul. annot.*, t. 2, p. 730, note 1, n. 3. — *Contrà*, Orléans, 9 juin 1847 (t. 72, p. 681); Angers, 1er sept. 1851 (t. 77, p. 53); Bastia, 11 fév. 1859 (t. 84, p. 475); Paris, 31 mars 1870 (t. 95, p. 340); Bilhard, *Référés*, p. 698; Bazot, *Ord. sur req. et sur réf.*, p. 396.

176. (Art. 809). *Peut-on élever le conflit en matière de référé?*

L'affirmative résulte d'un avis du comité de législation du Conseil d'Etat du 3 mai 1844 (*Dict. de l'administr. franç.*, de M. Block, v° *Conflit*, n. 38, p. 466); et M. Chauveau a admis aussi dans son *Cod. d'instr. administr.*, n. 447 *ter*, cette solution qu'il rappelait dans le précédent *Supplément aux Lois de la procéd. civ.*, sous la quest. 2769.

Adde conf., Cons. d'Etat, 22 janv. 1867 et 18 nov. 1869 (*J. Av.*, t. 96, p. 378); Trib. des conflits, 11 janv. 1873 (t. 98, p. 333); MM. Dufour, *Droit administr.*, t. 3, n. 52; Serrigny, *Organis. et compét. administr.*, t. 1, n. 173; Dalloz, *Répert.*, v° *Conflit*, n. 6

177. (Q. 2776 quinquies). *Y a-t-il lieu de se pourvoir en cassation contre une ordonnance de référé, à raison de l'inobservation des lois?*

M. Chauveau enseigne au texte la négative.

Adde conf., Dalloz, n. 92.

178. Il a été jugé cependant que le recours en cassation est recevable quand il est fondé sur l'incompétence ou la violation de la loi : Cass., 16 mai 1833 (arrêt cité par MM. de Belleyme, t. 1, p. 441, et Dalloz, *loc. cit.*). Conf., notre *Formul. annot.*, t. 2, p. 731, n. 11.— La Cour suprême admet aussi le pourvoi en cassation contre les arrêts statuant sur l'appel des ordonnances de référé : arrêt du 23 juill. 1851 (S.-V.51.1.753); et contre les jugements statuant en état de référé : arrêt du 9 juin 1858 (*id.*59.1.621). Voy. encore Cass., 6 nov. 1861 (*J. Av.*, t. 86, p. 465). — M. Chauveau citait toutefois en faveur de son opinion, dans le précédent *Supplément*, un arrêt de la chambre des requêtes du 1er mai 1860, dont M. Bellaigue, avocat à la Cour de cassation, a approuvé la doctrine dans la *Revue pratique du droit français*, 1861, t. 12, p. 554.

179. Depuis, la Cour suprême a jugé, à la date du 6 nov. 1865 (t. 91, p. 274), qu'en admettant que tout jugement ou arrêt statuant en état de référé soit susceptible d'un recours en cassation, ce n'est qu'autant que ces décisions ont un caractère définitif, et que, dès lors, l'arrêt confirmatif d'une ordonnance de référé qui prescrit la discontinuation de poursuites, sur le motif qu'une instance est pendante entre les parties, et qu'il y a lieu d'attendre l'issue de cette instance, ne peut être frappé d'nn pourvoi en cassation.

— V. *Absence; Acte (délivrance d'); Actions possessoires; Appel; Arbitrage; Communication au ministère public; Compulsoire; Conciliation; Défenses; Délai; Désaveu; Désistement; Distribution par contribution; Dommages-intérêts; Enquête; Exécution forcée; Expertise; Frais et dépens; Interdiction et nomination de conseil judiciaire; Instruction par écrit; Inventaire; Jugement; Saisie-arrêt; Saisie immobilière; Saisie-revendication; Scellés; Tribunal de commerce.*

RÉFÉRÉ DEVANT LE TRIBUNAL. V. *Référé.*

REFUS D'ASSISTANCE. V. *Interdiction et nomination de conseil judiciaire.*

— **DE COMPARAITRE.** V. *Jugement par défaut; Séparation de corps.*

— **DE SE CONCILIER.** V. *Conciliation.*

— **DE COPIE.** V. *Exploit.*

— **DE JUGER.** V. *Compromis; Requête civile.*

— **DE MINISTÈRE.** V. *Exploit.*

— **D'OPÉRER.** V. *Expertise; Scellés.*

— **D'OUVRIR.** V. *Saisie-exécution; Saisie-revendication.*

— **DE PERMISSION.** V. *Règlement de juges; Saisie-arrêt.*

— **DE PLAIDER.** V. *Reprise d'instance.*

— **DE RÉPONDRE.** V. *Interdiction et nomination de conseil judiciaire.*

— **DE SERMENT.** V. *Enquête.*

— **DE SIGNATURE.** V. *Enquête.*

— **DE SIGNIFICATION.** V. *Jugement.*

— **DE SURSIS.** V. *Référé; Règlement de juges.*

— **DE TÉMOIGNAGE.** V. *Enquête.*

— **DE VISA.** V. *Exploit.*

RÉGIME DOTAL. V. *Saisie immobilière; Vente d'immeubles dotaux.*

REGISTRE. V. *Distribution par contribution; Exécution forcée; Scellés.*
— **DES AVOUÉS.** V. *Frais et dépens.*
— **DE L'ÉTAT CIVIL.** V. *Vérification d'écriture.*
— **DE PRODUCTION.** V. *Instruction par écrit.*
— **PUBLIC.** V. *Acte (délivrance d'); Requête civile.*
RÈGLEMENT AMIABLE. V. *Frais et dépens; Ordre.*
— **D'EAU.** V. *Actions possessoires; Exceptions.*
— **D'ORDRE.** V. *Ordre.*

RÈGLEMENT DE JUGES.

(Art. 363 à 367, Cod. proc. civ.).

SOMMAIRE ALPHABÉTIQUE.

FORMULES. — *Requête présentée à la Cour d'appel pour être autorisé à assigner en règlement de juges.* — Form. t. 1er, p. 48, n. 46. — *Arrêt qui permet d'assigner en règlement de juges.* — Form., n. 47, p. 50. — *Assignation en règlement de juges.* — *Arrêt qui ordonne que l'affaire restera au tribunal saisi par le demandeur en règlement.* — Form. n. 49, p. 52. — *Arrêt qui ordonne que l'affaire restera au tribunal saisi par le défendeur en règlement.* — Form. n. 50, p. 52.

DIVISION.

§ 1. — Dans quels cas il y a lieu à règlement de juges. — Quelle est l'autorité compétente pour statuer sur la demande tendant à ce règlement.

1. (Art. 363). *Qu'entend-on par règlement de juges ?*

Carré, au texte, t. 3, p. 286, note 5, définit le règlement de juges, en tant qu'il est l'objet des dispositions du Code de procédure, la décision par laquelle une autorité judiciaire supérieure déclare laquelle, de deux ou de plusieurs autorités qui lui sont subordonnées, doit connaître d'une contestation dont elles se trouvent simultanément saisies. V. aussi notre *Formulaire annoté*, t. 1, p. 271, note 3, n. 1 et 2.

2. (Q. 1319 sexies). *Faut-il, pour qu'il y ait conflit de juridiction donnant lieu à règlement de juges, que les deux tribunaux aient prononcé, en retenant ou renvoyant les causes, ou bien suffit-il qu'ils soient saisis ?*

Il suffit, d'après l'opinion admise au texte, que les demandes aient été formées.

Adde conf., Rodière, t. 2, p. 99 ; Dalloz, vº *Règl. de jug.*, n. 28 ; Bourbeau, t. 1, p. 320 et 344.

3. (Art. 363). *Pourrait-on se pourvoir en règlement de juges avant que les tribunaux entre lesquels le conflit peut s'élever, fussent saisis de la contestation ?*

Décidé négativement au texte, t. 3, p. 288, note, 3º.

4. (Q. 1320). *Quel est le caractère que doit avoir une cause pour qu'elle donne lieu au règlement de juges, conformément à l'art.* 363 ?

Carré explique, au texte, qu'il faut que la contestation portée à deux ou plusieurs tribunaux constitue par son objet une seule et même cause, ou du moins une autre cause essentiellement connexe, et que cette identité ou cette connexité d'objet suffit pour qu'il y ait lieu à règlement de juges, la cause fût-elle soutenue par la même personne contre deux adversaires différents. — M. Chauveau, *ibid.*, adhère à ces principes, et signale diverses espèces dans lesquelles la jurisprudence a vu ou refusé de voir la connexité donnant lieu au règlement de juges.

Adde conf., Rodière, t. 2, p. 101 ; Dalloz, n. 15 ; Bourbeau, t. 1, p. 353.

5. Dans le précédent *Supplément*, notre auteur mentionnait encore les solutions suivantes :

Lorsque deux cessionnaires partiels d'un même droit originaire portent leurs demandes contre les mêmes défendeurs devant deux tribunaux différents, il y a lieu à règlement de juges : Cass., 5 déc. 1848 (*J. Av.*, t. 74, p. 167). — Mais deux demandes dont l'une est relative à la liquidation d'une succession, et l'autre à des comptes d'une société de commerce, ne constituent pas un même différend et ne peuvent donner lieu à une demande en règlement de juges devant la Cour de cassation : Cass., 2 juill. 1846 (t. 71, p. 719). — Il n'y a pas non plus lieu à règlement de juges dans le cas où un tribunal de commerce, saisi d'une demande en liberté définitive, de la part d'un failli, l'a écartée et où son jugement, déféré à la Cour d'appel, a été réformé. On ne peut pas dire, observait M. Chauveau, qu'il y ait ici antagonisme entre le jugement et l'arrêt ; que la Cour ait entrepris sur le tribunal, en réformant sa décision dans une matière où il n'y a pas lieu à l'appel, aux termes de l'art. 583, Cod. comm. ; ce serait confondre deux cas bien distincts, celui où il s'agit d'une demande en liberté provisoire et celui où il est question d'une demande en liberté définitive. S'il est vrai, en effet, que, dans le premier cas, les jugements des tribunaux de commerce ne sont pas susceptibles d'appel (art. 583 précité), il n'en est pas de même lorsqu'à tort ou à raison une demande en liberté définitive a été soumise aux juges ; le tribunal de commerce n'est pas investi, en pareil cas, du droit de prononcer en dernier ressort, comme il l'est quand il s'agit d'une simple demande en liberté provisoire ; son jugement est susceptible d'appel, et l'arrêt qui, en infirmant ce jugement, accorde la liberté définitive, peut être l'objet d'un pourvoi en cassation, si c'est prématurément que cette demande a été présentée et accueillie. C'est la seule voie ouverte pour en obtenir l'annulation : Cass., 22 déc. 1851 (*Gaz. des trib.*, 1851, n° 7631).

6. La contrariété de jugements en premier ressort ne donne pas ouverture à cassation, mais bien à règlement de juges; et, dans ce cas, la Cour d'appel à laquelle ressortissent les tribunaux qui ont rendu ces jugements est compétente pour connaître de la demande en règlement de juges, encore que ces décisions aient acquis l'autorité de la chose jugée, si elles n'ont statué que sur la compétence : Paris, 5 août 1847 (*J. Av.*, t. 72, p. 45).

7. Il a été jugé, depuis, que, pour qu'il y ait lieu à règlement de juges, il ne suffit pas que les demandes portées devant deux tribunaux différents aient le même objet, et que les parties soient les mêmes ; mais qu'il faut encore que les demandes soient fondées sur les mêmes causes et que les parties aient agi dans les mêmes qualités : Cass., 29 janv. 1867 (S.-V.67.1.80). — C'est là une proposition trop absolue. La jurisprudence et la doctrine admettent généralement, dans le sens de la théorie exposée au texte, d'une part, que l'identité des parties n'est pas nécessaire, lorsqu'il s'agit du règlement de juges par suite de connexité, et, d'autre part, qu'en pareil cas, l'objet des deux demandes n'a pas besoin d'être complètement identique ; mais qu'il suffit que l'une et l'autre reposent, en sens contraire, sur le même fondement, que leur succès soit subordonné à la décision d'une même question. Voy., outre les autorités indiquées ci-dessus, M. Bioche, v° *Règl. de jug.*, n. 14 et s., et notre *Formulaire annoté*, t. 1, p. 271, note 3, n. 4, et p. 272, n. 5.

8. La Cour de cassation a elle-même décidé, par arrêt du 28 mai 1867 (*J. Av.*, t. 92, p. 441), qu'il y a lieu à règlement de juges lorsqu'une vente judiciaire d'immeubles est poursuivie devant deux tribunaux à la fois, encore bien que les parties poursuivantes ne soient pas les mêmes et qu'un arrêt ait statué définitivement sur l'une des poursuites et ordonné que la vente aurait lieu devant l'un des deux tribunaux. Et il résulte du même arrêt qu'en ce cas, c'est au tribunal de la situation des immeubles que la compétence doit être attribuée.

9. Il y a également lieu à règlement de juges par la Cour de cassation, lorsque deux Cours d'appel se trouvent saisies des appels de jugements par lesquels deux tribunaux se sont déclarés compétents, l'un sur la demande à fin d'exécution d'un contrat, l'autre sur la demande en résolution de ce même contrat : Cass., 4 mai 1869 (t. 95, p. 44).

10. Un autre arrêt de la Cour suprême mentionné et approuvé au texte, t. 3, p. 288, note, 8°, a déclaré avec raison qu'il n'est point exigé, pour qu'il y ait lieu à règlement de juges, que les exploits introductifs des deux instances soient de la même date.

11. D'après un jugement du tribunal civil de Mirande du 29 mars 1876 (*J. Av.*, t. 101, p. 175), au cas de demande formée contre tous les avoués exerçant près d'un tribunal, à fin de condamnation solidaire à des dommages-intérêts (à raison, par exemple, de la suppression d'un office), celui de ces avoués qui a été, à son insu, constitué par le demandeur, ne peut occuper pour ce dernier ; et le tribunal, bien que compétemment saisi, doit, eu égard à l'impossibilité où il se trouve, par suite, de statuer, renvoyer le demandeur ou la partie la plus diligente à se pourvoir en règlement de juges.

12. (Q. 1321 A). *Peut-il y avoir lieu à règlement de juges dans le cas où un différend est soumis à deux ou plusieurs tribunaux de commerce?*

Solution affirmative au texte.

Adde conf., Dalloz, n. 38 ; Bourbeau, t. 1, p. 358 ; Rodière, t. 2, p. 103 ; notre *Formul. annot.*, t. 1, p. 272, n. 7, et notre *Dict. du content. commerc.*, v° *Faillite*, n. 106 et s.

13. Quand un tribunal de commerce doit être dessaisi, faut-il que le renvoi ait lieu devant le tribunal civil de l'arrondissement ou devant un autre tribunal de commerce du ressort? M. Chauveau a approuvé, au texte, un arrêt de la Cour de Colmar qui a jugé dans ce dernier sens. La Cour de Rouen, le 4 nov. 1836 (*J. Av.*, 1841, p. 735), et celle de Toulouse, le 23 fév. 1846 (*J. Av.*, t. 72, p. 303), se sont prononcées pour le renvoi devant le tribunal civil, et M. Dalloz, n. 91, a adopté cette solution ; mais la Cour de Rouen est revenue sur sa jurisprudence et a confirmé l'opinion de M. Chauveau, par un arrêt du 23 mai 1845 (t. 68, p. 296). La Cour de Caen a adopté aussi cette doctrine, le 4 déc. 1854 (*Journ. de cette Cour*, 1855, p. 357).

14. (Q. 1321 B). *La voie du règlement de juges est-elle ouverte, soit dans le cas où un même différend a été porté tout à la fois devant un tribunal civil et devant un tribunal de commerce, soit dans le cas où deux causes connexes ont été soumises l'une au tribunal de commerce, l'autre au tribunal civil ?*

M. Chauveau, au texte, se prononce pour l'affirmative dans le premier cas, et admet la négative dans le second. — V. aussi notre *Formul. annoté*, *loc. cit.*

15. (Art. 363). *Y a-t-il lieu à règlement de juges lorsque, à la suite d'un sursis ordonné par le tribunal civil, après inscription de faux, le tribunal criminel refuse de statuer ?*

Décidé affirmativement au texte, t. 3, p. 288, note, 1°.

16. (Q. 1322). *Dans tous les cas où la même affaire ou deux affaires connexes se trouvent soumises à deux tribunaux différents, est-on nécessairement obligé de former une demande en règlement de juges ?*

La négative est adoptée au texte, où il est enseigné que les deux voies sont également ouvertes à la partie qui veut faire attribuer la connaissance de la cause à un seul tribunal ; que cette partie peut, en premier lieu, proposer le déclinatoire et, en cas de rejet, appeler du jugement ; et en second lieu former sa demande en règlement de juges devant l'autorité compétente.

17. La Cour de cassation a jugé en ce sens, par arrêts des 9 mars 1858 (S.-V.58.1.648), 5 janv. 1859 (*J. Av.*, t. 90, p. 338, à la note) et 12 déc. 1864 (*Ibid.*, au texte), que la partie qui a été déboutée du déclinatoire par elle proposé devant la juridiction qu'elle prétendait incompétente, est encore recevable à se pourvoir devant la Cour de cassation en règlement des juges.

18. Mais lorsque, sur le déclinatoire proposé par l'une des parties, l'un des tribunaux s'est dessaisi du litige, le défendeur au déclinatoire ne peut plus se pourvoir en règlement de juges ; la voie de l'appel lui est seule ouverte. Ainsi l'ont décidé deux arrêts de la Cour de cassation mentionnés et approuvés au texte, t. 3, p. 296, à la note *in fine*.

19. D'un autre côté, le pourvoi en règlement de juges devant la Cour de cassation, au cas de rejet d'un déclinatoire, n'est admissible qu'autant que ce déclinatoire tendrait au renvoi devant un tribunal dépendant d'une autre Cour que celle dans le ressort de laquelle se trouve le tribunal saisi, et non si les deux tribunaux ressortissent à la même Cour : Cass., 20 avril 1868 (t. 94, p. 432).

20. (Q. 1324). *La demande en règlement de juges serait-elle recevable, si le jugement qui a rejeté le déclinatoire avait statué sur le fond ?*

La négative est enseignée au texte, où M. Chauveau ajoute que la voie du règlement de juges est également interdite, soit lorsque les deux demandes sont portées devant des juridictions différentes, l'une en première instance, l'autre en appel, soit lorsque le jugement sur le déclinatoire est passé en force de chose jugée.

Adde conf., M. Rodière, t. 2, p. 99.

21. MM. Dalloz, n. 23, et Bourbeau, t. 1, p. 366, pensent que le règlement de juges est recevable, bien qu'une décision ait acquis sur le fond force de chose jugée. Un arrêt de la Cour de cassation, du 14 nov. 1856 (D.P.57.1.26), semblerait pouvoir être invoqué dans ce sens, car il porte que lorsqu'un pourvoi en cassation est formé contre un arrêt non susceptible d'être cassé (en ce qu'il est fondé sur une appréciation souveraine) et qui est en contradiction avec une autre décision rendue entre les mêmes parties par une juridiction différente, et passée en force de chose jugée, la Cour de cassation peut, à raison de ce conflit, convertir ce pourvoi en une demande en règlement de juges, et renvoyer, par suite, l'affaire devant la juridiction compétente. Mais M. Chauveau, dans le précédent *Supplément*, faisait remarquer que, dans l'espèce de cet arrêt, il y avait contrariété de décisions donnant ouverture à cassation et qu'en effet la voie du pourvoi avait été suivie. Ce qui prouve, ajoutait-il, que la Cour suprême maintient sa jurisprudence antérieure indiquée au texte, c'est que, par arrêt du 6 fév. 1849 (*J. Av.*, t. 76, p. 408), elle a refusé d'accueillir une demande en règlement de juges ayant pour objet de faire réformer un arrêt passé en force de chose jugée ; que, le 29 mai 1848 (t. 73, p. 472), elle a déclaré recevable une demande en règlement de juges pour conflit positif, quoique l'un des tribunaux eût contradictoirement statué au fond, parce que sa décision avait été frappée d'appel ; et que, le 16 juin 1856 (S.-V.56.1.598), elle a décidé qu'il y a lieu à règlement de juges lorsqu'une cause est pendante devant deux tribunaux différents, encore bien que l'un de ces tribunaux ait prononcé un jugement sur le fond, si le jugement n'est pas passé en force de chose jugée par l'expiration des délais fixés pour les recours dont il est susceptible.

22. (Art. 363). *Y a-t-il lieu à règlement de juges lorsqu'une même affaire ou deux affaires connexes sont soumises à deux chambres de la même Cour ?*

Décidé négativement au texte, t. 3, p. 288, note, 4°, alors surtout qu'un arrêt a statué définitivement au fond. — Compar. la question précédente.

23. (Q. 1325). *L'existence d'un jugement sur le fond met-elle obstacle au règlement de juges, même dans le cas où le fond n'a pas été contesté par la partie ?*

L'affirmative est embrassée au texte, où il est dit notamment que la partie qui a opposé un déclinatoire en première instance, doit se borner à appeler du jugement, ou de la disposition du jugement qui prononce sur le déclinatoire, sans déférer à la Cour les dispositions sur le fond, si elle veut, en cas de rejet, se pourvoir en règlement de juges.

24. M. Chauveau, dans le *Supplément* précédent, mentionnait comme conforme à la doctrine du texte un arrêt de la Cour de cassation du 28 avril 1852 (*Le Droit*, 1852, n° 102), portant que le recours en règlement de juges contre un arrêt qui a rejeté le déclinatoire n'est pas recevable, de la part d'une partie qui a conclu au fond, alors même que ces conclusions n'auraient été prises qu'en première instance et que la partie qui a conclu n'aurait pas plaidé. La cause, en effet, disait notre auteur, est liée contradictoirement par les conclusions au fond, et il n'existe plus, dans la procédure, de défaut faute de plaider après les conclusions au fond prises à l'audience. — Voy. aussi dans le même sens M. Dalloz, n. 31. — *Contrà*, M. Bourbeau, t. 1, p. 364.

25. (Q. 1326). *Ne doit-on recourir au règlement de juges, conformément à l'art. 363, qu'autant que les deux tribunaux devant lesquels la cause est* *pendante ressortissent à la même autorité supérieure ?* — En d'autres termes, *doit-on se borner à opposer le déclinatoire, lorsque la cause est pendante devant deux tribunaux ressortissant à la même juridiction supérieure ?*

Ce point est résolu négativement au texte, où il est dit que toutes les fois qu'il pourrait y avoir lieu à règlement de juges, on a la faculté de prendre la voie du déclinatoire, bien qu'elle soit moins sûre.

26. (Q. 1320 bis). *Dans le cas où il a été nommé deux tuteurs à un même mineur, par deux juges de paix ressortissant à deux tribunaux différents, y a-t-il lieu à règlement de juge ?*

Ce point a été résolu négativement par Carré dans une consultation insérée au texte, et dans laquelle ce jurisconsulte exprimait l'avis qu'en pareil cas l'un des tuteurs doit former contre l'autre une demande tendant à faire déclarer que celui-ci a été illégalement investi de la tutelle, et portée devant le tribunal auquel ressortit le juge de paix qui avait présidé à la nomination à attaquer. M. Chauveau, sans se prononcer sur le mérite de cette solution, mentionne, *ibid.*, un arrêt de la Cour de cassation qui l'a sanctionnée.

27. (Q. 1326 ter). *Y a-t-il lieu à règlement de juges, lorsque, depuis l'introduction de l'instance, l'arrondissement devant le tribunal duquel elle avait été engagée a cessé de faire partie du territoire français ?*

Oui, est-il répondu au texte, et la désignation d'un autre tribunal est alors faite par la Cour de cassation.

28. (Q. 1319 octies). *L'art.* 363, *qui détermine l'autorité compétente pour statuer sur les demandes en règlement de juges dans les cas qu'il prévoit, n'est-il applicable qu'aux conflits positifs de juridiction ? La Cour de cassation demeure-t-elle seule compétente pour les conflits négatifs ?*

Carré, au texte, résout affirmativement cette question, que M. Chauveau tranche dans le sens contraire.

Adde conf. à cette dernière interprétation, Rodière, t. 2, p. 104; Dalloz, n. 46; Bourbeau, t. 1, p. 243.

29. Dans le *Supplément* précédent, M. Chauveau déclarait admettre, avec un arrêt de la Cour de Montpellier, du 19 août 1850 (*J. Av.*, t. 76, p. 407), que lorsque, sur un jugement qui déclare que l'interprétation des dispositions obscures ou ambiguës d'un arrêt appartient essentiellement à la Cour qui l'a rendu, les parties se sont pourvues devant cette Cour, et que les juges d'appel, en déclarant le tribunal civil, au contraire, seul compétent pour statuer, ont rejeté la demande en interprétation, et délaissé les parties à se pourvoir par-devant qui de droit, si ces parties reviennent devant le premier juge, il doit se déclarer incompétent. Les parties, se trouvant ainsi repoussées par le tribunal et par la Cour, doivent ou se pourvoir en cassation contre l'arrêt qui rejette la demande en interprétation, ou former une demande en règlement de juges sur le conflit négatif résultant de l'arrêt et du jugement du tribunal, passé en force de chose jugée.

30. (Q. 1319 septies). *Quand peut-on dire qu'il y a conflit négatif de juridiction ?*

M. Chauveau explique, au texte, que ce conflit ne peut résulter que du refus fait par deux tribunaux différents de connaître d'une même demande, que, dans ce cas, il y a moins lieu à *règlement* qu'à *indication* de juges; mais que la demande en indication n'est autorisée que si l'un des deux tribunaux saisis est bien réellement le seul compétent pour connaître du litige; d'où il suit, d'une part, que la demande en indication de juges n'est admissible qu'après que les deux jugements d'incompétence sont passés en force de chose jugée, et, d'autre part, qu'il n'y a pas conflit négatif, si un troisième tribunal auquel la cause a été également soumise en a retenu la connaissance.

Adde conf., Dalloz, n. 51 ; Bourbeau, t. 1, p. 368, et Rodière, t. 2, p. 102.

31. (Q. 1326 bis). *Si le conflit existe entre deux tribunaux de degré inégal, par exemple, entre un juge de paix et un tribunal de première instance, par qui doit-il être statué?*

M. Chauveau, au texte, combat l'opinion d'après laquelle le conflit, en pareil cas, devrait être vidé par la Cour de cassation, et enseigne que c'est à la Cour d'appel qu'il appartient de statuer.

Adde conf., Cass. 8 août 1853 (*Le Droit*, 1853, n° 187); Caen, 3 juill. 1871 (*J. Av.*, t. 97, p. 145) ; notre *Formul. annot.*, t. 1, p. 272, n. 8. — *Contrà*, Rouen, 3 fév. 1818 (S.-V., *Collect. nouv.*, 5.2.349); MM. Dalloz, n. 86 ; Bourbeau, t. 1, p. 328. — La Cour de cassation a même jugé, par arrêt du 24 fév. 1852 (S.-V.52.1.370), qu'il n'y a pas lieu à règlement de juges, lorsque de deux demandes portées devant deux tribunaux différents, l'une est au premier degré de juridiction, l'autre en degré d'appel.

32. Dans le cas où le conflit existe entre deux tribunaux du même ressort dans une affaire qui n'est pas susceptible d'appel, MM. Dalloz, n. 82, Bourbeau, p. 339, et Rodière, t. 2, p. 103, admettent, comme M. Chauveau l'a fait au texte, que c'est à la Cour d'appel que le règlement de juges doit être demandé.

33. (Art. 363). *Lorsque des biens vendus volontairement sont situés dans plusieurs arrondissements dont les tribunaux ressortissent à une même Cour d'appel, est-ce à cette Cour ou à la Cour de cassation qu'il appartient de déterminer devant lequel de ces tribunaux doit être ouvert l'ordre du prix des ventes ?*

Décidé au texte, t. 3, p. 288, note, 6°, que c'est par la Cour d'appel que doit être faite cette désignation.

34. (Q. 1326 quater). *Y a-t-il lieu à règlement de juges par la Cour de cassation, lorsque le conflit s'élève entre le pouvoir judiciaire et l'autorité administrative?*

Il est dit au texte que si le conflit est positif, ce n'est point la Cour de Cassation, mais le Conseil d'Etat (aujourd'hui le tribunal des conflits), qui doit statuer; mais que, dans le cas de conflit négatif, la partie qui estime que l'autorité judiciaire est compétente a le choix entre une demande en règlement de juges portée devant le Conseil d'Etat (tribunal des conflits), et une demande adressée à la Cour de cassation à fin d'annulation de l'arrêt qui a déclaré l'incompétence.

35. (Art. 363). *La Cour de cassation est-elle compétente pour connaître d'une demande en règlement de juges formée par des officiers ministériels poursuivis en matière de discipline?*

Cette question est résolue négativement au texte, t. 3, p. 288, note, 7°, où il est décidé que cette demande ne peut être portée que devant le ministre de la justice.

36. (Id.). *Peut-on former devant la Cour de cassation une demande en règlement de juges, quand on n'a pas formé cette demande devant la Cour d'appel?*

Décidé affirmativement au texte.

37. (Q. 1323). *Le Code de procédure civile a-t-il dérogé à la disposition de l'ordonnance de 1737 de laquelle il résulte que la partie qui a été déboutée* *d'un déclinatoire par elle proposé, et de sa demande en renvoi devant des juges d'un autre ressort, peut se pourvoir en règlement de juges devant la Cour de cassation, sans qu'il y ait conflit entre deux tribunaux?*

Résolu négativement au texte, où M. Chauveau fait toutefois remarquer que cette solution ne saurait être étendue au cas où la juridiction devant laquelle le renvoi est demandé appartient au même ressort, et qu'alors on n'a d'autres recours que l'appel et le pourvoi en cassation suivant les règles ordinaires.

Adde conf., Cass., 20 déc. 1841 (*J. Av.*, t. 62, p. 63) et 9 mars 1858 (*J. P.*58.460) ; MM. Dalloz, n. 42 ; Bourbeau, t. 1, p. 324, et Rodière, t. 2, p. 101.

38. Il n'y a pas lieu, du reste, à règlement de juges lorsque le déclinatoire dont a été déboutée la partie repose uniquement sur la question de savoir s'il y a ou non élection de domicile dans la clause d'un contrat : Cass., 9 fév. 1848 (*J. Av.*, t. 73, p. 425). « Attendu, dit cet arrêt, que la Cour n'avait pas à statuer sur une question d'ordre public ; que l'exception d'incompétence reposait sur les clauses d'un contrat particulier intervenu entre les parties, et qu'il s'agissait uniquement de rechercher si cet acte contenait une élection de domicile ; que l'interprétation de cette convention appartenait exclusivement aux tribunaux ordinaires, qui seuls pouvaient en déterminer l'application. » — Une solution analogue résulte d'un autre arrêt de la même Cour du 27 janv. 1852 (*Le Droit*, 1852, n° 23) ; et M. Dalloz, n. 57, aprouve cette jurisprudence, à laquelle M. Chauveau donnait aussi son adhésion dans le précédent *Supplément*.

39. Enfin, la Cour suprême a maintenu le principe qu'elle avait déjà posé, en décidant, le 27 janv. 1847 (*J. Av.*, t. 72, p. 611), que de ce qu'un traité donne force exécutoire aux jugements des tribunaux français dans un pays étranger et réciproquement, il ne s'ensuit pas que la Cour de cassation soit compétente pour faire un règlement de juges entre un tribunal français et un tribunal de ce pays étranger. — Voy. dans le même sens, Dalloz, n. 41, et Bourbeau, t. 1, p. 336.

§ 2. — Comment doit être formée et jugée la demande en règlement de juges.

40. (Q. 427). *La requête par laquelle est formée la demande en règlement doit-elle être lue en audience publique?*

Carré, au texte, se prononce pour l'affirmative ; tandis que M. Chauveau, *ibid.*, est d'avis qu'il suffit que le président ou l'un des juges fasse sur la requête un rapport à l'audience.

41. (Q. 1328). *Comment le tribunal est-il mis à portée de statuer sur la requête ?*

On peut, en ce cas, suivant l'opinion admise au texte, ou remettre la requête au président, ou la déposer au greffe.

42. Il résulte d'un arrêt de la Cour de Paris du 7 mai 1867 (*J. Av.*, t. 92, p. 346), que la requête présentée à fin d'autorisation d'assigner en règlement de juges suspend l'effet du jugement déclaratif de faillite jusqu'à ce que la Cour ait statué sur la question du règlement, et que, dès lors, l'art. 580, Cod. comm., relatif à l'opposition au jugement déclaratif de faillite n'est pas applicable, si la présentation de cette requête a eu lieu avant l'expiration du délai qu'il fixe.

43. (Q. 1329). *Cette requête doit-elle être communiquée au ministère public?*

Solution affirmative au texte.

44. (Q. 1330), *Les juges auxquels elle est présentée peuvent-ils refuser la permission d'assigner en règlement ?*

Il est répondu au texte que les juges ne peuvent refuser cette permission, si on leur présente deux exploits de demande qui établissent clairement qu'un même différend se trouve soumis à deux tribunaux ; mais qu'il en est autrement si le tribunal est convaincu, à l'inspection des deux exploits, qu'il ne s'agit pas, soit d'un même litige, soit d'une cause essentiellement connexe à une autre.

45. (Q. 1331). *Les juges pourraient-ils se refuser à ordonner le sursis à toutes les procédures commencées devant les tribunaux en conflit ?*

Ce sursis, porte le texte, est laissé à l'arbitrage des juges, qui peuvent le refuser s'il y a lieu de présumer que la demande en règlement est susceptible d'être contestée par la partie adverse. — Il est ajouté que les procédures et jugements qui interviendraient après le sursis seraient nuls, quelle que fût l'issue de la demande en règlement.

46. Depuis, il a été jugé que lorsqu'une demande en règlement de juges a été formée, le tribunal qui a été le premier saisi doit surseoir à statuer dès qu'il est justifié d'une décision régulière ordonnant un sursis, encore qu'elle n'ait pas été signifiée ; et que la décision que rendrait ce tribunal, nonobstant le sursis ordonné, serait frappée de nullité, bien que, par suite du règlement de juges, la connaissance du litige eût été maintenue à ce même tribunal : Toulouse, 2 déc. 1850 (*J. Av.*, t. 76, p. 408) ; Cass., 30 mai 1848 (t. 74, p. 423).

47. (Q. 1332). *Le jugement qui accorde permission d'assigner doit-il contenir l'énoncé des points de fait et de droit, ainsi que les motifs, conformément à l'art.* 141 ?

Il convient, suivant la réponse faite au texte, d'observer dans ce jugement les prescriptions de l'art. 141 ; mais leur omission n'emporterait pas nullité.

48. (Q. 1333). *Comment la signification du jugement et l'assignation sont-elles faites lorsqu'il n'y a pas d'avoués, et comment, en cette circonstance, se calculent les délais de la comparution ?*

La signification et l'assignation, est-il dit au texte, doivent avoir lieu alors au domicile des parties, et les délais se calculent d'après la distance de la Cour ou du tribunal saisis de la demande en règlement de juges.

49. En matière de faillite, la demande en règlement de juges est régulièrement formée contre le syndic seul, représentant légal du failli ; la mise en cause de ce dernier n'est pas indispensable : Paris, 5 mai 1867 (*J. Av.*, t. 92, p. 346).

50. (CCCVI). *La déchéance prononcée par l'art.* 366 *contre le demandeur qui n'a pas assigné dans la quinzaine du jugement a-t-elle lieu de* plein droit, *et le défendeur peut-il, sans avoir besoin de la faire prononcer, continuer ses poursuites ?*

Décidé affirmativement au texte.

51. (Q. 1333 bis). *La déchéance de l'art.* 366 *est-elle applicable dans le cas de conflit négatif ?*

Non, est-il répondu au texte, parce que le motif qui sert de base à la déchéance édictée par l'art. 366, et qui est de ne pas prolonger l'obstacle mis au jugement de la cause par la demande en règlement, n'existe point en pareil cas, et qu'ici la déchéance, ayant pour résultat de rendre impossible la décision de la contestation, serait un vrai déni de justice.

52. (Q. 1333 ter). *S'il y a plusieurs défendeurs en règlement qui aient* *saisi des tribunaux différents, quel est celui de ces tribunaux devant lequel, en cas de déchéance des demandeurs, les poursuites devront être continuées ?*

M. Chauveau, au texte, est d'avis que, malgré la déchéance dont il est frappé, le demandeur, dans ce cas, conserve le droit de faire déterminer auquel des tribunaux saisis par les défendeurs appartiendra le jugement de la cause.

53. (Q. 1334). *Le défendeur peut-il défendre par écrit à l'assignation en règlement de juges ?*

Solution affirmative au texte.

54. (Q. 1335). *De ce que l'art.* 367 *ne parle que d'une condamnation facultative aux dommages-intérêts, doit-on conclure que le tribunal doive toujours joindre à la demande principale les dépens de l'instance en règlement ?*

Il est enseigné au texte que si le demandeur en règlement succombe, il doit être condamné aux dépens, indépendamment des dommages-intérêts; mais que si sa demande est accueillie et si le défendeur n'a pas élevé de mauvaises contestations, il y a lieu de joindre les dépens à la demande ou aux demandes principales, et de renvoyer pour y être fait droit par les juges auxquels ces demandes sont déférées.

55. Il a été jugé que les dépens de la procédure en règlement de juges sont à la charge de la partie qui a rendu ce règlement nécessaire en intentant une nouvelle action devant une juridiction différente, au lieu d'interjeter appel de la décision par laquelle la juridiction d'abord saisie s'était mal à propos déclarée incompétente : Caen, 3 juill. 1871 (*J. Av.*, t. 97, p. 144).

56. (Q. 1326 quinquies). *Quel est le tribunal qui doit rester saisi ?*

Au texte, M. Chauveau, sans traiter la question, se range à l'opinion de Pigeau, suivant laquelle il faut appliquer ici les règles de compétence concernant le renvoi pour litispendance ou connexité. Voy. le mot *Exceptions*, §§ 4 et 5.

57. Dans le *Supplément* précédent, notre auteur se bornait à enregistrer les décisions suivantes :

1° L'arrêt de la Cour de cassation, qui, sur une demande en règlement de juges, renvoie la cause et les parties devant le tribunal compétent, est souverain et ne permet pas de remettre en question la compétence des juges auxquels la cause a été renvoyée : Bordeaux, 14 août 1839 (*J. Av.*, t. 59, p. 695).

2° Lorsqu'un négociant a été déclaré en faillite par deux tribunaux de commerce dont l'un appartient à la France continentale, et l'autre à l'Algérie, et qu'il est procédé au règlement de juges, la compétence doit appartenir au tribunal dans le ressort duquel se trouve le domicile du failli : Cass., 10 fév. 1845 (t. 68, p. 380).

3° Dans le cas où une demande en liquidation et partage entre les mêmes parties a été portée devant deux tribunaux ne ressortissant pas à la même Cour d'appel, mais également compétents, la Cour de cassation, statuant par voie de règlement de juges, doit attribuer le jugement de l'action au tribunal saisi de la demande la plus ample : Cass., 1er août 1848 (*Gaz. des trib.*, 1848, n° 6577).

4° Le tribunal auquel une Cour de renvoi, après avoir statué sur la compétence, a renvoyé le fond, doit conserver la connaissance de l'affaire, par préférence à un autre tribunal qui n'a été saisi que par une assignation postérieure : Cass., 5 déc. 1848 (*J. Av.*, t. 74, p. 167).

58. Ajoutons nous-même à ces décisions un arrêt de la Cour de Paris du 7 mai 1867 (t. 92, p. 346), qui a jugé, dans le sens de celui de la Cour de cassation du 10 fév. 1845, ci-dessus, que lorsque deux tribunaux de commerce ressortissant à la même Cour ont respectivement déclaré la faillite, la Cour, sur la demande en règlement de juges, doit renvoyer les opérations de la faillite devant le tribunal de commerce du lieu où le failli a son domicile civil et son principal établissement. — Compar. notre *Dictionn. du contentieux commercial*, v° *Faillite*, n. 109. — V. aussi *suprà*, n. 12.

— V. *Exploit; Frais et dépens.*

RÈGLEMENT DE POLICE. V. *Actions possessoires.*

— DE QUALITÉS. V. *Qualités de jugement ou arrêt.*

— DE TRAVAUX. V. *Arbitrage.*

RÉHABILITATION. V. *Enquête.*

RÉITÉRATION D'ASSIGNATION. V. *Remise de cause.*

— DE SOMMATION. V. *Remise de cause.*

RÉINTÉGRANDE. V. *Actions possessoires.*

RÉINTÉGRATION DU DOMICILE CONJUGAL. V. *Séparation de corps.*

REMISE D'ADJUDICATION. V. *Saisie immobilière.*

REMISE DE CAUSE.

(Art. 1034, Cod. proc. civ.).

1. (Q. 3417). *La remise ou la continuation d'une cause à tel jour d'audience, doit-elle être suivie d'une nouvelle assignation ?*

Il est répondu au texte que, bien que l'art. 1034 ne dispense de réitérer l'assignation, en cas de continuation de l'audience à un autre jour, que lorsqu'elle a été donnée en vertu d'un jugement de jonction, l'usage s'est établi de considérer tout jugement qui remet ou continue la cause comme un avertissement pour toutes les parties, et de ne réitérer jamais, en pareille circonstance, l'assignation, pas même à l'égard des parties défaillantes. — Il y est ajouté que les jugements de cette nature ne sont pas expédiés, et que l'on ne signifie pas non plus les renvois du juge-commissaire à un autre jour, ou à l'audience, en matière d'ordre, de distribution par contribution, etc.

2. En ce qui concerne la réitération de sommation pour être présent à la continuation des opérations des experts, V. *Expertise*, n. 94 et 95. — *Adde* un arrêt de la Cour de Nîmes du 12 fév. 1868 (D.P.71.1.117) et un arrêt de la Cour de cassation du 7 juin 1859 (*Ibid.*), décidant que les parties qui ont assisté aux premières et principales opérations d'une expertise n'ont pas besoin d'être convoquées de nouveau pour être présentes à des vérifications supplémentaires.

— V. *Citation en conciliation*; *Communication au ministère public*; *Conciliation*; *Conclusions*; *Délibéré*; *Enquête*; *Exceptions*; *Frais et dépens*; *Garantie*; *Incident*; *Intervention*; *Jugement.*

REMISE DE COPIE. V. *Appel*; *Citation en justice de paix; Exploit.*

— D'ÉMOLUMENTS. V. *Frais et dépens.*

— DE FONDS. V. *Récusation.*

— DE PIÈCES. V. *Arbitrage; Avoué; Compromis; Constitution d'avoué; Défenses; Délibéré; Désaveu; Saisie immobilière; Scellés.*

— DE PIÈCES AU GREFFE. V. *Instruction par écrit.*

— DE TITRE. V. *Conciliation; Exécution forcée.*

REMPLOI. V. *Frais et dépens.*

RENONCIATION. V. *Actions possessoires; Appel; Arbitrage; Chose jugée;*

Désaveu; Désistement; Distribution par contribution; Enquête; Exceptions; Exploit; Faux incident civil; Saisie-arrêt; Saisie-exécution; Séparation de corps.

RENONCIATION A COMMUNAUTÉ. V. *Communauté (renonciation à); Séparation de biens.*

— A SUCCESSION. V. *Reprise d'instance; Succession (renonciation à).*

RENOUVELLEMENT D'INSCRIPTION HYPOTHÉCAIRE. V. *Saisie immobilière.*

RENSEIGNEMENTS. V. *Enquête; Expertise; Responsabilité des officiers ministériels.*

RENTE. V. *Conciliation; Distribution par contribution; Exécution forcée; Saisie-arrêt; Saisie-exécution; Saisie immobilière; Saisie de rentes.*

— SUR L'ÉTAT. V. *Absence; Bénéfice d'inventaire.*

— VIAGÈRE. V. *Appel; Avoué; Exécution forcée; Saisie-exécution; Saisie immobilière.*

RENVOI. V. *Exceptions; Garantie; Faux incident civil; Saisie-arrêt; Tribunal de commerce.*

— A COMPTER. V. *Compte (reddition de).*

— (DEMANDE EN). V. *Garantie.*

— POUR CAUSE DE CONNEXITÉ. V. *Jugement.*

— A FINS CIVILES. V. *Actions possessoires.*

— DEVANT NOTAIRE. V. *Licitation.*

— A JOUR FIXE. V. *Jugement; Remise de cause; Saisie immobilière.*

— AU PÉTITOIRE. V. *Actions possessoires.*

— AU TRIBUNAL. V. *Distribution par contribution; Faux incident civil; Inventaire; Ordre; Référé; Remise de cause.*

RENVOI A UN AUTRE TRIBUNAL POUR PARENTÉ OU ALLIANCE.

(Art. 368 à 377, Cod. proc. civ.).

SOMMAIRE ALPHABÉTIQUE.

FORMULES. — *Acte fait au greffe afin de demander le renvoi à un tribunal pour cause de parenté ou d'alliance.* — Form., t. 1er, p. 35, n. 31. — *Jugement qui ordonne la communication et le rapport.* — Form. n. 32, p. 36. — *Signification de l'expédition de l'acte à fin de renvoi des pièces y annexées et du jugement qui a ordonné la communication de l'acte à fin de renvoi.* — Form. n. 33, p. 37. — *Requête en défense à la demande de renvoi.* — Form. n. 34, p. 38. — *Jugement qui prononce le renvoi.* — Form. n. 35, p. 38. — *Jugement qui rejette le renvoi.* — Form. n. 36, p. 39. — *Signification du jugement avec assignation devant le tribunal auquel l'instance a été renvoyée.* — Form. n. 37, p. 39.

DIVISION.

§ 1. — *Par qui et pour quelles causes peut être demandé le renvoi.*

§ 2. — *A quelle époque et comment doit être faite la demande.* — *Formes de l'instruction.*

§ 1. — Par qui et pour quelles causes peut être demandé le renvoi.

1. (Art. 368). *Quel est le caractère de la demande en renvoi autorisée par l'art.* 368 ?

C'est, dit Carré au texte, une *exception déclinatoire* par laquelle le tribunal saisi d'une contestation est *récusé* en entier, à raison de la parenté ou alliance d'un ou de plusieurs de ses membres, jusqu'au degré de cousin issu de germain, avec la partie à laquelle on oppose cette demande.

2. (Q. 1339). *N'y a-t-il que la parenté et l'alliance naturelles et civiles tout à la fois qui puissent servir de base à cette demande ?*

L'affirmative est enseignée au texte, où il est dit que l'on ne doit avoir égard ici ni à la parenté ou à l'alliance résultant de l'adoption, ni à celles qui sont purement naturelles, sauf toutefois la parenté existant entre le père et les enfants naturels légalement reconnns, ou entre frères naturels égalereconnus.

Mais c'est par erreur que les frères naturels reconnus sont placés ici sur la même ligne que les enfants. V. notre *Formulaire annoté*, t. 1, p. 274, n. 3.

3. (Q. 1344 bis). *La demande en renvoi pourrait-elle être formée pour cause de parenté ou alliance des juges avec l'un des membres ou administrateurs d'un établissement, direction ou union, partie dans la cause ?*

Résolu négativement au texte, par argument de l'art. 379. V. *Récusation*, n. 15. — Mais M. Chauveau, *ibid.*, n'admet pas l'opinion d'après laquelle, dans les poursuites de saisie, d'ordre, etc., où il y a une masse de créanciers, la parenté des juges avec l'un de ceux-ci ne pourrait motiver la demande en renvoi.

4. La Cour de Bordeaux, sur ce dernier point, a jugé en sens contraire, par arrêt du 8 juin 1849 (*J. Av.*, t. 76, p. 408), que la parenté avec deux juges des créanciers d'une faillite n'est pas une cause de renvoi devant un autre tribunal de l'instance introduite contre les syndics de la faillite représentant la masse.

5. (Q. 1346). *Lorsque deux parties en contestation ont l'une et l'autre, dans le même tribunal, soit des parents ou alliés qui leur sont communs, soit des parents ou alliés qui n'appartiennent qu'à chacune d'elles, peuvent-elles demander le renvoi ?*

Solution affirmative au texte, fondée sur la généralité de la disposition de l'art. 368.

Adde conf., MM. Dalloz, *Répert.*, vo *Renvoi*, n. 26, et Bourbeau, t. 5, p. 423.

6. (Q. 1344). *La partie qui a des parents ou alliés dans les tribunaux* *peut-elle demander elle-même le renvoi? Une autre partie qui aurait avec la première des intérêts communs pourrait-elle du moins le demander du chef de celle-ci?*

Résolu négativement au texte.

Adde conf., Dalloz, n. 25; Bourbeau, t. 5, p. 422; Rodière, t. 2, p. 113; notre *Formul. annot., ibid.*, n. 4.

7. (Q. 1345). *Un garant et un intervenant peuvent-ils demander le renvoi pour cause de parenté ou alliance?*

Suivant l'opinion adoptée par Carré, au texte, le garant peut demander le renvoi dans le cas seulement où la demande en garantie se trouve jointe à la demande principale, de manière à ne former avec elle qu'une contestation unique. Quant à l'intervenant, d'après cette opinion, il y a lieu de faire la même restriction, s'il s'agit de l'intervention forcée; et dans le cas d'intervention volontaire, la demande en renvoi ne peut être accueillie de la part de l'intervenant qu'autant qu'il est lié dans la cause, soit parce que son intervention n'a pas été contestée, soit parce qu'un jugement l'a reçue après contestation.—Mais M. Chauveau, repoussant toutes ces distinctions, estime que, dans tous les cas, le garant et l'intervenant peuvent demander le renvoi.

Adde conf., Dalloz, n. 28; notre *Formul. annot., loc. cit.*, n. 5. — *Contrà*, Bourbeau, t. 5, p. 425.

8. (Q, 1340). *L'alliance qui peut servir de fondement au renvoi s'efface-t-elle par la dissolution du mariage qui l'a formée, s'il n'en reste point d'enfants?*

Solution affirmative au texte.

9. (Q. 1341). *Les juges suppléants de première instance sont-ils comptés au nombre des juges pour donner lieu à la demande en renvoi?*

Carré, au texte, admet l'affirmative; tandis que M. Chauveau y adopte l'opinion contraire.

Adde, dans ce dernier sens, Dalloz, n. 12; notre *Formul.*, n. 2.

10. (Q. 1342). *De ce que l'art.* 368 *ne parle que des juges, doit-on conclure que l'on ne puisse demander le renvoi du chef du ministère public?*

Réponse affirmative au texte.

Adde conf., Devilleneuve, note sous un arrêt de la Cour de Riom, du 27 août 1818 (S.-V., *collect. nouv.*, 5.2.418); Dalloz, n. 14; notre *Formul.*, *ibid.*

11. (Q. 1343). *L'art.* 368 *est-il applicable même dans les cas où le juge, parent ou allié, se trouverait appartenir à une autre chambre que celle qui serait saisie du différend?*

Solution également affirmative au texte.

Adde conf., notre *Formul. annot., ibid.*

12. (Q. 1338). *Peut-on demander, dans un tribunal de commerce, le renvoi pour cause de parenté ou d'alliance?*

Ce point est encore, au texte, l'objet d'une solution affirmative.

13. (Q. 1336). *Peut-on demander le renvoi à un autre tribunal, lorsque des juges sont récusables pour une autre cause que pour parenté ou alliance, et, par exemple, si l'un des juges était donataire de l'une des parties, si un autre avait sollicité pour elle, si un autre avait été son conseil, etc.?*

La négative est adoptée au texte.

14. (Q. 1337 A). *Mais si d'autres causes que la parenté ou l'alliance contre un ou plusieurs juges ne donnent pas lieu à la demande en renvoi, ne peut-on pas du moins récuser en masse, pour cause de suspicion légitime, par exemple, tous les membres d'un tribunal, et, par conséquent, obtenir le renvoi devant un autre tribunal?*

Carré, au texte, admet l'affirmative et fait remarquer que la demande en renvoi, dans ce cas, ne constitue pas une récusation dans les termes de l'art. 378, mais bien une demande en renvoi pour cause de suspicion légitime, renvoi dont il s'occupe dans son *Traité des lois de l'organisation et de la compétence*. — M. Chauveau, *ibid.*, déclare n'apercevoir aucun motif d'écarter ici l'application de l'art. 378, en observant que la récusation en masse, quoique n'ayant pas le même caractère que le renvoi, doit aboutir au même résultat. Notre auteur ajoute que la demande doit être portée devant la Cour d'appel à laquelle ressortit le tribunal récusé, ou à la Cour de cassation, si c'est contre une Cour d'appel que la récusation en masse est dirigée. Il ne s'occupe, du reste, que du cas de renvoi pour insuffisance du nombre des juges par suite de récusation ou d'abstention, et relativement à celui qui serait demandé pour cause de sûreté publique ou de suspicion légitime, il se contente de s'en référer aux explications données par Carré dans son *Traité des lois d'organisation et de compétence*, précité, liv. II, tit. 6, p. 241 à 268.

15. Dans le précédent *Supplément*, M. Chauveau disait que sa doctrine n'était plus contestée, et il citait dans le même sens un arrêt de la Cour de cassation du 20 mai 1847, ainsi qu'un autre arrêt de la même Cour du 14 mai de la même année (*J. Av.*, t. 73, p. 396), qui a décidé que si, par suite des récusations exercées, un tribunal ne peut pas se compléter, même par l'adjonction d'un avocat, à l'effet de statuer sur la validité de ces récusations, il y a lieu de renvoyer la cause devant un autre tribunal, comme au cas de suspicion légitime, mais seulement en ce qui concerne le jugement de récusation, le fond demeurant réservé au tribunal originairement saisi, dans le cas où le résultat du jugement sur la récusation laisserait à ce tribunal un nombre de juges suffisant pour statuer. —V. aussi conf., M. Rodière, t. 2, p. 117.

La compétence de la Cour d'appel pour statuer sur le renvoi a été déclarée par les arrêts suivants : Toulouse, 23 fév. 1846 (*J. Av.*, t. 72, p. 303) ; Caen, 23 janv. 1850 (t. 76, p. 403) ; Lyon, 23 août 1850 (*ibid.*) ; Bourges, 29 janv. 1851 (*J.P.*51.1.393) ; Limoges, 12 août 1851 (*Journ. de cette Cour*, 1851, p. 193) ; Alger, 22 oct. 1851 (*Journ. de cette Cour*, 25 oct. 1851, n. 197) ; Rennes, 3 mai 1852 (*Journ. de cette Cour*, 1852, p. 85) et 13 fév. 1854 (*ibid.*, 1854, p. 414) ; Caen, 4 déc. 1854 (*Journ. de cette Cour*, 1854, p. 358) ; Angers, 19 août 1857 ; Bastia, 24 mars 1858 (*Journ. de cette Cour*, 1858, p. 333) ; Agen, 21 janv. 1859 (*J. Av.*, t. 84) ; Dijon, 24 janv. 1866 (t. 91, p. 285) ; Cass., 16 avril 1877 (t. 102, p. 186).

16. Notre auteur, *loc. cit.*, mentionnait encore les solutions suivantes :

1° La récusation d'un tribunal entier peut être admise, pour cause de suspicion légitime, lorsque le procès qui lui est attribué intéresse la généralité des habitants de la ville où siège le tribunal. — Ainsi, il y a cause suffisante de suspicion, si le litige a pour objet la propriété de la source ou l'usage de ses eaux alimentant les fontaines de la ville. En conséquence, il y a lieu de renvoyer le jugement de la cause devant d'autres juges que ceux déjà nantis : Nîmes, 16 juill. 1857 (*Journ. de cette Cour*, 1857, p. 265).

2° Un tribunal de commerce, qui ne peut se composer par suite d'empêchements ou de récusations, doit se compléter en appelant des commerçants notables. La loi du 30 germ. an V n'est pas applicable à ce cas ; elle ne concerne que les tribunaux civils : Besançon, 4 août 1857 (*J. Av.*, t. 84, p. 333). —V. dans le même sens, Poitiers, 2 déc. 1824 (*J. Av.*, t. 27, p. 242) ; Locré, t. 8, p. 47 ; et Nouguier, *Trib. comm.*, t. 3, p. 125. — Cette solution résulte des termes de l'art. 4 du décret du 6 oct. 1809 ; mais cette disposition, édictée à une époque où les membres des tribunaux de commerce étaient élus parmi des commerçants notables en nombre restreint, dont la liste était dressée par l'administration, est-elle encore applicable sous l'empire de la loi du 21 déc. 1871, qui confie l'élection à une assemblée beaucoup plus nombreuses de commerçants recommandables par leur probité, esprit d'ordre et économie, auxquels sont adjoints les directeurs des compagnies anonymes, les agents de change, les capitaines au long cours et les maîtres au cabotage ayant commandé cinq ans et domiciliés depuis deux ans dans le ressort du tribunal, les anciens membres de la chambre et du tribunal de commerce, et les anciens président de conseil de prud'hommes. Dans notre *Dictionn. du contentieux commerc.*, v° *Trib. de comm.*, n. 68, nous avons dit qu'il nous semblait permis de soutenir la négative, qui emprunte une grande autorité à une circulaire ministérielle du 6 janv. 1872, de laquelle il résulte que l'abrogation du décret du 2 mars 1852, sur les tribunaux de commerce, a entraîné celle du décret du 6 oct. 1809. — Un arrêt de la Cour de Caen, du 9 juin 1875 (S.-V.75.2.206), a depuis proclamé l'abrogation de ce dernier décret. — Cette abrogation semble avoir pour résultat de ne plus permettre de composer un tribunal de commerce dont les membres sont empêchés ; mais on peut alors appliquer l'art. 640, Cod. comm., qui, dans les arrondissements où il n'y a pas de tribunaux de commerce, investit les juges civils des attributions des juges consulaires.

§ 2. — A quelle époque et comment doit être faite la demande. — Formes de l'instruction.

17. (Q. 1347). *La demande en renvoi ne peut-elle, en aucun cas, être formée après l'époque fixée par l'art.* 369, *c'est-à-dire après le commencement de la plaidoirie, et, si l'affaire est en rapport, avant l'achèvement de l'instruction ou l'expiration des délais?*

Il est enseigné au texte que le renvoi pourrait être demandé après cette époque dans le cas où les causes sur lesquelles serait fondée la demande lui seraient postérieures.

18. (Q. 1348). *La partie condamnée par défaut peut-elle, sur son opposition, former sa demande en renvoi?*

Solution affirmative au texte, où M. Chauveau fait remarquer que le renvoi ne pourrait être demandé en pareil cas par la partie qui a obtenu le jugement, parce qu'en le requérant elle est présumée avoir reconnu l'impartialité des juges.

19. (Q. 1349). *Résulte-t-il de l'art.* 370 *qu'il faille déposer au greffe une requête contenant la demande en renvoi?*

La négative est soutenue au texte, où il est dit que l'art. 370 suppose le transport au greffe de la partie ou de son procureur fondé, et la rédaction par le greffier de l'acte contenant la demande en renvoi.

20. (Q. 1350). *Le greffier peut-il suppléer au défaut de signature de la partie ou de son mandataire, en mentionnant les causes de ce défaut?*

Sur ce point, le texte renvoie à ce qui a été dit sous la quest. 195 (*Justice de paix*, n. 272).

21. (Q. 1351). *La procuration doit-elle être annexée à l'acte?*

Solution affirmative au texte.

22. (Q. 1337 B). *Comment doit être formée la demande dans le cas de récusation d'un tribunal entier?*

Suivant Carré, au texte, t. 3, p. 307, à la note, dans ce cas, qui doit être assimilé à celui de renvoi pour cause de suspicion légitime (V. *suprà*, n. 14), il y a lieu de procéder de la même manière que pour la demande en indication de juges (V. *Indication de juges*, n. 2), c'est-à-dire au moyen d'une requête présentée à l'autorité compétente et énonçant les causes de l'empêchement, avec conclusions tendant au renvoi à un autre tribunal, lequel est prononcé après audition du ministère public, parties présentes ou appelées.

23. M. Chauveau, dans le précédent *Supplément*, se demandait si la récusation en masse des membres du tribunal doit être assimilée à une demande en règlement de juges, et s'il faut en conséquence la former par requête devant la Cour par laquelle le renvoi doit être ordonné, et il citait comme rendus en ce sens trois arrêts rendus par la Cour de Lyon le 23 août 1850 (*J. Av.*, t. 76, p. 403), par la Cour de Limoges le 12 août 1851 (*Journ. de cette Cour*, 1851, p. 193), et par celle de Caen le 4 déc. 1854 (*Journ. de cette Cour*, 1854, p. 358), dont il adoptait la doctrine. — Mais il mentionnait en même temps, d'une part, deux arrêts émanés, l'un de la Cour de Montpellier, le 29 nov. 1853 (*Journ. de cette Cour*, 1854, n. 691), et l'autre de la Cour de Bastia, le 24 mars 1858 (*Journ. de cette Cour*, 1858, p. 333), qui ont décidé que la récusation dont il s'agit doit être considérée comme individuelle à l'égard de chacun des membres du tribunal, et jugée suivant les règles concernant la récusation; et, d'autre part, un arrêt de la Cour de Nancy, du 27 mars 1841 (*J. Av.*, t. 60, p. 372), jugeant que la demande en renvoi doit être formée par acte au greffe, et non par requête; tandis que la Cour de Rennes a admis le contraire par arrêt du 22 janv. 1833 (t. 45, p. 561). — Notre auteur indiquait encore un arrêt de la Cour de Riom, du 22 déc. 1843 (t. 66, p. 47), d'après lequel lorsque le tribunal appelé à connaître d'une affaire a constaté par procès-verbal régulier l'impossibilité de se constituer, la Cour d'appel peut, sur simple requête de la partie la plus diligente et sans assignation, commettre un autre tribunal.

24. (Q. 1352). *Quelles sont les formalités qui précèdent l'obtention du jugement préparatoire à rendre sur le renvoi?*

Il est expliqué au texte que l'acte à fin de renvoi ne doit ni être signifié, ni donner lieu à aucune procédure; mais qu'il est présenté par l'entremise du président auquel le greffier en remet l'expédition, après quoi intervient le jugement, sans qu'il soit besoin d'appeler à l'audience et d'entendre les parties.

25. (Q. 1353). *Les juges dont la parenté ou l'alliance donnent lieu à la demande en renvoi peuvent-ils concourir à ce jugement préparatoire?*

Solution négative au texte.

26. (Q. 1355). *Comment ont lieu les communications que le jugement préparatoire doit prescrire de faire aux juges, d'après l'art. 371?*

Elles doivent avoir lieu, est-il dit au texte, par la voie du greffe, au moyen du dépôt que l'on y fait des pièces à communiquer.

27. (Q. 1354). *Quand et comment le jugement et les pièces dont il s'agit doivent-ils être signifiés aux parties adverses de celle qui demande le renvoi?*

Cette signification, est-il répondu au texte, se fait par acte d'avoué à avoué, avant la communication aux juges, parents ou alliés.

28. (Q. 1353 bis). *Si l'un des défendeurs n'a pas comparu, que les autres aient constitué avoué, et que, pendant le cours de l'instruction, le renvoi pour parenté ou alliance soit proposé, faut-il appeler le défaillant sur cette demande?*

Il suffit, d'après l'explication donné au texte, de faire au défaillant les significations prescrites par l'art. 372, et, s'il ne comparaît pas non plus sur ces significations, le jugement qui sera rendu contre lui, adjugeant le profit du premier défaut, ne sera pas susceptible d'opposition.

29. (Q. 1356). *Les parties adverses de celles qui demandent le renvoi peuvent-elles contester cette demande?*

Elles le peuvent par une requête à laquelle le demandeur à le droit de répondre par une autre, suivant l'opinion exprimée au texte.

30. (Art. 372). *La requête contenant les moyens et la réponse, quand il en a été signifié, doivent-elles être comprises dans la communication faite au ministère public et au rapporteur ?*

L'affirmative est enseignée au texte par Carré, t. 3, p. 325, à la note.

31. (Q. 1357). *Peut-on notifier la demande en renvoi par la preuve testimoniale ?*

Selon Carré, au texte, le tribunal est libre de rejeter la demande en renvoi sur la simple déclaration des juges, ou d'ordonner la preuve testimoniale. Mais M. Chauveau, *ibid.*, est d'avis que cette preuve ne peut être admise, parce que la parenté et l'alliance doivent se prouver par les actes de l'état civil.

Adde conf. à cette dernière opinion, Dalloz, n. 51, et Bourbeau, t. 5, p. 434.

32. (Art. 371). *Lorsque le fait de la parenté n'est pas contesté, et qu'il ne s'élève de difficulté que sur le point de savoir si elle est de nature à motiver le renvoi, le tribunal peut-il statuer sans qu'il soit nécessaire de recourir à l'instruction spéciale établie par les art. 371 et s.?*

Décidé affirmativement au texte, t. 3, p. 323, à la note.

33. (Q. 1358). *Si les juges du chef desquels la demande en renvoi est formée avouent leur parenté ou alliance, ou qu'elle soit prouvée, peuvent-ils concourir à ordonner le renvoi?*

Résolu négativement au texte, où Carré dit que l'on doit se pourvoir en indication de juges de la manière indiquée par lui au préliminaire du titre des *Règlements de juges*. V. *suprà*, n. 22.

34. (Q. 1359). *L'application de l'art. 374, qui dispose que celui qui succombera sur sa demande en renvoi sera condamné à l'amende et aux dommages-intérêts, est-elle facultative?*

Il est répondu au texte que cette application est forcée relativement à l'amende, mais simplement facultative à l'égard des dommages-intérêts.

35. (CCCXII). *Comment doit être exécuté le jugement qui ordonne le renvoi ?*

Il est dit au texte par Carré que ce jugement doit être signifié par la partie la plus diligente avec simple assignation à comparaître devant le tribunal désigné pour connaître de la demande principale.

36. (Q. 1360). *Cette assignation doit-elle être donnée au domicile réel des parties ou à celui de leurs avoués ?*

Elle doit, suivant l'opinion émise au texte, être donnée à personne ou domicile.

37. (Q. 1360 bis). *La partie opposante à un jugement rendu par défaut au principal, qui, sans faire juger le fond, obtient le renvoi à un autre tribunal, et qui, sur la nouvelle assignation à elle donnée pour y comparaître, se laisse débouter par défaut de son opposition, est-elle admise à former opposition à ce second jugement?*

Solution négative au texte.

38. (Q. 1360 ter). *Le jugement qui a ordonné le renvoi est-il susceptible d'appel, alors même que l'objet du procès au fond n'excède pas les limites du dernier ressort?*

Résolu affirmativement au texte par argument des art. 391 et 454.

39. (Q. 1360 quater). *Qui peut appeler ? Les juges dont la position a fait ordonner le renvoi le peuvent-ils ?*

Sur ce point, le texte renvoie aux principes exposés sous les quest. 1407 à 1409 (V. *Récusation*, n. 125 et 126), qui doivent recevoir ici leur application.

40. (Q. 1361). *Devant quelle juridiction doit être porté l'appel du jugement par lequel le tribunal de première instance prononce le renvoi à un autre tribunal du ressort de la même Cour ?*

Il doit être porté à cette Cour, est-il répondu au texte.

41. (CCCXIII). *De ce que l'art. 376 déclare suspensif l'appel du jugement de renvoi, s'ensuit-il que le tribunal ne puisse ordonner l'exécution provisoire de ce jugement ?*

La disposition du jugement qui ordonnerait l'exécution provisoire, dit Carré au texte, demeurerait sans effet, et la procédure sur la demande principale continuerait d'être suspendue jusqu'à ce qu'il eût été statué par la Cour d'appel.

42. (Q. 1360 quinquies). *Si, pendant l'instruction d'appel, il était rendu jugement, soit par le tribunal qui aurait refusé le renvoi, soit par celui auquel l'affaire aurait été renvoyée, ce jugement serait-il nul, encore bien que la compétence du tribunal dont il serait émané fût plus tard reconnue par la Cour ?*

On doit, suivant le texte, appliquer ici les principes qui ont été établis sous la quest. 1409 *bis* (V. *Récusation*, n. 128).

43. (Q. 1362). *Quand le renvoi est prononcé par une Cour d'appel, y a-t-il lieu au pourvoi en cassation, et le pourvoi, dans ce cas, est-il suspensif ?*

Le pourvoi en cassation, d'après l'opinion exprimée au texte, est admissible dans ce cas; mais l'effet n'en est pas suspensif, parce que la loi ne lui applique pas la disposition que l'art. 376 contient à l'égard de l'appel.

RENVOIS. V. *Exploit*.

RÉOUVERTURE DES DÉBATS. V. *Conclusions*; *Débats rouverts*.

RÉPARATIONS. V. *Saisie-exécution*.

RÉPARATIONS CIVILES. V. *Assistance judiciaire*; *Tribunal de commerce*.

RÉPERTOIRE. V. *Exploit*.

RÉPLIQUE. V. *Communication au ministère public*; *Instruction par écrit*.

RÉPONSE. V. *Faux incident civil*; *Incident*; *Renvoi à un autre tribunal pour parenté ou alliance*; *Requête civile*.

RÉPONSES. V. *Défenses*; *Compulsoire*; *Instruction par écrit*; *Intervention*.

REPRISE D'INSTANCE.

(Art. 342 à 351, Cod. proc. civ.).

SOMMAIRE ALPHABÉTIQUE.

FORMULES. — *Notification du décès de la partie.* — Form., t. 1er, p. 195, n. 216. — *Réassignation donnée par l'héritier du demandeur au défendeur qui n'a pas encore constitué avoué sur la première assignation.* — Form. n. 217, p. 197. — *Assignation en constitution d'un nouvel avoué.* — Form n. 218, p. 198. — *Assignation en reprise d'instance après le décès du défendeur.* — Form. n. 219, p. 199. — *Assignation en reprise d'instance donnée à la requête du défendeur après le décès du demandeur.* — Form., n. 220, p. 200. — *Reprise d'instance après le décès d'une partie* — Form. n. 221, p. 201. — *Requête pour contester la demande en reprise d'instance.* — Form. n. 223, p. 202. — *Jugement par défaut qui tient l'instance pour reprise.* — Form. n. 224, p. 203.

DIVISION.

1. — *Quand il y a lieu à reprise d'instance.*
2. — *Quelles personnes ont qualité pour reprendre une instance. — Contre qui elle doit être reprise.*

§ 3. — *Formes de la reprise d'instance. — Procédure et jugement.*

§ 1. — Quand il y a lieu à reprise d'instance.

1. (1re part., liv. II, tit. XVII). *Qu'entend-on par reprise d'instance?*

La reprise d'instance, dit Carré, au texte, est l'acte par lequel ceux qui succèdent aux droits et obligations d'une partie ou qui ont, à tout autre titre, droit et qualité pour la représenter, reprennent volontairement, ou sont forcés de reprendre l'instance dans laquelle cette partie était engagée, et (faut-il ajouter) au cours de laquelle est survenu le décès ou le changement d'état ou de fonctions de cette partie.

2. (Q. 1276). *Qu'entend-on par ces mots de l'art.* 342 : changement d'état des parties et cessation des fonctions dans lesquelles elles procédaient ?

Il est expliqué au texte par Carré que le *changement d'état* s'entend de celui qui peut survenir dans l'état civil des personnes, relativement à leur capacité d'ester en justice, à raison soit de leur âge, soit de leurs facultés intellectuelles, soit de la dépendance dans laquelle le mariage les aurait placées ; et que la *cessation des fonctions* s'entend de la cessation des fonctions qui, comme celles de tuteur ou de mandataire, par exemple, donneraient à un individu qualité pour ester en justice. — M. Chauveau, *ibid.*, fait remarquer que l'art. 342 contient une rédaction vicieuse, en ce qu'il semble faire supposer que c'est seulement dans le cas où l'affaire est en état, que le changement d'état ou la cessation des fonctions des parties, ne retarde pas le jugement de l'affaire, tandis qu'il résulte de l'art. 345 que ces deux événements n'empêchent jamais la continuation de la procédure.

3. Un arrêt de la Cour de Montpellier, du 22 mars 1848 (*J. Av.*, t. 73, p. 362), a décidé spécialement que le jugement d'une affaire en état ne peut être différé par la déclaration de faillite de l'une des parties.

4. (CCLXXXV). *Quand l'affaire est-elle en état, de telle sorte que le jugement n'en puisse être différé, ni par le changement d'état ou la cessation des fonctions des parties, ni par leur mort, ni par le décès, la démission, l'interdiction ou la destitution de leurs avoués ?*

Au texte, Carré et M. Chauveau se bornent à justifier la disposition de l'art. 242 qui répute l'affaire en état quand les conclusions ont été respectivement prises à l'audience.

Adde dans le sens de leurs observations, MM. Bourbeau, t. 5, p. 189; Dalloz, *Répert.*, v° *Repr. d'inst.*, n. 6 ; Mourlon, *Rép. écr.*, p. 269 ; Rodière, t. 2, p. 234.

Dans le *Supplément* précédent, M. Chauveau mentionnait les solutions suivantes : — La cause est en état lorsque des conclusions contradictoires ont été prises par les avoués des parties et déposées au greffe, et qu'il a été indiqué un jour pour la continuation des plaidoiries : Riom, 3 mars 1847 (*J. Av.*, t. 73, p. 74). Mais si les conclusions n'ont été que verbales, et n'ont pas été signifiées aux avoués ni remises au greffier, la cause n'est pas en état : autre arrêt de la même Cour, du 13 fév. 1854 (*J. Av.*, t. 79, p. 399). D'après un troisième arrêt de la Cour de Riom du 9 juin 1854 (t. 79, p. 659), il suffirait, pour que la cause fût réputée en état, qu'un précédent jugement eût constaté que les avoués avaient contradictoirement pris des conclusions à l'audience ; mais M. Chauveau estimait que cette décision allait trop loin.

Il admettait, au contraire, avec un arrêt de la Cour de Montpellier, du 13 juin 1844 (*J. Av.*, t. 67, p. 481), qu'en cas d'opposition à un arrêt par défaut, la cause n'est réputée en état que lorsque des conclusions ont été contradictoirement posées à l'audience ; et avec un jugement du tribunal civil de Saint-Amand, du 25 août 1854, que si, postérieurement à la pose des qualités, l'avoué de l'une des parties donne sa démission, il n'est pas nécessaire qu'il y ait une nouvelle constitution d'avoué pour que les plaidoiries et le jugement soient contradictoires.

5. Il a été jugé depuis, et avec raison, selon nous, que l'affaire ne peut être considérée comme étant en état, par cela seul qu'il a été signifié des conclusions incidentes tendant à ce que le demandeur, à raison de sa qualité d'étranger, fût assujetti à la caution *judicatum solvi* : Paris, 8 mai 1874 (*J. Av.*, t. 99, p. 237).

6. (Art. 343). ***En matière d'ordre, la procédure n'est-elle point en état,***

tant que les délais pour contredire les collocations du règlement provisoire ne sont pas expirés?

Décidé affirmativement au texte, t. 3, p. 224, note 1, 2°. — V. *Ordre.*

7. (Art. 343). *L'instance après un interlocutoire n'est-elle mise en état que par la position définitive des qualités sur le fond?*

Décision également affirmative au texte, t. 3, p. 221, note, 3°, sauf dans le cas où il y a eu défaut profit-joint. — V. *Enquête.*

8. Dans le *Supplément* précédent, M. Chauveau, sous le n° CCLXXXVI, exprimait l'opinion que lorsqu'une partie, à la requête de laquelle une enquête devait être faite, est décédée après avoir obtenu du juge-commissaire l'ordonnance fixant le jour de l'audition des témoins, le délai pour faire l'enquête est suspendu jusqu'à la reprise d'instance par les héritiers. — Compar. aussi *Enquête*, n. 53 et 54.

9. (Id.). *Devant la Cour de cassation, l'affaire est-elle mise en état par la production et le dépôt au greffe, de la part des différentes parties, des mémoires que la loi les autorise à produire ?*

Décidé encore affirmativement au texte, t. 3, p. 221, note, 1°.

10. (Q. 1279 bis). *Est-il des cas où une cause déjà en état cesse d'y être, et que faut-il faire lorsque cette circonstance se présente ?*

Une cause cesse d'être en état, observe M. Chauveau au texte, lorsqu'il survient un partage d'opinions entre les juges sur la décision à rendre; et dès lors il faut, si l'une des parties est décédée, assigner ses héritiers en reprise d'instance, afin qu'ils soient en mesure d'user du droit qu'aurait eu leur auteur de récuser le juge appelé pour vider le partage.

11. Dans le *Supplément* précédent, notre auteur ajoutait qu'une cause cesse d'être en état, non seulement quand il y a déclaration de partage, mais encore quand, après les conclusions contradictoires, il est apporté dans la composition du tribunal des modifications qui exigent que les conclusions soient prises de nouveau. Conf., MM. Bourbeau, t. 5, p. 204 ; Dalloz, v° *Repr. d'inst.*, n. 18 ; Rodière, t. 2, p. 235.

12. (Q. 1279 quater). *Dans une affaire s'instruisant par écrit, quand l'instruction est-elle complète, de telle sorte que la cause soit en état, aux termes de l'art.* 343 ?

Selon M. Chauveau, au texte, l'instruction est complète et la cause se trouve en état après les premières productions faites par les parties, les productions nouvelles que la loi autorise étant purement facultatives.

13. Sous la quest. 1279 *bis*, notre auteur fait remarquer que, dans les affaires instruites par écrit, la cause cesse d'être en état par le décès du rapporteur, et qu'alors si l'avoué de l'une des parties ou celle-ci sont également décédés, il faut reprendre l'instance contre elle ou contre ses héritiers.

14. (Q. 1278). *Le refus d'un avoué de plaider une cause dans laquelle il aurait pris des conclusions, empêche-t-il le tribunal de la juger?*

Non, est-il répondu au texte, puisque, dans ce cas, l'affaire se trouve en état par l'effet des conclusions prises.

15. (Q. 1277). *Lorsqu'un procès est en état d'être jugé, et que la contestation porte sur un* droit personnel *à une partie, et conséquemment non transmissible à ses héritiers, le décès de cette partie éteint-il le procès, en sorte que le tribunal ne puisse prononcer jugement, conformément à l'art.* 342 ? — En d'autres termes, *cet article cesse-t-il d'être applicable dans le cas où le décès d'une partie rend inutile la décision du procès, à raison du caractère personnel du droit en litige ?*

La négative est avec raison admise au texte, par le motif qu'en pareil cas il reste toujours à statuer sur les dépens.

Adde conf., MM. Bourbeau, t. 5, p. 232; Dalloz, v° *Repr. d'inst.*, n. 19.

16. Cependant, en matière de séparation de corps, quand l'instance a été interrompue par le décès de l'époux demandeur, la jurisprudence refuse aux héritiers le droit de la reprendre, non seulement pour le principal, mais encore pour les accessoires. V. Caen, 20 mars 1849; Cass., 5 fév. 1851 (D.P. 51.1.49); Lyon, 4 avril 1851 (*J.P.*51.1.182).

17. (Art. 342). *Si un arrêt interlocutoire a autorisé la reprise d'instance dans une affaire qui était en état, sans réclamation de la part de ceux qui avaient intérêt à s'y opposer, cet arrêt doit-il être exécuté, et peut-il être accordé au demandeur un délai pour mettre les héritiers en cause?*

Décidé affirmativement au texte, t. 3, p. 220, note 3, 1°.

18. (Q. 1279). *Y a-t-il lieu à assigner en reprise d'instance les héritiers d'un tiers saisi décédé depuis la dénonciation de la saisie-arrêt et l'assignation à lui signifiées en vertu des art.* 564 *et* 570? — En d'autres termes, *le décès du tiers saisi suspend-il la demande en validité de la saisie, pendant les délais donnés à la veuve et aux héritiers pour faire inventaire et délibérer?*

Solution négative au texte, où il est dit que, malgré le décès du tiers saisi, le tribunal peut juger la saisie valable jusqu'à concurrence de ce qui sera par la suite déclaré être dû; mais qu'il serait préférable de renouveler la dénonciation et l'assignation aux héritiers, qui auraient à faire la déclaration.

19. (Q. 1279 ter). *Si, de plusieurs parties assignées, les unes ont assisté à la pose des qualités, et les autres ont fait défaut, le décès de ces dernières donne-t-il lieu à reprise d'instance?*

Résolu affirmativement, au texte, par M. Chauveau, qui fait observer, d'autre part, que l'instance ne saurait être poursuivie à l'égard des parties qui auraient posé qualité, sans attendre la reprise vis-à-vis des autres.

20. Il a été jugé que lorsqu'un arrêt de défaut profit-joint a été obtenu contre une partie qui était sans intérêt dans le procès, quoique y ayant figuré en première instance, et que cette partie vient à décéder avant d'avoir constitué avoué, il n'est pas nécessaire de reprendre l'instance, et l'on peut passer outre au jugement de la cause : Toulouse, 7 juill. 1841 (*J. Av.*, t. 61, p. 637).

21. Depuis, il a été aussi décidé, dans un sens contraire à la doctrine de M. Chauveau : 1° par la Cour de cassation, le 26 août 1839 (*J.P.*39.2. 637), que, bien qu'il y ait lieu à reprise d'instance par suite du décès de l'un des héritiers défendeurs, il peut être valablement statué à l'égard des autres, entre lesquels la cause se trouve en état, et que la partie demanderesse, qui a été déboutée de sa demande, ne peut se plaindre du défaut de reprise d'instance à l'égard des représentants du cohéritier décédé, alors surtout que ses droits ont été réservés contre ces derniers, et qu'ainsi elle n'a éprouvé aucun préjudice; — 2° par la Cour de Caen, le 26 fév. 1862 (*J. Av.*, t. 87, p. 484), que lorsque plusieurs cohéritiers ont formé, quoique par un seul et même exploit, une demande en pétition d'hérédité, le décès de l'un d'eux, dont les représentants n'ont pas repris l'instance, n'empêche pas que cette instance ne puisse être suivie contre les autres, surtout quand leurs droits sont divisibles; le jugement ou l'arrêt qui intervient ne portant aucune atteinte aux droits des représentants du cohéritier décédé.

22. (Art. 342). *Dans les affaires qui ne sont pas en état, le décès de l'une des parties ne forme-t-il obstacle au jugement qu'autant qu'il a été notifié?*

Décidé affirmativement au texte, t. 3, p. 227, note, 8°.

23. (CCLXXXVI). *La mort civile, avant son abolition, était-elle, comme la mort naturelle, lorsqu'une des parties en était frappée, une cause de suspension de la procédure non en état, et, par conséquent, de reprise d'instance?*

M. Chauveau enseignait l'affirmative au texte.

24. Dans le *Supplément* précédent, il observait que l'interdiction légale par laquelle la mort civile a été remplacée, rentre dans les cas de changement d'état que prévoient les art. 342 et 345.

25. (Q. 1280). *La nullité dont l'art. 344, dans les affaires qui ne sont pas en état, frappe les poursuites faites après la notification d'un décès, est-elle absolue quant à ses effets, en ce sens que toutes les parties puissent s'en prévaloir?*

Il est répondu au texte que cette nullité est simplement relative, et ne produit ses effets que vis-à-vis des héritiers de la partie décédée, ou vis-à-vis des parties qui auraient perdu leur avoué.

Cette opinion a été confirmée par un arrêt de la Cour de Riom, du 26 août 1847 (*J. Av.*, t. 73, p. 206), et un arrêt de la Cour de Metz du 6 juin 1866 (S.-V.66.2.35), et a été embrassée aussi par MM. Bourbeau, t. 5, p. 163; Rodière, t. 2, p. 236; Dalloz, v° *Repr. d'inst.*, n. 55; Mourlon, p. 268; Bioche, v° *Repr. d'inst.*, n. 34, ainsi que par nous-même dans notre *Formul. annot.*, t. 1, p. 260, n. 9. — La nullité dont il s'agit peut, d'ailleurs, être couverte par les conclusions de la partie qui a le droit de l'invoquer : Bordeaux, 25 mars 1848 (*J. Av.*, t. 73, p. 500).

26. La Cour de Caen a déclaré, par arrêt du 9 nov. 1850 (*J. Av.*, t. 76, p. 409), que la nullité prononcée par l'art. 344 n'atteint pas le jugement rendu à une époque postérieure à la mort de l'une des parties, alors que toutes les autres parties, seules représentantes du défunt, concluaient à ce jugement, et prenaient ainsi la qualité d'héritières de la partie décédée.

27. (Q. 1280 bis). *Est-il besoin qu'en notifiant le décès de la partie, l'avoué donne copie de l'acte de décès?*

La négative est professée au texte par M. Chauveau, qui estime que la simple déclaration de l'avoué est suffisante, sauf l'action en dommages-intérêts contre celui-ci, dans le cas où cette déclaration serait fausse.

Adde conf., Dalloz, n. 41 ; Rodière, t. 2, p. 236.

28. Il a été jugé en ce sens que la notification du décès de l'une des parties avant que l'affaire soit en état donne lieu à reprise d'instance, sans qu'il soit besoin de communication de l'acte de décès : Paris, 8 mai 1874 (*J. Av.*, t. 99, p. 237).

29. (Q. 1281). *Y a-t-il exception, en matière d'adoption, à la disposition de l'art. 344?*

Réponse affirmative au texte, où l'on rappelle la disposition de l'art. 360, Cod. civ., aux termes de laquelle, si l'adoptant vient à mourir après que l'acte d'adoption a été porté devant les tribunaux, et avant que ceux-ci n'aient définitivement prononcé, l'instruction doit être continuée, et l'adoption admise, s'il y a lieu.

30. (Q. 1281 bis). *La notification du décès du syndic, représentant dans un procès une section de commune contre une autre section de la même commune, donne-t-elle lieu à reprise d'instance?*

Le 24 août 1853 (*J. Av.*, t. 73, p. 494), la Cour de cassation a jugé l'affirmative, sur le motif qu'il n'en est pas d'un syndic spécial nommé, aux termes de l'arrêté du 24 germinal an II, pour soutenir dans des circonstances données les intérêts d'une section de commune, comme de l'administrateur même de la commune ; que si, en cas de décès ou d'empêchement du maire, la commune demeure pourvue de fonctionnaires légalement chargés de soutenir ses intérêts, le décès du syndic spécial d'une section de commune laisse cette section sans représentant légal jusqu'à ce qu'il ait été procédé à la nomination d'un autre syndic dans la forme prescrite par l'arrêté susénoncé du 24 germinal an II.

31. En rapportant cet arrêt, *loc. cit.*, M. Chauveau avait paru en considérer la solution comme incontestable. Cependant il a été critiqué par M. Rodière, dans des observations qu'a publiées le *Journal du Palais*, t. 1er, de 1855, p. 149. Dans le précédent *Supplément*, M. Chauveau déclarait approuver tout ce que ce jurisconsulte, en examinant d'une manière générale les positions diverses qui peuvent résulter de l'incapacité d'une personne ordinaire ou d'une personne morale, a dit sur les femmes, les maris, les mineurs, les tuteurs, les administrateurs; les conséquences qu'il a fait découler de la cessation de fonctions, qui ne doit être considérée que comme un changement d'état, et non assimilée au décès d'une partie; le raisonnement au moyen duquel il prouve que l'Etat, la commune, l'établissement public, ne *meurent* jamais et sont toujours légalement représentés, quoique celui au nom duquel se suivait l'instance pour ces personnes morales vienne à décéder. Mais le dissentiment commence, disait-il, dans le cas particulier qui a été jugé par l'arrêt précité de la Cour de cassation, celui où deux sections d'une même commune, plaidant l'une contre l'autre, n'ont pour représentant légal que le syndic nommé dans les formes voulues, et où l'un des syndic vient à mourir. M. Rodière s'exprime ainsi à ce sujet : « Toute la difficulté roule sur le point de savoir si le décès du syndic amène un changement de *partie*; car ce n'est que le décès de la *partie* qui met l'instance hors de droit; la cessation de fonctions de son représentant, survenue par décès ou par toute autre cause, ne saurait produire le même effet. Or, il est impossible de nier que le décès du syndic n'amène un changement de partie, et nous ne voyons nulle part qu'un des plaideurs soit obligé de veiller, pendant le procès, à ce que son adversaire soit toujours bien représenté. » Le savant professeur cite ensuite un arrêt de la Cour de cassation, du 16 déc. 1840, qui a validé une demande en péremption formée contre une section de commune, et signifiée au maire après le décès du syndic; d'où il tire la conséquence que le maire représente la section, et doit la protéger jusqu'à ce qu'un autre syndic soit nommé, ce qui prouverait qu'une section de commune, comme la commune elle-même, n'est jamais absolument sans représentant.

32. M. Chauveau commençait par repousser de toutes ses forces l'application de cet arrêt qui consacrait, disait-il, une erreur capitale, s'il jugeait la question de péremption dans le sens indiqué par M. Rodière. Lorsque deux sections d'une même commune plaident l'une contre l'autre, le maire est radicalement incompétent pour représenter peu ou beaucoup, pour un ou pour plusieurs actes, une des sections. La demande en péremption signifiée au maire serait donc nulle. Si l'on décidait autrement, il n'y aurait plus de question, parce que, le syndic décédé, le maire le remplacerait naturellement. N'a-t-il pas été jugé aussi, à une époque, que le ministre pouvait intenter les actions d'une commune? Cette jurisprudence, contraire au texte comme à l'esprit des lois nouvelles, est depuis longtemps abandonnée. Au surplus, dans l'arrêt du 16 déc. 1840, la Cour de cassation n'a point admis que le maire représentât jamais une section de commune, plaidant contre une autre section de commune; elle a seulement décidé qu'une section de commune plaidant contre un particulier était, en cas de décès du syndic nommé (comme il était d'usage de le faire avant 1837) pour représenter cette section, régulièrement défendue par le maire de la commune; d'où résultait que la demande en péremption avait été bien intentée contre le maire (Voy. le *Cod. d'instruct. administr.* de M. Chauveau, 2e édit., t. 1, p. 47, n. 88).

Quant à l'argument de M. Rodière, consistant à dire : « La partie doit être décédée : or, une section de commune ne meurt pas; donc l'art. 344 n'est pas applicable,» notre auteur, tout en le reconnaissant très spécieux, ne le regardait pas comme décisif.

33. Pourquoi, disait-il, ne pas admettre qu'il s'agit ici d'un cas tout exceptionnel, en dehors des prévisions de la loi, pour lequel il faut appliquer les textes, non point dans leurs termes, mais par analogie de ce qu'ils prescrivent? On objecte que la section de commune n'est pas morte, et que l'art. 344 n'est pas applicable; on veut que le cas spécial rentre dans l'application de l'art. 345. Il est permis de répondre que le décès du syndic n'est ni un changement, ni une cessation de fonctions en ce qui concerne la section, et qu'alors l'art. 345 ne peut non plus régir cette position. La section de commune ne change pas d'état, elle est toujours section ; elle procédera toujours comme section de commune : il ne s'opère donc aucune cessation de fonctions. Seulement, elle existait juridiquement par son syndic; son syndic est mort, elle n'a plus de personnification devant la justice. N'est-ce pas là, pour ainsi parler, un véritable décès de la partie qui plaide devant les tribunaux? La section et son syndic ne forment qu'une seule et même partie; la section n'a aucune part aux fonctions administratives, elle n'existe, comme section, comme personne morale ayant le droit d'agir, qu'autant qu'elle a un syndic. Ce syndic meurt; avec lui s'évanouit alors l'être dont il était la personnification. La raison de la loi (art. 344) s'élève contre la continuation d'une procédure qui en réalité n'atteindrait qu'un être privé de toute existence. Les lois de procédure, observait notre auteur, doivent être éclairées, le plus possible, par la philosophie du droit civil, qui sert si souvent de fil conducteur pour la solution des questions juridiques. Là où la raison dit que la loi doit être entendue en tel sens, pourquoi s'efforcerait-on de chercher une solution contraire?

34. Enfin, qu'on ne dise pas, ajoutait M. Chauveau, que les parties ne sont nullement obligées de veiller, pendant le procès, à ce que leur adversaire soit bien représenté. Cela est vrai en thèse générale; mais il faut qu'il y ait un adversaire encore debout devant la partie qui veut obtenir jugement; et dès lors que la loi admet formellement qu'un plaideur étant décédé, ses héritiers ne le représentent pas, il est naturel de décider qu'après le décès du syndic d'une section de commune, les habitants de cette section, *ut singuli*, ne la représentent pas non plus, et qu'avec le syndic s'est éteinte la représentation, qui ne pourra revivre qu'après l'accomplissement des formalités prescrites par la loi du 18 juill. 1837.

35. (Q. 1282). *Par quelle voie doit-on poursuivre la nullité du jugement rendu en contravention à l'art. 344? — Faut-il se pourvoir par tierce opposition, par appel ou par requête civile?*

Suivant Carré, au texte, la nullité doit être demandée par opposition devant le tribunal; mais M. Chauveau, *ibid.*, n'admet pas cette manière de procéder, et est d'avis qu'il y a lieu d'employer, suivant les cas, les autres modes ordinaires ou extraordinaires de recours autorisés par la loi.

36. Un arrêt de la Cour de Rouen, du 10 fév. 1855 (*Journ. de cette Cour*, 1855, p. 78), a décidé que le jugement rendu contre une personne qui se trouvait décédée lors de la signification de l'exploit introductif d'instance, est nul; et qu'il n'est pas besoin de prendre la voie de l'opposition, de la tierce opposition ou de la requête civile, pour faire tomber un pareil jugement; mais qu'il suffit d'en demander la nullité, lorsque l'exécution en est poursuivie. — V. aussi MM. Bourbeau, t. 5, p. 194; Rodière, t. 2, p. 236; Dalloz, n° 55.

37. Il résulte encore de l'arrêt précité de la Cour de Rouen que le tribunal compétent pour connaître de la nullité dont il s'agit, lorsque le jugement a été rendu par un tribunal de commerce, est le tribunal de première instance du lieu où l'exécution se poursuit.

38. (Q. 1283). *Si l'incapacité résultant d'un changement d'état, ou de la cessation des fonctions en lesquelles une partie procédait, était survenue et connue avant que la cause fût en état, les poursuites seraient-elles valablement continuées, par application de l'art. 345 ?*

Solution affirmative au texte.

Pour la validité de la procédure après le changement d'état, on peut citer les arrêts suivants :—Montpellier, 18 août 1847 (*J. Av.*, t. 73, p. 172), portant que la notification du changement d'état d'un mineur qui devient majeur, ou d'une fille qui passe sous puissance de mari, ne donne pas lieu à reprise d'instance; — Orléans, 9 janv. 1849 (t. 76, p. 409), consacrant la même solution pour le cas où une veuve s'est remariée; — Montpellier, 16 mars 1849 (t. 74, p. 445), pour le cas de cessation des fonctions d'un tuteur; — Pau, 2 janv. 1849 (t. 74, p. 450), pour le cas de nomination d'un conseil judiciaire; — Toulouse, 16 janv. 1847 (t. 72, p. 252), décidant que lorsque, dans le cours d'une procédure d'appel, une partie est déclarée en état de faillite, et que cet état n'est pas dénoncé à l'avoué de la partie adverse, la marche de la procédure n'est pas suspendue; — Cass., 17 août, 1853 (t. 80, p. 106), d'après lequel l'avoué constitué par le syndic provisoire d'une liquidation judiciaire a qualité pour occuper pour cette liquidation, tant qu'il n'a pas été révoqué, sans que le remplacement du syndic provisoire par un syndic définitif porte atteinte à ses pouvoirs; de telle sorte que le jugement rendu contre la liquidation après la nomination du syndic définitif, est par défaut lorsqu'un avenir a été signifié à l'avoué constitué par le syndic provisoire et que cet avoué n'a pas comparu. — V. aussi MM. Rodière, t. 2, p. 240; Bourbeau, p. 178 et 180; Dalloz, n. 24; Mourlon, *Rép. écr.*, p. 269.

39. (Art. 345). *Bien que le changement d'état d'une partie ne doive pas empêcher la continuation des procédures, peut-on du moins surseoir, en donnant à un mineur devenu majeur un temps suffisant pour recevoir son compte de tutelle?*

Décidé affirmativement au texte, t. 3, p. 230, note, 1°.

40. (Q. 1283 bis). *Doit-on regarder comme un simple changement d'état, n'empêchant pas la continuation des procédures, la condamnation d'une partie à une peine afflictive, ou son interdiction?*

Résolu affirmativement au texte par M. Chauveau.

41. (Q. 1283 ter). *La vente d'un immeuble pendant l'instance à laquelle donne lieu l'action réelle dont il est l'objet, opère-t-elle, dans la personne du vendeur, propriétaire de cette immeuble, un changement tel que la procédure ne puisse plus continuer contre lui, et qu'il faille assigner l'acquéreur en reprise d'instance?*

Solution négative de la part de M. Chauveau, au texte.

42. (Q. 1284). *Comment doit s'entendre la seconde disposition de l'art. 345, d'après laquelle le défendeur qui n'a pas constitué avoué avant le changement d'état ou le décès du demandeur doit être assigné de nouveau à un délai de huitaine pour voir adjuger les conclusions ?*

Carré, au texte, est d'avis qu'en pareil cas le défendeur n'est partie au procès, et l'instance ne devient contradictoire qu'après l'assignation donnée en conformité de l'art. 345; en sorte que le défendeur n'a pas à reprendre l'instance, même s'il juge à propos de se présenter volontairement. — Mais M. Chauveau, *ibid.*, pense que la formalité d'une assignation n'étant prescrite que dans l'intérêt du défendeur, celui-ci peut y renoncer, et que, s'il constitue avoué sur la première assignation, les héritiers du demandeur peuvent valablement reprendre l'instance contre lui, de même qu'il pourrait, lui aussi, les assigner en reprise dans le cas de négligence de leur part.

Adde en ce dernier sens, notre *Formul. annot.*, p. 260, n. 11.

43. Dans le précédent *Supplément*, M. Chauveau invoquait à l'appui de son opinion les solutions ci-après :

Le jugement par défaut obtenu par le demandeur contre un défendeur qui est mort dans les délais de l'ajournement, avant d'avoir constitué avoué, est valable : Bourbeau, p. 202 ; Dalloz, n. 100.

44. Le décès du demandeur, avant que le défendeur ait constitué avoué, rend nécessaire la réassignation du défendeur : Boitard, t. 1, p. 539; Rodière, t. 2, p. 240 ; Bourbeau, p. 199; Dalloz, n. 58; Mourlon, p. 268.—Il en serait de même en cas de changement d'état du demandeur ou de démission de son avoué : Bourbeau, p. 200 ; Dalloz, n. 60; Mourlon, p. 268 ; Rodière, *loc. cit.*— Mais le défendeur peut renoncer à cette assignation et constituer avoué sans l'attendre : Bourbeau, p. 201; Dalloz, n. 58. Et la première assignation n'est pas anéantie par la seconde ; Mourlon, p. 268.

45. Lorsque le défendeur, qui n'a pas encore constitué avoué, ne comparaît pas sur l'assignation en reprise d'instance qui lui est notifiée, le tribunal peut, en donnant défaut contre lui, statuer immédiatement sur le fond : Bastia, 16 janv. 1856 (*J. Av.*, t. 81, p. 353). Il ne faut pas, en effet, observait M. Chauveau, confondre le cas dont s'occupe l'art. 349 (V. *infrà*, n. 74) avec celui qui fait l'objet de l'art. 345. Dans cette dernière hypothèse, si la cause n'est pas contradictoirement liée, il ne serait pas exact de soutenir qu'il n'existe pas d'instance. L'instance existe dès que le juge est saisi par l'exploit qui introduit l'action en justice. Le défaut du défendeur n'affecte aucunement la demande en justice, qui constitue essentiellement l'instance. On pourrait sans cela logiquement soutenir que le jugement rendu par défaut contre le défendeur statue sur une instance qui n'existe pas, ce qui ne saurait s'admettre. — Mais si, dans l'espèce prévue par l'art. 345, l'instance existe, il n'existe pas encore de procédure. Le législateur ne pouvait donc prescrire pour ce cas, comme il l'a fait dans l'art. 349, qu'un premier jugement tiendrait la cause pour reprise, en ordonnant qu'elle serait poursuivie suivant les derniers errements de la procédure. La nouvelle assignation donnée au défendeur par l'héritier du demandeur implique la reprise de l'instance; le défendeur, averti par la double assignation qu'il a reçue est mis à même de présenter ses moyens ou exceptions contre la demande; il peut, dès lors, être condamné par défaut au fond s'il ne comparaît pas.

46. (Q. 1285). *La solution donnée à la question précédente s'applique-t-elle au cas où les fonctions en lesquelles le demandeur procédait viennent à cesser?*

Solution affirmative au texte, par identité de raisons.

47. (Art. 345). *Lorsqu'un tribunal est substitué à un autre, est-il saisi de droit de toutes les affaires pendantes devant l'ancien tribunal, en sorte qu'il ne soit pas nécessaire que les parties fassent des actes de reprise d'instance?*

Décidé affirmativement au texte, t. 3, p. 230, note, 2°.

§ 2. — Quelles personnes ont qualité pour reprendre une instance. — Contre qui elle doit être reprise.

48. (Q. 1288 bis). *Le légataire particulier de l'objet qui a donné lieu à la contestation, a-t-il qualité pour reprendre l'instance interrompue par le décès du testateur ?*

M. Chauveau, au texte, soutient la négative, en se fondant sur ce que les actions du défunt sont passées sur la tête de ses héritiers et ne peuvent être exercées par le légataire particulier. Celui-ci ne peut, suivant lui, qu'intervenir par requête d'avoué à avoué contenant, avec la copie de son titre, des conclusions tendant à ce qu'il soit admis à exercer les actions du défunt; au moyen de quoi, l'instance étant tenue pour reprise, il y sera reçu partie intervenante.

Adde conf., Rodière, t. 2, p. 241. — *Contrà*, Dalloz, n. 62; Bourbeau, p. 219; notre *Formul. annot.*, t. 1, p. 259 n. 5.

49. (Art. 346). *La femme, mandataire de son mari, peut-elle, après la mort de celui-ci, continuer les poursuites et obtenir jugement définitif? Peut-elle interjeter appel?*

Décidé, au texte, t. 3, p. 227, note, 2°, que la femme, en ce cas, peut continuer les poursuites, mais non interjeter appel.

50. (Id.). *Les enfants ou les héritiers de la femme qui n'a point figuré dans une procédure, dirigée personnellement contre le mari, en revendication de fruits d'immeubles possédés par celui-ci avant le mariage, ont-ils qualité et droit pour reprendre l'instance à raison de l'intérêt de la communauté dans une portion de ces fruits?*

Décision affirmative au texte, t. 3, p. 238, note, 2°.

51. (Id.). *Les créanciers d'un débiteur admis au bénéfice de cession, qui ont nommé un syndic avec pouvoir de recevoir toutes les significations qui leur seraient adressées et de faire seul tout ce qu'ils pourraient faire eux-mêmes, sont-ils recevables à reprendre en leur nom une instance commencée à la requête de ce syndic, et interrompue par un arrêt de la Cour de cassation?*

Décidé négativement au texte.

52. (Q. 1286 quater). *En cas de mort de l'une des parties, l'instance doit-elle être reprise simultanément contre tous les héritiers?*

M. Chauveau, au texte, résout négativement cette question, par le motif qu'il doit importer peu à l'un des héritiers que ses cohéritiers ne soient pas assignés en reprise de l'instance, pourvu qu'il ne soit jamais lié dans cette instance que pour sa portion virile.

Adde en ce sens, Montpellier, 18 août 1851 (*Journ. de cette Cour*, 1852, n. 569); Dalloz, n. 72; notre *Formul. annot.*, p. 259, n. 6.

53. (Q. 1286 quinquies). *Comment s'éteint l'action en reprise d'instance?*

M. Chauveau enseigne que tant que la reprise de l'instance n'est pas demandée, le droit de celui à qui il incombe de faire cette demande est placé sous le coup de la prescription à laquelle était soumise l'action qui a donné lieu à l'instance; que la cessation des poursuites par le décès de l'une des parties ou par le décès, la démission, l'interdiction ou la destitution de son avoué, autorise l'autre partie à demander la péremption de l'instance après le laps de trois ans et demi; mais que tant que la péremption de l'instance ne sera pas provoquée, la partie à qui il appartient de demander la reprise d'instance ou de la reprendre elle-même, pourra le faire aussi longtemps que l'action originaire ne sera pas prescrite.

Adde conf., Dalloz, n. 61.

§ 3. — Formes de la reprise d'instance. — Procédure et jugement.

54. (CCLXXXVIII A). *Quand la reprise d'instance est-elle volontaire? Quand est-elle forcée?*

Il est expliqué au texte que la reprise d'instance ne peut être que volontaire dans tous les cas où la procédure n'est pas suspendue, comme lorsque l'affaire se trouve en état, ou lorsque une partie a subi, soit un changement d'état, soit la perte des fonctions dans lesquelles elle procédait; et que la reprise peut être volontaire ou forcée, dans tous les autres cas, c'est-à-dire lorsqu'une partie est décédée et que son décès a été notifié, ou lorsqu'un avoué a cessé de remplir ses fonctions pour cause de mort, de démission, d'interdiction ou de suspension; hypothèses dans lesquelles, si la partie qui doit reprendre l'instance ne se dispose pas à le faire volontairement, on doit l'assigner à cet effet.

55. (Q. 1286). *L'assignation en reprise d'instance doit-elle contenir copie des pièces de la procédure?*

La négative est enseignée au texte.

56. Dans le *Supplément* précédent, sous la quest. 1286 *quater*, M. Chauveau faisait remarquer qu'il est des cas où la reprise par voie d'assignation peut ne pas paraître nécessaire.

Ainsi, se demandant si la disposition de l'art. 346, d'après laquelle il faut pour la reprise d'instance, après le décès d'une des parties, qu'une assignation soit donnée à l'héritier de la partie décédée, est applicable dans le cas où cet héritier se trouve déjà figurer dans l'instance en son nom personnel, et si une simple sommation de reprise par acte d'avoué à avoué ne serait pas alors suffisante, il répondait qu'on pourrait, suivant lui, se contenter d'un simple acte, qui atteint le même but avec moins de frais. L'art. 346, disait-il, n'a pas disposé en vue de ce cas exceptionnel; il ne s'applique qu'à l'hypothèse qui se présente le plus souvent.

57. (CCLXXXVIII B). *La demande en reprise d'instance doit-elle être précédée de l'essai de conciliation?*

Carré enseigne, au texte, la négative. — Compar. l'art. 345, *in fine*.

Adde conf., Bourbeau, t. 5, p. 332; notre *Formul. annot.*, p. 260, n. 8.

58. (Q. 1286 bis A). *Une assignation en reprise d'instance est-elle valablement donnée à l'ancien domicile, si la partie n'a pas été légalement instruite du changement de domicile qui s'est opéré dans l'intervalle?*

Solution affirmative au texte.

59. (Q. 1286 bis B). *Les formalités ordinaires de l'ajournement sont-elles indispensables pour la validité de l'assignation en reprise d'instance?*

M. Chauveau, au texte, répond négativement; par exemple, il n'est pas nécessaire, dit-il, que l'assignation soit libellée, la demande ayant déjà été expliquée dans l'exploit introductif de l'instance.

Adde conf., Dalloz, n. 79.

60. Il a été d'ailleurs très exactement jugé par un arrêt de la Cour de cassation du 17 mai 1848 (*J. Av.*, t. 73, p. 638), que, bien que dans un exploit en reprise d'instance on ait donné au défendeur une qualification autre que la sienne, par exemple, celle d'héritier de tel *médecin*, au lieu de tel *vigneron*, cet exploit ne doit pas être annulé si la désignation des avoués et les circonstances authentiquement établies dans les actes de la procédure font disparaitre toute cause d'erreur sur l'instance et la qualité de la personne assignée. — Compar., *Ajournement*, n. 248.

61. (Q. 1286 ter). *Devant quel tribunal l'assignation en reprise doit-elle être donnée?*

Evidemment, dit M. Chauveau, au texte, devant celui où l'instance originaire était pendante; en sorte que l'assignation donnée devant une chambre autre que celle à laquelle la cause avait été originairement attribuée, et le jugement par défaut dont elle serait suivie, seraient nuls.

62. (Art. 347). *La partie assignée en reprise d'instance doit-elle constituer avoué dans la même forme que la partie assignée sur une demande originaire?*

Décision affirmative au texte.

63. (Q. 1287). *L'art. 347, qui veut que l'instance soit reprise par acte d'avoué à avoué, est-il applicable aussi bien au cas de reprise forcée qu'à celui où la reprise d'instance est faite spontanément par les ayants cause du défunt?*

Solution également affirmative au texte.

64. (Q. 1287 bis). *La reprise d'instance, par acte d'avoué à avoué, faite par un héritier ayant capacité, suffit-elle pour que le tribunal soit régulièrement saisi de l'action qui avait été intentée par l'auteur incapable, et qu'il puisse statuer sur cette action?*

Par arrêt du 4 juin 1856 (*J. Av.*, t. 81, p. 537), la Cour de Riom a adopté l'affirmative dans des termes que M. Chauveau (*Supplément* précédent) résumait ainsi : Lorsqu'une femme mariée sous le régime dotal a formé une demande en désistement de ses immeubles dotaux, et que cette demande a été purement et simplement reprise, au décès de la demanderesse, par son héritier, la fin de non-recevoir que le tiers détenteur aurait pu, dans le principe, opposer à l'action, à raison de ce que la séparation de biens prononcée entre la femme et son mari n'avait pas été régulièrement et suffisamment exécutée, ne peut plus être utilement invoquée contre l'héritier demandeur en reprise d'instance. M. Maurice Leyragne, rédacteur de la *Presse judiciaire de Riom*, a appelé l'attention des jurisconsultes sur cet arrêt. Il a dit: « La question de savoir si la demande en reprise d'instance doit ou ne doit pas être nécessairement entachée des vices de nullité que contenait la demande originaire est une question qui, il faut le dire, est entièrement neuve et sur laquelle les commentateurs du Code de procédure civile, ainsi que la jurisprudence, sont complètement muets. Elle présente cependant un grave intérêt; car, par suite de sa solution, telle demande qui, dans l'origine, pouvait être écartée par une fin de non-recevoir, opposable au demandeur, peut, au contraire, par suite du décès de ce dernier, être accueillie au profit de ses héritiers. Dans le système qui veut que les vices qui rendaient non recevables à l'origine la demande doivent nécessairement affecter la demande pure et simple en reprise d'instance, on soutient que celui qui reprend cette instance ne fait que continuer la personne qui a formé la première demande, qu'il ne peut se prévaloir que des droits et actions mis en mouvement par elle, et qu'il se substitue au demandeur dans l'action primitivement introduite. Dès lors, dit-on, toute exception opposable à ce dernier doit être opposable au demandeur en reprise d'instance qui agit en qualité de continuateur de la personne originairement demanderesse. Tels sont les motifs sur lesquels s'était appuyé le jugement dont l'infirmation a été prononcée par l'arrêt de la Cour de Riom. »

Dans l'espèce de cet arrêt, observait M. Chauveau, il était reconnu, par toutes les parties, que la femme dotale était non recevable, et qu'à sa mort l'instance avait été reprise par acte d'avoué à avoué. — La Cour elle-même, dans les motifs et le dispositif de son arrêt, a annulé virtuellement l'action introduite par cette femme, puisqu'elle n'a fait partir la demande que du jour de la reprise d'instance par acte d'avoué à avoué, et qu'elle n'a condamné le tiers détenteur à restituer les jouissances qu'à dater de cette époque. Cette date, reconnue par la Cour elle-même, était donc, à ses propres yeux, la date réelle et sérieuse de l'introduction de l'action en vertu de laquelle le tiers détenteur a été condamné à délaisser les immeubles et à restituer les fruits de ces immeubles. Or, comment a-t-il pu être décidé qu'une action était régulièrement introduite par acte d'avoué à avoué?

La demande était nulle dans son principe; il ne dépendait ni de la femme, ni de ses héritiers, de lui donner la régularité qu'elle n'avait pas *ab initio*. Si, sans droit, au moment de l'action, ils en acquéraient un à un moment quelconque, ils pouvaient, non pas donner de la vie à ce qui était mort-né, mais agir de nouveau pour obtenir justice. C'est là ce qui est enseigné partout, c'est là ce qui a été mille fois jugé.

65. M. Chauveau faisait remarquer que le fait ne modifiant en rien le droit, il s'était contenté de poser une question de principe à laquelle peuvent s'adapter des espèces de toute nature. — Pourvu, ajoutait-il, que le demandeur en reprise dise : Je ne me préoccupe pas de la question de savoir si mon auteur avait ou non droit, avait ou non capacité ; moi, j'ai droit et capacité, répondez-moi ; le mode d'introduction de son action sera admis dans le système consacré par la Cour de Riom... Cette doctrine, disait notre auteur, n'est pas une application de la loi, mais une loi nouvelle à côté de celle qui existe.

66. (Q. 1288). *Si, après une assignation en reprise d'instance, les deux parties procèdent volontairement, sans qu'il ait été préalablement signifié d'acte de reprise, l'instance est-elle tenue pour reprise par ce consentement tacite?*

L'affirmative est enseignée au texte, où il est dit que l'instance sera tenue pour reprise sur le premier acte notifié.

Adde conf., Bourbeau, t. 5, p. 218; Dalloz, n. 89; Mourlon, p. 270.

67. (Q. 1289). *De ce que l'incident élevé sur l'assignation en reprise d'instance doit, aux termes de l'art.* 348, *être jugé sommairement, résulte-t-il que la cause doive être portée à l'audience, sur un simple avenir, et sans qu'il soit besoin de signifier aucun moyen par écrit?*

Solution négative au texte, par argument de l'art. 75 du tarif.

68. (Q. 1290). *Si des héritiers contestaient la demande en reprise d'instance, sur le motif qu'ils auraient renoncé à la succession, que devrait faire le demandeur?*

Il devrait, est-il dit au texte, faire nommer un curateur à la succession vacante, l'assigner en reprise d'instance, et suivre contre lui.

69. (Q. 1291). *Des héritiers assignés en reprise d'instance sont-ils recevables à opposer l'exception dilatoire résultant du délai donné par les art.* 797 *et* 798, *Cod. civ., et* 174, *Cod. proc., pour faire inventaire et délibérer?*

Solution affirmative au texte.

70. (Q. 1292 B). *Si, de plusieurs parties assignées en reprise d'instance, l'une faisait défaut, faudrait-il appliquer l'art.* 153, *et, conséquemment, joindre le profit du défaut, et ordonner une réassignation du défaillant?*

Ce point est résolu négativement au texte, où M. Chauveau fait remarquer que la commission d'huissier prescrite par l'art. 350 remplit le but de celle exigée par l'art. 153, et que, d'un autre côté, nulle contrariété de jugements n'est ici à craindre. — Compar. *Constitution de nouvel avoué*, n. 15.

Cette opinion a été consacrée par la Cour de Montpellier, le 28 juin 1844 (*J. Av.*, t. 67, p. 512); par la Cour de Bordeaux, le 7 juin 1850 (t. 76, p. 409), et par celle de Caen, le 15 janv. 1851 (t. 76, p. 527). Cette dernière Cour a décidé, en outre, dans une autre espèce, le 27 août 1850 (t. 76, p. 528, que, lorsque, après un arrêt de défaut profit-joint sur le fond et la réassignation des parties défaillantes, l'un des comparants décède, ses héritiers, qui reprennent l'instance, ne sont pas tenus de réassigner les parties défaillantes lors de l'arrêt de jonction, et qui n'ont pas encore constitué avoué.

71. Pour nous, l'interprétation contraire à celle adoptée par M. Chauveau nous semble plus juridique. L'art. 153 pose incontestablement un principe général qui doit réfléchir même sur les procédures spéciales, lorsque son application n'est pas incompatible avec des règles propres à celles-ci. Or, est-il permis de prétendre qu'il y ait incompatibilité entre la formalité du défaut profit-joint et les formalités que prescrivent les art. 349 à 351, dans le cas de défaut d'une partie assignée en reprise d'instance? Il est évident que ces articles ne prévoient pas l'hypothèse à laquelle s'applique l'art. 153, mais uniquement celle où il n'y a qu'un seul défendeur. Pour la première de ces hypothèses, on ne saurait, selon nous, douter qu'ils s'en réfèrent au principe général, que leurs termes n'excluent en aucune façon, et dont l'application peut avoir, dans ce cas même, son utilité; car la contrariété de jugements, qui n'est pas à craindre sur le fond, est possible sur l'incident lui-même, comme si, par exemple, le défaillant présentait et faisait admettre, sur son opposition, un moyen que le comparant aurait négligé de faire valoir, et qui entraînerait la nullité de l'assignation en reprise d'instance. — Cette doctrine a d'ailleurs elle-même de nombreux partisans. V. conf., Bordeaux, 4 fév. 1829 (*Journ. de cette Cour*, t. 4, p. 90) et 31 juill. 1833 (*J. Av.*, t. 46, p. 151); Montpellier, 20 av. 1842 (D.P.42.2.245); Besançon, 11 juill. 1864 (*J. Av.*, t. 90, p. 318); Favard, *Répert. de législ.*, t. 4, p. 883, n. 4; Rodière, t. 2, p. 239; Bourbeau, t. 5, p. 238; Bioche, n. 98; Dalloz, v^is *Reprise d'inst.*, n. 105, et *Jugem. par déf.*, n. 64; l'*Encycl. des huiss.*, v° *Reprise d'inst.*, n. 64; notre *Formul. annot.*, t. 1, p. 259, n. 7.

72. (CCXCI). *Le jugement par défaut qui tient l'instance pour reprise peut-il en même temps statuer sur le fond ?*

M. Chauveau, au texte, adopte la négative.

Adde conf., Toulouse, 8 mars 1827 (*J. Av.*, t. 37, p. 92); Bordeaux, 7 août 1848 (t. 76, p. 409); Besançon, 30 juin 1854 (*J.P.*54.2.572); Riom, 10 nov. 1859 (*J. Av.*, t. 86, p. 85); Bourbeau, t. 5, p. 285 et s. — *Contrà*, Bordeaux, 7 janv. 1843 (*J.P.*, chron.).

73. D'après un arrêt de la Cour d'Agen du 26 mai 1864 (*J. Av.*, t. 89, p. 350), une procédure en reprise d'instance ne peut être déclarée nulle parce que le jugement par défaut rendu sur l'assignation en reprise de l'instance, au lieu de tenir la cause pour reprise et d'ordonner qu'il sera procédé suivant les derniers errements, statue directement et uniquement sur le fond, alors surtout que le jugement définitif rendu sur l'opposition au jugement par défaut a réparé l'omission dont il s'agit.

74. (Q. 1293). *Quel est le sens de la disposition par laquelle l'art.* 349, *dans le cas où, la partie assignée faisant défaut, il est rendu un jugement tenant l'instance pour reprise, défend d'accorder d'autres délais que ceux qui resteraient à courir ?*

Cette disposition, est-il dit au texte, doit s'entendre en ce sens que si, au moment du décès de la partie, il restait des délais à courir, la partie condamnée à reprendre l'instance n'a que le restant de ces délais pour remplir les formalités qui seraient prescrites.

Adde conf., Bourbeau, t. 5, p. 235; Dalloz, n. 103; Mourlon, p. 170; Rodière, t. 2, p. 238.

75. (Q. 1293 bis). *Le jugement par défaut dont parle l'art.* 350 *est-il, en cas d'inexécution dans les six mois de son obtention, sujet à la péremption prononcée par l'art.* 156, *à l'égard des jugements rendus par défaut contre la partie qui n'a pas constitué avoué ?*

Sur ce point, M. Chauveau renvoie à ce qui a été dit sous la quest. 663. V. *Jugement par défaut*, n. 200.

76. (Q. 1294). *L'opposition au jugement par défaut rendu sur la demande en reprise d'instance peut-elle être jointe au fond ?*

Solution négative au texte.

Adde conf., Rodière, t. 2, 238; Dalloz, n. 107.

77. (Q. 1293 ter). *Le jugement par défaut rendu sur le fond, après la signification d'un jugement par défaut sur l'incident en reprise, est-il susceptible d'opposition ?*

Solution affirmative au texte de la part de M. Chauveau.

Adde conf., Bourbeau, t. 5, p. 240; Dalloz, n. 108; Rodière, t. 2, p. 239.

78. (Q. 1294 bis B). *Lorsque, sur une assignation en reprise d'instance, la partie assignée fait défaut, qu'il intervient un jugement déclarant l'instance reprise, et que, sur l'opposition formée à ce jugement par le défaillant, il est rendu un jugement contradictoire, dans quel délai le demandeur originaire peut-il procéder sur le fond? Peut-il agir immédiatement, ou seulement après la signification du jugement, ou bien encore ne le peut-il qu'après l'expiration du délai d'appel?*

On peut dire, observait M. Chauveau dans le précédent *Supplément:* La reprise d'instance est un épisode de l'instance principale qui ne fait pas corps avec elle, et il peut très bien arriver que tel qui obtient gain de cause sur l'incident succombe sur le fond, et réciproquement. De là il résulte que le jugement qui statue sur l'opposition rentre dans le cas prévu par l'art. 147, et qu'il est nécessaire de le signifier à la partie comme à l'avoué. — Puisqu'il y a eu contestation, le jugement a perdu son caractère d'acte de pure instruction, il a causé grief à l'une des parties; il est donc susceptible d'appel, si, d'ailleurs, il réunit les conditions nécessaires pour être soumis à une juridiction supérieure. D'où encore la conséquence que les art. 449 et 450 sont ici applicables; qu'ainsi il ne peut être procédé sur le fond que huitaine après le jour de la prononciation du jugement, et que la procédure est arrêtée par la signification de l'appel. — Mais comme c'est l'appel interjeté qui est suspensif et non le délai d'appel, la procédure se continuera après la huitaine de la signification tant que l'appel n'aura pas été relevé. Si même la partie qui a succombé participe aux actes d'instruction, elle sera censée avoir acquiescé au jugement, et l'appel ne sera plus recevable.

79. Tout en avouant que ces raisons sont spécieuses, M. Chauveau les regardait comme insuffisantes pour établir que l'instance, déjà interrompue par l'incident, doive encore rester en suspens après le jugement qui l'a déclarée reprise. Il y a ici, disait-il, un argument *à fortiori* fourni par une position juridique analogue, le cas où, une exception étant présentée, le tribunal la repousse et ordonne immédiatement de plaider au fond (Voy. Q. 735; v° *Exceptions*, n. 73 et s.). L'incident relatif à une reprise d'instance est, en effet, de sa nature bien plus inoffensif que l'incident d'exception d'incompétence, par exemple; le premier n'a trait qu'à la régularisation de la procédure, il n'exerce aucune influence sur le fond; tandis que le second tend à empêcher le tribunal de statuer sur le litige. Cependant les juges qui déclarent le déclinatoire non recevable ou mal fondé peuvent immédiatement statuer au fond. — Pourquoi en serait-il autrement en matière de reprise d'instance? Tout ce que la loi exige, c'est que l'incident soit vidé avant le fond, parce qu'il n'y a rien de commun entre cet incident et le fond; mais lorsqu'un jugement a déclaré l'instance reprise, la procédure se continue immédiatement, rien n'empêche le tribunal d'ordonner aux avoués de poser qualités. Les art. 449 et 450 n'ont rien à faire dans cette circonstance. Sans doute, un appel immédiatement interjeté peut mettre obstacle à la continuation de la procédure; mais, sauf ce cas, l'instance suit son cours comme s'il n'y avait pas eu lieu à reprise. Pour produire cet effet, il n'est pas nécessaire que le jugement de reprise soit signifié. V. arrêts de Toulouse, 8 mars 1827, et Bordeaux, 23 janv. 1834 (*J. Av.*, t. 37, p. 92, et t. 46, p. 317); M. Rodière, t. 2, p. 238. — Compar. *Constitution de nouvel avoué*, n. 31.

— V. *Appel*; *Cassation (pourvoi en)*; *Chose jugée*; *Compromis*; *Constitution de nouvel avoué*; *Enquête*; *Exceptions*; *Interdiction et nomination de conseil judiciaire*; *Intervention*; *Qualités de jugement ou arrêt*; *Saisie immobilière*; *Tribunal de commerce*.

REPRISE D'INSTANCE FORCÉE. V. *Reprise d'instance.*

— VOLONTAIRE. V. *Reprise d'instance.*

— DES POURSUITES. V. *Saisie-exécution ; Saisie immobilière.*

REPRISES MATRIMONIALES. V. *Conciliation* ; *Distribution par contribution* ; *Séparation de biens.*

REQUÉRANTS MULTIPLES. V. *Inventaire.*

REQUÊTE. V. *Appel* ; *Autorisation de femme mariée* ; *Bénéfice d'inventaire* ; *Caution* judicatum solvi ; *Communication de pièce* ; *Compulsoire* ; *Désaveu* ; *Descente sur les lieux* ; *Distribution par contribution* ; *Enquête* ; *Exécution forcée* ; *Expertise* ; *Interdiction et nomination de conseil judiciaire* ; *Indication de juges* ; *Interdiction* ; *Instruction par écrit* ; *Intervention* ; *Jugement* ; *Jugement sur requête* ; *Qualités de jugement ou arrêt* ; *Règlement de juges* ; *Renvoi à un autre tribunal pour parenté ou alliance* ; *Requête civile* ; *Saisie-arrêt* ; *Saisie-foraine* ; *Saisie-revendication* ; *Séparation de biens* ; *Séparation de corps* ; *Tierce opposition.*

— EN BREVET. V. *Inventaire.*

REQUÊTE CIVILE.

(Art. 480 à 504, Cod. proc. civ.)

SOMMAIRE ALPHABÉTIQUE.

FORMULES.—*Requête à l'effet d'être autorisé à assigner en requête civile.*—Form., t. 1er, p. 425, n. 429. — *Consultation en faveur du demandeur en requête civile.* — Form. n. 430, p. 432. — *Certificat de consignation.* — Form., n. 431, p. 433. — *Assignation en requête civile.* — Form. n. 432, p. 434. — *Requête civile incidente dans le cas de la deuxième disposition de l'art.* 493. —Form. n. 433, p. 435. — *Requête civile incidente dans le cas de la première disposition de l'art.* 493.—Form n. 434, p. 435. — *Requête en réponse à la requête civile, soit incidente, soit principale* — Form. n. 435, p. 436. — *Demande en sursis devant un tribunal autre que celui où est pendante la requête civile.* — Form. n. 436, p. 437. —*Arrêt qui rejette la requête civile.* —Form. n. 437, p. 437. — *Arrêt qui admet la requête civile.* — Form. n. 438, p. 438. —*Acte de reprise d'instance après le rescindant pour faire statuer sur le rescisoire.* —Form. n. 439, p. 439.

DIVISION.

§ 1. — *Décisions susceptibles d'être attaquées par requête civile.*
§ 2. — *Par qui et contre qui peut être formée la requête civile.*
§ 3. — *Causes de requête civile.*
§ 4. — *Quand, devant quel tribunal et comment la requête civile doit être exercée.*
§ 5. — *Des effets de la requête civile et du jugement rendu sur cette requête.*

§ 1. — Décisions susceptibles d'être attaquées par requête civile.

1. (Q. 1741). *Les jugements ou arrêts contre lesquels les voies d'appel, d'opposition ou de cassation sont ouvertes, peuvent-ils être attaqués par la voie de la requête civile?*

La solution négative, admise au texte, est incontestable.

2. Mais si l'on ne peut user de plusieurs moyens à la fois pour attaquer un jugement à raison de même grief, il ne faudrait pas, comme l'observe M. Chauveau (p. 320, 4°), aller jusqu'à dire d'une manière absolue que l'on ne peut user de la voie de la requête civile et de celle du recours en cassation au sujet du même jugement. Ainsi, le plaideur qui se plaint, en premier lieu, de ce que les juges n'ont pas statué sur un des chefs de sa demande, et, en second lieu, de ce qu'en statuant sur les autres chefs, ils ont violé la loi, peut se pourvoir successivement par requête civile et par recours en cassation; et il sera même forcé de le faire concurremment dans certains cas, pour éviter des déchéances à raison de l'expiration des délais.

3. (Q. 1738) *Cette voie pourrait-elle être suivie si un jugement, d'abord sujet à l'appel, n'était plus susceptible de ce genre de recours, parce que les délais seraient expirés, ou parce que la partie aurait acquiescé ou laissé périmer l'instance?*

Résolu aussi négativement au texte.

Adde conf., Toulouse, 30 déc. 1846, (*J. Av.*, t. 72, p. 46), et 24 janv. 1851 (t. 76, p. 232). Dans l'espèce du premier de ces deux arrêts, il s'agissait d'un jugement par défaut qui avait acquis force de chose jugée par l'expiration du délai d'appel. La Cour de cassation a aussi jugé, par arrêt du 13 nov. 1848 (*Gaz. des trib.*, 1848, n° 6663), qu'il ne suffit pas, pour attaquer un jugement par la requête civile, même pour cause de dol personnel, que ce jugement ait acquis l'autorité de la chose jugée; mais qu'il faut qu'il ait été rendu en dernier ressort; et que, s'il était susceptible d'appel, le défaut d'appel rend la requête civile inadmissible. — V. également dans le même sens, MM. Rodière, t. 2, p. 375, et Dalloz, *Répert.*, v° *Requête civile*, n. 7 et suiv.

4. C'est avec raison, observait M. Chauveau dans le précédent *Supplément*, que la même Cour a jugé, le 14 déc. 1852 (D.P.52,1.329), que les jugements et arrêts par défaut qui ne sont plus susceptibles d'opposition, peuvent être attaqués par requête civile, même pour les causes qui existaient déjà à l'époque où l'opposition était encore recevable.

5. (Q. 1739). *La requête civile, est-elle recevable, lorsque le jugement a été qualifié en premier ressort?*

Oui, évidemment, comme il est dit au texte, si, malgré cette qualification, le litige était susceptible d'être jugé souverainement.

Adde conf., notre *Formul. annot.*, t. 1, p. 397, note 1, n. 2.

6. (Q. 1736). *Peut-on se pourvoir par requête civile contre les jugements émanés d'une justice de paix ou d'un tribunal de commerce, ou d'arbitres, et contre les arrêts de la Cour de cassation?*

Carré, au texte, résout cette question affirmativement, en posant le principe que la voie de la requête civile est ouverte contre tous les jugements, de quelque juridiction qu'ils émanent. — Mais M. Chauveau, *ibid.*, restreint cette solution aux jugements des tribunaux de commerce et aux sentences arbitrales, les termes de la loi ne permettant pas, selon lui, de l'étendre, soit aux décisions des juges de paix, soit aux arrêts de la Cour de cassation.

Adde conf. à cette dernière doctrine : 1° en ce qui concerne les jugements rendus par les juges de paix : Just. de paix d'Epinac, 14 avril 1855 (*J. Av.*, t. 80, p. 591); Curasson, *Compét. des jug. de paix*, t. 2, p. 620; Carou, *Juridict. civ. des jug. de paix*, t. 2, n. 188; N.-A. Carré, *Compét. judic. des jug. de paix*, n. 971; notre *Formul annot.*, p. 398, n. 5. — *Contrà*, Dalloz, v° *Requête civile*, n. 22; Rodière, t. 2, p. 376; — 2° en ce qui concerne les arrêts de la Cour suprême, Cass., 18 mai 1847 (*J. Av.*, t. 72, p. 606); Dalloz, v° *Cassation*, n. 121, 1523, 1981, 2108; notre *Formul.*, *ibid.*

7. V. aussi conf. à l'opinion adoptée soit par Carré, soit par M. Chauveau : 1° à l'égard des tribunaux de commerce : Cass., 20 mars 1850 (*J. Av.*, t. 76, p. 410); Rodière, t. 2, p. 376; Dalloz, n. 20; Nouguier, *Trib. de comm.*, t. 3, p. 161; notre *Dict. du contentieux commerc.*, v° *Trib. de comm.*, n. 184; notre *Formul.*, p. 397, n. 3. — 2° à l'égard des sentences arbitrales, notre *Dict. du conteht. commerc.*, v° *Arbitrage*, n. 219 et s., et 226; notre *Formul. annot.*, p. 398, n. 3, et le présent ouvrage, v° *Arbitrage*, n. 206, 207, 244 et suiv. — Toutefois, suivant la remarque de M. Chauveau au texte, la requête civile n'est pas ouverte contre les jugements arbitraux pour inobservation des règles de la procédure, si les parties avaient dispensé les arbitres de suivre les formes ordinaires. V. aussi en ce sens, notre *Formul., ibid.*, n. 4.

8. Il résulte d'un arrêt de la Cour de Toulouse, du 15 fév. 1867 (*J. Av.*, t. 93, p. 257), que la voie de la requête civile est seule ouverte au cas de dol personnel d'une des parties contre une sentence d'arbitres chargés de régler souverainement le chiffre de l'indemnité due à cette partie, à raison de l'abandon amiable par elle fait d'immeubles compris dans le périmètre de terrains soumis à l'expropriation pour cause d'utilité publique, et que la partie lésée par le dol n'est pas recevable à former une action en dommages-intérêts contre son adversaire.

9. (Q. 1737). *Les jugements préparatoires, provisoires et interlocutoires sont-ils, comme les jugements définitifs, susceptibles d'être attaqués par la requête civile ?*

Réponse affirmative au texte.

Adde conf., notre *Formul. annot.*, p. 398, n. 8.

10. (Art. 480). Quid *d'un jugement qui ne prononce que* quant à présent?

Décidé au texte, t. 4, p. 314, à la note, que la requête civile est admissible contre un tel jugement.

11. (Q. 1738 ter). *Ce recours est-il ouvert contre un arrêt d'expédient ?*

Solution affirmative au texte.

Adde conf. notre *Formulaire annot.*, p. 398, n. 9.

12. (Q. 1736 bis A). *La voie de la requête civile est-elle admise contre les jugements de séparation de corps ?*

Solution affirmative au texte.

Adde conf., notre *Formul. annot.*, t. 1, p. 398, n. 6.

13. (Q. 1736 bis B). *Est-elle ouverte contre les jugements relatifs à la perception des droits d'enregistrement ?*

Solution également affirmative au texte sous la présente question, et t. 4, p. 332, à la note.

Adde conf., notre *Formul. annot., ibid.*, n. 7.

14. (Q. 1738 bis). *L'état de collocation dans un ordre clos définitivement par le juge-commissaire, faute de contestation entre les parties, est-il susceptible d'être attaqué par la voie de la requête civile ?*

Sur ce point, M. Chauveau renvoie à ce qu'il a dit au titre de l'Ordre (V. le mot *Ordre*, n. 672).

15. (Art. 480 et 482). *Un seul des chefs d'un arrêt ou jugement en dernier ressort peut-il être attaqué par requête civile ?*

L'affirmative résulte de l'art. 482, qui veut que s'il n'y a ouverture que contre un seul chef, ce chef soit seul rétracté, à moins que les autres n'en soient dépendants. — V. *infrà*, n. 49, 50 et 167.

16. (Q. 1799). *Le jugement qui a admis la requête civile peut-il, s'il y a ouverture, être lui-même l'objet d'une demande en requête civile de la part du défendeur ?*

Résolu affirmativement au texte.

Adde conf., notre *Formul. annot.*, 398, n. 12.

Il a été jugé également que, lorsque deux parties différentes ont succombé dans un procès, la requête civile exercée par l'une d'elles ne forme point obstacle à ce que l'autre se pourvoie ultérieurement en requête civile contre la décision qui l'a frappée : Orléans, 28 nov. 1853 (*J. Av.*, t. 78, p. 534).

17. (Q. 1797 A). *Le rejet de la requête civile a-t-il pour effet d'empêcher que le jugement contre lequel elle a été formée ne puisse devenir l'objet d'une* *seconde requête civile fondée sur la découverte postérieure de nouveaux moyens de minorité non défendue ou non valablement défendue?*

V. à cet égard *infrà*, n. **24**.

18. (Q. 1798). *Si, postérieurement au rejet de la requête civile, on découvrait un dol, un faux ou une rétention de pièces, pourrait-on se pourvoir de nouveau par requête civile, par dérogation à la prohibition générale portée par l'art.* 503?

Solution négative au texte.

Il a été, depuis, jugé en ce sens, que le principe posé par l'art. 503 est absolu; et qu'ainsi une décision qui a été frappée d'un recours en requête civile ne peut être attaquée de nouveau par cette voie, quoique la première soit restée impoursuivie parce que l'arrêt déclarant la fausseté des pièces sur lesquelles elle était fondée a été cassé pour cause d'incompétence, et que, plus tard, les pièces aient été reconnues fausses par les juges compétents : Cass., 25 nov. 1850 (*J. Av.*, t. 76, p. 284) ; Agen, 12 août 1851 (S.-V.52.2. 247). — V. aussi notre *Formul.*, *loc. cit.*, n. 14.

§ 2. — Par qui et contre qui peut être formée la requête civile.

19. (Q. 1740). *Est-ce seulement par les parties ou leurs ayants cause, ou contre eux, que peut être formée la requête civile?*

L'affirmative est enseignée au texte.

20. Jugé que, bien qu'un arrêt ait condamné une partie à payer une créance dont le paiement lui était réclamé, les héritiers de cette partie peuvent, par voie de requête civile, faire tomber cette condamnation, en invoquant et prouvant la collusion de leur auteur avec le créancier poursuivant : Cass., 24 déc. 1851 (*Droit*, 1851, n° 302).

21. (Q. 1741 A). *Le ministère public qui n'est pas partie principale a-t-il le droit de se pourvoir par requête civile?*

La négative, qui ne saurait être contestée, est enseignée au texte.

Adde conf., notre *Formul. annot.*, p. 399, n. 19.

22. (Q. 1749 quater). *La partie qui a demandé en appel la confirmation pure et simple d'un jugement contenant une omission à son préjudice, n'est-elle pas déchue, après avoir obtenu cette confirmation, du droit de se pourvoir par requête civile?*

Ce point est résolu affirmativement au texte par M. Chauveau, qui fait remarquer que la voie de la requête civile ne peut être prise en pareil cas, ni contre le jugement, puisqu'il a été rendu en premier ressort, ni contre l'arrêt, puisqu'il a adjugé à l'appelant ses conclusions.

Adde conf., notre *Formul. annot.*, p. 399, n. 16.

23. (Q. 1775 bis). *La partie qui a signifié sans réserve une décision judiciaire, peut-elle ensuite la frapper de requête civile, si la partie adverse s'est pourvue en cassation contre cette décision?*

L'affirmative a été consacrée par un arrêt de la Cour suprême du 26 nov. 1861 (*J. Av.*, t. 86, p. 475), sur le motif que la partie est relevée de l'acquiescement résultant de la signification de la décision sans réserve, par le pourvoi en cassation dont son adversaire frappe cette décision.

24. (Q. 1797 B). *L'art* 503, *qui interdit de se pourvoir en requête civile soit contre le jugement déjà attaqué par cette voie, soit contre celui qui l'aura rejetée, soit contre celui qui aura statué sur le rescisoire, s'applique-t-il aux mineurs?*

Solution affirmative au texte, d'une manière absolue de la part de Carré, et avec cette observation, de la part de M. Chauveau, que l'art. 503 ne comporte aucune distinction, *toutes les fois du moins que la requête civile aura été rejetée.* — Compar. *suprà*, n. 17.

25. (Q. 1769). *Le mineur émancipé qui a esté en justice sans l'assistance d'un curateur, mais est devenu majeur avant le jugement, peut-il se pourvoir contre ce jugement par voie de requête civile pour cause de minorité non défendue ou non valablement défendue ?*

Cette question est résolue, au texte, à l'aide d'une distinction. Si le mineur dont la défense avait été incomplète, y est-il dit, avait achevé l'instruction depuis sa majorité, il ne serait pas recevable à user de la requête civile; tandis qu'il le serait, au contraire, si depuis sa majorité, et l'affaire étant en état, il n'avait ni fait aucun acte nouveau d'instruction, ni approuvé en rien la procédure commencée.

26. (Q. 1766). *Peut-on intimer dans l'instance de requête civile une personne qui n'était point partie et qui était sans intérêt dans le jugement attaqué?*

La négative, qui résulte déjà de la réponse faite à la quest. 1740 (*suprà*, n. 19), est encore établie au texte, où il est dit qu'un tiers mis en cause dans l'instance de requête civile, qui n'a été partie dans aucun des arrêts dont le demandeur poursuit la rétractation, et qui d'ailleurs n'est l'ayant cause d'aucune des parties qui y ont figuré, ne peut être valablement appelé dans l'instance dont il s'agit.

§ 3. — Causes de requête civile.

27. (Q. 1742 A). *Qu'est-ce que l'on doit entendre par le* dol personnel *dont l'art. 480, § 1, fait une cause de requête civile?*

Le dol, dit Carré, au texte, vient toujours de la mauvaise foi, et par conséquent toujours de la personne. Si la loi s'est servie des expressions *dol personnel*, c'est pour indiquer d'une manière plus sûre qu'elle veut que le dol ne donne ouverture à requête civile qu'autant qu'il provient du fait personnel de la partie qui a obtenu le jugement, et non du fait d'un tiers, sans la participation de cette partie. — Mais l'auteur fait remarquer que le dol de l'avocat, de l'avoué ou du mandataire est considéré comme étant l'œuvre de la partie elle-même. — M. Chauveau, *ibid.*, exprime l'avis que de simples allégations ou dénégations de faits offrent le caractère du dol personnel, sans qu'il faille de plus des manœuvres de nature à empêcher les parties et le juge d'établir et de connaître la vérité.

28. Dans le précédent *Supplément*, M. Chauveau, après avoir cité en faveur de sa doctrine MM. Dalloz, n. 48 et suiv., et Rodière, t. 2, p. 377, mentionnait les solutions suivantes :

Il y a ouverture à requête civile pour dol personnel contre un arrêt qui rejette, comme non justifiée, une demande formée contre une compagnie, alors qu'il est prouvé que des suppressions ou altérations frauduleuses des feuillets dans les registres des délibérations de celle-ci ont été commises au préjudice des demandeurs, la compagnie étant civilement responsable des faits de ses agents : Cass., 8 août 1842 (*J. Av.*, t. 63, p. 554). — La requête civile est également admissible dans le cas où une partie a obtenu gain de cause en niant une transaction qui existait réellement, et dont son adversaire avait excipé, sans pouvoir en rapporter la preuve : Orléans, 10 août 1849 (*J. Av.*, t. 69, p. 410). — On ne saurait invoquer, comme rendu en sens contraire, disait M. Chauveau, un arrêt de la Cour de cassation du 16 août 1842 (*J. Av.*, t. 64, p. 119), parce que si, dans l'espèce de cette dernière décision, le demandeur avait dissimulé les offres qui lui avaient été faites, le défendeur n'avait pas signalé l'existence de ces offres, et, faute d'opposition, avait laissé acquérir à l'arrêt obtenu par ses adversaires l'autorité de la chose jugée. — Il y a ouverture à requête civile dans la production de l'expédition d'une copie informe d'un titre ancien, qui avait été intercalée frauduleusement dans un dépôt public, de manière à faire considérer cette copie comme une pièce probante : Cass., 8 mars 1853 (Dalloz, n. 56). — Il en est de même lorsqu'une partie nie, par serment déféré d'office, et plus tard reconnu faux, des faits décisifs qu'elle savait être vrais : Bordeaux, 4 fév. 1856 (*J. Av.*, t. 81, p. 321). — Les jugements devenus définitifs, auxquels la femme dotale a été partie, ont force de chose jugée contre elle, et elle ne peut être admise à récuser leur autorité, lors même qu'elle démontrerait qu'ils sont fondés sur la fraude et qu'ils ont pour résultat de consacrer une aliénation de la dot. La femme ne pourrait, dans le cas de fraude, attaquer ces jugements que par la voie de la requête civile : Grenoble, 5 août 1850 (*Journ. de cette Cour*, 1851, p. 44). — Le dol personnel peut, d'après les circonstances de la cause, résulter d'un jugement émané d'un tribunal étranger, non rendu exécutoire en France : Cass., 12 av. 1858 (*J. Av.*, t. 83, p. 556).

29. Il n'y a pas lieu à requête civile : 1° Lorsqu'une partie, pour soutenir qu'une transaction invoquée contre elle est restée à l'état de simple projet, a gardé le silence sur des lettres dans lesquelles elle l'acceptait, si, d'ailleurs, elle n'a pas retenu ces lettres et n'a même pas eu à les nier, faute par son adversaire, qui les avait en sa possession, d'en avoir excipé devant le juge : Cass., 14 déc. 1852 (D.P.52.1.329); — 2° Qnand le dol est pratiqué par un tiers, sans connivence de la partie à laquelle ce dol profite néanmoins : Orléans, 28 avril 1853 (*J. Av.*, t. 78, p. 534). Conf., Rodière, t. 2, p. 377, et Dalloz, n. 48; — 3° Lorsque le dol personnel n'est point parfaitement caractérisé et prouvé : Colmar, 5 mars 1845 (*J. Av.*, t. 69, p. 677).

30. La jurisprudence a eu encore, depuis, à déterminer les caractères du dol personnel donnant ouverture à la requête civile. D'après un arrêt de la Cour de Dijon du 15 mars 1878 (*J. Av.*, t. 103, p. 469), dont la doctrine, plus rigoureuse que celle de M. Chauveau, nous semble en même temps plus exacte, ce dol doit consister dans l'emploi de manœuvres dolosives ayant eu pour but et pour effet de tromper le juge et d'obtenir de lui une décision qu'il n'aurait pas rendue sans ces manœuvres. — Ainsi spécialement, porte cet arrêt, une partie ne peut inférer l'existence du dol personnel de la contradiction existant entre les conclusions d'une expertise à la suite de laquelle elle a été condamnée, et les conclusions d'une seconde expertise à laquelle il a été procédé sur sa plainte au criminel, alors qu'aucune des pièces ayant servi à la seconde expertise n'a été dissimulée par la partie adverse au premier expert.

31. Un arrêt de la Cour de Paris du 11 juill. 1859 (t. 88, p. 482) a refusé de voir un dol personnel pouvant servir de base à la requête civile, dans le fait qu'une lettre confidentielle écrite à un tiers par la partie qui a obtenu gain de cause aurait été remise par ce tiers à la partie qui a perdu son procès, alors que cette remise n'a été faite qu'en vue d'une instance autre que celle sur laquelle a statué le jugement attaqué.

32. Il n'y a pas non plus dol personnel, aux termes d'un arrêt de la Cour de Lyon du 28 nov. 1865 (t. 91, p. 291), dans le fait d'une partie de ne pas produire la copie d'une pièce dont l'original se trouve dans un dépôt public où la partie adverse aurait pu en prendre communication.

33. Il a été jugé, conformément à l'opinion exprimée au texte par Carré, que le dol personnel donnant ouverture à requête civile s'entend non seulement de celui qui émane de la partie elle même, mais aussi de celui qui a pour auteur son mandataire, par exemple, son avoué ; qu'ainsi, spécialement, la dissimulation frauduleuse et la dénégation mensongère, par l'avoué d'une partie, d'une pièce ou de faits décisifs, réunissent tous les caractères du dol en cette matière, lorsqu'il est constant que, sans cette dissimulation et cette dénégation, la décision du litige eût été différente : Besançon, 9 déc. 1862 (*J. Av.*, t. 88, p. 68); et qu'il y a également dol personnel de la part d'une partie, lorsque, à l'aide de manœuvres frauduleuses, son mandataire, par exemple son avoué, est parvenu à faire croire qu'une pièce décisive au procès avait force probante : Orléans, 17 juin 1852 (*J.P.*52.2.616). — V. aussi, dans le même sens, notre *Formul. annot.*, p. 499, n. 24.

34. Le dol du mandataire peut-il devenir une cause de requête civile pour le mandant lui-même? La négative ne semble pas douteuse dans le cas où l'adversaire du mandant n'a pas participé au dol. Mais, par un autre arrêt en date du 15 janv. 1852 (*J.P.*52 2.613), la Cour d'Orléans a décidé que la collusion qui aurait existé entre l'avoué d'une partie et l'adversaire de cette partie pour faire rendre un jugement dans un certain sens ne peut être invoquée que comme moyen de requête civile. Et il résulte encore de la même décision que, lorsqu'en déclarant qu'il n'a pas existé de collusion frauduleuse entre l'avoué d'une partie et la partie adverse, un arrêt a réservé à celle qui invoquait cette collusion le droit de faire preuve du dol dont la première se serait rendue coupable, par elle ou son mandataire, ce dol peut devenir un moyen de requête civile, quoiqu'un tel moyen soit basé sur les faits de collusion déjà invoqués.

35. (Q. 1743). *Y a-t-il lieu non seulement à requête civile, mais encore à cassation, pour violation des formes prescrites à peine de nullité?* En d'autres termes, *quelles nullités rentrent spécialement dans le § 2 de l'art.* 480?

D'après l'opinion admise au texte, il faut distinguer. Il y a lieu à requête civile, s'il n'a pas été statué sur le moyen de nullité par les juges dont on veut attaquer la décision; mais si le moyen a été proposé avant le jugement et s'il y a été statué, ce n'est que par voie de cassation que le jugement peut être attaqué pour n'avoir pas accueilli ce moyen. — Sous la quest. 1741, au texte, M. Chauveau fait remarquer, en ce qui concerne les nullités provenant du fait du juge, qu'on admet généralement, par application de l'art. 7 de la loi du 20 avril 1810, qu'elles forment des moyens de cassation.

Sur le premier point, *adde* conf., notre *Formul. annot.*, p. 400, n. 31.

36. (Q. 1744). *La requête civile est-elle ouverte contre les jugements arbitraux pour violation de formes?*

Non, est-il répondu au texte, si les parties ont dispensé les arbitres de suivre les formes ordinaires.—V. aussi *suprà*, n. 6 et s.

37. (Q. 1745). *Quels sont, en général, les cas où l'on peut dire que le juge a prononcé sur chose non demandées, ainsi que le prévoit le § 3 de l'art.* 480?

Voy. les exemples donnés au texte.

Adde, Dalloz, n. 72; Rodière, t. 2, p. 80; notre *Formul. annot.*, t. 1, p. 400, n. 32.

38. (Q. 1746 A). *Dans quel cas peut-on dire, en général, que le juge a adjugé plus qu'il n'avait été demandé, comme le suppose le § 4 de l'art.* 480?

Après avoir donné, au texte, quelques exemples, Carré fait remarquer qu'un jugement d'avant faire droit rendu d'office ne saurait fournir le moyen d'*ultrà petita*, lorsqu'il n'a pour objet que d'éclairer les juges au moyen d'une preuve qu'il ordonne, ou de pourvoir à la sûreté de l'objet litigieux par un dépôt, un séquestre, etc., qu'il prescrit; mais qu'il en est autrement du jugement qui accorde à une partie un avantage sur l'autre, sans qu'elle l'ait demandé, comme, par exemple, une provision, des aliments; tandis qu'il n'y aurait pas non plus *ultrà petita*, si une partie ayant demandé quelque chose définitivement, le tribunal lui adjuge une provision. — M. Chauveau, *ibid.*, adhère à cette dernière solution. — V. aussi notre *Formulaire annoté*, p. 400, n. 34 et suiv.

39. Dans le *Supplément* précédent, M. Chauveau remarquait, en outre, qu'il n'y pas *ultrà petita* ou décision sur chose non demandée, 1° lorsqu'un jugement accorde la maintenue possessoire à un individu qui, cité au possessoire comme auteur d'un trouble, a demandé le rejet de l'action en complainte et fait une enquête pour justifier sa possession, parce que cet individu doit être réputé avoir virtuellement conclu à sa maintenue possessoire; — 2° toutes les fois que le chef de demande sur lequel les juges ont statué, quoique non formulé d'une manière expresse, se trouve implicitement compris dans les prétentions respectives des parties : Riom, 15 fév. 1853 (*Journ. de cette Cour*, 22 mai 1853, n° 760; — 3° lorsque la partie s'en est référée à justice sur un certain chef de demande, et que ce chef est admis par le tribunal : Rennes, 17 juin 1853 (*Journ. de cette Cour*, 1854, p. 298).

40. Mais, ainsi que l'observait encore M. Chauveau, les points litigieux soumis à la décision du juge doivent être déterminés seulement dans le libellé de la demande et les conclusions des parties; les autres questions qui ne sont pas comprises dans ce libellé ne peuvent être appréciées que comme moyens de la cause dans les motifs du jugement et jamais dans le dispositif. Autrement, il y a *ultrà petita* et ouverture à requête civile. *Sic.*, Nancy, 13 déc. 1845 (*J. Av.*, t. 70, p. 92).

41. Lorsque, dans un procès, on a produit un mémoire d'honoraires qui n'a pas été contesté, si le jugement ordonne que ce mémoire sera taxé, quoiqu'on n'ait pris aucunes conclusions à cet égard, il prononce sur chose non demandée et doit être infirmé : Dijon, 19 janv. 1843 (*J. Av.*, t. 69, p. 406).

42. Il y a aussi *ultrà petita*, soit lorsqu'un tribunal ordonne, sans que les parties l'aient requis, la capitalisation des intérêts : décision mentionnée au texte, t. 4, p. 309, note, n. 1; — soit quand les juges réservent à une partie, sans qu'elle l'ait demandé, le droit de poursuivre son adversaire en paiement d'une somme déterminée : Cass , 10 janv. 1853 (*J. Av.*, t. 79, p. 31). — Mais M Chauveau, dans le précédent *Supplément*, faisait observer que ce n'est pour ainsi dire que surabondamment que, dans ce dernier arrêt, la Cour suprême a posé le principe, qui vient d'être énoncé, puisqu'elle a commencé par déclarer que la disposition d'un jugement qui donne à l'une des parties acte de ses réverves, ne prononce pas une condamnation; ce qui confirme l'opinion développée par M. Chauveau lui-même dans le *Journ. des Av.*, t. 77, p. 568.

43. (Art. 480, § 4). *Y a-t-il* ultrà petita *dans un jugement qui ordonne que des biens compris dans une donation annulée, seront partagés également entre tous les héritiers, quoique l'un d'eux ait renoncé à se prévaloir du vice de cette donation?*

Décidé négativement au texte, t. 4, p. 309, 7°.

44. (Q. 1746 B). *Que doit-on entendre par la demande des parties dans le § 4 de l'art. 480? Faut-il qu'il y ait entre la demande des parties et la décision un rapport exact?*

M. Chauveau, au texte, exprime l'opinion que les conclusions posées à l'audience rentrent dans les prévisions de ce paragraphe toutes les fois qu'elles ont été contredites par la partie adverse; et il ajoute que le juge peut, sans excès de pouvoir, accueillir les conclusions de l'une des parties par des moyens qu'elle n'a pas cru devoir employer, surtout lorsqu'il s'agit de moyens de pur droit; en sorte qu'il n'est pas nécessaire, à peine de nullité, qu'il y ait entre la demande de la partie et la solution du juge une corrélation mathématiquement exacte, et qu'il suffit qu'il y ait au fond entre l'une et l'autre un rapport plus ou moins médiat, plus ou moins implicite.

45. (Q. 1746 bis). *Lorsqu'un désistement signifié sur un chef de conclu-*

sions n'a pas été accepté, l'arrêt qui statue sur ce chef commet-il un excès de pouvoir?

Solution négative au texte.

46. (Q. 1747). *Est-ce seulement par requête civile qu'il faut se pourvoir, lorsque, par la décision qui prononce* ultrà petita, *les juges ont violé la loi ou excédé leurs pouvoirs?*

Il est répondu, au texte, que l'on peut aussi dans ce cas se pouvoir en cassation. — Compar., *suprà*, n. 1.

Adde conf., notre *Formul. annot.*, p. 401, n. 36.

47. (Art. 480, § 4). *Est-ce par requête civile ou par recours en cassation qu'il faut se pourvoir contre une décision qui a prononcé une condamnation aux dépens contre une partie au profit de l'autre, quoique celle-ci n'eût pas pris de conclusions sur ce point?*

Décidé, au texte, t. 4, p. 409, note, 3°, que c'est seulement par requête civile.

48. (Q. 1747 bis). *Le jugement qui condamne à payer une somme excédant le dernier ressort, lorsque la demande était inférieure à 1500 fr., doit-il être attaqué par la voie de la requête civile ou par la voie de l'appel?*

M. Chauveau, au texte, est d'avis que c'est la voie de l'appel qu'il faut prendre en pareil cas.

49. (Q. 1748). *Lorsque le juge ne statue que sur un chef, et qu'il ajoute, soit* qu'il met les parties hors de cause sur leurs autres conclusions, *soit* qu'il n'y a lieu de statuer sur leurs autres demandes, *peut-on néanmoins, par application de l'art.* 480, § 5, *se pourvoir par voie de requête civile, pour omission de prononcer sur ces mêmes chefs?*

La solution négative est admise au texte, où M. Chauveau ajoute que le recours en cassation serait ouvert si l'omission portait sur un chef de défense.

Adde conf., sur le principe, Dalloz, n. 92 et s.; Rodière, t. 2, p. 380; notre *Formul. annot.*, p. 401, n. 39.

50. Dans le *Supplément* précédent, M. Chauveau mentionnait et paraissait approuver les solutions suivantes: — Lorsqu'une Cour a omis de statuer sur deux chefs de demande tendant à ce qu'il fût justifié du dépôt au greffe de l'original des qualités d'un arrêt, et à ce qu'il fût fait mention du paiement sur chacune des pièces de la procédure, sa décision peut être attaquée par la voie de la requête civile, mais non par celle du recours en cassation: Cass., 5 nov. 1845 (*J. Av.*, t. 70, p. 72).—Les juges d'appel qui, saisis de deux chefs de conclusions, accueillent l'un de ces chefs en infirmant le jugement, dont ils se bornent à infirmer les autres dispositions, sont réputés avoir omis de statuer sur le second chef, si le tribunal n'avait pas eu à s'en occuper à l'occasion du premier chef, et par suite leur arrêt est susceptible d'être attaqué par requête civile: Cass., 4 juill. 1855 (D.P.55.1.284). — Il n'y a pas omission de prononcer sur un chef de demande dans l'arrêt qui, sur le défaut de l'appelant et sans statuer sur un moyen de nullité invoqué par lui contre le jugement dont est appel, renvoie l'intimé de cet appel: Cass., 10 août 1842 (*J. Av.*, t. 64, p. 119).

51. Depuis, la Cour suprême a décidé à diverses reprises que le silence gardé par les juges sur les conclusions dont ils étaient saisis, constitue une omission de prononcer donnant ouverture à la requête civile, et non au recours en cassation: arrêt des 24 avr. 1845 (t. 90, p. 492); 8 déc. 1868 (t. 94, p. 423); 8 juin 1869 (t. 95, p. 174).

52. (Art. 480, § 5). *Lorsque la validité de plusieurs clauses d'un testament est soumise à un tribunal et qu'il ne statue que sur une des clauses, y a-t-il là de sa part une omission qui donne ouverture à requête civile?*

Décidé affirmativement au texte, t. 4, p. 309, note, 4°.

53. (Q. 1749 A). *Le silence du jugement sur les conclusions tendantes à être admis à une preuve, constitue-t-il une omission de prononcer ?*

La négative est admise au texte, par le motif que de telles conclusions tendant à justifier les prétentions de la partie relativement aux points en contestation, ne peuvent être considérées elles-mêmes comme un chef de demande.

54. M. Chauveau, dans le *Supplément* précédent, remarquait, avec un arrêt de la Cour de cassation du 9 nov. 1842 (*J. Av.*, t. 64, p. 266), que, lorsque rien n'établit dans un jugement que des conclusions subsidiaires aient été prises, il n'y pas ouverture à cassation contre ce jugement pour omission de prononcer sur ces conclusions subsidiaires, omission qui constituerait d'ailleurs un moyen de requête civile.

55. (Q. 1750). *Si, en statuant définitivement sur quelques-uns des chefs, les juges avaient ordonné un interlocutoire sur les autres, pourrait-on prétendre qu'il y a eu omission de statuer ?*

Solution négative au texte.

56. (Q. 1749 bis). *L'omission de statuer sur une demande incidente, lorsque la décision intervenue sur la demande principale ôte à la demande incidente tout intérêt, rend-elle cette décision susceptible d'être attaquée par la voie de la requête civile?*

Résolu négativement au texte par M. Chauveau, qui observe que, dans tous les autres cas, il ne suffirait pas d'arguer du rejet implicite qu'on prétendrait résulter des motifs ayant rapport au chef de conclusions omis, pour écarter la requête civile à laquelle cette omission donne ouverture.

57. (Q. 1749 B). *L'omission de statuer sur les dépens donne-t-elle ouverture à la requête civile?*

Solution affirmative au texte.

C'est là un point certain, pourvu, bien entendu, qu'il ait été conclu à la condamnation aux dépens. — V. notre *Formul. annot.*, p. 401, n. 37. — Et compar. *suprà*, n. 47.

58. (Q. 1749 ter). *Lorsqu'un jugement a omis de prononcer sur un chef distinct, peut-on renouveler la demande par action principale, ou la voie de la requête civile est-elle la seule qui puisse faire obtenir la réparation de ce grief?*

M. Chauveau, au texte, exprime l'opinion que la voie de la requête civile, dans ce cas, est seule légale.

59. En mentionnant un arrêt en sens contraire de la Cour de Douai, du 23 mai 1850 (*J. Av.*, t. 7, p. 84), qui a décidé que l'omission par le juge de statuer sur un chef de conclusions ne saurait donner à sa décision l'autorité de la chose jugée sur le chef omis, et, par suite, rendre la partie non recevable à former ultérieurement une nouvelle demande pour la même cause, quoique cette partie ayant pu, à raison du chef omis, se pourvoir en requête civile, ne l'ait pas fait dans le délai utile, M. Chauveau, dans le précédent *Supplément*, déclarait ne pouvoir se rendre à cette interprétation. Les motifs donnés par la Cour de Douai n'étaient pas assez concluants, disait-il, pour ébranler sa conviction. L'espèce même démontrait, suivant lui, la nécessité d'adopter une doctrine positive et non facultative, si l'on peut ainsi parler. La voie de l'appel n'avait pas même été prise. Il ne s'agissait donc pas d'appliquer le titre de la requête civile ; mais de savoir si on peut plaider de nouveau une affaire devant le premier juge, quand il l'a déjà jugée, bien ou mal, complètement ou incomplètement, en accordant trop ou trop peu.

60. Il citait à l'appui de son opinion un arrêt de la Cour de Toulouse du 10 mai 1849 (t. 74, p. 602), portant qu'un tribunal est dépourvu de toute autorité pour réformer ou même compléter une décision précédente. — Une sentence en dernier ressort, ajoutait-il, ne peut être rétractée ou modifiée en plus ou en moins que par la voie de la requête civile. C'est donc à tort que la Cour d'Aix, par arrêt du 18 janv. 1844 (*ibid.*, p. 170). a admis qu'une décision pouvait être rectifiée sur le chef relatif aux dépens au moyen de l'opposition à la taxe. Par l'opposition à la taxe on peut faire modifier les calculs du juge taxateur, mais on ne peut pas porter atteinte à la disposition de la sentence qui met les dépens à la charge de telle ou telle partie.

61. Depuis, la Cour de Paris a jugé, conformément à la doctrine de M. Chauveau, que lorsque, sur une demande en paiement d'une somme principale et des intérêts, un jugement et un arrêt n'ont condamné qu'au paiement de la somme principale, sans statuer sur les intérêts, il ne peut être formé, pour ces mêmes intérêts, une nouvelle action principale devant le tribunal, mais que cette omission donne seulement ouverture à requête civile : arrêt du 11 nov. 1876 (t. 102, p. 112).—V. aussi en ce sens, notre *Formul. annot.*, *loc. cit.*, n. 40.

62. (Q. 1751). *Toutes les conditions mentionnées au* § 6 *de l'art.* 480 *doivent-elles se trouver réunies pour qu'il y ait, dans le cas de contrariété de jugements qu'il prévoit, ouverture à requête civile?*

Solution affirmative au texte.

Adde conf., Cass., 12 fév. 1844 (*J.P.*44.1.592), portant que, pour qu'il y ait ouverture à cassation pour contrariété de jugements en dernier ressort, il faut que ces jugements aient été rendus entre les mêmes parties. — V. aussi notre *Formul. annot.*, p. 401, n. 41. — Compar. les questions suivantes.

63. (Q. 1751 bis). *Si les jugements sont rendus entre deux parties pour* choses indivisibles, *que l'une de ces parties ait été condamnée par le premier jugement, et que l'autre ait obtenu gain de cause par le second, y a-t-il lieu à requête civile de la part de la première partie contre le premier jugement, à raison de la contrariété existant entre ce jugement et le second,* dans lequel elle n'a point été partie?

La solution négative est admise au texte par M. Chauveau.

64. Dans le *Supplément* précédent, notre auteur énonçait cette proposition générale que les règles relatives aux effets de l'appel en matière solidaire ou indivisible s'appliquent à la requête civile, et citait MM. Rodière, *de la Solidarité et de l'indivisibilité*, n. 126 et 490, p. 94 et 394, et Devilleneuve, *Collect. nouv.*, t. 2, 1, p. 269.

65 Un arrêt de la Cour de cassation du 15 mars 1878 (*J. Av.*, t. 103, p. 469) a très exactement jugé que la contrariété de jugements donnant ouverture à requête civile n'existe qu'autant que les deux décisions portent *sur une même chose*, débattue entre les mêmes parties ; et que, dès lors, il n'y a pas contrariété entre l'arrêt qui a condamné une partie au paiement d'une créance et l'arrêt par lequel la chambre des mises en accusation, statuant sur la plainte en abus de confiance formée par une partie contre son créancier, a déclaré n'y avoir lieu à suivre à raison de la prescription du délit.

66. (Q. 1752). *Qu'a entendu l'art.* 480, § 6, *en exigeant, pour qu'il y ait lieu à requête civile, que les jugements contraires aient été rendus* entre les mêmes parties?

La loi entend, est-il répondu au texte, que les parties aient agi dans les mêmes qualités; mais il n'est pas nécessaire qu'elles soient nominativement les mêmes; les expressions de la loi s'appliquent aux héritiers, aux ayants cause, ou tous autres qui représentent, soit à titre universel, soit à titre particulier, les personnes qui ont figuré dans la première instance.

Adde conf., notre *Formul. annot.*, p. 401, n. 42. — Compar. M. Chauveau, au texte, sous la quest. 1751.

67. (Q. 1753). *Que faut-il pour qu'on puisse dire que les jugements contraires ont été rendus* sur les mêmes moyens?

Ces termes, suivant l'explication donnée par Carré au texte, indiquent que les jugements doivent être rendus sur le même objet, sur les mêmes actes, les mêmes raisons, les mêmes exceptions, ou, d'une manière plus précise, sur le même état de cause. — V. aussi M. Chauveau sous la quest. 1751, au texte.

68. (Art. 480, § 6). *Y a-t-il contrariété donnant lieu à requête civile entre deux arrêts dont l'un admet la demande d'un failli en secours* provisoire, *en se fondant sur sa bonne foi, et dont l'autre rejette sa demande en secours* définitif, *à cause de sa mauvaise foi, si le premier des deux a réservé tous les droits des parties sur cette dernière demande?*

Décidé négativement au texte, t. 4, p. 309, note, 5°.

Adde conf., notre *Formul. annot.*, p. 401, n. 43.

69. (*Id.*). *La contrariété entre deux arrêts résulte-t-elle de ce que l'un, définitif, s'est écarté de l'autre qui n'était que provisoire?*

Décision également négative au texte, *ibid.*, n. 6.

Adde conf., notre *Formul. annot.*, *loc. cit.*, n. 44.

70. (Q. 1756). *Dans le cas où, après un jugement en dernier ressort, les juges rendraient, dans la cause, un autre jugement qui changerait les dispositions du premier, serait-ce une contrariété qui donnerait ouverture à requête civile?*

Non, est-il dit au texte; mais seulement le dernier de ces jugements serait sujet à cassation, comme ayant porté atteinte à l'autorité de la chose jugée.

Adde conf., notre *Formul.*, *ibid.*, n. 45.

71. (Q. 1754). *Doit-on considérer comme étant émanés de tribunaux différents les jugements rendus par deux sections d'un même tribunal, en sorte qu'en cette circonstance la voie de la requête civile ne soit pas ouverte?*

Solution négative au texte.

Adde conf., notre *Formul. annot.*, p. 401, n. 406.

72. (Q. 1753 bis). *Dans le cas de contrariété entre deux jugements, peut-on attaquer indifféremment l'un ou l'autre?*

On ne peut, suivant l'opinion admise au texte, attaquer que le second jugement.

Adde conf., notre *Formul.*, *ibid.*, n. 47.

73. (Q. 1756 bis). *Lorsque deux jugements contradictoires passés en force de chose jugée ne peuvent plus être attaqués par la voie de l'appel, quel est celui des deux jugements qui peut être mis à exécution?*

M. Chauveau enseigne au texte, comme il l'a fait dans ses *Principes de compétence administrative*, t. 1, p. 249, n. 882, que c'est le second jugement qui doit être exécuté.

74. (Q. 1757). *Quand y a-t-il, dans un même jugement, une contrariété de dispositions donnant lieu à requête civile aux termes du § 7 de l'art. 480?*

Cette contrariété existe, suivant l'explication donnée au texte, lorsque des dispositions sont tellement inconciliables, qu'elles ne peuvent être exécutées simultanément; mais la contrariété des motifs ne donne pas ouverture à la requête civile.

Adde conf., notre *Formul. annot.*, p. 402, n. 48 et 49.

75. (Art. 480, § 7). *Y a-t-il contrariété entre deux dispositions d'un* *jugement, dont l'une donne mainlevée définitive d'une saisie réelle faite par un créancier, et dont l'autre déclare* n'y avoir lieu de prononcer *à l'égard d'autres créanciers mis en cause, mais contre lesquels la partie saisie n'a pris aucunes conclusions ?*

Décision négative au texte.

Adde conf., notre *Formul. annot.*, *ibid.*, n. 50.

76. (Q. 1758 A). *Le jugement rendu sans communication au ministère public, peut-il être attaqué par requête civile, en vertu du § 8 de l'art. 480, ou bien doit-il l'être par le pourvoi en cassation ?*

Carré, au texte, tranche, en termes absolus, affirmativement la première question et négativement la seconde. M. Chauveau, *ibid.*, renvoie aux principes qu'il a exposés sous la quest. 1741, et suivant lesquels il faut distinguer si la communication au ministère public était prescrite dans l'intérêt de l'une des parties en cause, ou si elle l'était dans l'intérêt public, pour faire du défaut de communication un moyen de requête civile dans le premier cas, et un moyen de cassation dans le second. V. *ibid.*, dans le même sens, une dissertation de M. Ach. Morin.

77. Dans le *Supplément* précédent, notre auteur citait comme conformes à sa doctrine, quatre arrêts de la Cour suprême des 30 janv. 1839 (*J. Av.*, t. 59, p. 555), 11 janv. 1843 (t. 65, p. 499), 30 déc. 1844 (t. 68, p. 381) et 2 août 1849 (t. 76, p. 409), ainsi qu'un arrêt de la Cour de cassation belge du 11 déc. 1856 (*Belgiq. judic.*, 1857, p. 987), et un arrêt de la Cour de Bruxelles du 19 nov. 1857 (*ibid.*, p. 1555). Enfin, il signalait une dissertation de M. Marville, publiée par la *Revue du dr. franç. et étrang.*, 1846, p. 791 et s., et dans laquelle ce magistrat a établi que le défaut de conclusions du ministère public, dans les causes *communicables*, peut, dans certains cas, donner ouverture à cassation.

78. Pour nous, dans notre *Mémorial du Ministère public*, v° *Communication au ministère public*, n. 5 et 6, nous avons repoussé la distinction indiquée plus haut, et nous avons embrassé l'opinion d'après laquelle le défaut de communication donne uniquement ouverture à requête civile dans tous les cas, à l'exception seulement de celui où les juges dont la décision est attaquée et devant lesquels le moyen a été proposé, ont refusé de l'accueillir; opinion qui est, du reste, celle qu'a consacrée la jurisprudence, dont M. Chauveau se prévalait à tort. V., dans le présent ouvrage, le mot *Communic. au minist. publ.*, n. 45 et 46.

79. (Q. 1758 B). *Le défaut de communication au ministère public est-il un moyen de requête civile pour la femme mariée et non autorisée, même lorsqu'il ne s'agit pas de sa dot ?*

Solution affirmative au texte.

80. Q. 1759). *Que doit-on entendre par ces mots du § 9 de l'art. 480 :* Si l'on a jugé sur pièces reconnues ou déclarées fausses depuis le jugement ?

Ces mots expriment, est-il dit au texte, qu'il doit être établi que les pièces, depuis déclarées fausses, ont servi de base au jugement. Le faux reproché au jugement lui-même ne donnerait pas lieu à requête civile; le jugement dans ce cas ne pourrait être attaqué que par l'inscription de faux, suivant l'observation de M. Chauveau, *ibid.*

Adde conf., Dalloz, n. 132 et suiv.; Rodière, t. 2, p. 381; notre *Formul. annot.*, p. 402, n. 52 et 53.

81. (Q. 1760 bis). *Est-il nécessaire, pour l'admission de la requête civile, que la fausseté des pièces sur lesquelles on la fonde ait été* déclarée *par un jugement, ou suffit-il qu'elle soit reconnue par le juge ?*

Il est enseigné au texte que non seulement la déclaration du juge est nécessaire, mais qu'il faut que cette déclaration ait lieu par un jugement préalable à celui qui statue sur la demande en requête civile.

Adde conf., notre *Formul.*, *ibid.*, n. 54.

82. La Cour de Rouen a décidé, le 18 fév. 1846 (*J. Av.*, t. 71, p. 566), que, pour que le faux puisse donner ouverture à requête civile, il faut qu'il ait été juridiquement constaté contre la partie qui a obtenu le jugement attaqué; et que la déclaration de fausseté prononcée par le jury à l'égard de la pièce incriminée ne constitue pas une décision judiciaire propre à autoriser l'admission de la requête civile, lorsqu'en même temps l'accusé a été déclaré non coupable par le jury.

83. D'un autre côté, il résulte d'un arrêt de la Cour d'Aix, du 8 fév. 1839 (*J. Av.*, t. 61, p 693), que, pour qu'un jugement rendu en pays étranger et constatant la fausseté d'une pièce, puisse servir de base à une requête civile, il faut qu'il ait été préalablement déclaré exécutoire par un tribunal français. —Conf., Dalloz, n. 140.

84. (Q. 1742 B et 1759 bis). *Dans quel cas le serment reconnu faux peut-il être un moyen de requête civile?*

Il est enseigné au texte par Carré, sous la quest. 1742, et par M. Chauveau, sous la quest. 1759 *bis*, que la fausseté du serment donne ouverture à la requête civile lorsque le serment a été déféré d'office par le juge, mais non lorsqu'il l'a été par la partie adverse (Arg., Cod. civ., 1363).

85. (Q. 1760). *Pourrait-on tirer un moyen de cassation contre un arrêt qui a admis la requête civile, de ce que les pièces fausses sur lesquelles la requête civile est fondée seraient sans influence au fond?*

Non, est-il répondu au texte, parce que c'est au juge saisi de la requête civile d'apprécier l'influence de la pièce fausse sur le jugement attaqué. — Compar., *infrà*, n. 90.

86. (Q. 1761). *Le concours de toutes les conditions mentionnées au* § 10 *de l'art. 480 est-il nécessaire pour qu'il y ait ouverture à requête civile?*

Solution affirmative au texte, où M. Chauveau fait observer que cette solution doit être restreinte au cas où la requête civile est uniquement fondée sur le § 10; mais que rien n'empêche qu'en dehors de ce cas particulier, la simple dissimulation ou un mode quelconque de rétention d'une pièce décisive qui constituerait un dol personnel, ne donne ouverture à requête civile.

87. (Q. 1763 A). *Y aurait-il lieu à requête civile, si des pièces décisives avaient été retenues, non point frauduleusement, mais simplement par ignorance, comme si, par exemple, une partie les avait eu en sa possession sans le savoir?*

Résolu négativement au texte par M. Chauveau.

Adde conf., Colmar, 5 mars 1845 (*J. Av.*, t. 69, p. 677), et Cass., 14 déc. 1852 (D.P.52.1.329), portant que la dissimulation, par une partie, de l'existence de pièces décisives ne donne pas ouverture à requête civile, lorsque la partie adverse avait ces pièces en son pouvoir et a négligé d'en faire usage, une telle dissimulation, qui ne rentre pas dans les cas de rétention de pièces décisives prévu par le n° 10 de l'art. 480, ne constituant pas davantage un dol personnel dans le sens du n° 1.—V. aussi notre *Formul. annot.*, p. 402, n. 55.

88. (Q. 1763 B). *Peut-on fonder un moyen de requête civile sur des pièces qu'on prétendrait avoir été retenues par la partie adverse, si, avant le jugement, on a négligé les moyens possibles d'en obtenir la représentation?*

Solution également négative au texte.

Adde conf., notre *Formul.*, *ibid.*

89. (Art. 480, § 10). *La requête civile fondée sur ce que des pièces auraient été retenues par la partie adverse serait-elle recevable, si ces pièces étaient consignées dans des registres publics?*

Décidé encore négativement au texte, t. 4, p. 315, à la note.

Adde notre *Formul., loc. cit.*, n. 57. — Compar., *suprà*, n. 32.

90. (Q. 1762.) *Si la pièce retenue et recouvrée n'eût dû avoir aucune influence sur le fond, y aurait-il lieu d'admettre la requête civile?*

C'est aussi négativement que ce point est résolu au texte, où il est dit que la pièce doit être décisive; que pour savoir si elle l'est, il faut examiner le fond, et que, s'il résulte de cet examen que la cause eût été perdue quand même la partie eût plus tôt produit cette pièce, la requête civile ne devra pas être admise.

91. La Cour de Lyon a jugé de même, le 28 nov. 1865 (t. 91, p. 294), que dans le cas de requête civile fondée sur la rétention par l'une des parties d'une pièce décisive, les juges peuvent apprécier l'influence que cette pièce aurait pu avoir sur la décision du procès, et, par suite de cette appréciation, rejeter la requête civile. V. aussi conf., notre *Formul. annot.*, p. 403, n. 58.

92. (Q. 1765). *Peut-on se pourvoir, soit par requête civile, soit par action nouvelle, contre un jugement qui a été rendu faute par une partie d'avoir produit certaines pièces?* — En d'autres termes, et plus généralement, l'*ancienne jurisprudence qui autorisait l'action en* lief de comminatoire, *a-t-elle été abrogée par le Code?*

Carré, au texte, après avoir expliqué qu'autrefois, particulièrement en Bretagne, on considérait comme simplement comminatoire tout jugement ou arrêt qui prononcait *dans l'état, quant à présent*, faute d'avoir fourni telle preuve ou telle pièce, et qu'on admettait en conséquence une action *en lief de comminatoire*, dont l'effet était d'obtenir jugement nouveau en faisant la preuve ou en produisant la pièce qui avait manqué lors de première décision, — exprime l'avis que cette procédure a été abrogée par la législation nouvelle. — M. Chauveau, *ibid.*, partage cette opinion.

Compar. une dissertation de notre auteur insérée *J. Av.*, t. 77, p. 568.

93. (Q. 1764). *Si le défendeur à la requête civile fondée sur des pièces nouvellement recouvrées prétend qu'elles sont fausses, faut-il, avant de prononcer sur l'admission de cette requête, commencer par instruire et juger le faux?*

Solution affirmative au texte.

94. (Q. 1766 bis). *Le cas où le mineur n'aurait pas été défendu, fait-il exception aux dispositions de la loi d'après lesquelles la requête civile ne peut être admise que contre les jugements rendus en dernier ressort?*

Sur cette question, qui n'a pas été examinée au texte, M. Chauveau a présenté dans le *Supplément* précédent des observations développées dont voici la substance :

La requête civile est une voie extraordinaire qui tend à ébranler la force de la chose jugée. C'est une exception fort grave aux principes généraux. Les termes employés par la loi pour l'établir doivent dès lors être considérés comme sacramentels. L'art. 480 ne parle que des jugements contradictoires *rendus en dernier ressort* et des jugements par défaut *rendus aussi en dernier ressort*, qui ne sont plus susceptibles d'opposition. Donc, la requête civile n'est pas ouverte contre toute autre espèce de jugement, quoiqu'il ait acquis d'une manière quelconque la force de la chose jugée, et quels qu'aient été les moyens employés par le demandeur, même le dol et la fraude émanant de celui qui a gagné son procès. Cette règle, adoptée par le Code de procédure, est la reproduction des anciens principes, et elle n'a jamais été méconnue, lorsqu'il s'est agi de majeurs ou de femmes mariées (Voy. la quest. 1738 au texte).

95. Cependant l'art. 481 porte que l'Etat, les communes, les établissements publics et les mineurs seront *encore* reçus à se pourvoir, s'ils n'ont été défendus, ou s'ils ne l'ont été valablement. Cette disposition ne reproduisant pas les mots *en dernier ressort*, de l'art. 480, faut-il en conclure que le mineur peut attaquer, par requête civile, *tous* jugements, même rendus en premier ressort, en se fondant sur ce qu'il n'a pas été valablement défendu? Cette interprétation de la loi, disait M. Chauveau, contrarie les traditions historiques, l'esprit et le texte de l'art. 481.

96. On lit dans le procès-verbal de la discussion qui a précédé l'ordonnance de 1667 (p. 463), qu'au titre de la requête civile on s'occupa d'un article placé sous cette rubrique spéciale, *ouvertures pour les personnes privilégiées*. Loin de vouloir, dans cet article, accorder aux personnes privilégiées qui n'auraient pas été valablement défendues le droit d'attaquer *tous jugements* par la voie de la requête civile, le rédacteur du projet avait employé deux fois l'expression *en dernier ressort*; l'article proposé fut même simplifié, et il se trouva rédigé dans les mêmes termes que contient aujourd'hui l'art. 481, Cod. proc. Il fut placé immédiatement après l'art. 34, qui posait les principes généraux relatifs aux moyens d'ouverture de la requête civile. L'art. 1er du titre des *requêtes civiles* contenait la règle qui devait dominer le titre entier; on y lit ces mots : *Les arrêts et jugements en dernier ressort ne peuvent être rétractés que par lettres en forme de requête civile.*

Rodier, Q. 1re, p. 694, commente cet article en reproduisant comme base fondamentale la règle du *dernier ressort*. Jousse, t. 2, p. 688, expliquant le mot *valablement* de l'art. 35, s'exprime ainsi : « C'est-à-dire si les principales « défenses de fait et de droit ont été omises, quoique *les arrêts ou jugements* « *en dernier ressort* rendus contre eux aient été contradictoires, ou sur productions respectives des parties, etc. » — Sous l'empire de l'ordonnance, il n'était venu à la pensée d'aucun jurisconsulte de soutenir que les personnes privilégiées eussent le droit de se pourvoir, par la voie de la requête civile, contre les jugements en *premier ressort* qui n'auraient pas été frappés d'appel en temps utile.

97. En recherchant l'esprit du Code de procédure dans les travaux préparatoires, on demeure convaincu de deux choses : la première, que le législateur de 1807 n'a pas voulu innover; la seconde, qu'il a même voulu être plus précis que les rédacteurs de l'ordonnance.

Le projet du titre de la requête civile portait (art. 496) : « Pourront toutefois les mineurs parvenus à leur majorité se pourvoir contre tous juge« ments, s'ils n'ont été bien et valablement défendus » (Locré, t. 2, p. 46). Cet article contenait une dérogation formelle à l'ordonnance de 1667, dont la disposition relative aux personnes privilégiées se trouvait reproduite dans l'art. 472 du projet (Voy. Pigeau, *Commentaire*, t. 1, p. 79). Mais cette disposition disparut dans la rédaction définitive, et l'exception ouverte en faveur des personnes privilégiées fut placée immédiatement après l'art. 480.

Dans la discussion d'un autre article (475) qui fut également supprimé, la pensée du législateur sur la portée des articles précédents, 470, 471, 472, etc. (art. 480 et 481 du Code actuel), s'était manifestée. Quelques membres du Conseil d'Etat voulaient qu'on accordât un délai plus long pour les demandes en rétractation des arrêts des Cours souveraines que pour les demandes en rétractation des jugements des tribunaux de première instance. Le grand juge, ministre de la justice, demanda que, pour qu'il n'y eût pas d'équivoque, on spécifiât que cet article ne concernait que les jugements rendus en *dernier ressort*. Treilhard répondit qu'on s'en était suffisamment expliqué dans l'art. 470 (art. 480 du Code) (Voy. Locré, p. 54).

On doit demeurer convaincu que tous les articles du titre de la requête civile sont restés dominés par le premier, qui ne permet la voie de la requête civile que contre les jugements rendus en dernier ressort. Aussi Pigeau, l'un des rédacteurs du Code de procédure (t. 1, p. 635), après avoir, dans son tome 1er, p. 635, exposé les principes généraux de la matière, présente-t-il les cas prévus par l'art. 481 comme formant les onzième et douzième ouvertures de requête civile. C'est le moyen le plus énergique d'incorporer, pour ainsi dire, l'art. 481 avec l'art. 480, et de prévenir toute espèce de controverse.

Enfin, on lit dans l'exposé des motifs présenté au Corps législatif par l'orateur du gouvernement, Bigot de Préameneu : « A l'égard des mineurs, « on observera que si, relativement à l'appel, on a cru pouvoir les soumettre « au même délai que les majeurs, en prenant la précaution d'ordonner que « le jugement sera signifié tant au tuteur qu'au subrogé tuteur, cette me- « sure ne pourrait s'appliquer à un jugement en dernier ressort contre le- quel il y a des moyens de requête civile. » (Locré, p. 131).

Et le tribun Albisson commençait ainsi son rapport sur la requête civile : « La requête civile, à la différence de l'appel et de la tierce opposition, ne « peut être dirigée que contre un arrêt ou un jugement en dernier ressort « contradictoire ou non susceptible d'opposition. » (Locré, p. 160). Pas un mot de l'exception si importante que l'on voudrait induire de l'art. 481, et qui, insérée dans le projet, avait été retranchée définitivement.

98. M. Chauveau démontrait d'ailleurs que la rédaction des textes répugne au sens qu'on veut attacher à l'art. 481.

L'art. 480 déclare susceptibles d'être attaqués par la voie de la requête civile les jugements rendus en dernier ressort par les tribunaux de première instance. Cet article énumère les ouvertures de requête civile. L'art. 481 ajoute : « L'Etat, les communes, les établissements publics et les mi- « neurs seront *encore* reçus à se pourvoir s'ils n'ont été défendus, ou s'ils « ne l'ont été valablement. » Contre quels actes ces personnes privilégiées peuvent-elles se pourvoir *encore*? Evidemment contre les actes dont il vient d'être parlé dans l'article précédent ; pour quelles causes ? Pour les causes indiquées aussi dans l'article précédent, et de plus, pour les deux nouveaux motifs d'absence de défense ou de non valable défense. Le sens grammatical des mots repousse toute autre interprétation.

Toute personne peut présenter contre les jugements en dernier ressort les ouvertures de requête civile dont parle l'art. 480 ; mais à l'Etat, aux communes, aux établissements publics et aux mineurs sont réservés deux nouveaux moyens, ajoutés par l'art. 481. — De quelque manière que l'on explique ces deux articles, on ne saurait raisonnablement arriver à dire que les incapables sont *encore* reçus à se pourvoir par requête civile contre *tous* jugements, *en premier ou en dernier ressort*.

Et si l'on jette un coup d'œil sur les art. 482 et suiv., on verra que le législateur a toujours pris, à l'égard de toute personne, ce point de départ, qu'il s'agirait d'un jugement rendu en dernier ressort.

99. On insiste en disant qu'il résulte de l'art. 481 que tout jugement passé en force de chose jugée peut être attaqué par les personnes privilégiées. A-t-on bien réfléchi, observait M. Chauveau, que l'Etat, les communes et les établissements publics qui, dans cet article, sont exactement placés sur la même ligne que les mineurs, seraient dans l'impossibilité d'user du bénéfice de cette large interprétation, ou qu'autrement on produirait la plus grande anomalie judiciaire, en ouvrant concurremment à une partie condamnée deux voies, l'une ordinaire, l'autre extraordinaire, l'appel et la requête civile ? — En effet, si la loi, pour la durée du délai de l'action en requête civile, ne fait aucune distinction entre les majeurs et les mineurs, l'art. 484 dispose que ce délai ne court contre les mineurs que du jour de la signification du jugement, faite depuis leur majorité, à personne ou domicile; tandis que, relativement à l'Etat, aux communes et aux établissements publics, le point de départ du délai est la signification du jugement faite à une époque quelconque. Une seule signification à ces personnes morales suffira donc pour faire courir le délai de l'action en requête civile; dès lors, elles seront forcées de prendre, concurremment contre les jugements en premier ressort, la voie de l'appel et celle de la requête civile, ou elles ne pourront pas user du bénéfice que leur accorde, dit-on, l'art. 481. Cependant on reconnaîtra qu'il est très important pour la chose publique que l'Etat et les communes soient défendus valablement, et que les considérations qui s'élèvent en faveur des mineurs militent aussi fortement en faveur des personnes morales placées sous la tutelle administrative.

100. Mais, dit-on, il peut y avoir de graves inconvénients à ce que la requête civile ne soit pas permise en faveur des incapables, lorsqu'un jugement vient les frapper. De tous les inconvénients, le plus grave, répondait M. Chauveau, ce serait d'ajouter à la loi ce qui n'y est pas, de faire dire au législateur ce qu'il n'a pas voulu dire, le contraire de ce qu'il a dit. Si la requête civile n'existait pas, le juge la créerait-il, parce qu'il serait juste qu'elle existât? Il faut appliquer cette voie exceptionnelle telle que le législateur l'a édictée.

101. M. Chauveau passait ensuite à l'examen de la doctrine et de la jurisprudence.

De tous les auteurs, disait-il, un seul s'est prononcé en faveur des mineurs; les autres n'ont pas soupçonné une difficulté, car ils n'ont fait que paraphraser la loi sans aucun développement.

Pigeau a été déjà cité. M. Poncet, qui a traité avec tant de soin tout ce qui concerne les voies pour attaquer les jugements, a considéré l'art. 481 comme se rattachant à l'art. 480, et a dit qu'il offrait un autre moyen de requête civile ouvert en faveur des personnes privilégiées (t. 1er, p. 251, n. 134). Telle est aussi l'opinion de Berriat-Saint-Prix, p. 448 et 457. Après avoir défini la requête civile une voie qu'on peut prendre pour attaquer un jugement en dernier ressort, ce jurisconsulte classe, sous la rubrique *des circonstances où il y a lieu à requête civile*, parmi ces circonstances et au onzième rang, le défaut de défense ou la non valable défense des incapables.—M. Boitard, t. 3, p. 212, se contente de faire observer que l'art. 481 est relatif à une dernière cause d'ouverture de requête civile. M. Rodière, t. 2, p. 375, enseigne que les sentences en dernier ressort sont les seules qui soient soumises à la requête civile. Cette voie, ajoute-t-il, ne peut donc *jamais* être employée contre les jugements en premier ressort; et il considère l'art. 481 comme renfermant une onzième cause d'ouverture de requête civile.—Lepage dit, dans ses *Questions*, p. 328 : « Les diverses ouvertures de requête civile sont tellement précisées par la loi, « qu'il n'est guère possible de s'y méprendre. Une seule présente un sens si « vague ou si étendu, qu'il doit donner souvent sujet à discussion. Il est con« signé dans l'art. 481. On y voit que l'Etat, les communes, les établisse« ments publics, les mineurs sont reçus à se pourvoir s'ils n'ont été défendus « ou s'ils ne l'ont été valablement. Cette dernière disposition surtout semble « donner aux parties désignées toute facilité de se faire juger de nouveau « quand il leur convient, après l'avoir été *en dernier ressort.* » Demiau-Crousilhac, *Explic. somm.*, p. 344, s'exprime ainsi : « Comme l'Etat, les « communes, les établissements publics et les mineurs se trouvent dans « cette hypothèse, la loi leur accorde, indépendamment des moyens in« diqués dans l'article précédent, la faculté de se pourvoir par requête civile « contre *les jugements rendus en dernier ressort,* lorsqu'ils n'ont pas été dé« fendus, ou s'ils ne l'ont pas été valablement. » — Loret, dans son *Commen*

taire du Code de procédure, t. 3, p. 216, dit, sous l'art. 481, que « les dispo-
« sitions du présent article sont, comme on le voit, une *addition* à ce qui
« avait été établi par le précédent... Le présent article porte qu'on ne pourra
« profiter de l'*extension* que dans les cas où l'on n'aurait pas été dé-
« fendu, etc., etc. »

102. Thomine-Desmazures est le seul jurisconsulte qui soutienne une opinion contraire (*Comment.*, t. 1, p. 733 et 734); voici en quels termes : — « Mais si des jugements rendus en premier ressort sont devenus souverains, « parce qu'il n'y a pas eu appel en temps de droit, la requête civile sera-t-elle « admise ? Le texte de l'art. 480 suppose la négative ; il ne permet la requête « civile que contre les jugements *rendus en dernier ressort*. Le délai de l'ap- « pel est prolongé pour les cas de dol, de rétention de pièces décisives, d'u- « sage de pièces fausses, qui sont les principaux moyens de la requête civile; « et si on croit pouvoir faire réformer un jugement rendu en premier ressort « pour ces mêmes causes, il faut profiter de la prorogation du délai ; on est, « en général, censé avoir acquiescé aux jugements dont on ne porte point « l'appel.

« Il y a cependant une exception résultant de l'art. 481, relative aux mi- « neurs et autres jouissant du même privilège, parce qu'ils ne peuvent être « préjudiciés irrévocablement par la négligence de leurs tuteurs ou adminis- « trateurs : la loi leur accorde le droit de se pourvoir par requête civile, « lorsqu'ils n'ont pas été valablement défendus; on ne peut dire qu'ils ne « soient restituables par cette voie qu'autant que le tuteur ou l'administrateur « aura porté l'appel du jugement de première instance devant la Cour, et « qu'il y aura eu jugement en dernier ressort; il doit suffire que le jugement « qui lèse le mineur ait acquis contre lui l'autorité de la chose jugée. »

Ainsi, d'après cet auteur, remarquait M. Chauveau, ce n'est plus une nouvelle ouverture de requête civile que renferme l'art. 481, c'est un système nouveau tout entier. C'est cet art. 496 qui a été retranché du projet et qui accordait au mineur toutes les voies de l'art. 480 contre les *jugements en dernier ressort*, et de plus ouverture relative à la défense contre *tout jugement en premier ressort*.—Thomine se fonde sur cet unique motif que les personnes privilégiées ne peuvent être lésées irrévocablement par la négligence de leurs tuteurs ou administrateurs. Pour les mineurs, que de cas dans lesquels la négligence de leurs tuteurs leur est irrévocablement préjudiciable ! Mais pour les autres personnes privilégiées, la loi civile donne encore un démenti bien formel au principe qui semble à Thomine si puissant qu'il doive être érigé en loi. L'art. 2227, Cod. civ., ne veut-il pas que l'Etat, les établissements publics et les communes soient soumis aux mêmes prescriptions que les particuliers? — L'opinion de Thomine-Desmazures ne repose donc point, aux yeux de M. Chauveau, sur une base sérieuse.

103. Quant à la jurisprudence, elle ne présente que deux décisions, et ces décisions sont conformes à la doctrine de notre auteur. — Le tribunal civil de Provins avait décidé, le 14 juill. 1825, qu'en admettant qu'un père n'eût pas fait valoir, dans l'intérêt de son fils mineur, des moyens de nullité contre la procédure d'expropriation, ce défaut de défense pouvait donner ouverture à la requête civile, aux termes de l'art. 481, mais que les jugements *rendus en dernier ressort* par les tribunaux de première instance étaient *les seuls* qui pussent être rétractés sur requête civile ; que dans l'espèce, comme il s'agissait d'un jugement susceptible d'être attaqué par la voie de l'appel, dont le tuteur n'avait pas jugé convenable de faire usage, la requête civile n'était pas recevable. — Le 27 déc. de la même année, sur les conclusions conformes du ministère public, la Cour de Paris a confirmé le jugement du tribunal de Provins (*Gazette des trib.* du 1er janv. 1826, n° 55). — La même solution résulte d'un arrêt de la Cour de Toulouse du 30 déc. 1846 (*J. Av.*, t. 72, p. 46).

En résumé, disait en terminant M. Chauveau, la loi est claire, son esprit est certain. Il n'appartient pas plus aux tribunaux qu'aux jurisconsultes de substituer leur volonté à celle du législateur.— La requête civile dirigée par un mineur contre des jugements qui n'ont pas été rendus en dernier ressort, doit être déclarée non recevable.

104. (Q. 1772). *La disposition de l'art. 481 doit-elle être étendue aux interdits et aux femmes mariées?*

Résolu affirmativement au texte à l'égard des interdits, et négativement à l'égard des femmes mariées.

Adde conf., notre *Formul. annot.*, p. 403, n. 60.

105. (Q. 1767). *Que doit-on entendre, en général, par ces mots de l'art.* 481 : s'ils n'ont été défendus ou s'ils ne l'ont été valablement?

Carré, au texte, est d'avis qu'en s'inspirant d'une disposition qui avait été rédigée pour faire partie de l'ordonnance de 1667, on doit décider que les incapables sont réputés n'avoir pas été défendus lorsqu'ils ont été jugés par défaut ou par forclusion ; et qu'ils sont réputés n'avoir pas été valablement défendus, quand les principales défenses de fait et de droit ont été omises, si cette omission a donné lieu à ce qui a été jugé, ou s'il paraît qu'il aurait été jugé autrement dans le cas où les parties auraient été défendues, ou l'auraient été complètement. — M. Chauveau, *ibid.*, voyant là une question de fait plutôt que de droit, se borne à renvoyer aux exemples donnés par quelques auteurs ou fournis par quelques arrêts.

106. Dans le *Supplément* précédent, il mentionnait de plus les solutions suivantes :

1° Lorsqu'une commune attaque un arrêt par voie de requête civile, en se fondant sur ce qu'elle n'a pas été valablement défendue, faute de production des titres qu'elle invoque, la production de ces titres ne suffit pas pour faire admettre la requête civile et rétracter l'arrêt; il faut encore que les juges examinent si les pièces nouvellement produites étaient de nature à influer puissamment sur la première décision : Cass., 30 avril 1844 (*J. Av.*, t. 66, p. 383).

2° L'art. 781 s'applique au cas où une commune, alors même qu'elle est défendue, l'a été d'une manière irrégulière et illégale; comme si, par exemple, elle a plaidé sans l'autorisation prescrite par l'art. 49 de la loi du 18 juill. 1837, ou si elle a été représentée en justice par une personne n'ayant pas qualité à cet effet. Il ne suffit pas de prouver que la commune a été mal défendue, mais il faut établir qu'elle ne l'a pas été valablement : Décis. du minist. de l'intér. rapportée dans le *Journ. du droit administr.*, 1857, p. 217. — Conf., Dalloz, n. 225.

107. (Q. 1770). *Pour établir la valable défense de l'Etat, d'un mineur, etc., faut-il qu'il ait été pris des conclusions expresses sur le moyen de défense?*

Il suffit, est-il dit au texte, que le moyen de défense ait été proposé, soit dans les écrits du procès, soit dans les plaidoiries; mais non point que la partie ait allégué ce moyen, sans s'y arrêter ni le présenter au juge comme devant déterminer sa décision.

108. (Q. 1771). *L'omission de proposer un moyen de forme donnerait-elle ouverture à requête civile pour cause de non valable défense?*

La solution négative est admise au texte; mais M. Chauveau y fait toutefois exception pour le cas où l'omission d'un moyen de forme entraînerait la perte du procès au fond.

109. (Q. 1768). *La requête civile est-elle la seule voie par laquelle l'Etat,* *les communes, etc., puissent attaquer les jugements rendus contre eux dans les cas prévus par l'art. 481 ?*

Il est enseigné au texte que les incapables peuvent, en pareil cas, choisir entre la voie de la tierce opposition et celle de la requête civile.

Adde conf., Dalloz, n. 156 et s.; Rodière, t. 2, p. 382 et 385. On peut invoquer en sens contraire un arrêt de la Cour de Paris qui a jugé que c'est par voie de requête civile pour défense non valable, et non par voie de tierce opposition, que doit être attaqué le jugement rendu contre un mineur représenté par son tuteur dont les intérêts étaient opposés : 26 avril 1853 (*J. Av.*, t. 78, p. 583).

110. (Q. 1740 bis). *Une requête civile fondée sur un des moyens prévus par la loi, peut-elle être écartée sous prétexte de défaut d'intérêt ?*

Réponse négative au texte.

Adde conf., notre *Formulaire annoté*, t. 1, p. 403, n. 61.

§ 4. — Quand, devant quel tribunal, et comment la requête civile doit être exercée.

111. (Q. 1774). *Le délai de deux mois pour former la requête civile court-il contre l'Etat et les établissements publics, à partir du jour de la signification dont parle l'art. 483 ?*

Solution affirmative au texte, fondée sur la disposition de l'art. 2227, Cod. civ., et sur ce que, pour l'appel et le pourvoi en cassation, l'Etat et les établissements publics sont assimilés aux majeurs.

Adde conf., Agen, 13 août 1856 (*J. Av.*, t. 83, p. 229).

112. (Q. 1776). *A défaut de signification aux mineurs depuis leur majorité, jusqu'où s'étendrait ce délai ?*

Il s'étendrait jusqu'à trente ans depuis la majorité, mais pas au delà, est-il très justement répondu au texte.

Adde conf., notre *Formulaire annoté*, t. 1, p. 403, n. 63.

113. (Q. 1777). *Le majeur profite-t-il du délai accordé au mineur, lorsqu'ils ont un intérêt commun et indivisible ?*

Résolu négativement au texte, où Carré reconnaît au majeur le droit d'intervenir dans l'instance sur le rescisoire, tandis que M. Chauveau lui refuse même ce droit.

114. (C. 1777 bis). *La suspension de délai accordée au mineur par l'art. 484, est-elle applicable à l'interdit ?*

Solution affirmative au texte de la part de M. Chauveau, qui estime que le délai ne court contre l'interdit relevé de son incapacité civile, que du jour où la signification du jugement lui aura été faite, depuis cette réintégration dans l'exercice de ses droits, ou du jour où cette signification aura été faite à ses héritiers, s'il est décédé en état d'interdiction.

Adde conf., notre *Formul.*, p. 403, n. 64.

115. (Q. 1777 ter). *Quels successeurs, autres que les héritiers, jouissent du délai accordé par l'art. 487 ?*

Ce délai, répond M. Chauveau, doit aussi être accordé à tous les successeurs universels, ainsi qu'aux ayants cause du défunt, lorsqu'ils exercent ses droits ; mais il ne profite pas aux successeurs à titre singulier.

V. aussi notre *Formul.*, p. 404, n. 73.

116. (CCCCII bis). *Comment doit être établi le point de départ des délais, lorsque les moyens de requête civile sont le faux, le dol ou la découverte de pièces nouvelles ?*

M. Chauveau, au texte, exprime l'opinion que si, lorsque les pièces desquelles le demandeur induit la preuve du jour de leur découverte, étaient à sa disposition, l'enregistrement de ces pièces ou la constatation de leur substance dans un acte public ne peuvent servir de point de départ au délai, on doit au contraire admettre, quand ces pièces sont des lettres missives, qui n'ont pu être en la possession ni à la disposition du demandeur, leur enregistrement ou la constatation de leur substance dans un acte dressé, à la requête du tiers, par des officiers publics, fixe légalement le point de départ des deux mois dans lesquels la requête civile devra être formée ; sauf la preuve contraire. — L'auteur ajoute, en ce qui concerne la reconnaissance du dol, que c'est du jour où cette reconnaissance aura été juridiquement, ou du moins authentiquement établie, et non de celui où le dol aura été seulement présumé découvert par la partie lésée, que le délai devra courir.

117. Dans le précédent *Supplément*, M. Chauveau citait, comme conforme à sa doctrine, un arrêt de la Cour de Toulouse, du 18 déc. 1844 (*J. Av.*, t. 70, p. 234), portant que, dans le cas où la requête civile est fondée sur la découverte de pièces nouvelles, le demandeur doit établir par écrit le jour de la découverte, et prouver qu'il a formé sa demande en temps utile, lorsqu'il s'est écoulé plus de trois mois (deux mois aujourd'hui) entre la signification de l'arrêt et l'introduction de la requête.

118. Il signalait, en outre, un arrêt de la Cour d'Orléans, du 23 avril 1853 (*J. Av.*, t. 78, p. 534), duquel il résulte que le délai pour former la requête civile basée sur le dol personnel court du jour où il est prouvé par écrit que la partie a eu connaissance du dol, et non pas seulement du jour où une décision judiciaire a constaté l'existence de ce dol. Et en effet, observait notre auteur, il n'est pas admissible qu'il faille que le dol ait été *déclaré* par jugement, ou reconnu volontairement par acte authentique, pour que les deux mois puissent commencer à courir. — Mais ce délai ne court que du jour où la connaissance du dol résulterait de faits assez graves pour entraîner la conviction et constituer une preuve de nature à être soumise à la justice ; cette connaissance ne doit pas s'entendre de toute révélation susceptible de faire naître des soupçons dans l'esprit des intéressés : Cass., 7 fév. 1855 (*J. Av.*, t. 81, p. 450).

119. Mentionnons, de notre côté, un autre arrêt de la Cour suprême, en date du 27 fév. 1867 (t. 92, p. 337), qui a décidé que le dol personnel peut servir de base à une requête civile, quoiqu'il ne soit pas établi par écrit, si la requête est présentée avant l'expiration du délai de deux mois, à partir de la signification du jugement ; qu'il suffit, en pareille circonstance, que les faits articulés offrent un caractère assez grave pour justifier la requête civile ; la disposition de l'art. 488, qui exige la preuve écrite du jour où le dol a été reconnu, ne s'appliquant qu'au cas où le délai de deux mois est écoulé au moment de la requête.

120. (CCCCIII). *Lorsque, de deux jugements contraires, le second seul a été signifié, quel est le point de départ des délais de la requête civile ?*

M. Chauveau répond, au texte, que le premier jugement ne peut pas avoir été signifié à la partie qui attaque le second, attendu que ce premier jugement a dû lui donner gain de cause, sans quoi il n'y aurait pas contrariété de décisions, et que, dès lors, le défaut de signification de ce jugement ne saurait modifier en rien l'application de l'art. 489.

121. (Art. 483). *Le délai de deux mois dans lequel la requête civile doit être signifiée comprend-il le jour de l'échéance, de sorte que la requête soit non recevable si elle n'est signifiée que le lendemain ?*

L'affirmative a été consacrée par un arrêt de la Cour de Bordeaux du 15 juill.

1864 (*J. Av.*, t. 90, p. 275), et un arrêt de la Cour de cassation du 4 déc. 1865 (t. 91, p. 206). — Compar., *Délai*, n. 17 et s.

122. (Q. 1755). *Peut-on se pourvoir pour contrariété entre deux jugements, après les délais fixés par la loi?*

Réponse négative au texte.

123. (CCCCIV A). *La requête civile doit-elle être portée devant le tribunal qui a rendu le jugement attaqué, conformément à l'art. 490, bien qu'elle soit formée incidemment à une contestation pendante en un autre tribunal?*

L'affirmative, énoncée au texte, résulte clairement de la disposition de l'art. 491.

124. (Q. 1778). *Si le tribunal qui a rendu le jugement ne subsistait plus, où devrait-on porter la requête civile?*

Il faudrait, est-il dit au texte, s'adresser à la Cour de cassation qui désignerait un autre tribunal.

125. (Q. 1777 quinquies). *Lorsqu'un tribunal de première instance a été investi par les parties du droit de juger en dernier ressort une affaire qui n'était susceptible de l'être que sauf appel, la requête civile doit-elle être portée devant la Cour d'appel?*

Résolu négativement au texte par M. Chauveau.

Adde conf. notre *Formul. annot.*, t. 1, p. 404, n. 77.

126. (Q. 1777 sexies). *Lorsque la requête civile est formée contre un jugement confirmé sur l'appel, doit-elle être portée devant la Cour qui a rendu l'arrêt confirmatif, ou devant le tribunal qui a rendu le jugement confirmé?*

La disposition de l'art. 490 est si claire et si positive, disait M. Chauveau dans le *Supplément* précédent, qu'on ne conçoit pas qu'il ait fallu un arrêt de cassation pour établir que, dans ce cas, la requête civile doit être portée devant la Cour qui a rendu l'arrêt confirmatif. Cette décision de la Cour suprême est en date du 15 mars 1852 (*J. Av.*, t. 79, p. 270).

127. (Q. 1777 quater). *Est-il des cas où la requête civile contre une sentence arbitrale doive être portée devant un tribunal de première instance?*

L'art. 1026 portant que la requête civile contre une semblable sentence doit être portée devant des juges qui auraient été compétents pour connaître de l'appel, il s'ensuit, selon la remarque de M. Chauveau, au texte, que si les arbitres jugeant en dernier ressort ont été substitués au juge de paix, la requête civile devra être formée devant le tribunal de première instance auquel ce juge ressortit; et cela sans distinguer si l'affaire eût pu être décidée en dernier ressort par le juge de paix, ou si elle n'eût pu l'être qu'à charge d'appel.

128. (CCCCIV B). *Lorsque la requête civile est incidente, est-il laissé à la prudence du tribunal saisi de la cause dans laquelle est produit le jugement attaqué, d'accorder ou de refuser le sursis pour se pourvoir devant le tribunal qui a rendu ce jugement?*

L'affirmative, énoncée au texte, s'induit des termes de l'art. 491.

129. (Q. 1779). *Quels sont, en général, les cas où le tribuual saisi de la cause principale peut passer outre ou surseoir au jugement de cette cause, lorsqu'il y a requête civile incidente?*

C'est, selon la réponse faite au texte, lorsque le jugement peut ou non influer sur le sort du principal.

130. (Q. 1780). *Peut-on se pourvoir incidemment par requête civile après l'expiration des délais fixés par les art. 483 et suiv.?*

Au texte, l'affirmative est admise par Carré, mais repoussée par M. Chauveau.

Adde conf., notre *Formul. annot.*, p. 404, n. 74.

131. (Q. 1775). *La requête civile peut-elle être valablement formée par simple assignation et sans requête préalable?*

Il est enseigné au texte que si l'emploi de la requête préalable n'est pas prescrit à peine de nullité, il est cependant conforme au vœu de la loi.

Adde conf., notre *Formul. annot.*, p. 404, n. 80.—Compar. *infrà*, n. 133.

132. (Q. 1781 bis). *La demande en requête civile est-elle dispensée du préliminaire de conciliation?*

Solution affirmative au texte, fondée sur ce que la requête civile n'est jamais introductive d'instance.

Adde notre *Formul. annot.*, t. 1, p. 405, n. 85.

133. (Q. 1781). *La requête civile doit-elle être présentée au juge avant d'être signifiée avec assignation à la partie?*

Solution affirmative au texte. — Compar. *suprà*, n. 131.

134. (Q. 1789). *Doit-elle être, avant cette signification, communiquée au ministère public?*

Résolu aussi affirmativement au texte.

Adde, dans le sens contraire, Montpellier, 1er fév. 1844 (*J. Av.*, t. 66, p. 90); Rodière, t. 2, p. 392; Dalloz, n. 234; notre *Formul. annot.*, p. 405, n. 87.

135. (Q. 1789 bis). *Quel serait l'effet du défaut de communication de la requête civile au ministère public?*

M. Chauveau, au texte, adopte l'opinion suivant laquelle ce défaut de communication est une cause de nullité, constituant un moyen de cassation, mais non une ouverture d'une nouvelle requête civile.—Compar. *suprà*, n. 17.

Adde conf., notre *Formul.*, *ibid.*, n. 88.

136. (Q. 1774 bis). *A quel domicile doit être donnée l'assignation?*

M. Chauveau, au texte, répond que l'assignation doit être donnée au domicile réel ou à personne, et qu'elle ne peut l'être au domicile élu lors de la signification du jugement.

Adde conf., Cass., 7 août 1855 (*J. Av.*, t. 81, p. 468) et 12 avril 1858 (t. 83, p. 536). Par le premier de ces deux arrêts, la Cour suprême a déclaré inapplicable au cas de la requête civile, la disposition de l'art. 584, aux termes de laquelle toutes significations peuvent être faites au domicile élu dans le commandement à fin de saisie-exécution; et elle a prononcé la cassation d'un jugement contraire du tribnnal de commerce de Marseille du 26 mai 1853. Par le second arrêt, la Cour a décidé que, lorsqu'un jugement a été cassé pour avoir rejeté un moyen de nullité tiré de ce qu'une assignation en requête civile a été notifiée au domicile élu, le demandeur en requête civile est recevable devant le tribunal de renvoi à exciper, pour la première fois, d'une assignation à domicile réel qui avait accompagné l'assignation à domicile élu.—V. aussi Cass., 1er mars 1852, et Toulouse, 7 juin 1852 (*J. Av.*, t. 78, p. 72); notre *Formul. annot.*, t. 1, p. 405, n. 83.

137. (Q. 1783 bis). *Quel doit être le montant de la consignation prescrite par l'art. 494, lorsque la requête civile est dirigée contre un jugement de première instance, soit par défaut, soit contradictoire?*

M. Chauveau, au texte, exprime l'avis que la disposition de l'art. 494 qui réduit de moitié le chiffre de la consignation, lorsqu'il s'agit de décisions par défaut émanant des juges d'appel, ne s'applique point au cas de jugements par défaut rendus par les tribunaux de première instance.

138. (CCCCIV bis A). *S'il y a plusieurs parties, une seule consignation suffit-elle ?*

Solution affirmative de la part de M. Chauveau, au texte, dans le cas où toutes les parties ont le même intérêt, et négative lorsque lorsque les intérêts sont distincts.

139. (CCCCIV bis B). *A quelle époque doit être faite la consignation ?*

M. Chauveau, au texte, fait observer que la consignation doit être faite avant la requête qui précède l'assignation.

140. (Q. 1784). *Les indigents sont-ils tenus de consigner la somme exigée par l'art. 494 ?*

Solution négative au texte.

141. (Art. 495). *La consultation sur la requête civile, exigée par l'art. 495, est-elle assujettie à l'enregistrement ?*

Décision négative au texte, t. 4, p. 370, note 2.

142. (Q. 1785 bis). *Cette consultation doit-elle, comme la quittance du receveur, être signifiée, à peine de déchéance, en même temps que l'assignation ?*

Solution affirmative au texte.

143. Dans une espèce qui a été soumise à la Cour suprême, le demandeur en requête civile, voulant se conformer à l'art. 494, avait présenté la somme exigée au receveur de l'enregistrement, qui avait refusé d'en accepter le dépôt. Se trouvant ainsi dans l'impossibilité de signifier en tête de la demande la quittance du receveur, il l'avait remplacée par la déclaration de refus que lui avait délivrée ce fonctionnaire. — Cependant, la Cour de Bastia avait rejeté la requête civile sur le motif que les formalités de l'art. 494 n'avaient pas été remplies. — La Cour suprême a cassé cet arrêt, en se fondant avec raison, comme l'observait M. Chauveau dans le précédent *Supplément*, sur ce que le demandeur avait témoigné, autant qu'il était en lui, de sa volonté de remplir la condition de la loi, et qu'il n'en avait été empêché que par une force majeure.

144. (Q. 1785). *La régie de l'enregistrement est-elle dispensée de joindre à sa requête civile une consultation d'avocats ?*

Non, est-il répondu au texte; la prescription de l'art. 495 étant absolue.

145. (Q. 1785 ter). *Les avocats exerçant près des tribunaux de première instance ont-ils, à l'exclusion des avocats à la Cour d'appel, le droit de signer cette consultation ?*

La solution négative, également adoptée au texte, ne peut faire difficulté.

146. (Q. 1785 quater). *Le défaut d'exercice pendant dix ans, de la part de l'un des avocats signataires, serait-il une cause de nullité de la requête civile ?*

Répondu affirmativement au texte par M. Chauveau, qui fait remarquer qu'il en serait ainsi même dans le cas où cet avocat serait un ancien magistrat qui, par décision du conseil de discipline, aurait été inscrit au tableau d'après le rang qu'il y occupait avant son entrée dans la magistrature.

147. (Q. 1782). *Peut-on répondre à la requête civile principale ou incidente ?*

Solution également affirmative au texte, même dans le cas où l'affaire serait de nature à être jugée au fond comme matière sommaire. — V. aussi M. Chauveau au texte, sur la question suivante.

148. Il a été jugé, dans le sens de cette doctrine, que, quelle que soit la nature du jugement attaqué, la procédure de requête civile doit être taxée comme en matière ordinaire : Paris, 6 avr. 1867 (*J. Av.*, t. 92, p. 266). — Conf., Boucher d'Argis, *Dict. raisonn. de la taxe en mat. civ.*, v° *Requête civile*, n. 3, qui conteste cependant que le demandeur puisse répliquer à la requête du défendeur ; Chauveau et Godoffre, *Comment. du tarif*, t. 2, n. 2489 et s. — *Contrà*, Fons, *Tarif en mat. civ.*, p. 94 ; Bourbeau, contin. de Boncenne, p. 77 ; Sudraud-Desisles, *Man. du jug. taxat.*, p. 272.

149. (Q. 1783). *Les plaidoiries sont-elles admises dans une instance liée avec la régie de l'enregistrement sur une requête civile?*

Ce point a reçu encore, au texte, une solution affirmative.

150. (Q. 1790). *Si l'on découvrait des ouvertures de requête civile autres que celles énoncées en la consultation, pourrait-on les proposer par un simple acte avec une seconde consultation?*

La solution négative est embrassée au texte, où l'on fait remarquer qu'il résulte des travaux préparatoires du Code de procédure que le législateur a voulu proscrire d'une manière absolue la faculté que consacrait l'ordonnance de proposer de nouveaux moyens de requête civile par une *requête ampliative*.

151. Toutefois, lorsque la requête civile est fondée sur le dol personnel, le demandeur peut proposer comme preuve du dol des faits autres que ceux qui sont énoncés dans la consultation de trois avocats exigée comme préalable à la signification de la requête. C'est là proposer non une nouvelle ouverture de requête civile, mais un nouveau moyen à l'appui d'un moyen déjà soulevé : Cass., 8 mars 1853 (S.-V.53.1.711). M. Chauveau mentionnait et paraissait approuver cette solution dans le *Supplément* précédent, sous le n° CCCCV.

§ 5. — Des effets de la requête civile et du jugement rendu sur cette requête.

152. (Q. 1788). *Si une partie avait été condamnée à la remise d'un objet mobilier, ou qu'il fût prouvé qu'elle a cet objet à sa disposition, faudrait-il, pour qu'elle fût admise à plaider sur la requête civile, qu'elle justifiât avoir exécuté le jugement en faisant cette remise?*

Solution négative au texte, fondée notamment sur le caractère exceptionnel de la disposition de l'art. 497, qui ne permet pas de l'étendre à un cas qu'elle n'a pas prévu.

Adde conf., notre *Formul. annot.*, p. 406, n. 90.

153. (Q. 1786 bis). *Lorsque la requête civile est dirigée contre un arrêt qui annule un mariage, fait-elle obstacle à ce que le défendeur contracte une nouvelle union?*

L'affirmative est enseignée au texte par M. Chauveau, qui argumente par analogie de l'art. 263, Cod. civ.

154. (Q. 1787). *Si, en exécution d'un jugement ou d'un arrêt attaqué par voie de requête civile, il y avait quelque interlocutoire à instruire ou à juger, la requête civile ferait-elle suspendre l'instruction, ou du moins le jugement interlocutoire?*

Réponse négative au texte.

Adde conf., notre *Formul. annot.*, p. 406, n. 91.

155. (Q. 1786). *La contrariété de jugements ou d'arrêts met-elle obstacle à l'exécution?*

Solution affirmative au texte, où l'on fait remarquer, d'une part, qu'il n'en est ainsi qu'autant qu'il est impossible d'exécuter à la fois les deux jugements, et, d'autre part, que cette solution est, à plus forte raison, applicable au cas de contrariété entre les diverses dispositions d'un même jugement.

V. aussi notre *Formul.*, *ibid.*, n. 92.

156. (Q. 1791 quater). *L'amende et les dommages sont-ils encourus, en vertu de l'art.* 500, *dans tous les cas de rejet de la requête civile ?*

L'affirmative résulte d'un arrêt de la Cour de cassation du 15 mars 1852 (*J. Av.*, t. 79, p. 270), que M. Chauveau citait et paraissait approuver dans le précédent *Supplément*, et qui a décidé spécialement que la condamnation à l'amende et aux dommages-intérêts est acquise lorsque le rejet provient de ce que la requête civile a été formée devant le tribunal de première instance au lieu d'être portée devant la Cour qui a confirmé le jugement. Compar. *suprà*, n. 126.

157. (Q. 1791). *L'amende consignée doit-elle être restituée, si la partie qui avait fait cette consignation dans l'intention de se pourvoir par requête civile, n'a pas formé sa requête?*

Résolu affirmativement au texte.

158. (Q. 1791 bis). Quid, *si, avant qu'il ait été statué par le tribunal, le demandeur justifie d'une transaction intervenue sur la demande en requête civile ?*

M. Chauveau, au texte, est d'avis que, dans ce cas aussi, l'amende doit être restituée: mais qu'il en serait autrement si le demandeur s'était seulement désisté pour vice de forme.

159. (Q. 1791 ter). *Faut-il, pour que le demandeur qui succombe puisse être condamné à des dommages-intérêts, que son adversaire ait conclu à ce qu'il en fût adjugé ?*

L'affirmative est aussi admise au texte par M. Chauveau, qui estime conséquemment que les 150 fr. consignés par le demandeur en requête civile pour répondre des dommages-intérêts éventuels, doivent lui être restitués, même dans le cas où il succombe, si l'adversaire n'a pas conclu à ce qu'ils lui fussent adjugés.

160. (CCCCIX). *Quelle est l'étendue des effets de l'admission à la requête civile ?*

Voy. à cet égard les explications données au texte.

161. *Adde* un arrêt de la Cour de Riom du 5 mai 1858 (*Journ. de cette Cour*, 1858, n° 1029), qui a jugé que toutes demandes principales ou en garantie formées à la suite et sur le fondement d'arrêts qui depuis ont été rétractés sur requête civile, et tous jugements intervenus sur ces demandes, doivent être déclarés nuls et comme non avenus.

162. (Q. 1792). *Après que le jugement attaquée par la requête civile a été rétracté, suffit-il, sur le rescisoire, d'assigner la partie par un simple acte d'avoué à avoué?*

Oui, est-il répondu au texte, et une assignation donnée à personne ou à domicile serait frustratoire, à moins que les avoués qui avaient précédemment occupé n'eussent été révoqués, ou que le défendeur n'eût fait défaut.

163. (Q. 1793). *Si le jugement rétracté n'est que préparatoire ou interlocutoire, comment devra-t-on appliquer la première disposition de l'art.* 501, *en ce qui concerne le paiement des dépens?*

Le tribunal, d'après l'explication donnée au texte, devra ordonner la restitution des dépens faits depuis ce jugement inclusivement; mais il ne sera statué sur les dépens antérieurs que par le jugement qui interviendra sur le rescisoire.

164. (Q. 1793 bis). *Dans les dépens qui sont adjugés lors du jugement de requête civile, faut-il comprendre ceux faits lors du premier procès, et que la partie avait été obligée de payer, en exécution du jugement rétracté?*

Solution affirmative au texte de la part de M. Chauveau.

Adde conf., notre *Formul. annot.*, t. 1, p. 406, n. 94.

165. (Q. 1794). *Lorsqu'il y a contrariété entre deux dispositions d'un même jugement, doit-on ordonner que la première disposition sera exécutée, de même que, dans le cas de contrariété entre deux jugements, on ordonnerait l'exécution du premier jugement?*

Résolu négativement au texte, où il est dit que les deux dispositions doivent être rétractées, sauf à procéder au fond par jugement nouveau.

166. (Q. 1794 bis). *Quels sont les effets de la solidarité ou de l'indivisibilité en matière de requête civile ?*

Sur ce point, les observations présentées, au texte, par M. Chauveau, se réduisent à ceci : si, à l'occasion d'une dette solidaire ou d'un objet indivisible, celui contre lequel la requête civile est dirigée a obtenu un jugement non attaqué et inattaquable contre un des codébiteurs, la requête civile ne peut être admise. Mais si une des parties condamnées oppose un moyen de requête civile qui ne lui soit pas exclusivement personnel, la requête civile aura pour effet de faire tomber le jugement, non pas seulement quant à lui, mais à l'égard de tous les coïntéressés. — Compar. *suprà*, n. 62.

167. (Q. 1773). *Quels sont, en général, les cas où les jugements peuvent être rétractés seulement quant à quelques chefs ou à un seul ?*

Il peut y avoir lieu, explique Carré au texte, à cette rétractation partielle toutes les fois qu'il s'agit de l'allocation de différentes créances. — V. aussi *ibid.* les observations conformes de M. Chauveau.

168. (Q. 1795). *Dans le cas de cassation d'un arrêt qui aurait rejeté une requête civile, serait-ce la Cour qui aurait rendu cet arrêt qui connaîtrait du rescisoire?*

La négative est admise au texte, où il est dit que c'est à la Cour de renvoi qui aura admis la requête civile qu'il appartiendra de prononcer sur le fond.

169. (Q. 1795 bis). *Le rescindant et le rescisoire peuvent-ils être décidés par le même jugement?*

M. Chauveau, au texte, adopte l'opinion suivant laquelle la requête civile et le fond ne doivent pas être décidés par le même jugement lorsqu'ils ne sont pas essentiellement liés l'un à l'autre, mais doivent l'être, au contraire, lorsque la requête civile est basée sur des moyens tirés du fond.

Adde contrà, Rennes, 23 avr. 1853 (*Journ. de cette Cour*, 1853, p. 259).

170. (Q. 1795 ter). *Le jugement qui intervient sur la requête civile est-il en dernier ressort comme l'était lui-même le jugement attaqué?*

L'affirmative résulte d'un arrêt de la Cour de Paris du 23 fév. 1857 (*J. Av.*, t. 72, p. 267). Dans le précédent *Supplément*, M. Chauveau disait que la question n'avait pas même le spécieux d'une difficulté. La requête civile, observait-il, était précisément recevable, parce qu'il s'agissait d'une instance qui avait dû être jugée en dernier ressort; or, en supposant la requête civile admise, les parties étaient replacées au même et semblable état où elles étaient au moment du jugement rescindé; donc le jugement nouveau ne pouvait être qu'en dernier ressort; à moins qu'on ne soutienne que, dans la valeur qui servait à déterminer le dernier ressort, on eût dû faire entrer les frais de la procédure et les intérêts courus depuis la demande, ce qui serait contraire aux notions les plus élémentaires. On n'a pas encore songé à prétendre, ajoutait notre auteur, qu'après cassation d'un jugement rendu en dernier ressort, les frais de cassation, les intérêts accumulés, etc., doivent rendre l'appel recevable contre le nouveau jugement.

171. Il a été jugé dans le même sens : 1° par un arrêt de la Cour de Nancy du 22 mai 1862 (t. 87, p. 296), que les jugements qui statuent en matière de requête civile ne sont pas susceptibles d'appel : 2° par un arrêt de la Cour de Paris du 21 déc. 1868 (t. 97, p. 145), qu'en admettant que les jugements qui statuent en matière de requête civile soient susceptibles d'appel en principe, il n'en est pas ainsi lorsque la requête civile a eu pour objet d'obtenir la rétractation de jugements en dernier ressort; et qu'il importe peu, dans ce cas, que le jugement rendu en matière de requête civile ait statué seulement sur une fin de non-recevoir.

172. (Q. 1796). *En cas de cassation pour contrariété d'arrêts ou de jugements en dernier ressort, l'exécution de la première décision doit-elle être ordonnée par l'arrêt de cassation ?*

Solution affirmative au texte.

173. (1799 bis). *Le jugement sur requête civile rendu par défaut est-il susceptible d'opposition ?*

L'affirmative est également admise au texte sur ce point.

— V. *Appel; Arbitrage; Avoué; Cassation (pourvoi en); Communication au ministère public; Constitution d'avoué; Désaveu; Descente sur les lieux; Faux incident civil; Frais et dépens; Jugement; Jugement d'expédient; Reprise d'instance.*

REQUÊTE MOTIVÉE. V. *Garantie.*

— **SUPPLÉMENTAIRE.** V. *Instruction par écrit.*

REQUÊTES SÉPARÉES. V. *Intervention.*

RÉQUISITION. V. *Distribution par contribution; Expertise; Instruction par écrit; Saisie-exécution; Saisie immobilière; Scellés; Surenchère.*

RESCISION D'ACTE. V. *Ajournement.*

— **DE VENTE.** V. *Incident.*

— **POUR CAUSE DE LÉSION.** V. *Chose jugée; Saisie immobilière.*

RÉSERVES. V. *Appel; Désaveu; Désistement; Dommages-intérêts, Enquête. Exception; Faux incident civil; Jugement; Qualités de jugement ou arrêt; Requête civile; Responsabilité des officiers ministériels; Saisie immobilière.*

RÉSIDENCE. V. *Caution* judicatum solvi; *Citation en justice de paix; Conciliation; Exploit; Saisie immobilière; Séparation de corps.*

RÉSILIATION DE BAIL. V. *Saisie-arrêt.*

— **DE MARCHÉ.** V. *Exception.*

RÉSOLUTION DE CONTRAT. V. *Règlement de juges.*

— **DE VENTE.** V. *Ajournement; Appel; Conciliation; Saisie immobilière.*

RESPONSABILITÉ. V. *Appel; Avoué; Enquête; Exploit; Instruction par écrit; Inventaire; Responsabilité des officiers ministériels; Saisie-arrêt; Saisie-exécution; Saisie immobilière; Vente de mobilier de succession.*

— **DES AVOUÉS.** V. *Frais et dépens; Responsabilité des officiers ministériels.*

— **DES HUISSIERS.** V. *Responsabilité des officiers ministériels.*

RESPONSABILITÉ DES OFFICIERS MINISTÉRIELS.

(Art. 1033, Cod. proc. civ.; 1382, Cod. civ.)

1. (Q. 3395 bis). *Un officier ministériel, chargé de poursuivre un procès qui a été intenté d'après ses conseils, ne peut-il être responsable de la perte de ce procès que dans le cas de mauvaise foi?*

L'affirmative est établie au texte par M. Chauveau.

2. Dans le *Supplément* précédent, notre auteur donnait son approbation à un arrêt de la Cour de Rennes du 2 juill. 1853 (*J. Av.*, t. 79, p. 391) par lequel les dépens d'une instance en revendication ont été mis à la charge d'un avoué qui avait occupé pour le demandeur et le défendeur, et qui, dans l'exercice de ces deux mandats inconciliables, avait en outre dirigé la procédure contre une personne sans qualité.

3. Aux mots *Avoués*, n. 21 et s., 47 et s., *Exploit*, n. 219 et s., et *Nullités d'actes de procédure*, n. 13 et s., nous avons retracé les règles concernant la responsabilité des officiers ministériels à raison soit de la nullité des actes de leur ministère, soit de leurs agissements à la suite du mandat qui leur a été donné en dehors de ces actes. Il nous paraît à propos de signaler ici quelques solutions relatives à d'autres cas particuliers de responsabilité des avoués et des huissiers.

4. La Cour de cassation, par arrêt du 27 août 1872 (*J. Av.*, t. 98, p. 53), a déclaré que le fait seul qu'un avoué se trouve détenteur d'actes dont le coût est dû à un huissier, n'engendre pas contre lui une présomption légale d'obligation personnelle envers cet huissier; mais qu'il appartient aux juges de constater les circonstances qui sont de nature à établir une telle obligation. La sagesse de cette décision est manifeste. En principe, l'avoué, comme tout autre mandataire, oblige son mandant sans s'obliger lui-même dans les relations qu'il engage avec les tiers pour l'exécution de son mandat. Il n'est donc point personnellement tenu envers l'huissier à qui il a remis des actes à signifier, du paiement des frais de signification; c'est aux parties à la requête desquelles ont été signifiés les actes que l'huissier doit demander ce paiement. On ne saurait sans doute prétendre que cette règle soit absolue, et, par la force même des choses, elle reçoit de fréquentes exceptions. Ainsi, particulièrement lorsque les clients pour lesquels un avoué charge un huissier de signifier des actes sont inconnus de celui-ci, il est évident que l'huissier suit uniquement la foi de l'avoué en consentant à prêter son ministère sans provision préalable, et que l'avoué lui-même, pour éviter de faire cette provision, dont il ne serait pas toujours facile de déterminer le chiffre, entend se constituer personnellement débiteur des frais de signification envers l'huissier. Voy. en ce sens, Bourges, 11 juill. 1840 (*J. des Huiss.*, t. 28, p. 287). L'action de l'huissier contre l'avoué est surtout incontestable, lorsque les deux officiers ministériels sont en correspondance habituelle, et que l'avoué est dans l'usage de faire à l'huissier des paiements partiels qui ne s'appliquent pas plus à tel acte qu'à tel autre (V. l'*Encyclop. des huiss.*, v° *Avoué*, n. 39), et il est même de jurisprudence que la prescription annale n'est pas applicable à cette action. V. Montpellier, 10 mars 1858 (*J. Av.*, t. 83, p. 367), et les indications jointes à cet arrêt (*ibid.*).

5. Mais, en dehors de ces hypothèses, et de toutes autres dans lesquelles les juges constateraient une obligation personnelle de l'avoué, ce dernier est fondé à se retrancher derrière la règle de droit commun que nous avons rappelée plus haut, et à laquelle il n'est pas permis de substituer une prétendue présomption légale qui rendrait l'avoué responsable des frais d'actes de procédure dus à l'huissier, par cela seul que ces actes se trouveraient dans son dossier.

L'arrêt de la Cour de cassation mentionné ci-dessus consacre sur ce point important les vrais principes, qui avaient été déjà nettement indiqués, au sujet de la même affaire, dans un rapport lu par M. Boulan à l'assemblée générale des avoués de première instance des départements, reproduit en partie *J. Av.*, t. 97, p. 165 et s.

6. L'huissier qui a accepté le mandat de former une saisie-arrêt avant un jour déterminé, et l'avoué qui a été chargé et qui a également accepté le mandat d'obtenir la permission du juge nécessaire pour pratiquer cette saisie, peuvent être l'un et l'autre déclarés responsables, si la saisie n'est formée qu'après le jour indiqué, le premier, comme n'ayant pas fait toutes les démarches nécessaires pour recevoir en temps utile du second l'ordonnance de saisie, et celui-ci, comme n'ayant pas mis assez de diligence à faire répondre la requête. Toutefois, ils ne peuvent être condamnés à des dommages-intérêts envers le client, qu'autant qu'il est établi que ce dernier est créancier, que la saisie-arrêt formée en temps utile lui aurait permis de toucher immédiatement le montant de sa créance, et que le retard apporté dans cette mesure le met dans l'impossibilité de se faire payer : Trib. civ. de la Seine, 29 août 1873 (t. 99, p. 109). — Jugé même que l'action en responsabilité formée contre un huissier et un avoué à raison du retard mis par eux à formaliser une saisie-arrêt, est prématurée et non recevable tant que le préjudice allégué par le demandeur n'est ni constaté, ni déterminé quant à son importance : Paris, 22 fév. 1877 (t. 102, p. 226).—Il résulte d'ailleurs aussi de cet arrêt que, dans le cas même où il serait établi qu'il y a eu faute ou négligence de la part de ces officiers ministériels, l'action en responsabilité doit être rejetée, pour défaut de préjudice, si, depuis qu'elle a été intentée, le demandeur a recouvré sa créance.

7. L'huissier qui, chargé de poursuivre un débiteur, et après commandement signifié en vertu d'un jugement obtenu contre ce dernier, fait procéder par un de ses confrères qu'il se substitue à cet effet, à une saisie d'objets mobiliers n'appartenant pas au débiteur, et qui eussent pu être reconnus appartenir à un tiers, si les renseignements d'après lesquels la saisie a eu lieu avaient été soumis à un contrôle plus sérieux, est responsable, ainsi que le confrère qu'il s'est substitué, envers le saisissant, des dommages-intérêts auxquels celui-ci est condamné pour réparation du préjudice causé au propriétaire des objets indûment saisis : Trib. civ. de la Seine, 22 juill. 1869 (t. 94, p. 478) ; Paris, 30 mai 1872 (t. 99, p. 293).

8. C'est à bon droit aussi que l'huissier qui néglige d'exécuter le mandat qu'il a reçu d'obtenir l'acceptation de lettres de change ou de les protester pour défaut d'acceptation, en donnant au porteur l'assurance de la parfaite solvabilité du tiré et de l'acceptation du paiement des traites, a été déclaré responsable du préjudice éprouvé par le porteur, lorsque dans l'intervalle d'autres traites fournies sur le même tiré ont été acceptées et que le tireur vient à être déclaré en faillite ; alors surtout qu'il résulte des circonstances de la cause que l'acceptation aurait eu lieu, si la demande n'en avait pas été tardive : Cass., 9 janv. 1867 (t. 92, p. 185).

9. Il a été encore très exactement jugé : que l'huissier qui, sur la simple indication d'un tiers et sans mandat de celui pour lequel ce tiers lui a dit de procéder, délivre une assignation pour laquelle il est désavoué, est responsable des conséquences de sa faute : Paris, 5 mai 1876 (t. 103, p. 423); — que lorsqu'un huissier, chargé habituellement des recouvrements d'un client, reçoit de lui des pièces pour faire payer un débiteur, il contracte l'obligation de faire le nécessaire pour obtenir le paiement de cette créance ; et qu'en conséquence, il est responsable des suites de la péremption du jugement par défaut que lui a remis son client, encourue à défaut d'exécution dans les six mois, et notamment de la perte de la créance résultant de cette péremption : Paris, 4 janv. 1876 (*ibid.*); — que l'huissier qui, par une erreur facile à éviter, a protesté un billet avant son échéance et au parquet, est responsable, solidairement avec ceux pour lesquels il a procédé, du préjudice ainsi causé au souscripteur du billet : Paris, 20 déc. 1875 (*Ibid.*); — enfin que l'huissier qui comprend dans une saisie-revendication des objets autres que ceux désignés dans l'ordonnance autorisant la saisie, est responsable des conséquences dommageables que cette saisie peut avoir pour son client : Douai, 13 mai 1877 (t. 104, p. 403).

9 *bis*. D'un autre côté, la Cour de cassation a déclaré passible des peines de l'escroquerie soit l'huissier qui comprend sciemment, dans un dossier soumis à la taxe, un acte étranger à la procédure par lui faite à la requête de ses clients, et qui, au moyen de la taxe ainsi surprise, se fait remettre par ceux-ci une somme représentant des frais imaginaires et auxquels il n'avait aucun droit; — soit l'huissier qui, au lieu d'informer son client du recouvrement qu'il a opéré pour son compte du montant d'une créance, lui suggère frauduleusement des doutes sur la solvabilité de son débiteur, libéré depuis longtemps, et lui propose finalement de devenir acquéreur de la créance dont il s'agit pour un prix de beaucoup inférieur à sa valeur réelle : Cass., 22 fév. 1877 (*J. Av.*, t. 104, p. 400).

10. Mais l'huissier ne commet pas une faute qui entraîne sa responsabilité, en suspendant les formalités de la vente d'objets mobiliers saisis par lui, à raison d'une demande en distraction de ces objets, même irrégulièrement formée, l'appréciation du mérite de cette demande n'étant point dans ses attributions : Bordeaux, 20 août 1872 (*J. Huiss.*, t. 54, p. 94). Bien loin de là, il engagerait au contraire sa responsabilité, si, en pareil cas, il se permettait de passer outre à la vente : Cass., 20 janv. 1862 (*J. Huiss.*, t. 43, p. 79); Trib. civ. de Nancy, 16 mars 1869 (*Id.*, t. 50, p. 217). — V. aussi notre *Formulaire annoté*, t. 2, p. 1001, n. 24 et 25.

11. Il a été décidé également que l'huissier qui a procédé à une saisie immobilière et à une saisie-exécution en se conformant à toutes les prescriptions du Code de procédure civile, ne peut être déclaré responsable de ce que la première de ces saisies a compris des immeubles qui, bien qu'énoncés dans l'extrait de la matrice cadastrale, n'étaient plus la propriété du débiteur, ni de ce que la seconde a porté sur des effets mobiliers que le débiteur avait précédemment cédés à sa femme séparée de biens, en paiement de ses reprises : Trib. civ. de Nevers, 16 fév. 1876 (t. 101, p. 154).

12. Jugé encore que l'huissier qui a notifié sans réserves un jugement, en se conformant aux instructions à lui données par un avoué ayant les pouvoirs nécessaires pour requérir pareille notification, ne peut être désavoué, encore bien qu'aucun mandat spécial ne lui ait été donné pour faire un acquiescement : Liège, 18 avril 1879 (t. 104, p. 448).

13. Un arrêt de la Cour de Rennes, du 7 fév. 1870 (t. 97, p. 176) a jugé que l'action en responsabilité formée contre un avoué à raison du préjudice résultant des agissements de celui-ci, ne saurait être déclarée non recevable sous le prétexte qu'elle n'a pas été précédée d'une tentative de conciliation devant la chambre des avoués et d'un avis de cette chambre, conformément aux art. 2 et 3 de l'arrêté du 13 frim. an IX. C'est là une solution d'une incontestable exactitude. Nul doute, en effet, que les art. 2 et 3 de l'arrêté précité de l'an IX n'aient point entendu organiser une procédure spéciale que le demandeur soit tenu d'observer sous peine de voir son action rejetée comme non recevable. Le paragraphe troisième de l'art. 2 dit, à la vérité, que la chambre des avoués a pour attributions « de prévenir toutes plaintes et réclamations de la part des tiers contre les avoués, à raison de leurs fonctions; de concilier celles qui pourraient avoir lieu; d'émettre son opinion, par forme de simple avis, sur les réparations civiles qui pourraient en résulter...» Mais on ne peut induire d'aucune disposition de l'arrêté que cette tentative de conciliation et cet avis constituent un préliminaire obligatoire des actions intentées contre les avoués par les tiers. Les art. 12 et 13, relatifs au mode de procéder devant la chambre, loin de soumettre ces formalités à aucune sanction, sont conçus en des termes qui indiquent suffisamment qu'elles ne sont que facultatives. D'ailleurs, pour que l'exercice des actions contre les avoués fût régi par des dispositions aussi exceptionnelles, il faudrait qu'elles eussent été maintenues par le Code de procédure ; or, non seulement ce Code ne s'y réfère en aucune façon, mais il établit, comme le fait justement remarquer l'arrêt ci-dessus mentionné de la Cour de Rennes, des règles incompatibles avec ces mêmes dispositions, et, par son art. 1041, il abroge formellement toutes les lois, coutumes, usages et règlements antérieurs sur la procédure civile.

14. Enfin, une pratique constante proteste contre l'application absolue des art. 2 et 3 de l'arrêté de frim. an IX, aux demandes en dommages-intérêts formées contre les avoués à raison du préjudice pouvant résulter de leurs agissements. La Cour de Rennes dit : « qu'on n'a jamais prétendu que la médiation et l'avis préalable des chambres de notaires fussent nécessaires pour la recevabilité des nombreuses demandes en responsabilité notariale dont les tribunaux sont journellement saisis. » Cette observation s'applique avec la même justesse aux actions en responsabilité moins multipliées, mais encore trop fréquentes, qu'ont à subir les avoués.

15. A l'égard des notaires, il a été très bien jugé que les chambres ne forment qu'une juridiction de corporation qui ne saurait dessaisir les juges ordinaires, et qu'il est toujours facultatif aux personnes qui se prétendent lésées par les agissements d'un notaire de porter directement leur action devant les tribunaux : Colmar, 30 juill. 1825 (*Dict. du notar.*, v° *Chambr. de discipl. des not.*, n. 137). C'est avec pleine raison que la Cour de Rennes, par l'arrêt mentionné ci-dessus, admet la même solution relativement aux actions des tiers contre les avoués.

16. Ajoutons qu'il serait non moins rationnel d'appliquer aussi ce principe aux demandes en responsabilité formées contre les huissiers.

RESSORT (PREMIER OU DERNIER). V. *Appel ; Arbitrage.*

RESSOURCES FUTURES. V. *Saisie-arrêt.*

RESTITUTION DE DÉPENS. V. *Frais et dépens.*

— **DE FRUITS.** V. *Fruits.*

— **DE PIÈCES.** V. *Avoué.*

RESTITUTION (DEMANDE EN). V. *Instruction par écrit.*

RÉTABLISSEMENT DE PIÈCES. V. *Compte (reddition de).*

RETARD. V. *Dommages-intérêts.*

RÉTENTION. V. *Cession de biens.*

— **DE PIÈCES.** V. *Arbitrage ; Dommages-intérêts.*

RETENUE. V. *Saisie-arrêt.*

RETOUR (FRAIS DE). V. *Délai.*

RÉTRACTATION. V. *Expertise ; Faux incident civil ; Saisie-arrêt ; Saisie immobilière ; Surenchère sur aliénation volontaire ; Serment.*

RETRAIT LITIGIEUX. V. *Appel.*

— **DE PIÈCES.** V. *Avoué ; Instruction par écrit.*

S

SAISIE-ARRÊT OU OPPOSITION.

(Art. 557 à 582, Cod. proc. civ.).

SOMMAIRE ALPHABÉTIQUE.

FORMULES. — *Requête pour obtenir et ordonnance qui accorde l'autorisation de former une saisie-arrêt ou opposition.* — Form., t. 1er, p. 550, n. 540. — *Requête pour être autorisé à saisir-arrêter des sommes ou des objets déclarés insaisissables par le testateur ou donateur.* — Form. n. 541, p. 551. — *Exploit de saisie-arrêt ou opposition.* — Form. n. 542, p. 552 — *Pouvoir et attestation du saisissant inconnu à l'huissier.* — Form. n. 543, p. 559. — *Dénonciation de la saisie-arrêt à la partie saisie avec assignation en validité.* — Form. n. 544, p. 561. — *Dénonciation au tiers saisi de l'assignation en validité ou contre-dénonciation de saisie-arrêt.* — Form. n. 545, p. 563. — *Jugement qui prononce condamnation et déclare la saisie-arrêt bonne et valable.* — Form. n. 546, p. 565. — *Jugement qui déclare la saisie-arrêt nulle.* — Form. n. 547, p. 565. — *Assignation en déclaration affirmative.* — Form. n. 548, p. 565. — *Déclaration du tiers saisi au greffe du tribunal civil.* — Form. n. 549, p. 567. — *Déclaration devant le juge de paix.* — Form. n. 550, p. 570. — *Acte de dépôt des pièces à l'appui de la déclaration affirmative faite devant un juge de paix.* — Form. n. 551, p. 570. — *Signification de la déclaration affirmative.* — Form. n. 552, p. 570. — *Acte pour contester la déclaration du tiers saisi.* — Form. n. 553, p. 572. — *Requête du tiers saisi pour demander son renvoi devant ses juges.* — Form. n. 554, p. 572. — *Jugement qui prononce le renvoi.* — Form. n. 555, p. 573. — *Assignation devant le tribunal de renvoi.* — Form. n. 556, p. 573. — *Dénonciation l'avoué du premier saisissant des nouvelles oppositions formées entre les mains du tiers saisi.* — Form. n. 557, p. 575. — *Jugement qui statue tout à la fois sur la saisie-arrêt et sur la déclaration affirmative.* —Form. n. 558, p. 575. —*Assignation en mainlevée de saisie-arrêt.* — Form. n. 559, p. 576. —*Jugement qui accorde mainlevée de l'opposition.*—Form. n. 560, p. 577. —*Jugement qui rejette la demande en mainlevée d'opposition et valide la saisie.* — Form. n. 561, p. 577.— *Exploit de saisie-arrêt ou opposition entre les mains d'un préposé de la Caisse des dépôts et consignations.* — Form. n. 562, p. 580. —*Dénonciation de l'opposition au saisi.* — Form., n. 563, p. 582. — *Certificat délivré par le préposé de la Caisse des consignations.* —Form. n. 563 *bis*, p. 582. —*Sommation notifiée au préposé de la Caisse des consignations qui refuse de délivrer le certificat.* —Form. n. 564, p. 583. — *État ou extrait des oppositions délivré par le préposé de la Caisse des consignations.* — Form. n. 565, p. 583. —*Réquisition de paiement adressée au préposé de la Caisse des dépôts et consignations par le créancier qui a obtenu un jugement de validité.*— Form. n. 565 *bis*, p. 584.

DIVISION.

§ 1. — *Notions générales.*
§ 2. — *Par qui, pour quelles causes, sur qui et en vertu de quels titres ou autorisation peut être pratiquée la saisie-arrêt.*
§ 3. — *Quelles choses peuvent être saisies-arrêtées.*
§ 4. — *Exploit de saisie-arrêt.*
§ 5. — *Dénonciation de la saisie-arrêt et assignation en validité.* — *Dénonciation de la demande en validité ou contre-dénonciation.*
§ 6. — *Jugement de la demande en validité et de la demande en mainlevée.* — *Compétence.*
§ 7. — *Assignation au tiers saisi en déclaration affirmative.* — *Formalités de la déclaration.* — *Devoirs du tiers saisi.*
§ 8. — *Effets de la saisie-arrêt et du jugement de validité.*

§ 1. — Notions générales.

1. (Art. 557). *Quel est le caractère propre de la saisie-arrêt ou opposition?*

La *saisie-arrêt*, à laquelle on donne aussi le nom d'*opposition* (ces deux expressions n'ont plus comme autrefois une signification différente), et par laquelle un créancier met sous la main de la justice les sommes, valeurs et effets mobiliers de son débiteur dus ou détenus par un tiers, a pour objet, dit Carré, au texte, d'empêcher que ce tiers ne se dessaisisse de la somme ou de la chose qu'il doit, au préjudice des autres créanciers qui pratiqueraient à leur tour une semblable saisie; et, son effet, lorsqu'elle a été déclarée valable, est, ou bien de faire payer au saisissant la somme dont le tiers saisi serait jugé débiteur envers le saisi ou d'en opérer la distribution entre lui et les autres créanciers qui se seraient mis en mesure d'y prendre part, ou bien, s'il s'agit d'effets mobiliers, de les faire vendre pour que le prix en soit également compté au saisissant, ou distribué comme il vient d'être indiqué.

2. (Q. 1951 bis A). *La saisie-arrêt interrompt-elle la prescription?*

Il est enseigné au texte par M. Chauveau que si l'exploit de saisie-arrêt ne peut par lui-même interrompre la prescription de la créance du saisissant, il en est autrement de la dénonciation de la saisie-arrêt au débiteur avec assignation en validité; mais que l'exploit même de saisie interrompt la prescription du débiteur saisi contre le tiers saisi, s'il contient une véritable interpellation à cet égard.

3. Dans le *Supplément* précédent, notre auteur mentionnait des décisions desquelles il résulte, en effet, que la saisie-arrêt interrompt la prescription que le tiers saisi pourrait faire valoir contre la dette saisie-arrêtée : Riom, 4 mars 1847 (*J. Av.*, t. 72, p. 624) ; Toulouse, 24 déc 1842 (t. 64, p. 251) : ou contre les intérêts de cette dette : Douai, 14 juin 1847 (t. 73, p. 82). — Conf., Roger, n. 451. Il citait aussi, sans le désapprouver, un jugement du tribunal de commerce de la Seine du 11 avril 1855 (*J. Huiss.*, 1856, p. 19), qui a même admis que la prescription est interrompue entre le débiteur saisi et le créancier saisissant par une simple sommation, pourvu que celle-ci soit immédiatement suivie de l'obtention d'une ordonnance autorisant la saisie-arrêt et de la demande en validité. — Compar., *infrà*, n. 74.

4. (Q. 1971). *Ne peut-on s'opposer aux deniers, c'est-à-dire réclamer son paiement sur les fonds du débiteur se trouvant entre les mains d'un tiers, qu'en formant saisie-arrêt?*

L'affirmative est enseignée au texte, où Carré mentionne une décision d'après laquelle le créancier qui veut concourir à la répartition des deniers saisis par d'autres créanciers, ne peut prendre la voie de l'intervention.

Adde conf., un arrêt de la Cour d'Agen, du 8 juill. 1852 (*J. Av.*, t. 71, p. 500), duquel il résulte que le créancier qui apprend qu'un jugement de validité de saisie-arrêt va attribuer au saisissant diligent une somme appartenant à son débiteur, ne peut pas, pour participer à la distribution de cette somme, intervenir dans l'instance en validité et conclure à être admis en qualité de cosaisissant; mais qu'il n'a que la voie de la saisie-arrêt. V. aussi le *Formul. de procéd.* de M. Chauveau, 3ᵉ édit., t. 1, p. 575, n. 1; et M. Roger, n. 37 et suiv.

5. (Q. 1928 bis). *Quand y a-t-il lieu à employer la voie de la saisie-arrêt à l'exclusion de toute autre espèce de saisie?*

M. Chauveau, au texte, après avoir indiqué les causes qui peuvent faire hésiter le créancier sur la marche à suivre pour obtenir le paiement de sa créance sur l'avoir mobilier de son débiteur, examine en premier lieu la question de savoir si le créancier peut frapper de saisie-exécution chez un tiers des effets mobiliers qu'il prétend appartenir à son débiteur et avoir été transportés par celui-ci hors de son domicile pour les soustraire à ses poursuites. Il adopte l'opinion d'après laquelle la saisie-arrêt seule doit être admise en pareil cas, soit qu'il s'agisse de meubles proprement dits ou de sommes d'argent. Puis, il recherche quelles sont les personnes qui, en cette matière, doivent être considérées comme des *tiers*, et il pose cette règle générale que si la personne qui détient les objets à saisir n'a en quelque sorte pas d'individualité propre relativement à cette détention, si elle se confond avec la personne du débiteur, elle ne peut être réputée un tiers, et la saisie-exécution peut-être pratiquée entre ses mains. Tels, par exemple, le tuteur, quant aux sommes appartenant à son pupille qui sont en sa possession; le mari, quant aux effets tombés dans la communauté; le caissier d'une maison de commerce, quant aux sommes existant dans sa caisse. — *Secus*, à l'égard du gérant d'une société, quant aux valeurs de celle-ci; du mandataire ou dépositaire, notamment du commissaire-priseur, de l'huissier, du gardien établi par justice, quant aux fonds ou aux effets mobiliers qui se trouvent entre leurs mains.

6. M. Chauveau, se préoccupant en deuxième lieu du choix à faire entre la saisie-arrêt et la saisie-revendication, se borne à remarquer que cette dernière espèce de saisie est autorisée dans les divers cas où la loi permet d'exercer l'action en revendication, c'est-à-dire de la part des propriétaires de choses mobilières, ou de ceux qui ont sur ces choses un droit acquis, comme le bailleur sur les meubles enlevés sans son consentement des lieux loués, etc.

7. En troisième lieu, notre auteur, se demandant si un créancier hypothécaire, au lieu de faire vendre sur le tiers détenteur l'immeuble hypothéqué, peut en saisir les revenus dans ses mains, se prononce pour la négative. Compar., *infrà*, n. 12.

8. Enfin, il observe que, s'il y avait doute sur le choix à faire entre la saisie-arrêt et tout autre mode d'exécution, c'est cette saisie qui devrait être préférée, comme moins dure pour le débiteur.

9. Dans le précédent *Supplément*, M. Chauveau ajoutait que cette dernière proposition ne doit pas être prise d'une manière absolue. Il ne faut pas aller jusqu'à croire, disait-il, que, dans tous les cas, il dépende du créancier de suivre la voie de la saisie-arrêt, comme étant moins rigoureuse pour le débiteur. La Cour de Douai a annulé, le 11 juill. 1846 (*J. Av.*, t. 72, p. 147), une saisie-arrêt pratiquée sur des meubles déposés dans un local loué par le débiteur et dont celui-ci avait laissé la clef à un tiers. Dans l'espèce, le débiteur était resté en possession des meubles. Dès lors, la voie de la saisie-exécution devait seule être employée. Conf., Roger, *Saisie-arrêt*, 2e édit., n. 12.

10. Mais la Cour de Bordeaux a jugé, le 4 juin 1853 (*Courr. des Trib.*, 1853, n. 139), que le créancier personnel d'un cohéritier a la faculté, au lieu de former opposition au partage, de faire saisir-arrêter les valeurs de la succession.

11. Une saisie-arrêt pratiquée par un créancier de celui qui fait des offres réelles, entre les mains de l'huissier détenteur des deniers à consigner par suite du refus de ces offres, peut-elle être déclarée nulle sur le motif que l'huissier n'est pas, en pareil cas, un tiers, mais l'image du débiteur? L'affirmative résulte d'un arrêt de la Cour de Nîmes, 1er avril 1851 (*J. Av.*, t. 76, p. 595), et d'un jugement du trib. de la Seine, du 29 août 1845 (t. 69, p. 721), et la même opinion est professée par MM. Dalloz, *Répert.*, vo *Saisie-arrêt*, n. 34 et 35; Roger, n. 22. — On a vu qu'une doctrine différente est enseignée au texte par M. Chauveau; aussi déclarait-il dans le *Supplément*, qu'il était au contraire disposé à admettre, avec un jugement du tribunal de la Seine, du 26 juill. 1859 (t. 84, p. 532), que la saisie-arrêt est valablement pratiquée sur le montant d'offres réelles, par le créancier qui les a refusées, entre les mains de l'huissier instrumentaire qui a conservé les fonds, lorsqu'il s'est écoulé un délai assez long depuis le moment des offres et celui indiqué pour la consignation, pour faire supposer que l'affectation spéciale des fonds avait cessé.

12. Dans le sens de la nullité de la saisie-arrêt faite par un créancier hypothécaire entre les mains du tiers détenteur, V. Dalloz, n. 12; Roger, n. 123. V. aussi *suprà*, n. 7.

13. Est-ce suivant les formes de la saisie-arrêt que doit être faite l'opposition à la restitution entre les mains d'un dépositaire, par un tiers se prétendant propriétaire du dépôt? La Cour de Bordeaux a adopté la négative, le 28 fév. 1849 (*J. Av.*, t. 75, p. 413), dans une espèce où il s'agissait d'une opposition faite entre les mains du caissier de la caisse d'épargne. Cette question est neuve, délicate et fort importante; elle peut se reproduire très souvent à l'occasion des versements faits soit à la caisse d'épargne, soit entre les mains des notaires, après vente ou emprunt; aussi M. Chauveau, *loc. cit.*, la jugeait-il digne d'un examen tout particulier.

La Cour de Bordeaux, disait-il, a validé une simple opposition faite sans formalité d'aucune nature, en se fondant sur l'art. 1944, Cod. civ. Cet article est, en effet, le siège de la difficulté. Il est ainsi conçu : « Le dépôt doit être remis au déposant aussitôt qu'il le réclame, lors même que le contrat aurait fixé un délai déterminé pour la restitution; à moins qu'il n'existe, entre les mains du dépositaire, une *saisie-arrêt* ou une *opposition* à la restitution et au déplacement de la chose déposée. » On conçoit qu'un tiers, créancier du déposant, puisse former entre les mains du dépositaire une saisie-arrêt; il était pour ainsi dire inutile de prévoir ce cas, car si un débiteur ne peut pas alors payer ce qu'il doit à son créancier, une raison identique s'opposait, sans que le législateur l'eût exprimé, à ce que le détenteur d'une somme à titre de dépôt se dessaisît du dépôt au mépris d'une saisie-arrêt formée régulièrement entre ses mains par un créancier du déposant. Le propriétaire d'un objet mobilier ne prend pas cette voie pour obtenir la remise de ce qui lui appartient. L'expression *saisie-arrêt* ne peut donc s'appliquer qu'à un créancier du déposant. La seconde expression, au contraire, concerne celui qui se prétend propriétaire du dépôt. Elle ne doit pas être isolée des derniers mots de l'article, où il est expliqué qu'il s'agit d'une *opposition à la restitution et au déplacement de la chose déposée.* Le Code civil, qui, rarement, s'occupe des voies de procéder, ne pouvait ni ne devait être plus explicite. Aux rédacteurs du Code de procédure appartenait le soin de déterminer les formes qui devraient être suivies. A s'en tenir aux règles les plus ordinaires, aux notions les plus élémentaires du droit, on ne peut supposer que le législateur ait permis au premier venu de s'opposer arbitrairement à la remise d'un dépôt. Il n'a donc entendu exprimer que l'obligation pour le dépositaire de restituer, à moins qu'il n'en soit légalement empêché par une opposition régulière d'un créancier ou d'un prétendant à la propriété.

Toutefois, s'il n'existait dans le Code de procédure civile aucune disposition relative aux actions d'un individu se prétendant propriétaire d'un objet mobilier, sorti de ses mains par un fait étranger à sa volonté, force serait bien de laisser à ce demandeur une liberté complète d'action ; la manifestation de sa volonté, par acte extrajudiciaire signifié au dépositaire, serait alors suffisante pour remplir le vœu de la loi. La Cour de Bordeaux aurait eu raison alors de dire que la validité d'une semblable opposition n'est subordonnée qu'au droit de propriété; mais il n'en est pas ainsi.

Si le Code de procédure a tracé avec soin les formalités qu'un créancier peut remplir pour arrêter entre les mains d'un tiers les sommes appartenant à son débiteur, il n'a pas oublié la position du propriétaire, dont les prétentions sont toutes différentes de celle du créancier. Il a supposé le droit à la revendication d'un objet mobilier ouvert au profit de celui qui s'en prétend propriétaire, et il a tracé les règles qui doivent être suivies pour exercer ce droit; ce sont celles de la *saisie-revendication,* tracées par les art. 826 et s. Voy. ce mot.

14. Lors donc qu'un tiers se prétend propriétaire d'un objet déposé, ce n'est pas la voie de la saisie-arrêt qu'il doit prendre, ce serait un non-sens; il doit former une saisie-revendication, dans les formes indiquées par le titre spécial qui est consacré à cette procédure. Quand bien même le revendiquant aurait un titre, cela ne suffirait pas. « Il ne pourra être procédé, dit l'art. 826, à aucune saisie-revendication qu'en vertu d'ordonnance du président du tribunal de première instance, rendue sur requête ; et ce, à peine de dommages-intérêts, tant contre la partie que contre l'huissier qui aura procédé à la saisie. » Tout propriétaire, qui a perdu la possession de sa chose, doit suivre cette voie ; sinon, il doit être déclaré non recevable, et l'huissier qui lui prête son ministère peut être condamné à des dommages-intérêts.

15. M. Troplong, *Dépôt*, n. 176, pense qu'un simple acte ne suffit pas. Ce savant auteur interroge les lois romaines et ses commentateurs, Voet, Accurse et autres, et il croit y découvrir la nécessité d'une *saisie-arrêt ou opposition.* M. Chauveau avait lu le passage de Voet, *Depositi*, n. 9, et il ne le croyait, disait-il, nullement applicable à notre question. Il faisait observer que la phrase *Nec intercessio, seu prohibitio tertii*, est relative au dépositaire lui-même, qui, se reconnaissant propriétaire de la chose déposée, fait juger qu'en réalité il n'a pas existé de dépôt; *velit et ita, relatâ domini questione, asserere depositum ab initio non substitisse...* — Dans les dernières lignes du même numéro, auxquelles renvoie M. Troplong, Voet emploie l'expression *mediante arresto*, qui désigne une espèce d'opposition, sans rapport aucun avec notre procédure de saisie-arrêt, opposition en usage en Allemagne au moment où écrivait Voet, qui, du reste, cite à l'appui de son assertion l'auteur allemand Grœnewegen.

M. Troplong induit de ces citations que le *vrai propriétaire, pour protéger ses intérêts, doit recourir à la voie de la saisie-arrêt ou opposition, qui seule est de nature à apporter obstacle à la restitution;*... et que *l'art. 1944 n'admet la rétention que pour le cas de saisie-arrêt ou opposition en règle.* Il ne dit pas un mot des art. 826 et suiv., Cod. proc., et en modifiant les expressions du Code civil, il leur donne un sens qu'elles ne comportent point. L'art. 1944 ne dit pas : *saisie-arrêt ou opposition*, comme la rubrique du titre du Code de procédure relatif à la saisie-arrêt. Quoique cette procédure semble incompatible avec les réclamations d'un prétendant à la propriété, il faudrait bien la suivre, si le législateur l'avait prescrite pour tous les cas; mais l'art. 1944 dit : *une saisie-arrêt* OU UNE *opposition*, laissant à la loi de procédure le soin d'édicter les règles à suivre, soit pour la saisie-arrêt, soit pour l'opposition à la restitution.

Il est facile, ajoutait M. Chauveau, de pénétrer le motif qui a dicté la décision de la Cour de Bordeaux; mais est-il donc permis de substituer une procédure qu'on croit plus équitable, parce qu'elle est plus rapide, à celle que nous a imposée la sagesse du législateur? Est-il bien certain qu'il n'y aurait pas de graves inconvénients à permettre à quiconque voudrait élever une prétention de propriété, d'arrêter, par une action ordinaire, le paiement des deniers du pauvre et de l'ouvrier? — Pour arrêter le paiement des coupons d'actions ou d'obligations industrielles au porteur, ne suffit-il pas d'une simple opposition formée entre les mains de la compagnie débitrice par celui qui a perdu les titres? V. notamment Trib. de comm. de la Seine, 16 mars 1858 (*Journ. de proc.*, 1858, p. 237), ainsi que les observations de M. l'avocat général Moreau.

16. La saisie-arrêt qui porte sur une créance non échue étant valable aux yeux de M. Chauveau (V. *infrà*, Q. 1924 *quater*), il n'hésitait pas à admettre, avec un jugement du tribunal de la Seine, du 21 août 1845 (J. Av., t. 69, p. 636), que la saisie-arrêt est la voie légale à suivre pour empêcher le paiement, entre les mains du débiteur, d'un capital qui doit être exigible à son profit après l'extinction d'une rente viagère.

17. La Cour de cassation, par un arrêt du 4 déc. 1867 (t. 93, p. 187) a, conformément à la doctrine de M. Chauveau, au texte, consacré le principe que la voie de la saisie-arrêt est seule ouverte au créancier lorsque les meubles de son débiteur, qu'il veut saisir, sont détenus par un tiers. Dans l'espèce de cet arrêt, les meubles à saisir se trouvaient dans la gare d'un chemin de fer, où le débiteur les avait fait transporter et déposer. — Et la Cour de Bordeaux, le 30 déc. 1875 (t. 101, p. 187), a appliqué le même principe aux marchandises qui se trouvent également déposées dans une gare.—Mais cette interprétation, que la généralité des termes de l'art. 602 rend très contestable, est repoussée par MM. Roger, n. 12, et Dalloz, v^is *Saisie-arrêt*, n. 10, et *Saisie-exécution*, n. 70. Seulement le premier de ces auteurs estime que l'huissier chargé de pratiquer une saisie-exécution chez un tiers ne peut y procéder que si ce dernier consent à lui donner accès dans son domicile, et le second enseigne que les circonstances de fait peuvent seules déterminer le mode de saisie qu'il est le plus utile et le plus convenable d'employer. L'un et l'autre conseillent d'ailleurs, dans le cas de saisie-exécution chez un tiers, d'introduire un référé sur la première réclamation qu'élèverait celui qui s'opposerait à la saisie, en établissant un gardien aux portes.

18. Toutes ces réserves sont fort sages lorsqu'il s'agit d'une saisie-exécution pratiquée entre les mains d'un tiers dans un local qui n'est point public. Mais toute difficulté disparaît, selon nous, et la saisie-exécution peut être librement pratiquée, quand elle doit avoir pour objet des marchandises déposées dans une gare de chemin de fer, pourvu qu'il y soit procédé pendant le temps de l'ouverture de la gare et dans l'une de ses parties accessibles au public. C'est, du reste, ce qu'a implicitement admis un arrêt de la Cour de Grenoble du 11 juil. 1864 (S.-V.65.2.213). — V. aussi en ce sens, notre *Formul. annot.*, t. 1, p. 462, n. 28. — Mais ce n'est pas à dire que les meubles ou marchandises déposés dans une gare de chemin de fer ne puissent pas être aussi légalement frappés d'une saisie-arrêt. — Compar. *infrà*, § 8.

19. (Q. 1939 ter). *Est-il nécessaire de suivre les formes de la saisie-arrêt, lorsqu'un jugement affecte dans son dispositif certaines sommes au paiement des condamnations qu'il prononce, et déclare que la signification vaudra opposition entre les mains d'un tiers débiteur de ces sommes?*

M. Chauveau, au texte, adopte la négative, consacrée par un arrêt de la Cour de Bordeaux du 2 mars 1838 (*J. Av.*, t. 54, p. 351), aux termes duquel le jugement dont il s'agit produit les effets d'une délégation judiciaire.

20. (Q. 1929). *Est-ce par voie de saisie-arrêt, et non par voie de saisie-exécution, que les administrations publiques doivent assurer sur le cautionnement des officiers ministériels le paiement des amendes prononcées contre eux?*

Ces administrations, est-il dit au texte, ne peuvent procéder, en pareil cas, que par voie de simple opposition ou de saisie-arrêt, et nullement par voie de saisie-exécution.

21. (Q. 1928 ter). *La voie de saisie-arrêt est-elle celle qu'on doit suivre pour s'opposer à la délivrance des lettres d'expédition de navire?*

Solution négative au texte, où il est dit qu'il suffit de mettre une simple opposition à la délivrance des expéditions.

22. (Q. 1922). *Les saisies-arrêts ou oppositions formées entre les mains des receveurs ou administrateurs des caisses de deniers publics, admettent-elles les formalités prescrites par le Code de procédure, au titre de la saisie-arrêt?*

Non, répond, au texte, Carré qui renvoie aux décrets des 13 pluv. an XIII et 8 août 1807. — V. aussi la loi du 9 juill. 1836. — Compar. *infrà*, n. 225 et s.

23. (Art. 557). *Le délai de dix jours qui, d'après l'usage, est accordé, en matière de vente de fonds de commerce, entre la publication de la vente et le paiement du prix aux créanciers du vendeur, pour former une saisie-arrêt entre les mains de l'acheteur, est-il franc?*

Par diverses décisions, le tribunal civil de la Seine a consacré l'affirmative. V. jugement des 9 oct. 1861, 7 juill. 1864, 31 mars 1868 (*J. des Huiss.*, t. 49, p. 206) et 8 oct. 1869 (*id.*, t. 51, p. 208). — Conf., notre *Formul. annot.*, t. 1. p. 471, n. 10.

§ 2. — Par qui, pour quelles causes, sur qui et en vertu de quels titres ou autorisation peut être pratiquée la saisie-arrêt.

24. (Q. 1923). *Un créancier de l'Etat peut-il faire des saisies-arrêts entre les mains des débiteurs de celui-ci?*

La négative est établie au texte, où est rappelé le principe que toutes les sommes dues à l'Etat doivent, du moment où elles sont exigibles, être considérées comme versées dans les caisses de l'Etat et comme échappant dès lors aux atteintes de ses créanciers; principe qui reçoit toutefois exception à l'égard soit des fonds destinés aux entrepreneurs de travaux pour le compte de l'Etat, soit de ceux destinés au service de la poste aux lettres.

25. (Q. 1923 bis). *Les créanciers d'un gouvernement étranger peuvent-ils* *saisir-arrêter, en France, des sommes qui appartiennent à ce gouvernement ?*

Solution également négative au texte.

Adde conf., Trib. de la Seine, 16 août 1847 (*J. Av.*, t. 72, p. 344) ; Cass., 22 janv. 1849 (*J. Av.*, t. 74, p. 86) ; Fœlix, *Droit international*, n. 188 ; De Belleyme, *Ordonn. sur req. et référés*, t. 1. p. 184 ; Dalloz, v° *Droit civil*, n. 295 et suiv.; Roger, n. 261 *bis*.

26. (Q. 1924 A). *Les créanciers des communes, des hospices, fabriques et établissements publics peuvent-ils faire des saisies-arrêts entre les mains de leurs débiteurs ? Peuvent-ils former des oppositions sur les fonds des communes, hospices, etc., déposés dans la caisse d'amortissement ?*

Ni l'un ni l'autre, est-il répondu au texte.

27. (Q. 1924 B). *Peut-on saisir dans les caisses des communes, des hospices, etc., les sommes dues à des tiers ?*

Solution affirmative au texte.

28. (Q. 1924 C). *Les fonds des caisses d'épargne peuvent-ils être saisis-arrêtés par les créanciers de celles-ci ?*

Dans le précédent *Supplément*, M. Chauveau faisait remarquer que ce qui a été dit au texte à l'égard des communes, des hospices et des fabriques ne s'applique pas aux caisses d'épargne. Sous l'art. 1032, disait-il, sont développées les motifs d'une distinction nécessaire entre les établissements publics, placés sous la tutelle absolue du pouvoir administratif, et les établissements publics qui, ayant une plus grande liberté d'action, ne sont soumis qu'à une surveillance plus ou moins active. Les créanciers des caisses d'épargne peuvent employer toutes les voies de poursuite et d'exécution que le droit commun autorise, et notamment la saisie-arrêt.

La Cour de cassation, en sanctionnant ce principe par arrêt du 3 mars 1856 (S.-V.56.1.517), a même décidé que les créanciers d'une caisse d'épargne peuvent saisir-arrêter, au préjudice de celle-ci, non seulement les fonds qui lui appartiennent à titre de dotation, et les bonifications d'intérêts qui lui sont accordées, mais encore les sommes versées par les déposants. En effet, le contrat qui intervient entre les personnes qui versent leur épargne et la caisse qui la reçoit participe à la fois, comme le fait justement observer M. Dalloz, v° *Etabliss. d'épargne*, n° 105, du dépôt, du contrat de bienfaisance et du prêt, mais semble devoir être assimilé principalement au prêt à intérêt. Les déposants perdent la propriété des sommes par eux versées ; celles-ci se confondent dans la caisse qui en devient propriétaire, et, par voie de suite, constituent pour les créanciers de la caisse un gage ordinaire qui peut assurer et garantir leurs droits. — V. aussi en ce sens, M. Roger, n. 261.

29. (Q. 1923 ter A). *Une saisie-arrêt peut-elle être faite à la requête des mineurs, des interdits ou des femmes mariées ?*

M. Chauveau, au texte, soutient la négative, qu'il fonde sur ce que, malgré la généralité de sa disposition, l'art. 557 n'a pu vouloir déroger aux règles concernant la capacité des personnes.

Adde contrà, Dalloz, n. 15 ; Roger, n. 379. — V. aussi notre *Formul. annot.*, t. 1, p. 450, note 2, n. 1.

30. (Q. 1923 ter B). *Peut-il être pratiqué une saisie-arrêt à la requête de personnes morales, par exemple, d'une commune, d'un bureau de bienfaisance, etc. ?*

Sur ce point, M. Chauveau, au texte, adopte au contraire l'affirmative, par le motif que les personnes morales peuvent faire des actes conservatoires ; mais il observe en même temps que, soit pour former la demande en validité de la saisie, soit pour défendre à celle en mainlevée, les personnes morales elles-mêmes ont besoin d'être autorisées. — Compar. *infrà*, n. 73 et 74.

31. (Q. 1923 quater). *Le mari peut-il, pour contraindre sa femme à réintégrer le domicile conjugal, saisir-arrêter la totalité de ses revenus?*

Solution affirmative au texte.

Adde conf., Montpellier, 16 nov. 1848 (*J. Av.*, t. 76, p. 594); Dalloz, v° *Mariage*, n. 758 et suiv.; Roger, n. 204; notre *Tr. de la séparation de biens judic.*, n. 317.

32. (Q. 1925). *Peut-on saisir-arrêter sur soi-même, comme sur une personne étrangère, les sommes que l'on doit à celui dont on est créancier?*

Carré, au texte, paraît admettre la négative; tandis que M. Chauveau, *ibid.*, adopte l'opinion contraire.

Adde conf. à la première opinion, Trib. civ. d'Anvers, 8 avril 1864 (*J. Av.*, t. 89, p. 506); Rodière, t. 2, p. 291; et dans le sens de la validité de la saisie-arrêt sur soi-même, Trib. civ. de Cahors, 4 août 1849 (S.-V.49.2. 605); Bioche, v° *Saisie-arrêt*, n. 52; Dissertation de M. Souquet, insérée *J. Av.*, t. 64, p. 321; Roger, n. 115; notre *Formul. annot.*, p. 458, n. 5.

33. (Q. 1926 A). *Un créancier à terme peut-il faire des saisies-arrêts au préjudice du débiteur qui n'offre aucune sûreté pour le paiement à l'échéance du terme?*

La négative est enseignée, au texte, par Carré, sur le motif que la saisie-arrêt serait une voie d'exécution qui ne peut être exercée avant que la dette soit échue, et par M. Chauveau, qui ne reconnaît point ce caractère à la saisie-arrêt, sur le motif, que l'on n'est créancier qu'autant que l'on a une créance exigible. Ce dernier auteur excepte du reste le cas où le terme a été stipulé en faveur du créancier, et celui où le débiteur a encouru la déchéance du terme.

Adde dans le sens de la nullité de la saisie-arrêt faite par un créancier à terme, Bordeaux, 13 août 1846 (*J. Av.*, t. 72, p. 668); Paris, 26 mai 1849 (D.P.49.2.190); Trib. civ. de Nîmes, 23 janv. 1851 (*J. Av.*, t. 76, p. 597); Rodière, t. 3, p. 290; Bioche, n. 16; Roger, n. 117. — *Contrà*, Trib. civ. de Gien, 15 mars 1850 (*J. Av.*, t. 75, p. 595); et dans le sens de la validité de cette saisie, lorsque le débiteur doit, par suite des circonstances de la cause, être déclaré déchu du bénéfice du terme : Rouen, 2 fév. 1855 (*Journ. de cette Cour*, 1855, p. 154).

34. La Cour de cassation a très bien jugé, le 4 janv. 1870 (*J. Av.*, t. 95, p. 258), que le débiteur d'une traite non échue, qui a vendu son fonds de commerce, ne saurait être considéré comme ayant, par le fait seul de cette vente, diminué les sûretés de son créancier et encouru la déchéance du terme; et qu'en conséquence, est nulle la saisie-arrêt formée par le bénéficiaire de la traite sur le prix de la vente du fonds de commerce. — V. aussi dans le même sens, Paris, 26 mai 1849 (t. 74, p. 529). — *Contrà*, Trib. civ. de la Seine, 29 oct. 1868 (t. 94, p. 326).

35. (Q. 1926 B). Quid, *si le terme est un délai de grâce accordé par le juge en vertu de l'art. 122, Cod. proc.?*

Il est enseigné au texte par Carré, t. 1, p. 624, à la note, et par M. Chauveau sous la présente question, que ce délai ne met pas obstacle à la saisie-arrêt.

V. aussi en ce sens, notre *Dictionn. du contentieux commerc.*, v° *Terme*, n. 21, et les autorités qui y sont mentionnées.

36. (Q. 1926 C). *Un créancier conditionnel ou éventuel peut-il pratiquer une saisie-arrêt?*

Solution négative au texte de la part de M. Chauveau, par le motif que celui qui n'a qu'une créance conditionnelle ou éventuelle n'est pas véritablement créancier. — Notre auteur admet notamment qu'une saisie-arrêt ne peut avoir lieu, ni pour la créance qu'on prétend devoir résulter d'un compte, si le principe de la créance n'a pas d'ailleurs été reconnu par le jugement ordonnant le compte, ni pour les sommes dont un membre d'une société en liquidation est éventuellement créancier de son coassocié.

37. Dans le précédent *Supplément*, M. Chauveau mentionnait les solutions suivantes :

1° Dans le sens de la nullité de la saisie-arrêt faite par un créancier conditionnel, Bordeaux, 26 août 1839 (*J. Av.*, t. 59, p. 696) et 15 juin 1851 (t. 76, p. 597) ; Bastia, 8 avril 1846 (t. 71, p. 428) ; Lyon, 3 juill. 1841 (t. 61, p. 684) ; Douai, 9 mai 1853 (t. 79, p. 435) ; Rodière, t. 3, p. 289 ; Bioche, v° *Saisie-arrêt*, n. 14 ; Dalloz, n. 55 et suiv. ; Roger, n. 95 et suiv.

2° Dans le sens de la nullité de la saisie-arrêt faite pour une créance qu'on prétend devoir résulter d'un compte, Bordeaux, 15 juill. 1846 (*J. Av.*, t. 71, p. 708) ; Caen, 4 mai 1847 (t. 72, p. 668) ; Nîmes, 18 juin 1850 (t. 76, p. 376) ; Dalloz, n. 50 et suiv. ; Roger, n. 59 et suiv. — *Contrà*, Trib. de comm. de Marseille, 5 juin 1850 (*J. Av.*, t. 76, p. 596). — Si du compte dépend, non pas l'existence, mais seulement la liquidité de la créance, la saisie-arrêt pratiquée pour garantir cette créance est valable : Caen, 20 août 1847 (*J. Av.*, t. 74, p. 222) et 1er fév. 1854 (t. 79, p. 435) ; Riom, 15 déc. 1846 (t. 72, p. 414) et 27 fév. 1850 (t. 76, p. 596) ; Dalloz, n. 52 ; Roger, n. 103.

38. En matière de crédit ouvert et de compte courant, les créanciers du crédité ne peuvent user de saisie-arrêt au préjudice des engagements contractés avec le créditeur, sauf à faire valoir leurs droits sur le solde qui pourrait revenir à leur débiteur : Paris, 27 janv. 1855 (*J.P.*55.1.299).

39. La saisie-arrêt pratiquée par les père et mère entre les mains du débiteur de leurs enfants, pour obtenir des aliments, est nulle, tant que la créance alimentaire ne résulte pas d'un engagement volontaire ou d'un jugement : Douai, 9 mai 1853 (*J. Av.*, t. 79, p. 435). — Le père ou la mère qui réclame des aliments en puisant son droit dans l'art. 205, Cod. civ., observait M. Chauveau, ne se trouve-t-il pas dans une position tout aussi favorable que celui qui se prétend créancier, mais qui, n'ayant aucun titre écrit à faire valoir, se pourvoit à la fois en validité de la saisie-arrêt pratiquée en vertu de permission du juge et en condamnation contre son débiteur ? Il semble, au premier abord, qu'il n'y ait aucune distinction à faire entre ces deux positions ; cependant, lorsqu'on les examine de plus près, on aperçoit facilement une différence notable. Le créancier dépourvu de titre n'en est pas moins créancier ; ses droits sont certains au moment de la saisie, et le jugement de validité ne fait que les reconnaître. La créance alimentaire est, au contraire, incertaine tant qu'il n'a pas été jugé que le demandeur se trouve dans les conditions exigées par la loi. Cette créance ne résultera que du jugement qui prononcera qu'il y a lieu à l'application de la loi. Il est donc vrai de dire que le père ou la mère doit être assimilé à un créancier éventuel ; d'où l'on doit conclure qu'il n'est pas recevable à pratiquer une saisie-arrêt.

40. Mais, ajoutait notre auteur, sous la quest. 1927, le principe suivant lequel la saisie-arrêt est nulle si le saisissant n'est pas en possession, lors du jugement sur la validité, d'une créance certaine et liquide, ne doit pas être pris dans un sens trop absolu, et il ne faut pas en tirer la conséquence qu'un sursis ne doive jamais être accordé au créancier qui ne justifie pas immédiatement d'une créance certaine et liquide ; il a été, au contraire, jugé que si la certitude de la créance est positive et sa liquidité prochaine, il y a lieu à surseoir, la saisie tenant : Cass., 11 janv. 1843 (*J. Av.*, t. 65, p. 499); Bordeaux, 31 août et 6 déc. 1850 (t. 76, p. 597) et 20 déc. 1854 (*Journ. de cette Cour*, 1854, p. 505); Rennes, 8 mars 1855 (*Journ. de cette Cour*, 1855, p. 577). — *Contrà*, Roger, n. 54, 55, 59. — Mais on ne saurait faire rentrer dans ce cas la production d'un simple compte courant : Bordeaux, 17 mai 1851 (*J. Av.*, t. 56, p. 597). V. *suprà*, n. 36 et s.

41. Cette dernière Cour a admis, le 28 nov. 1854 (*Journ. de cette Cour*, 1854, p. 474), qu'une saisie-arrêt peut être valablement faite pour assurer l'exécution de condamnations à intervenir sur une action déjà intentée. — Mais V. *Contrà*, Caen, 4 mai 1847 (*J. Av.*, t. 72, p. 668); Liège, 8 juill. 1854 (*Bull. Huiss.*, 1855, p. 43); Riom, 8 fév. 1856 *Journ. de cette Cour*, 1856, n° du 30 mars); Roger, 2e éd., n. 54.

42. La Cour d'Orléans a décidé, le 3 déc. 1859 (*J. Av.*, t. 86, p. 13), qu'une condamnation à telle somme, par chaque jour de retard, qu'un jugement prononce contre une partie, si elle ne remplit pas une obligation de faire dans un délai déterminé, ne constitue pas une créance certaine et liquide pouvant autoriser une saisie-arrêt. M. Chauveau regardait cette solution comme fondée.

43. La femme demanderesse en séparation de biens ou en séparation de corps peut faire saisir-arrêter les sommes dues à son mari, en vertu d'une ordonnance du juge portant évaluation provisoire de ses reprises : Gand, 7 fév. 1851 (*J.P.*51.1.657) ; Cass., 14 mars 1855 (D.P.55.1.235) ; et cela, encore bien que le mari aurait déjà intenté une demande en nullité du mariage : Paris, 18 août 1848 (*J. Av.*, t. 74, p. 456). Mais ce droit de saisie-arrêt ne pouvant avoir pour effet de paralyser le droit d'administration que le mari conserve sur les biens communs pendant la demande en séparation, les oppositions de la femme ne doivent être validées que pour ce qui excède les besoins de cette administration : Caen, 29 mai 1849 (*J. Av.*, t. 76, p. 594). M. Roger, n. 199, accorde aux tribunaux la faculté de maintenir, de restreindre ou de lever la saisie faite en pareil cas, d'après la situation des parties et suivant les circonstances de la cause.

44. De nombreuses décisions sont encore intervenues depuis celles dont nous venons de reproduire l'exposé présenté par M. Chauveau, sur le caractère de certitude que doit offrir la créance du saisissant. — S'il a été jugé, d'un côté, par la Cour de Caen, le 27 août 1860 (t. 87, p. 45), qu'une saisie-arrêt est valablement formée pour assurer le paiement d'une créance non liquide, mais dont l'existence est certaine; et par la Cour de Bordeaux, le 1er mai 1876 (t. 101, p. 414), que la saisie-arrêt pratiquée pour une créance certaine dans son principe peut être déclarée valable, bien que le montant de cette créance ne soit pas définitivement fixé, quand d'ailleurs le jugement de validité ne fait aucune attribution de sommes, mais renvoie les parties à se pourvoir pour la distribution des deniers saisis-arrêtés; il a été déclaré, d'un autre côté, qu'une saisie-arrêt n'est pas valablement pratiquée pour une créance incertaine et non liquide, par exemple, pour une créance dépendant, soit du résultat d'une enquête demandée par le saisissant : Trib. civ. de Grenoble, 30 mars 1872 (t. 98, p. 411); soit d'un partage à faire, et que cette saisie ne peut même être maintenue comme simple opposition à paiement : Liège, 3 janv. 1861 (t. 89, p. 501).

45. Il a été jugé encore, en vertu du même principe : que le droit de réclamer des aliments, qui ne constitue au profit de la femme poursuivant une demande en séparation de corps qu'une simple éventualité de créance, subordonnée à des circonstances futures et incertaines, ne peut servir de base à une saisie-arrêt : Lyon, 5 fév. 1869 (t. 95, p. 77); — qu'une saisie-arrêt ne peut être valablement pratiquée pour une créance dont l'existence éventuelle dépend d'un compte à débattre : Limoges, 27 nov. 1868 (t. 94, p. 294); Rouen, 8 mai 1874 (t. 100, p. 323); et qu'il n'est pas plus permis aux juges, en pareil cas, de surseoir à statuer sur la validité de la saisie, que de prononcer cette validité : même arrêt de Rouen. — Il résulte encore de cette dernière décision qu'il en est ainsi, alors même que celui contre qui procède la saisie-arrêt est un héritier bénéficiaire qu'un jugement a condamné à rendre son compte dans un délai déterminé, sous peine de devenir personnellement responsable de la créance pour laquelle la saisie est formée, s'il n'est pas établi que ce délai ait pris fin avant la reddition du compte, et si les circonstances démontrent d'ailleurs que les parties ont considéré le jugement dont il s'agit comme purement comminatoire, et non comme constitutif d'un titre de créance contre l'héritier bénéficiaire. — Mais la Cour de Bordeaux a admis, par arrêt du 8 juin 1871 (t. 96, p. 319), qu'une saisie-arrêt peut être valablement pratiquée pour une créance qui, bien qu'elle ne puisse être déterminée que par le résultat d'un compte pour le règlement duquel il y a instance engagée devant la juridiction consulaire, n'en doit pas moins, d'après les documents et circonstances de la cause, être considérée comme certaine dès à présent. — Et la Cour de cassation a aussi décidé, le 15 déc. 1868 (t. 94, p. 215), que lorsqu'un jugement a reconnu, sur la poursuite de la régie, qu'il était dû un droit proportionnel d'enregistrement pour condamnation, en subordonnant le paiement de ce droit à la liquidation ultérieure entre les parties, des dettes mises à la charge de la partie condamnée, la régie, quoique sa créance ne soit actuellement ni liquide ni exigible, peut, néanmoins, avec la permission du juge, faire opérer une saisie-arrêt conservatoire, jusqu'à concurrence de la somme par lui évaluée provisoirement. — *Adde* dans le sens de cette doctrine, notre *Formulaire annoté*, t. 1, p. 451, n. 10 et s.

46. (Q. 1927). *Peut-on saisir-arrêter sur le fondement de droits contestés en justice?*

Carré admet la négative au texte, tandis que M. Chauveau y adopte l'opinion contraire, qu'il fonde sur ce que la contestation dont une créance est l'objet n'empêche pas qu'elle ne puisse être certaine dans son principe; d'où il suit, d'après notre auteur, que c'est du résultat de l'instance en validité que dépend le sort de la saisie-arrêt.

47. Il a été jugé, en sens contraire, qu'une créance qui est l'objet d'une contestation ne peut être considérée comme certaine, et que la saisie-arrêt pratiquée pour une telle créance est nulle : Grenoble, 11 déc. 1867 (*J. Av.*, t. 93, p. 367); Paris, 7 août 1878 (t. 103, p. 434). — Mais d'autres décisions, consacrant avec raison une doctrine moins absolue, ont admis que lorsque l'existence de la créance est certaine au jour de la saisie-arrêt, la contestation dont elle est l'objet de la part du débiteur ne suffit point pour rendre cette saisie nulle : Trib. civ. de Grenoble, 16 août 1871 (t. 98, p. 411); —Que si des droits purement éventuels ne peuvent servir de base à une saisie-arrêt, il en est autrement d'une créance qui est certaine, en ce sens que, bien que contestable ou contestée, elle n'existe pas seulement à l'état de simple prétention, mais repose sur un droit actuel et sur un titre au moins apparent, dont le saisi ne pourrait détruire les effets qu'en invoquant une exception qu'il est tenu de justifier et de faire accueillir par le juge. —Telle, spécialement, la créance résultant pour le bailleur de la présomption de responsabilité de l'incendie des lieux loués, que l'art. 1733, Cod. civ., établit contre le locataire : Nancy, 17 déc. 1872 (t. 98, p. 227). — V. aussi notre *Formul. annot.*, p. 452, n. 14.

48. (Art. 557). *Le cessionnaire d'une créance qui a stipulé son recours* *en garantie contre le cédant, peut-il, en cas de non-paiement, et avant d'avoir entièrement discuté le débiteur principal, faire une saisie-arrêt au préjudice du cédant ?*

Décidé affirmativement au texte, t. 4, p. 551, à la note.

Adde conf., notre *Formul. annot.*, p. 451, n. 9.

49. (Q. 1924 bis A). *Les créanciers d'une succession acceptée sous bénéfice d'inventaire peuvent-ils pratiquer une saisie-arrêt entre les mains des débiteurs de cette succession ?*

L'affirmative est admise au texte par M. Chauveau.

Adde conf., Cass., 9 mai 1849 (*J. Av.*, t. 76, p. 277); Trib. de la Seine, 28 nov. 1851 (*Droit*, du 7 déc.) et 27 mai 1856 (*J. Av.*, t. 81, p. 659); Caen, 31 mai 1855 (*Journ. de cette Cour*, 1855, p. 209); Roger, 2e édit., n. 180; notre *Formul. annot.*, p. 458, n. 7. — *Contrà*, Trib. de la Seine, 22 fév. 1851 (*J. Av.*, t. 76, p. 277) et 6 déc. 1855 (t. 81, p. 659).

50. (Q. 1924 bis B). Quid *des créanciers d'une succession vacante ?*

M. Chauveau disait, dans le précédent *Supplément*, que les motifs qui l'ont déterminé à accorder aux créanciers d'une succession bénéficiaire le droit de faire des saisies-arrêts aux mains des débiteurs de cette succession, ne se rencontrent plus quand il s'agit des créanciers d'une succession vacante. Le curateur d'une succession vacante, observait-il, ne saurait être assimilé à l'héritier bénéficiaire. Celui-ci n'est pas uniquement un administrateur; il est avant tout héritier, et, s'il administre, c'est surtout pour lui. Dans une succession vacante, au contraire, le curateur est complètement désintéressé, en ce sens que les valeurs de la succession ne doivent pas tourner à son bénéfice, quel que soit l'excédent qu'elles présentent sur les dettes. Il est purement administrateur dans l'intérêt commun des créanciers. — Dans cette position, permettre à ceux-ci de pratiquer des saisies-arrêts, ce serait autoriser un double emploi avec les moyens que la loi met à la disposition du curateur pour réaliser l'actif de la succession ; ce serait de plus substituer une action multiple et coûteuse à l'action unique du curateur, dont le mandat spécial est d'agir pour tous les créanciers. C'est donc à tort que la Cour de Rouen, par un arrêt du 21 janv. 1853 (*J. Av.*, t. 78, p. 585), a infirmé un jugement du tribunal civil du Havre, du 10 nov. 1852, qui avait annulé une saisie-arrêt faite au préjudice d'une succession vacante. Comme le fait remarquer M. Dalloz, dans sa note sur cet arrêt (53.2.28), accorder le droit de procéder par voie de saisie-arrêt aux créanciers d'une succession vacante, sur le motif qu'il ne faut pas enlever au créancier diligent le moyen de faire sa condition meilleure, c'est attribuer à la saisie-arrêt un caractère qu'elle n'a pas. Elle constitue, en effet, une précaution contre la mauvaise foi du débiteur, et ce n'est qu'indirectement qu'elle devient un privilège. Ce qui le prouve, c'est qu'une saisie-arrêt pratiquée dans l'intérêt d'un seul peut profiter à un grand nombre, V. *infrà*, quest. 1952. — Si l'arrêt de la Cour de Rouen devait faire jurisprudence, il y aurait lieu de craindre que l'administration du curateur ne fût sans cesse entravée, et que l'actif de ces sortes de successions, ordinairement peu considérable, ne fût absorbé par des frais de procédure.

51. L'opinion de M. Chauveau a été confirmée par un jugement du tribunal civil de Marseille du 15 mars 1864 (t. 91, p. 82), décidant que les créanciers d'une succession vacante ne peuvent former des saisies-arrêts entre les mains du curateur à cette succession, ni entre celles du receveur des domaines et du préposé à la Caisse des dépôts et consignations; et qu'ils n'ont que le droit de se faire connaître et de manifester leurs prétentions par des actes d'opposition. — V. aussi dans le même sens, Roger, n. 181 *bis*; notre *Formul. annot.*, p. 451, n. 4.

52. (Q. 1924 bis C). *Le créancier d'un associé peut-il faire saisir-arrêter la part du dividende ou de l'intérêt qui revient à cet associé ?*

Solution affirmative au texte de la part de M. Chauveau.

Adde conf., Dalloz, v° *Saisie-arrêt*, n. 47; Bioche, *Journ. de proc.*, 1837, p. 484; Roger, n. 176.—*Contrà*, Trib. de Nîmes, 21 avril 1847 (*J. Av.*, t. 73, p. 411).

53. Il a été jugé qu'un Français, créancier d'une société étrangère, en vertu de décisions rendues par les tribunaux français, peut valablement, sans être tenu de faire déclarer ces décisions exécutoires dans le pays où la société dont il s'agit a été formée, pratiquer en France des saisies-arrêts entre les mains des débiteurs de celle-ci, et notamment sur le montant des versements à effectuer par des actionnaires de cette société : Paris, 26 mai 1875 (*J. Av.*, t. 100, p. 316).

54. (Q. 1924 bis D). *Les créanciers d'un cohéritier peuvent-ils faire saisir la portion qui lui appartient dans la succession?*

Ce point est aussi résolu affirmativement par M. Chauveau, au texte.

55. Le légataire particulier en vertu d'un testament authentique a le droit de faire procéder à des saisies-arrêts entre les mains des débiteurs de la succession, avant même d'avoir obtenu la délivrance de son legs ; il suffit que cette délivrance soit réclamée avant le jugement à intervenir sur la demande en validité : Trib. civ. de Marseille, 11 janv. 1868 (t. 94, p. 243).—Conf., Roger, n. 133; notre *Formulaire annoté*, p. 451, n. 5.

55 *bis*. Quant à l'héritier lui-même, il a été jugé, d'une part, qu'il ne peut, pour obtenir la portion qui lui revient dans les sommes dépendant de la succession, saisir-arrêter ces sommes entre les mains du débiteur, parce qu'il est créancier direct de ce dernier, et que la voie de la saisie-arrêt n'est ouverte qu'à l'égard des sommes dues au débiteur par un tiers : Bastia, 26 juin 1866 (*J. Av.*, t. 92, p. 439) ; — mais, d'autre part, qu'il peut, au contraire, valablement pratiquer une saisie-arrêt entre les mains d'un débiteur de la succession, à l'encontre de ses cohéritiers, à raison du rapport dû par ceux-ci de donations à eux faites en avancement d'hoirie par le défunt : Trib. civ. d'Aix, 11 juill. 1870 (t. 96, p. 240).—V. conf., sur les deux points, notre *Formul. annot.*, *loc. cit.*, n. 2 et 3.

56. (Q. 1924 bis E). *Lorsqu'un défunt a légué à son débiteur la somme par lui due, les créanciers de ce défunt peuvent-ils néanmoins saisir-arrêter entre les mains du débiteur la créance ainsi léguée?*

Non, suivant un arrêt de la Cour de Montpellier du 7 août 1850 (S.-V.52.2.263), que M. Chauveau citait et approuvait au texte ; ces créanciers ne peuvent empêcher l'effet du legs qu'au moyen de l'action paulienne. — Conf., Roger, n. 245.

57. (Q. 1929 bis). *Un créancier peut-il saisir-arrêter, au nom de son débiteur et contre le débiteur de celui-ci, les sommes dues à ce dernier par une quatrième personne?*

Solution négative de la part de M. Chauveau au texte.

En mentionnant, dans le précédent *Supplément*, un arrêt de la Cour de cassation du 24 janv. 1853 (*Bull. des Huiss.*, 1853, p. 93), qui a jugé que le bailleur, créancier du prix du bail, peut faire une saisie-arrêt au préjudice du sous-locataire qui doit encore son prix de sous-location, M. Chauveau faisait remarquer qu'en pareil cas le propriétaire est, en vertu de l'art. 1753, Cod. civ., le créancier direct et personnel du sous-locataire; en sorte qu'il n'y a aucun argument à tirer de cette décision contre l'opinion par lui émise au texte, en faveur de laquelle il citait un arrêt de la Cour d'Orléans, du 7 juin 1855 (*J. Av.*, t. 80, p. 570). — V. aussi notre *Formul. annot.*, p. 458, n. 2.

58. Notre auteur reconnaissait toutefois que la théorie adoptée par la Cour suprême sur la subrogation *ipso jure* du créancier aux droits et actions du débiteur en vertu de l'art. 1166, Cod. civ., autorise ce créancier à prendre, au nom de son débiteur, toutes les voies que celui-ci aurait pu prendre lui-même, comme *saisie-arrêt*, *saisie-exécution*, et même *saisie immobilière*. Quoique, en droit rigoureux, cette doctrine lui ait paru contrarier l'esprit général de la procédure, il ne voyait pas, disait-il, d'inconvénients à l'accepter comme devant éviter les complications de formalités, épargner des frais inutiles et faire obtenir au créancier une satisfaction plus prompte, sans que personne soit lésé; car il importe peu à un débiteur de satisfaire son créancier ou le créancier de son créancier, puisqu'il doit et qu'il est obligé de payer. C'est une manière large d'entendre l'art. 1166, mais elle répond au désir manifesté tant de fois de simplifier la procédure le plus possible.

59. Il a été jugé dans le sens de cette nouvelle doctrine de M. Chauveau, qu'un créancier peut, comme exerçant les droits de son débiteur, pratiquer une saisie-arrêt entre les mains des débiteurs de celui-ci, sans avoir besoin ni du consentement de ce débiteur, ni d'une subrogation judiciaire dans ses droits : Trib. civ. de la Seine, 12 janv. 1876 (*J. Av.*, t. 101, p. 382). — Conf., notre *Formul. annot.*, p. 458, note 1, n. 3. — Mais la première opinion de notre auteur a été admise par un jugement du tribunal civil d'Évreux du 13 mars 1878 (t. 103, p. 261). V. aussi conf., Dalloz, *Répert.*, v° *Obligations*, n. 945 et 946; l'*Encycl. des Huiss*,, v° *Saisie-arrêt*, n. 40, ainsi que les autres autorités indiquées *ibid.*

60. (Q. 1924 ter). *Comment se règle, en cas de faillite du débiteur, le droit de saisir-arrêter attribué à ses créanciers?*

Il est dit au texte par M. Chauveau qu'un créancier du failli ne peut, en son nom personnel, saisir-arrêter les sommes ou effets appartenant ou dus ce dernier, et que s'il a commencé les poursuites avant l'ouverture de la aillite, il doit les suspendre dès qu'elle est prononcée, à moins que la saisie n'ait été déjà validée; en faisant observer que ces principes reçoivent exception : 1° à l'égard des créanciers jouissant d'un privilège sur les objets affectés au paiement de leur créance, comme le bailleur, par exemple; 2° pour certaines personnes dispensées d'observer, en matière de faillite, les règles ordinaires, comme l'administration des douanes et celle de l'enregistrement; 3° en ce qui concerne la saisie-arrêt pratiquée, postérieurement à la déclaration de faillite, sur des objets acquis depuis cette époque.

Adde dans le sens de l'efficacité de la saisie-arrêt validée avant la déclaration de la faillite du débiteur saisi, Cass., 24 janv. 1853 (S.-V.53.1 321); Roger, n. 219. — La Cour de Bourges, par arrêt du 14 juill. 1851 (S.-V. 51.2.737), a même décidé qu'une saisie-arrêt pratiquée dans les dix jours qui ont précédé l'ouverture de la faillite, doit produire ses effets, si elle a été validée avant la déclaration de faillite. — V. également notre *Dictionn. du contentieux commerc.*, v° *Faillite*, n. 251, et notre *Formul. annot.*, p. 451, n. 6 et 7.

61. Il résulte d'un jugement du tribunal civil de Gien, du 13 mars 1850 (*J Av* , t. 75, p. 595), que la régie de l'enregistrement peut, pour garantir le paiement des droits de mutation auxquels donne ouverture le décès du failli, pratiquer une saisie-arrêt sur les revenus de la succession avant l'expiration des six mois de l'ouverture de cette succession. — M. Chauveau déclarait, dans le précédent *Supplément*, que s'il a reconnu, au texte, que la déclaration de faillite n'enlève pas à la régie le droit de saisie-arrêt, il ne saurait admettre, avec le jugement ci-dessus, que ce droit puisse être exercé avant l'exigibilité de la créance. V. aussi Roger, n. 117, à la note. — Compar. *suprà*, n. 45, Q. 1926 *in fine*.

62. La déconfiture d'un débiteur non commerçant ne saurait être assimilée à l'état de faillite, observait M. Chauveau ; ce débiteur conserve l'administration de ses biens; ses créanciers peuvent toujours le poursuivre individuellement, et ce droit de poursuite peut être exercé au moyen de la saisie-arrêt. — Du reste, l'action particulière des créanciers contre le débiteur en déconfiture ne saurait être paralysée par la nomination déjà faite d'un séquestre judiciaire chargé de recouvrer seul tout l'actif du débiteur, et d'en faire seul la répartition entre ses divers créanciers, avec déclaration que les créanciers qui dirigeraient des poursuites personnelles contre le débiteur auraient à en supporter les frais, cette mesure arbitraire ne pouvant avoir pour effet d'empêcher un créancier d'exercer un droit que la loi lui assure : Cass., 17 janv. 1855 (*J. Av.*, t. 80, p. 156).

63. (Art. 557). *Les bonis provenant des objets déposés au mont-de-piété peuvent-ils être saisis-arrêtés par le créancier de l'emprunteur ou déposant, aussi bien que par le créancier du porteur de la reconnaissance ?*

L'affirmative a été consacrée par un arrêt de la Cour de Paris du 19 janv. 1867 (*J. Av.*, t. 92, p. 96).

64. (Id.) *Un créancier ne peut-il, sans se rendre passible de dommages-intérêts, pratiquer des saisies-arrêts qui se trouvent inutiles à raison de ce que le remboursement de la dette se trouvait assuré indépendamment de ces saisies, ou dont l'importance excède considérablement la créance pour sûreté de laquelle il agit ?*

L'affirmative a été consacrée, pour le premier cas, par un arrêt de la Cour de cassation du 16 fév. 1858 (*J. Av.*, t. 93, p. 479, à la note), et pour le second cas, par un arrêt de la Cour de Paris du 3 août 1866 (*ibid.*, p. 475).

65. Mais jugé que le créancier qui a pratiqué une saisie-arrêt pour une créance non certaine (v. *suprà* n. 36 et s.), ne doit pas être condamné à des dommages-intérêts envers le saisi, si la saisie n'a pas causé de préjudice appréciable à ce dernier.

66. (Id.). *Entre les mains de qui doivent être faites les saisies-arrêts à pratiquer sur les cautionnements versés par un débiteur en sa triple qualité de receveur municipal, de receveur du bureau de bienfaisance et de caissier de la caisse d'épargne d'une même ville ? Est-ce entre les mains du conservateur des oppositions au trésor public, — ou entre celles du receveur particulier de l'arrondissement, — ou entre celles du trésorier payeur général du département, — ou bien encore entre les mains de ces trois fonctionnaires à la fois, ou de deux d'entre eux ?*

Consulté sur ce point, nous avons répondu, en argumentant de l'art. 13 de la loi du 9 juill. 1836, que ces saisies-arrêts doivent être faites entre les mains des préposés par qui doivent être remboursés les cautionnements à saisir. — V. aussi en ce sens notre *Formul. annot.*, t. 1, p. 459, n. 12.

67. (Id.). *Où doit être faite la saisie-arrêt du cautionnement d'un receveur des postes qui a cessé ses fonctions ?*

M. Harel, dans le *J. des Av.*, t. 93, p. 500, a exprimé l'opinion, exacte, selon nous, que cette saisie ne peut pas être valablement faite au greffe du tribunal de la résidence du receveur des postes, les dispositions de la loi du 25 niv. an XIII à cet égard ne concernant que les officiers ministériels ; mais qu'elle doit être faite entre les mains du conservateur des oppositions au ministère des finances, parce que c'est là que viennent se centraliser toutes les oppositions sur les cautionnements des fonctionnaires ou comptables publics.

68. (Id.). Quid *des oppositions pratiquées sur les cautionnements des chanceliers diplomatiques et consulaires et des vice-consuls ?*

Il résulte d'un décret du 13 déc. 1877 que ces oppositions doivent aussi être formées entre les mains du conservateur des oppositions au ministère des finances.

69. (Id.). *Peut-on faire une saisie-arrêt, en vertu d'une simple expédition d'un jugement de condamnation, tant que le débiteur ne rapporte pas la grosse exécutoire en signe de libération?*

Décidé affirmativement au texte, t. 4, p. 538, note, 1°.

Adde conf., notre *Formul. annot.*, p. 454, n. 3.

70. En tout cas, il a été jugé que, lorsque la grosse du jugement en vertu duquel a été pratiqué une saisie-arrêt n'est pas représentée par le saisissant, et que le saisi ne produit lui-même, pour prouver sa libération, ni cette grosse, ni les titres constitutifs de sa dette, les juges peuvent, si les documents de la cause font présumer l'existence du jugement, accorder au saisissant un sursis pour rapporter soit la grosse de ce jugement, soit la preuve de la perte de ses titres : Trib. civ. de Mostaganem, 28 déc. 1856 (*J. Av.*, t. 102, p. 114).

71. (Q. 1938 A). *Une saisie-arrêt peut-elle être valablement pratiquée en vertu d'un jugement non encore signifié?*

M. Chauveau, au texte, adopte la négative, par le motif qu'un jugement ne peut être exécuté sans avoir été signifié, et que la saisie-arrêt, quoiqu'elle soit une mesure conservatoire, n'en constitue pas moins une exécution du jugement de condamnation sur lequel elle est basée.

72. Dans le *Supplément* précédent, notre auteur ajoutait : Les jugements sont censés ignorés du débiteur tant que la signification n'en a pas été faite. De là il suit : 1° qu'on ne peut saisir-arrêter en vertu d'un jugement contradictoire non signifié ni expédié. Conf. Roger, n. 86. — *Contrà*, Rouen, 21 nov. 1845 (S.-V.46.2.522); 2° qu'une saisie-arrêt pratiquée en vertu d'un exécutoire de dépens est nulle, si cet exécutoire n'a été signifié ni à avoué ni à partie : Bruxelles, 14 juin 1853 (*J. Av.*, t. 78, p. 665); 3° qu'une saisie-arrêt ne peut être pratiquée en vertu d'une contrainte du receveur de l'enregistrement rendue exécutoire, mais non encore signifiée par huissier. Si la contrainte n'a pas été signifiée au redevable, elle ne saurait produire aucun effet : la régie, n'ayant pas de titre, doit, dans ce cas, demander au juge la permission de saisir-arrêter. Les rédacteurs du *Journal de l'enregistrement* (1852, art. 15,358) ont exprimé à cet égard une opinion contraire que M. Chauveau a critiquée, *J. Av.*, t. 77, p. 608.

73. Toutefois, dans ses observations à la suite de l'arrêt précité de la Cour de Bruxelles, M. Chauveau disait qu'on ne saurait nier qu'un exécutoire non signifié n'ait au moins la même efficacité qu'un simple titre sous seing privé, dont la conversion en titre authentique n'est nécessaire qu'au moment de valider la saisie-arrêt. — M. Harel, dans une dissertation insérée *J. Av.*, t. 89, p. 135 et suiv., a exprimé l'avis que cette interprétation doit être étendue au jugement, qui existe, dit-il, par le seul fait de sa prononciation, comme l'exécutoire dès qu'il est rendu, et qui, aussitôt qu'il est prononcé, confère à celui qui l'a obtenu un droit pour lequel il doit pouvoir prendre toute mesure conservatoire préalable à l'exécution et destinée à l'assurer. A son origine, poursuit ce jurisconsulte, la saisie-arrêt n'est point évidemment considérée par le législateur comme un acte d'exécution, puisqu'elle peut être formée en vertu d'un titre sous seing privé, et même sans titre, sur une simple permission du juge; ce n'est que lorsqu'elle a été validée qu'elle prend véritablement ce caractère. D'après cela, la saisie comprend deux phases tout à fait distinctes : dans la première, c'est une mesure conservatoire qui place sous la main de la justice les valeurs arrêtées et a pour but de garantir provisoirement le droit prétendu par le créancier; dans la seconde, c'est un acte d'exécution qui enlève au débiteur saisi les valeurs arrêtées pour les attribuer au saisissant d'une manière définitive, jusqu'à concurrence de ce qui lui est dû. — Ne suffit-il pas dès lors, puisque la saisie-arrêt ne se trouve convertie en un acte d'exécution que par le jugement qui la valide, que le jugement qui lui a servi de base soit signifié en tête de l'exploit d'assignation en validité?

74. Cette doctrine, que nous avons nous-même embrassée dans notre *Formulaire annoté*, t. 1, p. 454, n. 5, a été encore admise, indépendamment des autorités ci-dessus, par un arrêt de la Cour de Bordeaux du 20 nov. 1863 (*J. Av.*, t. 89, p. 138, à la note), un arrêt de la Cour de Rennes du 21 août 1871 (t. 98, p. 229), et un arrêt de la Cour de Paris du 9 août 1873 (*ibid.*, p. 438). — Mais l'opinion contraire a été consacrée par un jugement du tribunal civil de la Seine du 19 juin 1869 (t. 94, p. 486). — A l'appui de ce dernier système, on peut encore invoquer un arrêt de la Cour de Lyon du 7 janv. 1868 (t. 93, p. 359), jugeant que la saisie-arrêt ne constitue pas seulement un acte conservatoire, mais qu'elle est en même temps un acte d'exécution; d'où la conséquence qu'elle doit être considérée comme un moyen d'interruption de la prescription. V. aussi Toulouse, 18 déc. 1874 (t. 101, p. 30). — Compar. *suprà*, n. 3, et *infrà*, n. 79.

75. Mais faut-il aller jusqu'à dire, avec un arrêt de la Cour de Paris du 28 fév. 1852 (t. 77, p. 670), qu'une saisie-arrêt faite en vertu de billets annulés par un jugement infirmé sur l'appel, n'est pas valable tant que l'arrêt n'a été ni levé, ni signifié? Si la doctrine consacrée par cet arrêt pouvait prévaloir, disait M. Chauveau dans le *Supplément* précédent, sous la quest. 1928, ce serait le cas de s'écrier : *summum jus, summa injuria*. Jamais la loi de procédure n'aurait été accusée avec plus de raison de sacrifier le fond à la forme. Notre auteur se refusait à croire que la Cour de Paris eût fait une saine application de l'art. 147. Le tribunal de la Seine s'était fondé sur ce que, l'arrêt n'ayant été ni levé ni signifié, le jugement conservait toute sa force; la Cour a donné ce motif, que le recouvrement des billets ne pouvait avoir lieu qu'en exécution de l'arrêt infirmatif qui devait alors être levé et signifié. Notre auteur voyait là une méconnaissance formelle de plusieurs règles élémentaires de procédure. Quel était l'état des faits? L'écriture des billets n'était pas déniée; le souscripteur avait prétendu que son engagement était nul; il reconnaissait qu'un arrêt de Cour souveraine l'avait déclaré valable. Ainsi, de son propre aveu, tombait donc pour lui tout prétexte d'exception, il devait payer. Ce n'était pas en vertu et en exécution de l'arrêt qu'une opposition avait été faite; c'était en vertu des billets. Le débiteur n'avait rien à opposer à la valeur de ces billets, puisque le jugement précédemment obtenu par lui avait été infirmé. Pouvait-il donc demander la nullité de la saisie? L'affirmative, disait M. Chauveau, semble répugner à la raison; évidemment contraire à l'équité, elle ne repose sur aucune disposition de la loi de procédure. On conçoit que si une opposition a été formée à un jugement par défaut, le jugement sur l'opposition doive être signifié avant la mise à exécution du premier jugement; que si un jugement a été frappé d'appel, l'arrêt confirmatif doive également être signifié avant que l'on ne mette à exécution le jugement attaqué; mais peut-on admettre que ces obligations soient imposées à celui qui a été arrêté dans l'exécution d'un acte authentique par une exception accueillie d'abord, rejetée ensuite; et que le débiteur puisse dire à son créancier : « Il est vrai que vous avez dans les mains un acte authentique en vertu duquel vous pouvez me poursuivre, mais je vous ai fait un procès; j'ai gagné en première instance, perdu en appel; vous ne continuerez vos poursuites qu'autant que vous m'aurez fait signifier l'arrêt de la Cour »? Ne peut-on pas répondre que l'exception se détruit elle-même, puisque le débiteur veut arrêter son créancier en invoquant un jugement qu'il déclare être infirmé? Faut-il donc absolument que le créancier apporte la preuve écrite du dire même de son adversaire? N'est-ce pas comme si on forçait un ancien débiteur, poursuivi par son ancien créancier en vertu d'un acte authentique, de produire une quittance, quand cet ancien créancier avoue qu'il a été intégralement payé?

Un jugement, a dit le tribunal de la Seine, a toute sa force quand l'arrêt qui l'infirme n'est ni levé ni signifié. Oui, répondait M. Chauveau, si celui qui a obtenu ce jugement et veut le faire exécuter, nie l'appel et l'arrêt. Non, s'il avoue l'appel, car l'effet du jugement est suspendu; non surtout, s'il avoue qu'il y a eu arrêt infirmatif, car, de son aveu, le jugement est anéanti.

Dans l'espèce, répétait notre auteur, la saisie-arrêt n'avait point été faite en vertu de l'arrêt de la Cour, elle n'avait pour base légale que les billets souscrits. Ces billets étaient un titre suffisant, puisque le débiteur ne pouvait leur opposer aucune exception. Il ne faut pas confondre les effets résultant d'un acte reconnu et l'exécution de cet acte. Les effets peuvent exister sans que l'acte apparaisse. L'exécution ne peut avoir lieu qu'en produisant et en faisant signifier l'acte en vertu duquel on veut agir.

76. Il est bien entendu, ajoutait M. Chauveau, que si le débiteur avait nié impudemment l'arrêt de la Cour, ou ses termes, ou sa teneur, la position n'eût plus été la même; mais il se serait exposé à une demande très légitime de dommages-intérêts. Et encore, dans cette position et avec la certitude légale, pouvant résulter d'un certificat du greffe, de l'existence de l'arrêt infirmatif, notre auteur déclarait que les juges n'eussent pas dû hésiter à accorder un sursis au créancier.

Notre auteur terminait en faisant remarquer que M. Roger, n. 66, reconnaît au président le droit d'autoriser le créancier, porteur d'un jugement frappé d'appel, à former une saisie-arrêt, s'il juge que la créance est certaine et que la contestation du débiteur n'est pas sérieuse. — Mais compar. *infrà*, n. 79 et s.

77. (Art. 557). *Un jugement par défaut, exécuté par un procès-verbal de carence dressé dans les six mois de son obtention, au domicile du débiteur, et dont il a été laissé copie à l'une des personnes mentionnées dans l'art.* 68, *peut-il servir de base à une saisie-arrêt?*

L'affirmative, admise par un arrêt de la Cour de Rouen du 3 déc. 1861 (t. 87, p. 342), ne saurait faire difficulté, le procès-verbal de carence dressé dans les conditions ci-dessus étant un acte d'exécution suffisant pour conserver au jugement tous ses effets. — V. *Jugement par défaut*, n. 216 et s.

78. (Id.). *La saisie-arrêt pratiquée en vertu d'un jugement par défaut frappé d'opposition est-elle valable?*

Décidé négativement, à bon droit, par un jugement du tribunal civil de Bruxelles du 22 janv. 1853 (*Journ. des Huiss.*, t. 34, p. 222); un jugement du Trib. civ. de la Seine du 15 déc. 1860 (*J. Av.*, t. 87, p. 446); Roger, n. 77; Chauveau, *J. Av.*, t. 75, p. 442; notre *Formul. annot.*, t. 1, p. 455, n. 10. — Lorsque la saisie-arrêt a été pratiquée en vertu d'un jugement par défaut avant qu'il n'ait été frappé d'opposition, les poursuites doivent être suspendues dès que l'opposition se produit: Roger, n. 76; notre *Formul.*, *ibid.*

79. (Q. 1928 A). *Peut-on saisir-arrêter en vertu d'un jugement attaqué par voie d'appel?*

Carré paraît admettre l'affirmative au texte, sauf dans le cas où il s'agit d'un jugement provisoire (V. t. 4, p. 555, à la note). — M. Chauveau, *ibid.*, se prononce dans le sens contraire, en s'attachant à combattre ces trois arguments sur lesquels s'est appuyé un arrêt de la Cour de Rouen, conforme à l'opinion de Carré: que la saisie-arrêt n'est qu'un acte conservatoire; — que si la saisie-arrêt ne pouvait avoir lieu en vertu d'un jugement frappé d'appel, il dépendrait d'un débiteur de mauvaise foi de préjudicier à un créancier légitime; — que le créancier porteur d'un titre, ou même sans titre, pouvant pratiquer une saisie-arrêt avec la permission du président, il doit pouvoir, à plus forte raison, la former en vertu d'un jugement frappé d'appel.

80. Dans le précédent *Supplément*, M. Chauveau constatait que la nullité de la saisie-arrêt faite en vertu d'un jugement frappé d'appel a été reconnue par MM. Dalloz, n. 95 et s.; Roger, n. 64; Bioche, n. 23; un jugement du tribunal de Grenoble, du 26 août 1853 (*J. Av.*, t. 79, p. 84), et par arrêts des Cours de Bordeaux, 5 mars 1853 (*Journ. de cette Cour*, 1853, p. 144) et 22 août 1854 (*J. Av.*, t. 80, p. 51); de Nîmes, 15 avril 1856 (t. 81, p. 578); tandis que l'interprétation contraire a été consacrée par les Cours de Rouen, le 21 nov. 1845 (*J. Av.*, t. 71, p. 441), et de Bruxelles, le 23 mai 1857 (t. 82, p. 583).

81. M. Chauveau reproduisait les observations critiques ci-après dont l'arrêt précité de la Cour de Nîmes a été l'objet de la part du rédacteur du recueil de jurisprudence de cette Cour :

« Aux termes de l'art. 551 du Code de procédure, il ne peut être procédé à aucune saisie mobilière ou immobilière qu'en vertu d'un titre exécutoire, pour sommes certaines, liquides et exigibles. Aux termes de l'art. 457, l'appel de tous jugements non déclarés exécutoires par provision est suspensif. Il est donc hors de doute que, lorsque le titre en vertu duquel on vient exécuter est un jugement non exécutoire par provision, l'appel dont le jugement est frappé rend l'exécution impossible, car non seulement il enlève toute *certitude* à la créance qui est remise en question, mais il a retiré au titre son caractère exécutoire; et comme il n'appartient qu'à la juridiction supérieure d'en apprécier le mérite, la nullité, la tardiveté même évidentes de l'appel, ne couvriraient pas l'irrégularité de la poursuite.

« Mais, en matière de saisie-arrêt, l'art. 557 n'exige pas l'existence d'un titre exécutoire, car il autorise le créancier à y procéder en vertu de titres authentiques ou privés. De plus, l'art. 558 permet de la faire au moyen d'une simple permission du juge. La loi n'exige donc pas pour la régularité de la saisie-arrêt ni le caractère exécutoire du titre (cela est hors de toute discussion), ni même *la certitude de la créance*; nous disons, *pour la régularité, et non pour la validité*, ce qui est une toute autre question. — En effet, lorsque la saisie-arrêt aura été faite en vertu d'un titre privé, si le débiteur dénie l'écriture; lorsqu'elle aura procédé en vertu d'une permission du juge, s'il prétend n'avoir jamais dû ou avoir payé, — il sera bien manifeste que la créance n'avait, lors de la saisie, aucune certitude, puisqu'on va être obligé de recourir à une vérification, à des débats et à des preuves dont le résultat pourra tourner à la confusion du poursuivant; mais en attendant, personne ne contestera la parfaite régularité de la saisie, elle tiendra jusqu'au moment où le juge, complètement éclairé, devra la valider ou l'annuler. Que si donc on veut s'en tenir à la lettre de la loi, il est évident qu'au point de vue de la régularité de la saisie, elle se contente d'un titre apparent et même de la simple prétention de la partie poursuivante, pourvu que le juge ait admis la probabilité de son mérite.

« Pour expliquer cette différence entre les conditions de la saisie-arrêt et des exécutions proprement dites, tout le monde s'accorde à reconnaître que la saisie-arrêt n'est par elle-même qu'une mesure conservatoire et qu'elle n'affecte les caractères de l'exécution que lorsqu'il s'agit d'en prononcer la validité. Pourquoi donc le créancier, porteur d'un jugement de condamnation frappé d'appel ne peut-il pas procéder à une saisie-arrêt *régulière* en vertu de ce jugement?

M. Chauveau n'en donne qu'une raison qui lui paraît péremptoire, c'est que l'appel est suspensif, aux termes de l'art. 557. Cette raison serait excellente si la saisie-arrêt ne pouvait être faite qu'en vertu d'un titre exécutoire; mais elle disparaît dès qu'il est reconnu que cette condition n'existe pas.

« Mais, dira-t-on, si la saisie-arrêt n'est pas protégée par l'autorité du jugement, autorité que l'appel a fait cesser, elle ne procède plus en vertu de rien; l'art. 556 exige cependant qu'elle procède en vertu d'un titre ou au moins d'une permission du juge. — On peut, ce nous semble, répondre avec avantage que le jugement contradictoire, bien que frappé d'appel, est un titre; ce titre pourra sans doute être modifié ou détruit, mais jusque-là il existe; l'effet suspensif de l'appel ne frappe que sa mise à exécution. On peut encore répondre que la décision contradictoire d'un tribunal équivaut bien au moins à la permission de l'un de ses membres, et qu'il serait assez singulier que la partie qui a obtenu ce jugement eût l'idée d'aller demander au président qui l'a prononcé de déclarer, dans la forme d'une autorisation, que sa prétention est assez colorée pour justifier l'emploi d'une mesure conservatoire.

« Comment, d'ailleurs, ne pas être frappé du résultat que voici? Le porteur d'une simple promesse non reconnue pourra, en vertu de ce titre privé, faire toutes les saisies-arrêts qu'il avisera. Il ne pourra en faire aucune en vertu du jugement qui en aura avéré l'écriture et prononcé la condamnation, si le jugement est frappé d'appel.

« Tels sont les motifs qui nous font penser que le système de la régularité de la saisie finira par prévaloir; mais nous désirons que la jurisprudence se fixe dans un sens quelconque, car cette question, d'un intérêt pratique et journalier, intéresse le public, et jusque-là nous conseillerons aux praticiens de recourir, à tout événement, à l'autorisation du juge. Cette précaution, qui sera d'un effet sûr, nous paraît commandée par la divergence des opinions. »

82. Notre auteur estimait avoir répondu d'avance aux objections qu'on vient de lire, et il concluait, avec un jugement du tribunal de la Seine, du 22 juin 1849 (*J. Av.*, t. 76, p. 57), que la saisie-arrêt faite après qu'il a été interjeté appel, est nulle non seulement quand on a agi en vertu du jugement dont l'exécution est suspendue, mais même quand on a procédé en vertu de la permission du juge.

83. Il est évident, ajoutait M. Chauveau, que la saisie-arrêt serait valable si le jugement attaqué était exécutoire nonobstant appel. *Sic*, C. cass. de Belgique, 11 juin 1857 (*J. Av.*, t. 82, p. 631).

84. Le tribunal de la Seine a décidé, le 4 juin 1849 (*J. Av.*, t. 74, p. 472), que l'appel interjeté, après la saisie-arrêt, du jugement en vertu duquel cette saisie a été pratiquée, entraîne la nullité de la saisie. M. Chauveau déclarait ne pouvoir approuver cette décision beaucoup trop rigoureuse. La saisie-arrêt commencée avant l'appel, disait-il, devra être maintenue. Seulement, comme en matière d'enquête, l'appel interrompt les poursuites, qui ne peuvent reprendre leur cours qu'après la signification de l'arrêt confirmatif. Mais cette interruption est immédiate dans ses effets. Ainsi, à partir de la signification de l'appel, tous actes tendant à exécution de la part du créancier sont nuls. Notre auteur n'admettait pas que, comme cela avait eu lieu dans une espèce qui lui avait été soumise, et où l'appel et la dénonciation de la saisie-arrêt étaient intervenus le même jour, le saisissant, pour échapper aux conséquences de l'art. 565, puisse, malgré l'appel, dénoncer au tiers saisi la demande en validité, sans l'assigner en déclaration affirmative. Quelque fâcheux qu'il soit pour le créancier de voir sa saisie inefficace à l'effet d'empêcher le tiers saisi de se libérer, on doit, insistait-il, déclarer nulle la signification faite à ce dernier, au mépris de la prohibition de l'art. 457. Néanmoins, il conseillait au créancier saisissant, comme mesure de précaution, de dénoncer l'appel au tiers saisi, en l'engageant à ne pas payer, jusqu'à décision de la Cour. V. *infrà*, n. 251 et s.

84 *bis*. M. Chauveau se demandait ensuite si l'appel interjeté avait un effet tellement rétroactif, qu'il annulât toutes les procédures d'exécution entamées. Il établissait, disait-il, une grande différence entre les effets de l'opposition à un jugement par défaut et ceux de l'appel. S'il attribuait à la première de ces voies de recours l'effet d'annuler les procédures d'exécution antérieures, c'est que le défaillant qui forme opposition est réputé connaître alors seulement la demande dirigée contre lui, et que la présomption de la loi est en sa faveur, tandis que l'appelant qui a épuisé le premier degré de juridiction ne se présente devant ses nouveaux juges que pour soumettre à leur examen plus approfondi la contestation qu'il déclare avoir été mal jugée, et que la présomption de la loi est, dans ce cas, contre lui. L'effet produit par l'appel, observait notre auteur, est purement *suspensif*; il ne peut donc entraîner la nullité des actes réguliers qui ont précédé l'appel. C'est, du reste, ce qu'a décidé le tribunal civil de Grenoble, le 26 août 1853 (*J. Av.*, t. 79, p. 84).

85. La jurisprudence postérieure à la publication du précédent *Supplément* a généralement confirmé la doctrine de M. Chauveau, doctrine que nous avons nous-même embrassée dans notre *Formul. annot.*, t. 1, p. 454, n. 6 et suiv. — Ainsi, il a été jugé que la saisie-arrêt pratiquée en vertu d'un jugement frappé d'appel est nulle, encore bien que ce jugement ait été déclaré exécutoire par provision, nonobstant appel, s'il ne l'a été qu'à charge de donner caution ou de justifier de solvabilité suffisante, et si la caution n'a pas été fournie ou la justification faite avant l'appel; et, qu'en pareil cas, le saisissant est passible envers le débiteur de dommages-intérêts : Paris, 14 fév. 1866 (*Journ. des Huiss.*, t. 47, p. 155); 7 janv. 1867 (t. 92, p. 205). — D'après un autre arrêt, la saisie est également nulle lorsque le jugement frappé d'appel en vertu duquel elle a été pratiquée étant émané du tribunal de commerce, n'a pas été déclaré exécutoire par provision sans caution : Douai, 15 fév. 1874 (t. 99, p. 364).

86. En tout cas, comme l'a jugé la Cour de Paris le 17 mars 1874 (t. 99, p. 183), l'effet suspensif de l'appel ne saurait être considéré comme faisant obstacle à la saisie-arrêt, lorsque celle-ci a été pratiquée le jour même où a été interjeté l'appel. En conséquence, le juge des référés ne peut, en présence de la saisie-arrêt formée dans ces conditions, autoriser le débiteur saisi à toucher les sommes saisies-arrêtées.

87. Quant à la saisie-arrêt formée antérieurement à l'appel du jugement qui lui sert de base, le tribunal de la Seine a décidé, le 30 avril 1861 (t. 87, p. 445), qu'elle est valable, et qu'il doit seulement être sursis à statuer sur la validité de cette saisie, toutes choses restant en état, jusqu'à ce que l'appel soit vidé. — Du reste, le même tribunal a, par un autre jugement du 10 déc. 1873 (t. 99, p. 65), appliqué aussi cette solution à la saisie-arrêt pratiqué depuis l'appel du jugement sur lequel elle est fondée.

88. La question de savoir si une saisie-arrêt faite sans permission du juge a eu lieu en vertu d'un titre valable, ou s'il a été régulièrement procédé en la forme, par exemple, si la saisie a pu être pratiquée en vertu d'un jugement frappé d'appel, constitue une question de validité de la saisie dont la connaissance appartient spécialement au tribunal, et non au juge des référés : Paris, 22 juin 1867 (t. 92, p. 368).

89. (Q. 1928 B). Quid, *si la saisie-arrêt a été pratiquée en vertu d'un arrêt frappé de pourvoi en cassation?*

M. Chauveau, dans le *Supplément* précédent, décidait avec un arrêt de la

Cour de cassation, du 22 août 1854 (*J. Av.*, t. 80, p. 51), qu'une telle saisie-arrêt est également nulle.

90. (Q. 1928 c). *La saisie-arrêt formée en vertu d'une contrainte de la régie de l'enregistrement frappée d'opposition, est-elle nulle?*

L'affirmative était enseignée dans le *Supplément* précédent par M. Chauveau, qui critiquait un jugement du tribunal civil de Libourne décidant qu'une semblable saisie est valable, si le receveur de l'enregistrement ignorait l'existence de l'opposition. Qu'elle soit connue ou ignorée de celui qui a délivré la contrainte, l'opposition, disait notre auteur, a nécessairement pour effet d'arrêter l'exécution.

91. (Q. 1930). *Lorsqu'il n'y a pas de titre, est-ce le tribunal entier, ou le président seul qui doit accorder la permission de saisir-arrêter ?*

Il est répondu, au texte, que c'est le président seul, ou le juge qui le remplace en cas d'absence ou d'empêchement, sur une requête qui lui est présentée à cet effet.

92. Dans le *Supplément* précédent, M. Chauveau mentionnait, en l'approuvant, un arrêt de la Cour de Douai, du 18 avril 1850 (*J. Av.*, t. 76, p. 593), qui a jugé que le créancier pour fournitures de denrées faites moyennant un prix déterminé, peut saisir-arrêter les sommes appartenant à son débiteur, sans qu'il soit besoin de permission du juge, lorsque les fournitures ont eu lieu en exécution d'une clause d'un acte authentique, et que la quantité fournie n'est pas contestée. Voy. conf., notre *Formul. annot.*, p. 455, n. 14.

93. (Q. 1930 bis). *Le président du tribunal civil est-il exclusivement compétent pour permettre de saisir-arrêter?*

Il est enseigné au texte que le président du tribunal de commerce a aussi ce pouvoir dans les matières qui sont de la compétence de ce tribunal.

Adde en ce sens, Trib. comm. de Marseille, 5 juin 1850 (*J. Av.*, t. 76, p. 596); Paris, 26 janv. 1861 (t. 86, p. 14), infirmant un jugement du tribunal civil de Châlons du 6 mars 1860 (*ibid.*); Vincens, *Législ. comm.*, t. 1, p. 177; Pardessus, *Droit comm.*, t. 5, p. 31; Molinier, *id.*, t. 1, n. 549, et *J. Av.*, t. 72, p. 513; Dalloz, n. 113; Roger, n. 141: notre *Dictionn. du contentieux commercial*, v° *Trib. de comm.*, n. 101, et notre *Formul. annot.*, p. 455, n. 15, et p. 456, n. 17.

94. La saisie-arrêt faite en vertu d'une ordonnance rendue par le président du tribunal civil du domicile du créancier, est-elle valable ? La solution négative de cette question a été parfaitement établie par M. Harel, *J. Av.*, t. 92, p. 86.

95. (Q. 1933 bis). *Le président d'un tribunal français peut-il autoriser une saisie-arrêt en France, à la requête d'un étranger, au préjudice d'un autre étranger ?*

M. Chauveau, au texte, enseigne la négative dans le cas où la créance du saisissant résulte d'une convention passée en pays étranger, mais admet l'affirmative dans le cas où cette convention a été passée en France.

96. Cette distinction a été sanctionnée par différents arrêts. V. Douai, 12 juill. 1844 (*J. Av.*, t. 67, p. 506 et 703); Rouen, 23 avril 1855, et Paris, 3 mai 1855 (t. 81, p. 31). Toutefois, la Cour de Paris, qui, par des décisions mentionnées au texte, avait admis la compétence absolue du président d'un tribunal français, a persisté dans cette jurisprudence, en y apportant toutefois cette restriction qu'avant de prononcer sur la validité de la saisie, le tribunal devra surseoir à statuer pendant un délai que le demandeur utilisera pour faire juger le fond de la contestation et déterminer la quotité de la dette par le tribunal étranger compétent. V. arrêts des 15 avril 1846 (*J. Av.*, t. 70. p. 380), et 23 janvier 1850 (t. 75, p. 585). — Cette restriction, observait M. Chauveau dans le précédent *Supplément*, semble tourner la difficulté, mais elle ne la détruit pas. Le tribunal français s'immiscera toujours dans un examen qui lui est défendu. M. Roger, n. 156, 207 *ter*, pense que l'étranger créancier d'un autre étranger, qui veut former une saisie-arrêt contre celui-ci, doit y être autorisée par le juge français; les biens à saisir, dit cet auteur, étant en France, c'est la loi de ce pays qui doit les régir, le magistrat étranger n'ayant sur eux aucun pouvoir.

97. Depuis que M. Chauveau a écrit ce qui précède, la Cour de Paris a décidé de nouveau, le 20 sept. 1866 (t. 94, p. 81), que le président d'un tribunal français peut autoriser une saisie-arrêt au profit d'un étranger sur des sommes dues en France à un autre étranger, sauf au tribunal saisi de la demande en validité à fixer un délai dans lequel l'étranger saisissant devra, sous peine de déchéance, justifier à la juridiction française des poursuites par lui exercées au fond devant les tribunaux compétents, et cette décision a été maintenue par un arrêt de la Cour de cassation du 23 mars 1868 (*ibid.*).

98. (Q. 1933). *Un juge de paix peut-il autoriser une saisie-arrêt?*

Solution affirmative au texte relativement aux créances qui rentrent dans les limites de la compétence des juges de paix.

Adde conf., Bonnier, *Comment. sur l'art.* 558; Roger, n. 142; Augier, *Journal des Juges de paix*, t. 1, p. 283, et t. 2, p. 85; Bioche, *Journ. de proc.*, 1852, p. 8; N. A. Carré, *Compét. judic. des juges de paix*. n. 163. — Mais l'opinion contraire est plus généralement admise. V. Trib. civ. de la Seine, 14 et 21 oct. 1853 (*J. Av.*, t. 79, p. 187 et 458); Trib. civ. d'Agen, 25 avril 1857 (t. 83, p. 147); Trib. civ. de Niort, 21 fév. 1874 (t. 99, p. 181); Carou, *Jurid. civ. des juges de paix*, t. 2, n. 982; Boucher d'Argis, *Dict. de la taxe*, p. 291; Rodière, t. 3, n. 289; Jay, *Ann. des just. de paix*, 1858, p. 163; notre *Formul. annot.*, p. 455, n. 16.

99. (Q. 1931). *Le président auquel est demandée la permission de saisir-arrêter est-il tenu de l'accorder?*

Solution négative au texte, où il est dit que le président jouit à cet égard d'un pouvoir discrétionnaire.

Adde conf., Rouen, 28 fév. 1846 (*J. Av.*, t. 71, p. 430); Roger, n. 144; notre *Formul. annot.*, p. 456, n. 19.

100. (Q. 1932). *Le refus du président donne-t-il lieu à un recours?*

Carré, au texte, estime qu'on doit, en pareil cas, s'adresser au tribunal entier; tandis que M. Chauveau, *ibid.*, enseigne que le président exerçant ici une juridiction gracieuse, son refus échappe à tout recours, sauf le cas où la demande a été adressée au président du tribunal de commerce, dont l'ordonnance est susceptible, suivant lui, d'appel de la part du créancier et d'opposition devant le président du tribunal de commerce, de la part du débiteur.

Dans le sens de l'opinion de M. Chauveau sur le caractère absolu et sans contrôle du pouvoir du président, *adde* Montpellier, 7 avril 1854 (*J. Av.*, t. 80, p. 211); Paris, 27 juill. 1877 (t. 102, p. 443); Bioche, v° *Saisie-arrêt*, n. 16; De Belleyme, t. 1, p. 146 et suiv.; Roger, n. 148 *bis* et 149 *ter*; notre *Formul. annot.*, p. 456, n. 20. — *Contrà*, Bordeaux, 16 août 1817; Metz, 24 nov. 1819; Boncenne, t. 2, p. 162. — Compar. *infrà*, n. 111.

101. Il a été aussi jugé, conformément à l'opinion de M. Chauveau, que l'opposition à l'ordonnance rendue par le président du tribunal de commerce en autorisation d'une saisie-arrêt, doit être portée devant ce magistrat, et non devant le tribunal lui-même : Trib. civ. de Marseille, 5 mars 1873 (t. 99, p. 152).

102. M. Chauveau, dans le précédent *Supplément*, en rappelant qu'il a, au texte, reconnu au président un pouvoir discrétionnaire pour accorder ou refuser la permission de saisir-arrêter, ou pour mettre certaines conditions à cette permission, faisait remarquer qu'il y aurait cependant violation de la loi et excès de pouvoir dans la mesure par laquelle le président exigerait, sous peine de commettre lui-même des huissiers, que les avoués mentionnassent dans les ordonnances préparées par eux en matière de saisie-arrêt, que la signification de la saisie, de la dénonciation et autres actes qui en sont la conséquence, seraient faits par l'huissier le plus rapproché du domicile de celui à qui la copie est destinée. Conf. Roger, 2ᵉ édit., p. 130, n. 151.

103. (Q. 1932 bis). *En autorisant une saisie-arrêt, le président peut-il en limiter les effets et déclarer que le saisi pourra toucher l'excédent des causes de la saisie, en laissant entre les mains du tiers saisi ou en déposant à la Caisse des consignations une somme égale au montant de la créance du saisissant, avec affectation spéciale à cette créance et délégation expresse à son profit pour le cas de validité de la saisie? Quels sont les effets de cette disposition à l'égard des tiers?*

On lit dans un arrêt de la Cour de Paris, du 23 janv. 1852 (*J. Av.*, t. 77, p. 489), que, lorsqu'à la suite d'une saisie-arrêt la partie saisie assigne le saisissant en référé pour voir réduire le montant de la somme saisie-arrêtée au chiffre de la créance prétendue; que devant le juge des référés le saisissant et la partie saisie tombent d'accord; et qu'il est ordonné que la réduction aura lieu, et que le montant de la prétendue créance sera déposé avec attribution spéciale et conditionnelle au profit du saisissant, les sommes ainsi déposées ne peuvent être valablement saisies-arrêtées de la part d'autres créanciers du saisi. — Cet arrêt, disait M. Chauveau dans le précédent *Supplément*, tire des faits qu'il constate la conséquence logique et nécessaire que, par l'effet du contrat judiciaire intervenu, la somme déposée avec affectation conditionnelle en faveur du saisissant ne pouvait plus être frappée par les oppositions des tiers. — Il en serait de même si le dépôt était effectué en vertu d'un consentement établi par acte authentique ou sous seing privé. Voy. le *Formulaire de procédure*, 3ᵉ éd., t. 1, p. 558, note 13.

104. Mais, ajoutait notre auteur, il faut prendre garde de donner à cette décision des effets trop étendus. La Cour de Paris a réservé expressément la question de savoir si l'ordonnance qui autorise la saisie-arrêt quand le créancier n'a pas de titre, peut opérer la saisine de la somme arrêtée au préjudice des tiers, lorsqu'elle contient (comme cela se pratique à Paris) une disposition spéciale ainsi conçue: « Disons qu'en laissant entre les mains du tiers saisi ou en déposant ladite somme à la Caisse des dépôts et consignations, avec affectation spéciale à la créance du saisissant et délégation expresse à son profit pour le cas où ladite créance serait ultérieurement reconnue valable, le saisi est dès à présent autorisé à toucher le surplus des sommes à lui dues. » (Voy. le *Formul.* précité, p. 551, remarque de la *formule* 540). M. Chauveau déclarait considérer une telle disposition comme un simple avis dont le débiteur peut profiter, et non comme constituant, en l'absence de tout autre document qui établisse l'accord des parties, un droit de préférence en faveur du saisissant.

105. On exagérerait aussi la portée de cet arrêt, poursuivait-il, si l'on prétendait en induire qu'il reconnaît au juge des référés le droit de donner mainlevée de la saisie-arrêt. — La Cour de Paris n'a pas dit qu'une ordonnance de référé pût vaincre la résistance du saisissant ou celle du saisi; elle a seulement déclaré que cette ordonnance constatait l'accord des parties, ce qui est bien différent. Il est en effet de jurisprudence que le juge des référés n'a pas qualité pour statuer sur les difficultés qui ont pour objet la mainlevée d'une saisie-arrêt. Voy. *infrà*, n. 109, et *Référé*, n. 134. — La Cour de Bordeaux a cependant décidé, le 19 mars 1855 (*J. Av.*, t. 80, p. 406), que le président a le droit de déléguer la somme arrêtée avec affectation spéciale au créancier saisissant ; et que dans ce cas son ordonnance est susceptible d'appel. — Quant à l'appel, M. Chauveau regardait le doute comme impossible, la délégation constituant à ses yeux un excès de pouvoir. — V. encore, sur l'étendue des pouvoirs du juge des référés en matière de saisie-arrêt, *infrà*, n. 458 et s., et le mot *Référé*, n. 133 et s.

106. C'est avec raison, disait encore notre auteur, que le tribunal de Toulouse a déclaré, le 19 mars 1853 (*J. Av.*, t. 78, p. 530) que l'accord intervenu entre le saisi et le tiers saisi, par lequel ce dernier a été autorisé à retenir une somme égale à la créance du saisissant pour être payée à ce dernier, dans le cas où la saisie-arrêt serait validée par la justice, ne constitue pas une véritable délégation qui confère saisine au créancier saisissant et qui empêche les créanciers ultérieurs d'avoir droit à la somme conservée. — Les circonstances sur lesquelles le tribunal de Toulouse a statué, observait-il, ne sont pas les mêmes que celles ci-dessus. L'intention du saisi était bien identique dans les deux cas, mais l'espèce offrait cela de particulier que l'accord n'était intervenu qu'entre le saisi et le tiers saisi, sans participation aucune du saisissant, et que les termes de cet accord n'étaient pas assez explicites pour établir la preuve d'une délégation conditionnelle.

107. (Q. 2757 bis B). *Le président du tribunal peut-il n'accorder, en l'absence de titre, la permission de saisir-arrêter, qu'à la condition de lui en référer en cas de difficultés ?*

La négative a été soutenue au texte par M. Chauveau. V. *Référé*, n. 134.

Mais l'opinion contraire a prévalu. V. notamment Lyon 6 mai 1861 (*J. Av.*, t. 87, p. 447), et les autres décisions mentionnées ci-après ; Roger, n. 506 bis ; Harel, *J. Av.*, t. 86, p. 20 ; notre *Formul. annot.*, p. 456, n. 22.

108. L'arrêt précité de la Cour de Lyon décide d'ailleurs que la faculté de référé, réservée par l'ordonnance permettant de former une saisie arrêt, peut être exercée même après que la demande en validité de la saisie a été portée devant le tribunal. — La Cour de Paris a jugé, au contraire, par arrêts des 22 mars 1867 (t. 92, p. 221), 28 janv. et 11 mars 1870 (t. 95, p. 216 et 271), que lorsqu'une ordonnance sur requête autorisant une saisie-arrêt avec réserve de référé a été suivie de cette saisie et d'une instance en validité liée par des conclusions du défendeur tendant à la mainlevée de la saisie, ce dernier a perdu le droit d'user de la faculté réservée par cette ordonnance, laquelle ne peut plus être rétractée. Conf. notre *Formul.*, *loc. cit.*, n. 24 et s. — Du reste, quand le retrait de l'ordonnance d'autorisation a été prononcé dans le cours de l'instance en validité, cette instance n'en continue pas moins de subsister, et le débiteur peut former une demande reconventionnelle en dommages-intérêts contre le saisissant, si la saisie lui a été préjudiciable : Paris, 23 nov. 1865 (t. 92, p. 370).

109. Si le président du tribunal, par suite de la réserve de lui en référer en cas de difficulté, et sur les explications contradictoires des parties, peut modifier et même rétracter sa première ordonnance, son droit ne va évidemment pas jusqu'à annuler la saisie-arrêt, en prononcer la mainlevée et ordonner le paiement des sommes dues ; ce droit n'appartient qu'au tribunal : Paris, 16 juin 1866 (t. 91, p. 400). — Compar. ci-dessus, n. 105.

110. Il est hors de doute que le président du tribunal ne peut rétracter en référé l'ordonnance par laquelle il a autorisé une saisie-arrêt, lorsque la réserve d'en référer n'a pas été insérée dans cette ordonnance : Paris, 11 fév. 1868 (t. 94, p. 296) et 30 avril 1870 (t. 95, p. 299) ; alors, la question de savoir s'il a été à raison ou à tort procédé à la saisie rentre dans les attributions du tribunal, qui en est saisi par voie de demande en validité ou en mainlevée :

même arrêt du 11 fév. 1868. — V. aussi en ce sens notre *Formul. annot.*, t. 1, p. 457, n. 27.

111. Une controverse très vive s'est élevée sur le point de savoir si, dans le cas où l'ordonnance portant permission de former une saisie-arrêt contient réserve d'en référer au président en cas de difficulté, la seconde ordonnance rendue sur le référé peut ou non être frappée d'appel. V. sur ce point *Référé*, n. 161 et s.

§ 3. — Quelles choses peuvent être saisies-arrêtées.

112. (Q. 1924 bis F). *Quand des effets mobiliers doivent-ils être considérés comme appartenant au débiteur, de manière que la saisie-arrêt puisse en être autorisée de la part de ses créanciers?*

M. Chauveau, au texte, indique les conditions que la propriété du débiteur doit réunir pour qu'il puisse être formé contre lui une saisie-arrêt.

113. Dans le *Supplément* précédent, notre auteur mentionnait les solutions suivantes : — Les sommes dues par des pupilles à leur tuteur peuvent être saisies pendant la tutelle, et la saisie-arrêt pratiquée au préjudice du tuteur doit être alors suivie contre le subrogé tuteur, qui est considéré comme tiers-saisi : Trib. civ. de Nîmes, 18 avril 1849 (*J. Av.*, t. 74, p. 403). Aucune objection sérieuse ne semblait à M. Chauveau pouvoir être opposée à cette solution, basée sur l'art. 420, Cod. civ.

114. La provision d'une lettre de change est acquise au porteur de bonne foi par le seul fait de l'endossement, lors même qu'il n'y a pas eu acceptation de la traite ou affectation spéciale de la provision. En conséquence, postérieurement à l'émission de la traite, les créanciers du tireur ne peuvent point former utilement opposition au paiement entre les mains du tiré : Cass., 19 nov. 1850 (*J.P.*52.1.193); 21 juill. 1855 (*J. Av.*, t. 81, p. 443); Lyon, 19 déc. 1857 (*Journ. de cette Cour*, 1858, p. 433); Dissertation insérée *J. Av.*, t. 80, p. 116, où sont cités comme conformes les arrêts suivants : Rennes, 6 fév. 1822; Paris, 19 mai 1830; Cass., 28 juin 1825, 15 fév. 1832, 3 fév. et 3 août 1833; Poitiers, 25 juill. 1832; Rouen, 17 août 1838 et 11 janv. 1844; Limoges, 15 fév. 1839; Bordeaux, 30 juin 1841; Roger, n. 225; Bioche, *Journ. de proc.*, 1837, p. 38. — Une solution différente, disait M. Chauveau, outre qu'elle serait contraire aux principes, jetterait la perturbation dans les affaires commerciales, en enlevant toute sécurité à ceux qui voudraient traiter avec le tireur d'une lettre de change.

Adde en ce sens, notre *Dict. du contentieux commerc.*, vº *Lettre de change*, n. 173, 335 et s.

115. La saisie-arrêt peut atteindre les meubles incorporels aussi bien que les meubles corporels du débiteur. — Spécialement, les titres de créance ou effets souscrits au profit du débiteur sont valablement frappés de saisie-arrêt entre les mains du tiers qui en est le détenteur ou le dépositaire; et, par suite, ce dernier est tenu de les comprendre dans sa déclaration affirmative et de les représenter au tribunal, qui peut, suivant les circonstances, soit les attribuer, jusqu'à due concurrence, au saisissant, soit en ordonner la vente ou le recouvrement, pour le prix être mis en distribution, s'il y a lieu, entre les ayants droit : Cass., 18 janv. 1856 (t. 101, p. 241).

116. La saisie-arrêt formée entre les mains du directeur du mont-de-piété sur les *bonis* provenant de la vente des objets déposés est valable, encore bien qu'elle n'indique pas les numéros des dépôts : Paris, 19 janv. 1867 (t. 92, p. 97). — Compar. *suprà*, n. 63.

117. La rente viagère constituée comme prix d'une vente d'immeubles peut être frappée de saisie-arrêt par un créancier du vendeur; mais cette saisie n'a d'effet qu'à partir de sa date, et non à partir de l'échéance du premier terme d'arrérages de la rente : Paris, 20 août 1875 (t. 100, p. 428).

118. L'usufruit légal du père et de la mère sur les biens de leurs enfants mineurs peut être saisi par leurs créanciers, lorsque cet usufruit n'est pas nécessaire à l'entretien et à l'éducation des enfants : Trib. civ. de la Seine, 3 janv. 1862 (t. 87, p. 453); Proudhon, *Usufr.*, t. 1, n. 219 ; Roger, n. 205 ; notre *Formul. annot.*, p. 460, n. 10.

119. Celui qui est créancier d'un père de famille pour fournitures d'objets nécessaires à la nourriture ou à l'entretien tant de ce dernier que de ses enfants mineurs, peut-il pratiquer une saisie-arrêt sur les sommes dues aux enfants mineurs, à raison de l'industrie ou du travail séparé auquel ils se livrent, et que l'art. 387, Cod. civ., affranchit de l'usufruit légal du père? A cette question, qui nous a été soumise, nous avons répondu :

Il faut distinguer si les enfants ont, en dehors de ce qu'ils gagnent par un travail séparé, des biens personnels soumis à l'usufruit légal de leur père, ou s'ils n'ont personnellement d'autres ressources que le produit de leur travail. Dans le premier cas, le père est seul tenu, aux termes de l'art. 385, Cod. civ., de supporter les frais de nourriture, d'entretien et d'éducation de ses enfants, sans pouvoir y appliquer leurs gains. Dans le second cas, au contraire, le père, obligé de pourvoir aux besoins de ses enfants, non plus en sa qualité d'usufruitier légal, mais en vertu de la disposition de l'art. 203, Cod. civ., et dans les limites de l'art. 208 du même Code, est incontestablement autorisé à prélever sur le produit de leur travail les dépenses relatives à leur nourriture, à leur entretien et à leur éducation. V. Demolombe, *Puissance paternelle*, n. 501 et 540. Le père se trouve donc alors créancier de ses enfants du montant de ces dépenses; et il s'ensuit que les fournisseurs, qui sont ses propres créanciers, peuvent, en faisant valoir ses droits (Cod. civ., 1166), pratiquer une saisie-arrêt sur les sommes dues à ses enfants par les personnes chez lesquelles travaillent ces derniers. Seulement, ils agiront prudemment en se faisant subroger par la justice dans les droits du père, car il est généralement admis qu'un créancier ne peut, du chef de son débiteur, saisir-arrêter, sans subrogation judiciaire, ce qui est dû à un débiteur de celui-ci par un tiers (V. *suprà*, n. 59). — V. aussi notre *Formul. annot.*, p. 461, n. 14.

120. Un créancier ne peut incontestablement faire saisir-arrêter entre les mains d'un tiers les sommes sur lesquelles le débiteur saisi n'a pas un droit préexistant de propriété et dont il n'a pas la libre disposition. Ainsi, par exemple, les sommes qui sont le prix d'un marché industriel relatif à l'insertion d'annonces dans un journal, et qui ne sont acquises au propriétaire du journal que lorsqu'il a exécuté le marché par l'insertion des annonces, ne peuvent être frappées de saisie-arrêt par un créancier de celui-ci avant cette exécution : Trib. civ. de la Seine, 14 août 1867 (t. 93, p. 139). — V. conf., sur le principe, Roger, n. 171 *bis* et 175 ; notre *Formul. annot.*, p. 460, n. 8.

121. (Q. 2810 bis). *Le créancier qui, pour sûreté de sa créance, fait saisir-arrêter dans ses mains un meuble de son débiteur dont il était détenteur accidentellement, peut-il répéter des frais de garde ?*

La solution affirmative est soutenue au texte par M. Chauveau, contrairement à un arrêt de la Cour de Bordeaux du 31 janv. 1827.

122. (Q. 1984 A). *L'art.* 580, *aux termes duquel les traitements et pensions dus par l'Etat ne peuvent être saisis que pour la portion déterminée par les lois et règlements, suppose-t-il que l'on puisse dans tous les cas saisir une* *portion des traitements et pensions? Quels sont les lois et règlements auxquels il se réfère?*

Sur le premier point, Carré, au texte, observe que cette supposition est exacte en ce qui touche les traitements des fonctionnaires et employés publics, mais qu'elle se trouve démentie, en ce qui concerne les pensions, par l'art. 12 de la déclaration du 7 janv. 1779, à laquelle il n'a pas été dérogé depuis. M. Chauveau, *ibid.*, mentionne les lois et règlements qui ont, soit déterminé la portion saisissable des traitements dus par l'État, soit maintenu la règle de l'insaisissabilité des pensions ou apporté des exceptions à cette règle.

123. Notre auteur fait en même temps remarquer que si, en droit rigoureux, les traitements des employés des établissements particuliers peuvent être saisis totalement, on doit, par humanité et par justice, reconnaître aux juges le pouvoir de limiter l'effet de la saisie à une partie du traitement qui en est l'objet, de manière à laisser au débiteur les ressources indispensables pour sa subsistance.

124. Dans le précédent *Supplément*, M. Chauveau, tout en renvoyant pour de plus amples détails à M. Dalloz, n. 153 et s., et à M. Roger, n. 274 à 304, relevait les solutions suivantes :

Le tribunal civil de la Seine, par jugement du 15 avril 1847 (*J. Av.*, t. 72, p. 359), et la Cour de Paris, par arrêt du 26 juill. 1847 (t. 72, p. 657), ont décidé que les pensions de retraite payées par l'État aux invalides sont insaisissables, même pour créances alimentaires (art. 7 de la loi du 22 floréal an VII; art. 28 et 29 de la loi du 18 avril 1831).

125. Le tribunal de la Seine avait aussi jugé, le 14 mars 1857 (*t.* 82, p. 508), que le traitement des cent-gardes qui n'étaient pas officiers, ne pouvait pas plus être saisi-arrêté que celui des sous-officiers et soldats de l'armée.

126. D'après certaines décisions, les appointements des employés des chemins de fer sont saisissables en totalité : Douai, 13 mai 1853 (t. 79, p. 481); Bordeaux, 17 et 24 mars 1858 (*Journ. de cette Cour*, 1858, p. 110); et il en est de même des salaires des ouvriers, quelle que soit leur modicité : Cass., 22 nov. 1853 (t. 79, p. 480); Bruxelles, 24 déc. 1857 (*Belgique judic.*, 1858, n° 27), et des gages des domestiques (*J. Av.*, t. 82, p. 230).

127. Mais d'autres arrêts ont admis que les tribunaux peuvent déterminer dans quelle proportion le traitement d'un employé est saisissable eu égard à la position et aux besoins du débiteur : Alger, 3 oct. 1850 (*J. Av.*, t. 76, p. 592); qu'ils ont également la faculté de limiter les effets de la saisie à une partie seulement du salaire des ouvriers ou des gages des domestiques; et qu'ils peuvent même les déclarer insaisissables pour le tout lorsque, à raison de leur faible quotité et de la position de ceux qui les reçoivent, il y a lieu de les considérer comme alimentaires : Cass., 10 avril 1860 (*J. Av.*, t. 86, p. 3). Les arrêts de la Cour de Bordeaux précités déclarent toutefois qu'il n'y a pas lieu à réduction lorsqu'il s'agit du paiement d'un billet à ordre.

128. Ont été considérés comme employés publics et comme ayant droit, dès lors, à l'immunité de l'art. 580 : le médecin d'un hospice touchant un traitement en cette qualité : Lyon, 18 juill. 1861 (*Journ. de cette Cour*, 1862, p. 73) ; l'avocat d'une administration publique (ministère des travaux publics) qui reçoit en cette qualité, à titre d'abonnement fixe, une somme annuelle déterminée : Liége, 12 août 1858 (*J. Av.*, *t.* 84, p. 605) ; Bruxelles, 25 fév. 1832 (*Belgique judiciaire*, t. 12, p. 414). M. Chauveau critiquait ces deux dernières décisions. La somme payée par abonnement, disait-il, ne l'est qu'à titre d'honoraires. Elle n'a pas pour effet de conférer à l'avocat la qualité d'employé, de fonctionnaire public, qualité qui serait incompatible avec celle d'avocat ; elle constitue un mode de rémunération des soins donnés aux affaires de l'administration, mais elle n'empêche pas l'avocat d'exercer sa profession pour des tiers et ne l'attache pas exclusivement au service de l'administration.

128 bis. Les quatre cinquièmes du traitement d'un employé public, déclarés insaisissables, peuvent cependant être saisis par la femme, en vertu du jugement qui lui alloue une pension alimentaire : Bioche, t. 8, p. 111. V. aussi Roger, 2e édit., n. 302.

129. Une disposition formelle de la loi du 15 mars 1849 (art. 97), modifiant une résolution contraire de l'Assemblée nationale du 10 juill. 1848, porte que l'indemnité fixée pour les représentants pourra être saisie même en totalité. Cette disposition est applicable à l'indemnité dont jouissent aujourd'hui les sénateurs et les députés.

130. D'après une circulaire de l'administration des finances, du 11 août 1847, les remises accordées aux percepteurs sur les recettes sont saisissables. L'administration est ainsi revenue sur l'opinion qu'elle avait émise dans une circulaire du 8 sept. 1830.

131. Notons, à notre tour, différentes décisions qui sont intervenues depuis sur la question de saisissabilité des appointements des employés ou commis et des salaires des ouvriers.

En principe, les appointements des employés ou commis des particuliers sont saisissables en totalité : Paris, 25 janv. 1862 (*J. Av.*, t. 87, p. 454); Trib. civ. de Marseille, 24 janv. 1867 (t. 93, p. 472). — Néanmoins il appartient au tribunal de déterminer la somme jusqu'à concurrence de laquelle la saisie produira effet : même arrêt de la Cour de Paris. — Spécialement, les juges peuvent déclarer les appointements insaisissables pour partie, lorsque, à raison de la position des commis ou employés, de leurs besoins et de ceux de leur famille, ces appointements doivent être considérés comme alimentaires, et il leur appartient, par suite, de réduire la saisie-arrêt dont les appointements ont été l'objet à une fraction seulement de leur montant : jugement précité du trib. de Marseille ; Alger, 23 nov. 1867 (t. 93, p. 472). — Décidé de même que les juges peuvent restreindre les effets de la saisie-arrêt pratiquée sur les appointements d'un employé d'un établissement particulier, de façon à conserver à cet employé des moyens d'existence : Bordeaux, 1er juin 1871 (t. 97, p. 97). — Un autre jugement du tribunal civil de Marseille du 8 fév. 1876 (t. 101, p. 145) a déclaré, d'une manière plus absolue, que les appointements des employés sont saisissables jusqu'à concurrence du cinquième, par assimilation avec le traitement des employés de l'Etat. Mais cette règle inflexible ne saurait être admise, la réduction n'étant ici que facultative, et par cela même discrétionnaire pour le juge. V. notre *Formulaire annoté*, p. 643, n. 33 et s., 38.

132. Nous avons été consulté sur le point de savoir si les gratifications qu'un commerçant accorde, à titre purement gracieux, et sans y être obligé par aucune espèce de convention, à un individu qui opère pour son compte des placements de marchandises, peuvent être frappées de saisies-arrêts par les créanciers de ce dernier. Cette question, avons-nous répondu, nous semble peu sérieuse. Si le commerçant pour le compte duquel des marchandises sont placées par un tiers ne s'est engagé en aucune façon à rémunérer les soins et les démarches de ce dernier, et reste libre de lui accorder ou non des gratifications, il est évident que ces gratifications, tant qu'elles n'ont pas été remises à celui qui opère les placements, ne peuvent être considérées comme des *sommes lui appartenant*, suivant les termes de l'art. 557, mais ne constituent pour lui qu'une espérance dont la réalisation est subordonnée à la volonté de ce même commerçant. Si donc une saisie-arrêt venait à être pratiquée entre les mains de celui-ci pour atteindre les gratifications dont il s'agit, il dépendrait de lui de la rendre sans effet, en déclarant ne rien devoir et ne rien vouloir allouer au débiteur du saisissant. La saisie ne serait pas nulle dans son principe, parce qu'elle peut être formée, à titre conservatoire, en vue de sommes encore non advenues au débiteur (V. *infrà*, n. 153 et s.), mais elle serait exposée à rester sans objet. Ce n'est dès lors qu'à ses risques et périls que le créancier pourrait recourir à cette mesure, d'une efficacité plus qu'incertaine.

133. Tout le monde admet que les salaires des ouvriers sont saisissables, comme les appointements des employés ou commis, mais que les juges peuvent aussi, sur la demande des débiteurs, restreindre les effets de la saisie à une partie seulement du salaire échu ou à échoir. V., outre les autorités citées par M. Chauveau, *loc. cit.*, Roger, n. 304; Bioche, n. 63; Dalloz, n. 197; notre *Formulaire annoté*, p. 464, n. 41, et *suprà*, n. 127 et suiv. — Le jugement du tribunal de Marseille du 8 fév. 1876 mentionné plus haut, n. 131, a étendu aux salaires des ouvriers le principe absolu qu'on a vu avoir été posé par lui à l'égard des appointements des employés des particuliers; l'observation critique que nous avons faite de cette décision, *ibid.*, trouve également ici sa place.

134. Il a été décidé plus exactement par un jugement du tribunal civil de la Seine du 21 juill. 1877 (t. 102, p. 14), que les salaires présents, comme les salaires à venir des ouvriers sont susceptibles de saisie-arrêt, par cela seul que les ouvriers sont habituellement employés par celui qui doit ces salaires, le principe de l'insaisissabilité des sommes et pensions pour aliments, édicté par l'art. 581, Cod. proc., n'étant point ici applicable; et qu'il appartient seulement au juge d'apprécier la mesure dans laquelle les salaires sont saisissables pendant toute la durée du contrat de louage intervenu entre le patron et l'ouvrier.

135. Il a été également très bien jugé par un arrêt de la Cour de Caen du 21 janv. 1869 (t. 95, p. 129), que la somme adjugée à un ouvrier, à titre de pension viagère, à raison d'un accident dont il a été victime dans l'exécution d'un travail qui lui a été commandé, devant être considérée comme la représentation des salaires qu'il aurait obtenus annuellement par son travail sans cet accident, peut être, de la part des créanciers de cet ouvrier, l'objet d'une saisie-arrêt, dont les tribunaux ont toutefois la faculté de réduire l'effet à une fraction de cette somme. — Conf., notre *Formul. annot.*, p. 464, n. 42.

136. La Cour de Paris a décidé, il est vrai, dans un sens plus restrictif, que l'indemnité dont il s'agit, ayant un caractère alimentaire, ne peut être saisie-arrêtée que pour une créance qui aurait le même caractère, comme, par exemple, celle qui résulte d'un mandat donné à un tiers à l'effet de poursuivre la liquidation de l'indemnité : arrêt du 5 fév. 1870 (t. 95, p. 247). — Mais cette solution ne nous paraît point juridique. Et la circonstance que l'ouvrier n'aurait pas d'autre ressource pour vivre que le montant de cette indemnité ne nous semblerait point, d'autre part, suffisante pour permettre de déclarer insaisissables par un créancier antérieur au jugement, comme l'a fait la Cour de Colmar, le 29 avril 1863 (t. 89, p. 504), les dommages-intérêts alloués par la justice à un ouvrier dans les circonstances ci-dessus.

137. D'après un jugement du tribunal civil de Charleroi du 29 nov. 1871 (t. 97, p. 401), les salaires des enfants mineurs peuvent, comme compris dans la jouissance légale de leurs père et mère, être saisis-arrêtés pour une dette de ces derniers, jusqu'à concurrence de la portion qui excède les frais de nourriture, d'entretien et d'éducation des enfants. Aucune critique ne semble pouvoir être dirigée contre cette décision, en tant qu'elle ne s'applique pas à des salaires qui, représentant le prix d'un travail ou d'une industrie séparée, échapperaient à la jouissance légale du père, aux termes de l'art. 387, Cod. civ.

138. Le principe rappelé au texte, et d'après lequel les pensions civiles ne peuvent pas plus être saisies que cédées, a été encore confirmé par la loi du 9 juin 1853, qui l'a toutefois circonscrit dans de sages limites. L'art. 26 de cette loi, porte : « Les pensions sont incessibles. Aucune saisie ou retenue ne peut être opérée du vivant du pensionnaire que jusqu'à concurrence d'un cinquième pour débet envers l'Etat, ou pour des créances privilégiées, aux termes de l'art. 2101, Cod. civ., et d'un tiers dans les circonstances prévues par les art. 203, 205, 206, 207 et 214 du même Code. »

139. On a demandé si la pension de retraite d'un ancien magistrat peut être saisie en partie, en vertu d'un jugement qui le condamne au paiement d'une certaine somme pour fourniture de bois de chauffage. Les rédacteurs du *Journal des Huissiers* ont répondu négativement (1857, p. 116). Le principe de l'insaisissabilité n'est pas contestable, disait M. Chauveau. Il faut remarquer seulement que le bois et le charbon entrant dans la préparation des subsistances, plusieurs auteurs ont assimilé les fournitures de combustibles aux fournitures de subsistances (Duranton, t. 19, n. 67; Valette, *Hypothèques*, n. 35; Gilbert, sur l'art. 2101, Cod. civ., n. 37). La solution qui précède ne peut donc être considérée comme complètement exacte, qu'autant qu'il est établi que le bois a servi exclusivement au chauffage des appartements et non à la préparation des aliments, circonstance assez difficile à prouver dans la plupart des cas.

140. Les pensions de retraite des anciens sociétaires de la Comédie-Française ont le caractère de pensions alimentaires, et, par conséquent, ne sont pas saisissables, par exemple, pour le recouvrement de créances que la femme du pensionnaire, judiciairement séparée de biens, a le droit d'exercer contre son mari à raison de ses reprises matrimoniales : Trib. de la Seine, 20 juin 1860 (*J. Av.*, t. 86, p. 11).

141. Aux termes de l'art. 5 de la loi du 18 juin 1850 sur la caisse des retraites pour la vieillesse, les rentes viagères servies aux déposants par cette caisse sont incessibles et insaisissables jusqu'à concurrence de 360 fr.

142. La prime qui était allouée par l'Etat à l'engagé volontaire, en vertu de la loi du 26 avril 1855, devait être considérée comme incessible et insaisissable. Voy. *J. Av.*, t. 84, p. 390.

143. La Cour de Paris avait jugé, par arrêt du 13 juin 1868 (t. 93, p. 406), que l'indemnité annuelle, spontanément accordée par l'Empereur sur sa liste civile, à un titulaire privé de son traitement par suppression de ses fonctions, restait soumise au droit commun, lorsque le titre de cette indemnité ne contenait aucune condition restrictive, et que, par suite, elle pouvait être frappée de saisies-arrêts.

144. La rente due au titulaire d'un débit de tabac par celui à qui il en a affermé la gérance, ne pouvant être assimilée ni à un traitement, ni à une pension due par l'Etat, peut être valablement frappée de saisie-arrêt pour la totalité : Trib. civ. de la Seine, 10 août 1869 (t. 94, p. 489) ; Douai, 27 janv. 1872 (t. 98, p. 335); Trib. civ. de Marseille, 21 mars 1876 (t. 101, p. 440).

145. (Q. 1990 ter). *Est-il des faits à raison desquels il soit permis de saisir-arrêter la portion du traitement des fonctionnaires publics, déclarée insaisissable par les lois?*

M. Chauveau, au texte, après avoir établi que cette part réservée par la loi ne peut être l'objet d'aucune saisie-arrêt à raison des faits indiqués par l'art. 582 (V. *infrà*, n. 177 et s.), exprime l'avis que, faute par le fonctionnaire de faire servir son traitement aux besoins de sa famille, sa femme, ses ascendants ou ses descendants seraient en droit de demander qu'une part, même de la portion de ce traitement qui est déclarée insaisissable, leur soit attribuée par les tribunaux. Il invoque en ce sens un avis du Conseil d'Etat, du 11 janv. 1808, l'art. 28 de la loi du 11 avril 1831, ainsi qu'un arrêt de la Cour de Toulouse du 18 janv. 1840 (S.-V.40.2.303) et un jugement du tribunal de la Seine du 12 fév. 1842.

146. (Q. 1984 B). *Doit-on distinguer, pour l'application de l'art, 580, entre les pensions qui sont payées directement par le Trésor public, et les pensions de retraite sur fonds de retenue qui sont fournies par les diverses administrations de l'Etat à leurs employés?*

Décidé négativement au texte.

147. (1924 bis G). *Les saisies-arrêts pratiquées par les créanciers du mari sur les revenus de la femme, à partir de la demande en séparation de biens, sont-elles nulles?*

A partir de la demande en séparation de biens, disait M. Chauveau dans les précédentes éditions du *Supplément*, les saisies-arrêts pratiquées par les créanciers du mari sur les revenus d'un immeuble propre de la femme sont nulles comme faites *super non domino*. Le jugement qui prononce la séparation remonte au jour de la demande, non seulement vis-à-vis du mari, mais encore relativement au tiers: Bordeaux, 11 mai 1843 (S.-V.48.2.541); Toulouse, 25 juill. 1846 (*J. Av.*, t. 71, p. 533); Cass., 22 avril 1845 (t. 72, p. 132); Dijon, 25 août 1845 (*J. Av.*, p. 374); Colmar, 3 juill. 1846 (*ibid.*, p. 474); Trib. de la Seine, 3 déc. 1856 (*J. Av.*, t. 82, p. 253); Toullier, t. 13; n. 100; Zachariæ, t. 3, p. 478; Odier, *Contr. de mar.*, t. 1, n. 417; Gilbert, sur l'art. 1445, Cod. civ.; Roger, n. 190. — *Contrà*, Riom, 31 janv. 1826 (S.-V.27.2.99); Rouen, 9 août 1839 (S.V.40.2.153).

148. Mais les créanciers du mari peuvent saisir arrêter entre les mains de la femme séparée de biens, le montant des améliorations, constructions, réparations, etc., faites par le mari sur les biens dotaux: Trib. de Largentière, 6 fév. 1847 (*J. Av.*, t. 76, p. 594). La Cour de Nîmes s'était déjà prononcée dans le même sens, le 5 juill. 1839 (*ibid.*).

149. Quant aux sommes dotales, elles ne peuvent être saisies au préjudice de la femme, après le jugement qui la déclare séparée de biens: Rouen, 18 nov. 1846 (*J. Av.*, t. 73, p. 422); Trib. civ. de Nîmes, 24 juin 1848 (*J. Av.*, t. 76, p. 594).

Adde conf., notre *Tr. de la sépar. de biens judic.*, n. 285.

150. (Q. 1924 bis H). *Pourrait-on saisir des objets à titre de nantissement?*

Solution négative au texte.

151. (Q. 1985 bis). *Les créanciers des comptables publics ou des officiers ministériels peuvent-ils, avant que ceux-ci aient cessé leurs fonctions, former saisie-arrêt sur les sommes composant les cautionnements?*

M. Chauveau enseigne, au texte, que la saisie-arrêt pratiquée sur ces sommes par des créanciers autres que ceux à qui elles sont spécialement affectées, ne produisent effet qu'après la cessation des fonctions.

152. Suivant quelques autorités, le capital du cautionnement saisi ne peut être versé entre les mains du saisissant qu'à la cessation des fonctions du titulaire, et jusque-là les intérêts seuls peuvent lui être payés. *Sic*, Grenoble, 15 fév. 1823; Bordeaux, 18 et 25 avril 1833; Persil, *Rég. hypot.*, sur l'art. 2092, n. 3; Rolland de Villargues, *Répert.*, v° *Cautionn. de not.*, n. 39 et 40. — La Cour de cassation admet, au contraire, que le saisissant peut exiger le versement entre ses mains du capital du cautionnement saisi (V. arrêts des 16 mars 1821 et 4 fév. 1822). — Elle a décidé d'ailleurs que le cautionnement peut être saisi, alors même que le remboursement en a été autorisé au profit du bailleur de fonds par un mandat du ministre des finances : arrêt du 17 juill. 1849 (S.-V. 50.1.529). — La Cour de Bordeaux a jugé également, le 16 janv. 1877 (t. 102, p. 462), que le cautionnement d'un officier ministériel destitué peut être valablement frappé de saisie-arrêt par ses créanciers, bien que le prêteur qui l'a fourni ait déjà rempli les formalités nécessaires pour obtenir le privilège de bailleur de fonds, s'il n'a cependant pas touché ce cautionnement au moment où la saisie-arrêt est faite.

153. (Q. 1924). *Quel est l'effet d'une saisie-arrêt qui porte non seulement sur ce que le tiers saisi doit à la partie saisie, au moment de l'opposition, mais encore sur ce qu'il pourrait lui devoir par la suite? — En d'autres termes, peut-on saisir-arrêter les ressources futures du débiteur?*

M. Chauveau, au texte, regarde comme incontestable la faculté de saisir les arrérages de rentes, loyers et pensions non insaisissables à échoir ; et si la question lui semble plus délicate en ce qui concerne les traitements ou salaires, il estime néanmoins qu'elle doit aussi être résolue affirmativement, et il n'admet même pas que les juges puissent limiter à une certaine somme les effets de la saisie ; il leur reconnaît seulement le pouvoir d'accorder une provision alimentaire au débiteur, s'ils le trouvent convenable.

154. Dans le *Supplément* précédent, notre auteur invoquait à l'appui de son opinion un jugement du tribunal civil de la Seine du 6 déc. 1856 (*J. Av.*, t. 82, p. 230), qui a décidé que la saisie-arrêt pratiquée entre les mains du maître sur les gages qu'il doit ou qu'il devra à son domestique, met obstacle au paiement valable de ces gages ; et il citait aussi comme conformes, MM. Roger, n. 304 ; Dalloz, n. 135 et 136 ; Boudousquié, *Tr. des assurances*, p. 362.

155. Consulté sur le point de savoir si une saisie-arrêt peut être valablement pratiquée sur le prix de cession d'un office avant qu'il ait été passé acte de cette cession, et alors qu'il n'en existe encore qu'une promesse verbale, ou bien si cette saisie-arrêt est prématurée et insuffisante, et s'il faut en pratiquer une seconde après la passation de l'acte, nous avons répondu : La saisie-arrêt, qui n'est qu'un acte conservatoire dans son principe, doit offrir au créancier le moyen de s'assurer le bénéfice de l'art. 2092, Cod. civ., d'après lequel le débiteur est tenu de remplir son engagement sur ses biens présents et *à venir*. — Il est vrai qu'aux termes de l'art. 557, Cod. proc., ce sont les sommes et effets *appartenant* au débiteur qui peuvent être frappés de saisie-arrêt, et qu'une créance encore future ne présente point un tel caractère. Mais si la saisie de cette créance est sans effet comme acte d'exécution, c'est-à-dire en ce sens qu'elle ne peut être validée tant que la créance n'est pas certaine, rien ne s'oppose à ce qu'elle vaille comme acte conservatoire, jusqu'au moment où la créance prévue venant à prendre naissance, elle l'atteindra comme somme appartenant alors au débiteur, avec toutes les conséquences attachées par la loi à la saisie-arrêt.

S'il n'en était pas ainsi, la saisie-arrêt perdrait, dans beaucoup de circonstance, l'utilité que le législateur a entendu lui donner ; elle ne permettrait pas à un créancier de poursuivre son paiement sur des sommes qu'il sait devoir appartenir à son débiteur, et dont celui-ci pourrait disposer à son détriment aussitôt qu'elles seraient devenues sa propriété. C'est ce que les auteurs ont parfaitement compris ; aussi enseignent-ils presque tous que la saisie-arrêt est valablement pratiquée sur ce que le tiers saisi doit *ou devra* au saisi, en ce sens du moins que si le saisi à qui il n'est rien dû au moment où elle intervient n'en demande pas la mainlevée, elle frappera ce qui pourra lui être dû ultérieurement (V. les indications données au numéro précédent). Et la même interprétation a été généralement admise par la jurisprudence

(V. les décisions citées par ces auteurs, ainsi que celles mentionnées ci-après).

L'application de ces principes souffre d'autant moins de difficulté dans l'espèce qui nous a été soumise, que la créance saisie-arrêtée existait déjà en germe au moment de la saisie. Il est donc certain que cette saisie, dont la mainlevée n'a point été demandée avant la constitution définitive de la créance, a très légalement frappé celle-ci le jour où l'acte qui la constate a été passé, et qu'il n'est nul besoin d'en pratiquer une seconde.

156. Il a été jugé, conformément à cette théorie, qu'une créance incertaine quant à sa valeur, comme celle consistant en actions industrielles, ou éventuelles ou à terme, peut être saisie-arrêtée, sauf au saisissant à subir les conséquences de la liquidation ou de l'éventualité : Trib. civ. de Lyon, 13 juin 1860 (t. 87, p. 451) ; que la saisie-arrêt d'une créance à terme est valable, et que le tribunal peut, en validant cette saisie, ordonner que, sans attendre l'échéance, la créance soit vendue devant notaire, suivant les formalités prescrites par le Code de procédure civile pour la vente des rentes : Trib. civ. d'Angoulême, 23 mai 1864 (t. 89, p. 502) ; enfin, que l'indemnité admise en principe au profit d'un principal locataire à raison de l'expropriation prononcée des lieux qui lui ont été loués, peut, quoiqu'elle ne soit pas liquide, être l'objet d'une saisie-arrêt ; et cela surtout alors que cette saisie tend à assurer le paiement d'une pension alimentaire : Trib. civ. de la Seine, 12 mars 1861 (t. 85, p. 452). — V. aussi sur le principe et sur ses applications, notre *Formul. annot.*, t. 1, p. 460, n. 3 et suiv.

157. (Q. 1985 A). *Quelles sont les choses déclarées insaisissables par la loi auxquelles s'applique le n° 1 de l'art. 581 ?*

Voy. à cet égard les indications données au texte.

158. Dans le *Supplément* précédent, M. Chauveau complétait cet exposé de la manière suivante :

1° Diverses décisions judiciaires ont confirmé le principe de l'insaisissabilité des rentes sur l'Etat ou en ont fait application. Ainsi, la Cour de Paris a jugé, le 22 janv. 1847 (*J. Av.*, t. 72, p. 183), que les rentes sur l'Etat sont insaisissables, même pour une provision alimentaire (Conf., notre *Formul. annot.*, p. 466, n. 67) ; — le 14 avril 1849 (t. 76, p. 594), que les créanciers d'une succession bénéficiaire ne peuvent pas s'opposer à ce qu'une rente sur l'Etat qui dépend de cette succession soit immatriculée au nom de l'héritier ; — le 22 nov. 1855 (t. 81, p. 196), que le principe de l'insaisissabilité des rentes sur l'Etat ne s'oppose pas à ce que l'héritier bénéficiaire soit, vis-à-vis des créanciers de la succession, condamné sur ses biens personnels au paiement d'une somme équivalente au montant des rentes abusivement retenues par lui, ou déclaré héritier pur et simple. Conf., Roger, p. 320, n. 315. — *Contrà*, Mollot, *Gazette des Trib.*, 1856, n° 9179.

159. Mais les syndics d'une faillite peuvent-ils, comme mandataires légaux du failli, aliéner les rentes sur l'Etat dépendant de l'actif, sans qu'on soit admissible à opposer l'insaisissabilité de ces rentes ? L'affirmative a été adoptée par le tribunal et la Cour de Lyon, les 24 janv. et 19 juin 1857, ainsi que par la Cour de cassation, le 8 mars 1859 (*J. Av.*, t. 84, p. 463). En insérant ces décisions *loc. cit.*, M. Chauveau les a critiquées. Voy., dans le sens de son opinion, M. Roger, n. 515 *bis*, ainsi que nos observations dans le recueil Sirey, 60.1.418, et notre *Dict. du content. commerc. et industr.*, v° *Faillite*, n. 116.

160. Le tribunal de Vouziers a jugé, le 11 janv. 1855, que les fonds versés dans une association d'assurances mutuelles sur la vie devenant la propriété éventuelle des divers sociétaires, et leur conversion obligée en rentes sur l'Etat les rendant insaisissables, une saisie-arrêt ne peut être mise sur le tontinier aux mains de la compagnie. — Compar. Gilbert sur l'art. 581, n. 23 et suiv. ; Dalloz, n. 199.

161. 2° Les sommes attribuées à la veuve pour ses habits de deuil étant destinées à l'accomplissement d'un devoir de décence publique et à honorer la mémoire du mari, ne peuvent pas être détournées de cette pieuse destination et doivent être déclarées insaisissables : Toulouse, 20 juill. 1822 (S.-V. chron.) ; Lyon, 26 juin 1852 (*Journ. de cette Cour*, 1852, p. 246) ; Roger, n. 348 ; mais elles peuvent être cédées : Cass., 31 mai 1826 (S.-V., *id.*).

162. 3° Il a été jugé avec raison par la Cour de Rouen, le 18 nov. 1846 (*J. Av.*, t. 73, p. 422), que le mobilier de la femme séparée de biens qui lui a été abandonné par son mari pour la remplir de ses reprises dotales, est dotal et ne peut être saisi par ses créanciers.

163. 4° Si, en principe, les fonds destinés aux entrepreneurs de travaux publics pour le compte de l'Etat sont insaisissables, il en est autrement lorsque les travaux sont terminés et reçus, ou lorsqu'il s'agit de créances provenant du salaire des ouvriers ou des fournitures des matériaux (Décr. du 26 pluv. an II). Voy. le *Journal de droit administratif* de M. Chauveau, 1862, p. 128.

164. L'insaisissabilité n'a pas lieu au profit des entrepreneurs ou adjudicataires de travaux communaux : Cass., 12 déc. 1831 (S.-V.32.1.275) et 18 janv. 1854 (S.-V.54.1.441) ; Lyon, 21 janv. 1846 (S.-V.46.2.262) ; Roger, n. 272 ; — ni au profit des entrepreneurs de travaux exécutés pour le compte de compagnies de chemins de fer : Cass., 16 juill. 1860 (*Journ. de droit administr.*, *loc. cit.*). Voy. aussi le *Code d'instruct. administr.* de notre auteur, 2e éd., t. 2, p. 85, n. 904 *bis*.

165. Un sous-entrepreneur de travaux publics ne peut former de saisie-arrêt entre les mains du payeur d'un département sur les fonds destinés à l'entrepreneur, à raison des dommages-intérêts qui lui ont été alloués pour inexécution de conventions intervenues entre lui et l'entrepreneur relativement au transport des matériaux : Bourges, 16 juin 1852 (*J.P.*52.1.250).

166. 5° L'usufruit des meubles susceptibles d'être loués est saisissable ; l'insaisissabilité ne s'applique qu'aux meubles qui doivent rester affectés à l'usage personnel de l'usufruitier, tels que les vêtements et le linge de corps : Paris, 3 août 1857 (*J. Av.*, t. 83, p. 110). La solution, observait M. Chauveau, ne pouvait être douteuse. L'usufruit est saisissable par cela seul qu'il est cessible. La Cour de Rennes a décidé, le 21 mai 1835, qu'un créancier ne peut pas saisir et vendre l'usufruit des choses qui se détériorent peu à peu par l'usage (589, Cod. civ.) ; mais, disait M. Chauveau, la saisie de l'usufruit sur l'offre d'une caution pour garantir la modération de l'usage est parfaitement licite.

167. Quelques-uns de ces points ont été l'objet de décisions nouvelles. Par application du principe de l'insaisissabilité des rentes sur l'Etat, il a été jugé encore que les sommes dues à un assuré par une compagnie d'assurances sur la vie ne peuvent être frappées de saisie-arrêt, lorsque, aux termes des statuts de la compagnie, la part de chaque assuré ne peut consister que dans un coupon de rente sur l'Etat : Paris, 25 janv. 1862 (*J. Av.*, t. 87, p. 454) ; Montpellier, 17 juin 1870 (t. 95, p. 406) ; Trib. civ. de la Seine, 20 fév. 1873 (t. 98, p. 176). — L'arrêt précité de la Cour de Paris a déclaré également insaisissables les polices d'assurances justificatives du droit de l'assuré au coupon de rente.

168. Il résulte d'un jugement du tribunal civil de Louviers du 26 janv. 1867 (t. 92, p. 477), que la saisie-arrêt pratiquée par les créanciers d'une femme dotale, qui s'était obligée envers eux du vivant de son mari, sur le prix d'un immeuble dotal aliéné par les héritiers de la femme, est valable, l'aliénation des biens dotaux sans remploi possible leur faisant perdre nécessairement leur caractère dotal,

169. Les sommes qui sont dues à un entrepreneur de travaux publics, à raison de travaux départementaux, et pour le paiement desquelles il lui a été délivré par le préfet un mandat, sont saisissables par les créanciers de cet entrepreneur, autres que ses ouvriers, et sauf le privilège que ceux-ci peuvent faire valoir dans la distribution par contribution : ici ne s'applique pas la disposition du décret du 26 pluviôse an II, qui interdit toute saisie-arrêt de la part des créanciers particuliers des entrepreneurs des travaux publics sur les sommes dues par l'Etat à ces entrepreneurs, avant la réception de leurs travaux : Rennes, 21 juin 1866 (t. 93, p. 291).

170. Les sommes accordées par le gouvernement aux victimes d'une insurrection, à titre de secours plutôt que comme indemnité proprement dite, ont été déclarées insaisissables, non seulement aux termes de l'art. 581, mais encore suivant les dispositions des règlements spéciaux en matière de finances : Alger, 15 juin 1867 (t. 93, p. 133).

171. (Q. 1984 C et 1985 B). *Peut-on saisir-arrêter soit les gages et salaires des capitaines de navire, soit les parts de prises maritimes et les salaires des marins ?*

Solution affirmative au texte de la part de M. Chauveau, relativement aux gages et salaires des capitaines de navire, et négative relativement aux prises maritimes et aux salaires des matelots.

Adde conf., notre *Formulaire annoté*, t. 1, p. 464, n. 45.

172. Il a été décidé en ce sens, par un jugement du tribunal civil de Marseille du 21 juin 1878 (*J. Av.*, t. 103, p. 331), que les salaires d'un capitaine de navire ne sont pas insaisissables comme ceux des matelots; et qu'en conséquence, un armateur ne peut, après la saisie-arrêt pratiquée entre ses mains des sommes par lui dues au capitaine de son navire, faire valablement à celui-ci des avances sur ses salaires, sous prétexte de l'usage qui autorise ces avances.

173. (Q. 1985 C). *Les envois d'argent confiés à la poste peuvent-ils, à la différence des lettres, être frappés de saisie-arrêt?* Quid *des valeurs déclarées contenues dans les lettres missives ?*

Le premier point est résolu affirmativement par M. Chauveau au texte, t. 4, p. 662, note 2.

Adde conf., Dumesnil, *Législ. du Trésor public*, n. 105 ; le *Cod. d'instr. administr.* de M. Chauveau, n. 901 ; Dalloz, n. 152 ; Bioche, n. 66, 170 ; notre *Formul.* précité, *ibid.*, n. 48.

174. Sur le second point, notre auteur disait dans le *Supplément* précédent, sous la question ci-dessus, conformément à l'opinion de M. Roger, n. 322, que les valeurs déclarées sont insaisissables comme les lettres elles-mêmes.

175. Le principe de l'insaisissabilité des lettres confiées à la poste a été, depuis, affirmé encore par une décision du Conseil d'Etat du 13 mars 1874 (*J. Av.*, t. 100, p. 211).

176. (Q. 1986 A). *L'art. 581, no 2, qui déclare insaisissables les provisions alimentaires adjugées par justice, s'oppose-t-il à ce que ces provisions soient saisies pour cause d'*aliments ?

La négative, énoncée au texte, résulte de la première disposition de l'art. 582.

Adde conf., notre *Formul. annot.*, p. 466, n. 68.

177. (Q. 1986 ter). *Peut-on saisir les provisions alimentaires, pour cause d'aliments, en totalité et sans permission du juge ?*

Solution affirmative au texte.

178. (Q. 1986 B). *Quelles sont les choses qui sont comprises sous le mot* aliments?

Suivant Carré, au texte, il faut entendre par *aliments* non seulement la nourriture, mais encore tout ce qui est nécessaire à la vie, comme vêtements, logement, visites et pansements des médecins ou chirurgiens, et médicaments. M. Chauveau, *ibid.*, en admettant cette explication, observe que les *aliments* ne comprennent pas les frais faits en justice pour obtenir une pension alimentaire, mais qu'ils s'étendent aux créances que des tiers peuvent avoir contre le saisi pour pension alimentaire.

179. La Cour de cassation a jugé, le 28 janv. 1850 (*J. Av.*, t. 76, p. 594), que les sommes allouées par les hospices aux nourrices des enfants trouvés pour l'alimentation de ces enfants, sont alimentaires et insaisissables. Conf. Roger, n. 304. — V. aussi notre *Formul. annot.*, p. 466, n. 64, et p. 465, n. 53.

180. La rente viagère allouée à un père et à une mère à titre de dommages-intérêts, en réparation du préjudice que leur a causé la mort accidentelle de leur enfant majeur, provenant du fait d'un tiers, est insaisissable comme constituant l'équivalent des secours alimentaires qu'ils étaient en droit d'attendre de cet enfant : Lyon, 18 mars 1865 (*J. Av.*, t. 91, p. 76). — Conf., notre *Formul. annot.*, p. 465, n. 54.

181. La Cour de Paris a décidé, par arrêt du 5 fév. 1870 (*J. des Huiss.*, t. 51, p. 154), contrairement à l'opinion exprimée par M. Chauveau, au texte (V. *suprà*, n. 178), et à tort, selon nous, que les honoraires du mandataire dont les démarches et soins ont eu pour effet de procurer au mandant une pension alimentaire, participent du caractère alimentaire de cette pension, et que dès lors le mandataire peut, pour en assurer le paiement, frapper cette même pension d'une saisie-arrêt.

182. (Q. 1986 bis). *Que doit-on entendre par* provisions alimentaires adjugées par justice?

M. Chauveau, au texte, adopte l'opinion suivant laquelle ces provisions, qui n'ont qu'une durée provisoire, ne doivent pas être mises sur le même rang que les pensions alimentaires, qui sont permanentes; d'où la conséquence qu'elles ne sont saisissables que pour aliments, aux termes de la première disposition de l'art. 582; tandis que les pensions alimentaires peuvent l'être, en vertu de permission du juge, par tout créancier postérieur au jugement qui les a accordées.

Adde conf., Trib. de Rouen, 29 déc. 1849 (S.-V.50.3.380); Rouen, 9 avr. 1850 (*J. Av.*, t. 76, p. 594); Bordeaux, 30 janv. 1854 (*Journ. de cette Cour*, 1854, no 165); Roger, n. 341; Bioche, n. 81; Dalloz, n. 18; notre *Formul. annot.*, p. 465, n. 52.

183. Les pensions alimentaires que la loi déclare insaisissables sont uniquement celles qui sont léguées ou accordées à titre purement gratuit par des tiers au débiteur, et non celles que le débiteur s'est lui-même constituées, par exemple, pour prix de l'abandon de ses biens à l'un de ses descendants : Chambéry, 8 mars 1862 (*J. Av.*, t. 87, p. 457). — Voy. aussi Rennes, 25 juill. 1840 (t. 61, p. 582); Roger, n. 358 *bis*; notre *Formul. annot.*, p. 465, n. 60.

184. (Q. 1989 ter). *Les provisions ou pensions alimentaires sont-elles insaisissables, même pour les arrérages échus et non payés au moment où l'on veut pratiquer la saisie?* Quid *si le titulaire vient à décéder avant que le paiement en ait été effectué?*

La première question est résolue affirmativement, au texte, par M. Chauveau, qui s'y prononce, sur la seconde, dans le sens de la saisissabilité après le décès de celui qui avait obtenu la provision ou la pension.

Adde dans le sens de l'arrêt de la Cour de cassation du 27 avril (et non 27 nov.) 1824, cité au texte à l'appui de la première solution, Bordeaux, 30 janv. 1854 (*Journ. de cette Cour*, 1854, n° 165). — V. aussi conf. sur les deux points, notre *Formul. annot.*, p. 465, n. 57.

185. (Q. 1987 bis). *Pour que les sommes et pensions alimentaires soient insaisissables, aux termes du n° 4 de l'art.* 581, *faut-il qu'elles aient été données ou léguées expressément ou textuellement à titre d'aliments ?*

Non, dit M. Chauveau, au texte ; l'intention de donner ou léguer à ce titre peut résulter des circonstances.

186. La Cour de Rouen a jugé en ce sens, le 20 déc. 1849 (*Journ. de cette Cour*, 1851, p. 248), que, pour que la rente ou pension donnée jouisse de l'insaisissabilité établie par l'art. 581, il n'est pas nécessaire qu'elle ait été expressément donnée à titre d'aliments. Conf., Roger, n. 357; notre *Formul. annot.*, p. 465, n. 61. — V. aussi l'arrêt de la Cour de Dijon du 19 août 1875 mentionné *infrà*, n. 190.

187. Le legs d'un immeuble sous la condition qu'il ne sera fait aucun emprunt par contrats, billets et hypothèques, ni délégation de tout ou partie des loyers de cet immeuble, et que chaque année les dépenses seront prélevées sur les loyers, doit être considéré comme établissant l'insaisissabilité de ces loyers : Paris, 19 juin 1858 (*J. Av.*, t. 84, p. 128).

188. (Q. 1989 bis). *Les pensions alimentaires sont-elles incessibles et inaliénables ?*

Solution négative de la part de M. Chauveau, au texte.

189. (Art. 581, n° 3). *Quelles sont les conditions requises pour que les sommes et objets donnés puissent être déclarés insaisissables par le donateur ?*

Deux conditions sont nécessaires, suivant Carré, au texte, t. 4, p. 662, note 1 ; il faut : 1° que ces sommes et objets ne fassent pas partie de la réserve légale déterminée par l'art. 913, Cod. civ.; 2° que la donation soit faite à titre gratuit.

Adde conf., Dalloz, n. 194.

190. Il a été jugé en ce sens que le legs d'une rente viagère fait par un fils à son père, qui était, à l'époque du testament, dépourvu de ressources et hors d'état de pourvoir à sa subsistance, doit être réputé fait à titre alimentaire ; et qu'en conséquence, cette rente est insaisissable ; mais qu'il n'en est toutefois ainsi qu'en tant que la rente léguée ne représente pas la réserve du légataire dans la succession du testateur : Dijon, 19 août 1875 (*J. Av.*, t. 101, p. 206). — Conf., notre *Formul. annot.*, p. 466, n. 62.

191. Les fruits d'un immeuble dont l'usufruit est légué peuvent être déclarés insaisissables par le testateur, et la condition d'insaisissabilité s'étend à tous les fruits de cet immeuble, par quelque mode qu'ils soient obtenus ou perçus, et notamment aux loyers ou fermages, qui, par suite, ne sont pas susceptibles de saisie-arrêt : Cass., 1er juill. 1863 (t. 89, p. 503).

192. (Q. 1987). *Les objets déclarés insaisissables par le donateur ou le testateur continuent-ils de l'être entre les mains de l'héritier du donataire ou légataire ?*

Solution négative au texte, où Carré excepte le cas dans lequel il apparaîtrait que le donateur ou le testateur a voulu étendre l'insaisissabilité jusqu'aux héritiers du donataire ou légataire; tandis que M. Chauveau est d'avis que le caractère d'insaisissabilité ne peut jamais suivre entre les mains de ces héritiers les objets donnés ou légués.

Adde conf. à cette dernière opinion, notre *Formul. annot.*, p. 465, n. 58.

193. (Q. 1988 A). *Comment les créanciers postérieurs à l'acte de donation ou à l'ouverture du legs doivent-ils former leur demande afin d'obtenir permission de saisir-arrêter les objets mentionnés dans les nos 3 et 4 de l'art.* 581?

Par requête, conformément à l'art. 77 du Tarif, est-il dit au texte.

194. (Q. 1988 bis). *Le juge compétent pour donner la permission de saisir-arrêter une portion des sommes déclarées insaisissables par le testateur ou donateur, doit-il nécessairement être celui du domicile du saisi, ou peut-il être celui du domicile du tiers saisi, conformément à l'art.* 558?

M. Chauveau, au texte, exprime l'opinion que cette permission ne peut être donnée que par le juge du domicile du saisi.

195. (Q. 1990). *Quelles sont les règles que le juge doit suivre pour fixer la quotité qu'il permet de saisir?*

Le juge, est-il dit au texte, doit se déterminer d'après les circonstances, la situation des parties, la bonne ou mauvaise foi du créancier. M. Chauveau, *ibid.*, fait observer que le juge peut refuser toute permission, s'il pense que la somme entière soit indispensable pour la subsistance du saisi ; comme aussi il peut permettre de saisir même la totalité de la somme, si le saisi a d'autres ressources qui suffisent pour le faire subsister.

196. (Q. 1990 bis A). *La décision qui fixe la portion saisissable est-elle susceptible d'appel? Doit-elle lier les juges appelés à prononcer sur la validité de la saisie?*

Sur le premier point, M. Chauveau, au texte, applique les principes développés par lui sous la quest. 1932. V. *suprà*, n. 100. — Quant à la seconde question, il la résout négativement.

Adde conf., notre *Formul. annot.*, p. 467, n. 74.

197. (Q. 1990 bis B). *La disposition du jugement de validité qui attribue une certaine portion au saisissant, peut-elle, par la suite, subir des modifications?*

Solution affirmative au texte de la part de M. Chauveau.

198. (Q. 1986 quater). *Les créanciers pour aliments fournis antérieurement au jugement qui a accordé la provision peuvent-ils la saisir?*

Solution affirmative au texte.

199. (Q. 1989). *Est-il un cas où les sommes et objets mentionnés aux nos 3 et 4 de l'art.* 581 *pourraient être saisis sans permission du juge, et sans considération de la date de la créance?*

Oui, est-il enseigné au texte, ces sommes et objets pourraient être saisis sans permission du juge, si c'était pour cause d'aliments ; parce qu'il impliquerait contradiction qu'alors que les provisions alimentaires, chose la plus insaisissable aux yeux de la loi, peuvent être saisies en totalité et sans permission pour cause d'aliments, les objets moins favorisés, puisqu'ils peuvent être saisis avec certaine limitation pour toutes espèces de créances, jouissent à l'égard des créances pour aliments d'une immunité dont les autres ne jouissent pas.

Adde conf., Trib. de Liège, 14 août 1856 (*J. Av.*, t. 82, p. 570); Cass., 18 janv. 1875 (t. 100, p. 289); Roger, n. 355; de Belleyme, *Ordonn. sur req.*, etc., t. 2, p. 219; l'*Encycl. des huiss.*, v° *Saisie-arrêt*, n. 103; notre *Formul. annot.*, p. 466, n. 65 et 70.

200. Dans le précédent *Supplément*, M. Chauveau faisait remarquer qu'en dehors de l'exception signalée au texte, la règle générale de l'art. 582

reprend son empire ; qu'ainsi la permission préliminaire du juge est indispensable pour saisir les sommes et objets disponibles déclarés insaisissables par le donateur ou le testateur, et que cette permission ne peut être rétroactivement accordée par le tribunal appelé à statuer sur la validité de la saisie. *Sic*, Trib. de la Seine, 28 déc. 1853 (*J. Av.*, t. 79, p. 495) ; le *Formul. de procéd.* de notre auteur, t. 1, p. 551, formule 541.

201. Nous avons eu à exprimer notre avis sur le point de savoir si, lorsqu'un débiteur a fait donation à ses enfants de tous ses biens moyennant une pension viagère et alimentaire, un de ses créanciers qui a postérieurement obtenu contre lui un jugement de condamnation pour aliments à lui fournis tant avant que depuis la donation, peut saisir-arrêter cette pension, et, en cas d'affirmative, s'il a besoin pour cela de la permission du juge, ou si les causes de sa créance l'en dispensent.

Il est généralement admis, avons-nous dit, que les pensions alimentaires dont parle le n° 4 de l'art. 581, Cod. proc., peuvent être saisies pour aliments sans la permission du juge, comme les provisions alimentaires mentionnées dans le n° 2 du même article, ainsi que dans l'art. 582, la disposition finale de ce dernier article s'appliquant seulement au cas où les objets énoncés aux n°s 3 et 4 de l'art. 581 sont saisis pour cause autre que celle d'aliments (V. les autorités indiquées ci-dessus, n. 199).

Si donc la pension au sujet de laquelle nous sommes consulté rentrait dans les prévisions du n° 4 de l'art. 581, nul doute qu'elle ne pût être saisie, sans permission du juge, par celui qui a fourni des aliments au donateur soit avant, soit après la donation. Mais il ne faut pas perdre de vue que la donation n'était pas gratuite, ce qui fait échapper la pension alimentaire qui y a été stipulée à l'application de l'art. 581 (V. *suprà*, n. 189) ; et que, dès lors, il n'est pas même besoin d'examiner la cause de la créance du saisissant ; cette pension est saisissable d'une manière absolue, comme les autres biens du débiteur.

202. (Art. 557 et s.). *La disposition de l'art. 400, Cod. pén., qui punit le détournement par le saisi des objets saisis sur lui, s'applique-t-elle à la saisie-arrêt aussi bien qu'à la saisie-exécution ?*

L'affirmative a été admise par un arrêt de la Cour de Bordeaux du 15 août 1871 (*J. Av.*, t. 97, p. 229), jugeant que cette disposition atteint même le tiers saisi qui a participé au détournement des objets saisis-arrêtés entre ses mains, encore bien que la saisie-arrêt n'ait pas été suivie de l'assignation en validité et de la dénonciation prescrites par l'art. 565, Cod. proc., si, loin d'être de bonne foi, le tiers saisi a lui-même, par ses manœuvres frauduleuses, empêché l'accomplissement de ces formalités.

203. Sur le premier point, V. conf., Hélie et Chauveau, *Théor. du Cod. pén.*, t. 5, n. 1732, et Blanche, *Etud. pratiq. sur le Cod. pén.*, t. 6, n. 76.— En ce qui concerne le second, il suffit d'observer que le dernier paragraphe de l'art. 400 précité, en punissant de la même peine que l'auteur principal le conjoint, les ascendants et les descendants qui l'auront aidé dans le détournement des objets saisis, n'exclut pas la complicité des étrangers, mais a seulement pour objet de déroger à l'art. 380, qui déclare non punissables les soustractions commises par le conjoint, les ascendants ou les descendants de la personne victime de ces soustractions. V. en ce sens, Cass., 1844 (S.-V.44.1.282) ; Helie et Chauveau, n. 1733 ; Blanche, n. 86.

203 *bis*. Il importe peu d'ailleurs, comme le décide l'arrêt précité de la Cour de Bordeaux du 25 août 1871, que la saisie-arrêt n'ait pas été contre-dénoncée, selon la prescription de l'art. 565, Cod. proc. civ., au tiers saisi, complice du débiteur saisi. Si cet art. 565 déclare valables les paiements effectués jusqu'à la contre-dénonciation, il suppose évidemment que le tiers saisi est de bonne foi, et l'on ne saurait en induire qu'il soit permis à ce dernier de disposer frauduleusement des objets saisis-arrêtés.

§ 4. — Exploit de saisie-arrêt.

204. (Q. 1938 B). *L'exploit de saisie-arrêt doit-il être précédé d'un commandement?*

Solution négative au texte.

205. (Q. 1938 c). *Est-il nécessaire que cet exploit soit précédé de la signification du titre en vertu duquel la saisie est pratiquée?*

En ce qui concerne la signification du jugement servant de base à la saisie-arrêt, V. ce qui a été dit *suprà*, n. 71 et s.

206. Quant aux actes authentiques d'obligation, ou sous signature privée, M. Chauveau, dans le précédent *Supplément*, disait que la signification n'en est pas nécessaire, parce que le débiteur est présumé connaître ces actes qu'il a volontairement consentis (Conf., Roger, 2e éd., n. 135); et il invoquait en ce sens un arrêt de la Cour de Toulouse du 24 déc. 1842 (*J. Av.*, t. 64, p. 250), ainsi que l'opinion de M. Roger, n. 135.

207. Consulté nous-même sur la question de savoir s'il y a lieu de donner, en tête de l'exploit de saisie-arrêt, copie du titre en vertu duquel la saisie est pratiquée et si les frais de cette copie doivent passer en taxe, nous avons dit : L'art. 559, Cod. proc., considère, à tort ou à raison, l'énonciation du titre comme suffisante pour faire connaître la base de la saisie au débiteur et à celui entre les mains duquel elle est pratiquée. Comment admettre qu'il ait autorisé le saisissant à substituer la copie même du titre à cette simple énonciation, lorsqu'on voit le soin qu'il prend de ne prescrire la copie que de l'ordonnance du juge? Quand le législateur veut que le titre soit notifié, il s'en explique positivement; témoin l'art. 2 du décret du 18 août 1807, relatif aux saisies-arrêts pratiquées entre les mains des receveurs ou administrateurs de caisses ou de deniers publics. Et l'on ne peut prétendre que si l'article 559 précité ne permet pas explicitement de donner copie du titre en tête de la saisie-arrêt faite sur un particulier, il ne l'interdit pas non plus, et que cette copie est facultative pour le saisissant. En général, les actes de procédure non prescrits par la loi sont frustratoires ; on ne peut accroître arbitrairement les frais imposés aux parties, et il n'y a pas de raison pour que cette règle ne reçoive pas son application dans notre hypothèse.

M. Boucher d'Argis, *Dict. raisonn. de la taxe*, p. 501 (2e édit.), dit formellement qu'on ne doit pas, à peine de rejet de la taxe, donner copie du titre en tête de l'exploit de saisie-arrêt. Les autres auteurs sont moins explicites. Les uns se bornent à enseigner que l'omission de la copie du titre ne pourrait entraîner la nullité de la saisie-arrêt, ce qui est d'évidence (V. notamment Chauveau, *Lois de la proc.*, quest. 1938; Boitard, t. 2, n. 819; Bioche, vo *Saisie-arrêt*, n. 85; l'*Encycl. des huiss.*, *eod. verb.*, n. 109); les autres estiment que, si cette copie n'est pas indispensable, elle peut du moins être un moyen de prévenir les difficultés auxquelles donnerait lieu la question de savoir si le titre a été, ou non, suffisamment énoncé (Pigeau, *Comment.*, t. 2, p. 181; Roger, *Saisie-arrêt*, n. 386; Dalloz, *Répert.*, vo *Saisie-arrêt*, n. 207); mais l'un d'eux (Dalloz), pressentant les abus que pourrait engendrer cette interprétation, se hâte d'ajouter que, si la copie entraînait des frais considérables, le coût n'en passerait pas en taxe. Pour nous, nous croyons qu'il faut aller plus loin, par les raisons que nous avons données plus haut, et nous nous rangeons entièrement à l'avis de M. Boucher d'Argis. — V. aussi en ce sens, notre *Formul. annot.*, t. 1, p. 470, note 2, n. 2.

208. En ce qui concerne la saisie-arrêt faite entre les mains des receveurs, dépositaires ou administrateurs de caisses ou de deniers publics, il a été très bien jugé qu'elle est nulle, s'il n'est point laissé à ces fonctionnaires, avec la copie de l'exploit de saisie, copie ou extrait en forme du titre du saisissant ; et que la partie saisie peut elle-même se prévaloir de cette nullité : Trib. civ. de Mons, 9 oct. 1860 (*J. Av.*, t. 87, p. 459). — V. *infrà*, n. 234.

209. (Q. 1938 D). *Le créancier d'une succession peut-il pratiquer une saisie-arrêt sur les valeurs dépendant de cette succession, sans avoir, huit jours d'avance, notifié son titre à l'héritier ?*

La négative adoptée par MM. Dalloz, n. 91 et 92, et Roger, n. 136, a été consacrée par le tribunal de Florac le 7 mai 1847 (*J. Av.*, t. 76, p. 527), et par le tribunal d'Orléans le 17 janv. 1848 (t. 73, p. 247), M. Chauveau (*Supplément* précédent) déclarait qu'il aurait adhéré à cette doctrine si, pour faire une saisie-arrêt, il était besoin d'un titre exécutoire. Mais il n'en est pas ainsi, observait-il ; l'art. 557 permet formellement de saisir-arrêter en vertu d'un titre sous seing privé, et l'art. 558, en vertu d'une ordonnance du juge quand il n'y a pas de titre. — De cela donc que, dans l'espèce de la question posée, le titre n'a pas été signifié à l'héritier et qu'à son égard l'exécution s'en trouve suspendue, il ne suit pas que la saisie-arrêt ne doive point être validée, si, d'ailleurs, les formes voulues par la loi au titre de la Saisie-arrêt ont été observées. — Conf. Liége, 16 avril 1859 ; Trib. civ. de Saint-Omer, 22 mars 1860 (*J. Av.*, t. 85, p. 140) ; Colmet-Daage, n. 819.

210. (Q. 1936 bis). *L'énonciation de la somme pour laquelle on pratique une saisie-arrêt serait-elle utilement suppléée par l'énonciation ou la copie du titre, ou par celle de l'ordonnance de permission ?*

La solution négative est enseignée au texte par M. Chauveau, qui fait observer toutefois que l'énonciation par simple relation à ce qui serait indiqué soit dans l'énonciation ou la copie du titre, soit dans celle de l'ordonnance du président, remplirait suffisamment le vœu de la loi.

211. Notre auteur ajoutait dans le précédent *Supplément* que si le créancier n'a droit que sur une partie des sommes dont le tiers saisi est débiteur, l'exploit de saisie-arrêt doit indiquer exactement les sommes que le créancier entend saisir. *Sic*, Rennes, 15 déc. 1852 (*Journ. de cette Cour*, 1852, p. 165).

212. (Q. 1935). *L'ordonnance qui n'énoncerait pas la somme pour laquelle la saisie est faite, serait-elle nulle, si cette énonciation existait dans la requête ?*

Solution également négative au texte, où M. Chauveau la subordonne néanmoins à la condition qu'il y ait conformité entre la requête et l'ordonnance, et que celle-ci n'ait pas réduit la somme énoncée dans la requête.

213. (Q. 1937). *Une saisie-arrêt serait-elle nulle, si l'on avait énoncé une somme fixe et d'autres créances indéterminées ?*

La saisie, est-il dit au texte, serait valable pour la somme déterminée, mais non pour le tout.

214. (Q. 1934). *Quel est le juge qui doit fixer l'évaluation provisoire de la créance, lorsqu'elle n'est pas liquidée ?*

Cette évaluation, comme il est répondu au texte, doit être faite par le magistrat à qui est demandée la permission de saisir-arrêter. — M. Chauveau, *ibid.*, fait remarquer que l'évaluation provisoire n'est exigée que lorsque le saisissant n'a pas de titre, et que, dans le cas contraire, le saisissant évalue lui-même approximativement, s'il le juge convenable, la créance qui n'est pas liquide, et le tribunal régularise la position sur la demande en validité. Notre auteur ne semble pas admettre que le refus d'évaluation de la part du président, en pareil cas, autorisât l'appel de son ordonnance.

215. La Cour de Riom, par arrêt du 15 déc. 1846 (*J. Av.*, t. 72, p. 414), a annulé une saisie-arrêt faite en vertu d'une créance certaine, mais non liquide, par le motif que le juge n'en avait pas fait une liquidation provisoire. Comme, dans l'espèce, il y avait titre, observait M. Chauveau dans le précédent *Supplément*, le créancier n'avait pas besoin de recourir au président; il devait évaluer lui-même, et la saisie-arrêt eût été valable, car il eût suffi que la liquidation fût établie lors du jugement de validité (Voy. *suprà*, n. 46). Dans tous les cas, notre auteur déclarait approuver un arrêt de la Cour de Douai du 31 déc. 1858 (t. 84, p. 520), portant qu'une créance certaine, liquide et exigible, constatée par un acte authentique, peut servir de base à une saisie-arrêt, sans qu'il faille l'évaluation préalable du juge, bien que, des acomptes ayant été payés, il y ait dissentiment et, par suite, incertitude sur ce qui reste dû. — La plus pétition, disait-il, n'entraîne pas la nullité de la saisie ; il y a seulement lieu à réduction.

216. Un jugement du tribunal civil de Saint-Marcellin du 11 avril 1867 (*J. Av.*, t. 92, p. 378) a déclaré nulle la saisie-arrêt pratiquée, en vertu de permission du juge, par un notaire pour avoir paiement de frais et honoraires qui lui sont dus, si cette saisie, ou tout au moins l'assignation en validité, n'a pas été précédée d'une taxe régulière.

217. (Q. 1936 A.) *Si l'acte en vertu duquel la saisie est faite contenait, de la part du saisissant, une élection de domicile pour l'exécution, celui-ci n'en serait-il pas moins obligé de faire élection de domicile dans le lieu où demeure le tiers saisi ?*

Solution affirmative au texte.

218. Il a été jugé que la saisie-arrêt pratiquée sur des objets déterminés, dans un lieu autre que celui indiqué dans la requête sur laquelle est intervenue l'ordonnance portant permission de saisir-arrêter, n'en est pas moins valable, la loi n'imposant point au créancier l'obligation de désigner le lieu où se trouvent les effets à saisir, et l'élection de domicile de la part du saisissant dans le lieu où demeure le tiers saisi sauvegardant suffisamment les intérêts du saisi et du débiteur saisi : Limoges, 4 juin 1856 (*J. Av.*, t. 82, p. 254).—Conf., Roger, n. 161.

219. (Q. 1936 B). *Que doit-on entendre par ces mots :* le lieu où demeure le tiers saisi?

Suivant M. Chauveau, au texte, ces mots désignent la commune, et non la partie de la commune qu'habite le saisi.

Adde conf., Roger, n. 399 ; Bioche, *J. de proc.*, 1843, p. 20 ; notre *Formul. annot.*, p. 471, n. 3.

220. (Q. 1939). *Les formes de l'exploit de saisie se réduisent-elles à celles prescrites par l'art.* 559 ?

Non ; cet exploit, comme il est dit au texte, est soumis à toutes les formes prescrites pour l'ajournement et qui sont compatibles avec la saisie-arrêt ; et, par exemple, l'exploit de saisie-arrêt serait nul, si, au lieu d'être signifié à la personne ou au domicile du tiers saisi, il l'avait été au domicile de son mandataire.

Adde conf., notre *Formul. annot.*, p. 471, n. 5.

220 *bis*. Nous avons été consulté sur le point de savoir si le tiers saisi est recevable à opposer la nullité de la saisie arrêt résultant de ce que l'exploit lui a été signifié, non pas à sa personne ou à son domicile, mais dans un lieu où il n'avait qu'une résidence momentanée, s'il reconnaît en avoir reçu la copie. En règle générale, avons-nous répondu, tout exploit qui n'est pas signifié à la personne même de la partie doit l'être à son domicile, sous peine de nullité (Cod. proc. civ., 68 et 70) ; et il est admis par la jurisprudence et par les auteurs que cette nullité n'est point couverte par le fait que le destinataire de l'exploit en a reçu la copie et qu'il reconnaît l'avoir reçue. Elle repose, en effet, sur la présomption légale que l'acte n'a pas été connu de la partie (Carré, *Lois de la proc. civ.*, sur l'art. 70), et une présomption de ce genre ne peut être détruite par la preuve contraire (Cod. civ., 1352). La loi a voulu, du reste, que l'aveu de la partie d'avoir eu connaissance de l'exploit ne lui fît pas perdre le droit d'en opposer la nullité, afin d'empêcher que la crainte d'encourir une fin de non-recevoir ne la détournât d'un semblable aveu, et que le silence qu'elle garderait sur ce point ne laissât le demandeur continuer une procédure qu'elle ferait ensuite tomber, avec une grande perte de temps et de frais, à la charge de celui-ci, en opposant l'irrégularité de l'acte qui lui a été signifié. Voy. en ce sens, notamment, Cass., 7 déc. 1813 (*J. Av.*, t. 21, p. 270); Toulouse, 25 janv. 1822 (t. 21, p. 292); Angers, 19 juill. 1831 (t. 32, 2e part., p. 298); Bruxelles, 4 nov. 1835 (*Journ. de cette Cour*, 1835, t. 2, p. 512); Pigeau, *Comment.*, t. 1, p. 393, n. 3; Thomine-Desmazures, *Comment.*, t. 1, p. 174; Boncenne, *Théor. de la proc. civ.*, t. 3, p. 52; Boitard, *Leçons de proc.*, t. 2, p. 48; Coffinière, *Journ. des Av.*, t. 12, p. 439; Chauveau sur Carré, *Lois de la proc. civ.*, t. 1, quest. 374 *ter*, et t. 2, quest. 739 *bis*, § 7; l'*Encycl. des Huiss.*, v° *Nullités de proc.*, n. 32; notre *Formulaire annoté*, t. 1, p. 222, n. 9.

En conséquence, lorsqu'une saisie-arrêt a été pratiquée par un exploit qui n'a été signifié ni à la personne du tiers saisi ni à son domicile, mais dans un lieu où il n'a qu'une habitation momentanée, ce tiers saisi est parfaitement recevable à se prévaloir de la nullité d'un tel acte, encore bien qu'il reconnaîtrait en avoir reçu la copie.

Mais ce n'est pas le tiers saisi seul qui peut opposer cette nullité. Le saisi lui-même, ayant intérêt à profiter des irrégularités d'un acte qui met obstacle au recouvrement de ses fonds, peut invoquer celle dont il s'agit. C'est ce qu'ont décidé la Cour de Paris, par arrêts des 18 juin 1810 et 30 août 1811 (*J. Av.*, t. 19, p. 299 et 309), et le tribunal civil de la Seine, le 5 janv. 1855 (*Journ. de proc.*, 1855, p. 69), et ce qu'enseigne M. Chauveau, t. 4, quest. 1939 *bis* (V. *infrà*, n. 231). L'arrêt du 18 juin 1810 a été rendu précisément dans une espèce où le saisi opposait la nullité de la saisie-arrêt provenant de ce que l'exploit n'avait pas été signifié à la personne ou au domicile du tiers saisi, mais au domicile de son mandataire. — L'interprétation contraire paraît, à la vérité, être admise par un arrêt de la Cour de Bruxelles du 22 oct. 1825 (*Journ. de cette Cour*, 1826, t. 1, p. 34), et par M. Roger, *Saisie-arrêt*, n. 382; mais nous ne la croyons nullement exacte.

221. M. Chauveau, dans le *Supplément* précédent, déclarait approuver une solution des rédacteurs du *Journal de l'Enregistrement* (Voy. *J. Av.*, t. 82, p. 442), d'après laquelle si l'ordonnance sur requête qui autorise un créancier à faire pratiquer une saisie-arrêt sur plusieurs débiteurs non solidaires de son débiteur, n'est pas passible d'autant de droits d'enregistrement qu'il y a de tiers saisis, il en est autrement de l'exploit de saisie-arrêt.

222. (Q. 1940). *Lorsque la saisie-arrêt est faite entre les mains de personnes qui demeurent en pays étranger, est-on dispensé des formes prescrites par l'art.* 559?

Carré, au texte, enseigne la négative, et admet seulement que les formalités extrinsèques, comme celles du timbre et de l'enregistrement, et l'obligation de faire signifier l'exploit par un huissier, ne sont pas indispensables, si elles ne sont pas prescrites par la loi du pays où demeure le tiers saisi. Quant à M. Chauveau, il est d'avis que le fait de la signification d'une saisie-arrêt à une personne demeurant hors du territoire français doit être attesté selon les formes usitées dans le pays où se trouve cette personne, et que l'observation de ces formes doit elle-même être certifiée par l'agent du gouvernement français dans ce même pays.

223. (Q. 1940 bis). *Si le tiers saisi non domicilié en France sur le continent déclare connaître la saisie-arrêt, sans que la règle prescrite par l'art. 560 ait été observée, peut-il refuser de payer le tiers saisi ?*

Solution négative au texte, où M. Chauveau se réfère aux principes exposés par lui sous la quest. 1939 *bis* (*infrà*, n. 231).

224. (Q. 1940 ter). *Quelle est la marche à suivre à l'égard d'un tiers saisi dont on ignorerait le domicile ?*

Il faut suivre, est-il dit au texte, la marche indiquée par le § 8 de l'art. 69.

225. (CCCCXLVI). *L'obligation de la signification à personne et celle du visa prescrites par l'art. 561 à l'égard de la saisie-arrêt formée entre les mains des receveurs, dépositaires ou administrateurs des caisses ou deniers publics, sont-elles les seules formalités particulières à remplir en pareil cas ?*

Carré, au texte, fait observer qu'il faut encore se conformer aux dispositions du décret du 18 août 1807. — M. Chauveau, *ibid.*, renvoie en outre, relativement aux oppositions sur les créances à la charge de l'Etat, à l'ordonnance du 16 nov. 1831, aux lois des 9 juill. 1836 et 8 juill. 1837, et à l'ordonnance du 16 sept. 1837.

Dans le *Supplément* précédent, notre auteur faisait remarquer que, d'après l'art. 10 de la loi du 5 juin 1835, les art. 561 et 569 et le décret du 18 août 1807 sont applicables aux saisies-arrêts sur les fonds déposés à la Caisse d'épargne. — Il signalait aussi les formules et explications que renferme son *Formulaire de procédure*, t. 1, p. 569, 580 et suiv. — Voy. encore son *Code d'instruction administrative*, 2e éd., p. 85, n. 905 et suiv.

226. (Q. 1941). *Dans le cas prévu par l'art. 561, la saisie serait-elle valablement signifiée au bureau du caissier, en parlant à un commis qui viserait l'original ?*

Résolu affirmativement au texte dans le cas où le commis déclarerait avoir qualité pour recevoir et viser l'exploit, en vertu d'une commission à lui donnée par le receveur, dépositaire ou administrateur.

227. (Q. 1941 quater). *A qui doit être signifié l'exploit de la saisie-arrêt pratiquée sur des sommes dues par l'Etat ou des établissements publics ?*

M. Chauveau, au texte, fait observer qu'en règle générale ce n'est qu'à l'agent comptable que cet exploit doit s'adresser, et non pas à un simple employé. Il explique ensuite, en entrant dans les détails, que les saisies-arrêts entre les mains de l'administration de l'enregistrement, en province, doivent être faites au domicile du receveur et notifiées au directeur, qui vise l'original, et que, dans le département de la Seine, elles doivent l'être au secrétaire général de l'administration, à Paris, chargé du visa ; — que les saisies-arrêts sur le traitement des fonctionnaires, soit de l'ordre judiciaire, soit de l'ordre administratif, doivent être notifiées au payeur, et dans les arrondissements, au receveur particulier ; — que les saisies ou oppositions sur les cautionnements doivent être signifiées, soit directement à la caisse d'amortissement, soit au greffe des tribunaux dans le ressort desquels les titulaires exercent leurs fonctions, où l'original doit rester pendant vingt-quatre heures pour y être visé ; — que les saisies-arrêts sur toutes sommes déposées à la Caisse des consignations doivent être déposées, à Paris, au préposé de cette Caisse, dans les départements, au receveur général ou au receveur particulier, etc., etc.

228. Dans le précédent *Supplément*, notre auteur faisait remarquer qu'à l'égard des oppositions sur les cautionnements, il existe deux différences importantes entre celles qui sont faites au trésor et celles qui sont faites au greffe. D'une part, les oppositions faites au greffe n'arrêtent que le remboursement des capitaux, à moins qu'elles n'aient été notifiées au trésor, tandis que les oppositions faites au trésor public affectent le capital et les intérêts du cautionnement. D'autre part, les oppositions sur les cautionnements faites au trésor se périment par cinq ans si elles n'ont pas été renouvelées, tandis que celles faites au greffe ne sont point limitées quant à leur durée. Voy. Instruct. de la régie des 12 juill. 1847 (*J. Av.*, t. 73, p. 40) et 30 nov. 1849 (t. 75, p. 491). Voy. aussi le *Formul. de proc.* de M. Chauveau, 3ᵉ éd., t. 1, p. 579 et 580, et son *Code d'instr. administ.*, 2ᵉ éd., n. 908.

229. Ajoutons, de notre côté, qu'il a été jugé, conformément aux indications données au texte, que la saisie-arrêt faite entre les mains d'un préposé de l'administration de l'enregistrement et des domaines est nulle, lorsqu'elle n'a pas été notifiée au directeur de cette administration dans le département où le paiement doit être effectué et que l'original de l'exploit de saisie n'a pas été visé par ce directeur, conformément aux prescriptions de l'art. 1ᵉʳ du décret du 13 pluv. an XIII; qu'on prétendrait à tort que cet article a été abrogé par l'art. 13 de la loi du 9 juill. 1836, relatif aux saisies-arrêts sur des sommes dues par le trésor public : Bastia, 20 mars 1877 (*J. Av.*, t. 102, p. 232).

230. (Art. 561). *La formalité de* visa *est-elle exigée de la part des commissaires-priseurs qui reçoivent des saisies-arrêts sur le prix des ventes de meubles qu'ils ont faites en leur qualité?*

Décidé affirmativement au texte, t. 4, p. 579, à la note.

231. (Q. 1939 bis). *Qui peut invoquer les nullités résultant de l'inobservation des formes dans un exploit de saisie-arrêt ?*

Il n'y a pas lieu, suivant M. Chauveau, au texte, de distinguer entre les formalités intrinsèques et les formalités extrinsèques; l'inobservation des unes et des autres peut être opposée par le débiteur et les autres saisissants aussi bien que par le tiers saisi, et ce dernier n'est recevable à se prévaloir de la nullité résultant de l'inobservation des formalités intrinsèques qu'autant qu'il aurait déjà fait des paiements dont on voudrait le rendre responsable.

232. Il a été jugé, conformément au principe exposé au texte, que la nullité d'une saisie-arrêt résultant du défaut d'élection de domicile dans le lieu où demeure le tiers saisi, peut être invoquée, non seulement par le tiers saisi, mais encore par le saisi et même par le cessionnaire de la créance frappée d'opposition, dont la cession est postérieure à la saisie : Trib. de la Seine, 5 janv. 1855 (*Dict. de proc.*, 1855, p. 69). Conf. Roger, n. 398.—Voy. aussi *suprà*, n. 209.

233. Si le créancier qui a formé la saisie-arrêt s'aperçoit de la nullité de la procédure, observait M. Chauveau dans le précédent *Supplément*, il doit s'en désister avant de former une seconde saisie-arrêt. Faute de désistement, le second exploit doit être annulé. *Sic*, Douai, 5 fév. 1852 (*J. Av.*, t. 78, p. 75).

234. (Q. 1941 quinquies). *Les formalités particulières exigées par le décret du 18 août 1807 ou par les art. 14 et 15 de la loi du 9 juillet 1836, pour la validité ou la conservation des saisies-arrêts faites entre les mains de l'Etat, sont-elles dans l'intérêt exclusif de celui-ci et leur inobservation peut-elle être invoquée par le saisi ?*

Solution affirmative au texte.

235. (Q. 1942). *Quelle précaution l'huissier qui ne connaît pas la partie qui le charge de saisir doit-il prendre pour pouvoir justifier de l'existence de cette partie ?*

Il doit, est-il dit au texte, se faire attester le nom, l'état et la demeure du saisissant par deux citoyens français sachant signer et ayant leur domicile dans la commune (Arg. L. 25 vent. an XI, art. 11).

236. (Q. 1943). *Si l'huissier est requis par un mandataire, lui suffira-t-il de justifier de l'existence de celui-ci ?*

Solution affirmative au texte, où M. Chauveau explique que le saisissant, dans le sens de l'art. 562, est celui qui a droit de requérir l'huissier de faire la saisie.

237. (Q. 1944). *Résulte-t-il de l'art.* 562 *que l'huissier, pour faire une saisie-arrêt, ait besoin d'un pouvoir spécial ?*

Ce point est, à bon droit, résolu négativement au texte.

Adde conf., notre *Formulaire annoté*, t. 1, p. 471, n. 9.

238. (Q. 1944 bis). *Si le créancier était mort entre le pouvoir donné pour saisir et la signification de l'exploit, la responsabilité de l'huissier serait-elle compromise ?*

M. Chauveau, au texte, répond que c'est aux tribunaux d'apprécier la bonne foi de l'huissier ou la faute qu'il aurait commise ; que s'il y a fraude ou négligence de sa part, il pourra être rendu responsable ; que s'il a pu être trompé, les juges auront égard aux circonstances qui auront mis sa vigilance en défaut.

239. Il a été jugé avec raison par la Cour de Rouen, le 19 nov. 1853 (*J. Av.*, t. 78, p. 499), disait M. Chauveau dans le précédent *Supplément*, qu'un exploit de saisie-arrêt et une assignation en validité de cette saisie sont valables, quoique faits au nom d'une personne décédée, par un officier ministériel ignorant le décès de la partie pour laquelle il a agi. Conf., Gilbert, sous l'art. 2008, Cod. civ. ; Roger, n. 425.

240. (Art. 559). *La saisie-arrêt pratiquée pour le recouvrement des contributions directes peut-elle être valablement signifiée par un porteur de contrainte ?*

L'affirmative a été consacrée par un jugement du tribunal civil de la Seine du 20 déc. 1878 (*J. Av.*, t. 104, p. 465).

§ 5. — Dénonciation de la saisie-arrêt et assignation en validité. — Dénonciation de la demande en validité ou contre-dénonciation.

241. (Art. 563). *La saisie-arrêt faite au Trésor est-elle dispensée de la dénonciation au débiteur saisi ?*

Décidé négativement au texte, t. 4, p. 588, à la note.

242. (Q. 1945). *Le délai de huitaine prescrit par l'art.* 563 *pour la dénonciation de la saisie-arrêt au débiteur saisi est-il franc ?* En d'autres termes, *la disposition de l'art.* 1033 *s'applique-t-elle au délai fixé par l'art.* 563 ?

Solution négative au texte.

243. (Q. 1945 bis). *L'augmentation du délai à raison des distances a-t-elle lieu, alors même que la dénonciation est faite au saisi, en parlant à sa personne, trouvée dans la ville du saisissant ou dans celle du tiers saisi ?*

Résolu affirmativement au texte.

244. (Q. 1945 ter). *Les fractions de distance qui excèdent le nombre de myriamètres fixé par l'art.* 563 *ou un nombre multiple de celui-ci, doivent-elles donner lieu à l'augmentation d'un jour ?*

M. Chauveau, qui avait posé cette question au texte, l'avait résolue affirmativement.

245. La loi du 3 mai 1862 a, depuis, tranché la difficulté en disposant (nouvel art. 1033, Cod. proc. civ.), après avoir porté à cinq myriamètres la distance donnant lieu à l'augmentation d'un jour, que les fractions de moins de quatre myriamètres et au-dessus augmentent le délai d'un jour entier.

246. Le tribunal civil de Périgueux a décidé, le 3 mai 1866 (*J. Av.*, t. 92, p. 127), que, dans le cas de dénonciation d'une saisie-arrêt au débiteur saisi, l'augmentation du délai, d'après la distance entre le domicile de ce dernier et celui du saisissant, doit avoir lieu, comme par le passé, à raison d'un jour par trois myriamètres, et non par cinq myriamètres, l'art. 1033, modifié par la loi du 3 mai 1862, n'étant pas applicable au cas prévu par l'art. 563. — Mais cette solution nous paraît dénuée de fondement. — V. *Délai*, n. 26 à 28.

247. (Q. 1945 quater). *Dans quelle forme doit être faite la dénonciation de la saisie au débiteur saisi ?*

M. Chauveau, au texte, exprime l'opinion qu'il y a lieu de donner copie littérale de l'exploit de saisie-arrêt, et qu'il ne suffit pas d'énoncer ce qui, dans cet exploit, intéresse le débiteur saisi, et il cite à cet égard des autorités en sens divers.

248. Dans le *Supplément* précédent, il invoquait en faveur de son opinion MM. Roger, n. 453, et Dalloz, n. 248. — Mais il signalait comme ayant jugé en sens contraire que la dénonciation de la saisie-arrêt est valable, quoiqu'elle ne contienne pas la copie entière de l'ordonnance du juge qui a permis la saisie, Trib. de Gien, 13 mars 1850 (*J. Av.*, t. 75, p. 515); Douai, 13 mai 1853 (t. 79, p. 481); Limoges, 4 juin 1856 (t. 82, p. 254). — La saisie-arrêt formée entre les mains des débiteurs d'une succession bénéficiaire est nulle, lorsqu'elle n'a été dénoncée avec assignation en validité qu'à un seul des héritiers. Il n'importe que la dénonciation ait été faite et l'assignation donnée à cet héritier « comme héritier bénéficiaire du défunt, tant pour lui que pour ses cohéritiers, et ce pour éviter des frais », s'il était sans pouvoir pour représenter, dans l'instance, ses cohéritiers. Il n'importe pas davantage que l'acte en vertu duquel la saisie a été opérée porte que chacun des héritiers de l'emprunteur sera tenu de la dette pour le tout : Cass., 16 fév. 1858 (*J.P.*58.1.230). — M. Chauveau citait et approuvait cet arrêt, *loc. cit.*

249. Nous devons mentionner, de notre côté, un jugement du tribunal civil de Marseille du 11 janv. 1868 (*J. Av.*, t. 94, p. 242), qui a décidé aussi, contrairement à la doctrine de notre auteur, que la saisie-arrêt ne peut être déclarée nulle parce que l'assignation en validité, signifiée dans la huitaine, ne contient pas copie de l'exploit de saisie, si, d'ailleurs, l'assignation renferme l'indication de la date de la saisie, de son but, de l'huissier qui y a procédé et du tiers saisi. — V. encore en ce sens, notre *Formul. annoté*, p. 471, n. 12.

250. (Q. 1945 quinquies). *L'exploit de dénonciation est-il soumis aux formalités générales des exploits ordinaires ?*

Réponse affirmative au texte.

Adde conf., notre *Formulaire, ibid.*

251. (Q. 1946). *La saisie est-elle nulle, si elle n'a pas été dénoncée au débiteur saisi, et si ce dernier n'a pas été assigné en validité dans le délai fixé par l'art.* 563, *en sorte qu'on ne puisse plus, après ce délai, faire la dénonciation avec assignation en validité ?*

Solution affirmative au texte.

Adde conf., notre *Formulaire annoté*, p. 472, n. 23.

Il est presque inutile de faire remarquer, disait M. Chauveau dans le précédent *Supplément*, que si le débiteur saisi a reconnu sa dette dans l'exploit d'opposition et consenti à ce que le tiers saisi versât entre les mains du saisissant toutes les sommes qui peuvent lui être dues, celui-ci est dispensé de poursuivre la validité de la saisie-arrêt : Toulouse, 28 janv. 1846 (*J. Av.*, t. 70, p. 63). Il a été jugé encore, et avec raison, par la Cour de cassation, le 12 janv. 1853 (*J.P.*53.1.217), qu'il n'est pas indispensable que la validité de la saisie-arrêt soit reconnue par jugement; que les effets d'une opposition peuvent être réglés aussi bien par un accord amiable que par une décision judiciaire; et qu'après un pareil règlement amiable il ne peut plus y avoir lieu de demander la péremption de l'instance en validité. Conf., Roger n. 542 *bis* et 547 *bis*.

252. Quelque absolus que soient les termes de l'art. 565, ajoutait notre auteur, il faut admettre que le saisissant n'encourrait aucune déchéance, s'il avait été empêché de suivre la procédure par un obstacle soulevé par le débiteur saisi. Ainsi, on a vu, *suprà*, n. 84, que le débiteur, en interjetant appel du jugement qui a servi de base à la saisie-arrêt faite à son préjudice, arrête l'accomplissement des formalités nécessaires pour aboutir au jugement de validité. Dans ce cas, il faut décider, avec un jugement du tribunal civil de Grenoble, du 26 août 1853 (*J. Av*, t. 79, p. 84), que l'appel lui-même proroge le délai établi par l'art. 563.

253. (Q. 1949). *La nullité a-t-elle lieu de plein droit lorsque la saisie-arrêt n'est pas suivie de demande en validité, en sorte qu'on puisse exiger le paiement du tiers saisi ?*

Au texte, Carré, après avoir énoncé la négative sous la quest. 1946, *in fine*, se prononce en faveur de l'affirmative sous la présente question. Quant à M. Chauveau, c'est la première de ces deux opinions qu'il adopte.

254. C'est aussi celle que nous avons nous-même admise dans notre *Formulaire annoté*, p. 472, n. 24, où nous avons dit qu'il ne suffit pas au saisi d'alléguer le défaut de demande en validité pour pouvoir contraindre le tiers saisi à payer entre ses mains; mais que celui-ci peut exiger que le saisissant soit mis en cause pour qu'il donne mainlevée de la saisie, ou que la nullité soit prononcée contre lui. V. aussi en ce sens, Roger, n. 483.

255. Il a été cependant jugé d'une manière absolue que lorsque la saisie-arrêt n'a pas été suivie de demande en validité, ou que cette demande n'a pas été dénoncée au tiers saisi, le débiteur saisi peut contraindre ce dernier à se libérer entre ses mains : Trib. civ. de Vesoul, 30 sept. 1872 (*J. Av.*, t. 97, p. 417); Trib. civ. de Foix, 6 nov. 1872 (t. 98, p. 63).

256. (Q. 1951). *Si la demande en validité n'a point été formée dans le délai, les paiements effectués par le tiers saisi et le transport fait depuis la saisie, sont-ils valables ?*

Solution affirmative au texte.

257. (Q. 1945 sexies). *L'assignation en validité doit-elle nécessairement être donnée par l'exploit même qui contient la dénonciation de la saisie ?*

Non, est-il dit au texte; les deux actes peuvent être faits séparément.

258. (Q. 1945 septies). *A quelles fins doit-on assigner ?*

Il est expliqué au texte que si la saisie a été pratiquée en vertu d'un titre exécutoire, l'assignation doit tendre uniquement à voir ordonner que le tiers saisi videra ses mains entre celles du saisissant; mais que si celui-ci n'a qu'un titre privé ou n'a pas de titre, l'assignation doit être donnée aux fins tout à la fois de condamnation au paiement de la créance et de validation de la saisie.

259. Dans le précédent *Supplément*, M. Chauveau déclarait ne pas approuver une décision du tribunal civil de Bruxelles, du 18 mars 1845 (*J. Av.*, t. 69, p. 506), d'après laquelle il n'est pas nécessaire que la demande en validité d'une saisie-arrêt, formée en vertu d'un titre privé ou d'une permission du juge, soit accompagnée d'une demande formelle de condamnation au paiement de la dette. Le jugement de validité, observait-il, ne peut s'appliquer qu'à une créance certaine et exécutoire. Faute de conclure à la condamnation, le saisissant s'expose à voir refuser le jugement de validité. Voy. conf., Roger, n. 467 *bis*; le *Formul. de proc.* de notre auteur, 3e édit., t. 1, p. 563.

260. L'utilité des conclusions en condamnation apparaît encore, disait M. Chauveau, lorsque la saisie-arrêt, pratiquée par permission du juge, est frappée de nullité. Dans ce cas, comme l'a très bien décidé la Cour de Douai, le 9 mai 1853 (*J. Av.*, t. 79, p. 435), l'exploit de demande en validité demeure sans effets quant à la validité elle-même; mais il produit tous ceux qui sont relatifs à l'établissement et au paiement de la créance, pourvu que, par sa nature, la demande en condamnation qui y est insérée soit dispensée du préliminaire de conciliation. Car la demande en condamnation formée à défaut de titre exécutoire ne doit pas subir le sort de la demande en validité, comme si elle en était l'accessoire ; elle est, au contraire, l'objet principal de l'action, tandis que la demande en validité n'est qu'un mode d'exécution de la condamnation réclamée.

261. Il a été décidé à bon droit que les juges saisis de la demande en validité d'une saisie-arrêt formée pour une créance incertaine ne peuvent surseoir à y statuer jusqu'à la décision à intervenir sur la question d'existence de cette créance : Paris, 7 août 1878 (*J. Av.*, t. 103, p. 434). — V. conf., notre *Formul. annot.*, p. 451, n. 11.—Mais un sursis peut être accordé pour justifier d'une créance liquide et certaine. V. n. 36 à 40.

262. (Q. 1946 bis A). *Doit-on, dans l'exploit de dénonciation de la demande en validité, donner copie de celle-ci ?*

M. Chauveau, au texte, exprime l'opinion que, bien que cette copie ne soit pas expressément exigée, elle est utile et doit passer en taxe.

Adde conf., notre *Formul. annot.*, p. 473, n. 31.

263. (Q. 1946 bis B). *Dans quel cas cet exploit peut-il contenir assignation en déclaration affirmative ?*

Dans celui où la saisie est faite en vertu d'un titre authentique, est-il répondu au texte.

264. Pour que l'existence d'un titre authentique autorise le saisissant à assigner le tiers saisi en déclaration affirmative, sans attendre le jugement de validité, il n'est pas nécessaire que ce titre soit antérieur à la saisie. En conséquence, le tiers saisi est valablement assigné en déclaration par le saisissant qui a obtenu un titre authentique avant la demande en déclaration, mais postérieurement à la saisie-arrêt : Cass., 14 juin 1876 (*J. Av.*, t. 102, p. 276). — Voy. sur ce point d'une grande importance pratique les passages reproduits, *ibid.*, du rapport présenté devant la Cour de cassation par M. le conseiller Guillemard, lors de l'arrêt qui vient d'être mentionné.

265. (Q. 1946 ter). *Lorsque la dénonciation au saisi et la demande en validité ont été faites par actes séparés, duquel de ces deux actes court le délai de huitaine pour la dénonciation au tiers saisi ?*

Evidemment, est-il dit au texte, de celui qui contient la demande en validité.

266. L'appel que le débiteur aurait interjeté du jugement servant de base à la saisie-arrêt prorogerait le délai établi par l'art. 564 : Grenoble, 26 août 1853 (*J. Av.*, t. 79, p. 84). — Au surplus, pour prévenir les difficultés que pourrait faire naître le défaut de contre-dénonciation au tiers saisi dans le délai dont il s'agit, M. Chauveau, dans son *Formul. de proc.*, t. 1, p. 554, conseille, en pareil cas, au saisissant de dénoncer l'appel au tiers saisi, avec défense de payer avant l'arrêt à intervenir.

267. (Art. 563 et 564). *Peut-on, pour économiser les frais, dans le cas notamment où la saisie-arrêt est pratiquée sur des salaires d'ouvriers, réunir dans le même exploit la saisie-arrêt, la dénonciation de cette saisie et l'assignation en validité au débiteur, et enfin la contre-dénonciation au tiers saisi ?*

Nous avons admis l'affirmative, soit dans le *Journal des Huissiers*, t. 53, p. 121, et t. 57, p. 297, soit dans notre *Formulaire annoté*, t. 1, p. 473, n. 32 et 33, où nous avons exprimé l'avis que, dans ce cas, l'exploit donne ouverture à un triple droit d'enregistrement, en vertu du n° 30 du § 1er de l'art. 68 de la loi du 22 frim. an VII, d'après lequel il est dû un droit pour chaque demandeur ou défendeur, en quelque nombre qu'ils soient, dans le même acte.

268. (Q. 1947). *Si le tiers saisi habite hors de la France continentale, comment doivent être calculées les distances donnant lieu à l'augmentation des délais dont il s'agit dans les art.* 563 *et* 564 ?

On doit, est-il dit au texte, se reporter à l'art. 73.

269. Il a été décidé, conformément à cette interprétation, que lorsque la saisie-arrêt est formée par un créancier domicilié en France entre les mains du ministre des finances sur un débiteur domicilié à l'étranger, la dénonciation de la saisie doit être faite dans la huitaine, avec assignation pour comparaître dans les délais de l'art. 73, au parquet du tribunal où la demande doit être portée ; et que le saisissant n'a pas droit, en outre, à l'augmentation du délai de huitaine entre son domicile et celui du saisi : Trib. civ. de la Seine, 21 juill. 1869 (*J. Av.*, t. 94, p. 487) ; Paris, 27 janv. 1870 (t. 95, p. 173).

270. (CCCCL). *L'art.* 565, *aux termes duquel la saisie-arrêt est nulle faute de demande en validité, s'applique-t-il aux oppositions formées entre les mains de receveurs et dépositaires des deniers publics ?*

L'affirmative résulte d'un arrêt de la Cour de Caen du 16 nov. 1852 (*J. Av.*, t. 78, p. 323), qui a jugé spécialement que la saisie-arrêt pratiquée sur le cautionnement d'un fonctionnaire public est nulle, si elle n'est pas dénoncée à la partie saisie et suivie d'une demande en validité, dans les délais ordinaires. — M. Chauveau, qui mentionnait et approuvait cet arrêt dans le précédent *Supplément*, citait en outre, comme conformes, un arrêt de la Cour de Dijon du 19 juill. 1853 (S.-V.54.2.192) ; l'*Encyclopédie du droit*, v° *Cautionnement de tit. et compt.*, n. 57 ; Roger, n. 334, et son *Code d'instruction administrative*, t. 2, p. 92, n. 908 *ter*. — *Contrà, Répert. du Journ. du Palais*, v° *Cautionnement* (*fonct.*), n. 251 et suiv.

271. Il a encore été jugé, depuis, dans le même sens, que le décret du 18 août 1807 ne règle que les rapports entre le saisissant et les administrations publiques comme tiers saisis, et ne change rien à ceux qui existent entre le saisissant et le débiteur saisi ; qu'ainsi, la saisie-arrêt formée entre les mains d'une administration publique, doit être dénoncée au saisi dans les formes et les délais prescrits par le Code de procédure civile : Trib. civ. de la Seine, 21 juill. 1869 (*J. Av.*, t. 94, p. 487) ; Paris, 27 janv. 1870 (t. 95, p. 173).

272. (Q. 1948). *De ce que l'art.* 565 *porte que, faute de dénonciation de la demande en validité au tiers saisi, les paiements par lui faits* jusqu'à la dénonciation *seront valables, s'ensuit-il que le tiers saisi puisse payer valablement pendant le délai accordé pour faire cette dénonciation ?*

Il résulte de la combinaison de cet article avec l'art. 564, est-il dit au texte, que si la dénonciation est faite, les paiements effectués antérieurement seront considérés comme non avenus; mais que si elle n'est pas faite, ces paiements seront déclarés valables.

273. M. Chauveau ajoutait dans le *Supplément* précédent : Il est à remarquer que le paiement fait par le tiers saisi, pendant le délai accordé pour la dénonciation, serait valable même à l'égard du saisissant (art. 1242, Cod. civ.), s'il résulte des circonstances que le tiers saisi n'avait pu avoir, lors de ce paiement, connaissance de l'opposition : Trib. civ. de Bordeaux, 22 mars 1851 (*J. Av.*, t. 76, p. 599); Cass., 30 mars 1852 (D.P.52.1.247); Roger, p. 437, n. 127. — V. aussi notre *Formul. annot.*, p. 474, n. 37 et s.

274. (Q. 1949 bis). *Le tiers saisi qui n'a pas reçu dans le délai voulu la dénonciation de l'assignation en validité, peut-il être contraint à payer par le débiteur saisi ?*

Solution négative au texte de la part de M. Chauveau.

275. Il a été jugé, dans le sens de cette opinion, que, quoique la demande en validité n'ait pas été dénoncée au tiers saisi et qu'il puisse régulièrement payer, aux termes de l'art. 565, la nullité de la saisie doit être prononcée avant que le saisi puisse forcer le tiers saisi à payer : Trib. civ. de Nîmes, 22 nov. 1851 (*J. Av.*, t. 77, p. 209). — Voy. aussi Roger, n. 482 et 483.

276. (Q. 1950). *Si la dénonciation de l'assignation en validité est faite au tiers saisi après le délai, peut-il payer valablement ?*

Il est enseigné au texte que si les paiements antérieurs à la dénonciation tardive sont valables, il en est autrement de ceux qui lui sont postérieurs.
Adde conf., notre *Formul. annot.*, p. 474, n. 39.

§ 6. — Jugement de la demande en validité et de la demande en main-levée. — Compétence.

277. (CCCCLI A). *La demande en validité de la saisie-arrêt est-elle dispensée de la tentative de conciliation, conformément à l'art.* 566, *même dans le cas où, la saisie-arrêt ne reposant pas sur un titre authentique, l'exploit de demande en validité contient en outre et principalement une demande en condamnation?*

Résolu affirmativement au texte.
Adde conf., notre *Formulaire annoté*, t. 1, p. 473, n. 25.

278. (CCCCLI B). *La demande en condamnation qui n'a point été formée conjointement avec la demande en validité, mais incidemment, est-elle, au contraire, soumise au préliminaire de conciliation ?*

Solution aussi affirmative au texte.
Adde conf., notre *Formul., loc. cit.*, n. 26.

279. (CCCCLI C). *Les créanciers d'un condamné par contumace qui, pendant le séquestre apposé par l'administration des domaines, ont formé des saisies-arrêts au préjudice de ce condamné représenté par l'administration, sont-ils tenus de faire précéder la demande en validité formée contre cette administration, du mémoire préalable prescrit par la loi des* 28 *oct.-*5 *nov.* 1790 ?

Un jugement du tribunal civil de Bordeaux, du 2 juill. 1851 (*Journ. de cette Cour*, 1852, p. 268), a décidé la négative. L'affirmative, au contraire, résulte d'un arrêt fortement motivé de la Cour de Poitiers du 7 août 1835 (S.-V.36.2.516), approuvé par MM. Bioche, v° *Saisie-arrêt*, n. 66; Dalloz, v^is^ *Contumace*, n. 72, et *Domaine de l'Etat*, n. 406 et 407, et Roger, n. 255. — M. Chauveau (*Supplément* précédent) déclarait que cette dernière solution lui paraissait préférable à cause des termes absolus de la loi de 1790, dont il a signalé la généralité dans son *Code d'instruction administrative*, 2e éd., t. 1, p. 13 et suiv., n. 18, 22 et 22 *bis*.

280. (Art. 566). *La demande en nullité d'une saisie-arrêt pratiquée à la requête d'une commune non autorisée peut-elle être portée directement devant le tribunal, sans que le demandeur soit tenu d'adresser préalablement au préfet le mémoire prescrit par l'art. 51 de la loi du 18-22 juill. 1837?*

L'affirmative a été consacrée, à très bon droit, par un jugement du tribunal civil de la Seine du 17 sept. 1869 (*J. Av.*, t. 94, p. 490), sur le motif que cette demande est moins une action principale qu'une défense à une action déjà intentée.

281. (Art. 567). *En cas d'élection de domicile faite conformément à l'art. 111, Cod. civ., serait-ce le tribunal de ce domicile qui serait compétent pour connaître de la demande en validité ou en mainlevée de la saisie-arrêt?*

Décidé affirmativement au texte, t. 4, p. 612, note 2.

282. (CCCCLII A). *Lorsqu'une saisie-arrêt est pratiquée au préjudice d'une succession dont le partage n'a pas encore eu lieu, les demandes en validité et en mainlevée doivent-elles être portées au tribunal du lieu de l'ouverture de la succession?*

Solution également affirmative au texte.

Adde conf., notre *Tr. du partage de succession*, n. 308, et notre *Formul. annot.*, p. 475, n. 53.

283. M. Chauveau, dans le *Supplément* précédent, mentionnait et approuvait un arrêt de la Cour de Rouen du 16 fév. 1856 (*Journ. de cette Cour*, 1856, p. 97), jugeant que le créancier d'une succession bénéficiaire qui a saisi-arrêté le prix d'un mobilier vendu par le défunt à un tiers, peut assigner à la fois en validité de la saisie-arrêt devant le tribunal de l'ouverture de la succession, et l'héritier bénéficiaire et le tiers dont il prétend la vente nulle. Voy. aussi Roger, n. 511 et suiv.

284. Notre auteur observait ensuite, avec un arrêt de la Cour de Rennes du 31 mai 1854 (*Journ. de cette Cour*, 1855, p. 469), que si, dans le cours d'une instance en partage de succession, l'un des héritiers forme une saisie-arrêt sur des valeurs de cette succession confiées par le défunt à un tiers, le procès qui s'élève sur la validité de cette saisie-arrêt est entièrement distinct de l'instance en partage et se concentre entre le saisissant, le saisi et le tiers saisi, de telle sorte que les autres héritiers ne sont pas, de plein droit, parties dans l'instance de validité, et qu'il n'est même pas besoin de les mettre en cause.

285. (Q. 1952 ter A). *La demande de la régie de l'enregistrement en validité d'une saisie-arrêt doit-elle être portée devant le tribunal du lieu où la contrainte a été décernée?*

Solution affirmative au texte, où il est ajouté que, réciproquement, la demande en validité de la saisie-arrêt formée contre un receveur d'enregistrement doit être portée devant le tribunal du bureau du saisissant, et non devant celui du bureau du saisi.

Adde conf., notre *Formul. annot.*, p. 475, n. 54.

286. Dans le *Supplément* précédent, M. Chauveau observait que l'exception indiquée au texte en faveur de la régie de l'enregistrement a été introduite pour faciliter le recouvrement de l'impôt; qu'elle ne peut être invoquée dans d'autres cas; et qu'ainsi, c'est devant le tribunal du dernier domicile du contumax et contre le directeur des domaines de ce domicile, exclusivement à tous autres, que doit être portée la demande en validité des saisies-arrêts formées par les créanciers du contumax entre les mains de ses débiteurs. *Sic*, Bordeaux, 17 déc. 1850 (*J. Av.*, t. 76, p. 558). Voy. aussi le *Formulaire de procédure* de notre auteur, 3e éd., t. 1, p. 562, note 4, et notre *Formul. annot.*, *loc. cit.*, n. 52.

287. M. Chauveau citait encore et approuvait un jugement du tribunal civil de Gien, du 13 mars 1850 (*J. Av.*, t. 75, p. 595), qui a décidé que la demande en validité d'une saisie-arrêt pratiquée par la régie des domaines pour recouvrement de droits d'enregistrement, doit être instruite et jugée sur simples mémoires, respectivement signifiés, sans plaidoiries ni ministère d'avoué. — La même solution résulte également d'un jugement du tribunal civil de Lyon du 28 déc. 1861 (t. 87, p. 474) et d'un jugement du tribunal civil de Montpellier du 12 juin 1876 (t. 101, p. 469). — Conf., Roger, n. 526. — V. *suprà*, n. 280.

288. Le tribunal de Lyon, par sa décision précitée, a déclaré en outre que le jugement de validité obtenu contre le débiteur de droits de mutation qui ne s'est pas présenté sur l'assignation de la régie, n'a pas la caractère d'un jugement par défaut, et, dès lors, n'est pas susceptible d'opposition.

289. Le *Journ. de l'enregistr.*, 1864, n° 2350, a examiné la question de savoir si lorsqu'un notaire a obtenu du juge de paix la délivrance d'un exécutoire pour le montant des droits d'enregistrement qu'il a avancés, et qu'il a formé une saisie-arrêt pour obtenir son paiement, le jugement qui prononce sur la validité de cette saisie peut être rendu sur plaidoiries. — Il y est soutenu que le notaire, dans ce cas, est obligé de suivre la procédure établie par la loi du 22 frim. an VII, de la même manière que le ferait l'administration, aux droits de laquelle il est subrogé; que la circonstance qu'il s'agit de la validité d'une saisie-arrêt n'est pas de nature à modifier la solution; que la procédure spéciale dont il vient d'être parlé est obligatoire pour la régie elle-même au cas d'instance en validité de saisie-arrêt, à moins que le procès ne porte sur une contestation soulevée par la déclaration du tiers saisi, ainsi que la Cour de cassation l'a décidé par plusieurs arrêts. V. notamment Cass., 27 juin 1823 (*J. Av.*, t. 25, p. 187). Comme au cas particulier, ajoutent les rédacteurs du journal précité, un exécutoire a été délivré conformément à l'art. 30 de la loi de frimaire, l'instance doit se poursuivre sans constitution d'avoué et sans plaidoiries.

290. (Q. 1952 ter B). *La règle de compétence territoriale établie par l'art.* 567 *peut-elle fléchir en dehors des exceptions introduites par des lois spéciales ?*

M. Chauveau, dans le précédent *Supplément*, disait avec raison qu'en dehors de ces exceptions la règle générale reprend son empire. C'est donc à tort, observait-il, que la Cour de Riom a décidé, le 10 janv. 1853 (*J. Av.*, t. 78, p. 403), que si la saisie-arrêt a été pratiquée en vertu d'un jugement ayant acquis l'autorité de la chose jugée, la demande en validité est de la compétence du tribunal qui a rendu ce jugement, bien qu'il ne soit pas celui du domicile de la partie saisie. La Cour de Riom, dans son désir de valider une procédure qui devait procurer au créancier le remboursement d'une créance légitime, a méconnu la volonté de la loi exprimée dans l'art. 567. Le motif unique de son arrêt ne résiste pas à l'examen. L'exécution par voie de saisie-arrêt n'est pas l'exécution, suite de l'instance, dont il est question dans l'art. 472 (V. *Appel*, n. 683 et s., et le *Formulaire de procédure*, t. 1, p. 415, note 1). — Si l'opinion adoptée par la Cour de Riom venait à prévaloir, il en résulterait de singuliers abus. Un créancier qui aurait obtenu un jugement en Algérie, et qui plus tard (4 ans après, comme dans l'espèce) aurait formé une saisie-arrêt en vertu de ce jugement, pourrait traîner devant un tribunal de cette colonie la partie saisie domiciliée en France ! — Compar. le *Formulaire de procédure* de notre auteur, t. 1, p. 562, note 4, et M. Roger, n. 509.

291. (Q. 1953 A). *De ce que le président d'un tribunal de commerce peut accorder permission de saisir-arrêter, en résulte-t-il que ce tribunal puisse connaître de la demande en validité ou en mainlevée et des effets de la saisie ?*

Solution négative au texte, où il est ajouté que si la demande en validité est accompagnée d'une demande en condamnation (V. *suprà*, n. 258 et s.), cette dernière devra être portée devant le tribunal de commerce, et le tribunal civil, saisi de la première, devra surseoir à y statuer jusqu'après la décision des juges consulaires.

292. Cette question, disait M. Chauveau dans le *Supplément* précédent, est encore l'objet d'une vive controverse. Dans le sens de la compétence des tribunaux consulaires pour valider la saisie-arrêt basée sur une créance commerciale ou en donner mainlevée, on peut citer : Rouen, 11 janv. 1844 (*J. Av.*, t. 66, p. 254) et 24 avril 1845 (t. 69, p. 566) ; Colmar, 19 mai 1848 (t. 74, p. 545) ; Trib. de comm. du Havre, 19 nov. 1855 (t. 81, p. 141) ; Trib. de comm. de Marseille, 20 déc. 1855 (t. 81, p. 412) et 16 août 1856 (*Journ. du Trib.* de Marseille, 1856, p. 244). Les principaux arguments par lesquels on essaye de justifier cette décision sont puisés dans l'art. 149, Cod. comm., dans le caractère d'urgence qui distingue les demandes en validité ou en mainlevée de saisies-arrêts ayant pour cause des opérations commerciales, et, le plus souvent, dans cette circonstance que la validité ou la mainlevée n'est que l'accessoire du jugement que les juges consulaires sont appelés à rendre sur le fond de la contestation. Ces raisons, quelque plausibles qu'elles paraissent, ne peuvent prévaloir sur le texte absolu de l'art. 567 et sur la nature exceptionnelle de la compétence des tribunaux de commerce. Aussi l'opinion contraire semble-t-elle recevoir le plus grand nombre d'adhésions. V. Trib. de Colmar, 27 mai 1847 (*J. Av.*, t. 73, p. 360) ; Douai, 9 nov. 1848 (t. 76, p. 598), 1er déc. 1849 (t. 76, p. 600) et 18 nov. 1854 (t. 80, p. 552) ; Bordeaux, 27 mars 1855 (*Journ. de cette Cour*, 1855, p. 197) ; Limoges, 4 juin 1856 (*J. Av.*, t. 82, p. 254) ; Grenoble, 14 mars 1857 (*Journ. de cette Cour*, 1857, p. 446) ; Rodière, observ. au *J. P.* de 1857, p. 208 ; Molinier, dissert. insérée *J. Av.*, t. 72, p. 513 ; Vincens, *Législ. comm.*, t. 1, p. 177 ; Despréaux, *Compt. des trib. de comm.*, n. 173 ; Dalloz, n. 277 ; Roger, n. 494. — Ces autorités admettent également que le tribunal civil ne peut statuer sur la validité de la saisie fondée sur une cause commerciale, qu'après le jugement du tribunal de commerce constatant l'existence et le quantum de la créance.

293. La jurisprudence s'affirme de plus en plus dans le sens de la doctrine de M. Chauveau. V. Trib. civ. de Verviers, 17 juin 1861 (*J. Av.*, t. 87, p. 468) ; Trib. civ. d'Anvers, 11 déc. 1863 (t. 89, p. 507) ; Amiens, 4 janv. 1868 (t. 95, p. 167) ; Paris, 22 fév. 1870 (t. 97, p. 146) et 7 août 1878 (t. 103, p. 434) ; Montpellier, 4 janv. 1874 (t. 100, p. 33). — D'après l'arrêt précité de la Cour d'Amiens, le tribunal civil a le droit d'apprécier les causes même commerciales de la saisie et d'ordonner la mainlevée de celle-ci, si la créance ne lui paraît pas justifiée, et, quoique l'existence de cette créance soit l'objet d'une contestation pendante devant le tribunal de commerce, il n'est pas tenu, en pareil cas, de surseoir jusqu'à la décision de ce tribunal. — L'arrêt également susmentionné de la Cour de Montpellier décide que le tribunal civil ne peut statuer sur la demande en validité d'une saisie-arrêt pratiquée pour cause commerciale, qu'après que le tribunal de commerce a fixé le chiffre de la créance formant l'objet de la saisie ; et qu'en conséquence, le débiteur saisi, assigné à cette dernière fin devant le tribunal de commerce, ne peut opposer l'exception de litispendance en raison de ce que la demande en validité de la saisie a été précédemment portée devant le tribunal civil. — V. conf. à ces diverses solutions, notre *Formulaire annoté*, t. 1, p. 475, n. 57 et s., et notre *Dictionnaire du contentieux commercial*, v° *Compétence com-*

merciale, n. 45.—Le tribunal de commerce du Havre a cependant persisté à déclarer les tribunaux de commerce compétents pour ordonner la mainlevée d'une saisie-arrêt accessoirement à la décision qu'ils doivent rendre sur le fond de la contestation portée devant eux : jugement du 11 mars 1861 (*J. Av.*, t. 87, p. 479).

294. (Q. 1953 B). *Le juge de paix est-il compétent pour connaître de la demande en validité d'une saisie-arrêt formée pour une créance rentrant dans les limites de sa compétence ?*

Cette question a reçu au texte la même solution que la précédente.

295. Dans le *Supplément* précédent, M. Chauveau citait en faveur de sa doctrine, Rennes, 15 nov. 1851 (*J. Av.*, t. 79, p. 190); Bordeaux, 19 juin 1853 (*ibid.*) ; Limoges, 4 juin 1856 (t. 82, p. 254); Carou, *Jurid. des jug. de paix*, n. 75; Roger, n. 505. — *Contrà*, Just. de paix de Caen, 26 avril 1842 (*J. Av.*, t. 62, p. 345). — L'opinion de notre auteur a été encore confirmée par un arrêt de la Cour d'Alger du 8 fév. 1860 (t. 87, p. 469). V. aussi en ce sens, notre *Formul. annot.*, p. 476, n. 61. — Mais l'opinion contraire est soutenue par quelques auteurs, notamment par M. N.-A. Carré, *Compét. judic. des jug. de paix*, n. 163.

296. Il a été encore jugé très exactement que le saisissant dont la créance rentre dans la comptétence en dernier ressort du juge de paix doit, avant de faire prononcer la validité de la saisie par le tribunal civil, porter sa demande en condamnation devant le juge compétent, c'est-à-dire devant le juge de paix : Paris, 25 mai 1867 (*J. Av.*, t. 92, p. 486) ; — que le tribunal civil, compétent pour connaître de la demande en validité d'une saisie-arrêt pratiquée en vertu d'engagements entre gens de travail et ceux qui les emploient, ne l'est pas pour statuer sur la demande formée en même temps en paiement de la somme qui fait l'objet de la saisie ; et que, par suite, il doit surseoir à prononcer jusqu'à ce qu'il ait été statué sur cette dernière demande par le juge de paix : Bastia, 3 juillet 1862 (t. 87, p. 471) ;—et que, dans le cas de saisie-arrêt pratiquée pour une créance inférieure à 200 francs, et dont la demande en validité portée devant le tribunal civil est restée impoursuivie, s'il n'appartient pas au juge de paix de connaître de la demande en dommages-intérêts formée par le saisi contre le saisissant à raison de ce que ce dernier aurait fait son opposition, quoiqu'il ne lui fût rien dû par le premier, ce magistrat est, au contraire, compétent pour statuer sur les conclusions du saisi tendant à faire déclarer le saisissant mal fondé dans sa demande en paiement de la somme pour laquelle la saisie a été pratiquée : Just. de paix du 4e arrondiss. de Paris, 27 juin 1877 (t. 102, p. 327).

297. M. Chauveau (*Supplément* précédent), en faisant remarquer que les Cours de Rennes et de Bordeaux dans leurs arrêts susénoncés de 1851 et 1853, ont attribué compétence d'une manière absolue au tribunal civil, à l'exclusion du juge de paix, même pour la déclaration de l'existence et du quantum de la créance, se refusait avec raison à admettre cette solution.

298. (Q. 1953 C). *A qui appartient-il de statuer sur la demande en validité d'une saisie-arrêt pratiquée entre les mains du Trésor sur le traitement d'un fonctionnaire public ?*

La Cour de Colmar, par arrêt du 10 fév. 1847 (*Journ. de cette Cour*, 1849, p. 61), a décidé que les tribunaux civils sont incompétents *ratione materiæ* pour statuer sur la validité d'une telle saisie-arrêt, formée avec la permission du juge, par un autre fonctionnaire, à l'effet d'obtenir, par prélèvement sur le traitement dû au saisi, l'indemnité à laquelle le saisissant prétend avoir droit, conformément aux règlements, pour avoir rempli par intérim et par ordre de son administration les fonctions de ce dernier pendant la durée d'un congé.

299. Les rédacteurs du recueil précité ont exprimé leur opinion sur cette question dans une note ainsi conçue : « Il n'est pas douteux qu'à l'autorité judiciaire seule il appartient de connaître des discussions sur saisies de traitement, lorsque l'État n'est qu'un tiers désintéressé dans la contestation ; mais là n'était pas la question. Il s'agissait d'une réclamation relative au paiement de traitements attachés à des fonctions publiques ; il s'agissait de savoir si le demandeur avait un droit acquis au traitement qu'il réclamait à titre d'indemnité pour avoir fait, par ordre de son administration, un service public ; il s'agissait enfin de savoir sur quel article du budget la somme due serait imputée. Sous tous ces rapports, le Trésor avait un intérêt direct dans la contestation ; et l'action était, en réalité, plus dirigée contre le Trésor public que contre un simple particulier. C'était une affaire qui ne pouvait être soumise qu'au ministre ou au directeur général de l'administration sous l'autorité duquel se trouvait placé le demandeur. » — M. Chauveau, dans le précédent *Supplément*, après avoir dit que cette solution était conforme à l'opinion par lui exprimée dans ses *Principes de compétence et d'instruction administratives*, t. 3, p. 506 et 536, n. 687 et 720, se bornait à ajouter qu'il lui paraissait que, dans l'espèce de la question posée, par application du même principe que lorsqu'il s'agit d'une créance commerciale, il appartient exclusivement aux tribunaux civils de valider la procédure de saisie-arrêt, *après toutefois que l'autorité administrative a déclaré l'existence et le quantum de la créance*. La Cour de cassation, ajoutait-il, a consacré la véritable doctrine, le 17 juill. 1849 (*J. Av.*, t. 76, p. 594), en décidant que l'autorité judiciaire est compétente pour connaître de la validité de saisies-arrêts jetées entre les mains d'un payeur sur une somme dont le paiement a été ordonnancé par un ministre. C'est évident ; la somme ordonnancée constitue au profit du débiteur une créance ordinaire.

300. (Q. CCCCLII B). *La déclaration de faillite que ferait un négociant devant le tribunal de commerce d'un arrondissement autre que celui de son domicile, rendrait-elle le tribunal civil de cet arrondissement compétent pour connaître des saisies-arrêts pratiquées contre lui ?*

La négative, qui est évidente, a été consacrée par un arrêt mentionné au texte.

301. (Q. 1953 bis). *En assignant le débiteur en validité de saisie-arrêt devant le tribunal civil, le saisissant dont la créance est commerciale est-il censé renoncer à la juridiction consulaire ?*

Cette question est aussi, à bon droit, résolue négativement au texte.

302. (Q. 1953 ter). *Quand la demande en validité est connexe à une demande pendante devant un tribunal qui n'est pas celui du domicile du saisi, doit-elle être portée à ce tribunal ?*

Solution également négative au texte.

Adde conf., notre *Formulaire annoté*, n. 47.

303. Lorsqu'un tribunal est déjà saisi d'une demande en validité de saisie-arrêt, et que les difficultés qui s'élèvent à l'occasion d'une saisie-arrêt postérieure, pratiquée à la requête d'un autre créancier au préjudice de la même personne, sont portées devant un autre tribunal, celui-ci doit renvoyer les parties contestantes devant le tribunal qui a été saisi le premier de la contestation : Riom, 4 fév. 1854 (*Journ. de cette Cour*, 1854, n° 810). — M. Chauveau citait et approuvait cette décision dans le précédent *Supplément*.

304. (Q. 1953 quater). *Si la saisie-arrêt est pratiquée en France sur un débiteur étranger, devant quel tribunal devra être portée la demande en validité ?*

Devant le tribunal du domicile du tiers saisi, répond M. Chauveau, au texte, pourvu que le saisissant soit un Français, nos tribunaux ne devant point justice à des parties qui seraient l'une et l'autre étrangères.

305. Pour nous, consulté sur le point de savoir devant quel tribunal doit être portée la demande en validité d'une saisie-arrêt, lorsque le débiteur saisi n'a ni domicile ni résidence connus, ou qu'il demeure en pays étranger, nous avons dit : — La disposition de l'art. 567, Cod. proc., qui veut que la demande en validité soit portée devant le tribunal du domicile de la partie saisie, ne pouvant recevoir ici son application, il est rationnel de déterminer la compétence territoriale en se plaçant au point de vue de l'intérêt commun des parties. Or, cet intérêt nous paraît recevoir satisfaction, soit que la connaissance de la demande en validité de la saisie-arrêt appartienne au tribunal du domicile du saisissant, soit qu'on l'attribue au tribunal du domicile du tiers saisi. La première solution ne préjudicie ni au débiteur saisi, qui, ayant eu le tort de se fixer à l'étranger sans élire un domicile en France, ou de quitter son domicile sans faire connaître sa résidence nouvelle, ne saurait se plaindre d'être assigné devant les juges du domicile de son créancier, ni au tiers saisi, qui conserve dans tous les cas le droit de demander, si sa déclaration est contestée, son renvoi devant ses propres juges. La seconde solution, qui ne saurait pas mieux être critiquée que la précédente par le tiers saisi, n'est pas non plus défavorable au saisissant, puisque, comme nous venons de le rappeler, il peut être forcé, en cas de contestation de la déclaration du tiers saisi, de plaider devant les juges de ce dernier.

Nous devons dire que c'est cette seconde solution qu'adoptent généralement les auteurs, dont quelques-uns toutefois examinent seulement l'hypothèse où la saisie-arrêt a été pratiquée sur un débiteur étranger. V. Lepage, *Quest.*, p. 392; Roger, n. 520; Chauveau sur Carré (*loc. cit.*); Dalloz, *Rép.*, v° *Saisie-arrêt*, n. 503; *l'Encycl. des huiss.*, *eod. verb*, n. 180. — Mais la première, qui n'est pas moins juridique, peut s'appuyer sur les motifs d'un arrêt de la Cour de Chambéry du 16 mars 1869 (*J. Av.*, t. 95, p. 87). — V. aussi en ce sens, notre *Formul. annot.*, p. 474, n. 45.

306. Il a été décidé, d'une manière générale, que les tribunaux français sont compétents pour connaître de la demande en validité d'une saisie-arrêt pratiquée contre un étranger; sauf à surseoir, s'il y a lieu, à statuer jusqu'à ce que le saisissant justifie d'un titre dûment rendu exécutoire : Lyon, 25 juill. 1874 (t. 100, p. 243).

307. Lorsque le saisissant et le saisi sont l'un et l'autre étrangers, les tribunaux français ne sont pas absolument incompétents pour statuer sur la demande en validité ; ils peuvent en connaître, sauf encore à surseoir à rendre leur décision jusqu'à production par le saisissant de son titre dûment rendu exécutoire : Paris, 8 avril 1874 (t. 99, p. 412). Il résulte de la même décision que la demande en validité doit, en pareil cas, être portée devant le tribunal du domicile du tiers saisi.

308. D'après un arrêt de la Cour de Chambéry du 16 mars 1869 (t. 95, p. 87), la demande en validité d'une saisie-arrêt pratiquée sur plusieurs débiteurs dont un seul est Français doit être portée devant le tribunal du domicile de celui-ci, et non devant le tribunal du domicile du demandeur.

309. D'un autre côté, le tribunal civil de la Seine a jugé, le 20 juin 1867 (t. 92, p. 502), que, dans le cas où le saisissant et le débiteur saisi ont élu domicile dans une ville, même en pays étranger, pour les contestations auxquelles leurs conventions peuvent donner naissance, c'est devant le tribunal de cette ville que la demande en validité de la saisie-arrêt doit être portée; et qu'il en est ainsi particulièrement lorsque le débiteur saisi est un sujet suisse et que l'élection de domicile a été faite dans la ville suisse où il réside, le traité international de 1828 ayant eu pour effet, entre les habitants de la France et de la Suisse, d'effacer l'extranéité et de confondre les territoires quant au domicile et à la juridiction. — Compar. *suprà*, n. 281.

310. (Q. 1956). *La demande en mainlevée de la saisie-arrêt peut-elle être signifiée au domicile élu dans l'exploit de saisie ?*

Solution affirmative au texte.

311. (Q. 1956 bis). *Le saisi pourrait-il porter la demande en mainlevée devant le tribunal du domicile du saisissant ?*

Ce point est aussi résolu affirmativement au texte par M. Chauveau.

Adde conf., un arrêt de la Cour de Paris du 5 janv. 1874 (*J. Av.*, t. 99, p. 229), qui se fonde très justement sur ce que l'art. 567, en disposant que cette demande sera soumise au tribunal de la partie saisie, a introduit en faveur de celle-ci une exception au bénéfice de laquelle il lui est loisible de renoncer.—V. aussi en ce sens, notre *Formul. annot.*, p. 475, n. 51.

312. (Q. 1956 ter). *Si la demande en mainlevée est intentée par un autre que par le débiteur saisi, doit-elle également être portée devant le tribunal du domicile de celui-ci ?*

Elle doit, selon l'opinion exprimée au texte, être portée devant le tribunal du domicile soit du saisi, soit du saisissant, selon qu'elle est dirigée contre l'une ou contre l'autre de ces deux parties.

Adde conf., Paris, 20 oct. 1847 (*J. Av.*, t. 73, p. 405) ; Trib. civ. de Libourne, 31 déc. 1856 (t. 82, p. 199) ; Roger, n. 515 ; notre *Formul. annot.*, *loc. cit.*, n. 49.—V. aussi les observations de M. Chauveau sur un jugement du tribunal civ. du Havre, du 19 nov. 1855 (*J. Av.*, t. 81, p. 141).

313. Il a été jugé avec raison que la demande en mainlevée d'une saisie-arrêt formée contre le saisissant par un tiers domicilié dans le même lieu que le tiers saisi, n'est pas de la compétence du tribunal de ce lieu, alors surtout que la partie saisie n'y a jamais eu son domicile ; mais que cette demande doit être portée devant le tribunal du domicile du saisissant : Caen, 26 juin 1869 (t. 95, p. 165).—Conf., notre *Formul. annot.*, n. 50.

314. Mais le tiers auquel une saisie-arrêt porte préjudice peut assigner le saisissant en mainlevée devant le tribunal du lieu de la saisie, où celui-ci a fait élection de domicile, conformément à l'art. 559 : Trib. de comm. du Havre, du 11 mars 1861 (t. 87, p. 479).

315. La femme séparée de biens qui, se prétendant propriétaire des valeurs saisies-arrêtées contre son mari, actionne le saisissant en mainlevée de la saisie-arrêt et en réparation du préjudice qu'elle dit lui avoir été causé, doit porter son action devant le tribunal du domicile du saisissant, conformément à la règle générale ; elle ne saurait la soumettre au tribunal de son propre domicile, par application de l'art. 567, sous prétexte qu'elle serait elle-même en réalité la partie saisie : Trib. civ. de la Seine, 16 nov. 1872 (t. 98, p. 28).

315. (Q. 1956 quater). *Devant quel tribunal doit être portée la demande en validité d'offres réelles formée par le débiteur saisi, dans le but d'obtenir la mainlevée de la saisie-arrêt ?*

M. Chauveau répond, au texte, qu'il faut appliquer ici l'art. 567, et qu'ainsi l'exploit peut être signifié au domicile élu dans la saisie (V. *suprà*, n. 281), et la demande doit être portée devant le tribunal du domicile du saisi.

316. (Q. 1955). *Un créancier peut-il, en offrant de donner caution suffisante au tiers saisi, obtenir la mainlevée des saisies-arrêts faites à la requête de quelques autres créanciers ?*

Solution affirmative au texte.

317. (Q. 1955). *Les tribunaux peuvent-ils, avant de juger le fond, accorder mainlevée provisoire?*

M. Chauveau repousse, au texte, une décision d'après laquelle, lorsque les juges renvoient à une époque déterminée pour statuer sur la validité d'une saisie-arrêt, ils peuvent en accorder mainlevée, en exigeant caution de la part du débiteur saisi. Suivant notre auteur, le saisi qui se trouve pressé d'obtenir mainlevée peut recourir à un expédient qu'il a indiqué sous la quest. 1952, et qui consiste à consentir délégation au saisissant de la somme réclamée par celui-ci, à condition d'en obtenir restitution si sa prétention n'est pas fondée. Il n'est pas besoin, d'après M. Chauveau, que cette délégation soit consacrée par une ordonnance du juge des référés.

318. Il est du reste de principe qu'il n'appartient pas au juge des référés d'ordonner la mainlevée d'une saisie-arrêt, et qu'il peut seulement, en cette matière, statuer dans les cas d'urgence et de façon à ce que son ordonnance ne fasse aucun préjudice au principal. V. *Référé*, n. 134 et 136 *ter*.— V. aussi la question suivante.

319. (Q. 1954 ter). *En matière de saisie-arrêt, la condamnation aux dépens doit-elle être prononcée lors du jugement de validité, ou bien doit-elle être réservée jusqu'à la déclaration du tiers saisi? Qui doit supporter les dépens?*

En réalité, observait sur ce point M. Chauveau dans le précédent *Supplément*, toutes les fois que la saisie-arrêt ne procède pas d'un titre authentique, elle offre deux procédures distinctes : l'une d'action, pour obtenir un titre exécutoire; l'autre d'exécution de ce titre; la première, dirigée uniquement contre le débiteur; la seconde, dirigée à la fois contre le débiteur et le tiers saisi; chacune pouvant être l'objet d'une instance spéciale devant des juridictions différentes (Voy. une dissertation de M. Molinier, *J. Av.*, t. 72, p. 513), mais aboutissant à un résultat unique, le paiement par le tiers saisi. Ce double caractère fait naître la difficulté examinée ici. La Cour de Bordeaux a été appelée à la résoudre. — Le 9 avril 1850, la première chambre de cette Cour a déclaré que la condamnation du débiteur aux dépens de la saisie-arrêt est la suite nécessaire du jugement de validité; qu'il n'y a pas lieu de réserver les dépens jusqu'à la déclaration à faire par le tiers saisi, sauf alors le recours du débiteur contre le créancier, s'il justifie que la saisie-arrêt a été faite méchamment, avec la certitude qu'elle ne porterait pas; tandis que, le 2 mai suivant, la deuxième chambre de la même Cour a jugé que, tout en validant la saisie-arrêt, il y a lieu de réserver les dépens jusqu'à la déclaration du tiers saisi, pour les laisser à la charge du saisissant, s'il vient à être reconnu que la saisie-arrêt n'avait pas d'objet et qu'elle a été dès lors frustratoire. Ni l'une ni l'autre de ces deux solutions ne paraissait complètement acceptable à M. Chauveau. La première, disait-il, en ne punissant la témérité du créancier qu'autant qu'il a agi avec mauvaise foi, tendrait à ruiner en frais le débiteur; la seconde, en mettant, sans distinction, les dépens à la charge du créancier, lorsque le tiers saisi ne doit rien, va trop loin en sens contraire, et ne tient pas assez compte du double caractère de cette procédure spéciale.

320. Il est très vrai que le créancier qui, légèrement, a jeté une saisie-arrêt entre les mains d'un tiers qui n'est pas débiteur du saisi, doit, comme celui qui fait saisir des meubles ou des immeubles dont son débiteur n'est pas propriétaire, supporter *en principe* les dépens occasionnés par les poursuites. Ainsi, il est plus sage de réserver la condamnation aux dépens jusqu'à la déclaration du tiers saisi, que de la prononcer dans le jugement de validité. Mais, se hâtait d'ajouter M. Chauveau, la déclaration négative du tiers saisi doit-elle toujours entraîner la condamnation du saisissant à *tous* les dépens? C'est ici qu'une distinction est nécessaire.

Sans parler du cas où la déclaration est affirmative, et où évidemment les frais sont à la charge du saisi, trois hypothèses peuvent être posées : 1° la saisie a été faite en vertu d'un acte authentique ; 2° la saisie a été pratiquée en vertu d'un titre sous seing privé, mais qui a servi de base à une condamnation prononcée avant le jugement de validité, soit par le tribunal de commerce, soit par le juge de paix ; 3° le créancier saisissant n'avait pas de titre ou n'était porteur que d'un titre sous seing privé.

Dans la première hypothèse, le créancier supportera l'intégralité des dépens. Dans la seconde, il n'aura à supporter que les dépens exposés devant le tribunal civil, puisqu'il aura obtenu gain de cause devant le tribunal de commerce (ou le juge de paix). Dans la troisième, il sera, sans contredit, passible de tous les dépens faits contre le tiers saisi et qui ont trait à la saisie-arrêt proprement dite ; mais il aura le droit de réclamer de son débiteur les frais qu'il aura été obligé de faire pour obtenir un titre exécutoire. — Les dépens se trouvent alors équitablement répartis comme le veut la loi (art. 130, Cod. proc.). Le demandeur succombe quant à la saisie-arrêt ; il en paie les frais. Il triomphe quant à la reconnaissance des créances ; il obtient les dépens contre son adversaire.

Qu'on n'objecte pas, poursuivait M. Chauveau, que, si la déclaration du tiers saisi n'est pas contestée, l'art. 576 défendant de faire aucune autre procédure, il faudra néanmoins un jugement pour mettre les dépens à la charge du créancier.—On doit répondre que cet article interdit toute procédure *de la part du tiers saisi ou contre lui*, mais qu'il ne régit nullement le cas où, par suite de la déclaration négative, le débiteur a le droit de répéter les dépens qu'il a été obligé de faire pour résister à une procédure qu'il savait être frustratoire.

321. Lorsqu'un avoué a fait pratiquer une saisie-arrêt qui n'a pas abouti, parce que les deniers saisis étaient dotaux et qu'ensuite ils n'existaient plus entre les mains du tiers saisi, il peut être personnellement condamné aux dépens : Montpellier, 12 mars 1857 (*J. Av.*, t. 82, p. 374).

322. Le tiers saisi qui a produit à l'appui de sa déclaration des quittances reconnues non sincères, doit être personnellement condamné aux dépens : Riom, 14 juin 1847 (*J. Av.*, t. 73, p. 82). — Même solution quand, dans un débat entre un cessionnaire et le saisissant, le tiers saisi prend des conclusions contre le cessionnaire dont le titre est reconnu valable : Cass., 22 mai 1849 (t. 75, p. 401).

323. (Q. 1980 bis A). *Le jugement qui valide ou déclare nulle une saisie-arrêt est-il susceptible d'appel ; et comment se détermine ici le taux du dernier ressort ?*

Nul doute, répond M. Chauveau, au texte, que pour le jugement rendu sur la demande en validité, ce ne soit le montant des causes de la saisie, et non celui des sommes saisies-arrêtées, qui détermine le taux du dernier ressort.

Dans le *Supplément* précédent, notre auteur mentionnait deux décisions d'après lesquelles le jugement qui prononce sur la validité d'une saisie-arrêt formée pour une somme au-dessous de 1,500 fr., est en dernier ressort, bien que la dette du tiers saisi excède ce chiffre, si d'ailleurs il ne s'est élevé aucune contestation avec lui : Cass., 18 juill. 1844 (S.-V.44.1.852) et Orléans, 27 nov. 1844 (D.P.45.1.138).

323 *bis.* Un arrêt de la Cour de Pau du 8 mai 1879 (*J. Av.*, t. 104, p. 453) a décidé que le jugement qui statue tout à la fois sur la demande en validité d'une saisie-arrêt, et sur la revendication par un tiers de la somme dont le tiers saisi s'est reconnu débiteur, ainsi que sur la demande reconventionnelle en dommages-intérêts opposée à cette revendication par le saisissant, est en dernier ressort, bien que la créance de celui-ci soit supérieure à 1,500 fr., si la somme revendiquée et le montant des dommages-intérêts réclamés reconventionnellement sont, soit isolément, soit cumulativement, inférieurs à ce chiffre. — Cette décision est manifestement erronée. On ne peut saisir le motif pour lequel la Cour de Pau a déclaré l'appel non recevable, à raison de l'infériorité du chiffre tant de la demande en revendication de la somme due par le tiers saisi, que de la demande reconventionnelle en dommages-intérêts opposée à cette revendication par le saisissant, sans tenir compte du chiffre de la créance de celui-ci, qui, dans l'espèce, était de beaucoup supérieur au taux du dernier ressort.

324. Voy. au surplus l'exposé de l'état récent de la jurisprudence sur la question ci-dessus, au mot *Appel*, n. 90.

325. (Art. 567). *L'opposition au jugement statuant par défaut sur la demande en validité de la saisie-arrêt est-elle recevable, bien qu'il résulte d'un document du procès que la partie défaillante qui forme cette opposition a eu connaissance de la saisie ?*

La Cour de Montpellier a décidé, par arrêt du 3 juin 1870 (*J. des Huiss.*, t. 52, p. 69), que cette connaissance ne met pas obstacle à l'opposition, s'il n'est pas établi en outre que la partie défaillante a connu l'exécution du jugement de validité. — V. conf., notre *Formul. annot.*, p. 477, n. 70. — Compar. *Jugement par défaut*, n. 200.

326. On s'est demandé comment, lorsqu'une saisie-arrêt a été pratiquée, en vertu d'un titre sous seing privé, sur un débiteur qui n'a ni domicile ni résidence connus en France, le jugement qui, par défaut faute de comparaître à l'égard du saisi et contradictoire entre le saisissant et le tiers saisi, condamne le saisi au paiement de la créance qui a donné lieu à la saisie-arrêt, valide cette saisie et ordonne au tiers saisi de remettre au saisissant les sommes dont il est débiteur, jusqu'à concurrence du montant de la créance, doit être exécuté vis-à-vis du saisi, pour en empêcher la péremption. — M. Harel a établi, *J. Av.*, t. 93, p. 237, qu'en ce qui concerne la condamnation prononcée par défaut contre le saisi, il y a lieu, pour empêcher la péremption du jugement, de l'exécuter soit au moyen d'un procès-verbal de carence dressé au domicile du saisi (V. *Jugem. par déf.*, n. 216), soit en obtenant la déclaration affirmative du tiers saisi, et, à plus forte raison, la libération de ce dernier ; mais que ces faits, étant ignorés du saisi, ne le priveraient pas du droit de former ultérieurement opposition au jugement.

327. (Q. 1980 ter). *L'instance en validité de saisie-arrêt est-elle sujette à péremption ?*

L'affirmative n'est pas douteuse, répondait M. Chauveau dans le précédent *Supplément*. — Voy. *Péremption d'instance*, n. 1 et 2.

§ 7. — Assignation du tiers saisi en déclaration affirmative. — Formalités de la déclaration. — Devoirs du tiers saisi.

328. (CCCCLIII). *Le créancier qui a fait saisir arrêter un brevet d'invention de son débiteur, est-il tenu d'assigner en déclaration le ministre de l'agriculture et du commerce ?*

Le tribunal de Lyon, par un jugement du 29 juin 1857 (*J. Av.*, t. 82, p. 651), que M. Chauveau approuvait dans le précédent *Supplément*, a consacré la négative, sur le motif que les créanciers du breveté doivent suivre la procédure indiquée pour les saisies-arrêts faites dans les mains des dépositaires publics. V. *infrà*, n. 335 et s. — Conf., Roger, n. 169.

329. (Q. 1956 quinquies). *S'il y a titre authentique, à quelle époque et par quel acte le tiers saisi peut-il être assigné en déclaration ?*

Il peut l'être, dans ce cas, est-il dit au texte, par l'exploit même de saisie-arrêt; mais le tiers saisi ne peut, même alors, être tenu de faire la déclaration avant que l'assignation en validité lui ait été dénoncée.

330. Dans le *Supplément* précédent, M. Chauveau présentait ici les observations suivantes : Si, en principe et dans le système de la loi, la déclaration du tiers saisi et les difficultés qu'elle soulève ne viennent qu'après la validité de la saisie, il n'en est pas moins vrai que lorsque cette déclaration précède le jugement sur la validité et est faite en termes négatifs que le saisissant annonce l'intention d'attaquer, il y a lieu de surseoir au jugement de la validité jusqu'après la décision sur la sincérité de la déclaration. C'est ce qu'ont décidé la Cour de Paris, le 5 nov. 1856 (*J. Av.*, t. 82, p. 255) et la Cour de cassation, le 22 avril 1857 (*J. Av.*, t. 82, p. 454). Conf., Roger, n. 537, p. 546. Alors, en effet, la poursuite de la validité n'a de raison d'être qu'autant qu'il est certain que le tiers saisi est débiteur. Les saisissants eux-mêmes ont intérêt à agir de la sorte, car les frais du jugement de validité devraient être mis à leur charge, s'il était ultérieurement reconnu que le tiers saisi ne doit rien, le saisi n'ayant, en effet, dans ce cas, rien à se reprocher et les créanciers ayant, au contraire, encouru le reproche d'avoir procédé téméairement, et d'avoir fait une procédure frustratoire, puisque la première condition d'une saisie-arrêt est l'existence d'un tiers débiteur du saisi. Voy. *suprà*, n. 319 et 320.

331. Ajoutons, avec un arrêt de la Cour de Chambéry du 18 fév. 1868 (t. 93, p. 514), qu'en tout cas il n'est pas nécessaire que le tiers saisi soit appelé dans l'instance de validité, et qu'il suffit que le jugement qui valide la saisie et lui ordonne de vider ses mains entre celles du saisissant, lui soit notifié.

332. Si néanmoins le tiers saisi avait été appelé dans l'instance sur la demande en validité, les conclusions qu'il prendrait au fond le rendraient non recevable à invoquer en appel la disposition de l'art. 568, d'après laquelle il ne peut être assigné en déclaration, s'il n'y a titre authentique ou jugement validant la saisie : Paris, 19 janv. 1867 (t. 92, p. 96).

333. (Q. 1956 sexies). *Existe-t-il un délai fatal pour l'assignation en déclaration ?*

Non, est-il enseigné au texte ; cette assignation peut être donnée en tout état de cause, même longtemps après le jugement définitif.

Adde conf., notre *Formul. annot.*, p. 479, n. 92.

333 *bis*. Lorsque le jugement de validité de la saisie-arrêt, auquel le tiers saisi est resté étranger, a été rendu par défaut, le saisissant peut-il assigner valablement le tiers saisi en déclaration affirmative avant l'expiration du délai de huitaine à partir de la signification de ce jugement ? Consulté sur ce point, nous avons dit : Lorsque, après le jugement de validité d'une saisie-arrêt, auquel le tiers saisi n'a pas été partie, le saisissant assigne ce dernier en déclaration affirmative, il n'agit pas en vertu de ce jugement; il procède en conformité de l'art. 568, Cod, proc., qui veut qu'en l'absence de titre authentique, l'assignation en déclaration soit précédée par le jugement de validité. Ce n'est donc pas poursuivre l'exécution de ce jugement que d'assigner le tiers saisi en déclaration affirmative.

Du reste, comment voir un acte d'exécution tombant sous la prohibition de l'art. 155, Cod. proc., dans le seul fait de cette assignation ? On ne saurait attacher à une semblable formalité une portée plus considérable qu'à la signification du jugement par défaut au tiers saisi, signification que deux arrêts de la Cour de Paris, des 3 mars et 8 déc. 1855 (*J. Av.*, t. 80,

p. 513, et t. 81, p. 623), approuvés par M. Chauveau, *Supplément*, p. 630, quest. 1972 *bis* (V. *infrà*, n. 471), ont déclaré ne pas constituer un acte d'exécution interdit par l'art. 155. D'un autre côté, l'exécution que prohibe l'art. 155 est celle à laquelle il est procédé contre le défaillant; c'est en faveur de ce dernier qu'est prescrit un délai de huitaine pendant lequel il aura la faculté de se mettre en mesure d'exécuter volontairement la condamnation prononcée contre lui (V. Carré, *Lois de la proc.*, t. 2, p. 56, n. CXV). La prohibition ne concerne donc point les formalités qui, après la prononciation du jugement par défaut, peuvent être remplies vis-à-vis d'un tiers.

A tous les points de vue donc, nous regardons comme valable l'assignation en déclaration affirmative donnée au tiers saisi avant l'expiration de la huitaine à partir de la signification du jugement de validité rendu par défaut.

334. (Q. 1956 septies). *L'assignation en déclaration est-elle toujours nécessaire?*

M. Chauveau, au texte, est d'avis que, dans le cas d'accord de toutes les parties sur l'existence et sur la suffisance de fonds entre les mains du tiers saisi, le saisissant peut se borner à signifier à celui-ci le jugement de validité, et que, sur cette signification, le tiers saisi videra valablement ses mains entre celles du saisissant.

Adde conf., notre *Formul.*, p. 480, n. 93.

335. (Q. 1957 bis). *A quelle époque les fonctionnaires publics dont il est parlé à l'art.* 561 (V. *suprà*, n. 225) *sont-ils tenus de fournir le certificat qui, aux termes de l'art.* 569, *remplace pour eux la déclaration affirmative?*

Il est dit au texte, par argument de l'art. 568, que, s'il y a titre authentique, le certificat peut être exigé aussitôt après la saisie-arrêt, et que s'il n'y en a pas, il faut attendre le jugement de validité.

336. (Q. 1958). *Que doit-on faire pour obtenir de ces fonctionnaires le certificat dont il s'agit?*

Il faut le requérir d'eux par une sommation d'avoué, est-il répondu au texte.

337. (Q. 1958 bis). *En cas de refus, quelle marche doit-on suivre?*

M. Chauveau enseigne, au texte, sous la quest. 1976 *ter*, à laquelle il renvoie ici, qu'on peut faire condamner le fonctionnaire à des dommages-intérêts déterminés par chaque jour de retard dans la délivrance du certificat. — Compar. *infrà*, n. 393.

Adde conf., notre *Formul. annot.*, p. 504, n. 21.

338. (CCCCLIII bis). *Le préfet entre les mains duquel une saisie-arrêt a été pratiquée, en sa qualité de fonctionnaire, est-il dispensé de fournir une déclaration affirmative?*

A supposer qu'une saisie-arrêt puisse être pratiquée entre les mains d'un préfet, comme fonctionnaire, ce qui n'est pas, dit M. Chauveau, au texte, il serait dispensé, en vertu de l'art. 6 du décret du 18 août 1807, de fournir une déclaration affirmative, et l'on ne pourrait exiger de lui qu'un certificat des sommes dues.

339. (Q. 1957). *Les notaires, huissiers et autres officiers ministériels peuvent-ils être assignés en déclaration des sommes qu'ils ont reçues ou touchées en leur qualité?*

Solution affirmative au texte.

Adde conf., notre *Formul.*, p. 479, n. 90.

340. (CCCCLIV). *La disposition de l'art.* 570, *qui veut que le tiers saisi soit assigné devant le tribunal qui doit connaître de la saisie, sauf au* *tiers saisi à demander son renvoi devant ses juges naturels si sa déclaration est contestée, admet-elle des exceptions?*

La Cour de Paris a décidé, par un arrêt du 5 fév. 1848 (S.-V.48.2.186), que l'art. 570 est applicable au tiers saisi étranger, comme à celui qui est français, et cela, alors même que la créance frappée d'opposition résulterait d'un contrat passé en pays étranger.

341. D'après un arrêt de la Cour de Lyon, du 8 fév. 1851 (*Journ. de cette Cour*, 1852, p. 36), quand il y a plusieurs tiers saisis, et que leurs déclarations sont contestées, ce n'est plus l'art. 570, mais l'art. 59 qui devient applicable. M. Chauveau, dans le *Supplément* précédent, déclarait n'admettre cette solution que sous la réserve qu'il y ait solidarité, ou indivisibilité, ou enfin unité dans l'obligation des tiers saisis. Il lui paraissait incontestable, disait-il, que, si les tiers saisis n'ont entre eux rien de commun, s'ils sont débiteurs du saisi à des titres différents, c'est l'art. 570 qui est applicable. Telle est aussi l'opinion de MM. Roger, n. 603, et Dalloz, n. 387.

342. La doctrine de notre auteur a été consacrée par un arrêt de la Cour de cassation du 24 fév. 1875 (t. 100, p. 242) qui a jugé que la disposition de l'art. 570, permettant au tiers saisi assigné en déclaration de demander son renvoi devant ses juges naturels, cesse d'être applicable lorsqu'il y a plusieurs tiers saisis contre lesquels sont soulevées des contestations qui ont une cause unique formant la matière d'un seul et même litige ; mais que, dans ce cas, le saisissant peut assigner les différents tiers saisis devant le tribunal du domicile de l'un d'eux, pourvu que celui-ci ne soit pas mis en cause dans le seul but de soustraire les autres à leurs propres juges.

343. (Q. 1959). *Le tiers saisi peut-il demander son renvoi devant ses juges, quelle que soit la nature de la contestation à laquelle sa déclaration donne lieu, même si elle n'est contestée que comme irrégulière en la forme, ou pour n'être pas accompagnée de pièces justificatives?*

La solution affirmative est enseignée au texte, où M. Chauveau combat deux décisions en sens contraire des Cours de Bordeaux et de Paris.

344. Dans le *Supplément* précédent, notre auteur constatait que la Cour de Bordeaux a persisté dans sa jurisprudence; qu'ainsi elle a décidé, le 22 juin 1855 (*J. Av.*, t. 80, p. 450), que le renvoi ne peut être demandé par le tiers saisi quand la contestation n'a pour cause que le défaut de pièces justificatives. Il mentionnait en outre un arrêt de la Cour de Riom, du 26 déc. 1856 (*Journ. de cette Cour*, 1857, 1er mars), d'après lequel le tiers saisi ne peut non plus demander le renvoi lorsque le saisissant se borne à réclamer le dépôt au greffe du tribunal des pièces justificatives de la déclaration; et un arrêt de la Cour de Rouen du 22 juin 1859 (t. 86, p. 22) jugeant qu'il n'en est pas de même quand le saisissant demande des dommages-intérêts tant contre le saisi que contre le tiers saisi, sur le motif que la déclaration négative de ce dernier provient d'un concert frauduleux, par suite duquel il se trouve ne rien devoir. Aucune de ces solutions ne lui paraissait devoir être admise. — L'art. 570, disait-il, doit être entendu de la manière la plus large et la plus absolue. La déclaration est contestée du moment où elle donne lieu à une discussion judiciaire, soit dans la forme, soit au fond. Voy. conf., son *Formul. de procéd.*, t. 1, p. 572, note 1 ; Dalloz, n. 385 et s.; Roger, n. 599; notre *Formul. annot.*, t. 1, p. 483, n. 127.

345. D'après un arrêt de la Cour de Dijon, du 14 janv. 1879 (*J. Av.*, t. 104, p. 465), le tiers saisi ne peut demander son renvoi devant le tribunal de commerce, quand il s'agit de statuer, non sur l'existence ou la quotité d'une dette commerciale, mais uniquement sur une question de forme, et notamment sur l'inobservation des formalités prescrites par les art. 573,

574 et 577, Cod. proc. civ. — Compar. *suprà*, n. 292 et s., et *infrà*, n. 355, 356.

346. (Q. 1959 bis). *Lorsque la contestation élevée contre la déclaration du tiers saisi est connexe à une instance pendante devant un autre tribunal que celui de son domicile, doit-elle y être portée?*

Résolu négativement au texte.

347. (Art. 570). *Comment se forme la demande en renvoi?*

Par une requête à laquelle on peut répondre, est-il dit au texte, t. 4, p. 623, à la note.

348. (Q. 1959 ter). *Si le contenu du certificat délivré par le fonctionnaire public est contesté, l'administration qu'il représente ne doit-elle pas être assignée? Devant quel tribunal? Cette administration peut-elle requérir d'être renvoyée devant le sien?*

M. Chauveau, au texte, admet que si le certificat paraît dépourvu de sincérité, le saisissant peut le contester et assigner l'administration, tiers saisi, devant le tribunal où s'instruit la demande en validité de la saisie-arrêt, et que cette administration peut, comme tout autre tiers saisi, demander son renvoi devant son juge naturel.

349. (Q. 1960). *La comparution du tiers saisi, à l'effet de donner sa déclaration, peut-elle lui être opposée comme une soumission à la juridiction du tribunal du domicile du saisi?*

Solution négative au texte.

Adde conf., Dalloz, n. 376; Roger, n. 597; notre *Formul. annot.*, p. 484, n. 132. — La Cour de Bordeaux a même décidé, le 20 déc. 1855 (*Journ. de cette Cour*, 1855, p. 516), que le tiers saisi, assigné en déclaration, qui ne se contente pas de demander le remboursement des frais de sa déclaration, mais qui conclut, en outre, à ce qu'elle soit jugée bonne et valable, se rend non recevable à demander son renvoi. — Voy. aussi en ce sens, Toulouse, 29 nov. 1861 (*J. Av.*, t. 87, p. 466).

350. (Q. 1961). *Le renvoi prononcé a-t-il l'effet de transporter au tribunal du tiers saisi les suites de l'instance entre le saisissant et le saisi?*

Ce point est aussi, et à bon droit, résolu négativement au texte.

351. (Q. 1961 bis). *Si l'un des assignés, le débiteur ou le tiers saisi, fait défaut, y a-t-il lieu à appliquer la procédure du défaut profit-joint?*

L'affirmative, que M. Chauveau a déjà admise sous la quest. 621 *quinquies* (V. *Jugement par défaut*, n. 69), est encore défendue ici par lui.

352. Dans le *Supplément* précédent, il mentionnait en faveur de son opinion un arrêt fortement motivé de la Cour de Metz, du 14 janvier 1858 (S.-V.58.2.353), et en sens contraire un jugement du tribunal civil de Vitré, du 21 avril 1841 (*J. Av.*, t. 62, p. 364).

L'auteur présentait, en outre, les observations suivantes: — D'après un arrêt de la Cour d'Orléans du 27 janv. 1849, quoiqu'il y ait eu un jugement par défaut profit-joint prononcé contre le saisi défaillant sur l'assignation en validité, le jugement rendu sur la réassignation en déclaration affirmative entre le saisissant et le tiers saisi n'a pas l'autorité de la chose jugée contre le saisi, s'il n'a pas été déclaré commun avec lui. — En l'état des faits, disait-il, la Cour d'Orléans a sainement apprécié les principes relatifs à la chose jugée. En rapportant cet arrêt, les rédacteurs du *Journal du Palais* (t. 1, de 1849, p. 183), examinent, dans une dissertation remarquable, la position des diverses parties en matière de saisie-arrêt, et ils décident: 1° qu'on ne doit prendre de jugement de défaut profit-joint, ni contre le débiteur, ni contre le tiers saisi; 2° qu'y eût-il défaut profit-joint prononcé, il ne produirait aucun résultat. Après avoir fait remarquer qu'il a répondu d'avance, au texte et sous la quest. 621 *quinquies*, aux diverses objections de principe présentées par ces arrêtistes, M. Chauveau reconnaissait toutefois que l'utilité du défaut profit-joint ne peut aller jusqu'à produire chose jugée contre une des parties à l'endroit d'une demande qui n'était pas énoncée dans l'assignation, et que cette procédure s'applique beaucoup plus à la validité de la saisie-arrêt qu'aux prétentions respectives sur la réalité des créances. On conçoit néanmoins, ajoutait-il, qu'un tiers saisi, voulant faire juger immédiatement et irrévocablement qu'il ne doit rien, assigne son prétendu créancier, le saisi, obtienne un jugement de défaut profit-joint, faute de comparution, et fasse alors décider avec le saisissant le fond de ses prétentions, par jugement réputé contradictoire. Ce n'est pas une action en garantie, à l'occasion de laquelle le défaut profit-joint n'a pas lieu, mais une demande naturellement déduite de la position du tiers saisi.

353. Lorsque des saisies-arrêts sont pratiquées sur plusieurs débiteurs d'une même somme, que certains tiers saisis font leurs déclarations, et qu'un d'eux fait défaut, doit-on, avant de le déclarer débiteur pur et simple, prendre jugement de défaut profit-joint et réassigner? Pour qu'il y ait plusieurs débiteurs de la même somme, il faut, observait M. Chauveau, que la dette soit solidaire ou indivisible; le défaut profit-joint, n'est pas alors nécessaire, puisque la déclaration des coïntéressés engage le défaillant; d'ailleurs, la situation est définitive pour les déclarants, et il suffit de faire condamner le défaillant comme débiteur pur et simple. Si les tiers saisis ne sont pas liés par la même obligation, il n'y a pas lieu à défaut profit-joint parce que la décision concernant les uns peut être différente pour les autres, et qu'il n'y a pas ici à craindre la contrariété des jugements, les situations n'étant pas les mêmes.

354. Aux autorités qui décident, contrairement à l'opinion de M. Chauveau, que lorsque le débiteur saisi et le tiers saisi ont été assignés en même temps, l'un en validité de la saisie-arrêt et l'autre en déclaration, il n'y pas lieu, si le premier fait défaut et le second comparaît, de prononcer un jugement de défaut profit-joint et d'ordonner la réassignation du débiteur saisi, il faut ajouter un jugement du tribunal civil de Gap du 30 juill. 1862 (t. 87, p. 475).—Mais V. conf. à sa doctrine, notre *Formulaire annoté*, t. 1, p. 484, n. 133.

355. (Q. 1916 ter). *Quel est le juge compétent pour statuer sur les contestations relatives à la déclaration du tiers saisi, lorsque ce dernier se trouve être débiteur pour faits de commerce?*

C'est le tribunal de commerce, répondait M. Chauveau dans le précédent *Supplément*, en citant dans ce sens MM. Dalloz, n. 377; Roger, n. 600; Molinier, *J. Av.*, t. 72, p. 513.

356. Il a été jugé, conformément à cette interprétation, que le tiers saisi dont la déclaration affirmative est contestée peut demander son renvoi devant la juridiction commerciale, lorsque c'est cette juridiction qui serait compétente pour prononcer entre lui et le saisi, s'il était assigné par ce dernier en paiement de la somme sur laquelle la saisie a été formée: Paris, 22 juin 1865 (*J. Av.*, t. 90, p. 296).—V. aussi notre *Formul. annot.*, t. 1, p. 483, n. 128 et 129.—Compar., *suprà*, n. 345.

357. (Q. 1962). *Dans quel délai le tiers saisi doit-il faire sa déclaration?*

Carré, au texte, exprime l'opinion que le tiers saisi doit obéir dans le délai des ajournements à l'assignation que le saisissant lui a donnée. — M. Chauveau, *ib.*, renvoie à ses observations sous la quest. 1976. V. *infrà*, n. 387 et s.

358. La déclaration affirmative peut-elle avoir lieu malgré l'opposition dont le débiteur saisi a frappé le jugement de validité rendu contre lui par défaut? Ayant eu à faire connaître notre opinion sur ce point, nous l'avons exprimée en ces termes : Pour que le tiers saisi, lorsqu'il n'y a pas de titre authentique, puisse être valablement assigné en déclaration affirmative et faire régulièrement cette déclaration, la loi veut qu'il existe un jugement prononçant la validité de la saisie, « afin, dit Carré, t. 2, p. 621, n. CCCCLIII, que le saisissant ne puisse pas sans raison s'immiscer dans les affaires d'autrui » ; mais elle n'exige pas que ce jugement soit définitif, et il n'est pas permis d'ajouter à ses prescriptions. Nous estimons donc que la déclaration affirmative peut être valablement faite, soit pendant le délai de l'opposition ouverte contre le jugement de validité par défaut, soit pendant l'instance liée sur cette opposition. Vainement objecterait-on qu'un jugement non définitif ne peut être considéré comme l'équivalent d'un titre authentique. Lorsque le législateur a voulu qu'un jugement fût définitif pour pouvoir tenir lieu d'un acte authentique, il l'a dit expressément, comme dans les art. 135 et 439, Cod. proc. On comprend qu'il ait exigé cette condition dans le cas où il s'agit de l'exécution provisoire d'un jugement ; mais on conçoit aussi qu'il l'ait regardée comme inutile lorsqu'il s'agit simplement de provoquer, de la part d'un tiers saisi, une déclaration affirmative qui ne peut entraîner pour le débiteur aucun des inconvénients ou des dommages résultant de l'exécution provisoire.

Du reste, l'assignation en déclaration affirmative, donnée valablement pendant l'instance liée sur l'opposition au jugement de validité par défaut, reste valable et doit produire ses effets légaux après le jugement contradictoire qui, tout en modifiant la condamnation primitive, a prononcé lui-même la validité de la saisie. — A la vérité, le jugement contradictoire qui intervient sur l'opposition à un jugement par défaut, non pour rejeter cette opposition, mais pour l'acceuillir et pour modifier la décision primitive, ne laisse pas subsister cette décision ; il se substitue à elle. Mais il suffit qu'au lieu de la rétracter, il en maintienne le principe, pour que les actes auxquels elle a donné lieu doivent conserver leur effet.

359. (Q. 1962 bis). *Quel est le greffe où doivent être faites la déclaration et l'affirmation?*

C'est évidemment, répond M. Chauveau, au texte, le greffe du tribunal où la demande en validité est pendante, et, dans le cas où la déclaration est faite en cause d'appel, le greffe de la Cour.

360. (Q. 1962 ter). *La déclaration et l'affirmation pourraient-elles être faites valablement par acte d'avoué à avoué?*

M. Chauveau adopte la négative au texte, où il condamne l'usage contraire qui s'est établi dans certains tribunaux.

361. (Q. 1962 quater). *Lorsque la déclaration est faite devant un juge de paix, comment est-elle transmise au tribunal saisi de la demande en validité?*

Tandis que Carré, t. 4, p. 628, note 2, exprime l'avis que le juge de paix doit, à la diligence du tiers saisi, adresser la déclaration au greffe du tribunal, M. Chauveau, sous la présente question, au texte, trouve plus convenable que le tiers saisi lève une expédition de sa déclaration et l'envoie à l'avoué constitué par lui près le tribunal saisi de la demande.

362. (Q. 1963). *Dans le cas où la déclaration affirmative est faite par un mandataire, la procuration doit-elle être authentique?*

Carré, au texte, se prononce pour l'affirmative; mais M. Chauveau, *ibid.*, embrasse l'opinion contraire.

Adde en ce dernier sens, notre *Formulaire annoté*, t. 1, p. 480, n. 94.

363. (Q. 1964). *L'affirmation doit-elle être faite sous serment?*

Réponse négative au texte de la part de Carré et de M. Chauveau.

364. (Q. 1965). *Qu'entend-on par les causes de la dette que le tiers saisi est tenu de faire connaître dans sa déclaration ?*

Il est dit au texte que le mot *causes* comprend ici tout ce qui caractérise la dette; c'est-à-dire non seulement son origine ou son objet, mais ce qui peut la modifier ou la détruire.

365. (Q. 1969). *La déclaration du tiers saisi doit-elle toujours énoncer le montant de la dette ?*

Cette énonciation, comme il est observé au texte, ne peut être faite qu'autant que la dette est liquide ; si elle ne l'est pas, la déclaration doit le faire connaître.

366. (Q. 1967). *Quand le tiers saisi déclare qu'il a fait des paiements à compte ou qu'il est libéré, est-il rigoureusement tenu de rapporter la preuve de ces paiements ou de sa libération? Les tribunaux ont-ils un pouvoir discrétionnaire pour apprécier la sincérité de la libération ?*

Carré, au texte, répond que la preuve soit des paiements à compte, soit de la libération, est à la charge du tiers saisi. Quant à M. Chauveau, *ibid.*, tout en admettant que ce dernier ne doit pas être cru sur parole et sans examen, il estime qu'il serait injuste d'exiger des quittances pour tous les paiements qu'il déclare avoir faits, et qu'il appartient au tribunal d'apprécier, d'après les circonstances de la cause, la moralité du déclarant, etc., si des paiements non appuyés de preuve écrite doivent être maintenus.—Notre auteur établit d'ailleurs, avec de longs développements, que le saisissant est ici l'ayant cause du débiteur saisi, en sorte que les quittances sous seing privé de ce dernier lui sont opposables.

Adde conf. à cette dernière doctrine, Colmar, 27 janv. 1854 (*Journ. de cette Cour*, 1854, p. 332); Toulouse, 5 juin 1840 (S.-V.40.2.340); Aix, 8 janv. 1841 (*J.P.*41.2.294); Riom, 25 fév. 1845 (*J. Av.*, t. 71, p. 531); Gilbert, notes 37 et suiv. sous l'art. 1328, Cod. civ.; Dalloz, n. 335 et suiv.; Roger, n. 567, 568.

367. Le tribunal de Soissons a décidé, le 17 janv. 1855, que le tiers saisi qui a omis dans sa déclaration, dont il lui a été donné acte par un jugement auquel il a acquiescé, d'exciper d'une quittance qui diminue la somme dont il s'est reconnu débiteur, peut faire valoir cette quittance par voie d'opposition à l'exécution du jugement qui a ordonné le versement du montant de la déclaration dans la Caisse des dépôts et consignations. La chose jugée, observait M. Chauveau dans le *Supplément* précédent, n'était pas opposable dans l'espèce, qui ne présentait pas les conditions prévues par l'art. 1351, Cod. civ.

368. (Q. 1968 A). *Le tiers saisi est-il tenu à une déclaration, lors même qu'il se croit libéré ?*

Solution affirmative au texte, où M. Chauveau est d'avis que le tiers saisi doit alors donner toutes les indications propres à établir sa libération.

Du reste, le tiers saisi qui s'est borné à dire qu'il ne devait rien, est recevable à compléter et à justifier sa déclaration à l'audience : Rouen, 19 juin 1857 (*Journ. de cette Cour*, 1847, p. 252).

369. (Q. 1968 B). Quid, *si le tiers saisi prétend n'avoir jamais rien dû ?*

Dans ce cas, où une déclaration est encore nécessaire, le tiers saisi, selon M. Chauveau, est dispensé de donner aucune explication.

370. (Q. 1968 bis). *Le tiers saisi serait-il admis à dire qu'il ignore s'il est débiteur du saisi ?*

Il peut y être admis, suivant l'observation de M. Chauveau, au texte, dans certains cas, et notamment lorsque c'est comme tuteur qu'il a vu pratiquer une saisie-arrêt entre ses mains.

Adde conf., notre *Formul. annot.*, p. 481, n. 106.

371. Nous avons été appelé à donner notre avis sur le point de savoir si, lorsque des fonds appartenant à un mineur ont été déposés par le tuteur chez un tiers, qu'une saisie-arrêt a été pratiquée entre les mains de celui-ci par un créancier du mineur, et que le tiers saisi s'est borné à déclarer qu'aucune somme n'avait été déposée chez lui par le sieur X..., en qualité de tuteur du mineur, le saisissant est fondé à exiger qu'il dise si X..., en son nom personnel, et non en sa qualité de tuteur, ne lui a pas confié telle somme à une époque déterminée, et à lui déférer dans cet objet le serment litisdécisoire. — Il est incontestable, avons-nous dit, que le tiers saisi ne peut être tenu de déclarer que ce qu'il doit au saisi en la qualité dans laquelle ce dernier se trouve débiteur du saisissant. Lors donc qu'une saisie-arrêt a été pratiquée contre un tuteur pour avoir paiement d'une dette du mineur, le tiers saisi est fondé à refuser de déclarer ce qu'il peut devoir au saisi personnellement, et non en sa qualité de tuteur du mineur. Il y a, en pareil cas, dans le saisi deux personnes distinctes : sa propre personne et celle du représentant du mineur. Or, ce sont les sommes par lui dues à ce dernier titre qui ont été frappées de saisie-arrêt; ce sont celles-là aussi, et celles-là seulement, que doit déclarer le tiers saisi.

Le saisissant ne saurait dès lors être fondé à déférer le serment à celui-ci sur le point de savoir s'il ne doit pas certaines sommes au saisi personnellement. Vainement le saisissant prétexterait-il l'intérêt qu'il peut avoir à obtenir du tiers saisi une déclaration affirmative sur ce point, parce qu'il se réserverait d'établir que c'est comme tuteur du mineur, et non point en son nom personnel, que le saisi est créancier du tiers saisi. Il suffit que le saisi ne soit pas en cause personnellement, mais seulement en qualité de tuteur du mineur, pour que le tiers saisi ne puisse être tenu, encore une fois, de s'expliquer sur sa situation vis à vis du saisi, considéré en son nom personnel. Tout ce que peut faire le saisissant, c'est de contester la déclaration négative du tiers saisi.

372. S'il ne peut prouver directement que cette déclaration est mensongère, et qu'en réalité le tiers saisi est débiteur du saisi, pris comme tuteur, il agirait sagement en demandant à le faire interroger sur faits et articles, parce que dans cet interrogatoire les juges pourraient trouver peut-être la preuve dont il s'agit.

373. (Q. 1968 ter). *Le tiers saisi pourrait-il, dans sa déclaration, ne se reconnaître débiteur que conditionnellement?*

Solution affirmative au texte.

Adde en ce sens, notre *Formul. annot.*, *loc. cit.*, n. 107.

374. (Q. 1968 quater). *Le tiers saisi doit-il déclarer les transports de la somme due par lui, qui lui auraient été notifiés par les cessionnaires?*

Ce point est aussi résolu affirmativement au texte par M. Chauveau.

Adde conf., notre *Formul. annot.*, *ibid.*, n. 103.

375. (Q. 1968 quinquies). *Le dépôt des pièces justificatives est-il aussi nécessaire que la déclaration elle-même ?* Quid *de la signification de l'acte de dépôt ?*

Au texte, la première question est résolue affirmativement par M. Chauveau, qui, sur la seconde, exprime l'avis que la signification n'est pas indispensable.

376. Dans le *Supplément* précédent, notre auteur faisait remarquer qu'il a été jugé que la déclaration du tiers saisi qui indique les pièces établissant sa libération et qui explique que si ces pièces ne sont pas produites, c'est qu'elles se trouvent entre les mains du saisissant, ne peut être critiquée : Cass., 4 mai 1857 (*J. Av.*, t. 83, p. 78) ; et il approuvait cette décision. V. aussi conf., Roger, n. 566. — Compar. *infrà*, n. 387 et s.

377. D'autres décisions importantes ont été rendues depuis sur le caractère de la prescription de l'art. 574. — Par un premier arrêt, en date du 3 mai 1865 (*J. Av.*, t. 90, p. 427), la Cour de cassation a décidé que le tiers saisi qui a fait à l'appui de sa déclaration affirmative des justifications dénuées de fondement, peut bien, en tant que débiteur personnel de la partie saisie, être condamné à vider ses mains entre celles du saisissant, mais qu'il ne peut l'être comme débiteur pur et simple des causes de la saisie. — Par un second arrêt, du 7 juill. 1866 (t. 94, p. 239), la même Cour a proclamé qu'aucun délai fatal n'étant imposé au tiers saisi pour justifier sa déclaration affirmative, il s'ensuit que ce dernier ne peut être déclaré débiteur pur et simple des causes de la saisie, par cela seul qu'il n'a pas annexé à sa déclaration les pièces justificatives, et qu'il suffit qu'il produise ces pièces avant le jugement définitif. — Et une doctrine conforme a été admise par un arrêt de la Cour de Chambéry du 7 août 1872 (t. 98, p. 177), qui porte que la production des pièces justificatives peut être utilement faite par le tiers saisi, même en appel, tant qu'il n'est pas intervenu de décision définitive, et qu'il appartient aux juges d'accorder un délai au tiers saisi pour l'effectuer. — Enfin, par un troisième arrêt, en date du 27 juill. 1869 (t. 95, p. 114), la Cour suprême a jugé que la communication amiable de pièces faite, au cours du débat, par un tiers saisi à l'appui de sa déclaration affirmative, rend le saisissant qui l'a librement acceptée non recevable à se prévaloir de ce que ces pièces n'auraient pas été déposées au greffe, conformément aux prescriptions des art. 574 et 577. — V. aussi sur ces différents points notre *Formulaire annoté*, p. 482, n. 116 et s.

378. (Q. 1968 sexies). *La signification de l'acte de dépôt doit-elle contenir copie de la déclaration et des pièces justificatives et constitution d'avoué ?*

Ni l'un ni l'autre ne sont exigés, est-il répondu au texte par M. Chauveau.

379. En tout cas, la constitution d'un avoué dans la dénonciation de la déclaration du tiers saisi autorise le saisissant à contester cette déclaration par voie de conclusions signifiées entre avoués : Riom, 15 nov. 1853 (*J. Av.*, t. 79, p. 477).

380. (Q. 1968 septies). *Le dépôt des pièces justificatives peut-il, dans le cas où le tiers saisi n'est pas sur les lieux, être fait, ainsi que l'affirmation de sa déclaration, au greffe de la justice de paix de son domicile ?*

Non, dit M. Chauveau au texte ; ce dépôt doit toujours avoir lieu au greffe du tribunal.

381. (Q. 1977). *L'état des effets mobiliers qui, aux termes de l'art. 578, doit être joint à la déclaration, peut-il être donné dans la déclaration même ?*

Solution affirmative au texte.

382. (Q. 1978). *Comment les effets doivent-ils être désignés dans l'état dont il s'agit ?*

Ils doivent l'être, suivant l'observation de M. Chauveau au texte, comme ils le seraient dans un procès-verbal de saisie-exécution.

383. (Q. 1963). *Le tiers saisi est-il obligé de faire successivement sa déclaration sur chaque saisie-arrêt qui intervient à la suite d'une première saisie ?*

Il suffit, est-il enseigné au texte, que le tiers saisi signifie aux nouveaux saisissants l'acte de dépôt de la déclaration par lui déjà faite, et les pièces justificatives de cette déclaration.

384. Jugé que l'armateur entre les mains duquel une saisie-arrêt a été pratiquée sur les salaires d'un capitaine de navire, n'est pas tenu de faire connaître cette saisie à ses correspondants des pays étrangers visités par le navire; en sorte que si, dans le cours du voyage, des sommes ont été avancées au capitaine par les correspondants, il est autorisé à les compenser avec lui-même : Trib. civ. de Marseille, 21 juin 1878 (*J. Av.*, t. 103, p. 330).

385. (Q. 1970). *S'il y a plusieurs saisissants ultérieurs, à qui doit être faite la communication de la déclaration fournie par le tiers saisi et des pièces justificatives ?*

Au saisissant le plus ancien (arg. des art. 536 et 932), est-il dit au texte.

386. (Q. 1970 bis). *Le défaut de dénonciation par le tiers saisi des saisies-arrêts survenues dans ses mains, aurait-il pour effet de le faire déclarer débiteur pur et simple des causes de la saisie, comme dans le cas de l'art. 577?*

Solution négative au texte de la part de M. Chauveau, qui fait toutefois remarquer que si ce défaut de dénonciation avait empêché le saisissant de faire les diligences nécessaires pour conserver le privilège qu'il pourrait avoir, le tiers saisi devrait l'indemniser du préjudice qu'il lui aurait causé.

387. (Q. 1976). *Le délai accordé au tiers saisi, pour faire sa déclaration, est-il tellement de rigueur que, ce délai une fois expiré, l'on doive nécessairement déclarer le tiers saisi débiteur pur et simple, sans qu'il puisse se soustraire à cette condamnation, en remplissant postérieurement l'obligation que la loi lui impose ?*

Carré, au texte, enseigne que la peine prononcée par l'art. 577 est purement comminatoire, et que le tiers saisi peut encore faire utilement sa déclaration après le délai. — M. Chauveau, *ibid.*, reproduit une consultation délibérée par lui avec M. Isambert et où il est aussi soutenu que la déclaration est admissible tant qu'un jugement passé en force de chose jugée n'a pas déclaré le tiers saisi déchu et ne lui a pas appliqué la pénalité de l'art. 577, pénalité qui ne saurait être prononcée qu'après débat des motifs qui ont pu empêcher ou retarder la déclaration; mais que les frais occasionnés par la mise en demeure du saisi doivent rester à sa charge.

388. Dans le *Supplément* précédent, M. Chauveau constatait que la jurisprudence et la doctrine avaient confirmé son opinion.—Ainsi, faisait-il remarquer, il a été jugé par la Cour de Riom, le 14 juin 1847 (*J. Av.*, t. 73, p. 82), que le tiers saisi qui, faute d'avoir fait sa déclaration dans les délais, a été déclaré par défaut débiteur pur et simple des causes de la saisie, peut, en formant opposition au jugement obtenu contre lui, faire valablement sa déclaration. Même décision, de la part de la Cour de Lyon, le 3 avril 1848 (t. 76, p. 600), pour le cas où le tiers saisi interjette appel du jugement contradictoire qui l'a condamné comme débiteur pur et simple. Voy. conf., Douai, 1er fév. 1851 (t. 76, p. 575); Toulouse, 5 juin 1851 (t. 76, p. 600); Paris, 25 mars 1852 (*J.P.*52.2.62); Riom, 15 nov. 1853 (*J. Av.*, t. 79, p. 477); Colmar, 27 janv. 1854 (*Journ. de cette Cour*, 1854, p. 332); Gilbert, art. 557; Rodière, t. 3, p. 307; Dalloz, n. 358 et s.; Roger, n. 555 et s.

389. D'après l'arrêt de la Cour de Douai, de 1851, précité, le tiers saisi devrait être assigné pour avoir, dans un délai fixé, à faire sa déclaration devant le tribunal ou devant le juge de paix, sans qu'il y ait lieu d'ajourner à l'audience; et faute par lui d'avoir fait sa déclaration dans le délai fixé, le saisissant ne pourrait poursuivre une condamnation contre lui, qu'après l'avoir ajourné à cet effet devant le tribunal, et lui avoir fait signifier les conclusions qu'il entend y prendre. En conséquence, serait nul le jugement par défaut qui condamnerait le tiers saisi sans ajournement préalable. M. Chauveau critiquait cette procédure. Il est très vrai, observait-il, qu'après avoir prescrit d'assigner le tiers saisi devant le tribunal, et avoir indiqué où et comment la déclaration doit être faite, la loi garde le silence sur le délai qu'il faut accorder au tiers saisi et sur la manière dont ce délai doit lui être accordé. Il est donc indispensable de suppléer à l'insuffisance des énonciations du Code. Mais il est certain que, parmi les voies différentes qui peuvent conduire à la déclaration du tiers saisi, il faut choisir celle qui a l'avantage d'être le plus conforme au vœu du législateur en cette matière.— Permettre au saisissant de fixer arbitrairement le délai dans lequel le tiers saisi sera tenu de réunir les éléments de sa déclaration avec les pièces justificatives, c'est lui concéder un droit exorbitant, qui ne peut appartenir qu'aux juges. Ce système d'ailleurs n'est pas compatible avec les termes de l'art. 570, qui prescrit une assignation devant le tribunal, c'est-à dire à l'audience, et non pas seulement une sommation d'avoir à faire la déclaration dans un délai déterminé. V. en ce sens, Dalloz, n. 324; Roger, n. 553. Et compar. *suprà*, n. 357. — En pareille circonstance, il vaut mieux, disait M. Chauveau, ajourner le tiers saisi à l'audience, pour voir fixer le délai dans lequel il sera tenu de faire sa déclaration, s'il ne préfère y procéder avant le jugement à intervenir. On peut alors prévoir trois hypothèses : ou bien le tiers saisi n'attend pas le jour de la comparution pour faire sa déclaration et la dénoncer au saisissant; ou bien il comparaît devant le tribunal, et le délai est fixé contradictoirement avec lui; ou bien il ne comparaît pas, et il est rendu un jugement par défaut qui lui est signifié par huissier commis. — Le délai pour faire la déclaration court alors à partir de l'expiration du délai de l'opposition. Le tiers saisi qui n'a pas obéi à ce jugement doit être de nouveau assigné pour se voir déclarer débiteur pur et simple des causes de la saisie. Mais tant que le jugement qui accueille ces dernières conclusions n'a pas acquis l'autorité de la chose jugée, le tiers saisi peut valablement faire sa déclaration, sauf à supporter les frais occasionnés par sa négligence.

Cette marche est celle que notre auteur a indiquée dans son *Formulaire de procédure*, t. 1, p. 565, formule n. 548.—V. aussi notre *Formul. annot.*, p. 480, p. 95 et 98.

A Toulouse, on est dans l'usage d'assigner, au délai ordinaire de la loi, le tiers saisi pour se voir condamner comme débiteur pur et simple, s'il n'a pas fait sa déclaration dans ce délai ou s'il n'a pas constitué avoué et demandé une prorogation de délai.

390. Il a été, depuis la publication du *Supplément* de M. Chauveau, jugé dans le sens de la doctrine de l'auteur, d'une part, qu'aucun délai n'est prescrit au tiers saisi pour faire sa déclaration : Trib. civ. de Montpellier, 12 juin 1876 (*J. Av.*, t. 101, p. 469); Paris, 31 juill. 1876 (*Ibid.*, p. 451); mais que cette déclaration peut avoir lieu en tout état de cause, même sur l'appel du jugement qui l'a condamné comme débiteur pur et simple des causes de la saisie : Toulouse, 29 nov. 1861 (t. 87, p. 467), et tant que ce jugement n'est pas passé en force de chose jugée : arrêt précité de Paris, 31 juill. 1876; et, d'autre part, que le tiers saisi, qui n'a pas fait sa déclaration dans le délai qu'un jugement lui a fixé, est passible de tous les dépens de l'instance occasionnée par son retard : Trib. civ. de la Seine, 2 janv. 1867 (t. 92, p. 109).

391. Mais il résulte aussi de ce dernier jugement, ce qui ne saurait faire difficulté, que le tiers saisi ne peut, à raison du retard qu'il a mis à faire sa déclaration, être condamné à des dommages-intérêts envers le saisissant, si ce dernier ne justifie pas que ce retard lui ait fait éprouver un préjudice réel.

392. (Q. 1976 bis). *Une fois déclaré débiteur pur et simple, le tiers saisi ne peut-il se soustraire à l'effet de cette condamnation ?*

M. Chauveau, au texte, mentionne et paraît partager l'opinion de Pigeau d'après laquelle, si le jugement rendu contre le débiteur saisi vient à être réformé par une voie quelconque, le tiers saisi peut refuser de payer, lors même qu'il aurait été déclaré débiteur pur et simple par jugement passé en force de chose jugée.

393. (Q. 1976 ter). *Le refus par le fonctionnaire public de fournir le certificat qui, d'après l'art. 569, remplace la déclaration, doit-il être assimilé aux refus de celle-ci et expose-t-il aux mêmes condamnations?*

M. Chauveau, au texte, soutient la négative et est d'avis qu'on ne peut appliquer ici ni l'art. 577, ni l'art. 1039, mais seulement l'art. 1382, Cod. civ., en vertu duquel les tribunaux condamneront, s'il y a lieu, le fonctionnaire au paiement, à titre de dommages-intérêts, d'une somme déterminée par chaque jour de retard dans la délivrance du certificat, et que si le fonctionnaire imputait ce retard à un ordre par lui reçu de l'administration qu'il représente, cette prétention ne devrait pas être écoutée.

394. (Q. 1975 bis). *Le tiers saisi qui aurait payé le débiteur saisi, au mépris de l'opposition et pendant l'instance en validité ou depuis le jugement, est-il passible des mêmes condamnations que celui qui a refusé de faire sa déclaration ?*

Non, répond M. Chauveau, au texte ; son obligation se borne à payer deux fois la somme due (Cod. civ., 1242).

Adde conf., Alger, 3 oct. 1850 (*J. Av.*, t. 76, p. 599); notre *Formul. annot.*, p. 481, n. 110.

395. (1975 ter). *Lorsque le tiers saisi, déclaré débiteur pur et simple, a payé plus qu'il ne devait, ou que, s'étant indûment dessaisi, il a été obligé de payer deux fois, a-t-il son recours contre le débiteur saisi ?*

Solution affirmative au texte, où il est dit que le tiers saisi se trouve alors dans l'hypothèse prévue par le n° 3 de l'art. 1251, Cod. civ., et est, par conséquent, subrogé dans les droits de celui qu'il a payé.

396. (Q. 1973). *De la disposition de l'art. 576, d'après laquelle, si la déclaration n'est pas contestée, il ne doit être fait aucune contre-procédure, résulte-t-il que le tiers saisi ne puisse rien faire à l'effet de se libérer avant la fin de l'instance de saisie-arrêt ou de la distribution par contribution?*

Non, est-il répondu au texte par Carré ; le tiers saisi peut faire des offres réelles au débiteur saisi, à la charge par lui de rapporter mainlevée, et si la mainlevée n'est pas rapportée, faire valider les offres et consigner. — M. Chauveau, *ibid.*, se borne à renvoyer à la quest. 1952 *bis*. — Voy. *infrà*, n. 452 et s.

Adde notre *Formul. annot.*, p. 483, n. 123.

397. (Q. 1973 bis). *L'art. 576 a-t-il pour but d'interdire au tiers saisi les réclamations personnelles ?*

Réponse négative au texte.

Adde conf., notre *Formul. annot.*, *ibid.*, n. 125.

398. Dans le précédent *Supplément*, M. Chauveau mentionnait un jugement du tribunal civil de la Seine du 2 mars 1850 (*J. Av.*, t. 76, p. 600), d'après lequel le tiers saisi qui a fait signifier à l'avoué du saisissant un acte de déclaration affirmative ne peut pas, sans s'exposer à en supporter les frais, faire signifier plus tard des conclusions tendant à ce que sa déclaration soit reconnue sincère, à ce qu'en payant à qui par justice il sera ordonné, il soit libéré envers le saisi, et à ce qu'il soit autorisé à retenir sur les fonds par lui dus les frais occasionnés par la saisie-arrêt pratiquée entre ses mains. Dans l'espèce où cette question s'est produite, disait notre auteur, le saisissant a conclu à ce que le tiers saisi fût condamné personnellement aux frais des conclusions et de l'avenir par lui signifiés, attendu qu'il n'entendait pas contester la déclaration affirmative, et que l'art. 576 déclarait frustratoire toute procédure faite par ou contre le tiers saisi en pareil cas. Cette prétention du saisissant lui avait paru fondée. Il est contraire au vœu de la loi, disait-il, que le tiers saisi, après avoir fait sa déclaration et l'avoir signifiée au saisissant, se mêle à la procédure de saisie-arrêt par un acte quelconque tant qu'il n'a pas été provoqué par une contestation.

399. Lorsque, dans sa déclaration, il a eu le soin de dire qu'il paiera la dette déclarée à qui par justice sera ordonné, sous la déduction des frais par lui faits en qualité de tiers saisi, il n'a pas besoin de conclusions ultérieures pour faire les mêmes réserves.

400. Le principe d'après lequel le tiers saisi a toujours le droit de faire valoir des réclamations personnelles contre le saisi, et de prendre ses mesures pour obtenir sa libération, si sa dette est venue à échéance, n'exerce sur la procédure de saisie-arrêt qu'une influence relative. Ainsi, même sous le prétexte de se libérer, le tiers saisi dont la déclaration n'est pas contestée ne peut intervenir dans l'instance en validité et surtout se substituer au saisissant pour provoquer le jugement de validité.

401. (Q. 1973 ter A). *Existe-il un délai pour attaquer la déclaration, en sorte qu'après ce délai le tiers saisi soit à l'abri de toute réclamation ?*

Non, suivant l'opinion exprimée au texte; la contestation peut être élevée aussi longtemps qu'on n'a pas renoncé à se prévaloir des irrégularités ou des inexactitudes de la déclaration.

Adde conf., notre *Formul. annot.*, p. 483, n. 126.

402. (Q. 1973 ter B). *Comment doit être introduite la contestation?*

Par acte d'avoué, répondait M. Chauveau, dans le *Supplément* précédent, avec un arrêt de la Cour de Riom, du 15 nov. 1853 (*J. Av.*, t. 79, p. 477). V. aussi le *Formul. de procéd.* de l'auteur, 3ᵉ édit., t. 1, p. 572, formule 553.

403. Le débiteur saisi qui a été partie au jugement par lequel il a été statué tant sur la demande en validité de la saisie arrêt dirigée contre lui que sur la contestation élevée par le saisissant contre la déclaration affirmative du tiers saisi, après jonction des deux instances, est réputé y avoir été partie quant à ce dernier chef comme pour le premier, et, par suite, s'il n'a pas interjeté appel du jugement, il est non recevable à intervenir sur l'appel du saisissant, pour se joindre à lui à l'effet de contester la déclaration affirmative. — L'appel interjeté par le saisissant ne peut, en ce cas, profiter au débiteur saisi, parce qu'il n'y a pas indivisibilité d'intérêts entre lui et le saisissant en ce qui touche la déclaration affirmative faite par le tiers saisi : Cass., 1er déc. 1863 (*J. Av.*, t. 90, p. 444).

404. (Q. 1974). *Malgré la péremption d'un jugement de validité rendu par défaut contre le saisi, le tiers saisi peut-il encore opposer la saisie à ce dernier qui lui demande paiement?*

Solution affirmative au texte, où il est dit qu'il en serait autrement si trois ans s'étaient écoulés depuis la demande en validité.

405. (Q. 1975). *Dans l'art.* 577, *portant que le tiers saisi qui ne fera pas sa déclaration ou qui ne fournira pas les justifications prescrites, sera déclaré débiteur pur et simple* des causes de la saisie, *que signifient ces derniers mots?*

Ils doivent s'entendre, suivant l'explication donnée au texte, de toutes les sommes pour lesquelles la saisie a été faite, encore bien que ces sommes seraient plus fortes que celles qu'il devrait réellement.

Adde en ce sens, notre *Formul.*, p. 481, n. 109, où sont indiquées des autorités en sens contraire.

406 (Q. 1976 quater). *Le tiers saisi dont la déclaration est jugée collusoire et frauduleuse, doit-il être déclaré débiteur pur et simple des causes de la saisie?*

Sur cette question, qui n'a pas été examinée au texte, M. Chauveau donnait, dans le *Supplément* précédent, les indications suivantes :

L'art. 577 a été appliqué au tiers saisi qui emploie la fraude ou la mauvaise foi dans sa déclaration affirmative, par arrêts des Cours de Besançon, du 28 févr. 1815, et de Metz, du 21 juin 1822 (*J. Av.*, t. 19, p. 334, et t. 24, p. 198). La Cour suprême a décidé, le 2 mars 1846 (*J. Av.*, t. 70, p. 383), que le tiers saisi dont la déclaration n'est pas conforme aux prescriptions légales, en ce que, par exemple, elle est incomplète et inexacte, peut être constitué débiteur pur et simple des causes de la saisie, sans que l'arrêt qui le juge ainsi encoure la cassation, par cela seul qu'il ne constaterait pas que l'inexactitude reconnue dans la déclaration est le résultat de la fraude. Et la Cour de Paris a aussi déclaré débiteur pur et simple des causes de la saisie le tiers saisi qui n'avait pas indiqué le chiffre exact de sa dette : arrêt du 22 août 1848 (t. 73, p. 669). —Voy. aussi au texte, t. 4, la note 1 de la page 648.

407. Mais la Cour de cassation a adopté une interprétation plus restrictive de la loi en décidant, le 1er fév. 1848 (*J. Av.*, t. 73, p. 229), que l'art. 577 ordonne bien que le tiers saisi soit déclaré débiteur pur et simple des causes de la saisie-arrêt conduite entre ses mains, lorsqu'il ne fait pas déclaration, conformément à l'art. 571, ou qu'il refuse de faire la production des pièces justificatives qui sont en sa possession, parce que, dans l'un ou l'autre de ces deux cas, le juge est mis, par le fait propre du tiers saisi, dans l'impossibilité de reconnaître le montant des sommes dues, qui doivent, dès lors, être réputées au moins égales aux causes de la saisie-arrêt ; mais que lorsqu'une déclaration est passée par le tiers saisi, qui appuie sa libération sur une convention attaquée par le créancier saisissant comme collusoire et frauduleuse, il n'y a pas lieu, si la fraude est déclarée, à l'application de plein droit de la disposition pénale de l'art. 577 ; que l'annulation de la convention laisse alors subsister la dette dont le tiers saisi se prétendait affranchi, et qu'il doit être condamné à payer entre les mains du créancier saisissant ; qu'il n'y a plus, en pareil cas, qu'une contestation à laquelle s'appliquent les règles ordinaires ; et que tout ce que le créancier peut obtenir, c'est la condamnation du tiers saisi, non seulement à payer le montant de sa dette, mais encore, s'il y a lieu, à des dommages-intérêts. — Sur le renvoi prononcé par l'arrêt qui précède, la Cour de Paris a statué dans le même sens le 16 juin 1849 (t. 76, p. 600). — Conf., Roger, n. 590.

408. Il a été jugé aussi que le tiers saisi dont la déclaration, accompagnée de pièces justificatives, a été reconnue valable, ne peut pas être déclaré débiteur pur et simple des causes de la saisie, parce qu'il n'a pas consigné la somme déclarée dans le délai fixé par un jugement : Cass., 13 déc. 1853 (t. 79, p. 207). Conf., Roger, n. 580 ; — que le tiers saisi dont la déclaration est inexacte et fausse ne doit pas, par cela seul, être condamné comme débiteur pur et simple des causes de la saisie : Bordeaux, 7 août 1856 (*Journ. de cette Cour*, 1856, p. 413) et 28 juin 1854 (*ibid.*, 1854, p. 286). V. également Dalloz, n. 366 et suiv.

409. La jurisprudence a continué depuis à se prononcer dans le même sens. — Ainsi, il a été jugé que l'art. 577 est inapplicable, soit au cas de déclaration inexacte ou incomplète : Grenoble, 27 mars 1865 (t. 90, p. 297) : Trib. civ. de la Seine, 8 déc. 1877 (t. 103, p. 69) ; soit au cas de déclaration collusoire et frauduleuse ; et que le tiers saisi peut seulement alors être condamné à payer au saisissant les sommes qu'il est reconnu devoir au saisi, ou, s'il s'agit d'une saisie-arrêt d'objets mobiliers dont la vente est reconnue simulée, à remettre ces objets au saisissant ou à lui en payer la valeur estimative, sans préjudice des dommages-intérêts dont sa fraude peut le rendre passible : Cass., 7 déc. 1869 (t. 95, p. 253) ; Trib. civ. de la Seine, 8 déc. 1877, précité. — Voy. conf., notre *Formulaire annoté*, p. 482, n. 113 et 115.

410. La Cour de Bordeaux a cependant décidé, le 24 janv. 1864 (t. 89, p. 509), que le tiers saisi qui nie être débiteur du saisi et se prétend au contraire son créancier, mais sans justifier cette prétention, doit être déclaré débiteur pur et simple des causes de la saisie et même condamné comme tel dès à présent envers le saisissant.

411. Lorsque la déclaration, quoique sincère, n'a pas été assez claire et assez justifiée pour édifier complètement le saisissant, le tiers saisi est responsable des frais de la procédure à laquelle celui-ci a eu recours par suite de cette déclaration : Trib. civ. de Lyon, 4 avril 1865 (*J. des Huiss.*, t. 46, p. 324).

412. (Q. 1980 bis B). *Dans quel cas le jugement intervenu au sujet de la déclaration du tiers saisi doit-il être considéré comme rendu en premier ressort, et comme étant dès lors susceptible d'appel ?*

Dans le précédent *Supplément*, M. Chauveau admettait, avec un arrêt de la Cour d'Agen, du 26 juill. 1847 (*J. Av.*, t. 72, p. 671), que le jugement qui, entre le saisissant et le tiers saisi, statue sur une contestation relative à la déclaration de ce dernier, est en premier ressort, quoique la créance du saisissant soit inférieure à 1,500 fr., si la somme que l'on prétend être due par le tiers saisi est indéterminée. Conf., Roger, n. 544 et suiv. et 619. — *Adde* les décisions mentionnées par nous au mot *Appel*, n. 90 et 100.

412 *bis*. Notre auteur se demandait ensuite ce qu'il faut décider quand plusieurs tiers saisis ont été déclarés débiteurs purs et simples des causes de la saisie, supérieures à 1,500 fr. ? Cette condamnation se divise-t-elle entre les tiers saisis, ou bien chacun d'eux est-il tenu pour le tout, *in solidum*, vis-à-vis du saisissant ? La Cour de Montpellier s'est prononcée pour la divisibilité et le dernier ressort, par conséquent, le 27 janv. 1848 (*J. Av.*, t. 73, p. 290). M. Chauveau préférait l'opinion contraire. En pareil cas, suivant lui, chacun des tiers saisis est débiteur pur et simple des causes de la saisie, sans qu'il y ait lieu d'établir une division qui pourrait nuire aux intérêts du créancier. On comprend, ajoutait-il, qu'il en serait autrement, s'il s'agissait de contester la déclaration faite par chacun des tiers saisis ; l'intérêt de la déclaration serait alors la mesure du degré de juridiction.

§ 8. — Effets de la saisie-arrêt et du jugement de validité.

413. (Q. 1951 bis B). *La saisie-arrêt a-t-elle pour effet d'attribuer au saisissant, dès le moment qu'elle est faite, un droit exclusif sur les sommes saisies ?*

M. Chauveau établit, au texte, la négative, qui est incontestable.

414. Dans le *Supplément* précédent, il mentionnait les solutions suivantes : — La saisie-arrêt frappe toutes les sommes dues par le tiers saisi au moment où elle est faite : Paris, 3 mars 1855 (*J. Av.*, t. 80, p. 513). Formée sur le capital, elle comprend aussi les intérêts, malgré le silence de l'exploit à cet égard : Paris, 22 août 1848 (t. 73, p. 669).

415. L'auteur signalait en outre, comme contraire à l'opinion qu'il a exprimée sous la quest. 1932 *bis* (*suprà*, n. 103 et s.), l'usage suivi à Paris, et en vertu duquel, dans l'ordonnance portant permission de saisir-arrêter ou dans une ordonnance obtenue par le saisi en référé, il est déclaré qu'en laissant entre les mains du tiers saisi ou en déposant à la caisse des consignations la somme saisie-arrêtée, avec affectation spéciale à la créance du saisissant, délégation et saisine expresse à son profit pour le cas où cette créance sera ultérieurement reconnue par le jugement de validité, le débiteur saisi est autorisé à toucher le surplus des sommes à lui dues. Voy. aussi *infrà*, n. 458 et 459.

416. Il a été très bien jugé que les rentes sur l'Etat déposées à titre de cautionnement par un comptable public (receveur des hospices), sont le gage exclusif des créances pour faits de charge de ce comptable; et qu'en conséquence la saisie-arrêt ou la cession de ce cautionnement pour créances autres que pour faits de charge ne confère au saisissant ou au cessionnaire ni saisine ni droit de préférence : Trib. civ. de Valence, 27 déc. 1866 (*J. Av.*, t. 92, p. 389). Conf., Roger, n. 335 *bis*.

417. Par un arrêt du 30 déc. 1871 (t. 97, p. 181), la Cour de Paris a déclaré que la saisie-arrêt dont les objets mobiliers et marchandises confiés à une compagnie de chemin de fer pour être transportés viennent à être frappés d'une manière générale par des créanciers du destinataire, n'a d'effet, vis-à-vis de la compagnie, que relativement à ceux de ces objets et marchandises qui lui ont été spécialement désignés comme appartenant au destinataire. — Il ne suffit pas, en effet, que des objets mobiliers ou marchandises soient expédiés à une personne pour qu'ils doivent être réputés appartenir à celle-ci. Le destinataire peut n'être, soit pour la totalité, soit pour une partie seulement de ces objets ou marchandises, qu'un intermédiaire entre leur véritable propriétaire et l'expéditeur. Les créanciers du destinataire ne peuvent donc frapper utilement de saisie-arrêt que ceux qu'ils désignent nommément à l'entrepreneur de transport, tiers saisi, comme étant la propriété du destinataire.— Cependant la Cour de Paris elle-même, par un arrêt antérieur en date du 28 avr. 1868 (Auffroy C chemin de fer de Lyon), a décidé que la compagnie de chemin de fer entre les mains de laquelle des marchandises à elle confiées pour être transportées viennent à être frappées de saisie arrêt par les créanciers du destinataire, n'étant pas juge des prétentions respectives de ces derniers et de l'expéditeur, ne peut être tenue de remettre ces marchandises à celui-ci, sans qu'il lui ait payé les frais de transport et de magasinage, et qu'il ait rapporté mainlevée de la saisie-arrêt.

418. La saisie-arrêt empêche nécessairement le débiteur saisi de continuer ses poursuites contre le tiers saisi, tant qu'il n'a pas obtenu mainlevée de la saisie : Nîmes, 8 mai 1867 (t. 92, p. 479). — Cependant elle ne lui enlève pas le droit de prendre les mesures nécessaires pour la conservation de ses droits contre le tiers saisi. — Spécialement, le bailleur au préjudice duquel une saisie-arrêt a été pratiquée entre les mains du preneur, n'en peut pas moins assigner ce dernier en paiement de ce qu'il lui doit pour arrérages de loyers échus, et, à défaut de paiement, en résiliation de bail : Trib. civ. de Grenoble (t. 101, p. 362). — Et le tiers saisi ne peut s'opposer à cette demande que par des offres réelles, à charge de mainlevée de la saisie-arrêt, et suivies de dépôt à la caisse des consignations, à défaut de mainlevée : même jugement. — Compar. *suprà*, n. 396, et *infrà*, n. 452 et s.

419. (Q. 1951 bis c). *La saisie-arrêt empêche-t elle le tiers saisi de se libérer entre les mains de son créancier débiteur saisi, à peine de dommages-intérêts envers le saisissant ?*

Réponse affirmative au texte de la part de M. Chauveau, qui observe que la saisie-arrêt a notamment pour effet : 1° d'empêcher le tiers saisi de se libérer entre les mains du saisi, son créancier, en exceptant le cas où, détenteur de sommes affectées par privilège au paiement de l'impôt, il serait interpellé par le percepteur de lui en faire la remise à l'acquit du débiteur saisi ;—2° de faire obstacle à la novation et à la remise de la dette que le débiteur voudrait postérieurement consentir au tiers saisi ; — 3° de s'opposer à toute compensation non encore opérée au moment de la saisie ; — 4° de priver le débiteur saisi de la faculté de céder la créance saisie-arrêtée ; que cette interdiction s'étend même aux transports antérieurs à la saisie-arrêt, mais qui n'ont été signifiés que postérieurement au tiers saisi ; et que si la saisie et la signification du transport ont eu lieu le même jour, l'antériorité de l'un par rapport à l'autre pourra être établie soit au moyen de l'indication de l'heure qui aurait été faite dans chacun des exploits, soit par tout autre moyen, même par la preuve testimoniale ; — 5° de soustraire la somme saisie aux poursuites des créanciers postérieurs du débiteur saisi envers lesquels celui-ci s'est volontairement engagé.

420. Notre auteur ajoutait, dans le précédent *Supplément*, que, bien que le tiers saisi ne puisse rien faire pour porter atteinte aux droits du saisissant, il y a lieu de reconnaître, avec un jugement du tribunal de la Seine du 8 avr. 1858 (*J. Av.*, t. 83, p. 393), que la saisie-arrêt formée sur les sommes déposées à la caisse d'épargne ne fait pas obstacle à la conversion en rentes sur l'Etat du dépôt dont le montant dépasse 1000 fr., cette saisie ne pouvant avoir pour effet d'empêcher la caisse d'épargne d'obéir à la loi constitutive de son organisation.

421. D'un autre côté, la saisie-arrêt frappant une somme déposée volontairement à la caisse des consignations, et dont le paiement avait été ordonnancé sur la demande de remboursement antérieurement formée par le déposant, n'a pas pour effet de rendre la somme arrêtée productive d'intérêts : Paris, 2 mars 1857 (*J. Av.*, t. 82, p. 542). Cette décision, disait M. Chauveau, est bien rendue. Au moment où la saisie-arrêt était intervenue, le capital était indiqué comme cessant de produire intérêt à partir d'une époque déterminée. Ce capital, demeuré indisponible par suite de la saisie, a dû rester stérile dans la caisse des consignations.

422. La même solution, ajoutait-il, serait applicable à un débiteur ordinaire qui, sur la demande en remboursement du créancier, ou parce que le terme assigné pour le paiement serait prochain, aurait informé ce créancier qu'à l'échéance le capital dû serait à sa disposition, et qui, avant cette échéance, verrait paralyser par une saisie-arrêt la faculté ou l'obligation de se libérer. En pareil cas, le créancier saisi doit demander la consignation des deniers, sinon, ils cessent de produire intérêt.

423. Le tiers saisi ne peut se rendre juge de la question de savoir s'il doit faire ou non une retenue sur le traitement de son employé ou sur le salaire de son ouvrier. En conséquence, s'il ne tient pas compte de la saisie-arrêt pratiquée entre ses mains contre ce dernier, il doit être déclaré débiteur principal des causes de la saisie : Trib. civ. de Marseille, 8 fév. 1876 (t. 101, p. 145) ; Trib. civ. de la Seine, 31 juill. 1877 (t. 102, p. 441).

424. Consulté sur le point de savoir si, dans le cas où une saisie-arrêt et la notification d'un transport de créance ont eu lieu le même jour, sans qu'aucun de ces deux actes mentionne l'heure à laquelle il a été fait, le cessionnaire a la priorité sur le saisissant, ou bien s'ils viennent tous les deux en concurrence sur la somme cédée et saisie-arrêtée, nous avons dit : Il ne saurait y avoir de doute que lorsqu'une saisie-arrêt et la notification d'un transport de créance ont lieu le même jour, sans indication de l'heure dans l'un ni dans l'autre exploit, aucune cause de préférence n'existe en faveur du cessionnaire; sa situation est identique à celle du saisissant, et ce dernier doit conséquemment venir en concurrence avec lui. C'est ce qu'a décidé un arrêt de la Cour de Paris du 26 avr. 1822 (*J. Av.*, t. 24, p. 125), et ce qu'enseignent les auteurs. V. Duvergier, *Vente*, t. 2, n. 203; Roger, *Saisie-arrêt*, n. 213 ; Dalloz, *Répert.*, v° *Vente*, n. 1763 ; Chauveau sur Carré (sur la question ci-dessus, § 2, 4°) ; Deffaux et Harel, *Encycl. des huiss.*, v° *Transport-cession*, n. 16. — Toutefois, il est permis de prouver, soit à l'aide des énonciations de l'exploit de saisie-arrêt et de celui de notification de transport, soit par témoins ou par présomptions graves, précises et concordantes, l'antériorité de l'un des deux actes. V. Grenoble, 30 déc. 1837 (*J. Av.*, t. 55, p. 625). Telle est aussi l'opinion de MM. Chauveau, *loc. cit.*, et Dalloz, v[is] *Saisie-arrêt*, n. 412, et *Vente*, n. 1761; opinion repoussée, il est vrai, par M. Duvergier, *ut suprà*, n. 1881, mais conforme cependant à la règle générale en matière de signification d'exploit. V. à cet égard Dalloz, v° *Exploit*, n. 31 et s., et l'*Encycl. des huiss.*, v° *Date*, n. 17. — Inutile d'ajouter que celui des deux créanciers en faveur duquel la priorité serait ainsi établie exclurait l'autre. — Compar. aussi en ce sens notre *Formulaire annoté*, t. 1, p. 469, n. 17.

425. (Q. 1944 bis). *L'opposition formée au Trésor à Paris, par le cessionnaire d'un créancier de l'État, a-t-elle pour effet d'empêcher qu'un paiement ait lieu au préjudice de l'opposition, non seulement à la caisse centrale de Paris, mais encore dans toutes les caisses des départements?*

Ce point a été réglé par l'art. 13 de la loi du 9 juill. 1836, qui, suivant la remarque de M. Chauveau au texte, a fait disparaître les inconvénients résultant de la jurisprudence antérieure d'après laquelle la question ci-dessus recevait une solution affirmative.

426. La Cour de cassation a décidé, par application de cette disposition, le 14 janv. 1867 (*J. Av.*, t. 92, p. 89), que l'opposition faite à Paris, entre les mains du conservateur des oppositions au ministère des finances, ne peut arrêter le paiement d'une somme pour laquelle le ministre, ordonnateur du paiement, a délivré un mandat sur un payeur de département, encore bien que les travaux aient été commandés et exécutés à Paris, où sont domiciliés le créancier saisissant et le débiteur saisi, et que, au moment où l'opposition a eu lieu au ministère des finances, un premier paiement ait été fait à Paris à titre d'acompte, par le caissier central. V. aussi Riom, 13 janv. 1880.

427. (Q. 1941 ter). *L'effet des saisies-arrêts faites aux mains des dépositaires de deniers publics est-il soumis à la prescription?*

Comme M. Chauveau le remarque au texte, l'effet de telles saisies-arrêts se prescrit à défaut de renouvellement de ces saisies dans le délai de cinq ans, aux termes de l'art. 14 de la loi du 9 juill. 1836, et cela alors même que la première saisie aurait été suivie d'un jugement de validité.

428. Dans le *Supplément* précédent, notre auteur, après avoir rappelé que l'art. 15 de la loi précitée du 9 juill. 1836 a soumis à la péremption d'un an les saisies-arrêts faites avant la promulgation de cette loi, sur des sommes dues par l'Etat, citait, en l'approuvant, un arrêt de la Cour de cassation du 8 nov. 1847 (*J. Av.*, t. 73, p. 42), qui a jugé que le créancier dont la saisie-arrêt est nulle, faute de renouvellement dans le délai d'un an, n'est pas recevable à prétendre que le tiers saisi est personnellement responsable des sommes qu'il a payées à d'autres créanciers avant l'expiration de ce délai. Le principe de cette décision, ajoutait-il, devrait être appliqué, par voie d'analogie, au cas où une saisie-arrêt ayant pour objet d'arrêter le paiement des sommes dues par l'Etat, a été éteinte par la prescription de cinq ans, aux termes de l'art. 14 de la même loi. Conf., Roger, n. 421.

429. La déchéance résultant du défaut de renouvellement quinquennal des saisies-arrêts, prescrit par l'art. 14 de la loi du 9 juillet 1836, peut-elle être invoquée soit par d'autres saisissants, soit par le saisi? La négative a été consacrée par un jugement du tribunal de la Seine du 29 déc. 1843 (*J. de proc.*, art. 2721), et est enseignée par M. Roger, n. 421. — Compar. toutefois *suprà*, n. 234.

430. (CCCCXLV). *Le tiers saisi qui, au moment où la saisie-arrêt a été pratiquée, avait donné l'ordre de faire le paiement ou s'était absenté de son domicile pour aller l'effectuer lui-même au lieu où la dette était payable, est-il responsable de l'avoir opéré?*

Il ne le serait, suivant l'observation faite au texte, qu'en cas de fraude.

431. (Art. 565). *Des paiements faits, même avant la saisie, mais par anticipation et contrairement à l'usage des lieux, peuvent-ils empêcher que le tiers saisi soit condamné à payer les sommes qui ont fait l'objet de la saisie?*

Résolu négativement par Carré, au texte, t. 4, p. 631, à la note.

432. (Q. 1948 bis). *Que faut-il décider à l'égard des paiements faits par le tiers saisi malgré la dénonciation de la saisie au débiteur, avec demande en validité, et la contre-dénonciation au tiers saisi, si, postérieurement et en définitive, la saisie-arrêt n'est pas validée?*

Ces paiements seraient valables, comme l'observe, au texte, M. Chauveau.

433. (Q. 1951 bis D). *La saisie-arrêt jetée sur des termes de loyer non encore échus empêche-t-elle la résiliation du bail?*

Solution négative au texte de la part de M. Chauveau.

434. (Q. 1951 bis E). *La saisie-arrêt sur les arrérages d'une rente empêche-t-elle le débiteur d'en faire le remboursement?*

Même solution négative au texte de la part de l'auteur.

435. (Q. 1951 bis F). *Si la créance saisie sur un débiteur ne lui appartient que par indivis avec des communistes ou des cohéritiers, et que, par l'effet du partage ultérieur, elle tombe en entier dans le lot d'un autre que le saisi, le saisissant est-il privé de l'effet de ses diligences?*

Résolu affirmativement par M. Chauveau, au texte.

436. (Q. 1952). *Le tiers saisi peut-il être contraint de payer à son créancier saisi ce qu'il doit au delà de la somme arrêtée entre ses mains? Le débiteur saisi peut-il consentir à un tiers le transport de cet excédent?* Plus généralement, *la saisie-arrêt frappe-t-elle d'indisponibilité la totalité des sommes qui se trouvent entre les mains du tiers saisi, ou ne produit-elle cette indisponibilité que jusqu'à concurrence du montant de ses causes?*

Carré, au texte, n'examine que le premier point et le résout négativement. — M. Chauveau, *ibid.*, traitant d'abord la question générale, enseigne que l'indisponibilité résultant de la saisie-arrêt s'applique à la totalité des sommes saisies, mais qu'elle n'a lieu qu'en faveur du premier saisissant, et ne peut être invoquée par les saisissants postérieurs aux actes de disposition dont elles ont été l'objet. De là, il conclut que, si le saisi reconnaît les droits des saisissants, le tiers saisi peut, après avoir désintéressé ce dernier, verser l'excédent au débiteur saisi; de même que celui-ci peut, en réservant sur la somme saisie ce qui est nécessaire pour désintéresser le saisissant, consentir le transport du surplus; mais que si le débiteur ne reconnaît pas les droits du saisissant, ou ne consent pas à son profit une délégation jusqu'à concurrence des causes de la saisie, sous condition de restitution dans le cas où la saisie ne serait pas validée (V. *suprà*, n. 317), il ne peut y avoir ni transport total ou partiel de la somme saisie-arrêtée de la part du débiteur saisi, ni paiement total ou partiel de la part du tiers saisi.

437. Dans le précédent *Supplément*, M. Chauveau analysait comme il suit les opinions des auteurs et la jurisprudence sur ces points délicats :

Dans une dissertation insérée au *J. des Av.*, t. 65, p. 513, M. Bonnier s'est prononcé pour l'indisponibilité absolue des sommes dues par le tiers saisi, à l'égard du premier saisissant, vis-à-vis duquel toute cession est comme non avenue.

M. Mourlon, *Examen critique et pratique du commentaire de Troplong sur les privilèges*, p. 40 et suiv., n. 18 et suiv., paraît avoir exposé d'une manière assez complète toutes les hypothèses. Il prévoit deux cas : 1° celui où la cession est antérieure à toute saisie, mais n'est signifiée au débiteur cédé qu'après une saisie ; 2° celui où la cession est postérieure à la saisie.

Le premier cas comprend deux positions.

438. I. *Cession signifiée après une saisie-arrêt sans qu'il y ait des saisies ultérieures*. Cette position a fait naître trois systèmes : D'après le premier, la cession est réputée non avenue à l'égard du saisissant, qui est payé comme si elle n'existait pas, le concessionnaire n'ayant droit qu'à l'excédent des causes de la saisie. M. Mourlon critique cette solution. — Suivant le second, la cession vaut opposition ; d'où il suit qu'il y a en présence deux saisissants, et que la somme due par le tiers saisi doit être distribuée entre eux au marc le franc de leurs créances. C'est l'opinion de M. Mourlon, ainsi que de M. Barrilliet, dissertation dans la *Revue pratique de droit français*, t. 13 (1862), p. 72. — Enfin, selon le troisième système, le cessionnaire réunit en lui deux qualités : comme *cessionnaire*, il a seul droit à l'excédent de la créance cédée sur la somme due au saisissant ; comme *créancier opposant*, pour la part de créance qui dépasse cet excédent, il concourt au marc le franc avec le créancier saisissant. *Sic*, M. Vielle, dissertation dans le *J. des Av.*, t. 78, p. 148.

II. *Cession antérieure à toute saisie, mais signifiée dans l'intervalle de deux saisies*. — Cette position a donné lieu à six systèmes : 1° La cession vaut comme opposition à l'égard de tous les opposants, et la distribution de la somme due par le tiers saisi se fait au marc le franc entre tous les prétendants. M. Vielle, *loc. cit.*, et *Revue critique*, t. 3 (1853), p. 113, admet cette règle pour le cas où la cession est postérieure aux saisies. — 2° Le cessionnaire peut demander à être traité comme *opposant*, et il vient alors au marc le franc avec les autres saisissants ; ou comme cessionnaire, et, dans ce cas, il prend tout ce qui excède les causes de la saisie antérieure à la signification du transport ; le surplus est attribué aux deux saisissants, non pas au marc le franc de leurs créances respectives, mais en donnant au premier tout ce qu'il eût eu si le cessionnaire n'avait été qu'un créancier saisissant, et le restant au dernier. V. en ce sens Marcadé, t. 6, p 326 et suiv. — 3° Le cessionnaire a droit à tout ce qui excède les causes de la première saisie ; la somme disponible après ce prélèvement doit être répartie entre les trois créanciers, y compris le cessionnaire, en ayant soin d'accorder au premier saisissant tout ce qu'il aurait obtenu si, au lieu d'une cession, il y avait eu simple opposition, le surplus étant divisé au marc le franc entre le cessionnaire et le second créancier saisissant. Ce système diffère du précédent en ce que le cessionnaire utilise les deux qualités d'opposant et de cessionnaire, et non pas l'une des deux seulement. Voy. M. Vielle, *loc. cit.* — 4° Le cessionnaire doit être considéré comme *opposant* dans ses rapports avec le premier saisissant, et comme *cessionnaire* dans ses rapports avec le second saisissant. Ainsi le montant de la créance saisie se partage au marc le franc entre le premier saisissant et le cessionnaire ; le second créancier saisissant concourt avec le premier sur la somme attribuée à celui-ci, et le cessionnaire doit compte au premier créancier de la somme représentant le complément du dividende qu'aurait touché ce créancier s'il n'y avait eu que des cosaisissants. *Sic*, Zachariæ, Aubry et Rau, t. 2, p. 556

et 557. — 5° Le cessionnaire est créancier opposant à l'égard du premier saisissant; par suite, il y a concours entre eux au marc le franc de leurs créances; la seconde saisie ne peut produire aucun effet parce qu'au moment où elle est intervenue, la cession signifiée avait transporté à un tiers la créance sur laquelle le second saisissant prétendait exercer ses droits : Duvergier, *Vente*, t. 2, n. 202. — 6° Enfin, la signification de la cession valant comme opposition vis-à-vis du premier saisissant, les droits de ce créancier doivent être déterminés dans la proportion d'une distribution au marc le franc entre toutes les créances, y compris celle du cessionnaire; celui-ci doit recevoir tout ce qu'il aurait reçu s'il n'avait eu à concourir qu'avec le premier saisissant, c'est-à-dire la part proportionnelle au montant de la cession dans le marc le franc entre lui et ce créancier; le surplus revient au second saisissant. Exemple : 3,000 fr., somme due par le tiers saisi; 1500 fr. cause de la première saisie; 3,000 fr., montant de la cession; 1500 fr., cause de la seconde saisie. Il y a donc 3,000 fr. à distribuer pour payer 6,000 fr., soit 50 pour 100 par chaque créance ou 750 fr. pour le premier saisissant. Mais le cessionnaire devant recevoir comme si la saisie postérieure à la signification du transport n'existait pas, on aura 3,000 fr. pour 4,500 fr. au marc le franc, soit 1000 fr. pour la part conservée par la première saisie, et 2,000 fr. pour le cessionnaire. — Le prélèvement de 750 fr. par le premier saisissant et de 2,000, par le cessionnaire, laisse disponible 250 fr. qui échoiront au second saisissant. C'est l'opinion qu'adopte M. Mourlon, n. 25. — M. Roger, n. 250 *ter*, propose bien une septième combinaison; mais on peut la considérer comme une variante de la précédente; elle consiste à admettre, en outre, le cessionnaire à prendre part au marc le franc sur la somme attribuée au second saisissant.

439. Le second cas prévu par M. Mourlon se réalise quand la cession est faite et signifiée dans l'intervalle des deux saisies. Ici, deux systèmes se présentent : le premier veut que la cession soit comme non avenue à l'égard du premier saisissant, qui doit recevoir tout ce qu'il aurait reçu s'il fût simplement venu en concours avec le second saisissant; et que, vis-à-vis de celui-ci, le cessionnaire agisse comme si la seconde saisie n'existait pas. C'est l'avis de M. Mourlon, n. 26, et de M. Vielle, *loc. cit.* Dans le second système, il n'y a pas lieu de distinguer entre ce cas et le précédent; le cessionnaire dont le titre est postérieur à la première saisie n'en est pas moins créancier du saisi, et le saisissant doit, comme dans le premier cas, supporter la concurrence parce que la saisie ne lui confère aucun privilège sur la somme saisie. V. en ce sens, MM. Barrilliet, *loc. cit.*; Colmet-Daage, t. 2, n. 833, note 1, p. 222.

440. Dans sa dissertation précitée, M. Barrilliet, après avoir passé en revue tous les systèmes, arrive aux conclusions suivantes : Il ne faut pas distinguer entre la cession antérieure et la cession postérieure à la saisie. Il faut avoir égard seulement à la notification du transport. Vis-à-vis du premier saisissant, la cession signifiée vaut opposition, et la part de ce créancier doit être déterminée en considérant le cessionnaire et les créanciers postérieurs comme des opposants venant au marc le franc avec le premier. Le cessionnaire est simple opposant à l'égard du premier saisissant; il conserve le caractère de cessionnaire à l'égard des saisissants postérieurs, et, dès lors, doit être définitivement approprié de la somme que lui attribue le marc le franc ouvert entre lui et le premier saisissant; le créancier saisissant après le transport ne peut concourir qu'avec le premier saisissant et sur la somme disponible, distraction faite du contingent assigné au cessionnaire.

Ces conclusions lui paraissent conformes aux principes; mais il reconnait que, sur le terrain de la pratique, elles aboutissent à un résultat impossible. En effet, si l'on en faisait l'application à l'espèce ci-dessus, on aurait : Pour le premier saisissant, 750 fr.; pour le cessionnaire, 2,000 fr.; pour le second saisissant, 500 fr. Total, 3,250 fr., au lieu de 3,000 fr., somme due par le tiers saisi.

Du moment où il n'est pas possible d'arriver à un résultat complètement satisfaisant en appliquant les principes, M. Barrilliet pense qu'il faut s'en tenir à une application qui concilie tous les intérêts, en réduisant proportionnellement les dividendes qui viennent d'être indiqués. On aura ainsi, pour la part du premier saisissant 692 fr., pour la part du cessionnaire 1847 fr., et pour la part du second saisissant 461; total égal au montant dû par le tiers saisi.

441. Ce résultat peut paraître équitable : est-il juridique? C'est ce que M. Chauveau examinait. Il rappelait qu'il a décidé au texte que la somme due par le tiers saisi est frappée d'indisponibilité totale, mais relativement au premier saisissant ou aux saisissants antérieurs à la signification du transport seulement, sans qu'il y ait lieu d'établir de différence entre le transport antérieur ou postérieur à toute saisie; qu'au fond il a adopté une opinion qui lui paraissait tenir compte de la manière la plus complète des droits dérivant de la situation des parties. La signification du transport valant opposition vis-à-vis du premier saisissant, disait-il, la part de ce créancier se détermine comme s'il n'y avait que des opposants; sur la somme ainsi fixée, le second saisissant vient en concurrence, et le cessionnaire indemnise le premier de ce que cette concurrence lui fait perdre. On aura donc, dans l'espèce citée, concours au marc le franc des deux saisissants et du cessionnaire, soit sur 3,000 fr., somme due par le tiers saisi, 750 fr. pour le premier saisissant et 2,250 fr. pour le cessionnaire; mais comme le concours du second saisissant avec le premier réduira à 375 fr. la part échue à celui-ci, le cessionnaire lui tiendra compte de cette perte. Ainsi, le premier saisissant aura 750 fr., le cessionnaire 1,875 fr. et le second saisissant 375 fr.

442. Notre auteur estimait qu'il n'y avait lieu d'admettre aucune réduction proportionnelle, parce qu'alors on lèserait le premier saisissant au profit du cessionnaire et du second saisissant, et le cessionnaire au profit du second saisissant. — La solution par lui indiquée, et qui ne rentre entièrement dans aucun des systèmes exposés plus haut, mais qui se rapproche beaucoup de celui de MM. Zachariæ, Aubry et Rau, lui paraissait être le plus conforme aux principes. Si, au lieu de l'espèce posée, ajoutait-il, on se place dans la situation prévue au texte, on aura 3,000 fr., somme due par le tiers saisi, 1,000 fr. cause de la première saisie, 2,000 fr. montant de la cession, et 1,000 fr. cause de la deuxième saisie. Le premier saisissant devra obtenir le quart de 3,000 fr. ou 750 fr., le cessionnaire 2,000 fr., le second créancier aura droit au surplus, soit 250 fr., et, en outre, à pareille somme à prélever sur la part du premier créancier pour que les deux dividendes soient égaux; mais comme il enlèvera ainsi 250 fr. au premier, le cessionnaire devra parfaire cette différence et les ayants droit auront les parts ci-après : le premier 750 fr., le second 1,750 fr., le troisième 500 fr.

Cette interprétation, qui est aussi celle qu'a adoptée M. Souquet, dans une dissertation insérée *J. Av.*, t. 65, p. 389, semblait à M. Chauveau avoir l'avantage de tenir exactement compte des droits de toutes les parties. Le premier saisissant, insistait-il, obtient le dividende auquel il aurait droit s'il n'y avait pas eu cession, mais simplement saisie-arrêt; le cessionnaire obtient tout ce que peut lui attribuer la cession eu égard aux droits antérieurement acquis, et les saisissants postérieurs ne nuisent directement, en aucune façon, à la cession; ils se bornent à exercer leur droit sur la somme que le transport n'a pas affectée.

442 *bis*. La jurisprudence, disait ensuite M. Chauveau, n'est pas encore fixée, bien qu'elle semble pencher vers une opinion plus absolue que celle préférée par les auteurs. — Il n'est pas douteux, comme l'a décidé la Cour de cassation, le 25 fév. 1856 (S.-V.56.1.816), que celui qui, postérieurement à une saisie-arrêt, devient cessionnaire d'un autre créancier du même débiteur, n'a aucun droit de préférence contre le saisissant, encore bien que le titre de la créance cédée soit antérieur en date à la saisie-arrêt, si, d'ailleurs, ce titre n'emporte avec lui aucune cause de préférence ; c'est aussi ce qu'avait jugé la Cour de Paris, le 8 déc. 1858 (*J. Av.*, t. 81, p. 623).

La validité d'une cession par le débiteur saisi, à l'encontre du saisissant postérieur à la signification de la cession au tiers saisi, a été admise par la Cour de Rouen, le 19 fév. 1852 (*J. Av.*, t. 77, p. 562), et par celle de Grenoble, le 19 nov. 1847 (t. 73, p. 493). Le cessionnaire a été considéré comme définitivement propriétaire de la somme excédant les causes des saisies antérieures par les Cours de Caen, le 17 fév. 1846 (t. 74, p. 556); de la Guadeloupe, le 16 mai 1851 (t. 77, p. 587); de Nîmes, les 10 janv. 1854 et 7 av. 1856 (t. 81, p. 628); de Douai, le 21 mai 1856; de Cologne, le 16 avr. 1859 (t. 84, p. 520); d'Orléans, le 11 mai 1859 (*ibid.*, p. 360), et par le tribunal de la Seine, le 27 nov. 1852 (t. 78, p. 146). L'arrêt de la Cour de Cologne et le jugement du tribunal de la Seine se prononcent d'une manière absolue contre toute participation des saisissants postérieurs à la signification du transport, à la distribution des sommes conservées par les saisies antérieures. Les Cours de Caen et de la Guadeloupe ont reconnu, au contraire, que ces créanciers venaient au marc le franc avec les premiers sur les sommes conservées ; seulement la Cour de Caen veut que le saisissant antérieur obtienne sur la somme réservée toute la part que la distribution lui aurait attribuée s'il n'y avait pas eu cession, les créanciers postérieurs n'ayant droit qu'au surplus; tandis que la Cour de la Guadeloupe admet purement et simplement la distribution au marc le franc entre tous les créanciers.

443. En rapportant l'arrêt de la Cour de Caen, les rédacteur du *Journal du Palais* (49.1.285) ont dit à la note que la jurisprudence était désormais fixée sur la question d'attribution des sommes saisies-arrêtées, et ils ont cité huit arrêts qu'ils croient être conformes à leur opinion. M. Chauveau faisait observer que parmi ces arrêts ceux de la Cour de Paris des 14 mars 1839 et 26 juill. 1843 ont consacré formellement le système développé par lui au texte, et que celui de la Cour de Bourges du 21 janv. 1846 (*J. Av.* t. 73, p. 433) l'a également adopté. Il ne contestait pas d'ailleurs qu'il ait été assez généralement admis que le cessionnaire ou le tiers saisi sont à l'abri de tout recours ; que tous les créanciers saisissants doivent distribuer entre eux la somme conservée; mais que les créanciers postérieurs à la cession, ou au paiement, doivent laisser prendre au premier saisissant la somme qu'il aurait touchée si la distribution eût pu porter sur la totalité de la créance frappée par la première saisie-arrêt. Ce système, observait-il, paraît équitable au premier abord, mais il ne résiste pas à l'examen des motifs sur lesquels ils se fonde. « Ces créanciers, dit-on, ont à se reprocher leur négligence, et on peut leur faire l'application des art. 1382 et 1383, Cod. civ.... » Jamais motif n'a paru plus contraire à la logique et à la justice. Un créancier use de son droit quand et comme cela lui convient. Lorsque, n'étant pas payé, il commence à craindre la déconfiture de son débiteur, il saisit ses meubles et ses immeubles ; il frappe de saisie-arrêt les sommes qui lui sont dues. Tant qu'un jugement n'a pas attribué à un premier créancier saisissant une somme qui appartient à son débiteur, il peut jeter, lui aussi, une saisie-arrêt sur cette somme. Comment a-t-il pu nuire au créancier qui déjà avait saisi-arrêté? Parce qu'il viendra partager avec lui ? Mais dira-t-on que le créancier qui n'avait pas pris inscription aura nui aux créanciers chirographaires, parce qu'il aura pris plus tard cette inscription ? Y a-t-il un délai passé lequel on puisse accuser le créancier de négligence? La seule peine pour un créancier qui manque de vigilance à l'endroit de ses intérêts, est d'être prévenu par des créanciers plus diligents.

444. L'arrêt de la Cour d'Orléans n'a pas eu à trancher la difficulté, parce que le créancier antérieur au transport était privilégié, ce qui excluait tout concours de créanciers postérieurs. Il en est de même d'un arrêt de la Cour de Riom, du 2 août 1856 (*J. Av.*, t. 82, p. 251), qui a validé la cession faite de la somme excédant le montant de condamnations prononcées par des jugements de validité de saisie-arrêt.

445. Mais le principe de l'indisponibilité *totale* et *absolue* paraît résulter de deux arrêts de la Cour de cassation : l'un du 8 juin 1852 (*J. Av.*, t. 77, p. 373), portant que la cession faite par le débiteur du montant intégral des sommes dues par un tiers saisi ne peut être opposée aux créanciers postérieurs, dont la saisie est antérieure à la mainlevée du premier saisissant; l'autre, du 21 mars 1853 (t. 82, p. 250), rendu dans le même sens. Les motifs de ces décisions ne sont pas, à la vérité, très explicites, mais du moment où ils déclarent formellement que la cession ne peut pas être opposée au créancier postérieur lorsque ce dernier a saisi-arrêté après la cession, mais avant la mainlevée du premier saisissant, il faut bien en conclure, disait M. Chauveau, qu'aux yeux de la Cour suprême la cession est sans valeur lorsqu'elle est précédée d'une saisie-arrêt qui n'a pas cessé d'exister quand les saisies postérieures ont été pratiquées. Telle est aussi l'opinion de M. Bioche (*Journ. de proc.*, 1836, p. 438).

446. En présence de ces solutions contradictoires, notre auteur pensait qu'il y aurait une grande imprudence de la part du tiers saisi à se libérer entre les mains du cessionnaire. Comme il l'a dit soit au texte, soit dans son *Formulaire de procédure*, 3ᵉ édit., t. 1, p. 558, note 13, si le saisi reconnaît les droits du saisissant, rien ne l'empêche de consentir à ce que le tiers saisi se libère entre les mains de ce dernier jusqu'à concurrence des causes de la saisie, dont il est donné mainlevée; le transport du surplus est alors parfaitement valable et définitif. Si le saisi ne reconnaît pas les droits du saisissant, il peut encore consentir, au profit de ce dernier, délégation pour la somme réclamée, à condition d'en souffrir la restitution si la créance n'est pas reconnue fondée, et le transport du surplus est alors à l'abri de toute querelle. A Paris, dans la pratique, le saisi appelle le saisissant et le tiers saisi en référé et demande à être autorisé à toucher le montant de la somme saisie, en laissant à la caisse des consignations somme suffisante pour assurer le paiement des causes de la saisie, et sur laquelle il *consent dès à présent saisine et transport* au profit du saisissant jusqu'à concurrence de ce qui sera reconnu lui être dû par le jugement à intervenir sur l'instance en validité. Un accord amiable rendrait inutile l'intervention du juge des référés. M. Chauveau n'admettait pas, du reste, que ce juge puisse ordonner d'office ou sans le consentement du saisi cette délégation conditionnelle. Compar. *suprà*, n. 103 et s., et *infrà*, n. 458 et s.

447. Depuis que ce qui précède a été écrit par M. Chauveau, le principe suivant lequel la saisie-arrêt ne frappe pas d'indisponibilité les sommes qui excèdent les causes de la saisie, et qui, par conséquent, peuvent être valablement cédées par le saisi à des tiers, a été consacré encore par un arrêt de la Cour de Riom du 23 janv. 1862 (*J. Av.*, t. 87, p. 461); par un arrêt de la Cour de Bourges du 24 janv. 1865 (t. 91, p. 198), et par un arrêt de la Cour de Caen du 15 mai 1871 (t. 97, p. 148). Et la Cour de Riom l'a décidé ainsi, même dans le cas de déconfiture du débiteur, pourvu d'ailleurs que la cession ne lui ait pas été arrachée par ruse, obsession ou contrainte.

448. Il a été aussi jugé que, lorsque des saisies-arrêts ont été pratiquées sur une somme plus que suffisante pour désintéresser les saisissants, le débiteur peut se libérer en déléguant à ceux-ci, sur les deniers saisis-arrêtés, la somme nécessaire pour les désintéresser, en principal, intérêts et frais; qu'en cas de refus par eux d'accepter cette délégation, le débiteur est fondé à les assigner pour faire ordonner qu'ils toucheront la somme à eux déléguée et donneront mainlevée de leur opposition, sinon que le jugement à intervenir en tiendra lieu; et que les créanciers, désintéressés par une telle délégation, ne peuvent, alors d'ailleurs qu'ils ne justifient pas qu'aucune autre dette du débiteur, commerçant, reste en souffrance, ni provoquer sa mise en faillite, ni se faire donner acte par le tribunal de la validité de la délégation à eux consentie, afin de ne pouvoir être recherchés dans le cas d'une déclaration de faillite ultérieure : Bordeaux, 2 mars 1865 (t. 90, p. 485). — V. dans le même sens, notre *Formul. annot.*, *loc. cit.*, n. 20.

448 *bis*. Enfin, il a encore été très exactement décidé que, lorsqu'une saisie-arrêt a été pratiquée en vertu d'une ordonnance du président du tribunal portant que la somme pour sûreté de laquelle la saisie est autorisée pourra être conservée par le tiers saisi entre ses mains ou déposée par lui à la caisse des consignations, avec affectation spéciale au profit du saisissant, et que le surplus pourra être touché par le débiteur saisi, ce dernier n'a pas le droit d'obliger le tiers saisi à exécuter cette ordonnance, si le saisissant refuse de consentir à ce qu'il soit ainsi procédé, et que le débiteur saisi ne réalise pas l'affectation spéciale au profit du saisissant de la somme à consigner; mais qu'en pareil cas, le tiers saisi est fondé à se libérer en faisant offres réelles au saisi du montant intégral de ce qu'il lui doit, à la charge de rapporter mainlevée de la saisie-arrêt, et en consignant la somme offerte, à défaut d'acceptation de ces offres : Trib. civ. de la Seine, 19 juill. 1879 (t. 104, p. 482).

449. Par son arrêt précité du 23 janv. 1862, la Cour de Riom a, conformément à la doctrine de M. Chauveau, reconnu au premier saisissant, qui, par suite de nouvelles saisies faites, postérieurement à la signification du transport, sur la somme déjà saisie-arrêtée, n'a reçu, dans la distribution, qu'une partie de sa créance, un recours contre le cessionnaire, la cession ne valant à l'égard du saisissant antérieur que comme saisie (V. aussi notre *Formul. annot.*, p. 469, n. 22); tandis que l'arrêt également précité de la Cour de Bourges du 24 nov. 1865 décide, au contraire, que les créanciers saisissants postérieurs à la cession ont le droit, nonobstant celle-ci, de venir à contribution avec le premier saisissant, qui n'a pas de recours contre le cessionnaire pour le préjudice que la cession lui fait éprouver.

450. Nul doute que lorsqu'après une première saisie-arrêt et une cession une nouvelle saisie a été pratiquée sur la même créance, le second saisissant ne conserve ses droits sur cette créance, malgré la mainlevée qui serait ultérieurement donnée de la première saisie : même arrêt de Bourges, 24 nov. 1865. Conf., notre *Formul.*, *loc. cit.*, n. 23.

451. D'après un arrêt de la Cour de cassation du 30 nov. 1868 (*J. Av.*, t. 94, p. 416), lorsque le créancier d'une faillite déclarée à l'étranger a fait saisir-arrêter en France des sommes dues à cette faillite en vertu d'un acte passé en France et d'une condamnation prononcée par la justice française, il n'appartient pas aux tribunaux français de déterminer la part revenant au saisissant sur ces sommes et de les lui attribuer jusqu'à concurrence de cette part; et en conséquence ces mêmes sommes doivent être versées en entier aux mains des syndics de la faillite.

452. (Q. 1952 bis). *Le tiers saisi ne peut-il pas se décharger des sommes qu'il détient en les consignant ?*

M. Chauveau, au texte, reconnaît ce droit au tiers saisi, auquel il suffit, dit-il, pour l'exercer, d'avoir fait inutilement au débiteur saisi, son créancier, des offres subordonnées à la mainlevée de la saisie.

453. Dans le *Supplément* précédent, notre auteur ajoutait : Le tiers saisi jouit de la faculté de consigner la somme; mais, en principe, il ne peut être condamné à faire cette consignation : Montpellier, 11 avr. 1848 (*J. Av.*, t. 76, p. 599); Cass., 28 fév. 1842 (*J. Av.*, t. 62, p. 342). Conf. Roger, 2e éd., p. 489 *bis*. — Cependant c'est la voie qu'il doit suivre s'il veut échapper aux poursuites dirigées contre lui par son créancier, partie saisie; il est alors nécessaire qu'il fasse des offres conditionnelles comme il est dit au texte, sans qu'il puisse exciper de l'opposition pratiquée en ses mains. *Sic*, Limoges, 4 fév. 1847 (*J. Av.*, t. 72, p. 598); Amiens, 15 janv. 1847 (t. 74, p. 448); Montpellier, 12 déc. 1851 (t. 77, p. 564); Rouen, 19 fév. 1852 (t. 77, p. 562); Paris, 24 déc. 1853 (t. 81, p. 574); Dalloz, n. 419 et suiv.; Roger, n. 430. —Seule, la Cour d'Orléans, par arrêt du 17 janv. 1854 (*J. Av.*, *ibid.*), a décidé que le tiers n'était pas tenu de faire des offres, et même que des offres, dans ces circonstances, seraient frustratoires. En rapportant cet arrêt, M. Chauveau l'a justement critiqué. — V. aussi notre *Formul. annot.*, p. 483, n. 123.

454. Quand le tiers saisi a consigné à la charge des oppositions existantes et qu'il survient ensuite, du chef des créanciers directs du tiers saisi, des oppositions à la caisse des dépôts et consignations, la somme consignée est-elle le gage du premier saisissant, à l'exclusion des créanciers du tiers saisi ? M. Bioche enseigne la négative, *Journ. de proc.*, 1844, p. 46. Ce jurisconsulte raisonne dans l'hypothèse où le consignant n'a pas fait suivre la consignation d'une assignation en validité de ses offres et n'a pas fait rendre un jugement de validité avec toutes les parties intéressées. M. Chauveau déclarait que, dans ce cas, il était parfaitement de son avis; mais que si, au contraire, le tiers saisi a suivi la procédure indiquée dans son *Formulaire*, 3e édit., t. 1, p. 495, *formule* 492, sa libération est complète; il ne reste plus propriétaire de la somme consignée, et ses créanciers personnels n'ont pas le droit de faire opposition à la caisse des consignations.

455. Il a été encore jugé, depuis, que la consignation n'est que facultative, et nullement obligatoire pour le tiers saisi; que, dès lors, le débiteur saisi, même muni d'un titre exécutoire, ne peut pas exiger du tiers saisi qu'il consigne : Nîmes, 8 mai 1867 (*J. Av.*, t. 92, p. 479); et le jugement qui donne acte à ce dernier de sa déclaration non contestée ne peut pas non plus le condamner à déposer à la caisse des consignations les sommes dont il s'est reconnu débiteur : Trib. civ. de la Seine, 13 nov. 1867 (t. 93, p. 200). — V. aussi en ce sens notre *Formul.*, *loc. cit.*, n. 124.

456. Lorsque, par l'ordonnance du juge qui a permis la saisie-arrêt, le débiteur saisi a été autorisé à toucher la somme excédant la créance du saisissant, mais à la charge par lui de laisser entre les mains du tiers saisi ou de déposer à la caisse des consignations le montant de cette créance avec délégation expresse au profit du saisissant et affectation spéciale au paiement de sa créance, le tiers saisi qui, sans désigner ces délégation et affectation, remet au saisi le surplus de la créance pour laquelle la saisie avait eu lieu et dépose ensuite à la caisse des consignations la somme restée entre ses mains, est responsable des conséquences de son oubli et tenu d'indemniser le saisissant du préjudice qui est résulté pour lui des nouvelles saisies : Trib. civ. de la Seine, 19 mars 1862 (t. 87, p. 461).

457. La consignation à laquelle le saisi serait néanmoins soumis par le jugement qui homologue sa déclaration affirmative doit être faite à la caisse des dépôts et consignations de l'arrondissement devant le tribunal duquel ont été portées les demandes en validité de saisie-arrêt, en homologation de la déclaration affirmative et en distribution des deniers consignés. — Peu importe qu'une ordonnance de référé, antérieure au jugement dont il s'agit, ait ordonné la consignation dans un autre arrondissement des sommes faisant l'objet de la déclaration du tiers saisi, si ce dernier n'a pas exécuté cette ordonnance, et ne s'en est pas prévalu devant le tribunal qui a statué sur sa déclaration : Paris, 12 avr. 1875 (t. 100, p. 291).

458. (Q. 1954). *Le débiteur saisi peut-il se pourvoir en référé pour faire ordonner le paiement des sommes qui lui sont dues, au préjudice d'une saisie-arrêt faite par son créancier ?*

Carré, au texte, enseigne la négative. M. Chauveau, *ibid.*, en signalant la jurisprudence de la Cour de Paris qui reconnaît au président le droit de se réserver, dans l'ordonnance portant permission de saisie-arrêt, de statuer en cas de difficulté, et soit de diminuer l'évaluation provisoire qu'il avait donnée à la créance, soit de retirer la permission accordée (V. *suprà*, n. 107 et s.), exprime un doute sur la légalité de ce pouvoir.

Dans le *Supplément* précédent, notre auteur était plus formel. Aucune difficulté, disait-il, n'existe sur le point de savoir si le juge des référés peut arrêter les effets d'une saisie-arrêt pratiquée en vertu d'un titre. La négative est unanimement adoptée. V. Bordeaux, 30 avril 1852 (*J. Av.*, t. 77, p. 491) ; Paris, 28 avril 1855 (*Gaz. des trib.*, n° du 25 mai) et 30 nov. 1855 (*J. Av.*, t. 81, p 91) ; Grenoble, 18 nov. 1856 (t. 83, p. 156). Il en est autrement quand il s'agit d'une saisie-arrêt pratiquée en vertu de la permission du président. La Cour de Paris et quelques autres Cours d'appel admettent que si l'ordonnance de ce magistrat porte qu'il lui en sera référé en cas de difficulté, cette réserve autorise le président à modifier et même à rétracter sa permission, et cela après la saisie et la demande en validité. *Sic*, Paris, 25 mars 1844 (*J. Av.*, t. 67, p. 473) ; 20 août 1844 (t. 67, p. 590) ; 7 déc. 1845 (t. 69, p. 721) ; 10 mars 1849 et 16 mars 1850 (t. 76, p. 16) ; 21 janv. 1852 (S.-V.52.2.464) ; 8 avril 1853 (S.-V.53.2.181) ; 15 mars 1856 (*J. Av.*, t. 81, p. 290) et 14 mai 1857 (t. 82, p. 445) ; Rouen, 9 août 1851 (t. 77, p. 498) ; Bordeaux, 19 mars 1855 (t. 80, p. 406). Mais ce droit a été dénié au président par les Cours de Rouen, le 28 fév. 1846 (*J. Av.*, t. 71, p. 430) ; de Montpellier, le 7 avril 1854 (t. 80, p. 211) ; de Lyon, les 25 avril 1856 (t. 81, p. 370) et 29 juin 1857 (*Journ. de cette Cour*, 1857, p. 260). Quel que soit l'avis qu'on adopte sur cette question, observait notre auteur, il faut reconnaître, avec un jugement du tribunal de la Seine, du 29 avril 1857 (t. 83, p. 141), qu'après avoir statué sur le référé ainsi réservé le président a épuisé ses pouvoirs.

459. M. Chauveau n'hésitait pas, du reste, à déclarer contraire à la loi un tel mode de procéder. Puis, il signalait un arrêt de la Cour de Bordeaux, du 14 avril 1856 (t. 81, p. 612), qui, sans être aussi explicite que ceux des Cours de Rouen, de Montpellier et de Lyon, précités, a vu cependant un excès de pouvoir dans l'ordonnance par laquelle le président, en vertu de la réserve contenue dans la permission de saisir, avait donné mainlevée partielle de la saisie-arrêt. Cette ordonnance portait que le tiers saisi, qui n'était pas partie dans la cause, devait verser une somme entre les mains du saisi malgré la saisie-arrêt à lui notifiée... Est-ce que le président, disait notre auteur, pouvait penser que le tiers saisi serait tenu d'obéir à son ordonnance, dont certes il lui était permis de dire qu'elle constituait *res inter alios acta vel judicata* ? Il ne suffit pas, pour exiger que le tiers saisi se soumette à une semblable ordonnance, de venir déclarer qu'elle est conforme à la pratique autorisée par la jurisprudence ; le tiers saisi pourrait facilement répondre que le tribunal seul a le droit de le dégager de la mainmise judiciaire qui résulte de la saisie-arrêt. — Compar , *suprà*, n. 103 et s.

460. (Q. 1954 bis). *La saisie-arrêt peut-elle engager la responsabilité du saisissant ?*

Oui, assurément, répondait M. Chauveau dans le *Supplément* précédent, lorsqu'elle a été indûment faite et qu'il en est résulté un préjudice pour le débiteur saisi (art. 1382, Cod. civ.), surtout lorsque le saisissant a agi dans un esprit de vexation et avec mauvaise foi. V. en ce sens Bruxelles, 2 mai 1807 (S.-V. chron.); Rouen, 29 janv. 1853 (*Journ. de cette Cour*, 1853, p. 194). Cette dernière Cour a même décidé, le 2 mars 1838 (*J. Av.*, t. 54, p. 372), que le saisissant est responsable des suites de son opposition, si, par l'insolvabilité du tiers saisi survenue postérieurement, le débiteur saisi se trouve privé de tout ou partie de sa créance. Mais il n'y aurait aucune responsabilité pour le saisissant, si le débiteur saisi avait, par son fait personnel, donné lieu à la saisie-arrêt : Cass., 31 mai 1843 (S.-V.43.1.939) ; Roger, p. 444. Les tribunaux, observait M. Chauveau, sont appelés à faire une fréquente application de ces principes, en donnant mainlevée des saisies-arrêts.

461. (Q. 1951 bis G). *A quel instant de la procédure la somme saisie est-elle définitivement acquise aux saisissants, de manière à exclure de tout concours ultérieur les créanciers qui n'ont pas fait leurs diligences?*

Pour la solution de cette question, M. Chauveau renvoie à ce qui est dit sous la quest. 1971 *bis* relativement aux effets du jugement de validité de la saisie-arrêt. V. les numéros suivants.

462. (Q. 1971 bis). *Le jugement de validité fait-il acquérir aux saisissants antérieurs un droit exclusif sur les sommes saisies?*

Carré soutient, au texte, que ce jugement opère un transport de la créance saisie en faveur de tous les saisissants antérieurs à sa prononciation. M. Chauveau, *ibid.*, embrasse la même opinion et s'attache à combattre la doctrine contraire; mais il fait remarquer que le dessaisissement produit par le jugement de validité n'a lieu que pour les saisies-arrêts de deniers, et non pour celles de meubles.

463. Sur le principe, notre auteur, dans le *Supplément* précédent, mentionnait comme conformes les autorités suivantes : Cass., 30 et 31 janv. 1842 (*J. Av.*, t. 62, p. 47, et t. 65, p. 475) ; Orléans, 6 mars 1847 (t. 72, p. 614) ; Cass., 1er août 1849 (t. 75, p. 37) ; Poitiers, 28 avril 1853 (*Journ. de cette Cour*, 1854, p. 92) ; Agen, 20 déc. 1853 (*J. Av.*, t. 79, p. 174) ; Paris, 19 déc. 1854 (t. 80, p. 149); Caen, 27 avril 1855 (t. 81, p. 172) ; Paris, 3 mars 1855 (t. 80, p. 513) ; Trib. civ. de la Seine, 5 juill. 1856 (*Journ. de pr.*, 1856, p. 318) ; Trib. civ. de Toulouse, 12 janv. 1856 (*J. Av.*, t. 81, p. 116) ; Cass., 15 avril 1856 (t. 82, p. 260) ; Paris, 24 déc. 1857 et 20 mai 1858 (t. 84, p. 24). — *Contrà*, Dalloz, n. 444 et suiv.; Roger, n. 642 et suiv., 652 ; Trib. civ. de Beaugé, 20 fév. 1845 (t. 68, p. 178) ; Colmar, 10 août 1858 (t. 86, p. 27).

464. Mais le jugement de validité rendu au profit d'un créancier chirographaire ne peut, observait-il, être opposé aux créanciers hypothécaires qui n'y ont pas été parties. *Sic*, Cass., 10 déc. 1851 (D.P.52.1.59).

465. L'effet translatif du jugement de validité de la saisie-arrêt a été encore proclamé par un jugement du tribunal civil d'Agen du 22 mars 1873 (*J. Av.*, t. 98, p. 226). — V. aussi notre *Formul. annot.*, t. 1, p. 477, n. 72.

466. De ce que les ouvriers non payés par l'entrepreneur de travaux ont une action directe contre le propriétaire jusqu'à concurrence des sommes dues par celui-ci, s'ensuit-il qu'ils aient le droit de se faire payer par le propriétaire au mépris d'une saisie-arrêt antérieurement pratiquée entre ses mains et validée ? Un arrêt de la Cour de Montpellier, du 28 fév. 1856 (t. 101, p. 281), a décidé que les ouvriers n'ont point ce droit, alors surtout qu'ils n'ont pas exercé contre l'entrepreneur leur action directe; et qu'en cas de paiement fait aux ouvriers nonobstant la saisie-arrêt, le propriétaire doit être déclaré débiteur pur et simple des causes de cette saisie.

467. (Q. 1972). *La solution donnée ci-dessus à l'égard de la saisie-arrêt de deniers doit-elle s'appliquer à la saisie des fruits civils d'un immeuble, des* *arrérages non échus d'une rente, et, en général, des intérêts d'une créance non exigible au moment du jugement ?*

Réponse négative au texte. — Compar. *suprà*, n. 418.

468. M. Chauveau, dans le précédent *Supplément*, après avoir cité comme conforme un arrêt de la Cour de Paris du 19 déc. 1854 (*J. Av.*, t. 80, p. 149), ainsi que M. Roger, n. 649, faisait remarquer qu'un jugement du tribunal civil de Toulouse, du 6 mars 1852 (t. 77, p. 511), en autorisant la distribution par contribution de sommes saisies-arrêtées non encore exigibles, paraît admettre une opinion contraire à la sienne; mais que cependant rien dans ce jugement n'établit qu'il ait eu l'intention de soustraire les sommes distribuées pour être perçues à leurs échéances respectives à l'action d'autres créanciers, en sorte qu'on ne peut pas affirmer qu'il se soit catégoriquement prononcé. Il en est de même, ajoutait-il, d'un arrêt de la Cour de cassation, du 5 janv. 1857 (D.P.57.1.217), qui a décidé que le locataire dont les loyers ont été saisis-arrêtés d'avance a pu valablement continuer de verser aux mains du saisissant les loyers dus par lui en vertu d'une tacite réconduction. Mais il signalait, comme positivement contraire à son sentiment, un arrêt de la Cour d'Orléans du 6 mars 1847. Compar. *infrà*, n. 486 et s.

469. (Q. 1972 bis et 1972 ter). *Pour que le jugement de validité produise ses effets, faut-il qu'il ait été signifié au tiers saisi? Est-il même nécessaire qu'il soit passé en force de chose jugée ?*

La première question est résolue affirmativement au texte, où il est dit toutefois que la signification du jugement serait suffisamment remplacée par la dénonciation faite au tiers saisi en vertu de l'art. 564.

470. Dans le *Supplément* précédent, M. Chauveau, après avoir cité dans le sens de son opinion M. Dalloz, n. 451, mentionnait les solutions suivantes : — La Cour d'Agen a jugé, le 20 déc. 1853 (*J. Av.*, t. 79, p. 174), que, lorsque la déclaration du tiers saisi n'est pas contestée, il n'est pas nécessaire que le tiers saisi figure comme partie dans le jugement de validité de la saisie-arrêt, pour qu'il y ait transport judiciaire au profit du saisissant et à l'égard des tiers. V. aussi Roger, n. 353.

471. La Cour de Paris a déclaré la signification nécessaire, par arrêt du 20 mai 1858 (*J. Av.*, t. 84, p. 24). — Du reste, la signification du jugement de validité rendu par défaut au tiers saisi ne constitue pas un acte d'exécution qui ne puisse avoir lieu, aux termes de l'art. 155, avant l'échéance de la huitaine de la signification à avoué : Paris, 3 mars et 8 déc. 1855 (t. 80, p. 513; t. 81, p. 623). Voy. *Jugement par défaut*, n. 126, 200 et s.

472. D'après un arrêt de la Cour de Rennes, du 27 sept. 1851 (*J.P.*52.1.58), le tiers saisi devrait exécuter le jugement, quoique susceptible d'appel, lorsqu'on lui produit les justifications prescrites par l'art. 548. Mais M. Chauveau déclarait que telle n'était pas son opinion (V. *Exécution forcée*, n. 151 et s., et *infrà*, n. 490 et 491). M. Roger, n. 623, partage son avis.

473. De ce qui précède, disait finalement notre auteur, il résulte que si la signification au tiers saisi n'est pas doctrinalement indispensable, il est prudent de la faire pour prévenir toute difficulté.

474. L'affirmative est également admise au texte, sur la seconde question, par M. Chauveau, qui, discutant l'opinion de Boitard d'après laquelle la décision qui, sur l'opposition ou l'appel, maintient le jugement de validité et lui fait acquérir l'autorité de la chose jugée, a un effet rétroactif en vertu duquel les saisies pratiquées entre la date de ce jugement et celle de la décision confirmative, ne pourront être opposées au premier saisissant, repousse cette interprétation à l'égard de l'opposition, et l'adopte à l'égard de l'appel.

475. Notre auteur faisait remarquer dans le *Supplément* précédent, que si la jurisprudence est unanime à consacrer les effets translatifs du jugement de validité, elle est loin d'être d'accord sur le point de départ du transport judiciaire opéré par ce jugement. Sans doute, quand le jugement a acquis force de chose jugée, aucune saisie postérieure ne peut prévaloir : Trib. de la Seine, 5 juill. 1856 (*Journ. de proc.*, 1856, p. 318) ; Trib. civ. de Lyon, 13 juin 1860 (*J. Av.*, t. 86, p. 29). Ainsi, lorsque le jugement de validité est par défaut, l'acquiescement du débiteur saisi met obstacle aux saisies ultérieures : Poitiers, 28 avril 1853 (*Journ. de cette Cour*, 1854, p. 92). — Mais est-il vrai de dire, avec un arrêt de la Cour d'Agen, du 20 déc. 1853 (*J. Av.*, t. 79, p. 174), que le transport judiciaire a lieu du jour de la prononciation du jugement rendu, lorsque celui-ci a été rendu par défaut et que l'opposition dont il a été frappé est ensuite rejetée? Et la Cour de Bourges a-t-elle eu raison de décider, le 23 mai 1855 (*J. Av.*, t. 81, p. 312), que le jugement de validité produit son effet du jour de sa date, même en cas d'appel, s'il intervient un arrêt confirmatif, en sorte que les saisies pratiquées dans l'intervalle sont inopposables au créancier qui l'a obtenu? M. Chauveau persistait dans l'opinion négative sur le premier point et affirmative sur le second, qu'il a exprimée au texte, et il citait comme conformes MM. Roger, n. 656, et Dalloz, n. 452.

476. La Cour de Paris, observait notre auteur, n'attribue au jugement de validité l'effet d'un transport judiciaire qu'à partir du jour de la signification au tiers saisi ; mais, après cette signification, les saisies qui interviennent sont, suivant elle, comme non avenues, soit qu'il n'ait pas été relevé appel, soit que le jugement ait été confirmé : arrêts des 24 déc. 1857 et 20 mai 1858 (*J. Av.*, t. 84, p. 24). Voy. aussi Cass., 1er août 1849 (t. 75, p. 37). La Cour de Rouen a admis cet effet à partir de la date du jugement, par arrêt du 17 juill. 1858 (t. 85, p. 223), dans une espèce où il n'y avait pas eu appel. Mais la Cour de cassation a posé une doctrine plus favorable aux droits des créanciers en général. Elle a décidé que l'effet translatif du jugement de validité n'est produit, vis-à-vis des tiers, que du jour où ce jugement a acquis l'autorité de la chose jugée, c'est-à-dire après l'expiration des délais d'opposition ou d'appel : arrêts des 5 août 1856 (*J. Av.*, t. 82, p. 216) et 20 nov. 1860 (t. 86, p. 25). Ce dernier arrêt casse celui de la Cour de Rouen précité. — On peut consulter aussi un arrêt de rejet du 24 avril 1844 (S.-V.45.1.33).

477. De ce principe, la Cour suprême a tiré la conséquence que la faillite du débiteur saisi, déclarée après le jugement de validité et sa signification, mais avant qu'il ait acquis l'autorité de la chose jugée, empêche l'effet translatif et laisse la créance saisie-arrêtée dans l'actif du failli pour être distribuée à ses créanciers : mêmes arrêts de 1856 et 1860.

478. Il est inutile de faire observer, ajoutait M. Chauveau, et l'on ne comprend pas qu'un doute ait pu être élevé contre cette solution, que le jugement de validité a, entre le saisissant et le débiteur saisi, l'autorité de la chose jugée sur l'existence et le *quantum* de la créance pour laquelle la saisie-arrêt a été pratiquée ; mais qu'il n'a pas cette autorité contre le saisissant et le tiers saisi sur l'existence et le *quantum* de la créance frappée de saisie-arrêt. *Sic*, Cass., 14 fév. 1854 (D.P.54.1.53).

479. Enfin, notre auteur signalait et approuvait un décision déclarant que le jugement qui valide une saisie-arrêt n'a pas pour effet, alors surtout qu'il n'a pas acquis l'autorité de la chose jugée, de rétroagir au jour de la saisie, et n'empêche pas la femme qui a demandé la séparation de biens d'exercer ses reprises sur la somme saisie : Angers, 30 mai 1855 (*J.P.*55.2.329). Conf., Roger, n. 190.

480. Depuis le précédent *Supplément*, la jurisprudence a déterminé d'une manière encore plus précise les conditions et les limites de l'effet translatif du jugement de validité de la saisie-arrêt. — Nul doute que cet effet ne soit subordonné, non seulement à la signification du jugement (Trib. civ. d'Agen, 22 mars 1873, *J. Av.*, t. 98, p. 226), mais encore à l'expiration du délai de l'opposition et de l'appel lui faisant acquérir l'autorité de la chose jugée : Cass., 13 et 20 févr. 1865 (t. 90, p. 219 et 255); Caen, 19 juin 1862 (t. 87, p. 481); Rennes, 6 mars 1877 (t. 93, p. 515); Bordeaux, 30 août 1867 (*Ibid.*, p. 178); Paris, 29 nov. 1868 (t. 94, p. 119); Trib. civ. de la Seine, 14 janv. 1876 (t. 101, p. 197). — En conséquence, la nouvelle saisie-arrêt pratiquée dans la huitaine de ce jugement empêche toute attribution exclusive au profit du saisissant qui l'a obtenue : Bordeaux, 30 août 1867, précité. — Et même jusqu'au moment où le jugement de validité est passé en force de chose jugée, les autres créanciers du débiteur peuvent pratiquer de nouvelles saisies-arrêts sur les mêmes sommes, et, alors, ils viennent en concours avec le premier saisissant : Rennes, 6 mars 1867, également précité. —Pareillement, en cas d'appel, toute opposition ou toute cession dûment notifiée frappe utilement les sommes saisies, sous la seule réserve du concours du premier saisissant; et cela, alors même que le jugement viendrait à être confirmé, le principe de la rétroactivité de l'arrêt n'étant pas opposable au cessionnaire : jugement susmentionné du trib. civ. de la Seine, du 14 janv. 1876.

481. Il a été encore très justement inféré de ce principe : 1° que si, durant l'instance d'appel du jugement de validité, le débiteur saisi décède, et si sa succession est déclarée vacante, les sommes saisies-arrêtées doivent être déposées à la Caisse des dépôts et consignations, comme toutes autres sommes dépendant de la succession, et non pas versées directement entre les mains du saisissant, alors surtout que la saisie-arrêt n'a été validée en appel que par voie d'évocation, après annulation, pour vice de forme, du jugement de première instance : Cass., 13 fév. 1865, ci-dessus; — 2° que si la faillite du débiteur saisi est déclarée avant que le jugement de validité ait acquis l'autorité de la chose jugée, le saisissant n'a aucun droit exclusif sur les sommes saisies, qui alors font partie de l'actif de la faillite et doivent être distribuées par contribution entre tous les créanciers du failli : Caen, 19 juin 1862, susmentionné; Colmar, 10 fév. 1864 (t. 90, p. 257, à la note); Lyon, 30 nov. 1866 (t. 94, p. 120, à la note); Paris, 29 nov. 1868, cité plus haut; — 3° mais que la faillite du saisi, survenue depuis que le jugement de validité est passé en force de chose jugée, n'est point un obstacle à ce que le saisissant poursuive le recouvrement de sa créance, encore bien que l'ouverture de la faillite ait été fixée à une époque antérieure : Cass., 9 juin 1869 (t. 95, p. 120).

482. Du reste, l'effet qu'a le jugement de validité d'une saisie-arrêt, passé en force de chose jugée, de dessaisir le débiteur des sommes saisies pour en faire attribution et transport au saisissant, s'applique à toutes les sortes de créances, quelles que soient leurs modalités. — Par suite, lorsque la saisie frappe sur des meubles corporels, le jugement de validité emporte attribution au saisissant du prix de la vente de ces meubles, qui n'est autre chose que la créance saisie transformée dans son objet et liquidée par la vente; de telle sorte qu'une nouvelle saisie-arrêt ne saurait être pratiquée par un autre créancier sur ce prix, entre les mains du commissaire-priseur, lequel ne peut être réputé débiteur du saisi, tant que le prix de vente ne dépasse pas le chiffre de la créance du premier saisissant : Trib. civ. d'Angers, 2 fév. 1876 (t. 101, p. 417).

483. Mais le jugement qui valide une saisie-arrêt n'attribue pas au saisissant un droit exclusif sur les sommes saisies-arrêtées, lorsqu'il existe d'autres saisies antérieures, et que, par suite, ce jugement a ordonné qu'il serait procédé à une distribution entre tous les ayants droit : Cass., 20 fév. 1865, cité plus haut. — De même, quoiqu'un jugement validant une saisie-arrêt et ordonnant que le tiers saisi paiera entre les mains du créancier saisissant, soit passé en force de chose jugée, il n'en résulte pas néanmoins que l'attribution ait lieu au profit du saisissant, si tous les créanciers opposants n'ont pas été parties à ce jugement; en conséquence, sont valables les offres de paiement faites par le tiers saisi sous la condition que la mainlevée de toutes les oppositions existantes sera rapportée : Paris, 11 nov. 1868 (t. 95, p. 168).

484. D'un autre côté, le jugement, même passé en force de chose jugée, qui valide une saisie-arrêt formée sur des appointements échus et à échoir, n'opère saisine ou transport, au profit du saisissant, que des appointements échus au jour du jugement, et non des appointements à échoir, lesquels, par conséquent, restent le gage commun de tous les créanciers du saisi; de sorte que le créancier qui, depuis ce jugement, pratique une nouvelle saisie-arrêt, a droit à la répartition des appointements non encore échus, au prorata de sa créance, avec le premier saisissant: Alger, 23 nov. 1867 (t. 93, p. 472). — Compar., *suprà*, n. 480. — Cependant il a été jugé, mais d'une manière trop générale et trop absolue, que l'attribution opérée par le jugement de validité passé en force de chose jugée, au profit du saisissant, des sommes saisies-arrêtées, a lieu, encore bien que ces sommes soient non échues et purement éventuelles, pourvu que le principe de la créance existe au moment où l'attribution se produit: Trib. civ. de Perpignan, 6 juin 1864 (t. 90, p. 258, à la note).

485. V. sur ces différents points, notre *Formul. annot.*, p. 477, n. 72 et s., et p. 478, n. 77 et s.

486. (Q. 1972 quater). *Le jugement qui attribue au saisissant les sommes saisies et lui donne le tiers saisi pour débiteur libère-t-il le débiteur primitif?*

M. Chauveau adopte, au texte, l'opinion de Pigeau suivant laquelle le jugement contient une délégation imparfaite (Cod. civ., 1275) qui ne décharge point le débiteur, à moins que le créancier ne l'ait formellement exprimé; en sorte que les créanciers non payés par le tiers saisi conservent leur recours contre le saisi. Notre auteur enseigne de plus que le saisissant qui a obtenu le jugement de validité n'est pas tenu de discuter le tiers saisi avant de s'adresser au débiteur saisi, et que s'il négligeait de poursuivre la rentrée des fonds qui lui ont été attribués par le jugement, il ne devrait pas pour cela être privé de son recours contre le saisi, ni être déclaré responsable des fonds qu'il aurait laissé divertir.

487. Dans le *Supplément* précédent, M. Chauveau, après avoir cité dans le sens de sa doctrine MM. Dalloz, n. 453 et 460, et Roger, n. 619, signalait un arrêt de la Cour d'Orléans, du 6 mai 1847 (*J. Av.*, t. 72, p. 614), qui a décidé que le jugement, passé en force de chose jugée, qui valide une saisie-arrêt et autorise le saisissant à toucher des mains du tiers saisi la créance à terme dont celui-ci s'est reconnu débiteur, opère une délégation judiciaire qui dessaisit le débiteur arrêté, et fait passer la propriété de la créance entre les mains du saisissant, sans que ce dernier puisse néanmoins poursuivre en justice la vente de cette créance, alors même que cette vente serait autorisée par la loi. — Pour arriver à cette solution, remarquait-il, la Cour d'Orléans a considéré que la saisine résultant du jugement de validité s'opère aussi bien à l'égard d'une créance à terme qu'à l'égard d'une créance exigible, sauf au nouveau propriétaire à subir vis-à-vis du débiteur, tiers saisi, les délais d'exigibilité; qu'elle se réalise conditionnellement, il est vrai, à l'égard d'une créance dont l'existence et la quotité sont inconnues en ce sens qu'il n'est pas encore jugé avec le tiers saisi s'il doit quelque chose, mais que, la condition venant à s'accomplir, la saisine remonte au jugement qui la prononce; qu'enfin il importe peu que, par l'effet d'autres saisies-arrêts, le bénéfice de la saisine doive se partager entre plusieurs, puisque, au regard du débiteur saisi le désistement n'en est pas moins irrévocable et complet, qu'il doive profiter à un seul ou à plusieurs saisissants ; que le montant de la créance, tel qu'il est liquidé par suite de la déclaration affirmative, doit, aux termes du jugement qui prononce la délégation judiciaire, venir en déduction des créances pour lesquelles les saisies ont eu lieu, si d'ailleurs le recouvrement utile peut en être opéré ; que toutes ces conséquences sont acquises également à toutes les parties contre lesquelles il a été rendu ; que de même qu'en cessant d'être propriétaire de la créance, le saisi a perdu le droit de la déléguer ou transporter, de même, en en devenant propriétaire, le saisissant a perdu le droit de la faire vendre, si la loi l'y autorisait, sur le saisi, aux risques et périls de celui-ci, et de restreindre par son fait, et au préjudice du saisi, l'importance de la libération résultant du jugement de validité ; qu'enfin cette délégation judiciaire ne profite pas seulement au saisissant ; qu'elle est devenue commune à d'autres créanciers ; que ce qui était le gage commun de l'ensemble des autres créanciers est devenu la propriété de quelques-uns et ne saurait cesser de l'être par le fait de l'un d'entre eux, sans le consentement exprès des autres et à leur détriment possible, le prix à obtenir de la vente forcée pouvant ne pas égaler l'avantage à provenir du paiement de la créance à son exigibilité.

Ces motifs, s'ils étaient entièrement fondés, disait notre auteur, devraient faire rejeter comme erronée la solution donnée sous la quest. 1972, (*suprà*, n. 467) puisqu'il en résulterait que le jugement de validité ferait acquérir des droits définitifs sur la créance saisie-arrêtée, quoique non échue. Il ne faut donc accepter la décision de la Cour d'Orléans qu'avec cette restriction que la validité de la saisie-arrêt portant sur une créance à terme ne fait acquérir au saisissant aucun droit exclusif tant que l'échéance n'est pas arrivée ou que la créance n'a pas été vendue pour en obtenir un prix immédiat. Sous le bénéfice de cette réserve, l'arrêt ci-dessus lui paraissait être bien rendu et tenir un compte exact des conséquences du jugement de validité, tant à l'égard du saisi que vis-à-vis des autres créanciers opposants.

488. Il faisait remarquer que s'il a reconnu, au texte, que le jugement qui attribue au saisissant les sommes saisies et lui donne le tiers saisi pour débiteur, opère à son bénéfice une délégation judiciaire, mais non point une délégation parfaite, qui libère sans retour le débiteur et ne laisse au créancier saisissant aucun recours en cas d'insolvabilité du tiers saisi ; s'il a considéré ce jugement comme contenant une délégation imparfaite qui conserve au créancier son recours contre le saisi, lorsque le tiers saisi ne se libère pas entre ses mains, et qui même n'impose pas à ce créancier le devoir de discuter le tiers saisi avant d'exercer son recours contre le saisi, cette opinion, qui restreint dans de justes limites les effets du jugement de validité, n'implique aucune contradiction avec l'appréciation faite par lui de l'arrêt de la Cour d'Orléans.

489. Des observations dont les rédacteurs du *Journal du Palais* (47.1.506) ont accompagné cet arrêt, ainsi que de ses propres réflexions, M. Chauveau tirait quelques conseils qu'il lui paraissait bon de donner aux avoués sur la procédure à suivre lorsqu'on veut saisir-arrêter une créance à terme.

Le but d'une saisie-arrêt, disait-il, est d'empêcher un tiers dont on ne connaît nullement la solvabilité de se libérer entre les mains de son créancier qui est le débiteur du saisissant. Celui-ci n'a aucun intérêt à se substituer au débiteur saisi. Il doit seulement désirer deux choses : la première, que ce débiteur soit dans l'impossibilité de toucher du tiers ; la seconde, que la justice lui attribue un droit de préférence sur l'objet saisi-arrêté. Cet objet peut être une somme d'argent payable immédiatement, un meuble, ou une somme d'argent payable dans un délai quelconque avec ou sans intérêt. Dans le premier cas, un jugement subroge le saisissant aux droits du débiteur saisi, et l'autorise à procéder par la voie exécutoire contre le tiers saisi. Si ce dernier paie, toute créance est éteinte, plus de difficulté. Si, au contraire, il ne paie pas, le saisissant recommence des poursuites sur d'autres biens de son débiteur. Dans le second cas, le Code de procédure lui-même (art. 578 et 579) indique la marche à suivre. Le saisissant ne devient pas propriétaire des meubles ; il acquiert le droit de les faire vendre pour en toucher le prix. Dans le dernier cas, s'il conclut simplement, comme dans l'espèce jugée par l'arrêt cité plus haut de la Cour d'Orléans, à être déclaré propriétaire de la créance, il n'en est pas saisi à ses risques et périls ; ses conclusions ne peuvent modifier la nature et la portée de la procédure en saisie-arrêt ; mais il est évident qu'il doit, comme le débiteur saisi lui-même, attendre l'expiration du terme, pour poursuivre, par voie exécutoire, le tiers saisi dont la condition ne peut être nullement modifiée sans son consentement. Ce retard de paiement peut lui être nuisible, en ce sens que, pendant le délai qui se sera écoulé, le tiers saisi et son débiteur pourront devenir complètement insolvables. Il faut donc, lorsque, de la déclaration d'un tiers saisi, il résulte que la dette est à terme, que les conclusions ordinaires du saisissant soient modifiées en ce sens qu'il ne demandera plus à être déclaré propriétaire de la somme due, mais à être autorisé à la faire vendre, comme créance, comme droit incorporel, en suivant la procédure que notre auteur a indiquée sous la quest. 2126 *bis*. — V. *Saisie de rentes.*

490. (Q. 1982). *Quand le jugement de validité est-il exécutoire contre le tiers saisi?*

Il n'est exécutoire, selon l'observation faite au texte, que sous les conditions prescrites par l'art. 548. — V. *Exécution forcée*, n. 146 et s.

491. Décidé que ce jugement est exécutoire contre le tiers saisi, alors même qu'il a été rendu hors de sa présence : (Trib. civ. de Vitré, 24 avril 1841 (*J. Av.*, t. 62, p. 364). Compar. *suprà.*, n. 469 et s.

492. (Q. 1983). *Si, avant le paiement, mais après le jugement de validité, le débiteur tombe en déconfiture, à qui le tiers devra-t-il payer ?*

Le paiement, est-il dit au texte, devra être fait au saisissant et non à la masse des créanciers.

493. (Q. 1979). *Quelles sont les formalités à observer pour la vente des effets saisis-arrêtés?*

Ce sont, est-il dit au texte, celles prescrites au titre de la saisie-exécution, sans qu'il soit nécessaire, pour parvenir à cette vente, de dresser un procès-verbal, l'état exigé par l'art. 578 en tenant lieu. V. *suprà*, n. 382.

494. (Q. 1980). *Comment se distribuent le prix de la vente des effets ou les sommes qui ont été l'objet de la saisie ?*

Il est dit au texte que si le saisissant est le seul créancier qui réclame paiement, le jugement de validité doit ordonner que les sommes saisies-arrêtées lui seront remises par le tiers saisi, ou que le prix de la vente des effets lui sera versé ; mais que s'il y a plusieurs créanciers, et que ces sommes ou ce prix ne suffisent pas pour les satisfaire tous entièrement, ils doivent faire l'objet d'une distribution par contribution.

495. (Q. 1981). *Le tiers saisi doit-il retenir les frais qu'il a été obligé de faire pour l'accomplissement des obligations que la loi lui impose?*

Solution affirmative au texte, où il est observé que cela ne saurait s'entendre des frais des contestations élevées sur les déclarations du tiers saisi, lorsque celui-ci succombe.

Compar. *suprà*, n. 319 et s.

— V. *Ajournement* ; *Appel* ; *Caution* judicatum solvi ; *Chose jugée* ; *Communication au ministère public* ; *Compte (reddition de)* ; *Conciliation* ; *Délai* ;

Distribution par contribution; Dommages-intérêts, Exécution forcée; Exploit; Frais et dépens.

SAISIE-BRANDON.

(Art. 626 à 635, Cod. proc. civ.)

SOMMAIRE ALPHABÉTIQUE.

FORMULES. — *Commandement qui doit précéder la saisie-brandon.* — Form., t. 1er, p. 531, n. 520. — *Procès-verbal de saisie-brandon.* — Form. n. 521, p. 531. — *Dénonciation de la saisie-brandon au garde champêtre qui n'a pas été présent au procès-verbal.* — Form., n. 522, p. 534. — *Affiches annonçant la vente des fruits saisis-brandonnés.* — Form. n. 523, p. 534. — *Procès-verbal de vente.* — Form. n. 524, p. 535. — *Sommation au saisissant d'assister à la récolte et à la mise en grenier des grains mûris avant qu'ils puisse être procédé à la vente.* — Form. n. 525, p. 536.

DIVISION.

§ 1. — *Notions générales.*
§ 2. — *Quelles choses peuvent être saisies-brandonnées.*

§ 1. — Notions générales.

1. (Q. 2107). *Comment concilier les dispositions par lesquelles le Code autorise la saisie-brandon avec celle de l'art.* 682 *portant que les fruits recueillis postérieurement à la transcription de la saisie immobilière sont immobilisés?*

Il est expliqué au texte que, dans l'art. 682, les fruits sont envisagés comme accessoires du fonds et réputés compris à ce titre dans la saisie de l'immeuble; mais qu'ils n'en peuvent pas moins, si on les considère isolément, être l'objet d'une saisie mobilière; de telle sorte que les fruits d'un immeuble déjà saisi peuvent encore être frappés de saisie-brandon.

Adde en ce sens, notre *Formulaire annoté,* t. 2, p. 565, note 1, n. 2 et 3.

2. (Q. 2108). *La dénomination donnée à la saisie des fruits suppose-t-elle la nécessité de placer des* brandons *sur les champs?*

Réponse négative au texte.

3. (Q. 2109). *De ce que le titre de la saisie-brandon indique les fruits* pendants par racines, *s'ensuit-il qu'on ne puisse saisir les fruits détachés du sol, mais existant encore sur les terres?*

Non, est-il répondu au texte; tout ce que l'on doit induire de la rubrique du titre, c'est que les fruits pendants par racines ne peuvent être frappés de l'espèce particulière de saisie dont le titre s'occupe; ce qui n'exclut point la saisie-exécution.

Adde conf., *Formul. annot.*, p. 566, n. 11.

§ 2. — Quelles choses peuvent être saisies-brandonnées.

4. (Q. 2109 bis). *Quels sont les fruits que l'on peut saisir-brandonner?*

M. Chauveau, au texte, désigne les blés, foins, légumes, raisins et les productions des arbres; mais il est d'avis qu'on ne doit pas comprendre parmi les fruits dont il est ici question les bois et les arbres de haute futaie, en admettant d'ailleurs une solution différente à l'égard des pépinières.

5. Dans son *Supplément,* l'auteur citait l'opinion contraire de MM. Rodière, *Compét. et proc. civ.*, t. 3, p. 267; Bioche, *Dict. de proc.*, v° *Saisie-brandon,* n. 6, et Colmet-Daage sur Boitard, *Leç. de proc. civ.*, t. 2, n. 877, relativement aux bois proprement dits et à ceux de haute futaie dans le cas où ils ont été mis en coupes réglées. Mais il constatait que son opinion est partagée par M. Dalloz, *Répert.*, v° *Saisie-brandon,* n. 11, qui fait remarquer qu'en pareil cas la saisie pourrait nuire essentiellement tout à la fois aux intérêts du propriétaire et aux intérêts des créanciers saisissants, car un domaine privé de ses bois de haute futaie peut perdre la moitié de sa valeur.

6. M. Bioche fait très justement observer que si le propriétaire vend les bois pour être abattus, les créanciers chirographaires ne peuvent faire qu'une saisie-arrêt aux mains de l'acheteur. Quant aux créanciers hypothécaires, ils ont le droit de s'opposer à l'exécution de la vente et à l'abatis des arbres, tant qu'ils n'ont pas reçu un supplément d'hypothèque, et de les saisir sur le propriétaire, malgré l'acheteur, au fur et à mesure de l'abatis, tant qu'ils se trouvent sur les lieux.

MM. Dalloz et Bioche admettent l'exception proposée par M. Chauveau à l'égard des arbres en pépinière.

7. Sur ce dernier point, une solution conforme s'induit d'un arrêt de la Cour de Caen du 4 avril 1870 *(J. Av.*, t. 96, p. 350), qui a jugé que des arbres mis en terre pour y rester un certain nombre d'années comme pépinière ne peuvent faire l'objet d'une saisie-brandon, s'ils sont éloignés de plus de six mois de l'époque de leur maturité. — V. aussi notre *Formul. annot.*, p. 566, n. 9.

8. Ayant été appelé à nous prononcer sur la question de savoir si, dans la saisie-brandon d'un bois taillis, on peut comprendre les baliveaux qu'il renferme, nous avons dit : Cette question suppose qu'il est admis que les bois taillis peuvent faire l'objet d'une saisie-brandon ; or, ce point n'est pas sans difficulté et comporte tout au moins une distinction essentielle.

Suivant MM. Thomine-Desmazures, t. 2, p. 146, Chauveau (*suprà*, n. 4), et Dalloz (*loc. cit.*), les bois en général ne devraient pas être rangés au nombre des fruits que l'art. 626, Cod. proc., permet de saisir, parce qu'il serait « impossible de les assimiler aux récoltes dont la mobilisation se réalisant à des époques fixes ou à peu près, met en danger les intérêts de certains créanciers » ; qu'à la différence des fruits proprement dits, les bois peuvent rester attachés au sol tant qu'il plaît aux propriétaires, « sans que ni la nature de la durée, ni l'exigence des créanciers puissent l'obliger aucunement à faire procéder aux coupes » ; et qu'ainsi « la fixation du délai (six semaines avant l'époque de la maturité) est donc irréalisable dans l'espèce. » — Mais d'autres auteurs enseignent, avec plus de raison selon nous, qu'il faut distinguer entre les bois qui ont été mis en coupe réglée et ceux pour lesquels il n'a été établi aucun aménagement ; que si ces derniers ne peuvent, en effet, être considérés comme fruits dans le sens de l'art. 626, Cod. proc., il en est autrement des premiers qui remplissent les conditions de mobilisation périodique justifiant la saisie-brandon. V. MM. Bioche, Colmet-Daage et Rodière (*ut suprà*).

9. Il résulte de là que les bois taillis peuvent être frappés de saisie-brandon aux époques où le propriétaire est en usage d'en opérer la coupe, mais alors seulement, et que la saisie ne peut s'étendre aux baliveaux, c'est-à-dire aux arbres que le propriétaire du taillis a mis en réserve pour les laisser devenir arbres de haute futaie, à moins qu'ils ne soient eux-mêmes parvenus à la période au bout de laquelle le propriétaire a l'habitude de les couper.

Adde en ce sens, notre *Formul.* précité, p. 566, n. 9 et 10.

10. Dans le précédent *Supplément*, M. Chauveau observait avec raison qu'on ne peut pas saisir des fruits non encore existants, parce que la saisie serait sans objet. Conf., Dalloz, v° *Saisie-brandon*, n. 13.

11. Il déclarait partager l'opinion de M. Rodière, t. 3, p. 268, qui pense que les fruits civils, les produits des mines et carrières et les tourbières ne peuvent être saisis-brandonnés.

12. Toutefois, ce dernier auteur ajoute que les mots *fruits pendants par racines* ne doivent pas être pris à la lettre, et que la pêche des étangs peut être l'objet d'une saisie-brandon. Conf. Dalloz, n. 14, et Bioche, n. 7 et 9.

13. On s'est demandé si un créancier peut faire pratiquer une saisie-brandon sur les récoltes de biens indivis entre son débiteur et un tiers. La question a été résolue affirmativement par la Cour d'Agen, le 18 fév. 1824 (*J.P.*24.18.467), par le motif que le tiers n'éprouve aucun préjudice, et qu'il peut partager les produits de ces récoltes avec le saisissant aussi bien qu'avec son copropriétaire. Cette solution n'est exacte, disait M. Chauveau, qu'autant qu'avant la vente il est fait distraction de la part revenant au communiste non débiteur, ou que celui-ci est d'accord avec le saisissant pour qu'il soit passé outre.

V. aussi notre *Formul. annot.*, p. 565, note, n. 4.

14. (Art. 626). *La saisie-brandon qui frappe sur les fruits d'immeubles dotaux, après la séparation de biens, est-elle nulle?*

Décidé affirmativement au texte, t. 4, p. 776, à la note, dans le cas où ces fruits sont nécessaires aux besoins du ménage.

15. Mais la saisie-brandon pratiquée, à la requête d'un créancier du mari, sur les fruits des immeubles propres de la femme, est-elle au contraire valable, malgré la demande en séparation de biens formée antérieurement par celle-ci? Consulté sur ce point, nous avons répondu : La validité de la saisie-brandon dans de telles circonstances ne saurait être douteuse. Jusqu'à la demande en séparation de biens, le mari a conservé la propriété des fruits des immeubles propres de sa femme, et les fruits ont pu dès lors être valablement frappés de saisie-brandon par ses créanciers. Jusque-là aussi les fruits saisis ont pu être vendus dans les formes de la loi à la requête de ces derniers, et le prix de la vente leur a été irrévocablement acquis. Le jugement de séparation que la femme a ultérieurement obtenu remonte bien, quant à ses effets, au jour de la demande (Cod. civ., 1445), mais pas au delà; cette rétroactivité ne saurait donc porter aucune atteinte aux exécutions accomplies avant la demande, sur les revenus des propres de la femme, par les créanciers du mari.

16. Mais il n'est pas moins incontestable que si la saisie-brandon seule est intervenue avant la demande en séparation de biens de la femme, elle doit, quoique valable dans son principe, rester sans effet à l'égard de celle-ci, parce qu'elle n'a pu avoir par elle seule la vertu de détacher des immeubles de la femme les fruits qu'elle a frappés et de les mobiliser au profit des créanciers du mari. La rétroactivité du jugement de séparation de biens permet dans ce cas à la femme de revendiquer la propriété des fruits saisis aussi bien que celle des immeubles sur lesquels ils sont pendants. La femme ne peut faire annuler la saisie-brandon qui a bien procédé au moment où elle est intervenue, puisqu'alors les fruits appartenaient encore au mari; mais elle peut la faire écarter comme dépourvue de toute efficacité vis-à-vis d'elle à raison de la rétroactivité du jugement de séparation de biens qu'elle a obtenu et qui a fait rentrer dans ses mains, à partir du jour de la demande, les fruits objet de cette saisie. C'est ce qu'à très bien décidé un arrêt de la Cour de Bordeaux du 14 juill. 1870 (*J. Av.*, t. 96, p. 64). La solution contraire avait été, il est vrai, consacrée par un arrêt antérieur de la même Cour, en date du 30 août 1859 (S.-V.71.2.13, à la note); mais on peut d'autant moins s'arrêter à cette décision, qu'elle se borne à affirmer, sans démonstration aucune, les principes anti-juridiques qu'elle adopte. — Compar. notre *Traité de la séparation de biens*, n. 285, et notre *Formul. annot.*, t. 2, p. 566, n. 12 et 13.

17. (Q. 2109 ter). *Si des récoltes étaient saisies-brandonnées sur un usufruitier, la mort de ce dernier, avant la coupe de ces récoltes, aurait-elle l'effet d'annuler la saisie?*

Solution affirmative au texte, par argument de l'art. 585, Cod. civ.

Adde conf., notre *Formul. annot.*, p. 567, n. 14.

18. (Q. 2110). *Peut-on, d'une part, saisir les fruits d'un colon ou d'un fermier pour une dette du propriétaire, et, d'autre part, saisir pour la dette personnelle du fermier ou colon les pailles qui sont sur les terres?*

Il est dit au texte, sur le premier point, que le fermier ou colon peut opposer son bail et se prévaloir de son droit de propriété à l'égard des fruits; et, sur le second point, que les pailles appartiennent au domaine et n'en peuvent être séparées.

19. Cette dernière solution résulte aussi d'un arrêt de la Cour de Douai, du 22 avril 1848 (*J. Av.*, t. 73, p. 626), portant que le créancier d'un fermier ne peut pas faire saisir-brandonner les récoltes et vendre les pailles, lorsque, en vertu d'un bail authentique, ces pailles doivent être consommées dans la ferme; et d'un jugement du tribunal de Bourganeuf, du 21 juill. 1849 (t. 76, p. 601), qui déclare qu'on ne peut pas saisir-brandonner les pailles et foins nécessaires à l'exploitation d'un domaine, et réputés, comme tels, immeubles par destination. — V. encore conf., Bioche, n. 19; Dalloz, n. 18; notre *Formul. annot.*, p. 567, n. 15.

20. Il a été encore jugé, conformément à la doctrine admise au texte, que la vente faite, sans réserve, d'un domaine affermé, comprenant les pailles qui existent dans ce domaine, il s'ensuit que si ces pailles ont été saisies sur le fermier à la requête d'un créancier de celui-ci, l'acquéreur est en droit de les revendiquer : Nancy, 30 déc. 1851 (*J. Av.*, t. 97, p. 139). En pareil cas, d'ailleurs, le revendiquant satisfait suffisamment au vœu de la loi relativement à l'énonciation des preuves de sa propriété, en faisant connaître au saisissant qu'il agit comme acquéreur du bailleur et en vertu des droits que celui-ci tenait soit du bail, soit des dispositions de l'art. 1778, Cod. civ., sauf à fournir ultérieurement de plus amples justifications, si le saisissant l'exige ; il n'est pas tenu de donner, dans l'exploit d'opposition à la saisie, les preuves mêmes de sa propriété: même arrêt. — Compar., *Saisie-exécution*, n. 284 et s.

21. (Q. 2111). *Comment, dans le cas de saisie des fruits, est-il fourni aux avances nécessaires pour la culture?*

Il est enseigné au texte que c'est au saisissant à y pourvoir, sauf à comprendre les déboursés parmi les frais.

22. M. Dalloz, n. 21, pense que, dans la pratique, cette solution soulèverait de graves difficultés, et il est d'avis que le saisissant devra déposer la somme nécessaire pour faire marcher l'exploitation, ou laisser au propriétaire ou fermier les grains pour ensemencer.

§ 3. — A quelle époque la saisie-brandon peut être pratiquée. — Ses formes.

23 (Q. 2109 quater). *Une saisie-brandon est-elle nulle si elle a été pratiquée pour une somme supérieure à celle due au créancier?*

Solution négative au texte, par argument de l'art. 2216, Cod. civ.

24. (Q. 2111 bis). *En vertu de quel titre et pour quelles créances peut-on faire la saisie-brandon?*

Par argument de l'art. 551, il est dit au texte qu'on ne peut saisir-brandonner qu'en vertu d'un titre exécutoire et pour créances liquides et certaines, à l'exception seulement du cas prévu par l'art. 819.

25. (Art. 626). *Un jugement dont il a été interjeté appel peut-il être considéré comme un titre exécutoire autorisant celui qui l'a obtenu à pratiquer une saisie-brandon contre ses adversaires?*

Décision négative au texte, t. 4, p. 148, note, 2.

26. (Quest. 2111 ter). *Le titre en vertu duquel la saisie-brandon a eu lieu doit-il être signifié en tête du commandement?*

Solution affirmative au texte.

Adde conf., notre *Formul. annot.*, p. 567, note 1, n. 2.

27. (Q. 2111 quater). *Le mandataire, constitué par le même acte qu'un autre mandataire, peut-il, sans le concours de celui-ci, pratiquer une saisie-brandon dans l'intérêt de leur mandant?*

M. Chauveau, en mentionnant, au texte, un arrêt de la Cour de Bordeaux qui a admis l'affirmative, fait remarquer que cet arrêt a eu tort d'énoncer, dans ses motifs, qu'un mandat conçu en termes généraux suffit pour permettre au mandataire de donner un commandement à fin de saisie-brandon.

28. (Q. 2112). *Est-il, dans chaque localité, une règle fixe, d'après laquelle on puisse déterminer l'époque de la maturité des fruits dans les six semaines antérieures à laquelle seulement la saisie-brandon peut être pratiquée ?*

Réponse négative au texte, où l'on fait remarquer que le Code n'a point consacré les usages autrefois en vigueur sur ce point dans divers provinces, mais a abandonné à l'appréciation du juge la détermination de l'époque de la maturité des fruits.

Adde conf., notre *Formul. annot.*, t. 2, p. 568, note 1, n. 1.

29. Il a été jugé toutefois, par un arrêt de la Cour de Bourges du 24 juin 1863 (*J. Av.*, t. 89, p. 510), que dans les localités où l'époque de la maturité des fruits se trouve établie par un usage ancien et constant, par exemple, à Paris et en Normandie, au 24 juin (jour de la Saint-Jean), et dans l'Orléanais et le Berry, au 11 juin (jour de la Saint-Barnabé), on ne saurait prétendre que, à raison des progrès de l'agriculture et de l'emploi de nouveaux engrais, cette époque doit être aujourd'hui avancée. — V. aussi Bordeaux, 18 avril 1854 (*J. des Huiss.*, t. 35, p. 197).

30. (Q. 2114). *Si l'on ne peut saisir les fruits avant les six semaines qui précèdent leur maturité, quel moyen aura le créancier pour empêcher que le débiteur ne les soustraie d'avance à la saisie?*

Carré, au texte, observe que la question ne saurait se présenter pour les grains, qui ne peuvent être vendus en vert, et en ce qui concerne les autres fruits, il est d'avis que la saisie pourrait en être valablement faite avant les six semaines qui précèdent leur maturité, pourvu que le saisissant supportât les frais de garde pour le temps antérieur à ces six semaines. — M. Chauveau, *ibid.*, estime, au contraire, que la saisie pratiquée avant l'époque déterminée est essentiellement nulle, et il considère également comme frappée de nullité, à raison de la présomption de fraude, la vente des fruits antérieure à la saisie, lors même qu'elle résulterait d'un acte authentique; en reconnaissant toutefois que cette règle devrait recevoir exception si la bonne foi de l'acheteur était établie.

31. La nullité de la saisie-brandon pratiquée avant les six semaines précédant l'époque ordinaire de la maturité des fruits, a été proclamée par la jurisprudence. V. Cass., 29 août 1853 (*J. Av.*, t. 79, p. 483); Rouen, 5 mai 1854 (*J. des Huiss.*, t. 35, p. 278); Bourges, 24 janv. 1863 (*J. Av.*, t. 89, p. 510). Conf. notre *Formul. annot.*, p. 568, note 1, n. 2. — *Contrà*, Bioche, n. 19; Dalloz, n. 26. — L'arrêt de la Cour de cassation est surtout très explicite; en voici les motifs : « L'art. 626 dit que la saisie-brandon ne pourra être faite que dans les six semaines qui précéderont l'époque ordinaire de la maturité des fruits; la faculté donnée de saisir les fruits, quoique non encore détachés du sol, comme si déjà ils avaient une nature mobilière, est une dérogation au principe général de l'art. 520, Cod. civ., qui déclare immeubles les fruits non encore recueillis et les récoltes pendantes par les racines; il suit de là que l'exception apportée au droit général par le titre du Code de procédure civile relatif à la saisie-brandon ne peut pas être étendue au delà des limites dans lesquelles la loi l'a renfermée, et qu'on ne saurait réputer mobilièrement saisissables par saisie-brandon les fruits que l'art. 626 a voulu, dans l'intérêt de l'agriculture, ne considérer comme tels qu'à compter du moment où commencent les six semaines précédant l'époque ordinaire de leur maturité; la prohibition de saisir avant les six semaines, prononcée par l'art. 626, est formelle; et ayant pour objet de déterminer le fond du droit sur les saisies-brandons et la nature juridique des fruits susceptibles de saisie, ledit article n'est pas placé sous la règle de l'art. 1030 du même Code, qui ne statue que sur les exploits et actes de procédure lorsqu'il décide qu'ils ne pourront être déclarés nuls si la nullité n'en est pas formellement prononcée par la loi. ».

32. M. Chauveau, dans son *Supplément*, en signalant quelques décisions contraires (Caen, 11 mai 1846; Trib. civ. de Montbrison, 21 juill. 1847, *J. Av.*, t. 73, p. 410; Orléans, 2 mars 1849, t. 76, p. 634), observait qu'ayant été rendues dans des espèces très favorables, elles ne sauraient constituer une jurisprudence mettant obstacle à l'annulation de la saisie pratiquée contrairement à la prohibition de l'art. 626.

33. Les questions suivantes nous ont été soumises : La vente de grains en vert faite par un débiteur le premier jour des six semaines qui précèdent l'époque ordinaire de leur maturité est-elle valable? Dans le cas de l'affirmative, la circonstance que cette vente a eu lieu le jour même où les grains dont il s'agit ont été frappés de saisie-brandon par un créancier du vendeur, mais à une heure très matinale et de manière à précéder cette saisie, est-elle de nature à motiver l'annulation de la vente? Si la vente est maintenue, doit-elle, alors qu'elle a été faite par acte notarié, avoir la priorité sur la saisie-brandon?

Il est bien généralement admis, avons-nous répondu, que la loi du 6 mess. an III, qui interdit la vente des grains en vert, n'a pas cessé d'être en vigueur. V. Montpellier, 4 mai 1842 (S.-V.42.2.35); Toulouse, 13 déc. 1846 (*J. Av.*, t. 72, p. 362); Orléans, 9 nov. 1847 (t. 73, p. 165); Trib. civ. de Villefranche, 6 janv. 1846 (*ibid.*, p. 410); Cass., 12 mai 1848 (t. 73, p. 468); Trib. civ. de Marennes, 20 juill. 1853 (D.P.54.3.65); Bordeaux, 18 av. 1854 (*J. des Huiss.*, t. 35, p. 196). Mais il a été décidé que cette prohibition ne s'applique pas aux grains qui se trouvent dans les conditions nécessaires pour pouvoir être saisis aux termes de l'art. 626, Cod proc. V. Caen, 28 août 1860 (*J. Huiss.*, t. 42, p. 246); Bourges, 28 janv. 1867 (*id.*, t. 48, p. 245).

34. Une vente de grains en vert consentie le premier jour des six semaines qui précèdent l'époque ordinaire de la maturité des fruits est donc valable en principe. Seulement elle pourrait être annulée pour cause de fraude, conformément au droit commun (Cod. civ., 1167), s'il était démontré qu'elle a eu pour objet de frustrer les créanciers du vendeur de leurs droits sur les récoltes de ce dernier. Et la circonstance que la vente aurait eu lieu le jour même où une saisie-brandon aurait été pratiquée à la requête d'un des créanciers du vendeur sur les grains dont il s'agit, et à une heure matinale, dans le but évident de précéder cette saisie, serait incontestablement un des indices les plus plausibles de la fraude.

35. Quant à la question de savoir laquelle, de la vente faite par acte notarié, ou de la saisie-brandon, doit avoir la priorité sur l'autre, elle se réduit à un point de fait : car il n'est pas permis de prétendre qu'en droit un acte de vente notarié intervenu le même jour qu'un procès-verbal de saisie, doive l'emporter sur celui-ci : ce sont là deux actes authentiques faisant aussi bien foi l'un que l'autre de ce qu'ils constatent. L'authenticité des actes notariés n'a pas plus de force que celle des exploits ou procès-verbaux des huissiers; cela n'a pas besoin de démonstration.

36. Ajoutons que pour établir à quelle heure chaque acte est intervenu, la preuve testimoniale est admissible, parce que ce n'est pas là prouver *contre et outre* le contenu aux actes, dans le sens de l'art. 1341, Cod. civ. V. Larombière, *Obligations*, sur l'art. 1319, n. 13; Dalloz, v^is *Exploit*, n. 31 et s., et *Obligat.*, n. 4727; l'*Encyclop. des Huiss.*, v° *Date*, n. 16 et 17.

37. V. encore dans le même sens, sur ces différents points, notre *Formul. annot.*, t. 2, p. 265, n. 5 et s.

38. Par jugement du 6 fév. 1875 (*J. Huiss.*, t. 57, p. 99), le tribunal civil de Bar-sur-Aube a décidé que la saisie-brandon pratiquée sur des récoltes ayant fait, de la part du débiteur, l'objet d'une vente par acte sous seing privé, enregistrée dans la matinée du jour même qui est indiqué sur le procès-verbal comme date de la saisie, doit être déclarée nulle, alors que le nombre des vacations mentionnées dans ce procès-verbal (cinq dans l'espèce) implique que la saisie n'a pas été terminée ce jour-là, et quand d'ailleurs le saisissant n'établit pas que la vente ait été faite après la saisie. — Suivant nous, le tribunal de Bar-sur-Aube a eu tort d'annuler la saisie dont il s'agit sur le seul motif que, cinq vacations y ayant été consacrées, elle ne devait pas être terminée le jour indiqué dans le procès-verbal. Il ne lui était pas permis de révoquer en doute la sincérité d'une date dont le procès-verbal de saisie faisait foi. Quant au nombre des vacations, il ne pouvait soulever qu'une question de taxe. Tout ce que le tribunal avait à rechercher, c'était auquel des deux actes (vente et saisie), intervenus et enregistrés le même jour, les circonstances devaient faire attribuer la priorité. — V. ci-dessus, n° 35.

39. (Q. 2113 ter). *La saisie-brandon doit-elle, dans tous les cas, être précédée d'un commandement avec un jour d'intervalle ?*

M. Chauveau, dans son *Supplément*, observait avec raison que le commandement n'est évidemment point nécessaire quand la saisie est pratiquée dans le cas prévu par l'art. 819. Le président ou le juge de paix, suivant le cas peut alors autoriser la saisie immédiate sans commandement préalable. C'est ce qu'a décidé un jugement du juge de paix de Gisors, du 1er sept. 1856 (*J. Av.*, t. 82, p. 655). V. aussi notre *Formul.*, p. 567, note 1, n. 3. — Dans le cas de saisie-gagerie, disait M. Chauveau, le commandement préalable n'est nécessaire que lorsque l'on procède en vertu d'un titre, et sans la permission du juge. Mais, lorsqu'il y a urgence, le juge du lieu où la saisie doit être faite peut, toutes les fois que la cause rentre dans les limites de sa compétence, autoriser le propriétaire à faire saisir-gager *à l'instant*. Or, ce que le juge de paix et le président du tribunal de première instance peuvent faire quand il s'agit de saisir-gager des effets mobiliers, ils le peuvent également lorsque la saisie doit comprendre des fruits et récoltes encore pendants par branches et par racines, puisque, dans ce cas la saisie-brandon n'est pas autre chose que la saisie-gagerie. Ces magistrats sont d'ailleurs souverains appréciateurs de l'urgence.

40. (Q. 2113). *Le délai d'un jour qui doit séparer le commandement de la saisie, est-il franc ?*

Réponse affirmative au texte.

Adde conf., notre *Formul.*, *loc. cit.*

41. (Q. 2115 A). *L'huissier doit-il être assisté de témoins, lors du procès-verbal de saisie-brandon ?*

Solution négative au texte.

Adde conf., notre *Formul. annot.*, p. 569, note 4.

42. (Q. 2115 B), *Faut-il, à peine de nullité, qu'il se transporte sur les lieux ?*

Résolu affirmativement au texte par M. Chauveau, qui ajoute que s'il convient que le transport de l'huissier soit mentionné dans le procès-verbal, l'omission de cette mention n'est cependant pas une cause de nullité.

43. Ayant eu nous-même à donner notre avis sur la question ci-dessus, nous avons présenté les observations suivantes : La loi n'ordonne pas d'une manière expresse, et sous peine de nullité, que l'huissier qui procède à une saisie-brandon se transporte sur les pièces de terre où se trouvent les récoltes à saisir. Néanmoins, il ne faut pas se hâter de conclure de là qu'en n'effectuant point ce transport, et en se bornant à le mentionner dans le procès-verbal, par une pure formule de style, bien qu'il n'ait pas eu lieu réellement, l'huissier ne commette aucune irrégularité et ne se rende point responsable.

On sait que, malgré la disposition de l'art. 1030, Cod. proc. civ., d'après laquelle aucun acte de procédure ne peut être déclaré nul si la nullité n'en est pas formellement prononcée par la loi, il est admis que l'inobservation des formalités substantielles d'un acte de procédure emporte nullité sans qu'il soit nécessaire que la loi établisse cette sanction. V. notamment Bioche, *Dict. de proc.*, v° *Nullité*, n. 11 et s., et l'*Encyclop. des Huiss.*, v° *Nullités de procéd.*, n. 6 et 7. (V. aussi, dans le présent ouvrage le mot *Nullités d'actes de procédure*, n. 2.). Or, le transport de l'huissier sur les pièces de terre contenant les récoltes à saisir n'est-elle pas précisément une formalité substantielle de la saisie-brandon? L'affirmative nous semble incontestable.

Pour mettre sous la main de la justice les objets qu'il saisit, l'huissier doit nécessairement donner dans son procès-verbal une désignation exacte de ces objets, de manière à éviter toute équivoque et à prévenir tout détournement. Il n'est pas besoin de démontrer que cette désignation est une condition essentielle de la validité de la saisie, à quelque objet qu'elle s'applique. Elle est exigée par les art. 588 et suiv., pour la saisie-exécution, par l'art. 627 pour la saisie-brandon, par l'art. 675 pour la saisie immobilière ; et si le Code de procédure n'attache pas expressément la peine de nullité à son omission pour les deux premières espèces de saisie comme pour la troisième (art. 715), son silence ne peut empêcher qu'une saisie-exécution ou une saisie-brandon ne soit nulle si le procès-verbal qui la constate ne désigne pas les objets saisis de la manière prescrite par les art. 588 et s., et 627.

44. Maintenant il suffit de se demander, pour résoudre la question que nous examinons, si l'huissier peut, sans se transporter sur les lieux, indiquer d'une manière certaine *chaque pièce, sa contenance et sa situation, et deux au moins de ses tenants et aboutissants*, ainsi que *la nature des fruits*, comme le veut l'art. 627. On ne saurait admettre sérieusement l'affirmative. La saisie ne serait plus l'œuvre personnelle de l'huissier, le procès-verbal de cet officier ministériel n'offrirait plus aucune garantie de certitude, et tous les abus seraient possibles, si la désignation exigée par la loi pouvait être faite d'après des renseignements fournies par le saisissant, au lieu d'être le résultat des constatations faites par l'huissier lui-même. La nécessité du transport de l'huissier sur les lieux est la conséquence directe de l'obligation imposée à celui-ci de désigner exactement les pièces de terre et les récoltes. Ce sont là deux formalités corrélatives aussi substantielles l'une que l'autre, et qui doivent être conséquemment toutes les deux observées à peine de nullité. Cette opinion, professée par MM. Chauveau sur Carré (ci-dessus, n. 42), et Dalloz, *Répert.*, v° *Saisie-brandon*, n. 32, a été aussi défendue dans le *Journal des Avoués*, t. 17, p. 289, et t. 28, p. 321. Elle est repoussée, il est vrai par MM. Bioche, *Dict. de proc.*, v° *Saisie-brandon*, n. 29, et Deffaux et Harel, *Encycl. des huiss.*, *eod. verb.*, n. 23; mais ces auteurs ne donnent aucun motif à l'appui de leur avis contraire.

45. La circonstance que l'huissier, qui ne s'est pas réellement transporté sur chacune des pièces de terre contenant les récoltes saisies, a mentionné néanmoins ce transport dans son procès-verbal, loin de le rendre irresponsable, ne fait qu'accroître sa responsabilité. Cette énonciation mensongère de l'accomplissement d'une formalité substantielle aggrave encore, au point de vue de la discipline, la faute que l'huissier a commise en ne remplissant pas cette formalité, et s'il est vrai que cette omission soumette celui-ci à des poursuites disciplinaires (*J. des Huiss.*, t. 28. p. 322), il en doit être ainsi surtout dans l'hypothèse que nous venons d'indiquer.

V. aussi en ce sens notre *Formul. annot.*, p. 569, note 6.

46. Quand la saisie porte sur un bois taillis, et que la neige empêche l'huissier de pénétrer dans le bois, comment doit-il procéder? Appelé aussi à résoudre cette question, nous avons dit : L'art. 647, Cod. proc., veut que le procès-verbal fasse connaître la *nature des fruits*, rien de plus; il n'y a donc pas lieu de désigner individuellement les diverses sortes d'arbres que comprend la saisie-brandon. Il suffit d'énoncer que l'on saisit tel bois taillis pour la partie qui est parvenue à l'époque de la coupe telle qu'elle résulte de l'aménagement établi par le propriétaire. Il ne saurait d'ailleurs être question d'un récolement ultérieur, qui ne saurait avoir pour effet de régulariser une saisie incomplète dans le cas où la désignation que nous croyons inutile serait, au contraire, jugée nécessaire. Ce n'est que par une vérification indépendante de la saisie que peuvent être vidées les difficultés que le débiteur viendrait à élever sur le point de savoir quelle est la partie du bois à laquelle cette saisie est légalement applicable.

47. (Q. 2116). *L'huissier peut-il se contenter d'indiquer approximativement la contenance de chaque pièce?*

L'affirmative est admise au texte, où il est ajouté toutefois que l'huissier ferait bien d'indiquer la contenance d'après la matrice cadastrale, dont il se serait procuré un extrait.

Adde conf., notre *Formul. annot.*, p. 569, note 7.

48. (Q. 2117). *L'huissier peut-il, sur la réquisition du saisissant, commettre pour gardien des fruits saisis une autre personne que le garde champêtre?*

Solution négative au texte, où l'on reconnaît seulement au saisissant le droit d'adjoindre, à ses frais, un autre gardien au garde champêtre.

49. Dans son *Supplément*, M. Chauveau observait que l'art. 598, qui permet de constituer un gardien, du consentement du saisissant, le saisi ou l'une des personnes de sa famille, et l'art. 597, qui autorise le saisi à présenter un gardien, ne sont pas applicables à la saisie-brandon. Dans la saisie-exécution, disait-il avec raison, les objets saisis sont spécialement désignés dans le procès-verbal, en sorte qu'il y a impossibilité de les détourner sans que l'on s'en aperçoive; en matière de saisie-brandon, au contraire, rien n'est plus facile que d'enlever une partie des fruits pendants, sans que cette soustraction laisse aucune trace. Conf., Rodière, t. 3, p. 270; Bioche, n. 31 ; Dalloz, n. 35. —V. aussi notre *Formul.*, p. 569, note 8, n. 1.

50. Lorsqu'il n'y a pas de garde champêtre dans la commune où l'huissier procède à une saisie-brandon, cet officier ministériel peut-il établir un gardien de son choix, ou ne doit-il pas plutôt, pour se rapprocher de la prescription de l'art. 628, constituer gardien le garde champêtre de la commune la plus voisine des récoltes saisies? Consulté sur ce point nous avons répondu que nous croyons que l'art. 628, bien loin de faire à l'huissier un devoir de constituer gardien le garde champêtre d'une commune voisine, lui en fait au contraire la défense. Il ne faut pas perdre de vue en effet que le § 2 de cet article dispose que si les communes sur lesquelles les biens se trouvent situés sont contiguës ou voisines, il doit être établi un gardien autre que le garde champêtre. Pourquoi cela? parce que, d'un côté, les frais de garde seraient trop élevés si les gardes champêtre des différentes communes étaient tous établis gardiens, et que, d'un autre côté, on ne pourrait confier la garde de toutes les récoltes saisies à un seul de ces gardes champêtre sans l'obliger à sortir de sa commune. Cette dernière raison est également décisive dans l'espèce qui nous est soumise. Pour remplir ses obligations de gardien, le garde champêtre de la commune la plus voisine des biens dont les récoltes ont été saisies, devrait quitter sa propre commune, et négliger, dans une certaine mesure, le service qu'il est chargé d'y remplir, ce que la loi ne peut vouloir, et ce que l'art. 628 a entendu précisément empêcher. L'huissier peut donc, en semblable occurrence, constituer un gardien de son choix, pourvu que celui qu'il désignera ne soit pas compris dans l'exclusion portée par l'art. 598, Cod. proc., et rappelée par l'art. 628.

V. aussi, en ce sens, notre *Formul. annot.*, p. 569, note 8, n. 2.

51. (Art. 628). *Dans le cas où la saisie-brandon est pratiquée sur deux communes voisines, est-il exigé, à peine de nullité, que le gardien unique qui doit être établi par l'huissier soit autre que le garde champêtre de l'une de ces deux communes ?*

Sur cette question, qui n'a été examinée ni au texte ni dans le précédent *Supplément*, mais qui nous a été soumise, nous avons exprimé notre opinion comme il suit :

Lorsque les pièces de terre où se trouvent les récoltes saisies sont situées sur deux communes voisines, l'art. 628, Cod. proc., veut qu'il ne soit établi qu'un seul gardien, et que ce gardien soit autre que le garde champêtre de l'une de ces communes. Ces dispositions ont un double objet : d'une part, celui de ne pas multiplier les frais de garde, et, d'autre part, celui d'éviter qu'un garde champêtre ne quitte sa commune. Ce sont là sans doute des prescriptions importantes auxquelles il est très désirable que les huissiers se conforment; mais il faut bien reconnaître qu'elles sont étrangères aux formalités *substantielles* de la saisie-brandon, et qu'elles se rattachent simplement aux formalités accidentelles ou secondaires dont l'omission n'altère pas la substance de l'acte, et n'emporte dès lors nullité qu'autant que la loi édicte cette sanction par une disposition formelle. Et comme le Code de procédure ne contient aucune disposition semblable relativement aux deux prescriptions rappelées ci-dessus, il faut nécessairement en induire que l'inobservation de ces prescriptions, quelque regrettable qu'elle soit, ne rend point la saisie nulle. C'est ce que la Cour de Bourges a reconnu en décidant, par arrêt du 19 fév. 1820 (S.-V.6.2.207), que la saisie-brandon de récoltes existant sur des pièces situées dans diverses communes voisines n'est pas nulle par cela seul que la garde en a été confiée au garde champêtre de l'une de ces communes. Telle est aussi l'opinion de M. Dalloz, *Répert.*, v° *Saisie-brandon*, n. 39.

52. Il en serait de même de l'établissement de deux gardiens au lieu d'un seul; mais l'augmentation des frais de garde serait nécessairement à la charge du saisissant ou de l'huissier, suivant qu'elle serait imputable à l'un ou à l'autre. V. *Journ. des Huiss.*, t. 36, p. 15; *Encycl. des Huiss.*, v° *Saisie-brandon*, n. 30. Et compar. *suprà*, n. 48 et s.

53. Voy. encore dans le sens des observations ci-dessus, notre *Formul. annot.*, p. 570, note 8, n. 3.

53 *bis*. (Q. 2118). *De ce que l'art. 628 porte que si le garde champêtre n'est pas présent, la saisie lui sera signifiée, résulte-t-il que l'huissier ne soit pas obligé de lui en donner copie lorsqu'il est présent ?*

Solution négative au texte.

Adde conf., notre *Formul. annot.*, p. 571, note 11.

54. (Q. 2119). *La partie saisie doit-elle aussi recevoir copie du procès-verbal ?*

Réponse affirmative au texte, fondée sur l'art. 44 du tarif.

55. Dans son *Formul. de proc. civ.*, t. 1, p. 533, note 13, M. Chauveau dit avec raison qu'il faut se conformer aux dispositions de l'art. 602, lorsque la partie saisie habite un lieu trop éloigné pour que la remise de la copie puisse être faite immédiatement.

Adde conf., sur les deux points, notre *Formul. annot.*, p. 571, note 13.

56. (Q. 2120 bis). *La nullité d'une saisie-brandon peut-elle résulter de ce que la copie du procès-verbal ne mentionne pas la cause qui a empêché le gardien de signer?*

Solution négative au texte.

Adde conf., notre *Formul. annot.*, p. 571, note 12.

57. (Q. 2120). *Le garde champêtre doit-il recevoir un salaire lorsqu'il est constitué gardien?*

Réponse affirmative au texte, fondée sur l'art. 45 du tarif.

V. aussi notre *Formul.*, p. 570, note 8, n. 4.

58. (Q. 2120 ter). *Lorsqu'un procès-verbal de saisie-brandon constate que le garde champêtre a été établi gardien, et que copie lui a été remise, est-il dû un droit particulier d'enregistrement pour l'établissement du gardien, comme en matière de saisie-exécution?*

M. Chauveau, dans son *Supplément*, signalait la solution négative donnée à cette question par les rédacteurs du *Journal de l'Enregistrement*, numéro du 21 mars 1854, p. 144, dans les termes suivants:

« Nous ne le pensons pas, par le motif qu'aux termes de l'art. 628, Cod. proc., la désignation du gardien, lorsque les fruits saisis se trouvent sur le territoire d'une seule commune, est de droit, qu'elle fait partie nécessaire du procès-verbal. Mais on insiste, et on fait observer que, dans un grand nombre de communes, il y a deux gardes champêtres, et que cependant celui qui a été constitué gardien, et qui a reçu copie du procès-verbal, est seul responsable : donc, ajoute-t-on, la nomination n'est pas de droit, elle doit être formellement exprimée; qu'elle ait lieu, ou par le procès-verbal de saisie, ou par un exploit séparé, elle forme une disposition indépendante. Ces motifs sont graves, en effet, et on pourrait en invoquer d'autres; nous persistons cependant dans notre première opinion. Il paraît équitable de ne pas exiger de droit; qu'il y ait deux gardes champêtres ou un seul dans une commune, le choix de l'un d'eux pour gardien est toujours forcé : la disposition est donc dépendante de la saisie; la désignation est imposée par la loi, et ne doit donc pas rendre exigible un droit particulier. »

59. M. Chauveau observait ensuite qu'il a admis la même interprétation dans son *Formulaire de procédure*, t. 1, p. 533, au décompte de la formule 521, en ne portant au coût de l'enregistrement que le droit afférent au procès-verbal de saisie ; mais il ajoutait que s'il est établi un autre gardien que le garde champêtre, le droit est dû.

60. Enfin il mentionnait le passage suivant d'une instruction générale de la régie, du 28 avril 1854 :

« Aux termes de la décision ministérielle du 31 mai 1830, § 7, le procès-verbal de saisie-exécution qui constate la remise d'une copie au gardien est passible de deux droits fixes ; mais cette décision n'est pas applicable aux procès-verbaux de saisie-brandon contenant l'établissement du garde champêtre pour gardien, ce dernier étant institué par la loi. »

61. (Q. 2124 bis). *La simple énonciation de l'acte authentique en vertu duquel on se dit propriétaire des objets saisis-brandonnés, ainsi que de sa date, suffit-elle pour valider l'opposition faite à la saisie de ces objets?*

M. Chauveau, au texte, indique les raisons qui militent en faveur de l'affirmative ; mais il fait remarquer en même temps que toutes les dispositions de l'art. 608 (V. *Saisie-exécution*) ne sont pas inapplicables en matière de saisie-brandon, et que le juge doit se déterminer à cet égard d'après l'importance de ces dispositions et la nature particulière de la saisie.

§ 4. — Vente des fruits saisis-brandonnés.

62. (Q. 2111 sexies). *Lorsque les récoltes provenant de biens de mineurs, dont le père a la jouissance (art. 384, Cod. civ.), sont saisies pour dettes de ce dernier, peut-il s'opposer à la vente, ou, subsidiairement, demander la distraction de provisions suffisantes pour remplir les obligations que lui impose l'art. 385, Cod. civ. ?*

M. Chauveau, au texte, enseigne qu'il ne peut, dans ce cas, être formé opposition à la vente, mais qu'il y a lieu de prélever une provision suffisante pour l'acquittement des obligations imposées au père par l'art. 385, Cod. civ.

Adde conf., M. Dalloz, n. 20.

63. (Art. 629). *Les avoués ont-ils le droit de rédiger les placards annonçant la vente des récoltes saisies ?*

A cette question, qui nous a été soumise, nous avons répondu : La négative est certaine. La jurisprudence a en effet posé en principe que le droit de rédiger les placards annonçant une vente publique des meubles après saisie-exécution, appartient exclusivement à l'officier public qui doit procéder à la vente ; tellement que si la vente rentre dans les attributions du commissaire priseur, c'est à ce dernier, et non à l'huissier qui a fait la saisie, qu'appartient la rédaction des placards. V. *Saisie-exécution*, n. 337 et s. Et cette solution, fondée sur les termes de l'art. 38 du tarif de 1807, est évidemment applicable au cas de vente après saisie-brandon, puisque le même tarif, après avoir réglé les droits relatifs au procès-verbal de saisie-brandon et à ses copies, ajoute que le surplus des actes doit être taxé comme en matière de saisie-exécution.

64. (Q. 2121). *La huitaine qui doit s'écouler entre l'apposition des placards est-elle franche ?*

Solution affirmative au texte.

Adde conf., notre *Formul. annot.*, p. 573, note 2.

65. (Q. 2122). *Le choix des lieu et jour où doit se faire la vente est-il laissé à l'arbitraire du saisissant ?*

Réponse également affirmative au texte.

V. aussi en ce sens notre *Formul.*, p. 574, note 1, n. 2.

66. (Art. 630). *Dans le cas de saisie-brandon sur un héritage situé dans deux arrondissements limitrophes, toutes les récoltes saisies doivent-elles être vendues dans le canton où se trouve le chef-lieu de l'exploitation, par analogie avec ce que la loi prescrit en matière de saisie immobilière ?*

Invité à donner notre avis sur ce point, nous avons dit : Il ne nous paraît pas possible d'étendre à la saisie-brandon la disposition de l'art. 2210, Cod. civ., relative à la saisie immobilière, non seulement parce que cette disposition, qui modifie les règles de la compétence territoriale, doit, par cela même, être restreinte au cas spécial pour lequel le législateur l'a édictée, mais en outre parce que les motifs qui la justifient n'existent pas en matière de saisie-brandon.

Si, dans le cas de saisie d'immeubles situés dans différents arrondissements, mais faisant partie d'une seule et même exploitation, la loi permet de poursuivre la vente simultanée de tous ces immeubles devant le tribunal du chef-lieu de l'exploitation, ou, à défaut de chef-lieu, devant le tribunal de l'arrondissement où se trouve la partie des biens qui offre le plus grand revenu, c'est évidemment pour éviter le désavantage qui pourrait résulter du morcellement d'immeubles dépendant en quelque sorte les uns des autres, et dont la vente séparée serait vraisemblablement plus difficile et moins productive. V. Pont, *Priv. et hyp.*, t. 2, p. 1306. Or, est-il besoin de dire que cet inconvénient ne saurait se présenter à l'égard des ventes distinctes de récoltes saisies sur des immeubles situés dans des arrondissements différents? La considération de l'unité d'exploitation ne perd-elle pas alors toute son importance? Et il faut remarquer que, lorsque cette considération n'existe pas, la loi, même à l'égard des immeubles situés dans plusieurs arrondissements dont elle autorise la vente simultanée à raison de leur insuffisance pour désintéresser à la fois le saisissant et les autres créanciers inscrits, exige que les procédures relatives tant à l'expropriation forcée qu'à la distribution du prix soient portées devant les tribunaux respectifs de la situation des biens (L. 14 nov. 1808, art. 4).

Nous n'hésitons donc pas à penser que les récoltes saisies sur des immeubles situés dans deux arrondissements limitrophes et composant une seule exploitation, doivent être vendues séparément dans les arrondissements respectifs.

Adde conf., notre *Formul. annot.*, p. 574, note 1, n. 3.

67. (Q. 2123). *Si la récolte saisie se trouve en état d'être coupée avant qu'on puisse en faire la vente, quel est, en ce cas, le parti à prendre?*

Il est enseigné au texte que le saisi peut, dans ce cas, déclarer au saisissant son intention de faire couper la récolte tel jour et de l'engranger en tel lieu, sauf la surveillance du saisissant, et qu'à défaut de cette déclaration de la part du saisi, le saisissant peut lui-même demander au président, en référé, l'autorisation de faire couper et engranger.

68. Dans le précédent *Supplément*, M. Chauveau disait aussi, sous la quest. 2419, que si, à raison de l'éloignement du domicile de la partie saisie et de la maturité des fruits, un retard présente des inconvénients, le saisissant peut obtenir du président l'autorisation de vendre, comme cela se pratique en matière de saisie immobilière, en vertu de l'art. 681.

69. (Q. 2124). *L'art. 634, qui renvoie aux formalités prescrites au titre des* saisies-exécutions, *ne se rapporte-t-il qu'aux formalités de la vente?*

D'après l'opinion adoptée au texte, cet article a entendu renvoyer à toutes les dispositions du titre, en sorte qu'on doit appliquer à la saisie-brandon toutes les formalités des saisies-exécutions relatives au commandement, au procès-verbal, à la dénonciation au saisi, à la vente, à l'opposition des créanciers, à la revendication des propriétaires.

Adde dans le même sens, notre *Formul. annot.*, p. 572, n. 16.

70. (Q. 2125). *S'il ne se présente pas d'enchérisseurs, que peut faire le saisissant pour tirer avantage de la saisie?*

Il est dit au texte que le saisissant peut se faire autoriser par le tribunal du lieu à faire la récolte lui-même et à la faire vendre, sauf à rester comptable envers le saisi et les créanciers opposants de la partie du prix qui excéderait les causes de la saisie.

Adde conf., notre *Formul. annot.*, p. 574, note 2, n. 1.

71. Il a été jugé que lorsque, après une tentative infructueuse de vente de fruits ayant fait l'objet d'une saisie-brandon, la vente est remise à un autre jour, il n'y a pas lieu de renouveler les formalités de publicité prescrites par l'art. 629 : Montpellier, 17 juin 1874 (*Journ. des Huiss.*, t. 55, p. 248).

72. (Q. 2111 quinquies). *Les huissiers peuvent-ils procéder concurremment avec les notaires, greffiers et commissaires-priseurs, aux ventes publiques de récoltes et fruits pendants par racines, dans le cas de saisie-brandon?*

La solution affirmative est admise au texte, où M. Chauveau renvoyait en même temps au *Journ. des Av.*, t. 46, p. 700, pour la solution de la question plus grave, disait-il, de savoir si le même privilège appartenait aux huissiers, dans le cas où la vente des fruits pendant par racines a été volontaire.

73. Dans son *Supplément*, il rappelait que la loi du 5 juin 1851 a mis un terme aux conflits entre les divers officiers ministériels en disposant que les ventes publiques volontaires, soit à terme, soit au comptant, de fruits et récoltes pendants par racines et de bois taillis, seront faites, en concurrence et au choix des parties, par les notaires, commissaires-priseurs, huissiers et greffiers de justice de paix, même dans le lieu de la résidence des commissaires-priseurs; et qu'un décret du 5 nov. suivant a fixé le tarif des droits alloués pour ces sortes de ventes.

74. (Q. 2113 bis). *Quel est le tribunal compétent pour connaître des contestations auxquelles peut donner lieu la saisie-brandon?*

La Cour de Douai a décidé, le 14 janv. 1842 (*J. Av.*, t. 62, p. 375), que c'est le tribunal dans le ressort duquel la saisie-brandon a été pratiquée; et que ce tribunal peut valablement statuer sur le mérite des offres réelles faites par le débiteur au saisissant, bien que le contrat constitutif de l'obligation stipule que le paiement aura lieu au domicile du créancier. M. Chauveau, dans son *Supplément*, citait cet arrêt sans autre explication, et paraissait ainsi l'approuver.

75. Lorsqu'une saisie-gagerie est pratiquée, sous la forme d'une saisie-brandon, par un propriétaire à raison de ses loyers ou fermages, la demande en validité de cette saisie, si le prix du bail n'excède pas 400 fr., est de la compétence du juge de paix du lieu où elle a été faite : Justice de paix de Gisors, 16 août 1856 (*J. Av.*, t. 82, p. 655). C'est en effet, observait M. Chauveau, *ibid.*, ce qui résulte de l'art. 3, § 2, de la loi du 25 mai 1838 et de l'art. 1er de la loi du 12 mai 1855. V. d'ailleurs conf., Carou, *Jurid. civ. des juges de paix*, n. 205; Dalloz, v° *Compét. civ. des trib. de paix*, n. 70; N.-A. Carré, *Code annoté des juges de paix*, p. 12, n. 44, et *Compét. judic. des juges de paix*, n. 165.

76. (Q. 2120 quater). *Le tribunal correctionnel devant lequel est cité un débiteur saisi prévenu d'enlèvement de récoltes saisies-brandonnées, doit-il surseoir à statuer lorsque le saisi prétend que la saisie est nulle, et qu'il a porté sa demande en nullité devant le tribunal civil?*

Un débiteur sur la récolte duquel une saisie-brandon est pratiquée s'empresse d'y former opposition en invoquant des moyens tirés soit d'un vice de forme, soit du fond. Puis, sans avoir égard à la mainmise de la justice, il enlève les fruits saisis. — Des poursuites sont dirigées contre lui en vertu de l'art. 400, Cod. instr. crim. Devant le tribunal il conclut principalement au relaxe et subsidiairement au sursis jusqu'à ce que l'instance à fins civiles soit vidée. — Le tribunal passe outre et condamne le prévenu. A-t-il bien jugé?

M. Chauveau, consulté sur ce point, avait, disait-il dans son *Supplément*, conseillé l'appel. — Il ne pouvait croire, en effet, qu'une saisie, de quelque nature qu'elle fût, pût constituer un individu qualifié à tort de saisi dans la position d'un criminel en rébellion contre la loi protectrice des droits des tiers. Sans doute, observait notre auteur, il vaut mieux, en pareille circonstance, que le prétendu saisi ne détourne rien, et s'adresse aux tribunaux civils pour faire prononcer la nullité des poursuites, parce qu'il est préférable de suivre cette voie plutôt que de se faire justice soi-même; mais y aura-t-il nécessairement culpabilité, parce qu'à ses risques et périls il aura considéré comme n'existant pas un acte dont il est certain de prouver la nullité? M. Chauveau ne contestait pas au ministère public le droit de poursuivre; mais, selon lui, sur l'exception présentée par le saisi, le tribunal correctionnel devrait ordonner le sursis, comme dans le cas de l'art. 182, Cod. forest., si toutefois l'exception lui paraissait sérieuse. Il rappelait, par analogie, qu'il est des cas où une partie croit devoir agir au mépris d'un acte d'appel signifié après les délais, ou d'une opposition dérisoire. V. *Appel*, n. 599 et 600.

77. Disons qu'il a été jugé en sens contraire, et à bon droit, selon nous, que les contestations que le prévenu de détournement d'objets mobiliers saisis élève relativement à la validité de la saisie, n'ont point le caractère d'une question préjudicielle obligeant les juges correctionnels à surseoir à statuer sur la poursuite du ministère public jusqu'à ce qu'il ait été prononcé sur cette validité par les juges civils : Grenoble, 16 janv. 1862 (*Journ. du Minist. publ.*, t. 5, p. 31). Conf., notre *Mémorial du Ministère public*, v° *Questions préjudicielles*, n. 12.

78. (Art. 626). *En matière de saisie-brandon, comment se détermine le premier ou le dernier ressort?*

Sur cette question, que n'ont examinée ni Carré ni M. Chauveau, la jurisprudence a consacré quelques règles qu'il importe de signaler. En principe, dans notre matière, c'est le chiffre de la créance pour laquelle la saisie a été pratiquée qui détermine le premier ou le dernier ressort; en sorte que le jugement n'est pas susceptible d'appel, si cette créance est inférieure à 1,500 fr. Et il en est ainsi alors même qu'il s'agirait d'une demande en nullité de la saisie-brandon fondée sur la dotalité des biens dont les fruits ont été saisis : Montpellier, 20 avr. 1872 (*J. des Huiss.*, t. 54, p. 101).

79. Mais la solution serait différente si le demandeur en nullité d'une saisie-brandon pratiquée pour une créance inférieure à 1,500 fr., concluait, en outre, à raison du préjudice par lui souffert antérieurement à l'instance, à des dommages-intérêts qui, réunis au chiffre de la créance, excéderaient le taux du dernier ressort : Bordeaux, 12 avr. 1836 (*J. Av.*, t. 50, p. 362).

80. D'un autre côté, quand il s'agit d'une demande en revendication, par un tiers, des fruits qui ont fait l'objet d'une saisie-brandon, c'est la valeur de ces fruits, et non le montant de la créance pour laquelle la saisie a été faite, qui sert de base à la détermination du ressort : Montpellier, 4 mai 1842 (S.-V.42.2.349); Bordeaux, 9 mars 1850 (*J. Av.*, t. 76, p. 422) et 14 juill. 1870 (*J. Huiss.*, t. 52, p. 106).

81. *Adde* conf., sur ces différents points, notre *Formul. annot.*, t. 2, p. 567, n. 16 à 18.

— V. *Appel*; *Distribution par contribution*; *Exécution forcée*.

SAISIE CONSERVATOIRE.

(Art. 417, Cod. proc. civ.).

SOMMAIRE ALPHABÉTIQUE.

FORMULES. — *V. les indications données en tête du mot* Tribunal de commerce.

1. (Q. 1492 quater). *Une saisie conservatoire ne peut-elle être autorisée que par les juges consulaires et pour une cause commerciale ?*

Dans son *Supplément,* où il posait cette question, M. Chauveau mentionnait un arrêt de la Cour de Paris du 29 janv. 1855, qui a déclaré nulle la saisie pratiquée, avec la permission du président, sur la construction élevée par le locataire d'un terrain, par le motif que la loi n'autorise la voie extraordinaire de la saisie conservatoire que dans les cas spécialement déterminés par les art. 172, Cod. comm., 417 et 822, Cod. proc. civ.; et un jugement du tribunal de la Seine, du 11 mai 1859 (*J. Av.*, t. 84, p. 346), qui a déclaré qu'une saisie conservatoire ne peut être autorisée que sous la double condition d'un fait commercial et du péril dans le retard ; qu'ainsi est nulle la saisie qui a pour cause une créance résultant d'un délit de contrefaçon en matière purement civile. Puis il ajoutait que la saisie conservatoire qui fait l'objet de l'art. 417, Cod. proc., ne pouvait, à son avis, être pratiquée que sur l'autorisation du président du tribunal de commerce, et pour une cause commerciale ; et que le président devait apprécier l'urgence.

2. Le tribunal civil du Blanc a jugé, le 1er fév. 1855 (*J. Av.*, t. 80, p. 213), que la permission à fin de saisie conservatoire des effets mobiliers des tireurs, accepteurs et endosseurs d'une lettre de change ou d'un billet à ordre protesté faute de paiement, doit être donnée par le président du tribunal de commerce, et non par le président du tribunal civil. Cette décision est parfaitement juridique, disait M. Chauveau, car le président du tribunal civil ne peut autoriser une saisie conservatoire que lorsqu'il s'agit d'un débiteur forain. Dans les autres cas, le présideut du tribunal de commerce a seul qualité pour permettre de telles saisies dans les limites de l'art. 417. C'est ce que notre auteur avait déjà établi dans ses observations critiques sur un arrêt de la Cour de Toulouse du 26 fév. 1847 (*J. Av.*, t. 72, p. 244), qui a reconnu qualité au président du tribunal civil. Voy. aussi son *Formulaire de procédure,* 2e éd., t. 2, p. 355 et 545, note 1.

3. La jurisprudence s'est de plus en plus affirmée dans le sens de cette doctrine. V. Toulouse, 26 av. 1861 (*J. Av.*, t. 87, p. 508); Paris, 9 janv. 1866 (t. 91, p. 193) ; 30 juill. et 27 août 1875 (t. 101, p. 10); 27 déc. 1875 (*id.*, p. 122) ; 3 fév. 1876 (*id.*, p. 137). — *Adde* conf., Colmet-Daage, t. 1, n. 645; notre *Dictionn. du contentieux commerc.*, v° *Trib. de comm.*, n. 94, et notre *Formul. annot.*, p. 300, note 2, n. 1. — La Cour de Paris elle-même a cependant jugé, le 9 mars 1870 (t. 95, p. 245), que le président du tribunal civil est seul compétent pour autoriser, lorsqu'il y a péril en la demeure, l'exécution d'une contrainte administrative, en dehors des heures légales et même les jours fériés, au moyen notamment de saisies conservatoires, par exemple, contre un directeur de théâtre, pour assurer la perception du droit des pauvres. V. aussi Trib. civ. de la Seine, 28 déc. 1878 (*J. Av.*, t. 104, p. 57).

4. M. Chauveau, dans le précédent *Supplément*, sur la quest. 1496, observait que la saisie conservatoire peut être autorisée dans le cas de billet à ordre souscrit pour cause commerciale, aussi bien que dans le cas de lettre de change particulièrement énoncé dans l'art. 172, Cod. comm. Mais il déclarait ne pas admettre, avec MM. Bioche et Goujet, *Dict. de proc.*, v° *Saisie conservatoire*, n. 3, que ce mode de procéder puisse être employé par le porteur d'un billet à ordre dont la cause n'est pas commerciale. — Conf. M. de Belleyme, *Ordonn. sur req. et sur réf.*, formule 34, note 1.

5. La Cour de Paris a jugé, le 24 déc. 1866 (*J. Av.*, t. 92, p. 157), que le créancier en vertu d'une lettre de change causée valeur en marchandises peut, même en dehors du cas prévu par l'art 172, Cod. comm., être autorisé à saisir conservatoirement les effets mobiliers du débiteur, et que les frais de la saisie sont à la charge de ce dernier.

6. Et, d'un autre côté, il résulte d'un arrêt de la Cour de Rouen du 21 déc. 1861 (t. 87, p. 505), qu'il suffit, pour avoir le droit de pratiquer une saisie conservatoire, d'avoir un droit de créance apparent et d'établir que la situation d'affaires du débiteur est embarrassée.

7. Mais il faut reconnaître, avec un arrêt de la Cour de cassation du 20 fév. 1878 (t. 104, p. 394), que l'exécution des obligations d'une femme non commerçante ne pouvant, de quelque manière que celle-ci se soit engagée, être poursuivie que par les voies de droit commun, la saisie conservatoire autorisée par les art. 417, Cod. proc. et 172, Cod. comm., ne saurait être pratiquée à son préjudice par le porteur d'une lettre de change qu'elle a acceptée et qui a été protestée contre elle.

8. (Q. 1498 A). *Bien que l'art. 417 n'indique que le président du tribunal de commerce à l'effet de donner la permission de saisir, ce magistrat pourrait-il, en cas d'empêchement, être remplacé par un autre juge?*

Il est dit fort justement au texte que la règle générale d'après laquelle le plus ancien juge suivant l'ordre du tableau remplace le président empêché, doit recevoir ici son application.

Adde conf., notre *Formul. annot.*, t. 1, p. 300, note 2, n. 1.

9. (Q. 1495). *Le président du tribunal de commerce peut-il, dans le cas de l'art. 417, autoriser une saisie-arrêt?*

Résolu affirmativement au texte.

Adde conf., Trib. civ. de la Seine, 27 déc. 1850 (*J. Av.*, t. 76, p. 102); Paris, 24 janv. 1861 (t. 86, p. 14); Pigeau, *Comm.*, t. 2, p. 155; Roger, *Saisie-arrêt*, n. 141; dissertation de M. Molinier, *J. Av.*, t. 72, p. 513; notre *Dictionn. du contentieux commercial*, v° *Trib. de comm.*, n. 101, et notre *Formul. annot.*, p. 299, n. 7.

10. Mais, en pareil cas, la compétence du président du tribunal de commerce n'est pas exclusive de celle du président du tribunal civil : la saisie-arrêt pour cause commerciale peut indifféremment être autorisée par l'un ou par l'autre magistrat. V. notamment Turin, 30 mars 1813 (*J. Av.*, t. 19, p. 316); Orillard, *Compét. et proc. des trib. de comm.*, p. 68, n. 75; Roger, *loc. cit.*

11. (Q. 1497). *En disposant que le président peut, suivant l'exigence des cas, assujettir celui qui veut pratiquer une saisie conservatoire* à justifier de solvabilité suffisante, *l'art. 417 entend-il exprimer que le saisissant doive nécessairement administrer des preuves de sa solvabilité?*

Suivant l'opinion admise au texte, il peut suffire de la notoriété du crédit du saisisssant.

Adde conf., notre *Formul. annot.*, p. 301, note 6.

12. (Q. 1492 quinquies A). *Le président du tribunal de commerce doit-il commettre un huissier pour la saisie des effets mobiliers dans les cas qui requièrent célérité?*

Dans le précédent *Supplément*, M. Chauveau reproduisait sur ces points des observations publiées par le *Journal des Huissiers*, et desquelles il résulte que la commission d'un huissier n'est pas exigée pour la validité de la saisie conservatoire, mais qu'elle n'est pas non plus interdite, et qu'il peut être utile, comme dans le cas, par exemple, où l'ordonnance est exécutoire sur la minute, ce qui a lieu le plus souvent, que le soin de faire la saisie soit confié à tel huissier plutôt qu'à tel autre. M. Chauveau faisait remarquer que cette opinion est conforme à celle qu'il a adoptée dans son *Formulaire de procédure*, t. 1, p. 355, formule 369.

V. aussi dans le même sens, notre *Formulaire annoté*, t. 1, p. 301, note 5.

13. (Q. 1492 bis A). *L'ordonnance du président du tribunal de commerce, portant permission de procéder à la saisie conservatoire des effets mobiliers du débiteur, est-elle susceptible d'opposition ou d'appel?*

Solution affirmative au texte de la part de M. Chauveau.

14. Dans son *Supplément*, notre auteur, après avoir mentionné un arrêt de la Cour de Bordeaux du 29 juill. 1857 (*J. de proc.*, 1857, p. 405), déclarant recevable l'appel de l'ordonnance du président qui autorise une saisie conservatoire, et avoir rappelé qu'il n'admet pas de voie de recours contre l'ordonnance qui permet ou qui refuse de pratiquer une saisie-arrêt (*Saisie-arrêt* n. 100), se demandait si cette dernière interprétation doit être aussi suivie en matière de saisie conservatoire pratiquée pour cause commerciale. Non, sans doute, disait-il, quand l'ordonnance a été rendue dans les termes de l'art. 417, Cod. proc. civ., formel sur ce point; mais cette dérogation aux principes doit-elle être restreinte au cas spécial auquel elle s'applique, et l'art. 172, Cod. comm., étant muet, ne semble-t-il pas qu'on doive alors s'en tenir à la règle générale? — Il faut reconnaître que la disposition de l'art. 417, Cod. proc., placée dans le Code sous la rubrique de la *Procédure devant les tribunaux de commerce*, a une portée plus large, et qu'on pourrait invoquer ses dispositions, même quand il s'agit d'appliquer l'art. 172, Cod. comm. — M. Chauveau ajoutait que la Cour de Paris s'est prononcée en sens contraire à la solution ci-dessus dans un arrêt du 29 juin 1855 (*J. Av.*, t. 80, p. 452), qui a déclaré non recevable l'appel de la seconde ordonnance rendue sur le référé; et que M. Rodière, t. 2, p. 271, se prononce aussi contre tout recours.

15. La même Cour a encore jugé depuis, par arrêt du 6 fév. 1872 (*J. Av.*, t. 97, p. 98), que l'ordonnance de référé rendue sur l'opposition formée à une précédente ordonnance qui portait permission de saisir conservatoirement, sauf à en référer au juge en cas de difficulté, n'a pas un caractère contentieux, et n'est point dès lors susceptible d'appel. Cette décision se fonde sur l'analogie qui existe entre la permission de saisir conservatoirement, donnée en vertu des art. 417, Cod. proc., et 172, Cod. comm., et l'autorisation de pratiquer une saisie-arrêt, accordée en vertu de l'art. 558, Cod. proc. (V. *Saisie-arrêt*, n. 91 et s.). — Mais la Cour de Paris n'a pas persisté dans cette jurisprudence. Par deux autres arrêts des 30 juill. et 27 août 1875 et du 3 fév. 1876 (t. 101, p. 10 et 137), elle a au contraire admis, avec raison selon nous, qu'il peut être interjeté appel soit de l'ordonnance portant permission de pratiquer une saisie conservatoire sur les effets mobiliers du débiteur en matière commerciale, soit de l'ordonnance de référé intervenue sur la résistance du débiteur à l'exécution de la première, et en vertu de la réserve de recours contenue dans celle-ci. — V. aussi en ce sens, notre *Dictionn. du contentieux commerc.*, v° *Trib. de commerce*, n. 95, et notre *Formulaire annoté*, t. 1, p. 301, note 7, n. 2.

16. Il résulte d'un arrêt de la Cour de Toulouse du 26 avril 1861 (t. 87, p. 508), que l'ordonnance du président qui permet de faire une saisie conservatoire n'est susceptible de recours qu'autant qu'il s'agit d'en obtenir la rétractation ; qu'ainsi le saisi qui se plaint seulement de la manière dont l'ordonnance a été exécutée, par exemple, de ce que des immeubles par destination ont été saisis dans la forme usitée pour les saisies-exécutions, ne doit pas se pourvoir par voie de recours contre l'ordonnance, mais par voie de demande en nullité de la saisie elle-même.

17. D'un autre côté, il a été jugé que, bien que l'ordonnance par laquelle le président du tribunal de commerce autorise une saisie conservatoire soit susceptible d'opposition et d'appel, le saisi ou les tiers ne peuvent pas moins demander, par voie d'action principale, la nullité d'une telle saisie : Trib. de Nivelle, 22 avr. 1874 (t. 100, p. 117).

18. (Art. 1492 bis B). *Devant quel tribunal doit être portée l'opposition à l'ordonnance autorisant une saisie conservatoire?*

M. Chauveau, au texte, adopte l'opinion suivant laquelle cette opposition doit être portée devant le président du tribunal de commerce, à l'exclusion de ce tribunal.

19. La même interprétation a été consacrée par un arrêt de la Cour de Rouen du 21 déc. 1861 (*J. Av.*, t. 87, p. 505). — V. aussi conf., Goujet et Merger, *Dict. de droit commerc.*, v° *Saisie conservatoire*, n. 7. Mais la doctrine contraire est plus généralement admise. V. Bordeaux, 17 avril 1862 (*ibid.*) ; Bruxelles, 20 nov. 1866 (t. 92, p. 176) ; Bioche, v° *Saisie conservatoire*, n. 11; Dalloz, *eod. verb.*, n. 15; l'*Encycl. des Huiss.*, *eod. verb.*, n. 34 ; notre *Dict. du contentieux commerc.*, v° *Trib. de comm.*, n. 96. — Suivant un arrêt de la Cour de Chambéry du 8 juill. 1872 (t. 98, p. 148), l'opposition ne devrait être portée ni devant le président du tribunal de commerce, ni devant ce tribunal lui-même, mais bien devant le tribunal civil.

20. (Q. 1496). *La demande en validité ou en mainlevée de la saisie conservatoire ou de la saisie-arrêt autorisée par le président du tribunal de commerce, peut-elle être jugée par ce tribunal?*

Carré, au texte, paraît admettre l'affirmative.

21. Quant à M. Chauveau, se demandant par quelle voie celui qui a pratiqué une saisie conservatoire doit poursuivre la vente des objets saisis, il présentait dans son *Supplément* les observations ci-après :—En ce qui concerne la saisie foraine, pas de difficulté ; l'art. 824 est formel : avant de procéder à la vente, il faut faire prononcer la validité de la saisie. Il en est de même de la saisie-arrêt et de la saisie-gagerie, en un mot de toutes les mesures qui ne constituent pas l'exécution d'un titre, mais qui sont destinées à assurer cette exécution. On peut les qualifier, jusqu'à la validité, saisies conservatoires, après la validité, saisies-exécutions (art. 825). Les motifs qui ont déterminé le législateur à prescrire cette formalité ne conservent-ils pas leur force dans le cas d'une saisie conservatoire? Ne peut-on pas invoquer la maxime *Ubi eadem ratio, ibi idem jus?* Le doute ne semblait pas possible à notre auteur. — Il est indispensable, pour arriver à la vente des objets saisis, disait-il, de faire convertir la saisie conservatoire en saisie-exécution, ce qui ne peut avoir lieu que par un jugement de validité.

22. On objecte que les tribunaux de commerce n'étant pas compétents pour opérer cette conversion, comme l'ont jugé avec raison la Cour de Nîmes, les 4 janv. 1819 (*J. Av.*, t. 21, p. 467) et 12 juill. 1854 (t. 80, p. 461), et la Cour d'Orléans, le 26 août 1830, il faudrait, lorsque la juridiction consulaire aurait prononcé la condamnation au paiement de la dette contre le saisi, revenir devant la juridiction civile, et qu'alors il est plus simple de faire un commandement pour saisir-exécuter directement en vertu du jugement du tribunal de commerce. M. Chauveau répondait que le même inconvénient existe lorqu'une saisie-arrêt est faite pour une cause commerciale (Voy. une dissertation de M. Molinier, *J. Av.*, t. 72, p. 513, et un jugement du tribunal civil de Colmar, t. 73, p. 360). A-t-on jamais songé à prétendre que le saisissant pût, en vertu d'un jugement du tribunal de commerce, greffer sur la demande en validité de la saisie-arrêt une saisie-exécution, sous le prétexte que cette forme est bien plus expéditive ? Non, car il ne faut pas oublier que si des voies diverses sont ouvertes au créancier pour obtenir paiement, et s'il peut les suivre concurremment, il ne lui est point permis de dénaturer une procédure édictée par le Code pour en créer une innomée.

23. Cependant, cette marche a été suivie dans certains tribunaux. Après avoir obtenu le jugement commercial, le créancier le faisait signifier avec commandement au débiteur; puis, un jour franc s'étant écoulé, il faisait présenter au domicile de ce dernier, pour exécuter le jugement, un huissier qui, trouvant une saisie conservatoire existante, *la déclarait définitive parce qu'il y avait titre, procédait au récolement des objets saisis et fixait le jour de la vente.* — Ne suffit-il pas de signaler un tel système pour le condamner? Comment un huissier, agissant à la requête du créancier qui a fait une première saisie, a-t-il le droit de procéder au récolement des meubles et effets déjà saisis? L'art. 611 prévoit le cas où deux ou plusieurs créanciers font saisir successivement les meubles de leur débiteur ; mais il n'a certes pas eu en vue le cas où le même créancier ferait procéder à deux saisies successives sur les mêmes meubles appartenant au même débiteur. Il y a, d'ailleurs, un autre argument décisif, c'est celui-ci : Dans quel texte de loi un huissier a-t-il puisé le droit de transformer, de son autorité privée, une saisie *conservatoire* en une saisie-*exécution ?* Ce droit n'appartient qu'aux juges.

24. De tout ce qui précède, il résulte donc, ajoutait M. Chauveau, qu'il faut demander au tribunal civil la validité de la saisie conservatoire et sa conversion en saisie-exécution. — M. Armand Dalloz exprime la même pensée lorsqu'il dit dans son *Dictionnaire général*, v° *Saisie conservatoire*, n. 9 : « La saisie autorisée par le président du tribunal de commerce étant purement conservatoire, n'est suivie d'aucun acte d'exécution. Ce n'est qu'après que la justice a reconnu les droits du saisissant qu'il peut continuer les poursuites. » Et l'opinion de M. Bioche, sur ce point, est aussi conforme (*Journal de proc.*, 1837, p. 479). Dans l'espèce sur laquelle est intervenu un arrêt de la Cour de Toulouse du 26 fév. 1847 mentionné *suprà*, n. 2, le saisi avait été assigné en validité. — D'un autre côté, le tribunal civil de Castres, en annulant une saisie conservatoire, parce que le gardien n'avait pas signé le procès-verbal, a décidé, en outre, qu'il y avait nullité de la vente faite après le jugement de condamnation, attendu que la saisie n'avait pas été validée : jugement du 1er juill. 1849. — A la vérité, il n'y avait point eu ici de commandement ni de procès-verbal de récolement.

25-26. M. Chauveau examinait ensuite le point de savoir si la demande en validité doit, à peine de nullité, être formée dans la huitaine de la saisie conservatoire. La Cour de Nîmes s'est prononcée pour la négative dans son arrêt du 12 juill. 1854 cité plus haut, n. 22. Néanmoins, et bien qu'il n'y ait pas assimilation complète entre la saisie conservatoire et la saisie-arrêt, notre auteur conseillait, pour éviter toute difficulté, de ne pas laisser expirer la huitaine sans se pourvoir en validité. Il est bien entendu, d'ailleurs, observait-il, que le tribunal civil surseoira à statuer jusqu'à ce que le tribunal de commerce ait constaté l'existence et le *quantum* de la créance commerciale pour laquelle la saisie a été faite. — Compar., *Saisie-arrêt*, n. 291 et s., ainsi que la dissertation de M. Molinier, déjà citée.

27. Quant à la demande en mainlevée de la saisie, M. Chauveau admettait que le tribunal de commerce doit en connaître, lorsque cette mainlevée est demandée comme conséquence de la solution à intervenir sur les difficultés commerciales dont le tribunal est saisi, en observant que si la mainlevée provenait d'une nullité ou de l'irrégularité de la procédure d'exécution, le tribunal civil serait, au contraire, seul compétent. C'est d'ailleurs ce qui résulte d'un arrêt de la Cour de Paris, du 9 mars 1857 (*J. Av.*, t. 84, p. 353).

28. Pour nous, relativement à la demande en validité de la saisie conservatoire, nous pensons qu'en principe le créancier n'est pas obligé de la former, parce que cette saisie n'est qu'une mesure provisoire ayant pour but de lui donner le temps d'obtenir un titre exécutoire en vertu duquel il pourra frapper de saisie-exécution et faire vendre les effets mobiliers de son débiteur qu'elle aura placés sous la main de la justice. V. en ce sens, l'*Encyclop. des Huissiers*, v° *Saisie conservatoire*, n. 36 ; Dalloz, *eod. verb.*, n. 21; notre *Dict. du content. commerc.*, v° *Trib. de comm.*, n. 97, et notre *Formul. annot.*, t. 1, p. 299, note 1, n. 3. — Mais nous admettons aussi que, pour simplifier et accélérer la procédure, le créancier peut, par une extension rationnelle de la règle posée à l'égard de la saisie-gagerie et de la saisie foraine (Cod. proc., 824 et 825), faire valider et convertir en saisie-exécution sa saisie conservatoire (V. notre *Dict.* précité, *eod. verb.*, n. 100). Et il nous paraît incontestable que cette validité et cette conversion ne peuvent être prononcées que par le tribunal civil. V. Dalloz, n. 125 ; notre *Dict.*, n. 98; notre *Formul.*, *loc. cit.*, n. 4.

29. En ce qui touche la demande en mainlevée de la saisie conservatoire, nous pensons qu'elle doit être portée devant le tribunal civil ou devant le tribunal de commerce, suivant la distinction établie par M. Chauveau. La compétence du tribunal civil, en dehors du cas où la mainlevée n'est demandée que comme conséquence de la solution à intervenir sur les difficultés dont se trouve saisi le tribunal de commerce, a été proclamée par un arrêt de la Cour de Chambéry du 8 juill. 1872 (*J. Av.*, t, 98, p. 148), un arrêt de la Cour de Nancy du 10 mai 1873 (*ibid.*, p. 308), et un jugement du tribunal civil de Nivelles (Belgique) du 22 avril 1874 (t. 100, p. 117). V. aussi notre *Formul. annot.*, *ut suprà.*

30. Le jugement précité du tribunal de Nivelles a d'ailleurs décidé que si les juges civils, auxquels a été soumise la demande en mainlevée, doivent surseoir à y statuer jusqu'après la décision du tribunal de commerce sur la créance qui a motivé la saisie, ce n'est qu'autant que la créance paraît certaine et qu'elle peut être liquidée dans un court délai ; mais qu'il y a lieu de donner immédiatement mainlevée de la saisie lorsqu'elle a été pratiquée pour une créance qui dépend du résultat de la liquidation d'une société commerciale, et qu'il existe entre les associés des contestations s'opposant à un prompt achèvement de cette liquidation.

31. Les solutions admises, quant à la compétence, à l'égard de la demande en validité et de la demande en mainlevée de la saisie conservatoire, sont applicables même dans le cas où c'est une saisie-arrêt qu'a autorisée le président du tribunal de commerce (V. *suprà*, n. 9). C'est le tribunal civil qui prononce la validité ou ordonne la mainlevée, après que le tribunal de commerce a constaté l'existence et le *quantum* de la créance commerciale. V. notre *Formul. annot.*, t. 2, p. 300, note 1, n. 8.

32. (Art. 824). *Lorsqu'une saisie conservatoire n'a été convertie en saisie-exécution qu'après une saisie-exécution d'une date postérieure, mais connue du premier saisissant, est-ce à l'huissier de celui-ci, ou bien à l'huissier du créancier qui a fait faire la saisie-exécution, qu'il appartient de procéder à la vente ?*

Sur cette question, qui nous a été proposée, nous avons exprimé notre avis de la manière suivante :

Lorsqu'une saisie-exécution a été pratiquée nonobstant une saisie conservatoire antérieure des mêmes objets, suivant le droit que nous lui avons reconnu dans notre *Formulaire annoté*, t. 2, p. 539, note 1, n. 2, et p. 540, note 4, n. 1 (V. aussi le mot *Saisie-exécution* du présent ouvrage, n. 240), il nous semble incontestable que c'est à l'huissier qui a fait la saisie-exécution qu'il appartient de procéder à la vente, et que celui qui a fait la saisie conservatoire ne peut lui disputer la priorité de la poursuite en se hâtant de faire convertir cette saisie en saisie-exécution et de remplir les formalités préalables à la vente. Ce dernier, lorsqu'il a connaissance, comme dans l'espèce sur laquelle nous sommes consulté, de la saisie-exécution pratiquée antérieurement à cette conversion de la saisie conservatoire, se trouve en réalité dans la situation prévue par l'art. 611, Cod. proc. Si donc, au lieu de se borner au récolement et à la sommation de vendre dans la huitaine prescrits par cet article, il veut donner suite à sa propre saisie et procéder lui-même d'emblée à la vente, le juge des référés, appelé à se prononcer sur cette prétention, doit la repousser et maintenir à l'huissier qui, le premier, a saisi-exécuté le mobilier du débiteur, le bénéfice de la priorité de la poursuite.

— V. *Appel*.

SAISIE-EXÉCUTION.

(Art. 583 à 625, Cod. proc. civ.).

SOMMAIRE ALPHABÉTIQUE.

FORMULES. — *Commandement tendant à saisie-exécution.* — Form., t. 1er, p. 501

n. 495. — *Procès-verbal de saisie-exécution.* — Form. n. 496, p. 503. — *Procès-verbal de saisie-exécution quand l'huissier ne trouve personne pour lui ouvrir les portes ou que l'ouverture lui en est refusée.* — Form. n. 497, p. 510. — *Procès-verbal de carence.* — Form. n. 498, p. 512. — *Citation devant le juge de paix à l'effet de faire nommer un gérant à l'exploitation d'une ferme dont les bestiaux et les ustensiles ont été saisis.* — Form. n. 499, p. 513. — *Dénonciation du procès-verbal de la saisie pratiquée hors du domicile du saisi et en son absence.* — Form. n. 500, p. 514. — *Assignation en nullité de saisie-exécution.* — Form. n. 501, p. 514. — *Assignation en référé à la requête du gardien qui demande sa décharge.* — Form. n. 502, p. 515. — *Ordonnance du président.* — Form. n. 503, p. 516. — *Signification de l'ordonnance qui précède, avec sommation aux parties intéressées d'assister au récolement des effets saisis, quand le gardien a obtenu sa décharge.* — Form. n. 504, p. 516. — *Procès-verbal de récolement et nomination d'un nouveau gardien.* — Form. n. 505, p. 517. — *Opposition à la vente d'objets saisis qui n'appartiennent pas à la partie saisie.* — Form. n. 506, p. 518. — *Dénonciation de l'opposition à la vente au saisissant et à la partie saisie avec assignation en mainlevée de la saisie.* — Form. n. 507, p. 519. — *Conclusions pour faire rejeter la demande en distraction ou revendication.* — Form. 508, p. 520. — *Jugement qui admet la revendication.* — Form. n. 508 *bis*, p. 520. — *Opposition au prix de la vente d'objets saisis.* — Form. n. 509, p. 521. — *Procès-verbal de récolement à la requête d'un second créancier saisissant.* — Form. n. 510, p. 522. — *Sommation au créancier saisissant de faire procéder à la vente dans la huitaine.* — Form. n. 511, p. 523. — *Sommation à la partie saisie d'être présente à la vente lorsqu'elle n'a pas eu lieu au jour indiqué par le procès-verbal de saisie.* — Form. n. 512, p. 524. — *Requête présentée au tribunal pour être autorisé à vendre les effets saisis dans un lieu plus avantageux que celui qui est désigné par la loi.* — Form. n. 513, p. 524. — *Placard pour annoncer la vente.* — Form. n. 514, p. 525. — *Procès-verbal d'apposition des placards.* — Form. n. 515, p. 526. — *Procès-verbal d'exposition de vaisselle d'argent, bagues et joyaux d'une valeur de 300 fr. au moins.* — Form. n. 516, p. 526. — *Procès-verbal de récolement qui précède la vente.* — Form. n. 517, p. 527. — *Déclaration qui doit précéder la vente.* — Form. n. 518, p. 528. — *Procès-verbal de vente.* — Form. n. 519, p. 528.

DIVISION.

§ 1. — *Commandement préalable à la saisie-exécution.*
§ 2. — *Quand il y a lieu à saisie-exécution; pour quelles créances, en vertu de quels titres et sur quels objets elle peut être pratiquée.*
§ 3. — *Comment il peut être procédé à la saisie-exécution. — Procès-verbal de saisie.*
§ 4. — *Etablissement du gardien. — Ses obligations.*
§ 5. — *Récolement.*
§ 6. — *Incidents auxquels peut donner lieu la saisie-exécution.*
§ 7. — *Vente des meubles saisis.*

§ 1. — Commandement préalable à la saisie-exécution.

1. (Q. 2004 bis A). *Le défaut de commandement préalable ou l'irrégularité de cet acte rendent-ils nulle la saisie-exécution?*

Suivant M. Chauveau, au texte, la saisie serait nulle au cas soit d'omission du commandement, soit d'irrégularité de cet acte provenant de l'inobservation des formalités communes à tous les exploits.

V. aussi notre *Formulaire annoté*, t. 2, p. 516, note 1, n. 6.

2. Il résulte d'un jugement du tribunal civil de Tournon, du 12 août 1868 (*J. Av.*, t. 94, p. 433), que la saisie-exécution pratiquée en vertu d'un jugement par défaut de justice de paix, déclaré exécutoire sur minute en vertu de l'art. 12 de la loi du 25 mai 1838, n'en est pas moins nulle, si elle n'a pas été précédée d'un commandement avec signification du jugement. — Cependant la Cour de cassation décide que l'exécution d'un jugement déclaré exécutoire sur minute n'a pas besoin d'être précédée de la signification de ce jugement (V. *Exécution provisoire*, n. 35); aussi, dans l'affaire jugée par le tribunal de Tournon, la Cour de Nîmes a-t-elle déclaré que si l'omission de la signification du jugement avec commandement est une cause de nullité de la saisie, l'huissier ne devait pas être déclaré responsable de cette nullité, parce qu'il avait pu, dans l'état de la jurisprudence, se croire dispensé de remplir cette formalité.

3. (Q. 2007). *L'huissier, pour faire le commandement, doit-il être assisté de recors ou témoins?*

Solution négative au texte.

Adde conf., notre *Formul. annot.*, p. 519, note 5, n. 1.

4. (Q. 1999). *Si l'on ne connaît pas le domicile du débiteur, est-on dispensé de lui faire le commandement? et si on n'en est pas dispensé, dans quelle forme cet acte doit-il être signifié?*

Au texte, le premier point est résolu négativement, et sur le second il est dit que la signification doit avoir lieu dans la forme prescrite par l'art. 69, n° 8. — Il y est ajouté que le commandement serait valablement signifié au domicile élu pour l'exécution de l'obligation.

Adde conf., notre *Formul.* précité, p. 519, note 6, n. 1 et 2.

5. Dans le *Supplément* précédent, M. Chauveau, rappelant que, d'après la jurisprudence, les significations d'ajournement et autres exploits aux compagnies de chemins de fer doivent être faites, à peine de nullité, au directeur et au siège social (voy. *Ajournement*, n. 57), ajoutait que la Cour de cassation, par une conséquence de ce principe, a annulé un commandement tendant à saisie-exécution qui avait été notifié à un chef de gare : arrêt du 27 juill. 1858 (*J. Av.*, t. 84, p. 102). — Mais on a vu, v° *Ajournement*, n. 58 et s., que la doctrine de notre auteur, suivant laquelle l'assignation donnée à une compagnie de chemin de fer est valablement signifiée au domicile du préposé qui représente cette compagnie dans un lieu autre que celui du siège social, a été confirmée par la jurisprudence la plus récente. Or, la décision ne saurait être différente à l'égard de la signification d'un commandement. V. en effet v° *Exploit.*, n. 197.

6. Sur la validité de la signification faite au domicile élu, *adde* conf., Colmet-Daage, t. 2, p. 232; Dalloz, n. 38; Bioche, n. 60; Rodière, t. 3, p. 242.

7. On nous a soumis la question de savoir si la signification du commandement à fin de saisie-exécution, lorsque le domicile du débiteur est inconnu, doit être faite au parquet du tribunal devant lequel la poursuite est dirigée, ou au parquet du tribunal du lieu du dernier domicile du débiteur. Un arrêt de la Cour de cassation du 27 juill. 1868 (*J. Av.*, t. 94, p. 212) fournit, avons-nous dit, un argument très puissant pour la solution de cette question. Cet arrêt décide que la dénonciation du procès-verbal de saisie immobilière doit être faite, dans la même hypothèse de l'ignorance du domicile du débiteur, non au parquet du tribunal devant lequel l'expropriation est poursuivie, mais au parquet du tribunal dans l'arrondissement duquel le saisi avait son dernier domicile. S'il en doit être ainsi pour la notification de l'acte même d'exécution, comment la solution pourrait-elle être différente à l'égard de la notification d'un acte qui n'est que le préalable de cette exécution? La Cour suprême fonde sa décision sur ce que, à défaut de toute manifestation de l'intention de changer de domicile, le débiteur est réputé avoir conservé le dernier qu'il a eu, sans prendre nullement en considération le caractère réel des poursuites. A plus forte raison, dès lors, l'appliquerait-elle au cas de saisie-exécution.

8. (Q. 1992). *S'il s'agit de meubles communs à plusieurs débiteurs, par* *exemple, à des cohéritiers, faut-il faire un commandement individuel à chacun de ces débiteurs ?*

Il suffit, suivant l'opinion admise au texte, de faire commandement à celui des débiteurs en la possession duquel se trouvent les objets communs à tous; des commandements individuels ne seraient nécessaires que si chacun des débiteurs possédait une partie de ces meubles.

Adde conf., notre *Formul. annoté*, p. 519, note 8.

9. (Q. 1993). *Lorsqu'il n'a été fait commandement qu'à celui en la possession duquel se trouvent les meubles, quel sera le résultat de la demande en distraction que formeront les autres ?*

Si les meubles ont fait l'objet d'un partage, est-il dit au texte, il ne sera passé outre à la vente que de ceux échus au débiteur à qui le commandement a été fait ; s'ils n'ont pas été partagés, il faudra en provoquer le partage pour faire vendre ceux qui échoiront à ce débiteur.

10. (Q. 2000 bis). *Lorsque le titre du créancier est un jugement par défaut contre avoué, la signification à avoué qui en a été faite dispense-t-elle d'en donner copie avec le commandement ?*

Solution négative au texte de la part de M. Chauveau.

Adde conf. notre *Formul. annot.*, p. 517, note 3, n. 3.

11. Dans le cas où le titre est commun à plusieurs débiteurs, ne doit-il être signifié en tête du commandement fait à l'un de ceux-ci, qu'un extrait de ce titre en ce qui le concerne, ou doit-il être donné copie entière du titre? La première interprétation avait été admise par le juge taxateur dans une espèce sur laquelle nous avons été consulté. Cette opinion, avons-nous dit, ne nous paraît nullement juridique. L'art. 673, Cod. proc., veut qu'en tête du commandement à fin de saisie immobilière il soit donné *copie entière du titre*. Quant au commandement à fin de saisie-exécution, si l'art. 58 du même Code dit seulement qu'il doit contenir notification du titre, l'intention du législateur n'en a pas moins été d'exiger aussi dans ce cas une copie intégrale; la jurisprudence et la doctrine sont d'accord pour le reconnaître. V. Carré et Chauveau, quest. 1991 (*infrà*, n. 15), ainsi que les autorités indiquées *ibid.* Or, cette exigence de la loi est évidemment exclusive de la faculté de ne signifier en tête du commandement qu'un extrait du titre. V. en ce sens, l'*Encyclopédie des Huissiers*, v[is] *Saisie-exécution*, n. 118, et *Saisie immobilière*, n. 109.

12. Il importe peu que le commandement soit fait à plusieurs débiteurs en vertu d'un titre commun; la loi ne distingue pas. Outre que son texte est formel, du moins en ce qui concerne la saisie immobilière, on comprendrait difficilement qu'elle eût laissé à l'huissier le soin, qui aurait pu être souvent très délicat, de discerner dans le titre commun les parties à extraire pour chacun des débiteurs ; elle l'eût exposé à faire des omissions pouvant entraîner la nullité de la procédure ; d'un autre côté, elle l'eût placé dans un singulier embarras pour satisfaire à la demande que chacun des débiteurs, en se libérant, aurait pu faire du titre.

13. L'officier ministériel est donc parfaitement fondé, selon nous, à former opposition à la taxe. Mais le jugement qui statuera sur cette opposition ne sera pas susceptible d'appel. Cette voie de recours contre la liquidation des dépens n'est ouverte que lorsqu'on attaque en même temps quelques dispositions du jugement sur le fond. V. Chauveau et Godoffre, *Comment. du tarif*, t. 2, n. 2694, et notre *Formulaire annoté*, t. 1, p. 433, n. 14 et 15. — V. aussi, dans le présent ouvrage, le mot *Frais et dépens*, n. 189 et 210.

14. Lorsque le commandement a été fait dans l'exploit de signification d'un jugement, plus tard frappé d'appel, il n'est pas nécessaire que l'arrêt confirmatif soit signifié avec nouveau commandement : Grenoble, 11 nov. 1867 (t. 93, p. 201).

15. (Q. 1991). *Si, dans la copie du titre donnée avec le commandement, on avait omis de comprendre la formulee exécutoire, y aurait-il nullité?*

Solution affirmative au texte, fondée, d'une part, sur ce que la copie du titre exigée par l'art. 583 doit s'entendre d'une copie entière, comme dans l'art. 673 (V. *suprà*, n. 11), et, d'autre part, sur ce que la saisie-exécution ne pouvant être faite sans titre exécutoire (V. ci-après, n. 64 et s.), l'omission de la formule dans la copie donnée en tête du commandement, doit emporter nullité, puisqu'il ne serait pas justifié d'un titre emportant exécution parée. — Compar. *Exécution forcée*, n. 8, et *Saisie immobilière* (quest. 2204).

Adde conf., notre *Formul. annot.*, p. 517, note 3, n. 5 et suiv.

16. (Q. 2000 ter). *Est-il nécessaire, pour la validité du commandement à fin de saisie-exécution, notifié pour avoir paiement des arrérages d'une rente viagère, qu'à la copie du titre constitutif de la rente se trouve joint un certificat de vie attestant l'existence du rentier?*

Sur ce point, qui n'a pas été examiné au texte, M. Chauveau disait dans le précédent *Supplément* :

La difficulté naît de ce qu'aux termes de l'art. 1983, Cod. civ., le propriétaire d'une rente viagère n'en peut demander les arrérages qu'en justifiant de son existence; mais on ne peut induire de la combinaison de cette disposition avec l'art. 583, Cod. proc., que, lorsque le paiement des arrérages d'une rente viagère est poursuivi, le certificat de vie qui peut être exigé du demandeur doive être assimilé, au point de vue de la validité du commandement à l'aide duquel cette poursuite est exercée, au titre dont la copie doit précéder ce commandement à peine de nullité. L'omission du certificat ne peut, en aucun cas, invalider le commandement, parce qu'aucune prescription de la loi n'impose l'obligation d'insérer, à peine de nullité, copie de cet acte dans le commandement. La preuve de l'existence du crédi-rentier n'est soumise à aucune forme particulière; son appréciation est abandonnée à la discrétion du juge : Cass., 18 juin 1817 et 19 nov. 1817. — La Cour de Paris a cependant décidé, le 17 janv. 1840, qu'il faut que le commandement contienne la preuve de l'existence du créancier. V. Code *Gilbert*, sous l'art. 1983, Cod. civ. Mais M. Chauveau déclarait préférer la doctrine consacrée par un jugement en sens contraire du tribunal de la Seine, du 17 juin 1857 (*J. Av.*, t. 82, p. 615).

17. (Q. 2000). *Si le titre avait été déjà signifié, l'huissier devrait-il néanmoins l'énoncer dans le commandement?*

Résolu affirmativement au texte.

Adde conf., notre *Formul. annot.*, p. 517, note 3, n. 4.

18. Nul doute que le commandement tendant à saisie-exécution ne soit nul s'il ne contient pas copie du titre exécutoire en vertu duquel est fait le commandement, alors que ce titre n'a pas encore été notifié. V. en ce sens Montpellier, 18 juill. 1850 (*J. Av.*, t. 76, p. 154); Rodière, t. 3, p. 242; Bioche, n. 66. L'arrêt précité ajoute que cette nullité peut être proposée pour la première fois en appel, quoique, en première instance, le saisi se soit borné à exciper de la non-existence de la dette, par le motif que les art. 173 et 186 ne seraient pas applicables en ce cas. Sous ce dernier rapport, disait M. Chauveau dans le précédent *Supplément*, des critiques sérieuses peuvent être dirigées contre la décision de la Cour de Montpellier. Il n'y a pas ici les mêmes motifs qu'en matière de saisie immobilière (V. *Saisie immobilière*, Q. 2422 *quinquies*), et l'art. 173 régit les nullités des actes de procédure, soit judiciaires, soit extra-judiciaires. V. *Exception*, n. 145

19. (Q. 1995). *Peut-on procéder à la saisie le lendemain du jour auquel le commandement a été signifié? — Ou bien le délai d'un jour prescrit par l'art. 583 est-il franc?*

Cette question est résolue, au texte, dans le premier sens par Carré, et dans le second par M. Chauveau.

Adde conf. à cette dernière opinion, Dalloz, v° *Saisie-exécution*, n. 35 et 36; Rodière, t. 3, p. 242; Bioche, n. 97; Colmet-Daage, t. 2, p. 232, n. 841; notre *Formul.* précité, p. 516, note 2, n. 1.

20. (Q. 1996). *Ce délai est-il susceptible d'augmentation à raison des distances?*

Solution affirmative au texte de la part de M. Chauveau.

Adde conf., notre *Formul.*, *ibid.*

21. (Q. 1997). *Si le saisissant ne fait procéder à la saisie qu'après le délai fixé par l'art. 583, doit-il renouveler le commandement?*

La solution négative, admise au texte, ne peut faire difficulté.

Adde conf., Dalloz, v° *Saisie-exécution*, n. 35 et 36; Rodière, t. 3, p. 242; Bioche, n. 97; Colmet-Daage, t. 2, p. 232, n. 841.

22. Il a été jugé même que le commandement tendant à saisie-exécution n'est pas périmé par l'expiration d'un délai de trois ans sans continuation des poursuites: Bruxelles, 29 nov. 1859 (*J. Av.*, t. 89, p. 512).

23. Nous avons embrassé nous-même cette doctrine en répondant à la question qui nous avait été soumise de savoir si le commandement préalable à une saisie mobilière est sujet à déchéance, ou s'il conserve au contraire sa force, quel que soit le laps de temps qui s'écoule avant la saisie mobilière dont il est suivi. A la différence, avons-nous dit, de ce que l'art. 674, Cod. proc., prescrit pour le commandement à fin de saisie immobilière, et de ce que l'art. 784 exigeait pour le commandement préalable à l'exercice de la contrainte par corps, la loi n'assigne aucune durée spéciale aux effets du commandement qui doit précéder les saisies mobilières, et ne fixe aucun délai après lequel il soit nécessaire de réitérer ce commandement. Une saisie-exécution, une saisie-brandon, une saisie de rentes, une saisie-gagerie sont donc valables, quelque long que soit le temps qui s'est écoulé depuis le commandement signifié au débiteur. Toutefois, il faut admettre, avec plusieurs auteurs, qu'un commandement, même signifié depuis peu de temps, cesserait de pouvoir servir de base à une saisie mobilière, s'il avait été suivi de faits d'où résulterait manifestement la preuve que le créancier a abandonné les poursuites, comme si, par exemple, ce dernier avait accordé de nouveaux termes au débiteur, et qu'alors un nouveau commandement serait nécessaire pour permettre de procéder à la saisie. V. Boitard et Colmet-Daage, *loc. cit.*; Dalloz, n. 35; Chauveau, sous la quest. 1997 ci-dessus, au texte.

24. (Q. 1997 bis). *Lorsqu'un débiteur a formé opposition au jugement par défaut en vertu duquel ses meubles ont été saisis, est-il nécessaire de lui faire un commandement en vertu du jugement de débouté d'opposition?*

M. Chauveau soutient l'affirmative au texte, après avoir indiqué les raisons qui militent en faveur de l'opinion contraire.

25. Il a été jugé depuis, dans le sens de cette dernière opinion, que le créancier, qui a fait procéder à une saisie-exécution en vertu d'un jugement par défaut, peut, après que la partie condamnée a été déboutée de son opposition à ce jugement, reprendre la poursuite d'après les errements de la procédure, et sans que les formalités antérieures à l'opposition aient besoin d'être renouvelées: Paris, 28 juill, 1868 (*J. Av.*, t. 94, p. 117). — V. aussi Dijon, 26 janv. 1866 (t. 91, p. 374); notre *Formul. annot.*, p. 516, note 1, n. 4.

26. (Q. 1998). *Un commandement de payer sous peine d'y être contraint-*

par les voies de droit, suffit-il à la validité de plusieurs espèces de saisies successivement pratiquées pour le même objet?

Résolu affirmativement au texte.

Adde conf., Dalloz, n. 32; Bioche, n. 100.

27. Dans le *Supplément* précédent, M. Chauveau disait toutefois qu'il ne faut pas donner à l'opinion exprimée au texte une portée trop étendue; qu'ainsi on doit admettre, avec un jugement du tribunal de la Seine, du 21 nov. 1844 (*J. Av.*, t. 67, p. 719), que, lorsqu'une saisie a été suivie de la vente des meubles saisis, et que, par suite de l'insuffisance des deniers provenant de cette vente, le créancier s'est trouvé forcé d'opérer une nouvelle saisie sur d'autres objets, cette nouvelle saisie doit, à peine de nullité, être précédée d'un nouveau commandement.

28. Ayant été appelé nous-même à examiner le point de savoir si le commandement préalable aux diverses saisies mobilières doit, à peine de nullité, spécifier la voie d'exécution dont le créancier se propose de le faire suivre en cas de non-paiement, ou bien si le même commandement peut suffire pour permettre de procéder successivement aux différérentes espèces de saisie mobilière, soit qu'il renferme une énonciation générale qui s'applique à toutes, soit qu'il ne désigne particulièrement que l'une d'elles, nous avons exprimé comme il suit notre opinion : — Le commandement qui, aux termes de la loi (Cod. proc., 583, 626, 636, 819), doit précéder les diverses saisies mobilières, est une mise en demeure destinée à inviter le débiteur à se libérer, s'il ne veut y être contraint par les voies d'exécution que le Code de procédure autorise sur son mobilier. Nulle disposition de ce Code ne prescrit de spécifier dans le commandement l'espèce de saisie mobilière à laquelle le créancier se propose de recourir en cas de non-paiement; la loi n'exige qu'une chose, c'est que le débiteur soit interpellé de payer et averti par cette interpellation même des poursuites qui le menacent, sans qu'il soit besoin de lui faire connaître d'une manière précise le mode de contrainte qui sera employé contre lui. Par cela seul qu'un commandement lui a été signifié, il doit s'attendre à toutes les voies d'exécution dont son mobilier est susceptible. Pour la saisie des immeubles seulement, un avertissement spécial est prescrit (Cod. proc., 673).

29. De là, on a justement conclu qu'un commandement de payer, sous peine d'y être contraint *par les voies de droit*, suffit pour que l'on puisse valablement procéder, en vertu du même titre, à plusieurs saisies mobilières de différentes espèces. V. Turin, 7 août 1809 (*J. Av.*, t. 19, p. 423); Carré et Chauveau (ci-dessus); Bioche, v° *Commandement*, n. 2; Deffaux et Harel, *Encyclop. des huiss.*, v^is *Commandement*, n. 28, et *Saisie-exécution*, n. 103.

30. A plus forte raison, lorsqu'une saisie entreprise n'a pu être opérée parce que les objets qu'elle devait frapper ont péri ou disparu par une cause quelconque, un nouveau commandement n'est-il pas nécessaire pour qu'une seconde saisie de la même nature soit pratiquée sur d'autres objets. V. Orléans, 24 janv. 1817 (*J. Av.*, t. 19, p. 462). La Cour de Cassation est allée plus loin, et a décidé, par arrêt du 27 mars 1821 (S.-V., *Collect. chron.*), qu'un commandement à fin de saisie immobilière peut servir de base à une saisie-exécution, bien qu'aucune voie d'exécution autre que la saisie réelle n'y soit énoncée. On peut dire, à l'appui de cette solution, que le commandement qui permet d'employer la voie d'exécution la plus rigoureuse, doit mieux encore suffire pour autoriser celles qui le sont le moins. Cependant Carré est d'avis qu'un seul commandement ne peut être suivi de plusieurs saisies mobilières de diverses natures, qu'autant qu'il n'énonce point expressément l'intention d'adopter un genre unique de saisie; et nous nous rangeons volontiers à cette opinion. — Inutile d'ajouter que si, après la menace de contraindre le débiteur par toutes les voies de droit, le commandement spécifiait l'une de ces voies de contrainte, il n'en résulterait pas que celle-ci pût seule être employée, et qu'il en serait surtout ainsi dans le cas où les termes dans lesquels cette spécification aurait été faite indiqueraient qu'elle n'a pas un caractère exclusif, comme si, par exemple, elle avait été précédée des mots : *et notamment.*

31. (Art. 584). *Est-il nécessaire de constituer avoué dans le commandement tendant à saisie-exécution?*

Décidé négativement au texte, t. 4, p. 384, à la note.

Adde conf., notre *Formul. annot.*, p. 519, note 4, n. 12.

32. (CCCCLIX). *Pourquoi le commandement doit-il contenir élection de domicile dans la commune où doit se faire l'exécution, si le saisissant n'y demeure pas?*

Carré explique, au texte, que cette formalité a pour objet de permettre à la partie saisie d'employer plus facilement et plus promptement les moyens qu'elle peut avoir soit pour arrêter, soit pour suspendre les poursuites.

33. Il a été jugé, du reste, que l'élection de domicile dans un commandement à fin de saisie-exécution emporte attribution de juridiction au profit du tribunal du domicile du débiteur pour statuer sur l'opposition à ce commandement, bien qu'il y ait dans le titre qui sert de base aux poursuites une élection de domicile attribuant juridiction au tribunal du domicile du créancier : Trib. civ. de Grenoble, 14 juill. 1875 (*J. Av.*, t. 100, p. 302), mais cette solution nous paraît contestable. — Compar. *Saisie immobilière.*

34. (Art. 584). *Le commandement doit-il contenir élection de domicile dans chacune des différentes communes où doit se faire la saisie?*

Décidé affirmativement au texte, t. 4, 678, note 2, ainsi que sous la question 2006.

Adde conf., notre *Formul. annot.*, p. 517, note 4, n. 1.

35. (Q. 2004 bis B). *L'omission de l'élection de domicile annulerait-elle le commandement ?*

Solution négative au texte.

Adde conf., Paris, 20 janv. 1848 (*J. Av.*, t. 76, p. 602); Dalloz, n. 47 et 50; notre *Formul.*, p. 518, n. 3. — *Contrà*, Colmet-Daage, t. 2, p. 233; Bioche, n. 89; Rodière, t. 3, p. 243.

36. On a prétendu qu'un huissier qui, chargé de signifier un commandement tout préparé, à la requête d'une partie non domiciliée dans la commune du débiteur, y avait ajouté une élection de domicile dans cette commune, conformément à l'art. 584, pouvait être désavoué. Mais la Cour d'Orléans a fait justice de cette doctrine, le 25 janv. 1849 (t. 74, p. 552). Elle a considéré que le pouvoir de faire l'élection de domicile exigée par la loi dans le commandement tendant à saisie mobilière, résulte suffisamment pour l'huissier de la remise qui lui est faite du pouvoir même de faire ce commandement; que la loi ne prescrit pas à l'huissier de se munir d'un pouvoir spécial pour cette formalité; que l'art. 352 n'autorise l'action en désaveu que dans le cas où l'acte qui y donne lieu n'a dû être fait qu'en vertu d'un pouvoir spécial; que cette action, ainsi restreinte à raison des conséquences qu'elle entraîne vis-à-vis des tiers, ne peut être étendue au delà des cas prévus par la loi. — V. aussi en ce sens notre *Formul.*, p. 517, note 4, n. 2.

37. (Q. 2005). *Si l'on admettait qu'il y eût nullité du commandement dans lequel l'élection de domicile a été omise, cette nullité serait-elle réparée par l'élection de domicile faite dans le procès-verbal de saisie?*

Réponse affirmative au texte.

38. (Q. 2006). *Si, avant que l'exécution soit consommée, le saisissant qui* *habitait la commune où cette exécution se poursuit transportait son domicile dans une autre commune, sans y faire élection, serait-ce à ce nouveau domicile que le saisi devrait faire les significations des actes relatifs à la saisie?*

Non, suivant l'opinion exprimée au texte; les actes dont il s'agit peuvent être signifiés à l'ancien domicile du saisissant.

Adde conf., notre *Formul. annot.*, p. 518, n. 6.

39. (Q. 2006 bis). *Lorque la partie qui fait donner le commandement avec élection de domicile est une commune, l'exploit que le saisi fait signifier à ce domicile élu doit-il, à peine de nullité, être revêtu du visa prescrit par l'art.* 69, § 5?

Solution négative au texte.

Adde conf., notre *Formul. annot.*, p. 518, n. 9.

40. (Q. 2007 ter). *Le créancier domicilié hors de la France continentale qui, poursuivant une saisie-exécution en France, a élu domicile dans le lieu de l'exécution, est-il valablement assigné à huitaine, à ce domicile, par le débiteur qui forme opposition à la poursuite, sans qu'il y ait lieu d'observer les délais exceptionnels de l'art.* 73?

La Cour de Rouen a admis l'affirmative sur le motif que l'élection de domicile, au cas de l'art. 584, tient lieu de domicile réel pour celui qui l'a faite; que c'est là que doivent se trouver tous les documents et pièces propres à justifier de la légalité de la poursuite, puisque c'est là que le débiteur opposant peut faire toutes significations, même d'*offres réelles;* que le délai dont doit jouir le poursuivant pour comparaître sur l'assignation qui accompagne l'opposition à l'exécution tentée, et qui lui est signifiée à ce domicile, ne peut être et n'est que le délai qu'il aurait s'il avait en ce lieu son domicile réel; que dès lors c'est l'art. 72, et non l'art. 73, qui est seul applicable : arrêt du 24 janv. 1857 (*J. Av.*, t. 84, p. 122).

41. Dans le précédent *Supplément*, M. Chauveau observait que bien qu'il ait résolu affirmativement, sous la quest. 379, la question, d'ailleurs controversée, de savoir si l'assignation donnée à un étranger au domicile qu'il a élu en France, emporte les délais fixés par l'art. 73 (1), il lui semblait permis d'admettre que l'élection spéciale de domicile faite en exécution de l'art. 584, place le poursuivant dans une position exceptionnelle, qui ne permet pas d'appliquer à ce cas l'art. 73.

42. (Art. 2007 bis A). *Quelle est l'étendue de la faculté accordée par l'art.* 584 *de signifier les offres réelles au domicile élu dans le commandement?*

Cette faculté, dit M. Chauveau, au texte, doit être restreinte en ce sens que si les offres peuvent être signifiées à ce domicile élu pour arrêter l'exécution, elles doivent être réalisées au lieu qui dans la convention a été stipulé pour le paiement.

43. Dans le *Supplément* précédent, M. Chauveau se demandait si les offres réelles faites au domicile élu dans le commandement tendant à saisie-exécution sont nulles, lorsque, la dette étant payable en un autre lieu, d'après la convention, ces offres ne sont pas réitérées au lieu indiqué pour le paiement. La nullité lui paraissait devoir être prononcée, et c'est en effet ce qu'a décidé le tribunal civil de Vendôme, le 28 déc. 1849; toutefois, il déclarait ne pas partager entièrement la doctrine de ce jugement. Le tribunal de Vendôme admet, en effet, qu'il suffit de réitérer les offres au domicile indiqué dans l'obligation, sauf, en cas de refus, à opérer la consignation au domicile élu dans le commandement. Notre auteur était au contraire d'avis que la consignation doit être effectuée au lieu fixé pour le paiement.

44. (Q. 2007 bis B.) *En autorisant à notifier l'acte d'appel au domicile*

---

(1) C'est par erreur qu'au mot *Ajournement*, n. 395, il a été imprimé que cette question a été décidée *négativement* au texte.

élu dans le commandement, l'art. 584 ne veut-il parler que de l'appel des jugements rendus sur la poursuite de la saisie? — L'appel du jugement en vertu duquel elle a lieu y est-il compris?

M. Chauveau établit au texte que l'art. 584 est applicable à tous les jugements qui se rattachent à l'objet de la saisie, soit qu'ils appartiennent à l'instance même de saisie, soit qu'ils concernent une instance antérieure dont elle est la suite, et qu'ainsi l'appel du jugement qui sert de base à la saisie est valablement notifié au domicile élu dans le commandement.

45. Dans le sens de la validité de la signification au domicile élu de l'appel des jugements relatifs à l'objet de la saisie, *adde* Cass., 19 juin 1850 (*J. Av.*, t. 76, p. 20). L'appel peut être signifié à ce domicile, notamment quand il est formé contre le jugement qui a statué sur l'opposition au commandement : Rouen, 24 janv. 1857 (*J. Av.*, t. 84, p. 122); Colmet-Daage, t. 2, p. 234; alors même que le paiement effectué pour satisfaire à l'exécution provisoire a mis fin à la poursuite : Montpellier, 7 mai 1856 (*Journ. de cette Cour*, n° 828).

46. (Q. 2008 A). *L'appel du jugement signifié* avec sommation d'y obéir *ou* ommandement de s'y conformer *peut-il être notifié au domicile élu dans l'exploit de signification?*

La négative est enseignée au texte, où M. Chauveau n'assimile au commandement dont parle l'art. 583 la sommation ou même le commandement de satisfaire au jugement, qu'autant qu'il y est dit qu'à défaut d'obéissance, le débiteur sera contraint par l'exécution forcée, ou même, en termes plus généraux, par les voies de droit.

47. Deux arrêts de la Cour de Montpellier, des 15 mars 1848 (*J. Av.*, t. 73, p. 359) et 15 mars 1849 (t. 75, p. 404), ont déclaré nul l'appel signifié au domicile élu dans l'exploit de notification du jugement, sur le motif que cet exploit ne contenait pas le commandement exprès de payer dont parle l'art. 583. — Voy. aussi en ce sens, un arrêt de la Cour de Douai, du 23 fév. 1844 (t. 66, p. 291), et un arrêt de la Cour de Caen du 10 mai 1848 (t. 73, p. 693). — Le 23 mars 1849 (t. 75, p. 404), la Cour de Montpellier a appliqué la même solution dans une espèce où la notification contenait une simple sommation de payer ou de délaisser. — Mais, le 21 du même mois (*ibid.*), elle a considéré l'appel comme valable dans une espèce où l'exploit de notification portait que la partie serait contrainte par *voies et rigueurs de droit;* et c'est ce qu'a aussi décidé un arrêt de la Cour de Paris du 28 janv. 1848 (*J. Av.*, t. 73, p. 418). — Dans cette dernière affaire, on objectait à l'appelant que le jugement ne prononçait aucune condamnation, et que, par suite, il ne pouvait servir de base à aucune exécution par voie de saisie. Mais la Cour a répondu, avec raison, qu'il suffisait qu'un acte ayant les formes extrinsèques d'un commandement et portant menace de saisie-exécution, avec élection de domicile, fût signifié, à tort ou à raison, à la partie condamnée, pour que celle-ci fût, par cela même, autorisée à prévenir cette saisie en signifiant son appel au domicile élu.

48. (Q. 2008 B). *Faut-il que le commandement, pour que l'appel puisse être signifié au domicile qui y est élu, soit fait sous peine de saisie ou de toute autre exécution par les voies de droit?*

Carré, au texte, observe en note qu'il est prudent d'insérer ces énonciations dans le commandement.

49. Voy. encore sur les conditions qui doivent être remplies pour que l'appel puisse être signifié au domicile élu dans un exploit de signification de jugement ou dans un acte préalable à l'exécution, le mot *Appel*, n. 384.

50. (Art. 584). *L'appel peut-il être signifié aussi bien au domicile élu dans le premier commandement que dans tout autre acte de la poursuite?*

Décidé affirmativement au texte, t. 4, p. 685, à la note.

51. (Q. 2008 bis). *Si le commandement contient l'élection de deux domiciles, l'un dans la commune de l'exécution, l'autre ailleurs, les significations dont parle l'art. 584 peuvent-elles être faites indifféremment à l'un ou à l'autre?*

M. Chauveau adopte, au texte, l'opinion d'après laquelle les significations ne peuvent être valablement faites qu'au domicile élu dans le lieu de l'exécution ; mais il excepte néanmoins le cas où le saisissant, en élisant un autre domicile, aurait formellement exprimé l'intention d'y recevoir les significations qui lui seraient faites.

52. Il a été jugé, conformément à cette doctrine, que, dans le cas où le commandement tendant à saisie-exécution contient deux élections de domicile, l'une chez un avoué près le tribunal de première instance, l'autre chez le maire de la commune où la saisie-exécution doit avoir lieu, l'appel du jugement en vertu duquel le commandement a été fait, est nul, s'il n'a été signifié qu'au domicile élu chez l'avoué : Chambéry, 17 nov. 1866 (*J. Av.*, t. 92, p. 170). — Mais il a été décidé en sens contraire, et plus exactement, selon nous, que lorsque le commandement tendant à saisie-exécution contient élection de domicile dans chacune des communes où le débiteur possède des objets mobiliers, l'exploit d'appel peut être signifié à l'un de ces domiciles élus, encore qu'une saisie-exécution ait eu lieu dans une autre commune : Montpellier, 20 nov. 1847 (*J. Av.*, t. 73, p. 392). — V. aussi les décisions mentionnées au mot *Appel*, n. 384, p. 217. — V. également notre *Formulaire annoté*, t. 1, p. 373, n. 11 et s., et t. 2, p. 518, n. 5.

53. (Q. 2008 ter). *Si plusieurs coïntéressés, en faisant signifier, avec menace d'exécution, le jugement qu'ils ont conjointement obtenu, élisent un seul domicile, les significations peuvent-elles y être adressées en une seule copie, ou faut-il autant de copies qu'il y a de coïntéressés ?*

Résolu au texte en ce dernier sens.

Adde conf., notre *Formul. annot.*, p. 518, n. 7.

54. (Q. 2009). *Le saisissant serait-il valablement assigné par un tiers, au domicile élu dans le commandement?*

Au texte, Carré exprime l'avis que le saisissant peut être valablement assigné à ce domicile par les créanciers du saisi qui forment une action du chef de leur débiteur, mais non par ceux qui agissent de leur chef personnel ; et M. Chauveau admet que le droit d'assigner ainsi le saisissant appartient au revendiquant, aux opposants et au gardien.

Adde conf., notre *Formul., loc. cit.*, n. 8 ; — en sens contraire, Rennes, 19 août 1843 (*J. Av.*, t. 66, p. 215; Caen, 2 janv. 1856 (t. 81, p. 655); Bioche, n. 72; Rodière, t. 3, p. 243. — En ce qui concerne le gardien, compar., *infrà*, n. 231, et en ce qui touche le revendiquant, *infrà*, n. 254.

55. (Q. 2010). *Pourrait-on signifier un acte d'appel ou des offres au domicile élu pour d'autres saisies que la saisie-exécution?*

Carré, au texte, se prononce pour la négative ; mais M. Chauveau, *ibid.*, fait observer que le commandement permettant de procéder à toute espèce de saisie, le débiteur pourra toujours y voir, quels qu'en soient les termes, un commandement à fin de saisie-exécution, et s'autoriser, par suite de l'élection de domicile qu'il contient, pour faire au domicile élu la signification de ses offres ou de son appel.

V. aussi en ce dernier sens, notre *Formul. annot.*, p. 518, n. 10.

56. (Q. 2010 bis). *L'élection de domicile donne-t-elle par elle-même à celui qui habite le domicile élu pouvoir de recevoir les offres?*

Solution négative au texte de la part de M. Chauveau.

Adde conf., notre *Formul.*, p. 519, note 4, n. 11.

57. (Q. 2010 ter). *L'huissier qui fait le commandement peut-il recevoir paiement? Quand, et sous quelles restrictions?*

M. Chauveau exprime, au texte, l'opinion que l'huissier tient du mandat même qui lui a été donné de signifier le commandement, le pouvoir de toucher le montant de la créance qui en fait l'objet; mais que ce pouvoir ne se prolonge pas au delà du moment où il signifie l'exploit, et qu'il ne peut donner quittance que par l'exploit même.

Adde conf., Colmet-Daage, t. 2, p. 234; notre *Formul. annot.*, p. 519, note 5, n. 2.

58. Dans le *Supplément* précédent, M. Chauveau constatait que, comme la Cour de Colmar, dont la décision est mentionnée au texte, celle de Nancy a jugé, par arrêt du 3 mai 1856 (*J. Av.*, t. 82, p. 48), qu'un huissier qui procède à une saisie et qui reçoit d'un tiers le montant de la créance, peut subroger ce tiers aux droits du requérant. — La Cour de cassation avait rendu, le 2 août 1848 (*J. Av.*, t. 74, p. 276), un arrêt qui paraissait contraire à cette opinion; mais en rejetant, le 7 avril 1858 (S.-V.58.1.810), le pourvoi qui avait été formé contre l'arrêt de Nancy, cette Cour paraît avoir fixé la jurisprudence dans le sens de la validité de la subrogation. — V. aussi conf., notre *Formul.*, *loc. cit.*

59. Au cas où, dans un acte d'obligation, il a été stipulé que la somme due serait remboursée en l'étude du notaire rédacteur de l'acte, l'huissier que le créancier a chargé, à l'échéance, de signifier un commandement au débiteur, domicilié dans un autre lieu, a-t-il pouvoir pour toucher le montant de la dette qui lui est offert par ce dernier lors de cette signification, ou est-il fondé à le refuser, en opposant la clause qui veut que paiement soit fait dans un domicile autre que celui du débiteur? — Ayant été invité à résoudre cette question, nous avons dit qu'il nous paraissait indubitable que l'huissier, dans une semblable hypothèse, a qualité pour recevoir le montant de la dette, et que le débiteur a dès lors le droit de se libérer entre ses mains.

Lorsque l'art. 1247, Cod. civ., avons-nous fait remarquer, prescrit que le paiement soit effectué dans le lieu désigné par la convention, il suppose un paiement qui intervient en dehors de toute poursuite. Mais quand le créancier a remis à un huissier son titre exécutoire pour signifier au débiteur un commandement de payer, et qu'il lui a ainsi, d'après une règle constante, conféré le pouvoir de toucher ce qui lui est dû (V. ci-dessus, n. 57, ainsi que l'*Encycl. des Huiss.*, v° *Huissier*, n. 259 et s.; Larombière, *Obligat.*, sur l'art. 1239, n. 13; Dalloz, *Répert.*, v° *Obligat.*, n. 1708), la clause qui désigne pour le paiement un lieu autre que le domicile du débiteur, cesse de recevoir son application, par la raison toute simple que le créancier en a implicitement, mais nécessairement répudié le bénéfice.

60. La jurisprudence offre des exemples de dérogation à la stipulation concernant le lieu ou le mode de paiement. C'est ainsi qu'elle décide d'une manière constante que les compagnies d'assurances ne peuvent demander la résolution du contrat pour défaut de paiement des primes à leur domicile, conformément à la stipulation des polices, si elles ont adopté l'usage de faire toucher ces primes au domicile des assurés. V. notre *Dictionn. du contentieux commer. et industr.*, v° *Assurances terrestres*, n. 201. — C'est ainsi, d'autre part, qu'il a été jugé que l'huissier chargé de faire commandement de payer a pouvoir suffisant pour toucher la somme due, bien qu'il s'agisse d'une rente quérable qui devait être payée au créancier lui-même ou à son fondé de pouvoir spécial. V. Cass., 3 déc. 1838 (S.-V.39.1.339).

61. Si, dans ces cas, le caractère obligatoire de la clause relative au lieu ou au mode de paiement fléchit devant la manifestation implicite d'une volonté contraire de la part du créancier, nous ne voyons pas pourquoi il en serait autrement dans l'espèce sur laquelle nous sommes consulté. Puisque, en chargeant l'huissier de signifier un commandement au débiteur, le créancier a donné mission à cet officier ministériel de recevoir le montant de la dette, il a renoncé, encore une fois, au bénéfice de la clause d'après laquelle le paiement devait être effectué dans un lieu autre que le domicile du débiteur ; et l'huissier ne peut dès lors s'abriter derrière cette clause pour refuser le paiement que le débiteur lui offre lors du commandement.

62. (Art. 583). *L'opposition au commandement, formée par le débiteur, met-elle obstacle à la saisie?*

La négative résulte d'un jugement du tribunal civil de Grenoble du 13 juin 1870 (*J. Av.*, t. 95, p. 363), qui réserve seulement au débiteur le droit de faire condamner le saisissant aux frais et même à des dommages-intérêts, si son opposition est reconnue fondée. — Consult. aussi en ce sens, Trib. de Briançon, 25 nov. 1846 (t. 72, p. 260); Bordeaux, 19 avr. 1850 (t. 75, p. 540); Poitiers, 29 juill. 1851 (t. 77, p. 63); M. Chauveau, au texte, quest. 211, 1897 et 1915, et dans le précédent *Supplément*, quest. 1915 *bis* IV (V. *Exécution forcée*, n. 126). — Il y a d'ailleurs controverse sur le point de savoir si le commandement peut être frappé d'opposition avant qu'il n'ait été procédé à la saisie. V. *Saisie immobilière.*

§ 2. — Quand il y a lieu à saisie-exécution; pour quelles créances, en vertu de quels titres et sur quels objets elle peut être pratiquée.

63. (Q. 1990 quater). *Quels sont les cas où le créancier, pour atteindre les meubles de son débiteur, ne peut suivre la voie de la saisie-exécution, mais doit employer celle de la saisie-arrêt?*

M. Chauveau, au texte, se borne ici à renvoyer à la quest. 1928 *bis*, sous laquelle ce point a été déjà traité. — V. *Saisie-arrêt*, n. 5.

64. (Q. 2001 A). *Pour procéder à la saisie-exécution, faut-il nécessairement que le titre soit exécutoire?*

L'affirmative est établie au texte, où il est dit qu'il ne peut suffire ni d'un titre sous seing privé, ni même de la permission du juge.

V. aussi notre *Formul. annot.*, p. 510, n. 11.

65. M. Chauveau, dans le précédent *Supplément*, ajoutait ce qui suit : Une saisie peut être faite en vertu d'un jugement rendu en premier ressort dont il n'a pas encore été relevé appel ; mais l'appel interjeté après la saisie suspend les poursuites; et si le jugement est infirmé, il doit être donné mainlevée de la saisie par l'intimé, qui ne serait passible de dommages-intérêts, à raison de la saisie, qu'autant que les circonstances de la cause en motiveraient l'application. Le fait seul d'avoir fait saisir, en vertu d'un jugement qui n'avait pas acquis force de chose jugée, ne peut donner ouverture à des dommages, puisque le saisissant a agi en vertu d'un titre exécutoire. En pareil cas, du reste, les dommages consistent uniquement dans le paiement des frais de la procédure annulée par suite de l'infirmation du jugement qui lui avait servi de base. — Compar. notre *Formul. annot.*, *loc. cit.*, n. 15.

66. Notre auteur déclarait admettre, avec un arrêt de la Cour de Rennes, du 6 août 1853 (*J. Av.*, t. 79, p. 395), que la saisie-exécution pratiquée, en vertu d'un exécutoire de dépens, contre l'une des parties condamnées, est nulle lorsque ces dépens devaient, aux termes du jugement qui les alloue, être répartis, suivant certaines proportions, entre les parties condamnées, et que cette répartition n'a été faite, ni dans le jugement, ni dans l'exécutoire.

67. C'est évidemment avec raison qu'il a été jugé qu'une saisie-exécution ne peut être valablement pratiquée en vertu d'une sentence arbitrale, pendant l'instance sur l'opposition formée, pour l'un des motifs indiqués dans l'art. 1028, à l'ordonnance d'exécution de cette sentence : Trib. civ. de Mons, 8 janv. 1859 (t. 87, p. 511). L'opposition prive, en effet, la sentence arbitrale du caractère exécutoire.

68. Il peut être procédé à des poursuites de saisie-exécution', à la requête du receveur municipal d'une commune contre un débiteur de celle-ci, en vertu d'un état de recettes dressé par le maire et visé par le sous-préfet, conformément à l'art. 63 de la loi du 18 juill. 1837, cet état ayant le caractère d'un titre exécutoire : Cass., 2 juill. 1850 (S.-V.51.1.54) ; Trib. civ. de la Seine, 21 mai 1874 (*J. Av.*, t. 99, p. 415). — Mais l'acte d'adjudication de la ferme des droits de place sur les foires et marchés d'une commune, ne constitue pas un titre exécutoire, même lorsqu'il est revêtu du visa du préfet ; il ne peut donc servir de base à des poursuites de saisie-exécution contre l'adjudicataire ; ces poursuites ne peuvent avoir lieu qu'en vertu soit d'un jugement revêtu de la forme exécutoire, soit d'un état de recouvrements dressé par le maire et visé par le préfet : Douai, 24 juin 1874 (*J. Av.*, t. 99, p. 472). — Il faut du reste remarquer que l'état de recouvrements dont il s'agit n'est exécutoire que provisoirement, et que l'opposition formée aux poursuites auxquelles il a servi de base suspend le cours de ces poursuites jusqu'à ce qu'il ait été décidé par les tribunaux si celui contre qui elles sont dirigées est véritablement débiteur de la commune : arrêt précité de la Cour de cass. du 2 juill. 1850. — V. aussi le *Code d'instruct. administr.* de M. Chauveau, t. 2, n. 936 (2e édit.) ; M. Dalloz ; v° *Saisie-exécution*, n. 12 ; notre *Formul. annot.*, p. 510, n. 19.

69. (Q. 2001 B). *Pour quelles créances une saisie-exécution peut-elle être faite ?*

M. Chauveau fait remarquer, au texte, qu'il résulte de la disposition générale de l'art. 551 qu'une saisie-exécution ne peut être faite que pour une créance certaine et liquide.

70. La Cour de Montpellier a très bien jugé, le 8 mars 1865 (*J. Av.*, t. 91, p. 294), que la disposition d'un jugement condamnant une partie à remplir un engagement, et, à défaut de le faire, à payer une somme déterminée par mois, ne constitue pas une créance liquide et exigible autorisant le créancier à poursuivre l'exécution du jugement par la voie de la saisie-exécution.

71. Dans le cas de saisie-exécution pour choses non liquides, par exemple, pour avoir paiement d'une pension en nature stipulée au profit d'un donateur, l'évaluation exigée par l'art. 551, C. proc., doit-elle avoir lieu avant ou après la saisie ? Est-ce le tribunal ou le juge des référés qui doit y procéder ? Si cette évaluation ne doit être faite qu'après la saisie, n'est-il pas impossible d'indiquer dans le procès-verbal le jour de la vente, comme le prescrit l'art. 595, Cod. proc., et l'omission de cette indication n'entraîne-t-elle pas la nullité de la saisie ? Consulté sur ces différents points, nous avons exprimé notre sentiment de la manière suivante :

Il résulte clairement des termes de l'art. 551, Cod. proc., que l'évaluation des choses non liquides pour lesquelles on se propose de saisir peut n'avoir lieu qu'après la saisie, mais qu'il peut aussi y être procédé préalablement. Nul doute, d'ailleurs, qu'il faille s'adresser dans cet objet au tribunal lui-même et non point au juge des référés ; ce magistrat est bien compétent pour ordonner le sursis aux poursuites dans le cas où la saisie a précédé l'évaluation (Cass., 27 déc. 1810) ; mais il ne lui appartient pas d'estimer lui-même les causes de la saisie.

72. Lorsque l'évaluation ne précède pas la saisie, l'indication du jour de la vente ne peut, il est vrai, être faite à coup sûr dans le procès-verbal, puisqu'il n'est pas permis de prévoir exactement le temps que durera le sursis; mais la saisie n'en sera pas moins valable pour cela. En principe, la désignation du jour de la vente dans le procès-verbal de saisie n'est pas prescrite à peine de nullité; l'omission de cette mention peut seulement rendre le saisissant passible de dommages-intérêts dans le cas où elle cause un préjudice réel au saisi (*infrà*, n. 324). Or, de quel préjudice le saisi pourrait-il se plaindre, lorsque le défaut d'indication du jour de la vente est la conséquence nécessaire de l'obligation que la loi impose au saisissant de faire évaluer les choses pour lesquelles est faite la saisie, avant de poursuivre la vente? Il suffit, en pareil cas, de faire connaître au saisi le jour de la vente par une signification ultérieure; et nous ne pensons pas que les frais d'une telle signification doivent alors rester à la charge du saisissant, comme des auteurs l'enseignent pour l'hypothèse où l'omission de l'indication du jour de la vente est imputable à ce dernier (*loc. cit.*), puisque, comme nous venons de le dire, l'omission n'est ici que la conséquence d'une prescription légale. Au surplus, rien n'empêche le saisissant d'indiquer dans le procès-verbal un jour déterminé, *ou tel autre jour qui sera ultérieurement fixé dans le cas où l'évaluation des choses pour lesquelles a procédé la saisie n'aurait pas eu lieu avant celui qui a été désigné*. Par ce moyen, il se trouvera dispensé de recourir à une signification ultérieure, si l'évaluation est faite assez tôt. — V. aussi en ce sens notre *Formul. annot.*, p. 511, n. 22 et 23.

73. Le tribunal civil de Marseille a décidé, le 27 août 1873 (*J. Av.*, t. 99, p. 285), qu'en matière de contributions directes, après les actes de poursuite administratifs, les voies d'exécution pour parvenir au paiement rentrent dans les formes établies par le Code de procédure civile; et qu'en conséquence, la saisie des meubles du contribuable est nulle, si elle est faite pour une somme supérieure à celle portée au commandement qui l'a précédée, encore bien que, dans l'intervalle qui s'est écoulé entre le commandement et la saisie, de nouveaux termes seraient venus à échoir. — Cette décision est contraire, non seulement à l'art. 22 du règlement du ministre des finances du 21 déc. 1839, portant qu'en cas de déménagement hors du ressort de la perception, comme en cas de vente volontaire ou forcée, la contribution personnelle et mobilière sera exigible pour la totalité de l'année courante, mais encore et surtout à l'art. 65 du même règlement, duquel il résulte formellement que la saisie est faite même pour les termes des contributions qui sont devenus exigibles au jour de la vente, quoique le commandement ait exprimé une somme moindre. Cette dernière disposition est considérée comme dérogeant en faveur du Trésor aux règles de droit commun en matière de saisie, et comme comportant seulement cette restriction que la saisie ne frappe même les termes échus depuis le commandement, qu'autant qu'il s'agit de termes d'une même année, et non de termes afférents à deux exercices distincts. V. Paris, 20 janv. 1848 (S.-V.49.2.158); Durieu, *Poursuit. en mat. de contrib. direct.*, t. 1, n. 463; Dalloz, *Répert.*, v° *Impôts directs*, n. 505 et 525.

74. (Q. 2001 bis). *Peut-on, en vertu d'un jugement obtenu contre un codébiteur solidaire, procéder à une saisie contre l'autre codébiteur solidaire qui n'a pas été compris au jugement?*

M. Chauveau, au texte, regarde l'affirmative comme indubitable, sauf dans le cas où le débiteur solidaire non condamné personnellement contesterait soit la dette, soit la solidarité, ou aurait des exceptions personnelles à faire valoir.

Adde conf., notre *Formul. annot.*, p. 510, n. 20.

75. (Q. 2003). *Puisqu'on ne peut, en général, saisir-exécuter qu'en vertu d'un titre exécutoire, quelle ressource a le créancier, en vertu d'un titre privé,* *pour empêcher son débiteur de détourner ses meubles avant qu'il ait obtenu jugement?*

Comme le remarque Carré, au texte, à part le cas où, la dette étant commerciale, la loi autorise la saisie conservatoire, celui où la dette consiste en loyers et fermages, qui peuvent être le fondement d'une saisie-gagerie, même sans qu'il y ait bail, et celui où le débiteur est forain, ce qui le rend passible de saisie, malgré l'absence de titre, le créancier dépourvu de titre exécutoire n'a d'autre ressource que la saisie-arrêt qu'il peut pratiquer entre les mains des tiers chez lesquels le débiteur aurait caché son mobilier.—M. Chauveau, *ibid.*, observe, avec non moins de raison, qu'il n'appartient pas au juge de permettre une voie d'exécution au créancier qui n'est pas porteur d'un titre paré.

76. (Q. 2002). *Est-il des cas où une saisie-exécution puisse avoir lieu sans un titre exécutoire?*

Réponse affirmative au texte, où est indiqué notamment le cas des poursuites exercées par l'administration de l'enregistrement et des domaines pour le recouvrement des créances de l'Etat.

77. (Q. 2004) *Une saisie faite en vertu d'un titre éteint est-elle nulle, quoiqu'il n'ait été prononcé qu'une compensation provisoire?*

Solution affirmative au texte.

Adde conf., notre *Formul. annot.*, p. 510, n, 18.

78. (Q. 2034 bis). *Quels sont, en général, les objets qui peuvent être saisis mobilièrement?*

Ce sont, d'après l'explication de M. Chauveau au texte, tous les objets compris par l'art. 535, Cod. civ., sous la désignation de biens meubles.

V. aussi notre *Formul. annot.*, p. 511, note 1, n. 1 et 2.

79. Dans le précédent *Supplément*, M. Chauveau signalait quelques-unes des restrictions que comporte ce principe. Ce n'est pas seulement, disait-il, à cause de la destination de certains meubles ou en vertu de considérations d'humanité, que la règle de l'insaisissabilité a été établie par la loi à l'égard de certains objets; il est des cas où ce privilège, bien que non écrit dans le Code de procédure, résulte de textes spéciaux. Ainsi, c'est avec raison que M. Fœlix, dans la *Revue de droit français et étranger*, 1845, t. 2, p. 31, a enseigné que les agents diplomatiques des puissances étrangères, accrédités en France, ne peuvent, à raison du principe de l'exterritorialité, être recherchés par voie de saisie sur les meubles qui garnissent les locaux qu'ils occupent et qui leur appartiennent en leur qualité officielle.

80. Un autre obstacle à la saisie peut provenir de la dotalité des meubles. Sous la quest. 548 *bis* ont été citées les diverses décisions rendues sur la question de savoir si la femme peut être poursuivie sur ses biens dotaux en paiement de dépens en matière civile (V. *Frais et dépens*, n. 46 et s.). La Cour de cassation n'admet l'action sur la dot que dans les cas prévus par les art. 1554 et 1560. La Cour de Rouen s'est conformée à cette doctrine en décidant, le 12 mars 1839 (*J. Av.*, t. 56, p. 352), que les biens meubles réputés dotaux d'une femme séparée de biens ne peuvent être saisis par l'avoué qui a obtenu un exécutoire contre elle à raison des frais auxquels elle a été condamnée. — Dans une espèce où la femme, présente à la saisie, n'avait pas fait connaître à l'huissier le caractère de dotalité de tout ou partie des objets mobiliers qui garnissaient le domicile et n'avait pas exhibé à cet officier ministériel son contrat de mariage, le tribunal civil de Toulouse, par jugement du 8 fév. 1847 (t. 72, p. 257), a annulé la saisie, mais il en a mis tous les frais à la charge des époux.—La jurisprudence admet d'ailleurs que si le fonds dotal est insaisissable, il n'en est pas de même des fruits ou revenus qu'il produit, et que ceux-ci ne jouissent du privilège de l'insaisissabilité que dans la proportion de ce qui est nécessaire pour subvenir aux charges du mariage, selon l'appréciation souveraine des juges du fait : Cass., 6 janv. 1840 (t. 58, p. 185) et 17 mars 1856 (S.-V.56.1.517) ; Paris, 15 juill. 1856 (*Arch. du Notariat*, 1856, p. 645).

81. Dans son *Journal de procédure*, 1844, p. 68, M. Bioche a exprimé l'opinion que la viande de boucherie peut être saisie dans l'étal du boucher, et qu'en pareil cas le saisissant doit obtenir d'urgence du juge des référés ou du juge de paix, suivant les localités, la permission de continuer la vente, comme avant la saisie, sous la responsabilité soit du saisi, soit d'un tiers établi gardien et gérant de l'exploitation du fonds de commerce, et qui sera tenu de représenter ou de consigner le prix provenant de la vente. Ces solutions paraissaient à M. Chauveau d'autant moins susceptibles de difficulté que tout autre mode de procéder, suivant son observation, serait impraticable et équivaudrait à l'insaisissabilité des comestibles. Il en serait de même, ajoutait notre auteur, de toutes autres marchandises susceptibles de se corrompre ou de se détériorer dans un bref délai.

82. Il a été jugé, depuis, que la dot mobilière d'une femme mariée sous le régime dotal et séparée de biens est insaisissable, alors même que la femme est marchande publique : Trib. civ. de Grenoble, 2 juill. 1869 (t. 95, p. 283). — Sur cette insaisissabilité du capital de la dot mobilière, ainsi que sur celle des revenus dotaux, quand la femme est séparée de biens, consult. notre *Traité de la séparation de biens judiciaire*, n. 307, 416 et s. — V. aussi notre *Formul. annot.*, p. 511, note 1, n. 4.

83. Les objets mobiliers dépendant d'une communauté de biens entre époux peuvent-ils, durant la communauté, être valablement saisis par les créanciers personnels du mari, quoique ce dernier en ait fait la vente à sa femme en remploi de ses propres aliénés ? La Cour de cassation a consacré la négative par arrêt du 9 mars 1837 (*J.P.*37.1.207). Mais un jugement du tribunal civil de Colmar du 12 mars 1862 (*J. Av.*, t. 87, p. 512) a admis la solution contraire, dans l'hypothèse où le mari est resté, comme chef de la communauté, en possession des objets mobiliers par lui vendus à sa femme, et où il résulte, d'ailleurs, des faits que la vente dont il s'agit a eu lieu frauduleusement, pour soustraire l'actif du mari à l'action ds ses créanciers.

84. Les objets mobiliers qui existent au domicile de la femme séparée de biens étant réputés sa propriété, ne peuvent pas être saisis par les créanciers personnels du mari, à moins qu'ils ne prouvent que celui-ci en est réellement propriétaire : Rouen, 1er février 1855 (*J. Huiss.*, t. 37, p. 23) ; Caen, 15 déc. 1859 (*J. Av.*, t. 87, p. 512). Et, pour cela, il ne suffit pas qu'ils établissent que parmi ces objets il s'en trouve quelques-uns qui servent le plus fréquemment aux besoins du mari : même arrêt de Caen. — *Contrà*, arrêt de Rouen précité.

85. Nous avons été consulté sur le point de savoir si le créancier d'un débitant de tabac peut faire saisir le tabac et les cigares qui se trouvent dans le débit de ce dernier. — Le droit exclusif de l'Etat pour la vente du tabac est si absolu, avons-nous répondu, qu'on ne saurait songer un instant à comprendre dans la saisie et la vente publique des meubles auxquelles il est procédé contre un débitant de tabac, le tabac, de quelque nature qu'il soit, qui est trouvé chez ce dernier. Le silence du Code de procédure sur ce point importe peu. Il est constant que le caractère de l'insaisissabilité s'applique à d'autres objets que ceux énoncés en l'art. 592 de ce Code, et qu'il s'attache notamment aux choses qui sont hors du commerce.

86. Cependant il serait injuste que le débiteur conservât, au préjudice de ses créanciers, la libre disposition du tabac qui se trouve entre ses mains, et pût, en le vendant, réaliser une valeur qui échapperait aux poursuites de ceux-ci. Le seul moyen de prévenir ce résultat est, selon nous, de demander, en vertu de l'art. 1691, Cod. civ., dont la disposition n'est pas limitative, la mise sous séquestre du tabac dont il s'agit, afin que le séquestre en effectue lui-même la vente et en verse le prix à la caisse des dépôts et consignations. Il nous paraît d'ailleurs nécessaire de former cette demande contre l'administration des tabacs en même temps que contre le débiteur, en raison du droit qu'a cette administration de régler les conditions de la vente. La mesure en question peut être réclamée devant le juge des référés, sauf à ce magistrat à renvoyer les parties devant le tribunal, suivant la nature des prétentions qui viendraient à être élevées par les défendeurs.

87. Des arbres mis en terre pour y rester pendant un certain nombre d'années comme pépinière, ont le caractère d'immeubles, et ne peuvent dès lors faire l'objet d'une saisie-exécution : Caen, 4 avril 1870 (*J. Av.*, t. 96, p. 350).

87 *bis*. Sur la responsabilité de l'huissier qui saisit des objets mobiliers n'appartenant pas au débiteur de son client, V. *Responsabilité des officiers ministériels*, n. 7.

88. (Q. 1994). *Peut-on saisir des meubles indivis avant que le partage en soit effectué ?*

Ce point est résolu affirmativement au texte, où Carré observe toutefois que les copropriétaires non débiteurs du saisissant peuvent former une demande en distraction, laquelle exige nécessairement que le partage soit effectué.

Adde conf., Bordeaux, 30 mars 1852 (*Journ. de cette Cour*, 1852, p. 182); Dalloz, n. 37; Bioche, n. 62; Rodière, t. 3, p. 260; notre *Formul. annot.*, p. 512, n. 8. V. *Saisie immobilière*.

89. La Cour de Bordeaux, par un autre arrêt du 29 mars 1870 (*J. Av.*, t. 95, p. 329), tout en reconnaissant de nouveau au créancier le droit de faire saisir, pendant l'indivision, les meubles de la succession dans laquelle son débiteur a des droits, a décidé qu'il ne peut toutefois mener à fin les poursuites tant que dure l'indivision; en ajoutant d'ailleurs que si aucun des héritiers ne prend l'initiative de l'instance en partage, il appartient au créancier de l'introduire lui-même, comme faisant valoir les droits de son débiteur. Cette solution nous paraît parfaitement juridique en présence de l'art. 2205, Cod. civ., dont une évidente analogie doit permettre d'étendre la disposition au cas de saisie de meubles indivis.

90. (Q. 1990 quinquies). *La saisie faite par un créancier d'un objet donné en gage à un autre créancier est-elle nulle, si le saisissant n'a pas désintéressé le gagiste?*

M. Chauveau soutient la négative au texte.

Adde conf., notre *Formul.*, p. 512, n. 10.

91. (Q. 2037). *Si, parmi les papiers du saisi, on trouve des billets obligatoires consentis à son profit, l'huissier peut-il les saisir ?*

Suivant l'opinion admise au texte, le caractère d'insaisissabilité s'attache à tous les papiers du débiteur (sauf le cas de faillite), et conséquemment aux titres de créances; mais M. Chauveau observe que la qualification de *papiers* ne doit pas être donnée aux billets de banque.

Adde dans le sens de l'insaisissabilité des billets à ordre, lettres de change et titres de créances, notre *Formul. annot.*, *loc. cit.*, n. 12. — *Contrà*, Rodière, t. 3, p. 248; Dalloz, n. 154; Colmet-Daage, t. 2, p. 238.

92. Dans le *Supplément* précédent, M. Chauveau se demandait si les reconnaissances du mont-de-piété sont également insaisissables. Il ne le pensait pas, disait-il, et il approuvait un arrêt de la Cour de Paris, du 6 janv. 1855 (*J. Av.*, t. 80, p. 222), qui a déclaré que les reconnaissances du mont-de-piété sont valablement comprises dans une saisie-exécution et que le créancier peut être autorisé à faire vendre les objets engagés après les avoir dégagés. En agissant ainsi, remarquait notre auteur, le créancier ne fait qu'exercer ses droits sur les objets mobiliers de son débiteur, après avoir désintéressé le créancier gagiste. V. dans le même sens, Bioche, v° *Saisie-exécution*, n. 17; Dalloz, n. 154.

93. (Q. 3042 bis). *Peut-on saisir un manuscrit chez l'auteur?*

Ce point est résolu négativement au texte par M. Chauveau, sur le motif que l'insaisissabilité des papiers s'étend aux manuscrits.

94. *Adde* conf., Rodière, t. 3, p. 252, à la note, et Colmet-Daage, t. 2, p. 245, du moins quand le manuscrit existe chez l'auteur. Dans un article publié par le *Journal de procédure*, 1840, p. 243, M. Galouzeau de Villepin a exprimé l'avis que le manuscrit est saisissable, si, d'après les circonstances, il était destiné à la publication. M. Bioche paraît être aussi de ce sentiment, *Dict.*, v° *Saisie-exécution*, n. 39. M. Colmet-Daage, *loc. cit.*, examine sous ses diverses physionomies la question en tant qu'elle s'applique à la propriété littéraire, à la propriété artistique et à la propriété industrielle. En résumé, il pense que l'ouvrage vendu peut être saisi chez l'éditeur qui l'a acquis et par les créanciers de ce dernier, soit que l'ouvrage ait été imprimé, soit qu'il ne s'agisse que des droits de publication; que les créanciers de l'auteur auraient le droit de saisir-arrêter chez l'éditeur le prix de l'ouvrage vendu et non encore payé; que les œuvres d'art ne peuvent être saisies chez l'auteur amateur, tandis qu'elles sont saisissables chez l'artiste dont elles constituent la profession; qu'enfin, si la marque de fabrique ne peut être saisie, il en est autrement des brevets d'invention, dont la vente peut être autorisée au profit du créancier après qu'une opposition notifiée au ministre du commerce a mis obstacle à toute cession de la part du débiteur. — M. Chauveau, qui mentionnait ces autorités dans le *Supplément* précédent, ne faisait pas connaître sa propre opinion au sujet des distinctions établies par M. Colmet-Daage. — Pour nous, nous pensons que les manuscrits et les œuvres d'art ne peuvent être frappés de saisie-exécution tant qu'ils ne sont pas sortis du cabinet ou de l'atelier de leur auteur, parce que jusque-là l'œuvre doit être réputée n'avoir pas encore reçu la forme définitive qui peut seule lui donner le caractère d'une propriété tombant dans le domaine aliénable et saisissable de l'artiste. — Compar. aussi notre *Formul. annot.*, p. 512, n. 14.

95. (Q. 2035). *Quelles sont les choses que la loi déclare immeubles par destination, et qui conséquemment ne peuvent être saisies?*

Il est établi au texte que les objets que l'art. 524, Cod. civ., déclare immeubles par destination ne sont insaisissables que lorsqu'ils ont été placés sur le fond par le propriétaire, et non lorsqu'ils l'ont été par le fermier ou le locataire.

96. Cette doctrine a été sanctionnée par un arrêt de la Cour de Colmar, du 6 juillet 1849 (*J. Av.*, t. 76, p. 601), d'après lequel sont réputés immeubles par destination, et ne peuvent, comme tels, être compris dans une saisie immobilière, soit les animaux attachés à la culture, tels que bœufs d'attelage et chevaux avec leurs harnais, soit les instruments aratoires, tels que voitures, tombereaux, hache-paille, machine à nettoyer le blé, etc., lorsque ces objets se trouvent placés sur un fonds de terre à l'exploitation duquel ils paraissent servir; mais que la nullité de la saisie-exécution, en ce qui concerne les animaux attachés à la culture, peut être restreinte à ceux des animaux placés sur le fonds qui seraient rigoureusement indispensables à l'exploitation de ce même fonds. — MM. Colmet-Daage, t. 2, p. 242 et Dalloz, n. 174, pensent aussi que l'insaisissabilité ne s'étend pas aux objets placés sur le fonds par le fermier. Mais M. Rodière, t. 3, p. 254, est d'une opinion contraire.

97. Par application de ce principe, le tribunal de la Seine a décidé, le 16 mars 1858 (*J. Av.*, t. 85, p. 224), que le créancier d'un locataire qui a établi une usine sur le terrain loué peut faire saisir la machine à vapeur qu'il a fait placer dans les bâtiments construits par lui pour l'exploitation de l'usine, les accessoires de cette machine à vapeur et tout le matériel de l'établissement.

98. Mais il a été jugé que les ustensiles nécessaires à l'exploitation d'une usine qui a été établie sur son propre fonds par le débiteur, étant immeubles par destination, ne peuvent, surtout à l'encontre des créanciers hypothécaires, être frappés de saisie-exécution, même pour l'une des créances énumérées dans l'art. 593, Cod. proc. : Rennes, 31 août 1864 (*J. Av.*, t. 90, p. 313).

Adde conf. à la doctrine du texte, notre *Formul. annot.*, p. 513, n. 26.

99. (Art. 592). *Le propriétaire peut-il empêcher la saisie des immeubles par destination que le fermier ou locataire a placés sur le fonds, en remboursant le prix de ces objets au saisissant, avec augmentation de la plus-value, à dire d'experts ?*

Résolu négativement au texte par Carré, t. 4, p. 715, à la note.

Adde conf., notre *Formul.*, *ibid.*, n. 27.

100. (Q. 2035 bis). *Les vers à soie sont-ils insaisissables pendant leur travail ?*

M. Chauveau, au texte, est d'avis que lorsque les vers à soie sont élevés par un propriétaire avec les feuilles cueillies dans sa propriété, et qu'ils font ainsi en quelque sorte partie de l'exploitation rurale, ils doivent être considérés comme des immeubles par destination et ne peuvent dès lors être saisis ; mais qu'il en est autrement lorsqu'ils sont élevés par un individu qui n'a pas de propriété et qui achète les feuilles. — D'autres auteurs refusent aux vers à soie le caractère d'immeuble par destination ; d'où la conséquence qu'ils sont saisissables dans tous les cas. V. Demolombe, *Distinct. des biens*, t. 1, n. 728 ; l'*Encycl. des Huiss.*, v° *Saisie-exécution*, n. 69. — C'est l'opinion que nous avons adoptée dans notre *Formul. annot.*, t. 2, p. 513, n. 29.

101. (Q. 2036 A). *Le cheval et la charrette d'un brasseur peuvent-ils être saisis ?*

Une décision qui a consacré l'affirmative est approuvée, au texte, par Carré. — La même solution a été admise par une autre décision à l'égard du cheval et de la charrette d'un meunier. — Mais M. Chauveau, *ibid.*, adopte l'opinion contraire, par le motif que si de tels objets ne sont pas immeubles par destination, ils rentrent dans la catégorie des ustensiles servant à la profession du saisi, comme un arrêt l'a jugé pour le cheval et la voiture d'un porteur d'eau.

Adde en ce dernier sens, notre *Formul. annot.*, p. 514, n. 39 et 40.

102. (Q. 2036 B). Quid *des machines, décorations, partitions et autres effets mobiliers d'un théâtre ?*

Il est avec raison enseigné au texte que ces objets sont saisissables.

103. (Q. 2036 bis). *Peut-on saisir, pour toute espèce de créance, les bateaux sur une rivière prêts à faire voile ?*

Solution affirmative au texte.

104. (Q. 2037). *Quels sont les objets que l'art.* 592 *a entendu comprendre sous ces expressions,* le coucher nécessaire ?

Carré, au texte, exprime l'opinion que le coucher comprend le bois de lit, les couvertures, les draps, le traversin, un et même deux matelas, ainsi qu'un lit de plume. — M. Chauveau, *ibid.*, est d'avis que la question de savoir ce qui constitue le coucher nécessaire doit être résolue d'après les circonstances de chaque espèce en prenant pour guide l'humanité, la position, la fortune, l'âge et la santé du débiteur. — Il ajoute que le coucher insaisissable est celui du lieu qu'habite le saisi, quand même ce ne serait pas son domicile légal.

105. Mais il a été très bien jugé qu'on ne doit pas considérer comme constituant le coucher nécessaire du débiteur et de ses enfants des lits, matelas, oreillers, couvertures et draps saisis dans un appartement que le débiteur avait quitté avant la saisie pour aller habiter une autre ville dans un état d'aisance avéré : Trib. de Bruxelles, 24 nov. 1856 (t. 85, p. 223).

Adde notre *Formul. annot.*, p. 512, n. 15 et 16.

106. (Q. 2038 A). *Doit-on laisser un coucher pour chacun des époux et des enfants?*

Il est dit au texte que les magistrats doivent s'inspirer ici de l'intérêt des mœurs et de l'humanité, et qu'il est désirable qu'on laisse un lit pour chacun des époux lorsque l'un d'eux est infirme, et le coucher particulier de chaque enfant.

107. Dans le précédent *Supplément*, M. Chauveau disait approuver les solutions suivantes : — Sont insaisissables les lits servant au coucher soit du saisi, soit de ses enfants : Rodière, t. 3, p. 251. — Les enfants mineurs sont propriétaires des linges et hardes affectés uniquement à leur usage, en ce sens que ces objets ne peuvent être compris dans la saisie pratiquée sur leurs parents : Caen, 13 mai 1851 (D.P.52.2.183). — Doivent être distraits de la saisie les effets à l'usage personnel des enfants du débiteur, tels que leurs vêtements, linges et livres d'étude et les objets mobiliers qui leur ont été donnés en cadeau : Trib. de la Seine, 13 avril 1859 (*J. Av.*, t. 84, p. 355). Dans l'espèce de cette décision, le saisi avait disparu de son domicile. Le jugement a reconnu implicitement que pour obtenir la distraction du lit du saisi, les enfants ne sont pas obligés de justifier de l'existence de leur père. — D'un autre côté, le tribunal, tout en refusant de faire délivrer aux enfants certains objets dont l'origine n'était pas suffisamment justifiée, a prescrit que ces objets ne seraient mis en vente qu'après que les autres objets saisis auraient été vendus et qu'autant que les prix de ceux-ci seraient insuffisants pour désintéresser le saisissant et les opposants.

Adde dans le sens de l'opinion exprimée au texte, notre *Formul. annot.*, p. 513, n. 19.

108. (Q. 2038 B). *Doit-on laisser le coucher des domestiques?*

A cet égard encore, selon M. Chauveau au texte, les juges doivent se déterminer d'après les circonstances.

Adde conf., notre *Formul.*, *ibid.*, n. 20.

109. (Q. 2039). *Peut-on saisir les habillements dont le débiteur, sa femme et ses enfants se seraient revêtus sans nécessités?*

Solution négative au texte.

110. (Q. 2038 C). *Les portraits de famille sont-ils saisissables?*

Dans l'espèce du jugement du 13 avril 1859 mentionné ci-dessus, n. 107, le tribunal de la Seine avait ordonné la distraction des portraits de famille, que d'ailleurs le saisissant consentait à rendre. — Mais en principe, disait M. Chauveau, dans le *Supplément* précédent, les portraits de famille ne sont pas insaisissables. L'huissier chargé de procéder à une saisie-exécution ne peut donc, quelles que soient les circonstances, s'abstenir de les comprendre dans cette saisie. Il n'appartient qu'au tribunal de décider s'ils peuvent ou non en être distraits.

111. (Q. 2040). *Est-ce à l'huissier ou à la partie saisie qu'il appartient d'apprécier la valeur des livres ou des instruments que cette dernière veut conserver?*

L'huissier et la partie saisie doivent s'entendre pour cette évaluation, est-il dit au texte, et, s'ils ne s'accordent pas, il y a lieu de recourir à un expert qui devra être nommé par le juge des référés. M. Chauveau, *ibid.*, ajoute que si l'on a passé outre à la saisie, sans appeler un expert, le tribunal peut lui-même trancher le différend.

Adde conf., notre *Formul. annot.*, p. 513, n. 30.

112. (Q. 2041). *Doit-on laisser cumulativement les livres et les instruments, en sorte que ces objets restent au saisi jusqu'à concurrence d'une somme de* 600 fr. ?

Solution affirmative au texte.

Adde conf., Colmet-Daage, t. 2, p. 245; Dalloz, n. 183; Bioche, n. 43; Rodière, t. 3, p. 253; notre *Formul., loc. cit.*, n. 33.

113. (Q. 2041 bis). *Lorsqu'une saisie-exécution est pratiquée sur un failli, celui-ci peut-il lui-même réclamer la délivrance des instruments ou des livres relatifs à sa profession?*

M. Chauveau, au texte, paraît adopter la négative consacrée par un arrêt, sur le motif que l'art. 530, Cod. comm., énumère les objets que les syndics peuvent remettre au failli avec l'autorisation du juge-commissaire.

114. (Q. 2041 ter A). *Le débiteur qui n'a pas demandé, lors de la saisie, la distraction des livres et instruments que la loi réserve, peut-il, à la distribution des deniers, se faire colloquer pour une somme représentative de ces objets?*

Solution également négative au texte.

Adde conf., notre *Formul.*, *ibid.*, n. 32.

115. (Q. 2042). *Doit-on laisser aux ecclésiastiques, outre leurs livres, les vases et ornements nécessaires au service divin?*

Réponse affirmative au texte.

Adde conf., notre *Formul. annot.*, t. 2, p. 514, n. 35.

116. (Q. 2041 ter B). *Le matériel d'une imprimerie rentre-il dans la catégorie des ustensiles dont parle l'art.* 592? — *Quels autres objets y sont compris?*

La négative est admise, au texte, par M. Chauveau, sur la première partie de cette question.

117. Dans le précédent *Supplément*, notre auteur relevait la critique que M. Billequin (*Journ. des Huiss.*, 1849, p. 89) a faite de son opinion. Ce jurisconsulte enseigne qu'un maître imprimeur peut conserver des instruments et des machines pour la valeur de 300 francs, en se fondant sur le § 4 de l'art. 592, et il termine sa dissertation par ces considérations fort graves : « Ce qui nous paraît mériter d'être pesé par le juge, c'est le sentiment d'humanité qui a présidé à la rédaction des diverses dispositions de l'art. 592. Le législateur n'a pas voulu que la rigueur de l'exécution fût poussée jusqu'à ses dernières limites; il a compris que les besoins de la famille, que les nécessités quotidiennes commandaient une certaine mesure, et c'est pour cela qu'il a introduit dans le Code certaines exceptions au grand principe que tous les biens du débiteur sont le gage de ses créanciers. De même qu'il laisse à l'artisan ses outils; au savant, au professeur, ses livres; à l'officier, ses armes; au cultivateur, une vache, ou trois brebis, ou deux chèvres, plus, le fourrage et les grains pour la litière et la nourriture de ces animaux pendant un mois ; de même, il a accordé une égale faveur à l'industriel, à l'artiste, à l'imprimeur, et à tous ceux enfin qui exercent une profession dans laquelle on emploie des instruments et des machines. Il n'y a donc pas de raison pour faire une exception qui ne résulte ni des termes de la loi, ni des motifs qui ont déterminé le législateur. »

118. M. Chauveau déclarait n'en pas moins persister à croire qu'en règle générale, il est fort difficile de faire l'application de l'art. 592 à un chef d'industrie. Cependant il était, disait-il, porté à admettre, avec M. Billequin, qu'un maître, malheureux dans ses spéculations, pouvant travailler comme ouvrier, a le droit de conserver les instruments servant à la pratique ou à l'exercice de son industrie, et qu'ainsi l'imprimeur peut empêcher la saisie, pour une valeur de 300 fr., d'un composteur, d'une pointe, d'une pince, d'un marteau, et, enfin, de tout le petit mobilier qui est indispensable à l'ouvrier compositeur ou imprimeur. Voy. aussi M. Dalloz, n. 185, et notre *Formul. annot.*, p. 514, n. 41.

118 *bis*. La Cour de Bordeaux a décidé, le 12 août 1852 (*Journ. de cette Cour*, 1852, p. 415), que le ballon d'un aéronaute et ses accessoires, considérés comme un matériel d'exploitation, ne rentrent pas dans les cas d'insaisissabilité prévus par l'art. 592. V. conf. notre *Formul.*, p. 512, n. 7. — M. Chauveau (*Supplément* précédent) disait être d'un avis contraire, et considérer comme applicable à ces objets la disposition du § 4 de l'art. 592, bien que l'aéronaute, dans l'espèce, n'employât pas son matériel à des expériences scientifiques.

119. Il n'est pas douteux, observait, d'autre part, notre auteur, que le matériel d'un hôtel est susceptible d'être saisi, car il ne rentre dans aucun des cas d'exception prévus par la loi.

120. Les meubles, tables, fauteuils, chaises, bibliothèques qui garnissent le cabinet d'un commissaire-priseur, ne peuvent être considérés comme des livres ou des instruments que la loi déclare insaisissables : Bordeaux, 1er fév. 1850 (*J. Av.*, t. 76, p. 602).

121. De même, les tables et bancs garnissant le local loué pour être affecté à un institution, ne peuvent être assimilés aux instruments servant à l'enseignement, et bénéficier, à ce titre, de l'insaisissabilité établie par l'art. 592, 4° : Paris, 2 mars 1875 (t. 100, p. 139).

122. (Q. 2043 A). *L'équipement militaire est-il insaisissable pour toute espèce de créance?*

L'affirmative est admise par Carré au texte, où M. Chauveau est d'avis que cette insaisissabilité est soumise aux restrictions contenues dans l'art. 593.

Adde conf., à cette dernière doctrine, Colmet-Daage, *Revue critique*, 1851, p. 341 ; Dalloz, n. 161, 189 ; Rodière, t. 3, p. 254 ; notre *Formul. annot.*, p. 514, n. 43. — Suivant MM. Pardessus, *Cours de dr. commerc.*, n. 670, et Massé, *Dr. commer.*, t. 6, p. 321, n. 319, on ne peut pas faire saisir les harnais et équipages de voyage d'un capitaine de navire.

123. (Q. 2043 B). Quid *des décorations*?

M. Chauveau adopte, au texte, l'opinion, parfaitement fondée, selon nous, que les décorations sont insaisissables.

124. (Q. 2044). *Peut-on saisir chez un artisan les outils qui servent à ses ouvriers?*

Solution affirmative au texte.

125. Le tribunal de Colmar a jugé, le 1er déc. 1869 (*J. Av.*, t. 95, p.

242), qu'une machine à coudre, employée par un cordonnier, doit être considérée comme un outil nécessaire à ses occupations personnelles, et qu'en conséquence elle est insaisissable. Cette décision, parfaitement exacte, doit être étendue à toute machine à coudre dont se sert celui qui fait métier de fabriquer ou confectionner certains ouvrages, cette machine étant pour lui un des outils dont parle le n° 6 de l'art. 692.

126. Mais il a été décidé que des métiers importants et d'un prix élevé (tels que ceux servant à la confection des bords à côtes pour gilets et caleçons), ne rentrent point dans la catégorie des outils déclarés insaisissables par l'art. 592, n° 6 : Trib. civ. de Pontoise, 13 déc. 1875 (t. 101, p. 61). — Il nous semble permis de douter de l'exactitude de cette solution.

127. (Q. 2045). *Qu'entend-on par les* menues denrées *dont la loi prohibe la saisie?*

De l'explication donnée au texte par Carré, il résulte que les menues denrées s'entendent ici du pain, de la viande coupée, des volailles, gibier et autres aliments, dont l'huissier doit proportionner la quantité au nombre des personnes composant le ménage du saisi.

V. aussi en ce sens, notre *Formul. annot.*, p. 315, n. 44.

128-129. (Art. 592). *La disposition du n°* 8 *de l'art.* 592, *qui défend de comprendre dans la saisie-exécution une vache, ou trois brebis, ou deux chèvres, au choix du saisi, s'applique-t-elle au cas où le saisi a conduit ces animaux à une foire pour les vendre?—Peut-on, en pareil cas, procéder à une saisie foraine? — Ou bien y a-t-il lieu de saisir-arrêter le prix de la vente des animaux dont il s'agit?*

Ayant été appelé à donner notre avis sur ces questions, nous l'avons exprimé en ces termes : — Les animaux qui ne peuvent être frappés de saisie-exécution, aux termes de l'art. 592, n° 8, ne sauraient non plus faire l'objet d'une saisie foraine, puisque, suivant l'art. 825, cette dernière espèce de saisie est assujettie aux règles prescrites pour la saisie-exécution.

Mais lorsque le débiteur a vendu ces animaux, la disposition précitée de l'art. 592 cesse de recevoir son application, et rien ne nous paraît s'opposer à ce qu'une saisie-arrêt soit pratiquée sur le produit de la vente. Vainement le débiteur prétendrait-il que ce prix représente les animaux eux-mêmes et doit être insaisissable comme eux. En vendant ces animaux, que la loi défendait de saisir à son préjudice parce qu'elle les considérait comme lui étant indispensables, il a prouvé qu'il n'en avait pas besoin, et l'on ne voit pas dès lors pourquoi le prix n'en pourrait être saisi. — Compar. M. Chauveau, quest. 3032 (*infrà*, n. 132), et l'*Encyclop. des Huiss.*, v° *Saisie-exécution*, n. 68. — V. aussi notre *Formul. annot.*, p. 515, n. 47.

130. (Q. 2047). *Qu'entend-on par les mots* fermages *et* moissons *employés dans l'art.* 593, *qui indique les créances pour lesquelles peuvent exceptionnellement être saisis les objets énoncés dans l'art.* 592?

Il est dit au texte que le mot *fermages* désigne tout à la fois les fermages payables en argent et ceux payables en nature, et que le mot *moissons* s'applique aux salaires des ouvriers qui ont fait la récolte.

131. (Q. 2046). *Les objets auxquels il aurait été fait des réparations peuvent-ils être saisis pour le prix de ces réparations?*

Résolu affirmativement au texte.

132. (Q. 2032). *Le débiteur peut-il valablement renoncer à la faveur des diverses dispositions de l'art.* 592?

Au texte, Carré soutient l'affirmative, que M. Chauveau repousse, sauf à l'égard de l'équipement militaire, par le motif que l'insaisissabilité établie par l'art. 592 a lieu plutôt dans l'intérêt du saisi que dans un intérêt public. Adde conf. à cette dernière opinion, notre *Formul. annot.*, t. 2, p. 515, n. 51.

133. (Q. 2034). *La saisie qui comprend des objets déclarés insaisissables par la loi est-elle nulle?*

La négative est enseignée au texte par Carré, qui n'admet, en pareil cas, que l'action en dommages-intérêts. — M. Chauveau, *ibid.*, ajoute que si la saisie est attaquée avant la vente, il y a lieu de prononcer la distraction des objets qui y ont été indûment compris, ce qui équivaut à la nullité de la saisie relativement à ces objets.

134. Il a été jugé en ce sens que la saisie et la vente du coucher et des livres du débiteur peuvent donner lieu de sa part à une action en revendication ou en dommages-intérêts contre le saisissant, mais qu'elles ne peuvent entraîner la nullité de la saisie : Caen, 20 juill. 1850 (*J. Av.*, t. 76, p. 602). *Adde* conf., notre *Formul.*, *loc. cit.*, n. 52.

§ 3. — Comment il est procédé à la saisie-exécution. — Procès-verbal de saisie.

135. (Q. 2011 A). *Est-il nécessaire que les témoins dont l'huissier doit être assisté soient* citoyens *français?*

Réponse négative au texte.

Adde conf., notre *Formul. annot.*, t. 2, p. 522, note 9, n. 1.

136. (Q. 2011 B). *Un étranger, admis à fixer son domicile en France, peut-il être témoin dans une saisie?*

Résolu aussi négativement au texte.

137. (Q. 2011 bis). *Le clerc logé et nourri chez l'huissier peut-il être appelé comme témoin?*

Solution affirmative au texte.

Adde conf., notre *Formul. annot.*, p. 522, note 9, n. 3.

138. (Q. 2012). *Faut-il absolument que les témoins de l'huissier sachent signer?*

Ce point est également résolu affirmativement au texte.

V. aussi notre *Formul. loc. cit.*, n. 4.

139. M. Chauveau, dans le *Supplément* précédent, regardait comme très indulgent un arrêt de la Cour de Bordeaux, du 27 août 1851 (*J. Av.*, t. 77, p. 76), qui a décidé que le défaut de signature des témoins sur la copie du procès-verbal de saisie n'entraîne pas nullité, surtout lorsque la saisie a été faite hors du domicile du saisi.

140. (Art. 585). *Lorsque l'huissier se fait assister de témoins qu'il emmène avec lui de la commune de sa résidence, au lieu de les prendre dans celle où se fait l'exécution, est-il dû à ces témoins une indemnité de transport, s'ils parcourent, pour se rendre dans cette dernière commune, plus de cinq kilomètres?*

La plupart des auteurs se fondent sur le silence du tarif au sujet des frais de transport des témoins, pour résoudre cette question négativement. V. MM. Chauveau, *Comment. du tarif*, t. 2, p. 115; Boucher d'Argis, *Dict. de la taxe*, v° *Saisie-exécution*, n. 3; Bonnesœur, *Nouveau man. de la taxe*, p. 28. —Cependant M. N. Carré, *Taxe en mat. civ.*, n. 359, p. 210, enseigne que dans le cas où c'est à raison de l'impossibilité de trouver des témoins sur les lieux que l'huissier en a emmenés avec lui, il y a lieu d'allouer à ceux-ci, par analogie, les frais de voyage fixés à 3 fr. par myriamètre (aller et retour) pour les témoins dont parle l'art. 67 du tarif. M. Harel a approuvé dans le *Journ. des Av.*, t. 89, p. 391, cette solution dont on ne peut méconnaître l'équité.

141. (Q. 2014). *Les formalités prescrites par l'art.* 585 *doivent-elles être observées à peine de nullité ?*

D'après l'interprétation admise au texte, l'omission des formalités substantielles, telles, par exemple, que l'assistance de deux témoins emporte seule nullité.

142. C'est conformément à cette doctrine que les rédacteurs du *Journ. des Huissiers* (1858, p. 324) ont exprimé l'opinion que le procès-verbal de saisie-exécution n'est pas nul parce que l'huissier a instrumenté avec l'assistance, comme témoin, du mari de la cousine germaine du saisi. Cependant la plupart des auteurs regardent la peine de nullité comme attachée à l'irrégularité du choix des témoins et à leur défaut de qualité. V. Dalloz, n. 72 et suiv.; Rodière, t. 3, p. 244; Bioche, n. 102 et suiv. Aussi M. Chauveau disait-il, dans le précédent *Supplément*, qu'il y a lieu de se montrer fort réservé à cet égard.

143. (Q. 2013). *Le saisissant, qui, aux termes de l'art.* 585, *ne peut être, présent à la saisie, a-t-il du moins le droit d'envoyer quelqu'un pour désigner les lieux et les personnes?*

Cette faculté est déniée au saisi, avec quelque hésitation par Carré, mais formellement par M. Chauveau, au texte.

Adde conf., Colmet-Daage, t. 2, p. 236; Dalloz, n. 77; Rodière, t. 3, p. 244; notre *Formul. annot.*, p. 521, note 8. — *Contrà*, Bioche, n. 110.

144. (Q. 2013 bis). *Mais la présence du saisissant entraîne-t-elle la nullité de la saisie ?*

Le tribunal civil de Villefranche (Haute-Garonne) a admis la négative : « Attendu que la nullité n'étant pas prononcée par l'article (585) invoqué, le tribunal ne saurait la suppléer » : jugement du 11 fév. 1847 (*J. Av.*, t. 72, p. 169). L'art. 585, observait M. Chauveau dans le précédent *Supplément*, ne prononce pas, en effet, la peine de nullité pour inobservation de ses dispositions, et ce silence, rapproché des termes de l'art. 1030, semblerait conduire à cette conséquence, qu'en aucun cas, il n'y a lieu à nullité; toutefois, ce serait une erreur grave de tirer cette conséquence. V. ci-dessus, n. 141. Mais ce qui doit faire décider qu'il n'y a pas ici nullité, c'est que les motifs qui ont fait introduire dans la loi la prohibition au saisissant d'assister à la saisie n'ont qu'une importance relative. — Il est, du reste, prudent et convenable de s'abstenir, ajoutait notre auteur, MM. Dalloz, n. 78, et Rodière, t. 3, p. 245, sont de cet avis; M. Bioche, n. 110, décide cependant le contraire.

145. Consulté nous-même sur cette question, nous avons dit : L'art. 585, Cod. proc., en disposant que le saisissant ne peut être présent à la saisie, ne prononce point la peine de nullité. Il faudrait donc, pour que la saisie-exécution pût être déclarée nulle, contrairement à la règle posée par l'art. 1030 du même Code, que la défense faite au saisissant d'assister à la saisie constituât une formalité substantielle de cette voie d'exécution. Or, il s'agit là d'une circonstance étrangère à la rédaction du procès-verbal de la saisie; car la loi n'exige point que la non-présence du saisissant soit mentionnée dans ce procès-verbal. Comment, dès lors, la validité de cet acte dépendrait-elle d'une pareille circonstance? En excluant le saisissant de l'opération accomplie par l'huissier, la loi a voulu prévenir les débats et les rixes auxquels l'irritation du débiteur pourrait donner lieu entre ce dernier et le saisissant. C'est une mesure de prudence dont elle a implicitement mis l'exécution sous la responsabilité de l'huissier. Nous comprendrions, par conséquent, que si cet officier ministériel n'avait pas fait tout ce qui était en son pouvoir pour éloigner le saisissant du lieu de l'opération, les suites de cette négligence pussent retomber sur lui. Mais nous ne saurions admettre qu'on doive aller plus loin.

146. Par la même raison, si ce n'est *à fortiori*, la présence à la saisie d'un mandataire du saisissant envoyé par ce dernier à l'effet de désigner à l'huissier les objets à saisir, ne serait-elle pas, selon nous, une cause de nullité.

V. aussi notre *Formul.*, *loc. cit.*

147. (Q. 2065). *En cas d'opposition de la part du saisi, l'huissier doit-il néanmoins, dans tous les cas, passer outre à la saisie?*

Il est enseigné au texte par Carré que l'huissier exposerait le saisissant à des dommages-intérêts, s'il passait outre, malgré une opposition sérieuse. Mais M. Chauveau, *ibid.*, estime que l'huissier est toujours libre de s'arrêter ou de passer outre (sauf les deux exceptions signalées sous la question suivante), sans s'exposer à des reproches de la part du saisissant ou à une action en dommages-intérêts de la part du saisi.

Adde en ce dernier sens, notre *Formul annot.*, p. 527, note 19, n. 2.

148. (Q. 2066). *La disposition de l'art.* 607 *aux termes de laquelle il doit être passé outre, nonobstant* toutes *réclamations de la part du saisi, est-elle applicable lorsque la saisie est faite, soit en vertu d'un jugement par défaut faute de comparaître, auquel le saisi forme opposition, soit en vertu d'un jugement qui, n'étant pas exécutoire nonobstant appel, vient à être attaqué par cette voie?*

Solution négative au texte.

Adde conf., notre *Formul.*, *ibid.*, n. 1.

149. (Q. 2066 bis). *Les réclamations élevées par des tiers suspendraient-elles la saisie?*

M. Chauveau, au texte, répond affirmativement et dit que le seul ajournement donné par le tiers à l'huissier et au saisissant pour comparaître en référé suffit pour arrêter immédiatement la saisie.

Adde conf., Paris, 6 août 1856 (*J. Av.*, t. 81, p. 583); Rodière, t. 3, p. 260; notre *Formul.*, p. 528, note 20.

150. Mais, dans le *Supplément* précédent, M. Chauveau déclarait approuver un arrêt de la Cour de Bruxelles, du 2 mars 1855 (*Journ. Huiss.*, 1855, p. 179), portant que si, lorsqu'un huissier se présente au domicile du débiteur pour y opérer une saisie-exécution, un tiers s'oppose à ce que les meubles qui se trouvent dans certaines pièces de la maison louée au débiteur, soient compris dans la saisie, prétendant que ces pièces lui ont été sous-louées et que les meubles lui appartiennent, mais sans faire aucune justification; l'huissier qui procède néanmoins à la saisie de ces meubles ne peut, à raison de ce fait, être passible de dommages-intérêts envers le tiers, alors surtout que ce dernier n'a pas usé de la voie de la revendication ouverte par l'art. 608. Avant et pendant le procès-verbal de saisie, c'est la voie du référé qui est ouverte. V. Colmet-Daage, t. 2, p. 259. Il y a lieu de remarquer, du reste, ajoutait M. Chauveau, que le juge des référés n'est compétent que pour statuer provisoirement, toutes choses demeurant en l'état, et que ce serait le transformer en juge du fond que de le reconnaître compétent pour apprécier si le réclamant est ou non propriétaire. En pareil cas, le président examine si la prétention élevée est sérieuse ou non; dans le premier cas, il ordonne un sursis; dans le second, il refuse de l'ordonner. C'est en ce sens qu'il faut entendre la solution donnée au texte sous la quest. 2754 *ter*, et un arrêt de la Cour de Paris, du 11 fév. 1847 (*J. Av.*, t. 72, p. 628), qui a infirmé une ordonnance de référé ordonnant la continuation des poursuites jusqu'à la vente inclusivement en déclarant mal fondée la réclamation du prétendu propriétaire. V. aussi dans ce sens : Lyon, 2 mars 1860 (t. 86, p. 455). — V. également v° *Référé*, n. 95 et s.

151. (Q. 2019 bis A). *L'art. 587, en indiquant les fonctionnaires auxquels l'huissier doit s'adresser lorsque les portes sont fermées, ou que l'ouverture en est refusée, trace-t-il un ordre hiérarchique qui doive être rigoureusement suivi?*

La négative est admise au texte par M. Chauveau, qui est d'avis que l'huissier peut s'adresser à celui de ces fonctionnaires qui se rencontre le premier. *Adde* notre *Formul. annot.*, p. 535, note 3.

Dans le *Supplément* précédent, notre auteur mentionnait comme conforme un jugement du tribunal civil de Villefranche (Haute-Garonne), du 11 fév. 1847 (*J. Av.*, t. 72, p. 169), qui a décidé que la saisie n'est pas nulle parce qu'en l'absence du juge de paix et du maire, l'adjoint à la requête duquel il est procédé à la saisie est appelé pour ordonner l'ouverture des portes des appartements où sont renfermés les meubles qu'on veut saisir.

152. Il reproduisait ensuite la lettre ci-après, dans laquelle est exposée une espèce délicate : « Le juge de paix étant malade, le porteur de contrainte a requis le commissaire de police pour assister à l'ouverture des portes du débiteur qui se refusait à laisser faire la saisie. Le commissaire de police a répondu que la réquisition devait être adressée d'abord à un des suppléants du juge de paix : son refus est-il légal?

« L'art. 587 porte : « Si les portes sont fermées ou si l'ouverture en est refusée, l'huissier pourra établir gardien aux portes... et se retirer sur-le-champ, sans assignation, devant le juge de paix, *ou, à son défaut*, devant le commissaire de police, et, dans la commune où il n'y en a pas, devant le maire, *et, à son défaut*, devant l'adjoint, en présence desquels l'ouverture des portes sera faite. » A prendre ces dispositions à la lettre, on voit que le législateur n'a voulu que l'intervention du juge de paix et non des suppléants; il l'eût dit comme il a prévu le cas de l'adjoint, à défaut de maire, dans les communes rurales, si telle eût été son intention.—Cependant, si l'on remonte à l'institution des suppléants par la loi du 29 ventôse an IX, on y voit, art. 2 : « Chaque juge de paix remplira seul les fonctions, soit judiciaires, soit de conciliation ou autres qui sont attribuées aux justices de paix par les lois actuelles. — Art. 3 : En cas de maladie, absence ou autre empêchement du juge de paix, ses fonctions seront remplies par un suppléant. A cet effet, chaque juge de paix aura deux suppléants. » — La généralité des expressions de ces deux articles semble laisser commun aux suppléants tout ce que la loi confère de devoirs aux juges de paix; mais n'y a-t-il pas à faire remarquer qu'ici la loi parle de fonctions, de tout ce qui tient d'une manière intime à la magistrature populaire du juge de paix et non d'une mesure accidentelle, spéciale, exceptionnelle? Levasseur, *Manuel des justices de paix*, éd. de 1822, p. 1842, ne le fait-il pas comprendre d'une manière implicite quand il dit : « Lorsqu'il y a ouverture des portes ou résistance, le juge de paix est le premier *officier* que l'huissier doit requérir pour l'assister et l'autoriser à se faire ouverture; ce n'est qu'à son défaut que l'huissier peut s'adresser au commissaire de police »? — Cette disposition de l'art. 587, d'ailleurs, est postérieure à la loi d'institution des suppléants. Ne peut-on pas dire qu'au besoin elle aurait modifié ce que la loi de l'an IX paraît avoir d'absolu?

« On pourrait peut-être objecter que les suppléants, à défaut du juge de paix, exercent la police judiciaire; que l'art. 6, Cod. instr. crim., qui leur confère ce pouvoir, ne parle que du juge de paix; et que si une extension aux suppléants est établie dans cette espèce-ci, elle doit l'être pareillement dans l'espèce en question. — Mais à cette objection il y a cette réponse : c'est que, dans l'art. 6, il s'agit toujours de *fonctions* que remplit le juge de paix, transmissibles aux suppléants, tandis que, dans notre espèce, c'est, comme nous l'avons dit, une mesure exceptionnelle, dans laquelle on considère bien plutôt le caractère du magistrat désigné.

« On objectera peut-être encore que si le juge de paix était décédé ou s'était démis, le premier suppléant, exerçant de droit les fonctions, serait bien obligé de déférer à la réquisition du porteur de contraintes. Nous l'admettrions dans ce cas, par la raison que, durant la vacance, il est l'image fidèle du juge titulaire, qu'il en exerce les fonctions dans toute leur plénitude, tandis que, dans le cas actuel, le juge de paix occupe le siège. Les fonctions de suppléant, on ne peut les étendre qu'à ce qui est de pur droit commun ou de l'ordre juridictionnel.

« Par les motifs qui précèdent, j'inclinerais presque à penser que la prétention du commissaire de police n'est pas fondée ; que la maladie du juge de paix ne lui permettant pas de se déplacer, c'est au commissaire de police à faire droit à la réquisition du porteur de contraintes. »

153. M. Chauveau observait que, de l'opinion par lui exprimée au texte, on peut induire que le sentiment auquel inclinait l'auteur de la lettre ci-dessus est conforme à la véritable interprétation de la loi. Du reste, il a cité, disait-il, un arrêt de la Cour de cassation dont les termes démontrent qu'en un cas d'urgence, comme celui qui se présente ici, le fonctionnaire requis doit accorder son assistance. Un quart d'heure de retard peut être fatal au créancier ; la question hiérarchique est véritablement oiseuse en pareille occurrence. La Cour de Caen a d'ailleurs déclaré, le 20 juill. 1850 (*J. Av.*, t. 76, p. 603), que le commissaire de police peut remplacer le juge de paix sans qu'il soit nécessaire de se pourvoir auprès du suppléant. Voy. aussi M. Rodière, t. 3, p. 246. Toutefois notre auteur conseillait aux huissiers, pour éviter toute difficulté, de s'adresser d'abord aux suppléants, lorsque le juge de paix est empêché. C'est plus régulier, disait-il, et l'on ne peut douter que, dans ce cas, comme dans tous les autres où il s'agit de la compétence des juges paix, les suppléants n'aient capacité et compétence pour remplacer le juge de paix empêché.

154. Par application des art. 1319 et 1341, Cod. civ., le tribunal civil de Castelnaudary a décidé, le 21 janv. 1849 (*J. Av.*, t. 74, p. 346), qu'on ne peut être admis à prouver par témoins que les formalités prescrites par les art. 587 et 599, Cod. proc., n'ont pas été observées, lorsque le procès-verbal de saisie-exécution, contre lequel il n'existe aucune inscription de faux, mentionne leur observation.

155. (Q. 2019 ter). *Un conseiller municipal pourrait-il aussi être appelé pour l'ouverture des portes ?*

Oui, répond M. Chauveau, au texte ; mais le conseiller municipal requis pourrait et devrait refuser son assistance jusqu'à ce qu'on ait constaté l'absence ou l'empêchement des fonctionnaires qui le précèdent.

V. notre *Formul.*, *ibid.*, n. 2.

156. (Q. 2019 bis B). *La parenté du fonctionnaire avec le saisi serait-elle un motif d'excuse ?*

Solution négative au texte de la part de M. Chauveau.

Adde conf., notre *Formul. annot.*, *loc. cit.*, n. 3.

157. (Q. 2019 bis C). *Faut-il adresser au fonctionnaire une réquisition écrite ?*

Résolu aussi négativement au texte par M. Chauveau.

Adde conf., notre *Formul.*, p. 535, note 4.

158. (Q. 2020). *Si les fonctionnaires désignés dans l'art.* 587 *refusaient* *leur assistance, l'huissier devrait-il surseoir à l'exécution, sauf, en faveur du saisissant, l'action en dommages-intérêts contre ces fonctionnaires?*

Il est enseigné au texte que l'huissier doit en effet surseoir, et que le refus d'assistance ouvre la voie de la prise à partie contre le juge de paix, et celle de l'action en dommages-intérêts contre les autres fonctionnaires.

V. aussi notre *Formul.*, p. 535, note 5.

159. (Q. 2021). *L'officier qui se transporte au domicile du saisi pour faire ouvrir les portes, doit-il rester avec l'huissier jusqu'à ce que celui-ci ait achevé la saisie?*

Réponse affirmative au texte.

Adde conf., notre *Formul.*, *loc. cit.*, note 6, n. 1.

160. (Q. 2019 quater). *La saisie serait-elle nulle, si l'huissier qui trouve les portes fermées s'introduisait chez le saisi sans l'assistance d'un magistrat?*

M. Chauveau embrasse, au texte, l'affirmative, qu'a consacrée un arrêt de la Cour de Poitiers.

161. Dans le *Supplément* précédent, en mentionnant un arrêt de la Cour de Caen, du 20 juill. 1850 (*J. Av.*, t. 76, p. 603), qui a adopté l'opinion contraire à celle de la Cour de Poitiers, M. Chauveau déclarait persister dans son sentiment. — *Adde* conf., Rodière, t. 3, p. 246; Bioche, n. 132; notre *Formul. annot.*, *ibid.*, n. 2. Voy. aussi Dalloz, n. 71.

162. Il faut toutefois remarquer, disait M. Chauveau, que l'assistance du juge de paix à une saisie-exécution n'est exigée, lorsque les portes sont fermées au domicile du saisi, et qu'il y a refus de les ouvrir, que par respect pour le principe de l'inviolabilité du domicile. En conséquence, cette assistance n'est pas nécessaire lorsque, au cas d'absence du saisi et de ses représentants, l'huissier trouve son domicile habité et les portes ouvertes. Ainsi jugé, avec raison, par la Cour de cassation, le 28 mai 1851 (t. 76, p. 603).

163. Mais les prescriptions de l'art. 587 doivent être observées aussi bien lorsque le saisi et les membres de sa famille sont absents que lorsqu'ils refusent d'ouvrir les portes. Ainsi la présence d'un voisin qui remet à l'huissier la clef du domicile du débiteur absent ne dispense pas l'officier ministériel de remplir les formalités prescrites, si ce voisin ne peut être considéré ni comme le mandataire, ni comme le *negotiorum gestor* du débiteur, alors surtout qu'il figure dans le procès-verbal comme témoin assistant l'huissier : Just. de paix de Vouziers, 12 mai 1853 (t. 79, p. 168). — Cette dernière espèce, observait M. Chauveau, était essentiellement différente de celle dans laquelle a été rendu l'arrêt de la Cour de cassation. La personne à qui la clef avait été confiée n'avait mandat que de la remettre au débiteur à son retour, et nullement d'en disposer pour introduire l'huissier. C'est donc en méconnaissant son devoir que cet officier ministériel n'avait pas requis l'assistance du juge de paix, ou de l'un des fonctionnaires dont il est question dans l'art. 587.

164. (CCCCLX). *Quelles sont celles des formalités des exploits dont l'observation est prescrite dans les procès-verbaux de saisie?*

Ce sont, est-il dit au texte, les formalités communes à tous les exploits, et non celles particulières aux ajournements, comme la constitution d'avoué, par exemple; cependant il est prudent de faire cette constitution lorsqu'il s'agit de l'exécution d'un jugement après l'année de sa prononciation.

Adde conf., notre *Formul. annot.*, p. 520, note 1, n. 1 et 2.

165. (Q. 2015). *L'huissier doit-il mentionner dans son procès-verbal l'heure à laquelle il y procède?*

C'est là, est-il dit fort justement au texte, une précaution utile, mais non une formalité nécessaire.

Adde en ce sens, notre *Formul.*, p. 520, note 2, n. 1.

166. (Q. 2018). *De ce que l'art. 586 exige que les formalités des exploits soient observées dans les procès-verbaux de saisie, s'ensuit-il qu'il y ait nullité de celui qui ne présenterait pas celles prescrites à peine de nullité par l'art. 61?*

Solution négative au texte.

167. *Adde* conf. : 1° un jugement du tribunal civil de Nevers du 10 janv. 1852, portant que l'omission du *parlant à...*, ou de l'indication expresse du domicile du saisi ne rend pas nul le procès-verbal, si cet acte renferme des énonciations équipollentes, ou s'il résulte des énonciations qui y sont contenues que le saisi a eu connaissance suffisante des poursuites; 2° un arrêt de la Cour de Bordeaux, du 28 mars 1851 (*J. Av.*, t. 76, p. 602), d'après lequel la saisie n'est pas nulle, bien que le procès-verbal ne désigne le créancier poursuivant que par son prénom, si les actes antérieurement signifiés ne laissent aucun doute sur l'identité de ce créancier; et le créancier poursuivant a le droit d'obtenir le prélèvement, sur le produit de la saisie, des frais et dépens auxquels a donné lieu, de la part du débiteur, la demande en nullité de cette saisie. — M. Chauveau, dans le *Supplément* précédent, regardait ces deux propositions comme incontestables.—V. aussi notre *Formul. annot.*, p. 527, note 18, n. 2.

168. (Q. 2019). *Quelle est la responsabilité qu'entraîne l'omission des formalités qui ne sont pas de nature à emporter nullité?*

Cette omission, est-il dit au texte, ne peut que motiver une opposition à la vente et une condamnation à des dommages-intérêts au profit du saisi, en exposant l'huissier à l'amende portée par l'art. 1030.

Adde conf., notre *Formul. annot.*, p. 527, note 18, n. 3.

169. (Q. 2015 bis). *L'huissier qui se présente chez le débiteur, afin de procéder à la saisie-exécution, doit-il, lorsque celui-ci paie le capital, constater ce paiement sur son procès-verbal et réclamer les frais d'assistance des témoins présents, ou bien doit-il se retirer sans dresser acte et rien exiger?*

M. Chauveau, au texte, est d'avis que le débiteur est tenu d'indemniser l'huissier et les témoins.

Adde conf., notre *Formul. annot.*, p. 529, note 21.

170. (Q. 2016). *Quand la saisie se fait hors de la demeure du débiteur, doit-on faire itératif commandement à ce dernier, s'il se trouve présent en l'endroit où sont les meubles?*

Il est dans l'esprit de la loi, selon l'observation faite au texte, que cette formalité soit remplie; mais elle serait illusoire si le débiteur n'était pas présent au lieu où se fait la saisie.

Adde conf., notre *Formul.*, p. 521, note 6.

171. (Q. 2017). *Quand la saisie se fait dans la demeure du saisi, doit-on, s'il est absent, lui réitérer le commandement dans la personne de ceux qu'on rencontre à son domicile?*

Solution affirmative au texte.

Adde conf., notre *Formul.*, *ibid.*

172. (Q. 2022 A). *Lorsque la saisie a pour objet des marchandises, suffit-il que le procès-verbal constate qu'elles ont été pesées, mesurées ou jaugées? Ou bien faut-il, en outre, que l'huissier les désigne par leur qualité?*

Il est enseigné au texte que les juges doivent apprécier, eu égard aux circonstances, si la désignation de la qualité a été nécessaire pour établir l'identité des marchandises.

V. aussi notre *Formul. annot.*, p. 522, note 10, n. 2.

173. (Q. 2022 B). *En général, quel est le devoir de l'huissier dans la désignation des objets saisis?*

C'est, répond M. Chauveau, au texte, de les décrire de façon à ce que leur nature, leur espèce, leur nombre, leur qualité soient facilement reconnus, et à ce qu'ils ne puissent être l'objet d'un détournement ou d'une substitution frauduleuse.

V. aussi, en ce sens, notre *Formul.*, *ibid.*, n. 3.

174. (Q. 2023). *L'obligation de détailler les objets saisis autorise-t-elle l'huissier à fouiller le débiteur ou les personnes qui lui sont attachées?*

Réponse négative au texte, où M. Chauveau ajoute que l'huissier qui fouillerait le débiteur ou les personnes de sa maison se rendrait passible de dommages-intérêts.

V. aussi notre *Formul.*, *loc. cit.*, n. 4.

175. (Q. 2025). *Qu'entend l'art.* 589, *en exigeant la spécification de l'argenterie par poinçons?*

Ces mots, suivant l'explication donnée au texte, signifient que l'huissier doit énoncer dans son procès-verbal le poinçon du titre. Il y est ajouté que si l'huissier est embarrassé pour distinguer le poinçon, il doit appeler un orfèvre; que, si le poinçon était effacé, l'huissier devrait constater cette circonstance, et désigner avec d'autant plus de soin l'objet saisi.

176. (Q. 2026). *L'huissier peut-il saisir tous les deniers comptants qu'il trouve?*

D'après l'opinion admise au texte, l'huissier doit laisser au saisi la somme nécessaire pour sa subsistance et celle de sa famille pendant un mois (arg. art. 592).

177. (Q. 2027). *Qu'arriverait-il si l'huissier négligeait de désigner les espèces monnayées par leur nombre et leur qualité?*

Il en résulterait, est-il observé au texte, que le dépositaire du numéraire se trouverait tenu, dans le cas où les espèces seraient diminuées de valeur, de rendre toujours une valeur égale à celle du temps du dépôt.

Adde conf., notre *Formul. annot.*, p. 522, note 10, n. 6.

178. (Q. 2028). *En quel lieu l'huissier doit-il déposer les deniers comptants qu'il saisit?*

A la Caisse de dépôts et consignations à Paris, chez les trésoriers payeurs généraux et les receveurs particuliers dans les départements, suivant l'explication donnée au texte, où il est ajouté que ce dépôt n'est pas prescrit, à peine de nullité, mais que l'huissier est responsable du numéraire qu'il garde entre ses mains.

179. (Q. 2029). *Comment l'huissier, en cas d'absence du saisi ou du refus de ce dernier d'ouvrir aucune pièce ou meuble, doit-il requérir cette ouverture?*

Il doit la requérir, est-il dit au texte, dans la forme prescrite par l'art. 587. —V. *suprà*, n. 151 et s.

180. (Q. 2031). *L'apposition des scellés, dans le cas où elle a lieu, ne peut-elle être constatée que par le procès-verbal de saisie, conformément à l'art.* 587?

Non, est-il répondu au texte; cette apposition doit être constatée par un procès-verbal séparé.

Adde, en ce sens, notre *Formulaire annoté*, p. 536, note 7.

181. (Q. 2033). *L'huissier doit-il détailler dans son procès-verbal les objets insaisissables qu'il a laissés au débiteur?*

Suivant Carré, au texte, c'est là un devoir rigoureux pour l'huissier, qui s'exposerait à des poursuites en ne le remplissant pas. Mais M. Chauveau, *ibid.*, tout en désapprouvant l'omission de la désignation détaillée dont il s'agit, n'y voit la source que du droit d'attaquer le procès-verbal, sans qu'il soit d'ailleurs nécessaire de recourir à l'inscription de faux.

182. Dans le *Supplément* précédent, notre auteur ajoutait : L'utilité de l'énonciation, dans le procès-verbal de saisie, des objets insaisissables laissés au saisi est incontestable. Si ce mode de rédaction eût été suivi, la Cour de Bordeaux n'aurait pas été appelée à examiner, le 1er fév. 1850 (*J. Av.*, t. 76, p. 602), une difficulté qu'elle a bien résolue en décidant qu'on ne peut induire du silence d'un procès-verbal de saisie-exécution qui mentionne la saisie d'un lit, qu'il n'a point été laissé un coucher au saisi, surtout lorsque les circonstances prouvent le contraire. — Voy. aussi notre *Formul. annot.*, p. 513, n. 21.

183. (Q. 2024). *L'huissier qui ne trouve dans la maison aucun effet saisissable doit-il dresser procès-verbal de perquisition et de carence? — Quelles sont les conditions de ce procès-verbal?*

Il est répondu, au texte, par Carré, que l'huissier doit en effet dresser un tel procès-verbal; et M. Chauveau, *ibid.*, ajoute que les formes de ce procès-verbal sont celles de la saisie-exécution.

V. aussi notre *Formul. annot.*, p. 538, note 1.

184. (Q. 2055). *Dans l'art. 599, portant que le procès-verbal doit être rédigé* sans déplacer, *qu'entend-on par ces mots?*

Ils signifient, suivant l'explication donnée au texte, que l'huissier doit dresser son procès-verbal sur les lieux mêmes, et non que les meubles saisis ne doivent pas être déplacés.

Adde conf., notre *Formul. annot.*, p. 527, note 18, n. 4.

185. (Q. 2056). *La saisie serait-elle nulle, si l'huissier, employant plusieurs vacations, ne signait pas à la fin de chacune d'elles?*

Solution négative au texte.

V. aussi notre *Formul.*, *ibid.*

186. (Q. 2060). *Doit-on, dans tous les cas d'absence du saisi, remettre une copie du procès-verbal au maire ou au magistrat désigné par l'art.* 601 ?

L'affirmative est admise au texte, où M. Chauveau dit cependant que si la copie n'est pas remise conformément à l'art. 601, et qu'il n'en résulte aucun dommage, la saisie ne doit pas être annulée.

187. Contrairement à l'opinion de notre auteur, admise par M. Rodière, t. 3, p. 250, mais combattue par MM. Dalloz, n. 128, et Bioche, n. 135, le tribunal civil de Castelnaudary a jugé, le 12 janv. 1849 (*J. Av.*, t. 74, p. 346), que la saisie-exécution faite au domicile de la partie absente est nulle, lorsque la copie est remise à une personne de sa famille, au lieu de l'être aux magistrats désignés dans l'art. 601, et que l'huissier, dans ce cas, doit supporter le coût de l'acte annulé.

188. En admettant la nullité, disait M. Chauveau dans le *Supplément* précédent, la responsabilité de l'huissier est de droit. On peut citer en ce sens une sentence du juge de paix de Vouziers, du 12 mai 1853 (*J. Av.*, t. 79, p. 168), rendue en matière de saisie-gagerie.

189. (Q. 2060 bis A). *Y aurait-il nullité de la saisie dont copie n'aurait pas été signifiée sur-le-champ au saisi?*

Oui, selon M. Chauveau, au texte, en ce sens qu'on ne pourrait opposer la saisie au débiteur qui aurait fait disparaître les objets saisis à son insu.

Mais la notification, quoique tardive, produirait son effet à l'égard des objets non encore détournés.

190. Dans un arrêt du 18 mars 1852 (*J. Av.*, t. 78, p. 268), la Cour de cassation s'est montrée plus sévère que notre auteur; à plus forte raison, par conséquent, disait-il dans le *Supplément* précédent, doit-on reconnaître que toute aliénation d'objets compris dans une saisie-exécution, consentie par la partie saisie, est nulle à l'égard des créanciers récolants, même quand cette aliénation aurait eu lieu pour désintéresser le créancier saisissant : Caen, 1er mai 1855 (*J. Av.*, t. 81, p. 156) ; et que, lorsque le créancier a fait pratiquer une saisie sur le mobilier de son débiteur, celui-ci ne peut plus en disposer, même par aliénation à titre onéreux, sans le consentement du saisissant. Les tiers acquéreurs des meubles saisis ne peuvent les conserver qu'à la condition de désintéresser le créancier saisissant : il ne leur suffit pas d'offrir le paiement des sommes moyennant lesquelles ils ont acheté ces meubles, alors surtout que les prix stipulés sont inférieurs à la valeur réelle des objets vendus : Rouen, 25 avril 1857 (*Journ. de cette Cour*, 1857, p. 213).

191. (Q. 2060 bis B). *Si la saisie dure plusieurs jours, faut-il, à chaque interruption, notifier au saisi la partie du procès-verbal déjà rédigée?*

Non, dit M. Chauveau au texte; il suffit de lui signifier une copie contenant toute la saisie, après la clôture définitive.

191 bis. (Q. 2061). *S'il y a plusieurs débiteurs saisis, doit-on donner à chacun d'eux copie du procès-verbal ?*

Oui, est-il dit au texte, ces débiteurs fussent-ils solidaires

192. (Q. 2061 bis). *Le défaut de signature des témoins ou des gardiens, sur la copie remise au saisi, vicierait-il le procès-verbal?*

Renvoi par M. Chauveau, pour la solution de cette question, aux observations par lui présentées sous les quest. 2014 et 2057. — V. *suprà*, n. 14, et *infrà*, n. 210.

193. (Q. 2061 bis). *Faut-il que la copie signifiée au saisi fasse mention de la notification du même procès-verbal au gardien ?*

Il suffit, est-il observé au texte, que cette formalité soit constatée dans le procès-verbal.

§ 4. — Établissement du gardien. — Ses obligations.

194. (Q. 2051 A). *L'huissier peut-il confier à une femme la garde des objets saisis?*

Avant l'abolition de la contrainte par corps, on décidait généralement que les gardiens étant soumis à cette contrainte (Cod. civ., 2060, § 3), et les femmes n'en étant pas passibles (même Code, 2066), on ne pouvait confier à une femme la garde de meubles saisis, à moins que le saisissant n'y consentît. — V. à cet égard les observations et citations faites au texte.

195. Mais aujourd'hui la solution contraire ne peut faire difficulté. V. notre *Formul. annot.*, t. 2, p. 523, note 12, n. 5.

196. (Q. 2051 B). *Un ambassadeur étranger peut-il être constitué gardien ?*

Solution négative au texte.

Adde conf., notre *Formul.*, *ibid.*, n. 6, où nous faisions toutefois remarquer qu'en principe il n'est pas nécessaire que le gardien soit Français.

197. (Q. 2053). *L'huissier peut-il établir pour gardien toute personne qui n'est pas exclue par l'art.* 598?

L'affirmative est admise au texte, où Carré observe toutefois, avec raison, qu'il ne conviendrait pas que l'huissier se désignât lui-même.

Adde conf., notre *Formul.*, p. 253, note 12, n. 2.

198. Il a été jugé même que le clerc de l'huissier qui procède à une saisie-exécution ne peut être établi gardien des effets saisis, et que si néanmoins il a été constitué gardien, aucuns frais de garde ne doivent être alloués : Trib. civ. du Havre, 15 mai 1869 (t. 94, p. 477).

199. (Q. 2053 bis). *La violation des prohibitions portées par l'art.* 598 *entraîne-t-elle la nullité du procès-verbal de saisie?*

Solution négative au texte de la part de M. Chauveau, qui réserve toutefois le cas où il y aurait eu fraude et préjudice causé.

V. aussi en ce sens notre *Formul. annot.*, p. 523, note 12, n. 4.

200. (Q. 2054). *Le consentement du saisissant et du gardien, exigé par l'art* 598, *dans le cas où la garde est confiée au saisi, à son conjoint, à ses parents, alliés ou domestiques, doit-il être donné par écrit?*

Non, est-il dit avec raison au texte; il suffit que ce consentement soit énoncé dans le procès-verbal de saisie.

201. *Adde* conf., notre *Formul.*, p. 524, note 12, n. 8. — Nous avons d'ailleurs admis, *ibid.*, n. 7, que le saisi peut être établi gardien, même malgré le saisissant, lorsque les objets saisis sont d'une nature telle qu'ils exigent de la part du gardien une vigilance et une expérience particulières qu'on rencontrerait difficilement chez une autre personne, ou bien lorsque ces objets sont d'une si minime importance que les frais de garde en absorberaient la valeur.

202. (Q. 2051 bis). *Comment doit s'entendre la solvabilité que la loi exige chez le gardien offert par le saisi?*

Elle doit s'entendre, dit M. Chauveau au texte, d'une solvabilité apparente. — L'auteur ajoute qu'on doit accepter facilement le gardien qu'offre le saisi et qui est censé se charger gratuitement de ces fonctions.

203. Sur ce dernier point, M. Chauveau, dans le précédent *Supplément*, invoquait en faveur de son opinion un article de M. Mourlon, *Revue pratique de droit français*, t. 1 de 1857, p. 278, dans lequel il est établi : 1° que le gardien présenté par le saisi et accepté par l'huissier n'a pas droit à un salaire; 2° qu'en supposant qu'il y eût lieu à salaire, ce salaire serait dû lorsque le saisissant, appréciant l'insuffisance du mobilier pour couvrir les frais, renonce à poursuivre la vente. M. Mourlon constate, au surplus, que la pratique reconnaît à tout gardien, sans distinction, le droit à un salaire. Conf. Colmet-Daage, t. 2, p. 251 ; Rodière, t. 3, p. 257. Et il ajoute, relativement au cas où la saisie n'a porté que sur des objets insuffisants, qu'il y a faute de l'huissier, qui aurait dû se borner à dresser un procès-verbal de carence ; qu'en conséquence le salaire est dû par le saisi qui a proposé le gardien et par le saisissant qui a nécessité son intervention ; qu'au regard du saisi, le salaire doit rester au compte du saisissant qui a mal procédé ; qu'enfin ce dernier peut en répéter le montant contre l'huissier, sauf, bien entendu, l'influence des circonstances provenant, soit, pour le créancier, de la ratification donnée à la conduite de l'huissier, soit, contre le saisi, de la responsabilité dérivant du détournement qu'il a pu commettre pour dissimuler son mobilier. M. Chauveau regardait ces solutions comme fondées.

V. dans le sens de la première solution exprimée au texte, notre *Formul annot.*, p. 523, note 11, n. 2.

204. (Q. 2052 bis). *Le gardien que l'huissier établit d'office doit-il être solvable aussi bien que celui que peut présenter le saisi?*

Sans résoudre positivement au texte cette question posée par lui, M. Chauveau enseigne que l'insolvabilité du gardien établi par l'huissier pourrait, suivant les circonstances, engager la responsabilité de cet officier ministériel.

205. Dans une espèce où, après l'annulation d'une saisie, une partie des objets n'avait pu être représentée, un arrêt de la Cour de Rouen du 3 août 1840 avait déclaré responsable le saisissant vis-à-vis du saisi, l'huissier vis-à-vis du saisissant et le gardien vis-à-vis de l'huissier; cet arrêt a été cassé le 6 nov. 1843 (*J. Av.*, t. 66, p. 44), comme ne donnant aucun motif pour prononcer la responsabilité de l'huissier vis-à-vis du saisissant, ni pour déclarer l'huissier responsable du gardien par lui établi. La Cour suprême a implicitement reconnu par là l'exactitnde de la doctrine professée par M. Chauveau.

Adde dans le même sens, notre *Formul.*, p. 524, note 12, n. 10.

206. (Q. 2052 ter). *Le gardien établi par l'huissier est-il révocable à la volonté du saisissant?*

Solution négative au texte.

Adde conf., notre *Formul.*, *ibid.*, n. 9.

207. (Q. 2052). *Ce gardien peut-il refuser la commission?*

L'affirmative est admise au texte.

208. *Adde* conf., Bioche, *Journ. de proc.*, 1843, p. 493, et *Dict.*, v° *Saisie-exécution*, n. 153; Rodière, t. 3, p. 256; Colmet-Daage, t. 2, p. 250; Dalloz, n. 204; notre *Formul.*, p. 524, note 13, où nous ajoutons que l'huissier doit alors établir un gardien provisoire, et se retirer devant le juge des référés pour obtenir la nomination d'un autre gardien, qui, dans ce cas, est choisi parmi les agents de la force publique.

209. (Q. 2048). *Y a-t-il lieu de nommer un gérant, conformément à l'art.* 594, *pour les moulins, pressoirs et usines, lorsqu'on en saisit les ustensiles?*

Réponse affirmative au texte.

Adde conf., notre *Formul. annot.*, p. 533, note 2, n. 2.

210. (Q. 2057). *La saisie est-elle nulle, si le gardien n'a pas signé le procès-verbal ou n'a pas été du moins interpellé de le signer?*

Carré enseigne l'affirmative au texte, où M. Chauveau adopte l'opinion contraire.

Adde en ce dernier sens, notre *Formul. annot.*, p. 526, note 17, n. 1.

211. Dans le précédent *Supplément*, M. Chauveau faisait justement remarquer que si la signature du gardien n'est pas prescrite à peine de nullité, il en est autrement de celle de l'huissier (V. *Exploit*, n. 9); et il citait un arrêt de la Cour de Lyon, du 12 janvier 1848 (*J. Av.*, t. 73, p. 498), qui a prononcé la nullité de la saisie parce que la copie du procès-verbal remis au gardien n'était pas signée par l'huissier.

212. (Q. 2058). *Le procès-verbal doit-il être signé par le gardien, même dans le cas où celui-ci se charge volontairement des effets?*

Solution affirmative au texte.

213. (Q. 2059 A). *L'huissier doit-il dresser un procès-verbal des obstacles apportés à la saisie?*

Réponse également affirmative au texte.

214. (Q. 2059 B). *Comment et à quelle époque doivent être poursuivis les enlèvements et détournements d'effets saisis?*

Ils doivent l'être, selon l'observation de M. Chauveau au texte, sur la plainte, soit du saisissant, soit du gardien, qui ont trois ans pour réclamer les effets soustraits.—Mais si c'est le saisi qui accuse le saisissant de détournement, il doit porter plainte avant qu'il soit procédé à la vente des objets saisis.

Adde conf., notre *Formul.*, p. 544, n. 8.

215. (Q. 2059 bis A). *Quelles sont les peines encourues par les auteurs du détournement?*

Voy. à cet égard les explications données au texte.
Consultez aussi notre *Formul. annot.*, p. 543, note **1**, n. **1**.

216. Il résulte de diverses décisions que le saisi qui, connaissant la saisie opérée sur lui, détourne les objets sur lesquels elle a été pratiquée, se rend coupable du délit prévu et puni par l'art. 400, Cod. pén., encore bien que la saisie ne lui ait pas encore été notifiée : Bordeaux, 3 janv. 1839 (S.-V.39. 2.420); Cass., 18 mars 1852 (*J. Av.*, t. 78, p. 268) et 1er mars 1867 (*J. des Huiss.*, t. 48, p. 330). Conf., Bioche, n. 141; l'*Encycl. des huiss.*, v° *Saisie-exécution*, n. 338. — *Contrà*, M. Chauveau, *Supplément* précédent.

217. D'un autre côté, l'arrêt précité de la Cour de cassation du 1er mars 1867 a décidé que la vente même authentique des objets saisis, faite dans l'intervalle de la saisie à sa notification, n'empêche pas que le délit ne se trouve consommé par l'enlèvement furtif de ces objets, surtout s'il a eu lieu depuis la notification de la saisie; et que si, dans ce cas, il y a eu concert frauduleux entre le saisi et l'acheteur, le premier doit être puni comme auteur principal, et l'autre comme complice.

218. Il a été aussi jugé que le saisi qui détourne les objets saisis confiés à la garde d'un tiers, encourt les peines portées par l'art. 400, Cod. pén., alors même qu'il soutient que la saisie est nulle, et que le tribunal correctionnel ne peut surseoir à prononcer ces peines jusqu'à ce qu'il ait été statué par la juridiction civile sur le mérite de la saisie : Grenoble, 16 janv. 1862 (*J. Av.*, t. 87, p. 519); Paris, 18 juill. 1862 (t. 89, p. 516).—En effet, comme l'a dit M. Harel en rapportant cette dernière décision (*ibid.*), le principe suivant lequel un acte nul ne produit pas d'effet est inapplicable en matière criminelle. Les actes des officiers publics, alors même qu'ils sont irréguliers, doivent être respectés tant qu'ils n'ont pas été annulés par la justice. Le débiteur dont les meubles ont été illégalement saisis n'est pas d'ailleurs privé de tout dédommagement; il peut, en même temps que l'annulation de la saisie, obtenir la condamnation du saisissant, et même de l'huissier, à des dommages-intérêts.

219. Un arrêt de la Cour de Bourges, du 7 fév. 1850 (t. 82, p. 102), a déclaré également que l'opposition formée à une saisie-exécution ou l'appel relevé contre le jugement qui a servi de base à cette saisie, n'empêchent pas que le débiteur ne soit passible des peines portées par l'art. 400, §§ 2 et 3, Cod. pén., s'il détourne des objets saisis et confiés à la garde d'un tiers. En appréciant cette décision dans le précédent *Supplément*, M. Chauveau reconnaissait que la mainmise de la loi existe par le fait seul de la saisie, et que cette saisie doit être respectée tant qu'une décision judiciaire n'en a pas prononcé la nullité ou la mainlevée. Mais il hésitait, disait-il, à penser que la peine édictée par le législateur ait pour but unique de faire respecter une mainmise judiciaire résultant d'un procès-verbal de saisie. Dans l'espèce de l'arrêt précité, les faits, suivant lui, avaient dû avoir une grande influence sur la décision de la Cour de Bourges. Notre auteur demandait si la solution eût été la même dans le cas où le prévenu aurait prouvé que la saisie était évidemment nulle comme faite *super non domino*. C'est si peu, ajoutait-il, cette mainmise qui aurait uniquement préoccupé le législateur, que, le 25 avril 1840 (*Journ. du droit crim.*, t. 12, p. 215), la Cour de cassation a rendu un arrêt d'après lequel l'art. 400, devant, comme toute disposition pénale, être exactement renfermé dans ses termes, ne peut recevoir application lorsque le saisi n'est pas gardien judiciaire, ou que les objets n'ont pas été confiés à la garde d'un tiers, par exemple lorsque l'immeuble saisi était affermé : d'où il résulterait, à ses yeux, que le législateur a voulu punir, soit l'abus de confiance, soit une espèce de dol, mais non une violation d'une mainmise judiciaire civile. Il observait d'ailleurs que sans cela la loi eût été beaucoup trop sévère, et la peine édictée n'eût pas été en rapport avec celles qui sont prononcées, pour des cas analogues, par d'autres articles du Code pénal. — Pour qu'il y ait réellement abus de confiance ou détournement frauduleux, insistait-il, il faut que la saisie soit sérieuse et valable. La criminalité manque donc d'un de ses éléments principaux, si l'agent fait juger que la saisie était radicalement nulle ; son exception est tout aussi respectable que celle du propriétaire auquel on reproche d'avoir coupé les arbres d'un bois qu'il dit lui appartenir. — On a vu au numéro précédent que cette opinion, contredite par la jurisprudence, n'est pas non plus la nôtre.

220. M. Chauveau approuvait un arrêt de la Cour de cassation du 1er juill. 1852 (*J. Av.*, t. 78, p. 368), d'après lequel le créancier saisissant qui, sans concert avec le saisi, détourne des objets lui appartenant, compris par erreur dans la saisie, n'est pas punissable.

221. Il paraissait admettre aussi, avec un autre arrêt de la même Cour, du 17 sept. 1852 (D.P.53.1.487), que l'individu prévenu d'avoir vendu des récoltes frappées à son préjudice de deux saisies successives, l'une à la requête du percepteur des contributions directes, l'autre à la diligence du receveur de l'enregistrement, a pu être renvoyé de la poursuite par cela seul qu'il a été déclaré qu'il avait obtenu l'autorisation de faire cette vente de l'un des saisissants et sans qu'il soit constaté que l'autorisation émanait de tous les deux.

222. Il résulte d'un jugement du tribunal civil de Briey, du 4 avril 1873 (t. 99, p. 443), que le saisissant n'est fondé à revendiquer contre un tiers, comme ayant été détourné à son préjudice, un objet mobilier que ce tiers prétend lui avoir été remis en paiement d'une créance par le saisi, qu'autant qu'il établit que le possesseur de l'objet revendiqué a été complice du détournement frauduleux de cet objet commis par le saisi,... ou que la dation en paiement alléguée manque d'une des conditions nécessaires pour sa validité, comme, par exemple, l'accord des parties sur le prix de la chose remise en paiement.

223. Rappelons encore que la disposition de l'art. 400, Cod. pén., qui punit le détournement par le saisi des objets saisis sur lui, s'applique, d'après la jurisprudence et la doctrine, à toute espèce de saisie, et conséquemment à la saisie-arrêt aussi bien qu'à la saisie-exécution. V. Bordeaux, 25 août 1871 (*Journ. du Minist. publ.*, t. 15, p. 143) ; MM. Hélie et Chauveau. *Théor. du Cod. pén.*, t. 5, n. 1732 ; Blanche, *Etud. prat. sur le Cod. pén.*, t. 6, n. 76. — V. aussi *Saisie-arrêt*, n. 202.

224. (Q. 2059 bis B). *Les peines, dont la loi punit les auteurs des détournements sont-elles applicables aux membres de la famille indiqués par l'art.* 380, *Cod. pén. ?*

Sur cette question, M. Chauveau, dans le *Supplément* précédent, mentionnait les solutions suivantes :—Un arrêt de la Cour de Bourges, du 9 nov. 1854 (*J. Av.*, t. 82, p. 100), a considéré comme *voleur* le fils du saisi qui a détourné des effets saisis sur son père. — Un arrêt de la Cour de cassation, du 12 fév. 1842 (*J. Av.*, t. 62, p. 174), a déclaré aussi que la femme qui soustrait des meubles saisis sur son mari commet un *vol* envers ce dernier au préjudice du saisissant et du gardien, et qu'elle ne peut invoquer le bénéfice de l'art. 380, Cod. pén. Toutefois, par un autre arrêt, en date du 11 avril 1845 (*J.P.*45.2.102), la Cour suprême a décidé, au contraire, que le fait puni par l'art. 400, § 2, n'est pas un vol.—M. Chauveau déclarait ensuite que, s'il était obligé de reconnaître une regrettable lacune dans la loi pénale, il ne pouvait consentir à dire : il faut prononcer telle peine, parce qu'il répugne à la raison d'admettre que le législateur n'a pas voulu que le fait fût impuni. Décider ainsi, observait-il, c'est faire prévaloir l'esprit sur le texte, non pas *ad mitiorem*, mais *ad duriorem sensum*, ce qui est essentiellement contraire à une saine application des lois pénales ; il n'appartient pas aux juges de prendre la place du législateur. Il semble, ajoutait notre auteur, qu'il y ait un argument décisif contre le système de l'arrêt de la Cour de Bourges et de celui de la Cour de cassation du 19 fév. 1842 : quelle peine appliquera-t-on au fils prétendu voleur de son père? L'art. 400, § 3, subordonne la sévérité plus ou moins grande de la condamnation à la plus ou moins grande culpabilité du père; le père n'étant nullement coupable, la principale incrimination devant servir de base à la condamnation s'évanouit.

La Cour suprême, par un autre arrêt du 18 avril 1857 (*J. Av.*, t. 82, p. 386), décidant aussi que le mari qui a détourné des objets saisis sur lui par sa femme doit recevoir l'application de la peine portée par l'art. 400, Cod. pén., sans pouvoir invoquer l'immunité résultant de l'art. 380 du même Code, a reconnu de nouveau que le détournement dont il s'agit n'est pas un vol, et confirmé, sous ce rapport, l'opinion de M. Chauveau, que partage M. Colmet-Daage, t. 2, p. 252. Mais elle a pensé que le détournement, punissable, en règle générale, lorsqu'il est commis par le saisi, ne cesse pas de l'être quand le saisissant est l'une des personnes mentionnées dans l'art. 380, Cod. pén. Sa décision est basée sur le motif que le bénéfice de cet article ne peut être invoqué que dans le cas qu'il prévoit, c'est-à-dire lorsqu'il s'agit de soustraction, et qu'il n'est pas applicable au délit de distraction ou de détournement défini par l'art. 400. Cette interprétation paraissait inadmissible à notre auteur.

225. (Art. 604). *Le saisi peut-il se servir du lait des bestiaux saisis?*

Décidé affirmativement au texte, t. 4, p. 739, à la note.

Adde conf., notre *Formul. annot.*, p. 524, note 14, n. 1.

226. (Q. 2062). *Le saisissant et l'huissier sont-ils personnellement garants des malversations du gardien?*

C'est la négative qui doit être admise suivant Carré, au texte; tandis que M. Chauveau étend ici au saisissant la responsabilité à laquelle il a enseigné sous la quest. 2052 *bis* (V. *suprà*, n. 204) que l'huissier peut être soumis.

Adde en ce dernier sens, notre *Formul.*, *ibid.*, n. 3.

227. (Q. 2063). *Le gardien établi par le saisissant ne contracte-t-il qu'envers celui-ci l'obligation de conserver et représenter les objets saisis? Si le saisissant donne mainlevée de la saisie, les créanciers du saisi opposants aux deniers de la vente, et qui n'auraient pas procédé au récolement de la saisie, ne peuvent-ils donner effet à cette saisie dans leur intérêt? Si des objets ont été distraits, et qu'on ait procédé à la vente de ceux qui restent, les opposants antérieurs ou postérieurs peuvent-ils exiger, soit du saisissant, soit du gardien, que ces objets soient représentés pour être vendus, ou que le gardien leur tienne compte de la valeur?*

Carré, au texte, enseigne que le gardien ne contracte qu'envers le saisissant seul l'obligation de conserver et de représenter les objets saisis ; que les opposants au prix qui ne se sont pas rendus parties à la saisie en faisant le récolement ne peuvent se prévaloir de cette saisie, et que le gardien n'est pas obligé envers eux ; que le saisissant peut dispenser ce dernier de représenter, lors de la vente, *tous* les objets saisis; que les opposants postérieurs à la vente des objets seuls représentés ne peuvent exiger la représentation ou la valeur des autres, et que le saisissant lui-même n'a plus rien à prétendre vis-à-vis du gardien en ce qui concerne ces derniers objets. Il ajoute que, lorsque des oppositions ont été formées avant la vente, la saisie étant devenue commune aux opposants, ils ont le droit de faire représenter les objets manquants lors de la vente ou d'en réclamer la valeur; et que même, en cas d'annulation de la saisie, la poursuite peut être continuée dans l'intérêt des opposants. — Quant à M. Chauveau, qui regarde Carré comme étant tombé dans une contradiction en refusant, d'une part, toute communauté dans la procédure de saisie aux opposants qui n'ont pas fait faire de récolement, et en se contentant, d'autre part, de la simple opposition pour qu'ils y deviennent parties, il exprime l'avis que le créancier qui a fait procéder au récolement ou qui est porteur d'un titre authentique a seul des droits sur la saisie; mais que la représentation des objets saisis est due par le gardien à tous les opposants antérieurs à la vente, encore qu'ils ne se soient pas rendus parties à la saisie par le récolement.

V. aussi en ce dernier sens, notre *Formul. annot.*, p. 524, note 14, n. 2.

228. M. Chauveau observait avec raison, dans le *Supplément* précédent, que le gardien qui loue ou prête des choses saisies, est passible de la privation des frais de garde et de dommages-intérêts; mais qu'il ne peut être privé des frais de nourriture des animaux saisis. V. en ce sens, Trib. civ. de Toulouse, 19 janv. 1847 (*J. Av.*, t. 72, p. 164). — *Adde* conf., notre *Formul.*, p. 525, note 15, n. 2.

229. (Q. 2063 bis). *Le gardien peut-il exiger que les objets qui lui sont confiés soient transportés chez lui ?*

Il le peut, selon M. Chauveau, au texte, si ces objets ne sont pas d'un usage journalier pour le saisi.

Adde conf., notre *Formul.*, p. 526, note 14, n. 4.

230. (Q. 2063 sexies). *Le gardien ne peut-il obtenir sa décharge avant l'expiration de deux mois après la saisie?*

M. Chauveau, au texte, admet que le gardien peut être déchargé plus tôt, si quelques circonstances majeures lui rendent impossible l'accomplissement des devoirs auxquels il s'était soumis.

Adde conf., notre *Formul. annot.*, p. 530, note 1, n. 3.

231. (Art. 606). *Le gardien qui demande sa décharge peut-il valablement assigner le saisissant au domicile par lui élu dans le commandement tendant à saisie?*

La négative résulte d'un arrêt de la Cour de Poitiers du 25 fév. 1834 (*J. Av.*, t. 47, p. 578), ainsi que d'un arrêt de la Cour de Bordeaux du 27 août 1863 (*J. Av.*, t. 89, p. 515), qui ont décidé que la demande en décharge doit être signifiée, conformément à la règle générale en matière d'ajournement, à la personne ou au domicile réel du saisissant. — Mais V. en sens contraire l'opinion de M. Chauveau indiquée *suprà*, n. 54.

232. (Q. 2064 bis). *Si le gardien n'a point demandé sa décharge, combien de temps dure sa responsabilité?*

Trente ans, selon l'opinion exprimée au texte par M. Chauveau.

V. aussi en ce sens, notre *Formul.*, *ibid.*, n. 4.

233. (Q. 2063 ter). *Lorsqu'une saisie est annulée par suite d'une demande en revendication, le gardien peut-il exiger du revendiquant qui reprend ses meubles le paiement de son salaire et de ses frais?*

Solution négative au texte de la part de M. Chauveau, qui ajoute que le gardien ne peut réclamer ses frais contre le saisi, lorsque celui-ci a fait annuler la saisie; mais qu'il a, dans tous les cas, son recours contre le saisissant et contre ceux des opposants qui se sont rendu la saisie commune.

Adde conf., notre *Formul. annot.*, p. 525, note 15, n. 4.

234. (Q. 2051 ter). *Le gardien d'objets mobiliers saisis qui donne quittance de son salaire à la suite et sur la copie qui lui a été laissée par l'huissier de l'exploit qui le concerne, contrevient-il à l'art.* 23 *de la loi du* 13 *brum. an* VII?

Cette question, disait M. Chauveau dans le *Supplément* précédent, ne pouvait recevoir d'autre solution que celle que les rédacteurs du *Journal de l'enregistrement et des domaines*, n. 2104 (1857), p. 190, lui ont donnée en ces termes : — « D'après l'art. 23 de la loi du 13 brumaire an VII, la quittance d'une créance peut, sans contravention, être écrite à la suite du titre de cette même créance. Or, dans l'espèce, le titre du gardien au salaire qu'il reçoit, et dont il a donné quittance, est évidemment la copie de l'exploit de l'huissier qui le choisit, car c'est cette copie d'exploit qu'il aurait à produire en justice pour se faire allouer un salaire s'il lui était contesté. La question proposée semble, dès lors, devoir être résolue dans le sens de la négative. »

235. (Q. 2049). *Les dispositions du titre de la saisie-exécution relatives au gardien sont-elles applicables au gérant de l'exploitation nommé en vertu de l'art.* 594 (V. *suprà*, n. 299) ?

Solution affirmative au texte.

236. (Q. 2088 A). *Le gardien est-il obligé de faire apporter les effets sur le lieu où ils doivent être vendus ?*

Répondu négativement au texte. — V. *infrà*, n. 358.

§ 4. — Récolement.

237. (Q. 2064). *Comment procède-t-on au récolement lorsque le gardien a obtenu sa décharge ?*

V. à cet égard les explications données au texte.

Adde notre *Formul. annot.*, t. 2, p. 533, note 1.

238. (Q. 2078). *Quelles sont les formalités à observer pour le récolement que doit faire l'huissier qui, se présentant pour saisir, trouve une saisie déjà faite ?*

Voy. aussi les explications données sur ce point au texte, où M. Chauveau, après avoir fait observer que le récolement est un procès-verbal qui constate, sans entrer dans aucun détail, si les effets saisis se retrouvent, qui déclare ceux qui manquent, et qui saisit ceux qui ont été omis, ajoute que lorsque l'huissier ignore la première saisie, ou que, en étant averti, il est dans l'impossibilité, par le refus qu'on fait de lui représenter le procès-verbal, de reconnaître et de distinguer les objets qui en font partie, il est alors autorisé à faire procéder à une véritable saisie, comme si la première n'avait pas eu lieu.

Adde conf., Colmet-Daage, t. 2, p. 265.

239. La Cour de Caen a décidé, le 1er mai 1855 (*J. Av.*, t. 81, p. 156), que saisie sur saisie vaut comme procès-verbal de récolement : « L'huissier, a dit la Cour, aurait dû, il est vrai, se borner à un procès-verbal de récolement au lieu de rédiger un procès-verbal de saisie ; mais ces deux actes ayant également pour objet d'asseoir le droit du créancier sur les meubles saisis et sur le prix à en provenir, il ne saurait y avoir lieu de prononcer une nullité qui n'est point écrite dans la loi, et c'est le cas de décider que la seconde saisie vaudra comme récolement, sauf le droit des parties sur la question des frais. » — L'arrêt ne s'explique pas sur le point de savoir si l'huissier qui avait procédé à la seconde saisie avait eu connaissance de la première. Or, observe M. Chauveau, c'était là le point important, car on pourrait soutenir qu'on n'aurait dû valider comme récolement le second procès-verbal que dans le cas où la première saisie lui aurait été inconnue, l'art. 611 n'ayant eu d'autre but que de réglementer l'application de l'ancienne maxime : *Saisie sur saisie ne vaut.* Notre auteur pense toutefois qu'il serait beaucoup trop rigoureux de prononcer la nullité, et que l'irrégularité n'a d'autre sanction qu'une condamnation aux frais à la charge de l'huissier dont la faute aura été constatée. Conf. Rodière, t. 3, p. 262; Bioche, n. 210.

240. (Q. 2078 bis). *Lorsque l'huissier qui se présente pour saisir trouve déjà pratiquée, soit une saisie-gagerie, soit une saisie conservatoire, en vertu d'ordonnance du président du tribunal de commerce, doit-il procéder comme il est dit aux art.* 611 *et* 612?

Non, est-il répondu au texte; l'huissier doit alors procéder à une saisie-exécution.

241. Il ne faut pas considérer comme contraire à cette doctrine, observait M. Chauveau dans le *Supplément* précédent, un arrêt de la Cour de cassation, du 7 juin 1853 (*J. Av.*, t. 79, p. 484), portant qu'une saisie-gagerie déclarée nulle parce qu'à l'époque où elle a été provoquée le saisissant n'était plus propriétaire de l'immeuble loué, permet au véritable propriétaire, qui a fait procéder à un simple récolement antérieur à la nullité prononcée, de faire vendre les objets saisis. Dans cette espèce, il ne s'agissait pas de savoir si le créancier qui veut saisir-exécuter peut faire vendre après un simple récolement sur saisie-gagerie, mais bien si, après une saisie-gagerie, le récolement, de la part d'un créancier qui voulait faire saisir-gager, autorise ce dernier, malgré la nullité de la saisie prononcée vis-à-vis du premier saisissant, à *continuer les poursuites de saisie-gagerie.*—Le procès-verbal de récolement a pour effet de rendre la saisie, dans le cours de laquelle il intervient, commune au créancier qui le fait dresser, de telle sorte que la nullité prononcée contre le premier saisissant ne saurait nuire au second, en ce sens qu'il aurait le droit incontestable de recommencer les poursuites, à partir du dernier acte valable, sans utiliser toutefois à son profit les actes déclarés nuls vis-à-vis du premier saisissant. A plus forte raison y a-t-il lieu de décider que, si la nullité provient d'un défaut de qualité dans l'auteur de la saisie, sans toucher en rien à la régularité de la procédure, les poursuites profitent entièrement au second créancier, à l'égard duquel la procédure ne saurait être critiquée, soit pour défaut de qualité, soit pour irrégularité. Voy. le *Formul. de procédure* de notre auteur, t. 1er, p. 523, note 5; et Bioche, n. 221.

242. Le tribunal civil de Lyon a décidé, le 14 juin 1872 (*J. Av.*, t. 97, p. 315), que la saisie-exécution à laquelle il est procédé sur des meubles qui ont déjà fait l'objet d'une saisie-gagerie, ne saurait être assimilée à un récolement valant opposition sur les deniers de la vente, si elle n'a pas été suivie de la sommation prescrite par l'art. 611, et s'il n'y aucune preuve que le premier saisissant ait eu connaissance de la seconde saisie; qu'il importe peu que le gardien ait dissimulé au second saisissant l'existence de la saisie-gagerie antérieure, ce fait étant étranger au premier saisissant et n'engageant que la responsabilité personnelle du gardien. — Cette décision commet une grave erreur, qui provient de la confusion qu'elle fait entre la saisie-gagerie et la saisie-exécution. Si la première saisie était une saisie-exécution, la seconde saisie de même nature dont les mêmes meubles seraient l'objet vaudrait en principe récolement (Caen, 1er mai 1855, *J. Av.*, t. 81, p. 156), en supposant que le second saisissant ait eu connaissance de la première saisie, et qu'il ait signifié au premier saisissant la sommation prescrite par l'art. 611. Dans le cas, au contraire, où l'existence de la première saisie n'aurait pas été révélée au second saisissant, il nous semble qu'une distinction doit être faite. Ou c'est par le fait du premier saisissant que le second a ignoré la première saisie, comme si, par exemple, le premier saisissant n'a pas établi de gardien, et alors la seconde saisie ne produit pas seulement l'effet d'un récolement, elle a la même force que si elle existait seule, et c'est au créancier qui l'a faite qu'appartient le droit de poursuivre la vente (Caen, 10 avril 1827, *J. Av.*, t. 34, p. 326; Chauveau, quest. 2078, au texte). Ou l'ignorance dans laquelle le second saisissant s'est trouvé de l'existence de la première saisie n'est pas imputable au premier saisissant, mais a pour cause le silence du gardien, le refus de ce dernier de représenter le procès-verbal de cette première saisie, ou tout autre fait analogue, et, dans cette hypothèse, la seconde saisie ne vaut que comme récolement (Limoges, 18 déc. 1813 (*J. Av.*, t. 19, p. 449), car le premier saisissant ne peut perdre, par un fait qui lui est étranger, le bénéfice de la priorité de sa poursuite (Conf., Coffinière, sur l'arrêt de Limoges précité, *ibid.*), et elle ne produit toujours cet effet qu'à la condition d'être suivie de la sommation prescrite par l'art. 611.

243. Mais quand la première saisie est une saisie-gagerie, cet article cesse d'être applicable, et des principes différents conduisent à une autre solution. Si l'art. 611 refuse à l'huissier qui trouve une saisie déjà faite le droit de saisir de nouveau, c'est qu'il suppose que la première saisie doit produire les mêmes effets que celle que le second huissier se proposait de faire lui-même. Placé au titre des *Saisies-exécutions*, cet article n'a trait qu'aux saisies de cette nature; il n'a pour objet que d'empêcher que plusieurs saisies-exécutions ne viennent se greffer les unes sur les autres. Mais, lorsque c'est une saisie-gagerie qui a tout d'abord frappé les meubles du débiteur, rien ne saurait s'opposer à ce que ces mêmes meubles deviennent encore l'objet d'une saisie-exécution, parce que la première saisie, ne produisant pas les mêmes effets que la seconde, ne rend point celle-ci inutile. Comment admettre que le créancier qui, en vertu de son titre, peut, au moyen d'une saisie-exécution, faire vendre immédiatement le mobilier de son débiteur pour parvenir à se faire payer, se voie désarmé par une simple saisie-gagerie qui ne pourrait aboutir à la vente des objets saisis qu'après avoir été déclarée valable (Cod. proc., 824)? En pareil cas, la seconde saisie a sa raison d'être; les frais n'en sont point frustratoires; cela suffit pour qu'il n'y ait pas lieu d'appliquer l'art. 611, dont il ne faut pas seulement envisager la lettre, mais dont il importe d'interroger l'esprit. Tous les auteurs se prononcent d'ailleurs dans ce sens. Voy. indépendamment de Carré et de M. Chauveau, ci-dessus, n. 240, Bioche, n. 208; Boitard et Colmet-Daage, t. 2, n. 870; Dalloz, v° *Saisie-exécution*, n. 104; Deffaux et Harel, *Encyclop. des huiss.*, *eod. verb.*, n. 210 et 215; les rédacteurs du *Journ. des Huiss.*, t. 37, p. 144.

244. De ce qui précède, il suit nécessairement que la saisie-exécution qui intervient à la suite d'une saisie-gagerie, non seulement ne saurait être considérée comme pouvant simplement valoir récolement dans les termes de l'art. 611, Cod. proc., mais produit tous ses effets ordinaires, sans qu'il y ait à rechercher si le saisissant a connu la première saisie ou s'il l'a ignorée, et à qui cette ignorance est imputable. Dans tous les cas possibles, cette saisie-exécution a valablement procédé. Le tribunal de Lyon n'a pu décider le contraire par le jugement mentionné ci-dessus, qu'en perdant de vue que la première saisie avait été une saisie-gagerie, ou en assimilant à tort ce genre de saisie à la saisie-exécution.

Adde, notre *Formul. annot.*, p. 540, note 4, n. 1.

245. (Q. 2079). *Comment est faite au premier saisissant, en cas de récolement, la sommation de vendre dans la huitaine?*

Elle se fait, est-il dit au texte, par le procès-verbal même de récolement.

Adde conf., notre *Formul. annot.*, t. 2, p. 540, note 6, n. 1.

246. (Art. 611). *Le délai de huitaine est-il susceptible de prorogation?*

Décidé affirmativement au texte, t. 4, p. 753, à la note.

247. (Q. 2080 A). *A qui l'huissier doit-il donner copie du procès-verbal de récolement?*

Il est expliqué au texte que, dans le cas de simple récolement, il doit être donné deux copies, l'une au saisi, et, l'autre, au saisissant; et que, s'il y a en même temps saisie d'effets omis, une troisième copie doit être remise au gardien.

Adde conf.. notre *Formul.*, p. 41, n. 7.

248. (Q. 2080 B). *La copie du récolement et la sommation peuvent-elles être signifiées au domicile élu?*

Solution affirmative au texte.

Adde conf., notre *Formul.*, p. 542, note 2.

249 (Q. 2081). *Quand on saisit des objets omis, à qui la garde en est-elle confiée?*

Au même gardien, est-il répondu au texte.

Adde conf., notre *Formul. annot.*, p. 540, note 5.

250. (Q. 2082 bis A). *Quels sont les droits que le récolement attribue aux créanciers qui le pratiquent?*

La saisie-exécution, explique M. Chauveau, au texte, devient commune à ceux qui ont fait procéder à un récolement, et qui peuvent, dès lors, reprendre la poursuite si le premier saisissant l'abandonne ou si elle est annulée à son encontre.

251. Dans le *Supplément* précédent, M. Chauveau faisait observer, que les nullités non opposables au récolant sont celles qui sont prononcées pour toute autre cause qu'un vice de forme, et il mentionnait, à l'appui de son opinion, l'arrêt de la Cour de cassation déjà citée *suprà*, n. 241, et dans lequel on lit : « La nullité de la saisie n'avait pas été prononcée pour défaut de forme, mais parce qu'elle avait été faite *pro non debito;* dès lors, cette saisie, bien qu'annulée à l'égard du saisissant originaire, n'en avait pas moins conservé son effet en faveur du nouveau saisissant, et le procès-verbal de récolement fait par l'huissier de celui-ci valait une nouvelle saisie. »

Adde conf., M. Colmet-Daage, t. 2, p. 263. — M. Bioche, n. 221, est plus absolu, car il considère le procès-verbal de récolement comme attribuant au créancier à la requête duquel il est fait la qualité de saisissant, quelle que soit la cause de la nullité. — La Cour de Bordeaux a décidé, le 27 août 1851 (*J. Av.*, t. 77, p. 76), que les créanciers, autres que le créancier saisissant, qui ont fait régulièrement procéder à un récolement, ont le droit de faire procéder à la vente, sans qu'on puisse leur opposer la nullité du commandement qui émane du saisissant; mais qu'il en serait autrement si la nullité avait affecté le procès-verbal de saisie.

252. (Art. 612). *Lorsque, faute par le saisissant de faire vendre dans le délai légal le mobilier saisi, un créancier opposant ayant titre exécutoire a fait au saisissant la sommation mentionnée en l'art.* 612, *le saisi conserve-t-il encore le droit de désintéresser ce dernier avec le prix d'une vente par lui volontairement consentie de ce même mobilier?*

Ayant été consulté sur ce point, nous avons exprimé notre avis de la manière suivante : La sommation de vendre faite au saisissant par un créancier opposant ayant titre exécutoire n'ajoute absolument rien aux droits de ce dernier, puisqu'elle ne constitue qu'une simple mise en demeure. Mais ces droits sont suffisants en eux-mêmes pour que le saisi ne puisse plus, en vendant volontairement son mobilier, assurer le paiement du saisissant au préjudice des opposants. L'opposition a pour effet de rendre ceux qui la forment parties dans la procédure de saisie, et de leur donner sur le prix de la vente des meubles saisis un droit égal à celui du saisissant; et si cette règle a été plus particulièrement établie en vue du cas où la vente est faite aux enchères à la requête du saisissant, il ne s'ensuit pas, évidemment, que ce dernier puisse en éluder l'application en se concertant avec le saisi pour être payé par préférence aux opposants sur le prix d'une vente volontaire : la loi n'a pu vouloir autoriser une semblable fraude. — C'est ce qu'a parfaitement décidé un arrêt de la Cour de Caen du 1er mai 1875 (*J. Av.*, t. 81, p. 156). V. dans le même sens, les observations jointes à cet arrêt (*ibid.*), que M. Chauveau reproduisait dans son *Supplément*, sous la quest. 2082 *bis*; M. Bioche, *Journ. de proc.*, 1846, p. 522, et l'*Encyclop. des huiss.*, vº *Saisie-exécution*, n. 275. V. également notre *Formulaire annoté*, t. 2, p. 541, note 1, n. 2.

Dans l'espèce à propos de laquelle la question ici examinée nous a été soumise, le saisissant avait, dans la mainlevée de la saisie-exécution donnée par lui à la suite du paiement que lui avait fait l'acquéreur du mobilier vendu par le saisi, déclaré réserver tous les droits du créancier opposant à la requête duquel lui avait été signifiée la sommation de vendre. Il est inutile de dire que cette réserve ne pouvait suffire pour valider une vente et un paiement consentis au mépris des droits mêmes qu'elle feignait de sauvegarder.

253. (Q. 2082). *Quelle est la limite de la faculté qui est donnée à tout opposant de faire procéder* de suite *à la vente ?*

Il est dit au texte que l'exercice de cette faculté est subordonné à l'accomplissement des formalités prescrites pour la publicité de la vente.

Adde conf., notre *Formul. annot.*, p. 542, note 3.

§ 6. — Incidents auxquels peut donner lieu la saisie-exécution.

254. (Q. 2068 bis). *L'opposition à la vente que l'art.* 608 *autorise de la part de celui qui se prétend propriétaire des objets saisis peut-elle être dénoncée au saisissant, au domicile par lui élu dans son exploit de commandement ?*

Solution affirmative au texte.

Adde conf., Bordeaux, 8 mai 1830; Trib. civ. de Marseille, 14 déc. 1863 (*J. Av.*, t. 89, p. 512) et 16 fév. 1865 (t. 91, p. 208); Chambéry, 18 juin 1878 (t. 103, p. 353); notre *Formul. annot.*, p. 547, note 2. V. *suprà*, n. 54.

255. Dans son *Supplément*, M. Chauveau disait approuver un arrêt de la Cour de Rouen, du 23 janv. 1858 (*J. Av.*, t. 84, p. 95), duquel il résulte que l'opposition à la vente des meubles saisis, formée entre les mains de l'huissier chargé d'y procéder et non dénoncée au saisissant, n'entraîne, s'il est passé outre, aucune responsabilité de la part de ce dernier, auquel aucune fraude n'est imputable, mais que l'huissier peut, si la vente cause un dommage aux opposants, être actionné en dommages-intérêts, sans que, d'ailleurs, une opposition basée sur une demande de déclaration de faillite puisse, en principe, être considérée comme emportant obligation de surseoir à la vente.

256. D'un autre côté, la même Cour a jugé, le 9 fév. 1857 (*J. Av.*, t. 82, p. 647), que l'opposition à la vente qui, au lieu d'être faite de la manière prescrite par l'art. 608, serait formée directement entre les mains de l'huissier au moment de la vente, même avec assignation en référé, n'empêcherait pas qu'il ne pût y être valablement procédé. V. aussi, en ce sens, notre *Formul.*, p. 544, note 1, n. 2.

257. (Q. 2068 ter A). *La faculté de former opposition à la vente n'appartient-elle taxativement qu'à celui qui se prétend propriétaire des objets saisis.*

M. Chauveau, au texte, adopte l'opinion de Pigeau d'après laquelle cette faculté appartient à tous ceux qui ont un droit *in re*, comme l'usufruitier, et à tous ceux qui ont intérêt à ce que les meubles ne soient pas vendus, comme celui qui les a loués, prêtés, donnés en dépôt, etc.

Adde conf., notre *Formul.*, p. 545, note 3, n. 1.

258. (Q. 2068 ter B). *La faculté dont il s'agit peut-elle être exercée au* *préjudice du propriétaire d'une maison, qui saisit, pour prix de loyer, les meubles qui la garnissent ?*

La négative, fondée sur l'art. 2102, Cod. civ., est enseignée au texte par M. Chauveau.

259. Il faut remarquer, d'un autre côté, que, pour conserver son privilège sur le mobilier saisi sur son locataire et déplacé pour être transporté dans le local destiné aux ventes publiques, le propriétaire n'est pas tenu de former une demande en revendication ; mais qu'il lui suffit de former une opposition sur le prix de la vente : Paris, 28 août 1868 (*J. Av.*, t. 93, p. 364).

260. (Q. 2068 quater). *Est-il un délai passé lequel cette opposition ne puisse plus avoir lieu ?*

Non, d'après l'opinion exprimée au texte ; l'opposition peut être formée tant que la vente n'a pas eu lieu ; mais après la vente le tiers est déchu.

Adde conf., Colmet-Daage, t. 2, p. 258 et s.; notre *Formul. annot.*, p. 544, note 2.

261. (Q. 2069). *La personne qui se prétend propriétaire d'objets qu'on se propose de saisir peut-elle s'opposer à la saisie ?*

Carré, au texte, adopte la négative, et il ne reconnaît au propriétaire que le droit de former opposition à la vente ; mais M. Chauveau embrasse l'opinion contraire sous la quest. 2066 *bis*.

262-266. (Q. 2070). *Résulte-t-il de l'art.* 608 *que le propriétaire ne puisse revendiquer dès l'instant de la saisie ?*

L'affirmative est admise au texte par Carré, qui est d'avis que la réclamation faite à l'instant de la saisie par le propriétaire ne peut empêcher l'huissier de comprendre dans son procès-verbal les objets réclamés. M. Chauveau en pense autrement sous la quest. 2066 *bis* précitée.

267. (Q. 2073). *Que faut-il ajouter à la signification au gardien de la demande en revendication ?*

Il convient, suivant l'observation faite au texte, d'enjoindre au gardien de ne souffrir ni l'enlèvement ni la vente des objets réclamés jusqu'au jugement sur la revendication.

Adde en ce sens, notre *Formul.*, p. 545, note 4.

268. (Q. 2071 A). *Le gardien doit-il être assigné sur l'opposition du propriétaire ?*

Solution négative au texte.

Adde conf., notre *Formul.*, p. 544, note 1, n. 4.

269. Il suffit que la demande en revendication soit signifiée au gardien : mais cette signification doit lui être faite à peine de nullité. — Du reste, le jugement qui prononce la nullité d'une demande en revendication des meubles saisis, pour défaut de signification de cette demande au gardien, ne fait pas obstacle à ce qu'une seconde demande semblable, mais exempte de l'irrégularité qui a donné lieu à l'annulation de la première, soit déclarée valable par un jugement ultérieur : Trib. civ. de Béziers, 20 janv. 1875 (*J. Av.*, t. 100, p. 154). — Le premier jugement, dans ce cas, ne saurait avoir l'autorité de la chose jugée relativement à la demande sur laquelle statue la seconde décision, parce que, si cette demande a le même objet que la première, elle ne renferme pas la cause de nullité que contient celle-ci et qui en a seule déterminé le rejet. Dès l'instant que le premier jugement n'a pas apprécié au fond la seconde revendication sur laquelle il est intervenu, et s'est borné à la repousser comme irrégulière, rien ne saurait s'opposer à ce qu'une nouvelle demande, exempte du vice qui entachait la précédente, soit plus tard déclarée recevable et jugée au fond par le même tribunal, pourvu, bien entendu, qu'elle soit formée en temps utile. Compar. Cass., 16 août 1837, rapporté par Dalloz, *Répert.*, v° *Chose jugée*, n. 169, et cet auteur, *ibid.*, n. 215 et s. — V. aussi notre *Formul. annot.*, p. 544, note 1, n. 3.

270. (Q. 2074). *Peut-on, sur la demande en revendication, appeler les créanciers opposants ?*

Non, sauf à eux à intervenir à leurs frais, est-il répondu au texte.

Adde conf., notre *Formul.*, p. 547, note 1, n. 8.

271. (Q. 2072). *Pourrait-on, sous le prétexte que le débiteur aurait son domicicile chez un tiers, saisir les meubles de celui-ci, malgré sa déclaration que tout le mobilier lui appartient, et, en ce cas, le tiers ne serait-il admis à se pourvoir que par la voie indiquée dans l'art.* 608 ?

Il est enseigné au texte que, dans ce cas, le tiers pourrait former opposition à la saisie par la voie du référé, et Carré, *ibid.*, estime même que le maître de maison serait en droit de refuser l'entrée de ses appartements à l'huissier.

V. aussi notre *Formul.*, p. 545, note 2, n. 3.

272. Dans le *Supplément* précédent, M. Chauveau signalait comme ayant consacré une solution incontestable, un arrêt de la Cour de Poitiers du 22 déc. 1846 (*J. Av.*, t. 72, p. 627), décidant que les créanciers d'une personne qu'un maître de maison loge avec lui ne peuvent saisir les meubles qui se trouvent chez ce dernier qu'en prouvant qu'ils sont la propriété de leur débiteur, ou au moins que celui-ci a apporté des meubles dans la maison en venant l'habiter. Ce qui n'empêche pas toutefois, ajoutait l'auteur, qu'on ne puisse valablement saisir les effets mobiliers à l'usage du débiteur trouvés dans la chambre qu'il occupe dans l'appartement loué par sa mère, alors même que celle-ci prétend que ces effets ont été achetés et payés par elle. *Sic*, Trib. de la Seine, 20 oct. 1858 (*J Av.*, t. 84, p. 91).

273-274. Il a été encore jugé, depuis, dans le sens de la solution consacrée par la Cour de Poitiers, que, lorsqu'une saisie-exécution a été faite hors du domicile du saisi, c'est au saisissant, dans le cas où le tiers s'oppose à la vente des objets saisis en prétendant qu'il en est propriétaire, à prouver qu'ils appartiennent au saisi; la présomption de propriété, établie par l'art. 608, ne s'appliquant qu'au cas où la saisie est faite au domicile du débiteur: Chambéry, 1er mars 1864 (t. 89, p. 514) ; — et dans le sens de la décision du tribunal de la Seine, que la circonstance que le loyer de l'appartement dans lequel ont été saisis des objets mobiliers est payé par le fils de la partie saisie, ne suffit point pour prouver que ces objets appartiennent au fils, et pour rendre admissible la demande en revendication de ce dernier : Paris, 20 août 1875 (t. 100, p. 428).

275. (Art. 608). *L'huissier engage-t-il sa responsabilité, en comprenant dans une vente sur saisie-exécution des objets mobiliers que des tiers prétendent leur appartenir, et que le saisi lui-même lui a déclaré être leur propriété, alors que ces tiers ne revendiquent pas ces objets dans la forme prescrite par l'art.* 608, *Cod. proc.? Est-il tenu de les prévenir et de les mettre ainsi en demeure de former cette revendication?*

Cette question nous ayant été soumise, nous l'avons résolue en ces termes : L'huissier n'encourt incontestablement aucune responsabilité en procédant à la vente de meubles saisis non revendiqués par les tiers qui s'en prétendent plus tard propriétaires. Alors même qu'il présumerait leur droit de propriété, il ne lui appartient pas de surseoir à la vente, tant qu'ils n'y ont pas formé opposition, et il n'est nullement tenu de provoquer lui-même cette opposition, que la publicité donnée à la vente a dû suffire pour mettre ces tiers en demeure de réaliser. La déclaration du saisi que ces meubles ne lui appartenaient pas, l'opposition même faite par les tiers entre les mains de l'huissier, sont insuffisantes pour empêcher la vente : une opposition dans les formes prescrites par l'art. 608, Cod. proc. civ., peut seule produire cet effet. V. Paris, 13 janv. 1814 ; Rouen, 9 janv. 1857 (*J. des Huiss.*, t. 38, p. 308) ; Bruxelles, 27 mars 1857 (*Id.*, t. 59, p. 81) ; Chauveau, quest. 2068 et 2075 *bis* (*infrà*, n. 294) ; l'*Encyclop. des Huiss.*, v° *Saisie-exécution*, n. 343, 351 et 361. — Il n'en est pas de ce cas comme de celui où l'huissier saisirait et vendrait des objets que la loi déclare insaisissables. — Compar. toutefois Trib. civ. de la Seine, 22 juill. 1869 (*J. Av.*, t. 94, p. 479).

Les tiers, propriétaires des objets vendus, n'ont donc contre l'huissier aucune espèce d'action ; il ne leur reste qu'à faire valoir leurs droits sur le prix de la vente, s'il n'a pas encore été distribué, ou, s'il l'a été, à réclamer contre le saisi le paiement de la valeur de ces objets.

276. (Q. 2075 ter A). *Le débiteur saisi est-il partie nécessaire dans une instance en revendication d'effets mobiliers, de telle sorte qu'il faille prendre un jugement de défaut profit-joint contre lui, à peine de nullité du jugement, s'il n'y figure point ?*

Cette question, disait M. Chauveau dans son *Supplément*, ne peut être résolue que dans le sens de l'affirmative. L'art. 608 ne comporte aucune équivoque ; la procédure nécessitée par la revendication consiste : 1° dans l'opposition notifiée au gardien ; 2° dans la dénonciation de cette opposition au saisissant et au saisi avec assignation devant le tribunal pour voir statuer sur la revendication. Le saisi est partie nécessaire dans cette procédure ; il a encore plus d'intérêt que le saisissant à connaître la demande en revendication et à faire valoir les moyens qu'il peut y opposer ; et il aurait incontestablement le droit de faire rétracter le jugement qui, en son absence, l'aurait accueillie. Le demandeur, qui a été tenu de l'assigner conjointement avec le saisissant, doit donc, s'il ne comparaît pas, prendre un jugement de défaut profit-joint,

277. La Cour de Bruxelles a consacré cette opinion en décidant, le 22 janv. 1855 (*J. Av.*, t. 81, p. 446), que le saisi doit être intimé sur l'appel interjeté par le saisissant du jugement qui statue sur l'opposition à la vente des meubles saisis. V. aussi le *Formulaire de procédure* de notre auteur, t. 1, p. 518 et 519, formules 506 et 507, et M. Rodière, t. 3, p. 260. L'arrêt précité de la Cour de Bruxelles a admis que, dans le cas où le saisi n'aurait pas été intimé sur l'appel, il y aurait lieu, non de prononcer la nullité de cet appel, mais seulement de surseoir à statuer jusqu'à ce que le saisi eût été mis en cause. M. Chauveau regardait cette décision comme indulgente, la nullité de l'appel pouvant être prononcée en pareil cas, suivant lui.

278. La jurisprudence a consacré depuis, d'une manière constante, le principe d'après lequel la demande en revendication de meubles saisis est non recevable, lorsque la partie saisie n'a pas été appelée dans la cause. V. Paris, 31 mai et 9 août 1862 (*J. Av.*, t. 88, p. 547) ; 8 juill. et 20 août 1864 (t. 89, p. 498) ; 24 août 1871 (t. 96, p. 313) ; 24 déc. 1872 (t. 98, p. 117) ; Cass., 20 mai 1863 (t. 88, p. 547) et 13 août 1878 (t. 103, p. 448) ; Chambéry, 29 avril 1872 (t. 98, p. 79). — Plusieurs de ces décisions ont d'ailleurs déclaré que la mise en cause du saisi est nécessaire en appel comme en première instance. D'où la conséquence, d'une part, que l'appel interjeté par le revendiquant condamné en première instance doit être déclaré non recevable s'il est formé contre le saisissant seul, sans mise en cause du saisi : Cass., 13 août 1878, précité ; et, d'autre part, que le saisi qui n'a pas été mis en cause par le demandeur en revendication est recevable à intervenir, même en appel : Paris, 20 août 1875 (t. 100, p. 428).

279. Il a été aussi jugé, conformément à la doctrine enseignée au texte, que la demande en revendication de meubles saisis formée contre le saisissant et le saisi n'est pas recevable, lorsque, le saisissant ayant seul constitué avoué, et le saisi faisant défaut, le revendiquant n'a pas pris contre ce dernier un jugement par défaut profit-joint, et ne le lui a pas signifié avec réassignation, conformément à l'art. 153, Cod. proc. : Trib. civ. de la Seine, 4 déc. 1873 (t. 99, p. 63). Et il résulte de deux arrêts de la Cour de Paris, du 22 janv. 1876 (t. 101, p. 94), que le demandeur en revendication étant tenu, à peine de nullité, de suivre sur la procédure engagée par sa demande, c'est à lui de prendre un jugement de défaut profit-joint dans le cas où la partie saisie n'a pas constitué avoué; et que les diligences qui seraient faites par le saisissant ne sauraient avoir pour effet de relever le revendiquant de la déchéance résultant de son inaction.

280. Le saisi doit, du reste, être considéré comme n'ayant pas été réellement mis en cause, bien qu'il ait été assigné en même temps que le saisissant, si, un jugement de défaut profit-joint ayant été pris contre lui, il n'a pas été ensuite réassigné par le revendiquant : Paris, 24 août 1871, précité.

281. Dans le cas où il y a plusieurs parties saisies, il ne suffit pas, pour la validité de la demande en revendication, qu'une seule de ces parties soit mise en cause : Paris, 24 déc. 1872, également susmentionné.

282. La nullité de la demande en revendication pour défaut de mise en cause des parties saisies, n'étant pas une simple nullité d'exploit, mais affectant toute la procédure, peut être proposée pour la première fois en appel, et prononcée même d'office : Chambéry, 29 avril 1872, et Paris, 24 déc. 1872, ci-dessus,

283. Sur ces différents points, Voy. encore dans le même sens, notre *Formul. annot.*, t. 2, p. 546, note 1, n. 1 et s.

284. (Q. 2071 bis). *Comment satisfait-on à la disposition de l'art.* 608 *qui prescrit au revendiquant d'énoncer les preuves de sa propriété?*

Il faut, comme l'observe M. Chauveau au texte, énoncer soit le titre de propriété, s'il en existe un, soit les faits de possession ou autres qui rendent certaine ou vraisemblable la propriété alléguée.

Adde conf., Besançon, 22 déc. 1854 (*J.P.*54.2.533). — Il a été jugé aussi dans ce sens, que le propriétaire d'objets saisis qui en revendique la propriété satisfait aux prescriptions de la loi en ce qui concerne l'énonciation des preuves de sa propriété, en mentionnant dans l'exploit d'assignation qu'il a toujours été propriétaire des objets saisis, qui n'ont été par lui déposés chez le saisi que pour qu'il en opérât la vente à la commission : Trib. civ. de Marseille, 14 déc. 1863 (*J. Av.*, t. 89, p. 513). — V. également Limoges, 17 déc. 1839 (*J.P.*40.1.532).

285. La Cour de Cologne, par arrêt du 5 avril 1852 (*J.P.*53.1.268), a décidé que le tiers qui s'oppose à la vente d'objets saisis dont il se prétend propriétaire ne peut, dans le cours de la procédure, notamment en appel, invoquer d'autres preuves de sa propriété que celles énoncées dans son exploit d'opposition. M. Chauveau (*Supplément*) considérait à bon droit cette décision comme trop sévère. Il suffit, disait-il très-bien, que la propriété soit établie en définitive pour que la distraction doive être prononcée. Il s'agit ici de moyens nouveaux et non de demande nouvelle. V. *Appel*, n. 457 et suiv., 494 et suiv.

286. (Q. 2071 B). *Est-ce dans l'exploit notifié au gardien, ou dans la dénonciation faite au saisissant et au saisi, que doivent être énoncées les preuves de propriété?*

C'est dans ce dernier acte, suivant l'opinion exprimée au texte par M. Chauveau, et qui est justifiée par l'art. 29 du tarif.

Adde en ce sens, notre *Formul. annot.*, p. 544, note 1, n. 4.

287. (Q. 2075 ter B). *A quel délai le saisi et le saisissant doivent-ils être assignés?*

Au délai ordinaire, est-il répondu au texte.

Adde conf., notre *Formul.*, p. 547, note 3.

288. (Q. 2075 quater). *A-t-on dû toujours, pour former la revendication, suivre les formes de l'art.* 608?

Réponse négative au texte de la part de M. Chauveau, qui rappelle que, sous la législation intermédiaire, la revendication était valablement formée contre l'huissier par qui était faite la saisie.

289. Mais aujourd'hui, comme la Cour de Rouen l'a jugé, le 9 février 1857 (*J. Av.*, t. 82, p. 647), l'opposition à la vente de meubles saisis, par un tiers qui s'en prétend propriétaire, ne peut être faite que de la manière indiquée par l'art. 608. Si elle était formée directement entre les mains de l'huissier au moment de la vente, même avec assignation en référé, elle n'empêcherait pas qu'il ne fût régulièrement et valablement procédé à cette vente.

290. (Art. 608). *Devant quel tribunal doit être formée la demande en revendication?*

Il convient de se reporter, sur ce point, à ce qui a été dit ci-dessus, n. 54, et de consulter les explications données ci-après n. 298 et suiv.

291. Mentionnons de plus ici un arrêt de la Cour d'Orléans du 17 fév. 1847 (*J. Av.*, t. 72, p. 470) et deux jugements du tribunal civil de Marseille des 14 déc. 1863 (*J. Av.*, t. 89, p. 512) et 16 fév. 1865 (t. 91, p. 308), desquels il résulte que la demande en revendication peut être portée devant le tribunal du domicile élu pour la saisie. V. aussi en ce sens notre *Formul. annot.*, p. 547, note 2.

292. La Cour de Paris a très exactement jugé, par arrêt du 4 janv. 1856 (t. 81, p. 275), que les tribunaux français sont compétents pour statuer sur la demande en revendication formée par un étranger d'un mobilier saisi à la requête d'un créancier français sur un autre étranger.—M. Chauveau approuvait cet arrêt dans son *Supplément*. —Voy. aussi notre *Formul., loc. cit.*, note 4, n. 2.

293. (Q. 2075 quinquies). *Lorsque la saisie est faite à la requête du percepteur des contributions directes, la demande en revendication est-elle du ressort de l'autorité administrative?*

M. Chauveau répond négativement au texte, où il fait observer qu'il résulte du décret du 16 sept. 1806 que cette demande est de la compétence des tribunaux civils.

Adde conf., notre *Formul. annot.*, p. 547, note 4, n. 1.

294. (Q. 2075 bis). *La partie saisie peut-elle demander la nullité de la saisie, sous prétexte que les objets qui en sont frappés ne lui appartiennent pas?*

Ce point est aussi résolu négativement au texte, où il est dit que le droit d'élever une réclamation en pareil cas n'appartient qu'au propriétaire.

V. également en ce sens, notre *Formul.*, *ibid.*, n. 4.

295. (Q. 2875). *La femme qui se prétend propriétaire des meubles saisis sur son mari est-elle autorisée à demander la nullité des poursuites?*

Non, est-il répondu au texte; la femme doit, comme tout autre tiers, prendre la voie de l'opposition indiquée par l'art. 608. — *Adde* conf., Trib. civ. de Villefranche, 11 fév. 1847 (*J. Av.*, t. 72, p. 169); notre *Formul. annot.*, p. 545, note 3, n. 2.

296. On décide à bon droit, d'une manière plus générale, que la demande en nullité de la saisie ne peut être formée que par la partie saisie seule, et non par les tiers qui prétendent exercer des droits sur les objets saisis : Nîmes, 16 mai 1829; Trib. civ. de Mayenne, 4 juin 1874 (t. 99, p, 472) ; l'*Encycl. des Huiss.*, v° *Saisie-exécution*, n. 341 et 371 ; notre *Formul. annot.*, p. 548, note 1, n. 1.

297. (Q. 2068). *La demande en nullité de la saisie doit-elle être toujours formée par exploit à la partie?*

Il est répondu au texte que la nullité peut être demandée par acte d'avoué à avoué, si la saisie a été pratiquée en vertu d'un jugement rendu par le tribunal même qui peut connaître de son exécution, et si cette exécution a lieu dans l'année de la prononciation de ce jugement ; et qu'en tout autre cas la demande doit être formée pas exploit.

298. (Q. 2009 bis). *A quel tribunal appartient la connaissance des difficultés naissant de la saisie-exécution ?*

Si ces difficultés, dit M. Chauveau, au texte, tiennent au fond du droit du saisissant, elles doivent être portées soit au tribunal du domicile du saisi (arg. art. 567), soit, quand il s'agit de l'interprétation d'un jugement, au tribunal qui doit en connaître (art. 472); sauf la connaissance provisoire qui appartient au lieu où la saisie a été pratiquée, lorsque le cas requiert célérité (art. 554). — Mais les difficultés qui ne concernent pas le fond et n'ont trait qu'à l'instance même de saisie, sont de la compétence du tribunal du lieu où la saisie a été faite. — Notre auteur ajoute que, pour les incidents étrangers à l'exécution elle-même, comme, par exemple, la demande en validité des offres faites pour arrêter la saisie, on doit suivre les règles ordinaires de la compétence; et enfin il remarque que le tribunal doit être saisi par assignation directe des difficultés qui se présentent, le renvoi qui lui en serait fait en état de référé par son président ne pouvant lui permettre que de statuer au provisoire.

299. Un arrêt de la Cour d'Orléans, du 25 janv. 1849 (*J.P.*49.1.163), a décidé qu'en prescrivant une élection de domicile dans la commune où doit se faire la saisie exécution, l'art. 584 a évidemment voulu, non seulement que le saisi pût, par un paiement ou un appel fait à ce domicile, ainsi qu'il en donne l'autorisation formelle, arrêter les poursuites dirigées contre lui, mais encore que le juge du lieu de l'exécution connût de toutes les contestations par lesquelles le saisi prétendrait faire tomber la saisie ; — que, s'il en était autrement, le saisi, en cas de seconde saisie avec récolement et d'opposition, pourrait être obligé, pour obtenir la disposition de son mobilier, d'aller plaider devant autant de tribunaux différents qu'il y aurait de saisissants et d'opposants , et de rester ainsi pendant un long temps sous le coup d'une mesure rigoureuse, tandis que, lors d'une simple saisie-arrêt, la loi lui accorde la faveur de plaider devant les juges de son domicile ; — que, d'ailleurs, cette nécessité de saisir plusieurs tribunaux de questions souvent identiques pourrait donner lieu à des décisions contradictoires, ce que le législateur cherche toujours à éviter.

300. En rapportant cet arrêt, les rédacteurs du *Journal du Palais, loc. cit.*, critiquent les distinctions que M. Chauveau a faites au texte, et se prononcent pour la compétence du domicile élu, même en cas de demande en validité d'offres réelles. Notre auteur n'en déclarait pas moins que l'intérêt du débiteur lui paraissait avoir exercé trop d'influence sur l'esprit des magistrats de la Cour d'Orléans. Cet intérêt, disait-il, est respectable, mais celui du créancier ne l'est pas moins. Qu'on donne au débiteur les moyens de faire au domicile élu toutes notifications susceptibles d'arrêter les poursuites ; que le tribunal de ce domicile soit compétent pour annuler des poursuites faites sans titres ou au mépris des dispositions réglementaires du Code, cela se conçoit. Mais que, si le débiteur ne conteste ni la légalité des poursuites, ni la légitimité, ou l'exigibilité de la dette, il puisse attirer à son tribunal le créancier qui n'a fait qu'user de son droit, cela n'est pas juste. Cela peut être dans l'intérêt du débiteur; mais on n'aperçoit plus le motif qui vient au secours d'un débiteur réel et sérieux, poursuivi en paiement par voie régulière : le débiteur reconnaît qu'il doit et que le commandement est régulier : c'est un acquiescement à la procédure suivie, qui la clôt, pour ainsi dire; il veut payer, mais un peu tard. Qu'il fasse prononcer la validité de ses offres par le tribunal de son créancier, car alors le créancier, dont le rôle devient passif, n'est plus demandeur, il est défendeur; le débiteur ne conteste ni le titre, ni la procédure, mais il va en demander la nullité en attaquant l'acte pour cause de dol et de fraude, pour lésion, etc.; ces motifs d'opposition ne seront même pas de nature à arrêter les poursuites faites en vertu d'un titre authentique (V. *Exécution forcée*, n. 126) : comment pourraient-elles se greffer sur une procédure qui n'a eu qu'un but, la saisie des meubles ou immeubles pour arriver au paiement? La Cour d'Orléans place le siège de la difficulté dans l'art. 584, qui ne dit rien; mais il est aussi bien dans l'art. 59, qui veut que le défendeur soit assigné devant le tribunal de son domicile, ou qu'une action réelle soit portée devant le tribunal de la situation de l'objet litigieux. Pourrait-on soutenir que celui qui, en vertu d'un acte de partage, fait commandement à un des copartageants de lui payer une soulte stipulée, est *demandeur* sur l'action en nullité de partage pour dol et fraude, formée par le débiteur de la soulte? Ce serait dérisoire. Opposerait-on que c'est une demande reconventionnelle qui peut être portée devant le tribunal déjà saisi? A cette objection, deux réponses : la première, qu'il n'est pas permis d'enter toute espèce de demande reconventionnelle sur une instance déjà existante; la seconde, qu'un commandement n'est pas le premier acte d'une instance : il n'est plus contesté que l'art. 718, Cod. proc., n'est pas applicable à l'opposition à un commandement tendant à saisie immobilière (V. *Saisie immobilère*).

301. M. Chauveau reconnaissait cependant que la tendance de la jurisprudence était contraire à son opinion. Ainsi, il a été décidé non seulement que l'élection de domicile est attributive de juridiction pour statuer sur l'opposition : Paris, 8 mai 1851 (*J. Av.*, t. 76, p. 282); Douai, 19 fév. 1857 (t. 82, p. 660); mais aussi qu'elle l'est pour connaître de la validité des offres réelles faites par le débiteur : Amiens, 21 déc. 1837 (t. 64, p. 112); pour l'appréciation de la prétention de la partie poursuivie de ne rien devoir au poursuivant : Toulouse, 25 mars 1843 (t. 64, p. 106); pour juger les questions de nullité du titre et de défaut de qualité du créancier : Trib. civ. de Bordeaux, 30 août 1848 (t. 75, p. 607); Trib. civ. de la Seine, 16 mars 1855 (t. 80, p. 377), ou de paiement à titre de compensation : Rouen, 24 janv. 1857 (t. 84, p. 122); enfin pour prononcer sur la demande en nullité formée par le tiers qui se prétend propriétaire des objets saisis, ainsi que sur la demande accessoire en dommages-intérêts formée contre le saisissant, quoique celui-ci ait donné mainlevée de sa saisie, s'il n'a pas offert les dommages-intérêts demandés et si le revendiquant persiste à réclamer la mainlevée en justice : Orléans, 17 fév. 1847 (t. 72, p. 470).

302. MM. Rodière, t. 1, p. 195, Colmet-Daage, t. 2, p. 233, et Bioche, n. 79 et suiv., adhèrent à cette jurisprudence (sauf le cas prévu par l'arrêt précité de la Cour d'Orléans du 17 fév. 1847); mais elle a donné lieu, de la part de M. Brives-Cazes, rédacteur du *Recueil des arrêts de la Cour de Bordeaux*, aux observations ci-après, que M. Chauveau trouvait judicieuses et qu'il reproduisait à ce titre :

« Pour résoudre cette insèressante question, il est nécessaire de remonter aux principes mêmes de la matière. — Il faut distinguer entre les effets des deux sortes d'élections de domicile. — L'élection de domicile *conventionnelle* est attributive de juridiction, aux termes de l'art. 111, Cod. civ. — Aucun texte ne donne cette puissance à l'élection de domicile *forcée*, l'art.

584, Cod. proc., est évidemment restrictif, limitatif. Comp. au contraire les art. 606 et 608.

« Il est vrai que les art. 553 et 564, Cod. proc., à un autre point de vue, attribuent juridiction au tribunal du lieu de l'exécution ; mais d'abord le commandement n'est pas l'exécution, de sorte qu'à la rigueur on pourrait dire que, quant aux difficultés élevées sur le commandement, il n'y a pas encore compétence de ce tribunal. — Au surplus, la compétence du tribunal du lieu de l'exécution est, dans l'esprit de la loi, précaire et restreinte aux nullités de forme, à l'examen de savoir si les choses saisies sont ou non saisissables, aux difficultés et aux entraves qu'il importe de lever promptement. Pourraient-elles être rationnellement étendues aux difficultés du fond, à la question de nullité du titre ou de qualité de celui qui l'oppose ? Comment la nullité du commandement, qui n'est que l'*accessoire*, enlèverait-elle le principal à ses juges naturels ? Exemple : Un individu, créancier de son frère, meurt laissant un fils pour héritier. Sur le commandement adressé par celui-ci à son oncle, ce dernier demande la nullité du commandement prétendant que le fils est sans qualité, qu'il n'est pas légitime. C'est une véritable contestation d'état entée sur une opposition au commandement. Comment admettre la compétence du tribunal d'exécution ? N'est-ce pas le cas de dire que l'opposant au commandement *excipiendo fit actor ?* Comp. encore Carré, *Traité de la compétence*, t. 3, p. 283.

« Ajoutez les dangers et les inconvénients de toutes sortes du système contraire qui, par exemple, au cas de poursuites dirigées par un héritier contre les divers débiteurs de la succession, pourrait amener ce singulier résultat qu'il y aurait, quant à la qualité de l'héritier, autant de décisions que de débiteurs ! Résultat manifestement opposé au désir d'unité qui a dicté l'attribution de compétence faite au tribunal de l'ouverture de la succession. »

Adde, dans le même sens, notre *Formulaire annoté*, t. 2, p. 548, note 1, n. 3.

303. Au surplus, c'est devant le tribunal lui-même, et non devant son président, statuant en référé, que doit être formée la demande en nullité de la saisie. Il a été décidé, en effet, que le juge des référés n'est pas compétent pour déclarer une saisie-exécution non avenue et sans objet, en ordonner provisoirement la mainlevée et dire que les objets saisis seront restitués au saisi ; mais que son pouvoir se borne à ordonner d'urgence, et par mesure provisoire, un sursis à la saisie, en renvoyant les parties à se pourvoir devant le tribunal civil, seul juge de la validité de cette saisie ; et que l'incompétence du juge des référés, en pareil cas, ayant lieu *ratione materiæ*, peut être proposée en tout état de cause, et même sur l'appel de l'ordonnance par laquelle ce magistrat a annulé la saisie, quoiqu'elle n'ait point été soulevée dans l'exploit d'appel : Riom, 4 janv. 1862 (*J. Av.*, t. 87, p. 517). — Conf. *Formul.*, *loc. cit.*, n. 4.

304. (Q. 2067). *Lorsque la saisie est annulée pour d'autres causes que pour* vice de forme, *conserve-t-elle son effet à l'égard des opposants ?*

Solution affirmative au texte, où M. Chauveau fait remarquer que, même lorsque la saisie-exécution est annulée pour vice de forme, le créancier qui a fait faire un procès-verbal de récolement conserve le droit de reprendre les poursuites.

305. (Q. 2076). *Le propriétaire ou principal locataire est-il compris sous ces expressions* les créanciers du saisi, *que renferme l'art.* 609, *relatif aux oppositions sur le prix de vente ?*

L'affirmative est enseignée au texte, où il est dit qu'après avoir formé son opposition, le bailleur doit, comme tout autre créancier opposant, se soumettre aux dispositions générales de l'art. 660 et à la première disposition de l'art. 661, Cod. proc., ou user du droit que lui accorde la seconde disposition de ce dernier article de faire statuer préliminairement sur son privilège.

306. Il a été jugé que le bailleur peut, en vertu du privilège qui lui appartient, pour le paiement des loyers ou fermages et pour tout ce qui concerne l'inexécution du bail, faire défense à l'officier ministériel, chargé de procéder à la vente du mobilier garnissant les lieux loués, de se dessaisir du prix à provenir de cette vente avant qu'il ait été désintéressé, sans avoir besoin de remplir les formalités exigées en matière de saisie-arrêt : Rouen, 11 fév. 1867 (*J. Av.*, t. 93, p. 366). Compar. *suprà*, n. 258, ainsi que la question suivante.

307. (Q. 2077). *Pour former opposition sur le prix, est-il nécessaire que le créancier, qui n'a pas de titre, obtienne une permission sur requête?*

La négative est enseignée au texte, où il est dit qu'il suffit à l'opposant d'indiquer les causes sur lesquelles est fondée son opposition.

308. Invité nous-même à résoudre la question de savoir si les oppositions sur le prix d'une vente de meubles saisis peuvent être formées sans titre, nous avons dit : — Aucune décision n'a été rendue sur ce point, par la raison toute naturelle qu'il ne saurait faire difficulté. L'opposition sur le prix de vente de meubles saisis n'est soumise à aucune autre condition que celle de l'énonciation de ses causes, qui pourront d'ailleurs être discutées lors de la distribution des deniers (Cod. proc., 609, 610). Cette opposition diffère essentiellement de celle dont s'occupe le titre VI du livre V du Code de procédure (1re partie) et qui reçoit aussi le nom de saisie-arrêt. Tandis que, pour procéder à celle-ci, il faut absolument être muni d'un titre ou de la permission du juge (Cod. proc., 557 et 558), l'opposition sur le prix d'une vente de meubles saisis n'étant, pour celui qui la forme, qu'un moyen de faire connaître sa prétention de participer à la distribution de ce prix, et ne pouvant être suivie d'aucune poursuite (Cod. proc., 610, précité), est valable par cela seul qu'elle indique la nature et le montant de la créance de l'opposant. Elle peut donc être formée, non seulement sans titre, ce que tous les auteurs admettent comme chose allant de soi, mais même sans permission du juge, ainsi que cela est reconnu aussi par tous les jurisconsultes, à l'exception de Pigeau, t. 2, p. 101. — V. Thomine-Desmazures, *Comment. Cod. proc.*, t. 2, p. 125 ; Carré et Chauveau (au numéro précédent) ; Chauveau et Godoffre, *Comment. du tarif*, t. 2, n. 2842 ; Bioche, *Dict. de proc.*, v° *Saisie-exécution*, n. 238 ; Dalloz, *Répert.*, *eod. verb.*, n. 344 ; Deffaux et Harel, *Encycl. des Huiss.*, *eod. verb.*, n. 387 ; Boucher d'Argis et Sorel, *Nouv. Dictionn. de la taxe en mat. civ.*, v° *Vente de meubles saisis*, n. 10. — Si la jurisprudence est muette en cette matière (compar. toutefois Rouen, 14 fév. 1867, cité *suprà*, n. 306), la doctrine, on le voit, est à peu près unanime, et l'on ne saurait en exiger davantage pour justifier la solution affirmative de la question qui nous a été posée. — *Adde* conf., notre *Formul. annot.*, t. 2, p. 562, note 1, n. 3.

309. (Q. 2077 bis). *Au lieu de former opposition sur le prix, serait-il préférable de faire une saisie-arrêt ?*

Solution négative au texte de la part de M. Chauveau, qui, pour parer à l'inconvénient qui résulterait de la nullité dont se trouverait atteinte la saisie-exécution, conseille aux créanciers d'user du bénéfice de l'art. 611, parce que le procès-verbal de récolement vaudra tout à la fois comme nouvelle saisie et comme opposition sur le prix de la vente.

Adde en ce sens, notre *Formul.* précité, p. 563, note 3.

310. (Art. 609). *A quel moment l'opposition doit-elle être formée?*

M. Chauveau, dans le précédent *Supplément*, sous le n° CCCCLXVIII, énonçait cette proposition générale, que des oppositions peuvent être valablement faites après la vente. Mais la Cour de cassation a jugé d'une manière plus restrictive que l'opposition postérieure à la vente des meubles saisis n'est valable qu'autant que l'officier public qui a procédé à cette vente a encore entre les mains tout ou partie du prix, et qu'elle ne peut plus être utilement formée lorsque cet officier public a remis au saisissant et au saisi la totalité du prix, soit en argent, soit en bordereaux à recouvrer sur les adjudicataires qui n'ont pas encore payé, et qu'il a reçu de l'un et de l'autre une décharge définitive et sans réserve : arrêt du 11 mars 1863 (*J. Av.*, t. 89, p. 517). — V. aussi notre *Formul. annot.*, p. 563, note 4.

311. (Q. 2977 ter). *Y a-t-il toujours nécessité de signifier l'opposition et au saisissant et à l'officier chargé de la vente?*

M. Chauveau, au texte, adopte l'affirmative et n'admet pas qu'il puisse être suppléé à la signification de l'opposition par son insertion dans le procès-verbal de saisie.

Adde conf. notre *Formul. annot.*, p. 563, note 2.

312. Le tribunal civil de Grenoble a décidé, conformément à ce principe, que l'opposition signifiée au saisissant seul n'empêche pas que l'huissier qui a procédé à la vente ne puisse valablement en remettre le prix à ce saisissant, et cela, encore bien que ce même huissier soit celui par qui a été signifiée l'opposition dont il s'agit, la procédure que prescrit la loi ne pouvant être suppléée par aucun équivalent. — V. aussi Rouen, 9 fév. 1857 (*J. Av.*, t. 82, p. 647).

313. Mais l'huissier serait responsable du prix par lui payé au saisissant, malgré l'opposition qui lui aurait été faite à lui-même, encore bien qu'elle n'aurait pas été signifiée au saisissant : Cass., 20 janv. 1862 (*J. Av.*, t. 87, p. 525).

314. Il a été jugé même que le défaut de signification de l'opposition au saisissant ne prive pas l'opposant du droit de réclamer son paiement sur le prix de la vente ; et que tout ce qui résulte de ce défaut de signification, c'est que le saisissant n'est pas tenu d'appeler l'opposant à la procédure de distribution : Lyon, 11 déc. 1860 (*J. Av.*, t. 87, p. 525).

315. (Q. 2077 quinquies). *Lorsque, après la vente des objets saisis, il survient des oppositions sur le prix entre les mains de l'huissier, le saisissant est-il garant de la solvabilité de cet officier vis-à-vis des autres créanciers?*

Solution négative au texte.

Adde conf., notre *Formul.*, p. 564, n. 6.

316. (Q. 2082 bis B). *Quels sont les effets de l'opposition ?*

Ces effets, suivant M. Chauveau, au texte, sont les mêmes que ceux du récolement. V. *suprà*, n. 250 et 251.

317. Dans son *Supplément*, sous le n. CCCCLXVIII, notre auteur présentait des observations qui trouvent ici leur place. La saisie, disait-il, a pour effet de réaliser le gage ; les questions d'attribution et de préférence ne peuvent s'agiter que dans la procédure spéciale de distribution par contribution, en présence des créanciers opposants qui ont intérêt à contester les prétentions au prix. Il y a ici même raison de décider qu'en matière de saisie immobilière et de rang hypothécaire, où les difficultés ne peuvent trouver place que dans l'ordre. Aussi la Cour de Rouen a-t-elle décidé, le 9 fév. 1857 (*J. Av.*, t. 82, p. 64), que lorsqu'il existe entre les mains de l'huissier qui a procédé à une vente de meubles, des oppositions, soit antérieures, soit postérieures à la vente, sur le prix qui en est le produit, le tribunal ne peut, sur l'assignation donnée au saisissant par l'un des opposants, et en dehors de toute distribution par contribution, attribuer le prix de la vente à cet opposant, sous prétexte que sa créance est privilégiée.

318. Les oppositions mettent l'huissier dans l'obligation de consigner le prix, et ne permettent point qu'il le verse entre les mains du saisissant, alors même que ces oppositions ne lui paraîtraient pas régulières. Il ne lui appartient pas de se rendre juge de leur mérite : Cass., 20 janv. 1862, déjà cité *suprà*, n. 313. — C'est ce que M. Chauveau reconnaissait aussi *loc. cit.*

319. Il a été jugé, en vertu du même principe, que le syndic de la faillite de celui à l'encontre de qui il a été procédé à une vente publique de meubles, ne peut, alors que des oppositions ont été formées entre les mains du commissaire-priseur, mettre obstacle à ce que le prix de la vente soit versé par ce dernier à la Caisse des dépôts et consignations, sous prétexte que c'est à lui-même qu'il appartient de retirer ce prix : Trib. civ. de la Seine, 24 mai 1870 (t. 96, p. 307).

320. (Q. 2077 sexies). *Dans une vente volontaire de meubles, suffit-il, comme dans le cas d'une vente sur saisie-exécution, d'une simple opposition entre les mains de l'officier ministériel qui a procédé à la vente, pour en arrêter le prix?*

L'affirmative résulte de deux jugements, l'un du tribunal de Laval, du 29 juill. 1846, l'autre du tribunal de Saint-Omer, du 19 fév. 1849, qui restreignent cependant la solution au cas où l'officier ministériel doit recevoir le prix de la vente, car il est bien évident que l'opposition est sans efficacité lorsque c'est le vendeur ou son mandataire qui doit toucher ce prix.

M. Chauveau, dans le *Supplément* précédent, déclarait que cette question lui paraissait fort délicate, et qu'il avait beaucoup hésité avant d'adopter une opinion contraire aux décisions qui viennent d'être indiquées.

On oppose, disait-il, deux dispositions de loi, l'une applicable par analogie, l'art. 609, Cod. proc. civ.; l'autre impérative, l'art. 8 de l'ordonnance du 3 juill. 1816. Il est permis de répondre : 1° Le Code de procédure n'a pas voulu qu'un créancier pût arrêter la vente de meubles saisis ; il devait alors autoriser tout créancier à s'opposer à la distribution du prix. Mais cette économie de la loi est inapplicable à une vente volontaire ; et l'on ne saurait créer par analogie une prohibition de toucher le prix d'une vente librement consentie, et une faculté de s'opposer au paiement de ce prix. On peut invoquer ici le principe écrit dans un arrêt de la Cour de cassation du 19 mai 1847 (*J. Av.*, t. 72, p. 446), que : « En droit, nulle restriction ne peut être portée à la liberté de tout propriétaire majeur de disposer de sa chose suivant sa volonté, *sans une loi expresse* ». 2° L'ordonnance de 1816 n'a pu modifier les droits résultant de la loi civile; le préambule de cette ordonnance (*J. Av.*, t. 17, p. 57) révèle les causes qui ont provoqué les mesures pour ainsi dire disciplinaires qu'elle consacre : « Il est notoire, y lit-on, que la plupart des sommes sur lesquelles diverses personnes prétendent des droits opposés ou litigieux, loin d'être mises en séquestre dans une caisse de dépôt, dont l'inviolabilité puisse rassurer chacun des intéressés, restent entre les mains des débiteurs qui ne présentent aucune garantie, d'officiers ministériels dont les cautionnements n'ont pas pour objet de répondre de ces sommes, parce qu'il n'entre point dans leurs fonctions de les recevoir et de les garder. Ainsi, la confiance publique est trompée ; les dépôts sont violés, etc., etc. Frappé de tant de désordres, résolu d'y mettre fin, etc., etc. »

D'ailleurs les textes de l'ordonnance sur lesquels on s'appuie sont loin d'être explicites : le n° 8 de l'art. 2 parle des sommes saisies et arrêtées... de celles qui proviendraient *même de ventes volontaires*, et il ajoute : *lorsqu'il y aura des oppositions dans les cas prévus par les art.* 656 et 657, Cod. proc. civ. Cet article s'en réfère ainsi aux dispositions de la loi de procédure. S'il n'y a lieu à distribution des sommes provenant de ventes volontaires qu'autant que ces sommes ont été légalement mises sous la main de justice, l'obligation de déposer n'existera que dans ce cas spécial. Rien n'empêche le vendeur d'objets mobiliers de laisser le prix de la vente entre les mains de l'officier public vendeur, tant qu'il le juge convenable. Ce n'est pas à ce titre que le prix est conservé; cet officier public n'est plus alors qu'un simple mandataire. — L'art. 8 parle du délai, et il fixe pour les ventes volontaires auxquelles il y aurait eu des oppositions, la dernière séance du procès-verbal de vente, comme point de départ. Reste la question de savoir comment devront être faites les oppositions aux ventes volontaires. Irait-on jusqu'à dire que le rédacteur de l'ordonnance de 1816 a supposé la possibilité d'une opposition à la vente elle-même; cela ne suffirait pas encore pour qu'une opposition fût recevable, si aucune loi de procédure ne l'autorisait. — A l'appui de cette interprétation de l'ordonnance, M. Chauveau invoquait un arrêt de la Cour de Douai, du 6 déc. 1825 (*J. Av.*, t. 30, p. 96), maintenu par la Cour de cassation le 26 juill. 1827.

321. S'il était impossible à un créancier d'empêcher la disparition des meubles de son débiteur, que la loi déclare être le gage de sa créance; si même ce créancier ne pouvait prendre que la voie de la saisie-arrêt entre les mains des adjudicataires des meubles, ainsi que semble l'indiquer le jugement ci-dessus mentionné du tribunal de Saint-Omer, M. Chauveau reconnaissait que son opinion paraîtrait fort rigoureuse. En effet, disait-il, la faculté de saisir-arrêter entre les mains des adjudicataires doit être illusoire dans presque tous les cas, parce que le prix est payé comptant aussitôt après la livraison de l'objet; le créancier ne peut connaître le nom de l'acheteur qu'au moment où le meuble est adjugé; le prix est soldé avant qu'un acte d'opposition puisse être rédigé; et, d'ailleurs, cette voie serait si coûteuse, à l'occasion d'une vente de meubles de peu de valeur, qu'elle serait vraiment impraticable. Chaque saisie-arrêt coûterait souvent le double et le triple de la valeur de l'objet adjugé.

322. Il est une autre voie qui doit être suivie par le créancier, lorsqu'il a été informé par la publicité que son débiteur vend ses meubles : il peut faire jeter sur ces meubles une saisie-exécution; au moment même où l'officier public va procéder à la vente, cette saisie-exécution aura lieu, et ce sera alors une opposition légale qui ne permettra plus de continuer. Il suffira que la saisie soit commencée pour que tout essai de vente volontaire doive immédiatement cesser; autrement, l'officier vendeur se compromettrait gravement. — Objectera-t-on qu'une saisie-exécution doit être précédée d'un commandement, tandis que l'opposition permise par l'art. 609 n'a même pas besoin de reposer sur un titre (Voy. *suprà*, n. 307)? — On pourra, observait M. Chauveau, répondre au créancier négligent : *vigilantibus jura subveniunt*. Notre auteur ajoutait : On conçoit que la loi accorde facilement, après une saisie qui a mis les meubles d'un débiteur sous la main de justice, le droit de s'opposer à la distribution des deniers : il était bon d'éviter les frais, de faciliter la distribution. Les créanciers sont bien assez malheureux; il ne fallait pas encore aggraver leur position. Mais ne serait-il pas contraire à toutes les règles d'équité et de justice que de permettre au premier venu, par une simple manifestation de volonté extrajudiciaire, sans titre d'aucune nature, d'empêcher un propriétaire qui vend ses meubles, d'en toucher le prix immédiatement? — Que si la vente ainsi faite est consommée, et que des acquéreurs aient obtenu un terme pour payer, le créancier devra suivre la voie ordinaire de la saisie-arrêt, non pas entre les mains de l'officier vendeur, quel que soit le mandat qui lui ait été donné, eût-il le pouvoir de toucher seul le prix de la vente, mais entre les mains des acheteurs. Bien évidemment, on ne prendra cette voie qu'autant que le prix des meubles vendus s'élèvera à une valeur assez considérable. Que si enfin, l'officier public a touché le prix des ventes et n'en a pas encore rendu compte au vendeur, une saisie-arrêt pourra être faite entre ses propres mains; il devra alors faire sa déclaration et déposer le prix.

323. (Q. 2075 sexies). *Quelles sont les formalités à remplir par le propriétaire d'animaux saisis et vendus comme épaves pour obtenir la restitution du prix de la vente ?*

M. Chauveau, dans son *Supplément*, empruntait, sur cette question, les développements donnés à leur opinion par les rédacteurs du *Journal de l'Enregistrement*, art. 16302, et que nous reproduisons à notre tour :

« L'art. 30 du décret du 18 juin 1811 s'exprime ainsi: « La mainlevée » provisoire des animaux saisis et des objets périssables mis en séquestre » sera ordonnée par le *juge de paix* ou par le *juge d'instruction*, moyennant » caution et le paiement des frais de fourrière et de séquestre. Si lesdits » objets doivent être vendus, la vente sera ordonnée *par les mêmes magis-* » *trats*... Le produit sera versé dans la caisse de l'administration de l'enre- » gistrement, pour en être disposé ainsi qu'il sera ordonné *par le juge-* » *ment définitif.* » D'après les termes de cet article, c'est au tribunal qui a statué ou qui est chargé de statuer sur la contravention, que le propriétaire des animaux saisis doit s'adresser pour faire reconnaître les droits qu'il prétend avoir à leur propriété et obtenir un jugement qui autorise, s'il y a lieu, la restitution du prix. Ce jugement obtenu, le propriétaire, après l'expiration du délai de l'appel, en joint une expédition à une demande en remboursement, rédigée sur papier timbré, qu'il adresse au préfet, et ce magistrat, sur la proposition du directeur des domaines, liquide par un arrêté en forme d'avis, qui, suivant l'importance de la restitution, doit être soumis à l'approbation du ministre des finances, la somme à rembourser, et qui n'est autre que le prix de la vente, déduction faite des frais de vente, de fourrière, de régie et autres que l'Etat pourrait avoir supportés. Ces formalités remplies, le directeur des domaines délivre, au profit de l'ayant droit, qui doit donner quittance sur une feuille de papier timbré, si la somme à rendre excède 10 fr., un mandat de paiement sur la caisse du receveur qui a reçu le prix de la vente, Avis de la délivrance de ce mandat est donné à la partie par le directeur (Circ. des 28 oct. 1834, 24 juill. 1837, 4 déc. 1847).

§ 7. — Vente des meubles saisis.

324. (Q. 2050). *Si l'indication du jour de la vente dans le procès-verbal, prescrite par l'art. 595, avait été omise, y aurait-il nullité de la saisie ?*

Réponse négative au texte, où il est dit que cette omission doit du moins être réparée par une signification qui resterait à la charge du saisissant, sous peine d'une condamnation à des dommages-intérêts contre celui-ci.

Adde conf., notre *Formul. annot.*, t. 2, p. 526, note 16.

325. (Q. 2082 ter). *La faillite du débiteur, survenue depuis la saisie, transporte-t-elle les poursuites au syndic, en sorte que le saisissant, ou les opposants ne puissent, plus faire procéder à la vente?*

M. Chauveau, qui pose cette question au texte, indique les raisons de décider pour et contre, sans se prononcer dans l'un ou l'autre sens.

326. Dans le précédent *Supplément*, il mentionnait les solutions suivantes :

La déclaration de faillite arrête les poursuites en saisie-exécution : Bourges, 20 juill. 1838 (*J. Av.*, t. 55, p. 559) : Paris, 2 juill. 1846 (t. 71, p. 479) : Rennes, 12 mai 1852 (*Journ. de cette Cour*, 1852, p. 89). Et lorsqu'une ordonnance du juge-commissaire d'une faillite a ordonné qu'il serait sursis à la vente, opérée par suite de saisie-exécution et commencée avant la déclaration de faillite, des effets mobiliers appartenant au débiteur, le juge des référés ne peut, sur la demande du créancier saisissant, paralyser l'exécution de cette ordonnance et ordonner la continuation des poursuites : Paris, 11 août 1855 (*Journ. des Huiss.*, 1855, p. 243). Cette dernière Cour a cependant décidé, le 29 janv. 1846 (*J. Av.*, t. 70, p. 383), que des poursuites commencées avant la déclaration de faillite, même à la requête d'un créancier non privilégié, peuvent être mises à fin par le saisissant, nonobstant l'opposition du syndic, lorsque le mobilier saisi ne fait pas partie d'un fonds de commerce, et que la procédure est en état pour opérer la vente.

327. Depuis, la même Cour a décidé encore que l'officier ministériel requis de procéder à la vente publique de meubles saisis n'est pas tenu de surseoir à cette vente sur la simple allégation d'individus sans qualité, que le saisi vient d'être déclaré en faillite, et que, dès lors, il n'est point responsable du préjudice qui a pu résulter de cette vente pour la masse des créanciers ; mais qu'il en serait autrement si le syndic avait formé opposition à la vente, ou même seulement avait fait parvenir à l'officier chargé d'y procéder un avis régulier de la faillite : arrêt du 9 mai 1862 (*Journ. des Huiss.*, t. 43, p. 160).

328. (Q. 2083 A). *Le délai de huit jours entre la dénonciation de la saisie du débiteur et la vente, que prescrit l'art.* 613, *est-il franc ?*

Solution affirmative au texte.

Adde notre *Formul. annot.*, p. 556, note 2, n. 1.

329. (Q. 2083 B). *La vente peut-elle avoir lieu après le délai, sans nouvelle saisie ?*

Résolu aussi affirmativement au texte.

Adde, en ce sens, notre *Formul.*, *ibid.*, n. 3.

330. (Art. 613). *Le saisissant peut-il indiquer un délai plus long que celui de huitaine ?*

L'affirmative est également admise au texte par Carré, t. 6, p. 758, à la note.

Adde conf., notre *Formul.*, *loc. cit.*, n. 4.

331. (Id.). *Si les choses saisies sont susceptibles de se corrompre, peut-on passer à la vente avant son échéance, sur une permission du juge ?*

Décidé encore affirmativement par Carré, *ibid.*

V. aussi notre *Formul.*, *ibid.*, n. 2.

332. (Q. 2084). *Comment la partie saisie est-elle appelée à la vente, conformément à l'art.* 614, *lorsque cette vente se fait à un jour autre que celui indiqué par la dénonciation de la saisie ?*

Par une sommation à personne ou domicile faite un jour franc avant la vente, est-il dit au texte.

Adde conf., notre *Formul. annot.*, *loc. cit.*, n. 5.

333. (Q. 2077 quater). *Les opposants doivent-ils être appelés à la vente ?*

Comme il est observé au texte, l'usage où l'on était autrefois d'appeler les opposants par une sommation, a été jugé inutile par les auteurs du Code de procédure ; elle se trouve proscrite par l'art. 615.

334. (Q. 2085). *Quelles sont les formalités du récolement prescrit par l'art.* 616 ?

V. à cet égard les explications données au texte.

335. Dans le *Supplément* précédent, M. Chauveau ajoutait :

Le procès-verbal de récolement constatant la disparition d'une partie des objets saisis doit, pour établir que cette disparition constitue un détournement, être dressé en présence du gardien et du saisi. L'interpellation de représenter les objets manquants, adressée par l'huissier à la femme du saisi, en l'absence de celui-ci et du gardien, ne saurait remplacer l'interpellation qui doit être faite à ces derniers : Paris, 15 déc. 1852 (*Journ. des Huiss.*, 1853, p. 22).

Adde, notre *Formul. annot.*, p. 554, note 3.

336. (Q. 2085 bis). *Un procès-verbal de récolement précédant la vente est-il valablement fait un jour de fête légale ?*

M. Chauveau, qui, en règle générale, décide que l'inobservation de l'art. 1037 n'emporte pas nullité (V. *Ajournement*, n. 293 ; *Exploit*, n. 48 ; *Significations*, quest. 3426), déclarait, dans le précédent *Supplément*, qu'à plus forte raison doit-il en être ainsi dans le cas prévu par la question posée. Ici même, ajoutait-il, l'huissier ne peut encourir aucune amende, puisque le procès-verbal doit précéder immédiatement la vente, et que l'art. 617 autorise formellement à faire la vente un jour de dimanche. Conf. Bioche, *Journ. de proc.*, 1840, p. 382, et *Dict.*, v° *Saisie-exécution*, n. 285 ; Dalloz, n. 321 ; notre *Formul. annot.*, *loc. cit.*, n. 2.

337. (Q. 2090 bis). *Qui doit rédiger les placards annonçant la vente de meubles saisis ? Qui doit rédiger le procès-verbal qui en constate l'apposition ?*

Le tribunal civil de Rouen, le 13 mars 1852, et la Cour de cassation, le 23 juin de la même année (*J. Av.*, t. 78, p. 224), ont décidé qu'en allouant à l'huissier ou autre officier qui procédera à la vente certains émoluments pour la rédaction de l'original du placard qui doit être affiché, et pour chacun des placards, s'ils sont manuscrits, l'art. 38 du décret du 16 fév. 1807 n'a pas eu en vue l'officier chargé de procéder à l'exécution forcée des actes de l'autorité publique, mais l'officier chargé de procéder à la vente des objets saisis ou qui dépendent d'une succession bénéficiaire ; qu'en effet le dernier paragraphe du même article dispose que, si les placards sont imprimés, l'officier qui procédera à la vente en sera remboursé sur les quittances de l'imprimeur et de l'afficheur ; — qu'il suit de là que, comme les commissaires-priseurs ont seuls le droit de procéder aux ventes publiques de meubles dans le chef-lieu de leur établissement, ils ont seuls aussi le droit de rédiger et de préparer les placards destinés à les annoncer ; que l'art. 1er de la loi du 20 juin 1843, rapproché des explications qu'il a reçues devant les deux chambres, consacre de nouveau le droit des commissaires-priseurs à la rédaction de placards pour les ventes auxquelles ils procèdent, et ne reconnaît dans ce cas à l'huissier que le droit à l'apposition prescrite par l'art. 619, Cod. proc.

338. Dans son *Supplément*, M. Chauveau faisait observer que si, dans son *Formulaire de procédure* (t. 1er, formule 514, et t. 2, remarque à la suite de la formule 966), les huissiers sont seuls indiqués comme rédigeant les placards, c'est parce que, dans la pratique, cette formalité est remplie par ces officiers ministériels. — Mais il n'en reconnaissait pas moins que le texte accorde à l'officier chargé de la vente le droit de rédiger les placards, et, par suite, que les commissaires-priseurs peuvent exercer ce droit.

339. L'auteur ajoutait qu'aucune disposition de loi n'accorde aux greffiers le droit de rédiger le procès-verbal qui constate l'apposition des affiches de ventes mobilières auxquelles ils procèdent en vertu de la loi du 27 niv. an v. — Les huissiers, disait-il, sont seuls appelés, d'après les art. 619 et 945, à dresser ce procès-verbal. Il n'y a aucune raison d'analogie à invoquer pour les greffiers, et, pas plus que les notaires ou les commissaires-priseurs, comme le décident les décisions précédentes, ils n'ont capacité à cet égard.

340. Les avoués ont-ils le droit de rédiger les placards dont il s'agit? — Consulté sur ce point, nous avons répondu que la négative est certaine, en présence du principe posé par la jurisprudence que le droit de rédiger les placards dont il s'agit appartient exclusivement à l'officier public qui doit procéder à la vente (V. ci-dessus, n. 337).

341. Ayant eu, d'un autre côté, à nous expliquer sur le point de savoir à quel moment, dans le cas de vente au chef-lieu d'arrondissement, commencent les attributions du commissaire-priseur, et en quoi consistent ces attributions, nous avons dit : — Lorsque la vente de meubles saisis doit être faite dans le lieu de la résidence d'un commissaire-priseur, les attributions de celui-ci commencent à l'instant même où l'huissier lui adresse la réquisition prévue par l'art. 39 du tarif. La première de ces attributions consiste dans la rédaction des placards à afficher et de l'annonce à insérer dans les journaux pour porter la vente à la connaissance du public (V. ci-dessus, n. 337 et s., et *infrà*, n. 345 et s.). Mais c'est à l'huissier qu'il appartient, à l'exclusion du commissaire-priseur, de faire apposer les placards et d'en constater l'apposition, puisque cette constatation doit être faite par un *exploit* (Cod. proc., 619). *Sic*, Trib. de Périgueux, 20 nov. 1863 (*Journ. des Huiss.*, t. 45, p. 81). — V. aussi en ce sens notre *Formul. annot.*, t. 2, p. 561, note 13.

342. (Q. 2089). *L'huissier doit-il donner copie du procès-verbal par lequel il constate l'apposition des placards?*

Solution négative au texte.

Adde conf., notre *Formul. annot.*, p. 552, note 1, n. 2.

343. (Q. 2090 ter). *Dans toute vente judiciaire autre que celle de biens immeubles ou de rentes sur particuliers, y a-t-il contravention de la part de l'huissier qui écrit le procès-verbal d'apposition de l'affiche sur un exemplaire timbré du placard?*

M. Chauveau, dans le *Supplément* précédent, déclarait être d'avis, avec MM. Rigaud et Championnière (*Contrôleur de l'enregist.*, 1849, p. 54), que les motifs qui ont déterminé le législateur, en matière de saisie immobilière (art. 699, *in fine*), doivent faire adopter la négative. Cependant, comme il y a controverse sur ce point (V. en sens contraire, Trib. de Mâcon, 11 fév. 1848, *J. Av.*, t. 74, p. 274, et Trib. de la Seine, 3 janv. 1855, t. 80, p. 632), il a conseillé dans son *Formul. de procédure*, t. 1, p. 526, note 1, d'employer pour le procès-verbal une nouvelle feuille de papier timbré.

Adde en ce sens, notre *Formul. annot.*, p. 552, note 1, n. 3.

344. (Q. 2090 quater). *L'autorité municipale a-t-elle le droit d'interdire tout affichage sans autorisation, et l'arrêté contenant une semblable interdiction s'applique-t-il même aux affiches faites par le ministère d'un officier public pour une vente judiciaire de meubles?*

Dans une espèce où il s'agissait d'une vente volontaire, l'affirmative a été consacrée par la Cour de cassation, le 28 déc. 1855 (*Jurispr. du notariat*, 1857, p. 43). Un arrêté municipal, après avoir réservé un emplacement aux affiches de la mairie et de l'autorité administrative et judiciaire, avait interdit aux particuliers d'apposer aucune affiche ou annonce sans la permission de l'autorité municipale et sans avoir déposé au bureau de police de la mairie un exemplaire daté et signé par l'afficheur public. La Cour suprême a considéré cet arrêté comme parfaitement légal et comme applicable à toutes les affiches qui n'étaient pas ordonnées par la loi ou par l'autorité administrative ou judiciaire. Mais M. Chauveau, dans le précédent *Supplément*, observait que, encore bien que la réglementation de l'affichage rentre dans les attributions de police confiées aux maires (et aux préfets dans le cas prévu par l'art. 50 de la loi du 5 mai 1855), ce droit de réglementation ne saurait s'étendre jusqu'à subordonner à une autorisation ou visa préalable les affiches judiciaires. C'est d'ailleurs l'opinion qu'il a exprimée dans son *Journal du droit administratif*, t. 4, p. 224.

345. (Q. 2086 bis). *Le défaut d'observation des formalités relatives à l'insertion dans les journaux et à l'apposition des placards, est-il une cause de nullité ?*

Au texte, M. Chauveau exprime l'opinion que si la saisie ne doit pas être annulée en pareil cas, le saisissant et l'officier vendeur peuvent du moins être condamnés à des dommages-intérêts envers le saisi et les autres créanciers.

Adde conf., Bioche, n. 302; notre *Formul. annot.*, p. 552, note 1, n. 4.

346. Il résulte d'une délibération de la chambre de discipline des huissiers de l'arrondissement de Toulon, du 18 nov. 1871 (*J. Av.*, t. 97, p. 44), que les placards et les annonces de journaux faisant connaître la vente de meubles saisis, doivent contenir l'indication des noms du saisissant et de la partie saisie. En rapportant cette décision, nous n'avons point hésité à l'approuver, en tant qu'elle comble une véritable lacune que présente le Code de procédure civile. Il est incontestable, avons-nous dit, que le silence de l'art. 618 de ce Code, relativement à la mention des noms du saisissant et de la partie saisie dans les placards et les annonces de journaux faisant connaître la vente des meubles saisis, constitue une anomalie inexplicable, en présence du soin que prend, au contraire, l'art. 640 de dire que les placards annonçant une vente de récoltes après saisie-brandon doivent désigner les noms et demeures du saisi et du saisissant, désignation qui n'a pas moins d'utilité dans le second. Il est d'un bon exemple que les huissiers s'imposent, dans un intérêt général, l'obligation de réparer dans la pratique l'omission du législateur.

347. Mais il faut bien remarquer que c'est là une obligation morale qui ne lie point, aux yeux de la loi, les huissiers ayant pris part à la délibération dans laquelle elle a été stipulée, et qui engage encore moins ceux qui sont restés étrangers à cette délibération. Comment appartiendrait-il à une chambre de discipline d'huissiers d'attacher une sanction quelconque à une telle obligation, lorsqu'il est constant que l'absence même de placards et d'annonces n'est pas une cause de nullité de la procédure? V. *suprà*, n. 345.

348. Dans son *Supplément*, M. Chauveau mentionnait ici une décision du ministre des finances, du 10 mai 1854 (*Journ. de l'Enreg.*, 1855, p. 287), portant : 1° Les affiches apposées aux lieux déterminés par la loi pour annoncer les ventes mobilières faites par autorité de justice sont, comme actes de procédure, passibles du droit de timbre fixé, en raison de la dimension, par l'art. 62 de la loi du 28 avril 1816. — 2° Les exemplaires de ces affiches tirés en sus du nombre prescrit par la loi, pour donner une plus grande publicité à ces sortes de vente, ne sont assujettis qu'au timbre spécial de 5 ou 10 cent., conformément aux art. 65 de la même loi et 76 de la loi du 15 mai 1818.

349. Faisons remarquer, de notre côté, qu'il résulte d'une solution de la Régie du 15 avril 1865 que le décret du 30 juillet 1862, qui fixe le maximum des lignes que peuvent contenir les différentes feuilles de timbre, n'est pas applicable aux placards apposés dans les cas prévus par le Code de procédure civile. Voy. *J. Av.*, t. 88, p. 356.

350. (Q. 2086). *La saisie-exécution serait-elle nulle si l'huissier avait indiqué, pour la vente, un marché qui ne serait pas le plus voisin du lieu de la saisie ?*

Carré admet l'affirmative au texte, ou M. Chauveau adopte l'opinion contraire, et estime que l'inobservation de la loi, dans ce cas, ne peut donner lieu qu'à des dommages-intérêts.

Adde conf. à cette dernière interprétation, Riom, 24 juin 1846 (*J. Av.*, t. 72, p. 624); Rodière, t. 3, p. 264.

351. (Q. 2080). *Comment doit-on demander la permission de vendre en un autre lieu que le prochain marché?*

Par une requête présentée au tribunal, qui y fait droit par une ordonnance.

Adde conf., Bioche, n. 289; l'*Encycl. des huiss.*, n. 461.

352. Il a été cependant jugé, conformément d'ailleurs à la pratique la plus générale, que l'autorisation dont il s'agit peut être valablement donnée par le président du tribunal; et qu'il n'est pas indispensable qu'elle émane du tribunal lui-même : Caen, 8 mai 1873 (*J. Av.*, t. 99, p. 111).

353. (Q. 2088 quinquies). *Lorsqu'une saisie-exécution comprend du vin et du blé, peut-on vendre ces denrées sur échantillons au plus prochain marché public?*

M. Chauveau, dans le *Supplément*, déclarait admettre l'affirmative avec le tempérament indiqué ci-après par les rédacteurs du *Journal des Huissiers*, 1859, p. 212:

« Tous les objets mobiliers, quels qu'ils soient, qui ont été compris dans une saisie-exécution, doivent, en règle générale, être transportés au lieu où la vente doit être faite, c'est-à-dire au lieu du plus prochain marché public (art. 617). Cependant, si, parmi ces objets, il y en a quelques-uns dont le transport soit trop dispendieux, ou qui puissent être susceptibles de se détériorer par l'effet du transport, le saisissant peut obtenir du tribunal la permission de les vendre au lieu même où ils se trouvent (même art.). Il peut aussi, ce nous semble, s'il s'agit de produits qui, comme le vin et le blé, se vendent quelquefois sur échantillons, se faire autoriser par le tribunal à faire procéder de cette manière à la vente aux enchères de ces produits au plus prochain marché public. Les termes de l'art. 617 précité ne s'opposent point à ce qu'il en soit ainsi. Ce mode de vente peut, d'ailleurs, être avantageux pour le saisi; car si, comme cela arrive toujours en pareil cas, le procès-verbal de vente stipule que les produits vendus sur échantillons seront livrés au lieu où ils se trouvent, le prix provenant de la vente ne sera point absorbé en partie par des frais de transport qui, suivant la quantité des produits et la distance du lieu où ils sont au plus prochain marché, pourraient être assez considérables. Nous conseillons au saisissant d'obtenir l'autorisation du tribunal pour éviter d'avoir à répondre à une action en dommages-intérêts de la part du saisi, qui prétendrait que les produits se seraient mieux vendus s'ils avaient été transportés au lieu du marché; mais la vente de ces produits, faite à ce lieu sur échantillons sans autorisation du tribunal, ne saurait être, pour cela seul, déclarée nulle. »

354. (Q. 2088 quater). *L'officier ministériel qui vend des meubles saisis sur un marché public est-il soumis au droit de place?— Commet-il une contravention lorsqu'il dépose sans nécessité sur la voie publique les meubles mis en vente?*

L'officier ministériel est soumis à toutes les prescriptions ordinaires des lois, répondait M. Chauveau dans son *Supplément*. Si la Cour de cassation, par arrêt du 1er déc. 1847 (*J. Av.*, t. 73, p, 422), a décidé qu'il n'y pas lieu au paiement du droit de place, c'est que, dans l'espèce, les termes de l'arrêté municipal excluaient l'interprétation qui leur avait été donnée par le tribunal d'Avignon, dont le jugement a été cassé.

355. La Cour suprême a, du reste, déclaré, en vertu du principe susénoncé, qu'il y a contravention à l'art. 471, n. 4, Cod. pén., de la part d'un commissaire-priseur qui a fait déposer des voitures saisies sur la place publique pour y être vendues : arrêt du 14 mai 1857 (t. 82, p. 654). — Compar. aussi Cass., 14 oct. 1851.

356. Depuis, une décision du juge de paix de l'Ile-Adam, en date du 25 oct. 1876 (t. 102, p. 197), a adopté la solution consacrée par l'arrêt précité de la Cour de cassation du 1er déc. 1847, en jugeant que le droit de place auquel un bail administratif soumet les personnes exposant des marchandises en vente sur une place publique, ne saurait être exigé d'un huissier à raison d'une vente publique de meubles à laquelle il procède par autorité de justice. Pour nous, cette interprétation nous paraît être la plus juridique ; c'est celle que nous avons embrassée dans notre *Dictionn. du contentieux commercial et industriel*, v° *Foires et marchés*, n. 36. — V. aussi conf., Dalloz, *Répert.*, v° *Halles*, n. 66, et notre *Formul. annot.*, t. 2, p. 558, note 5, n. 2.

357. D'un autre côté, il a été décidé aussi à bon droit que l'interdiction faite par l'autorité municipale à un huissier de procéder à une vente de meubles saisis, sous la halle de la commune, un jour de marché, est légale et obligatoire ; la disposition de l'art. 617, Cod. proc., d'après laquelle la vente doit être faite au plus prochain marché public, aux jour et heure ordinaires des marchés, ne conférant pas aux saisissants le droit de choisir arbitrairement le lieu public où la vente doit être faite, mais ce choix étant subordonné aux mesures de police prises par l'autorité municipale : Trib. civ. de Foix, 25 nov. 1875 (t. 101, p. 146).

Adde conf., notre *Formul.*, p. 557, note 4, n. 3 ; et Compar. notre *Dict. du contentieux commerc. et industr.*, *verb. cit.*, n. 6 et suiv.

358. (Q. 2088 B). *Qui doit faire apporter les effets sur le lieu de la vente?*

Il est dit au texte que cette obligation ne pèse point sur le gardien, mais qu'elle incombe à l'huissier (arg., art. 38 du tarif).

Adde conf., notre *Formul. annot.*, p. 558, note 5, n. 1.

359. (Q. 2088 ter). *Lorsque des futailles de vin se trouvent au nombre des objets compris dans une saisie, l'huissier est-il obligé, sous sa responsabilité personnelle, de se pourvoir d'expéditions pour transporter ces futailles du domicile du saisi au lieu où elles doivent être vendues ?*

Oui, disait M. Chauveau dans le précédent *Supplément*, la Cour de cassation l'a décidé avec raison le 3 fév. 1826 (*J. Av.*, t. 31, p. 140), et l'huissier est personnellement responsable du paiement de l'amende encourue.

360. (Art. 617). *La vente des meubles saisis peut-elle être faite un jour de dimanche, sur la place publique de la commune même où a été pratiquée la saisie ? Un commissaire-priseur est-il recevable à se plaindre de ce qu'un huissier a ainsi procédé, au lieu de faire transporter les meubles au chef-lieu d'arrondissement, où se trouve le marché public le plus voisin, et où il avait lui-même le droit exclusif de procéder à la vente, et est-il fondé à réclamer des dommages-intérêts à cet huissier, à raison du préjudice que celui-ci lui aurait causé ?*

Notre avis nous ayant été demandé sur ces différents points, nous l'avons donné en ces termes :

A l'appui de l'opinion d'après laquelle la vente des meubles saisis devrait être nécessairement faite, même un jour de dimanche, au plus prochain marché public, on dit que l'art. 617, Cod. proc., en prescrivant que la vente soit faite au plus prochain marché public, aux jour et heure ordinaires de marchés, ou un jour de dimanche, n'a pu vouloir autoriser le saisissant à faire vendre les meubles du saisi sur la place d'une commune où il n'y a pas de marché, mais a entendu que la vente ne pourrait jamais être faite, même un dimanche, qu'au marché public le plus voisin. Rien n'est moins justifié que cette proposition. Si l'art. 617 avait voulu, en effet, que la vente fût toujours et nécessairement faite au marché public, il n'aurait pas ajouté les mots: *ou un jour de dimanche,* qui auraient été inutiles. En disant simplement que la vente aurait lieu au plus prochain marché public, *aux jour et heure ordinaires* des marchés, il aurait suffisamment compris dans sa disposition les marchés se tenant le dimanche. Si donc il a fait suivre ces expressions de l'alternative *ou un jour de dimanche,* c'est qu'il a eu l'intention d'assimiler à la vente au plus prochain marché public celle qui serait faite le dimanche en dehors de tout marché; et cette assimilation se conçoit parfaitement, eu égard à la facilité que le repos du dimanche donne aux habitants de la commune où les meubles ont été saisis, et même à ceux des communes voisines, de se présenter à la vente. D'ailleurs, la pensée de l'art. 617 serait encore éclairée, s'il en était besoin, par la disposition de l'art. 632, au titre de la Saisie-brandon, qui porte expressément que la vente sera faite « un jour de dimanche ou de marché. » On ne saurait supposer un instant que la volonté du législateur n'ait pas été la même dans les deux articles.

361. Il suit nécessairement de cette interprétation qu'un commissaire-priseur ne saurait prétendre que la vente faite par un huissier, un jour de dimanche, sur la place publique du lieu même où la saisie a été pratiquée, porte atteinte à ses droits, sous prétexte que le marché public le plus voisin du lieu de la saisie est celui du chef-lieu d'arrondissement où il aurait eu seul attribution pour vendre les meubles saisis, s'ils y avaient été transportés.

362. En admettant que notre manière d'expliquer l'art. 617 ne fût pas exacte, et que la vente dût absolument être faite, même un jour de dimanche au marché le plus voisin, la prétention du commissaire-priseur serait-elle mieux fondée? On ne saurait argumenter ici d'un arrêt de la Cour de Paris, du 26 avril 1830, qui refuse aux notaires le droit de se plaindre de ce qu'un commissaire-priseur a procédé à une vente publique *à terme*, au lieu de la faire au comptant; car cet arrêt se fonde sur ce que le commissaire-priseur a usé du droit exclusif que la loi lui donne de faire les ventes publiques de meubles dans le chef-lieu d'arrondissement, et n'a causé de tort qu'aux parties, en accordant un terme aux acheteurs; tandis que, dans le système où nous raisonnons, l'huissier, en faisant la vente sur le lieu de la saisie, bien loin d'user d'un droit, aurait manifestement empiété sur les attributions du commissaire-priseur. — Mais ce dernier est-il bien recevable à se plaindre, s'il a laissé les meubles sur les lieux, et n'a manifesté en aucune façon sa volonté de procéder à la vente dans le chef-lieu d'arrondissement? L'huissier ne saurait être tenu de faire lui-même transporter les meubles saisis dans la commune chef-lieu pour les mettre à la disposition du commissaire-priseur (V. *Journ. des Huiss.*, t. 42, p. 269), et l'inaction de celui-ci semble devoir faire présumer, à moins de circonstances particulières, qu'il a renoncé à l'exercice de son droit et consenti à ce que la vente fût faite par l'huissier. Il faudrait, pour que le commissaire-priseur pût être admis à demander des dommages-intérêts à l'huissier, qu'il fût bien démontré que ce dernier lui a volontairement fait une concurrence illicite.

V. aussi, en ce sens, notre *Formul. annot.*, t. 2, p. 557, note 4, n. 4 et 5.

363. (Q. 2090). *Si l'huissier ne peut vendre tous les effets saisis dans le jour où tient le marché, peut-il continuer le lendemain qui n'est pas jour de marché?*

Il est enseigné au texte que l'huissier doit alors renvoyer au plus prochain jour de marché.

364. (Q. 2091). *L'art. 620 relatif à la vente des barques, chaloupes et autres bâtiments de mer de dix tonneaux et au-dessous, a-t-il été abrogé par l'art. 207, Cod. comm.?*

Solution affirmative au texte, où il est dit que l'art. 620, Cod, proc., ne reste applicable qu'aux bacs, galiotes, bateaux et autres bâtiments de rivières, moulins et autres édifices mobiles assis sur bateaux et autrement.

365. Dans son *Supplément*, M. Chauveau, après avoir renvoyé, en ce qui concerne la procédure à suivre pour la vente des navires, à son *Formulaire de procédure*, 3ᵉ édit., t. 2, p. 831 et suiv., formules 1163 et suiv., se bornait à citer ici, en l'approuvant, un arrêt de la Cour d'Aix, du 10 mai 1858 (*J. Av.*, t. 84, p. 80), portant que les tribunaux civils sont seuls compétents pour statuer sur la validité de la saisie d'un navire.

V. aussi, relativement à la saisie et la vente des navires, notre *Dictionn. du content. commerc. et indust.*, vº *Navires*, n. 182 et suiv.

366. (Q. 2092). *L'exposition de la vaisselle d'argent, des bagues et joyaux de la valeur de 300 fr. au moins, prescrite par l'art. 621 doit-elle être faite à trois marchés différents?*

Solution affirmative au texte.

Adde conf., notre *Formul. annot.*, t. 2, p. 553, note 2.

367. (Q. 2093). *Doit-on observer les formalités prescrites par l'art. 621, pour d'autres objets que ceux qu'il énumère?*

Réponse négative au texte.

Adde conf., notre *Formul.*, *ibid.*, note 3.

368. (Q. 2094). *Peut-on, à la troisième exposition, vendre les objets que mentionne l'art. 621?*

Résolu affirmativement au texte.

Adde conf., notre *Formul. annot.*, p. 553, note 4, n. 1.

369. (Q. 2094 bis). *Doit-il y avoir un intervalle d'un mois entre la saisie et la vente, lorsqu'on fait trois expositions, comme lorsqu'on fait les annonces dans les journaux?*

Non, répond M. Chauveau, au texte; il suffit que les expositions soient faites à des jours différents, sans autre intervalle.

V. aussi en ce sens notre *Formul.*, *ibid.*, n. 2.

370. (Q. 2088 bis). *L'huissier qui procède à une vente de meubles saisis doit-il être assisté de deux témoins?*

On peut objecter contre l'affirmative que le Code et le tarif résistent à cette opinion; que si l'art. 585, Cod. proc., exige la présence de deux témoins au procès-verbal de saisie-exécution, l'art. 617 ne parle plus de témoins; que si l'art. 31, §§ 1 et 2, du tarif, se référant à l'art. 585, Cod. proc., accorde un émolument y compris un droit pour chaque témoin, l'art. 39, § 3, fixe le droit de vente et ne mentionne aucun droit à prélever pour des témoins. Ces considérations, disait M. Chauveau dans le précédent *Supplément*, ne manquent pas de gravité; mais la pratique, dont il y a bien lieu de tenir compte, admet l'assistance de témoins, et c'est en s'y conformant que, dans son *Formulaire de procédure*, t. 1ᵉʳ, p. 528, formule 528, l'auteur a mentionné expressément la présence des témoins lors du procès-verbal de vente.

V. aussi notre *Formul. annot.*, t. 2, formule 235.

371. (Q. 2099). *L'huissier doit-il faire représenter la partie saisie hors de la vente?*

Réponse négative au texte, fondée sur l'art. 40 du tarif.

V. aussi notre *Formulaire annoté*, p. 558, note 6.

372. (Q. 2100 A). *L'officier préposé à la vente peut-il se rendre adjudicataire?*

Solution également négative au texte.

Adde conf., notre *Formul.*, p. 559, note 8, n. 2.

373. (Q. 2100 B). *Les incapacités édictées par l'art. 711, en matière d'adjudication d'immeubles, sont-elles applicables aux adjudications d'objets mobiliers?*

Résolu négativement au texte.

Adde conf., notre *Formul., ibid.*

374. (Q. 2101).. *Pour revendre à la folle enchère de l'adjudicataire, l'officier a-t-il besoin d'une ordonnance du juge?*

Réponse négative au texte.

Adde conf., notre *Formul.*, p. 559, n. 9, n. 2.

375. (Q. 2102). *Qu'y a-t-il lieu de faire, si, par suite de la revente sur folle enchère, le prix est inférieur à celui de la première adjudication?*

On applique, est-il dit au texte, l'art. 740, d'après lequel le fol enchérisseur est tenu de la différence entre les deux prix, sans pouvoir réclamer l'excédent, s'il y en a, excédent qui doit être payé aux créanciers, ou, s'ils sont désintéressés, à la partie saisie.

Adde conf., notre *Formul. annot., ibid.*, n. 3.

376. (Q. 2103). *Peut-on, en vertu du procès-verbal de vente, contraindre l'adjudicataire à payer la différence?*

La négative est enseignée au texte, où il est dit qu'il faut un jugement.

V. aussi en ce sens notre *Formul.*, p. 560, note 9, n. 4.

377. (Q. 2103 bis). *Y a-t-il contravention aux prescriptions de l'ordonnance du 1er mai 1816 de la part de l'officier ministériel qui omet de mentionner dans son procès-verbal les objets mis en vente et non adjugés?*

L'ordonnance est formelle; l'affirmative n'est donc pas douteuse, disait M. Chauveau dans son *Supplément.* Elle a été d'ailleurs consacrée par le tribunal de la Seine, le 26 juill. 1855 (*J. Av.*, t. 82, p. 148).

378. (Q. 2096). *Comment doit être entendue la disposition de l'art. 622, qui, lorsque la valeur des effets saisis excède le montant des causes de la saisie et des oppositions, prescrit de ne vendre que les objets suffisant à fournir la somme nécessaire pour le paiement des créances et des frais?*

Il est expliqué au texte qu'il résulte de cette disposition que l'officier qui a procédé à la vente doit l'arrêter dès que les objets vendus ont produit une somme suffisante pour juger : 1° les causes de la saisie; 2° les sommes dues aux créanciers opposants; 3° les frais de la saisie et de la vente.

379. La Cour de Rennes a même décidé, par arrêt du 12 mai 1852 (*Journ. de cette Cour*, 1852, p. 89), qu'il faut que le produit de la vente comprenne la somme nécessaire pour couvrir le montant des oppositions qui peuvent être mises sur le prix. C'est là, observait M. Chauveau dans son *Supplément*, une pure décision d'espèce; car, s'il fallait *toujours* faire entrer en ligne de compte les oppositions possibles après la vente, il n'y aurait *jamais* lieu à l'application de notre article; il faut donc s'en tenir, en principe, à la solution du texte, et reconnaître qu'après avoir atteint le chiffre des créances à acquitter en principal et accessoires et les frais de la saisie, l'huissier doit s'arrêter en déclarant que les sommes provenant de la vente sont suffisantes et vont servir, du consentement du saisi, à payer intégralement à l'instant même le saisissant et les opposants. — En pareil cas, l'opposition ultérieure serait tardive, puisqu'elle ne trouverait plus rien dans les mains de l'huissier. Si des oppositions imminentes étaient à craindre, l'huissier pourrait aussi constater le résultat atteint, et suspendre la vente en laissant les choses en l'état jusqu'après le versement du produit des meubles vendus dans les mains des ayants droit. Si des oppositions survenaient avant le paiement, la vente serait reprise; si elles survenaient après, elles n'auraient aucun effet. Personne ne saurait se plaindre de ce mode de procéder, puisque, d'une part, il n'est pas vendu plus de meubles qu'il n'est nécessaire, et que, d'autre part, les créanciers qui ont tardivement formé opposition doivent attribuer à leur défaut d'activité l'inutilité de leurs diligences.

V. aussi en ce sens notre *Formul. annot.*, p. 560, note 10, n. 1 et 2.

380. Il a été décidé que l'huissier n'est pas responsable pour avoir saisi et fait vendre des objets mobiliers en plus grande quantité qu'il ne fallait pour éteindre les causes de la saisie ; mais que, s'il y a eu intention malveillante, le débiteur a recours contre le saisissant : Marseille, 14 mars 1845 (*J. des Huiss.*, t. 47, p. 241). L'action du saisi contre le saisissant, en pareil cas, est incontestable (V. aussi Orléans, 31 août 1858, *J. des Huiss.*, t. 39, p. 285). Mais il semble que l'huissier devrait garantir ce dernier des condamnations prononcées contre lui, si c'est de sa propre autorité qu'il a continué la vente. — Conf., notre *Formul.*, *ibid.*, n. 4.

381. (Art. 622). *L'huissier doit-il dans ce cas, pour arrêter la vente, obtenir le consentement du saisissant et des opposants?*

Solution négative au texte, t. 4, p. 764, note 2, où il est dit que le défaut de consentement des créanciers intéressés exposerait seulement l'huissier à des dommages-intérêts envers ces derniers, s'il leur avait volontairement porté préjudice.

382. (Q. 2097). *Si le prix de la vente est plus considérable que ce qui est dû, que doit faire l'officier préposé à la vente?*

Il doit, suivant l'observation du texte, après avoir payé les créanciers et retenu les frais taxés, remettre l'excédent au saisi, à moins qu'il n'y ait des oppositions.

Adde conf., notre *Formul.*, p. 560, note 10, n. 3.

383. Jugé que l'huissier qui a procédé à une vente publique de meubles par suite de saisie-exécution a le droit de déduire sur la somme qui en est le produit, avant sa consignation, les frais de saisie et de vente d'après la taxe faite par le juge, alors même que cette taxe comprendrait de nouveaux procès-verbaux d'apposition d'affiches et de nouvelles annonces, à raison d'un ou de plusieurs incidents, ou de tout autre motif légal qui aurait retardé la vente aux jours successivement indiqués : Trib. civ. de la Seine, 19 avril 1856 (*J. Av.*, t. 81, p. 631).

384. (Q. 2098). *Comment les frais sont-ils taxés?*

Ils le sont par le juge, sur la minute du procès-verbal, est-il dit au texte.

Adde conf., notre *Formul.*, p. 561, note 12.

385. (Q. 2105 bis). *Le procès-verbal doit-il désigner les adjudicataires, même lorsque ceux-ci paient* comptant ?

Solution affirmative au texte.

Adde conf., notre *Formul. annot.*, p. 559, note 8, n. 1.

386. Le procès-verbal de vente dressé par un huissier ne fait pas foi vis-à-vis des tiers qui y sont inscrits comme adjudicataires : Trib. civ. de Bruxelles, 29 nov. 1851 (*J. Huiss.*, t. 33, p. 118) ; Trib. civ. de Louvain, 28 janv. 1860 (*id.*, t. 44, p. 71). — Compar. en outre Trib. de Saint-Omer, 4 sept. 1853 (*id.*, t. 35, p. 274) ; Trib. de Dinan, 19 mars et 17 déc. 1859 (*id.*, t. 42, p. 131).

387. Il a été jugé également que le procès-verbal de vente publique de meubles dressé par un commissaire-priseur avec stipulation de terme pour le paiement du prix, ne fait pas preuve de la vente à l'égard de celui qui y est mentionné comme acheteur, s'il n'est pas signé par ce dernier, et alors surtout que le registre sur lequel le commissaire-priseur inscrit ses procès-verbaux de vente est mal tenu ; et qu'en conséquence, le tribunal peut, sur la demande formée par le commissaire-priseur ou ses héritiers contre un individu non signataire du procès-verbal en paiement du prix d'objets mobiliers qui lui auraient été adjugés, déférer le serment à celui-ci : Cass., 12 mars 1867 (*J. Av.*, t. 92, p. 391). — Compar. toutefois Trib. de comm. du Havre, 18 mai 1868 (*J. Huiss.*, t. 50, p. 101).

388. D'après un arrêt de la Cour d'Orléans du 11 juill. 1860 (t. 87, p. 521), dans le cas où l'un des adjudicataires n'a pas payé comptant, l'action en paiement du prix de son acquisition appartiendrait à l'huissier qui a procédé à la vente, et non au saisissant, quoiqu'il ait reçu de l'huissier un bordereau sur l'adjudicataire, et que, par suite, décharge ait été donnée à cet officier ministériel par le saisi et le saisissant. — Mais cet arrêt a été cassé par la Cour suprême, le 11 nov. 1863 (t. 89, p. 517). — Compar. *suprà*, n. 340).

389. Le commissaire-priseur qui, sans y être autorisé par les parties, livre, avant le paiement du prix, une partie des meubles vendus par son ministère, et ne dépose à la Caisse des consignations qu'une portion du prix de la vente, engage sa responsabilité vis-à-vis du vendeur ou du syndic de la faillite de ce dernier, et ce syndic a le droit de répéter contre lui la portion du prix encore non consignée. Peu importe que ce soit au vendeur lui-même qu'aient été adjugés les objets dont le prix n'a pas été réclamé, si la vente a été aussi requise par la femme de celui-ci pour la conservation de ses droits : Rennes, 13 juin 1870 (t. 96, p. 307). — Compar. *suprà*, n. 312 et s.

390. (Art. 624). *Quelles sont les obligations de l'officier qui a procédé à la vente relativement aux contributions directes dues par le saisi ?*

D'après l'art. 2 de la loi du 12 nov. 1808, les commissaires-priseurs et autres dépositaires de deniers provenant du chef des redevables et affectés au privilège du Trésor public, sont tenus, sur la demande qui leur en est faite, de payer en l'acquit des redevables et sur le montant des fonds qu'ils doivent, jusqu'à concurrence de tout ou partie des contributions dues par ces derniers. — Il résulte de cette disposition que les officiers publics ou ministériels qui ont procédé à une vente publique de meubles ne sont pas obligés, avant de se dessaisir du prix, de s'assurer si le saisi est débiteur d'une somme quelconque pour ses contributions, et d'offrir au percepteur celles qui seraient dues, mais qu'ils doivent seulement acquitter ces contributions sur la demande qui leur en est faite par les agents du Trésor. V. en ce sens, Trib. de la Châtre, 22 janv. 1858 (*J. Huiss.*, t. 41, p. 104); Trib. de Foix, 1er août 1868 (*id.*, t. 49, p. 298) ; Dalloz, *Répert.*, v° *Vente publique de meubles*, n. 104 ; notre *Formulaire annoté*, t. 2, p. 561, note 14. — *Contrà*, Cons. de préfect. de la Haute-Garonne, 30 déc. 1872 (*J. Huiss.*, t. 54, p. 126).

391. En conséquence, lorsque l'huissier qui a procédé à une vente publique de meubles s'est dessaisi du prix avant toute demande, de la part du percepteur, des contributions dues par le saisi, le percepteur n'est pas recevable à diriger contre lui des poursuites en paiement du montant de ces contributions : Trib. civ. de Lisieux, 31 mars 1878 (*J. Huiss.*, t. 51, p. 249).

392. Comme aussi le saisissant qui a reçu le produit de la vente des meubles saisis, des mains de l'officier public par lequel il a été procédé à cette vente, n'est pas tenu envers l'administration des contributions indirectes au paiement de la contribution foncière due par le saisi : cette administration doit s'imputer à faute de n'avoir pas exigé ce paiement de l'officier public, avant que les fonds provenant de la vente et grevés du privilège du Trésor fussent tombés dans le patrimoine d'un autre créancier : Trib. civ. de la Seine, 2 janv. 1875 (*J. Av.*, t. 109, p. 79).

— V. *Appel ; Avoué ; Exécution forcée ; Frais et dépens*.

SAISIE FORAINE.

(Art. 822 à 825, Cod. proc. civ.).

FORMULES. — *Requête et ordonnance pour saisir les effets d'un débiteur forain.*—Form. t. 1, n. 533, p. 545. — *Procès-verbal de saisie foraine.* —Form., n. 534, p. 546.— *Assignation en validité de saisie foraine.* —Form. n. 535, p. 546.

1 (Q. 2807 ter). *Qu'entend l'art. 822 par le débiteur forain dont tout créancier, même sans titre, peut, avec la permission du président du tribunal de première instance ou du juge de paix, faire saisir les effets trouvés en la commune qu'il habite?*

Au texte, M. Chauveau adopte l'opinion suivant laquelle il faut entendre ici par débiteur forain, non point celui qui, comme le colporteur ou marchand forain, n'a pas de domicile fixe, mais celui qui n'est pas domicilié dans la commune où réside son créancier.

Adde conf., notre *Formulaire annoté*, t. 2, p. 764, note 1, n. 2.

2. Dans le précédent *Supplément*, M. Chauveau mentionnait les autorités suivantes :—Doit être considéré comme forain, au point de vue de l'application des règles de la saisie foraine, tout débiteur étranger à la commune où le créancier a son domicile : Trib. civ. de Lourdes, 11 fév. 1857 (*J. Av.*, t. 83, p. 130) ; Rodière, t. 3, p. 316 ; Colmet-Daage, t. 2, n. 1085 ; Bioche, vº *Saisie foraine*, n. 1. — L'étranger autorisé à établir son domicile en France est forain dans une commune autre que celle où son domicile est établi : Massé, *Dr. commer.*, t. 2, p. 350. Le domicile de fait suffit pour mettre obstacle à la saisie : Même auteur, *ibid.*, p. 349.

3. La saisie pratiquée sur un débiteur forain dans une commune autre que celle qu'habite le créancier est nulle : Bordeaux, 29 nov. 1849 (*J. Av.*, t. 76, p. 603). L'art. 822 restreint, en effet, la faculté d'opérer cette espèce de saisie au cas où les effets sont trouvés dans la commune même qu'habite le saisissant.

4. Il a été décidé par la Cour de Toulouse que le président du tribunal civil apprécie souverainement dans quels cas une saisie conservatoire peut être autorisée ; et qu'ainsi il peut permettre ce mode d'exécution contre un débiteur non forain : arrêt du 26 fév. 1847 (*J. Av.*, t. 72, p. 242). M. Chauveau rappelait ici qu'il a critiqué cette décision, et il se bornait à renvoyer à ce qu'il a dit sous les quest. 1492 *quater* et 1496. V. *Saisie conservatoire*, n. 1 et s., 20 et s.

5. Ajoutons qu'il a été encore jugé, conformément à la solution indiquée ci-dessus, n. 3, que la saisie foraine ne peut être pratiquée que sur les effets du débiteur trouvés en la commune habitée par le créancier, et non sur ceux que le débiteur peut posséder dans un autre lieu : Trib. civ. de Bruxelles, 2 déc. 1863 (*J. Av.*, t. 89, p. 518).—V. aussi, en ce sens, notre *Formulaire* précité, *ibid.*, n. 4.

6. D'un autre côté, la Cour de Chambéry a décidé à bon droit, le 21 mars 1861 (t. 87, p. 529), que la saisie foraine qui, n'ayant pour objet de sauvegarder qu'une créance minime, s'étend à des meubles et marchandises d'une valeur relativement considérable, peut être considérée comme vexatoire, et que, dans ce cas, le saisissant est passible de dommages-intérêts envers le saisi.—Il résulte aussi d'un jugement du tribunal civil de Nice, du 27 janv. 1877 (t. 102, p. 192), que la saisie foraine pratiquée sans droit peut entraîner une condamnation à des dommages-intérêts contre le saisissant.

7. Le même jugement décide encore avec raison que si le créancier étranger peut, comme le créancier français, pratiquer en France une saisie foraine contre son débiteur, même étranger, c'est à la double condition qu'il habite la commune où la saisie est faite, et que son débiteur, au contraire, n'y réside pas.

8. (Q. 2808). *Quel est le juge compétent pour permettre la saisie foraine ?*

C'est, comme il est répondu au texte, le président du tribunal de première instance ou le juge de paix du lieu dans lequel se trouvent les objets à saisir.

Adde conf., Colmet-Daage, t. 2, n. 1085; Dalloz, v° *Saisie foraine*, n. 5; Bioche, n. 5; notre *Formul. annot.*, p. 765, note 2, n. 1.

9. (Q. 2808 bis). *La requête pour provoquer l'autorisation de pratiquer une saisie foraine doit-elle être signée par un avoué ?*

Il résulte d'un jugement du tribunal civil de Toulouse, du 1er juill. 1852 (*Journ. de proc.*, 1852, p. 327), que s'il est convenable que la requête soit signée par un avoué, la loi ne l'exige pas à peine de nullité. — Quant à M. Chauveau, dans le précédent *Supplément*, il déclarait ne pouvoir admettre qu'un acte aussi contraire à toutes les formes de procéder prescrites devant les tribunaux civils de première instance qu'une requête sans signature d'avoué, puisse être validé.

Adde en ce sens notre *Formul. annot.*, *loc. cit.*, n. 3.

10. (Q. 2808 ter). *L'ordonnance du président peut-elle être attaquée ?*

Dans son *Supplément*, M. Chauveau, après avoir noté, avec un jugement du tribunal civil de la Seine du 3 août 1853 (*J. Huiss.*, 1853, p. 320), que la saisie n'est valable qu'autant qu'elle est autorisée par le juge, et que si l'autorisation est subordonnée à des conditions, l'inexécution de ces conditions entraîne la nullité de la saisie, signalait un arrêt de la Cour de Paris, du 30 mars 1852 (*J. Av.*, t. 77, p. 677), qui a jugé que le président du tribunal use d'un pouvoir discrétionnaire et fait une appréciation souveraine lorsque, suivant les circonstances et les personnes, il autorise une saisie foraine; et qu'ainsi son ordonnance sur ce point n'est pas susceptible d'appel. Mais il déclarait ne pouvoir partager cette interprétation. L'art. 822, observait-il, indique les conditions qui limitent le pouvoir du président. Si ces limites sont dépassées, il y a excès de pouvoir, et, par suite, l'appel est recevable. — Compar. *Ajournement*, n. 376 et s., et *Ordonnance*, n. 11.

Adde conf., notre *Formul. annot.*, p. 765, note 2, n. 4.

11. (Q. 2809). *Le saisissant peut-il être, malgré lui, constitué gardien des effets qui sont entre ses mains ?*

Solution affirmative au texte.

Adde conf., Dalloz, n. 9; Bioche, n. 9; notre *Formul. annot.*, p. 766, note 1, n. 2.

12. (Q. 2810 A). *Lorsque le saisissant n'a pas les effets en ses mains, l'huissier peut-il lui en confier la garde ?*

La négative est enseignée au texte.

Adde conf., Dalloz, n. 10 et 11; Colmet-Daage, t. 2, n. 1086; Bioche, n. 10; notre *Formul. annot.*, *loc. cit.*

13. (Q. 1810 B). *L'huissier pourrait-il confier cette garde au saisi ?*

Résolu aussi négativement au texte.

Adde conf., notre *Formul.*, *ibid.*

14. (Art. 823). *La saisie foraine est-elle valable, quoique le gardien ait omis de signer l'original et la copie du procès-verbal, et que l'huissier ait négligé de remettre au gardien une copie de ce procès-verbal ?*

L'affirmative a été consacrée par un arrêt de la Cour de Chambéry du 21 mars 1861 (*J. Av.*, t. 87, p. 529). — Compar. *Saisie-exécution*, n. 210.

15. (Q. 2811 A). *Quel est le juge compétent pour connaître de la validité de la saisie foraine ?*

Il est enseigné, au texte, que la nature même de la saisie foraine commande de n'attribuer compétence qu'au juge du lieu où a été faite cette saisie. Toutefois, M. Chauveau, *ibid.*, observe que cette compétence pourrait être déclinée au fond dans le cas où un créancier étranger aurait saisi les effets de son débiteur aussi étranger ; c'est-à-dire que le tribunal du lieu devrait alors maintenir provisoirement la saisie et renvoyer les parties devant le juge compétent pour apprécier le mérite de l'obligation qui lui sert de base.

16. Quant au principe, *Adde* conf., Dalloz, n. 13 ; Colmet-Daage, t. 2, n. 1087 ; Bioche, n. 12 et 31 ; Rodière, p. 318 ; notre *Formul annot.*, p. 767, note 2, n. 2 et 3, où nous faisons observer que le juge s'entend ici, dans tous les cas, du tribunal de première instance, et non du juge de paix, quelque minime que soit la créance du saisissant. — En ce qui concerne la restriction, V. aussi dans le même sens, Dalloz, n. 14.

17. Par un jugement du 27 janv. 1877 (*J. Av.*, t. 102, p. 192), le tribunal de Nice, sans s'expliquer sur la compétence au fond, a décidé que le tribunal français du lieu où une saisie foraine a été pratiquée à la requête d'un étranger contre un autre étranger, est compétent pour connaître tant de la demande en validité de la saisie que de la demande en dommages-intérêts formée par le saisi contre le saisissant pour le cas où la saisie serait déclarée nulle.

SAISIE-GAGERIE.

(Art. 819, 820, 821, 824 et 825, Cod. proc. civ.)

SOMMAIRE ALPHABÉTIQUE.

FORMULES. — *Commandement tendant à saisie-gagerie.* — Form. t. 1, n. 526, p. 537. — *Requête et ordonnance afin d'être autorisé à saisir-gager à l'instant et sans commandement préalable les meubles et effets du locataire.* — Form. n. 527, p. 538. — *Procès-verbal de saisie-gagerie après commandement ou en vertu de permission du juge.* — Form. n. 528 et 529, p. 540. — *Assignation en validité de saisie-gagerie* — Form. n. 531, p. 543. — *Jugement.* — Form. n. 532, p. 544. — *Demande en mainlevée par un sous-locataire ou sous-fermier.* — Form. n. 530, p. 542.

SOMMAIRE.

§ 1. — *Par qui, pour quelles causes, contre qui et sur quelles choses la saisie-gagerie peut être pratiquée.*
§ 2. — *Formalités de la saisie-gagerie.* — *Compétence.* — *Incident.*

§ 1. — Par qui, pour quelles causes, contre qui et sur quelles choses la saisie-gagerie peut être pratiquée.

1. (Q. 2793 bis). *Qui l'art.* 819 *désigne-t-il par les* propriétaires et principaux locataires *auxquels il donne le droit de pratiquer une saisie-gagerie ?*

Les premiers, explique M. Chauveau, au texte, sont ceux qui ont actuellement la propriété ou l'usufruit des immeubles loués ou affermés, ou ceux qui les représentent, comme les tuteurs, les maris, etc. Les seconds sont ceux qui tiennent tous leurs droits du propriétaire ou de l'usufruitier. Quant à celui qui a cessé d'être propriétaire, il ne peut saisir-gager, bien qu'il invoque des droits à lui acquis pendant qu'il était propriétaire.

Adde, en ce sens, notre *Formulaire annoté,* t. 2, p. 756, note 3, n. 1 et s.

2. Dans son *Supplément,* notre auteur ajoutait : — Le tribunal civil de Châteauroux a jugé, le 30 nov. 1852 (*J. Av.*, t. 78, p. 68), que le droit de faire procéder par voie de saisie-gagerie ne s'anéantit pas dans les mains du fermier principal le jour même de l'expiration de son bail ; que ce droit subsiste pour lui tant qu'il reste en la possession du débiteur des objets ou valeurs affectés à son privilège, en sa qualité de fermier principal. Cependant on exige généralement que la qualité de propriétaire ou de locataire principal existe au moment des poursuites. Voy. Bioche, v° *Saisie-gagerie,* n. 2. Mais il est évident que le propriétaire ne peut exercer son privilège pour les loyers à lui dus au préjudice d'une saisie pratiquée par le précédent propriétaire avant l'aliénation de l'immeuble. *Sic,* Paris, 28 août 1852 (*Journ. de proc.*, 1852, p. 388).

3. Sur l'influence de la faillite du preneur, il s'est formé plusieurs systèmes. Suivant les uns, la déclaration de faillite du locataire met obstacle aux poursuites de saisie-gagerie ; suivant d'autres, les poursuites peuvent être *continuées,* mais non commencées après la faillite. Enfin, d'après une troisième opinion, les poursuites peuvent être soit continuées, soit commencées. Cette dernière interprétation est celle qu'adoptait M. Chauveau. Voy. conf., Renouard, *Faillite et banquer.*, t. 1, p. 387 ; Esnault, *id.*, n. 233 ; Bédarride, *idem,* t. 1, n. 141 ; Lyon, 17 mars 1846 (S.-V.46.2.438). Voy. aussi Bioche, *Journ. de proc.*, 1856, p. 89.

4. Notons, de notre côté, qu'il a été jugé dans le sens de la doctrine enseignée au texte, d'une part, que la caution qui a payé en l'acquit du locataire, et qui se trouve subrogée aux droits du propriétaire, peut faire procéder à une saisie-gagerie contre ce locataire : Paris, 25 mai 1867 (*J. Av.*, t. 92, p. 394) ; et, d'autre part, que la saisie-gagerie ne peut être exercée que par le propriétaire actuel de l'immeuble, et qu'il n'appartient pas à l'ancien propriétaire de la pratiquer, même pour loyers échus avant son désistement : Cass., 15 déc. 1864 (t. 90, p. 468) ; Trib. civ. de Privas, 14 août 1878 (t. 104, p. 60).—V. aussi notre *Formul. annot., loc. cit.*, n. 2 et 3.

5. Nul doute que la saisie-gagerie pratiquée à la requête de deux époux sur les meubles de leur locataire, ne soit régulière, bien que l'un des époux se trouvât décédé au moment où elle a été faite, si par ce décès, qui était alors ignoré, l'autre époux était devenu personnellement propriétaire de la maison louée. Et cette saisie est valable, même au respect de l'époux décédé, dans le cas où l'huissier instrumentaire, qui avait reçu de celui-ci mandat de poursuivre le locataire, a agi dans l'ignorance de son décès : Rouen, 17 juin 1871 (t. 97, p. 237). — Il est certain, en effet, que la disposition de l'art. 2008, Cod. civ., s'applique aussi bien aux actes judiciaires qu'aux autres actes que comporte le mandat.

6. Le locataire principal qui, malgré l'offre que lui fait le sous-locataire de payer les loyers échus, sous la condition de la représentation de la quittance du propriétaire, fait procéder contre lui à une saisie-gagerie, se rend passible de dommages-intérêts : Trib. civ. de Marseille, 6 juill. 1866, 6 déc. 1867 et 24 janv. 1868 (*J. des Huiss.*, t. 49, p. 307). La justesse de cette décision est évidente.

7. (Q. 2793 bis). *Pour pouvoir saisir-gager, le propriétaire ou principal locataire doit-il nécessairement avoir un titre ?*

M. Chauveau, au texte, enseigne qu'un titre, soit écrit, soit verbal, est indispensable, et qu'il ne peut être suppléé au défaut de titre par la permission qui serait obtenue du président du tribunal, sur requête.

8. (Art. 819). *Dans le cas où une femme mariée sous le régime dotal qui, depuis plusieurs années, vit éloignée de son mari, sans que celui-ci pourvoie à ses besoins, a loué un appartement pour en sous-louer les pièces meublées, le paiement des loyers peut-il être poursuivi contre elle par voie de saisie-gagerie ?*

Un arrêt de la Cour de Paris, du 25 mars 1865 (*J. Huiss.*, t. 46, p. 227), considérant la femme comme tacitement autorisée en pareil cas par son mari, résout affirmativement la question ci-dessus, alors surtout qu'il n'est pas justifié, d'une part, que les meubles garnissant l'appartement loué soient dotaux, ni qu'ils aient été achetés avec des fonds ayant une origine dotale, et, d'autre part, que l'engagement résultant du bail fût de nature à compromettre la dot de la femme. — V. aussi, en ce sens, notre *Formul. annot.*, p. 757, note 7 et s.

9. (Q. 2804). *Pourrait-on saisir-gager les meubles d'un sous-locataire ou sous-fermier ayant un bail non authentique, ou dont la date ne serait pas certaine ?*

Solution affirmative au texte, où il est dit qu'il suffit que la sous-location soit justifiée en fait.

Adde conf., notre *Formul., loc. cit.*, n. 3.

10. (Q. 2803). *En quels cas les paiements dont se prévalent les sous-fermiers ou sous-locataires contre l'action du propriétaire peuvent-ils être annulés, en vertu de l'art.* 820, *comme faits* par anticipation ?

Les paiements sont réputés faits par anticipation, est-il dit au texte, toutes les fois qu'ils ont été effectués contrairement aux stipulations du bail ou à l'usage des lieux ; plus généralement chaque fois qu'ils paraissent avoir été faits dans le but d'enlever son gage au propriétaire.

11. (Art. 819). *Quoique la saisie-gagerie ne puisse, aux termes de l'art.* 819, *être exercée par les propriétaires sur les objets garnissant les lieux loués, que pour les loyers et fermages échus, doit-on cependant étendre cette disposition à tout ce qui est dû en vertu du bail, et qui en peut être considéré comme l'accessoire immédiat?*

Décidé affirmativement au texte, t. 6, p. 330, à la note.

Adde conf., notre *Formul. annot.*, p. 757, note 8, n. 1.

12. Dans son *Supplément*, en note sous l'art. 819, M. Chauveau mentionnait dans le même sens l'opinion suivant laquelle le propriétaire peut faire saisir-gager les meubles du colon partiaire et les fruits de la récolte garnissant la ferme, pour assurer, soit le partage des fruits, soit le paiement des dégradations commises par le métayer; en un mot, pour tout ce qui concerne l'exécution du contrat. *Sic*, Bioche, *Journ. de proc.*, 1852, p. 293, et v° *Saisie-gagerie*, n. 4; Victor Augier, *Encycl. des juges de paix*, v° *Saisie-gagerie*, n. 12; Carou, *Juridict. civ. des jug. de paix*, n. 201.—*Contrà*, Dalloz, *Rép.*, v° *Saisie-gagerie*, n. 9 et 26.

13. Citons, de notre notre côté, comme conforme à la doctrine du texte, un arrêt de la Cour de Lyon du 9 juill. 1860 (*J. Av.*, t. 87, p. 531), décidant que la saisie-gagerie peut être formée, non seulement pour loyers et fermages échus, mais pour toutes créances résultant du bail, et spécialement pour le remboursement des avances faites par le propriétaire au colon partiaire.

14. D'après un arrêt de la Cour de Rennes du 11 janv. 1871 (t. 98, p. 80), la saisie-gagerie pratiquée pour une créance dont le chiffre a été exagéré n'est pas pour cela entièrement nulle; il y a seulement lieu d'en restreindre les effets à la somme à laquelle la créance doit être réduite. Et le débiteur n'est pas fondé à demander des dommages-intérêts à raison de la saisie-gagerie ainsi pratiquée contre lui. Toutefois, la Cour de cassation, par arrêt du 6 janvier 1857 (*J. Huiss.*, t. 38, p. 56), a déclaré qu'une saisie-gagerie peut être annulée, bien que le fermier fût en retard de payer un terme au moment où elle a été pratiquée, s'il est constaté que le propriétaire, pour obtenir la permission du juge, conformément au § 2 de l'art. 819, a exagéré sa créance et faussement allégué que la ferme n'était pas garnie de meubles suffisants. — V. aussi sur l'un et l'autre point notre *Formulaire annoté*, p. 758, note 8, n. 5 et 6.

15. (Q. 2494). *Peut-on comprendre dans la saisie-gagerie les objets que l'art.* 592 *déclare insaisissables ?*

L'affirmative énoncée au texte, sauf à l'égard du coucher et des vêtements, résulte des dispositions de l'art. 593.

Adde conf., Dalloz, n. 24; Bioche, n. 6; notre *Formul. annot.*, p. 756, note 10, n. 1.

16. Ainsi, spécialement, une machine à coudre, qui ne saurait être frappée de saisie-exécution entre les mains de celui qui fait métier de fabriquer ou de confectionner certains ouvrages, comme constituant un outil dans le sens de l'art. 592, 6°, peut être, au contraire, l'objet d'une saisie-gagerie. V., en ce sens, notre *Formul.*, *ibid.*, n. 2.

17. (Q. 2793). *Que faut-il entendre par les mots* effets et fruits *dans l'art.* 819?

Ces expressions, disait M. Chauveau dans le précédent *Supplément*, embrassent évidemment tous les objets mobilliers et tous les produits du sol appartenant au locataire ou fermier; tout ce qui est susceptible d'être saisi-exécuté. Il a été décidé que le droit de stationnement sur un canal est le prix d'une location, et non un impôt, et qu'il peut, dès lors, être recouvré par voie de saisie-gagerie : Cass., 14 mai 1855 (*J.P.*56.2.373); la même raison de décider serait applicable au recouvrement de tous les droits dus à une ville pour les places occupées dans les halles, marchés, abattoirs et sur la voie publique.

18. Le propriétaire d'un étang qui a en affermé la pêche peut-il en saisir-gager les poissons pour obtenir le paiement du fermage? L'art. 524, Cod. civ., met au nombre des immeubles par destination les poissons des étangs. Cependant la doctrine a reconnu que ce caractère immobilier n'existe que jusqu'au moment où la bonde de l'étang est levée pour le mettre en pêche. Après cela, les poissons deviennent meubles; ils peuvent, par conséquent, être l'objet d'une saisie mobilière. Le propriétaire, concluait M. Chauveau, pourra donc, s'il y a un titre authentique, procéder par voie de saisie-gagerie.

19. En principe, poursuivait notre auteur, la saisie-gagerie peut porter sur tous les meubles et objets mobiliers garnissant les lieux loués, aussi bien sur ceux qui ont été confiés au locataire par un tiers avec mandat de les vendre que sur ceux qui sont la propriété du locataire, alors que le tiers n'a pas prévenu le propriétaire de leur introduction dans les lieux loués. V. Trib. de la Seine, 3 déc. 1856 (*J. Av.*, t. 82, p. 147). S'il en était autrement, les propriétaires seraient tous les jours exposés aux fraudes des locataires, qui, au lieu de garnir les locaux avec des meubles leur appartenant, les garniraient avec des meubles loués, ou bien qui, au moment de la saisie-gagerie, exciperaient d'une vente ou d'une location simulées pour échapper à des poursuites parfaitement fondées. Compar. *Saisie-exécution*, n. 258, et *Formulaire de procédure*, t. 1, p. 518, note 2. V. aussi MM. Dalloz, n. 16 et 17; Bioche, n. 7 et 8.

20. Mais les circonstances peuvent motiver des exceptions. C'est ainsi que le même tribunal a déclaré, le 2 avril 1852 (t. 77, p. 289), qu'une statue dont le marbre a été payé des deniers de l'Etat, et dont l'aspect monumental indique la destination pour un service public, ne peut être saisie-gagée par le propriétaire de l'atelier où elle est déposée et où travaille l'artiste auquel le gouvernement en a confié l'exécution.

21. Depuis, il a été jugé, conformément au principe indiqué par M. Chauveau, que la saisie-gagerie peut comprendre un bloc de marbre qui est trouvé chez un locataire sculpteur : Paris, 1er mai 1866 (t. 91, p. 235), et même les œuvres de celui-ci, par exemple, le modèle en plâtre d'une statue et la statue en marbre elle-même, quoiqu'elle ne soit pas complètement terminée : Trib. civ. de la Seine, 30 déc. 1859 (t. 87, p. 532).— Compar. sur ce dernier point notre *Dict. du contentieux commerc. et industr.*, v° *Propriété littéraire et artistique*, n. 125.— Voy. aussi notre *Formul. annot.*, t. 2, p. 758, note 10, n. 3 et 4.

22. Un arrêt de la Cour de Rouen du 17 juin 1871 (t. 97, p. 237), a aussi confirmé la doctrine de M. Chauveau, en décidant que les meubles mis en dépôt chez un locataire n'échappent au privilège et au droit de saisie-gagerie du bailleur, qu'autant que ce dernier a pu savoir, soit par certaines circonstances de fait, soit par une notification directe, que ces objets appartenaient à un tiers et n'étaient pas destinés à garnir les lieux loués.

23. Mais cet arrêt reconnaît dans ses motifs qu'une telle solution cesse d'être applicable quand il s'agit d'objets que le propriétaire doit ou peut supposer appartenir à des tiers en raison de la profession de son locataire, par exemple, des objets confiés à ce dernier pour être réparés, lorsque le locataire se charge habituellement de ces sortes de réparations. La même restriction a été formellement consacrée par la Cour de Paris dans un arrêt du 10 janv. 1868 (t. 93, p. 202), qui déclare que le propriétaire ne peut faire saisir-gager, pour obtenir le paiement des loyers qui lui sont dus, les meubles et objets mobiliers déposés par un tiers chez son locataire, à raison des habitudes du commerce et de la profession de ce dernier, encore bien que le tiers n'ait fait à ce sujet aucune notification au propriétaire et qu'il ne se soit point fait remettre par le locataire un reçu du dépôt. Il s'agissait, dans l'espèce, de meubles déposés chez un tapissier pour y être conservés ou vendus. — Pour que cette interprétation restrictive soit admise, il faut, à notre sens, qu'aucun doute ne puisse s'élever ni sur la destination des objets déposés, ni sur la notoriété de l'habitude où est le locataire, à raison de sa profession, de recevoir de tels dépôts. — Compar. notre *Formul. annoté*, p. 759, n. 6 et 7.

24. Il est incontestable que le propriétaire ne peut, à défaut de paiement des loyers, faire saisir que les meubles et objets mobiliers du locataire ou sous-locataire qui garnissent les lieux loués, et non les meubles que ce locataire ou sous-locataire possède dans un domicile situé en dehors de ces mêmes lieux. *Sic*, ordonnance de référé du Prés. du trib. de la Seine, avril 1870 (*J. Huiss.*, t. 51, p. 175).

25. D'un autre côté, lorsqu'un bail a été résilié d'un commun accord entre le bailleur et le preneur, et que celui-ci, en conséquence de cette résiliation, a transporté dans son nouveau domicile les meubles qui garnissaient les lieux loués, sans que, d'ailleurs, le bailleur s'y soit opposé, celui-ci ne peut faire saisir-gager ces meubles pour avoir paiement des loyers ou fermages qui lui restent dus : Anvers, 30 oct. 1852 (*id.*, t. 34, p. 19). — Mais une saisie-gagerie peut être pratiquée sur les meubles d'un locataire dont le bail a été résilié par sa faute, pour les loyers dont il est tenu jusqu'à la relocation : Cass., 16 mars 1849 (*J. Av.*, t. 76, p. 604).

26. Le privilège accordé au propriétaire par l'art. 2002, Cod. civ., ne s'applique qu'aux objets sur lesquels a porté la saisie-gagerie, et ne peut être étendu, par exemple, à des animaux nés ou à des fruits récoltés depuis cette saisie, alors même que ceux qui avaient été saisis n'existent plus : Cass., 19 déc. 1843 (*J. Av.*, t. 66, p. 64).

27. M. Chauveau citait et approuvait ces solutions sous la quest. 2799 de son *Supplément* (V. aussi notre *Formulaire annoté*, p. 758, note 8, n. 4).

28. (Q. 2797). *La troisième disposition de l'art. 819, d'après laquelle les meubles garnissant la maison ou la ferme peuvent être saisis, en cas de déplacement sans le consentement du propriétaire ou principal locataire, s'applique-t-elle aux fruits qui auraient été déplacés ?*

La négative est parfaitement établie au texte.

Adde conf., notre *Formul. annot.*, p. 759, n. 8.

29. (Q. 2798). *La revendication des meubles déplacés peut-elle avoir lieu, conformément à la prescription de la même disposition, lors même qu'il serait prouvé que ceux qui resteraient dans la maison ou dans la ferme seraient suffisants pour couvrir la valeur des loyers ou fermages échus ou à échoir ?*

C'est aussi négativement que cette question est résolue au texte.

Adde conf., Rouen, 30 juin 1846 (*J. Av.*, t. 73, p. 169) ; Dalloz, v° *Saisie-revendication*, n. 14 ; Bioche, n. 13 ; Carou, n. 212 ; notre *Formul. annot.*, *loc. cit.*, n. 9.

30. (Q. 2799). *Un propriétaire pourrait-il saisir pour loyers et fermages à échoir, en cas de déplacement frauduleux, et lorsque les circonstances prouveraient que l'intention du locataire serait de soustraire peu à peu son mobilier aux poursuites de ce propriétaire ?*

La solution affirmative est adoptée au texte.

Adde conf., Douai, 8 fév. 1854 (*Journ. de cette Cour*, 1854, p. 421) ; Nîmes, 8 janv. 1870 (*J. Huiss.*, t. 52, p. 71) ; Dalloz, n. 12 et s. ; Agnel, *Cod. des propr.*, n. 422 ; Bioche, n. 14 et 15 ; notre *Formul. annot.*, p. 757, note 8, n. 2.

31. Mais, en principe, le propriétaire ne peut pratiquer une saisie-gagerie pour les loyers à échoir. Celle qui a été faite pour loyers échus s'étend bien aux loyers à échoir en ce sens qu'elle frappe les termes qui arrivent à échéance avant le solde des loyers exigibles formant la cause de la saisie, mais non point en ce sens qu'elle atteigne tous les loyers indistinctement à échoir jusqu'à l'expiration du bail. C'est ce qui résulte d'un arrêt de la Cour de Paris du 6 avril 1830 et ce qu'enseigne M. Dalloz, *Répert.*, v° *Saisie-gagerie*, n. 14. Cette interprétation parfaitement juridique se fonde uniquement sur le caractère frustratoire des frais qu'entraînerait la nécessité de réitérer à l'échéance de chaque terme la saisie-gagerie pratiquée pour les termes alors échus et non encore soldés au moment où d'autres termes viennent à échoir. En dehors de cette considération, l'intérêt du bailleur à assurer le paiement des loyers non échus ne saurait suffire pour l'autoriser à les saisir par anticipation, contrairement au texte même de l'art. 819, Cod. proc., sauf le cas où le locataire fait frauduleusement disparaître les objets garnissant les lieux loués. V. conf., Bourges, 16 déc. 1837 (S.-V.38.2.170); notre *Formul., annot., loc. cit.* — *Contrà*, Nancy, 5 déc. 1837 (S.-V.39.2.264).

32. Toutefois, la circonstance que la saisie faite pour un loyer échu porte aussi sur des termes à échoir n'entraîne pas la nullité de la saisie, mais seulement la réduction, s'il y a lieu, de la somme pour laquelle la saisie a procédé ; Douai, 7 mai 1856 (*Journ. de cette Cour*, 1856, p. 201).

33. (Q. 2800). *La saisie-gagerie peut-elle avoir lieu quand les meubles ont été déplacés par un locataire qui les a transportés dans une maison qu'il a prise à bail d'un autre propriétaire? Ou bien est-il nécessaire en ce cas d'employer la voie de la saisie-revendication?*

Il est enseigné au texte que la revendication dont parle l'art. 819 s'entend de la revendication opérée par la saisie-gagerie, et non de la saisie-revendication dont les règles sont établies par les art. 826 et s.; et que dès lors la saisie-gagerie est autorisée dans le cas de transport des meubles par le locataire dans une autre maison, pourvu qu'elle ait lieu dans les délais prescrits par l'art. 2102, 1°. Carré, *ibid.*, ajoute que si le propriétaire est porteur d'un titre exécutoire, il peut employer la voie de la saisie-exécution au lieu de celle de la saisie-gagerie; tandis que M. Chauveau considère, même dans ce cas, le bailleur comme obligé de recourir à la saisie-revendication, si le propriétaire de la maison dans laquelle les meubles ont été transportés entend exercer lui-même son privilège sur ces meubles.

34. Dans le précédent *Supplément*, M. Chauveau constatait qu'il y a controverse sur le point de savoir si, en cas de déplacement des meubles, il suffit de saisir-gager, ou s'il faut recourir à la saisie-revendication. — En effet, le tribunal civil de Nîmes a consacré la doctrine adoptée au texte en validant la saisie-gagerie en pareil cas : Jugement du 15 nov. 1848 (*J. Av.*, t. 74, p. 175) ; tandis que le tribunal civil de Bordeaux a décidé qu'on doit observer la formalité de la saisie-revendication : jugement du 20 mars 1851 (t. 77, p. 70). Cette dernière opinion paraît être aussi celle des rédacteurs du *Journ. des Huiss.*, 1853, p. 69. V. également Bordeaux, 11 août 1857 (*Journ. de cette Cour*, 1857, p. 402). Mais MM. Dalloz, n. 15, et Bioche, n. 12, adoptent le sentiment de Carré et de M. Chauveau. — V. aussi conf. à l'interprétation du texte, notre *Formul. annot.*, p. 759, n. 10 et 11.

35. Le bailleur porteur d'un titre exécutoire peut, au lieu de suivre la voie de la saisie-gagerie, procéder par saisie-exécution, aussi bien contre les sous-locataires ou cessionnaires du bail que contre le locataire lui-même : Paris, 10 mai 1849 (*J. Av.*, t. 76, p. 604).

36. (Q. 2801). *La solution donnée à la question précédente est-elle également applicable au cas où, par suite de vente faite par le locataire, ou de quel-*

que autre manière que ce soit, les meubles se trouvent entre les mains et au domicile d'un tiers?

Réponse négative au texte, où il est établi que le propriétaire doit alors prendre la voie de la saisie-revendication.

Adde conf., Bioche, n. **12**; notre *Formul. annot.*, *loc. cit.*, n. **11**.

37. (Q. 2803 bis). *Les effets d'un sous-locataire ou sous-fermier peuvent-ils être saisis-gagés pour les loyers ou fermages qu'il a payés à l'échéance au locataire ou fermier principal, malgré l'opposition antérieure du propriétaire?*

M. Chauveau, qui posait cette question dans le précédent *Supplément*, indiquait de la manière suivante l'espèce dans laquelle elle s'était présentée : Un propriétaire afferme son domaine. Le fermier sous-afferme l'immeuble à un tiers. Avant la première échéance du prix du bail, le propriétaire acquiert la conviction que son fermier est insolvable. Alors il fait signifier au sous-fermier un acte extrajudiciaire par lequel il le prévient qu'il s'oppose au paiement du fermage en d'autres mains que les siennes; et que tout prix de ferme payé au mépris de cette opposition sera considéré comme fait en fraude de ses droits, par suite, comme non avenu et de nul effet; qu'en conséquence il en poursuivra le paiement conformément aux dispositions de l'art. 820, Cod. proc. — Malgré cette notification, le sous-fermier se libère entre les mains du fermier principal. *Quid juris*? — M. Chauveau n'hésitait pas à dire que, dans un cas pareil, la saisie-gagerie est la seule voie ouverte au propriétaire pour exercer ses droits.

38. Et d'abord il posait en principe qu'il doit exister un moyen légal de protéger le propriétaire contre la mauvaise foi de son fermier; à moins qu'on ne préfère accuser la loi d'être incomplète, ce qu'il ne pouvait admettre, le Code de procédure paraissant suffire à toutes les hypothèses. Or, ce moyen, quel est-il? — Le premier qui se présente, disait-il, c'est la saisie-arrêt. Mais il a été établi, sous la quest. 1926 (V. *Saisie-arrêt*, n. 33), qu'un créancier à terme ne peut pas faire de saisie-arrêt au préjudice du débiteur qui n'offre aucune sûreté pour le paiement à l'échéance du terme. La raison en est simple; c'est qu'avant l'échéance, le prétendu créancier ne l'est pas réellement. Ainsi, dans l'espèce examinée ici, le sous-fermier ayant payé le fermier principal le jour même de l'échéance du terme, et le propriétaire ne devenant créancier que ce jour-là, la saisie-arrêt à laquelle il aurait fait procéder et qui ne saurait avoir d'effet rétroactif, serait impuissante contre le fait accompli, tout en conservant ses effets pour les termes à venir. Le propriétaire, dans ce système, serait donc condamné au sacrifice du premier terme de son bail.

39. Ce moyen écarté, il ne reste plus, observait notre auteur, que la saisie-gagerie, toutes les autres saisies mobilières présentant les mêmes inconvénients que la précédente et procédant toutes du créancier au débiteur directement, sans impliquer un tiers dans le débat. — Il faut voir, par conséquent, si ce mode particulier d'exécution peut être ici appliqué.

L'art. 820 embrasse dans son ensemble trois cas différents : 1° celui où l'échéance de la dette du sous-locataire ou sous-fermier est postérieure à celle de la dette du locataire ou fermier principal; 2° celui où ces échéances coïncident; 3° celui, enfin, où l'échéance de la dette du sous-locataire ou sous-fermier précède celle de la dette du locataire ou fermier principal. — Dans le premier cas, le sous-locataire ou le sous-fermier a désintéressé son bailleur, sans opposition du propriétaire; il a agi de bonne foi; aucune fraude ne peut lui être imputée; il est à l'abri de toute répétition. — S'il en est autrement, il subit les conséquences de sa conduite; il est soumis à la saisie-gagerie. — Dans la seconde hypothèse, si le sous-locataire ou sous-fermier est instruit par le propriétaire de l'insolvabilité du preneur principal, il doit, avant de se libérer, s'assurer, dans son intérêt bien entendu, que celui-ci ne dissipera pas le prix de la sous-location. — S'il paie sans prendre de précautions à cet égard, et que le propriétaire ne reçoive pas le prix du bail, il sera réputé coupable de fraude, et dès lors il ne pourra obtenir mainlevée de la saisie-gagerie dirigée contre lui. — Les mêmes raisons peuvent être invoquées avec non moins de force dans la troisième hypothèse.

40. D'où M. Chauveau concluait que la question posée doit être résolue affirmativement. — Il y a mieux, ajoutait-il ; le mot *fraude*, employé dans l'art. 820, ne peut avoir d'autre portée que celle qui vient d'être indiquée. Le sous-locataire ou sous-fermier ne peut agir *frauduleusement* qu'autant qu'il sait que le prix qu'il paiera au fermier sera distrait de sa destination naturelle, et que le propriétaire l'a mis en demeure de ne pas se dessaisir en d'autres mains que les siennes ; alors il n'a plus d'excuse, et l'on ne saurait croire qu'aucun tribunal puisse ne pas valider la saisie-gagerie faite dans de semblables circonstances.

Adde en ce sens, notre *Formul. annot.*, t. 2, p. 762, note 1, n. 2.

41. (Q. 2796). *Peut-on faire saisir-gager pendant les délais accordés à l'héritier pour délibérer?*

Solution affirmative au texte.

Adde conf., Dalloz, n. 6 ; Bioche, n. 20 ; notre *Formul. annot.*, p. 756, note 2, n. 2.

42. (Art. 819). *La saisie-gagerie est-elle nulle, lorsqu'elle n'a pas été faite dans les six semaines qui ont précédé l'époque ordinaire de la maturité des fruits?*

Décidé négativement au texte, t. 6, p. 342, note, 2°.

Adde conf., notre *Formul. annot.*, p. 755, note 2, n. 1.

§ 2. — Formalités de la saisie-gagerie. — Compétence. — Incident.

43. (Q. 2807 bis). *La nature du bail influe-t-elle sur les formes à suivre pour la saisie des fruits existant dans les biens ruraux affermés?*

Réponse affirmative, au texte, de la part de M. Chauveau, qui observe que si le bail est exécutoire, on procède à une saisie-brandon ; tandis que, dans le cas contraire, il y a lieu de pratiquer une saisie-gagerie ; et qu'en ce qui concerne la vente, la marche prescrite en matière de saisie-brandon ne doit pas être observée à l'égard des fruits saisis-gagés, lesquels ne peuvent être vendus qu'après validation de la saisie (art. 824). — V. *infrà*, n. 75 et s.

44. (Q. 2795). *La seconde disposition de l'art. 819, portant que l'on peut faire saisir-gager à l'instant, en vertu de la permission du juge, dispense-t-elle de faire un commandement au débiteur?*

Il est dit au texte qu'un commandement préalable et séparé n'est pas nécessaire en ce cas ; mais que le procès-verbal de saisie n'en doit pas moins constater qu'il a été fait au débiteur commandement de payer.

Adde conf., Dalloz, n. 32 ; Bioche, n. 21. — V. aussi notre *Formul. annot.*, p. 752, note 2.

45. Mais l'huissier qui, ayant obtenu du juge la permission de saisir-gager les meubles d'un locataire sans commandement préalable, pratique le jour même contre ce locataire une saisie-exécution au lieu d'une saisie-gagerie, fait un acte nul, à raison du défaut de commandement, et doit être déclaré responsable des suites de cette nullité, lorsque le locataire en a profité pour détourner une partie des objets saisis : Alger, 5 nov. 1874 (*J. Av.*, t. 100, p. 280).

46. (Art. 819). *L'ordonnance du président portant permission de saisir-gager à l'instant est-elle susceptible d'appel?*

La négative, adoptée par M. Chauveau, relativement à la saisie foraine, doit être également admise ici par identité de raisons, sauf le cas d'excès de pouvoir (V. *Saisie foraine*, n. 10). — V. en ce sens notre *Formul. annot.*, t. 2, p. 754, n. 3.

47. La Cour de Grenoble a jugé, par arrêt du 16 fév. 1865 (*J. Av.*, t. 90, p. 369), que, dans l'ordonnance dont il s'agit, le président peut insérer la réserve qu'il lui en sera référé en cas de contestation; qu'il lui appartient, sur le référé introduit devant lui en vertu de cette réserve, de rétracter sa première ordonnance et de donner mainlevée de la saisie, bien que la validité en ait été demandée devant le tribunal; et que la seconde ordonnance n'est pas, plus que la première, susceptible d'appel. Compar. *Saisie-arrêt*, n. 107 et s.

48. (Q. 2802 bis). *Quelle est, d'après les principes de la loi du 25 mai 1838, la compétence du juge de paix en matière de saisie-gagerie ?*

M. Chauveau, au texte, a posé en principe : 1° que la permission de saisir-gager ne peut être donnée par le juge de paix que dans les limites de l'art. 3 de la loi du 25 mai 1838; — 2° que le pouvoir de statuer sur les oppositions formées par les tiers comprend également et les demandes en revendications émanées de prétendus propriétaires, qui tendent à empêcher la vente, et les oppositions formées sur le prix de la vente par des créanciers; — 3° que la compétence du juge de paix dans ce cas est sa compétence ordinaire réglée par l'art. 1er de la loi précitée.

49. Dans son *Supplément*, l'auteur faisait observer que la première solution indiquée au texte devait être modifiée conformément à l'art. 1er de la loi du 2 mai 1855 qui a substitué une disposition nouvelle à celle de l'art. 3 précité de la loi de 1838.

50. Il considérait comme incontestable que, pour les cas rentrant dans l'application des lois de 1838 et 1855, il y a nullité de la procédure, si l'on s'est adressé au président du tribunal civil au lieu de saisir le juge de paix. V. en ce sens, Trib. de Nîmes, 15 nov. 1848 (*J. Av.*, t. 74, p. 175) et 2 déc. 1850 (t. 76, p. 604); Just. de paix de Vouziers, 12 mai 1853 (t. 79, p. 168); Bioche, *Journ. de proc.* 1858, p. 250; Rodière, t. 3, p. 313; Vict. Foucher, *Comment. des lois relatives aux justices de paix*, n. 395; Curasson, *Compét. des juges de paix*, t. 1, n. 330.

51. D'un autre côté, M. Chauveau déclarait admettre, avec M. Bioche, 1856, p. 304, que le commandement qui précède la saisie-gagerie est dispensé de l'avertissement préalable en justice de paix aussi bien que la demande en validité. — V. *infrà*, n. 71 et 72.

52. Le tribunal civil de Rethel a jugé, le 2 juin 1871 (t. 97, p. 91), que c'est devant le juge de paix, et non devant le tribunal civil, que doit être portée l'opposition du locataire à un commandement du bailleur de payer des loyers dus en vertu d'un bail contenant une location annuelle de moins de 400 fr. Cette décision ne semble pas contestable. La loi a voulu, par des motifs de célérité et d'économie, faire rentrer dans la compétence des juges de paix toutes les difficultés relatives au paiement des loyers et fermages, quand il s'agit de location n'excédant pas annuellement 400 fr. Elle ne se borne pas à leur attribuer la connaissance des actions en paiement de loyers; elle les appelle encore à autoriser la saisie-gagerie dans le cas où elle a lieu sans commandement préalable, et à statuer sur les contestations dont cette saisie peut être l'objet. Comment, en présence d'attributions aussi générales, douter que l'opposition au commandement de payer les loyers ne soit de la compétence des juges de paix? Si le juge de paix peut délivrer au bailleur une permission de saisir-gager tenant lieu de commandement préalable (Cod. proc., 819, 822; L. 25 mai 1838, art. 10), comment n'aurait-il pas compétence, dans le cas où le bailleur a préféré employer la voie du commandement pour apprécier si cet acte a bien procédé?

53. Les auteurs enseignent avec raison que le juge de paix, investi par la loi du pouvoir de statuer sur la demande en validité de saisie-gagerie (V. *infrà*, n. 68 et s.), est également compétent pour connaître de l'opposition formée à cette saisie par le preneur, qui prétend, par exemple, avoir payé ses loyers ou fermages. V. MM. Carou, *Juridict. civ. des jug. de paix*, t. 1, n. 217; Bioche, v° *Jug. de paix*, n. 135; Dalloz, v° *Compét. des trib. de paix*, n. 73; N. A. Carré, *Compét. judic. des jug. de paix*, n. 275. Ne doit-il pas lui appartenir aussi, par identité de motifs et même, *à fortiori*, de connaître de l'opposition au commandement qui précède la saisie-gagerie, en tant, bien entendu, que cette opposition ne soulève d'autre question que celle du paiement des loyers? Porter cette opposition devant le tribunal civil, ce serait lui soumettre, sous une forme particulière, cette même question de paiement des loyers que le législateur a distraite de sa compétence sans distinction ni réserve; ce serait supposer dans la loi cette anomalie, dont son texte ne renferme aucune trace et à laquelle son esprit résiste énergiquement, que le juge de paix et le tribunal civil seraient l'un ou l'autre compétents en cette matière, suivant que le bailleur réclamerait ses loyers ou fermages par voie d'action en paiement ou par voie de commandement. Est-il besoin d'insister pour démontrer combien un semblable système est inadmissible? —V. notre *Formul. annot.*, p. 753, note 4, et p. 758, note 9.

54. (Art. 825). *Le procès-verbal de saisie-gagerie doit-il, à peine de nullité, contenir élection de domicile dans la commune où se fait l'exécution?*

Décidé affirmativement au texte, t. 6, p. 342, note, 1°.

55. (Q. 2804 bis). *Le procès-verbal de saisie-gagerie doit-il indiquer le jour de la vente?*

Solution négative au texte.

Adde conf., Bioche, n. 27; notre *Formul. annot.*, p. 760, note 13, n. 1.

56. (Id.). *Des huissiers peuvent-ils être pris pour témoins d'une saisie-gagerie?*

Ce point est aussi résolu affirmativement au texte, *ibid.*, 4°, pourvu que les huissiers pris pour témoins ne soient ni parents, ni alliés de l'huissier instrumentaire au degré prohibé.

Adde conf., notre *Formul. annot.*, p. 756, note 5, n. 1.

57. (Id.) *L'huissier qui procède à une saisie-gagerie peut-il prendre pour témoin le garde champêtre, et le constituer ensuite gardien de la saisie?*

Décision également affirmative au texte, *ibid*, 3°.

Adde conf., notre *Formul.*, *loc. cit.*, n. 2.

58. (Q. 2805). *Le saisi peut-il être constitué gardien, non seulement dans une saisie-gagerie d'effets, mais aussi dans une saisie gagerie de fruits?*

Il est enseigné au texte que, lorsque la saisie-gagerie porte sur des fruits, la garde n'en peut être confiée au saisi, mais qu'il faut en charger le garde-champêtre, par application de l'art. 628. — V. *Saisie-brandon*, n. 49.

Adde conf., Bioche, n. 28; notre *Formul. annot.*, p. 760, note 13, n. 1.

59. (Q. 2806). *Peut-on, sans le consentement du saisissant et du saisi, charger ce dernier de la garde d'une saisie-gagerie d'effets mobiliers?*

Suivant Carré, au texte, le consentement du saisi est nécessaire, mais non celui du saisissant, qui pourrait toutefois s'opposer à ce que la garde fût confiée au saisi, s'il avait de justes motifs de suspecter la fidélité de celui-ci. Au contraire, M. Chauveau, *ibid.*, est d'avis que le consentement du saisissant lui-même est exigé.

Adde conf. à cette dernière opinion, Dalloz, n. 37 ; Colmet-Daage, n. 1084 et 1089 ; notre *Formul., loc. cit.*, n. 2.—*Contrà*, Bioche, n. 25.

60. (Q. 2807). *Que doit faire l'huissier si le saisi refuse d'être gardien?*

L'huissier, est-il dit au texte, peut alors nommer le gardien que le saisi lui désigne, ou tel autre qui lui convient.

Adde conf., notre *Formul. ibid.*, n. 3.

61. (Art. 821). *En cas d'absence du saisi, la copie du procès-verbal de saisie-gagerie doit-elle, à peine de nullité, être remise au maire ou adjoint, ou au magistrat qui a fait ouvrir les portes, alors même que la femme, les enfants ou d'autres parents du saisi sont sur les lieux?*

L'affirmative a été consacrée par un jugement de la justice de paix de Vouziers du 12 mai 1853 (*J. Av.*, t. 79, 168).

62. Il a été jugé que l'huissier qui procède à une saisie-gagerie n'est pas tenu, à peine de nullité, de laisser copie du procès-verbal à celui chez lequel les objets mobiliers appartenant au saisi sont saisis-gagés : Trib. civ. d'Anvers, 9 déc. 1864 (*J. Huiss.*, t. 46, p. 159). Mais il faut remarquer qu'il s'agit là, d'après ce qui a été dit *suprà*, n. 33 et 34, d'une saisie-revendication proprement dite, et non d'une saisie-gagerie. — V. *Saisie-revendication.*

63. (Art. 821). *Le détournement d'objets frappés d'une saisie-gagerie constitue-t-il, de la part du saisi, le délit puni par l'art.* 400, § 3, *Cod. pén., lorsqu'au moment du détournement cette saisie n'avait pas encore été validée, et que ce qui, après le détournement, restait des objets saisis a été vendu avant le jugement de validité?*

Un arrêt de la Cour d'Agen du 12 nov. 1873 (*J. Av.*, t. 99, p. 377), a jugé que le délit de détournement existe, en pareil cas, par cela seul que la procédure tenait au moment où une partie des objets a été détournée, sans que la circonstance de la vente du surplus de ces objets avant le jugement de validité puisse avoir aucune influence sur le caractère du fait incriminé. — Cette décision est parfaitement exacte. Il est incontestable que la disposition du § 3 de l'art. 400, Cod. pén., s'applique à toute espèce de saisie (V. Bordeaux, 25 août 1872, t. 97, p. 229 ; MM. Hélie et Chauveau, *Théor. du Cod., pén.*, t. 5, n. 1732 ; Blanche, *Etud. pratiq. sur le Cod. pén.*, t. 6, n. 76), et conséquemment à la saisie-gagerie. — D'un autre côté, la jurisprudence et les auteurs admettent que le délit existe indépendamment de toute notification de la saisie à l'auteur du détournement, et qu'il suffit que celui-ci ait eu connaissance de la saisie. V. Cass., 18 mars 1852 (t. 78, p. 268) ; Hélie et Chauveau, n. 1730 ; Blanche, n. 81. — Enfin, plusieurs arrêts ont jugé que le détournement tombe sous l'application de l'art. 400, Cod. pén., alors même que la saisie serait susceptible d'être annulée : Bourges, 7 fév. 1850 (D.P.55. 2.87) ; Grenoble, 16 janv. 1862 (*J. Av.*, t. 87, p. 519) ; Paris, 18 juill. 1862 (t. 89, p. 516). A plus forte raison, le seul défaut de validation d'une saisie dont on ne conteste pas d'ailleurs la régularité, ne saurait-il suffire pour faire prendre au détournement le caractère de délit. — Compar. *Saisie-arrêt*, n. 202 ; *Saisie-exécution*, n. 214 et s.

64. (Q. 2806 bis). *Quelle voie doit suivre le gardien d'objets saisis-gagés en vertu d'une ordonnance du président, pour obtenir la condamnation au paiement de son salaire?*

Le tribunal civil de Castres a décidé, par jugement du 21 nov. 1849 (*J. Av.*, t. 75, p. 110), qu'il faut s'adresser au tribunal civil dont le président a autorisé la saisie.

65. Dans le précédent *Supplément*, M. Chauveau rappelait qu'il a adopté, dans son *Commentaire du tarif*, t. 2, p. 123, n. 46, une solution consacrée par un arrêt de la Cour de cassation du 28 avril 1816 (*J. Av.*, t. 16, p. 632), et d'après laquelle, si modique que soit le montant des frais de garde, lorsqu'il s'agit de l'exécution d'un jugement émané d'un tribunal de première instance, c'est à ce tribunal, et non au juge de paix, que le gardien doit s'adresser. Il mentionnait ensuite un autre arrêt de la même Cour du 15 mars 1814 (*J. Av.*, t. 16, p. 627), qui a décidé que si le gardien a été établi par le juge de paix (pour la conservation des scellés), c'est ce magistrat qui doit taxer les frais de garde, à quelque somme qu'ils s'élèvent. Et de cette jurisprudence il concluait que le juge compétent pour connaître de la procédure l'est aussi pour régler tous les frais qui s'y rattachent, ceux de garde comme les autres.

66. Nous avons dit aussi dans notre *Formul. annot.*, p. 760, note 13, n. 5, que le gardien, lorsque la saisie-gagerie a été pratiquée en vertu d'une ordonnance du juge, doit, pour faire taxer son salaire, s'adresser ou au président ou au juge de paix, suivant que c'est l'un ou l'autre de ces magistrats qui a accordé la permission.

67. (Q. 2812). *Doit-on faire déclarer la saisie-gagerie valable, si elle est faite en vertu d'un titre exécutoire?*

L'affirmative est enseignée au texte, où Carré observe très justement que ce n'est qu'au moyen de la déclaration de validité que la saisie-gagerie est convertie en saisie-exécution.

Adde conf., Dalloz, n. 43 ; Carou, n. 202 ; Rodière, t. 3, p. 315. — *Contrà*, Bioche, n. 29.

68. (Q. 2811 B). *Quel est le juge compétent pour connaître de la demande en validité de la saisie-gagerie?*

Il est enseigné au texte que c'est le juge du lieu où la saisie a été faite, et non celui du domicile du saisi.

Adde conf., Trib. civ. d'Yvetot, 18 janv. 1856 (*J. Av.*, t. 91, p. 346); Colmet-Daage, t. 2, n. 86; Bioche, n. 12 et 31; notre *Formul. annot.*, p. 763, note 1, n. 4. — *Contrà*, Trib. civ. de la Seine, 29 oct. 1875 (t. 101, p. 43); Dalloz, n. 48 ; Rodière, t. 3, p. 318).

69. Il a été jugé, à bon droit, que le tribunal civil est seul compétent, à l'exclusion du juge de paix, pour connaître de la demande en validité tant d'une saisie-gagerie que d'une saisie-revendication, pratiquées l'une et l'autre par un propriétaire à raison de l'enlèvement des objets garnissant les lieux loués, bien que la location n'excède pas 400 fr., alors qu'à cette demande est jointe une action en résiliation de bail pour cause de fraude de la part du locataire ou fermier : Nîmes, 8 janv. 1870 (*J. Huiss.*, t. 52, p.71). — Conf. notre *Formul.*, *loc. cit.*, n. 3.

70. Un tribunal de commerce n'est pas compétent pour statuer sur la demande en validité d'une saisie-gagerie pratiquée en vertu d'une ordonnance de son président : Riom, 23 janv. 1855 (*Journ. de cette Cour*, n° du 1er avril) et 4 août 1855 (*J. Av.*, t. 81, p. 354).

71. (Art. 824). *La demande en validité de saisie-gagerie portée devant le juge de paix doit-elle être précédée d'un avertissement ?*

Dans l'espèce à propos de laquelle cette question nous a été soumise, le juge de paix a adopté l'affirmative, en invoquant la généralité de la disposition de l'art. 17 de la loi de 1855, et en alléguant que l'avertissement préalable à toute poursuite peut avoir pour effet d'empêcher une procédure coûteuse et inutile, et que s'il est établi qu'il y ait péril en la demeure, le juge de paix pourra permettre la saisie-gagerie sans commandement, ce qui suffira pour sauvegarder les droits des propriétaires. Cette interprétation peut être très équitable ; mais, à coup sûr, elle n'est nullement juridique. Le texte seul de l'art. 17 précité prouve clairement que la condition de l'avertissement préalable ne s'applique point à des actes de poursuite non introductifs d'une instance devant le juge de paix. D'abord, les mots *dans toutes les causes* indiquent bien qu'il s'agit d'affaires soumises à la décision de ce juge (V. l'*Encyclop. des huiss.*, vº *Justice de paix*, n. 259). Mais toute espèce de doute disparaît surtout en présence de l'expression *citation en justice*, qui ne peut évidemment désigner ni un commandement ni une saisie. Du reste, le rapport de la commission du Corps législatif sur la loi du 2 mai 1855 s'est prononcé nettement à cet égard. « Pour mieux expliquer sa pensée, dit ce rapport, la commission avait proposé, après ces mots : « Il est interdit aux huissiers de donner aucune citation », d'ajouter ceux-ci : « introductive d'instance. » Le Conseil d'Etat a considéré que la loi était suffisamment claire sans cette addition, et il a repoussé l'amendement comme inutile. » — Ainsi, l'huissier qui, pour le paiement de loyers n'excédant pas annuellement 400 fr., signifie un commandement au preneur et pratique contre lui une saisie-gagerie, sans qu'un avertissement ait été préalablement donné à ce dernier, ne peut incontestablement voir mettre à sa charge les frais de poursuite.

72. Mais doit-il au moins supporter les frais de la citation en validité de la saisie-gagerie signifiée aussi sans avertissement préalable? La négative est encore établie par le rapport de la commission, dans lequel on lit : « L'avertissement préalable a pour but de prévenir les procès; il est donc inutile de le délivrer lorsque le procès est engagé : il n'est plus alors qu'une formalité dérisoire et un retard inutile. Ainsi, lorsqu'*une saisie-gagerie* ou un protêt ont précédé la demande en paiement, l'une des loyers, l'autre du billet, qui rentre dans la compétence du juge de paix..., on ne peut exiger l'avertissement, puisqu'il serait sans but et sans résultat ».—V. aussi en ce sens notre *Formul. annot.*, t. 2, p. 763, n. 5.

73. (Q. 2812 bis). *L'appel d'un jugement rendu sur la validité d'une saisie-gagerie est-il valablement notifié au domicile élu, conformément à l'art.* 584?

Solution affirmative au texte.

74. (Art. 825). *Le juge de paix qui statue sur la validité d'une saisie-gagerie peut-il autoriser la vente ailleurs qu'au plus prochain marché?*

L'affirmative était admise, dans le précédent *Supplément*, par M. Chauveau, qui déclarait qu'à ses yeux le pouvoir qui appartient au juge de paix en cette matière comprend naturellement l'exercice de la faculté que consacre l'art. 617, relatif à la vente après saisie-exécution. — V. aussi en ce sens le *Journ. des Huiss.*, 1856, p. 145; Bioche, *Journ. de proc.*, 1857, p. 257.

75. (Id.). *La vente des objets saisis peut-elle suivre immédiatement la signification du jugement qui convertit la saisie-gagerie en saisie-exécution?*

Non, suivant l'observation de M. Chauveau dans son *Supplément*. Il faut, disait-il, qu'un délai s'écoule entre la signification du jugement qui convertit une saisie-gagerie en saisie-exécution et la vente des objets saisis. Ce délai doit être de huitaine (art. 613 et 825 combinés), et il est même souvent plus long, parce que les affiches annonçant la vente ne sont apposées qu'après la signification du jugement. V. dans le même sens, Bioche, *Journ. de proc.*, 1836, p. 460, et *Dict.*, vº *Saisie-gagerie*, n. 32; Dalloz, n. 46.

76. Lorsqu'il s'est écoulé entre la saisie-gagerie et la vente des objets qu'elle a frappés un délai relativement long (plus d'un mois) sans que le saisi ait formé opposition à la vente, celui-ci est non recevable à demander la nullité tant de la vente que de la saisie, alors surtout qu'il a reçu le solde de ce qui lui revenait sur le prix après l'acquittement des dettes : Trib. civ. de la Seine, 30 déc. 1859 (*J. Av.*, t. 87, p. 532).

77. La faillite du locataire déclarée postérieurement à la validation de la saisie-gagerie pratiquée contre lui, n'empêche pas qu'il soit passé outre à la vente des meubles saisis-gagés : Paris, 27 mai 1835 ; Dalloz, n. 47.

78. Mais dans le cas où la saisie-gagerie, quoique validée, n'à pas été convertie en saisie-exécution relativement à quelques-uns des objets saisis, le bailleur, qui ne peut faire procéder à la vente de ces mêmes objets, n'est pas recevable à s'opposer à celle qui en est poursuivie par les syndics de la faillite du locataire, pourvu que cette vente se fasse publiquement dans la forme légale, en sa présence ou lui dûment appelé, et que le prix reste affecté à son privilège et soit déposé à cet effet à la Caisse des consignations : Trib. civ. d'Abbeville, 20 juill. 1863 (t. 89, p. 519).

79. Et le bailleur n'a pas non plus le droit d'exiger que, avant la vente, il soit procédé à l'évaluation et à la liquidation des droits éventuels auxquels l'inexécution ou la mauvaise exécution des clauses du bail peut donner lieu à son profit : même jugement.

80. (Id.). *A quelle condition celui qui a acheté d'un fermier des objets saisis-gagés peut-il les conserver?*

Il ne le peut, disait M. Chauveau dans le précédent *Supplément*, qu'en offrant de payer intégralement au saisissant le montant des causes de la saisie, et non pas en se bornant à lui offrir le prix de la vente, surtout si ce prix est inférieur à la valeur réelle des objets vendus. *Sic*, Rouen, 25 avr. 1858 (*J. Av.*, t. 83, p. 604).

81. (Q. 2802). *Quand le propriétaire a fait prononcer, faute de paiement des loyers ou fermages, la résiliation du bail, quels sont les moyens légaux qu'il peut employer pour contraindre le locataire ou fermier à délaisser la possession?*

Suivant l'opinion adoptée au texte, le propriétaire doit obtenir un second jugement ordonnant l'éjection des meubles et l'expulsion du locataire ou fermier, et faire procéder à l'exécution quinzaine après la signification de ce jugement précédée d'un commandement de délaisser (arg. Cod. civ., 2061).

— V. *Avertissement*; *Exceptions*.

SAISIE IMMOBILIÈRE.

(Art. 673 à 748, Cod. proc. civ.)

SOMMAIRE ALPHABÉTIQUE.

FORMULES. — *Sommation faite au tuteur par un créancier du mineur ou de l'interdit qui veut connaître les biens susceptibles de discussion.* — Form., t. 2, n. 578, p. 10, — *Sommation au tiers détenteur hypothéqué de payer ou de délaisser.* — Form. n. 577, p. 9. — *Requête pour obtenir, et ordonnance qui accorde la permission de saisir les biens d'un débiteur situés dans le ressort de divers tribunaux et qui ne dépendent pas de la même exploitation.* — Form. n. 575, p. 1. — *Commandement tendant à saisie immobilière.* — Form. n. 576, p. 3. — *Pouvoir donné à l'huissier pour procéder à la saisie.* — Form. 579, p. 11. — *Procès-verbal de saisie.* — Form. n. 580, p. 12. — *Dénonciation du procès-verbal à la partie saisie.* — Form. n. 581, p. 22. — *Transcription de la saisie et de l'exploit de dénonciation.* — Form. n. 582, p. 24. — *Acte pour faire prononcer la radiation d'une saisie dont la transcription, qui n'a été suivie d'aucun acte, empêche un saisissant postérieur de poursuivre.* — Form. n. 620, p. 94. — *Jugement qui ordonne la radiation de la première saisie.* — Form. n. 621, p. 95. — *Assignation au saisi en paiement de dommages-intérêts à raison de coupes de bois ou de dégradations par lui faites.* — Form. n. 585, p. 28. — *Assignation en référé pour voir nommer un séquestre judiciaire.* — Form. n. 583, p. 25. — *Assignation en référé pour faire ordonner la coupe et la vente des récoltes.* — Form. n. 584, p. 27. — *Assignation en nullité d'un bail qui n'a pas date certaine antérieure au commandement.* — Form. n. 586, p. 29. — *Opposition entre les mains des fermiers et locataires afin d'arrêter les fruits immobilisés.* — Form. n. 287, p. 30. — *Signification aux créanciers inscrits du récépissé de la consignation faite par l'acquéreur de l'immeuble.* — Form. n. 588, p. 31. — *Cahier des charges* — Form. n. 589, p. 34. — *Acte de dépôt du cahier des charges.* — Form. n. 590, p. 44. — *Sommation à la partie saisie, aux créanciers inscrits et notamment aux précédents vendeurs, de prendre communication du cahier des charges et d'assister à sa publication.* — Form. n. 591 et 592, p. 45 et 46. — *Sommation à la femme du saisi et au subrogé tuteur des mineurs dont le saisi est tuteur, de prendre communication du cahier des charges.* — Form. n. 592 *bis*, p. 49. — *Dénonciation au procureur de la République de cette sommation.* — Form. n. 592 *ter*, p. 49 *bis*. — *Bordereau d'inscription à transmettre au conservateur des hypothèques.* — Form. n. 592 *quater*, p. 49 *quater*. — *Dire consigné à la suite du cahier des charges pour proposer une modification.* — Form. n. 593, p. 49 *quinquies*. — *Jugement qui donne acte de la lecture et publication et fixe le jour de l'adjudication.* — Form. n. 594, p. 50. — *Requête pour obtenir et ordonnance qui accorde l'autorisation de faire des insertions extraordinaires* — Form. n. 596, p. 54. — *Insertions sommaires faites en vertu de l'ordonnance du président.* — Form. n. 597, p. 55. — *Placard destiné à être inséré et affiché.* — Form. n. 595, p. 52. — *Procès-verbal d'apposition d'affiches.* — Form. n. 598, p. 56. — *Dire consigné à la suite du cahier des charges par l'avoué poursuivant avant l'adjudication, pour constater l'accomplissement des formalités prescrites par la loi et le montant des frais.* — Form. n. 601, p. 60. — *Assignation donnée au saisi qui n'a pas constitué avoué, pour obtenir la remise de l'adjudication.* — Form. n. 599, p. 58. — *Jugement qui prononce la remise de l'adjudication.* — Form. n. 600, p. 59. — *Pouvoir donné à un avoué pour enchérir.* — Form. n. 604, p. 74. — *Jugement d'adjudication.* — Form. n. 602, p. 61. — *Signification du jugement d'adjudication.* — Form. n. 605, p. 74. — *Notification au greffe de la demande en résolution formée par un précédent vendeur.* — Form. n. 606, p. 73. — *Simple acte d'avoué à avoué pour faire surseoir à l'adjudication et fixer le délai dans lequel le vendeur sera tenu de mettre à fin l'instance en résolution.* — Form. n. 607, p. 78. — *Jugement qui accorde un délai pendant lequel il devra être statué sur la demande en résolution.* — Form. n. 608, p. 78. — *Acte pour demander la jonction de saisies immobilières de biens différents portées devant le même tribunal.* — Form. n. 616, p. 90. — *Jugement qui prononce la jonction de deux saisies.* — Form. n. 617, p. 91. — *Dénonciation d'une saisie plus ample au premier saisissant.* — Form. n. 618, p. 92. — *Acte pour demander la subrogation lorsque le premier saisissant n'a pas compris dans ses pouruites la saisie plus ample qui lui a été dénoncée.* — Form., n. 622, p. 97. — *Conclusions en réponse à la demande en en subrogation.* — Form. n. 623, p. 98. — *Commandement au débiteur saisi, notifié à la requête d'un créancier non inscrit, ou dont l'inscription est postérieure à la sommation de l'art. 692, avant de demander la subrogation.* — Form. n. 624, p. 99. — *Sommation au poursuivant de déclarer l'état de la poursuite et de la continuer sous peine de subrogation.* — Form. n. 625, p. 100. — *Demande en subrogation en cas de négligence du poursuivant.* — Form. n. 626, p. 100. — *Acte pour demander la subrogation à des poursuites en partie frappées de nullité.* — Form. n. 627, p. 101. — *Jugement sur la demande en subrogation.* — Form. n. 628, p. 104. — *Acte de dépôt au greffe des pièces à l'appui de la demande en distraction.* — Form. n. 629, p. 105. — *Acte d'avoué pour demander la distraction d'objets indûment saisis.* — Form. n. 630, p. 106. — *Acte notifié par le poursuivant pour demander que, nonobstant la demande en distraction, il soit procédé à l'adjudication du surplus.* — Form. n. 631, p. 108. — *Jugement qui, avant de statuer sur la demande en distraction, prononce un sursis à l'adjudication.* — Form. n. 632, p. 109. — *Jugement qui prononce la distraction.* — Form. n. 633, p. 110. — *Acte pour proposer une nullité de la procédure qui précède la publication du cahier des charges.* — Form. n. 634, p. 111. — *Acte pour proposer un moyen de nullité contre la procédure postérieure à la publication du cahier des charges.* — —Form. n. 635, p. 173. — *Simple acte notifié à la requête du poursuivant qui s'aperçoit que les délais prescrits à peine de nullité pour remplir une formalité sont expirés, et qui veut continuer ses poursuites.* — Form. n. 637, p. 117. — *Jugement sur les moyens de nullité.* — Form. n. 636, p. 115. — *Sommation à l'adjudicataire de justifier de l'acquit des conditions exigibles de l'adjudication.* — Form. n. 638, p. 118. — *Sommation aux avoués de l'adjudicataire et du saisi d'assister à l'adjudication sur folle enchère.* — Form. n. 644, p. 125. — *Réquisition et certificat pour parvenir à la revente sur folle enchère.* — Form. n. 639, p. 120. — *Opposition entre les mains du greffier à la délivrance du certificat.* — Form. n. 640, p. 121. — *Assignation en référé afin d'obtenir le certificat du greffier nonobstant opposition.* — Form. n. 641, p. 122. — *Signification du bordereau de collocation dans l'ordre avec commandement tendant à folle enchère.* — Form. n. 642, p. 123. — *Affiche annonçant la revente sur folle enchère.* — Form. n. 643, p. 124. — *Jugement qui déclare qu'il ne sera pas procédé à l'adjudication.* — Form. n. 645 *ter*, p. 128. — *Jugement qui prononce la remise de l'adjudication sur folle enchère.* — — Form. n. 646, p. 128. — *Requête et ordonnance pour obtenir la fixation provisoire des frais de folle enchère.* — Form., n. 645, p. 126. — *Signification à l'avoué du poursuivant de la requête, de l'ordonnance, du récépissé de la caisse des consignations des pièces justifiant l'acquit des conditions exigibles de l'adjudication.* — — Form. n. 645 *bis*, p. 127. — *Jugement d'adjudication sur folle enchère.* — Form. n. 648, p. 130. — *Acte pour demander la nullité d'une procédure de folle enchère.* — Form. n. 647, p. 129. — *Déclaration de surenchère sur folle enchère.* — Form. n. 649, p. 133. — *Requête pour obtenir la conversion d'une poursuite de saisie immobilière.* — Form. n. 650, n. 134. — *Jugement de conversion.* — Form. n. 651, p. 137. — *Placard pour annoncer l'adjudication sur conversion.* — Form. n. 653, p. 140. — *Jugement d'adjudication sur conversion.* — Form. n. 654, p. 151. — *Procès-verbal d'adjudication sur conversion de saisie immobilière et vente aux enchères devant un notaire.* — Form. n. 655, p. 142. — *Déclaration de command faite devant un notaire.* — Form. n. 656, p. 144. — *Surenchère sur conversion.* — Form. n. 657, p. 145. — *Acte de dépôt du cahier des charges d'une vente sur conversion, chez le notaire commis.* — Form. n. 652, p. 139. — *Acte pour faire comprendre dans l'adjudication des biens dépendant d'une même exploitation, lorsqu'une partie seulement de ces biens a été saisie.* — Form. n. 619, p. 93. — *Exploit d'ajournement pour former une demande incidente contre une partie qui n'a pas d'avoué en cause.* — Form. n. 614, p. 89. — *Jugement sur incident.* — Form. n. 615, p. 89. — *Simple acte pour former une demande incidente.* — Form. n. 613, p. 87. — *Opposition à un jugement par défaut rendu sur incident de saisie immobilière.* — Form. n. 658, p. 146. — *Acte d'appel d'un jugement qui a statué sur un incident.* — Form. n. 659, p. 148. — *Dénonciation de l'acte d'appel au greffier du tribunal, lorsque cet acte n'a pas été notifié par le même exploit à la partie, au domicile de son avoué, et au greffier.* — Form. n. 658, p. 152.

DIVISION.

SECT. I. — PAR QUI, CONTRE QUI, SUR QUELS BIENS, POUR QUELLES CRÉANCES, EN VERTU DE QUELS TITRES ET DEVANT QUEL TRIBUNAL LA SAISIE IMMOBILIÈRE PEUT ÊTRE POURSUIVIE.

§ 1. — Par qui la saisie peut être poursuivie.

1. (Q. 2198 c). *Quelles sont les personnes qui peuvent poursuivre par voie de saisie immobilière?*

Carré établit au texte les propositions suivantes : — 1° Les biens immeubles d'un débiteur et leurs accessoires sont affectés au paiement de ses dettes, de même que ses meubles, pourvu seulement que l'on ait traité avec une personne capable d'aliéner. — 2° En conséquence, toute personne qui a un titre exécutoire à elle consenti ou dans lequel elle est subrogée légalement ou conventionnellement, peut, à défaut de paiement, et lors même qu'elle n'aurait pas d'hypothèque, poursuivre la saisie immobilière, afin de parvenir à l'expropriation des immeubles de son débiteur.—3° Celui qui n'a point d'hypothèque peut faire saisir et vendre ces immeubles indistinctement, à son choix, à la différence du créancier qui, ayant hypothèque spéciale sur l'un d'eux, ne peut saisir les autres que pour insuffisance de celui-ci. — 4° Mais les créanciers hypothécaires ont seuls le droit de suite, c'est-à-dire celui de faire saisir et vendre, sur le tiers possesseur, l'immeuble qui a été hypothéqué à leur créance, et que leur débiteur aurait depuis aliéné.—5° Les mêmes créanciers sont en outre préférés sur le produit de la vente aux simples créanciers cédulaires; ils viennent entre eux, non par contribution ou concurrence, mais suivant leur ordre et la priorité de leurs inscriptions.

2. M. Chauveau ajoute en substance : — Tous les biens du débiteur étant le gage commun de ses créanciers, il est de règle générale que la voie de la saisie immobilière est ouverte à tous les créanciers, à moins qu'ils n'en soient déclarés incapables par quelque disposition spéciale, ou que du moins leur poursuite ne soit subordonnée à l'accomplissement de quelque condition. — Aussi ne peut-on pas dire que le créancier inscrit sur un immeuble n'a pas le droit d'en poursuivre l'expropriation, même contre le tiers détenteur, parce qu'il serait certain que le résultat de l'ordre ne lui ferait pas obtenir une collocation utile : Rouen, 10 fév. 1818 (*J. Av.*, t. 20, p. 509); Poitiers,

16 juin 1852 (t. 79, p. 599); dans l'espèce de ce dernier arrêt, les premiers juges avaient exigé du créancier poursuivant une caution garantissant son engagement de faire porter le prix de l'immeuble à un taux suffisant pour payer intégralement ce créancier en principal et frais. La Cour a annulé leur décision.

3. Le tiers détenteur, du reste, peut toujours se mettre à l'abri des poursuites en notifiant son contrat et en offrant le prix à qui de droit. Si l'on admettait une autre solution, l'on priverait le créancier du droit de surenchère. — V. conf., MM. Dalloz, *Rép.*, v° *Vente publ. d'imm.*, n. 137 et 140; Bioche, *Dict. de proc.*, v° *Saisie imm.*, n. 21 ; Colmet-Daage, t. 3, p. 285, n. 262.

4. Le Trésor peut, comme tout créancier, poursuivre son redevable par voie de saisie immobilière; le privilège dont il jouit n'exclut pas cette voie : Cass., 23 mars 1820 (*J. Av.*, t. 20, p. 556). — Il en est de même de l'Université, aux termes d'un décret du 12 sept. 1811. Conf., Dalloz, n. 150.

5. Une saisie immobilière peut être pratiquée à la requête de deux créanciers à titres différents, pourvu qu'il n'y ait qu'un seul procès-verbal et une procédure unique; aucun texte ne prohibe les poursuites collectives : Bordeaux, 19 nov. 1839 (*J. Av.*, t. 59, p. 714).

6. Le créancier personnel d'un adjudicataire peut-il, avant que celui-ci ait payé le prix de son adjudication, saisir les biens adjugés? L'affirmative n'est pas susceptible d'une controverse sérieuse, aux yeux de M. Chauveau. L'auteur reconnaît que si, faute d'accomplir les conditions de l'adjudication, l'adjudicataire est dépossédé par la voie de la folle enchère, les droits de ses créanciers s'évanouissent; leur position étant identique à celle des créanciers d'un acquéreur dans une vente volontaire, lorsque, à défaut de paiement du prix, la vente est résolue. Seulement, ajoute-t-il, si les créanciers de l'adjudicataire ont pu mener à fin leur saisie immobilière, sans qu'aucun créancier ait fait procéder à la folle enchère, l'art. 717 veut que la nouvelle adjudication soit respectée, et les créanciers colloqués sur le prix de la première ne feront plus valoir leurs droits que comme le vendeur ordinaire qui n'a pas intenté son action dans les délais indiqués par la loi.

7. La Cour de Limoges, les 19 juin 1846 et 11 mars 1847 (*J. Av.*, t. 72, p. 85 et 629), a décidé qu'un légataire universel, institué par testament mystique, ayant la saisine à défaut d'héritier à réserve, n'encourt pas la nullité des poursuites dirigées par lui contre les débiteurs de la succession, quoique au préalable il ne se soit pas fait envoyer en possession. M. Chauveau a combattu cette doctrine, qui permettrait à un héritier de faire des actes d'exécution en vertu d'un titre dépourvu de la formalité qui, seule, peut lui donner une force active contre des débiteurs.

8. Le mari ne peut, pendant la communauté, faire saisir les immeubles de sa femme : Paris, 1er août 1820 (*J. Av.*, t. 20, p. 561).

9. Examinant à qui il appartient de poursuivre au nom des incapables, M. Chauveau mentionne les solutions suivantes : Le tuteur peut engager une poursuite de saisie immobilière contre le débiteur de son pupille, sans l'autorisation du conseil de famille ; car il ne s'agit que d'opérer le recouvrement d'une créance mobilière : Bruxelles, 12 nov. 1806 (*J. Av.*, t. 20, p. 88) ; Dalloz, n. 148 ; Paignon, *Comment. sur les vent. judic. d'imm.*, t. 1, p. 44, et Persil, *id.*, t. 1, p. 48, n. 57.

10. Pareillement, les communes et les établissements publics peuvent intenter cette poursuite sans autorisation. Mais s'il survient une opposition qui change la procédure en une véritable contestation, l'autorisation leur devient nécessaire. Conf., Lachaize, *Vente par expropr. forc.*, t. 1, n. 53 et. s.: Paignon, t. 1, p. 44, § 1 ; Dalloz, n. 149.

11. La femme qui poursuit conjointement avec son mari n'a pas besoin de l'autorisation de celui-ci; la communauté de procédure est pour elle une autorisation implicite; Paris, 6 nov. 1815 (*J. Av.*, t. 20, p. 452). — Il a même été jugé que, pour ramener à exécution, par voie de saisie immobilière, un jugement que la femme avait obtenu à la suite d'une instance pour laquelle elle avait été autorisée par justice, elle n'a pas besoin d'une nouvelle autorisation : Poitiers, 10 juin 1823 (t. 25, p. 199). On peut invoquer dans le même sens, par analogie, un arrêt de Cass. du 11 avril 1842 (t. 65, p. 426). — Au reste, la femme ne peut agir elle-même que lorsqu'elle est séparée de biens, ou qu'il s'agit de ses créances paraphernales; dans tout autre cas, la poursuite appartient exclusivement à son mari, ainsi que le font observer MM. Paignon, t. 1, p. 44, § 1, Persil, *Comment.*, t. 1, n. 59 et 60, Dalloz, n. 151 et 152, et Colmet-Daage, n. 262.

12. Un syndic peut poursuivre la saisie immobilière contre le débiteur du failli sans se faire autoriser par le juge-commissaire; du moins, cette autorisation n'étant requise que dans l'intérêt de la masse, le débiteur n'est pas recevable à se plaindre qu'elle n'ait pas été demandée : Besançon, 14 août 1811 (*J. Av.*, t. 20, p. 257); Dalloz, n. 154.

13. Les receveurs des hospices ayant qualité pour poursuivre la saisie des biens hypothéqués au profit de ces établissements, sont investis du droit de donner à l'huissier chargé d'opérer cette saisie le pouvoir spécial requis par l'art. 556. Cela résulte d'un arrêt de la Cour de cassation belge du 18 oct. 1851 (*Belgiq. judic.*, 1852, p. 80), et cette solution, observait M. Chauveau, est basée sur la législation spéciale qui confie aux receveurs des hospices le soin d'assurer la conservation et le recouvrement des créances de ces établissements charitables.

14. M. Chauveau, sur le point de savoir quel est l'effet de la cession de créance relativement au droit de poursuite immobilière, citait les arrêts ci-après : — La cession qu'un créancier a faite de sa créance ne l'empêche pas de continuer ses poursuites de saisie immobilière, tant qu'il n'a pas été dessaisi par la notification du transport au débiteur : Besançon, 17 déc. 1808 (t. 3, p. 195).

15. La notification de la cession est indispensable pour la validité de la saisie aussi bien quand il s'agit de poursuivre que lorsqu'on veut faire tomber les poursuites. Ainsi le créancier d'une succession peut valablement poursuivre la saisie des immeubles qui en dépendent sur la tête des cohéritiers, nonobstant la cession de ses droits héréditaires faite par l'un d'eux et hors la présence du cessionnaire, tant qu'il n'y a point eu par celui-ci notification de sa cession aux cohéritiers de son cédant. Il ne peut d'ailleurs être suppléé à cette notification par un simple dire fait au bas du cahier des charges, la veille de l'adjudication, et énonçant seulement la cession dont il s'agit : Bordeaux, 19 juin 1856 (*Journ. de cette Cour*, 1856, p. 333).

16. Un créancier peut poursuivre la saisie immobilière en vertu d'un titre authentique où il n'a pas été partie, mais qui contient délégation à son profit : Nîmes, 25 août 1812 (t. 20, p. 100).

17. Mais nul ne peut agir par voie d'exécution en vertu d'une obligation qui n'a pas été stipulée à son profit, s'il n'en est devenu cessionnaire, ou s'il n'a été subrogé légalement, conventionnellement ou judiciairement aux droits du créancier. Ainsi le créancier ne peut agir par voie de commandement contre le débiteur de son débiteur et poursuivre son expropriation sans le concours et à l'insu de ce dernier. La subrogation judiciaire aux droits et actions du débiteur est indispensable, même au cas où la créance a été donnée en gage ou nantissement par le débiteur au créancier : Montpellier, 12 avril 1851 (*Journ. de cette Cour*, 1851, n° 548).

18. Peut-on poursuivre par mandataire? Il faut pour cela, répond M. Chauveau, que la procuration donnée au mandataire contienne, spécialement pouvoir de saisir immobilièrement; un mandat général de gérer les affaires et de faire opérer tous remboursements ne pourrait suffire, puisqu'il ne suffit pas même à l'huissier porteur de pièces, d'après l'art. 556. *Sic*, Colmar, 5 mars 1832 (*J. Av.*, t. 45, p. 512). C'est avec raison, ajoute notre auteur, que la Cour de Poitiers a décidé, le 16 juill. 1846 (t. 72, p. 31), que le mari, gérant et liquidateur d'une société, qui, avant d'être chargé des opérations du partage, a donné à sa femme un mandat général d'administrer toutes ses affaires, et de poursuivre tous ses débiteurs, ne lui attribue pas le droit de faire saisir les biens d'une personne qui doit à la société. — Cependant la Cour de Bruxelles a décidé, le 18 nov. 1815 (*J. P.*, t. 13, p. 119), que le pouvoir donné par le testateur à son exécuteur testamentaire, de remplacer le défunt et de soutenir tous procès que la direction de ses affaires pourrait occasionner, l'autorise suffisamment à intenter une saisie immobilière contre les débiteurs de la succession. M. Chauveau regardait cette décision comme hasardée. Conf., Dalloz, n. 145.—V. aussi *infrà*, quest. 2223, et v° *Exécution forcée*, n. 107.

19. Sous la quest. 3219, Carré a résolu affirmativement la question de savoir si les créanciers d'une succession, ayant titre exécutoire, peuvent en saisir les immeubles sans mettre l'héritier bénéficiaire en demeure de les vendre, ou même malgré les poursuites qu'il aurait commencées dans ce but, en se fondant sur un arrêt de la Cour de cassation du 29 oct. 1807 (*J. Av.*, t. 20, p. 34). Aujourd'hui, observe M. Chauveau, cette solution est généralement adoptée. — V. Cass., 8 déc. 1814 (t. 21, p. 209) et 23 juill. 1833 (t. 45, p. 575); Bourges, 15 mars 1822; Toulouse, 17 août 1822 (*J. Av.*, t. 24, p. 80 et 273); Montpellier, 17 août 1851 (*J. de cette Cour*, 1852, n° 567). — En 1840, l'art. 677 du projet de la commission du Gouvernement avait voulu trancher autrement la question, en disposant que si, au jour du procès-verbal de saisie immobilière, il existait une demande tendant à faire autoriser l'aliénation des immeubles saisis dans l'un des cas déterminés par la loi pour les ventes judiciaires autres que les licitations, il serait sursis à la continuation des poursuites en expropriation pendant un délai que le tribunal arbitrerait. — Ainsi il serait résulté de cette disposition que la saisie immobilière commencée avant toute procédure d'une autre vente judiciaire aurait été préférée à cette dernière; que, commencée après, elle n'aurait pas été continuée. — Mais le projet de cette commission n'a point été pris en considération par le législateur, qui, par là, dit M. Chauveau, est censé avoir voulu approuver la jurisprudence désormais parfaitement assise qui vient d'être indiquée.

20. Notre auteur applique également cette solution au cas où il survient une saisie immobilière pendant le cours d'une poursuite en licitation. C'est en vain, dit-il, qu'on objecterait que si l'art. 686 prononce la nullité de toute aliénation consentie par le saisi postérieurement à la transcription de la saisie immobilière, cette disposition ne saurait annuler rétroactivement la vente consentie avant la saisie et même avant la dénonciation; qu'il est admis que la vente qui n'est pas entachée de fraude est valable si elle a précédé la transcription (V. *infrà*, quest. 2292); qu'il résulte de là que les copropriétaires auraient pu vendre l'immeuble indivis, et que le créancier saisissant, postérieur à la vente, n'aurait pu critiquer cette vente; qu'on ne comprendrait pas dès lors pourquoi la licitation serait nulle.

21. Ces raisons ne paraissent point à M. Chauveau de nature à modifier son opinion, en faveur de laquelle il invoque les arrêts ci-après : Douai,

26 juill. et 1er déc. 1852 (t. 78, p. 373), portant qu'à partir de la transcription de la saisie, la licitation doit cesser d'être poursuivie; — Paris, 24 mai 1856 (t. 81, p. 495), rendu dans une espèce où, la saisie d'un immeuble dépendant d'une communauté pratiquée par les créanciers du mari, étant restée impoursuivie par suite de procès sur des droits de servitude, une demande en licitation avait été intentée par la femme qui avait accepté la communauté, après avoir fait prononcer sa séparation de biens, et où les créanciers avaient ultérieurement repris leur poursuite, qui a été déclarée devoir être préférée à celle de la femme; — Paris, 14 juill. 1847 (t. 72, p. 497), qui a reconnu à un créancier le droit de faire procéder à la saisie immobilière des biens d'un absent, quoiqu'il existât des jugements qui, en nommant un administrateur provisoire, l'avaient autorisé à vendre aux enchères devant le tribunal les immeubles de cet absent.

22. M. Chauveau remarque toutefois que, dans le cas de saisie immobilière poursuivie pendant les délais pour faire inventaire et délibérer, des sursis ont été accordés aux héritiers par les Cours de Bordeaux, le 30 juill. 1834, et d'Angers, le 17 août 1848 (t. 74, p. 219); tandis que la Cour de Paris a validé la saisie dans un cas semblable, par arrêt du 16 août 1851 (*Journ. de proc.*, 1851, p. 408); et qu'enfin un sursis a été accordé, en vertu des dispositions de l'art. 1244, Cod. civ., parce que l'héritier bénéficiaire avait entrepris la vente amiable de certains immeubles dont le prix devait assurer une liquidation plus économique et plus avantageuse du gage commun: Montpellier, 1er juill. 1853 (*Journ. de cette Cour*, 1853, n. 659).

23. L'étranger peut-il, sans être tenu de fournir la caution *judicatum solvi*, poursuivre une saisie immobilière en France? Oui, répond M. Chauveau, ainsi que cela a été dit sous la quest. 698 (V° Caution *judicatum solvi*, n. 2). — V. encore dans ce sens, MM. Paignon, t. 1, p. 45, § 1, et Dalloz, n. 159 et suiv.

24. Avant de compléter cet exposé de la jurisprudence et de la doctrine, il ne nous paraît pas sans intérêt de dire quelques mots d'une question qui nous a été soumise, et qui est celle de savoir si le tiers détenteur, après délaissement de l'immeuble, et jugement qui, en nommant un curateur, a ordonné que les frais de poursuite seraient prélevés sur le prix de l'immeuble délaissé, peut, pour obtenir le remboursement des frais du délaissement, poursuivre la saisie de cet immeuble contre le curateur. — Le tiers détenteur, avons-nous répondu, n'est autorisé à délaisser que pour se soustraire à l'obligation de payer les créanciers hypothécaires. Si ces derniers se désistent de leurs poursuites, comme cela semble avoir eu lieu dans le cas sur lequel nous sommes consulté, il ne lui appartient pas de reprendre ces poursuites pour son propre compte. Il reste propriétaire de l'immeuble, malgré le délaissement; et tout ce qu'il peut faire, c'est de mettre les créanciers en demeure de continuer leurs poursuites; à défaut de quoi ils seront tenus pour désintéressés, et la radiation de leur inscription sera ordonnée, le sort de l'immeuble et du prix ne pouvant, par leur fait, rester indéfiniment en suspens.

25. Si les créanciers poursuivent l'expropriation, le délaissant sera remboursé de ses frais sur le prix de l'adjudication de l'immeuble délaissé. Dans le cas contraire, il retiendra ces frais sur son prix d'acquisition dont il demeurera débiteur envers son vendeur. En aucune hypothèse, il ne peut avoir à poursuivre lui-même l'expropriation d'un immeuble dont la propriété n'a pas cessé de reposer sur sa tête.

26. Indiquons maintenant les décisions nouvelles qui ont eu à apprécier l'étendue du droit d'exercer les poursuites de saisie immobilière.

C'est une question controversée que celle de savoir si le créancier chirographaire, qui est porteur d'un titre exécutoire, a le droit de continuer et de mener à fin une saisie immobilière commencée avant le jugement déclaratif de la faillite de son débiteur. L'affirmative a été admise par arrêts de la Cour de Bordeaux, 16 mars 1852 (*J. Av.*, t. 77, p. 399); de la Cour de Caen du 12 oct. 1861 (t. 88, p. 139); et de la Cour de Rouen du 10 oct. 1862 (*ibid*). — Ce dernier arrêt juge spécialement que le droit de poursuivre la saisie immobilière appartient au créancier qui avait pris, en vertu d'un titre régulier, une inscription hypothécaire sur l'immeuble appartenant à son débiteur, encore bien que cette inscription ait été anéantie à l'égard de la masse, par l'effet de la fixation de l'époque de la cessation, par le débiteur, de ses paiements à une date antérieure à l'inscription. — V. aussi en ce sens MM. Chauveau, sous la présente question, § 2; Bédarrides, *Faillites*, t. 2, n. 1082; Esnauld, *id.*, t. 3, n. 615. — Mais l'opinion contraire, que la Cour de Caen avait elle-même consacrée le 30 août 1850 (*J. Huiss.*, t. 32, p. 222), a été aussi adoptée par la Cour de Bordeaux le 13 janv. 1865 (*J. Av.*, t. 90, p. 407). C'est l'interprétation qu'enseignent MM. Renouard, *Faillites*, t. 2, p. 231; Bravard-Veyrières et Demangeat, *Tr. de droit commerç.*, t. 5, p. 32 et suiv.; Alauzet, *Comment. Cod. comm.*, n. 2813; et que nous avons nous-même embrassée dans différents ouvrages. V. notre *Dict. du contentieux commerç.*, v° *Faillite*, n. 247, 248 et 1408; notre édition refondue de Laroque-Seyssinel, *Formulaire gén. des faillites*, t. 2, n. 1525, et notre *Formulaire annoté à l'usage des huissiers*, t. 2, p. 602, note 1, n. 3.

27. Quant aux créanciers hypothécaires, auxquels l'art. 572, Cod. comm., permet formellement de faire saisir, après la déclaration de faillite du débiteur, les immeubles affectés à leurs créances, on s'est demandé si l'art. 444 du même Code, en disposant que le jugement déclaratif de faillite rend exigibles les dettes non échues, sans distinction entre les dettes hypothécaires et celles qui sont simplement chirographaires, les autorise à user de ce droit avant l'échéance des termes fixés par leurs contrats. La Cour de Bordeaux, le 22 août 1827, la Cour d'Agen, le 20 fév. 1866 (*J. Av.*, t. 92, p. 76), ont répondu affirmativement; tandis que la négative, qu'ont accueillie un arrêt de la Cour de Bruxelles du 5 déc. 1815, et un arrêt de la Cour de Paris du 12 déc. 1861 (S.-V.62.2.49), est professée aussi par la plupart des auteurs. V. notamment Alauzet, n. 2814; notre *Dict. du cont. commerç.*, *verb. cit.*, n. 1412, et notre *Formul. annot.*, *loc. cit.*, n. 5.

28. Lorsque le titre en vertu duquel la saisie est poursuivie se trouve frappé d'inefficacité, en ce qui concerne l'hypothèque, par suite du jugement déclaratif qui fait remonter la faillite à une date antérieure à la date de ce titre, le créancier a-t-il néanmoins le droit de continuer sa poursuite? M. Chauveau enseigne l'affirmative sous la présente question, § 2, et cite en ce sens trois arrêts des Cours de Paris, du 30 nov. 1839, de Toulouse, du 14 mars 1846 (*J. Av.*, t. 70, p. 311), et de Bordeaux, du 16 mars 1852 (t. 77, p. 399). Mais l'opinion contraire a été consacrée par d'autres décisions. Voy. un arrêt de la Cour de Metz du 30 janv. 1844, qui se fonde sur ce que « par le mot *poursuivre*, dont se sert l'art. 571, sans rien ajouter qui se rapporte à un commencement ou à une continuation, on ne doit entendre que la suite des actes qui complètent l'expropriation. » Un arrêt de la Cour de Bordeaux, du 24 août 1844, donnant pour motif que le porteur du jugement était devenu un créancier ordinaire; un arrêt de la Cour de Caen, du 30 août 1850 (*J. Av.*, t. 76, p. 225); enfin, un jugement du tribunal civil de Bar-sur-Aube, du 15 mai 1851 (t. 77, p. 269). L'auteur fait observer que ces deux dernières décisions présentent cette particularité que, tout en déclarant que les droits des créanciers hypothécaires étaient effacés par la date de l'époque de la faillite, les frais de poursuites exposés jusqu'au jugement devaient leur être accordés par privilège.

29. Conformément à la jurisprudence retracée et approuvée par M. Chauveau (*suprà* n. 19), il a été jugé, le 30 nov. 1859 (*J.P.*60.95), par la Cour de Besançon, et le 1er août 1860 (*J. Av.*, t. 88, p. 3), par la Cour de Nîmes, que les créanciers d'une succession bénéficiaire ont le droit de faire saisir les immeubles qui en dépendent, sans que l'héritier bénéficiaire doive être préalablement mis en demeure de vendre ces immeubles, et sans qu'il puisse s'opposer à leurs poursuites ; et, par un autre arrêt, aussi du 1er août 1860 (*ibid*), la Cour de Nîmes a décidé spécialement que les créanciers peuvent user de ce droit, encore bien que, depuis le commandement signifié à leur requête, l'héritier bénéficiaire se soit fait autoriser par justice à vendre les immeubles de la succession, et que le tribunal peut ordonner qu'il soit procédé sur la saisie immobilière, si la voie de l'expropriation forcée lui paraît plus avantageuse que l'aliénation volontaire.

30. Nous avons eu à donner notre avis sur le point de savoir si, dans le cas où le tiers détenteur, à qui a été faite la sommation prescrite par l'art. 469, Cod. civ., a revendu l'immeuble hypothéqué, et où le contrat de vente a été transcrit avant que le créancier poursuivant ait saisi cet immeuble, il est nécessaire de remplir à l'égard du détenteur actuel les mêmes formalités qu'à l'égard du précédent dont il a pris la place ; en sorte que ce soit contre ce second tiers détenteur que doive être pratiquée la saisie, après sommation à lui faite de payer ou de délaisser, et après commandement signifié au débiteur. —Il nous paraît hors de doute, avons-nous dit, que la marche qui vient d'être énoncée doit être suivie en pareil cas. Seulement, il faut remarquer que le débiteur n'est pas alors, vis-à-vis du poursuivant, le premier vendeur de l'immeuble, mais bien le second ; et que, par suite, c'est à celui-ci que doit être fait le commandement. La Cour de Bourges l'a ainsi décidé le 3 avr. 1852 (D.P.54.1.669). V. aussi Dalloz, *Répert.*, v° *Vent. publ. d'imm.*, n. 318.

31. D'un autre côté, il convient d'observer que, tant que l'a revente n'a pas été transcrite, le poursuivant peut régulièrement continuer ses exécutions contre le premier acquéreur. *Sic*, Paris, 22 déc. 1819 ; Dalloz, *verb.*, *cit.*, n. 316.

32. Lorsqu'il y a eu transcription, comme dans l'espèce sur laquelle nous avons été consulté, l'objection qui serait tirée de la possibilité de plusieurs reventes successives obligeant indéfiniment à recommencer la procédure, ne nous paraît pas très sérieuse, car on ne peut guère supposer une série de reventes toutes consenties, et transcrites avant l'expiration du délai de trente jours qui doit s'écouler entre la sommation et la saisie. Ce n'est pas avec une semblable rapidité que s'opèrent généralement les reventes d'immeubles, même lorsqu'elles sont un objet de spéculation. Du reste, l'inconvénient signalé existât-il réellement, on ne saurait y voir un motif pour se dispenser d'appliquer les dispositions de l'art. 2169 d'une manière conforme au vœu de la loi, vœu qui est, comme on le sait, de ne pas permettre que le détenteur d'un immeuble en soit dépouillé avant que le débiteur et lui aient été mis en demeure de désintéresser le créancier poursuivant.

33. (Q. 2337). *Le créancier, porteur de plusieurs titres de créances, mais qui n'a saisi que pour une seule, peut-il, après avoir été payé de cette créance, continuer les poursuites à raison de celles qui n'ont pas été acquittées?*

Carré, au texte, a soutenu l'affirmative. En 1841, M. Chauveau, qui embrassait aussi cette opinion, faisait remarquer, avec M. Lachaize, t. 1, p. 376, que la recevabilité du poursuivant à continuer la procédure est subordonnée au mode qu'il emploiera. La subrogation, disait-il, lui est ouverte, sans doute, comme à tout autre créancier inscrit. Mais il ne pourrait continuer purement et simplement sur les précédentes poursuites, puisque le titre en vertu duquel elles avaient lieu se trouve éteint. Au reste, puisque c'est de l'art. 693 que l'on s'étaye pour lui accorder cette faculté, il est sensible que la solution ne lui serait pas applicable, si la nouvelle créance n'était pas inscrite, ou si la saisie, dont les causes lui sont payées, n'était pas encore parvenue au degré indiqué par cet art. 693. Il faudrait bien alors qu'il fît une nouvelle saisie pour le surplus des créances dues.

34. Dans une dissertation insérée au *Journal des Huissiers*, t. 14, p. 295, M. Roger a soutenu que celui qui, après avoir pratiqué une saisie pour le paiement des intérêts d'une créance dont le capital n'était pas encore échu, a reçu le paiement de ces intérêts, ne peut continuer ses poursuites pour le capital échu dans l'intervalle. Cette opinion, que repousse M. Bioche, v° *Saisie immobilière*, n. 368, se fonde sur ce que rien n'empêche le saisissant de faire une nouvelle saisie, après la radiation de la première, tandis que la loi interdit aux autres créanciers inscrits d'en pratiquer une de leur côté, lorsqu'une première a été transcrite.

35. M. Chauveau voyait dans cette argumentation une confusion singulière. Si le saisissant, observait-il, peut pratiquer une nouvelle saisie quand la première a été rayée, est-ce là un avantage qu'il a sur les autres créanciers ? Ceux-ci ne le peuvent-ils pas comme lui ? Et ont-ils même un autre moyen d'obtenir le paiement de leurs créances ? La défense qui leur est faite d'introduire une nouvelle saisie quand une première a été transcrite, ne dure qu'autant que la première saisie n'a pas été rayée. Aussitôt que la radiation a eu lieu, ils rentrent dans leur droit. Ils ne sont donc pas traités autrement que le saisissant lui-même qui, certainement, ne pourrait pas faire saisie sur saisie. Si l'art. 693 leur permet de se prévaloir de la première poursuite, lorsque le saisissant désintéressé l'abandonne, n'est-ce pas dans l'intérêt du débiteur et pour éviter des frais ? Dès lors, le même motif ne s'applique-t-il pas au saisissant qui a deux sortes de créances, et qui, désintéressé pour celle qui avait été l'unique cause de la saisie, veut poursuivre pour les autres ?

36. Dans l'édition de 1862, M. Chauveau a apporté à sa doctrine une sage restriction. Tant que le saisissant et le saisi, a-t-il ajouté, sont maîtres de la poursuite, c'est-à-dire tant que la procédure n'est pas devenue commune aux autres créanciers inscrits, par la dénonciation qui leur en est faite, et par la mention dont parle l'art. 693, la mainlevée du créancier saisissant suffit pour anéantir la poursuite et pour empêcher qu'elle ne comporte une subrogation, alors même qu'en fait la radiation n'a pas été opérée par suite de la négligence du saisi. — Mais, quand la saisie est devenue commune à tous les créanciers inscrits, l'existence de la transcription autorise tout créancier à se pourvoir en subrogation, parce que, si la poursuite a été abandonnée par le saisissant, quelle que soit d'ailleurs la cause de cet abandon, elle n'en subsiste pas moins pour les autres parties intéressées, même pour les créanciers non hypothécaires, qui ont le droit de s'en prévaloir, s'ils veulent l'utiliser. Le désistement ou la mainlevée du saisissant qui, plus tard, veut exercer de nouvelles poursuites contre son débiteur, l'empêcherait bien de profiter de la procédure au bénéfice de laquelle il a déjà renoncé, s'il était seul créancier inscrit, et qu'ainsi la radiation eût été la conséquence naturelle et immédiate de sa mainlevée : mais il faut remarquer que la saisie a survécu à sa mainlevée, dans l'hypothèse qui est examinée ici ; que son consentement à l'annulation de la procédure n'a pu produire d'effet qu'autant qu'il a concordé avec le consentement des autres créanciers ; que ces derniers n'ayant pas consenti, la saisie conserve sa force et son efficacité envers et contre tous ; qu'elle est indivisible et qu'elle peut, par conséquent, devenir une arme aussi bien dans les mains de celui qui l'avait d'abord abandonnée que dans les mains du premier venu, muni d'un titre exécutoire.

37. M. Chauveau fait, du reste, observer avec raison que ce n'est pas en pareil cas, au moyen d'une subrogation que la procédure peut être reprise.

Le mot *subrogation* implique la substitution d'une personne à une autre, substitution qui est ici impossible. Le seul défendeur à l'incident est alors le saisi, puisque le demandeur en subrogation est aussi le premier saisissant. Il suit de là que la demande ne peut avoir pour objet que de faire constater la qualité de celui qui prétend reprendre une poursuite qu'il avait abandonnée pour des motifs déterminés.

38. L'auteur critique en conséquence un arrêt de la Cour d'Amiens du 19 juin 1852 (*J. Av.*, t. 78, p. 229), qui a décidé qu'après une saisie immobilière pratiquée pour des intérêts échus et l'abandon des poursuites, à raison du paiement qui en a été effectué, le poursuivant peut se faire subroger à ces poursuites, et continuer la saisie commencée et non rayée, afin d'avoir paiement de nouveaux intérêts et du capital échus depuis.

39. Le tribunal civil de Bordeaux a décidé plus exactement, le 10 avril 1854 (t. 79, p. 532), que le créancier qui a fait procéder à une saisie dont la transcription n'a pu être opérée à cause de l'existence d'une précédente saisie suivie jusqu'après l'apposition des placards, qui s'est fait subroger au premier saisissant désintéressé, et qui, à son tour, payé de la majeure partie de sa créance, a renoncé, dans la quittance, au bénéfice de la saisie qu'il avait personnellement pratiquée et donné mainlevée, en ce qui le concernait, de la transcription de la première saisie utilisée en vertu de la subrogation, peut, pour obtenir le paiement du reliquat de sa créance sans prendre la voie de la subrogation, et, au moyen de simples conclusions signifiées à l'avoué du débiteur, reprendre la saisie qu'il avait abandonnée ou dont la radiation n'avait pu être effectuée, parce qu'il eût fallu le consentement de tous les créanciers inscrits.

40. M. Chauveau estime encore que la Cour de Paris a jugé à tort, le 20 mars 1852 (t. 77, p. 306), que le saisissant qui, postérieurement à la sommation aux créanciers inscrits, a donné mainlevée de la saisie, ne peut plus la faire revivre; qu'ainsi, lorsqu'il trouve plus tard cette saisie encore transcrite parce que les autres créanciers inscrits n'ont pas consenti à sa radiation, il ne peut pas utiliser une poursuite qui est irrévocablement éteinte à son égard. Lorsque la mention prescrite par l'art. 693 a été faite, dit M. Chauveau, la procédure ne dépend plus de la seule volonté du poursuivant et du saisi; elle est devenue commune à tous les créanciers inscrits, qui peuvent s'en prévaloir tant que la péremption n'est pas acquise au saisi. — Comment interdire au saisissant qui, après s'en être désisté, a de nouveau intérêt à s'en prévaloir, ce moyen simple et facile d'obtenir la réalisation du gage commun? Si le système de la Cour de Paris était admis, le créancier devrait obtenir la radiation de la première saisie pour en pratiquer une seconde. Cette radiation, il serait obligé de la demander contre le saisi et contre tous les créanciers inscrits; il exposerait des frais énormes qui seraient en définitive supportés par l'immeuble au détriment du débiteur et des créanciers derniers inscrits. — V. toutefois M. Roger, dissertation insérée *Journ. des Av.*, t. 44, p. 404.

41. C'est la voie qui vient d'être indiquée que doit suivre, suivant M. Chauveau, le créancier d'une rente qui, après avoir saisi les immeubles de son débiteur et rempli les formalités prescrites par les art. 692 et 693, reçoit le paiement des termes échus, lorsque d'autres termes étant venus à échéance, il veut de nouveau en poursuivre le paiement. On s'est demandé si le créancier pourrait alors faire une nouvelle saisie dont la transcription serait refusée (ce qu'il ne peut ignorer), et requérir ensuite la subrogation dans la première poursuite. A partir de quel acte la poursuite serait-elle reprise? Le créancier pourrait-il, sur le refus du conservateur de transcrire la nouvelle saisie, demander contre le saisi et les autres créanciers la radiation de la première, pour ensuite faire transcrire la seconde et la continuer? Ou bien serait-il plus rationnel d'assigner le saisi et les créanciers auxquels la sommation a été faite pour voir dire que l'instance sera reprise à partir du dépôt du cahier des charges?

42. Le poursuivant primitif, redevenu créancier de nouveaux termes échus, dit M. Chauveau, peut se présenter pour donner suite aux formalités de la procédure. Seulement, ici naît un doute. Ce créancier a-t-il le droit, sans sommation ou commandement préalable au saisi, de demander la reprise des poursuites qu'il a abandonnées? Faut-il au contraire que, porteur d'un titre exécutoire, il le notifie au saisi avant de le mettre à exécution? Dans la pratique, il est d'usage d'admettre *de plano* le créancier fondé en titre à continuer les poursuites. Cependant, la Cour de Nîmes a déclaré qu'il fallait en ce cas un second commandement au débiteur (arrêt du 22 mars 1858, *J. Av.*, t. 83, p. 632). M. Chauveau est d'avis qu'une distinction doit être faite. Les créanciers inscrits, qui sont devenus parties dans la saisie depuis la sommation de l'art. 692, n'ont besoin d'aucun commandement préalable pour continuer une procédure qui leur est commune. Quant aux créanciers non inscrits, ou inscrits après la sommation, on ne voit pas comment ils seraient dispensés de mettre le saisi en demeure de payer. Serait-ce parce que le débiteur dont les immeubles sont saisis est présumé ne pouvoir faire face à ses engagements? Mais il peut très bien arriver que la saisie ait été faite pour des sommes considérables; que des délais aient été accordés par le saisissant; que les nouveaux créanciers n'aient à exiger que des sommes minimes dont le saisi pourra immédiatement se libérer sur le vu du commandement. — Cette notification paraît donc à M. Chauveau, sinon exigée à peine de nullité de la demande en subrogation, au moins recommandée par les règles ordinaires sur l'exécution et par le principe d'équité qui veut qu'un créancier avertisse avant d'agir. Or, ce que l'on dit d'un créancier nouvellement inscrit s'applique évidemment au poursuivant qui, après avoir été payé, redevient créancier de nouveaux termes échus, dont il doit, avant tout, réclamer le paiement à son débiteur. — Mais ici le commandement ne comporte pas le délai prescrit par l'art. 674. La reprise des poursuites peut être demandée un jour franc après la notification. Les poursuites doivent être reprises à partir du dernier acte valable, c'est-à-dire, dans l'espèce, à partir du dépôt du cahier des charges. La sommation aux créanciers inscrits doit être renouvelée, et tous les créanciers inscrits à cette époque doivent la recevoir. — Voy. le *Formulaire de procédure* de notre auteur, 2e édit., t. 2, p. 96, note 1, II.

43. Les offres réelles du montant de la créance en vertu de laquelle a été pratiquée la saisie immobilière, faites au poursuivant avant la mention exigée par l'art. 693, empêchent la continuation de la procédure, bien que le poursuivant ait encore d'autres titres de créances contre le débiteur saisi : Bordeaux, 25 juillet 1855 (*Journ. de cette Cour*, 1855, numéro du 19 août).

§ 2. — Contre qui la poursuite de saisie peut être dirigée.

44. (Q. 2198 D). *Contre quelles personnes peut être dirigée la poursuite de saisie immobilière?*

Pour que l'expropriation puisse avoir lieu, dit Carré, au texte, il faut que la personne contre laquelle on la provoque ait, soit l'entière propriété, soit l'usufruit de la chose, soit la nue propriété. — Dans le premier cas, l'expropriation est entière; dans le second, elle ne frappe que sur l'usufruit, et dans le troisième, elle n'atteint que la nue propriété. L'auteur ajoute : L'action en expropriation est, pour le créancier, un droit propre en vertu duquel il la poursuit, soit que les biens fassent partie d'une succession vacante ou acceptée sous bénéfice d'inventaire; que la loi n'admet aucune exception, et que si, relativement à la vente des biens de mineurs, interdits, de succession vacante ou bénéficiaire, elle prescrit des formalités particulières, c'est pour le cas où la vente est requise et se fait au nom du propriétaire lui-même, tant pour son propre intérêt, que pour celui des autres personnes qui viennent réclamer des droits; qu'ainsi, l'on suit dans les autres cas toutes les formalités prescrites pour la saisie immobilière, qui, en tout état de cause, peut être formée sur les biens; savoir : contre le tuteur ou le curateur, s'il s'agit d'immeubles appartenant au mineur ou à l'interdit (Cod. civ., 450, 812 et 813); contre les syndics, en cas de faillite (Cod. comm., 571 et 572); contre l'héritier bénéficiaire (arg., Cod. civ., 797, 798; Cod. proc., 996); contre un curateur nommé *ad hoc*, s'il y a eu cession de biens; contre le curateur à une succession vacante; contre le mari, s'il s'agit des propres de sa femme. Quant aux militaires en activité de service, Carré déclarait qu'ils ne peuvent être expropriés (Loi du 6 brum. an V, art. 4). — Mais V. *infrà*, n. 64.

45. De son côté, M. Chauveau a exposé les principes ci-après : — Il est clair que la poursuite ne peut être dirigée que contre celui qui est débiteur du poursuivant : Rennes, 12 fév. 1810 (*J. Av.*, t. 20, p. 510), ou tiers détenteur de l'immeuble hypothéqué à la dette; et qu'elle serait nulle si elle était dirigée contre les héritiers du débiteur qui auraient répudié la succession : Nîmes, 8 nov. 1827 (*J. P.*, t. 21, p. 848).

46. La Cour de Bordeaux a jugé, le 2 avril 1853 (*J. Av.*, t. 79, p. 521), que la saisie immobilière dirigée contre un héritier doit être interrompue dès que cet héritier renonce, même après les délais, et sans faire l'offre des frais de la procédure, frais dont le paiement doit alors être poursuivi par voie d'action principale. Suit-il de là, se demande M. Chauveau, qu'après la renonciation, la saisie devienne nulle et ne puisse produire aucun effet? Ne peut-on pas dire qu'en pareil cas il y a seulement suspension des poursuites, sauf à les reprendre contre un curateur, si la succession est déclarée vacante? L'héritier renonçant ne serait tenu des frais, selon M. Chauveau, qu'autant qu'un autre recueillerait la succession et consentirait à payer la créance du saisissant.

47. La saisie peut être valablement continuée sous le nom du débiteur décédé, si, pendant le cours des poursuites, le décès n'a pas été notifié au poursuivant : Cass., 23 vent. an XI (*J. Av.*, t. 20, p. 11); Gand, 18 fév. 1856 (t. 83, p. 159); Dalloz, n. 272. La nullité de la procédure postérieure à cette notification ne peut d'ailleurs être invoquée que par les héritiers de la partie décédée.

48. Ainsi que l'observe M. Chauveau, la Cour de Pau a fait une exacte application des principes en décidant, le 13 janv. 1858 (*Gaz. des Trib.*, 1858, numéro du 1er août), que la procédure basée sur les actes de l'état civil est valable tant que la rectification de ces actes n'a pas été prononcée, et que notamment la nullité d'une procédure de saisie immobilière ne résulte pas de ce qu'un individu majeur et porté à tort comme décédé sur le registre des actes de l'état civil, n'aurait pas été compris dans les poursuites d'expropriation.

49. Les créanciers hypothécaires ne peuvent poursuivre l'expropriation contre leur débiteur seul, lorsqu'il a fait donation à un tiers d'une partie indivise des immeubles hypothéqués, et cela, bien que le partage entre le donateur et le donataire n'ait pas eu lieu, et que le donataire se soit même obligé personnellement à payer une partie de la dette. Mais, pour que la saisie frappe sur la part du donataire, il faut, si les créanciers veulent agir contre lui en sa qualité de tiers détenteur, que sommation lui soit faite de payer ou de délaisser, ou, s'ils veulent le poursuivre comme obligé personnellement, qu'un commandement préalable lui soit signifié : Lyon, 7 août 1850 (*J.P.*51.1.546).

50. M. Chauveau examine successivement les difficultés auxquelles ont donné lieu les qualités de condamné, de mineur, de femme mariée, de failli, de militaire en activité de service, de solidaires, etc., qui se rencontrent chez les personnes des débiteurs.

1° *Condamnés.* On ne peut, à peine de nullité, signifier un commandement à un individu en état d'interdition légale; il faut lui faire nommer un tuteur et un subrogé tuteur : Nîmes, 6 juill. 1812 (*J. Av.*, t. 20, p. 100); Dalloz, n. 286. Mais celui qui n'est que contumax a capacité pour le recevoir : Cass., 10 niv. an XIV (*ibid.*, p. 75); avis du Cons. d'Etat du 20 sept. 1809; Merlin, *Répert.*, v° *Contumace*, § 1er, n. 4; Dalloz, *loc. cit.*

51. — 2° *Mineurs et interdits.* Aux termes de l'art. 2206, Cod. civ., leurs immeubles ne peuvent être mis en vente avant la discussion de leur mobilier. — Mais il n'est pas nécessaire que la discussion du mobilier ait effectivement lieu par voie d'exécution, lorsqu'une délibération du conseil de famille, ou une déclaration du tuteur, constate l'insuffisance de ce mobilier : Paris 2 août 1814 (*J. Av.*, t. 20, p. 424), ou qu'il résulte des circonstances que les frais de discussion en absorberaient la valeur : Riom, 6 avril 1854 (*Journ. de proc.*, 1854, p. 255). On a prétendu que la procédure de saisie immobilière peut se poursuivre jusqu'à la vente exclusivement sans que la formalité de la discussion du mobilier soit remplie : Gênes, 28 juill. 1812 (*J. Av.*, t. 20, p. 373). Mais Carré, sous sa *Quest.* **2224**, condamnait cette interprétation et enseignait que la discussion du mobilier d'un mineur doit, de même que le partage des biens indivis, précéder la saisie immobilière et le commandement dont elle est la suite. Telle est aussi l'opinion qu'adopte M. Chauveau, et qu'ont admise, de leur côté, un jugement du trib. civ. de Parthenay du 10 juin 1845 (*J. Av.*, t. 72, p. 374); un arrêt de la Cour d'Agen du 18 mars 1857 (t. 82, p. 347) ; MM. Dalloz, n. **124** et suiv.; Persil, *Comment.*, t. 1, p. 23, n. 18; Bioche, v° *Saisie immobilière,* n. 59; Colmet-Daage, t. 3, p. 285, n. 262.

52. Pour satisfaire au vœu de l'art. 2206, Cod. civ., le créancier doit, avant de poursuivre les immeubles, sommer le tuteur de lui déclarer quels sont les biens appartenant à son pupille qui sont susceptibles d'être discutés. Si le tuteur ne fait pas cette déclaration dans un délai raisonnable, le créancier peut passer outre, à moins qu'il n'ait d'autres moyens de connaître la fortune mobilière du mineur. Cette marche, conseillée par M. Chauveau, est aussi celle qu'indiquent tous les auteurs, et notamment MM. Thomine-Desmazures, t. 2, p. 196; Persil, p. 27, n. 22, et Dalloz, *loc. cit.*, n. 128.

53. Au reste, c'est au mineur qui propose l'exception à prouver que son mobilier eût été suffisant pour payer la dette. — L'exception ne peut d'ailleurs, selon M. Chauveau (V. aussi Persil, p. 25, n. 20; Dalloz, n. 133), être proposée que dans le délai de l'art. 728, sauf au mineur à demander un sursis au tribunal.

54. Le tuteur n'a pas besoin de l'autorisation du conseil de famille pour défendre à l'expropriation forcée dirigée contre son pupille, cette autorisation ne lui étant nécessaire que pour procéder en demandant : Paris, 19 prair. an XII (*J. Av.*, t. 20, p. 29).

55. La saisie est valablement dirigée contre un mineur représenté par sa mère, qui a convolé en secondes noces, tant que le conseil de famille n'a pas nommé un autre tuteur : Riom, 6 avril 1854, précité.

56. Aucune des formalités prescrites pour l'aliénation des biens de mineurs n'est d'ailleurs requise, observe M. Chauveau, pour parvenir à l'expropriation forcée contre le débiteur en état de minorité : Paris, 7 août 1811 (*J. Av.*, t. 20, p. 331). Ainsi, lorsqu'un créancier, en vertu d'un acte d'obligation authentique, solidairement souscrit à son profit par deux époux mariés sous le régime de la communauté légale, poursuit, après le décès de la femme qui laisse des enfants mineurs, la saisie immobilière d'un immeuble de la communauté sur lequel il est inscrit, il ne doit pas appeler le subrogé tuteur de ces mineurs dans la poursuite.

57. 3° *Femme mariée.* — La saisie d'un immeuble dépendant de la communauté doit être poursuivie contre le mari seul, quoique la femme soit personnellement obligée à la dette; mais il n'y a pas nullité, si on appelle aussi la femme, alors même qu'elle ne serait pas autorisée; seulement les frais de sa mise en cause peuvent être mis à la charge du poursuivant : Limoges, 31 juin 1816 (*J. Av.*, t. 20, p. 467); Cass., 4 mai 1825 (t. 30, p. 145). — S'il s'agit des biens propres de la femme, la poursuite doit être dirigée contre le mari et la femme simultanément, afin que la présence du premier tienne lieu d'autorisation à la seconde : Colmar, 31 juin 1806 (*J. Av.*, t. 20, p. 89); Cass., 18 nov. 1828 (t. 36, p. 239) et 11 nov. 1839 (t. 58, p. 118). — *Contrà*, Bordeaux, 5 août 1829 (t. 39, p. 210).

58. Par corrélation avec ce qui a été dit ci-dessus, n. 11, de l'autorisation de la femme poursuivante, on pourrait ajouter ici que, si elle est poursuivie pour l'exécution d'un jugement rendu contre elle avec l'autorisation de son mari, une nouvelle autorisation pour l'exécution ne semble pas utile. *Sic*, Toulouse, 27 déc. 1809 (*J. Av.*, t. 20, p. 229). Cependant M. Chauveau est d'un avis contraire, qu'il fonde sur ce que les intérêts de la femme sont compromis par la saisie qu'elle subit, et que c'est pour le salut de ces intérêts que l'autorisation est ordinairement requise.

59. Dans une consultation que reproduit M. Chauveau, Carré enseigne que, pour saisir les biens propres d'une femme dont le mari a été condamné aux travaux forcés à temps, le créancier doit assigner la femme afin de la faire déclarer autorisée de justice à l'effet de défendre, et qu'en vertu de ce jugement toutes les poursuites se feront valablement contre la femme seule. — V. aussi MM. Dalloz, n. 288 et suiv., et Bioche, n. 62 et suiv.

60. La nullité provenant de ce qu'une saisie immobilière a été dirigée contre une femme mariée, sans comprendre le mari dans la poursuite, n'est pas couverte par l'intervention volontaire du mari, postérieurement à l'introduction de la demande en nullité, quoique cette intervention soit motivée sur la volonté expresse de réparer les irrégularité de la procédure : Trib. civ. de Toulouse, 30 avr. 1853 (*J. Av.*, t. 78, p. 521). L'intervention, observe M. Chauveau, peut avoir son efficacité pour l'avenir, mais elle ne saurait produire aucun effet rétroactif au préjudice de la femme qui a intérêt à faire tomber la saisie.

61. Quelle procédure faut-il suivre contre une fille qui s'est mariée après avoir reçu un commandement à fin de saisie immobilière? Le commandement, répond M. Chauveau, ne doit pas être refait; mais le procès-verbal de saisie doit être notifié au mari et à la femme : à celle-ci comme partie saisie, à celui-là pour que sa présence puisse tenir lieu d'autorisation à la femme. La saisie est ensuite continuée simultanément contre la femme et son mari.

62. C'est avec raison, selon la remarque de notre auteur, que le tribunal civil d'Auxerre a déclaré nuls des actes de poursuites notifiés au tuteur d'une mineure qui venait de se marier, ces actes n'ayant pu être valablement signifiés qu'au mari : Jugement du 1er déc. 1858 (t. 84, p. 271).

63. La Cour de Grenoble, par arrêt du 12 oct. 1851 (*J. Av.*, t. 77, p. 323), a annulé la saisie commencée après le jugement déclaratif de faillite du débiteur, bien que ce jugement n'eût pas encore été publié; mais le poursuivant ayant pu, dans l'espèce, ignorer l'existence du jugement, la Cour a déclaré que les frais des poursuites devaient être supportés par la faillite. C'est, en effet, dit M. Chauveau, à partir du jugement, et non du jour où les formalités relatives à la publicité ont été remplies, que toute voie d'exécution sur les meubles ou sur les immeubles du failli doit être dirigée contre les syndics; avant de commencer les poursuites, le créancier doit s'assurer de la capacité de son débiteur. L'ignorance où il se trouve à cet égard peut seulement lui faire obtenir les dépens, si sa bonne foi est incontestable.

64. 5° *Militaires en activité de service.* M. Chauveau fait justement remarquer qu'une disposition de la loi du 6 brum. an v qui défendait de poursuivre l'expropriation des biens appartenant à des militaires en activité de service, et qu'un arrêt de la Cour de cassation du 29 janv. 1811 (*J. Av.*, t. 20, p. 294), avait déclaré applicable à l'expropriation des immeubles de la femme d'un militaire sous les drapeaux et ayant, comme chef de la communauté, l'administration et la jouissance de ces mêmes immeubles, et dont un autre arrêt de la même Cour, du 6 fév. 1815 (t. 20, p. 443), avait étendu le bénéfice à l'individu entré au service depuis le commencement des poursuites, mais avant leur clôture, a cessé d'être en vigueur depuis les traités de 1814 et de 1815. V. aussi en ce sens, MM. Thomine-Desmazures, t. 2, p. 198; Paignon, t. 1, p. 49, § 5, et Dalloz, n. 86.

65. 6° *Codébiteurs solidaires.* Sous la quest. 2213, Carré, supposant plusieurs débiteurs non solidaires, décide que le commandement, et par conséquent les autres actes de la poursuite, doivent être signifiés séparément à chacun d'eux. Il semble résulter de là qu'en matière solidaire il aurait admis une poursuite unique et commune à tous les codébiteurs, signifiée à un seul d'entre eux pour tous les autres. L'auteur cite, en effet, deux arrêts qui se sont prononcés en ce sens, et dont l'un explique que cette communauté ne doit s'entendre que de la poursuite, et que les codébiteurs solidaires ont le droit de demander la séparation des ventes et la distinction des dettes et charges vis-à-vis de leurs créanciers propres et respectifs. Cela n'est pas susceptible d'un doute aux yeux de M. Chauveau. — Mais il désapprouve, au contraire, la solution négative donnée par Carré, sous la quest. 2214, au point de savoir si le commandement fait aux enfants de l'un des codébiteurs solidaires est censé commun à l'autre codébiteur.

66. 7° *Tiers détenteurs.* On est parfois, dans la pratique, embarrassé pour savoir si on a le droit de poursuivre un tiers détenteur, sans avoir fait préalablement liquider la créance contre celui qui a vendu l'immeuble; c'est surtout à l'occasion des reprises des femmes résultant des donations, successions, ventes d'immeubles, etc., que l'on s'est demandé quelle marche devait suivre le créancier. M. Chauveau pense que la femme ou ses héritiers doivent évaluer leurs créances, prendre inscription, faire la sommation au tiers détenteur pour interrompre la prescription, intenter une action en liquidation contre le mari ou ses héritiers, et y appeler le tiers détenteur : un arrêt de la Cour de Bordeaux du 11 juill. 1846 (*J. Av.*, t. 72, p. 275) lui paraît pouvoir être invoqué à l'appui de son opinion.

67. Pour exercer contre un tiers détenteur une saisie immobilière, la femme mariée a-t-elle besoin de faire préalablement inscrire son hypothèque légale? L'affirmative est admise par deux arrêts, l'un de la Cour de Dijon du 14 déc. 1840 (D.P.41.2.142), l'autre de la Cour de Bourges (D.P.42.2.46), et par M. Troplong, *Privil. et hypoth.*, t. 3, n. 778 *quater*. Mais, par arrêt du 25 mars 1857, la Cour d'Agen a admis une solution contraire sur le motif qu'il résulte des art. 2135, 2193, 2166, 2167, Cod. civ., que l'hypothèque légale de la femme mariée est, pour ses deux effets de suite et de rang, dispensée d'une manière absolue de l'inscription. M. Chauveau hésite d'autant moins, dit-il, à approuver cette solution, qu'il reconnaît, sous la quest. 2463, qu'en ce qui concerne l'exercice du même droit de suite par voie de surenchère, l'hypothèque légale de la femme ou du mineur, dispensée d'inscription, n'a pas besoin d'être inscrite pour autoriser une réquisition de surenchère au nom de la femme ou du mineur.

68. Une question qui appartient plutôt au droit civil qu'à la procédure, a été jugée le 24 mars 1847 par la Cour de Paris. Cette Cour a décidé que le tiers détenteur qui, sous le coup des poursuites hypothécaires, délaisse l'immeuble par lui acquis, ne cesse d'en être propriétaire que lorsque l'adjudication a été prononcée, de telle sorte qu'il doit reprendre l'immeuble, si, avant l'adjudication, le vendeur lui rapporte mainlevée de toutes les inscriptions hypothécaires et des poursuites commencées. Cette interprétation, qu'avait repoussée un arrêt de la Cour de Riom, du 17 avril 1820, a l'assentiment de M. Troplong, n. 826; et M. Chauveau l'adopte également. — Compar. ce que nous avons dit nous-même, *suprà*, n. 30 et s.

68 *bis*. Avant qu'on puisse diriger des poursuites contre un tiers détenteur, il faut évidemment, dit, d'un autre côté, M. Chauveau, que ce tiers détenteur se soit, par son inaction, rendu passible de la saisie; c'est donc à bon droit que la Cour de cassation a déclaré, le 12 mai 1852 (*J.P.*52.2.720), que les poursuites sont nulles et frustratoires comme étant sans intérêt, en présence des offres faites antérieurement par le tiers détenteur au débiteur, et suivies de consignation, et de l'ordonnancement au profit du poursuivant du montant de sa créance en principal, intérêts et frais. V. dans le même sens, Paris, 19 janv. 1851 (*Gazette des trib.*, 1851, n° 7490).

69. Devant le tribunal civil de la Seine on a soutenu que les créanciers inscrits peuvent suivre une procédure de saisie immobilière, ou de délaissement, contre le tiers détenteur qui leur a notifié son contrat d'acquisition, mais qui n'a pas consigné son prix. Voici le moyen développé à l'appui de cette singulière thèse : « L'acquéreur d'un immeuble n'est libéré qu'autant qu'il a notifié son titre et payé son prix; si les créanciers inscrits n'ont pas fait régler leurs droits par un ordre, l'acquéreur peut se libérer en faisant des offres et en consignant; mais jusque-là il n'a pas purgé et par conséquent il est soumis aux poursuites des créanciers inscrits. » A cette étrange prétention, le défendeur se contentait d'opposer les dispositions des art. 2183, 2184, 2185, 2186, Cod. civ.; et le tribunal lui a donné gain de cause par un jugement du 16 sept. 1847, dont M. Chauveau regardait l'exactitude comme évidente.

70. Lorsque l'immeuble à saisir est entre les mains d'un tiers, on a conclu des termes de l'art. 2169, Cod. civ., que c'est contre ce tiers qu'il faut diriger les poursuites. Cependant, M Lachaize, t. 2, p. 320, n. 510, soutient que, dès qu'il a encouru la déchéance contre lui prononcée par l'art. 2169, le tiers détenteur n'a plus aucun droit sur l'immeuble; que les poursuites ne peuvent par conséquent le regarder, ni comme débiteur des causes de l'hypothèque, puisqu'il ne l'est point, ni comme ayant des droits sur l'immeuble hypothéqué, puisqu'il les a perdus. — M. Chauveau déclare ne pouvoir admettre ces principes. Le tiers détenteur ne lui semble pas dépouillé de tout droit sur l'immeuble, tant qu'il n'en a pas opéré le délaissement. Jusque-là, en effet, ne peut-il pas se garantir des poursuites en satisfaisant à l'une des obligations tracées par l'art. 2168? Sans doute il a perdu le droit de purger, c'est-à-dire de remplir les formalités qui l'auraient rendu propriétaire incommutable, en payant aux créanciers en ordre de recevoir seulement le montant de son prix. Mais si ces droits ont été entamés, ils ne sont pas complètement anéantis; il peut encore conserver l'immeuble en payant intégralement toutes les dettes hypothécaires, à quelque somme qu'elles puissent monter;

il peut aussi s'affranchir de tout paiement en délaissant. Et cette faculté est encore une preuve qu'il a conservé certains droits ; car s'il n'en avait plus il n'aurait rien à délaisser. Notre auteur pense donc, lui aussi, que c'est contre le tiers détenteur que les poursuites de saisie immobilière doivent être dirigées, et non pas seulement contre le débiteur. — C'est ce qu'ont décidé la Cour de Bordeaux, le 8 mai 1832 (S.-V.33.2.62), et la Cour de cassation, le 4 janv. 1837 (*J. Av.*, t. 52, p. 235). — V. également M. Carré, au texte, sous la quest. 2201 ; M. Dalloz, n. 312.

71 et **72**. Les arrêts qui viennent d'être cités vont même plus loin ; ils décident qu'il est inutile de rendre les poursuites communes au débiteur, et qu'à son égard le commandement suffit. — C'est aussi ce qu'a décidé le tribunal civil de Libourne, le 28 avril 1854, et M. Dalloz, *loc. cit.*, se prononce dans ce sens. — M. Chauveau estime qu'il est plus rationnel d'admettre que les poursuites doivent être dirigées tout à la fois contre le débiteur et contre le détenteur. L'un et l'autre, observe-t-il, n'y sont-ils pas également intéressés : le tiers détenteur, puisqu'elles tendent à le dépouiller du bien qu'il a acquis ; le débiteur, puisqu'il est responsable de cette dépossession vis-à-vis de son acquéreur ? Ces deux intérêts, qui se réunissent en la personne du débiteur lorsqu'il est possesseur de l'immeuble, continuent à exister, quoique sur deux têtes différentes, lorsqu'il a transmis cette possession à un tiers. Tous les deux veulent être respectés et protégés.

73. M. Chauveau observe que, pour autoriser la saisie contre le tiers détenteur, la sommation doit avoir été précédée ou accompagnée du commandement au débiteur originaire, et qu'il faut qu'elle n'ait pas été signifiée simplement dans le but de provoquer la notification en vue de la purge des hypothèques inscrites. Compar. *Purge des hypothèques*, n. 1 et s.. C'est ainsi qu'il a été jugé que la sommation de notifier le contrat d'acquisition ne fait pas courir le délai de trente jours après lequel il peut être passé outre à la saisie : Paris, 17 fév. 1853 (*J. Av.*, t. 78, p. 505).

74. L'auteur fait aussi justement remarquer qu'il est des cas où la signification d'une sommation de payer ou de délaisser n'est pas nécessaire, parce que le détenteur de l'immeuble n'est pas vis-à-vis des créanciers un tiers détenteur. Ainsi le cohéritier qui se rend adjudicataire d'une partie des biens héréditaires ne peut être assimilé à un tiers détenteur, que lorsqu'il a payé sa part contributive dans les dettes de la succession ; tant que ce paiement n'a pas été effectué, les immeubles qui lui ont été adjugés peuvent être saisis par un créancier hypothécaire de l'hérédité, sans sommation préalable de payer ou de délaisser ; mais l'héritier peut arrêter les poursuites en payant ce qu'il doit personnellement en cette qualité : Nîmes, 3 janv. 1840 (*J. Av.*, t. 74, p. 559).

75. Lorsque, à la suite d'une vente volontaire, un ordre a été ouvert et des bordereaux de collocation délivrés aux créanciers colloqués, si l'acquéreur revend l'immeuble avant d'avoir payé ces bordereaux, les porteurs qui veulent saisir cet immeuble sur la tête du second acquéreur ont-ils besoin de faire au premier vendeur, débiteur originaire, le commandement dont parle l'art. 2169, Cod. civ., ou bien suffit-il qu'ils fassent commandement au premier acquéreur de payer le montant des bordereaux délivrés sur lui, et sommation au tiers détenteur de payer ou de délaisser. — La Cour de Bourges a pensé, le 3 avril 1852 (*J. Av.*, t. 79, p. 146), que le débiteur originaire, vendeur primitif, doit être laissé à l'écart. Bien que cette solution lui paraisse pouvoir se justifier et satisfaire au vœu de la loi, M. Chauveau, pour éviter toute difficulté, conseille, en pareil cas, de faire commandement au débiteur originaire et au débiteur premier acquéreur.

75 *bis*. La Cour de cassation a jugé, le 26 juill. 1848 (*J. Av.*, t. 75, p. 305), qu'en admettant que le créancier personnel de l'héritier qui a pris inscription sur un immeuble de la succession, adjugé depuis à un tiers sur licitation, puisse, avant le partage, faire sommation à ce tiers détenteur de payer ou de délaisser, les frais de cette sommation et des notifications auxquelles elles donnent lieu ne peuvent être prélevés sur le prix de la licitation, si, par l'effet du partage, ce prix est attribué à un autre héritier. — M. Chauveau regarde à bon droit cette solution comme conforme aux principes.

76. Est-il nécessaire que le commandement au débiteur originaire précède la sommation au tiers détenteur? — MM. Grenier, t. 2, p. 99, et Lachaize, t. 2, p. 329, n. 512, estiment que l'ordre entre ces deux actes n'étant point fixé par loi, rien n'oblige à faire l'un avant l'autre; que tout ce qu'il faut, c'est que l'un et l'autre aient lieu avant la saisie, et que la saisie soit pratiquée dans les trois mois qui suivent la date du premier. M. Chauveau déclare adopter cette opinion. Il admet toutefois la solution contraire en ce qui concerne la purge des hypothèques inscrites. V. *Purge des hypothèques*, n. 5.

77. La question s'est élevée de savoir si le tiers détenteur peut demander l'annulation de la procédure en se fondant sur la nullité du commandement fait au débiteur originaire. La Cour de Toulouse, par arrêt du 27 juin 1846, s'est prononcée pour la négative; la Cour de cassation a, au contraire, adopté l'affirmative, le 18 fév. 1852 (*J. Av.*, t. 79, p. 140). — Les auteurs (Persil, *Régime hypoth.*, sur l'art. 2169, n. 12; Troplong, *Privil. et hypoth.*, t. 3, n. 795; Grenier, t. 2, n. 343) distinguent le cas où la nullité provient du défaut de qualité de la personne qui a reçu le commandement, et le cas où la critique du commandement repose sur un défaut de forme : dans la première hypothèse ils admettent la réclamation du tiers détenteur, et ils la repoussent dans la seconde. L'arrêt précité de la Cour de cassation peut-il être invoqué pour ou contre cette distinction? Il est intervenu dans une espèce où il s'agissait de la remise du commandement, et la Cour s'est exprimée en ces termes : « Le tiers détenteur a personnellement droit et intérêt à exciper, pour faire prononcer la nullité des poursuites dirigées contre lui, soit du défaut absolu du commandement, soit du vice de ce commandement, lorsque ce vice tient à la substance même de l'acte, et porte, comme dans l'espèce, sur l'absence des formalités prescrites par la loi pour assurer autant que possible la remise de l'acte à la personne qui doit en être atteinte. » Il semble, par conséquent, observe M. Chauveau, que la doctrine de cette décision soit favorable au sentiment des auteurs susindiqués. La Cour de Nîmes a consacré cette opinion en jugeant, le 10 déc. 1850 (D.P.51.2.205), que la nullité provenant du défaut de commandement peut être invoquée par le tiers détenteur, même avant l'expiration des trente jours, et sans que la sommation puisse être maintenue comme constituant une simple mise en demeure.

78. Pour compléter les notions de procédure relatives à la poursuite contre le tiers détenteur, on peut se reporter à ce qui est dit *infrà*, sous les quest. 2203 et 2218.

79. 8° *Débiteur admis à la cession des biens.* — Sur la voie que doivent suivre les créanciers pour exercer les droits qui résultent pour eux de l'admission à la cession de biens, on peut consulter les observations présentées au texte sous la quest. 3052 (V. *Cession de biens*, n. 26 et 27). — La cession admise, les créanciers ne peuvent pas, isolément, prendre la voie de l'expropriation; mais qu'arrivera-t-il si une poursuite a lieu sans qu'aucune demande soit venue l'arrêter, ou si des poursuites ont été intentées avant le jugement d'admission? M. Chauveau pense que, dans le premier cas, l'adjudication est régulière, et que dans le second, les poursuites doivent contitinuer; un jugement du tribunal de Castelsarrazin, du 19 fév. 1847 (*J. Av.*, t. 72, p. 341), l'a ainsi décidé, et ses motifs sont dignes d'attention.

80. 9° *Société commerciale. — Liquidateur.* — Il a été jugé, d'un côté, que la saisie peut être valablement poursuivie contre le liquidateur d'une société par actions : Rennes, 2 mars 1852 (*Journ. de cette Cour*, 1852, p. 37); et, de l'autre, au contraire, que la dissolution d'une société commerciale et la nomination, par suite, de liquidateurs pour en gérer les intérêts, n'ont pas pour effet d'enlever au gérant de la société la qualité de représentant des intérêts sociaux et de propriétaire nominal des choses appartenant à la société; qu'en conséquence, c'est contre ce dernier, et non contre les liquidateurs, que la saisie des immeubles appartenant à la société dissoute doit être poursuivie : Cass., 12 mai 1852 (S.-V.52.1.234). La première de ces deux interprétations opposées considère la liquidation comme la continuation de la société sous une nouvelle forme, et assimile le liquidateur au gérant, s'il s'agit d'une société anonyme ou en commandite, aux associés, s'il s'agit d'une société en nom collectif; l'autre ne voit dans la liquidation qu'une mesure employée par la société dans son intérêt, et dans le liquidateur, qu'un simple mandataire soumis aux prescriptions des art. 1987, Cod. civ. La Cour de cassation, en consacrant, par son arrêt précité, cette dernière doctrine, déclare, en effet, que l'associé gérant est, comme tel, propriétaire de l'immeuble saisi ; que la dissolution de la société n'a pu avoir pour effet de lui enlever cette qualité de propriétaire; que la nomination de liquidateurs n'a pas eu le caractère d'un acte translatif de propriété, mais qu'elle a seulement donné à ceux-ci le droit de gérer les intérêts de la société au nom et comme mandataires de l'ancien gérant. Elle s'était déjà prononcée en ce sens le 15 janv. 1812. — Quant aux auteurs, M. Persil, *Soc. commerc.*, partage le sentiment de la Cour suprême; tandis que MM. Troplong, *Société*, n. 1004 et s., Massé, *Dr. commerc.*, t. 3, n. 56, Frémery, *Id.*, p. 69, pensent que la société continue de subsister pour la liquidation, et que le liquidateur, étant par son mandat préposé à cette liquidation, a pour l'effectuer les mêmes pouvoirs que la société toute entière ; théorie dans laquelle rentre l'arrêt ci-dessus de la Cour de Rennes. — D'un autre côté, M. Dalloz, *Société*, n. 1436, critique la jurisprudence de la Cour de cassation comme déniant au liquidateur de la société le pouvoir de représenter celle-ci dans une procédure où il n'a pas à débattre la question de propriété de l'immeuble, puisque c'est une vente forcée qui est poursuivie ; et cette critique nous a paru fondée. — V. notre *Dictionn. du contentieux commerc. et industr.*, v° *Société*, n. 893.

81. Pour M. Chauveau, il est d'avis qu'en pareil cas, pour éviter tout inconvénient, la saisie devrait être dirigée contre l'ancien gérant ou contre les coassociés, suivant la nature de la société, sauf à en dénoncer l'existence aux liquidateurs, en les invitant à prendre aux poursuites telle part qu'ils jugeraient convenable dans l'intérêt de la société.

82. Reprenons, pour compléter l'exposé de la jurisprudence et de la doctrine, quelques-uns des points qui précèdent.

La Cour d'Orléans a jugé, le 5 fév. 1876 (*J. Av.*, t. 101, p. 247), qu'une poursuite de saisie immobilière ne peut, en cas de décès du débiteur, être valablement dirigée contre ses héritiers qu'après la notification du titre à ceux-ci, conformément à l'art. 877, Cod. civ., encore bien que ce décès n'ait pas été dénoncé au saisissant; la disposition de l'art. 344, Cod. proc., d'après laquelle, dans les affaires qui ne sont pas en état, les actes de procédure faits postérieurement à la notification du décès de l'une des parties sont nuls, n'étant point applicables en pareil cas ; et qu'il en est surtout ainsi, lorsque la saisie a été dénoncée aux héritiers du débiteur saisi, sans notification préalable du titre.

83. On admet bien généralement que la saisie immobilière ne peut être commencée ou continuée contre les héritiers du débiteur qu'après la notification prescrite par l'art. 877, Cod. civ. V. Paris, 19 avril 1839 (*J. Av.*, t. 57, p. 495); MM. Chauveau, sous la quest. 2377 (*infrà*); Dalloz, v° *Vente publ. d'immeub.*, n. 270 et 272; Harel et Deffaux, *Encycl. des huiss.*, v° *Saisie immob.*, n. 652. — Mais cette notification préalable n'est-elle obligatoire qu'autant que le décès du saisi a été dénoncé au saisissant, et ce dernier peut-il se prévaloir de la disposition de l'art. 344, Cod. proc., qui, dans le cas de décès de l'une des parties en cause, ne frappe de nullité que les actes de procédure faits postérieurement à la dénonciation de ce décès ? La solution affirmative, que repousse l'arrêt ci-dessus mentionné de la Cour d'Orléans, est, au contraire, embrassée par différentes autorités. Indépendamment de celles indiquées par M. Chauveau, *ut suprà*, Voy. Dalloz, vis *Reprise d'instance*, n. 12, et *Vente publ. d'imm.*, n. 1309, et notre *Formulaire annoté*, t. 2, p. 604, note 1, n. 1.

84. D'après un arrêt de la Cour d'Angers du 20 mars 1834, le poursuivant peut se dispenser de notifier son titre aux héritiers du débiteur, lorsqu'ils en ont connaissance. Cette solution est contestable (V. en sens contraire, dans le présent ouvrage, le mot *Exécution forcée*, n. 129) ; mais si l'on devait l'admettre, il faudrait du moins décider, avec l'arrêt de la Cour d'Orléans du 15 fév. 1876, cité plus haut, que la connaissance du titre, de la part des héritiers, ne peut suppléer à sa notification, qu'autant que cette connaissance est complète; et qu'il ne saurait suffire de la mention faite, dans l'inventaire dressé après le décès du débiteur, du nom du créancier et du montant de la créance en principal. — V. aussi en ce sens, M. Dalloz, v° *Vente publ. d'imm.*, n. 274.

85. Lorsque, dans un acte d'obligation avec affectation hypothécaire, il a été stipulé qu'en cas de décès du débiteur, la dette serait indivisible entre ses héritiers, qui seraient solidairement tenus envers le créancier, celui-ci peut-il, cette hypothèse venant à se réaliser, poursuivre contre un seul des héritiers du débiteur l'expropriation des immeubles hypothéqués à son profit ? — L'indivisibilité et la solidarité conventionnelle peuvent bien, avons-nous dit en répondant à cette question qui nous avait été soumise, autoriser le créancier à englober dans une poursuite unique tous les immeubles de ses débiteurs, surtout lorsque tous ces immeubles lui ont été simultanément hypothéqués : Cass., 22 frim. an XII ; Riom, 24 fév. 1813 (*J. Av.*, t. 20, p. 23); mais nous ne saurions croire que la procédure puisse pour cela être dirigée contre un seul des héritiers, ainsi que paraît l'admettre M. Chauveau, quest. 2198, § 2, n. 6 (V. *suprà*, n. 65). Comment le créancier aurait-il le droit de poursuivre sur la tête de ce débiteur l'expropriation des immeubles appartenant à des codébiteurs solidaires ? L'effet de la solidarité des coobligés et celui de l'indivisibilité de la dette ne vont pas jusqu'à confondre les biens de ces coobligés et à faire considérer l'un d'eux comme propriétaire de l'ensemble de ces biens. Le droit du créancier de réclamer la totalité de la dette à un seul des débiteurs solidaires n'implique nullement celui de saisir contre ce même débiteur, outre ses propres immeubles, ceux qui appartiennent exclusivement à ses coobligés. La solidarité et l'indivisibilité de l'engagement ne s'étendent pas aux biens des débiteurs. Aussi l'arrêt précité de la Cour de Riom, du 24 fév. 1813, décide-t-il que lorsque l'expropriation des immeubles de plusieurs débiteurs solidaires est poursuivie cumulativement, chacun de ceux-ci peut demander la séparation des ventes ; et encore, dans l'espèce de cet arrêt, la procédure avait-elle été dirigée contre tous les débiteurs.

86. Dans une autre espèce où la saisie, pratiquée sur les immeubles de la femme en même temps que ceux du mari, avait été déclarée valable à raison de l'engagement solidaire de la femme (Paris, 13 prair. an XI), M. Dalloz, v° *Vente publ. d'imm.*, n. 300, fait remarquer très justement que, si le mari avait figuré seul dans la procédure, les biens de la femme n'auraient pu être considérés comme valablement saisis; et plus loin (n. 346), le même auteur dit encore avec raison que si l'on veut saisir en même temps les biens de plusieurs coobligés, il faut leur faire à tous des commandements séparés, même lorsqu'ils sont solidaires. V. aussi Thomine-Desmazures, *Comment. Cod. proc. civ.*, n. 746; notre *Formul. annot.*, p. 604, note 1, n. 2.

87. Il résulte d'un jugement du tribunal civil de la Seine, du 14 déc. 1876 (*J. Av.*, t. 102, p. 60), que lorsqu'une saisie immobilière est poursuivie contre un débiteur pourvu d'un conseil judiciaire, les significations ne doivent être faites à ce dernier qu'après le dépôt du cahier des charges, l'instance ne se trouvant formée que par la sommation d'en prendre communication et d'assister à la publication, et non à partir du procès-verbal de saisie.

88. Après la faillite du débiteur, c'est incontestablement contre les syndics, et non contre le failli lui-même, que les créanciers doivent diriger leurs poursuites de saisie immobilière. V. Colmar, 29 août 1816; Cass., 2 mars 1819; Poitiers, 18 janv. 1826; Bordeaux, 2 avril 1828 (S.-V. chron.); notre *Dict. du contentieux commerc.*, v° *Faillite*, n. 1410; notre édition refondue du *Formul. génér. des faillites* de Laroque-Sayssinel, t. 2, n. 1527, et notre *Formul. annot.*, p. 605, n. 6. — Mais si la faillite n'était survenue qu'après la saisie, elle n'aurait pas pour effet d'annuler celle-ci : Alger, 23 janv. 1871 (*J. Av.*, t. 97, p. 151). — Compar. *suprà*, n. 26 et 63.

89. Lorsqu'une société, après avoir vendu un immeuble et provoqué ensuite la résolution de cette vente, est venue à se dissoudre et à faire place à une liquidation judiciaire qu'a poursuivie l'acquéreur par expropriation forcée, il n'appartient pas à un membre de cette société d'opposer à la poursuite une fin de non recevoir tirée de l'existence de la demande en résolution; en supposant fondée cette fin de non recevoir, elle ne pourrait être invoquée que par l'acquéreur : Cass. 24 juill. 1871 (*J. Av.*, t. 97, p. 16). — Sur le point de savoir si le vendeur qui a commencé par demander la résolution de la vente peut encore ultérieurement en poursuivre l'exécution, les auteurs sont divisés. V. pour l'affirmative, Duranton, t. 16, p. 379, et pour la négative, Massé et Vergé sur Zachariæ, t. 4, p. 310, note 18.

90. Il résulte de l'art. 2212, Cod. civ., que si le débiteur justifie, par baux authentique, que le revenu net et libre de ses immeubles pendant une année suffit pour le paiement de la dette en capital, intérêts et frais, et s'il en offre la délégation au créancier, il peut obtenir du tribunal la suspension de la poursuite, sauf au saisissant à la reprendre s'il survient quelque opposition ou obstacle au paiement. — L'authenticité des baux produits pour faire la justification prescrite par cet article, est une condition indispensable de la suspension de la poursuite, comme M. Chauveau l'observe, avec un arrêt de la Cour de Rouen du 15 mars 1856 (*Journ. de cette Cour*, 1856, p. 167), et M. Persil, *Comment.*, t. 1, p. 37 et s. — Ce dernier auteur fait aussi remarquer, d'une part, que la faculté de délégation créée par l'art. 2212 n'est pas bornée aux revenus des immeubles saisis, mais s'étend à ceux de tous les immeubles du débiteur; et, d'autre part, que la justification, une fois faite, n'arrête pas de plein droit les poursuites; que la suspension est dans le domaine discrétionnaire des juges, et que ceux-ci ne sont pas forcés de la prononcer. Tel est aussi sur ce point l'avis de M. Paignon, t. 1, p. 56. V. encore Dalloz, v° *Vente publ. d'immeub.*, n. 170.

§ 3. — Sur quel bien la saisie peut être pratiquée.

91. (Q. 2198 E). *Quels biens peuvent être frappés de saisie immobilière?*

Carré, au texte, s'est borné ici à faire remarquer que le caractère rigoureux de l'expropriation forcée a dû déterminer le législateur, d'une part, à édicter la défense d'employer cette voie d'exécution contre les biens que possèdent divisément des mineurs ou des interdits, sinon pour insuffisance et après discussion de leur mobilier; et la faculté pour le juge de suspendre les poursuites commencées, si le débiteur offre à son créancier une délégation sur des biens libres, pour payer dans l'espace d'une année; et, d'autre part, à prescrire des formalités et des délais presque toujours de rigueur.

92. Quant à M. Chauveau, il entre dans de longs développements, que nous allons résumer en en rapprochant un certain nombre de solutions nouvelles.

Après avoir rappelé l'art. 2204, Cod. civ., aux termes duquel tous les immeubles, tels qu'ils sont caractérisés au titre de la Distinction des biens, qui sont la propriété du débiteur, et l'usufruit qui lui appartient sur les mêmes immeubles, sont susceptibles d'expropriation forcée, notre auteur mentionne trois arrêts de la Cour suprême qui, par application de la première partie de cette disposition, ont décidé que le mobilier immobilisé par destination, soit avant, soit depuis le contrat, se trouve compris dans la saisie immobilière de l'usine dont il fait partie, encore qu'il ne soit pas détaillé dans le procès-verbal, et pourvu qu'il se compose d'objets nécessaires et indispensables à l'exploitation de cette usine : Cass., 10 janv. 1816 (*J. Av.*, t. 12, p. 648); 27 mars 1821 (t. 23, p. 111), et 11 avril 1833 (t. 44, p. 274). Compar. sur ce point, qui nous paraît contestable, les indications et observations présentées *infrà*, quest. 2227 et 2227 *bis*.

93. Il a été, en tout cas, jugé exactement : 1° qu'on doit considérer comme immeubles par destination, et comme susceptibles dès lors de saisie immobilière, la machine à vapeur, le générateur, les tuyaux à gaz, la chaudière et ses accessoires placés dans une teinturerie pour son exploitation, et que la vente qui aurait été faite de ces objets, même par acte enregistré, mais sans déplacement ni changement de destination, n'est pas opposable au saisissant, et ne saurait avoir pour effet de soustraire les objets dont il s'agit au droit que lui confère l'art. 2204, Cod. civ. : Douai, 17 nov. 1873 (*J. Av.*, t. 100, p. 463); — 2° que le matériel servant à l'exploitation d'une mine étant l'accessoire de cette exploitation, qui, jusqu'à preuve contraire, est présumée faite pour le compte du propriétaire de la mine, un tel matériel peut être saisi avec la mine même, à titre d'immeuble par destination : Chambéry, 12 mai 1865 (t. 90, p. 489); — 3° que la machine à vapeur employée à l'exploitation d'une carrière a le caractère d'immeuble par destination et peut être, à ce titre, comprise dans la saisie pratiquée par le vendeur de l'immeuble, encore bien qu'elle aurait été l'objet d'un apport fait par le débiteur à une société constituée pour l'exploitation de l'usine : Paris, 3 avril 1875 (t. 100, p. 436).

94. La saisie d'une usine dont les forces motrices ont été supprimées en tout ou en partie pour cause d'utilité publique comprend-elle l'action en indemnité contre l'Etat? Y a-t-il lieu de distinguer à cet égard entre le créancier saisissant qui a une hypothèque et celui qui n'en a pas? — L'une et l'autre question ont été examinées et résolues négativement par M. Langlois, dans le *Journal de procédure*, 1853, p. 95. Ces solutions, qu'a également admises un jugement du tribunal civil d'Evreux du 25 août 1852, sont basées sur ce que l'action en indemnité est purement mobilière, puisqu'elle tend au paiement d'une somme d'argent; que, fût-elle immobilière, elle ne serait pas saisissable par voie d'expropriation forcée, le créancier qui saisit un immeuble n'ayant recours à cette poursuite que pour obtenir la conversion de l'immeuble en une somme d'argent, résultat déjà atteint en ce qui concerne l'action en indemnité; et enfin sur ce que le créancier hypothécaire n'a pas plus de prérogatives que le créancier chirographaire, en ce qui concerne la saisie; que ces droits, mieux assurés quant à la répartition du prix, sont plus limités en ce qui touche la mise en vente.

95. M. Chauveau estime que ces arguments sont péremptoires, et qu'il y a en cette matière mêmes raisons de décider que pour le cas où, l'immeuble saisi venant à périr par incendie, il ne reste plus qu'une action en indemnité contre la compagnie d'assurances qui s'est engagée à réparer les dommages provenant du sinistre, indemnité qui, à la différence du sol, ne peut être comprise dans la poursuite.

Par une autre conséquence du principe posé par l'art. 2204, Cod. civ., observe notre auteur, c'est par la voie de la saisie immobilière que les créanciers doivent poursuivre la vente d'une coupe de bois non encore abattu. *Sic,* Dijon, 30 janv. 1819 (*J. Av.*, t. 20, p. 531). Ainsi, les bois vendus, non encore coupés, restent affectés aux créanciers ayant hypothèque sur le sol, et se trouvent par suite compris dans la saisie immobilière faite postérieurement à la vente : Limoges, 8 déc. 1852 (S.V.52.2.687).

96. Les constructions élevées par un autre que le propriétaire du sol, dit M. Chauveau, peuvent être saisies immobilièrement sur ce dernier, s'il déclare vouloir les garder; mais s'il oblige le constructeur à les enlever, elles ne peuvent être saisies que mobilièrement sur ce dernier. Au reste, les créanciers du propriétaire ont la faculté, comme exerçant ses droits, de déclarer qu'ils veulent retenir ces constructions et de les saisir alors immobilièrement sur sa tête; c'est la marche qu'indique avec raison M. Persil fils, *Comm.*, t. 1, p. 14, n. 9, et qu'approuve M. Dalloz, *Rép.*, v° *Vente publ. d'imm.*, n. 55.

97. D'un autre côté, M. Chauveau fait remarquer que la Cour de Besançon, par un arrêt du 22 mars 1845 (*J. Av.*, t. 69, p. 613), que la chambre des requêtes a maintenu le 14 fév. 1849 (*J. Av.*, t. 74, p. 344), a décidé que le droit du constructeur étant purement mobilier, ne peut pas être frappé d'hypothèque, et que s'il a été cédé à un tiers, ce tiers ne peut pas être poursuivi comme tiers détenteur; tandis que la Cour de Paris a jugé, le 27 mars 1858 (t. 83, p. 388), que les constructions élevées par le locataire sur le terrain du bailleur, sous la condition qu'à la fin du bail ce dernier aura l'option, ou de les conserver moyennant indemnité, ou de les faire démolir et enlever, peuvent être saisies immobilièrement par les créanciers du locataire.

98. Des décisions consacrant la même distinction sont encore intervenues depuis sur le caractère et le genre de saisissabilité des constructions élevées par le locataire sur le terrain loué. — D'une part, il a été jugé que ces constructions peuvent être l'objet d'une saisie immobilière de la part des créanciers du locataire, soit lorsqu'il résulte des conventions intervenues entre celui-ci et le propriétaire du terrain, que ce dernier a entendu renoncer au bénéfice du droit d'accession sur ces constructions (Cass., 7 avril 1862, t. 88, p. 11); soit par cela seul que le propriétaire ne manifeste ni l'intention de retenir les constructions, ni celle d'en exiger l'enlèvement (Trib. civ. de Wissembourg, 20 mars 1863, t. 89, p. 235); soit lorsqu'il a été stipulé dans le bail qu'à son expiration le propriétaire aura le droit de conserver les constructions ou de les faire enlever (Rouen, 20 août 1859, t. 85, p. 410; Paris, 30 mai et 27 août 1864, t. 90, p. 197; 23 fév. 1872, t. 97, p. 398; Lyon, 18 fév. 1871, t. 97, p. 188); soit lorsqu'une clause du bail oblige formellement le locataire à cet enlèvement (Trib. civ. de la Seine, 2 août 1878, t. 104, p. 36); et que les constructions dont il s'agit ne peuvent être saisies comme objets mobiliers, alors même que la saisie-exécution ne porterait que sur les matériaux à provenir de la démolition (Paris, 30 mai 1864, précité). Ces solutions s'appliquent du reste au droit au bail comme aux constructions elles-mêmes (Rouen, 20 août 1859; Cass., 7 avril 1862; Paris, 23 fév. 1872, susmentionnés).

99. D'autre part, il a été décidé que les constructions élevées par le locataire, avec l'autorisation du propriétaire qui s'est réservé soit de les conserver, soit de les faire enlever, n'ont plus, à l'égard du locataire, à la fin ou en cas de résiliation du bail, et après l'option du propriétaire pour la démolition, que le caractère de matériaux; et que, par conséquent, les créanciers de celui-ci n'ont le droit de les saisir et de les faire vendre que comme objets mobiliers : Bordeaux, 22 déc. 1868 (t. 94, p. 272); Trib. civ. de la Seine, 2 août 1878, précité. — Il résulte d'ailleurs de l'arrêt de la Cour de Bordeaux que l'option du propriétaire pour la démolition est suffisamment manifestée par la saisie-gagerie que, pour avoir paiement des loyers qui lui sont dus, il fait pratiquer sur les constructions du locataire.

100. Enfin, par un arrêt du 18 déc. 1871 (t. 97, p. 188), la Cour de Paris a déclaré que les constructions sont, pendant le bail, la propriété, non du locataire, mais du bailleur lui-même, et ne peuvent être frappées de saisie immobilière par les créanciers du locataire lorsque celui-ci les a édifiées en exécution de l'obligation que lui en imposait le contrat, et qu'il a été convenu qu'à la fin du bail elles demeureraient la propriété exclusive du bailleur; et qu'il en est de même du droit au bail.

101. V. aussi dans le sens de ces distinctions notre *Formulaire annoté*, t. 2, p. 605, n. 13.

102. Les constructions élevées sur le terrain d'autrui par un tiers possesseur de mauvaise foi ont-elles un caractère mobilier, et ne peuvent-elles dès lors être frappées que de saisie-exécution, et non de saisie réelle, par les créanciers de ce tiers possesseur, lorsque le propriétaire du terrain, mis en demeure d'opter pour la conservation ou pour l'enlèvement de ces constructions, a gardé le silence? Ce silence seul emporte-t-il renonciation de la part du propriétaire au droit de retenir les constructions? Invité à résoudre ces questions, nous avons exprimé notre avis de la manière suivante :

Il est incontestable que lorsque le propriétaire sur le terrain duquel un tiers possesseur de mauvaise foi a fait des constructions, manifeste clairement sa volonté d'obliger ce tiers à les enlever (Cod. civ., 555, § 1er), ces constructions perdent immédiatement le caractère d'immeubles et ne doivent plus être envisagées que comme de simples matériaux, même avant d'avoir été démolies; d'où il suit qu'elles ne sont susceptibles, à partir de cette déclaration de volonté du propriétaire, que de saisie-exécution, et non de saisie réelle, de la part des créanciers du tiers possesseur. Compar. en ce sens l'arrêt de Bordeaux du 22 déc. 1868, mentionné plus haut.

103. Mais le propriétaire qui, sommé par le tiers possesseur de formuler son option, ne se prononce d'aucune manière, ne saurait être réputé, à raison de ce silence même, renoncer au droit de retenir les constructions. S'il y avait lieu d'interpréter ce silence, ce serait plutôt dans le sens contraire qu'il faudrait le faire, puisque, en principe, les constructions élevées sur un terrain sont présumées appartenir au propriétaire de ce terrain (Cod. civ., art. 553). — Mais ici ce n'est pas sur une simple présomption qu'il faut se fonder : la loi exige une déclaration formelle de la volonté du propriétaire; pour que les constructions élevées sur son terrain par un tiers doivent être supprimées, il faut, aux termes de l'art. 555, qu'il le *demande*. Sans doute, la demande peut ne pas être expresse, et résulter seulement de faits qui l'impliquent (comme dans l'espèce de l'arrêt de la Cour de Bordeaux); mais au moins des faits positifs sont-ils nécessaires, et le simple silence ne peut-il suffire. Tant que le propriétaire, même mis en demeure, ne s'explique pas, les choses restent dans l'état où elles étaient avant l'interpellation, c'est-à-dire que les constructions conservent leur caractère immobilier à l'égard du tiers possesseur, et peuvent, malgré la priorité de son droit, être l'objet d'une saisie réelle de la part de ses créanciers. (V. en ce sens le jugement aussi susmentionné du tribunal de Wissembourg du 20 mars 1863).

104. Mais rien ne saurait évidemment s'opposer à ce que le tiers possesseur supprime de son propre chef ces mêmes constructions que le propriétaire du terrain n'a pas déclaré vouloir retenir : ce dernier, en pareil cas, n'aura pas à se plaindre, puisque son terrain lui sera rendu tel qu'il était avant l'indue possession. Compar. Demolombe, *Distinction des biens*, n. 681 *bis*.—Et nous n'avons pas besoin d'ajouter qu'une fois ainsi démolies les constructions ne pourront plus être frappées que de saisie-exécution par les créanciers du tiers possesseur.

105. Nous avons eu aussi à faire connaître notre opinion sur le point de savoir si les constructions élevées par le mari sur un terrain propre à sa femme commune en biens sont la propriété de celle-ci, ou bien si, au contraire, elles appartiennent au mari, et si les créanciers de ce dernier peuvent les frapper de saisie réelle. — Le droit de propriété de la femme sur ces constructions nous semble certain, avons-nous dit. En principe général, les constructions élevées par un tiers sur le terrain d'autrui sont la propriété du maître de ce terrain, conformément à la vieille maxime : *Ædificia solo cedunt*. Ce principe, que consacre l'art. 555, Cod. civ., a été appliqué spécialement par la jurisprudence et la doctrine aux constructions faites par le preneur sur le terrain qui lui a été loué ou affermé, sauf les exceptions que des conventions ou des circonstances particulières pourraient y apporter. V. ci-dessus, n. 98 et s., ainsi que MM. Troplong, *Louage*, t. 2, n. 354; Duvergier, *Id.*, t. 1, n. 457 et s.; Demolombe, *Distinct. des biens*, t. 1, n. 693.

106. Lorsque les constructions ont été élevées par le mari sur un terrain appartenant en propre à sa femme commune en biens, l'application de ce même principe est d'autant moins douteuse qu'elle est commandée par un texte spécial. L'art. 1437, Cod. civ., dispose, en effet, que quand les deniers de la communauté sont employés à l'amélioration des biens personnels de l'un des époux, celui-ci en doit la récompense, ce qui revient à dire que les améliorations restent la propriété de cet époux, sauf à lui à indemniser la communauté du profit qu'il en aura retiré.

107. Contestera-t-on que les constructions faites par le mari sur le terrain de sa femme soient des améliorations dans le sens de la loi? Quelques auteurs ont bien soutenu que, dans l'art. 599, Cod. civ., d'après lequel l'usufruitier ne peut, à la cessation de l'usufruit, réclamer aucune indemnité pour les améliorations qu'il prétendrait avoir faites, encore que la valeur de la chose en fût augmentée, le mot *amélioration* ne s'applique pas aux constructions, lesquelles ne se bornent pas à améliorer, mais modifient et transforment la chose. V. entre autres, Marcadé, sur l'art. 555, n. 6; Demolombe, *loc. cit.*, n. 69 ; Aubry et Rau, d'après Zachariæ, t. 2, p. 235 et 468. Cette interprétation, dans le cas dont il s'agit, est déterminée surtout par un sentiment d'équité ; il semble, en effet, exorbitant de reconnaître au nu propriétaire le droit de retenir les constructions faites par l'usufruitier, sans indemniser celui-ci. Et cependant c'est l'opinion contraire qui a prévalu. V. Cass., 23 mars 1825 (S.-V., chron.) ; Bourges, 24 fév. 1837 (S.-V.38.2.108); Cass., 18 juill. 1851 (S.-V.51.1.481), dans ses motifs; Proudhon, *Usufr.*,

t. 3, n. 1435 et 1451 ; Toullier, t. 3, n. 427 ; Ducaurroy, Bonnier et Roustain, *Comment. Cod. civ.*, t. 2, n. 190, 192; Massé et Vergé sur Zachariæ, t. 2, p. 112.

108. Mais, dans l'art. 1437, bien loin qu'aucune raison d'équité milite en faveur de la signification restrictive du mot *amélioration*, c'est à *fortiori* que les constructions sont comprises dans ce terme, ainsi que le remarquent fort bien MM. Aubry et Rau, *loc. cit.*, p. 23, note 22. Si l'augmentation de valeur résultant de simples réparations doit donner lieu à récompense, comment n'en serait-il pas de même de celle qui provient de constructions nouvelles ? Aussi la Cour de cassation n'a-t-elle pas hésité à juger, par arrêt du 18 mars 1856 (S.-V.58.1.423), que les constructions élevées par un mari sur un terrain de sa femme constituent une véritable amélioration de la propriété de cette dernière, et que la femme est dès lors obligée de tenir compte à la communauté des avances exigées par ces constructions. D'où la conséquence que le mari n'a lui-même sur les constructions aucun droit de propriété, et que les créanciers ne peuvent les frapper de saisie.

109. Du reste, cette solution n'est pas nouvelle. Le droit coutumier proclamait déjà que les bâtiments construits sur le propre de l'un des époux par l'autre appartenait au premier, sauf récompense. Une coutume allait même jusqu'à refuser toute récompense à l'époux qui avait fait les constructions ; mais les jurisconsultes de l'époque la regardaient, avec grande raison, certes, comme injuste, et s'en tenaient au droit commun. V. sur ce point les indications données par M. Troplong, *Contr. de mar.*, n. 1183.

110. On objecterait à tort que, s'il en doit être ainsi dans les rapports respectifs des époux, les tiers qui ont contracté avec l'époux constructeur, et qui, par exemple, lui ont avancé l'argent nécessaire pour les travaux, dans la pensée que la construction était sa propriété, ne peuvent être évincés par l'autre époux et renvoyés à l'époque de la dissolution du mariage pour exercer leurs droits sur l'indemnité due par ce dernier. L'époux sur le terrain duquel la construction a été élevée ne peut être propriétaire de ce terrain vis-à-vis de son conjoint et ne l'être pas vis-à-vis des tiers. D'ailleurs l'époux constructeur n'a pu transmettre plus de droit qu'il n'en avait. Ceux avec lesquels il a contracté ne sont pas ici des *tiers*, dans le sens juridique de cette expression, mais des ayants cause, qui ont à se reprocher de ne s'être pas assurés de la nature des droits de celui qu'ils acceptaient pour débiteur. —V. encore en ce sens, notre *Formul. annot.*, p. 605, n. 14.

111. On s'est demandé si l'entrepreneur de la construction d'un pont sur un fleuve ou une rivière, dont la concession a été accordée, avec une subvention, à une société à responsabilité limitée, peut, pour obtenir le paiement du prix des travaux qui lui reste dû, faire saisir ce pont. M. Harel a soutenu avec raison la négative dans le *Journ. des Av.*, t. 92, p. 95 et 96. En effet, a-t-il dit, le pont dont il s'agit, en mettant en communication les deux rives du fleuve ou de la rivières pour en faciliter le passage, se relie nécessairement à deux routes ou chemins vicinaux ; destiné au service de ces routes ou chemins, il doit être considé comme en faisant partie : or, à ce titre, il dépend du domaine public ; il ne peut pas plus être saisi que ne pourraient l'être les routes et chemins dont les constructeurs n'auraient pas reçu le prix de leurs travaux. — Ce pont, ajoute M. Harel, n'est pas même la propriété de la société, lorsque d'ailleurs elle l'a construit en partie avec les fonds de l'Etat, qui lui a accordé une subvention. La société n'a, pour rentrer dans les dépenses qu'elle a pu faire en dehors de cette subvention, qu'un droit de jouissance, dont la durée a été fixée par le décret de concession ou le cahier des charges, et qui consiste dans la perception du droit de péage. C'est ce droit seul qui peut être atteint par les constructeurs, créanciers de la société, soit au moyen de saisies-arrêts, soit par l'intermédiaire d'un séquestre que nommerait le tribunal du siège de la société. — Compar., *infrà*, n. 126 et s.

112. Les actions qui tendent à revendiquer un immeuble étant immobilières, aux termes de l'art. 526, Cod. civ., on a élevé la question de savoir si le propriétaire peut en être dépouillé par la voie de l'expropriation forcée. La Cour de cassation a décidé la négative à l'égard de l'action en rescision d'une vente d'immeuble pour cause de lésion : arrêt du 14 mai 1806 (*J. Av.*, t. 20, p. 81), et la Cour d'Orléans a déclaré, de son côté, le 27 janv. 1842 (t. 62, p. 119), que le droit de réméré ne peut pas être vendu par voie de saisie immobilière. L'opinion contraire est enseignée par Pigeau, t. 2, p. 207, n. 5, qui la fonde notamment sur les dispositions des art. 526, 2092, 2093 et 2264, Cod. civ., combinés. — Tarrible, *Rép. de Merlin*, v° *Expropriation*, t. 5, p. 42, n. 3, est d'avis que le créancier peut seulement agir en vertu de l'art. 1166, Cod. civ., et faire vendre l'immeuble, après l'avoir fait rentrer parmi les biens de son débiteur. Telle est aussi l'opinion de M. Berriat Saint-Prix, p. 570, note 21. De son côté, M. Persil père, *Quest.*, t. 2, p. 379 et suiv., adopte entièrement la solution consacrée par la Cour de cassation dans l'arrêt mentionné ci-dessus, tout en en critiquant les motifs. Bien qu'il admette que l'action en rescision ou en revendication est immobilière, il soutient que cette action ne saurait être saisie réellement, et il en donne les motifs ci-après : 1° l'intérêt des créanciers s'oppose à la saisie. L'action n'a aucune existence véritable tant qu'elle n'est pas formée ; or, l'incertitude qui accompagne les droits litigieux est de nature à écarter les adjudicataires, et cette première considération a dû porter le législateur à interdire ici la saisie immobilière; 2° l'action pourrait être infructueuse dans les mains de l'adjudicataire, et de là des actions en garantie qu'il faut éviter, parce que les conséquences en sont toujours funestes ; 3° il peut arriver que les résultats de l'action soient purement mobiliers. Si, par exemple, l'acquéreur offre de payer le supplément du juste prix, on aura donc exproprié une simple créance; on aura adjugé de l'argent pour de l'argent ! 4° l'art. 2204 détermine les biens dont on peut poursuivre l'expropriation; il indique d'abord les biens immobiliers et leurs accessoires réputés immeubles, ce qui comprend à la fois les immeubles par leur nature et ceux qui le sont par leur destination. Passant ensuite aux immeubles par l'objet auquel ils s'appliquent, cet article ne parle que de l'usufruit, ce qui prouve que, parmi cette dernière classe d'immeubles, la loi n'a voulu rendre susceptible d'hypothèque que le droit d'usufruit des choses immobilières. On remarque enfin que l'art. 2204 est en parfaite harmonie avec l'art. 2118, et que de même que celui-ci interdit l'hypothèque des autres droits incorporels, de même l'art. 2204 en interdit l'expropriation. Les biens d'un débiteur, dit-on, sont le gage de tous ses créanciers. Mais, répond M. Persil, ce n'est point se mettre en opposition avec ce principe que d'exercer d'abord l'action pour exproprier seulement le résultat.

113. Dans ce conflit d'opinions, M. Chauveau pense qu'il est prudent de se ranger à celle qui considère l'action en rescision ou en revendication comme non susceptible de saisie immobilière; car, observe-t-il, d'une part, la validité de la saisie pourrait être contestée, tandis que de l'autre, en se fixant bien sur la valeur de l'immeuble et la modicité du prix, on pourrait agir avec plus de sécurité. V. aussi en ce sens, MM. Grenier, t. 1, p. 318 ; Persil fils, *Comm.*, t. 1, p. 8 et suiv., n. 5 ; Troplong, t. 2, p. 91 ; Dalloz, *loc. cit.*, n. 72, et Bioche, v° *Sais. imm.*, n. 53.

114. La partie saisie ne pourrait pas exciper de la convention qu'elle aurait faite avec un tiers pour s'interdire la faculté de vendre l'usufruit d'un immeuble dont elle jouit : Cass., 7 mars 1818 (*J. Av.*, t. 20, p. 177). La saisie de cet usufruit n'en serait pas moins valable, car le débiteur ne peut pas se créer à lui-même une inaliénabilité.

115. La jouissance emphytéotique peut-elle être faite l'objet d'une saisie immobilière? Quatre arrêts ont résolu ce point affirmativement : Paris, 10 mai 1831 (*J. Av.*, t. 40, p. 298); Cass., 19 juill. 1832 (t. 42, p. 372); Douai, 15 déc. 1832 (t. 44, p. 207), et 12 août 1850 (*Journ. de cette Cour*, 1851, p. 406). Cette dernière décision ne tranche la question qu'implicitement, en indiquant que si, dans un contrat de bail authentique, le bailleur a stipulé, que le preneur ne pourra, sa vie durant et sans que cette clause soit obligatoire pour ses héritiers, céder ses droits sans le consentement exprès et par écrit du propriétaire, cette clause fait obstacle à ce que les créanciers, même hypothécaires, qui ne sont que les ayants cause du débiteur, puissent faire saisir et vendre le droit réel sur lequel ils ont pris inscription. — Une telle jurisprudence méconnaît, selon M. Chauveau, les principes les plus positifs du droit. — Mais notre auteur pense que s'il s'agissait des baux à complant ou à champart, usités anciennement dans quelques provinces, l'immeuble pourrait être saisi quant à la portion appartenant au preneur.

116. Les immeubles déclarés insaisissables par le donateur ou le testateur, et ceux qui ont été légués ou donnés pour aliments, sont-ils insaisissables? — L'art. 581, Cod. proc., fait échapper les meubles à la saisie-exécution dans ces circonstances. Les motifs qui ont fait introduire cette disposition sembleraient devoir s'appliquer aux immeubles. Mais, comme l'observe M. Chauveau, il n'appartient qu'à la loi de tracer des exceptions aux règles du droit commun : la doctrine ne peut les suppléer par analogie. Tel est aussi l'avis de MM. Favard de Langlade, t. 2, p. 493, n. 3, et Dalloz, n. 89. L'opinion contraire, qu'adoptent MM. Pigeau, *Comm.*, t. 2, p. 272, et Bioche, v° *Saisie immob.*, n. 50, se fonde : 1° sur l'art. 1981, Cod. civ., qui parle de l'insaisissabilité des rentes données ou léguées; 2° sur l'art. 6, même Code, qui permet aux parties de déroger par des conventions à ce qui n'est contraire ni à l'ordre public ni aux bonnes mœurs, et sur l'art. 900, relatif aux donations. M. Chauveau oppose à ces arguments, d'une part, que l'art. 1981, Cod. civ., ne peut, pas plus que l'art. 581, Cod. proc., être étendu de l'hypothèse prévue à une hypothèse analogue; et, d'autre part, que la défense de frapper d'inaliénabilité une partie quelconque des biens meubles ou immeubles en dehors des prescriptions de la loi, est une règle d'ordre public. Compar. un arrêt de la Cour de Lyon, du 12 juin 1856 (*Droit*, 2 août 1856, n° 193), qui a déclaré nulle la clause portant que, durant la vie du donateur, les biens donnés ne seraient susceptibles ni d'aliénation ni d'hypothèque.

117. Malgré la généralité des termes de l'art. 2204, il est quelques exceptions à la faculté dont jouit le créancier de saisir tous les immeubles de son débiteur. Ainsi, les principes de la dot s'opposent à ce qu'une expropriation soit dirigée contre un immeuble dotal. — M. Chauveau mentionne à ce sujet les décisions suivantes :

118. Il résulte d'un jugement du tribunal civil d'Orange, du 23 avril 1855 (*J. Av.*, t. 80, p. 437), que l'immeuble dotal qui a figuré fictivement dans un partage des biens de l'auteur commun ne peut pas être saisi à la requête de l'avoué qui a obtenu la distraction des frais de partage. — Mais l'immeuble reçu en échange d'un fonds dotal peut, quoique déclaré dotal par l'acte d'échange, être saisi par un créancier de la femme, si les formalités voulues par la loi pour lui imprimer le caractère de la dotalité et de l'inaliénabilité n'ont pas été observées : Limoges, 3 mai 1837 (t. 55, p. 615). — D'un autre côté, l'immeuble qui est à la fois dotal et paraphernal, sans que telle ou telle partie puisse être considérée comme dotale plutôt que comme paraphernale et réciproquement, peut être saisi en entier par le créancier qui a des droits à exercer sur les biens paraphernaux, et la femme mariée n'a pas même, dans ce cas, le droit de réclamer un sursis pour faire procéder à un partage; elle ne peut obtenir qu'un sursis pour faire déterminer, s'il est possible, la part spécialement affectée à la représentation de la dot : Rouen, 8 août 1850 (*J. Av.*, t. 77, p. 72). La Cour de Montpellier, par arrêt du 19 janv. 1855 (t. 81, p. 378), s'est prononcée dans le même sens en décidant qu'il n'y a pas nullité de la saisie immobilière qui comprend des biens dotaux et paraphernaux de la femme débitrice, qu'il y a seulement lieu à surseoir jusqu'à ce que l'on ait déterminé quels sont, parmi ces biens, les immeubles frappés de dotalité.

119. Dans une espèce, où il s'agissait d'une femme mariée à laquelle un immeuble avait été abandonné, après séparation de biens, en paiement de ses reprises dotales, la Cour de Montpellier a décidé, le 18 fév. 1853, que le créancier hypothécaire ne pouvait poursuivre la saisie qu'en remboursant au préalable à la femme le montant de sa dot inaliénable. M. Chauveau critique cette décision en y opposant un arrêt de la Cour de Poitiers du 16 juin 1852 (*J. Av.*, t. 79, p. 599), qui a consacré le principe qu'il n'est pas permis aux tribunaux d'astreindre un créancier poursuivant la saisie d'un immeuble sur un tiers détenteur à fournir caution à l'effet de garantir que l'adjudication produira un prix suffisant pour désintéresser ce même créancier. — Notre auteur fait d'ailleurs remarquer que la Cour de Montpellier avait adopté l'opinion contraire le 21 fév. 1851, par un arrêt dans lequel on lit ce motif : « Considérant que ce serait méconnaître l'esprit de la législation qui nous régit, que de soumettre le créancier poursuivant à porter la mise à prix à une somme suffisante pour garantir le paiement intégral de la dot mobilière ou à désintéresser la veuve Régniard, avant le jugement d'adjudication. »

120. De deux décisions plus récentes il résulte : 1° que les immeubles dotaux peuvent être saisis pour le paiement de dettes contractées par la femme dans son contrat de mariage, alors surtout que celle-ci, dans ce contrat, s'est réservé la faculté d'aliéner ses immeubles dotaux pour en faire servir le prix, à titre de remploi, au paiement des dettes qui y sont énoncées : Cass., 20 avril 1861 (*J. Av.*, t. 88, p. 13) ; — 2° qu'un immeuble en partie dotal et en partie paraphernal peut être saisi et vendu à la requête des créanciers de la femme, s'il n'est pas susceptible d'être partagé en nature, sauf à la femme à prélever, pour en faire emploi, la portion du prix qui représente la partie dotale, les paragraphes 1, 6 et 7 de l'art. 1558, Cod. civ., s'appliquant à ce cas : Pau, 12 août 1868 (*J. Av.*, t. 94, p. 72).

Adde notre *Formul. annot.*, p. 606, n. 21 et s.

121. La Cour de Paris a jugé, le 12 janv. 1847 (*J. Av.*, t. 72, p. 259), que le tuteur à une substitution peut s'opposer à ce que les créanciers du grevé de substitution fassent saisir ou vendre l'immeuble substitué. M. Chauveau approuve cette solution, dans laquelle il voit une exécution littérale des art. 1070 et suiv., Cod. civ. Telle est aussi l'opinion de M. Jacob, p. 323.

122. M. Chauveau pense que l'usufruit qui est attribué par la loi aux père et mère sur les biens de leurs enfants ne peut être saisi, parce qu'il est grevé des frais de nourriture et d'entretien des enfants ; et qu'il en est de même de l'usufruit du mari sur les immeubles dotaux, cet usufruit étant destiné à l'entretien du ménage. Conf., MM. Lachaize, t. 1, p. 99 ; Paignon, t. 1, p. 48 ; Dalloz, p. 68. — *Contrà*, M. Bioche, n. 47.

123. Dans le *Journ. des Av.*, t. 72, p. 116, M. Chauveau a exprimé l'opinion que la *redevance* due au propriétaire du sol par le concessionnaire d'une mine ne peut isolément être frappée de saisie immobilière, contrairement à ce qu'a décidé un arrêt de la Cour de Lyon du 29 déc. 1846. — Sur le pourvoi contre cet arrêt, la Cour de cassation a décidé, le 13 nov. 1848 (*J. Av.*, t. 74, p. 169), qu'il faut en pareil cas recourir aux dispositions du Code de procédure relatives à la saisie des rentes constituées. La Cour suprême a persisté dans cette jurisprudence le 24 juill. 1850 (*J. Av.*, t. 76, p. 621).

124. Après avoir déclaré qu'il est incontestable que, d'après les principes posés par le Code civil (art. 2118 et 2204), les droits d'usage et d'habitation ne sont susceptibles ni d'hypothèque ni de saisie, M. Chauveau se demande s'il y a incompatibilité entre la nature des droits d'usage ou d'habitation et l'hypothèque ou la saisie, ou bien si l'obstacle mis au droit de suite ne provient que du caractère de l'usage et de l'habitation à l'égard du propriétaire du fond grevé. Un arrêt de la Cour d'Aix en date du 4 fév. 1853, tout en proclamant le principe de l'insaisissabilité, l'a déclaré inapplicable au créancier propriétaire de la maison grevée du droit d'habitation. La même opinion a été développée par un magistrat, M. Lathaillède, dans une note au recueil Sirey, sous l'arrêt précité (1853.2.465), et où sont cités à l'appui de cette doctrine, Domat, *Lois civ.*, liv. 1, tit. 10, sect. 2, le discours prononcé par M. Gary, au Corps législatif, le 9 pluv. an XII, en présentant le vœu d'adoption émis par le Tribunat sur le liv. II, tit. III, chap. 2, du Code civil, et le *Comm. de la vente*, de M. Troplong, t. 1, p. 363 et 364, n. 225. L'auteur de cette note conclut en ces termes : « Il est donc exact de dire que c'est en faveur du propriétaire de la maison grevée du droit d'habitation que la loi a voulu attacher ce droit à la personne, en le déclarant incessible et insaisissable. Mais, s'il en est ainsi, est-ce qu'il ne dépend pas du propriétaire de renoncer à une faculté qui lui a été conférée pour son avantage personnel ? Ne trouve-t-il pas dans cette qualité le germe d'un privilège capable de féconder l'exercice de son droit de créance ? Par la puissance de sa volonté ne peut-il pas faire tomber dans le commerce un droit immobilier qui en avait été exclu dans son intérêt, et le saisir immobilièrement comme il aurait pu saisir un droit d'usufruit ? Supposons, en effet, que l'habituaire cède son droit à un tiers, du consentement du propriétaire qui voudra courir la chance de voir habiter sa maison par une personne moins discrète, plus difficile ou plus gênante que l'habituaire lui-même, est-ce que ce consentement ne validera pas la cession vis-à-vis de toutes les parties contractantes, et n'élèvera pas contre l'action en nullité de cette convention une fin de non-recevoir insurmontable, résultant de l'art. 1134, Cod. civ. ? Or, si tel est l'effet légal de l'adhésion du propriétaire, on ne voit pas pourquoi elle n'aurait plus la même force dans le cas où, créancier en même temps de l'habituaire, il ferait saisir, dans son intérêt personnel, le droit de celui-ci. Ces deux moyens d'aliénation ne sont-ils pas corrélatifs ? Et ce qui est valable dans la première hypothèse pourrait-il ne l'être pas dans l'autre.... ? »

125. Bien que la solution réduite à ces limites n'offre pas d'inconvénients sérieux, observe M. Chauveau, on peut objecter cependant que c'est dénaturer le droit d'usage que de permettre qu'il soit mis en vente et adjugé au dernier enchérisseur. Aussi MM. Bioche, n. 52, et Dalloz, n. 69, se prononcent-ils contre la saisie. Notre auteur avoue lui-même que le droit d'habitation est un droit réel qui se trouve en même temps empreint de personnalité, et qu'il est presque impossible qu'un droit d'habitation passe d'une tête sur une autre sans que les conditions d'exercice de ce droit ne soient assez profondément modifiées ; mais il ajoute qu'à la vérité, puisque c'est le propriétaire de l'immeuble grevé qui fait vendre, c'est à ses riques et périls, et qu'il ne saurait être admis à se plaindre d'une aggravation qu'il a lui-même provoquée. — V. aussi notre *Formul. annot.*, p. 606, n. 20.

126. M. Chauveau se demande quelle est la nature de la jouissance accordée par l'Etat au concessionnaire d'un chemin de fer, d'un pont à péage ou d'un canal. Ce droit est-il mobilier ou immobilier? Peut-il être frappé de saisie immobilière? Peut-il être hypothéqué? Ce sont là deux facultés corrélatives. — Le droit d'hypothèque a été contesté devant la Cour de Nîmes, qui, le 2 août 1847 (*J. Av.*, t. 73, p. 53), l'a déclaré inadmissible. Cette Cour a dit que le contrat intervenu entre l'Etat et l'entrepreneur n'a pas le caractère d'une emphytéose ni d'un usufruit; mais elle n'a pas essayé de définir le droit qui découle de ce contrat.

127. M. Chauveau estime qu'on doit voir là un usufruit *sui generis*; que le pont, le canal, le chemin de fer étant des immeubles, ce que personne n'a songé à contester, la jouissance limitée ou perpétuelle de ces immeubles est elle-même un immeuble, d'où la conséquence que cette jouissance peut être hypothéquée ou saisie par voie de saisie immobilière. La Cour de Nîmes ne veut pas qu'une concession soit un usufruit parce qu'il est de l'essence de cette nature de propriété d'être un droit personnel cessant par la mort de l'usufruitier. Mais, objecte notre auteur, si l'usufruit appartient à un être moral qui ne meurt pas, il n'en est pas moins un usufruit; seulement, en l'absence de toute clause particulière, la loi restreint cet usufruit à trente années (Art. 619, Cod. civ.). — Si l'on refuse de regarder la concession comme engendrant un usufruit, ce sera alors forcément, poursuit M. Chauveau, une propriété immobilière soumise à certaines conditions d'exploitation déterminées par les lois et règlements, et tombant dans le domaine général de l'Etat après un certain temps. Ainsi envisagée, cette propriété est encore susceptible d'hypothèque et de saisie immobilière.

128. Après avoir mûrement réfléchi sur la nature des droits de l'Etat, il est, dit-il, demeuré convaincu qu'aucune opposition sérieuse ne saurait émaner de celui-ci. Il y a beaucoup de propriétés qui puisent leur existence dans un acte de l'autorité publique, les *mines*, les *ateliers insalubres, dangereux et incommodes*, les *usines sur les cours d'eau*, etc. Certaines de ces propriétés ne peuvent être l'objet d'une transmission sans l'autorisation du Gouvernement; mais il a fallu une disposition formelle pour qu'il en fût ainsi; et l'on peut déjà tirer de là une raison *à contrario*. Toute propriété cessible est saisissable. Or, on n'a jamais songé à soutenir que les héritiers d'un concessionnaire n'eussent pas le droit de jouir de la concession comme leur auteur. L'Etat, à moins de clause expresse insérée par le législateur dans le cahier des charges, ne peut donc apporter aucun obstacle à la transmission volontaire ou forcée d'une concession. Lorsque la concession s'applique à un objet d'art dont la propriété sera affectée à l'usage public et devra lui revenir en propre après un certain délai, l'Etat n'a pu avoir en vue la personne du concessionnaire, puisque cette personne peut lui échapper à chaque instant, mais uniquement l'exécution matérielle d'une œuvre d'intérêt général. Aussi les héritiers du concessionnaire sont-ils forcés de continuer l'œuvre commencée. Le concessionnaire a le droit, sous sa responsabilité, de choisir ce qu'on nomme des sous-traitants. A sa mort, ses héritiers, ou de son vivant ses ayants droit conventionnels, jouiront des droits partiels ou entiers qui seront la conséquence des travaux entrepris. Comment des créanciers ne pourraient-ils pas forcer le concessionnaire à payer des créances qui sont presque toujours d'une nature si favorable? Dans cette vente forcée, l'Etat ne peut que gagner. Il conservera toujours comme obligé personnel le concessionnaire primitif; de même qu'un acquéreur dépossédé par expropriation ne reste pas moins débiteur personnel de son prix vis-à-vis de son vendeur; comme l'usufruitier qui cède son usufruit reste garant vis-à-vis du propriétaire de l'entretien de l'immeuble soumis à l'usufruit, etc. De plus, il pourra forcer l'adjudicataire à exécuter les clauses stipulées dans la concession, et qui auront été reproduites dans le jugement d'adjudication.

129. En résumé, qu'une concession constitue un usufruit ou une propriété temporaire, elle est, aux yeux de M. Chauveau, susceptible de cession volontaire, d'hypothèque et d'adjudication par voie de saisie immobilière. — Compar. *suprà*, n. 111.

130. Le tribunal civil de la Seine a décidé, le 27 juillet 1850 (*J. Av.*, t. 75, p. 601), que les chemins de fer ne peuvent être l'objet d'une saisie immobilière ni d'une vente judiciaire. Dans l'espèce, les créanciers étaient les anciens propriétaires de certaines fractions du sol occupé maintenant par le chemin de fer, qui demandaient le paiement des indemnités à eux dues. Ils n'avaient pas dirigé leurs poursuites contre la compagnie, considérée comme concessionnaire, ni demandé la vente judiciaire des droits concédés. Ils avaient jeté une saisie réelle sur le sol, les rails et les dépendances du chemin de fer. M. Chauveau reconnaît qu'à ce point de vue, ils étaient évidemment non recevables ; que le tribunal a eu raison de dire que le concessionnaire d'un chemin de fer n'est pas le véritable propriétaire du terrain sur lequel le chemin est établi, et que, par leur nature de voie publique, les chemins de fer ne sont pas susceptibles d'une propriété privée. Conf. notre *Formul. annot.*, p. 601, n. 19.—Mais le tribunal de la Seine n'a pas examiné si les créanciers pouvaient saisir immobilièrement le droit de concession de leurs débiteurs ; son jugement n'infirme donc point la doctrine de M. Chauveau.

131. L'art. 2205 dispose que la part indivise d'un cohéritier dans les immeubles d'une succession ne peut être mise en vente par ses créanciers personnels, avant le partage ou la licitation. De là plusieurs questions qui seront résolues ci-après. — Disons d'abord qu'il n'est contesté par personne que cet article est inapplicable au cas où les poursuites sont faites à la requête d'un créancier de la succession : alors, en effet, les droits des créanciers s'étendent sur l'immeuble tout entier, et le nombre des copropriétaires est parfaitement indifférent ; il suffit de les comprendre tous dans la saisie. Même solution quand tous les cohéritiers se sont obligés envers le créancier. V. Bruxelles, 5 mars 1810 (t. 20, p. 243) ; Bastia, 22 mai 1823 (*J. Av.*, t. 25, p. 175) ; Douai, 26 juill. et 1er déc. 1852 (*J. Av.*, t. 78, p. 373) ; Rouen, 15 mars 1856 (*Journ. de cette Cour*, 1856, p. 167) ; Persil fils, *Comment.*, t. 1er, p. 16, n. 12 ; Dalloz, v° *Vente publ. d'imm.*, n. 102 ; Bioche, n. 57. — Même solution encore quand la saisie est pratiquée par un créancier ayant hypothèque sur la totalité de l'immeuble, circonstance qui ne peut se rencontrer du reste qu'autant que les droits du créancier remontent à une époque où la disposition de l'immeuble appartenait à celui ou à ceux qui ont conféré l'hypothèque, ce qui assimile le cas actuel au précédent : Lyon, 14 mars 1856 (*J. Av.*, t. 82, p. 407) ; Bruxelles, 25 mars 1850 (t. 77, p. 392). — Conf. notre *Formul. annot.*, p. 607, n. 28. — Enfin il a décidé, par application de la même règle, que le créancier du nu propriétaire et de l'usufruitier a le droit de faire saisir et vendre l'immeuble appartenant à ses deux débiteurs, sauf seulement à procéder à une ventilation pour déterminer quelle est dans le prix la part afférente à l'usufruit et celle représentant la nue propriété : Caen, 29 janv. 1855 (*J. Av.*, t. 80, p. 449).

132. Mais M. Chauveau déclare qu'il ne conseillerait pas à celui qui voudrait saisir l'immeuble dépendant d'une succession sur la tête de l'un des cohéritiers, de se dispenser de provoquer le partage, sous le prétexte que ce cohéritier ayant traité avec quelques-uns des autres, et possédant d'ailleurs la totalité de l'immeuble, il y aurait présomption qu'il les a désintéressés tous, et qu'il est seul propriétaire. Une simple présomption ne lui paraît pas, malgré un arrêt en sens contraire de la Cour de Grenoble du 22 prairial an XIII (*J. Av.*, t. 20, p. 71), suffisante pour établir ce fait. Mais le poursuivant, dit-il, pourrait prouver par témoins l'existence du partage. *Sic*, Bordeaux, 14 mai 1835 (*J. Av.*, t. 50, p. 348).

133. Est-ce la mise en vente seule ou bien la saisie elle-même qui est prohibée par l'art. 2205? Carré, au texte, émet l'opinion qu'on ne peut même pas procéder à la saisie. — Cependant la Cour de cassation, le 14 déc. 1819 (*J. Av.*, t. 20, p. 36), et les Cours de Poitiers, le 20 août 1835 (t. 52, p. 189), de Caen, le 5 avril 1840 (t. 72, p. 354), de Colmar, le 15 avril 1853 (t. 81, p. 155), de Limoges, le 26 juill. 1856 (*Droit* du 21 oct. 1856), ont décidé, au contraire, qu'il est permis de procéder à la saisie, sauf à provoquer le partage avant l'adjudication. Conf. MM. Lachaize, t. 1er, p. 112; Favard de Langlade, t. 2, p. 493; Paignon, t. 1, p. 50, § 6, et Jacob, p. 323. — Il y a lieu aussi de citer, dans le même sens, un arrêt de la Cour de Lyon du 20 mai 1854 (*J. Av.*, t. 80, p. 201), qui a validé une saisie pratiquée dans l'état d'indivision, parce que durant les poursuites un jugement rendu dans l'instance en partage avait attribué la propriété de l'immeuble au saisi, et un arrêt de la Cour de Montpellier du 12 juill. 1869 (*J. Av.*, t. 95, p. 101), d'après lequel, en admettant que la saisie d'un immeuble indivis entre le débiteur et ses cohéritiers ne soit pas nulle par le seul fait de l'indivision, elle est au moins subordonnée au résultat du partage à intervenir; mais si l'immeuble est impartageable, la vente doit en avoir lieu par voie de licitation comme en matière de partage, et non par continuation des poursuites de saisie. V. également Grenoble, 14 juill. 1812 (t. 20, p. 372).

134. Mais la Cour de cassation a abandonné cette jurisprudence par ses arrêts des 22 juill. 1822 (*J. Av.*, t. 24, p. 242) et 3 juill. 1826 (t. 31, p. 333), et les Cours d'appel se sont rangées à sa nouvelle doctrine. V. Colmar, 12 frimaire an XIII; Besançon, 21 juin 1810 (*J. Av.*, t. 20, p. 36); Nîmes, 10 fév. 1823 (t. 25, p. 44); Pau, 10 déc. 1832 (t. 45, p. 478); Lyon, 5 janv. 1833 (*Journal de cette Cour*, t. 10, p. 358), 14 fév. 1839 (t. 57, p. 511); Pau, 6 juin 1850 (*J. Av.*, t. 75, p. 486), arrêt intervenu dans une espèce où les cohéritiers avait joui séparément des immeubles de la succession depuis moins de trente ans, et où, à l'exception du saisi, ils avaient consenti, d'accord avec les créanciers, à ce que la saisie fût consommée sous la condition qu'ils prélèveraient sur le prix de l'adjudication le montant de leurs droits : Trib. de Lourdes, 30 déc. 1854 (t. 80, p. 453). V. aussi *infrà*, n. 140; et compar Cass., 18 avril 1855 (*J. Av.*, t. 80, p. 553). — M. Chauveau approuve cette dernière jurisprudence, qui est aussi conforme à l'avis de MM. Tarrible, *Répert.* de Merlin, t. 12, p. 249, § 3, n. 2; Pigeau, t. 2, p. 211; Berriat-Saint-Prix, p. 573, note 25, n. 1; Dalloz, vº *Vente publ. d'imm.*, n. 111 et suiv.; Persil père, *Quest.*, t. 2, p. 195; Persil fils, *Comm.*, t. 1, p. 17, n. 13, et Bioche, vº *Sais. imm.*, n. 55.

135. Sur quoi, dit M. Chauveau, porterait la saisie? Du principe consacré par l'art. 883, Cod. civ., il résulte que si, par l'effet du partage ou de la licitation, l'immeuble passe dans les mains d'un autre cohéritier, celui que l'on voulait exproprier est censé n'y avoir jamais eu aucun droit; d'un autre côté, il peut lui échoir en partage une somme d'argent au lieu d'un immeuble. La saisie se trouvera donc sans objet dans l'un comme dans l'autre cas. Enfin vendre les droits d'un cohéritier avant le partage, ce serait aller contre le but du législateur qui a voulu écarter les étrangers des partages entre cohéritiers. — M. Berriat-Saint-Prix, *loc. cit.*, donne une explication qui peut bien lever tous les doutes. L'art. 2205 a été rédigé sous l'empire de la loi de brumaire, d'après laquelle l'affiche valait saisie. Le créancier débutait ainsi par la mise en vente de l'immeuble; le Code de procédure, au contraire, a distingué les deux formalités. N'est-il pas évident que les rédacteurs du Code civil, qui ne pouvaient prévoir les formes du nouveau Code de procédure, n'entendaient pas plus permettre la saisie que la mise en vente? — Mais la Cour d'Agen a jugé, le 8 fév. 1833 (*J. Av.*, t. 45, p. 540), que la prohibition ne s'étend pas au commandement, lequel, s'il n'est pas suivi de la saisie, ne peut donner au cohéritier le droit de former une opposition. Cette dernière conséquence paraît inadmissible à notre auteur. Voy. *infrà*, quest. 2215.

136. La Cour de Caen a décidé, le 15 avril 1858 (*J. Av.*, t. 84, p. 590), qu'après l'adjudication d'immeuble indivis saisis sur la tête de l'un des copropriétaires, l'autre copropriétaire a le droit de faire prononcer la nullité de l'adjudication.

137. Mais, d'après un arrêt de la Cour de Bordeaux du 19 juin 1862 (t. 88, p. 14), dans le cas de saisie d'un immeuble indivis affecté en totalité au paiement d'une créance hypothécaire, l'un des copropriétaires, coobligé à la dette, ne peut demander la nullité de cette saisie pour inobservation de l'art. 2205.

138. M. Chauveau pose la question de savoir si, dans le cas d'indivision entre le créancier et le débiteur, le créancier pourrait, sans partage préalable, saisir et faire vendre la part du débiteur, en consentant à la vente simultanée de la sienne. — Non, répond-il très justement; l'art. 2205 ne distingue pas entre le cas où le créancier est copropriétaire et celui où il n'a aucun droit sur les biens indivis. L'offre que ferait le créancier de laisser vendre en même temps sa part, loin d'être une raison qui dût permettre la vente des biens indivis, serait, au contraire, un obstacle de plus; car, d'après l'art. 743, Cod. proc., les immeubles appartenant à des majeurs maîtres de leurs droits ne peuvent être mis aux enchères en justice, lorsqu'il ne s'agit que de vente volontaire, et ici la vente serait volontaire relativement à la part du créancier. Conf. Dalloz, n. 109.

139. D'après différentes autorités, l'art. 2205, Cod. civ., serait inapplicable aux biens possédés indivisément par des copropriétaires autres que des cohéritiers. V. Paris, 1er juin 1807, 22 août 1816; Bourges, 23 juin 1815; Metz, 28 janv. 1818 (*J. Av.*, t. 20, p. 36); Favard de Langlade, t. 2, p. 493, n. 4; Lachaize, t. 1, p. 116; Thomine-Desmazures, t. 2, p. 198; Paignon, t. 1, p. 51, § 6, et Bioche, n. 56. — Cependant, observe M. Chauveau, les art. 1476 et 1872, Cod. civ., semblent placer sur la même ligne toutes les propriétés indivises. D'ailleurs l'indivision ne serait-elle pas seule un obstacle suffisant à la saisie, ainsi qu'on vient de le voir? N'y aurait-il pas dans ce cas, comme dans celui que prévoit textuellement l'art. 2205, impossibilité de déterminer ce qui appartient au débiteur, et, par conséquent, impossibilité de saisir?

140. Cette interprétation, formellement admise par les Cours de Metz, le 12 juill. 1822 (*J. Av.*, t. 20, p. 36), et de Pau, le 10 déc. 1832 (t. 45, p. 478), résulte aussi implicitement de diverses décisions qui ont déclaré nulle la saisie faite avant tout partage d'immeubles indivis entre des communistes qui n'étaient pas des cohéritiers : Douai, 26 juill. 1852 (*J. Av.*, t. 78, p. 373); Montpellier, 25 nov. 1854 (t. 80, p. 557); Bordeaux, 21 mars 1855 (t. 80, p. 569); Cass., 31 déc. 1856 (D.P.57.1.220); Pau, 8 mars 1865 (*J. Av.*, t. 90, p. 287). Telle est aussi l'opinion qu'ont adoptée MM. Tarrible, *loc. cit.*; Dalloz, n. 106, et Persil fils, *Comment.*, t. 1, p. 15, n. 11. — V. aussi notre *Formul. annot.*, p. 607, n. 25.

141. Il y a lieu de repousser, selon M. Chauveau, un arrêt de la Cour de Bruxelles du 25 mars 1850 (D.P.52.2.15), portant que l'art. 2205 n'est pas applicable au cas d'indivision entre deux coacquéreurs, chacun pour moitié d'un immeuble, alors qu'ils ne possèdent pas d'autres immeubles en commun, et cela encore bien que l'on admettrait que la disposition de l'art. 2205, Cod. civ., n'est pas limitative; que par suite est valable, sans qu'il y ait lieu à provoquer le partage ou la licitation, la saisie immobilière pratiquée par le créancier de l'un des coacquéreurs sur sa part indivise dans l'immeuble acheté en commun. — Notre auteur préfère la doctrine de l'arrêt de la Cour de cassation susénoncé du 31 déc. 1856, déclarant l'art. 2205 applicable même au cas où le débiteur a des droits éventuels à la totalité de l'immeuble, et décidant qu'ainsi il y a lieu au partage ou à la licitation préalable de l'immeuble, encore que l'indivision existe avec un individu dont le décès ni l'absence n'ont pas été régulièrement constatés, et que le débiteur se trouve seul propriétaire de cet immeuble pour le cas où il serait justifié du décès de l'absent.

142. On a contesté que la nullité résultant de ce que la saisie d'un immeuble possédé par indivis a été poursuivie avant le partage puisse être proposée par le débiteur saisi, sous prétexte que cette nullité n'intéresse que les copropriétaires non débiteurs. V. Paris, 23 août 1816 (*J. Av.*, t. 20, p. 41) et 11 nov. 1810 (t. 20, p. 289).— Cependant, observe M. Chauveau, puisque ses cohéritiers peuvent invoquer la nullité, n'a-t-il pas intérêt à éviter une procédure frustratoire? Ne peut-il pas craindre aussi que l'indivision n'écarte les enchérisseurs et ne fasse adjuger à vil prix des droits encore incertains ? Il suffit qu'il ait un intérêt quelconque pour qu'on ne puisse lui refuser le droit de se plaindre et d'opposer la nullité. C'est ce que reconnaissent la plupart des arrêts cités plus haut, ainsi que les suivants : Besançon, 21 juin 1810 (*J. Av.*, t. 20, p. 39); Nîmes, 10 fév. 1823 (t. 25, p. 44); Pau, 6 juin 1850. Et tel est aussi l'avis de MM. Dalloz, n. 116, et Persil fils, *Comment.*, t. 1, p. 17, n. 14.

143. Le créancier du copropriétaire qui veut faire saisir la part indivise de son débiteur doit évidemment provoquer le partage en exerçant les droits et actions de celui-ci, après une mise en demeure restée sans effet. — Cette marche, qu'indiquent M. Chauveau et M. Dalloz, n. 123, a été reconnue régulière par un arrêt de la Cour de Douai du 19 juill. 1849 (*J. Av.*, t. 75, p. 240), décidant que, l'action une fois engagée par le créancier, le débiteur ou ses copropriétaires ne peuvent être admis à se substituer au demandeur pour la direction de l'instance. V. toutefois en sens contraire, sur ce dernier point, notre *Tr. du partage de success.*, n. 256. — Il a été aussi jugé avec raison par la même Cour, le 2 mai 1848, et par la Cour de cassation, le 29 déc. 1858 (*J. Av.*, t. 84, p. 337), que pour provoquer le partage ou la licitation, le créancier du copropriétaire n'a pas à adresser de commandement à son débiteur, ni de sommation de payer ou de délaisser à l'acquéreur de celui-ci, ce qui ne veut pas dire que le créancier puisse agir spontanément sans mise en demeure au débiteur. V. *infrà*, quest. 2503 *septiès*.

144. L'action des créanciers est recevable toutes les fois qu'il y a négligence ou mauvaise volonté de la part du débiteur : Cass., 23 janv. 1849 (*J. Av.*, t. 76, p. 137) et 2 juill. 1851 (t. 78, p. 119); Douai, 23 août 1850 (t. 77, p. 580); Angers, 25 août 1852 (t. 78, p. 54). — En cas d'inaction de leur part, le débiteur pourrait agir lui-même, à moins qu'il n'eût dissimulé l'état d'indivision, une telle dissimulation créant contre lui une obligation de garantie qui le rendrait non recevable à se prévaloir de cette indivision contre son créancier. Mais il échappe à cette obligation de garantie et à la fin de non-recevoir qui en résulterait, par cela seul qu'il est constaté en fait que le créancier a été prévenu par lui de l'état d'indivision lors de la constitution de l'hypothèque : Cass., 31 déc. 1856 (D.P.57.1.220).

145. Lorsque la licitation, préalable indispensable de la saisie, est poursuivie par un créancier, le débiteur ou ses cointéressés ont-ils le droit de vendre l'immeuble à l'amiable, et de rendre ainsi sans objet la licitation poursuivie ? La Cour de Bordeaux a consacré l'affirmative par un arrêt du 29 juin 1848 (*J. Av.*, t. 73, p. 620), qui est basé sur les considérations suivantes :

L'action exercée par le créancier, en vertu de l'art. 2205, Cod. civ., est un moyen ouvert pour triompher du mauvais vouloir ou de l'inertie du débiteur, qui, en laissant subsister l'indivision, pourrait entraver indéfiniment l'exercice des droits du créancier; elle a pour objet ultérieur de mettre le créancier en mesure d'opérer le recouvrement de sa créance, soit par la voie de saisie immobilière sur la part afférente à son débiteur, si l'immeuble est partagé en nature, soit par voie d'ordre ou d'opposition sur le prix, si le partage s'opère par licitation. L'obligation que cette action, une fois introduite, impose au débiteur, c'est de ne point en contrarier l'exercice en prolongeant l'indivision; mais, en vendant à l'amiable l'immeuble indivis, concurremment avec le copropriétaire, avant le jour fixé pour l'adjudication, le débiteur n'a pas fait obstacle à l'exercice des droits du créancier; il l'a mis, au contraire, en mesure de les exercer immédiatement sur le prix. Une telle vente, si elle a été faite sans fraude, a valablement transféré la propriété sur la tête de l'acquéreur, à moins que l'action en partage introduite par le créancier du débiteur et les jugements qui l'ont suivie, n'aient paralysé le droit de propriété, et affecté l'immeuble en le plaçant sous la main de la justice; or, on ne saurait, dans le silence de la loi, accorder un pareil effet à l'action en partage d'un immeuble indivis formée par le créancier, du chef de son débiteur. Si le partage s'opère en nature, le créancier est encore obligé de jeter une saisie immobilière sur la part attribuée au débiteur; c'est cette saisie seule qui opère la mainmise, et le débiteur conserve, aux termes de l'art. 686, Cod. proc., la faculté de vendre l'immeuble jusqu'à la transcription qui avertit les tiers de l'existence de la saisie; il y aurait inconséquence à reconnaître ce droit au propriétaire après le partage et la saisie immobilière, et à le lui refuser pendant le cours de l'action en partage, qui n'est qu'un préalable de la saisie. — Si, l'immeuble ne pouvant se partager en nature, l'action en partage aboutit à une licitation, cette circonstance accidentelle ne change rien aux droits des parties; lorsque le créancier n'a pas hypothèque, il est encore tenu, après la licitation, de former opposition sur le prix, faute de quoi l'adjudicataire pourrait valablement se libérer à son préjudice. — On ne saurait prétendre qu'il y ait droit acquis pour le créancier poursuivant, à ce que l'immeuble soit adjugé aux enchères publiques; car si, pendant l'instance et à la veille même de l'adjudication, la part de son copropriétaire eût été acquise au débiteur par succession, legs, donation ou de toute autre manière; ou si elle eût été achetée par lui, l'instance en licitation tombait de plein droit; ainsi il faut lui reconnaître le droit de vendre, à moins qu'on n'aille jusqu'à lui interdire aussi la faculté d'acquérir. En un mot, autre chose est la mainmise sur l'action en partage, autre chose la mainmise sur l'immeuble soumis à cette action; l'action en partage introduite par le créancier n'est qu'un préalable de la mainmise sur la chose, laquelle ne peut s'opérer qu'ultérieurement; le créancier a été seulement subrogé à l'action en partage ou licitation appartenant à son débiteur, mais le droit de propriété est demeuré intact dans les mains de ce dernier; l'immeuble a donc été valablement aliéné.

146. Cette théorie a été combattue dans une dissertation de M. Vaucher, avocat, insérée *J. Av.*, t. 73, p. 513. Après avoir posé en principe que le partage ou la licitation est déclaratif, et non translatif de propriété, aussi bien en matière de succession que dans tous les autres cas d'indivision (art. 883, 1476, 1872, Cod. civ.), ce jurisconsulte en conclut que le droit de former opposition au partage (art. 882 du même Code) appartient aux créanciers de l'un des copartageants, quelle que soit aussi la cause de l'indivision; puis, il continue ainsi :

« Si le créancier avait usé de la faculté qui lui était accordée par l'art. 882, c'est-à-dire, s'il avait fait notifier aux copropriétaires une opposition régulière à ce qu'il fût procédé au partage, hors de sa présence et sans qu'il y eût été appelé, ou bien s'il était intervenu dans une instance en partage déjà introduite et pendante entre les copropriétaires de cet immeuble, quel eût été le sort du partage ou de la licitation amiable effectué hors la présence et sans le concours du créancier opposant ou intervenant? Il est hors de doute qu'aux termes mêmes de l'art. 882, ce partage ou cette licitation n'eussent pu lui être opposés, et qu'il aurait eu le droit de ne s'y point arrêter.—Or, il est incontestable que le créancier d'un copartageant qui, du chef de son débiteur, exerce contre les autres copropriétaires une action en partage, fait plus encore que de s'opposer à ce qu'il soit procédé au partage hors de sa présence ou qu'intervenir dans une instance en partage déjà pendante; l'action intentée et les droits du débiteur ainsi exercés contre tous les copartageants sont à la fois, de la part du créancier, l'opposition et l'intervention les plus manifestes au partage dont l'événement peut léser ses intérêts.—C'est ce qui résulte formellement des termes de l'art. 2205, Cod. civ.

« Comment donc les actes consommés et la vente consentie par les copropriétaires pourraient-ils être opposables au créancier et l'arrêter dans l'exercice de l'action par lui introduite, alors que ces actes ont été consommés au mépris de son opposition et de son intervention, hors de sa présence, et sans qu'il ait été appelé à y concourir et à les contrôler? Evidemment ces actes n'ont à son égard aucun effet et aucune valeur. Peut-être objecterait-on qu'ici ce n'est ni un partage ni une licitation qui ont été opérés; que sans doute de tels actes leur eussent été interdits hors la présence et le concours du créancier, mais que ce n'est pas là ce qu'ils ont fait; qu'ils se sont bornés à vendre à un tiers l'immeuble indivis entre eux, ce qui n'est point un partage, car la vente ou la licitation de l'immeuble indivis n'équivaut au partage que quand elle a lieu au profit de l'un des copartageants, circonstance qui ne se rencontre point dans l'espèce. Or, ajouterait-on, l'opposition à partage faite par le créancier de l'un des communistes, ainsi que son intervention dans une procédure pendante, ou même l'introduction d'une instance en partage qu'il aurait formée du chef de son débiteur, peuvent bien empêcher les copropriétaires de partager ou de liciter entre eux l'immeuble indivis, hors la présence de ce créancier; mais ils ne sauraient les empêcher de vendre l'immeuble à un tiers; autre chose est partager, autre chose est vendre. L'opposition à un partage n'est point une opposition à une vente; d'ailleurs, et en principe, les créanciers d'un débiteur ne peuvent pas s'opposer à ce qu'il vende amiablement ses immeubles, sauf à attaquer et à faire annuler ces aliénations, si elles leur paraissaient faites au préjudice de leurs droits....

« On ne saurait être touché par ces objections qui paraissent sans portée. Lorsqu'un créancier a exercé une action en partage du chef de son débiteur, contre les copropriétaires de ce dernier, les copartageants ne peuvent pas plus vendre l'immeuble indivis à l'amiable, hors la présence et sans le consentement du créancier, qu'ils ne pourraient le partager ou le liciter entre eux. L'art. 1166, Cod. civ., porte que les créanciers peuvent exercer tous les droits et actions de leurs débiteurs, à l'exception de ceux qui sont exclusivement attachés à la personne. Au nombre des droits et actions qui appartiennent à un débiteur, est évidemment le droit de provoquer le partage des immeubles indivis dont il est copropriétaire. Ce droit n'a rien d'exclusivement personnel; et il en résulte que ses créanciers peuvent l'exercer en son nom et de son chef. Ce n'est pas tout; non seulement le copropriétaire par indivis peut demander le partage, mais encore il peut exiger que ce partage ait lieu en justice, et suivant les formes prescrites par la loi, et que les étrangers soient appelés à la licitation.—L'art. 985, Cod. proc. civ., dit bien que lorsque tous les copropriétaires ou cohéritiers seront majeurs, jouissant de leurs droits civils, présents ou dûment représentés, ils pourront s'abstenir des voies judiciaires, ou les abandonner en tout état de cause, et s'accorder pour procéder de telle manière qu'ils aviseront; mais il résulte des termes mêmes de l'article qu'il faut pour cela que tous les copropriétaires s'accordent, et sur l'abstention des voies judiciaires et sur la manière de procéder. La volonté d'un seul suffit pour qu'on soit obligé de procéder judiciairement et avec l'accomplissement de toutes les formalités voulues par la loi (art. 827 et 1687, Cod. civ.; Duranton, t. 16, p. 484, n. 472; Troplong, *Vente*, n. 869; Duvergier, t. 17, n. 139).

« Il suit nécessairement de là que, puisque chacun des copartageants a le droit d'exiger que le partage soit fait en justice, et que les étrangers soient appelés à la licitation, les créanciers d'un copropriétaire ayant exercé l'action en partage de son chef, ont le droit d'exiger les mêmes garanties et de vouloir pour leur débiteur et en son nom ce qu'il pourrait vouloir lui-même. Pour qu'il n'en fût pas ainsi, il faudrait décider que le droit de demander un partage judiciaire est exclusivement attaché à la personne du débiteur, ce qui est évidemment impossible. — Ainsi, et de même que le créancier avait le droit d'exercer les actions de son débiteur, pour demander le partage, de même il avait le droit de vouloir, au nom de son débiteur et pour lui, que le partage n'eût lieu que judiciairement, et que les étrangers fussent appelés à la licitation qui en serait faite.

« Maintenant, on le demande, comment ce droit, si formellement accordé par la loi au créancier, serait-il compatible avec le droit qu'aurait de son côté le débiteur de s'entendre avec ses copropriétaires pour vendre l'immeuble indivis, et cela à l'amiable, sans le concours, hors la présence et sans le consentement du créancier? — Comment se ferait-il qu'après l'introduction et la poursuite régulière d'une instance en partage par le créancier, c'est-à-dire après la manifestation la plus éclatante de sa part, qu'il veut, au nom de son débiteur et comme exerçant ses droits, que l'immeuble indivis soit partagé judiciairement et licité avec le concours des étrangers, comment se ferait-il, disons-nous, que le débiteur pût, en s'entendant avec ses coïntéressés, rendre complètement illusoire, dans les mains de son créancier, le droit que la loi elle-même lui confère? Cela est manifestement impossible. — Le débiteur dira-t-il, avec les premiers juges, qu'il a conservé, aux termes de l'art. 985, le droit d'abandonner en tout état de cause les voies judiciaires? Mais cela n'est vrai que dans le cas où le copartageant a le libre exercice de ses droits; quand cet exercice est, au contraire, dans les mains de son créancier, que la loi autorise à agir et à vouloir pour lui, le débiteur copartageant s'efface et s'annihile. Une autre volonté, celle de son créancier, est substituée à la sienne et tant qu'elle se borne à exiger ce que le débiteur aurait pu légalement exiger lui-même, elle doit être respectée. On n'aurait pas pu contraindre le copartageant débiteur à renoncer malgré lui à l'instance introduite, et à réaliser l'immeuble indivis par une vente amiable. Et, dès lors, on ne peut ni imposer cette obligation au créancier du copartageant, ni le forcer à abandonner une procédure en partage qu'il jugerait utile dans l'intérêt de son débiteur et dans le sien.

« Essayera-t-on de prétendre que si le créancier peut être investi de l'exercice des droits de son débiteur, ce dernier ne perd pas pour cela *la propriété de ces mêmes droits* et l'usage ne peut lui en être interdit? On s'étonnerait d'une pareille doctrine.—Que le débiteur ne perde pas la propriété des droits dont la loi permet l'exercice à son créancier, cela est évident et ne touche pas à la question. Mais que le débiteur conserve l'usage de ce même droit, dont l'exercice appartient à son créancier, c'est ce qui devient complètement incompréhensible. Il n'y a aucune différence entre l'usage et l'exercice d'un droit. User d'un droit, c'est l'exercer, ou, si l'on préfère, exercer un droit, c'est en user. Dire que le débiteur conserve l'usage d'un droit dont son créancier a l'exercice, c'est donc dire que le débiteur et le créancier ont chacun et d'une manière indépendante l'exercice du même droit. Et si une assertion aussi étrange pouvait être vraie, il en résulterait que l'un pourrait abandonner le droit pendant que l'autre l'exercerait, que chacun d'eux pourrait l'exercer d'une manière différente et que les actes de tous les deux, bien que contradictoires, se trouveraient également réguliers et inattaquables. — De pareilles conséquences montrent ce qu'il faut penser du principe. — Il faut donc se hâter de reconnaître que, lorsque la loi permet au créancier d'exercer les droits de son débiteur, elle empêche en même temps ce dernier de les exercer lui-même. Elle le contraint à respecter la volonté de son créancier tant que cette volonté ne s'exerce que dans la limite du droit, et elle frappe de nullité tout ce que le débiteur pourrait faire pour paralyser l'exercice d'une action dont il ne peut plus disposer.....

« Toutefois, quelque incontestable que fût à cet égard le droit du créancier, on pourrait trouver qu'il l'exerce avec rigueur, si la vente, consentie par les copropriétaires, et qui, après tout, est un moyen de réaliser l'immeuble et de le convertir en un prix, ne lui portait aucun préjudice réel et le laissait dans une situation pareille à celle où il se serait trouvé par suite d'une licitation consommée et d'une adjudication prononcée à la barre du tribunal. — Mais il n'en est point ainsi, et il est au contraire certain que le créancier serait exposé, par le fait de son débiteur, si l'acte de vente était pris en considération, à éprouver le préjudice le plus grave. D'abord, l'immeuble peut avoir été vendu à vil prix; de plus, si l'immeuble avait été adjugé à la barre du tribunal, toute personne aurait pu faire dans la huitaine de l'adjudication une surenchère du sixième, et c'était là une nouvelle garantie que cet immeuble obtiendrait toute sa valeur.... En second lieu, et si la vente pouvait empêcher l'adjudication sur licitation de l'immeuble, le créancier perdrait encore les frais de poursuite de l'instance en licitation et partage par lui exposés. Il est vrai que le jugement peut réserver au créancier son privilège sur l'immeuble, pour le remboursement de ces frais; mais, qu'on ne s'y méprenne point, cette réserve serait complètement vaine. — En principe, les frais de justice ne sont privilégiés que par rapport à ceux auxquels ils sont utiles et qui se trouvent en profiter. Si l'adjudication à la barre du tribunal est ordonnée et a lieu, les frais de poursuite de l'instance en licitation et partage, introduite par le créancier, primeront par privilège tous les créanciers hypothécaires inscrits sur cet immeuble, parce qu'ils auront amené la réalisation du gage commun, et par suite auront profité à tous. Mais si, au contraire, cette instance en licitation et partage n'aboutit pas, si ce n'est pas elle qui amène la réalisation du domaine, et si ce résultat n'est dû qu'à la vente, il est de la dernière évidence que ces frais n'auront aucun privilège; que les créanciers hypothécaires s'opposeront, et s'opposeront avec raison à leur collocation, car ils auront été pour eux complètement inutiles. — Ces frais ne pourront donc avoir d'autre rang que celui de la créance du poursuivant, en augmentation de laquelle ils se trouveront venir, et ils seront perdus avec elle et comme elle. V. M. Troplong, *Priv. et hyp.*, t. 1er, n. 122 et suiv. »

147. Ces considérations paraissent décisives à M. Chauveau. Il ne saurait comprendre, dit-il, que, lorsque la loi assujettit le créancier à subir le préalable de la licitation ou du partage, il dépendît du débiteur colludant avec ses copropriétaires d'enlever à ce créancier tout le fruit de sa vigilance.

148. Pour nous, nous avons, dans notre *Traité du partage* précité, n. 256 et 538, embrassé la doctrine contraire consacrée, comme on l'a vu ci-dessus, par la Cour de Bordeaux. Il ne faut point confondre, avons-nous dit, l'effet de la demande en partage formée par le créancier au nom de son débiteur, avec celui de l'opposition au partage. Quand le créancier d'un héritier provoque le partage du chef de ce dernier, il agit comme son ayant cause; il ne peut donc en rien diminuer ses droits; tandis que, en formant opposition au partage, il exerce un droit personnel, et que cette opposition, ayant pour objet d'empêcher que le débiteur ne procède au partage en fraude des droits du cohéritier, doit nécessairement faire perdre à ce débiteur la faculté d'aliéner sa part héréditaire tant qu'elle n'a pas été déterminé par un partage fait en présence de l'opposant ou lui dûment appelé.

149. Lorsqu'un immeuble a été adjugé par indivis à deux adjudicataires, le créancier porteur d'un bordereau de collocation peut-il poursuivre la revente sur folle enchère de la part indivise de son débiteur sur l'ancien cahier des charges et sans avoir besoin de faire procéder à un partage préalable? — L'affirmative résulte d'un arrêt de la Cour de Grenoble du 15 mars 1855 (*J. Av.*, t. 80, p. 503), qui invoque deux motifs principaux : le premier, que la prohibition de l'art. 2205, Cod. civ., n'est applicable qu'au cas de succession ; le second, que le porteur d'un bordereau de collocation ayant action solidaire sur chacun des adjudicataires, peut, à son gré, poursuivre celui de ces adjudicataires dont la part lui paraît suffisante pour assurer le paiement de son bordereau. Ces motifs ne sont pas convaincants aux yeux de M. Chauveau. Lorsqu'un immeuble, dit-il, est collectivement vendu à plusieurs adjudicataires, chacun de ces derniers est solidairement tenu au paiement du prix intégral de l'adjudication. Ainsi, en pareil cas, les créanciers peuvent exiger de chacun des adjudicataires le paiement de leurs bordereaux, à moins que dans l'ordre ouvert ils n'aient, par leur silence, accepté la division de la dette opérée par le juge-commissaire qui a délivré les bordereaux sur chacun des adjudicataires isolément et pour sa part dans l'adjudication, au lieu de les délivrer sur tous en établissant un ordre de priorité du paiement. Par l'effet de la solidarité, le créancier, porteur d'un bordereau, est investi du droit de poursuivre la folle enchère du tout sur la tête de l'un des adjudicataires, quoiqu'il soit mieux d'agir contre tous; mais il est impossible d'admettre qu'il puisse poursuivre cette folle enchère sur une quote-part dont l'existence est certaine, mais qui n'est pas localisée sur l'immeuble.

150. L'art. 2209 impose au créancier qui a une hypothèque spéciale l'obligation de restreindre sa saisie aux biens qui lui sont hypothéqués, à moins qu'ils ne soient insuffisants pour payer sa créance. — De là la question de savoir si le créancier est toujours obligé de discuter les biens hypothéqués, sauf à faire vendre les autres plus tard, dans le cas où il résulterait de cette discussion que les premiers sont insuffisants. Pour l'affirmative, on fait observer que la loi n'ayant pas déterminé un mode de constater l'insuffisance de biens, la discussion semble pouvoir seule l'établir. Mais il est permis de répondre, comme le dit M. Chauveau, que le créancier hypothécaire serait ainsi plus maltraité que le créancier chirographaire, qui peut, pour une créance minime, faire saisir tous les immeubles de son débiteur; et que, d'un autre côté, deux saisies, en cas d'insuffisance, occasionneraient des frais préjudiciables et au saisi et à la masse des créanciers. Notre auteur pense donc, avec trois arrêts de la Cour de cassation des 7 oct. 1807 (*J. Av.*, t. 20, p. 121), 27 juin 1827 (t. 34, p. 39), 6 fév. 1843 (t. 65, p. 635); un arrêt de la Cour de Pau, du 9 mai 1837 (*J. Av.*, t. 53, p. 615), et un arrêt de la Cour de Bordeaux, du 10 janv. 1846; MM. Persil père, *Quest.*, t. 2, p. 294 ; Pigeau, t. 2, p. 11 ; Lachaize, t. 1, p. 142 ; Dalloz, n. 189 ; Paignon, t. 1, p. 53 ; Persil fils, *Comment.*, t. 1, p. 31, n. 30 ; Jacob, p. 323, et Bioche, *Dict.*, v° *Sais. imm.*, n. 74, qu'une insuffisance connue ou constatée d'avance autorise le créancier à étendre la saisie aux immeubles non hypothéqués. Le créancier peut d'ailleurs prouver l'insuffisance par les moyens qu'indiquent l'art. 2 de la loi du 14 nov. 1808 et l'art. 2165, Cod. civ. : Toulouse, 28 juill. 1835 (*J. Av.*, t. 49, p. 716).

151. Alors même que plusieurs immeubles seraient hypothéqués à la même créance, il est hors de doute, selon la remarque de M. Chauveau, que si la vente de quelques-uns d'entre eux suffit évidemment pour l'acquitter, le créancier ne peut pas faire procéder à la saisie des autres; et que si, après l'avoir fait, il cède ses droits à un second créancier inscrit en rang utile sur le premier immeuble, celui-ci ne pourra pas non plus poursuivre la vente du second immeuble, en vertu de la saisie indûment pratiquée par le cédant : Bruxelles, 20 juill. 1826 (*Journ. de cette Cour*, t. 2 de 1826, p. 130). M. Dalloz, n. 1882, admet en ce cas le saisi à faire restreindre les poursuites, mais il ne pense pas que ces poursuites soient nulles; ce qui n'est point contraire à la doctrine de M. Chauveau.

152. D'après l'art. 2211, Cod. civ., si les biens hypothéqués et ceux qui ne le sont pas font partie de la même exploitation, la vente doit, lorsque le créancier le requiert, en être poursuivie simultanément, par exception aux principes établis par l'art. 2209.

153. Lorsqu'il existe des biens situés dans plusieurs arrondissements, la vente forcée n'en peut être poursuivie, aux termes de l'art. 2210, que successivement, à moins qu'ils ne fassent partie d'une seule et même exploitation. A ce propos, M. Carré fait observer, sous la quest. 2255, à la note, que la loi du 14 nov. 1808 a limité la règle générale établie par l'art. 2210 en disposant que l'on peut, moyennant permission du tribunal du débiteur, saisir simultanément plusieurs domaines, toutes les fois que leur valeur totale est inférieure au montant réuni des sommes dues tant au saisissant qu'aux autres créanciers inscrits. Mais M. Chauveau remarque, de son côté : 1° que la loi du 14 nov. 1808 ne se rapportant qu'au cas de l'art. 2210, on peut, sans permission du juge, et se conformant à l'art. 2211, saisir une ferme située dans un arrondissement et des champs qui se trouvent dans un autre; 2° que les dispositions de cette même loi n'autorisent pas les huissiers à saisir hors de l'arrondissement du tribunal auquel ils sont attachés, et que la saisie de chaque immeuble n'en doit pas moins être poursuivie devant le tribunal de l'arrondissement où il est situé, à moins que différents biens compris dans plusieurs saisies ne fassent partie d'une seule et même exploitation, auquel cas le tribunal du chef-lieu de l'exploitation connaît de la saisie. V. conf., notre *Formulaire annoté*, p. 608, n. 33.

154. La prohibition de l'art. 2210 ne s'applique point d'ailleurs au cas où les arrondissements différents dans lesquels les immeubles se trouvent situés, sont compris dans le ressort du même tribunal, hypothèse qui ne peut se réaliser que pour le tribunal de la Seine : Paris, 24 janv. 1815 (*J. Av.*, t. 20, p. 440); Bioche, v° *Sais. imm.*, n. 80 : notre *Formul. ann.*, p. 607, n. 31. — Cette prohibition ne s'étend pas non plus à deux saisies dirigées simultanément par deux créanciers différents contre les biens du même débiteur situés dans plusieurs arrondissements : Cass., 12 nov. 1828 (*J. Av.*, t. 36, p. 217).

155. Toutes les fois qu'on ne se trouve pas dans le cas des art. 2209 et 2210, les tribunaux peuvent ordonner la vente en bloc des biens saisis : Cass., 7 oct. 1807 (t. 20, p. 121).

156. Lorsque le débiteur a lui-même divisé entre plusieurs tiers détenteurs le domaine faisant l'objet d'une même exploitation, et comprenant des biens situés dans plusieurs arrondissements, les créanciers hypothécaires qui veulent procéder à une expropriation peuvent-ils invoquer le bénéfice de l'art. 2210, pour comprendre tous ces immeubles dans une vente unique devant le tribunal du chef-lieu de l'exploitation? — Il est évident que non, répond M. Chauveau; bien que l'hypothèque ne soit pas divisée comme le domaine, par cela seul que celui-ci cesse d'être un, les créanciers ne se trouvent plus dans l'hypothèse prévue par l'art. 2210. Les motifs qui ont fait édicter cet article ne permettent pas d'étendre son application à l'espèce dont il s'agit. Mais il pourra arriver que la loi du 14 novembre 1808 permette, dans ce cas, de procéder à une expropriation unique.

§ 4. — Pour quelles créances peut être faite la saisie.

157. (Q. 2198 F). *Pour quelles créances peut-on procéder à la saisie immobilière ?*

Les dispositions des art. 2213, Cod. civ., et 551, C. proc., d'après lesquelles, lorsque la saisie a été pratiquée pour une créance qui n'est ni liquide ni certaine, il doit être sursis à la poursuite jusqu'après la liquidation, font naître plusieurs difficultés. Et d'abord, peut-on considérer comme certaine la créance résultant d'un billet à ordre compris dans un compte courant établi à la suite d'un acte authentique contenant ouverture de crédit, lorsque le compte courant n'a pas encore été réglé ? La négative a été adoptée par un arrêt de la Cour de Poitiers du 10 fév. 1857 (*J. des Huiss.*, 1858, p. 48), qu'approuve M. Chauveau. — V. aussi notre *Formul. annot.*, t. 2, p. 603, n. 11.

158. Mais il n'y a pas lieu d'annuler une saisie immobilière comme faite en vertu d'une créance incertaine, si les difficultés élevées au sujet du caractère de la créance sont de nature à être résolues par les juges saisis de la demande en nullité : Bordeaux, 29 juill. 1858 (*Journ. de cette Cour*, 1858, p. 329).

159. La somme allouée par jugement à titre de provision constitue au profit de celui qui l'obtient une créance certaine et liquide pour le paiement de laquelle il peut agir par voie de saisie immobilière, et, en pareil cas, pour arrêter les poursuites commencées, les offres faites par le débiteur doivent comprendre non seulement le montant de la provision et des frais de condamnation, mais encore les frais de saisie : Bordeaux, 17 avril 1847.

160. Il a été jugé que lorsque la créance, quoique certaine dans sa quotité, n'est pas liquidée en argent, le poursuivant n'est pas tenu de s'arrêter immédiatement après la saisie, mais qu'il peut continuer la procédure jusqu'à la vente, sans que la liquidation soit faite : Bordeaux, 8 fév. 1817 (*J. Av.*, t. 20, p. 480) et 19 avril 1850 (t. 75, p. 540). M. Chauveau estime, au contraire, que l'art. 551, Cod. proc., qui explique l'art. 2215, Cod. civ., commande de décider qu'il doit être sursis, après la saisie, *à toutes poursuites ultérieures*. C'est aussi l'opinion de MM. Lachaize, t. 1, p. 181 ; Duranton, t. 21, p. 60 ; Paignon, t. 1, p. 59 ; Rodière, t. 3, p. 52 ; Dalloz, n. 112 ; Bioche, n. 26. — *Contrà*, M. Persil fils, *Comment.*, t. 1er, p. 44, n. 50.

161. L'appréciation en argent d'une dette qui se trouve liquidée en denrées n'a pas toujours nécessairement besoin d'être faite par justice ; elle peut l'être par le créancier demandeur lui-même, suivant les mercuriales, ainsi que l'a décidé la Cour de cassation, le 25 mai 1807 (S.-V.7.2.747). Mais dans toutes les matières où les objets non liquidés ne peuvent être évalués par des mercuriales, par exemple, s'il s'agit de dommages-intérêts, de restitution de fruits, l'évaluation doit émaner de la justice, comme l'enseignent MM. Lachaize, t. 1, p. 183 ; Paignon, t. 1, p. 59 ; Dalloz, n. 218.

162. La créance résultant d'une condamnation aux dépens peut-elle être considérée comme liquide ? La Cour de Paris a jugé, le 23 mai 1808 (*J. Av.*, t. 20, p. 153), que la demande par la partie condamnée de la taxe des dépens, mis à sa charge, a pour effet de rendre ces dépens non liquides ; d'où il suit, dit M. Chauveau, que, tant que la taxe, qui est purement facultative, n'est pas demandée, la créance est parfaitement liquide, pourvu que le demandeur en donne l'état, état auquel le débiteur est censé s'en rapporter tant qu'il ne réclame pas. Tel est aussi l'avis de M. Lachaize, t. 2, p. 183 et suiv. Mais l'opinion contraire a été consacrée par un arrêt de la Cour de Grenoble, du 23 mars 1820 (*J. Av.*, t. 20, p. 555), qu'approuve M. Dalloz, n. 219.

163. Lorsque les dépens ont été liquidés par jugement ou arrêt, le poursuivant, qui a été payé des causes de la saisie sans recevoir le montant des frais, peut s'opposer à la radiation de la saisie, et demander au besoin la subrogation, comme semble l'avoir admis un arrêt de la Cour de cassation du 25 janv. 1835 (*J. Av.*, t. 52, p. 163). Il est vrai de dire que, dans l'espèce de cet arrêt, les intérêts étaient encore dus, ce qui enlevait beaucoup de son importance à la question relative aux dépens. En un mot, dit M. Chauveau, c'est au poursuivant d'insérer, en pareil cas, dans la quittance la réserve formelle de continuer la saisie tant qu'il ne sera pas payé de ses dépens. L'article 687, en parlant des *frais* que doit consigner l'acquéreur, indique suffisamment que ces réserves sont très licites, et qu'alors la poursuite peut continuer tant que les dépens ne sont pas acquittés.

164. La prétention qu'élèverait le débiteur d'avoir payé des acomptes ne rendrait point la créance non liquide, suivant l'observation de M. Chauveau. La quotité restant due est seulement indéterminée. Et comme l'art. 2216, Cod. civ., porte que la saisie immobilière ne peut être annulée sous prétexte que le créancier l'aurait commencée pour une somme plus forte que celle qui lui était due, il est évident que, quelle que soit la somme qui reste due, lorsque le débiteur ne prétend pas s'être entièrement libéré, la saisie est faite à juste titre, et doit recevoir tout son effet. V. en ce sens, Cass., 7 oct. 1807 (*J. Av.*, t. 20, p. 122); Metz, 21 août 1811 (*J. Av.*, t. 20, p. 205); Colmar, 14 juin 1811 (t. 20, p. 319); Bordeaux, 27 janv. 1829 (*Journ. de cette Cour*, t. 4, p. 55) et 8 mai 1832 (*J. P.*, 1832.3.359); Bioche, v° *Saisie immob.*, n. 27.

165. Dans le cas même où, par suite du paiement de différents comptes, le jugement de condamnation aurait ordonné de procéder à un compte définitif entre le créancier et le débiteur, ce dernier, s'il s'y était refusé, serait non recevable à attaquer une saisie immobilière pratiquée avant l'établissement du compte; Cass., 23 mars 1825 (*J. Av.*, t. 29, p. 164).

166. La saisie immobilière pratiquée pour le paiement d'un capital non encore exigible, et pour deux années d'intérêts échus, est-elle nulle ?—L'exigibilité des intérêts suffit, répond M. Chauveau, pour qu'il n'y ait pas nullité, par application de l'art. 2216, C. civ. Aussi la Cour de Bruxelles a-t-elle, le 4 janv. 1821 (*J. P.*, 3e édit., t. 16, p. 285), résolu négativement la question posée, et la Cour de cassation a-t-elle jugé, le 25 janv. 1837 (*J. Av.*, t. 52, p. 163), qu'une saisie pouvait valablement se continuer pour les intérêts, quoique le poursuivant eût reçu le capital. Conf. Bioche, n. 28. Que si le capital devient exigible pendant la durée des poursuites, M. Chauveau estime que le débiteur ne pourra en empêcher la continuation qu'en se libérant de toute sa dette. En effet, dit-il, quoique la saisie ne puisse être regardée comme originairement valable à l'égard du capital, le saisissant n'en est pas moins créancier de ce capital aussi bien que des intérêts, et la dernière disposition de l'art. 693 lui donne le droit de s'opposer à la radiation de la saisie. Voy. *infrà*, quest. 2214.

167. Un arrêt de la Cour de Paris du 28 août 1850 (t. 76, p. 363) a jugé que, bien que dans le cours d'une saisie immobilière poursuivie pour avoir paiement d'intérêts arréragés, le capital devienne exigible, le saisissant est tenu de donner mainlevée de la saisie, si le débiteur lui fait offres réelles des intérêts pour lesquels cette saisie a été faite. V. aussi en ce sens une dissertation de M. Roger, insérée *J. Av.*, t. 44, p. 404. La Cour de Paris a pensé que la saisie n'ayant été faite que pour des intérêts arrérages, sans énonciation ni réserve du capital, et l'exigibilité du capital n'ayant été suivie que d'un commandement tendant à *saisie-exécution*, les offres faites dans ces circonstances et s'appliquant aux causes primitives de la saisie immobilière, devaient être validées. M. Chauveau accorde qu'ici l'espèce justifie en quelque sorte la solution. Toute difficulté disparaîtra, ajoute-t-il, si, en saisissant pour les intérêts, le créancier, prévoyant l'exigibilité du capital durant les poursuites, déclare que dans ce cas la saisie commencée continuera pour le capital aussi bien que pour les intérêts. Il pense d'ailleurs qu'en l'absence même de toute manifestation expresse de volonté dès le début des poursuites, si aucun acte ne vient contrarier les effets naturels de l'exigibilité de la dette, il y a lieu d'appliquer la doctrine qu'il a indiquée ci-dessus.

168. Il a été jugé, dans le sens de cette doctrine, que lorsqu'il a été stipulé dans un acte de prêt que le capital deviendrait de plein droit exigible un mois après l'échéance d'un semestre d'intérêts non payé, et que, faute par le débiteur de satisfaire à un commandement de payer les intérêts échus, le créancier a fait procéder à la saisie de ses immeubles, après l'expiration du délai légal de trente jours, l'exigibilité du capital survenue par suite du défaut de paiement des intérêts autorise le créancier à continuer les poursuites pour le capital lui-même, sans qu'il soit besoin d'aucune subrogation : Trib. civ. de Marseille, 23 juin 1874 (*J. Av.*, t. 100, p. 247). — Mais l'exactitude de cette décision nous paraît contestable. V. notre *Formul. annot.*, t. 2, p. 603, n. 12 et 13.

169. Dans une espèce soumise à la Cour d'Angers, le 15 juin 1845, malgré la convention portant que le débiteur ne serait tenu au remboursement que quinze jours après l'avertissement qu'il en aurait reçu, on avait soutenu que le commandement avait pu être valablement fait, parce que devant précéder de trente jours la saisie immobilière, il contenait un avertissement suffisant et que quinze jours après sa date, la dette était devenue exigible. Le tribunal civil du Mans avait accueilli cette interprétation de la convention; mais la Cour d'appel a pensé que le commandement ne pouvait s'entendre que de la sommation de payer une somme actuellement exigible, et que, si l'on pouvait considérer le commandement comme un avertissement, ce n'était que quinze jours après ce commandement que le commandement prescrit par l'art. 673 pouvait être fait.

170. La faillite du débiteur rend-elle la dette exigible de façon à autoriser la poursuite en saisie immobilière avant l'échéance du terme? M. Chauveau constate que la négative résulte d'un arrêt de la Cour de Bruxelles du 5 déc. 1811 (*J. Av.*, t. 20, p. 347), d'après lequel la disposition de l'art. 444, Cod. comm., portant que la faillite rend les dettes exigibles, n'a d'autre effet que de donner au créancier le droit de concourir à la distribution, en suivant la marche ordinaire de la faillite; mais que la Cour de Bordeaux, le 22 août 1827 (*J. Av.*, t. 35, p. 179), et celle de Rouen, le 6 oct. 1854 (t. 80, p. 458), ont consacré la solution contraire, et il adopte cette dernière interprétation, comme donnant sa signification naturelle au mot *exigibilité*.

171. Ayant été appelé nous-même à résoudre la question de savoir si la faillite du débiteur d'une rente viagère, constituée moyennant une somme d'argent, a pour effet de rendre ce capital exigible, de telle sorte que le crédi-rentier, ayant hypothèque sur les immeubles du failli, ait le droit de frapper de saisie ces immeubles, bien qu'il ne lui soit pas dû d'arrérages de la rente viagère, nous avons dit : La négative ne saurait être douteuse. Celui qui se fait constituer une rente viagère moyennant une somme d'argent par lui versée entre les mains du constituant, aliène ce capital d'une manière irrévocable, et n'en reste pas créancier. A la différence de celui au profit de qui une rente a été constituée en perpétuel, il ne peut être assimilé à un prêteur ayant droit au remboursement de son capital; sa créance n'a pour objet que des arrérages (V. notamment Troplong, *Contrats aléatoires*, n. 214; Pont, *Petits contrats*, n. 670, 674; Dalloz, *Répert.*, v° *Rente viagère*, n. 2 et 6). Aussi les auteurs du Code civil n'ont-ils pas reproduit, au chapitre du Contrat de rente viagère, la disposition de l'art. 1913 placée au chapitre du Prêt à intérêt, et d'après laquelle le capital de la rente constituée en perpétuel devient exigible en cas de faillite ou de déconfiture du débiteur. Cet état d'insolvabilité du débiteur entraîne bien l'exigibilité des arrérages de la rente viagère (Cass., 22 mars 1847, S.-V.47.1.433), mais il est sans influence sur le sort du capital, qui est à jamais perdu pour le crédi-rentier, sauf le cas de résolution du contrat, résolution que l'art. 1977 n'autorise que lorsque le constituant ne donne pas au crédi-rentier les sûretés qui avaient été stipulées.

172. La Cour de Rennes a bien décidé, il est vrai, par deux arrêts des 2 juin 1815 et 23 nov. 1820 (S.-V. chron.), que le contrat de rente viagère peut être résolu si le débiteur tombe dans l'impossibilité d'acquitter ses engagements; mais la doctrine de ces arrêts est avec raison repoussée par les auteurs (V. Pont, n. 736; Dalloz, n. 114). — Dans tous les cas, ce n'est pas de la résolution du contrat de rente viagère qu'il s'agit dans l'hypothèse qui nous est soumise, mais simplement de l'applicabilité du principe posé par les art. 1188, Cod. civ., et 144, Cod. comm.; et nous venons de démontrer que ce principe ne peut recevoir son application en ce qui concerne le capital moyennant lequel a été constituée la rente viagère.

173. Ajoutons d'ailleurs qu'alors même qu'il en serait autrement, le crédi-rentier, ayant hypothèque sur les immeubles du débiteur tombé en faillite, ne serait pas pour cela autorisé à frapper ces immeubles de saisie, si l'on admet, avec diverses autorités, que l'exigibilité anormale produite par l'état de faillite ne s'opère qu'au point de vue du concours des créanciers à la distribution de l'actif. V. (outre l'arrêt de la Cour de Bruxelles mentionné au numéro précédent) Paris, 12 déc. 1861 (S.-V.62.2.49); Pardessus, *Cours de dr. commerc.*, n. 1127; Renouard, *Faillites*, t. 1, p. 320; Bédarride, *Id.*, t. 2, n. 1083; Bravard-Veyrières, *Man. de dr. commerc.*, p. 534 et 618; Dalloz, *Répert.*, v° *Faillite*, n. 246; Alauzet, *Comment. Cod. comm.*, n. 2814; notre édition refondue du *Formulaire général des faillites* de Laroque-Sayssinel, n. 258; notre *Dictionn. du contentieux commercial*, v° *Faillite*, n. 277, et notre *Formul. annot.*, t. 2, p. 602, n. 5; — *Contrà* (indépendamment des arrêts des Cours de Bordeaux et de Rouen cités plus haut), Angers, 15 mai 1861 (*J. Av.*, t. 87, p. 437); Agen, 20 fév. 1866 (t. 92, p. 76); Marcadé, sur l'art. 1388, Cod. civ.; Gouget et Merger, *Dict. de dr. commerc.*, v° *Faillite*, n. 164; Bioche, *Dict. de proc.*, *eod. verb.*, n. 227.

174. La saisie immobilière est valablement poursuivie par les créanciers hypothécaires du failli, sans vérification et affirmation de leurs créances : Paris, 14 oct. 1857 (*Journ. de proc.*, 1857, p. 416) et 21 mars 1863 (*J. Av.*, t. 89, p. 320); Rouen, 11 juill. 1863 (t. 91, p. 36, à la note); Nîmes, 4 avril 1865 (t. 91, p. 34); Agen, 20 fév. 1866 (t. 92, p. 76).

175. M. Chauveau n'admet pas qu'une ouverture de crédit puisse servir de base à une saisie immobilière, lorsqu'il n'est intervenu aucun règlement de compte entre les parties. Non seulement, dit-il, il n'y a pas liquidité de créance, mais encore le point de savoir à la charge de qui, en définitive, se trouvera la dette, n'est rien moins que certain, puisque c'est un compte courant à régler. Cet état de compte courant a été produit entre les parties par l'exécution successive du crédit : d'une part, les avances de celui qui l'a ouvert; de l'autre, les remboursements de celui à qui il a été ouvert. La doctrine de notre auteur a été sanctionnée par le tribunal civil de la Seine, qui, le 16 sept. 1847 (*J. Av.*, t. 73, p. 287), a annulé une saisie poursuivie en vertu d'un acte d'ouverture de crédit, parce que le règlement de la créance n'avait pas été établi par un compte amiable ou par un jugement. La Cour de Poitiers s'est prononcée dans le même sens le 10 fév. 1857 (*J. Huiss.*, 1858, p. 48). — Un arrêté de compte provisoire, sauf au tribunal à surseoir à l'adjudication jusqu'à la liquidation définitive du compte, a paru suffisant à cette dernière Cour : arrêt du 18 fév. 1851 (*J. Av.*, t. 76, p. 453). Cette solution, observe M. Chauveau, peut se justifier par l'existence de l'arrêté de compte provisoire non contesté ; il est néanmoins plus prudent, en pareille circonstance, d'obtenir un règlement définitif.

176. La Cour de cassation de Belgique, dans un arrêt du 27 mai 1852, a considéré l'acte d'ouverture de crédit comme renfermant un prêt pur et simple, d'une réalisation actuelle, et une obligation certaine et liquide de la part de l'emprunteur, les sommes objet du crédit n'étant laissées aux mains du prêteur qu'à titre de dépôt irrégulier. En examinant cette doctrine au point de vue fiscal, les rédacteurs du *Journal de l'Enregistrement et des Domaines* (1852, p. 517) font remarquer combien elle serait favorable à la perception des droits d'enregistrement, si elle était acceptable. Les contractants auraient à la fois chacun une action, le créditeur pour se faire rembourser du montant du crédit, le crédité pour se faire remettre la somme prétendue déposée ; le droit d'enregistrement serait alors exigible sur toute la somme objet du crédit, sur toute la somme déposée, puisque le crédité en serait débiteur du jour du contrat. L'administration n'aurait plus besoin de la preuve de la *réalisation du crédit*, pour pouvoir exiger le *droit d'obligation*. Mais on ne peut pas admettre, disent ces jurisconsultes, et après eux M. Chauveau, que le prêt soit effectué dès le moment du contrat. Le créditeur n'est pas dépositaire même irrégulier de la somme montant du crédit, il en reste propriétaire tant qu'il ne s'en est pas dessaisi. Il faut donc rejeter l'opinion admise par la Cour de cassation belge.

177. D'après un jugement du tribunal civil de Termonde (Belgique) du 9 mai 1862 (*J. Av.*, t. 88, p. 6), il suffit, pour justifier la saisie immobilière pratiquée en vertu d'un acte d'ouverture de crédit, que le débiteur ne méconnaisse pas le principe de la créance du saisissant, et que celle-ci soit susceptible d'une prompte vérification. — Mais la Cour de Paris a jugé plus exactement, selon nous, le 30 mars 1867 (t. 92, p. 234), que la saisie immobilière, pratiquée en vertu d'un acte d'ouverture de crédit contenant constitution d'hypothèque pour la garantie des sommes qui doivent être remises, est nulle, si la créance n'a pas été liquidée préalablement à la saisie. V. aussi en ce sens, notre *Formulaire annoté*, p. 603, n. 11.

178. Une poursuite de saisie immobilière ne peut être ni annulée ni suspendue, sous le prétexte de la minimité de la créance du saisissant : Nîmes, 7 fév. 1820 (*J. Av.*, t. 20, p. 552); Dalloz, n. 167. — *Contrà*, Colmar, 8 mars 1822 (Dall., n. 1331). — La poursuite ne peut pas non plus être annulée, aux termes de l'art. 2216, Cod. civ., sous prétexte que le créancier l'aurait commencée pour une somme plus forte que celle qui lui est due.

179. Le débiteur peut incontestablement opposer au saisissant la compensation à raison d'une créance qu'il a lui-même contre celui-ci : ce droit n'est pas modifié par le jugement qui, antérieurement à la saisie, a déclaré vacante la succession de celui au profit duquel a été souscrite l'obligation servant de base à la poursuite, et qui a nommé à cette succession un curateur à la requête duquel cette poursuite a été exercée : Trib. civ. de la Seine, 14 déc. 1836 (*J. Av.*, t. 102, p. 60).

§ 5. — En vertu de quels titres peut être pratiquée la saisie immobilière.

180. (Q. 2198 G). *En vertu de quels titres peut-on procéder à une saisie immobilière ?*

Des cohéritiers, dit M. Chauveau, ne peuvent pas employer la voie de la saisie immobilière, pour contraindre leur cohéritier à payer sa quote-part des dettes de la succession. — C'est ce qu'a décidé la Cour d'appel de Douai, le 23 nov. 1848, sur le motif qu'il n'y a, en pareil cas, qu'une simple obligation de faire, qui ne confère d'autre droit qu'une action à fin de condamnation de l'obligé au versement de la somme promise. — Cette solution est fondée; les cohéritiers qui n'ont pas de titre sont dans la nécessité d'obtenir un jugement de condamnation.

181. Une saisie immobilière ne peut être pratiquée en vertu d'un jugement qui, sur une procédure en vérification d'écriture, se borne à tenir un acte sous seing privé pour reconnu, ce jugement ne constituant pas un titre exécutoire au profit du créancier : Rouen, 28 janv. 1856 (*J. Av.*, t. 81, p. 473). Au premier examen, il peut paraître singulier, suivant la remarque de M. Chauveau, qu'un titre qui a la même foi qu'un acte authentique (Cod. civ., 1322) ne puisse pas être exécuté sans qu'il intervienne un jugement nouveau qui prononce une condamnation ; qu'un acte en vertu duquel on a pu prendre une inscription (Cod. civ., 2123) ne puisse pas être utilisé pour une saisie immobilière. Le motif en est que l'art. 2113, Cod. civ., exige que le titre soit non seulement authentique, mais *exécutoire ;* qu'un acte incontestablement authentique peut n'avoir néanmoins que force d'obligation privée entre les parties, comme on en voit un exemple dans l'art. 54, Cod. proc. —La partie qui, lorsque la créance est exigible, demande que la signature soit reconnue, devrait, dit notre auteur, conclure en même temps au paiement de la somme due ; elle obtiendrait alors un titre authentique et exécutoire. — Que si l'exigibilité n'existe pas, on conçoit fort bien que le jugement qui reconnaît seulement l'écriture ne puisse pas servir de titre pour une exécution.

182. Une sentence arbitrale, qui ne serait pas revêtue de l'intitulé des lois et du mandement d'exécution, ne pourrait pas servir de base à la saisie immobilière, bien qu'elle eût été suivie d'une ordonnance d'*exequatur* : Colmar, 11 mars 1835 (*J. Av.*, t. 48, p. 253).

183. M. Chauveau déclare ne pouvoir approuver ni un arrêt de la Cour de Metz, 6 juin 1817 (*J. Av.*, t. 20, p. 491), qui déclare suffisante pour autoriser la saisie immobilière, une seconde grosse qui n'a pas été délivrée dans les formes prescrites par la loi, sous prétexte que l'obligation n'était pas méconnue ; ni un arrêt de la Cour de Toulouse, 17 déc. 1829 (t. 38, p. 203) qui a considéré comme authentique et exécutoire la copie d'un arrêt signifié à l'avoué de la partie saisissante par l'avoué d'une autre partie ayant le même intérêt, lorsque la Cour a, par une ordonnance, permis de saisir sur copie. V. en sens contraire à cette dernière solution, une consultation de M. Carles insérée *J. Av., ibid.*; MM. Persil fils, *Comm.*, t. 1, p. 41, n. 45, et Dalloz, n. 230.

184. Un contrat de mariage délivré dans la forme exécutoire est un titre suffisant pour servir de base à une saisie immobilière à la requête de la femme sur des biens grevés de son hypothèque légale : Bordeaux, 2 juill. 1843 (*J. Av.*, t. 66, p. 166).

185. Il est incontestable qu'un acte authentique d'ouverture de crédit constitue un titre exécutoire qui, alors que l'existence de la créance et sa quotité sont certaines (V. *suprà*, n. 175 et s.,) constitue à lui seul l'acte exécutoire en vertu duquel la saisie peut être poursuivie : Paris, 26 nov. 1856 (*Droit* du 11 déc. 1856, n° 303) ; il n'est pas nécessaire de signifier en même temps le compte courant des opérations auxquelles l'ouverture de crédit a donné lieu : Trib. civ. de Thermonde, 9 mai 1862 (*J. Av.*, t. 88, p. 69).

186. Mais si, pour autoriser le commandement tendant à saisir, le titre doit être revêtue de la formule exécutoire, est-il nécessaire de réitérer le commandement avant de procéder à la saisie, lorsque dans l'intervalle qui s'est écoulé entre le commandement et le procès-verbal, un décret a modifié la formule exécutoire? La négative, que M. Chauveau regarde comme certaine, a été adoptée par la Cour de Paris le 7 oct. 1852 (*Droit*, 1852, n° 242).

187. Le défaut de légalisation de la signature apposée à l'expédition d'un acte notarié ne lui enlèverait pas la force exécutoire, et, par conséquent, n'annulerait pas les poursuites. C'est ce qu'ont jugé les Cours de Poitiers, le 15 janv. 1822, et de Rouen, le 10 juill. 1817 (*J. Av.*, t. 20, p. 502, et t. 24, p. 10), contrairement à un arrêt de la Cour de Colmar du 26 mars 1808 (t. 12, p. 554).

188. Un titre sous seing privé peut lui-même devenir authentique et exécutoire, s'il n'a pas été déposé chez un notaire par les deux parties contractantes, ou par le débiteur seulement : Cass., 27 mars 1821 (*J. Av.*, t. 23, p. 111) ; Bourges, 27 juin 1823 (t. 25, p. 231) ; MM. Toullier, t. 8, n. 200; Paignon, t. 1, p. 57, § 9 ; Persil fils, *Comm.*, t. 1, p. 43, n. 46 ; notre *Formul. annot.*, p. 503, n. 17.

189. La saisie qui, commencée en vertu d'un titre régulier, aurait été annulée pour vice de forme et reprise ensuite en vertu d'une transaction sous seing privé par laquelle la partie aurait renoncé au bénéfice du jugement d'annulation, ne devrait pas être considérée comme faite sans titre exécutoire; ce n'est pas, en effet, la transaction qui lui servirait de base; elle s'appuierait toujours sur le titre originaire : Amiens, 23 juill. 1817 (*J. Av.*, t. 20, p. 503).

190. Nul doute d'ailleurs que, si la loi exige un titre authentique, elle ne demande pas un titre conférant hypothèque, ainsi que le montre l'art. 2209, Cod. civ. : Liège, 28 nov. 1808 ; Lyon, 27 nov. 1811 (*J. Av.*, t. 20, p. 168) ; Orléans, 7 juill. 1826 (t. 20, p. 567) ; Nancy, 9 juill. 1834 (t. 46, p. 171) ; Pigeau, *Comm.*, t. 2, p. 271 ; Persil fils, *Comm.*, t. 1, p. 48, n. 57.

190 *bis*. M. Chauveau signale l'espèce suivante : Par un acte authentique, emprunt d'une somme dont le remboursement est fixé au terme de dix années. Par acte privé postérieur, consentement de l'emprunteur à ce que le remboursement ait lieu par cinquième, d'année en année. Au premier terme échu, commandement à fin de saisie immobilière, en vertu du dernier acte; demande en nullité de la part du débiteur ; et, le 24 juill. 1847, arrêt de la Cour de Toulouse qui déclare que « ce commandement ne pouvait trouver d'autre base que l'acte privé qui dérogeait, sous le rapport de l'échéance, à l'acte primitif; que le créancier ne pouvait agir par la voie parée en vertu de cet acte, et qu'il eût dû auparavant obtenir une condamnation en paiement ». Quelque sévère que soit cette décision, M. Chauveau l'approuve comme conforme aux règles combinées de la nécessité d'un titre authentique et de l'exigibilité de la créance.

191. Une poursuite est régulièrement suivie en vertu d'un jugement d'un juge de paix qui n'a été attaqué devant aucune juridiction en temps utile, quels que soient les griefs qu'on cherche à faire valoir contre ce jugement : Cass., 13 nov. 1843 (*J. Av.*, t. 66, p. 127). C'est en vain que le débiteur contesterait la créance et son exigibilité : Paris, 6 août 1853 (*Droit*, 1853, n. 229).

192. M. Chauveau, signalant un arrêt de la Cour de Toulouse du 9 janv. 1847 (*J. Av.*, t. 72, p. 122), qui a validé une procédure d'emprisonnement faite en vertu d'un jugement confirmé sur l'appel, quoique l'arrêt intervenu n'eût pas été signifié, fait observer que le principe serait le même en matière de saisie immobilière; mais il se hâte d'ajouter qu'une semblable décision ne saurait être suivie, et qu'il faut toujours faire signifier l'arrêt qui confirme, en même temps que le jugement qui a été frappé d'appel, si l'on ne veut pas s'exposer à une demande en nullité de la part du saisi. Toutefois la saisie immobilière, faite en vertu d'un jugement régulièrement signifié et confirmé par arrêt, serait valable, encore bien que cet arrêt n'ait point été signifié si le saisi avait consenti à ce que la signification n'eût pas lieu; Rouen, 14 mars 1866 (*J. Av.*, t. 92, p. 122).

193. L'espèce suivante avait été soumise à M. Chauveau :—Un jugement par défaut, exécutoire nonobstant appel et sans caution, condamne une partie au paiement d'une certaine somme. Cette partie y forme opposition avant qu'il ait été signifié; mais un second jugement, contradictoire, ordonne que le premier aura son plein et entier effet; seulement ce second jugement ne contient dans son dispositif aucune mention relative à l'exécution provisoire, nonobstant appel. Un commandement tendant à saisie immobilière, en tête duquel figure copie entière du jugement contradictoire, est signifié à la partie condamnée qui interjette appel; la saisie se poursuit. — La partie condamnée propose, contre la procédure de saisie, une nullité tirée du défaut de notification du jugement par défaut, qui seul prononçait l'exécution provisoire. *Quid juris ?*

194. La saisie est nulle, dit M. Chauveau. En effet, ou le jugement contradictoire permettait de saisir nonobstant appel comme puisant dans le jugement par défaut sa force exécutoire, et alors il devait être signifié, parce qu'il s'identifiait, pour ainsi dire, avec le second; ou, au contraire, le jugement par défaut devait être considéré comme ayant cessé d'exister par suite de l'opposition, et dans ce cas l'exécution provisoire ne résultant pas du dispositif du jugement contradictoire, l'appel rendait impossible la continuation de la saisie. Notre auteur reconnaît, à la vérité, qu'un jugement qui reçoit, pour la forme seulement, l'opposition à un jugement par défaut exécutoire nonobstant appel, ordonne par cela même virtuellement cette exécution provisoire, sans avoir besoin de l'exprimer d'une manière formelle (V. *Jugement par défaut*, n. 328); mais de là il ne suit point que la signification de ce dernier jugement suffise pour l'exécution. Dans ce cas, les deux jugements n'en font qu'un; le second est le complément du premier. Ne signifier que le premier, c'est s'exposer à ce que, en présentant l'origina de l'opposition, le débiteur fasse tomber les poursuites; ne signifier que le second, c'est vouloir encourir une nullité qui ne manquera pas d'être prononcée, parce qu'il n'y a pas copie entière du titre. M. Chauveau estime donc que toutes les fois qu'un arrêt a purement et simplement confirmé un jugement de débouté d'opposition déclare que le jugement par défaut sera exécuté selon *sa forme et teneur*, il faut signifier les deux jugements ou le jugement et l'arrêt qui, ensemble, forment le titre exécutoire.

195. M. Chauveau pense, avec plusieurs autres auteurs, qu'il ne faut pas prendre à la lettre les expressions de l'art. 2215, Cod. civ., qui défend de saisir, en vertu d'un jugement par défaut, *pendant le délai d'opposition*; car il s'ensuivrait qu'on ne pourrait jamais saisir en vertu d'un pareil jugement rendu contre partie, puisque l'opposition est alors recevable jusqu'à l'exécution. Ce délai doit s'entendre seulement de celui de huitaine dont parle l'art. 157, Cod. proc. *Sic*, Pigeau, t. 2, p. 203, n. 2; Persil père, *Quest.*, t. 2, p. 258; Persil fils, *Comm.*, t. 1, p. 47, n. 55; Dalloz, n. 244, et Bioche, n. 32.

196. Mais la prohibition de l'art. 2215, dit M. Chauveau, met obstacle à ce qu'il puisse être valablement procédé à une saisie immobilière, en vertu d'un jugement par défaut frappé d'opposition, et c'est avec raison que la Cour de Riom a admis la nullité de l'adjudication prononcée au profit du saisissant qui n'avait d'autre titre qu'un jugement par défaut frappé d'opposition, en déclarant qu'en pareil cas l'art. 728 ne peut pas être opposé : arrêt du 13 mars 1855 (*J. Av.*, t. 80, p. 495). Conf. M. Dalloz, n. 247.

197. Les poursuites de saisie immobilière exercées en vertu d'un jugement par défaut plus de six mois après son obtention, ne sont point nulles, si, dans les six mois, il y a eu acquiescement à ce jugement par acte sous seing privé mentionné en substance dans un acte authentique dressé dans le même délai : Paris, 21 mars 1863 (*J. Av.*, t. 89, p. 320).

198. Le cessionnaire d'une créance résultant de jugements confirmés sur l'appel, en vertu d'un acte sous seing privé régulièrement signifié, peut valablement, en son nom personnel, faire saisir les immeubles appartenant au débiteur cédé ; il n'est pas nécessaire que le transport soit lui-même fait par acte authentique : Paris, 7 mars 1868 (t. 93, p. 408).

199. La saisie immobilière est nulle lorsqu'elle est faite, soit en vertu d'un titre qui a été depuis annulé : Cass., 29 août 1822 ; soit en vertu d'un acte déclaré faux ; Montpellier, 6 fév. 1832 (*J. Av.*, t. 44, p. 368). Mais les poursuites faites en vertu d'un titre contre lequel sont alléguées la fraude et la simulation doivent être considérées comme valables, jusqu'au jour où ces allégations se produisent, sauf à faire statuer sur la validité de ce titre avant la publication du cahier des charges : Douai, 15 mars 1858 (*Journ. de cette Cour*, 1858, p. 170).

200. Un jugement, obtenu dans les dix premiers jours qui ont précédé la faillite du débiteur, est valable pour autoriser les poursuites en saisie immobilière : Nancy, 9 juill. 1834 (*J. Av.*, t. 46, p. 171) ; surtout si ce jugement n'a fait que débouter le débiteur de son opposition à un jugement de défaut rendu avant ce délai : Orléans, 7 juill. 1826 (t. 20, p. 566).

201. L'arrêt précité de la Cour de Nancy a jugé encore avec raison que les poursuites de saisie immobilière pratiquées en vertu de deux titres dont l'un est nul et l'autre valable, ne peuvent être arguées de nullité. Même raison de décider, observe M. Chauveau, dans le cas où l'un seulement des titres est authentique. La Cour de Douai a adopté cette doctrine, le 15 mars 1858 (*Journ. de cette Cour*, 1858, p. 170), en décidant que l'énonciation, dans un procès-verbal de saisie immobilière, d'un jugement en vertu duquel la saisie n'aurait pas été pratiquée, ne la rend pas nulle, si d'ailleurs le saisissant agissait en vertu de titres authentiques et exécutoires ; qu'il en est de même de l'énonciation surabondante de titres ne constatant pas une créance certaine, liquide et exigible.

202. Sous le n° CCCCXCVII *bis*, M. Chauveau, après avoir rappelé la disposition de l'art. 2215, Cod. civ., d'après laquelle si les poursuites de saisie immobilière peuvent avoir lieu en vertu de jugements provisoires ou définitifs, exécutoires par provision, nonobstant appel, l'adjudication ne peut se faire qu'après un jugement définitif en dernier ressort ou passé en force de chose jugée, mentionne, comme parfaitement conforme au vœu du législateur, un arrêt de la Cour de Montpellier du 2 août 1845 (*J. Av.*, t. 69, p. 697), qui a décidé qu'une adjudication ne peut avoir lieu en vertu de jugements provisoires frappés d'appel, statuant soit sur la validité du titre du poursuivant, soit sur les incidents de la poursuite.

203. Une saisie immobilière peut-elle être pratiquée au profit d'une commune, en vertu d'un état rendu exécutoire conformément à l'art. 63 de la loi du 18 juill. 1837 ? — Spécialement, une commune peut-elle, pour se faire payer le prix d'une aliénation d'immeubles communaux dont il n'a pas été passé acte devant notaire, faire saisir les immeubles du débiteur simplement en vertu d'un état dressé par le maire et visé par le sous-préfet, sans avoir obtenu un jugement de condamnation avant de faire signifier le commandement préalable à la saisie? — Cette question est résolue affirmativement dans le *Journal du droit administratif*, par les considérations suivantes, qui nous paraissent parfaitement fondées :

L'art. 63 de la loi du 18 juill. 1837 a été introduit dans notre législation afin d'éviter les frais et les lenteurs des poursuites judiciaires à l'égard des recettes communales, qui ne peuvent point s'opérer dans la forme rapide des contributions directes, telles que les prix de baux et de ventes. — On sait que la plupart des actes qui intéressent les communes sont passés dans la forme administrative, et que ces sortes d'actes sont authentiques, mais n'emportent pas exécution parée (V. Chauveau, *Cod. d'instr. administr.*, n. 850). C'est précisément pour obvier à cette absence de force exécutoire que l'art. 63 de la loi de 1837 a été édicté; de telle sorte que si le prix de la vente d'un bien communal passée dans la forme administrative ne peut être réclamé à l'acquéreur par voie d'exécution au moyen de l'acte lui-même, l'exécution forcée devient possible à l'aide d'un état dressé par le maire et visé par le sous-préfet. Cet état constitue alors un titre authentique et exécutoire qui, s'il ne confère pas hypothèque, emporte tous les modes d'exécution du droit commun. Or, comme pour opérer une saisie immobilière, il n'est pas besoin d'un titre conférant hypothèque, mais qu'il suffit d'un titre authentique et exécutoire, on ne voit dans aucun texte ni dans aucun document légal le motif d'une restriction qui devrait faire considérer un tel titre comme inefficace pour une semblable saisie. — Quel inconvénient peut-on d'ailleurs trouver dans la solution contraire? Est-ce que le débiteur auquel un commandement tendant à saisie immobilière est signifié en vertu d'un état rendu exécutoire, ne peut pas immédiatement paralyser la poursuite au moyen d'une opposition, portée, s'il s'agit d'un prix de vente, devant l'autorité judiciaire dont la décision fixera le sort de la poursuite? La propriété privée ne recouvre-t-elle pas par ce moyen toutes les garanties auxquelles elle a le droit de prétendre? — Compar. *Saisie-exécution*, n. 68.

204. Il faut, au surplus, remarquer que l'art. 63 n'est applicable qu'*aux recettes pour lesquelles les lois et règlements n'ont pas prescrit un mode spécial de recouvrement*, et qu'ainsi, par exemple, il ne l'est pas en matière de recouvrement de taxes dues pour frais de construction de trottoirs, en vue desquelles a disposé l'art. 3 de la loi du 7 juin 1845.

§ 6. — Devant quel tribunal doit être poursuivie la saisie.

205. (Q. 2198 H). *Quel est le tribunal qui doit connaître de la saisie? A quoi s'étend sa compétence ?*

Suivant les observations de Carré, au texte, le tribunal compétent pour connaître de la saisie immobilière est toujours celui de la situation des biens, attendu que l'action en expropriation est réelle, tant par sa nature, puisqu'elle a pour objet des biens, que par sa combinaison nécessaire avec la purge des hypothèques, qui est un droit purement réel, et si différents biens compris dans plusieurs saisies font partie d'une seule et même exploitation, c'est le tribunal du chef-lieu de l'exploitation qui en connaît, aux termes de l'art. 2210, Cod. civ. — M. Chauveau ajoute que l'incompétence de tout autre tribunal est une véritable incompétence *ratione materiæ*.

206. Dans le cas où, conformément à l'art. 1er de la loi du 14 nov. 1808, il est procédé simultanément à la saisie de plusieurs immeubles dans divers arrondissements et ne faisant point partie de la même exploitation, les procédures relatives tant à l'expropriation forcée qu'à la distribution du prix, doivent être portées devant les tribunaux respectifs de la situation des biens (art. 4 de la même loi). Mais cette compétence, introduite pour un cas nouveau, ne déroge en rien, dit M. Chauveau, à celle qu'à déterminée l'art. 2210, Cod. civ., pour les cas qu'il a prévus. Ainsi, lorsque le créancier voudra saisir simultanément, comme l'art. 2210 lui en donne le droit, plusieurs immeubles situés dans divers arrondissements, mais dépendant de la même exploitation, il devra le faire *in globo*, devant le tribunal du chef-lieu de l'exploitation, ou, à défaut de chef-lieu, de la partie des biens qui présente le plus grand revenu d'après la matrice du rôle. Au reste, il n'est pas tenu de procéder à cette vente simultanée, à moins que le débiteur ne l'exige; si celui-ci ne l'exige pas, il peut saisir séparément même la partie des biens situés dans l'arrondissement où ne se trouvent ni le chef-lieu de l'exploitation ni le plus grand revenu; et alors c'est devant le tribunal de la situation de la partie des biens saisis que les poursuites doivent être faites. Mais si le créancier requiert, en vertu de l'art. 2211, la vente simultanée, le second paragraphe de l'art. 2210 reprend alors son empire.

207. La question nous a été soumise de savoir si la poursuite de saisie d'un domaine dont le centre d'exploitation se trouve dans tel arrondissement, peut être valablement faite devant le tribunal d'un arrondissement voisin dans lequel il n'y a aucun bâtiment, mais seulement une quantité considérable de terrain dépendant de la même exploitation; en d'autres termes, si les dispositions de l'art. 2210, Cod. civ., doivent être appliquées littéralement, et s'il faut observer, à peine de nullité, l'ordre du paragraphe ainsi conçu : « Elle (la vente) est suivie devant le tribunal dans le ressort duquel se trouve le chef-lieu de l'exploitation, *ou, à défaut de chef-lieu*, la partie des biens qui présente le plus grand revenu d'après la matrice du rôle »; ou si, au contraire, le poursuivant a le droit d'intervertir cet ordre. — Nous avons répondu par les observations suivantes : Lorsque des immeubles situés dans deux ou plusieurs arrondissements différents font partie d'une seule et même exploitation, la loi fait fléchir la règle d'après laquelle la vente de ces immeubles ne peut être provoquée que successivement, et alors la raison veut que la vente soit poursuivie devant le tribunal dans le ressort duquel se trouve le chef-lieu d'exploitation, alors même que la portion d'immeubles située dans ce ressort serait moins considérable que celle située dans l'arrondissement voisin. Ce n'est que dans le cas où il n'existe pas de chef-lieu d'exploitation que la compétence est déterminée par le degré de valeur des immeubles. Les expressions de la loi : *à défaut de chef-lieu*, le démontrent clairement, et la logique est d'accord avec elle. Il serait manifestement irrationnel d'attribuer la connaissance de la saisie et de la vente au tribunal dans le ressort duquel sont situés les immeubles qui présentent le revenu le plus élevé, lorsque dans l'autre arrondissement se trouve le chef-lieu de l'exploitation, centre auquel les immeubles dont il s'agit se rattachent comme de simples dépendances. Impossible donc, selon nous, de renverser l'ordre établi par l'art. 2110, Cod. civ.

208. Carré observe, au texte, que le tribunal de la situation des immeubles est investi de plein droit de tout ce qui est relatif au commandement, à la continuation des poursuites, et à tous les incidents qui peuvent en naître.

M. Chauveau dit, de son côté, que ce tribunal est compétent pour connaître de tous les incidents nés à l'occasion de la saisie, quelle que soit d'ailleurs la nature des moyens ou exceptions proposées à raison de ces inci-

dents, l'art. 717 seul contenant une exception pour un cas particulier. Conf., Douai, 15 mars 1858 (*J. de cette Cour*, 1858, p. 170).
— Au surplus, voy. *infrà*, Sect. VII, § 7.

§ 7. — Clause de voie parée.

209. (Art. 742). *Quelle doit être l'influence de l'art. 742, qui prohibe la clause de voie parée, c'est-à-dire toute stipulation portant qu'à défaut d'exécution des engagements pris envers lui, le créancier aura le droit de faire vendre les immeubles de son débiteur, sans remplir les formalités prescrites pour la saisie immobilière, sur une vente faite en exécution d'une semblable clause? Quand cet article est-il applicable?*

M. Chauveau établit que la clause dont il s'agit est frappée d'une nullité d'ordre public, à laquelle dès lors les parties ne peuvent pas renoncer, ainsi que l'a d'ailleurs jugé un arrêt de la Cour de Rennes du 14 nov. 1853 (*Journ. de cette Cour*, 1854, p. 358) ; mais il ajoute qu'il est bien évident que cette nullité ne pourra avoir lieu, dans ce cas spécial du consentement du débiteur, qu'autant que la vente sera poursuivie devant un tribunal; car, devant les notaires, les majeurs, maîtres de leurs droits, sont libres de faire ou de laisser vendre leurs immeubles, de quelque manière que ce soit.

210. De ce que, aux termes de l'art. 742, la clause de voie parée est *nulle et non avenue*, notre auteur conclut qu'il n'est pas nécessaire qu'on en demande la nullité aux tribunaux.

211. Cependant, si cette clause a reçu son exécution, si la vente a eu lieu, soit devant un tribunal, soit devant un notaire, que devra-t-on décider? La vente sera nulle, dit M. Chauveau, si les procédures qui l'ont précédée ont été faites par voie de signification en vertu de la clause et sans aucune participation directe du débiteur, car c'est précisément pour ce cas spécial que l'art. 742 dispose. Du moment que la clause était réputée non avenue, le débiteur ne pouvait être dépouillé de sa propriété que par l'expropriation forcée, régulièrement suivie. — Le silence du débiteur ne peut pas être considéré comme un acquiescement, comme un mandat tacite ; ainsi, quand bien même les actes lui auraient été signifiés en parlant à sa personne, la vente n'en serait pas moins radicalement nulle.

212. Mais notre auteur pense que la vente faite, en vertu d'une clause de voie parée, par le créancier, au nom de son débiteur, pourrait être validée dans le cas où celui-ci aurait expressément consenti depuis l'annonce de cette vente, à ce qu'elle eût lieu de cette manière, et surtout n'aurait pas manifesté de changement de volonté jusqu'à l'accomplissement de la vente. Alors le créancier vendrait comme mandataire ; et la vente serait purement volontaire par rapport aux tiers.

213. On ne saurait assimiler à la clause de voie parée la procuration, toujours révocable, donnée par un débiteur à son créancier de vendre ou de faire vendre à l'amiable les biens hypothéqués à sa créance. C'est ce qu'a reconnu la Cour de Bordeaux dans un arrêt du 29 nov. 1849 (*J. Av.*, t. 75, p. 289). Conf., M. Rodière, t. 3, p. 203.—Mais un arrêt de la Cour de cassation du 28 avril 1857 (*J. Av.*, t. 83, p. 93), rejetant un pourvoi dirigé contre un arrêt de la Cour de Bordeaux, du 30 juill. 1856, a jugé que la clause par laquelle un débiteur autorise son créancier antichrésiste à vendre sans formalités de justice l'immeuble donné en antichrèse, est nulle, au point de vue tant des dispositions de l'art. 2088, Cod. civ., que de celles de l'art. 742, Cod. proc., et que cette nullité, étant indivisible, peut être invoquée pour le tout par un seul des héritiers du débiteur.—La Cour de Bordeaux a aussi décidé, le 28 juill. 1857 (t. 83, p. 375), que la vente à réméré dans laquelle le vendeur apparent, qui reste en possession de l'immeuble, s'oblige à payer un intérêt égal à celui de la somme qui lui est comptée comme prix de vente, peut être considérée comme présentant les caractères du pacte prohibé par les articles précités, surtout si la vilité du prix est établie.

214. La Cour de Montpellier, le 1er mars 1855 (t. 80, p. 541), et la Cour de cassation, le 26 fév. 1856 (t. 81, p. 421), ont, au contraire, refusé de voir le caractère de la clause prohibée dans la stipulation d'un acte d'emprunt qui déclare le prêteur propriétaire des immeubles de l'emprunteur moyennant un prix à fixer par experts, dans le cas où, à l'échéance, la somme ne sera pas payée; et la Cour de Bordeaux a rendu, le 1er fév. 1859 (t. 84, p. 348), un arrêt d'après lequel est valable comme promesse de vente la clause d'un contrat hypothécaire portant qu'à défaut de paiement au terme stipulé, l'immeuble affecté au créancier lui restera acquis, moyennant un prix fixé dans le contrat, quinze jours après un commandement resté infructueux.

215. M. Chauveau se refuse à considérer ces décisions comme conformes aux principes. — Pour appliquer, observe notre auteur, le véritable esprit d'une loi, il faut se rendre compte des motifs qui ont déterminé le législateur. Il n'a pas voulu (personne ne peut dire qu'il a eu tort, tant que sa volonté ne sera pas modifiée par un texte nouveau), il n'a pas voulu que, sous le prétexte d'un prêt, un propriétaire pût être dépossédé de son immeuble. Entre le prêt et l'expropriation, il y a la même distance qu'entre la concession d'une hypothèque et une vente. On a besoin d'argent, on compte sur des rentrées; quelles que soient les clauses imposées par le créancier, on y souscrit, parce qu'on est convaincu que l'argent sera prêt le jour de l'échéance. Si le législateur ne fût pas intervenu, la clause de voie parée eût été insérée dans tous les contrats, et cette voie expéditive eût été une véritable spoliation de la propriété au profit des capitalistes, dont quelques-uns, malheureusement, ne sont pas toujours d'une grande délicatesse sur les moyens de s'enrichir.

216. Ce que la loi a prohibé d'une manière formelle, peut-il être permis parce qu'on aura pris une voie indirecte? En thèse, la négative sera adoptée par le tout le monde. Mais telle et telle clause innomée sera-t-elle un moyen indirect de frauder la loi? Voilà où commencent les dissidences. D'après la Cour de Montpellier, pourvu que les parties ne substituent pas un mode arbitraire au mode légal d'adjudication des propriétés immobilières, les clauses sont valables. Ainsi, la clause sera nulle, si elle porte qu'à défaut de paiement tous les enchérisseurs seront appelés devant un notaire après publications et affiches; mais elle sera valable, si le prêteur peut devenir propriétaire au prix fixé par un de ses amis... Combien le législateur serait accusé d'inconséquence, s'il devait en être ainsi!

217. On oppose que, dans l'espèce, la clause contenait une promesse de vente conditionnelle, et qu'une telle promesse de vente est autorisée par les art. 1584 et 1589, Cod. civ. A cet argument, dit M. Chauveau, il n'y a qu'une seule réponse : sous l'apparence du contrat le plus licite peut se dissimuler une convention prohibée par la loi, la morale ou l'ordre public, comme on le voit dans les matières d'usure, de donations, d'offices, etc.; ce n'est donc pas à l'apparence de la convention qu'il faut s'arrêter pour savoir si elle est valable. Il s'agit de décider si la clause qui permet à l'emprunteur de s'approprier l'immeuble du prêteur est illicite. Or, pour qu'une convention puisse être annulée, est-il nécessaire qu'elle soit contraire à une loi spéciale? Quelle est la loi qui défend, en matière d'offices, les contre-lettres, les sociétés et tant d'autres contrats que la jurisprudence annule tous les jours? Personne ne contestera que les dispositions des art. 2088, Cod. civ., et

742, Cod. proc., ne contiennent des règles d'ordre public qu'aucune volonté privée ne pourra modifier. Eh bien! lorsque la conscience du juge reconnaîtra qu'une convention n'est pas faite pour autre chose que pour tourner l'application de la loi et pour découvrir un mode d'expropriation ou de dessaisissement autre que celui autorisé par la loi, l'annulation de cette convention devra être prononcée.

218. Pour justifier l'opinion contraire, M. Hennequin, dans le *Journal des Notaires*, n° du 10 oct. 1854, a présenté la considération suivante : « Si, dans le contrat d'affectation hypothécaire, les parties peuvent valablement stipuler le prix moyennant lequel le créancier deviendra propriétaire de l'immeuble à défaut de paiement dans un délai déterminé, à plus forte raison peuvent-elles convenir que le prix sera fixé par experts convenus ou nommés d'office. Ce prix, ainsi fixé librement par des tiers *indépendants*, présentera la valeur vénale de l'immeuble aussi bien et bien mieux encore qu'une vente judiciaire, et il sera à l'abri de tout soupçon de *contrainte* de la part du créancier sur le débiteur. » — L'honorable avocat a donc compris, observe M. Chauveau, que, pour que la cause si insolite qu'il défendait pût être acceptable, il fallait qu'un prix fût fixé *librement* par des tiers indépendants, à l'abri de tout soupçon de *contrainte.* — Que dira-t-il de cette espèce : Jean, qui veut emprunter 100,000 francs, possède un immeuble de 400,000 francs, dont la valeur d'affection est pour lui plus considérable que la valeur vénale. On exige de lui une promesse de vendre à l'expiration d'une année, s'il ne paie pas. Est-il libre, quand il accepte la condition qui lui est imposée? — Le prêteur veut que le prix soit fixé par un de ses *plus intimes amis.....* Ce tiers sera-t-il *indépendant?* Et pourra-t-on dire qu'une semblable convention sera à l'abri de tout soupçon de *contrainte?* La contrainte morale est précisément celle qui a fait proscrire, avec tant de raison, la clause de voie parée ; et elle existera toutes les fois qu'à cause d'un emprunt, impérieusement nécessité par un besoin d'argent, l'emprunteur aliénera d'une façon quelconque la libre disposition de ses immeubles, et consentira à s'en voir dépouillé par la volonté de celui qui lui a prêté l'argent, surtout s'il ne lui reste pas même la faculté de trouver un nouveau prêteur, parce que le terme fatal aura donné la perfection au contrat contenant une prétendue promesse de vente, qui n'est au fond qu'une véritable expropriation volontaire formellement défendue par nos lois.

219. L'arrêt de la Cour de cassation qui a maintenu celui de la Cour de Montpellier, dit que le Code de procédure, révisé en 1841, a eu pour *unique* but de déterminer les formes des ventes forcées, mais qu'il est étranger au contrat de vente; que ce contrat continue à être régi par les règles ordinaires du droit; et qu'ainsi l'arrêt attaqué a eu raison de décider que la promesse de vente était obligatoire pour le vendeur, et que l'art. 742, Cod. proc., est étranger à ce cas. M. Chauveau fait remarquer qu'à l'appui de la thèse adoptée par elle, la Cour suprême ne donne aucun motif qui réfute la thèse contraire fondée sur l'esprit même de la loi invoquée. — Dire que l'art. 742 n'est applicable qu'aux formes de l'expropriation et est étranger au contrat de vente, ce n'est nullement prouver que cet article n'ait pas précisément eu en vue les contrats de vente entre le débiteur et le créancier, et surtout ce n'est pas répondre aux observations ayant pour objet de démontrer que précisément l'art. 742 a en vue la prohibition de tout contrat de vente conditionnelle entre l'emprunteur et le prêteur. N'est-ce pas aller bien loin que de poser en règle générale que le Code de procédure, revisé en 1841, a eu pour *unique but* de déterminer les formes de l'expropriation, en présence de l'art. 717, qui dénature d'une manière si grave le droit du vendeur, au point de vue de la résolution du contrat pour défaut de paiement du prix? Non, il ne s'agissait pas, en 1841, d'introduire dans le Code de procédure une simple disposition de forme pour la vente forcée des biens d'un débiteur. Tout le monde comprenait, au contraire, qu'il s'agissait d'une constitution définitive des rapports du débiteur et de l'emprunteur. « Peut-être, disait M. Chegaray, lors de la discussion de la loi, la question n'a-t-elle été envisagée jusqu'ici que comme une question de procédure; quant à moi, elle me paraît beaucoup plus large. Je la considère comme une question d'économie publique de premier ordre. Je voudrais attirer sur elle l'attention, non seulement des hommes spéciaux qui, seuls jusqu'à présent ont pris part à la discussion, mais de tous ceux qui, dans la Chambre, s'occupent d'économie politique, de crédit public et privé, du mouvement de la propriété, car ce ne sont pas de moindres intérêts, à mon sens, qui se trouvent engagés dans la discussion. » (*Moniteur* du 17 janvier 1841, p. 130, 2e colonne). — « On vous demande, observait de son côté M. Lherbette, d'innover sur le Code civil; on vous demande d'établir dans une loi de procédure une disposition relative aux conventions qui ont précédé la procédure, de faire dans une loi de procédure une disposition de loi civile..... C'est la première fois qu'on l'essaye dans cette loi; car les dispositions précédentes qui paraissaient toucher au Code civil étaient relatives à des effets de la saisie immobilière; tandis qu'ici il s'agit de conventions qui ont précédé cette saisie, *qui ont pour effet de l'éviter;* c'est là un empiètement sur le domaine de la loi civile..... » (*Ibid.*, p. 128, 3e colonne.)

220. Tous les orateurs qui ont demandé l'adoption du nouvel art. 742 l'ont présenté comme une barrière protectrice contre les volontés tyranniques du prêteur. — En vain M. Dupin avait-il dit que la clause était pour le cas où les parties, ayant fait elles-mêmes le règlement de vente, ont déterminé par prévision de quelle manière, à l'échéance, un but très légitime serait atteint, c'est-à-dire le but de faire qu'il y aurait paiement, sans que le débiteur pût se jouer du créancier; en vain plusieurs membres de la Chambre avaient-ils présenté la clause comme beaucoup plus favorable que contraire aux véritables intérêts des emprunteurs; la vérité de la thèse contraire a éclaté et a conquis le plus grand nombre des suffrages. On a fort bien répondu : « Tant que l'homme est pressé par la nécessité, il cherche à se procurer des ressources actuelles et *fait bon marché de l'avenir*. Si le législateur doit être sévère envers les débiteurs, du moins il doit empêcher qu'on ne se livre à des stipulations trop onéreuses... En général, le débiteur, quand il contracte, n'a en vue que ce qu'il fait dans le moment; l'avenir est pour lui plein d'illusions; il ne doute pas de la facilité avec laquelle il s'acquittera de ses engagements; *il consent à tout*, et désormais, *quand la faculté de consentir sera jointe aux exigences du créancier, il ne pourra plus rien refuser, car bientôt on n'obtiendra plus de fonds qu'à ce prix*... On vous dit : mais c'est une vente volontaire, car le débiteur y a consenti. Le débiteur a consenti? Je le demande, quel est donc ce singulier consentement? Il l'a donné dans la vue du prêt, il y a plusieurs années; mais à l'époque où se fait la vente, il ne le donne plus; il a donné mandat à l'époque du prêt, alors il espérait se libérer. C'est en son nom que se fait la vente, dites-vous, et cependant celui au nom duquel on l'a fait voudrait qu'elle ne se fît pas, et protesterait, s'il le pouvait, en révoquant ce singulier mandat *dont vous faites une condition*, etc., etc. » (*Ibid.*, p. 129 et 130).

« Si vous avez agi sagement, a dit M. Renouard, en adoptant les dispositions que vous avez votées; si vous les avez votées comme une garantie pour tout le monde, pour le créancier, comme pour le débiteur, pour l'acquéreur, comme pour le vendeur, en vérité, comment pourrait-on prétendre que ces dispositions, nécessaires dans certains cas, ne le soient pas dans d'autres? Et d'où viendraient les motifs de cette différence d'appréciation? On ne puise les motifs de différence que dans le *consentement probable* donné par l'emprunteur. Mais, messieurs, on a pu se récrier lorsqu'on a dit qu'habituellement l'emprunteur, qui a besoin d'argent, est à la disposition du prêteur. Mais c'est se récrier contre la nature même des choses. Il est certain que celui qui emprunte est obligé, habituellement, d'en passer par les conditions que son prêteur lui impose. Je sais bien que cela n'est pas toujours vrai. On dit : « Il y a des emprunteurs qui sont plus riches que les prêteurs. » Il y a des emprunteurs très riches, mais qui ont besoin de fonds. Mais, de *bonne foi*, messieurs, croyez-vous que ce soit contre les riches emprunteurs, contre les emprunteurs solvables, que la disposition soit dirigée?... »

221. Après avoir reproduit d'autres passages des discours importants auxquels a donné lieu la discussion de l'art. 742, M. Chauveau déclare qu'il a cru remarquer dans les opinions émises par ceux-là mêmes qui auraient voulu qu'on adoptât la clause de voie parée, une tendance à repousser la solution qu'a consacrée l'arrêt de la Cour de cassation du 26 fév. 1856. « Si vous n'adoptez pas la clause, disait notamment M. Dupin, vous irez contre votre but, je vous le prédis ; avec vos interdictions et vos défenses, vous forcerez les hommes à recourir à d'autres moyens, à des lettres de change, à tous les mauvais contrats par lesquels on ruinait jadis le fils de famille, à ces contrats qui n'ont été imaginés que par l'interdiction des contrats légitimes... » M. Dupin, ajoute M. Chauveau, entrevoyait bien encore, sans doute, une clause remplaçant le régime de l'expropriation et permettant à l'emprunteur de devenir propriétaire pour son compte, moyennant un prix fixé par des amis communs, à l'échéance de la dette ; mais il ne croyait pas qu'elle pût jamais entrer dans la pensée des prêteurs, en présence d'un article aussi énergique, que l'art. 742, et de la discussion solennelle qui l'a précédé. Si les orateurs qui parlaient en faveur de la clause de voie parée appréhendaient que, si elle n'était pas adoptée, le prêteur n'exigeât le pacte de vente à réméré, contrat funeste aux emprunteurs, et que M. Corne déclarait être *le fléau des petits cultivateurs*, aucun d'eux n'exprimait la crainte de voir surgir une clause de laquelle il résulterait que si, à l'échéance, la somme empruntée n'était pas restituée, le prêteur pourrait se considérer comme propriétaire en payant une somme déterminée par des tiers. Il est donc permis de dire que si cette clause eût été indiquée dans le grave débat solennel qui a eu lieu, elle eût été repoussée par tous.

222. Argumenterait-on maintenant des termes de l'art. 742 qui dit : « Toute convention portant que, à défaut d'exécution d'engagements pris envers lui, le créancier aura le *droit de faire vendre* les immeubles de son débiteur sans remplir les formalités prescrites pour la saisie immobilière, est nulle et non avenue, » pour soutenir que le prêteur, en achetant pour son compte, ne *fait pas vendre?* Ne serait-ce pas là, dit M. Chauveau, une pure cavillation? Le prêteur, auquel le contrat a réservé la liberté de prendre possession de tout ou partie des objets affectés à l'obligation d'après une estimation faite par des experts, déclare user de cette faculté. Il poursuit en justice la nomination d'un expert, etc. — Que va-t-il faire, sinon consommer à son profit une vente forcée, c'est-à-dire dépouiller le débiteur par une autre voie que celle édictée par le législateur?

Sect. II. — Commandement préalable a la saisie immobilière.

223. (Q. 2199). *L'art. 111, Cod. civ., qui permet de faire, au domicile élu pour l'exécution d'un acte, les significations, demandes et poursuites relatives à cet acte, s'applique-t-il au commandement tendant à saisie immobilière? Quid lorsque le débiteur demeure hors de la France continentale?*

La solution affirmative de la première question avait été établie au texte par Carré sur le premier point. Et M. Chauveau regarde cette solution comme d'autant moins douteuse depuis la loi du 2 juin 1841, que la discussion de l'art. 673, Cod. proc., soit à la Chambre des pairs, soit à la Chambre des députés, est venue révéler dans la pensée du législateur une parfaite conformité avec la jurisprudence. La commission de la Chambre des pairs, qui n'approuvait pas la signification au domicile élu, proposait d'insérer le mot *réel* après le mot *domicile*; quelques projets et amendements voulaient, au contraire, qu'on mît : *domicile soit réel, soit élu*. On objectait contre la première de ces propositions, qu'il ne fallait pas priver le créancier de la faculté de signifier au domicile élu ; et, contre la seconde, que la rédaction de l'ancien texte du Code de procédure suffisait pour autoriser la signification à l'un ou à l'autre des domiciles. Les Chambres se sont rendues à ces arguments. Il demeure donc bien démontré, observe M. Chauveau, qu'en se servant de ces mots : *à personne ou domicile*, le législateur a entendu coordonner les prescriptions de l'art. 673, Cod. proc., avec les principes posés dans l'art. 111, Cod. civ. C'est ce que pensent aussi MM. Paignon, t. 1, p. 66, § 4; Rogron, p. 812; Persil fils, *Comment.*, t. 1, p. 52 et suiv., n. 66; Dalloz, n. 347; Bioche, n. 96, et Colmet-Daage, t. 3, p. 290, n. 266. V. également notre *Formulaire annoté*, t. 2, p. 616, note 7, n. 2. — M. Coffinières avait soutenu, dans le *Journal des Av.*, t. 20, p. 198, que la signification au domicile élu peut bien être admise lorsqu'il s'agit d'exécuter *de plano* l'acte authentique dans lequel l'élection a été faite, mais qu'il en doit être autrement s'il est question d'exécuter le jugement rendu sur cet acte. M. Chauveau a repoussé une semblable distinction sous la quest. 608.—Enfin, M. Thomine-Desmazures, t. 2, p. 202 et suiv. traitait ces deux cas de la même manière en exigeant toujours la signification au domicile réel. Il est le seul auteur qui ait adopté ce système.

224. Le tribunal civil d'Auxerre a décidé, le 1er déc. 1858 (*J. Av.*, t. 84, p. 271), qu'il y a nullité du commandement signifié, après le décès du débiteur, au domicile qu'il avait élu dans un acte conférant hypothèque, parce que cette élection de domicile, qui liait le défunt, ne saurait lier les héritiers. M. Chauveau ne regarde point cette solution comme exacte. L'élection de domicile peut être invoquée, dit-il, non seulement contre celui qui l'a faite, mais encore contre ses héritiers, continuateurs de sa personne, sauf, en ce qui concerne ces derniers, l'application préalable de la disposition de l'art. 877, Cod. civ. — La décision du tribunal d'Auxerre n'a pas envisagé la question à ce point de vue; il semble cependant résulter de ses motifs que la signification préalable n'avait pas eu lieu dans l'espèce.

225. Quand, dans l'acte d'obligation, il y a élection de domicile, et qu'au moment de la signification du commandement, le domicile réel du débiteur n'est pas connu, il faut s'en tenir au domicile élu. C'est avec raison que la Cour de Rouen, par arrêt du 3 fév. 1844 (*J. Av.*, t. 66, p. 309), a annulé une poursuite, parce que le créancier, qui ignorait le domicile réel du débiteur, lui avait fait les significations au parquet, conformément à l'art. 69, § 8, Cod. proc., et non au domicile élu dans l'obligation. Conf., notre *Formul. annot.*, p. 616, note 7, n. 3.

Mais, lorsqu'il n'y a pas d'élection de domicile, il faut se conformer au § 8 de l'art. 69; et M. Chauveau pense aussi, avec M. Bourbeau (Dissertation, *J. Av.*, t. 69, p. 705), que le commandement doit être remis au procureur de la République, conformément à l'art. 69, § 9, lorsque le débiteur sur qui doit porter la saisie immobilière demeure hors de la France continentale. V. aussi, en ce sens, notre *Formul. annot.*, *loc. cit.*, n. 4.

226. Lors de l'élaboration de la loi de 1841, le tribunal civil de Marseille avait exprimé l'opinion que le commandement pourrait être notifié à un domicile élu par le débiteur depuis l'obligation. M. Chauveau ne le pense pas, parce que ce ne serait pas là le domicile conventionnel dont s'occupe l'art. 111, Cod. civ.

227. La Cour de Caen a décidé, par arrêt du 9 avril 1875 (*J. Av.*, t. 100, p. 334), qu'un individu peut être considéré comme ayant son domicile réel dans le lieu où il paie une cote personnelle et mobilière, où il a acquitté des droits d'enregistrement en qualité d'héritier, où certains actes de procédure lui ont été antérieurement délivrés à personne, sans qu'il ait, à ce moment, signalé une erreur dans l'exploit relativement à l'indication du domicile ; et cela, encore bien qu'il se soit marié dans un autre lieu, où il a été également imposé à la cote personnelle et immobilière, et où il a été porté sur la liste électorale ; d'où il suit qu'un commandement à fin de saisie immobilière lui est valablement signifié à ce domicile. Ce n'est là qu'une application de la règle suivant laquelle, lorsqu'une personne a plusieurs établissements ou demeures, les juges doivent déterminer par l'appréciation des circonstances le lieu de son domicile réel. V. notamment Dalloz, *Répert.*, v° *Domicile*, n. 10 et s.

228. (Q. 2199 bis). *A quel domicile doivent être remises les significations faites à la requête du créancier postérieurement au commandement ?*

Le projet de la commission du Gouvernement (V. *suprà*, n. 223), qui avait formellement exprimé la faculté de signifier le commandement au domicile *soit réel, soit élu*, avait cru devoir ne point maintenir ce droit d'option pour les actes postérieurs, et centraliser la signification de ces actes au domicile où le commandement aurait été notifié, afin que le débiteur pût toujours s'enquérir, au domicile d'abord choisi par le créancier, si de nouvelles communications n'y auraient pas été faites ; mais le projet présenté aux Chambres supprima cette disposition, qui n'a plus été reproduite ; d'où M. Chauveau conclut que le créancier conserve, pour les significations postérieures, à l'égard desquelles un mode particulier n'est point prescrit, le droit de les adresser à un domicile différent de celui auquel il a signifié son commandement ; c'est-à-dire qu'elles doivent être faites suivant le droit commun à personne ou domicile. Conf., M. Bioche, n. 97. — Dès lors, il y a nullité de la saisie d'immeubles de communauté, indivis entre le mari et les héritiers de la femme, lorsque le créancier de la communauté a notifié les actes concernant l'un des héritiers à son domicile d'origine, qui avait cessé d'être le domicile réel de ce cohéritier : Trib. civ. de Lourdes, 5 déc. 1855 (*J. Av.*, t. 81, p. 347).

229. (Q. 2199 ter). *Le commandement peut-il être signifié à la personne du débiteur trouvé hors de son domicile ?*

La solution affirmative, que Carré avait admise au texte, est justement approuvée par M. Chauveau. — V. aussi conf., notre *Formul. annot.*, p. 616, note 7, n. 5.

230. (Q. 2200). *Le commandement fait à l'héritier du débiteur, sans que le titre lui ait été signifié huit jours auparavant, est-il nul ?*

Carré, au texte, soutient la négative, par le motif que le commandement n'est pas un acte d'exécution préalablement auquel le titre doive être signifié aux héritiers du débiteur par application de l'art. 877, Cod. civ., et il pense, dès lors, qu'il suffit que cette signification soit faite par l'exploit même de commandement. — Cette opinion est partagée par M. Favard de Langlade, t. 5, p. 44, et a été consacrée par un arrêt de la Cour de Grenoble, du 22 juin 1826 (*J. Av.*, t. 31, p. 347), par le tribunal civil de Cognac, le 20 déc. 1849 (t. 75, p. 220), et par la Cour de Rouen, le 13 juin 1853 (*J. des Huiss.*, t. 35, p. 296) ; mais les Cours de Bruxelles, le 10 mai 1819 (*J. Av.*, t. 20, p. 263) ; de Rennes, le 5 juill. 1817 (t. 20, p. 501) ; de Pau, le 3 sept. 1829 (t. 39, p. 224) ; de Bastia, le 12 fév. 1833 (t. 52, p. 33) ; de Colmar, le 11 mars 1835 (t. 48, p. 253) ; d'Aix, le 29 fév. 1844 (t. 74, p. 36) ; de Bourges, le 11 mai 1844 (t. 69, p. 479), et d'Alger, le 31 oct. 1864 (t. 90,

p. 320), ont admis la doctrine contraire. La Cour de Paris a même jugé, le 19 avril 1839 (*J. Av.*, t. 57, p. 495), que, si la partie saisie vient à décéder pendant les poursuites, on ne peut les continuer contre ses héritiers avant de leur avoir signifié les titres de créance, aux termes de l'art. 877, Cod. civ.

231. M. Chauveau pense qu'il n'est point exact de dire, avec Carré, que le commandement n'est pas un acte d'exécution; c'est comme acte d'exécution, au contraire, observe-t-il, que le commandement peut, dans l'intention du législateur, être signifié au domicile *élu pour l'exécution*. — La commission chargée par le Gouvernement de préparer le projet de la loi de 1841, avait cru devoir y introduire une disposition spéciale pour dispenser de la signification prescrite par l'art. 877, Cod. civ., et décider que la copie signifiée en tête du commandement en tiendrait lieu. Une première rédaction, abandonnée depuis, avait même déclaré que les deux significations pourraient indifféremment se suppléer l'une l'autre, et qu'il serait libre au poursuivant de faire à son choix celle qui lui conviendrait le mieux. Ce projet, soumis aux Cours d'appel, fut, de la part de celles de Nîmes et de Rouen, l'objet d'une réclamation importante; ces Cours demandaient que, puisqu'il était admis que la copie du titre donnée avec le commandement suffirait pour permettre d'exercer des poursuites contre les héritiers du débiteur, le commandement dût toujours, dans ce cas, être signifié au domicile réel de ces héritiers ou à leur personne; parce que si la signification au domicile élu ne présente pas d'inconvénient, lorsqu'elle est faite contre le débiteur lui-même, qui connaît l'existence de son obligation, et sait qu'on peut le poursuivre au domicile dont il a fait choix, ses héritiers au contraire peuvent ignorer l'existence de l'acte et, à plus forte raison le domicile qui s'y trouve élu. Le législateur n'a pas voulu faire cette exception au principe établi par l'art. 111, Cod. civ., et il n'a pas admis la disposition proposée par la commission du Gouvernement. — Toutes ces circonstances rapprochées et combinées prouvent, dit M. Chauveau, que la question posée par Carré se trouve définitivement tranchée et résolue dans un sens opposé à celui qu'il avait adopté. Voy. d'ailleurs conf. à l'opinion de notre auteur, Chabot, *Succession*, sous l'art. 877, n. 2; Dalloz, v° *Vente publ. d'imm.*, n. 291 et s.; Bioche, v° *Sais. imm.*, n. 39. — Pour nous, nous avons embrassé l'interprétation opposée, comme plus juridique, dans notre *Formul. annot.*, p. 609, n. 7.

232. M. Chauveau fait remarquer que, bien qu'il ait admis (sous l'art. 545), que le commandement n'est pas un acte d'exécution en ce sens qu'il peut être signifié avec un jugement par défaut, dans un seul et même acte, par l'huissier commis (V. aussi en ce sens, notre *Formul. annot.*, p. 612, note 1, n. 10), il a maintenu la doctrine adoptée par lui sous la présente question, en refusant de reconnaître, avec un jugement du tribunal civil de Cognac du 20 déc. 1849 (*J. Av.*, t. 75, p. 220), que le commandement qui a pour but d'interrompre la prescription qui serait acquise après l'expiration du délai dont parle l'art. 877, Cod. civ., puisse être fait par l'exploit qui contient la signification des titres de créances à l'héritier du débiteur, sous la réserve expresse que ce commandement ne vaudra comme acte d'exécution qu'après le délai fixé par l'article précité. Par la disposition de l'art. 877, ajoute-t-il, le législateur a voulu en effet que l'héritier d'un débiteur ne pût être considéré comme personnellement obligé en vertu du titre qui liait son auteur, qu'autant que huit jours s'étaient écoulés depuis que l'existence de ce titre lui avait été notifiée. Cette huitaine constitue un sursis à toute exécution, une trêve pendant laquelle l'héritier ne doit recevoir aucune injonction d'exécuter, et qu'il emploiera en recherches, en réflexions, pour s'assurer de la réalité du titre et aviser au parti qu'il aura à prendre. On ne saurait donc permettre, pendant ce laps de temps, aucun acte d'un caractère quelconque d'exécution, ou de préliminaire d'exécution, qui aurait un effet autre que celui de signaler l'existence du titre.

233. Notre auteur se défend ensuite contre le reproche de contradiction sur les effets du commandement qui pourrait lui être adressée. Il a bien pu, dit-il, décider qu'un jugement par défaut pouvait être signifié avec commandement d'avoir à l'exécuter, lorsque les délais de l'opposition seraient expirés, parce que là le créancier interpellait directement celui que le jugement lui-même constituait son débiteur, celui contre lequel les poursuites avaient été dirigées. Mais, par analogie, serait-il logique de prétendre que le créancier d'une succession peut, tout en faisant signifier ses titres à l'héritier, le sommer d'avoir à les exécuter huit jours après? Non, puisque la signification de l'art. 877 doit précéder tout acte qui, directement ou indirectement, se rattache à l'exécution. On ne saurait concevoir qu'un commandement, qui ne doit avoir d'effet, comme commandement que dans huit jours, puisse interrompre une prescription qui sera acquise avant l'expiration de ces huit jours. Dans la signification du jugement par défaut avec commandement, cet acte n'a pas d'effet rétroactif, tandis que, dans l'espèce, il est nécessaire de lui attribuer cet effet pour qu'il soit légalement interruptif de la prescription. A l'appui de son sentiment sur ce dernier point, M. Chauveau invoque les motifs d'un jugement du tribunal civil de Toulouse du 30 juill. 1849 (*J. Av.*, t. 74, p. 593), où on lit que « pour qu'un commandement soit valable, il faut qu'il puisse être exécuté; qu'il doit être pur et simple et non soumis à une condition. »

234. Notre auteur pense d'ailleurs, avec les rédacteurs du *Journal des Huissiers* (1857, t. 38, p. 114), que lorsque plusieurs personnes s'étant obligées solidairement envers un créancier au profit duquel elles ont consenti une hypothèque sur différents biens indivis entre elles, l'une d'elles vient à décéder, laissant ses coobligés pour seuls héritiers, le créancier peut poursuivre la saisie et la vente de tous les biens hypothéqués, même de la portion de ces biens composant la succession du coobligé décédé, sans faire aux héritiers de ce dernier la signification prescrite par l'art. 877. Il est évident, en effet, dit-il, qu'en pareil cas les cohéritiers déjà débiteurs solidaires sont tenus directement à l'égard du créancier qui n'a pas à leur faire connaître un titre auquel ils ont été parties.

235. (Q. 2200 bis). *Si déjà le titre en vertu duquel la saisie est faite avait été notifié, serait-on dispensé d'en donner copie dans le commandement?*

La solution négative que Carré avait admise au texte paraît à M. Chauveau devoir être aussi adoptée aujourd'hui, en présence du rejet qui a eu lieu, en 1841, d'une première rédaction soumise à la commission du Gouvernement et disposant que, lorsque le titre aurait été signifié aux héritiers, en vertu de l'art. 877, Cod. civ., il deviendrait inutile d'en donner copie avec commandement.

236. Cette interprétation a été consacrée par un arrêt de la Cour de Rennes du 10 fév. 1875 (*J. Av.*, t. 101, p. 461), et est enseignée par MM. Dalloz, n. 378; Bioche, n. 103; Colmet-Daage, t. 3, p. 290, n. 266. V. aussi conf. notre *Formul. annot.*, p. 612, note 2, n. 2.

237. (Q. 2201). *Si la saisie est faite en vertu d'un jugement, doit-on donner copie des titres sur lesquels il est intervenu?* En général, *à quoi s'étend l'obligation de notifier les titres?*

Carré, au texte, exprimait l'opinion que l'on ne doit donner que la copie du jugement, puisqu'il est réellement le titre en vertu duquel on poursuit. M. Chauveau se range à cet avis, en faisant observer que le législateur a laissé la disposition de l'art. 673 dans un vague d'expression qui, sans autoriser à prononcer la nullité pour défaut de signification des titres sur lesquels a été rendu le jugement, ne la prohibe pas non plus; et cela, avec raison, suivant lui, cette signification pouvant quelquefois être utile, et l'abus qui en serait fait pouvant être puni par le rejet de la taxe. V. aussi notre *Formul. annot.*, p. 612, n. 7.

238. M. Chauveau mentionne ensuite les décisions suivantes : — Il n'est pas nécessaire : 1° lorsqu'un contrat contient des règlements de créances et une fixation de sommes dues, de signifier, dans le commandement, les titres originaires de ces créances : Bordeaux, 5 août 1829 (*J. Av.*, t. 39, p. 210) ; 2° de signifier la procuration en vertu de laquelle l'obligation servant de base au commandement a été consentie : Bourges, 11 janv. 1822 (t. 24, p. 7) ; 3° lorsqu'une saisie immobilière est faite en vertu d'un jugement par défaut auquel il a été acquiescé par acte séparé, de signifier cet acte d'acquiescement en tête du commandement ; Toulouse, 28 avril 1826 (t. 31, p. 206) ; Bordeaux, 20 mai 1828 (t. 35, p. 248), et 24 oct. 1830 (*Courr. des trib.*) ; 4° lorsqu'une saisie immobilière est faite sur un tiers saisi en vertu du jugement qui, faute de déclaration affirmative de sa part, le déclare débiteur pur et simple, de donner copie des titres de créances : Bordeaux, 20 mars 1835 (t. 49, p. 451).

239. Carré, au texte, disait que le créancier n'a pas besoin d'insérer au commandement la copie des pièces justificatives de sa qualité d'héritier, et, que, en conséquence, le délai d'un mois exigé entre le commandement et la saisie court avant que l'héritier n'ait justifié de sa qualité. C'est ce qu'ont aussi décidé les Cours de Paris, le 31 mars 1806; de Bruxelles, le 19 juin 1811 (*J. Av.*, t. 20, p. 80); de Rouen, le 31 janv. 1823 (t. 25, p. 35); de Bordeaux, le 25 mars 1829 (t. 39, p. 198); de Toulouse, le 7 avril 1829 (*J. P.*, t. 22, p. 890); de Limoges, le 7 mai 1845, 19 juin 1846 et 11 mars 1847 (t. 72, p. 86, 373 et 629). Il suffit de justifier de la qualité d'héritier quand le débiteur réclame cette justification.

239 *bis.* Il n'est pas non plus nécessaire de donner copie du certificat de vie, dans un commandement signifié à la requête d'un créancier de rente viagère : Paris, 4 juin 1817 (*J. Av.*, t. 20, p. 105), et Cass., 18 juin 1817 (*ibid.*, p. 495). Il suffit encore d'en justifier dans le cours de l'instance. Et, c'est, d'après M. Chauveau, tout ce qu'a voulu dire la Cour de cassation dans un arrêt du 19 nov. 1817 (*J. Av.*, t. 20, p. 505), qui paraît d'abord contraire à sa doctrine. V. aussi dans le sens de la jurisprudence qui vient d'être résumée, MM. Thomine-Desmazures, t. 2, p. 200 ; Lachaize, t. 2, p. 206; Rodière, t. 3, p. 107; Dalloz, n. 368. — *Contrà*, Jacob, p. 327; Bioche, n. 106.

240. M. Chauveau rappelle encore qu'il a été jugé par la Cour de Paris, le 26 nov. 1856 (*Droit*, n° du 11 déc. 1856), qu'une poursuite de saisie immobilière, exercée en vertu d'un acte authentique d'ouverture de crédit conférant hypothèque, par un créancier admis à la faillite du débiteur par le syndic, est valable sans qu'il soit nécessaire que le compte courant créditeur et le procès-verbal d'admission au passif soient préalablement signifiés en tête du commandement à la suite de l'acte d'ouverture de crédit ; — par la Cour de cassation de Belgique, le 27 mai 1852 (*Journ. de l'Enreg.*, 1852, p. 516), qu'on peut se borner à transcrire en tête de l'exploit l'acte d'ouverture de crédit ; — par la Cour de Caen, le 24 nov. 1852 (*Journ. de cette Cour*, 1853, p. 85), qu'il n'est pas nécessaire que le commandement tendant à saisie immobilière contienne copie du titre primordial ; qu'il suffit de donner copie du titre nouvel ; — et par la Cour de Montpellier, le 22 déc. 1852 (D.P. 54. 2.120), que la signification en tête du commandement tendant à la saisie d'immeubles dotaux, de l'acte de prêt dans lequel se trouve mentionné le jugement qui l'autorise, satisfait au vœu de la loi ; qu'il n'est pas nécessaire que copie soit donnée avec cet acte d'autorisation.

241. Disons, de notre côté, que plusieurs décisions récentes ont confirmé la solution d'après laquelle il suffit, pour la validité du commandement à fin de saisie immobilière fait en vertu d'une créance résultant d'un acte authentique et exécutoire d'ouverture de crédit, que l'exploit contienne copie de cet acte, sans qu'il soit nécessaire qu'il renferme aussi copie de tous les documents propres à déterminer le chiffre des versements effectués. V. Cass., 25 juill. 1859 (*J. Av.*, t. 85, p. 396); Montpellier, 28 nov. 1866 (t. 92, p. 140); Rouen, 28 janv. 1874 (t. 100, p. 462). — Conf., notre *Formul. annot.*, p. 613, n. 9.

242. Le commandement à fin de saisie immobilière a été déclaré valable, encore bien que, signifié en vertu d'un procès-verbal de liquidation et d'un état rectificatif de ce procès-verbal dont il est donné copie entière, il ne contienne pas la copie du jugement ou arrêt qui a prononcé l'homologation partielle et ordonné la rectification sur quelques points du procès-verbal de liquidation, si d'ailleurs le dispositif de ce jugement ou arrêt a été transcrit dans l'état rectificatif : Nancy, 28 juin 1861 (*J. Av.*, t. 88, p. 7) ; — ou, quoiqu'il ne contienne pas copie du titre exécutoire et originaire, s'il est précédé de celle d'un autre titre exécutoire portant obligation par le débiteur de payer entre les mains de créanciers désignés la somme qu'il reste devoir : Chambéry, 2 juill. 1874 (t. 100, p. 113).

243. Le 7 janv. 1844 (*J. Av.*, t. 66, p. 94), la Cour de Paris a décidé avec raison, comme l'observe M. Chauveau, que si l'original d'une signification de jugement n'était pas représenté, la notification de ce jugement en tête du commandement suffirait pour que la saisie fût valable.

244. D'un autre côté, le tribunal civil de Versailles a jugé, le 29 mars 1844 (*J. Av.*, t. 68, p. 82), que l'avoué qui a fait faire en même temps la signification du jugement et commandement à fin de saisie immobilière, a seul le droit à la copie de ce jugement. Ce tribunal a pensé que ce mode de procéder était dans l'intérêt bien entendu des parties et ne faisait pas perdre à l'acte son principal caractère de signification de jugement à personne faite dans le cours de l'instance; et qu'on ne pouvait opposer l'art. 3 de l'ordonnance du 10 oct. 1841 qui, en attribuant à l'huissier l'émolument des copies de pièces signifiées en tête du commandement, ne veut parler que d'actes extrajudiciaires étrangers à la postulation. — V. à cet égard notre *Formul. annot.*, p. 612, note 2, n. 2.

245. (Q. 2202). *Le cessionnaire d'un titre exécutoire doit-il donner copie entière non seulement du titre originaire de la créance, mais encore de l'acte de cession et de la signification de cet acte au débiteur?*

M. Carré, au texte, estime qu'il suffit, pour que le commandement fait à requête d'un cessionnaire soit valable, qu'il contienne copie du titre originaire et de l'acte de transport, sans qu'il soit besoin que ce dernier acte ait été préalablement notifié. — M. Chauveau croit aussi que la signification du transport qui accompagne le commandement satisfait au vœu de la loi. — Mais il pense également que, lorsque cette signification a eu lieu antérieurement, il n'est pas nécessaire qu'une nouvelle copie de l'acte de cession, ni une copie de l'exploit de notification, soient données avec le commandement. Il justifie ces deux propositions de la manière suivante :

246. 1° S'il n'a pas admis la validité du commandement signifié aux héritiers du débiteur avec copie du titre, sans signification préalable faite huit jours auparavant, en conformité de l'art. 877, Cod. civ. (V. *suprà*, n. 231 et s.), c'est parce que ce délai est nécessaire aux héritiers pour se mettre en mesure de satisfaire à une obligation dont peut-être ils avaient ignoré jusque-là l'existence. L'art. 2214, Cod. civ., au contraire, ne prescrit aucun délai entre la signification du transport par le cessionnaire et les poursuites à exercer contre le débiteur. Il dit, à la vérité, que les poursuites ne pourront avoir lieu qu'après cette signification. Mais ce mot *après* ne comportant aucun intervalle déterminé, on pourra, sans violer le texte, retarder la signification du transport jusqu'au moment qui précédera celle du commandement; dès lors peut-on dire qu'on violerait l'esprit de la loi en faisant ces deux significations simultanément et par le même acte? Ces deux modes de procéder ne reviennent-ils pas complètement au même? Du reste, la signification préalable de la cession n'est pas utile au débiteur, comme celle du titre à l'héritier, pour lui apprendre l'existence de l'obligation; il la connaît déjà. La signification n'a pas d'autre but que de saisir le cessionnaire; ne suffit-il pas qu'il soit saisi au moment même où il commence à agir? Si le débiteur, faute de cette signification, s'est déjà acquitté entre les mains du cédant, il opposera cette libération. Mais, s'il ne l'a pas fait, M. Chauveau ne le croit pas admissible à demander la nullité d'un commandement qui renferme lui-même la signification du transport. La Cour de Toulouse a consacré cette opinion le 8 août 1850 (*J. Av.*, t. 75, p. 612), et elle est admise par M. Dalloz, *Répert.*, v° *Vente publique d'immeubles,* n. 142. — *Contrà,* Persil fils, *Comm.*, t. 1, p. 62, n. 72.

247. 2° Sous la quest. 2200 *bis* (*suprà,* n. 235), M. Chauveau a exprimé l'avis qu'une première signification du titre exécutoire ne dispense pas d'en donner une seconde copie avec le commandement, parce que l'art. 673 exige, sans distinction, que le commandement contienne copie entière du titre *en vertu duquel* la saisie est faite. Mais l'acte de cession, dit-il ici, n'est pas le titre *en vertu duquel* la saisie est faite. L'acte originaire d'obligation est le seul auquel on puisse reconnaître ce caractère. Quand le cessionnaire est une fois saisi, soit par la signification du transport, soit par l'acceptation du débiteur, il se trouve aux droits de son cédant et n'est plus assujetti qu'aux formalités auxquelles celui-ci aurait dû se soumettre. L'art. 673 n'exige pas que les titres signifiés avec le commandement fassent connaître au débiteur les qualités de celui qui le poursuit, surtout s'il les connaît déjà, mais pourquoi on le poursuit, c'est-à-dire quelle est son obligation. Le titre originaire est donc le seul dont la signification soit indispensable avec celle du commandement, quoiqu'elle ait déjà eu lieu. En conséquence, notre auteur n'approuve pas les arrêts de la Cour de Metz du 12 fév. 1819 (*J. Av.*, t. 20, p. 481), et de la Cour de Toulouse des 29 avril 1820 (t. 20, p. 558) et 21 déc. 1831 (t. 54, p. 107), d'après lesquels le cessionnaire qui poursuit une saisie immobilière doit signifier en tête du commandement copie entière, non seulement du titre et de son acte de cession, mais encore de la notification qu'il en aurait précédemment faite au débiteur. Il estime, au contraire, avec la Cour de Colmar, arrêt du 12 mai 1809 (*J. Av.*, t. 20, p. 194), la Cour de cassation, arrêt du 16 avril 1821 (t. 23, p. 136), et la Cour de Montpellier, arrêt du 14 août 1857 (*Journal de cette Cour,* 1858, n. 910), que le cessionnaire, qui a déjà fait notifier son transport, n'est pas tenu d'en donner copie, à peine de nullité, en tête du commandement tendant à saisie immobilière. Mais le tribunal de Toulouse lui paraît s'être montré trop facile lorsqu'il a décidé, le 22 juillet 1857 (*Journ. de proc.*, 1857, p. 376), que si le débiteur est intervenu dans l'acte de cession pour se reconnaître engagé vis-à-vis du cessionnaire, le commandement signifié à la requête de ce dernier peut ne contenir que la copie de l'acte de cession.

248. Sur le point de savoir s'il serait nécessaire à un donataire, à un héritier, de signifier les actes translatifs, M. Chauveau se prononce pour la négative, parce que la qualité du donataire ou de l'héritier ne dépend pas de la signification, et qu'ils peuvent la justifier plus tard. Telle est aussi l'opinion de MM. Lachaize, t. 2, p. 210, n. 85, et Dalloz, n. 381.

249. Au reste, le commandement fait par un cessionnaire sans signification, soit préalable, soit simultanée, de l'acte de cession, ne serait pas nul, si le même poursuivant agissait aussi, par le même acte, en vertu de titres personnels dont il donnerait copie. La signification de ces derniers titres garantirait la validité de la poursuite : Metz, 29 fév. 1820 (*J. Av.*, t. 20, p. 553).

250. On s'est demandé si le transport signifié avec le commandement doit être en forme exécutoire. La négative, qui se fonde sur ce que, vis-à-vis du débiteur, ce n'est pas l'acte de cession qu'on exécute, mais l'acte d'obligation, a été consacrée par la Cour de Pau, le 25 janv. 1832 (*J. Av.*, t. 46, p. 233), et par la Cour de cassation, le 16 nov. 1840, et est admise par MM. Persil père, quest. t. 2, p. 180 ; Persil fils, *Comment.*, t. 1, n. 64, et Dalloz, n. 232. C'est aussi l'interprétation qu'adopte M. Chauveau. Mais voy. dans le sens opposé, Rouen, 3 therm. an x (*J. Av.*, t. 20, p. 6).

251. Il a été jugé plus récemment, conformément à la doctrine de M. Chauveau, d'une part, que le commandement à fin de saisie immobilière devant contenir copie entière du titre en vertu duquel il est fait, il ne suffit pas, lorsqu'il a lieu à la requête d'un cessionnaire, qu'il renferme, avec la copie du titre primitif, celle de l'acte d'acceptation de la cession, mais qu'il faut qu'il y soit donné copie de l'acte de transport lui-même : Trib. civ. de Bourgoin, 4 janv. 1862 (*J. Av.*, t. 89, p. 521) ; et, d'autre part, que le titre dont le commandement à fin de saisie immobilière doit contenir copie entière est seulement celui qui sert de fondement à la créance ; d'où il suit que, dans le commandement tendant au paiement d'un prix de vente cédé, il suffit de donner copie de l'acte de vente et du contrat de transport, sans que la copie de la signification du transport soit nécessaire, alors d'ailleurs que le transport avait été antérieurement signifié au débiteur cédé : Alger, 24 juin 1870 (t. 96, p. 234). — V. aussi notre *Formul. annot.*, p. 613, n. 5 et s.

252. Le tribunal civil de Montbéliard a décidé, à bon droit, selon nous, par jugement du 11 fév. 1869 (t. 94, p. 483), que le créancier subrogé dans les droits d'un autre créancier ne peut valablement faire procéder à la saisie des immeubles du débiteur, sans avoir préalablement signifié à ce dernier le titre en vertu duquel la subrogation a été opérée, pas plus que ne le pourrait le cessionnaire avant la signification du transport, l'art. 2214, Cod. civ., s'appliquant au créancier subrogé comme au cessionnaire proprement dit.

253. (Q. 2203). *La sommation au tiers détenteur doit-elle, comme le commandement au débiteur originaire, contenir, à peine de nullité, copie des titres du saisissant ?*

Le tiers détenteur étant au lieu et place du débiteur originaire, à le droit d'opposer les mêmes exceptions que celui-ci. La sommation, dit M. Chauveau, doit être pour le tiers détenteur ce que le commandement est pour le débiteur. D'où il me semblerait naturel d'exiger que l'un et l'autre de ces actes contiennent les mêmes indications. Cependant, observe-t-il, une nullité ne peut pas s'étendre par analogie d'un cas à un autre, et celle de la sommation n'étant pas textuellement prononcée, il ne saurait être permis de la suppléer. Conf., Bourges, 24 juill. 1823 (*J. Av.*, t. 28, p. 105) ; Toulouse, 27 juin 1846. — *Contrà*, Bourges, 15 janv. 1810 (t. 20, p. 237) ; Orléans, 9 janv. 1849 (*J. Av.*, t. 76, p. 606). M. Lachaize, t. 2, p. 317, n. 507, se prononce pour que la copie des titres soit donnée au tiers détenteur. Il en est de même de M. Bioche, n. 139, qui reconnaît d'ailleurs que, en cas d'omission il n'y a pas nullité. — V. aussi en ce sens notre *Formul. annot.*, p. 610, note 2. — Au reste, dans l'usage, on donne copie au tiers détenteur du commandement signifié au débiteur, et ce commandement contenant lui-même copie des titres, il est ainsi satisfait à ce que le tiers peut réclamer.

254. Dans l'arrêt précité, la Cour de Toulouse, en adoptant les motifs des premiers juges, a décidé que le tiers détenteur n'est pas recevable à se prévaloir du défaut de notification aux héritiers du débiteur originaire des titres de créances. Ceci est plus délicat, observe M. Chauveau. Mais, dans l'espèce, le premier juge avait reconnu, en fait, qu'une notification paraissait avoir eu lieu et que, d'ailleurs, les débiteurs ne se plaignaient pas... Notre auteur conseille aux avoués chargés d'intenter des poursuites contre des tiers détenteurs, de régulariser les deux procédures, qui, selon lui, doivent être suivies concurremment en notifiant les titres, soit au débiteur, soit au détenteur.

255. La Cour de Nîmes a très bien décidé, le 5 mars 1857 (*Journ. de cette Cour*, 1857, p. 137), que la femme séparée de biens qui poursuit le paiement de ses reprises dotales contre son mari et le tiers détenteur des biens de celui-ci, satisfait aux prescriptions de la loi en leur notifiant seulement son contrat de mariage ; et que si elle ajoute à la signification de ce titre celle du jugement par défaut prononçant sa séparation de biens, elle n'est pas tenue, pour la régularité de la sommation, de notifier les certificats prescrits par l'art. 548, Cod. proc.

256. Il est incontestable que, comme l'a jugé l'arrêt de la Cour de Montpellier du 14 août 1857, cité plus haut, n. 247, le cessionnaire qui a fait notifier sa cession n'est pas tenu, à peine de nullité, d'en donner copie en tête de la sommation signifiée au tiers détenteur.

257. (Q. 2204). *De ce que l'art.* 673 *exige que la copie du titre soit entière, s'ensuit-il, par exemple, que l'omission de la formule exécutoire qui termine le titre emporte nullité du commandement?* Quid *des omissions d'un autre genre?*

La solution affirmative enseignée au texte, sur le premier point, par Carré, paraît aussi incontestable à M. Chauveau. Voy. conf., Besançon, 9 mai 1808 (*J. Av.*, t. 20, p. 133); Bruxelles, 16 fév. 1809; Riom, 25 mai 1813 (t. 20, p. 182); Pigeau, *Comment.*, t. 2, p. 277; Lachaize, t. 1, p. 209, n. 184; Dalloz, n. 389; Bioche, n. 104. — *Contrà*, Persil fils, *Comm.*, t. 1, p. 59, n. 69.

258. Selon l'observation de M. Chauveau, c'est à tort qu'un commandement tendant à saisie immobilière a été validé par un jugement du tribunal civil d'Angers du 5 juill. 1849 (t. 75, p. 260), bien qu'il ne contînt pas, en tête de la copie du titre, la nouvelle formule exécutoire en vigueur au moment de la signification et qu'il portât seulement la formule abrogée. Pour statuer ainsi, le tribunal d'Angers s'est appuyé sur les motifs suivants : Le commandement à fin de saisie immobilière ne fait point partie de la saisie; il doit la précéder. Ce commandement n'est point un acte d'exécution, mais un avertissement donné au débiteur qu'il ait à payer une somme exigible, et que, faute par lui de le faire, l'acte sera mis à exécution par voie de saisie sur ses immeubles; le commandement ne se fait point en vertu de la puissance publique et l'exercice de cette puissance ne commence qu'au moment où les immeubles sont frappés de saisie. Si le créancier poursuivant est obligé de donner dans son commandement copie de la formule exécutoire, il a été satisfait à cette obligation par le commandement dans lequel il a été donné copie de la formule exécutoire apposée au bas du titre du poursuivant, et qui seule était en vigueur au moment où ce titre lui a été délivré ; par là le débiteur a été suffisamment averti que, faute par lui de satisfaire au commandement, son créancier tenait de la loi le droit de requérir, pour l'exécution de son titre, l'assistance de la force publique. Le décret du 13 mars 1848 n'imposait au poursuivant l'obligation de faire ajouter à la grosse dont il était porteur la nouvelle formule exécutoire, qu'avant de la faire mettre à exécution. Le 30 avril, la grosse a été revêtue de cette nouvelle formule, et cette grosse, n'ayant été mise à exécution que le 3 mai, l'huissier, au moment où il a saisi les immeubles, était porteur d'un titre régulier qui lui donnait le droit de requérir la force publique. Le jugement ajoute qu'au surplus le décret du 13 mars 1848 ne prononce pas la peine de nullité.

259. Sans doute, dit M. Chauveau, c'est la saisie qui constitue l'exécution réelle, mais le commandement, pour produire l'effet de mise en demeure que la loi lui attribue spécialement, doit être revêtu de toutes les formalités prescrites, et l'on ne peut admettre qu'un commandement qui ne porte que la copie d'un titre sans mandement exécutoire, ait l'efficacité que lui a attribuée le tribunal d'Angers. — V. en ce sens notre *Formulaire annoté*, t. 2, p. 614, n. 10. — Compar. *Saisie-exécution*, n. 15.

260. La Cour de Toulouse a eu, d'ailleurs, raison de décider, le 23 mars 1849 (*J. Av.*, t. 74, p. 617), qu'une saisie immobilière ne peut être annulée sur le motif que le commandement qui la précède a été fait en vertu de titres non revêtus de la formule républicaine, lorsque l'expiration des délais de promulgation ne rendait le décret du 13 mars 1848 exécutoire au lieu où a été signifié le commandement qu'à une époque postérieure à la signification.

260 *bis*. Il résulte d'un autre arrêt de la même Cour, du 16 mars 1877 (*J. Av.*, t. 103, p. 71), que les formules exécutoires établies par les décrets des 13 mars 1848 et 6 sept. 1870 étant identiquement les mêmes, les porteurs de grosses et expéditions d'actes contenant les mentions exigées par le décret de 1848, sont fondés à invoquer l'art. 3, § 1, du décret du 2 sept. 1871, aux termes duquel les grosses et expéditions revêtues de la formule prescrite par le décret de 1870, peuvent être mises à exécution sans qu'on y fasse ajouter la formule nouvelle; et que, dès lors, une saisie immobilière ne peut être annulée sur le motif que la grosse du titre en vertu duquel le commandement a été fait et la saisie pratiquée, n'est pas revêtue de la formule exécutoire actuellement en vigueur, alors que cette grosse porte toutes les mentions exigées par le décret du 13 mars 1848.

261. La Cour de Toulouse a déclaré, le 22 juin 1848 (*J. Av.*, t. 73, p. 539), qu'un commandement tendant à saisie immobilière ne peut être annulé sur le motif que, dans la copie des titres, se trouvent des abréviations, lorsque ces abréviations ne sont pas de nature à rendre douteux le sens des actes. M. Chauveau approuve encore cette décision.

262. Mais si la copie du titre n'était incomplète que par l'omission involontaire d'un mot qui pût être aisément suppléé, et que la connaissance que le débiteur doit avoir de l'acte qu'on lui signifie n'en fût point altérée, on ne serait pas admis à prétendre que cette copie n'est pas *entière*, dans le sens de la loi; et la nullité ne devrait pas être prononcée : Bordeaux, 20 mai 1828 (*J. Av.*, t. 35, p. 218); Lyon, 4 juin 1833 (*J. Av.*, t. 45, p. 596). — Et pareillement, l'omission de la date du titre, ou l'énonciation d'une date erronée, n'emporterait pas nullité, si la véritable date se trouvait relatée dans le commandement lui-même, ou bien si cette erreur ou omission n'avait porté aucun préjudice au débiteur : Paris, 17 mars 1813 et 29 août 1815 (*J. Av.*, t. 20, p. 325 et 449); Cass., 31 janv. 1821 (t. 23, p. 33); Bordeaux, 8 déc. 1831 (t. 43, p. 724).

263. Dans une espèce sur laquelle nous avons été consulté et dans laquelle il s'agissait d'un commandement fait à un locataire en vertu d'un bail qui lui était commun avec plusieurs autres locataires, le juge taxateur avait décidé que le poursuivant avait eu tort de donner, en tête de ce commandement, une copie intégrale du bail; qu'il eût fallu en faire un extrait pour celui des locataires auquel le commandement avait été signifié, et élaguer tout ce qui concernait les autres locataires. Invité à donner notre avis sur cette décision, nous avons dit : L'opinion exprimée par le juge taxateur dans son ordonnance, nous paraît complètement inadmissible. L'obligation imposée par la loi de donner copie entière du titre, est évidemment exclusive de la faculté de ne signifier en tête du commandement qu'un extrait du titre. V. l'*Encyclopédie des Huissiers*, v° *Saisie immobilière*, n. 109.

264. Il importe peu que le commandement soit fait à plusieurs débiteurs en vertu d'un titre commun : la loi ne distingue pas. Outre que son texte est formel, on comprendrait difficilement qu'elle eût laissé à l'huissier le soin, qui aurait pu être souvent très délicat, de discerner dans le titre commun les parties à extraire pour chacun des débiteurs; elle l'eût exposé à faire des omissions pouvant entraîner la nullité de la procédure; d'un autre côté, elle l'eût placé dans un singulier embarras pour satisfaire à la demande que chacun des débiteurs, en se libérant, aurait pu faire du titre.

265. Toutefois, il a été jugé que lorsque, dans un même acte, se trouvent réunis, à raison uniquement de la similitude d'intérêts, plusieurs titres intéressant des créanciers non solidaires et complètement distincts, l'un de ces créanciers, agissant seul contre le débiteur, n'est pas tenu de lui signifier, en tête du commandement préalable à la saisie immobilière, les titres des autres créanciers; il suffit que la signification comprenne tous les éléments des droits à débattre entre le créancier poursuivant et le débiteur poursuivi : Bordeaux, 4 fév. 1873 (*J. Av.*, t. 98, p. 3 et s.).

266. Il n'est pas nécessaire que le commandement énonce que la copie du titre est entière : Bordeaux, 25 mars 1829 (*J. Av.*, t. 39, p. 198). Cette solution, qu'approuve M. Chauveau, est aussi conforme à l'avis de M. Paignon, t. 1, p. 66, § 5.

267. (Q. 2205). *Quels sont les effets de l'élection de domicile que le saisissant doit faire dans le commandement?*

Carré, au texte, enseigne que cette élection de domicile s'étend à toutes les procédures auxquelles l'expropriation doit donner lieu, jusqu'au jugement d'ordre et à la consommation de la distribution inclusivement. Mais il est d'avis que le débiteur ne pourrait valablement faire des offres au domicile élu par un créancier qui aurait ailleurs son domicile réel et que l'on ne pourrait pas non plus notifier un appel à ce domicile élu. Quant à M. Chauveau, il a cru plus convenable de traiter les effets de l'élection de domicile au titre des incidents, sous la quest. 2425 *bis* (V. *infrà*, Section VII), parce que les difficultés naissent surtout de la signification de l'appel à tel ou tel domicile. Il se borne à citer ici un arrêt de la Cour de Bordeaux du 23 mai 1846 (*J. Av.*, t. 72, p. 494), qui a décidé, avec raison, suivant lui, que, si le commandement ne contenait pas élection de domicile dans la ville même où siège le tribunal devant lequel la saisie est poursuivie, mais, par exemple, dans une autre commune de l'arrondissement, le procès-verbal ne pourrait pas réparer ce vice de l'élection. Sur ce point, V. conf., M. Dalloz, n. 355, et notre *Formul. annot.*, p. 614, note 3, n. 3.

268. Pour nous, il nous semble rationnel de réunir sous la présente question toutes les notions relatives aux effets de l'élection de domicile faite dans le commandement, à l'exception uniquement de celles qui se rapportent à l'appel, et qui seules trouveront leur place naturelle sous la quest. 2425 *bis*.

269. En ce qui concerne les offres réelles, M. Chauveau, sous la quest. 2198, distingue la signification de ces offres et le tribunal qui est compétent pour en connaître. La signification des offres réelles lui paraît régulièrement faite au domicile élu dans le commandement contrairement à l'opinion de Carré. Une solution conforme a été consacrée par la Cour de cassation, le 12 janv. 1842 (*J. Av.*, t. 62, p. 311), ainsi que par la Cour de Limoges, le 30 janv. 1847 (t. 72, p. 483), et est adoptée par MM. Rodière, t. 3, p. 108, et Jacob, p. 329. Mais la Cour de Bourges, le 24 fév. 1844 (*J. Av.*, t. 67, p. 691), et la Cour de Toulouse, le 30 juill. 1844 (t. 73, p. 59), se sont prononcées en sens contraire. Et, de son côté, la Cour suprême est revenue sur sa précédente jurisprudence. Par un arrêt du 5 mars 1849 (*J. Av.*, t. 74, p. 581), rejetant le pourvoi formé contre un arrêt de la Cour de Rouen du 13 juin 1845 (t. 70, p. 161), elle a refusé d'admettre que la signification des offres puisse être faite au domicile élu dans le commandement, parce que l'art. 673 ne reproduit pas l'autorisation portée en l'art. 584, et qui a pour motifs le bref délai qui doit suivre le commandement, et la nécessité de favoriser la libération du débiteur poursuivi. MM. Dalloz, n. 359, et Colmet-Daage, t. 3, p. 291, n. 266, se prononcent dans le sens de cette dernière interprétation, que nous avons nous-même embrassée dans notre *Formul. annot.*, p. 614, note 3, n. 7. Tout en considérant une telle doctrine comme bien rigoureuse, M. Chauveau conseille aux avoués de s'y conformer.

270. Il est hors de doute, aux yeux de notre auteur, que si l'opposition au commandement peut être notifiée au domicile élu, comme il le soutient sous la quest. 2425 *bis* (*contrà*, notre *Formul. annot.*, p. 614, note 3, n. 5), cette opposition doit être soumise au tribunal du domicile du créancier, et non au tribunal de la situation des biens, lorsqu'elle est formée avant la saisie. Aussi repousse-t-il la doctrine d'un arrêt de la Cour de Paris du 8 mai 1851 (*J. Av.*, t. 76, p. 282), qui, malgré l'attribution expresse de juridiction au tribunal du domicile du créancier, contenue dans le titre ramené à exécution, a admis la compétence du tribunal de la situation des immeubles, en donnant pour motifs de sa décision que le commandement, s'il ne constitue pas la saisie elle-même, est le premier acte de la poursuite; qu'il doit contenir l'élection de domicile du poursuivant dans le lieu où siége le tribunal qui connaîtra de la saisie; que l'art. 673 n'ayant fait aucune distinction, on doit en conclure que les incidents relatifs à ce commandement sont soumis à la même juridiction que les questions qui peuvent surgir ultérieurement; que le saisi a intérêt à déférer immédiatement au tribunal de la situation des biens tous les moyens tirés, soit du fond, soit de la forme, qui peuvent prévenir ou arrêter l'effet de la saisie; que s'il en est ainsi en thèse générale, on ne peut faire résulter aucune exception de l'élection de domicile faite dans le contrat constitutif, de la créance qui ne s'applique qu'aux moyens ordinaires d'exécution, et non à tout ce qui est relatif aux règles de la saisie immobilière fixées par les art. 673 et s. Toutefois, la même solution a été consacrée encore par un arrêt de la Cour de Douai du 19 fév. 1857 (t. 82, p. 660) et un jugement du tribunal civil de Grenoble du 14 juillet 1875 (t. 100, p. 302), et nous l'avons nous-même adoptée dans notre *Formulaire* précité, *ibid.*, n. 6. — V. aussi conf., Dalloz, n. 1036.

271. Il y a, suivant M. Chauveau (quest. 2422 *bis*), une raison invincible contre ce système. Comment connaître, avant la saisie, la situation des immeubles? Le commandement ne dit pas qu'on va saisir tel ou tel bien. Pourquoi la saisie frappera-t-elle sur celui-ci plutôt que sur celui-là? Il y aurait donc, pour le débiteur, incertitude sur le tribunal devant lequel il devrait porter son instance contre le commandement. Cela n'est pas admissible à ses yeux; mais il ajoute qu'une fois le procès-verbal de saisie notifié, le commandement fait corps avec la saisie, et ne peut plus être attaqué en la forme ou au fond que devant le juge de la situation de l'immeuble saisi.

272. A l'objection de notre auteur, ne suffit-il pas de répondre que le commandement fait lui-même connaître le tribunal qui devra connaître de la saisie, comme étant celui de la situation des immeubles, puisque, aux termes de l'art. 673, il contient élection de domicile dans le lieu où siége ce tribunal?

273. (Q. 2206). *Le commandement doit-il contenir la désignation des immeubles dont le créancier entend provoquer la vente ?* Quid *de la sommation au tiers détenteur ?*

Il est enseigné au texte par Carré que cette désignation n'est pas nécessaire dans le commandement; et M. Chauveau adopte la même opinion, qui est aussi celle de Pigeau, *Comment.*, t. 2, p. 277; Dalloz, n. 363 et 364; Colmet-Daage, t. 3, p. 292, n. 267, et la nôtre (*Formul. annot.*, p. 617, note 11).

274. En ce qui concerne la sommation au tiers détenteur, on pourrait, observe M. Chauveau, induire la solution contraire de ce que la poursuite étant, dans ce cas, dirigée uniquement contre la chose et point contre la personne de son possesseur, qui n'est obligé qu'à raison de sa détention, il semblerait plus essentiel d'indiquer l'immeuble qui en est l'objet. Mais il est préférable d'admettre qu'il n'est pas plus besoin, dans la sommation que dans le commandement, de désigner l'immeuble à saisir, parce que le tiers détenteur sait quel est, parmi les biens qu'il possède, celui qu'il tient du débiteur poursuivi. Tel est le sentiment que professe Thomine-Desmazures, t. 2, p. 204, et qui a été consacré soit par un arrêt de la Cour de cassation du 19 nov. 1817 (*J. Av.*, t. 20, p. 506), soit par un arrêt de la Cour de Riom du 7 déc. 1853 (t. 79, p. 649), portant que la sommation de payer ou de délaisser, prescrite par l'art. 2169, Cod. civ., n'est pas nulle par cela seul que les immeubles grevés de l'hypothèque n'y sont pas désignés conformément aux prescriptions de l'art. 64, Cod. proc., et qu'il suffit que les énonciations de l'acte puissent éclairer le tiers détenteur et le mettre en mesure de payer ou de délaisser. V. aussi conf., notre *Formul. annot.*, p. 610, note 3.—Cependant la Cour de Riom elle-même a décidé, le 20 janv. 1859 (t. 84, p. 226), qu'il y a nullité de la sommation dans laquelle les immeubles ne sont désignés que par ces expressions : *tous les immeubles acquis du débiteur*, alors que, à raison des circonstances, ni le tiers détenteur, ni le tribunal, n'eussent pu, sans une expertise, être édifiés sur la portée de ces expressions.—En présence de cette hésitation de la jurisprudence, M. Chauveau regarde comme prudent de désigner assez clairement les immeubles menacés, pour que le tiers détenteur ne puisse pas se méprendre sur la portée de l'injonction qui lui est adressée.

275. Dans tous les cas, notre auteur estime que le commandement, comme la sommation, doit, à peine de nullité, contenir la déclaration que, faute de paiement, il sera procédé à la saisie des immeubles. Conf., Persil fils, *Comm.*, t. 1, p. 69, n. 76; Bioche, n. 140; notre *Formul. annot.*, p. 611, note 4. Toutefois cette déclaration n'est pas sacramentelle, et il suffit qu'il soit bien certain que le débiteur ou le tiers détenteur a été averti par le commandement ou la sommation que, faute de paiement, il sera procédé à la saisie des immeubles. V. notre *Formul.*, p. 617, n. 10.

276. (Q. 2213). *Le commandement est-il assujetti aux formalités ordinaires des exploits? Ces formalités doivent-elles également être observées dans la sommation au tiers détenteur?*

La première question est résolue affirmativement, au texte, par M. Carré. M. Chauveau dit, de son côté, qu'en général, les formalités tracées par la loi pour la rédaction et la remise des exploits d'ajournement sont communes au commandement à fin de saisie immobilière, ainsi que l'enseignent MM. Lachaize, t. 4, p. 194, n. 171, et Dalloz, n. 333 et suiv.; mais que cependant il en est que la nature de cet acte lui rend étrangère; qu'ainsi, par exemple, comme il n'introduit pas encore d'action ni de procédure devant le tribunal, il ne doit pas contenir constitution d'avoué. Cette constitution se trouve remplacée dans le commandement par l'élection de domicile au lieu où siège le tribunal qui doit connaître de la saisie, tribunal qui se trouve par là désigné d'une manière indirecte, au lieu que, dans l'ajournement, il doit l'être par une indication précise et formelle.

277. Mais, observe M. Chauveau, le commandement doit contenir l'indication des jour, mois et an où il est notifié, sans qu'il soit permis de dire, avec un arrêt de la Cour de Paris du 30 juin 1814 (*J. Av.*, t. 20, p. 422), que l'omission du *jour* ne le vicie pas, lorsqu'il résulte de l'indication du mois qu'il n'a pu s'écouler plus de trente jours entre le commandement et la saisie. Compar. *Ajournement*, n. 180 et s. — Néanmoins, l'omission d'un mot, par exemple, du mot *cent* dans le millésime, ou toute autre irrégularité qui ne jetterait point d'incertitude sur la date précise, ne serait pas une cause de nullité : Liège, 29 avril 1810 ; Besançon, 14 août 1811 (*J. Av.*, t. 20, p. 397) ; Cass., 2 fév. 1830 (t. 39, p. 229).

278. Les noms du poursuivant et du débiteur sont aussi exigés à peine de nullité, ainsi que leur domicile. Mais une erreur dans les prénoms ne le vicierait pas : Paris, 31 mars 1806; Nîmes, 17 nov. 1819 (*J. Av.*, t. 20, p. 80 et 547) ; non plus qu'une erreur sur le nom de la rue du débiteur, lorsque l'exploit a été remis à sa personne : Lyon, 4 juin 1833 (t. 45, p. 569). Compar. *Ajournement*, n. 186 et s. — Le commandement est nul, lorsqu'il indique comme demeure du débiteur celle énoncée dans le titre du poursuivant, alors que ce dernier savait, au moment de la signification du commandement, que le débiteur n'avait plus cette demeure, mais une autre connue de lui : Paris, 25 avril 1874 (*J. Av.*, t. 99, p. 277).

279. La Cour de Bourges a jugé, le 2 janv. 1827 (*J. Av.*, t. 52, p. 236), que, nonobstant la différence d'élection de domicile dans l'original et dans la copie, le commandement est valable. M. Chauveau pense le contraire, parce que, dans ce cas, on ne peut pas dire quel est le domicile réellement élu. Compar. *Exploit*, n. 40 et s.

280. Quant à la remise du commandement, il faut, comme le dit M. Chauveau, suivre les règles exposées sous les art. 68 et 69. — Si donc il n'est signifié ni au domicile élu ni à la personne du débiteur, il faut qu'il soit remis au domicile réel et actuel. — Si le débiteur prétend que le domicile où l'on a remis la copie a été le sien, mais ne l'est plus, les tribunaux apprécieront sa bonne foi : Cass., 16 fév. 1819 (*J. Av.*, t. 20, p. 532) ; mais ils ne pourront, en principe, décider que, tant que le changement de domicile n'est pas constaté dans de certaines formes ou notifié, le commandement est valablement signifié à l'ancien domicile. Cela n'est admissible que pour les actes postérieurs de la poursuite : Bruxelles, 25 fév. 1810 (*J. Av.*, t. 20, p. 210). — *Contrà*, Montpellier, 10 mars 1812 (t. 20, p. 210).

281. Quand ni le domicile actuel ni la résidence du débiteur ne sont connus, est-ce conformément au § 8 de l'art. 69, par affiche à la porte du tribunal qui doit connaître de la saisie, et par une seconde copie au procureur de la République près ce tribunal, que le commandement doit être signifié ? Suivant un arrêt de la Cour de Paris du 3 fév. 1812 (*J. Av.*, t. 20, p. 351), approuvé par Carré, la signification doit être faite par affiche à la porte du tribunal du dernier domicile, par le motif que le commandement ne contient pas de demande.

282. La Cour de Paris a jugé de même, le 8 mars 1860 (t. 86, p. 45), que l'huissier chargé de signifier un commandement à fin de saisie immobilière procède régulièrement lorsque, sur la réponse du concierge du dernier domicile connu du débiteur, que celui-ci a quitté la maison sans donner sa nouvelle adresse, il se conforme à la disposition de l'art. 69, § 8, et non à celle de l'art. 68; et qu'en pareil cas le commandement doit, comme tout exploit non introductif d'instance, signifié à un individu sans domicile connu en France, être affiché à la porte du tribunal et visé par le chef du parquet du dernier domicile connu du débiteur, et non du lieu de la situation des immeubles à saisir.

283. Lorsqu'il s'agit de l'expropriation des immeubles qui font partie de la communauté, et qu'elle est poursuivie contre le mari et la femme, il n'est pas nécessaire, sous peine de nullité, de laisser à chacun des époux une copie séparée des actes de la poursuite : Bruxelles, 4 janv. 1821 (*J. P.*, t. 16, p. 283); 20 juill. 1826 (*J. de Bruxelles,* t. 2 de 1826, p. 130), et Amiens, 1er mai 1826 (*J. Av.*, t. 32, p. 18). Compar. *Exploit,* n. 80 et s.

284. Les syndics d'une faillite pouvant être assignés en la personne ou au domicile de l'un d'eux, le commandement tendant à saisie immobilière leur est aussi valablement signifié par une seule copie remise à l'un d'eux : Trib. civ. de la Flèche, 28 mars 1861 (t. 87, p. 220). — Compar. encore *Exploit,* n. 205.

285. La sommation faite au tiers détenteur en vertu de l'art. 2169, Cod. civ., est soumise, de même que le commandement signifié au débiteur, aux formalités ordinaires des exploits : Liège, 24 janv. 1822 (*Ann.* de Laporte, 1822, t. 1, p. 329); — mais non au visa du maire : Rouen, 28 fév. 1810 (*J. Av.*, t. 20, p. 241). — Ces deux solutions, conformes à l'opinion de M. Lachaize, t. 2, p. 316, n. 506, sont aussi approuvées par M. Chauveau.

286. (Q. 2207). *Quel est le fonctionnaire qui doit viser l'original du commandement, si le maire ou l'adjoint est absent?*

Ainsi que l'observe M. Chauveau, cette question, qui pouvait être posée lorsque la loi, désignant spécialement le maire ou l'adjoint, semblait attacher exclusivement cette fonction à la qualité des titulaires, ne peut plus l'être aujourd'hui que la loi désigne le maire seul, et que les règlements administratifs déterminent d'une manière précise la hiérarchie des fonctionnaires qui doivent le remplacer en cas d'empêchement : ce sont, comme on sait, l'adjoint ou celui des adjoints qui est le premier dans l'ordre du tableau, ou les conseillers municipaux dans le même ordre. V. aussi MM. Paignon, t. 1, p. 63, § 3; Persil fils, *Comm.*, t. 1, p. 70, n. 77; Rogron, p. 816; Dalloz, n. 399; Bioche, n. **121**; Colmet-Daage, t. 3, p. 293, n. 267; notre *Formul. annot.*, p. 618, note 12, n. 6.

287. (Q. 2208). *Si le maire, l'adjoint et tous les conseillers municipaux sont empêchés ou refusent de donner le visa, comment doit-il être procédé?*

Le législateur, dit M. Chauveau, n'a pas voulu prévoir une circonstance qui se présentera fort rarement, et pour laquelle on suivrait d'ailleurs la marche indiquée par l'art. 1039, Cod. proc.; c'est aussi l'avis de M. Lachaize, t. 2, p. 220, et le nôtre (*Formul. annot.*, p. 618, note 12, n. 6).

288. (Q. 2209). *L'huissier doit-il constater l'absence ou l'empêchement des fonctionnaires hiérarchiquement supérieurs à celui dont il requiert et obtient le visa, soit pour le commandement, soit pour le procès-verbal de saisie?*

289. La négative, enseignée au texte par Carré, conformément à un arrêt de la Cour de Riom du 12 mai 1808 (*J. Av.*, t. 20, p. 149), et à un arrêt de la Cour de Besançon du 8 juill. 1811 (*Ibid.*, p. 328), a été encore consacrée par les Cours de Paris, le 24 juill. 1815 (*ibid.*, p. 440), de Metz, le 14 nov. 1823 (t. 25, p. 352), de Lyon, le 4 juin 1833 (t. 45, p. 596), de cassation, le 23 nov. 1836 (t. 53, p. 626), et de Bordeaux, le 23 janv. 1847. — Il résulte de cette dernière décision, 1° que le visa donné par un conseiller municipal pour le *maire empêché*, atteint le but de la loi, sans qu'il soit besoin d'ajouter la mention que l'huissier s'est assuré par lui-même de la réalité de l'absence ou de l'empêchement, surtout lorsque ce visa est donné à la mairie; 2° que le visa donné à la mairie, par l'adjoint, fait présumer l'empêchement du maire, quoique cet empêchement n'ait été mentionné ni par l'adjoint ni par l'huissier. La même doctrine résulte d'un arrêt de la Cour de Rennes du 1er août 1851 (t. 77, p. 320). Le véritable motif de ces décisions, remarque M. Chauveau, c'est que, lorsque l'adjoint remplit les fonctions de maire, il y a présomption suffisante que le maire est absent ou empêché, présomption qui ne peut être détruite que par la preuve contraire. Favard de Langlade, t. 5, p. 49, tout en convenant que cette opinion est rigoureusement vraie, pense qu'il est utile néanmoins de constater l'absence ou l'empêchement. Et un arrêt de la Cour de Rouen du 20 déc. 1815 (t. 20, p. 522), déclare que cela est indispensable, ce qu'admet aussi M. Lachaize (t. 1, p. 219). — Quant à M. Chauveau, il est d'avis qu'il faut suivre ici la doctrine exposée pour la remise des exploits ordinaires. V. *Exploit*, n. 161 et s., 190 et 191. V. aussi MM. Dalloz, n. 401, Bioche, n. 123, et notre *Formul. annot.*, p. 618, n. 5.

290. On sent, dit très bien M. Chauveau, que le commandement ou le procès-verbal visés par l'adjoint ne seraient pas nuls parce que l'huissier aurait donné par erreur à ce fonctionnaire la qualité de maire. Cette qualité ne lui appartient-elle pas, en effet, lorsqu'il en exerce les fonctions? V. d'ailleurs en ce sens, Bourges, 2 janv. 1837 (*J. Av.*, t. 52, p. 236).

291. (Q. 2210). *Que faut-il entendre par ces mots de l'art.* 673 : DANS LE JOUR? *Est-ce avant la fin du jour où l'exploit est signifié, ou bien dans les 24 heures, que le visa doit être donné?*

M. Chauveau, rappelant que la demande qu'avaient faite quelques tribunaux de l'extension au lendemain, ou au moins à vingt-quatre heures, du délai du visa, n'ayant pas été accueillie par le législateur de 1841, c'est strictement dans la journée même de la signification, que cette formalité doit être remplie. Autrement, dit-il, ne manquerait-elle pas son but, qui est de corroborer, par le témoignage du maire, l'attestation que l'huissier lui-même donne de sa présence sur le lieu et à l'instant de la signification?

292. Notre auteur pense donc que l'exploit est nul, si le visa n'est donné que le lendemain. Mais il ajoute qu'une simple erreur dans la date de ce visa n'emporterait pas nullité, si elle pouvait être reconnue et rectifiée. — V. conf., à sa doctrine, Paris, 29 août 1815; Douai, 9 août 1820 (*J. Av.*, t. 20, p. 450 et 512); MM. Bioche, n. 119; Dalloz, n. 397, et notre *Formul. annot.*, t. 2, p. 618, note 12, n. 2.

293. (Q. 2212). *Le visa peut-il être donné par le maire qui est lui-même le débiteur ou le parent du débiteur?*

M. Chauveau observe que, bien qu'il soit de règle générale qu'un officier ou fonctionnaire ne peut instrumenter, soit dans sa propre affaire, soit dans celle de son parent, la formalité du visa n'étant exigée que pour garantir la réalité du transport de l'huissier, il n'y a pas d'inconvénient à ce qu'elle soit remplie par le débiteur lui-même, ou par son parent, s'il se trouve être l'un des fonctionnaires auxquels ce visa est attribué par la loi; la nullité n'étant d'ailleurs prononcée par aucun texte.—V. en ce sens, Bourges, 1er juill. 1820 (*J. Av.*, t. 38, p. 127); Douai, 3 janv. 1825 (t. 28, p. 5): Nîmes, 5 fév. 1828 (t. 35, p. 190); Gand, 31 déc. 1833 (t. 52, p. 137).—*Contra*, Besançon, 18 juill. 1811 (t. 20, p. 328). M. Lachaize, t. 1, p. 220, pense que le visa peut être donné par le maire, parent du débiteur, mais non par le maire, débiteur lui-même. MM. Favard de Langlade, t. 5, p. 49, n. 3; Dalloz, n. 404; Bioche, n. 125; Colmet-Daage, t. 3, p. 293, n. 267, et Persil fils,

Comment., t. 1, p. 102, n. 120, regardent comme valable le visa apposé par le maire, parent du saisissant. — Enfin, tandis que M. Rodière, t. 3, p. 109, refuse au maire le droit de donner le visa, lorsqu'il est lui-même le poursuivant, la validité du visa, en pareille circonstance, est admise par MM. Billequin, *Journ. des Huiss.*, 1847, p. 259, et Jacob, p. 344, n. 28. Tout en approuvant cette dernière opinion, M. Chauveau estime qu'il est plus convenable qu'en ce cas l'huissier fasse viser son procès-verbal par l'adjoint, en se fondant sur la circonstance spéciale qui produit, pour le maire, une cause d'empêchement. — V. aussi dans ce sens notre *Formul. annot.*, p. 618 note 12, n. 3.

294. (Q. 2211). *Le visa du maire doit-il être placé ou mentionné sur la copie du commandement?*

Non, répond M. Chauveau, ces termes de l'art. 673 : *l'original sera visé dans le jour,* indiquent que ce visa ne doit être donné qu'après la signification du commandement, et, par conséquent, après la remise de la copie au débiteur. V. en ce sens, Rennes, 28 oct. 1816 (*J. Av.*, t. 20, p. 474); Metz, 29 fév. 1820 (*ibid.*, p. 553); Cass., 2 fév. 1830 (t. 39, p. 229); Bourges, 3 juill. 1832 (t. 43, p. 593); Dalloz, n. 407; notre *Formul. annoté,* p. 618, note 12, n. 7.

295. (Q. 2214). *Un commandement peut-il être annulé sur le motif qu'il a été fait pour une somme excédant celle qui est réellement due ?*

La négative, qui résulte de l'art. 2216, Cod. civ., a été surabondamment consacrée par les Cours de Colmar, le 14 juin 1811 (*J. Av.*, t. 20, p. 319), de Bordeaux, le 28 janv. 1828 (t. 35, p. 118), et de cassation, le 8 fév. 1832 (t. 43, p. 542). Le débiteur qui prétend se libérer, et par conséquent mettre fin aux poursuites en payant une somme moindre que celle qui lui est demandée, doit, comme l'observe M. Chauveau, faire des offres réelles, et, si le créancier ne les accepte pas, en faire juger la validité.

296. (Q. 2215). *A quelle époque le débiteur peut-il demander la nullité du commandement?*

On a dit que, le commandement ne blessant point par lui-même les intérêts du débiteur, celui-ci ne pouvait l'attaquer qu'autant qu'il était suivi d'une saisie, ou plutôt que les irrégularités du commandement ne pouvaient être invoquées que contre la saisie elle-même.—Mais le débiteur n'a-t-il pas intérêt, dit très justement M. Chauveau, à ce qu'il ne soit pas passé outre à la saisie, et cet intérêt ne suffit-il pas pour qu'on l'admette à critiquer l'acte qui doit servir de base à toute la procédure? Aussi la Cour de Toulouse, le 11 janv. 1831 (*J. Av.*, t. 41, p. 435), a-t-elle déclaré recevable une opposition à un commandement formée avant le procès-verbal de saisie; et ce point n'est-il plus contesté. V. conf., Bordeaux, 30 juill. 1853 (t. 79, p. 35); Rouen, 19 déc. 1855 (t. 82, p. 218); Bioche, n. 128 et 690; Dalloz, n. 1025; notre *Formul. annot.*, p. 615, note 5, n. 1.

297. L'opposition formée n'implique d'ailleurs aucune suspension des droits du créancier, qui peut poursuivre l'exécution à ses risques et périls, sauf à en supporter les frais, avec dommages-intérêts, s'il y a lieu, lorsque le débiteur fait prononcer la nullité du commandement. La Cour de Poitiers a fait l'application de cette règle en infirmant un jugement qui avait ordonné la radiation d'une saisie à laquelle il avait été procédé malgré l'opposition dirigée contre le commandement : arrêt du 29 juill. 1851 (*J. Av.*, t. 77, p. 63). M. Chauveau cite dans le même sens deux arrêts de la Cour de Bordeaux des 19 mai 1849 (t. 74, p. 490) et 19 avril 1850 (t. 75, p. 540). — Ajoutons nous-même à ces décisions un arrêt de la Cour de Nîmes du 18 mars 1861 (t. 88, p. 9), portant que la saisie immobilière, à laquelle il est procédé en vertu d'un jugement passé en force de chose jugée, n'est pas nulle par cela seul qu'elle a été opérée nonobstant l'opposition faite au commandement; et un arrêt de la Cour de Besançon du 21 fév. 1877 (*J. Av.*, t. 102, p. 374), décidant que, lorsque le débiteur a formé opposition à un commandement tendant à saisie immobilière, le créancier peut passer outre et continuer la procédure à ses risques et périls; mais qu'il peut aussi s'arrêter jusqu'à ce que l'incident sur cette opposition ait été vidé. V. également conf. notre *Formul. annot.* précité, *ibid.*, n. 5.

L'espèce de l'arrêt de la Cour de Bordeaux du 19 avril 1850 offre cette particularité, qu'au lieu de poursuivre purement et simplement la saisie, le créancier, voyant son commandement attaqué, en avait fait signifier un second et procéder ensuite à la saisie, dont la validité fut vainement contestée. — S'il est certain, en effet, dit M. Chauveau, qu'un créancier n'a pas le droit de poursuivre simultanément sur les mêmes immeubles de son débiteur deux saisies, il ne saurait y avoir d'inconvénient à ce que le créancier qui est en instance avec son débiteur sur la validité d'un premier commandement, soit qu'il n'ait pas confiance dans la régularité de cet acte, soit qu'il ne veuille pas attendre l'issue de cette instance, fasse un second commandement en vertu duquel il procède à la saisie.

298. Il va sans dire, observe M. Chauveau, que la demande en nullité d'un commandement peut être dirigée contre un individu en la qualité qu'il a prise dans ce commandement, ainsi que l'a décidé un arrêt de la Cour de Bordeaux du 20 mars 1850 (*J. Av.*, t. 76, p. 195).

299. La question de savoir devant quel tribunal doit ou peut être portée l'opposition au commandement, a été traitée *suprà*, n. 270 et s.

300. (Q. 2215 bis). *Celui qui se prétend propriétaire des immeubles menacés de saisie par un commandement fait à un précédent propriétaire, peut-il former opposition à ce commandement?*

Non, répond Carré, au texte; il doit attendre que la saisie soit faite, afin de procéder par demande en distraction. — M. Chauveau partage cette opinion, qui est aussi celle de MM. Bioche, n. 129, et Dalloz, n. 1034, ainsi que la nôtre (*Formul. annot.*, p. 615, note 5, n. 2).

SECT. III. — FORMES DE LA SAISIE IMMOBILIÈRE.

§ 1. — Quand il peut et doit être procédé à la saisie immobilière. — Procès-verbal de saisie.

301. (Art. 673). *Lorsque, dans un acte d'obligation, il a été stipulé qu'à défaut par le débiteur de payer les intérêts dans un certain délai après un commandement à lui signifié, le capital deviendra exigible de plein droit et sans nouvelle formalité, le commandement de payer les intérêts suffit-il pour permettre de pratiquer une saisie immobilière, ou bien un nouveau commandement doit-il être signifié à cet effet?*

Nous avons répondu de la manière suivante à cette question, qui nous avait été soumise: — Il n'est pas douteux qu'en pareil cas le commandement fait pour avoir paiement des intérêts échus, ne puisse être, après trente jours, suivi d'une saisie immobilière à raison de ces intérêts, qui constituaient, au moment où il a été signifié, une créance certaine et liquide, comme le veut l'art. 551, Cod. proc.

302. Mais il n'en est pas de même à l'égard du capital qui n'est devenu exigible que depuis le commandement. Si donc les intérêts réclamés venaient à être payés postérieurement à cette exigibilité du capital, c'est-à-dire après l'expiration du délai stipulé dans l'acte pour le paiement de ces mêmes intérêts, il ne pourrait être procédé à une saisie pour le capital qu'à la suite d'un commandement nouveau.

303. Notre opinion est en harmonie avec un jugement du tribunal civil de la Seine du 6 fév. 1873 (*J. Av.*, t. 98, p. 150), qui décide que, en cas de stipulation, dans un acte de prêt, que le prêteur pourra, à défaut de paiement à son échéance d'un seul terme d'intérêts, constaté par un simple commandement resté un mois sans effet, exiger le remboursement du capital sans être tenu de remplir aucune formalité judiciaire, le défaut de paiement des intérêts échus dans le mois qui a suivi le commandement, autorise le prêteur à signifier à l'emprunteur un autre commandement tendant au remboursement du capital, et à procéder ensuite à la saisie de ses immeubles, sans qu'il soit nécessaire, pour cela, que la clause précitée ait été rappelée dans le commandement tendant au paiement des intérêts.

304. (Q. 2217). *Le délai de trente jours, à l'expiration duquel on peut procéder à la saisie, est-il franc?* Quid *de celui de quatre-vingt-dix jours après lequel le commandement doit être renouvelé? Ces délais comportent-ils une augmentation à raison des distances?*

La première question, résolue affirmativement au texte par Carré, l'est de même par M. Chauveau, conformément à l'opinion de MM. Favard de Langlade, t. 5, p. 47, n. 1; Thomine-Desmazures, t. 2, p. 205; Lachaize, t. 1, p. 222; Persil fils, *Comment.*, t. 1, p. 74, n. 81; Rodière, t. 3, p. 110, à la note; Jacob, p. 336; Dalloz, n. 429; Bioche, n. 144. V. aussi notre *Formulaire annoté*, t. 2, p. 616, note 8, n. 1.

305. Il a été très bien décidé que le débiteur ne saurait, sous prétexte de l'effet suspensif de l'opposition au commandement (V. *suprà*, n. 297), prétendre que l'intervalle qui s'est écoulé entre celle-ci et le jugement qui l'a rejetée ne doit pas être compris dans le calcul du délai de trente jours avant lequel la saisie immobilière ne peut être pratiquée : Besançon, 21 fév. 1877 (*J. Av.*, t. 102, p. 374).

306. D'autre part, il avait été jugé, sous l'empire du décret du 2 nov. 1870 (abrogé par la loi du 26 mai 1871), que le commandement préalable à la saisie immobilière n'était pas au nombre des actes auxquels il avait été provisoirement sursis par l'art. 1er du décret précité, et que les délais prescrits par l'art. 674, Cod. proc. civ., entre le commandement et la saisie, n'étaient pas compris parmi ceux dont le cours avait été suspendu par l'art. 2 du même décret, lesquels n'étaient autres que les délais impartis pour remplir les formalités postérieures à l'ouverture de la procédure de saisie : Chambéry, 15 janv. 1872 (t. 97, p. 258).

307. En ce qui concerne le délai de quatre-vingt-dix jours, un arrêt de la Cour de Besançon du 13 mai 1828 (*Journ. de cette Cour*, 1828, p. 317), décide qu'on doit y comprendre le jour du commandement et celui de la saisie. Cela semble être une erreur à M. Chauveau : la loi dit quatre-vingt-dix jours *entre* le commandement et la saisie; ce ne serait pas *entre* le commandement et la saisie, observe-t-il, si la saisie était faite le quatre-vingt-dixième jour, y compris celui de la saisie; il ne se serait écoulé que quatre-vingt-neuf jours entre ces deux actes. — D'après diverses autorités, le délai de quatre-vingt-dix jours est franc, comme celui de trente jours. V. Trib. civ. de Condom, 19 déc. 1846 (*J. Av.*, t. 73, p. 61); Pigeau, *Proc. civ.*, p. 195; Thomine-Desmazures, t. 2, p. 205; Bioche, n. 152; Dalloz, n. 434. C'est aussi le sentiment que nous avons exprimé dans notre *Formulaire* précité, p. 621, note 3, n. 2. — Suivant un arrêt de la Cour de Lyon du 30 janv. 1858 (*J. Av.*, t. 84, p. 166), qu'approuve M. Chauveau, la saisie ne serait pas valablement faite le quatre-vingt-onzième jour après le jour du commandement. Mais il a été jugé, au contraire, plus exactement, selon nous, que le délai de quatre-vingt-dix jours entre le commandement et la saisie immobilière n'est pas excédé lorsque la saisie est faite le quatre-vingt-onzième jour après celui du commandement. V. Rouen, 16 mai 1842; Bordeaux, 28 mars 1876 (t. 102, p. 198).—Conf., notre *Formul. annot.*, p. 622, note 3, n. 3.

308. Ni l'un ni l'autre des deux délais dont il s'agit n'étant imposé à celui qui reçoit la signification pour comparaître ou pour satisfaire à une sommation quelconque, il n'y a pas lieu de les augmenter à raison des distances ordinaires, non plus qu'à raison du domicile hors de France : Bruxelles, 28 janv. 1825 (*Journ. de cette Cour*, t. 2 de 1825, p. 273) ; Cass., 8 avril 1862 (*J. Av.*, t. 88, p. 10). Cette opinion, établie par MM. Duvergier et Bourbeau, dans des consultations rapportées (*J. Av.*, t. 69, p. 641 et 705), est adoptée aussi par M. Chauveau. — V. également notre *Formul. annot.*, *loc. cit.*

309. (Q. 2218). *Si le commandement est fait en vue d'une saisie immobilière à pratiquer contre un tiers détenteur, le délai pour procéder à la saisie ne commence-t-il à compter que du jour de la sommation adressée à celui-ci.*

Carré au texte enseigne l'affirmative en invoquant, dans ce sens, un arrêt de la Cour de Limoges du 24 août 1821 (*J. Av.*, t. 23, p. 287).

310. M. Chauveau fait observer que quelques Cours ont jugé, au contraire, que les trois mois courent à partir du commandement fait au débiteur originaire : Montpellier, 29 nov. 1824 (t. 27, p. 199); Nîmes, 12 fév. 1833 (t. 52, p. 175); que d'autres ont décidé que, si le commandement fait au débiteur originaire doit être renouvelé après trois mois, il n'en est pas de même de la sommation faite au tiers, et que celui-ci ne peut, par conséquent, opposer la péremption : Paris, 22 déc. 1819; Nîmes, 20 mars 1822 (*J. Av.*, t. 20, p. 551 et 565), et Cass., 23 mars 1841 (t. 60, p. 336); qu'enfin, d'après plusieurs arrêts, lorsque la saisie immobilière est poursuivie contre un tiers, il n'y a pas de péremption possible ni du commandement ni de la sommation, ce cas n'étant point régi par les art. 673 et 674, Cod. proc., mais exclusivement par l'art. 2169, Cod. civ., qui ne prescrit pas de délai fatal pour poursuivre : Poitiers, 27 nov. 1833 (*J. Av.*, t. 46, p. 39); Amiens, 10 mai 1837 (t. 55, p. 427), et Cass., 9 mars 1836 (t. 50, p. 295).

311. Le projet de la commission du Gouvernement et celui du Gouvernement lui-même, dit ensuite notre auteur, avaient introduit une disposition relative à la sommation à signifier au tiers détenteur. Cette disposition lui donnait le même caractère qu'au commandement prescrit par l'art. 673 et voulait que la saisie n'eût pas lieu avant les trente jours ni après les quatre-vingt-dix jours à partir de la signification soit de l'un, soit de l'autre. La commission de la Chambre des pairs supprima cette disposition ; non point qu'elle en improuvât le fond, mais, au contraire, parce qu'elle lui semblait reproduire inutilement ce qui ressortait déjà de la législation existante. « Ce qu'il faut, disait le rapporteur, c'est que la saisie ne se fasse pas avant l'expiration du mois, à dater du commandement et de la sommation, et après les trois mois de l'un et de l'autre. » Tous les doutes, selon l'observation de M. Chauveau, sont levés par cette explication, qui est conforme à l'opinion de MM. Favard de Langlade, t. 5, p. 47, n. 1; Thomine-Desmazures, t. 2, p. 205; Bioche, n. 149, et Colmet-Daage, t. 2, p. 313, n. 916, et qui a été consacrée par la Cour de cassation, le 16 mai 1843 (*J. Av.*, t. 66, p. 217), et la Cour d'Alger, le 20 fév. 1850 (t. 76, p. 607). — *Contrà*, Bordeaux, 2 juill. 1843 (t. 66, p. 166); Lachaize, t. 2, p. 319, et Dalloz, n. 440. On doit, en effet, reconnaître, comme l'a dit la Cour de cassation dans son dernier arrêt, dit M. Chauveau, que les art. 673 et 674 sur la forme et la péremption du commandement sont applicables à la poursuite contre le tiers détenteur, comme à la poursuite contre le débiteur direct, puisqu'il y a dans les deux hypothèses un créancier qui veut être payé, un débiteur à poursuivre et un immeuble à faire vendre; d'où la conséquence qu'il y a péremption : 1° si le commandement au débiteur n'est pas suivi, dans les trois mois, de la sommation au tiers détenteur; 2° si la saisie immobilière n'est pas commencée dans les trois mois de cette sommation. V. aussi en ce sens notre *Formul. annot.*, p. 611, note 5.

312. Lorsqu'un huissier, chargé de poursuivre la saisie de plusieurs immeubles sur divers tiers détenteurs, a, après commandement préalable au débiteur, fait d'abord une première sommation par un seul original à des détenteurs de quelques-uns des immeubles et, postérieurement, une seconde sommation aussi par un seul acte aux détenteurs des autres immeubles, la saisie qu'il pratique à l'égard des premiers tiers détenteurs plus de trente jours après la sommation qui leur a été faite, mais avant l'expiration des trente jours à partir de la sommation faite aux seconds détenteurs et par continuation à l'égard de ceux-ci après ces trente jours, peut-elle être déclarée nulle? Les rédacteurs du *Journal des Huissiers* (1853, p. 61) et les auteurs de l'*Encyclopédie des Huissiers*, v° *Saisie immobilière*, n. 156, résolvent négativement cette question. — De son côté, M. Chauveau fait observer que, chaque tiers détenteur ayant un intérêt distinct des intérêts des autres tiers détenteurs, il suffit que trente jours et moins de trois mois se soient écoulés depuis les sommations, pour que la saisie puisse être valablement poursuivie.

313. (Q. 2219). *Est-il nécessaire de renouveler le commandement dans le cas même où le retard a été occasionné par le fait du débiteur, tel, par exemple, que son opposition au commandement ?*

La négative, établie au texte par Carré, est considérée aussi, avec juste raison, comme incontestable par M. Chauveau, qui ajoute que d'ailleurs, lorsque l'obstacle provient d'une instance que le créancier est obligé de soutenir, comme il n'a pas cessé d'exercer ses droits, la prescription n'a pas pu courir contre lui. V. en ce sens, Lyon, 10 mai 1839; Pau, 2 juill. 1840 (*J. Av.*, t. 60, p. 212) et 7 fév. 1870 (*J. Huiss.*, t. 51, p. 283); Cass., 23 mars 1841 (*J. Av.*, t. 60, p. 336); Rouen, 16 mai 1842; Cass., 23 juill. 1849 (*J. Av.*, t. 75, p. 103); MM. Persil père, *Quest.*, t. 2, p. 318; Favard de Langlade, t. 5, p. 47; Persil fils, *Comm.*, t. 1, p. 74 et 75, n. 83 et 84; Dalloz, n. 446; Bioche, n. 155; notre *Formul. annot.*, p. 616, note 8, n. 3.

314. La question de savoir si le délai de la péremption est seulement *suspendu* pendant l'opposition aux poursuites, en sorte qu'il faille ajouter le temps écoulé depuis le commandement jusqu'à l'opposition au temps écoulé depuis le rejet définitif de cette opposition, pour calculer les quatre-vingt-dix jours, ou bien si ce délai est *interrompu*, c'est-à-dire si le temps antérieur à l'opposition cesse d'être compté, l'entier délai ne commençant à courir qu'après le rejet définitif de l'opposition, a été tranchée dans le sens de cette dernière interprétation par la jurisprudence, qui décide généralement que la péremption reprend son cours, non du jour du jugement rendu sur l'opposition, mais du jour de la signification de ce jugement. V. Trib. civ. d'Orange, 27 nov. 1850 (*J. Av.*, t. 76, p. 697); Paris, 9 mars 1852 (t. 77, p. 402); Riom, 24 mai 1854 (t. 79, p. 614); Pau, 7 fév. 1870, précité. — Cependant un arrêt de la Cour de cassation du 19 juill. 1837 (S.V. 37.1.675) paraît n'admettre comme point de départ que la date du jugement. — D'un autre côté, MM. Dalloz, n. 447, et Bioche, n. 156, manifestent leur préférence pour la simple *suspension* du délai. — Quant à nous, nous avons, comme le fait ici M. Chauveau, adhéré, sur les deux points, aux solutions de la jurisprudence générale, dans notre *Formul.*, *loc. cit.*, n. 4.

315. (Art. 673). *Quand, en vertu d'un titre exécutoire obtenu contre un* *débiteur qui est décédé laissant plusieurs héritiers, il a été fait à ceux-ci, à des dates différentes, des commandements distincts, la saisie immobilière pratiquée trente jours après le dernier de ces commandements est-elle valable, ou bien faut-il préalablement renouveler les commandements antérieurs qui se trouvent périmés ?*

Nous sommes bien d'avis que, lorsque les immeubles dépendant de la succession du débiteur sont détenus par les différents héritiers de celui-ci, et que des commandements distincts ont été faits à ces héritiers, le délai pour procéder à la saisie de ces mêmes immeubles ne court qu'à partir du dernier commandement, de même qu'il ne court qu'à partir de la dernière sommation dans le cas où un même immeuble est possédé par plusieurs tiers détenteurs (V. l'*Encyclopédie des Huissiers*, v° *Saisie immobilière*, n. 156).—Mais nous n'admettons cette solution qu'en supposant que les différents commandements n'ont pas été signifiés à des dates tellement éloignées les unes des autres, que quelques-uns d'entre eux se trouvent périmés au moment de la saisie; et nous croyons que, lorsque cette péremption existe, il y a lieu de renouveler les commandements périmés, et qu'alors c'est à partir du dernier des nouveaux commandements que court le délai pour procéder à la saisie.

316. Dans le cas où les immeubles de la succession sont possédés par un seul des héritiers du débiteur, la situation est plus simple : le créancier peut faire pratiquer la saisie après commandement signifié à cet héritier, sans qu'il soit nécessaire de signifier aussi un commandement à ses cohéritiers : Cass., 19 juill. 1837; l'*Encyclopédie des Huissiers*, *verb. cit.*, n. 30.

317. (Id.) *La saisie immobilière peut-elle être pratiquée trente jours après le commandement contenu dans la signification d'un jugement par défaut, ou bien faut-il attendre de plus l'expiration de la huitaine pendant laquelle il est interdit d'exécuter le jugement ?*

Si l'art. 155, Cod. proc. civ., défend de mettre à exécution un jugement par défaut avant l'échéance de la huitaine de la signification, il n'interdit point de remplir, avant l'expiration de ce délai, les formalités préalables à l'exécution; or, le commandement de payer n'a pas un autre caractère; il ne constitue point par lui-même un acte d'exécution, et, par conséquent, il peut être valablement fait dans l'exploit même de signification du jugement par défaut. V. Trib. civ. d'Alger, 31 mai 1850 (*J. Av.*, t. 76, p. 87); Chauveau, *Journ. des Av.*, t. 75, p. 29; notre *Formul. annot.*, t. 2, p. 612, n. 10. Et s'il est valablement fait dans de telles conditions, il doit nécessairement produire son effet ordinaire, qui est de permettre de procéder à une saisie immobilière après les trente jours de sa date. Pourquoi ce délai serait-il augmenté de celui de huit jours pendant lequel le jugement par défaut ne peut être exécuté? Encore une fois, jusqu'à la saisie, il n'y a pas d'acte d'exécution, mais une simple mise en demeure, qui peut être régulièrement adressée au débiteur pendant ce même délai de huit jours.

318. (Q. 2219 bis). *Lorsque, après un commandement tendant à saisie immobilière, le débiteur, pour retarder la poursuite, a consenti expressément à ne pas se prévaloir de la péremption de ce commandement, et renoncé à attaquer comme frustratoire le commandement nouveau qui pourrait lui être signifié, le créancier qui, plus tard, a fait notifier au même débiteur deux ou trois commandements successivement tombés en péremption, peut-il faire procéder à la saisie sans nouveau commandement préalable, en invoquant la renonciation souscrite par le débiteur ?*

M. Chauveau ne croit pas devoir conseiller, lorsque les significations successives de deux ou de trois commandements peuvent être considérées elles-mêmes comme impliquant une renonciation à se prévaloir de l'acte souscrit par le saisi, de passer outre à la saisie immobilière sans notification préalable d'un nouveau commandement. Il suffit, dit-il, qu'il puisse s'élever le plus léger doute sur la validité de la procédure, pour qu'on doive remplir cette formalité.

319. Il a été jugé, sous l'empire du décret du 9 sept. 1870, que le débiteur à l'égard duquel le délai qui doit s'écouler entre le commandement et la saisie immobilière se trouvait expiré avant la date de ce décret, a pu être saisi immobilièrement, moins de trois mois après la cessation de l'occupation du département par l'ennemi, sans nouveau commandement; le décret précité, qui suspendait pendant la durée de la guerre les prescriptions et péremptions, n'ayant pu avoir pour effet d'enlever au créancier un droit antérieurement acquis, mais lui en ayant au contraire conservé le bénéfice jusqu'à l'expiration du délai de trois mois susindiqué : Trib. civ. de la Seine, 24 août 1871 (*J. Av.*, t. 95, p. 285). — Le décret du 9 sept. 1870 se trouve aujourd'hui abrogé, aux termes de la loi récente du 20 déc. 1879.

320. (Q. 2220). *La péremption du commandement est-elle si absolue qu'elle détruise tous les effets que cet acte peut produire?*

Carré, au texte, répond que, malgré la péremption, le commandement subsiste comme acte conservatoire et interruptif de la prescription. Tel est aussi l'avis de MM. Merlin, *Rép.*, v° *Commandement*, t. 2, p. 481; Favard de Langlade, t. 5, p. 47; Thomine-Desmazures, t. 2, p. 205; Lachaize, t. 1, p. 223; Paignon, t. 1, p. 68, § 7; Persil fils, *Comm.*, t. 1, p. 75, n. 85; Colmet-Daage, t. 2, p. 303, n. 919, et Dalloz, n. 450. M. Chauveau le partage, et ajoute, avec Thomine-Desmazures, que le commandement devenu sans effet par l'expiration de quatre-vingt-dix jours pour la saisie immobilière, n'en servirait pas moins de base valable à la saisie-exécution. — V. conf. sur les deux points, notre *Formul. annot.*, p. 617, note 8, n. 5.

Notre auteur fait remarquer, du reste, que la péremption du commandement est encourue de plein droit par l'expiration du délai, sans qu'on ait besoin de la faire prononcer.

321. (Q. 2220 bis). *A la charge de qui sont les frais du commandement périmé ?*

La raison indique assez que celui qui laisse périmer sa procédure doit en porter la peine. Aussi M. Chauveau, dans son *Comm. du tarif*, t. 2, p. 163, n. 5, a-t-il émis l'avis qu'il ne doit être passé en taxe qu'un seul commandement. V. conf., notre *Formul.*, *loc. cit.*, n. 6. C'est à tort que M. Bioche, n. 160, pense que le débiteur doit supporter les frais du commandement périmé.

322. (Q. 2221). *La péremption édictée par l art. 674 doit-elle être étendue aux actes de la poursuite de saisie immobilière autres que le commandement?*

Carré, au texte, enseigne l'affirmative. Au contraire, M. Chauveau estime que la disposition de l'art. 674, édictant une déchéance, une peine, doit être sévèrement restreinte au cas pour lequel elle a été faite; et il ne pense pas que l'on puisse appliquer la même péremption à tout autre acte de la poursuite, lorsque trois mois se seront écoulés depuis sa confection. — La Cour de Caen a jugé, conformément à cette doctrine, le 31 déc. 1833 (*J. Av.*, t. 52, p. 137), qu'il n'y a pas lieu a déclarer périmée une instance de saisie immobilière, quoiqu'on ait dénoncé la saisie au débiteur plus de trois mois après l'avoir pratiquée. — V. aussi dans le même sens, MM. Bioche, n. 158; Dalloz, n. 1000.

323. On retombe donc, dit M. Chauveau, dans le droit commun sur la durée de la péremption, durée fixée par l'art. 397, Cod. proc., lequel est applicable, en matière de saisie immobilière, aussi bien aux poursuites normales sans incidents, qu'aux incidents qui peuvent se produire. Cette opinion, que M. Chauveau a exprimée sous la quest. 1410 *bis* (V. v° *Péremption d'instance*, n. 1), a été consacrée aussi par les tribunaux. Le tribunal civil de Montauban a admis la péremption dans une espèce où trois ans s'étaient écoulés depuis la dénonciation de la saisie : Jugement du 18 juill. 1854 (*J. Av.*, t. 82, p. 202). La Cour de Riom a décidé, le 15 déc. 1856 (*ibid.*), que la procédure de saisie immobilière constitue une instance judiciaire susceptible de tomber en péremption, et que le jugement qui, sans statuer sur des contestations, donne acte de la lecture du cahier des charges n'est qu'un simple acte d'instruction ou procès-verbal qui n'empêche pas la péremption de l'instance entière de courir à dater de ce dernier acte.

324. A l'appui de sa doctrine, M. Chauveau cite des observations de M. Layragne, rédacteur de la *Presse judiciaire* de Riom, où il est établi que la poursuite de saisie immobilière constitue, même indépendamment de tout débat incident, une véritable instance, susceptible aujourd'hui de tomber en péremption, comme elle l'était déjà sous l'ordonnance de 1629, et qui se terminent ainsi :

« Quant à l'objection tirée de ce que la procédure en saisie immobilière étant soumise à des délais de rigueur qui emportent nullité, il ne saurait y avoir lieu à appliquer la peine de la péremption édictée par l'art. 397, il suffira de faire remarquer qu'il n'y a aucun antagonisme dans ces deux ordres de moyens qui ont pour but d'arriver à faire prononcer l'extinction ou la nullité de la procédure. — La rigueur des délais spéciaux aux formalités à suivre en cette matière prouve, au contraire, que le législateur n'a pas voulu, par de hautes raisons, qu'une procédure en expropriation traînât en longueur.

« Le débiteur saisi aura donc une double action : 1° si les délais n'ont pas été observés, il pourra demander la nullité de ce chef, pourvu qu'il soit encore habile à le faire (art. 728 et 729, Cod. proc. civ.) ; 2° si les délais ont été observés, et si, comme dans l'espèce, par exemple, on en est arrivé à la lecture du cahier des charges inclusivement, alors il ne peut pas être question d'infraction à la règle des délais, mais il restera toujours la règle de droit commun qui frappe de péremption toute instance discontinuée pendant plus de trois ans. »

Compar. *infrà*, Sect. VII, § 7.

325. (Q. 2222). *Résulte-t-il de l'art. 674 que le procès-verbal de saisie doive être terminé dans les trois mois ?*

La solution négative qu'enseigne Carré, au texte, est regardée aussi comme incontestable par M. Chauveau, qui cite en ce sens, Bordeaux, 20 déc. 1833 (*J. Av.*, t. 52, p. 157) ; Orléans, 29 juin 1847 ; Cass., 31 janv. 1848 (t. 73, p. 358) ; Nîmes, 9 août 1849 (t. 75, p. 17) ; Thomine-Desmazures, t. 2, p. 205 ; Dalloz, n. 437 ; Bioche, n. 154 ; Colmet-Daage, t. 2, p. 313, n. 916. — V. aussi conf., notre *Formul. annot.*, p. 622, note 3, n. 6.

326. (Q. 2240). *L'huissier doit-il être assisté de témoins, lorsqu'il dresse le procès-verbal de saisie ?*

Résolu négativement, soit par Carré, au texte, soit par M. Chauveau. — V. conf., notre *Formul. annot.*, p. 623, note 8, n. 1.

327. (Q. 2223). *Est-il nécessaire que l'huissier fasse mention, dans le procès-verbal, du pouvoir spécial dont il doit être porteur, conformément à l'art. 556 ?*

Les explications données dans divers documents préparatoires de la loi du 2 juin 1841, et reproduites par M. Chauveau, ne permettent pas de douter de la négative.—V. en ce sens, MM. Dalloz, n. 466 ; Lachaize, t. 1, p. 257, n. 234 ; Paignon, t. 1, p. 70, n. 1 ; Persil fils, *Comm.*, t. 1, p. 86, n. 92 et suiv. ; Bioche, n. 169.

328. Le pouvoir spécial dont l'huissier doit être muni pour procéder à une saisie immobilière est exigé à peine de nullité. — Par suite, est nulle celle qui est pratiquée à la requête d'une société commerciale, en vertu d'un pouvoir revêtu seulement de la signature personnelle d'un associé qui n'est ni le gérant de la société ni son mandataire à l'effet de poursuivre ses débiteurs : Lyon, 4 sept. 1810 et 27 avril 1827; Cass., 6 janv. 1812 ; Orléans, 11 août 1838 et 16 et 18 juin 1859 (*J. Av.*, t. 95, p. 287). — Conf., notre *Formul. annot.*, p. 619, note 2, n. 2. — V. aussi, dans le présent ouvrage, le mot *Exécution forcée*, n. 201 et 202.

329. Il n'est pas nécessaire que le pouvoir spécial de l'huissier émane du créancier lui-même; ce pouvoir peut être valablement donné, au nom de celui-ci, par un mandataire autorisé à poursuivre le recouvrement des créances du mandant : Poitiers, 21 avril 1872 (*J. Av.*, t. 18, p. 78).

330. Sur la question de savoir s'il faut que le mandataire du créancier ait lui-même reçu spécialement le pouvoir d'exercer des poursuites de saisie immobilière, question que nous avons résolue négativement dans notre *Formul. annot.*, p. 619, note 2, n. 4, V. *sup.*, n. 18, et *Exéc. forcée*, n. 107.

331. Une saisie immobilière ne peut être pratiquée à la requête de plusieurs créanciers qu'en vertu d'un pouvoir spécial de chacun d'eux; il ne suffit pas que l'un des créanciers, en autorisant l'huissier à agir, déclare se porter fort pour les autres, et que la saisie soit ultérieurement ratifiée par ceux-ci. En pareil cas, la saisie ne produit effet qu'en ce qui concerne le créancier qui a signé le pouvoir; elle est nulle à l'égard de ceux pour lesquels il s'est porté fort, malgré leur ratification ultérieure : Metz, 20 janv. 1861 (*J. Av.*, t. 86, p. 47). — V. aussi Cass., 6 janv. 1812 (t. 20, p. 238) et 20 avril 1818 (*Ibid.*, p. 518), et la note de M. Chauveau sous l'art. 556 (t. 4, p. 531).

332. Le pouvoir spécial donné à un huissier pour procéder à une saisie immobilière contre un débiteur suffit, en cas de décès de celui-ci, pour lui permettre de pratiquer la saisie contre ses héritiers : Bordeaux, 22 août 1876 (*J. Av.*, t. 108, p. 192); notre *Formul.*, p. 620, note 2, n. 5.

Voy. encore sur les caractères et les effets du pouvoir spécial dont l'huissier doit être muni, le même ouvrage, p. 619, note 2, n. 3, et p. 620, notes 3 à 5.

333. (Q. 2224). *Comment doit être entendue la disposition de l'art.* 675 *portant que le procès-verbal doit contenir* toutes les formalités communes à tous les exploits ?

M. Chauveau reproduit en réponse à cette question un article de M. Gabaud, ancien huissier à Bordeaux, qu'avait publié le *Journal des Huissiers*, et auquel nous nous bornons à emprunter le passage suivant :

« Pour terminer cet article, nous dirons que le législateur a entendu par ces mots, *les formalités communes à tous les exploits*, les suivantes : 1° la date des jours, mois et an ; 2° les noms, profession et domicile du créancier ; 3° les noms, demeure et immatricule de l'huissier ; 4° les noms et demeure du débiteur; mais ces quatre formalités ne sont pas les seules communes *à tous les exploits*, pour nous servir de l'expression du législateur : il en est encore deux autres qui y sont pareillement communes, savoir : 1° la remise de la copie ; 2° et le *parlant à*.

« Cependant, si l'huissier, trompé par la rédaction de l'art. 675, voulait insérer ces deux dernières formalités, parce qu'elles se trouvent pareillement communes à tous les exploits, il commettrait évidemment une nullité, puisque la loi veut que le procès-verbal soit rédigé et clos sur les lieux et que la remise de la copie au domicile du saisi, éloigné quelquefois de 5 à 6 lieues (en supposant encore qu'il soit dans le même arrondissement), serait une preuve de la violation de la loi dans une formalité pour une autre formalité;

ce qui impliquerait, comme nous l'avons dit, confusion, contradiction et nullité du procès-verbal. (La remise et le *parlant à* n'ont pas de raison d'être dans le procès-verbal qui est plus tard dénoncé par acte séparé au saisi).

« Nous pensons donc que ces explications suffiront pour faire sentir à l'officier ministériel qu'il ne doit entendre par *formalités communes à tous les exploits* dont parle l'art. 675, que celles comprises sous le n° 1er, jusques et y compris le n° 4 inclusivement.

« En nous livrant à ces observations, nous n'avons en vue qu'une chose : démontrer que le législateur avait commis une grave erreur en se servant du mot *exploit*, et surtout en indiquant à l'officier ministériel comme formalités substantielles à son procès-verbal, *toutes celles qui sont communes à tous les exploits*, quand il est prouvé qu'il y aurait non seulement impossibilité à lui de les remplir, mais encore nullité s'il les employait.... »

Voy. aussi MM. Colmet-Daage, t. 2, p. 314, n. 917; Dalloz, n. 483 et s.; Bioche, n. 172; notre *Formul. annot.*, p. 621, note 2.

334. Ajoutons, avec un arrêt de la Cour de Bordeaux du 30 janv. 1812 (*J. Av.*, t. 20, p. 350), que, lorsque l'huissier emploie plusieurs vacations à une saisie immobilière, il suffit que son immatricule soit énoncée dans la première vacation; et, avec deux arrêts des Cours de Paris, du 20 janv. 1813, et de Metz, du 29 fév. 1820 (*Ibid.*, p. 394 et 553), que lorsque la désignation des biens saisis a exigé plusieurs séances, il n'est pas nécessaire, à peine de nullité, que le procès-verbal contienne la mention de l'ouverture et de la clôture de chaque séance.

335. (Q. 2225). *Comment s'énonce dans le procès-verbal le titre exécutoire ?*

Suivant l'observation de Carré, au texte, on énonce un jugement en indiquant sa date et le tribunal qui l'a rendu, et sommairement l'objet de la condamnation; on énonce un acte par sa date et sa nature. Dans le sens de cette explication, que paraît admettre M. Chauveau, V. encore MM. Lachaize, t. 1, p. 225, n. 199; Paignon, t. 1, p. 70, n. 9; Bioche, n. 174; Colmet-Daage, t. 2, p. 314, n. 917; Dalloz, n. 498; Persil fils, *Comment.*, t. 1er, p. 89, n. 99. Ce dernier auteur fait remarquer avec raison, comme le dit M. Chauveau, que c'est une simple énonciation, et non une copie du titre, qui est énoncée dans le procès-verbal.—V. aussi notre *Formul. annot.*, p. 622, note 4, n. 1.

336. (2225 bis). *Est-il nécessaire que le procès-verbal de saisie mentionne le commandement qui a dû le précéder ?*

Bien qu'elle soit faite dans la pratique, cette mention n'est point nécessaire, comme l'ont jugé un arrêt de la Cour de Riom du 23 mai 1854 (*J. Av.*, t. 79, p. 614), et un arrêt de la Cour de Chambéry du 15 janv. 1872 (t. 97, p. 258), et comme l'admet M. Chauveau. V. aussi conf., notre *Formul. annot.*, p. 622, note 4, n. 2.

337. (Q. 2226 bis A). *Comment doit être mentionné le transport de l'huissier sur les biens saisis ?*

Le transport de l'huissier est valablement exprimé, en ce qui concerne les immeubles situés dans chaque commune, par la mention mise en tête de la partie du procès-verbal spécial à cette commune, et, en outre, dans la partie qui précède immédiatement la clôture du procès-verbal; il n'est pas nécessaire qu'il soit mentionné à la fin de chaque procès-verbal partiel : Pau, 4 août 1857 (*J. Av.*, t. 83, p. 103). — Cette solution, que signale M. Chauveau, est approuvée par lui.

338. Mais notre auteur n'admet pas, avec un arrêt de la Cour de Besançon du 20 nov. 1816 (*J. Av.*, t. 20, p. 476), que la *mention de transport* soit suffisamment exprimée lorsque le procès-verbal constate *que l'huissier s'est transporté sur la commune*; ni avec un arrêt de la Cour d'Agen du 16 déc. 1836, qu'il suffise de la mention *qu'il s'est transporté exprès dans la commune de la situation des biens*, parce que le transport dans la commune n'est pas le transport sur les biens saisis. V. aussi, en ce sens, notre *Formul. annot.*, p. 624, note 10, n. 2.

339. Lorsque la saisie comprend plusieurs immeubles situés en des lieux différents, l'incapacité de l'huissier, résultant de ce que l'un de ces immeubles est situé en dehors de son ressort ne rend pas la poursuite nulle relativement aux autres immeubles saisis, dans le cas où le juge du fait reconnaît qu'il n'y a pas indivisibilité entre les diverses saisies que constate le procès-verbal : Cass., 3 mai 1870 (*J. Av.*, t. 96, p. 210). — V. les indications jointes à cet arrêt (*ibid.*).

340. (Q. 2247). *A quelle peine s'exposerait l'huissier qui ne se transporterait pas sur les biens saisis?*

Il est incontestable, selon M. Chauveau, que, sans intention frauduleuse, il n'y a pas faux de la part de l'huissier qui, ne s'étant pas transporté sur les lieux, fait prendre par un tiers le visa prescrit par l'art. 675. — Notre auteur n'admet pas non plus que cet officier ministériel tombe, en ce cas, sous l'application de l'art. 45 du décret du 14 juin 1813, punissant de trois mois de suspension et de 2,000 fr. d'amende l'huissier qui ne remet pas lui-même les actes qu'il est chargé de signifier. V. conf., Riom, 6 août 1842, et Lyon, 3 mars 1843 (*J. Av.*, t. 63, p. 687, et t. 65, p. 425). — *Contrà*, Cass., 19 fév. et 7 oct. 1842 (t. 62, p. 121, et t. 65, p. 425).

341. Mais notre auteur est d'avis que l'huissier peut alors, comme ayant manqué à ses devoirs, être frappé, en vertu de l'art. 74 du même décret, d'une suspension dont la durée n'est plus limitée à un minimum de trois mois, mais à laquelle ne peut être ajoutée une condamnation à la peine de l'amende. — V. conf., notre *Formul. annot.*, p. 624, note 10, n. 3.

342. (Q. 2227). *Un procès-verbal de saisie est-il nul lorsqu'il contient la désignation du principal corps de logis, sans mentionner des objets qui en sont, par leur nature, des dépendances ou des accessoires ?*

Carré, au texte, enseigne qu'il n'est pas nécessaire, à peine de nullité, de mentionner dans le procès-verbal des objets dépendant par leur nature du corps de logis auquel ils sont attachés, comme des servitudes, par exemple. Et M. Chauveau approuve cette solution, qui est aussi conforme à l'avis de M. Lachaize, t. 1, p. 232, n. 206.

Adde dans le même sens, notre *Formul. annot.*, p. 625, note 12, n. 2.

343. (Q. 2227 bis). *Des pièces qui ne sont pas expressément désignées dans le procès-verbal de saisie immobilière, peuvent-elles néanmoins faire partie de l'immeuble saisi?* Plus généralement, *quelles sont les choses comprises dans la saisie d'un immeuble?*

Carré, au texte, pose en principe que tout ce qui n'est pas détaillé dans le procès-verbal est exclu de la saisie. Il ne pense pas que les récoltes soient comprises dans la saisie du fond, sans être désignées dans le procès-verbal; mais il est au contraire d'avis que pour saisir les accessoires il faut les énoncer dans le procès-verbal, conformément aux prescriptions de l'art. 675, Cod. proc. Les bestiaux donnés à cheptel lui paraissent eux-mêmes échapper à la saisie, à défaut de désignation expresse ou tacite; et il ne fait d'exception que pour les fruits pendants par racines.

344. M. Chauveau regarde cette interprétation comme fondée en thèse générale. Seulement il croit que les circonstances et la nature des objets peuvent exercer une assez grande influence sur la décision. Ainsi, il ne met pas en doute qu'une pièce de terre omise ne doive pas être comprise dans la saisie. Quant aux immeubles par destination, la solution lui paraît dépendre du plus ou moins d'utilité qu'ils présentent pour l'exploitation de l'immeuble. A l'égard des fruits, l'art. 682 tranche, selon lui, toute difficulté. Enfin le cheptel, comme les immeubles par destination, peut, dit-il, malgré le laconisme du procès-verbal, être réputé compris dans la saisie, lorsque, d'après l'usage des lieux, il n'a rien de disproportionné avec l'importance de l'immeuble, et qu'il est permis de le considérer comme un accessoire normal de cet immeuble.

345. On conçoit, observe notre auteur, que la saisie d'une manufacture, avec *ses circonstances et dépendances*, s'étende au mobilier immobilisé par destination; que les fruits, pendants par racines au moment de la saisie, soient une dépendance nécessaire de l'immeuble saisi. — Mais pour les bestiaux, les semences, fourrages, pailles, engrais, etc., il faut autant que possible une énonciation formelle. Le mieux est de faire cette énonciation dans le procès-verbal même de saisie. Quoique, dans le cas où l'huissier n'a pas pu pénétrer dans l'intérieur des bâtiments, et s'est, par suite, contenté de saisir l'exploitation avec tous ses accessoires nécessaires à la culture, le cahier des charges et les affiches doivent plus tard suppléer à l'insuffisance des indications du procès-verbal par des énonciations détaillées sur ces divers accessoires, il est utile, suivant M. Chauveau, que l'huissier exprime, dans le procès-verbal, la volonté de saisir tous les immeubles par destination, quels qu'ils soient, et mentionne les causes qui l'ont empêché de les décrire.

Notre auteur mentionne ensuite les décisions ci-après :

346. La saisi d'une filature avec ses dépendances comprend tous les objets et machines nécessaires à son exploitation, tels que la prise d'eau, les canaux d'accession et de décharge, le barrage, le halage, les chemins d'exploitation : Bordeaux, 19 juill. 1849 (*J. Av.*. t. 75, p. 108). Dans l'espèce, le procès-verbal avait saisi, avec un pré, coupé par un canal d'amener et de fuite, la filature de coton construite sur ce canal, et contenait la description du bâtiment dans lequel l'usine était établie.

347. Un autre arrêt du 16 nov. 1852 (*J. Av.*, t. 78, p. 349), dans lequel la même Cour de Bordeaux semble à M. Chauveau s'être montrée trop facile, porte que les immeubles par destination sont compris dans la saisie d'un domaine, bien qu'ils n'aient été désignés ni dans le procès-verbal de saisie, ni dans le cahier des charges.

348. Le 22 mai 1850 (*J. Av.*, t. 76, p. 608), la Cour d'Aix a décidé qu'une saisie qui ne comprend pas certaines parcelles d'un immeuble, fût-ce même d'un canal, n'est pas nulle relativement à cet immeuble, et qu'on prétendrait à tort qu'il y a indivisibilité entre les objets saisis et ceux omis; que seulement les parcelles omises ne doivent figurer ni dans le cahier des charges, ni dans l'adjudication; et que, si elles y figurent, le saisi peut demander de ce chef la nullité de la saisie.

349. Les Cours de Grenoble, par arrêts des 3 fév. 1851 et 8 fév. 1858 (t. 77, p. 327), et de Lyon, par arrêts des 21 août 1851 (t. 83, p. 316) et 7 avril 1853 (t. 79, p. 259), ont admis que la saisie d'un immeuble dont l'extérieur est décrit dans le procès-verbal, comprend les immeubles par destination affectés au service ou à l'exploitation du fonds, sans qu'il soit nécessaire de les énumérer. La dernière de ces Cours a ajouté, dans l'arrêt du 21 août 1851, que c'est au saisi à prouver que parmi les bestiaux se trouvant sur l'immeuble saisi, il en est qui, n'étant pas nécessaires à l'exploitation et au service de ce domaine, ne doivent pas être considérés comme immeubles par destination; et que, d'autre part, il faut consulter l'usage des lieux pour savoir si les pailles et les foins sont en totalité des immeubles par destination.

350. Il y a lieu de reconnaître, dit M. Chauveau, avec un arrêt de la Cour de Caen, du 17 nov. 1857 (*J. Av.*, t. 83, p. 522), que les parcelles, non spécifiées d'une manière distincte dans un procès-verbal de saisie immobilière, n'en sont pas moins comprises dans cette saisie, s'il résulte des énonciations du procès-verbal que ces parcelles y ont été comprises; et que la preuve de cette intention peut être puisée dans le rapprochement des termes du procès-verbal et des énonciations de la copie de la matrice cadastrale. Le même arrêt de la Cour de Caen a décidé, avec raison, ajoute notre auteur, qu'on ne doit pas regarder comme compris, dans la saisie d'une maison en construction, les matériaux préparés pour y être employés; mais qu'il en est autrement de ceux qui ont été placés, bien que non encore scellés.

351. A ces décisions généralement favorables au saisissant, M. Chauveau oppose, après cela, d'autres solutions qu'il déclare être plus juridiques à ses yeux, et d'après lesquelles les immeubles par destination ne sont pas compris dans la saisie, lorsqu'ils n'ont pas été spécifiés dans le procès-verbal. *Sic*, Trib. civ. de Pamiers, 23 fév. 1847; Limoges, 26 juill. 1847 (*J. Av.*, t. 73, p. 62 et 63); Poitiers, 13 juill. 1854 (t. 80, p. 532); Montpellier, 31 juill. 1855 (t. 82, p. 49).

352. La jurisprudence a continué, depuis, à se montrer incertaine sur les conséquences du défaut de désignation, dans le procès-verbal de saisie immobilière, des accessoires de l'immeuble saisi.

353. Si, d'un côté, il a été jugé : par la Cour de Bordeaux, le 10 juin 1864 (t. 89, p. 401), que les immeubles par destination sont réputés compris de plein droit dans la saisie du domaine auquel ils ont été incorporés, alors surtout que le procès-verbal, en indiquant les bâtiments, terres, bois, etc., faisant partie dudit domaine, mentionne qu'ils sont saisis *avec leurs appartenances et dépendances*, sans en rien excepter; par la Cour de Douai, le 17 nov. 1873 (t. 100, p. 463), que la mention faite dans un procès-verbal de saisie de « divers bâtiments et dépendances à usage d'atelier de teinturerie », suffit pour comprendre dans cette saisie le matériel industriel immeuble par destination ; enfin, par la Cour de Riom, le 12 janv. 1878 (t. 104, p. 270), que les accessoires d'un immeuble, réputés immeubles par destination, sont de plein droit, et indépendamment de toute stipulation spéciale, compris dans la saisie de cet immeuble; et qu'il en est ainsi notamment du cheptel attaché à l'exploitation du domaine saisi, surtout s'il résulte des faits de la cause que les parties intéressées, loin d'avoir dérogé au principe ci-dessus par une convention quelconque, ont entendu s'y soumettre expressément;—d'un autre côté, le tribunal civil de Condom, par jugement du 7 août 1873 (t. 99, p. 17), a déclaré que les immeubles par destination ne sont pas compris de plein droit dans la saisie de la propriété dont ils dépendent; que le procès-verbal de saisie doit les désigner d'une manière spéciale, ou contenir tout au moins quelque énonciation qui permette de supposer que l'intention du saisissant a été de les comprendre dans la saisie.

354. Cette dernière interprétation est, selon nous, la plus juridique. Le vœu de la loi est incontestablement que le procès-verbal de saisie immobilière énonce d'une manière non équivoque, dans l'intérêt du débiteur comme dans celui des tiers, les différents biens qui sont mis sous la main de la justice. Les immeubles par destination ne sauraient échapper à l'application de cette règle, car, malgré leur qualité d'accessoires de la propriété saisie, ils n'en font point, pour le plus grand nombre, partie intégrante et indivisible; ils ont une individualité propre à raison de laquelle il importe qu'ils soient désignés comme les autres biens saisis, afin d'éviter toute contestation sur leur existence, sur leur quantité et sur leur nature.

355. L'argument que l'on tire du défaut de mention des immeubles par destination dans l'art. 675, Cod. proc., nous paraît peu concluant, parce qu'il est manifeste que cet article ne renferme point une énumération limitative, mais se borne à mentionner les espèces de biens pour la désignation desquels il y avait lieu d'établir des règles particulières. — V. aussi notre *Formul. annoté*, t. 2, p. 625, note 14, n. 6.

356. (Q. 2228). *Faut-il indiquer la contenance des domaines urbains? Que doit-on entendre par domaines urbains?*

Carré, au texte, estime que si la maison saisie avait un jardin attenant, et qui serait par conséquent un accessoire de cette maison, il faudrait le désigner, ainsi que ses attenants et aboutissants, et même sa contenance, du moins approximative; mais que l'omission de cette désignation n'emporterait pas nullité.

357. M. Chauveau partage cette opinion. Mais il se demande si la solution devrait être la même dans le cas où soit le jardin, soit le terrain saisi, ne feraient pas corps avec le bâtiment. Dans toutes les villes, observe-t-il, il y a des jardins d'agrément ou de produit, qui se louent isolément: doit-on les considérer comme héritages *urbains* ou comme héritages *ruraux?* Des expressions du rapport de M. Persil, lors de l'élaboration de la loi sur la saisie immobilière, il semble résulter que ce sont des biens urbains. Notre auteur pense, dès lors, que la saisie ne serait pas nulle faute de la désignation de la contenance, surtout si le jardin était situé dans une rue et portait un numéro. Toutefois il conseille à l'huissier de se conformer en ce cas à toutes les prescriptions de l'art. 675, en énonçant non seulement la rue et le numéro, mais encore la nature et la contenance approximative, le nom des locataires, s'il y en a, et, s'il n'y a pas de numéro, deux au moins des tenants et aboutissants. Il ajoute que si l'enceinte d'une ville contient des héritages ruraux, voisins de chemins vicinaux plutôt que de véritables rues, et livrés à la culture habituelle des diverses productions de la campagne, on ne doit pas les classer dans les domaines urbains; mais qu'on pourra, même dans ce dernier cas, pour prévenir les difficultés, remplir simultanément toutes les formalités qui n'ont rien d'incompatible entre elles. — V. aussi notre *Formul. annot.*, p. 625, note 13, n. 8.

358. (Q. 2229). *L'omission du nom de la rue ou du numéro de la maison entraîne-t-elle la nullité de la saisie?*

M. Chauveau n'hésite pas à adopter l'affirmative. La mention du numéro est tellement importante, dit-il, que s'il n'existe pas de numéro, elle doit être remplacée par l'énonciation de deux au moins des tenants et aboutissants. — V. conf., Thomines-Desmazures, t. 2, p. 208; Persil fils, *Comment.*, t. 1, p. 92, n. 104; Bioche, n. 180; notre *Formul. annot.*, p. 624, note 11.—Notre auteur est d'avis qu'on ne doit pas admettre ici les équipollents dont il a parlé sous la quest. 298 (V. *Ajournement*, n. 220). Cependant, dans une espèce où le nom de la rue avait été inexactement désigné, et où à cette inexactitude se joignaient des mentions erronées, relatives à l'étendue du terrain saisi et à la matrice cadastrale, les Cours de Paris et de cassation, par arrêts des 10 juin 1850 et 8 déc. 1851 (*J. Av.*, t. 75, p. 619; t. 77, p. 495), ont validé la saisie par le motif qu'aucune erreur n'avait pu être commise sur la nature et l'identité des immeubles saisis connus sous une désignation très notoire (il s'agissait du Château-Rouge à Paris). V. aussi, en ce sens, notre *Formul., loc. cit.*—M. Chauveau fait d'ailleurs remarquer qu'il n'est pas nécessaire, à peine de nullité, d'énoncer, dans le procès-verbal de saisie d'une maison, le nom du locataire, cette obligation n'étant prescrite que pour les immeubles ruraux affectés à la culture. *Sic*, Bruxelles, 19 juin 1811; Bordeaux, 9 mai 1829 (*J. Av.*, t. 20, p. 80, et t. 37, p. 239); M. Dalloz, n. 538; notre *Formul. annot.*, p. 626, note 15, n. 3, où nous faisons remarquer que cette indication a cependant lieu dans la pratique, ce qui est préférable.

359. (Q. 2230). *Si la commune de la situation de l'immeuble était un chef-lieu d'arrondissement, l'omission du nom de cet arrondissement serait-elle valablement suppléée par l'indication de la commune chef-lieu ?*

La négative que Carré enseigne au texte, sur le motif que la loi ne distingue pas, est admise aussi par M. Chauveau, qui cite en faveur de cette opinion, MM. Lachaize, t. 1, p. 232, n. 207 et 208, et Bioche, n. 181, et, en sens contraire, quelques arrêts anciens, ainsi que MM. Persil fils, *Comment.*, t. 1er, p. 95, n. 109; Rodière, t. 3, p. 111, et Dalloz, n. 506 et 507. — V. aussi notre *Formul. annot.*, p. 624, note 10, n. 6.

360. S'il y a controverse dans l'hypothèse posée, observe M. Chauveau, il semble qu'il ne peut plus y en avoir, lorsque, l'immeuble étant situé dans une commune autre que celle du chef-lieu, il y a absence totale du nom de l'arrondissement. Cependant la Cour de cassation a décidé, le 30 déc. 1851 (*J. Av.*, t. 77, p. 483), que, dans un procès-verbal de saisie immobilière, l'énonciation du canton et du département de la situation des immeubles peut suppléer à la mention de l'arrondissement, lorsqu'il ne se trouve pas dans le département d'autre canton du même nom que celui indiqué. La Cour de Bordeaux a suivi cette jurisprudence en jugeant, le 18 janv. 1854 (*J. Av.*, t. 79, p. 312), que l'omission de la mention de l'arrondissement peut être suppléée par des équipollents, et notamment par l'indication du bureau des hypothèques où a été prise l'inscription grevant ces immeubles.

361. Il a été jugé dans le sens de cette dernière interprétation, qu'une saisie immobilière n'est pas nulle, parce que l'indication des biens saisis ne mentionne pas l'arrondissement dont ils font partie, si la commune du lieu de la situation est désignée, et si cette commune étant la seule du même nom dans le département, il ne peut y avoir aucune incertitude sur les biens saisis : Poitiers, 4 mars 1863 (*J. Av.*, t. 89, p. 522).

362. (Q. 2232). *Comment se fait la désignation des bâtiments, lorsqu'il s'agit de fonds ruraux ?*

Suivant Carré, au texte, dont M. Chauveau adopte l'opinion, s'il peut suffire, pour qu'il n'y ait pas nullité du procès-verbal, que ces bâtiments soient désignés par leur destination, néanmoins il est prudent de les désigner en outre par leur extérieur. V. aussi, en ce sens, Bordeaux, 27 nov. 1827 et 13 mars 1832 (*Journ.* de cette Cour, 1827, p. 468 et *J. Av.*, t. 43, p. 570); MM. Bioche, n. 184, et Dalloz, n. 542. M. Lachaize, t. 1, p. 238, n. 213, pense que la désignation extérieure des bâtiments ruraux n'est pas nécessaire, à moins que le bâtiment ne soit la partie principale de l'immeuble. — V. également notre *Formul. annot.*, p. 624, note 12, n. 1.

363. (Q. 2234). *Qu'est-ce que la loi, dans la disposition relative à la désignation des biens ruraux, entend exprimer par le mot* PIÈCE, *et comment désigne-t-on les* PIÈCES *par leur nature ?*

L'art. 675 applique, selon Carré, au texte, la dénomination de pièce à chaque portion des terres du saisi qui se trouve séparée des autres, soit par des haies, soit par des fossés ou autrement. On peut, à son avis, entendre par le mot *pièce* les sinuosités d'une forêt, et, par conséquent, il pense qu'il suffirait de désigner sur chaque ligne orientale, méridionale, etc., un tenant et un aboutissant. — M. Chauveau observe, de son côté, que le mot *nature*, qui se trouve dans l'ancienne et dans la nouvelle loi, indique évidemment que chaque variété de culture doit être spécifiée. Néanmoins, il pense, comme l'a jugé la Cour de Bordeaux, le 7 mai 1829 (*J. Av.*, t. 39, p. 200), qu'il n'est pas absolument nécessaire d'indiquer tous les produits de chaque pièce, et de dire *qu'une pièce de terre en taillis produit aussi des ajoncs*, et, comme l'a également décidé la même Cour, le 13 mars 1832 (t. 43, p. 570), que, dans le procès-verbal de saisie d'une pièce de bois, il n'est pas indispensable d'indiquer les diverses essences d'arbres. — L'avis de Carré est encore approuvé par MM. Lachaize, t. 1, p. 241, n. 216 et 217, et Bioche, n. 186. — V. également notre *Formul. annot.*, p. 625, note 14, n. 1.

364. Il a été très exactement jugé que la mention, dans un procès-verbal de saisie immobilière, des numéros du plan cadastral à la suite de la désignation des immeubles saisis, n'est pas obligatoire; mais que la désignation de chaque article suffit, lorsqu'il résulte d'ailleurs de l'ensemble des désignations qu'il ne peut y avoir doute sur la nature et l'identité des immeubles saisis et ultérieurement revendiqués : Trib. de Grenoble, 30 mai 1873 (*J. Av.*, t. 99, p. 331).

365. La partie saisie n'est pas recevable à se plaindre du défaut de désignation suffisante des objets saisis, lorsque c'est par son fait qu'une désignation plus détaillée n'a pas eu lieu : Rennes, 1er mai 1819 (*J. Av.*, t. 20, p. 547).

366. (Q. 2235). *Faut-il désigner l'arrondissement et la commune au fur et à mesure que l'on indique chaque pièce de terre ?*

Non, sans doute, répond Carré, au texte; et, par exemple, si toutes les pièces étaient situées dans la même commune, il est évident que l'on pourrait donner cette indication générale, sans qu'il fût besoin de répéter à chaque désignation particulière le nom de la commune et de l'arrondissement. —L'auteur remarque, en outre, que l'obligation d'indiquer la commune et l'arrondissement ne suppose pas celle de mentionner le canton et le département. — M. Chauveau observe, de son côté, que la rédaction de la loi de 1841 donne une nouvelle force à l'opinion de Carré; en effet, dit-il, ce n'est plus *la commune où elle (la pièce) est située*, qui doit être mentionnée, mais la commune où les biens sont situés; évidemment c'est une indication générale; il suffit que le procès-verbal contienne le nom de toutes les communes dans lesquelles sont situées toutes les parcelles des biens saisis. Cependant, M. Persil fils, *Comment.*, t. 1, p. 95, n. 110, semble exiger l'indication de la commune pour chaque pièce en particulier. Cela ne serait admissible, ajoute M. Chauveau, qu'autant qu'elles seraient situées dans des communes différentes.

367. (CCCCXCII). *L'indication inexacte, dans le procès-verbal, des tenants et aboutissants, lorsque la saisie a pour objet des biens ruraux, est-elle une cause de nullité ?*

La négative a été consacrée, à bon droit, par un arrêt de la Cour de Bordeaux du 21 juin 1842 (*J. Av.*, t. 63, p. 446). — M. Chauveau, qui approuve cette décision, conseille d'ailleurs aux huissiers de n'indiquer aucuns confronts, ni tenants ou aboutissants des biens ruraux, lorsqu'ils ne seront pas suffisamment renseignés sur l'exactitude de ces indications, pour qu'un saisi ne puisse pas prétendre que le public serait induit en erreur. Dans la procédure de saisie, observe-t-il, il faut se borner à exécuter la loi *littéralement*.

368. (Q. 2233). *Peut-on désigner la contenance approximative par le mot* environ ?

Résolu affirmativement par Carré, au texte, et par M. Chauveau.

Adde conf., M. Bioche, n. 189; notre *Formul. annot.*, p. 625, note 13, n. 1.

369. (Q. 2233 bis). *Y aurait-il nullité d'un procès-verbal de saisie qui donnerait aux biens une contenance de beaucoup inférieure à leur contenance réelle ?*

Carré, au texte, exprime l'avis que, quelque inférieure que soit à la contenance réelle celle qui est mentionnée dans la saisie, on ne doit pas prononcer la nullité du procès-verbal, si la matrice du rôle porte la même contenance; car l'huissier est certainement excusable de n'avoir pas reconnu à vue d'œil la différence qui existerait entre l'une et l'autre contenance; mais que quand le procès-verbal donne une contenance de beaucoup inférieure à la contenance réelle, et qui n'est pas la même que celle indiquée dans la matrice, il faudrait des circonstances bien fortes pour que le juge pût se dispenser d'en prononcer la nullité, puisque la loi exige que la contenance soit *approximative*. — M. Chauveau partage ce sentiment. M. Lachaize, t. 1, p. 240, n. 215, pense également que l'indication d'une contenance inférieure n'emporterait nullité qu'autant qu'elle aurait pour effet d'induire en erreur, d'une manière notable, sur la valeur de l'objet saisi, et qu'elle pourrait être regardée comme le résultat d'une fraude. — V. encore dans le même sens, MM. Thomine-Desmazures, t. 2, p. 208; Persil fils, *Comment.*, t. 1, p. 93, n. 106; Dalloz, n. 549; Bioche, n. 189; notre *Formul. annot.*, p. 625, note 13, n. 2 et s.

370. Par application de ces principes, la Cour de Rouen a décidé, le 5 juill. 1850, que, lorsque l'huissier a énoncé fidèlement, dans son procès-verbal de saisie immobilière, la contenance indiquée dans la copie de la matrice cadastrale délivrée par le maire de la commune, l'erreur dans la contenance ne peut être une cause de nullité de la saisie, si d'ailleurs la propriété saisie est suffisamment désignée. Un arrêt de la Cour de Paris, du 10 juin 1850, et un arrêt de la Cour de cassation, du 8 déc. 1851 (S.V.52.1.108), confirment encore cette doctrine.

371. Un jugement du tribunal civil de Grenoble du 30 mai 1873 (*J. Av.*, t. 99, p. 331), a décidé spécialement que la contenance des pièces saisies, seule prescrite par la loi, est suffisamment indiquée, lorsque la différence entre la contenance énoncée au procès-verbal et la contenance réelle n'est que de 17 ares 90 centiares.

372. Mais un arrêt de la Cour de Bastia, du 4 mai 1857 (*Journ. de cette Cour*, 1857, p. 164), a jugé que lorsqu'il existe entre la contenance énoncée au procès-verbal de saisie et la contenance réelle des immeubles, une différence considérable, le procès-verbal est nul; qu'il en doit être ainsi, alors même que les tenants et aboutissants seraient exactement indiqués par l'huissier; et que la contenance indiquée par une certaine quantité d'hectolitres d'ensemencement ne saurait remplacer la contenance en hectares.

373. Le même arrêt déclare avec raison, comme l'observe M. Chauveau, que la nullité qui frappe la partie du procès-verbal afférente aux parcelles dont la contenance est mal indiquée, n'atteint pas les autres parties du même acte consacrées à la description d'autres parcelles dont la contenance est indiquée exactement.

374. (Q. 2236). *La saisie doit-elle être annulée, si le procès-verbal est muet ou erroné sur l'indication d'un fermier ou colon?*

M. Chauveau croit devoir admettre l'affirmative, à raison du soin que le législateur a apporté à l'énumération de telles ou telles indications; et parce que, pour combattre, à la Chambre des députés, un amendement de M. Durand de Romorantin, on a fait valoir cette considération *que l'huissier était obligé de mentionner le nom du fermier ou colon.*

375. L'huissier, dit notre auteur, ne doit pas se contenter d'un renseignement unique qui peut être inexact; il s'adressera, dans la commune, à des personnes qui lui donneront à cet égard les renseignements les plus précis, au maire, au garde champêtre, au percepteur, etc.—Néanmoins, l'auteur admet, avec les Cours de Bourges, arrêts des 30 juill. 1814 et 10 fév. 1816 (*J. Av.*, t. 20, p. 424 et 457), et de Bordeaux, arrêts des 7 mai 1819 et 20 déc. 1833, t. 39, p. 200 et 157, p. 52) que si l'homme le plus habile et le plus prudent eût dû être trompé à la place de l'huissier, l'erreur que celui-ci aura commise ne devra pas rendre la saisie nulle.

376. M. Chauveau approuve également une décision de la Cour de Rennes du 21 mai 1853 (*Journ. de cette Cour*, 1853, p. 279) d'après laquelle l'obligation de désigner les colons ou fermiers qui exploitent les immeubles saisis est suffisamment remplie par l'indication de l'exploitant principal et seul apparent du domaine, sans qu'on puisse exiger du saisissant qu'il mentionne des détenteurs partiels dont la jouissance n'était point manifeste. MM. Dalloz, n. 552; Lachaize, t. 1, p. 244, n. 218 et suiv., Persil fils, *Comment.*, t. 1, p. 94, n. 107 et 108, et Bioche, n. 190 et 191, pensent que la désignation du fermier est exigée, en principe, à peine de nullité; mais qu'il faut, pour qu'elle soit appliquée, que le bail ait pu être connu.

377. Carré, sous l'ancienne quest. 2283, exprimait l'avis que l'obligation d'indiquer le colon ne s'applique qu'aux colons attachés à l'exploitation d'une manière permanente, et telle qu'en les indiquant, les biens soient mieux désignés; et que l'obligation de désigner les fermiers ne concerne qu'un fermier connu comme exploitant publiquement les biens saisis; mais que si le fermier n'a jamais pris possession des biens affermés, dont le propriétaire a continué l'exploitation, il n'est pas nécessaire de désigner ce fermier. M. Chauveau approuve aussi cette opinion.—*Adde* conf., M. Bioche, *loc. cit.*

378. V. encore dans le sens des solutions qui précèdent, notre *Formul. annot.*, p. 626, note 15, n. 1 et 2.

379. (Q. 2231). *Une saisie serait-elle nulle si elle comprenait des objets qui n'appartiendraient point au saisi?*

Carré, au texte, répond négativement, en faisant observer que le Code de procédure prévoit, au contraire, le cas qui fait l'objet de la présente question, en autorisant les demandes en revendication ou distraction. Il ajoute que la saisie ne serait pas non plus nulle, si l'on avait omis de mentionner quelques portions des biens du saisi. Mais qu'il en serait autrement, s'il n'y était pas fait mention de tous les biens que le créancier aurait compris ultérieurement dans les affiches.

Cette doctrine, qu'embrasse M. Chauveau, est professée aussi par MM. Persil père, *Questions*, t. 2, p. 296; Dalloz, n. 521; Favard de Langlade, t. 5, p. 48, n. 3. V. également conf., notre *Formul. annot.*, p. 629, note 19, n. 1.

380. Il a été, du reste, décidé avec raison qu'un huissier ne peut être déclaré responsable de ce que la saisie immobilière à laquelle il a procédé a compris des immeubles qui, bien qu'énoncés dans la copie de la matrice cadastrale à lui délivrée, n'étaient plus la propriété du débiteur.

381. (Q. 2237). *Comment doit être exécutée la disposition qui exige que e procès-verbal de saisie contienne la copie littérale de la matrice du rôle de la contribution foncière pour les articles saisis?*

Si la matrice est tellement défectueuse, dit M. Chauveau, que de nombreuses omissions puissent y être signalées, l'huissier insérera la copie littérale qui lui aura été remise en mentionnant le montant de la contribution foncière. V. en ce sens, Cass., 2 et 24 mars 1819 et 26 janv. 1831 (*J. Av.*, t. 20, p. 223, et t. 40, p. 294; MM. Merlin, t. 12, p. 263, et Persil père, *Questions*, t. 2, p. 325. Ainsi que l'a décidé la Cour de Bordeaux, le 27 mars 1833 (t. 45, p. 544), quelle que soit l'ancienneté de la matrice, la copie n'en est pas moins indispensable.

382. M. Chauveau estime aussi que c'est avec raison qu'il a été décidé que le débiteur ne peut pas se plaindre du défaut de copie de la matrice du rôle, si, sur cette matrice, il n'y avait aucun article qui le concernât : Paris, 25 août 1811; Bordeaux, 20 déc. 1833 (*J. Av.*, t. 20, p. 338, et t. 52, p. 157);

—que, lorsque, après le décès d'un individu, son créancier a pratiqué *indivisément* une saisie immobilière contre ses héritiers, en faisant cependant un procès-verbal contre chacun d'eux, l'opération n'est pas nulle par le motif que chacun des procès-verbaux ne contiendrait pas la copie de la matrice du rôle : Bordeaux, 20 déc. 1833, précité; — qu'une saisie immobilière est valable, quoique la copie de la matrice du rôle ne soit pas certifiée par une autorité compétente, si elle est d'ailleurs conforme à l'original, la loi ne défendant pas que l'huissier copie lui-même la matrice du rôle pour insérer cette copie dans son procès-verbal : Angers, 23 avril 1809; Limoges, 12 juin 1812 (*J. Av.*, t. 20, p. 189 et 364).

383. Mais un cas plus délicat, dit M. Chauveau, c'est quand la matrice n'a pas été déposée à la mairie ou a été momentanément déplacée, ou bien que la mairie, par un motif quelconque, se refuse à délivrer la copie qui lui est demandée. Cette matrice, pour les communes cadastrées, existe toujours à la direction des contributions directes du chef-lieu du département, puisque les matrices qui sont dans les archives des mairies ne sont qu'un extrait de la matrice cadastrale de tout le département. L'huissier doit-il alors se transporter à la direction, pour obtenir la copie dont parle la loi? La loi exige la copie de la matrice du rôle, elle n'ajoute pas, *existante à la mairie*. Donc, cette copie doit être demandée là où on peut l'obtenir. Lorsque le commandement a été fait, l'huissier a tout le temps nécessaire, dans l'intervalle qui s'écoule entre ce commandement et le procès-verbal, pour faire venir cette copie du chef-lieu du département. N'est-on pas forcé, dans certains cas, de recourir au chef-lieu, lorsqu'il faut faire des annonces, et qu'il n'existe pas de journaux désignés dans l'arrondissement?

384. Il avait été jugé deux fois, par la Cour de Bordeaux, les 21 juill. 1832 et 20 déc. 1833 (*J. Av.*, t. 44, p. 285, et t. 52, p. 157), que le directeur des contributions directes avait le droit de délivrer les extraits exigés par la loi. Cela était incontestable.

385. La direction des contributions directes a même élevé la prétention d'avoir seule le droit de délivrer les copies ou extraits de la matrice du rôle. Consulté à ce sujet, nous avons dit : — L'art. 675, Cod. proc., n'indiquant point l'autorité à laquelle l'huissier doit s'adresser pour obtenir la copie de la matrice du rôle de la contribution foncière que doit contenir le procès-verbal de saisie immobilière, il faut naturellement en conclure que cet officier ministériel peut indifféremment requérir la délivrance de cette copie soit à la mairie de la commune où sont situés les immeubles saisis, soit à la direction des contributions directes. C'est ce qu'a décidé un arrêt de la Cour de Bordeaux du 1er août 1834 (S.-V. 34.2.686), et ce qu'admettent tous les auteurs.

386. Mais le droit exclusif que revendique la direction des contributions de délivrer les copies ou extraits de la matrice du rôle n'a aucun fondement. Les matrices sont déposées aux mairies pour que les habitants des communes puissent, non seulement les consulter, mais aussi en obtenir des copies ou extraits lorsqu'ils le désirent. Les maires sont à cet égard des dépositaires publics, tenus, en vertu de l'art. 853, Cod. civ., de délivrer à tout requérant, sans ordonnance de justice, expédition, copie ou extrait des documents déposés, à peine de dommages-intérêts. V. Chauveau, quest. 2237.

Sans s'être prononcée formellement sur la question, la jurisprudence a implicitement reconnu, à diverses reprises, le droit et l'obligation des maires de déférer aux réquisitions qui leur sont adressées à ce sujet par les huissiers chargés de procéder aux saisies immobilières. Voy., indépendamment des décisions de la Cour de Bordeaux mentionnées ci-dessus, deux arrêts de la Cour de cassation des 26 avril 1830 et 1er déc. 1832 (Dalloz, *Répert.*, v° *Vent. publ. d'imm.*, n. 570 à 572).

387. Au surplus, il est de toute évidence que la loi n'a pu vouloir obliger l'huissier à se transporter au chef-lieu du département pour y requérir du directeur des contributions directes la délivrance d'une copie de la matrice du rôle, alors que le tarif ne lui alloue ni vacation ni indemnité pour ce déplacement. Une telle obligation d'ailleurs ne pourrait résulter que d'une prescription formelle; et, loin qu'aucune disposition du Code de procédure renferme une prescription semblable, le silence de l'art. 675 sur ce point implique la nécessité de recourir au principe général que pose l'art. 853 rappelé plus haut, et d'après lequel le maire ne peut, sans se rendre passible de dommages-intérêts, refuser de délivrer à l'huissier qui le requiert la copie de la matrice du rôle.

388. M. Chauveau, *loc. cit.*, texte et note, estime que dans le cas de refus du maire, l'huissier doit, ou se transporter à la direction pour y demander la copie dont il s'agit, ou la faire demander par un de ses collègues. Cette marche s'impose, en effet, si la sommation faite au maire ne triomphe pas de la résistance de celui-ci avant l'expiration du délai pour procéder à la saisie; mais alors les frais et la perte de temps imposés à l'huissier par le refus persistant du maire, devront entrer dans la détermination des dommages-intérêts qu'entraîne ce refus. — V. aussi en ce sens notre *Formul. annot.*, p. 628, note 18, n. 2 et 3.

389. La doctrine de M. Chauveau, analysée ci-dessus, est partagée par MM. Thomine-Desmazures, t. 2, p. 208; Lachaize, t. 1, p. 248, n. 222 et suiv. Bioche, n. 198 et suiv.; Dalloz, n. 561, et Persil fils, *Comment.*, p. 96, n. 111 et 112. Ce dernier auteur pense, néanmoins, qu'il n'y a pas de recours possible contre le fonctionnaire qui refuse de délivrer la matrice cadastrale; et MM. Dalloz, n. 571, ne croit pas que l'huissier soit tenu de se rendre à la direction des contributions directes.

390. Notre auteur mentionne, en outre, dans le sens de son interprétation, les solutions suivantes : — 1° la transcription de l'extrait de la matrice peut être faite à la suite du procès-verbal de saisie même après qu'il a été visé et enregistré : Orléans, 11 nov. 1846 (*J. Av.*, t. 72, p. 479);—2° le procès-verbal ne serait pas nul, parce qu'il contiendrait quelques omissions sur la classe des parcelles de terre saisies, lorsque d'ailleurs il est d'accord avec la copie de la matrice du rôle : Bordeaux, 10 janv. 1846 ;—3° le saisi ne peut se faire un moyen de nullité de ce que la copie de la matrice du rôle comprend, outre les articles saisis, d'autres articles non compris dans la saisie : Bordeaux, 21 juin 1842 (*J. Av.*, t. 63, p. 446);—4° la copie de la matrice du rôle qui doit être reproduite par le procès-verbal, est valablement faite et certifiée par l'huissier : Caen, 21 fév. 1855 (t. 82, p. 410) ;—5° l'erreur commise par l'agent qui a délivré copie de la matrice du rôle et qui a attribué au saisi la superficie d'un immeuble voisin appartenant à un tiers, ne peut invalider la saisie, alors d'ailleurs qu'il n'est pas possible de se méprendre sur l'identité des immeubles saisis : Paris, 10 juin 1850 (t. 75, p. 609); Cass., 8 déc. 1851 (t. 77, p. 495) ; — 6° la prescription du § 4 de l'art. 675, est suffisamment remplie par la copie littérale, dans le procès-verbal de saisie immobilière, de la matrice du rôle, qui a été délivrée à l'huissier par le maire de la situation des articles saisis, encore qu'il n'y soit fait aucune mention desdits articles, alors surtout que l'huissier indique que, malgré cette omission, les immeubles saisis appartiennent réellement au débiteur : Riom, 8 nov. 1847 (t. 73, p. 239). Dans l'espèce, les maisons saisies n'étaient pas portées sur la matrice sous le nom du saisi, qui, en devenant acquéreur de ces immeubles, n'avait pas fait opérer la mutation des cotes. Même solution dans une espèce analogue : Nîmes, 9 août 1849 (t. 75, p. 17) ; — 7° mais il y a nullité du procès-verbal de saisie pour omission de l'inscription de la matrice du rôle concernant l'un des immeubles saisis, bien que cet article ne soit pas imposé sous le nom de la partie saisie, lorsque l'huissier a énoncé dans son procès-verbal qu'il est à sa connaissance que la partie saisie est propriétaire de l'immeuble à l'égard duquel il ne rapporte pas la matrice du rôle, comme l'ayant acquis d'une personne dont il indique le nom. Dans ce cas, l'huissier doit se faire délivrer l'extrait de la matrice du rôle existant sous le nom du vendeur, et l'insérer dans son procès-verbal pour satisfaire à la loi : Paris, 23 nov. 1850 (t. 76, p. 608) ; — 8° on ne peut pas critiquer le procès-verbal de saisie immobilière dans lequel, au lieu de la copie littérale de la matrice cadastrale, l'huissier transcrit littéralement le certificat du directeur des contributions directes qui atteste qu'il n'existe pas d'immeubles inscrits sur la matrice cadastrale sous le nom du saisi : Nîmes, 11 déc. 1854 (t. 80, p. 169). Dans l'espèce, il n'y avait pas eu mutation de cote, et le nom du précédent propriétaire était indiqué ; mais la Cour a constaté que la matrice cadastrale concernant l'auteur du saisi comprenait un grand nombre d'immeubles non saisis, n'avait aucune utilité pratique et ne pouvait faire connaître spécialement sur quels immeubles portait la saisie et à quel article de cette saisie la matrice cadastrale répondait. C'est là une question de fait, observe M. Chauveau ; mais, en droit, l'huissier aurait été responsable s'il lui avait été possible d'obtenir l'extrait de la matrice concernant l'immeuble saisi, bien qu'inscrit sous le nom d'un autre. — Compar. notre *Formul. annot.*, *loc. cit.*, n. 4 et s.

391. Notre auteur approuve aussi une décision d'après laquelle le défaut de transcription de la copie littérale de la matrice du rôle de la contribution foncière, dans un procès-verbal de saisie immobilière, ne peut entraîner la nullité de ce procès-verbal, alors que, par suite d'un événement de force majeure, la matrice du rôle de la commune de la situation de l'immeuble saisi a été déplacée et transportée dans une autre localité ; que l'huissier a suppléé à l'absence de la copie de la matrice en insérant dans le procès-verbal le rôle de la contribution, et a d'ailleurs désigné d'une manière suffisante l'immeuble qui était l'objet de la saisie : Trib. de Péronne, 20 janv. 1858 (*J. Av.*, t. 83, p. 378). — Il est au reste essentiel que l'huissier demande l'extrait complet, car l'omission de l'une des parties, quand l'immeuble en comprend plusieurs, annule la saisie pour la partie omise : Cass., 14 nov. 1853 (t. 79, p. 490). On conçoit, en effet, dit M. Chauveau, que la responsabilité de l'huissier soit complètement à couvert, et que la saisie ne puisse être attaquée, lorsque l'omission dans la matrice cadastrale provient du fait du fonctionnaire qui l'a délivrée. (V. ci-après, n. 394 et 395). Mais lorsque les prescriptions de la loi ne sont pas remplies parce que l'huissier n'a pas été assez explicite dans sa demande ; qu'au lieu de requérir la délivrance d'une copie de la matrice en ce qui concerne chaque partie, il s'est borné à demander copie de ce qui était seulement relatif à une partie, il y a faute de sa part, et cette faute entraîne la nullité de la saisie en ce qui concerne cette partie. On ne peut d'ailleurs éluder la prescription du § 4 de l'art. 675, en prétendant que la partie de la matrice dont la reproduction a été omise était inutile, et que l'omission n'a causé aucun préjudice : Cass., 30 janv. 1855 (t. 80, p. 414).

392. L'huissier qui procède à la saisie n'est pas tenu de morceler la matrice cadastrale et d'en donner un extrait à la suite de chaque vacation ; il suffit que la matrice ait été donnée pour tous les articles saisis dans la première vacation du procès-verbal : Nîmes, 9 août 1849, déjà cité *suprà*, n. 390.

393. Il résulte d'une solution de la régie, du 26 oct. 1853 (*J. Av.*, t. 79, p. 215), que les huissiers n'encourent pas l'amende en annexant au procès-verbal de saisie immobilière qu'ils rédigent l'extrait de la matrice du rôle sans mentionner le timbre de cet extrait. On avait voulu induire le contraire des termes de l'art. 49 de la loi du 5 juin 1850 ; mais cet article ne désignant que les effets, certificats d'actions, titres, livres, bordereaux, polices d'assurance, ou tous autres titres sujets au timbre, il a paru juridique d'admettre qu'un extrait de rôle ou de matrice de rôle, non désigné par l'article précité, et qui d'ailleurs n'est pas un titre, pouvait être annexé au procès-verbal de saisie immobilière sans que l'huissier fût tenu de déclarer si cet extrait est sur papier timbré.

394. (Q. 2237 bis). *Si la copie de la matrice du rôle est inexacte, par la faute du maire ou du directeur, y a-t-il nullité? En cas d'affirmative, quel serait l'agent responsable ?*

La nullité du procès-verbal, répond M. Chauveau, ne peut résulter que de l'omission d'une des formalités provenant du fait de l'huissier. Il est donc évident que, si la copie remise par le maire ou par le directeur est incomplète, la saisie, ainsi que l'a jugé la Cour de Bordeaux, le 25 mars 1829 (*J. Av.*, t. 39, p. 198), ne devra pas être annulée ; et, dans ce cas, nulle action en garantie ne deviendra nécessaire, puisqu'il ne sera résulté aucun dommage de la négligence du fonctionnaire. C'est aussi l'avis de MM. Paignon, t. 1, p. 73, n. 11 ; Dalloz, n. 566, et Bioche, n. 203. — Compar. *suprà*, n. 381 et s.—Néanmoins, ajoute notre auteur, l'huissier du poursuivant agira prudemment, surtout lorsque la matrice du rôle sera à la mairie, en collationnant lui-même sur l'original la copie qui lui sera remise.

395. Si l'on décidait que l'irrégularité de cette copie entraîne la nullité du procès-verbal, M. Chauveau conseillerait une action en garantie contre le maire ou contre le directeur des contributions directes, placés, en ce cas, sur la même ligne que tout dépositaire public qui cause un dommage par sa négligence. — Si l'irrégularité donnait lieu à une demande en distraction et occasionnait des frais, il y aurait même raison de décider pour admettre l'action en garantie contre ces fonctionnaires publics.

396. (Q. 2238). *La saisie serait-elle nulle, si les extraits de la matrice du rôle avaient une date postérieure à celle qui serait énoncée en tête du procès-verbal de saisie, mais antérieure à la dénonciation ?*

La solution négative, enseignée au texte par Carré, a été consacrée par un arrêt de la Cour de cassation du 7 mars 1827 (*J. Av.*, t. 33, p. 62), et elle est adoptée tant par M. Chauveau que par MM. Bioche, n. 204, et Dalloz, n. 577, ainsi que par nous, dans notre *Formulaire annoté*, t. 2, p. 629, note 18, n. 11.

397. (Q. 2239). *Le revenu à mentionner dans la saisie est-il celui que porte la matrice actuelle ?*

Carré, au texte, et M. Chauveau après lui, sont d'avis que la matrice dont copie doit être donnée est la dernière matrice. On pourrait même, à la fin de l'année, ajoute ce dernier auteur, prendre copie de la matrice du rôle qui va être incessamment mis en recouvrement. V. conf., MM. Thomine-Desmazures, t. 2, p. 208, et Dalloz, n. 568.

398. (Q. 2243). *La constitution d'avoué contenue dans le procès-verbal de saisie détruit-elle les effets de l'élection de domicile faite par le commandement chez tout autre personne que l'avoué constitué? — Cette constitution d'avoué conserve-t-elle son effet jusqu'à révocation et constitution nouvelle?*

Carré, au texte, exprime l'opinion que l'élection de domicile faite dans le commandement n'est pas révoquée par la constitution d'avoué dans le procès-verbal, encore bien que l'art. 675 porte que le domicile du saisissant sera élu de droit chez cet avoué, parce que ce n'est qu'à partir de la dénonciation de la saisie qui porte cette nouvelle élection de domicile à la connaissance du débiteur que le domicile élu par le commandement doit être réputé non avenu.

399. Or, à l'appui de cette solution, M. Chauveau reproduit le passage suivant du procès-verbal de la 4e séance tenue le 16 mai 1838 par la commission chargée d'examiner le projet qui est devenu la loi de 1841 : « L'é-
« lection de domicile chez l'avoué effacera l'élection qui, d'après le com-
« mandement, aura pu être faite chez toute autre personne; cependant le
« débiteur aura la faculté de faire toute signification au domicile élu par le
« commandement jusqu'au moment où la saisie lui sera dénoncée, sans qu'il
« soit possible néanmoins de quereller, sous ce rapport, les significations qui
« seraient remises en l'étude de l'avoué pendant l'intervalle qui s'écoulera
« entre la saisie et la dénonciation. »

M. Lachaize, t. 1, p. 257, n. 233, dit en ce sens que, l'élection une fois faite dans le procès-verbal de saisie, toutes significations peuvent y être laissées. Cela est juste, observe de son côté M. Chauveau; mais les significations au domicile élu dans le commandement ne cessent d'être valables qu'après la dénonciation. Tel est encore l'avis de MM. Persil fils, *Comm.*, t. 1, p. 98, n. 116; Dalloz, n. 582, et Bioche, n. 206. — V. aussi conf., notre *Formul. annot.*, p. 623, note 6, n. 2.

400. On nous a consulté sur le point de savoir si lorsque, après le décès d'un avoué, celui qui lui a plus tard succédé et qui était chargé provisoirement de gérer son étude, a fait pratiquer une saisie immobilière en empruntant le nom d'un autre avoué, peut, après sa nomination, se constituer lui-même dans les actes ultérieurs de la poursuite, sans faire préalablement signifier la révocation de l'avoué qui a occupé jusque-là.

Quoique la poursuite de saisie immobilière, avons-nous dit, ne soit pas, à proprement parler, une instance, nous croyons que, puisque le poursuivant doit être représenté par un avoué, il y a lieu d'appliquer ici les dispositions de l'art. 75, Cod. proc. civ., desquelles il résulte que l'avoué constitué par une partie continue à occuper pour elle tant qu'elle ne l'a pas révoqué, et que cette révocation ne peut avoir lieu sans qu'un autre avoué soit constitué à la place du premier. Jusqu'à ce que la révocation ait été signifiée à la partie adverse avec constitution d'un nouvel avoué, cette partie doit considérer l'avoué primitivement constitué comme occupant toujours pour l'autre partie.

Nous sommes donc d'avis que, dans l'espèce, l'avoué nouvellement nommé ne peut continuer la procédure de saisie immobilière commencée sous le nom de l'un de ses confrères, sans que la révocation de celui-ci ait été signifiée, avec constitution de sa part, aux parties intéressées.

401. (Q. 2242). *Est-il nécessaire de donner, dans le procès-verbal de saisie, soit une assignation au débiteur, à l'effet de comparaître devant le tribunal, soit l'indication du jour de la lecture du cahier des charges?*

Le premier point est résolu négativement, au texte, par Carré, dont M. Chauveau adopte l'opinion. V. aussi conf., notre *Formul. annot.*, p. 629, note 20, n. 2.

Le second point avait été d'abord controversé; mais la solution négative, que professe M. Chauveau, paraît aujourd'hui constante. V. en ce sens, Dalloz, n. 492; Bioche, n. 205.

402. (Q. 2226 B). *L'huissier doit-il nécessairement rédiger son procès-verbal sur les lieux? Faut-il qu'il l'écrive lui-même?*

Carré, au texte, estime qu'il est bon que l'huissier rédige son procès-verbal sur les lieux mêmes, afin d'être plus en état d'atteindre le but de la loi, qui ordonne son transport comme un moyen de plus d'obtenir une désignation précise des objets qu'il est question de saisir et d'éviter des erreurs de confins qui donneraient lieu à des englobements de propriété appartenant à d'autres qu'à la partie saisie; mais qu'il n'y aurait pas lieu néanmoins d'annuler un procès-verbal qui aurait été rédigé ailleurs, sur des notes que l'huissier aurait prises sur les lieux. — Cette opinion, qu'a consacrée la Cour de Paris, les 20 janv. 1813 et 28 déc. 1820 (*J. Av.*, t. 20, p. 394 et 407), est adoptée aussi par MM. Pigeau, *Comment.*, t. 2, p. 281; Thomine-Desmazures, t. 2, p. 207; Dalloz, n. 503; Lachaize, t. 1, p. 227, n. 202; Persil fils, *Comment.*, t. 1er, p. 88, n. 96; Bioche, n. 176; Colmet-Daage, t. 2, p. 314, n. 917, ainsi que par M. Chauveau, qui fait remarquer que, dans certain cas, l'intempérie des saisons pourrait même rendre impossible la rédaction sur les lieux. — Conf., notre *Formul. annot.*, p. 629, note 21.

M. Chauveau admet, d'un autre côté, avec MM. Dalloz, n. 493, Persil fils, *Comment.*, t. 1er, p. 88, n. 97, et Bioche, n. 177, que l'huissier peut faire écrire son procès-verbal par un clerc.

403. (Q. 2241). *La nullité résultant de l'omission de quelqu'une des formalités prescrites par l'art.* 675, *serait-elle couverte par la signature du saisi apposée au procès-verbal ?*

La solution négative qu'enseigne Carré, au texte, est aussi admise par M. Chauveau.

404. (Q. 2243 bis). *Un huissier, après avoir été payé des frais du procès-verbal d'une saisie qu'il a faite et à laquelle on n'entend pas donner suite, peut-il refuser de remettre, soit à la partie, soit à l'avoué qui l'a chargé de saisir, l'original de ce procès-verbal?*

Carré, au texte, répond qu'il ne croit pas qu'un huissier puisse retenir l'original d'un exploit qu'il a notifié; que cet officier ministériel n'a point, comme les greffiers, de dépôt à tenir, de minutes à conserver; que l'original appartient à la partie qui a requis la signification de l'exploit, et que l'huissier doit le lui remettre, pour qu'elle agisse en conséquence, et puisse justifier, en cas que la copie fût déniée ou celée par la partie à qui l'exploit a été signifié, que cette copie a été faite. — Quant à M. Chauveau, cette question ne lui paraît pas même douteuse.

405. (Q. 2244). *Quel est l'enregistrement avant lequel l'art.* 676 *veut que le procès-verbal de saisie soit visé ? Quand doit être demandé le visa ?*

Carré, au texte, répond que l'enregistrement dont parle l'art. 676 est l'enregistrement ordinaire auquel tout exploit est assujetti, et non pas la transcription de la saisie prescrite par l'art. 677 (aujourd'hui par l'art. 678). — Cette interprétation, comme le dit M. Chauveau, ne peut souffrir aucune difficulté.

406. M. Persil fils, *Comment.*, p. 101, n. 118, pense qu'il est dans l'esprit de la loi que le visa soit apposé le jour même de la clôture du procès-verbal. Cependant, observe très justement M. Chauveau, cela n'est pas exigé, à peine de nullité, puisque, au contraire, l'article accorde un délai jusqu'à l'enregistrement, qui, d'après l'art. 20 de la loi du 22 frim. an VII, peut avoir lieu jusqu'au quatrième jour. Aussi a-t-il été jugé que le procès-verbal de saisie immobilière ne peut pas être annulé pour n'avoir été visé par le maire que le lendemain de sa date, lorsque d'ailleurs ce visa est antérieur à l'enregistrement du procès-verbal : Rouen, 17 mars 1815 (*J. Av.*, t. 20, p. 32). C'est l'opinion que Carré avait également exprimée, au texte, sous la quest. 2258. Mais le procès-verbal est nul, s'il a été enregistré avant le visa du maire : Cass., 15 oct. 1828 (*J. Av.*, t. 39, p. 215); Orléans, 11 nov. 1846 (t. 72, p. 479); Dalloz, n. 592; Bioche, n. 213; notre *Formul. annot.*, p. 630, note 22, n. 2.

407. M. Chauveau fait observer néanmoins avec M. Paignon, t. 1, p. 75, que la seconde disposition de l'art. 676 semble contenir une exception à la première, puisqu'elle porte que, dans le cas où les biens sont situés dans plusieurs communes, le visa doit être donné *successivement* par chacun des maires, à la suite de la partie du procès-verbal relative aux biens situés dans sa commune. Cela suppose que le visa de chaque maire doit être donné avant la continuation du procès-verbal. C'est une économie, puisque l'huissier profite de sa présence sur les lieux, et qu'il n'a pas besoin de consacrer à cette formalité de nouvelles vacations. V. aussi en ce sens, Agen, 1er juin 1855 (*J. Av.*, t. 80, p. 371).—Compar. *infrà*, n. 412 et s.; Bioche, n. 209; notre *Formul. annot.*, p. 630, n. 3 et 4.

408. La loi, comme le fait remarquer M. Chauveau, n'exige, ni sous peine de nullité, ni même sous peine d'amende, que l'enregistrement du procès-verbal de saisie immobilière ait lieu avant sa dénonciation au saisi et sa transcription au bureau des hypothèques; il suffit que ce procès-verbal soit enregistré dans les quatre jours de sa date.

409. (Q. 2244 bis). *Lorsqu'un procès-verbal de saisie immobilière comprend plusieurs vacations dans la même commune, suffit-il que le visa du maire soit donné avant l'enregistrement de la dernière vacation, lors même qu'il se serait écoulé plus de quatre jours depuis la première ? N'est-il pas nécessaire qu'il soit donné pour chaque vacation avant l'enregistrement qui la concerne ?*

La Cour de Pau a, suivant M. Chauveau, exactement résolu cette question le 4 août 1857 (*J. Av.*, t. 83, p. 103), en disant : Les prescriptions de la loi fiscale qui, déterminée par l'intérêt du Trésor public, considère chaque vacation comme un acte distinct et séparé, par cela seul qu'elle est signée par un officier public, sont sans influence sur la régularité de la saisie immobilière, soumise à des principes tout différents. — D'après la loi de procédure, bien que en raison du grand nombre des objets saisis, l'opération de l'huissier ait été plusieurs fois interrompue et renvoyée à un autre jour, il n'existe qu'un procès-verbal divisé, quant au *visa*, en autant de parties qu'il y a de communes dans lesquelles les immeubles expropriés sont situés. De cela seul que l'art. 676 prescrit que le visa soit donné, pour chaque commune, à la suite de la partie du procès-verbal qui lui est relative, il suit nécessairement qu'il n'y a lieu à l'accomplissement de cette formalité que lorsque l'huissier a terminé la saisie dans la commune; dès lors l'enregistrement que ce visa doit précéder ne peut s'entendre que de l'enregistrement de la dernière vacation de cette partie du procès-verbal. C'est dans ce sens qu'une décision du ministre des finances et du ministre de la justice (des 27 mai et 21 juin 1808) avait interprété l'ancien art. 676 qui exigeait que copie entière de la saisie fût donnée au maire avant l'enregistrement. Si le législateur de 1841 avait voulu qu'il en dût être autrement pour le visa, devant tenir lieu, à l'avenir, de la garantie de la remise de la copie, il n'aurait pas manqué de prescrire qu'il serait apposé autant de visas que d'enregistrements; dès qu'il ne les a point exigés, on doit en conclure qu'il ne s'est nullement préoccupé, au point de vue de la régularité de la procédure, des enregistrements successifs auxquels donneraient lieu les diverses vacations constatées. La loi, en effet, n'a pas exigé un visa après chaque vacation, mais bien un seul visa à la fin du procès-verbal quand les biens saisis sont situés dans la même commune, et autant de visas successifs qu'il y a de communes dans lesquelles les biens ont été saisis. — Conf. M. Dalloz, n. 593.

Cependant, comme le visa a été exigé pour établir l'exactitude du transport de l'huissier, M. Chauveau est d'avis que, lorsque le procès-verbal comprend plusieurs vacations et divers jours non consécutifs, l'huissier doit faire viser le procès-verbal toutes les fois qu'il y a solution dans la continuité des opérations.

410. D'après le *Journal de l'Enregistrement et des Domaines*, n° 2171, p. 111, si un procès-verbal de saisie immobilière constate que trois jours consécutifs ont été employés aux opérations de l'huissier, trois droits sont exigibles, bien que ce procès-verbal, contrairement aux prescriptions de la loi, ait été rédigé en un seul article et qu'il n'ait été signé qu'à la clôture. — Cette solution paraît incontestable à M. Chauveau.

411. (Q. 2245 bis). *Les maires pourraient-ils refuser le visa qui ne serait demandé qu'après la clôture entière du procès-verbal ?*

M. Chauveau répond, avec M. Jacob, n. 25, que ces fonctionnaires ne sont investis d'aucun droit de contrôle ni d'examen en cette matière; que leur ministère se borne à la constatation d'un fait; qu'ils doivent donc viser, en datant leur visa. — Conf., notre *Formul. annot.*, p. 630, note 22, n. 4.

412. (Q. 2245). *Lorsque la saisie comprend des immeubles situés dans plusieurs communes, par quels maires les visas doivent-ils être donnés ? Faut-il nécessairement que les visas soient successifs ?*

La loi actuelle dit que le *visa sera donné par chacun des maires, à la suite de la partie du procès-verbal relative aux biens situés dans sa commune*. Lors de la discussion du projet, MM. Persil et Pascalis ont observé que ce visa prouverait que l'huissier s'est réellement transporté sur les biens saisis. De là M. Chauveau conclut que le procès-verbal doit être visé par le maire de la situation de la plus petite parcelle des biens saisis, quel que soit le nombre des communes dans lesquelles ils sont situés.

413. M. Jacob, p. 343, p. 26, pense qu'il n'y a pas nullité quoique les visas n'aient pas été successifs, pourvu que du procès-verbal résulte la preuve que l'huissier s'est réellement transporté sur les lieux, qu'il y a dressé son acte, et que de suite il l'a fait viser; et il se fonde sur ce que la loi a frappé de nullité l'omission de la formalité, mais non l'irrégularité dans son accomplissement. Cette solution, objecte M. Chauveau, contrarie le texte et l'esprit de l'art. 676; c'est précisément pour avoir la preuve légale du transport que le législateur exige les visas successifs. La jurisprudence a d'ailleurs interprété la loi en ce sens. Ainsi, la Cour d'Agen, le 1er juin 1855 (*J. Av.*, t. 80, p. 371) et le tribunal civil de Villefranche (Haute-Garonne), le 1er juill. 1846 (t. 72, p. 183), ont décidé que lorsque la saisie immobilière comprend des biens situés dans deux ou plusieurs communes, il faut, à peine de nullité, faire viser successivement par chacun des maires la partie du procès-verbal relative aux biens situés dans sa commune; que le visa collectif à la suite de deux ou plusieurs parties du procès-verbal ne suffit pas. — La Cour d'Agen a ajouté que cette nullité n'affecte que la première partie du procès-verbal, et que les frais de l'acte annulé restent à la charge de l'huissier, sans qu'il soit besoin de l'appeler en cause. Sur ce dernier point, V. conf., Cass., 3 mai 1870 (*J. Av.*, t. 96, p. 319); notre *Formul. annot.*, p. 630, note 22, n. 10.

414. Mais l'obligation de faire viser successivement ne va pas jusqu'à exiger que le procès-verbal de saisie comprenant des immeubles situés dans plusieurs communes soit visé successivement par chacun des maires à chaque séance de saisie; il suffit que le visa, pour les biens de chaque commune, ait été apposé par le maire avant l'enregistrement : Caen, 20 juin 1849 (*J. Av.*, t. 75, p. 493). M. Chauveau ajoute : et avant de continuer la saisie dans une autre commune.

415. Le visa donné sur le procès-verbal de saisie immobilière par un conseiller municipal fait présumer jusqu'à preuve du contraire que les maire, adjoints et conseillers antérieurs étaient absents ou empêchés : Rennes, 1er août 1851 (*J. Av.*, t. 77, p. 320). M. Dalloz, n. 585.

416. Sur la question de savoir si l'huissier doit constater l'absence ou l'empêchement des fonctionnaires hiérarchiquement supérieurs à celui dont il requiert et obtient le visa, V. ce qui a été dit *suprà*, n. 288 et s.

417. (Q. 2246). *Dans les villes où il y a plusieurs arrondissements, le visa* *doit-il être donné seulement par le maire de l'arrondissement où est situé l'immeuble saisi ?*

A l'occasion des copies à laisser, Carré, sous la quest. **2252**, était d'avis que la formalité ne devait être remplie qu'à l'égard du maire de l'arrondissement de la situation. M. Chauveau pense que la même interprétation doit être admise sous la loi nouvelle, qui, en se servant de l'expression *chacun des maires*, ne tranche point la difficulté. Tel est aussi le sentiment de MM. Lachaize, t. 1, p. 264, n. 241; Favard de Langlade, t. 5, p. 49, n. 1; Persil fils, *Comm.*, p. 102, n. 119, et Bioche, n. 210. — C'est également celui que nous avons embrassé dans notre *Formul. annot.*, p. 630, note 22, n. 6.

418. (Art. 676). *Quelle place le visa doit-il occuper dans le procès-verbal de saisie ?*

Il résulte d'un arrêt de la Cour de cassation du 4 mars 1863 (*J. Av.*, t. 89, p. 522) qu'une saisie immobilière n'est pas nulle, parce que le visa du maire a été apposé sur le procès-verbal de l'huissier avant l'insertion, dans ce procès-verbal, de la copie de la matrice cadastrale, et à la suite de l'indication des immeubles saisis, encore bien que ces immeubles dépendent d'une seule commune.—La loi, en effet, n'assigne aucune place particulière au visa, dont elle exige seulement que l'apposition précède l'enregistrement du procès-verbal. Et s'il découle de la dernière disposition de l'art. 676 que le visa peut être valablement donné à la suite de l'indication des biens saisis et avant l'insertion de la copie de la matrice cadastrale, quand ces biens sont situés dans plusieurs communes, on ne voit pas pourquoi il en serait autrement lorsqu'ils sont situés dans une seule commune. Une distinction à cet égard n'est pas plus commandée par l'esprit de la loi que par son texte. — V. en ce sens, notre *Formul. annot.*, *loc. cit.*, n. 5.

419. (Q. 2248). *L'erreur dans la date du visa entraîne-t-elle la nullité du procès-verbal ?*

Si la date erronée, dit M. Persil fils, *Comm.*, p. 103, n. 122, est antérieure à l'enregistrement, la nullité ne saurait être prononcée. Si la date indiquée à tort est postérieure à l'enregistrement, on pourra échapper à la nullité en prouvant l'erreur. M. Chauveau approuve cette doctrine, avec M. Dalloz, n. 594. V. aussi conf., notre *Formul.*, *ubi suprà*, n. 9.

§ 2. — Dénonciation et transcription de la saisie.

420. (Q. 2249). *La dénonciation peut-elle être faite après la quinzaine du jour de la clôture du procès-verbal, sauf le délai des distances ? Le délai est-il franc ?*

La première partie de cette question, que Carré avait résolue négativement, ne peut plus souffrir de difficulté, comme l'observe M. Chauveau, et le nouvel art. 715 ne permet pas de douter que le délai prescrit par l'art. 677 ne doive être observé à peine de nullité. Conf., Persil fils, *Comm.*, p. 106, n. 125; Dalloz, n. 597; Bioche, n. 220; notre *Formul. annot.*, p. 633, note 2, n. 1.

421. Quant à la seconde partie de la question, elle reçoit aussi une solution négative de la part tant de Carré que de M. Chauveau, dont l'opinion est embrassée par MM. Dalloz, n. 598, et Bioche, n. 221. V. également notre *Formul.* précité, *ibid.*, n. 3.

422. (Q. 2250). *Lorsqu'un débiteur saisi ne réside pas en France, et qu'il n'y a pas élu de domicile, son éloignement ne doit-il jamais être pris en considération pour la supputation du délai ?*

L'affirmative serait à désirer, dit M. Chauveau, car autrement un créancier pourrait être forcé de subir des longueurs interminables; d'un autre côté, les intérêts d'un débiteur, en quelque pays qu'il se trouve, ne doivent pas légèrement être sacrifiés; et d'ailleurs une loi seule peut priver une partie du bénéfice d'un délai qu'une loi antérieure lui accorde d'une manière générale. — Après avoir ensuite rappelé la controverse qui existait à cet égard sous le Code de 1807, l'auteur observe que la loi de 1841 a parlé de l'augmentation des délais dans plusieurs articles, notamment dans les art. 677, 691, 718, 725; que dans ce dernier article seulement on lit ces mots: *sans que ce délai puisse être augmenté à l'égard de la partie qui serait domiciliée hors du territoire du royaume*; que quant aux incidents prévus par l'art. 718, il ne peut pas s'élever de doute, puisque cet article porte : *sans augmentation de délai à raison des distances*, et que la seule difficulté est relative, soit aux actes que le créancier est tenu de faire dans tel délai, soit aux observations que le saisi est appelé à soumettre au tribunal sur la rédaction du cahier des charges, soit à la sommation qui lui est faite d'assister à la lecture du cahier des charges.

423. Pour le poursuivant, M. Chauveau ne pense pas qu'il y ait lieu à augmentation, et il cite à l'appui de son opinion les observations présentées lors de l'élaboration de la loi par M. Pascalis.

424. Mais quant au saisi, la position, suivant M. Chauveau, n'est plus la même; on ne peut, dit-il, enlever au débiteur le bénéfice du délai à raison de l'éloignement de son domicile. Il faut prendre garde que, pour une créance éteinte, un Français domicilié au delà du cap de Bonne-Espérance pourrait être exproprié à son insu, si on ne lui accordait pas le bénéfice du délai des distances. On devra donc laisser au débiteur saisi, à dater du commandement jusqu'au jour de la publication du cahier des charges, un temps suffisant pour que, indépendamment de tous les délais de la procédure, ils jouissent encore de ceux accordés par l'art. 73; et ce sera à partir de la sommation prescrite par l'art. 691 que courront ces derniers délais, parce qu'alors le poursuivant aura pu faire transcrire la saisie, et, par ce moyen, se mettre à l'abri du danger d'une aliénation faite par le saisi, averti de l'expiration du délai légal. — Son opinion est partagée par MM. Dalloz, n. 601, et Bioche, n. 224. V. aussi notre *Formul. annot.*, p. 633, note 2, n. 4. — Mais la doctrine contraire a été soutenue par MM. Duvergier et Bourbeau dans des consultations qu'a publiées le *Journal des Avoués*, t. 69, p. 641 et 705, et par M. Rodière, t. 3, p. 114.

425. En droit, M. Duvergier se fonde sur ce que : 1° on doit distinguer entre un ajournement à comparaître et une sommation de contester, si on juge convenable; d'où il induit la conséquence que les délais des art. 73 et 1033 ne sont pas applicables aux actes de saisie qui ne sont que des sommations et non des ajournements; 2° la procédure en saisie immobilière est l'objet de dispositions spéciales qui se suffisent à elles-mêmes; les délais qu'elle détermine sont invariables, les règles qu'elle pose sont inflexibles; 3° l'art. 725, qui permet l'application du délai de distance lorsqu'il s'agit d'une demande en distraction, ne prouve rien, parce que cette demande, quoique incidente à la saisie, est en elle-même une instance principale; 4° il en est de même de l'art. 7 de la loi du 2 juin 1841, qui ne dit pas : *il y aura lieu à augmentation*, mais, *quand il y aura lieu à augmentation*. L'application de cet article peut devenir nécessaire, dans les demandes en résolution du vendeur, dans les instances en partage et licitation, etc. — M. Duvergier termine en disant : « Au surplus. il est convenable que le poursuivant, lorsqu'il « agit contre un débiteur dont le domicile est fort éloigné, n'accomplisse « chacune des formalités qu'après l'expiration des plus longs délais. Peut-« être même devra-t-il user de la faculté que lui donne l'art. 703, Cod. proc., « et faire remettre l'adjudication à un jour plus éloigné que celui auquel

« elle avait été d'abord fixée. Ces *ménagements* feront tomber la seule consi- « dération qui pourrait militer en faveur de l'opinion contraire à celle qui « vient d'être développée et qui consisterait à dire qu'une saisie ne peut être « mise à fin, sans que le saisi en ait eu connaissance. » — De telle sorte, faisait remarquer ici M. Chauveau, qu'entre lui et M. Duvergier il n'y a que cette différence : l'observation *convenable* des délais dépend, selon ce dernier, de l'humanité du créancier; selon notre auteur, de la volonté de la loi. L'*humanité* du créancier ressemble beaucoup, dit-il, à la justice du lion.

426. M. Bourbeau développe une seule idée : « Ne confondons pas, lit-on dans sa consultation, la demande avec l'exécution, le délai pour comparaître sur une demande et le délai pour éviter une exécution. Dans le premier cas, l'*inconnu* oblige à attendre que l'ajournement ait donné un utile avertissement; dans le second, le débiteur doit toujours être prêt. Le moindre délai est un sursis imposé au créancier et une faveur accordée au débiteur. C'est une nécessité résultant de la nature des actes d'exécution, mais non des privilèges de la défense. »

427. M. Chauveau se refuse à admettre qu'une loi soit inégale dans ses applications aux personnes et aux biens de ceux qui lui doivent obéissance; qu'elle favorise celui qui a un certain domicile, et prive de toute protection celui qui en a un autre; qu'enfin, elle accorde un délai qui puisse devenir illusoire, sans qu'il y ait faute de la part de celui auquel le délai était jugé nécessaire. Sous ce point de vue, il ne cherche dans la loi qu'une chose : l'*interpellation*, sans distinguer la *demande*, la *défense*, la *sommation*, l'*ajournement*, l'*exécution*. Si l'*interpellation* ne peut pas parvenir en temps utile, elle est inutile et dérisoire. Or, on ne doit jamais supposer que le législateur ait consenti à être inconséquent, à annuler la faveur qu'il venait d'accorder. Si sa volonté n'est pas suffisamment claire, il faut la mettre en relief à l'aide des principes généraux.

Eh bien, qu'on applique ces principes à la matière des saisies immobilières. La loi du 2 juin 1841 détermine des formes invariables, inflexibles, soit ; mais elle ne statue rien sur la franchise ou l'augmentation d'un délai ; elle s'en réfère par là même au droit commun. L'art. 7, qu'on veut, pour ainsi dire, frapper de stérilité, vient prêter son appui à ce système.

Qu'importe que le droit accordé à un saisi de résister à la vente de ses immeubles soit une faveur? Qu'importe que ce ne soit pas une défense proprement dite? Le législateur a élevé la faveur de résistance à l'exécution au rang d'une défense légitime. Il dit, dans l'art. 691 : « Dans les huit jours, au plus tard, depuis le dépôt au greffe, outre un jour par cinq myriamètres de distance entre le domicile du saisi et le lieu où siège le tribunal, *sommation* sera faite au saisi, *à personne ou domicile*, de prendre communication du cahier des charges, *de fournir ses dires et observations* et d'*assister* à la lecture et publication qui en sera faite, ainsi qu'à la fixation du jour de l'adjudication. Cette *sommation* indiquera les jour, lieu et heure de la publication. » — Doit-on s'attacher judaïquement à ce mot *sommation* pour soutenir que ce n'est pas là un ajournement, et que le saisi n'est pas appelé à se défendre?... Les termes qu'on vient de lire ne révèlent-ils pas l'esprit de la loi? Tout est incomplet si le saisi n'est pas appelé à défendre ses droits, à donner des explications, à fournir des documents. La saisie est une procédure à laquelle le saisi est partie nécessaire. Le saisissant, le saisi, les tiers ne peuvent comparaître que par le ministère d'un avoué, c'est une instruction judiciaire et non une instruction extrajudiciaire. Il est permis de le dire, la sommation de l'article 691 n'est pas une sommation comme on l'entend ; c'est un véritable *ajournement*, et la prétendue faveur accordée au débiteur, qui n'est qu'une justice rigoureuse, a son principe dans le droit naturel de la défense.

428. On objectera peut-être, observe en terminant M. Chauveau, que l'opinion qu'il émet au sujet de la dénonciation de la saisie est difficile à concilier avec celle qu'il a adoptée sous la quest. 2217 (*suprà*, n. 308), et qui refuse d'appliquer les dispositions de l'art. 73 au délai à observer entre le commandement et la saisie; mais il faut remarquer, dit-il, que la loi a énergiquement exprimé sa volonté en limitant dans le délai de quatre-vingt-dix jours au plus l'efficacité du commandement; il faut remarquer également qu'il ne prétend point ici qu'il faille observer les délais de l'art. 73 pour la dénonciation du procès-verbal, mais uniquement qu'il est indispensable que le saisi jouisse, entre le commandement et le jour de la publication du cahier des charges, époque où il y a déchéance encourue pour la proposition des moyens de nullité, des délais ordinaires de la procédure, et, en outre, des délais exceptionnels de l'art. 73, parce qu'il serait souverainement inique qu'un débiteur pût être dépouillé avant d'avoir eu le temps de produire ses moyens de défense.

429. (Q. 2252). *Quand la dénonciation est faite en parlant à la personne du saisi, est-elle valable si elle est notifiée après le délai de quinzaine, mais dans le délai supplémentaire à raison de la distance de son domicile ?*

Carré, au texte, embrasse l'affirmative, qu'admet aussi M. Chauveau, V. encore en ce sens, MM. Dalloz, n. 600, et Bioche, n. 222, ainsi que notre *Formulaire annoté*, p. 634, note 4, n. 1.

430. (Q. 2256). *Le délai de quinzaine fixé par la loi pour la dénonciation au saisi peut-il être suspendu ?*

Ce délai subit une suspension, observe M. Chauveau : 1° lorsqu'un cas de force majeure empêche le créancier de le mettre à profit; tel le cas d'occupation militaire et hostile des lieux à parcourir par l'huissier : Cass., 24 nov. 1814 (*J. Av.*, t. 20, p. 434); 2° pendant le cours de l'instance qui s'engage sur l'opposition aux poursuites formées par le débiteur, quand le poursuivant juge à propos de s'arrêter : Riom, 7 mai 1818 (*J. Av.*, t. 20, p. 521). — Tel est aussi l'avis de MM. Lachaize, t. 1, p. 285; Dalloz, n. 598 et 599; Paignon, t. 1, p. 78, et Bioche, n. 220.— *Adde* conf., notre *Formul. annot.*, p. 633, note 2, n. 2.

431. (Q. 2258). *Quelles sont les formalités que doit contenir l'exploit de dénonciation ?*

Ce sont, comme le dit M. Chauveau, les formalités ordinaires des exploits. Cependant la dénonciation ne doit pas contenir constitution d'avoué, parce que le procès-verbal de saisie la contient déjà : Rennes, 4 avril 1810 (*J. Av.*, t. 20, p. 255); Dalloz, n. 611; Bioche, n. 217; notre *Formul. annoté*, p. 633, note 1, n. 2.

431 *bis*. La copie, observe encore M. Chauveau, sert d'original au saisi; en sorte que les irrégularités que renferme la première et qui ne se trouvent pas dans le second sont un cas de nullité, quoique la Cour de Liège ait jugé le contraire, le 29 avril 1810 (*J. Av.*, t. 20, p. 257). Quant aux ratures et surcharges qui se trouvent dans la copie, elles n'opèrent point nullité, si aucune ambiguïté n'en résulte : Besançon, 8 mai 1810 (*J. Av.*, t. 20, p. 258). — Compar. *Exploit*, n. 40 et s.

432. Les règles pour la remise des exploits doivent aussi être observées à l'égard de la dénonciation de la saisie; d'où il suit que si le saisi est mineur, ce n'est pas à lui, mais à son tuteur que la dénonciation doit être faite : Bastia, 22 mai 1823 (*J. Av.*, t. 25, p. 175); Persil fils, *Comm.*, p. 105, n. 123, et Dalloz, n. 613. — L'exploit de dénonciation est valablement remis au domicile du saisi, à la personne de son père, qui n'habite pas avec lui : Toulouse, 8 août 1850 (*J. Av.*, t. 7, p. 612).

433. Lorsqu'il y a plusieurs saisis, la nullité de la dénonciation à l'égard de certains d'entre eux ne peut être invoquée par les autres : Rennes, 6 juin 1814 (*J. Av.*, t. 20, p. 420, et Bastia, 22 mai 1823, précité.

434. (Q. 2257). *La dénonciation doit-elle contenir copie entière du procès-verbal ou une simple mention ?*

Sous le Code de 1807, on décidait que la dénonciation devait contenir une copie entière du procès-verbal de saisie : Cass., 5 août 1812 (*J. Av.*, t. 20, p. 374) ; Pigeau, *Comm.*, t. 2, p. 292 ; Favard de Langlade, t. 5, p. 51, n. 3 ; Lachaize, t. 1, p. 288, et Thomine-Desmazures, t. 2, p. 214. L'art. 677 actuel étant conforme à l'ancien art. 681, il y a lieu, dit M. Chauveau, d'adopter la même interprétation, et c'est ce que font MM. Persil fils, *Comm.*, p. 106, n. 124 ; Dalloz, n. 605, et Bioche, n. 216. — V. aussi conf., Caen, 28 mars 1868 (*J. Av.*, t. 94, p. 436), et notre *Formul. annot.*, p. 634, note 5, n. 1.

435. La Cour de Bourges avait néanmoins apporté un tempérament à cette doctrine, en jugeant, le 9 fév. 1829 (*J. Av.*, t. 39, t. 201), que l'omission, dans la copie du procès-verbal, de quelques-uns des articles saisis, n'annulait pas la saisie pour le tout, mais seulement pour les articles omis. Le second paragraphe du nouvel art. 715 a fait de cette décision une disposition législative.

436. La Cour de Metz, dans un arrêt du 14 fév. 1844 (*J. Av.*, t. 66, p. 279) a adopté le système des équipollents en décidant que l'exploit de dénonciation qui mentionne le *visa* du maire sur le procès-verbal de saisie est valable, quoiqu'il ne contienne pas copie de ce *visa*. En matière de saisie immobilière, observe M. Chauveau, les formalités étant toutes de rigueur, il ne faut pas se laisser aller à une jurisprudence trop indulgente qui dénaturerait le véritable caractère de la loi. Notre auteur croit donc devoir conseiller aux huissiers de copier textuellement le *visa* qu'ils ont obtenu et qui peut contenir des mentions que le saisi a intérêt à contrôler. L'arrêt précité de la Cour de Caen du 28 mars 1868 a, en effet, déclaré nul l'exploit de dénonciation qui ne contient pas la copie du visa du maire de l'une des communes de la situation des biens saisis, surtout s'il ne renferme aucune mention de nature à suppléer à cette copie.

437. Il a été pourtant jugé plus récemment, dans le sens de l'arrêt aussi susmentionné de la Cour de Metz, que l'exploit de dénonciation d'un procès-verbal de saisie immobilière au saisi est valable, bien qu'il ne contienne pas copie textuelle du visa du maire sur ce procès-verbal, s'il énonce d'ailleurs que ce visa a été donné conformément à la loi : Bordeaux, 8 nov. 1876 (t. 102, p. 199). — V. aussi notre *Formul. annot.*, *loc. cit.*, n. 3.

438. Par arrêt du 11 nov. 1846 (*J. Av.*, t. 72, p. 479), la Cour d'Orléans a fidèlement appliqué le texte de l'art. 677, en annulant une saisie immobilière, parce que dans la dénonciation l'huissier avait omis de donner copie de sa signature sur le procès-verbal, et de l'enregistrement de ce procès-verbal. — Conf., notre *Formulaire, ibid.*, n. 4.

439. (Q. 2251). *La dénonciation de la saisie peut-elle, comme le commandement, être notifiée à domicile élu ?*

L'affirmative est enseignée au texte par Carré, dont M. Chauveau embrasse la doctrine, en observant que la dénonciation du procès-verbal de la saisie peut indifféremment être faite au domicile réel ou au domicile élu. — Conf., MM. Persil fils, *Comm.*, p 106, n. 123 ; Bioche, n. 219 ; Dalloz, t. 615 et 616 ; Colmet-Daage, t. 2, p. 315, n. 918 ; notre *Formulaire annoté*, p. 633, note 3, n. 1. — *Contrà*, M. Thomine-Desmazures, t. 2, p. 214.

440. (Q. 2251 bis). *La partie saisie peut-elle se faire un moyen de nullité de ce que la dénonciation ne lui aurait pas été signifiée au nouveau domi-*

cile choisi par elle depuis le commandement, si elle ne l'a pas fait connaître au créancier poursuivant ?

La négative ne paraît pas douteuse à M. Chauveau; elle a été consacrée par les Cours de Bruxelles et de Montpellier, les 25 fév. 1810 et 10 mars 1812 (*J. Av.*, t. 20, p. 210 et 434). Conf., notre *Formul. annot.*, *loc. cit.*, n. 3.

441. D'après un arrêt de la Cour de cassation du 27 juill. 1868 (*J. Av.*, t. 94, p. 212), la disposition de l'art. 69, § 8, Cod. proc., d'après laquelle les significations à faire à ceux qui n'ont ni domicile ni résidence connus, doivent avoir lieu par affiche d'une copie à la principale porte de l'auditoire du tribunal *où la demande est portée*, avec remise d'une seconde copie au parquet, ne s'applique qu'aux exploits introductifs d'une demande en justice, et non à la dénonciation d'un procès-verbal de saisie immobilière.

442. Cette dénonciation doit être faite, non au parquet du tribunal devant lequel l'expropriation est poursuivie, mais au parquet du tribunal dans l'arrondissement duquel la partie saisie avait son dernier domicile. — V. aussi notre *Formul.* précité, p. 633, note 3, n. 4.

443. (Q. 2251 ter). *La saisie immobilière dirigée contre une femme mariée, pendant l'instance en séparation de corps, peut-elle être valablement dénoncée au domicile où la femme a été autorisée à résider provisoirement ?*

Solution affirmative de la part de M. Chauveau. V. aussi en ce sens, 17 déc. 1849 (*J. Av.*, t. 76, p. 608); notre *Formul.*, *ibid.*, n. 2.

444. (Art. 677). *Lorsque le débiteur vient à décéder avant la dénonciation de la saisie, cette dénonciation doit-elle être précédée de la notification du titre aux héritiers du défunt, quoique le décès n'ait pas été notifié au saisissant ?*

D'après différentes autorités, avons-nous dit en répondant à la question ci-dessus, qui nous avait été soumise, les poursuites, en cas de décès du saisi, ne peuvent être continuées contre les héritiers qu'après la notification prescrite par l'art. 877, Cod. civ. V. Paris, 19 av. 1839 (*J. Av.*, t. 57, p. 495); Orléans, 15 fév. 1876 (t. 101, p. 247); Dalloz, *Répert.*, v° *Vent. publ. d'imm.*, n. 272. V. aussi M. Chauveau, sous la quest. 2377 (*infrà*). Dans ce système, il n'y a pas à tenir compte, en pareil cas, de la disposition de l'art. 344 du même Code, qui ne déclare nuls que les actes de procédure faits postérieurement à la notification du décès de l'une des parties. Et la Cour d'Orléans, par son arrêt précité, décide qu'il en est surtout ainsi lorsque la saisie a été dénoncée aux héritiers du débiteur sans notification préalable du titre.

445. Mais, à nos yeux, l'exactitude de cette interprétation est fort contestable. Ce n'est pas que nous considérions la procédure de saisie immobilière comme comportant les formalités de la reprise d'instance; si quelques autorités admettent ici l'application de l'art. 344, Cod. proc., d'autres la repoussent, et avec raison, selon nous, parce que, tant qu'il ne survient pas d'incident, la procédure de saisie immobilière ne constitue pas une instance. V. *infrà*, quest. 2412 *decies*. Mais nous estimons du moins que l'obligation imposée au créancier par l'art. 877, Cod. civ., dans le cas de décès du débiteur, de notifier son titre aux héritiers de celui-ci avant de pouvoir en poursuivre l'exécution, ne pèse sur le saisissant qu'à partir du moment où le décès du saisi a été porté à sa connaissance.

446. Si, avant d'entamer les poursuites, le créancier est tenu de s'assurer de l'existence ou du décès de son débiteur, afin de les exercer régulièrement, on ne saurait exiger de lui, après que la procédure a été valablement engagée contre un débiteur dont l'existence était certaine, qu'à chaque formalité qu'il a à remplir, il continue à rechercher si celui-ci est encore vivant, ou si, au contraire, la mort l'a frappé. Non, de même qu'une instance une fois introduite, et avant que l'affaire soit en état, se poursuit légalement contre le défendeur, tant que le décès de ce dernier n'a pas été notifié au demandeur, de même la poursuite de saisie immobilière, une fois commencée, se continue valablement contre le débiteur saisi jusqu'à ce que le saisissant reçoive la notification du décès de ce débiteur. C'est ce qu'enseigne sans hésitation M. Dalloz, *verb. cit.*, n. 272 et 1309, et v° *Reprise d'instance*, n. 12, et ce qui s'induit de plusieurs arrêts mentionnés par cet auteur sous ce dernier mot, n. 12 et 13, ainsi que des motifs d'un arrêt de la Cour de Paris du 23 août 1875 (*J. Av.*, t. 100, p. 432).

447. En conséquence, dans l'espèce de la question posée, malgré le décès du débiteur, survenu depuis le commencement de la poursuite, mais non notifié au saisissant, la saisie a pu être valablement dénoncée sans notification préalable du titre aux héritiers du débiteur décédé ; si, sur cette dénonciation, le décès est notifié au saisissant, il devra sans doute aussitôt se conformer à l'art. 877, Cod. civ., et surseoir pendant huit jours à la continuation des poursuites. Mais jusque-là nous ne saurions croire qu'un événement qui ne lui est pas légalement connu puisse lui créer aucune obligation.

448. (Q. 2253). *Y aurait-il nullité de la saisie, ou seulement de la dénonciation, si l'original de celle-ci n'était pas visé par le maire du lieu où elle est signifiée et dans le délai fixé par l'art.* 677 ?

Suivant Carré, au texte, le défaut de visa de l'original de la dénonciation, dans le délai prescrit, entraîne la nullité tant de la saisie que de la dénonciation elle-même. — M. Chauveau estime, au contraire, que la dénonciation seule est nulle, et il se fonde, pour le décider ainsi, sur la disposition de l'art. 728, Cod. proc., d'après laquelle la nullité d'un acte antérieur à la publication du cahier des charges n'affecte que cet acte et ceux qui l'ont suivi, et laisse subsister ceux qui l'ont précédé, les délais pour renouveler les actes nuls courant alors du jugement qui a prononcé la nullité.

449. La Cour de Bordeaux, par arrêt du 23 janv. 1847, a déclaré nulle la dénonciation qui n'a pas été visée dans le jour même ; mais cette Cour a étendu la nullité au procès-verbal de saisie : « Attendu qu'on ne peut se borner à prononcer l'annulation de l'acte de dénonciation ; que cette annulation exige et entraîne nécessairement la nullité du procès-verbal de saisie, lorsqu'il est évidemment impossible, dans l'état des choses, de signifier au saisi, dans les délais prescrits par l'art. 677, la saisie immobilière dont il s'agit. » Cette impossibilité est incontestable, observe M. Chauveau, et elle se produit presque toujours lorsqu'une nullité est demandée et prononcée. Mais la question à résoudre était de savoir si l'art. 728 était applicable ; or, la Cour de Bordeaux ne semble pas s'être reportée à cette disposition. — Notre auteur déclare adhérer entièrement aux observations ci-après dont le rédacteur du Journal des arrêts de la Cour de Bordeaux a accompagné la décision qui vient d'être mentionnée : « Cette décision nous paraît difficile à concilier avec l'art. 728 ; la dénonciation de la saisie au saisi est sans contredit un acte important ; mais de ce qu'elle est entachée de nullité, il ne s'ensuit pas qu'on ne doive pas appliquer l'art. 728 : sans doute, lorsque cette nullité sera reconnue et jugée, on ne se trouvera plus dans le délai de quinzaine, à partir de la clôture du procès-verbal ; mais cette circonstance est indifférente depuis la promulgation de l'article cité. En vertu de cet article, les actes qui précèdent la dénonciation étant valables, la procédure pourra être reprise à partir du dernier acte valable, et les délais pour accomplir les actes suivants courront de nouveau à dater du jugement ou de l'arrêt qui aura définitivement prononcé la nullité. Les effets que produit la nullité de la dénonciation de la saisie sont les mêmes que ceux produits par toute autre nullité; il n'y a pas d'exception pour la dénonciation, et dès lors la règle générale posée en l'art. 728 doit lui être appliquée. » On peut citer dans le même sens M. Bioche, n. 228. V. aussi Conf., notre *Formul. annot.*, p. 634, note 8.

450. (Q. 2254). *L'original de la dénonciation doit-il être visé par le maire, soit qu'on ait trouvé la personne du saisi, soit qu'on ne l'ait pas trouvée? — Une copie de la dénonciation doit-elle être laissée au maire?*

La première question est résolue affirmativement par Carré, au texte, ainsi que par M. Chauveau. — Conf., Thomine-Desmazures, t. 2, p. 215; Dalloz, n. 617; Bioche, n. 226; notre *Formul. annot.*, p. 635, note 9, n. 1.

451. Sur la seconde question, M. Chauveau observe que le doute est impossible aujourd'hui, puisque la disposition de l'art. 673 qui le faisait naître n'existe plus. Ainsi, dit-il, point de copie au maire, si ce n'est celle qui est destinée au saisi lui-même, lorsqu'on ne peut la remettre ni à sa personne, ni à son domicile, ni à quelqu'un de ses voisins. Conf., MM. Dalloz, n. 621; Bioche, n. 227, et notre *Formul.*, *ibid.*, n. 2.

452. (Q. 2255). *La copie de la dénonciation de la saisie doit-elle, à peine de nullité, contenir la mention que l'original a été visé dans le jour par le maire du lieu où elle a été signifiée?*

Solution négative, au texte, de la part de M. Carré, dont l'opinion est adoptée par M. Chauveau.

Non, dit ce dernier, la copie ne doit pas contenir mention du *visa*. La raison en est simple : le *visa* ne peut être donné qu'après que l'exploit a été signifié. Or, à ce moment, la copie n'est plus entre les mains de l'huissier, il l'a nécessairement remise à la partie saisie. MM. Persil fils, *Comm.*, p. 107, n. 127; Bioche, n. 225, et Dalloz, n. 622, partagent aussi ce sentiment. V. encore conf., notre *Formul. annot.*, p. 634, note 7.

453. (Q. 2259). *En quoi consiste la transcription prescrite par l'art.* 678? *Peut-on régulièrement faire transcrire le procès-verbal de saisie immobilière avant d'avoir dénoncé la saisie au débiteur, sauf à faire procéder plus tard à la transcription de la dénonciation? La transcription ainsi opérée suffit-elle pour assurer l'antériorité au créancier qui l'a requise sur le créancier qui, postérieurement à cette transcription, mais avant celle de l'exploit de dénonciation, demande la transcription simultanée de sa saisie et de la dénonciation qui en a été faite?*

Carré explique, au texte, que la transcription de la saisie consiste dans la *copie entière* du procès-verbal, pour la partie des objets saisis qui se trouve dans l'arrondissement, et non pas dans une simple énonciation, telle que celle de l'enregistrement des exploits ordinaires. — M. Chauveau ajoute que la transcription consiste en outre dans la copie textuelle de l'exploit de dénonciation, et que cela résulte d'un simple rapprochement entre la discussion qui a eu lieu à la Chambre des députés et les termes des divers rapports. En effet, dit-il, le rapport de M. Persil et celui de M. Pascalis énoncent clairement, à propos de la disposition du nouvel art. 678, que la transcription de la saisie et celle de la dénonciation doivent être faites de la même manière et qu'il n'y a absolument aucune différence entre elles. M. Lambert, député, avait proposé un amendement qui tendait à n'exiger pour la dénonciation qu'une simple mention de sa date, au lieu d'une transcription entière; mais cet amendement fut rejeté. La différence qu'il voulait établir entre le procès-verbal et l'acte de dénonciation n'ayant pas été admise, on doit en conclure que la transcription de l'un et de l'autre doit s'opérer au moyen d'une copie littérale. M. Lachaize, t. 1, p. 276, le pensait ainsi sous l'ancienne législation, et MM. Persil fils, *Comm.*, p. 110, n. 129;

Dalloz, n. 638; Bioche, n. 234; Colmet-Daage, p. 315, n. 919, le décident de même sous la nouvelle. V. aussi conf., notre *Formul. annot.*, p. 636, n. 5.

454. Sous l'ancienne loi, observe M. Chauveau, la transcription du procès-verbal de saisie et l'enregistrement de la dénonciation se faisaient séparément; les conservateurs tenaient même pour cela deux registres divers, et leur salaire pour l'une ou l'autre de ces deux formalités était réglé sur des bases différentes. Aujourd'hui il y a deux transcriptions qui se font en même temps; ou plutôt, et, à vrai dire, il n'y a qu'une seule transcription qui contient deux actes. Il ne doit donc plus y avoir qu'un seul registre, et la différence entre les droits à percevoir a dû aussi disparaître. A la Chambre des députés, lors de la discussion de l'article, M. Lambert ayant demandé, dans un but d'économie, qu'au lieu de transcrire en entier la dénonciation, on se contentât de la mentionner, M. le garde des sceaux a répondu qu'il n'y avait pas lieu de redouter les frais de transcription d'un acte aussi court. Le tarif de 1841, art. 2, § 2, alloue, en effet, aux conservateurs un droit de 1 fr. par rôle pour la transcription des deux actes.

455. La transcription doit être une; elle doit comprendre le procès-verbal et sa dénonciation. L'art. 678 est formel à cet égard, et ses dispositions sont prescrites à peine de nullité par l'art. 715; il faut donc admettre, dit M. Chauveau, que la transcription prématurée du procès-verbal est nulle, et qu'elle ne peut constituer un obstacle à la seconde saisie dénoncée et présentée à la transcription avant que la dénonciation de la première ait été transcrite. Cette doctrine a été consacrée par la Cour de Toulouse, le 12 août 1853 (*J. Av.*, t. 79, p. 365), par la Cour d'Angers, le 1er déc. 1858 (t. 84, p. 42), et par la Cour de cassation, le 13 juin 1860 (t. 86, p. 49); et elle est enseignée par MM. Dalloz, n. 630 et 631, et Colmet-Daage, t. 2, p. 315, n. 918. V. aussi notre *Formul.*, *loc. cit.*, n. 6. La Cour de Grenoble s'est montrée trop indulgente, comme le dit M. Chauveau, lorsqu'elle a décidé par arrêt du 28 janv. 1854 (t. 79, p. 365), qu'il n'y a pas nullité, pourvu qu'en réalité la transcription ait été complètement régularisée dans le délai fixé. Compar. également dans ce dernier sens, Rennes, 1er août 1851 (t. 77, p. 320).

456. (Q. 2260). *La transcription doit-elle être faite dans chaque bureau de la situation, encore bien que la saisie soit portée devant un seul tribunal, dans les cas prévus par les art.* 2210 *et* 2211, *Cod. civ.?*

L'affirmative, que Carré enseigne au texte, est adoptée aussi par M. Chauveau, avec MM. Pigeau, *Comm.*, t. 2, p. 287; Dalloz, n. 634; Paignon, p. 60, n. 19; Persil fils, *Comm.*, p. 110, n. 130; Colmet-Daage, t. 2, p. 316, n. 49, et Bioche, n. 235. — V. également en ce sens notre *Formul. annot.*, p. 637, n. 9.

457. (Q. 2261). *La transcription peut-elle avoir lieu un jour de fête légale ? — Peut-elle être faite par le conservateur, à sa propre requête ?*

M. Chauveau, en mentionnant un arrêt de la Cour de Riom, du 12 mai 1808 (*J. Av.*, t. 20, p. 149), qui a résolu affirmativement les deux parties de cette question, indique les objections dont ces solutions sont susceptibles, mais déclare néanmoins les approuver. Comme, sur le premier point, aucune loi ne prononce la peine de nullité, il ne peut, dit-il, l'admettre. Conf., MM. Dalloz, n. 632; Bioche, n. 233, et notre *Formul. annot.*, p. 637, n. 8. — Compar. *Exploit*, n. 48. — Quant au droit du conservateur de procéder à sa propre requête, il n'est pas contestable, ajoute notre auteur, puisque nul autre que lui n'a qualité pour agir dans l'arrondissement.

458. (Q. 2264). *L'art.* 679 *ne prononçant point la peine de nullité, quelle garantie le saisissant aura-t-il de son exécution ?*

Suivant l'observation présentée au texte par Carré, et que paraît admettre M. Chauveau, il est certain que, puisque la peine de nullité n'est pas ici prononcée, l'omission de la mention indicative de l'heure de la remise, l'interversion de l'ordre des transcriptions, et autres irrégularités de ce genre ne vicieraient pas la saisie, pourvu que la transcription sur le registre se trouvât faite. Mais les parties n'en ont pas moins une garantie de l'exécution de la loi, dans l'action en dommages-intérêts que pourraient former contre le conservateur celle d'entre elles qui auraient souffert de la violation de ses dispositions. V. aussi en ce sens : MM. Pigeau, *Comm.*, t. 2, p. 288 ; Favard de Langlade, t. 5, p. 50 ; Lachaize, t. 1, p. 277 ; Thomine-Desmazures, t. 2, p. 211 ; Persil fils, *Comm.*, p. 112, n. 134 ; Dalloz, n. 635 ; Bioche, n. 245, et notre *Formul. annot.*, p. 637, n. 10.

459. (Q. 2265). *Quoique l'art. 680, qui prescrit au conservateur, lorsqu'il y a eu une précédente saisie, de refuser d'en transcrire une seconde, ne porte point la peine de nullité, devrait-on néanmoins déclarer non avenue la seconde saisie qui aurait été transcrite ?*

Oui, répond Carré, au texte ; mais ce ne serait pas à cause de l'inadvertance ou de la contravention commise par le conservateur ; ce serait parce que deux saisies du même immeuble ne peuvent être poursuivies en même temps, et que, dans leur concours, la première ayant pris sa consistance par l'accomplissement des formalités prescrites, doit seule être maintenue. M. Chauveau approuve cette solution, en admettant, comme dans le cas de la question précédente, l'action en dommages-intérêts contre le conservateur. V. aussi conf., notre *Formul. annot.*, p. 637, n. 12, et compar. Paris, 9 fév. 1877 (t. 102, p. 98).

460. Lorsque le conservateur motive son refus de transcrire la seconde saisie sur l'existence de la transcription déjà opérée d'une saisie précédente, le débiteur ne peut pas se prévaloir du défaut de transcription de la dénonciation du procès-verbal, le refus du conservateur s'appliquant à ce dernier acte comme au premier : Rennes, 1er août 1851 (*J. Av.*, t. 77, p. 320).

461. Après la transcription d'une première saisie demeurée impoursuivie, mais non rayée, le conservateur ne peut être tenu de transcrire une seconde saisie formée à la requête du même créancier, tant que la radiation de la première n'a pas été opérée : Trib. de la Seine, 29 mai 1857 (*J. Av.*, t. 82, p. 582). — En pareil cas, observe M. Chauveau, le saisissant doit, si son consentement suffit pour que la radiation soit faite, donner mainlevée de la saisie, sinon se pourvoir en subrogation. V. les explications données à cet égard dans son *Formulaire de procédure*, t. 2, p. 94, note 1, 2e édition.

462. (Q. 2266). *Si deux saisies étaient présentées en même temps à la transcription, laquelle des deux devrait obtenir la préférence ?*

M. Lachaize, t. 1, p. 278, est d'avis que les avoués devraient se retirer devant le président du tribunal en référé, pour obtenir de lui une solution de la difficulté. Le président accorderait la préférence à l'une des deux saisies, suivant que les circonstances et sa conscience le lui suggéreraient. Il écrirait sa décision en marge de celle des deux saisies qu'il ordonnerait de transcrire ; elle ne serait susceptible d'aucun recours. — Cette marche, fondée sur le § 2 de l'art. 130 du tarif qui, en indique une semblable pour un cas analogue, celui qui est relatif à la concurrence entre deux avoués pour l'ouverture d'un ordre, est aussi admise par MM. Thomine-Desmazures, t. 2, p. 211 ; Persil fils, *Comm.*, p. 112, n. 133 ; Paignon, t. 1, p. 82, n. 22 ; Dalloz, n. 637, et Bioche, n. 240. V. également conf., notre *Formul. annot.*, p. 637, n. 13.

463. M. Chauveau pense que l'art. 719 pourrait être appliqué ici par analogie; *le titre le plus ancien ou l'avoué le plus ancien*, selon les cas, déterminerait alors la préférence.

464. (Q. 2267 bis). *Quand le créancier de l'un des héritiers a saisi les immeubles indivis provenant de l'auteur commun, que cette saisie a été transcrite et qu'un sursis a été ordonné jusqu'après partage, comment doit agir le créancier de l'auteur commun qui a fait saisir les mêmes immeubles et dont la saisie ne peut être transcrite par suite du refus du conservateur?*

La solution de cette question est bien simple, selon l'observation de M. Chauveau. D'une part, le créancier de l'héritier a eu tort de saisir des immeubles indivis, et sa procédure doit être annulée, et non pas seulement donner lieu à un sursis (V. *suprà*, n. 131 et s.); d'autre part, le conservateur, qui n'est pas juge de la validité de la saisie transcrite, a eu raison de refuser la transcription de la seconde saisie qui porte sur les mêmes biens que la première. Le second saisissant, auquel l'indivision ne peut être opposée, doit donc se pourvoir en nullité, par incident à la première saisie, conformément à l'art. 718, et requérir ensuite du conservateur l'exécution du jugement obtenu, pour faire rayer la première saisie et opérer en même temps la transcription de la seconde.

465. Mais, suivant un jugement du tribunal civil de Grenoble du 25 janv. 1873 (*J. Av.*, t. 98, p. 284), lorsqu'après une première saisie pratiquée contre le débiteur lui-même, il en a été fait une seconde contre les héritiers de ce débiteur décédé, le conservateur ne pourrait se refuser à transcrire la seconde saisie, parce que les héritiers peuvent avoir des créanciers inscrits autres que ceux de leur auteur, et que ces créanciers, ayant eux-mêmes intérêt à surveiller la procédure en expropriation, doivent recevoir la sommation prescrite par l'art. 692, laquelle ne pourrait leur être adressée si la seconde saisie n'était pas transcrite. — Dans des observations insérées à la suite de ce jugement, M. Audier en a fait une juste critique.

466. On ne saurait admettre, dit-il, que les poursuites dirigées contre les *héritiers d'un débiteur* en cette qualité, ne doivent pas être considérées comme faites contre le débiteur lui-même, et que le conservateur ne soit pas juge de cette identité. Sans doute, si la saisie pratiquée contre les héritiers était plus ample que la précédente en ce qu'elle frapperait des biens qui leur sont propres, il y aurait lieu à transcription pour ces biens. Mais, quant aux immeubles pour lesquels la transcription à déjà été opérée, il ne peut y avoir que refus de la part du conservateur, car une transcription nouvelle serait sans objet.

467. Il peut arriver encore, à la vérité, que des héritiers aient des créanciers personnels; mais ce n'est pas la transcription de la seconde saisie qui aura pour résultat de leur faire connaître la poursuite, l'intérêt qu'ils peuvent avoir d'en surveiller la marche; ces créanciers ne peuvent être utilement avertis que par une dénonciation de la saisie. Or, il suffit, dans cet objet, de leur faire connaître la première saisie déjà transcrite, et c'est l'affaire de l'avoué poursuivant. Du jour où il reprendra la poursuite contre les héritiers du débiteur décédé, il mettra en cause les créanciers inscrits de ces derniers ou procédera de toute autre manière pour porter la poursuite à leur connaissance, et le vœu de la loi se trouvera ainsi rempli.

468. (Q. 2267). *Si le conservateur savait qu'une première saisie a été faite, devrait-il refuser de transcrire la seconde, quoique l'autre ne lui eût pas encore été présentée?*

Non, sans doute, répond Carré, au texte; le conservateur devrait transcrire la seconde saisie et refuser la première; il faut lire l'art. 679 (680) comme si le législateur s'était exprimé ainsi : S'il y a eu *précédente saisie transcrite* ou *présentée à la transcription.* — Cette solution, que M. Chauveau regarde avec raison comme incontestable, a été aussi adoptée par MM. Paignon, t. 1, p. 84; Persil fils, *Comm.*, p. 112 n. 132; Dalloz, n. 636; Colmet-Daage, t. 2, p. 316, n. 919, et Bioche, n. 244 V. également conf., notre *Formul. annot.*, p. 637, n. 11.

469. (Q. 2262-2263). *Comment le tribunal est-il saisi de la connaissance de la poursuite de saisie immobilière?*

L'art. 680 du Code de 1807 voulait qu'outre la transcription à faire du procès-verbal de saisie au bureau des hypothèques, il y en eût une autre au greffe dans le but d'introduire la poursuite devant le tribunal. — La nouvelle loi a supprimé cette seconde formalité, sans la remplacer par aucune autre.

470. Cependant M. Pascalis avait demandé que la saisie fût au moins inscrite au greffe sur un rôle spécial, suivant la forme des mises aux rôles ordinaires. — Cette disposition n'est passée ni dans la loi, ni dans le tarif, dont l'art. 11, § 2, se borne à accorder une vacation pour le dépôt du cahier des charges au greffe. On peut donc soutenir, dit M. Chauveau, que le dépôt du cahier des charges supplée à la mise au rôle. — D'ailleurs, toute proposition de formalité particulière à cet égard ayant été repoussée par la commission, il y aurait de l'arbitraire à en exiger une, surtout à peine de nullité.

SECT. IV. — ADMINISTRATION DES IMMEUBLES SAISIS. — EFFETS DE LA SAISIE RELATIVEMENT AUX FRUITS, AUX BAUX ET A L'ALIÉNATION DES IMMEUBLES.

§ 1. — Administration des immeubles saisis.

471. (Q. 2268). *Quels sont les effets du maintien du saisi comme séquestre judiciaire?*

Le saisi, maintenu comme séquestre judiciaire de l'immeuble saisi, ne peut vendre à l'amiable les fruits échus depuis la transcription de la saisie, bien que cette vente n'ait lieu qu'après l'adjudication dans laquelle ces fruits n'ont pas été compris. Du jour de cette transcription, les fruits étant immobilisés, cessent de pouvoir être aliénés au préjudice des créanciers, sans que ceux-ci aient besoin de les comprendre dans l'adjudication ou de les frapper d'une saisie particulière : Bourges, 17 janv. 1821 (*J. Av.*, t. 23, p. 11). Dans le sens de cette solution, que s'approprie M. Chauveau, V. aussi notre *Formul. annot.*, p. 637, note 1, n. 3.

471 *bis.* D'un autre côté, pendant la procédure saisie, le créancier poursuivant ne peut lui-même faire la vente ou la coupe des fruits, sans une autorisation de la justice: Grenoble, 3 juill. 1827 (*J. Av.*, t. 35, p. 105).

472. Le tiers détenteur, contre lequel est poursuivie la saisie, est séquestre comme le débiteur lui-même : Cass., 4 oct. 1814 (*J. Av.*, t. 20, p. 431). M. Dalloz, n. 711.

473. (Q. 2269). *Le saisi est-il réputé séquestre judiciaire à partir de la transcription seulement, en sorte qu'il fasse siens les fruits échus auparavant, si, d'ailleurs, ils n'ont pas été saisis par voie de saisie-arrêt ou par saisie-brandon?*

Carré, au texte, soutient l'affirmative, que M. Chauveau embrasse lui-même, avec MM. Pigeau, t. 2, p. 212; Berriat Saint-Prix, p. 579; Persil, *Questions*, t. 2, p. 201; Favard de Langlade, t. 5, p. 53, n. 1; Lachaize, t. 1, p. 340; Dalloz, n. 710; Bioche, n. 304 et 307, et Paignon, t. 1er, p. 89.

474. (Q. 2270). *Quelle est la procédure à suivre pour faire retirer au saisi l'administration des biens saisis, ou pour faire ordonner la vente de tout ou partie des fruits pendants par les racines ?*

Après de longues discussions, dit M. Chauveau, le législateur de 1841 a consacré le principe que le juge compétent pour statuer serait *le président du tribunal, dans la forme des ordonnances sur référé ?* Restent à examiner ces trois physionomies de la question proposée : *Qui doit-on appeler devant le président ? Quelle forme doit-on suivre pour introduire le référé ? Comment peut-on faire réformer son ordonnance ?*

475. L'opinion qui repoussait la forme des ordonnances *sur référé* se fondait principalement sur ce que ces incidents seraient traités comme de véritables procès, qu'il faudrait des assignations au poursuivant et au saisi ; tandis que le mode d'ordonnance *sur requête* était beaucoup plus simple, bien moins coûteux et beaucoup plus expéditif. Cette dernière forme ayant été écartée, il s'ensuit, comme l'observe M. Chauveau, que le créancier qui forme la demande doit appeler le saisissant et le saisi ; si ce créancier est le saisissant lui-même, il ne devra appeler que le saisi. M. Dalloz, n. 716 et suiv., pense qu'il y a lieu d'appeler aussi le dernier créancier inscrit comme représentant la masse. Mais M. Chauveau estime que la masse est suffisamment représentée par le poursuivant, et M. Bioche, n. 295, partage son avis. V. aussi notre *Formul. annot.*, p. 637, note 1, n. 4.

476. Si la demande des créanciers devait être considérée comme un véritable incident de la saisie immobilière, la demande devrait être introduite par acte d'avoué à avoué ; mais on ne peut, dit M. Chauveau, suivre cette forme de procéder, par deux raisons : la première, que ce n'est pas un incident de la saisie, puisque la saisie continue, et que le débat ne doit pas être soumis au juge devant lequel elle se poursuit ; la seconde, que le ministère des avoués n'est pas exigé devant le président jugeant en état de référé. Cette instance spéciale doit donc être introduite par une assignation à personne ou domicile.

477. Carré enseigne, au texte (quest. 2307), que la demande du créancier doit être motivée. M. Chauveau adopte cet avis, qui se fonde sur ce que l'on ne doit pas, sans motifs graves, prononcer contre le saisi une dépossession qui serait un injure gratuite. Tel est aussi le sentiment de MM. Dalloz, n. 694, et Bioche, n. 293.

478. Dès que la loi indique le référé comme étant le genre de procédure à suivre, il faut nécessairement, en ce qui concerne les voies de recours, appliquer les règles propres à cette procédure spéciale. Or, l'opposition n'est pas permise en matière de référé ; mais l'appel peut être interjeté. Le jugement rendu sur la demande d'un créancier en dépossession ou en vente de fruits sera donc susceptible de ce mode de recours. Les discussions, qui ont précédé l'adoption de l'article, soit à la Chambre des députés, soit à la Chambre des pairs ne laissent d'ailleurs aucun doute à cet égard, ainsi que le fait remarquer M. Chauveau.

479. Lorsqu'à une instance sur saisie immobilière se trouve jointe une instance en partage des immeubles indivis dans la saisie, le tribunal peut nommer un séquestre judiciaire chargé de régir et d'administrer les biens pendant la procédure de partage.—Dans ce cas, est-il nécessaire de se conformer à la disposition de l'art. 681, aux termes de laquelle le séquestre judiciaire pourra, sur la demande des créanciers, être désigné par le président du tribunal, dans la forme des ordonnances de référé ? — La Cour de Montpellier a décidé la négative, le 15 fév. 1850 (*J. Av.*, t. 76, p. 609).—L'art. 681, n'étant pas prescrit à peine de nullité, dit M. Chauveau, les juges ont pu, surtout parce que le séquestre était nommé pendant l'instance en partage, valider une procédure autre que celle tracée par la loi de 1841.

480. (Q. 2271). *Quelles sont les mesures qu'il convient de prendre lorsque les créanciers demandent que le saisi ne reste pas en possession? Quand y a-t-il lieu à la nomination d'un séquestre? Qui peut être nommé? Le séquestre a-t-il droit à un salaire?*

Carré, au texte, disait que l'ancien art. 688 supposait que le tribunal pouvait prendre telle mesure que sa prudence lui suggérerait, et remettre la possession soit aux créanciers, soit à tout autre personne, à titre de gérant-séquestre.

481. Le président est revêtu maintenant des attributions qui appartenaient au tribunal; c'est à lui, comme l'observe M. Chauveau, d'apprécier le mode le plus convenable d'administration des biens saisis, lorsque le débiteur s'est rendu indigne de la confiance de la justice. Telle est aussi l'opinion de MM. Dalloz, n. 695, et Bioche, n. 296. V. également notre *Formul. annot.*, p. 638, n. 5. La jurisprudence offre quelques exemples qui n'ont rien de limitatif. Ainsi, la Cour de Lyon, par arrêt du 10 fév. 1852 (*Journ. de cette Cour*, 1853, p. 45), a décidé que l'opposition formée en vertu de l'art. 685 ne donnant pas le droit d'exiger les loyers et fermages, d'acquitter les impôts et de faire des actes de conservation et d'administration, ne saurait suppléer à la nomination d'un séquestre et la rendre inutile. —D'après un arrêt de la Cour de Bordeaux, du 13 juill. 1850 (*J. Av.*, t. 76, p. 609), en cas d'appel d'un jugement qui prononce la nullité du bail d'un immeuble frappé de saisie, les magistrats peuvent, dans le doute sur la solvabilité du fermier apparent, ordonner le séquestre de l'immeuble.

482. La Cour de Paris a jugé, le 28 nov. 1874 (t. 100, p. 55), que la circonstance que le Crédit foncier, ayant hypothèque sur l'immeuble saisi, se serait fait envoyer en possession de cet immeuble, en vertu des art. 28 et 29 du décret du 28 fév. 1852, ne saurait mettre obstacle à la nomination d'un séquestre dans l'intérêt de tous les créanciers, alors que, malgré cet envoi en possession, le Crédit foncier ne s'est pas saisi de l'administration de l'immeuble, et qu'il a, au contraire, adhéré à la mesure du séquestre.

483. On a agité la question de savoir si le créancier qui poursuit la saisie immobilière peut être nommé séquestre. La question a souffert difficulté et devant le tribunal de Castelnaudary et devant la Cour de Montpellier. On soutenait, pour faire déclarer l'incompatibilité, qu'il pouvait être dangereux de mettre en présence le débiteur saisi et le créancier poursuivant; que les motifs qui avaient dicté les sages dispositions des art. 598 et 628, en matière de saisie-exécution et de saisie-brandon, conservaient toute leur puissance quand il s'agissait d'une saisie immobilière. A ces objections, il y a, dit M. Chauveau, une réponse péremptoire. Les prohibitions comme les nullités sont de droit étroit. Or, l'art. 681 étant muet, le président est le souverain appréciateur des mesures les plus convenables et du choix des personnes qu'il investira de la confiance de la justice. Il peut y avoir certaines circonstances dans lesquelles le poursuivant sera le seul homme qui doive être chargé de la gestion, dans l'intérêt des créanciers et du saisi lui-même. Il faut se garder, pour faire prononcer une incompatibilité, d'ajouter au texte de la loi. Ces considérations ont déterminé la Cour de Montpellier à résoudre la question dans le sens de l'affirmative, le 14 août 1849 (*J. Av.*, t. 75, p. 28). M. Dalloz combat cette décision, n. 696.—Mais V. conf. notre *Formul.*, *loc. cit.*

484. L'art. 1962, Cod. civ., porte, dans son troisième paragraphe, que le séquestre judiciaire a droit à un salaire. Rien dans la loi, rien dans l'ordre naturel des événements, observe M. Chauveau, n'indique que ce salaire doive être convenu à l'avance. D'un autre côté, comme les fonctions du séquestre sont délicates, plus difficiles que celles de gardien dans les cas prévus par les art. 596 et 628, Cod. proc., et exigent, non seulement des soins matériels, mais encore des soins intellectuels, le salaire fixé par les art. 34 et 45 du tarif ne saurait être appliqué. Celui du séquestre doit être proportionné à l'importance, à la nature des biens, et subir une augmentation ou une diminution, suivant que les circonstances auront rendu l'administration plus ou moins laborieuse. A Paris, il est d'usage que le séquestre prélève son salaire sur les loyers ou les fruits perçus. Pour les maisons, le chiffre de cette retenue est ordinairement de 5 p. 100 sur les loyers. Dans une espèce soumise au tribunal civil de Nîmes, et jugée le 6 juin 1849 (*J. Av.*, t. 76, p. 609), non seulement les juges ont augmenté le salaire du séquestre à raison des circonstances (4 fr. par jour), mais encore ils ont autorisé ce séquestre à emprunter une somme de 10,000 fr. pour faire face aux dépenses d'administration du domaine saisi avec affectation privilégiée sur ce domaine.

Il peut arriver que les créanciers qui requièrent le séquestre offrent une somme au séquestre; c'est alors au juge des référés de donner acte de cette offre. Si un ordre n'est pas ouvert, c'est à l'adjudicataire de payer le séquestre sur son prix; mais si un ordre est ouvert, le séquestre demande à être colloqué comme créancier privilégié. Le tribunal, et non le juge des référés, doit statuer sur les contestations qui s'élèvent à l'occasion du salaire réclamé. Il est, du reste, bien entendu, ajoute M. Chauveau, que le séquestre aurait droit de demander une provision si, à raison des incidents, il avait trop longtemps à attendre pour toucher son salaire.

485. Sur ces différents points, V. conf., Bioche, n. 97, et notre *Formul. annot.*, p. 638, n. 6 et 7.

486. (Q. 2274). *Si le saisi fait des dépenses pour la conservation de l'immeuble laissé à sa garde, aura-t-il droit à une indemnité?*

Contrairement à l'opinion de Pigeau, *Comm.*, t. 2, p. 304, M. Chauveau enseigne que le saisi, (réputé séquestre, administrant, non dans son propre intérêt, mais pour les créanciers, doit être indemnisé de ses dépenses, ainsi que le décident MM. Dalloz, n. 708, et Persil fils, *Comm.*, p. 121, n. 138. M. Bioche, n. 303, pense que le saisi n'a *personnellement* droit à aucune indemnité, mais que les fournisseurs non payés ont un privilège, si l'urgence des travaux est constatée.

§ 2. — Effets de la saisie relativement aux fruits, aux baux et à l'aliénation des immeubles.

487. (Q. 2275). *Quels sont les créanciers auxquels l'art.* 681 *accorde le droit de demander la dépossession et la vente des fruits?*

M. Chauveau observe que ce droit semblerait ne devoir appartenir qu'aux seuls *créanciers inscrits*, puisque eux seuls, d'après différentes dispositions de la loi, paraissent être considérés comme ayant droit de prendre part à la poursuite et aux incidents de la saisie. — Cependant, ajoute-t-il, comme il s'agit ici d'une précaution qui est en dehors de la poursuite, les autres créanciers ne doivent pas en être exclus, du moment qu'ils y ont intérêt, et pourvu qu'ils aient un titre exécutoire, qu'ils aient fait un commandement préalable, et qu'ils aient le droit de saisir.—Telle est l'opinion de M. Thomine-Desmazures, t. 2, p. 225.—M. Dalloz, n. 720, se prononce en sens contraire, par le motif que les fruits étant immobilisés, et leur produit devant être distribué par ordre d'hypothèque, les créanciers non inscrits sont sans intérêt à les faire vendre. Il suffit, selon M. Chauveau, de répondre que le saisi pouvant demeurer créancier de l'excédent du prix sur le montant des dettes hypothécaires, les créanciers chirographaires qui auront le droit de profiter de cet excédent sont loin d'être dépourvus d'intérêt.—V. conf., notre *Formul. annot.*, t. 2, p. 638, n. 9.

488. (Q. 2272). *Qu'entend-on par* les fruits pendants par les racines, *dont l'art.* 681 *permet aux créanciers de provoquer la vente ?*

De la discussion de la loi de 1841 il résulte, selon l'observation de M. Chauveau, que ces expressions ne doivent être appliquées qu'aux récoltes annuelles et non aux coupes de bois. Le mot *fruits*, employé isolément dans le 3e § de l'article, indique, du reste, la pensée du législateur. Et l'art. 683, qui prononce la dépossession immédiate du saisi, quant aux *coupes de bois*, complète la démonstration. Tel est aussi l'avis de MM. Dalloz, n. 712, et Colmet-Daage, t. 2, p. 318, n. 222.

489. (Q. 2273). *Comment doit avoir lieu la vente des fruits pendants par les racines?*

Aux termes de l'art. 681, les fruits peuvent être vendus aux enchères ou de *toute autre manière* ; or, il faut d'abord remarquer, dit M. Chauveau, que ce n'est plus par *ordonnance sur référé*, mais par ordonnance pure et simple du président, que doit être fixé le mode de vente autre que les enchères (conf., M. Rogron, p. 836), à moins, bien entendu, qu'il n'ait été réglé par l'ordonnance de référé autorisant la coupe et la vente, ce qui aura lieu le plus souvent. — *Contrà*, M. Bioche, n. 301.

Après avoir lu la longue discussion qui a eu lieu aux deux Chambres, à l'occasion des deux premiers paragraphes de l'art. 681, on est forcé d'admettre, observe notre auteur, que le choix d'un mode nouveau dépend de la volonté unique et souveraine du président, qui, en ce cas, ne sera pas censé juger malgré les contestations du saisi et du poursuivant; mais il eût été plus convenable de défendre toute opposition et tout appel contre une ordonnance rendue sur une requête du créancier.

490. Si le pouvoir discrétionnaire du président ne peut pas être contesté avec fondement, jusqu'où s'étend ce pouvoir ? En d'autres termes, quel mode le président peut-il ordonner ? M. Chauveau rappelle que la Chambre des députés avait, lors de la première discussion, rejeté ces mots *de toute autre manière* ; mais que la commission de la Chambre des pairs insista, et que M. Persil fit valoir les raisons d'économie qui militaient en faveur de son opinion, d'après laquelle il fallait éviter, pour les produits minimes et pouvant, suivant les mercuriales ou de gré à gré, se vendre 40, 50 ou 100 fr., des droits de fisc, des frais d'affiches, d'annonces et des rétributions allouées aux officiers ministériels qui réduiraient presque à rien ces produits.

491. Ainsi, fait remarquer M. Chauveau, dans la pensée du législateur, le président a le droit, non seulement de changer le mode de vente, mais d'enlever les ventes de récoltes aux officiers publics qui avaient le privilège de les faire. Conf., MM. Dalloz, n. 713 ; Bioche, n. 300, et Colmet-Daage, t. 2, p. 318, n. 922.

Toutefois, à la Chambre des députés, M. Tesnières avait fait ressortir l'inconvénient grave d'introduire une nouvelle catégorie d'individus ayant qualité pour faire ces ventes. Et, selon M. Chauveau, il suffit de signaler cet inconvénient pour que les présidents doivent repousser toute demande tendant à un semblable résultat. Ces magistrats, dit-il, ne consentiront sans doute à modifier la règle générale qu'autant qu'ils pourront permettre au poursuivant ou à un autre créancier une vente de gré à gré, ou au taux des mercuriales, comme l'indique M. Paignon, t. 1, p. 86, n. 28; et ils ne consentiront à la modification demandée que pour les récoltes d'une minime valeur; ils auront le soin d'ordonner, dans tous les cas, que le montant de la vente sera immédiatement versé à la Caisse des consignations.

492. M. Paignon, p. 88, pense que le président pourrait, en autorisant la vente, ordonner que le prix qui en proviendrait serait productif d'intérêts au taux légal. — M. Chauveau ne croit pas que ce pouvoir ressorte des termes de la loi, qui permet au président de fixer *toute autre manière de vendre les fruits.* Une condamnation *à priori* à un paiement d'intérêts ne rentre nullement dans la fixation d'un mode particulier de vente. Lorsque le président aura ordonné la consignation immédiate, le créancier en retard pourra être condamné par le tribunal à des dommages-intérêts, ce qui permettra d'obtenir le résultat que désire M. Paignon.

493. Notre auteur reproduit ensuite un passage d'un article inséré dans le *Journ. des Huissiers*, 1857, p. 294, où il est soutenu que, lorsque la vente doit être faite aux enchères, elle ne peut avoir lieu que par le ministère d'un des officiers publics que la loi a investis du droit de procéder aux ventes publiques de fruits et récoltes. Voici ce passage : « En désignant l'officier public par lequel devra être faite la vente aux enchères des fruits dont il s'agit, le président du tribunal, à l'appréciation duquel le législateur s'en est rapporté pour le choix du mode de vente, peut également déterminer les conditions de publicité auxquelles la vente aux enchères qu'il ordonne devra être préalablement soumise. Et d'après les paroles de M. Persil que nous avons rappelées, il est dans l'esprit de la loi que ces conditions réunissent ce double caractère, de rendre la vente assez publique pour être connue d'un grand nombre d'amateurs, afin que leur concours permette de retirer des fruits un prix avantageux, et en même temps de ne pas occasionner des frais trop considérables.

« Si le président du tribunal n'a pas déterminé les conditions de publicité préalables à la vente, nous ne croyons pas qu'il soit nécessaire d'observer, pour les insertions dans les journaux et les placards destinés à l'annoncer, les formalités prescrites par les art. 696 et 699, Cod. proc. Il nous semble que les formalités à suivre dans ces cas sont celles qui ont été tracées dans les art. 629 et 630 du même Code, pour les ventes de fruits et récoltes qui ont lieu sur saisie-brandon. Il peut, de plus, y avoir avantage à faire insérer un extrait des placards dans le journal le plus répandu de la localité (Cod. proc., 617 *in fine*, et 634). Les frais de cette insertion ne sont pas du nombre de ceux que le législateur de 1841 a entendu proscrire.

« Quant à la vente, il doit aussi être procédé de la même manière et dans la même forme que s'il s'agissait d'une vente de fruits et de récoltes par suite de saisie-brandon.

« Enfin, la vente de fruits qui a lieu en exécution de l'art. 681, Cod. proc., n'est pas une vente volontaire, mais une véritable vente judiciaire. Dès lors, l'huissier qui a été désigné par ordonnance du président pour y procéder, ne nous paraît pas avoir droit à l'émolument de 6 p. 100 fixé par la loi du 18 juin 1843, dont la circulaire de M. le procureur général près la Cour de Paris, du 4 janv. 1856, rapportée *J. Huiss.*, t. 37, p. 85, autorise seulement l'application aux huissiers en matière de ventes volontaires de meubles. Il ne peut pas davantage prétendre aux droits alloués par le décret du 5 nov. 1851, parce que ce décret ne concerne que les ventes volontaires de fruits et récoltes. Les seuls émoluments qu'il puisse réclamer sont, à notre avis, ceux qui ont été fixés par l'art. 39 du tarif du 16 fév. 1807.

« Mais si, pour procéder à la vente dont il s'agit, l'huissier se transporte à plus d'un demi-myriamètre de sa résidence, il a droit aussi à l'indemnité de transport allouée par l'art. 66 du même tarif de 1807. »

494. (Q. 2276). *De ce que les fruits sont immobilisés après la transcrip-*

tion de la saisie, s'ensuit-il que le propriétaire cesse de plein droit de faire les fruits siens?

L'affirmative était enseignée au texte par Carré sous le Code de 1807. — M. Chauveau déclare qu'il ressort jusqu'à la dernière évidence des art. 681 à 685, que cette opinion, partagée par MM. Favard de Langlade, t. 5, p. 53, n. 1, Lachaize, t. 1, p. 340, Bioche, n. 307, et Dalloz, n. 722, n'est plus contestable, sous l'empire de la loi nouvelle. Cependant M. Colmet-Daage, t. 2, p. 320, n. 925, enseigne que les effets de la saisie partent, pour le saisi, du jour de la dénonciation, et pour les tiers, du jour de la transcription; mais cette opinion isolée ne doit pas être suivie, comme l'observe M. Chauveau.

495. M. Persil fils, *Comment.*, p. 120, n. 137, semble admettre que le saisi, resté en possession, fait les fruits siens jusqu'à concurrence de ses besoins personnels. C'est une espèce d'*usage* des objets saisis qu'il lui accorde. Il peut paraître douteux qu'un tel droit appartienne à un séquestre judiciaire. Cependant, comme il ressort de toutes les expressions employées par M. Pascalis, dans son rapport, et par les orateurs dans la discussion, que la disposition de l'art. 681 a été introduite dans un but d'humanité, M. Chauveau pense que l'interprétation de M. Persil est conforme à l'esprit de la loi. V. dans le même sens M. Bioche, n. 308, et notre *Formul. annot.*, p. 638, n. 8.

496. Mais la Cour de Caen a considéré à tort comme un droit ce qui n'est qu'une tolérance, en décidant, le 26 avril 1842 (*J. Av.*, t. 75, p. 53, que la transcription n'a pas pour effet d'immobiliser les fruits au profit des créanciers saisissants, lorsque le saisi est laissé en possession des immeubles comme séquestre judiciaire, et que ces fruits peuvent être valablement cédés par le saisi à un tiers. Cette Cour estime que, loin de déclarer que la saisie réelle vaut saisie de fruits, comme l'art. 640 le déclare pour la saisie des rentes, l'art. 681 indique quels sont les droits que les créanciers peuvent exercer comme conséquence du séquestre judiciaire; que ces droits sont purement facultatifs pour les créanciers; que ceux-ci sont donc obligés de les exercer pour s'approprier les fruits; qu'autrement ils sont réputés les abandonner au saisi; que les dispositions du Code sont en cela conformes à l'art. 8 de la loi du 11 brum. an VII, qui ne dépouille pas davantage le saisi du droit de percevoir les fruits, en réservant seulement aux créanciers le droit de les faire saisir mobilièrement; que l'intention du législateur est démontrée par ce qui est exigé lorsque les biens sont affermés; que la saisie réelle ne vaut pas, en ce cas, saisie-arrêt, les créanciers ayant seulement le droit de saisir-arrêter les loyers et fermages; que, faute par eux d'user de ce droit, le saisi est fondé à continuer à les percevoir; que le principe de l'immobilisation des fruits est donc subordonné à l'effet de la volonté des créanciers, qui la manifestent, savoir : au cas où l'immeuble est exploité par le saisi, en usant du droit de faire la coupe et la vente, ou en réclamant toute autre mesure qui doit être ordonnée par le juge; et, au cas où l'immeuble est affermé, en requérant des saisies-arrêts.

497. Ces motifs ne semblent, à M. Chauveau, infirmer en aucune façon ceux qui lui ont fait adopter l'opinion contraire, opinion que nous avons nous-même admise dans notre *Formulaire, loc. cit.* — L'intention de la loi, dans ce dernier sens, est tellement manifeste qu'après avoir posé le principe dans l'art. 682, elle a soin d'ajouter, dans l'art. 685, que le défaut d'opposition de la part des créanciers rend bien valables les paiements faits par les locataires ou fermiers entre les mains du saisi, mais que celui-ci n'en est pas moins comptable, comme séquestre judiciaire, des sommes qu'il a reçues.

498. C'est précisément cet effet d'immobilisation produit par la transcription, observe encore notre auteur, qui fait que l'on accorde aux créanciers produisant dans un ordre ouvert à la suite de saisie immobilière, les intérêts courus depuis la transcription de la saisie jusqu'à l'adjudication, indépendamment de deux années entières et de la portion de l'année courante prenant naissance à l'échéance fixée par le titre et dont le cours est interrompu par la transcription de la saisie. V. *Ordre*, n. 540 et s.

499. (Q. 2288). *Comment doit-on entendre ces mots,* par ordre d'hypothèque, *dans la disposition de l'art.* 685 *relative à la distribution des loyers et fermages?*

M. Chauveau explique que le projet de 1829 portait, art. 56, que les fruits seraient distribués *par ordre d'hypothèque;* que la Cour de Rennes ayant demandé qu'on ajoutât, *et de privilége,* le projet envoyé aux Cours et tribunaux, en 1838, contint, en effet, cette addition; qu'aucune réclamation ne fut élevée contre la rédaction nouvelle, et que cependant les projets soumis aux Chambres, en 1839 et en 1841, ne renferment que le mot *hypothèque;* mais que, d'après les déclarations faites par des membres du Gouvernement à la Chambre des députés, cette expression comprenait les priviléges aussi bien que les hypothèques.

500. On doit donc admettre, ajoute M. Chauveau, que, malgré le silence de l'article, les priviléges s'exerceront sur les fruits immobilisés, comme sur le prix de l'immeuble lui-même; et qu'ainsi, le vendeur sera colloqué pour son privilége avant tout autre créancier hypothécaire. MM. Paignon, t. 1, p. 89, n. 31; Dalloz, n. 746; Bioche, n. 313, adoptent cette interprétation, que nous avons nous-même également embrassée dans notre *Formul. annot.*, t. 2, p. 640, n. 26.

501. (Q. 2277). *Des fruits pendants par les racines seraient-ils immobilisés, pour être distribués par ordre d'hypothèque avec le prix de l'immeuble, si, avant qu'ils fussent perçus, un créancier les avait saisis mobilièrement?* Quid *des fruits civils? Ces fruits peuvent-ils, après la transcription de la saisie immobilière, être l'objet d'un acte quelconque de disposition de la part du saisi?*

Carré, au texte, enseigne la négative, que partagent MM. Favard, t. 5, p. 54; Jacob, p. 367; Paignon, t. 2, p. 90; Persil fils, p. 123; n. 141; Dalloz, n. 724; Colmet-Daage, t. 2, p. 319, n. 923, et qu'adopte également M. Chauveau.

502. Les fruits naturels et industriels, déjà mis sous la main de la justice par une saisie-brandon faite dans le temps indiqué par l'art. 626 ne peuvent plus, dit notre auteur, tomber sous le coup d'une nouvelle saisie. V. aussi en ce sens notre *Formul. annot.*, p. 638, n. 10.—*Contrà*, M. Bioche, n. 307.

La saisie-brandon n'empêche d'ailleurs l'immobilisation des fruits que si elle est pratiquée avant la transcription de la saisie immobilière, comme l'a jugé la Cour de Riom, dans un arrêt rapporté par M. Lachaize, t. 1, p. 345, et que signale M. Chauveau.

503. Il en serait de même, ajoute notre auteur, de la vente volontaire de fruits pendants par racines que le saisi aurait consentie avant la transcription. Ces fruits demeurent soumis à l'action hypothécaire des créanciers inscrits, tant qu'ils ne sont pas coupés. C'est ce qu'a décidé la Cour de cassation par un arrêt du 10 juin 1841 (S.-V.41.1.184). Conf., Jacob, p. 354.

504. Quant aux fruits civils, observe ensuite M. Chauveau, s'il est vrai que les créanciers chirographaires aient pu saisir-arrêter tous ceux échus jusqu'à la transcription, leur droit n'a pu s'étendre aux fruits qui n'étaient pas encore échus. La saisie-arrêt ne peut porter que sur les sommes *appar-*

tenant au débiteur, et qui se trouvent entre les mains des tiers. Or, on ne peut pas dire qu'un prix de ferme *appartienne* au propriétaire pour la période qui n'est pas encore écoulée. Conf., notre *Formul.*, *loc. cit.*, n. 12.

505. La jurisprudence décide encore, en vertu du même principe, d'une part, que la délégation anticipée des loyers d'un immeuble hypothéqué, faite par le débiteur à un tiers, est inopposable aux créanciers inscrits pour les loyers échus depuis la transcription de la saisie de cet immeuble : Metz, 29 janv. 1850 et 30 avr. 1863 (*J. Av.*, t. 91, p. 155) ; Cass., 23 mai 1859 (*Ibid.*, p. 157, à la note) ; Grenoble, 17 juin 1865 (*Ibid.*, p. 156) ; et qu'il en est ainsi même dans le cas où la délégation, portant sur moins de trois années de loyers, n'est pas assujettie à la transcription : Grenoble, 17 juin 1865, précité. Conf., notre *Formul. annot.*, p. 638, n. 13 ;—et, d'autre part, qu'après la transcription de la saisie immobilière, le locataire ou fermier de l'immeuble saisi ne peut se libérer valablement des loyers ou fermages envers la partie saisie par voie de compensation, comme il le pourrait par un paiement effectif, encore bien qu'aucune opposition ne lui ait été notifiée à la requête du saisissant ou de tout autre créancier : Colmar, 11 déc. 1861 (t. 88, p. 18) ; Cass., 27 janv. 1864 (t. 89, p. 323).

506. (Q. 2277 bis). *Des créanciers privilégiés, pour gages domestiques, frais de semences, de récoltes et autres, doivent-ils attendre nécessairement l'ordre pour se faire payer de leurs créances sur les fruits immobilisés d'après l'art. 682, vendus conformément à l'art. 681, et dont le prix a été déposé à la caisse des consignations?*

M. Chauveau, après avoir fait remarquer qu'il résulte des termes de l'art. 682, que la loi paraît avoir eu seulement en vue ici les créanciers inscrits sur l'immeuble, ajoute : Les créanciers chirographaires privilégiés sont dans une position toute particulière et bien favorable. Cependant ne peut-on par leur opposer qu'une distribution par contribution n'a pas lieu lorsqu'il s'agit du prix d'un immeuble; que, si leur action séparée est admise, il faudra qu'ils mettent en cause tous les créanciers hypothécaires, ce qui occasionnera des frais énormes ; et qu'enfin des ouvriers privilégiés sur un immeuble, se trouvent dans une position identique, par suite de la disposition de l'art. 2103, § 4, Cod. civ. ? D'où notre auteur conclut que les créanciers privilégiés doivent produire à l'ordre et y demander leur collocation particulière sur le prix des fruits immobilisés. V. aussi *infrà*, quest. 2288.

507. (Q. 2277 ter) *L'indemnité due par une compagnie d'assurances au propriétaire d'un immeuble détruit par un incendie est-elle immobilisée lorsque le sinistre est survenu après la transcription de la saisie de cet immeuble? Peut-elle, à cette époque, être valablement cédée par le saisi, et, s'il y a plusieurs cessionnaires, doit-elle être attribuée à celui qui, le premier, a fait notifier la cession à la compagnie?*

Comme l'indique M. Chauveau, la solution négative de cette question est aujourd'hui constante en jurisprudence et en doctrine. V. notamment Cass., 28 juin 1831 (D.P.31.1.214) ; Grenoble, 27 fév. 1834 (D.P.34.2.168); Grun et Jolliat, *Assur. terrestr.*, n. 110; Duranton, t. 12, n. 182, t. 20, n. 328 ; Persil fils, n. 180 ; Alauzet, *Assur. terr.*, n. 145 ; Troplong, *Priv. et hyp.*, n. 890 ; Dalloz, v° *Vente publ. d'imm.*, n. 75 ; Gilbert, sur l'art. 2114, Cod. civ., n. 16.

508. Un arrêt de la Cour de Colmar du 11 mars 1852 (*J. Av.*, t. 78, p. 232) a jugé spécialement qu'une indemnité pour incendie est la réparation pécuniaire du dommage causé par le sinistre ; que, mobilière par sa nature, elle n'a été déclarée immeuble par aucun texte de loi ; que des contestations s'étant élevées à ce sujet, la jurisprudence a définitivement imprimé à cette indemnité la qualité de meuble ; qu'enfin l'indemnité n'a pas été comprise dans la saisie, et qu'elle est restée disponible pour le débiteur saisi. — La même Cour s'était prononcée en sens contraire le 25 août 1826 (S.-V.28. 2.17.

509. (Q. 2278). *L'art. 683, qui interdit au saisi de faire des coupes de bois, n'est-il applicable qu'aux coupes irrégulières?*

M. Pascalis avait proposé que l'on dît : « aucune coupe de bois de futaie ou autres, de quelque espèce, nature ou essence qu'ils soient. » Cette modification, observe M. Chauveau, était inutile ; la coupe d'un seul arbre peut donner lieu à une poursuite en dommages-intérêts, parce que ce fait est une dégradation ou un vol, suivant les circonstances. C'est aussi l'avis de MM. Lachaize, t. 1, p. 347, et Dalloz, n. 697. —V. également notre *Formul. annot.*, p. 639, n. 16.

510. La Cour de Caen a jugé que le saisi séquestre judiciaire des immeubles saisis, lorsqu'ils ne sont pas loués, n'est passible de dommages-intérêts que pour les dégradations et coupes de bois par lui faites depuis le jour où la saisie lui a été dénoncée jusqu'à la vente des immeubles, et non pour celles qui auraient eu lieu après cette vente : arrêt du 23 janv. 1854 (*Journ. de cette Cour*, 1854, p. 35). Il est évident, comme le dit M. Chauveau, que la responsabilité du saisi ne dure que pendant le temps qu'il est séquestre judiciaire.

511. (Q. 2279). *Lorsque le saisi a commis des dégradations dans les biens à exproprier, l'adjudicataire n'a-t-il d'action que contre lui seul, en dédommagement de ces dégradations ? Ou bien a-t-il également recours contre les créanciers ?*

Carré enseigne au texte que l'adjudicataire ne peut, dans ce cas, exercer de réclamation que contre le saisi. — Et M. Chauveau adopte cette opinion, qui est aussi celle de MM. Pigeau, *Comm.*, t. 2, p. 308; Favard de Langlade, t. 5, p. 54; Dalloz, n. 703, et Bioche, n. 253. Il serait convenable, suivant notre auteur, que dans le cahier des charges le poursuivant insérât une clause qui mît les créanciers à l'abri de toute poursuite de la part de l'adjudicataire.

512. D'un autre côté, M. Chauveau observe que comme l'adjudicataire, qui aura eu connaissance des dégradations, aura fort bien pu proportionner son prix à leur valeur réelle au moment de l'adjudication, et que, dans ce cas, il n'a point d'intérêt à s'en plaindre, on doit admettre, avec MM. Lachaize, t. 1, p. 347, n. 308 et 309, Thomine-Desmazures, t. 2, p. 227, et Dalloz, n. 704, que les créanciers ont aussi le droit de demander des dommages-intérêts à raison des dégradations qui diminuent la valeur de leur gage.

513. Dans une espèce où l'adjudicataire était en même temps créancier inscrit, le tribunal correctionnel de Pau, par jugement du 18 juill. 1849, a reçu l'adjudicataire partie civile sur la poursuite dirigée d'office par le ministère public contre les parties saisies et des tiers, leurs complices, sous l'inculpation du délit prévu par l'art. 400, Cod. pén., et a condamné ceux-ci à 1200 fr. de dommages-intérêts envers lui. Les saisis prétendaient que l'adjudicataire avait eu connaissance des dévastations avant l'adjudication, et qu'ainsi il était sans intérêt, puisqu'il avait sans doute proportionné son prix à l'état actuel de l'immeuble. Le tribunal a répondu qu'alors même que cette allégation serait justifiée, l'action de l'adjudicataire serait encore recevable, parce qu'il était aussi créancier inscrit. Le tribunal a ajouté qu'en fait aucune renonciation n'avait eu lieu et qu'au contraire, avant l'adjudication, l'adjudicataire avait formellement annoncé l'intention de poursuivre.

514. Les motifs du jugement sur ce point ne paraissent pas suffisamment concluants à M. Chauveau.—Dans les actions de cette nature, dit-il, les juges ont deux questions à résoudre : 1° Existe-t-il un délit punissable ? 2° quelles réparations civiles sont dues, et à qui sont-elles dues ? — Il est plus que probable que si la première question est résolue négativement, la seconde ne donnera lieu à aucune difficulté, bien qu'il puisse se présenter des cas où la cause n'offre pas les éléments nécessaires pour l'application d'une peine, et offre cependant des circonstances légitimant l'action en dommages.

515. Quant à la seconde question, si l'action est exercée par l'adjudicataire, s'il est constant que cet adjudicataire a connu la dégradation avant l'adjudication et a pu en apprécier la portée, il est bien difficile de ne pas admettre que cette notion a pesé sur la fixation du prix de l'adjudication, et dès lors comment ne pas repousser cet adjudicataire en lui opposant le défaut d'intérêt ? Notre auteur serait donc d'avis de n'admettre les réclamations de l'adjudicataire qu'avec une certaine réserve ; des dommages ne lui seraient accordés qu'autant qu'il existerait un préjudice réel, à raison duquel il serait injuste de ne pas lui accorder de réparation.

516. Mais alors même que l'adjudicataire serait sans intérêt, parce qu'il aurait tenu compte des dégradations, et que le prix par lui mis à l'immeuble représenterait la valeur de cet immeuble dégradé, il est incontestable, ajoute M. Chauveau, que le saisi et ses complices seraient responsables de la perte supportée par l'immeuble, et que cette responsabilité serait encourue vis-à-vis des créanciers inscrits. — Si ces derniers gardaient le silence parce que le montant de l'adjudication suffirait pour les désintéresser ou par tout autre motif, la loi étant satisfaite par l'application de la peine, des dommages-intérêts n'auraient plus de raison d'être. Mais si l'un ou plusieurs des créanciers réclament, leur intérêt ne saurait être contesté : seulement, il y a lieu de se demander si les dommages obtenus doivent profiter exclusivement à ceux qui les ont demandés, ou bien s'ils doivent être ajoutés au montant de l'adjudication, pour être confondus avec lui et former une masse unique à distribuer par voie d'ordre, suivant le rang des privilèges et hypothèques. — Cette dernière solution paraît seule juridique à notre auteur. Les dommages-intérêts, observe-t-il, représentent la chose indûment détournée, qui, sans le délit, aurait profité aux créanciers inscrits à l'exclusion des créanciers chirographaires, ou du moins par préférence à ces créanciers. Les dommages doivent, par conséquent, être considérés comme le complément du prix payé par l'adjudicataire. Ici ne s'applique pas le principe qui fait décider que l'indemnité payée par une compagnie d'assurances pour l'immeuble qui est détruit partiellement par un incendie, ne représente pas tellement l'immeuble lui-même, que les créanciers hypothécaires aient, à l'égard de cette indemnité, les droits qu'ils avaient sur l'immeuble. Voy. ci-dessus n. 507.

517. (Q. 2280). *Quelle doit être la conséquence de cette disposition de l'art.* 683, sans préjudice, s'il y a lieu, des peines portées par les art. 400 et 434 du Code pénal ?

M. Chauveau rappelle qu'à propos du nouvel art. 683, une longue discussion s'éleva à la Chambre des députés sur la question de savoir si on parlerait du Code pénal, ou si on n'en parlerait pas ; que quelques membres paraissaient craindre que les expressions de l'article proposé *s'il y a lieu*, n'atténuassent la précision des dispositions de la loi pénale ; que d'autres, avec plus de raison, répondaient que ces expressions ne pouvaient modifier les devoirs du ministère public et le caractère des faits soumis à la justice criminelle, et que cette dernière opinion prévalut ; mais que l'on crut devoir renvoyer spécialement aux deux art. 400 et 434, Cod. pén., pour qu'il fût bien entendu que la poursuite en dommages-intérêts était indépendante de la réparation du délit ou du crime. Quant au caractère de ce délit ou de ce crime, à l'intention plus ou moins coupable qui l'ont déterminé, l'appréciation en appartient, comme l'observe M. Chauveau, à la juridiction criminelle, et ne peut jamais concerner le juge civil chargé d'appliquer la loi sur la saisie immobilière.

518. Lors de la discussion, un député, M. Croissant, demanda quelle était la pensée de la commission, dans le cas où le saisi qui aurait commis des dégradations, ne serait pas séquestre judiciaire, et si alors il n'y aurait lieu qu'à une simple action civile? Le garde des sceaux répondit: Si le cas n'est pas prévu par le Code pénal, on n'aura pas d'autre moyen que celui de recourir à la voie civile. — Mais, remarque M. Chauveau, le Code pénal n'est pas muet, et l'art. 400, § 4, déclare l'art. 401 applicable au cas particulier dont s'occupait M. Croissant.

519. La Cour de Caen avait décidé, dans un arrêt du 19 mars 1840 (*J. Av.*, t. 59, p. 634) : 1° que la disposition de l'art. 400, Cod. pén., qui punit le détournement, opéré par le débiteur, des objets saisis sur lui, et confiés à sa garde ou à la garde d'un tiers, ne peut être étendue au détournement d'objets mobiliers compris dans une saisie immobilière comme immeubles par destination; 2° qu'au surplus, et en supposant que l'art. 400 soit applicable à ce détournement, lorsque le saisi est resté en possession des immeubles saisis, il faudrait décider autrement si les meubles, objet du détournement, étaient loués ou affermés, le fermier, dans ce cas, ne pouvant être assimilé à un gardien judiciaire. M. Chauveau objecte, avec raison, que la principale solution, basée sur ce principe que l'art. 400, Cod. pén., ne serait applicable qu'à la saisie-exécution, n'est plus aujourd'hui soutenable depuis la nouvelle rédaction de l'art. 683; et que la seconde n'est plus fondée, la circonstance que les immeubles saisis sont loués ou affermés, ne pouvant avoir pour effet de laisser dans l'impunité le détournement opéré par le saisi. Dans ce cas s'appliquerait l'art. 401, Cod. pén.; si, en effet, l'art. 400 de ce Code punit le détournement du saisi lorsqu'il a été établi gardien, comme l'abus de confiance, il assimile, au contraire, ce détournement au vol, toutes les fois que le saisi n'a pas été constitué gardien. V. la *Théorie du Code pénal* de MM. Helie et Chauveau, 5° édit., t. 5, n. 1913.

520. Il a été jugé que le propriétaire d'un immeuble frappé de saisie, qui détruit méchamment cet immeuble, n'est passible d'aucune peine: Liège, 3 oct. 1873 (t. 100, p. 462). — Mais cette solution n'est pas admissible en présence des dispositions des §§ 3 et 4 de l'art. 400, Cod. pén., qui sont générales, et s'appliquent à la saisie immobilière comme à toutes autres saisies. Voy., en effet, Cass., 25 avril 1840 (*Bull. crim.*, n. 120) et 16 oct. 1850 (*Id.*, n. 360); MM. Helie et Chauveau, *loc. cit.*, n. 1917; Blanche, *Etud. pratiq. sur le Cod. pén.*, t. 6, p. 64. n. 76. — Voy. aussi l'observation de M. Chauveau au numéro précédent.

521. (Q. 2287). *Les loyers et fermages saisis-arrêtés ne sont-ils immobilisés que pour la portion du terme qui a couru depuis la transcription? Quels sont les effets de cette immobilisation?*

Carré, au texte, exprime l'opinion que les fruits naturels et industriels sont immobilisés en totalité par cela seul qu'ils n'avaient pas encore été cueillis au moment de la transcription; mais que les fruits civils, au contraire, ne sont immobilisés qu'au prorata de ce qui est échu depuis cette formalité. M. Chauveau partage cette opinion, qui est également celle de MM. Dalloz, n. 747; Bioche, n. 314; Colmet-Daage, t. 2, p. 325, n. 929. — *Contrà*, M. Jacob, p. 352 et 366.

522. La jurisprudence a consacré, sur les effets de l'immobilisation en ce qui concerne les loyers, les solutions suivantes que signale M. Chauveau: — Le locataire qui accepte une traite tirée sur lui par le propriétaire, et causée pour paiement de loyers à échoir, ne peut, lorsque, par suite de l'immobilisation résultant de l'expropriation forcée, il a été obligé par jugement de payer les loyers aux créanciers inscrits, être contraint de les payer de nouveau au tiers porteur de la traite : Cass., 28 avril 1843 (*J. Av.*, t. 68, p. 383). —La cession de loyers non échus d'un immeuble ne confère au cessionnaire qu'un droit personnel contre le propriétaire cédant, et est inopposable aux créanciers inscrits ; en conséquence, lorsque cet immeuble est exproprié par les créanciers hypothécaires les loyers à échoir lors de la transcription sont immobilisés et doivent leur être distribués avec le prix de l'immeuble : Trib. de Liège, 11 nov. 1858 (*Belgique jud.*, 1858, n. 90).—Malgré la clause du cahier des charges portant que l'adjudicataire sera tenu d'exécuter un bail, les créanciers inscrits peuvent attaquer, comme faits en fraude de leurs droits, les paiements anticipés des loyers, et obtenir que ces loyers soient immobilisés à dater de la transcription de la saisie pour être distribués avec le prix à provenir de l'adjudication : Montpellier, 19 mai 1857 (*J. Av.*, t. 83, p. 256).

523. (Q. 2289). *Quelle est la forme du* simple acte d'opposition, *valant saisie-arrêt entre les mains des locataires et fermiers, aux termes de l'art.* 685 ?

M. Chauveau pense que d'après le désir, si souvent exprimé dans le sein des deux Chambres, lors de la discussion de la loi de 1841, d'économiser les frais, il ne peut évidemment y avoir lieu de *dénoncer la saisie* aux fermiers et locataires. *Le simple acte d'opposition*, dit-il, doit donc être fort court ; l'huissier rédacteur devra se contenter d'énoncer la date de la saisie, sa dénonciation, sa transcription et le motif de l'acte. Conf., MM. Dalloz, n. 743 ; Bioche, n. 315 ; Colmet-Daage, t. 2, p. 326, n. 929 ; le *Formulaire de procédure* de M. Chauveau, 2ᵉ édit., t. 2, p. 30, n. 587, et notre *Formul. annot.*, p. 640, n. 27.

524. Le tribunal civil de la Seine a décidé, le 19 fév. 1853 (*J. Av.*, t. 78, p. 231), que si les locataires d'une maison saisie ne peuvent valablement se libérer du montant des termes du loyer entre les mains du propriétaire, lorsqu'ils ont reçu l'opposition dont parle l'art. 685, les paiements ainsi faits sont valables néanmoins quand il est établi que les copies de cette opposition ont été remises au concierge, qui ne les a pas fait parvenir aux locataires. — En principe, la copie d'un exploit destinée à un locataire, est valablement remise au concierge (Voy. *Exploit*, n. 135). Mais, dans l'espèce, observe M. Chauveau, il était démontré que les locataires n'avaient pas reçu la copie ; c'est ce qui explique la décision.

525. (Q. 2289 bis). *Comment faut-il agir pour contraindre le fermier ou locataire qui a reçu le simple acte d'opposition à verser la somme dont il est débiteur ?*

L'opposition valant saisie-arrêt, répond M. Chauveau, si le tiers saisi (locataire ou fermier) ne s'exécute pas, il y a lieu de l'assigner à bref délai pour faire fixer le montant de la somme due et en ordonner le dépôt à la Caisse des consignations. Si le jugement intervenu n'est pas volontairement exécuté, l'exécution en sera poursuivie par les voies ordinaires.

526. (Q. 2290). *Quel est l'effet de la faillite à l'égard des fruits naturels, industriels et civils, lorsqu'elle est déclarée avant la transcription d'une saisie immobilière pratiquée par un créancier hypothécaire ?*

Sous l'empire du Code de 1807, M. Chauveau avait traité la question de savoir si les créanciers hypothécaires qui avaient pratiqué une saisie immobilière sur les biens de leur débiteur, pouvaient, nonobstant la faillite postérieure de celui-ci, faire saisir-arrêter les loyers et fermages de l'immeuble saisi et demander qu'ils fussent immobilisés à leur profit. En s'efforçant d'établir la négative, il avait dit : Le fait de la faillite survenue postérieurement à une saisie immobilière n'enlève pas au saisissant le droit résultant de cette saisie. Si donc l'immobilisation des fruits de l'immeuble saisi s'effectuait de plein droit, par le fait seul de la saisie, il suffirait que celle-ci eût été pratiquée avant l'ouverture de la faillite, pour que les fruits fussent immobilisés malgré cet événement. Cette immobilisation des fruits par la force de la loi, qui n'était qu'une supposition dans le raisonnement de M. Chauveau, est aujourd'hui l'objet d'une disposition formelle du Code. L'auteur pense donc aussi actuellement que, malgré la faillite, les fruits sont immobilisés au profit des créanciers hypothécaires.

527. Néanmoins, dit-il, un doute résultant des art. 571 et 572, Cod. comm., le préoccupe encore; voici dans quel cas : la faillite est déclarée; malgré cette déclaration, les créanciers hypothécaires ont le droit de commencer une poursuite en expropriation jusqu'à l'union. Ce commencement de poursuite en expropriation suffira-t-il pour qu'à dater de la transcription tous les fruits soient immobilisés? M. Chauveau croit devoir adopter l'affirmative, par le motif que l'immobilisation des fruits est non seulement une suite, mais une conséquence nécessaire de la saisie immobilière. Du moment que la saisie est permise, elle doit l'être avec toutes ses conséquences.

528. (CCCCXCIV). *Après la transcription de la saisie, le débiteur conserve-t-il le droit de délaisser à son vendeur l'immeuble saisi?*

Vainement, observe fort bien M. Chauveau, qualifierait-on de *délaissement* une cession faite par le saisi à celui qui lui aurait vendu l'immeuble. Le saisi ne peut pas plus *délaisser* que transmettre ce qui n'est plus à sa disposition. Un tel changement de mains a tous les caractères de l'aliénation prohibée par la loi; car celui qui DÉLAISSE, *aliène*, comme celui qui vend, et il n'y a aucune raison plausible d'écarter, en ce cas, l'application de l'art. 686, par le motif que c'est un vendeur qui est rentré dans la propriété de la chose, comme s'il ne l'avait pas vendue (Rennes, 12 mars 1818, *J. Av.*, t. 20, p. 518); mais quand cette nullité est contestée, il faut bien faire vider le litige par les tribunaux.

529. (Q. 2281). *L'art.* 684, *qui maintient les baux antérieurs au commandement, lorsqu'ils sont authentiques, ou qu'étant sous seing privé, ils ont date certaine, s'applique-t-il à toute espèce de baux, quelle qu'en soit la durée, et alors même qu'il en aurait été fait plusieurs par anticipation, pour avoir effet les uns à la suite des autres?*

Carré, au texte, établit solidement l'affirmative, en réservant seulement aux créanciers le droit d'attaquer les baux dont il s'agit, en vertu de l'art. 1167, Cod. civ., dans le cas de fraude. — M. Chauveau, après avoir appelé les observations qui ont été présentées en ce sens dans le cours des discussions dont l'art. 684 a été l'objet, déclare adopter la même doctrine, en faveur de laquelle il cite un arrêt de la Cour de Rouen du 28 avril 1824 (*J. Av.*, t. 26, p. 231), et qu'enseignent aussi MM. Lachaize, t. 1, p. 349 et suiv., n. 311; Thomine-Desmazures, t. 2, p. 227; Persil fils, *Comm.*, p. 128, n. 143; Paignon, t. 1, p. 93, n. 37 et 94, n. 39; Dalloz, n. 731; Bioche, n. 284, et Colmet-Daage, t. 2, p. 323, n. 927. — V. également conf., notre *Formul. annot.*, p. 639, n. 20.

530. M. Chauveau fait toutefois remarquer que la loi du 23 mars 1855 est venue apporter quelques restrictions à cette doctrine. D'après l'art. 2, §§ 4 et 5 de cette loi, les baux d'une durée de plus de dix-huit années, tout acte ou jugement constatant, même pour bail de moindre durée, quittance ou cession d'une somme équivalente à trois années de loyer ou fermages non échus, doivent être transcrits au bureau des hypothèques.

531. Il résulte de là, dit M. Chauveau, que les baux de plus de dix-huit ans, les paiements ou cessions anticipés de loyer et fermage représentant trois annuités, seront comme non avenus, vis-à-vis de l'adjudicataire ou des créanciers, si aucune transcription n'a été effectuée, car l'art. 3 de la loi précitée porte : « Jusqu'à la transcription les droits résultant des actes ou jugements énoncés aux articles précédents ne peuvent être opposés aux tiers qui ont des droits sur l'immeuble et qui les ont conservés en se conformant aux lois. — Les baux qui n'ont pas été transcrits ne peuvent jamais leur être opposés pour une durée de plus de dix-huit années. » Mais à quelle époque devra avoir été effectuée la transcription pour être opposable aux créanciers et à l'adjudicataire? Dans quelle mesure leur sera-t-elle opposable? Notre auteur pense, avec MM. Troplong, *Transcription*, n. 201 et 202, et Duvergier, sur l'art. 3 de la loi précitée, que tout bail de plus de dix-huit ans, transcrit avant une inscription hypothécaire, doit être maintenu, et qu'il doit être réduit à dix-huit ans en ce qui concerne les créanciers hypothécaires antérieurs (*Contrà*, MM. Rivière et Huguet, *Quest. sur la transcript.*, n. 219 et suiv.). Mais cette solution, exacte au point de vue unique de la transcription, n'exclut pas, observe M. Chauveau, la possibilité, pour les créanciers ou l'adjudicataire, d'obtenir la nullité du bail de moins de dix-huit ans consenti par le saisi, alors que ce bail n'a pas acquis date certaine avant le commandement, et, à plus forte raison, s'il s'agit d'un bail d'une plus longue durée qui n'a été transcrit qu'après le commandement. Pour les baux réductibles à dix-huit ans, il faut, dit-il, vis-à-vis des créanciers hypothécaires, considérer le jour du commandement tendant à saisie immobilière. La période de dix-huit années en cours d'exécution au moment de la signification de ce commandement s'écoulera jusqu'à son expiration, sans qu'aucun renouvellement postérieur soit permis, ni même qu'on puisse soutenir qu'il faut faire abstraction du temps couru avant le commandement, et ne faire courir les dix-huit années qu'à partir de cet acte.

532. Mais, ainsi que le remarque aussi M. Chauveau, si les baux sont réductibles, il n'en est pas de même des cessions ni des paiements de loyers anticipés de trois années au plus. Le défaut de transcription de pareils paiements ou cessions, avant le commandement tendant à saisie immobilière, permettra aux créanciers et à l'adjudicataire de ne tenir aucun compte de ces prétendus libérations ou transports. V. Troplong, n. 210.

533. Ainsi donc, en résumé, suivant notre auteur, les baux se trouvent (le cas de fraude excepté) soumis aux conditions suivantes : S'ils ont acquis date certaine, et s'ils ont été transcrits, non seulement avant le commandement à fin de saisie immobilière, mais avant toute inscription hypothécaire, ils sont opposables, quelle que soit leur durée, aux créanciers. Si, avant le commandement, mais après les inscriptions hypothécaires, la transcription a été opérée, la réduction des baux peut être réclamée et obtenue. — Dans le cas où il s'agit d'un bail qui ne dépasse pas dix-huit ans, les règles de la transcription n'étant plus applicables, on reste sous l'empire du droit antérieur, sauf qu'avant la loi du 23 mars 1855 on était généralement d'accord pour assigner aux baux de neuf ans le caractère de simple acte d'administration, tandis que, depuis la promulgation de cette loi, ce caractère doit être étendu aux baux qui n'excèdent pas dix-huit années.

534. La Cour de Douai a jugé, le 26 fév. 1850 (*J. Av.*, t. 76, p. 609), que les paiements anticipés de loyers sont opposables aux créanciers hypothécaires, et ne peuvent être annulés qu'en cas de collusion entre le locataire et le débiteur. Cette solution est contestable, dit M. Chauveau. Il est toujours prudent pour un locataire de ne payer qu'à l'échéance ou de veiller du moins à ce que les quittances soient transcrites si elles s'appliquent à trois années ou plus.

535. Il a été aussi décidé par la Cour de Nîmes, le 7 juill. 1852

(D.P.53.2.53), que les paiements anticipés de loyers ou fermages, lorsqu'ils ont été faits de bonne foi et dans l'ignorance de la position embarrassée du propriétaire, sont opposables, en cas de saisie, soit à l'adjudicataire, soit aux créanciers inscrits; qu'il en est de même, en cas de revente sur folle enchère, des paiements de loyers qui auraient été faits par anticipation à l'adjudicataire non encore libéré de son prix; et par la Cour de Rouen, le 18 fév. 1854 (*J. Av.*, t. 81, p. 205), qu'on ne peut critiquer la délégation anticipée de loyers, faite pour compenser la valeur des travaux que le preneur devait effectuer à l'immeuble loué.

536. D'après un arrêt de la Cour de Bordeaux du 7 fév. 1855 (*Courrier*, 1855, nº du 25 mars), la cession faite par un propriétaire à l'un de ses créanciers des loyers à échoir pendant trois, six ou neuf ans, à la volonté du preneur, doit être déclarée valable, bien que ce créancier connaisse l'insolvabilité actuelle ou prochaine de son débiteur, lorsque surtout cette cession a eu lieu avant toutes poursuites en saisie immobilière; mais les loyers non échus au moment de la transcription de la saisie sont, nonobstant la cession, immobilisés à partir de cette époque. — M. Chauveau se demande si cette restriction est admissible; s'il est bien vrai de dire que le principe d'immobilisation des loyers et fermages soit tel, qu'aucun acte antérieur ne puisse prévaloir contre lui. Admettre l'affirmative d'une manière absolue, ce serait, suivant son observation, rendre sans intérêt la question de validité ou de nullité des paiements anticipés ou de délégation de loyers; jamais, en effet, les créanciers n'auraient à supporter de perte réelle, quels que fussent les actes antérieurs, puisque la transcription opposerait un obstacle infranchissable à l'exécution des dispositions antérieures. L'auteur est d'avis qu'il faut faire ici une distinction.

537. Si le paiement ou la cession sont antérieurs au commandement tendant à saisie immobilière; si avant cet acte ils ont acquis date certaine; si, d'un autre côté, lorsque ces paiements ou cette cession comprennent une somme s'élevant à trois années de loyers ou fermages, la transcription des quittances ou des cessions a eu lieu avant le commandement; si, enfin, aucun cas de fraude n'est établi, l'immobilisation ne pourra s'opérer, puisque les fruits civils seront régulièrement sortis du patrimoine du débiteur. L'effet de la cession ne pourra être paralysé qu'autant que le bail aura pris fin avant l'époque prévue. Dans les autres hypothèses, la cession ne sera pas opposable aux créanciers, et l'immobilisation s'opérera. — C'est ce que le tribunal civil de la Seine a décidé en déclarant, par jugement des 30 juill. et 5 nov. 1847 (*J. Av.*, t. 73, p. 308), que la délégation des loyers futurs, même antérieure à la transcription de la saisie immobilière, ne peut avoir d'effet à dater de cette transcription. Mais ce même tribunal semble avoir méconnu ce principe, lorsqu'il a décidé, le 16 oct. 1845 (t. 69, p. 722), que la saisie pratiquée à la requête de la femme séparée de biens, pour sûreté de ses reprises, sur l'immeuble du mari, et dont la transcription a eu pour effet d'immobiliser les loyers conformément à l'art. 685, Cod. proc., ne peut pas empêcher la validité d'une opposition postérieure si, depuis un certain temps, la femme a discontinué ses poursuites.

537 *bis*. Un arrêt de la Cour de cassation du 22 fév. 1854 (D.P.54.1.188) a exactement jugé, selon M. Chauveau, que les paiements des loyers faits par anticipation ne peuvent être opposés aux créanciers qui ont pratiqué une saisie sur l'immeuble loué, lorsque le bail qui constate ces paiements n'a obtenu date certaine que postérieurement à la transcription de la saisie; et qu'il en est surtout ainsi quand il est établi qu'à l'époque où ces paiements ont eu lieu, l'immeuble loué était déjà saisi, et que la déconfiture du bailleur était notoire.

538. M. Chauveau signale encore un arrêt de la Cour de Rouen du 18 fév.

1854 (*J. Av.*, t. 81, p. 205), dont les motifs impliquent une opinion défavorable au maintien des baux à longues années, mais dont le dispositif contient une exacte application de la loi aux faits de l'espèce. Cet arrêt juge que le bail ayant date certaine antérieurement à la saisie doit, en l'absence de fraude, être maintenu, quand même il excéderait la durée ordinaire des baux, si d'ailleurs, en vertu de la réserve que s'est faite le bailleur de le résilier en prévenant le preneur un an d'avance, les créanciers peuvent le réduire à une durée ordinaire.

539. Cet arrêt décide, en outre, que les créanciers hypothécaires qui ont à faire, en leur nom, l'option, ou de retenir les ouvrages faits par le preneur sur l'immeuble saisi, ou de l'obliger à les enlever, conformément à l'art. 555, § 1, Cod. civ., sont réputés avoir consommé cette option et avoir voulu garder les ouvrages, par le seul fait d'avoir laissé procéder à l'adjudication sans obliger l'adjudicataire à souffrir l'enlèvement des susdits ouvrages. — M. Chauveau se demande si, dans l'espèce, les créanciers avaient le droit d'exercer cette option, et si la Cour de Rouen le leur a reconnu. Cette Cour lui semble n'avoir raisonné qu'hypothétiquement. — C'est qu'en effet, dit-il, les créanciers ne pouvaient pas user de l'option dont il s'agit. A quel titre auraient-ils pu le faire? Comme exerçant les droits et actions de leur débiteur? Évidemment non, puisqu'il y avait eu une convention formelle à cet égard entre le débiteur et le locataire ou fermier. Ce ne pouvait donc être qu'en leur *propre nom*, comme le dit l'arrêt. Mais à quelles conditions un créancier peut-il, en son *propre nom*, s'immiscer dans les conséquences d'un acte passé entre son débiteur et un tiers? Il ne le peut qu'autant qu'il y a eu un concert frauduleux, la fraude étant génératrice en faveur du créancier d'un droit personnel, distinct de son droit de créance. Or, dans l'espèce, il n'y avait pas eu fraude; il fallait, par suite, appliquer purement et simplement les diverses clauses du bail, et il était inutile de se préoccuper de l'option permise par l'art. 555, Cod. civ. Le preneur avait incontestablement le droit d'être remboursé de ses impenses, et les créanciers avaient seulement la faculté de discuter les mémoires produits pour la justification de la valeur des travaux.

540. (Q. 2282). *Les baux qui n'ont pas acquis date certaine avant le commandement doivent-ils être annulés? Ou bien l'annulation est-elle facultative de la part du juge?*

Le texte et l'esprit de la loi démontrent, selon l'observation de M. Chauveau, que le juge a ici un pouvoir facultatif. Le *texte*, car la loi dit : *pourront être annulés*. *L'esprit*, car la rédaction définitive n'a été adoptée qu'après une opposition très vive qui tendait à faire édicter une nullité absolue.

Une autre considération paraît, à notre auteur, devoir être présentée sur la valeur des baux faits depuis le commandement. Le débiteur n'est dessaisi de l'administration de ses biens qu'à dater de la transcription. Jusque-là, il touche, il perçoit, il recueille. Avant la transcription, il peut se trouver dans la nécessité de faire des baux, comme actes de bonne administration. Mais, après la transcription, au contraire, et si les créanciers ont usé de la faculté que leur laisse l'art. 681, les baux, consentis par le saisi, doivent être déclarés radicalement nuls, parce que les prétendus locataires ou fermiers ne pourraient pas alléguer leur bonne foi. Cette opinion est d'ailleurs conforme à l'avis de MM. Dalloz, n. 732 et suiv.; Bioche, n. 285 et suiv.; Colmet-Daage, t. 2, p. 322, n. 926; Paignon, t. 1, p. 93, n. 37, et Rodière, t. 3, p. 142. Elle avait été admise sous l'ancienne loi (Lyon, 28 déc. 1837, *J. Av.*, t. 55, p. 593; Angers, 15 juill. 1818, t. 20, p. 525); et la jurisprudence récente s'est prononcée dans le même sens.

541. Le tribunal de la Seine est allé jusqu'à décider, le 23 févr. 1878 (*J. Av.*, t. 103, p. 265), que le bail de son immeuble, consenti par le saisi postérieurement à la transcription de la saisie au bureau des hypothèques, est radicalement nul, alors même que le preneur serait de bonne foi. Mais cette décision absolue ne saurait être admise, V. notre *Formulaire annoté*, t. 2, p. 639, n. 21. V. aussi Paris, 28 nov. 1874 (*J. Av.*, t. 100, p. 55).

542. Quand le bail a acquis date certaine avant le commandement, l'action en nullité doit être vue avec défaveur. En effet, la Cour de Toulouse, par arrêt du 26 avril 1849 (*J. Av.*, t. 74, p. 618), a déclaré qu'un bail sous seing privé, qui n'a été enregistré qu'après un commandement tendant à saisie immobilière périmée, mais qui a acquis date certaine avant un second commandement suivi de la saisie réelle, ne peut pas être annulé, s'il n'a aucun caractère frauduleux ; et la Cour de cassation, par arrêt du 12 déc. 1853 (t. 79, p. 429), a décidé que le bail qui a une date certaine antérieure à la saisie de l'immeuble loué, ne peut être annulé, quoiqu'il soit postérieur à une première saisie dont les causes étaient éteintes à l'époque où il a été consenti, et qui a été annulée à la requête du second saisissant, lorsque, d'ailleurs, il n'est point attaqué pour dol et fraude. Il est certain, dit M. Chauveau, que le bail, dans la première espèce, était antérieur au commandement que peut seul avoir en vue l'art. 684, et que, dans la seconde, la nullité de la première saisie laissait intact le bail, qui, dès lors, devenait inattaquable.

543. Lorsque l'existence d'un bail a été notifiée au créancier poursuivant et mentionnée au cahier des charges, l'adjudicataire ne peut se mettre en jouissance des immeubles au mépris de ce bail, sans l'avoir fait annuler : Amiens, 20 août 1825 (*J. P.*, 19.818).

544. Mais, suivant un arrêt de la Cour de Bordeaux du 18 nov. 1848 (*J. Av.*, t. 74, p. 221), alors même que le bail n'a acquis date certaine qu'après le commandement, il ne doit pas être annulé sur la demande de l'adjudicataire, s'il n'est pas le résultat d'une connivence frauduleuse entre le bailleur et le preneur. Cette Cour a refusé de prononcer la nullité, bien que le preneur eût payé par anticipation le prix du bail, par le motif que ce preneur était créancier du saisi, en vertu de titres authentiques, et qu'il était naturel qu'il eût cherché à se couvrir du montant de sa créance en affermant les biens et en payant par anticipation le prix du fermage. La solution, dans l'espèce, a été peut-être indulgente, selon M. Chauveau.

545. Notre auteur regarde, au contraire, comme ayant exactement appliqué l'art. 684 des décisions qui ont déclaré que le bail postérieur au commandement peut être annulé lorsque, sans être entaché de fraude, et par la nature des conditions qu'il renferme, il porte préjudice aux créanciers inscrits ou à l'adjudicataire : Nîmes, 4 mars 1850 (*J. Av.*, t. 75, p. 474) ; Paris, 19 août 1852 (t. 77, p. 676) ; Trib. de la Seine, 20 mars 1858 (t. 84, p. 73). En pareil cas, les magistrats ont un pouvoir discrétionnaire dont ils usent suivant les circonstances.

546. La Cour de Paris a aussi très bien jugé, le 15 juill. 1872 (*J. Av.*, t. 98, p. 277), que l'art. 686, Cod. proc., duquel il résulte que l'aliénation de l'immeuble saisi consentie par le débiteur après la transcription de la saisie, est nulle de plein droit, ne s'applique pas au bail à long terme (à celui fait pour une durée de trente ans, par exemple) ; mais que ce bail peut seulement être annulé, en vertu de l'art. 684 du même Code, dans le cas spécialement où il est le résultat d'un concert frauduleux entre le bailleur et le preneur, et que celui-ci peut, en outre, être condamné à des dommages-intérêts envers les créanciers auxquels le bail a porté préjudice.

547. Les solutions suivantes appartiennent au même ordre d'idées : — L'adjudicataire sur folle enchère est tenu à l'entretien des baux consentis de bonne foi par le fol enchérisseur : Cass., 11 avril 1821 et 16 janv. 1827

(*J. Av.*, t. 23, p. 131, et t. 33, p. 43). Néanmoins le bail à long terme et à vil prix fait par le fol enchérisseur doit être annulé : Paris, 25 juin 1814 (t. 20, p. 421). — Lorsque le fol enchérisseur a donné congé à des locataires, en vertu d'une clause de son adjudication qui l'y autorisait à *ses risques et périls*, l'indemnité à laquelle pourraient prétendre les locataires est à sa charge personnelle et ne peut pas être imposée au nouvel adjudicataire : Cass., 25 nov. 1807 (t. 29, p. 122).

548. Avant 1841, il avait été jugé que le commandement postérieurement auquel les baux faits par le saisi, n'ayant pas date certaine, doivent être annulés, est celui en vertu duquel on procède à la saisie : Rennes, 7 déc. 1818 (*J. Av.*, t. 20, p. 529). L'auteur a approuvé cette décision.

549. Il nous paraît avoir été jugé à bon droit que lorsque, au cours d'une saisie immobilière, un tiers (parent ou allié du débiteur) excipe d'un bail principal en vertu duquel il prétend percevoir tous les loyers de l'immeuble saisi et que le saisissant oppose la nullité de ce bail, il appartient au juge des référés de nommer un séquestre chargé de toucher ces loyers et de les remettre ultérieurement à qui de droit : Paris, 28 nov. 1874 (t. 100, p. 55).

550. (Q. 2282 bis). *Le bail fait par le saisi, après la sommation aux créanciers inscrits de prendre communication du cahier des charges, est-il nul, quoique plus tard la saisie ait été abandonnée par le poursuivant qui a été désintéressé, qu'aucune subrogation n'ait été légalement prononcée, et qu'au contraire les héritiers bénéficiaires du saisi aient été autorisés à continuer leur poursuite en vente judiciaire de l'immeuble saisi ?* — Quid, *lorsque la nullité est demandée par un créancier subrogé dans les poursuites ?*

Le 26 février 1852 (*J. Av.*, t. 77, p. 164), la Cour de Toulouse a accueilli l'action en nullité formée par un créancier dont la demande en subrogation avait été rejetée contre les héritiers bénéficiaires. On avait produit en faveur des intéressés une consultation de M. Rodière soutenant que, la demande en subrogation du créancier ayant été rejetée, la saisie n'existait plus pour ce créancier ; qu'ainsi les art. 684 et 686 n'étaient pas applicables ; que les incapacités spéciales qui résultent des articles précités ne sont que des conséquences de la saisie ; qu'elles ne peuvent donc exister qu'autant que la saisie subsiste elle-même ; que, si le premier poursuivant, après une première saisie qu'il aurait abandonnée, en eût pratiqué une seconde, il est de toute évidence qu'il n'aurait pu faire rétroagir les effets de cette seconde saisie jusqu'à un bail à ferme antérieur, sous le prétexte que ce bail était postérieur à la première saisie abandonnée ; qu'à la vérité, la saisie qui s'éteint, faute par le poursuivant de faire un acte nécessaire dans le délai prescrit, peut revivre dans l'intérêt d'un créancier inscrit, mais seulement à une condition indispensable, c'est que ce créancier demande et obtienne la subrogation dans les poursuites ; subrogation qui, dans l'espèce, a été refusée.

551. A ces arguments, la Cour de Toulouse a répondu : Des art. 681, 682, 684, 685 et 686, Cod. proc., il résulte que le saisi, à partir de la transcription, ne possède que pour autrui, sous la condition de rendre compte de son administration. Lorsque la possession est à ce point précaire, que le débiteur saisi ne s'approprie pas les produits des immeubles qu'il détient encore, qu'il n'en a point la disposition au moment où il les possède, il est impossible qu'il puisse les aliéner pour le temps où il en sera complètement dessaisi, ni les affermer pour que le fermier perçoive les fruits, après l'adjudication qui aura transporté la pleine propriété à un tiers. — Il est vrai que l'art. 684, en donnant aux tribunaux le pouvoir d'annuler les baux qui n'avaient pas date certaine avant le commandement, leur a reconnu le droit de les valider. Lorsqu'on sait l'habitude généralement suivie, de ne point constater par acte authentique les conventions relatives aux fermages et aux loyers, il était nécessaire de donner aux magistrats cette faculté, pour le cas où ils reconnaîtraient que ces baux existaient avant cet acte précurseur de la saisie ; mais une telle disposition, par cela même qu'elle vise les contrats antérieurs au commandement, sert à mettre en plus évidente lumière l'induction résultant des articles cités et d'après laquelle le débiteur n'a plus le droit d'affermer ses biens, aussitôt qu'ils ont été saisis. — L'immeuble, dans la cause, avait été frappé de saisie le 11 décembre 1849 ; après la transcription, la dénonciation aux créanciers inscrits et au débiteur saisi, le cahier des charges avait été déposé ; il avait été lu le 11 février 1850 ; l'adjudication, qui avait d'abord été fixée au 11 avril, avait été renvoyée par une remise postérieure au 6 juin. — Le saisi était donc frappé d'incapacité, lorsque, le 1er juin, il consentit le bail à ferme, enregistré le 6 août suivant, dont on veut se prévaloir.—En vain, opposerait-on que la saisie devrait être considérée comme non avenue, parce que le poursuivant ne se serait pas présenté au jour de l'adjudication pour requérir la mise de l'immeuble aux enchères. Alors même que la saisie devrait être réputée nulle, pour ce motif, au regard du poursuivant, elle ne subsistait pas moins par rapport aux autres créanciers. Après la transcription et la sommation qui leur est faite, ceux-ci sont parties essentielles dans l'instance ; la saisie ne pouvant être rayée que de leur consentement unanime, elle vit tant qu'ils ne l'ont pas donné ; ils peuvent toujours la reprendre et la continuer.— L'acceptation de l'hérédité sous bénéfice d'inventaire devait avoir pour effet d'empêcher que des droits ne pussent naître en faveur de quelques-uns des créanciers au préjudice de la masse ; mais il serait contraire à tous les principes qu'elle eût pu porter atteinte aux droits des créanciers acquis. La saisie a continué de subsister.

552. Il y a dans ces considérations, observe M. Chauveau, des assertions très contestables. On opposait au créancier qu'il ne pouvait se prévaloir des dispositions des art. 684 et 685 que dans le cours d'une saisie immobilière ; que le jugement qui avait rejeté sa demande en subrogation dans les poursuites de saisie ayant acquis force de chose jugée contre lui, il n'y avait plus qu'une procédure en vente de biens immeubles d'une succession bénéficiaire, et en rectification du cahier des charges dressé sur cette poursuite nouvelle ; que, dans une procédure de cette nature, le créancier n'avait que la faculté de demander l'annulation d'actes faits en fraude de ses droits ; qu'il n'y avait lieu, pour la Cour, que d'examiner que le caractère du bail, au point de vue unique du dol et de la fraude. A ces objections fort sérieuses, qu'a répondu l'arrêt ?

553. 1° L'acceptation de la succession sous bénéfice d'inventaire n'a pu porter atteinte aux droits acquis avant la mort du débiteur. Qu'a entendu la Cour de Toulouse par cette expression *droits acquis* ? Les créanciers ont des droits acquis résultant des contrats, mais on ne peut considérer comme *droit acquis*, existant par sa nature et indépendamment de toute action, la faculté éventuelle de se faire subroger dans une procédure abandonnée. Ce motif eût été tout-puissant pour décider que les poursuites en vente des immeubles de la succession bénéficiaire ne pouvaient pas priver les créanciers du droit de se faire subroger dans les poursuites en saisie immobilière. Mais, en dehors d'une demande en subrogation, régulièrement intentée et suivie, la saisie immobilière n'avait plus d'existence légale entre les héritiers du saisi et les créanciers. Ces créanciers ne pouvaient que surveiller la nouvelle procédure, demander la rectification des clauses qui leur étaient frauduleusement imposées ; mais ils ne pouvaient puiser de prétendus droits dans une procédure éteinte par leur propre volonté. C'était, quant à eux, une espèce de péremption de la saisie. Sur une demande régulière en subrogation, les héritiers du saisi ne conservaient-ils pas le droit de demander la nullité de cette saisie? Pouvait-on, à l'occasion d'une autre procédure entièrement distincte, en préjuger la validité? Sous ce premier rapport, l'arrêt semble à M. Chauveau avoir méconnu tous les principes de la matière, en déclarant que la saisie avait créé *in abstracto* des droits en faveur des créanciers.

Pour compléter sa démonstration, l'auteur suppose qu'au lieu de faire un bail, le saisi eût vendu, et que son acquéreur eût été lui-même saisi immobilièrement, et il demande si les créanciers du saisi auraient pu dans cette nouvelle saisie immobilière, sans avoir obtenu la subrogation dans les premières poursuites abandonnées, venir demander la nullité de la vente faite par leur débiteur, en soutenant qu'aux termes de l'art. 686, la vente était nulle de plein droit. Non, sans doute, dit-il fort bien; cette vente n'est nulle qu'à raison de la saisie pendant le cours de laquelle elle a été faite, et à la condition que cette saisie produira ses effets et aboutira à une adjudication; mais, si la poursuite de saisie est abandonnée par le saisissant et les autres créanciers, elle n'est plus censée avoir eu d'existence; aucun de ses actes ne peut être opposé comme constituant des droits en faveur des créanciers du saisi.

554. 2° La Cour, comprenant que le système des *droits acquis* devait puiser sa raison d'être dans la procédure en saisie immobilière, s'est fondée sur ce qu'il serait contraire aux règles générales du droit que la procédure des héritiers bénéficiaires pût anéantir une saisie.—Ce n'est pas contestable, dit M. Chauveau, pourvu qu'il y ait une saisie continuée, surtout opposée réellement par les parties intéressées, et devant produire le résultat ordinaire, l'adjudication.

555. La solution devrait-elle être la même dans le cas où la subrogation aurait été prononcée? La question ayant été posée dans ces termes à M. Chauveau, il a répondu que, dans la rigueur des principes, le bail devrait être annulé, fût-il consenti vingt-neuf ans après la cessation des poursuites, puisque le saisi n'est plus considéré comme propriétaire, mais comme séquestre judiciaire; que, sans doute, on conçoit que du consentement des créanciers, dans l'intérêt de la bonne administration de l'immeuble saisi, avec la permission du président, le séquestre judiciaire puisse même consentir un bail de courte durée; mais qu'il n'est pas admissible qu'après la transcription qui le dépouille, le saisi puisse consentir un bail. V. *suprà*, n. 540 et s. *Adde*, Toulouse, 28 août 1847 (*J. Av.*, t. 73, p. 306). — Mais le motif qui a déterminé cette opinion absolue de M. Chauveau (celui tiré du défaut de bonne foi des locataires ou fermiers) doit-il entraîner la même décision lorsque le saisissant abandonne sa saisie, lorsqu'il s'est écoulé deux ou trois ans ou un temps plus considérable sans acte valable? L'affirmative serait bien sévère, selon notre auteur. Juge, il adoucirait, dit-il, la rigueur de la loi, en décidant que la bonne foi des locataires ou fermiers permet, en ce cas, de valider les baux consentis évidemment dans l'intérêt d'une bonne administration. Mais il reconnaît que le tribunal qui jugerait le contraire ne violerait point la loi.

556. (Q. 2283). *Que faut-il entendre par* baux ayant date certaine, *dans la disposition de l'art.* 684?

Suivant M. Thomine-Desmazures, t. 2, p. 228, l'entrée en jouissance du fermier avant le commandement serait une preuve suffisante que le bail soit écrit, soit verbal, était antérieur.—Mais M. Chauveau est d'avis que les mots *date certaine* n'ont pas dans l'art. 684, Cod. proc., une autre signification que dans l'art. 1328, Cod. civ.; et telle est aussi l'opinion de MM. Dalloz, n. 728, et Colmet-Daage, t. 2, p. 322, n. 926. L'entrée en jouissance du fermier avant le commandement ne donnera pas à son bail une date certaine, dit notre auteur : seulement, il pourra demander à jouir pendant le temps que règle l'usage des lieux.

557. (Q. 2284). *Quelles mesures les créanciers peuvent-ils provoquer quand le bail est annulé?*

Sur ce point, au texte, il est simplement renvoyé à la quest. 2271. Voy. *suprà*, n. 480 et s.

558. (Q. 2286). *Quel est l'adjudicataire qui, aux termes de l'art.* 684, *peut demander la nullité des baux n'ayant pas date certaine avant le commandement?*

Dans les observations sur l'art. 711 du projet du Code de procédure, qui était conçu dans les mêmes termes que l'art. 684 actuel, la Cour d'Agen avait exprimé l'avis que ces termes supposaient qu'il y aurait un adjudicataire des fruits. Elle faisait naître sans doute cette supposition de ce que la disposition se trouvait placée dans le projet, ainsi qu'elle l'est dans le Code, avant celles qui traitent de l'adjudication de l'immeuble même. Mais, ainsi que le fait remarquer Carré, au texte, et que le reconnaît aussi M. Chauveau, il est libre aux créanciers de laisser subsister le bail qui n'a pas de date certaine, sauf à saisir-arrêter les fermages, conformément à la seconde disposition de l'art. 685; il peut donc arriver qu'au moment de l'adjudication le bail continue; et c'est pour ce cas que l'adjudicataire a le droit d'en demander l'annulation. Il ne s'agit, par conséquent, que de l'acquéreur de l'immeuble même.

559. (Q. 2285). *Quels sont, pour l'*adjudicataire, *les droits qui résultent de l'art.* 684?

Lorsque l'adjudicataire se trouve entravé dans sa jouissance par un bail, observe M. Chauveau, il faut examiner la date de ce bail, pour pouvoir apprécier la nature de ses droits.—Si, au moment de l'adjudication, le bail n'a pas de date certaine, les art. 1743 et 1750, Cod. civ., qui forment la loi commune, lui permettent d'expulser le fermier ou locataire sans indemnité.

560. Si, au contraire, on présente à l'adjudicataire un bail ayant date certaine, mais que ce bail n'ait acquis une *date certaine* que depuis le commandement, la loi commune devient insuffisante. Elle est même contraire à l'adjudicataire, qui est tenu, d'après le Code civil, de respecter les baux de cette nature existant au moment de la vente; il peut alors s'armer de la disposition de la loi spéciale, et demander aux tribunaux l'annulation d'un bail qui n'avait pas date certaine avant le commandement. Si l'art. 684 n'eût pas consacré ce droit à son profit, il ne lui eût pas été possible de faire annuler les baux, sur le motif que le débiteur saisi n'avait pas qualité pour en consentir, puisque le débiteur n'est dessaisi de sa jouissance qu'à dater de la transcription. Telle est aussi la remarque que font MM. Bioche, n. 285; Colmet-Daage, t. 2, p. 324, n. 928, et Rodière, t. 3, p. 142.

561. Le 30 janv. 1842 (*J. Av.*, t. 63, p. 589), la Cour de Paris a été appelée à statuer sur une espèce intéressante. Une clause du cahier des charges portait que l'adjudicataire exécuterait, pendant toute sa durée, un bail verbal devant expirer le 1er juillet 1845 : cette énonciation renfermait une erreur de date, le bail ne devait prendre fin que le 1er juillet 1853. Toutes les parties avaient consenti, la veille de l'adjudication, à ce que la clause fût rectifiée; cependant l'adjudicataire ne voulut conserver le locataire que pendant la période publiée dans le cahier des charges; il fit décider par le tribunal de la Seine que la clause insérée la veille de l'adjudication et non publiée, n'était point obligatoire. Mais la Cour infirma cette décision, tout en reconnaissant que l'adjudicataire aurait le droit de demander la nullité, s'il établissait la mauvaise foi. M. Chauveau approuve cette décision, pourvu, toutefois, qu'il soit constaté qu'avant l'adjudication, il a été donné lecture du cahier des charges et surtout de la clause nouvelle.

562. Il est évident, comme le dit fort justement notre auteur, que l'action en nullité d'un bail postérieur au commandement ne serait pas recevable de la part de l'adjudicataire, si, par une clause du cahier des charges, l'obligation lui était imposée d'exécuter les baux non entachés de fraude ou de simulation. *Sic*, Montpellier, 26 janv. 1853 (*J. Av.*, t. 78, p. 364) et 19 mai 1857 (t. 83, p. 256). — Mais on ne saurait attribuer le même effet à une simple prétention manifestée au cours de la procédure de saisie. Ainsi la circonstance que le bail a été mentionné à la suite du cahier des charges par l'avoué du saisi ne peut être d'aucune considération, alors surtout que le saisissant a immédiatement protesté pour conserver les droits de l'adjudicataire : Trib. de la Seine, 17 nov. 1858 (t. 84, p. 134). — Une semblable mention, lorsqu'une clause expresse réserve à l'adjudicataire le droit dérivant de l'art. 684, n'aurait pas plus d'efficacité. — Aussi la Cour de Lyon a-t-elle, dans de telles circonstances, annulé, le 23 mars 1858 (t. 84, p. 155), sur la demande de l'adjudicataire, des baux postérieurs à la saisie consentis avant l'expiration des baux précédents dans le but de donner un nantissement à certains créanciers. — Un arrêt de la Cour de Bourges, du 20 août 1851 (*J. Av.*, t. 77, p. 326), a assimilé au bail, quant aux effets de la mention qui en est faite dans le cahier des charges, le traité par lequel un tiers acquiert le droit, moyennant une redevance annuelle, d'extraire du minerai dans les immeubles saisis.

563. Le 10 déc. 1849 (*J. Av.*, t. 76, p. 609), la Cour de cassation a déclaré recevable l'intervention des créanciers inscrits, dans l'instance engagée par l'adjudicataire, pour faire annuler un bail consenti par le saisi pendant le cours des poursuites. — L'intérêt des créanciers inscrits à obtenir la nullité du bail était plausible, leur intervention devait donc être reçue, dit M. Chauveau ; d'ailleurs l'adjudication consommée n'est pas une fin de non-recevoir contre l'action en nullité d'un bail. Le nouvel art. 684, comme l'ancien art. 691, ne limite pas l'exercice de cette action. *Voy.* en règle générale, quant aux droits d'intervention des créanciers, ce qui a été dit vº *Intervention*, n. 8 et s.

564. (Q. 2285 bis). *L'adjudicataire d'un domaine rural vendu sur saisie immobilière a-t-il le droit d'expulser le fermier qui occupe les lieux en vertu de la tacite réconduction opérée après la saisie ?*

Cette question a été résolue négativement par M. Emion dans le *Journ. de proc.*, année 1855, p. 363. Dans l'espèce dont s'est occupé ce jurisconsulte, le bail avait pris fin durant la saisie, mais postérieurement à l'abandon des poursuites de la part du saisissant, qui avait été désintéressé. Le fermier avait continué de jouir par tacite réconduction, et la difficulté ne s'était présentée que parce qu'un second saisissant avait repris les poursuites. Dans cette situation, le fermier était intervenu devant le tribunal pour faire décider qu'il serait admis, nonobstant l'adjudication, à profiter de la tacite réconduction, et que, eu égard à la division de la terre affermée en trois soles, sa jouissance durerait trois ans, à partir de l'expiration du bail. Le tribunal ordonna qu'il serait ajouté au cahier des charges une clause énonçant les prétentions du fermier.

565. L'adjudicataire avait soutenu que la tacite réconduction devait être assimilée à une location sans écrit et sans date certaine, alors même qu'elle n'était que la prolongation d'un bail authentique ou ayant acquis date certaine avant le commandement tendant à saisie immobilière. Cette prétention, dit M. Chauveau, n'était pas soutenable, car la tacite réconduction participe évidemment du caractère du bail qu'elle continue ; et lorsque ce dernier a une date certaine *ab initio*, il n'est pas possible de soutenir que la première n'en ait pas une aussi. Cette solution est d'autant plus exacte qu'il dépend de tout créancier inscrit ou de tout poursuivant d'empêcher, en vue de l'adjudication prochaine, la jouissance du fermier au delà des limites fixées par le bail. S'ils ne s'opposent pas à cette jouissance, ils l'autorisent tacitement et ne peuvent pas la critiquer.

566. Au surplus, comme le fait remarquer M. Emion, en supposant que la tacite réconduction fût assimilée à un bail non écrit, il faudrait encore décider que le fermier ne peut pas être expulsé *sur-le-champ*. Les art. 1743 et 1750, Cod. civ., ne donnent pas, en effet, ce droit à l'adjudicataire ou à l'acquéreur, sauf, bien entendu, le cas d'annulation de bail pour cause de collusion frauduleuse entre le preneur et le bailleur. Il résulte, au contraire, des art. 1774 et 1776 du même Code que la tacite réconduction confère au preneur le droit de rester en jouissance pendant autant d'années qu'il y a de soles. L'expulsion immédiate n'est donc pas à craindre. V. en ce sens, Duranton, t. 17, n. 144 ; Duvergier, *Louage*, n. 546 ; Troplong, *Id.*, n. 505.

567. (Q. 2291). *L'aliénation de l'immeuble saisi n'étant nulle qu'autant qu'elle a lieu après la transcription, s'ensuit-il qu'en aucun cas on ne puisse critiquer celle qui aurait été faite auparavant ?*

Carré enseigne, au texte, qu'il y a quatre cas dans lesquels les créanciers peuvent attaquer l'aliénation faite avant la transcription : 1° si elle est faite en fraude de leurs droits (Cod. civ., 1167) ; 2° si elle est faite à titre gratuit, dans les dix jours qui précèdent l'ouverture de la faillite ; 3° si, pendant la même période, elle est faite à titre onéreux et paraît aux juges porter les caractères de la fraude ; 4° si elle est faite depuis l'ouverture de la faillite, puisque le débiteur est alors dessaisi de l'administration de tous ses biens ; mais que, hors ces quatre cas, les créanciers ne peuvent attaquer l'aliénation faite avant la transcription. M. Chauveau partage cette opinion, qui est aussi celle de MM. Favard de Langlade, t. 5, p. 54, n. 3, Thomine-Desmazures, t. 2, p. 231, et Persil fils, *Comm.*, p. 131, n. 145. V. également notre *Formul. annot.*, t. 2, p. 641, n. 38.

568. Ainsi que l'observe M. Chauveau, l'appréciation des cas de fraude appartient aux magistrats ; cependant ce n'est pas légèrement qu'ils consentiront à annuler une vente immobilière faite par un propriétaire maître de ses droits.

569. Il est bien évident, ajoute notre auteur, que, comme l'ont jugé les Cours de Montpellier, le 18 fév. 1811 (*J. Av.*, t. 20, p. 300), de Colmar, le 26 juill. 1831 (t. 46, p. 242), et de Grenoble, le 17 avril 1858 (t. 84, p. 478), la saisie immobilière doit être annulée, si le débiteur excipe d'un acte authentique de vente antérieur à l'hypothèque du saisissant, et si cet acte n'est point argué de nullité.

570. (Q. 2291 bis). *L'aliénation d'un immeuble saisi, qui a acquis date certaine avant la transcription de la saisie, est-elle opposable au saisissant si elle n'a été transcrite qu'après la transcription de la saisie ?*

Sur cette question, qui a été l'objet d'une longue et vive controverse dans la jurisprudence et dans la doctrine, M. Chauveau reproduit deux dissertations en sens opposés, l'une de M. Godoffre, dans le *Journ. des Av.*, l'autre de M. Devilleneuve, dans le *Recueil Sirey*, dont nous devons, quant à nous, nous borner à faire connaître les principaux arguments.

571. M. Godoffre soutient qu'il n'existe aucune contradiction entre l'art. 686, Cod. proc., et l'art. 3 de la loi du 23 mars 1855, aux termes duquel, « jusqu'à la transcription, les droits réels résultant des actes et jugements ne peuvent être opposés aux *tiers qui ont des droits sur l'immeuble et qui les ont conservés* en se conformant aux lois. » Rien n'est plus facile, suivant lui, que de concilier les deux principes posés par ces textes. Une simple distinction est à faire : le saisissant est-il créancier chirographaire ou créancier hypothécaire inscrit ? Dans le premier cas, le saisissant n'est pas un *tiers* dans l'acception donnée à ce mot par la loi de 1855 ; il n'a donc pas à se prévaloir des dispositions de cette loi, qui demeure sans application en ce qui le concerne. La vente ayant date certaine avant la transcription est parfaite ; elle peut lui être opposée, puisque ni la loi de 1855 ni l'art. 686 n'y mettent obstacle. Dans le second cas, le saisissant, créancier hypothécaire inscrit, est le tiers dans l'intérêt duquel a disposé la loi de 1855. Si, antérieurement à la transcription de la saisie, la vente a été faite et transcrite, elle lui sera opposable en vertu de la double application des règles contenues dans cette loi et dans l'art. 686 ; mais si la vente, faite avant la transcription de la saisie, n'a été transcrite qu'après la transcription de cette saisie, comme alors la loi de 1855 veut que l'aliénation ne soit réputée exister, en ce qui concerne les créanciers hypothécaires, que du jour de la transcription, sans effet rétroactif, il est bien évident que cette vente sera nulle, comme postérieure à l'époque fixée par l'art. 686. V. aussi en ce sens, MM. Mourlon, *Revue pratique*, t. 10 (1854), p. 472 ; Huguet, *Id.*, t. 14 (1858), p. 524 ; Christophle, journ. l'*Audience* du 18 avril 1858, n° 46.

572. Selon M. Devilleneuve, au contraire, la solution qui donne la préférence au créancier hypothécaire saisissant est en contradiction avec le véritable esprit de la loi du 23 mars 1855, et repose sur la confusion manifeste de qualités tout à fait dissemblables, celle du créancier hypothécaire inscrit qui, en présence de la vente de l'immeuble hypothéqué à sa créance, se prévaut, vis-à-vis de l'acquéreur, de l'antériorité de son inscription, et celle du créancier saisissant (hypothécaire ou chirographaire) qui, vis-à-vis du même acquéreur, se prévaut de la transcription de la saisie faite dans les termes de l'art. 686, Cod. proc. Quels sont les *tiers* dont entend parler l'art. 3 de la loi de 1855 ? Evidemment, au cas de vente, ce sont ceux qui, ayant contracté avec le vendeur avant ou depuis la vente, ont acquis sur l'immeuble vendu des droits réels par l'un des contrats spécifiés dans les deux articles précédents de la loi, et qui les ont consolidés par la transcription ; ou encore ceux auxquels un droit hypothécaire a été conféré sur l'immeuble et qui l'ont « conservé » par une inscription. Entre ces tiers et l'acquéreur de l'immeuble, la préférence se règle par la priorité de la transcription ou de l'inscription. Ainsi, en ce qui concerne le créancier hypothécaire inscrit, nul doute que la vente non transcrite avant son inscription ne pourra lui être opposée. Mais en quel sens ? En ce sens seulement qu'elle ne portera aucune atteinte à son droit hypothécaire ; qu'elle n'empêchera pas ce droit de suivre l'immeuble dans les mains de tout tiers détenteur... Mais, réciproquement, il faut entendre aussi que le droit hypothécaire dont ce créancier est armé ne mettra aucun obstacle à la libre disposition de l'immeuble dans les mains du débiteur ; que celui-ci pourra l'aliéner, même après la saisie pratiquée par le créancier et jusqu'à la transcription de cette saisie, sans que le créancier hypothécaire puisse en aucune manière contester ou méconnaître la vente, sous prétexte qu'elle n'a pas été transcrite, et cela par la raison toute simple, qu'il n'y a pas intérêt, puisque son droit hypothécaire reste après la vente absolument ce qu'il était auparavant. Cette situation respective du débiteur et du créancier hypothécaire ainsi déterminée vient-elle tout à coup à changer par l'effet de la transcription de la saisie ? Cette transcription constitue-t-elle au profit du créancier hypothécaire saisissant un droit réel de la nature de ceux qu'a en vue l'art. 3 de la loi du 23 mars 1855 ?

573. Sans doute, le créancier hypothécaire saisissant a un droit *réel* sur l'immeuble saisi; mais ce droit réel, quel est-il? celui qu'il tient de son hypothèque, dont personne ne lui conteste les effets, et non pas de la saisie. La saisie et même la transcription de la saisie ne sont venues rien y ajouter. Cette transcription de la saisie n'a qu'un seul effet, c'est de mettre obstacle, à partir du jour où elle a lieu, à toute vente ou aliénation ultérieure de l'immeuble par le saisi, aliénation que l'art. 686, Cod. proc., frappe de nullité de plein droit. Mais cet article ne déclare point nulles les ventes que le saisi pourrait avoir faites auparavant; il en suppose, au contraire, la validité. Il suffit donc qu'une vente consentie par le saisi, même depuis la saisie, ait date certaine antérieure à la transcription de cette saisie, pour qu'elle soit valable et qu'elle doive être respectée par le créancier saisissant, fût-il créancier hypothécaire. — Dire que, par cela seul que la vente n'a été transcrite que postérieurement à la transcription de la saisie, elle doit être réputée postérieure à cette transcription, et que, par suite, elle est nulle, aux termes de l'art. 686, c'est, sans nécessité et contrairement à tous les principes, méconnaître la date certaine d'un acte authentique et lui refuser effet, bien qu'il ne porte aucune atteinte au droit hypothécaire du saisissant. On reconnaît que, lorsque la saisie a lieu à la requête d'un créancier chirographaire, la vente faite antérieurement par le saisi doit, quoique non transcrite avant la transcription de la saisie, avoir son plein et entier effet. N'est-ce pas reconnaître aussi que, *par elle-même*, la transcription de la saisie ne confère au créancier chirographaire saisissant aucun droit auquel puisse s'appliquer l'art. 3 de la loi du 23 mars 1855. Or, pourquoi donc en serait-il autrement du créancier hypothécaire? — Il a, a-t-on dit, un droit *réel* sur l'immeuble saisi... — C'est vrai; mais d'où lui vient ce droit réel? De son droit hypothécaire, qu'on ne lui conteste pas, et auquel la vente de l'immeuble faite par le saisi, à un moment plus ou moins rapproché de la transcription de la saisie, n'a pu porter aucune atteinte. Pourquoi donc alors aller chercher dans la transcription de la saisie un droit réel qui n'y est pas, pour venir en aide au créancier hypothécaire qui n'en a pas besoin?...

574. A cela M. Godoffre a répondu que la loi du 23 mars 1855 n'est pas faite dans l'intérêt des créanciers chirographaires; qu'aussi rien n'est-il changé, en ce qui les regarde, aux principes antérieurement appliqués qui font de la date certaine de l'acte le point de départ du droit de l'acquéreur sans préoccupation aucune de la transcription, tandis que cette loi, au contraire, a stipulé en faveur des créanciers hypothécaires. La vente non transcrite n'existe pas pour le créancier porteur d'un titre conférant hypothèque; en sorte que ce créancier peut faire inscrire son droit hypothécaire jusqu'à la transcription.

Or, que fait donc le créancier hypothécaire qui saisit entre les mains d'un tiers détenteur l'immeuble hypothéqué? Que fait-il quand la poursuite est dirigée contre le débiteur qui a conféré l'hypothèque? Il exerce, dit M. Godoffre, son droit hypothécaire avec son caractère de réalité. Il met ce droit en mouvement, et il doit obtenir toutes les garanties que la loi assure à son exercice. La vente, impuissante pour empêcher le créancier de s'inscrire, aura-t-elle toute son efficacité pour le dessaisir de l'action hypothécaire qu'il a conservée en se conformant aux lois? C'est un résultat qu'on ne saurait admettre.

575. Néanmoins, M. Chauveau déclare se ranger à la doctrine qui considère la loi du 3 mars 1855 comme étant sans influence sur l'application de l'art. 686, parce qu'il la croit plus conforme aux principes posés par cette loi.

Quant à la jurisprudence, notre auteur en retrace comme il suit les éléments contradictoires : — Le tribunal civil de Nancy, par un jugement du 8 déc. 1856 (*J. Av.*, t. 82, p. 89), rendu dans une espèce où il s'agissait d'un créancier chirographaire, a déclaré valable la vente non transcrite. Le tribunal civil d'Altkirch, le...... 1856 (*J. Av.*, t. 83, p. 347), et le 18 mai 1858 (*ibid.*, p. 456) ; la Cour de Caen, le 1er mai 1858 (*ibid.*), et le tribunal de Largentière, le 18 mai 1858 (t. 84, p. 137), ont annulé la vente dans des espèces où le saisissant était un créancier hypothécaire. L'interprétation contraire a été consacrée par le tribunal civil de Dôle le 10 mars 1858 (*J. Av.*, t. 83, p. 346), et par la Cour d'Angers, le 1er déc. 1858 (t. 84, p. 42).

576. Depuis, diverses décisions ont déclaré inopposable au saisissant, créancier inscrit, la vente de l'immeuble saisi que le débiteur a consentie par un acte authentique antérieur à la transcription de la saisie, mais qui n'a été lui-même transcrit que postérieurement à cette transcription. V. en ce sens deux jugements, l'un du tribunal civil de Draguignan, du 19 août 1859, l'autre du tribunal civil de Saverne, du 30 mars 1860 (*J. Av.*, t. 85, p. 461); un arrêt de la Cour de Paris, du 9 février 1877 (t. 102, p. 98); et finalement un arrêt de la Cour de cassation du 23 juill. suivant, rendu sur le pourvoi formé contre celui de la Cour de Paris. — La difficulté semble avoir été définitivement tranchée par cette dernière décision, qui sanctionne dans les termes les plus formels un système auquel nous nous étions rangé antérieurement dans notre *Formulaire annoté*, p. 640, n. 32.

577. (Q. 2292). *L'aliénation de l'immeuble serait-elle nulle, dans le cas même où, les poursuites de la saisie ayant été interrompues par une instance en partage et licitation, la propriété commune serait vendue par le saisi et ses copropriétaires?*

L'affirmative, que Carré enseigne au texte, est adoptée par M. Chauveau, qui fait observer que le poursuivant doit être présent dans la procédure en licitation, pour qu'il puisse veiller à la conservation de tous ses droits. V. aussi en ce sens, Cass., 11 nov. 1840 (*J. Av.*, t. 60, p. 115); MM. Lachaize, t. 1, p. 298, n. 266; Persil fils, *Comm.*, p. 135, n. 147; Dalloz, n. 645; Bioche, n. 261.

578. M. Chauveau est d'avis que c'est avec raison que la Cour de Bordeaux a jugé, le 23 juin 1829 (*J. Av.*, t. 37, p. 173), qu'un tribunal peut, sans violer l'art. 686, ordonner un sursis pour conduire à fin une demande en licitation; et il pense, avec l'arrêt précité de la Cour de cassation du 11 nov. 1840, que la saisie, dans ce cas, vaudra comme opposition au partage.

579. (Q. 2299). *Si les objets réputés immeubles par destination, saisis avec le fonds, ont été soustraits et vendus par le saisi, quelle est l'action qui résultera de cette soustraction en faveur de l'adjudicataire?*

Carré enseigne, au texte, que l'adjudicataire ne peut s'adresser au saisissant pour obtenir, soit la délivrance des objets vendus, soit le paiement d'une indemnité; mais qu'il ne peut exercer qu'une action en rescision de la vente ou en réduction du prix, proportionnellement au déficit qu'il éprouverait. M. Chauveau ajoute que l'adjudicataire aura aussi contre le saisi, auteur de la soustraction et de l'indue vente, l'action en dommages-intérêts et la voie criminelle ouvertes par l'art. 683. *Conf.*, M. Dalloz, n. 705.

580. (Q. 2298). *L'aliénation qui aurait eu lieu le même jour que la transcription, mais avant celle-ci, serait-elle nulle ?*

De ces termes de l'art. 686, *à compter du* JOUR *de la transcription*, M. Persil fils, *Comm.*, p. 135, n. 146, induit la solution affirmative de cette question, et il invoque un arrêt de la Cour de Limoges du 29 mai 1834, qui l'aurait ainsi jugé, sous l'ancienne législation. Mais M. Chauveau ne croit pas que tel soit l'esprit de la loi; il est évident, suivant lui, que le législateur a entendu faire produire l'incapacité au fait même de la transcription, en sorte que cette incapacité ne peut exister avant que la transcription ait eu lieu. La vente consentie par le saisi sera donc valable, dit-il, si elle l'a été un moment avant la transcription, quelque court que soit l'intervalle. Conf., MM. Dalloz, n. 649, et Bioche, n. 260. A la vérité, il incombera au saisi de prouver le fait de l'antériorité de son contrat, sans quoi sa bonne foi pourra être aisément suspectée. Mais s'il fait cette preuve, il devra échapper à l'application de l'art. 686. Et, d'ailleurs, l'acquéreur est présumé de bonne foi, tant que la transcription n'a pas été faite, puisque c'est le seul acte qui puisse l'éclairer sur la véritable position de son vendeur. — Cette question perd au surplus son intérêt, observe M. Chauveau, si l'on adopte l'opinion que l'auteur a exprimée sous la quest. 2291 *bis*. (V. *suprà*, n. 575).

581. (Q. 2293). *Les intéressés peuvent-ils poursuivre la saisie sans appeler l'acquéreur de l'immeuble vendu après la transcription?*

Résolu aussi affirmativement par Carré, au texte, et par M. Chauveau.

La Cour de Lyon a décidé, le 24 août 1854 (*J. Av.*, t. 80, p. 74), que l'action en nullité de la vente n'est valablement formée qu'autant que l'acquéreur a été mis en cause. — Cette solution est exacte, dit M. Chauveau, en ce sens que, s'il convient aux intéressés d'attaquer la vente, ils doivent évidemment diriger leur action contre le vendeur et l'acquéreur; mais si, sans se préoccuper de la vente, ils continuent la saisie, ce mode de procéder sera régulier, sauf à statuer plus tard sur les prétentions élevées par l'acquéreur. Conf., MM. Dalloz, n. 660; Bioche, n. 262; Colmet-Daage, t. 2, p. 327, n. 931; notre *Formul. annot.*, p. 641, n. 37.

582. (Q. 2295). *La nullité des aliénations faites après la transcription de la saisie s'étend-elle aux hypothèques, aux servitudes ou aux baux que la partie saisie consentirait?*

Carré, au texte, avait soutenu que la défense d'aliéner, faite au saisi, comprenait celle d'hypothéquer. — M. Chauveau adopte l'opinion contraire, qui paraît avoir été admise dans la discussion dont la loi de 1841 a été précédée. Abstraction faite d'ailleurs des débats législatifs, il pense que la prohibition d'aliéner doit être restreinte à ce qu'on entend vulgairement par une aliénation, et ne doit pas s'étendre aux hypothèques. Il est, observe-t-il, de la nature d'une prohibition d'être circonscrite dans ses termes; c'est ainsi que la jurisprudence a décidé que la faculté donnée par le contrat de mariage au mari d'aliéner l'immeuble dotal, avec le consentement de sa femme, ne comprend pas le droit d'hypothéquer cet immeuble. Aussi déjà, sous l'ancienne législation, la question était-elle résolue contrairement à l'opinion de Carré par MM. Favard de Langlade, t. 5, p. 54, n. 1, Lachaize, t. 1, p. 292, n. 262, et Thomine-Desmazures, t. 2, p. 229. A plus forte raison, l'est-elle de la même manière, depuis la nouvelle loi, par MM. Paignon, t. 1, p. 98, n. 43; Persil fils, *Comm.*, p. 131; Duvergier, t. 41, p. 240; Jacob, p. 367; Dalloz, n. 665 et suiv.; Bioche, n. 256, et Colmet-Daage, t. 2, p. 328, n. 932. — V. aussi conf., notre *Formul. annot.*, t. 2, p. 640, n. 30.

583. L'établissement d'une servitude sur l'immeuble saisi a-t-il le caractère d'une aliénation tombant sous la prohibition de l'art. 686? L'affirmative résulte d'un arrêt de la Cour de Paris du 5 avr. 1864 (*J. Av.*, t. 90, p. 314). Conf., notre *Formul.*, *loc. cit.*, n. 29. — La servitude, en effet, est un démembrement de la propriété, et, pas plus que l'usufruit, elle ne saurait être constituée par le débiteur sur l'immeuble saisi, postérieurement à la transcription, parce qu'il y aurait là une véritable aliénation partielle.

584. Mais il n'en est pas de même du bail de l'immeuble saisi que le débiteur passerait après la transcription, à moins que sa longue durée ne dût le faire considérer comme une aliénation de la jouissance, et c'est à tort, selon nous, qu'un arrêt de la Cour de Toulouse du 26 fév. 1852 (*J. Av.*

t. 77, p. 164), a jugé le contraire. Seulement, le bail serait sans profit pour le saisi, à raison de l'immobilisation dont les loyers et fermages sont frappés à partir de la transcription, en vertu de l'art. 685.

585. (Q. 2294). *Par qui peut être opposée la nullité de la vente faite par le saisi après la transcription? Quelle est l'influence, relativement à cette vente, de la mainlevée consentie et de la radiation opérée ou non? Quel est le droit d'un second saisissant ?*

M. Chauveau fait remarquer que l'immeuble saisi n'étant point le gage des créanciers chirographaires, qui peuvent seulement s'en faire attribuer le prix lorsqu'il n'y a pas de privilège ou d'hypothèques, il s'ensuit que ces créanciers ne sauraient être admis à se plaindre de ce que l'immeuble de leur débiteur aurait été vendu par lui. L'auteur pense donc que la nullité de la vente faite par le saisi, même après la transcription, n'est que relative, et ne peut être demandée que par les parties intéressées, c'est-à-dire par le poursuivant ou par les créanciers inscrits. C'est ce que la Cour de cassation a jugé, les 5 déc. 1827 (*J. Av.*, t. 35, p. 81), et 9 déc. 1833 (t. 51, p. 433).

586. Il a été cependant jugé par deux arrêts, l'un de la Cour d'Angers, du 2 déc. 1818, l'autre de la Cour de Lyon, du 16 janv. 1819 (t. 20, p. 527), que l'acquéreur lui-même a le droit de demander la nullité de son acquisition. M. Lachaize, t. 1, p. 296, n. 264, approuve la doctrine de ces arrêts, pour le cas au moins où le montant de la vente ne suffit pas pour mettre l'acquéreur en mesure de remplir les conditions de l'art. 687 : comment, dit cet auteur, forcerait-on l'acquéreur à exécuter un contrat qui n'a par lui-même aucune consistance, et qui tombe sur la simple réclamation du moindre créancier inscrit ? — M. Jacob, p. 367, enseigne, d'une manière absolue, que l'acquéreur a le droit d'exciper de la nullité de la vente. — M. Chauveau pense, au contraire, que celui qui a acheté dans de telles circonstances n'est pas fondé à se plaindre, sauf le cas de fraude où le vendeur lui aurait caché artificieusement sa position, et qu'il ne peut demander la nullité de la vente ni contre le saisi avec lequel il a contracté, ni contre les créanciers inscrits qui voudraient exécuter le contrat.

586 *bis.* La Cour de Limoges, le 17 déc. 1846 (*J. Av.*, t. 72, p. 115), dans une espèce où le saisissant s'était lui-même rendu acquéreur de l'immeuble, et la Cour de Bordeaux, le 1er août 1851 (t. 77, p. 184), dans une espèce où l'acquéreur était un tiers, se sont prononcées dans le même sens. Telle est aussi l'opinion de MM. Thomine-Desmazures, t. 2, p. 229; Persil fils, *Comm.*, p. 136 et suiv., n. 149, 150 ; Duvergier, t. 41, p. 242 ; Dalloz, n. 652 ; Bioche, n. 263; Colmet-Daage, t. 2, p. 328, n. 931. V. également notre *Formul. annot.*, p. 641, n. 36.

587. C'est également avec raison, selon M. Chauveau, que, sous l'empire du Code de 1807, la Cour de cassation avait décidé, le 19 juill. 1842 (*J. Av.*, t. 63, p. 566), que le tiers qui achète un immeuble qu'il sait être saisi se rend passible de dommages-intérêts, s'il n'exécute pas la convention.

588. Notre auteur admet aussi, avec deux arrêts de la Cour de Grenoble des 27 juin 1817 et 3 avril 1821 (*J. Av.*, t. 20, p. 497), que les créanciers inscrits peuvent arguer la vente de nullité, quoiqu'ils n'aient reçu aucune notification, parce que c'est un droit inhérent à leur qualité. Mais l'arrêt du 3 avril 1841 lui paraît avoir jugé à bon droit que la nullité est couverte quand l'acquéreur a notifié sa vente aux créanciers, qu'aucune surenchère n'a été faite et qu'un ordre a eu lieu pour la distribution du prix.

589. La Cour de Rouen a également décidé, le 28 déc. 1861 (t. 88, p. 22), que la nullité de la vente consentie par le débiteur postérieurement à la transcription de la saisie, ne peut plus être demandée par les créanciers inscrits, lorsqu'ils ont reçu la notification du contrat de vente, et laissé passer les délais sans surenchérir, et qu'un ordre a été ouvert.

590. M. Chauveau, examinant la question de savoir si la vente consentie par le saisi, avec l'adhésion du poursuivant qui donne mainlevée de la saisie, est valable, alors même que la transcription opérée n'a pas été rayée, n'hésite pas à se prononcer pour l'affirmative. L'existence de la transcription peut, il est vrai, dit-il, induire les autres créanciers en erreur et leur faire croire que la voie de subrogation leur permettra de mener à fin les poursuites; mais, lorsque l'irrégularité sera découverte, la négligence du saisi sera punie par le paiement des frais exposés, sans que le créancier puisse se prévaloir de la transcription pour prétendre que la saisie existe encore, nonobstant la mainlevée du poursuivant (V. le *Formul. de procéd.* de notre auteur, t. 2, p. 97, à la note).

591. La jurisprudence confirme cette doctrine. En effet, si le tribunal de la Seine a jugé, le 17 avril 1849 (*J. Av.*, t. 74, p. 315), que la mainlevée, antérieure à la vente, n'a pas pour effet de valider cette vente lorsque la mainlevée n'a pas été suivie de la radiation, la Cour de Paris, le 13 mars 1852 (*J. Av.*, t. 77, p. 286), celle de Lyon, le 24 août 1854 (*J. Av.*, t. 80, p. 74), le tribunal civil de Muret, le 1er fév. 1850 (*J. Av.*, t. 76, p. 353), et le tribunal de Blois, le 26 mai 1852 (*J. Av.*, t. 78, p. 227), ont admis qu'il n'était nullement nécessaire que la radiation fût opérée pour que l'aliénation fût valable. L'avant-dernière décision est même allée plus loin, car elle a validé la donation d'un immeuble dont la saisie avait été transcrite, par cela seul que le saisissant, seul créancier hypothécaire, avait été désintéressé avant la donation, bien qu'aucune mainlevée ni radiation n'eût été effectuée.

592. Mais l'arrêt précité de la Cour de Lyon a méconnu les principes, selon M. Chauveau, lorsqu'il a ajouté que la mainlevée du poursuivant dans une vente sur conversion, avant la sommation aux créanciers inscrits, suffit pour valider la vente, bien que des créanciers inscrits, intervenus dans la procédure avant cette vente, n'eussent pas donné leur consentement. Depuis leur intervention, dit l'auteur, ces créanciers étaient parties dans la procédure, et la vente ne pouvait être valablement faite sans leur adhésion. Il me paraît impossible d'attribuer une cause rationnelle à l'intervention des créanciers inscrits et de lui faire produire un effet quelconque, si on ne décide pas que cette intervention empêche le poursuivant et le saisi de rester maître absolus de la procédure.

593. Lorsqu'une saisie n'a pas été transcrite à cause de l'existence d'une première saisie, la mainlevée du premier saisissant suffira-t-elle pour permettre au saisi de vendre l'immeuble? M. Chauveau pense qu'en pareil cas, le second créancier est tout aussi bien *saisissant* que le premier; qu'il ne peut pas être considéré comme poursuivant, parce que ce droit appartient à celui que l'a devancé; mais que son droit n'est pas éteint, qu'il sommeille seulement; de sorte qu'en cas de négligence ou d'abandon de la part du saisissant, il devient lui-même poursuivant. Le premier saisissant n'a donc plus un pouvoir complet d'anéantir la poursuite et ses effets, en accordant la mainlevée. Le conservateur mentionne la mainlevée de ce premier saisissant, mais cette mainlevée n'opère pas la radiation de la saisie; autrement les précautions prescrites par la loi seraient illusoires. — En matière de saisie-exécution, observe notre auteur, les art. 611 et 612 révèlent l'effet d'une seconde saisie; le procès-verbal de récolement ouvre immédiatement le droit de faire vendre les meubles, à défaut du premier saisissant. Des art. 720 et suiv., il résulte aussi que, faute par le premier saisissant de donner suite à la procédure, le second obtient la subrogation; on ne pouvait déclarer que cette subrogation serait de droit, parce qu'il fallait, en matière aussi grave, faire apprécier par la justice la réalité de l'abandon des poursuites. Il y a même un cas où la subrogation a lieu sans le concours du juge, c'est au moment de l'adjudication (art. 702). Voy. *infrà*. — Bien qu'une décision contraire ait été plus ou moins expressément consacrée par la Cour de Paris, le 14 fév. 1834 et par la Cour de cassation, le 14 mars 1835 (*J. Av.*, t. 47, p. 684; t. 48, p. 291), ainsi que par les tribunaux de la Seine et de Blois, dans leurs jugements précités, et par le tribunal de Vervins, le 27 nov. 1857 (t. 83, p. 232), M. Chauveau déclare maintenir son opinion, qui est partagée par MM. Dalloz, n. 844, et Duvergier, t. 41, p. 251.

594. Si aucune difficulté sérieuse ne peut exister lorsque la seconde saisie est postérieure à la vente, puisque l'immeuble est régulièrement sorti des mains du débiteur, il n'en est pas de même lorsque cette seconde saisie, étant antérieure à la vente, n'a pu être transcrite à cause de l'existence de la première saisie, dont il n'a pas encore été donné mainlevée. — Le second créancier a fait alors tout ce que la loi lui permettait pour assurer l'exercice de ses droits sur l'immeuble de son débiteur. Si l'on admet que, dans une telle position, il suffit que le premier saisissant donne mainlevée pour que la vente amiable soit valable, il est évident, selon la remarque de M. Chauveau, que le second saisissant est complètement sacrifié, et qu'il subit un préjudice qu'il lui est impossible d'éviter. La seconde saisie ne pouvant être transcrite qu'autant que la première est rayée, et le saisi ayant le soin de ne faire procéder à la radiation qu'après la vente, les droits du second saisissant se trouvent entièrement paralysés par l'entente du premier saisissant et du débiteur commun. Notre auteur non seulement regarde un tel résultat comme inadmissible, mais va jusqu'à penser que le fait seul de la radiation, qui rend au second saisissant sa liberté d'action, ne suffit pas pour valider la vente.

595. Tout en reconnaissant que le système de M. Chauveau est conforme à l'esprit dans lequel a été rédigée la loi de 1841, on l'a combattu par l'objection suivante : Dans la pratique, aucun texte ne prescrivant un autre mode de procéder, lorsqu'une seconde saisie est présentée au conservateur, il se borne à inscrire en marge de cette seconde saisie la mention d'une saisie antérieure; il ne mentionne point la seconde saisie en marge de la première; d'où il résulte que l'acquéreur ou le premier saisissant et le saisi peuvent, sans se préoccuper du second saisissant, ou consentir à l'amiable des mainlevées pures et simples de la première saisie, ou vendre, acheter, et obliger le conservateur, auquel rien ne rappelle qu'une seconde saisie lui a été présentée, à rayer la première. Lorsque cette saisie aura été rayée, comment le second saisissant pourra-t-il donc parvenir à faire reconnaître les droits que le législateur semble avoir voulu consacrer en sa faveur?

596. M. Chauveau ne s'est pas dissimulé, dit-il, la force brutale de cette objection, qui paraît même avoir entraîné la jurisprudence; mais voici comment il propose de tourner la difficulté.

597. Ce qui met en péril les droits du second saisissant, c'est de n'être pas connu du conservateur ou du poursuivant, car le saisi a reçu la dénonciation de la seconde saisie. *Vigilantibus jura subveniunt.* Que le second saisissant fasse connaître officiellement sa saisie au poursuivant et au conservateur, avec défense au premier de consentir à aucune mainlevée sans l'appeler, et au second d'opérer aucune radiation sans son consentement; et que, dans chacun des deux actes, mention soit faite de la notification adressée à l'une et à l'autre de ces deux personnes : on peut affirmer qu'il n'y a pas un seul conservateur qui consente à rayer la première saisie, sans que le poursuivant ait fait statuer sur cette opposition. On conçoit qu'en l'absence de semblables notifications, le tribunal puisse méconnaître les droits du second saisissant, dont l'existence n'avait point été révélée; mais ne serait-ce pas une souveraine injustice de valider des ventes ou des mainlevées faites ou données frauduleusement au mépris de droits manifestement connus? L'acquéreur, dans ce cas, suivant M. Chauveau, ne devra pas se contenter d'obtenir une mainlevée du saisi et du poursuivant; il devra s'assurer si le conservateur voudra et pourra opérer la radiation.

598. Entre cette solution, qui respecte et conserve les droits du second saisissant, et une interprétation qui a pour conséquence de rejeter celui-ci dans la classe commune de tous les créanciers chirographaires en poussant même la sévérité jusqu'à lui faire supporter les frais considérables de sa saisie, ainsi que cela a lieu dans le cas d'une vente consentie avant la transcription de la saisie (V. la question suivante), la jurisprudence choisira; quant à lui, il n'hésite pas.

599. (Q. 2296). *Lorsque le saisi a vendu son immeuble avant la transcription, le poursuivant doit-il perdre le montant des frais par lui faits jusqu'à cette vente?*

M. Paignon, t. 1, p. 101, semble adopter l'affirmative. M. Chauveau ne partage pas cette opinion, qui lui paraît souverainement injuste. Les frais que fait un créancier pour obtenir le paiement de ce qui lui est dû forment, dit-il, un accessoire obligé de sa créance; ils viennent en augmenter le montant, et rien, dans la loi, n'autorise à décider que, dans le cas ci-dessus, le privilège qui y est attaché doive s'évanouir par l'effet d'une vente volontaire consentie la veille de la transcription.

600. Après la vente, le créancier poursuivant fera sommation à l'acquéreur d'avoir à payer ou à délaisser; faute de paiement, il jettera sur l'immeuble une nouvelle saisie, ou bien il formera une surenchère, s'il y a lieu. Quand viendra l'ordre, il demandera collocation pour les frais qu'il aura été obligé de faire. Que lui opposera-t-on? Que les premiers frais sont devenus inutiles? Est-ce sa faute? Non, il usait d'une voie légale. Un tiers est venu prendre la place du débiteur, il a dû recommencer une poursuite contre ce tiers, mais le but, dans les deux instances, a été le même, *le paiement de la créance*.

M. Chauveau reconnaît toutefois que la position du poursuivant sera plus délicate, s'il est simple créancier chirographaire. La vente, faite avant la transcription, pourra alors le priver non-seulement du droit de continuer la poursuite, mais encore de toute espèce de recours, si cette vente a été faite moyennant un paiement comptant. Mais l'auteur observe, d'un côté, qu'il est fort rare que des créances constituées par acte authentique ne confèrent pas d'hypothèque; et, de l'autre, que le créancier chirographaire est, malheureusement, exposé fort souvent à faire des frais inutiles : par exemple, si le débiteur n'a pas de meubles, ce qui donne lieu à un procès-verbal de carence; s'il est prouvé qu'une saisie-arrêt a été faite sur un individu qui ne devait rien au débiteur, etc., etc.

601. (Q. 2297). *Contre qui doivent être dirigées les actions que des tiers auraient à intenter relativement aux immeubles saisis?*

Malgré la défense qui lui est faite de disposer de l'immeuble, le saisi n'en demeure pas moins seul propriétaire; c'est contre lui, par conséquent, comme le dit M. Chauveau, que doivent être dirigées les actions des tiers, telles que la demande en révocation formée par le donateur de l'immeuble, la réclamation d'une servitude, etc., et les jugements qui interviendraient avec lui sur ces instances ne pourraient être frappés de tierce opposition par le saisissant; car le saisi l'y aurait valablement représenté. Conf., Cass., 3 fév. 1836 (*J. Av.*, t. 50, p. 310); Amiens, 30 janv. 1825 (S. V. *Collect. nouv.*, 8.2.18). — Tel est aussi l'avis de MM. Persil fils, *Comm.*, p. 134, n. 144; Bioche, n. 267, et Colmet-Daage, t. 2, p. 326, n. 930.

602. (Art. 687). *Qu'entend l'art.* 687 *en disant que l'aliénation faite par le débiteur après la transcription de la saisie* aura son exécution *dans le cas de consignation par l'acquéreur de ce qui sera dû aux créanciers inscrits et au saisissant?*

M. Chauveau explique au texte, p. 607, en note, que ces mots : *aura son exécution,* signifient que l'aliénation sera considérée comme parfaite du jour même de l'acte; les termes de la loi l'indiquent, observe-t-il, et cette interprétation est, du reste, conforme à l'art. 1179, Cod. civ.

603. (Q. 2300). *Comment doit-on interpréter ces expressions différentes des art.* 687 *et* 689, *relatifs à la consignation à faire par l'acquéreur:* « Avant le jour fixé pour l'adjudication »;... « Avant l'adjudication »?

Dans tous les projets, fait remarquer M. Chauveau, les art. 687 et 689 portaient *avant l'adjudication*; de ces expressions il résultait, pour l'acquéreur, le droit de consigner et de signifier l'acte de consignation *une seconde avant l'adjudication,* et d'arrêter la mise aux enchères, en justifiant au tribunal de la consignation et de la signification exigées. Mais, lors de la discussion, à la Chambre des députés, la commission substitua, dans l'art. 687 seulement, à ces mots : *avant l'adjudication,* ceux-ci : *avant le jour de l'adjudication.*

604. Quoiqu'il ait été bien entendu, dit M. Chauveau, que c'était là un simple changement grammatical, il n'en résulterait pas moins des termes de l'art. 687, s'il était seul, qu'à minuit, la veille du jour de l'adjudication, l'acquéreur serait forclos du droit de consigner et de signifier l'acte de consignation, parce que le texte serait formel et ne pourrait céder aux explications contraires les plus explicites. Mais, comme, d'un autre côté, l'art. 689 n'a point attiré l'attention de la Chambre, qu'il n'a subi aucune modification, et qu'il rouvre le droit de l'acquéreur de consigner *avant l'adjudication,* il semble permis de décider que la forclusion ne devrait être prononcée que si, au moment de mettre l'immeuble saisi aux enchères, l'acquéreur, au lieu de justifier de la consignation et de la signification, se contentait de faire des offres verbales dont la discussion entraînerait un délai, ce que la loi défend formellement. Tel est aussi l'avis de MM. Dalloz, n. 682, et Bioche, n. 269; et c'est également celui que nous avons adopté dans notre *Formul. ann.*, t. 2, p. 641, n. 41. — Mais V. en sens contraire, M. Persil fils, *Comm.*, p. 149, n. 167.

605. Il a été jugé que celui de deux acquéreurs successifs d'immeubles saisis, qui a le premier fait transcrire son contrat, doit être préféré à l'autre, bien qu'il n'ait fait qu'après celui-ci la consignation prescrite, par l'art. 687, pourvu qu'il l'ait opérée antérieurement à l'adjudication : Cass., 22 juill. 1872 (*J. Av.*, t. 98, p. 241).

606. (Q. 2304). *La consignation exigée par l'art.* 687 *peut-elle être faite et signifiée après l'adjudication, s'il y a revente par suite de surenchère ou de folle enchère?*

Carré, au texte, embrasse l'affirmative; et M. Chauveau dit, de son côté, que rien n'empêche, si l'adjudication tombe ou est annulée par un motif quelconque, que le débiteur ne consigne avant la nouvelle adjudication. C'est aussi l'avis de MM. Dalloz, n. 685; Persil fils, *Comm.*, p. 147, n. 163; Bioche, n. 269, et le nôtre. V. notre *Formul. annot.*, p. 641, n. 43.

607. (Q. 2301). *La consignation doit-elle être précédée d'offres au saisi et aux créanciers?*

Non, répond Carré, au texte, puisque ces offres seraient inutiles, le saisi ne pouvant pas toucher à cause des inscriptions, ni l'acquéreur se libérer valablement entre les mains des créanciers sans le consentement du saisi, qui peut contester leurs prétentions.

Le silence de la loi relativement aux offres détermine M. Chauveau à adopter cette opinion, qui est également celle de MM. Pigeau, *Comment.*, t. 2, p. 313; Persil fils, *Comm.*, p. 145, n. 157, et Dalloz, n. 684. Nous l'avons également admise dans notre *Formul. annoté*, p. 642, n. 50. Mais M. Bioche, n. 272, pense, au contraire, qu'il peut être utile de faire des offres au vendeur, en observant que c'est ce qui a lieu dans l'usage.

608. (Q. 2302). *La signification de l'acte de consignation doit-elle être faite à chacun des créanciers individuellement?*

Carré, au texte, exprime l'opinion que l'acte de consignation doit être signifié *aux créanciers inscrits*, sans en excepter aucun, parce que si le législateur avait entendu permettre ici de restreindre le nombre de significations à faire, on doit présumer que, pour ne rien laisser à l'arbitraire, il l'aurait déclaré, et qu'il eût fixé ce nombre, ainsi qu'il l'a fait pour d'autres significations. M. Chauveau ajoute que la signification individuelle est évidemment exigée par la loi nouvelle, comme elle l'était par la loi ancienne. Il fait observer que l'article proposé aux Chambres contenait même le mot *tous*, auquel on a substitué, sans que le motif en ait été indiqué, la locution que contient l'art. 687 et qui est d'ailleurs tout aussi explicite. — *Adde* conf., notre *Formul. annot.*, p. 641, n. 46.

609. (Q. 2303). *Que doit-on entendre par le mot* saisissant *de l'art. 687? Quelle est la position d'un second saisissant dont la saisie n'a pas été transcrite à cause de l'existence de la première? Un créancier chirographaire conserve-t-il ses droits en intervenant?*

M. Chauveau remarque que le projet envoyé aux Cours contenait l'expression *des saisissants*, et que rien ne met sur la trace du motif qui aurait fait substituer le singulier au pluriel dans le projet soumis aux Chambres, en 1839. M. Pascalis avait ainsi expliqué la première rédaction : « Nous di- « sons *des saisissants* et non du poursuivant, parce que plusieurs saisies « successives peuvent frapper les mêmes immeubles. » En effet, dit M. Chauveau, les art. 719 et suivants supposent qu'il peut y avoir plusieurs saisies. Il n'y a aucun motif pour priver le second ou le troisième saisissant du bénéfice de sa poursuite; d'où il faut conclure que l'acquéreur sera obligé de consigner une somme suffisante pour désintéresser tous les créanciers saisissants.

610. Mais il peut s'élever une difficulté assez sérieuse résultant des termes des art. 719 et 720; c'est celle qui consiste à savoir jusqu'à quelle époque une saisie nouvelle pourra attribuer à celui qui la fera le caractère de *saisissant*, emportant obligation pour l'acquéreur de le désintéresser. On suppose, bien entendu, que le nouveau saisissant n'est pas créancier inscrit, parce que, autrement, l'art. 687 le comprendrait dans ses premières expressions. Il semblerait résulter des art. 719 et 720, dit à cet égard M. Chauveau, qu'une seconde ou une troisième saisie ne peuvent être jointes à la première, après le dépôt du cahier des charges; cependant notre auteur décide, sous la quest. 2414 *quater* (*infrà*), que les juges auraient le droit, même alors, d'ordonner la jonction. — Si, dans le cas prévu par l'art. 719, observe-t-il, la jonction a été ordonnée, l'acquéreur devra désintéresser les poursuivants dont la procédure aura été jointe. — S'il n'y a pas eu jonction, chaque saisie devra être considérée isolément. — Dans le cas des art. 680 et 720, le second saisissant sera assimilé au poursuivant pour les biens compris dans les deux saisies, et à raison desquels la seconde saisie n'aura pas été transcrite; il sera de plus poursuivant pour les biens non compris dans la première, si la seconde est plus ample. Enfin, quand les deux saisies auront été réunies dans la même poursuite, et que le premier saisissant aura pris la direction de toute la procédure, le second saisissant, dont le rôle sera désormais passif, n'en conservera pas moins sa qualité de saisissant, et la disposition de l'art. 687 lui sera applicable. Conf. M. Dalloz, n. 680; notre *Formul. annot.*, p. 641, n. 5.

611. Un créancier chirographaire ne peut donc, selon notre auteur, se rendre cosaisissant, et invoquer le bénéfice de l'art. 687, qu'en suivant la voie qui vient d'être indiquée, si d'ailleurs aucun autre moyen plus direct ne lui est fourni par la procédure. — Rien de plus simple, si le saisissant laisse passer le délai pour la signification d'un acte de la poursuite; car, alors, la subrogation fournit au créancier chirographaire un moyen facile de se substituer au saisissant. Mais si le saisissant se conforme à la loi, ou si, après avoir fait tous les actes nécessaires, il n'y a plus qu'à attendre l'expiration d'un délai pour procéder à l'adjudication, le créancier chirographaire ne pourra évidemment procéder par voie de subrogation, puisqu'il n'y a ni fraude, ni collusion, ni négligence.

Pourra-t-il intervenir dans l'instance en saisie immobilière pour conclure à une subrogation éventuelle, et s'opposer à ce que la vente soit validée, si la consignation ne comprend pas une somme suffisante pour le désintéresser?

L'intérêt du créancier chirographaire est incontestable. L'adjudication sur saisie immobilière peut donner un excédant de prix sur les créances hypothécaires et sur celle du saisissant, dont il profitera, tandis que la consignation peut lui enlever toute ressource, si le prix de la vente a été calculé de façon à n'atteindre que le chiffre des créances inscrites et de celle du saisissant. L'intérêt qui doit faire admettre son intervention est le même que celui qui fait admettre sa demande en subrogation. D'un autre côté, on peut dire que la procédure de saisie immobilière constitue, sinon une véritable instance, du moins une procédure spéciale différente des procédures de pure exécution, sujette à péremption dans les formes ordinaires, et que l'effet de l'intervention admise est de rendre l'intervenant partie dans cette procédure. — Sans contester ces raisons, dit M. Chauveau, on peut néanmoins objecter que le créancier chirographaire reçu intervenant dans la poursuite pourra bien y assister pour la conservation de ses droits, mais qu'il n'y figurera ni comme créancier inscrit, ni comme saisissant; qu'il sera spectateur passif, et ne deviendra recevable à critiquer la consignation opérée par l'acquéreur qu'en prouvant qu'il y a eu fraude ou collusion entre le vendeur et l'acquéreur. Sans doute les tribunaux pourront prendre en grande considération les motifs qu'il invoquera pour empêcher que la vente ne soit validée. Mais on ne peut pas dire qu'une intervention transforme le créancier chirographaire en créancier saisissant, et l'assimile à un créancier subrogé aux poursuites. Il ne reste donc que la marche tracée plus haut.

612. (Q. 2305 bis). *L'acquéreur doit-il consigner une somme suffisante pour désintéresser tous les créanciers qui étaient inscrits au moment de son acte d'acquisition, quoique, plus tard, ces créanciers n'aient pas renouvelé leurs inscriptions, qui se trouvent périmées au moment de la consignation?*

Le tribunal civil de Toulouse a adopté l'affirmative par un jugement du 26 nov. 1842 (*J. Av.*, t. 73, p. 309). Pour envisager sous toutes ses physionomies la difficulté tranchée par ce jugement, on doit se demander : 1° si la notification de la saisie aux créanciers inscrits les dispense de renouveler leur inscription; 2° si la vente, nulle de plein droit, produit, par rapport aux inscriptions existantes au moment où elle a lieu, un effet attributif; 3° si l'acquéreur n'est tenu de consigner que le montant des créances inscrites au jour de la vente.

613. S'il faut reconnaître, dit ici M. Chauveau, que le législateur, après avoir frappé d'inaliénabilité l'immeuble saisi, n'a pas entendu traiter avec beaucoup de faveur le contrat dont il commençait par proclamer la nullité de plein droit, on ne peut créer des règles spéciales à l'occasion d'une position particulière. Il est généralement admis que la procédure de saisie immobilière ne dispense pas les créanciers de renouveler leurs inscriptions (Voy. *infrà*, Q. 2327); le créancier qui n'a pas renouvelé son inscription n'est donc plus créancier inscrit; donc l'acquéreur n'est plus tenu de payer le montant de sa créance. Il n'y a qu'un créancier qu'il est forcé de payer, quoiqu'il ne soit que chirographaire, c'est le poursuivant. Pour tous les autres, il peut, à ses risques et périls, ne consigner qu'autant qu'ils auront conservé, par l'inscription, leur droit hypothécaire. L'acquéreur porteur d'un titre nul en soi, au regard des créanciers de son vendeur, peut différer jusqu'à l'adjudication d'user du bénéfice que lui accorde l'art. 687. Il peut déterminer son vendeur à satisfaire tel ou tel créancier; il peut enfin espérer que quelques-unes des créances inscrites disparaîtront faute de renouvellement. Jusqu'à la consignation, il n'est rien vis-à-vis des créanciers de son vendeur; ceux-ci n'ont aucune action contre lui; ils devraient renoncer tous à la poursuite commencée pour que la vente pût recevoir son exécution. L'acquéreur est donc libre de choisir le moment où il déclarera sa qualité et voudra s'en prévaloir; à ce moment, la loi l'oblige de consigner somme suffisante pour acquitter ce qui est dû aux créanciers inscrits. Il doit prendre le certificat des inscriptions le jour même de la consignation. Sur ce certificat, il ne trouve pas les créances dont l'inscription n'aura pas été renouvelée; il n'a rien à consigner en ce qui les concerne. Il y trouve, au contraire, toutes les créances inscrites depuis la vente; il ne peut pas obtenir la radiation de la saisie, si ces créanciers ne sont pas désintéressés. L'art. 687 ne dit pas : *l'aliénation ainsi faite sera considérée comme valable si.....*; mais, *aura son exécution si.....* Cette vente, même transcrite, n'a pas dessaisi le vendeur; il a pu accorder des hypothèques à certains créanciers, ou être condamné par jugement à payer des sommes à d'autres créanciers; les uns et les autres ont pu prendre inscription. Une telle vente n'est pas faite sous une condition suspensive; les art. 1179 et 2125 ne sont pas applicables à cette espèce particulière de contrat. Quoiqu'il soit nul *ab initio*, la loi lui rend, pour ainsi dire, l'existence quand il ne peut plus être contesté par aucune partie intéressée. Dans une poursuite de saisie immobilière, les seules parties intéressées ne peuvent être que le poursuivant et les créanciers inscrits; en les désintéressant, l'acquéreur jouit de la qualité complète de propriétaire.

614. De ces principes, M. Chauveau conclut que le tribunal de Toulouse a mal à propos considéré comme créancier inscrit pouvant demander la nullité de la vente un créancier dont l'inscription était périmée au moment où il voulait se faire subroger. Mais si la saisie n'avait pas été rayée, et si les choses eussent été encore entières, c'est-à-dire si la consignation n'avait pas eu lieu, ce créancier, observe-t-il, pouvait, en sa qualité de simple créancier chirographaire, demander la subrogation, et forcer alors l'acquéreur à le désintéresser, s'il voulait user du bénéfice de la vente qui lui avait été consentie. — (V. *infrà*, Q. 2335 et 2416 *ter*). Il aurait encore atteint le même résultat en prenant de nouveau inscription avant la consignation. C'est ce que la Cour de Grenoble a décidé, le 17 avril 1858 (*J. Av.*, t. 84, p. 478), dans une espèce où le créancier subrogé prétendait faire annuler une vente consentie avant l'existence de son hypothèque, et alors que le poursuivant et tous les créanciers inscrits avaient été désintéressés. Elle a repoussé cette prétention et admis ce créancier à exciper de la nullité des ventes postérieures à son hypothèque.

615. (Art. 687). *La consignation doit-elle comprendre le montant des* *créances à hypothèque légale ou autres non inscrites au moment de l'aliénation?*

Carré, avant la loi de 1841, soutenait la négative, et disait que l'acquéreur avait seulement à se mettre en règle pour purger les hypothèques des créanciers non inscrits lors de l'aliénation. Cette opinion a été embrassée par MM. Dalloz, vº *Vente publ. d'imm.*, n. 676, et Bioche, n. 277. M. Persil fils, n. 154, enseigne, au contraire, que la consignation doit s'étendre aux créances garanties par des hypothèques non inscrites. « Elles grèvent, dit-il, l'immeuble aussi bien que les autres, et il n'appartient pas au débiteur de les rendre illusoires par une aliénation contre laquelle la loi elle-même, tout en la permettant à certaines conditions, prend des précautions extrêmes. » — M. Chauveau répond que ces créances ne sont pas rendues illusoires par un défaut de consignation pour leur montant, car les créanciers conserveront leurs droits sur l'immeuble aliéné. V. aussi notre *Formul. annot.*, p. 642, n. 47.

616. Quant aux créanciers chirographaires, ajoute M. Chauveau, aucune consignation ne doit être faite pour le montant de leurs créances, et ils ne peuvent inquiéter l'acquéreur. Leur seul droit, selon la remarque de M. Persil fils, n. 156, est désormais de former opposition sur le prix, *s'il est supérieur aux dettes hypothécaires.*

617. (Q. 2305 ter). *L'acquéreur est-il tenu de consigner une somme suffisante pour désintéresser les créanciers à hypothèques légales non inscrites qui ont été appelés dans la poursuite, conformément aux art.* 692 *et* 696, *et qui se sont abstenus de prendre inscription ?*

L'obligation de consigner, observe M. Chauveau, n'est imposée à l'acquéreur que dans l'intérêt des créanciers inscrits et du saisissant. Les incapables dont l'hypothèque est dispensée d'inscription doivent, pour bénéficier des dispositions de notre article, s'empresser de la faire inscrire; ils seront alors assimilés aux autres créanciers. Jusque-là, ils seront réputés ne mettre aucun obstacle à l'aliénation, et l'acquéreur n'aura pas à s'en préoccuper. Conf., notre *Formul. annot., loc. cit.* — MM. Olivier et Mourlon, *Saisie immobilière*, p. 370, n. 179, déclarent que, sous peine de rendre l'art. 687 inexécutable, il faut que la consignation soit possible. Or, pour cela, il est nécessaire que les sommes à déposer soient déterminées et qu'il n'existe pas d'incertitude sur leur quotité : dans la plupart des cas, les hypothèques des femmes, des mineurs, des interdits, ne peuvent se traduire en un chiffre même approximatif. L'acquéreur se trouvera donc en présence de l'inconnu. Comment devra-t-il agir? Selon ces auteurs, l'art. 687 sera inapplicable toutes les fois qu'il existera sur l'immeuble aliéné des hypothèques indéterminées quant aux sommes garanties; qu'elles soient ou qu'elles ne soient pas inscrites, la saisie suivra son cours, malgré l'aliénation, pourvu que l'immeuble grevé ait été aliéné par le saisi depuis la mention des sommations au bureau des hypothèques.

618. M. Chauveau se refuse à admettre cette opinion. D'abord, dit-il, la circonstance que l'aliénation a été antérieure aux sommations n'exerce aucune influence sur la solution de la question, si le poursuivant n'a pas donné mainlevée de la saisie transcrite au moment de la vente, et si, dans l'ignorance de cette vente, les poursuites ont été continuées et les sommations faites, alors d'ailleurs que la consignation n'est opérée qu'après ces sommations. Ensuite, dans le système de la loi, on ne doit avoir égard qu'aux créanciers inscrits et aux saisissants, parce que seuls les créanciers qui se sont ainsi fait connaître ont manifesté leur droit de mainmise sur l'immeuble et sur son prix. Les sommations aux créanciers à hypothèque légale n'ont d'autre objet que de les inviter à l'exercice de leurs droits.

Tant qu'ils gardent le silence, ils sont réputés renoncer à les faire valoir, et l'acquéreur n'a pas à se préoccuper d'eux.

619. Qu'arrivera-t-il, au surplus, s'il n'y a pas adjudication et que la vente soit validée par la consignation? Les sommations déjà faites n'auront aucune efficacité quant à la purge, puisque la poursuite, au lieu d'aboutir à son dénoûment régulier, l'adjudication aux enchères, sera brusquement arrêtée, et qu'une vente consentie incidemment sera rétroactivement rendue valable. Pour purger les hypothèques dispensées d'inscription, il sera indispensable de recourir aux formalités de droit commun, et les représentants des incapables jouiront de toute la latitude accordée par la loi pour inscrire, surenchérir ou laisser purger. Tout en pensant, avec M. Seligman, *Explic. de la loi du* 21 *mai* 1838, p. 168, n. 39, et contrairement à l'opinion de M. Chauveau, que, par l'effet de la mention de la sommation au bureau des hypothèques, le créancier à hypothèque légale non inscrite devient partie dans la poursuite et est assimilé aux créanciers inscrits, M. Pont déclare qu'il faut excepter de cette assimilation le cas prévu par l'art. 687.

620. M. Persil fils, n. 160, est d'avis que l'acquéreur n'est pas obligé de consigner le montant d'une créance qui n'est pas liquide; mais M. Chauveau ne partage pas ce sentiment. Compar., Cass., 10 janv. 1838.

621. (Q. 2311). *La consignation serait-elle suffisante pour arrêter les poursuites, si elle était inférieure au montant des créances inscrites, quoique égale au prix de l'aliénation?* Quid *si elle ne comprenait pas les créances inscrites non échues?*

Non, sans contredit, répond sur le premier point Carré, au texte, puisque la loi exige que la consignation soit d'une somme suffisante pour acquitter les créances inscrites. Ainsi, l'acquéreur qui veut valider son acquisition doit consigner même au delà de son prix, sauf son recours contre le vendeur. M. Chauveau ajoute que cela est de toute évidence, surtout après la discussion qui a précédé l'adoption du nouvel art. 687. Conf., M. Dalloz, n. 672; notre *Formul. annot.*, p. 642, n. 48.

622. La Cour de Nîmes, par un arrêt du 11 fév. 1856 (*J. Av.*, t. 83, p. 149), avait validé une vente d'immeubles saisis ayant pour unique objet de fournir au débiteur le moyen de désintéresser le poursuivant.

623. La Cour de cassation a annulé cet arrêt le 3 mai 1858 (t. 83, p. 572), en décidant que, pour que l'aliénation d'un immeuble saisi, faite après la transcription de la saisie, puisse recevoir son exécution, il faut qu'avant le jour de l'adjudication, l'acquéreur consigne somme suffisante pour acquitter en principal, intérêts et frais les créances inscrites et celles du saisissant, sans distinction entre les créances exigibles et celles qui ne le sont pas; qu'il ne suffit point de consigner les intérêts échus de ces dernières.

624. (Q. 2310). *L'approbation donnée à la vente par tous les créanciers inscrits et le saisissant, ou l'acceptation des offres qui leur sont faites, équivalent-elles à la consignation?*

Solution affirmative de la part de M. Chauveau, motivée sur ce que, la consignation n'étant faite que dans l'intérêt des créanciers inscrits et des saisissants, ils sont libres d'accepter en remplacement toute autre condition. Conf., M. Persil fils, *Comm.*, p. 146, n. 161.

625. Sous l'empire de l'ancienne loi, il avait été jugé que la nullité de la vente faite par le saisi, postérieurement à la dénonciation de la saisie, devait être prononcée en Cour d'appel lorsque le saisi ne rapportait pas la ratification formelle des créanciers inscrits et la mainlevée de leurs inscriptions, quoique le jugement de première instance eût ordonné un sursis à cet effet : Lyon, 16 janv. 1819 (*J. Av.*, t. 20, p. 527).

626. (Q. 2309). *L'acquéreur ne peut-il obtenir de sursis pour faire la consignation, même dans le cas où les créances dont il faut consigner le montant ne sont pas liquides?*

Un sursis peut, dans ce cas, être obtenu par l'acquéreur, répond M. Chauveau, puisqu'il lui est impossible de consigner avant que la liquidation ait été faite. Mais ce n'est pas en raison de sa qualité d'acquéreur qu'il obtiendra ce sursis, c'est en vertu du principe général posé dans l'art. 2213, Cod. civ., et d'après lequel l'expropriation ne peut être poursuivie pour une dette non liquide, principe qui est indépendant des règles contenues dans les art. 687 et suiv. Ainsi l'a jugé la Cour de cassation, par un arrêt du 10 janv. 1838 (*J. Av.*, t. 54, p. 357), qu'approuve M. Dalloz, n. 686. — V. aussi en ce sens, notre *Formul. annot.*, p. 641, n. 44.

627. (Q. 2308). *La partie saisie pourrait-elle, à l'audience fixée pour l'adjudication, demander qu'il y fût sursis, par le motif qu'elle aurait désintéressé le poursuivant et qu'elle offrirait de désintéresser les autres créanciers?*

Carré, au texte, disait qu'il ne le pensait pas, attendu que l'art. 693 (ancien) ne permettait de surseoir à l'adjudication que dans le cas où la consignation aurait été faite, et que des offres ne sont pas une consignation.

628. Cette opinion, qu'avait consacrée un arrêt de la Cour de cassation du 17 juin 1834 (*J. Av.*, t. 49, p. 481), paraît d'autant plus incontestable à M. Chauveau, que le législateur de 1841 a substitué à ces mots, *il ne pourra être sursis à l'adjudication*, ceux-ci : *il ne pourra être accordé de délai pour l'effectuer*. V. dans le même sens, MM. Persil fils, *Comm.*, p. 145, n. 159, et Colmet-Daage, t. 2, p. 334, n. 937.

La commission du Gouvernement avait, dans son projet, retranché les mots *sous aucun prétexte*, et M. Parant (*Rapport au garde des sceaux*) motivait ainsi ce retranchement : « Cette modification était commandée par la « nécessité de mettre la disposition en harmonie avec l'art. 703, car s'il con- « venait d'interdire le sursis, sous le prétexte d'une consignation à opérer « dans un délai plus ou moins bref, il était sage en même temps de ne pas « refuser aux juges la faculté de remettre l'adjudication pour l'une des « causes générales qui ont déterminé la commission à proposer l'art. 703. » Malgré ces raisons, le retranchement proposé n'a pas paru nécessaire.

629. Avant la loi de 1841, il avait été jugé que l'adjudication est nulle si le tribunal a passé outre sans statuer sur le mérite d'une compensation proposée : Cass., 23 juill. 1811 (*J. Av.*, t. 20, p. 330). M. Chauveau est d'avis que cette décision serait encore aujourd'hui applicable.

630. (Q. 2305). *Quel est le résultat de la consignation ordonnée par l'art.* 687?

D'après une doctrine constante, sous l'empire de l'ancienne loi, la consignation était considérée comme un véritable paiement, et la somme déposée était attribuée aux créanciers inscrits, sauf à tous autres à faire valoir leurs droits sur l'immeuble vendu, comme si aucune somme n'avait encore été payée. La consignation n'avait qu'un but, celui de la validité de la vente consentie par le saisi après la transcription, l'acquéreur restant exposé à payer deux fois son prix, s'il avait été trompé par son vendeur, et si, pendant les formalités de la purge, de nouveaux créanciers se faisaient connaître. V. à cet égard Tarrible, *Répert. de Merlin*, t. 12, p. 275; Pigeau, t. 2, p. 231, n. 7; Favard de Langlade, t. 5, p. 55; Persil, *Quest.*, t. 2, p. 354.

631. A la Chambre des pairs, les nouveaux art. 687, 688 et 689 furent adoptés sans discussion. Ce ne fut qu'à la Chambre des députés que s'engagea un débat sur la portée de ces dispositions. Le principe qui prévalut fut aussi celui d'après lequel la consignation vaut paiement. Un amendement qui exprimait la pensée que la consignation n'était pas attributive en faveur des créanciers inscrits et du saisissant fut rejeté. Un autre amendement ayant pour objet de faire insérer dans la loi que l'acquéreur qui, en consignant, aurait payé les créanciers inscrits et le saisissant, serait subrogé à leurs droits, soit hypothécaires, soit chirographaires, ne fut même pas mis aux voix, faute d'avoir été appuyé. Enfin le même sort fut réservé au troisième amendement qui était ainsi conçu : « Toutefois, si l'aliénation précède l'accomplissement de la formalité prescrite par l'art. 687, la consignation ne sera attributive de propriété que quant au saisissant ».

632. Après avoir rappelé cette discussion, M. Chauveau déclare n'avoir rien à ajouter; le sens de la loi, dit-il, est maintenant trop facile à pénétrer pour que les tribunaux éprouvent la moindre difficulté dans son application. Il faut reconnaître que la consignation vaut paiement et attribution aux créanciers inscrits et aux saisissants. C'est ce qu'admettent aussi MM. Paignon, t. 1, p. 104, n. 48; Persil fils, *Comm.*, p. 141; Dalloz, n. 675, et Colmet-Daage, t. 2, p. 330, n. 934.

633. (Q. 2306). *La consignation a-t-elle pour effet absolu d'attribuer les sommes consignées nominativement à tels ou tels créanciers inscrits, sans examen de leurs créances, et au saisissant chirographaire, sans concours avec d'autres créanciers opposants ?*

Dans la discussion qui a eu lieu à la Chambre des députés, et qui est rappelée sous la question précédente, cette grave difficulté n'a pas été résolue. Il régnait dans les esprits une telle incertitude sur le droit d'attribution en lui-même, dit M. Chauveau, qu'on aurait craint de se préoccuper des conséquences de cette attribution.

634. En ce qui concerne les créanciers inscrits, observe notre auteur, l'acquéreur a intérêt à ne payer que ceux qui sont sérieux, puisqu'il doit être subrogé à leurs droits. Ainsi, il pourra faire juger que tel créancier a reçu déjà le montant de sa créance, en tout ou en partie. Le saisi aura le même droit, mais les autres créanciers n'auront point qualité pour intervenir dans un semblable débat; s'ils sont chirographaires, il ne s'agit point d'une distribution; s'ils sont hypothécaires, l'immeuble répond de leurs créances et forme leur gage spécial.

635. Mais l'acquéreur aura-t-il le droit de critiquer l'inscription des créanciers pour lesquels il a fait la consignation? M. Chauveau ne le pense pas, parce que c'était à lui, acquéreur, de s'assurer de la réalité de l'inscription avant d'acheter, et que, d'ailleurs, en achetant, il a suivi la foi de son vendeur qui lui donnait l'assurance qu'il n'existait contre lui aucune autre hypothèque, ou conventionnelle, ou légale.

636. Un seul cas de discussion peut se présenter, celui dans lequel il sera soutenu que le prétendu créancier ne l'avait jamais été ou ne l'était plus. N'est-il pas évident que si, au lieu de la consignation, la loi avait exigé la ratification, comme le proposait un député, et que, pour obtenir cette ratification, l'acquéreur eût payé tous les créanciers inscrits, il n'aurait pas eu ensuite le droit de demander le remboursement des sommes payées par lui, sous le prétexte que les inscriptions étaient périmées, ou que l'acte d'obligation consenti par le saisi ne conférait pas d'hypothèque? Eh bien! la consignation, entendue comme le législateur en a expliqué le sens, équivaut à paiement; donc toute critique de l'inscription ou du mérite de l'hypothèque devient impossible.

637. Ce qui confirme M. Chauveau dans cette opinion, ce sont précisément, dit-il, les objections des adversaires du système qui a prévalu. Ils opposaient que l'acquéreur pourrait être obligé de payer des créanciers qui ne seraient pas hypothécaires, qui ne seraient pas venus en temps utile, etc. On a très justement répondu que l'acquéreur d'un immeuble saisi qui croit pouvoir payer pour conserver le bénéfice de son acquisition, s'expose à tous les inconvénients qu'encourt un acquéreur ordinaire, qui paie comptant à son vendeur, le jour de la vente, le montant intégral de son prix.—M. Colmet-Daage, t. 2, p. 333, n. 936, propose la distinction ci-après : si le montant de la consignation excède le prix de vente, l'acquéreur pourra contester; non, dans le cas contraire. Cette opinion est fondée sur ce que l'acquéreur a intérêt dans le premier cas, tandis qu'il en est dénué dans le second. — La loi, dit M. Chauveau, repousse toute distinction.

638. A l'égard du poursuivant, que doit-on décider s'il est simplement chirographaire, et si, après la consignation, des oppositions sont formées à la caisse? Il faut, répond notre auteur, appliquer les principes déjà posés pour les créanciers inscrits. Puisque la consignation vaut attribution de paiement, le poursuivant est censé payé; la somme consignée lui appartient, et elle ne peut être saisie-arrêtée par aucun autre créancier du saisi. Quoi qu'il puisse paraître singulier qu'un créancier privilégié, tel qu'un vendeur primitif, par exemple, n'eût pas le droit de s'opposer au paiement du poursuivant, et qu'un simple chirographaire doive obtenir paiement sur une somme qui ne lui a jamais été destinée, V., en ce sens, MM. Devilleneuve, dans ses notes sur l'art. 687 de la loi nouvelle (S.-V.41.2.377); Dalloz, n. 681; Bioche, n. 279, et Colmet-Daage, t. 2, p. 332, n. 935.

639. Le législateur de 1841 n'ayant pas pris le soin d'organiser l'exécution du principe de l'attribution, et de déterminer la procédure que cette exécution comportait, M. Chauveau présente ici quelques considérations pour suppléer à ce silence de la loi.

Le § 4 de la section 1re, ch. V, tit. 3, liv. 3, Cod. civ., intitulé *Des offres de paiement et de la consignation*, ne peut pas, dit-il, être appliqué dans son entier. A la vérité, l'art. 1257 proclame bien le principe qui a été adopté, à savoir que la consignation libère le débiteur et tient lieu de paiement ; mais il serait dangereux de laisser les créanciers inscrits ou le saisissant sous le coup de l'art. 1261, aux termes duquel : « Tant que la consignation n'a point » été acceptée par le créancier, le débiteur peut la retirer, » car l'acquéreur pourrait alors retirer la consignation quelques jours après l'avoir faite, et la vente n'en aurait pas moins été valable, ce qui n'est pas admissible.

C'est la loi qui ordonne la consignation en faveur de tels et tels créanciers, et qui, pour ainsi dire, stipule pour eux ; sans leur consentement, ou sans qu'ils aient été forcés par les Tribunaux d'y consentir, l'acquéreur ne peut retirer de la caisse la somme consignée. Sa position est identique à celle que prévoit l'art. 1262, Cod. civ.—V. aussi notre *Formul. annot.*, p. 642, n. 49.

640. Mais comment les créanciers inscrits et les saisissants pourront-ils obtenir le paiement par la caisse de la somme qui leur appartient? L'acquéreur ou le saisi pourra-t-il former opposition à ce paiement, sous le prétexte que les inscriptions sont nulles ou périmées, ou bien que les créanciers ont été désintéressés par un paiement direct, par une compensation, ou de toute autre manière? S'il n'y a point d'opposition, M. Chauveau regarde comme incontestable que chaque créancier, en représentant la copie de la signification qui lui a été faite, aux termes de l'art. 687, aura le droit d'obtenir de la caisse les consignations faites en sa faveur. Si, au contraire, l'acquéreur ou le saisi a formé une opposition fondée sur ce que les prétendus créanciers ou inscrits ou saisissants ne sont pas sérieux, ce sera, dit notre auteur, une instance à faire vider par le tribunal, qui, selon lui, devra condamner le débiteur ou l'acquéreur qui aura mal à propos contesté; mais le débat n'aura jamais lieu qu'entre ces créanciers, le débiteur et l'acquéreur, et il ne pourra point y être admis d'autres créanciers.

Adde, en ce sens, notre *Formul. annot.*, *ibid.*.

641. Enfin, M. Chauveau enseigne que la surenchère qui surviendrait ne formerait aucun obstacle au paiement, par la caisse, des sommes consignées entre les mains des créanciers inscrits et des saisissants. Du moment où l'acquéreur s'est mis dans la position d'un acquéreur volontaire ordinaire qui paie en déduction du prix de vente les créanciers de son vendeur, hypothèse dans laquelle une surenchère ne changerait certes rien à la position de ces créanciers, qui ne peuvent jamais être forcés de restituer ce qu'ils ont légitimement reçu, on doit décider que la surenchère reste complètement étrangère à ceux qui sont censés avoir été payés, par suite de la consignation prescrite par l'art. 687.

642. (Q. 2307). *L'acquéreur qui a payé les créanciers inscrits et le saisissant est-il subrogé à leurs droits dans un ordre ou dans une distribution postérieurs ?*

L'affirmative résulte, en ce qui concerne la subrogation aux droits des créanciers inscrits, de la disposition du § 2 de l'art. 1251, Cod. civ., portant que « La subrogation a lieu de plein droit au profit de l'acquéreur d'un « immeuble qui emploie le prix de son acquisition au paiement des créan- « ciers auxquels cet héritage était hypothéqué ».

Quoique le saisissant puisse n'être qu'un créancier chirographaire, M. Chauveau pense que la subrogation dans ses droits n'en existe pas moins, parce que l'acquéreur est forcé d'acquitter sa créance, et qu'on peut appliquer à ce cas le § 3 du même art. 1251. Il invoque à l'appui de son opinion les observations qui ont été présentées à la Chambre des députés par M. le rapporteur Pascalis, et par M. Maurat-Ballange.— Toutefois, dans une habile dissertation, un savant avocat, M. Hippolyte Durand, a soutenu que, dans le cas où l'acquéreur a payé les créanciers incrits et le saisissant, quoique son prix d'acquisition soit inférieur au montant des créances inscrites, le § 2 de l'art. 1251 ne permet la subrogation que jusqu'à concurrence du prix d'acquisition. M. Chauveau ne peut, dit-il, se rendre à cet argument. En admettant que l'hypothèse dont il s'agit puisse se réaliser, ce qui ne lui paraît guère probable, il se demande comment il serait possible que la subrogation eût lieu tant que l'acquéreur ne dépasse pas son prix, et qu'elle cessât au moment où il consent à de plus grands sacrifices pour payer des créanciers légitimes et conserver l'immeuble : *ubi eadem ratio*, *idem jus*. Conf., MM. Dalloz, n. 677 ; Colmet-Daage, t. 2, p. 331, n. 934. — *Contra*, M. Duvergier, *Lois*, 1841, p. 246.

643. (Q. 2312). *Les art.* 686, 687, 688, 689, *n'étant point prescrits à peine de nullité, quel effet produirait leur inobservation ?*

Ces articles, dit M. Chauveau, contiennent une prohibition contre le saisi : n'est-il pas clair que si le saisi la viole, la procédure du saisissant n'en pourra recevoir aucune atteinte? — Ce sont les actes faits par le saisi, malgré la prohibition, qui seront annulés.

Sect. V. — Formalités préparatoires a l'adjudication.

§ 1. — Cahier des charges. — Sommation au saisi, aux créanciers inscrits, à la femme du saisi, aux femmes des précédents propriétaires, au subrogé tuteur des mineurs ou interdits, ou aux mineurs devenus majeurs.

644. (Q. 2313). *Le délai de vingt jours, à partir de la transcription, dans lequel doit être déposé le cahier des charges, est-il franc ? — Comment,* *en général, les délais doivent-ils être supputés en matière de saisie immobilière?*

La loi sur la saisie immobilière renferme un très grand nombre de dispositions sur les délais qui doivent être observés; le mode de supputation de ces divers délais est donc chose importante; aussi M. Chauveau a-t-il jugé à propos de placer ici quelques observations générales auxquelles il suffira de renvoyer sous les autres articles.

645. M. Souquet, dans son *Code des temps légaux* (p. 10 de l'Introduction), décide que : « 1° Le *jour duquel on compte* doit être considéré comme « une limite ou point de départ, qu'il ne faut point comprendre dans la du- « rée du temps fixé, *de même qu'on ne comprend pas dans l'espace à parcourir* « *le point d'où l'on part.* (C'est le jour *à quo.*) — « 2° Lorsqu'une loi, une « ordonnance, un jugement, une convention ordonnent ou défendent de faire « une chose *dans* ou *pendant* le délai accordé, le jour du terme ou de l'é- « chéance compte. (C'est le jour *ad quem.*) » — M. Carré, dans son Introduction (t. 1, p. iij), professe la même doctrine, et la complète en disant que : « Le jour de l'échéance en général doit être compris en entier dans le délai; « qu'autrement le délai ne serait pas entier. » Il faut encore ajouter, observe M. Chauveau, qu'aucune difficulté sérieuse ne peut s'élever lorsque la loi détermine, pour ainsi dire elle-même, le jour où la chose devra être faite, par exemple, lorsqu'elle prescrit qu'une formalité soit remplie le troisième jour après celui du jugement; qu'il y ait un délai de quatre-vingt-dix jours entre le commandement et la saisie: que l'appel soit interjeté *après* les dix jours à compter de la signification, etc. — *Conf.* MM. Favard de Langlade, t. 5, p. 50, n. 1; Lachaize, t. 2, p. 288; Dalloz, n. 754; Paignon, t. 1, p. 77, n. 14; Bioche, vº *Sais. imm.*, n. 329. — *Contrà*, M. Thomine-Desmazures, t. 2, p. 214.

646. Ces principes, dit notre auteur, doivent servir à résoudre très facilement presque toutes les questions de délai qu'offre la loi du 2 juin 1841, parce que le législateur a presque toujours dit DANS *tel délai, telle chose sera faite*. (*Voy.* notamment les art. 677, 678, 690, 691, 692, 693, 707, 708, 709, 713 et 748.)

647. Mais là où la difficulté devient plus sérieuse, c'est lorsque le vague de l'expression ne permet plus d'appliquer les principes ordinaires. — Que doit-on décider lorsque la loi dit : *Trente jours après le commandement?* (Art. 674). — *Trente jours au plus tôt, et quarante jours au plus tard après le dépôt du cahier des charges*, etc.? (Art. 694, § 1er). — *Trois jours au plus tard avant la publication*, etc.? (Art. 694, § 2). — *Quarante jours au plus tôt et vingt jours au plus tard avant l'adjudication?* (Art. 696 et 699). — *Huit jours au moins à l'avance?* (Art. 704). — *A l'audience qui suivra l'expiration de la quinzaine sans autre procédure?* (Art. 709). — *Trois jours au plus tard avant la publication* (art. 728) *ou avant l'adjudication?* (Art. 729).

648. M. Souquet, p. 13, estime que le délai prescrit par l'art. 703 du Code de 1807 n'est pas franc et que le jour *ad quem* doit y être compris. C'est ce qu'ont aussi jugé deux arrêts, l'un de la Cour de Paris du 6 juill. 1812, l'autre de la Cour de cass. du 4 mai 1825 (*J. Av.*, t. 20, p. 370, et t. 30, p. 146).

649. Les 4 oct. 1841 (*J. Av.*, t. 61, p. 625), et 28 août 1850 (t. 78 p. 304), la Cour de Douai a décidé que le délai de l'art. 728, pour proposer les nullités, est, au contraire, franc, et qu'ainsi, par exemple, il y a forclusion, lorsque les moyens de nullité sont proposés le 8, alors que l'adjudication a été annoncée pour le 11.

650. Toutes les fois que le délai fixé par la loi doit être considéré, non pas comme un délai pour accomplir une formalité de la poursuite, mais comme un délai pour qu'un défendeur se prépare, pour qu'une surveillance soit exercée, il y a lieu, selon M. Chauveau, d'accorder ou de prescrire la franchise.

651. Même raison, suivant lui, pour exiger la franchise complète, lorsque la loi dit *au plus tôt*, comme elle le fait dans l'art. 694, § 1er, afin de laisser aux parties intéressées le temps nécessaire pour la recherche des rectifications à faire au procès-verbal;—ou *au plus tard*, comme dans les art. 694, § 2, pour que le poursuivant ait le temps de répondre aux observations proposées; 696, 699, 704 et 736, pour que les parties intéressées jouissent de tout l'intervalle que la loi leur accorde afin d'examiner si elles demanderont la nullité des formalités requises; 728, pour que le poursuivant ait le délai entier que fixe la loi, à l'effet de préparer ses réponses aux moyens de nullité ; et 731, pour interjeter appel.

652. On doit, au contraire, ajoute M. Chauveau, entendre le délai comme s'il y avait l'expression *dans* expliquée plus haut, lorsque la loi accorde au poursuivant : 1° *quarante jours au plus tard* (art. 694) ; 2° quarante jours au plus tôt (art. 696 et 699), parce qu'il ne peut plus y avoir lieu à l'application de la règle posée et que la loi paraît avoir circonscrit la plus grande étendue du délai *dans* des limites déterminées.

Enfin, l'auteur fait remarquer que, quand il est accordé au poursuivant un délai pour accomplir une formalité *tant de jours au plus tôt et tant de jours au plus tard*, l'intervalle entre les deux termes n'est jamais franc (art. 694, 695, 696, 699, 735, 3e §, etc.). — Ces questions ont été d'ailleurs déjà traitées par lui sous l'art. 1033 (V. *Délai*, n. 17 et s.).—On peut consulter aussi M. Duvergier. t. 41, p. 227, note 3.

653. (Q. 2313 bis). *Le délai pour faire au greffe le dépôt du cahier des charges court-il, dans tous les cas, du jour de la transcription? N'est-il pas susceptible de prorogation?*

Dans une espèce où un second saisissant avait obtenu d'être subrogé dans les poursuites commencées par un premier saisissant et suivies jusqu'au dépôt du cahier des charges inclusivement, à la condition de retrancher de la première saisie des immeubles n'appartenant pas au débiteur, et de s'en tenir à ceux compris dans la seconde saisie, la Cour de Rennes a décidé, le 1er août 1851 (*J.P.*51.2.625), que le délai pour déposer le cahier des charges ne court, dans une semblable hypothèse, que du jour où le jugement de subrogation est devenu définitif.

654. Un jugement de subrogation, observe M. Chauveau, est définitif le jour où il est rendu, quand la subrogation a été prononcée contradictoirement, pour cause de négligence, et le jour où expire le délai d'appel, quand la subrogation a eu pour cause la fraude ou la collusion. Dans le premier cas, le délai pour continuer les poursuites court du jour du jugement ; dans le second, du jour de la signification à avoué. S'il y a appel, le délai est suspendu tant que l'instance d'appel demeure pendante ; il reprend son cours à partir de l'arrêt confirmatif (V. *infrà*, Q. 2416 *sexies* et 2422 *tredecies*). Si la Cour de Rennes a voulu dire que ce délai ne courait que du jour où il était certain que le jugement de subrogation était inattaquable ; qu'ainsi le jugement étant susceptible d'appel, le poursuivant avait vingt jours, à dater du moment où l'appel n'était plus permis, notre auteur déclare qu'il ne saurait adhérer à cette opinion. Le délai d'appel, dit-il, n'est jamais suspensif ; c'est l'appel interjeté qui seul suspend l'exécution (Voy. son *Formulaire de procédure*, 2e édit., t. 1er, p. 392, note 17, et le mot *Appel* du présent ouvrage, n. 588).

655. Il est évident, poursuit notre auteur, que le délai ne courra pas du jour de la transcription toutes les fois qu'entre ce jour et celui où le dépôt devrait être effectué il se sera produit quelque incident de nature à suspendre le cours du délai, ou même à servir de point de départ au cours d'un nouveau délai. — Mais peut-on assimiler à un incident faisant impression sur la procédure de saisie une instance en partage engagée par voie d'action principale en dehors de la saisie, et sans que le créancier saisissant ait été appelé dans l'instance en partage? M. Chauveau ne le pense pas. La Cour de Lyon a cependant décidé, le 20 mai 1854 (*J. Av.*, t. 80, p. 201), que la saisie d'un immeuble indivis dont le saisi vient à être déclaré propriétaire, durant les poursuites, par un jugement rendu dans l'instance en partage, ne peut pas être annulée, parce que le cahier des charges a été déposé plus de vingt jours après la transcription de la saisie, lorsque, d'ailleurs, ce dépôt a été effectué dans la quinzaine du jugement de partage. Cette Cour s'est basée sur ce que si la saisie avait été faite dans un moment où le débiteur devait être considéré comme propriétaire incommutable, lui qui était en possession, lui qui avait hypothéqué sans signaler l'état d'indivision, le poursuivant avait dû nécessairement suspendre ses poursuites du moment où cet état d'indivision lui avait été révélé; qu'en effet, l'instance en partage formait un obstacle légal et régulier à la continuation des poursuites; que cet obstacle ayant été levé par le jugement de partage, le poursuivant avait valablement repris les poursuites, en déposant, moins de vingt jours après le jugement, le cahier des charges dressé pour parvenir à l'adjudication. — Ces motifs, qu'approuve M. Dalloz, n. 755, sont loin d'être concluants, dit M. Chauveau, si l'on partage l'opinion qu'il a émise sous la quest. 2198 (*suprà*, n. 131 et s.), relativement à la nullité radicale de la saisie portant sur des immeubles indivis. En effet, la saisie étant nulle dès le principe, l'art. 2205 faisait obstacle, non seulement à l'adjudication, qui est la véritable mise en vente de l'immeuble, mais encore à toutes poursuites en expropriation autres que le commandement. La saisie aurait dû être annulée, si la demande en nullité eût été formée avant le partage, malgré toute demande de sursis. Il est vrai qu'en vertu du principe posé dans l'art. 883, Cod. civ., toute la procédure s'est trouvée, par l'événement du partage, validée en quelque sorte d'une manière rétroactive. Mais est-on pour cela dispensé de l'application des règles, délais et formalités prescrits par le Code de procédure? En l'absence d'un texte qui autorise une dérogation au droit commun, est-il bien juridique de dire que l'instance en partage forme un obstacle légal et régulier à la continuation des poursuites, alors que ces poursuites ont été illégalement commencées, et que les premières formalités n'ont été régularisées que rétroactivement par le résultat fortuit d'une fiction qui pouvait produire un effet tout contraire?

La solution serait différente, ajoute l'auteur, si on ne considérait l'indivision que comme une cause de sursis.

656. (Q. 2314). *Par qui doit être rédigé le cahier des charges? Comment doit en être constaté le dépôt?*

Ainsi que le dit M. Chauveau, le cahier des charges est essentiellement du ministère de l'avoué, dont il doit, à peine de nullité, porter la signature. Aussi l'art. 11 du tarif de 1841 accorde-t-il un émolument à l'avoué pour sa rédaction. — Conf., MM. Lachaize, t. 1, p. 380; Dalloz, n. 753; Colmet-Daage, t. 2, p. 335, n. 939; Bioche, v° *Saisie immobilière*, n. 321.

657. Le dépôt du cahier des charges, ajoute M. Chauveau, doit être constaté par un acte que dresse le greffier. Inutile de dire, puisqu'il s'agit d'un dépôt, que cette pièce doit demeurer au greffe; il ne suffirait pas de l'y produire pour la retirer ensuite. — V. aussi, en ce sens, MM. Dalloz, n. 794; Colmet-Daage, *loc. cit.*; Bioche, n. 330. Aussi la Cour de Bastia a-t-elle annulé, le 16 nov. 1822 (*J. Av.*, t. 24, p. 319), une poursuite dans laquelle l'existence du cahier des charges n'était constatée que par un simple acte de production non signé de l'avoué.

658. Une décision de la régie de l'enregistrement, du 29 juin 1842 (*J. Av.*, t. 63, p. 630), porte que l'acte de dépôt du cahier des charges ne peut être rédigé à la suite de cet acte et sur la même feuille de papier timbré.

659. (Q. 2315). *Le cahier des charges serait-il nul s'il n'énonçait que le titre, le commandement et l'exploit de saisie, sans parler de l'acte de dénonciation au débiteur, de la transcription, etc.; en un mot, de tous les actes, sans exception, qui ont précédé le dépôt de ce cahier au greffe?*

Le cahier des charges, dit Carré, au texte, est destiné à servir de qualités au jugement d'adjudication; il doit conséquemment présenter, sans exception, le sommaire de tout ce qui a été fait avant sa remise au greffe. A deux arrêts en ce sens, l'un de la Cour de Nîmes, du 28 juin 1809 (*J. Av.*, t. 20, p. 205); l'autre, de la Cour de Besançon, du 18 mars 1809 (t. 20, p. 133), que cite cet auteur, il faut ajouter deux décisions semblables rendues par les Cours de Metz, le 21 août 1811 (*J. Av.*, t. 20, p. 205), et d'Orléans, le 7 juill. 1826 (t. 20, p. 566). La même opinion est enseignée par MM. Pigeau, *Comment.*, t. 2, p. 318; Favard de Langlade, t. 5, p. 57, n. 2; Lachaize, t. 1, p. 84; Thomine-Desmazures, t. 2, p. 234; Persil fils, *Comment.*, p. 152, n. 170; Dalloz, n. 758; Bioche, v° *Saisie immobilière*, n. 322; et M. Chauveau l'embrasse également.

660. C'est d'ailleurs avec raison, ajoute notre auteur, qu'il a été décidé que lorsqu'une saisie immobilière est pratiquée en vertu de plusieurs jugements rendus au profit de différents créanciers, il n'est pas nécessaire que le cahier des charges relate chacun de ces jugements séparément, pour chacun des créanciers en particulier; mais qu'il suffit qu'il les indique par leur date, quoique par une seule et même disposition : Bordeaux, 20 mars 1835 (*J. Av.*, t. 49, p. 451).

661. (Q. 3316). *Quels sont les jugements qui peuvent avoir été rendus avant la remise du cahier des charges, et dont il faut faire mention dans ce cahier?*

Ces jugements sont, par exemple, disent Carré et, après lui, M. Chauveau, ceux qui interviendraient, soit sur l'appel de la décision en vertu de laquelle la saisie a été faite, soit sur la demande en nullité de la saisie, soit enfin, sur toute autre contestation ou incident qui s'y rapporte.

662. (Q. 2317). *Faut-il énoncer dans le cahier des charges les titres de propriété des objets saisis, le pouvoir spécial donné à l'huissier pour saisir, l'état des inscriptions?*

« Il serait désirable, disait M. Pascalis, en 1838, de pouvoir ajouter aux énonciations que prescrivent le Code et le projet, celle des titres de propriété, afin que les enchérisseurs y trouvassent la preuve que l'immeuble appartenait au saisi, et qu'il est valablement vendu sur lui. C'est ce qui se pratique pour les ventes judiciaires volontaires. Mais le poursuivant n'est pas en mesure de se procurer les documents nécessaires sur l'établissement de la propriété; ces documents existent dans les mains du saisi, qui en refusera ordinairement la communication. » Un membre de la commission du gouvernement renouvela néanmoins cette proposition, mais elle fut rejetée comme impraticable. L'enchérisseur, observe M. Chauveau, continuera donc à se diriger d'après la notoriété, la profession du saisi, et les éclaircissements qu'il pourra puiser dans les registres publics, tels que le registre des transcriptions, et dans les greffes des tribunaux. V. aussi en ce sens MM. Colmet-Daage, t. 2, p. 336, n. 940, et Bioche, v° *Saisie immobilière*, n. 327.

663. Quant au pouvoir donné à l'huissier, la Cour de Bastia en réclamait l'énonciation dans le cahier des charges. Il fut répondu qu'il y avait d'autant moins lieu de la prescrire ici, qu'elle n'était pas même exigée dans le procès-verbal de saisie. V. conf. à cette solution, M. Dalloz, n. 764.

664. La Cour d'Aix, dans ses observations sur le projet de 1829, avait demandé que le poursuivant fût tenu de déposer, avec le cahier des charges, l'état des inscriptions existant sur le domaine jusqu'au jour de ce dépôt; cette demande ne fut pas non plus accueillie. V. encore conf., M. Dalloz, n. 765.

665. (Q. 2318). *Le cahier des charges serait-il nul, si on se bornait à une désignation générale des objets saisis ?*

Oui, répond Carré, au texte, puisque la loi exige la désignation telle qu'elle a été insérée dans le procès-verbal de saisie. Ainsi, par exemple, un cahier des charges serait nul, si, au lieu d'y détailler les objets saisis, on se contentait de dire telle ferme, telle maison, etc.—Cette opinion, qu'adopte M. Chauveau, est aussi partagée par MM. Pigeau, *Commentaire*, t. 2, p. 318; Favard de Langlade, t. 5, p. 58, n. 4; Lachaize, t. 1, p. 385; Dalloz, n. 767; Thomine-Desmazures, t. 2, p. 234; Persil fils, *Commentaire*, t. 1, p. 153, n. 171, et Bioche, v° *Saisie immobilière*, n. 323.

666. Cependant la Cour de cassation, par arrêt du 14 janv. 1816 (*J. Av.*, t. 20, p. 456), avait décidé, sous l'ancienne loi, qu'il y avait lieu seulement à rectifier, et non à annuler un cahier des charges qui contenait la désignation des objets à vendre, dans une autre forme que celle indiquée par cette loi. M. Chauveau déclare ne pouvoir approuver cet arrêt; car l'ancien art. 717, comme le nouvel art. 715, prononçait la nullité du cahier des charges pour inobservation des formalités tracées par l'art. 697 (aujourd'hui 690). Il reconnaît toutefois que si personne n'en demandait la nullité, le cahier des charges, en pareil cas, pourrait être rectifié sur les dires du saisi ou des créanciers inscrits.

667. Notre auteur ne croit pas que l'on puisse prononcer la nullité pour une simple erreur de copiste qui ferait que la contenance serait autrement indiquée dans le cahier des charges qu'au procès verbal, pourvu que la différence ne fût pas de nature à compromettre les intérêts des parties : Bordeaux, 8 déc. 1831 (*J. Av.*, t. 43, p. 724).

668. La Cour de Bordeaux nous paraît avoir jugé avec raison, le 13 déc. 1875 (*J. Av.*, t. 101, p. 360), que, lorsque le cahier des charges ne peut être rédigé d'une manière exacte et complète au moyen des seules désignations contenues dans le procès-verbal de saisie qui sert de base à la poursuite, il y a lieu d'autoriser le saisissant à s'aider, pour cette rédaction, d'un autre procès-verbal de saisie des mêmes biens auquel il n'a pas été donné suite, mais qui a été dressé dans des conditions de nature à inspirer une entière confiance.

669. (Q. 2319). *Les formalités postérieures au dépôt du cahier des charges doivent-elles être mentionnées à la suite de ce cahier, à mesure qu'elles ont lieu?*

De ce que, d'après l'art. 712, le jugement d'adjudication ne doit être autre que la copie du cahier des charges, rédigé ainsi qu'il est dit en l'art. 690, il semblerait suivre, et la Cour de Nîmes l'a ainsi décidé par un arrêt du 28 juin 1809 (*J. Av.*, t. 20, p. 205), que les actes postérieurs au dépôt doivent aussi être mentionnés dans le cahier des charges à mesure qu'ils interviennent, afin que le jugement qui terminera la poursuite en contienne également la relation. Cette conséquence, dit M. Chauveau, était fondée, sous le Code de 1807, pour les dires, publications et adjudications, puisque l'art. 699

renfermait à cet égard une disposition formelle. Quant aux autres actes, quoique leur relation fût assurément fort utile d'après l'observation précédente, on jugeait qu'elle n'était pas exigée à peine de nullité : Paris, 22 août 1811 (*J. Av.*, t. 20, p. 335); Douai, 3 janv. 1825 (t. 28, p. 5); Poitiers, 27 avril 1826 (t. 31, p. 129); Rouen, 4 mai 1827 (t. 33, p. 135). M. Favard de Langlade, t. 5, p. 58, se prononçait cependant pour la nullité.

670. Aujourd'hui, selon la remarque de notre auteur, il est certain qu'on ne doit pas insérer dans le cahier des charges les actes qui en suivent le dépôt, à moins que l'insertion n'en soit formellement prescrite, comme l'est celle des dires et observations des parties, qui doivent venir immédiatement après la mise à prix (art. 694), et celle du jugement qui donne acte de la lecture, statue sur les dires et fixe le jour de l'adjudication (art. 695). En effet, la disposition finale de ce dernier article, « *le jugement sera porté sur le cahier des charges*, A LA SUITE DE LA MISE A PRIX OU DES DIRES DES PARTIES », ne laisse point de place pour la mention des formalités prescrites par les art. 691, 692 et 693, qui, cependant, sont intermédiaires entre le dépôt du cahier des charges et le jugement dont il s'agit. Il faut en conclure que cette mention ne doit pas avoir lieu, non plus que celle des formalités subséquentes, car il n'y aurait ni plus ni moins de raison pour les unes que pour les autres. Conf., M. Dalloz, n. 762.

671 (Q. 2320). *Quelles sont les conditions de la vente que l'on doit insérer dans le cahier des charges?*

Ce sont, répond Carré, au texte, non seulement celles que la loi seule prescrit à l'adjudicataire, mais encore toutes autres que le poursuivant a le droit d'y ajouter, pourvu toutefois qu'elles ne soient pas préjudiciables au saisi. L'auteur n'entre à cet égard dans aucun autre détail; mais il renvoie aux observations présentées par Pigeau sous les art. 690 et suiv.

672. Quant à M. Chauveau, après avoir rappelé que quelques Cours et tribunaux, dans leurs observations sur le projet de 1829, et sur le projet définitif, avaient demandé que, dans un but d'économie, on n'insérât au cahier des charges que les conditions spéciales, et non celles qui ne sont de droit commun ou une suite naturelle des dispositions de la loi, ce qui ne fut pas admis parce que c'était une extension trop large du principe que nul n'est censé ignorer la loi, conclut de là que les conditions de droit commun peuvent donc être insérées; pourvu, ajoute-t-il, que, sous ce prétexte, on ne tombe point dans des abus d'écriture qu'il appartiendrait aux magistrats de réprimer.

673. Relativement aux conditions spéciales, on doit dire en général, selon notre auteur, que le poursuivant peut présenter toutes celles qui sont de nature à être utiles au saisi et aux créanciers, et capables de faire porter l'adjudication à un plus haut prix, mais qu'il n'en peut faire aucune qui leur soit préjudiciable, car alors ils pourraient en demander la rectification, conformément à l'art. 694. Conf., Thomine-Desmazures, t. 2, p. 234. On pourrait annuler, par exemple, comme frustratoire, la clause portant que le jugement d'adjudication serait signifié aux créanciers inscrits : Paris, 18 déc. 1833 (*J. Av.*, t. 46, p. 295); surtout depuis la nouvelle loi, dont l'art. 716 résout négativement la question autrefois controversée de la nécessité ou même de la faculté de faire cette signification. — On pourrait aussi annuler, comme contraire à l'ordre public, la clause exigeant une caution de ceux qui veulent enchérir ou surenchérir : Colmar, 25 fév. 1834 (*J. Av.*, t. 47, p. 714). Cependant, M. Persil fils, *Comment.*, p. 155, n. 177, combat cette solution; et, suivant un arrêt de la Cour d'Alger, du 27 mars 1850 (*J. Av.*, t. 76, p. 611), cette clause peut être validée suivant les circonstances. V. aussi M. Dalloz, n. 779 et suiv.

674. Mais M. Chauveau est d'avis qu'on doit admettre la condition que l'adjudicataire ne changera rien à l'état des lieux jusqu'après la clôture de l'ordre et le paiement du prix, pourvu qu'elle soit entendue *ex æquo et bono*, comme l'enseigne M. Lachaize, t. 1, p. 386. On peut aussi, d'après notre auteur, insérer dans le cahier des charges la condition que l'adjudicataire sera tenu de déposer son prix, en principal et intérêts, à la caisse des consignations, dans un délai déterminé. Plusieurs membres de la commission du gouvernement voulaient qu'on fît de cette condition une clause de droit commun, qui dût toujours faire partie de celles imposées à l'adjudicataire; mais la majorité repoussa cette proposition comme tendant à introduire une nécessité qui serait gênante dans bien des occasions. On préféra laisser, à cet égard, le poursuivant et les autres intéressés libres d'agir suivant les circonstances. La jurisprudence a consacré ce système : Alger, 27 mars 1850; Orléans, 14 mai 1850 (*J. Av.*, t. 76, p. 611); Trib. civ. de Cahors, 11 juin 1850 (t. 75, p. 400). Conf., M. Dalloz, n. 771.

675. Une clause tendant à conserver les droits d'un vendeur sous condition résolutoire serait encore parfaitement licite : Paris, 18 juin 1811 (*J. Av.*, t. 20, p. 321). — Il en serait de même de celle portant que la vente est faite sans aucune garantie de contenance : Cass., 16 nov. 1828.

676. Au surplus, observe M. Chauveau, l'inadmissibilité des conditions insérées dans le cahier des charges n'autorise jamais les parties à demander la nullité du cahier des charges lui-même. *Sic*, Nîmes, 7 mai 1813 (*J. Av.*, t. 20, p. 402). Les parties peuvent seulement réclamer la rectification des clauses par lesquelles elles seraient lésées; et si elles ne l'ont pas fait en temps utile, les conditions deviennent obligatoires pour elles, comme pour le poursuivant qui les a rédigées, et pour l'adjudicataire qui les accepte : Cass., 11 août 1813 (*J. Av.*, t. 17, p. 258). Lachaize, t. 1, p. 381; Pigeau, *Comment.*, t. 2, p. 319 et 320, et Persil fils, *Comment.*, p. 153 et suiv., n. 172, 173, 174, 175, 176. Ce principe n'est cependant pas absolu; il ne régit, comme on le verra ci-après, que les conditions qui de leur essence sont susceptibles d'être insérées dans le cahier des charges; les autres sont considérées comme non avenues sur la demande des intéressées.

677. Après cela, M. Chauveau expose les notions résultant de la jurisprudence la plus récente à l'époque de la publication de son *Traité* sur les difficultés que présente cette phase de la procédure de saisie immobilière. La Cour de Toulouse a, suivant lui, méconnu les principes en admettant, le 10 nov. 1846 (*J. Av.*, t. 72, p. 331), une femme mariée, ayant sur les biens saisis une hypothèque légale non inscrite, à introduire le jour même de l'adjudication une demande tendant à faire modifier le cahier des charges, et à obtenir que l'un des lots fût composé des immeubles sur lesquels elle croyait pouvoir exercer son hypothèque légale.

678. Les avoués du saisi, des créanciers ou de toutes autres parties intéressée doivent, dit-il, lire avec un soin extrême, le cahier des charges, dès qu'il a été déposé. En se reportant à un arrêt rendu par la Cour de Toulouse le 26 janvier 1848 (*J. Av.*, t. 73, p. 185), qui a déclaré qu'une adjudication en bloc ne comporte qu'une surenchère sur l'ensemble des biens adjugés, quels que soient le nombre des adjudicataires et le lotissement opéré entre eux, ils comprendront combien il est important pour les créanciers à hypohtèque spéciale d'exiger qu'il soit formé un lot distinct de la portion des immeubles saisis que frappe cette hypothèque, afin de pouvoir être admis à surenchérir sur l'adjudication particulière de ce lot, et de n'être pas obligés à faire inutilement une surenchère générale souvent au-dessus de leurs moyens pécuniaires. — Dans le même intérêt, ils s'opposeront à ce qu'on insère une clause portant que chacun des adjudicataires de plusieurs immeubles sera tenu de payer à l'avoué poursuivant, sous peine de folle enchère, la totalité des droits et honoraires résultant de la vente de tous ces immeubles. — Ils auront le droit de faire modifier les clauses portant que les lots adjugés séparément ne pourront être réunis pour être remis en bloc à de nouvelles enchères : Toulouse, 24 janv. 1851 (*J. Av.*, t. 76, p. 160). — Ils auront soin de veiller à ce qu'il soit fait mention, dans le cahier des charges dressé pour parvenir à la vente d'un moulin, de l'arrêté préfectoral qui a prescrit le dérasement du déversoir de ce moulin ; car il a été décidé que la non-déclaration de cet arrêté permet à l'adjudicataire d'exercer une action en réduction du prix, et contre le vendeur primitif, et contre le surenchérisseur considéré comme délégataire du prix : Paris, 17 nov. 1855 (*J. Av.*, t. 81, p. 138). — Ils feront prononcer la suppression d'une clause portant que l'adjudication aura lieu aux risques et périls de l'adjudicataire, sans que le poursuivant puisse, dans aucun cas, être soumis à une garantie, à raison, soit de l'expropriation, soit des faits ultérieurs, quels qu'ils soient, clause qui a été rejetée par la Cour de Montpellier, le 28 mai 1847 (*J. Av.*, t. 73, p. 314), sur le motif qu'en droit le poursuivant est nécessairement garant de la validité des procédures qui sont son ouvrage et qu'il ne peut se soustraire lui-même à cette garantie par une déclaration consignée dans le cahier des charges qu'il rédige ; qu'admettre un pareil système, ce serait autoriser le poursuivant à commettre impunément toutes sortes de nullités et de violations de la loi réglementaire des formes de l'expropriation ; que cette clause aurait d'ailleurs pour résultat inévitable d'éloigner les enchérisseurs en leur inspirant des craintes sur la vadilité de l'adjudication à intervenir.

679. Au reste, comme le fait observer M. Chauveau, les clauses contraires à la loi doivent être réputées non écrites. — Il en est ainsi de celles qui attribuent au jugement d'adjudication le caractère d'une décision accordant hypothèque judiciaire : Limoges, 3 mars 1854 (*J. Av.*, t. 79, p. 379) ; — De la stipulation qui permet à un adjudicataire sur surenchère volontaire de retenir, en diminution de son prix, les frais qu'il doit rembourser à l'acquéreur en vertu des dispositions de l'art. 2088, Cod. civ. ; — De celle qui impose à l'adjudicataire l'obligation de fournir au poursuivant une grosse du jugement d'adjudication, à peine de folle enchère : Alger, 27 mars 1850 (*J. Av.*, t. 76, p. 610) ; à la différence de la clause, qui est insérée dans presque tous les cahiers des charges, et qui autorise le poursuivant, le saisi et les créanciers inscrits à se faire délivrer la grosse du jugement d'adjudication si l'adjudicataire, dans un délai déterminé, n'a pas fait cette levée et n'a pas signifié le jugement au saisi (*Formulaire*, 2e édit., t. 2, p. 40, note 16).

680. On doit encore, poursuit l'auteur, considérer comme devant être écartée du cahier des charges une clause qui aurait pour but d'astreindre l'adjudicataire à conserver entre ses mains, sur le prix, le capital nécessaire pour le service d'une rente à laquelle le poursuivant lui-même prétend avoir droit ; l'existence et le rang d'une créance ne peuvent être discutés qu'à l'ordre et non incidemment à l'audience des criées : Alger, 27 mars 1850, précité. — M. Chauveau estime que la solution devrait être la même en ce qui concerne la clause qui assujettirait l'adjudicataire à payer, en déduction de son prix, les arrérages échus grevant l'immeuble saisi (*Formulaire*, 2e édit., t. 2, p. 40, note 17). La Cour d'Alger a cependant validé cette clause le 24 avril 1851 (*Contr. de l'enreg.*, 1852, art. 4969) ; mais le 20 oct. suivant (*J.P.*51.198), elle est revenue à sa première jurisprudence.

681. Par arrêt du 9 mars 1850 (*J. Av.*, t. 75, p. 488), la Cour de Montpellier a décidé que le poursuivant qui a inséré dans le cahier des charges une clause portant que sa créance sera payée par privilège et préférence ne peut, quoique la lecture et la publication du cahier des charges aient eu lieu sans débat, opposer cette clause aux créanciers inscrits produisant dans l'ordre; parce que c'est là une clause contraire à la loi et qui doit être réputée non écrite, les questions de paiement s'agitant dans l'ordre. — V. aussi dans le même sens un autre arrêt de la même Cour du 8 juin 1855 (*Journ. de cette Cour*, 1856, n° du 2 août).

682. C'est en se fondant sur les mêmes considérations que la Cour de Rennes a déclaré, le 11 mars 1852 (*Journal de cette Cour*, 1852, p. 49), que le créancier poursuivant l'expropriation forcée n'a pas le droit d'insérer, comme condition de la vente, dans le cahier des charges, une clause portant que les créanciers inscrits seront payés de préférence à tous autres sur le prix de vente; que cette clause ne peut valoir que par le consentement des parties intéressées, et que la déchéance, prononcée par l'art. 694, Cod. proc., ne s'applique point à une telle énononciation.

683. La Cour de cassation a aussi décidé avec raison, selon M. Chauveau, par arrêt du 3 août 1857 (*J. Av.*, t. 84, p. 632), que les créanciers ont le droit d'exiger le paiement immédiat de la portion du prix représentant la nue propriété, quoique l'usufruitier, en consentant à la vente, ait fait insérer dans le cahier des charges que son usufruit porterait sur le prix total de l'adjudication.

684. Certaines Cours (Toulouse, 14 juin 1845, *J. Av.*, t. 72, p. 26; Angers, 25 août 1852, *J. Av.*, t. 78, p. 54; Nîmes, 31 mars 1852, *J. Av.*, t. 77, p. 519), appliquant aux ventes judiciaires d'immeubles, dans le silence du cahier des charges, les art. 1619 et suiv., Cod. civ., il faut, dit M. Chauveau, si l'on veut se prémunir contre cette application, insérer dans le cahier des charges une clause ainsi conçue : « Les adjudicataires prendront les immeubles, dans l'état où ils seront au jour de l'adjudication, sans aucun recours en diminution de prix, ni garantie contre le poursuivant, les créanciers inscrits ou le saisi, à raison de défaut de mesure, de même qu'aucune action en supplément de prix ne pourra être intentée contre l'adjudicataire, quelle que soit la différence entre la contenance énoncée dans le cahier des charges et la contenance réelle. » — Suivant notre auteur, les dispositions susénoncées du Cod. civ. ne sont pas applicables en matière de saisie immobilière, et le tribunal civil de la Seine a consacré son opinion, le 10 août 1853 (*J. Av.*, t. 78, p. 644); mais, dans le doute, il lui paraît prudent d'insérer la clause qui vient d'être indiquée. — Compar. *infrà*, Q. 2403 *bis*. La Cour de cassation a, du reste, admis, par un arrêt du 7 nov. 1853 (*J. Av.*, t. 79, p. 214), la validité de la clause dont il s'agit, même dans le cas où la vente a été faite à raison de tant la mesure.

685. Le poursuivant peut insérer dans le cahier des charges une clause qui impose à l'adjudicataire l'obligation d'exécuter les baux non entachés de fraude ni de simulation, bien qu'ils aient été consentis postérieurement au commandement tendant à saisie immobilière, et l'adjudicataire ne peut pas se prévaloir des dispositions de l'art. 684, Cod. proc., pour demander la nullité de ces baux, alors que personne n'a critiqué une semblable clause, et qu'elle est devenue la loi de l'adjudication : Montpellier, 26 janv. 1853 (*J. Av.*, t. 78, p. 364); mais les créanciers ont le droit de s'opposer au maintien de cette même clause, en ce qu'elle est de nature à amoindrir les chances favorables de l'adjudication : Toulouse, 24 janv. 1851 (*J. Av.*, t. 76, p. 160). — Compar. *suprà*, n. 540 et s.

686. M. Chauveau estime, avec un arrêt de la Cour de Bourges du 20 août 1851 (*J. Av.*, t. 77, p. 326), qu'il faut énoncer dans le cahier des charges le traité par lequel un tiers a le droit, moyennant une redevance annuelle, d'extraire du minerai de fer des immeubles saisis. Ce traité doit être assimilé à un bail; l'adjudicataire est tenu de l'exécuter. Il n'est point permis de séparer la superficie du sol de la redevance qui appartenaient ensemble au propriétaire saisi, et d'attribuer l'une à l'adjudicataire, et l'autre aux créanciers inscrits, et après eux au saisi lui-même.

687. Parmi la variété infinie des clauses des cahiers des charges, il en est une dont l'exécution a donné lieu à des difficultés. Il s'agissait de savoir si, lorsque le cahier des charges porte que l'adjudicataire paiera le montant de son adjudication dans la quinzaine de la notification du jugement d'ordre, cette disposition a pour effet d'apporter à la créance du vendeur, soit une condition, soit un terme de nature à suspendre le cours de la prescription. La Cour de cassation a décidé que, dans ce cas, la prescription n'est point suspendue; qu'en conséquence, l'adjudicataire auquel la notification du jugement n'est faite et le prix n'est réclamé que plus de trente ans après l'adjudication, peut valalablement opposer la prescription trentenaire: arrêt du 13 juill. 1846 (*J. Av.*, t. 71, p. 713).

688. M. Chauveau n'admet pas, comme il l'a déjà dit dans son *Formulaire*, 2e éd., t. 2, p. 40, note 14, que, lorsqu'une partie du prix est demeurée aux mains de l'adjudicataire pour faire face au service de rentes inscrites, et que le capital a été éventuellement distribué aux autres créanciers du saisi, ces derniers aient le droit de faire insérer dans le cahier des charges dressé à la requête d'un créancier de l'adjudicataire, pour parvenir à la revente de cet immeuble, une clause portant que les frais de cette seconde saisie ne pourront être payés sur le prix de la nouvelle adjudication, que postérieurement à leurs créances et sans diminuer le montant de leur collocation. — Cependant le tribunal civil de Cognac, par jugement du 19 juill. 1847 (*J. Av.*, t. 73, p. 314), a cru devoir sanctionner la prétention des créanciers. — M. Chauveau déclare que ce jugement lui paraît contraire aux principes les plus incontestables. Tout créancier porteur d'un titre exécutoire, dit-il, a le droit de faire saisir et vendre les immeubles de son débiteur. S'il n'est que chirographaire, il lui est permis d'espérer qu'il sera payé intégralement, dans le cas prévu par l'art. 687. Aucun créancier, fût-ce le vendeur, à moins que ce dernier n'agisse par voie de résolution, ne peut arrêter le cours de la procédure. Ce qui ne peut être fait directement ne saurait l'être non plus d'une manière indirecte. Or, ne serait-ce pas placer des créanciers, déjà si malheureux de ne pas pouvoir obtenir leur paiement immédiat, peut-être exposés à ne toucher qu'une partie de leur créance, quelquefois à la perdre en entier, dans l'impossibilité de poursuivre la vente des immeubles de leur débiteur, que de laisser aller les frais de la procédure à leur charge? La jurisprudence du tribunal de Cognac tendrait à empêcher la vente de tout immeuble grevé d'hypothèques dépassant sa valeur, de la part des créanciers chirographaires du débiteur; il est évident qu'elle favoriserait la fraude. Elle est, du reste, contraire aux textes les plus explicites. Il suffit de rapprocher les art. 701, 713 et 714, pour demeurer convaincu que le poursuivant, quel qu'il soit, a le droit d'être payé dans les vingt jours, avant tout ordre ou distribution, du montant des frais ordinaires de poursuite.

689. Il est essentiel, remarque notre auteur, pour prévenir les contestations relatives au paiement des intérêts des sommes colloquées, lorsque la folle enchère est poursuivie après la délivrance des bordereaux de collocation, d'insérer dans le cahier des charges, en prévision de cette éventualité, une clause portant que l'adjudicataire sur folle enchère sera tenu de payer, à valoir sur le prix de son adjudication, le montant de chaque bordereau, capital et intérêt courus depuis le jour de la délivrance de ce bordereau, sauf le recours de l'adjudicataire contre le fol enchérisseur. La Cour de cassation a validé cette clause les 18 janv. 1842 (*J. Av.*, t. 74, p. 612) et 17 août 1853 (t. 80, p. 106). Ce dernier arrêt permet d'ajouter la clause lors de la poursuite de folle enchère, parce que si l'adjudication sur folle enchère doit avoir lieu sur l'ancien cahier des charges (Cod. proc., 735), cette prescription n'implique nullement la défense d'y insérer les clauses qui sont la conséquence de la procédure postérieure à sa rédaction, devenues nécessaires ou utiles par l'inexécution des obligations imposées aux premiers adjudicataires. L'insertion de cette clause est d'autant plus opportune que, dans le silence du cahier des charges sur ce point, les Cours de Toulouse, les 3 juin 1828 et 2 juin 1849 (*J. Av.*, t. 74, p. 604 et 607), et d'Agen, le 9 août 1843 (*ibid.*), ont décidé, contrairement à l'opinion qui découle des principes posés sous la Q. 2596 *bis* (v° *Ordre*, n. 557 et s.), que les créanciers déjà colloqués ne peuvent pas obtenir dans le supplément d'ordre nécessité par l'adjudication sur folle enchère, dont le prix est inférieur à celui de la première, une collocation au même rang que le capital pour les intérêts courus depuis le règlement définitif; mais qu'ils ont droit seulement aux intérêts alloués dans ce règlement, sauf leur recours contre le fol enchérisseur pour les intérêts courus depuis.

690. Il n'est pas douteux, au surplus, ajoute M. Chauveau, que la clause du cahier des charges d'une vente judiciaire portant qu'en cas de folle enchère le nouvel adjudicataire devra les intérêts de son prix du jour où le fol enchérisseur en était tenu, sauf à poursuivre, à ses risques et périls, le recouvrement des fruits et revenus à compter de la même époque, doit être interprétée en ce sens que, si le fol enchérisseur a consacré ces fruits et revenus au paiement des intérêts dus aux créanciers, le nouvel adjudicataire ne doit les intérêts qu'à partir de l'époque où le fol enchérisseur a cessé de les payer. V. en ce sens, Paris, 13 janv. 1853 (*J. Av.*, t. 79, p. 466).

691. La Cour de cassation a décidé, le 9 juill. 1855 (t. 81, p. 46), que la clause aux termes de laquelle l'adjudication n'opérera transmission de droit de propriété qu'autant que les droits d'enregistrement auront été payés dans un délai déterminé, et qu'à défaut l'adjudication n'aura produit aucun effet, constitue une condition suspensive, dont l'inaccomplissement fait considérer l'adjudicataire comme n'ayant jamais été propriétaire. — Compar. *infrà*, quest. 2502.

692. Les cahiers des charges contiennent le plus souvent une clause attributive de juridiction en faveur du tribunal de la situation des immeubles saisis et une élection de domicile dans le lieu où siége ce tribunal (Voy. *Formulaire*, 2ᵉ éd., t. 2, p. 42, 43, formule 589, art. 18 et 19). La jurisprudence a sanctionné cette clause. Ainsi, spécialement, la Cour de Nîmes a décidé, le 16 déc. 1850 (*J. Av.*, t. 76, p. 156), que la clause insérée dans le cahier des charges qui porte que l'adjudicataire sera tenu d'élire domicile dans la ville où siége le tribunal devant lequel la vente est poursuivie, pour l'exécution des conditions de l'adjudication, et que ce domicile sera attributif de juridiction permet à cet adjudicataire d'appeler devant ce tribunal le porteur du bordereau délivré sur lui, pour voir autoriser la consignation du prix.—La Cour de Paris a jugé aussi, le 26 nov. 1855 (*J. Av.*, t. 81, p. 200), que, lorsqu'un cahier des charges attribue formellement juridiction au tribunal du lieu de l'adjudication pour statuer sur toutes les difficultés relatives à l'exécution de l'adjudication, et notamment au paiement du prix, l'adjudicataire ne peut être distrait de la juridiction de ce tribunal, et, sous prétexte qu'il s'oppose à tort à un remploi, être appelé, sous forme de garantie, devant le tribunal du lieu de l'immeuble proposé en remploi. Cette clause, en effet, dit M. Chauveau, a été introduite non seulement dans l'intérêt des créanciers, mais encore dans celui de l'adjudicataire lui-même. L'adjudicataire ne peut être tenu d'effectuer son paiement qu'au lieu indiqué par le cahier des charges; et comme, d'après ce même cahier des charges, le tribunal du lieu du paiement est seul compétent pour statuer sur toutes les difficultés qui pourront s'élever à cet égard, il est évident que l'adjudicataire ne peut être tenu de répondre aux interpellations des créanciers que devant ce tribunal. La forme de ces interpellations ne saurait en aucune manière modifier cette solution ; voilà pourquoi la circonstance que l'adjudicataire, au lieu d'être l'objet d'une action directe, se verrait distrait de la seule juridiction compétente au moyen d'un appel en garantie, n'a pas arrêté la Cour de Paris, qui a fait une saine application des principes. — Compar. *Ordre,* n. 45.

693. Complétons cet exposé de jurisprudence en mentionnant un arrêt la Cour d'Alger du 1er mars 1877 (*J. Av.*, t. 102, p. 241), qui a décidé que de l'adjudicataire d'un immeuble affecté à la garantie d'une rente viagère, ne peut s'affranchir de l'obligation que lui impose le cahier des charges de rembourser le capital de la rente, alors que ce capital fait partie du prix de l'adjudication ; mais que c'est par voie d'ordre, et non par une action directe et immédiate contre l'adjudicataire, que le crédi-rentier doit réclamer ce remboursement. Cet arrêt donne pour motif de sa décision que si, aux termes de l'art. 1978, Cod. civ., le crédi-rentier ne peut, à défaut de paiement des arrérages, exiger le remboursement du capital de la rente, rien ne s'oppose à ce que ce remboursement lui soit valablement consenti par une convention nouvelle intervenant entre lui et le débiteur ; que cette convention peut avoir lieu au cours de la saisie pratiquée contre ce dernier, puisqu'à la différence de la faillite, la déconfiture ne frappe pas le débiteur de l'incapacité de contracter, mais frappe seulement l'immeuble d'indisponibilité en faveur des créanciers du saisi, au préjudice desquels aucune convention ne peut intervenir ; que le créancier poursuivant agit comme mandataire légal et provisoire des autres créanciers et du saisi, qui, avertis des stipulations du cahier des charges, sont à même de les faire réformer ; que, faute par eux de s'être pourvus en temps utile, les stipulations deviennent définitives et s'imposent à tous.

694. (Q. 2321). *Est-il libre au poursuivant de fixer comme il lui plaît le montant de la mise à prix que doit contenir le cahier des charges?*

Réponse affirmative, tant de la part de Carré, au texte, que la part de M. Chauveau.

695. Suivant M. Thomine-Desmazures, t. 2, p. 235, la mise à prix, si elle n'a pas besoin d'être égale à la valeur réelle de l'objet à vendre, doit néanmoins présenter un prix sérieux, parce que le poursuivant demeurera adjudicataire sur cette mise à prix, faute d'enchère, et qu'on ne peut pas concevoir une vente là où il n'y a qu'un prix illusoire. — M. Chauveau n'admet pas cette opinion. Le tribunal, dit-il, n'aurait pas le droit de changer d'*office* la mise à prix. Si les créanciers inscrits la critiquent, que l'un d'eux demande la subrogation, elle ne pourra pas lui être refusée. Quant au saisi, il aurait mauvaise grâce à se plaindre, puisqu'il ne peut pas réussir à vendre son immeuble à l'amiable. Quel est le but de la loi ? C'est que, sur les poursuites, l'immeuble se vende. Le créancier veut être remboursé de sa créance ; l'immeuble saisi est son gage ; si personne ne se présente, il faut bien qu'on le lui adjuge. D'ailleurs il est impossible de supposer qu'un immeuble ne soit pas vendu à son prix réel au moment de la vente. — Conf., Toulouse, 5 fév. 1847 (*J. Av.*, t. 72, p. 331) ; MM. Dalloz, n. 791 ; Colmet-Daage, t. 2, p. 336. n. 939 ; Bioche, v° *Saisie immob.*, n. 320.

696. L'arrêt précité de la Cour de Toulouse contient cette autre solution, non moins juste, suivant notre auteur, que la mise à prix du cahier des charges ne peut être maintenue lorsque, avant l'adjudication, une demande en distraction de partie des biens saisis a été formée et accueillie ; qu'une nouvelle mise à prix doit alors être faite et publiée ; et que c'est au poursuivant qu'il appartient d'en déterminer le montant.

697. Si, parmi les immeubles saisis, il en est qui puissent être vendus séparément, remarque encore M. Chauveau, on peut annoncer une vente séparée, et alors il est bon d'indiquer une mise à prix distincte pour chaque portion. On peut, comme dit Pigeau, *Comment.*, t. 2, p. 318, fixer une mise à prix spéciale pour la portion des immeubles sur laquelle il existe des créances privilégiées, afin que la ventilation du prix se trouve ainsi toute faite. Après avoir divisé les objets saisis en plusieurs lots, et indiqué pour chacun une mise à prix séparée, il est permis d'ajouter que l'adjudication ne deviendra définitive que lorsque, la masse entière ayant été mise à l'enchère, on n'aura pas obtenu un prix supérieur à celui des ventes partielles ; cette clause, qui est assez en usage, a été déclarée licite par la Cour de cassation, le 14 janv. 1816 (*J. Av.*, t. 2, p. 455), et elle est approuvée par M. Favard de Langlade, t. 5, p. 58, n. 3.

698. Au reste, ajoute notre auteur, ces diverses modalités de la mise à prix n'ayant rien d'essentiel, et leur utilité étant subordonnée aux circonstances, elles doivent demeurer à la discrétion du poursuivant, sauf la surveillance et les réclamations du saisi ou des créanciers ; si tous ces divers intéressés ne sont pas d'accord entre eux, c'est au tribunal de prononcer. Mais quand les conditions ont été une fois adoptées, elles doivent être observées. —Compar., *suprà*, n. 692, et *infrà*, quest. 2399 *quater*.

699. Quelle procédure devra être suivie pour la modification de la mise à prix? Il a été décidé que cette modification ne doit pas nécessairement donner lieu à un nouveau jugement et à de nouvelles affiches : Alger, 27 mars 1850 (*J. Av.*, t. 76, p. 615). Dans la plupart des cas, dit M. Chauveau, le poursuivant conclura à la modification de la mise à prix dans l'incident en distraction, et le jugement qui accueillera la distraction contiendra l'indication de la nouvelle mise à prix. Si ce jugement ne porte rien à cet égard, il n'est pas prescrit d'en provoquer un spécial. La loi (art. 727) laisse le poursuivant maître de fixer un nouveau prix, et il le fixe sous sa responsabilité (art. 702 et 706) : aussi a-t-il le plus grand intérêt à déterminer un chiffre peu élevé, eu égard à la valeur vénale des immeubles, et c'est ce qui arrive toujours dans la pratique (Voy. *Formul. de proc.*, 2e édit., t. 2, p. 43, note 26).

700. Un arrêt de la Cour de Bordeaux, du 15 avril 1834, a décidé que la mise à prix insérée dans le cahier des charges par le poursuivant peut être, de la part de celui-ci, l'objet de restrictions ou de modifications jusqu'au moment de l'ouverture des enchères. M. Dalloz, qui cite cette décision, v° *Vent. publ. d'imm.*, n. 792, refuse à bon droit de l'approuver dans ses termes absolus. — Mais la même Cour a jugé exactement, selon nous, par un autre arrêt du 8 nov. 1876 (*J. Av.*, t. 102, p. 199), que l'omission, dans le jugement qui a modifié la composition de lots à vendre sur saisie immobilière, de la fixation des mises à prix, peut être réparée par un jugement postérieur, surtout alors que c'est le poursuivant lui-même qui le demande.

701. L'avoué du poursuivant tient-il du pouvoir même qui lui a été donné de saisir le droit de fixer la mise à prix de l'immeuble à vendre? L'affirmative a été consacrée avec raison par un arrêt de la Cour d'Aix, du 5 mai 1870 (*J. Av.*, t. 95, p. 377), qui se fonde sur ce que le pouvoir de saisir contient implicitement celui de faire tous les actes ultérieurs de la procédure, et que la constitution d'un avoué par le saisissant vaut mandat pour cet officier ministériel de remplir toutes les formalités rentrant dans son ministère. D'où la Cour d'Aix a justement inféré que l'avoué du saisissant ne peut être l'objet d'un désaveu de la part de celui-ci, sous le prétexte qu'il aurait agi sans mandat en fixant la mise à prix de l'immeuble saisi ; solution fortifiée encore par cette considération que la fixation d'une mise à prix n'étant qu'une estimation et non une offre, l'art. 352, Cod. proc., ne lui est pas applicable.—V. conf., notre *Formul. annot.*, t. 2, p. 647, n. 2.

702. (Q. 2322). *Doit-on signifier au saisi et aux créanciers inscrits une copie du cahier des charges, et en remettre une à l'huissier pour la publication à l'audience?*

La négative, selon la remarque de Carré, au texte, et de M. Chauveau, résulte du texte même des art. 109 et 110 du tarif de 1807.

703. L'art. 110 du tarif, remarque M. Chauveau, avait pour résultat de supprimer la publication du cahier des charges; car ce n'est pas en lisant, comme il le prescrivait, une simple note contenant les noms du saisissant et de la partie saisie ou, si l'on veut, l'indication de la nature de l'immeuble, qu'on en fait une publication sérieuse. Aujourd'hui la publication devrait être entière, d'après le désir de la loi, et le greffier devrait remettre à l'huissier, pour en faire la lecture, le cahier des charges déposé au greffe. C'est ce qui résulte de l'art. 6 du tarif de 1841, qui accorde aux huissiers 1 fr. pour la publication du cahier des charges; mais, dans la pratique, la lecture n'est jamais complète, et le greffier se borne à remettre une simple note à l'huissier. V. Dalloz, n. 875; notre *Formul. annot.*, t. 2, p. 648; n. 10, et *infrà*, quest. 2339.

704. (Q. 2323). *Le délai de huit jours à partir du dépôt au greffe, dans lequel doit être faite la sommation de prendre communication du cahier des charges, est-il franc? L'augmentation de ce délai à raison des distances doit-elle être accordée pour toute fraction excédant cinq myriamètres?*

M. Chauveau résout le premier point négativement par la raison que c'est un délai pendant la durée duquel la formalité doit être accomplie (V. *suprà*, n. 645 et s. — Conf., MM. Bioche, v° *Saisie immobilière*, n. 340; Dalloz, 797; notre *Formul. annoté*, t. 2, p. 648, n. 5.

705. La Cour de Nîmes a décidé, le 7 fév. 1849 (*J. Av.*, t. 74, p. 284), que ce délai de huit jours doit être augmenté non seulement d'un jour par cinq myriamètres de distance entre le domicile du saisi et le lieu où siège le tribunal, mais encore d'un jour pour toute fraction excédant cinq myriamètres. Cette solution est conforme à l'opinion que M. Chauveau avait exprimée sous la quest. 21, en ce qui concerne le délai des citations devant les juges de paix; sous la quest. 1945 *ter*, relativement à la dénonciation de la saisie-arrêt; sous la quest. 3414 en matière de surenchère sur aliénation volontaire. Mais il faut aujourd'hui la combiner avec la disposition du § 4 de l'art. 1033, Cod. proc., d'après laquelle les fractions de quatre myriamètres et au-dessus, augmente seule le délai d'un jour entier. V. *Délai*, n. 34 et s. — Compar., MM. Ollivier et Mourlon, p. 288, n. 488.

706. (Q. 2323 bis). *Quels sont les effets de l'inobservation du délai pour faire la sommation au saisi, de l'erreur ou de l'omission en ce qui concerne l'indication des jour, lieu et heure de la publication du cahier des charges? Comment ces irrégularités peuvent-elles être réparées?*

Dans certaines espèces qu'indique M. Chauveau, on avait voulu corriger la fausse indication du jour de la publication par une requête, présentée au président, en fixation d'une audience extraordinaire des criées, et par la notification de l'ordonnance au saisi et aux créanciers inscrits; mais cette procédure a été annulée, et avec raison, selon notre auteur, par le tribunal civil de Castelnaudary, le 5 mai 1849, et le 18 mai par le tribunal civil d'Arras. Mais, de ce que certains actes se trouvaient entachés de nullité, fallait-il annuler toute la procédure? Les jugements qui viennent d'être cités, en décidant le contraire, n'ont fait que consacrer l'opinion professée par M. Chauveau sous la quest. 2422 *quater* (*infra*). — On objectait, devant le tribunal d'Arras, que l'art. 728 n'était point applicable, parce que l'inobservation de la formalité de la publication ne pouvait être considérée comme constituant une nullité antérieure à la publication, et qu'aucun texte de loi n'autorise le poursuivant à recommencer les formalités relatives à cette publication. Ce n'était pas là une objection sérieuse, mais une véritable subtilité, dit M. Chauveau. Il suffit que la publication n'ait pas eu lieu dans les limites fixées par la loi, au jour indiqué dans la sommation, pour invalider ce dernier acte, et, par conséquent, entraîner l'annulation de la procédure jusqu'au dépôt du cahier des charges, dernier acte valable. D'ailleurs, il s'agit bien d'une nullité antérieure à la publication, puisqu'elle résulte de l'inobservation du délai prescrit entre la sommation et la publication elle-même. En pareil cas, le seul moyen de régulariser la procédure consiste à solliciter un jugement qui serve de point de départ à un nouveau délai (Trib. civ. du Blanc, 27 déc. 1854), à moins que le saisi et les créanciers n'acceptent le désistement dont l'acte nul est l'objet de la part du poursuivant, et ne consentent à ce que le délai de la sommation ne coure qu'à dater de cette acceptation. V. *Formul. de proc.*, 2e édit., t. 2, p. 101 et 117, note 1. V. aussi notre *Formul. annot.*, p. 650, note 3.

707. La nullité n'atteint jamais, d'ailleurs, le dépôt du cahier des charges, régulièrement effectué (art. 715). Elle ne frappe que la sommation et les actes postérieurs : jugement précité du trib. civ. du Blanc.

708. Il faut aussi recourir, selon M. Chauveau, au tribunal, lorsque la poursuite a été suspendue après la sommation contenant indication du jour de la publication. La nouvelle sommation est notifiée dans le délai de huitaine à partir du jugement, dont il est donné connaissance aux intéressés dans cette sommation.

709. Lorsqu'un tribunal a fixé dans un règlement le jour de la semaine où doit se tenir l'audience des criées, y a-t-il nullité, si la sommation faite au saisi d'assister à la publication du cahier des charges, indique un jour autre que celui ainsi consacré aux criées? M. Chauveau est d'avis qu'en pareil cas la sommation ne peut être annulée. Les nullités, dit-il, sont de droit étroit; or, l'art. 691 exige que la sommation indique les *jour, lieu et heure*, voilà tout. Sans doute, si le jour indiqué est un dimanche ou un jour férié, la sommation est nulle ; mais si, au jour indiqué, par suite d'un règlement, de l'usage ou de la volonté du juge, il y a audience à l'heure fixée, qui pourrait se plaindre? — V. conf., notre *Formul. annot.*, p. 651, note 3, n. 2.

710. Il est des cas où la sommation au saisi n'a pas besoin d'être renouvelée, bien que la publication ne soit pas faite au jour d'abord indiqué. Ainsi, par exemple, lorsque, avant toute sommation aux créanciers inscrits, mais après la sommation au saisi, il intervient un jugement contradictoire qui fixe à un autre jour cette publication, il n'est pas besoin de signifier au saisi une nouvelle sommation ; le jugement auquel il a assisté en tient lieu : Bordeaux, 24 fév. 1854 (*J. Av.*, t. 79, p. 414).

711. (Q. 2324). *La sommation qu'on adresse au saisi doit-elle être signifiée à son domicile réel?*

Non, répond M. Chauveau ; la commission de la Chambre des pairs l'avait demandé ; mais, lors de la discussion, le chancelier exposa que la décision antérieure de la Chambre concernant le domicile où devait être signifié le commandement entraînait nécessairement, dans l'art. 691, la suppression du mot *réel*: cette suppression fut prononcée. La sommation dont il s'agit peut donc être signifiée indifféremment au domicile réel ou au domicile élu pour l'exécution de la convention. Conf., MM. Bioche, v° *Saisie immobilière*, n. 342; Dalloz, n. 802; notre *Formul. annot.*, p. 650, note 1.

712. (Q. 2324 bis). *La notification de la sommation est-elle soumise aux formalités ordinaires des exploits? Peut-elle être faite valablement à la personne du saisi en état de contumace?*

M. Chauveau considère comme hors de doute que la sommation est assujettie aux formalités prescrites pour la régularité des exploits et actes extrajudiciaires; et il estime dès lors que c'est avec raison que la Cour de Bordeaux a décidé, le 8 mai 1844 (*J. Av.*, t. 67, p. 440), que si l'huissier qui signifie au saisi la sommation de prendre communication du cahier des charges ne trouve au domicile de ce saisi, absent, aucun parent ou serviteur, il peut remettre la copie à un voisin, et, à défaut du voisin, au maire de la commune, qui vise l'original. V. aussi en ce sens notre *Formul. annot.*, p. 650, n. 2.

713. Il a été jugé, d'une part, que la sommation au saisi d'assister à la lecture et publication du cahier des charges ne peut être annulée, si d'ailleurs elle est régulière en elle-même, par cela seul qu'elle serait précédée d'une copie irrégulière du jugement ou arrêt en exécution duquel la publication a eu lieu : Nancy, 16 janv. 1869 (*J. Av.*, t. 94, p. 373); et, d'autre part, que la copie de l'arrêt en exécution duquel a lieu la publication du cahier des charges, signifiée en tête de la sommation d'assister à cette publication, est valablement certifiée par l'avoué d'appel qui l'a obtenu : même arrêt.

714. M. Jacob, p. 375, pense que la sommation faite au saisi en état de contumace est valable, parce que si l'art. 465, Cod. instr. crim., lui enlève le droit de paraître en justice comme demandeur, il ne lui interdit pas de s'y présenter comme défendeur. — M. Chauveau n'admet pas cette distinction. La sommation doit, en pareil cas, dit-il, être adressée au directeur général des domaines, administrateur des biens du saisi, en la personne du receveur du dernier domicile du contumax. Voy. Bordeaux, 17 déc. 1850 (*J. Av.*, t. 76, p. 598); *Formul. de proc.*, 2e éd., t. 2, p. 6, note 8, et *suprà*, n. 50.

715. (Q. 2321 ter). *Quels sont les droits du saisi qui n'a pas reçu la sommation prescrite par l'art.* 691 ?

Dans une espèce où la sommation n'avait pas été faite, et où aucun placard n'avait été apposé à la porte du saisi, la Cour d'Agen a déclaré que ce saisi pouvait obtenir des dommages-intérêts contre le créancier poursuivant auquel les immeubles avaient été adjugés à vil prix, sans qu'il fût nécessaire d'établir qu'il y avait eu dol ou fraude de la part de ce dernier ou de la part de l'avoué poursuivant, ou encore de l'huissier : Arrêt du 23 août 1854 (*J. Av.*, t. 80, p. 101). Le saisi, ajoute M. Chauveau, peut faire prononcer la nullité de l'adjudication (V. *inf.*, quest. 2422 *undecies*, et le *Formul. de proc.*, 2e éd., t. 2, p. 111, note 1). En effet, n'ayant pas connu le jour et l'heure de la publication du cahier des charges et de l'adjudication, il ne saurait être passible de la déchéance prononcée par les art. 728 et 729, Cod. proc. — En admettant, d'ailleurs, que cette déchéance fût applicable, elle ne mettrait pas obstacle à l'action en dommages-intérêts, que l'arrêt précité de la Cour d'Agen a accueillie avec raison.

716. (Q. 2325). *La nullité résultant du défaut de sommation ou des irrégularités de cette sommation peut-elle être invoquée par le saisi ? — Peut-elle l'être par le créancier envers lequel la sommation aurait été régulière?*

Carré, au texte, soutient la négative sur le premier point, et termine en disant que dût-on reconnaître, en principe, au saisi, le droit de se prévaloir de la nullité dont il s'agit, du moins il ne saurait y être admis, si le défaut de sommation lui était imputable, comme procédant de son propre fait; par exemple, s'il avait fait une fausse déclaration sur les hypothèques existantes. M. Chauveau observe que cette dernière proposition a été consacrée par la Cour de cassation, dans un arrêt du 27 nov. 1811 (*J. Av.*, t. 20, p. 343). Quant à la doctrine de Carré sur la question principale, il rappelle qu'elle a été controversée (V. conf., Besançon, 25 niv. an XIII, *J. Av.*, t. 20, p. 47 Cass., 9 sept. 1806, t. 20, p. 87; Pigeau, *Comm.*, t. 2, p. 315; Favard de Langlade, t. 5, p. 56; — *Contrà*, Limoges, 4 janv. 1828, *J. Av.*, t. 36, p. 51; Toulouse, 6 juill. 1833, t. 47, p. 622; Lachaize, t. 1, p. 368); mais il fait remarquer qu'elle n'a plus aucun fondement aujourd'hui, puisque, aux termes du dernier paragraphe de l'art. 715, les nullités quelconques peuvent être proposées par tous ceux qui y auront intérêt; et qu'il est incontestable que le saisi a toujours intérêt à faire annuler la poursuite dirigée contre lui. Voy. dans ce sens, MM. Dalloz, n. 829; Seligman et Pont, p. 146, n. 15.

717. C'est aussi d'après cette même disposition que doit, selon M. Chauveau, être résolu le second point. — Le créancier à l'égard duquel la sommation a été régulière pourra exciper de la nullité commise dans la sommation adressée à un autre créancier, s'il y a intérêt, et cet intérêt est une circonstance de fait qui peut varier dans chaque espèce. — Sous l'ancienne loi, plusieurs arrêts avaient refusé toute qualité aux créanciers pour se plaindre des irrégularités commises envers d'autres créanciers. V. Cass., 28 mai 1818 (*J. Av.*, t. 20, p. 523); Poitiers, 16 janv. 1824 (t. 26, p. 72), et Caen, 18 fév. 1829 (t. 39, p. 231). — Ces décisions, qui ont pu être fort équitables, dit M. Chauveau, dans les circonstances où elles ont été rendues, se heurteraient aujourd'hui au principe écrit dans le 3e paragraphe de l'art. 715 (V. *infrà*). — MM. Olivier et Mourlon, *Commentaire de la loi de* 1858, p. 374, n. 83, pensent aussi que les sommations étant prescrites en vue de porter l'immeuble au plus haut prix, le saisi et chacun de ses créanciers ont intérêt à ce qu'elle soit régulièrement faite; et que la nullité résultant d'un défaut de sommation ou d'une irrégularité essentielle est absolue, sauf toutefois certaines exceptions, comme, par exemple, quand il s'agit de l'omission de l'avertissement intéressant un précédent vendeur ou un créancier à hypothèque légale dispensée d'inscription. Au contraire, MM. Grosse et Rameau, t. 1, p. 34, n. 8, et Bioche, n. 360, sont d'avis qu'il s'agit ici d'une nullité relative, dont peut seul se prévaloir celui qui a eu à en souffrir.

718. (Q. 2326). *La sommation doit-elle être faite à chaque créancier au fur et à mesure qu'il prend inscription? Comment obtient-on l'indication précise des créanciers inscrits?*

Carré, au texte, répond, sur le premier point, que la notification ne doit être faite qu'aux créanciers qui se trouvent inscrits à l'époque où le placard doit être notifié, et que c'est aux autres de se présenter. La Cour de Nancy l'a ainsi jugé, le 2 mars 1818 (*J. Av.*, t. 20, p. 515), et c'est aussi l'opinion de MM. Favard de Langlade, t. 5, p. 55; Lachaize, t. 1, p. 371; Grosse et Rameau, *Comment. de la loi de* 1858, t. 1, p. 34, n. 7; Bioche, n. 351; Ollivier et Mourlon, n. 57; Dalloz, n. 811; Seligman et Pont, p. 144, n. 10. — En effet, dit de son côté M. Chauveau, le poursuivant n'est pas tenu de rechercher les créanciers qui ne s'inscrivent qu'après la sommation : c'est à eux de se faire connaître, comme ils en conservent le droit.

719. Sur le second point, notre auteur observe que, pour obtenir l'indication des créanciers inscrits, le poursuivant doit demander au conservateur des hypothèques un état complet des inscriptions grevant l'immeuble saisi, tant du chef du saisi que des précédents propriétaires, autant que son titre ou les documents dont il dispose peuvent le permettre. Conf., Grosse et Rameau, t. 1, p. 29, n. 4 et suiv.; Bioche, vo *Sais. immob.*, n. 349. Voy. aussi *infrà*, n. 724 et s. La réquisition tendant à la délivrance de cet état doit, autant que possible, se rapprocher de l'époque où il faut faire usage des énonciations du certificat pour la sommation. Voy. Olivier et Mourlon, p. 275, n. 58.

720. (Q. 2327). *La sommation aux créanciers inscrits a-t-elle pour effet de les dispenser de renouveler leurs inscriptions avant l'expiration des dix années?*

Cette question de droit civil a été très controversée, mais la négative paraît généralement adoptée par les auteurs et la jurisprudence. V. MM. Dalloz, n. 836, Bioche, n. 353. — Les arrêts qui avaient consacré l'affirmative sont ceux de la Cour de Bruxelles, du 20 fév. 1811 (*J. Av.*, t. 20, p. 303), et de la Cour de Rouen, du 29 mars 1817 (*J. Av.*, t. 20, p. 306, 3e esp.). — Mais l'opinion contraire a été admise par les arrêts plus nombreux et moins anciens qui suivent : Besançon, 19 fév. 1809 (*J. Av.*, t. 20, p. 307) ; Bruxelles, 26 juin 1813 (t. 20, p. 305) ; Paris, 19 août 1820 (t. 20, p. 308) ; Cass., 9 août 1821 (t. 23, p. 271), 31 janv., 1821 (t. 23, p. 31), et 18 août 1830 (t. 40, p. 104) ; Rouen, 14 fév. 1826 (t. 31, p. 120) ; Toulouse, 12 mai 1828 (t. 35, p. 380). — M. Persil, *Rég. hyp.*, art. 2154, n. 6, enseigne que l'inscription est dispensée de renouvellement par le seul fait de la saisie de l'immeuble et de la dénonciation au saisi du procès-verbal de saisie. M. Grenier, t. 1, p. 212 et s., exprime l'opinion que l'effet de l'inscription est produit après l'adjudication. Tandis que MM. Merlin, *Répert.*, t. 17, *Add.*, vº *Inscript. hypoth.*, § 8 *bis*, n. 5, et Favard de Langlade, *Dict.*, t. 3, p. 66, et t. 5, p. 56, sont d'avis que l'obligation de renouveler l'inscription ne cesse qu'après que l'ordre est ouvert et au moment où le créancier qui l'a prise produit son titre ; doctrine qui se fonde principalement sur l'un des considérants de l'arrêt de la Cour de cassation du 9 août 1821. — Compar. *Ordre*, n. 151 *bis* et 152 ; et *Surenchère sur aliénation volontaire.*

721. La question nous a été posée de savoir si, lorsque les créanciers inscrits auxquels a été adressée la sommation prescrite par l'art. 692 ont été désintéressés depuis, et n'ont pas renouvelé leurs inscriptions, la saisie ne doit pas être rayée sans leur consentement, et si le conservateur peut, en se fondant sur l'art. 693, refuser d'opérer cette radiation. Si la sommation prescrite par l'art. 692, Cod. proc. civ., avons-nous dit, a pour effet, d'après l'art. 693 du même Code, de rendre la procédure de saisie commune aux créanciers inscrits auxquels elle a été adressée, elle n'opère point pour cela le dessaisissement du débiteur, et il est en conséquence généralement admis qu'elle n'affranchit pas les créanciers de l'obligation de renouveler leurs inscriptions ; le jugement d'adjudication produit seul cet effet (Cod. proc., 717). V. les autorités indiquées ci-dessus, et en outre Dalloz, vº *Privil. et hypoth.*, n. 1675 et s. — Il a été jugé que le créancier hypothécaire dont l'inscription est nulle ne peut s'opposer à la radiation de la saisie : Montpellier, 28 fév. 1811 (Dalloz, vº *Vente publ. d'imm.*, n. 848). La solution ne saurait être différente à l'égard du créancier dont l'inscription est périmée.

722. Mais le conservateur des hypothèques peut-il, lui, se refuser à opérer la radiation? S'il s'agissait de nullité, il serait fondé à dire que, ne pouvant se rendre juge du mérite des inscriptions, il suffit qu'elles existent pour qu'il doive exiger la justification du consentement de tous les créanciers inscrits. Mais quand le conservateur se trouve en présence d'inscriptions qui n'ont pas été renouvelées en temps utile, c'est-à-dire en présence d'une péremption prononcée par la loi elle-même et qui n'est sujette à aucune contestation, son refus d'opérer la radiation de la saisie serait dénué de motifs. Que s'il alléguait que l'opinion d'après laquelle les créanciers, sommés en vertu de l'art. 692, Cod. proc. civ., ne sont pas dispensés de renouveler leurs inscriptions, est repoussée par quelques autorités, et que son refus est motivé par la crainte d'engager sa responsabilité, le tribunal n'hésiterait certainement pas à faire justice de cette crainte, et à condamner le conservateur à opérer la radiation.

723. (Q. 2328). *Si des créanciers inscrits habitent un pays étranger, doit-on, pour la sommation, se conformer à la disposition de l'art. 69, § 9?*

La négative, que Carré enseigne au texte, est aussi admise par M. Chauveau.

Conf., M. Dalloz, n. 824.

724. (Q. 2329). *Doit-on, à peine de nullité, faire la sommation non-seulement aux créanciers du débiteur principal inscrits sur les immeubles saisis, mais encore aux créanciers du tiers détenteur contre lequel l'expropriation se poursuit ? Doit-on la faire aux créanciers du précédent propriétaire ?* En d'autres termes, *la sommation doit-elle être faite indistinctement à tout créancier inscrit sur l'immeuble ?*

Carré, au texte, adopte l'affirmative, qu'il appuie sur un arrêt de la Cour de cassation du 27 nov. 1811 (*J. Av.*, t. 20, p. 343).

725. M. Chauveau, de son côté, considère comme hors de doute que la sommation doit être faite aux créanciers du tiers détenteur. Le poursuivant, dit-il, n'a aucun prétexte pour s'en dispenser. Il connaît le tiers détenteur, puisqu'il dirige contre lui la poursuite et qu'il demande au conservateur un certificat contre lui. — V. aussi conf., Dalloz, t. 11, p. 737, n. 3.

726. Quant aux créanciers du précédent propriétaire, de celui qui avait transmis au débiteur saisi, il a été jugé par la Cour de Paris, le 5 juill. 1832 (*J. Av.*, t. 43, p. 595), que le poursuivant est tenu de leur faire la notification, à peine de nullité, s'il a connu le nom du précédent propriétaire. — Il suivrait de cette restriction, remarque M. Chauveau, que, dans le cas où le poursuivant n'a pas connu le nom du précédent propriétaire, il est dispensé de notifier à ses créanciers, et c'est en effet ce qu'ont jugé la Cour de Turin, le 2 juill. 1810 (*J. Av.*, t. 20, p. 273), et la Cour de cassation, le 13 nov. 1827 (t. 34, p. 220). — On se fonde, pour le décider ainsi, notamment sur ce que les registres du conservateur ne peuvent, dans beaucoup de cas, par exemple lorsque le titre d'acquisition n'a pas été transcrit, fournir au poursuivant les renseignements nécessaires pour parvenir à connaître l'ancien propriétaire, et, d'un autre côté, sur ce que le créancier, en vertu d'un jugement ou d'un bordereau, ne peut trouver les renseignements dans son propre titre.

727. M. Chauveau n'admet pas cet argument tiré de l'impossibilité de connaître les créanciers des précédents propriétaires ; les divers textes de la loi lui paraissent démontrer l'obligation imposée au poursuivant de notifier à tous les créanciers inscrits. D'abord, si on recherche le motif qui a dicté l'art. 692, on doit reconnaître que c'est de permettre à *tous* les créanciers inscrits sur le fonds de surveiller leurs droits, soit en surenchérissant, soit de toute autre manière. L'art. 692 exige la sommation aux créanciers *inscrits* sur l'immeuble, et non sur le détenteur. Il faut, dans le système ci-dessus, introduire une exception à cette prescription, ou plutôt, faire d'une règle générale une règle particulière. — Comment doit faire l'acquéreur qui veut payer son prix de vente, et être sûr qu'il n'y a pas de créanciers inscrits sur l'immeuble acheté, ou qui veut mettre les créanciers en demeure de surenchérir ? Il doit demander purement et simplement au conservateur un certificat constatant qu'il existe tant d'inscriptions sur tel immeuble ou qu'il n'en existe pas ; si le conservateur ne découvre pas le nom des créanciers inscrits (ce qui n'est pas légalement présumable), il est responsable, non pas vis-à-vis de l'acquéreur, qui est bien libéré, mais vis-à-vis des créanciers qu'il a omis. M. Chauveau pense dès lors que c'est aux conservateurs à faire les travaux et les relevés nécessaires pour que l'art. 692 puisse être exécuté (art. 2196, Cod. civ.).

728. Cette opinion, qu'a sanctionnée un arrêt de la Cour de Paris du 8 août 1815 (*J. Av.*, t. 20, p. 448), est aussi admise par MM. Lachaize, t. 1, p. 368 et 372 ; Rodière, t. 3, p. 120 ; Dubost, dissertation insérée dans la

Revue critique de jurisprudence, 1854, p. 298; Ollivier et Mourlon, p. 292, n. 54; Colmet-Daage, *Append.*, p. 2, n. 945; Dalloz, n. 808. V. aussi une dissertation de M. Bédarride, président de la chambre des avoués au tribunal d'Aix, dans le *Journ. des Av.*, t. 91, p. 20 et suiv. M. Favard de Langlade, t. 5, p. 55, le trouve trop sévère; et plus récemment, MM. Grosse et Rameau, t. 1, p. 29, n. 4 et suiv., Seligman et Pont, p. 144, n. 12 et 13, Bioche, n. 349, 351, tout en admettant qu'il ne faut pas concentrer les recherches sur la personne du saisi, ont exprimé l'avis qu'en définitive le poursuivant n'est rigoureuseusement tenu qu'à consulter les indications de son titre.

729. M. Chauveau reconnaît que la responsabilité peut peser sur l'avoué ou sur l'huissier, quand il y a réellement négligence de la part de l'officier ministériel : lorsqu'il oublie, par exemple, des créanciers portés au certificat délivré par le conservateur; mais il ne croit pas que cette responsabilité soit engagée dans le cas où le certificat est muet. La faute, alors, dit-il, provient du conservateur; il en est responsable vis-à-vis du créancier omis, sans que celui-ci puisse s'en faire un moyen de nullité contre la validité de la saisie, comme l'a jugé avec raison la Cour de Poitiers, le 26 fév. 1846 (*J. Av.*, t. 72, p. 36).

730. C'est aussi l'opinion que nous avons défendue dans le *Journ. des Av.* Si l'art. 715, avons-nous dit, attache la peine de nullité à l'inobservation de l'art. 692, c'est évidemment dans la supposition que l'inobservation est imputable au poursuivant. Or, bien évidemment, ce dernier ne saurait être responsable d'une omission qui est le fait du conservateur. Sur celui-ci seul pèse la responsabilité, et le créancir omis n'a d'autre droit que celui de former contre le conservateur une action en dommages-intérêts.

Cette solution, que la raison et l'équité suffiraient à justifier en dehors de toute disposition législative, trouve encore un appui manifeste dans les art. 2197 et 2198, Cod. civ., qui soumettent les conservateurs à l'obligation de réparer les conséquences dommageables des omissions d'inscriptions faites par eux dans leurs certificats. Elle a été expressément consacrée par un arrêt de la Cour d'Amiens du 7 janv. 1813 (*J. Av.*, t. 20, p. 382), et un arrêt de la Cour de Poitiers du 26 fév. 1846 (mentionné au numéro précédent); et elle est enseignée par MM. Berriat Saint-Prix, *Cours de proc. civ.*, p. 587, n. 3; Bioche, *Dict. de proc.*, v° *Saisie immob.*, n. 358; Dalloz, v° *Vente publ. d'imm.*, n. 827 et 828; Grosse et Rameau, *Comment. de la loi du 21 mai* 1858, t. 1, n. 10; Ollivier et Mourlon, *Id.*, 2e partie, n. 54; Seligman et Pont, *Id.*, n. 12.

731. Le principe de la nécessité de la sommation, en ce qui concerne *tous* les créanciers inscrits, sans distinction entre ceux du chef du saisi et ceux du chef du ou des précédents propriétaires, a été appliquée par la jurisprudence.—En admettant la nullité pour omission de la sommation, à l'égard des créanciers des propriétaires antérieurs, la Cour de Rennes, par arrêt du 6 mai 1853 (*J. Av.*, t. 79, p. 117), a jugé que cette nullité était couverte par la surenchère faite à la requête du créancier; le fait de la surenchère implique, en effet, approbation de l'adjudication, sauf en ce qui touche les conditions du prix. — La Cour de Caen, le 14 nov. 1849 (*J. Av.*, t. 75, p. 495), a prononcé la nullité de la saisie et de l'adjudication, parce que les créanciers du précédent propriétaire, quoiqu'ils fussent connus, n'avaient pas reçu la sommation exigée par la loi. La nullité des poursuites, à partir de la sommation incomplètement notifiée, ne saurait être mise en doute, observe M. Chauveau ; mais l'arrêt semble dire, à tort, que la nullité embrasse toute la poursuite. L'art. 718 s'oppose à cette interprétation. La Cour de Bourges a également prononcé la nullité pour une omission semblable, par arrêt du 12 août 1851 (*J. Av.*, t. 77, p. 457).

732. Mais le défaut d'inscription de la créance affranchit le poursuivant de toute obligation. Conf., Ollivier et Mourlon, p. 294, n. 55. Ainsi, le copartageant qui a cédé ses droits successifs immobiliers et qui a omis de faire transcrire son acte de cession et de faire inscrire son privilège, ne peut pas se plaindre de ce que les sommations ne lui ont pas été faites, ni revendiquer, après l'adjudication, les parcelles d'immeubles qui étaient tombées dans son lot : Lyon, 13 août 1852 (*J.P.*53.2.560).

733. En cas de subrogation aux droits d'un créancier inscrits, la sommation doit-elle être adressée au subrogeant ou au subrogé? — La Cour de Bordeaux a décidé, le 19 fév. 1850 (*J. Av.*, t. 75, p. 471), que la sommation doit être adressée, non pas au vendeur déléguant, mais au créancier auquel le prix de la vente a été délégué, avec autorisation de se prévaloir des droits et actions résultant du contrat, dont la grosse lui a été remise, et qui est désignée en marge de l'inscription prise d'office au profit du vendeur, sans que ce créancier soit d'ailleurs tenu de donner avis de cette sommation au déléguant. Conf., Dalloz, n. 806. — Tout en considérant cette décision comme exacte, M. Chauveau conseille, pour éviter toute difficulté, de faire la sommation tant au déléguant qu'au délégataire. Et il appliquerait la même solution à des créanciers gagistes inscrits. MM. Ollivier et Mourlon, p. 305, n. 73, pensent, au contraire, que, lorsque la cession ou la subrogation a été mentionnée en marge de l'inscription, il suffit de faire la sommation au cessionnaire; et que, si cette mention n'existe pas, la sommation est valablement faite au cédant, qui doit alors être considéré comme ayant mandat tacite à cet effet. — Dans une espèce où le créancier subrogé n'avait pas fait élection de domicile dans la mention de sa subrogation sur les registres du conservateur, en marge de l'inscription du subrogeant, le tribunal de Libourne a déclaré que le poursuivant ne pouvait pas être constitué en faute pour s'être abstenu de notifier la sommation au créancier subrogé : jugement du 12 août 1851 (*J. Av.*, t. 77, p. 457). Cette solution, dit M. Chauveau, est rigoureuse, mais juste; car le poursuivant ne pouvait pas être tenu de faire notifier la sommation au domicile réel, dont la distance ne permettait peut-être pas de remplir la formalité dans les délais de la loi. — Il est, d'ailleurs, hors de doute, suivant lui, que, comme l'a décidé un arrêt de la Cour de Montpellier du 1er déc. 1849 (*J. Av.*, t. 76, p. 611), le défaut de sommation, de la part du poursuivant, à un créancier, comme subrogé aux droits du vendeur, ne prive pas ce créancier du droit de former, de son chef et en sa qualité de subrogé aux droits du vendeur, la demande en résolution de l'immeuble saisi immobilièrement sur la tête de l'acquéreur. — Compar. dans le sens de l'opinion de M. Chauveau, notre *Formul. annot.*, p. 651, note 1, n. 1.

734. (Q. 2329 bis). *Le subrogé tuteur doit-il être appelé à l'adjudication d'immeubles saisis contre un père et ses enfants?*

Evidemment, non, répond M. Chauveau; la présence du subrogé tuteur à l'adjudication est inutile et sans raison d'être. Les nombreuses formalités de publicité qui précèdent l'adjudication, le caractère forcé de la vente rendent sans objet la mission du subrogé tuteur. Comment, d'ailleurs, s'exercerait-elle? S'il fallait appeler le subrogé tuteur, ce serait plutôt à la publication du cahier des charges; mais il faudrait un texte formel de la loi qui commandât l'emploi de cette mesure.

735. (Art. 692). *Lorsque le débiteur vient à être déclaré en faillite au cours de la poursuite de saisie immobilière, peut-il être procédé à la publication du cahier des charges sans que le syndic ait été mis en cause?*

Le tribunal civil du Mans avait décidé que si la faillite d'un débiteur saisi intervient avant l'adjudication, une signification en reprise d'instance doit être faite aux syndics, quoique la procédure soit complète, et qu'il ne reste plus aucune notification à faire au saisi. Sur l'appel, la Cour d'Angers a consacré l'opinion contraire par un arrêt du 19 mai 1847 (*J. Av.*, t. 73, p. 50). — Par application de la même doctrine, la Cour de Caen a jugé, le 13 mars 1856 (*J. Av.*, t. 82, p. 99), que la faillite du débiteur survenue au moment où toutes les formalités préalables à la publication du cahier des charges ont été remplies, n'empêche pas de passer outre à la publication, sauf aux syndics à intervenir, et que l'irrégularité qui résulterait d'ailleurs de ce que les syndics n'auraient pas été appelés ne pourrait être invoquée après cette publication. Dans l'espèce de cette dernière décision, la nomination des syndics avait eu lieu postérieurement à l'époque où la poursuite avait été mise en état.—Compar. dans le sens de cette doctrine, la théorie exposée par M. Chauveau sous la quest. 2454 (*infrà*).

736. (Q. 2329 ter). *Le défaut d'élection de domicile dans l'inscription dispense-t-elle le poursuivant de notifier la sommation?*

La jurisprudence de la Cour de cassation, manifestée par de nombreux arrêts, et un assez grand nombre d'auteurs proclament la nullité de l'inscription qui ne contient pas élection de domicile dans l'arrondissement du bureau des hypothèques, alors même que le domicile réel de ce créancier est fixé dans cet arrondissement. — La validité de l'hypothèque est, au contraire, admise par quelques Cours et par la doctrine en général. V. dans le Code *Gilbert*, sous l'art. 2148, Cod. civ., n. 39 et suiv., l'indication des autorités sur cette question. V. *infrà*, Q. 2333 *ter*.

737. Quelle que soit l'opinion qui doive prévaloir au sujet de la validité ou de la nullité de l'inscription hypothécaire qui ne contient pas d'élection au domicile, M. Chauveau déclare ne point admettre que le poursuivant soit, en pareil cas, tenu de notifier au domicile réel du créancier la notification dont il s'agit. Suivant que l'omission proviendra de la faute du créancier ou de celle du conservateur, l'un ou l'autre, dit-il, en supportera les conséquences. Telle est aussi l'opinion de MM. Ollivier et Mourlon, p. 303, n. 70 et 71; Seligman et Pont, p. 147, n. 17. Notre auteur fait d'ailleurs remarquer que cette solution qui précède n'a rien de contradictoire avec celle qui suit.

738. (Q. 2330). *La sommation serait-elle nulle si on la signifiait au domicile réel du créancier?*

L'obligation d'élire, par leurs inscriptions, un domicile dans l'arrondissement du bureau, n'ayant été imposée aux créanciers hypothécaires que pour la facilité de ceux qui auraient quelque signification à leur adresser, M. Chauveau pense que le poursuivant peut renoncer à cette faveur, et que, dès lors, la sommation signifiée au domicile réel ne saurait être annulée. C'est ce qu'a décidé un arrêt de la Cour de Poitiers du 20 nov. 1826 (*J. Av.*, t. 32, p. 45), et ce qu'enseignent MM. Dalloz, n. 822, Seligman et Pont, p. 146, n. 16.—Au contraire, suivant MM. Ollivier et Mourlon, p. 300 et 302, n. 67 et 68, l'élection de domicile étant faite autant dans l'intérêt du créancier que dans celui des tiers, la signification de la sommation à ce domicile est obligatoire pour le poursuivant. Ces auteurs ne vont pas cependant jusqu'à considérer comme nulle la sommation faite au domicile réel; malgré les termes de l'art. 715, ils pensent que la validité ou la nullité dépendra des circonstances que les juges apprécieront.— M. Chauveau conseille lui-même, pour prévenir cette difficulté, de s'en tenir à la lettre de l'art. 692, qui prescrit de faire la sommation au domicile élu.—V. son *Formul. de proc.*, 2ᵉ édit., t. 2, p. 47, note 2.—V. également notre *Formul. annot.*, p. 652, note 1, n. 3).

739. La question suivante nous a été soumise : Quand l'un des créanciers inscrits auxquels doit être faite la sommation prescrite par l'art. 692, a fait élection de domicile en l'étude d'un officier ministériel, et que, au moment de la formalité, cet officier ministériel se trouve révoqué, à quel domicile la sommation doit-elle être signifiée? Il ne nous paraît pas douteux, avons-nous répondu, que dans le cas où l'étude en laquelle domicile a été élu par l'un des créanciers à qui doit être faite la sommation prescrite par l'art. 692, n'a plus de titulaire, il y a lieu de signifier cette sommation au domicile réel du créancier. — Les auteurs admettent, en thèse générale, que la peine de nullité sous laquelle, aux termes de l'art. 715, sont édictées les dispositions de l'art. 692, s'applique uniquement à la formalité même de la sommation, et non à la forme accessoire de la signification au domicile élu, et que, par conséquent, la sommation exigée par ce dernier article, peut être valablement faite au domicile réel des créanciers, conformément d'ailleurs au droit commun d'après lequel la signification au domicile réel est toujours favorable, et la sommation au domicile élu purement facultative. V. MM. Chauveau (au numéro précédent); Dalloz, v° *Vent. publ. d'imm.*, n. 822. A plus forte raison doit-il en être ainsi, lorsque la signification au domicile élu est devenue impossible par suite de la vacance de l'étude en laquelle avait été faite l'élection de domicile.—Mais la solution serait différente si l'officier ministériel révoqué avait un successeur au moment de la sommation.

740. (Q. 2331). *La nullité de la sommation aux créanciers inscrits entraînerait-elle la nullité de la procédure antérieure?*

La négative, que la Cour de cassation avait adoptée par un arrêt du 4 mai 1825 (*J. Av.*, t. 30, p. 145), ne peut plus, selon la remarque de M. Chauveau, faire de doute aujourd'hui en présence de la règle posée dans le nouvel art. 728.

741. (Q. 2331 bis). *Les sommations doivent-elles être renouvelées quand il y a eu remise de l'adjudication et fixation d'un nouveau jour?*

M. Chauveau regarde la négative comme évidente. Les créanciers, une fois avertis, doivent suivre, dit-il, tous les incidents de la poursuite. Ici est applicable, comme le font observer, avec raison, MM. Grosse et Rameau, t. 1, p. 52, n. 27, le principe général, posé par l'art. 1034, Cod. proc., auquel il n'a pas été dérogé pour le cas particulier. D'ailleurs, les art. 703 et 704 indiquent la procédure qui régit le cas de la remise ; ils n'exigent que de nouvelles affiches et insertions. Conf., Cass., 23 juill. 1817 (*J. Av.*, t. 20, p. 503); Berriat-Saint-Prix, p. 780; Pigeau, t. 2, p. 253, note 2; Dalloz, n. 835; Bioche, n. 661; Seligman et Pont, p. 148, note 2; Ollivier et Mourlon, p. 284, n. 43. Toutefois, ces deux derniers auteurs se demandent si les sommations, une fois faites, peuvent *toujours* servir, dans le cas de *prorogation* à jour fixe, comme dans celui d'*ajournement* sans époque déterminée; et ils émettent l'avis que, quand la procédure est restée impoursuivie, par exemple, il faudra de nouvelles sommations si, sur la poursuite ultérieure, on demande la modification du cahier des charges; tandis que de nouvelles sommations ne seront pas prescrites si le cahier des charges est respecté ; et néanmoins, même dans cette hypothèse, les créanciers inscrits devront être appelés devant le tribunal pour la fixation du nouveau jour d'adjudication.

742. M. Chauveau, examinant le mérite de cette opinion, présente les observations suivantes :—Il est un cas où le renouvellement des sommations est indispensable, c'est lorsque le poursuivant, après ces sommations, a laissé passer les délais sans faire publier le cahier des charges. Le poursuivant doit alors faire de nouvelles sommations, motivées sur la nullité provenant de l'expiration des délais, et y indiquer que les frais des premières demeurent à sa charge (V. *infrà*, quest. 2422). — Deux autres hypothèses peuvent se présenter : celle d'un abandon de la poursuite, et celle d'incidents plus ou moins longs, après la publication du cahier des charges. Cette dernière diffère-t-elle du cas de simple remise, prévu par l'art. 703? Les créanciers appelés dans la poursuite, et qui y deviennent parties par la volonté de la loi, ne trouvent-ils pas une procédure liée, qui leur donne toute facilité pour la surveillance de leurs intérêts ? Quant à la première hypothèse, la voie de la subrogation n'a-t-elle pas été ouverte précisément en vue de la renonciation à la poursuite ? Le créancier qui n'y a pas recours serait-il bien venu à se plaindre qu'un autre, plus soucieux de ses intérêts, a usé de ce moyen et a provoqué l'adjudication sans l'appeler de nouveau ? La demande tendant à la modification du cahier des charges n'est qu'un incident qui se rattache aux cas déjà prévus ; en quoi exigerait-elle davantage un renouvellement des sommations ?

743. Sans méconnaître la gravité de ces considérations, M. Chauveau déclare n'adopter l'opinion d'après laquelle les parties intéressées doivent être appelées de nouveau devant le tribunal pour la fixation d'un nouveau jour d'adjudication, que pour le cas d'abandon de la poursuite, et non pour celui d'incidents qui en continuent le cours, en en prolongeant la durée. Son sentiment a été consacré par le tribunal de Saint-Gaudens, le 29 déc. 1844, (*J. Av.*, t. 73, p. 324); et il l'a également exprimé dans son *Formulaire de procédure*, 2e édit., t. 2, p. 52, note 2. — La Cour de Nîmes s'est toutefois prononcée en sens contraire, le 22 mars 1858 (*J. Av.*, t. 83, p. 632), dans une espèce ou, après plusieurs renvois successifs, il y avait eu cessation de poursuites pendant plus de deux ans. On peut invoquer, dans le même sens, MM. Bioche, n. 361 ; Seligman et Pont, *loc. cit.*

744. On conçoit, observe encore M. Chauveau, qu'il ne soit pas nécessaire d'appeler de nouveau les intéressés, quand il y a sursis à l'adjudication, parce que les créanciers, avertis que l'adjudication doit avoir lieu tel jour, ont à se faire représenter au jour fixé, pour veiller à leurs intérêts. La chaîne de la procédure demeure alors nouée sans aucune interruption. Mais, lorsqu'il y a abandon temporaire des poursuites, la position n'est pas la même ; il faut souder la procédure nouvelle à la procédure ancienne, et remettre en présence les intéressés au moyen d'une sommation de venir à l'audience voir fixer le nouveau jour de l'adjudication ; sommation qui doit être signifiée tant au débiteur saisi qu'aux créanciers inscrits. C'était le cas qui se présentait dans l'espèce soumise à la Cour de Nîmes ; la solution que cette Cour a donnée à la dificulté n'est donc pas conforme aux principes (Compar. *infrà*, Q. 2377 *bis*).

745. La Cour de cassation a confirmé la doctrine de notre auteur, en décidant, le 30 juin 1868 (*J. Av.*, t. 94, p. 111), que dans le cas où, par suite d'un arrêt prescrivant des modifications au cahier des charges, une nouvelle publication de ce cahier des charges a été ordonnée, les sommations précédemment faites d'assister à la publication n'ont pas besoin d'être renouvelées dans les formes et avec les délais des art. 691 et suiv. ; mais qu'il suffit de faire sommation, par acte d'avoué à avoué ou par exploit à personne ou domicile, de comparaître à l'audience pour assister à la nouvelle publication.

746. (Art. 692). *Lorsqu'après la sommation aux créanciers inscrits, la saisie a été abandonnée par le saisissant à raison du paiement de sa créance par le débiteur, mais toutefois sans qu'il y ait eu mainlevée de sa part, le créancier inscrit qui s'est fait subroger dans la poursuite est-il tenu de remplir lui-même la formalité de la sommation, soit à l'égard des créanciers déjà précédemment sommés par le saisissant, soit à l'égard de ceux qui ne se sont fait inscrire que depuis cette première sommation ?*

Dans l'espèce au sujet de laquelle cette question s'est élevée, on soutenait que si le renouvellement de la sommation, de la part du subrogé, n'est pas nécessaire à l'égard des créanciers déjà nommés par le saisissant, il en est autrement vis-à-vis des créanciers qui ne se sont fait inscrire que depuis cette première sommation, parce que tout créancier inscrit doit être appelé à prendre communication du cahier des charges, sans quoi il n'y aurait point purge par rapport à lui. Appelé à donner notre avis sur cette difficulté, nous avons dit :

747. Pour nous, une nouvelle sommation nous paraît ne pouvoir être exigée ni vis-à-vis des créanciers déjà sommés par le saisissant, ni vis-à-vis de ceux qui n'ont pris inscription que depuis l'accomplissement de cette formalité. Le créancier subrogé dans la poursuite de saisie, prenant purement et simplement la place du saisissant, ne peut être obligé de recommencer les actes de procédure déjà régulièrement faits par celui-ci ; il ne peut être tenu de refaire les actes qui se trouveraient nuls, et doit continuer la poursuite d'après les derniers errements valables (V. *infrà*, quest. 2416 *septies*). Il est de jurisprudence notamment que le subrogé peut poursuivre l'expropriation sans avoir à signifier un nouveau commandement au débiteur : pourquoi en serait-il autrement en ce qui concerne les sommations aux créanciers inscrits ?

748. Le saisissant, auquel il est substitué, n'était obligé de faire sommation qu'aux créanciers qui se trouvaient inscrits lors du dépôt du cahier des charges (V. *suprà*, n. 718) ; et, cette sommation une fois faite, il n'avait pas besoin de la réitérer dans le cas d'interruption de la poursuite (V. aussi ci-dessus, n. 711 et s.). Le subrogé ne saurait être lui-même astreint à des obligations plus étroites. Les créanciers inscrits postérieurement à la sommation, prévenus par la transcription de la saisie et par la publicité donnée à la poursuite, doivent y intervenir, sans autre avertissement, pour surveiller leurs droits.

749. Vainement objecte-t-on que l'adjudication n'opérera pas la purge à leur égard. La disposition du § 7 de l'art. 717, Cod. proc., s'applique à toutes les hypothèques inscrites sans distinction ; les seuls créanciers vis-à-vis desquels la purge ne soit pas opérée sont ceux qui, bien qu'inscrits lors du dépôt du cahier des charges, n'ont pas reçu la sommation prescrite par l'art. 692, ou n'ont reçu qu'une sommation irrégulière (V. *infrà*, quest. 2403).

750. (Q. 2332). *S'il existe plusieurs inscriptions au profit du même créancier, faut-il lui signifier autant de copies de la sommation qu'il a d'inscriptions ?*

Ainsi que l'observe M. Chauveau, ces copies multiples seraient frustratoires si le même domicile se trouve élu dans toutes les inscriptions. Mais si chaque inscription contient l'élection d'un domicile différent, il se peut que le créancier ait intérêt à recevoir la signification en tel lieu plutôt qu'en tel autre. Les circonstances seules peuvent alors suggérer une solution équitable de cette question de taxe. Conf., MM. Ollivier et Mourlon, p. 306, n. 76 ; Dalloz, n. 820, et Bioche, n. 347 ; notre *Formul. annot.*, t. 2, p. 652, note 1, n. 4.

751. (Q. 2333). *Quand une ou plusieurs inscriptions existent au profit de plusieurs intéressés au même titre, soit en leur nom, soit au nom de leur auteur, suffit-il de signifier une seule copie pour tous ?*

M. Chauveau a précisé ainsi la solution de cette question dans son *Formulaire de procédure*, t. 2, p. 47, n. 2 :—Si une ou plusieurs inscriptions existent en vertu d'un même titre au profit de plusieurs intéressés, soit en leur nom, soit au nom de leur auteur, la signification d'une seule copie pour tous peut être suffisante, dans le cas où l'inscription a été prise collectivement, avec une seule élection de domicile ; mais il en doit être autrement dans le cas contraire.—L'opinion de notre auteur a été consacrée par un arrêt de la Cour de Paris, du 14 nov. 1851 (*J. Av.*, t. 77, p. 398), d'après lequel la sommation de prendre communication du cahier des charges est valablement faite par une seule copie collective aux créanciers, héritiers bénéficiaires, qui ont élu un domicile commun dans leur inscription collective. — Toutefois,

M. Chauveau estime que, lorsque la créance est divisible et que chacun des créanciers peut agir pour sa part et portion, il est prudent de notifier autant de copies qu'il y a de créanciers, alors même qu'il n'a été fait dans l'inscription qu'une seule élection de domicile pour tous. Telle est aussi l'opinion de MM. Ollivier et Mourlon, p. 306, n. 75; Dalloz, n. 821; Bioche, n. 347. V. aussi notre *Formul. annot.*, p. 652, note 1, n. 5. — MM. Grosse et Rameau, t. 1, p. 36, n. 11, ne distinguent pas; ils veulent dans tous les cas la pluralité des copies.

752. (Q. 2333 bis). *Comment doit-il être procédé lorsque le délai dans lequel doit être faite la sommation au précédent vendeur se trouve insuffisant à raison de l'éloignement de son domicile réel?*

Le vendeur, sachant que le conservateur est tenu de prendre une inscription d'office, se dispensera, observe M. Chauveau, d'indiquer un domicile, parce qu'il préférera recevoir un avertissement direct; d'un autre côté, le conservateur, comme c'est son droit et son devoir, s'abstiendra d'élire d'office un domicile dans l'inscription (Conf. Colmet-Daage, *Append.*, p. 3, n. 943; Seligman et Pont, p. 154, note); la sommation devra donc être faite au domicile réel (V. MM. Grosse et Rameau, t. 1, p. 45). Mais alors pourra se présenter une difficulté. D'après la loi, le délai entre le dépôt du cahier des charges et le jour de sa publication est de trente jours au moins et de quarante jours au plus (art. 694); d'un autre côté, le délai imparti pour la sommation au précédent vendeur est de huit jours, avec augmentation d'un jour par cinq myriamètres de distance entre la ville où siège le tribunal devant lequel se fait la poursuite et le lieu où la sommation doit être signifiée (art. 692). Or, il peut arriver que le domicile réel du précédent vendeur soit situé à une distance telle que la sommation lui soit régulièrement notifiée moins de huit jours avant celui fixé pour la publication. Il pourrait même arriver que, la publication étant fixée le vingtième jour après le dépôt du cahier des charges, la sommation fût signifiée le jour même de la publication ou après: la procédure serait-elle alors régulière?

753. M. Chauveau ne le pense pas. Il faut combiner, dit-il, les deux dispositions des art. 692 et 694 pour en faire une application rationnelle. Quand ce cas, fort rare, se présentera, l'avoué du poursuivant devra faire diligence et assurer la notification dans le plus bref délai, de manière à ne pas user jusqu'à son extrême limite de celui qu'accorde la loi. Notre auteur regarde ce moyen de conciliation comme préférable à la solution qu'indiquent MM. Ollivier et Mourlon, p. 288, n. 49 et 50, et d'après laquelle, la sommation et la publication étant l'une et l'autre régulières comme faites dans le délai imparti par la loi, le vendeur n'aurait encouru aucune déchéance pour proposer des modifications au cahier des charges, et aurait le droit de demander dans cet objet la concession d'un délai au tribunal, qui, en l'accordant, prescrirait d'aviser les autres parties intéressées. Dans ce système, il faudrait donc de nouvelles sommations, peut-être même une publication nouvelle et une nouvelle fixation du jour de l'adjudication, c'est-à-dire des frais considérables qui retomberaient à la charge du saisi ou des créanciers derniers inscrits, parce qu'ils seraient considérés comme frais de poursuites! M. Chauveau conseille, comme plus simple et plus économique, la marche suivante: — Au jour indiqué pour la publication du cahier des charges, le poursuivant, au lieu de la requérir, ferait connaître au tribunal l'insuffisance du délai resté disponible pour le vendeur, et demanderait qu'il fût sursis à la publication jusqu'à un jour déterminé assez éloigné pour que ce vendeur, immédiatement averti, eût le temps de présenter ses dires. Le tribunal statuerait selon les circonstances. Ce mode de procéder, fait remarquer notre auteur, a l'avantage de permettre de passer outre si, malgré la brièveté des délais, le vendeur se fait représenter; il ne nécessite aucun nouvel avertissement aux autres créanciers, parce que ceux-ci, liés à la poursuite par la sommation, ont dû se tenir au courant des incidents qui peuvent se produire au moment de la sommation, et qu'un simple sursis n'est qu'une mesure conservatoire, laissant toutes choses en l'état et assurant par suite le bénéfice des dires déjà faits sur le cahier des charges. A l'expiration du sursis, le tribunal prononce sur la procédure ainsi régularisée.

754. (Q. 2333 ter). *Que faut-il entendre par la disposition de l'art. 692, d'après laquelle la sommation doit être faite au vendeur, à défaut de domicile élu par lui, à son domicile réel, pourvu qu'il soit fixé en France?* Quid, *en cas de changement de domicile ou de décès ?*

Le texte paraît à M. Chauveau devoir être interprété en ce sens que la sommation ne pourra être faite au domicile élu qu'autant que ce domicile aura été élu par le créancier vendeur. L'élection de domicile faite par le conservateur dans une inscription d'office ne serait pas suffisante, parce que le conservateur n'a pas qualité pour élire domicile au nom du vendeur (ce sont les termes mêmes du rapport). Conf. MM. Ollivier et Mourlon, p. 310, n. 85; Seligman et Pont, p. 154, à la note ; Colmet-Daage, *Append.*, p. 3, n. 943. La sommation faite à ce domicile serait donc irrégulière, tandis qu'elle sera irréprochable lorsque, en renouvelant l'inscription prise d'office, ou en la requérant pour la première fois, le vendeur aura élu un domicile.

755. A défaut de domicile élu, la sommation doit être notifiée au domicile réel, pourvu qu'il soit fixé *en France*; le rapport dont a été précédée la loi de 1841 a expliqué ces derniers mots en disant...: « Pourvu que son domicile soit situé dans la France continentale ; celui qui habite aux colonies ou à l'étranger doit avoir son mandataire en France. » Est-ce à dire, demande M. Chauveau, que la Corse, qui ne fait pas partie de la France continentale au point de vue géographique, mais qui n'est ni une colonie ni une terre étrangère, ne soit pas comprise dans l'expression *France?* L'auteur ne le croit pas. Si l'on oppose l'art. 73, qui, pour la fixation des délais, distingue entre la France continentale et la Corse, on peut invoquer, d'autre part, la loi du 11 juin 1859, qui assimile la Corse aux départements du continent pour les délais des pourvois au Conseil d'Etat on à la Cour de cassation. Voy. aussi *Ordre*, n. 88. MM. Ollivier et Mourlon, p. 311, n. 89, professent la même opinion. Ils font en même temps remarquer avec raison, n. 90, qu'il ne faut pas induire des termes du rapport que le poursuivant soit tenu de notifier au domicile réel du mandataire que rien ne lui a fait connaître; mais qu'il faut les entendre en ce sens qu'à défaut de domicile réel, il doit y avoir un domicile élu.

756. Comment faudra-t-il procéder, s'il n'y a ni domicile élu, ni domicile réel en France, sans qu'il soit d'ailleurs établi qn'il y ait domicile fixé dans les colonies ou à l'étranger? M. Chauveau pense, avec M. Duvergier, *Lois*, 1858, p. 141, note 2, qu'il faut, conformément au droit commun, notifier au lieu de la résidence, et, si ce lieu n'est pas connu, au procureur de la République.

757. La circulaire ministérielle du 2 mai 1859 contient, au sujet de la remise de la sommation au vendeur, les indications suivantes : — On ne peut douter que la sommation ne soit valablement déposée au domicile du vendeur, bien que celui-ci n'y réside pas, de même qu'elle peut lui être faite en tout lieu, en parlant à sa personne. Mais, si le domicile énoncé dans l'inscription est inexact ; si, le créancier ayant changé de demeure, on ignore son nouveau domicile, c'est au poursuivant qu'incombe le soin de le découvrir. « ... Lorsque le vendeur a éprouvé quelque changement dans son état, il est sommé à son nouveau domicile ; s'il est mort, l'exploit est valablement déposé au domicile indiqué dans l'inscription (art. 2156) ; il est inutile de le notifier individuellement à chacun de ses héritiers. »

758. Sans doute, observe M. Chauveau, il est utile que la sommation, qui fait courir un délai de déchéance, frappe la personne du vendeur; mais il ne faut pas exagérer ce principe jusqu'à se heurter contre des impossibilités. Le poursuivant devra s'enquérir, et si, après le dernier domicile connu, il ne découvre rien, il notifiera valablement à ce dernier domicile, pourvu cependant que la disparition soit récente; si le domicile est abandonné depuis quelque temps et que les circonstances attribuent à cet abandon un caractère définitif, il faudra appliquer l'art. 69, § 8. — Est-il nécessaire, en pareil cas, que l'huissier dresse un procès-verbal spécial de perquisition? MM. Grosse et Rameau, t. 1, p. 51, n. 24, paraissent admettre l'affirmative. M. Chauveau croit qu'il suffit de faire précéder la remise de l'exploit au parquet de quelques explications sur l'inutilité des recherches faites pour découvrir le domicile.

759. Les mêmes auteurs, n. 25 et suiv., enseignent que, par domicile *réel*, la loi entend le domicile *légal*; que la femme doit être assignée au domicile de son mari, le mineur ou l'interdit à celui de son tuteur; que la sommation doit être notifiée au prodigue et à son conseil judiciaire. M. Chauveau, qui considère ces points comme incontestables, pense aussi, avec MM. Grosse et Rameau, n. 23, que, dans le cas de décès, la sommation est valablement remise au domicile indiqué, soit à l'époux survivant, soit au gardien des scellés, soit à l'un des héritiers, soit à toute autre personne ayant qualité d'après le droit commun. V. également en ce sens MM. Ollivier et Mourlon, p. 310, n. 87 et 88; Seligman et Pont, p. 155, n. 26.

760. On s'est demandé s'il faut entendre l'art. 692 comme ne prévoyant pas seulement le cas d'une inscription d'office prise par le conservateur sans élection de domicile, mais aussi celui d'une inscription requise par le vendeur avec omission d'une élection de domicile. Le point de savoir si cette omission emporte nullité est controversé. Quelle influence la loi de 1858 doit-elle exercer sur la solution, qui est très importante, puisque, si l'inscription est nulle, le poursuivant peut se dispenser d'une manière absolue d'interpeller le précédent vendeur, tandis qu'il doit le faire dans le cas contraire? — MM. Grosse et Rameau, t. 1, p. 39, n. 13 et 14, voient, dans les expressions dont s'est servi le législateur, la preuve d'une préférence donnée à l'opinion suivant laquelle l'inscription, en pareil cas, est valable. — MM. Ollivier et Mourlon, p. 309, n. 83 et 84, ainsi que MM. Seligman et Pont, p. 154, à la note, adoptent une autre interprétation. D'après eux, l'art. 692 ne se réfère qu'au cas où l'inscription a été prise d'office par le conservateur, sans faire obstacle à la nullité de l'inscription prise par le vendeur lui-même sans élection de domicile. Ils croient trouver dans le passage du rapport la confirmation de leur opinion. Enfin, ils concluent en disant que ceux qui n'admettraient pas ce sentiment seraient obligés de reconnaître que le droit de ne pas élire de domicile est une exception introduite en faveur du vendeur, lorsque la vente est forcée, et qu'elle ne doit être étendue ni au vendeur dans ses rapports avec le tiers acquéreur de l'immeuble, volontairement vendu par lui, ni, à plus forte raison, aux créanciers ordinaires. En présence de ce conflit, M. Chauveau estime qu'il est prudent de s'en tenir au conseil donné par MM. Grosse et Rameau.

761. (Q. 2333 quater). *Quels sont les créanciers que désigne, dans l'art. 692, l'expression :* Le vendeur de l'immeuble saisi? Quid *du donateur, du porteur d'un bordereau de collocation?*

Les prévisions de la loi s'appliquent, selon l'observation de M. Chauveau, à tout créancier inscrit dont la créance résulte d'un prix de vente, ce qui comprend non-seulement le vendeur lui-même, mais encore tous ceux auxquels il a cédé tout ou partie de son droit. C'est ce que la circulaire du 2 mai 1859 exprime dans ce passage : « Tout ce qui vient d'être dit du vendeur s'applique également aux personnes subrogées dans ses droits, et dont les subrogations sont régulièrement inscrites ». — MM. Grosse et Rameau, t. 1, p. 36, n. 11, Seligman et Pont, p. 151, note 1, admettent la même doctrine, quand ils déclarent qu'il suffit qu'il existe, dans la créance inscrite, *un principe de créance*, à raison d'*un prix de vente*, pour qu'il y ait lieu de notifier la mise en demeure spéciale au vendeur. MM. Ollivier et Mourlon, p. 312, n. 93, assimilent au vendeur le coéchangiste créancier d'une soulte.

762. Ces derniers auteurs examinant, p. 313, n. 95, si le donateur doit être assimilé au vendeur pour l'exécution des charges imposées au donataire, citent, en faveur de l'affirmative, M. Pont, *Priv. et hyp.*, n. 188, d'après lequel la sommation au donateur doit être conçue comme celle qui concerne le vendeur; mais ils n'adoptent cette opinion controversée que pour le cas où les charges imposées consistent dans l'obligation de payer une somme d'argent dont le chiffre est égal ou à peu près égal à la valeur de l'immeuble donné, la convention n'étant alors qu'une véritable vente déguisée sous l'apparence d'une donation.—L'assimilation entre le vendeur et le donateur est admise d'une manière absolue par M. Chauveau (V. *inf.*, quest. 2404 *octies*).

763. D'un autre côté, notre auteur estime que, la déchéance résultant de l'adjudication frappe le créancier porteur d'un bordereau de collocation auquel est attaché le droit de poursuivre la folle enchère (V. *inf.*, quest. 2404 *novies*), il y a lieu aussi d'assimiler ce créancier au vendeur. On objecte, il est vrai, que, pour encourir une déchéance, il faut avoir été mis en demeure d'agir; que l'art. 692 ne prescrit point d'avertir les porteurs de bordereaux qu'ils ont une action en folle enchère à exercer; qu'enfin il y a des porteurs de bordereaux qui ne sont pas créanciers inscrits et qui pourraient n'avoir aucune connaissance de la saisie dirigée contre l'adjudicataire. M. Chauveau répond que les créanciers inscrits qui n'ont pas été payés auraient dû être nécessairement appelés à la saisie, non seulement parce qu'il existe une inscription d'office prise dans leur intérêt, mais encore parce qu'ils ont conservé leur inscription individuelle; qu'ils auraient donc dû recevoir la sommation prescrite par l'art. 692, avec la mention qu'à défaut de former leur action en folle enchère avant l'adjudication, ils seraient définitivement déchus; que si cette sommation ne leur a pas été notifiée, rien ne les empêchera de prendre la voie de la folle enchère; mais que s'ils ont laissé écouler dix ans depuis la délivrance des bordereaux, et que l'inscription d'office de leurs inscriptions individuelles soient périmées, ils n'auront plus aucun droit et ne devront pas même être appelés lors de la saisie.

764. En résumé, pour que les créanciers hypothécaires ou chirographaires porteurs de bordereaux et devant, selon M. Chauveau, être considérés comme vendeurs de l'immeuble, puissent obtenir l'avertissement légal de l'art. 692, et notifier, en temps utile, leur action en folle enchère qu'il assimile, en tout point, à une demande en restitution, l'auteur conseille : 1° *à tous les créanciers* de veiller à ce que le jugement d'adjudication soit transcrit, et à ce que le privilège du vendeur (sur la tête soit du saisi, soit des créanciers colloqués) soit inscrit; 2° aux créanciers hypothécaires de faire renouveler leurs inscriptions, en exprimant qu'ils les prennent à titre de créanciers et de porteurs de bordereaux, ayant droit à une partie du prix de la vente; 3° aux créanciers chirographaires qui n'ont obtenu de bordereaux qu'en sous-ordre, de faire renouveler l'inscription du créancier hypothécaire, dont la créance leur a été distribuée et dans les droits duquel ils ont été subrogés; de faire faire ce renouvellement, chacun pour la somme qui lui a été attribuée, et d'indiquer dans le nouveau bordereau un domicile auquel ils puissent recevoir la sommation dont parle l'art. 692. — MM. Grosse et Rameau, t. 1, p. 43, n. 16, partagent cette manière de voir, qui est, au contraire, combattue par MM. Seligman et Pont, p. 151, n. 20.

765. La jurisprudence décide à bon droit que le donateur d'un immeuble ultérieurement frappé de saisie qui, sur la sommation que lui a faite le saisissant, en conformité de l'art. 692, a formé une action en révocation de la donation, et à qui le tribunal a imparti un délai pour faire juger cette action, n'encourt aucune déchéance par l'expiration de ce délai, tant que l'adjudication de l'immeuble saisi n'a pas été prononcée : Bordeaux, 26 juin 1852 (D.P.53.2.212) ; Caen, 19 fév. 1856 (*Journ. de cette Cour*, 1856, p. 183) ; Rouen, 25 août 1869 (*J. des Huiss.*, t. 51, p. 282). — Conf., notre *Formul. annot.*, p. 648, n. 11.

766. (Q. 2333 quinquies). *La sommation au précédent vendeur, qui ne contient pas l'avertissement spécial que, faute par lui de demander résolution de la vente par exploit notifié au greffe avant l'adjudication, il sera définitivement déchu, à l'égard de l'adjudicataire, du droit de la faire prononcer, a-t-elle pour effet de faire encourir la déchéance du droit d'exercer l'action résolutoire ?*

Le tribunal civil de Bazas a décidé, le 8 janv. 1850 (*J. Av.*, t. 75, p. 315), que l'action résolutoire peut encore être exercée après l'adjudication, lorsque la sommation notifiée au vendeur se borne à l'inviter à prendre communication du cahier des charges, sans parler de la déchéance qu'il encourrait faute par lui d'exercer dans le délai son action résolutoire. — Pour éclairer ce point délicat, M. Chauveau signale l'explication suivante donnée, lors de la discussion de la loi de 1841, par le rapporteur, M. Persil : « Votre commission, pour éviter jusqu'à la possibilité d'une surprise, et pour mettre le vendeur toujours en demeure d'exercer son droit en connaissance de cause, n'a pas hésité à adopter une mesure qui devait lever tous les scrupules. Dans la sommation de prendre communication du cahier des charges faite à chaque créancier inscrit en vertu de l'art. 692, *au vendeur comme aux autres*, on joindrait, *mais pour le vendeur seul, cette déclaration formelle :* qu'à défaut par lui de former sa demande...., etc. Si, après un pareil avertissement, le vendeur a gardé le silence et laissé prononcer l'adjudication, il ne se rencontrera évidemment personne qui puisse nous reprocher d'avoir sacrifié ses droits ; le vendeur y aura lui-même RENONCÉ. *C'est la prescription légale que nous vous proposons de laisser dans l'art.* 717, *en inscrivant dans un paragraphe additionnel à l'art.* 692 l'AVERTISSEMENT ou *la mise en demeure* que nous venons d'expliquer. Nous avions d'abord regardé comme inutile de porter aussi loin nos *précautions* ; mais, comme c'était dans ce sens que nous interprétions le silence du vendeur *après la sommation*, nous n'avons pas hésité à vous proposer de le dire dans un article *formel.* »

767. Il ne reste donc plus aucun doute sur l'esprit de la loi, dit M. Chauveau. Indépendamment de la sommation qui lui est faite d'assister à la publication du cahier des charges, le vendeur doit être *spécialement* et *formellement* averti de la déchéance qui atteindra son droit de résolution, si l'adjudication est prononcée sans qu'il ait fait notifier sa demande au greffe. L'omission de cet avertissement équivaut, en ce qui concerne l'action résolutoire, au défaut absolu de sommation, et, dès lors, le vendeur peut l'exercer même après l'adjudication. M. Morin a toutefois soutenu l'opinion contraire dans une dissertation insérée au *Journ. des Av.*, t. 68, p. 65. Le vendeur, a dit ce jurisconsulte, n'ignore pas sa qualité ; il n'est créancier inscrit et ne reçoit la sommation que parce qu'il est vendeur non payé ; ce n'est que par excès de précaution que l'avertissement du § 2 de l'art. 692 est prescrit. Quand les poursuites de saisie lui sont dénoncées par la sommation, il est suffisamment averti d'exercer ses droits en temps utile, pour qu'il doive être déclaré déchu après l'adjudication. A toutes ces raisons, il n'y a qu'une réponse, mais elle est décisive, observe M. Chauveau, c'est le passage du rapport ci-dessus transcrit.—La doctrine de notre auteur est partagée par MM. Rodière, t. 3, p. 159; Ollivier et Mourlon, p. 308, n. 80; tandis que MM. Grosse et Rameau décident, t. 1, p. 35, n. 9, que la déchéance est encourue, parce qu'il s'agit ici d'un moyen de nullité qui aurait dû être proposé trois jours au moins avant l'adjudication; et MM. Seligman et Pont, p. 152, n. 21, enseignent que la loi du 23 mars 1855 fait encourir la déchéance par le fait seul de la transcription du jugement d'adjudication. Cette considération, sérieuse quand il s'agit de l'action résolutoire qui serait exercée après la transcription, n'a aucune portée pour l'action exercée après l'adjudication et jusqu'à la transcription, remarque avec raison M. Chauveau. — V. aussi notre *Formul. annot.*, t. 2, p. 653, note 3.

768. (Q. 2333 sexies). *Comment la purge des hypothèques légales non inscrites se trouve-t-elle liée à la poursuite de saisie immobilière?*

La circulaire du 2 mai 1859 s'explique à cet égard de la manière suivante: « Les art. 692 et 696 règlent ensuite les formalités de la purge qui doivent désormais s'accomplir avant l'adjudication, et marcher concurremment avec la procédure de saisie. La sommation qui ne s'adressait, jusqu'ici, qu'aux créanciers inscrits, sera faite, à l'avenir, aux créanciers à hypothèques légales et contiendra à l'égard de ces derniers l'avertissement que, pour conserver leurs hypothèques sur les biens saisis, ils devront les faire inscrire avant la transcription du jugement d'adjudication. » C'est, en effet, observe M. Chauveau, dans les articles précités qu'il faut rechercher le mode de purge; l'art. 717 ne fait qu'en déterminer les effets.

769. (Q. 2333 septies). *Quels sont les créanciers à hypothèque légale qui doivent recevoir la sommation tendant à la purge?*

M. Chauveau fait d'abord remarquer que la sommation est adressée à tous les créanciers inscrits sans distinction entre ceux dont l'hypothèque est légale ou non, et sans qu'aucun avertissement spécial soit exigé pour les créanciers à hypothèque légale inscrite, la loi plaçant absolument sur le même rang, quant à la forme des sommations, tous les créanciers inscrits, autres que le précédent vendeur (V. MM. Grosse et Rameau, t. 1, p. 70, n. 42). — Quant aux hypothèques légales, non inscrites, la loi ne s'occupe que de celles appartenant aux femmes mariées, aux mineurs et interdits : ses prévisions ne s'étendent pas à celles de l'Etat, des communes et des établissements publics, qui restent placées sous l'empire du droit commun. Ce point a été formellement reconnu dans la discussion au Corps législatif (séance du 14 avril 1858). V. aussi la circulaire du 2 mai 1859; MM. Ollivier et Mourlon, p. 322, n. 110; Bressolles, *Explication de la loi de* 1858, p. 22, n. 17.

770. Mais, observe M. Chauveau, il faut entendre les expressions de *femmes mariées*, *mineurs*, *interdits*, avec la latitude qu'elles comportent, et en tenant compte de l'influence que doit exercer ici la disposition de l'art. 8 de la loi du 23 mars 1855. Ainsi, la nécessité de la sommation s'applique : 1° à la femme du saisi, tant que dure le mariage, et, après le décès du mari, tant que la première année de son veuvage n'est pas écoulée; aux héritiers de cette femme, durant l'année qui suit son décès, s'il a eu lieu du vivant de son mari, ou bien, dans le cas contraire, durant la fraction de l'année restant à courir depuis le décès du mari, si la femme est morte dans l'année de son veuvage; — 2° aux femmes des précédents propriétaires ou à leurs héritiers, avec les mêmes distinctions que ci-dessus; — 3° aux mineurs et interdits dont le saisi ou les précédents propriétaires ont eu, ou ont encore la tutelle; au mineur qui est resté en tutelle ou qui a été émancipé, tant qu'il est dans l'année de sa majorité; à ses héritiers, pendant un an depuis son décès, s'il est mort en minorité; pendant la fraction d'année restant à courir, si le décès est survenu durant sa vingt-deuxième année. — Solutions analogues pour l'interdit ou ses héritiers durant l'année qui suit la cessation de la tutelle. V. en ce sens, MM. Grosse et Rameau, t. 1, p. 68 et 70, n. 39 et 41; Seligman et Pont, p. 163, n. 35; Ollivier et Mourlon, p. 323 et suiv., n. 113 et suiv.

771. Ces derniers auteurs prévoient, en outre, le cas de cession ou de subrogation. En ce qui concerne les cessions, ils distinguent celles qui sont antérieures au 1er janvier 1856, et celles qui sont postérieures. Les premières, demeurées occultes, ne nécessitent aucune interpellation; les secondes, assujetties à la publicité par la loi du 23 mars 1855, sont comme non avenues, si elles sont demeurées occultes. Quant à la subrogation, lorsqu'elle aura été portée sur le registre du conservateur, une sommation ordinaire sera due à la femme et au subrogé, à moins que l'inscription ne concerne que le subrogé, et que la femme n'ait laissé passer l'année de veuvage.

772. Après cette détermination des créanciers dans l'intérêt desquels la sommation est prescrite par la loi, M. Chauveau examine dans quels cas il y a lieu de les interpeller. Le poursuivant, dit-il, n'a à se préoccuper que des créanciers à hypothèque légale dispensée d'inscription, qui lui *sont connus d'après son titre*. C'est ce que le rapport explique catégoriquement en ces termes : « Si le poursuivant ne connaît pas la femme ou le mineur (et c'est le titre qui déterminera la connaissance ou l'ignorance, de manière à éviter, sur ce point, l'arbitraire ou les recherches coûteuses), l'interpellation adressée par la voie d'un journal, aux termes de l'art. 696, à tous les créanciers à hypothèques légales, reproduit la garantie indiquée par l'avis du conseil d'Etat, du 1er juin 1807 ». La circulaire du 2 mai 1879 s'exprime dans le même sens. — V. aussi conf., MM. Bressolles, p. 22, n. 17; Duvergier, t. 58, p. 142, note 3; Ollivier et Mourlon, p. 330, n. 133; Grosse et Rameau, t. 1, p. 58, n. 30 et 31; Seligman et Pont, p. 161, n. 32; Colmet-Daage, *Append.*, p. 4, n. 944.

773. MM. Grosse et Rameau, t. 1, p. 59, n. 33, se demandent si, lorsque le titre du poursuivant contient la déclaration que les biens du débiteur ont été soumis à l'hypothèque légale, mais que la cause en est éteinte, il y a lieu de faire la sommation; et ils décident la négative parce que la déclaration est indivisible. Les mêmes auteurs, p. 69, n. 40, se prononcent aussi contre la nécessité de la sommation dans le cas où le titre indique une cause d'hypothèque, telle, par exemple, qu'une tutelle, mais en expliquant que les mineurs sont devenus majeurs et ont dépassé leur vingt-deuxième année; et ils admettent, p. 72, n. 43, la même solution lorsque le titre ne dit rien dans la déclaration hypothécaire, bien que, dans l'établissement de la propriété, il soit dit que l'emprunteur a acquis du mari et de la femme par un contrat sur lequel les formalités de purge n'ont pas été remplies. Dans ce dernier cas, M. Chauveau conseille, au contraire, de faire la sommation; mais sur tous les autres points il déclare partager les opinions qui viennent d'être indiquées.

774. La circonstance que la femme est obligée solidairement à la dette et partie saisie ne dispense pas, dit M. Chauveau, de lui adresser la sommation spéciale. Conf., MM. Grosse et Rameau, p. 73, n. 44; Seligman et Pont, p. 160, n. 31.

775. Si le titre est muet, soit parce qu'à l'époque où il est intervenu, il n'y avait aucune cause d'hypothèque légale, soit parce qu'on a omis d'en indiquer les causes existantes, mais qu'en fait, le mariage ou la tutelle ait été connu du poursuivant, celui-ci devra-t-il ou non faire la sommation ? — M. Duvergier, t. 58, p. 143, émet l'avis que le défaut de notification engagerait, en pareil cas, la responsabilité du poursuivant, qui s'abriterait en vain sous la disposition de l'art. 692, en invoquant le silence de son titre, parce que la fraude fait exception à toutes les règles. M. Chauveau hésite à adopter cette opinion, attendu que si l'on ouvre la porte à la théorie de la connaissance acquise, on pourrait assimiler à ce cas beaucoup d'autres hypothèses : par exemple, celle où le poursuivant a signé comme témoin l'acte civil de la célébration du mariage ; celle où il est proche parent du mari ou de l'épouse ; ou il a été membre du conseil de famille pour le choix du tuteur ou pour délibérer sur les intérêts du mineur, etc., etc.

776. Sur le point de savoir quelle est la sanction attachée à l'omission vis-à-vis des créanciers dispensés d'inscription, Voy. *infrà*, quest. 2403.

777. (Q. 2333 octies). *Comment doit être faite la sommation aux créanciers à hypothèques légales dispensées d'inscription ?*

M. Chauveau remarque d'abord, avec MM. Grosse et Rameau, t. 1, p. 67, n. 38, que la sommation à ces créanciers doit être faite dans le délai prescrit par le premier paragraphe de l'art. 692, c'est-à-dire dans la huitaine du dépôt du cahier des charges, outre un jour par cinq myriamètres de distance entre le domicile du créancier et le siège du tribunal. Il ajoute quelle doit être signifiée au domicile réel, conformément aux règles du droit commun, sauf une particularité relative à la remise de la copie. Bien qu'un amendement qui défendait de remettre au mari la copie destinée à la femme, n'ait point passé dans la loi, MM. Grosse et Rameau, t. 1, p. 74, n. 45, enseignent, conformément à l'opinion de M. Troplong, *Priv. et hyp.*, t. 4, n. 978, que l'huissier doit s'abstenir de remettre la copie au mari.—*Contrà*, MM. Ollivier et Mourlon, p. 333, n. 142. Quant à M. Chauveau, il ne fait pas connaître ici son opinion; mais dans son *Formul. de proc.*, t. 2, p. 49 *bis*, note 2, il conseille de remettre la copie à la personne de la femme, quoique ce ne soit pas rigoureusement exigé. — V. conf., notre *Formul. annot.*, p. 654, note 2.

777 *bis*. La sommation est-elle inutile à l'égard des créanciers à hypothèque légale qui n'ont pas leur domicile *en France ?* M. Chauveau ne le pense pas. Il est d'avis, comme MM. Ollivier et Mourlon, p. 332, n. 139, qu'il faut s'en tenir à l'art. 69, § 9, sans augmentation à raison de la distance, le poursuivant étant en règle dès que la sommation a été faite au parquet dans le délai de huitaine. Le procureur de la République devant requérir l'inscription (Voy. *inf.*, n. 788 et s.), les droit sdes créanciers éloignés se trouvent sauvegardés, dit-il, parce que le temps qui s'écoulera entre la remise de la sommation au parquet et la distribution du prix permettront aux intéressés, soit de se faire représenter à l'adjudication, soit, au moins, de produire à l'ordre.

778. Quand, en fait, la femme n'habite pas avec son mari, il y a lieu, suivant l'observation de M. Chauveau, de remettre une copie, au domicile de fait, à la femme, et une seconde copie au mari, au domicile légal. Sauf le cas où il s'agit de la femme du saisi, il faut, ajoute notre auteur, la remise d'une double copie, l'une à la femme, partie directement intéressée, l'autre au mari, pour autorisation, pour la validité. Conf., MM. Grosse et Rameau, t. 1, p. 75, n. 46. — *Contrà*, MM. Ollivier et Mourlon, p. 322, n. 109.

779. Pendant la tutelle des mineurs et interdits, dit encore M. Chauveau, la sommation est faite au tuteur, à moins que ce tuteur ne soit le saisi, auquel cas on l'adresse au subrogé tuteur. Quand les mineurs sont devenus majeurs ou que les interdits ont été relevés de l'interdiction, ils reçoivent directement la sommation à leur domicile réel. Lorsqu'il s'agit d'un mineur émancipé, la sommation est valablement faite au mineur et à son curateur, s'il en a un ; sinon, la première suffit. Voy. en ce sens, MM. Grosse et Rameau, t. 1, p. 77 et suiv., n. 48 et suiv. ; Ollivier et Mourlon, p. 334 et suiv., n. 143 et suiv. ; notre *Formul. annot.*, t. 2, p. 654, note 3.

780. Quand le créancier à interpeller est décédé, quelle est la marche à suivre ? Après avoir rappelé que, dans la discussion, la commission et le Gouvernement sont tombés d'accord pour reconnaître *qu'il n'est pas néces-*

saire de rechercher les héritiers au delà du dernier domicile des incapables, M. Chauveau conclut que le poursuivant devra donc frapper au dernier domicile de la femme ou du mineur (c'est-à-dire au domicile du tuteur ou subrogé tuteur du mineur, suivant les circonstances). Si on lui fournit là des renseignements qui lui fassent connaître les héritiers, il leur adressera la sommation à leur domicile réel ; que si, au contraire, aucune indication utile ne lui est donnée, il laissera une sommation collectivement faite aux héritiers de la femme ou du mineur. Compar., dans le même sens, MM. Grosse et Rameau, t. 1, p. 79 et suiv., n. 51 et suiv.; Duvergier, t. 58, p. 145, note 1; Bressoles, p. 24, n. 17; Dalloz, n. 817. — MM. Ollivier et Mourlon, p. 340, n. 147, et Colmet-Daage, *Append.*, p. 4, n. 943, paraissent cependant incliner vers l'opinion que M. Riché avait exprimée dans son rapport, et d'après laquelle le poursuivant ne devrait signifier de sommation qu'au dernier domicile de la femme ou du mineur, sans se préoccuper de l'existence d'héritiers. Ils reconnaissent, au surplus, que les sommations faites directement et séparément aux héritiers sont valables, sauf à laisser pour le compte du poursuivant l'augmentation des frais résultant des actes multiples. MM. Seligman et Pont, p. 164, n. 35, pensent aussi qu'il n'y a pas lieu de faire la sommation au domicile réel des héritiers.

781. (Q. 2333 novies). *La sommation tendant à la purge des hypothèques légales est-elle nulle, si elle ne contient pas l'avertissement spécial que, pour conserver ces hypothèques sur l'immeuble exproprié, il sera nécessaire de les faire inscrire avant la transcription du jugement d'adjudication?*

MM. Grosse et Rameau, t. 1, p. 67, n. 37, considèrent l'avertissement comme substantiel et attachent la nullité à son omission. Il en est de même de MM. Seligman et Pont, p. 164, n. 36, qui ajoutent que la nullité doit être proposée trois jours avant la publication du cahier des charges. M. Chauveau est aussi de cet avis, mais il pense que le créancier qui n'aurait pas demandé la nullité en temps utile, n'en serait pas moins fondé à se prévaloir du défaut de purge, tandis que MM. Seligman et Pont estiment qu'il ne lui resterait qu'une action en dommages-intérêts. MM. Ollivier et Mourlon, p. 320, n. 106, après avoir rappelé que la sommation doit contenir : 1° la mise en demeure de prendre communication du cahier des charges; 2° l'indication des jour, lieu et heure de la publication; 3° l'avertissement spécial, enseignent que si l'absence de l'une des deux premières énonciations annule la sommation pour le tout (art. 692 et 715), il n'en est pas de même du défaut d'avertissement, cette irrégularité laissant à l'adjudication toute sa force, mais aussi ne faisant encourir aucune déchéance ou aucune extinction du droit de préférence contre le créancier vis-à-vis duquel l'omission a été commise; de sorte que, dans leur opinion, la formalité n'étant prescrite que pour la purge, cette purge, à défaut d'accomplissement de la formalité, n'est pas opérée, et l'adjudication ne produit plus les effets prévus par la loi.

781 *bis*. Tout en avouant qu'au premier abord ce raisonnement semble logique, M. Chauveau ne croit pas qu'il puisse être accueilli. Dans le système du législateur, dit-il, la purge des hypothèques légales a été associée à la poursuite de saisie; cette association a été réalisée au moyen d'un ensemble de formalités qui ont pour objet de rendre les créanciers à hypothèques légales parties dans la procédure; chacune de ces formalités est essentielle; la loi s'exprime impérativement; ce n'est qu'à la condition qu'elles seront toutes remplies, que son but est atteint. Il n'y a pas lieu de distinguer entre les trois parties qui constituent la sommation; chacune d'elles est également indispensable; l'art. 715 les soumet à la même sanction. Néanmoins notre auteur se rallie à l'opinion de MM. Ollivier et Mourlon pour le cas où la nullité de la sommation n'a pas été proposée en temps utile; et il renvoie, à ce qu'il a dit, sous la quest. 2333 *quinquies* (*suprà*, n. 766), de la nécessité de l'avertissement spécial au précédent vendeur, qui se trouve dans une situation bien moins favorable que celle du créancier à hypothèque légale. — V. aussi notre *Formul. annot.*, t. 2, p. 654, note 4.

782. (Q. 2333 decies). *Quand le mineur n'a pas de tuteur ou de subrogé tuteur, le poursuivant doit-il en faire nommer un, à l'effet de lui adresser la sommation prescrite par l'art.* 692?

Il résulte de la discussion qui a précédé la loi de 1858, comme l'établit M. Chauveau, qu'il n'a pas été dans la pensée du législateur que le poursuivant dût faire pourvoir d'un tuteur ou d'un subrogé tuteur le mineur auquel il n'en a pas été nommé. C'est ce que reconnaissent aussi MM. Bressoles, p. 24, n. 17; Grosse et Rameau, t. 1, p. 75, n. 47; Ollivier et Mourlon, p. 334; n. 143; Duvergier, t. 58, p. 142, note 2; Colmet-Daage, *Append.*, p. 4, n. 944; Dalloz, n. 817, et Seligman, p. 158, n. 30.

783. Cependant la circulaire du 2 mai 1859 n'admet pas cette interprétation. La jurisprudence, qui peut seule résoudre cette question, ainsi que l'a reconnu M. le vice-président du Conseil d'Etat, porte-t-elle, s'est déjà prononcée dans un sens opposé : la Cour de cassation notamment a décidé, dans un arrêt du 8 mai 1844 (S.V.44.1.412) : « Que le législateur n'a pas dû supposer que des mineurs ne fussent point pourvus de subrogé tuteur, puisque, aux termes de l'art. 420, Cod. civ., dans toute tutelle il doit y avoir un subrogé tuteur ;— Que, d'après les art. 406 et 421 du même Code, le conseil de famille peut, pour la nomination d'un subrogé tuteur, être convoqué sur la réquisition et à la diligence des parties intéressées, même d'office, par le juge de paix auquel toute personne peut dénoncer le fait qui donne lieu à cette nomination ;—Que l'acquéreur qui connaît l'existence de mineurs pouvant avoir des hypothèques légales, l'acquéreur à qui, pour la consolidation de sa propriété, des obligations sont imposées, est évidemment partie intéressée à faire nommer le subrogé tuteur auquel il est tenu de faire la notification prescrite. Le ministère public peut, sans doute, provoquer cette nomination; mais les mesures qu'il est autorisé à prendre dans l'intérêt des incapables ne sauraient diminuer les obligations imposées au poursuivant pour assurer la régularité de la procédure et mettre à couvert sa responsabilité. » M. Pont, dans ses annotations sur l'ouvrage de M. Seligman, *loc. cit.*, rappelle l'opinion par lui émise dans son *Comment. des hypoth.*, n. 1411, et se prononce dans le même sens que la circulaire.

784. Quant à M. Chauveau, bien qu'il pense que, si la question se présente de nouveau, les tribunaux tiendront compte de l'intention si clairement manifestée par le législateur dans la discussion, il croit devoir conseiller néanmoins de faire, en ce cas, par prudence, nommer au mineur un tuteur ou un subrogé tuteur.

785. (Q. 2333 undecies). *Que doit contenir et comment doit être faite la dénonciation au procureur de la République de la sommation tendant à la purge des hypothèques légales?*

« Les sommations *faites aux incapables sont les seules* dont copie soit « notifiée au ministère public. L'exploit ne doit contenir RIEN D'ÉTRANGER « AUX PERSONNES DANS L'INTÉRÊT DESQUELLES LE PROCUREUR DE LA RÉPU- « BLIQUE EST TENU D'INTERVENIR, mais il est essentiel qu'il relate exactemen « la saisie et la désignation des immeubles qui en sont frappés, la date, le « volume et le numéro de la transcription. Il importe également que les « *originaux des sommations* dont il s'agit soient *distincts* et *séparés* de ceux « *relatifs à toute autre personne*, de telle sorte que la notification faite au « parquet *ne contienne que les énonciations nécessaires à la rédaction des* « *bordereaux que le procureur de la République doit proposer.* » — La circulaire, qui s'exprime ainsi, ajoute que, pour que ces actes ne puissent être confondus avec les autres exploits qui sont déposés au parquet, le ministre de la justice a décidé : 1° Que le visa préparé sur l'original serait placé en tête et en marge de l'acte et conçu dans les termes suivants : « *Vu et reçu copie au par-« quet, en exécution de la loi du 21 mai 1858, n°   du registre spécial* ; — 2° Que « la copie porterait à la place correspondante cette mention : *Parquet, exécu-« tion de la loi du 21 mai 1858, n°   du registre spécial* ; 3° que le visa en « pareille matière, serait toujours revêtu, non d'un simple paraphe, mais de « la signature du procureur de la République ou de son substitut. » Dès le 24 août 1858, M. le procureur de la République, près le tribunal de première instance de la Seine, avait adressé au président de la chambre des avoués des instructions en sens analogue, qui ont été reproduites dans le *Journ. des Av.*, t. 83, p. 621, et que rappelle ici M. Chauveau. V. également notre *Formul. annot.*, p. 654, note 1, ainsi que le *Formulaire de procédure* de notre auteur, 2e édit., t. 2, p. 49 *bis*, formule 592 *ter*, et la note.

786. Antérieurement à ces instructions, les auteurs qui ont commenté la loi nouvelle n'avaient pas entendu d'une manière aussi restreinte l'exécution de la prescription du n° 2 de l'art. 692. MM. Grosse et Rameau, t. 1, p. 92 et suiv., n. 67 et suiv.; Ollivier et Mourlon, p. 342 et 363, n. 149 et 169 ; Duvergier, t. 58, p. 144, suite de la note 3, avaient pensé que le procureur de la République devait recevoir la dénonciation de toutes les sommations tendant à la purge des hypothèques légales, sauf à n'être tenu de requérir l'inscription que pour celles procédant du chef du saisi et du tiers détenteur. Et il semble que MM. Seligman et Pont, p. 165, n. 37, sont favorables à cette opinion. Selon M. Chauveau, il eût été préférable, au point de vue des garanties accordées aux incapables, que le sentiment de ces commentateurs, conforme au sens grammatical du texte, fût suivi ; mais la pratique, observe-t-il, ne peut manquer d'adopter la simplification recommandée par la chancellerie et par les parquets. Il faut remarquer d'ailleurs que si le texte semble ne pas se prêter tout d'abord à l'interprétation officielle, cela provient uniquement de ce que le projet imposait l'obligation de l'inscription vis-à-vis de tous les créanciers à hypothèques légales interpellés d'après le paragraphe précédent, et que le Conseil d'État, rejetant un amendement qui substituait une faculté à l'obligation, a cependant réduit cette dernière aux hypothèques existant du chef du saisi, sans modifier autrement la rédaction première que par cette addition : « *Légales existant du chef du saisi seulement sur les biens compris dans la saisie.* » — Contrairement à l'interprétation dont il s'agit, M. Duvergier, t. 58, p. 144, suite de la note 3, exprime l'opinion qu'en l'absence de toute sommation aux incapables par suite du silence du titre, le saisissant n'en est pas moins tenu de faire une notification spéciale au procureur de la République pour lui faire connaître la saisie et les circonstances par lesquelles il a été empêché d'interpeller les incapables qui peuvent exister, mais qui sont inconnus d'après le titre.

787. Aucun délai spécial n'est indiqué pour la dénonciation au procureur de la République ; mais il est évident, dit M. Chauveau, qu'il est dans le vœu de la loi que cette notification ait lieu le plus tôt possible après la sommation aux incapables ; il y aurait nullité, si elle était postérieure à la transcription du jugement d'adjudication. Conf., MM. Seligman et Pont, p. 165, n. 37.

788. (Q. 2333 duodecies). *Le procureur de la République est-il tenu de prendre inscription ? Quelle est la mesure de cette obligation ?*

Ici, encore, la circulaire du 2 mai 1859 contient des explications précieuses à recueillir.

« L'art. 692, porte-t-elle, complète ces garanties, en exigeant que copie de la sommation et de l'avertissement destinés aux créanciers à hypothèques légales soit notifiée au procureur impérial de l'arrondissement où les biens sont situés, et en créant pour ce magistrat, non plus la faculté, mais le devoir de requérir sur les biens saisis l'inscription des hypothèques légales existant du chef du saisi... Dans le système qu'introduit la loi nouvelle et que dirige le créancier poursuivant, la sollicitude qui s'attache aux droits des femmes, des mineurs et des interdits, exigeait que l'intervention du ministère public devînt, non plus l'exception, mais la règle.... L'inscription ne doit pas s'étendre au delà des immeubles compris dans la saisie, et le ministère public n'a pas à se préoccuper des hypothèques légales qui peuvent exister sur ces biens du chef des précédents propriétaires. La présomption d'insolvabilité qui frappe le saisi ne s'étend pas jusqu'à eux. Toutefois, le procureur impérial devra requérir une double inscription, lorsque l'immeuble ne sera plus, au moment des poursuites, entre les mains du débiteur.

« L'art. 692 ne dit pas, il est vrai, s'il faut entendre par le *saisi* celui qui est tenu personnellement de la dette, ou le tiers dont la chose est expropriée. Mais, si le premier, contre lequel sont dirigés les actes d'exécution, est, dans le langage du droit, le véritable *saisi*, le second qui refuse de satisfaire aux causes de l'hypothèque, soit qu'il reste dans la procédure, soit qu'il délaisse l'immeuble, n'en subit pas moins l'expropriation d'un bien qui, en passant par ses mains, est devenu le gage de ses propres créanciers.

« Le procureur impérial ne peut se borner à requérir l'inscription d'une manière générale pour le cas où le saisi serait marié ou tuteur; il doit agir dès que l'existence de la femme, du mineur ou de l'interdit lui est révélée par la notification qui lui est faite, et il n'a pas à se préoccuper du point de savoir s'ils ont des droits à exercer contre le saisi, s'ils trouveront un avantage sérieux à manifester leur hypothèque, ou si la femme ayant contracté la dette solidairement avec son mari a intérêt à inscription. L'art. 692 lui impose une obligation absolue : l'inscription fût-elle déjà prise, le renouvellement en serait toujours utile pour en empêcher plus tard la péremption.

« Il convient de dire toutefois que, par ces mots, *hypothèques légales*, la loi nouvelle n'entend parler que des hypothèques des femmes, des mineurs et des interdits, telles qu'elles sont réglées par l'art. 2135, Cod. civ. L'intervention d'office du ministère public n'est donc exigée qu'autant que les hypothèques peuvent exister sans être inscrites; elle cesse dès qu'elles sont soumises à la nécessité de l'inscription, c'est-à-dire, pour les femmes, une année après la dissolution du mariage; pour les mineurs ou les interdits, un an après l'avènement de la majorité ou la levée de l'interdiction.

« Lorsque, dans la notification qui lui aura été adressée, le procureur impérial trouvera la preuve de ces faits, il n'aura plus à requérir; il s'abstiendra également, dans le cas où il lui serait justifié que l'hypothèque légale des femmes ou des mineurs a été restreinte à certains immeubles du mari ou du tuteur, conformément aux art. 2140, 2141, 2142, 2143, 2144 et 2145, Cod. civ., et que les biens saisis en sont affranchis.

« D'un autre côté, si le saisi a été chargé de plusieurs tutelles, ou si, veuf depuis moins d'une année, il a contracté un second mariage, le procureur impérial requerra autant d'inscriptions qu'il y aura de droits à conserver. »

789. M. Chauveau regarde ces prescriptions comme conformes aux principes posés par la loi. En imposant l'obligation d'une double inscription, quand la poursuite est dirigée contre un tiers détenteur, elles consacrent l'opinion par lui émise sous la quest. 2198 (*suprà*, n. 70). MM. Ollivier et Mourlon, p. 366, n. 171, enseignent qu'en pareil cas l'obligation n'existe que vis-à-vis du tiers détenteur.

M. Chauveau fait ensuite observer que les parquets, n'ayant pas le temps de faire des recherches pour constater l'existence du droit, requerront l'inscription toutes les fois que l'évidence de son inutilité ne sera pas patente;

ce qui revient à dire, selon la remarque de MM. Ollivier et Mourlon, p. 344 et suiv., n. 153 et suiv., et Bressolles, p. 25, n. 19, que l'inscription sera toujours prise. Voy. aussi MM. Dalloz, n. 817; Seligman et Pont, p. 166, n. 37. Cependant MM. Duvergier, t. 58, p. 145, note 1, Grosse et Rameau, t. 1, p. 86 et suiv., n. 59 et suiv., pensent que le procureur de la République devra examiner, apprécier, et qu'il sera de son devoir de s'abstenir s'il juge l'inscription inutile et nuisible.

790. Dans la discussion, M. Duclos a posé cette question, qui n'a pas été résolue : « A qui incombera la responsabilité d'une inscription omise, ou incomplète, ou abusive, ou mal faite? » M. Duvergier, *loc. cit.*, prévoyant le cas où, par suite de son appréciation, le procureur de la République, jugeant l'inscription inutile, ne l'a pas requise, s'exprime ainsi : « Sans doute, il engagera sa responsabilité morale; sans cela, je ne comprends pas de fonctions publiques convenablement remplies. » MM. Ollivier et Mourlon, p. 345, n. 154, se demandent si, le droit commun étant appliqué, le ministère public sera passible de dommages-intérêts, ou bien s'il encourra simplement le blâme de ses supérieurs hiérarchiques; et ils se prononcent pour les dommages-intérêts, auxquels, suivant eux, ce magistrat ne sera tenu que subsidiairement, l'obligation principale pesant sur le tuteur et sur le subrogé tuteur. Ces dommages-intérêts seraient dus, non pas à l'adjudicataire ni au poursuivant, ni aux créanciers inscrits, mais aux femmes, mineurs ou interdits lésés par l'omission; ils seraient du montant des sommes pour lesquelles l'ayant droit aurait dû obtenir collocation, dans l'ordre, et sauf subrogation aux droits des créanciers ainsi désintéressés.

791. Cette théorie ne semble pas à M. Chauveau susceptible d'être acceptée dans la pratique. La responsabilité du procureur de la République chargé d'agir dans l'intérêt des incapables n'est et ne doit jamais être, à ses yeux, qu'une responsabilité morale, qui ne peut donner ouverture à une action civile. Telle est aussi l'opinion de MM. Dalloz, n. 817; Seligman et Pont, p. 166, n. 37.

792. Ayant eu à nous expliquer nous-même, dans notre *Mémorial du Ministère public*, v° *Hypothèque légale*, sur la portée et sur la sanction de l'obligation imposée au procureur de la République par l'art. 692, Cod. proc., nous avons dit en substance : Relativement à l'hypothèque légale des femmes mariées, l'obligation pour le ministère public de requérir inscription est absolue et engage directement sa responsabilité. Nous ne pouvons admettre, comme M. de Parieu, commissaire du Gouvernement, a semblé le faire dans la discussion de la loi de 1858, et comme le font très positivement MM. Grosse et Rameau dans leur *Commentaire* de cette loi, t. 1, n. 59, que le procureur de la République est dispensé de requérir l'inscription de l'hypothèque de la femme toutes les fois qu'à ses yeux et d'après les renseignements pris par lui, cette hypothèque n'existe pas utilement *de fait*. Comment concilier cette interprétation avec les termes impératifs de l'art. 692? D'ailleurs, elle aurait pour conséquence, ou d'investir l'officier du parquet d'une appréciation arbitraire et conséquemment dangereuse, ou de l'exposer à des réclamations et à des procès dans lesquels la dignité de son ministère serait jusqu'à un certain point compromise, et qui rendraient, dans tous les cas, sa responsabilité beaucoup plus délicate, tous résultats également inacceptables. V. dans le sens de notre opinion, la circulaire ministérielle du 2 mai 1859, et MM. Ollivier et Mourlon, n. 163 et s.

793. En ce qui concerne l'hypothèque légale des mineurs et interdits, MM. Grosse et Rameau, n. 60, reconnaissent que l'art. 692 doit être rigoureusement appliqué, et, chose bizarre, MM. Ollivier et Mourlon, n. 155, font au contraire fléchir ici la rigueur de cet article. Suivant ces derniers auteurs, le ministère public, chargé seulement de suppléer le subrogé tuteur quand celui-ci néglige d'agir (arg. art. 2198, Cod. civ.), n'est tenu que subsidiairement de prendre inscription, de telle sorte que le mineur ou l'interdit dont l'hypothèque n'aura pas été inscrite ne pourra recourir contre le magistrat du parquet, qu'après avoir constaté, par des poursuites restées inutiles, l'insolvabilité de son subrogé tuteur. Cette fois-ci, l'erreur est, selon nous, du côté de MM. Ollivier et Mourlon. Ce qu'ils disent relativement au subrogé tuteur, on pourrait le dire à l'égard du tuteur et du mari ; car ce n'est aussi qu'à défaut par ceux-ci de recourir à l'inscription que l'art. 2138, Cod. civ., confie ce soin à l'officier du ministère public. Cependant ils ne subordonnent point l'obligation et la responsabilité de ce magistrat à la négligence et à l'insolvabilité du tuteur ou du mari : pourquoi faire, en ce qui concerne le subrogé tuteur, une distinction que nul texte n'autorise? Comment admettre surtout cette distinction en présence des expressions absolues dont se sont servis les rédacteurs de l'art. 692, et des explications dont cet article a été l'objet lors de la discussion de la loi? Du reste, faire ici de l'obligation du ministère public une obligation purement subsidiaire, ce serait encore rendre sa responsabilité plus périlleuse, car il pourrait arriver qu'il négligeât de prendre inscription précisément parce qu'il n'en serait chargé qu'en second ordre, et que, le subrogé tuteur se trouvant insolvable ou d'une solvabilité insuffisante, les conséquences du défaut d'inscription vinssent l'atteindre dans une trompeuse quiétude. Non, le ministère public ne peut se reposer sur le subrogé tuteur, pas plus que sur le tuteur ou le mari, du soin de requérir inscription. Il est, dans tous les cas, directement tenu de faire cette réquisition, sous peine d'engager sa responsabilité, et son inaction ne saurait être justifiée, qu'autant que l'hypothèque à la conservation de laquelle il est chargé de veiller se trouverait déjà inscrite ; et encore, dans ce cas, si la péremption était imminente, devrait-il opérer le renouvellement de l'inscription (Circ. du 2 mai 1859).

794. Suivant MM. Ollivier et Mourlon, n. 171, lorsque la saisie est pratiquée par un créancier de l'un des précédents propriétaires contre un tiers acquéreur qui n'a ni délaissé ni purgé, c'est celui-ci qui est le *saisi*, et c'est seulement des hypothèques grevant de son chef les biens saisis, que le ministère public est tenu de requérir inscription. La circulaire du 2 mai 1859 dit, au contraire, avec raison que, dans ce cas, une double inscription doit être requise, parce que, d'un côté, le précédent propriétaire, personnellement tenu de la dette, contre lequel sont dirigés les actes d'exécution, est, dans le langage du droit, le véritable saisi, et que, d'autre part, le tiers acquéreur peut aussi être considéré comme tel, puisque c'est lui qui subit l'expropriation (Compar. *suprà*, n. 788).

795. En transformant en une obligation rigoureuse, avons-nous ajouté, la simple faculté qu'avait auparavant le ministère public de faire inscrire l'hypothèque légale des incapables, le nouvel art. 692, Cod. proc., ne s'est nullement expliqué sur la sanction de ce grave devoir. Cependant cette sanction doit exister, car, sans elle, l'obligation perdrait son véritable caractère et dégénérerait encore en une recommandation purement facultative impuissante à prévenir les inconvénients auxquels les auteurs de la loi nouvelle se sont proposé de remédier. Mais quelles sont la nature et l'étendue de la sanction dont il s'agit? Il semble permis de soutenir qu'elle doit consister dans une responsabilité pécuniaire, et non point seulement dans le blâme que le chef du parquet de première instance peut encourir de la part de ses supérieurs hiérarchiques à raison de sa négligence. La crainte d'un tel blâme peut sans doute stimuler la vigilance de ce magistrat, mais elle n'engendre pas chez lui un intérêt assez direct pour que les parties que concerne la formalité dont il est chargé, y trouvent une garantie suffisante du fidèle accomplissement de sa mission. Le seul moyen d'assurer l'efficacité de la nouvelle prescription de la loi, c'est d'accorder à ces parties un recours qui les prémunisse contre les effets de la négligence ou de la complaisance du magistrat du parquet, et l'on est d'ailleurs fortifié dans la pensée que le législateur a eu en vue cette garantie matérielle, lorsqu'on lit dans l'exposé des motifs de la loi du 21 mai 1858, que les intérêts qu'on a voulu sauvegarder « sont couverts d'une protection bien autrement salutaire et plus appropriée au cas spécial, qu'ils ne l'avaient été jusque-là, » et dans le rapport de la commission, que la désignation des biens sur lesquels le magistrat du parquet doit requérir inscription sera faite, « sous sa responsabilité » par le conservateur.

796. D'après cela, le défaut de réquisition d'inscription par le chef du parquet dans le cas de l'art. 692, ou la nullité de l'inscription résultant des omissions ou des erreurs que renfermerait sa réquisition, le rendraient passible de dommages-intérêts. Il est, du reste, évident que c'est au profit des incapables qu'il représente qu'existerait cette responsabilité, et que la mesure de la réparation devrait être déterminée, par le chiffre des sommes pour lesquelles ceux-ci auraient été colloqués sur le prix des immeubles soumis à leur hypothèque, si une inscription eût été régulièrement prise pour eux. Telle est aussi l'opinion de MM. Ollivier et Mourlon, qui font remarquer avec raison que l'indemnité payée, le magistrat se trouverait subrogé, contre le saïsi, dans les droits des créanciers qu'il aurait désintéressés (Cod. civ., 1251, 3°) (V. *suprà*, n. 790).

797. (Q. 2333 terdecies). *Comment l'inscription des hypothèques légales doit-elle être requise par le procureur de la République?*

D'un passage du rapport de M. Riché, MM. Bressoles, p. 27, n. 19, Seligman, p. 166, n. 37, Ollivier et Mourlon, p. 353 et suiv., n. 165 et suiv., ont conclu qu'il n'était pas nécessaire que le ministère public rédigeât des bordereaux; qu'il suffisait qu'il adressât une réquisition au conservateur, lequel procéderait à l'inscription. D'après ces derniers auteurs, le conservateur pourrait même déférer à une réquisition verbale, bien qu'il fût préférable que ce fonctionnaire donnât récépissé de la réquisition écrite. Dans ce système, il n'est pas nécessaire que l'inscription énonce la nature des droits appartenant au créancier, ni le montant de leur valeur; mais un domicile doit y être élu par le conservateur.

MM. Grosse et Rameau, t. 1, p. 89 et suiv.; n. 62 à 67, ont, au contraire, exprimé l'opinion qu'il n'y avait pas lieu de se départir des formes tracées par l'art. 2153, Cod. civ.; qu'ainsi les deux bordereaux à présenter au conservateur doivent contenir : 1° les nom, prénoms, profession et domicile réel du créancier, et le domicile qui sera par lui ou pour lui élu dans l'arrondissement; 2° les nom, prénoms, profession, domicile ou désignation précise du débiteur; 3° la nature des droits à conserver et le montant de leur valeur, seulement quant aux objets déterminés.

C'est cette dernière opinion qu'a adoptée M. le garde des sceaux dans sa circulaire du 2 mai 1859. C'est aussi celle qu'exprime M. Pont dans ses annotations sur l'ouvrage de M. Seligman, *loc. cit.* — Quant à M. Chauveau, il a donné dans son *Formulaire de procédure*, 2° édit., t. 2, p. 49 *quater*, les formules du bordereau et de la lettre d'envoi au conservateur, telles que les indique la circulaire susénoncée. Il ajoute ici, avec M. Bressoles, *loc. cit.*, que si, au moment où le conservateur reçoit les bordereaux transmis par le parquet, l'inscription a déjà été prise, il est inutile d'en prendre une seconde; mais il suffit de mentionner celle déjà existante sur le bordereau à renvoyer au procureur de la République.

798. Recherchant, de notre côté, dans notre *Mémorial du ministère public*, v° *Hypothèque légale*, les conditions auxquelles est soumise la réquisition d'inscription que doit faire le procureur de la République, nous avons dit : Cette réquisition ne peut être sérieuse et utile qu'à la condition de mettre le conservateur à même d'opérer une inscription qui fasse connaître exactement le créancier à hypothèque légale, le débiteur, la nature des droits à conserver et le montant de leur valeur, s'il est déterminé, enfin les biens soumis à l'hypothèque. — Quant à la désignation des biens, nous reconnaissons que le ministère public n'a pas besoin de la faire dans sa réquisition, parce que le conservateur trouvera à cet égard les éléments les plus complets dans la transcription de la saisie. Mais n'est-il pas tenu de fournir au conservateur toutes les autres indications? Et pour cela, n'est-il pas nécessaire qu'il lui présente deux bordereaux semblables à ceux dont l'art. 2153, Cod.civ., trace les formes pour l'inscription des hypothèques légales? L'affirmative est certaine, selon nous. En chargeant le ministère public de faire inscrire les hypothèques légales existant du chef du saisi sur les immeubles dont se poursuit l'expropriation, le nouvel art. 692, Cod. civ., ne fait qu'ériger en obligation, dans un cas particulier, la recommandation que l'art. 2138, Cod. civ., fait d'une manière générale aux chefs des parquets des tribunaux dans l'arrondissement desquels sont domiciliés les maris et tuteurs ou de ceux de la situation des biens ; il est dès lors naturel de penser qu'il a entendu se référer, pour la forme de la réquisition d'inscription, aux règles posées par le Code civil relativement au mode d'inscription des hypothèques légales, c'est-à-dire aux prescriptions de l'art. 2153.

799. MM. Grosse et Rameau, *loc. cit.*, se demandent : 1° si le défaut d'élection de domicile dans l'inscription entraîne nullité ; 2° si le saisi serait en droit d'obtenir la radiation de celle qui, par mégarde, s'étendrait à des biens non saisis. Sans trancher la première question, ils pensent que l'omission de l'élection de domicile dispensera le poursuivant de l'ordre de faire sommation de produire ; sur la seconde, ils sont d'avis que, si l'inscription a été irrégulièrement prise, elle ne l'a pas été *indûment* (Cod. civ., 2136). Sous ce dernier rapport, M. Chauveau déclare partager leur opinion. En ce qui touche le premier point, notre auteur ne croit pas, dit-il, que l'opinion qu'il a exprimée sous la quest. 2329 *ter* (*suprà*, n. 736) doive être appliquée aux incapables ; il est d'avis que ceux-ci devront être sommés à leur domicile réel, lorsqu'une inscription aura été prise dans leur intérêt, leur position lui paraissant tout aussi favorable que celle du vendeur (art. 753), pour lequel a été prise une inscription d'office.

800. (Q. 2333 quatuordecies). *A la charge de qui sont les frais de l'inscription requise par le procureur de la République? Comment sont-ils payés?*

Les bordereaux, observe M. Chauveau, sont dressés sur papier visé pour timbre en débet, et les frais des inscriptions sont avancés par l'administration de l'enregistrement, qui en poursuit le recouvrement contre le débiteur, conformément aux art. 124 et 125 du décret du 18 juin 1811, et 2155, Cod. civ, Le débiteur est ici le saisi, tout le monde est d'accord sur ce point ; mais si le saisi est insolvable, l'incapable protégé est soumis au paiement, car c'est dans son intérêt que la loi a exigé l'inscription, et le procureur de la République n'a été que son mandataire ou son *negotiorum gestor*. Quant au mode de poursuite, c'est la contrainte (art. 24, loi du 21 vent. an VII) ; toute autre voie s'écarterait des prévisions de la loi de 1858, qui a eu surtout en vue l'économie des frais.

Suivant l'opinion exprimée dans la discussion de la loi de 1858 par M. Duclos, l'Etat se couvrirait de sa créance en produisant à l'ordre. D'après M. Hervieu, *Journ. des conserv. des hypoth.*, 1858, p. 175 et 176, les frais de l'inscription feraient partie des frais ordinaires de poursuite, et seraient en cette qualité colloqués par privilège sur le prix, sur la demande de l'avoué poursuivant qui en chargerait son état de frais. MM. Ollivier et Mourlon,

p. 357, n. 168, critiquent ces deux systèmes, et sont d'avis que l'Etat n'acquiert aucun privilège sur l'immeuble saisi, mais qu'il peut prétendre à une hypothèque judiciaire ; que, si cette hypothèque est inscrite avant la transcription du jugement d'adjudication, le conservateur ou le receveur sera appelé à l'ordre et pourra produire, comme tout autre créancier hypothécaire ; que, si aucune inscription n'a pu être prise, la créance sera purement chirographaire ; enfin, que s'il est produit dans l'intérêt de l'incapable, le paiement pourra être obtenu par la voie du sous-ordre.

801. Dans tout cela, dit très justement M. Chauveau, que d'incertitude, de formalités et de frais pour une avance si minime ! Sans doute, si la femme ou les représentants du mineur produisent à l'ordre, la voie du sous-ordre sera praticable, mais ce cas est peut-être celui qui se présentera le plus rarement. Or, en l'absence d'une production et d'une collocation principales, le conservateur des hypothèques ne saurait avoir le droit d'obtenir collocation pour les frais de l'inscription, au jour de la célébration du mariage ou du commencement de la tutelle. La collocation ne serait possible, à défaut du principal dont le rang seul pourrait régler celui de ces frais, qu'à la date de l'inscription prise par le conservateur, c'est-à-dire trop tard, puisque l'ordre s'ouvre après une saisie, lorsque le débiteur est en déconfiture complète et dans un état d'insolvabilité notoire.

802. Un jugement du tribunal de Saint-Omer, du 8 juillet 1859, paraît à notre auteur avoir exactement tranché la question, en décidant « qu'en matière de privilège et d'hypothèque spéciale, tout est de droit étroit ; — que les frais de l'inscription prise pour la femme ne peuvent être réputés faits dans l'intérêt de la saisie ou de la masse, et recouvrés dès lors par privilège comme frais de justice sur les biens du mari ; — que le conservateur toutefois a, pour le recouvrement, deux actions particulières : la première, contre ce dernier (art. 2155), laquelle, sans préférence légale d'exécution, ne lui laisse que la chance d'une hypothèque judiciaire à obtenir ; la seconde, contre la femme, à raison du mandat ou de la gestion d'affaires opérée à son profit (art. 1375, 1999 et 2102, § 3, Cod. civ.), action qui, jointe à celle de la femme, peut être, comme son accessoire, colloquée au rang déterminé par l'art. 2135 ; — qu'envisagé à ce dernier point de vue au début, ce droit du conservateur reste néanmoins sans objet, puisque la femme (qui ne réclame rien) ne s'est point présentée à l'ordre ; — qu'il ne peut être, en effet, colloqué comme accessoire, alors que le principal n'existe pas ; — que vainement on objecte que l'hypothèque légale garantit aussi l'avenir avec ses éventualités ; qu'il faut reconnaître que, tant que cet avenir n'a amené aucune créance actuelle que l'on puisse produire à l'ordre, il manque jusque-là toujours le principal nécessaire à l'accessoire ; — qu'ainsi les prétentions du demandeur sont non fondées ; — qu'enfin, et s'il est à désirer que la loi se complète en faveur du Trésor par quelques dispositions de préférence autres que celle du § 3 de l'art. 2102, ce n'est point au juge qu'il appartient de suppléer à son insuffisance. » — M. Chauveau présente ensuite l'analyse des moyens qui, lors de ce jugement, avaient été invoqués de part et d'autre ; analyse qu'il nous semble inutile de reproduire ici.

803. (Q. 2333 quinquedecies). *La purge spéciale des art. 692 et 696, Cod. proc., est-elle applicable soit au cas de conversion de saisie immobilière en vente volontaire, soit au cas de vente judiciaire autre que sur saisie ?*

Relativement à la conversion de saisie immobilière, M. Chauveau fait observer que, suivant qu'elle aura précédé ou suivi la sommation de l'art. 692, cette sommation aura dû ne pas être faite ou aura été faite, et, par conséquent, la transcription du jugement d'adjudication n'opérera pas ou opérera la purge, ainsi qu'un magistrat, M. Rouillé, l'a établi, dans une dissertation insérée

J. Av., t. 83, p. 582. MM. Ollivier et Mourlon, p. 443, n. 252, se prononcent dans le même sens.

804. En ce qui concerne les autres ventes judiciaires, dit M. Chauveau, le mode spécial de purge déterminé par les art. 692 et 696 n'est pas applicable ; la loi de 1858 s'est occupée de la surenchère du dixième dans son art. 3, et elle a formellement déclaré qu'après cette adjudication, la purge doit se faire dans la forme ordinaire (Cod. civ., 2194). Cette indication n'a rien de restrictif; elle concerne toutes les autres ventes judiciaires. — Du reste, la circulaire du 2 mai 1859 s'est catégoriquement expliquée à ce sujet.

805. (Q. 2334). *Si la mention de la sommation en marge de la transcription de la saisie, prescrite par l'art. 693, n'a pas eu lieu, la sommation est-elle nulle ? Qui peut demander la nullité résultant de l'omission de cette formalité ?*

M. Chauveau fait remarquer que, d'après l'art. 728, la nullité d'un acte ou son omission ne viciant pas la procédure antérieure à cet acte, l'absence de la mention prescrite par l'art. 693 ne peut entraîner la nullité de la sommation, qui lui est nécessairement antérieure. C'est ce qu'avait jugé la Cour de cassation, le 22 fév. 1819 (*J. Av.*, t. 20, p. 534). Ainsi, dit-il, la procédure postérieure sera seule annulée.

Mais qui pourra demander cette nullité? Le même arrêt de la Cour de cassation a jugé que, lorsque la saisie, bien loin d'être rayée, a été suivie d'adjudication, les créanciers n'ont point d'intérêt à invoquer la nullité résultant du défaut de mention, parce que cette mention n'était exigée que comme garantie que la radiation n'aurait pas lieu sans leur consentement. Cela est évident; mais avant l'adjudication, ou plutôt avant la publication, les créanciers et le saisi ont incontestablement le droit de demander la nullité des poursuites pour défaut de mention (Voy. *infrà*, quest. 2401).

806. En résumé, selon notre auteur, l'omission de la mention ou son accomplissement après la huitaine fixée par l'art. 693, est une cause de nullité (art. 715), qui doit être invoquée, à peine de déchéance, trois jours au plus tard avant la lecture du cahier des charges (art. 728), et qui atteindra la sommation, non pas directement, mais parce que la publication n'aura pas eu lieu au jour qu'elle fixait, et que, d'ailleurs, le plus souvent, les délais de l'art. 694 seront expirés.— Du reste, observe encore M. Chauveau, les créanciers inscrits n'ont pas intérêt à se prévaloir de cette nullité; ils sont seulement intéressés à faire consigner la mention, lorsqu'ils s'aperçoivent qu'elle n'a pas été faite. La saisi seul l'invoquera, bien que la mention ne soit pas prescrite en sa faveur. Si, en prononçant la nullité de la mention tardive, le tribunal prescrivait qu'elle serait faite de nouveau, et procédait à la publication du cahier des charges au jour fixé par la sommation, celle-ci ne serait pas atteinte et alors s'appliquerait le principe de non-rétroactivité posé par l'art. 728, et sanctionné par l'arrêt précité de la Cour de cassation. Voy. dans le même sens, MM. Rodière, t. 3, p. 121 ; Dalloz, n. 841 ; Bioche, v° *Saisie immob.*, n. 364, et notre *Formulaire annoté*, t. 2, p. 648, n. 14.

807. (Q. 2335). *Quels sont les créanciers dont le consentement est nécessaire pour que la saisie puisse être rayée ?*

Carré enseigne, au texte, et M. Chauveau estime également que l'art. 693 a entendu parler seulement des créanciers inscrits auxquels la sommation a dû être faite, et que sa disposition ne s'étend point aux créanciers qui auraient pris leurs inscriptions postérieurement; car le conservateur, pour assurer la radiation, ne consulte que son registre qui fait mention de la sommation et des personnes auxquelles cette sommation a été faite. Les créanciers dont l'inscription est venue plus tard n'y figurent point; le conservateur peut donc et doit même opérer la radiation sans leur consentement. Conf.,

M. Dalloz, n. 840, et notre *Formul. annoté, loc. cit.*, n. 15.—*Contrà*, Nancy, 2 mars 1818 (*J. Av.*, t. 20, p. 515). M. Bioche, vº *Sais. immob.*, n. 366.

808. Au reste, M. Chauveau admet, avec l'arrêt précité de la Cour de Nancy, et M. Lachaize, t. 1, p. 372, que ces créanciers ont, comme tous autres, le droit de demander la subrogation. Mais il fait très justement remarquer qu'ils ne jouissent de ce droit qu'aussi longtemps que la saisie subsiste; et qu'après sa radiation il ne leur reste que la faculté de pratiquer, de leur chef, une nouvelle saisie. Ce résultat, qu'on ne saurait contester, en présence du texte formel de l'art. 693, semble être cependant, dit M. Chauveau, en contradiction avec l'esprit de la loi, tel qu'il s'est manifesté dans la discussion des art. 686, 687 et suiv., et qu'il ressort du texte même de ces articles. Il est évident que la prohibition faite au saisi d'aliéner les immeubles saisis après la transcription, est autant dans l'intérêt des créanciers que de la partie saisie. Or, que devient cette protection en présence de l'art. 693 qui, par cela même qu'il défend seulement de rayer la saisie sans le consentement des créanciers, après que la sommation à eux adressée a été mentionnée en marge de la transcription, permet virtuellement d'en opérer la radiation avant cette époque à la faveur d'une simple transaction entre le saisissant et le saisi? Evidemment, quand la saisie aura été ainsi rayée, le saisi pourra vendre ses immeubles, comme il l'aurait pu avant le commencement des poursuites, c'est-à-dire, par l'effet de sa seule volonté. Voy. dans le sens de ces observations, MM. Dalloz, n. 843, et Colmet-Daage, t. 2, p. 340, n. 946.

809. M. Chauveau croit néanmoins qu'il est facile de se rendre compte de la portée de l'art. 693. Avant la mention, observe-t-il, le saisissant est maître de la poursuite; sa mainlevée peut l'anéantir. Il faut cependant excepter les cas où des saisissants postérieurs ont fait leurs diligences; ils sont alors devenus saisissants; il en serait de même des créanciers inscrits intervenus dans la poursuite pour la conservation de leurs droits. Ces créanciers diligents ne peuvent pas sans doute empêcher le premier saisissant de consentir mainlevée de la saisie, mais le saisi ne pourra pas utiliser cette mainlevée à leur préjudice. Parties expectantes dans la poursuite, leurs droits doivent être respectés. La Cour de Lyon a méconnu à tort ces principes, le 24 août 1854 (*J. Av.*, t. 80, p. 74), en validant la vente consentie par le saisi avec le concours du saisissant, bien que des créanciers inscrits fussent intervenus dans la procédure avant la vente.

810. Quand le saisissant est maître absolu des poursuites, la mainlevée qu'il donne suffit, selon l'observation de M. Chauveau, pour annuler la procédure, la radiation n'a pas besoin d'être opérée; elle l'est de droit, ce n'est plus qu'une formalité à faire remplir. — Le tribunal civil de la Seine a décidé le contraire, le 17 avril 1849 (*J. Av.*, t. 74, p. 315); mais la Cour de Paris a fait une application plus exacte de la loi, en décidant que, pour que la mainlevée produise tous ses effets, il n'est pas nécessaire que la radiation l'ait suivie: arrêt du 13 mars 1852 (t. 77, p. 286). Après la mention de l'art. 693, le poursuivant peut bien donner mainlevée; mais cette mainlevée n'autorisera pas la radiation; il faudra le consentement volontaire ou forcé des créanciers inscrits: Caen, 25 mai 1857 (*J. Av.*, t. 83, p. 369); Trib. civ. de Liège, 4 août 1855 (t. 82, p. 208). — *Contra*, Limoges, 4 juillet 1850 (t. 76, p. 246).

811. Il a été jugé, dans le sens de cette doctrine, par un arrêt de la Cour de Grenoble du 1er fév. 1868 (t. 95, p. 143), que la vente de l'immeuble saisi consentie par le débiteur au saisissant avant que la mention prescrite par l'art. 693 ait eu lieu, est valable, la mainlevée de la saisie résultant suffisamment du fait de la vente au saisissant, et la radiation n'en étant point, dans ce cas, nécessaire. Il résulte, en outre, du même arrêt qu'une telle vente doit recevoir son exécution, sans que l'acquéreur soit tenu de consigner somme suffisante pour acquitter toutes les créances inscrites, si, d'ailleurs, il n'est pas établi qu'elle soit le résultat d'un concert frauduleux, l'art. 687 n'étant point ici applicable. V. *suprà*, n. 602 et s.

812. Si l'on admet que les créanciers doivent renouveler leurs inscriptions, comme l'enseigne M. Chauveau (*supra*, n. 613), ceux qui les auront laissé périmer ne devront plus être considérés comme parties, et la saisie pourra être rayée sans leur consentement.

813. Recherchant l'influence que doit exercer la loi de 1858 sur l'application de l'art. 693, M. Chauveau se demande si l'assimilation qu'il avait établie, avant cette loi, entre les créanciers à hypothèques légales non inscrites et les créanciers qui ne prenaient inscription qu'après la sommation, doit encore être admise. — MM. Ollivier et Mourlon, p. 368, n. 178, sont d'avis qu'il faut entendre désormais l'art. 693, comme si, aux mots : « La saisie ne peut plus être rayée que du consentement des créanciers inscrits », étaient ajoutés ceux-ci : *Ou nantis d'une hypothèque légale dispensée de la formalité de l'inscription*. Du moment où ces derniers créanciers ont été interpellés par la sommation, où cette sommation a été mentionnée en marge de la transcription de la saisie, il n'y a plus, suivant ces auteurs, à distinguer entre eux et les créanciers inscrits. Tous sont également parties dans la poursuite; ils y acquièrent les mêmes droits, l'adjudication produit contre tous les mêmes effets. Telle n'est pas l'opinion de MM. Grosse et Rameau, qui pensent, t. 1, p. 84, et 86, n. 56 et 58, que le texte de l'art. 693, n'ayant subi, en 1858, aucune modification, doit être considéré comme étranger aux hypothèques légales non inscrites; qu'il doit être appliqué comme si aucune addition n'avait été faite à l'art. 692; qu'ainsi, aucune mention des sommations les concernant n'est prescrite au bureau des hypothèques; qu'ils ne deviennent parties dans la poursuite qu'autant qu'ils y interviennent après avoir pris inscription; que, dès lors, le conservateur ne doit pas avoir égard à leur existence pour rayer la saisie, tant qu'ils ne se sont pas directement fait connaître. Dans ce système, la sommation aux incapables n'implique pas la reconnaissance d'un droit en leur faveur; elle n'est qu'une simple mise en demeure, qui n'associe les incapables aux poursuites que lorsqu'ils y ont répondu en prenant inscription. MM. Grosse et Rameau ajoutent que leur opinion ne portera aucun préjudice à l'incapable, car son hypothèque légale ne sera pas amoindrie. Si la vente de l'immeuble saisi est ensuite faite à l'amiable, il faudra remplir les formalités de la purge des hypothèques légales. Si, au contraire, l'adjudication sur une nouvelle saisie a lieu il faudra une nouvelle sommation.

814. Cette dernière théorie est approuvée par M. Chauveau. L'assimilation entre tous les créanciers hypothécaires, quant aux droits dérivant de l'art. 693, et la nécessité, à l'égard de tous, de la mention en marge de la transcription de la saisie, lui paraissent ne pouvoir être contestées en principe. Mais il ne peut, dit-il, admettre que le créancier non inscrit ait, quant à la radiation, les mêmes droits que le créancier inscrit. Dans son *Formulaire de procédure* (2ᵉ édit.), t. 2, p. 49, note 7, et formule 592, en recommandant la mention des sommations faites aux incapables, il a dit : « Cette mention est utile pour que, en cas d'inscription, le conservateur ne puisse plus rayer sans le consentement du créancier à hypothèque légale inscrite. Quand il n'y a pas d'inscriptions, la mention ne fait pas obstacle à la radiation. » Il importe de remarquer, en effet, ajoute-t-il ici, qu'en appliquant cette doctrine, les droits des créanciers incapables ne sont pas lésés. S'ils prennent inscription, leur consentement devient nécessaire; s'ils s'abstiennent, il arrivera, ou que la saisie sera convertie en vente aux enchères (Voy.

suprà, n. 803), ou qu'elle sera rayée et que l'immeuble sera vendu plus tard, soit volontairement, soit judiciairement, soit après une autre saisie. Dans le premier cas, la purge spéciale sera continuée, comme notre auteur l'a dit, *loc. cit.*, et l'adjudication sur conversion produira les mêmes effets que l'adjudication sur saisie; dans le second, que la vente soit volontaire ou judiciaire, la purge, suivant le droit commun, devra être faite; dans le troisième, enfin, la purge spéciale des art. 692, 696 et 717 sera renouvelée. Dans tous les cas, absence de grief, sauvegarde des droits des incapables. Compar. aussi *suprà*, n. 617.

815. (Q. 2335 bis). *Le saisi peut-il, avant la mention prescrite par l'art. 693, proroger, en faveur du poursuivant, sans que les créanciers inscrits soient admis à se pourvoir en nullité, les délais des divers actes de la procédure?*

La Cour de Metz s'est prononcée avec raison, selon M. Chauveau, pour l'affirmative par arrêt du 24 déc. 1846 (*J. Av.*, t. 72, p. 203). C'est, dit notre auteur, une conséquence logique du principe posé par l'art. 693; à partir de la mention qu'il prescrit, les créanciers inscrits deviennent parties dans la procédure de saisie; elle ne peut plus être rayée sans leur consentement. Auparavant, au contraire, le saisissant et le saisi étaient seuls maîtres de l'instance; ils pouvaient, par leur accord, la supprimer; à plus forte raison, pouvaient-ils en modifier les délais. C'est l'opinion que nous avons aussi nous-même soutenue dans le *Journ. des Av.*, t. 98, p. 342.

816. M. Chauveau ajoute que, même après la mention, le poursuivant et le saisi peuvent encore s'entendre pour proroger les délais, sauf, en ce qui concerne le premier, à s'exposer à une subrogation, si un autre créancier la demande, et justifie que cette complaisance ou cet accord sont nuisibles à ses intérêts.

817. (Q. 2336). *Lorsque le saisissant est contraint de cesser ses poursuites, les créanciers peuvent-ils s'opposer à la radiation de la saisie? Quelle est l'autorité d'un jugement qui, entre le poursuivant et le saisi, ordonne la radiation?*

Carré, au texte, exprimait l'avis qu'en pareil cas la saisie ne doit pas être rayée, parce que, la poursuite devenant commune à tous les créanciers, à partir de la mention aux hypothèques, chacun d'eux a droit de se faire subroger aux poursuites, afin d'agir de son chef et selon ses intérêts. Il ajoutait que si, lorsqu'une adjudication est au moment d'être terminée, le créancier poursuivant se désiste, comme ayant été désintéressé par le saisi, ce désistement ne produit pas l'effet de rendre nécessaire la remise de l'adjudication définitive à un autre jour; mais qu'il donne, au contraire, lieu à la subrogation immédiate de tout créancier inscrit qui requiert de procéder de suite à l'adjudication, sans même qu'il soit besoin d'appeler le saisi, qui suit la foi de son traité avec le poursuivant. V. dans le même sens notre *Formul. annot.*, t. 2, p. 648, n. 16.—Quant M. Chauveau, il se demandait si, dans le cas où il est intervenu, entre le saisissant et le saisi, un jugement prononçant la nullité de la poursuite, la saisie peut être rayée sans le consentement des autres créanciers. Suivant M. Lachaize, t. 1, p. 373, la disposition, qui de l'ancien art. 696 a passé dans l'art. 693 actuel, ne s'applique qu'à une radiation volontaire; mais lorsque la radiation a lieu en vertu de jugements, les créanciers inscrits ne peuvent s'y opposer, parce que, parties dans l'instance, dès que la sommation leur a été notifiée, tous les jugements sont censés rendus avec eux; ils avaient la faculté de s'y présenter; s'ils ne l'ont pas fait, c'est leur faute; ils n'ont pas même le droit d'y former tierce opposition.

818. M. Chauveau, au texte également, n'admettait point cette opinion, qui lui paraissait non seulement trop rigoureuse pour les créanciers, mais encore contraire à la lettre de la loi. Il ne contestait pas que les créanciers sommés soient parties dans la procédure pour tout ce qui en est la suite naturelle et nécessaire; mais, à l'égard des incidents qu'ils n'ont pu prévoir, il pensait qu'une sommation particulière serait nécessaire pour les lier. Si la sommation de l'art. 692 devait équivaloir pour eux à un ajournement qui les rendît parties nécessaires dans tous les jugements, il y aurait lieu, disait-il, lorsqu'ils ne comparaissent pas, de prendre contre eux un jugement de défaut profit-joint; mais cela ne doit pas être, comme le fait observer M. Thomine-Desmazures, t. 2, p. 233; la procédure se continue en leur absence, sauf quelques incidents lors desquels il faut les appeler d'une manière spéciale, et celui qui tend à faire ordonner une radiation est évidemment du nombre. L'art. 693 veut que la radiation ne puisse avoir lieu qu'en vertu de leur consentement *ou de jugements rendus contre eux*. S'il était vrai, comme le croit M. Lachaize, que tous les jugements rendus dans le cours de la procédure fussent rendus contre les créanciers sommés, la loi n'aurait pas eu besoin de s'exprimer ainsi; elle se serait contentée de dire: *en vertu d'un jugement*. Mais elle a voulu, au contraire, distinguer entre les jugements ceux qui sont rendus contre les créanciers et ceux qui le sont hors de leur présence, et n'attribuer qu'aux premiers la force d'autoriser une radiation.

819. Telle est l'interprétation qu'avait consacrée la Cour de Paris, le 17 déc. 1823 (*J. Av.*, t. 35, p. 402). On oppose, il est vrai, un arrêt de la Cour de cassation, du 22 fév. 1819 (t. 20, p. 534), qui a déclaré, dans ses motifs, que la procédure est une vis-à-vis du saisi, du saisissant et des créanciers, et qui, pour cette raison, refuse à ceux-ci tout droit d'intervention et de tierce-opposition; mais M. Chauveau faisait remarquer que ces motifs ont été donnés pour prouver qu'il n'appartenait pas à un créancier de se prévaloir des nullités de la procédure, et qu'ils tombent, par conséquent, devant le dernier paragraphe du nouvel art. 715. — Notre auteur ajoutait que, du reste, sa manière d'entendre la seconde disposition de l'art. 693 n'excluait pas le droit du poursuivant de transiger pour son compte avec le débiteur saisi, et de s'engager, lorsqu'il est désintéressé, à abandonner la poursuite.

820. Il observait encore que la Cour d'Amiens avait demandé qu'il ne lui fût plus permis de donner mainlevée sans l'assistance et le consentement de tous les créanciers inscrits; mais qu'il fût répondu que le saisissant pouvait, au contraire, et devait même donner la mainlevée toutes les fois qu'il n'avait plus d'intérêt, et que cette mainlevée ne portait aucun préjudice aux créanciers, parce qu'elle n'entraînait pas de plein droit la radiation. C'est aussi l'avis de MM. Thomine-Desmazures, t. 2, p. 232; Persil fils, *Comment.*, p. 164, n. 184, et Dalloz, n. 845.

821. Ici, M. Chauveau expose l'état de la question depuis 1841. Il constate que la controverse a persisté, sans qu'aucune décision ait eu assez d'autorité pour la faire cesser.

Un arrêt de la Cour de Limoges, du 4 juill. 1850 (*J. Av.*, t. 76, p. 246), a décidé qu'un conservateur des hypothèques n'a pas le droit de refuser de rayer une saisie immobilière dont la nullité a été prononcée et la radiation ordonnée par jugement contradictoire, rendu entre le saisissant et le saisi, et ayant acquis l'autorité de la chose jugée, sur le motif que l'art. 693 exige pour la radiation le consentement volontaire ou forcé de tous les créanciers inscrits et sommés. M. Chauveau déclare ne pouvoir adhérer à la doctrine de cet arrêt. Le conservateur, dit-il, avait raison d'invoquer l'art. 693 pour couvrir sa responsabilité. Il n'est pas exact de prétendre que le saisissant représente tellement les créanciers inscrits, que les jugements rendus contre lui seront censés rendus contre ces derniers. — Sur ce point, l'auteur renvoie aux explications qu'il a présentées sous les quest. 2235, 2336, 2416 *septies*, 2418, 2418 *bis*, 2418 *ter*.

822. Ayant été appelé nous-même à donner notre avis sur la question de savoir si l'art. 693 est applicable au cas où la saisie immobilière se trouve nulle ou périmée, nous l'avons exprimé comme il suit :

Il nous semble certain qu'en exigeant pour la radiation de la saisie, après la mention de la notification prescrite par les art. 691 et 692, Cod. proc., le consentement des créanciers inscrits ou un jugement rendu contre eux, l'art. 693 du même Code n'a eu en vue que la radiation opérée volontairement par le saisissant, au cas de désistement de ses poursuites. Ce n'est, en effet, qu'autant que ces créanciers auront refusé leur consentement à la radiation, et pour y suppléer, qu'il exige l'intervention de la justice. En pareil cas, cette intervention est parfaitement justifié ; il ne faut pas que, par un acte de sa volonté, dont les créanciers inscrits ne sont pas à même d'avoir connaissance, le poursuivant puisse priver ceux-ci du bénifice de la subrogation dans la poursuite de saisie. Et l'on ne peut, dès lors, qu'approuver un arrêt de la Cour de Nancy, du 2 mars 1818 (S.-V. *chr.*), jugeant que, lorsque le créancier qui a opéré une saisie s'en désiste, le tribunal ne doit en ordonner la radiation qu'en présence des autres créanciers.

823. Mais quand la radiation est demandée comme conséquence d'une décision intervenue entre le saisi et le poursuivant, mettant à néant la saisie, il n'en saurait être de même, parce que les créanciers inscrits, parties dans la poursuite en la personne du saisissant, sont liés par cette décision, qui ne peut être réputée rendue à leur insu et en dehors d'eux. C'est ce qui résulte, soit d'un arrêt de la Cour de Montpellier du 28 fév. 1811 (*J. Av.*, t. 20, p. 301), soit d'un arrêt de la Cour de Limoges du 4 juill. 1850 (mentionné ci-dessus, n. 821), et ce qu'établit surtout avec force un arrêt de la Cour de cassation du 1er déc. 1868 (S.-V.69.1.59). La même doctrine est soutenue par M. Lachaize dans son *Traité de la vente par expropr. forçée* (*ut suprà*).

824. Les partisans de l'opinion contraire invoquent tout d'abord le texte de l'art. 693. De ce que cet article ne permet de rayer la saisie qu'en vertu du consentement des créanciers inscrits, *ou de jugements rendus contre eux*, ils concluent que ces créanciers doivent être mis en cause toutes les fois que la radiation n'est pas expressément consentie par eux, sans qu'il y ait à distinguer si elle est volontaire de la part du saisissant, ou si elle est demandée en justice contre lui. Ce système, consacré par un arrêt de la Cour de Paris du 17 déc. 1823 (cité plus haut, n. 819), et par un arrêt de la Cour de Caen du 25 mai 1857 (S.V.58.2.527), et embrassé par MM. Chauveau (sous la présente question), et Dalloz, vº *Vente publ. d'immeubles*, n. 845, conduit à décider que le saisi ne saurait, après l'accomplissement des formalités exigées par les art. 691 à 693, intenter contre le poursuivant aucune action pouvant aboutir à la radiation de la saisie, sans appeler dans l'instance les créanciers inscrits, quel que soit leur nombre ! Est-il permis de croire que le législateur ait entendu prescrire une procédure aussi compliquée et aussi dispendieuse ! Est-il raisonnable d'admettre une semblable interprétation, lorsque le texte de l'art. 693 peut s'entendre si naturellement, comme nous l'avons montré plus haut, dans le sens d'une application plus simple et plus économique ?

825. On objecte (V. Dalloz, *loc. cit.*) que, sans la mise en cause des créanciers inscrits, la protection que la loi a voulu accorder à ces derniers deviendrait illusoire, parce que le saisi pourrait se concerter avec le saisissant pour faire annuler la saisie et opérer la radiation. Mais on oublie apparemment que l'œil de la justice sera ouvert sur ce concert frauduleux, et qu'en admettant, d'ailleurs, que la religion du tribunal vienne à être trompée, les créanciers victimes du dol du saisi et du saisissant conserveront le droit de faire tomber le jugement rendu à leur préjudice (Cod. proc., 480-1°). Au surplus, la fraude ne se présume point, et ce n'est pas une simple éventualité de la nature de celle qu'on signale qui peut suffire à justifier la manière de procéder contre laquelle nous nous élevons. Quoi! lorsqu'il s'agit d'une demande en distraction, c'est-à-dire, selon la remarque qu'en fait très-bien la Cour suprême, de l'incident le plus menaçant pour les créanciers, la loi n'exige la mise en cause que du premier inscrit, et l'on veut que, dans les incidents ordinaires, tous ces créanciers soient appelés, bien qu'ils soient déjà représentés par le poursuivant!

826. Quelque-uns de nos adversaires n'osent pas aller aussi loin et prétendent alors distinguer entre l'action qui tend à faire tomber la saisie et celle qui a pour objet d'en faire opérer la radiation : sur la première, il serait inutile de mettre en cause les créanciers inscrits; mais on devrait les appeler sur la seconde pour obéir à la lettre formelle de l'art. 693 (arrêt de Caen). C'est là, il faut en convenir, une retraite malheureuse. Si, en effet, la mise en cause des créanciers inscrits n'est pas nécessaire lorsqu'il s'agit d'anéantir la saisie, c'est apparemment parce qu'ils sont représentés par le poursuivant dans une instance qui leur est commune; le jugement à intervenir leur sera donc opposable ; et comme la radiation est la conséquence forcée de ce jugement, ils seraient évidemment non recevables à la contester. Pourquoi donc exigerait-on, pour l'opérer, soit leur consentement exprès, soit un second jugement rendu contradictoirement avec eux? Le jugement qui, en mettant à néant la saisie, soit qu'il l'ait annulée, soit qu'il ait déclaré l'instance périmée, a ordonné lui-même la radiation, n'est-il pas, dans la réalité, un jugement *rendu contre eux*, puisqu'on est obligé de reconnaître qu'ils ont été représentés lors de ce jugement; et, dès lors, ne rentre-t-on pas dans les termes mêmes du § 2 de l'art. 693, en admettant qu'il ne prévoie pas exclusivement la radiation volontaire? Est-il permis de distinguer, dans ce jugement, entre la disposition qui déclare la saisie nulle ou l'instance périmée, et celle qui ordonne la radiation, pour soumettre les créanciers à respecter la première et les autoriser à méconnaître la seconde? Une telle prétention ne nous paraît pas soutenir l'examen.

827. Les questions suivantes nous ont encore été soumises :—Lorsqu'une saisie immobilière a été, depuis plus de trois ans, abandonnée par le saisissant, à raison du paiement de sa créance, sans avoir toutefois été rayée, quelle marche doit suivre, pour pouvoir, à son tour, exercer des poursuites immobilières contre le débiteur, un créancier inscrit postérieurement aux sommations faites par le saisissant en conformité des art. 691 et 692, Cod. proc. civ.? Doit-il pratiquer, dès à présent, une nouvelle saisie? ou bien commencer par demander contre le saisissant la péremption de ses poursuites et la radiatiation de sa saisie? ou encore demander à être subrogé dans ces mêmes poursuites? De ces trois moyens, avons-nous répondu, le deuxième nous paraît seul, en le renfermant dans des limites que nous indiquerons plus loin, remplir toutes les conditions désirables de légalité et de sécurité.

Procéder immédiatement à une nouvelle saisie, ce serait évidemment téméraire, puisque, aux termes de l'art. 680, Cod. proc., le conservateur pourrait refuser de la transcrire. — Il ne serait pas moins imprudent d'agir par voie de demande en subrogation dans la première poursuite de saisie, quand cette poursuite a été discontinuée pendant plus de trois ans, puisque le saisi à qui, d'après l'opinion la plus générale, la demande en subrogation doit être dénoncée (V. *infrà*), pourrait, sur cette dénonciation, demander la péremption de l'instance, et rendre ainsi la subrogation irréalisable.

828. Rien ne s'oppose, au contraire, à ce que le second créancier demande, non point la péremption de la poursuite du premier créancier (il n'aurait pas qualité pour cela, car pour demander la pérempion, il faut être partie dans l'instance ou ayant droit d'une partie; V. *Péremption d'instance*, n. 75 et s.), mais la radiation de la saisie abandonnée. Quel motif y aurait-il pour lui dénier ce droit, qu'il a un intérêt si manifeste à exercer? Une telle demande ne fait aucune difficulté aux yeux de M. Chauveau, qui en indique les formes au n. 620 (t. 2), de son *Formulaire de procédure civile*, 3ᵉ édit.

829. Les créanciers inscrits antérieurement à la sommation prescrite par l'art. 692, auxquels, d'après ce qui a été dit ci-dessus, la demande en radiation n'a pas besoin d'être dénoncée, pourraient-ils s'opposer à cette radiation? Ils n'y seraient admis, en supposant la demande justifiée, que s'ils réclamaient la subrogation dans la poursuite de saisie. Nul doute, d'ailleurs, qu'ils n'aient le droit de demander, à leurs risques et périls, cette subrogation, devant laquelle l'action en radiation tomberait nécessairement. Voy. *suprà*, n. 808.

830. M. Hennequin, dans le *Journal du Notariat* (1856, p. 54), a posé et résolu les questions ci-après : « Pour la radiation d'une saisie suivie de dénonciation transcrite, le consentement de tous les créanciers inscrits, auxquels la dénonciation a été faite, a-t-il besoin d'être formellement exprimé? Ce consentement ne se trouve-t-il pas suffisamment manifesté par les quittances de leurs créances avec mainlevée des inscriptions en résultant, donnée par des créanciers, et mainlevée d'inscription contenant désistement d'hypothèque, consentie par les autres? Par suite, en justifiant : 1° de la mainlevée des saisie et dénonciation par le saisissant; 2° de quittances avec mainlevée d'inscription hypothécaire par plusieurs créanciers; 3° et des mainlevées d'inscriptions hypothécaires par les autres, avec désistement d'hypothèque, résultant de leurs titres, le conservateur pourrait-il être obligé d'opérer la radiation définitive des saisie et transcription de dénonciation, sans pouvoir exiger que, dans chaque mainlevée des créanciers inscrits, il soit expressément mentionné qu'il est donné mainlevée de ces saisie et dénonciation? Sans doute, fait-on observer, le Code de procédure dit que la saisie ne pourra être rayée que du consentement de tous les créanciers inscrits : mais il n'y a rien dans la loi de sacramentel pour le mode d'expression de ce consentement, et il semble que les quittances et mainlevées formulées, comme il est dit ci-dessus, prouvent suffisamment le consentement dont parle la loi, de la part des créanciers inscrits, qui se trouvent dès lors sans aucun intérêt.

« L'art. 693, Cod. proc. civ., répond M. Hennequin, dispose expressément qu'à partir du jour de la mention de la notification faite aux créanciers inscrits, la saisie ne peut plus être rayée que du consentement des créanciers inscrits, ou en vertu de jugements rendus contre eux. Les termes de cet article sont identiques à ceux de l'art. 2157, Cod. civ. Aussi, à la rigueur, le conservateur des hypothèques peut exiger le consentement exprès des créanciers inscrits, de même que des créanciers saisissants, pour opérer la radiation de la saisie; toutefois, lorsque les créanciers inscrits ont été désintéressés, qu'ils ont donné mainlevée de leurs inscriptions par des actes dont les expéditions ont été produites au conservateur, il semble, même dans le cas où ces actes ne contiennent pas mainlevée de la saisie, qu'il n'y a ni inconvénient ni danger pour la responsabilité du conservateur à radier la saisie sur la production de l'acte de mainlevée consenti par les autres créanciers, tant inscrits que saisissants. C'est ainsi qu'on procède dans le département de la Seine; mais il faut reconnaître que ce mode d'opérer dépend un peu de la bonne volonté du conservateur. »

831. M. Chauveau éprouve, dit-il, d'autant moins d'hésitation à considérer la radiation comme obligatoire, en pareil cas, que sous la quest. 2418 (V. *infrà*), il exprime l'opinion qu'il suffit que la saisie soit annulée, sans qu'il soit besoin que la radiation soit prescrite, pour que le conservateur doive la considérer comme n'existant plus.

832. (Q. 2336 bis). *De ce que, par l'exécution de l'art. 693, la saisie est* *devenue commune aux créanciers inscrits, s'ensuit-il que le donataire ou l'acquéreur ne puisse pas, en cette qualité, exciper d'un moyen de nullité tiré de l'irrégularité du titre du poursuivant?*

Un jugement du tribunal civil de Largentière, du 17 mars 1851, a décidé que lorsque la donation n'a été transcrite que postérieurement à la transcription de la saisie, le donataire est sans qualité pour arguer de nullité la poursuite en saisie immobilière, et qu'il suffit, pour faire rejeter sa demande en nullité, que la saisie soit devenue commune aux créanciers inscrits, par l'accomplissement de la formalité que prescrit l'art. 693.—M. Chauveau admet bien le défaut de qualité du donataire, en supposant la saisie valable; mais repousser le donataire, qui invoque la nullité de la saisie, sur le motif que la saisie ayant été dénoncée à tous les créanciers, leur est devenue commune, c'est ce qu'il ne lui paraît pas permis de soutenir en termes généraux. Si la publication du cahier des charges a été faite, dit-il, et que le délai fixé par l'art. 728 pour proposer la nullité de la saisie soit expiré, le donataire ne pourra plus exciper de cette nullité; mais si la déchéance prononcée par cet article n'a pas encore été encourue, peu importe que la sommation de l'art. 692 ait été notifiée ou non, le donataire pourra certainement présenter le moyen de nullité que le saisi serait en droit de faire valoir. Les mêmes raisons de décider seraient évidemment applicables à l'acquéreur.

833. (Q. 2338). *Comment faut-il calculer le délai de* trente jours au plus tôt et quarante jours au plus tard après *le dépôt du cahier des charges, dans lequel, aux termes de l'art. 694, doit avoir lieu la publication de ce cahier?*

Des explications ayant été déjà données à cet égard sous la quest. 2313 (*suprà*, n. 644 et s.), M. Chauveau se borne ici à mentionner un arrêt de la Cour de Douai du 24 août 1849 (*J. Av.*, t. 75, p. 299), qui a jugé, avec raison, que l'inobservation du délai fixé par l'art. 694 pour la publication du cahier des charges emporte nullité, et que la poursuite doit alors être reprise à partir du dépôt du cahier des charges.

834. (Q. 2338 bis). *La publication du cahier des charges peut-elle être retardée sur la demande du saisi?* En d'autres termes, *peut-il être accordé un sursis aux poursuites avant la publication du cahier des charges?*

A moins qu'il ne s'agisse de causes qui doivent faire tomber la poursuite, la demande en sursis ne se comprend, dit M. Chauveau, qu'autant qu'il s'agit d'un délai de *grâce*. Or, ce délai peut-il être accordé? Doit-il être demandé, sous peine de déchéance, avant les trois jours qui précèdent celui fixé pour la publication, par application de l'art. 694? Sous la quest. 524 (v° *Délai*, n. 46), M. Chauveau s'est rangé à l'opinion, admise aussi par nous, suivant laquelle les art. 1244, Cod. civ., et 122, Cod. proc., sont applicables au cas où le débiteur est poursuivi en vertu d'une obligation exécutoire. Il ajoute ici que les juges doivent user avec une extrême réserve du droit qui leur est confié: que leur sentence est toujours sujette à appel; mais qu'il est telle position où c'est pour eux un véritable devoir d'humanité d'accorder ce délai, toutes choses, d'ailleurs, demeurant en état. La Cour de Caen a cependant décidé, le 7 mars 1849 (*J. Av.*, t. 75, p. 304), qu'aucun délai de grâce ne peut être accordé pour retarder la publication du cahier des charges, sur le motif que la procédure spéciale, en cette matière, ne permet que de mettre soixante jours au plus entre la publication et l'adjudication, sauf, au jour fixé pour l'adjudication, à prononcer une remise (art. 703), qui ne doit pas dépasser soixante jours.

835. L'art. 1244, Cod. civ., a été également regardé comme inconciliable avec la procédure de saisie immobilière, par un jugement du tribunal civil de Condom, du 14 juin 1848, deux arrêts de la Cour d'Amiens, l'un, du 21 fév., l'autre du 16 avril 1850, et un arrêt de la Cour de Limoges du 16 juin

1851 (S.-V.51.2.512). Dans une espèce, où il ne s'agissait pas d'un délai de grâce, la Cour de Bordeaux a décidé avec raison, selon M. Chauveau, le 28 août 1851 (*J. Av.*, t. 77, p. 257), que le saisi ne peut, en se fondant sur ce qu'ayant été récemment admis à l'assistance judiciaire, il a besoin d'un temps moral pour proposer ses moyens de nullité, obtenir le renvoi de la lecture et de la publication du cahier des charges au delà du terme fixé par l'art. 694. La Cour de Bordeaux a consacré les vrais principes, dit notre auteur, lorsqu'elle a dit que les premiers juges avaient à tort, sur la demande de l'avoué des parties saisies, renvoyé le jour fixé pour la publication à quinzaine, afin de leur laisser le temps de proposer leurs moyens de nullité; que, par là, le tribunal avait formellement violé les dispositions des art. 694, 695 et 728; — de l'art. 694, en renvoyant arbitrairement à la publication du cahier des charges au delà du terme de quarante jours, fixé à peine de nullité par cet article; — de l'art. 695, en refusant de donner au poursuivant, au jour indiqué par la sommation, acte de la lecture et publication qui devait avoir lieu, etc.; — de l'art. 728, en relevant, au moyen de l'ajournement par lui accordé, les parties saisies de la déchéance qu'elles avaient encourue; — que, quelque intérêt que doive inspirer le plaideur que le malheur de sa situation force à recourir à l'assistance judiciaire, cet intérêt ne saurait aller jusqu'à faire fléchir les lois établies également pour tous les citoyens; — enfin, que la disposition de l'art. 703 est spéciale et limitative; que, hors le cas qu'il prévoit, il n'est pas permis aux tribunaux d'accorder un délai dans le cours de la saisie immobilière; qu'ils ne le pourraient, sans troubler l'économie de la loi et rompre l'enchaînement de ses dispositions. Si ces motifs peuvent être critiqués en tant qu'ils semblent militer contre la concession d'un délai de grâce, ajoute M. Chauveau, ils sont irréprochables au point de vue de la prorogation du délai de la publication. — La même Cour paraît s'être prononcée encore contre le sursis à la publication, dans un arrêt du 12 août 1858 (*J. Av.*, t. 84, p. 592).

836. En résumé, la doctrine de l'auteur se réduit à ceci : Lorsqu'une procédure de saisie immobilière est engagée, il faut observer les délais exigés par la loi. Si, à une époque quelconque de la poursuite, le saisi sollicite un délai de grâce, cette demande doit faire l'objet d'un incident régi par les dispositions de l'art. 718. La demande accueillie aura, sans doute, pour effet de faire proroger les délais indiqués entre les actes de la poursuite; mais c'est là une circonstance exceptionnelle. Dans la plupart des cas, les juges refuseront d'accorder le délai avant la publication du cahier des charges. Après cette publication, ils pourront se montrer plus faciles, parce que tous les intérêts sont sauvegardés. En dehors de l'application de l'art. 1244, Cod. civ., la seule voie ouverte au saisi est celle du sursis prévu par l'art. 703, Cod. proc.

837. Depuis la publication du travail de M. Chauveau, la jurisprudence a persisté à décider que le délai pour la publication du cahier des charges est de rigueur, et qu'il n'appartient pas au tribunal de le proroger. V. Agen, 28 janv. 1867 (*J. Av.*, t. 92, p. 291); Toulouse, 16 nov. 1867 (t. 93, p. 169); Bordeaux, 28 fév. 1876 (t. 101, p. 419). — Compar. *infrà*, n. 841 et s.

837 *bis*. (Q. 2339). *La lecture du cahier des charges doit-elle être sérieuse et entière? Qui doit la faire?*

Les trois publications qu'exigeait le Code de procédure, avant la loi de 1841, étant réduites à une seule, on a dû, disait M. Pascalis, la réclamer *sérieuse et vraie*, afin que le juge pût vérifier les conditions de l'enchère et prescrire les modifications qu'il jugerait convenables. Aussi son projet portait-il ces mots : « Il sera fait.... publication et *lecture entière* du cahier des charges. » Mais un paragraphe additionnel autorisait le président à dispenser de cette lecture entière, pour ménager les instants du tribunal. Le président devait pour cela prendre connaissance, au préalable, du cahier des charges et y apposer son *visa*. La commission du gouvernement supprima le mot *entière*, ainsi que le paragraphe additionnel. La raison qu'elle en donna fut que cette *mesure serait d'une exécution trop peu probable*. Il est donc impossible, ainsi que l'observe M. Chauveau, de soutenir que la lecture entière soit aujourd'hui, plus qu'autrefois, prescrite à peine de nullité. Voy. *infrà*, quest. 2423 *septies*.—Mais, comme il ne reste pas moins dans la loi actuelle ce mot *lecture*, joint à celui de *publication* qui se trouvait dans le Code de 1807, il est permis de soutenir que le législateur a entendu ajouter quelque chose à ce qui se pratiquait; d'où il suit que si la lecture n'est pas indispensable, elle est au moins dans le vœu de la loi. V. en ce sens MM. Persil fils, *Comm.*, p. 166, n. 187, et Colmet-Daage, t. 2, p. 341, n. 947. — M. Chauveau fait d'ailleurs remarquer qu'il résulte implicitement du tarif de 1841, art. 6, § 1er, que lecture entière du cahier des charges sera faite à l'audience, car cet article accorde 1 fr. d'honoraires à l'huissier pour cette lecture; et un semblable émolument pour un simple appel serait évidemment trop élevé.

838. Un arrêt de la Cour de Montpellier du 28 avril 1851 (*J. Av.*, t. 76, p. 317), a très bien jugé que c'est par un des huissiers audienciers, et non par l'avoué poursuivant que doit être faite la lecture du cahier des charges. C'est là un point incontestable, selon M. Chauveau. V. aussi conf., notre *Formul. annot.*, p. 649, note 19.

839. L'exécution de la disposition relative à cette lecture est confiée à la sagesse des tribunaux. Dans l'usage, la lecture n'est presque jamais complète. En général, elle ne comprend que l'intitulé du cahier des charges et la mise à prix.

840. L'avoué chargé d'enchérir est réputé, dit M. Chauveau, avoir pris connaissance complète des clauses du cahier des charges, telles qu'elles existent au moment de l'ouverture des enchères, avec toutes les modifications qu'elles ont pu subir par suite de demandes en distraction ou autres. On ne saurait donc admettre, avec M. Bédarride, dissertation insérée, *J. Av.*, t. 75, p. 166, que la lecture entière du cahier des charges doit avoir lieu aussi bien à l'audience fixée pour la publication qu'à celle où l'adjudication est prononcée.

841. (Q. 2340). *La publication du cahier des charges peut-elle avoir lieu en audience de vacations?*

L'affirmative résulte de l'opinion des auteurs et d'un usage constant (V. notamment MM. Persil fils, *Comm.*, p. 166, n. 186, et Bioche, v° *Saisie immob.*, n. 385). En effet, observe M. Chauveau, pour une procédure où tous les délais sont de rigueur, il ne peut y avoir de vacations (V. *infrà*, n. 951). La jurisprudence a consacré elle-même cette doctrine. Ainsi il a été jugé que la publication du cahier des charges d'une saisie immobilière est valablement faite au jour indiqué par la sommation, pendant le temps des vacations, bien que ce jour ne soit pas celui d'une audience ordinaire de vacations: Bordeaux, 24 nov. 1851 (*J. Av.*, t. 78, p. 355). Qu'importe au saisi que la publication ait lieu à une audience ordinaire ou extraordinaire de la chambre des vacations, pourvu qu'il soit procédé à cette publication au jour fixé?

842. Par arrêt du 24 oct. 1851 (*J. Av.*, t. 77, p. 532), la Cour de Rouen a décidé même que lorsque le dépôt du cahier des charges est effectué quelques jours avant l'époque des vacations, et que, par suite du règlement des audiences pendant les vacances, le tribunal ne siège point entre le trentième et quarantième jour après le dépôt, les créanciers inscrits et la partie saisie sont valablement sommés pour la première audience, postérieure aux quarante jours, afin d'assister à la lecture et publication du cahier des charges. — Il faut remarquer à cet égard que les tribunaux sont dans l'usage de consacrer, chaque semaine, aux publications des cahiers des charges, aux adjudications et aux jugements des incidents, une ou plusieurs audiences, dites *audience des criées*. En vacances, c'est la chambre des vacations qui doit tenir l'audience des criées : partant, les délais fixés par la loi ne cessent pas de courir à cette époque de l'année. Faut-il conclure de là que les tribunaux soient obligés de fixer autant d'audiences qu'il y a de jours susceptibles d'être indiqués pour les lectures de cahiers des charges ou les adjudications? Non, sans doute, répond M. Chauveau, car on arriverait ainsi à supprimer les vacances. Doit-on admettre que la procédure soit nulle, et l'avoué responsable, si cet officier ministériel indique le jour d'audience choisi par le tribunal et le plus rapproché de l'époque légale où doivent s'accomplir les publications et adjudications, mais postérieur au délai? Pas davantage, à moins de prononcer des nullités qu'il a été impossible de prévenir. En procédure, comme en d'autres matières, il faut se tenir dans de sages limites : *Summum jus, summa injuria.* Toutes les fois qu'on pourra imputer une faute à la négligence de l'avoué, qu'on lui en fasse subir les conséquences, cela se conçoit; mais, dans les autres hypothèses, la procédure et celui qui la dirige doivent être à l'abri de tout reproche. A l'exception des jours fériés, tous les jours sont utiles pour entamer une poursuite de saisie immobilière. Exiger qu'avant de commencer, l'avoué calcule les délais de manière à se ménager une audience certaine, pendant les vacations, pour la publication ou l'adjudication, c'est restreindre le droit de main mise que tout créancier possède sur les biens de son débiteur, et qu'il peut avoir intérêt à exercer immédiatement. La saisie est faite, dénoncée, transcrite régulièrement. Dans les vingt jours qui suivent cette dernière formalité, il faut que le cahier des charges soit déposé; les jours d'audience, pendant les vacations, ne sont pas encore déterminés; l'avoué attend le dernier jour du délai; le dépôt est effectué. Dans la huitaine, outre le délai des distances, il va falloir sommer le saisi et les créanciers inscrits, et leur indiquer le jour de la publication; le huitième jour arrivé, les audiences ne sont pas encore fixées; quelle sera la position de l'avoué? Evidemment il devra sommer, pour la première audience utile des vacations, qui viendra après les trente jours du dépôt, minimum du délai accordé par la loi. Cette audience se trouvera antérieure ou postérieure au quarantième jour; peu importe, l'avoué n'y peut rien. Sans doute, par des démarches officieuses, même par une requête adressée au tribunal, il a pu demander la fixation d'un jour d'audience dans le délai; mais si le tribunal n'a pas encore répondu au moment où il faut notifier les sommations, on n'a pas fixé une audience dans ce délai, il y a bien dans ce cas pour l'avoué, force majeure, qu'il est obligé de subir et dont il ne saurait être responsable.

843. M. Chauveau fait d'ailleurs remarquer que, dans la pratique, toutes ces difficultés sont évitées, grâce à des mesures connues d'avance et à des égards réciproques entre les magistrats et les membres du barreau. Les audiences de vacations sont indiquées un mois et deux mois et demi avant le 1er septembre. Ordinairement, les jours choisis sont les mêmes tous les ans, en sorte qu'il est facile de prévoir quelle sera l'audience où il pourra être procédé par le tribunal. Un délai de dix jours pour la publication permet aux avoués de sommer utilement. Quant aux adjudications, il est facile aux tribunaux d'en fixer le jour, puisque la loi n'indique qu'un minimum de trente jours et un maximum de soixante, et qu'il ne s'écoule jamais de période de trente jours sans audience; que si, par extraordinaire, les jours fixés se trouvaient en deçà et au delà du délai, il resterait encore à l'avoué la ressource de solliciter une audience spéciale, ou bien, en cas de refus, de nouvelles affiches et publications devraient avoir lieu à la charge du saisi. Mais, alors même que l'avoué croirait devoir s'abstenir de toute démarche, l'auteur ne pense pas qu'il y eût lieu de prononcer la nullité.

844. On comprend, ajoute-t-il très bien, qu'il en serait autrement, si, par erreur ou inadvertance, l'avoué avait indiqué un jour qu'il aurait dû savoir ne pas être désigné pour la chambre des vacations; tel est le cas de l'espèce indiquée, *suprà*, n. 706.

845. Si le jour indiqué venait à être déclaré légalement férié après la sommation, ce serait un cas de force majeure, les sommations faites seraient sans effet; mais les frais n'en pourraient être mis à la charge du poursuivant, qui en ferait notifier de nouvelles, en énonçant les motifs qui auraient rendu les premières non avenues.

846. (Q. 2341). *Comment faut-il calculer le délai de trois jours au plus tard avant sa publication, dans lequel, d'après l'art. 694, doivent être proposées les modifications du cahier des charges?*

Sur ce point, M. Chauveau se borne à renvoyer à ce qu'il a dit sous la quest. 2313 (*suprà*, n. 644 et s.).

847. (Q. 2342). *En quoi consistent les dires? Par qui et dans quel délai doivent-ils être faits?*

Sur cette question, qui avait été posée au texte, avant la loi de 1841, par Carré, M. Chauveau fait remarquer que, d'après l'art. 694 actuel, les dires ne peuvent être faits que par le poursuivant, le saisi et les créanciers inscrits et non par les tiers; et qu'ils ne sauraient avoir d'autre objet que des modifications à introduire au cahier des charges. Les critiques que contiennent les dires doivent, observe-t-il, être formulées avec précision. C'est avec raison que la Cour de Paris a décidé, le 22 mars 1858 (*J. Av.*, t. 83, p. 637), qu'il y a lieu de repousser le dire tendant à la modification du lotissement porté dans le cahier des charges, lorsque, sans préciser en quoi ce lotissement est particulièrement défectueux, le réclamant conclut à ce que le tribunal fasse procéder par expert ou procède lui-même, après expertise, à une nouvelle composition des lots. Il a été également bien jugé qu'un moyen de nullité ne peut être proposé dans la forme d'un dire au lieu de faire l'objet d'un incident spécial engagé conformément à l'art. 718: Bastia, 4 mai 1857 (*J. Av.*, t. 83, p. 381).

848. Il résulte de l'art. 694 que le créancier qui, trois jours avant la publication du cahier des charges, n'a pas fait insérer ses dires et observations tendant à en modifier les clauses, n'est plus recevable dans ses critiques; si le délai fixé s'écoule sans réclamations, le cahier des charges est inattaquable. Ce point est si certain, qu'on ne comprend pas que la jurisprudence ait été appelée à le consacrer. Voy. cependant un arrêt de la Cour de Montpellier, du 30 mars 1849, analysé par M. Chauveau, et un jugement du tribunal civil d'Alger du 1er mai 1852 (*J. P.*, Algérie, n. 239).

849. La déchéance ne s'applique-t-elle qu'aux personnes qui ont été parties dans la saisie, c'est-à-dire au poursuivant, au saisi et aux créanciers inscrits, qui ont reçu la sommation ou qui sont intervenus? Il semble qu'on peut invoquer pour la négative un arrêt de la Cour de Montpellier, d'après lequel la requête de la femme, dont la dot est en péril, tendant à ce que le cahier des charges de la vente du fonds affecté à ses reprises soit modifié, en ce sens que le créancier poursuivant soit tenu de porter la mise à prix au montant de la dot constituée, est non recevable, si cette requête a été signifiée hors des délais prescrits par l'art. 694; arrêt du 27 août 1849 (*J. Av.*, t. 76, p. 611). Au contraire, l'affirmative a été adoptée par un arrêt de la Cour de Douai du 27 avril 1858 (*ibid.*). Et elle résulte aussi d'un arrêt de la Cour de Toulouse, du 10 nov. 1846 (t. 72, p. 331), dans lequel on dit que la déchéance n'est pas applicable à la femme qui a une hypothèque légale non inscrite sur l'immeuble saisi, lorsqu'aucune sommation ne l'a constituée en demeure de fournir ses dires et observations; que cette femme peut, au jour même fixé pour l'adjudication, introduire une demande tendant à faire modifier le cahier des charges, notamment conclure à ce que les biens soient vendus par lots, et à ce qu'un des lots soit composé des immeubles sur lesquels elle croit pouvoir exercer son hypothèque légale. M. Chauveau fait remarquer que, depuis la loi de 1858, la question ne pourrait plus se reproduire sous la même physionomie, puisque, d'après le nouvel art. 692, une sommation est faite même aux créanciers à hypothèque légale.

850. Notre auteur observe, d'un autre côté, qu'indépendamment du cas où un créancier inscrit a été omis par la faute du poursuivant, la déchéance résultant de l'art. 694 souffre encore des restrictions. Ainsi, l'action en résolution formée par le vendeur de l'immeuble saisi est recevable après les délais fixés par l'art. 694, quoique ce vendeur soit créancier inscrit. L'exception est ici formellement prévue par la loi (art. 692 et 717) : Nîmes, 25 mai 1852 (S.-V.52.2.540).—Même décision, ajoute M. Chauveau, pour les demandes en distraction. — De plus, les clauses illégales et qui doivent être réputées non écrites (Voy. *suprà*, n. 671) ne sont pas validées par le fait seul de la publication du cahier des charges, sans qu'aucune modification ait été réclamée; la nullité de ces clauses peut être prononcée, soit avant, soit après l'adjudication.

851. Mais cette prescription de l'art. 694 n'a pas été toujours parfaitement comprise et appliquée. Par exemple, un arrêt de la Cour de Pau, du 30 juill. 1849 (*J. Av.*, t. 76, p. 617), a reconnu au poursuivant le droit d'insérer, le jour même fixé pour l'adjudication, une clause additionnelle au cahier des charges; et un jugement du tribunal civil de Bar-sur-Aube, du 16 juill. 1850 (t. 75, p. 508), a déclaré le poursuisant recevable à obtenir, par un dire inséré au cahier des charges, le jour de la publication, la réduction du nombre des lots qu'il avait fixés. Voy. aussi *infrà*, quest. 2425.

852. Si les modifications tardives sont susceptibles de critique, par qui ces critiques pourront-elles être faites, et comment devront-elles être formulées? Le saisi, le poursuivant et les créanciers inscrits (parmi lesquels doivent être compris les créanciers à hypothèques légales qui, après la sommation, ont pris inscription) sont incontestablement, selon la remarque de M. Chauveau, les seules parties intéressées à contester l'utilité des modifications postérieures à la publication et antérieures au jour de l'adjudication (V. *inf.*, n. 854). Les critiques ne sont d'ailleurs recevables qu'autant qu'elles sont faites avant les délais fixés par l'art. 729, à moins que les modifications ne soient postérieures, auquel cas on serait recevable à les combattre dès qu'elles se seraient fait connaître. — Quant à l'adjudicataire, il est dans la plupart des positions sans intérêt, et, pourvu qu'il soit établi qu'il n'a pas ignoré la modification, qu'en se rendant adjudicataire il a connu les conséquences de son consentement, et qu'aucune erreur n'a été possible sur les conditions de la vente, l'adjudication devra recevoir son exécution. C'est ce qui résulte d'un arrêt de la Cour de cassation, du 8 juin 1857 (*J. Av.*, t. 83, p. 160), rendu dans une espèce où il était constaté que l'adjudicataire n'avait pu ignorer aucune des conditions opposées à la vente, et qui renferme ces motifs : « Attendu que le droit de proposer la nullité résultant de l'inobservation des formalités prescrites par l'art. 694, Cod. proc., pour les modifications à apporter au cahier des charges, ne pourrait, aux termes de l'art. 715 du même Code, appartenir à l'adjudicataire qui, d'ailleurs, dans l'espèce, n'y aurait aucun intérêt, puisqu'il est en possession depuis plusieurs années de la portion d'immeubles qu'il avait l'intention d'acquérir et qui lui a été adjugée pour le prix par lui offert; — Que cette nullité, qui, d'après les art. 728 et 729, Cod. proc., n'existe pas de plein droit, n'aurait pu, d'ailleurs, être invoquée dans un délai qui, dans la cause, était expiré; — Rejette, etc. »

853. (Q. 2343). *Que doit faire le créancier qui a inséré, au bas du cahier des charges un dire tendant à la réformation de telles ou telles clauses, charges ou conditions?*

Carré, au texte, enseignait que ce créancier devait signifier par acte d'avoué à avoué, tant à celui du poursuivant qu'à l'avoué le plus ancien des opposants, que, conformément au dire qu'il avait fait, et dont ils pouvaient prendre connaissance au greffe, il demandait la réformation de la clause, charge ou condition qui était l'objet de ce dire; et que, pour le faire ainsi ordonner, il devait faire sommation de venir, pour plaider sur cet incident, à l'audience de tel jour, auquel la première publication devrait être faite. — Quant à M. Chauveau, il pense avec raison que, d'après la nouvelle loi, l'insertion des dires sur le cahier des charges, combinée avec la sommation adressée au saisi et au créanciers d'en prendre connaissance, et de se trouver aux lieu et jour où la publication sera faite et où les dires seront jugés, dispense de toute signification à avoué. On opposerait vainement, dit-il, l'art. 718, d'après lequel tout incident doit être formé, soit par acte d'avoué, soit par ajournement à partie; cet article ne s'applique pas au cas qui nous occupe, puisqu'il veut que l'ajournement soit donné à huit jours, tandis que, dans notre espèce, et d'après l'art. 694, on peut retarder les dires et réclamations jusqu'au troisième jour avant celui où ils doivent être jugés. Conf., Bastia, 4 mai 1867 (*J. Av.*, t. 83, p. 381); MM. Dalloz, n. 860; Bioche, v° *Saisie immob.*, n. 337.

854. (Q. 2344). *Le tribunal peut-il d'office ordonner des modifications du cahier des charges?*

Le projet proposé en 1838 par M. Pascalis attribuait aux juges le pouvoir d'introduire d'office des modifications au cahier des charges. Mais la commission du gouvernement ayant considéré ce pouvoir comme exorbitant et dangereux; la disposition fut retranchée, et n'a pas été reproduite.

Le tribunal, dit très justement M. Chauveau, ne peut donc pas ordonner d'office des modifications. Conf., M. Bioche, v° *Saisie immob.*, n. 378.

855. Le tribunal de Bar-sur-Aube a méconnu le vœu de la loi en décidant, le 16 juill. 1850 (*J. Av.*, t. 75, p. 508), que les juges peuvent d'office réduire le nombre des lots fixés par le poursuivant.

856. (Q. 2344 bis). *Quel est le droit du poursuivant, si les conditions nouvelles présentées par le saisi ou les créanciers lui paraissent devoir porter sa mise à prix à un taux trop élevé?*

La commission de la Cour de cassation avait proposé une addition ainsi conçue: « Si, au jour de l'adjudication, des modifications sont admises par « le tribunal, dans les conditions de l'adjudication, le poursuivant pourra « demander à être relevé de sa mise à prix, à la charge d'en faire immédia- « tement une autre. » M. Chauveau regrette que le législateur n'ait pas adopté cette modification qui lui eût semblé fort sage.

857. Toujours est-il, observe notre auteur, qu'il ne faut pas que le poursuivant qui est complètement libre de fixer sa mise à prix au taux qu'il estime raisonnable (V. *suprà*, n. 694), soit forcé de subir des conditions trop onéreuses. Si elles lui paraissent telles, il sera toujours libre de ne pas requérir l'adjudication, et de ne pas donner suite à sa poursuite, sauf à l'un des créanciers à demander la subrogation. M. Chauveau pense du reste que les juges ne refuseront point de changer, sur la demande du poursuivant, sa première mise à prix, lorsque des conditions désavantages seront insérées dans le cahier des charges. V. dans le même sens, MM. Dalloz, n. 855, et Colmet-Daage, t. 2, p. 343, n. 948.

858. (Q. 2345). *Si la discussion des contestations soulevées par les dires ou celles des nullités proposées ne peut se terminer dans une audience, y a-t-il lieu de renvoyer à l'audience suivante la partie du jugement qui est destinée à donner acte de la publication et à fixer le jour de l'adjudication ?*

M. Chauveau répond affirmativement. Peu importe, observe-t-il, que l'art. 695 dise que le tribunal rendra sa décision *au jour indiqué par la sommation*. Cette disposition signifie seulement qu'à ce jour-là même il faudra se mettre en mesure d'accomplir les formalités prescrites par l'art. 695 ; mais comme à l'impossible nul n'est tenu, si elles ne peuvent pas être terminées dans un jour, il faudra bien renvoyer au lendemain. Et cette solution a d'autant moins d'inconvénients que l'art. 695 n'est pas prescrit à peine de nullité.

859. Mais si le jugement n'est pas rendu le jour même indiqué pour la publication, le délai qu'il devra fixer pour procéder à l'adjudication aura-t-il pour point de départ le jour du jugement même, ou bien le jour de la publication? M. Chauveau pense que ce délai devra partir du jour du jugement, qui est le principal des actes mentionnés dans l'art. 695. Conf., MM. Dalloz, n. 880; Bioche, v° *Saisie immob.*, n. 384. Notre auteur fait du reste remarquer que cette question n'a pas d'importance, soit parce que l'art. 695 n'est pas prescrit à peine de nullité, comme il a déjà été dit, soit parce que la longueur du délai entre le *maximum* et le *minimum* fixés par la loi est abandonnée à la sagesse du tribunal.

860. D'un arrêt de la Cour de Caen du 20 juin 1849 (*J. Av.*, t. 75, p. 493), il résulte que le tribunal peut, lorsqu'au jour fixé pour la lecture du cahier des charges, il lui est impossible de statuer sur les nombreux moyens de nullité présentés par le saisi, surseoir à statuer sur ces nullités, et cependant donner, d'ores et déjà, acte de la lecture du cahier des charges et fixer le jour de l'adjudication; qu'il n'y a pas nullité parce que le jugement ultérieur intervenu sur les nullités n'a pas été inséré dans le cahier des charges. — M. Chauveau désapprouve absolument cette procédure. D'après l'art. 695 le même jugement doit à la fois donner acte de la publication, statuer sur les dires et fixer le jour de l'adjudication ; si le nombre et la nature des contestations exigent plus d'une audience, il est permis au tribunal de continuer la cause à l'audience suivante, même de renvoyer à une prochaine audience ; mais ce renvoi doit être intégral et s'appliquer aussi bien à la publication et à la fixation du jour de l'adjudication qu'à l'examen des moyens de nullité. Conçoit-on, en effet, qu'avant de prononcer sur ces derniers, dont l'admission peut entraîner l'annulation de toute la procédure antérieure, les juges, agissant comme si ces moyens ne devaient pas être accueillis, fixent le jour de l'adjudication? Non seulement ce mode de procéder serait contraire à la logique, mais il aurait l'inconvénient de rendre inapplicable la seconde disposition de l'art. 730, déclarant non susceptible d'appel le jugement qui, *sans statuer sur des incidents*, donne acte de la publication du cahier des charges, puisque, toutes les fois qu'il plairait aux tribunaux de disjoindre, le premier jugement qui donnerait acte de la publication, ne statuant sur aucun incident, serait à l'abri de tout recours et demeurerait acquis aux parties, bien qu'en réalité de nombreux incidents se fussent produits. Il en résulterait encore cette conséquence bizarre, que l'appel dont le second jugement pourrait être frappé aux termes de l'art. 736, suspendrait, jusqu'à l'arrêt définitif, l'exécution du premier; car si, nonobstant l'appel, il était procédé à l'adjudication, elle deviendrait nulle dans le cas où la Cour admettrait les moyens proposés par le saisi. Enfin, en permettant de rendre deux jugements au lieu d'un seul, on augmenterait les frais de la poursuite au détriment des créanciers et du saisi, et l'on méconnaîtrait entièrement l'économie de la loi, qui a voulu subordonner les formalités de la publication et de la fixation du jour de l'adjudication à l'accomplissement régulier des formalités antérieures.

L'arrêt de la Cour de Caen a été déféré à la Cour de cassation, qui, tout en constatant l'irrégularité du mode de procéder, a dû rejeter le pourvoi sur le motif que les art. 695 et 728 ne se trouvent pas relatés dans l'art. 715, au nombre de ceux dont l'observation est prescrite à peine de nullité : arrêt du 29 janv. 1851.

861. La Cour de Bordeaux a décidé, le 29 août 1855 (*J. Av.*, t. 81, p. 341), qu'un tribunal peut, en rejetant les moyens de nullité, renvoyer au lendemain la publication du cahier des charges ; et que, quand ce renvoi a été prononcé en présence de toutes les parties, il n'est pas nécessaire de faire signifier une nouvelle sommation au saisi. Il est certain, dit M. Chauveau, que le renvoi contradictoire dispensait d'une nouvelle sommation au saisi (V. conf. un arrêt de la même Cour du 24 fév. 1854, *J. Av.*, t. 79, p. 414) ; mais le tribunal aurait dû ne pas renvoyer à jour fixe la lecture et la publication du cahier des charges, et statuer auparavant sur les moyens de nullité. Son renvoi aurait dû être intégral et s'appliquer aussi bien aux moyens de nullité qu'à la publication ; en agissant de la sorte, il lui aurait été facile de statuer par un même jugement, et le vœu de l'art. 728 aurait été rempli.

862. Il résulte d'un troisième arrêt de la Cour de Bordeaux, en date du 23 juill. 1849 (*J. Av.*, t. 76, p. 607), que l'ancien art. 732 permettait d'ajourner une publication empêchée pour une cause quelconque, sans que les actes antérieurs fussent viciés. M. Chauveau fait observer que cette solution est encore exacte sous l'empire de la loi de 1841.

863. Le même arrêt, ajoute-t-il, décide avec raison que le jugement qui donne acte de la publication du cahier des charges fait foi de la date qu'il indique, sans qu'on puisse opposer les énonciations contraires de la feuille d'audience et les notes du greffier.

864. (Q. 2346). *Faut-il lever et signifier le jugement qui donne acte de la publication du cahier des charges, et qui fixe le jour de l'adjudication ?*

M. Chauveau répond que si ce jugement prononce sur quelque incident, il n'y a pas de doute que la signification n'en soit utile pour faire courir les délais de l'appel (art. 731) ; mais que s'il se borne à des dispositions de pure forme, et que, partant, il ne soit pas susceptible d'appel, la signification en serait frustratoire. La loi n'exige nulle part que les parties soient prévenues par un acte quelconque signifié à leur domicile ou à leur avoué, du jour de l'adjudication. Elle suppose donc que la prononciation du jugement à une audience où elles avaient été sommées de comparaître est suffisante pour les avertir. (V. conf., M. Bioche, v° *Saisie immob.*, n. 386).

865. Lorsque le jugement de publication ne statue sur aucune contestation, observe M. Chauveau, ce n'est pas, à proprement parler, un jugement ; c'est un acte que le greffier ne doit point rédiger à part, qui doit faire l'objet d'une simple mention sur le cahier des charges et qui ne doit pas être signifié. V. en ce sens, M. Jacob, p. 380.

866. (Q. 2347). *Le délai entre la publication et l'adjudication doit-il être augmenté à raison de la distance du domicile du saisi ?*

Non, dit M. Chauveau, puisque la loi assigne un *maximum* et un *minimum* entre lesquels le juge peut, selon les circonstances, proroger ou abréger le délai. Conf., M. Bioche, v° *Saisie immob.*, n. 388. — Compar., Cass., 21 août 1816 (*J. Av.*, t. 20, p. 472).

867. (Q. 2348). *Faut-il que le tribunal indique le* lieu, *en même temps que le jour et l'heure de la vente ?*

En 1838, M. Pascalis, dans son projet, demandait qu'il en fût ainsi ; mais le mot *lieu* fut retranché par la commission du gouvernement, parce qu'il est bien entendu que c'est toujours *devant le tribunal* qu'il est procédé à l'adjudication.

868. (Q. 2349). *Si le jugement qui, en fixant le jour de l'adjudication, a prononcé sur un incident, est frappé d'appel, et que le jour fixé s'écoule sans qu'on puisse le mettre à profit, par qui devra être désigné le nouveau jour?*

M. Chauveau estime que ce sera à la Cour, si elle infirme, et au tribunal si son jugement est confirmé, qu'il appartiendra de désigner le nouveau jour. Conf., M. Dalloz, n. 878. M. Bioche, v° *Saisie immob.*, n. 388, pense qu'il y a ici attribution, dans tous les cas, au tribunal saisi.—Un arrêt de la Cour de Bourges, du 19 mars 1811 (*J. Av.*, t. 20, p. 313), a attribué la fixation du nouveau jour au président du tribunal. Le 29 avril 1829 (*J. Av.*, t. 37, p. 245), la Cour de cassation l'a attribuée à la partie saisie elle-même. Mais, comme elle se fondait sur les lenteurs qu'entraînerait un jugement duquel on pourrait relever appel, son arrêt n'a plus d'autorité, aujourd'hui qu'un jugement de cette espèce n'est plus susceptible d'appel (art. 730). Il faut donc, dit M. Chauveau, s'en tenir à la jurisprudence résultant des arrêts de la Cour de Colmar, du 16 juill. 1816 (*J. Av.*, t. 20, p. 313), de la Cour de Bruxelles, du 23 avril 1829, et de celle de Bordeaux, du 27 mars 1833 (t. 45, p. 542), qui décident que c'est au tribunal qu'appartient le droit de fixer le nouveau jour. Cela paraît d'ailleurs résulter, par analogie, du second paragraphe de l'art. 703.

869. Notre auteur ne croit pas qu'il faille observer entre cette nouvelle fixation et le jour désigné, le délai de trente jours au moins et soixante au plus, indiqué par l'art. 695. Il suffira, observe-t-il, d'impartir un délai utile pour que les formalités des art. 741 et 704 puissent être observées.

870. Sous l'ancienne loi, la Cour de Rennes avait jugé, le 12 janv. 1817, qu'entre la nouvelle fixation et l'adjudication définitive, il devait s'écouler les deux mois que le décret de 1811 prescrivait entre les deux adjudications. Mais Carré, sous la quest. 2362, maintenait, au contraire, que si, depuis le premier jugement jusqu'à l'arrêt confirmatif, les deux mois s'étaient écoulés, le juge était autorisé à renvoyer à moins de deux mois, puisqu'à partir du premier jugement, il s'en était déjà écoulé plus de deux entre les deux adjudications. — M. Thomine-Desmazures, t. 2, p. 244, se prononçait dans le même sens. V. aussi deux arrêts de la Cour de Bordeaux, des 6 sept. 1829 (*Courr. des Trib.* du 6) et 27 mars 1833 (*J. Av.*, t. 45, p. 542).

871. Si l'appel avait été jugé et l'arrêt signifié avant l'échéance du jour originairement désigné pour la vente, cette désignation tiendrait, comme l'observe M. Chauveau, sauf la remise qui pourrait être accordée, en conformité de l'art. 703.

872. (Q. 2350). *L'exécution instantanée du jugement qui rejette une demande tendant à la réformation du cahier des charges, peut-elle être opposée comme fin de non-recevoir à l'appel?*

Cette exécution, qui consiste dans la publication et dans la lecture du cahier des charges, étant un fait du juge et non de la partie, qui ne peut en empêcher l'accomplissement, ne saurait être contre l'appel de celle-ci une fin de non-recevoir, ainsi que l'a jugé la Cour d'Orléans, le 26 mai 1809 (*J. Av.*, t. 20, p. 195), et que l'enseigne M. Chauveau, avec MM. Persil fils, *Comm.*, p. 168, n. 192, Dalloz, n. 863, et Bioche, v° *Saisie immob.*, n. 379.

873. (Q. 2351). *Au jour indiqué pour la publication du cahier des charges, la partie saisie ou les créanciers inscrits peuvent-ils constituer avoué à l'audience et demander communication de toute la procédure?*

La loi n'ayant déterminé aucune forme dans laquelle les intéressés soient tenus de faire constituer un avoué, ni aucune époque à laquelle il leur soit interdit de le faire. M. Chauveau pense qu'il ont le droit de se rendre parties dans la procédure en tout état de cause, et de la manière qui leur convient le mieux; mais toujours, bien entendu, à leurs risques et périls, et sans qu'ils puissent ni retarder la marche des poursuites, ni proposer des moyens dont la présentation est déclarée non recevable après l'expiration d'un délai déterminé.

§ 2. — Publicité de la vente.

874. (Q. 2351 bis). *Comment doivent être comptés les délais de vingt jours et de quarante jours avant la publication prescrite par l'art. 696 pour l'insertion dans un journal?*

Après avoir renvoyé à la solution donnée par lui sous la quest. 2313 (*sup.*, n. 644 et s.), M. Chauveau ajoute que ces délais ne sont pas francs. M. Dalloz, n. 867 et 886, interprète les expressions de la loi en ce sens que le délai de quarante jours est franc et que celui de vingt jours ne l'est pas.

875. (Q. 2351 ter). *L'extrait en forme de placard, destiné à être affiché ou inséré, est-il un acte judiciaire qui ne puisse être rédigé sans contravention par l'avoué, sur un papier timbré ayant déjà servi à un autre usage?*

L'affirmative, qui a été consacrée par le tribunal civil d'Epernay, le 12 août 1853 (*J. Av.*, t. 79, p. 536), paraît évidente à M. Chauveau.

876. (Q. 2351 quater). *L'insertion dans le journal est-elle valablement faite un dimanche?*

M. Chauveau n'y voit aucune difficulté, et signale, d'ailleurs, les analogies que présentent les art. 617, 632, 945. — Il fait remarquer que si l'art. 1037, prohibe toute signification et exécution les jours de fête légale, si ce n'est en vertu de permission du juge, d'une part, l'acte fait au mépris de cette prohibition n'est pas nul, et, d'autre part, la loi n'a entendu interdire que les actes de juridiction contentieuse et les actes d'exécution forcée; or, l'acte de publication ne rentre dans aucune de ces catégories. Enfin, l'auteur ajoute qu'il est de l'essence de cette publication d'intervenir au moment où elle est rendue naturellement plus efficaec par les loisirs des jours de fête.

877. (Q. 2351 quinquies). *La copie de la matrice du rôle est-elle un des éléments de la désignation des immeubles saisis, en sorte qu'elle doive figurer littéralement dans l'insertion et les affiches?*

M. Chauveau adopte l'affirmative, en donnant pour motif de cette solution que la copie de la matrice du rôle complète la désignation des immeubles; qu'il résulte de l'exposé des motifs que le législateur a exigé dans le procès-verbal cette copie, pour procurer une énonciation plus exacte et plus complète des objets saisis et donner aux propriétaires voisins un moyen d'empêcher que leurs biens ne soient englobés dans la saisie; que si cette copie n'est pas reproduite dans le journal et les affiches, les tiers ne seront pas mis en demeure de former une demande en distraction; qu'enfin, l'induction tirée de ce que l'art. 675 comprend dans des numéros différents l'indication des biens saisis et la copie de la matrice du rôle, ne peut pas l'emporter sur les motifs de la loi. Il ajoute que l'obligation de comprendre cette copie dans l'insertion lui a toujours paru résulter invinciblement des termes du n° 3 de l'art. 696. MM. Grosse et Rameau, t. 1, p. 97, n. 72, expriment le même avis, tout en remarquant que la pratique est généralement contraire.

878. (Q. 2351 sexies). *Que doit contenir l'insertion pour être régulière? Quelle est l'influence de l'omission de l'avertissement spécial adressé aux créanciers à hypothèques légales?*

La jurisprudence, ainsi que le remarque M. Chauveau, offre peu de solutions en cette matière.—Il a été décidé que l'affiche prescrite par les art. 682, 696 et 699, n'est point nulle, soit parce qu'elle n'énonce pas, outre le nom, le prénom du débiteur : Paris, 12 ventôse an XII (*J. Av.*, t. 20, p. 26), soit parce qu'elle contient la date du jour où la saisie a été commencée, sans faire mention des jours pendant lesquels elle a été continuée : Metz, 14 nov. 1823 (*J. Av.*, t. 25, p. 352) ; — qu'il n'y a pas de nullité de la procédure de saisie, quoique l'ordre numérique du procès-verbal ait été interverti par erreur typographique dans le journal, surtout si cette erreur a été rectifiée dans les placards : Bordeaux, 20 déc. 1833 (t. 52, p. 157) ; — mais qu'il y aurait nullité, si la mise à prix n'était pas celle du cahier des charges : Bordeaux, 28 juin 1831 (D.P.31.2.170). Conf., Seligman et Pont, p. 173, n. 48 ; Dalloz, n. 894.

879. Sur le point de savoir si l'absence de l'avertissement spécial, quant à la purge des hypothèques légales, entraîne une nullité qui puisse être invoquée par toutes les parties, MM. Ollivier et Mourlon, p. 376 et 377, n. 184 et 185, se bornent à dire que l'insertion de l'avertissement est prescrite comme complément de la sommation en ce qui concerne les créanciers déjà interpellés ; qu'elle supplée à cette sommation pour ceux qui n'ont pas dû la recevoir ; et que la purge n'est pas faite à l'égard des créanciers qui ont pu souffrir de l'omission de l'avertissement. Et M. Duvergier, t. 58, p. 147, note 1, fait simplement remarquer que, « puisque les hypothèques légales doivent être purgées par le jugement d'adjudication, il est nécessaire de dire expressément aux créanciers à qui ces hypothèques appartiennent, qu'ils doivent prendre inscription, et de le leur dire dans l'extrait publié par la voie du journal. » Quant à M. Chauveau, il estime que la nullité provenant de l'omission de l'avertissement peut être invoquée par le saisi et par tous les créanciers. Le doute ne pourrait exister que vis-à-vis des créanciers inscrits dans l'intérêt desquels l'avertissement n'a pas été directement introduit dans la loi. Mais ces créanciers, eux-mêmes, ont un intérêt évident à ce que la procédure soit régulière et à ce que, à un moment donné avant l'adjudication, des créanciers à hypothèque légale ne fassent pas prononcer cette nullité qui retardera l'expropriation du saisi, et surtout à ce que, la nullité n'ayant pas été proposée en temps utile (Cod. proc., 729), l'adjudicataire ne soit pas obligé de suivre les formalités ordinaires de purge (Cod. civ. 2164), ce qui nécessiterait l'ajournement de l'ordre.

880. (Q. 2351 septies). *L'avertissement spécial pour les créanciers à hypothèque légale doit-il être renouvelé dans les insertions que prescrivent les art.* 704, 709, 735 *et* 741, *Cod. proc. civ.?*

MM. Ollivier et Mourlon, p. 380, n. 189, fondent la négative sur le motif qu'une fois interpellés, les créanciers doivent se tenir au courant des phases de la procédure, et la suivre dans son développement jusqu'à sa conclusion ; et qu'il n'y a pas plus lieu, dans les cas dont il s'agit, de renouveler l'avertissement spécial que les sommations. Sans aller jusqu'à prétendre que l'omission du renouvellement de l'avertissement spécial puisse entraîner la nullité des poursuites, M. Chauveau pense qu'il est conforme à l'esprit de la loi que, tant que la purge n'a pas été opérée par la transcription de l'adjudication, l'avertissement soit compris dans les insertions diverses. Compar. son *Formulaire de procédure*, 2e édit., t. 2, p. 86, note 1 *bis*, et p. 125, note 1.

881. (Q. 2352). *Que doit-on faire si un journal continuant à paraître cesse, dans le cours de la saisie, d'être choisi comme journal d'annonces judiciaires ?*

Cette question fut soulevée, en 1841, à la Chambre des pairs, et le rapporteur déclara qu'il était évident que, dans ce cas tout à fait exceptionnel, les annonces ultérieures ne pourraient être faites que dans l'une des feuilles spécialement autorisées à cet effet. — M. Chauveau, dans son travail de 1862, sous le présent numéro, disait partager ce sentiment, à l'appui duquel il invoquait la circulaire du 2 mai 1859, et qu'avaient adopté aussi MM. Ollivier et Mourlon, p. 382, n. 191; Seligman et Pont, p. 172, n. 43; Dalloz, n. 904; Grosse et Rameau, t. 1, p. 104.

882. La difficulté ne peut plus se présenter depuis le décret du 28 déc. 1870, qui permet aux parties d'insérer les annonces judiciaires dans l'un des journaux du département, à leur choix. Mais ce décret n'est pas sans doute le dernier mot de la législation sur ce point important. Si la proposition de loi sur les annonces judiciaires et légales qui a été présentée et discutée de 1871 à 1873 n'a pas abouti (V. *Journ. des Av.*, t. 96, p. 186 et 252; t. 97, p. 410 et 455; t. 98, p. 166, 429 et 467), il y a lieu d'espérer que ce projet d'une indispensable réforme sera repris et consacré par le législateur dans des termes satisfaisants.

883. (Q. 2953). *Comment doit-on procéder si un journal désigné pour les insertions cesse de paraître?*

Dans son travail de 1862, M. Chauveau rappelait que, sous l'empire de la loi de 1841, il avait combattu l'opinion de ceux qui voulaient que, dans le cas dont il s'agit, le président du tribunal, sur une requête présentée par l'avoué du poursuivant, désignât un autre journal pour recevoir l'insertion; et qu'il avait, quant à lui, exprimé l'avis que si le délai était près d'expirer, le poursuivant pourrait faire son insertion dans un des journaux existants, quoique non autorisés. — Il ajoutait que depuis le décret de 1852, il était encore bien plus manifeste que le président du tribunal n'avait pas qualité pour désigner le journal où les insertions devraient être faites. Sans doute, observait-il, si le journal désigné cesse de paraître, le préfet s'empressera d'en désigner un autre; mais il pourra s'écouler un intervalle entre la cessation du journal, d'abord désigné, et la désignation nouvelle, pendant lequel il faudra nécessairement agir; et le poursuivant ne pourra pas être recherché, s'il a recours au journal le plus répandu de l'arrondissement, ou à défaut, du département. M. Dalloz, n. 905, a aussi exprimé cet avis.

884. Aujourd'hui, la question ne saurait s'agiter dans les mêmes termes (V. ci-dessus, n. 882). — Mais, en présence de la disposition du décret du 28 déc. 1870, inspirée par le paragraphe final de l'art. 696, et d'après laquelle toutes les annonces judiciaires relatives à une même procédure de vente doivent être insérées dans le même journal, on peut se demander quel parti il faudrait prendre si le journal dans lequel on avait commencé à faire des insertions venait à cesser de paraître pendant le cours de la procédure. Il nous semble que l'hésitation n'est pas possible. La disposition précitée étant alors inapplicable par la force même des choses, le poursuivant ne commettrait sans doute aucune irrégularité en remettant à un autre journal du département les insertions qui resteraient à faire.

885. (Q. 2354). *La désignation une fois faite par le préfet, peut-elle être retirée avant l'expiration de l'année?*

M. Dalloz, écrivant sous l'empire du décret de 1852, déclarait, n. 906, que cette difficulté, qui s'était élevée sous la législation précédente, ne pouvait plus se présenter, parce que le décret précité ne fixait ni l'époque à laquelle le préfet devrait désigner les journaux, ni la durée de cette désignation. M. Chauveau, en 1862, faisait remarquer que c'était là une erreur évidente, le décret portant très expressément que la désignation serait annuelle. Et il ajoutait qu'il ne lui paraissait pas douteux que la désignation une fois faite devra nécessairement être maintenue pendant une année.

886. Le décret du 28 déc. 1870 a fait perdre tout intérêt à cette question (V. *suprà*, n. 882).

887. (Q. 2354 bis). 1° *Les annonces judiciaires doivent-elles être insérées dans le journal de l'arrondissement ? 2° L'arrêté préfectoral qui désigne le journal du chef-lieu du département est-il illégal? 3° Les tribunaux civils ont-ils compétence pour apprécier la légalité de cet arrêté ?*

M. Chauveau, dans son travail de 1862, consacrait de longs développements à ces questions qu'il résolvait toutes les trois négativement, et qu'il n'y a plus lieu de discuter depuis le décret du 28 déc. 1870 (V. *suprà*, n. 882).

888. (Q. 2354 ter). *L'imprimeur a-t-il le droit de compter comme lignes entières pour le coût de l'insertion les lignes qui terminent les alinéa quand elles ne sont pas pleines?*

M. Chauveau regarde comme évidente la solution affirmative, à l'appui de laquelle il reproduit un avis du directeur de l'Imprimerie nationale qui, après avoir constaté qu'il est d'usage de payer au compositeur les lignes incomplètes comme les lignes pleines, attendu que si les lignes qui terminent les alinéas, et même les lignes de titres et les blancs de ces titres, ne se composent pas entièrement de caractère proprement dits, elles se forment ou se se complètent de matériaux plus ou moins divisés qui, sans être apparents sur l'impression, n'en existent pas moins dans le corps de la composition et tiennent la même place que des lignes pleines, déclare qu' « on ne saurait, sans injustice, contester à l'imprimeur une main-d'œuvre qu'il a réellement payée à ses ouvriers. »

889. (Q. 2355). *S'il y avait eu erreur dans la première insertion, pourrait-on la réparer par une simple rectification dans un numéro subséquent, ou faudrait-il renouveler l'insertion complète?*

M. Chauveau adopte, avec M. Persil fils, *Comm.*, p. 174, n. 195, l'affirmative sur le premier terme de cette question. Son opinion est déterminée, tant par la considération de l'économie de frais que par le motif qu'une insertion nouvelle n'offrirait pas plus de garantie de publicité que d'une rectification qui contiendrait un renvoi à l'insertion précédente. — Il observe d'ailleurs que, pour réparer la nullité de l'insertion, la rectification doit avoir lieu dans le délai qu'indique l'art. 696. V. dans le même sens, Amiens, 23 mai 1812; Cass., 12 janv. 1813; Grenoble, 3 sept. 1814 (*J. Av.*, t. 20, p. 360, 393 et 428); MM. Seligman et Pont, p. 173, n. 47; Dalloz, n. 896; Bioche, n. 402.

890. Notre auteur admet, avec un arrêt de la Cour de Toulouse, du 20 déc. 1827 (*J. Av.*, t. 34, p. 158), que l'insertion est régulière quand elle a lieu dans le délai de la loi, quoiqu'elle n'ait été faite que dans un supplément publié le lendemain du jour où a paru le numéro auquel il se rattache.

891. La circonstance que le journal, bien qu'existant depuis longtemps, n'aurait pas rempli toutes les formalités auxquelles sont astreints tous les journaux pour pourvoir paraître, lui paraît aussi ne pas empêcher l'insertion d'être valable, comme l'a également jugé la Cour de Toulouse, le 14 décembre 1829 (*J. Av.*, t. 39, p. 214).

892. Q. 2355 bis). *Dans la disposition de l'art.* 696 *portant que l'on devra insérer dans le même journal « toutes les annonces relatives à la même saisie, » comment doivent être entendues ces expressions?*

MM. Grosse et Rameau, t. 1, p. 103, n. 81, disent avec raison, selon M. Chauveau, que ces termes comprennent : 1° les annonces jusqu'à l'adjudication ; 2° les annonces par suite de surenchère ou de folle enchère, parce qu'elles ne constituent qu'une procédure complémentaire (Conf., M. Bioche,

n. 401) ; 3° les annonces de vente sur conversion, car la saisie ne cesse pas de subsister par la conversion ; mais que la purge des hypothèques légales faite suivant le droit commun, après une adjudication sur conversion constitue une procédure distincte qui ne rentre pas dans la prescription de l'art. 696, bien qu'il soit préférable, à cause des avantages attachés à la concentration de la publicité, que le même journal contienne toutes les insertions afférentes à la même vente.

Faudrait-il suivre encore cette dernière solution, si le poursuivant n'avait pas régulièrement rempli les formalités qui, aujourd'hui, sont concomitantes de la saisie, et si, par suite, il fallait, après l'adjudication, procéder d'après le droit commun à la purge des hypothèques légales? M. Chauveau adopte l'affirmative tout en conseillant, pour plus de régularité, d'employer le même journal.

893. Notre auteur fait remarquer au surplus que la prescription du dernier paragraphe de l'art. 696 ne s'applique pas aux annonces extraordinaires qui font l'objet de l'art. 697, comme l'observent aussi MM. Ollivier et Mourlon, p. 383, n. 193.

894. (CCCCCXVI ter). *Les frais de l'insertion extraordinaire prévue par l'art.* 697 *sont-ils privilégiés?*

Des expressions mêmes de l'art. 697, M. Chauveau infère que ces frais devront toujours être considérés comme privilégiés et mis à la charge de l'immeuble. Conf., M. Paignon, t. 1, p. 143, n. 79. Compar., toutefois ce dernier auteur, p. 179, n. 124.

895. (CCCCXCVI ter bis). *N'est-ce pas à l'art.* 696 *et non l'art.* 697, *que se réfère l'art.* 698 *pour la justification de l'insertion dans les journaux?*

M. Chauveau signale ici une irrégularité qui est passée inaperçue dans la discussion et le vote de la loi. L'art. 698 porte qu'il sera justifié de l'insertion aux journaux par un exemplaire de la feuille contenant l'extrait énoncé en *l'article précédent*. Or, l'article précédent s'occupe des annonces extraordinaires. Evidemment, dit notre auteur, il y a ici une erreur de rédaction, et cette erreur s'explique quand on sait que, dans le projet de loi présenté à la Chambre des pairs, l'art. 698 venait immédiatement après l'art. 696 et formait l'art. 697, et que la commission de la Chambre des pairs changea cet ordre et intercala l'art. 697, auparavant 701 du projet, entre l'art. 696 et l'art. 697, devenu l'art. 698. — Cette remarque est d'autant plus importante, ajoute-t-il, que l'art. 715 prescrit, à peine de nullité, l'extrait énoncé en l'art. 696, tandis qu'il laisse sans sanction la disposition sur les annonces judiciaires purement facultatives que peuvent faire le saisi et un créancier inscrit, et qui n'entraînent aucune responsabilité de la part du saisissant. — Cependant M. Rodière, t. 3, p. 124, pense que l'art. 698 s'appliquant aussi bien à l'art. 697 qu'à l'art. 696, l'art. 715 prescrit, *pour tous les cas*, son observation à peine de nullité.

896. (Q. 2356). *Le propriétaire ou rédacteur du journal pourrait-il signer l'extrait?*

Non, s'il n'était pas en même temps l'imprimeur de ce journal, dit Carré au texte. M. Chauveau trouve cela évident. Conf., MM. Dalloz, n. 914; Bioche, *Saisie immob.*

Notre auteur admet, du reste, que l'insertion peut être certifiée par un imprimeur non patenté, s'il est notoirement connu pour exercer cette profession, et si sa signature est légalisée à ce titre, comme l'a jugé la Cour de cassation le 5 oct. 1812 (*J. Av.*, t. 20, p. 382; S.-V., *Collect. nouv.*, 4.1.195). Voy. aussi dans le même sens, MM. Dalloz, n. 916, et Bioche, n. 403.

897. (Q. 2357). *Qui doit donner la légalisation?*

C'est le maire, répond M. Chauveau. Mais il est certain que la signature de l'adjoint remplacerait valablement celle du maire, et que la parenté qui existerait entre le maire ou l'adjoint et l'imprimeur ne vicierait pas la légalisation. C'est ce qu'ont jugé les Cours de Rennes, le 6 juin 1814 (*J. Av.*, t. 20, p. 420), et de Bastia, le 16 nov. 1822 (*J. Av.*, t. 24, p. 24). Conf., MM. Dalloz, n. 917; Bioche, v° *Saisie immob.*, n. 403, et Persil fils, *Comm.*, p. 178, n. 203 et 204.

898. (Q. 2357 bis). *Le certificat de l'imprimeur constatant l'insertion de l'annonce d'une vente judiciaire d'immeubles doit-il recevoir un timbre autre que celui du journal sur lequel il est apposé? — A quel droit d'enregistrement est-il soumis?*

Sur le premier point, M. Chauveau, dans son travail de 1862, mentionnait une décision ministérielle du 3 déc. 1811, de laquelle il résultait que la signature de l'imprimeur apposée sur l'exemplaire destiné à justifier de l'insertion, n'en changeant pas le caractère, cet exemplaire restait assujetti au timbre spécial des journaux.—Il rappelait ensuite que, sous l'empire du décret du gouvernement provisoire du 4 mars 1848, qui avait supprimé le timbre des journaux, cette exemption était applicable nonobstant la signature de l'imprimeur légalisée par le maire, parce que la nécessité de l'enregistrement n'entraîne pas celle du timbre, dès qu'il y a dispense formelle. Enfin, il faisait remarquer que la loi du 2 juin 1841, ayant eu pour principal objet de réduire les frais en matière de ventes judiciaires, il ne paraissait pas possible d'exiger un droit de timbre plus élevé que celui auquel les exemplaires dont il s'agit se trouvaient assujettis en vertu du décret du 17 févr. 1852; ce qu'avait d'ailleurs reconnu une déclaration du conseil d'administration de la régie du 16 mai 1848.

899. Le timbre des journaux ayant été aboli par le décret du 5 sept. 1870, il n'y a lieu de retenir des observations de M. Chauveau, que celle qui est relative à la portée du décret du 4 mars 1848, et qui doit aujourd'hui recevoir de nouveau son application.

900. En ce qui concerne l'enregistrement, M. Chauveau considère comme un acte judiciaire le certificat de l'imprimeur relatif aux annonces judiciaires, que ce certificat soit produit dans une vente poursuivie à la barre du tribunal, ou dans une vente renvoyée devant notaire, et il pense, dès lors, que ce certificat n'est passible que du droit fixe d'un franc, et que l'art. 8 de la loi du 18 mai 1850 ne lui est pas applicable.

901. (Q. 2357 ter). *Comment doivent être comptés les délais dont parle l'art.* 699?

M. Chauveau renvoie sur ce point à la solution qu'il a donnée sous la quest. 2313 (*suprà*, n. 651), et de laquelle il résulte que ces délais ne sont pas francs.

Adde conf., notre *Formul. annot.*, t. 2, p. 506, note 1.

902. (Q. 2358). *Comment l'original du placard se forme-t-il? Que doit contenir le placard?*

Carré, au texte, disait que si l'original du placard pouvait consister dans un exemplaire de ce placard au pied duquel l'avoué du poursuivant apposerait la date et sa signature, il lui paraissait cependant plus conforme au vœu de la loi que l'original fût manuscrit. Mais M. Chauveau est d'avis qu'il résulte des termes de l'art. 699 actuel, qu'il n'y a plus lieu de s'occuper d'un *original de placard;* il y aura, dit-il, un original de l'extrait dont parle cet article, et cet original servira tant pour la publication dans les journaux que pour l'impression du placard. L'art. 11 de l'ordonnance du 10 oct. 1841 semble autoriser deux originaux : l'un pour les placards (§ 9, 6 fr.), l'autre pour l'extrait inséré (§ 3, 2 fr.) ; mais ce dernier n'est pas un original, c'est la copie sur papier libre de l'original du placard remis à l'imprimeur. M. Dalloz, n. 938, pense néanmoins qu'il faut deux originaux; M. Bioche, v° *Sais. imm.*, n. 409, partage, au contraire, l'avis de M. Chauveau.— Notre auteur ajoute qu'il est évident que l'extrait dont il s'agit ne doit pas être grossoyé.

903. Quant aux énonciations que doit contenir le placard, M. Chauveau, tout en renvoyant à ce qu'il a dit sous les quest. 2351 *sexies* et 2351 *septies*, (*suprà*, n. 878 et s.), ajoute ici que l'avertissement relatif à la purge des hypothèques légales doit se trouver dans les placards toutes les fois qu'il doit être contenu dans l'insertion. V. son *Formul. de procéd.*, 2ᵉ édit., t. 2, p. 52, 85 et 124, formules 595, 611 et 643, ainsi que MM. Grosse et Rameau, t. 1, p. 79; Ollivier et Mourlon, p. 379, n. 188. Puis il rappelle qu'il a été jugé qu'il ne peut résulter aucun moyen de nullité de ce que les affiches contiennent plus d'immeubles que l'on n'en met en vente : Grenoble, 14 juill. 1812 (*J. Av.*, t. 20, p. 372) ; mais que la saisie est nulle lorsque les placards n'indiquent pas le véritable jour de l'adjudication : Besançon, 31 janv. 1817 (t. 20, p. 470) ; encore bien que cette erreur n'ait été commise ni dans le journal ni dans les notifications faites au saisi et aux créanciers : Bourges, 30 mars 1808 (*J. Av.*, t. 20, p. 136); qu'ainsi, lorsque la partie saisie rapporte des exemplaires de placards contenant une indication fautive du jour de l'adjudication, il y a lieu, sur la dénégation du poursuivant, d'ordonner la preuve que ces placards ont été affichés : Riom, 28 fév. 1818 (t. 20, p. 513); que néanmoins la fausse indication du jour de l'adjudication dans quelques affiches ne rend pas nulle l'adjudication, lorsque les affiches placardées contiennent la véritable indication : Paris, 4 juin 1807 (t. 20, p. 105). — V. aussi sur ces divers points, M. Dalloz, n. 926 et suiv.

904. (Q. 2359). *Les placards de la saisie immobilière doivent-ils, à peine de nullité, non seulement être imprimés, mais encore l'être sur papier du timbre de dimension ?* Quid *du procès-verbal d'apposition ?*

Carré, au texte, admet que l'emploi du timbre de dimension n'est pas exigé à peine de nullité; mais il enseigne que le placard, au contraire, serait nul s'il n'était pas imprimé ; en ajoutant toutefois qu'on ne pourrait pousser la rigueur jusqu'à annuler celui qui présenterait quelques mots écrits à la main qui auraient été omis, ou qu'il aurait fallu changer ou rectifier dans l'imprimé.

905. M. Chauveau remarque ici que deux arrêts, l'un de la Cour de Rennes du 5 déc. 1812, l'autre de la Cour de Bordeaux du 31 janv. 1832 (*J. Av.*, t. 20, p. 386 et t. 43, p. 588), ont jugé qu'une simple addition manuscrite ne suffisait pas pour que la nullité pût être demandée. V. aussi en ce sens, MM. Lachaize, t. 1, p. 316, n. 280; Thomine-Desmazures, t. 2, p. 220; Bioche, v° *Sais. imm.*, n. 420, et Dalloz, *Vente publ. d'imm.*, n. 943. Mais notre auteur pense, comme Carré, qu'à part cette réserve, il y aurait nullité si le placard n'était pas imprimé.

906. En ce qui concerne le papier d'affiche, il fait remarquer que, dans la pratique, c'est toujours le timbre de dimension qui est appliqué ; et il mentionne en ce sens une instruction de la régie du 29 juin 1842, n° 1667 (*J. Av.*, t. 63, p. 630), qui maintient néanmoins que les exemplaires de placards, en sus du nombre légal, destinés à donner à la vente une plus grande publicité, ne sont sujets qu'au timbre spécial des affiches.

906 *bis*. Les rédacteurs du *Journal de l'enregistr. et des domaines* (1852, art. 15,335), se sont demandé si les exemplaires de placards sur lesquels doivent être rédigés les procès-verbaux constatant qu'ils ont été affichés, peuvent être imprimés, sans contravention, sur papier non timbré, sauf à les faire timbrer, à l'extraordinaire, du timbre de dimension, avant la rédaction du procès-verbal, et ils ont adopté la négative. M. Chauveau regarde cette opinion comme incontestable.

907. Si l'huissier chargé d'apposer les placards omet de mentionner dans le coût du procès-verbal d'apposition le timbre de ces placards, commet-il une contravention qui le rende passible d'amende ? Les rédacteurs du *Journal des Huissiers* (1857, p. 294) ont donné à cette question la solution suivante, à laquelle M. Chauveau déclare ne pouvoir qu'adhérer :

« C'est, dans la pratique, l'avoué poursuivant qui fait timbrer les placards à apposer, comme aussi c'est lui qui soumet à l'enregistrement l'original de l'extrait qui sert à la composition de ces placards. L'huissier chargé de les apposer n'est tenu que de faire enregistrer le procès-verbal d'apposition, qu'il rédige au bas de l'un des exemplaires des placards. De là est venu, sans doute, l'usage généralement suivi de ne pas mentionner le timbre des placards apposés dans le détail du coût du procès-verbal d'apposition ; et les huissiers ont dû d'autant plus se croire autorisés à ne pas faire cette mention que, dans les formulaires et les commentaires qui ont donné le décompte du coût du procès-verbal d'apposition de placards en matière de ventes judiciaires d'immeubles, le timbre de ces placards n'est pas énoncé. Cependant, l'administration de l'enregistrement a récemment relevé contre plusieurs huissiers diverses contraventions résultant de l'omission, dans le détail du coût du procès-verbal, du timbre des placards apposés, et réclamé d'eux le paiement d'une amende à raison de ces contraventions. Cette prétention est-elle fondée ? Il nous paraît difficile de ne pas considérer comme faisant partie des frais intrinsèques au procès-verbal le timbre des placards dont il a précisément pour objet de constater l'apposition. Vainement, à notre avis, on objecte que le fait de faire timbrer les placards n'est pas une formalité remplie par l'huissier chargé de les faire apposer. L'administration ne peut-elle pas répondre, en effet, qu'il en est de ce cas comme de celui où il s'agit de copies de pièces, préparées et certifiées par l'avoué, auquel appartient l'émolument afférent à ces copies ? Or, l'huissier qui les signifie n'en doit pas moins mentionner, dans le coût de l'exploit de signification, le timbre employé pour ces copies de pièces et l'émolument qui y est attaché. Seulement, en matière d'apposition de placard, il suffit que le coût soit détaillé au bas du procès-verbal, sans que le détail en soit reproduit sur chaque placard apposé, comme il est nécessaire de le reproduire sur chaque copie remise, quand il s'agit d'un exploit ordinaire. A cet égard, nous ferons remarquer que nous croyons que c'est encore en vain qu'on soutient que la formalité de la mention du timbre n'est exigée que dans les exploits ordinaires ; car l'art. 18 du décret du 14 juin 1813, qui règle la manière dont la mention du coût doit être faite, se sert du mot *acte*, expression qui est évidemment plus générale que le mot *exploit*, et qui, selon nous, embrasse tous les actes, quels qu'ils soient, du ministère des huissiers. D'ailleurs, le procès-verbal d'apposition de placards n'est-il pas écrit au bas d'un des exemplaires des placards, comme l'original et les copies de l'exploit de signification de copies de pièces sur la même feuille de timbre ? Pourquoi, dès lors, l'huissier serait-il affranchi de mentionner le timbre des placards dans le procès-verbal d'apposition, quand il est tenu de faire mention du timbre des copies de pièces préparées par l'avoué ? Il n'y a, ce nous semble, aucune différence à faire. »

908. (Q. 2359 bis). *Les huissiers doivent-ils, préalablement à l'apposition des placards, en matière de saisie immobilière ou de vente judiciaire d'immeubles, soumettre l'original à la formalité de l'enregistrement ?*

L'affirmative résulte d'un jugement du tribunal civil d'Avesnes, en date du 19 mars 1856 (*J. Av.*, t. 81, p. 456), qu'approuve M. Chauveau ; tandis que cette décision a été critiquée par les rédacteurs du *Contrôleur de l'enregistrement* dans les termes ci-après :

« Le système sur lequel devait se fonder l'huissier pour soutenir que l'affiche n'avait pas besoin d'être enregistrée avant d'être apposée, n'a pas été présenté devant le tribunal, dont l'attention ne s'est portée que sur la question de savoir si l'affiche est un extrait d'acte ou un placard, ce qui était indifférent. Oui, l'affiche est un placard qui est rédigé par un huissier, un avoué ou un notaire; mais ce placard n'est pas un acte que l'on soit tenu de faire enregistrer, ce n'est pas un acte dont on fasse usage dans le sens des art. 23 ou 41 de la loi de frimaire en l'apposant sur le mur; il ne devient acte que par le procès-verbal d'apposition, et ce procès-verbal seul est sujet à l'enregistrement. L'apposition de l'affiche n'est rien par elle-même, tant qu'elle n'est pas constatée; elle donne lieu à un droit de timbre parce qu'elle y est soumise par une disposition spéciale, mais elle ne constitue pas un acte : c'est un fait qu'un acte doit constater pour qu'il serve dans la procédure à laquelle il se rattache. Nous croyons que non seulement l'affiche n'a pas besoin d'être enregistrée avant d'être apposée, mais que même elle n'a pas besoin d'être enregistrée avant que l'huissier rédige son procès-verbal. Le procès-verbal d'apposition n'est pas autre chose que l'apposition même. L'huissier écrit sur le papier ce qu'il a fait; le fait doit nécessairement précéder sa constatation. L'affiche est une notification au public, et dans tout exploit de notification la remise de la copie au notifié précède toujours l'enregistrement de l'original; l'affiche n'est pas plus sujette à l'enregistrement que la copie de l'exploit. L'art. 41 de la loi du 22 frimaire an VII, que le tribunal d'Avesnes a entendu appliquer, dit formellement que sa prohibition ne doit pas être appliquée aux exploits et aux autres actes de cette nature qui se signifient à parties ou par affiches et procurations. Les exploits et procès-verbaux d'apposition d'affiches peuvent donc être faits sans que la copie signifiée ou l'affiche soient enregistrées. »

909. Depuis, et à la date du 31 août 1870 (*J. Av.*, t. 97, p. 63), le tribunal d'Avesnes a lui-même jugé, d'une manière plus exacte, selon nous, que si les placards annonçant une vente publique d'immeubles doivent être considérés comme faits en conséquence du cahier des charges, ils n'en peuvent pas moins être faits avant l'enregistrement de ce cahier, parce qu'ils rentrent dans la catégorie des actes qui se signifient par affiche, et jouissent dès lors de l'immunité établie par le § 2 de l'art. 41 de la loi du 22 frimaire an VII.

910. (Q. 2360). *A quel domicile le poursuivant doit-il faire apposer les placards dans les cas où l'art.* 699 *parle du domicile du saisi ?*

M. Paignon, t. 1, p. 148, n. 85, enseigne que l'apposition doit être faite au domicile réel qui se trouve indiqué dans le titre; que si le poursuivant ne pouvait trouver ce domicile, il lui suffirait de faire afficher à la demeure que porte le contrat; et que si la partie saisie n'avait pas de domicile, mais simplement une résidence, ou qu'elle exerçât des fonctions qui, par leur nature, n'assignent ni domicile ni résidence fixes, l'affiche pourrait être apposée à l'endroit où est le siège de sa résidence actuelle, et, si elle n'était pas connue, au lieu de sa dernière résidence.

911. Ces explications, empruntées au rapport présenté à la Chambre des pairs par M. Persil, ne satisfont point M. Chauveau. Il peut arriver, dit-il, 1° que, dans l'acte d'emprunt, il n'y ait pas de déclaration de domicile réel, mais seulement d'un domicile passager ou simple résidence, à raison même de fonctions amovibles; 2° que le débiteur soit mort et que son héritier n'ait jamais habité la même ville que lui; 3° que le créancier ait contracté plusieurs fois avec le même débiteur, et ait reçu l'indication d'un nouveau domicile qui sera ignoré de l'avoué et de l'huissier du poursuivant; 4° que, dans plusieurs des contrats qui ont donné lieu à la poursuite, différents domiciles aient été indiqués; 5° que le titre en vertu duquel se fait la poursuite soit un jugement dans lequel le domicile du débiteur n'ait pas pu être indiqué; 6° enfin, que le véritable domicile ait été officiellement reconnu par le poursuivant lui-même, la veille du jour où des affiches seront apposées à un ancien domicile abandonné depuis vingt ans. Dans ces divers cas, et dans beaucoup d'autres semblables, les tribunaux annuleraient les appositions faites à un prétendu domicile choisi au hasard. En suivant la doctrine qui semblerait résulter des expressions qu'a employées le rapporteur, il n'y aurait que doute et incertitude pour les officiers ministériels. Quand la loi parle du domicile du saisi, c'est le domicile réel qu'elle entend désigner. Il faut donc appliquer ici les règles qui ont été tracées pour la remise d'un exploit, lorsqu'il peut s'élever de l'indécision sur la véritable situation du domicile. Voy. *Ajournement*, n. 327 et s. Pour le cas où le saisi n'a point de domicile, pour ceux où il n'a ni domicile ni résidence connus, où il est domicilié à l'étranger, etc., on doit suivre les règles tracées pour la remise des exploits ordinaires dans des cas semblables (V. *Exploit*, n. 166 et s.).—Consult. dans le sens de cette doctrine, MM. Lachaize, t. 1, p. 318 et suiv., n. 283, 284 et 285; Jacob, p. 388; Colmet-Daage, t. 2, p. 345, n. 950; notre *Formul. annot.*, p. 656, note 3, n. 1. V. également M. Dalloz, p. 652, qui admet néanmoins, n. 954 que l'inobservation des formalités prescrites pour la remise des exploits n'entraînerait pas nullité.—M. Bioche, v° *Saisie immob.*, n. 315, est de l'avis de M. Paignon.

912. La Cour d'Agen, par un arrêt du 25 août 1854 (*J. Av.*, t. 80, p. 101), s'est contentée, dans une espèce où aucun placard n'avait été apposé à la porte du domicile du saisi, qui, en outre, n'avait pas reçu la sommation prescrite par l'art. 691, de condamner le poursuivant à des dommages-intérêts au lieu de prononcer la nullité de l'adjudication, comme elle aurait pu le faire, puisque les formalités prescrites par les art. 691 et 699 sont au nombre de celles à l'inobservation desquelles l'art. 715 attache la peine de nullité.

912 *bis*. Lorsque la poursuite d'expropriation a lieu contre un tiers détenteur, il est partie saisie, et l'affiche doit, à peine de nullité, être apposée à la porte de son domicile : Colmar, 20 mars 1807 (*J. Av.*, t. 20, p. 99); notre *Formul. annot.*, *loc. cit.*, n. 3.

913. (Q. 2361). *Si le logement du saisi n'a pas de porte extérieure, où faut-il apposer le placard?*

L'apposition doit évidemment être faite, selon l'observation de M. Chauveau, à la porte extérieure du bâtiment où le saisi a son domicile. Car de quelle importance serait une apposition faite à la porte intérieure donnant sur une cour fermée au public? Conf., Cass., 10 juill. 1817 (*J. Av.*, t. 20, p. 502); MM. Favard de Langlade, t. 5, p. 52, n. 2; Persil fils. *Comm.*, p. 181, n. 208; Dalloz, n. 955; Bioche, *Saisie immob.*, n. 413; notre *Formul.*, *ibid.*, n. 2.

914. M. Chauveau admet aussi, avec MM. Lachaize, t. 1, n. 282, et Dalloz, n. 956, que, s'il y avait plusieurs portes d'entrée pour arriver au domicile du saisi, il suffirait, pour atteindre le but de la loi, que le placard fût apposé à l'une de ces portes, sans distinguer celle par où l'on passe le plus fréquemment. Cette solution lui paraît découler de la différence de rédaction qui existe entre le premier et le second paragraphe de l'article, l'un disant *à la porte du domicile du saisi*, et l'autre *à la porte* PRINCIPALE *des édifices saisis*.

915. Lorsque l'affiche a été apposée à l'extérieur du principal édifice d'un domaine ou d'une ferme, il n'est pas nécessaire de l'apposer également sur les petits édifices qui en dépendent : Cass., 6 fruct. an XI (*J. Av.*, t. 20, p. 19) ; notre *Formul. annot.*, *ubi suprà*, n. 4.

916. Enfin, M. Chauveau pense, comme M. Lachaize, *loc. cit.*, qu'il ne faut pas prendre tellement à la lettre ces expressions de la loi, *à la porte du domicile du saisi*, qu'on puisse tirer un moyen de nullité de ce que le placard aurait été apposé sur tout autre endroit apparent, pourvu que les regards soient frappés de ce placard en entrant dans ce domicile.

917. (Q. 2363 A). *Quelle est la place d'une commune qui peut être qualifiée de* principale *dans le sens de l'art.* 699 ?

Carré et M. Chauveau estimait que, s'il y a d'anciens usages, il faudra s'y conformer ; mais qu'à défaut d'usage constant, on considérera nécessairement comme place principale celle à laquelle aboutit le plus grand nombre de rues, où se trouvent les principaux édifices destinés aux autorités administratives et judiciaires ; celle, en un mot, où l'on supposera que la circulation est le plus considérable. V. aussi notre *Formul. annoté*, p. 657, n. 5.

918. (Q. 2362). *Comment l'huissier pourra-t-il reconnaître qu'il y a ou qu'il n'y a pas dans telle commune un marché ?*

M. Chauveau pense qu'en parlant de *marché*, la loi a dû, pour éviter toute équivoque et surtout tout incident, ne s'occuper que des marchés établis par des actes administratifs, comme l'enseignent MM. Persil fils, *Comm.*, p. 183, n. 213, et Lachaize, t. 1, p. 325, n. 291. Voy. aussi conf., notre *Formul. annot.*, p. 657, n. 7. M. Dalloz, n. 965, est au contraire d'avis que le fait doit l'emporter ici sur le droit.

919. Il ne suffirait pas, selon notre auteur, qu'à certaines époques fixes des ventes de denrées et marchandises eussent lieu dans une commune, pour qu'elle fût réputée avoir un marché, bien que la Cour de cassation ait jugé le contraire, le 6 avril 1824 (*J. Av.*, t. 26, p, 207); M. Bioche, v° *Saisie immob.*, n. 421, partage son sentiment.

920. D'après ce qui précède. M. Chauveau n'hésite pas à approuver un arrêt de la Cour de Toulouse, du 12 avril 1825, qui a décidé, sur le moyen tiré de ce qu'un marché n'était plus fréquenté, « *qu'il n'y a pas nullité toutes les fois que l'huissier s'est conformé, pour les affiches, à l'indication qui lui était tracée par l'autorité administrative.* »

921. Il résulte de cette décision que les placards annonçant la vente d'immeubles saisis doivent être affichés dans les lieux où des marchés ont été reconnus par l'autorité administrative, encore bien que, de fait, il ne s'y tiendrait plus de marchés ; et cette interprétation paraît être approuvée par MM. Dalloz, n. 966, et Bioche, *loc. cit.* Elle se fonde sur ce que la loi n'exigeant point que l'huissier se transporte dans les communes les jours de marché, ni qu'il apprécie par lui-même la plus ou moins grande affluence de personnes qui peuvent s'y rendre, cet officier ministériel est obligé d'afficher dans le lieu qui lui est indiqué par l'autorité, sans quoi l'on tomberait dans l'arbitraire. — Il ne semblerait pas, en effet, sans danger de laisser l'huissier juge du point de savoir si un marché légalement établi existe ou non de fait. Dans le doute, à cet égard, il convient qu'il s'adresse à l'autorité administrative, c'est-à-dire au maire, au sous-préfet ou au préfet, ainsi que le conseille M. Chauveau.

922. (Q. 2363 B). *Quel est le* principal *marché auquel doit se faire l'apposition du placard ?*

D'après Carré, au texte, dont l'opinion est adoptée par M. Chauveau, il faut consulter à cet égard les anciens usages, et, s'il n'en existe pas, considérer comme marché principal celui qui est le plus fréquenté. Voy. également

MM. Lachaize, t. 1, p. 320, n. 286; Bioche, n. 418; notre *Formul. annot.*, *loc. cit.*

923. Il a été jugé que, lorsque les biens sont situés dans une section de commune, l'apposition des placards doit être faite seulement au principal marché de la ville dans laquelle est située la mairie : Montpellier, 14 janv. 1833 (*J. Av.*, t. 45, p. 546).

924. (Q. 2364). *Les placards doivent-ils être apposés au lieu principal du marché de chacune des trois communes désignées en l'art.* 699, *ou ne doivent-ils l'être au contraire qu'au lieu du principal marché de ces trois communes réunies?*

La loi ancienne disait *au principal marché desdites communes;* la loi nouvelle s'exprime, au contraire, en ces termes : *Au lieu où se tient le principal marché de chacune de ces communes.* Et M. Pascalis, en 1838, p. 36, note 2, a expliqué que l'insertion de ces mots CHACUNE *de ces communes* a eu pour but de prévenir une équivoque, qui consisterait à prétendre que l'affiche au marché principal entre ceux des trois communes suffirait. Il est donc certain, comme l'observe M. Chauveau, que l'apposition doit avoir lieu au marché principal de chaque commune. C'est aussi l'avis de MM. Favard de Langlade, t. 5, p. 53, n. 4, Thomine-Desmazures, t. 2, p. 220; Dalloz, v° *Vente publ. d'immeubles*, n. 961. V. aussi en ce sens, notre *Formul. annot.*, p. 657, n. 6.

925. (Q. 2365). *Qu'est-ce que l'art.* 699, n° 5, *entend par ces mots « lorsqu'il n'y en a pas, au lieu où se tient le principal marché de chacune des deux communes les plus voisines »?*

Carré, au texte, observe que, si l'on voulait s'en tenir à la rigueur de la construction grammaticale, on déciderait que la loi a voulu dire : *lorsqu'il n'y a pas de marché principal*, etc. ; mais qu'il est plus rationnel de lire le paragraphe comme s'il y avait : *s'il n'y a aucun marché dans l'une desdites communes...*

Cette interprétation, qu'a consacrée la Cour de Poitiers, par arrêt du 9 juin 1809 (*J. Av.*, t. 20, p. 196), et qu'admettent MM. Lachaize, t. 1, p. 323, n. 289; Dalloz, n. 969; Bioche, n. 419, est adoptée aussi par M. Chauveau. V. également notre *Formul. annot.*, p. 657, n. 8.

926. C'est dans la commune la plus voisine où il existe un marché au moment de la saisie, et non dans celle où il a cessé d'exister à la même époque, que doivent être apposés les placards, lorsqu'il n'y a pas de marché dans les lieux spécifiés par la loi : Nîmes, 17 nov. 1819 (*J. Av.*, t. 20, p. 547).

927. (Q. 2366). *Quand il n'existe pas de marchés dans les communes où doivent être apposés les placards, la partie saisie peut-elle se faire un moyen de nullité de ce que les placards, au lieu d'avoir été apposés aux marchés les plus voisins, l'ont été en des lieux un peu plus éloignés, s'il a dû en résulter une publicité plus grande?*

Après avoir rappelé l'état de la question avant la loi de 1841, M. Chauveau dit qu'il eût été à désirer que la loi nouvelle tranchât par un mot la difficulté et fît cesser la controverse ; mais qu'on a probablement pensé que les termes de l'art. 699, dont la disposition est prescrite à peine de nullité, étaient trop précis pour qu'aucune expression pût y être ajoutée ; que, s'il en eût été autrement, on aurait accordé au poursuivant le droit de choisir les marchés les plus utiles, les plus populeux, les plus fréquentés; que ce qui démontre que telle n'a pas été la pensée du législateur, c'est qu'il a circonscrit le choix des communes les plus voisines dans l'arrondissement, ce que n'avait pas fait le Code de 1807; et qu'il n'est pas présumable qu'il ait préféré l'arbitraire à la certitude, lorsque M. Pascalis disait en 1838 : « L'essentiel,

« sur ces questions de détail, consiste à prendre un parti, afin de terminer « les controverses qui sont signalées par la jurisprudence, et à le prendre « conformément aux intérêts les plus généraux. » M. Chauveau pense donc qu'il faut faire les appositions dans les communes les plus voisines, quelle que soit l'importance des marchés les plus éloignés. C'est ce que la Cour de cassation a décidé, par arrêt du 8 mai 1838 (*J. Av.*, t. 55, p. 472), et ce qu'enseignent MM. Persil fils, *Comm.*, p. 182, n. 211; Dalloz, n. 970; Bioche, *Saisie immob.*, n. 420.

Adde conf., notre *Formul. annot.*, p. 657, n. 10.

928. (Q. 2367). *Est-il nécessaire, à peine de nullité, que les placards soient opposés un jour de marché et pendant la tenue du marché?*

La négative, que Carré avait soutenue au texte avant la loi de 1841, paraît surtout incontestable à M. Chauveau depuis cette loi, qui ne dit plus, comme l'ancienne, que l'apposition sera faite *au principal marché*, mais *au lieu où se tient le principal marché*. Notre auteur invoque d'ailleurs, en ce sens, l'explication suivante donnée, en 1838, par M. Pascalis : « Il ne peut qu'être « utile de résoudre la question. Nous proposons de le faire en ce sens que l'af« fiche devra être apposée au lieu où se tient le marché, et non le jour du « marché, parce que le placard étant apposé à la place du marché, n'aura « pas disparu quand viendra le moment du marché. Il y a d'ailleurs de grands, « de petits marchés revenant à des époques périodiques. On douterait quel « est le jour du marché légal, et il faut le moins possible prêter à l'esprit de « chicane. » — Voy. conf., MM. Favard de Langlade, t. 5, p. 52, n. 3; Lachaize, t. 1, p. 322, n. 288; Thomine Desmazures, t. 2, p. 221; Persil fils, *Comm.*, p. 182, n. 212; Dalloz, n. 974; Bioche, n. 417; notre *Formul. annot.*, *loc. cit.*, n. 11.

929. (Q. 2367 bis A). *L'apposition de placards terminée après l'heure légale est-elle nulle?*

La négative ne saurait être douteuse, répond M. Chauveau, puisque la prohibition portée dans l'art. 1037 n'est pas édictée à peine de nullité, et qu'elle n'a d'autre sanction qu'une amende encourue par l'officier ministériel (V. *Significations*, Q. 3426). Il y a lieu d'ailleurs de se demander, ajoute notre auteur, si cet article est bien applicable à la question posée, et si le fait de l'apposition d'un placard, constaté par un procès-verbal, lequel fait n'est pas, à coup sûr, une signification, rentre bien dans les actes d'exécution que la loi a eus en vue.

930. (Q. 2367 bis B). *Cette apposition peut-elle être faite un dimanche?*

Sur ce point, M. Chauveau se borne à renvoyer à la solution qu'il a donnée sous la quest. 2351 quater (*suprà*, n. 876), et qui est également applicable ici. — *Adde* conf., notre *Formul. annot.*, p. 657, n. 11.

931. (Q. 2368). *Est-il nécessaire que des placards soient affichés aux portes extérieures des tribunaux de commerce?*

Carré, au texte, enseigne l'affirmative, qu'il regarde comme conforme à l'esprit de la loi, qui a voulu, dit-il, donner une grande publicité à la saisie, afin de procurer un plus grand concours d'enchérisseurs, et qui, conséquemment, a ordonné l'affiche aux portes de tous les tribunaux, attendu que les audiences publiques attirent un grand nombre de citoyens. M. Chauveau admet cette opinion, que nous avons également admise dans notre *Formul. annot.*, t, 2, p. 657, n. 12. — Mais MM. Lachaize, t. 1, p. 325, n. 291 *bis*; Rodière, t. 3, p. 127; Dalloz, n. 978; Bioche, v° *Saisie immob.*, n. 422, se prononcent pour l'interprétation contraire.

932. (Q. 2369). *L'huissier commettrait-il une nullité, en détaillant les lieux où il aurait apposé des placards?*

La négative est adoptée au texte par Carré, qui ajoute que, malgré le silence de la loi à cet égard, l'huissier doit signer chaque exemplaire qu'il affiche, et il convient en outre qu'il rédige au pied un extrait de son procès-verbal d'apposition, avec indication sur chaque copie du lieu où l'affiche a été apposée. — M. Chauveau admet, de son côté, que le détail des lieux où le placard a été apposé n'est pas une cause de nullité; et cette opinion est aussi partagée par MM. Persil fils, *Comm.*, p. 185, n. 216; Dalloz, n. 984; Bioche, n. 425; et nous l'avons nous-même embrassée dans notre *Formul. annot.*, *loc. cit.*, n. 15. On avait même demandé, devant la Cour d'appel de Gand, la nullité d'une saisie, par le motif que les lieux n'étaient pas détaillés, mais cette nullité fut, avec raison, rejetée par arrêt du 31 déc. 1833 (*J. Av.*, t. 52, p. 137). — Compar., Lyon, 4 juin 1833, et Cass., 23 nov. 1836 (*J. Av.*, t. 45, p. 596, et t. 53, p. 626).

933. (Q. 2370). *L'apposition des placards peut-elle être faite par le même huissier dans tous les lieux désignés par la loi, encore qu'il n'ait pas droit d'instrumenter dans le territoire de certain d'entre eux?*

Carré, au texte, enseigne encore la négative. Il pourra donc arriver souvent, observe-t-il, qu'on soit obligé d'employer plusieurs huissiers, et alors chacun d'eux devra rédiger son procès-verbal et le faire viser. M. Chauveau se prononce dans le même sens, avec MM. Persil fils, p. 185, n. 217; Dalloz, n. 982, et Bioche, v° *Saisie imm.*, n. 427. — Voy. aussi conf., notre *Formul. annot.*, p. 657, n. 13.

934. Lorsqu'il est dressé, soit par un huissier, soit par plusieurs, différents procès-verbaux d'apposition, il suffit que chacun exprime que l'apposition a été faite dans tous les lieux désignés par la loi; il n'est pas nécessaire que sur chacun se trouve le visa de tous les maires, pourvu que, de leur réunion, il conste que tous les visa ont été donnés : Bordeaux, 19 nov. 1839 (*J. Av.*, t. 59, p. 716).

935. (Q. 2371). *Les appositions faites par différents huissiers seraient-elles régulières, si l'un d'eux avait droit d'instrumenter dans tous les lieux désignés par la loi?*

Au texte, Carré exprime l'opinion que ces procès-verbaux seraient valables; mais que, comme le saisissant, en employant ainsi plusieurs huissiers sans nécessité, aurait évidemment fait des frais frustratoires, on devrait rejeter de la taxe le coût des procès-verbaux dont on eût pu se dispenser. Tel est aussi l'avis de M. Bioche, n. 428, et de M. Chauveau. — Compar., l'arrêt de la Cour de Bordeaux du 19 nov. 1839, mentionné au numéro précédent.

936. (Q. 2372). *Le visa exigé par l'art.* 699 *peut-il être donné par l'adjoint, au lieu de l'être par le maire?*

Carré, au texte, admet l'affirmative, mais en ajoutant qu'il est prudent de de ne s'adresser à l'adjoint qu'en cas d'absence ou d'empêchement de l'administrateur principal que la loi désigne seul. Il fait d'ailleurs observer que, d'après un arrêt de la Cour de cassation du 25 fév. 1808 (S.-V.1.19.134), le procès-verbal d'apposition des placards peut être visé, en cas d'absence ou d'empêchement du maire, non seulement par l'adjoint, faisant les fonctions de maire par *intérim*, mais par chaque adjoint indistinctement, à moins cependant que l'un d'eux ne fût exclusivement chargé de cette attribution.

Quant à M. Chauveau, il regarde la question ci-dessus comme ne devant plus donner lieu à discussion, parce que, dans la loi nouvelle, le mot *maire* a été pris dans le sens de *membre* du corps municipal. V. aussi MM. Dalloz, n. 988 et suiv., Bioche, n. 430, et notre *Formul. annot.*, p. 658, note 5, n. 2.

937. (Q. 2373). *Le visa dont parle l'art.* 699 *serait-il valablement remplacé par un certificat du maire?*

M. Persil fils, *Comm.*, p. 185, n. 218, propose cet équipollent qu'avaient admis un arrêt de la Cour de Grenoble, du 19 juill. 1808 (*J. Av.*, t. 20, 157), et Pigeau, *Comm.*, t. 2, p. 301. Mais M. Chauveau ne le croit pas acceptable dans une matière où la loi a minutieusement tracé toutes les formes, pour ne rien laisser à l'arbitraire des parties. Telle est aussi l'opinion de MM. Dalloz, n. 994, et Bioche, n. 431, ainsi que celle que nous avons adoptée *loc. cit.*, n. 3.

938. Une circulaire du ministre des finances aux préfets, sous la date du 26 mai 1849, a eu pour objet d'appeler l'attention des maires sur l'accomplissement de la formalité du visa du placard annonçant la vente sur saisie immobilière. Elle les engage à s'assurer de l'apposition des placards aux endroits prescrits, et surtout à vérifier si les affiches ordinaires ont été soumises au timbre de dimension.

939. Consulté sur le point de savoir si le maire requis de donner son visa sur le procès-verbal d'apposition des placards annonçant une vente sur saisie immobilière, a le droit de refuser ce visa, par le motif que les placards n'ont pas été apposés, et de retenir le procès-verbal de l'huissier jusqu'à ce qu'il se soit assuré du fait de l'apposition, nous avons dit : Le visa exigé par l'art. 699, Cod. proc., ne nous paraît pas avoir seulement pour objet de constater la présence de l'huissier dans la commune où l'apposition des placards doit être faite. Il nous semble, au contraire, certain que la loi a prescrit ce visa comme moyen de contrôle de l'accomplissement d'une formalité à laquelle elle a attaché, avec juste raison, une grande importance. Nous en trouvons la preuve dans le texte même de la disposition finale de l'art. 699, qui porte que le procès-verbal à l'huissier « sera visé par le maire de chacune des communes dans lesquelles l'apposition aura été faite ». Il résulte bien de là, en effet, que le visa ne doit être donné qu'*après* que l'apposition des placards aura eu lieu ; tandis qu'il serait indifférent qu'il fût donné après ou avant l'apposition, s'il n'était destiné qu'à constater la présence de l'huissier dans la commune. C'est ainsi du reste que l'a compris l'administration, ainsi qu'on le voit par la circulaire du ministre des finances du 26 mai 1849 (mentionnée au numéro précédent).

940. De ces observations, il faut conclure, selon nous, que le maire requis de donner son visa sur le procès-verbal de l'huissier, a le droit de ne déférer à cette réquisition qu'après avoir vérifié le fait de l'affichage, sans qu'il soit d'ailleurs autorisé à *retenir* le procès-verbal jusqu'après cette vérification.

☞ **941.** (Q. 2374). *Doit-on laisser aux maires ou adjoints une copie du procès-verbal d'apposition? Doit-on le faire transcrire au bureau de la conservation des hypothèques ?*

La solution négative, adoptée au texte par Carré, est admise aussi par M. Chauveau.

Adde conf., notre *Formul. annot.*, p. 650, note 5, n. 4.

942. (Q. 2375). *Si les placards avaient été frauduleusement enlevés, y aurait-il nullité de la poursuite et de l'adjudication qui l'aurait suivie?*

Réponse affirmative de la part de M. Chauveau, en ce qui concerne la poursuite, si la fraude était du fait du poursuivant, et relativement à l'adjudication, si elle était du fait de l'adjudicataire ; négative, si ni l'un ni l'autre n'y avaient pris part. Les parties intéressées, dit-il, n'auraient de recours, dans ce dernier cas, que contre les auteurs de la fraude, par la voie des dommages-intérêts. Tel est aussi l'avis de M. Lachaize, t. 1, p. 331, n. 297 *bis*.

943. L'art. 10 de la loi de 1841 prescrivait au Gouvernement de pourvoir, dans les six mois de sa promulgation, et par une ordonnance rendue dans la forme des règlements d'administration publique, *au mode de conservation des affiches*. Mais il paraît, selon l'observation de M. Chauveau, que le pouvoir exécutif craint de prescrire une dépense très considérable dont l'utilité ne lui est pas complètement démontrée.

944 (Q. CCCCXCVI sexies). *Qui peut invoquer la nullité, prononcée par l'art.* 701, *de la clause qui mettrait à la charge de l'adjudicataire une somme supérieure au montant des frais alloués par le tarif? — Quel serait les effets du défaut de liquidation des frais de poursuite?*

Sur le premier point, la Cour suprême a jugé, le 7 déc. 1847 (*J. Av.*, t. 73, p. 378), que la nullité dont il s'agit étant d'ordre public, peut être invoquée par toutes les parties, spécialement par l'adjudicataire; solution que M. Chauveau admet aussi, avec M. Jacob, p. 395. — V. encore *infrà*, n. 946 et s.

945. En ce qui touche le second point, M. Chauveau présente les observations suivantes: Si, au moment de l'adjudication, les frais n'avaient pas été taxés, l'adjudication serait renvoyée à un autre jour, aux frais de l'avoué du poursuivant. C'est donc à cet officier ministériel à faire toutes les diligences nécessaires, pour que ces frais soient taxés quelques jours avant celui qui a été fixé pour l'adjudication. M. Rodière, t. 3, p. 130, pense que, sans renvoyer l'adjudication, le tribunal pourrait mettre les frais, en tout où en partie, à la charge de l'avoué poursuivant: cette opinion est bien sévère. V. *infrà*, n. 1152 et 1153. — Si un incident est proposé par le saisi, par un créancier ou par un tiers, et que cet incident soit rejeté, il n'est pas nécessaire que le tribunal fasse immédiatement la taxe des frais, et ordonne que le montant de ces frais soit ajouté, sur le cahier des charges, à l'état des frais déjà dressé, parce que ces frais ne sont pas payés par l'adjudicataire en sus de son prix, mais qu'ils sont prélevés par privilège sur le montant du prix (art. 714).

946. (Q. 2375 bis). *A qui appartient-il d'attaquer la taxe erronée faite par le juge? Comment le recours doit-il être exercé? Qui profitera de la réduction obtenue?*

Si c'est l'avoué qui croit devoir se plaindre de la taxe, dit M. Chauveau, il y formera opposition dans la forme ordinaire; si c'est l'adjudicataire, il devra, dans les vingt jours que la loi lui accorde pour remplir les conditions préalables à la délivrance du jugement d'adjudication, former opposition et la signifier avec assignation à l'avoué poursuivant. Il serait forclos si le jugement était délivré, même sous réserve en ce qui concerne les dépens, et signifié au saisi, et si le délai de trois jours, à dater de cette signification, s'écoulait sans opposition. Enfin, si ce sont les créanciers inscrits qui veulent attaquer la taxe, le délai sera encore plus long; ils pourront la critiquer dans l'ordre, quand ils s'apercevront que le prix a été indûment diminué à leur préjudice, par l'exagération de cette taxe. V. *Ordre*, n. 340.

947. L'action en réduction appartient-elle, dans tous les cas, à l'adjudicataire, au saisi ou à ses créanciers, ou bien faut-il distinguer d'après les circonstances? — Lorsque, comme le plus souvent, observe M. Chauveau, le cahier des charges dispose que les frais seront payés par l'adjudicataire, pour attribuer à l'adjudicataire seul le droit de demander la réformation de la taxe, et de profiter de la réduction obtenue, on dit: la réduction ne peut pas profiter aux créanciers, puisque le prix n'a pas été altéré, soit en plus, soit en moins, en ce qui les concerne. En enchérissant, l'adjudicataire, qui a entendu l'annonce faite publiquement, a dû penser que l'évaluation était juste. Or, l'erreur viciant le contrat judiciaire, comme les autres, il s'est engagé à payer ce qui n'était pas dû; partant, il a le droit de retenir, s'il n'a pas payé. Devant certains tribunaux, on annonce le chiffre des frais, *sauf* *taxe*. C'est un usage contraire à la loi, mais il existe. L'adjudicataire peut alors, après l'adjudication, faire redresser, dans la forme ordinaire, les erreurs de la taxe quand elle est intervenue. — Mais la question change de physionomie lorsque l'adjudicataire doit payer les frais *en diminution* du prix. Il est alors parfaitement désintéressé dans le débat, et le saisi, ou ses créanciers, ont, au contraire, le plus grand intérêt à faire restreindre les frais dans les limites légales, afin de bénéficier de la partie du prix non absorbée par cette créance privilégiée. — Tel est le système qui a été developpé devant la Cour d'Orléans par M. le premier avocat général Merville, et que cette Cour a consacré le 13 juin 1857. V. la *Revue prat. de droit franç.*, 1857, t. 3, p. 517.

948. Faut-il regarder cette théorie comme contraire à la jurisprudence de la Cour suprême qui reconnaît à l'action en réduction un caractère d'ordre public, et permet à toutes parties de l'invoquer (*Voy. suprà*, n. 944)? M. Chauveau fait remarquer que si la Cour de cassation déclare l'action recevable, de quelque part qu'elle émane, elle n'a pas dit que la réduction profiterait toujours à la partie qui aurait réclamé. Du reste, l'arrêt de la Cour d'Orléans a été cassé le 4 avril 1859 (*J. Av.*, t. 84, p. 564). La Cour de Paris, saisie du renvoi, a, par un arrêt du 30 janv. 1860 (t. 83, p. 88), posé les règles suivantes : 1° Le droit de requérir la taxe est d'ordre public, et peut être invoqué par toutes parties ; 2° la réduction obtenue sur le montant des frais payés en sus de son prix par l'adjudicataire, profite au vendeur ou à ses créanciers. Cette Cour avait déjà consacré la même doctrine sur le premier point, les 9 et 29 déc. 1859, et, par la dernière décision, elle avait annulé la clause d'une adjudication qui, après avoir fixé les frais à payer par l'adjudicataire à tant pour cent du prix principal, stipulait que « la taxe ne pourrait être requise par l'adjudicataire, et qu'elle ne profiterait, si elle était requise, qu'au vendeur » ; elle a considéré cette clause comme étant de nature à empêcher l'adjudicataire de requérir la taxe, c'est-à-dire d'exercer un droit d'ordre public.

949. De ce qui précède, on doit conclure, selon M. Chauveau, que si l'adjudicataire peut faire réformer la taxe à son profit, lorsque le vendeur ne réclame pas, ou que l'intérêt de la réduction ne s'agite qu'entre cet adjudicataire et l'officier ministériel, dans la plupart des cas, le montant de la réduction devra être considéré comme faisant partie du prix de vente.

950. (Q. 2375 ter). *Les frais de poursuite dont le montant taxé doit être annoncé avant l'ouverture des enchères, sont-ils passibles du droit proportionnel de* 50 *c. p.* 100, *ou seulement du simple droit fixe de* 1 *fr.* 20 *c.?*

Les rédacteurs du *Journal de l'enregistrement et des domaines* ont cherché à établir (1854, n° 2015, p. 481) que c'est le droit proportionnel qui est applicable.

Mais la jurisprudence de l'Administration de l'enregistrement se trouve fixée de la manière suivante par une instruction du 14 sept. 1857 : Lorsque les dépens sont liquidés dans le jugement, la taxe ne peut être considérée que comme un document d'ordre intérieur non assujetti à l'enregistrement. Quand, au contraire, le jugement se borne à adjuger les dépens, la taxe qui en est faite ultérieurement n'est pas assujettie à l'enregistrement dans un délai déterminé, ni à l'inscription sur le répertoire; mais elle est passible du droit de 50 c. p. 100, qui doit être acquitté avant qu'il soit fait usage de la taxe. La taxe, dont le montant doit être annoncé avant l'adjudication, conformément à l'art. 701, Cod. proc., est assujettie au droit fixe de 1 fr.; elle n'est passible d'aucun droit, lorsqu'elle est faite par le juge au moment même de l'adjudication, sans que le montant en ait été indiqué dans les actes préliminaires.

M. Chauveau reproduit les motifs de ces solutions, sans les accompagner d'aucune observation personnelle.

SECT VI. — ADJUDICATION.

§ 1. — Quand et comment il doit être procédé à l'adjudication. — Forme des enchères.

951. (Q. 2376). *L'adjudication peut-elle être prononcée à une audience de vacations ?*

L'affirmative, qui avait prévalu avant la loi de 1841, doit, selon M. Chauveau, être admise par les mêmes raisons sous l'empire de cette loi. V. aussi en ce sens, MM. Persil fils, *Comm.*, p. 189; Paignon, t. 2, p. 213.

952. Si, sur la demande d'une des parties intéressées, le tribunal pensait que le temps des vacations n'est pas favorable à une vente judiciaire, il aurait le droit, observe M. Chauveau, de renvoyer l'adjudication après le 1er novembre, par ce double motif que l'art. 695 n'est pas prescrit à peine de nullité, et que ce serait une cause grave de renvoi (art. 703).

953. (Q. 2377). *Sont-ce les créanciers inscrits seuls qui peuvent requérir l'adjudication? Si le saisi est décédé, faut-il que le titre du créancier requérant ait été signifié aux héritiers?*

M. Chauveau paraît être d'avis que le droit de requérir l'adjudication doit être refusé aux créanciers à hypothèque légale tant qu'ils n'ont pas fait connaître leurs créances par l'inscription. Au contraire, M. Dalloz, n. 1622, semble admettre que les créanciers à hypothèque légale non inscrite peuvent user de la faculté ouverte par l'art. 702.

954. La Cour de Douai a décidé, le 11 mars 1844 (*J. Av.*, t. 66, p. 186), que le créancier inscrit qui veut requérir l'adjudication n'a pas besoin de faire notifier son titre aux héritiers de son débiteur par application de l'art. 877, Cod. civ., et elle a donné pour motifs de cette solution : 1° que l'art. 702 n'exige pas d'autre condition que la qualité de créancier inscrit; 2° que la notification deviendrait impossible, puisque le droit ne s'ouvre qu'au moment même de l'adjudication. M. Chauveau considère la question comme fort délicate. Il suffit bien, dit-il, d'être créancier authentique pour pouvoir poursuivre une saisie immobilière, ou pour demander la subrogation; mais, avant de commencer la saisie ou de la continuer, il faut remplir les conditions générales imposées à tout créancier; or, vis-à-vis d'un héritier, les titres émanés du défunt n'ont de force exécutoire qu'autant qu'ils ont été signifiés. Ne doit-on pas conclure de là qu'un individu n'est capable d'exercer des poursuites en expropriation qu'autant qu'il s'est fait connaître légalement de son nouveau débiteur? Le tribunal civil d'Orléans est allé jusqu'à juger, le 17 janv. 1848 (*J. Av.*, t. 73, p. 247), qu'une saisie-arrêt, faite avant la notification prescrite par l'art. 777, est nulle. Si M. Chauveau a combattu cette décision (*ibid.*), c'est uniquement par le motif qu'une saisie-arrêt peut avoir lieu en vertu d'un titre sous seing privé et même sans titre, avec la permission du juge. Il observe d'ailleurs que ce n'est pas par *amour immodéré* des formes et pour faire observer une *vaine formalité*, qu'il demande ici l'application de l'art. 877, mais par respect pour l'esprit de la loi, suivant lequel le titre non signifié est considéré comme n'existant pas, du moins dans ses effets directs sur les biens de la succession ou de l'héritier.

955. L'auteur ajoute que l'art. 703 permettant au juge d'accorder un sursis pour cause grave, le créancier inscrit pourra obtenir la remise de l'adjudication, sur sa promesse de faire immédiatement la notification exigée par l'art. 877. Il en résultera, à la vérité, un retard et une augmentation de frais; mais si quelqu'un avait le droit de s'en plaindre, ce serait le saisi plutôt que le créancier négligent. Enfin, répondant à l'objection que l'on tirerait de l'art. 342, Cod. proc., et qui consisterait à prétendre que la procédure de saisie immobilière est en état quand le jour de l'adjudication est arrivé, et qu'il ne reste plus qu'à ouvrir les enchères, notre auteur fait remarquer que, dans les prévisions de cet article, il s'agit d'un procès, d'une instance entre parties directement en présence, et non d'une procédure d'exécution, dans laquelle le créancier jouera, pour la première fois, après le décès, un rôle actif.

956. (Q. 2377 bis). *Si personne ne requérait l'adjudication, qu'arriverait-il ?*

Comme M. Chauveau l'observe, avec MM. Dalloz, n. 1624, et Bioche, v° *Saisie imm.*, n. 451, il y aurait lieu alors de fixer un nouveau jour et de se conformer aux prescriptions de l'art. 704. Il resterait à ceux qui seraient lésés la voie de la subrogation pour cause de négligence.

957. La procédure antérieure ne serait pas frappée de nullité, puisque cette peine n'est pas attachée à l'inobservation de l'art. 702.

958. Au tribunal seul, dit encore M. Chauveau, appartient le droit de faire la nouvelle fixation; mais il doit la faire en présence de toutes les parties intéressées, c'est-à-dire du saisi et des créanciers (art. 695). Ce n'est pas ici le cas de l'art. 703 dans lequel, toutes les parties étant présentes, l'apposition de nouvelles affiches pourrait ne pas avoir lieu; ni celui de l'art. 741, où l'incident qui a retardé l'adjudication doit être jugé avec toutes les parties, et où le jugement ou l'arrêt qui ont fait cesser l'obstacle ont dû fixer le jour de l'adjudication.

959. Contrairement à l'opinion de notre auteur, la Cour de Bordeaux, par arrêt du 27 mars 1833 (S.-V.34.2.23), a admis la fixation du nouveau jour sur la simple requête du poursuivant, sans appeler aucune partie devant le tribunal. — Compar. *suprà*, n. 741 et s., et *infrà*, n. 986 et s.

960. (Q. 2377 ter). *Le ministère d'un avoué est-il nécessaire pour que l'un des créanciers inscrits puisse, à défaut du poursuivant, requérir l'adjudication, ou en demander la remise ?*

On ne peut que répondre affirmativement, dit M. Chauveau. La règle générale veut qu'on ne puisse comparaître en justice sans avoué : la loi sur la saisie immobilière ne déroge à cette règle ni formellement ni tacitement. Seulement il n'est pas besoin d'une constitution antérieure pour cette demande, car le fait qui y donne lieu est imprévu jusqu'au moment où il se produit. Conf., M. Dalloz, n. 1623; notre *Formul. annot.*, t. 2, p. 659, n. 4.

961. (Q. 2377 quater). *Lorsque le saisi ou son avoué ne comparaissent pas à l'adjudication, faut-il requérir défaut contre eux ?*

Après avoir reproduit un document dans lequel Carré avait établi la négative, M. Chauveau déclare embrasser lui-même cette opinion. — Compar. *infrà*, quest. 2423.

962. (Q. 2378). *A qui appartient le droit de demander la remise ? A quel moment et dans quelle forme faut-il la demander ?*

Après avoir rappelé qu'aux termes mêmes de l'art. 703, M. Chauveau ajoute que le droit de demander la remise appartient indifféremment *au poursuivant, au saisi et aux créanciers inscrits.* Il est évident que tous ceux qui ont le droit de demander la remise ont aussi le droit de s'y opposer. Conf., Bioche, v° *Saisie imm.*, n. 437. C'est ce que la Cour de cassation avait déjà jugé, à l'égard des créanciers, sous l'ancienne loi, par arrêt du 23 août 1832 (*J. A.*, t. 44, p. 52).

963. Quant à la manière de demander la remise, M. Chauveau estime que cette demande ne constituant pas un incident prévu par l'art. 718, il suffit, si elle est formée à l'audience même qui avait été indiquée pour l'adjudication, de simples conclusions prises à la barre, sans assignation ni autre procédure préalables, toutes les parties ayant été mises en demeure de se trouver à cette audience, soit par le jugement qui l'avait fixée, soit par les placards et par les insertions. Mais voy. Cass., 10 nov. 1846 (*J. Av.*, t. 71, p. 718) et 17 juin 1861 (t. 88, p. 37); MM. Rodière, t. 3, p. 129; Dalloz, n. 1350; Bioche, n. 439.—*Contrà*, Trib. civ. de Cognac, 4 janv. 1847 (*J. Av.*, t. 72, p. 50). Si l'une des parties croyait devoir demander le renvoi avant l'audience indiquée, notre auteur pense qu'elle devrait appeler les autres intéressés par acte d'avoué ou par exploit, suivant l'état de la procédure, et qu'elle ne serait pas autorisée à former sa demande sur simple requête non communiquée, le débat devant alors être contradictoire. Tel est aussi l'avis de M. Persil fils, *Comm.*, p. 194, n. 226.

C'est à tort, selon M. Chauveau, que la Cour de Toulouse a jugé, le 8 août 1850 (*J. Av.*, t. 75, p. 612), que la demande en sursis ne peut être formée que le jour de l'adjudication. Toutefois cette Cour a persisté dans son interprétation par un autre arrêt du 16 nov. 1867 (t. 93, p. 169). — Pour nous, nous avons adopté la doctrine de M. Chauveau dans notre *Formul. annot.*, p. 659, n. 6 et 7.

964. L'assignation donnée avant le jour fixé pour l'adjudication à l'effet de voir prononcer le sursis (dans le cas où il y a lieu d'en donner une), est soumise aux formalités ordinaires des exploits. V. Besançon, 31 janv. 1817 (*J. Av.*, t. 20, p. 479).

965. M. Chauveau fait remarquer que quand il dit que les *parties intéressées* doivent être mises en cause, il n'entend point par là que le saisi sera obligé de mettre en cause le saisissant, les créanciers intervenus dans la poursuite et tous les créanciers inscrits qui ont reçu la sommation de l'art. 692. Le saisissant représente les créanciers inscrits dans les divers actes de la poursuite qu'il dirige; lui seul doit donc être appelé, à moins que d'autres créanciers n'aient pris une part active à la saisie, car alors ils devraient être aussi parties dans l'incident.

966. Le tribunal civil de Toulouse a décidé, avec raison, suivant M. Chauveau, par un arrêt du 26 fév. 1853 (*J. Av.*, t. 78, p. 351), qu'un avoué peut, sans constitution préalable, demander au nom d'un créancier le renvoi de l'adjudication.

967. Il est certain aussi à ses yeux, que, comme l'a jugé la Cour de Bordeaux, le 17 avril 1847 (*J. Av.*, t. 73, p. 325), la demande en sursis de l'adjudication est soumise à la règle de l'art. 464, et ne peut être valablement formée pour la première fois en cause d'appel. Mais, observe-t-il, cette Cour a eu raison de reconnaître qu'une pareille demande est implicitement comprise dans la demande tendant à ce qu'il soit sursis à la lecture et publication du cahier des charges, et que la partie saisie qui a ainsi conclu en première instance, est recevable à demander en appel la remise de l'adjudication à un autre jour.

968. (Q. 2378 bis). *Le juge peut-il prononcer la remise d'office?*

M. Chauveau établit la négative, en argumentant de la suppression qui fut faite, lors de la loi de 1858, d'une disposition qui parlait d'une remise ordonnée d'office.

969. Il fait d'ailleurs remarquer que le système général du législateur a été de ne donner en cette matière aux tribunaux aucun pouvoir d'agir d'office, en ajoutant toutefois qu'il eût été désirable que la remise d'office pût être ordonnée en cas d'omission de sommation aux incapables.—V. dans le sens de sa solution, MM. Paignon, t. 1, p. 153, n. 91; Dalloz, n. 1348; Bioche, n. 438.

970. (Q. 2378 ter). *Peut-on demander et obtenir la remise pendant que les enchères ont lieu?*

Tout en répondant que rien ne paraît s'y opposer, M. Chauveau observe que le tribunal doit être alors plus que jamais circonspect pour accorder la remise, afin d'éviter les fraudes. Dans tous les cas, ajoute-t-il, le tribunal n'aurait plus cette faculté, si trois bougies s'étaient déjà éteintes sur la dernière enchère, et si l'avoué, dernier enchérisseur, avait conclu à ce que les biens lui fussent adjugés. *Sic*, Pau, 9 nov. 1831 (*J. Av.*, t. 43, p. 510); Dalloz, n. 1346.

971. (Q. 2378 quater). *La remise peut-elle être accordée plusieurs fois?*

On ne doit pas, suivant M. Chauveau, refuser au tribunal, le droit d'accorder une seconde remise pour des causes graves et dûment justifiées, surtout si aucune des parties intéressées ne s'y oppose. V. d'ailleurs en ce sens, Cass., 19 mai 1851 (*J. Av.*, t. 76, p. 612); Trib. civ. de Toulouse, 26 fév. 1853 (t. 78, p. 351); Dalloz, n. 1344; Bioche, v° *Saisie immob.*, n. 444.

972. (Q. 2378 quinquies). *Quelles sont les causes graves pour lesquelles la remise peut être accordée?*

L'appréciation en est abandonnée à la sagesse discrétionnaire des magistrats, comme le dit M. Chauveau. On peut citer comme exemples un accident de force majeure qui aurait éloigné les enchérisseurs; un moyen à peu près certain de libération qui serait survenu au saisi, comme une succession, une donation, etc.; le décès du saisi notifié avant que la procédure soit en état, c'est-à-dire avant que toutes les formalités préliminaires aient été remplies; un incident qui, bien que terminé par un jugement définitif, ne l'aurait pas été depuis assez de temps pour qu'on eût pu prendre toutes les précautions favorables à la vente. — Notre auteur pense aussi qu'une fausse indication du jour de l'adjudication, dans quelques-uns des placards, pourrait être un motif suffisant pour faire renvoyer la vente à un autre jour, sur la demande de l'une des parties, quoique aucune d'elles ne demande la nullité de la procédure.

973. On peut encore considérer comme des causes graves de sursis la preuve d'un concert frauduleux ayant pour but d'écarter les enchérisseurs; l'ouverture prochaine de travaux d'utilité publique de nature à augmenter la valeur de l'immeuble saisi: Trib. de Toulouse, 26 fév. 1853 (*J. Av.*, t. 78. p. 351); la prononciation d'un jugement, susceptible d'appel, statuant sur l'exécution d'un marché d'extraction de minerai des immeubles saisis: Bourges, 20 août 1851 (t. 77, p. 326).

974. Enfin M. Chauveau cite trois jugements du tribunal civil de Saint-Gaudens qui ont fait, suivant lui, une exacte application des principes, en décidant le premier, en date du 16 juin 1842, que, si tous les héritiers sont d'accord, les juges peuvent n'ordonner que la vente d'un seul article du cahier des charges et surseoir à la vente du surplus, jusqu'à ce que la distribution du produit de la vente ait prouvé l'insuffisance de cet article pour couvrir toutes les dettes; le second, rendu le 26 fév. 1846, que le sursis à l'adjudication sur tous les biens saisis peut être ordonné, lorsqu'une demande en distraction porte sur une portion de biens qui ne peut être déterminée que par un partage; et enfin le troisième, en date du 12 fév. de la même année, que, si la demande en distraction n'embrasse qu'une partie des objets saisis, il peut être passé outre à l'adjudication du surplus des immeubles saisis.

975. Mais il estime, avec un arrêt de la Cour d'Amiens, du 23 mars 1826 (*J. Av.*, t. 34, p. 25), que la simple allégation de l'existence d'un concert frauduleux ne suffirait pas pour motiver une demande de sursis; et avec un arrêt de la Cour de Bordeaux du 2 juill. 1843 (t. 66, p. 166), que cette demande serait également non recevable, si elle se fondait uniquement sur ce que, après la dissolution du mariage, il aurait dû être procédé à une liquidation entre le mari et les héritiers de la femme saisissante, si d'ailleurs ces derniers ont renoncé à la société d'acquêts.

976. Il ajoute qu'on ne doit pas comprendre au nombre des causes graves pouvant motiver une demande de sursis, un incident non encore jugé parce qu'alors la remise est de droit. (V. la question suivante); non plus que l'offre de consigner que ferait un acquéreur, parce que le juge ne peut accorder un délai, contrairement à la défense formelle de la loi. — Compar., *suprà*, n. 627 et s., et V. MM. Dalloz, n. 1324 et s.; Bioche, n. 440; Colmet-Daage, t. 2, p. 347, n. 952.

977. Depuis la publication de l'ouvrage de M. Chauveau, il a été décidé que l'instance en licitation d'immeubles saisis avant l'introduction de cette instance ne peut motiver un sursis aux poursuites de saisie: Paris, 28 avril 1875 (t. 100, p. 432);—que, lorsque le débiteur saisi immobilièrement est devenu cessionnaire d'une créance contre le saisissant et oppose par suite l'exception de compensation, cette exception ne peut, si la créance cédée est contestée par le saisissant, motiver un sursis à la continuation des poursuites jusqu'à ce qu'il ait été statué sur cette contestation: Cass., 25 janv. 1869 (t. 94, p. 335); — mais que l'admission par la Cour de cassation du pourvoi formé contre l'arrêt en vertu duquel se poursuit une saisie immobilière, peut être considérée comme une cause grave permettant de prononcer la remise de l'adjudication: Trib. civ. de Douai, 15 mars 1878 (t. 104, p. 75).

978. Enfin, il faut remarquer, avec un arrêt de la Cour de cassation du 17 juin 1861 (*J. Av.*, t. 88, p. 37), que l'énonciation de la cause de la remise de l'adjudication, dans le jugement qui prononce cette remise, n'est pas prescrite à peine de nullité.

979. (Q. 2379). *Le jugement qui refuse la remise est-il, comme celui qui l'accorde, non susceptible de recours? Ces jugements ne peuvent-ils ni l'un ni l'autre être frappés de pourvoi et cassation?*

M. Persil fils, *Comm.*, p. 191, n. 223, pense que la loi n'a voulu interdire le recours qu'à l'égard du jugement qui *prononce* la remise et non pas à l'égard de celui qui la *refuse*. Il en donne pour raison que, bien souvent, le sursis est indispensable (comme lorsqu'il est motivé par un incident, un appel), et qu'il serait trop rigoureux d'ôter à une partie les moyens de se pourvoir contre la décision qui aurait refusé la remise, dans des circonstances de cette nature. M. Chauveau répond: Quand le sursis est commandé *par un incident ou tout autre motif légal*, il n'y a pas lieu d'en faire la demande; il est de droit. L'art. 741 le suppose évidemment; il n'y a donc pas alors de jugement à l'égard duquel la question de recours puisse se présenter. Le tribunal n'est appelé à prononcer, d'après l'art. 703, que sur les cas de sursis que la loi n'a point prévus. Il les apprécie souverainement; et son jugement n'est susceptible d'aucun recours, soit qu'il ait prononcé, soit qu'il ait refusé la remise.

980. Cette interprétation, qu'adoptent MM. Rodière, t. 3, p. 129 à la note, Bioche, vº *Saisie immob.*, n. 447, et Colmet-Daage, t. 2, p. 347, n. 952, a été aussi admise par de nombreux arrêts. V. Rennes, 1er déc. 1843 (*J. Av.*, t. 66, p. 49); Bordeaux, 16 janv. 1846 et mars 1848 (t. 73, p. 326); Orléans, 25 août 1847 (*ibid.*); Paris, 18 oct. 1848 (t. 73, p. 692); Cass., 2 avril 1850 (t. 75, p. 588) et 5 juin 1861 (t. 88, p. 38); Bordeaux, 12 avril 1850 (t. 75,

p. 588); Bourges, 20 fév. 1853 (J.P.51.1.149); Montpellier, 6 juill. 1855 (*Journ. des arrêts de cette Cour*, n° du 19 juill. 1856). La solution contraire a toutefois été consacrée par un arrêt de la Cour de Paris du 15 mars 1860 (*J. Av.*, t. 85, p. 234).

981. Il a été d'ailleurs décidé, avec raison, comme l'observe M. Chauveau, que l'art. 703, qui prohibe tout recours contre le jugement accordant un sursis à l'adjudication sur saisie immobilière, n'est pas applicable au jugement qui statue sur une demande en sursis formée au moment de la lecture du cahier des charges, alors surtout que ce jugement prononce aussi sur des moyens de nullité : Bordeaux, 11 août 1858 (*J. Av.*, t. 84, p. 592).

982. Faut-il entendre ces expressions de l'art. 703 : « *Ce jugement ne sera susceptible d'aucun recours* » comme excluant même le pourvoi en cassation? L'affirmative a été adoptée par la Cour suprême, le 18 fév. 1851 (*J. Av.*, t. 76, p. 279), pour le cas où la remise est accordée aussi bien que pour celui où elle est refusée, attendu, porte son arrêt, que la disposition de l'art. 703, par sa généralité, s'applique nécessairement au pourvoi en cassation comme à tout autre recours; que, si elle semble se référer à ces mots : *le jugement qui prononcera la remise*, elle se rapporte plus naturellement, non seulement au jugement qui accorde la remise, mais encore au jugement, en général, qui statue d'une manière quelconque sur la demande en remise; qu'en effet, dans cet article, c'est de la demande en remise qu'il est essentiellement question; que les droits des parties intéressées sont placés sur la même ligne, soit qu'on accorde, soit qu'on refuse la remise.

983. Cette décision est contraire à la doctrine défendue par M. Chauveau sous la quest. 2423 *octies*. Il la combat ici en opposant l'économie de la loi de 1841, qui, pour imprimer à la procédure d'exécution qu'elle réglemente une marche plus rapide en certains cas, a dû prohiber les voies de recours ordinaires, l'opposition et l'appel, à cause de leur effet suspensif, sans exclure le pourvoi en cassation qui n'a pas le même caractère, et qui est de droit commun; et il observe que dans une procédure qui a pour objet de dépouiller forcément le propriétaire d'un immeuble et de mettre en contact tant d'intérêts rivaux, plus que dans toute autre, il importait de laisser aux parties cette dernière ressource. Il reconnaît qu'au tribunal appartiendra souverainement l'appréciation des motifs allégués à l'appui de la demande en sursis. Mais il est des circonstances où le tribunal qui accorde ou qui refuse un sursis viole ouvertement la loi, et il ne peut admettre que, quelque injuste ou informe que soit la décision, il faille la respecter. Il est expressément défendu aux juges de prononcer une remise *d'office* (V. *suprà*, n. 968). Qu'arrivera-t-il, s'il leur plaît de s'arroger ce droit? L'art. 703 veut que le jugement de remise fixe le nouveau jour de l'adjudication, qui ne peut être éloigné de moins de quinze jours ni de plus de soixante. *Quid*, si le tribunal fixe un délai de trois, six mois, un an? Dans tous ces cas, le jugement peut causer à l'une des parties un préjudice considérable. Elle sera forcée de le subir, si l'on prend pour règle de conduite l'arrêt ci-dessus.

984. M. Chauveau conteste, du reste, l'argument que la Cour de cassation tire du texte de la loi. Si les termes employés par le législateur constituaient la formule consacrée pour désigner la prohibition d'un recours quelconque; si c'était là une de ces locutions acceptées par l'usage et toujours employées lorsqu'il s'agit d'exprimer une interdiction absolue, il s'inclinerait, dit-il, devant l'évidence. Mais il n'en est point ainsi. Dans les diverses dispositions législatives où sont prohibés non seulement les recours ordinaires, mais encore les recours extraordinaires, la loi est particulièrement claire et précise. L'art. 583, Cod. comm., notamment, en fournit une preuve, lorsqu'il dit : *Ne seront susceptibles ni d'opposition, ni d'appel, ni de recours* *en cassation*, etc. — Si l'on rapproche le texte de cet article de celui de l'art. 703, Cod. proc., il est permis de penser que celui-ci ne signifie pas la même chose. — Compar. encore l'art. 15 de la loi du 25 mai 1838, sur les justices paix; les art. 40 et 42 de la loi du 3 mai 1841, sur l'expropriation pour cause d'utilité publique.

985. Dans le Code de procédure, il n'est jamais question de la Cour de cassation, et le pourvoi devant cette juridiction n'est même pas classé parmi les voies extraordinaires pour attaquer les jugements. Le mot *recours* ne s'applique qu'aux voies ordinaires. Pourrait-on soutenir, dans l'hypothèse actuelle, que ni la requête civile fondée sur la découverte de pièces fausses, ni la prise à partie résultant d'une prévarication, ne pourront être employées pour faire tomber le jugement obtenu? M. Chauveau ne le croit pas. Et si de semblables voies sont ouvertes, comment serait-il défendu de demander la répression d'une violation évidente de la loi à la Cour chargée de faire respecter les règles constitutives de toute juridiction? — Notre auteur ne se dissimule pas cependant qu'eu égard à l'autorité de la Cour de cassation, l'arrêt précité sera probablement pris pour règle. La doctrine en est d'ailleurs adoptée par M. Rodière, t. 3, p. 184.

986. (Q. 2379 bis). *Si, en l'absence de tout jugement de remise, l'adjudication n'avait pourtant pas eu lieu au jour indiqué, qu'arriverait-il?*

D'après M. Persil fils, *Comment.*, p. 196, n. 232, il faudrait déclarer nul tout ce qui aurait été fait depuis la publication du cahier des charges. M. Chauveau déclare ne pouvoir adopter cette opinion, par le motif que les art. 702 et 703 ne sont pas compris au nombre de ceux dont l'art. 715 prescrit l'observation à peine de nullité, pas plus que l'art. 695, qui fixe le *maximum* du délai entre la publication du cahier des charges et l'adjudication. L'art. 704, qui ordonne de nouveaux placards et de nouvelles insertions, huit jours au moins à l'avance a été, dit-il, considéré par le législateur comme suffisant pour garantir tous les intérêts. Le saisi n'est pas, d'ailleurs, fondé à se plaindre de ce qu'une adjudication n'a pas eu lieu au jour fixé par les affiches, lorsque c'est par son fait que cette adjudication n'a pu être prononcée. Conf. M. Bioche, v° *Saisie imm.*, n. 450. Compar., en outre, Limoges, 28 déc. 1822 (*J. Av.*, t. 24, p. 375); Bordeaux, 16 nov. 1839 (*J. Av.*, t. 61, p. 670).

987. Il est arrivé que, sans provoquer un jugement de remise, les deux avoués du poursuivant et du saisi ont déclaré au greffe, à la suite du cahier des charges et du procès-verbal qui en avait constaté la publication, qu'une adjudication d'immeubles, fixée à tel jour, était remise à un autre jour. Et cette déclaration a été reçue par le greffier, qui l'a signée avec les avoués. M. Chauveau estime que ce mode de procéder est tout à fait irrégulier, et qu'il ne résisterait certainement pas à la critique des créanciers.

988. En présence de l'art. 4 de la loi du 22 mai 1871 portant, que dans le cas où la procédure de saisie immobilière n'a été suspendue (en vertu du décret du 2 nov. 1870) que postérieurement au jugement qui a fixé le jour de l'adjudication, *il sera, s'il y a lieu, procédé, par jugement nouveau, à la fixation dudit jour*, à la suite d'une simple sommation d'être présent à ce jugement, on s'est demandé s'il n'y a pas nullité lorsque les avoués ont, sans jugement nouveau et sans sommation aux divers intéressés, fixé eux-mêmes le nouveau jour de l'adjudication. C'est là sans doute une irrégularité; mais cette irrégularité ne saurait cependant entraîner la nullité de l'adjudication en l'absence de disposition qui prononce une telle peine. Dans le cas particulier qu'il prévoit, l'art. 4 de la loi du 22 mai 1871 prescrit bien, il est vrai, de procéder par jugement nouveau à la fixation du jour de l'adjudication, après sommation signifiée aux personnes indiquées par l'art. 691 et par les deux premiers paragraphes de l'art. 692, Cod. proc. civ.; mais, en rappelant ces articles, il ne se réfère pas à l'art. 715 qui indique celles des dispositions du titre de la *Saisie immobilière* dont l'observation est prescrite à peine de nullité. Antérieurement à cette loi, il était généralement admis que lorsque les poursuites de saisie immobilière ont été plus ou moins longtemps suspendues pour une cause quelconque, il ne résulte pas de nullité de l'omission de sommations nouvelles aux créanciers d'assister à la fixation d'un nouveau jour pour l'adjudication : Cass., 23 juillet 1817 (S.-V.5.1.353) ; Nîmes, 22 mars 1858 (*J. Av.*, t. 83, p. 632) ; Bioche, *Dict. de proc.*, v° *Saisie immobilière*, n. 351. Il est permis de croire que le législateur de 1871 n'a pas voulu se montrer plus rigoureux qu'on ne l'avait été jusque-là dans des circonstances analogues.

989. Lorsque, au jour fixé pour l'adjudication, un sursis a été prononcé à raison de l'action en révocation formée par le donateur d'une partie des immeubles saisis, et qu'un créancier du saisi qui est en même temps celui du donateur, s'est fait ensuite subroger dans les poursuites de saisie relativement aux immeubles provenant de ce dernier, il peut être procédé à l'adjudication de tous les immeubles saisis, sans qu'il soit besoin de faire une nouvelle sommation aux créanciers inscrits. Dans tous les cas, le saisi n'est pas recevable à proposer la nullité qu'il prétend résulter du défaut d'une nouvelle sommation, après que l'adjudication a été prononcée, et alors que les créanciers inscrits et lui-même ont participé ou laissé procéder à l'ordre ultérieurement ouvert : Bordeaux, 10 déc. 1874 (*J. Av.*, t. 100, p. 243).

990. Quand une adjudication n'a point eu lieu au jour indiqué, la fixation nouvelle doit-elle être faite en présence du saisi ou de ses héritiers, si le saisi est décédé? Et les créanciers du saisi ou ceux de ses héritiers doivent-ils être mis en cause? Ces deux questions ont été, dans le *Journ. des Avoués*, t. 98, p. 267 et suiv., l'objet d'une étude particulière de la part de M. Audier, qui a exprimé l'opinion : 1° Que dans le cas du décès du saisi pendant le sursis à l'adjudication, la poursuite ne peut être reprise entre les héritiers qu'après notification du titre, conformément à l'art. 877, Cod. civ.; 2° et que cette reprise des poursuites ne peut avoir lieu que contradictoirement avec les créanciers soit du défunt, soit des héritiers.

991. (Q. 2379 ter). *L'adjudication prononcée au mépris de la remise accordée serait-elle nulle?*

Évidemment oui, car il y aurait violation manifeste d'une décision qui devait être obéie, répond M. Chauveau. — Il y aurait également nullité, suivant l'auteur, si, dans le cas d'une remise à quinzaine l'adjudication avait lieu avant l'expiration du délai, en l'absence du saisi, qui devait compter sur le délai entier, et sans l'apposition de nouvelles affiches. Compar. *infrà*, quest. 2429 *sexies*.

992. (Q. 2380). *Les art.* 696 *et* 699 *sont-ils les seuls applicables pour la publication de la nouvelle adjudication?*

M. Chauveau ne croit pas que le renvoi fait à ces deux dispositions par l'art. 704 exclue l'application des autres dispositions relatives à la publicité organisée par la loi en matière de vente après saisie immobilière. L'art. 698, qui indique la manière de constater l'insertion, est un corollaire trop essentiel de l'art. 696, dit-il, pour que le renvoi à celui-ci ne doive pas être considéré comme contenant implicitement renvoi à l'autre. Cet article renferme d'ailleurs le mode légal de constatation de l'insertion. S'il n'était pas applicable, les parties ne sauraient plus comment prouver l'accomplissement de la formalité. Et quant aux art. 697 et 700, ils renferment des dispositions facultatives, auxquelles une disposition impérative comme celle de l'art. 704 ne devait pas se référer. Il suffisait de rappeler ce qu'on serait tenu de faire, sans dire encore ce qu'on pourrait faire au delà. Mais cette prétérition ne suffit pas pour motiver la solution affirmative de la question. Notre auteur estime, au contraire, qu'il faut appliquer au cas de l'art. 704 toutes les dispositions qui viennent d'être rappelées.

993. Quant à celle de l'art. 701 concernant la taxe des frais, elle contient une règle générale à laquelle, selon l'observation de notre auteur, on ne peut jamais se soustraire. Conf. M. Dalloz, n. 1364.

994. (Q. 2380 bis). *Le délai dans lequel la nouvelle adjudication doit être annoncée, aux termes de l'art.* 704, *est-il franc ?*

Réponse affirmative de la part de M. Chauveau, qui renvoie à la quest. 2313 (*suprà*, n. 644).

995. (Q. 2380 ter). *La minute du jugement de remise doit-elle être portée à la suite du cahier des charges ?*

L'affirmative ne saurait être douteuse, dit M. Chauveau. Dans le système de la loi (art. 690 et 712), tous les incidents de la procédure doivent trouver place à la suite du cahier des charges, afin que le jugement d'adjudication les contienne tous. Voy. son *Formulaire de procédure*, 2e édit., t. 2, p. 68, remarque de la formule 602.

996. (Q. 2381). *Au jour de l'adjudication, le juge a-t-il la faculté d'ordonner la vente par lots ?*

Cette question, qui avait été proposée par plusieurs Cours et qui se trouvait résolue affirmativement par le projet de 1829, avait été appréciée autrement par M. Pascalis : « En vente volontaire, disait-il, quand tous les intéressés sont présents, l'exercice de ce pouvoir peut n'être qu'avantageux. En vente forcée, lorsque tout se fait contre le propriétaire et malgré lui, les affiches, ainsi que le cahier des charges, ont indiqué comment la vente doit s'opérer et en ont averti le public. Si l'adjudication par lots est utile, le saisissant, le saisi, les créanciers eux-mêmes ont pu la demander d'avance. Le juge a pu l'ordonner; les annonces auront été conçues conformément à sa décision. Mais il ne faut pas qu'au dernier moment les chances soient changées, ainsi que cela résulterait souvent de la conversion d'une vente en bloc en une vente en parties détachées. »

997. La disposition du projet de 1829 n'ayant pas été maintenue, M. Chauveau en infère que l'opinion de M. Pascalis a été adoptée par le législateur. Toutefois, il pense que si toutes les parties, le saisi, le poursuivant et les créanciers inscrits présentaient une demande tendante à la division par lots, cette division pourrait être ordonnée, et qu'à ce cas ne s'appliqueraient pas les prohibitions qui s'opposent à la modification du cahier des charges après le délai de l'art. 718, et dont il est parlé sous la quest. 2320 (*suprà*, n. 671 et s.).—En faveur du système du projet de 1829, on peut invoquer un arrêt de la Cour de cassation du 9 janv. 1839 (S.-V.39.1.10), qui décide qu'aucune loi ne prescrit de mode obligé et exclusif pour recevoir les enchères, et que le tribunal et les parties ont la faculté d'adopter le mode qu'ils jugent le plus conforme à l'intérêt de la vente.

998. (Q. 2381 bis). *Faut-il, avant l'adjudication, faire une nouvelle lecture du cahier des charges ?*

Sous l'ancienne loi, on invoquait, pour l'affirmative, l'art. 155 du tarif de 1807 qui accorde un droit à l'huissier *pour la publication du cahier des charges, lors de l'adjudication définitive*. V. Lachaize, t. 1, p. 435 ; Pau, 9 nov. 1831 (*J. Av.*, t. 43, p. 510), et la pratique s'était établie en ce sens.

999. Bien que l'ordonnance du 10 oct. 1841 (art. 6, § 3) soit moins explicite que le décret de 1807, M. Chauveau observe que, le droit de l'huissier étant le même, il y a lieu de croire que les obligations sont restées les mêmes. Néanmoins, du silence de la loi, il tire cette conséquence que la nouvelle lecture ne peut être exigée à peine de nullité, et qu'il convient de la restreindre aux principales conditions de l'enchère, comme on le fait toujours à la Chambre des notaires de Paris. — Il ajoute qu'il y a des cas où la lecture est indispensable ; par exemple, ceux où des clauses nouvelles ont été insérées dans le cahier des charges. La loi s'en remet, à cet égard, suivant lui, à la sagesse des magistrats, qui doivent prescrire toutes les mesures nécessaires pour éclairer les enchérisseurs et éviter les conséquences fâcheuses d'une erreur. Compar. *suprà*, n. 837 *bis* et s.

1000. (Q. 2381 ter). *Le défaut de mention que l'enchère a été faite à extinction de feux emporterait-il nullité ?*

La solution négative, que Carré avait adoptée au texte, est aussi admise par M. Chauveau. A plus forte raison, disait Carré, n'est-il pas indispensable de mentionner la durée des bougies. — M. Chauveau ajoute qu'il n'est pas non plus nécessaire de dire que la seconde bougie a été allumée après l'extinction de la première ; mais qu'il suffit de l'exprimer d'une manière générale par le mot *successivement* (Lyon, 24 janv. 1824, *J. Av.*, t. 46, p. 315) ; et enfin qu'il n'est pas besoin de mentionner tous les détails de l'opération, ainsi que l'enseignent MM. Pigeau, *Comm.*, t. 2, p. 327 ; Favard de Langlade, t. 5, p. 61 ; Lachaize, t. 1, p. 438 et 446 ; Thomine-Desmazures, t. 2, p. 247 ; Persil fils, *Comm.*, p. 198 ; Bioche, v° *Saisie imm.*, n. 468, et Dalloz, n. 1693 et 1694. — Même solution, ajoute M. Chauveau, pour les enchères successives, ainsi que l'a jugé la Cour de cassation, le 9 déc. 1835 (*J. Av.*, t. 51, p. 595).

1001. (Q. 2382). *Si l'enchérisseur cesse d'être obligé dès que son enchère a été couverte par une autre, pourrait-il néanmoins faire revivre cette enchère et se rendre adjudicataire de l'immeuble en faisant annuler celle par laquelle la sienne a été couverte ?*

Carré enseigne la négative au texte, et M. Chauveau regarde cette doctrine comme incontestable. C'est aussi celle que professent MM. Favard de Langlade, t. 5, p. 61 ; Dalloz, v° *Vente pub. d'imm.*, n. 1681 ; Thomine-Desmazures, t. 2, p. 247 ; Persil fils, *Comm.*, t. 2, p. 199 ; Colmet-Daage, t. 2, p. 350, n. 955.

1002. (Q. 2382 bis). *Si, après l'enchère, et avant l'extinction des feux, l'adjudication est remise à un autre jour, le dernier enchérisseur continue-t-il d'être obligé ?*

La négative, qu'un arrêt de la Cour de Riom avait consacrée avant la loi de 1841, doit être également admise aujourd'hui, selon M. Chauveau.

En effet, observe-t-il, l'enchérisseur doit être présumé avoir voulu s'engager jusqu'au temps auquel il a dû compter que l'adjudication se ferait ; si cette époque se passe sans que l'adjudication soit terminée, cet enchérisseur est en droit de demander sa libération. Conf., MM. Persil fils, *Comm.*, p. 200 ; Dalloz, n. 1683.

1003. (Q. 2381 ter). *Un enchérisseur pourrait-il rétracter son enchère, sous le prétexte que celle qu'il aurait couverte serait nulle ?*

Carré, au texte, enseignait la négative, que M. Chauveau admet lui-même, avec MM. Favard de Langlade, t. 5, p. 62 ; Persil fils, *Comm.*, 200 ; Bioche, v° *Saisie imm.*, n. 467 ; Colmet-Daage, t. 2, p. 350, n. 955 ; Dalloz, *Rép.*, v° *Vente pub. d'imm.*, n. 1682 (Compar. *Q.* 2382, *suprà*, n. 1001).

1004. M. Chauveau fait d'ailleurs remarquer que cette solution n'est applicable qu'au cas de vente forcée, et que la Cour d'Amiens a jugé, à bon droit, le 22 juillet 1843 (*J. Av.*, t. 73, p. 328), que l'enchère portée dans une vente volontaire devant notaire peut être rétractée par l'enchérisseur, tant qu'il n'a pas signé le procès-verbal d'adjudication. V. aussi dans le même sens, Cass., 24 janv. 1814 (*ibid.*); Bruxelles, 21 mars de la même année, et Metz, 24 fév. 1831.

1005. (Q. 2382 quat.). *S'il se trouvait un plus grand nombre d'enchérisseurs qu'il n'y a d'avoués près le tribunal devant lequel il est procédé à l'adjudication, que faudrait-il faire pour que personne ne fût privé du droit d'enchérir ?*

Carré, au texte, exprime l'opinion qu'en pareil cas le tribunal pourrait autoriser l'avoué d'un enchérisseur à faire enchère pour un autre, en déclarant qu'il la porte pour telle personne. Mais, en indiquant cette mesure, il ne se dissimule pas, dit-il, les objections dont elle est susceptible; celle surtout résultant de l'inconvénient de faire connaître les enchérisseurs; toutefois la nécessité lui paraît ici justifier une exception aux règles ordinaires.

1006. Quant à M. Chauveau, il observe que cette manière de procéder ne lève pas la difficulté : car l'avoué, en déclarant le nom de celui pour lequel il enchérit, a privé par là de son ministère, pour l'enchère actuelle, les autres clients qui s'étaient adressés à lui et qui auraient pu vouloir eux-mêmes y concourir, et les réduit à la même position que s'ils n'avait point d'avoué. D'un autre côté, si l'avoué, chargé par plusieurs, enchérit sans dire pour qui, et que l'objet saisi lui soit adjugé à un prix inférieur à celui de tous les mandats qu'il avait reçus, pourra-t-il dire qu'il l'a fait pour un tel plutôt que pour tel autre ? Et ne faudra-t-il pas établir, dans son étude, entre ses divers mandataires de nouvelles enchères, qui tourneront au profit exclusif de l'officier ministériel ? Notre auteur voudrait que les parties, dans l'hypothèse dont il s'agit, pussent enchérir elles-mêmes, avec l'assistance d'avoués dont le ministère serait obligatoire. Ce moyen, dit-il, résoudrait la difficulté; car le même avoué peut assister plusieurs parties, sans que l'on ait à craindre les inconvénients qui auraient lieu s'il parlait pour elles. Chaque partie enchérissant personnellement pour son compte ne pourrait se plaindre de n'avoir pas trouvé d'organe, et il n'y aurait aucune confusion. — V. aussi en ce sens, M. Rodière, t. 3, p. 130; Colmet-Daage, t. 2, p. 348, n. 953.

1007. M. Persil fils, *Comm.*, p. 197, approuve le sentiment de Carré.

1008. (Q. 2382 quinquies). *Quand y a-t-il délit d'entraves à la liberté des enchères ?*

M. Chauveau présente sur ce point l'exposé de jurisprudence ci-après :

La Cour de cassation a déclaré valable et exécutoire, sous peine de dommages-intérêts, la convention par laquelle deux individus s'engagent réciproquement, après une adjudication d'immeuble et sans avoir en vue le cas d'une surenchère, à ne pas sous-acquérir tel ou tel lot dépendant de cette adjudication : arrêt du 16 juin 1840 (*J. Av.*, t. 60, p. 120). — La Cour de Bourges a refusé d'appliquer les peines prononcées par l'art. 412, Cod. pén., à l'individu qui, même dans le but d'éloigner les enchérisseurs, attribue au saisi des intentions de vengeance contre ceux qui se rendraient adjucataires de ses biens; arrêt du 25 mars 1841, t. 65, p. 511).

1009. Mais il a été jugé qu'on ne peut réclamer en justice l'exécution de l'accord par lequel plusieurs individus conviennent de s'abstenir de toute concurrence dans une adjudication publique, et de partager le bénéfice qui en résultera pour l'un d'eux, cette convention étant illicite et nulle : Rouen, 24 juin 1845 (t. 70, p. 318); — qu'il y a délit d'entrave à la liberté des enchères, lorsque les créanciers du saisi s'entendent pour s'abstenir d'enchérir, afin de laisser adjuger à vil prix l'immeuble mis en vente et se partager une partie de la somme que voulait donner, s'il y avait été poussé par les enchères, celui qui s'est rendu adjudicataire : Trib. civ. de Muret, 12 janv. 1850,

(*J. Av.*, t. 77, p. 655); — qu'il en est de même dans le cas où plusieurs personnes s'engagent à ne pas enchérir au delà d'une certaine somme, avec promesse que si l'adjudication ne s'élève pas à cette somme, l'adjudicataire tiendra compte aux autres de la différence : Limoges, 3 juin 1841 (t. 63, p. 562);—et dans celui où il est convenu entre plusieurs personnes que celle qui restera adjudicataire paiera aux autres une somme annuelle, de manière à partager entre elles le bénéfice de l'exploitation : Cass., 19 nov. 1841 (t. 61, p. 723).

1010. Dans une autre espèce soumise à la Cour suprême, un adjudicataire avait remis une somme d'argent à un créancier inscrit pour l'indemniser et éviter une surenchère. La Cour de Caen n'avait pas reconnu dans ce fait le caractère du délit puni par l'art. 412, Cod. pén.; mais sa décision a été cassée par un arrêt de la chambre criminelle, du 17 mars 1848 (t. 73, p. 329), dont la Cour de Paris a adopté la doctrine, le 18 mai 1855 (t. 81, p. 394), en ajoutant que l'individu qui, en recevant la somme, s'abstient de surenchérir, se rend complice du délit.—Le 26 mai 1848 (t. 73, p. 527), la Cour de cassation a aussi déclaré que l'adjudicataire qui s'oblige à payer à un surenchérisseur une somme, à la condition que ni lui, ni aucun autre créancier ne se présenteront pour enchérir, est coupable du délit d'entraves à la liberté des enchères, quoiqu'il y ait en réalité une enchère au jour fixé.

1011. D'après d'autres arrêts, il y a délit d'entrave à la liberté des enchères dans l'accord de plusieurs individus qui, venus à une adjudication pour se rendre chacun individuellement adjudicataires, se concertent soudainement pour acquérir les biens à vil prix, sous la promesse réciproque de les partager entre eux, par égales portions, et se rendent, en effet, adjudicataires par le ministère d'un seul avoué, qui, après l'accomplissement du partage convenu, fait une déclaration de command en leur nom : Cass. 15 mai 1857 (t. 83, p. 152); Rouen, 15 mai 1858 (*Journal de cette Cour*, 1858, p. 101).

1012. Mais la Cour de Rouen a jugé que le délit d'entraves aux enchères ne peut exister qu'autant que la fraude a présidé à la convention qui a eu pour résultat d'éloigner un enchérisseur; qu'ainsi, la convention, faite sans intention frauduleuse, par suite de laquelle un individu s'abstient d'enchérir, parce que celui qui veut devenir adjudicataire lui cédera une portion de l'immeuble mis en vente, ne saurait tomber sous l'application de l'art. 412, Cod. pén. : arrêt du 24 mai 1851 (t. 76, p. 613).

1013. M. Chauveau déclare s'étonner qu'on ait soulevé la question de savoir si une surenchère est nulle, parce que divers créanciers se seraient réunis pour supporter en commun les frais de cette surenchère. C'est, comme l'a dit le tribunal de Castelnaudary, le 30 mai 1848 (*J. Av.*, t. 74, p. 393), une convention qui ne porte dommage ni au vendeur, ni aux créanciers. Mais il en serait autrement, observe notre auteur, si ceux qui se réunissent ainsi pour faire les avances et courir les risques d'une procédure coûteuse, s'engageaient à ne pas enchérir au jour de l'adjudication.

1014. Il est d'avis qu'on doit dire, avec un arrêt de la Cour de Caen du 28 avril 1856 (*J. Av.*, t. 81, p. 565), qu'il appartient aux tribunaux d'apprécier les faits par lesquels on veut apporter une entrave à la liberté des enchères, et de déclarer qu'une association pour enchérir est licite, tandis qu'une association qui a pour but l'abstention d'une surenchère est défendue.

1015. Indépendamment de la répression pénale, les auteurs et les complices du délit d'entrave à la liberté des enchères sont tenus, comme l'observe M. Chauveau, de réparer le préjudice provenant du fait délictueux. Cette réparation civile est, quant à son importance, appréciée par les juges.

Dans une espèce où le délit reconnu constant avait empêché une surenchère et engagé le saisi dans un procès long et coûteux, la Cour de Caen, par arrêt du 13 juillet 1854 (t. 81, p. 568), a condamné l'auteur du délit à payer : 1° le montant de la surenchère empêchée (le sixième du prix de l'adjudication) ; 2° 1500 francs de dommages-intérêts.

1016. (Q. 2382 sexies) *Après trois ans, le saisi est-il non recevable à actionner en dommages-intérêts l'adjudicataire de ses immeubles pour avoir, par ses manœuvres, obtenu le désistement d'une surenchère? En d'autres termes, l'action civile résultant d'un délit se prescrit-elle par le même laps de temps que l'action publique?*

M. Chauveau, après avoir mentionné un arrêt de la Cour de cassation du 21 nov. 1854 (*J. Av.*, t. 81, p. 50), qui a consacré l'affirmative, et avoir rappelé qu'une vive controverse s'est élevée sur le point de savoir si la prescription de l'action publique est applicable à l'action civile, déclare adopter la solution négative par les motifs suivants : Le Code d'instruction criminelle ne contient, suivant lui, aucune dérogation formelle aux dispositions générales du Code civil. L'art. 1382 de ce dernier Code ouvre une action à celui qui a souffert un dommage, parce que celui qui a causé ce dommage est *obligé* à le réparer. Or, toute action, en matière civile, se prescrit par trente ans. Et M. Chauveau ne peut admettre qu'une action en réparation de dommage soit plus favorisée, lorsque l'auteur de ce dommage est un honnête homme, que s'il est un criminel.

1017. Toutefois, l'auteur n'insiste pas, craignant que son opinion ne modifie en rien la jurisprudence et la doctrine contraires qui semblent définitivement prévaloir. Il n'aurait même pas, dit-il, exprimé son avis, sans l'intérêt qu'il attache à la question de procédure jugée par l'arrêt ci-dessus mentionné de la Cour de cassation. Cette question spéciale consiste à savoir si le saisi qui soutient qu'un dommage lui a été causé par l'abandon d'une surenchère a, pendant trente ans, une action devant les tribunaux civils pour obtenir la réparation de ce dommage. Convaincu que toute action civile en réparation d'un dommage ne se prescrit que par trente ans, il ne peut que repousser l'interprétation admise par la Cour suprême. Passant à un arrêt de la Cour de Bourges du 25 mars 1855 (*J. Av.*, t. 81, p. 55), qui s'est, au contraire, associée à cette interprétation, il en fait la critique ; puis, il revient à la thèse de la Cour suprême, et s'efforce de prouver que l'action dont il s'agissait dans l'espèce soumise à cette Cour se rattachait à un contrat, et avait pour base autre chose qu'un simple fait délictueux.

1018. Selon M. Chauveau, il y a simple fait délictueux tombant sous le coup de la prescription criminelle, même en ce qui concerne la réparation civile, lorsque le demandeur se plaint d'un vol, d'un meurtre, etc. Mais l'action civile n'est pas prescrite par trois ans, lorsque le demandeur se plaint de l'abus de confiance de son mandataire, de la concussion de son comptable, etc., parce que, dans ce dernier cas, le délit se rattache à un contrat. En quoi la position de l'adjudicataire qui a obtenu la rétractation d'une surenchère ressemble-t-elle à celle du voleur ou du meurtrier? S'il n'y avait pas eu d'adjudication, le fait reproché comme dommageable ne pourrait pas exister : donc il se rattache au contrat d'adjudication ; il a pour base ce contrat : donc il ne peut être atteint par la prescription criminelle. La fraude n'est pas un fait évident comme le vol ou le meurtre : elle agit dans l'ombre ; on ne la découvrira peut-être qu'accidentellement à l'occasion d'un procès civil..., et, quand on la découvrira, l'action par laquelle on voudra l'atteindre sera prescrite ! De ce qu'une fraude tombe spécialement sous le coup d'une disposition du Code pénal, il ne s'ensuit pas qu'elle perde le caractère de fraude civile pouvant servir de base à l'annulation d'un contrat ou à la demande d'une somme d'argent à titre de dommages-intérêts. C'est sous l'influence de ces principes que M. Hélie et M. Chauveau ont dit dans la *Théorie du Code pénal*, 3e édit., t. 5, p. 437 : « Le Code de Sardaigne porte dans son art. 410 que toutes conventions faites pour écarter les enchérisseurs sont nulles de plein droit, et que les adjudications qui auraient eu lieu au profit de ceux qui auraient pris part à ces conventions pourront être annulées à la diligence des intéressés. Ces deux dispositions n'existent point dans notre législation, mais les points qu'elles décident se trouvent fixés par les règles générales du droit. Ainsi, d'une part, les conventions pour écarter les enchérisseurs, considérées comme illicites, ne pourront avoir aucun effet ; d'un autre côté, l'adjudication entachée de dol ou de fraude devra être annulée et la fraude résultera sans aucun doute du seul fait d'avoir écarté des enchérisseurs par l'un des moyens que la loi a mis au nombre des délits. »

1019. Le Code de procédure civile, dans son art. 709, donne, suivant M. Chauveau, une force nouvelle à ce système : « La surenchère faite au greffe, dit cet article, ne pourra être rétractée. » Donc, cet acte considéré comme un contrat lie toutes les parties, *saisi, adjudicataire, créanciers, surenchérisseurs*. Il est vrai que, si les délais expirent sans que cette surenchère soit régularisée, elle sera annulable ; mais cette nullité sera la peine de la négligence : *vigilantibus jura subveniunt*. Mais s'il n'y a pas simple négligence, si c'est une fraude, si l'adjudicataire a obtenu à prix d'argent un silence qui équivaut à une rétractation, cette rétractation étant nulle, la surenchère doit recevoir son exécution, et, ce qui tend au même but, des dommages-intérêts peuvent être demandés. Quelle est donc la cause de cette action ? Est-ce le fait seul du paiement de la somme à l'aide de laquelle le silence a été acheté ? Non ! c'est l'acte de surenchère et la volonté de la loi que cet acte ne puisse pas être rétracté, et l'on décide que l'action est prescrite parce que le législateur a élevé cette fraude à la hauteur d'un délit et a fait intervenir l'intérêt social dans une contestation purement privée ! Voilà, aux yeux de M. Chauveau, une doctrine qui tend singulièrement à rétrécir, sans motifs, l'ampleur protectrice des dispositions de la loi civile.

1020. L'action civile devant les tribunaux criminels est facultative, ajoute l'auteur ; la rendre obligatoire, c'est violer l'esprit et le texte de notre Code civil, c'est trouver dans une loi spéciale, relative à la vindicte publique, une exception qui n'a pu entrer dans la pensée du législateur, c'est créer une dérogation qui ne se présume pas.

1021. En résumé, sur la question de surenchère, M. Chauveau ne sait, dit-il, s'il se laisse influencer par son sentiment sur la prescription de l'action civile ; cependant, il lui semble que la prescription trentenaire de l'action civile, en ce cas spécial, pourrait être admise, sans qu'il y eût une extension illégale des exceptions généralement admis au principe de l'assimilation de cette action et de l'action publique quant à leur durée. Si l'on tient absolument à frapper de la prescription triennale le fait dommageable isolé de tout point de contact avec les conventions, qu'au moins on soit large pour repousser cette prescription, lorsque ce fait se reliera de près ou de loin à l'exercice des droits reconnus ou consacrés par nos lois civiles. A cela nul danger, nul inconvénient. La Cour de cassation l'avait ainsi décidé le 16 mars 1829 ; sa doctrine avait frappé la fraude, que vient protéger sa dernière jurisprudence.

1022. (Q. 2383). *Le jugement doit-il contenir la mention de toutes les enchères successives ?*

M. Chauveau a adopté la négative sous la quest. 2381 *ter* (*sup.*, n. 1000).

1023. (Q. 2383 bis). *Le taux des enchères est-il facultatif ?*

Le législateur n'ayant rien réglé sur ce point, tout est facultatif, répond

M. Chauveau. Telle est aussi l'opinion de MM. Colmet-Daage, t. 2, p. 350, n. 956, et Bioche, v° *Saisie immob.*, n. 469.

1024. M. Chauveau ajoute, avec un arrêt de la Cour de Montpellier, du 5 janv. 1856 (*J. Av.*, t. 81, p. 259), et un arrêt de la Cour de cassation, du 6 avril 1857 (t. 82, p. 449), que le tribunal devant lequel est poursuivie une saisie immobilière ne peut fixer le chiffre minimum des enchères qu'autant que cette fixation est demandée ou consentie par tous les intéressés. Le silence des avoués présents à la barre au moment de la fixation, l'exécution par eux de cette décision résultant de ce qu'ils ont formé des enchères conformes, ne peuvent être considérés comme un assentiment suffisant, alors surtout que la fixation, non prévue au cahier des charges, a été faite à l'audience des criées avant l'ouverture des enchères par le président seul, et que la partie saisie n'était pas représentée à cette audience.

1025. (Q. 2383 ter). *Qu'y aurait-il lieu de faire en cas d'extinction accidentelle d'une des bougies ?*

M. Jacob, p. 403, fait observer que si l'une des bougies vient à s'éteindre accidentellement, soit aussitôt qu'elle est allumée, soit après avoir commencé à brûler, mais sans avoir duré le temps prescrit, il faut la rallumer et considérer le feu éteint comme non avenu. M. Chauveau, qui approuve cette observation, ajoute : Il peut arriver que le feu contesté soit le dernier de l'enchère ; que, par conséquent, à son extinction régulière soit attaché le sort de l'adjudication ; dans ce cas, c'est au tribunal à statuer, et sa sentence sera alors exécutoire par provision, mais sujette à l'appel.

1026. (Q. 2383 quater). *Le poursuivant ou l'enchérisseur a-t-il le droit d'exiger que l'adjudication lui soit consentie après l'extinction des feux ? Lorsque le poursuivant primitif a abandonné la poursuite et que l'adjudication est poursuivie par un créancier subrogé, est-ce le poursuivant primitif qui doit, à défaut d'enchère, être déclaré adjudicataire pour la mise à prix ?*

La solution affirmative donnée à la première question par M. Rodière, t. 3, p. 134, paraît incontestable à M. Chauveau.

1027. Mais si le créancier poursuivant a ce droit et s'il est responsable de la mise à prix qu'il a fixée, cette responsabilité survit-elle à la subrogation qui a investi un autre créancier de la direction et de l'initiative des poursuites ?

La Cour de Nancy a tranché aussi ce point affirmativement, le 16 janv. 1850 (*J. Av.*, t. 76, p. 365), attendu que la subrogation est un incident de la saisie immobilière dont la cause et le but doivent déterminer les conséquences légales ;—que s'il est vrai que sa cause réside dans la négligence ou la collusion du poursuivant, et que son but est de hâter l'adjudication des immeubles saisis et, par suite, le paiement des créanciers, la conséquence nécessaire est que le seul engagement à la charge du subrogé consiste à procéder plus régulièrement ou plus promptement que ne l'a fait le saisissant ;— que, faire peser sur le subrogé une charge plus grave, telle que la responsabilité de la mise à prix, ce serait, contrairement au vœu de la loi, rendre beaucoup plus rares les demandes en subrogation, et, par suite, encourager la négligence ou la collusion ; ce serait encore, chose non moins exorbitante, dégager d'un quasi-délit non plus une obligation, mais, au contraire, l'affranchissement d'une obligation positive, celle de prendre les immeubles saisis pour la mise à prix dans le cas où il ne surviendrait pas d'enchères nouvelles ; — que de pareilles conséquences ne sauraient être attachées à la subrogation, c'est-à-dire à la substitution d'un créancier plus diligent ou plus désintéressé, dont la mission consiste précisément à ramener à effet l'enchère du saisissant ; qu'aussi, dans une matière analogue, le cas de surenchère sur aliénation volontaire, le législateur, en consacrant de nouveau le droit de demander la subrogation, a reconnu, par les art. 833 et 838, Cod. proc., que la subrogation n'avait lieu qu'aux risques et périls du surenchérisseur.

1028. M. Chauveau déclare ne pouvoir adhérer à cette doctrine. — Si l'on admet, dit-il, avec un arrêt de la Cour de Bordeaux du 25 août 1845 (*J. Av.*, t. 71, p. 191), que le créancier subrogé à une poursuite nulle ait le droit d'exercer un recours en garantie contre le saisissant, pour les frais auxquels il est condamné par suite de la nullité prononcée, il faut aussi reconnaître que le créancier qui a pris l'initiative des poursuites est tenu de répondre de la mise à prix.— Mais tel n'est pas son opinion. Il fait observer que, parmi les motifs qui peuvent déterminer le créancier poursuivant à abandonner la procédure, il en est de très légitimes, auxquels tout reproche de négligence ou de collusion est inapplicable. Ainsi, par exemple, une nullité aura été commise qui entraîne l'annulation de la poursuite ; le débiteur aura désintéressé le poursuivant, qui alors cesse d'agir ; les événements accomplis entre l'époque où le cahier des charges a été rédigé et l'époque où l'adjudication doit être prononcée, auront déprécié la valeur des propriétés immobilières, et le poursuivant, ayant lieu de craindre de rester adjudicataire de l'immeuble pour le prix qu'il a lui-même fixé, et qui sera absorbé par des inscriptions antérieures à la sienne, suspend une procédure qui pourrait lui être préjudiciable : quoi de plus naturel? — Si un autre créancier veut poursuivre, il est libre, pourvu que sa poursuite n'aggrave pas la condition du poursuivant primitif auquel on n'a rien à imputer. — Sans doute, si le créancier n'a cessé de poursuivre qu'à cause de l'existence d'une nullité, celui qui se pourvoira en subrogation devra faire aussi déclarer la nullité des actes vicieux, et les conséquences de cette annulation seront supportées par le créancier de qui ils émanent. Sans doute encore, lorsque l'interruption proviendra de la collusion ou de la fraude, le créancier sera passible de dommages-intérêts; mais, sauf ces cas, la subrogation admise a pour effet de rendre le premier poursuivant étranger à la poursuite; le subrogé en assume toute la responsabilité. La loi dit bien (art. 722) que la négligence résultera de ce seul fait qu'une formalité n'aura pas été remplie dans le délai prescrit; mais s'ensuit-il que la suspension des poursuites, qui prend sa cause dans l'intérêt bien entendu du créancier, constitue de sa part un quasi-délit? Nullement ; cette disposition signifie simplement qu'un créancier qui n'aura pas le même motif de s'abstenir pourra se prévaloir de cette inaction pour se substituer au poursuivant afin de diriger la procédure. Mais imposer au poursuivant originaire l'obligation de demeurer garant de la mise à prix, c'est dépasser les exigences de la loi, exagérer sa rigueur, créer une peine qu'elle n'a pas édictée. Quand le législateur a voulu qu'une sanction aussi exorbitante fût appliquée, il n'a pas manqué d'en faire l'objet d'une disposition expresse. Ainsi l'art. 838 porte que le surenchérisseur, *même* au cas de subrogation à la poursuite, sera déclaré adjudicataire, etc. Pourquoi une telle disposition, qui renvoie formellement à l'art. 706, si ces mots de ce dernier article : *le poursuivant sera déclaré adjudicataire pour la mise à prix*, signifiaient que, même en cas de subrogation, le poursuivant originaire continuera d'être lié par la fixation de cette mise à prix ? Ce qui explique la disposition de l'art. 838, c'est la différence qui existe entre le cas dont on s'occupe ici et celui où il s'agit d'une surenchère. Dans le premier, la mise à prix n'est que l'indication d'une base pour les enchères ; dans le second, la mise à prix est, de la part du surenchérisseur, l'évaluation qu'il fait de la valeur de l'immeuble, qu'il estime avoir été adjugé ou vendu à vil prix; cette évaluation, infirmant la fixation du prix qui résulte de l'adjudication ou de l'acte de vente, a pour résultat de conduire à une adjudication nouvelle qui produit la résolution des actes intervenus ; le surenchérisseur ne peut plus rétracter sa surenchère, tandis que rien n'empêche le poursuivant d'abandonner ses poursuites. En conséquence, l'argument que la Cour de Nancy a tiré de l'art. 838, loin d'être favorable au système qu'elle adopte, peut être invoqué contre lui.

1029. La Cour de Paris a confirmé l'opinion de M. Chauveau en décidant, le 26 mars 1851 (*J. Av.*, t. 76, p. 368), que le créancier saisissant est maître de suspendre ou d'abandonner les poursuites jusqu'au moment de l'adjudication, et que, dans le cas où il ne requiert pas la réception des enchères et où cette réquisition est faite par un autre créancier, le saisissant ne reste pas adjudicataire pour la mise à prix, si elle n'est pas couverte; mais que c'est le créancier requérant qui hérite de cette obligation. — Compar. aussi un arrêt de la Cour de Toulouse, du 6 fév. 1850 (*J. Av.*, t. 75, p. 142), contraire à l'arrêt susénoncé de la Cour de Bordeaux.

1030. (Art. 706). — *Si, dans le cas de mise en vente des immeubles saisis en plusieurs lots, l'adjudication d'un ou de quelques lots suffit pour assurer le paiement intégral des créanciers, le tribunal peut-il ordonner que les autres lots ne seront pas mis aux enchères?*

On peut tirer argument, en faveur de l'affirmative, d'un arrêt de la Cour de Bastia du 14 fév. 1876 (*J. Av.*, t. 101, p. 378), qui a décidé qu'en tout cas, le tribunal ne peut rendre une semblable décision d'office; et que le saisi, qui n'a pas invoqué en première instance le moyen dont il s'agit, n'est pas recevable à le proposer en appel.

§ 2. — Personnes qui peuvent ou auxquelles il est interdit de se rendre adjudicataires.

1031 (Q. 2384). *Les trois jours dans lesquels l'avoué doit faire la déclaration exigée par l'art. 707 sont-ils francs?*

La négative est enseignée au texte par Carré, qui observe qu'on ne compte pas le jour de l'adjudication, mais que la déclaration doit être faite dans l'un des trois jours qui suivent. M. Chauveau adopte cet avis, qui est conforme au sentiment de MM. Thomine-Desmazures, t. 2, p. 249; Persil fils, *Comm.*, p. 203, n. 243; Dalloz, n. 1708, et Bioche, v° *Saisie immobilière,* n. 474.

1032. M. Persil demande, n. 244, si les trois jours doivent être utiles; en d'autres termes, si le délai devrait être augmenté d'un quatrième jour, dans le cas où l'un des trois serait un jour férié. M. Chauveau se prononce pour la négative (Compar. *Délai*, n. 30 et s.; *Jugement par défaut,* n. 259). — MM. Jacob, p. 407, et Rodière, t. 3, p. 134, se rangent à cette opinion. Ce dernier auteur ajoute que, si cependant le greffier consentait à recevoir la déclaration le jour qui se trouverait férié, personne n'aurait qualité pour s'en plaindre. — M. Chauveau est du même avis.

1033. La Cour de cassation a jugé, le 10 mars 1846 (*J. Av.*, t. 70, p. 247), conformément à la doctrine de notre auteur, qu'il n'y a pas lieu à augmentation du délai pour faire la déclaration prescrite par l'art. 707, quoique le dernier jour de ce délai soit férié. — Il a été, depuis, décidé de même que le délai de trois jours imparti à l'avoué pour faire la déclaration de l'adjudicataire, doit être calculé sans tenir compte des jours fériés; et qu'en conséquence, il y a lieu à la perception d'un droit de nouvelle transmission, lorsque cette déclaration n'est faite que le quatrième jour, alors même qu'un des jours précédents aurait été férié : Trib. civ. d'Espalion, 30 sept. 1876 (*J. Av.*, t. 102, p. 115); Trib. civ. de Vitry-le-François, 8 fév. 1877 (*Ibid.*, p. 419). — *Contrà*, Trib. civ. de Castres, 9 août 1876 (*Ibid.*, p. 115).

1034. (Q. 2384 bis A). *La déclaration que l'avoué ferait dans les trois jours, mais qu'il signerait seulement après ce délai, serait-elle valable?*

Cette question a été résolue affirmativement par un arrêt de la Cour d'Alger du 14 mars 1849 (*J. Av.*, t. 74, p. 307), dans une espèce où l'adjudication ayant été prononcée le 17 janvier, la déclaration de l'adjudicataire avait été faite le 20, mais n'avait été signée que le 22. Le tribunal civil de Blidah avait annulé cette déclaration; mais la Cour d'Alger a pensé que « les dispositions de l'art. 707 constituent une peine que la loi a voulu infliger à la négligence, mais qu'il ne peut pas être permis de prononcer avec une déclaration incomplète comme en l'absence de toute déclaration; — que rien ne démontre qu'il puisse en être ainsi, lorsque l'avoué a réellement fait sa déclaration dans le délai prescrit et que, par des circonstances particulières, cette déclaration demeurée incomplète a reçu toute sa perfection deux jours plus tard; que rien, surtout, ne démontre qu'il doive en être ainsi lorsque l'adjudicataire véritable se présente avec l'avoué, qui a enchéri pour lui au greffe du tribunal, et vient confirmer par sa signature la déclaration précédente faite dans le délai fixé; — que cette nouvelle déclaration est alors une ratification de la première, une véritable ratification du mandat réellement donné à l'avoué, laquelle doit remonter à la première déclaration et la valider ainsi; — que l'enchérisseur au nom duquel la déclaration a été faite aurait seul le droit de se plaindre, et que, loin de là, venant à la confirmer, nul dans la procédure, soit en expropriation, soit en licitation, n'a intérêt à repousser le dernier et plus haut enchérisseur qui se présente et qui réclame le bénéfice de la déclaration faite en son nom. »

1035. M. Chauveau regarde à bon droit cette théorie comme inadmissible. La loi a voulu un acte complet fait dans les trois jours; or, l'acte n'ayant été complété que le cinquième jour n'a existé réellement qu'à ce moment. L'art. 707 contient une disposition qui ne peut pas être éludée; au lieu de deux jours de retard, il aurait pu y avoir un mois, et, d'après les principes posés par la Cour d'Alger, la décision aurait dû être la même; toute l'économie de la loi serait bouleversée.

1036. Il a été décidé que la disposition de l'art. 707, d'après laquelle l'avoué dernier enchérisseur est tenu, dans les trois jours de l'adjudication, de déclarer l'adjudicataire, sous peine d'être réputé adjudicataire en son nom, est absolue; que, dès lors, la déclaration de l'avoué et le dépôt du pouvoir de son client faits plus de trois jours après l'adjudication constituent une nouvelle transmission de biens passible d'un second droit proportionnel, quelque certaines que soient d'ailleurs la réalité du pouvoir et la bonne foi de l'avoué : Trib. civ. de la Seine, 4 mai 1877 (*J. Av.*, t. 102, p. 418).

1037. (Q. 2384 bis B). *Où, et dans quelle forme doit-on faire la déclaration ?*

Carré, au texte, explique que la déclaration se fait au greffe; qu'on l'écrit sur le cahier des charges, à la suite de l'adjudication; que l'avoué la signe; que si son commettant est présent, il fait immédiatement son acceptation; que cette acceptation doit être signée par le commettant; sinon, il est fait mention des causes qu'il l'empêchent de signer; enfin qu'en cas d'absence du commettant, l'acceptation peut être faite en vertu d'un pouvoir donné par acte authentique ou sous signature privée; mais que, dans ce dernier cas, le pouvoir ne peut être annexé à la minute de la déclaration qu'autant qu'il est timbré et enregistré. — M. Chauveau approuve cette doctrine, qui est enseignée aussi par MM. Persil fils, *Comment.*, p. 205, n. 247; Dalloz, n. 1713; Bioche, v° *Saisie imm.*, n. 475, et Colmet-Daage, t. 2, p. 354, n. 961.

1038. La preuve du mandat verbal d'enchérir peut être faite d'après les règles du droit commun par l'avoué dernier enchérisseur contre la partie de laquelle il dit avoir reçu ce mandat; la disposition de l'art. 707 qui oblige l'avoué à représenter son pouvoir à défaut d'acceptation de l'adjudicataire ne concerne que les rapports de l'avoué avec les tiers, et non ceux des parties contractantes entre elles : Cass., 13 juillet 1874 (*J. Av.*, t. 106, p. 14).

1039 (Q. 2384 ter). *La déclaration faite par l'avoué conformément à l'art. 707 est-elle, comme déclaration de command de la part de l'adjudicataire, soumise aux dispositions de la loi du 22 frimaire an* VII*? L'adjudicataire élu peut-il à son tour élire command?*

Carré, au texte, cite diverses décisions d'après lesquelles on doit, dit-il, tenir pour certain, 1° que l'avoué n'est pas obligé de notifier au receveur de l'enregistrement la déclaration prescrite par l'art. 709, aujourd'hui 707 ; 2° qu'elle n'est passible que du droit fixe d'un franc, lorsqu'elle remplit les conditions voulues par cet article; 3° que *l'adjudicataire* déclaré peut passer une *déclaration de command,* sans donner lieu au droit proportionnel, lorsque l'avoué en a fait *la réserve dans l'adjudication ;* 4° que la déclaration de command faite par l'adjudicataire déclaré par l'avoué ne doit profiter de l'exemption qu'autant que celui-ci en a fait la réserve *dans l'adjudication*, et que le droit proportionnel est exigible, si la réserve a été faite seulement par l'adjudicataire dans l'acceptation de la déclaration de l'avoué.

1040. M. Chauveau, après avoir signalé la distinction qui doit être faite entre la déclaration passée par l'avoué pour faire connaître son mandataire, et pour laquelle il a trois jours, et celle de l'adjudicataire lui-même pour élire command, et pour laquelle, aux termes de l'art. 68 de la loi du 22 frim. an VII, il n'a qu'un délai de vingt-quatre heures, fait remarquer que ce dernier délai part du jour de l'adjudication; mais que l'adjudication est censée n'être parfaite, pour l'adjudicataire, qu'au moment où il accepte la déclaration de l'avoué (Cass., 22 fév. 1823, S.-V.23.1.159). De cette manière, dit-il, se concilient les deux dispositions de notre art. 707 et de l'art. 68 de la loi de frimaire. Les fonctions d'avoué n'existant pas lorsque cette loi fut promulguée, l'adjudication avait lieu à l'audience sur la réquisition même de l'adjudicataire. De là vient qu'on n'accorda de délai que pour l'élection de command. Mais les avoués ayant été rétablis et leur ministère étant devenu nécessaire pour enchérir, il a bien fallu fixer un délai pour la déclaration à faire par l'avoué de l'adjudicataire, laquelle n'est pas, à proprement parler, une élection de command, cette dénomination étant réservée à la désignation que fait l'adjudicataire d'un autre individu qui se met à son lieu et place.

1041. L'adjudicataire indiqué dans les trois jours par l'avoué ne peut élire lui-même command dans les vingt-quatre heures qu'à la condition de notifier cette élection à la régie ou de la faire enregistrer dans le même délai. V. notamment sur ce point quatre jugements, l'un du tribunal d'Abbeville du 25 janv. 1832 (*J. Av.*, t. 62, p. 254); l'autre, du tribunal de Soissons, du 17 janv. 1844 (t. 66, p. 97) ; le troisième, du tribunal de la Seine, du 9 nov. 1854 (t. 80, p. 465) ; le quatrième, du tribunal de Marseille, du 19 fév. 1858 (t. 84, p. 147).

1042. Si, le lendemain d'une adjudication d'immeubles faite à l'audience des criées, l'adjudicataire, usant de la faculté qu'il s'était réservée, a déclaré, par acte passé au greffe, avec l'assistance de son avoué, qu'il avait acquis partie des immeubles pour un tiers, acceptant, moyennant un prix déterminé, et si cette déclaration n'a pas été notifiée le même jour et n'a cependant été enregistrée plus tard qu'au droit fixe de 3 fr., est-on fondé à demander au greffier ou à l'avoué le complément du droit de vente? Le command qui a accepté la déclaration peut seul être responsable, dit M. Chauveau, c'est à lui qu'il faudra s'adresser.

1043. La Cour de cassation, par arrêt du 13 mars 1838, a jugé que le délai de vingt-quatre heures pour la notification de la déclaration de command doit s'entendre de vingt-quatre heures utiles ; de telle sorte que, si la vente ou l'adjudication a eu lieu la veille d'un jour férié, la déclaration de command est valablement notifiée le surlendemain. M. Chauveau fait remarquer que l'opinion par lui émise sous la quest. 2384 (*suprà*, n. 1032) ne s'applique pas, en effet, au cas où le délai n'étant que d'un jour, ce jour se trouve férié. Compar., quest. 2387 (*infrà*).

1044. Un arrêt de la Cour de Rouen, du 12 juill. 1838 (*J. Av.*, t. 55, p. 613), a décidé, conformément à une instruction de la régie du 16 juill. 1813, que la réserve au profit de l'adjudicataire désigné par l'avoué, du droit d'élire command dans les vingt-quatre heures de l'acceptation, ne produit son effet qu'autant qu'elle a été insérée dans le jugement ou procès-verbal d'adjudication. Le tribunal civil de Mâcon avait suivi cette jurisprudence en jugeant, le 21 août 1851 (*J. Av.*, t. 77, p. 369), que l'élection de command faite dans les délais par l'adjudicataire déclaré, est passible de droit de revente lorsque la réserve pour cet adjudicataire d'élire command au profit d'un tiers n'a pas été insérée dans l'adjudication, mais seulement dans la déclaration faite par l'avoué dernier enchérisseur. Cette solution avait été critiquée par les rédacteurs du *Contrôleur de l'enregistrement*, 1851, p. 511.

1045. La Cour suprême a donné raison à ces critiques par un arrêt du 1er fév. 1854 (*J. Av.*, t. 79, p. 349), qui déclare que, dans le cas où adjudication a été faite à un avoué dernier enchérisseur, l'art. 707 ayant accordé un délai de trois jours à cet avoué pour déclarer l'adjudicataire et fournir son acceptation, le contrat n'est parfait avec l'adjudicataire que du jour où cette déclaration a été faite et cette acceptation fournie ; que, jusque-là, ce contrat est imparfait à son égard ; que ce n'est donc que dans cette déclaration même, qui consomme l'adjudication à l'égard de l'adjudicataire, qu'il est tenu de se réserver la faculté de déclarer command, et que ce n'est qu'à partir de ce jour que court le délai de vingt-quatre heures déterminé par l'art. 68 de la loi du 22 frim. an VII ; que la loi ayant accordé à l'avoué, dernier enchérisseur, un délai de trois jours pour déclarer l'adjudicataire, a prorogé par cela même, au moment où serait faite cette déclaration dans le délai légal, la réserve d'élire command ; et que l'adjudicataire ne peut agir lorsqu'il n'est pas connu et lorsque sa qualité n'est pas fixée. Le tribunal civil de Dijon, saisi en vertu du renvoi prononcé par cet arrêt, a statué dans le même sens, le 12 déc. 1854 (*J. Av.*, t. 80, p. 172).

1046. Il n'y a pas déclaration de command proprement dite, lorsque, dans l'acte même d'adjudication et avant la signature du vendeur et de l'adjudicataire, celui-ci déclare que l'adjudication a lieu pour le compte d'un tiers, ce qui est accepté par ce dernier. En conséquence, il n'y a ouverture, ni à un second droit de mutation à défaut de notification dans les vingt-quatre heures, ni même au droit fixe de 3 fr. Solution de l'administration de l'enregistr., 7 nov. 1868 (*J. Av.*, t. 95, p. 84).

1047. Jugé que lorsqu'il a été stipulé dans le cahier des charges que l'adjudicataire aurait la faculté de déclarer command, il n'est pas nécessaire que la déclaration de l'adjudicataire, faite par l'avoué qui a enchéri, reproduise la réserve de la même faculté en faveur de cet adjudicataire, pour que la déclaration de command faite par ce dernier ne soit passible que du droit fixe : Trib. civ. de Vendôme, 12 juill. 1862 (t. 88, p. 273).

1048. Y a-t-il lieu de considérer comme faite dans le but d'éviter frauduleusement un second droit de vente, la déclaration de command signifiée au receveur après la fermeture du bureau, à la dernière limite du délai, lorsque cette déclaration porte qu'elle a été faite au lieu de la résidence de l'adjudicataire à l'heure même où elle a été signifiée au receveur ? — Cette question a été résolue négativement par les rédacteurs du *Journal de l'enregistrement*. 1867, p. 415. V. aussi *J. Av.*, t. 93, p. 71.

1049. (Q. 2384 quater). *Pour que la déclaration de l'avoué ou l'élection de command faite par l'adjudicataire ne soient pas considérés comme une mutation frauduleuse, faut-il qu'elles aient lieu* rebus integris ?

Oui, sans doute, répond M. Chauveau; si, avant de passer ces actes, l'avoué et l'adjudicataire étaient entrés par eux-mêmes en possession, avaient fait quelque acte de propriétaire, ou si, dans leur déclaration, les conditions de la première vente étaient modifiés, ils seraient censés avoir d'abord acquis pour eux-mêmes et renoncé au bénéfice de l'élection de command. Conf., M. Lachaize, t. 2, p. 8, n. 386.

1050. Il a été jugé en ce sens : 1° que, pour qu'une déclaration de command ne soit pas assujettie au droit de vente, il faut qu'elle n'apporte aucune modification aux clauses de la vente : Trib. civ. de la Seine, 30 juill. 1856 (*Journal de l'enregistrement*, 1856, p. 487, n. 2087) ; — ni qu'elle n'en change point le prix : Même trib., 3 juill. 1857 (*Contrôleur de l'enregistrement*, 1857, p. 451, art. 11, 170) ; — 2° que la déclaration de command par laquelle l'adjudicataire n'attribue à celui au profit de qui elle est faite qu'une partie seulement de la chose achetée, mais à la charge de payer le prix intégral de l'adjudication, constitue une vente et donne ouverture non au droit fixe, mais au droit proportionnel, sans que l'allégation d'une erreur qui, d'ailleurs, n'est pas justifiée par écrit, puisse mettre obstacle au droit acquis à la régie par la présentation de l'acte à l'enregistrement (*J. Av.*, t. 56, p. 283).

1051. (Q. 2384 quinquies). *Lorsqu'il n'y a point eu d'enchérisseur sur une vente par suite de saisie immobilière, et que l'avoué du poursuivant, à qui l'immeuble a été adjugé pour la mise à prix n'a point fait la déclaration prescrite par l'art.* 707, *peut-on considérer cet avoué comme adjudicataire en son nom personnel ?*

M. Chauveau enseigne la négative. En effet, dit-il, puisque la loi prononce elle-même, dans le cas d'absence de toute enchère, l'adjudication au profit du poursuivant, il n'est besoin d'aucune déclaration pour faire connaître l'adjudicataire. Ce cas ne rentre point dans l'application de l'art. 707. Conf., MM. Dalloz, n. 1703, et Bioche, v° *Sais. imm.*, n. 481.

1052. (Q. 2384 sexies). *Si l'adjudicataire déclaré n'est pas domicilié dans le ressort du tribunal qui a procédé à la vente, faut-il que l'avoué élise pour lui un domicile dans le ressort ?*

La Cour de Riom avait proposé d'exiger cette élection de domicile, faute de quoi elle aurait lieu de droit chez l'avoué lui-même. Mais il fut répondu qu'il ne fallait pas rendre une telle clause obligatoire de peur d'écarter certaines classes d'enchérisseurs.

1053 (Q. 2384 septies). *Lorsque l'adjudication a été prononcée en bloc et pour un prix unique au profit d'un avoué qui déclare plusieurs commands entre lesquels il divise l'immeuble et le prix, les adjudicataires sont-ils soumis à l'obligation indivisible de payer le prix total de l'adjudication, si d'ailleurs ils n'ont pas été relevés de cette obligation, soit par une clause du cahier des charges, soit par des actes d'exécution volontaire ?*

Pour établir l'affirmative, M. Chauveau envisage les droits et l'intérêt du vendeur, les droits et l'intérêt des acquéreurs.

1054. 1° Le vendeur, observe-t-il, puise tous ses droits dans le cahier des charges qui énumère les conditions de la vente et qui est l'expression de sa volonté. Par l'adjudication, l'acquéreur adhère à ces conditions ; or, l'une des clauses du cahier des charges porte que l'immeuble est vendu en bloc, c'est-à-dire qu'il n'y a qu'un prix sans fractionnement possible à l'égard du vendeur ; celui-ci a donc droit de compter sur ce prix entier, *in solidum*, quel que soit d'ailleurs le nombre des adjudicataires. —Du moment où, dans le cahier des charges, l'immeuble a été considéré par le vendeur comme ne comportant aucune divisibililé, il a été frappé, aux termes de l'art. 1218, Cod. civ., d'une indivisibilité intellectuelle dont les effets subsistent tant qu'une volonté contraire n'est pas venue les anéantir. A quels résultats désastreux ne conduirait pas d'ailleurs la divisibilité? Le vendeur pourrait se voir forcé de s'adresser à vingt, à cent personnes différentes; de poursuivre des folles enchères ruineuses; de telle sorte que le concours de la justice, au lieu de protéger ses intérêts, le mettrait à la merci des adjudicataires!

1055. Les acquéreurs objecteront, il est vrai, que nulle disposition de loi n'empêche un avoué de déclarer command pour plusieurs individus, et que si cette hypothèse se réalise, autant il y a d'adjudicataires, autant de prix proportionnels sont dus par chacun d'eux. Qu'il puisse y avoir plusieurs adjudicataires, c'est un point hors de doute; mais que chacun d'eux puisse se considérer comme isolé et débiteur seulement du prix de la portion d'immeuble qu'il lui a plu d'acquérir, c'est ce que M. Chauveau déclare ne pouvoir admettre.—Il est nécessaire, dit-il, de préciser les divers cas qui peuvent se présenter. En effet, ou bien les acquéreurs s'étaient entendus entre eux, et, par un seul et même acte, avaient donné mandat à l'avoué de se porter adjudicataire de l'immeuble vendu; ou bien encore, par un même acte ou par des actes séparés, chacun d'eux avait donné mandat d'acheter un tiers, un quart, une partie quelconque de l'immeuble; ou bien enfin, chacun avait spécialement désigné la portion dont il voulait devenir adjudicataire. —Dans ces trois cas, la vente est valable. Y a-t-il également indivisibilité et chaque acquéreur est-il tenu de payer le prix total de l'adjudication? C'est l'avis de notre auteur. Indépendamment des raisons qui militent en faveur du vendeur, il considère que, dans les deux premières hypothèses qu'il a posées, il y a une véritable société, dont chaque membre est tenu *in solidum;* et que la troisième hypothèse elle-même ne se conçoit guère sans entente préalable de la part des acquéreurs. De cela qu'ils ont spécialement déterminé leur portion, il ne s'ensuit pas qu'ils eussent pu individuellement se rendre adjudicataires, *pro parte,* si ensemble ils n'avaient pas acquis la totalité de l'immeuble; ils savaient donc bien que l'adjudication était générale et que le prix était dû en entier par chacun des adjudicataires.

1056. On oppose, d'un côté, l'art. 2192, Cod. civ., et, d'un autre côté, l'on argumente de la position particulière d'un créancier à hypothèque spéciale qui n'a d'intérêt à surenchérir que sur la portion d'immeuble qui lui est hypothéquée. — A ces deux objections, M. Chauveau répond que si, dans le cas d'aliénation volontaire, il ne peut pas dépendre d'un vendeur de priver ses divers créanciers du droit d'user de la surenchère dans la proportion de leur intérêt, et si la loi a dû venir au secours de ces créanciers, étrangers à l'acte qui leur est notifié, les choses se passent autrement dans les ventes judiciaires; là, tous les intéressés, et conséquemment les créanciers, ont le droit de demander l'insertion au cahier des charges de telle ou telle clause qui sera appréciée par le tribunal; s'ils n'ont pas demandé une adjudication partielle, par lots, ils ne peuvent s'en prendre qu'à leur négligence, de la position commune dans laquelle ils sont restés placés. Si l'adjudication en bloc les prive de pouvoir faire une surenchère partielle, parce qu'il ne peut leur être permis de diviser ce que la justice a réuni, c'est un événement qui a dû être prévu et qui était la conséquence inévitable de la procédure solennelle indiquée par le législateur. Il ne restera plus aux créanciers à hypothèque spéciale que la ressource de demander, dans la distribution des deniers, la ventilation à l'aide de laquelle la position de chacun sera déterminée conformément aux vœux de la loi civile.

1057. La Cour de Limoges, par un arrêt du 11 mars 1848 (*J. Av.*,

t. 73, p. 445), a déclaré que les adjudicataires d'immeubles vendus en bloc et pour un seul prix, contractent l'obligation indivisible de payer le montant de l'adjudication, et que les créanciers colloqués dans l'ordre ultérieur ont le droit de réclamer à chacun d'eux le montant intégral de leur créance. La même Cour a décidé, le 28 juillet 1848 (t. 74, p. 304), que lorsqu'un avoué s'est rendu adjudicataire d'immeubles vendus en bloc et moyennant un prix unique, pour trois personnes, dont l'une est immédiatement indiquée et n'acquiert qu'une partie des immeubles, sans désignation de prix, tandis que les deux autres sont désignées par une déclaration régulière de command faite dans les trois jours avec détermination de prix, ces trois acquéreurs contractent aussi l'obligation indivisible de payer le montant de l'adjudication.—La Cour de Montpellier, le 22 juillet 1854 (t. 80, p. 318), a également appliqué aux adjudicataires l'obligation indivisible et solidaire d'exécuter toutes les conditions de la vente, en ajoutant que l'insolvabilité notoire de l'un des adjudicataires ne saurait entraîner, en pareil cas, la nullité de l'adjudication.—V. aussi Nîmes, 5 mars 1855 (t. 81, p. 17).

1058. Enfin, la Cour de Toulouse, par arrêt du 5 fév. 1847 (t. 72, p. 331), a modifié, sur la demande d'un créancier, un cahier des charges, en y introduisant une clause forçant à vendre séparément l'objet qui lui était hypothéqué spécialement. Cette doctrine trouve dans la juriprudence l'appui le plus solide.

1059. (Q. 2385). *N'existe-t-il pas une antinomie entre l'art.* 707 *et l'art.* 711?

Cette antinomie n'est qu'apparente, selon l'observation de M. Chauveau. Elle consisterait en ce que l'avoué qui ne fait pas sa déclaration dans les trois jours étant réputé adjudicataire personnellement, il serait facile à celui du poursuivant d'éluder, par une feinte négligence, la prohibition que lui fait l'art. 711 de se rendre adjudicataire pour son compte. Si une pareille faute était découverte, elle serait réprimée sévèrement par la voie disciplinaire.—Le législateur s'est du reste appliqué à faire disparaître toute contradiction par ces mots qui terminent l'art. 797 : *sans préjudice des dispositions de l'article* 711. V. Colmet-Daage, t. 2, p. 354, n. 961.

1060. Il a été jugé que l'adjudication prononcée en faveur de l'avoué poursuivant ne peut être déclarée nulle que lorsque cet avoué s'est rendu volontairement, directement, adjudicataire, et non dans le cas où il résulte des faits, souverainement appréciés par les juges, qu'il n'est resté adjudicataire que parce que la faute ou la négligence de son client l'ont empêché de faire la déclaration de command dans le délai légal : Pau, 6 juillet 1867 (*J. Av.*, t. 93, p. 59).

1061. (Q. 2395). *La prohibition d'enchérir portée en l'art.* 711 *peut-elle être étendue à d'autres personnes que celles qui sont indiquées dans cet article?*

Cette question, comme l'observe Carré, au texte, naît des art. 1596 et 1597, Cod. civ., dont le premier déclare que les tuteurs ne peuvent, ni par eux-mêmes, ni par personnes interposées, se rendre adjudicataires des biens de ceux dont ils ont la tutelle; les mandataires, des biens qu'ils sont chargés de vendre; les administrateurs, de ceux des communes ou des établissements publics confiés à leurs soins...., et dont le second défend aux juges, à leurs suppléants, aux magistrats remplaçant le ministère public, aux greffiers, huissiers, avoués, défenseurs et notaires, de devenir cessionnaires des procès, droits et actions litigieux qui sont de la compétence du tribunal dans le ressort duquel ils exercent leurs fonctions, et ce, à peine de nullité et des dépens, dommages et intérêts. L'auteur distingue entre ces deux dispositions; l'art. 1596 lui paraît applicable aux ventes par expropriation forcée, attendu qu'il renferme un principe de droit commun auquel on ne peut dire que l'art. 711, Cod. proc., ait dérogé, ce dernier article n'ayant fait au contraire qu'ajouter à l'art. 1596, en ce sens qu'il a déclaré incapables d'enchérir, dans le cas particulier d'expropriation, d'autres personnes que celles qui sont comprises dans la disposition générale du Code civil. Mais on ne saurait, suivant lui, en vertu de l'art. 1597, maintenir que celles des personnes auxquelles il défend d'acquérir des droits litigieux ne puissent faire enchère; car ces mots *procès, droits* et *actions litigieux*, qu'on trouve en cet article, désignent seulement des objets qui font la matière d'un procès, et qui présentent à courir les chances ou les risques d'un jugement à intervenir, tandis que la saisie n'est au contraire que l'exécution d'un jugement ou d'un acte exécutoire comme un jugement; en sorte que la question de savoir s'il y a ou s'il n'y a pas lieu à l'expropriation n'est pas litigieuse.

1062. La première de ces deux solutions est aussi enseignée par MM. Lachaize, t. 1, p. 456, n. 370; Dalloz, *Rép.*, v° *Vente publ. d'imm.*, n. 1651; Colmet-Daage, t. 2, p. 353, n. 959; et elle a été consacrée par un arrêt de la Cour de Paris du 28 janv. 1826 (*J. Av.*, t. 31, p. 342). Mais l'opinion contraire est soutenue par MM. Thomine-Desmazures, t. 2, p. 258; Persil fils, *Comm.*, p. 227, n. 267; Bioche, v° *Vente d'imm.*, n. 371, et v° *Saisie imm.*, n. 491, et elle a été admise par un arrêt de la Cour de Colmar du 16 fév. 1808 (S.V. chron.). Selon ces dernières autorités, l'art. 1596 étant placé sous un titre qui n'est censé traiter que des ventes volontaires, ne peut recevoir d'application aux saisies immobilières.

1063. Cet argument touche peu M. Chauveau. Rien ne prouve, en effet, dit-il, l'exactitude de cette assertion, que le titre du Code civil intitulé de la *vente* soit exclusivement réservé aux ventes volontaires. Loin de là, il contient certains principes généraux applicables à toutes les ventes. Et ce qui vient à l'appui de ce sentiment, c'est l'expression *adjudicataire* employée dans l'art. 1596 lui-même. La difficulté, qui avait été déjà soulevée sous l'ancienne loi, n'a pas été cependant résolue par la nouvelle. Toutefois quelques inductions peuvent être tirées de l'une de ses dispositions.

1064. Qu'on ne dise pas, observe M. Chauveau, qu'en introduisant dans l'art. 711 l'une des dispositions de l'art. 1596, Cod. civ., le législateur a suffisamment montré qu'il voulait exclure les autres. On pourrait raisonner ainsi, si c'était réellement une des dispositions textuelles de l'art. 1596 qu'il eût empruntées; mais il n'en est rien. Il a voulu interpréter une disposition obscure de l'art. 1596, indiquer l'une de ses applications. Or, aurait-il dû tirer des conséquences de l'art. 1596, pour une matière où cet article n'eût pas été applicable? M. Chauveau voit là une considération de nature à faire admettre que l'art. 1596 ne doit pas être séparé de l'art. 711; que celui-ci n'indique pas toutes les incapacités d'enchérir et de surenchérir dans une vente par expropriation forcée; mais qu'il n'est destiné qu'à en agrandir le cercle.

1065. Ainsi donc, dit-il, ni le tuteur ne pourra se rendre adjudicataire des biens de son pupille, ni les mandataires des biens qu'ils sont chargés de vendre, etc.

1066. Cependant la Cour de Toulouse a signalé une exception fort juste à cette règle en ce qui concerne le tuteur; s'il est lui-même créancier de son pupille, et qu'il poursuive la vente, la faculté de se rendre adjudicataire lui est rendue: arrêt du 4 fév. 1825 (*J. Av.*, t. 28, p. 191). En effet, les incapacités de l'art. 1596 ne sont que relatives; celle du tuteur ne dérive que de sa position vis-à-vis du pupille. Lorsqu'il exerce des poursuites contre lui, sa position change; car il cède momentanément ses fonctions au subrogé tuteur: il ne conserve que la qualité de créancier. Conf., M. Lachaize, t. 1, p. 459, n. 371. — Compar. la question suivante.

1067. Quant à l'art. 1597, M. Chauveau pense avec Carré qu'il n'est pas applicable à la saisie immobilière.

1068. La Cour de Riom a jugé, le 25 fév. 1843 (*J. Av.*, t. 64, p. 252), qu'il y a nullité de l'adjudication des immeubles d'un mineur faite au profit de son subrogé tuteur. Mais M. Chauveau ne regarde point comme fondée cette extension de l'incapacité d'enchérir, qui est en général rejetée par la doctrine (V. notamment MM. Duranton, t. 16, p. 134; Troplong, *Vente*, t. 1, n. 187; Duvergier, t. 4, n. 186; Rodière, t. 3, p. 133; Jacob, p. 413), et que la Cour suprême a elle-même repoussée en cassant, le 21 déc. 1852 (*J. Av.*, t. 78, p. 208), un arrêt rendu en sens contraire, par la Cour de Toulouse, le 17 mai 1850 (t. 77, p. 36). D'après la Cour de cassation, le subrogé tuteur, lorsque ses fonctions ne l'appellent pas à agir dans l'intérêt du mineur, à cause de l'opposition d'intérêts existant entre celui-ci et le tuteur, n'exerce pas de fonctions de tutelle; quels que soient ses obligations ou ses devoirs, ils sont distincts des obligations et des devoirs du tuteur; ainsi, aux yeux de la loi, les mêmes motifs ont pu ne pas exister pour lui appliquer les interdictions ou prohibitions qu'elle a appliquées au tuteur; on ne saurait donc, sans étendre la loi au delà des limites dans lesquelles elle a voulu se renfermer, comprendre le subrogé tuteur dans la prohibition faite au tuteur, par les art. 450 et 1596, Cod. civ., d'acheter les biens du mineur. V. aussi en ce sens, Agen, 13 juin 1853 (*J. Av.*, t. 78, p. 642); Grenoble, 4 janv. 1854 (t. 81, p. 41).

1069. Cette dernière Cour a ajouté avec raison qu'en supposant que le subrogé tuteur fût incapable de surenchérir, la nullité de l'adjudication prononcée à son profit ne pourrait pas être invoquée pour faire tomber l'adjudication subséquente prononcée sur sa folle enchère. Il est certain, en effet, dit M. Chauveau, que la vente sur folle enchère faisant disparaître complètement la première adjudication, la nullité résultant de l'incapacité d'enchérir qui aurait pu être invoquée contre le premier adjudicataire, ne peut plus l'être contre l'adjudicataire sur folle enchère. Les art. 729 et 739 s'opposent d'ailleurs à ce qu'on puisse se prévaloir de la nullité qui n'aurait pas été proposée antérieurement à l'adjudication sur folle enchère.

1070. Les syndics définitifs d'une faillite sont-ils incapables de surenchérir dans la vente des immeubles qui en dépendent? L'art. 573, Cod. comm., admet toute personne à surenchérir; mais l'art. 1596, Cod. civ., défend, sous peine de nullité, aux mandataires de se rendre adjudicataires des biens qu'ils sont chargés de vendre, et les syndics sont évidemment les mandataires semi-judiciaires et semi-conventionnels des créanciers du failli, provoquant la vente des immeubles de leur débiteur; donc, ils ne peuvent se rendre adjudicataires des biens du failli. Cependant M. Bioche, *Dict.*, v° *Faillite*, n. 1255, et v° *Sais. imm.*, n. 494, se prononce pour la capacité des syndics et cite à l'appui de son opinion un arrêt de la Cour de cassation du 22 mars 1836.

1071. L'avoué, créancier du saisi, peut-il se rendre adjudicataire, quoiqu'il soit établi que cet avoué était l'avoué poursuivant, et que les actes rédigés dans son étude étaient faits sous le nom d'un de ses confrères? La Cour de Montpellier a décidé l'affirmative, le 22 avril 1856 (*J. Av.*, t. 82, p. 54). La question, aux yeux de M. Chauveau, n'est pas sans difficulté. L'art. 711 est incontestablement inapplicable aux avoués en général; mais la faculté qu'il leur laisse de se rendre adjudicataires des biens saisis et adjugés devant le tribunal près duquel ils exercent leurs fonctions, cesse quand ils ont la qualité d'avoués poursuivants. — En thèse, la Cour de Montpellier eût-elle décidé que l'avoué poursuivant a le droit de se rendre adjudicataire s'il est lui-même créancier? Eût-elle scindé les deux qualités de l'avoué? Elle ne s'est pas expliquée à cet égard; ce n'est pas sous cette physionomie qu'elle a envisagé la question. Elle a déclaré, en fait, que l'avoué adjudicataire n'était pas l'avoué du poursuivant, car s'il avait rédigé tous les actes, c'était un de ses confrères qui les avait signés. M. Chauveau regarde à bon droit ce motif comme peu concluant, parce qu'il faut, en toute chose, voir la réalité. Or, dans l'espèce, le confrère de l'avoué enchérisseur exerçait uniquement pour le compte de celui-ci. Notre auteur estime donc, contrairement à l'arrêté cité, que l'adjudication est nulle quand elle est faite au nom d'un avoué réellement avoué du poursuivant, quoique ce soit un autre avoué qui ait donné une signature de complaisance. La Cour de Montpellier, pour décider le contraire, s'est appuyée sur la responsabilité de l'avoué signataire et la garantie qu'il offrait au saisi et aux tiers. Il ne s'agit nullement, pour l'appréciation de l'incapacité d'un avoué poursuivant, d'examiner la portée de la responsabilité et la garantie désirable pour le saisi et les tiers. La seule préoccupation du législateur a été d'empêcher que celui qui avait le désir d'acheter un immeuble se chargeât de le faire vendre. Il a suspecté (présomption légale) son zèle et sa loyauté de mandataire. Il a prononcé l'incompatibilité entre les qualités de mandataire et d'adjudicataire. Qu'importe dès lors que l'avoué du poursuivant ait agi à visage découvert, ou ait placé ses actes sous le voile d'une signature de complaisance? Il est réellement poursuivant; il dirige la poursuite; il touche les émoluments de la poursuite; donc il est incapable. A l'appui de cette opinion, on peut invoquer un arrêt de la Cour de cassation, du 18 fév. 1846 (*J. Av.*, t. 74, p. 198), et un arrêt de la Cour de Grenoble du 22 août 1864 (t. 90, p. 142).—En admettant que cette solution soit contestable, M. Chauveau donne aux avoués le conseil de ne pas prendre part, soit directement, soit indirectement, à la poursuite des biens de leur débiteur, avec l'intention de s'en rendre adjudicataires.

1072. C'est avec raison, du reste, ajoute-t-il, qu'il a été décidé que l'avoué qui a poursuivi la vente d'un immeuble peut postérieurement s'en rendre acquéreur, si, au moment de l'adjudication, il a cessé d'être l'avoué du poursuivant: Paris, 31 janv. 1814 (*J. Av.*, t. 5, p. 334).

1073. Notons, de notre côté, un arrêt de la Cour de cassation du 8 déc. 1862 (t. 88, p. 497) qui a décidé que la défense faite au mandataire de se rendre adjudicataire des biens qu'il est chargé de vendre, ne s'étend pas aux biens qu'il est chargé de gérer et administrer.

1074. (Q. 2395 bis). *Le membre du tribunal devant lequel se poursuit la vente, qui serait lui-même créancier inscrit sur l'immeuble saisi, ou poursuivant, pourrait-il se rendre adjudicataire?*

On dit, pour la négative, que l'art. 711 ne distingue pas entre le magistrat créancier du saisi et celui qui ne l'est point; que, pour être créancier du saisi, le magistrat ne cesse pas d'être membre du tribunal devant lequel se poursuit la vente; que sa position ne change donc pas, comme celle du tuteur qui poursuit la vente des biens de son pupille (V. la question précédente). V. en ce sens, MM. Thomine-Desmazures, t. 2, p. 257; Paignon, t. 1, p. 175, n. 116; Persil fils, *Comm.*, p. 227, n. 266. —Toutefois, Thomine-Desmazures reconnaît au magistrat créancier le droit de faire une surenchère, et présente cette ressource comme un remède aux inconvénients signalés par les partisans de l'opinion contraire à la sienne. Cette distinction, remarque M. Chauveau, pouvait être admise sous l'ancienne loi, dont l'art. 713 ne contenait que des incapacités d'enchérir. Mais le nouvel art. 711 met sur la même ligne l'enchère et la surenchère. Celui qui n'est pas admis à la première ne peut l'être non plus à la seconde.

1075. L'opinion qui considère l'art. 711 comme inapplicable au magistrat créancier est enseignée par MM. Lachaize, t. 1, p. 485; Troplong, v° *Vente*, t. 1, n. 190; Jacob, p. 404; Duvergier, *Vente*, t. 4, n. 186; Dalloz, n. 1629; Bioche, v° *Saisie immob.*, n. 488; Colmet-Daage, t. 2, p. 351, n. 956, et M. Chauveau la croit lui-même préférable. Le magistrat qui poursuit la vente, observe notre auteur, ne sera-t-il pas adjudicataire pour la mise à prix, s'il ne survient pas d'enchères (art. 706, § 2)? S'il peut le devenir, par la seule force de la loi, à un prix qu'on peut considérer comme le *minimum*, quel inconvénient y a-t-il à ce qu'il le devienne, par l'effet de sa volonté, à un prix supérieur? S'il n'est que créancier chirographaire, n'a-t-il pas intérêt à ce que le prix soit porté à sa véritable valeur? Veut-on lui enlever un droit qui est corrélatif à cet intérêt? Sans doute, il ne cesse pas d'être membre du tribunal; mais sa position est néanmoins modifiée, relativement à l'affaire, puisque, se trouvant partie intéressée, il n'y a aucune chance qu'il puisse ni qu'il doive en connaître comme juge. Cette opinion a été également adoptée par trois arrêts des Cours de Grenoble, 19 avril 1823, et de Montpellier, 17 août 1818 (*J. Av.*, t. 20, p. 397) et 23 mai 1835 (t. 51, p. 487).

1076. (Q. 2395 ter). *Un avoué peut-il se rendre adjudicataire pour le saisi, lorsque celui-ci n'est pas tenu de la dette personnellement, mais seulement à cause des biens qu'il détient?*

Carré, au texte, enseigne la négative; et il se fonde sur les art. 2183 et s., Cod. civ. Ces articles, dit-il, indiquent au tiers détenteur le moyen de prévenir les poursuites des créanciers; s'il néglige d'en faire usage, il devient obligé à toutes les dettes hypothécaires, en même temps qu'il jouit des termes et délais accordés au débiteur : il est donc absolument assimilé à celui-ci, puisque sa position devient la même que s'il eût été, dans l'origine, personnellement obligé. Mais il y a plus : c'est contre lui, lorsqu'il ne délaisse pas l'immeuble, que se font les suites de la saisie; on peut donc dire qu'il est *saisi*, et puisque l'art. 713 (711) ne fait aucune distinction entre le saisi *débiteur personnel* et le saisi *tiers détenteur*, il est évident qu'il ne peut devenir adjudicataire. Toutes les raisons qui militeraient contre le débiteur personnel militent contre lui. On ne peut pas dire qu'il n'a aucun intérêt à retarder l'expropriation; cet intérêt est présumé, par cela même qu'il n'a pas délaissé. On ne peut pas dire non plus, qu'il y ait sûreté pour les créanciers dans l'obligation personnelle qu'il contracterait en s'exposant à une folle enchère, car il pourrait n'avoir pas d'autre immeuble que celui qui serait saisi. — M. Chauveau considère ces raisons comme déterminantes en faveur de l'opinion de Carré, qu'embrassent aussi MM. Favard de Langlade, t. 5, p, 68, n. 5, et Devilleneuve, *Recueil génér. des lois et des arr.*, collect. nouv., t. 3, 2e part., p. 54; mais que combattent MM. Pigeau, *Comm.*, t. 2, p. 332; Lachaize, t. 1, p. 454, n. 369; Thomine-Desmazures, t. 2, p. 255; Persil fils, *Comm.*, p. 230, n. 271; Dalloz, n. 1632; Bioche, v° *Saisie imm.*, n. 490; Colmet-Daage, t. 2, p. 352, n. 957.

1077. Ainsi, dit M. Chauveau, est nulle l'adjudication sur saisie immobilière faite à l'un des saisis, bien qu'il prétende n'avoir eu aucun droit dans l'immeuble exproprié, et avoir été compris mal à propos dans les poursuites. *Sic*, Liège, 29 juin 1835 (*Journ. de Bruxelles*, t. 2 de 1835, p. 515).

1078. M. Rodière, t. 3, p. 132, enseigne que la loi n'a compris le saisi dans la prohibition que parce qu'elle a considéré la saisie comme une présomption d'insolvabilité; d'où il conclut que le saisi n'est pas incapable quand l'expropriation n'a été poursuivie contre lui qu'en sa qualité d'héritier bénéficiaire ou de tiers détenteur. M. Duvergier, *Collect. des lois*, t. 41, p. 360, est du même avis. Malgré ces autorités, M. Chauveau applique à cette hypothèse la prohibition de la loi. Le motif qui a déterminé le législateur à interdire au mandataire l'achat des biens qu'il est chargé de vendre (Cod. civ., 1596), conserve, dit-il, toute sa force à l'égard de l'héritier bénéficiaire. De plus, la procédure de saisie est dirigée contre lui en sa qualité, ce qui constitue un autre élément d'assimilation avec le tiers détenteur; il peut également, comme le saisi, rendre la vente difficile pour tout autre que pour lui. Ces diverses considérations suffisent pour le faire déclarer incapable d'enchérir. La Cour de Pau l'a ainsi compris, lorsque, le 2 août 1844 (*J. Av.*,

t. 69, p. 509), elle a annulé l'adjudication prononcée au profit d'un héritier, sans distinguer entre l'héritier bénéficiaire et l'héritier pur et simple.

1079. Il y a lieu cependant, selon notre auteur, de faire une distinction : L'héritier bénéficiaire peut figurer dans la vente en qualité d'administrateur de la succession, ou bien comme créancier ayant commencé des poursuites avant l'ouverture de la succession. Dans le premier cas, M. Chauveau le déclarerait incapable de se porter adjudicataire. Dans le second, au contraire, la qualité d'héritier bénéficiaire s'efface momentanément pour faire place à celle de créancier; les poursuites sont dirigées contre un curateur au bénéfice d'inventaire (Cod. proc., 996); et, dès lors, l'héritier peut se rendre adjudicataire. M. Dalloz, n. 1632, admet dans tous les cas l'héritier bénéficiaire à enchérir. M. Bioche, *loc. cit.*, mentionne, en sens contraire, un arrêt de la Cour de cassation, du 18 fév. 1846.

1080. La Cour de Bordeaux a jugé à bon droit, le 16 janv. 1863 (*J. Av.*, t. 88, p. 275), que l'interdiction pour le saisi de se rendre adjudicataire des immeubles dont l'expropriation est poursuivie contre lui ne s'oppose point à ce que l'adjudication ne soit prononcée au profit d'un tiers de bonne foi qui assumerait sur lui toute la responsabilité des charges de cette adjudication, encore bien qu'il soit convenu avec le saisi de lui rétrocéder une partie de ces immeubles, cette convention n'ayant rien d'illicite; et qu'en conséquence, est valable la surenchère faite par ce tiers sur le prix de l'adjudication desdits immeubles.

1081. Carré et M. Chauveau examinent aussi sous la quest. 2395 *sexies* la question de savoir si, dans le cas où une surenchère a été faite par un tiers pour le compte du saisi, en vertu d'une convention intervenue entre eux, le premier adjudicataire serait fondé à demander la nullité de cette surenchère, par la raison qu'elle serait faite au mépris de la disposition de la loi qui déclare le saisi incapable d'enchérir. Ce serait, selon Carré, rendre la prohibition plus rigoureuse qu'elle ne l'est en effet, que de résoudre cette question affirmativement. Le motif pour lequel le législateur a exclu le saisi du droit d'enchérir, est son insolvabilité justement présumée; mais cette considération ne peut être invoquée dans l'espèce, puisque la convention ne concerne que le saisi et le tiers qui se rend surenchérisseur, et non les créanciers, auxquels le jugement d'adjudication rendu par suite de la surenchère fournit un titre direct contre ce tiers.

1082. M. Chauveau, après avoir mentionné en ce sens quelques anciens arrêts de Cours d'appel, signale, comme ayant prononcé la nullité de la surenchère, un arrêt de la Cour de cassation du 18 fév. 1846 (*J. Av.*, t. 71, p. 418), qui s'est fondé uniquement sur ce qu'il était déclaré, en fait, que c'était le saisi lui-même et non le tiers, avec lequel était intervenue la convention, qui s'était rendu adjudicataire, en violation de l'art. 711. Ce n'est pas là un motif suffisant, objecte M. Chauveau. Loin de chercher à prévenir de semblables adjudications, il faut plutôt les encourager; l'attachement du propriétaire pour le sol qui l'a nourri est trop respectable pour qu'on le dépouille sans nécessité de son immeuble. Si le tiers complaisant est solvable, que veut-on de plus? On conçoit que la prohibition de donner à telle personne frappe de nullité les donations faites à un tiers uniquement interposé pour consommer une fraude à la loi. Mais, dans le fait d'une adjudication prononcée en faveur d'un prête-nom, il y a une raison toute contraire puisque le saisi se substitue un nouveau débiteur qui soutiendra le poids des charges de l'adjudication. Notre auteur ne peut donc croire que la décision précitée de la Cour de cassation fasse jurisprudence, bien qu'on puisse invoquer dans le même sens un second arrêt de la même Cour en date du 30 déc. 1850 (*J. Av.*, t. 76, p. 260), d'après lequel la surenchère faite par un prête-nom du saisi est nulle, lorsqu'elle a lieu par suite d'un concert frauduleux entre le saisi et le surenchérisseur. . . . .

1083. (Q. 2395 quater). *Les commis greffiers et les huissiers sont-ils compris dans la prohibition de l'art.* 711 ? Quid *des juges suppléants? Des avoués autres que celui du poursuivant?*

Carré, au texte, exprime l'avis que la prohibition s'applique aux commis greffiers, mais que, quant aux huissiers, il n'y aucune raison de les exclure puisque l'art. 713 (711) ne contient aucune disposition de laquelle on puisse induire cette exclusion, même indirectement.

1084. M. Chauveau, sans se prononcer à l'égard des huissiers, partage, en ce qui concerne les commis greffiers, l'opinion de Carré, qui est admise aussi par MM. Favard de Langlade, t. 5, p. 68, n. 2; Lachaize, t. 1er, p. 483; Thomine-Desmazures, t, 2, p. 256; Persil fils, *Comment.*, p. 228, n. 268; Dalloz, n. 1627, et Bioche, v° *Saisie immob.*, n. 487. — *Contrà*, Rodière, t. 3, p. 131; Jacob, p. 412; Colmet-Daage, t. 2, p. 352. — M. Chauveau applique d'ailleurs la solution dont il s'agit même au commis greffier qui n'est point de service à l'audience où se prononce l'adjudication.

1085. Notre auteur regarde comme certain que le législateur a eu l'intention de comprendre dans la prohibition les juges suppléants, et non point seulement ceux qui auraient siégé dans les jugements rendus à l'occasion de la saisie. Conf., MM. Bioche, v° *Saisie immob.*, n. 487; Colmet-Daage, t. 2, p. 351, n. 956. — Mais l'exclusion frappe-t-elle même le juge suppléant démissionnaire, lorsque sa démission n'a pas encore été acceptée? Il semble, répond M. Chauveau, qu'un magistrat démissionnaire, ne faisant plus partie du tribunal dont il était membre, ne doit pas être atteint par les prohibitions qui, en certains cas, atteignent les magistrats. Cependant il reconnaît qu'on peut soutenir qu'un fonctionnaire, tant que sa démission n'est pas acceptée, doit continuer à exercer ses fonctions afin de ne pas entraver la marche de l'administration; et que ce principe est applicable à l'ordre judiciaire comme en matière administrative.

1086. M. Chauveau admet, du reste, avec un arrêt de la Cour de Paris, du 10 juin 1851 (*J. Av.*, t. 75, p. 571) : 1° que le beau-père d'un juge suppléant peut valablement se rendre adjudicataire d'un immeuble vendu devant le tribunal; — 2° que l'adjudication d'un immeuble saisi, prononcée au profit du beau-père d'un juge suppléant, n'est pas nulle, parce que le gendre de l'adjudicataire, soit comme avoué, soit comme juge suppléant, a participé à des jugements sur des incidents. De cela, observe-t-il, qu'un juge suppléant ne peut se rendre adjudicataire, il ne s'ensuit pas que son beau-père soit également incapable. Autre chose est une poursuite de saisie, autre chose un procès ordinaire. A l'époque où l'avoué concourait aux jugements, l'adjudication n'était pas encore tranchée, et aucune récusation n'aurait pu être exercée; le fait postérieur ne saurait rétroagir jusqu'à vicier le jugement auquel a concouru le gendre de l'adjudicataire.

1087. Les avoués autres que le poursuivant peuvent-ils se rendre adjudicataires pour eux-mêmes ou pour leurs confrères du même tribunal? L'affirmative ne semble à M. Chauveau devoir souffrir aucun doute; et elle est aussi adoptée sans hésitation par MM. Lachaize, t. 1er, p. 477; Thomine-Desmazures, t. 2, p. 257; Dalloz, *Rép.*, v° *Vente publ. d'imm.*, n. 1628; Bioche, v° *Saisie immob.*, n. 485; Colmet-Daage, t. 2, p. 353, n. 959. Lorsque, l'avoué néglige de passer dans un certain délai l'élection de command, il est réputé de plein droit adjudicataire en son propre nom; comment supposer qu'il soit incapable de le devenir par un effet de sa libre volonté?

1088. Signalons, en terminant, un article publié par M. Harel, dans le *Journ. des arrêts*, t. 88, p. 44 et suiv., et où ce jurisconsulte soutient que l'huissier, qui a procédé à une saisie immobilière et fait les actes de la procédure, peut valablement se rendre adjudicataire des biens saisis.

1089. Et mentionnons aussi la réponse affirmative que nous avons faite, *ibid.*, t. 105, p. 219 et 220, à la question qui nous a été soumise de savoir si des avoués peuvent, sans manquer à leurs devoirs professionnels, se rendre accidentellement et sans esprit de spéculation, adjudicataires d'immeubles vendus à la barre du tribunal près lequel ils postulent.

1090. (Q. 2395 quinquies). *La nullité attachée à la violation de la disposition prohibitive de l'art. 711 a-t-elle lieu de plein droit? Est-elle absolue? Qui peut l'invoquer? Comment la fait-on prononcer?*

Carré, au texte, enseigne que cette nullité n'a pas lieu de plein droit, et qu'il faut la faire prononcer contre l'adjudicataire, et aussi contre l'avoué, si l'on veut obtenir des dommages-intérêts. M. Chauveau dit, de son côté, que la nullité n'est ni absolue, ni de plein droit; et c'est ce que reconnaissent aussi MM. Paignon, t. 1, p. 176, n. 148; Persil fils, *Comm.*, p. 231, n. 264; Bioche, v° *Vente d'imm.*, n. 383; Jacob, p. 414; Duvergier, *Collect. des lois*, t. 41, p. 260; Colmet-Daage, t. 2, p. 353, n. 960.

1091. Notre auteur n'admet pas que l'adjudicataire soit recevable à se prévaloir des irrégularités de nature à faire annuler son titre. Mais il estime, au contraire, que l'adjudicataire doit être écouté lorsqu'il se présente pour réclamer le maintien de l'adjudication reconnue régulière et pour faire tomber une surenchère, qu'il prétend avoir été faite par un incapable. Toutefois la Cour de Caen s'est prononcée contre cette opinion, le 4 janv. 1848 (*J. Av.*, t. 73, p. 631).

1092. Selon M. Chauveau, le seul motif sérieux exprimé par cet arrêt est celui qui consiste à interpréter contre l'adjudicataire l'omission de l'art. 711 dans la nomenclature de l'art. 715. Or, dit M. Chauveau, la Cour de Bordeaux a suffisamment réfuté cet argument dans un arrêt du 2 juillet 1850 (*J. Av.*, t. 76, p. 75), par lequel elle a déclaré l'adjudicataire recevable à demander la nullité d'une surenchère formée par une personne notoirement insolvable. « L'adjudicataire, a dit cette Cour, ayant seul intérêt à faire annuler un acte tendant à le dépouiller d'un droit acquis sous condition, ne saurait être non recevable à défendre ce droit, en prouvant que la condition résolutoire n'existe pas, la surenchère étant nulle par suite de l'insolvabilité notoire du surenchérisseur. On argumenterait inutilement de la combinaison et du rapprochement des art. 715 et 711, Cod. proc., pour en induire que l'adjudicataire n'a pas qualité pour se prévaloir des dispositions de ce dernier article; car la fausseté d'une pareille conclusion serait évidente; en effet, il importe peu que l'art. 715, en énumérant les formalités qui doivent être observées à peine de nullité, ait passé sous silence l'art. 711; ce silence ne veut pas dire et ne dit pas que les nullités créées par l'art. 711 ne pourront pas être invoquées par ceux qui auront intérêt à le faire; d'ailleurs, l'art. 711 n'avait nul besoin d'être secouru par l'art. 715; le premier de ces textes prononce très formellement la nullité de toute surenchère faite au profit d'un incapable, et, dès lors, il était inutile de rappeler cette nullité dans un article subséquent. Enfin, l'art. 715 ne parle que des formalités prescrites par le Code de procédure civile pour la validité d'une saisie immobilière; mais l'art. 711 s'occupe de tout autre chose que de formalités; il crée une incapacité; il déclare nulle toute surenchère faite au profit d'un insolvable; c'est en lui-même, en lui seul qu'il puise son autorité; il énonce très clairement ce qu'il ne veut pas, et en défendant aux avoués de surenchérir pour certaines personnes, il déclare que de pareilles surenchères seront nulles et de nul effet; l'art. 715 ne pouvait donc exercer la moindre influence sur la question, et les premiers juges ont eu raison de repousser la fin de non-recevoir. »

1093. M. Chauveau déclare n'avoir rien à ajouter à cette réfutation, si ce n'est qu'il lui paraîtrait souverainement inique et antijuridique de contester à l'adjudicataire porteur d'un titre solennel, émané de l'autorité judiciaire, le droit de faire respecter ce titre contre des prétentions exercées en dehors des conditions qui peuvent leur assurer la protection de la loi. Puis, il mentionne, à titre d'argument, un arrêt de la Cour de Grenoble du 30 août 1850 (*J. Av.*, t. 77, p. 501), et un arrêt de la Cour de cassation du 30 déc. suivant (t. 76, p. 260).

1094. Il est manifeste, ajoute M. Chauveau, que la nullité résultant de ce que le saisi s'est rendu adjudicataire ne peut pas être invoquée par des tiers étrangers à la poursuite, alors surtout que les parties intéressées gardent le silence, et que l'adjudicataire a consigné son prix et rempli les conditions du cahier des charges : *Sic*, Cass., 16 août 1848 (*Gaz. Trib.* 1848, n° 6589).

1095. Sur le point de savoir quelle voie il faut suivre pour demander la nullité, et comment on doit procéder si elle est prononcée, V. *Q.* 2423 *quinquies* (*infrà*).

1096. (Q. 2395 sexies). *La femme créancière de son mari peut-elle, avec son autorisation, se rendre adjudicataire des biens de celui-ci, mis en vente par suite d'expropriation forcée? Et le mari de ceux de sa femme?* Quid, *en général, des personnes réputées interposées?*

Carré, au texte, après avoir, sur les deux premiers points, analysé différents arrêts, fait remarquer que toutes ces décisions, souvent contradictoires, concernant des époux dont l'un se rendrait adjudicataire des biens saisis sur l'autre, ne sauraient être considérées comme établissant des règles de jurisprudence auxquels on puisse absolument se fier. Quand un époux, dit-il, exerce un droit interdit à l'autre époux, lequel peut profiter des avantages résultant de cet exercice, le premier est facilement présumé personne interposée.

1097. Il a été jugé par la Cour de Besançon, le 12 mars 1811 (*J. Av.*, t. 20, p. 93), que la femme doit être admise à enchérir, lorsqu'elle n'est pas débitrice du poursuivant; par celle de Lyon, le 22 janv. 1851 (t. 77, p. 505), qu'il y a nullité de la surenchère formée par la femme du saisi figurant dans la poursuite, comme débitrice solidaire, alors même qu'elle n'entend faire porter sa surenchère que sur les immeubles ayant appartenu à son mari, si l'adjudication a été faite en bloc et sans distinction d'origine ; enfin, par la Cour de Caen, le 9 fév. 1853 (*J. Av.*, t. 78, p. 555), que l'adjudication d'un immeuble saisi ne peut être prononcée au profit d'un mari, administrateur d'une partie de cet immeuble, ni au profit d'un époux survivant, usufruitier de l'autre partie du même immeuble, en vertu d'une donation par contrat de mariage, impliqués l'un et l'autre, en leur qualité, dans la poursuite de saisie.

1098. Pour refuser, dit M. Chauveau, à la femme le droit d'enchérir lors de la vente d'un immeuble saisi sur son mari, et au mari le droit d'enchérir à la vente d'un immeuble saisi sur sa femme, il faut les regarder ou comme étant eux-mêmes parties saisies, ou comme étant personnes interposées, ou comme étant insolvables. Le premier cas peut se rencontrer, savoir : à l'égard de l'un et de l'autre des époux, lorsque l'immeuble saisi est un bien de communauté, parce qu'alors l'un et l'autre étant copropriétaires de cet immeuble, ils ont tous les deux la qualité de saisis, et sont exclus, comme tels, des enchères; à l'égard du mari seulement, lorsqu'il s'agit d'un bien dotal de la femme, parce que les revenus lui en appartiennent; le tout, pourvu qu'il n'y ait pas séparation de biens entre les époux (V. MM. Lachaize, t. 1, p. 454, n. 368; Colmet-Daage, t. 2, p. 352, n. 957). Le troisième cas ne peut se rencontrer, de plein droit, que de la part de la femme, lorsque sa fortune est exclusivement dotale et inaliénable. Il est clair qu'elle ne peut alors ni contracter, ni acquitter ses obligations, qu'elle est insolvable.

1099. D'après un arrêt de la Cour de Grenoble, du 30 août 1850 (*J. Av.*, t. 77, p. 501), le jugement qui prononce la séparation de biens entre deux époux ne confère pas à la femme l'autorisation de surenchérir un immeuble de son mari, alors surtout qu'il ne s'agit pas d'une surenchère sur une adjudication poursuivie par la femme elle-même, en exécution du jugement de séparation de biens, mais d'une surenchère sur une vente ou adjudication poursuivie par un tiers. L'autorisation spéciale de faire la surenchère, que la femme aurait obtenue régulièrement, mais seulement après l'expiration du délai légal de la surenchère, n'aurait pas pour effet, aux yeux de la Cour de Grenoble, de valider la surenchère faite antérieurement par la femme, ou de lui donner la faculté d'en faire une nouvelle.

1100. La Cour de cassation s'est prononcée en sens contraire, le 14 juin 1843 (*J. Av.*, t. 65, p. 462). M. Chauveau a adhéré à cette jurisprudence. La Cour de cassation s'appuie principalement sur les termes de l'art. 225, Cod. civ., pour repousser la demande en nullité formée par l'acquéreur. En supposant même qu'il y eût nullité et que l'adjudicataire pût la proposer, dit M. Chauveau, resterait encore la question de savoir si la ratification du mari ne couvrirait pas la nullité. L'affirmative résulte d'un arrêt de la Cour de Caen, du 9 janv. 1849 (*J. Av.*, t. 76, p. 642). Il est vrai que la Cour de Paris ne partage pas cette opinion. C'est du moins l'induction qu'on peut tirer des motifs de son arrêt du 22 mai 1846 (*J. Av.*, t. 72, p. 152), que notre auteur a approuvé, à cause des faits de l'espèce, et parce que rien dans la cause n'établissait que la femme eût surenchéri pour obtenir le paiement de ses reprises, mais qu'il semblait, au contraire, résulter de l'arrêt que c'était de sa part une simple spéculation.

1101. Quant à l'interposition de personnes, M. Chauveau admet, avec les auteurs et quelques Cours, qu'elle ne peut être du mari à la femme, de la femme au mari, ni, en général, entre quelques personnes que ce soit, une cause de nullité de l'adjudication. V. en ce sens, MM. Favard de Langlade, t. 5, p. 68, n. 4; Lachaize, t. 1, p. 442 et suiv.; Thomine-Desmazures, t. 2, p. 256; Paignon, t. 1, p. 174, n. 114; Persil fils, *Comm.*, p. 229, n. 270; Rodière, t. 3, p. 132; Duvergier, t. 41, p. 260; Dalloz, n. 1635 et 1652; Bioche, v° *Vente publ. d'imm.*, n. 379, et *Saisie imm.*, n. 500 et 501; Colmet-Daage, t. 2, p. 352, n. 957; Bordeaux, 25 fév. 1829 (*J. Av.*, t. 38, p. 227); Poitiers, 31 août 1831 (t. 41, p. 552). La solution contraire, qui a été consacrée par la Cour de Montpellier le 26 juin 1817 (*J. Av.*, t. 20, p. 496), et par la Cour de Toulouse, le 16 mars 1833 (*J. Av.*, t. 47, p. 474), ne peut se soutenir, selon M. Chauveau, car, lorsqu'une adjudication est faite en faveur d'une personne capable, mais chargée d'en faire parvenir le bénéfice à un incapable, nul n'a à s'en plaindre, puisque toutes les charges de l'adjudication pèsent sur la personne interposée qui se rend adjudicataire, et à laquelle seule les intéressés auront affaire. Peu leur importent donc les arrangements particuliers que cette personne peut avoir pris avec un tiers; et, comme ils n'ont pas d'intérêt à la nullité, on ne doit pas leur accorder d'action pour la faire prononcer.

1102. C'est ce que Carré lui-même décidait, au texte sous la quest. 2396.

1103 (Q. 2396). *Comment faut-il entendre l'insolvabilité notoire qui, d'après l'art.* 711, *est une cause d'exclusion du droit d'enchérir ?*

M. Chauveau rappelle qu'en 1841 il avait dit qu'il s'agit ici d'une insolvabilité généralement et publiquement reconnue, et que l'avoué, qui a dû prendre des renseignements, s'il ne connaissait point par lui-même la personne qui le chargeait d'enchérir, n'aura pas pu l'ignorer; qu'il ne suffit pas, pour être réputé notoirement insolvable, de n'avoir ni meubles, ni industrie (Bordeaux, 21 fév. 1829, *J. Av.*, t. 38, p. 227, et Aix, 25 déc. 1836, t. 52, p. 168), parce qu'on peut avoir des ressources d'un autre genre; que la preuve de l'insolvabilité notoire est admissible; mais qu'il en est autrement de la preuve de sa solvabilité que l'adjudicataire ou le surenchérisseur offrirait, car, du moment qu'on la supposerait possible, on reconnaîtrait par là même qu'il n'y a pas insolvabilité notoire (Caen, 9 juill. 1833, *J. Av.*, t. 56, p. 126); que la personne notoirement insolvable ne pourrait éviter la nullité en offrant caution (Cass., 31 mars 1819, *J. Av.*, t. 21, p. 455; Aix, 25 déc. 1836, précité); mais que si elle donnait cette caution, ou si elle consignait somme suffisante pour répondre de ses engagements, elle cesserait d'être frappée de l'exclusion prononcée par l'art. 711 (Grenoble, 11 juin 1825, *J. Av.*, t. 31, p. 76; Caen, 9 juill. 1833, t. 56, p. 126); qu'au surplus, l'insolvabilité étant chose relative, tel qui serait réputé n'être pas absolument insolvable, lorsqu'il s'agirait d'un objet de peu de valeur, pourrait néanmoins l'être d'une manière réelle pour un objet plus considérable (Rouen, 30 mai 1823, *J. Av.*, t. 25, p. 185).

1104. M. Chauveau signale ensuite différentes décisions intervenues depuis cette époque. Le 12 janv. 1847 (*J. Av.*, t. 72, p. 112), la Cour de cassation a jugé qu'un arrêt ne peut pas être soumis à sa censure, lorsqu'il déclare qu'un avoué n'est pas responsable de l'insolvabilité d'un adjudicataire, en se fondant sur ce que cette insolvabilité, quoique démontrée par la folle enchère, n'existait pas avec le caractère réel de notoriété. La même Cour a encore proclamé le principe de la souveraineté d'appréciation des juges du fait, en cette matière, les 30 déc. 1850 et 14 janv. 1856, t. 76, p. 260; t. 81, p. 550.

1105. Dans la note jointe à la première de ces décisions de la Cour suprême, M. Dalloz a critiqué l'opinion de M. Chauveau, suivant laquelle l'avoué est tenu de prendre des renseignements sur la solvabilité de l'enchérisseur, opinion que n'a point admise la décision précitée. Notre auteur explique ici que le langage dont il s'était servi en 1841 avait pour objet de mettre les avoués en garde contre trop de confiance; qu'il peut s'appliquer au cas où l'avoué, acquéreur de son étude depuis quelques mois, ignorerait complètement l'état des habitants de la ville où siége le tribunal; qu'il serait alors du devoir de cet avoué, avant de prêter son ministère, de prendre des renseignements; que, dans tous les cas, c'est toujours là une question d'appréciation abandonnée à la sagesse des magistrats, et qui ne peut donner lieu à un recours devant la Cour suprême.

1106. M. Dalloz, *ibid.*, indique, en l'approuvant, la doctrine de plusieurs auteurs qui repousse tout moyen de preuve, en se fondant sur ce que l'insolvabilité doit être notoire par elle-même. N'est-ce point, objecte M. Chauveau, aller trop loin et confondre deux positions distinctes? En ce qui concerne l'avoué, il suffit que l'insolvabilité ait pu être ignorée de lui, pour qu'il n'encoure aucune responsabilité. Mais si, en laissant entièrement de côté l'avoué qui a prêté son ministère, les parties intéressées demandent la nullité, soit d'une adjudication, soit d'une surenchère, à raison de l'insolvabilité notoire de l'adjudicataire ou du surenchérisseur, pourra-t-on leur opposer les mêmes exceptions? Notre auteur ne le pense pas. Par exemple, si un individu de Paris vient à Toulouse se rendre adjudicataire ou former une surenchère, et s'il est démontré, soit qu'il est en état de faillite, soit qu'il se trouve frappé d'interdiction légale, soit qu'il est un escroc de profession, etc., sera-t-il raisonnable et légal de repousser la demande en nullité, en se fondant sur ce que l'insolvabilité de cet individu n'est pas notoire pour le tribunal ? Pourquoi n'admettrait-on pas la preuve, tant par titres que par témoins, de son insolvabilité ?

1107. M. Chauveau observe ensuite que s'il a déclaré inadmissible la preuve de sa solvabilité qu'offrirait l'adjudicataire ou le surenchérisseur, il ne faut pas induire de là que l'adjudicataire ou le surenchérisseur, défendeur à une action en nullité pour cause d'insolvabilité notoire, ne puisse pas, par des titres ou par une contre-enquête, établir sa solvabilité ; mais qu'il a voulu seulement exprimer cette pensée, que si les demandeurs en nullité ne prouvaient pas l'insolvabilité notoire, il serait frustratoire d'admettre les adjudicataires ou surenchérisseurs à prouver leur solvabilité.—Il invoque, dans le sens de son interprétation, une dissertation de M. Petit, insérée (*J. Av.*, t. 75, p. 375) ; puis, il mentionne les solutions ci-après :

1108. L'art. 711, qui prohibe l'enchère de la part des personnes insolvables, est applicable encore plus strictement au cas de la surenchère. La nullité de la surenchère motivée par l'insolvabilité du surenchérisseur peut être prononcée même avant l'adjudication. Toutefois, la faveur due à la surenchère doit porter à exiger la preuve la plus évidente de la solvabilité du surenchérisseur : Paris, 19 nov. 1853 (*J.P.*53.2.506). — Pour qu'il y ait insolvabilité notoire, il n'est pas nécessaire que le surenchérisseur soit absolument insolvable et que les faits qui prouvent l'insolvabilité se soient passés dans le lieu où la surenchère est formée : Cass., 30 déc. 1850 (*J. Av.*, t. 76, p. 260) et 14 janv. 1856 (t. 81, p. 550). Ce dernier arrêt rejette le pourvoi dirigé contre un arrêt de la Cour de Montpellier, du 18 déc. 1854 (*J. Av.*, t. 80, p. 314), portant que pour que l'avoué dernier enchérisseur soit responsable de l'insolvabilité de l'adjudicataire, il suffit que cet avoué ait dû en avoir nécessairement et infailliblement connaissance en se donnant la peine de se renseigner. La Cour de Bordeaux s'est prononcée dans le même sens, le 29 avril 1853 (*J. Av.*, t. 78, p. 517), en déclarant que la responsabilité de l'avoué est engagée lorsque l'insolvabilité de l'adjudicataire était notoire au lieu où il avait son domicile et où l'avoué aurait dû prendre des renseignements.

1109. Un officier ministériel (par exemple, commissaire-priseur) est réputé notoirement insolvable lorsqu'il a eu à subir des poursuites nombreuses, des condamnations et des exécutions dans le lieu où il exerce ses fonctions : Bordeaux, 2 juillet 1850 (*J. Av.*, t. 76, p. 75). Il résulte du même arrêt que le surenchérisseur notoirement insolvable ne peut pas éviter la surenchère en n'*offrant* caution qu'au moment du jugement. Cette nullité existe alors même que la surenchère, faite par une personne notoirement insolvable, est accompagnée de l'offre et de la soumission d'une caution ; Cass., 28 août 1850. Cette dernière décision paraît bien sévère à M. Chauveau, qui déclare préférer l'opinion contraire que la Cour de Nîmes a consacrée le 8 fév. 1848 (*J. Av.*, t. 76, p. 656). Voy. d'ailleurs *suprà*, n. 1096 et s.

1110. La surenchère du sixième faite par un individu d'une insolvabilité notoire, tant en son nom personnel qu'au nom d'un tiers dont il se dit mandataire verbal, est nulle, alors même que ce tiers ratifie le mandat, si cette ratification n'est donnée qu'après les huit jours pendant lesquels la surenchère peut régulièrement se produire : Trib. civ. de Grenoble, 29 nov. 1856 (*J. Av.*, t. 82, p. 477).

1111. Lorsque des immeubles saisis ont été adjugés en un seul lot à plusieurs adjudicataires, chacun d'eux a contracté l'obligation indivisible et solidaire de payer la totalité du prix et d'exécuter toutes les conditions de la vente; en conséquence l'insolvabilité notoire de l'un des adjudicataires n'est pas une cause de nullité de l'adjudication, alors surtout que les autres offrent d'exécuter les clauses du cahier des charges : Montpellier, 22 juillet 1854 (t. 80, p. 318).

1112. La femme mariée sous le régime dotal et qui n'a pas de paraphernaux doit-elle être considérée comme insolvable? En 1841, M. Chauveau avait admis l'affirmative, par le motif que la femme dotale ne peut ni contracter ni acquitter ses obligations, et la même opinion a été embrassée par M. Dalloz, vis *Surenchère*, n. 319, et *Vente publique d'immeubles*, n. 1635.—Mais M. Chauveau se montre ici moins absolu. On ne peut pas, dit-il, soutenir que toujours une femme mariée sous le régime dotal est réputée dans un état d'insolvabilité *notoire*. S'il en est ainsi, comment empêcher la femme de se rendre adjudicataire? Il faudrait pour cela : 1° que les créanciers eussent appris que la femme a l'intention d'enchérir; 2° qu'ils connussent qu'elle est mariée sous le régime dotal; 3° qu'ils eussent pris leurs mesures pour contester sa solvabilité avant l'ouverture des enchères. — Trois conditions bien difficiles à réaliser, et qui même ne seraient pas suffisantes, parce que les tribunaux pourraient se refuser à statuer sur une difficulté qui ne repose que sur des présomptions ou des probabilités. Ce moyen ne peut être facilement appliqué que lorsque la femme fait une surenchère. Alors l'attention des créanciers et de l'adjudicataire est éveillée. Ils ont intérêt à connaître la solvabilité des surenchérisseurs. Ils peuvent apprendre que la femme est mariée sous le régime dotal; qu'elle n'a pas de paraphernaux; qu'ainsi, elle doit être considérée comme insolvable. Aussitôt, par un incident, ils contestent la validité de la surenchère que les juges ne manqueront pas d'annuler, à moins que la femme ne présente une caution. C'est ce qui a été jugé par la Cour de Grenoble, dans son arrêt du 11 juin 1825 cité plus haut, n. 1103.

1113. (Q. 2396 bis). *L'adjudicataire incapable, et l'avoué qui a surenchéri pour lui, sont-ils tous les deux solidairement passibles de dommages-intérêts? L'avoué condamné aux dommages-intérêts évite-t-il par là les peines disciplinaires? Demeure-t-il adjudicataire en son nom? Comment doivent être calculés les dommages-intérêts?*

Carré, au texte, résout affirmativement la première question, par le motif que si la personne incapable n'avait pas donné pouvoir à l'avoué, celui-ci n'eût point enchéri pour elle : d'où il suit que tous les deux ont concouru au préjudice que le saisissant ou les créanciers éprouveraient de la nullité de l'adjudication. M. Chauveau partage cette opinion, qui est aussi admise par MM. Pigeau, *Proc. civ.*, t. 2, p. 141; Dalloz, n. 1653, et Bioche, v° *Saisie immob.*, n. 508.

1114. M. Chauveau est d'avis que la peine des dommages-intérêts prononcée contre l'avoué n'a point pour effet de soustraire celui-ci aux peines disciplinaires que sa faute peut lui avoir fait encourir. C'est d'ailleurs ce qui résulte de l'explication qui a été donnée à la Chambre des députés, lors de la discussion de la loi de 1841, par le rapporteur, le garde des sceaux et le ministre des travaux publics. Conf., M. Dalloz, n. 1654.

1115. Si l'avoué qui a négligé de faire, dans le délai légal, l'élection de command, est réputé adjudicataire en son nom, il n'en est pas ainsi, lorsqu'il a enchéri pour un adjudicataire incapable. Un pareil effet ne peut, dit M. Chauveau, s'étendre arbitrairement d'un cas de négligence à un autre; là où la loi ne l'a pas textuellement édicté, on ne saurait le suppléer. Tel est aussi l'avis de MM. Thomine-Desmazures, t. 2, p. 259; Persil fils, *Comm.*, p. 231, n. 275; Dalloz, n. 1655; et la même interprétation a été sanctionnée par un arrêt de la Cour de Paris du 20 mai 1835 (*J. Av.*, t. 48, p. 350).

1116. Si le principe de la responsabilité solidaire de l'adjudicataire incapable et de l'avoué qui lui a prêté son ministère ne peut être mise en doute, observe encore M. Chauveau, la question de savoir en quoi consistent les dommages-intérêts dus par cet avoué a donné lieu à une certaine controverse.

1117. Dans un travail spécial, que M. Chauveau a reproduit *in extenso*, M. Petit, auteur du *Traité de la Surenchère*, a soutenu que les dommages-intérêts auxquels peut être condamné l'avoué responsable de l'insolvabilité de l'enchérisseur ne doivent consister que dans les frais occasionnés par l'enchère, et non dans la valeur du bénéfice que l'enchère eût procuré si elle eût été valable. A l'argument, tiré de l'art. 1149, Cod. civ., M. Petit répond : « L'art. 1149 veut que les dommages-intérêts comprennent, non-seulement la perte faite, mais encore le gain dont on est privé. La perte, ce sont les frais, pas de difficulté ; mais, quant au gain, est-il bien certain que la différence entre le prix de la première adjudication et celui de la seconde puisse être regardée comme un gain dont les créanciers sont privés par le fait de l'avoué ? Si cette différence avait été acquise, et que par le fait de l'avoué les créanciers en fussent privés, on comprendrait la prétention ; mais, qu'on y prenne garde, cette différence est si peu acquise, qu'elle ne peut être que le résultat du fait qu'on reproche à l'avoué. C'est ce fait qui lui a donné l'existence, bien loin de la faire disparaître. Ce n'est pas le fait de l'avoué qui prive les créanciers d'un gain, puisque c'est au contraire ce fait qui était destiné à le procurer. Or, peut-on logiquement et raisonnablement demander à la justice d'annuler l'enchère faite au nom d'un insolvable, et, comme conséquence, réclamer le gain que cette enchère devait procurer ? Peut on répudier le fait et en demander la conséquence ? »

1118. Le savant auteur établit ensuite qu'on ne saurait faire aucune distinction entre le cas où c'est l'adjudication primitive qui est rendue nulle par l'insolvabilité de l'enchérisseur, et celui où cette insolvabilité entraîne la nullité d'une surenchère. Il s'exprime ainsi à cet égard : « L'adjudication primitive, dit-on, n'a conféré que des droits que la justice peut résoudre en prononçant une nouvelle adjudication, tandis que la surenchère appartient à la masse des créanciers, et, de sa nature, est irrévocable aux termes de la loi, à tel point qu'elle ne peut jamais être rétractée, et que, si le surenchérisseur ne la dénonce pas dans le délai voulu tout créancier a droit de le faire. Je ne trouve pas que l'adjudication primitive soit moins irrévocable que la surenchère. L'adjudication première est irrévocable s'il ne survient pas de surenchère, ou si l'on n'en fait pas prononcer la nullité, comme la surenchère ne l'est qu'à condition qu'elle ne sera pas déclarée nulle. La distinction, qui n'était pas possible avant la loi du 2 juin 1841, ne l'est donc pas davantage depuis que l'art. 711 est venu remplacer l'art. 713. Je crois même qu'elle l'est moins, parce que le législateur de 1841, dans le but de faire disparaître la difficulté qu'avait fait naître l'art. 713, a pris soin d'employer, dans la nouvelle rédaction, des expressions qui ne permettent plus de douter que dans l'art. 711, adopté pour remplacer l'art. 713, il entend disposer tout aussi bien pour le cas de surenchère que pour celui de l'enchère. Je ne veux pas contester que, peut-être, il ne s'est pas rendu un compte assez exact de la différence qui existe entre une adjudication primitive et une procédure en surenchère ou une adjudication sur surenchère ; il me suffit de constater qu'une distinction n'est pas possible entre le cas de responsabilité pour une surenchère et le cas de responsabilité pour un cas d'enchère, et, comme je crois que les dommages-intérêts dus par l'avoué, dans ce dernier cas, doivent être restreints au paiement de tous les frais frustratoires, j'ai, par cela même, admis qu'il doit en être de même dans le premier cas. »

1119. M. Chauveau s'est prononcé lui-même en ce sens dans une consultation insérée *J. Av.*, t. 67, p. 449.

1120. Cette question de responsabilité s'est présentée devant le tribunal civil de la Seine et la Cour d'appel de Paris. Après avoir exposé les moyens que l'on avait fait valoir à l'appui de cette demande, M. Chauveau dit que la première de ces juridictions, par jugement du 13 mars 1847, l'autre par arrêt du 4 fév. 1848, ont repoussé la demande en garantie intentée contre l'avoué.— Tout en persistant dans les motifs sur lesquels est fondée sa consultation précitée, il avoue que l'art. 711, en ce qui concerne la surenchère, est rédigé d'une manière incomplète. Pour trancher une difficulté qu'avaient fait naître les termes de l'ancien art. 713, sous l'ancienne loi, observe-t-il, le législateur de 1841 a intercalé dans le nouvel article les mots *surenchère et surenchérisseur*, sans se rendre un compte exact de la différence essentielle qui existe entre une adjudication primitive et une adjudication sur surenchère. On conçoit facilement qu'il n'y ait aucun inconvénient à prononcer la nullité d'une adjudication primitive faite au profit d'un insolvable ou d'un incapable. Cette nullité prononcée, on fait apposer de nouvelles affiches, de nouvelles annonces ; on procède à une nouvelle adjudication, et le mal est réparé. L'avoué, accordant son ministère à cet insolvable ou à cet incapable, a donné lieu à des frais frustratoires, dont il doit payer le montant, à titre de dommages-intérêts. C'est d'une espèce de cette nature que M. Chauveau avait eu à s'occuper dans sa consultation. Mais, après une adjudication primitive, dit notre auteur, la position devient complexe. Une surenchère a lieu ; la loi veut qu'elle ne puisse plus être rétractée; elle appartient à la masse des créanciers ; d'un autre côté, l'adjudicataire primitif a obtenu un titre que la justice peut résoudre en prononçant une nouvelle adjudication, mais qui, jusque-là, fait reposer sur sa tête la propriété de l'immeuble vendu. Dans ces circonstances, la loi prononce la nullité *de la surenchère* faite au nom d'un insolvable ou d'un incapable. Quelle sera l'étendue de la responsabilité de l'avoué ?

1121. Malgré l'embarras assez grand qu'offre l'application de l'art. 711, M. Chauveau déclare ne pouvoir modifier son opinion.— Dans le cas de nullité d'une surenchère pour cause d'incapacité ou d'insolvabilité, que deviendront, demande-t-il, les créanciers qui avaient gardé le silence dans la confiance que la surenchère déjà faite produirait une nouvelle adjudication? Leur position est critique ; cependant, il y a un remède autre qu'une action en garantie contre l'avoué qui a prêté son ministère. — La nullité de la surenchère ou de l'adjudication a-t-elle été demandée à cause de l'incapacité? C'est un fait que l'examen le plus superficiel suffisait pour établir. Le surenchérisseur était membre du tribunal ou saisi. La lecture de son nom éclairait le créancier, qui devait alors faire une nouvelle surenchère; si personne n'avait critiqué la première, il y aurait eu adjudication. Si l'adjudication avait eu lieu au profit de cet incapable, et que la nullité n'en eût pas été demandée, le but du créancier était atteint. Dans le cas contraire, il l'était également, parce qu'il faisait vendre sur sa surenchère, si la première était annulée, ou si l'adjudication était elle-même déclarée nulle. — La nullité de la surenchère ou de l'adjudication a-t-elle été demandée à cause de l'insolvabilité notoire? Comment, dans ce cas, le créancier oserait-il se plaindre et surtout intenter une action en dommages-intérêts contre l'avoué du surenchérisseur, si, lui, créancier, partie intéressée, s'est laissé séduire par la surenchère d'un individu qui, sans doute, lui paraissait suffisamment solvable ? On peut lui opposer ce dilemme : ou le surenchérisseur n'était pas notoirement insolvable; personne n'est responsable, faites valider la surenchère; ou, au contraire, il était dans un état d'insolvabilité notoire, vous n'avez pas pu considérer cette surenchère comme sérieuse, et vous avez dû en faire une nouvelle. —Toutefois, il eût peut-être été à désirer que le législateur ouvrît un nouveau délai de surenchère en cas d'annulation pour incapacité ou insolvabilité, mais il ne l'a pas fait ; on peut éviter le danger de la position, sans aller jusqu'à considérer que les avoués sont les cautions forcées de leurs clients.

1122. En règle générale, la responsabilité de l'avoué ne paraît pas à M. Chauveau pouvoir être étendue au delà des conséquences qui viennent d'être indiquées. La jurisprudence, dit-il, a appliqué cette responsabilité d'une manière souveraine, suivant la variété des faits ; on peut néanmoins en induire la règle que l'étendue des dommages-intérêts est proportionnée au préjudice causé, règle que notre auteur a critiquée. — La Cour de cassation a décidé, le 14 janv. 1856 (*J. Av.*, t. 81, p. 550), que la détermination de l'étendue du préjudice causé par la surenchère d'un insolvable est une appréciation qui rentre dans le domaine souverain des juges du fond, et que les tribunaux peuvent, à titre de dommages-intérêts, condamner l'avoué à tenir compte des intérêts du prix de l'adjudication suivie de surenchère, comme responsable de la nullité de l'adjudication sur surenchère, à raison de l'insolvabilité du surenchérisseur. La Cour de Bordeaux a jugé, le 19 avril 1853 (*J. Av.*, t. 78, p. 517), que les dommages-intérêts mis à la charge de l'avoué qui a enchéri pour un adjudicataire insolvable consistent dans le paiement de la différence en moins qui existe entre le prix de la seconde adjudication et celui de la première, et dans le paiement des frais de procédure occasionnés par la résolution de l'adjudication première. Toujours en se basant sur la souveraineté de l'appréciation du juge du fond, la Cour suprême a rejeté, le 15 mai 1848 (*J. Av.*, t. 73, p. 433), le pourvoi dirigé contre un arrêt de la Cour d'Aix, du 14 mars 1845, rendu dans une espèce où l'avoué, trompé par une procuration authentique, et d'autres actes solennels tous entachés de faux, à la charge du notaire, s'était rendu adjudicataire pour un mandant imaginaire, et où le mandataire déclaré responsable avait fait accueillir son recours contre l'avoué.

1123. L'art. 711 est-il applicable à l'avoué d'un adjudicataire insolvable, lorsque les créanciers ont suivi la procédure de folle enchère? M. Chauveau avait cru devoir adopter la négative; mais la jurisprudence repousse cette fin de non-recevoir. V. Bordeaux, 29 avril 1853 (*J. Av.*, t. 78, p. 517), arrêt intervenu, il est vrai, dans une espèce où il ne paraît pas que l'exception ait été invoquée : Paris, 7 juin 1853 (t. 78, p. 545), et Cass., 17 janv. 1854 (t. 79, p. 368). D'après ces décisions, l'avoué qui a enchéri pour un adjudicataire insolvable peut être actionné en dommages-intérêts, même après deux poursuites de folle enchère, et la clôture définitive de l'ordre sur tous les prix, et ces dommages-intérêts doivent être calculés sur le préjudice occasionné aux créanciers, par la différence du prix de vente et l'augmentation des frais de procédure.

1124. Voici, du reste, la théorie admise par la Cour suprême : « En droit, il résulte des dispositions de l'art. 711, que les avoués ne peuvent enchérir pour des personnes notoirement insolvables, sous peine de nullité de l'adjudication ou de la surenchère et de dommages-intérêts ; ces deux pénalités sont distinctes, et il n'est pas nécessaire, pour que l'avoué qui a enchéri pour une personne notoirement insolvable, puisse être condamné à des dommages-intérêts, que la nullité de l'adjudication ait été préalablement prononcée. » Les avoués sont avertis, ajoute M. Chauveau, c'est à eux de se montrer extrêmement circonspects. Il est certain que les créanciers profiteront de cette jurisprudence pour poursuivre à outrance ceux de ces officiers ministériels assez imprudents pour engager leur responsabilité. — L'évaluation des dommages-intérêts, adoptée par les arrêts précités, est de nature à entraîner des conséquences irréparables.

1125. A un point de vue fiscal, les rédacteurs du *Journal de l'enregistrement* (1851, p. 573) ont posé la question suivante : Lorsque des ventes d'immeubles en justice ont lieu sous la condition que l'avoué qui aura enchéri et qui sera demeuré adjudicataire pour une personne notoirement solvable sera garant et responsable des effets de l'adjudication, le droit de cautionnement est-il dû sur le prix de cette adjudication ? D'après l'art. 711, Cod. proc., ont-ils dit, les avoués ne peuvent enchérir pour les personnes notoirement insolvables, à peine de nullité de l'adjudication ou de la surenchère et de dommages-intérêts. Lors donc qu'un avoué a déclaré pour adjudicataire une personne notoirement insolvable, l'adjudication étant nulle ne produit aucun effet; l'avoué est passible de dommages-intérêts à raison du préjudice qu'il a causé; la clause qui le rend garant et responsable des effets de l'adjudication est la conséquence de la disposition de la loi; elle n'ajoute pas à la peine établie par le législateur, et il nous semble qu'elle ne donne pas ouverture au droit de cautionnement.

1126. (Q. 2396 ter). *Lorsque le créancier poursuivant, demeuré adjudicataire sur la mise à prix des immeubles expropriés, est insolvable, son avoué peut-il être personnellement tenu au paiement de frais privilégiés dus à un autre créancier, et payables par l'acquéreur en sus de son prix?*

Les rédacteurs du *Journal du Notariat* (n° du 22 déc. 1855), résolvent cette question de la manière suivante : « Le décret organique de la corporation des avoués autorise à les condamner aux dépens en leur nom personnel, mais c'est seulement par mesure disciplinaire, et lorsqu'ils ont commis quelque faute méritant répression. Hors ces cas, l'avoué n'est que le mandataire de la partie; il n'agit que par ses ordres, et il ne peut être tenu, à l'égard des adversaires de cette partie, de payer les dépens qui leur ont été occasionnés par un mauvais procès et même par un insolvable. Dans l'espèce, nous ne voyons aucune faute de la part de l'avoué saisissant? Pourquoi le créancier qui perd aujourd'hui n'a-t-il pas enchéri? Pourquoi ne poursuit-il pas la folle enchère? En tout cas, si les biens sont de trop peu de valeur pour supporter les frais, c'est la faute de son gage, et non celle de l'avoué. » — M. Chauveau ajoute que, dans l'espèce prévue, il n'est pas vrai de dire que l'avoué se soit rendu adjudicataire pour un insolvable : c'est la loi elle-même qui, lorsque la mise à prix n'est pas couverte, déclare le poursuivant adjudicataire; de sorte qu'il cesse, en pareil cas, d'être seulement le mandataire de sa partie.

1127. (Q. 2397). *Le jugement d'adjudication doit-il contenir toutes les formalités ordinaires prescrites pour la rédaction des jugements, et, outre le cahier des charges, les dires qui sont mis à la suite?*

Le jugement d'adjudication, répond Carré, au texte, ne doit pas contenir toutes les formalités prescrites pour la rédaction des jugements, parce qu'en droit, ainsi que le remarque M. Merlin, dans ses *Questions de droit*, au mot *Expropriation*, § 3, t. 2, p. 497, une adjudication n'est pas un jugement proprement dit, puisqu'elle ne prononce sur aucune contestation et ne fait que déclarer la personne qui demeure adjudicataire, comme ayant porté la plus haute enchère. Cette doctrine, qu'approuve M. Chauveau, est aussi enseignée, et avec raison, par MM. Lachaize, t. 2, p. 55, n. 408; Thomine-Desmazures, t. 2, p. 260; Paignon, t. 1, p. 177, n. 121; Persil fils, *Comment.*, p. 232, n. 277; Dalloz, v° *Vente publ. d'imm.*, n. 1684 et suiv., et Bioche, v° *Saisie immob.*, n. 514. La Cour de Toulouse l'a appliquée par un arrêt du 7 avril 1829 (*J.P.*22.890).

1128. Mais comment faut-il interpréter cette disposition de l'art. 712 qui dit que le jugement d'adjudication ne sera autre que la copie du cahier des charges? Carré, sous la quest. 2402, exprimait l'opinion qu'encore bien que l'art. 712 ne parle que de la copie du cahier des charges, néanmoins il avait été dans l'intention du législateur que le jugement contînt tout ce qui est inséré à la suite de la minute de ce cahier, comme les publications, les dires, les enchères et l'adjudication.

1129. M. Chauveau observe que cette solution ne saurait être aujourd'hui applicable aux publications; car nulle disposition de la nouvelle loi ne prescrit d'en faire mention sur le cahier des charges; mais que la question demeure douteuse pour les *dires*, qui, d'après l'art. 694, doivent être insérés à la suite de la mise à prix. Faut-il que le jugement d'adjudication les reproduise? L'affirmative, qui était enseignée sous l'empire du Code de 1807 (indépendamment de Carré) par MM. Favard de Langlade, t. 5, p. 68, n. 1, Lachaize, t. 2, p. 56, n. 409, et Thomine-Desmazures, t. 2, p. 260, doit être aussi adoptée aujourd'hui, selon M. Chauveau, qui rappelle que plusieurs observations ayant été faites, lors de l'élaboration de la loi de 1841, par les Cours et tribunaux, dans le but de supprimer l'expédition de ces dires, de ceux au moins qui auraient été annulés, elles furent toutes repoussées par la commission du gouvernement, comme tendant à introduire plus de désordre que d'économie dans la procédure. Conf., MM. Dalloz, n. 1691; Bioche. v° *Sais. imm.*, n. 509; Rodière, t. 3, p. 135. Ce dernier auteur ajoute que le jugement d'adjudication n'attestant qu'un fait, n'a pas besoin d'être motivé; qu'il suffit d'exprimer que l'adjudication n'a été faite qu'après l'extinction du nombre de feux prescrit par la loi; mais qu'une formalité substantielle, c'est la mention de la publicité et de la composition du tribunal. M. Chauveau adhère pleinement à ces observations.

1130. Une instruction de la Régie a déclaré, le 29 juin 1842 (*J. Av.*, t. 63, p. 630), 1° que le procès-verbal d'adjudication judiciaire d'immeubles peut, sans contravention aux lois sur le timbre, être écrit à la suite du cahier des charges et des dires et observations des parties; 2° qu'il en est de même de l'adjudication après surenchère et folle enchère; et qu'alors le procès-verbal peut aussi être écrit à la suite de la première adjudication et du cahier des charges.

1131. Enfin, M. Chauveau remarque que les formalités de l'art. 712 n'étant pas prescrites à peine de nullité, on ne saurait prétendre que les infractions à ses dispositions doivent faire annuler le jugement, si elles lui laissaient d'ailleurs les parties essentielles qui le constituent. C'est ainsi qu'il a été jugé qu'une légère différence entre la désignation d'un immeuble exproprié, consignée dans le cahier des charges, et celle contenue dans le procès-verbal d'adjudication, ne suffit pas pour faire annuler la vente : Cass., 30 juin 1824; que l'injonction au saisi de délaisser l'immeuble n'est pas prescrite à peine de nullité : Bruxelles, 12 juill. 1819 (*Journ. de cette Cour*, t. 1er de 1819, p. 81); que, malgré l'omission de cette injonction, la partie saisie ne peut pas s'opposer à la prise de possession de l'adjudicataire : Nîmes, 21 mai 1850 (*J. Av.*, t. 75, p. 464). — Mais en vertu du même principe que le jugement d'adjudication, quoique devant être rédigé d'après le cahier des charges, ne comprend pas virtuellement et nécessairement tout ce qui se trouve dans ce cahier, il a été décidé, d'autre part, que si le jugement d'adjudication ne comprend pas tous les biens indiqués dans le cahier des charges, les tribunaux peuvent, sans violer aucune loi, décider que l'adjudicataire n'est pas devenu propriétaire des biens omis : Cass., 13 mai 1833 (*J. Av.*, t. 45, p. 418).

1132. Carré, au texte, sur la quest. 2311, soutient que l'adjudication ne comprend pas les fruits perçus depuis la dénonciation (aujourd'hui la transcription) de la saisie; qu'il n'en est autrement qu'à l'égard des fruits pendants par racines au moment de l'adjudication. Et, sous la quest. 2312, il considère aussi comme exclu de l'adjudication de bétail donné à cheptel, qui n'a été désigné ni dans la saisie ni dans le cahier des charges. — En principe, M. Chauveau, sous la quest. 2227 *bis* (compar. *sup.*, n. 343 et s.), admet cette doctrine; seulement il croit que les circonstances et la nature des objets doivent exercer une grande influence sur la décision. Par exemple, suivant lui, le cheptel peut être, malgré le silence du procès-verbal de saisie, réputé compris dans l'adjudication, lorsque, d'après l'usage des lieux, il n'a rien de disproportionné avec l'importance de l'immeuble, et qu'il doit être considéré comme un accessoire normal de celui-ci. Il estime également que l'adjudication d'un château et des terres sur lesquelles il est construit, comprend les avenues qui y conduisent, quoiqu'elles n'aient été mentionnées ni dans le procès-verbal de saisie ni dans le cahier des charges.

1133. L'auteur mentionne ensuite, d'une part : 1° deux arrêts de la Cour de Bordeaux des 19 juill. 1849 (*J. Av.*, t. 75, p. 106) et 16 nov. 1852 (t. 78, p. 349), qui ont jugé, l'un, que l'adjudication d'une filature avec ses dépendances comprend tous les objets et machines nécessaires à l'exploitation de cet établissement, tels que la prise d'eau, les canaux, les chemins d'exploitation, surtout lorsque ces objets ont été énoncés dans le cahier des charges; l'autre, que les immeubles par destination sont compris dans l'adjudication des fonds, bien qu'ils n'aient été désignés ni dans le procès-verbal de saisie, ni dans le cahier des charges; — 2° deux arrêts de la Cour de Grenoble des 3 fév. 1851 et 8 fév. 1858 (t. 77, p. 327; t. 83, p. 316), et deux arrêts de la Cour de Lyon des 21 août 1851 et 7 avril 1853 (t. 77, p. 327; t. 79, p. 259), qui ont admis que l'adjudication d'un immeuble dont l'extérieur est décrit dans le procès-verbal de saisie embrasse les immeubles par destination, bien que ce procès-verbal ne les ait pas énumérés; — 3° un arrêt de la Cour de Caen du 17 nov. 1857 (t. 83, p. 522), portant que les parcelles non spécifiées d'une manière distincte dans un procès-verbal de saisie immobilière n'en sont pas moins comprises dans l'adjudication, s'il résulte du rapprochement des termes du procès-verbal et des énonciations de la copie de la matrice cadastrale qu'elles ont été réellement saisies.

1134. Et, d'autre part, en sens contraire : 1° Un jugement du tribunal civil de Pamiers, du 23 fév. 1847 (*J. Av.*, t. 73, p. 62); un arrêt de la Cour de Limoges, du 26 juill. de la même année (*ibid.*, p. 63); un arrêt de la Cour de Poitiers du 13 juill. 1854 (t. 80, p. 532), et un arrêt de la Cour de Montpellier du 31 juill. 1855 (t. 82, p. 49), d'après lesquels les immeubles par destination dont il n'est parlé ni dans le procès-verbal de saisie, ni dans le cahier des charges, ne sont pas compris dans l'adjudication; — 2° un arrêt de la Cour d'Aix du 22 mai 1850 (t. 76, p. 608), qui déclare que les parcelles d'un fonds saisi qui ne sont pas mentionnées dans le procès-verbal ne doivent figurer ni dans le cahier des charges ni dans le jugement d'adjudication; — 3° un autre arrêt de la même Cour du 5 juill. 1852 (t. 45, p. 541), qui a appliqué une solution semblable au cas où les parcelles non mentionnées dans le procès-verbal de saisie ont été aussi omises dans la copie de la matrice du rôle.

1135. Enfin, M. Chauveau remarque qu'évidemment, comme l'a jugé la Cour de Caen, le 25 mai 1846 (t. 72, p. 87), tous les immeubles désignés dans le procès-verbal de saisie et dans le cahier des charges sont compris dans l'adjudication, quoique les placards ne mentionnent pas quelques-uns d'entre eux. V. aussi en ce sens : Grenoble, 15 mars 1821.

1136. Depuis, la jurisprudence a continué à varier sur l'étendue qu'il convient de donner à l'adjudication. Ainsi, il a été décidé, d'un côté : 1° que les immeubles par destination, tels que bétail d'exploitation, matériel agricole, semences et pailles, ne sont pas compris dans l'adjudication sur saisie immobilière, si le procès-verbal de saisie et le cahier des charges ne les mentionnent pas expressément : Alger, 6 avril 1872 (t. 100, p. 463) ; — 2° que les immeubles par destination ne sont pas compris de plein droit dans la saisie de l'adjudication de la propriété dont ils dépendent, et que si le procès-verbal de saisie ne les désigne pas d'une manière spéciale, ou ne contient pas tout au moins quelque énonciation qui permette de supposer l'intention, de la part du créancier, de les comprendre dans la saisie, ils ne font pas partie des biens adjugés ; en sorte que le saisi a le droit de les revendiquer contre l'adjudicataire qui en a pris possession : Trib. civ. de Condom, 7 août 1873 (t. 99, p. 17) ; — 3° qu'il appartient aux juges d'apprécier souverainement la portée du jugement d'adjudication d'immeubles saisis, et de décider, par le rapprochement de ses termes de ceux des actes qui l'ont précédé, qu'il ne comprend pas certains immeubles : Cass., 16 juill. 1875 (t. 104, p. 289); — qu'ainsi, spécialement, des parcelles que le procès-verbal de saisie ne mentionne ni par leurs dénominations, ni par l'extrait de la matrice cadastrale, ni par leur situation, peuvent être réputées ne pas être comprises dans l'adjudication d'un domaine saisi, nonobstant une clause générale ajoutée à la nomenclature parcellaire, et s'appliquant à « tous les objets qui peuvent composer le domaine, sans exception ni réserve des différentes parcelles, lors même qu'elles auraient été omises dans les désignations détaillées » : Limoges, 21 fév. 1874 (t. 99, p. 275) ; Cass., 16 juill. 1875, précité.

1137. Tandis qu'il a été jugé, d'un autre côté : 1° que l'adjudication, par suite de saisie, d'un domaine rural comprend de plein droit les immeubles par destination qui y sont attachés, tels que les chevaux et charrettes servant à la culture, ainsi qu'une chaudière et ses accessoires, considérées comme nécessaires à l'exploitation du domaine, soit comme ustensile d'une distillerie existant dans les bâtimente saisis : Bordeaux, 16 août 1860 (t. 86, p. 57) ; — 2° que l'adjudicataire d'immeubles saisis a droit à tous les immeubles par destination qui s'y trouvent, alors même que ces objets n'ont été mentionnés ni dans le procès-verbal de saisie, ni dans le cahier des charges : Bordeaux, 23 avril 1875 (t. 100, p. 379) ; — 3° que les accessoires d'un immeuble réputés immeubles par destination sont de plein droit, et indépendamment de toute stipulation spéciale, compris dans la saisie et l'adjudication de cet immeuble ; et qu'il en est ainsi notamment du cheptel attaché à l'exploitation du domaine saisi, surtout s'il résulte des faits de la cause que les parties intéressées, loin d'avoir dérogé au principe ci-dessus par une convention quelconque, ont entendu s'y soumettre expressément : Riom, 12 janv. 1878 (t. 104, p. 269). — Pour nous, la première interprétation nous semble la seule juridique. V. notre *Formul. annot.*, t. 2, p. 660, n. 17, et p. 662, n. 12.

1137 *bis*. En tout cas, lorsque la concession de l'éclairage au gaz dans une ville ne forme avec l'usine qu'un tout indivisible, elle est comprise dans l'adjudication immobilière poursuivie contre celle-ci, et affectée, comme elle, au gage exclusif des créanciers hypothécaires : Cass., 21 janv. 1878 (*J. Av.*, t. 104, p. 361).

1138. (Q. 2397 bis). *Pourrait-on exercer la contrainte par corps contre un saisi qui ne délaisserait pas la possession si, d'ailleurs, il n'y était pas sujet à raison de son âge ou de son sexe? Faut-il un délai de quinzaine entre la signification du jugement et la contrainte? Que faire des meubles du saisi?*

Carré, au texte, n'admettait pas qu'en l'absence d'une disposition formelle on pût, dans ce cas, exercer la contrainte par corps contre les personnes que les art. 2064 et 2066, Cod. civ., déclaraient n'y être pas sujettes. Mais M. Chauveau ne partageait point cet avis. Comment, disait-il, pourrait-on exécuter le jugement qui ordonne la mise en possession, sans expulser l'ancien propriétaire, c'est-à-dire sans le mettre *corporellement* dehors ? Le soustraire à cette contrainte, sous prétexte de son âge ou de son sexe, ce serait rendre l'exécution complètement impossible. Ici, il ne s'agit pas d'emprisonner, mais de faire déguerpir d'une habitation ou d'un héritage, en expulsant la personne qui s'obstine à y rester. Ce n'est pas là cette contrainte par corps que la loi a voulu épargner aux femmes et aux septuagénaires. Ce qui a pu induire en erreur sur ce point, c'est la rédaction vicieuse de l'article lui-même ; il était fort inutile de parler spécialement de la voie de contrainte, qui est toujours implicite et nécessaire, toutes les fois qu'un individu se refuse à exécuter volontairement un acte notarié ou un jugement qui lui ordonne de vider les lieux ou de délaisser la possession d'un objet mobilier ou immobilier. V. conf., Bordeaux, 15 janv. 1851; MM. Jacob, p. 415; Colmet-Daage, t. 2, p. 363, n. 974; Bioche, v° *Saisie immob.*, n. 511; Dalloz, n. 1808.

1139. Il résulte de cette interprétation qu'aujourd'hui encore, malgré l'abolition de la contrainte par corps, le saisi qui refuse de quitter les biens expropriés peut être forcé corporellement à en sortir.

1140. Thomine-Desmazures, t. 2, p. 261, enseignait que, conformément à l'art. 2061, Cod. civ., il fallait attendre un délai de quinzaine après la signification du jugement pour pouvoir contraindre au déguerpissement celui qui s'y refusait. M. Chauveau était, au contraire, d'avis que l'art. 2061 précité n'était pas inapplicable; et il se fondait sur ces expressions de l'art. 712: *Avec injonction à la partie saisie de délaisser la possession* AUSSITOT APRÈS *la signification du jugement*. Conf., M. Dalloz, n. 1807.

1141. D'un autre côté, la Cour de Bordeaux a jugé, le 6 avril 1827 (*J. Av.*, t. 34, p. 345), qu'on n'est pas obligé d'attendre l'expiration de la *huitaine* de la signification, pour exécuter un jugement d'adjudication sur saisie immobilière, même rendu par défaut.

1142. Nous avons été nous-même consulté sur le point de savoir si, lorsque l'exproprié, auquel commandement a été fait d'exécuter le jugement d'adjudication, refuse de quitter l'immeuble adjugé et d'en ouvrir les portes, l'huissier doit se faire assister soit par le juge de paix, soit par le maire pour pénétrer de force dans cet immeuble et en expulser l'exproprié.—Voici notre réponse :

L'huissier chargé de procéder à l'expulsion de l'exproprié qui refuse de déguerpir n'a besoin de l'intervention d'aucun magistrat pour vaincre cette résistance. Le mandement dont le jugement d'adjudication doit être revêtu (Cod. proc., 712) l'autorise suffisamment par lui-même dans ce cas, comme dans tous ceux en général où il s'agit d'exécuter une décision judiciaire, à requérir la force armée pour assurer le triomphe de la loi (V. Carré et Chauveau, quest. 1916); Bioche, *Dict. de proc.*, v° *Huissier*, n. 17; Deffaut et Harel, *Encyclop. des huiss.*, v° *Exécution des actes et jugements*, n. 136).

1143. En conséquence, si les portes, les enclos, bâtiments, etc., où il y a lieu de pénétrer pour expulser l'exproprié et mettre l'adjudicataire en possession, sont fermés, et si l'exproprié n'obéit point à la sommation qui lui est faite de les ouvrir, l'huissier peut se faire aider par la gendarmerie à enfoncer ces portes et à contraindre corporellement l'exproprié à sortir de l'immeuble. V. Bioche, v° *Saisie immobilière*, n. 524. Les auteurs admettent généralement, et avec pleine raison, que l'art. 712, Cod. proc., en disant que le saisi sera contraint, *même par corps*, à céder la possession de l'immeuble à l'adjudicataire, n'a pas entendu parler d'une contrainte par corps suivie d'emprisonnement, mais uniquement de l'emploi de la force pour obliger le saisi à quitter les lieux. V. notamment Chauveau, quest. 2397 *bis* (ci-dessus, n. 1138); Bioche, *loc. cit.*, n. 511; Boitard et Colmet-Daage, *Leçons de proc. civ.*, t. 2, n. 962; Dalloz, *Répert.*, v° *Vente publ. d'imm.*, n. 1808; Deffaux et Harel, *op. cit.*, v° *Saisie immob.*, n. 691. D'où la conséquence que l'abolition de la contrainte par corps en matière civile ne met nullement obstacle à la coaction corporelle vis-à-vis de l'exproprié.

1144. Si la force publique refusait d'obtempérer à la réquisition de l'huissier, celui-ci devrait s'adresser au procureur de la République, qui puiserait dans l'art. 5 du titre VIII de la loi des 16-24 août 1790, le pouvoir d'enjoindre à qui de droit de prêter mainforte à l'huissier pour procéder soit à l'ouverture des portes, soit à l'expulsion du saisi. V. Favard, *Répert*, v° *Exécution*, § 2, n. 7 ; Bioche, v° *Exécution des jugem. et arr.*, n. 148; Deffaux et Harel, *eod. verb.*, n. 137.

1145. On s'est demandé ce qu'il faudrait faire si la partie, forcée à déguerpir avait laissé des meubles dans l'habitation dont elle a été dépossédée.

M. Chauveau pense que l'huissier doit en référer au président du tribunal civil qui, par une ordonnance spéciale, lui permettra de faire transporter tous les meubles du saisi dans un local particulier, loué à cet effet; et que, comme cette partie de l'exécution occasionnera des frais non prévus dans l'adjudication, l'adjudicataire obtiendra jugement contre le dépossédé et pourra faire vendre aux enchères les meubles dont il s'agit dans les formes prescrites en matière de saisie-exécution, prélever les frais sur le prix et déposer le surplus à la caisse des consignations. M. Dalloz, n. 1810, approuve la démarche auprès du président, mais il pense que les frais du déplacement devraient être colloqués dans l'ordre comme privilégiés. M. Bioche, v° *Saisie immob.*, n. 525, indique une autre marche : « L'adjudicataire, dit-il, fera un commandement au propriétaire des meubles de les retirer dans un délai déterminé; à l'expiration du délai, un huissier présidera à l'enlèvement des meubles. » M. Persil fils, *Comment.*, p. 233, n. 279, persiste à soutenir qu'on peut mettre les meubles *sur le carreau*, c'est-à-dire en langage ordinaire, les déposer sur la voie publique. — Nous pensons aussi que tel est le droit de l'adjudicataire, et nous regardons comme très contestable la faculté réservée à celui-ci par M. Chauveau de faire vendre aux enchères les meubles qui se trouvent dans les bâtiments expropriés.

1146. Lorsqu'un débiteur exproprié ayant été déclaré en faillite, les scellés ont été apposés sur son mobilier, dont une personne de sa famille a été établie gardienne; que, sur la signification du jugement d'adjudication, de la part de l'adjudicataire, cette personne a refusé de quitter l'immeuble avant qu'il eût été procédé au récolement du mobilier et qu'il lui eût été donné décharge; et qu'ensuite, au moment du récolement, elle a renouvelé son refus, par le motif qu'elle venait d'apprendre que plusieurs des meubles confiés à sa garde appartenaient à un tiers, sur quoi le juge de paix a renvoyé les parties devant le juge des référés à son audience de huitaine; l'huissier chargé par l'adjudicataire de procéder à l'expulsion de l'exproprié et de sa famille, doit-il surseoir à cette expulsion jusqu'après la décision du juge des référés, ou bien est-il tenu de l'exécuter immédiatement, en se faisant aider, au besoin, par la force armée? Invité à donner notre avis sur cette question, nous l'avons exprimé en ces termes :

L'art. 712, Cod. proc., en disposant que le jugement d'adjudication doit enjoindre à la partie saisie de délaisser la possession aussitôt après la signification de ce jugement, sous peine d'y être contraint, *même par corps*, indique clairement que l'adjudicataire a le droit d'employer la force armée pour vaincre la résistance du saisi (V. d'ailleurs les explications données à ce sujet ci-dessus, n. 1138 et s.); et il est de toute évidence que ce droit lui appartient non seulement vis-à-vis du saisi lui-même, mais encore vis-à-vis des membres de la famille de celui-ci. Nul doute par conséquent, que, dans l'espèce sur laquelle nous somme consulté, l'huissier ne fût autorisé à se faire aider par la gendarmerie pour expulser la fille du saisi qui se refusait à vider les lieux.

1147. Il est vrai que cette dernière fondait sa résistance sur sa qualité de gardienne des meubles garnissant les bâtiments expropriés, et dont une partie était, suivant elle, la propriété d'un tiers qui ne se trouvait pas là pour lui donner décharge. Mais cette prétention n'était pas de nature à empêcher l'expulsion de la fille du saisi; elle mettait seulement l'adjudicataire dans la nécessité d'introduire immédiatement un référé pour faire ordonner que les meubles seraient transportés dans un local déterminé, où ils continueraient de rester sous la garde de cette personne. — Compar. Chauveau, quest. 2397 *bis* (*suprà*, n. 1138); Dalloz, *Répert.*, v° *Vente publ. d'imm.*, n. 1810; De Belleyme, *Ordonn. sur req. et sur réf.*, t. 2, p. 81; l'*Encycl. des huiss.*, v° *Saisie immob.*, n. 693.

1148. Il n'y avait pas lieu de surseoir à l'expulsion jusqu'après la décision à intervenir sur le référé dont le juge de paix avait, le même jour, pris l'initiative; d'un côté, parce que cette mesure avait été prescrite en dehors de l'adjudicataire, et, de l'autre, parce que le juge de paix avait indiqué, pour le référé dont il s'agit, une audience de la semaine suivante, tandis que c'était immédiatement que l'adjudicataire avait le droit de faire statuer sur le sort des meubles, afin de prendre sur-le-champ possession des immeubles adjugés.

1149. (Q. 2397 ter). *Le jugement d'adjudication sur saisie immobilière emporte-t-il hypothèque judiciaire contre l'adjudicataire? Est-il soumis à la perception du droit proportionnel d'enregistrement en cas de surenchère?*

Le jugement d'adjudication n'ayant pas le caractère d'une décision contentieuse, et ne prononçant aucune condamnation, M. Chauveau observe que ce jugement exclut, par sa nature même, toute hypothèque judiciaire; il ne saurait dépendre du poursuivant, d'accord avec le saisi et les créanciers inscrits qui ont gardé le silence, de lui faire produire cet effet. Aussi a-t-il été décidé, le 3 mars 1854 (*J. Av.*, t. 79, p. 379), par la Cour de Limoges, dans une espèce où le cahier des charges portait que le poursuivant aurait la faculté de prendre inscription, en vertu du jugement d'adjudication, sur les biens personnels de l'adjudicataire, pour sûreté du prix et des charges, que cette clause devait être considérée comme non avenue, comme contraire aux dispositions des art. 2115, 2116 et 2123, Cod. civ.

1150. En ce qui concerne le droit d'enregistrement, une solution de la régie, du 28 juin 1850 (*J. Av.*, t. 76, p. 272), a distingué, avec raison, le cas où le jugement est soumis à la formalité avant la surenchère et celui où la formalité n'est requise qu'après la surenchère. Le droit proportionnel n'est exigible que dans la première hypothèse. Dans la seconde, l'enregistrement de l'adjudication sur surenchère comprend le droit dû sur la totalité du prix.

1151. D'un jugement du tribunal civil de Bourg, en date du 2 juin 1856 (*J. Av.*, t. 81, p. 507), il résulte que lorsque les immeubles comprenant les ustensiles attachés à l'exploitation d'une usine et l'usine elle-même sont adjugés en même temps, par le même acte, au même acquéreur, le droit de vente et le droit de transcription doivent être perçus sur le prix total de l'adjudication.

1152. (Q. 2398). *Quels sont les* frais ordinaires de poursuite *dont l'art.* 713 *veut que l'adjudicataire rapporte quittance, et quels sont, dans le sens de la loi, les* frais extraordinaires?

Les frais *ordinaires*, explique Carré, au texte, sont ceux qui ont été faits directement pour parvenir à la vente, depuis le procès-verbal de saisie jusqu'à l'adjudication définitive inclusivement. Les frais *extraordinaires* sont tous ceux qui n'auraient pas eu lieu, sans des circonstances particulières. Ainsi, par exemple, les frais du procès-verbal de saisie, ceux des enregistrements, de la dénonciation, des affiches, etc., sont *des frais ordinaires*; ceux, au contraire, qui sont occasionnés par des incidents, par des contestations quelconques, par l'appel des jugements intervenus sur des incidents, sont *des frais extraordinaires.*

1153. Cette distinction, qu'approuve M. Chauveau, est adoptée aussi par tous les autres auteurs (V. notamment Favard de Langlade, t. 5, p. 69; Berriat Saint-Prix, p. 595, note 92; Lachaize, t. 2, p. 58; Thomine-Desmazures, t. 2, p. 262; Persil fils, *Comm.*, p. 234, n. 281; Bioche, v° *Saisie imm.*, n. 569; Dalloz, n. 1721; Colmet-Daage, t. 2, p. 364, n. 975 et 976), et elle a été consacrée par un arrêt de la Cour de Bordeaux du 8 juin 1832 (*J. Av.*, t. 49, p. 562).—M. Paignon, t. 1, p. 178, n. 122, définit *les frais ordinaires* comme Carré; mais, à la même page, n. 124, il classe dans les *frais extraordinaires le coût des insertions supplémentaires* et *des affiches de surérogation.* C'est une erreur, dit M. Chauveau; dans les frais ordinaires de la saisie doivent être compris tous ceux que la loi permet au poursuivant de faire pour obtenir une plus grande publicité. Ces frais, comme tous ceux qui sont nécessaires à la poursuite, sont payés par l'adjudicataire en sus de son prix : l'obligation de l'acquéreur de payer les frais de son contrat résulte des principes du droit civil; et elle devrait être exécutée quand bien même le cahier des charges serait muet ou que l'art. 701 n'aurait pas été observé. — Conf. M. Dalloz, n. 1722.

1154. (Q. 2398 bis). *Qu'est-ce que la loi entend exiger en ordonnant que le jugement d'adjudication ne sera délivré à l'adjudicataire qu'à la charge par lui de fournir la preuve qu'il a satisfait aux conditions du cahier des charges?*

Pour l'ordinaire, dit Carré, au texte, ces conditions consistent, par exemple, en ce qu'il a été stipulé dans le cahier des charges, ou que le prix de l'adjudication serait consigné, ou que l'acquéreur paierait par ses mains divers créanciers. Alors le jugement d'adjudication ne peut être délivré qu'autant qu'il est justifié de ce dépôt ou de ce paiement, et les pièces qui fournissent cette preuve demeurent annexées à la minute de ce jugement, et sont copiées à la suite de l'adjudication, comme les quittances des frais ordinaires.

1155. Au sujet de la consignation, M. Chauveau mentionne les solutions suivantes : 1° Le défaut de consigner le prix, de la part de l'acquéreur, lorsque le cahier des charges ne l'y a pas expressément obligé, n'autorise pas la revente de l'immeuble : Rennes, 23 déc. 1814 (*J. Av.*, t. 15, p. 113). — 2° Lorsque, d'après le cahier des charges, l'adjudicataire peut, sur la demande des créanciers inscrits, être contraint de consigner le prix de son adjudication, conformément à l'ordonnance du 3 juill. 1816, la revente sur folle-enchère ne doit être exercée contre lui qu'autant que le tribunal a ordonné cette consignation, et lors même que les créanciers l'auraient sommé de la faire : Bordeaux, 4 mai 1832 (t. 45, p. 523). — 3° Lorsqu'un jugement d'adjudication fixe le délai dans lequel l'adjudicataire sera tenu de consigner le prix de la vente, la consignation n'est pas nulle, quoique faite après l'expiration de ce délai; elle ne doit même pas être considérée, dans ce cas, comme consignation volontaire, et, à ce titre, assujettie à la formalité préalable d'offres réelles et de sommation au débiteur exproprié : Toulouse, 22 nov. 1820 (*J Av.*, t. 20, p. 564). — Compar. *infrà*, n. , ainsi que le mot *Ordre*, n. 507 et suiv., et le *Formulaire de procédure* de M. Chauveau, 2° éd., t. 2, p. 68, *remarque* de la formule 602. — V. aussi Trib. civ. de la Roche-sur-Yon, 25 av. 1877 (*J. Av.*, t. 102, p. 331).

1156. Des termes de l'art. 713, il résulte, comme le fait observer M. Jacob, p. 416, que le greffier se trouve, dès l'abord, seul juge de la preuve à fournir par l'adjudicataire, que celui-ci a satisfait aux conditions premières de son adjudication; mais, en cas de contestation, il faudrait en référer au président du tribunal, le poursuivant appelé.

1157. Un jugement du tribunal civil de Saint-Girons du 19 août 1876 (*J. Av.*, t. 102, p. 337) a décidé que la quittance donnée à l'adjudicataire par l'avoué du poursuivant, des frais de poursuite de saisie immobilière, a le caractère d'un acte sous signature privée assujetti au timbre de 10 centimes, et non pas d'un acte de procédure passible du timbre ordinaire de dimension. — La régie a acquiescé à cette solution, dont l'exactitude est incontestable. La quittance des frais de poursuite de saisie immobilière que l'avoué du poursuivant donne à l'adjudicataire ou à son avoué devant être annexée au jugement (Cod. proc., 713), ne peut évidemment être délivrée que sur papier timbré; mais elle n'est plus soumise, comme avant la loi du 23 août 1871, au timbre de dimension (V. Chauveau et Godoffre, *Comment. du tarif*, t. 2, n. 3322), parce qu'elle rentre évidemment dans la catégorie des quittances sous seing privé que l'art. 318 de cette loi assujettit seulement au timbre de 10 centimes.

1158. C'est à bon droit qu'il a été décidé que l'adjudicataire qui, lors de l'enregistrement du jugement d'adjudication, a payé les droits d'enregistrement d'un bail sous seing privé dont les dispositions ont été relatées dans le cahier des charges, a son recours contre le preneur pour le remboursement de ces droits : Trib civ. de la Seine, 28 nov. 1848 (t. 94, p. 190). En effet, la relation dans le cahier des charges des dispositions d'un bail sous seing privé ne suffit pas pour donner aux droits d'enregistrement de ce bail le caractère d'une charge de l'adjudication, contrairement à la règle suivant laquelle ces droits sont supportés par le preneur. Ce dernier n'échapperait à cette obligation vis-à-vis de l'adjudicataire que s'il avait été mis dans la nécessité de faire enregistrer le bail pour en poursuivre l'exécution contre celui-ci.

1159. (Q. 2398 ter). *Que résulte-t-il de ce que l'art. 713 porte que l'adjudicataire qui ne fait pas les justifications qu'il a prescrites, y sera contraint par voie de folle enchère,* sans préjudice des autres voies de droit?

Il résulte de cette disposition, selon la remarque de Carré, au texte, que, sans faire procéder à la revente par folle enchère, on peut poursuivre l'adjudicataire comme on poursuivrait tout débiteur contre lequel on a un titre exécutoire, c'est-à-dire par toutes les voies d'exécution autorisées par la loi, par exemple par saisie-arrêt, saisie-exécution, etc. Dans le sens de cette observation à laquelle adhère M. Chauveau, V. Thomine-Desmazures, t. 2, p. 263; Paignon, t. 1, p. 179, n. 123; Persil fils, *Comment.*, p. 235, n. 283. — Compar. *infrà*, n.

1160. (Q. 2390). *En quel cas y a-t-il lieu de permettre le paiement par privilège des frais extraordinaires?*

C'est, suivant Carré, au texte, lorsque les frais ont été ordonnés pour des causes qui ne peuvent être imputées à aucune des parties, ou lorsque la partie saisie les a occasionnés et a succombé. M. Chauveau ajoute, avec d'autres auteurs, que la solution doit être la même quand les frais ont été faits dans l'intérêt commun des créanciers, ou lorsque la partie qui succombe n'a pas pas agi, dans les incidents ou dans les circonstances qui les ont fait naître, d'une manière évidemment téméraire ou avec mauvaise foi (V. en ce sens Favard de Langlade, t. 5, p. 70; Lachaize, t. 2, p. 60; Paignon, t. 1, p. 180. V. aussi Dalloz, n. 1725, et Colmet-Daage, t. 2, p. 364, n. 976.)

1161. Le privilège dont il s'agit ici jouit d'une telle faveur, observe M. Chauveau, qu'on a jugé que les frais extraordinaires de poursuite devaient être alloués de préférence aux reprises dotales de la femme du saisi : Riom, 3 août 1826 (*J. Av.*, t. 35, p. 369).

1162. Le paiement de ces frais, fait entre les mains de l'avoué du créancier poursuivant, n'est pas un obstacle à leur collocation privilégiée dans l'ordre, lorsque la distraction n'en a pas été ordonnée au profit de cet avoué : Pau, 31 déc. 1824 (*J. Av.*, t. 30, p. 344).

1163. (Q. 2399 bis). *Peut-on allouer par privilège des frais extraordinaires de poursuite, s'il n'en a pas été ainsi ordonné par le jugement même qui a statué sur les contestations au sujet desquelles ils ont eu lieu?*

La négative, enseignée au texte par M. Chauveau, est aussi admise par MM. Thomine-Desmazures, t. 2, par 263; Persil fils, *Comment.*, p. 236, n. 285; Duvergier, t. 41, p. 261, et Dalloz, n. 1726. Ces auteurs se fondent sur ce que le privilège n'appartenant au poursuivant qu'autant qu'il est exempt de faute, ce privilège ne peut être accordé que par le jugement qui statue sur la contestation, et qui, seul, peut apprécier s'il y a faute ou non.

1164. Mais la solution contraire a été consacrée par un arrêt de la Cour de Toulouse, du 16 mai 1831 (*J. Av.*, t. 41, p. 705), sur laquelle M. Chauveau a présenté, *ibid.*, les observations suivantes dans lesquelles il déclare ici persister :

La loi ne dit point quel est le jugement qui doit déclarer que les frais extraordinaires d'une saisie immobilière sont privilégiés, afin que le poursuivant puisse les réclamer comme tels. Il semble donc que ce jugement peut être rendu après celui qui statue sur l'incident; car, peu importe que ce soit en prononçant sur la contestation incidente, ou lorsqu'il faut fixer le rang des collocations dans l'ordre, que le tribunal déclare que ces frais seront privilégiés. Dans l'un comme dans l'autre cas, les créanciers intéressés à les contester sont en instance avec le poursuivant; et si celui-ci demande qu'on les lui paie par privilège, ils peuvent faire valoir contre lui les moyens contraires à cette prétention. On peut même dire que les créanciers sont plus à portée de repousser la demande de privilège, lorsqu'elle n'est présentée qu'après le jugement sur l'incident et lorsqu'il s'agit de régler l'ordre, car ils sont toujours en cause à cette dernière époque, et souvent le poursuivant et le saisi figurent seuls dans les contestations sur les incidents de la saisie. Il est vrai que les juges, en statuant sur un incident, peuvent mieux vérifier si les frais que le poursuivant réclame par privilège ont été réellement avancés dans l'intérêt de tous les créanciers, que lorsque la réclamation leur en est faite après qu'ils ont jugé l'incident. Dans ce dernier cas, il faudrait de nouveau plaider devant eux le procès, pour qu'ils pussent apprécier la demande de privilège. D'ailleurs, l'ordre provisoire, et quelquefois l'ordre définitif sont faits par le juge-commissaire seul. Comment donc pourrait-il opérer, relativement à la demande en collocation privilégiée, si le jugement sur l'incident n'avait point en même temps statué sur le privilège? Pourrait-il lui-même prononcer sur ce point par une ordonnance? Devrait-il en référer au tribunal? La force de ces objections a fait adopter à tous les auteurs une opinion opposée à celle qu'a admise l'arrêt mentionné ci-dessus. Leur doctrine semble conforme à la marche de la procédure, et il importe de la suivre dans la pratique, car autrement le poursuivant courrait le risque de ne pas pouvoir recouvrer ses frais, vu l'insolvabilité de la partie saisie, qui élève souvent des incidents, parce qu'elle n'a rien à perdre. Cependant, on ne peut se dissimuler que l'interprétation de la Cour de Toulouse ne renferme une exacte application de la règle, qu'on ne peut créer une déchéance que la loi n'a pas formellement établie; et, si sa décision était déférée à la Cour suprême, il serait difficile de fonder le pourvoi dont elle serait l'objet sur la violation d'une disposition littérale de la loi.

1165. (Q. 2399 ter). *Les frais extraordinaires de poursuite doivent-ils être colloqués par privilège, lorsque les jugements qui statuent sur les incidents, sans s'exprimer sur la question de privilège, disent seulement que les dé-*

pens seront considérés comme frais extraordinaires de poursuite, *ou que les dépens* seront employés comme frais extraordinaires de poursuite?

M. Chauveau ne pense pas que les termes de la loi soient tellement sacramentels que les jugements qui voudront consacrer le privilège doivent nécessairement contenir ces expressions : « *Les frais extraordinaires de poursuite seront payés par privilège sur le prix.* » Si les tribunaux se sont servis de locutions qui indiquent suffisamment leur intention, il serait par trop sévère, dit-il, d'exiger une disposition explicite et conforme textuellement aux *mots* qu'on lit dans la loi. — Il est évident que lorsqu'un tribunal ne s'est pas contenté de condamner la partie qui succombe aux dépens, mais qu'il a ajouté que les dépens de la partie qui obtient gain de cause *seront considérés ou seront employés comme frais extraordinaires*, il a suffisamment exprimé sa volonté de les classer parmi les frais privilégiés qui doivent être prélevés sur le montant de l'adjudication.—Par arrêt du 3 août 1826 (*J. Av.*, t. 35, p. 369) la Cour de Riom a consacré cette opinion, qui est aussi adoptée par M. Dalloz, n. 1728.

1166. (Q. 2399 quater). *Pourrait-on stipuler dans un cahier des charges que le privilège des frais extraordinaires aurait lieu de plein droit, quels que que fussent les termes employés par les jugements qui statueraient sur les incidents?*

Le 3 août 1826 (*J. Av.*, t. 35, p. 369), la Cour de Riom a jugé l'affirmative; et elle s'est fondée notamment sur ce que, si cette stipulation n'est autorisée par aucune loi, il n'en est non plus aucune qui la prohibe; que cette clause peut même être utile, parce que les enchérisseurs ont besoin d'être éclairés sur le montant des frais qui devront être prélevés sur le prix de l'immeuble.

1167. Qu'il soit stipulé dans le cahier des charges que l'acquéreur paiera au delà du prix de son enchère, non seulement les frais ordinaires de poursuite, mais encore les frais extraordinaires qu'un jugement aura déclaré devoir être employés par privilège, M. Chauveau n'y voit aucune difficulté. Mais que le cahier des charges impose à l'acquéreur l'obligation de payer, soit au delà de son prix, soit par privilège sur le montant de ce prix, tous les frais extraordinaires qui auront été occasionnés par des incidents, c'est là une clause qu'il déclare illégale, car précisément le législateur n'a attaché la qualité de privilégiés qu'aux dépens qui seraient reconnus tels par un jugement. Lorsqu'une pareille clause, dit-il, sera insérée dans un cahier des charges, les magistrats devront s'empresser, sur la requête des parties intéressées, d'en prononcer la radiation.

1168. S'il arrivait que, malgré la demande d'une des parties intéressées, un tribunal maintînt une clause de cette nature, et qu'on laissât acquérir au jugement la force de chose jugée, la difficulté, selon notre auteur, serait beaucoup plus sérieuse. Peut-être, observe-t-il, devrait-on décider alors que les frais des incidents jugés avant la publication devraient, malgré le silence du dispositif du jugement, être considérés comme privilégiés, parce que le tribunal serait censé leur avoir imprimé ce caractère par son refus d'ordonner la radiation de la clause. Mais, quant aux incidents postérieurs, il y aurait lieu de penser que les dépens qu'ils auraient occasionnés ne devraient pas être soumis à la généralité de la clause illégalement admise dans le cahier des charges. M. Dalloz, n. 1727, adopte cette opinion.

1169. (Q. 2400). *Bien que l'art.* 715 *ne comprenne pas, dans l'énumération qu'il fait des dispositions prescrites à peine de nullité, l'art.* 695, *relatif à la lecture du cahier des charges, à la décision sur les dires et à la fixation* *du jour de l'adjudication, l'inobservation des prescriptions de ce dernier article emporte-t-elle nullité?*

En principe général, répond M. Chauveau, les nullités ne peuvent pas être prononcées par le juge, lorsqu'elles ne sont pas formellement édictées par la loi, et ce principe est surtout applicable à la saisie immobilière, pour laquelle le législateur a pris soin d'énumérer les articles qui auraient pour sanction la peine de nullité; donc la question proposée doit être résolue négativement. Ainsi, le saisi ou les créanciers ne pourront pas demander plus tard la nullité de tout ce qui aura suivi, sur le motif que certaines dispositions de l'art. 695 n'auront pas été exécutées.

1170. M. Chauveau fait remarquer cependant que l'omission de l'art. 695 dans l'énumération de l'art. 715 a été involontaire, et que cette omission peut avoir des conséquences très fâcheuses. En effet, qu'arrivera-t-il 1° si, au jour indiqué par la sommation faite au saisi et au créancier, personne ne se présente pour faire lire et publier le cahier des charges et pour demander acte de cette lecture et de cette publication; 2° si le tribunal ne fixe pas les jour et heure de l'adjudication; 3° si le tribunal fixe un délai de six mois, au lieu du terme qui semblait de rigueur, *de soixante jours au plus;* 4° si le jugement n'a pas fixé de délai et que le poursuivant ne fasse ses diligences ni pour les impressions ni pour les affiches?

1171. L'art. 695 offre, pour la procédure de saisie immobilière, le point d'arrêt le plus important. Les procédures antérieures doivent être faites dans un délai déterminé, jusqu'à la publication du cahier des charges. —Les procédures postérieures doivent être faites dans un délai qui puise son origine dans le jugement même qui donne acte de la publication. — C'était donc surtout cet article dont l'observation devait être le plus rigoureusement prescrite; c'était surtout à cet article que devait être attachée la sanction pénale de l'art. 715. — Sous la Q. 2423 *septies* (*infrà*), M. Chauveau indique quelles sont les voies ouvertes aux parties intéressées pour obtenir l'exécution de la loi.

1172. (Q. 2402). *Dans la disposition de l'art. 715 indiquant les personnes par lesquelles peuvent être proposées les nullités qu'il prononce, que doit-on entendre par ces mots,* TOUS CEUX QUI Y AURONT INTÉRÊT?

M. Chauveau reproduit ici un passage du rapport de M. Persil à la Chambre des pairs, dans lequel on lit : « Votre commission vous propose de décider, sans aucune distinction entre le saisi et les créanciers, que les nullités prononcées par lui pourront être proposées par tous ceux qui y auront intérêt. L'intérêt réel, véritable, tel est le mobile qui seul doit faire admettre la nullité attachée à la prescription de la loi. »

1173. A-t-on voulu, dit ensuite M. Chauveau, parler d'autres personnes que du saisi et des créanciers? Cela n'est pas présumable. A-t-on voulu dire qu'en certains cas, le saisi n'aurait pas intérêt à proposer une nullité? Cela est encore moins présumable, parce que tout ce qui tient à la dépossession du saisi l'intéresse au plus haut degré, et qu'il lui importe de veiller à ce qu'on observe les formalités qui concernent même ses créanciers. Selon notre auteur, le saisi peut proposer toutes les nullités qui sont prononcées par la loi, tant qu'une adjudication régulière n'a pas définitivement modifié sa position. Mais la Cour d'Orléans a décidé, le 4 juill. 1846 (*J. Av.*, t. 71, p. 624), que le saisi n'a pas qualité pour demander la nullité des notifications faites par l'adjudicataire aux créanciers inscrits, en vertu des art. 2183 et 2184, Cod. civ.

1174. Quant aux créanciers, observe M. Chauveau, ils ont qualité pour demander la nullité, lorsque, de l'inobservation d'une formalité, il résulte, ou qu'ils n'ont pas été suffisamment avertis, ou qu'ils n'ont pas été mis en position de surveiller la marche de la procédure, ou enfin que les moyens de publicité prescrits pour augmenter le nombre et le taux des enchères n'ont pas été employés. Ainsi ils doivent être admis à faire valoir les nullités prononcées par les art. 692, 693, 694, 699, 705, 706 et 709, §§ 2 et 3. De même qu'ils sont toujours recevables à signaler la fraude ou la collusion entre le saisi et quelques créanciers. Quant à l'art. 695, qui n'est pas prescrit à peine de nullité, les créanciers ont le droit d'user des mêmes droits que le saisi pour en assurer l'exécution (V. la question précédente).

1175. En général, les créanciers n'ont aucun intérêt à faire annuler une saisie qui est pratiquée précisément pour arriver à la vente de l'immeuble et au paiement de leurs créances ; et les tribunaux doivent être d'autant plus sobres d'annulations de saisies, sur la requête des créanciers, que l'art. 722 permet toujours à ces derniers de se faire subroger aux poursuites, pour les continuer avec la régularité exigée par la loi. — Cependant, MM. Ollivier et Mourlon, p. 297, n. 62, accordent à tous les créanciers, même chirographaires, le droit de proposer les nullités, soit de leur chef, soit comme exerçant les droits du saisi.

1176. Au nombre des formalités prescrites à peine de nullité, se trouvent celles de l'art. 705. M. Rodière, t. 3, p. 130, se demande qui peut se prévaloir de la nullité résultant de l'inobservation de cet article. Il pose deux hypothèses, la première relative à une adjudication faite hors de l'audience, la seconde concernant une adjudication faite à l'audience, mais sans ministère d'avoué. Dans l'une, il reconnaît au saisi et aux créanciers inscrits, mais non à l'adjudicataire, le droit de se plaindre ; dans l'autre, il n'accorde, au contraire, qu'à l'adjudicataire l'action en nullité. Dans les deux cas, M. Chauveau admet le saisi et les créanciers à demander la nullité ; le motif, dit-il, est évident pour la première hypothèse. Pour la seconde, il résulte de la confusion que peuvent jeter dans une adjudication des individus dont on connaîtrait le parti pris de se rendre adjudicataires ou dont la parole deviendrait menaçante. L'espèce de mystère qui voile le nom de l'adjudicataire sert puissamment à la chaleur des enchères.

1177. M. Duvergier, t. 41, p. 227, pense, comme M. Chauveau, que le saisi peut proposer la nullité résultant de ce que la saisie ne lui a pas été dénoncée dans le délai prescrit par l'art. 677.

1178. Par jugement du 27 déc. 1854, le tribunal civil de Saint-Amand a décidé que la nullité prononcée par l'art. 715, Cod. proc. civ., atteint seulement l'acte entaché de nullité et ceux qui l'ont suivi, mais non ceux qui l'ont précédé ; qu'ainsi, spécialement, dans le cas où la sommation au saisi de prendre communication du cahier des charges n'a pas été faite dans la huitaine du dépôt au greffe, cette sommation seule doit être déclarée nulle, avec les actes qui l'ont suivie, mais la procédure antérieure reste valablement faite ; le nouveau délai pour la sommation court à partir du jugement qui prononce la nullité. — Le principe posé par l'art. 728 régit, en effet, cette situation comme toutes les autres nullités de la procédure de saisie immobilière. Ainsi, dit notre auteur, lorsqu'après la sommation de prendre communication et d'assister à la publication du cahier des charges, plus de six mois se sont écoulés sans autre procédure, il faut se pourvoir devant le tribunal et faire annuler les sommations au saisi et aux créanciers inscrits, dans la huitaine du jugement intervenu. (Compar. *suprà*, n. 956 et suiv.).

1179. (Art. 716). *La clause du cahier des charges portant que l'adjudicataire sera tenu de faire signifier le jugement d'adjudication dans un délai déterminé et à ses frais, est-elle valable et obligatoire, même lorsque la partie saisie ne met aucun obstacle à la prise de possession ? — Si le saisi est mineur, la signification doit-elle être faite à son subrogé tuteur ?*

Consulté sur ces deux points, nous avons répondu : — La signification du jugement d'adjudication à la partie saisie ne peut être considérée comme frustratoire, puisqu'elle est prescrite par la loi elle-même (Cod. proc., 716). Aussi le tribunal de la Seine a-t-il décidé, par jugement du 29 mars 1853 (*J. Av.*, t. 79, p. 793), que cette signification doit passer en taxe, ce qui ne pouvait faire sérieusement difficulté. Le tribunal de la Seine, toutefois, dit à tort que la signification du jugement d'adjudication est nécessaire pour faire acquérir à ce jugement l'autorité de la chose jugée, car ce n'est pas là un jugement proprement dit, qui soit susceptible de recours, mais bien plutôt un simple procès-verbal, qui ne peut être attaqué que par action principale (Chauveau, quest. 2402 *bis* et 2423 *quinquies*; Dalloz, *Répert.*, v° *Vente publique d'immeubles*, n. 1738 et 1739). La vérité est que la signification n'en est exigée que pour l'exécution ; et il s'ensuit que l'adjudicataire est dispensé de remplir cette formalité dans le cas où le saisi a volontairement exécuté le jugement d'adjudication en le mettant en possession de l'immeuble adjugé, ainsi que l'a très justement reconnu un arrêt de la Cour de cassation du 10 déc. 1850 (*J. Av.*, t. 76, p. 613). Mais cette restriction est la seule que nous paraisse comporter l'obligation pour l'adjudicataire de signifier le jugement dont il s'agit.

1180. Quant à la signification au subrogé tuteur du mineur partie saisie, elle ne serait nécessaire, à notre avis, que s'il y avait opposition d'intérêts entre le mineur et son tuteur ; et cela nous semble d'autant plus incontestable que nous raisonnons dans une matière où le subrogé tuteur ne peut prétendre au droit, d'ailleurs douteux en thèse générale, d'interjeter appel du jugement rendu contre le mineur (Cod. proc., 730, 2°). — Compar. Paris, 11 fév. 1874 (*J. Av.*, t. 99, p. 369).

1181. (Q. 2402). *Bien que l'art.* 716 *dise que le jugement d'adjudication ne sera signifié qu'au saisi, l'adjudicataire n'est-il pas quelquefois obligé de faire des notifications aux créanciers, ou au procureur de la République pour purger les hypothèques ?*

Dans des vues d'économie, l'art. 716 fait exception au principe posé par l'art. 147 et défend de signifier ce jugement à d'autres qu'à la partie saisie. Mais il ne s'ensuit pas, selon M. Chauveau, qu'il soit interdit, le cas échéant, de faire les notifications que nécessite la procédure de la purge. Ce sont là deux ordres d'idées distincts, qui comportent des règles différentes.

1182. (Q. 2402 bis). *Comment et à qui doit être faite la signification du jugement d'adjudication ? — Cette signification n'est-elle autorisée qu'en matière de saisie immobilière ?*

Dans son *Formulaire de procédure*, 2e éd., t. 2, p. 133, *Remarque* de la formule 648 ; p. 589, *Remarque* de la formule 976 ; p. 676, *Remarque* de la formule 1039, M. Chauveau dit que les jugements ou ordonnances d'adjudication sur folle enchère, sur licitation, ou après surenchère du dixième, doivent être notifiés. Il observe ici que l'art. 716 voulant que le jugement d'adjudication sur saisie immobilière ne soit notifié qu'à la personne du saisi, toute signification à avoué serait frustratoire (Voy. son *Formulaire*, t. 2, p. 74, note 1). En cas de surenchère du sixième ou de folle enchère, le même mode de signification lui paraît devoir être suivi, puisque ces procédures ne sont que des incidents de la saisie. Toutefois, comme la partie saisie n'est pas seule directement en cause avec le poursuivant, et que l'adjudicataire est alors, en quelque sorte, plus intéressé que la partie saisie, il lui paraît incontestable qu'il faut aussi lui signifier le jugement d'adjudication à l'adjudicataire.

1183. Quand l'adjudication est purement et simplement constatée, observe M. Chauveau, la signification à partie n'est pas prescrite par la loi pour faire acquérir au jugement l'autorité de la chose jugée, puisque le jugement n'est alors susceptible d'aucun recours et qu'il ne peut être attaqué que par voie d'action principale (Voy. *infrà*, quest. 2423 *quinquies*). Cette signification n'est utile que pour l'exécution.

1184. Les mêmes règles doivent-elles être admises pour les ventes judiciaires autres que la saisie immobilière? La raison de douter vient de ce que les textes afférents à ces sortes de ventes, en renvoyant à certains articles qui prescrivent des formalites relatives à la saisie (art. 838, 964, 972, 988 et 997), passent sous silence l'art. 716, d'où l'on conclut que, l'exception introduite par cet article étant essentiellement restrictive, la règle générale de l'art. 147 reprend son empire. M. Chauveau a suivi cette opinion dans son *Formulaire*, non, dit-il, parce qu'elle me paraissait irréprochable, mais parce que, en définitive, elle offrait moins de danger que celle qui ne tolère aucune signification.

1185. (Q. 2402 ter). *Quelle est la sanction de l'obligation imposée par l'art. 716 à l'adjudicataire de mentionner l'adjudication en marge de la transcription de la saisie?*

Avant la loi du 23 mars 1855, qui exige la transcription entière du jugement d'adjudication, M. Rodière, t. 3, p. 137, remarquant que l'art. 716 n'indique ni le délai dans lequel cette mention doit être faite, ni les conséquences de son omission, enseignait que le défaut de transcription autoriserait les créanciers hypothécaires que le conservateur aurait omis d'indiquer dans son extrait, à rechercher l'adjudicataire qui aurait payé son prix à des créanciers d'un rang postérieur. Aujourd'hui, dit M. Chauveau, qu'on est assuré de trouver dans les registres des hypothèques la copie textuelle et entière du jugement d'adjudication, la mention prescrite par l'art. 716 n'a d'autre utilité que d'indiquer la solution de la poursuite.

§ 5. — Effets de l'adjudication.

1186. (Q. 2403). *Quel est l'effet de la transcription du jugement d'adjudication quant à la purge des hypothèques grevant l'immeuble saisi?*

Carré, au texte, avait exprimé l'opinion que si l'adjudication ne purgeait pas les droits à la propriété ou les droits réels, tels que l'usufruit et les servitudes, elle purgeait l'immeuble des droits hypothécaires dont il pouvait être grevé indépendamment de toute transcription du titre. Toutefois, il faisait remarquer que la transcription était utile par rapport aux créanciers inscrits avant l'adjudication, parce que le conservateur pourrait en avoir omis quelques-uns dans son extrait, et il regardait comme prudent de la faire.

1187. Cette opinion avait paru trop absolue à M. Chauveau, qui, en 1841, avait cherché à établir que l'adjudication ne purgeait pas les droits à la propriété ni les droits réels, tels que l'usufruit et les servitudes, ni les hypothèques légales non inscrites, ni les hypothèques inscrites appartenant à des créanciers qui avaient été omis, par la faute du poursuivant dans les sommations notifiées en vertu de l'art. 692, ni les inscriptions prises après la sommation et avant l'adjudication; et que dans le cas où l'omission d'un créancier provenait du fait du conservateur, l'immeuble était purgé, mais ce fonctionnaire était responsable à l'égard du créancier omis.

1188. La jurisprudence et la doctrine, d'abord conformes à ces solutions, avaient ensuite, et surtout depuis la loi du 23 mars 1855, adopté une interprétation moins favorable aux créanciers. La loi du 21 mai 1858 a consacré un système encore plus radical. Il est certain aujourd'hui que lorsque les formalités de la poursuite ont été régulièrement observées, la transcription du jugement d'adjudication opère la purge de toutes les hypothèques, sans distinction entre celles qui sont dispensées d'inscription et celles qui ne le sont pas, sans distinction non plus entre celles qui, inscrites avant la sommation de l'art. 692, ont motivé des interpellations aux créanciers, et celles qui, inscrites entre cette sommation et l'adjudication, ou bien entre l'adjudication et la transcription, n'ont provoqué aucun avertissement. Il n'y a donc plus lieu, observe M. Chauveau, que de prévoir le seul cas de l'omission ou de la nullité de la sommation qui aurait dû être notifiée. Alors, suivant lui, la purge n'est plus produite par la transcription du jugement d'adjudication, et le créancier, objet de l'omission ou de l'irrégularité, se trouve dans la position d'un créancier vis-à-vis duquel la purge n'a pas été opérée après une aliénation volontaire ou une vente judiciaire autre que celle sur expropriation forcée, sauf, quant au droit de surenchérir, la restriction indiquée sous la quest. 2394 (V *Surenchère*). — Conf., MM. Colmet-Daage, *Comment. de la loi de* 1858, p. 15. n. 980; Ollivier et Mourlon, p. 434, n. 246; Duvergier, 1858, p. 143, n. 3; Dalloz, n. 1819.

1189. S'il est incontestable, ajoute notre auteur, qu'à cette exception près la purge est opérée, il reste à en déterminer les effets. Il faut distinguer, en matière hypothécaire, le droit de suite et le droit de préférence. Le premier, qui suit l'immeuble en quelques mains qu'il passe pour lui conserver son caractère de chose attachée à la garantie de la créance, avec faculté d'en poursuivre la réalisation en argent, soit par voie de saisie, soit par voie de surenchère, est irrévocablement éteint par la transcription du jugement d'adjudication. Le second, qui fait attribuer sur le prix définitivement fixé un droit de priorité pour le remboursement du montant de la créance, eu égard au rang privilégié ou hypothécaire qui appartient à cette créance, est généralement concomitant du premier; il naît, vit et meurt avec lui. Mais le législateur de 1858, par une transaction entre deux opinions qui soutenaient, dans l'intérêt des hypothèques légales, l'une, le principe de la concomitance, l'autre, le principe de la survie du droit de préférence au droit de suite, et cela jusqu'à la clôture définitive de l'ordre, a déclaré qu'en effet le droit de préférence survivrait au droit de suite, mais en même temps il en a limité la durée. Selon M. Chauveau, il faut entendre ainsi qu'il suit la disposition finale de l'art. 717 :

1° S'il s'agit d'un ordre conventionnel, notre auteur ne croit pas, malgré l'opinion exprimée dans le rapport de M. Riché et dans la discussion, que le droit de préférence soit éteint par l'accord authentique intervenu entre le saisissant, le saisi, l'adjudicataire et les créanciers inscrits. V. cependant en sens contraire MM. Ollivier et Mourlon, p. 430, n. 244; Bressoles, p. 32, n. 22 *bis*; Duvergier, 1858, p. 149, 1re col.; Grosse et Rameau, t. 1, n. 110, 116 et 119; Dalloz, n. 1823. — 2° S'il s'agit d'un ordre judiciaire amiable, ouvert et suivi dans les conditions des art. 751 et 752, le droit de préférence cesse d'exister au moment où le juge rend son ordonnance de clôture. — 3° Si, l'ordre amiable n'ayant pas réussi, un ordre judiciaire forcé est ouvert, le droit de préférence meurt lorsque expire le délai des productions (V. *Ordre*, n. 238 et suiv.). — 4° Si, les créanciers inscrits étant moins de quatre, il y a lieu de procéder par voie de jugement d'attribution de prix, en conformité de l'art. 773, les créanciers à hypothèque légale ne peuvent élever de réclamations qu'autant que les créanciers inscrits ont encore ce droit (V. *ibid.*, n. 62 et suiv.). — La circulaire du 2 mai 1859 s'exprime d'une manière analogue.

1190. Une des difficultés les plus graves, observe M. Chauveau, que puisse faire naître l'application de la loi de 1858 est celle de savoir si, après une expropriation forcée (art. 717), comme après tout autre mode de vente (art. 772), pour qu'il y ait conservation du droit de préférence, il est indispensable que l'ordre soit ouvert, conformément à la prescription de l'art. 772, dans les trois mois qui suivent l'expiration du délai de deux mois accordé pour l'inscription par l'art. 2195, Cod. civ. Le texte se borne à dire que le droit de préférence sur le prix est conservé à la condition de produire dans l'ordre forcé avant l'expiration du délai fixé par l'art. 754, ou de faire valoir ce droit avant la clôture, si l'ordre se règle amiablement, conformément aux art. 751 et 752. Or, ces deux articles ne parlent pas du délai dans lequel l'ordre doit être provoqué; c'est l'art. 750 qui s'en occupe; aussi la circulaire du 2 mai 1859 s'est-elle tenue dans une prudente réserve à ce sujet, en examinant séparément, et sans poser la question, les deux situations. D'un autre côté, en admettant l'art. 750 applicable, à cause de sa liaison avec l'art. 751, rien ne prouve qu'il n'arrivera pas que l'ouverture du procès-verbal d'ordre ne soit pas requise dans les délais indiqués, et que plus de trois mois s'écoulent. Que décider?

1191. Le rapport de M. Riché et la discussion au Corps législatif conduisent M. Duvergier, 1858, p. 149 et 150, à dire que, de même que dans le cas d'aliénation volontaire, le droit de préférence ne pourra s'exercer qu'autant que l'ordre aura été ouvert dans le délai de trois mois, à partir de l'expiration des délais fixés pour la purge; et que de même, en cas d'aliénation forcée, le droit de préférence s'éteindra, si l'ordre n'a pas été provoqué conformément aux art. 751 et 752, c'est-à-dire dans les délais et avec les formes prescrites par ces articles. — V. aussi en ce sens MM. Seligman et Pont, n. 95.

1192. M. Duvergier se demande ensuite si, lorsque tous ceux qui ont le droit d'agir restent dans l'inaction, et s'il s'écoule trois mois depuis la transcription, le droit de préférence pourra encore s'exercer; et il répond négativement. Il estime que, par analogie de la disposition de l'art. 772, on pourra dire aux créanciers qu'à hypothèques légales : s'il y avait eu vente volontaire, votre droit serait éteint; il l'est à plus forte raison, puisque, après une vente forcée, on a dû supposer, et le législateur a supposé effectivement que l'ordre serait ouvert à une époque très rapprochée de la vente; que telle a été la pensée qui a animé le Conseil d'Etat et le Corps législatif; et que si elle n'est pas formellement exprimée dans le texte, c'est parce que, en renvoyant aux art. 751 et 752, on a cru que le droit de préférence se trouverait toujours renfermé dans des limites plus étroites au cas de vente forcée qu'au cas de vente volontaire.

1193. M. Bressolles, p. 49, n. 34, et MM. Ollivier et Mourlon, p. 431, n. 245, embrassent la même doctrine, qui a été aussi adoptée par un magistrat, M. Rouillé, dans une dissertation publiée par le *Journ. des Av.*, t. 83, p. 583.

1194. Mais MM. Grosse et Rameau, t. 1, p. 143, n. 112, n'admettent pas cette interprétation : « Nous pensons, disent-ils, que, sur le seul point spécial dont nous allons parler, la loi a établi une différence entre les ventes volontaires et les ventes faites par expropriation forcée; ce qui concerne *celles-ci* se trouve contenu dans l'art. 717; il garde le silence sur *celles-là;* d'où nous concluons que le législateur n'a pas entendu comprendre l'expiration du délai de trois mois comme moyen d'extinction; et, ce qui corrobore notre opinion, c'est la disposition précise contenue dans l'art. 772, qui se réfère à l'art. 717. »

1195. M. Chauveau avoue que ses préférences seraient pour ce dernier système, parce que, dans le doute, il interprète toujours la loi en faveur des incapables. Aussi a-t-il indiqué cette doctrine dans son *Formulaire de procédure,* t. 2, p. 71, note 23, et 248, note 2. Mais, en présence des dissidences qui viennent d'être signalées, il ne saurait trop conseiller, dit-il, de faire diligence et de ne pas exposer les incapables à une solution qui leur serait nuisible.

1196. Il est nécessaire d'ajouter aux développements présentés ci-dessus par M. Chauveau quelques remarques sur les effets du jugement d'adjudication. Il est de principe que l'adjudication constitue entre le saisi, l'adjudicataire et les créanciers inscrits (parties dans la poursuite à partir de la sommation qui leur a été signifiée), un contrat judiciaire en vertu duquel l'adjudicataire devient débiteur direct et personnel des créanciers suivant le rang que leur assignent leurs inscriptions. De là des conséquences importantes. Et d'abord, les inscriptions des créanciers sont considérées comme ayant produit leur effet légal à partir du jugement d'adjudication, et, par suite, ces inscriptions n'ont plus besoin d'être renouvelées pour que le rang des créanciers dans l'ordre à intervenir soit assuré. Il n'est pas d'ailleurs nécessaire, pour que cet effet se produise, que le jugement d'adjudication ait été transcrit; il s'opère dès la date même du jugement (Bordeaux, 19 nov. 1868, *J. Av.*, t. 94, p. 308; Caen, 9 mai 1871, t. 100, p. 461; Lyon, 18 fév. 1876, t. 102, p. 32; Aubry et Rau, § 280, p. 376).—V. Toutefois Troplong, *Transcription*, n. 272; Ollivier et Mourlon, *Saisie immobilière et Ordre*, n. 235; Bressolles, *Explication de la loi du* 21 *mai* 1858, n. 80.

1196 *bis*. D'un autre côté, l'adjudicataire qui a payé partie de son prix aux premiers créanciers inscrits n'est pas tenu, pour échapper à toute recherche de la part des créanciers postérieurs, de renouveler et de faire émarger à son profit les inscriptions de ceux qu'il a désintéressés, et il peut faire opérer la radiation de ces inscriptions (Lyon, 18 fév. 1876, précité).

1197. (Art. 717). *La disposition de l'art.* 717, *suivant laquelle le jugement d'adjudication purge les hypothèques légales non inscrites avant la transcription, s'applique-t-elle même au jugement d'adjudication rendu contre un tiers qui a été depuis déclaré par la justice n'être pas propriétaire de l'immeuble, et bien que la sommation prescrite par l'art.* 692 *n'ait pas été signifiée à la femme du véritable propriétaire ?*

La négative, qu'a consacrée un arrêt de la Cour de cassation du 2 déc. 1878 (*J. Av.*, t. 105, p. 117), est incontestable. Comment, lorsque l'adjudication d'un immeuble qui n'appartenait pas au saisi est sans effet vis-à-vis de ce dernier, produirait-elle, vis-à-vis de la femme de ce saisi, l'effet de purger son hypothèque légale; et comment la femme pourrait-elle se voir dépouiller du bénéfice de cette hypothèque, sans avoir pu être et sans avoir été mise en demeure d'en assurer la conservation ? La conséquence d'un semblable résultat serait aussi profondément inique qu'elle serait manifestement contraire aux principes les plus certains.

1198. (Q. 2404). *Y a-t-il nullité de l'adjudication de la nue propriété de l'immeuble quand l'usufruitier est décédé avant cette adjudication et que son décès a été ignoré des parties ?*

L'affirmative, qui se fonde sur ce que le consentement est alors vicié par une erreur portant sur la susbstance même de la chose, a été consacré par un arrêt de la Cour de Paris du 13 déc. 1856 (*J. Av.*, t. 82, p. 235), maintenu par un arrêt de la Chambre des requêtes du 8 mars 1858 (*J. Av.*, t. 83, p. 452), et ne paraît point douteuse à M. Chauveau. — Si le décès de l'usufruitier avait été connu avant la vente, il eût pu être procédé, comme l'a indiqué la Cour de cassation dans un arrêt du 4 avril 1855 (*J. Av.*, t. 81, p. 23), c'est-à-dire que, le jour de l'adjudication et au moment d'y procéder, la réunion de l'usufruit et de la nue propriété aurait pu être publiquement annoncée, en présence des enchérisseurs, du saisi et des créanciers inscrits et avec leur assentiment, et que les enchères auraient alors porté sur le tout ainsi réuni. V. d'ailleurs, *suprà*, n. 849 et suiv.

1199. (Q. 2404 bis). *De quel jour l'adjudicataire est-il propriétaire? L'est-il du jour de l'adjudication ou seulement du jour de l'arrêt confirmatif, s'il y a eu appel du jugement d'adjudication?*

Carré, au texte, répond que l'adjudicataire est propriétaire du jour de l'adjudication, dans le cas même où il y aurait un appel du jugement qui a prononcé cette adjudication, parce que l'appel ne fait que suspendre l'exécution du jugement attaqué, et que l'arrêt confirmatif lève cette suspension. Et il ajoute que l'adjudicataire étant propriétaire, non du jour de l'arrêt confirmatif, mais du jour même de l'adjudication, il en résulte que si, pendant l'instance de l'appel et la suspension des effets du jugement d'adjudication, des dommages surviennent dans les biens adjugés, ils sont à sa charge, sauf son recours contre qui de droit.

1200. Cette solution, qui a été consacrée par un arrêt de la Cour de cassation du 18 août 1808 (*J.P.*7.97), est approuvée aussi par M. Favard de Langlade, t. 5, p. 73, n. 3, et par M. Chauveau.

1201. Ce dernier auteur fait remarquer qu'une conséquence de ce principe, c'est que l'adjudicataire doit les intérêts de son prix du jour du jugement de l'adjudication, encore bien que le saisi ait interjeté appel et se soit maintenu en possession jusqu'à l'arrêt confirmatif, comme l'a jugé la Cour de Montpellier, le 30 mars 1844 (*J. Av.*, t. 66, p. 256).

1202. L'espèce suivante avait été soumise à M. Chauveau : Un immeuble est adjugé sur expropriation au prix de 800,000 fr. ; une demande en distraction est intentée par la mère du saisi, qui soutient que cet immeuble était dotal et n'avait pas pu être donné à son fils. Le tribunal de 1re instance rejette la demande; mais la Cour d'appel, en l'accueillant, annule l'adjudication et met en possession la mère du saisi. Celle-ci use et abuse du domaine, dont des futaies et des machines d'une vaste usine formaient la principale valeur. Elle coupe et vend les futaies; elle vend toutes les machines. Sur le pourvoi d'un créancier du saisi qui était intervenu dans l'instance en distraction, la Cour suprême casse l'arrêt qui avait annulé l'adjudication. Cette adjudication reprend donc toute sa force. Mais l'immeuble, par suite des dévastations de la mère du saisi, ayant perdu plus de moitié de sa valeur, l'adjudicataire se refuse à en reprendre la jouissance, et il demande la nullité de l'adjudication. On lui répond qu'il n'a pas cessé d'être propriétaire, qu'il doit payer le prix entier de l'adjudication et qu'il ne lui reste qu'une action en dommages contre celle qui a dévasté le domaine vendu. M. Chauveau a, au contraire, émis l'avis que ayant acquiescé à l'arrêt qui avait prononcé la nullité de son adjudication, il avait perdu sa qualité d'adjudicataire. Comme il y a eu transaction, dans l'espèce, la question n'a pas été jugée.

1203. Mais, si l'on suppose que c'est l'adjudicataire lui-même qui s'est pourvu en cassation et qui, en définitive, a triomphé, devra-t-il supporter seul la dépréciation de la valeur de l'immeuble dont il était devenu l'adjudicataire? — Malgré l'intérêt qui s'attache à cette position, M. Chauveau ne pense pas qu'elle comporte une exception aux principes généraux? Peut-on dire que le saisi est resté propriétaire jusqu'à la clôture des discussions entre le revendiquant et l'adjudicataire? Les inconvénients dont a à se plaindre cet adjudicataire sont-ils différents de ceux qu'aurait à supporter tout acquéreur évincé par un tiers, dont il ferait juger plus tard la réclamation mal fondée? La négative étant certaine, observe l'auteur, comment déciderait-on que l'adjudicataire peut se refuser à exécuter les conditions de son adjudication, et demander la rescision de cette adjudication ou une diminution de prix? Sans doute, cet adjudicataire sera malheureux; mais il faut que quelqu'un le soit; et précisément parce qu'un dommage devra retomber sur une des parties, ce n'est qu'à l'application stricte du droit qu'il faut s'attacher. On ne voit pas, dit M. Chauveau, comment l'adjudicataire pourrait échapper à l'application du principe : *Res perit domino*.

1204. (Q. 2404 quater) *L'adjudicataire doit-il obtenir la restitution des droits perçus pour l'enregistrement du jugement d'adjudication, lorsque cette adjudication est annulée sur appel ?* Quid, *quand l'annulation a lieu sur une action principale ?*

Carré, au texte, rappelle que, par avis du conseil d'Etat du 18 oct. 1808, approuvé le 22, il a été décidé que si le jugement d'adjudication doit être nécessairement enregistré, même quand il est attaqué par appel, le droit n'en est pas moins restituable, lorsque l'adjudication est annulée par les voies légales. — Une délibération de la régie de l'enregistrement du 14 juin 1836 a fait application de ce principe. Consult. le *Nouveau Dictionnaire de l'enregistrement* de MM. Championnière et Rigaud, v° *Restitution*, § 2, n. 19 et suiv., p. 416.

1205. Il n'en est pas de même quand l'adjudication est annulée, non par voie d'appel, mais par suite de l'exercice d'une action principale pour cause de dol et de fraude : Cass., 11 nov. 1846 (*J. Av.*, t. 71, p. 717), ou parce que l'adjudication a été faite au profit d'un prête-nom du saisi : Cass., 18 déc. 1847 (t. 73, p. 171).

1206. Le tribunal civil d'Angoulême avait décidé, le 14 déc. 1847, que l'adjudicataire qui, après avoir payé les droits de mutation qu'il devait, voit l'adjudication annulée par suite d'une tierce-opposition, peut, s'il se porte de nouveau adjudicataire et paie les droits dus pour cette seconde acquisition, réclamer la restitution des droits payés sur la première vente. Ce jugement a été cassé le 19 nov. 1849 (*J. Av.*, t. 76, p. 614).

1207. Les droits d'enregistrement sont dus par l'adjudicataire, nonobstant une instance engagée sur la propriété des biens adjugés : Trib. civ. de la Seine, 3 janv. 1850 (t. 75, p. 553) ; mais lorsque, pendant la saisie, l'immeuble a été vendu et les droits de mutation perçus sur cette vente, l'acquéreur qui, pour éviter la nullité, s'est rendu adjudicataire, ne doit pas payer un nouveau droit proportionnel d'enregistrement : Dissertation de Cauvet (*J. Av.*, t. 76, p. 577).

1208. D'après un jugement du tribunal civil de Soissons du 17 janv. 1844 (*J. Av.*, t. 66, p. 97), dans le cas de vente volontaire d'un immeuble saisi, sous la condition suspensive de la mainlevée de la saisie, le notaire qui a acquitté le droit proportionnel d'enregistrement est non recevable à en demander la restitution, lorsque la mutation est devenue définitive par la prise de possession de l'acquéreur. Dans l'espèce, l'acte de vente portait que, jusqu'à l'accomplissement de la condition, l'acquéreur ne pourrait prétendre à la possession de l'immeuble; le tribunal a induit du fait de la prise de possession que la condition avait été accomplie.

1209. D'un autre côté, il a été décidé que la faculté accordée à la régie de recourir à l'expertise quand elle prétend qu'il y a insuffisance du prix déclaré, n'est pas applicable aux adjudications faites d'autorité de justice ; Cass., 26 nov. 1850 (*J. Av.*, t. 76, p. 107).

1210. (Q. 2404 quinquies). *L'art.* 717, § 2, *aux termes duquel l'adjudicataire ne peut être troublé dans sa propriété par aucune demande en résolution fondée sur le défaut de paiement du prix des anciennes aliénations, à moins qu'avant l'adjudication la demande n'ait été notifiée au greffe, est-il applicable aux servitudes, aux droits d'usage et d'habitation ou aux actions en revendication par suite de pétition d'hérédité* ; ou, en d'autres termes, *ces divers* *droits ou actions ne peuvent-ils plus tendre à déposséder l'adjudicataire en tout ou en partie ?*

L'art. 18 de la loi du 3 mai 1841, sur l'expropriation pour cause d'utilité publique, porte que les actions en résolution, en revendication, et toutes actions réelles ne peuvent arrêter l'expropriation ni en empêcher l'effet; que le droit des réclamants est transporté sur le prix, et que l'immeuble en demeurera affranchi. — On conçoit, dit M. Chauveau, que la loi ait admis ce principe en matière d'expropriation pour cause d'utilité publique. Mais pour la saisie immobilière, la raison de décider n'est plus la même, et l'on doit décider que l'art. 717 n'est pas applicable aux servitudes, aux droits d'usage et d'habitation ou aux autres actions réelles. — L'art. 717 déclare que l'adjudication ne transmet à l'adjudicataire d'autres droits à la propriété que ceux appartenant au saisi. Cette règle générale ne reçoit d'exception que pour l'action en résolution du vendeur; le motif en est que le vendeur doit se reprocher de n'avoir pas fait transcrire son contrat et de n'avoir pas mieux surveillé son débiteur. Ce motif n'existe plus pour les autres actions réelles. — La loi s'est occupée des demandes en distraction (art. 723 et suiv.), mais dans aucune de ses dispositions on ne trouve de forclusion contre le propriétaire qui n'aurait pas intenté son action avant le jugement d'adjudication.— Du reste, lors de la discussion à la Chambre des députés, M. Lherbette a, en effet, reconnu que l'art. 717 ne serait applicable qu'à l'action en résolution de la part du vendeur. Conf. MM. Colmet-Daage, *Comm. de la loi de* 1858, p. 8, n. 978; Dalloz, n. 1210; Seligman et Pont, p. 187, n. 61. — Carré, au texte, n'hésitait pas lui-même à déclarer que l'intention du législateur avait été évidemment de conserver intacts les droits des tiers sur l'immeuble, tels que ceux de propriété, d'usufruit et de servitude, et de les comprendre dans la disposition générale par laquelle il déclare que l'adjudication ne transmet à l'adjudicataire d'autres droits à la propriété que ceux qu'avait le saisi.

1211. Mais cet auteur fait remarquer que l'art. 1638, Cod. civ., aux termes duquel lorsqu'un héritage vendu se trouve grevé, sans qu'il en ait été fait de déclaration, de servitudes *non apparentes*, et qu'elles sont de telle importance qu'il y ait lieu de présumer que l'acquéreur n'aurait pas acheté, s'il en avait été instruit, il peut demander la résolution du contrat, si mieux il n'aime se contenter d'une indemnité, doit être regardé comme applicable au cas de vente par expropriation (V. en ce sens Pigeau, t. 2, p. 226). C'est une raison, ajoute-t-il, pour que le saisissant et les créanciers aient soin d'énoncer dans le cahier des charges tous les droits dont l'immeuble saisi pourrait être grevé.

1212. Le 18 janv. 1832 (*J. Av.*, t. 44, p. 42), la Cour de cassation a jugé que l'adjudicataire ne peut se prétendre affranchi des servitudes qui grèvent son immeuble et dont le cahier des charges le déclare passible.

1213. (Q. 2404 sexies). *Quels sont les droits et les obligations des bailleurs* à rente foncière, à comptant ou à champart ?

Après avoir observé que la question fort délicate de savoir si ceux qui ont donné leurs biens à *rente foncière*, à *champart* ou à *comptant* doivent être considérés comme simples créanciers privilégiés et sont régis par l'art. 717, ou si, au contraire, ils conservent la qualité de copropriétaires et peuvent alors exercer, en vertu de l'art. 725, une demande en distraction, ou, après l'adjudication, une demande en revendication, se rattache à des principes de droit civil dont l'examen est en dehors de son commentaire, M. Chauveau mentionne, sans en faire connaître la date, un jugement du tribunal civil de Clermont qui reconnaît aux bailleurs le titre de copropriétaires, contrairement à la doctrine émise par la Cour de cassation dans un arrêt du 8 nov.

1824, où la difficulté est envisagée sous toutes ses physionomies. V. *infrà*, l'art. 725.

1214. (Q. 2404 septies). *Que doit faire le précédent vendeur pour conserver l'action résolutoire? Qui peut exciper contre lui de l'inobservation des formalités prescrites?*

Avant d'examiner les applications que la jurisprudence a faites de l'art. 717, § 2, Cod. proc., M. Chauveau constate que cet article n'a pas été atteint par la loi du 23 mars 1855. Si l'art. 7 de cette loi a voulu que l'action résolutoire ne pût pas être exercée après l'extinction du privilège du vendeur, il ne s'ensuit pas, dit-il, que cette action dure toujours autant que le privilège. L'identité de durée existe, il est vrai, dans les aliénations volontaires, mais elle disparaît dans les ventes forcées : l'art. 717 demeure applicable, et le vendeur qui laisse adjuger l'immeuble saisi sans former régulièrement une demande en résolution, est déchu, bien qu'il puisse inscrire utilement son privilège après l'adjudication et jusqu'à la transcription de cette adjudication : alors le privilège survit à l'action résolutoire. V. en ce sens MM. Troplong, *Transcript.*, p. 340, n. 297, et Bressolles, *Règles du dr. civ. résult. de la loi du 23 mars* 1855, n. 94. V. aussi MM. Ollivier et Mourlon, *Saisie immobilière* et *Ordre*, p. 405, n. 208, 209 et 210.

1215. Il est évident, dit M. Chauveau, que comme l'a jugé la Cour de Toulouse, le 24 août 1844 (*J. Av.*, t. 68, p. 243), le vendeur non payé est non recevable à exercer l'action résolutoire lorsque l'immeuble a été vendu par suite de saisie immobilière pratiquée à sa requête contre l'acquéreur. C'est ce qui avait été reconnu dans la discussion de la loi de 1841, même par ceux qui repoussaient l'art. 717. — Mais la même fin de non-recevoir ne frapperait pas le vendeur partie dans le jugement fixant le lotissement de l'immeuble et les bases du cahier des charges : Cass., 7 mars 1854 (*J. Av.*, t. 80, p. 80).

1216. Notre auteur fait remarquer, d'un autre côté, que la règle suivant laquelle l'action résolutoire du précédent vendeur est, en matière de saisie immobilière, moins favorisée que le privilège, ne s'étend point au cas de vente après faillite; et qu'ainsi la Cour d'Orléans a décidé à bon droit, le 13 mars 1851 (*J. Av.*, t. 77, p. 178), que la faillite d'un adjudicataire et la vente de ses immeubles par les syndics ne purgent pas l'action résolutoire du précédent vendeur. Il ajoute que cette règle ne peut pas non plus être étendue au cas d'adjudication sur conversion de la saisie en vente volontaire, lorsque le vendeur primitif n'a pas consenti à la conversion : *Sic*, Paris, 14 août 1851 (*J. Av.*, t. 77, p. 55). V. aussi *infrà*, Q. 2441.

1217. M. Chauveau mentionne, en l'approuvant, un arrêt de la Cour de Lyon du 9 mai 1858 (*J. Av.*, t. 84, p. 303), jugeant qu'une demande en distraction d'immeubles saisis ne fait pas obstacle à l'exercice de l'action résolutoire de ces mêmes immeubles. La demande en distraction, observe-t-il, supposait de la part du demandeur la prétention que la propriété des immeubles saisis lui appartenait; tandis que la demande en résolution suppose au contraire que la propriété des immeubles a cessé d'appartenir au demandeur qui n'agit en résolution que pour faire effacer toute trace de la translation de propriété, afin de remettre les choses au même et semblable état où elles étaient avant l'aliénation. Le rejet de la demande en distraction n'implique donc pas la non-recevabilité de l'action en résolution; on peut même dire, au contraire, que la résolution ne peut être prononcée que parce que la demande en distraction n'est pas recevable, *et vice versâ* (V. *infrà*, Q. 2419 *sexies* et le *Formul. de procéd.*, t. 2, remarque de la formule 608, p. 80). L'art. 717 régit tous les cas où la résolution n'a pas été prononcée, et même, si le jugement qui la prononce est encore susceptible d'appel, il est prudent de le signifier au saisi et de le dénoncer au greffe. V. *Formul. de procéd.*, t. 2, p. 64, note 1.

1218. On s'est demandé si la notification faite au greffe avant l'adjudication sur surenchère ne fait pas revivre l'action résolutoire éteinte par le silence du vendeur jusqu'après la première adjudication. — La Cour de Bordeaux s'est prononcée pour la négative, le 19 fév. 1850 (*J.Av.*, t. 75, p. 471). M. Chauveau remarque à ce sujet que, de l'opinion par lui émise sous la quest. 2404 *ter* (V. *Surenchère*) et d'après laquelle l'adjudication sur surenchère faite à un autre qu'au premier adjudicataire résout la première adjudication et remet les choses au même état que si la première n'avait pas existé, il ne faut pas tirer la conséquence qu'une action éteinte par l'expiration des délais puisse revivre. De même qu'il n'est pas permis au saisi de présenter entre la première et la seconde adjudication des moyens de nullité contre la procédure de saisie postérieure à la lecture du cahier des charges, qu'il n'a pas invoqué, trois jours au plus tard avant l'adjudication, de même le vendeur ou ses ayants cause sont sans droit pour se prévaloir de l'action en résolution qu'ils ont laissé éteindre. V. Conf., MM. Ollivier et Mourlon, p. 420, n. 231 ; Colmet-Daage, sur l'art. 717, p. 371. Cependant le tribunal de Montbrison, par un jugement du 26 juill. 1856 (*J. Av., t.* 82, p. 56), et la Cour de Lyon, par un arrêté du 9 mai 1858 (t. 84, p. 303) adoptant purement et simplement les motifs des premiers juges, ont décidé le contraire (V. aussi M. Bioche, *Dict.*, v° *Saisie immob.*, n. 517). Ce jugement et cet arrêt ajoutent d'ailleurs que, dans le cas où la notification faite au greffe avant l'adjudication sur surenchère serait considérée comme tardive, le consentement de l'adjudicataire surenchéri suffirait pour que la nullité ne pût être proposée ni par le saisi, ni par le surenchérisseur.

1219. Bien que le pourvoi dirigé contre cet arrêt ait été rejeté, le 6 juin 1860, par la chambre civile (*Monit. des trib.*, 1860, p. 285), la Cour suprême n'a pas consacré la doctrine de la Cour de Lyon ; elle s'est bornée, en écartant l'appréciation du fond, à déclarer que l'adjudicataire seul pourrait se prévaloir de l'art. 717, à l'exclusion du saisi et de ses créanciers. Déjà la même Cour avait décidé, le 7 mars 1854 (*J. Av.*, t. 80, p. 80), que le défaut de notification au greffe de la demande en résolution ne peut pas être opposé par la partie saisie ; cette solution, que M. Chauveau regarde comme exacte, se fonde sur ce que la notification au greffe, destinée à empêcher l'adjudication, n'est pas prescrite dans l'intérêt du saisi, qui demeure toujours passible de l'action comme débiteur du vendeur. Elle a encore consacrée par un autre arrêt de la Cour de cassation du 6 juin 1860 (*J. Av.*, t. 88, p. 23).

1220. Mais notre auteur se demande si la déchéance qu'a encourue le vendeur ne peut pas être invoquée par les créanciers, qui ont le plus grand intérêt à ce que la résolution ne vienne pas enlever à leurs inscriptions hypothécaires leur efficacité. Il semble, dit-il, que si l'acquéreur ne peut pas dire à son vendeur : « Je repousse votre demande en résolution, parce que l'immeuble à une valeur plus considérable et que j'espère obtenir cette valeur d'une vente judiciaire forcée », la résistance des créanciers, qui veulent conserver le bénéfice de leur position à l'aide de l'application d'une disposition législative, doit être vue d'un œil plus favorable. — En définitive, le vendeur est un créancier ; pour reconquérir le *jus in re*, il doit se hâter, agir avant l'adjudication. Tant mieux pour les autres créanciers, s'il laisse périmer son droit de résolution ; son privilège n'absorbera peut-être pas la totalité du prix qu'ils consentiront à donner de l'immeuble. M. Chauveau serait donc porté à accorder aux créanciers le droit d'opposer la tardiveté de la notification.

1221. Cependant la Cour de cassation refuse ce droit aux créanciers comme au saisi, dont ils tiennent leurs droits, et la Cour de Caen a adopté cette jurisprudence par un arrêt du 19 fév. 1856 (*Jour. de cette Cour*, 1856, p. 183), qui se borne, sur ce point, à une simple affirmation.

1222. Le même arrêt ajoute que l'action résolutoire n'est prescrite qu'à l'égard de l'adjudicataire; qu'elle continue par suite d'exister contre l'acquéreur partie saisie et ses créanciers, et que, ne pouvant s'exercer sur les biens adjugés, elle doit nécessairement porter sur le prix qui en est la représentation. La Cour de Caen, observe M. Chauveau, a évidemment confondu deux choses essentiellement distinctes : l'action résolutoire, qui revendique l'immeuble, et le privilège, qui assure un droit de préférence sur le prix provenant de l'aliénation de l'immeuble. Le vendeur qui ne peut plus exercer l'action résolutoire n'a, de ce chef, aucun moyen d'obtenir soit l'immeuble, soit le prix en provenant; et s'il a également perdu son privilège, il prétendrait en vain au prélèvement, en sa faveur, d'une partie quelconque du prix.

1223. On a agité la question de savoir si, lorsqu'à la suite d'une saisie immobilière, l'un des créanciers demande ou la résolution de la vente de l'immeuble saisi, ou sa collocation au premier rang sur le prix, et si aucun des créanciers ne s'oppose à l'exercice de ce droit de préférence, le juge doit, dans l'intérêt commun, ordonner que le demandeur sera colloqué par privilège. — Dans une espèce jugée par la Cour de Riom, le 26 juill. 1852 (*J. Av.*, t. 77, p. 615), une demande de cette nature était faite par un précédent vendeur. Le tribunal d'Issengeaux l'avait repoussée par des motifs auxquels M. Chauveau trouve beaucoup de force. Il n'appartient pas aux tribunaux de créer des privilèges, ni même de les reconnaître dans une procédure autre que celle qui est tracée au titre de l'ordre. D'ailleurs, cette déclaration de privilège ne serait d'aucune utilité vis-à-vis de tout créancier qui n'y aurait pas formellement consenti : ainsi les créanciers à hypothèque légale auraient incontestablement le droit de primer ce prétendu créancier privilégié. Or, remarque M. Chauveau, si en pareil cas les jugements et arrêts ne peuvent valoir qu'à l'égard des créanciers qui donnent leur consentement, il serait beaucoup plus simple et beaucoup moins coûteux d'arrêter la demande en résolution par une reconnaissance collective du privilège devant notaire.

1224. La Cour de Montpellier a cependant décidé, dans une semblable hypothèse, qu'il était intervenu entre les parties un *contrat en jugement* qui *devait* être sanctionné avec d'autant plus de raison qu'il était dans l'intérêt de ces mêmes parties, tandis qu'une résolution de la vente eût été préjudiciable à leurs droits. — Quelle que fût la faveur de la position, observe M. Chauveau, il n'en est pas moins vrai qu'il s'agissait d'une demande en résolution, que les créanciers assignés arrêtaient par une reconnaissance tacite de privilège. Un semblable accord tacite ne peut avoir lieu dans une saisie immobilière, parce que les créanciers, que l'exécution de l'art. 692 rend parties à cette saisie, ne le sont que pour la procédure aboutissant à une adjudication, mais non pour une instance d'ordre, pour la fixation du rang des créanciers. —En définitive, notre auteur ne conseille pas aux créanciers de suivre cette voie, ni surtout aux vendeurs de renoncer, sur le consentement des créanciers, à leur demande en résolution.

1225. (Q. 2404 octies). *L'art. 717 n'est-il applicable qu'à l'action résolutoire du précédent vendeur? Ne s'étend-il pas aussi à l'action résolutoire du donateur pour cause d'inexécution des conditions,... à l'action en résolution d'un échange, pour cause d'éviction?*

M. Chauveau, qui s'est déjà prononcé ci-dessus, n. 767, dans le sens de cette extension de l'art. 717, entre ici dans quelques développements que nous allons résumer.

La Cour de Bordeaux a rendu, le 7 août 1844 (*J. Av.*, t. 68, p. 248), un arrêt longuement motivé décidant : 1° que lorsqu'un immeuble donné au débiteur est saisi, le donateur, à l'égard duquel ne sont pas exécutées les conditions de la donation, peut former sa demande en révocation ou résolution; 2° que cette demande doit être dirigée contre le donataire; mais qu'afin d'empêcher que l'adjudication ne soit prononcée à son préjudice, le donateur doit notifier sa demande au greffe du tribunal où se poursuit la vente; après quoi fait, il est sursis à l'adjudication, et le tribunal fixe le délai dans lequel le donateur sera tenu de mettre fin à l'instance de révocation; 3° que le poursuivant peut intervenir dans cette instance; mais que si le demandeur croit devoir l'appeler, il ne peut le faire que par exploit; 4° qu'il y a irrégularité de la part du demandeur qui intervient dans l'instance en saisie, pour conclure à la résolution tant contre le saisi que contre le saisissant; et que ce serait mal juger, de la part du tribunal, que d'ordonner, en cet état de choses, que le saisissant plaidera au fond sur la demande en révocation; 5° que ce mode pourrait être suivi, s'il s'agissait d'une demande en *distraction*, en observant, en outre, les autres conditions prescrites pour la distraction; mais qu'alors même que la demande en résolution doive avoir la distraction pour résultat, tant qu'il ne s'agit que de statuer sur la résolution, il doit être procédé conformément à l'art. 717, et l'intervention dans la saisie ne doit avoir pour objet que de faire fixer un délai pour le jugement de la demande en résolution. — M. Chauveau considère ces diverses solutions comme s'harmonisant parfaitement avec le texte et l'esprit de la loi.

1226. Dans l'espèce de l'arrêt qui vient d'être cité, d'où le demandeur en résolution était un donateur, personne n'a soulevé la question de savoir si un donateur est forcé, comme un vendeur, de se conformer à l'art. 717. Sur ce point, M. Chauveau a répondu affirmativement. Lorsque la loi, observe-t-il, a dit *le vendeur*, elle a voulu parler de celui qui a transmis la propriété. Tous les motifs donnés dans la discussion de la loi pour prévenir l'adjudicataire contre une action en résolution, s'appliquent à un donateur comme à un vendeur. Si donc un donateur n'a pas intenté son action en résolution de la donation pour cause d'inexécution des conditions, il ne pourra plus la demander après l'adjudication; et s'il n'a pas fait transcrire le contrat, s'il n'a pas pris inscription, il ne pourra même pas se faire colloquer pour une somme représentative des charges qu'il avait imposées au donataire. Il sera ainsi puni de sa négligence. — La Cour d'Agen semble à notre auteur avoir implicitement consacré son opinion par un arrêt du 2 janv. 1852 (*J. Av.*, t. 78, p. 166), dans une espèce où le donateur figurait au nombre des saisis, bien qu'il s'agît plutôt de l'application de l'art. 728 que de celle de l'art. 717.

1227. Dans une dissertation insérée *J. Av.*, t. 78, p. 380, et S.-V.53.2.45, M. Gilbert appuie le sentiment opposé sur des considérations dont M. Chauveau ne méconnaît pas la gravité. Faisant remarquer que l'art. 717 ne parle que du vendeur, qu'il n'a trait qu'à des demandes en résolution, lesquelles ne peuvent être confondues avec des actions en révocation; qu'enfin, la déchéance n'atteint que l'action résolutoire fondée sur le *défaut de paiement de prix*, ce qui ne peut s'appliquer à la donation dont l'essence est de n'avoir pas de prix, et que, d'ailleurs, les déchéances ne pouvaient être étendues d'un cas à un autre. M. Gilbert invoque en faveur de son interprétation la discussion qui précéda le vote de l'art. 747 en 1841. Comme on l'a vu *suprà*, n. 761, M. Pont, dans une certaine mesure, et MM Ollivier et Mourlon se prononcent en faveur de la doctrine de M. Chauveau, mais la jurisprudence la repousse. L'art. 717 a été déclaré inapplicable aux actions en révocation du donateur par les Cours de Bordeaux, le 26 juin 1852 (*J. Av.*, t. 77, p. 535), et de Caen, le 19 fév. 1856 (*Journal de cette Cour*, 1856,

p. 183), et par les tribunaux de Vervins, le 2 janv. 1852 (*J. Av.*, t. 78, p. 162), et de Louhans, le 30 janv. 1852 (*ibid.*, p. 35).

1228. En ce qui concerne le coéchangiste, qui n'est autre qu'un vendeur, l'affirmative, selon la remarque de M. Chauveau, ne saurait être douteuse.

1229. (Q. 2404 novies). *La folle enchère doit-elle être assimilée à l'action résolutoire, et n'est-elle plus recevable après l'adjudication?*

M. Chauveau répond affirmativement. — On l'avait consulté sur l'espèce suivante : Plusieurs cohéritiers font vendre un immeuble par licitation. Le colicitant adjudicataire est poursuivi par voie de saisie immobilière; un des cohéritiers, non payé, qui n'avait pas conservé son privilège de copartageant et n'avait pris inscription qu'après la dénonciation aux créanciers inscrits, poursuit par la voie de folle enchère l'acquéreur sur licitation, dès qu'il apprend qu'une adjudication nouvelle a eu lieu. On lui oppose l'art. 717. M. Chauveau a exprimé l'avis que cette fin de non-recevoir était fondée. Voici son raisonnement :

1230. Le colicitant est un vendeur; le privilège dont il peut jouir en vertu de l'art. 2109 ne dénature pas cette qualité. Or, l'art. 717 est explicite : « L'adjudicataire ne pourra être troublé dans sa propriété par aucune demande en résolution fondée sur le défaut de paiement du prix des anciennes aliénations. » A quel titre le colicitant voudrait-il troubler le nouvel adjudicataire? N'est-ce pas pour défaut de paiement du prix? N'intente-t-il pas une véritable action en résolution en suivant la voie de folle enchère? Il serait souverainement injuste qu'un vendeur volontaire fût privé de son droit au prix par déchéance de l'action en résolution, tandis que le colicitant aurait pendant trente ans une action en paiement de ce prix, malgré des adjudications et des ordres successifs ; ce serait annihiler les effets de l'addition législative de 1841.

1231. Cependant le tribunal de Bergerac a admis la solution contraire, le 9 oct. 1844, en donnant pour motifs « que l'art. 717 s'applique uniquement au cas où il s'agit d'une demande en résolution fondée sur le défaut de paiement du prix des anciennes aliénations, et notifiée au greffier en temps utile; que, dans l'espèce, il ne peut pas y avoir de résolution possible sur la demande des cohéritiers contre le colicitant adjudicataire, celui-ci ayant acquis sur licitation les immeubles saisis dépendants de la succession de l'auteur commun, et étant censé, aux termes de l'art. 883, Cod. civ., avoir succédé seuls et immédiatement auxdits immeubles; que la folle enchère poursuivie ne peut être assimilée à une demande en résolution ; que la demande en résolution, qui est toujours formée par le vendeur, a pour but de faire rentrer l'immeuble dans le domaine du vendeur; que la folle enchère, au contraire, qui, dans l'espèce, n'est pas poursuivie par le vendeur, puisqu'il n'y a pas de vendeur, n'a d'autre but que de remettre l'immeuble aux enchères pour trouver un nouvel acquéreur. »

Appel a été interjeté de ce jugement; mais l'appelant s'est désisté. — Du reste, la Cour de Bordeaux a consacré la même interprétation en confirmant, le 29 av. 1851 (*J. Av.*, t. 76, p. 475), une décision du tribunal de Libourne.

1232. Le rédacteur du journal des arrêts de cette Cour, M. Brivecazes, a accompagné le jugement du tribunal de Bergerac des réflexions suivantes : « Cette décision provoque quelques critiques; la poursuite en folle enchère est, il faut bien le reconnaître, une véritable résolution de plein droit. Comment ne lui appliquerait-on pas les dispositions de l'art. 717, qui a été fait pour qu'aucune *demande en résolution* ne pût venir troubler ultérieurement l'adjudicataire? Les différences relevées par le tribunal ne sauraient arrêter, en présence du motif qui a déterminé le législateur à ordonner de surseoir jusqu'au jugement de l'instance en résolution, motif qui doit aussi bien déterminer le sursis au cas de poursuite en folle enchère (V. Duvergier, t. 41, p. 262). Pourquoi passer outre à l'adjudication, malgré les réclamations en temps utile de celui à qui reste toujours le droit de poursuivre la folle enchère? Préfère-t-on, en courant les chances d'un vil prix, laisser cette poursuite s'exercer après l'adjudication consommée? —M. Morin, dans une dissertation insérée au *Journ. des Av.*, t. 66, p. 321, rejette, au contraire, ici l'application de l'art. 717; il admet en principe que l'action en folle enchère des créanciers colloqués ne se purge pas par l'adjudication sur saisie, comme l'action résolutoire du vendeur non payé. Il reconnaît toutefois que ceux d'entre ces créanciers qui auront agi de manière à faire présumer sérieusement qu'ils approuvaient la saisie, seront liés par un quasi-contrat; en ce qui les concerne, il y aura renonciation acquise. Mais, sauf cette concession, tous les autres porteurs de bordereaux, soit qu'ils aient simplement comparu lors de la saisie, soit qu'ils n'y aient point comparu, soit encore qu'ils ne fussent pas inscrits, n'auront encouru aucune déchéance. — A l'appui de cette doctrine, on peut encore invoquer deux jugements du tribunal civil de la Seine, l'un du 29 oct. 1847, l'autre du 10 mai 1849. Le premier a déclaré que le droit de poursuivre la folle enchère est un moyen d'exercer l'action résolutoire, et qu'il subsiste indépendamment de toute transmission de propriété (dans l'espèce, il s'agissait d'une seconde saisie); le second porte que le droit d'exercer la poursuite de folle enchère subsiste au profit des créanciers inscrits, même lorsque plusieurs ventes successives (volontaires et forcées) ont été faites depuis l'adjudication au fol enchérisseur, encore bien que les adjudicataires subséquents aient fait les notifications prescrites par l'art. 2189, et qu'une adjudication par suite de surenchère ait eu lieu. Le seul motif donné par le tribunal est celui-ci: « L'adjudication d'un immeuble n'est faite que sous la condition suspensive que l'adjudicataire satisfera aux clauses de la vente; jusqu'à ce qu'il ait satisfait à cette obligation, lui et ses créanciers n'ont aucun droit sur l'immeuble au préjudice du vendeur et des ayants droit de ce dernier. »

1233. Malgré ces autorités, M. Chauveau déclare ici persister dans son sentiment; à ses yeux, l'art. 717, Cod. proc. civ., établit une règle qui n'est pas applicable seulement au précédent propriétaire, mais encore aux porteurs de bordereaux. La généralité de ses termes autorise d'abord cette interprétation: « L'adjudicataire ne pourra être troublé dans sa propriété par aucune demande en résolution, *fondée sur le défaut de paiement du prix des anciennes aliénations*, à moins qu'avant l'adjudication..., etc. » — Indépendamment du sens grammatical des expressions employées par le législateur, le caractère, la nature et les conséquences de la folle enchère corroborent cette opinion. Ainsi, il n'est pas contesté que l'exercice de la folle enchère a pour effet de résoudre la première adjudication, et que ce droit de résolution n'est accordé que parce que les conditions de l'aliénation antérieure n'ont pas été accomplies. — Les jugements précités du tribunal de la Seine, bien qu'au fond ils admettent la folle enchère, proclament cette vérité juridique, à savoir, que la folle enchère est un moyen d'exercer l'action résolutoire; mais, au lieu de tirer de ces prémisses la conclusion nécessaire, forcée, que cette action résolutoire est purgée par une seconde adjudication sur saisie immobilière, ils se bornent à passer sous silence l'art. 717, sans même répondre par une ligne au système contraire développé devant eux. — Le second jugement est encore moins concluant que le premier, car ses motifs, auxquels notre auteur adhère entièrement, ne disent pas autre chose que ce qu'il a enseigné lui-même à plusieurs reprises, et notamment *J. Av.*, t. 74, p. 633. Cependant, dans l'espèce, il aurait admis la folle enchère, parce qu'il s'agissait d'une vente de biens de failli et nullement d'une saisie immobilière, et que l'art. 717

ne pouvait être invoqué. C'est précisément parce que l'adjudicataire ou ses créanciers n'ont aucun droit sur l'immeuble, au préjudice du vendeur ou des ayants droit de ce dernier, que M. Chauveau refuse aux représentants du vendeur, aux créanciers colloqués sur le prix qui lui reviendrait s'il n'avait point de dettes, le droit d'exercer l'action en folle enchère, quand le vendeur ne pourrait plus exercer l'action résolutoire. En un mot, lorsque le vendeur et le donateur sont déchus, notre auteur ne comprend pas que ceux qui leur sont subrogés ne le soient point. V. d'ailleurs *suprà*, n. 761 et s.

1234. Le tribunal civil de Mauriac a, le 10 oct. 1851 (*J. Av.*, t. 76, p. 188), consacré explicitement cette opinion, qu'un arrêt de la Cour de Paris, du 5 juill. 1851 (*ibid.*, p. 97), n'avait fait que confirmer implicitement. — Une solution plus expresse résulte d'un arrêt de la même Cour, du 14 nov. 1851 (t. 77, p. 398), décidant que les porteurs de bordereaux délivrés sur un adjudicataire ne peuvent plus, lorsque les immeubles ont été revendus après saisie immobilière, poursuivre la folle enchère contre le nouvel adjudicataire surtout si le cahier des charges de la saisie porte une clause qui oblige l'adjudicataire à conserver son prix jusqu'au règlement définitif de l'ordre à ouvrir, lequel ordre a été ouvert, mais n'est pas encore clos au moment des poursuites. Néanmoins, observe M. Chauveau, les juges ont encore été ici impressionnés par la clause du cahier des charges. Mais la Cour de Colmar, à l'occasion d'une adjudication après faillite, dans laquelle l'art. 717 n'était pas applicable, a formellement décidé qu'il en était de même après une adjudication sur saisie immobilière : arrêt du 22 août 1853 (*J. Av.*, t. 79, p. 253). M. Chauveau a combattu cette solution. MM. Grosse et Rameau, t. 1, p. 122, n. 92, partagent son sentiment.

1235. La déchéance a été aussi appliquée au créancier qui a pris la voie de la saisie immobilière au lieu de recourir à la folle enchère ; tandis que la production à l'ordre non suivie de collocation n'a pas le même effet. V. Caen, 3 avril 1854 (*J. Av.*, t. 79, p. 638).

1236. (Q. 2404 decies). *Si la saisie est dirigée contre l'acquéreur dont le contrat a été transcrit, le porteur d'un bordereau de collocation délivré contre le vendeur qui avait acquis par adjudication sur saisie les immeubles vendus, ne peut-il exercer l'action résolutoire par voie de folle enchère qu'autant qu'il a fait inscrire son privilège avant cette inscription?* En d'autres termes, *l'action résolutoire par voie de folle enchère n'est-elle recevable qu'autant que le privilège a été inscrit avant la transcription de la revente?*

Le tribunal civil de Chaumont a admis, dans ce cas, la résolution par voie de folle enchère, par jugement du 5 août 1857.

L'art. 7 de la loi du 23 mars 1855, sur la transcription, ne parle que de l'action résolutoire établie par l'art. 1654, Cod. civ., et les auteurs qui ont commenté cette loi n'ont point fait allusion à la résolution provenant de la folle enchère. D'un autre côté, il est incontestable qu'il existe des différences notables entre la folle enchère et l'action en résolution du Code civil, non-seulement dans les modes de procéder, mais encore quant aux résultats, puisque la première est la continuation de la perfection de la saisie, et qu'elle aboutit à une revente, tandis que l'autre fait rentrer l'immeuble dans le patrimoine du vendeur non payé. Si M. Chauveau (question précédente) considère les termes de l'art. 717 comme assez formels pour permettre d'étendre la déchéance qu'il prononce à la folle enchère, il lui semble difficile de pousser l'assimilation jusqu'à rendre applicable aux deux positions l'art. 7 de la loi du 23 mars 1855.

1237. Il ne faut pas oublier, d'ailleurs, dit-il, que la jurisprudence de la Cour suprême attribue à la folle enchère des effets beaucoup plus absolus qu'à la résolution (arrêts des 24 juin 1846 et 8 août 1854, *J. Av.*, t. 71, p. 611 ; t. 80, p. 82) ; qu'elle considère l'adjudication sur saisie immobilière comme subordonnée à l'accomplissement d'une condition suspensive, le paiement du prix, et qu'à ce point de vue encore, qui indique une tendance contraire à l'opinion exprimée par l'auteur au sujet de l'art. 717, Cod. proc., l'art. 7 de la loi sur la transcription hypothécaire ne paraît pas pouvoir être invoqué. — M. Chauveau croit, en conséquence, que le jugement du tribunal civil de Chaumont a fait une saine application des principes.

1238. (Q. 2404 undecies). *Le vendeur d'un immeuble qui, antérieurement à la saisie pratiquée sur cet immeuble, a demandé la résolution de la vente et l'a obtenue avant le jugement d'adjudication, doit-il être maintenu en possession, quoique, par l'omission de la notification au greffe de la demande en résolution, l'adjudicataire ait ignoré l'une et l'autre?*

L'affirmative résulte d'un jugement du tribunal de la Seine, du 30 janv. 1847 (*J. Av.*, t. 72, p. 298), rendu dans une espèce où l'action avait été intentée par le cessionnaire du vendeur. Quant à M. Chauveau, la question lui paraît très délicate. — Pour exprimer une théorie générale, il suppose diverses hypothèses : ou le vendeur a fait transcrire son contrat, ou, au contraire, cette transcription n'a pas eu lieu. S'il a fait transcrire, il a reçu les notifications prescrites par l'art. 692; s'il ne l'a pas fait, on n'a pas pu l'avertir. Dans les deux cas, la position du poursuivant est identique. — Enfin la demande en résolution a pu n'être intentée qu'après la saisie, mais avant la transcription de la saisie. De ces positions diverses devra-t-il résulter des solutions différentes? Le législateur n'a prévu expressément qu'un seul cas, celui où un vendeur, averti qu'une saisie va le priver de son droit d'obtenir une résolution du contrat, demande cette résolution avant l'adjudication; et si, dans la discussion, rien ne peut faire supposer qu'il ait entendu restreindre ses prétentions à ce cas spécial, rien n'indique non plus, ni qu'il ait voulu embrasser dans ses prévisions les demandes en résolution antérieures à la saisie, ou à la transcription de la saisie. On en est donc réduit à interroger l'esprit de la loi. Or, observe M. Chauveau, le législateur a voulu imprimer aux ventes judiciaires un caractère d'irrévocabilité, et pour ainsi dire d'immutabilité. Si la saisie frappe un immeuble appartenant au saisi, le jugement d'adjudication ne pourra être attaqué par personne. Toutefois, un privilège existait au profit du vendeur non payé; la loi civile lui permettait d'obtenir la résolution de la vente, en quelques mains qu'eût passé son immeuble. La nouvelle loi a subordonné ce privilège à la condition qu'il soit exercé avant l'adjudication.

1239. Si l'art. 717 ne s'applique pas au vendeur qui a déjà saisi la justice d'une demande en résolution, il y a évidemment lacune dans la loi, car la position générale des créanciers est tout aussi favorable dans les deux cas; l'irrévocabilité de la vente judiciaire est tout aussi nécessaire. Si, au contraire, la procédure de saisie immobilière met l'immeuble sous la main de la justice d'une manière absolue, le législateur n'avait pas besoin d'être plus explicite; la règle était générale et s'appliquait à toutes les hypothèses. — Le tribunal de la Seine a donné, à l'appui de la solution, cet unique motif : « L'art. 717 a seulement prévu le cas où la demande en résolution est formée pendant le cours de la procédure, mais non celui où le jugement de résolution aura été prononcé antérieurement à l'adjudication. » Au reproche de brièveté adressé à ce raisonnement, on peut, dit M. Chauveau, ajouter celui de n'être pas rigoureusement logique. Si l'art. 717 n'est pas applicable au cas où la demande a été formée avant la saisie, peu importe que la résolution ait été prononcée avant ou après l'adjudication. L'art. 717 étant réputé inapplicable, on retombe sous l'empire des anciens principes; les droits du vendeur sont entiers. Le jugement qu'il obtiendra produira nécessairement un effet rétroactif; il réagira au moment même où l'action aura été introduite. Le tribunal devait aller jusqu'à cette conséquence de son système.

Il semble avoir reculé devant cette déduction forcée; il n'a pas fait attention qu'en accordant au jugement d'adjudication une force supérieure à celle d'un jugement de résolution prononcé après cette adjudication, il appliquait l'art. 717, même au vendeur qui avait intenté son action avant la saisie.

1240. Qu'eût décidé le tribunal de la Seine, si le poursuivant, l'adjudicataire ou le saisi avaient interjeté appel du jugement ayant prononcé la résolution? La position serait devenue très embarrassante. Faut-il donc, observe M. Chauveau, pour que la doctrine du jugement précité soit applicable, que la résolution résulte, avant l'adjudication, d'une décision irrévocable?

1241. En résumé, notre auteur pense que le jugement du tribunal civil de la Seine ne peut pas faire jurisprudence, et qu'il faut décider, d'une manière absolue, que le vendeur qui n'a pas obtenu la résolution du contrat avant la saisie immobilière, doit accomplir les formalités prescrites par l'art. 717, et que même, s'il a obtenu un jugement avant le jour de la saisie, il doit, après l'avoir fait signifier au saisi, le dénoncer au greffe du tribunal, dans le cas où le délai de l'appel ne doit expirer qu'après le jour où sera prononcée l'adjudication.

1242. M. Chauveau ajoute que lorsque le vendeur a obtenu, pendant la poursuite en saisie, la résolution de la vente, il n'est pas tenu, pour faire distraire sa propriété de la saisie pratiquée sur son acquéreur, de remplir les formalités voulues par les art. 725 et suiv., et concernant la demande en distraction; mais qu'il peut y avoir recours, et que si, en fait, sa demande est accueillie en vertu de la résolution antérieure, l'adjudication ne comprendra que les immeubles restant au saisi.

1243. Il ne se dissimule pas, cependant, que son interprétation peut faire difficulté, surtout lorsque la résolution a été prononcée avant la saisie. Mais quand la demande, bien qu'engagée avant la saisie, n'est jugée qu'après, le vœu de la loi lui paraît exiger impérieusement que le jugement soit dénoncé dans la forme prescrite par l'art. 717, afin que le tribunal déclare qu'il n'y a pas lieu de procéder à l'adjudication. Il ne faut pas croire, du reste, observe-t-il, que, si la vente a été transcrite, la résolution n'a d'effet qu'à partir de la mention en marge de cette transcription du jugement qui la prononce, et que si le vendeur garde le silence et si le jugement de résolution rendu contre lui et son acquéreur n'est transcrit qu'après l'adjudication, ce soit comme s'il n'existait pas vis-à-vis des créanciers et de l'adjudicataire. L'art. 4 de la loi de 1855 n'est pas, comme les art. 1 et 2, appuyé par la sanction de l'art. 3; son inobservation n'entraîne qu'une amende contre l'avoué. Conf., MM. Troplong, n. 213 et 232; Bressoles, n. 63; Rivière et Huguet, n. 303 et suiv. — *Contrà*, Duvergier, 1855, sur l'art. 4 de la loi.

1244. (Q. 2405). *Lorsque les précédents vendeurs sont des incapables, l'art. 717 leur est-il applicable?*

Les motifs de l'opinion exprimée par M. Chauveau sous la quest. 2404 *ter* (V. *Surenchère*), sont, dit-il, applicables à la solution de celle-ci. La généralité des termes de l'article suffit donc à ses yeux pour faire repousser les plaintes, si légitimes cependant, de mineurs, de femmes mariées, d'interdits, etc., qui, à l'occasion de ventes consenties sous seing privé par leurs auteurs, peuvent être complètement ruinés par l'effet d'une adjudication. Une exception avait été proposée à leur profit, mais elle n'a pas été accueillie; dès lors la question doit se décider par le droit commun. V. en ce sens, MM. Paignon, t. 1er, p. 194, n. 136; Ollivier et Mourlon, p. 407 et 416, n. 210 et 228; Rodière, t. 3, p. 160; Duvergier, t. 41, p. 264; Dalloz, n. 1187; Bioche, n. 546; Seligman et Pont, p. 187, n. 62.

1245. (Q. 2405 bis). *Si le vendeur n'a point fait de réserve, n'a fait aucune notification, n'a pris aucune inscription, qu'il n'y ait point eu de transcription de contrat de vente, aura-t-il perdu tous droits de résolution et de privilège?*

M. Chauveau, qui avait adopté l'affirmative, en 1841, ajoute ici qu'avant la loi du 23 mars 1855, le doute n'était plus possible. La déchéance était appliquée au vendeur qui, n'ayant pas pris inscription, n'avait pas à se plaindre de n'avoir pas reçu la sommation de l'art. 692 : Trib. de Narbonne, 22 fév. 1848 (*J. Av.*, t. 74, p. 644); Trib. de Clermont-Ferrand, 16 juill. 1853 (t. 79, p. 230); Dissertation de M. Ach. Morin (*J. Av.*, t. 68, p. 65).

1246. Consulté sur le point de savoir si un vendeur, qui n'était pas inscrit au moment où avait été faite la sommation de l'art. 692, et qui, par conséquent, n'avait pas reçu de notification, peut, dans le cas où il a pris inscription avant l'adjudication, demander la résolution de la vente après cette adjudication, M. Chauveau n'a pas hésité à répondre négativement, en se fondant toujours sur les mêmes principes. Mais, observe-t-il, l'action en résolution postérieure à l'adjudication est recevable toutes les fois que, par la faute du poursuivant, le vendeur n'a pas été averti de l'existence des poursuites; elle doit être rejetée, sauf le recours du vendeur contre le conservateur, toutes les fois que l'omission provient du fait de ce dernier (*Formulaire de procédure*, 2e éd., t. 2, p. 76, note 2; M. Ach. Morin, Dissertation précitée).

1247. Notre auteur a été amené encore à décider, à propos de difficultés qui lui avaient été soumises : 1° que le créancier hypothécaire, qui n'est pas payé, est sans intérêt à demander la résolution de la vente consentie par son débiteur, puisqu'il peut poursuivre la saisie immobilière sur le tiers détenteur et sur le débiteur (V. *suprà*, n. 66 et s.), et que, dans tous les cas, le créancier devrait, s'il en avait le droit, former sa demande en folle enchère avant l'adjudication, et la notifier dans la forme de l'art. 717 (V. n. 1229 et s.); 2° que lorsqu'un créancier a commencé des poursuites en saisie immobilière contre son débiteur et le tiers détenteur, une demande en résolution serait dérisoire et frustratoire de la part, soit du débiteur, soit d'un autre créancier; car, quand bien même l'action en résolution serait accueillie, la poursuite de saisie n'en devrait pas moins continuer contre le débiteur.

1248. La Cour de Paris a décidé exactement, selon M. Chauveau, qu'un notaire n'est pas, en cette qualité, responsable du défaut de transcription d'un contrat de vente; mais que l'avoué chargé par le vendeur de poursuivre contre l'acquéreur la saisie de l'immeuble vendu, est responsable du défaut de collocation de son client, dans l'ordre ouvert plus tard, lorsqu'il a fait procéder à l'adjudication qui a entraîné, au préjudice du vendeur, la déchéance du droit de résolution, seul recours qui lui restât, à raison du jugement de déclaration de faillite de l'acheteur, qui ne permettait plus l'inscription d'aucun privilège, quoique le certificat des inscriptions délivré à cet avoué pour faire aux créanciers inscrits la sommation de l'art. 692 ne mentionnât aucune inscription prise pour la conservation de ce privilège : arrêt du 28 juin 1851 (*J. Av.*, t. 76, p. 558).

1249. L'auteur constate qu'en ce qui concerne plus particulièrement l'exercice du privilège, on a élevé de prétendues difficultés provenant de ce qu'on a oublié que la loi du 23 mars 1855 n'a rien changé au principe qui veut que le vendeur puisse toujours faire inscrire son privilège tant que l'immeuble ne cesse pas d'appartenir à son acquéreur immédiat; mais que les tribunaux ont toujours fait justice de cette erreur. V. Trib. de Chaumont, 10 juin 1857 (*J. Av.*, t. 83, p. 40); Trib. de Caen, 25 mars 1858 (*ibid.*, p. 511; Rouen, 28 déc. 1857 (t. 83, p. 293); Godoffre, *J. Av.*, t. 80, p. 666, et t. 82, p. 345.

1250. Enfin, il constate que le tribunal de Bernay a jugé, le 9 oct. 1858 (t. 83, p. 566), que le cessionnaire d'un vendeur qui a accepté et fait notifier au second acquéreur la délégation consentie par le premier acquéreur sur le prix de la seconde vente de la somme due pour la première aliénation, peut faire valoir son privilège et l'action résolutoire, en cas de saisie des immeubles sur la tête du second acquéreur, sans qu'on soit admis à lui opposer les dispositions de la loi du 23 mars 1855. — Dans l'espèce, dit M. Chauveau, il était incontestable que le privilège du cessionnaire du premier vendeur s'était conservé sur son acquéreur, sans qu'il fût besoin d'aucune inscription. La vente consentie par cet acquéreur l'ayant été avec délégation, au profit du cessionnaire du premier vendeur de la somme restant due sur le prix, il n'était pas douteux que la créance ainsi déléguée n'avait pas cessé d'être privilégiée et qu'elle devait conserver ce caractère, même sans inscription, tant que l'immeuble ne serait pas sorti des mains de ce second acquéreur, qui avait accepté la délégation.

1251. (Q. 2405 ter). *Si le prix n'est pas encore exigible, l'action en résolution devra-t-elle néanmoins être intentée sous peine de déchéance?*

Il faut bien, dit M. Chauveau, le décider ainsi, quoique la loi soit muette, pour ne pas commettre une injustice criante à l'égard de certains vendeurs. *Aucune demande en résolution*, dit la loi, ne pourra troubler l'adjudicataire. Donc, tout vendeur peut demander cette résolution avant l'adjudication, s'il n'est pas complètement payé. La discussion de la loi lui paraît d'ailleurs justifier cette opinion, qui est partagée par MM. Rodière, t. 3, p. 160; Duvergier, t. 41, p. 264; Dalloz, n. 1188; Seligman et Pont, p. 188, n. 63. V. aussi *suprà*, n. 1244.

1252. La Cour de Nîmes a cependant décidé, le 25 mai 1852 (S.-V.52.2.540), que, lorsqu'un immeuble, après avoir été vendu à charge de rente foncière, a ensuite été saisi sur l'acquéreur par ses créanciers, cette saisie, pas plus que l'adjudication qui en doit être la suite, ne pouvant porter atteinte au droit du vendeur, de demander dans l'avenir la résolution de la vente et le délaissement de l'immeuble, au cas éventuel de défaut de paiement des arrérages, ne lui confère pas l'exercice actuel de cette action, si, d'ailleurs, il ne lui est pas dû d'arrérages au moment de la saisie, ou si, des arrérages lui étant dus, le montant lui en est offert par l'acquéreur ou le créancier saisissant. Même dans ce cas, M. Chauveau autoriserait la résolution, parce que le vendeur a choisi l'acquéreur, et qu'il n'est pas démontré que l'action résolutoire survive à l'adjudication. Aussi préfère-t-il la doctrine d'un arrêt de la Cour de Caen du 29 nov. 1852 (*Journ. de cette Cour*, 1853, p. 25), d'après lequel l'action en résolution intentée par un vendeur à charge de rente ne peut être écartée par l'insertion au cahier des charges d'une clause portant que l'adjudicataire retiendra telle somme pour faire face au paiement de la rente, et qu'il sera remis au crédi-rentier une grosse du cahier des charges, celui-ci n'étant pas tenu de se contenter d'une pareille stipulation.

1253. (Q. 2405 quater). *Qu'entend-on par ces expressions* DEMANDE NOTIFIÉE AU GREFFE? *L'instance en résolution doit-elle nécessairement être considérée comme un incident de saisie immobilière et jugée comme matière sommaire? Devant quel tribunal doit-elle être portée?*

Dans la rédaction de l'art. 717, dit M. Chauveau, il faut rapprocher ces mots, *la demande sera notifiée au greffe*, de ceux-ci, *mettre à fin l'instance en résolution*, et *le poursuivant pourra intervenir dans cette instance*. Les mots *demande* et *instance* prouvent qu'il ne s'agit pas d'un simple avertissement. Il faut que l'action soit intentée; il ne suffit même pas qu'elle soit intentée, il faut qu'elle ait été notifiée au greffe. On ne notifie que ce qui existe : un *projet*, une *intention*, ne caractérisent pas une *demande*. La notification au greffe doit donc être précédée d'une action régulièremen intentée en résolution du contrat.

1254. Cette demande est introductive d'une instance séparée, car le § 3 de l'art. 717 permet au poursuivant d'*intervenir*. Il est évident que le poursuivant, qui est la partie principale de la saisie, serait aussi partie à la demande en résolution, si cette demande n'était qu'un incident de la saisie. La demande en résolution doit donc être intentée contre le saisi seul et dans les formes ordinaires. Elle est, sauf dispense et urgence, reconnue sujette au préliminaire de conciliation. L'art. 718 ne lui est pas applicable. Les termes mêmes de cet article, qui ne parle exceptionnellement que de la demande en distraction (art. 725), l'indiquent assez clairement. Conf., MM. Bioche, n. 532; Seligman et Pont, p. 188, n. 64.

1255. L'art. 731 ne concerne pas davantage la demande en résolution; elle sera sommaire ou ordinaire, selon la quotité de la somme. Conf., M. Bioche, n. 540.

1256. Quant au tribunal qui devra en connaître, rien dans la loi n'indique que ce soit celui qui a été saisi de la poursuite en expropriation. Il pourrait résulter de l'acte de vente, par suite d'une élection de domicile, que toute contestation en résolution devrait être portée devant les juges du domicile de l'une des parties. La position, observe M. Chauveau, serait alors analogue au cas où un tribunal correctionnel, saisi de la connaissance d'un délit forestier, renvoie les parties devant le juge civil pour se faire juger dans un délai déterminé. Conf., MM. Dalloz, n. 1195; Bioche, n. 538. Toutefois, la réclamation du poursuivant ou de tout créancier inscrit, pour la fixation du délai dont parle le § 2 de l'art. 717, doit nécessairement être portée devant le tribunal saisi de la poursuite en expropriation ; c'est un véritable incident de cette poursuite soumis à toutes les dispositions des art. 718, 731, etc., etc. L'opinion exprimée ici par M. Chauveau a été consacrée par la jurisprudence. V. Limoges, 8 janv. 1847 (*J. Av.*, t. 72, p. 442); Colmar, 23 août 1849; Rouen, 31 déc. 1851 (t. 77, p. 471); Bourges, 1er juill. 1852 (t. 78, p. 39); Bordeaux, 12 avril 1853 (*Journ. de cette Cour*, 1853, n. 127); Caen, 6 juin 1854 (*J. Av.*, t. 80, p. 525); Limoges, 18 nov. 1854 (S.-V. 55.2.111).

1256 *bis*. Quant à la demande en validité d'offres réelles faites par le saisi pour faire tomber la saisie et l'action résolutoire, le jugement auquel elle donne lieu est un jugement sur incident de saisie: Caen, arrêt susénoncé.

1257. M. Chauveau pense aussi, avec un arrêt de la Cour de Montpellier, du 20 janv. 1855 (D.P.55.2.402), que lorsque, dans le cours d'une instance en résolution de la vente d'un immeuble saisi, dans laquelle sont intervenus le créancier poursuivant et le créancier premier inscrit, le demandeur fait subsidiairement offre de consentir à l'adjudication de l'immeuble, à la charge par le créancier premier inscrit de lui garantir sa collocation par privilège dans l'ordre pour le prix à lui dû, cette instance se trouve par là convertie en un incident de saisie immobilière, et qu'elle doit dès lors être régie par les règles de procédure particulières à ces incidents. MM. Grosse et Rameau, t. 1, p. 125, n. 97; Ollivier et Mourlon, p. 408 et suiv., n. 214 et suiv.; Dalloz, n. 1185, partagent cette opinion et déclarent que le saisi doit être seul mis en cause sur la demande en résolution; que le poursuivant peut y intervenir et faire supporter par la masse les frais de son intervention, droit qui n'appartiendrait pas aux autres créanciers du saisi.

1258. (Q. 2405 quinquies). *Des mots de l'art.* 717 : il sera sursis, *faut-il conclure nécessairement que le tribunal, malgré la preuve d'un paiement in-*

tégral du vendeur, ou de la fraude entre le vendeur et le saisi, sera cependant tenu de surseoir?

Du moment, dit M. Chauveau, que l'instance en résolution est une demande à part portée devant les juges qui, bien que composant en certains cas le même tribunal, ne sont pas saisis au même titre, et dès lors que la loi a dit *impérativement* IL SERA SURSIS, on ne saurait douter que toute demande en résolution ne doive faire ordonner le sursis, quelles que soient les critiques plus ou moins fondées présentées par le poursuivant contre cette demande. Seulement, pour atténuer le plus possible les effets malheureux de ce moyen dilatoire, le tribunal pourra indiquer un délai tellement restreint que la perte de temps sera peu sensible. Conf., MM. Ollivier et Mourlon, p. 412, n. 221; Dalloz, n. 1197. Alors le poursuivant ne manquera pas d'intervenir pour faire condamner le demandeur à des dommages-intérêts, et surtout aux frais de publication et d'affiches nécessitées par son instance.

1259. Le créancier hypothécaire d'un propriétaire qui, par voie d'échange, a transmis son immeuble à un tiers, ne peut pas, observe notre auteur, empêcher son débiteur d'obtenir un sursis à l'adjudication sur saisie de l'immeuble échangé, pour faire prononcer la résolution de l'échange. Si l'échangiste demande la résolution, le poursuivant, ou tout créancier à défaut du poursuivant, est impuissant à s'y opposer. Lorsque l'immeuble sera rentré dans les mains de son débiteur, le créancier sera en droit de poursuivre par voie de saisie le paiement de sa créance; jusque-là il ne peut rien; l'art. 717 est formel. —Dans ces circonstances, si, au mépris de la notification faite au greffe, le tribunal passait outre, il y aurait nullité de l'adjudication.

1260. Lorsqu'une action résolutoire intentée contre la partie saisie rend incertaine dans ses mains la propriété de l'immeuble saisi, il y a lieu de surseoir jusqu'à ce qu'il ait été statué sur cette action. Il ne suffit pas, pour remplir le vœu de l'art. 717, de réserver les droits des demandeurs en résolution : Cass., 13 août 1851 (*Gazette des Tribunaux*, 14 août 1851, n. 7520).

1260 *bis*. Mais il n'y a pas lieu de prononcer la nullité d'une adjudication, par le motif qu'il y aurait été procédé au mépris d'une demande de sursis formée par la partie saisie seulement et motivée sur une instance en résolution intentée par un ancien vendeur, lorsque le prix de cette adjudication est plus que suffisant pour désintéresser l'ancien vendeur, et que l'adjudication, acceptée par tous les créanciers inscrits et l'ancien vendeur lui-même, n'est attaquée que par la partie saisie : Paris, 12 fév. 1852 (*Droit*, 1852, n. 57).

1261. (Q. 2405 sexies). *Faut-il appeler le demandeur en résolution à la fixation du délai?*

M. Chauveau fait remarquer que la notification au greffe n'engage point une instance; c'est, dit-il, un avertissement donné au poursuivant et aux juges. Le sursis est de droit (Voy. la question précédente); c'est aux parties intéressées à élever l'incident relatif au délai; et tout incident doit être formé par acte d'avoué à avoué, s'il y a avoué, ou par un exploit d'ajournement, aux termes de l'art. 718. Donc, lorsque le demandeur en résolution n'a pas été régulièrement appelé pour l'audience à laquelle un délai doit être fixé, il a le droit de se pourvoir devant le tribunal pour se faire fixer un nouveau délai, si celui indiqué en son absence lui paraît insuffisant. V. dans ce sens MM. Ollivier et Mourlon, p. 412 et 413, n. 222 et 223; Seligman et Pont, p. 188, n. 65.

1262. (Q. 2406). *Quelles sont les causes graves et dûment justifiées qui peuvent donner lieu au sursis?*

Les tribunaux, répond M. Chauveau, considéreront comme des *causes graves dûment justifiées* les incidents naturels que présente la procédure : *vérification, expertise, enquête, interrogatoire,* ou *toutes autres mesures préparatoires* ou *interlocutoires*. Ils tiendront compte de la déclaration du juge saisi de la demande en résolution qui attestera qu'aucune négligence ne doit être imputée au demandeur en résolution. Conf., MM. Seligman et Pont, p. 188, n. 66.—Ce serait aussi une *cause grave* que la position dans laquelle se trouverait le demandeur, par suite de l'oubli d'un juge-commissaire, du retard d'une Cour de prononcer sur un appel, et même de la négligence de son adversaire qui ne ferait pas exécuter des jugements interlocutoires obtenus par lui.

Au surplus, l'auteur n'a pas la prétention d'énumérer tous les cas dans lesquels la *gravité des motifs* devra porter les tribunaux à se montrer faciles sur une demande en concession de nouveaux délais. Il ne donne qu'une simple indication, en cherchant à faire bien comprendre la véritable position d'un créancier à qui on impose le rôle de plaideur, en le forçant à intenter une demande en résolution.

1263. La Cour de Riom a jugé, le 16 juill. 1849 (*J. Av.*, t. 74, p. 575), que les juges qui, conformément à l'art. 717, Cod. proc. civ., accordent un délai pour faire statuer sur une demande en résolution, ne doivent pas déclarer que ce délai est de rigueur, et que, s'il expire sans que la résolution soit prononcée, les demandeurs seront déchus du droit d'en obtenir un autre. Il appartient aux juges, a dit cette Cour, d'apprécier les causes graves, postérieures au premier jugement, qui sont de nature à motiver un second délai. Cette prorogation a été accordée, bien que le vendeur n'eût pas mis beaucoup d'empressement à faire statuer sur la demande en résolution par lui formée, sur le motif que le délai qui lui avait été accordé n'était pas suffisant dans les circonstances où il se trouvait, pour qu'il pût faire prononcer sur la demande en résolution, et que, dès lors, c'était le cas de l'augmenter.

1264. La disposition de l'art. 717, a dit un arrêt de la Cour de Toulouse, du 27 mai 1854 (*J. Av.*, t. 79, p. 622), n'est pas tellement absolue que les tribunaux ne conservent la faculté d'accorder un nouveau délai pour le jugement de l'action en résolution, lorsque des causes graves et dûment justifiées en établissent l'opportunité ; la fixation de ce premier délai ne constitue donc pas une prescription irritante, mais une mesure comminatoire, dont il appartient aux juges de prolonger la durée, en appréciant le mérite et l'importance des causes alléguées à l'appui de la demande.

1264 *bis*. Du reste, tant que l'adjudication n'est pas prononcée, le vendeur n'est pas déchu de l'action résolutoire, sur laquelle il n'a pas été statué dans les délais fixés ; mais les dépens faits par le poursuivant après ce délai doivent être mis à la charge du vendeur pour le punir de son inaction : Rouen, 31 déc. 1851 (*J. Av.*, t. 77, p. 471).

1265. (Q. 2406 bis). *Comment le jugement qui rejette la demande en résolution doit-il être signifié? A qui doit-il l'être?* Quid, *quand la résolution a été admise?*

La demande en résolution étant, ainsi qu'il a été dit, *suprà*, n. 1253, une instance complètement distincte de la poursuite en expropriation forcée, le jugement qui interviendra sur cette demande sera, observe M. Chauveau, soumis, quant à la signification, à toutes les règles prescrites par le Code de procédure pour les autres jugements.

1266. La signification de ce jugement, ajoute l'auteur, devra être faite par une des parties, *saisi, poursuivant* ou *créancier inscrit*, au demandeur en résolution. C'est seulement après cette signification que la reprise des poursuites pourra avoir lieu par de nouvelles publications et par de nouvelles appositions de placards. — Conf., M. Bioche, n. 542.

1267. Tout en reconnaissant qu'en pur droit la reprise des poursuites constitue une sorte d'exécution de jugement qui devrait être précédée de la signification, MM. Ollivier et Mourlon, p. 415, n. 227, ne croient pas qu'en fait cette opinion doive être suivie, parce que ni le vendeur ni le saisi n'ont intérêt à invoquer la nullité résultant de l'absence de la signification. Sans doute, dit M. Chauveau, s'agissant d'un jugement en dernier ressort ou d'un arrêt, il suffira que la signification précède l'adjudication; mais la maxime *idem est non esse aut non significari* paraît devoir ici recevoir son application.

1268. Quelle marche doit suivre le vendeur des immeubles saisis, qui a obtenu la résolution de la vente de ces immeubles, pour empêcher qu'ils ne soient exposés aux enchères par le saisissant? La situation du précédent vendeur paraît fort simple à M. Chauveau. Ce vendeur, dit-il, n'a qu'à notifier le jugement de résolution au saisissant avec sommation d'avoir à s'abstenir de poursuivre l'adjudication, s'il est intervenu dans l'instance, et dans tous les cas au saisi, son adversaire direct. Lorsque le saisissant n'aura pas été partie dans le procès en résolution, notre auteur conseillerait au vendeur de faire notifier au greffe un acte dans lequel il ne sera pas donné copie du jugement, mais où ce jugement sera énoncé avec la date de la signification au saisi et à son avoué. Au surplus, le saisissant et le vendeur s'étant trouvés en présence dans l'incident en sursis devant le tribunal, rien n'empêche de notifier aussi le jugement à l'avoué du poursuivant, sans qu'il soit nécessaire d'observer les formalités prescrites par l'art. 548, cet avoué ne pouvant, en pareil cas, être considéré comme un tiers. V. MM. Ollivier et Mourlon, p. 415, n. 226.

1269. (Q. 2406 ter). *Si, les délais expirés, l'adjudication était prononcée, la demande en résolution tomberait-elle de plein droit? A la charge de qui seraient les frais déjà faits pour l'introduction de cette action?* Quid, *en cas de surenchère ou de folle enchère?*

De la dernière disposition de l'art. 717, portant que l'adjudicataire ne peut plus être poursuivi à raison des *droits des anciens vendeurs*, M. Chauveau estime qu'on doit conclure qu'après l'adjudication prononcée l'action en résolution tombe de plein droit: *dura lex, sed lex.* Telle est aussi l'opinion de MM. Dalloz, n. 1201; Bioche, n. 543.

1270. Mais que deviendront les frais de cette demande qui peuvent être très considérables, à raison même des parties nombreuses qui ont pu figurer dans l'instance? Condamner le vendeur à les payer, si aucune faute ne peut lui être imputée, ce serait trop injuste, remarque M. Chauveau. D'un autre côté, les mettre à la charge de l'immeuble, lorsque la demande n'a produit aucun résultat, ce serait assez peu rationnel. Il est évident que si le retard provient de la négligence du vendeur, il devra supporter les conséquences de cette faute. Mais, dans l'autre hypothèse, fera-t-il payer le saisi, son adversaire? Si ce saisi est insolvable, prendra-t-il à partie les juges qui ne l'auront pas jugé assez vite? Mais ces juges peuvent n'avoir rien à se reprocher; ils avaient besoin de s'éclairer avant de se prononcer sur le sort d'une demande aussi grave; ils ont ordonné des moyens de vérification. En définitive, notre auteur s'arrête à cette idée, que le vendeur devra obtenir jugement en paiement de frais, avec collocation au rang de sa créance sur l'immeuble saisi. Ce jugement, dit-il, devra être rendu par le tribunal appelé à prononcer sur la demande en résolution elle-même; il ne prononcera pas la résolution dans son dispositif; mais, dans ses motifs, il la déclarera fondée, condamnera le saisi aux dépens pour l'avoir combattue et dira que les frais faits seront ajoutés au montant de la créance du vendeur comme frais de poursuite. MM. Dalloz, n. 1202, et Bioche, n. 549, se prononcent dans le même sens.

1271. MM. Ollivier et Mourlon, p. 417, n. 229, considèrent ce système comme inadmissible, par le motif qu'au regard de l'adjudicataire éventuel, du poursuivant et des créanciers inscrits, la demande en résolution ne peut produire aucun effet, et que le tribunal se déjugerait en prononçant, d'une part, le rejet de la résolution, et en admettant, de l'autre, le prélèvement des frais. M. Chauveau ne partage pas cette manière de voir. L'action en résolution, dit-il, n'a-t-elle pas été exercée en vertu du titre de créance du vendeur? N'est-elle pas, comme son privilège, l'un des attributs de sa créance? Dès lors, les frais qu'elle a occasionnés, et qui ne peuvent être mis à la charge du vendeur, ne sont-ils pas un accessoire naturel et légitime de cette même créance? Si la réponse doit être, comme notre auteur le pense, affirmative, n'est-il pas évident que la collocation comprendra : 1° le capital dû ; 2° les intérêts de droit; 3° les frais de mise à exécution, parmi lesquels figureront ceux que le saisi doit comme acquéreur de l'immeuble, et que le vendeur a obtenus en cette qualité?

1272. De quoi, d'ailleurs, se plaindraient l'adjudicataire, le poursuivant et les créanciers inscrits? L'*adjudicataire*? mais peu lui importe à qui son prix sera payé; ce qui l'intéresse, c'est de ne pas être dépouillé par l'effet d'une action résolutoire; ce résultat lui est acquis. Le *poursuivant*, les *créanciers inscrits*? mais ils n'ont d'autres droits que ceux dérivant de leurs titres; ils avaient sans doute intérêt à ce que la résolution ne fût point admise, puisqu'elle devaient entraîner la nullité des hypothèques que leur avait conférées le saisi. Or, la résolution n'est pas prononcée : donc, sous ce rapport, leurs intérêts sont sauvegardés. Il reste leurs droits quant à l'attribution du prix d'adjudication. Le prélèvement fait par le vendeur y portera atteinte; mais cette atteinte puise son principe dans la créance même du vendeur ; ils sont, par suite, sans droit pour en demander réparation. Il ne faut pas oublier que, dans l'instance en résolution ils ont été représentés par le saisi, et que le jugement rendu contre lui leur est applicable. — M. Chauveau ajoute qu'on ne peut opposer à son opinion l'arrêt de la Cour de Rouen, du 31 déc. 1851 (*J. Av.*, t. 77, p. 471), dont la solution, justifiée par les faits de la cause, a été indiquée *suprà*, n. 1264 *bis*.

1273. Tout en enseignant, comme on l'a vu *suprà*, n. 1269, que l'adjudication de l'immeuble saisi fera tomber la demande en résolution, M. Chauveau admet néanmoins que le vendeur pourra continuer son instance, dans le cas où cette adjudication sera annulée pour toute espèce de motifs, dans le cas où il y aura surenchère ou folle enchère, dans le cas enfin où la cassation d'un jugement antérieur à l'adjudication sera prononcée. C'est aussi l'opinion de M. Dalloz, n. 1201 ; mais le sentiment contraire est adopté par MM. Colmet-Daage, t. 2, p. 371, n. 981 ; Seligman et Pont, p. 189, n. 67. Notre auteur s'efforce d'ailleurs d'établir que son interprétation n'est point en contradiction avec l'approbation qu'il a donnée, *suprà*, n. 1218, à un arrêt de la Cour de Bordeaux, du 19 fév. 1830, décidant que le vendeur qui n'a pas notifié une demande en résolution avant l'adjudication de son ancien immeuble, est non recevable à intenter sa demande après une surenchère.

1274. Il reconnaît toutefois que l'application de sa doctrine paraît entraîner d'assez graves embarras. Si la surenchère, dit-il, n'est pas suivie, si le premier adjudicataire devient de nouveau le dernier enchérisseur, si, après les premiers actes de la folle enchère, l'adjudicataire justifie de l'acquit des conditions (art. 738), ou s'il paie le créancier poursuivant, l'adjudication est censée n'avoir jamais perdu de sa puissance juridique. Que deviennent alors les droits du vendeur dont la demande en résolution avait été régulièrement intentée avant l'adjudication? Ce n'est pas tout encore : à quelle période de la procédure en surenchère et en folle enchère le vendeur pourra-t-il obtenir la résolution? M. Chauveau voit là de grandes difficultés ; mais c'est, selon lui, l'insuffisance et la dureté de la loi qui les produisent. Voici, au surplus, la marche qu'il croit devoir indiquer :

1275. Le jugement, tout en déclarant la demande en résolution fondée, la rejettera par suite de la fin de non-recevoir résultant de l'adjudication, et allouera les frais comme accessoires de la créance, ou bien le jugement, dans l'ignorance de l'adjudication, prononcera la résolution, qui ne pourra ensuite être opposée à l'adjudicataire, Mais si, par suite d'une surenchère ou d'une folle enchère régulièrement suivie, au jour indiqué pour une nouvelle adjudication, le vendeur se présente, armé du jugement prononçant la résolution, ce jugement recouvrera toute sa puissance juridique. L'adjudicataire ne pourra repousser ce jugement comme *res inter alios judicata*, puisque la surenchère ou la folle enchère tendent à lui enlever sa qualité, et que le vendeur ne veut faire valoir son jugement qu'ou moment où il ne serait plus considéré comme adjudicataire.

On objectera peut-être que, dans un cas semblable, il n'y aura pas de surenchère, et que les créanciers se garderont bien de poursuivre une folle enchère... C'est possible, répond M. Chauveau; mais cela prouve-t-il que le vendeur n'ait pas le droit de continuer son instance en résolution ou d'opposer le jugement qu'il aura fait rendre? En aucune sorte.

1276. (Q. 2407). *Qu'arrivera-t-il lorsque, le même jour, deux jugements prononceront, l'un la résolution, l'autre l'adjudication?*

Dans ce cas, selon M. Chauveau, il y aurait lieu d'annuler l'adjudication, parce que la position du vendeur lui paraît plus favorable que celle de l'adjudicataire, et, pour rentrer d'une manière effective dans sa propriété, le vendeur devrait alors suivre la marche indiquée *infrà*, n. 1283 et s., pour toute personne qui a une revendication à exercer. — MM. Bioche, v° *Sais. imm.*, n. 548, et Dalloz, n. 1203, adoptent cette opinion. MM. Ollivier et Mourlon, p. 419, n. 230, se prononcent, en principe, dans le même sens, mais avec des restrictions que repousse M. Chauveau. Ainsi, ils donneraient la préférence à l'adjudication, si elle avait été prononcée à une heure moins avancée que la résolution ; et, en supposant qu'aucune distinction ne pût être établie à raison de l'heure, ils accorderaient la priorité à l'adjudication, si l'équité milite en faveur du saisi ; par exemple, si l'immeuble a acquis, depuis la vente, une plus-value considérable ; si le vendeur a été payé d'une portion notable de sa créance ; si le poursuivant et les créanciers, qui pouvaient l'écarter en lui payant le reliquat du prix de vente et profiter de la plus-value, ne l'ont pas fait faute de ressources. Il peut y avoir, dit M. Chauveau, sans doute, des situations fort intéressantes; mais la déchéance étant de droit étroit, la résolution doit l'emporter sur l'adjudication.

1277. (Q. 2407 bis). *Quel sera, lorsqu'un arrêt aura rejeté une demande en résolution, le résultat de l'annulation de cet arrêt prononcé par la Cour de cassation?*

Cette cassation, suivant la remarque de M. Chauveau, produira le résultat ordinaire de toute cassation. Les parties intéressées seront remises dans l'état où elles étaient avant la décision annulée. Il n'y avait pas encore d'adjudication prononcée; le vendeur pouvait l'empêcher par l'exercice de l'action en résolution : il recouvrera tous ses droits. Conf., MM. Dalloz, n. 1204; Bioche, n. 547. — Notre auteur ajoute, du reste, que lorsqu'un vendeur aura l'espoir d'obtenir une cassation, il agira prudemment en assignant devant la chambre civile, non seulement son adversaire direct, le saisi, mais encore le saisissant et l'adjudicataire.

1278. Il y a entre la cassation et la résolution par voie de surenchère ou de folle enchère, des différences dont M. Chauveau croit devoir indiquer celle que voici : — La surenchère et la folle enchère supposent une première adjudication valable, qui a motivé soit l'une, soit l'autre de ces procédures, qui en sont la suite ou la sanction ; la cassation, au contraire, anéantit l'adjudication et fait rentrer l'immeuble dans les mains du saisi. V. MM. Ollivier et Mourlon, p. 420, n. 231.

1279. (Q. 2407 ter). *Si le poursuivant n'avait pas, au moment de l'adjudication, fait connaître les notifications émanées des précédents vendeurs, serait-il responsable vis-à-vis de l'adjudicataire?*

M. Persil, dans son rapport, a déclaré que la responsabilité était de droit. Mais M. Chauveau fait remarquer que M. Persil raisonnait dans l'hypothèse où la demande en résolution aurait été notifiée au poursuivant lui-même. Cette formalité n'ayant pas été conservée par le texte définitif, la responsabilité, selon notre auteur, doit, en principe, ne pas être appliquée. Le poursuivant ne saurait être déclaré responsable de tout ce qui peut nuire à l'adjudicataire. Avant de faire peser sur lui la responsabilité d'un dommage quelconque, il faut rechercher la faute ou le dol.

1280. L'art. 717 porte bien que : « *Si la demande a été notifiée en temps* « *utile, il sera sursis à l'adjudication.* » Mais ce sursis forcé ne doit avoir lieu qu'autant que la notification du vendeur est connue du poursuivant. Et si le greffier, après avoir reçu cette notification, l'oublie dans son greffe, s'il n'en donne connaissance ni au poursuivant ni au tribunal, prononcera-t-on des dommages-intérêts contre le poursuivant? Ce serait peut-être par trop rigoureux; cependant, observe M. Chauveau, comme on pourrait soutenir que la pensée du législateur a été de charger le poursuivant d'une surveillance utile à tous les intérêts, il est bon que l'avoué du poursuivant exige du greffier, avant l'audience où va se prononcer l'adjudication, un certificat constatant qu'il n'a été fait aucune notification. Ce certificat restera joint au dossier, et son client sera alors évidemment à l'abri de toute action en responsabilité. Alors même que l'avoué du poursuivant ne requerrait pas la délivrance d'un certificat, la prudence lui conseillerait de se renseigner au greffe et d'agir en conséquence.

1280 *bis*. Dans le cas où le greffier délivrerait par erreur un certificat ou bien un renseignement négatif, il serait lui-même responsable, suivant M. Chauveau, qui estime aussi qu'il serait du devoir du greffier de communiquer la notification du vendeur au poursuivant et surtout au tribunal, lors même qu'il n'aurait reçu du poursuivant aucune demande de certificat, ou de simples renseignements. MM. Bioche, v° *Saisie immob.*, n. 534; Dalloz, n. 1205; Seligman et Pont, p. 189, n. 68, partagent cette opinion. Ces derniers auteurs considèrent cependant la responsabilité du poursuivant comme plus directement engagée. MM. Ollivier et Mourlon, p. 411, n. 220, pensent également que le greffier serait responsable vis-à-vis de l'adjudicataire évincé par la résolution de la vente, mais ils refusent d'étendre cette responsabilité au poursuivant, parce qu'il demeure étranger à la notification de la demande en résolution.

1281. C'est avec raison, aux yeux de M. Chauveau, que la Cour de Paris a décidé, le 26 juin 1852 (*J. Av.*, t. 77, p. 503), que l'ancien vendeur qui a formé une demande en résolution et qui l'a notifiée au greffe en temps utile ne perd aucun de ses droits, si le greffier omet de mentionner cette notification au cahier des charges, et si, par suite, le tribunal ignorant la demande en résolution, au lieu d'accorder un délai pour la faire juger, procède à l'adjudication ; que, dans ce cas, l'adjudicataire sur saisie immobilière peut être évincé, si la demande en résolution est validée. Conf., M. Dalloz, n. 1206.

1282. Que devrait-on décider dans le cas où le vendeur n'aurait pas été averti par la sommation de l'art. 692, parce que le conservateur l'aurait omis dans son certificat? On dit que l'action en résolution postérieure à l'adjudication n'est pas alors recevable; mais que le conservateur est responsable; que, dans cette hypothèse, il n'y a pas de demande, par la faute d'un tiers étranger à la procédure, et conséquemment, pas d'éviction possible; tandis que, dans la première, il y a demande régulière et adjudication irrégulièrement prononcée par la faute du greffier, qui demeure exposé aux dommages-intérêts de l'adjudicataire. M. Chauveau observe que les principes établis par lui sous la quest. 2549 *septies* (vº *Ordre*, n. 58 et s.) répugnent à cette solution.

1283. (Q. 2408). *Quelle doit être la forme de l'action en revendication après l'adjudication?*

Du principe suivant lequel la vente de la chose d'autrui est nulle, et de la disposition de l'art. 717 déclarant que l'adjudication ne transmet à l'adjudicataire d'autres droits à la propriété que ceux appartenant au saisi, et n'admettant d'exception qu'à l'égard du vendeur, il résulte, dit M. Chauveau, qu'une action en revendication est évidemment recevable après l'adjudication, ainsi que l'avaient jugé, avant la loi de 1841, la Cour de Paris, le 9 mars 1811 (*J. Av.*, t. 20, p. 310), la Cour de cassation, le 28 juin 1819 (*J. Av.*, t. 15, p. 181), et la Cour de Toulouse, le 11 août 1823 (*J. Av.*, t. 25, p. 298), et que l'ont décidé depuis le tribunal civil d'Albi, le 3 fév. 1847 (*J. Av.*, t. 72, p. 124), dans un jugement portant que celui qui se prétend propriétaire d'un immeuble indûment saisi sur la tête d'un tiers ne peut, après l'adjudication, bien que, par suite d'une surenchère, on doive procéder à une nouvelle adjudication, se pourvoir par voie de demande incidente en distraction; qu'il doit intenter l'action en revendication dans la forme ordinaire; et la Cour de Colmar, le 3 juillet 1846 (*J. Av.*, t. 72, p, 474), par un arrêt aux termes duquel quoique la saisie des immeubles du mari ait été transcrite et dénoncée aux créanciers, la femme séparée n'en peut pas moins revendiquer ses propres immobiliers en nature après l'adjudication. Et les auteurs enseignent, conformément à l'opinion exprimée par M. Persil dans son rapport, que c'est là *un procès soumis à toutes les conditions des actions ordinaires. Sic*, MM. Paignon, t. 1, p. 210, n. 154 et 158; Colmet-Daage, t. 2, p. 365, n. 978; Grosse et Rameau, t. 1, p. 123, n. 93; Seligman et Pont, p. 190, n. 69.

1284. Par un arrêt du 4 août 1851 (*J. Av.*, t. 77, p. 394), la Cour de cassation a déclaré que la partie saisie et ses créanciers peuvent, après l'adjudication, revendiquer contre l'adjudicataire les immeubles non compris dans la saisie et dont cet adjudicataire a pris possession; et que l'adjudicataire qui s'est mis en possession d'immeubles non compris dans la saisie peut être déclaré de mauvaise foi, et, par suite, condamné à restituer les fruits. Il ne s'agissait pas ici d'immeubles compris à tort dans la saisie, que le propriétaire seul, et non le saisi ou ses créanciers, a le droit de revendiquer par voie incidente de distraction, tant que durent les poursuites de saisie, et par voie principale, après l'adjudication. Dans l'espèce, en prenant possession des biens compris dans la saisie, l'adjudicataire s'était emparé aussi des biens qui n'avaient été l'objet d'aucune poursuite; comment le saisi, propriétaire légitime de ces derniers biens, aurait-il pu se pourvoir en nullité avant l'adjudication, lorsqu'il n'avait été troublé dans sa possession que par un fait postérieur émané de l'adjudicataire? Les biens omis dans le procès-verbal de saisie et dans le cahier des charges ne font pas partie de l'immeuble adjugé (V. *suprà*, n. 343).

1285. En ce qui concerne la forme de la demande en revendication, la Cour de Caen, dans ses observations, demandait que si l'action était formée *avant le paiement des bordereaux*, elle dût être portée devant le tribunal qui aurait prononcé l'adjudication pour que l'adjudicataire pût appeler en cause, par acte d'avoué, le poursuivant, le saisi et les créanciers; mais, comme cette proposition n'a pas été accueillie, les parties sont restées sous l'empire du droit commun.

1286. Un jugement du tribunal de Caen, du 24 juill. 1826, rapporté par M. Thomine-Desmazures, t. 2, p. 282, a rejeté une action possessoire intentée contre un adjudicataire par un propriétaire sur le motif que ce dernier aurait pu intervenir dans la poursuite en expropriation pour demander distraction; qu'il pouvait revendiquer, sur voie de tierce opposition, mais que le juge de paix n'avait pas le droit de connaître de l'exécution des jugements, ni d'y mettre obstacle; que si l'adjudication ne transmet point à l'adjudicataire d'autres droits à la propriété que ceux qu'avait le saisi, il n'en résulte pas que le tiers propriétaire puisse s'opposer à l'exécution de l'adjudication autrement que par la voie légale de l'opposition aux jugements. Et cette solution est approuvée par M. Persil fils, *Comm.*, p. 258, n. 293. — V. toutefois le même auteur, p. 283, n. 336 et 337. — Quant à M. Chauveau, une semblable doctrine lui paraît en dehors de tous les principes qui régissent la tierce opposition et les actions possessoires. La première condition, dit-il, pour que cette partie puisse former une tierce opposition, est que son nom figure dans le jugement; car, quels que soient les termes de ce jugement, s'il ne dit rien contre elle, et s'il ne s'occupe que des choses abstractivement, elle n'aura pas le droit d'y former tierce opposition, puisqu'on ne pourra pas le lui opposer comme établissant contre elle la chose jugée. Pourquoi *Primus* formerait-il tierce opposition à un jugement d'adjudication rendu contre *Secundus*? Parce que ce jugement le dépouille de sa propriété pour en saisir l'adjudicataire? Mais l'adjudication n'est qu'un contrat judiciaire, et il ne peut y avoir de contrat quelconque qu'entre les parties qui sont dénommées à ce contrat. Il y a plus, le contrat judiciaire ne peut résulter que de la chose jugée, et la chose n'est jugée que lorsque la personne qui se présente a figuré dans l'instance qui a terminé le jugement qu'on lui oppose.

On insiste, en disant que l'exécution des jugements ne peut être arrêtée que par la voie légale d'opposition. Mais, pour que ce principe soit applicable, il faut également que la partie qui veut s'opposer à l'exécution soit nommée dans le jugement. Autrement ce jugement est pour elle *res inter alios acta*. MM. Seligman et Pont, *loc. cit.*, se prononcent aussi contre la tierce opposition.

1287. Quant à l'action possessoire, observe ensuite M. Chauveau, il est d'abord inexact de prétendre qu'elle *suppose nécessairement une voie de fait*. Le trouble de droit suffit pour qu'on puisse l'intenter. Comment d'ailleurs refuser la voie de la complainte à celui qui se prétend légitime propriétaire et qui veut rester en possession, lorsque le premier venu, qui possède depuis an et jour, peut opposer sa possession annale à tout propriétaire? De cette doctrine, il il résulterait qu'après une adjudication, le véritable propriétaire serait dépouillé d'une partie notable des droits inhérents à sa qualité, et qu'ainsi la loi s'exprimerait d'une manière inexacte, en disant que *l'adjudication ne transmet à l'adjudicataire d'autres droits à la propriété que ceux appartenant au saisi*, car cette adjudication transmettrait la voie possessoire que n'avait pas le saisi, qui n'avait jamais possédé l'immeuble adjugé par erreur. Et, lorsque la voie indiquée tendrait à dépouiller momentanément un légitime propriétaire pour le forcer à courir les chances d'une action pétitoire, M. Chauveau déclare qu'on ne doit pas hésiter à condamner une semblable proposition. Il indique d'ailleurs, à l'appui de son opinion, un arrêt de la Cour de Toulouse du 5 déc. 1844 (*J. Av.*, t. 48, p. 351; S.-V.35.2.474).

1288. Le tribunal civil de Toulouse, par deux jugements, l'un du 27 déc. 1822, l'autre du 4 juin 1847, avait condamné la doctrine de notre auteur; mais, par un arrêt du 7 fév. 1849 (*J. Av.*, t. 74, p. 344), la Cour suprême a cassé ce jugement et maintenu les vrais principes.

1289. La partie troublée a donc, remarque M. Chauveau, le choix entre l'action pétitoire et l'action possessoire; les règles de celle-ci n'exigent aucune explication particulière; quant à l'autre, elle constitue, si les parties ne se sont pas trouvées en présence dans la saisie, une véritable action principale, soumise aux formes du droit commun. Aussi faut-il dire, avec MM. Persil fils, *Comm.*, t. 1, p. 284, n. 337, et Bioche, n. 552, que l'action en revendication doit être intentée contre l'adjudicataire qui appelle à sa garantie qui bon lui semble.

Relativement à ce dernier point, V. *infrà*, n. 1293 et s.

1290. Que décider, si l'adjudicataire et le revendiquant sont une seule et même personne? Un créancier fait saisir sur la tête du mari une maison dont une partie appartenait à la femme comme bien dotal. Celle-ci, dans le cours des poursuites, oublie de former une demande en distraction et devient adjudicataire de l'immeuble; mais, pendant la procédure d'ordre, elle se ravise et veut se pourvoir en revendication. Ici commence l'embarras; contre qui dirigera-t-elle son action? Contre l'adjudicataire? Impossible, puisqu'elle est elle-même adjudicataire; il faut cependant trouver un contradicteur. Il semble naturel à M. Chauveau que ce soit alors celui ou ceux contre lesquels l'adjudicataire attaqué aurait exercé son recours, c'est-à-dire les créanciers inscrits et le poursuivant, le saisi dûment appelé.

1291. Les créanciers inscrits sont recevables à intervenir dans l'instance en revendication et ils peuvent demander la nullité de l'acte de vente produit à l'appui de l'action, quoique ce titre leur ait été notifié antérieurement et qu'ils n'aient pas employé la voie de la surenchère. C'est ce que M. Chauveau déclare avoir été jugé avec raison par la Cour de Paris le 24 juill. 1848.

1292. L'auteur approuve aussi un arrêt de la Cour de Caen, du 28 juin 1847 (*J. Av.*, t. 74, p. 239), duquel il résulte qu'il y a acquiescement à la demande en revendication formée par un tiers, de la part de l'adjudicataire sur saisie immobilière qui se borne simplement à exercer un recours contre le poursuivant afin d'être indemnisé de la perte qui doit résulter pour lui de la distraction des immeubles revendiqués.

1293. (Q. 2409). *Si, après l'adjudication, l'adjudicataire est évincé en totalité ou en partie de la propriété de l'immeuble, que ferâ-t-il pour se rédimer du prix qu'il aura payé? Contre qui exercera-t-il une action en remboursement?*

Carré, au texte, après avoir exposé l'état de la doctrine et de la jurisprudence sur cette question, émet l'opinion que l'adjudicataire peut exiger le remboursement du prix, soit de la part des créanciers payés de ses deniers, soit de la part du débiteur saisi, suivant la distinction établie par l'art 1377, Cod. civ.

1294. Quant à M. Chauveau, qui a dit, sous la quest. 2407 *ter*, que le poursuivant n'est pas *responsable de droit* de tous les dommages que peut avoir à supporter l'adjudicataire, il ne pense pas, dit-il ici, que ce poursuivant doive être déclaré garant des cas d'éviction d'une manière absolue, quoique le contraire semble résulter des paroles de M. Teste, dans la discussion générale. Mais il reconnaît qu'il y a certains cas dans lesquels la demande en garantie devrait être admise; par exemple, si le poursuivant avait mal à propos compris dans son cahier des charges des parties d'immeubles qu'il savait appartenir à d'autres qu'au saisi, ou si, par négligence, il s'était contenté d'un ancien extrait des matrices du rôle, tandis que des mutations avaient été opérées depuis la délivance de cet extrait. La question de garantie sera donc, observe-t-il, une question d'appréciation de fait; ce sera plutôt une action en dommages-intérêts qu'une véritable action en garantie. — Il mentionne, en faveur de l'opinion qui accorde à l'adjudicataire une action en garantie contre le poursuivant, les créanciers qui ont reçu tout ou partie du prix et le débiteur saisi, MM. Pigeau, *Comm.*, t. 2, p. 308, et Favard de Langlade, t. 5, p. 73, n. 2; ainsi qu'un arrêt de la Cour de Caen du 7 déc. 1827 (*J. Av.*, t. 39, p. 209); et dans le sens de l'interprétation suivant laquelle cette action ne peut être exercée contre le poursuivant, Colmar, 16 janv. 1817 (*J. Av.*, t. 20, p. 576) et 22 mars 1836 (*J. Av.*, t. 51, p. 554; S.-V.36.2.551); Cass., 16 déc. 1828 (*J. Av.*, t. 20, p. 124); MM. Bioche, n. 558; Seligman et Pont, p. 190, n. 70; Troplong, *Vente*, t. 1, n. 431.

1295. En ce qui concerne le saisi, M. Chauveau pense, avec MM. Troplong et Seligman, *loc. cit.*, qu'il n'est pas soumis à l'action en garantie de l'adjudicataire. — *Contrà*, MM. Pont, *loc. cit.*; Duvergier, *Vente*, t. 1, p. 416.

1296. Enfin, M. Chauveau déclare adopter complètement le sentiment de Carré sur l'action en répétition contre les créanciers; et il cite comme conformes, MM. Duvergier, t. 1, p. 417, n. 346; Favard de Langlade, t. 5, p. 73; Troplong, n. 432 et 498; Seligman et Pont, *loc. cit.* — *Contrà*, MM. Delvincourt, t. 3, p. 144; Duranton, t. 13, n. 186, et t. 16, n. 268; Bioche, n. 560.

1297. Après cette indication des éléments de la doctrine et de la jurisprudence antérieures à 1841, l'auteur signale quelques solutions survenues depuis.

M. Rodière, t. 3, p. 161 et suiv., refuse à l'adjudicataire qui a payé son prix tout recours contre le poursuivant et les créanciers inscrits, et déclare que le saisi demeure seul tenu de l'indemniser. Si l'adjudicataire n'a encore effectué aucun paiement lors de l'éviction, il lui reconnaît le droit de se soustraire à cette obligation, même quand le cahier des charges a tout mis à ses périls et risques. MM. Ollivier et Mourlon, p. 395 et s., n. 202 et s., font remarquer que l'action en garantie ne doit pas être confondue avec l'action en répétition; ce qui est incontestable, cette dernière action n'aboutissant qu'au remboursement de sommes perçues, tandis que l'autre comprend en outre des dommages-intérêts, s'il y a lieu. Ils constatent que l'action en répétition du prix, tant contre les créanciers que contre le saisi débiteur libéré, est généralement admise; et ils citent, indépendamment des auteurs déjà indiqués, MM. Merlin, v° *Sais. imm.*, § 7, n. 85; Rolland de Villargues, v° *Exprop.*, n. 85; Zachariæ, t. 2, p. 518; Marcadé, t. 5, p. 255; Bioche, t. 6, n. 560. Ils n'admettent qu'une restriction pour le cas où les créanciers, se croyant définitivement payés, ont, sous l'empire de cette erreur, supprimé le titre de leur créance (art. 1378, Cod. civ.). Cette exception, que M. Chauveau considère comme bien fondée, a été consacrée par la Cour de Riom, le 20 mai 1851 (*J. Av.*, t. 77, p. 400), dans une espèce où les créanciers payés avaient dû consentir mainlevée de leurs inscriptions, qui frappaient aussi d'autres immeubles dont le prix avait été distribué. Quant à l'action en garantie, MM. Ollivier et Mourlon partagent l'opinion de notre auteur en ce qui concerne le poursuivant; mais ils rendent le saisi responsable des évictions qui auraient pu être évitées, s'il avait eu la loyauté de faire connaître sa position tout entière. M. Bonnier, dans le *Droit* du 9 déc. 1858 (n° 291), émet l'avis que les créanciers ne peuvent être recherchés, parce que *suum receperunt*. MM. Grosse et Rameau, t. 1, p. 123, n. 94, et Colmet-Daage, t. 2, n. 978, *Comm. de la loi de* 1858, p. 8, enseignent la même doctrine que M. Chauveau. Ils n'accordent de recours contre le créancier poursuivant qu'autant qu'une faute personnelle lui est imputable, contre le saisi qu'autant qu'il n'est pas resté étranger à la procédure; ils admettent l'action en répétition contre les créanciers payés.

1298. En faveur de l'action en répétition contre les créanciers payés, notre auteur signale, dans la jurisprudence, les décisions ci-après : Lyon, 15 déc. 1841 (*J. Av.*, t. 62, p. 186); Rouen, 25 juin 1843 et 25 juin 1849 (t. 75, p. 300); Riom, 30 janv. 1850 (t. 75, p. 243) et 28 juin 1855 (t. 81, p. 112). Ce dernier arrêt déclare avec raison, suivant M. Chauveau, que l'acquéreur qui a payé le montant de son acquisition entre les mains des créanciers colloqués dans 'ordre, peut, en cas d'éviction postérieure au paiement, exercer contre ces créanciers une action en répétition dont l'étendue est limitée par la valeur des immeubles sur lesquels a porté l'éviction, mais qu'il ne peut exercer contre eux une action en garantie qui n'est limitée que par le préjudice qu'il a souffert.

1299. A l'égard du poursuivant, le sentiment de notre auteur a été consacré par les arrêts de Rouen, 25 juin 1849, et Riom, 30 janv. 1850, précités, et par un arrêt de la Cour de Caen du 26 juin 1847 (*J. Av.*, t. 74, p. 238).

1300. Au surplus, dit en terminant sur ce point M. Chauveau, il faut tenir pour certain que l'adjudicataire peut s'abstenir de payer son prix, quand le danger d'éviction est suffisamment sérieux, et que, s'il l'a payé, il n'est pas admis à se plaindre de l'éviction, dont la cause était connue d'après les actes de la poursuite, notamment d'après le cahier des charges, ou qu'une clause formelle de ce cahier met l'adjudication à ses périls et risques. Voy. dans ce sens, Nîmes, 6 fév. 1850 (*J. Av.*, t. 76, p. 349); Cass., 2 et 9 fév. 1852 (*Droit*, 1852, n°s 28 et 34); 3 mars 1852 (*Contrôleurs de l'enregistr.*, 1853, p. 32, art. 9839); Lyon, 4 mars 1853 (*Journ. de cette Cour*, 1853, p. 184); Aix, 28 nov. 1857 (*Journ. de cette Cour*, 1857).

1301. Plus récemment, il a été jugé : 1° que lorsque le poursuivant a omis, avant l'adjudication, de faire cesser l'indivision existant entre son débiteur et un tiers, il est soumis au recours de l'adjudicataire dans le cas de l'éviction subie par celui-ci sur l'action en revendication du tiers propriétaires : Cass., 18 av. 1855 (*J. Av.*, t. 80, p. 553), à moins que le poursuivant n'ait eu de justes motifs de croire que les immeubles mis aux enchères étaient la propriété exclusive du saisi : Pau, 8 mars 1865 (*J. Av.*, t. 90, p. 287); et que, dans ce dernier cas, l'adjudicataire n'a droit à la garantie que contre le débiteur exproprié : même arrêt; — 2° que le débiteur saisi ne peut, lorsque l'adjudicataire est évincé d'une partie de l'immeuble, s'opposer à la réduction du prix de l'adjudication, malgré la clause de non-garantie insérée dans le cahier des charges, alors que cette non-garantie n'a été stipulée que par le poursuivant, dans son intérêt personnel : Cass., 28 mai 1862 (*J. Av.*, t. 88, 43).

1302. L'adjudicataire évincé peut demander au véritable propriétaire de l'immeuble, ou à ses créanciers, le montant des améliorations et réparations qu'il avait faites : Riom, 30 janv. 1850 (*J. Av.*, t. 75, p. 242).

1303. (Q. 2410). *Si l'adjudicataire n'est évincé que d'une partie des objets qui lui ont été vendus, peut-il, non seulement demander une diminution proportionnelle du prix, mais encore la résolution de l'adjudication ?* — En d'autres termes, *l'art. 1636, Cod. civ., est-il applicable à la saisie immobilière ?*

Carré, au texte, résout cette question dans le sens de l'affirmative, contrairement à l'opinion de M. Persil père, t. 2, p. 219.

1304. Cette solution, qu'adoptent aussi MM. Favard de Langlade, t. 5, p. 73, n. 2, Dalloz, n. 1774, Seligman et Pont, p. 192, n. 71, et contre laquelle se prononce M. Bioche, n. 563, paraît à M. Chauveau établie sur des raisons d'équité que le droit ne fait que consacrer. C'est surtout, dit-il, dans l'intérêt des adjudicataires qu'on attache une grande importance aux solennités judiciaires qui précèdent et accompagnent la vente, et il ne faut pas faire tourner contre eux ces formalités tutélaires. L'auteur mentionne un jugement du tribunal civil de Muret, du 1er mars 1848, qui a décidé que la distraction d'une partie notable des immeubles opérée entre l'adjudication sur saisie immobilière et la surenchère, entraîne la nullité de la surenchère et de l'adjudication sur laquelle a été formée cette surenchère, et qu'il y a lieu, en pareil cas, d'ordonner qu'il sera procédé à une nouvelle adjudication, après nouvelle publication, dans le délai de la loi. Que le tribunal, dit-il, eût déclaré qu'il ne serait pas passé outre à la surenchère, sur la demande du surenchérisseur, rien de mieux; qu'il eût prononcé la résolution de l'adjudication demeurée debout, puisque la surenchère ne sortait pas à effet, et cela sur la demande de l'adjudicataire, on le comprend encore; mais qu'il ait d'office prononcé la résolution de l'adjudication, alors que l'adjudicataire aurait pu se contenter d'une réduction du prix, c'est ce qui paraît fort peu juridique.

1305. Quant à l'action en diminution du prix pour cause d'éviction partielle, le principe en a été fréquemment admis. M. Rodière, t. 3, p. 161, accorde à l'adjudicataire, qui éprouve une perte réelle, la faculté de demander un *quanti minoris*, quand le prix n'a pas été payé, et, s'il l'a été, d'exercer la répétition contre le saisi. La Cour de Lyon, le 15 déc. 1841 (*J. Av.*, t. 62, p. 186), a déclaré recevable l'action en restitution d'un adjudicataire évincé d'une partie de l'immeuble exproprié, contre les créanciers colloqués indistinctement et jusqu'à concurrence du prix qu'ils avaient reçu.

1306. La Cour de Caen a jugé, le 28 juin 1847 (*J. Av.*, t. 75, p. 238), qu'en cas d'éviction d'une partie des immeubles vendus, l'adjudicataire a droit à une diminution de son prix en raison de la valeur des immeubles distraits; mais que cette ventilation ne peut se faire qu'à l'ordre et contradictoirement avec tous les créanciers inscrits; que le poursuivant n'a pas qualité pour défendre seul la demande en diminution de prix, lors même qu'il se trouverait le premier créancier inscrit, et que sa créance devrait absorber tous les deniers à distribuer. La Cour de Limoges a jugé de même, le 17 mai 1844 (*J. Av.*, t. 69, p. 511), que le créancier poursuivant une saisie immobilière ne représente les autres créanciers que jusqu'à l'adjudication; que, par suite, l'adjudicataire qui demande la réduction de son prix doit agir contre les créanciers appelés au procès-verbal d'ordre, et qu'il n'est point recevable à actionner le poursuivant seul. Cependant, la même Cour avait décidé, le 25 mai 1841 (*J. Av.*, t. 61, p. 716), que le créancier poursuivant qui a été mis en cause par l'adjudicataire pour défendre à l'action en réduction du prix formée par ce dernier, à raison des dégradations commises par le saisi depuis la vente, a qualité pour conclure dans cette instance au nom de tous les créanciers inscrits.

1307. M. Chauveau ne conteste pas que la réduction du prix ne puisse être demandée dans l'ordre, mais il croit que l'adjudicataire n'est pas tenu d'attendre cette époque, et que son action sera valablement engagée contre le saisi, le poursuivant et le premier créancier inscrit, comme en matière de distraction (725, Cod. proc.). Si la demande se produit comme incident d'ordre, observe-t-il, on pourra suivre les formalités tracées pour la ventilation par l'art. 757. V. *Ordre*, n. 609 et s.

1308. La Cour de Nîmes et celle d'Aix, par les deux arrêts des 6 fév. 1850 et 28 nov. 1857 mentionnés *suprà*, n. 1300, n'ont repoussé l'action en réduction qu'en appliquant une fin de non-recevoir tirée des énonciations du cahier des charges. La Cour de Paris, par un arrêt du 17 nov. 1855 (*J. Av.*, t. 81, p. 138), l'a accueillie dans une espèce où l'adjudicataire n'avait pas été mis en garde contre l'éventualité de l'éviction partielle. — Mais la Cour de Montpellier, par arrêt du 3 mai 1865 (*J. Av.*, t. 90, p. 385), a décidé, avec raison, que la clause du cahier des charges d'une adjudication sur saisie immobilière, portant qu'il n'y a lieu à aucune diminution de prix pour défaut de contenance (sur ce point, V. *infrà*, n. 1311 et s.), ne s'oppose pas à ce que l'adjudicataire demande une réduction proportionnelle du prix à raison d'une éviction partielle résultant de ce que certains objets déterminés avaient été compris à tort dans la saisie.

1309. Le 21 janv. 1826 (*J. Av.*, t. 30, p. 285), la Cour de Toulouse a jugé qu'on doit appliquer aux ventes par expropriation forcée la disposition de l'art. 1637, Cod. civ., qui porte qu'en cas d'éviction la valeur de la partie dont on est évincé est remboursée suivant estimation à l'époque de l'éviction, et non proportionnellement au prix total de la vente.

1310. Dans le cas où l'adjudicataire veut obtenir la résolution de l'adjudication, il doit mettre en cause le poursuivant, le saisi et le premier créancier inscrit.

1311. (Q. 2411). *L'action en diminution ou en supplément du prix pour défaut ou pour excédent de contenance de plus du vingtième, est-elle recevable de la part d'un adjudicataire sur saisie immobilière? En d'autres termes, l'art. 1619, Cod. civ., est-il applicable à cette matière comme aux ventes ordinaires?*

L'affirmative a été consacrée par un arrêt de la Cour de Toulouse du 14 juin 1845 (*J. Av.*, t. 72, p. 26), dans une espèce où il s'agissait d'un supplément de prix (cet arrêt a ajouté que, dans le cas d'une adjudication sur folle enchère, la prescription annale de l'action à laquelle pourrait donner lieu l'erreur de contenance ne court contre le saisi qu'à partir du jour de cette adjudication); par un arrêt de la Cour de Nîmes, du 31 mars 1852 (t. 77, p. 519), qui a accueilli l'action formée par un adjudicataire sur surenchère après saisie; par un arrêt de la Cour d'Angers, du 25 août 1852 (t. 78, p. 54), qui a déclaré recevable l'action en supplément de prix formée par les créanciers, au nom de leur débiteur saisi, contre l'adjudicataire. *Adde*, Besançon, 4 mars 1813. — Le tribunal de la Seine s'est prononcé en sens contraire, en refusant de condamner un adjudicataire au paiement de l'excédent du vingtième dans la contenance de l'immeuble vendue : jugement du 10 août 1853 t. 78, p. 644). — V. aussi Agen, 22 mars 1811. — Parmi les auteurs, on peut citer comme exprimant une opinion conforme à la solution généralement admise, MM. Troplong, *Vente*, t. 1, n. 345; Bioche, n. 764; et à l'appui de l'interprétation opposée, MM. Duvergier, *Vente*, t. 1, n. 300; Dalloz, v° *Vente publ. d'imm.*, n. 1800.

1312. La théorie qui semble réunir le plus de suffrages s'appuie sur les motifs suivants :

Aucune loi n'excepte les ventes judiciaires des dispositions de l'art. 1619, Cod. civ.; s'il est vrai que ces ventes exigent des formes différentes de celles des ventes volontaires, elles n'en sont pas moins soumises aux principes généraux et essentiels du contrat de vente; la disposition de l'art. 1619 doit avoir son application dans l'une comme dans l'autre espèce de vente, parce que cette disposition est fondée sur un principe d'équité, d'après lequel le législateur a reconnu qu'il y avait lieu de réparer le préjudice résultant pour l'une ou pour l'autre des parties de l'erreur d'un vingtième sur la contenance, et que ce principe ne peut pas changer avec la forme des actes. La multiplicité des intérêts engagés dans une saisie immobilière n'autorise pas à créer une exception que la loi n'a point faite ; d'ailleurs, la stipulation de non-garantie qu'elle permet offre un moyen facile de remédier aux inconvénients redoutés, et lorsque les créanciers inscrits n'ont pas usé à cet égard de la faculté qui leur est accordée par l'art. 694, Cod. proc. civ., de réclamer une modification du cahier des charges, ils doivent à s'imputer à eux-mêmes les contestations, les lenteurs et les frais dont l'introduction de cette clause les aurait préservés. Ils sont d'autant moins fondés à prétendre que la loi doit y avoir pourvu pour eux, et à se prévaloir, sous ce rapport, du caractère spécial des ventes accomplies d'autorité de justice que, lorsque le législateur a voulu enlever aux parties, dans ces sortes de ventes, le bénéfice de certaines dispositions édictées pour le cas de vente volontaire, il s'en est formellement expliqué, comme on le voit par l'art. 1649 en matière de vices rédhibitoires, et par l'art. 1684 en matière de rescision pour cause de lésion des sept douzièmes.

1313. M. Chauveau ne se rend point à ces raisons, et il estime que les règles tracées, au sujet de l'erreur sur la contenance pour les ventes ordinaires, ne sont pas applicables aux ventes faites d'autorité de justice, qui sont soumises à des formes particulières. En effet, observe-t-il, dans la saisie immobilière, il n'y a pas, à proprement parler, de vendeur. Il n'y a qu'un poursuivant qui, n'étant pas propriétaire, ne peut pas vendre, et un saisi qui ne veut pas vendre. La justice vend elle-même au nom du saisi. On signale à l'attention de tous un immeuble qui va être vendu, plutôt que la contenance rigoureusement calculée de cet immeuble. La plupart du temps, le créancier qui poursuit manquerait des renseignements les plus essentiels pour donner d'une manière exacte la contenance précise de l'objet saisi. C'est au saisi, c'est aux autres créanciers de faire rectifier, s'il y a erreur, l'exposé du procès-verbal de saisie et du cahier des charges. Si l'art. 1619 pouvait être appliqué aux ventes faites par autorité de justice, en ce sens que l'acquéreur fût tenu d'un supplément de prix en cas d'une certaine différence entre la contenance indiquée et la contenance réelle, par réciprocité il faudrait déclarer que le vendeur peut être légalement tenu d'une diminution de prix pour une différence en moins dans les deux contenances ; et puisque, dans les ventes faites d'autorité de justice, il n'y a pas de vendeur, à qui s'adresserait l'acquéreur ? *Au saisi ?* Il lui répondrait qu'il n'est intervenu entre eux aucune espèce de contrat. *Au poursuivant ?* Celui-ci dirait qu'il a accompli toutes les formalités tracées par la loi, que sa procédure n'a point été attaquée, et qu'il est de jurisprudence constante qu'il n'est tenu à aucune espèce de garantie. *Aux créanciers* qui auront touché le montant de leurs créances ? Ils diraient, de leur côté, qu'ils ont touché ce qui leur était dû ; qu'ils l'ont reçu sur la foi d'une vente faite par autorité de justice et réputée irréfragable ; que, du reste, ils n'ont rien vendu, et qu'on ne peut exercer contre eux aucune action en répétition ; que la justice, il est vrai, a elle-même vendu, mais qu'elle a vendu l'objet tel qu'il était. Ainsi, l'acquéreur ne saurait contre qui diriger son action en diminution de prix.

1314. L'inapplicabilité de l'art. 1619, ajoute M. Chauveau, ressort encore de la corrélation qui existe entre ce texte et l'art. 1620. Ce dernier article, en effet, accorde à l'acquéreur le droit de se désister du contrat, dans le cas d'augmentation du prix. Or, il ne peut évidemment user de ce droit dans le cas d'expropriation forcée. Qui paiera les frais de la saisie immobilière ? Qui reprendra la possession de l'immeuble ? Ni le saisi, ni le poursuivant, ni les créanciers n'auraient qualité à cet effet. A dater de quelle époque les procédures devront-elles être recommencées pour qu'on puisse obtenir une nouvelle adjudication ? Dans le cas où l'acquéreur aurait payé aux créanciers inscrits le prix de son adjudication, en vertu de l'art. 1621, Cod. civ., pourra-t-il réclamer de ces créanciers la répétition des sommes payées par lui ? De toutes ces difficultés insolubles, il résulte forcément, dit notre auteur, que le législateur n'a jamais eu en vue, dans les art. 1619 et suivants, les ventes faites par autorité de justice.

1315. En admettant que l'action en supplément de prix fût admissible en principe, M. Chauveau déclare qu'il l'aurait encore déclarée non recevable, dans l'espèce jugée par l'arrêt précité de la Cour de Toulouse, comme n'ayant pas été intentée en temps utile par la partie saisie. En effet, d'après l'art. 1622, Cod. civ., cette action doit être exercée dans le délai d'un an, à partir du jour du contrat. Or, quel est, par rapport au saisi, le contrat qui doit servir de point de départ? Le jugement d'adjudication qui a fait passer la propriété sur la tête de l'adjudicataire. A dater de ce jour, authentiquement fixé, le saisi a su que la vente de son immeuble ayant telle contenance avait été faite pour une contenance inférieure de plus d'un vingtième; à dater de ce jour, il a acquis le droit de poursuivre en supplément de prix.

1316. Il importe peu qu'il y ait eu folle enchère; car, jusqu'au second jugement d'adjudication, le premier adjudicataire est considéré comme maître de la propriété. D'ailleurs, il est de jurisprudence constante que le délai pour poursuivre la folle enchère est de trente années; et il peut y avoir plusieurs reventes par folle enchère. Ainsi, dans le système que combat M. Chauveau, le délai pour former la demande en supplément de prix se prolongerait indéfiniment; et la déchéance encourue à l'égard du premier adjudicataire s'annihilerait par un fait étranger au saisi et dont il ne devrait pas profiter.

1317. L'auteur se pose ensuite cette autre question : L'adjudicataire d'un immeuble vendu après saisie qui, actionné en supplément de prix pour excédent de contenance, délaisse l'immeuble, a-t-il le droit de retenir cet immeuble ou d'exercer un privilège pour le remboursement des frais et loyaux coûts de l'adjudication, ou bien doit-il procéder par voie d'action ordinaire contre le saisi ? La Cour d'Angers, favorable à l'action en supplément ou en diminution de prix, a jugé, le 28 avril 1853 (*J. Av.*, t. 78, p. 646), qu'en pareil cas le délaissant ne peut rien réclamer aux créanciers qui ne sont pas vendeurs ; qu'il ne peut invoquer aucun privilège, puisque la loi n'en a attaché aucun en cette créance, et qu'il n'a de recours que contre la partie saisie. Mais ce recours, observe M. Chauveau, sera, dans la plupart des cas, illusoire, car le saisi n'offrira aucune solvabilité. On n'aperçoit cependant pas d'autre moyen, pour améliorer la position faite à l'adjudicataire, que celui qui lui permettrait d'actionner le poursuivant lorsqu'il serait établi que c'est par la faute de ce dernier que la contenance n'a pas été exactement indiquée. V. l'arrêt de la Cour de Lyon susmentionné.

SECT. VII. — INCIDENTS DE LA POURSUITE DE SAISIE IMMOBILIÈRE.

§ 1. — Concours de deux saisies.

1318. (Q. 2413). *La demande en jonction de deux saisies est-elle facultative? Les juges peuvent-ils ordonner d'office la jonction ?*

Carré, au texte, tout en établissant que cette demande est facultative, admet que le tribunal, à l'effet d'éviter les frais, peut ordonner d'office la jonction des saisies. Sur ce dernier point, son opinion est partagée par MM. Paignon, t. 1er, p. 199 ; Bioche, v° *Vente d'immeubles*, n. 449; Decamps, p. 79, et Jacob, t. 2, p. 3; mais elle est combattue par MM. Rogron, p. 902, et Persil fils, *Comment.*, p. 263, n. 302.

1319. M. Chauveau estime également qu'il résulte des travaux préparatoires de la loi de 1841 que le droit d'ordonner *d'office* la jonction des deux saisies n'appartient pas au tribunal. En effet, observe-t-il, le projet présenté à la commission du Gouvernement portait le mot *d'office*; dans son travail de 1838, p. 67, note 4, M. Pascalis motivait ainsi cette addition à la loi ancienne : « Comme il s'agit, par la jonction, de faire le bien de tous les inté-

« ressés, sans porter tort à aucun, et que, par négligence ou par d'autres « raisons, les parties intéressées pourraient garder le silence, le tribunal de la « Seine a demandé avec raison que le même droit fût conféré *d'office au tri-* « *bunal* ». Mais, après avoir discuté cette proposition, la commission rejeta les mots : *soit d'office par le tribunal.* — *Adde* conf., notre *Formulaire annoté*, t. 2, p. 675, note 1, n. 2.

1320. Quant à la question de savoir si la jonction a lieu de plein droit, elle souffre encore moins de difficulté, comme le remarque M. Chauveau, puisque la loi dit que cette jonction sera ordonnée sur la requête de la partie la plus diligente. C'est aussi l'interprétation qu'ont adoptée MM. Persil fils, *Comm.*, n. 301 ; Rodière, t. 3, p. 172; Bioche, 3ᵉ éd., vᵒ *Sais. imm.*, n. 601, qui est revenu sur sa première opinion ; Colmet-Daage, t. 2, p. 373, n. 983, et Dalloz, n. 1052. — V. aussi notre *Formul.*, *loc. cit.*

1321. (Q. 2413 bis). *A qui appartient la faculté de former la demande en jonction ? Cette demande doit-elle être signifiée au saisi ?*

Carré, au texte, enseigne que la faculté de former la demande en jonction de saisies appartient à toute partie intéressée; conséquemment au saisi, aux saisissants, aux créanciers même cédulaires, parce qu'ils ont intérêt à diminuer les frais de saisie, et qu'ils peuvent d'ailleurs exercer tous les droits de leur débiteur.

Tel est aussi l'avis de M. Chauveau, que partagent MM. Favard de Langlade, t. 5, p. 70; Pigeau, *Comm.*, t. 2, p. 354; Dalloz, *Rép.*, vᵒ *Vente publ. d'imm.*, n. 1050; Decamps, p. 79; Bioche, vᵒ *Vente d'immeubles*, n. 446, et 3ᵉ éd., vᵒ *Sais. imm.*, n. 597, et Colmet-Daage, t. 2, p. 372, n. 983, et que nous avons nous-même adopté dans notre *Formul.*, p. 675, note 1, n. 3.

1322. M. Chauveau pense, avec MM. Paignon, t. 1ᵉʳ, p. 199, n. 141; Bioche, vᵒ *Sais. imm.*, n. 598; Dalloz, n. 1051, et Lachaize, t. 2, p. 83, n. 423 et suiv., qu'il convient que le saisi soit appelé au jugement de jonction, et que ce jugement lui soit signifié. M. Rodière, t. 3, p. 171, dit que si la demande en jonction est formée par un créancier, il est inutile de la dénoncer au saisi, parce que la jonction ne peut jamais que lui profiter; mais M. Chauveau considère comme utile d'appeler le saisi, même dans cette hypothèse, à la procédure en jonction. V. également notre *Formul. annot.*, *loc. cit.*

1323. (Art. 719). *Lorsque, après la saisie d'immeubles grevés d'un droit d'usufruit au profit d'un tiers qui en a obtenu la distraction, cet usufruit vient à être lui-même saisi par un créancier personnel de l'usufruitier, celui-ci est-il fondé à demander que la vente de l'usufruit soit jointe à celle de la nue propriété ?*

Un arrêt de la Cour de Grenoble du 10 janv. 1861 (*J. Av.*, t. 86, p. 53) a consacré la négative, par le motif que, dans ce cas, les deux saisies n'ont pas de connexité entre elles, puisqu'elles sont faites par des créanciers différents contre deux débiteurs différents et sur deux gages différents, et qu'aucune loi n'autorise une telle jonction.

1324. A l'appui de cette solution, il convient de remarquer que la proposition qu'avait faite la commission du Gouvernement, lors de l'élaboration de la loi de 1841, d'ajouter dans le premier membre de phrase de l'art. 719, les mots *contre le même débiteur*, fut rejetée comme inutile. Il est en effet évident, comme le dit M. Chauveau, n. DI *bis*, que la réunion des saisies n'est possible que dans le cas où les différentes procédures sont suivies contre le même débiteur.

1325. La Cour de cassation a jugé dans le même sens, le 2 mars 1852 (*J. Av.*, t. 86, p. 54, aux observ.), que dans le cas où un immeuble compris dans une saisie pratiquée contre un mari en a été distrait comme appartenant à sa femme, et que cet immeuble a été ultérieurement saisi par un créancier des deux époux, il n'y pas lieu de joindre les deux poursuites.

1326. (Q. 2413 ter). *Comment se forme la demande en jonction ? Comment est-elle répondue et jugée ?*

Carré, au texte, disait que cette demande se formait en conformité de l'art. 117 du Tarif, par requête grossoyée, signifiée d'avoué à avoué; mais M. Chauveau fait justement remarquer que, d'après le § 5 de l'art. 12 du tarif de 1841 l'art. 67, de l'ancien Tarif est seul applicable, d'où il suit que l'art. 718 ayant classé tous les incidents au rang des matières sommaires, ce n'est plus une requête grossoyée qui doit contenir la demande en jonction, mais un simple acte motivé dont le papier timbré et l'enregistrement seuls passeront en taxe. — Tel est aussi l'avis de MM. Bioche, v° *Vente d'immeubles*, n. 348, et 3e édit., v° *Sais. imm.*, n. 600 ; Dalloz, n. 1055, et Decamps, n. 80.

1327. (Q. 2413 quater). *Est-il indifférent, pour qu'il ne soit plus permis de demander la jonction, que soit le cahier des charges de la première saisie, soit celui de la seconde, ait été déposé au greffe ?*

Au texte, Carré a émis l'avis que la loi entend parler tant de la première que de la seconde saisie, puisqu'elle ne fait aucune distinction ; d'où il suit que si l'un des saisissants a fait le dépôt de son cahier des charges, personne ne peut demander la jonction des saisies contre celui qui a fait ce dépôt, et chacun des deux saisissants poursuit alors séparément sur la saisie qu'il a faite.

M. Chauveau fait remarquer que le projet soumis à la commission du Gouvernement et le projet de cette commission portaient ces mots : *Après le dépôt de l'un des cahiers des charges*, addition destinée à résoudre la question ci-dessus; mais que, dans le projet présenté à la Chambre des pairs, l'ancien texte du Code de procédure fut rétabli. Cet oubli ne paraît pas toutefois à notre auteur de nature à modifier l'opinion de Carré, que partagent MM. Thomine-Desmazures, t. 2, p. 269; Rodière, t. 3, p. 171 ; Bioche, v° *Sais. imm.*, n. 599, et Dalloz, n. 1054.

1328. (Q. 2413 quinquies). *Quel est celui des saisissants auquel appartient, comme* PREMIER SAISISSANT, *la poursuite des saisies jointes, et que doit faire le poursuivant si les deux saisies réunies ne sont pas au même état ?*

Suivant Carré, au texte, la poursuite appartient à celui dont la saisie a été la première transcrite au bureau des hypothèques, ou, en cas de concurrence, c'est-à-dire *si les saisies avaient été transcrites le même jour*, celui dont le titre est le plus ancien; et, dans le cas où les deux saisies réunies ne seraient pas au même état, le poursuivant devrait surseoir aux poursuites de la plus avancée pour amener l'autre au même point, et ensuite les conduire par une seule procédure.

1329. M. Chauveau fait remarquer que Carré a expliqué d'une manière insuffisante et peut-être inexacte les mots, *en cas de concurrence*. Il faut, dit-il, pour interpréter d'une manière convenable les art. 719 et 720, se référer aux art. 679 et 680. Ainsi, il n'y a *concurrence* qu'autant que les deux saisies ont été présentées en même temps au conservateur. Il faut donc appliquer ce qui a été dit sous les quest. 2266 et 2267 (*suprà*, n. 462, 463, 468), aux cas qui peuvent se présenter par application des art. 719 et 720. V. aussi MM. Dalloz, n. 1056, et Bioche, v° *Sais. imm.*, n. 604.

1330. (Q. 2414). *Y a-t-il un délai pour la transcription de la seconde saisie ?*

M. Persil fils, *Comm.*, p. 266, n. 310, a émis l'avis qu'il ne serait pas possible d'annuler la seconde saisie, parce que la transcription n'aurait pas eu lieu dans le délai fixé pour la transcription ordinaire. — M. Chauveau déclare que si M. Persil a voulu dire qu'une saisie plus ample n'avait pas besoin d'être transcrite, même pour les objets nouveaux, il a commis une erreur évidente. La seconde saisie, observe notre auteur, doit être, dans les délais, présentée à la transcription (Cod. proc., 678). Cette transcription a lieu pour les objets nouveaux. Le second saisissant apprend alors qu'il doit dénoncer la saisie à un premier saisissant, en exécution de l'art. 720.

1331. (Q. 2414 bis). *La jonction des saisies a-t-elle lieu, sans distinction, dans tous les cas où il existe deux saisies dont l'une est plus ample que l'autre?*

Comme l'observe Carré, au texte, la jonction ne peut avoir lieu, d'après la loi du 14 nov. 1808 et l'art. 2210, Cod. civ., qu'autant que les biens compris dans chaque saisie sont situés dans le même arrondissement, ou que, l'étant dans un arrondissement différent, ils forment une dépendance de l'immeuble principal sur lequel frappe la première. M. Chauveau trouve cette explication toute simple et toute naturelle.

1332. Cependant, M. Persil fils, *Commentaire*, p. 266, n. 311, a prétendu que l'art. 720 renferme des difficultés d'exécution qu'un auteur, M. Huet, avait signalées avant la loi nouvelle. M. Chauveau, au contraire, ne pense pas que l'art. 720 soit un de ceux auxquels doive s'attaquer la critique des jurisconsultes.

1333. Qu'avait dit M. Huet? Deux choses : 1° Avant le dépôt au greffe, le jour de la première publication aura été indiqué, le placard aura été rédigé et apposé ; il aura été notifié aux créanciers inscrits ; enfin le jour de cette première publication aura été annoncé au public par la voie des journaux. Tous ces actes resteront sans effet, pour que l'autre saisie arrive au même point d'instruction. Et d'ailleurs, il faudra évidemment de nouvelles publications, de nouvelles affiches qui rendront inutiles les premières, puisque la saisie étant devenue plus ample, il y aura lieu à un nouveau placard comprenant tous les biens portés dans deux saisies. Ce sont des difficultés qu'il est impossible de vaincre.

2° L'embarras redouble lorsqu'il s'agit d'enlever à un juge, déjà saisi, une poursuite, pour la reporter devant un autre tribunal. La loi du 14 nov. 1808 est beaucoup plus sage. Les procédures, d'après cette loi, sont portées devant les tribunaux respectifs de la situation des biens. Les dispositions du Code sont irréfléchies et vraiment inexcusables ; aussi les annales judiciaires ne mentionnent-elles aucun arrêt applicable à ce cas, par la raison, sans doute, qu'aucun créancier n'a osé tenter une semblable procédure.

1334. Voici la réponse de M. Chauveau : 1° D'après la nouvelle loi, le dépôt du cahier des charges a lieu dans les vingt jours de la transcription, avant toute notification, toute apposition de placards et toute publication. Les difficultés que pouvait présenter le Code de 1807, et dont il est fort inutile de se préoccuper, disparaissent complètement. — 2° L'art. 720 est très facilement conciliable avec l'art. 2210, Cod. civ., et le décret du 14 nov. 1808 ; et sans doute, si les annales judiciaires ne présentent aucune décision relative à cette jonction, c'est que semblable procédure a dû ne soulever aucun incident.

1335. M. Pascalis a dit, dans son travail de 1838 : « Il importe de bien « se fixer sur les divers cas où il peut y avoir concours entre plusieurs sai- « sissants. Si les saisies portent *sur les mêmes biens*, il y est pourvu par « l'art. 679. Le conservateur refuse de transcrire la saisie qui lui est pré- « sentée la seconde ; celle-ci étant inutile, il n'y est donné aucune suite. Si « les biens saisis sont *différents*, l'art. 719 trace la règle à suivre ; enfin « l'art. 720 prévoit le cas où la saisie transcrite en seconde est plus *ample* « que la première ; à ce sujet, le projet se borne à répéter textuellement la « disposition du Code, d'après laquelle le premier saisissant est tenu de « comprendre dans sa poursuite les biens qui avaient échappé à sa saisie. »

— Quoi de plus simple, ajoute M. Chauveau? Il ne s'agit pas des saisies qui peuvent être faites d'après le décret du 14 nov. 1808; il ne faut donc point aller poursuivre, sans titres ni pièces, une nouvelle saisie devant un autre tribunal. Nécessairement, c'est le même tribunal, puisque c'est la saisie des mêmes biens; seulement, l'une est plus ample que l'autre. Ce qui a induit en erreur MM. Huet et Persil, ce sont les derniers mots de l'article dont M. Pascalis a prouvé l'inutilité.

1336. Il est essentiel de remarquer que si les saisies sont d'immeubles *différents*, cas auquel est seul applicable l'art. 719, les dispositions de cet article n'atteignent que les saisies portées devant le *même tribunal*. — M. Pigeau, *Comm.*, t. 2, p. 357, n'ayant pas aperçu cette nuance essentielle, décide que l'art. 720 est souvent inapplicable. Mais M. Thomine-Desmazures, t. 2, p. 269, qui l'a parfaitement saisie, donne à cet article l'interprétation que lui applique M. Chauveau. V. aussi MM. Dalloz, n. 1059; Colmet-Daage, t. 2, p. 373, n. 985; notre *Formulaire annoté*, t. 2, p. 676, n. 2.

1337. (Q. 2414 ter). *Dans le cas de l'art. 720, la jonction est-elle forcée, de telle sorte qu'elle ne doive pas être demandée?*

Réponse affirmative, au texte, de la part de Carré, qui observe que c'est seulement dans le cas où, sur la dénonciation de la seconde saisie, l'avoué du premier saisissant se refuserait à faire les poursuites auxquelles la loi l'assujettit, qu'il deviendrait nécessaire de poursuivre l'audience; mais que ce serait, non pour faire ordonner la jonction, puisqu'elle est *de droit*, mais pour faire prononcer la subrogation, conformément à l'art. 721.

M. Persil fils, *Comm.*, p. 264, n. 305, approuve cette opinion. La jonction est aussi regardée comme *obligatoire* par MM. Rogron, p. 902; Paignon, t. 1er, p. 199, n. 140; Thomine-Desmazures, t. 2, p. 269; Favard de Langlade, t. 5, p. 70; Dalloz, *Rép.*, vo *Vente publ. d'imm.*, n. 1061; Bioche, vo *Saisie immob.*, n. 610; Jacob, t. 2, p. 4, et Rodière, t. 3, p. 171.

1338. Cette doctrine unanime n'est pas contestable, dit M. Chauveau, sous ce rapport, que les frais d'une procédure en jonction seraient frustratoires, et que le second créancier saisissant aurait le droit de demander la subrogation, ainsi que le porte l'art. 721. Mais si le premier saisissant n'a pas poursuivi sur la seconde saisie, si les publications, les affiches ont eu lieu, la nullité de toutes ces procédures ou autres pourra-t-elle, devra-t-elle être ordonnée? Voilà où commence sérieusement la difficulté. L'art. 715 ne comprend pas l'art. 720 dans sa nomenclature, et ce dernier article ne prononce point la peine de nullité. Que doit-on décider? L'art. 720 n'a d'autre sanction que la peine infligée au saisissant en cas de négligence. Il sera privé de sa poursuite, et le second saisissant obtiendra une subrogation prononcée aux frais du premier. Conf., MM. Rodière, *loc. cit.*; Bioche, n. 611; notre *Formul. annot.*, *loc*, *cit.*, n. 3. Telle est aussi l'opinion de M. Thomine-Desmazures, t. 2, p. 269, qui pense qu'il n'y aurait pas nullité des saisies, alors même qu'elles auraient été poursuivies séparément, mais que les frais frustratoires devraient être supportés par les poursuivants.

1339. La Cour de cassation a décidé, le 26 mars 1855 (*J. P.* 1855, 488), que la partie qui a intenté une demande en distraction de certains biens compris dans deux saisies immobilières, pratiquée sur des individus différents, est sans qualité, sans intérêt et sans droit pour critiquer la jonction qui aurait eu lieu de ces saisies, et prétendre qu'elle a été prononcée hors des cas déterminés par l'art. 720, Cod. proc. M. Chauveau considère ce point comme évident.

1340. (Q. 2414 quater). *Y aurait-il lieu à la réunion, toujours dans le cas de l'art. 720, si la seconde saisie était faite après le dépôt du cahier des charges au greffe?*

Carré, au texte, après avoir indiqué les motifs pour et contre, s'arrête à la solution négative.

1341. M. Chauveau estime également que l'art. 719 a posé la règle générale à laquelle doit être soumis le cas spécial prévu par l'art. 720; autrement, on tomberait dans les inconvénients signalés par MM. Huet et Persil fils (V. *suprà*, n. 1332 et 1333). Telle est aussi l'opinion de MM. Paignon, t. 1, p. 199, n. 140; Persil fils, *Comm.*, p. 265, n. 306; Dalloz, *Rép.*, v° *Vente publ. d'imm.*, n. 1060; Thomine-Desmazures, t. 2, p. 269; Rodière, t. 3, p. 172; Jacob, t. 2, p. 5. Ce dernier décide, néanmoins, que si la seconde saisie n'était commencée qu'après la publication du cahier des charges, la jonction ne serait plus possible.

1342. Au surplus, M. Chauveau pense que si une saisie était dénoncée après le dépôt au greffe du cahier des charges, et que le tribunal, sur la requête d'une partie intéressée, estimât qu'il est utile à tous de joindre les deux saisies, il aurait le pouvoir de l'ordonner. « Tout considéré, disait « M. Pascalis, dans son travail susmentionné, il peut toujours y avoir quelque « épargne dans les frais à ne faire qu'une procédure, même pour les derniers « actes de la poursuite. »

1343. (Art. 720). *Quelle marche doit suivre le saisissant, lorsque, après avoir conduit la procédure en expropriation d'un immeuble jusqu'à l'apposition des placards, il suspend les poursuites, et que, postérieurement à cette suspension et après un nouveau commandement, il fait procéder lui-même à une nouvelle saisie de l'immeuble déjà saisi, en y joignant d'autres immeubles appartenant à son débiteur, et qui n'avaient pas été compris dans la première saisie ?*

Si le poursuivant n'a pas intérêt à joindre les deux poursuites, répond M. Chauveau, comme la première procédure a conduit l'expropriation d'une partie des immeubles jusqu'à l'adjudication exclusivement, pour la terminer, il n'y a plus qu'à faire fixer un nouveau jour d'adjudication par le tribunal, à faire apposer les affiches et à requérir l'adjudication. Si, au contraire, il est avantageux pour le poursuivant de faire marcher de front les deux poursuites, il n'est ni nécessaire ni prudent de considérer la première comme non avenue, et, sauf la transcription, de renouveler pour le tout les actes déjà faits pour partie. Qui supporterait, en effet, les frais de la procédure mise entièrement de côté ? Le poursuivant devra faire marcher la seconde saisie jusqu'à ce qu'elle soit arrivée au niveau de la première; et il devra ensuite les confondre pour comprendre dans une seule et même adjudication les immeubles qu'elles ont frappés.

1344. Une autre hypothèse a été soumise à M. Chauveau : — Après une saisie poursuivie jusqu'à la publication du cahier des charges, le poursuivant et les créanciers sont désintéressés, mais aucune mainlevée n'est demandée ni consentie. Un nouveau créancier fait procéder à une nouvelle saisie, plus ample que la première; lors de la transcription, le conservateur opère pour les biens non compris dans la première saisie, mais refuse de transcrire pour le surplus. La seconde saisie est suivie sur les biens non compris dans la première; et la procédure arrive au jour de la publication. Quelle voie convient-il de prendre pour faire vendre aussi les biens compris dans la première saisie? Faut-il observer la procédure indiquée par l'art. 720? Mais le dépôt du cahier des charges a eu lieu, et, par argument de l'art. 720 lui-même, ce mode ne pourrait plus être employé. Faut-il demander contre le premier saisissant la subrogation aux poursuites, faire de nouveau sommation aux créanciers inscrits et au saisi de prendre communication du premier cahier des charges, et faire fixer un nouveau jour pour la vente ? Mais ici, nouvelle difficulté : le premier saisissant, étant désintéressé, a remis sans nul doute toutes les pièces de la procédure au saisi. Enfin, y aurait-il lieu d'assigner les poursuivants et les créanciers inscrits, auxquels les notifications dont parle l'art. 691 avaient été adressées, en radiation de la première saisie, pour, cette radiation opérée, faire transcrire de nouveau et suivre la procédure, comme si ces biens n'avaient été saisis qu'une fois? Ce moyen, qui serait peut-être le plus commode, est tellement onéreux pour le débiteur, et, d'ailleurs, si peu en harmonie avec l'esprit de la loi, qu'on hésite à l'employer.

1345. M. Chauveau pense qu'il faut procéder de la manière suivante : 1° Appeler par un simple acte (ou par un exploit, si le premier saisissant n'a plus d'avoué) le saisissant à l'audience, pour voir dire qu'il sera tenu de poursuivre la vente des immeubles compris dans les deux saisies, et que, faute par lui de ce faire dans un délai déterminé, le second saisissant sera autorisé à diriger cette procédure comme subrogé à ses droits ; — 2° Appeler le saisi dans l'incident par une notification de l'acte adressé au premier saisissant. La publication du cahier des charges de la première saisie n'est pas un obstacle à la jonction, observe notre auteur ; seulement, après cette période de la procédure, la jonction, au lieu d'être effectuée de plein droit, n'a plus lieu qu'autant qu'elle est ordonnée par le tribunal. Il n'est pas douteux que la demande sera accueillie et qu'on pourra alors faire des affiches collectives pour les deux saisies, et continuer ainsi jusqu'à l'adjudication une seule et même procédure. Le cahier des charges de la première saisie est déposé au greffe ; il doit indiquer l'historique de la première procédure et dispenser des pièces qui auraient été égarées.

1346. (Id). *Le créancier qui a présenté à la transcription une saisie plus ample qu'une précédente saisie à laquelle il n'est pas donné suite par le premier saisissant, peut-il, sans se préoccuper de cette première saisie, suivre purement et simplement sur la sienne, ou bien est-il tenu de demander la subrogation dans la poursuite? Cette demande n'est-elle pas purement facultative?*

La solution de cette question, qu'un officier ministériel nous a soumise, est très simple : puisque, d'après l'art. 720, Cod. proc., le créancier qui a fait pratiquer une seconde saisie plus ample que la première doit s'effacer devant le premier saisissant, à qui est réservée la continuation de la poursuite, on ne saurait admettre que, dans le cas d'inaction du premier saisissant, le second puisse être de plein droit à suivre sur sa propre saisie. Il n'en a le droit qu'à la condition de se faire subroger dans la poursuite. L'art. 721, en disant que le second saisissant pourra demander la subrogation, n'entend point assurément lui reconnaître la faculté de prendre en mains la poursuite sans avoir formé et fait accueillir cette demande ; tout ce qu'il faut inférer d'une telle expression, c'est que le second saisissant peut, à son gré, ou laisser lui-même tomber la poursuite, ou solliciter de la justice l'autorisation de la continuer. Il a si peu le droit de s'en emparer de sa propre autorité, qu'il est très généralement reconnu que les juges saisis de la demande en subrogation ne sont nullement obligés d'y accéder, mais sont parfaitement libres de la rejeter, suivant les circonstances. Voy. *infrà*, quest. n. 1392.

1347. (Q. 2414 quinquies). *Comment se fait la dénonciation de la seconde saisie au premier saisissant ?*

Carré enseigne, au texte, que cette dénonciation peut être faite au poursuivant, soit par exploit, soit par acte d'avoué à avoué.

Quant à M. Chauveau, il fait observer que la jonction des deux saisies étant considérée comme un incident, le premier acte de cette demande incidente est évidemment la dénonciation de la saisie ; et qu'il faut dès lors se conformer aux dispositions générales de l'art. 718. Tel est aussi l'avis de MM. Bioche, v° *Saisie imm.*, n. 606; Decamps, p. 81; Jacob, t. 2, p. 5, et Dalloz, n. 1063. C'est aussi l'opinion que nous avons exprimée dans notre *Formul. annot.*, p. 676, n. 5.

1348. (Q. 2414 sexies). *En quel cas les poursuites d'une seconde saisie seraient-elles valables, nonobstant le défaut de dénonciation au premier saisissant? Y a-t-il un délai pour cette dénonciation?*

Selon Carré, au texte, la poursuite d'une seconde saisie non dénoncée ne serait valable que s'il y avait présomption légale que le second saisissant a ignoré la première saisie; mais cette présomption cesserait du moment où l'extrait de celle-ci aurait été inséré au tableau de l'auditoire. M. Chauveau estime que la poursuite, en pareil cas, ne devrait pas être annulée, mais qu'il y aurait lieu de faire supporter au second saisissant les frais frustratoires. V. conf., MM. Thomine-Desmazures, t. 2, p. 270; Persil fils, *Comment.*, p. 266, n. 308, et Dalloz, n. 1063.

1349. Suivant M. Paignon, t. 1, p. 200, n. 142, le délai dans lequel doit être faite la dénonciation, est celui de quinzaine, à partir de la transcription de la seconde saisie, outre un jour par 5 myriamètres de distance entre le lieu de la situation des biens et celui où siège le tribunal. Mais M. Chauveau observe, avec raison, que la loi ne détermine point de délai précis, et que c'est au second saisissant à faire ses diligences pour s'épargner le reproche d'avoir occasionné des frais inutiles. V. aussi, en ce sens, l'*Encycl. des Huiss.*, v° *Saisie immob.*, n. 512; Dalloz, n. 1063; notre *Formul. annot.*, p. 676, n. 7.

1350. (Q. 2414 septies). *Si, après la jonction des deux saisies, et dans le cours de la poursuite ultérieure, l'une de ces saisies réunies vient à être annulée, cette nullité frappe-t-elle les deux saisies?*

Solution négative, au texte, de la part de Carré, qui admet seulement que toutes les poursuites qui ont été faites postérieurement à la jonction sont également nulles, parce que, à compter de cette époque, les deux saisies n'en ont plus formé qu'une, et que la partie à laquelle la saisie annulée appartient doit supporter tous les dépens.

1351. M. Chauveau, tout en adoptant cette solution, avec MM. Thomine-Desmazures, t. 2, p. 270, Dalloz, n. 1069, et Persil fils, *Comm.*, p. 266, n. 309, conseille aux avoués des deux saisissants de bien examiner respectivement chacune de leurs saisies avant de les laisser se fondre en une seule, chacun des créanciers ayant le droit de se refuser à cette jonction, s'il y a une nullité dans celle de son cosaisissant.

1352. (Q. 2414 octies). *Si l'une des saisies comprenait une quantité suffisante de biens pour permettre d'acquitter toutes les créances en principal, intérêts et frais, le tribunal pourrait-il surseoir à l'une des poursuites?*

Carré, au texte, enseigne l'affirmative, en invoquant, à titre d'analogie, l'art. 632, Cod. proc.

Cette opinion est partagée par M. Persil fils, *Comment.*, p. 265, n. 307; mais M Chauveau la repousse.

1353. D'abord, dit-il, la loi est muette; et comme il s'agit d'entraver une voie d'exécution légitime, d'arrêter les effets d'un titre authentique, ce ne sont pas des inductions et des raisons d'analogie qui peuvent suffire. — D'un autre côté, il n'est pas juste d'empêcher un créancier de suivre les voies que la loi lui ouvre pour se faire payer. On conçoit encore que, s'il a saisi des effets mobiliers et que la vente d'une certaine quantité de ces effets puisse le satisfaire complètement et presque immédiatement, la loi ait permis au débiteur d'arrêter une vente plus considérable de ses meubles, parce qu'il y a, en ce cas, une presque certitude de paiement. Mais la position n'est plus la même lorsque rien ne peut révéler le montant de créances qui frappent les immeubles déjà saisis, lorsqu'un vendeur peut exercer une action en résolution au moment même de l'adjudication, lorsque de nouveaux créanciers peuvent prendre inscription à cette époque, lorsque des créances à hypothèque légale peuvent, même après l'adjudication, absorber la totalité du prix. Aura-t-il donc été équitable, dans cette dernière hypothèse, d'avoir suspendu la poursuite d'un créancier, de l'avoir soumis aux chances et aux lenteurs d'un ordre, pour lui permettre ensuite de revenir aux anciens errements de sa saisie?

1354. Cette exception aux principes de droit commun ne serait point non plus convenable, selon M. Chauveau; ce serait fournir au saisi l'occasion d'élever des incidents. Comment d'ailleurs appliquerait-on un principe qui ne reposerait que sur une prétendue raison d'équité? Telle Cour jugerait qu'il suffit que le prix présumé de la première adjudication puisse couvrir les créanciers du saisissant et des créanciers inscrits, pour que le sursis soit prononcé. Telle autre, au contraire, voudrait, comme le demandait M. Pascalis, qu'un débiteur présente une espèce de bilan de tous les créanciers hypothécaires ou chirographaires : il y aurait autant de jurisprudences que de tribunaux. Cela ne doit pas être. L'auteur a reconnu, il est vrai, sous la quest. 2198 (*supra*, n. 53), qu'un sursis peut être accordé dans un cas déterminé; mais ce cas est textuellement prévu par la loi, dont M. Chauveau ne pense pas que la disposition puisse être étendue à une autre hypothèse.

1355. Sous la quest. 2378 *quinquies* (*suprà*, n. 972 et s.), l'auteur indique aussi quelques exemples des causes graves qui peuvent faire suspendre l'adjudication, et il y comprend un moyen de libération probable qui serait survenu au débiteur. Mais c'est encore la loi (art. 703) qui permet ici de surseoir à l'adjudication; nulle autre part elle ne permet de surseoir aux poursuites qui la précèdent. Voy. conf., M. Rodière, t. 3, n. 172, et Compar., *suprà*, n. 834 et s..

MM. Dalloz, v° *Vente publ. d'imm.*, n. 1067; et Bioche, v° *Sais. imm.*, n. 616, combattent, comme M. Chauveau, l'opinion de Carré.

1356. (Q. 2445). *Quel est le sens du dernier paragraphe de l'art. 743 portant que si une partie seulement des biens dépendant d'une même exploitation a été saisie, le débiteur peut demander que le surplus soit compris dans la même adjudication? Le saisi peut-il user, à quelque phase que ce soit de la procédure, de la faculté que lui accorde la loi?*

Si l'on devait, dit M. Chauveau, déterminer le sens du dernier paragraphe de l'art. 743 d'après la place qu'il occupe, on déciderait peut-être qu'en cas de conversion un débiteur pourra demander que tous les biens dépendant de la même exploitation soient compris dans l'adjudication, et que s'il n'y a pas conversion, il ne pourra pas user de cette faculté. Mais la place donnée à cette importante innovation s'explique par le désir qu'ont eu les auteurs de la loi de 1841 de conserver le numérotage du Code de 1807, et notre auteur pense que le législateur a entendu appliquer à tous les cas le droit attribué au saisi d'empêcher la vente partielle d'un domaine soumis à une même exploitation.

1357. Voici ses motifs pour le décider ainsi : — 1° Les raisons qui militent en faveur d'un débiteur en cas de conversion sont tout aussi fortes et même plus sensibles, lorsque l'expropriation se suit en dehors de sa volonté. D'accord avec ses créanciers, il les décidera facilement à comprendre dans la saisie tout ce qui peut la faire valoir. S'il reste en état d'hostilité, on pourra, sur sa demande de plus ample saisie, l'amener à communiquer ses titres de propriété et arriver à une rédaction plus exacte du cahier des charges. — 2° Dans la rédaction primitive de l'art. 743, sous le n° 744, la faculté accordée au débiteur était placée avant la disposition relative à la conversion, et ne rentrait alors nullement dans cette disposition spéciale. Si, dans une rédaction définitive, le second paragraphe a été placé le dernier, rien n'indique, ni dans les exposés, ni dans les rapports, que ce déplacement ait eu pour cause un changement de pensée. — 3° Dans son rapport à la commission du Gouvernement, M. Parant explique qu'on a combattu les termes trop absolus du projet de 1829, art. 76, en ce qu'il permettait au saisi de faire comprendre tous ses biens dans la poursuite, mais non en ce qu'il considérait cette faculté comme donnant naissance à une demande spéciale : *Il pourra aussi demander*, disait cet article. Et M. Parant considérait bien lui-même les deux demandes comme complètement distinctes, car son rapport ajoute : « Tout cela sera-t-il vrai à l'égard de la demande du « saisi qui provoquera la vente simultanée de ses biens saisis et de ceux qui « ne l'ont pas été ? Le jugement à rendre sur cette demande sera-t-il inat- « taquable comme celui qui intervient en matière de conversion où tout le « monde est d'accord ? » — L'art. 744 de la loi se sert de ces expressions : *les mêmes demandes*, et l'art. 745 excepte le paragraphe 4 de l'art. 743 de la procédure indiquée pour la demande en conversion. — 4° Enfin, le germe de la disposition de ce paragraphe est dans le Code civil, et elle présente, dans ce Code, un caractère de généralité qu'on ne peut pas lui contester. Voici le texte de l'art. 2211 : « Si les biens hypothéqués au créancier, et les biens « non hypothéqués, ou les biens situés dans divers arrondissements, font « partie d'une seule et même exploitation, la vente des uns et des autres « est poursuivie ensemble, si le débiteur le requiert, et ventilation se « fait du prix de l'adjudication, s'il y a lieu. » — V. en ce sens, M. Bioche, « n. 782.

1358. Il eût été à désirer, observe ensuite M. Chauveau, que le législateur complétât sa pensée en indiquant de quelle manière serait formée la demande du saisi, à quelle époque elle devrait l'être, et quels en seraient les résultats. — Cette demande sera considérée comme un incident et sera soumise à l'art. 718 ; le saisi la fera signifier au poursuivant, qui, pour cet objet, sera seul contradicteur. — Les Cours de Caen et de Paris avaient exprimé le vœu que le saisi ne pût pas former cette demande après le dépôt du cahier des charges, dans la crainte qu'il ne vînt entraver l'adjudication par un incident introduit tardivement. Cette observation était fort juste ; mais, comme il n'en a été tenu aucun compte, le saisi pourra présenter sa demande jusqu'à l'adjudication. — V. en ce sens, notre *Formul. annot.*, p. 677, n. 10 et 11. — Cependant un arrêt de la Cour de Bastia du 17 fév. 1858 (S.-V.58.2.166), qui reconnaît aussi que la demande dont il s'agit doit être formée par acte d'avoué à avoué, comme toute demande incidente à la procédure de saisie, et qui déclare nulle celle qui serait formée par de simples conclusions à l'audience, juge en même temps que cette demande, pour être recevable, doit se produire avant la publication du cahier des charges.

1359. Quant aux résultats de cette demande en plus ample saisie, M. Chauveau les exprime au double point de vue *du pouvoir du juge et du devoir du poursuivant*. — Le juge, dit-il, examinera en son âme et conscience si les intérêts du saisi et de ses créanciers nécessitent l'admission des conclusions du saisi ; si la demande lui paraissait présentée trop tard, s'il voyait quelques inconvénients à l'accueillir, il aurait incontestablement le droit de la rejeter en condamnant le saisi aux dépens. Et même, selon notre auteur, les tribunaux feront sagement, sauf dans des cas exceptionnels, de ne pas admettre une demande formée après le dépôt du cahier des charges.

1360. En ce qui concerne les devoirs du poursuivant, il faut, dit M. Chauveau, les simplifier le plus possible. Si la demande a été formée avant le dépôt du cahier des charges, les biens seront ajoutés à ceux déjà saisis avec les désignations remises par le saisi lui-même; les affiches et insertions comprendront la totalité de ces immeubles. — Mais si la demande n'a été formée qu'après la publication du cahier des charges, la vente des biens non saisis ne sera pas annoncée de nouveau, parce que ce serait occasionner des frais considérables; seulement, le jour de l'adjudication, une addition sera faite au cahier des charges, la mise à prix sera changée, et le public sera prévenu que l'enchère portera sur la totalité des immeubles désignés. L'auteur ne se dissimule pas que ce mode de procéder ne donnera pas une publicité suffisante à la vente des biens ajoutés à ceux qui sont déjà saisis, mais, par la difficulté de procéder autrement, on comprendra d'autant mieux, observe-t-il, combien il est convenable de rejeter les demandes des saisis qui ne seront proposées qu'après le dépôt du cahier des charges.

1361. Comme le jugement qui interviendra sur cette demande particulière ne sera point un jugement statuant sur une action en nullité, l'appel devra en être permis, selon M. Chauveau, ainsi qu'il le décide sous la quest. 2424 (*infrà,*), pour tous les jugements autres que ceux de sursis, ou ceux à l'occasion desquels l'appel a été formellement probibé. V. aussi *infrà*, quest. 2451 *bis*.

1361 *bis*. Sur les formes de la question dont il s'agit, V., dans le même sens, nos observations *J. Av.*, t. 100, p. 262.

§ 2. — Subrogation dans la poursuite et radiation d'une précédente saisie.

1362. (Q. 2416 ter A). *Qui peut demander la subrogation?*

I. Subrogation

Carré, au texte, a examiné cette question à différents points de vue. Il a recherché d'abord si le droit de demander la subrogation appartient indifféremment à tout créancier inscrit, ou seulement à un créancier second ou ultérieur saisissant.

Quelques auteurs soutiennent que ce droit ne peut appartenir qu'à un créancier qui a déjà fait une saisie. D'autres jurisconsultes et divers arrêts décident, au contraire, que la subrogation peut être demandée par tout créancier inscrit, quel qu'il soit. C'est cette dernière opinion que Carré adopte, pour le cas du moins où, la saisie ayant été portée à la connaissance des créanciers inscrits, leur est ainsi devenue commune. Il ne distingue pas d'ailleurs entre la subrogation de l'art. 721 et celle de l'art. 722. Si l'on admet, dit-il, que l'art. 722 autorise la subrogation en faveur d'un créancier, dans tous les cas de collusion, fraude ou négligence, les mêmes motifs de justice, les mêmes raisons de droit exigent qu'on l'autorise dans le cas de suspension des poursuites, qui est celui de l'art. 721. Quant à l'argument tiré de ce que ce dernier article désigne nommément le second saisissant, Carré y répond en observant que cet article ne désigne le second saisissant qu'afin de lui accorder la préférence; ce qui est juste, puisque, s'étant mis en devoir de poursuivre, il a nécessairement acquis un titre de plus que les autres créanciers à devenir poursuivant; mais ce qui n'empêche point que s'il n'usait pas de cette faculté de se faire subroger, qui ne lui est donnée que pour faire une chose utile à la masse des créanciers, le second saisissant, le plus diligent d'entre eux, doit être autorisé à faire cette demande à sa place.

L'auteur ne pense pas que la subrogation puisse être demandée seulement par un créancier qui se serait fait connaître, soit par les poursuites, c'est-à-dire en saisissant, soit par une sommation de poursuivre, soit par une intervention dans la saisie, comme l'enseigne Pigeau. Il suffit, suivant lui, que les créanciers soient parties dans la saisie, comme ils le sont quand celle-ci a été portée à leur connaissance, pour qu'ils puissent demander la subrogation. Néanmoins, comme on peut dire que le créancier qui n'a point encore paru dans la poursuite, qui n'a point constitué le saisissant négligent en demeure d'agir, etc., ne peut se plaindre de cette négligence, Carré croit prudent de suivre l'opinion de Pigeau, en faisant, avant de former la demande en subrogation, un acte quelconque par lequel le créancier se ferait connaître. Il est d'avis qu'un créancier non inscrit pourrait lui-même obtenir la subrogation, parce que tout créancier porteur d'un titre exécutoire a le droit de poursuivre son paiement par voie de saisie immobilière, encore qu'il ne soit ni hypothécaire ni inscrit, et qu'un créancier, même chirographaire, peut se rendre partie dans une poursuite. Enfin, il reconnaît aussi à un créancier en sous-ordre le droit de se faire subroger comme exerçant les droits de son débiteur.

1363. En 1841, M. Chauveau avait déclaré qu'il approuvait ces solutions, et il avait cité dans le même sens, MM. Merlin, dans ses *Additions*; Pigeau, *Comm.*, t. 2, p. 358; Lachaize, t. 2, p. 87, n. 425; Dalloz, t. 11, p. 807, n. 1, et Favard de Langlade, t. 5, p. 71, n. 1; Riom, 21 mars 1816; Grenoble, 28 juin 1817; Nîmes, 24 juillet 1817 (*J. Av.*, t. 20, p. 140); Nancy, 2 mars 1818 (t. 20, p. 515); Toulouse, 2 août 1827 (S.28.2.113); Caen, 12 mars 1828 (S.29.230).— *Contrà*, Thomine-Desmazures, t. 2, p. 271, quant à la subrogation de l'art. 721.

1364. Sous la nouvelle législation, M. Bioche, n. 468 et s., a adopté aussi toutes les solutions de Carré. M. Persil fils, *Comm.*, n. 312 et 313, veut que les dispositions de l'art. 721 profitent à tous les créanciers, mais il ne parle que des créanciers *inscrits*; au n. 318, sous l'art. 722, il ne mentionne encore que les créanciers *inscrits*; et n. 393, il examine et décide affirmativement la question de savoir si la subrogation peut être demandée par un créancier dont l'hypothèque frappe simplement une portion indivise de l'immeuble saisi. M. Rogron, p. 903, sous l'art. 722, paraît accorder le droit de demander la subrogation aux créanciers *inscrits* non *saisissants*. M. Paignon, t. 1, p. 201, n. 145, reconnaît ce droit aux créanciers même chirographaires.

1365. La commission du Gouvernement avait aussi proposé un article commençant par ces mots : *tout créancier porteur d'un titre exécutoire*. Le projet du Gouvernement n'a pas reproduit cette addition, mais, comme l'observe M. Chauveau, rien, dans l'exposé des motifs, n'indique que le législateur ait voulu restreindre dans certaines limites une faculté qu'il importe d'étendre dans l'intérêt de toutes les parties.

1366. Depuis 1841, la jurisprudence a jeté une vive clarté sur la matière, et c'est avec son aide que M. Chauveau a résumé sa doctrine de la manière suivante :

Le droit de demander la subrogation n'appartient pas seulement à un créancier second ou ultérieur saisissant; il peut aussi être invoqué par tout créancier inscrit (ainsi par un avoué, créancier inscrit pour frais accessoires à la créance qui sert de base à la saisie : Paris, 10 déc. 1850 ; *J. Av.*, t. 76, p. 82), ou non inscrit (Conf. MM. Ollivier et Mourlon, p. 298, n. 63), porteur d'un titre exécutoire, même d'une date postérieure à la saisie (Besançon, 12 mars 1845, cité plus bas), car se faire subroger, c'est prendre le rôle du poursuivant, et une saisie immobilière ne peut être exercée qu'en vertu d'un titre exécutoire. Un créancier peut aussi demander la subrogation au nom de son débiteur, créancier inscrit sur l'immeuble saisi, conformément aux dispositions de l'art. 1166, Cod. civ. Mais le créancier inscrit du vendeur qui veut demander la subrogation aux poursuites dirigées contre l'acquéreur devrait, au préalable, lui faire notifier la sommation trentenaire de payer ou de délaisser et attendre l'expiration du délai : Paris, 13 juillet 1850 (*J. Av.*, t. 78, p. 319). Il n'est pas même rigoureusement nécessaire que le créancier demandeur, étranger aux poursuites soit avant la sommation de l'art. 692, s'il est inscrit, soit après cette sommation, s'il n'est pas inscrit, se fasse connaître par un acte préalable; il agira néanmoins avec prudence en révélant son existence et ses intentions au saisissant, qui sera ainsi suffisamment averti de n'apporter aucune négligence dans la marche de la procédure.

1367. Le créancier qui n'a pas fait notifier son titre aux héritiers de son débiteur est considéré, dit M. Chauveau, comme n'ayant pas de titre et n'est recevable à demander la subrogation qu'autant qu'il s'est conformé aux dispositions de l'art. 877, Cod. civ. — Toutefois, il a été jugé que le créancier subrogé dans des poursuites de saisie immobilière, à une époque où la procédure était en état, n'est pas tenu, dans le cas où le saisi vient à décéder, de signifier son titre de créance aux héritiers de celui-ci : Paris, 28 août 1875 (*J. Av.*, t. 100, p. 432).

1368. Un arrêt de la Cour de cassation, du 12 août 1844 (*J. Av.*, t. 68, p. 95), a accordé la subrogation à un créancier chirographaire, non saisissant, qui n'avait jamais figuré dans les poursuites converties en vente sur publications volontaires. Même solution : Besançon, 12 mai 1845 (*J. Av.*, t. 71, p. 579). V. aussi une dissertation insérée *J. Av.*, t. 76, p. 234. M. Rodière, t. 3, p. 174, admet en principe à demander la subrogation tous ceux qui y ont intérêt. Cependant il croit, contrairement à l'arrêt de la Cour de cassation précité, que le créancier chirographaire n'est pas recevable s'il n'est pas intervenu dans la saisie avant qu'aucune déchéance fût encourue. V. aussi M. Jacob, t. 2, p. 8.

1369. Enfin, plus récemment, la Cour de cassation a jugé que la subrogation aux poursuites de saisie immobilière, dans les cas de collusion, fraude ou négligence prévus par l'art. 722, Cod. proc., peut être demandée même par un créancier inscrit dont la créance n'est pas échue, et dont l'hypothèque frappe seulement une portion indivise de l'immeuble saisi : arrêt du 14 janv. 1874 (*J. Av.*, t. 99, p. 266).

1370. (Q. 2416 ter B). *A quelle phase de la procédure la subrogation doit-elle être demandée ?*

Cette question, dit M. Chauveau, n'est pas sans difficulté. Et d'abord, avant la transcription de la saisie, peut-on se pourvoir en subrogation? Dans la pratique, ce cas ne se présente guère, car la saisie non transcrite n'est pas connue du tiers intéressé, qui alors fait lui-même procéder à une saisie, et continue de la suivre, si la première saisie n'a pas été transcrite avant la seconde. Cependant il peut arriver que, par des renseignements officieux, le tiers ait la certitude d'une saisie non transcrite : est-il alors recevable à se pourvoir en subrogation? L'avantage qui résulterait de l'affirmative consisterait dans une économie de temps et d'argent pour le créancier qui n'aurait besoin ni de nouveau commandement ni de nouveau procès-verbal de saisie. La question peut se présenter soit lorsque, le procès-verbal et le commandement étant réguliers, la dénonciation n'a pas eu lieu, soit lorsque cette dénonciation ayant été valablement faite, elle n'a pas été suivie de la transcription dans les délais. Dans la première hypothèse, le subrogé utiliserait le commandement et le procès-verbal ; dans la seconde, il utiliserait, en outre, la dénonciation. M. Chauveau pense que l'esprit de la loi autorise la subrogation, sans se dissimuler toutefois qu'il est plus sûr, dans l'espèce, de faire saisir, parce que des renseignements officieux n'offrent jamais le degré de certitude qui provient de la transcription, et que le saisissant et le saisi étant maîtres absolus de la poursuite, rien ne les empêche de l'anéantir à l'insu du créancier, et avant que sa demande en subrogation soit formée. Pour éviter toute contestation, il vaut donc mieux saisir. Après la transcription et jusqu'à la mention prescrite par l'art. 693, l'accord du saisissant et du saisi suffit bien aussi pour supprimer la poursuite; mais, tant que la saisie n'est pas rayée, elle existe à l'égard des tiers intéressés qui peuvent employer la voie de la subrogation sans qu'il soit possible au saisissant, par un consentement postérieur d'annihiler, leur demande. — Compar. *infrà*, n. 807 et s., 1406 et s. (*Q*. 2335 et 2416 *septies*).

1371. La subrogation doit-elle être *prononcée* lors même qu'il est justifié qu'avant qu'elle eût été *demandée*, le saisissant avait renoncé à ses poursuites et en avait donné mainlevée? En d'autres termes, quoiqu'à l'égard du saisissant et du saisi, la saisie soit éteinte par suite de leur commun accord, la transcription non rayée a-t-elle pour effet de conserver le bénéfice de la saisie au profit du demandeur en subrogation? On peut répondre que la transcription constate bien l'existence de la saisie à l'époque où le conservateur l'a transcrite sur ses registres, mais qu'elle ne lui conserve pas son efficacité malgré l'accord du saisissant et du saisi pour la supprimer. La subrogation ne sera donc pas accueillie ; mais, comme le défaut de radiation aura induit le créancier en erreur, les dépens de l'incident seront à la charge du saisi avec privilège sur l'immeuble (Voy. *infrà*, n. 1406 et s.)

1372. Ainsi la Cour de Montpellier a décidé, le 28 déc. 1843 (*J. Av*., t. 66, p. 62) : 1° que la subrogation ne peut pas être demandée lorsque le créancier saisissant, désintéressé, a renoncé aux poursuites avant d'avoir fait la notification qui rend la saisie commune aux créanciers inscrits; 2° que le créancier dont le droit est né postérieurement à la renonciation du saisissant, est sans qualité pour demander la subrogation.

1373. Mais il est certain que si aucune radiation n'a été consentie par le poursuivant désintéressé, qui a simplement abandonné ses poursuites, la subrogation sera prononcée (Voy. *loc. cit.*). Après la mention dont parle l'art. 693, la subrogation peut être demandée tant que le consentement des créanciers inscrits à la radiation n'a pas été obtenu : Rouen, 11 déc. 1851 (*J. Av*., t. 77, p. 390, art. 1311). Elle peut l'être même par le créancier saisissant qui, après avoir abandonné les poursuites, parce qu'il a été payé de termes échus d'une rente, cause de la saisie, veut poursuivre le paiement de nouveaux termes venus à échéance; seulement, il doit signifier au saisi un commandement préalable pour le mettre en demeure : Amiens, 19 juin 1852 (*J. Av*., t. 78, p. 229); Trib. de Bordeaux, 10 avril 1854 (t. 79, p. 532). Cependant la Cour de Paris a décidé qu'en pareil cas, la première saisie est absolument éteinte à l'égard du créancier qui en a consenti mainlevée : arrêt du 20 mars 1852 (*J. Av*., t. 77, p. 306). Si cette théorie était admise, remarque M. Chauveau, le créancier serait réduit à la nécessité de poursuivre la radiation de la saisie contre le débiteur saisi et contre ses créanciers, ce qui entraînerait des frais énormes supportés en définitive par l'immeuble, au détriment du débiteur et des créanciers derniers inscrits. La même Cour est, depuis, revenue aux vrais principes en jugeant que le remboursement de la créance du premier saisissant ne peut avoir pour effet de rendre la subrogation nulle, si la première saisie n'a pas été rayée, le second saisissant étant subrogé, non dans la créance, mais dans la poursuite du premier : arrêt du 23 mai 1874 (*J. Av*., t. 99, p. 273).

1374. C'est avec raison, selon notre auteur, que le tribunal de Liége a jugé, le 4 août 1855 (*J. Av*., t. 82, p. 208), qu'après la mention de la sommation aux créanciers, le second saisissant doit agir par voie de subrogation, et que les juges devraient d'office le déclarer non recevable dans son action en radiation de la première saisie. Voy. *infrà*, n. 1395 et s., 1458 et s.

1375. La subrogation aux poursuites de saisie immobilière dirigée par un créancier contre deux époux, débiteurs communs, peut être demandée et obtenue par un autre créancier qui n'a pour débiteur que l'un des époux. Dans tous les cas, l'époux non débiteur n'est pas recevable à se plaindre, au moment de l'adjudication, de la prétendue irrégularité de la procédure : Toulouse, 14 juillet 1851 (*J. Av.*, t. 77, p. 331). Le subrogé, observe M. Chauveau, n'aurait pu sans doute commencer des poursuites contre deux époux, dont l'un ne lui devait rien ; mais, succédant à un créancier commun dans des poursuites déjà entamées, il agissait dans son intérêt propre et dans celui de tous les autres créanciers.

1376. Une saisie est faite sur des immeubles dépendant du ressort d'un tribunal, et poursuivie successivement par divers créanciers subrogés qui s'arrêtent parce qu'ils sont désintéressés. L'interruption dure plusieurs années pendant lesquelles la commune où sont situés les immeubles est distraite du canton auquel elle appartenait pour être attribuée à un autre canton d'un autre département. Un créancier fait saisir les mêmes immeubles et porte naturellement cette saisie devant le tribunal nouveau au ressort duquel ils appartiennent ; mais le saisi demande le renvoi des poursuites devant le tribunal où est encore pendante la première saisie. La prétention du second saisissant est-elle fondée ?

1377. Le point de savoir à quelle époque est parvenue la première saisie est très essentiel, répond M. Chauveau. Si cette saisie n'est pas devenue encore commune à tous les créanciers inscrits par l'exécution de l'art. 693, le défaut de radiation de la saisie ne doit pas motiver une subrogation ; il y a lieu seulement à faire opérer cette radiation pour suivre sur la deuxième saisie. Dans le cas contraire, sur la demande du saisi, le second saisissant doit agir par voie de subrogation à la poursuite pendante devant le premier tribunal.

1378. Autre espèce : Une saisie est pratiquée et suivie jusqu'à l'accomplissement des formalités de l'art. 693. Le poursuivant désintéressé remet le dossier de la procédure au saisi. Douze ans après, un créancier fait de nouveau saisir et, sur le refus du conservateur, a connaissance de la première saisie, à laquelle il demande d'être subrogé. Il était d'usage qu'en pareil cas la radiation de la première saisie fût demandée par les avoués et ordonnée par le tribunal avec prélèvement des dépens sur la masse ; mais ce mode de procéder n'a pas été approuvé par le tribunal civil de Belfort, sur le motif que le premier saisissant était en faute pour avoir remis au second les pièces de la précédente saisie et l'avoir mis ainsi en position de demander la subrogation, car la saisie par lui faite ayant été dénoncée aux créanciers inscrits et leur étant devenue commune, il aurait dû conserver les pièces de la poursuite, dont il était dépositaire. M. Chauveau, qui mentionne cette décision, estime qu'elle n'a pas été bien rendue. Quoique, dit-il, par l'exécution de l'art. 693, la saisie devienne commune aux créanciers, le saisissant demeure seul responsable de la régularité des actes de la poursuite. S'il y a des nullités commises, c'est lui qui en supporte la conséquence ; si on le paie, il n'a pas le droit de passer outre, et il doit remettre les pièces au débiteur qui se libère ; est-il vrai de dire, comme l'a fait le tribunal, que, par suite de cette remise, la subrogation devienne impossible ? L'auteur ne le croit pas. N'y a-t-il pas à la conservation des hypothèques le procès-verbal de saisie et sa dénonciation dûment transcrits ? Le cahier des charges n'est-il pas déposé au greffe du tribunal ? Les sommations faites au saisi et aux créanciers ne sont-elles pas mentionnées en marge de la transcription de la saisie ? Si le débiteur veut demander une nullité, ne sera-t-il pas obligé de justifier de l'irrégularité commise et de produire dès lors l'acte qu'il prétend être vicié ?

On n'aperçoit donc aucun motif impérieux qui commande la radiation. Voy. aussi *infrà*, n. 1438 et s.

1379. De ce qui précède, M. Chauveau conclut qu'un créancier ne doit pas légèrement faire pratiquer une saisie. Avant d'entamer des poursuites qui entraînent des frais considérables, il conseille de prendre, à la conservation des hypothèques, des renseignements sur la possibilité de l'existence d'une précédente saisie. En agissant ainsi, l'on évitera des procédures inutiles, et peut-être aussi une condamnation personnelle aux dépens, car notre auteur serait disposé à faire supporter les frais d'une seconde saisie au créancier qui, avec un peu d'attention, aurait dû ne pas ignorer l'existence d'une saisie antérieure. — V. au surplus, dans le sens de sa théorie, M. Dalloz, n. 1083 et suiv. V. aussi MM. Bioche, n. 623 et suiv. et Colmet-Daage, t. 2, p. 374, n. 987; notre *Formul. annot.*, t. 2, p. 678, n. 9 et 10.

1380. (Q. 2415). *Comment se forme la demande en subrogation autorisée par l'art. 721? Comment est-elle instruite et jugée, et quels sont les effets du jugement?*

Cette demande, dit Carré, au texte, se forme, non par requête, mais par un simple acte d'avoué à avoué, contenant seulement des conclusions auxquelles l'avoué adverse a droit de faire une réponse; l'incident se juge à l'audience, et, en vertu du jugement qui intervient, le second saisissant est chargé de poursuivre, tant sur la saisie qu'il a faite que sur la première, et, par conséquent, si elles ne sont pas toutes deux au même état, il sursoit aux procédures de la première, jusqu'à ce qu'il ait conduit l'autre au même degré, afin de continuer les poursuites comme si les deux saisies ne formaient qu'une seule et même saisie.

1381. Comme l'observe M. Persil fils, *Comm.*, p. 271, n. 315, et comme la Cour de cassation l'a jugé, le 5 mars 1838 (*J. Av.*, t. 54, p. 354), il n'y a pas de nécessité d'un commandement de la part d'un créancier qui demande cette subrogation.

1382. D'autre part, la Cour de Rennes a jugé, le 1er déc. 1828 (*J. Av.*, t. 36, p. 136), que le demandeur en subrogation ne peut pas être forcé d'intervenir selon le mode fixé par l'art. 339, Cod. proc., et un arrêt de la Cour de Lyon du 1er mars 1831 (*J. Av.*, t. 41, p. 45), est allé jusqu'à admettre que la demande peut être formée par des conclusions prises à la barre, sans avenir préalable. V. encore *infrà*, n. 4402 et s..

1383. La tardiveté du dépôt fait par le subrogé du cahier des charges n'est pas une cause de nullité de la subrogation, si le premier saisissant avait lui-même régulièrement déposé un premier cahier des charges qui a été détruit dans l'incendie du palais de justice : Paris, 28 mai 1874 (*J. Av.*, t. 99, p. 273).

1384. Le jugement, qui prononce la subrogation dans des poursuites de saisie immobilière, n'a pas besoin d'être signifié : Lyon, 1er mars 1831 (*J. Av.*, t. 41, p. 452); Cass., 5 mars 1838 (t. 54, p. 354); Paris, 28 août 1875 (t. 100, p. 432). Toutefois, cette solution ne s'applique pas au cas où la subrogation est prononcée pour cause de collusion ou de fraude, et où le jugement est susceptible d'appel, comme on le verra *infrà*, sous l'art. 730. V. notre *Formul. annot.*, p. 678, n. 17.

1385. Lorsqu'un jugement a admis à tort la subrogation dans des poursuites qui avaient déjà pris fin par l'adjudication, la nullité de la procédure suivie par le subrogé ne peut néanmoins être demandée, si ce jugement est passé en force de chose jugée : Bordeaux, 12 fév. 1875 (*J. Av.*, t. 100, p. 406).

1386. (Q. 2415 quater). *En quelles circonstances le premier saisissant peut-il être constitué en faute de n'avoir pas poursuivi sur la seconde saisie,* *de manière que le droit de demander la subrogation soit acquis au second saisissant?*

Le droit de faire prononcer la subrogation est acquis au second saisissant, dit Carré, au texte, si, depuis la dénonciation faite de la seconde saisie au premier saisissant, celui-ci fait un nouvel acte sur la sienne, sans commencer les poursuites sur la seconde.

M. Chauveau regarde cette solution comme exacte. Conf., notre *Formul. annot.*, p. 677, n. 4. C'est là d'ailleurs, observe-t-il, une question d'appréciation. V. M. Dalloz, n. 1072.

1387. Lorsque des poursuites de saisie immobilière ont été exercées par suite d'un concert frauduleux entre le saisissant et le saisi et dans le but de paralyser celles d'un autre créancier, ce dernier est recevable à attaquer par la voie de la tierce opposition le jugement qui a converti la saisie en vente sur publications volontaires, et à se faire dès à présent subroger dans les poursuites de saisie : Bordeaux, 30 août 1875 (t. 101, p. 342).

1388. (Q. 2415 quinquies). *Si la demande en subrogation est formée le même jour par plusieurs créanciers inscrits, à qui appartiendra la poursuite?*

M. Paignon, t. 1, p. 201, n. 144, pense que, par analogie avec le cas prévu par l'art. 719, la poursuite doit appartenir à l'avoué porteur du titre le plus ancien; et, si les titres sont de la même date, à l'avoué le plus ancien. M. Chauveau ne voit pas d'objection à ce mode de faire cesser le conflit qui pourrait s'élever entre plusieurs créanciers. Il ajoute que la poursuite appartient au créancier le plus diligent, et non pas à celui qui, le premier, se serait adressé au conservateur des hypothèques. Conf., MM. Persil fils, *Comm.*, p. 278, n. 332; Dalloz, n. 1108.

1389. (Art. 721). *Dans le cas où le saisissant a cédé sa créance, contre qui doit être formée la demande en subrogation?*

La Cour de cassation a jugé, le 22 avril 1863 (*J. Av.*, t. 88, p. 530), que la demande en subrogation est valablement formée contre le saisissant, quoiqu'il ait antérieurement cédé sa créance à un tiers, s'il n'est pas fait mention de cette cession en marge de la transcription du procès-verbal de saisie. La Cour de Colmar, par un arrêt du 27 juin 1860 (t. 88, p. 25), contre lequel avait été dirigé le pourvoi qui a rejeté la décision ci-dessus, avait déclaré elle-même que, dans le cas de cessions successives de la créance du premier saisissant, la demande en subrogation aux poursuites de saisie n'en doit pas moins être formée contre lui, et non contre ses cessionnaires, si ceux-ci ont négligé de faire mentionner leurs cessions en marge de son inscription, encore bien que le demandeur en subrogation ait connaissance des cessions.

1390. (Q. 2415 bis). *La subrogation doit-elle être prononcée contradictoirement avec la partie saisie?*

Carré, au texte, estime que la demande en subrogation doit être notifiée au saisi à personne ou domicile. M. Chauveau partage cet opinion, qui est combattue par M. Persil fils, *Comm.*, p. 271, n. 316. Ce dernier auteur se fonde sur ce que le législateur a eu le soin d'imposer aux intéressés l'obligation d'appeler le saisi quand il voulait qu'il assistât aux autres actes de la saisie; mais c'est oublier, remarque M. Chauveau, que le saisi est assigné et partie à l'instance, et qu'il n'est nullement besoin que la loi parle pour qu'il soit évident que tout doit lui être signifié : il faudrait, pour que le contraire fût admis, qu'une défense de signification fût écrite dans la loi. V. conf., Caen, 22 fév. 1828 (*J. Av.*, t. 38, p. 95); Trib. de Condom, 4 déc., 1846 (*J. Av.*, t. 75, p. 6); Cass., 19 janv. 1853 (t. 78, p. 376); Bastia, 2 déc. 1859 (*J. Av.*, t. 88, p. 27). — *Contrà*, Dijon, 28 mars 1828 (*J. Av.*, t. 34,

p. 366); Paris, 23 mai 1874 (t. 99, p. 273); Dalloz, *Rép.*, vº *Vente publ. d'imm.*, n. 1102; Lachaize, t. 2, p. 92; Rodière, t. 3, p. 174; Colmet-Daage t. 2, p. 374, n. 986; Bioche, vº *Saisie imm.*, n. 633; notre *Formul. annot.* t. 2, p. 678, n. 13.

1391. Et la Cour de Bourges a jugé, le 22 fév. 1855 (t. 80, p. 394), que l'avoué est responsable de la nullité résultant de ce qu'une demande en subrogation à des poursuites de saisie immobilière n'a pas été signifiée par exploit au saisi défaillant (V. *infrà*, n. 1409 et s.). La Cour de Riom avait décidé le contraire, le 12 août 1844 (*J. Av.*, t. 68, p. 99).

1392 (Q. 2415 ter). *De la disposition de l'art.* 721 *résulte-t-il que le tribunal soit toujours tenu d'accorder la subrogation?*

Solution négative, au texte, de la part de Carré. M. Chauveau admet aussi, avec la plupart des auteurs, et un arrêt de la Cour suprême, qu'il appartient souverainement aux juges d'apprécier les circonstances qui peuvent motiver la subrogation. V., en ce sens Cass., 23 janv. 1833 (*J. Av.*, t. 44, p. 28); MM. Persil fils, *Comm.*, p. 272, n. 317; Pigeau, *Comm.*, t. 2, p. 459; Dalloz, n. 1106, et Bioche, vº *Saisie imm.*, n. 622; notre *Formul. annot.*, p. 678, n. 16.

1393. Un arrêt de la Cour de Bourges, du 18 avril 1826 (*J. Av.*, t. 32, p. 286), a décidé néanmoins qu'autre chose est de reconnaître ou d'apprécier l'existence d'un fait, autre chose d'en tirer les conséquences; et que si la négligence du créancier était retenue par le tribunal, il ne pourrait plus refuser la subrogation. V. aussi Rodière, t. 3, p. 175. C'est avec raison, dit M. Chauveau, que M. Favard de Langlade, t, 5, p. 70, repousse cette doctrine. Sans doute les juges rejetteront rarement une demande en subrogation fondée sur des motifs réels; mais, s'ils le font, ils ne violeront aucune loi. — Compar. *infrà*, n. 1403 et s.

1394 (Art. 721). *Le créancier qui a présenté à la transcription une saisie plus ample qu'une précédente saisie à laquelle il n'est pas donné suite par le premier saisissant, peut-il, sans se préoccuper de cette première saisie, suivre purement et simplement sur la sienne, ou bien est-il tenu de demander la subrogation dans la poursuite? Cette demande n'est-elle pas purement facultative?*

Consulté sur ce point, nous avons répondu : Puisque, d'après l'art. 720, Cod. proc., le créancier qui a fait pratiquer une seconde saisie plus simple que la première, doit s'effacer devant le premier saisissant, à qui est réservée la continuation de la poursuite, on ne saurait admettre que, dans le cas d'inaction du premier saisissant, le second puisse être de plein droit autorisé à suivre sur sa propre saisie. Il n'en a le droit qu'à la condition de se faire subroger dans la poursuite. L'art. 721, en disant que le second saisissant *pourra* demander la subrogation, n'entend point assurément lui reconnaître la faculté de prendre en mains la poursuite, sans avoir formé et fait accueillir cette demande; tout ce qu'il faut inférer d'une telle expression, c'est que le second saisissant peut, à son gré, ou laisser lui-même tomber la poursuite, ou solliciter de la justice l'autorisation de la continuer. Il a si peu le droit de s'en emparer de sa propre autorité, qu'il est très généralement reconnu que les juges saisis de la demande en subrogation ne sont nullement obligés d'y accéder, mais sont parfaitement libres de la rejeter suivant des circonstances. V. la question précédente.

1395. (Q. 2415 sexies). *Au lieu de se pourvoir en subrogation, le créancier du second saisissant ne pourrait-il pas demander la radiation de la première saisie pour suivre sur la sienne?*

Non, répond M. Chauveau, car la loi a prévu d'une manière spéciale et formelle cette situation, et elle a voulu que la jonction de deux saisies, dont la seconde est plus ample que la première, fût obtenue au moyen de la subrogation. — Conf., Trib. civ. de Liège, 4 août 1855 (*J. Av.*, t. 82, p. 208).

1396. Il a été aussi jugé qu'un créancier, après avoir demandé la subrogation dans une poursuite de saisie immobilière qui touchait à sa fin, ne peut, au lieu de donner suite à cette demande qu'aucune péremption n'est venue frapper, ni pratiquer une nouvelle saisie, ni demander la radiation de la première, sous le prétexte qu'elle aurait été abandonnée par le premier saisissant : Paris, 1er fév. 1876 (t. 101, p. 1918).

1397. Dans une espèce où la saisie plus ample n'avait été transcrite que pour l'excédant non compris dans la première saisie, le second saisissant, ne s'apercevant pas que les formalités de l'art. 693 avaient été remplies dans les poursuites antérieures, avait fait, par un simple acte, sommer l'avoué du premier saisissant pour voir ordonner la radiation de cette première saisie. Cette radiation avait été prononcée ; mais le conservateur refusait de l'exécuter, sur le motif que le jugement ne liait pas les créanciers qui y étaient demeurés étrangers. Comment fallait-il procéder pour régulariser la procédure ?

M. Chauveau, consulté sur ce point, a répondu : On aurait dû se conformer à l'art. 720 et recourir à la subrogation autorisée par l'art. 721, au cas de négligence de la part du premier saisissant. Au lieu de suivre cette voie, on a eu recours à une procédure qui n'était point ici praticable. Il est certain que le jugement obtenu en l'absence des créanciers inscrits devenus parties dans la première saisie n'est pas suffisant pour autoriser le conservateur à rayer cette saisie ; à la rigueur, on pourrait encore poursuivre un jugement de radiation contre ces créanciers ; mais on aurait à craindre de leur part des critiques fondées notamment sur la procédure employée. Il est préférable de considérer le jugement de radiation comme non avenu et de procéder par voie de subrogation, par simple acte contre le saisi et le premier saisissant ; on déclarera dans cet acte que si on n'a pas donné suite au jugement de radiation obtenu contre eux, c'est parce que ce jugement ne pouvait pas être exécuté.

1398. Mais comme on le verra *infrà*, n. 1458 et s'il est des cas où, d'après notre auteur, un second saisissant a intérêt à se pourvoir en radiation au lieu d'employer la voie de la subrogation, quoique, en principe, il faille tenir pour certain que l'art. 721 doit recevoir son application toutes les fois qu'il y a deux saisies dont l'une plus ample, et que le premier saisissant agit sans tenir compte de la dénonciation qui lui a été faite de la seconde saisie.

1399. (D I quinquies). *L'art. 722 est-il limitatif?*

M. Chauveau pense, comme M. Persil fils, *Comm.*, p. 274, n. 320, que cet article n'est point limitatif, et que la subrogation pourrait être demandée dans le cas où l'expropriation serait arrêtée par un fait particulier au poursuivant, comme l'ont jugé les Cours de Dijon, les 21 mars 1817 (*J. Av.*, t. 20, p. 484), 1er mars 1831 (*J. Av.*, t. 41, p. 484) et 1er mars 1831 (*J. Av.*, t. 41, p. 452) ; de Nîmes, le 4 juill. 1839 (t. 57, p. 609), et de Montpellier, le 23 oct. 1827 (t. 34, p. 118). Pigeau, *Comm.*, t. 2, p. 361, cite encore d'autres cas de subrogation.

1400. Il a été plus récemment jugé, dans le même sens, que le saisissant dont les poursuites ont été suspendues par un sursis peut, en vertu d'un autre titre de créance, reprendre les poursuites et se faire subroger dans la procédure commencée : Rouen, 25 août 1870 (*J. Av.*, t. 97, p. 153).

1401. (Q. 2416). *Les avoués doivent-ils, pour demander la subrogation dans les cas prévus par l'art. 722, se munir d'un pouvoir spécial?*

Carré, au texte, exprime l'opinion que ce pouvoir n'est pas nécessaire, relativement à la demande qui serait faite par un second saisissant, puisqu'il a suffisamment manifesté son intention de poursuivre, en faisant apposer une saisie ; mais que, comme ce motif n'existe point à l'égard d'un créancier non saisissant, il est prudent, de la part de l'avoué, de se munir d'un pouvoir spécial.

1402. M. Chauveau repousse, au contraire, cette précaution. Pourquoi, dit-il, l'art. 556, Cod. proc., a-t-il exigé que l'huissier fût muni d'un pouvoir spécial, lorsqu'il doit faire exécuter un acte ou un jugement par les voies de saisie immobilière ou d'emprisonnement? C'est autant dans l'intérêt du débiteur que dans celui du créancier; il fallait que le prétendu débiteur pût obtenir contre celui qui employait des voies aussi rigoureuses des dommages-intérêts s'il y avait lieu; il fallait que la volonté de les employer ne fût pas douteuse; ces motifs n'existent plus lorsque la saisie immobilière a été faite et qu'il ne s'agit plus que de mettre à fin cette procédure. Et d'ailleurs, la subrogation émane plutôt de l'avoué que de l'huissier; elle n'est demandée par exploit que lorsque le saisi n'a pas constitué d'avoué, et elle l'est toujours par un simple acte contre le poursuivant. — V. dans le même sens, Cass., 5 mars 1838 (*J. Av.*, t. 54, p. 354); MM. Lachaize, t. 2, p. 107; Dalloz, n. 1097; Persil fils, *Comm.*, p. 271, n. 314; Devilleneuve, S.-V.38.1.321.—*Contrà*, Merlin, add., t.17, p. 596; Bioche, n. 632.

1403. (Q. 2416 bis). *En quelles circonstances la subrogation peut-elle être ordonnée pour collusion, fraude ou négligence?*

Suivant Carré, au texte, la subrogation peut être demandée *en cas de collusion*, par exemple quand le poursuivant s'entend avec le saisi pour ne pas poursuivre; qu'il n'a entamé la saisie immobilière que pour empêcher les autres créanciers d'agir plus vivement; qu'il procède irrégulièrement afin qu'en définitive la saisie soit déclarée nulle, et que le saisi conserve plus longtemps l'immeuble entre ses mains, etc.; — *En cas de fraude*, quand ce n'est que par dol ou par ruse que le poursuivant se trouve le premier, au lieu de n'être que le second saisissant; par exemple, s'il a fait antidater son procès-verbal de saisie; — *En cas de négligence*, lorsque le poursuivant n'a pas rempli une formalité, ou n'a pas fait un acte de procédure dans les délais prescrits; comme si, par exemple, il a omis l'apposition des placards, les annonces, la publication au jour indiqué, la dénonciation de la saisie dans le délai fixé par la loi. Conf., MM. Paignon, t. 1, p. 203, n. 147; Bioche, v° *Sais. imm.*, n. 618. M. Dalloz, n. 1073, fait remarquer que le faux signalé par Carré entraînerait la nullité de la saisie, au lieu de motiver simplement une demande en subrogation; il pense d'ailleurs qu'il est superflu de prévoir les cas de fraude. — M. Persil, *Comm.*, p. 274, n. 319, fait observer avec raison que, « sur les faits de collusion, de fraude ou de négligence, les tribunaux « ont le droit d'appréciation, et qu'ils doivent apporter une grande pru« dence dans leur examen » (Compar. *suprà*, n. 1392).

1404. M. Chauveau ajoute qu'on peut considérer comme un cas de négligence, celui où un créancier subrogé aux poursuites d'un premier saisissant, après avoir, d'accord avec le saisi, sollicité et obtenu du tribunal un sursis de soixante jours à l'adjudication, a laissé écouler deux ans sans agir. Il est incontestable, dit-il, qu'un troisième créancier peut alors se pourvoir en subrogation contre le premier subrogé qui ne serait pas recevable à éviter les conséquences de cette demande, en provoquant immédiatement la fixation d'un nouveau jour d'adjudication.

1405. Notre auteur n'hésite pas à adhérer à une décision du tribunal civil de Saint-Gaudens du 18 avr. 1844, d'après laquelle une demande en subrogation aux poursuites, basée sur la négligence du créancier poursuivant, doit être repoussée, s'il résulte des faits et actes du procès que le retard doit être imputé à une action incidente formée par un tiers.

1406. Lorsque, à la veille du jour fixé pour l'adjudication, le poursuivant a donné mainlevée de la saisie; que, dès le soir de ce même jour, un créancier inscrit, à qui la sommation prescrite par l'art. 692, Cod. proc., avait été faite, a demandé, par de simples conclusions, à être subrogé dans les poursuites, et formé le lendemain par exploit la même demande contre le saisi, et qu'ultérieurement la radiation de la saisie a été opérée, le saisi est-il fondé à prétendre que la demande en subrogation est non recevable, comme n'ayant pas été dirigée contre tous les créanciers inscrits? — Dans l'espèce au sujet de laquelle cette question s'est élevée, le tribunal n'a pas prononcé la subrogation, mais, considérant que la saisie était commune au demandeur en subrogation, il a autorisé ce dernier à y donner suite, et a fixé un nouveau jour pour l'adjudication.

Appelé à donner notre avis sur la difficulté dont il s'agit, nous avons dit qu'elle est tranchée, selon nous, par le texte même de l'art. 702, Cod. proc., aux termes duquel l'adjudication qui, au jour fixé, n'est pas requise par le poursuivant, peut avoir lieu sur la demande des créanciers inscrits. Cet article n'exige pas que le créancier inscrit qui requiert, en pareil cas, l'adjudication ait été préalablement subrogé dans la poursuite de saisie immobilière; ces poursuites lui étant devenues communes depuis la mention en marge de la transcription de la saisie, de la sommation que prescrit l'art. 692 et dont l'art. 693 détermine les effets, il a par cela même le droit d'exiger que la procédure soit menée à fin, et de se substituer dans cet objet au saisissant, lorsque, au dernier moment, celui-ci a déserté cette procédure.

1407. A la vérité, l'art. 702 ne prévoit pas le cas particulier où le poursuivant a donné mainlevée de la saisie; mais cette circonstance ne saurait modifier la situation. Si la mainlevée peut avoir pour effet d'anéantir la saisie quand elle est donnée avant la sommation mentionnée plus haut, il en est autrement dans le cas contraire, sous la seule condition que cette sommation ait été mentionnée en marge de la transcription de la saisie; c'est ce qui résulte formellement de l'art. 693 déjà cité, qui porte que, du jour de cette mention, la saisie ne peut plus être rayée que du consentement des créanciers inscrits ou en vertu de jugements rendus contre eux (V. M. Chauveau, quest. 2335).

La saisie subsiste donc, malgré la mainlevée et malgré même la radiation, au regard des créanciers inscrits, en l'absence de toute participation volontaire ou involontaire de leur part. Et il s'ensuit qu'au jour fixé pour l'adjudication leur position est exactement la même que s'il n'était pas intervenu de mainlevée. Il suffit que l'adjudication ne soit pas requise par le poursuivant, pour qu'ils puissent la requérir eux-mêmes. Il n'y a pas à distinguer si c'est à raison de la mainlevée, de la saisie ou pour tout autre motif, que le poursuivant s'abstient de faire procéder à la vente; l'art. 702 est général et absolu.

1408. Donc, dans l'espèce de la question posée ci-dessus, le créancier inscrit qui, malgré la mainlevée consentie par le poursuivant, voulait faire passer outre à l'adjudication, n'avait pas besoin de se faire subroger dans les poursuites de saisie; il pouvait, sans autre formalité, requérir la mise aux enchères à l'audience même qui avait été fixée pour la vente (Carré et Chauveau, quest. 2336. V. *suprà*, n. 817 et s.). N'ayant pas usé de ce droit, il avait, à plus forte raison, la faculté de demander à être subrogé dans les poursuites en vertu de l'art. 722, Cod. proc. (Chauveau, quest. 2335 V. *suprà*, n. 808; Dalloz, *Répert.*, v° *Vente publ. d'imm.*, n. 1624). Et comme, la mainlevée étant sans effet à l'égard de la masse des créanciers inscrits, ainsi que nous l'avons indiqué plus haut, il s'ensuivait que les créanciers continuaient d'être parties dans l'instance de saisie en la personne du poursuivant (V. notamment Cass., 11 mai 1826, *J. Av.*, t. 31, p. 10;

Chauveau, quest. 2336), il n'avait pas à les mettre en cause, et il suffisait parfaitement que sa demande en subrogation, formée contre le poursuivant par de simples conclusions, fût notifiée par exploit au saisi (V. la question suivante); elle aurait même pu, si le saisi avait constitué avoué, être faite uniquement par des conclusions à la barre (Compar. *suprà*, n. 963).

1409. (Q. 2416 quater). *La demande en subrogation doit-elle être signifiée à la partie saisie, ainsi qu'au poursuivant et aux créanciers inscrits?*

La commission du Gouvernement avait proposé un art. 723, ainsi conçu : « La demande en subrogation sera formée contre le poursuivant et le saisi, « de la même manière et dans les formes prescrites par l'art. 718. »

Le projet soumis à la Chambre des pairs reproduisit le texte du Code de 1807; mais M. Chauveau pense qu'il s'en référa sans doute à l'art. 718. Dans tous les cas, notre auteur, par les motifs qu'il a déjà présentés dans l'examen de la question 2415 *bis* (*suprà*, n. 390), estime que le saisi doit toujours être appelé ou par un simple acte, s'il a constitué avoué, ou par un exploit à domicile. Conf. Rouen, 11 déc. 1851 (*J. Av.*, t. 77, p. 390); MM. Dalloz, n. 1101 et suiv.; Bioche, n. 633; Colmet-Daage, t. 2, p. 374, n. 986: notre *Formul. annot.*, p. 678, n. 17.

1410. Quant au poursuivant, observe M. Chauveau, il ne peut pas y avoir de doute, puisque c'est le défendeur naturel et principal; et par poursuivant il faut entendre, non pas celui qui a commencé la saisie, mais bien celui qui la dirigeait dans les derniers actes de la poursuite. Ainsi, quand il y a eu des subrogations successives, les créanciers subrogés deviennent tour à tour poursuivants; et c'est celui qu'on veut dépouiller du rôle de poursuivant que la demande en subrogation doit mettre en cause.

1411. Il est bien évident, comme le remarque encore M. Chauveau, qu'un avoué ne peut, au nom de celui pour qui il agit, se subroger lui-même à la poursuite en saisie immobilière abandonnée par l'avoué poursuivant; la subrogation doit être autorisée par justice : Limoges, 25 mars 1822 (*Journal des arrêts de cette Cour*, juin 1822, p. 276).

1412. (Q. 2416 quinquies). *La demande en subrogation peut-elle être formée sur l'appel ?*

M. Persil fils, *Comment.*, p. 276, n. 325, dit que, si l'instance est pendante en appel sur validité de la saisie, la demande en subrogation doit être portée devant la Cour, et c'est ce qu'a décidé la Cour de cassation le 26 déc. 1820 (*J. Av.*, t. 20, p. 598). Il ne faut pas, dit M. Chauveau, donner à cette règle, qui est vraie en soi, un sens trop absolu. Il est certain que si, sur l'appel, le poursuivant néglige de suivre l'instance, une demande en subrogation pourra être formée contre lui par un créancier. Mais, si le poursuivant est intimé, ou si le poursuivant appelant met la procédure en état, pourra-t-on, incidemment, demander une subrogation fondée sur un cas *de collusion, de fraude ou de négligence*, qui n'aurait pas été présenté en première instance? M. Chauveau ne le pense pas; les demandes en subrogation, en distraction, en nullité, etc., sont considérées comme des demandes incidentes à la poursuite en saisie immobilière; mais, entre elles et par rapport à chacune d'elles, elles doivent être considérées comme principales. Elles ne peuvent être incidentes l'une à l'autre. Devant la Cour, lorsqu'il s'agit d'une demande en subrogation, une demande en distraction serait une demande nouvelle, et *vice versâ*. Pourquoi n'en serait-il pas de même d'une demande en subrogation formée sur l'appel d'un jugement qui aurait rejeté ou admis des moyens de nullité?

Il y a plus : dans tous les cas de simple négligence, l'appel n'est pas permis (art. 730); comment la Cour connaîtrait-elle, *omisso medio*, d'une contestation sur laquelle elle ne pourrait même pas être appelée à statuer après un jugement de première instance?

1413. En résumé, M. Chauveau pense que l'opinion de M. Persil fils doit être restreinte au seul cas pour lequel il l'a admise. Son sentiment, combattu par M. Lachaize, t. 2, p. 94, n. 428, s'appuie sur un arrêt de la Cour de Turin, du 24 juillet 1810 (S.11.2,51); et il a été, depuis la publication de son ouvrage, confirmé par un arrêt de la Cour de Caen du 29 août 1873 (*J. Av.*, t. 100, p. 464), qui décide que la procédure de saisie immobilière devenant commune aux créanciers inscrits à partir du jour où la notification prescrite par les art. 691 et 692, Cod. proc. civ., a été faite en marge de la transcription de la saisie, si, après cette mention, le poursuivant ne conduit pas la procédure à fin, tout créancier inscrit peut, même en appel, intervenir pour demander à être subrogé dans les poursuites.

(Q. 2416 sexies). *Est-il vrai que le § 2 de l'art. 722 soit inutile et ne puisse régir aucun cas spécial?*

Dans son rapport à la Chambre des députés, M. Pascalis avait déclaré que la commission supprimait le deuxième paragraphe de l'art. 722, par le motif notamment que le sens littéral de ce paragraphe paraissait infirmer l'autorité de l'art. 715, dans lequel se trouvent énoncées les formalités prescrites, à peine de nullité; mais, dans le projet de la commission, ce même paragraphe a été conservé, et les Chambres l'ont voté sans discussion.

M. Persil fils, *Comm.*, p. 274, n. 321, s'étonne qu'on ait laissé passer dans la loi nouvelle une semblable disposition. M. Paignon, t. 1er, p. 203, n. 148, allant plus loin, qualifie le paragraphe en question d'*aberration profonde des principes du droit*. M. Chauveau, au contraire, approuve le maintien de ce paragraphe par des motifs qu'il puise dans le 2e § de l'art. 715, et surtout dans le 2e § de l'art. 728.

1414. La négligence, dit-il, peut très bien résulter de ce qu'une partie de la procédure est nulle ou annulable. Supposons que la publication soit faite vingt-cinq jours après le dépôt du cahier des charges, en vertu de l'art. 694, la nullité de cette publication et de ce qui l'aura suivie pour être prononcée; la négligence du poursuivant sera établie, et un créancier obtiendra la subrogation dans la procédure, à dater de la mention de la notification (art. 693); les délais pour accomplir les formalités prescrites par l'art. 654 courront à dater du jugement qui aura annulé la publication (art. 728, § 2).

1415. Inutile de multiplier les exemples. Dans la discussion à laquelle se livra la commission du Gouvernement, M. Pascalis fit observer: « Que le « projet renfermait une disposition qui permettait au subrogé de reprendre « la poursuite à partir du dernier acte valable. » Cette observation paraît à M. Chauveau devoir suffire pour justifier son appréciation. V. dans le même sens, MM. Dalloz, n. 1074; Bioche, vo *Saisie imm.*, n. 637; Colmet-Daage, t. 2, p. 374, n. 986.

1416. (Q. 2416 septies). *Quelle différence y a-t-il entre la mainlevée et la radiation, quant à leurs effets pour la subrogation?*

M. Chauveau explique que la mainlevée de la saisie est donnée par le poursuivant, et qu'en vertu de l'acte qui l'accorde, le débiteur fait opérer la radiation de la saisie, c'est-à-dire qu'en marge de la saisie, le conservateur déclare qu'elle n'existe plus, la radiation étant ainsi, non point une opération matérielle, mais le résultat d'un acte matériel, l'inscription faite en marge.

L'auteur ajoute, avec M. Persil fils, *Comm.*, p. 275, n. 324, que la mainlevée accordée au saisi par le poursuivant n'empêche pas les créanciers devenus parties dans la poursuite de demander la subrogation. V. aussi en ce sens,

Bruxelles, 7 juillet 1825 (*Journal de cette Cour*, 1825, t. 2, p. 291); Rouen, 11 déc. 1851 (*J. Av.*, t. 77, p. 390).

1417. Mais qu'arriverait-il si la mainlevée était donnée avant la notification prescrite par l'art. 692, et si la mention opérant radiation n'était pas inscrite encore sur le registre du conservateur? M. Paignon, t. 1er, p. 202, n. 146, pense que la subrogation pourra alors être edemandée, et la même solution découle d'un jugement du tribunal de la Seine, du 17 avril 1849 (*J. Av.*, t. 74, p. 315). Cette opinion semble confirmée par ce passage du travail de M. Pascalis, en 1838 : « Nous croyons utile cette addition proposée par le « tribunal de la Seine, *ou si le poursuivant a été désintéressé sans qu'il y ait* « *eu radiation de la saisie*; car, si la radiation n'a pas été consentie, il y a « épargne de frais à autoriser d'autres créanciers à la reprendre. » V. également en ce sens, M. Dalloz, n. 1120.

La Cour de Metz aurait voulu que, quoique le mot *rayé* soit employé dans le décret du 12 juillet 1808 concernant les droits de greffe, il fût cependant considéré comme impropre, et qu'on le remplaçât par ces mots : *Mention faite de la mainlevée sur le registre du conservateur des hypothèques.*

1418. Dans sa quest. 2335 (V. *suprà*, n. 808), M. Chauveau a exprimé l'opinion que les créanciers ne pouvaient pas s'opposer à la radiation, lorsqu'il y avait eu transaction entre le poursuivant et le saisi; il persiste ici à croire que, si mainlevée de la saisie a été donnée régulièrement par le saisissant maître de la poursuite, les créanciers qui n'étaient pas parties ne peuvent pas demander la subrogation. un désistement régulier produirait encore une mainlevée régulière. Ainsi, lorsque, après la sommation aux créanciers inscrits de prendre communication du cahier des charges, la procédure est annulée, à partir de la dénonciation au saisi inclusivement, en sorte que le procès-verbal seul reste debout, aucune demande en subrogation n'est recevable de la part des créanciers inscrits, quoique la saisie n'ait pas été rayée, si, d'ailleurs, le poursuivant en a donné mainlevée : Bordeaux, 28 fév. 1852 (*J. Av.*, t. 77, p. 333); Trib. civ. de Bordeaux, 11 nov. 1851 (t. 77, p. 404). V. aussi les autorités citées sous la quest. 2335 (*loc. cit.*). Mais il en serait autrement, dit M. Chauveau, si, le saisissant n'avait fait qu'abandonner tacitement ses poursuites.

1419. Un arrêt de la Cour d'appel de Bordeaux, du 5 juillet 1847, a décidé que, lorsqu'un jugement ordonnant la radiation d'une première saisie n'a pas été exécuté, et qu'un autre créancier, second saisissant, forme une demande en subrogation, il n'y a pas lieu d'accorder la subrogation, mais il faut autoriser le second saisissant à faire opérer la radiation de la première saisie et à continuer sur la seconde; les frais de la demande en subrogation étant d'ailleurs à la charge du débiteur, et devant être employés comme frais extraordinaires de poursuites. Ce cas, observe M. Chauveau, doit être assimilé à celui où le saisissant a donné une mainlevée régulière de la saisie. La négligence du saisi ayant occasionné les dépens de l'instance en subrogation, il est naturel de lui en faire supporter les suites.

1420. Dans une espèce qui a été soumise à notre auteur, plusieurs jugements accordant, du consentement des créanciers inscrits, des sursis à l'adjudication, avaient aussi donné mainlevée de l'opposition sur les loyers de l'immeuble saisi. Il s'agissait de savoir si ces jugements, postérieurs à la mention prescrite par l'art. 693, pouvaient être opposés à un créancier qui avait pris inscription avant qu'ils fussent rendus et qui n'avait pas consenti à la mainlevée. La solution négative n'a pas paru douteuse à M. Chauveau. Des art. 682 et 685, il résulte invinciblement, dit-il, que les loyers ne peuvent être distribués que dans un ordre. Il ne saurait dépendre des créanciers auxquels la saisie a été notifiée de se faire distribuer le montant de ces loyers, en consentant mainlevée de l'opposition; cette opposition, une fois faite, s'est incorporée avec la saisie immobilière, et les locataires n'ont pas été valablement libérés, en se conformant aux jugements, sans examen de l'état des inscriptions.

1420 bis. Nous avons été consulté sur le point de savoir si, lorsqu'une saisie immobilière régulièrement transcrite et suivie du dépôt du cahier des charges et de la sommation aux créanciers inscrits prescrite par l'art. 692, Cod. proc., a été abandonnée par le saisissant à raison du paiement de sa créance par le débiteur, mais toutefois sans qu'il y ait eu de sa part mainlevée de la saisie, le créancier inscrit qui s'est fait subroger dans les poursuites de saisie est tenu de remplir lui-même la formalité de la sommation, soit à l'égard des créanciers déjà précédemment sommés par le saisissant, soit à l'égard de ceux qui ne se sont fait inscrire que depuis cette première sommation.

L'officier ministériel qui nous a soumis cette question, inclinait bien à croire que le renouvellement de la sommation, de la part du subrogé, n'est pas nécessaire à l'égard des créanciers déjà sommés par le saisissant; mais le doute lui semblait permis à l'égard des créanciers qui ne se sont fait inscrire que depuis cette première sommation. « D'un côté, l'on dira, nous écrivait-il, que les nouveaux créanciers ont pris la situation hypothécaire dans l'état où elle était au jour de leur inscription. Mais, d'un autre côté, on objectera que tout créancier inscrit doit être appelé à prendre communication du cahier des charges et lié à la poursuite, et que, sans cela, il n'y aurait point purge à son égard. »

Pour nous, une nouvelle sommation nous paraît ne pouvoir être exigée, ni vis-à-vis des créanciers déjà précédemment sommés par le saisissant, ni à vis-à-vis de ceux qui n'ont pris inscription que depuis l'accomplissement de cette formalité. Le créancier subrogé dans les poursuites de saisie, prenant purement et simplement la place du saisissant, ne peut être obligé de recommencer les actes de procédure déjà régulièrement faits par celui-ci; il ne peut être tenu de refaire que les actes qui se trouveraient nuls, et doit continuer les poursuites d'après lee derniers errements valables (Chauveau, quest. 2416 *sexties*, *suprà*, n. 1416 et s.; Bioche, *Dict. de proc.*, v° *Saisie imm.*, n. 637; Dalloz, *Répert.*, v° *Vente publ. d'imm.*, n. 1074). Il est de jurisprudence, notamment, que le subrogé peut poursuivre l'expropriation sans avoir à signifier un nouveau commandement au débiteur : pourquoi en serait-il autrement en ce qui concerne les sommations aux créanciers inscrits ?— Le saisissant, auquel il est substitué, n'était tenu de faire sommation qu'aux créanciers qui se trouvaient inscrits lors du dépôt du cahier des charges (Nancy, 2 mars 1818 (*J. Av.*, t. 20, p. 515; Carré et Chauveau, quest. 2326, *suprà*, n. 718; Favard, *Répert.*, t. 5, p. 55; Bioche, *loc. cit.*, n. 351; Grosse et Rameau, *Comment. de la loi du* 21 *mai* 1858, t. 1, p. 34, n. 7; Ollivier et Mourlon, *Saisie immob. et ordres*, p. 295, n. 57; Seligman, *Id.*, p. 144, n. 10; Dalloz, *loc. cit.*, n. 811); et cette sommation une fois faite, il n'avait pas besoin de la réitérer dans le cas d'interruption des poursuites (Cass., 23 juillet 1817, S.-V. chr.; Pigeau, t. 2, p. 253, note 1; Bioche, n. 361). Le subrogé ne saurait être lui-même astreint à des obligations plus étroites. Les créanciers inscrits postérieurement à la sommation, prévenus par la transcription de la saisie et par la publicité donnée aux poursuites, doivent y intervenir, sans avertissement, pour surveiller leurs droits.

Vainement prétendrait-on que l'adjudication n'opérera pas la purge à leur égard. La disposition du § 7 de l'art. 717, Cod. proc., s'applique à toutes les hypothèques inscrites sans distinction : les seuls créanciers vis-à-vis desquels la purge ne soit pas opérée sont ceux qui, biens qu'inscrits lors du dépôt du cahier des charges, n'ont pas reçu la sommation prescrite par l'art. 692, ou n'ont reçu qu'une sommation irrégulière. V. Ollivier et Mourlon, p. 434,

n. 246; Colmet-Daage, *Comment. de la loi de* 1858, p. 15, n. 980; Dalloz, n. 1819; Chauveau, quest. 2403.

1421. (Q. 2416 octies). *Le saisi pourrait-il se prévaloir de l'inobservation des délais pour empêcher la subrogation ?*

Carré a répondu, au texte, que c'est principalement en faveur des créanciers, dont l'action est paralysée par une saisie transcrite, que le poursuivant est tenu d'agir dans les délais rigoureux; et qu'en conséquence le saisi ne peut se prévaloir de la seule inobservation de ces délais pour empêcher la subrogation.

1422. M. Chauveau pense que l'art. 715 ne permet pas d'admettre cette opinion, qu'a cependant consacrée un arrêt de la Cour de Riom, du 12 août 1844 (*J. Av.*, t. 68, p. 99), mais que M. Dalloz, *Rép.*, vº *Vente publ. d'imm.*, n. 1105, réponse comme lui.

1423. Notre auteur reconnaît du reste que le saisi n'est pas recevable à demander la nullité d'une saisie immobilière faite à leur préjudice, sur le motif qu'il existait une précédente saisie à laquelle le poursuivant aurait dû se faire subroger, lorsqu'un jugement passé en force de chose jugée a ordonné que celle-ci serait rayée : Pau, 4 fév. 1851 (*J. Av.*, t. 76, p. 614).

1424. (Q. 2416 novies). *Si le poursuivant se désiste au moment de l'adjudication, cette adjudication et la subrogation au profit d'un créancier peuvent-elles être prononcées par le même jugement?*

Cette question, qui faisait difficulté sous l'ancienne législation, mais qui était toutefois, même alors, généralement résolue dans le sens de l'affirmative, ne présente plus de doute, dit M. Chauveau, aujourd'hui que l'art. 702 dispose qu'au jour indiqué pour l'adjudication il y sera procédé sur la demande du poursuivant, et, à son défaut, sur celle de l'un des créanciers inscrits.

1425. (Q. 2416 decies). *Peut-on se faire subroger à une poursuite entachée de nullité ?*

Selon l'observation de M. Chauveau, tant que la nullité n'a pas été demandée et prononcée, rien n'empêche qu'un créancier n'obtienne la subrogation, pour régulariser la procédure. Alors même que la nullité d'un acte ou d'une partie quelconque de la procédure a été prononcée, ajoute l'auteur, on peut encore se faire subroger à la portion qui est demeurée valable. Mais, si la nullité affecte la procédure entière, on ne peut regarder ce vice comme un cas de subrogation; car, comment concevoir une subrogation à ce qui n'existe pas? Aussi la faculté de la demander a-t-elle été refusée dans des cas semblables par la Cour de Paris le 29 avril 1809 (*J. Av.*, t. 20, p. 192), et par la Cour de Nancy, le 19 mars 1827 (*J. Av.*, t. 32, p. 321).

1426. M. Paignon, t. 1, p. 203, n. 148, s'est demandé quelle serait la position des créanciers s'ils voulaient obtenir la subrogation d'une procédure qu'ils sauraient viciée de nullité. Cette position, observe M. Chauveau, serait intolérable; car, s'ils entendaient saisir de nouveau, le conservateur ne voudrait pas transcrire à cause de la saisie précédente, et s'ils suivaient sur la première saisie, ou négligée ou abandonnée, ils s'exposeraient à voir annuler tous les actes postérieures au jugement qui les aurait subrogés, à cause du vice des actes précédents. Notre auteur ne pense pas, en effet, que jamais le jugement de subrogation puisse couvrir, à l'égard des autres parties, les vices de nullité existant dans la poursuite. V. aussi M. Persil fils, *Comm.*, p. 278, n. 330 et 331; Besançon, 17 fév. 1827 (*Journal de cette Cour*, t. 8. p. 207).

1427. Lorsqu'un créancier voudra demander la subrogation d'une saisie, dit M. Chauveau, il en examinera tous les actes et reprendra la procédure, à partir du dernier acte valable, en faisant prononcer par le jugement qui lui accordera la subrogation, la nullité des actes entachés de nullité, pour asseoir sa procédure d'une manière solide. L'auteur fait remarquer que si le saisissant qui a laissé passer les délais prescrits à peine de nullité, pour faire un acte, s'expose à faire un acte nul, il n'en faut pas conclure que le créancier subrogé, qui remplace le poursuivant, n'a pas, plus que ce dernier, le pouvoir de valider un acte qui, nécessairement, serait fait après l'expiration des délais. Si l'on adoptait cette doctrine, il arriverait : 1° que le poursuivant verrait, en pareil cas, le bénéfice de la poursuite antérieure à la nullité paralysé entre ses mains, puisqu'il ne pourrait plus faire un pas, et que tout acte nouveau serait nul; 2° qu'aucune subrogation ne serait possible, puisque le subrogé, mis au lieu et place du poursuivant, serait exposé aux mêmes inconvénients que celui-ci. Tel n'a pas pu être et tel n'est pas, selon M. Chauveau, l'esprit de la loi. — Le poursuivant qui, par négligence ou autrement, ne fait pas un acte en temps utile, n'est pas irrévocablement condamné à l'inaction. Il a, pour remédier aux dangers de cette fausse position, deux voies, suivant les circonstances : ou bien l'acte a été fait après les délais expirés, ou bien, les délais étant expirés, le poursuivant s'aperçoit qu'il ne peut plus faire qu'un acte nul; dans le premier cas, il se désiste de l'acte annulable, sous la réserve de régulariser la procédure (ce désistement est accepté judiciairement ou extrajudiciairement), et l'acte est refait dans le nouveau délai, qui a pris cours à dater de l'acceptation du désistement; dans le second cas, il appelle, par un simple acte, ou par un exploit, suivant qu'un avoué a été ou non constitué, le saisi à l'audience, pour voir dire que, bien que les délais pour continuer les poursuites soient expirés, il sera autorisé à reprendre ces poursuites, à partir du dernier acte valable, sauf à lui à supporter les frais de l'incident. Quant au subrogé, l'effet du jugement de subrogation est de combler la lacune produite par l'inaction du saisissant, et de ne faire courir le nouveau délai que du jour où la subrogation est admise. (V. *infrà*, quest. 2422 *tredecies*.)

1428. Il peut arriver, ajoute M. Chauveau, qu'au moment où la subrogation est demandée, le créancier ignore les causes de nullité qui frappent la poursuite. Dans ce cas, il fait signifier un acte qui contient des réserves expresses à ce sujet, réserves qu'il est toujours prudent de faire insérer dans le jugement. Si, au moment de la demande, la nullité est connue, il fait signifier un acte dans lequel il est conclu à ce que la nullité soit prononcée et la subrogation admise, à partir du dernier acte valable (V. *Formulaire*, p. 101, formule n. 627). Lorsque la nullité n'est connue qu'après la signification de la demande et avant le jugement, le demandeur prend des conclusions pour faire statuer spécialement sur la nullité signalée. Enfin, quand la nullité n'est révélée que par l'examen des actes de la poursuite remis par le saisissant, la demande en nullité, réservée par le jugement de subrogation, forme l'objet d'un incident particulier introduit par un simple acte. —V. aussi M. Dalloz, n. 1078.

1429. (Q. 2416 undecies). *Si la procédure est annulée, les frais retomberont-ils sur le poursuivant auteur de la nullité, ou sur le subrogé qui s'est mis à sa place?*

M. Lachaize, t. 2, p. 99, n. 430, adopte la seconde solution, en considérant que le poursuivant n'est obligé vis-à-vis de personne à continuer ses poursuites; que sa négligence n'est punie que de la menace d'une subrogation; qu'il a pu les abandonner parce qu'il s'est aperçu de la nullité, et qu'il a craint qu'elle ne retombât sur lui-même; enfin que celui qui se met à sa place doit subir toutes les conséquences de cette position. M. Chauveau déclare embrasser ce système. M. Dalloz, n. 1111, pense que chacun des poursuivant et subrogé est responsable de la nullité qui lui est imputable, sans que, cependant, le dernier puisse rendre le premier garant de l'annulation des actes postérieurs à la subrogation provenant du vice existant dans des actes antérieurs.

1430. La Cour de Bordeaux, appelée à se prononcer sur la difficulté, a décidé, le 23 août 1845 (*J. Av.*, t. 71, p. 191), que le créancier subrogé à la poursuite d'une saisie immobilière déclarée nulle à la requête d'un autre créancier, a un recours en garantie contre le saisissant pour tous les frais de poursuites et les dépens auxquels il est condamné par suite de la nullité prononcée. L'opinion contraire paraît seule rationnelle à M. Chauveau.

1431. (Q. 2416 duodecies). *Le créancier inscrit qui, en désintéressant un autre créancier, à la requête duquel les immeubles du débiteur commun avaient été saisis, a été légalement subrogé aux droits du saisissant, peut-il être contraint, tant que la saisie n'est pas devenue commune à tous les créanciers inscrits par la mention que prescrit l'art.* 693, *Cod. proc., de céder la direction de la poursuite à un troisième créancier qui offre de lui rembourser la somme payée au premier saisissant ; ou bien la subrogation ne peut-elle avoir lieu qu'à la condition de rembourser en outre au second saisissant le montant de sa créance hypothécaire contre le saisi?*

Cette question est née dans les circonstances suivantes : A*, B**, C***, D****, sont créanciers inscrits sur le même immeuble. A* fait pratiquer une saisie pour les intérêts échus de sa créance. Immédiatement après la saisie, B** paie les intérêts dus à A*, et se trouve, sous ce rapport, légalement subrogé à ce premier créancier (art. 1251, Cod. civ.) ; B** fait dénoncer la saisie, et s'entend avec le débiteur pour la convertir en vente volontaire ; mais au moment de la conversion et avant le jugement, D**** offre à B** de lui rembourser tout ce que dernier a payé à A*. B** résiste, en exigeant en outre le remboursement de sa créance personnelle. Voici l'appréciation de M. Chauveau :

1432. Si B**, en vertu de la subrogation qui résulte du paiement qu'il a fait au premier saisissant A*, continue les poursuites, en dénonçant seulement au débiteur la quittance subrogative, il est censé ne poursuivre que pour la somme énoncée dans cette quittance, et dès lors on ne voit pas quelle objection il peut opposer à D****, qui offre de lui rembourser cette somme et les frais. L'espèce donnée diffère essentiellement des cas prévus par les art. 721 et 722. Il s'agit ici d'une subrogation volontaire par suite d'arrangements entre A* et B**, créanciers hypothécaires. La saisie n'a été faite que pour des intérêts ; il n'a pu dépendre de B** d'aggraver la position du saisi. Celui-ci pouvait s'affranchir à l'égard de A* des poursuites commencées, en payant les causes de la saisie ; il le peut de même, et un de ses créanciers le peut aussi, en payant les causes de la saisie à B**, qui n'est que le représentant de A*.—La prétention de B** n'est donc pas admissible.

1433. Cette solution n'est exacte toutefois, remarque M. Chauveau, qu'à la condition que la saisie ne soit pas encore devenue commune à tous les créanciers inscrits par la mention dont parle l'art. 693, Cod. proc. ; à dater de cette mention, chaque créancier inscrit devient saisissant, et il peut s'opposer à la discontinuation de la saisie, tant qu'il n'est pas remboursé du montant de sa créance. Peu importe que le titre des créanciers fût ou non venu à échéance, la saisie, indice de la déconfiture du débiteur, ayant rendu toutes les créances exigibles.

1434. (Q. 2416 tredecies). 1° *Une demande en subrogation est-elle admissible au cas de vente sur conversion lorsqu'elle est formée avant tout désistement et toute radiation? Aurait-elle pour effet d'empêcher le désistement et la radiation, et, dans le cas où ils auraient lieu nonobstant l'existence de la demande pendante, de la faire considérer comme non avenue ?* 2° *Une opposition signifiée en même temps au saisissant, et une opposition à radiation au con-*

servateur pourraient-elles faire davantage ? 3° Un créancier serait-il recevable à intervenir, même à ses frais, dans une poursuite en conversion ; et, au cas d'intervention admise, le désistement et la radiation seraient-ils possibles sans le consentement de l'intervenant ?

M. Chauveau, répondant d'abord à la seconde question, observe que la loi ne reconnaît point, en matière de saisie immobilière ordinaire ou convertie en vente volontaire, la procédure d'opposition ; qu'en général les oppositions même aux commandements ne sont pas susceptibles, selon lui, d'arrêter l'exécution ; que, dès-lors, une radiation, dans le cas où elle peut être consentie, faite au mépris des oppositions signifiées au saisissant et au conservateur, produirait tous ses effets légaux.

1435. Sur les deux autres points, M. Chauveau pose en principe : 1° qu'une demande en subrogation suffit pour empêcher la radiation ; 2° que l'intervention d'un créancier est recevable dans l'instance en conversion. Peu de mots suffisent, dit-il, pour justifier son sentiment. La conversion ne rend pas la vente purement volontaire. Une nouvelle saisie est impossible. Tous les créanciers sont représentés avant la sommation prescrite par l'art. 692, Cod. proc., par le poursuivant, et après par ceux qui, ayant reçu cette sommation, ont dû donner leur consentement à la transformation de la saisie immobilière. De cette position respective dérive une première conséquence, que M. Chauveau regarde comme forcée, à savoir, que tout créancier a le droit, comme s'il n'y avait pas eu de conversion, de demander la subrogation. Voy. en sens, Cass., 12 août 1844 (*J. Av.*, t. 68, p. 93) ; Bordeaux, 11 nov. 1851.

1436. Mais cette demande en subrogation ne produira-t-elle un effet sérieux que quand elle aura été prononcée au profit de celui qui l'aura introduite ? Notre auteur repousse cette restriction. Si le juge constate la négligence, ou la collusion, ou la fraude, et qu'il prononce la subrogation, celui qui l'aura demandée, dit-il, sera réputé poursuivant du jour de sa demande ; rien n'aura pu être fait sans sa participation ; le saisi et les créanciers qui avaient consenti à la conversion n'auront pas pu seuls arriver à une radiation et la faire opérer. Ce qu'il décide dans le cas où le tribunal a prononcé la subrogation ne se réalisera-t-il pas, si, avant le jugement, la radiation a été consentie et opérée ? En d'autres termes une demande en subrogation ne devra-t-elle que servir d'avertissement aux parties qui ont consenti à la conversion, pour qu'elles s'empressent de consommer ce qui n'était qu'en projet ? Sans tenir aucun compte de la demande en subrogation, pourront-elles faire rayer la saisie et forcer le créancier demandeur à payer les frais de sa légitime insistance, et à recommencer une longue et dangereuse procédure ? Ce serait, observe M. Chauveau, d'une iniquité révoltante, car le créancier ne pouvait plus saisir ; il a voulu, dans l'intérêt de tous, conduire à bonne fin la procédure bienveillante de la conversion, et son zèle doit être mieux récompensé.

1437. Notre auteur lui accorde même un droit plus étendu, plus efficace, celui d'intervenir, à la vérité à ses frais. Ainsi tout créancier qui n'aura pas reçu de sommation, ou qui aura obtenu son titre après la sommation et la conversion, qui enfin ne sera pas en nom distinct, partie à cette procédure, fera signifier par requête sa demande en intervention et en fera prononcer la régularité. Il deviendra alors partie dans l'instance, et rien ne pourra être fait sans sa participation. Qu'objectera-t-on de sérieux à cette demande d'intervention ? Dira-t-on que la loi a indiqué les seules parties qui doivent figurer dans la procédure en conversion, qu'il ne doit pas être permis à un tiers d'augmenter les frais par sa présence et qu'il doit s'en rapporter à ceux auxquels la loi a confié le soin de le représenter ? Il n'a jamais été défendu, répond M. Chauveau, à celui qui est représenté dans une instance d'y comparaître en personne ; on autorise même à exercer les actions de leur débiteur, ceux qui n'ont qu'un intérêt indirect à intervenir, et on refuserait ce droit à celui qui est directement partie intéressée? Serait-ce logique?

1438. (Q. 2417). *Par qui les dépens de la demande en subrogation doivent-ils être supportés?*

L'art. 723 porte, il est vrai : *La partie qui succombe sera condamnée personnellement aux dépens*, mais ainsi que le fait remarquer M. Chauveau, ce texte a besoin de quelques éclaircissements.

Il est de principe, en matière de saisie immobilière, que tous les dépens qui sont légitimement faits par les parties intéressées pour parvenir *directement*, en suivant la procédure du titre XIIe, *indirectement* en formant ou en repoussant les incidents dont parle le titre XIIIe, doivent être considérés comme privilégiés, employés comme frais de poursuite, et payés sur le prix. Quand il s'agit d'une demande en subrogation, si le poursuivant obtient gain de cause, le créancier demandeur sera condamné à tous les dépens; mais ceux qu'aura exposés le poursuivant, pour résister à la demande injuste formée contre lui, seront, dit M. Chauveau, réunis aux autres frais de poursuite, sauf aux créanciers sur lesquels les fonds manqueraient, ou au saisi, à poursuivre le demandeur en subrogation pour obtenir sur ses biens personnels, le remboursement des frais qui ont été supportés par la masse. Si, au contraire, le poursuivant a succombé, la position du subrogé est encore plus favorable, la même marche sera suivie.

1439. M. Chauveau fait remarquer que, puisqu'aux termes de l'art. 723, ce n'est que la partie qui succombe qui doit *personnellement* supporter les dépens, les autres parties rentrent dans la règle commune, qui permet à un créancier d'employer comme frais privilégiés tous les dépens d'instance faits pour arriver au paiement par la vente des immeubles de son débiteur. Conf., MM. Colmet-Daage, t. 2, p. 377, n. 988; Rodière, t. 3, p. 175.

1440. M. Chauveau examine ensuite une hypothèse particulière. Trois jugements successifs prononcent un sursis d'une année chacun, du consentement des créanciers auxquels la notification avait été faite. Postérieurement à la sommation de prendre communication du cahier des charges, un créancier nouveau obtient un jugement et prend inscription. Il demande la subrogation à des poursuites qui lui paraissent abandonnées; on lui oppose les jugements de sursis. Quel doit être le sort des dépens?— L'auteur est d'avis qu'il faut les passer comme frais de poursuite. C'est là, du reste, dit-il, une question d'appréciation qui, d'après les circonstances, pourrait bien être résolue contre le demandeur. Compar., *suprà*, quest. 2416 *ter in fine*.

1441. M. Chauveau fait remarquer que, dans la plupart des tribunaux, il est d'usage d'employer en frais de justice les frais de la demande en subrogation lorsque le premier saisissant a été payé. Il n'en peut être autrement, ajoute-t-il, car, dans ce cas, le demandeur en subrogation ne succombe point, non plus le poursuivant désintéressé qui ne s'est pas opposé à la subrogation, et auquel on ne peut pas imputer à faute de n'avoir pas continué sa poursuite. C'est ce que la Cour de Bordeaux a décidé le 5 juill. 1847 (*J. Av.*, t. 75, p. 9), dans une espèce où la radiation prescrite par un jugement n'avait pas été requise par le saisi.

1442. Le tribunal de Saint-Gaudens, allant plus loin, a jugé, le 18 déc. 1849 (*J. Av.*, t. 75, p. 106), que le saisissant qui, à une époque postérieure à la transcription de la saisie immobilière, abandonne les poursuites parce qu'il est désintéressé, doit être condamné aux dépens de la demande en subrogation formée par un créancier second saisissant, et accueillie par les juges. Cette décision se fonde sur ce double motif que l'art. 723, Cod. proc., a uniquement pour objet d'empêcher que les dépens puissent jamais être considérés comme frais privilégiés; et que le saisissant, bien que désintéressé par le débiteur, n'en a pas moins qualité pour donner suite à la saisie, dans l'intérêt des autres créanciers, et que, s'il ne le fait pas, il y a de sa part une négligence dont il doit supporter les conséquences.

1443. M. Chauveau proteste contre une telle doctrine. Que peut-on exiger d'un créancier qui touche le montant de sa créance. Une quittance. Voudrait-on qu'il prît le soin de faire rayer la saisie? Ce serait quelquefois impossible, dans le cas où il y a des créances inscrites; mais c'est d'ailleurs lui imposer une obligation qui ne ressort d'aucun texte de loi. A plus forte raison ne peut-on prétendre que le paiement de la créance ne faisant pas disparaître la procédure, le créancier désintéressé doit, à peine de négligence, mener à fin la saisie. Aussi la Cour de Toulouse, devant laquelle il a été interjeté appel du jugement du tribunal de Saint-Gaudens, l'a-t-elle infirmé le 6 fév. 1850 (*J. Av.*, t. 75, p. 142), en ces termes : Il est constant, en fait, que le saisissant n'avait abandonné la saisie commencée par lui, que parce qu'il était complètement désintéressé en capital, intérêts et frais, il n'avait plus aucun intérêt à poursuivre une saisie à laquelle il était devenu étranger; si, pour se conformer à la loi, le demandeur lui a notifié sa demande en subrogation, il ne peut en découler la conséquence que le saisissant doive être condamné aux frais de la demande en subrogation. S'il en était autrement, il faudrait décider qu'un créancier saisissant est forcé de continuer les procédures en saisie immobilière, quoiqu'il n'ait plus qualité pour poursuivre son débiteur, et que ce débiteur ne pourrait point lui opposer un défaut de qualité, ce qui répugne aux idées de droit et d'équité. Rien dans la loi n'indique qu'un poursuivant désintéressé soit obligé d'avertir les autres créanciers, qu'il peut même ne pas connaître; d'où résulte qu'on ne peut lui faire supporter à titre de peine, les dépens d'une demande en subrogation. Si l'art. 723 déclare que la partie qui succombe sur la demande en subrogation doit être personnellement condamnée aux dépens. C'est qu'il suppose qu'il y a un litige, une contestation, une partie qui succombe; véritablement il n'a pas voulu que dans ce cas les frais fussent passés comme frais de justice; mais il doit en être autrement, lorsque la subrogation n'est, à raison de la position de chaque partie, qu'une instruction de pure forme, pour investir régulièrement un créancier de la direction d'une poursuite commencée par un autre qui, désintéressé, a dû l'abandonner.

1444. (Q. 2417 bis). *L'avoué du poursuivant est-il forcé de remettre les pièces au subrogé?*

M. Persil fils, *Comment.*, p. 278, n. 329, résout négativement cette question, par le motif que l'avoué les tient de son client et qu'il ne doit les remettre qu'à ce dernier. C'est aussi le sentiment de MM. Pigeau, *Comment.*, t. 2, p. 364, et Dalloz, n. 1115.

1445. Quant à M. Chauveau, s'il ne peut admettre que l'avoué du poursuivant soit *légalement* considéré comme le mandataire de tous les créanciers, il regarde comme un devoir professionnel de la part de cet avoué de conserver avec soin toutes les pièces de sa procédure, de ne se prêter à aucun caprice de son client, et de résister à sa mauvaise foi, en avertissant les autres créanciers, s'il voulait colluder avec le saisi. D'un autre côté, il est d'avis que le tribunal, en accueillant la demande en subrogation, doit ordonner que l'avoué du poursuivant remettra directement au subrogé, et sur son simple récépissé, toutes les pièces de la procédure.

1446. (Q. 2417 ter). *Par quels moyens peut-on faire opérer la remise des pièces du poursuivant au subrogé ?*

M. Chauveau admettait bien, avec MM. Pigeau, *Comm.*, t. 2, p. 364, et Persil fils, *Comm.*, p. 278, n. 328, que le poursuivant ne pouvait pas être immédiatement contraint par corps à cette remise, mais il pensait qu'on pouvait atteindre le même but en condamnant le poursuivant récalcitrant à plus de 300 francs de dommages-intérêts (art. 126, Cod. proc.), ainsi qu'à une certaine somme de dommages-intérêts par chaque jour de retard, et en ne le payant pas de ses frais sur le prix de l'adjudication; ces moyens combinés devront nécessairement, disait-il, devenir contre le premier poursuivant *une puissance coercitive* à laquelle il ne résistera pas. On sait que le premier de ces moyens est aujourd'hui impraticable, par suite de la suppression de la contrainte par corps.

1447. Que si le poursuivant avait remis ses pièces au saisi (il doit le faire en certains cas; Voy. *Q.* 2416 *ter*, et 2417), ou, s'il les avait détruites, il devrait alors, contrairement à l'opinion de M. Paignon, t. 1, n. 151, rendre compte des motifs de son refus, et s'il ne le faisait pas, il s'exposerait à supporter des dommages-intérêts considérables.

MM. Thomine-Desmazures, t. 2, p. 275; Pigeau, *Comm.*, t. 2, p. 364; Dalloz, t. 11, p. 813, n. 14, et 2e édit., v° *Vente publ. d'imm.*, n. 1116; Bioche, p. 153, n. 484, et 3e édit., *Sais. imm.*, n. 639; Rodière, t. 3, p. 175; Colmet Daage, t. 2, p. 377, n. 988, pensent, comme notre auteur, que la voie des dommages-intérêts est suffisante pour l'exécution du § 2 de l'article 723. M. Jacob, t. 2, p. 9, va jusqu'à dire que l'avoué du poursuivant peut être condamné à la remise des pièces de la poursuite personnellement, avec des dommages-intérêts par chaque jour de retard. Un arrêt de la Cour de Bordeaux du 16 juin 1828 (*J. Av.*, t. 35, p. 258), a jugé qu'en cas de refus, le subrogé peut être autorisé à se procurer les pièces, si cela est possible, aux frais du poursuivant.

1448. (Q. 2417 quater). *Que veut dire l'art.* 723, *lorsqu'il dispose que le poursuivant* NE SERA PAYÉ DE SES FRAIS DE POURSUITE QU'APRÈS L'ADJUDICATION, SOIT SUR LE PRIX, SOIT PAR L'ADJUDICATAIRE?

Evidemment, remarque ici M. Chauveau, le premier poursuivant sera dans la même position que le second ou tous autres subrogés; il ne pourra être remboursé de ses frais qu'après l'adjudication. Ce n'est donc pas à titre de peine que le législateur de 1807 et celui de 1841 ont adopté une semblable disposition, c'est pour qu'il soit bien entendu que le poursuivant ne pourra pas immédiatement demander son remboursement au subrogé. Conf., MM. Dalloz, n. 1110; Bioche, v° *Sais. imm.*, n. 64, et Colmet-Daage, t. 2, p. 377, n. 988. — Quant aux dernières expressions, *soit sur le prix, soit par l'adjudicataire*, elles ne peuvent, comme le dit notre auteur, signifier autre chose, si ce n'est que, dans le cas où les frais de la poursuite sont payables en diminution du prix, ils doivent être prélevés sur le montant de l'adjudication, tandis qu'ils seront à la charge de l'adjudicataire s'ils sont payables en sus du prix; mais cela n'a aucune portée. La seule question est celle de savoir si ces frais seront privilégiés, et leur nature suffit pour la résoudre; il importe peu de quelle manière on se sera exprimé dans le cahier des charges.

1449. (Q. 2418). *Le jugement qui prononce la nullité de la saisie suffit-il pour que la radiation doive en être opérée?*

La Cour de Riom a jugé la négative par un arrêt du 23 déc. 1803 (*J. Av.*, t. 20, p. 228), dont la doctrine est approuvée par M. Coffinières, *loc. cit.*, et par M. Persil, *Comm.*, p. 279, n. 333.

1450. M. Chauveau repousse cette solution en puisant sa raison de décider dans la distinction qu'il a déjà établie (*supra*, *Q.* 2335 et 2416 *septies*) entre la mainlevée et la radiation, et dans l'explication de ce dernier mot. — Sous quel prétexte, dit-il, le conservateur pourrait-il se refuser à faire mention, en marge d'une saisie, d'un acte qui en donnerait mainlevée, ou d'un jugement qui en prononcerait la nullité? Sa mission est toute matérielle. C'est la mention d'un fait authentiquement prouvé qu'il transcrit sur ses registres, et c'est de ce fait et de sa mention que dérive nécessairement la radiation. — Que les actes de mainlevée et que les jugements qui prononcent les nullités prennent soin de dire que *radiation sera faite de la saisie*, rien de mieux; mais ce que M. Chauveau ne conçoit pas, c'est qu'une Cour admette comme grief d'appel le silence d'un jugement, lorsque ce jugement a prononcé la nullité. — La Cour de Montpellier a confirmé l'opinion de notre auteur, le 16 fév. 1852 (*J. Av.*, t. 77, p. 325), en déclarant que la radiation est la conséquence nécessaire de la nullité.

1451. Néanmoins, en présence du refus que font généralement les conservateurs d'opérer des radiations qui ne sont pas formellement ordonnées dans le jugement d'annulation, notre auteur engage les avoués à ne pas négliger de faire insérer cette disposition dans le jugement, afin d'éviter à leurs clients les frais et les retards d'une nouvelle instance.

1452. (Q. 2418 bis). *Pour qu'un saisissant postérieur puisse poursuivre sur sa saisie, faut-il qu'il l'ait fait transcrire ?*

Solution affirmative, au texte, de la part de Carré. La même opinion est exprimée par M. Chauveau, sur le motif que la saisie est nulle, faute d'avoir été transcrite, ou d'avoir été présentée à la transcription dans les quinze jours de la notification au saisi (art. 678). V. aussi en ce sens MM. Thomine-Desmazures, t. 2, p. 276; Bioche, vº *Sais. imm.*, n. 648; Dalloz, n. 1049, et Decamps, p. 85; notre *Formul. annot.*, p. 680, n. 2. M. Jacob, t. 2, p. 10, ne croit pas que le saisissant postérieur doive faire transcrire.

1453. (Q. 2418 ter). *Y a-t-il un délai à observer entre une première saisie, rayée par suite de transaction, de désistement ou de jugements, et la poursuite d'un créancier sur sa seconde saisie?*

Dans le silence de la loi, M. Chauveau propose la solution suivante : L'avoué constitué par le second saisissant dans son procès-verbal de saisie doit surveiller la procédure suivie sur la première saisie qui avait été déjà transcrite, lorsque son mandant s'est présenté au bureau des hypothèques. Si le premier saisissant ne fait pas, à l'époque prescrite par la loi, les diligences nécessaires, le second saisissant doit immédiatement demander la subrogation. Avant d'intenter cette demande, il s'assurera au bureau des hypothèques si la négligence du premier poursuivant ne provient point d'une radiation consentie par lui ou ordonnée par jugement. Si la radiation était opérée sur les registres, ce ne serait plus la voie de la subrogation qu'il devrait suivre; il poursuivrait alors sa propre saisie, conformément à l'art. 724. C'est ce qu'enseigne également M. Thomine-Desmazures, t. 2, p. 276.

1454. Mais, ajoute M. Chauveau, si, au lieu de suivre cette marche, le second saisissant laissait, à dater de la radiation, s'écouler le délai légal (quinzaine), il s'exposerait à voir prononcer la nullité de ses poursuites. — *Contrà*, Colmet-Daage, t. 3, n. 990.

1455. Toutefois, les tribunaux pourraient prendre en sérieuse considération les circonstances et refuser, par exemple, de prononcer la déchéance, s'il était constaté que la radiation opérée par le consentement du poursuivant, sans aucune publicité, n'a pas été connue du second saisissant.

1456. Un arrêt de la Cour de cassation, du 24 mars 1835 (*J. Av.*, t. 51, p. 501), décide qu'il n'y a aucun délai à observer entre la radiation d'une première saisie comme nulle, et une nouvelle saisie pratiquée par la même partie. Cela est incontestable; mais la position est toute différente de celle qui vient d'être examinée.

1457. (Q. 1418 quater). *Un créancier qui n'aurait pas saisi pourrait-il poursuivre sur la saisie rayée?*

Solution affirmative de la part de Carré, au texte.

Lorsqu'une saisie a été rayée *légalement* (Voy. *suprà, Q.* 2335 et 2416 *septies*), dit M. Chauveau, aucun créancier ne peut se faire subroger dans les poursuites : l'art. 724 est alors seul applicable. Mais, au contraire, lorsque la première saisie n'a pas été rayée, parce qu'elle n'a pas pu l'être, la subrogation est autorisée en faveur de tout créancier, même chirographaire (Voy. *suprà, Q.* 2416 *ter*).

1458. (Q. 2418 quinquies). *Dans quels cas y a-t-il lieu de se pourvoir en radiation au lieu de demander la subrogation ?*

Voici la théorie de M. Chauveau sur ce point :

La radiation doit être demandée lorsque, dans l'ignorance d'une première saisie dont aucun acte récent n'est venu révéler l'existence, un créancier en a fait pratiquer une seconde que le conservateur refuse de transcrire à cause de la transcription sur ses registres de la précédente, qui a été abandonnée depuis l'accomplissement de cette formalité. Dans cette hypothèse, en effet, le second saisissant n'a aucun intérêt à agir par voie de subrogation, puisque sa poursuite est aussi avancée que celle du premier saisissant. Il en est autrement si l'interruption de la poursuite a eu lieu à une époque postérieure : la subrogation est alors le seul moyen légal de continuer les poursuites.

1459. C'est également à la radiation que doit recourir le créancier saisissant qui, avant la sommation aux créanciers inscrits, a consenti à la mainlevée de la saisie, parce qu'il avait reçu les termes échus de sa créance, et qui, plus tard, de nouveaux termes étant venus à échoir, veut en poursuivre le paiement, et apprend que sa première saisie n'a pas été rayée, faute par le débiteur d'avoir requis l'accomplissement de cette formalité. Dans cette situation, ce créancier ne peut pas se faire subroger à la poursuite dont il a donné mainlevée, et qui, à son égard, n'existe plus, malgré la transcription sur les registres du conservateur. Il doit faire saisir de nouveau, et, sur le refus de transcrire cette seconde saisie, appeler son débiteur pour voir ordonner la radiation de la première (Dissertation insérée *J. Av.*, t. 75, p. 430).

1460. C'est encore la même voie que doit suivre un créancier second saisissant, lorsqu'un jugement ordonnant la radiation de la première saisie n'a pas été exécuté. Si, dans l'ignorance de ce jugement, ce créancier a demandé la subrogation, sa demande ne doit pas être rejetée purement et simplement ; mais le tribunal doit, au lieu de prononcer la subrogation, autoriser le demandeur à faire opérer la radiation de la première saisie et à continuer sur la seconde, en mettant à la charge du débiteur, dont la négligence a laissé subsister la première saisie, les frais de l'incident, qui seront employés comme frais extraordinaires de poursuite : Bordeaux, 5 juill. 1847 (*J. Av.*, t. 75, p. 9).

1461. Mais après la sommation faite aux créanciers inscrits, en vertu de l'art. 692, si la saisie immobilière est abandonnée par le poursuivant, le second saisissant, dont la saisie ne peut être transcrite à cause de l'existence de la première sur les registres du conservateur, doit agir par voie de demande en subrogation. Les juges devraient d'office le déclarer non recevable dans son action en radiation de la première saisie : Liège, trib., 4 août 1855 (*J. Av.*, t. 82, p. 208). — Sur ces différents points, V. notre *Formul. annot.*, p. 680, n. 6 et s.

1462. M. Chauveau a eu à examiner l'espèce suivante : Un débiteur possède deux immeubles A et B. *Primus* saisit l'immeuble A. La saisie est transcrite. Il est payé ; il abandonne les poursuites, sans que la radiation soit effectuée. Plus tard, *Secundus* saisit à la fois les immeubles A et B. Cette saisie n'est transcrite que pour l'immeuble B, à cause de la transcription de la première saisie portant sur l'immeuble A. Laissant de côté ce dernier immeuble, *Secundus* poursuit sur l'immeuble B. Les sommations sont faites et mentionnées ; le cahier des charges est lu ; mais, avant les insertions et affiches, il est payé et cesse à son tour les poursuites, sans consentir aucune mainlevée. *Tertius*, autre créancier, se fait subroger à *Secundus*, et abandonne également les poursuites, après avoir été payé. Dans ces circonstances, *Primus* donne mainlevée de sa saisie, dont la transcription est rayée. Quelque temps après, les deux immeubles A et B sont saisis par *Quartus*. — Mais le conservateur refuse de transcrire, à cause de la précédente saisie de *Secundus* qui, cependant, n'avait pas été transcrite elle-même, en ce qui concerne l'immeuble A, ainsi qu'il a été dit plus haut.

1463. Question de savoir ce que doit faire *Quartus* pour poursuivre *simultanément* la vente des immeubles qu'il a saisis ? M. Chauveau a répondu :

Quant à l'immeuble B, la position de *Quartus*, troisième saisissant, est simple ; c'est par voie de subrogation qu'il doit agir contre *Tertius*, subrogé lui-même à *Secundus*. En ce qui concerne l'immeuble A, la solution est plus difficile. La saisie de *Primus* sur cet immeuble ayant empêché la saisie de *Secundus* d'être transcrite, dépendait-il de *Primus* d'en consentir seul la radiation malgré les droits de *Secundus* ? Cette radiation consentie et opérée, la saisie non transcrite de *Secundus* peut-elle être opposée par le conservateur à *Quartus* ? Ce dernier, enfin, doit-il procéder par voie de subrogation contre *Secundus* ? (en supposant que *Tertius* n'a demandé et obtenu la subrogation contre *Secundus* que relativement aux poursuites dirigées contre l'immeuble B), ou bien par action directe contre le conservateur pour, attendu qu'il n'existe point de saisie antérieure transcrite, le contraindre à transcrire son procès-verbal ?

De la doctrine exposée précédemment par notre auteur (Voy. *Q.* 2294, 2303, 2305, 2416 *septies*), il résulte que, si un second saisissant, dont la saisie n'a pu être transcrite à cause de l'existence d'une première saisie, doit être considéré comme cosaisissant, de telle sorte que l'acquéreur, dans le cas de l'art. 687, Cod. proc., soit obligé de consigner somme suffisante pour le désintéresser, cette qualité ne le rend pas cependant maître des poursuites, et ne l'appelle à y jouer un rôle actif qu'autant que le premier saisissant néglige de poursuivre, et donne mainlevée de la saisie, qui est rayée. De simple cosaisissant, il devient alors directement poursuivant. Dans le premier cas, le second saisissant agit par voie de subrogation, en utilisant les actes faits à la requête du premier saisissant ; dans le second cas, il agit personnellement, en faisant transcrire sa saisie, qu'il continue. Il semblerait dès lors que, dans l'espèce, *Quartus* (qui n'a rien à réclamer à *Primus*, lequel a donné mainlevée de sa saisie, ni à *Secundus*, qui, n'ayant pas fait transcrire la sienne, ne saurait se prévaloir du refus originaire du conservateur pour prétendre que ce refus équivaut à transcription) doit se borner à actionner le conservateur pour le contraindre à transcrire ; cette action serait probablement accueillie par le tribunal. Mais, pour éviter toute chance d'insuccès, dans une matière aussi délicate, il est prudent de mettre en cause *Secundus*, *Tertius*, le conservateur et la partie saisie.

§ 3. — Demande en distraction.

1463 bis. (Q. 2419). *Qui peut demander la distraction ?*

La distraction ne peut pas être demandée, dit M. Chauveau, par le débiteur sur lequel on a indûment saisi les immeubles appartenant à un tiers ; c'est ce tiers seul qui a droit d'intenter l'action ; le débiteur n'a que l'action en nullité dans le délai fixé par la loi (Cod. proc., 728). Conf., Amiens, 10 mai 1837 (*J. Av.*, t. 55, p. 427) ; Lyon, 30 août 1850 (t. 76, p. 614). MM. Dalloz, n. 1141 ; Bioche, v° *Sais. imm.*, n. 652.

1464. Mais les créanciers hypothécaires du tiers peuvent demander la distraction au nom de celui-ci et comme exerçant ses droits : Poitiers, 16 janv. 1824 (*J. Av.*, t. 26, p. 72).

1465. Peu importe que le tiers soit caution hypothécaire de la dette, et qu'en cette qualité il soit exposé à voir saisir valablement ses propres immeubles. Tant qu'ils ne l'ont pas été sur sa tête, les poursuites sont irrégulières, et l'action en distraction lui appartient : Paris, 9 mars 1811 (*J. Av.*, t. 20, p. 310).

1466. Et pareillement si, bien que n'étant pas débiteur, un tiers avait été personnellement appelé dans la poursuite comme partie saisie, il pourrait y rester pour revendiquer les objets saisis (Rennes, 12 fév. 1818, *J. Av.*, t. 20, p. 510), mais seulement après avoir fait constater avant la publication du cahier des charges qu'il n'est pas partie saisie.

1467. Il est, en effet, aujourd'hui, de jurisprudence, que le saisi n'a pas le droit d'exercer l'action en distraction. Si les Cours de Nîmes et de Dijon ont jugé le contraire, par arrêts des 25 juin 1851 (t. 76, p. 614) et 10 juin 1857 (t. 82, p. 640), il a été décidé, spécialement, que cette voie n'est pas ouverte au cohéritier partie dans la saisie sur un immeuble appartenant, dans la proportion des deux tiers, à cette succession, et pour le surplus au cohéritier personnellement : Riom, 15 juillet 1844 (t. 67, p. 689) ; à l'héritier bénéficiaire, sur la tête duquel les immeubles dépendant de la succession ont été saisis : Rouen, 10 nov. 1855 (t. 81, p. 286) ; au propriétaire d'un immeuble saisi à tort sur sa tête comme tiers détenteur : Cass., 29 août 1855 (t. 81, p. 350) ; au tiers détenteur impliqué dans une saisie qui comprend les immeubles détenus et d'autres qui lui appartiennent personnellement, et qui ne sont pas hypothéqués à la créance du poursuivant : Bordeaux, 2 août 1854 (t. 80, p. 33). — Mais il en serait autrement du copropriétaire d'immeubles indivis dont la saisie est poursuivie par le créancier d'un autre copropriétaire : Douai, 1er déc. 1852 (t. 78, p. 373, 1572).

1468. Le motif qui fait écarter ici la partie saisie, joint à la considération que l'art. 728 oppose une limite infranchissable aux moyens de nullité se rattachant à la forme ou au fond, a conduit la jurisprudence à décider que la femme ne peut se pourvoir en distraction pour préserver son immeuble dotal des conséquences de la saisie dont il a été frappé ; qu'elle n'a que l'action en nullité dont elle est irrévocablement déchue après l'expiration du terme assigné par l'article précité pour l'exercice de cette action (Voy. les nombreux arrêts indiqués *infrà*, *Q.* 2422 *undecies*). M. Chauveau se borne à citer ici, comme rendus plus spécialement au point de vue de la distraction : Limoges, 29 juin 1853 (t. 79, p. 499) ; Trib. de Toulon, 28 juin 1855 (t. 81, p. 79). Cette dernière décision ajoute qu'au surplus la femme est toujours recevable à contester le titre du poursuivant et à exercer contre lui une action en dommages-intérêts équivalent à la valeur de l'immeuble dont l'adjudication la privera ou l'a déjà privée. Le tribunal civil d'Orange, le 23 avril 1855 (t. 80, p. 437), et la Cour de Montpellier, les 4 août 1851 (t. 77, p. 394) et 19 janv. 1855 (t. 81, p. 378), ont admis la femme à agir par voie de demande en distraction ; mais leurs décisions sont restées isolées.

1469. La même fin de non-recevoir ne serait certainement pas opposable à la femme qui ne serait pas partie saisie ; mais comment devrait-elle agir pour que la distraction soit prononcée ? Nul doute ne peut s'élever si la femme, étant déjà séparée de biens, à l'exercice des actions qui lui appartiennent ; elle procédera alors personnellement avec l'autorisation de son mari. Dans le cas contraire, aura-t-elle qualité pour intenter la distraction ? Si elle n'a pas qualité, le mari, partie saisie, pourra-t-il, malgré la déchéance qui lui serait opposable en cette dernière qualité, en vertu de l'art. 728, se pourvoir en distraction comme maître des droits dotaux de sa femme ? Ces importantes questions ont été soumises à la Cour de Bordeaux, qui a décidé, le 29 juillet 1857 (*J. Av.*, t. 83, p. 301), que : 1° lorsqu'une saisie dirigée contre le mari comprend les immeubles dotaux de la femme, celle-ci, demanderesse en séparation de biens, n'a pas qualité pour demander, même avec l'autorisation de son mari, la distraction de ses biens dotaux ; les jugements qui, dans ces circonstances, refusent de prononcer la distraction par des motifs tirés du fond du droit, et qui acquièrent l'autorité de la chose jugée, ne mettent pas obstacle à l'action en revendication formée plus tard, par la femme séparée de biens, contre l'adjudicataire; 2° le mari, débiteur saisi, n'encourt pas la déchéance prononcée par les art. 728 et 729, en ce qui concerne le droit de demander la distraction des immeubles dotaux de sa femme compris dans la saisie; il peut, soit pendant, soit après la saisie, exercer l'action dotale à l'effet de soustraire les biens dotaux aux conséquences des poursuites. La femme séparée de biens, alors même qu'elle est intervenue dans la saisie avant cette séparation, pour obtenir la distraction, et qu'elle a été repoussée, peut exercer contre l'adjudicataire une action en revendication de sa dot.

1470. Dans une consultation insérée *loc. cit.*, M. Chauveau avait, d'accord avec MM. Massol, Glandaz, Dupin, Paul Fabre et Pellat, exprimé l'opinion que le mari déchu comme saisi ne pouvait plus faire valoir les droits de sa femme. — MM. Duranton père, Demante père, Demante fils, Oudot, Bourbeau, Bressolles et Bosviel avaient soutenu l'opinion consacrée par l'arrêt. M. Devilleneuve a aussi, en rapportant cette décision (S.-V.58.2.65), adopté le système qu'elle consacre, en ce qui concerne l'exercice de l'action dotale. A ses yeux, l'action en distraction de biens dotaux saisis n'appartient pas à la femme non séparée de biens, mais exclusivement au mari saisi, et celui-ci ne peut être réputé avoir habilité sa femme à exercer cette action, par cela seul qu'il l'autorise à ester en justice; il faudrait pour cela un mandat, et la femme devrait agir, non en son propre nom, mais comme mandataire de son mari.

1470 bis. Il a été très exactement jugé que celui qui a vendu des immeubles indûment compris dans une saisie pratiquée contre un tiers, est recevable comme garant de son acquéreur et pour prévenir le recours que ce dernier pourrait exercer contre lui, à demander que ces immeubles soient distraits de la saisie : Bordeaux, 7 août 1872 (*J. Av.*, t. 98, p. 248).

D'après un arrêt de la Cour de cassation, du 3 mars 1852 (*Gaz. des trib.*, 1852, n. 7692), la distraction ne peut porter que sur un immeuble dont le demandeur en distraction prouve être actuellement propriétaire; elle ne peut être accueillie si ce droit de propriété n'est qu'éventuel et dépend, par exemple, d'un prélèvement à faire par la femme, aux termes de l'art. 1471, Cod. civ. M. Chauveau déclare donner toute son adhésion à cette solution.

1471. (Q. 2419 bis). *Comment se forment les demandes en distraction? Jusqu'à quelle époque peuvent-elles être présentées?*

M. Rogron, p. 907, dit que si l'art. 725 ne reproduit pas la disposition de l'ancien art. 727 qui portait que la demande en distraction devait se faire par *requête*, c'est parce que l'art. 718 veut que les demandes incidentes à une poursuite sur saisie immobilière ne puissent être formées que par acte d'avoué à avoué, ou, si la partie n'a pas d'avoué en cause, par exploit d'ajournement. Tel est aussi l'avis de MM. Descamps, p. 86; Bioche, v° *Saisie imm.*, n. 657; Dalloz, n. 1159; Colmet-Daage, t. 2, p. 993.

Au contraire, M. Paignon, t. 1er, p. 211, n. 15, est d'avis que la demande en distraction, bien que se liant par voie d'incident à la poursuite en saisie immobilière, n'en est pas moins une action principale à cause de son impor tance; et que dès lors elle ne forme pas par un simple acte d'avoué à avoué, mais bien par requête et ajournement ordinaire contre les parties qui n'ont pas d'avoué.

Comme les premiers auteurs qui viennent d'être mentionnés, M. Chauveau n'hésite pas à regarder l'art. 718 comme embrassant la procédure en distraction. — V. aussi en ce sens, notre *Formul. annot.*, t. 2, p. 682, n. 12.

1471 bis. Toutefois, il a été jugé que la demande en distraction d'immeubles saisis, bien qu'incidente à la procédure de saisie immobilière, n'en est pas moins une demande principale ayant une existence propre et distincte, et que, dès lors, les conclusions du défendeur à cette demande, prises pour la première fois sur l'appel du jugement qui l'a rejetée et tendant à l'annulation pour cause de fraude du titre sur lequel elle est fondée, doivent être considérées, non comme constituant une demande nouvelle, mais comme une simple défense à la demande principale : Cass., 3 juillet 1865 (t. 90, p. 494).

1472. Le demandeur en distraction n'est pas tenu de donner caution : Bourges, 13 janv. 1831 (*Journal de cette Cour*, t. 10, p. 144).

Quant au délai dans lequel doit être formée une demande en distraction, M. Chauveau n'en impose aucun, mais il décide que cette demande est recevable jusqu'à l'adjudication. La même solution résulte d'un arrêt de la Cour de Rouen du 26 janv. 1824 (*J. Av.*, t. 27, p. 106) et est admise par MM. Favard de Langlade, t. 5, p. 72; Lachaize, t. 2, p. 112; Dalloz, v° *Vente publ. d'imm.*, n. 1148; Thomine-Desmazures, t. 2, p. 279, et Rodière, t. 3, p. 177.

1473. Après l'adjudication, les droits du tiers, dont on a indûment compris les biens dans la saisie faite contre le débiteur, ne sont pas éteints, sans doute; mais alors ce n'est plus par la voie incidente de la distraction, c'est par une action directe et principale contre l'adjudicataire qu'il doit les réclamer, comme M. Chauveau l'a décidé *suprà*, *Q*. 2408. *Junge*, conf., Colmar, 20 janv. 1831 (*J. Av.*, t. 40, p. 363); Favard de Langlade, Dalloz et Lachaize, *loc. cit.*

1473 bis. Carré, dans une dissertation que M. Chauveau a reproduite sous la quest. 2419 septies en note, a examiné la question de savoir si la saisie d'un immeuble arrête la demande en revendication d'un tiers, et il a soutenu la négative. La demande en distraction, a-t-il dit, n'est point forcée, elle est facultative; et si elle est facultative, l'action d'un tiers, qui a droit de revendiquer l'immeuble, ne peut être arrêtée, lorsqu'il y a saisie, nul autre que le saisi n'étant d'ailleurs, avant l'adjudication, connu pour être le propriétaire de l'immeuble. On peut donc diriger cette action contre lui, au moins tant que la saisie n'a pas été notifiée au demandeur. Sans doute, le saisissant est exposé par là à continuer inutilement des poursuites qu'une demande en distraction arrêterait; mais pourquoi sa condition serait-elle meilleure que celle de l'adjudicataire exposé à toute demande en revendication qui serait intentée après l'adjudication? Opposerait-on que dans le cas où la saisie se poursuit devant le même tribunal, auquel une demande en revendication est soumise, le tribunal, qui ne peut ignorer la saisie, doit renvoyer d'office le demandeur se pourvoir en distraction dans l'instance de cette saisie? Mais on ne connaît aucune disposition qui fasse un devoir aux juges de suppléer cette exception d'intérêt privé.

1474. La poursuite de folle enchère, intentée contre l'adjudicataire, ne ferait pas même revivre la voie incidente de la distraction; Colmar, 17 juin 1807 (*J. Av.*, t. 20, p. 106).

1475. La demande en distraction ne serait-elle pas non plus admissible en cas de surenchère? Le tribunal civil d'Albi a adopté l'affirmative, le 3 fév. 1847 (*J. Av.*, t. 72, p. 124), et la Cour de Besançon la négative, le 24 déc. 1850 (t. 77, p. 330).

1476. Il a été jugé aussi, depuis la publication de l'ouvrage de M. Chauveau, que la demande en distraction incidente à une poursuite de saisie immobilière peut être introduite, même après la surenchère, jusqu'à l'adjudication définitive ; la loi ne fixe pour cette demande aucun délai ; et que, spécialement, lorsqu'une demande en distraction a été repoussée avant la première adjudication pour vice de forme, tous droits réservés quant au fond, la même demande régularisée peut encore être reproduite incidemment dans le cas de prorogation de la poursuite de saisie immobilière par le fait d'une surenchère : Chambéry, 12 mai 1865 (*J. Av.*, t. 90, p. 490). V. également notre *Formul. annot.*, t. 2, p. 681, note 1, n. 7 et s.

1476 bis. La demande en séparation de patrimoines étant quelque chose de tout à fait distinct de la demande en distraction, la Cour de Montpellier, dit M. Chauveau, a jugé avec raison, le 26 fév. 1810 (*J. Av.*, t. 17, p. 170), que les principes relatifs à celle-ci ne lui sont pas applicables, et qu'elle n'est plus recevable après l'expropriation, l'art. 880, Cod. civ., ne permettant de la former que tant que les immeubles sont entre les mains des héritiers.

1477. (Q. 2419 ter). *Un acquéreur de l'immeuble saisi, qui ne s'est pas fait connaître avant la saisie, est-il admis à former tierce opposition au jugement d'adjudication?*

M. Carré, au texte, admet l'affirmative, contrairement à l'opinion de Thomine-Desmazures. M. Chauveau se range à l'avis de Carré. Rien, dit-il, n'oblige le vrai propriétaire des objets indûment saisis à faire connaître ses droits pendant la poursuite. La première disposition de l'art. 717 veille pour lui. La doctrine est unanime sur ce point. — Compar. *infrà, Q.* 2419 *undecies.*

1478. (Q. 2419 quater). *La demande en distraction serait-elle non recevable, si elle n'avait pour objet que de conserver la possession, et non la propriété?*

Carré, au texte, ne le pense pas, attendu que la loi attribue en cette matière, juridiction au juge de paix : il faudrait donc, suivant lui, dans notre opinion, renvoyer devant ce magistrat, sans qu'il y eût lieu de surseoir à la vente, parce que la question possessoire jugée ne porte aucune atteinte aux droits de propriété, qui peuvent toujours être revendiqués au pétitoire.

Quant à M. Chauveau, il estime que, comme le litige pourrait écarter les acquéreurs de l'immeuble, le tribunal, qui a incontestablement le droit de surseoir, fera sagement en prononçant un sursis. V. du reste, sur l'action possessoire à intenter après adjudication, *suprà*, quest. 2408.

1479. (Q. 2419 quinquies). *Lorsque le créancier premier inscrit est le poursuivant lui-même, la demande en distraction doit-elle être formée contre un autre créancier inscrit?* Quid *dans le cas où la première inscription est une inscription d'office ne contenant pas élection de domicile et grevant seulement la partie d'un immeuble sur laquelle ne porte pas la demande en distraction?*

M. Chauveau estime que la procédure serait régulière si le poursuivant étant le *premier* créancier inscrit, on n'en assignait pas d'autre. C'est un cas, dit-il, où l'esprit du législateur n'est pas en désaccord avec le texte et doit alors déterminer la solution. Il s'agit de donner une signification raisonnable à ces mots : *le premier créancier inscrit*. D'après notre auteur, on a voulu parler *du créancier inscrit en premier rang*, sans compter le poursuivant, qui ne doit pas faire nombre, puisqu'il est partie nécessaire dans l'instance en distraction. Conf., Colmar, 22 août 1835 (*J. Av.*, t. 50, p. 247); Caen, 28 juin 1847 (t. 74, p. 239) ; MM. Rodière, t. 3, p. 176; Dalloz, n. 1157; Bioche, v° *Saisie immob.*, n. 655; Colmet-Daage, t. 2, p. 381, n. 992.

1480. Dans l'hypothèse de l'inscription d'office, sur une partie de l'immeuble saisi qui ne fait pas l'objet de la demande en distraction, les créanciers inscrits ne sauraient, dit M. Chauveau, être représentés par ce créancier privilégié n'ayant aucune espèce d'intérêt dans la demande en distraction; aussi, pour satisfaire au vœu de la loi, la demande doit alors être notifiée, non au créancier privilégié, mais au créancier premier inscrit sur la partie de l'immeuble saisi, objet de l'incident.

1481. Quand la demande en distraction porte sur un immeuble d'une origine unique, c'est, selon l'observation de notre auteur, le premier créancier, privilégié ou non, qui doit être mis en cause. La circonstance qu'il s'agit d'une inscription d'office sans élection de domicile ne saurait dispenser de l'exécution de cette formalité; on assigne alors au domicile réel.

1482. (Q. 2419 sexies). *Que doit-on entendre, dans l'art.* 725, *par les mots* objets saisis? *comprennent-ils les servitudes?*

Des travaux préparatoires de la loi de 1841, qu'il rappelle, M. Chauveau conclut qu'on ne saurait douter que les servitudes passives, les droits d'usufruit, d'usage et d'habitation peuvent être l'objet d'une demande en distraction. C'est aussi l'avis de MM. Favard de Langlade, t. 5, p. 72; Dalloz, v° *Vente publ. d'imm.*, n. 1130; Decamps, p. 86; Bioche, n. 672, et le notre (V. notre *Formul. annot.*, t. 2, p. 681, note 1, n. 2) Cependant les Cours de Lyon, le 24 janv. 1838 (*J. Av.*, t. 46, p. 315), et de cassation, le 9 déc. 1835 (*J. Av.*, t. 51, p 594), ont décidé que la déclaration par laquelle, au moment de l'adjudication, le propriétaire d'un fonds dominant rappelle que l'immeuble saisi est grevé d'une servitude qui peut en diminuer la valeur, n'est point soumise aux formes tracées pour les demandes en distraction. La Cour de cassation a aussi jugé, le 22 août 1836 (*J. Av.*, t. 53, p. 555), que la demande en partage formée par l'un des copropriétaires, incidemment à la saisie pratiquée sur la tête de l'autre, n'a pas le caractère d'une demande en distraction.

1483. Celui qui possède à titre de bail emphytéotique a-t-il le droit d'élever une semblable demande? M. Chauveau enseigne la négative, par le motif, dit-il, qu'il ne s'agit point de faire opérer la distraction de tout ou partie des immeubles saisis. C'est un bail qui sera maintenu, comme tous les autres baux, avec toutes ses stipulations. Celui qui achète, même par voie d'adjudication judiciaire, doit s'enquérir du mode de jouissance actuelle du saisi. — *Contrà*, M. Bioche, v° *Saisie imm.*, n. 673.— L'auteur ajoute toutefois que son opinion doit être modifiée pour tous les pays où les baux emphytéotiques sont, à raison de certaines expressions, considérés comme de véritables aliénations perpétuelles.

1484. Carré, au texte, pose la question de savoir si les dispositions relatives à la demande en distraction s'appliquent au cas où un tiers aurait à revendiquer des droits réels dont il prétendrait que l'immeuble serait chargé à son profit? Et il répond par l'affirmative. Ce qu'on appelait autrefois *demande à fin de charges*, dit-il, n'était autre chose que la réclamation des droits réels qu'une partie prétendait avoir sur les objets saisis. C'est qu'en effet la saisie d'un immeuble ne saurait porter aucune atteinte aux droits des tiers. Pour former une demande de cette nature, on doit donc se pourvoir conformément aux dispositions relatives à la distraction, et si le tribunal accueille la demande, il ordonne que l'on ajoutera au cahier des charges une clause conservatrice des droits du demandeur. M. Chauveau approuve cette solution.

1485. Celui qui a vendu un immeuble, à la charge d'une rente viagère et sous la condition qu'il rentrerait dans sa propriété, à défaut de paiement d'un ou de plusieurs termes de cette rente, est-il fondé à demander la distraction, après avoir obtenu du juge, postérieurement au procès-verbal de saisie, une ordonnance qui le rétablit en possession? La négative est admise par Carré, au texte, attendu qu'il faut pour former une demande en distraction, être propriétaire au moment où la saisie immobilière est apposée. Tel est aussi l'avis de M. Chauveau.

1486. Carré se demande, *ibid.*, si celui qui aurait des droits de servitudes naturelles et patentes, a besoin de former une demande à fin de charges; et il résout aussi ce point négativement; ce qui est contraire à la doctrine de M. Chauveau (*suprà*, n. 1842).

1487. Carré et M. Chauveau sont aussi en désaccord sur le point de savoir si l'action en rescision pour cause de lésion de la vente d'un immeuble, formée contre l'acquéreur sur lequel cet immeuble est saisi, autorise le vendeur à former une demande en distraction. Le premier adopte la négative par le motif qu'une action en rescision ne peut avoir l'effet de dépouiller l'acquéreur des droits qu'il avait sur les immeubles acquis; que ces droits, quels qu'ils fussent, appartiennent à ses créanciers, aux termes des art. 2093 et 2204, Cod. civ., et qu'enfin la vente de l'immeuble ne porterait aucun préjudice au vendeur, puisqu'il resterait libre de suivre son action en rescision contre l'adjudicataire. Le second fonde l'opinion contraire sur ce que l'action en rescision ne peut être traitée autrement, quant aux moyens de l'intenter, que l'action en résolution. V. *suprà*, quest. 2404 *septies*.

1488. (Q. 2419 septies). *La dernière disposition de l'art. 725, relative au délai, s'applique-t-elle à toutes les parties qui peuvent figurer dans une demande en distraction? Peut-on forcer un tiers à revendiquer les immeubles saisis par la voie incidente de la demande en distraction?*

Il est évident, dit M. Chauveau, que la dernière disposition de l'art. 725 doit s'appliquer au premier créancier inscrit, lorsqu'il n'a pas constitué avoué. — *Contrà*, MM. Dalloz, n. 1161; Bioche, n. 659.

1489. Mais qu'arriverait-il si un tiers n'avait fait qu'avertir le saisi et le poursuivant par sommation extrajudiciaire, en leur déclarant qu'il regardait la saisie comme un trouble de droit, et qu'il assignerait dans l'année, devant le juge de paix, en complainte possessoire? Le poursuivant et le saisi pourraient-ils, sans observer les délais de distance, suivre les formalités prescrites par les art. 718 et 725, et joindre à la saisie un incident relatif à cette menace d'un propriétaire? M. Chauveau ne le pense pas, parce que les art. 725 et suiv. ne s'appliquent qu'à *une demande en distraction*, et non à une instance sur prévision d'une semblable demande, et qu'il n'admet pas, en matière de saisie immobilière, l'intervention forcée (*suprà*, *Q.* 2408, sous l'art. 717). — Le Code, ajoute-t-il, a fait au demandeur en distraction une position tellement défavorable que celui qui n'a qu'une possession annale, sans titres, n'hésitera pas à attendre que l'adjudication soit consommée avant d'intenter son action en complainte devant le juge de paix. — Si le poursuivant ou le saisi assignaient un tiers en déclaration qu'il n'est pas propriétaire, quelle serait leur position? elle serait assez bizarre. Comme leur action serait portée devant le juge du pétitoire, ils seraient censés reconnaître légalement la possession au tiers assigné; ils seraient alors demandeurs, et ce serait à eux de prouver que ce tiers n'est pas propriétaire, ce qui serait fort difficile pour le poursuivant, fort long pour le saisi lui-même, et impraticable à raison de la célérité de la marche de la procédure en saisie immobilière. M. Chauveau décide donc qu'une simple menace, une sommation extrajudiciaire ne constitueraient pas une demande en distraction; et qu'on devrait passer outre sans s'en préoccuper davantage, sauf au tiers à intenter son action comme et quand il le jugerait convenable.

1490. (Q. 2419 octies A). *Si la disposition du § 1er de l'art. 725 n'est pas observée, la demande en distraction est-elle nulle?*

M. Persil fils, *Comm.*, p. 285, n. 340 et 341, enseigne que les déchéances sont de droit étroit, et ne peuvent être prononcées par le juge que lorsqu'elles sont écrites dans la loi; qu'ainsi, il n'y aurait point nullité, si, en première instance ou en appel, le demandeur ne mettait point en cause les trois personnes désignées dans l'art. 725, et cette opinion, adoptée par M. Bioche, n. 654, a été aussi sanctionnée par les arrêts suivants : Cass. 9 fév. 1835 (*J. Av.*, t. 48, p. 359); Colmar, 13 avr. 1850 (t. 76, p. 358); Besançon, 24 déc. 1850 (t. 77, p. 330); Caen, 19 mai 1853 (*Journ. de cette Cour*, 1853, p. 262). — Mais la solution contraire, que M. Chauveau embrasse, en observant que si l'une des personnes désignées dans l'art. 725 n'était pas appelée, il n'y aurait réellement pas de demande en distractions, a été consacrée par les Cours de Nîmes, les 12 mars 1828 (*J. P.*, 3e éd., t. 21, p. 1276), et 11 août 1845 (*J. Av.*, t. 75, p. 13); de Toulouse, les 18 nov. 1829 (*J. P.*, t. 22, p. 1524), et 16 mars 1839 (*J. Av.*, t. 56, p. 382), et de Lyon, le 28 nov. 1856 (t. 82, p. 275); et est enseignée par MM. Decamps, p. 96; Rodière, t. 3, p. 177, et Dalloz, n. 1154. La Cour de Bruxelles a jugé aussi, le 7 juin 1835 (*Journ. de cette Cour*, t. 2 de 1836, p. 228), que la demande en distraction n'est pas recevable si toutes les parties n'ont pas été appelées, au plus tard, avant le jour de l'adjudication.

1491. En ce qui concerne particulièrement le saisi, il a été jugé que celui-ci doit, à peine de nullité, être appelé par un acte spécial signifié à son domicile réel, sur la demande en distraction d'une partie des immeubles saisis, formée par un tiers, qu'il ne suffit pas qu'il ait été sommé, à un domicile élu, d'assister à la lecture et à la publication du cahier des charges; et que la nullité, en pareil cas, peut être invoquée, malgré l'expiration des délais de l'art. 729, Cod. proc., s'agissant d'un incident spécial qui ne rentre pas dans les prévisions de cet article : Paris, 21 déc. 1871 (*J. Av.*, t. 97, p. 449). Conf., notre *Formul. annot.*, t. 2, p. 684, n. 17.

1492. Quand le saisi est en faillite, les syndics le représentent, et c'est contre eux qu'il faut agir. C'est ce qu'ont décidé, avec raison, la Cour de Bourges, le 30 août 1845, et sur pourvoi, dans la même affaire, Cass., le 2 juill. 1849 (*J. Av.* t. 75, p. 13).

1493. (Q. 2419 duodecies). ***La demande en distraction est-elle sujette au préliminaire de conciliation ?***

Non, répond Carré, au texte : 1° parce qu'elle est incidente; 2° parce que c'est une demande sur saisie; 3° parce qu'elle est pour l'ordinaire formée contre plus de deux parties. — M. Chauveau déclare, avec raison, que cette solution est incontestable. V. conf., notre *Formul. annot.*, t. 2, p. 682, n. 13.

1494. (Q. 2420 bis). *Doit-on, dans la requête ou dans l'exploit, désigner les objets revendiqués?*

Carré, au texte, exprime l'opinion qu'il convient de faire la désignation et la description des objets revendiqués, ainsi que l'exige l'art. 64, pour les exploits de demande en matière réelle. Tel est aussi l'avis de MM. Favard de Langlade, t. 5, p. 72; Thomine-Desmazures, p. 262, et Decamps, p. 86; M. Chauveau croit qu'il est prudent de s'y conformer.

1495. (Q. 2419 octies B). *Les formalités énoncées dans l'art. 726 sont-elles prescrites à peine de nullité ?*

L'affirmative est admise par M. Persil, *Comment.*, n. 341. MM. Jacob, t. 2, p. 13, et Rodière, t. 3, p. 177, pensent aussi qu'à défaut de dépôt des titres, le demandeur devrait être déclaré non recevable; mais M. Chauveau est d'un avis contraire. Les parties elles-mêmes, dit-il, peuvent reconnaître que la justification de la demande est faite d'une manière suffisante par les titres produits depuis l'introduction de la demande. Le demandeur a pu, à ses frais, signifier à toutes parties ses titres de propriété. Enfin, le tribunal peut décider que la communication prise par les avoués des défendeurs est suffisante, etc. Dans ces divers cas, il serait par trop rigoureux de déclarer la demande non recevable, surtout à cause de cette considération que le demandeur déclaré non recevable aurait toujours le droit de reproduire sa demande par action principale. Conf., M. Bioche, n. 661 ; notre *Formul. annot.*, p. 682, t. 2, n. 20. MM. Thomine-Desmazures, t. 2, p. 280, et Lachaize, t. 2, p. 117, n. 437, sans se prononcer formellement sur la question, adoptent des tempéraments qui ne s'éloignent pas de l'opinion de M. Chauveau.

1496. Celui qui revendique comme sa chose propre le matériel servant à l'exploitation d'une mine frappée de saisie, doit justifier non seulement que ce matériel a été placé par lui sur la mine, mais encore que l'exploitation se fait pour son compte exclusif: Chambéry, 12 mai 1865 (*J. Av.*, t. 90, p. 489).

1497. (Q. 2420). *Que doit faire le demandeur en distraction s'il n'a pas de titres ?*

Si le propriétaire dépourvu de titres, apprenant l'existence de la saisie, assignait le saisi ou le poursuivant, comme lui occasionnant un trouble de droit, devant le juge du possessoire, on ne pourrait pas, suivant M. Chauveau, lui opposer les dispositions des art. 725 et 726, parce que ces articles ne paraissent applicables qu'aux propriétaires qui ont des titres à produire.

1498. Cependant notre auteur admettrait, avec MM. Paignon, t. 1, p. 212, n. 157 ; Rodière, t. 3, p. 176 ; Jacob, p. 13 ; Colmet-Daage, t. 2, p. 382, n. 994; Bioche, n. 264; Dalloz, n. 1163, que la demande en distraction serait fondée lors même que le droit de propriété ne reposerait pas sur des titres. Ainsi, dit-il, celui qui veut invoquer la prescription alléguera la prescription, et en offrira la preuve. Ce n'est pas qu'il suffise de quelques indications générales et sommaires. Il y a ici analogie avec le corps de l'art. 252, Cod. proc. civ., pour l'admission de la preuve testimoniale. Il faut articuler les faits, afin que les juges sachent s'il s'agit de moyens sérieux ou d'une simple manœuvre dilatoire concertée avec le saisi. M. Chauveau approuve, en conséquence, un arrêt de la Cour de Lyon du 12 avr. 1859 (*J. Av.*, t. 84, p. 357), duquel il résulte que, lorsque la demande en distraction d'immeubles saisis est fondée sur la prescription, l'exploit, qui ne peut être appuyé du dépôt des titres de propriété, n'est pas régulier s'il se borne à énoncer que le demandeur jouit de l'immeuble, à titre de propriétaire, depuis un temps suffisant pour prescrire, et à invoquer, subsidiairement, la preuve testimoniale; il faut que les faits de possession desquels on entend faire résulter le droit de propriété y soient énoncés d'une manière claire et précise, afin que les juges puissent en apprécier la pertinence.

1499. (Q. 2419 decies). *Lorsqu'une demande en distraction est déclarée nulle ou non recevable, soit parce que les parties dont parle la loi n'ont pas toutes été assignées, soit parce que les titres n'ont pas été déposés, soit par tous autres motifs, le tiers revendiquant est-il déchu de ses droits de propriété ?*

Il est reconnu, en principe, répond M. Chauveau, que jamais une nullité de forme ne touche le fond du droit, à moins qu'un délai ne se soit accompli et qu'une prescription n'en soit le résultat : mais ce n'est pas même dans ce cas la nullité en la forme qui entraîne la déchéance au fond, c'est parce que l'action est censée n'avoir jamais existé. L'auteur estime donc que la négative de la question posée est certaine, et c'est aussi l'opinion de MM. Thomine-Desmazures, t. 2, p. 280; Persil fils, *Comm.*, p. 286, n. 343, et Dalloz, n. 1184.

1500. (Q. 2419 novies). *Quel doit être, sur la marche de la procédure en expropriation, l'effet d'une demande en distraction ?*

Dans le projet de la commission du Gouvernement, il y avait un art. 677, qui prononçait le sursis de la saisie immobilière, lorsque, au jour du procès-verbal, il existerait une demande tendante à faire autoriser l'aliénation des immeubles saisis, dans l'un des cas déterminés par la loi pour les ventes judiciaires (art. 2205 et 2206, Cod. civ.). Mais cet article n'a plus été compris dans le projet du Gouvernement. On ne voit pas, en effet, comme l'observe M. Chauveau, pourquoi la demande en distraction arrêterait les procédures, surtout si cette demande ne portait que sur quelques parcelles des objets saisis. Toutefois, le demandeur en distraction, ou l'un des défendeurs, pourra demander et obtenir le sursis du tribunal, dit très bien l'auteur, s'il apparaît de la nature de l'action que ce sursis doive être utile. Quant à la vente, V. *infrà*, quest. 2421 et 2421 *quater*, sous l'art. 727.

1501. (Q. 2419 undecies). *Quel doit être le sort des dépens faits par une demande en distraction?*

M. Persil, *Comm.*, p. 284, n. 338, ne soumet le demandeur en distraction à la condamnation aux dépens qu'autant qu'il succombe, et cette opinion est confirmée par un arrêt de la Cour de Grenoble du 4 fév. 1829 (*J. Av.*, t. 38, p. 109). Au contraire, M. Paignon, t. 1er, p. 214, n. 162, veut que, dans le cas où le revendiquant n'a pas fait, en homme soigneux, en acquéreur vigilant, opérer la mutation, *ou en tout autre cas analogue*, il soit condamné aux dépens, attendu qu'il est cause de l'erreur, et que c'est la seule manière de concilier tous les droits et tous les intérêts légitimes.

1502. M. Paignon aurait dû s'apercevoir, dit M. Chauveau, qu'il créait ainsi une exception à l'art. 130, en faisant supporter les dépens à la partie qui gagne son procès, et que cette exception n'étant pas écrite, ne peut être admise. La Cour de Rouen a jugé en ce sens, le 15 mai 1844 (*J. Av.*, t. 68, p. 237), que le saisissant doit prendre tous les renseignements nécessaires pour s'assurer de la valeur et de la situation des immeubles de son débiteur ; que, par suite, si un immeuble appartenant à un tiers a été à tort compris dans une saisie, le saisissant doit supporter les frais de la distraction, quoique l'aliénation de cet immeuble par le saisi ait eu lieu dans l'intervalle d'une première saisie annulée à une seconde.

1503. Le saisi a été condamné aux dépens sur le motif qu'en laissant subsister sur la matrice des rôles des indications devenues inexactes par suite des mutations, il avait induit le saisissant en erreur : Trib. de Saint-Amand, 9 déc. 1853 ; Trib. de Brioude, 3 juin 1851; *Journ. de proc.* 1854, p. 384.

8504. Le tribunal civil de Narbonne a rendu, les 28 fév. 1844 et 6 mars suivant (*J. Av.*, t. 69, p. 461), trois jugements sur la question des dépens ; les deux premiers compensent les dépens par moitié entre le demandeur en distraction et le saisissant, sur le motif que le premier a commis une faute, en ne faisant pas opérer la mutation, et que le second aurait dû prendre des renseignements plus complets. Le troisième fait purement et simplement application de l'art. 130, et condamne aux dépens le saisissant qui a succombé. M. Morin, en rapportant ces jugements, dit que la question doit être entièrement abandonnée à l'appréciation des tribunaux, qui auront à combiner l'art. 130, Cod. proc. civ., avec le principe général de l'art. 1383, Cod. civ.

1505. Mais la question de dépens, remarque M. Chauveau, doit être examinée à un autre point de vue. Le saisissant peut être de très bonne foi. Serait-il juste de lui faire supporter personnellement les dépens, lorsque la matrice du rôle elle-même devait l'induire en erreur? Dans ce cas et dans tous les autres, qui seront appréciés par les tribunaux, les frais de l'instance seront considérés comme privilégiés, et en vertu d'un jugement du tribunal, compris dans la taxe qui doit être publiquement annoncée avant l'ouverture des enchères, par application de l'art. 701. Conf., M. Paignon, *loc. cit.*

1506. M. Lachaize, t. 2, p. 120, n. 439, fait supporter les dépens : 1° par le saisi, lorsqu'il y a bonne foi de la part du saisissant et de la part du revendiquant; 2° par le saisissant, s'il a saisi sachant bien que l'immeuble n'appartenait pas à son débiteur, ou sans avoir pris les renseignements nécessaires; 3° par le revendiquant, si c'est par son fait que le saisissant avait été induit en erreur. — M. Chauveau, comme on vient de le voir, n'admet pas cette dernière partie de l'opinion de cet estimable auteur, mais il appliquerait, dit-il, la première au cas où la demande en distraction comprendrait la totalité de l'immeuble saisi, parce qu'alors il n'y aurait plus lieu à une adjudication.

1507. (Q. 2421). *Doit-on nécessairement surseoir à la vente lorsque la demande en distraction porte sur tous les objets saisis?*

Oui, sans doute, répond Carré au texte, puisque l'art. 729, aujourd'hui 727, ne permet de passer outre que dans le cas où la demande en distraction n'est que de partie des objets. Cette solution est évidente aux yeux de M. Chauveau, qui ajoute que le sursis est la conséquence forcée de la demande en distraction. Telle est aussi l'opinion de MM. Rogron, p. 908; Dalloz, v° *Vente pub. d'imm.*, n. 1166, et Colmet-Daage, t. 2, p. 384, n. 995, et la nôtre (*Formul. annot.*, t. 2, p. 683, n. 24).

1508. (Q. 2421 bis). *Faut-il, pour que le tribunal puisse ordonner le sursis, dans le cas où la demande en distraction n'est que d'une partie des objets saisis, que ce sursis soit demandé par toutes les parties intéressées?*

Réponse négative au texte, de la part de Carré, qui ajoute qu'il en serait de même si la demande en distraction ne portait que sur un immeuble indivis; parce qu'on ne pourrait vendre, par suite de la saisie, avant le partage qui détermine la portion revenant au débiteur saisi.

1509. Cette opinion est partagée par MM. Paignon, t. 1, p. 213, n. 160; Thomine-Desmazures, t. 2, p. 280; Rodière, t. 3, p. 178; Dalloz, n. 1170; et M. Chauveau l'adopte lui-même.

1510. D'autre part, notre auteur admet, avec un arrêt de la Cour de Caen, du 10 fév. 1851 (*J. Av.*, t. 77, p. 95), que le poursuivant est recevable à consentir par un dire inséré à la suite du cahier des charges, moins de trois jours avant la publication, la distraction d'une partie des immeubles saisis, ce dire ne constituant pas une modification prohibée par l'art. 694.

1511. (Q. 2421 ter). *Le tribunal peut-il, d'office, ordonner le sursis? Est-il tenu de l'ordonner si toutes les parties le demandent?*

Suivant Carré, au texte, le tribunal peut et doit ordonner le sursis d'office lorsque la demande en distraction comprend tous les objets saisis; mais, dans le cas contraire, il n'en a pas la faculté, puisque la loi exige une demande. — L'auteur croit aussi que si toutes les parties se réunissaient pour demander le sursis, le juge ne pourrait le refuser, le mot *pourront* ne lui paraissant s'appliquer qu'au cas où la demande en sursis, formée par l'une des parties seulement, est contestée par les autres, auquel cas les juges, suivant les circonstances, peuvent accéder à cette demande ou la rejeter.

1512. M. Chauveau, qui pense qu'en matière de saisie immobilière, un tribunal ne peut rien ordonner *d'office*, rejette l'opinion de Carré, avec MM. Persil fils, *Comm.*, p. 287, n. 346, Rodière, t. 3, p. 178, et Bioche, n. 668.

1513. Néanmoins, il admet avec MM. Paignon, n. 160, Jacob, t. 2, p. 14, et Dalloz, n. 1169, et contrairement à l'opinion de MM. Persil, *loc. cit.*, et Bioche, v° *Saisie immob.*, n. 669, que si toutes les parties réclament le sursis, le tribunal ne peut pas s'y refuser; autrement il agirait encore *d'office* et dépasserait ses pouvoirs.

1514. Le sursis à l'adjudication de tous les biens saisis peut être ordonné, quand une demande en distraction porte sur une portion de ces biens qui ne peut être déterminée que par un partage: Trib. de Saint-Gaudens, 26 fév. 1846 (*J. Av.*, t. 73, p. 326).

1515. (Q. 2421 quater). *Peut-il être passé outre à l'adjudication d'un bien dont la distraction est demandée pour la totalité avant que le jugement qui refuse la distraction soit passé en force de chose jugée ou confirmé sur l'appel ?*

Carré, au texte, est d'avis que l'on peut, après le jugement sur la demande en distraction, procéder à toute instruction ultérieure, même à l'adjudication, tant que les poursuites et la vente n'ont pas été arrêtées par la notification de l'appel; et cette proposition est, à plus forte raison, applicable, suivant lui, au cas où la demande en distraction ne porte que sur partie des objets. Le tribunal, dit-il, après avoir prononcé le sursis, peut ordonner, par jugement séparé, qu'il sera passé outre à la vente du surplus.

La Cour de Riom voulait que l'on exprimât qu'il ne pourrait être passé outre à l'adjudication avant que le jugement sur la distraction *eût acquis l'autorité de la chose jugée* : « Mais, comme le faisait observer M. Pascalis, « dans son travail de 1838, p. 75, n. 3, l'introduction de cette règle entraî- « nerait quelques lenteurs qui peuvent être évitées. Si le jugement rendu « sur une telle demande est frappé d'appel, il est clair que cet appel doit « produire un effet suspensif. S'il n'en est pas déclaré, pourquoi ne pourrait- « il être donné suite à la procédure après la signification du jugement, ce « qui forcera le demandeur en distraction à former son appel sans retard, « s'il veut appeler? L'intérêt du poursuivant prendra, d'ailleurs, sur ce qu'il « convient de faire, conseil des circonstances. »

M. Paignon, t. 1, p. 213, n. 159, n'est pas de cet avis; cependant il termine en disant « qu'il n'y a pas de nullité de l'adjudication, pour ne pas « suivre la marche qu'il indique, parce qu'elle n'est commandée par aucune loi. » C'est alors une opinion purement de convenance, et qui rentre, jusqu'à un certain point, dans l'appréciation dont parlait, en terminant, M. Pascalis.

Quant à M. Persil fils, *Comment.*, p. 286, n. 344, il pense que l'effet de la demande est de suspendre l'adjudication, quoiqu'il soit, dit-il, dans l'usage de passer outre, si la partie condamnée ne justifie pas qu'elle ait interjeté appel.

1516. M. Chauveau observe, de son côté, que pour qu'un jugement signifié régulièrement ne puisse pas être exécuté, il faut que le législateur l'ait voulu et l'ait dit expressément; aussi ne croit-il pas qu'il puisse s'élever de doute sérieux sur la question posée. MM. Dalloz, n. 1176, et Colmet-Daage, t. 2, p. 384, n. 995, partagent son opinion, de laquelle paraissent se rapprocher MM. Persil fils, n. 344, et Paignon, n. 159. Aux arrêts cités par Carré, on peut, dit-il, en ajouter un de la Cour de cassation, du 1er juin 1807 (*J. Av.*, t. 20, p. 57), qui a jugé que l'adjudication doit être suspendue au moins pendant la huitaine dans laquelle l'appel ne peut être interjeté. M. Lachaize, t. 2, p. 118, n. 438, qui approuve cet arrêt, ne va cependant pas jusqu'à se prononcer pour la nullité, en cas d'infraction à cette règle. Il en est de même de M. Bioche, vº *Saisie imm.*, n. 665, et leur sentiment a pour appui un arrêt de Nîmes, 2 mai 1838 (*J. Av.*, t. 54, p. 719), qui décide qu'on peut passer outre.

1517. Le délai de la loi nouvelle pour interjeter appel étant de dix jours seulement à dater de la signification à avoué, M. Chauveau estime, pour cela, que l'appel peut être interjeté le jour même où est rendu le jugement. V. aussi en ce sens, Toulouse, 3 fév. 1832 (*J. Av.*, t. 43, p. 593), et Dalloz, n. 1177.

1518. Il est incontestable, comme l'observe M. Chauveau, que si celui qui a succombé sur sa demande en distraction interjette appel et obtient la réformation du jugement, l'adjudication sera, par cela même, annulée, et ne produira plus aucun effet en ce qui concerne les objets revendiqués.

1519. Mais que devra faire celui dont la demande en distraction aura été rejetée et qui aurait l'intention de se rendre adjudicataire? C'est avec raison, dit notre auteur, que la Cour de Montpellier a décidé, le 5 avril 1851 (S.V.51.2.657), que se rendre adjudicataire d'un immeuble dont on s'était prétendu propriétaire, c'est acquiescer formellement au jugement qui a réjeté cette prétention. Le demandeur en distraction qui peut avoir le plus grand intérêt à ne pas laisser les immeubles saisis en d'autres mains, sera-t-il donc frappé d'une espèce d'incapacité? Lui sera-t-il interdit de se rendre adjudicataire? M. Chauveau ne le pense pas, et voici la voie qui lui paraît devoir être suivie : l'avoué du demandeur en distraction prendra des conclusions en sursis fondées sur l'intention formelle de son client d'interjeter appel, intention qui est une cause grave suffisante. Il devra dire dans ses conclusions que, si le sursis était refusé, son client entend conserver tous ses droits de se porter éventuellement adjudicataire, pour le cas où la Cour confirmerait la décision rendue par le tribunal. Le demandeur en distraction interjetera, en effet, immédiatement appel, et il pourra, assisté de son avoué, se rendre adjudicataire en déclarant qu'il n'entend, par cet acte, compromettre aucun de ses droits, et notamment l'appel par lui émis envers le jugement qui a ordonné de procéder à l'adjudication.

1520. M. Chauveau va même plus loin et il admet, quoique avec une certaine hésitation, que si un avoué s'était rendu adjudicataire, après le rejet d'une demande en sursis, fondée sur l'intention d'interjeter appel, et qu'avant la déclaration de l'adjudicataire, l'appel du demandeur en distraction eût été notifié aux parties intéressées et au greffier, ce demandeur pourrait, sans compromettre ses droits, accepter la déclaration faite en sa faveur sous la réserve expresse de l'appel par lui interjeté.

1521. (Q. 2421 quinquies). *Le poursuivant peut-il, en cas de distraction partielle, changer la mise à prix sans l'intervention du tribunal?*

Dans la pratique, en même temps qu'il prononce la distraction, le tribunal, sur les conclusions du poursuivant, fixe une nouvelle mise à prix; mais si cette fixation n'a pas été faite, M. Chauveau pense que le poursuivant puise, dans le rapprochement des deux paragraphes de l'art. 227, le droit de changer la mise à prix sans jugement nouveau et sans nouvelle publication. Cette opinion a été consacrée par les Cours d'Alger, le 27 mars 1850 (*J. Av.*, t. 76, p. 615), et de Toulouse, le 5 fév. 1847 (t. 72, p. 331).

1522. (Q. 2421 sexies). *L'art. 727 est-il applicable en matière de surenchère sur aliénation volontaire, alors que l'un des immeubles surenchéris est l'objet d'une action en résolution de la part du vendeur non payé? Le tribunal peut-il ordonner la distraction de l'immeuble revendiqué au moyen de l'action résolutoire, faire une ventilation puisée dans le contrat de vente, et ordonner que l'adjudication sur surenchère ne portera que sur les autres corps du domaine?*

La Cour de Riom a adopté l'affirmative le 26 juill. 1852 (*J. Av.*, t. 77, p. 615) ; mais M. Chauveau refuse son adhésion à cette doctrine. L'art. 838, Cod. proc., indique quels sont les articles du titre de la saisie immobilière qui seront applicables à la procédure en surenchère sur aliénation volontaire; or, aucun renvoi n'est fait aux art. 725, 726 et 727 : d'où la conséquence forcée, selon notre auteur, que ces articles ne peuvent recevoir ici leur application; d'ailleurs, dans l'espèce posée, s'agit-il d'une demande en distraction? Est-ce un tiers qui, déposant son titre de propriété, s'oppose à la vente d'un immeuble lui appartenant? Non; c'est un précédent vendeur qui, voulant user du privilège que lui accorde l'art. 717, auquel renvoie l'art. 838, déclare avoir formé une demande en résolution. Quelle était la position et quel était le droit de ce précédent vendeur, demandeur en résolution? Il avait le plus grand intérêt, dit-on, à s'opposer à la vente sur surenchère de l'immeuble qu'il avait primitivement vendu, soit: il était donc recevable à présenter sa demande en résolution pour en obtenir toutes les conséquences. Dans ce cas, l'art. 717 prescrivait au tribunal de prononcer le sursis en fixant un délai pendant lequel ce vendeur primitif ferait définitivement juger sa demande en résolution. Si, au lieu de suivre cette procédure, il a procédé par voie de demande en distraction, il a, dit M. Chauveau, confondu deux positions parfaitement distinctes, qui n'ont et ne peuvent avoir entre elles aucune analogie; il a méconnu les dispositions précises de la loi ; dans les ventes judiciaires, tout doit être de droit rigoureux.

1523. En supposant, poursuit notre auteur, que cette théorie pût être contestée dans une procédure en saisie immobilière, les raisonnements les plus simples, indépendamment des arguments de texte, viendraient démontrer la nécessité de son application à la procédure de surenchère sur aliénation volontaire. Divers corps de domaine sont vendus. L'acquéreur fait les notifications exigées par la loi, et il offre aux créanciers le prix porté au contrat. Un de ces créanciers fait une surenchère qui est validée, et poursuit l'adjudication. Un ancien propriétaire d'un des corps du domaine, qui prétend n'avoir pas été payé de l'intégralité du prix de vente, intente une action en résolution. Le résultat de cette action pourra être de faire tomber la vente consentie au dernier acquéreur, si le corps de domaine à l'occasion duquel elle est intentée est d'une importance telle que sans lui celui-ci n'eût pas fait son acquisition. La surenchère peut donc devenir inutile, et ne produire aucun des effets attachés à une surenchère sur aliénation volontaire. Quelles que soient les divisions de valeurs déterminées dans le contrat de vente, personne ne peut demander compte à l'acquéreur surenchéri des motifs d'affection ou de convenance qui lui ont fait porter au prix total le montant de son acquisition ; aussi la surenchère a-t-elle dû comprendre la totalité du prix, et n'a-t-il pas été permis de faire autant de surenchères partielles qu'il pouvait y avoir d'énonciations de valeurs diverses. — Comment supposer que ce que le surenchérisseur n'a pas pu faire en présence du contrat d'acquisition, il aura le droit de l'obtenir d'un tribunal, sous le prétexte qu'un ancien vendeur a intenté une action en résolution ? Ne voit-on pas qu'ainsi la porte la plus large serait ouverte à la fraude, et qu'un surenchérisseur pourrait obtenir, à l'aide d'une demande en résolution intentée au hasard, la réduction de son enchère qui forme un contrat judiciaire parfait entre le vendeur, l'acquéreur et les créanciers ? Devant la justice, les droits des parties doivent être réciproques, et le surenchérisseur, qui ne pourrait pas être forcé à scinder sa surenchère, ne peut pas forcer l'acquéreur à subir une division qui dénature la position de toutes les parties.

1524. Modifier le contrat résultant de la surenchère, faire des calculs de proportion, déterminer une obligation nouvelle pour le surenchérisseur, en puisant uniquement ses raisons de décider dans l'espèce de ventilation insérée dans l'acte de vente, c'est, ajoute M. Chauveau, s'appuyer sur une base sans solidité. On conçoit que dans une vente sur saisie immobilière, pour laquelle la mise à prix du poursuivant n'est que de pure forme, une partie des immeubles saisis étant l'objet d'une demande en distraction, une nouvelle mise à prix, tout aussi fictive que la première, soit faite par le poursuivant. A cela, nul inconvénient, car il n'y a jamais d'adjudication sur cette mise à prix, et ce sont les enchères nouvelles qui révèlent, à vrai dire, la véritable valeur de l'immeuble mis en vente. Mais, dans une surenchère sur aliénation volontaire, il ne dépend ni du surenchérisseur, ni du tribunal, de changer ou modifier une enchère qui ne repose pas seulement sur la volonté du surenchérisseur, mais aussi et surtout sur la volonté de l'acquéreur qui a fait les notifications. C'est un contrat qui ne peut être rompu ou modifié que par la volonté de tous ceux qui y ont pris part. Peut-être si l'acquéreur, le surenchérisseur et tous les créanciers inscrits consentaient à cette division des immeubles surenchéris et à une nouvelle fixation de l'enchère restant obligatoire pour le surenchérisseur, pourrait-on décider que cette procédure, quoique vraiment anormale, ne serait pas contraire à une disposition expresse de la loi ; mais que, contre la volonté de l'acquéreur, un tribunal se croie autorisé à fixer cette nouvelle enchère, c'est ce qu'interdisent les règles les plus élémentaires de la procédure.

§ 4. — Demandes en nullité.

1525. (Q. 2422). *Les délais déterminés par les art.* 728 *et* 729 *pour proposer les nullités sont-ils francs?*

M. Chauveau a décidé l'affirmative sous la quest. 2313 (*suprà*, n. 651). Conf. M. Dalloz, n. 1241. A l'appui de cette solution, on peut consulter M. Rodière, t. 3, p. 79, et trois arrêts : le premier, de la Cour de Douai, du 4 oct. 1841 (*J. Av.*, t. 61, p. 625) ; le second, de la Cour de Bordeaux, du 31 déc. 1845 (t. 70, p. 95) ; et le troisième, de la même Cour, du 4 fév. 1846. Elle a été formellement consacrée par un arrêt de la Cour de Nancy, du 16 janv. 1869 (t. 94, p. 273), et un arrêt de la Cour d'Alger du 18 déc. 1871 (t. 99, p. 224). Mais M. Bioche, vº *Sais. imm.*, n. 693, hésite à l'admettre.

1525 *bis*. Les trois jours avant la publication du cahier des charges, dans lesquels au plus tard doivent être proposés les moyens de nullité, s'entendent des trois jours qui précèdent l'audience à laquelle la publication a réellement eu lieu, et non des trois jours antérieurs à l'audience indiquée dans la sommation d'assister à cette publication : Chambéry, 2 juillet 1874 (*J. Av.*, t. 100, p. 113) ; Bordeaux, 18 nov. 1875 (t. 101, p. 460).

1526. (Q. 2422 bis). *L'opposition au commandement doit-elle être soumise aux prescriptions de l'art.* 728 ?

M. Chauveau place le commandement en dehors de la saisie ; c'est, à vrai dire, observe-t-il, le premier acte de la poursuite, mais c'est aussi un avertissement qu'on va saisir. Nul doute, selon notre auteur, que le débiteur auquel est fait un commandement de payer ne puisse immédiatement se pourvoir par opposition contre ce commandement, ainsi qu'il l'a établi sous la quest. 2215 (*suprà*, n. 296 et s.) ; mais, comme alors la saisie immobilière n'est pas véritablement commencée, ce n'est plus par l'art. 728, ni par les articles suivants relatifs aux délais et au droit d'appel, que cette procédure se trouve régie ; elle est considérée comme une procédure ordinaire et non comme un incident. V. Toulouse, 14 déc. 1848 (*J. Av.*, t. 74, p. 81) ; Rouen, 1er juin 1853 (t. 78, p. 547) et 19 déc. 1855 (t. 82, p. 218) ; Agen, 18 mars 1857 (t. 82, p. 347). Le commandement n'est point un acte d'instance ; c'est un acte extrajudiciaire. L'action que veut intenter le débiteur devra donc être une action principale introductive d'instance. Elle pourra s'exercer au moyen d'une tierce-opposition, ou même, si le titre en vertu duquel le commandement a été fait est un jugement, par une simple opposition, ou par un appel, et il est manifeste qu'alors les procédures qui seront suivies ne seront pas celles du titre 13e, relatif aux incidents sur poursuite en saisie immobilière.

1527. M. Chauveau dit également sous la quest. 2198 : La loi veut que la saisie immobilière soit *précédée* d'un commandement. Cet acte préliminaire ne fait pas partie intégrale de la saisie, de même que le préliminaire de conciliation ne fait pas partie de la procédure d'une action introductive d'instance. D'où la conséquence que : 1º la critique de cet acte ne donne pas lieu à un incident régi par les art. 718 et s., Cod. proc. civ. ; 2º l'opposition à cet acte peut être formée dans le délai qui convient au débiteur (Lyon, 16 pluv. an XI, *J. Av.*, t. 20, p. 10, n. 12) ; 3º l'appel du jugement qui a statué sur cette opposition peut être interjeté dans les délais ordinaires (Limoges, 7 déc. 1843, *J. Av.*, t. 67, p. 431).

1527 *bis*. Si l'on fait attention aux termes de l'art. 673, dit encore M. Chauveau, on remarquera qu'il peut y avoir impossibilité de suivre les formes indiquées par les art. 718 et suiv., relatifs aux incidents sur saisie; le commandement ne doit pas contenir l'énumération des immeubles qui devront être saisis, mais uniquement la mention que, *faute de paiement, il sera procédé à la saisie des immeubles du débiteur*. — Comment un débiteur, qui possédera plusieurs immeubles situés dans divers arrondissements, pourra-t-il deviner l'immeuble qu'il plaira au créancier de saisir et le tribunal qui sera compétent pour connaître de son opposition?

1528. Relevons ici quelques solutions de la jurisprudence. — Il a été jugé, contrairement à l'opinion de M. Chauveau, que, par cela même que le commandement est un avertissement plutôt qu'un acte d'exécution, il ne peut être attaqué avant la saisie qu'il précède : Trib. de Briançon, 25 nov. 1846 (*J. Av.*, 1847, p. 260); Paris, 9 déc. 1848 (*id.*, 1849, p. 306); Grenoble, 2 juill. 1869 et 13 juin 1870 (*id.*, t. 95, p. 283); que, dans tous les cas, l'opposition au commandement ne met pas obstacle à la saisie, sauf au saisissant à être condamné aux frais et même à des dommages-intérêts, si l'opposition est reconnue fondée : Trib. de Briançon, 25 nov. 1846, précité; Bordeaux, 19 avr. 1850 (*J. Av.*, t. 75, p. 540); Poitiers, 29 juill. 1851 (t. 77, p. 63); Grenoble, 13 juin 1870, précité.

1529. Il résulte cependant d'un arrêt de la Cour de Bordeaux du 12 juin 1878 (t. 104, p. 69), que le saisissant ne saurait être condamné à supporter les frais du commandement par cela seul que la saisie est annulée; mais que le sort de ces frais, lorsque le commandement tend à plusieurs fins, ne devra être déterminé qu'au moment où le créancier à la requête duquel il a été signifié s'en prévaudra pour exercer d'autres poursuites.

1530. D'après un jugement du tribunal civil de Beauvais du 30 déc. 1853 (*J. Av.*, t. 89, p. 122), l'instance engagée sur une opposition à un commandement tendant à une saisie immobilière ne pouvant pas être considérée comme incidente à la poursuite, quoiqu'elle ait été élevée au cours de la saisie, doit, par conséquent, être instruite et taxée comme cause ordinaire, alors surtout que la créance du poursuivant est mise en question dans son caractère exécutoire et même dans son existence.

1531. De ce que l'opposition au commandement ne constitue pas un incident de saisie immobilière, M. Chauveau conclut que les règles ordinaires concernant les actions personnelles ou réelles devront être observées pour déterminer la compétence du tribunal qui devra connaître de l'instance engagée par le débiteur. — Cependant il a été décidé qu'il faut, en pareil cas, s'adresser au tribunal de la situation des biens saisis : Bruxelles, 3 mai 1821 (*Journ. de cette Cour*, t. 1 de 1821, p. 326). On peut opposer trois arrêts de la Cour de cassation des 22 juill. 1822 (*J. Av.*, t. 24, p. 242), 2 janv. 1827 (*J. Av.*, t. 37, p. 91), 1er fév. 1839 (*J. Av.*, t. 39, p. 212), et d'autres décisions indiquées *infrà*, *Q.* 2424. — Mais il y a d'ailleurs une raison que notre auteur regarde comme invincible contre ce système. Comment connaître, avant la saisie, la situation des immeubles? Le commandement ne dit pas qu'on va saisir tel ou tel bien. Pourquoi la saisie frapperait-elle sur celui-ci plutôt que sur celui-là? Il y aurait donc, pour le débiteur, incertitude sur le tribunal devant lequel il devrait porter la demande en nullité contenue dans son opposition au commandement; ce qui est inadmissible. Conf., M. Bioche, n. 690.

1531 *bis*. Sous la quest. 2198 (*suprà*, n. 269 et s.), M. Chauveau enseigne que le tribunal compétent pour connaître de la validité des offres réelles faites immédiatement après le commandement avant le procès-verbal de saisie, est celui du domicile du créancier; mais qu'il en serait autrement si les offres n'étaient faites qu'après ce procès-verbal.

1532. Il doit être bien entendu, observe notre auteur, qu'au cours de la procédure de saisie, les nullités de forme contre le commandement seront soumises aux mêmes règles que toutes les autres nullités de la poursuite, et qu'elles devront être proposées comme les autres incidents (art. 718) : Toulouse, 14 déc. 1848 susénoncé.

1533. Néanmoins, ajoute M. Chauveau, il faut décider, ainsi que l'ont fait la Cour de Bourges, le 23 avr. 1825 (*J. Av.*, t. 29, p. 176), le tribunal de Dunkerque, le 26 juin 1857, et la Cour de Douai, le 15 mars 1858 (*J. Av.*, t. 65, art. 3154), que l'opposition à un commandement ne suffit pas pour arrêter une saisie immobilière. Compar. *suprà*, n. 297, des décisions analogues.

1534. (Q. 2422 ter). *La demande en nullité du titre sur lequel repose la saisie constitue-t-elle un incident nécessaire de cette saisie, en sorte que l'on ne puisse en arrêter les suites en formant cette demande par action distincte et principale?*

Carré, au texte, adopte l'affirmative, et, dans une consultation reproduite par M. Chauveau, il soutient que, si l'action en nullité du titre n'a pas été incidemment formée, il s'élèvera contre elle, lorsque se produira par voie principale, une fin de non-recevoir invincible.

1535. M. Chauveau, au contraire, n'admet pas que, s'il plaît au saisi d'attaquer le titre en vertu duquel il est poursuivi, par action principale, soit en demandant la rescision pour cause de lésion, soit en déposant une plainte en faux, soit pour tout autre motif, on puisse le faire déclarer non recevable parce qu'il n'aurait pas pris la voie de l'incident sur la poursuite de saisie immobilière. Tant pis pour lui, dit notre auteur, s'il n'a pas su, dans le délai utile, arrêter la vente de ses biens en proposant, avant la publication, les incidents dont le résultat aurait été l'annulation du titre en vertu duquel on le poursuivait; mais cette négligence ne forme pas contre lui une forclusion telle que ce titre devienne inattaquable. Ce titre peut être un acte consenti en minorité et exécuté pendant la minorité elle-même. Dira-t-on que parce que le tuteur n'a pas proposé de moyens de nullité contre la saisie immobilière des biens de son pupille, le mineur devenu majeur n'aura pas le droit de demander la rescision de la convention qui a servi de base à la poursuite? N'arrive-t-il pas tous les jours que dans un ordre le titre même du saisissant soit déclaré sans force ni valeur, sur la demande des autres créanciers ou même sur celle du saisi? En 1838, M. Pascalis disait formellement que « rien n'empêcherait le débiteur d'atta-« quer le titre par voie d'action principale pendant tout le cours de la pour-« suite en saisie immobilière ». — Tel est aussi l'avis de MM. Dalloz, n. 1231, et Bioche, n. 691.

1536. Mais cette action principale devra-t-elle être portée devant le tribunal de la saisie, ou pourra-t-elle être soumise à des juges qui eussent été compétents si les poursuites n'avaient pas existé? Pour la solution de cette question, M. Chauveau renvoie aux observations qu'il a présentées sur des cas analogues sous les quest. 2198, 2412 *bis* et 2412 *quinquies* (*suprà*, n. 205 et s., 269 et s., et *infrà*, sect. VII).

1537. (Q. 2422 quinquies). *L'art. 173 s'applique-t-il à la procédure relative aux nullités de saisie immobilière?*

M. Chauveau répond que ce n'est pas l'art. 173 seul qu'il faut consulter, en matière de saisie immobilière, mais bien les articles du titre spécial à cette matière, pour savoir quand les nullités peuvent être proposées, ou quand elles sont couvertes, s'il existe des différences entre les nullités de forme et celles tenant au fond. En cette matière, dit-il, les moyens du fond sont qualifiés de *nullités*, comme les moyens de forme. Tous tendent à faire annuler la poursuite; aussi on les met sur la même ligne, on fixe l'époque après laquelle les uns et les autres ne pourront plus être proposés; et quoique certaines exceptions soient de leur nature perpétuelles, elles ne peuvent pas, après une certaine période de la procédure, arrêter l'adjudication. — Le saisi a beaucoup plus d'intérêt à faire rejeter le titre qui lui est opposé comme nul ou inapplicable, que de critiquer en la forme une poursuite qui pourrait être recommencée le lendemain; mais s'il succombe dans cette défense qu'il regarde avec raison comme préalable, alors il doit désirer obtenir toutes les garanties que la loi a assurées. Notre auteur pense donc que les nullités du fond ou de la forme peuvent être proposées les unes après les autres, cumulativement ou séparément, le même jour, ou successivement; qu'en un mot, la forclusion ne peut résulter que du délai fixé par la loi, après lequel la première période de la procédure est à l'abri de toute attaque.

1538. Cependant cette opinion n'est pas universellement adoptée par la doctrine et par la jurisprudence. M. Persil fils, *Comm.*, p. 290, n. 348 et 349, fait une distinction : pour les moyens du fond, il applique l'art. 173, mais il permet de proposer successivement les moyens de nullité de procédure. M. Paignon, t. 1, p. 183, n. 129, dit que son avis avait été d'abord conforme à celui de M. Chauveau, mais qu'en vérifiant la jurisprudence, il s'est aperçu qu'elle était contraire. Il ne fait d'ailleurs pas connaître s'il a abandonné son premier sentiment. M. Lachaize, t. 2, p. 72, semble avoir été déterminé à rejeter l'application de l'art. 173 par un arrêt de la Cour de Metz, du 12 fév. 1817 (*J. Av.*, t. 20, p. 481), qui, considérant les titres XII et XIII du Code, relatifs à la saisie immobilière, comme un Code particulier et complet sur cette matière, pensait ne pas devoir lui appliquer les dispositions générales disséminées dans les autres titres. Cet auteur ajoutait du reste que, dans la saisie immobilière, les moyens de nullité étaient des moyens principaux et non des moyens d'exception, comme dans les procédures ordinaires. V. aussi en ce sens MM. Favard de Langlade, t. 5, p. 74, n. 1; Bioche, v° *Sais. imm.*, n° 680; Colmet-Daage, t. 2, n. 999. Ce système trouve encore appui dans les arrêts suivants : Paris, 23 oct. 1811 (*J. Av.*, t. 20, p. 340); Pau, 3 sept. 1829 (*J. Av.*, t. 39, p. 221); Bordeaux, 29 nov. 1833 (*J. Av.*, t. 52, p. 176), décidant que la nullité qui résulte du défaut ou de l'irrégularité de la notification des titres peut être proposée par le débiteur après qu'il a excipé de sa libération; Bordeaux, 2 août 1854 (*J. Av.*, t. 80, p. 33), déclarant d'une manière générale l'art. 173 inapplicable aux moyens de nullité de la saisie; Cass., 18 fév. 1852 (t. 79, p. 140)], portant que l'art. 728 n'établit contre la présentation des moyens de nullité qu'une seule déchéance, résultant de l'expiration du délai de trois jours avant la publication du cahier des charges; que cette déchéance est commune aux moyens de forme et aux moyens de fond; que rien, dans le texte de l'article, ne peut faire penser que le législateur ait voulu ajouter à cette déchéance, celle qui, aux termes de l'art. 173, résulterait, pour les moyens de forme, de la présentation antérieure des moyens du fond; et que, l'esprit général de la loi étant d'abréger et de simplifier, autant que possible, la procédure de saisie immobilière, il y a lieu de croire que le vœu du législateur a été, au contraire, que ces deux ordres de moyens fussent discutés et jugés simultanément, et sans égard au rang dans lequel ils auraient été présentés dans les écritures, la discussion collective des uns et des autres ne permettant pas d'induire de la présentation des moyens du fond la volonté d'abandonner les moyens de forme; Montpellier, 20 juin 1867 (*J. Av.*, t. 94, p. 112); Cass., 29 juill. 1873 (t. 99, p. 461); Chambéry, 2 juill. 1874 (t. 100, p. 113).

1539. Mais l'opinion qui repousse ici l'application de l'art. 173 a été formellement condamnée par les Cours de Besançon le 13 avr. 1810 (*J. Av.*, t. 20, p. 256); de Montpellier, le 22 juill. 1822 (*J. P.*, t. 17, p. 523); de Toulouse, le 10 mars 1824; de Lyon, les 29 août 1829 (*J. Av.*, t. 39, p. 206) et 23 août 1856 (t. 76, p. 615); de Riom, le 21 janv. 1832 (*J. Av.*,

t. 44, p. 184); de Rennes, les 22 juin 1836 (*J. Av.*, t. 52, p. 247) et 6 mai 1853 (t. 79, p. 117); de Paris, le 10 juin 1850 (t. 75, p. 619); par le tribunal de Lourdes, le 5 déc. 1855 (t. 81, p. 347), et par la Cour de cassation, les 10 juill. 1817 (*J. Av.*, t. 20, p. 502), 3 avr. 1827 (*J. P.*, t. 21, p. 317) et 14 août 1838 (*J.P.*, t. 2 de 1838, p. 384). Toutefois, M. Chauveau observe que, dans ce dernier arrêt, il y avait un moyen de chose jugée qui seul pouvait déterminer la Cour, et que ce n'est que surabondamment qu'elle décide la question dans ses motifs. On peut en dire autant, ajoute-t-il, d'un autre arrêt de la Cour suprême, du 8 nov. 1851 (*J. Av.*, t. 77, p. 495), dont les motifs, reposant uniquement sur ce que les vices originaires de la saisie peuvent être couverts par une défense au fond, ne peuvent être opposés à ceux de l'arrêt de 1852, qui indiquent que la Cour suprême a changé de jurisprudence.—Enfin, parmi les auteurs, MM. Rogron, p. 909; Rodière, t. 3, p. 179, et Dalloz, n. 1250 et 1251, se prononcent pour l'application de l'article 173.

1540. (Q. 2422 sexies). *La disposition de l'art. 728, qui exige que si les moyens de nullité sont rejetés il soit procédé de suite à la publication du cahier des charges, s'applique-t-elle au cas où la publication a été retardée par un incident? La même disposition oblige-t-elle à ne proposer les nullités que le jour indiqué pour la publication?*

Carré, au texte, adopte l'opinion suivant laquelle, lorsque l'adjudication a été retardée par l'effet d'un incident, on doit alors appliquer l'art. 732 (aujourd'hui 741), qui veut qu'on n'y puisse procéder qu'après une nouvelle apposition de placards et une insertion de nouvelles annonces; et il estime, d'autre part, que, bien que l'art. 733 (aujourd'hui 728) porte qu'il sera passé outre à la publication après le jugement qui rejette les nullités, on ne saurait prétendre que celles-ci ne peuvent être proposées qu'à l'audience fixée pour cette publication.

1541. M. Chauveau partage cette opinion. La Cour de Bourges s'est prononcée en sens contraire, le 26 nov. 1824 (*J. Av.*, t. 28, p. 173), en décidant que l'ajournement de la publication ne proroge pas le délai pour proposer les nullités; et l'on peut citer dans le même sens Lyon, 23 août 1850 (*J. Av.*, t. 76, p. 615), et Toulouse, 1er mai 1851 (t. 76, p. 547); mais la Cour de cassation a, au contraire, consacré l'avis de Carré les 22 nov. 1826 (*J. Av.*, t. 32, p. 334) et 18 fév. 1852 (t. 79, p. 140).

1542. En rapportant l'arrêt de la Cour de Toulouse précité, M. Chauveau avait émis la pensée que si le retard de la publication provenait du fait même du saisi, la déchéance aurait pu être couverte. La Cour de Douai avait admis implicitement cette distinction le 22 août 1850 (*J. Av.*, t. 78, p. 304), en décidant que cette déchéance n'est pas couverte par cela seul que le saisissant, au jour fixé pour la lecture du cahier des charges, au lieu de s'en prévaloir, s'est borné à provoquer le renvoi de cette lecture à une audience ultérieure, ni parce que l'effet de la remise ordonnée a été de laisser plus de trois jours francs entre le moment où les moyens de nullité ont été proposés, et le jour de la publication du cahier des charges. M. Chauveau observe que l'arrêt de la Cour de cassation du 18 fév. 1852 est plus absolu; et qu'il en résulte que, quel que soit le motif de la remise, les trois jours ne se comptent qu'à partir de celui où la publication a eu lieu effectivement. Cependant, il ne peut croire que la Cour eût décidé autrement que ne l'a fait la Cour de Douai, si cette espèce lui eût été soumise.

1543. MM. Favard de Langlade, t, 5, p. 77, n. 4, Dalloz, n. 1244, Bioche, n. 694, et Thomine-Desmazures, t. 2, p. 288, enseignent aussi que, si la publication est retardée, le délai pour proposer les moyens de nullité doit être prorogé. Les mêmes auteurs et MM. Huet, p. 293, et Colmet-Daage, t. 2, p. 386, n. 999, permettent de proposer les moyens de nullité avant le terme des trois jours qui précèdent la publication, et pensent comme M. Chauveau que le tribunal peut statuer au moment où ils sont proposés.

1543 *bis*. Il a été également jugé que le moyen de nullité contre la procédure antérieure à la publication du cahier des charges, qui, après avoir été admis en première instance, a été rejeté en appel comme tardivement présenté, ne peut être proposé de nouveau avant la publication du cahier des charges, qui, n'ayant pu avoir lieu au jour primitivement fixé, a dû être renvoyée par l'arrêt à un autre jour : Nancy, 16 fév. 1869 (*J. Av.*, t. 94, p. 373). — Mais l'annulation de la publication du cahier des charges a pour effet de permettre de proposer les moyens de nullité contre la procédure antérieure à la publication, et qui, si cette publication avait été valable, auraient dû, à peine de déchéance, aux termes de l'art. 728, être proposés trois jours avant son accomplissement : Cass., 30 juin 1873 (*J. Av.*, t. 99, p. 75).

1544. (Q. 2422 septies). *Les moyens de nullité proposés avant la publication, mais sur lesquels il n'a pas été statué, peuvent-ils être jugés postérieurement?*

L'affirmative avait été jugée, sous l'ancienne loi, par la Cour de cassation, le 25 avril 1814 (*J. Av.*, t. 20, p. 417), et par la Cour de Montpellier, le 31 déc. 1839 (*J. Av.*, t. 59, p. 511) ; elle était adoptée par MM. Huet, p. 292, n. 13, Favard de Langlade, t. 5, p. 74, n. 2, et Dalloz, t. 5, p. 826 ; et sous la nouvelle législation, MM. Bioche, v° *Saisie immob.*, n. 6964, et Dalloz, n. 1248, adoptent la même doctrine, et avec raison, selon M. Chauveau. L'art. 728, dit notre auteur, veut que, par le jugement qui donne acte de la publication, toute difficulté relative à la procédure antérieure soit vidée. Mais le poursuivant doit s'imputer de n'avoir pas fait juger l'incident régulièrement proposé, avant que la publication ait eu lieu.

1545. Le 4 fév. 1811 (*J. Av.*, t. 20, p. 295), la Cour de cassation avait jugé qu'après avoir proposé sans réserve des moyens de nullité contre la procédure postérieure à l'adjudication préparatoire, on n'était pas admissible à se pourvoir contre les jugements qui avaient statué sur des nullités antérieures. Cette jurisprudence paraît sévère à M. Chauveau, qui renvoie d'ailleurs à ce qu'il a dit, *suprà*, n. 58 et s.

1546. Il a cependant été jugé encore, dans le même sens, que lorsque certains moyens de nullité contre la procédure précédant la publication du cahier des charges ont été proposés par le saisi et admis par le tribunal, le saisi est non recevable à en proposer d'autres contre les actes antérieurs au jour fixé pour cette publication : son droit de proposer de nouveaux moyens avant les trois jours qui précéderont la nouvelle publication, étant restreint aux actes faits depuis le jugement qui a accueilli les premiers moyens : Trib. civ. de Troyes, 12 mai 1878 (*J. Av.*, t. 103, p. 371).

1547. (Q. 2422 octies). *Le tribunal peut-il prononcer d'office la nullité d'une procédure ? Le ministère public peut-il la requérir également d'office ?*

M. Chauveau n'hésite pas à résoudre négativement ces deux points. Voy. conf., sur le premier, Cass., 20 mai 1874 (*J. Av.*, t. 100, p. 46), et sur les deux questions, MM. Dalloz, n. 1280; Bioche, n. 682; notre *Formul. annot.*, t. 2, p. 687, n. 6.

M. Lachaize, t. 2, p. 76, n. 419, admet bien que les nullités n'étant pas ici d'ordre public, les magistrats ne peuvent pas les proposer ou les prononcer d'office; mais il estime que, comme la loi exige que la procédure de saisie immobilière soit communiquée au ministère public, et que cette communication doit avoir un but, l'officier du parquet pourrait s'opposer à ce qu'il fût passé à l'adjudication jusqu'à ce que le poursuivant eût justifié de l'accomplissement de toutes les formalités. La Cour de Bruxelles a jugé aussi, le 26 juin 1832 (*J. Av.*, t. 45, p. 439), que le ministère public peut, d'office, proposer, en faveur des mineurs, des moyens qui profitent alors aux saisis majeurs.

1548. M. Chauveau repousse cette doctrine. L'art. 718, dit-il, n'exige la communication au ministère public, que pour le cas où un jugement doit être rendu sur les incidents; or, c'est aux parties à élever les incidents; et les jugements qui donnent acte des publications, ou qui prononcent des adjudications ne sont que de simples procès-verbaux.

1549. Mais, comme l'a décidé la Cour de cassation, le 2 avril 1850 (*J. Av.*, t. 75, p. 588), le juge qui prononce le rejet d'une demande en s'appuyant sur la déchéance édictée par l'art. 728, ne supplée pas d'office cette déchéance, lorsque la partie a conclu à ce que le demandeur fût débouté de son action, tant par *déchéance qu'autrement*. C'est ce que reconnaît aussi notre auteur.

1549 *bis*. Au surplus, les moyens de nullité contre la procédure antérieure à la publication du cahier des charges doivent être articulés d'une manière précise; il ne suffit pas d'annoncer en termes généraux et vagues qu'on se réserve d'attaquer la procédure : Nancy, 16 fév. 1869 (*J. Av.*, t. 94, p. 374).

1550. (Q. 2422 decies). *Que doit-on entendre par nullités postérieures à la publication ?*

Le législateur, répond M. Chauveau, ne s'est occupé que des hypothèses les plus ordinaires. La publication du cahier des charges est un premier terme, l'adjudication un second terme. Toute nullité relative à la première période donnera lieu à un jugement qui sera sujet à appel. Les incidents relatifs à la seconde période ne concerneront plus que des faits de publicité; l'appel ne sera pas permis.

1551. Si, au jour indiqué dans les sommations prescrites par l'art. 691 et 692, il n'est point fait à l'audience publication et lecture du cahier des charges, cette formalité ne peut être valablement remplie le lendemain. Dans le cas, cependant, où le lendemain la publication aurait lieu, comment la ferait-on annuler? Le jugement qui sera rendu sur cet incident sera-t-il considéré comme rendu sur des nullités antérieures, ou bien sur des nullités postérieures à la publication, et sera-t-il ou non sujet à appel ? Sous l'art. 730 (*infrà*, quest. 2423 *sept.*), en examinant la position des parties, en cas d'inobservation de l'art. 695, ou de nullité substantielle du jugement qui donne acte de la publication, M. Chauveau décide qu'il y a lieu à l'appel, et que la nullité peut être proposée jusqu'à l'adjudication. Conf., M. Dalloz, n. 1260.

1552. Notre auteur déclare approuver un arrêt de la Cour de Caen, du 25 août 1852 (*Journ. de cette Cour*, 1852, p. 327), portant que la fin de non-recevoir édictée par l'art. 728, Cod. proc., ne s'applique qu'aux moyens de nullité existant lors de la publication du cahier des charges et non à ceux qui résultent d'actes postérieurs. Cela, en effet, ne peut faire difficulté.

1553. (Q. 2422 undecies). *Comment doivent être entendues ces expressions de l'art.* 728, les moyens de nullité tant en la forme qu'au fond?

M. Rogron, p. 909, explique ainsi les nullités du fond : « Ce sont celles « qui résultent, par exemple, du défaut d'inscription sur l'immeuble saisi « sur le tiers détenteur, du décès du saisi, de la *dotalité de l'immeuble*, etc.» Quant à M. Chauveau, il expose en substance de la manière suivante sa théorie sur la question posée :

1554. Toute exception d'une nature quelconque qui tend à empêcher l'adjudication de l'immeuble saisi, *lorsqu'il est saisissable et qu'il appartient au saisi*, ne peut plus être proposée après la publication. Ainsi doivent être repoussées les demandes fondées, *même* sur la mort du saisi, ou sur le paiement de la créance. Lorsque, au contraire, l'objet est *insaisissable* ou *n'appartient point* au saisi, ce n'est pas par voie de nullité qu'on procède, mais par voie de demande en distraction, et cette demande est recevable jusqu'au moment de l'adjudication. — V. dans le même sens, MM. Dalloz, n. 1234 et suiv.; Colmet-Daage, t. 2, p. 385, n. 997.

1455. Les nullités de la procédure de saisie immobilière pour défaut de forme peuvent être invoquées tant par les créanciers que par le débiteur saisi, nonobstant toute renonciation de la part de ce dernier : Bordeaux, 23 août 1845 (*J. Av.*, t. 70, p. 191). — Compar., *Intervention*, n. 10.

1556. Notre auteur rappelle qu'il a critiqué, sous la quest. 2412 (V. *infrà*, § 7), un arrêt de la Cour de Dijon, du 26 janv. 1847, qui a déclaré recevable une demande en nullité formée à la suite du cahier des charges, dans le délai prescrit par la loi, quoiqu'elle eût été notifiée deux jours seulement avant la publication de ce cahier.

1557. Il déclare donner une complète approbation à un arrêt de la Cour de Bordeaux, du 10 janv. 1846, portant qu'en matière de saisie, où tout est d'urgence, il ne doit être ordonné d'expertise que dans des cas très rares, et lorsque les moyens de nullité invoqués par le saisi présentent un caractère évident de gravité et de réalité. Et il adhère également à un arrêt de la Cour de Rouen, du 15 mai 1844 (*J. Av.*, t. 68, p. 237), qui a annulé deux saisies pratiquées simultanément par la même personne sur les mêmes immeubles et contre le même individu, a décidé que dans ce cas la seconde saisie ne devenait pas valable par cela seul qu'il existait une nullité dans la première, si cette nullité n'avait été reconnue et s'il n'y avait eu désistement de la première saisie que postérieurement au commencement des poursuites de la seconde.

1558. En admettant que la demande en nullité soit régulière, il faut encore, observe M. Chauveau, pour qu'elle soit recevable, que celui qui la forme ait intérêt ou qualité, et que cette demande précise suffisamment l'irrégularité reprochée. Ainsi, dit-il, lorsque la femme du saisi a figuré comme créancière, et qu'il n'est intervenu aucune condamnation à son préjudice, le mari ne peut, dans son intérêt personnel, attaquer la procédure pour défaut d'autorisation de sa femme. La faculté que la loi lui confère est, en effet, relative aux intérêts de celle-ci, et non à ceux du mari : Besançon, 29 germinal an XII (S.V. t. 4, p. 672). — Pour nous, cette solution nous semble contestable. V. Paris, 26 août 1881 (*J. Av.*, t. 106, p. 383).

1559. La déchéance édictée par les art. 728 et 729 a été strictement appliquée par les décisions ci-après que mentionne M. Chauveau : — Après la lecture et la publication du cahier des charges, on ne peut pas se prévaloir d'une nullité de procédure commise auparavant : Bordeaux, 8 mai 1844 (*J. Av.*, t. 67, p. 440) ; Douai, 28 août 1850 (t. 78, p. 304) ; Alger, 27 août 1850 (t. 76, p. 615). Ainsi, on n'est pas admis à prétendre que le procès-verbal est nul à défaut de désignation suffisante des immeubles saisis : Riom, 27 août 1850 (*ibid.*) ; — Ou faute d'avoir été visé successivement par chacun des maires de la situation des immeubles à chaque séance de saisie : Caen, 20 juin 1849 (t. 75, p. 493).

1560. C'est par application de la même règle que la Cour de Rouen, par arrêt du 23 nov. 1849 (t. 75, p. 326), a refusé d'accueillir la demande d'un saisi qui, après la publication du cahier des charges, portant que la vente aurait lieu en un seul lot, voulait que la vente se fît en plusieurs lots et seulement jusqu'à concurrence de la créance du saisissant, seul créancier inscrit ; — Que la Cour de Caen a déclaré, le 10 déc. 1849 (*ibid.*), que les changements au cahier des charges, autorisés après le délai de l'art. 694, même par jugement, ne sont pas opposables aux créanciers hypothécaires qui n'y ont pas été parties ; — Que la Cour de Douai a décidé, le 24 mai 1849 (*ibid.*), que l'omission dans le procès-verbal de saisie de constructions élevées sur les terrains saisis ne peut pas être réparée après la publication du cahier des charges, par un dire additionnel consigné dans ce cahier ; — Que la Cour de cassation a jugé, le 7 avril 1857 (D.P.57.1.361), que la nullité résultant de l'inobservation des formalités prescrites pour les modifications à apporter au cahier des charges n'existe pas de plein droit, et ne peut plus être proposée après l'expiration du délai fixé par l'art. 729.

1561. Le moyen de nullité d'une adjudication sur saisie immobilière pris de ce que les annonces ou les affiches ne contiennent pas la désignation de toutes les parcelles d'immeubles comprises dans le procès-verbal de saisie, et, par exemple, n'en mentionnent que neuf sur quatorze, qui ont été frappées de saisie, ne peut être proposé pour la première fois devant la Cour de cassation, alors surtout que la différence signalée a fait l'objet d'un dire inscrit au cahier des charges, et dont il a été donné acte à l'audience en présence de la partie saisie : Cass., 28 juill. 1851 (D.P.51.1.240).

1562. La déchéance s'applique aussi au moyen de nullité tiré du défaut de dénonciation de la surenchère à l'avoué du saisi, qui n'est pas proposé trois jours avant l'adjudication sur surenchère : Bordeaux, 30 avril 1850 (*J. Av.*, t. 75, p. 556).

1563. Le tribunal civil du Blanc a décidé, le 16 mai 1849, que dans le cas de folle enchère poursuivie après adjudication sur licitation, comme dans la folle enchère après saisie immobilière, il faut, à peine de déchéance, proposer trois jours francs avant l'adjudication, les moyens de nullité contre la procédure. M. Chauveau approuve cette solution, en faisant remarquer qu'il n'admet la voie de folle enchère contre l'adjudication sur licitation qu'autant qu'elle a été expressément stipulée dans le cahier des charges. V. *Licitation*, n. 144 et s.

1564. La nullité, provenant de ce qu'une clause ajoutée au cahier des charges, pour fixer le jour de l'adjudication, en exécution du jugement qui a accordé un délai au saisi, a devancé ce délai, et de ce que l'adjudication a eu lieu avant l'expiration de ce délai, doit-elle être proposée trois jours au moins avant cette adjudication ? L'affirmative a été adoptée par la Cour de cassation le 3 avril 1850 (*J. Av.*, t. 75, p. 624), sur le motif que si le saisi avait cru avoir à se plaindre de l'addition au cahier des charges, par laquelle l'adjudication avait été indiquée à une époque plus rapprochée, il aurait dû le faire dans les trois jours avant ladite adjudication, puisqu'il s'agissait d'un moyen de nullité contre la procédure postérieure à la publication du cahier des charges.

1565. En ce qui concerne le titre du poursuivant, la déchéance atteint le saisi qui n'invoque qu'à l'audience où il va être procédé à la lecture du cahier des charges, le moyen de nullité tiré de ce que la saisie a été pratiquée en vertu d'un titre revêtu seulement de l'ancienne formule exécutoire : Trib. civ. de Napoléon-Vendée, 26 fév. 1849.

1565 *bis*. Mais l'exception fondée sur la fausseté du titre pourrait être proposée après le publication du cahier des charges, si cette fausseté n'avait pas été découverte plus tôt. N'y a-t-il pas, dit M. Chauveau, une frappante analogie entre ce cas et celui de l'art. 448, qui ne fait courir les délais d'appel que du jour où la loi a reconnu la fausseté de la pièce ayant servi de base au jugement ?

1566. La demande formée par les syndics d'une faillite afin qu'il soit sursis à l'adjudication de biens saisis sur l'acquéreur du failli, par le motif qu'ils ont formé une demande en nullité de la vente, constitue un moyen de nullité au fond qui doit, sous peine de déchéance, être proposé trois jours au plus tard avant la publication du cahier des charges : Orléans, 19 juin 1850 (*J. Av.*, t. 76, p. 615).

1567. La nécessité d'observer ce délai existe également à l'égard des exceptions tirées de la qualité des parties. Ainsi l'héritier bénéficiaire ne peut pas se prévaloir de sa qualité après le délai de l'art. 728 : Cass., 18 mai 1841 (t. 61, p. 518). — Ainsi encore, la renonciation à la succession n'est plus opposable par les parties saisies, comme héritiers, la veille de la publication : Rouen, 23 juill. 1856 (t. 82, p. 410).

1568. On a vu, *suprà*, que, d'après M. Chauveau, le moyen tiré de la mort du saisi tombe sous le coup de la déchéance. — La Cour de cassation a fait application de cette doctrine à une espèce où la poursuite tout entière avait été dirigée contre un débiteur décédé. Elle a décidé, le 24 déc. 1856 (*J. Av.*, t. 82, p. 29), que l'héritier du saisi qui demande la nullité de la procédure, en ce que son auteur était décédé lorsqu'elle était dirigée contre lui, peut être déclaré non recevable à opposer cette nullité, lorsqu'elle n'est proposée, contrairement à l'art. 728, qu'après la publication du cahier des charges, surtout s'il est constaté qu'à l'époque de cette publication il connaissait ce décès et il avait été mis en demeure d'intervenir au procès.

1569. Le cas suivant avait été soumis à notre auteur : — Un créancier obtient contre son débiteur un jugement de condamnation dont il ne poursuit pas l'exécution, vu l'insolvabilité actuelle de ce dernier. Il meurt et laisse son fils unique pour héritier. Le débiteur ayant recueilli une succession, le fils du créancier fait remettre par une tierce personne le jugement précité à l'avoué qui avait occupé pour son père, avec recommandation de poursuivre une saisie immobilière. Il est à remarquer que le créancier et le débiteur demeuraient dans des villes différentes, de telle sorte que l'avoué qui ignorait la mort de son client, croit que c'était ce dernier qui poursuivait, et qu'il entama la procédure en son nom. Ce ne fut que postérieurement à la publication du cahier des charges que l'avoué ayant eu occasion de voir le saisissant, l'erreur est découverte par lui, mais sans être portée à la connaissance du débiteur. Dans ces circonstances se présentait la question de savoir si la publication du cahier des charges couvre en général tous les moyens de nullité, même celui résultant de l'erreur dans la personne du poursuivant, et si l'adjudication prononcée à la requête d'une personne *morte* peut être valable. — M. Chauveau a soutenu que l'irrégularité dont il s'agit devait être proposée par le saisi avant la publicatien du cahier des charges, ou tout au moins avant l'adjudication. La demande fondée sur *la mort du saisi*, a-t-il dit, doit être repoussée, si elle n'est pas formée avant la publication. Pourquoi n'en serait-il pas de même de celle résultant de la mort du saisissant ? En définitive, l'immeuble saisi appartient au débiteur : la créance est certaine ; le fils a hérité de son père. Si le saisi ne se plaint pas d'avoir été poursuivi au nom du père, le fils profitera de l'adjudication. Cependant, pour éviter toute discussion ultérieure, M. Chauveau conseille au poursuivant de ne pas se porter adjudicataire.

1570. En vertu des mêmes principes, notre auteur estime que si, après le commandement tendant à saisie immobilière fait au tuteur par le créancier d'un mineur, ce dernier devient majeur, la nullité résultant de ce que la saisie a été dénoncée au tuteur et suivie contre lui ne peut plus être proposée après la lecture du cahier des charges.

1571. Il pense, au surplus, avec un arrêt de la Cour de Caen du 18 déc. 1851 (*Journal de cette Cour*, 1852, p. 50), que la fin de non-recevoir opposable aux moyens de nullité en la forme et au fond contre la procédure qui précède la publication du cahier des charges, lorsqu'ils ont été proposés moins de trois jours avant cette publication, n'est pas d'ordre public, que le saisissant peut y renoncer et qu'il est réputé l'avoir fait quand il a accepté le débat au fond. Compar. *suprà*, Q. 2422 *quinq.* (n. 1537, et s.)

1572. La Cour de Paris a jugé, le 14 déc. 1849 (*J. Av.*, t. 75, p. 326), que la demande en distraction de biens non hypothéqués à la créance du saisissant doit être formée par la partie saisie, à peine de déchéance, trois jours au plus tard avant la publication du cahier des charges, parce qu'il ne s'agit point là d'une demande en distraction formée par un tiers, mais d'un moyen de nullité invoqué par la partie saisie. — Il y a, en effet, lieu de distinguer, dit M. Chauveau, entre le cas où c'est un tiers qui se pourvoit en distraction et le cas où c'est la partie saisie. Dans le premier, le tiers n'est averti de la saisie que par les affiches; tous les actes de la procédure lui sont étrangers; il peut exercer ses droits avant l'adjudication en demandant la distraction des immeubles qui lui appartiennent; après l'adjudication, par l'action en revendication, ou pendant la poursuite en folle enchère, par voie d'incident au moyen d'un simple acte d'avoué (Trib. de Lourdes, 5 déc. 1855, *J. Av.*, t. 81, p. 347). Le législateur n'a pu donner pour limite à cet exercice l'acte solennel de l'adjudication, parce que le tiers n'est pas tenu de lire les affiches et qu'il peut n'avoir connaissance de l'extension abusive de la saisie que par la prise de possession de l'adjudicataire. Dans le second cas, au contraire, où c'est le saisi lui-même qui laisse écouler les délais sans se plaindre et qui, pour se ménager un sursis, demande la distraction, on comprend qu'il soit forclos quand il a gardé le silence jusqu'après la publication du cahier des charges. Accueillir ses prétentions, ce serait exposer très souvent des poursuivants de bonne foi, qui n'ont rien à se reprocher, à des frais considérables, puisque les saisis ne manqueraient pas d'attendre le dernier moment pour se pourvoir en distraction : *Sic*, Cass., 18 juin 1849 (t. 75, p. 325). Dans l'espèce de cet arrêt, le saisi avait demandé après la publication, qu'il fût sursis à l'adjudication jusqu'au jugement d'une instance par lui introduite pour établir que la saisie avait été faite *super non domino*. Cette demande, a dit la Cour suprême, n'est pas une simple demande en remise réglée par l'art. 703, Cod. proc. civ., mais bien une demande au fond, tendant à faire prononcer la nullité de la saisie; dès lors, elle doit être réglée par l'art. 728. V. dans le même sens, Bordeaux, 2 août 1854 (t. 80, p. 33); Cass., 29 août 1855 (t. 81, p. 350); Rouen, 10 nov. 1855 (t. 81, p. 286); etc. — *Contrà*, Nîmes, 25 juin 1851 (*J. Av.*, t. 76, p. 614); Poitiers, 31 mai 1853 (t. 79, p. 604); Dijon, 10 fév. 1857 (t. 82, p. 640).

1573. On conçoit, observe M. Chauveau, que, si l'immeuble est insaisissable, il n'en soit pas de même; et qu'ainsi la demande en distraction formé par une femme dotale soit déclarée recevable après la lecture du cahier des charges. Cela n'implique aucune contradiction avec l'opinion émise ci-dessus. L'insaisissabilité qui permet de revendiquer après l'adjudication autorise *à fortiori* les demandes en distraction antérieures. Il en est de ce cas comme de celui où l'immeuble saisi appartient *à un tiers qui le réclame*, tandis que, dans l'espèce des décisions déjà citées, c'est le saisi lui-même qui demande la distraction d'un immeuble insaisissable et qui lui appartient. En 1841, M. Chauveau citait en ce sens, Rouen, 26 juin 1824 (*J. Av.*, t. 27, p. 106); Toulouse, 26 avril 1825 (*J. Av.*, t. 29, p. 290); Cass., 11 juin 1828 (t. 35, p. 262); Bordeaux, 1er fév. 1839 (*J. Av.*, t. 56, p. 299); Agen, 22 août 1834 et 12 déc. 1840 (*J. Av.*, t. 49, p. 571, et t. 60, p. 319). — Il faisait remarquer que si un arrêt de la Cour suprême, du 20 août 1823 (*J. Av.*, t. 23, p. 315), paraissait pouvoir être cité en faveur de l'opinion contraire, cependant, en examinant avec attention les faits qui avaient donné lieu aux deux arrêts de cassation, on pouvait se convaincre qu'ils n'étaient pas contradictoires. Un arrêt de la Cour de Lyon, du 10 avril 1837 (J. P. 37.2.521) avait accueilli la demande en nullité formée contre la saisie d'un immeuble dotal, après l'adjudication préparatoire, en la considérant, non comme une demande en distraction, mais comme un moyen de nullité, au fond, que l'art. 733 ne comprenait pas dans la déchéance. M. Chauveau observait que cette décision avait eu tort de s'appuyer sur un pareil motif.

1574. Depuis, notre auteur a persisté dans son opinion en se bornant à observer qu'elle conduit nécessairement à ce résultat que la demande de la femme n'étant point un incident en nullité ni en la forme, ni au fond, mais une véritable action en revendication ou en distraction, peut être intentée avant comme après l'adjudication. Il a rappelé que cette opinion a été consacrée par les décisions suivantes : Riom, 31 août 1847 (*J. Av.*, t. 75, p. 311) ; Pau, 16 juin 1849 (*ibid.*); Agen, 15 déc. 1851 (t. 78, p. 168); Poitiers, 20 juillet 1852 (*ibid.*); Trib. d'Orange, 23 avril 1855 (t. 80, p. 437) et 27 mai 1856 (*Journal de la Cour de Nîmes*, 1856, p. 284) ;—mais que l'interprétation contraire a été admise par les décisions ci-après : Bordeaux, 1er fév. et 26 avril 1839 ; Cass., 3 mai 1846 (*J. Av.*, t. 70, p. 377) ; Lyon, 30 nov. 1849, et Cass., 30 avril 1850 (t. 75, p. 313) ; Riom, 14 juin 1850 (t. 76, p. 615), 19 août 1851 (t. 77, p. 392) et 14 déc. 1852 (t. 78, p. 168) ; Caen, 9 déc. 1850 (t. 76, p. 276) ; Lyon, 20 fév. 1851 (t. 76, p. 615) ; Toulouse, 14 août 1852 (t. 78, p. 366) ; Limoges, 29 juin 1853 (t. 79, p. 499) ; Trib. civ. de Toulon, 28 juin 1855 (t. 81, p. 79), lesquelles sont unanimes à reconnaître que la femme mariée dont les biens dotaux ont été compris dans une saisie dirigée contre elle et son mari, n'a que l'action en nullité dans la forme et le délai prescrits par l'art. 728, Cod. proc. civ., et non le droit d'agir par voie de distraction. —L'auteur constate ensuite que cette dernière jurisprudence a été approuvée par M. Demolombe, *Revue critique*, t. 1 (1851), p. 148, § 11, tandis qu'elle a été combattue par MM. Dalloz, n. 1220 et suiv., et Devilleneuve, S.-V.50.1.497.

1575. Le jugement précité du tribunal de Toulon déclare que la femme est toujours recevable à constater le titre du poursuivant et à exercer contre lui une action en dommages-intérêts équivalents à la valeur de l'immeuble dont l'adjudication la privera ou l'a déjà privée. Il répugne à M. Chauveau d'admettre un tel palliatif.

1576. Il résulte d'un jugement du tribunal civil de Périgueux, du 23 août 1856, et d'un arrêt confirmatif de la Cour de Bordeaux, du 29 juillet 1857 (*J. Av.*, t. 83, p. 301), qu'aucune déchéance n'est opposable au mari, seul saisi, qui, exerçant l'action dotale, demande la distraction ou la revendication des immeubles dotaux. Il semble difficile à notre auteur de concilier cette solution avec les principes adoptés par la jurisprudence.

1577. Nous avons à signaler, de notre côté, plusieurs solutions plus récentes sur un certain nombre des points examinés ci-dessus par M. Chauveau.

La Cour de Bordeaux a très bien jugé, par arrêt du 28 fév. 1876 (*J. Av.*, t. 101, p. 419, que la possibilité d'une revente par folle enchère des immeubles saisis n'est pas une cause de nullité des poursuites de saisie immobilière.

1578. C'est aussi à bon droit qu'il a été décidé que l'action principale en nullité de la procédure de saisie immobilière et de l'adjudication qui en a été la suite, est ouverte à toute partie intéressée qui n'est pas liée à cette procédure, et aux droits de laquelle l'adjudication porte préjudice : Trib. civ. de la Seine, 3 août 1878 (t. 104, p. 36). — Néanmoins, l'adjudicataire sur saisie immobilière n'est pas recevable à demander la nullité de l'adjudication en se fondant sur ce que l'immeuble, qui en a été l'objet, n'était pas la propriété du saisi, alors que ce dernier ou ses représentants n'ont pas été appelés dans l'instance : Alger, 22 juillet 1874 (*J. Av.*, t. 100, p. 119).

1579. D'après le jugement précité du tribunal de la Seine, de ce qu'un tiers qui est intervenu dans une poursuite de saisie immobilière en annonçant son intention de demander la distraction des biens saisis, n'a pas formé cette demande, il ne s'ensuit pas qu'il soit non recevable à demander ensuite la nullité de l'adjudication de ces mêmes biens.

1580. Les dispositions de la loi qui interdisent d'attaquer de nullité, après un certain délai, la procédure de saisie immobilière, ne sont pas applicables à l'action du saisi tendant uniquement à faire déclarer que des parcelles non détaillées dans le procès-verbal de saisie n'ont été comprises ni dans la saisie, ni dans l'adjudication, malgré une clause générale ajoutée à la nomenclature parcellaire dans le procès-verbal : Cass., 26 juillet 1875 (*J. Av.*, t. 101, p. 289). — Mais V. *infrà*, n. 1582.

1581. La jurisprudence a proclamé à plusieurs reprises le principe que la déchéance édictée par les art. 728 et 729 s'applique même aux moyens tirés de la nullité ou de l'extinction du titre. V. Paris, 1er mars 1869 (*J. Av.*, t. 97, p. 149); Agen, 20 juin 1870 (*ibid.*); Dijon, 22 nov. 1871 (t. 97, p. 223); Trib. civ. de Marseille, 14 déc. 1875 (t. 101, p. 56). — Il a été décidé spécialement par le tribunal de Marseille que le saisi qui n'a pas présenté trois jours au plus tard avant la publication du cahier des charges des moyens tendant à détruire le titre, n'est pas recevable à les faire valoir par action principale (jugement précité); et par la Cour de Dijon, que la nullité du titre qui a servi de base à une adjudication sur saisie immobilière ne peut, en l'absence de toute fraude de la part du poursuivant, être demandée après cette adjudication : arrêt également précité.

1582. Il résulte d'un jugement du tribunal civil de Grenoble du 30 mai 1873 (*J. Av.*, t. 99, p. 331), que la déchéance édictée par l'art. 728 s'applique aux griefs articulés par un débiteur saisi contre la rédaction et les énonciations du procès-verbal de saisie immobilière, à l'appui d'une demande en revendication d'articles qu'il prétend n'avoir pas été compris dans l'adjudication. — V. toutefois *suprà*, n. 1580.

1582 bis. Et la Cour de cassation a jugé aussi, par arrêt du 20 mai 1874 (t. 100, p. 116), que le moyen tiré de ce que la saisie immobilière aurait porté sur des biens autres que ceux qu'elle devait avoir pour objet, ne peut être soulevé pour la première fois devant la Cour de cassation.

1583. L'applicabilité des art. 728 et 729 au moyen tiré de la dotalité de l'immeuble saisi a été encore affirmée par la Cour de cassation dans trois arrêts des 20 août 1861, 21 janv. 1867 et 16 mai 1870 (*J. Av.*, t. 88, p. 28; t. 93, p. 206; t. 97, p. 15). Les deux premiers de ces arrêts décident spécialement que la femme n'est pas recevable à demander la nullité de la saisie pour cette cause, soit depuis la publication du cahier des charges et avant le jour fixé pour l'adjudication, soit le jour même de l'adjudication, soit à plus forte raison, après l'adjudication.

1584. Lorsqu'une saisie immobilière a été pratiquée en vertu d'un titre hypothécaire sur le tiers détenteur de l'immeuble, l'action de ce tiers détenteur à l'effet de faire juger que l'hypothèque par suite de laquelle il est poursuivi ne frappe pas l'immeuble saisi, constitue une action en nullité au fond qui doit, à peine de déchéance, être formée dans le délai fixé par l'art. 728, Cod. proc. : Alger, 25 août 1868 (*J. Av.*, t. 94, p. 210). — Le moyen de nullité tiré de ce que le jugement qui a fixé le jour de l'adjudication n'aurait pas été rendu par un nombre de juges suffisant, étant dirigé contre la procédure postérieure à la publication du cahier des charges, doit être proposé au plus tard trois jours avant l'adjudication; il ne peut l'être pour la première fois devant la Cour suprême : Cass., 17 juin 1861 (*J. Av.*, t. 88, p. 43).

1585. Il a été jugé par deux arrêts, l'un de la Cour de Nîmes, du 25 fév. 1839, l'autre de la Cour de cassation, du 3 avr. 1837 (*J. Av.*, t. 52, p. 231; *J. P.*, 39.527 et 558), que si le poursuivant s'est rendu adjudicataire malgré la nullité de son titre, ou quoiqu'il fût désintéressé par un paiement, il ne peut se plaindre qu'on annule entre ses mains une adjudication qu'il avait fait prononcer en vertu d'un titre dont les vices et la nullité lui étaient connus. Cette solution est approuvée par M. Persil fils, n. 357, et par M. Chauveau. Toutefois, ce dernier auteur est d'avis qu'elle doit être restreinte dans de certaines limites. Ainsi, disait-il, la nullité ne pourra pas être proposée par voie d'appel, mais seulement par action principale, et elle ne pourra être demandée qu'antant qu'il n'existera aucun créancier inscrit sur la propriété vendue, du chef du propriétaire dépossédé, et qu'aucun créancier, même chirographaire, ne s'opposera à la demande en nullité. Elle ne pourra être proposée que par action principale, parce que l'adjudication n'est pas un jugement, mais un simple procès-verbal qui ne peut jamais être attaqué par opposition ni par appel (V. *infrà*, *Q.* 2423 *quater*). Elle ne devra pas être accueillie si des créanciers du dépossédé s'y opposent, parce qu'alors l'adjudicataire sera considéré comme le mandataire de tous les créanciers, qu'on supposera que les autres créanciers n'ont pas poursuivi de nouvelles saisies, à cause de celle qui existait, et qu'on rentrera dans les termes de l'art. 728, qui défend de proposer après la publication même des moyens tirés du fond du droit. La présence des créanciers inscrits est précisément l'un des motifs qui ont engagé la Cour de Bordeaux à se prononcer sur cette question contrairement à la doctrine de la Cour suprême, le 26 avr. 1839 (*J. Av.*, t. 58, p. 125). M. Chauveau n'applique donc la doctrine de la Cour de cassation qu'au seul cas où le poursuivant adjudicataire se trouve en présence du dépossédé, qui lui demande sa propriété à titre de dédommagement. M. Dalloz, n. 1232, se prononce contre cette restriction, que la jurisprudence la plus récente semble aussi refuser d'admettre.

1586. En effet, la Cour de Riom, le 13 mars 1855 (*J. Av.*, t. 80, p. 495), et, sur le pourvoi dirigé contre son arrêt, la Cour de cassation, le 19 août 1856 (t. 82, p. 97), ont décidé que la déchéance prononcée par l'article 728 ne peut être valablement invoquée par le saisissant devenu adjudicataire des immeubles saisis, contre l'action en nullité fondée sur ce que la saisie a été pratiquée en vertu d'un jugement par défaut auquel le saisi avait donné un acquiescement extorqué par le saisissant au moyen du dol, de la violence, de la séquestration et de la terreur; et que cette nullité est opposable aux créanciers inscrits du chef de l'adjudicataire, alors surtout qu'ils n'ont pas ignoré la conduite de leur débiteur. Ces décisions sont basées sur cette considération que la déchéance édictée par les art. 728 et 729 suppose que, averti par la publicité des formalités diverses de la procédure en saisie immobilière, le propriétaire dont l'immeuble est vendu en justice a été, soit par lui-même, soit par ceux qui ont mission de le représenter ou de veiller à ses droits, en demeure et en position de se défendre contre cette voie d'exécution, et a pu opposer ainsi, dans les différentes phases et jusqu'au dénouement de l'instance, tous ses moyens de nullité en la forme comme au fond; que, quelle que soit la faveur attachée par la loi, à la disposition qui, par des considérations d'utilité générale, refuse de laisser remettre en question, après l'adjudication, ni la régularité, ni le principe même d'une saisie et d'une vente accomplies avec toutes les garanties de la publicité et sous la foi de la justice, ces considérations, toutes puissantes dans les hypothèses ordinaires, et lorsque la partie saisie a à s'imputer les conséquences de sa propre négligence, ne saurait cependant prévaloir contre son droit, lorsque, par le fait même du poursuivant devenu ensuite adjudicataire, elle s'est trouvée dans l'impossibilité de se défendre, et surtout lorsque cet adjudicataire a consommé envers elle une véritable spoliation par le dol, la fraude ou la violence.

1587. La question s'est présentée devant la Cour d'Amiens, dans une hypothèse moins favorable; cette Cour a décidé que la nullité du titre en vertu duquel une saisie immobilière a été poursuivie, si elle n'a pas été invoquée durant les poursuites, n'empêche pas l'adjudication de transporter définitivement à l'adjudicataire la propriété de l'immeuble saisi, sauf au saisi à faire prononcer, par voie d'action principale, la nullité du titre, sans porter atteinte aux droits de l'adjudicataire, mais qu'il en est autrement néanmoins, lorsque l'adjudicataire est le poursuivant; et la nullité de l'adjudication est alors la conséquence de la nullité du titre : arrêt du 4 mars 1857 (*J. Av.*, t. 82, p. 387). Cet arrêt a été aussi l'objet d'un pourvoi que la Cour suprême a rejeté le 9 nov. 1857 (t. 83, p. 376).

1587 *bis.* Au surplus, dans le cas où la nullité d'un jugement d'adjudication ne se trouve pas couverte d'après l'art. 729, Cod. proc., l'action tendant à cette nullité est rendue irrévocable par l'exécution volontaire, telle que celle qui résulte, de la part du saisi, de la force de la chose jugée qu'il a laissé acquérir à l'ordre : Cass., 7 août 1878 (*J. Av.*, t. 104, p. 35).

1588. Dans une espèce où le saisi n'avait pas reçu la sommation de prendre communication du cahier des charges, et où aucun placard n'avait été apposé à la porte de son domicile, la Cour d'Agen, le 23 août 1854 (*J. Av.*, t. 80, p. 101) a, sur la demande du saisi, prononcé contre le poursuivant devenu adjudicataire des dommages-intérêts, en déclarant qu'il n'était pas nécessaire d'établir qu'il y eût eu dol ou fraude de la part de ce dernier, ou de son avoué, ou encore de l'huissier. Compar. *infrà*, n. 1619 et s. et sect. v. III.

1589. Les vices résultant de la violation des règles posées par le Code civil, au titre de l'Expropriation forcée (art. 2204 et suiv.), sont incontestablement, selon la remarque de M. Chauveau, des *nullités du fond*, qui doivent être proposées, sous peine de déchéance, trois jours avant la publication du cahier des charges. Ainsi, lorsque la part indivise d'un cohéritier dans un immeuble a été saisie sur sa tête avant le partage (art. 2205); lorsque les immeubles d'un mineur ont été saisis avant la discussion de son mobilier (art. 2206, 2207); lorsque les immeubles de la communauté ou ceux appartenant à la femme sont poursuivis autrement que ne l'indique l'article 2208; lorsque le créancier hypothécaire exerce ses premières poursuites sur les immeubles qui ne lui sont pas hypothéqués (art. 2209); lorsqu'on a exercé simultanément la saisie sur les biens situés dans divers arrondissements (art. 2210, 2211); lorsque le titre qui sert de base à l'exécution n'est pas authentique et exécutoire; la dette n'est pas certaine et liquide (article 2213); lorsque le cessionnaire a saisi en vertu d'un transport non signifié au débiteur (art. 2214); enfin lorsque la saisie a eu lieu sans commandement préalable (art. 2215). Dans tous ces cas, le débiteur a le droit de demander la nullité de la procédure; mais l'exercice de ce droit est restreint dans la limite tracée par le premier paragraphe de l'art. 728. La publication du cahier des charges une fois faite, on n'est plus admis à invoquer ces moyens; à plus forte raison ne le serait-on pas après l'adjudication, sauf, bien entendu, au cas d'indivision, le droit qu'a le copropriétaire non saisi de faire annuler l'adjudication, comprenant sa part indivise saisie sur son copropriétaire : Caen, 15 av. 1858 (*J. Av.*, t. 84, p. 590).

1590. Cependant, sous la quest. 2487, Carré avait exprimé l'avis que l'on pouvait opposer, *après l'adjudication*, l'exception de discussion du mobilier du mineur. Mais M. Chauveau repousse cette solution.

1591. Notre auteur ne va pas néanmoins jusqu'à nier que quelques-uns des moyens tirés des dispositions du Code civil énumérées plus haut ne puissent être invoqués, après la publication, comme causes de sursis. Tels seraient, par exemple, ceux qui résultent des art. 2205, 2206, 2209, etc. On peut consulter des arrêts qui ont prononcé des sursis dans des circonstances de ce genre. V. Bruxelles, 22 mai 1821 et 15 juill. 1824; Cass., 22 juill. 1822 et 22 déc. 1828; Paris, 22 janv. 1833 (*J. Av.*, t. 24, p. 242; t. 36, p. 164; et t. 47, p. 423).

1592. Que décider lorsque la femme du débiteur, propriétaire par indivis de l'immeuble saisi, intervient dans l'instance, moins de trois jours avant la lecture du cahier des charges, pour faire prononcer la nullité de la saisie à raison de l'indivision, et conclut subsidiairement à la suspension de la procédure? La Cour de Rouen, par un arrêt du 21 nov. 1849, a jugé qu'en pareil cas la femme du débiteur, au lieu de demander la nullité de la saisie, devait exclusivement demander un sursis. Il est certain d'abord, dit M. Chauveau, que la demande était non recevable comme moyen de nullité, puisqu'elle n'avait pas été formée dans les délais; — Et cette déchéance avait une valeur juridique plus incontestable que celle du motif donné par la Cour de Rouen; car c'est au saisissant de prendre des informations pour savoir si l'immeuble qu'il se propose de saisir appartient exclusivement à son débiteur, et son ignorance des droits de la demanderesse n'aurait pas empêché la distraction d'être accueillie en droit, comme elle l'a été en fait, si, au lieu de réclamer la nullité de toute la procédure hors des délais de la loi, la femme du débiteur s'était bornée à demander la distraction.

1593. C'est à tort, suivant notre auteur, que le tribunal de Bordeaux a jugé que le droit créé par l'art. 2205, Cod. civ., en faveur du copropriétaire de biens indivis, étant un droit spécial qui ne tombe pas sous le coup des art. 728 et 729, Cod. proc., la demande en nullité fondée sur cet article peut être formée la veille de l'adjudication : jugement du 29 oct. 1850 (*J. Av.*, t. 76, p. 615). Le tribunal de Bar-sur-Aube lui paraissait avoir mieux jugé, en appliquant la déchéance, le 29 juin 1851. V. aussi Trib. de Lourdes, 5 déc. 1855 (t. 81, p. 347).

1594. Au surplus, le copropriétaire d'un immeuble indivis dont la saisie est poursuivie par le créancier d'un autre copropriétaire n'est pas tenu de procéder par voie de distraction; il lui suffit d'intervenir dans la procédure et de demander la nullité des poursuites : Douai, 1er déc. 1852 (*J. Av.*, t. 78, p. 373).

1595. L'art. 703, Cod. proc., ne limite point les causes pour lesquelles le sursis peut être accordé ou demandé : il se contente d'exiger d'une manière générale qu'elles soient graves et dûment justifiées. Mais cette gravité, cette justification, il laisse aux magistrats, selon la remarque de M. Chauveau, le soin de les apprécier, sans leur tracer aucune ligne de conduite. Nul doute, par conséquent, aux yeux de notre auteur, que l'on ne puisse, sans violer la loi, accueillir après la publication, comme moyen de sursis, les infractions aux règles que le Code civil a posées dans son titre *de l'Expropriation forcée*, lorsqu'on a négligé de les faire valoir, avant la publication, comme moyens de nullité. En agissant ainsi, le tribunal ne pourra être accusé de relever indirectement le débiteur de la déchéance contre lui prononcée par l'art. 728, Cod. proc.; car cette déchéance n'atteint que la proposition des nullités; et ici, ce n'est pas une nullité que l'on propose, c'est un simple sursis que l'on demande, et que le tribunal est libre d'accorder ou de refuser, sans que son jugement soit susceptible ni d'appel ni d'aucune espèce de recours.

1596. Cette solution s'applique, à plus forte raison, selon M. Chauveau, aux cas prévus par les art. 2212, 2213, *in fine*, et 2215, Cod. civ., et dans lesquels il ne peut y avoir lieu de faire annuler la poursuite, mais seulement de la faire suspendre pour un temps plus ou moins limité, à quelque époque qu'elle soit parvenue. D'après l'art. 2212, le débiteur qui offre la délégation de ses revenus, et qui justifie qu'ils sont suffisants pour le paiement de la dette, peut faire suspendre la poursuite, qui sera ultérieurement reprise, s'il survient quelque obstacle au paiement. D'après l'art. 2213, *in fine*, si la dette est en espèces non liquides; d'après l'art. 2215, si elle résulte d'un jugement non passé en force de chose jugée, la poursuite est valable; mais l'adjudication ne peut avoir lieu qu'après la liquidation ou après que l'appel n'est plus recevable. D'où il suit qu'à raison de ces circonstances, le débiteur n'a pas le droit d'élever un incident, ni avant la publication, ni pendant toute la procédure qui la suit, et que l'acte qui la termine, l'adjudication, est le seul auquel il puisse s'opposer. La déchéance de l'art. 728 ne saurait donc s'appliquer à la demande de suspension fondée sur ces dispositions du Code civil; cette demande est tellement opposable après la publication du cahier des charges qu'elle ne l'est pas avant. Cependant la Cour de Bordeaux a rejeté, le 9 juin 1847 (*J. Av.*, t. 75, p. 325), une demande en sursis à l'adjudication, formée postérieurement à la publication du cahier des charges et basée sur le défaut de liquidation des droits entre le créancier et le débiteur.

1597. Comme l'incident que provoque l'application de l'art. 2215, Cod. civ., a le caractère d'une demande en sursis, faut-il décider que l'art. 703, Cod. proc., lui est aussi applicable; que le tribunal est juge souverain de l'opportunité du sursis, et que son jugement n'est susceptible d'aucun recours? L'appel du jugement en premier ressort qui sert de base à la saisie produira-t-il nécessairement la suspension de la poursuite ou bien peut-on dire qu'il la produira si les juges le trouvent convenable, mais que ceux-ci ne sont pas forcés de la prononcer, puisque, d'après l'art. 703, tous les sursis sont à leur discrétion? M. Rodière, t. 3, p. 183, pense que, si le débiteur, poursuivi en vertu d'un jugement en premier ressort, laisse consommer l'adjudication sans exciper de ce que le jugement est sujet à l'appel, il ne peut plus inquiéter l'adjudicataire lorsqu'il en a obtenu l'infirmation. Mais il croit que, si le débiteur se fonde sur le caractère du jugement, pour réclamer un sursis à l'adjudication, ce sursis doit lui être accordé, sinon le jugement peut être attaqué par l'appel. M. Chauveau reconnaît, avec ce jurisconsulte, que l'adjudicataire ne peut pas être inquiété lorsque le saisi a gardé un silence absolu sur le recours qu'il a formé ou sur le caractère du jugement, à moins toutefois que le poursuivant ne soit lui-même devenu adjudicataire, car alors il aura à s'imputer d'avoir continué sa poursuite malgré l'appel. Lorsque c'est un tiers qui s'est rendu adjudicataire, le saisi conserve d'ailleurs, contre le poursuivant, une action en dommages-intérêts pour la dépossession qu'il a injustement subie. Si le saisi se borne à réclamer un sursis fondé sur l'art. 2215, Cod. civ., les juges, dit notre auteur, sont *tenus* de l'accorder. Il y a entre ce cas et celui de l'art. 717, Cod. proc., analogie parfaite. Le tribunal qui refuserait de surseoir violerait la loi, et sa décision serait susceptible d'appel. L'art. 703 n'est d'aucune influence sur ce cas tout spécial.

1598. Dans le cas où l'adjudication serait prononcée malgré la demande en sursis, quel serait l'effet de l'infirmation dont le jugement, servant de base à la saisie, viendrait à être l'objet sur l'appel interjeté après l'adjudication prononcée? Il arriverait, dit M. Chauveau, ce qui arrive lorsqu'après l'exécution d'un jugement exécutoire ou non par provision, l'infirmation en est prononcée sur l'appel; ce qui arrive lorsque la Cour suprême casse un jugement ou un arrêt qui avait déjà reçu tout ou partie de son exécution. Ce cas ne peut évidemment être régi que par les principes généraux. Toutes les exécutions, toutes les procédures, tous les jugements, toutes les adjudications intervenus à leur occasion tomberont avec le jugement qui leur avait servi de base. Il ne faut pour cela ni action incidente ni action principale en nullité; la force des choses amène seule ce résultat.

1599. On a dit plus haut que, selon M. Chauveau, l'exception tirée du paiement de la dette ne peut, elle-même, être proposée après la publication du cahier des charges.

Sa doctrine a été consacrée par un arrêt de la Cour de Limoges, du 20 juin 1846 (*J. Av.*, t. 72, p. 269), et un arrêt de la Cour de Riom, du 12 déc. 1849 (t. 75, p. 328). — Mais la Cour de Toulouse a décidé, au contraire, le 22 avril 1845 (*J. Av.*, t. 68, p. 319), que les art. 728 et 729 ne sont pas applicables lorsque le débiteur oppose à son créancier l'exception de libération.

1600. La déchéance a été déclarée opposable à l'exception de compensation, par un arrêt de la Cour de cassation du 2 avril 1850 (t. 75, p. 588), sur le motif qu'il résulte clairement de la disposition de l'art. 728 que toutes les questions touchant au fond même du droit, et qui tendent à empêcher l'adjudication de l'immeuble saisi, doivent être opposées avant la publication du cahier des charges.

1601. Sous la quest. 2308 (*suprà*, n. 627 et s.), M. Chauveau a exprimé l'opinion que le débiteur saisi ne peut obtenir une remise à l'adjudication, en offrant de consigner, conformément à l'art. 687, somme suffisante pour désintéresser les créanciers inscrits et le saisissant, lorsque la consignation n'a pas été faite avant le jour de l'adjudication. De cette proposition, vraie en elle-même, dit-il, il ne faut pas tirer des conséquences trop étendues. On ne doit pas en conclure, par exemple, que si la consignation a été réellement effectuée depuis la publication, le débiteur ou son acquéreur ne puissent, avant l'adjudication, réclamer le bénéfice des art. 687 et 694 combinés. Il ne s'agit ici ni de demande de sursis, ni de demande en nullité; c'est la radiation de la saisie que réclame le débiteur. Et l'on ne saurait lui objecter que l'exception de paiement est une de ces exceptions du fond que l'art. 728 interdit de présenter après la publication du cahier des charges, car l'art. 728 ne peut raisonnablement s'appliquer à des exceptions fondées sur un fait postérieur à la publication du cahier des charges. Pour que la déchéance dont cette publication est le terme soit encourue, il faut bien qu'on ait pu proposer l'exception dans le temps qui a précédé ce terme : or, l'a-t-on pu si le germe de l'exception n'existait pas encore?

1602. Ainsi, M. Chauveau pense que les exceptions du fond qui ne prennent naissance que depuis la publication ne rentrent pas dans la catégorie des moyens de nullité prévus par l'art. 728. V. aussi *infrà*, *Q.* 2423 *sexies* (sect. VIII).

1603. M. Persil fils, *Comm.*, p. 195, n. 231, soutient qu'une inscription en *faux incident* ne suspend pas l'adjudication. Il se fonde sur ce que les art. 240 et 250, Cod. proc. civ., n'attribuent qu'à la plainte en *faux principal* l'effet de suspendre l'instance civile. M. Persil aurait pu ajouter, que d'après l'art. 1319, Cod. civ., la plainte en faux principal seule suspend *de plein droit* l'exécution d'un acte authentique. Mais ce même article permet aux tribunaux de la suspendre, s'ils le jugent convenable, même sur un incident de faux. Un arrêt de la Cour de cassation, du 1er déc. 1813 (S.14.612), accorde aux tribunaux un pouvoir discrétionnaire à cet égard.

1604. La Cour de Pau a décidé, le 3 déc. 1856 (*J. Av.*, t. 82, p. 399), que la plainte en faux principal dirigée contre le procès-verbal d'une saisie immobilière et formée le jour même où il doit être procédé à la lecture et à la publication du cahier des charges, étant, comme moyen de nullité, présentée tardivement, ne peut donner lieu à la remise du jugement de publication. M. Chauveau approuve cette solution. A ce moment, en effet, la nullité du procès-verbal ne pouvait plus être invoquée.

1605. Il donne également son adhésion à un arrêt de la Cour de Lyon, du 24 déc. 1852 (t. 78, p. 318), déclarant qu'on ne peut plus, après l'adjudication, faire prononcer la nullité d'une saisie pratiquée en vertu d'un titre faux, mais que le saisi a contre le saisissant une action en dommages-intérêts. La première chose à faire par celui qui voudra élever cet incident, ce sera donc, dit notre auteur, de demander le sursis; mais l'appel ne sera pas reçu contre le jugement qui le lui accordera ou le lui refusera (art. 703). Une fois ce sursis accordé, la seule objection que l'on pourrait faire à la plainte en faux contre le titre qui a servi de base à la saisie, ce serait la tardiveté de sa présentation; mais cette objection tombe, dans le cas où la découverte du faux est postérieure à la publication du cahier des charges.

1606. Enfin, M. Chauveau, se demande si l'appel serait recevable contre le jugement qui aurait statué au fond sur les deux espèces d'incident dont on vient de s'occuper. L'affirmative lui paraît hors de doute : le dernier § de l'art. 730, qui prohibe l'appel contre les jugements statuant sur des nullités postérieures à la publication, n'est pas, dit-il, applicable ici. Il ne l'est pas d'abord au cas de la consignation, car ce n'est pas là une nullité, c'est un incident d'une nature toute différente. Ainsi, soit que le tribunal admette la validité et la suffisance de cette consignation, soit qu'il refuse de lui reconnaître ces qualités, sa décision sera susceptible d'appel. De même pour le jugement qui aura statué sur l'incident en faux. Il s'agit bien alors d'une nullité, mais, quoique découverte depuis la publication, elle ne lui est pas postérieure, puisqu'elle se rapporte au titre, lequel est antérieur à toutes les poursuites. Elle ne rentre donc pas non plus dans le 3ᵉ § de l'art. 730, qui n'a trait qu'aux nullités de forme, à celles qui concernent les formalités à remplir postérieurement à la publication. Ces deux sortes de jugements ne peuvent être classés que dans la catégorie pour laquelle l'art. 731 permet l'appel, en les désignant par ces mots : *tous autres jugements*, qu'il oppose d'une manière générale aux cas spéciaux prévus par l'art. 730. V. Q. 2424, *infrà*, sect. VIII.

1607 (Q. 2422 duodecies). *Lorsqu'un appel a empêché le poursuivant de continuer sa procédure, quel est le délai qui doit s'écouler entre l'insertion, l'affiche et l'adjudication?*

Ce serait à tort, selon M. Chauveau, qu'on voudrait appliquer à ce cas les art. 704 et 741, qui permettent de n'annoncer l'adjudication que huit jours à l'avance. Le législateur, dit-il, a supposé dans ces deux articles que déjà les insertions et affiches avaient eu lieu, conformément aux art. 695, 696 et 699. Pour de nouvelles insertions et affiches, il pouvait alors déterminer un délai beaucoup plus court; mais si, par suite de l'appel, rien n'a encore été fait, le poursuivant doit demander au tribunal la fixation d'un nouvau jour, et se conformer, après cette fixation, aux prescriptions des art. 696 à 699.

V. la question suivante.

1608. (Q. 2422 tredecies). *Comment doit-on appliquer les dispositions des art.* 728 *et* 729 *relatifs aux jours à dater desquels les procédures pourront être reprises?*

Ces dispositions, d'après l'explication donnée par M. Chauveau, doivent s'entendre en ce sens que la procédure est censée s'être arrêtée au dernier acte valable; par exemple, si la sommation prescrite par l'art. 691 n'a été faite que le quinzième jour après le dépôt au greffe du cahier des charges, cette sommation est annulée et un nouveau délai de huit jours est accordé au poursuivant pour faire la sommation.

1609. Quoique l'art. 728 dise *à dater du jugement ou arrêt,* il doit être bien entendu, fait remarquer M. Chauveau, que c'est à dater de la signification faite à l'avoué du poursuivant du jugement ou de l'arrêt que la poursuite peut être reprise; et si, après la signification du jugement, il y a appel, le délai ne commencera à courir qu'à dater de la signification de l'arrêt. Conf., MM. Dalloz, n. 1255; Bioche, n. 700.

1610. Quant à l'art. 729, la signification ne paraît point nécessaire à M. Chauveau pour faire courir les délais qu'il indique, d'abord parce qu'il n'y a plus lieu à appel, et ensuite parce que cet article prescrit au tribunal d'autoriser la reprise des poursuites par le même jugement et de fixer de nouveau le jour de l'adjudication. Les art. 704 et 741, dit notre auteur, ne seront pas applicables au cas d'annulation prévu par l'art. 729; il faut, pour que ces articles puissent recevoir leur application, que déjà les moyens de publicité aient été régulièrement employés : les délais à suivre seront donc ceux indiqués par les art. 696 et 699. Conf., M. Bioche, n. 703.

1611. Le tribunal civil de Mauriac a décidé, le 25 oct. 1844 (*J. Av.*, t. 68, p. 126), que la sommation nouvelle d'assister à la publication du cahier des charges, faite par suite du jugement qui a annulé la première, ne doit pas, à peine de nullité, être précédée de la signification du jugement à l'avoué de la partie saisie. La Cour de Paris a aussi jugé, le 1er mars 1810 (*J. Av.*, t. 20, p. 242), que, lorsque qu'un jugement a prononcé la nullité de certains actes d'une poursuite de saisie immobilière, le saisissant n'est pas tenu de signifier ce jugement à la partie saisie ou à son avoué, avant de reprendre ses poursuites. La Cour de cassation, par arrêt du 10 nov. 1846 (*J. Av.*, t. 71, p. 718), a consacré l'opinion de M. Chauveau, en déclarant qu'un jugement qui ne porte aucune condamnation susceptible d'exécution dans le sens de l'art. 147, C. proc. civ., qui se borne à rejeter des moyens de nullité présentés contre une saisie immobilière à laquelle il a été procédé en vertu d'un jugement irrévocable, et ordonne qu'il sera passé outre à l'adjudication, n'a pas besoin d'être signifié.

1612. (Q. 2422 quater). *Comment doit être entendue la disposition de l'art. 728, qui permet de reprendre la poursuite à dater du dernier acte valable, lorsque les délais indiqués par la loi* sont dépassés?

Les moyens de nullité, observe M. Chauveau, résultent ou de l'inobservation des formes prescrites par la loi, ou de la négligence à accomplir les formalités dans les délais indiqués. Dans le premier cas, l'acte argué de nullité sera seul annulé, et on permettra au poursuivant de recommencer la procédure à dater de cet acte; et si, lorsque la loi lui ordonnait de faire un acte dans tel délai, il a laissé passer le délai, et que le saisi ait demandé la nullité de l'acte ainsi fait tardivement, la poursuite pourra être reprise à dater du dernier acte valable; une nouvelle série de délais courra, non plus à dater de ce dernier acte, ce qui n'est pas possible, mais à dater du jugement ou de l'arrêt qui aura définitivement prononcé sur la nullité.

1613. Après avoir fait ici l'historique de l'art. 728, M. Chauveau induit des travaux préparatoires, que la portée de cet article doit être que la nullité ne frappera jamais que sur l'acte nul, ou tardif, et sur ce qui l'aura suivi. Ainsi, des biens situés dans plusieurs communes sont saisis, l'huissier rédige autant de procès-verbaux qu'il y a de communes; ces procès-verbaux sont tous dénoncés par le même exploit à la partie saisie; mais, à l'égard de l'un d'eux, la copie contient une omission qui entraîne la nullité; cette nullité s'étend-elle à toute la dénonciation et à tous les procès-verbaux dénoncés? La Cour d'Orléans, le 11 nov. 1846 (*J. Av.*, t. 72, p. 479), a admis l'affirmative; mais M. Chauveau pense que cette décision ne doit pas être suivie. — L'idée dominante du législateur de 1841 a été, dit-il, de restreindre les nullités aux actes qu'elles entachent. Cela suffit pour garantir les droits de toutes les parties intéressées. Or, dans l'espèce, un seul procès-verbal étant irrégulier, il n'y avait lieu de prononcer la nullité qu'à l'égard de ce procès-verbal. Si les immeubles saisis ne formaient qu'un tout indivisible, on comprendrait l'indivisibilité de la procédure; mais, dans le cas contraire, il n'est pas permis de se montrer plus rigoureux que la loi.

1614. C'est en vertu des mêmes principes, qu'interrogé sur la question de savoir si, lorsqu'après le dépôt du cahier des charges et les sommations au saisi et aux créanciers inscrits de prendre communication et assister à la lecture, le saisissant laisse écouler plus de six mois sans rien faire, l'entière procédure est nulle, ou bien si l'on peut reprendre les poursuites à partir du dernier acte valable, notre auteur a répondu : Il faut reprendre la procédure à dater du dépôt du cahier des charges au greffe, et refaire les notifications prescrites par les art. 691 et suiv. Cette nouvelle procédure devra être motivée sur la nullité des formalités antérieures, provenant de l'expiration des délais utiles, formalités dont les frais devenus frustratoires ne seront pas sujets à répétition. M. Rodière, t. 3, p. 181, ne voit d'autre remède à la position singulière du saisissant que de reprendre à nouveau toute la procédure, ou de continuer, par des actes qu'il sait d'avance devoir être annulés, si le saisi le demande. M. Chauveau regarde comme plus rationnel ce qui vient d'être indiqué et qui a été adopté par la Cour de Douai, le 24 août 1849 (*J. Av.*, t. 75, p. 299).

1615. Que devra faire le saisi, si, dans les délais prescrits par la loi, le poursuivant n'accomplit pas une formalité, ou si, après un jugement qui annule un acte fait postérieurement à l'expiration des délais, ce poursuivant reste dans l'inaction? D'après le système de la loi, dit M. Chauveau, l'acte est valable pour toujours, lorsqu'il est revêtu des formalités prescrites, et lorsqu'il est fait dans les délais qu'elle a déterminés. Or, de ce que le poursuivant ne fait pas un autre acte, il ne s'ensuit pas que l'acte régulier soit annulable. Le saisi ne peut demander que la nullité de ce qui est nul et non de ce qui est valable : donc il sera dans l'impuissance d'user des dispositions du titre de la Saisie immobilière, en ce qui concerne les nullités. Il aurait fallu, dans ce cas, déterminer un délai passé lequel, si le poursuivant ne continuait pas sa procédure, ou si un créancier ne demandait pas la subrogation, la saisie pourrait être déclarée nulle comme abandonnée. La loi ne l'ayant pas fait, la seule ressource qui reste au saisi est d'attendre l'expiration du délai de péremption. Conf., Dalloz, n. 1254; Pigeau, *Comm.*, t. 2, p. 360. Soutiendrait-on que le saisi pourrait assigner le poursuivant et tous ses créanciers inscrits en reprise forcée de la poursuite d'expropriation? Le saisi se poursuivrait ainsi lui-même, ce qui serait dérisoire, répond M. Chauveau, et puis, si le poursuivant et les créanciers faisaient défaut, le tribunal aurait-il le droit d'annuler la saisie? Cela est fort douteux; car en matière ordinaire le défendeur ne peut pas faire annuler la procédure, parce que le demandeur ne fait aucun acte valable.

1616. Quant au saisissant qui s'aperçoit, avant de faire un nouvel acte, que cet acte serait tardif parce que le délai serait expiré, et qui ne veut pas s'exposer à un incident en nullité, il n'a, dit notre auteur, qu'à suivre la marche indiquée *suprà*, Q. 2416 *sexies* (n. 1414), et à faire notifier au saisi, pour régulariser la procédure, un simple acte portant qu'à partir de telle formalité, le requérant a laissé passer les délais, fixés par la loi à peine de nullité, pour la continuation de la procédure; qu'en cet état de choses, le requérant, qui a le plus grand intérêt à poursuivre la vente des immeubles saisis, ne peut pas rester plus longtemps dans l'inaction sans s'exposer à une demande en subrogation; que, d'un autre côté, il ne peut pas, de son propre mouvement, faire signifier de nouveaux actes, ni procéder à l'accomplissement de nouvelles formalités, sans donner au saisi le droit de se prévaloir de la nullité qui en résulterait à son profit; que le Code de procédure civile a prévu, sinon directement, au moins implicitement, la difficulté dans son art. 728, lorsqu'il a dit qu'en cas de nullité, la poursuite pourra être reprise à partir du dernier acte valable, et que les délais pour accomplir les actes suivants courront à partir du jugement ou arrêt qui aura définitivement statué sur la nullité; en conséquence de quoi le saisi est appelé à l'audience pour voir dire et ordonner que le délai pour faire... (*tel acte*) étant expiré par la faute du requérant, il y a lieu de le relever de la déchéance par lui encourue, sauf à lui faire supporter les dépens de l'incident; déclarer que le requérant pourra reprendre utilement ses poursuites, et que le délai pour les continuer prendra cours à partir du jugement à intervenir. V. le *Formul. de proc.*, de M. Chauveau, t. 2, p. 217, n. 637.

1617. (Q. 2422 novies). *Quelle est, au point de vue de l'application des* *art.* 728 *et* 729, *la position du saisi ou des créanciers qui n'ont pas reçu les notifications prescrites par les art.* 691 *et* 692?

M. Persil fils, *Comment.*, p. 291, n. 351, répond que si les parties intéressées n'ont pas reçu les sommations dont il s'agit, on ne peut pas leur imputer de n'avoir pas fait valoir leurs moyens de nullité, trois jours avant une publication qu'elles ne connaissaient pas légalement. M. Chauveau reconnaît que cette opinion repose sur un principe de justice incontestable; mais il demande jusqu'à quelle phase de la procédure les nullités de cette espèce pourront être proposées. Il craint que l'application du principe, vrai en soi, que pose M. Persil ne vienne bouleverser toute l'économie de la loi; car il faut décider que si, à quelque époque que ce soit, et l'adjudication fût-elle prononcée, le saisi et les créanciers prouvaient qu'ils n'ont pas été légalement appelés, conformément aux art. 691 et 692, pour l'examen du cahier des charges et pour la publication, ils pourraient se pourvoir, avant l'adjudication, par voie de nullité, après l'adjudication par voie d'action principale. Il conseille au saisi et aux créanciers de demander la nullité des poursuites, dès que par les publications, ou les affiches, ou de toute autre manière, les vices de la procédure viendront à leur connaissance : le simple calcul des délais peut servir à leur prouver que certaines formalités ont dû être accomplies sans qu'ils en aient reçu une notification régulière. Les tribunaux, dit notre auteur, se refuseront toujours, et avec raison, à accueillir des exceptions qui ne seront uniquement fondées que sur le désir de retarder l'adjudication.

1618. Le principe susénoncé a été consacré par un arrêt de la Cour de cassation du 10 mars 1819 (S.19.1.337) et un jugement du tribunal de la Seine du 30 août 1878 (*J. Av.*, t. 104, p. 36). — Mais la Cour de Lyon a très bien jugé, le 24 mai 1817 (t. 103, p. 158), que si le saisi qui, faute d'avoir reçu la sommation prescrite par l'art. 691, n'a pas été présent à la procédure d'expropriation, ne peut encourir la déchéance prononcée par l'art. 728 et résultant du défaut de présentation, trois jours au plus tard avant la publication du cahier des charges, des moyens de nullité contre la procédure antérieure à cette publication, il est du moins non recevable à demander la nullité du jugement d'adjudication, alors que la distribution du prix de cette adjudication a été faite par voie d'ordre judiciaire, à son vu et su, sans protestation régulière de sa part, et que l'ordonnance de clôture de l'ordre est passée en force de chose jugée avec lui. Voy. aussi les arrêts de la Cour de Rennes du 4 avril 1810, de la Cour de cassation du 13 oct. 1812, et de la Cour d'Amiens du 7 janv. 1813 (*J. Av.*, t. 20, p. 382; et S., t. 13, p. 42 et t. 14, p. 73).

1619. Sous l'ancienne loi, tous les auteurs professaient que la déchéance ne pouvait frapper le saisi ou les créanciers non régulièrement avertis. M. Bioche, *Saisie immob.*, n. 692, embrasse cette doctrine sous la législation nouvelle; mais il admet, *ibid.*, n. 397, la tierce opposition contre le jugement d'adjudication, de la part du saisi ou des créanciers qui n'auraient pas été appelés. Quant à M. Chauveau, l'adjudication n'étant pas, suivant lui, un jugement, il repousse cette voie de recours. Compar. *infrà*, *Q.* 2423 *quater* (sect. VIII). Quand la procédure est terminée sans que les autres parties intéressées aient été prévenues, il ne leur reconnaît d'autre voie que l'action principale pour faire tomber l'adjudication. V. *Q.* 2423 *quinquies*. Que si, prévenues avant l'adjudication, les parties non régulièrement appelées se présentent pour demander la nullité, elles devront, encore une fois, y être reçues, à quelque période que la procédure soit parvenue, et que l'appel sera, par conséquent, admissible contre le jugement qui statuera sur cette demande. Celle-ci, en effet, constitue, comme le faux découvert, comme les paiements et consignations effectués depuis la publication, un de ces incidents que l'art. 730 n'a pas prévus, en sorte que le jugement qui intervient est un de ceux dont l'art. 731 permet d'interjeter appel (V. Q. 2424, *infrà*, sect. VIII).

1620. M. Chauveau mentionne les applications que la jurisprudence a faites des principes qui précèdent. Il cite d'abord un jugement du tribunal civil de Bazas, du 8 janv. 1850 (*J. Av.*, t. 75, p. 315), qui a déclaré recevable une demande en résolution d'un précédent vendeur qui n'avait pas été averti suivant les conditions prescrites par l'art. 692; en second lieu, un arrêt de la Cour de Grenoble, du 12 avril 1851 (t. 77, p. 323) portant que la nullité d'une saisie pratiquée après la faillite du débiteur peut être proposée par les syndics après la publication, lorsqu'ils n'ont reçu la sommation de l'art. 692 qu'en leur qualité de créanciers inscrits et non comme syndics; en troisième lieu, un arrêt de la Cour de Rouen, 3 fév. 1844 (*J. Av.*, t. 66, p. 309), qui, dans une espèce où les actes de la procédure de saisie avaient été notifiés, non au domicile réel ou au domicile élu, mais au parquet, de telle façon que le débiteur avait ignoré les poursuites dirigées contre lui, a accueilli sa demande en nullité formée après la publication du cahier des charges. Conf. M. Rodière, t. 3, p. 180.

1621. Mais il est évident, dit-il, que la déchéance s'applique aux créanciers dont l'inscription est postérieure à la sommation et qui, par conséquent, n'ont dû recevoir aucun avertissement spécial, comme aussi aux créanciers à hypothèque légale auxquels la loi ne prescrit pas d'adresser une sommation. On ne saurait, à raison de la nature particulière du fait, invoquer contre cette opinion, qui n'est pas discutable, un arrêt de la Cour de Caen, du 25 juillet 1855 (*J. Av.*, t. 81, p. 231).

1622. Nul doute, aux yeux de M. Chauveau, que si le saisi n'a pas reçu les notifications prescrites, il ne pourra encourir de déchéance. Mais que décider dans le cas où les notifications qu'il a reçues sont frappées de nullité pour vice de forme, parce qu'elles n'indiquent ni le jour ni l'heure de la publication, par exemple? Le tribunal civil de Condom a jugé, le 18 juillet 1845 (*J. Av.*, t. 75, p. 322), que, dans ce cas, le saisi est non recevable parce que la déchéance lui est applicable. La question est fort délicate. Toutefois, M. Chauveau croit que le tribunal de Condom a été trop loin. Une notification nulle n'équivaut-elle point à l'absence de toute notification ? *Quod nullum est nullum producit effectum.* L'auteur cite, à l'appui de sa doctrine, un arrêt de la Cour de cassation du 17 nov. 1823, et un jugement du tribunal de Lourdes, du 5 déc. 1855 (*J. Av.*, t. 81, p. 347).

1623. (Q. 2422 quatuordecies). *L'instance en saisie immobilière est-elle indivisible, en sorte que la nullité prononcée en faveur de l'une des parties ou contre l'une d'entre elles soit censée l'être en faveur de tous ses consorts ou contre eux, que la déchéance encourue par elle retombe sur les autres, et que la démarche faite par l'une en temps utile profite aux autres?*

Cette question, dit M. Chauveau, peut se présenter dans quatre positions différentes.—1° Un immeuble indivis appartenant à plusieurs cohéritiers est saisi pour une dette de leur auteur. Les nullités de procédure commises à l'égard de l'un des saisis peuvent-elles être invoquées par les autres ? 2° Plusieurs créanciers de la même dette font procéder conjointement à une saisie; si le débiteur fait prononcer la nullité contre l'un d'entre eux, cette nullité frappe-t-elle la poursuite des autres? 3° Les nullités commises vis-à-vis des créanciers inscrits profitent-elles au saisi, *et vice versâ?* 4° Que faut-il décider quant aux nullités de l'adjudication obtenues soit contre le poursuivant, soit contre l'adjudicataire, par le saisi, ou par les créanciers ou l'un d'entre eux ? Dans les deux premières positions, l'affirmative ne pourrait être adoptée, selon l'auteur, qu'autant que, soit les débiteurs saisis, soit les créanciers saisissants seraient unis par les liens de la solidarité. Alors, sans doute, les poursuites contre l'un ou de la part de l'un nuiraient ou profiteraient aux autres : tout leur serait commun, les nullités et les déchéances. Mais, en dehors de cette solidarité, il faudrait, pour qu'un pareil effet eût lieu, que l'objet de l'instance fût indivisible, ce qui n'est pas, puisqu'il s'agit toujours d'un immeuble à faire vendre, de dettes à payer.

1624. Si la saisie est nulle au profit de l'un des copropriétaires de l'immeuble, dit M. Chauveau, elle se continuera, entre les autres, pour les portions qui leur appartiennent, sauf toutefois, avant de la continuer, à faire opérer le partage, conformément à l'art. 2205, Cod. civ. Si elle est nulle à l'égard de l'un des créanciers poursuivants, elle se poursuivra dans l'intérêt des autres, sauf à celui qui n'aura pas su conserver la qualité de poursuivant à se contenter de celle de créancier inscrit. Chacune des parties, soit poursuivantes, soit saisies, pourra donc agir ou être actionnée librement et indépendamment des autres. Ce système a été consacré par la Cour de cassation le 18 prair. an XI (*J. Av.*, t. 20, p. 18), et par les Cours de Paris, le 10 mai 1810 (*J. Av.*, t. 20, p. 260), et de Rennes, le 6 juin 1814 (*J. Av.*, t. 20, p. 420).

1625. L'auteur fait remarquer qu'on opposerait vainement à son opinion ce qu'il a décidé en matière de péremption, sous la question 1427 (V. *Péremption*, n. 165 et s.); sans doute la péremption est indivisible, en ce sens que l'instance périmée à l'égard d'une partie doit l'être à l'égard de l'autre, et qu'interrompue par l'un, la péremption ne peut plus être opposée à l'autre. Mais les nullités n'ont pas le même caractère que la péremption. Ce n'est pas pour anéantir l'instance, dans l'intérêt du bien public, qu'elles sont édictées, c'est pour protéger les parties contre les suites funestes d'une procédure irrégulière ; il est donc juste qu'elles s'appliquent séparément à chacune de ces parties, profitent ou nuisent à celles qu'elles concernent, et demeurent indifférentes à l'égard des parties qu'elles ne concernent point, à moins qu'une circonstance particulière de solidarité dans le droit ou l'obligation, d'indivisibilité dans l'objet, ne les rende communes à tous les actes.

1626. La troisième hypothèse, celle des nullités commises à l'égard des créanciers, non à l'égard du saisi, *et vice versâ*, a été déjà traitée sous les quest. 2336 et 2401 (V. *suprà*, n. 817 et s.).

1627. Quant à celle qui concerne la nullité de l'adjudication, elle semble offrir plus de difficulté à M. Chauveau.

On peut dire, observe-t-il, que le fait de l'adjudication est un fait indivisible. Un tel individu est-il ou n'est-il pas devenu propriétaire de l'immeuble saisi ? Si son adjudication a été frappée de nullité sur la poursuite du saisi, et qu'il se trouve ainsi privé de l'immeuble et de sa qualité d'adjudicataire, il ne pourra être tenu, vis-à-vis des créanciers qui n'ont pas été appelés à la contestation, de leur payer le prix. Le saisi, de son côté, n'a aucune obligation à remplir, relativement à la poursuite d'expropriation, vis-à-vis des créanciers. Ceux-ci donc seront bien forcés de regarder l'adjudication comme nulle, la nullité sera indivisible dans ce cas. Un arrêt de la Cour de cassation, du 13 oct. 1812 (S.13.42), l'a ainsi décidé. Si, au contraire, l'adjudication était devenue inattaquable à l'égard des poursuivants, elle ne pourrait plus être attaquée à l'égard de l'adjudicataire, parce que, celui-ci, étant obligé de payer son prix aux créanciers, ne saurait être dépouillé de l'immeuble, ainsi que l'a jugé un autre arrêt de la Cour de cassation, du 14 juin 1813 (*J. Av.*, t. 20, p. 108).

1628. Mais la nullité prononcée contre le poursuivant, à la requête du saisi, ne retombe pas nécessairement sur l'adjudicataire, parce que l'obligation du poursuivant, qui ne pourra pas faire rentrer le saisi dans son immeuble, peut du moins se résoudre en dommages-intérêts : Paris, 8 janv. 1808 (*J. Av.*, t. 20, p. 127).

1629. M. Chauveau refuse son approbation à un arrêt de la Cour de Bourges, du 22 fév. 1825 (*J. Av.*, t. 29, p. 279), qui a jugé que, nulle au profit d'un saisi, l'adjudication l'est aussi au profit des autres. Il n'y a ici rien d'indivisible; qu'est-ce qui empêche alors que l'adjudicataire soit dépouillé de la portion d'immeuble appartenant à celui des saisis qui a obtenu la nullité, et conserve la portion appartenant aux autres?

1630. Depuis que les nullités de la procédure doivent être proposées trois jours avant l'adjudication, il n'y a plus lieu à se demander si celle qu'on n'aurait pas proposée avant l'adjudication du premier lot pourrait l'être à l'égard des autres lots, question que la Cour de Caen avait jugée négativement, le 4 mai 1814 (*J. Av.*, t. 20, p. 419).

1631. M. Chauveau fait observer, d'un autre côté, que le second paragraphe de l'art. 715 résout négativement la question de l'indivisibilité, pour le cas où la nullité concerne une portion des immeubles saisis et non l'autre; et il ne croit pas qu'en présence de cette disposition on doive décider, avec un arrêt de la Cour de Bordeaux, du 27 mars 1833 (*J. Av.*, t. 45, p. 544), qu'il y aurait nullité pour le tout si les biens saisis ne pouvaient se partager sans préjudice pour le débiteur, sauf à celui-ci à user du bénéfice du § 3 de l'art. 743. Compar. *Q.* 2422 *quater*.

1632. Un arrêt de la Cour de cassation du 19 janv. 1841 (*J. Av.*, t. 62, p. 365), rendu sous l'empire de l'ancienne loi, porte que le défaut d'apposition de placards aux deux marchés les plus voisins de certains biens saisis, n'entraîne pas la nullité de l'adjudication d'autres immeubles compris dans la même vente, mais ne faisant pas corps avec la première et saisis à part. — Cela, selon la remarque de M. Chauveau, est également évident sous la nouvelle loi. — V. encore un jugement du tribunal civil de Saint-Gaudens, du 12 fév. 1846 (*J. Av.*, t. 73, p. 326).

§ 5. — Folle enchère.

1633. (Q. 2425 novies). *Les règles relatives à la folle enchère constituent-elles le droit commun en matière de ventes aux enchères, et sont-elles applicables aux adjudications faites par les maires avec l'assistance de deux conseillers municipaux, conformément aux dispositions de l'art.* 16 *de la loi du* 18 *juillet* 1837?

L'affirmative a été soutenue par M. Molinier dans une dissertation insérée *J. Av.*, t. 83, p. 490, et *Journal du droit administratif*, t. 4, p. 337, art. 182, et que M. Chauveau reproduit ici en partie.

1634. M. Molinier décide encore que si le fol enchérisseur s'oppose à la revente, le bureau, composé du maire et de deux conseillers municipaux, pourra examiner les moyens d'opposition et ordonner qu'il sera passé outre à la revente aux enchères, sauf recours devant les tribunaux, suivant la nature des moyens (art. 16, loi du 18 juillet 1837); que le fol enchérisseur sera contraint au paiement de la différence en moins, s'il y en a, entre le prix de la première adjudication et celui de la seconde, suivant le mode tracé par l'art. 63 de la loi de 1837, c'est-à-dire qu'il suffira au maire de dresser un état des sommes dues par le fol enchérisseur et de le faire viser par le sous-préfet. M. Molinier cite une espèce dans laquelle il a été fait application de ces principes, mais au sujet de laquelle tout s'est passé administrativement, sans que l'autorité judiciaire ait été appelée à intervenir.

1635. Les principes qu'enseigne ce jurisconsulte paraissent être, à M. Chauveau, en harmonie avec les formes et les nécessités administratives; mais il les croit cependant susceptibles d'une contradiction sérieuse. Comme

M. Molinier, il pense que si, dans les adjudications administratives, le cahier des charges renferme une clause portant expressément que, faute par l'adjudicataire de payer dans un délai déterminé, l'adjudication aura lieu de nouveau à la folle enchère, cette clause est parfaitement valable. Ce n'est donc que pour le cas où il n'aurait été inséré aucune clause de ce genre qu'on a à se préoccuper de la question posée. Est-il bien exact de dire que la folle enchère constitue le droit commun en matière de vente aux enchères? Notre auteur a, au contraire, reconnu qu'en matière de licitation, la folle enchère, qui n'était pas stipulée dans le cahier des charges, n'était pas admissible (V. *Licitation*, n. 144). Dans tous les cas, le principe ne serait pas applicable aux ventes purement volontaires, quoique aux enchères, comme celles faites devant les chambres de notaires, et c'est à des ventes de cette espèce que peuvent être comparées les ventes constatées dans les formes administratives, avec enchères publiques. Il semblerait résulter de là qu'en l'absence de toute stipulation spéciale, la folle enchère ne pourrait pas plus être poursuivie après une vente administrative qu'après une vente volontaire faite entre simples particuliers.

1636. Ne peut-on pas dire, ajoute M. Chauveau, que la folle enchère, qui est un incident de la procédure en expropriation, conserve toujours son caractère de poursuite de vente forcée; que, dans les ventes judiciaires renvoyées devant notaire, ce n'est pas cet officier public, mais bien le tribunal, qui procède à la revente; et que le Code de procédure n'a jamais dérogé à cette règle formellement posée dans l'art. 964? Il n'est pas juste de prétendre, comme l'a fait M. Molinier, que l'adjudication première est *annihilée* de plein droit par la folle enchère; ce n'est pas la procédure en folle enchère qui produit cet effet, mais uniquement la nouvelle adjudication qui est alors substituée à la première. Jusqu'à cette seconde adjudication, le premier adjudicataire n'est pas dépouillé; il peut arrêter les poursuites en se conformant aux dispositions de l'art. 738, Cod. proc. civ. Enfin, il est difficile de déclarer l'autorité administrative compétente pour recevoir les enchères après une première adjudication. Alors que la folle enchère est poursuivie comme une peine normale attachée à l'inexécution des conditions du contrat, comment ne serait-ce pas devant les tribunaux et non devant le maire que la revente doit être poursuivie? Il en serait, sans doute, autrement, si la folle enchère ou la réadjudication étaient expressement stipulées dans le cahier des charges, et si les formes de la nouvelle adjudication étaient indiquées; mais M. Molinier s'est placé dans l'hypothèse où le cas de folle enchère n'a pas été prévu.

1637. (Q. 2426). *Le fol enchérisseur peut-il être poursuivi sur ses biens personnels avant ou pendant les poursuites de folle enchère?*

Carré, au texte, après avoir exposé les raisons et indiqué les autorités pour et contre, se prononce en faveur de l'affirmative, par la raison que le jugement d'adjudication forme contre l'adjudicataire un titre qui, comme tout autre, est susceptible de toutes les contraintes ordinaires et de droit, qui peuvent être exercées simultanément; et que le Code de procédure ne contient aucune exception à ce principe en faveur du fol enchérisseur.

1638. M. Chauveau déclare partager complètement cette opinion, qu'il a déjà approuvée sous la quest. 2398 *ter* (*suprà*, n. 1159, et à l'appui de laquelle il cite les arrêts suivants : Bruxelles, 14 juillet 1810; Bourges, 18 nov. 1814 (*J. Av.*, t. 20, p. 275 et 433); Riom, 23 juin 1821 (t. 23, p. 225); Bordeaux, 4 mars 1843 (t. 69, p. 567) et 25 mars 1852 (*Journ. de proc.*, 1852, p. 237); plus un jugement du tribunal de la Seine du 20 mai 1849 (t. 75, p. 650), ainsi que MM. Pigeau, *Comm.*, t. 2, p. 388; Persil père, *Quest.*, t. 2, p. 390; Dalloz, v° *Vente publ. d'imm.*, n. 1838; Rodière, t. 3, p. 195; Jacob, t. 2, p. 22, n. 184; Petit, *Surenchère*, p. 152; Bioche, v° *Vente sur folle en-*

chère, n. 18; Colmet-Daage, t. 2, p. 390, n. 1003.—Mais il rappelle en même temps que la doctrine qui soustrait l'adjudicataire à toute autre voie de poursuite, tant que celle de la folle enchère n'a pas été épuisée, est embrassée par MM. Lachaize, t. 2, p. 169, n. 454, et Thomine-Desmazures, t. 2, p. 292. Ces deux auteurs, dont le premier surtout entre dans beaucoup de développements, considèrent l'obligation de l'adjudicataire comme celle d'un tiers détenteur, au moins vis-à-vis des créanciers de l'exproprié. A l'égard de ceux-ci, disent-ils, il n'est pas obligé personnellement; il ne l'est que par rapport à l'immeuble qui leur est hypothéqué; c'est donc uniquement contre cet immeuble que leurs poursuites doivent être dirigées. Il est des voies particulières tracées par la loi contre le tiers détenteur ordinaire (art. 2169 et suiv.); il en est une qu'elle indique contre cette espèce de tiers détenteur qui l'est devenu par suite d'une adjudication publique, c'est la folle enchère. L'une et l'autre doivent avoir un semblable résultat, celui de soustraire le tiers détenteur à des poursuites personnelles. Cette argumentation ne paraîtrait fondée à M. Chauveau qu'autant qu'il serait d'abord établi que l'adjudicataire ne contracte d'obligation personnelle qu'envers le saisi, et non envers les créanciers; or, s'il en est ainsi à l'égard d'un acquéreur ordinaire, parce que les créanciers sont demeurés étrangers au contrat qui l'a investi, l'adjudicataire sur expropriation forcée se trouve, au contraire, lié envers les créanciers qui ont été appelés à la vente, et rendus en quelque sorte parties au contrat qui la consomme.

1639. De ces expressions générales, *sans préjudice des autres voies de droit*, qu'emploie l'art. 713, faut-il conclure que les porteurs de bordereaux de collocation ont le droit non seulement de se faire payer sur les biens personnels de l'adjudicataire par toutes les voies, même celle de la saisie immobilière, mais aussi qu'ils peuvent suivre cette procédure à l'égard de l'immeuble déjà saisi et dont le prix a été mis en distribution, s'ils ne sont pas payés? ou bien décider qu'ils *doivent* poursuivre la folle enchère? En faveur de cette dernière opinion, on peut dire que la folle enchère est une voie encore plus efficace que la saisie immobilière; qu'elle est plus prompte et moins coûteuse; qu'elle offre aussi l'avantage de faire résoudre la vente faite à l'adjudicataire et de dégager l'immeuble des hypothèques de quelque genre qu'elles soient et qui pourraient le grever; que ce serait donc un acte irréfléchi de la part du porteur de bordereau de recommencer une saisie immobilière, car les autres créanciers et le saisi primitif auraient le droit de se plaindre de ce que ce créancier fait des frais frustratoires. — Cette doctrine a été adoptée par un arrêt de la Cour d'Alger, du 12 oct. 1852 (*Jurisprudence algérienne*, 1857, p. 16), qui a décidé en conséquence que si quelques-uns des créanciers colloqués ont mal à propos entamé une saisie, et si d'autres mieux avisés se pourvoient plus tard en folle enchère, c'est cette dernière procédure qui doit être préférée à la première.

1640. Après s'être demandé si, dans ce système, ce ne serait pas aller trop loin que d'annuler une saisie immobilière suivie par le porteur d'un bordereau, et si l'on ne pourrait pas atteindre le but en faisant condamner le saisissant à tous les frais qui excéderaient ceux qu'aurait nécessités la voie plus simple de la folle enchère, M. Chauveau déclare que la loi lui paraît admettre une théorie plus large, et que le créancier est libre, suivant lui, de prendre la voie d'exécution qui lui convient le mieux, ainsi que cela résulte, du reste, formellement de l'arrêt de la Cour de Bordeaux du 4 mars 1843, mentionné ci-dessus, n. 1638.

1641. (Q. 2426 bis). *Tout créancier peut-il provoquer la vente sur folle enchère? Contre qui et en quelles circonstances peut-elle être poursuivie?*

Carré, au texte, répond que si le législateur avait entendu n'accorder qu'au poursuivant le droit de provoquer la revente par folle enchère, il eût été fort inutile qu'il exigeât un certificat du greffier; car l'avoué poursuivant sait bien si l'adjudicataire a payé les frais, puisque c'est précisément entre les mains de cet avoué, sans l'intervention du greffier, qu'il doit en compter le montant.

1642. Quant à M. Chauveau, il estime qu'on doit ici faire une distinction. S'il y a lieu à la folle enchère, pour défaut du paiement d'une portion du prix au porteur d'un bordereau, c'est ce créancier qui a le droit de poursuivre; mais si la folle enchère repose sur l'exécution des conditions générales de l'adjudication, alors s'élève la question posée ci-dessus. Après avoir analysé la controverse qui s'était élevée lors de l'élaboration de la loi de 1841, au sujet de la rédaction de l'art. 733, l'auteur conclut que c'est aux tribunaux d'apprécier la position du demandeur en folle enchère. Pour lui, il pencherait à étendre plutôt qu'à restreindre le cercle des intéressés auxquels cette voie est ouverte. MM. Pigeau, *Comm.*, t. 2, p. 389; Favard de Langlade, t. 5, p. 80; Dalloz, v° *Vente publ. d'imm.*, n. 1844; Colmet-Daage, t. 2, p. 390, n. 1003, et Bioche, v° *Vente sur folle enchère*, n. 20 et suiv., n'admettent aucune limite. V. aussi notre *Form. annot.*, t. 2, p. 665, n. 6.

1642 *bis*. On trouve un exemple de cette extension dans les décisions suivant lesquelles le notaire, commis pour procéder à une adjudication d'immeuble, peut poursuivre la revente de cet immeuble sur folle enchère, à défaut de paiement par l'adjudicataire des frais et honoraires qui lui sont dus, lorsqu'au nombre des conditions imposées à ce dernier par le cahier des charges se trouve celle de payer ces frais, et qu'il y est stipulé que, à défaut d'accomplissement des conditions, la revente sur folle enchère pourra être requise par le poursuivant et les créanciers : Cass., 19 juillet 1858 (*J. Av.*, t. 84, p. 181); Bourges, 9 août 1862 (t. 87, p. 365); et cela, encore bien, d'une part, que le notaire n'ait pas fait taxer les frais et honoraires qu'il prétend lui être dus et obtenu un exécutoire, et, d'autre part, qu'il ait fait transcrire le procès-verbal d'adjudication : Même arrêt de la Cour de Bourges.

1643. M. Chauveau regarde comme certain, quoique la Cour de Paris ait jugé le contraire le 31 juillet 1816 (*J. Av.*, t. 20, p. 468), que le cessionnaire d'un créancier a le droit de poursuivre la folle enchère; c'est ce qui a été admis par la Cour de cassation, le 27 mai 1835 (S. V. 35.1.341), et par la Cour de Bordeaux, le 25 juillet 1838 (S. V. 38 2.213), et ce que reconnaissent MM. Dalloz, *loc. cit.*, n. 1842, Lachaize, t. 2, p. 179, n. 455, et Jacob, t. 2, p. 22, n. 184. Il a toutefois été décidé depuis, par un arrêt de la Cour de Grenoble du 7 août 1869 (*J. Av.*, t. 94, p. 472), que le cessionnaire, sans subrogation, des droits de l'avoué qui a poursuivi une expropriation forcée, n'a pas le droit d'agir par voie de la folle enchère pour obtenir le remboursement de ce qu'il a payé, et qu'il en est de même du cessionnaire des droits de l'enregistrement perçus sur le jugement d'adjudication, bien que la cession ait eu lieu avec subrogation de la part du greffier qui en avait opéré le recouvrement.

1644. M. Petit, p. 157, enseigne que le saisi ne peut, en aucun cas, même lorsque le montant de l'adjudication excédant les dettes, une partie du prix doit lui revenir, poursuivre la folle enchère; et il n'admet les créanciers inscrits à employer cette voie qu'autant qu'ils ont été utilement colloqués et qu'ils veulent obtenir le paiement de leurs bordereaux. M. Rodière, t. 3, p. 195, pense au contraire que la folle enchère peut, vingt jours après l'adjudication (art. 713), être poursuivie, non seulement par le poursuivant primitif, mais encore par chaque créancier inscrit et par le saisi lui-même. Enfin M. Jacob, t. 2, p. 22, n. 185, s'exprimant en termes généraux, semble accorder à *tout créancier* le droit d'exercer cette poursuite. De ces opinions, celle qui s'écarte le plus de la doctrine de M. Chauveau est celle de M. Petit. Si, par le mot *créancier*, M. Jacob a entendu désigner même les créanciers chirographaires qui ne sont pas porteurs de bordereaux délivrés en sous-ordre, notre auteur déclare ne pouvoir adhérer à une telle interprétation, tandis qu'il reconnaît volontiers, avec M. Rodière, que le cercle des intéressés peut être assez grand pour comprendre le saisi, alors surtout qu'il est porteur d'un bordereau de collocation.

1645. Il a été jugé, par la Cour de Dijon, le 8 juillet 1847 (*J. Av.*, t. 72, p. 658), que les créanciers qui n'ont pas été colloqués en rang utile dans le règlement provisoire d'un ordre, sont non recevables dans leurs poursuites de folle enchère ; — par la Cour de Lyon, le 21 août 1846 (t. 75, p. 651) : 1° que les créanciers d'une succession bénéficiaire n'ont pas qualité pour poursuivre la revente sur folle enchère contre l'adjudicataire des immeubles dépendant de cette succession, lorsqu'ils ne rapportent pas une délégation de l'héritier bénéficiaire, ou qu'ils n'ont pas obtenu une attribution spéciale sur le prix; 2° que lors même qu'il a été stipulé dans le cahier des charges que le prix d'adjudication sera payé entre les mains des légataires et ayants droit, en présence et du consentement de l'héritier bénéficiaire, sinon dans les mains de ce dernier, l'adjudicataire ne peut être contraint à effectuer ce paiement, s'il est survenu des inscriptions sur les immeubles adjugés ; solution que M. Chauveau considère comme conforme aux principes. V. v° *Bénéfice d'inventaire*, n. 74 et s.; —par le tribunal civil de Chartres, le 7 avril 1876 (*J. Av.*, t. 101, p. 445), qu'au contraire, les créanciers, porteurs de bordereaux de collocation, sont fondés, en cas de non paiement de ces bordereaux, à exercer les poursuites de folle enchère contre les héritiers bénéficiaires de l'adjudicataire, alors même que la vente des immeubles dépendant de la succession bénéficiaire aurait été autorisée par la justice; parce que le paiement réel des créances pourrait seul arrêter ces poursuites, et qu'il ne saurait être suppléé à ce paiement, ni par la vente volontaire des immeubles, ni même par la délégation du prix de la vente; par arrêt de la Cour de Nîmes, le 25 nov. 1834 (*ibid.*), que le créancier chirographaire, colloqué dans un ordre a le droit de poursuivre la folle enchère contre un acquéreur volontaire dont le titre d'acquisition a été confirmé par un jugement d'adjudication sur surenchère; décision qui, aux yeux de M. Chauveau, se justifie par cette considération que la délivrance du bordereau constitue, au profit du créancier, une subrogation aux droits du vendeur, qui l'autorise suffisamment à exercer la folle enchère ; — par la Cour de Caen, le 4 mars 1854 (*Journ. de cette Cour*, 1854, p. 120), que la même faculté n'appartient pas aux créanciers du vendeur colloqués sur le prix de l'immeuble vendu et subrogés aux droits du vendeur par l'ordre définitif, lesquels, s'agissant d'une vente volontaire, n'ont que l'action résolutoire ou la saisie immobilière;— par le tribunal civil de la Seine, le 29 oct. 1847, que le prêteur subrogé qui poursuit la folle enchère de l'immeuble, dont le prix a été payé avec les deniers qu'il a prêtés, n'est pas irrecevable, bien qu'il ne soit pas porteur d'un bordereau de collocation; — par deux arrêts de la Cour de cassation du 18 mars 1850 (t. 75, p. 658), que l'adjudicataire sur surenchère qui a désintéressé le vendeur peut, après l'annulation de la surenchère et lorsqu'aucun ordre n'a été ouvert parce qu'il n'y avait pas de créancier inscrit, poursuivre contre l'adjudicataire définitif, par voie de folle enchère, la restitution de son prix; — par le tribunal de Saint-Quentin, le 16 août 1850, que la poursuite en folle enchère est valablement dirigée contre le syndic de la faillite de l'adjudicataire, par les créanciers colloqués dans un ordre ouvert avant, mais clos après la déclaration de cette faillite. L'art. 572, Cod. comm., qui défend de commencer une saisie immobilière, n'empêche pas, en effet, observe M. Chauveau, de continuer celle qui avait été commencée; or, la folle enchère n'est qu'une continuation de la saisie immobilière.

1646. Il ne suffit pas, selon la remarque de notre auteur, de réunir les qualités requises pour exercer la folle enchère; il faut encore, en certains cas, agir avant qu'une déchéance puisse être opposée; ainsi, il est vrai de dire, que le créancier qui accorde purement et simplement un délai au fol enchérisseur pour satisfaire aux charges de l'adjudication, n'est pas censé pour cela avoir renoncé à poursuivre la folle enchère à l'expiration du délai. *Sic*, Paris, 20 sept. 1816 (*J. Av.*, t. 20, p. 473). Mais la folle enchère n'étant autre chose qu'une action résolutoire, l'art. 717 lui est applicable, et on ne peut plus s'en prévaloir après l'adjudication sur saisie prononcée sur la tête de l'adjudicataire ou de son acquéreur : Trib. civ. de Montauban, 29 nov. 1850 (*J. Av.*, t. 76, p. 464); Paris, 14 nov. 1851 (t. 77, p. 398); Caen, 3 avril 1854 (t. 79, p. 638); Trib. civ. de Nevers, 23 août 1875 (*J. Av.*, t. 100, p. 414).

1647. Cependant, la Cour de Caen elle-même, par arrêt du 22 août 1853 (t. 79, p. 253), a décidé, en sens contraire, que le porteur d'un bordereau de collocation délivré dans un ordre, qu'il soit créancier chirographaire ou hypothécaire, a le droit, en cas de non-paiement, de poursuivre la vente par folle enchère contre l'adjudicataire, et, par suite, d'évincer le second adjudicataire de l'immeuble vendu après une nouvelle saisie.—V. aussi en ce sens, Bordeaux, 20 juillet 1877 (*J. Av.*, t. 103, p. 28). Cette opinion, dit M. Chauveau, sera adoptée par ceux qui n'assimilent pas la folle enchère à l'action résolutoire. Pour sauvegarder leurs intérêts et empêcher que la nouvelle adjudication ne puisse avoir lieu sans qu'ils aient été mis en demeure de poursuivre la folle enchère, les créanciers porteurs de bordereaux doivent : 1° veiller à ce que le jugement d'adjudication soit transcrit et à ce que le privilège du vendeur soit inscrit; 2° renouveler leurs inscriptions; 3° et s'ils sont créanciers chirographaires colloqués en sous-ordre, renouveler l'inscription de leur débiteur, créancier du saisi, chacun pour le montant de son bordereau et en faisant une élection de domicile dans le bordereau de renouvellement. V. v° *Ordre*, n. 716 et s.

1648. La faillite d'un adjudicataire et la vente de ses immeubles par les syndics ne purgent pas l'action résolutoire des précédents vendeurs et n'empêchent pas les poursuites de folle enchère : Orléans, 13 mars 1851 (t. 77, p. 278). Mais, selon M. Chauveau, le tribunal de la Seine s'est trompé en jugeant, le 27 sept. 1849 (t. 77, p. 593), que, après une adjudication sur conversion de saisie immobilière prononcée en présence des anciens propriétaires, les créanciers inscrits sont non recevables à poursuivre, par voie de folle enchère, l'adjudicataire précédent, dépouillé par cette dernière adjudication. L'action résolutoire appartenant au vendeur non payé est éteinte, dit l'auteur; mais l'adjudicataire, qui n'a plus rien à craindre de la part du vendeur, est soumis à l'action résolutoire, par voie de folle enchère, de tous ceux auxquels une partie de son prix doit être attribuée. Tant que l'immeuble n'est pas revendu sur saisie immobilière, cette action subsiste et peut être exercée. Il s'agit uniquement de savoir si l'adjudication sur conversion équivaut à l'adjudication sur saisie immobilière; si l'une et l'autre produisent des effets identiques. Réduite à ces termes, la question devient très-simple; elle est résolue par une jurisprudence de jour en jour plus unanime et par conséquent plus imposante (Voy. *infrà*, § 6). Puisque la folle enchère doit être assimilée à l'action résolutoire, et que l'action résolutoire n'est pas purgée par l'adjudication sur conversion, quand le vendeur non payé n'a pas figuré dans la procédure, il faut bien admettre que l'adjudication sur conversion prononcée, sans que les créanciers inscrits ayant droit au prix provenant de la première adjudication aient été parties volontaires ou forcées dans la procédure, n'empêche pas un créancier de se pourvoir en folle enchère. En pareil cas, le poursuivant devait appeler les créanciers au jugement de conversion, ou ne demander cette conversion qu'après la sommation de l'art. 692.

Peu importe que le vendeur primitif eût été ou non appelé au jugement de conversion. L'action résolutoire dérivant de la vente par lui consentie avait été purgée par l'adjudication sur la première saisie; il n'avait plus d'autres droits que ceux que lui garantissait son inscription : il était au nombre des créanciers hypothécaires. Impuissant à se pourvoir en folle enchère, parce qu'il avait assisté et donné son assentiment aux poursuites de conversion, sa déchéance ne portait aucune atteinte aux droits de ceux qui étaient demeurés étrangers aux poursuites. Le même raisonnement s'applique au précédent propriétaire, premier saisi. L'action en folle enchère n'est pas inhérente à sa personne. Sa renonciation ou sa forclusion ne peuvent préjudicier aux droits de ses créanciers, parties dans la procédure qui l'a dépouillé.

1649. Des solutions qui précèdent, observe M. Chauveau, découle la conséquence que la folle enchère peut dépouiller les acquéreurs successifs de l'adjudicataire qui n'a pas payé son prix, tant que la prescription ou la déchéance résultant de l'art. 717 n'est pas applicable. Il faut donc reconnaître avec un arrêt de la Cour de Paris, du 5 juillet 1851 (*J. Av.*, t. 77, p. 97), que lorsque l'adjudicataire, qui a revendu l'immeuble adjugé, poursuit le nouvel acquéreur par voie de saisie immobilière les porteurs de bordereau ont le droit d'arrêter cette poursuite en prenant la voie de la folle enchère; — avec un arrêt de la Cour de Caen, du 28 fév. 1856 (*Journ. de cette Cour*, 1856, p. 184), que le créancier hypothécaire ayant inscription au moment de l'adjudication et auquel un bordereau de collocation a été délivré sur le premier acquéreur, conserve le droit, à défaut de paiement, de poursuivre la revente de l'immeuble qui en aurait transmis la propriété à un tiers; que ce tiers détenteur, n'ayant pas pu acquérir plus de droits que ceux qu'avait lui-même le premier adjudicataire, est, comme lui, soumis aux poursuites de folle enchère; qu'il en est ainsi, alors même que le second acquéreur aurait fait les notifications des art. 2183 et 2184, Cod. civ., et que les délais de surenchère seraient expirés.

1650. L'auteur est d'avis qu'il y a lieu d'appliquer les mêmes principes et de décider que la folle enchère est permise, lorsque le surenchérisseur après une adjudication sur saisie immobilière, étant devenu adjudicataire parce que le montant de la surenchère n'a pas été couvert, déclare command; qu'un ordre est ouvert sur l'acquéreur ainsi déclaré, et que les bordereaux délivrés ne sont pas payés. La production à l'ordre, dit-il, n'empêche pas de poursuivre la folle enchère contre l'adjudicataire et le tiers détenteur.

1651. La Cour d'Alger, après avoir, dans trois arrêts, des 27 mars 1850 (t. 76, p. 610), 25 sept. 1850 et 16 octobre de la même année (t. 76, p. 619), déclaré que l'adjudicataire qui refuse de payer les rentes énoncées dans un dire consigné au cahier des charges, ne peut être poursuivi par voie de folle enchère, même quand ce dire a été consacré par un jugement rendu entre le poursuivant et la partie saisie, parce que ce jugement ne saurait lier les créanciers inscrits qui n'y ont pas été préalablement appelés, et que l'adjudicataire ne doit payer le prix qu'après la procédure d'ordre et aux porteurs de bordereaux réguliers, a adopté l'opinion contraire, les 21 janv. et 26 fév. 1852 (t. 77, p. 667). La première doctrine paraît préférable à M. Chauveau.

1652. Lorsqu'un adjudicataire ne remplit pas les conditions de son adjudication, les reventes partielles qu'il aurait pu consentir, quand même il resterait des biens suffisants pour acquitter le prix principal et les intérêts, non plus que les poursuites de saisie immobilière exercées par ses créanciers personnels, ne sont un obstacle à la revente de la totalité sur folle enchère : Paris, 5 juin 1806 et 27 juillet 1809 (*J. Av.*, t. 20, p. 85).

1653. L'acquéreur volontaire d'une portion des immeubles adjugés sur saisie immobilière n'est pas libéré par le paiement de son prix d'acquisition à l'un des porteurs de bordereaux, si, par l'effet de la folle enchère poursuivie contre l'adjudicataire, ce créancier ne vient plus en ordre utile sur le nouveau prix de l'adjudication : Rouen, 12 fév. 1849 (t. 74, p. 644).

1654. L'adjudicataire d'un bois, à qui avait été accordée la faculté de couper la superficie après paiement d'une partie déterminée du prix, n'ayant pas entièrement payé les créanciers dans les délais fixés par l'adjudication, a été poursuivi en folle enchère sur le fond et sur la partie de la superficie non encore coupée. Il a excipé de la faculté qui lui avait été réservée pour demander la nullité de la folle enchère; mais le tribunal civil de la Seine, le 25 mars 1849 (*Droit*, nº du 16 juin), et la Cour de Paris, le 21 juill. 1849, ont repoussé cette prétention, par le motif que le paiement d'une partie du prix n'éteint pas le droit d'exercer la folle enchère pour le paiement du surplus, puisque la condition suspensive n'est complètement accomplie que par le solde de la totalité du prix. M. Chauveau approuve pleinement cette décision.

1655. Les héritiers d'un adjudicataire ne peuvent arrêter les poursuites de la folle enchère dirigées contre leur auteur, en licitant les biens adjugés devant un tribunal autre que celui saisi de ces poursuites, lors même qu'ils chargeraient l'acquéreur sur licitation de donner son prix au créancier qui poursuit la folle enchère : Cass., 9 janv. 1834 (*J. Av.*, t. 47, p. 417).

1656. M. Chauveau a combattu, *J. Av.*, t. 74, p. 202, la doctrine d'un jugement du tribunal d'Altkirch qui a déclaré n'y avoir lieu à folle enchère, lorsque le cahier des charges porte que celui qui ferait une déclaration de command serait tenu de garantir la solvabilité de la personne pour laquelle il se serait rendu adjudicataire, à peine d'être réputé acquéreur en son nom personnel, et qui a appliqué cette clause à l'avoué dernier enchérisseur.

1656 *bis*. Enfin, notre auteur enseigne que l'avoué du fol enchérisseur est toujours recevable à intervenir dans la poursuite de folle enchère pour mettre sa responsabilité à couvert.

1656 *ter*. Par application des principes qu'enseigne M. Chauveau, un jugement du tribunal civil de Nevers, du 23 août 1875 (*J. Av.*, t. 100, p. 414), a décidé que l'action en folle enchère est soumise, comme l'action résolutoire du vendeur, à l'application de l'art. 7 de la loi du 23 mars 1855, et ne peut plus conséquemment être exercée, après l'extinction du privilège du vendeur, au préjudice des tiers qui ont acquis des droits sur l'immeuble du chef de l'acquéreur, et qui se sont conformés aux prescriptions de la loi pour les conserver. Mais cette solution a été repoussée par les décisions suivantes : Trib. de Chaumont, 5 août 1857, accompagné d'observations critiques de M. Chauveau (*J. Av.*, t. 83, p. 47) ; Trib. de Grenoble, 20 juill. 1858 (t. 85, p. 476) ; Besançon, 16 déc. 1857 et 30 juill. 1859, et Bordeaux, 2 août 1860 (*ibid.*).

1657. (Q. 2426 ter). *Quelle marche y a-t-il lieu de suivre si la folle enchère est demandée concurremment par plusieurs parties intéressées ?*

Dans ce cas, M. Chauveau appliquerait, dit-il, par analogie, l'art. 719; l'avoué porteur du titre le plus ancien, et, si les titres sont de la même date, le plus ancien avoué, continuerait les poursuites.

1658. M. Paignon, t. 1, p. 232, n. 181, examinant seulement le cas où plusieurs créanciers exercent *successivement* des poursuites séparées, trouve rationnel d'accorder la priorité, tantôt à celui qui a poursuivi la saisie immobilière, tantôt au premier colloqué. M. Chauveau regarde cette opinion comme contraire aux règles de la justice, qui ne doivent pas permettre qu'une procédure commencée par un créancier soit arrêtée et dépassée par une procédure postérieure. La seule difficulté sera, selon lui, de reconnaître quel est celui des deux poursuivants qui, le premier, aura pris la voie de la folle enchère. Aux magistrats, dit-il, appartiendra cette appréciation. M. Bioche, v° *Vente d'imm.*, n. 604, et v° *Vente sur folle enchère*, n. 30, pense que le président serait compétent pour vider cet incident. Notre auteur n'y voit pas d'inconvénient. M. Dalloz, n. 1874, adopte l'opinion de M. Chauveau sur la détermination de la priorité; mais il ajoute, n. 1875, que c'est le tribunal et non le président qui est compétent. M. Petit, t. 2, p. 162, pense que la poursuite doit appartenir au plus diligent. M. Jacob, t. 2, p. 23, n. 186 et 187, enseigne que le greffier qui a délivré un certificat (art. 734) doit, comme le conservateur des hypothèques, dans une position identique, refuser d'en délivrer un second; et que, si le jugement d'adjudication a été délivré (art. 735), les poursuites de folle enchère doivent être réunies par application des art. 679 et 719, et continuées par le premier poursuivant. Notre auteur ne croit pas qu'il soit permis au greffier de refuser un certificat; mais, en définitive, il s'incline devant le pouvoir d'appréciation des magistrats.

1659. (Q. 2426 quater). *Quelles sont les conditions de l'adjudication autres que celles consistant en des paiements, dont l'inexécution donne lieu à la folle enchère?*

M. Paignon, t. 1er, p. 227, n. 176, enseigne que la poursuite en folle enchère peut être exercée si l'adjudicataire ne remplit pas ponctuellement les obligations qui lui ont été imposées par le cahier des charges : « Si, par exemple, « il a été dit que l'acquéreur ne pourra pas démolir les bâtiments vendus, « ou opérer dans les autres biens compris dans la vente des changements de « culture, de destruction de ce qui existe actuellement, ou autres inconvé« nients notables, avant d'avoir payé son prix, et qu'il viole formellement « cette prohibition. » — M. Chauveau, qui partage cette opinion, place sur la même ligne l'assurance des bâtiments vendus, qui doit toujours être imposée aux acquéreurs. M. Dalloz, n. 1832, pense qu'il suffit que les créanciers fassent l'assurance, sauf à poursuivre le remboursement des frais contre l'adjudicataire.

1660-1661. Si le cahier des charges contient deux conditions contradictoires, et qui ne puissent être exécutées cumulativement, l'adjudicataire ne peut encourir la folle enchère pour avoir omis d'exécuter l'une d'elles : Rennes, 30 déc. 1824 (*J. Av.*, t. 27, p. 241).

1662. On sait que le nouvel art. 750, Cod. proc., permet d'exercer la folle enchère contre l'adjudicataire qui ne fait pas transcrire le jugement d'adjudication dans les quarante-cinq jours de sa date ou, en cas d'appel, dans les quarante-cinq jours de l'arrêt confirmatif.

1663. Pour échapper à la folle enchère, il ne suffit pas à l'adjudicataire qui ne peut pas, d'ailleurs, contester la qualité du poursuivant, de prétendre que le chiffre de la créance de ce dernier n'est pas encore déterminé; il doit consigner son prix. Cela résulte du jugement d'un tribunal civil de la Seine, du 20 mai 1849. V. v° *Ordre*, n. 580 et s.

1664. Quoique M. Chauveau, dans la note jointe à un jugement du tribunal de Cahors rapporté *J. Av.*, t. 75, p. 400, ait émis l'opinion que, si le cahier des charges oblige l'acquéreur à conserver le prix et à ne pas consigner, c'est une condition à laquelle il ne peut ni ne doit manquer; néanmoins, il reconnaît que la consignation dans le cas spécial soumis au tribunal de la Seine, avec promesse de paiement de la différence des intérêts payés par la caisse et ceux dus par l'acquéreur, serait une garantie suffisante.

1665. Il a été jugé à bon droit que l'adjudicataire d'immeubles revendus après une première adjudication suivie d'une procédure d'ordre définitivement close, ne peut être poursuivi par la voie de la folle enchère pour défaut de paiement du montant des bordereaux de collocation délivrés sur le précédent adjudicataire, lorsqu'il a rempli, pour se libérer, toutes les formalités prescrites par la loi, et que le défaut de paiement n'a d'autre cause que les contestations élevées entre les créanciers sur l'exécution du second ordre ouvert pour la distribution de son prix, et lui-même définitivement clos, sans que les créanciers colloqués dans le premier et qui poursuivent la revente sur folle enchère y aient produit leurs bordereaux : Trib. civ. de Nevers, 23 août 1878 (*J. Av.*, t. 100, p. 414).

1666. Le créancier doit nécessairement agir par voie de folle enchère, quand il prétend que les conditions de l'adjudication ne sont pas remplies. Ainsi est frustratoire et partant non recevable l'instance principale formée contre l'adjudicataire pour faire déclarer qu'il n'a pas accompli ses obligations, que la consignation par lui opérée est insuffisante et pour voir fixer le reliquat dû au moment de cette consignation : Bordeaux, 4 janv. 1858 (*Journ. de cette Cour*, 1858, p. 9). Cette décision est approuvée par M. Chauveau.

1667. (Q. 2426 quinquies). *Dans quel délai la revente sur folle enchère doit-elle être poursuivie ?*

M. Persil fils, *Comm.*, p. 310, n. 375 et 376, pense que le délai est ici de trente années, comme pour toute vente ordinaire. Cette opinion, contre laquelle M. Chauveau reconnaît qu'aucune objection sérieuse ne peut être élevée, a été consacrée par la jurisprudence : V. Paris, 20 sept. 1816 (*J. Av.*, t. 20, p. 473) ; Cass., 12 mars 1833 et 9 janv. 1834 (*J. Av.*, t. 47, p. 417 ; S.-V.34. 1.191.194), et est adoptée par MM. Dalloz, n. 1853, et Bioche, v° *Vente sur folle enchère*, n. 19.

1668. Mais notre auteur observe que, quand il n'y a pas eu adjudication sur nouvelle saisie, que la créance est toujours inscrite et que les intérêts ont été toujours servis, le délai de trente ans ne court pas.

1669. Et il ajoute qu'une autre fin de non-recevoir peut résulter de la chose jugée ; qu'ainsi, lorsque la vente d'un immeuble dépendant d'une succession bénéficiaire est poursuivie à la requête de l'héritier bénéficiaire dans les formes tracées pour la liquidation des successions bénéficiaires et par les créanciers porteurs de bordereaux, par voie de folle enchère, si un jugement passé en force de chose jugée ordonne, malgré l'opposition des créanciers, que cette vente sera continuée par l'héritier bénéficiaire, ces créanciers ne sont pas recevables à critiquer l'adjudication ainsi prononcée, à reprendre ou à recommencer les poursuites de folle enchère. *Sic* Cass., 23 nov. 1853 (*J. Av.*, t. 80, p. 103).

1670. (Q. 2426 sexies). *Devant quel tribunal la revente sur folle enchère doit-elle être poursuivie ?*

Cette vente doit avoir lieu devant le tribunal même qui a prononcé l'adjudication, ainsi que l'avait décidé la jurisprudence sous le Code de 1807. V. Paris, 16 fév. 1816 et 28 sept. 1825 ; Cass., 9 janv. 1834 (*J. Av.*, t. 20, p. 459 ; t. 30, p. 350, et t. 47, p. 417). Un autre arrêt de la Cour de Paris, du 25 juill. 1823 (*J. Av.*, t. 25, p. 276), avait jugé même que la revente sur folle enchère poursuivie contre l'adjudicataire sur licitation devait se faire devant le notaire qui a procédé à la vente. On sait que le nouvel art. 964 dispose, au contraire, que, dans le cas de vente devant notaire, s'il y a lieu à folle enchère, la poursuite sera portée devant le tribunal. Le législateur a pensé que, dans ce cas, la vente prenait le caractère d'une expropriation forcée. MM. Dalloz, v° *Vente publ. d'imm.*, n. 1584 ; Lachaize, t, 2, p. 163, n. 452 ; Persil fils, *Comment.*, p. 310, n. 377 ; Paignon, t. 1, p. 229, n. 179 ; Bioche, v° *Vente sur folle enchère*, n. 35 ; Duvergier, t. 41, p. 270, note 3 ; Petit, p. 170, approuvent la jurisprudence rappelée ci-dessus.

1670 *bis*. D'après deux arrêts de la Cour de cassation du 18 mars 1850 (*J. Av.*, t. 75, p. 658), le tribunal devant lequel des poursuites de folle enchère sont engagées par un tiers agissant comme subrogé aux droits du vendeur, est compétent pour statuer sur la validité de cette subrogation, et il doit repousser l'exception de litispendance fondée sur ce qu'une autre chambre du même tribunal est saisie de la demande en distribution du prix de l'adjudication.

1670 *ter*. (Q. 2427). *Quand peut-il y avoir opposition à la délivrance du certificat, de la part de qui, et quelle procédure doit être suivie?*

L'opposition, dit M. Chauveau, peut résulter, par exemple, de ce que l'adjudicataire se refuse au paiement de certains frais sur lesquels n'a prononcé aucun jugement, et dont il prétend que ne parlait pas le cahier des charges.

1671. L'opposition à la délivrance du certificat doit nécessairement être antérieure à cette délivrance — Après la délivrance, l'adjudicataire n'a, selon l'observation de M. Chauveau, d'autre moyen à prendre pour faire tomber la poursuite que la voie de la demande en nullité, fondée sur ce qu'il a rempli toutes les conditions exigibles de l'adjudication. Voy. *Formulaire de proc.*, t. 2, p. 121. L'adjudicataire pourrait prévenir les poursuites de folle enchère en donnant avenir à l'avoué du poursuivant pour voir dire que c'est à tort qu'il a obtenu la délivrance du certificat; que ce certificat sera considéré comme non avenu, et qu'il ne pourra passer outre aux poursuites de folle enchère; dans ce cas, l'adjudicataire devrait se soumettre au paiement des dépens exposés, parce qu'il aurait à se reprocher de n'avoir pas fait les justifications prescrites en temps utile. Il en serait autrement si le greffier avait prématurément délivré le certificat.

1671 *bis*. Le droit de former opposition appartient nécessairement, comme le dit notre auteur, à toute partie qui a le droit de former une demande en folle enchère.

1671 *ter*. Quant à la procédure, quoiqu'il s'agisse d'un incident en matière de poursuites de saisie immobilière, on ne peut pas procéder comme pour les autres incidents de ce genre, puisqu'il n'y a pas d'avoués devant le président jugeant en état de référé. Un simple acte ne suffit donc pas; il faut une assignation donnée par la partie la plus diligente à son adversaire, par exploit d'huissier. V. le *Formul. de procédure* de l'auteur, t. 2, p. 121 et suiv., formules 640 et 641; MM. Bioche, v° *Vente sur folle enchère*, n. 44; Dalloz, n. 1873.

1672. M. Chauveau fait remarquer que le certificat constatant que l'adjudicataire n'a point justifié de l'acquit des conditions exigibles de l'adjudication, doit, lorsque la vente a été renvoyée devant un notaire, être délivré par cet officier public; et qu'en cas d'opposition, il est statué comme lorsque c'est le greffier qui a dû délivrer le certificat.

1672 *bis*. (Q. 2427 bis). *L'ordonnance rendue par le président est-elle susceptible d'appel?*

Lors de l'élaboration de la loi de 1841, la commission de la Cour de cassation et celle de la Chambre des pairs avaient proposé que l'ordonnance dont il s'agit ne fût susceptible ni d'opposition ni d'appel. Mais le garde des sceaux fit observer que, s'il y avait refus du président, il y aurait quelque danger à ce que sa décision ne pût être attaquée par aucun moyen, et à ce que le poursuivant de la folle enchère fût ainsi privé de son droit par une décision qui acquerrait à l'instant même l'autorité de la chose jugée. L'art. 809 défendant de se pourvoir par opposition contre les ordonnances de référé, il paraît rationnel que l'ordonnance du président sur l'opposition à la délivrance du certificat puisse être attaquée par la voie de l'appel. V. en ce sens, MM. Jacob, t. 2, p. 22, n. 185; Rodière, t. 3, p. 196; Colmet-Daage, t. 2, p. 390, n. 1004; Bioche, v° *Vente sur folle enchère*, n. 47; Dalloz, n. 1872, et Duvergier, t. 41, p. 270, note 2. M. Petit, p. 166, enseigne, au contraire, que cette ordonnance n'est susceptible ni d'appel ni d'opposition. M. Chauveau regarde une semblable doctrine comme inexacte.

1673. (Q. 2428). *En vertu de quel titre poursuivra-t-on la folle enchère, suivant les cas?*

Trois cas peuvent se présenter, dit M. Chauveau : ou la folle enchère se poursuit pour inexécution des conditions qui devaient être remplies avant la délivrance du jugement, et alors c'est le certificat du greffier qui sert de titre; ou elle se poursuit pour inexécution des conditions qui devaient être remplies après la délivrance du jugement, mais avant celle des bordereaux de collocation, et le titre n'est pas autre dans ce cas que le jugement même; ou, enfin, il y a lieu à folle enchère, après la délivrance des bordereaux, et ce sont ces bordereaux qui servent de titre : Bruxelles, 14 juill. 1810 (*J. Av.*, t. 20, p. 275). Cette distinction est admise par MM. Pigeau, *Comm.*, t. 2, p. 389; Lachaize, t. 2, p. 460; Dalloz, n. 1855 et suiv.; Bioche, v° *Vente sur folle enchère*, n. 38; Colmet-Daage, t. 2, n. 1004. — Il y a même, suivant la remarque de M. Chauveau, un quatrième cas, qui a été introduit par la loi du 21 mai 1858 ; à savoir, le défaut de transcription du jugement d'adjudication ; et le titre alors consiste dans le certificat du conservateur des hypothèques.

1674. La Cour de cassation a jugé, le 13 janv. 1840 (*J. Av.*, t. 58, p. 248), que le créancier inscrit peut seul, en vertu de ses titres, et sans avoir obtenu un mandement de justice contre l'adjudicataire, poursuivre la revente sur folle enchère après commandement de payer. V. cependant v° *Ordre*, n. 764 et s.

1675. Dans une espèce où il s'agissait de l'accomplissement d'une condition qui, de sa nature, était postérieure à la délivrance du jugement d'adjudication, le tribunal de la Seine a décidé, le 27 sept. 1849 (*J. Av.*, t. 77, p. 593), et avec raison, selon M. Chauveau, qu'il fallait agir en vertu de la grosse du jugement et non en requérant un certificat que le greffier ne devait plus délivrer. — Mais, si le greffier, remarque notre auteur, a délivré le jugement avant l'accomplissement de ces conditions, le créancier n'en a pas moins la faculté de réclamer et d'obtenir le certificat pour suivre la folle enchère; il n'est astreint à se servir du jugement d'adjudication qu'autant qu'il veut contraindre l'adjudicataire à exécuter des conditions postérieures à la délivrance de ce jugement, mais antérieures à celle des bordereaux de collocation : autrement, le créancier serait à la merci du greffier.

1676. Parmi les conditions antérieures à la délivrance du jugement, se trouvent les remboursements prescrits par l'art. 2188, Cod. civ. La Cour de Toulouse a donc jugé, à bon droit, le 8 août 1845 (t. 75, p. 657), que la poursuite en folle enchère peut être faite pour le remboursement des frais et loyaux coûts dus à l'acquéreur, aux termes de l'art. 2188, en vertu du certificat du greffier, quoique le jugement d'adjudication ait été délivré à l'adjudicataire, et lors même que l'adjudicataire oppose à ce remboursement une action en indemnité pour dégradations. La Cour de cassation a décidé, par deux arrêts du 18 mars 1850 (*ibid.*, p. 658), fondés sur les mêmes motifs, que l'adjudicataire sur surenchère, qui a désintéressé le vendeur, peut, après l'annulation de la surenchère, et lorsqu'aucun ordre n'a été ouvert parce qu'il n'y avait pas de créanciers inscrits, poursuivre contre l'adjudicataire primitif, par voie de folle enchère, la restitution de son prix, en lui faisant signifier le jugement d'adjudication annulé et la quittance du vendeur. En pareil cas, en effet, observe M. Chauveau, l'adjudicataire n'avait pas d'autre titre. Le créancier a pris la voie la plus simple et la plus économique.

1677. (Q. 2428 bis). *Qu'entend l'art.* 735 *lorsqu'il prescrit que les nouvelles publications aient lieu* sans autre procédure ni jugement? *Quelles sont les significations de titres à faire au fol enchérisseur?*

M. Chauveau remarque, en rappelant la modification subie par l'art. 734, auquel se rattache l'art. 735, que les expressions dont il s'agit ne sont plus en rapport avec ce qui précède, ou du moins qu'on ne doit les appliquer qu'au cas où le greffier délivre son certificat sans qu'il y ait eu d'opposition, et qu'elles signifient alors que la résolution de la vente a lieu de plein droit, sans avoir été stipulée.

1678. Dans la pratique, quand la folle enchère est poursuivie avant toute délivrance du jugement d'adjudication, on signifie à l'adjudicataire une sommation de justifier de l'acquit des conditions exigibles (Voy. le *Formulaire de procédure*, 2e éd., t. 2, p. 118, formule 638). Mais, dit M. Chauveau, cette sommation, qu'aucune disposition légale ne prescrit, n'est pas indispensable ; on pourrait donc se faire délivrer immédiatement par le greffier le certificat constatant le défaut d'exécution des clauses exigibles et poursuivre la revente sur folle enchère sans sommation préalable. Toutefois, même en ce cas, notre auteur admettrait la signification du certificat du greffier, comme il admettrait aussi celle du certificat du conservateur des hypothèques, dans le cas prévu par le nouvel art. 750.

1679. M. Chauveau ajoute : Lorsqu'une opposition a nécessité une procédure en référé devant le président, la signification du jugement rendu par ce magistrat doit avoir lieu avant que ce jugement soit mis à exécution ; elle est également nécessaire pour faire courir les délais d'appel. Si le titre est le jugement d'adjudication, il faut le signifier à l'adjudicataire avec commandement. Quand il s'agit de titres autres que le jugement et que des bordereaux de collocation, il faut aussi une signification préalable avec commandement. V. les espèces des arrêts de la Cour de cassation de 1840 et 1850, cités *suprà*, n. 1674 et 1676. Le créancier, porteur d'un bordereau de collocation, doit poursuivre après signification de ce bordereau avec commandement; c'est la disposition formelle de l'art. 735. Enfin, le prêteur, subrogé conventionnellement (art. 1250, C. civ.) aux droits d'un créancier inscrit, colloqué, dans un ordre consensuel, sur un adjudicataire après conversion de saisie immobilière, peut poursuivre la revente sur folle enchère contre cet adjudicataire, en donnant seulement copie en tête du commandement prescrit par l'art. 735, de l'acte de prêt constatant la subrogation, sans qu'il soit nécessaire de notifier la collocation dans l'ordre consensuel : Orléans, 13 mars 1851 (*J. Av.*, t. 77, p. 278). Tout en observant qu'il serait bien rigoureux d'annuler, en pareil cas, la poursuite en folle enchère, parce que l'acte constatant l'ordre consensuel ne serait pas notifié avec le contrat contenant subrogation, dans lequel il est rappelé, notre auteur pense que, pour éviter toute difficulté, il est prudent de notifier tous les titres sur lesquels reposent les droits du créancier.

1680. La Cour de Toulouse a déclaré, le 14 déc. 1857 (*Gaz. des Trib.*, 1858, nº 9677), que le commandement prescrit par l'art. 735 est valablement fait au domicile de l'accusé contumax, tandis que, après la condamnation, remarque M. Chauveau, c'est la régie des domaines qui représente le contumax, et auquel les divers actes de poursuite doivent, en cette qualité, être notifiés. Voy. *suprà*, p. n. 50.

1681. Lorsque l'adjudicataire est décédé, les porteurs des bordereaux de collocation qui, faute de paiement, veulent poursuivre la revente sur folle enchère, sont-ils obligés, avant de faire aux héritiers la notification prescrite par l'art. 735, de notifier à ces héritiers le bordereau de collocation conformément à l'art. 877, Cod. civ., sans qu'il y ait lieu de distinguer entre le cas où ce sont des héritiers bénéficiaires et celui où ce sont des héritiers purs et simples? On n'aperçoit, observe M. Chauveau, aucune raison qui puisse déterminer une exception à la nécessité de la notification prescrite par l'art. 877. Les bordereaux de collocation, exécutoires contre l'adjudicataire défunt, ne le deviennent contre ses héritiers qu'après l'accomplissement des formalités préalables. L'art. 735, Cod. proc. civ., comme l'art. 673, n'a disposé que pour les cas ordinaires ; il n'a pas dérogé à la règle édictée par le Code civil. L'héritier bénéficiaire est un héritier qui ne peut être tenu *ultrà vires*, mais c'est un héritier. La loi ne dispense nulle part de remplir à son égard la formalité qu'elle prescrit à l'égard de tout héritier, et elle ne distingue pas : le bordereau de collocation doit donc lui être notifié, et ce n'est que huit jours après qu'il peut être passé outre aux poursuites de folle enchère.

1682. (Q. 2428 ter). *Doit-on passer en taxe des frais d'impression pour les nouveaux placards prescrits par l'art.* 735, *et destinés à annoncer la publication de la vente sur folle enchère ?*

Carré, au texte, enseigne l'affirmative, qu'embrasse aussi M. Chauveau. S'il arrivait, dit ce dernier auteur, que la partie qui poursuit la folle enchère ne fût pas le créancier qui avait fait la saisie immobilière, serait-il juste de la forcer à faire imprimer des placards à ses frais? Dans la pratique, jamais ce point n'a souffert de difficulté, et cela se conçoit d'autant mieux qu'il faut nécessairement que les nouveaux placards contiennent des énonciations qui ne se trouvent pas dans les anciens. Conf. M. Dalloz, n. 1863.

1683. (Q. 2428 quater). *Que doit-on entendre, dans la disposition de l'art.* 735 *relative aux nouveaux placards et aux nouvelles annonces, par ces expressions :* DANS LA FORME CI-DESSUS PRESCRITE ?

Le législateur, remarque M. Chauveau, aurait pu, comme il l'a fait dans les art. 704 et 741, renvoyer aux art. 696 et 699, ce qui eût été plus clair que cette locution, *dans la forme ci-dessus prescrite*. Mais n'aurait-il pas dû apporter une modification à l'art. 699 en ce qui concerne les lieux où seront apposés les placards? Le véritable saisi, sur poursuite en folle enchère, n'est plus le saisi primitif, mais bien le fol enchérisseur. Un placard devra-t-il être apposé à la porte de ce dernier, puis aux autres endroits déterminés dans l'art. 699, en sous-entendant *fol enchérisseur* à la place de *saisi*, ou bien devra-t-il y avoir deux appositions, parce qu'il y aura deux *saisis?* La première interprétation est admise par MM. Jacob, t. 2, p. 25, n. 189 et 190; Dalloz, n. 1865; Bioche, v° *Vente sur folle enchère*, n. 61, M. Chauveau, de son côté, ne pense pas que la lacune de la loi puisse être comblée par la doctrine, et il est d'avis que l'art. 699 doit être observé *à la lettre*, c'est-à-dire qu'il n'est pas nécessaire, à peine de nullité, qu'une apposition de placards soit faite à la porte du domicile du fol enchérisseur. Toutefois, il croit qu'aucun magistrat ne se refuserait à passer en taxe les doubles appositions, qui lui paraissent rentrer dans l'esprit de la loi et qu'il conseille de ne pas négliger.

1684. (Q. 2428 quinquies). *Comment doivent être comptés les délais dont parle l'art.* 735, *pour arriver à la revente sur folle enchère?*

Ici encore, M. Chauveau observe avec raison que le législateur n'a point coordonné l'art. 735 avec le changement apporté à l'art. 734. Il est difficile de comprendre, pour la supputation des délais, ce que la loi entend par les mots : *sur ce certificat.... il sera apposé de nouveaux placards*. S'il y a eu opposition, ce n'est plus le certificat qui sert de point de départ, c'est la signification de l'ordonnance. Du reste, même en l'absence d'opposition, il dépendra de la partie intéressée de faire apposer les placards quand elle le jugera convenable, car les mots, *sur ce certificat*, ne contiennent évidemment pas l'expression d'un délai.

1685. Cependant, lorsqu'il s'agit d'une folle enchère par suite de non-paiement d'un bordereau, il résulte des art. 735 et 739 combinés, que le créancier ne doit, à peine de nullité, faire apposer les placards que trois jours après la signification du bordereau avec commandement. On ne saurait d'ailleurs induire des termes de l'art. 735 que le créancier est tenu de faire apposer des affiches et de faire insérer des annonces dans les journaux le quatrième jour après la signification du bordereau; car ce serait exiger une procédure impossible, comme le remarque M. Chauveau. En effet, le créancier ignore si l'adjudicataire obtempérera au commandement qui lui sera fait de payer le bordereau. Il ne peut donc pas, avant l'expiration du troisième jour, sans s'exposer à perdre son temps et ses déboursés, préparer les affiches, les faire imprimer et envoyer les annonces aux journaux. Du reste, voudrait-il se mettre en mesure, dans les trois jours, de faire les affiches et annonces, il ne le pourrait matériellement pas. Les journaux trouveront-ils précisément le quatrième jour une place pour les annonces ? Et si le journal ne paraît pas ce jour-là ? Si l'imprimeur retarde l'envoi des épreuves ? S'il n'y a pas de journal dans la localité ? Si le placard, pour des immeubles importants, nécessite un long travail de rédaction, d'impression et de tirage ? Si, enfin, les affiches et les annonces doivent être portées dans des lieux différents et éloignés ? .... On pourrait multiplier à l'infini les hypothèses pour démontrer que vouloir forcer le créancier à faire apposer les affiches et à faire les annonces le quatrième jour, ce serait, comme le dit M. Chauveau, lui imposer la condition : *Si tetigerit cœlum.*—V. en ce sens M. Rodière, t. 3, p. 196, note, ainsi qu'un arrêt de la Cour de cassation, du 18 avril 1855 (*J. Av.*, t. 80, p. 488), qui confirme implicitement cette interprétation.

1686. La durée du délai, à dater des affiches et annonces, ne peut, suivant l'observation de notre auteur, souffrir aucune incertitude; elle est de *quinze jours au moins* et *trente jours au plus* entre ces affiches et annonces et l'adjudication. Conf. MM. Dalloz, n. 1862, et Bioche, n. 59.

1687. M. Chauveau croit aussi, avec MM. Dalloz, n. 1862 et 1867, et Bioche, v° *Vente sur folle enchère*, n. 60, que les délais dont parle l'art. 735, dans son 3e §, doivent être francs. Sous l'empire du Code de 1807, la Cour de Toulouse l'avait ainsi jugé, le 21 fév. 1828 (*J. Av.*, t. 35, p. 197); mais elle avait aussi décidé le contraire, le 7 fév. 1835 (*J. Av.*, t. 48, p. 362).

1688. Lorsqu'un tribunal, sur une poursuite de folle enchère, a accordé à l'adjudicataire un délai pendant lequel les poursuites seront suspendues, le poursuivant est-il obligé de faire faire de nouvelles insertions et affiches, si, défalcation faite du délai de grâce, le délai légal entre les affiches et l'adjudication n'existe plus ? Voy. *infrà*, n. 1707 et s., où M. Chauveau adopte l'affirmative.

1689. Lorsqu'il a été stipulé que, faute par l'adjudicataire de satisfaire aux conditions de la vente dans le délai prescrit, l'immeuble serait revendu à sa folle enchère sans sommation préalable, le vendeur peut bien poursuivre dès l'expiration du délai, mais il ne peut pas se dispenser d'observer les formalités prescrites pour la revente : Amiens, 3 août 1816 (*J. Av.*, t. 20, p. 470).

1690. (Art. 735). *L'avoué qui, à défaut de paiement des frais privilégiés à lui dus dans une procédure d'expropriation forcée, poursuit l'adjudicataire par la voie de la revente sur folle enchère, est-il libre, de conformité à l'art. 735, Cod. proc. civ., d'indiquer une mise à prix, lorsque cet adjudicataire a acquis à la suite d'une surenchère ? — Ou bien l'avoué est-il obligé, dans ce cas, d'annoncer sur les placards indiquant le jour de l'adjudication sur folle enchère, la mise à prix produite par la surenchère qui a été précédemment faite ?*

Invité à donner notre avis sur cette question, nous avons répondu : — La solution nous paraît très simple. A nos yeux, la disposition de l'art. 735 n'est susceptible d'aucune restriction dans quelques circonstances que se produise la poursuite de revente sur folle enchère. En laissant au poursuivant une entière latitude pour la fixation de la mise à prix, au lieu de l'obliger, comme on l'avait proposé, à la porter à un chiffre au moins égal à celui de la mise à prix originaire, le législateur a cédé à cette triple considération : 1° que la précédente mise à prix doit être présumée avoir été trop élevée, puisqu'elle a amené une adjudication dont les charges ne peuvent être acquittées ; — 2° que, depuis cette adjudication, l'immeuble peut avoir perdu de sa valeur, par l'effet de dégradations ou pour toute autre cause ; — 3° qu'imposer au créancier qui poursuit la revente sur folle enchère l'obligation de porter la mise à prix à un certain chiffre, ce serait l'exposer à rester adjudicataire à un taux qui lui paraîtrait excessif, et entraver conséquemment l'exercice de son droit, qui doit être, au contraire, complètement libre (V. Chauveau, *Lois de la proc.*, sur l'art. 735, n. DIII *ter*). Toutes ces raisons s'appliquent évidemment au cas où la poursuite de revente sur folle enchère a lieu après une adjudication sur surenchère aussi bien qu'à celui où elle a lieu dans les conditions ordinaires, en vue desquelles a été édicté l'art. 735, et l'on est même autorisé à dire que, quand elle intervient à la suite d'une surenchère, la première et la troisième de ces raisons militent avec plus de force encore, puisqu'alors la mise à prix a été nécessairement d'un chiffre élevé.

1691. Nous ne croyons pas que l'on puisse trouver un argument de plus en faveur de la solution que nous adoptons, dans la circonstance que la revente sur folle enchère est poursuivie par l'avoué créancier de frais privilégiés non payés par l'adjudicataire sur surenchère, car il n'est pas nécessaire que cet avoué soit, dans la procédure de folle enchère, l'avoué poursuivant ; il peut, se considérant comme simple créancier, confier la poursuite à un autre avoué, et alors si la mise à prix vient à n'être pas couverte, l'art. 711, Cod. proc., cessant d'être applicable, il pourra très légalement rester adjudicataire. Compar., Montpellier, 22 août 1856 (*J. Av.*, t. 82, p. 54), et les observations de M. Chauveau à la suite. — Il importerait donc peu, à ce point de vue, que la mise à prix de la revente sur folle enchère dût n'être pas inférieure au montant de la surenchère. Mais il suffit des obstacles que nous avons signalés plus haut, pour justifier l'application de l'art. 735 à l'hypothèse qui nous est soumise.

1692. Ni le saisi ni ses créanciers ne nous semblent pouvoir exiger que la mise à prix soit portée au chiffre de la surenchère. Où puiseraient-ils ce droit? La surenchère a produit tout l'effet qu'elle avait promis : une adjudication à un prix excédant d'un dixième au moins celui de l'adjudication primitive. Si le nouvel adjudicataire ne remplit pas les engagements, la poursuite de surenchère ne revit pas pour cela ; elle est irrévocablement consommée. La poursuite nouvelle et toute différente de folle enchère qui va s'engager n'a avec elle aucun lien. Les choses sont mises dans le même état que si, en l'absence de surenchère, la revente eût été poursuivie contre l'adjudicataire sur saisie.

1693. (Q. 2428 sexies). *Le cahier des charges de la première adjudication peut-il être modifié?*

La Cour de Paris avait proposé d'autoriser à apporter au cahier des charges les modifications qui seraient devenues nécessaires. Cette disposition eût été fort sage, remarque M. Chauveau, mais elle entraînait la nécessité d'une signification à tous les créanciers inscrits, et la loi a voulu éviter ces nouveaux frais ; c'est *l'ancien cahier des charges* qu'elle a maintenu d'une manière absolue. La Cour d'Alger a dit avec raison, dans un arrêt du 30 août 1851 (*J. P. d'Alger*, 1851, n. 191), que si les clauses du cahier des charges primitif pouvaient être changées, l'art. 740, qui soumet le fol enchérisseur à payer la différence entre son prix et celui de la revente, ne saurait être exécuté. — V. aussi en ce sens MM. Bioche, v° *Vente sur folle enchère*, n. 52, et M. Paignon, t. 1, p. 237, n. 188.

1694. Un arrêt de la Cour de cassation, du 28 déc. 1852 (*J. Av.*, t. 78, p. 370), a considéré l'addition au cahier des charges au moment de l'adjudication et en l'absence du fol enchérisseur, d'une clause ayant pour objet de faire déclarer exécutoires contre l'adjudicataire futur les bordereaux délivrés sur le fol enchérisseur, en principal et intérêts courus depuis la première adjudication, comme constituant la reproduction des clauses précédentes, avec leurs conséquences légales telles qu'elles résultaient des faits survenus postérieurement. M. Chauveau trouve cette solution bien indulgente. La Cour suprême a validé l'insertion de cette clause dans une autre espèce plus favorable, par un arrêt du 17 août 1853 (t. 80, p. 106).

1695. (Q. 2429). *Le délai dans lequel l'art. 736 prescrit de signifier les jour et heure de l'adjudication doit-il être franc?*

Solution affirmative de la part de M. Chauveau. V. *suprà*, n. 651. Conf., MM. Petit, p. 169; Bioche, v° *Vente sur folle enchère*, n. 60; Dalloz, n. 1867.

1696. (Q. 2429 bis). *La signification doit-elle être faite aux créanciers inscrits?*

La négative que quelques auteurs enseignaient sous le Code de 1807 paraît à M. Chauveau encore plus incontestable aujourd'hui à raison du refus qu'a fait le législateur de 1841 de dicter une disposition prescrivant la signification dont il s'agit. Conf., MM. Petit, p. 170; Rodière, t. 3, p. 97; Colmet-Daage, t. 2, p. 391, n. 1004; Bioche, v° *Vente sur folle enchère*, n. 67; Dalloz, n. 1868, et Duvergier, *Lois*, t. 41, p. 270, note 4. Cependant, observe M. Chauveau, cette signification paraîtrait bien utile dans le système qui refuse aux créanciers le droit de faire une surenchère; et si notre auteur adoptait cette opinion il n'hésiterait pas à considérer comme devant passer en taxe l'appel des créanciers dans la procédure, pour qu'au moins ils pussent surveiller la nouvelle adjudication et enchérir s'ils le jugeaient nécessaire.

1697. (Q. 2429 ter). *A quel domicile la signification doit-elle être faite?*

La rédaction du projet de la commission qui exigeait la signification au domicile *réel*, n'ayant pas été admise, on est rentré, comme l'observe M. Chauveau, sous l'empire du principe qu'a établi l'art. 673. V. *suprà*, n. 223 et s.

1698. L'art. 736 parle de l'avoué de l'adjudicataire, ou de celui du saisi, et il semble, d'après la rédaction de cet article, que le saisi seul doive être assigné à son domicile s'il n'a pas d'avoué; mais évidemment, dit M. Chauveau, le principe est applicable à l'adjudicataire.

1699. La Cour de Rouen, sous le Code de 1807, avait décidé avec raison, suivant notre auteur, mais contrairement à l'opinion de M. Pigeau, *Comm.*, t. 2, p. 391, par arrêt du 19 nov. 1825 (*J. Av.*, t. 31, p. 68), que si l'avoué du fol enchérisseur se trouve décédé ou sorti de fonctions, la signification peut être faite à personne ou domicile, sans qu'il soit nécessaire d'assigner en constitution de nouvel avoué, attendu que la procédure en folle enchère est toute particulière et ne peut pas être assimilée à une reprise d'instance. V. aussi conf., MM. Petit, p. 169; Rodière, t. 3, p. 197; Dalloz, n. 1862; Bioche, v° *Vente sur folle enchère*, n. 63 et 66, et Jacob, t. 2, p. 26, n. 191.

1700. Lorsque l'avoué de celui qui poursuit une folle enchère est en même temps celui de l'adjudicataire fol enchéri, il doit, à peine de nullité, signifier au domicile de ce dernier les jour et heure de la nouvelle adjudication. La nullité résultant de l'omission de cette signification peut être demandée par voie d'action principale, lorsque l'adjudicataire fol enchéri, ne figurant pas dans l'instance, n'a pu la proposer trois jours au plus tard avant l'adjudication, conformément à l'art. 729, Cod. proc. : Aix, 5 mai 1870 (*J. Av.*, t. 95, p. 377).

1701. La signification concernant un condamné contumax doit être faite à la régie des domaines : Toulouse, 14 déc. 1857 (*Gaz. des Trib.*, 1858, n. 9677).

1702. (Q. 2429 quater). *Lorsque la signification est faite au domicile du saisi ou de l'adjudicataire, les délais de distance doivent-ils être observés?*

Si cette signification devait être considérée comme un incident de saisie immobilière, l'art. 718, ainsi que l'observe M. Chauveau, serait alors applicable et les délais de distance ne pourraient pas être exigés; mais une notification n'est pas un incident, et, en raisonnant par analogie, il faut plutôt appliquer l'art. 691, et résoudre affirmativement la question posée. Ne serait-il pas déplorable qu'une nouvelle adjudication des biens du débiteur, qui a pu ignorer la folle enchère, eût lieu sans qu'il eût reçu à temps notification du jour et de l'heure de cette adjudication? La position de l'adjudicataire est moins digne d'intérêt que celle du saisi, parce que l'adjudicataire sait bien qu'il n'a pas rempli les conditions de la vente, et qu'il est exposé à une action en folle enchère. Néanmoins, dans le silence de la loi, M. Chauveau est d'avis qu'on doit faire l'application du droit commun. Telle est aussi l'opinion de MM. Dalloz, n. 1862, et Bioche, v° *Vente sur folle enchère*, n. 63 et 66. M. Rodière, t. 3, p. 197, ne croit pas que, dans la notification à faire au domicile du saisi ou de l'adjudicataire, il faille observer le délai des distances, et il base son opinion uniquement sur le vœu présumé de la loi et sur la rapidité actuelle des communications qui, dans quinze jours, permet de correspondre avec les points les plus éloignés du territoire. La Cour de Paris, par arrêt du 5 juill. 1851 (*J. Av.*, t. 77, p. 97), a également décidé qu'il n'y a pas lieu à augmentation du délai, en se fondant notamment sur ce que la procédure en folle enchère constituerait un incident. — M. Chauveau repousse à bon droit ces solutions. V. aussi notre *Formul. annot.*, t. 2, p. 667, n. 25.

1703. (Q. 2429 quinquies). *La sommation prescrite par l'art.* 736 *doit-elle contenir assignation?*

La Cour de Montpellier s'était prononcée pour l'affirmative le 6 mai 1852 (*J. Av.*, t. 77, p. 596), en jugeant que le procès-verbal qui constate l'adjudication sur folle enchère est nul, malgré l'accomplissement des formalités par les art. 735 et 736, Cod. proc. civ., si l'adjudicataire fol enchérisseur n'a pas été assigné pour le jour de l'audience et si le procès-verbal ne constate pas qu'il ne s'est pas présenté. Mais c'était là, comme observe M. Chauveau, une solution erronée. La loi trace pour la folle enchère des formalités spéciales après l'accomplissement desquelles il peut être passé outre à la nouvelle adjudication, même en l'absence des parties. Aussi l'arrêt de la Cour de Montpellier a-t-il été cassé par la Cour suprême le 18 avril 1855 (*J. Av.*, t. 80, p. 488), et la Cour de Nîmes, saisie de l'affaire, par suite du renvoi prononcé, a-t-elle, le 9 fév. 1858 (t. 83, p. 411), embrassé la doctrine de l'arrêt de cassation.

1704. Ces deux arrêts ajoutent, avec raison, dit notre auteur, que l'omission de l'injonction au fol enchérisseur de laisser la possession de l'immeuble, n'est pas prescrite à peine de nullité du jugement d'adjudication.

1705. (DIII *quater*). *Si l'adjudication sur folle enchère est retardée par un incident, faut-il faire notifier de nouveau le fol enchérisseur le jour de l'adjudication?*

M. Chauveau est d'avis qu'il est utile de faire cette signification, bien qu'à la rigueur on puisse s'en dispenser. — V. aussi notre *Formul. annot.*, t. 2, p. 667, n. 26.

1706. (DIII *quinquies*). *Après l'extinction des feux, le tribunal aurait-il le droit d'ordonner une remise, à raison de la modicité du prix?*

M. Chauveau se prononce pour la négative, avec un arrêt de la Cour de Bourges du 15 fév. 1823 (*J. Av.*, t. 25, p. 48).

1707. (Q. 2429 sexies). *Qui peut demander la remise de l'adjudication* *sur folle enchère? Dans quel cas peut-elle être ordonnée? Les affiches et insertions ne doivent-elles pas être renouvelées en cas de remise?*

Le législateur, par le mot *seulement* introduit dans l'art. 737, a restreint au poursuivant le droit de provoquer un sursis. Les juges ne pouvant d'office accorder une remise (V. *suprà*, n. 968 et s.), et personne autre que le poursuivant n'étant recevable à la demander, il s'ensuit que si ce dernier garde le silence ou s'oppose à la demande du fol enchérisseur ou des créanciers inscrits, il y a lieu, comme le remarque M. Chauveau, de passer outre à l'adjudication. C'est en ce sens que s'est prononcé le tribunal civil de la Seine par un jugement du 11 mai 1848, que rapporte notre auteur.

1708. Cependant, M. Rodière, t. 3, p. 198, a peine à croire que la remise ne puisse être sollicitée par les autres créanciers inscrits du saisi, qui ont autant d'intérêt que le poursuivant à ce que la revente se fasse à des conditions avantageuses. On ne peut méconnaître cet intérêt des créanciers inscrits; mais, selon l'observation de M. Chauveau, la loi a supposé qu'ils étaient représentés par le poursuivant; et, dans tous les cas, il est certain qu'elle prohibe toute réclamation de leur part à ce sujet.

1709. Faut-il conclure de ce principe que l'obtention d'un délai de grâce soit impossible? Cette question a été résolue affirmativement par la Cour de Paris, le 24 nov. 1856 (*J. Av.*, t. 82, p. 371) Que les juges aient le droit de refuser le délai de grâce, c'est incontestable; mais est-il exact de dire, comme l'a fait l'arrêt précité, que le droit d'accorder le délai dépasse les limites du pouvoir du juge? M. Chauveau le pense, car le législateur, dit-il, a manifesté assez énergiquement sa volonté en déclarant qu'aucune remise de l'adjudication ne serait prononcée que sur la demande du poursuivant. Voy. néanmoins *infrà*, n. 1718 et s.

1710. Quant aux circonstances qui peuvent motiver le sursis réclamé par le poursuivant, elles sont, ainsi que le remarque M. Chauveau, laissées à l'appréciation du tribunal.

1711. L'art. 741, prescrivant de nouvelles annonces lorsque l'adjudication a été retardée, est évidemment applicable à la folle enchère dont l'adjudication aura été remise en exécution de l'art. 737. Conf., M. Dalloz, n. 1898.

1712. Dans une espèce où, après les annonces, le tribunal avait ordonné la suspension des poursuites pendant quinze jours, pour permettre à l'adjudicataire de se libérer (V. *suprà*, n. 1709), M. Chauveau a soutenu que l'annonce faite était sans valeur, et qu'à l'expiration des quinze jours, le poursuivant devait accomplir de nouveau les formalités prescrites par l'art. 735. Le poursuivant pouvait-il objecter que, pendant le terme de grâce, il n'avait fait aucun acte de procédure, et que les formalités avaient été suspendues? Une procédure en saisie immobilière, a répondu M. Chauveau, se compose non seulement des actes, mais des délais. L'inobservation des délais produit une nullité, tout aussi bien que le vice intrinsèque d'un acte. Il est tout aussi important pour un débiteur qu'un délai ne coure pas ou qu'un acte ne soit pas fait. Que le lendemain d'un commandement, un débiteur obtienne un mois de délai, le créancier oserait-il prétendre qu'il peut faire la saisie le trente-troisième jour après la date de son commandement? La loi elle-même a prévu la nécessité et les effets d'un délai de grâce. Le jour de l'adjudication, dit l'art. 703, il peut y avoir cause grave pour la renvoyer à un autre jour. Dans ce cas, de nouvelles annonces sont nécessaires. Ce qui est prescrit au moment où les feux vont être allumés, sera-t-il défendu dans l'intervalle qui s'écoule entre les actes d'annonces et le jour de l'adjudication? Si, dans cet intervalle, le cours des poursuites est suspendu, le délai légal de quinze jours, fixé par le § de l'art. 735, ne court plus; d'où la conséquence forcée qu'il n'y a plus d'indication légale du jour où devra avoir lieu l'adjudication. Au jour fixé, il n'y a aucune instance engagée, il n'y a plus de parties en présence, il faut de nouvelles publications. Ce n'est là qu'une application du principe posé par l'art. 1244, Cod. civ., et suivant lequel, pendant la suspension des poursuites, *toutes choses demeurent en état*.— Dira-t-on que le jugement, prononçant la suspension des poursuites aurait dû être signifié? Deux articles, observe M. Chauveau, repoussent cette objection. L'art. 123 veut que le délai courre du jugement, et l'art. 703 déclare que le jugement de sursis n'est susceptible d'aucun recours.

1713. Que si, au mépris du délai de grâce accordé au débiteur, sans nouvelles affiches ni publications, le poursuivant fait néanmoins ouvrir les enchères au jour qu'il avait fixé, il ne fait pas seulement un acte nul, mais un acte inexistant. Avant la loi de 1841, dit M. Chauveau, on eût pu prétendre qu'une semblable adjudication n'avait pas le caractère d'une décision judiciaire. Depuis la loi nouvelle, on peut avec raison, soutenir qu'elle est un acte étranger au saisi, qu'il lui suffit de méconnaître pour en détourner les effets. Quant à la voie à prendre, en ce cas, pour faire tomber le jugement d'adjudication, voy. n. 1725 et s. et sect. VIII.

1714. Dans la pratique, M. Chauveau fait remarquer que, bien que les art. 703 et 737 ne permettent d'accorder la remise que dans la limite de quinze à soixante jours, les tribunaux fixent généralement les délais que les circonstances leur paraissent nécessiter, sans s'arrêter à cette limite. Sans doute, dit-il, il y a là excès de pouvoir, violation de la loi; mais comme ces jugements ne pourraient être attaqués que par le recours en cassation, et que le délai, pour faire statuer sur le pourvoi, serait beaucoup plus long que celui que le poursuivant est forcé de subir pour atteindre le jour de l'adjudication, personne ne songe à les attaquer. Notre auteur n'en considère pas moins, et avec raison, un pareil usage comme blâmable.

1715. (Q. 2430). *Comment doit-on entendre ces mots :* de l'acquit des conditions *dans l'art.* 738 ?

Ces expressions, comme l'explique M. Chauveau, s'entendent non seulement du paiement du prix de vente et des frais, mais aussi de l'exécution des autres conditions qui ont pu être imposées à l'adjudicataire. Si la condition était de ne pas faire, et que le fol enchérisseur ait fait; par exemple, s'il a démoli les bâtiments, s'il a coupé des futaies, comment pourra-t-il justifier de l'*acquit des conditions* ? M. Chauveau ne voit pas, pour le fol enchérisseur, d'autre moyen d'éviter l'adjudication, que de consigner alors la totalité des frais et de son prix de vente; car, après paiement, il n'a plus à rendre compte de son mode de jouissance.

1716. (Q. 2430 bis). *Le président du tribunal peut-il ordonner la consignation des frais au greffe ou dans les mains de l'avoué?*

Solution négative au texte de la part de Carré.—De son côté, M. Chauveau dit, avec M. Dalloz, n. 1901, que la consignation ne peut avoir lieu qu'à la caisse des dépôts et consignations.

1717. Il ajoute que si la folle enchère est poursuivie par un créancier porteur d'un bordereau de collocation, l'adjudicataire, pour empêcher l'adjudication, doit : 1° obtenir par une requête, la fixation des frais de folle enchère; 2° signifier cette requête, l'ordonnance, le récépissé de la caisse des consignations au poursuivant, avec offres du montant du bordereau, en lui déclarant que, faute par lui de renoncer volontairement aux poursuites, le requérant fera juger, avec dépens, par le tribunal, qu'il n'y a point lieu de procéder à cette adjudication.

1718. (Q. 2430 ter). *Est-il laissé à l'appréciation des tribunaux de procéder ou de se refuser à l'adjudication?*

Les tribunaux ont, selon M. Chauveau, un pouvoir discrétionnaire pour l'appréciation du mode *d'acquit des conditions*. Dans le cas où la folle enchère serait poursuivie parce que l'adjudicataire aurait coupé des bois, notre auteur pense que si l'adjudicataire consignait deux fois la valeur de ces bois, ou s'il fournissait une bonne et valable caution, les juges devraient rejeter la demande, tout en condamnant aux dépens celui qui, par son fait, aurait nécessité cette demande, parce que ce serait véritablement alors l'adjudicataire qui succomberait. Conf. MM. Bioche, v° *Vente sur folle enchère*, n. 76; Colmet-Daage, t. 2, p. 391, n. 1004. M. Persil fils, *Comm.*, p. 313, n. 378, estime que l'adjudication doit être nécessairement prononcée, si l'adjudicataire ne justifie pas de l'acquit des conditions; tandis que M. Paignon, t. 1, p. 234, n. 184, enseigne que l'art. 738 est purement comminatoire, et que le fol enchérisseur *peut obtenir un répit aux poursuites, s'il allègue un obstacle momentané*.

1719. Tout en maintenant que les tribunaux ont un pouvoir discrétionnaire, et en faisant même observer que la peine de nullité ne s'attache point à l'art. 738, M. Chauveau ne va pas aussi loin que ce dernier auteur. Il faut, suivant lui, pour que le sursis à l'adjudication soit prononcé, qu'il existe, conformément à l'art. 703, des causes graves et dûment justifiées. Il lui semble qu'on peut dire que l'art. 738 permet aux juges de prononcer d'une manière détournée, et sur la demande de l'adjudicataire fol enchérisseur, un sursis que prohibe l'art. 737; car, si le fol enchérisseur s'oppose aux poursuites, en justifiant qu'il a acquitté la plus grande partie des conditions de l'adjudication, et qu'il est sur le point d'acquitter le surplus, bien peu de tribunaux refuseront de lui accorder un sursis raisonnable. Il peut, en effet, dit notre auteur, se rencontrer des positions si favorables qu'il serait injuste de ne donner aucun répit à l'adjudicataire; pourvu toujours qu'il y ait des causes graves et dûment justifiées pour motiver le sursis.

1720. On objecte toutefois contre son interprétation : Les art. 737 et 738 régissent deux hypothèses bien différentes; le *premier* est exclusivement applicable au cas où il s'agit d'une demande en sursis : *Sous aucun prétexte*, les poursuites ne peuvent être suspendues qu'autant que le poursuivant le réclame. — Le *second* prévoit le cas où le fol enchérisseur, qui n'était pas en mesure au moment où les poursuites de folle enchère ont été commencées, se hâte d'acquitter les conditions de l'adjudication et justifie de cet acquit. Alors la loi veut que, sur la production de cette justification, la folle enchère soit, non pas seulement *suspendue*, mais *abandonnée*, parce qu'elle n'a plus de raison d'être, à la charge par l'adjudicataire de consigner les frais déjà exposés. Dans cette hypothèse, sans doute, le droit d'appréciation des juges s'étend sur tout ce qui concerne l'acquit des conditions, c'est-à-dire qu'il leur appartient souverainement de déterminer s'il y a ou s'il n'y a pas acquit de ces conditions; mais ils ne peuvent, tout en reconnaissant que ces conditions ne sont pas *actuellement* acquittées, accorder un délai au fol enchérisseur pour justifier de cet acquit. Autrement, il faudrait admettre qu'après avoir posé une règle dans l'art. 737, le législateur en a immédiatement facilité la transgression dans l'art. 738. Telle est l'opinion de M. Dalloz, n. 1902. — La Cour de Montpellier a jugé en ce sens, le 15 juin 1870 (*J. Av.*, t. 96, p. 227), que la remise de l'adjudication sur folle enchère ne peut être accordée à l'adjudicataire fol enchéri qui n'a pas consigné le montant des charges de l'adjudication et des frais de folle enchère. — V. aussi conf., notre *Formul. annot.*, t. 2, p. 667, n. 29.

1721. (Q. 2430 quater). *Le règlement fait par le président des frais de la folle enchère est-il inattaquable?*

Des travaux préparatoires de la loi de 1841, M. Chauveau induit que l'intention du législateur a été de faire du règlement dont il s'agit un simple acte d'administration provisoire; en sorte qu'il serait disposé à décider que ce règlement n'est susceptible d'aucun recours.

1722. MM. Rodière, t. 3, p. 198, et Dalloz, n. 1900, assimilant le règlement du président à une taxe de dépens, sont d'avis que l'opposition devant le tribunal est permise. Si le législateur eût voulu autoriser ce recours, observe M. Chauveau, il l'aurait sans doute dit, soit dans le Code, soit dans le tarif du 10 oct. 1841. Son silence, à cet égard, est déterminant en faveur de l'opinion contraire. Il s'agit d'ailleurs ici, et c'est encore un argument à l'appui de cette dernière interprétation, d'une simple mesure provisoire destinée à arrêter la poursuite de folle enchère, et qui peut être ultérieurement régularisée sur le vu des justifications produites par le poursuivant, si, toutes les conditions de l'adjudication venant à être remplies, il n'y a plus lieu à folle enchère, ou bien qui ne produit aucun effet si les poursuites sont reprises. Le président ne fait qu'une évaluation provisoire; il ne taxe pas un mémoire de frais. V. MM. Bioche, v° *Vente sur folle enchère*, n. 73; Colmet-Daage, t. 2, p. 392, n. 1004.

1723. Il est évident, dit M. Chauveau, que, comme l'a jugé la Cour de cassation, le 8 mai 1820 (*J. Av.*, t. 20, p. 559), et comme l'enseigne M. Persil fils, n. 379, le poursuivant qui critique le règlement des frais à consigner ne se rend pas pour cela non recevable à exiger la justification de l'acquit des autres conditions.

1724. (DIII *septies*). *Dans quel cas l'inobservation de l'art.* 637 *emporte-t-elle nullité?*

M. Chauveau a recherché pourquoi l'art. 737 avait été compris dans la nomenclature que contient l'art. 739 des dispositions prescrites à peine de nullité. La remise, dit-il, est purement discrétionnaire; de l'usage d'un pouvoir discrétionnaire, il ne peut pas résulter de nullité; et d'ailleurs, qui demanderait cette nullité? *Le fol enchérisseur?* mais c'est en sa faveur que la loi aurait été violée en lui accordant un délai sans causes graves et dûment justifiées. Le *poursuivant?* on ne peut pas le supposer, puisqu'il demanderait alors la nullité de sa propre procédure. Si la remise avait été accordée sur la demande du fol enchérisseur, tandis qu'au poursuivant seul appartient la prérogative de la requérir, on se trouverait exactement dans le même embarras pour savoir au nom de qui la nullité pourrait être prononcée. — Notre auteur remarque toutefois qu'il est un cas où l'inobservation du délai fixé conformément à l'art. 737 entraîne nullité; c'est celui dont il s'est occupé sous la quest. 2429 *sexies* (*suprà*, n. 1707 et s.).

1725. (Q. 2431). *Que doit-on entendre par le mot* nullités *dans le* § 3 *de l'art.* 739?

L'expression *nullités* doit s'entendre ici, comme dans l'art. 728, des moyens de nullité, tant en la forme qu'au fond, suivant M. Chauveau, dont MM. Dalloz, n. 1879, et Bioche, v° *Vente sur folle enchère*, n. 82, partagent le sentiment. Un arrêt de la Cour de Rouen, du 14 juillet 1843 (*J. Av.*, t. 68, p. 186), a également consacré cette opinion, en décidant que les moyens de nullité, tant en la forme qu'au fond, doivent, en matière de folle enchère, être proposés, à peine de déchéance, trois jours au moins avant l'adjudication.

1726. Mais faudra-t-il appliquer cette règle au cas examiné *suprà*, Q. 2429 *sexies* (n. 1707 et s.) où l'adjudication sur folle enchère a été requise au jour primitivement fixé, bien qu'un sursis eût été, dans l'intervalle, accordé par le tribunal? La Cour de cassation a décidé, le 3 avril 1850 (*J. Av.*, t. 75, p. 624), que la nullité provenant de ce qu'une clause ajoutée au cahier des charges, pour fixer le jour de l'adjudication en exécution du jugement qui accorde un sursis au saisi, a devancé ce délai, et de ce que l'adjudication a eu lieu avant l'expiration de ce délai, doit être proposée trois jours au moins avant cette adjudication; et un autre arrêt de la même Cour, du 28 juin 1858 (*J. Av.*, t. 84, p. 599), a déclaré non recevable, comme moyen nouveau, l'appel de l'adjudicataire défaillant lors du jugement d'adjudication, qui avait pour objet d'obtenir l'annulation d'une addition faite par le poursuivant au cahier des charges au moment de l'adjudication, pour faire comprendre dans la vente certains objets non désignés auparavant. Ces décisions, observe M. Chauveau, indiquent sans doute une rigueur extrême dans l'application de la déchéance; mais, dans la première affaire, l'intention de faire prononcer l'adjudication avant le délai fixé, résultait de la clause additionnelle au cahier des charges, des insertions et affiches; elle était donc connue du saisi à temps pour que le moyen de nullité fût proposé dans les délais de la loi. — Dans la seconde espèce, on objectait au saisi (à tort, du reste, selon notre auteur), qu'il avait renoncé à son droit, puisque le jugement par défaut étant réputé contradictoire d'après la jurisprudence, il proposait pour la première fois un moyen de nullité en appel.

1727. Dans l'hypothèse de la quest. 2429 *sexies* (n. 1707 et s.) toutes parties étaient contradictoirement et légalement informées que les annonces n'avaient plus de valeur, que l'adjudication était forcément renvoyée à un jour plus éloigné; l'adjudicataire poursuivi était exactement dans la même position que si un jugement avait annulé la procédure tout entière; il n'en résultait donc pour lui aucune obligation de comparaître, au jour primitivement fixé, devant le tribunal. Le fol enchérisseur aurait-il dû, trois jours avant, demander la nullité? Quelle nullité? On serait fort embarrassé, selon M. Chauveau, pour dire quel eût été le fondement de cette demande. Le poursuivant avait été condamné contradictoirement à suspendre ses poursuites; d'où contrat judiciaire constatant qu'elles étaient suspendues. Ce poursuivant avait-il annoncé, par un acte quelconque, qu'il n'entendait pas ainsi la décision? Nullement. —Que pouvait demander contre lui le fol enchérisseur trois jours avant celui de l'adjudication? Pas une nullité, puisqu'il n'avait rien fait de nul. Devait-il assigner le poursuivant pour voir déclarer que l'adjudication n'aurait pas lieu à l'époque antérieurement indiquée? Mais son assignation eût été dénuée de sens et frustratoire; car c'était précisément ce qu'il avait demandé et obtenu par le jugement qui lui avait accordé un délai.

1728. Le tribunal de Saint-Pons, saisi par l'opposition du fol enchérisseur à un jugement de folle enchère rendu par défaut, et sur laquelle le saisi était intervenu, avait, le 30 août 1848, déclaré cette opposition non recevable et statué ensuite à l'égard du saisi de la manière suivante: « Quant au saisi, son intervention, quoique non formée par requête, n'est point contestée en la forme; mais les moyens de l'intervenant sont pris de ce que le jugement de folle enchère aurait été rendu pendant le bénéfice du sursis accordé au fol enchérisseur par le tribunal, ou, du moins, sans observer le délai que ce sursis avait pour objet de faire proroger. Sans se prononcer sur le point de savoir si ce sursis a dû, oui ou non, faire proroger le délai, toujours est-il que la demande de l'intervenant a pour objet de faire annuler le jugement de folle enchère pour inobservation des délais. De quelque manière qu'on envisage la question, c'est, dans tous les cas, un moyen de nullité qui est invoqué, moyen qui, aux termes de l'art. 739 précité, devait être proposé trois jours avant ledit jugement. » Ainsi, le tribunal de Saint-Pons n'a pas apprécié, comme M. Chauveau, la difficulté qui lui était soumise; il a envisagé la position des parties sous un autre point de vue, et, suivant notre auteur, il a faussement appliqué la loi. Il en résulterait, 1° que les adjudications sont des jugements; 2° qu'on ne peut demander la nullité de ces jugements, sous quelque prétexte que ce soit. Or, il est admis unanimement que les adjudications ne sont pas des jugements (V. *Q.* 2423 *quater* et 2423 *quinquies, infrà*, sect. VIII) et il serait monstrueux d'enlever aux parties, qui, trois jours avant une adjudication, n'auraient pas assigné pour proposer des moyens de nullité ou pour demander quoi que ce soit, le droit de faire tomber une prétendue adjudication reçue à une époque arbitrairement fixée par d'autres juges que ceux composant le tribunal, ou surprise par des moyens frauduleux. Pour résoudre sainement la question, il faut donc partir de ce principe que les adjudications, loin d'être des jugements, sont des procès-verbaux judiciaires; que ces procès-verbaux sont susceptibles d'être annulés pour vices inhérents à leur rédaction et au pouvoir des magistrats qui les ont reçus, pour faits résultant de circonstances concomitantes à l'adjudication elle-même. Dans l'espèce dont il s'agit, aucune procédure ne devait être faite. L'observation des art. 729 et 739 était impossible; l'indication primitive du jour de l'adjudication était anéantie pour toutes les parties. L'adjudication a donc eu lieu, non pas seulement au jour arbitrairement fixé par le poursuivant, mais à un jour pour lequel il n'y avait aucune fixation. En pareille circonstance, ajoute M. Chauveau, l'action principale, portée devant le tribunal de la situation de l'objet vendu, doit être déclarée recevable et bien fondée.

1729. (Q. 2431 bis). *A partir de quel acte la procédure peut-elle ou doit-elle être annulée?*

L'art. 739 ne se réfère qu'à l'art. 729, qui ordonne d'annuler la procédure à dater de la publication; mais, dans les poursuites de folle enchère, il n'y a pas de publication; devra-t-on dès lors annuler toute la poursuite, lorsqu'une nullité sera proposée et accueillie? L'affirmative paraît certaine à M. Chauveau. La procédure en folle enchère est un tout indivisible; les formalités en sont peu compliquées, mais elles sont toutes prescrites à peine de nullité, et le législateur n'a pas voulu sans doute appliquer l'article 728, § 2, à cet incident particulier, puisqu'il ne l'a pas dit. V. conf. MM. Dalloz, n. 1881; Bioche, v° *Vente sur folle enchère*, n. 84; Colmet-Daage, t. 2, p. 392. M. Jacob, t. 2, p. 28, n. 194, est d'un avis contraire.

1730. Au surplus, M. Chauveau fait remarquer que la question ne peut souffrir de grandes difficultés dans la pratique. S'agit-il, en effet, d'une contestation au fond tirée du droit de poursuivre la folle enchère, il est évident que toute la procédure sera invalidée si le moyen est accueilli. Même solution quand la nullité est puisée dans l'inobservation de l'art. 734, ou du 1er § de l'art. 735. La distinction ne peut se produire qu'autant que le moyen attaque la procédure de publication. Si l'on admet l'opinion de notre auteur, au lieu de recommencer purement et simplement les affiches et insertions, on reprendra la procédure *ab initio*, c'est-à-dire depuis et y compris le premier acte de signification du certificat ou du bordereau avec commandement.

1730 *bis*. (Q. 2431 quater). *Les art. 705, 706, 707 et 711 doivent-ils être observés* à peine de nullité, *lors de l'adjudication sur folle enchère?*

Pour les art. 707 et 711, dit M. Chauveau, le législateur n'avait pas besoin d'édicter la peine de nullité; ces deux articles ne sont même pas compris dans la nomenclature de l'art. 715, et portent leur sanction avec eux-mêmes. C'est ainsi que la Cour de Rennes a jugé, le 16 mars 1853 (*J. Av.*, t. 79, p. 252), que l'avoué qui s'est rendu adjudicataire, au moyen d'une interposition de personne, pour le fol enchérisseur, est responsable de la nullité de l'adjudication et doit indemniser les créanciers poursuivants du préjudice que cette nullité occasionne (Compar. *Q.* 2396 *bis, suprà*, n. 1113 et s.).

1731. Mais que décider pour les art. 705 et 706, que le Code de procédure a compris dans la nomenclature de son art. 715? MM. Rodière, t. 3, p. 199 et 200, et Bioche, v° *Vente sur folle enchère*, n. 88, expriment l'opinion que les art. 705 et 706, auxquels renvoie l'art. 739, doivent être observés à peine de nullité, parce qu'en prescrivant ce renvoi, la loi est censée renvoyer aussi à la sanction qui les protége, et notamment à l'art. 715. M. Chauveau déclare ne pouvoir appliquer par induction une peine aussi grave que la nullité.

1731 *bis.* La revente sur folle enchère à laquelle il a été procédé devant les premiers juges pourrait-elle être déclarée nulle par les juges d'appel, sur le motif que l'adjudicataire fol enchéri se serait libéré depuis de partie des sommes dont il était débiteur? La Cour de Montpellier a admis la négative par un arrêt du 15 juin 1870 (*J. Av.*, t. 96, p. 227).

1732. (Q. 2431 quinquies). *La surenchère est-elle admissible après l'adjudication sur folle enchère?*

M. Rogron, p. 917 et 918, pense que la nouvelle loi contient cette solution positive dans la disposition de l'art. 739 qui, déclarant applicables lors de l'adjudication sur folle enchère, les art. 705, 706, 707 et 711, exclut l'application de l'art. 708, relatif à la surenchère. M. Chauveau, en 1841, déclarait qu'il était loin de voir dans cette disposition la portée que lui accorde M. Rogron. Ces expressions : *Seront observées* lors *de l'adjudication*, semblent, disait-il, indiquer que le législateur n'a voulu parler que des formalités à remplir lors de l'adjudication (les feux, les enchères, etc.), mais point des suites et des effets de l'adjudication. La disposition dont il s'agit laisse donc tout entière la question posée. L'auteur rappelait ensuite que cette question avait été résolue négativement par deux arrêts, l'un de la Cour de Rouen, du 17 mai 1824 (*J. Av.*, t. 26, p. 274), et l'autre de la Cour d'Aix, du 13 nov. 1835 (t. 50, p. 132), ainsi que par MM. Thomine-Desmazure, t. 2, n. 850, et Persil fils, *Comm.*, p. 321, n. 390 ; mais qu'elle avait été décidée affirmativement, par les Cours de Rouen, le 13 juill. 1818 (*J. Av.*, t. 21, p. 453); de Montpellier, le 7 déc. 1825, t. 31, p. 113) ; de Riom, le 11 juill. 1829 (t. 37, p. 196); de Caen, le 9 juill. 1833 (t. 56, p. 126), et de Paris, le 10 mai 1834 (t. 46, p. 370, conformément à l'opinion de M. Pigeau, *Comm.*, t. 2, p. 393, et il regardait lui-même la surenchère comme admissible après l'adjudication sur folle enchère.

1732 *bis.* Si on n'avait pas exercé la surenchère sur la première adjudication, disait-il, c'est parce que celle-ci avait atteint un prix assez élevé ; la preuve, c'est que l'adjudicataire n'a pas pu payer. Mais la revente sur folle enchère une fois opérée, il est bien possible que le juste prix ne soit pas atteint; pourquoi donc priver les créanciers du moyen de l'atteindre, lorsqu'ils n'ont mis aucune négligence dans leurs démarches? On dira vainement que, lorsque le second prix est inférieur au premier, le fol enchérisseur est tenu de la différence ; cette ressource peut être illusoire s'il est insolvable. D'ailleurs, une raison évidente de sa solution, c'était, suivant lui, que la première adjudication est censée ne plus exister ; la dernière se mettant à la place de toutes les autres, doit avoir les mêmes suites et produire les mêmes effets que celles-ci. — S'il en était autrement, l'adjudicataire, comme l'observe Pigeau, pourrait se mettre à l'abri de la surenchère en laissant vendre à sa folle enchère pour se rendre ensuite acquéreur à la revente, en offrant toujours un prix au-dessous du sixième. L'auteur invoquait ensuite un passage du rapport de M. Persil à la Chambre des pairs; puis, il concluait que la surenchère est admissible, même lorsque la folle enchère n'a lieu qu'après une première surenchère, bien que la loi défende de recevoir une seconde surenchère des mêmes biens, parce que la folle enchère survenant, la première surenchère, comme l'adjudication primitive, disparaît et est censée n'avoir jamais existé.

1733. Depuis 1841, une vive controverse s'est élevée sur ces questions ; elle persistait encore au moment où M. Chauveau écrivait son *Traité de la saisie immobilière*, bien que la tendance générale de la jurisprudence et de la doctrine fût contraire à son opinion.

Voici l'état de la jurisprudence à cette époque : Pour la *recevabilité de la surenchère*, jugements des tribunaux de Montpellier, 10 déc. 1844 (*J. Av.*, t. 68, p. 382) ; de Limoges, 12 janv. 1847 (t. 72, p. 231) ; de Napoléon-Vendée, 17 sept. 1847 (D.P.47.3.191); de Toulouse, 2 oct. 1847 et 15 mars 1851; de Fort-de-France, 4 fév. 1853 (*J. Av.*, t. 79, p. 225); arrêts des Cours de Grenoble, 25 fév. 1845 et 30 avril 1846; de Besançon, 28 déc. 1848; de Caen, 28 août 1852 (*Journ. de cette Cour*, 1852, p. 300). — Pour *la non-recevabilité de surenchère*, arrêts des Cours de Bordeaux, 24 nov. 1845 (*J. Av.*, t. 70, p. 313); de cassation, 24 déc. 1844 (t. 70, p. 122); de Nîmes, 30 mars 1846; d'Orléans (aud. solenn.), 5 déc. 1846 (t. 72, p. 43); de Paris, 27 août 1847; jugement du tribunal de la Seine, du 4 mai 1848; arrêts des Cours de Bordeaux, 20 juin 1848; de Paris, 20 nov. 1848; de Bordeaux, 29 déc. 1848; de Caen, 28 mai 1849; de Grenoble, 17 janv. 1850; de Toulouse, 3 juin 1851 (*J. Av.*, t. 76, p. 425); de cassation, 30 juin 1847 (t. 72, p. 505), 24 mars 1851 (t. 76, p. 425), et 4 août 1851 (S.-V.51.1.434).

1734. Ce dernier système s'appuie sur les considérations suivantes: Quoique la première adjudication soit rendue non avenue quant à la transmission de propriété par la revente sur folle enchère, elle conserve cependant quelques effets légaux, et même, comme simple fait, elle offre encore une garantie, que l'immeuble vendu a été, en définitive, porté à toute sa valeur, notamment en ce qu'elle a donné naissance à un droit de surenchère qui a pu être exercé par tous conformément aux art. 708 et 973, Cod. proc. civ. Aucune disposition ne fait revivre ce droit de surenchère à la suite de la revente sur folle enchère; et la prétérition des art. 708, 709 et 710, a tout le caractère d'une exclusion, puisque l'art. 739, réglant la forme et les effets de la folle enchère, s'est référé aux articles qui précèdent, ainsi qu'à ceux qui suivent immédiatement lesdits art. 708, 709, 710, qui consacrent le droit de surenchère, sans rappeler ces articles eux-mêmes. En s'arrêtant à l'art. 710, qui forme une disposition unique qu'on ne trouve plus dans aucun des incidents de la saisie immobilière, le législateur a clairement voulu mettre un terme à la continuation de la procédure et réaliser le gage des créanciers. La surenchère, d'ailleurs, permise après une adjudication définitive dans l'intérêt des créanciers, est une mesure exceptionnelle contre un contrat légalement formé en justice, et elle doit dès lors être restreinte aux cas pour lesquels elle a été autorisée. A défaut, par le surenchérisseur, d'exécuter les clauses de l'adjudication, le bien est revendu à sa folle enchère: c'est la poursuite qui se continue avec de nouvelles garanties de concurrence et de publicité. Tous les intéressés ont donc le moyen de faire porter l'immeuble au prix représentant sa véritable valeur vénale.

1735. La surenchère est-elle recevable après une adjudication sur folle enchère, lorsque le fol enchérisseur avait lui-même fait une surenchère sur la première adjudication? Pour l'affirmative, on peut invoquer deux arrêts fortement motivés de la Cour de Toulouse, en date du 4 juill. 1842 (*J. Av.*, t. 64, p. 242), et de la Cour de Grenoble, en date du 23 mars 1845 (*Journ. de proc.*, 1845, p. 403). Pour la négative, la jurisprudence de la Cour de cassation ne pouvait être douteuse, puisque cette Cour décidait que, même quoiqu'il n'y eût pas de surenchère, la surenchère sur l'adjudication après folle enchère ne devait pas être accueillie. Aussi a-t-elle repoussé la surenchère sous l'ancienne loi, le 10 janv. 1844 (*J. Av.*, t. 66, p. 92), et, sous la loi nouvelle, le 1er mars 1848, en cassant l'arrêt précité de la Cour de Grenoble, du 23 mars 1845. La Cour de Caen a également adopté cette solution le 27 août 1845.

1736. Parmi les auteurs, M. Rodière, t. 3, p. 200, pense, comme M. Chauveau, que l'art. 739 ne s'occupe que de ce qui a lieu *lors de l'adjudication*; qu'il laisse les faits ultérieurs sous l'empire des règles générales, et par conséquent ne déroge pas aux règles de la surenchère. M. Petit, p. 175 et s., persiste dans le sentiment contraire qu'il avait exprimé avant la loi de 1841, M. Bioche, *Journ. de proc.*, 1842, p. 187, et vº *Vente sur folle enchère*, nºs 101 et 102, admet la surenchère après une folle enchère, à moins qu'il n'y ait déjà eu une surenchère. M. Colmet-Daage, t. 2, p. 392, n. 1005, se prononce pour la surenchère dans tous les cas. Dans une dissertation insérée *J. Av.*, t. 67, p. 61, M. Morin adopte complètement la doctrine de la Cour de cassation sur les deux questions ci-dessus. M. Pont a déclaré la surenchère non recevable après une folle enchère dans un article publié par le *Droit* (n° du 28 oct. 1847), et à l'occasion de l'arrêt de cassation du 24 mars 1851, ainsi que dans la *Revue critique de jurisprudence*, 1851, p. 577. M. Legentil a combattu la jurisprudence de la Cour suprême dans la *Revue critique*, 1851, p. 95, et dans ses *Dissertations juridiques*, 1855, p. 25.

1737. Après cet exposé, M. Chauveau termine par deux réflexions. L'objection qui lui a paru la plus saillante consiste à dire que, la folle enchère appelant de nouveau toutes les parties intéressées, elles pouvaient, par des enchères, atteindre le même but que si on les admettait à surenchérir après l'adjudication; qu'elles devaient se reprocher d'avoir laissé l'adjudication tomber au-dessous du prix qui leur paraissait le seul sérieux. A cela, notre auteur répond que la position était la même à une première adjudication, et que cependant le législateur a admis la surenchère comme une procédure de droit commun pour toutes les ventes judiciaires. Néanmoins l'argument lui paraîtrait fort spécieux, si les créanciers étaient tous appelés à la procédure de folle enchère; mais l'adjudication peut avoir lieu à leur insu; les affiches et publications dans les journaux, suffisantes pour appeler les acquéreurs locaux, n'avertissent point un créancier domicilié à une grande distance. Il peut donc arriver que ce créancier, porteur d'un bordereau, se voie privé de son gage par suite d'une procédure à laquelle il sera resté complètement étranger. La loi et la doctrine défendent d'avertir les créanciers, même du jour de l'adjudication ! Ce résultat seul, qui serait d'une injustice révoltante, suffit aux yeux de M. Chauveau pour faire repousser la doctrine qu'il combat.

1738. D'un autre côté, pour détruire l'argument *à contrario* que l'on tire de l'art. 739, M. Chauveau montre l'abus qu'on pourrait faire de ce genre d'argument; puis, il ajoute :—En résumé, il s'agit uniquement de savoir, pour la *première question*, si, en matière de ventes judiciaires, la surenchère est ou non une conséquence forcée de toute adjudication, une enchère nouvelle autorisée dans tous les cas, ou si, au contraire, elle n'est édictée que comme une exception anormale; pour la *seconde question*, si les derniers mots de l'art. 710 ne prohibent que des surenchères successives sur les adjudications sérieuses, ou si, au contraire, ils concernent même les surenchères qui ne sont pas sérieuses, puisque la loi les appelle *folles enchères*. Après avoir de nouveau étudié ces difficultés sous leurs diverses physionomies, l'auteur persiste à penser qu'il s'est inspiré, en 1841, du véritable esprit du législateur.

Depuis la publication de l'ouvrage de M. Chauveau, la jurisprudence s'est accentuée de plus en plus dans le sens de l'inadmissibitité de la surenchère du sixième après une adjudication sur folle enchère. V. Pau, 28 mars 1860; Paris, 24 mai 1860; Cass., 11 mars 1863 (*J. Av.*, t. 89, p. 28 et suiv.), et 14 mars et 1870 (t. 95, p. 365); Trib. de Compiègne, 22 nov. 1876 (t. 102, p. 207).

1739. (Q. 2431 sexies). *De quels droits d'enregistrement l'adjudication sur folle enchère est-elle passible? Qui doit les payer?*

L'adjudicataire sur folle enchère, observe M. Chauveau, n'a pas à se préoccuper de ce qui peut être dû à la régie par le fol enchérisseur. Si celui-ci n'a pas acquitté les droits de mutation, l'adjudicataire sur folle enchère paie ceux qui sont dus sur sa propre acquisition, sauf à la régie à exercer, quand et comme elle l'entendra, son recours contre le fol enchérisseur. Les rédacteurs du *Journal de l'enregistrement et des domaines*, 1851, p. 476, art. 5280, disent, en ce sens : Le supplément de droit et le droit en sus sur la totalité du prix de la première adjudication sont à la charge du fol enchérisseur qui, seul, peut être contraint à les payer. C'est ce qui résulte d'une décision du ministre des finances du 13 juin 1809, et d'un arrêt de la Cour de cassation du 27 mai 1823. (*J. Av.*, t. 46, p. 168).

1740. Cependant les mêmes rédacteurs, examinant dans le n° 1924, art. 15397, la question de savoir si les créanciers qui ont poursuivi une folle enchère ne sont pas obligés de payer à la régie les droits d'enregistrement du premier jugement d'adjudication, paraissent n'adopter la négative qu'avec un certain regret. « Il est reconnu, disent-ils, quand la première adjudication n'a pas été enregistrée, et que celle sur folle enchère a eu lieu pour un moindre prix, le fol enchérisseur est tenu de payer : 1° le droit sur la différence de prix entre la première et la seconde adjudication ; 2° le droit en sus sur la totalité du prix de la première. Il est également reconnu qu'en fait de contrats, et même de jugements, le paiement des droits peut être poursuivi contre toutes les parties, contre le demandeur comme contre le défendeur. — En résulte-t-il que les créanciers qui ont fait saisir l'immeuble de leur débiteur, et en ont poursuivi la vente en justice sont, comme s'il s'agissait d'un contrat volontaire, tenus au paiement des droits de l'adjudication solidairement avec l'adjudicataire ? On pourrait le soutenir, attendu que l'adjudication est un jugement, que les créanciers poursuivants sont parties à ce jugement, et que, par suite, ils sont tenus des droits ; et non seulement ils sont parties, mais ce jugement leur profite, puisque le prix de l'adjudication doit leur être distribué (art. 31 de la loi du 22 frim. an VII). Toutefois, nous doutons que les tribunaux admettent cette application de l'art. 31. Les créanciers font vendre, mais ne sont pas vendeurs ; il ne supportent aucuns frais, à moins qu'ils n'en aient fait de frustratoires : comment seraient-ils débiteurs ou responsables des droits d'enregistrement ? D'un autre côté, quoique le saisi soit censé vendeur, comme il ne l'est que contraint, que l'adjudication peut même avoir lieu sans son intervention, on ne peut s'adresser à lui ; il ne peut être tenu des droits d'une expropriation forcée. L'action, dans l'espèce, semble donc n'atteindre que le fol enchérisseur ; elle est toute personnelle, et, s'il est insolvable, les droits tombent en non-valeur. Il y aurait bien moyen d'éviter la perte pour le Trésor : ce serait d'exécuter rigoureusement l'art. 42 de la loi du 22 frim. an VII. Si l'on ne pouvait procéder à la vente par folle enchère avant l'enregistrement de la première adjudication, les créanciers ou les surenchérisseurs seraient obligés d'en requérir l'enregistrement. » Ce moyen de tourner la difficulté n'est pas sérieux, objecte M. Chauveau ; la loi n'apporte aucun obstacle à la poursuite en folle enchère, et la régie ne peut, sous aucun prétexte, s'opposer à l'exercice de ce droit. Aussi le tribunal de Castres a condamné le moyen dont il s'agit, qu'un greffier avait la prétention de faire valoir : jugement du 9 juill. 1851 (*J. Av.*, t. 76, p. 521), auquel ont adhéré les rédacteurs du *Journ. de l'enregistrement* eux-mêmes (1851, p. 717, art. 15280).

1741. Le tribunal civil de Lyon est allé jusqu'à décider que le fol enchérisseur qui n'a pas fait enregistrer l'adjudication prononcée à son profit, n'est pas tenu de payer, après la revente sur folle enchère, le droit simple de mutation sur l'excédent que présente le prix de son adjudication et le droit en sus sur la totalité de ce prix. Son jugement, en date du 17 fév. 1851 (*J. Av.*, t. 76, p. 450), fonde cette solution sur ce qu'il ne peut y avoir droit de mutation exigible là où il n'y a pas de transmission de propriété ; qu'il résulte des dispositions combinées des art. 68, § 1er, n° 8, et 69, § 7, n° 1er, de la loi du 22 frim. an VII, que l'adjudication faite au fol enchérisseur n'opère aucune mutation, et qu'elle se trouve complètement anéantie par la revente sur folle enchère dont elle est suivie ; que, par les dispositions précitées, le législateur a entendu évidemment consacrer le principe généralement admis sous l'ancien droit, et formellement reconnu par la Cour de cassation, suivant lequel toute vente forcée, toute adjudication sur saisie réelle doit être considérée comme soumise à la condition suspensive du paiement, de telle sorte que, cette condition venant à manquer, la propriété est censée n'avoir jamais résidé sur la tête du fol enchérisseur. — Cette théorie, comme le remarque M. Chauveau, n'est pas admissible en matière fiscale; la Cour suprême l'a répudiée en cassant le jugement du tribunal de Lyon, le 24 août 1853 (*J. Av.*, t. 79, p. 251), par le motif que, d'après l'art. 60 de la loi du 22 frim. an VII, l'obligation de l'adjudicataire de payer les droits ne peut être anéantie ni diminuée par aucun événement postérieur; que la folle enchère étant la conséquence et la punition du refus de l'adjudicataire de remplir ses engagements, on ne peut faire dépendre de sa volonté sa libération, soit envers l'État, soit envers les créanciers de l'immeuble adjugé; que la folle enchère qui est poursuivie d'après l'art. 737, Cod. proc., et qui aboutit à une adjudication nouvelle au profit d'un tiers, fait tomber par voie rétroactive la translation de propriété opérée par la précédente adjudication, mais ne dégage pas le précédent adjudicataire vis-à-vis de l'État, à qui les droits d'enregistrement restent dus pour la portion de son prix qui excède celui de l'adjudication nouvelle; qu'il n'est pas exact de dire que la folle enchère anéantit tous les effets de l'adjudication qui l'a précédée, puisque, d'après l'art. 744, Cod. proc., le fol enchérisseur reste tenu de la différence de son prix avec celui de la revente sur folle enchère, sans pouvoir réclamer l'excédent, s'il y en a; d'où il suit qu'étant débiteur de cette différence envers qui de droit, le fol enchérisseur doit payer l'enregistrement du titre de cette dette, dont il est tenu, non pas comme tiers détenteur, mais personnellement.

1742. Si l'on admet, avec la jurisprudence (Voy. *suprà*, n. 1731 *bis* et s.), que la surenchère n'est pas admissible après la revente sur folle enchère, il faut reconnaître, avec les rédacteurs du *Journ. de l'Enregistrement*, 1851, n. 1897, p. 327, qu'un nouveau droit de mutation est dû, lorsque la surenchère est maintenue par le consentement de l'adjudicataire.

1743. Le jugement ou le chef de jugement d'adjudication qui condamne le fol enchérisseur au paiement de la différence entre les deux prix d'adjudication donne-t-il ouverture au droit de condamnation à 50 c. p. 100 ou à celui de 2 p. 100? Les rédacteurs du *Journal de l'Enregistrement*, 1854, p. 573, expriment l'opinion que ce ne peut être qu'à titre de dommages-intérêts que la condamnation contre le fol enchérisseur est prononcée (V. en ce sens, Pigeau, *Procédure civile*, p. 19; Cass., 24 juin 1846 (S.-V. 47.1.563); et qu'en conséquence, toutes les fois qu'une condamnation est prononcée dans les cas prévus par les art. 710 et 740, Cod. proc., il y a lieu de percevoir le droit de 2 p. 100, conformément à l'art. 11 de la loi du 27 vent. an IX. Ils ajoutent que ce droit serait dû lors même que le jugement porterait condamnation à titre d'indemnité.

1744. (Q. 2431 *septies*). *L'adjudicataire dépossédé par l'effet d'une folle enchère poursuivie contre le précédent adjudicataire est-il fondé à réclamer à la régie la restitution du droit d'enregistrement perçu sur son adjudication?*

L'affirmative résulte d'un jugement du tribunal civil de Montpellier du 17 fév. 1856 (*J. Av.*, t. 81, p. 608), portant, entre autres motifs, qu'il serait souverainement injuste que l'acquéreur ou adjudicataire intermédiaire fût plus défavorablement traité que le fol enchérisseur qui obtient la décharge des droits d'enregistrement qu'il a payés, alors que la revente sur folle enchère a produit une somme égale ou supérieure, tandis que le même, entièrement dépossédé par une folle enchère qui anéantit *ab initio* la vente primitive, n'obtiendrait pas la restitution des droits d'enregistrement qu'il a payés; que l'avis du Conseil d'Etat du 20 oct. 1808, par une exception apportée à la règle de l'art. 60 de la loi du 22 frim. an VII, dispose formellement que le droit perçu est restituable, lorsque l'adjudication est annulée par les voies légales. — Mais la négative a été consacrée par l'arrêt de la Cour de cassation, du 24 nov. 1858 (S.-V.59.1.349), qui a cassé le jugement du tribunal civil de Montpellier.

1745. (Q. 2431 octies). *Que doit contenir l'expédition du jugement d'adjudication sur folle enchère ? Ce jugement doit-il être signifié aux créanciers inscrits ?*

La première des deux questions s'est présentée devant le tribunal civil de Castres, dans une espèce où le greffier, auquel l'adjudicataire sur folle enchère avait demandé la grosse du jugement prononçant la seconde adjudication, avait élevé la prétention de comprendre dans cette grosse le jugement qui avait tranché la première adjudication au profit du fol enchérisseur. — Par jugement du 9 juill. 1851, le tribunal de Castres a décidé que l'art. 41 de la loi du 22 frim. an VII, qui défend aux greffiers de délivrer des grosses des jugements non enregistrés, n'est pas applicable ici; que c'est sans fondement que le greffier veut comprendre dans l'expédition qui lui est demandée le jugement qui avait tranché l'adjudication en faveur du fol enchérisseur; que ce jugement a été anéanti par la revente sur folle enchère, revente qui a été le résultat de l'inexécution de la première des conditions du cahier des charges, puisque, dans l'impuissance où le fol enchérisseur a été de payer les droits de mutation de son titre, il ne l'a point fait enregistrer; que cet anéantissement provient de la volonté de la loi, qui soumet la perfection de la vente après expropriation, non point à une condition résolutoire (Voy. à ce sujet *Q. 2432 quinquies, infrà*, n. 1771 et s.), qui ne s'applique qu'aux ventes volontaires, mais à une condition suspensive, par l'effet de laquelle la propriété ne repose d'une manière définitive sur la tête de l'adjudicataire que lorsqu'il a exécuté toutes les conditions du cahier des charges; qu'il est impossible de comprendre qu'il soit nécessaire de délivrer à un adjudicataire sur folle enchère l'expédition d'un jugement qui lui est étranger, d'un jugement qui n'existe plus, d'un jugement dont l'anéantissement a dû nécessairement précéder la décision judiciaire qui constitue le titre de nouvel acquéreur.

1746. M. Chauveau regarde cette solution comme irréprochale. Il pense que le jugement délivré à l'adjudicataire définitif peut contenir le jugement d'adjudication prononcé au profit du fol enchérisseur, sans que la régie ait le droit d'exercer aucun recours, soit contre le greffier, soit contre le dernier adjudicataire. Si le fol enchérisseur demeure responsable du paiement des droits (Voy. *infrà*, n. 1731 et s.), c'est contrairement aux principes généraux qui régissent les effets de la folle enchère, et à raison des règles toutes spéciales appliquées en matière fiscale. Mais, en aucun cas, on ne peut opposer ces règles aux tiers, qui, en payant les droits dont ils sont directement passibles, demeurent affranchis de toute autre obligation envers la régie. Au reste, le greffier pouvait délivrer l'expédition sans mentionner le jugement rendu à la requête du fol enchérisseur, l'art. 712 n'étant pas prescrit à peine de nullité, et la copie de ce jugement n'étant pas un élément *indispensable* du jugement d'adjudication sur folle enchère. Les rédacteurs du *Journal de l'enregistrement* (1851, p. 477, art. 15280) approuvent aussi la décision du tribunal de Castres.

1747. Sur la seconde question, M. Chauveau déclare que le jugement d'adjudication sur folle enchère doit incontestablement être signifié au saisi et à l'adjudicataire fol enchérisseur, comme constituant désormais, vis-à-vis du premier, le seul titre valable de translation de propriété, et comme emportant à l'égard du second, indépendamment de la condamnation personnelle qu'il contient pour la différence des deux prix, l'anéantissement de l'acte qui investissait ce dernier de la qualité d'adjudicataire et le force au délaissement s'il est en possession de l'immeuble. Quant aux créanciers inscrits, il n'y a pas lieu, dit l'auteur, de s'en occuper. V. l'art. 716, Cod. proc., et *J. Av.*, t. 42, p. 403.

1748. (Q. 2431 novies). *Le jugement d'adjudication sur folle enchère doit-il être transcrit au bureau des hypothèques conformément à l'art.* 1er *de la loi du* 23 *mars* 1855, *ou simplement mentionné en marge du jugement d'adjudication prononcé au profit du fol enchérisseur, suivant l'art.* 4 *de la même loi ?*

M. Chauveau pense, avec M. Troplong, *Transcription*, n. 221, que le jugement sur folle enchère ne résolvant pas seulement la première vente, mais étant en même temps acquisitif de propriété au profit d'une nouvelle personne, tombe, par cela même, sous l'application de l'art. 1er, et doit dès lors être transcrit intégralement, ce cas ne pouvant être assimilé à celui où la résolution fait revenir l'immeuble dans les mains du propriétaire primitif. V., dans le même sens, M. Bressolles, p. 24 et 41, n. 33 et 36.

1749. (DIII octies). *Quels sont les effets de la revente sur folle enchère ?*

D'une part, l'immeuble passe au nouvel adjudicataire libre de toutes les charges qu'aurait pu créer le fol enchérisseur, ainsi que M. Chauveau le fait observer, après MM. Persil fils, *Comment.*, n. 382, et Paignon, n. 191. — Voy. aussi Rouen, 30 déc. 1850 (*J. Av.*, t. 76, p. 620). Et réciproquement la revente sur folle enchère fait revivre, au profit du fol enchérisseur, tous les droits réels qu'il avait sur l'immeuble au jour de la vente. C'est en vain qu'on opposerait cette vente au fol enchérisseur dans le but d'effacer son droit d'hypothèque préexistant, sous prétexte de confusion, et son droit de créance, sous prétexte de compensation ; la folle enchère soumet seulement le fol enchérisseur à des dommages-intérêts : Cass. 24 juin 1846 (*J. Av.*, t. 71, p. 611) et 16 janv. 1850 ; M. Dalloz, n. 1912. V. encore *infrà*, n. 1755 et s.

1750. D'autre part, la différence entre le prix de l'adjudication du fol enchérisseur et celui de la revente sur folle enchère, dont le fol enchérisseur est tenu, aux termes de l'art. 740, doit être attribuée aux créanciers hypothécaires inscrits par préférence aux créanciers chirographaires, et faire dès lors l'objet d'une distribution par voie d'ordre, soit comme constituant une partie du prix de l'immeuble, soit, dans le cas même où on ne lui reconnaîtrait que le caractère d'une indemnité mobilière, comme appartenant exclusivement aux créanciers inscrits, auxquels seuls la folle enchère a porté préjudice : Paris, 17 juillet 1872 (*J. Av.*, t. 97, p. 431). — V. aussi Grenoble, 2 mars 1851 (S.-V.51.2.603) ; Cass. 12 août 1862 (*Id.*, 62.1.1028).

1751. Enfin, l'excédent du prix, lorsqu'il y en a un, doit faire l'objet d'un ordre, comme M. Parant l'exprimait dans son rapport au garde des sceaux : Compar., v° *Ordre*, n. 641 et 642.

1752. (Art. 740). Lorsqu'une femme mariée sous le régime dotal s'est rendue adjudicataire sur surenchère, d'immeubles saisis sur son mari, et que, faute de paiement du prix de l'adjudication, il y a eu revente sur folle enchère, l'exécution de l'obligation de la femme au paiement de la différence entre le prix de cette revente et celui de l'adjudication peut-elle être poursuivie sur ses biens dotaux ? La Cour de cassation, par arrêts des 21 août 1848 (*J.P.*48.2.29) et 15 juin 1864 (*J. Av.*, t. 91, p. 41), a décidé que le paiement de la différence due par la femme dotale qui a encouru la revente sur folle enchère, ne peut être poursuivi sur les biens dotaux, lorsque cette revente n'a été que le résultat d'une imprudence ou d'une fausse spéculation de la femme. — Mais, ainsi que la Cour d'Agen l'a jugé le 15 juin 1864 (*J. Av.*, t. 91, p. 42), il en est autrement dans le cas où la femme a agi de mauvaise foi. — Ces deux solutions paraissent incontestables.

1753. (Q. 2432). *Le fol enchérisseur peut-il se prévaloir des dispositions de l'art. 2172, Cod. civ., pour éviter la revente sur sa tête?*

M. Chauveau adopte la négative, à l'appui de laquelle il reproduit une consultation de Carré, dont voici la substance : — Le délaissement par hypothèque ne concerne que le tiers détenteur, qui n'est pas personnellement *obligé* à la dette, et évidemment, dans l'espèce de la question posée, l'adjudicataire se trouve obligé à payer le créancier inscrit, puisque le cahier des charges, qui contient les conditions de la vente, porte en termes exprès : 1° que le *prix sera employé* à l'acquit notamment de *diverses créances* inscrites sur les biens. C'est ici le lieu d'appliquer un arrêt de la Cour de Paris, du 12 mars 1812 (S.-V. 15.2.124), qui déclare que le tiers détenteur est personnellement obligé et ne peut plus faire le délaissement par hypothèque, dans le sens de l'art. 2172, lorsque le vendeur, dans son contrat de vente, a fait indication de paiement au profit de ses créanciers, et que lui, acquéreur, a accepté cette délégation. En ce cas, en effet, l'obligation personnelle envers le vendeur devient obligation personnelle envers les créanciers. Il est donc évident que l'adjudicataire ne peut prétendre éviter, au moyen de délaissement, les suites de la folle enchère. Compar. encore Cass., 21 juin 1807 (S.-V. 7.1.278) ; Bruxelles, 12 mai 1810. — On opposerait vainement un arrêt du 17 janv. 1816 (*J. Av.*, t. 20, p. 457), par lequel la Cour de Paris a décidé que l'adjudicataire ne peut délaisser lorsqu'il s'est *soumis à la folle enchère*, en faisant remarquer que le cahier des charges ne contient point cette soumission ; d'où il suivrait que le délaissement pourrait avoir lieu. [Ce serait commettre une erreur grossière, démontrée à la simple lecture des motifs de cet arrêt, invoquant, l'un, le principe ci-dessus posé, que l'adjudicataire est *personnellement* obligé dès lors qu'il s'est engagé à payer les créanciers ; l'autre, la circonstance que, dans l'espèce, l'adjudicataire s'était soumis à la folle enchère. On ne saurait non plus argumenter, en faveur de la faculté de délaisser, de la sommation faite à l'adjudicataire, avant toute procédure, de payer ou de *délaisser*. Cette sommation doit être considérée comme non avenue, puisque l'adjudicataire n'en a tenu aucun compte ; que les suites de folle enchère ont été entamées contre lui et maintenues par la justice.

1754. Mais qu'arrivera-t-il, demande M. Chauveau, si, au lieu de prendre la voie de la folle enchère, il plaît à un créancier de faire sommation à l'adjudicataire de payer ou de délaisser? Cette sommation sera-t-elle valable? Le délaissement pourra-t-il être effectué? — La raison de douter vient de l'assimilation qui peut être établie entre un adjudicataire et un tiers détenteur, et aussi de ce que les créanciers sont libres d'exercer contre l'adjudicataire le genre de poursuites qui leur convient le mieux (Voy. *Q.* 2426 *suprà*, n. 1637 et s.). Mais on répondra, selon notre auteur, conformément à l'observation ci-dessus de Carré, que l'art. 2172 ne permet le délaissement qu'aux tiers détenteurs qui ne sont pas personnellement obligés à la dette. Or, un adjudicataire sur saisie immobilière, indépendamment de la clause ordinaire du cahier des charges de ces sortes de ventes, qui porte que l'adjudicataire paiera son prix entre les mains des créanciers dans l'ordre qui sera ultérieurement réglé, est personnellement obligé ; car, depuis la sommation de l'art. 692, la vente est devenue commune à tous les créanciers inscrits. Cet adjudicataire ne peut donc pas délaisser ; la sommation qui lui est faite est frustratoire, comme M. Chauveau en a exprimé l'opinion, en répondant à une question proposée (*J. Av.*, t. 72, p. 364). Le créancier n'a, d'ailleurs, aucun motif sérieux pour employer une telle procédure, qui n'aboutit à une seconde expropriation qu'après l'accomplissement de formalités incompatibles avec la position de l'adjudicataire. Si ce dernier ne paie pas, sans contredit, la voie la plus simple est la folle enchère ; mais le créancier porteur du bordereau peut, en outre, recourir directement contre lui à une saisie immobilière, après lui avoir fait commandement de payer ; à une saisie-exécution, à une saisie-arrêt, etc., et toujours l'adjudicataire est considéré comme son débiteur personnel. Aussi, le tribunal civil de Nîmes a-t-il annulé, le 24 nov. 1848 (*J. Av.*, t. 76, p. 42), une sommation de payer ou de délaisser, dirigée contre un adjudicataire sur saisie immobilière ; seulement, les motifs de sa décision sont trop absolus, en ce sens qu'il semble indiquer que la folle enchère est la seule voie ouverte aux créanciers inscrits.

1755. (Q. 2432 quater). *Quels sont les remboursements auxquels le fol enchérisseur peut prétendre? Frais d'enregistrement? Frais de poursuite? Sommes payées sur le prix de l'adjudication résolue? Améliorations faites par le fol enchérisseur?*

Carré, au texte, décide, avec quelques arrêts mentionnés par lui, d'une part, que le fol enchérisseur, lorsque le prix de la revente est suffisant, doit être remboursé non seulement de ce qu'il a payé sur le prix de son adjudication, mais encore des frais de poursuite que le cahier des charges l'obligeait à payer au créancier poursuivant, et, d'autre part, que l'adjudicataire sur folle enchère est tenu de rembourser au fol enchérisseur les droits d'enregistrement et autres de cette nature qu'il aurait payés, attendu que l'adjudication sur folle enchère et celle qui l'a précédée n'opèrent qu'une seule mutation, puisque le prix énoncé dans les deux contrats n'est passible que d'un seul droit proportionnel; et que ce droit ne peut être qu'à la charge du second adjudicataire, qui seul recueille l'avantage de cette mutation de propriété.

1756. M. Chauveau constate, de son côté, qu'il est de jurisprudence et de doctrine constantes que l'adjudicataire définitif doit rembourser les frais d'enregistrement. Aux arrêts cités par Carré, il ajoute une décision de la Cour de Pau du 29 nov. 1836 (*J. Av.*, t. 53, p. 567), et il cite, en outre, MM. Persil père, *Quest.*, t. 2, p. 593; Championnière et Rigaud; Favard de Langlade, t. 5, p. 82; Berriat-Saint-Prix, p. 606, note 217; Huet, p. 313; Dalloz, n. 1939; Bioche, n. 116, et Persil fils, *Comment.*, p. 320, n. 388 et 389.

1757. Quant aux frais, il observe que la même interprétation est admise. Ainsi, dit-il, il a été jugé : que les frais faits sur la première vente ne sont pas à la charge du fol enchérisseur ; qu'il n'est tenu que de la différence en moins de son prix avec celui de la revente : Paris, 29 nov. 1816 (S.-V.17. 368). Conf., MM. Dalloz, n. 1938; Bioche, n. 113 ; — que l'adjudicataire sur folle enchère doit rembourser au fol enchérisseur ou payer à sa libération aux créanciers colloqués les frais de déclaration d'adjudication et de command ; que les frais de la première procédure sont, à l'égard de l'adjudicataire sur folle enchère, une portion du prix de vente et comme tels productifs d'intérêts à partir du jour de l'adjudication : Montpellier, 27 nov. 1850 (*J. Av.*, t. 76, p. 341) ; — que l'adjudicataire sur folle enchère doit restituer au fol enchérisseur les frais de poursuite et les droits d'enregistrement payés par ce dernier, dans une proportion relative au prix de la seconde adjudication, mais que le montant de cette restitution doit être versé dans les mains des créanciers inscrits, à valoir sur la différence entre le prix de la première adjudication et celui de l'adjudication sur folle enchère due par le fol enchérisseur : Caen, 20 mars 1852 (*Journ. de cette Cour*, 1852, p. 318) ; il y a, en effet, remarque notre auteur, pour les frais de poursuite, les mêmes motifs de décider que pour l'enregistrement, sauf en ce qui concerne ceux de ces frais dont ne profite pas l'adjudicataire définitif.

1758. MM. Jacob, t. 2, p. 31, n. 199, Duvergier, t. 41, p. 271, not. 3, et Petit, p. 174, estiment que l'adjudicataire sur folle enchère doit *toujours* tenir compte au fol enchérisseur des frais d'enregistrement, et que, si le prix de revente est suffisant, il doit encore rembourser les frais de la poursuite et les sommes payées par le fol enchérisseur aux créanciers inscrits.—Ils ajoutent avec raison, selon la remarque de M. Chauveau, que si le prix de la revente est inférieur à celui de la première adjudication, l'adjudicataire définitif n'est tenu du remboursement des droits d'enregistrement que jusqu'à concurrence du prix de son adjudication, le surplus demeurant à la charge du fol enchérisseur. C'est ce qui résulte, en effet, de trois arrêts, l'un de la Cour de cassation, du 27 mai 1823 (*J. Av.*, t. 46, p. 168), le second, de la Cour de Riom, du 12 juillet 1838, cité par M. Duvergier, et le dernier de la Cour de Caen, du 3 fév. 1840, cité par M. Petit.

1759. La jurisprudence a eu à statuer sur des espèces assez intéressantes, relatives à l'étendue des remboursements auxquels le fol enchérisseur peut prétendre.— Un arrêt de la Cour de cassation du 24 fév. 1846 (*J. Av.*, t. 70, p. 174), a décidé que l'adjudicataire qui a employé certaines sommes à désintéresser les créanciers hypothécaires inscrits sur l'immeuble n'a pas le droit de répéter ces sommes si le paiement a eu lieu en exécution d'une clause du cahier des charges, qui interdit toute répétition; qu'on doit voir un véritable paiement et non pas une acquisition de créances dans le versement fait par l'adjudicataire entre les mains des créanciers hypothécaires, même avec subrogation.—Cette solution paraît exacte à M. Chauveau. En principe, dit-il, le fol enchérisseur n'aurait droit à restitution qu'autant que le prix de la seconde adjudication serait suffisant (V. par analogie un arrêt de la Cour de Rouen du 12 fév. 1849 (*J. Av.*, t. 74, p. 644); mais cet événement même se réalisant, si une clause du cahier des charges interdit à l'adjudicataire toute répétition, sa demande doit être rejetée. Les paiements effectués ne profiteront à l'adjudicataire que pour parfaire la différence qui existera entre la seconde et la première adjudication. Ainsi, l'adjudicataire, moyennant un prix de 100,000 fr., d'un immeuble revendu à sa folle enchère moyennant 80,000 fr., s'il a payé, dans l'intervalle des deux adjudications, une somme de 10,000 fr., ne devra faire compte que d'une seconde somme de 10,000 fr., pour parfaire la différence (20,000 fr.); il ne sera pas débiteur de la différence tout entière, soit 20,000 fr., outre les 10,000 fr., qu'il a déjà payés.— Telle est l'interprétation que doit recevoir, selon notre auteur, cette clause souvent insérée dans les cahiers des charges : *En cas de folle enchère, les adjudicataires fol enchéris ne pourront répéter aucune somme par eux déjà payée, soit sur le prix, soit pour frais et autres causes, en exécution du présent cahier des charges.*.

1760. On a prétendu que la seule application qu'il convienne de donner à la clause en question, doit consister à déclarer que l'adjudicataire primitif ou ses cessionnaires ne pourront faire valoir leur collocation au lieu et place des créanciers remboursés, sur le nouveau prix obtenu, qu'autant que cette collocation excéderait la différence du prix dû par le fol enchérisseur, et qu'il resterait quelque chose de libre après le désintéressement des autres collocations venant en ordre utile sur le prix primitif. Au reste, soutiennent les partisans de cette opinion, les cessionnaires des droits de l'adjudicataire qui a payé une partie de son prix aux créanciers inscrits, ne sauraient se prévaloir, pour écarter l'application de la clause du cahier des charges, de ce que la cession, consentie à leur profit, serait antérieure à la folle enchère. En effet, les droits obtenus par l'adjudicataire au moyen des paiements par lui faits, et qui devaient lui donner une subrogation pleinement utile, au cas où l'adjudication recevrait sa pleine exécution, n'existaient, au contraire, entre ses mains, que dépréciés et modifiés pour le cas éventuel de folle enchère. Ainsi, sa qualité de subrogé était conditionnelle et recevait une atteinte éventuelle de sa qualité d'adjudicataire passible de folle enchère. En transmettant cette qualité de créancier subrogé, il n'a pu la transmettre que telle qu'elle était, et avec les chances conventionnelles de dépréciation qui y étaient attachées.

1761. M. Chauveau répond que, réduite à ces effets, la clause précitée devient inutile, et que la folle enchère produit les mêmes résultats. Car, d'un côté, si l'adjudicataire qui paie un créancier colloqué, même avec subrogation, n'acquiert pas une créance, mais ne fait que se libérer, il ne peut pas exercer hypothécairement, au préjudice des autres créanciers inscrits, les droits de ceux au lieu et place desquels il a été ainsi subrogé; et, d'un autre côté, il est constant que la folle enchère n'empêche pas le fol enchérisseur d'avoir droit au remboursement des sommes qu'il a déboursées, lorsque le prix de la seconde adjudication dépasse celui de la première. Il faut donc admettre, pour être conséquent, que la clause pénale dont il s'agit ne se justifie qu'autant qu'elle a pour but d'empêcher absolument le fol enchérisseur de profiter, en cas d'excédent, du prix qu'il a payé. L'auteur cite en ce sens un jugement du tribunal de Nevers du 23 mars 1852 (*J. Av.*, t. 77, p. 259); puis, il ajoute que cette interprétation, qui semble rigoureuse au premier abord, a, au fond, d'autant moins d'inconvénients qu'il est certain que l'adjudicataire qui aura payé une portion notable du prix, trouvera facilement à emprunter pour payer les autres créanciers et échapper à la folle enchère, ou, bien qu'averti par cette clause, il ne fera point de paiement partiel.

1762. Lorsque le fol enchérisseur se trouve créancier de l'adjudicataire définitif pour une cause postérieure à l'adjudication et provient du fait même de cette adjudication, en ce que, par exemple, il a payé les créanciers premiers inscrits, s'il se trouve en même temps débiteur, notamment de fruits dont il doit la restitution, il y a compensation entre sa créance et sa dette; et les juges peuvent, en conséquence, ordonner qu'il sera fait compte de ce qui est dû par le fol enchérisseur et de ce qui lui est dû. — Peu importe qu'en vertu des bordereaux acquittés, le fol enchérisseur prétende représenter les créanciers dont il rapporte la subrogation, tandis qu'il n'est comptable de la restitution des fruits qu'à raison de la détention momentanée qu'il a eue de la chose d'autrui : Cass., 16 janv. 1850. — Compar. *suprà*, n. 1749. — De même, la Cour d'Alger a décidé, le 4 nov. 1852 (*J. Av.*, t. 78, p. 404), que l'adjudicataire, créancier du saisi, devenu fol enchérisseur, est censé n'avoir jamais été débiteur du prix de l'adjudication ; qu'aucune confusion n'a pu se produire entre ses droits de créancier et ses obligations d'adjudicataire; mais que la compensation s'opère de plein droit entre sa créance et la somme dont il devient débiteur, par suite de la différence en moins du prix de la seconde adjudication ; que cette différence comprend la somme capitale qui en est l'objet, et les intérêts de cette somme depuis la première jusqu'à la seconde adjudication.

1763. Dans le cas où des immeubles ont été adjugés en plusieurs articles et par des adjudications séparées au même adjudicataire, si, lors d'une revente par suite de folle enchère, il se trouve sur les uns une différence en plus, et sur les autres une différence en moins, il ne peut pas y avoir de compensation à l'égard du fol enchérisseur, qui demeure tenu de la différence en moins, sans pouvoir profiter de la différence en plus : Rouen, 31 mai 1820 (*J. Av.*, t. 20, p. 561).—MM. Persil fils, *Comm.*, n 387, et Duvergier, t. 41, p. 271, approuvent cette décision, à laquelle M. Chauveau adhère également, bien qu'il la trouve sévère. — Il n'y aurait pas eu contestation, observe-t-il, si, au lieu d'un seul adjudicataire pour tous les lots, il y avait eu pour chaque article un adjudicataire différent ; or, la circonstance de la réunion sur la même tête ne change rien au principe.

1764. Le tribunal civil de la Seine a jugé, le 10 mai 1848, un procès qui offrait une difficulté que M. Chauveau croit devoir signaler. Un immeuble appartenant par indivis à trois copropriétaires est vendu sur licitation ; l'adjudicataire emprunte, avec subrogation à un tiers, une somme suffisante pour désintéresser deux des copropriétaires, qui consentent subrogation, en tant que de besoin, au profit de ce tiers, jusqu'à concurrence de la somme payée, mais sans garantie de leur part. Le troisième copropriétaire, n'étant pas payé, poursuit, d'accord avec le premier subrogé, la revente sur folle enchère. La seconde adjudication donne un excédent assez considérable sur le prix de la première. Le colicitant non payé touche la part qui lui est afférente (un tiers) sur ce prix. — Alors naît, entre le prêteur subrogé et les colicitants qui avaient consenti la subrogation, une contestation sur le point de savoir qui doit profiter du surplus de l'excédent. — La subrogation a-t-elle eu pour effet d'attribuer au prêteur l'exercice de *tous* les droits des créanciers subrogeants, relativement à la créance, ou bien seulement l'exercice des droits *utiles* pour le remboursement de la somme prêtée ? — Le tribunal a pensé que la raison de décider, en droit, devait se tirer de la distinction qu'il faut établir entre la subrogation consentie par le créancier et celle opérée par le débiteur. La première, a-t-il dit, constitue une véritable cession ; la seconde, au contraire, n'est qu'un simple prêt ; le créancier a bien, pour le recouvrement des sommes par lui avancées, les mêmes droits que le vendeur que les fonds ont désintéressé, mais il ne saurait, dans aucune circonstance, réclamer au delà du capital par lui déboursé et des intérêts de ce capital. Quant au vendeur, son droit n'est pas limité à une somme fixe, la résolution de la première adjudication a eu pour résultat de rendre indéterminée sa créance, et c'est la seconde adjudication qui, seule, en a déterminé définitivement l'importance. M. Chauveau considère ce jugement comme bien rendu.

1765. Le fol enchérisseur a-t-il droit au remboursement des impenses qui ont amélioré l'immeuble, lors même que l'adjudication sur folle enchère ne produit qu'une somme inférieure à celle de la première adjudication ? M. Chauveau adopte la négative, qu'il a développée (*J. Av.*, t. 75, p. 198). — Mais la solution serait différente, observe-t-il, si la seconde adjudication avait produit un prix supérieur à celui de la première. Lorsqu'il est constant, en effet, que l'augmentation de prix n'a eu pour cause que la plus-value résultant des constructions ou autres améliorations du fait du fol enchérisseur contre lequel les créanciers des vendeurs originaires n'ont jamais eu d'action directe, il en résulte que le montant de cette plus-value n'a jamais pu être leur gage et qu'elle leur est demeurée complètement étrangère. En vain les créanciers invoqueraient-ils à l'appui de leur prétention sur cette plus-value les dispositions de l'art. 740, Cod. proc. ; cet article ne statue que pour le cas le plus ordinaire, celui où l'immeuble surenchéri n'a pas changé de nature : « Il est évident que, dans ce cas, le prix de l'immeuble, quel qu'il soit, représente l'immeuble lui-même et appartient aux créanciers du premier vendeur ; il en est de même de la disposition de l'art. 2133, Cod. civ., qui attribue comme gage aux créanciers hypothécaires les améliorations faites par le propriétaire sur l'immeuble affecté au paiement de leurs créances ; mais on ne peut assimiler à ces deux cas la position d'un acquéreur dépossédé par une folle enchère et qui, faute d'accomplir ses obligations, n'a été que temporairement détenteur de l'immeuble à titre précaire et n'en a jamais été propriétaire ; en réputant ce fol enchérisseur tiers possesseur et en faisant l'application, soit à lui, soit aux créanciers qui le représentent, des principes du Code civil régissant la position du tiers possesseur qui construit sur le fonds d'autrui, loin de violer les art. 740, Cod. proc. civ., et 2133, Cod. civ., on fait une saine application des principes. C'est ce qui a été décidé par la Cour de Paris, le 26 juin 1851 (*J. Av.*, t. 76, p. 433), et, sur le pourvoi dirigé contre cet arrêt, par la Cour de cassation, le 14 avr. 1852 (t. 77, p. 478).

1766. Il a été aussi jugé par le tribunal de la Seine, le 22 mai 1856 (t. 81, p. 368), et par un arrêt confirmatif de la Cour de Paris, le 4 mars 1858 (S.-V.58.2.245), que, lorsque l'adjudication sur folle enchère produit un prix supérieur à celui de la première adjudication, et qu'il est constant que cette différence provient des constructions et travaux faits par le fol enchérisseur, c'est à ce fol enchérisseur ou aux architectes et ouvriers créanciers du montant des travaux que doit être attribuée cette différence, et non aux créanciers inscrits du vendeur ou saisi. Telle est aussi l'opinion de M. Dalloz, n. 1926.

1767. Un arrêt de la Cour de Rouen, du 18 déc. 1856 (*J. Av.*, t. 83, p. 341), a reconnu à l'acquéreur dépossédé par la folle enchère poursuivie contre son vendeur le droit de retenir l'immeuble jusqu'au remboursement des améliorations qu'il y a faites (V. aussi *Codes annotés* de Gilbert, sous l'art. 555, Cod. civ. n. 11).

1768. C'est avec raison, selon M. Chauveau, que la Cour de Grenoble a décidé, le 7 mai 1849, que l'adjudicataire devenu fol enchérisseur, parce que le tiers auquel il avait revendu les immeubles adjugés n'avait pas déféré à la sommation de verser le prix dans les mains des créanciers inscrits, utilement colloqués, devait être garanti par ce tiers des conséquences de la folle enchère.

1769. Notre auteur admet, avec un arrêt de la Cour de cassation du 5 fév. 1856 (S.-V.56.1.451), que le fol enchérisseur d'un immeuble détruit plus tard par un incendie n'a pas qualité pour réclamer l'indemnité due par les assureurs, lorsque le sinistre est arrivé postérieurement au jugement d'adjudication rendu sur folle enchère au profit d'un tiers, quand même ce jugement ne lui aurait pas encore été signifié à ce moment.

1770. Enfin, M. Chauveau fait remarquer que ce qu'il a dit sous la quest. 2404 *ter* (V. v° *Surenchère*), est applicable au cas de folle enchère avec les tempéraments que comportent les différences qui existent entre la folle enchère et la surenchère.

1771. (Q. 2432 quinquies). *Lorsqu'après une adjudication sur saisie immobilière, l'adjudicataire est poursuivi pour folle enchère, et que, sur cette folle enchère, l'immeuble est adjugé pour un prix supérieur à celui de la première adjudication, le fol enchérisseur est-il déchargé de son obligation, quels que soient les événements ultérieurs?*

Cette question, que M. Chauveau considère comme la plus grave que puisse présenter la matière de la folle enchère, a été résolue négativement par un arrêt de la Cour de cassation du 14 fév. 1835 (*J. Av.*, t. 48, p. 188), fondée sur ce que « par ces mots, *prix de la revente*, le législateur n'a entendu « et pu entendre que le prix sérieux et effectif qui réalisera, au profit des « créanciers du saisi, un gage pécuniaire sur lequel ils puissent faire valoir « utilement les créances qui ont été les causes de la poursuite d'expropria- « tion forcée. » M. Persil fils, *Comm.*, p. 318, n. 385, adopte la doctrine de la Cour suprême. Quant à M. Chauveau, il professe l'opinion contraire.

1772. L'acquéreur qui ne remplit pas les conditions de son acquisition, dit-il, est exposé, qu'il tienne son titre du juge ou de la volonté spontanée de l'ancien propriétaire, à résoudre ce titre, qui ne lui a été accordé ou consenti qu'à la charge de satisfaire aux clauses qui y sont insérées. La résolution prononcée, cet acquéreur peut être, dans certains cas, condamné à des dommages-intérêts : cette condamnation ne fait pas revivre sa qualité d'acquéreur, elle le soumet au paiement d'une certaine somme. De même qu'après l'adjudication sur saisie immobilière le saisi a cessé d'être propriétaire, de même, après l'adjudication sur folle enchère, la première adjudica- a été résolue, et le fol enchérisseur a cessé d'être propriétaire (V. la question suivante).

Y a-t-il dans l'art. 740 un seul mot qui change la nature des demandes en résolution de contrat volontaire ou forcé, et qui en modifie les effets? Non seulement on ne saurait y découvrir une semblable modification, mais encore on y trouve l'expression d'une volonté contraire. Si le montant de la nouvelle adjudication excède le prix de la première, cet excédent n'appartiendra pas au fol enchérisseur. Comment expliquer d'une manière plus explicite que celui-ci a cessé d'être adjudicataire, d'être propriétaire, que ce n'est pas sur lui que la vente nouvelle s'est opérée, que c'est le bien du saisi qui est mis en vente? La Cour de cassation a dit que ces mots, *prix de la revente*, exprimaient un prix sérieux et effectif, et que la loi n'avait entendu ni *pu* entendre cette expression autrement. Cette manière de raisonner paraît dangereuse à M. Chauveau, car elle ajoute à une disposition déjà rigoureuse par elle-même. La loi a prononcé contre l'adjudicataire dépossédé l'obligation de payer la différence entre le prix de son acquisition et celui de la revente sur la folle enchère poursuivie contre lui; et la Cour de cassation le rend responsable de la solvabilité de tous les acquéreurs successifs de l'immeuble saisi, pendant une période de trente années. La loi n'a en rien modifié les principes concernant la résolution du contrat de vente pour défaut d'accomplissement des conditions de ce contrat, et la Cour de cassation ne consent à regarder la vente comme résolue, qu'autant qu'il y aura enfin un adjudicataire qui conservera l'immeuble et en paiera la valeur. La loi a été sévère; mais au moins on aperçoit le terme de l'anxiété du fol enchérisseur; il sera tenu de la différence entre les deux prix, et, s'il y a excédent, il est libéré. La Cour de cassation prolonge indéfiniment l'incertitude de cette position, et la rend mille fois plus dure, par cela même qu'elle n'indique pas le délai après lequel le fol enchérisseur n'aura plus à se préoccuper d'une première faute. L'art. 740 emploie le mot de *revente*, mais ce mot ne doit pas être séparé de ceux-ci, *sur folle enchère*; c'est donc de la *revente sur folle enchère* que le fol enchérisseur est responsable. Pour qu'il le fût des *reventes* successives, il faudrait que l'article fût explicite.

1772 *bis*. En droit, M. Chauveau regarde comme irréprochable la solution qu'il défend. Les considérations, les conséquences qui, en matière de pénalité même civile, ne devraient, à ses yeux, être d'aucun poids, s'élèvent-elles contre ce système? Voici, à ce sujet, le raisonnement de la Cour de cassation. « Si la position d'un fol enchérisseur ne doit pas être *aggravée* par la « témérité d'un second, il est également visible que le fait de celui-ci ne sau- « rait *améliorer* la position du premier, jusqu'au point de l'exonérer com- « plètement des suites de sa propre témérité, ce qui, dans le cas d'insol- « vabilité du second acquéreur, priverait les créanciers des droits que déjà, « et par le seul fait du premier adjudicataire, ils avaient acquis contre lui. » Cet argumentation suppose, observe M. Chauveau, qu'il existera un certain concert entre le premier et le second adjudicataire; mais la fraude ne doit pas se présumer, et d'ailleurs les avoués pouvant être déclarés responsables, lorsqu'ils se rendent adjudicataires pour une personne notoirement insolvable, cette fraude serait facilement déjouée. De plus, la considération que fait valoir la Cour suprême méconnaît le véritable caractère du principe relatif à la résolution d'une vente; la position du fol enchérisseur ne peut être ni *aggravée* ni *améliorée* par un second adjudicataire, qui n'a aucun rapport direct ou indirect avec le premier. Par la folle enchère, la vente est résolue: voilà la première peine de la témérité de l'adjudicataire primitif; la seconde est écrite dans l'art. 740. On objecte que les créanciers avaient déjà acquis contre cet adjudicataire des droits dont ils seraient privés par une seconde adjudication. C'est là le résultat de toute résolution de vente. Lorsqu'un vendeur volontaire obtient contre son acquéreur la résolution de la vente, il ne le conserve plus pour débiteur personnel, et même il lui restitue les sommes déjà reçues par lui en imputant tous dommages-intérêts auxquels il peut avoir droit. Si les créanciers du fol enchérisseur voulaient conserver contre lui les droits que leur donnait l'adjudication, il fallait le poursuivre par la voie de la saisie immobilière. Ils ont préféré la folle enchère, voie plus rapide, il est vrai, mais qui anéantit la vente, puisqu'elle fait disparaître l'adjudication; ils ne peuvent s'en prendre qu'à eux. On pourrait ajouter que, dès l'instant que la loi a accordé l'excédent de la seconde adjudication aux créanciers et au saisi, c'est leur chose propre; qu'il y aurait une grande injustice à venir, dix ou vingt ans après cette adjudication, et parce que le second adjudicataire serait tombé en déconfiture, rendre le fol enchérisseur responsable, en lui disant que le prix de la seconde vente n'a pas été sérieux et effectif. Si on voulait soutenir que le système de la Cour de cassation ne serait pas alors applicable, on répondrait que la loi, ne distinguant pas, quant au temps, devrait être appliquée à quelque époque qu'on en demandât l'application; ce qui alors serait souverainement injuste. Ce qui le serait encore davantage, poursuit notre auteur, c'est cette singulière position faite au premier adjudicataire : poursuivi par la voie de la folle enchère, il avait le droit d'arrêter les poursuites en justifiant de l'acquit des conditions de son adjudication (art. 738); il restait alors propriétaire. Une seconde adjudication a été prononcée; le second adjudicataire est poursuivi par la voie de la folle enchère; le premier ne peut évidemment pas arrêter cette folle enchère en remplissant les conditions de la seconde adjudication; car il ne reviendrait pas propriétaire. Comment voudrait-on qu'il fût tenu des résultats de cette nouvelle folle enchère, lorsqu'il ne lui appartenait pas de se prévaloir des droits du fol enchérisseur? Mais ce n'est point par des considérations plus ou moins puissantes, dit M. Chauveau, que les questions de droit doivent se décider, et les principes seuls sont suffisants pour faire résoudre la question posée dans le sens qui vient d'être indiqué.

1773. MM. Dalloz, n. 1928 et 1929, Colmet-Daage, t. 2, p. 395, n. 1006, Duvergier, t. 41, p. 271, note 3, et Rodière, t. 3, p. 201, préfèrent la doctrine de la Cour de cassation. M. Bioche, n. 111, expose les deux opinions sans conclure. On ne peut invoquer en faveur d'aucune opinion, selon la remarque de M. Chauveau, un arrêt de la Cour de Paris, du 26 juin 1847 (*J. Av.*, t. 76, p. 48), qui, dans une espèce où un jugement avait condamné le fol enchérisseur à déposer à la caisse des consignations la différence entre le prix de la revente et celui de son adjudication, et où, sur l'appel, les créanciers inscrits demandaient par appel incident que ce fol enchérisseur déposât en outre la différence entre sa folle enchère et une seconde adjudication aussi sur folle enchère, survenue depuis le jugement, a repoussé ces conclusions, mais seulement parce qu'elles constituaient une demande nouvelle qui devait subir les deux degrés de juridictions.

1774. (Q. 2432 sexies). *Comment doit être calculée la différence en moins entre les deux prix d'adjudication qui est mise à la charge du fol enchérisseur? Qui doit tenir compte des fruits? Qui doit payer les intérêts courus dans l'intervalle qui sépare les deux adjudications? Si c'est le fol enchérisseur et que ce fol enchérisseur ne soit pas domicilié dans l'arrondissement du tribunal qui a prononcé les deux adjudications, est-ce devant ce tribunal ou devant celui du domicile du fol enchérisseur, que doit être portée la demande en paiement des intérêts?*

Pour le principal de la différence, il n'y a, comme l'observe M. Chauveau, qu'à déduire du montant de la première adjudication celui de la seconde; ce qui reste représente la somme due par le fol enchérisseur. Mais la somme dont les créanciers devaient bénéficier comprenait, outre le capital au jour de l'adjudication ou de la prise de possession, les intérêts de ce capital jusqu'à libération. Or, ces intérêts peuvent former une somme importante quand le capital est lui-même considérable et qu'il s'est écoulé un assez long intervalle entre les deux adjudications. Dans tous les cas, ils représentent évidemment un élément de créance qui ne saurait être négligé. A la charge de qui sont-ils ? L'adjudicataire sur folle enchère est, par l'effet résolutoire de la folle enchère, censé avoir acquis des immeubles qui n'avaient pas subi déjà une première vente; par conséquent ses obligations ne peuvent avoir leur point de départ que dans son adjudication. Donc, les intérêts de son prix ne courent, sauf clause contraire, que du jour de l'adjudication sur folle enchère. Les événements antérieurs ne le concernent pas, la responsabilité de ces événements doit peser tout entière sur le fol enchérisseur, qui, ayant joui des fruits de l'immeuble dans l'intervalle des deux adjudications, doit seul en faire compte. Les Cours de Paris, par arrêts des 26 mars 1825 (*J. P.* 25.2. 453) et 11 juillet 1829 (*J. P.* 29.2.620), et de Riom, par arrêt des 12 juillet 1838 (S.-V.39.2.338), ont décidé, en effet, que le fol enchérisseur devrait les intérêts représentatifs des fruits perçus. Seulement, le premier de ces arrêts a dit à tort que ces intérêts étaient dus à l'adjudicataire sur folle enchère, comme tenu au paiement des intérêts de son prix envers les créanciers, à partir de la première adjudication, tandis que les deux derniers ont formellement reconnu que ces fruits sont acquis au fol enchérisseur en échange et comme compensation des intérêts du prix. La Cour de cassation a jugé, le 24 juin 1846 (*J. Av.*, t. 71, p. 611), que l'adjudicataire évincé doit la différence entre les deux prix, non en vertu de la première adjudication, mais en vertu de la seconde, à titre de dommages-intérêts. V. aussi Alger, 4 nov. 1852 (*J. Av.*, t. 78, p. 404). M. Persil fils, *Comment.*, p. 317, n. 381, préfère la première solution; mais M. Duvergier, t. 41, p. 271, déclare que l'adjudicataire fol enchérisseur doit, non pas la restitution des fruits perçus, mais bien les intérêts de tout le prix de son adjudication jusqu'à la revente. Tel est l'avis de M. Bioche, n. 119.

1775. Le fol enchérisseur ne doit-il les intérêts de la différence du prix que du jour de la demande, ainsi que l'a jugé la Cour de Paris, dans son arrêt du 11 juillet 1829? La Cour de Caen s'était posé cette question, et elle l'avait ainsi résolue : « Cette créance n'est plus un prix d'immeuble; mais les « poursuites en folle enchère ne devraient-elles pas être, relativement aux intérêts, assimilées à une demande judiciaire, surtout aujourd'hui que, d'après « l'art. 735, elles commencent par un commandement ? » M. Chauveau fait remarquer que les poursuites ne sont pas toujours précédées d'un commandement, puisqu'elles peuvent être commencées, dans certains cas, après la délivrance d'un certificat du greffier, et il se demande si, du moment où le fol enchérisseur n'acquiert pas un droit aux fruits, il ne doit être tenu de payer des intérêts que du jour où il est condamné à payer une somme quelconque à titre de dommages-intérêts, et les intérêts de cette somme à dater de la condamnation. La négative, suivant lui, doit être adoptée. Conf. M. Bioche, n. 120.

1776. On ne peut pas dire ici, comme en matière de surenchère du dixième (V. *Surenchère*), observe M. Chauveau, que l'acquéreur évincé n'est tenu que de restituer les fruits qu'il a perçus, et non de payer les intérêts de son prix, parce que l'art. 740, Cod. proc., modifie l'art. 1183, Cod. civ., en mettant à la charge du fol enchérisseur la différence entre son prix et celui de la revente sur folle enchère. Moyennant le paiement de la différence entre les deux prix et des intérêts, le fol enchérisseur est libéré de la pénalité édictée par l'art. 740. Il n'est qu'un cas où il doive la valeur des fruits perçus et non les intérêts de son prix : c'est celui où la revente a produit un prix tel qu'il représente en capital et intérêts le montant du prix de la première adjudication au jour où la seconde est prononcée. Alors le fol enchérisseur n'a pas de dommages-intérêts à payer, puisqu'il n'y a pas de différence; mais la résolution de la première adjudication entraîne la restitution de tout ce qu'elle a produit au fol enchérisseur, et par suite des fruits qu'il a perçus. C'est pourquoi M. Chauveau a dit, dans son *Formulaire de procédure*, 2e édit., t. 2, p. 132, que le fol enchérisseur doit restituer les fruits perçus et non les intérêts de son prix, lorsque le prix de la seconde adjudication dépasse celui de la première en capital et intérêts.

1777. Notre auteur fait observer également que la question posée ci-dessus n'a rien de commun avec celle qui a fait l'objet du n° 2596 *bis*, § 5, où il cite des arrêts qui refusent aux créanciers, porteurs de bordereaux de collocation, le droit d'obtenir, sur le prix de l'adjudication après folle enchère, au même rang que le capital et les intérêts liquidés dans les bordereaux, les intérêts courus depuis le règlement définitif d'ordre jusqu'à la seconde adjudication (V. *Ordre*, n. 557 et s.). Elle pense que ces intérêts doivent être alloués à ces créanciers. Pour éviter d'ailleurs toute difficulté, il conseille d'insérer dans le cahier des charges de la vente une clause qui assure aux créanciers le paiement intégral, en capital et intérêts, de leurs créances sur le prix de l'adjudication sur folle enchère. V. dans le même sens, un arrêt de la Cour de Paris, du 13 janv. 1853 (*J. Av.*, t. 79, p. 466), d'après lequel, si le cahier des charges porte qu'en cas de folle enchère, le nouvel adjudicataire devra les intérêts de son prix, du jour où le fol enchérisseur en était tenu, sauf à poursuivre à ses risques et périls le recouvrement de fruits et revenus à compter de la même époque, cette clause doit être interprétée en ce sens, que si le fol enchérisseur a consacré ces fruits et revenus au paiement des intérêts dus aux créanciers, le nouvel adjudicataire ne doit les intérêts qu'à partir de l'époque où le fol enchérisseur a cessé de les payer.

1778. En résumé, dit M. Chauveau, si le cahier des charges est muet, le fol enchérisseur est tenu des intérêts courus entre les deux adjudications, et ces intérêts ne peuvent être réclamés à l'adjudicataire sur folle enchère; si le cahier des charges porte que l'adjudicataire sur folle enchère paiera les intérêts de son prix à dater de la première adjudication, et non de la seconde seulement, cette clause fait la loi des parties, et cet adjudicataire est obligé de s'y conformer. Lorsqu'une telle clause est inscrite dans le cahier des charges, elle indique que l'adjudicataire pourra exercer son recours contre le fol enchérisseur pour le contraindre au remboursement de ces intérêts. A Paris et dans beaucoup de tribunaux, la formule du cahier des charges (Voy. le *Formulaire de procédure* de l'auteur, 2e édit., t. 2, p. 42) exclut tout paiement de ces intérêts par l'adjudicataire, au moyen d'une clause ainsi conçue : « L'adjudicataire sur folle enchère devra les intérêts de son prix, du jour de l'adjudication à lui faite, sauf le recours de la partie saisie ou de ses créanciers contre le fol enchérisseur pour les intérêts courus dans l'intervalle de la première à la seconde adjudication. » L'auteur fait remarquer que cette clause a l'avantage de dessiner nettement la situation de l'adjudicataire, qui est encouragé à pousser les enchères, tandis que l'éventualité d'un recours, la plupart du temps illusoire, contre le fol enchérisseur, le rend beaucoup plus circonspect quand les intérêts sont mis à sa charge.

1779. Ajoutons que la clause du cahier des charges qui oblige le nouvel adjudicataire à payer son prix avec intérêts à partir du jour où le fol enchérisseur en était tenu lui-même, a été déclarée licite par un arrêt de la Cour d'Alger du 30 nov. 1872 (*J. Av.*, t. 98, p. 482), qui décide, en conséquence, que cette clause ne permet pas au nouvel adjudicataire de faire courir les intérêts du jour seulement où l'adjudicataire fol enchéri aurait cessé de les payer.

1780. Soit que l'adjudicataire ait dû payer les intérêts, sauf le recours contre le fol enchérisseur, soit que la partie saisie ou ses créanciers veuillent user du droit que leur confère l'art. 740, Cod. proc., devant quel tribunal devra être portée l'action dans l'hypothèse prévue ? On dit que le fol enchérisseur devant les intérêts dont il s'agit à titre de dommages-intérêts, ces dommages-intérêts ne peuvent être réclamés qu'à l'aide d'une action pure personnelle ; d'où il suit que l'art. 59, Cod. proc., doit recevoir son application, et que c'est au tribunal du domicile du fol enchérisseur qu'il faut s'adresser. Il est incontestable, observe M. Chauveau, que cette solution est conforme aux principes généraux et que si aucun motif impérieux ne commande de déroger à ces principes, il faut l'adopter. La difficulté ne se présentera pas si, comme cela doit être pratiqué, le jugement d'adjudication sur folle enchère prononce contre le fol enchérisseur la condamnation au paiement de la différence ; dans ce cas, l'adjudicataire ou le créancier qui veulent agir contre le fol enchérisseur peuvent procéder par voie d'exécution, en vertu du jugement d'adjudication sur folle enchère, au lieu d'intenter une action en dommages-intérêts contre lui. S'ils emploient une mesure d'exécution, la compétence sera déterminée par la règle spéciale à la voie qu'ils auront adoptée. La contestation ne serait portée devant le tribunal qui a prononcé l'adjudication, si ce tribunal n'était pas le tribunal compétent pour statuer sur la procédure d'exécution réalisée, qu'autant qu'il s'agirait d'une difficulté relative à ce jugement lui-même. Les art. 553 et 554, dit l'auteur, ne signifient pas autre chose. Nulle part, dans le Code de procédure, il n'est dit que le tribunal civil qui a rendu un jugement connaîtra des difficultés que feront naître les mesures d'exécution auxquelles ce jugement sert de base.

1781. En admettant cependant que l'adjudicataire ou les créanciers veuillent actionner le fol enchérisseur pour faire prononcer à leur profit une condamnation personnelle, pourquoi ne le traduiraient-ils pas devant le tribunal de son domicile ? Le fondement de l'action se trouve sans doute dans le jugement d'adjudication sur folle enchère ; il est très vrai que la condamnation sollicitée est une conséquence de ce jugement, mais cela veut-il dire qu'elle soit tellement liée avec lui qu'elle ne puisse pas en être détachée ? M. Chauveau ne le croit pas. Il n'y a pas ici, observe-t-il, même raison de décider que dans une espèce qui a été soumise à la Cour de cassation, et sur laquelle est intervenu un arrêt du 28 mars 1854, rapporté (*J. Av.*, t. 79, p.308). Il ne s'agit pas d'un litige né à l'occasion de l'exécution, sous peine de folle enchère, par un adjudicataire, des conditions de son adjudication, spécialement de l'obligation de consigner son prix. La procédure de saisie immobilière est bien terminée ; elle a pris fin par l'adjudication sur folle enchère. L'action qu'on veut diriger contre le fol enchérisseur est une action personnelle, ouverte à l'adjudicataire dans le cas prévu et à tous les créanciers, inscrits ou non, pour le paiement des dommages-intérêts. Elle est principale et introductive d'instance, soumise au préliminaire de la conciliation ; elle a son principe dans la loi comme beaucoup d'autres actions, elle est soumise aux règles de procédure ordinaire et non aux formalités exceptionnelles édictées pour les incidents de saisie immobilière. C'est donc à tort qu'on la soumettrait au tribunal qui a connu de la folle enchère.

1782. Il a été décidé avec raison, suivant M. Chauveau, que les juges peuvent, sur la demande de l'un des créanciers inscrits, ordonner que la différence due par le fol enchérisseur entre son prix et celui de la revente soit consignée par ce dernier avant toute distribution : Bordeaux, 28 fév. 1851 (*J. Av.*, t. 76, p. 320).

1783. (Q. 2432 septies). *Les baux faits par le fol enchérisseur doivent-ils être annulés ?*

M. Paignon, t. 1, p. 234, n. 185, pour adopter l'affirmative, se fonde sur la maxime *resoluto jure dantis, resolvitur jus accipientis*. MM. Rogron, p. 918 et 919, et Persil fils, *Comment.*, p. 317, n. 382 et suiv., déclarent au contraire valables les baux faits de bonne foi par le fol enchérisseur; mais M. Persil limite le principe aux baux qui n'excèdent pas neuf années. Ces derniers auteurs citent deux arrêts, l'un de la Cour de cassation, du 11 avril 1821 (S.-V. 21.1.274), l'autre de la Cour de Paris, du 25 janv. 1835 (S.-V. 35.2.102), qui, sous l'empire du Code de 1807, avaient consacré leur opinion. Par arrêt du 11 mai 1839 (*J. P.*, 39.1.585; S.-V. 39.2.337), la Cour de Paris a décidé qu'un bail consenti par le fol enchérisseur, même pour une durée de plus de neuf années, est valable, pourvu que le preneur soit de bonne foi. — V. aussi dans le sens de la validité des baux consentis sans fraude par le fol enchérisseur, Trib. civ. de Grenoble, 25 déc. 1858 (*J. Av.*, t. 94, p. 469).

1784. M. Chauveau regarde comme péremptoire ce motif de l'arrêt de la Cour de Paris, que le fol enchérisseur avait, avant sa dépossession, le droit et *même le devoir* de faire, dans l'intérêt de l'immeuble dont il avait alors légalement la possession, tous les actes d'administration nécessaires. Il était reconnu comme le *negotiorum gestor*, et vis-à-vis des tiers il avait qualité pour agir. L'action possessoire intentée par lui l'eût été valablement. La prescription interrompue par lui eût été valablement interrompue, etc. Seulement, notre auteur, de même que M. Persil, ne regarde comme valable que les baux d'une durée de neuf années. Au delà de ce terme, le bail ne serait pas à ses yeux un simple acte d'administration. M. Jacob, t. 2, p. 32, n. 200, paraît être de cet avis, qui est aussi celui de MM. Troplong, *Louage*, t. 1, p. 100; Duvergier, *id.*, t. 1, n. 84; Dalloz, n. 1915; Bioche, v° *Vente sur folle enchère*, n. 104; Colmet-Daage, t. 2, p. 394, n. 1006. La jurisprudence la plus récente confirme également cette opinion. Ainsi, un bail qui n'excédait pas neuf années a été validé par la Cour de Toulouse, le 17 août 1846; et si la Cour de Paris, le 22 mai 1847, a validé un bail consenti pour douze années, c'est par le motif que cette durée, dans l'espèce, n'avait rien d'exagéré.

1785. Il a été jugé encore que la revente sur folle enchère a pour effet d'annuler en principe toutes les charges créées par le fol enchérisseur sur l'immeuble; que, néanmoins, les actes d'administration faits de bonne foi entre le fol enchérisseur et des tiers ne peuvent être anéantis à l'égard du nouvel adjudicataire, surtout si ces actes, connus et en cours d'exécution au moment de la revente, ont augmenté la valeur de la chose adjugée: Riom, 24 déc. 1853 (*Journ. de cette Cour*, 1854, n. 801); — Et même que les paiements que l'adjudicataire soumis éventuellement à la folle enchère reçoit par anticipation de ses fermiers doivent être déclarés valables, pourvu qu'ils aient été de faits de bonne foi et sans fraude: Nîmes, 12 fév. 1852 (*Journ. de cette Cour*, 1852, p. 290). Mais M. Chauveau estime que l'anéantissement *ab initio* du droit de propriété du fol enchérisseur, doit nécessairement entraîner la nullité des aliénations du fonds et de ses accessoires, et notamment celle des cessions par anticipation qu'il aurait consenties au préjudice des droits de l'adjudicataire définitif sur les fermages échus postérieurement à l'adjudication au profit de ce dernier. *Sic.*, Cass., 8 août 1854 (*J. Av.*, t. 80, p. 82). V. aussi Trib. de Grenoble, 25 déc. 1868, cité *suprà*, n. 1783.

1786. Un arrêt rendu, le 21 fév. 1850 (*J. Av.*, t. 76, p. 620), par la Cour de Paris, établit que: 1° la demande en nullité d'un bail consenti par le fol enchérisseur peut être portée devant une chambre du tribunal autre que celle qui est saisie de la poursuite de folle enchère; 2° le créancier qui, au cours d'une poursuite en folle enchère, conclut devant une chambre autre que celle saisie de la poursuite, à la nullité d'un bail consenti par le fol enchérisseur, est recevable à demander par provision qu'il soit sursis à l'adjudication. En ce qui touche la compétence, M. Chauveau n'admet point la solution de la Cour de Paris. Il ne conteste pas que les chambres d'un même tribunal ne puissent être considérées comme des tribunaux différents; mais il croit, dit-il, qu'une cause une fois distribuée à une chambre, cette chambre seule doit connaître de tous les incidents, de toutes les difficultés qui s'y rattachent directement. Autrement, dit-il, il pourrait arriver que la procédure suivie devant l'une fût constamment entravée par la procédure suivie devant l'autre, ce qui produirait des contradictions et des conflits que le législateur a dû et voulu éviter.

1787. Si le fol enchérisseur a donné congé au fermier ou locataire, celui-ci ne peut, en cas de revente sur folle enchère, faire imposer au futur adjudicataire l'obligation de payer l'indemnité qui lui est accordée par le jugement qui a déclaré le congé valable : Cass., 27 nov. 1807 (S.8.100).

1788. Mentionnons encore un jugement du tribunal civil de Vienne du 21 déc. 1865 (*J. Av.*, t. 91, p. 249), qui a décidé que le fol enchérisseur doit être considéré comme un administrateur légal des immeubles adjugés, et que les gens de service qu'il a employés pour la culture de ces immeubles, provenant, par exemple, d'une succession bénéficiaire, doivent être colloqués sur le prix d'adjudication de préférence aux légataires de cette succession.

1789. (Q. 2432 octies). *La femme mariée sous le régime dotal, qui, après s'être rendue adjudicataire, est poursuivie par voie de folle enchère, est-elle responsable sur sa dot des conséquences de la folle enchère ?* En d'autres termes, *les dommages dus par la femme à raison d'une revente sur folle enchère, sont-ils la réparation d'une fausse spéculation ou d'un quasi-délit? Et, par suite, le paiement peut-il en être poursuivi sur ses biens dotaux?*

La jurisprudence décide généralement, comme le rappelle M. Chauveau, que le paiement des dépens ne peut être poursuivi sur la dot qu'autant qu'il s'agit d'un délit ou d'un quasi-délit. — MM. Rodière et Pont, *Traité du contrat de mariage*, t. 2, p. 409, n. 541, décident que les biens dotaux doivent supporter les dépens de toute contestation dans laquelle la femme succombe, parce que, ou le procès a été soutenu de mauvaise foi, il y alors délit; ou il a été soutenu de bonne foi, mais seulement sans fondement, il y a alors quasi-délit; ou bien enfin, non seulement, il y avait bonne foi, mais encore chance de réussite; dans ce cas, il y a eu quasi-contrat avec la partie adverse; la femme s'est engagée à supporter tous les dépens d'une contestation qu'elle a mal à propos soutenue; son adversaire, qui n'a pas pu empêcher le quasi-contrat, pas plus que le procès-même à l'occasion duquel il a eu lieu, s'y était engagé de son côté. Sans prétendre approuver sous tous les rapports cette doctrine, M. Chauveau part, dit-il, de ce point incontestable, que les obligations qui dérivent d'un quasi-délit affectent la dot, et il se demande si la femme, qui n'a d'autres ressources que sa dot inaliénable, commet un quasi-délit, lorsqu'elle se porte adjudicataire d'un immeuble, et si même elle commet un quasi-délit, quoiqu'elle possède des paraphernaux, si ces paraphernaux ne sont pas suffisants pour couvrir le prix de l'adjudication. En ces termes généraux, la question lui paraît ne pouvoir être résolue qu'à l'aide d'une distinction. Il faudrait adopter l'affirmative, si l'on s'en tenait à la théorie de MM. Rodière et Pont, car la femme peut s'être rendue adjudicataire de bonne foi, mais il est certain qu'elle a agi sans fondement. Les art. 1382 et 1383, Cod. civ., ne viennent-ils pas d'ailleurs, par leur texte, confirmer cette opinion? N'est-ce pas *l'imprudence* de la femme qui a causé un préjudice dont la réparation se trouve dans les dommages fixés par l'art. 740, Cod. proc.? La Cour de cassation, dans son arrêt du 24 juin 1846 cité *suprà*, n. 1755 et s., n'a-t-elle pas dit elle-même : « Le fol enchérisseur est suffisamment puni de sa *faute* ou de son *imprudence* par les dommages-intérêts, etc.? » — Notre auteur reconnaît, en effet, qu'il est des cas où la conduite de la femme pourra dévoiler une mauvaise foi telle, que le quasi-délit sera patent. Mais il en est d'autres, et ce sont les plus nombreux, dit-il, où la femme a cru en enchérissant faire un acte profitable à ses intérêts, et n'engager en rien sa responsabilité. C'est dans une de ces espèces que la Cour d'Agen, le 17 déc. 1847, et la Cour de cassation, le 21 août 1848 (*J. Av.*, t. 76, p. 50), ont déclaré que le fait de la femme fol enchérisseur ne pouvait être assimilé ni à un délit, ni à un quasi-délit; qu'il constituait une *fausse spéculation*, pas autre chose.

1790. M. Chauveau observe que les circonstances de la cause justifiaient parfaitement cette appréciation. En se rendant adjudicataire, la femme avait des paraphernaux; elle était autorisée à aliéner ses biens dotaux pour liquider les affaires de son mari, ce qui écartait toute idée de fraude et même d'imprudence; et, d'autre part, elle avait enchéri sans autorisation. Aussi la Cour de cassation n'a-t-elle statué qu'à raison de la spécialité du procès qui lui était soumis, et sa décision ne peut pas être invoquée comme établissant en principe que jamais la femme mariée sous le régime dotal qui encourt la folle enchère ne commet un délit ou un quasi-délit. — Le demandeur arguait du quasi-délit. M. Mestadier, conseilller-rapporteur, a répondu avec raison : « Le demandeur ne parle que de la folle enchère qu'il veut isoler de l'adjudication; il a sans cesse le mot à la bouche pour en faire sortir un quasi-délit, afin d'en faire payer le montant sur la dot. Mais prenez garde qu'ici, comme toujours, la folle enchère est la suite et la conséquence du défaut de paiement du prix de l'adjudication ; la folle enchère est soufferte par l'adjudicataire; il ne joue pas un rôle actif dans la procédure en folle enchère; il ne pourrait agir qu'en payant, et il ne paie pas : c'est donc l'adjudication qui est le fait primitif, le fait constitutif de la créance non payée. Que fait l'adjudicataire ? Il fait un simple acte ordinaire de la vie civile, qui ne peut même pas être incriminé lorsqu'il n'est pas empreint de fraude : et comment pourrait-il l'être, lorsque l'adjudication a été faite régulièrement et sans aucune dissimulation? Or, la femme mariée sous le régime dotal ne peut agir et stipuler sans autorisation de la justice; elle est préservée de toute atteinte extérieure par les plus grandes précautions. Comment pourrait-elle donc, par un simple acte civil, compromettre sa dot? Elle a acheté, dit-on, ce qu'elle savait ne pas pouvoir payer. C'est une erreur, puisqu'elle avait des paraphernaux; qu'elle était autorisée par son contrat de mariage à vendre ses biens dotaux pour liquider les affaires de son mari, et qu'elle a été colloquée en rang utile pour 10,000 fr. C'est avec raison que l'arrêt ne la déclare pas de mauvaise foi ; il dit seulement que l'obligation dont l'événement a démontré l'imprudence n'avait rien d'illicite, et ne constituait qu'une fausse spéculation. Il n'y a donc rien dans cette conduite et dans ce fait qui puisse être considéré comme un quasi-délit. »

1791. Il y a lieu de remarquer, dit M. Chauveau, que ce n'est pas le fait seul de la folle enchère qui peut constituer le quasi-délit de la part de la femme. L'impossibilité de payer où se trouve la femme peut provenir de la difficulté qu'elle éprouve d'aliéner ses paraphernaux, ou des pertes qu'elle a éprouvées depuis l'adjudication ; de la dépréciation subite et immédiate de toutes les valeurs mobilières et immobilières. Il y aura eu alors seulement *fausse spéculation*. — Que si, au contraire, en se portant adjudicataire, la femme savait ne posséder que des biens dotaux inaliénables; si elle n'a agi que pour retarder, au préjudice des créanciers de son mari, la réalisation de leur gage, ce sera évidemment un quasi-délit dont ses biens dotaux devront réparer les conséquences. — Notre auteur ne doute pas que la Cour de cassation, qui se montre, en cette matière, gardienne sévère des intérêts de la dot, approuverait cette distinction rationnelle.

1792. (Q. 2432 novies). *Est-ce aux créanciers inscrits, dans l'ordre de leurs inscriptions, ou bien à tous les créanciers du saisi, que doit être distribuée la somme que le fol enchérisseur est obligé de payer pour la différence entre* *le prix de l'adjudication primitive et celui de l'adjudication sur folle enchère?*

La Cour de Grenoble a décidé, le 2 mai 1841, que les créanciers inscrits ont seuls droit à cette somme, en se fondant sur des motifs qui peuvent se résumer en ces termes : « L'expression *créancier*, de l'art. 740, Cod. proc. civ., ne peut s'entendre que des créanciers hypothécaires. Ils sont parties dans la poursuite, et non les créanciers chirographaires, envers lesquels l'acquéreur n'a contracté aucune obligation par le fait seul de son adjudication, qui ne sont pas légalement connus de lui, et qui ne peuvent lui demander compte de son prix qu'à la condition d'en avoir opéré la saisie entre ses mains, ou de s'être opposés au paiement de ce prix entre les mains du propriétaire exproprié, par des formalités étrangères aux ventes judiciaires des biens immeubles.—L'attribution de la différence entre les deux prix d'adjudication n'a été faite aux créanciers hypothécaires qu'à raison de leurs inscriptions sur les immeubles vendus par voie de folle enchère; et s'ils tiennent leurs droits de leurs hypothèques inscrites, ils doivent, par voie de conséquence, obtenir la distribution de la différence dont s'agit, d'après le rang de leurs inscriptions. — Sous un autre point de vue, la différence dont est tenu le fol enchérisseur, entre son prix et celui de la revente, est une indemnité du préjudice qu'il a causé par suite de l'inexécution de son contrat; la loi et l'équité veulent que la somme évaluée pour dommage soit attribuée à celui qui a souffert le préjudice; ainsi, sous ce rapport, ce sont encore les créanciers hypothécaires qui doivent recevoir cette différence, d'après le rang de leurs inscriptions, puisque c'est à eux qu'aurait été attribuée la partie du prix représenté par cette différence, si le fol enchérisseur eût tenu son engagement. »

1793. En 1841, M. Chauveau n'avait pas examiné la question jugée par la Cour de Grenoble. Il avait dit, conformément à l'opinion générale, que la folle enchère produisait la résolution de l'adjudication, et que, si le fol enchérisseur devait la différence, ce n'était pas à raison de sa qualité de propriétaire, puisqu'il était censé ne l'avoir jamais été, mais à titre de dommages-intérêts, d'où semblerait forcément résulter la conséquence que les créanciers inscrits sur l'immeuble vendu n'ont aucun droit de préférence sur la différence payée par le fol enchérisseur. Cependant, il reconnaît que la difficulté est fort grave. On est d'accord sur l'attribution de la somme qui, dans la nouvelle adjudication, excède le prix de la première. La nouvelle adjudication étant juridiquement la seule, le montant de cette adjudication est donc le véritable prix de l'immeuble sur lequel les créanciers hypothécaires ont un droit incontestable de préférence. Pour accorder aussi aux créanciers hypothécaires une préférence sur les dommages-intérêts dus par le fol enchérisseur, la Cour de Grenoble paraît trouver dans l'art. 740 une intention que notre auteur déclare ne point y voir. L'art. 740, dans sa seconde disposition, ne parle des créanciers qu'en ce qui concerne l'excédent qui doit leur être payé. Dans la première disposition de cet article, il est, au contraire, question d'une différence qui ne peut être confondue avec cet excédent; c'est cette différence que le fol enchérisseur est tenu de payer à titre de dommages-intérêts. A qui? La loi est muette. On est donc forcé de suppléer à son silence.

1794. S'il s'agissait de refaire l'art. 740, M. Chauveau adopterait, sans hésiter, les motifs présentés par la Cour de Grenoble. S'il est vrai, en thèse générale, que des dommages-intérêts ne peuvent être considérés comme faisant partie du prix d'un immeuble et ne sauraient être le gage des créanciers inscrits sur cet immeuble, notre auteur déciderait qu'en matière de folle enchère, la différence qu'est forcé de payer le fol enchérisseur est une indemnité du préjudice qu'il cause aux créanciers par l'inexécution du contrat, et qu'il est équitable que le montant de la différence soit attribué à ceux qui ont souffert le préjudice. Mais, dans le silence de la loi, il n'admet pas qu'on puisse le décider ainsi. Dès qu'il est constant que la folle enchère anéantit la première adjudication, l'action contre le fol enchérisseur en paiement de la différence ne peut être considérée que comme une action personnelle, et non comme une action réelle. C'est ce que la Cour de Rouen a décidé, le 30 déc. 1850 (*J. Av.*, t. 76, p. 620). Si les porteurs de bordereaux veulent conserver contre l'adjudicataire l'action réelle, ils le poursuivront par voie de saisie immobilière ; mais, s'ils prennent la voie de la folle enchère, ils provoquent eux-mêmes la résolution du contrat, et ils ne peuvent plus qu'exercer, au nom de leur débiteur, l'action personnelle en paiement de dommages-intérêts (Voy. la quest. 2432 *sexies, suprà* n. 1274 et s.). Il est sans doute malheureux, il est même injuste que les créanciers hypothécaires ne puissent pas se faire colloquer sur le montant d'une somme payée par une compagnie d'assurances, quand la maison sur laquelle ils étaient inscrits a été incendiée ; mais, en l'absence d'un texte, la jurisprudence a admis tous les créanciers au partage de l'actif nouveau, qui avait le sinistre pour cause. Il doit en être de même à l'égard de la différence qui est due, à titre de dommages-intérêts, dans le cas de folle enchère. Soutiendrait-on que les créanciers colloqués sur le fol enchérisseur ont le droit de le poursuivre en paiement de leur bordereau sur ses biens personnels malgré la folle enchère ? M. Chauveau ne croit pas ce système digne d'une réfutation sérieuse. — L'auteur invoque, en faveur de son sentiment, une solution donnée par les rédacteurs du *Journal de l'enregistrement et des domaines*, 1854, p. 573, et d'après laquelle c'est parce qu'il s'agit de dommages-intérêts, et non de condamnation au paiement du prix de vente, que le droit d'enregistrement à percevoir sur le jugement qui condamne le fol enchérisseur à la différence des deux prix d'adjudication, est de 2 fr. 20 c. pour 100. — Mais M. Bioche, n. 121, adopte l'opinion contraire.

§ 6. — Conversion de la saisie en vente volontaire.

1795. (Q. 2434). *Quelle est la conséquence de la peine de nullité que prononce le 1er § de l'art. 743 pour le cas de vente volontaire aux enchères d'immeubles appartenant à des majeurs maîtres de leurs droits?*

Sous l'empire du Code de 1867, deux dispositions étaient relatives aux ventes volontaires et spontanées en justice de biens appartenant à des majeurs (art. 746 et 953). M. Lachaize, t. 2, p. 230, tirait du dernier de ces articles la conclusion que la vente ne devait être annulée qu'autant qu'on aurait voulu lui donner les caractères d'une vente forcée. Ce système reposait sur une distinction trop subtile. Pigeau, *Comm.*, t. 2, p. 400, éprouvait beaucoup de difficulté à se prononcer.

Après l'adoption du principe de l'art. 743 par la commission du Gouvernement, et à la suite d'une discussion de laquelle il résulte que c'est dans l'intérêt de la corporation des notaires, et par une raison de haute administration et d'intérêt public, que ce principe a été admis, le président de la commission fit observer que *la nullité n'avait pas lieu de plein droit, qu'elle n'appartenait qu'aux intéressés et qu'elle pouvait être couverte par leur silence.* La même interprétation avait été proposée par la Cour de Caen. Il est à regretter, dit M. Chauveau, que, malgré ces observations, le législateur ait voulu laisser la question de nullité indécise. La vente est un contrat purement consensuel ; reconnue par les parties contractantes, elle peut exister sans écrit. Par cela seul que le mode de constatation blesserait les droits d'une corporation, annuler une vente librement consentie, ce serait, suivant notre auteur, méconnaître les règles les plus élémentaires du droit. Ainsi, lorsque l'adjudication a été prononcée par un tribunal, il la considère comme valable à l'égard de toutes les parties intéressées, des contractants comme des notaires. Cette vente a un caractère authentique que rien ne peut plus lui enlever, et comme ce n'est pas un jugement, mais un simple procès-verbal, l'appel n'est pas permis pour la faire annuler (Voy. *Q.* 2423 *quater, infrà,* sect. VIII). Que les notaires, en faveur de qui la prohibition a été introduite, demandent des dommages-intérêts contre les avoués qui auront assisté les parties, M. Chauveau le conçoit, mais qu'ils puissent intenter un procès en nullité, dans un délai qui ne serait pas limité, contre les parties elles-mêmes, il ne saurait l'admettre.

1796. Cependant on objecte que l'art. 743 dit : « Les immeubles ne « pourront, *à peine de nullité,* être mis aux enchères » ; qu'il faut donner à cette disposition un sens raisonnable, et indiquer dans quel cas elle devra être appliquée. La réponse est facile, dit M. Chauveau. La loi a voulu parler de la procédure seule, dont la nullité pourra être prononcée, soit sur la demande des notaires, soit sur la réquisition du ministère public, soit d'office par le tribunal. Le tribunal pourra agir *d'office*, parce qu'il s'agira d'une incompétence *ratione materiæ.* Quant aux parties intéressées, le poursuivant ou le vendeur, l'auteur n'en parle pas, car la vente étant volontaire, la partie qui ne veut plus n'a pas besoin de demander la nullité; elle déclare ne plus consentir; si on continuait, il y aurait vente forcée, et l'art. 742 s'y oppose. M. Dalloz, n. 1369, pense que la nullité de la vente peut être invoquée contre celui qui veut se prévaloir de cette vente. M. Colmet-Daage, t. 2, p. 398, n. 1009, déclare que la vente est valable, mais que la procédure est frappée de nullité. — M. Rodière, t. 3, p. 203, à la note, est d'avis que la vente volontaire, qui aurait lieu, au mépris de la défense de la loi, avec les formes tracées pour les ventes judiciaires, n'aurait pas plus de valeur qu'une vente consentie par un acte notarié nul en la forme et non signé des parties. Enfin, la Cour de Nîmes a décidé, le 9 fév. 1858 (*J. Av.*, t. 83, p. 411), que les poursuites de folle enchère simulées dans le but de consolider une vente volontaire sous seing privé doivent être annulées comme contraires aux dispositions de l'art. 743.

1797. M. Chauveau ajoute que, dans tous les cas, la vente faite par des majeurs en justice sera considérée, vis-à-vis des tiers, comme une vente volontaire, et quant à la purge, et quant à la surenchère.

1798. (Q. 2435). *La conversion peut-elle avoir lieu avant la transcription de la saisie?*

M. Chauveau observe que le texte de l'art. 743 répond à cette question, puisqu'il porte comme addition au Code de 1807, ces mots : *et lorsque la saisie aura été transcrite.* Cependant M. Rogron, p. 929, se borne à dire : « La négative *paraît* résulter du soin que le législateur a pris d'ajouter « cette condition : il n'a pas voulu *sans doute*, pour échapper à la prohibi- « tion de la loi, qu'il fût suffisant de faire un procès-verbal de saisie. » cet auteur semble hésiter, et cependant la discussion qui a eu lieu à la Chambre des députés ne permet aucun doute, selon la remarque de M. Chauveau. Notre auteur ne conçoit donc pas comment M. Persil fils a pu, dans son *Commentaire,* p. 332, n. 396, émettre l'opinion que la demande en conversion est recevable avant la transcription. La doctrine contraire est enseignée par MM. Dalloz, n. 1373; Colmet-Daage, t. 2, p. 399, n. 1010, et Bioche, n. 771.

1799. (Q. 2436). *La conversion a-t-elle pour conséquence de changer véritablement la saisie en une vente volontaire? Quels en sont les effets princi-*

paux pour la purge et pour la surenchère, pour l'appel, pour les effets de l'adjudication, et pour le renouvellement des inscriptions?

M. Chauveau n'hésite pas à répondre négativement à la première partie de la question, avec MM. Lachaize, t. 2, p. 237; Persil fils, *Comm.*, p. 330 et 334, n. 394 et 401; Bioche, v° *Ventes d'immeubles*, n. 589, et v° *Saisie immob.*, n. 798; Colmet-Daage, t. 2, p. 402, n. 1016, et Paignon, t. 1, p. 248, n. 197. Comme le dit M. Persil, « il n'y a, au fond, de changé véritablement que quelques formalités et le mode d'adjudication. » L'art. 747 démontre que, sans le consentement unanime pour la conversion, la vente reste *forcée*. Toutefois, M. Jacob, t. 2, p. 37, n. 205, estime au contraire que l'adjudication après conversion perd tous les caractères de la vente forcée, pour prendre les effets de la vente purement volontaire; mais M. Chauveau déclare que c'est aller beaucoup trop loin; et il invoque dans le sens de sa doctrine deux arrêts des Cours de Paris et de Caen. Le premier, en date du 22 juin 1850, déclare que la conversion d'une saisie immobilière en vente volontaire ne fait point disparaître l'effet de la saisie; qu'ainsi, le jugement qui, depuis cette conversion, prononce la subrogation dans les poursuites, pour toute autre cause que pour fraude ou collusion, n'est pas susceptible d'appel; le second, rendu le 9 fév. 1850, dit que la conversion prononcée n'empêche pas l'art. 732, Cod. proc. civ., d'être applicable; que, par conséquent, l'appel d'un jugement qui a statué sur une demande en distraction doit être notifié au domicile des avoués et doit énoncer les griefs, à peine de nullité. — D'un autre arrêt de la Cour de Paris, du 17 fév. 1853 (*J. Av.*, t. 78, p. 565), il résulte que le jugement qui prononce la conversion d'une saisie immobilière n'empêche pas le tiers détenteur de l'immeuble saisi d'en faire le délaissement. V. aussi Paris, 10 janv. 1851. — Enfin, la Cour de Paris a encore jugé, par arrêt du 23 fév. 1850, 1° que les principes en matière de garantie dans les ventes ordinaires sont applicables à l'adjudication après conversion sur saisie immobilière; qu'ainsi, lorsque le cahier des charges, au lieu d'affranchir le vendeur de la garantie d'éviction par suite d'une clause domaniale, se borne, sans mentionner cette clause, à rappeler, par simple énonciation de date et d'origine, la vente nationale, l'adjudicataire a droit à la garantie, s'il n'est pas prouvé qu'il a connu le danger et la cause de l'éviction; 2° mais que cet adjudicataire n'est pas fondé à demander la résolution de la vente, quand une éviction partielle est *seulement à craindre* et qu'elle ne doit affecter qu'une minime partie de l'immeuble, sauf la réserve de ses droits, pour le cas où l'éviction partielle viendrait à se réaliser. Dans ses motifs, l'arrêt assimile la vente sur conversion à la vente volontaire; cette assimilation est exacte quant à la garantie au profit de l'adjudicataire, mais elle ne l'est point d'une manière absolue. La Cour de Paris a déclaré qu'en matière de vente sur conversion, le vendeur était tenu à la garantie envers l'adjudicataire. Mais il faut prendre garde que, par ce mot *vendeur*, elle n'a pas voulu désigner le poursuivant, mais uniquement le saisi qui, en cette matière, vend directement ou par l'intermédiaire d'un créancier poursuivant. Dans l'espèce sur laquelle est intervenu l'arrêt de 1850, la vente avait été poursuivie par le saisi lui-même; aussi la Cour de Paris avait-elle dit : « Il ne s'agit pas d'une vente sur expropriation forcée, mais bien d'une vente sur conversion; cette vente a eu lieu sur la poursuite du précédent propriétaire saisi, et d'après le cahier des charges par lui déposé; dès lors, il y a lieu d'appliquer les principes qui régissent les ventes ordinaires. » Aussi la même Cour a-t-elle eu raison, selon M. Chauveau, de décider, le 14 nov. 1854 (*J. Av.*, t. 80, p. 225), que l'adjudicataire d'un immeuble vendu sur conversion n'est pas recevable, lorsqu'il est évincé par suite de l'action résolutoire d'un précédent vendeur, à réclamer au créancier poursuivant le remboursement des frais de poursuite et d'adjudication.

1800. Il ne peut donc pas, dit notre auteur, s'élever de controverse sérieuse sur la solution de la première partie de la question ; mais quels seront les résultats de cette solution en ce qui concerne la surenchère, la purge, le rang des hypothèques ? En 1841, M. Chauveau avait dit que l'art. 965 était applicable. Pour la purge, il avait renvoyé aux principes par lui développés sous la quest. 2403 (V. *suprà*, n. 1186 et s.), en invoquant l'opinion de MM. Bioche, v° *Vente d'imm.*, n. 567, et v° *Sais. imm.*, n. 799 ; Colmet-Daage, t. 2, p. 692, n. 1017 ; Dalloz, n. 1443 ; et Persil fils, *Comm.*, p. 334, n. 401, et en rappelant que M. Thomine-Desmazures, t. 2, p. 302, pensait que la vente après conversion ne purgeait pas les hypothèques. — Avant la loi de 1858, des distinctions qu'il avait établies relativement aux effets de l'adjudication sur la purge des hypothèques, il résultait que : 1° les hypothèques dispensées d'inscriptions ; 2° les hypothèques inscrites, lorsque les créanciers, au profit desquels elles avaient été prises n'avaient pas reçu la sommation prescrite par l'art. 692, n'étaient pas purgées par l'adjudication, tandis que tout créancier inscrit et régulièrement sommé d'assister à la publication du cahier des charges, étant devenu partie dans la poursuite, ne pouvait pas se plaindre de l'inaccomplissement des formalités édictées par le Code civil. Ces principes avaient conduit la Cour de Paris à décider, le 24 mars 1847 (*J. Av.*, t. 76, p. 494), que l'adjudication sur conversion de saisie immobilière purgeait les hypothèques des créanciers appelés ou intervenus lors du jugement de conversion ; que l'action hypothécaire ne leur était plus ouverte, et que la surenchère, s'il voulaient l'exercer, était celle autorisée par l'art. 708, Cod. proc., et non celle de l'art. 2185, Cod. civ. — La Cour d'appel d'Amiens avait aussi confirmé l'opinion de M. Chauveau, lorsqu'elle avait jugé, le 17 mai 1851 (*ibid.*, 495), que, si la conversion d'une saisie immobilière a été prononcée avant la sommation prescrite par l'art. 692, Cod. proc., et si l'adjudication a été suivie d'une surenchère du sixième, l'adjudication sur cette surenchère ne purge point les hypothèques grevant l'immeuble vendu ; que la purge n'a lieu que par la notification de l'adjudication aux créanciers inscrits, qui étaient déchus du droit de surenchérir, mais qui conservaient celui de saisir l'immeuble ; et que si l'adjudicataire revendait cet immeuble avant toute notification, et que ce fût le nouvel acquéreur qui fit notifier son titre, l'ordre devait s'ouvrir sur le prix de la dernière vente, et non sur celui de l'adjudication, et que ce prix devait être distribué aux créanciers inscrits, suivant la date et l'ordre des inscriptions.

1801. La loi de 1858 (art. 692) ne change rien, dit M. Chauveau, à cette théorie, pour le cas où le jugement de conversion intervient avant la sommation aux créanciers inscrits et aux créanciers à hypothèque légale non inscrite. — En effet, lorsque la conversion est antérieure à l'accomplissement des formalités de l'art. 692 précité, aucune hypothèque, si ce n'est celle du poursuivant qui a consenti à la conversion, n'est purgée par l'adjudication. La surenchère qui suit la vente par conversion, ne mettant pas en cause les créanciers inscrits, n'a pas pour effet de purger leurs hypothèques ; elle les empêche seulement de former une nouvelle surenchère, lorsque les notifications pour arriver à la purge leur sont signifiées. Ils n'ont plus alors que le droit de demander leur collocation sur le prix qui leur est dénoncé et suivant le rang de leurs inscriptions.

Il a été jugé, dans le sens de cette doctrine, que, dans le cas de vente sur conversion à la suite de saisie immobilière, il y a lieu à l'accomplissement des formalités prescrites par l'art. 2183, Cod. civ., si la conversion a été prononcée avant la dénonciation de la saisie aux créanciers inscrits : Toulouse, 18 déc. 1874 (*J. Av.*, t. 101, p. 38).

1802. M. Petit, p. 192 et suiv., adopte un système tout particulier sur la question des surenchères. Après avoir établi que la surenchère de l'article 708 est ouverte à tout créancier, il distingue entre le cas où la vente a lieu sur leur consentement et le cas où elle a lieu sans leur consentement. Dans la première hypothèse, la surenchère du sixième lui paraît la seule possible; dans la seconde, c'est-à-dire lorsque la conversion a eu lieu sur la demande du poursuivant et du saisi, avant la sommation aux créanciers inscrits, ou bien lorsque l'hypothèque a été prise après le jugement de conversion, ce jurisconsulte pense que la surenchère du dixième est ouverte. Il admet donc la simultanéité des deux surenchères, et, sous ce rapport seulement, sa doctrine est en contradiction avec celle de M. Chauveau; car, comme lui, notre auteur croit que la surenchère du dixième peut être formée par les créanciers dont l'inscription hypothécaire n'a pu être purgée; pourvu qu'aucune surenchère du sixième n'ait été faite. M. Rodière, t. 3, p. 207, se prononce aussi pour la concurrence des deux surenchères, si, parmi les créanciers inscrits, les uns ont reçu et les autres n'ont pas reçu la sommation de l'art. 692.

1803. La jurisprudence a confirmé l'opinion de M. Chauveau. Ainsi, quand la conversion a été prononcée avant la sommation prescrite par l'art. 692, les créanciers inscrits, non parties dans la poursuite, conservent le droit de surenchère du dixième : Orléans, 5 août 1853 (t. 78, p. 652); mais le créancier partie dans le jugement sur conversion ne peut plus former cette surenchère, alors même que l'adjudicataire a fait notifier son contrat : Trib. de Caen, 22 août 1853 (t. 79, p. 430). — La Cour de Colmar a décidé, le 13 mai 1857 (t. 82, p. 635), que, lorsqu'un immeuble vendu sur conversion a été l'objet d'une surenchère du sixième suivie d'une adjudication sur folle enchère, la notification de cette dernière adjudication, avec prévision de surenchère pour arriver à la purge, ne peut pas avoir pour effet de rendre recevable la surenchère du dixième. M. Chauveau approuverait, dit-il, cette solution, si ce n'était l'influence de la folle enchère (V. *suprà*, n. 1713 *bis* et s.). — Mais les art. 692, 696 et 717, modifiés par la loi du 21 mai 1858, faisant produire à la transcription de l'adjudication, lorsque les formalités prescrites par les deux premiers ont été remplies, la purge de toutes les hypothèques, l'auteur regarde aujourd'hui comme manifeste, ainsi qu'il l'a décidé précédemment. (V. *suprà*, n. 1190 et s.), qu'aucune surenchère n'est recevable de la part des créanciers devenus parties dans la procédure de conversion, si ce n'est la surenchère du sixième faite conformément aux art. 965, 970 et 710, Cod. proc. civ.

1804. Il appliquerait la même solution aux créanciers volontairement intervenus, si la conversion avait eu lieu avant la sommation de l'art. 692. La Cour d'Orléans a admis cependant, le 15 fév. 1859 (*J. Av.*, t. 84, p. 624), que le créancier subrogé dans une poursuite de saisie immobilière convertie en vente aux enchères et auquel la poursuite est enlevée plus tard au moyen de la subrogation prononcée au profit d'un autre créancier, cesse d'être partie dans la procédure, et qu'il peut, après l'adjudication sur conversion, former une surenchère du dixième, bien qu'il ait été partie au jugement qui, en prononçant sur la subrogation, a fixé le jour de l'adjudication. M. Chauveau croit que la Cour d'Orléans n'a pas, en cette circonstance, fait une saine application des principes.

1805. Ayant été nous-même consulté sur le point de savoir si le créancier inscrit poursuivant, auquel l'acquéreur après conversion de saisie a notifié son contrat, conformément à l'art. 2183, Cod. civ., est recevable à exercer la surenchère du dixième, nous avons répondu : Cette question ne nous paraît pas pouvoir faire l'objet d'un doute sérieux. Il existe, à la vérité, une certaine controverse sur le point de savoir si la surenchère du dixième est admissible de la part des créanciers inscrits dans le cas de vente sur conversion de saisie immobilière. Cependant il est généralement admis que cette vente, conservant le caractère de vente forcée, ne comporte que la surenchère du sixième à l'égard des créanciers qui ont figuré ou ont été appelés dans la procédure, et dont les hypothèques ont été purgées par l'adjudication, et que ceux-là seuls qui y sont restés étrangers, et vis-à-vis desquels la purge des hypothèques ne peut s'opérer que par l'accomplissement des formalités prescrites par les art. 2183, Cod. civ., ont le droit de former une surenchère de dixième. Voy., indépendamment des autorités mentionnées par M. Chauveau (*suprà*), Dijon, 24 mars 1847 (D.P.54.2.60); Rouen, 1er juill. 1859 (S.-V.59.2.691) : Caen, 17 juin 1874 (*J. Av.*, t. 101, p. 38); M. Dalloz, *Répert.*, vº *Vente publique d'immeubles*, n. 1443; notre *Formulaire annoté*, t. 2, p. 686, n. 20.

1806. Mais il est surtout incontestable que la surenchère du dixième est interdite au poursuivant, à l'égard duquel la purge est forcément opérée par l'adujudication après conversion. V. Orléans, 15 fév. 1859 (*J. Av.*, *t.* 84, p. 624). — Il importe peu, évidemment, que l'adjudicataire ait jugé à propos de notifier son contrat au poursuivant lui-même; il n'a pu dépendre de lui de conférer à celui-ci, par cette inutile formalité, un droit dont le rôle qu'il a joué dans la procédure est nécessairement exclusif. C'est ce que reconnaît le jugement du tribunal de Caen, du 22 août 1853, cité par M. Chauveau.

1807. En ce qui concerne le renouvellement des inscriptions, M. Chauveau n'approuve point une décision du tribunal de la Seine, en date du 18 janv. 1859 (*J. Av.*, t. 84, p. 457), portant que l'adjudication sur conversion de saisie immobilière dispense les créanciers inscrits de ce renouvellement, lorsque le cahier des charges déclare que l'adjudicataire paiera son prix à ses créanciers, à défaut de quoi il sera passible de la folle enchère.

1808. (Q. 2437). *Quel est l'effet de la conversion, quant aux frais?*

« Les frais de la saisie immobilière, dans les cas de conversion, dit « M. Paignon, p. 248, n. 197, sont privilégiés. Le saisissant n'en peut pas être, « en effet, pour ses avances. Cet emploi est de droit, quant même il n'en serait « pas question dans le nouveau cahier des charges. » M. Chauveau ne pense pas que cette solution puisse être contestée. Elle est adoptée par M. Dalloz, n. 1420.

1809. (Q. 2438). *Le jugement de conversion rendu entre le saisissant et le saisi, même avant la sommation de l'art.* 692, *peut-il former obstacle à une autre saisie de la part des créanciers inscrits qui n'ont point figuré dans ce jugement ?*

A la Chambre des députés, M. Debelleyme avait fait observer que la modification introduite dans les principes relatifs à la conversion avait précisément lieu *pour qu'un autre créancier ne vînt pas saisir postérieurement au jugement de conversion.* — M. Bioche, vº *Vente d'immeubles*, n. 564, vº *Sais. imm.*, n. 798, reproduit cette observation. Voy. aussi MM. Dalloz, n. 1417; Colmet-Daage, t. 2, p. 399, n. 1010. — La saisie, dit M. Chauveau, est donc complète pour toutes les parties intéressées au moment où elle peut être convertie, en ce sens que la conversion faite régulièrement substitue *forcément* pour chacune d'elles une vente simplifiée à la vente du titre XII. L'auteur a cherché à établir, sous la quest. 2436 (V. *suprà*, n. 1799 et s.), que la conversion n'a pas pour effet de changer la saisie en une vente volontaire; l'art. 748 lui paraît confirmer son opinion par toutes ses dispositions. Le premier paragraphe de cet article établit évidemment, observe-t-il, la prohibition, pour tout créancier, de pratiquer une nouvelle saisie. D'ailleurs la saisie convertie demeure transcrite comme saisie, et le conservateur refuserait la transcription de toute autre saisie, conformément à l'art. 680, Cod. proc. civ.

1810. (Q. 2439). *Si une partie avait obtenu d'un juge l'autorisation de* *vendre devant notaire, la vente serait-elle nulle, parce qu'elle aurait eu lieu par suite de cette autorisation?*

Réponse négative, au texte, de la part de Carré, qui observe que si une partie, à tort ou à raison, croit devoir prendre la précaution de demander, pour vendre, une autorisation à justice, elle ne peut être réputée avoir contrevenu aux dispositions de la loi, dès que les enchères ne sont point reçues en justice et suivant les formes prescrites pour les ventes forcées, mais devant un notaire et suivant les formes des ventes volontaires.

1811. Cela est évident, ajoute M. Chauveau; de même qu'il ne serait pas possible de faire annuler des ventes faites aux enchères par de simples particuliers, sans formalités de justice et sans l'entremise d'un officier public. Conf., M. Dalloz, n. 1370 et 1371; Cass., 20 fév. 1843 (*J. Av.*, t. 64, p. 363) et 19 mai 1847 (t. 72, p. 446).

1812. (Q. 2440). *L'art.* 743 *a-t-il entendu prescrire l'observation des formalités ordonnées par les art.* 958 *et suiv., comme une condition essentielle de la conversion de la saisie en vente volontaire?*

Carré, au texte, enseigne, d'après Pigeau, que si l'on veut faire vendre l'immeuble à l'audience des criées, il faut suivre strictement les dispositions de ces articles, attendu que s'il était permis d'adopter une forme plus simple, on pourrait facilement porter préjudice aux attributions des notaires, que le législateur a entendu maintenir, en défendant, à peine de nullité, de faire des ventes en justice; mais que, lorsque la vente est renvoyée devant un notaire, ce motif ne subsiste plus, et qu'il n'en est aucun qui puisse empêcher les intéressés de vendre d'un commun accord dans une forme plus simple que celle qui est prescrite par les articles ci-dessus indiqués. Telle est aussi l'opinion de M. Bioche, v° *Ventes d'immeubles*, n. 595.—Tout en la partageant, M. Chauveau fait observer que si la vente, même devant la justice, était consommée du consentement de toutes les parties intéressées, la nullité ne pourrait pas en être prononcée, ainsi qu'il l'a admis, dans des hypothèses presque identiques, sous les quest. 2433 et 2434 (*suprà*, n. 209 et s., 1795 et s.). M. Dalloz, n. 1425, est du même avis.

1813. (Q. 2441). *Comment doit-on appliquer les diverses dispositions des art.* 958 *et suiv., en ce qui concerne une conversion de saisie immobilière? Les art.* 715 *et* 717 *sont-ils ici applicables?*

M. Chauveau déclare éprouver un assez grand embarras pour résoudre cette question. Il reprend chacun des articles.

1814. Art. 958. Le cahier des charges est déposé. Le placard contiendra : 1° l'énonciation du jugement de conversion; 2° les noms, etc., du saisi; 3°, 4° et 5°, point de difficultés. Les art. 959, 960 et 961 sont d'une application facile.

Art. 962. Devra-t-on appeler à la vente le subrogé tuteur? L'art. 962 l'exige, et quoique l'art. 743 règle avec soin les formalités à remplir, lorsqu'une des parties est mineure, la notification prescrite par l'art. 962 devra être faite au subrogé tuteur.

Art. 964. Cet article rend communs à la conversion en vente volontaire, 1° l'annonce publique de la taxe (art. 701); 2° le mode des enchères (articles 705, 706, 707 et 711); 3° la rédaction du jugement d'adjudication (712 et 713), 4° la procédure en folle enchère (733 à 740), 5° les nouvelles affiches et annonces en cas d'incident (741); 6° enfin la prohibition de suivre d'autres formalités que celles tracées par la loi (742).

Art. 965. Surenchère. — Cet article renvoie lui-même aux art. 709 et 710.

1815. C'est avec raison, selon l'observation de M. Chauveau, qu'il a été jugé que le notaire chargé d'une vente volontaire sur conversion d'une saisie est responsable des suites de l'adjudication annulée pour omission des formalités prescrites par les art. 960, 961 et 962, Cod. proc. civ. : Colmar, 4 juin 1830 (*J.P.*23.53).

1816. Mais la vente sur conversion renvoyée devant un notaire ne saurait être critiquée, dit notre auteur, sous prétexte qu'il a été procédé à l'adjudication un dimanche ou autre jour de fête. En effet, quoique le notaire soit en ce cas le délégué de tribunal, il ne cesse pas d'être soumis aux règles de sa profession dans lesquelles on ne trouve aucune prohibition d'instrumenter le dimanche. Il est vrai que, dans certaines contrées, ces officiers publics, par une convention purement volontaire, à l'exécution de laquelle ne sont point astreints ceux qui ne l'ont point souscrite et qui ne veulent pas s'y conformer, ferment leurs études les dimanches et jours de fête ; mais dans la plupart des localités, et surtout dans les résidences rurales, le dimanche est l'un des jours de la semaine où les notaires ont le plus d'occupation.

1817. Les art. 715 et 717 ne sont pas compris dans la nomenclature de ceux dont M. Chauveau a cherché à indiquer la portée. De l'omission de l'art. 715, il doit résulter, observe notre auteur, qu'en matière de conversion en vente volontaire, pour toutes les dispositions qui ne portent pas en elles-mêmes la peine de nullité, cette sanction n'existe pas. Le Gouvernement a, du reste, expliqué les raisons de cette omission volontaire dans le premier exposé des motifs fait à la Chambre des pairs.

1818. La Cour de Douai a décidé, le 21 juill. 1849, que l'adjudication sur conversion est nulle lorsque l'apposition des placards a eu lieu moins de quinze jours avant cette adjudication. — M. Chauveau estime qu'en prononçant cette nullité, la Cour de Douai a faussement interprété la loi. MM. Bioche, v° *Vente judiciaire d'immeubles*, n. 107, et Rodière, t. 3, p. 450, admettent en principe que l'art. 959, auquel renvoie l'art. 743, n'est pas prescrit à peine de nullité ; que, cependant, il est des nullités substantielles qui, pour être appliquées, n'ont pas besoin d'être formellement prévues dans le texte du Code de procédure ; et qu'ainsi, lorsque les placards ou annonces ont été complètement omis, ou n'ont eu lieu que quelques jours avant la vente, l'adjudication doit être annulée pour défaut de publicité : telle est aussi l'opinion que M. Chauveau a émise sous la quest. 2501 *bis* (V. v° *Vente d'immeubles de mineurs*) ; mais ces circonstances ne se rencontrant pas dans l'espèce soumise à la Cour de Douai, l'adjudication devait être maintenue, à moins que les juges ne fussent convaincus qu'il y avait eu concert frauduleux pour écarter les enchérisseurs (ce qui ne paraît pas avoir été allégué par les parties) ; ils ne pouvaient pas, ils ne devaient pas annuler l'adjudication sur ce seul grief que 14 jours francs au lieu de 15 s'étaient écoulés entre l'apposition des affiches et l'adjudication.

1819. Quant à l'art. 717, relatif aux effets de l'adjudication, le ministre des travaux publics (M. Teste) a dit, lors de la discussion : « Il est de la dernière évidence que la disposition de l'art. 717 est générale et s'applique à la conversion. » Mais le rapporteur a répondu que telle n'était pas la pensée de la commission et que l'art. 717 n'était pas plus applicable aux conversions qu'aux licitations ou aux ventes de biens des mineurs; et le président de la commission a observé, de son côté, que « l'art. 717 n'était déclaré applicable par aucune disposition du projet. » — De cette courte discussion il résulte, selon M. Chauveau, que le principe de la nouvelle loi a été que l'art 717 sera applicable aux cas dans lesquels la justice dépossède le propriétaire, comme dans ceux d'adjudication sur saisie immobilière et après surenchère sur aliénation volontaire ; mais que dans toutes les autres ventes, conversion, licitation, vente de biens de mineurs, l'article ne serait plus applicable, parce qu'il y aurait concours du propriétaire, établissement possible de la propriété et certitude de l'action en garantie. — M. Rogron, p. 930, adopte cette solution à l'égard de l'adjudication après conversion, par le motif que cette adjudication perd le caractère de vente judiciaire pour prendre celui d'une vente volontaire. — M. Paignon, t. 1, p. 255, 2e alinéa, n. 205, a également embrassé l'opinion que soutient M. Chauveau et qui est aussi partagée par MM. Bioche, v° *Ventes d'immeubles*, n. 591, et v° *Sais. imm.*, n. 800; Jacob, t. 2, p. 205; Dalloz, n. 1442, et Colmet-Daage, t. 2, p. 403, n. 1017.

1820. M. Rodière, t. 3, p. 207, enseigne que l'action en résolution sera éteinte par l'adjudication ou continuera de subsister, selon que le vendeur aura ou non consenti à la conversion. M. Chauveau reconnaît aussi que, lorsque la conversion aura été prononcée après la sommation aux créanciers inscrits, parmi lesquels se trouve le précédent vendeur, ou lorsque, quoique prononcée auparavant, elle l'aura été avec le concours du vendeur spécialement en cause, il est alors évident que le vendeur aura renoncé par cela même à l'exercice de son action résolutoire; mais il maintient son opinion pour tous les cas où l'on ne pourra pas exciper d'une renonciation de la part du vendeur. La Cour de Caen, le 9 fév. 1850 (*J. Av.*, t. 76, p. 498), s'est prononcée en faveur de cette interprétation. L'adjudication sur conversion, a-t-elle dit, ne purge pas l'action résolutoire, lorsque le vendeur n'a pas consenti à la conversion. Conf., Paris, 14 août 1851 (t. 77, p. 55).

1821. C'est aussi avec raison, suivant notre auteur, que la même Cour a décidé, le 16 août 1852 (t. 78, p. 575), que l'adjudication sur conversion n'empêche pas le précédent vendeur qui a cédé l'antériorité de son privilège et de son action résolutoire, de poursuivre la résolution de la vente, si le montant de l'adjudication n'offre pas un prix suffisant pour le désintéresser; et que l'adjudicataire n'est pas fondé à s'opposer à cette action et à exercer un recours contre l'avoué poursuivant, lorsque le cahier des charges contient la mention que l'acquéreur primitif n'avait rien payé de son prix, et qu'il est établi que l'avoué n'avait pas connaissance de la cession d'antériorité consentie par le vendeur.

1822. (Q. 2442). *Doit-on dresser un nouveau cahier des charges après la conversion? Qui est responsable de la mise à prix?*

M. Chauveau constate qu'il y a une lacune dans la loi, car l'art. 743 ne renvoie qu'aux art. 958 et suiv., et l'art. 958 commence par ces mots : *Après le dépôt du cahier des charges*. Le Code de 1807, au contraire, renvoyait aux art. 957 et suiv., qui s'occupaient précisément du dépôt du cahier des charges et de sa rédaction; néanmoins, même à cette époque, on avait agité la question de savoir si le poursuivant devait insérer dans le cahier des charges une mise à prix. Le 26 nov. 1827 (*Gazette des trib.*, n° 715, du 27 nov.), la Cour de Paris avait décidé que le cahier des charges devait contenir une mise à prix, mais que si aucun enchérisseur ne se présentait, le taux de cette mise à prix pouvait être diminué.

1823. L'art. 958, auquel se réfère aujourd'hui l'art. 743, dit, n° 4, que les placards annonceront le prix auquel seront ouvertes les enchères sur chacun des biens à vendre. Cette disposition, dit M. Chauveau, ne suppose point une mise à prix obligatoire pour le poursuivant, qui d'ailleurs peut, dans certains cas, être le saisi lui-même, comme on le verra sous la question suivante. L'art. 745, après avoir parlé de la requête qui doit être consentie par tous les intéressés, ajoute qu'elle contiendra une mise à prix qui servira d'estimation. Ces expressions n'indiquent point que la mise à prix doive être aux risques et périls du poursuivant, qui, en pareille occurrence, ne peut être considéré que comme le mandataire commun. Notre auteur pense que les parties intéressées doivent s'entendre sur la rédaction du cahier des charges, le dresser d'un commun accord et le signer comme la demande elle-même, en présentant la requête dont parle l'art. 745; autrement, il pourra naître une foule d'incidents sur la question de savoir quel sera le contenu de ce cahier des charges, quel en sera le rédacteur, si ce sera l'avoué, ou le notaire lorsque la vente est renvoyée devant notaire.

1824. Il résulte de l'art. 14 de l'ordonnance du 10 oct. 1841, contenant le tarif des frais en matière de ventes judiciaires d'immeubles, que les notaires seraient spécialement chargés de la rédaction du cahier des charges; mais cette ordonnance, observe M. Chauveau, ne peut prévaloir contre le texte de la loi. Ainsi, dans le cas de conversion, l'avoué poursuivant doit, selon notre auteur, obtenir le droit alloué par le § 1er de l'art. 14 de l'ordonn. du 10 oct. 1841, et une vacation pour le dépôt du cahier des charges chez le notaire délégué pour recevoir l'adjudication. M. Bioche, vº *Ventes d'immeubles*, n. 592, dit que le poursuivant dépose le cahier des charges ou au greffe ou chez le notaire, et il se fonde, comme M. Chauveau, sur l'art. 958. Notre auteur cite encore à l'appui de son opinion ce passage de la réponse qu'avait faite le rapporteur, M. Pascalis, à un amendement de M. Tesnières : « Il a paru qu'il « pourrait y avoir des inconvénients à permettre de vendre même au-dessous « de l'estimation, en vente volontaire, lorsque toutes les personnes qui sont « intéressées à la saisie ont consenti à la conversion, se sont réunies, ont « délibéré spécialement sur le point de savoir quelle sera la mise à prix, et « ont ainsi adhéré à ce que la vente eût lieu aux enchères suivant les formalités « qui sont indiquées. » La commission de la Cour de cassation avait proposé un paragraphe ainsi conçu : « Dans l'un et l'autre cas, la requête contiendra, « de la part du poursuivant, une mise à prix dont il demeurera respon- « sable. » — « Il a paru préférable, dit le rapport, p. 94, d'obliger le pour- « suivant, dont le consentement à la conversion est indispensable, à main- « tenir la mise à prix qu'il est tenu d'effectuer lors du dépôt du cahier des « charges, et dont il est responsable, ou, si la conversion a lieu avant ce « dépôt, de l'obliger à en faire une dans la requête en conversion. Par là, « il y aura toujours une base pour les enchères et une adjudication possible. » Le législateur, observe M. Chauveau, n'a point imposé cette charge au poursuivant, et n'a pas voulu laisser à la vente sur conversion ce caractère principal de la vente forcée.

1825. Du moment que la mise à prix n'est point obligatoire pour le poursuivant, si l'enchère n'est pas couverte, une réunion de tous les intéressés sera nécessaire, dit M. Chauveau, pour fixer une nouvelle mise à prix. S'il y a contestation, l'incident sera porté devant le tribunal qui la fixera, parce que la conversion ayant été consentie unanimement (V. *Q.* 2450 *bis*, *infrà*, n. 1844 *bis* et s.), il ne peut plus dépendre d'un seul des intéressés d'en paralyser les résultats.

1826. Si, le jour de l'adjudication, l'enchère n'est pas couverte, de nouvelles appositions d'affiches et publications seront nécessaires, puisque l'art. 964, qui renvoie à l'art. 741, est compris dans la nomenclature de l'art. 743. Cette solution, qu'enseigne M. Chauveau, est aussi admise par MM. Paignon, t. 1, p. 252, n. 203, et Bioche, n. 809.

1827. Pour contester le droit du tribunal de fixer la nouvelle mise à prix, à défaut d'accord des parties intéressées, on dit que le consentement du saisi à la conversion ne peut pas être scindé; qu'il n'aurait pas adhéré à cette procédure plus expéditive, s'il avait pu penser que son immeuble fût vendu sur une mise à prix autre que celle fixée dans la convention; qu'on peut surseoir à la vente, la renvoyer à des temps plus convenables; que la mise à prix, déjà fixée, doit être maintenue avec d'autant plus de raison, que les créanciers eux-mêmes l'avaient regardée comme représentant la valeur de l'immeuble saisi; que l'abaissement de la mise à prix ne pourrait être imposé au débiteur qu'autant que les art. 743 et suiv. renverraient à l'art. 963; et l'on invoque, à l'appui de cette thèse, un arrêt de la Cour de Bordeaux du

3 août 1843 (*J. Av.*, t. 68, p. 43). — M. Chauveau répond : En premier lieu, le sursis proposé serait dérisoire, en ce qu'il pourrait retarder indéfiniment la réalisation du gage, et qu'il irait ainsi directement contre le but de la conversion, qui est d'accélérer le dessaisissement du débiteur. D'un autre côté, la saisie immobilière a été convertie d'un consentement unanime. La vente n'est plus une vente forcée, mais une vente volontaire ; elle doit, évidemment, être placée sur la même ligne qu'une vente de biens de mineurs. On peut donc puiser, par analogie, au titre *des Licitations* des dispositions qui complètent la procédure en conversion, et lui fassent produire ses effets. De ce nombre est l'art. 963, qui renferme une prescription de sens commun plutôt qu'une règle de droit. En outre, de ce que la mise à prix fixée n'a pas été couverte, il ne résulte pas que toutes les raisons qui ont déterminé la conversion ne soient encore aussi puissantes ; et, d'ailleurs, si le tribunal ne pouvait pas fixer une nouvelle mise à prix, et que cet incident dût rompre la conversion, la procédure en saisie immobilière reprendrait son cours, et c'est le poursuivant qui fixerait la mise à prix qui lui paraîtrait convenable ; elle pourrait être descendue au dixième, au vingtième, etc., de la somme qu'eût arbitrée le tribunal. Cela ne démontre-t-il pas que l'opposition du saisi n'est qu'une véritable chicane ? *Malitiis non est indulgendum.* La Cour de Bordeaux a donné pour unique motif de sa décision que la réduction de la mise à prix altère la condition *essentielle* du consentement, et qu'il n'appartient pas aux tribunaux d'apporter ce changement aux conventions ; mais il fallait démontrer que cette condition était essentielle ; ce que M. Chauveau vient de dire lui paraît prouver le contraire.

1828. La Cour de cassation a rendu, le 18 janv. 1842 (*J. Av.*, t. 62, p. 370), un arrêt déclarant valable la réduction de la mise à prix faite par le tribunal au cas de désaccord entre les parties. Mais M. Chauveau fait remarquer que cet arrêt peut seulement être invoqué comme raison écrite, par deux motifs : le premier, que, sous l'empire de l'ancienne loi, le concours de toutes les volontés n'était pas exigé aussi expressément qu'il l'est par le nouvel art. 743 ; le second, que l'ancien art. 747 renvoyait à l'art. 964, qui parlait précisément de la réduction de la mise à prix. — Par arrêt du 16 août 1850, la Cour de Nancy a déclaré que, lorsque, avant le dépôt du cahier des charges, une saisie immobilière a été convertie en vente volontaire sur la demande du saisi et du saisissant, la mise à prix peut, à défaut d'enchère, être abaissée par le tribunal, du commun accord des parties intéressées. — La Cour de Paris s'est spécialement prononcée directement sur la question, le 28 avril 1851 ; et elle a décidé que la mise à prix, lorsqu'il ne se présente pas d'enchérisseur, peut être abaissée par le tribunal, malgré la résistance du débiteur. — La Cour d'Orléans a jugé, le 15 mai 1858 (*J. Av.*, t. 83, p. 601), que les tribunaux n'ont pas le droit de modifier d'office la mise à prix fixée ou abaissée par les parties. — Enfin, un arrêt de la Cour d'Angers, du 9 juin 1847, en décidant que le saisissant et le saisi qui, avant le dépôt du cahier des charges, ont fait convertir la saisie en vente volontaire, peuvent, seuls, et sans autorisation de justice, abaisser la mise à prix qu'ils avaient fixée, a, dans ses motifs, préjugé la question contrairement à l'opinion de M. Chauveau, puisqu'on y lit : « Le jugement sur conversion est intervenu aussitôt après que le procès-verbal qui établit la saisie et sa dénonciation ont été transcrits au bureau des hypothèques. Ainsi, la poursuite n'était pas encore devenue commune aux créanciers inscrits ; la radiation de la saisie aurait donc pu être consentie et ordonnée sans leur concours et en leur absence ; le seul consentement du saisissant et de la partie saisie a suffi pour la validité dudit jugement ; ce jugement ne lierait strictement les parties, maîtresses de leurs droits, qu'autant que l'une d'elles au moins l'exigerait ; rien ne s'opposerait à ce qu'elles renonçassent respectivement à s'en prévaloir, et à tenir pour non avenu tout ce qui a précédé; à plus forte raison est-il dans leurs droits de s'entendre pour abaisser le chiffre de la première mise à prix qu'elles avaient fixée entre elles. — Si, au nombre des dispositions dont l'art. 743 prescrit d'observer les formalités et conditions, ne se trouve pas l'art. 963, mais l'art. 964 qui, lui-même, se réfère à l'art. 706, et si on peut en induire que le tribunal n'a pas le pouvoir d'autoriser la vente au-dessous de la mise à prix, il n'en peut être ainsi qu'au cas où cette mise à prix a été faite par le poursuivant seul, agissant à ses risques et périls, et, lorsqu'il n'est pas relevé, par le consentement des autres parties, de la responsabilité qu'il aurait encourue. »

1829. M. Chauveau reconnaît d'ailleurs que la discussion, assez confuse, du reste, à laquelle ont donné lieu les art. 743 et 744, peut être invoquée par un saisi de mauvaise foi. Pour repousser le renvoi à l'art. 964, M. Pascalis se fondait sur ce qu'on ne pouvait pas supposer que, lorsqu'il s'agit d'une vente après conversion, l'adjudication ait lieu au-dessous du prix de l'estimation, parce que ce prix est ordinairement fixé à un taux très inférieur à la valeur réelle de l'immeuble. Notre auteur montre que, malgré cette observation, qui lui semble d'ailleurs ne s'appliquer qu'à une garantie qu'un député, M. Tesnières, voulait faire accorder aux créanciers, les parties restent en présence d'une conversion consentie et de la nécessité de mettre à exécution l'accord de tous les intéressés. Pour prévenir toutes difficultés, il conseille aux avoués d'insérer dans la requête un paragraphe formel dans lequel il sera dit, ou que, faute d'adjudication sur la mise à prix, la saisie immobilière sera immédiatement reprise, ou que, à défaut de nouvelle mise à prix convenue amiablement, le tribunal sera appelé par un acte de conclusions, conformément à l'art. 10, n° 8, du tarif du 10 oct.1841, à fixer une nouvelle mise à prix.

1830. La question nous a été posée de savoir si, lorsque des immeubles du mari, saisis par la femme séparée de corps, ont été l'objet d'une vente sur conversion poursuivie avant la sommation aux créanciers inscrits, mais que quelques-uns de ces immeubles n'ont pas trouvé d'acquéreurs, l'avoué créancier des frais du procès en séparation de corps, dont distraction a été prononcée à son profit, peut faire vendre ces derniers immeubles, au nom de sa cliente, en obtenant l'abaissement de la mise à prix, ou, s'il n'a d'autre ressource que de poursuivre en son propre nom, comme distractionnaire, la saisie de ces mêmes immeubles, sauf, sur le refus du conservateur de transcrire cette saisie à cause de l'existence de la saisie précédente, à se faire subroger dans la poursuite pour faire ensuite vendre les immeubles frappés de sa propre saisie. Nous avons répondu: Rien ne nous paraît s'opposer à ce que, dans l'espèce, la femme séparée fasse abaisser la mise à prix par le tribunal à l'égard de ceux des immeubles de son mari qui, lors de la vente sur conversion, n'ont pu trouver d'acquéreurs. Il n'est pas nécessaire pour cela qu'elle obtienne le consentement et le concours de son mari, débiteur saisi : La disposition de l'art. 963, Cod. proc., n'est pas applicable en pareille circonstance ; l'art. 743 du même Code l'exclut du nombre de celles concernant la vente des biens de mineurs qu'il y a lieu d'observer, et il devait en effet l'exclure. Il ne s'agit pas ici d'une mise à prix qui doive nécessairement être fixée par le tribunal, comme dans le cas où la vente a pour objet des immeubles appartenant à des mineurs; c'est, au contraire, par les parties qui demandent la conversion que la mise à prix doit être déterminée. Il résulte de là, à la vérité, que s'il ne se présente pas d'enchérisseur pour la couvrir, c'est aussi à ces parties qu'est réservé le soin d'en fixer une nouvelle; mais il ne s'ensuit pas que leur accord soit indispensable.

1831. Le jugement qui a ordonné la conversion a engendré pour tous les intéressés le droit absolu de faire procéder à la vente dans la forme prescrite, et l'un d'eux ne peut porter atteinte à ce droit au préjudice des autres. Par conséquent, s'ils ne peuvent s'entendre sur la détermination d'une mise à prix moins élevée, leur différend doit, comme toute autre contestation, être tranché par le tribunal. Dès lors, soit que le débiteur saisi déclare s'opposer à ce que la vente ait lieu sur une nouvelle mise à prix indiquée par le poursuivant, soit que le poursuivant agisse contre le débiteur à fin d'abaissement de la mise à prix d'abord convenue, c'est au tribunal de déterminer cet abaissement indispensable. Plusieurs arrêts l'ont ainsi décidé; et une doctrine conforme est enseignée par les auteurs (V. *suprà*, n. 1825).

1832. Fallût-il cependant admettre l'opinion qui exige l'accord de tous les intéressés pour la fixation d'une nouvelle mise à prix, l'avoué de la femme séparée de corps pourrait encore, selon nous, aboutir à cette fixation, sans requérir le concours du débiteur. Nous croyons, en effet, que le mandat que ce dernier lui a donné de provoquer la conversion de la saisie immobilière en vente volontaire, et de déterminer conséquemment la mise à prix sur laquelle cette vente aurait lieu, renferme virtuellement celui de faire tous les actes nécessaires pour la réalisation de la vente; et, par suite, d'abaisser la mise à prix, si l'absence d'un enchérisseur en faisait une obligation. Il est permis d'invoquer à l'appui de cette solution un arrêt de la Cour d'Aix du 5 mai 1870 (*J. Av.*, t. 95, p. 377), qui décide que le pouvoir donné à un avoué de poursuivre une saisie immobilière emporte celui de faire tous les actes ultérieurs de la procédure, et notamment celui de fixer la mise à prix de l'immeuble saisi. Sans doute, le cas sur lequel a statué cet arrêt n'est point identique à l'espèce actuelle; mais il présente, du moins, une grande analogie, et les raisons de décider sont les mêmes dans l'une et l'autre hypothèse.

1832 *bis*. Enfin, à défaut de la voie d'abaissement de la mise à prix, qui devrait être suivie au nom de sa cliente, l'avoué pourrait, à notre avis, comme créancier personnel, à raison de la distraction de dépens prononcée en sa faveur, demander, relativement aux immeubles non vendus, la radiation de la saisie, qui doit être réputée abandonnée par la poursuivante, et saisir ensuite lui-même ces immeubles pour en poursuivre la vente en son nom (Cod. proc., 724). Compar. à cet égard les observations que nous avons présentées dans le *Journ. des Av.*, t. 101, p. 51 et 52. Mais cette procédure entraînerait des lenteurs et des frais devant lesquels nous comprenons qu'il recule. Heureusement il n'est pas condamné à y recourir.

1833. M. Boucher d'Argis, dans les observations dont il a fait suivre (*J.P.*58.691) l'arrêt de la Cour d'Orléans cité *suprà*, n. 1828, exprime l'opinion que les parties n'ont pas besoin de demander l'autorisation de la justice pour vendre au-dessous de la première mise à prix, lors même qu'il y aurait des mineurs parmi elles, parce que, du moment que le tuteur a été autorisé par le conseil de famille, soit à former la demande en conversion, soit à s'y adjoindre, il a toute capacité pour concourir à la fixation de la mise à prix, et, par suite, à son abaissement. La Cour de cassation et celle de Paris l'ont ainsi décidé par arrêts des 6 juin 1821 et 29 nov. 1834, malgré les termes cependant si formels des anciens art. 964 et 972, au cas d'une licitation entre majeurs et mineurs; à plus forte raison, suivant cet auteur, dont M. Chauveau paraît adopter l'opinion, doit-il en être de même lorsqu'il s'agit d'une saisie immobilière convertie en vente volontaire. — D'après le même jurisconsulte, lorsque les parties recourent au tribunal pour obtenir l'abaissement de la mise à prix, elles doivent le faire par voie de requête. — Tel est aussi l'avis de M. Bioche, *Journ. de proc.*, 1855, p. 165, et *Dict.*, v° *Sais. imm.*, n. 808.

1834. Lorsqu'un jugement a prononcé la conversion d'une saisie immobilière en vente aux enchères avec cette condition que, faute d'adjudication sur la mise à prix, la saisie immobilière sera reprise, par quel acte et dans quel délai cette reprise doit-elle avoir lieu? Si le jugement qui admet la demande en conversion, prévoyant le cas où la mise à prix ne sera pas couverte, ordonne qu'alors les poursuites de saisie seront reprises, M. Chauveau n'aperçoit pas, dit-il, l'utilité d'un nouveau jugement pour procéder à cette reprise. Le délai pour faire l'acte de poursuite qui vient après celui qui a suivi la demande en conversion, prendra son cours du jour où les enchères auront été infructueusement ouvertes. Il en sera de ce cas comme de celui qui fait l'objet des dispositions de l'art. 728 : ainsi, lorsque la conversion aura été ordonnée huit jours après la transcription, le poursuivant aura vingt jours pour effectuer le dépôt du cahier des charges, et non pas seulement douze jours. L'auteur ne croit pas que le délai puisse être fractionné; la partie du délai qui avait couru avant la conversion ne doit pas, selon lui, être prise en considération. Depuis la transcription, la saisie avait été convertie; elle ne redevient saisie que par le défaut d'enchères. Le dernier acte valable de la procédure de saisie est la transcription. Les vingt jours accordés par l'art. 690 courent du jour de l'essai inutile de mise aux enchères. Le saisi ne doit être appelé par un acte d'avoué devant le tribunal qu'autant que le poursuivant a adopté le second terme de l'alternative que notre auteur a indiquée plus haut (n. 1829, *in fine*).

1835. (Q. 2443). *A qui appartient la poursuite après la conversion?*

M. Chauveau n'aurait pas, dit-il, examiné cette question, si elle n'avait été soulevée par M. Paignon, t. 1, p. 248, n. 198, car elle lui paraît sans objet. En effet, la saisie ne pouvait être convertie que du consentement de toutes les parties intéressées. Il faudra bien qu'avant de présenter la requête signée de tous leurs avoués, ces parties s'entendent; dans cette convention préliminaire, elle devront tomber d'accord sur celle qui sera chargée de la poursuite. Un membre de la commission du Gouvernement, M. Delahaye, avait fait observer que le soin de régler la procédure en conversion et de choisir celle des parties qui jouerait le rôle de poursuivant, devait être abandonné à la convenance des intéressés; et c'est aussi ce qu'a exprimé M. Parant, dans son premier rapport. — M. Paignon pense que le poursuivant mettra toujours pour condition à son consentement que la poursuite lui soit conservée, et cet auteur avoue même que, pour éviter toute négligence, il est mieux cela soit ainsi. C'est aussi l'avis de M. Dalloz, n. 1422. — M. Lachaize, t. 2, p. 237, a exprimé l'opinion que le débiteur demeurait poursuivant, à moins qu'il n'en fût autrement ordonné par le tribunal. Mais, ainsi que l'observe M. Chauveau, le tribunal n'a nul droit d'intervenir dans la direction de la poursuite, qui devient volontaire, à moins qu'il n'y ait lieu à subrogation.

1836. (Q. 2444). *Quelles sont les parties dont le concours est nécessaire pour que la conversion puisse être demandée?*

Sous la quest. 2450 *bis* (*infrà*, n. 844 et s.), M. Chauveau établit que le consentement de *toutes* les parties intéressées est indispensable pour que la demande en conversion soit recevable; mais quelles sont *ces parties intéressées?* — Sous le Code de 1807, la doctrine et la jurisprudence n'étaient pas d'accord à cet égard. La loi nouvelle a fait cesser cette incertitude en posant une règle générale et absolue. Deux époques, nettement tranchées, sont à considérer, ainsi que le fait remarquer M. Chauveau. On a vu *suprà* que, avant la transcription, la conversion n'est pas recevable; de la transcription à la sommation prescrite par l'art. 692, les seules parties intéressées sont le poursuivant et le saisi; le poursuivant est regardé comme le mandataire de tous les créanciers. Du reste, lorsque la loi se sert de ces expressions : *seront regardés comme seuls intéressés*, cela ne veut pas dire que les autres créanciers ne sont pas intéressés à la procédure qui va être suivie et qu'ils ne puissent pas ou l'attaquer plus tard, ou se faire subroger; c'est seulement pour trancher la controverse et décider que la conversion pourra être faite avant la sommation, du consentement du saisi et du poursuivant. De la sommation prescrite par l'art. 692 jusqu'à l'adjudication, les parties intéressées sont le saisi, le poursuivant et tous les créanciers inscrits. MM. Persil fils, *Comm.*, p. 331; Rognon, p. 931; Dalloz, n. 1376; Colmet-Daage, t. 2, p. 399, n. 1010; Bioche, n. 773 et 774, et Paignon, t. 1, p. 246, n. 195, reconnaissent aussi que la loi de 1841 *a coupé court à toute discussion.* La loi du 21 mai 1858 n'a d'ailleurs rien changé à cette règle.

1837. M. Bioche (*Journ. de proc.*, 1849, p. 86), répondant à une question proposée, exprime l'avis que la saisie immobilière poursuivie contre un tiers détenteur peut être convertie sans le consentement du débiteur originaire, si ce débiteur n'est pas *créancier inscrit;* mais que ce consentement est, au contraire, nécessaire si la créance du débiteur originaire est inscrite. M. Bioche raisonne dans l'hypothèse où la sommation de l'art. 692 a été notifiée; et il fait remarquer que, si la conversion est, au contraire, demandée avant cette sommation, il suffit du consentement du poursuivant et de celui du tiers détenteur. Ces solutions sont parfaitement exactes, comme l'observe M. Chauveau.

1838. Consulté sur la question de savoir si, en cas de demande de conversion par la partie saisie, avant toute mention au bureau des hypothèques de la sommation notifiée aux créanciers inscrits, en vertu de l'art. 692, le saisissant peut la consentir en l'absence des créanciers qui ont reçu la sommation, notre auteur a répondu que les termes de la loi sont tellement clairs que le doute ne saurait être permis. A la différence de l'art. 693, qui, jusqu'à la mention de la sommation au bureau des hypothèques, accorde au poursuivant la faculté de consentir utilement à la radiation de la saisie, l'art. 743 veut qu'à partir de la sommation, le poursuivant ne puisse plus seul, d'accord avec le saisi, et sans l'assentiment des créanciers inscrits, faire prononcer la conversion. En d'autres termes, le saisissant peut, dans l'intervalle entre la sommation et sa transcription au bureau des hypothèques, faire rayer la saisie, et ne peut pas cependant la faire convertir. Quelque étrange que paraisse ce résultat, c'est la loi qui le produit. M. Jacob, t. 2, p. 38, n. 206, après avoir signalé la différence des dispositions contenues aux art. 693 et 743, ajoute d'ailleurs : « Ce n'est point une antinomie. La raison de cette différence réside dans celle des positions et des parties intéressées. Au cas qui nous occupe, tout se passe entre les parties de l'instance, tandis que, dans la prévision de l'art. 693, il peut y avoir des tiers intéressés dont l'attention ne peut être éveillée que par la mention faite sur le registre de la conservation des hypothèques.»

1839. Lorsque, conformément à l'art. 720, Cod. proc. civ., une saisie plus ample a été jointe à une saisie antérieure transcrite, dépend-il du créancier qui poursuit sur les saisies réunies et du débiteur saisi, seuls, tant que les créanciers inscrits n'ont pas été sommés, de prendre communication du cahier des charges, de faire prononcer la conversion et ordonner l'adjudication devant notaire des immeubles saisis? Le second saisissant n'est-il pas fondé à prétendre que cette conversion doit être ordonnée en sa présence? — L'affirmative de la première question, et par conséquent la négative de la seconde, ont été adoptées par la Cour de Rouen, le 24 juin 1853 (*J. Av.*, t. 78, p. 541). M. Rodière a combattu cet arrêt dans une dissertation insérée S.-V.55.2.555, et que reproduit M. Chauveau. — Malgré l'intérêt que lui paraissent mériter les cosaisissants, notre auteur refuse son adhésion à cette critique. En consentant à une vente, à une radiation, dit-il, le poursuivant anéantit le droit d'un cosaisissant. En consentant à la conversion avant la sommation prescrite par l'art. 692, il agit, au contraire, comme mandataire et dans l'intérêt de tous les intéressés. Les positions, loin d'être identiques, sont complètement différentes. Puis, ce qu'il faut bien reconnaître, c'est que le texte de la loi est formel, et qu'en vérité, adopter l'opinion de M. Rodière, ce serait créer une loi nouvelle ou modifier la loi existante, ce qui n'est permis en aucune circonstance, quelles que soient les considérations qu'on puisse faire valoir. — La thèse soutenue par ce savant jurisconsulte était tellement paradoxale, ajoute M. Chauveau, qu'il a été conduit par la force de ces prémisses à poser des principes qui sont de véritables nouveautés en procédure. D'un autre côté, l'exemple du partage, invoqué par M. Rodière, ne paraît pas à notre auteur avait été heureusement choisi; car, observe-t-il, dans l'instance en partage, tous les intéressés sont parties individuelles, n'ont aucun mandataire commun; chacun d'eux a le droit d'élever des incidents et par conséquent de répondre à ceux qu'on leur oppose; et si les formalités pour arriver au partage ou à la licitation ne peuvent appartenir qu'à l'avoué du cohéritier qui a le premier fait viser l'original de sa demande, c'est par un motif commun à toute direction de procédure, qui ne peut appartenir à plusieurs, même dans les instances ordinaires. — M. Dalloz, n. 1377, partage l'opinion de M. Chauveau.

1840. Lorsque la conversion d'une saisie immobilière a été prononcée, la division par lots peut, comme exécution du jugement, être consentie par l'avoué sans nouveau mandat : Cass., 7 avr. 1852 (*J. Av.*, t. 77, p. 645). — M. Chauveau, en mentionnant cette décision, déclare qu'elle lui paraît incontestable.

1841. (Q. 2446). *Quelle est la voie à suivre pour faire tomber la vente faite après conversion, sans que les dispositions de la loi aient été observées?*

M. Chauveau distingue deux hypothèses : Ou il y a de la part des intéressés opposition à la conversion et, sur cette opposition, jugement qui a admis la conversion, ou les parties n'ont été ni appelées ni entendues. Dans le premier cas, celles-ci auront le droit de se pourvoir en cassation contre le jugement qui aura ordonné la conversion (V. *infrà*, n. 1861). Dans le second cas, la voie de l'action principale leur sera ouverte contre le jugement d'adjudication, suivant les principes développés sous la quest. 2423 *quinquiès* (V. *infrà*, sect. VIII), et on ne pourra pas leur opposer le jugement de conversion (V. M. Dalloz, n. 1381). En matière de conversion, il y a une raison déterminante, dit notre auteur : la vente volontaire n'est permise, après une saisie immobilière, que du consentement de toutes les parties intéressées ; si l'une d'elles s'y oppose, c'est alors une vente volontaire du saisi seul qui, d'après l'art. 686, est nulle de plein droit.

1842. Par arrêt du 11 nov. 1862 (*J. Av.*, t. 88, p. 457, la Cour de cassation a très bien jugé que la sommation faite par les créanciers poursuivants aux créanciers inscrits rend ces derniers recevables à former tierce opposition à l'arrêt qui a admis la conversion de la saisie immobilière en vente sur publications volontaires, encore bien que cette sommation n'ait pas été transcrite et qu'elle n'ait été faite qu'après l'introduction de la demande en conversion, par exemple, pendant l'instance sur l'appel du jugement qui avait rejeté cette demande.

1843. Et, d'autre part, d'après un arrêt de la Cour de Bordeaux du 13 déc. 1875 (*J. Av.*, t. 101, p. 360), dans le cas où le jugement de conversion d'une saisie immobilière en vente sur publications volontaires vient à être annulé sur la demande d'un créancier qui est en même temps subrogé dans les poursuites de saisie, ce dernier est fondé à faire fixer par le tribunal un nouveau point de départ du délai pour le dépôt du cahier des charges.

1844. (Q. 2446 bis). *Lorsque toutes les parties sont d'accord pour de-*

mander la conversion, qu'elles l'obtiennent, et qu'une procuration est donnée par toutes à un seul et même avoué chargé de poursuivre la vente, la procédure suivie ainsi par un avoué unique est-elle valable?

On dit, pour la négative, qu'un avoué ne peut être le représentant d'intérêts contraires. M. Chauveau répond: En matière de conversion, il n'y a pas d'intérêt distincts; un mandat commun (celui de faire vendre) est donné au poursuivant qui agit pour tous; s'il y avait irrégularité, ce que notre auteur ne croit pas, elle serait d'ailleurs couverte par le consentement unanime, et l'on ne voit pas d'où naîtrait, en pareil cas, l'obligation de procéder par des avoués différents, pourvu que les formalités tracées par la loi soient exactement remplies.

1845. (Q. 2447). *Le tuteur ne peut-il former une demande en conversion ou y consentir qu'autant que l'avis des parents est conforme à ses intentions?*

La loi, observe M. Chauveau, répond affirmativement, en disant *spécialement autorisé par un avis des parents*. Un avis négatif, en effet, ne serait point une autorisation. V. conf., MM. Rogron, p. 931; Dalloz, n. 1383; Bioche, n. 778; Colmet-Daage, t. 2, p. 400, n. 1011. — Notre auteur fait d'ailleurs remarquer avec raison que, par ces mots *avis des parents*, le législateur a entendu une délibération du conseil de famille.

1846. (Q. 2448). *L'avis de parents exigé par l'art. 744 doit-il être homologué, dans le cas où le mineur ou l'interdit est créancier et non débiteur?*

Carré, au texte, après avoir rappelé l'opinion de Pigeau, *Proc. civ.*, p. 241, suivant laquelle l'avis de parents doit être homologué sur les conclusions du ministère public (arg. de l'art. 458, Cod. civ.), ajoute qu'il est prudent sans doute de prendre ce parti, mais que cependant l'homologation ne lui paraît pas rigoureusement nécessaire, attendu que le tribunal ayant à prononcer sur la demande en conversion est toujours à temps de la rejeter, s'il le croit convenable aux intérêts du mineur ou de l'interdit. MM. Favard de Langlade, t. 5, p. 83; Pigeau, *Comm.*, t. 2, p. 403; Persil fils, *Comm.*, p. 337, n. 404; Paignon, t. 1, p. 250, n. 201; Dalloz, n. 1384; Jacob, t. 2, p. 43, n. 211; Bioche, n. 779; Colmet-Daage, t. 2, p. 400, n. 1011, font observer avec raison que le jugement qui admet la conversion homologue suffisamment la délibération du conseil de famille, et que toute autre procédure serait frustratoire. M. Bertin, *Ch. du cons.*, t. 2, p. 528, qui est du même avis, rapporte deux jugements du tribunal de la Seine, l'un du 13 juill. 1852, dans le sens de cette opinion; l'autre, du 7 mars 1849, en sens contraire. M. Petit, p. 187, adopte ce dernier sentiment.

1847. (Q. 2449). *Que doit-on entendre par ces expressions de l'art.* 744, et généralement tous les administrateurs légaux des biens d'autrui?

On doit comprendre dans ces expressions, selon l'observation de M. Chauveau, tous les incapables, tels que *les successions vacantes, les faillis, les établissements publics, les communes, les départements de l'Etat*. Quant aux mineurs et aux interdits, l'art. 744 en parle d'une manière spéciale dans ses §§ 2 et 3. Mais les femmes mariées et les personnes pourvues d'un conseil judiciaire ne sont point en réalité maîtresses de leurs droits; par conséquent, l'art. 743 ne leur est pas applicable; d'un autre côté, l'art. 744 n'en parle pas, car le mari ou la justice ne font qu'autoriser la femme, et le conseil judiciaire assiste le prodigue; le mari et le conseil judiciaire ne sont donc pas des administrateurs légaux. Toutefois, il serait singulier, aux yeux de notre auteur, que le mineur pût former une demande en conversion, ou s'y adjoindre, et qu'une femme ou un prodigue n'en eussent pas la faculté. M. Paignon, t. 1, p. 250, n. 200, semble regarder la conversion comme prohibée dans le cas où les incapables sont débiteurs (ce qui est contraire au texte de la loi), car il termine en disant : « Mais si un mineur ou interdit est créancier, le tuteur « pourra, sur un avis de parents, se joindre, etc.; si le mineur est émancipé, « l'assistance de son curateur suffira». Puis, il range dans la prohibition qui lui semble absolue, du moins on le croirait d'après la forme de son argumentation, les curateurs aux successions vacantes et bénéficiaires et les faillis. Les curateurs sont des *administrateurs légaux*, et les actions des faillis sont exercées par les syndics qui sont les véritables *administrateurs légaux*.

M. Persil fils, *Comm.*, n. 398, paraît contester le droit de demander la conversion aux syndics provisoires d'une faillite et même aux syndics définitifs, en s'appuyant sur un arrêt de la Cour de Paris, du 21 août 1810 (*J. Av.*, t. 20, p. 279), quand précisément, observe M. Chauveau, cet arrêt commence par ces mots : *les syndics provisoires d'une faillite ne sont chargés que des actes d'administration de la faillite*, et que l'art. 744 a eu précisément en vue de faire de la demande en conversion *un acte d'administration*. Un arrêt de la Cour de cassation du 23 août 1836 (*J. Av.*, t. 51, p. 567), a d'ailleurs reconnu aux syndics d'une faillite le droit de consentir à la conversion, même sous le Code de 1807.—Sous le n° 405, M. Persil fils admet la personne pourvue d'un conseil judiciaire à demander la conversion quand elle est assistée de ce conseil. Carré, au texte, sous la quest. 2539, avait lui-même exprimé l'opinion que la femme, lorsqu'elle est autorisée par son mari ou par le juge, et la personne pourvue d'un conseil, lorsqu'elle est assistée de ce dernier, peuvent demander la conversion comme toute autre partie intéressée. La Cour de cassation, dans son arrêt précité du 23 août 1836, admet à provoquer la conversion le gérant d'une société en commandite. Cette décision, comme le remarque M. Chauveau, est applicable non seulement aux gérants de cette société, mais encore aux administrateurs des sociétés anonymes. Quant aux associés en nom collectif ou en participation, ils rentrent dans la catégorie ordinaire des majeurs maîtres de leurs droits. Si quelques-uns des associés sont mineurs, l'art. 744, §§ 2 et 3, les régit.

1848. En résumé, l'auteur est d'avis que toute personne, quelle que soit sa position, tous les établissements publics, les communes, les départements et l'Etat, peuvent former la demande en conversion ou s'y adjoindre, pourvu que cette procédure soit consentie dans la forme d'un acte d'administration par ceux qui ont, au moment où elle s'intente, capacité pour administrer ou pour compléter le pouvoir de l'administrateur. La Cour de Paris, conformément à cette doctrine, a décidé, le 24 août 1847 (*J. Av.*, t. 76, p. 505), que l'administrateur provisoire nommé par la justice, avec mandat de réaliser, dans l'intérêt des créanciers, dans le plus bref délai et avec le moins de frais possible, la vente des meubles et immeubles d'un absent, peut valablement demander la conversion d'une saisie immobilière en vente volontaire. V. aussi, dans le même sens, MM. Dalloz, n. 1382 et 1388; Bioche, n. 780 et 781; Colmet-Daage, t. 2, p. 400, n. 1011; notre *Formul. annot.*, t. 2, p. 684, n. 5.

1849. (Q. 2450). *L'avoué d'une partie intéressée a-t-il besoin d'un mandat spécial pour consentir à la conversion?*

La négative était admise sous le Code de 1807; et, lors de la préparation de la loi de 1841, les Cours d'Amiens et d'Angers avaient demandé le maintien de ce principe. La première se fondait sur ce que, « il n'y a point de motif « pour que la loi n'accorde pas aux avoués qui agissent comme mandataires, « au cas de conversion, la même confiance qu'en toute autre matière de procé- « dure, sous la garantie du désaveu. » La Cour d'Angers émettait le même vœu, en se fondant sur ce qu'on ne pouvait trop faciliter les procédures en conversion, et qu'il convenait de lever tout obstacle le plus promptement possible en évitant une correspondance qui entraînerait des lenteurs, et elle terminait en disant : « D'ailleurs, l'avoué est toujours le mandataire légal de « la partie pour le choix des moyens à l'aide desquels il essaye de faire triom- « pher ses réclamations ; c'est à lui qu'il incombe de la consulter toutes les « fois que sa responsabilité envers elle lui en fait un devoir. Il doit toujours « être réputé en avoir reçu, dès la remise des pièces, le mandat et les in- « structions dont il avait besoin pour régler sa conduite en toute occur- « rence. »

Ces principes avaient été consacrés, sous le Code de 1807, par un arrêt de la Cour de Rennes, du 8 août 1839 (*J. Av.*, t. 58, p. 100), approuvé par M. Billequin, *ibid.*, et par MM. Bioche, n. 787, et Dalloz, n. 1396.

Les Cours de Bourges, de Nîmes, de Rennes et de Riom avaient demandé, au contraire, que la loi renfermât l'obligation de la signature de la partie ou de son mandataire spécial, l'avoué n'étant point, suivant elles, un mandataire suffisant, s'il n'avait pas une procuration *ad hoc*. Mais la proposition des Cours d'Amiens et d'Angers a prévalu ; et, comme le disait le garde des sceaux, dans l'exposé des motifs, pour *maintenir, encourager* et *compléter* l'exception en faveur des parties qui consentent à ce que la saisie soit convertie en vente volontaire, la loi de 1841 n'exige qu'une *simple requête signée par les avoués de toutes les parties.* « La conversion, comme l'a dit M. Bille- « quin, n'est qu'un incident qui, tout grave qu'il est, rentre évidemment « dans la classe des actes d'instruction et de procédure que la loi abandonne « à l'appréciation de l'avoué. » Compar. *suprà*, n. 1840, un arrêt de la Cour de cass., du 7 avril 1852.

1850. (Q. 2450 bis). *Le consentement volontaire et unanime des parties intéressées est-il indispensable pour que la conversion puisse être prononcée ?*

Carré, au texte, sous la quest. 2328, faisait remarquer que le tarif tranche toute difficulté, puisqu'il porte, art. 127, que la requête pour demander la conversion de la saisie en vente volontaire est donnée sur le consentement de toutes les parties intéressées. C'est aussi, ajoutait-il, ce qui a été jugé par un arrêt de la Cour de Paris du 20 sept. 1809 ; il appartient donc aux parties, puisque cette demande est purement facultative, d'examiner s'il est de leur intérêt de donner à cet égard un consentement auquel on ne pourrait les forcer.

1851. M. Chauveau observe qu'il ne saurait plus y avoir à cet égard de controverse, en présence de l'art. 745. Cet article a eu expressément pour objet de lever toute difficulté sur la forme spéciale pour demander la conversion, forme que le Code de 1807 n'indiquait pas d'une manière assez précise. Voici comment M. Parant, dans son rapport à la commission, résume ce qui a été adopté : « On avait proposé de donner au saisi le droit de réclamer la « conversion sans le consentement des autres parties, et l'on trouvait cette « proposition toute naturelle et sans inconvénient, puisque c'est à la justice « à prononcer. Mais la commission a craint de multiplier les incidents, d'ex- « poser des intérêts à quelque froissement, et elle a maintenu en principe « que le concours de tous les intéressés serait nécessaire pour la demande « en conversion. » La nouvelle disposition porte que la requête sera signée par les avoués de toutes les parties. Pouvait-il être plus explicite, et n'est-il pas évident que si la requête n'est pas signée des avoués de toutes les parties, la demande devra être déclarée non recevable ? V. en ce sens, MM. Paignon, t. 1, p. 248, n. 196 ; Bioche, v° *Ventes d'imm.*, n. 568 et 580, et v° *Sais. imm.*, n. 774 ; Petit, p. 186 ; Devilleneuve et Carrette, *Coll. nouv.*, 6.2.64, sur un arrêt conforme de la Cour de Bourges, du 4 mai 1819 ; Colmet-Daage, t. 2, p. 400, n. 1012 ; Dalloz, n. 1378 et 1381 ; notre *Formul. annot.*, t. 2, p. 685, n. 7. Mais M. Persil fils *Comm.*, p. 332, n. 397, à l'exemple de Thomine-Desmazures (t. 2, p. 301), qui a écrit sous l'empire du Code de 1807, n'admet pas que l'intention du législateur ait été de subordonner les intérêts de tous au caprice d'un seul créancier. M. Chauveau se demande comment M. Persil ne dit pas un seul mot de l'expression *toutes* du nouvel article de 1841. Pour lui, il ne saurait refuser un droit qui résulte du texte même de la loi.

1852. (Q. 2450 ter). *Le tribunal peut-il refuser d'admettre la demande en conversion?*

Sous le Code de 1807, la Cour d'Orléans avait jugé, le 29 nov. 1826 (*J. Av.*, t. 33, p. 272), que le tribunal *devait* prononcer la conversion lorsque toutes les parties intéressées le demandaient. Mais M. Chauveau fait justement remarquer que les mots, *si la demande est admise*, que renferme l'art. 746 actuel ne permettent pas d'adopter aujourd'hui cette solution. La faculté, pour le tribunal, d'admettre ou de rejeter la demande en conversion, est aussi reconnue par MM. Bioche, v° *Vente d'imm.*, n. 584 et 585, et v° *Saisie imm.*, n. 793; Rogron, p. 960; Persil fils, *Comm.*, p. 340, n. 410; Rodière, t. 3, p. 206; Jacob, t. 2, p. 36, n° 204; Colmet-Daage, t. 2, p. 400, n. 1013; Dalloz, n. 1399, et Petit, p. 188. V. également notre *Formul. annot.*, t. 2, p. 685, n. 13. Dans son premier rapport, celui fait à la commission, M. Parant, p. 49, a donné en ces termes les motifs de la disposition proposée : « Appelé à « prononcer, le tribunal est juge des causes de la demande en conversion. — « Il est possible que la procédure en expropriation soit tellement avancée « que la conversion devienne un obstacle, au lieu de servir l'intérêt des par- « ties; on a voulu le laisser juge aussi du mode de vente et de la délégation à « faire, soit devant un de ses membres, soit devant un notaire de son choix; « il peut même déléguer un autre tribunal. »

1853. A plus forte raison, dit M. Chauveau, tout en accordant la conversion, les juges peuvent-ils refuser d'accéder à la demande des parties, de renvoyer la vente devant tel notaire, et décider, au contraire, que la vente aura lieu devant un membre du tribunal. C'est ce qu'a jugé la Cour de cassation, le 4 avril 1843 (*J. Av.*, t. 65, p. 483). Voy. aussi Q. 2450 *quinquies* (*infrà*, n. 1856).

1854. (Q. 2450 quater). *Est-il une époque après laquelle on ne puisse former la demande en conversion?*

La loi, répond Carré, au texte, n'a fixé aucune époque pour cette demande; et elle peut, dès lors, être formée en tout état de cause. Si cependant, ajoute cet auteur, la poursuite touchait presque à sa fin, il serait assez inutile d'accorder cette demande. A la vérité, il arrivera rarement que les parties s'adressent au tribunal pour arrêter les poursuites de la saisie, lorsqu'elles seront très avancées; mais enfin, si le cas se présentait, on ne saurait croire, d'après la maxime *volenti non fit injuria*, que le tribunal fît bien de rejeter une demande qu'elles n'auraient peut-être formée que par égard pour le saisi, qui répugnerait à voir effectuer une expropriation forcée. Au reste, on sait que, encore bien que les enchères soient reçues par le ministère d'avoués, les frais des poursuites judiciaires que l'adjudicataire doit payer tiennent toujours les enchérisseurs en garde; que l'on ne peut, à l'audience, où ils ne paraissent que par le ministère des avoués, entrer dans des pourparlers qui peuvent faire obtenir un prix plus avantageux, qu'il est enfin une foule de raisons qui, à quelques degrés que soient parvenues les poursuites de la saisie, feront toujours préférer la vente par-devant notaire à celle qui se fait en justice et surtout par suite de saisie.

1854 *bis*. De son côté, M. Chauveau déclare qu'il ne voit dans la loi rien qui oblige les parties à s'entendre à telle ou telle phase de la procédure. Si elles sont toutes d'accord, dit-il, leur intérêt doit être pour les magistrats la meilleure garantie de la nécessité ou de l'opportunité de la demande. Une observation lui paraît d'ailleurs devoir faire comprendre qu'au moment de l'adjudication, si toutes les parties n'ont pas pu parvenir à s'entendre auparavant, leur requête doit être admise. Le tribunal a la faculté de renvoyer devant tout autre tribunal. Il peut être fort important que, pour un domaine voisin d'une ville populeuse, chef-lieu d'un département, mais cependant situé dans un autre arrondissement, la vente se fasse au chef-lieu du département. Cette utilité peut frapper tous les intéressés, et elle n'échappera pas aux magistrats, gardiens vigilants des intérêts de leurs justiciables. V. en ce sens, MM. Bioche, n. 772, et Dalloz, n. 1374; notre *Formul. annot.*, t. 2, p. 685, n. 9.

1855. (Q. 2450 quinquies). *Le notaire devant lequel l'adjudication peut être renvoyée doit-il être nécessairement choisi dans l'arrondissement?*

Les prétentions des parties et le pouvoir du juge, dit M. Chauveau, sont nettement tranchés par les art. 745 et 746. Les parties présentent une requête signée, le tribunal l'accueille ou la rejette, fixe le jour de la vente et renvoie devant un notaire ou devant un juge. Il est impossible d'admettre, en présence de dispositions aussi claires, qu'un choix quelconque puisse être imposé au juge, ainsi que l'avaient pensé, sous le Code de 1807, la Cour d'Orléans, le 29 nov. 1826, et la Cour de Paris, le 8 mars 1834 (*J. Av.*, t. 33, p. 272, et t. 46, p. 290). Voy. cependant un arrêt de la Cour de Douai, cité Q. 2451 *bis* (*infrà*, sect. VIII). Ce n'est pas à dire pour cela que les tribunaux devraient toujours repousser l'indication qui leur serait faite par les parties, soit pour le renvoi devant tel ou tel notaire, soit pour le renvoi devant un notaire plutôt que devant un juge; l'auteur veut uniquement établir que les tribunaux seront libres de décider et de désigner ainsi qu'ils le jugeront convenable. Quant à la juridiction des notaires, elle n'est pas déterminée par la loi de procédure, et rien n'empêche les tribunaux d'indiquer celui qui pourra procéder à l'adjudication avec le plus d'avantage pour toutes les parties. Tel est aussi l'avis de M. Dalloz, n. 1405.

1856. (Q. 2450 sexies). *Quel est le juge compétent pour connaître de la demande en conversion? Un tribunal autre que celui qui est saisi de la poursuite peut-il se déclarer incompétent d'office?*

Sous le Code de 1807, la Cour de cassation, par arrêt du 25 avril 1832 (*J. Av.*, t. 42, p. 305), avait décidé que le tribunal saisi de la poursuite en saisie immobilière était seul compétent pour connaître d'une demande en conversion; mais ce principe n'était pas unanimement reconnu par la jurisprudence. On peut consulter les arrêts de la même Cour des 16 janv. 1815 (S.-V., *Collect. nouv.*, 5.2.8, et la note) et 29 avril 1829; Paris, 17 juill. 1829; 30 juin 1834; 26 déc. 1835; 17 août 1836; 18 mars 1837; 30 août 1837; 6 avril 1838; Bordeaux, 22 août 1838 (*J. Av.*, t. 20, p. 438; t. 37, p. 78 et 203; t. 47, p. 638; t. 50, p. 227; t. 51, p. 546; t. 52, p. 191; t. 53, p. 561; t. 55, p. 501; et t. 56, p. 62; S.-V.34.2.427; 36.29 et 493; 37.2.209; 38.2.94). On lira aussi avec intérêt une dissertation insérée dans le *Journ. des Av.*, t. 52, p. 13. La loi nouvelle a voulu, comme le dit M. Persil fils, *Comm.*, p. 338, n. 407 et 408, *couper court à toutes les difficultés qui s'étaient élevées.*

1857. Le même auteur enseigne, n. 409, qu'un tribunal autre que celui devant lequel la saisie est poursuivie doit se déclarer d'office incompétent, quoiqu'il ne soit incompétent ni à raison de la personne, ni à raison de la matière. M. Chauveau, tout en admettant cette solution, fait remarquer que, du moment qu'il y a attribution d'une matière spéciale à tel tribunal, tout autre juge est incompétent à raison de la matière, et que, s'il ne s'agissait pas ici d'une incompétence *ratione materiæ*, le tribunal pourrait se déclarer incompétent, mais n'y serait pas forcé. *Adde* conf., M. Bioche, v° *Vente publique d'immeubles*, n. 577, et v° *Saisie imm.*, n. 783; notre *Formul. annot.*, t. 2, p. 685, n. 12. Mais V. toutefois M. Dalloz, n. 1394.

1858. (Q. 2451). *Le jugement de conversion qui serait rendu par un tribunal autre que celui de la poursuite pourrait-il être attaqué par la voie de l'appel?*

L'appel, répond M. Chauveau, est toujours permis contre les décisions viciées d'incompétence (Cod. proc., 454). Aucune loi n'a dérogé à cette disposition : donc elle est applicable à la demande en conversion, quand bien même l'appel serait interjeté par une des parties qui auraient demandé la conversion, parce que l'incompétence *ratione materiæ* ne peut se couvrir par aucun consentement (V. *Q.* 2423 *novies, infrà*, sect. VIII).

1859. (Q. 2452). *Dans la disposition de l'art. 746, relative au renvoi de l'adjudication devant un notaire ou devant un juge, quelle est la portée de ces expressions :* ou devant un juge de tout autre tribunal ?

Après avoir fait remarquer qu'il semblerait résulter de la discussion qui a eu lieu à la Chambre des députés que le renvoi devant un tribunal autre que celui du lieu de la saisie ne pourrait être ordonné qu'autant qu'il s'agirait d'immeubles situés dans un autre arrondissement, M. Chauveau déclare que cette discussion ne peut prévaloir contre le texte formel de l'art. 746 : *devant un juge de tout autre tribunal.* Conf. MM. Colmet-Daage, t. 2, p. 401, n. 1013 ; Bioche, n. 794 ; Dalloz, n. 1403, et Duvergier, t. 41, p. 277. Devant ce juge, ajoute notre auteur, le poursuivant constituera un avoué pour requérir la vente, et ce n'est aussi qu'un avoué qui pourra enchérir, au jour de l'adjudication. Mais, après l'adjudication, la suite de la vente, telle que la procédure d'ordre, par exemple, appartiendra au tribunal qui aura prononcé la conversion. Voy. *Ordre,* n. 45 et suiv.

1860. (Q. 2453). *De ce que l'art. 746 dit que le jugement ne sera pas signifié, faut-il conclure qu'il ne doive pas être levé par le poursuivant ?*

Réponse négative de la part de M. Chauveau, qui observe que le jugement qui ordonne la conversion étant une des pièces les plus importantes de la procédure, il faut que le poursuivant puisse en justifier aux tiers qui se présentent pour acheter ; et que, d'ailleurs, le notaire devant qui l'adjudication serait renvoyée pourrait ne pas consentir à procéder à cette adjudication, sans avoir en main une expédition du jugement qui le délègue. Conf., MM. Bioche, n. 796, et Dalloz, n. 1407; notre *Formul. annot.*, t. 2, p. 685, n. 16. L'auteur se demande même si, quoique l'art. 746 dise que le jugement ne sera pas signifié, il ne serait pas prudent de le signifier à toutes les parties intéressées, pour prévenir un pourvoi en cassation, fondé, par exemple, sur ce que des incapables n'auraient pas été suffisamment représentés, ou sur ce que le jugement aurait été rendu à la chambre du conseil, etc., etc. Si le pourvoi en cassation n'était pas déclaré admissible, ajoute-t-il, ce serait alors l'action principale en nullité qu'il faudrait accueillir, en posant en principe que le jugement qui statue sur la demande en conversion n'est pas un jugement, et, pour ce dernier système, on pourrait invoquer un passage de l'exposé des motifs relatif, à la vérité, aux ventes de biens de mineurs, et cette considération présentée par la commission de la Cour de cassation : « Le paragraphe « relatif à la prohibition d'opposition ou d'appel a paru à la commission for- « mer pléonasme, et n'être que la conséquence de la forme non contentieuse « adoptée pour ce jugement. » Néanmoins, M. Chauveau déclare persister dans son interprétation.

1861. (Q. 2453 bis). *Les art. 745 et 746 s'appliquent-ils au 4e § de l'art. 743, relatif au cas de plus ample saisie ?*

Il faut nécessairement adopter la négative, répond M. Chauveau ; l'art. 745 parle uniquement des demandes autorisées par les art. 743, § 2, et 744 : or, le 4e § de l'art. 743, étant expressément exclu par le fait même de la prétérition, la demande du saisi, en plus ample saisie, est uniquement un incident soumis aux art. 718, 730 et 731 (V. *infrà*, sect. VIII).

1862. (Q. 2453 ter). *Que doivent faire le notaire ou le juge, lorsque devant eux surgit un incident imprévu ?*

Le doute provient de ce qu'on n'est pas d'accord sur le caractère du juge ou du notaire délégué pour recevoir une adjudication. Les uns veulent que le tribunal soit complètement représenté par celui qu'il a délégué; les autres que le délégué en réfère toujours, lorsqu'il surgit un incident, au tribunal de qui émane ses pouvoirs. Quant à M. Chauveau, il a critiqué, dans le *Journal des Avoués*, un arrêt de la Cour de Paris, du 3 août 1831 (t. 41, p. 676), qui accordait au juge des criées le droit de statuer sur une demande, et il a cité à l'appui de son opinion un arrêt de la Cour de Rennes, du 28 juin 1811 (t. 16, p. 689). La mission unique de ce délégué, dit-il ici, est de recevoir les enchères et de déclarer adjudicataire le dernier enchérisseur. Il tient son pouvoir d'un jugement passé en force de chose jugée, et il obéit ainsi à un ordre souverain. Il n'a point à se préoccuper de conclusions prises devant lui, parce qu'il n'est pas tribunal et qu'on ne peut pas conclure devant lui. Mais si un incident a été soulevé devant le tribunal, et qu'un sursis ait été ordonné, il doit surseoir. Il y a plus, si la nature d'un incident soulevé devant le tribunal lui donne lieu de croire que l'adjudication sera annulée ; si, par exemple, une instruction en faux est commencée, il a le droit de renvoyer les parties à plaider devant leurs juges compétents. Le commissaire délégué ne remplit même pas les fonctions de juge de référé ; son mandat est spécial et limité.—Voy. dans ce sens MM. Dalloz, n. 1431, et Colmet-Daage, t. 2, p. 402, n. 1015.—Cette doctrine a été consacrée par un arrêt de la Cour de Paris du 12 déc. 1846, qui a refusé d'admettre l'appel dirigé contre une décision par laquelle le juge tenant l'audience des criées avait refusé d'accueillir une demande en sursis formée par l'une des parties.

1862 *bis*. Dans ces sortes de ventes, ce sont les parties elles-mêmes qui s'engagent à vendre, d'un commun accord, l'immeuble saisi, suivant les formalités prescrites pour les ventes des biens de mineurs, sur une mise à prix dont elles conviennent d'avance, et au jour qui sera fixé par le tribunal. Le jugement qui intervient a pour but de donner acte aux parties de leurs conventions, d'en ordonner l'exécution, de fixer le jour où la vente doit avoir lieu, et de renvoyer, pour procéder à l'adjudication, devant un notaire ou devant un juge. — S'il s'élève ultérieurement quelques contestations, soit sur la rédaction du cahier des charges, soit sur l'exécution du jugement, les parties doivent se pourvoir devant le tribunal qui a ordonné la conversion. Le juge ou le notaire commis ne pourraient en connaître. Ils ne sont, l'un ou l'autre, que les délégués du tribunal ; leur pouvoir se borne à exécuter le mandat qui leur a été confié, dans les termes dans lesquels ils l'ont reçu. — Il suit de là que le juge tenant l'audience des criées n'exerce aucun acte de juridiction contentieuse. Les décisions qu'il peut prendre ne constituent pas de véritables jugements ; par conséquent, il n'y a pas lieu d'en interjeter appel. Si le législateur eût voulu que l'on pût interjeter appel des décisions prises par le juge tenant l'audience des criées, il n'eût pas manqué, comme dans le cas de saisie immobilière, de fixer des délais dans lesquels cet appel eût dû être interjeté.— L'art. 964, Cod. proc. civ., en déclarant communs à la vente de biens de mineurs et à la vente par suite de conversion, divers articles du titre de la saisie immobilière, a soin de ne pas comprendre, dans l'énumération qu'il contient, les articles relatifs aux appels et aux délais dans lesquels ces appels doivent être interjetés ; d'où il suit que ces articles ne peuvent être invoqués ni dans leur texte ni par analogie. —Les juges du second degré ne sont pas plus compétents pour confirmer ou réformer sur appel les décisions prises par le juge tenant l'audience des criées, qu'ils ne le seraient pour connaître des décisions semblables prises dans les circonstances identiques par le notaire devant lequel la vente aurait été renvoyée. Cependant la Cour de Douai semble avoir admis l'opinion opposée dans un arrêt du 21 juill. 1849 (t. 76, p. 499), où elle a dit qu'il entre dans les attributions du juge des criées de statuer sur la demande en sursis formée devant lui. Mais M. Chauveau fait remarquer que la Cour de Douai n'a pas eu à examiner ce point d'une manière assez directe pour qu'on puisse considérer son arrêt comme résolvant formellement la question.

1863. (Q. 2453 quater). *La disposition de l'art. 702, Cod. proc., relative à la réquisition de l'adjudication, est-elle applicable en cas de vente sur conversion?*

Cette question avait été résolue affirmativement par un jugement du tribunal civil de la Seine, portant que le juge-commissaire qui préside aux criées n'a mission que de veiller à l'accomplissement des formalités de l'adjudication; qu'il n'a pas caractère pour statuer sur une demande en sursis ni en fixation d'un nouveau jour pour la vente, demande qui, aux termes des art. 703 et 704, Cod. proc. civ., doit être portée à l'audience des saisies immobilières; qu'au jour indiqué pour l'adjudication par le jugement du tribunal, et lorsque toutes les formalités de publicité ont été remplies, il ne peut y avoir lieu que de procéder à la réception des enchères, si le poursuivant se présente pour demander acte de ses diligences afin d'éviter la subrogation; mais que si, sous prétexte d'obtenir un délai non contesté par le saisi, il refuse de requérir, c'est le cas, d'après l'art. 702, Cod. proc. civ., de faire droit à la réquisition du créancier inscrit qui intervient et dont la qualité est reconnue; qu'il importe peu que la vente soit poursuivie sous la forme de conversion sur publication volontaire, puisque cette forme est toujours la conséquence de la saisie immobilière qui n'a pas cessé d'exister et n'a été qu'exceptionnellement modifiée quant aux frais qu'elle entraîne, sans l'être quant aux demandes qu'elle fait surgir. Le droit, pour le créancier inscrit, de veiller à la réalisation de son gage et d'empêcher que, par un concert frauduleux, la vente en soit indéfiniment retardée, est une conséquence de la transcription de la saisie, qui s'oppose à ce qu'il saisisse lui-même, et non de la notification qui lui en serait faite, et dont l'effet spécial est de dispenser de la purge; qu'on ne saurait, dès lors, faire de différence entre la conversion obtenue avant ou après la notification, ni prétendre que, dans le premier cas, le créancier inscrit n'est pas partie en cause, puisque, s'il ne l'a pas été à l'incident, la loi a voulu qu'il le fût à la poursuite de saisie immobilière, en plaçant la conversion après la transcription qui paralyse son action. Le jugement précité a été frappé d'un appel sur lequel il a été soutenu qu'un créancier, quoique inscrit, mais complètement étranger à la poursuite, n'avait pu intervenir tout à coup à l'audience des criées sans conclusions ni intervention signifiées; et la Cour de Paris a rendu, le 28 avril 1849, un arrêt infirmatif, fondé sur ce que l'adjudicataire créancier intervenant n'était pas partie dans l'instance en saisie immobilière; qu'il n'était point intervenu par des conclusions signifiées, et qu'il n'avait pu ainsi requérir, à l'audience, contre l'accord du saisi et du saisissant qui demandaient un sursis.

1864. M. Chauveau regarde cet arrêt comme bien rendu. Pour requérir l'adjudication, il ne suffit pas, dit-il, qu'un créancier, jusque-là étranger aux poursuites, se présente devant le juge tenant l'audience des criées et excipe de sa qualité pour obtenir qu'il soit immédiatement procédé à l'adjudication. Tout créancier autre que le poursuivant n'est admis à prendre une part active à la poursuite qu'autant que, par une subrogation régulièrement demandée, il a été substitué au saisissant. Sans doute, pour invoquer l'art. 702, il n'est pas nécessaire de former une demande en subrogation, il suffit d'être créancier inscrit; mais il faut remarquer que, dans l'esprit de la loi de 1841, il y a corrélation entre cet article et l'art. 692. C'est parce que la sommation notifiée, en vertu de cette dernière disposition, aux créanciers inscrits, les a rendus parties dans la saisie, que l'art. 702 leur confère le droit de requérir l'adjudication à défaut du poursuivant. Aussi notre auteur n'hésite-t-il pas à reconnaître que, si la conversion a été prononcée après cette notification et du consentement des créanciers inscrits, ceux-ci pourront user du bénéfice de l'art. 702, et qu'il en sera de même du créancier intervenu dans la forme ordinaire, ou du créancier subrogé (V. *suprà*, n. 1403 et s.), un arrêt de la Cour de cassation, du 12 août 1844). Mais, dans l'espèce, la position était bien différente : le poursuivant et le saisi étaient maîtres de la poursuite; si, par leur accord, ils voulaient la suspendre, comment un créancier inscrit qui n'était nullement en cause, qui n'avait reçu aucune communication de la procédure, pouvait-il être admis à se présenter à l'audience, le jour fixé pour l'adjudication, et à y faire procéder en son nom sur le refus ou en l'absence des intéressés? — Devant la Cour de Paris, on avait opposé une fin de non-recevoir tirée de la disposition finale des art. 703 et 730, Cod. proc. civ. Cette fin de non-recevoir a été repoussée par des motifs qui ne sont pas connus de M. Chauveau. Il est probable, dit-il, que la Cour a déclaré qu'il ne s'agissait point d'un jugement de sursis, mais que le tribunal ayant statué sur un incident avant de prononcer l'adjudication, l'appel devait être accueili. Les premiers juges, tout en refusant le sursis et en ordonnant l'adjudication, ayant en effet apprécié la qualité du créancier intervenant et la régularité de son intervention, n'avaient pu prononcer qu'en premier ressort (V. *infrà*, n. 1998 et s.).

1865. Cependant la doctrine consacrée par la Cour de Paris a été contestée. On a prétendu qu'il a été reconnu, lors de la discussion de la loi, que, postérieurement au jugement de conversion, toute nouvelle saisie était prohibée, ce qui implique que ce jugement, qui suspend l'exercice des droits des créanciers, doit consacrer par contre certains droits à leur profit; qu'au nombre de ces derniers droits doit être, pour les créanciers inscrits, celui d'intervenir dans l'exécution du jugement pour veiller à ce que leurs intérêts ne soient pas lésés; que, s'il en était autrement, tous les droits des créanciers se trouveraient livrés à la merci du saisi et du saisissant; que telle n'a pu être la volonté du législateur qui, en autorisant un mode de vente sollicité par le saisi signataire de la requête à fin de conversion, a eu certainement l'intention de sauvegarder tous les intérêts. Qu'au nombre des droits les plus essentiels des créanciers est celui de veiller à ce que les frais du jugement de conversion, ceux de la rédaction du cahier des charges, d'apposition de placards, etc., qui se prélèvent sur le gage commun, n'aient pas été faits en pure perte; que, pour atteindre ce but, il est indispensable que tout créancier inscrit puisse intervenir dans la poursuite, et spécialement requérir, à défaut du poursuivant, la mise en adjudication, par application de l'art. 702, Cod. proc. civ.; — Qu'enfin, ce système, qui n'est en contradiction avec aucune des dispositions de la loi, qui donne au jugement de conversion toute l'utilité et toute l'efficacité dont il est susceptible, est la conséquence naturelle et forcée du principe que la saisie subsiste dans ses effets légaux, nonobstant le jugement de conversion. — C'est d'après ces considérations que le tribunal civil de Corbeil; a décidé, le 3 nov. 1852 (*J. Av.*, t. 78, p. 186), que les créanciers inscrits ont le droit de requérir l'adjudication, conformément aux dispositions de l'art. 702, lorsqu'il y a eu conversion de saisie immobilière, sans distinction entre le cas où cette conversion est antérieure et celui où elle est postérieure à la sommation prescrite par l'art. 692, et que le notaire nommé pour procéder à l'adjudication sur conversion est juge de la question de savoir s'il doit passer outre à l'adjudication requise par un créancier inscrit, lorsque le poursuivant et le saisi ne comparaissent pas, ou s'opposent à ce qu'il y soit procédé. Et la Cour de Paris elle-même, changeant de jurisprudence, a jugé, le 23 mars 1852 (t. 79, p. 426), par confirmation d'un jugement du tribunal civil de Pontoise, que, bien que la saisie immobilière ait été convertie en vente sur publications volontaires avant la sommation prescrite par l'art. 692, les créanciers inscrits, qui ne sont pas parties dans la procédure, ont le droit, lorsqu'au jour fixé par l'adjudication le poursuivant et le saisi demandent un sursis, de s'opposer à ce sursis et d'intervenir à l'audience pour se faire subroger aux poursuites et requérir l'adjudication, et que le jugement qui, dans ces circonstances, refuse le sursis, accueille l'intervention et prononce l'adjudication, n'est pas susceptible d'appel. La Cour de Paris, il est vai, a examiné la question posée ci-dessus ; mais, appliquant à l'appel la fin de non-recevoir puisée dans les art. 703 et 730, elle a confirmé un jugement du tribunal civil de Pontoise, qui l'avait très nettement résolue dans le même sens que le tribunal de Corbeil.

Comme, dans l'espèce, il ne s'agissait pas tant de savoir s'il y avait lieu ou non à sursis que de déclarer si un créancier inscrit, jusque-là étranger aux poursuites, avait qualité pour requérir l'adjudication, M. Chauveau estime qu'il y avait là un incident rendant l'appel recevable, aux termes mêmes de l'art. 730, Cod. proc. civ. (V. *infrà*, sect. VIII), où sont cités plusieurs arrêts qu'il ne faut pas considérer comme contraires parce qu'ils ont statué en matière de saisie et non sur des cas de conversion.

1866. (Q. 2454). *Qu'arrivera-t-il si un changement d'état survient avant le jugement ? S'il survient après, quelle procédure devra-t-on suivre ?*

L'art. 747, observe M. Chauveau, ne parle que du cas où le changement d'état est postérieur au jugement : sa disposition doit être renfermée dans ses termes mêmes, et l'on doit décider que le changement d'état *connu* avant le jugement ne permet plus d'ordonner la conversion, avant qu'un nouveau consentement régulier ait été donné. Tel est aussi l'avis de MM. Decamps, p. 110 ; Dalloz, n. 1385, et Colmet-Daage, t. 2, p. 401, n. 1014.

1867. Comme le disent MM. Bioche, v° *Vente publ. d'immeubles*, n. 588, et v° *Sais. imm.*, n. 797, et Decamps, *loc. cit.*, l'affaire, continue M. Chauveau, n'est réputée en état, et l'art. 341, Cod proc., n'est applicable qu'après le jugement de conversion. Si ce changement d'état antérieur au jugement arrête la demande en conversion, le poursuivant de la saisie immobilière reprend ses poursuites, jusqu'à ce qu'il intervienne un accord régulier de toutes les volontés.

1868. Mais on s'était demandé, dans le sein de la commission du Gouvernement, quelle procédure on devrait suivre, si un changement d'état survenait après la conversion ordonnée par jugement. M. Durantin répondit que, comme pour la procédure ordinaire en saisie immobilière, on dénoncerait simplement aux parties nouvelles l'état de la procédure. M. Decamps, p. 110, partage cette opinion. Quant à M. Chauveau, il ne pense pas que sur la poursuite en saisie immobilière, pas plus qu'après un jugement sur conversion en vente volontaire, il soit nécessaire de rien signifier à une des parties intéressées dont l'état vient à changer. Si une notification est exigée par la loi pour l'accomplissement d'une formalité qui reste à observer, la notification devra être faite au représentant nouveau de la partie dont l'état aura été modifié. Mais c'est tout ; et un acte de procédure en dehors des prévisions de la loi, une espèce de reprise d'instance lui paraîtrait frustratoire (V. *infrà*, n. 1920 et s.). D'après la nouvelle loi, la saisie immobilière n'est plus considérée comme une instance proprement dite, puisque le jugement qui donne acte de la publication et celui qui prononce l'adjudication ne sont réputés que simples procès-verbaux. (Voy. *infrà*, sect. VIII) ; ce sont seulement les incidents qui donnent lieu à des instances sommaires particulières.

1869. (Q. 2454 bis). *Lorsque la conversion a été accueillie, une des parties intéressées peut-elle être admise à se faire subroger dans les poursuites, en se plaignant du retard qu'éprouve la procédure ?*

MM. Berryat-Saint-Prix, p. 609, Paignon, p. 248, n. 197, et Bioche, v° *Vente publ. d'immeubles*, n. 598, enseignent l'affirmative, contre laquelle M. Chauveau lui-même ne croit pas qu'on puisse faire d'objection sérieuse. — Si le poursuivant, mandataire commun, se montre négligent, il est de l'intérêt de toutes les parties, observe-t-il, de confier à une autre la suite de la procédure. Notre auteur pense même, avec M. Lachaize, t. 2, p 237, que, s'il y a négligence et retard, un créancier peut non seulement se faire subroger dans la procédure en conversion, mais reprendre la poursuite de saisie dont les effets n'étaient que suspendus. — Voy. aussi, dans le sens de l'affirmative sur la question posée, Cass., 12 août 1844; MM. Dalloz, n. 1423; Bioche, *Sais. immob.*, n. 710, et Colmet-Daage, t 2, p. 401, n. 1015. — Carré, au texte, avait aussi admis cette solution sous la quest. 2439. — Il croyait, disait-il, qu'en ce cas les créanciers ne doivent pas souffrir préjudice du consentement qu'ils ont donné à ce que le saisi poursuive lui-même la vente de ses immeubles; qu'en tout état de cause ils peuvent exercer le droit que chacun d'eux avait d'être poursuivant lui-même; qu'il importe peu que la loi ne se soit pas expliquée à cet égard, ou que l'on se trouve dans le cas prévu par l'art. 722, puisqu'on ne saurait supposer, de la part des créanciers, l'abandon de leur droit, sans la condition qu'ils n'éprouveront pas le dommage résultant de la négligence ou de la mauvaise volonté du saisi qu'ils ont favorisé.

1870. A Paris, comme le remarque M. Chauveau (V. son *Formulaire de procédure*, 2e édit., t. 2, p. 136, *formule* 650), il est d'usage d'insérer dans la requête tendant à conversion une clause prévoyant l'inaction du saisi, auquel la procédure de vente est confiée, et subrogeant, dès le jugement de conversion, pour cette éventualité, le poursuivant. — Cette subrogation éventuelle est toujours prononcée par le tribunal.

1871. (DIV *octies*). M. Paignon, t. 1, p. 253, n. 205, a rapporté, sans ajouter aucune réflexion, un passage du rapport de M. Persil père où il est dit : « Si les fruits ont été déjà immobilisés, ils conserveront ce caractère; « dans le cas contraire, ils *le prendront* par l'effet seul du jugement de con- « version. » M. Chauveau observe que ce passage ferait supposer que la conversion pourrait avoir lieu avant la transcription, tandis que le contraire est dans la loi et résulte même de la discussion à la Chambre des députés.

1872. D'un autre côté, notre auteur fait remarquer que M. Persil fils, *Comm.*, p. 332, n. 396, ne tient aucun compte ni des expressions dont s'est servi le rapporteur de la Chambre des pairs, ni du texte des art. 743 et 748, quand, en s'appuyant sur un arrêt de la Cour de Paris de 1831, il enseigne que, tant que la sommation n'a pas été faite (art. 692), les créanciers inscrits ne peuvent se plaindre que *la conversion ait empêché l'immobilisation des fruits.* M. Chauveau pense que le texte de la loi rendait inutile la locution de M. Persil père, puisque la conversion ne doit jamais être prononcée qu'après l'immobilisation résultant de la transcription, et que l'opinion de M. Persil fils est en opposition directe avec le texte de l'art. 748, qui déclare que les fruits conserveront le caractère d'immobilisation dont les a frappés l'art. 682, sans qu'il soit aucunement question de l'art. 692.

1873. (Q. 2455). *Que doit faire le poursuivant pour arrêter les loyers et fermages ?*

Après avoir rappelé les explications données à la Chambre des pairs et à la Chambre des députés, M. Chauveau dit qu'il en résulte que la règle de l'art. 685 est ici applicable, c'est-à-dire qu'une simple opposition suffit pour arrêter les loyers et fermages entre les mains des locataires et fermiers. Conf., MM. Colmet-Daage, t. 2, p. 402, n. 1016; Bioche, n. 798; Dalloz, n. 1411.

Mais notre auteur fait remarquer que le saisi pourra souvent être chargé de la poursuite de vente après conversion, qu'il lui répugnera de faire à sa propre requête une opposition entre les mains de ses fermiers, et qu'aucun autre créancier n'aura plus le droit de faire cet acte d'opposition, l'art. 748 le réservant au poursuivant seul.

1874. (Q. 2455 bis). *Lorsqu'une saisie a été convertie en vente sur publications volontaires avant d'être dénoncée aux créanciers inscrits, la vente amiable de partie des immeubles saisis faite avec le concours du poursuivant, est-elle valable? Cette vente ne peut-elle pas être critiquée par les créanciers inscrits intervenus dans la procédure en conversion avant la vente?*

La solution affirmative de la première question, et, par suite, la solution négative de la seconde, résultent d'un arrêt de la Cour de Lyon, du 24 août 1854 (*J. Av.*, t. 80, p. 74), qui se fonde sur ces motifs : Que la disposition rigoureuse de l'art. 686, Cod. proc. civ., n'est pas applicable à l'espèce, parce que la saisie réelle a été purgée par le jugement de conversion; que, dès lors, il ne s'agit plus d'une vente sur saisie immobilière, mais bien d'une vente volontaire sur publications judiciaires; qu'il est de principe qu'on ne peut pas étendre les nullités d'un cas à un autre; que, si le consentement seul du poursuivant a suffi pour faire ordonner la conversion, suivant l'art. 743, Cod. proc., il a évidemment suffi aussi pour la radiation de la saisie et pour la validité de la vente, lorsque d'ailleurs les créanciers intervenus n'élèvent aucun soupçon de fraude contre celle-ci. M. Chauveau n'a rien à répondre sur le premier argument La Cour de Lyon avait sans doute perdu de vue le texte de l'art. 748. Dans son *Formulaire de procédure*, 2e éd., t. 2, p. 33, note 5, il a répété ce qu'il avait dit sous la quest. 2335, à savoir, que l'art. 693, Cod. proc. civ., avait modifié considérablement les art. 686 et 687, puisque, d'après ses dispositions, la vente faite par le saisi après la transcription, mais avant la mention en marge de cette transcription de la sommation notifiée aux créanciers inscrits, est valable, si elle est faite du consentement du créancier saisissant, après la radiation de la saisie dont il a donné mainlevée. Or, dans l'espèce, les créanciers n'avaient pas reçu la sommation dont parle l'art. 692, Cod. proc., la saisie a été convertie par le consentement mutuel du poursuivant et du saisi, seuls maîtres de la procédure : il semble donc que la Cour de Lyon ait eu raison de valider la vente. Telle n'est pas cependant l'opinion de notre auteur, et les motifs qu'il invoque pour la justifier sont tirés uniquement de ce que les faits de la cause relatés dans l'arrêt établissent que deux créanciers inscrits étaient intervenus dans la procédure de conversion pour y veiller à la conservation de leurs droits, avant le jour de la vente; qu'ils étaient ainsi parties dans la procédure et que leur intervention équivalait, quant à ses effets, à la sommation de l'art. 692 (V. *suprà*, n. 1864 et s.).

1875. (Art. 743 et suiv.). *Dans le cas de conversion d'une saisie immobilière en vente sur publications volontaires, la remise proportionnelle est-elle celle allouée en matière de saisie immobilière (1 p. 100 depuis 2,000 fr. jusqu'à 10,000 fr., etc.), ou celle allouée pour les autres ventes judiciaires d'immeubles, lorsqu'il n'a pas été ordonné d'expertise (1 1/2 p. 100), et cette remise appartient-elle au seul avoué poursuivant, ou doit-elle être partagée entre les divers avoués, comme en cas de licitation?*

Consulté sur cette double question, nous avons exprimé notre avis de la manière suivante :

L'art. 743, Cod. proc., veut que la vente, dans le cas de conversion, soit faite *sans autres formalités et conditions* que celles qui sont prescrites aux art. 958 à 965 pour la vente des immeubles appartenant à des mineurs; il n'admet donc pas que le tribunal puisse ordonner une expertise pour la détermination de la mise à prix, comme dans le cas de l'art. 955; cette mise à prix doit, aux termes de l'art. 745, être formulée par les intéressés eux-mêmes dans leur requête afin de conversion. Il résulte de là qu'on ne saurait appliquer à la remise proportionnelle sur le prix d'adjudication le § 16 de l'art. 11 du tarif du 10 oct. 1841, relatif à l'hypothèse où le tribunal *n'aura pas ordonné l'expertise dans les où elle est facultative* : ici, encore une fois, l'expertise ne peut avoir lieu. Il faut donc maintenir la remise proportionnelle dans les limites fixées par le § 13 du même article. Tel est l'avis de MM. Paignon, *Journ. de procéd.*, 1854, p. 304, n. 71, et Chauveau, *Comment. du tarif*, t. 2, n. 3509. — V. toutefois, en sens contraire, Bioche, *Journ. de procéd.*, 1854, p. 305, note, et *Dict. de proc.*, vº *Saisie immobilière*, n. 792. — La question ne paraît pas avoir été examinée par les autres auteurs, et aucune décision, à notre connaissance, ne l'a résolue.

1876. Nous ne voyons aucun motif pour étendre au cas de vente après conversion de saisie immobilière la disposition du § 17 du tarif de 1841, prescrivant le partage de la remise proportionnelle entre l'avoué du poursuivant et les avoués des autres parties : dans notre hypothèse, l'avoué poursuivant la vente a seul droit à la remise. *Sic*, Chauveau, *loc. cit.*

1877. Le tribunal de Castelnaudary a, depuis, et par jugement du 30 déc. 1875 (*J. Av.*, t. 101, p. 170), décidé contrairement à notre opinion, que l'avoué poursuivant la vente sur conversion a droit, non à la remise proportionnelle allouée par le § 13 de l'art. 11 de l'ordonn. de 1841, mais à celle déterminée par le § 16 de cette ordonnance. Appelé de nouveau à nous prononcer sur la question, nous avons dit : Le tribunal de Castelnaudary objecte contre l'induction tirée de l'art. 745, Cod. proc., aux termes duquel la mise à prix doit être formulée dans la requête à fin de conversion, que si les parties intéressés, d'accord pour demander la conversion, sont divisées seulement sur la mise à prix, nul texte de loi ne s'oppose à ce qu'elles demandent au tribunal de faire lui-même cette fixation, soit d'après les éléments qui lui sont dès à présent fournis, soit d'après les résultats d'une expertise à ordonner. C'est une erreur. La loi a voulu que sa procédure de conversion fût tout à la fois rapide et économique. Voilà pourquoi la demande doit être formée, aux termes de l'art. 745, par une simple requête contenant une mise à prix qui doit servir d'estimation. Dans une prescription si claire et si formelle, il n'y a rien qui permette de supposer que le législateur ait voulu laisser aux parties la faculté de faire fixer la mise à prix par le tribunal et aux juges le pouvoir d'ordonner une expertise préalablement à cette fixation. Bien loin de là, la volonté contraire s'induit nécessairement de la combinaison de l'art. 745 avec l'art. 743, selon lequel la vente doit être faite sans autres formalités et conditions que celles prescrites par les art. 958, 959, 960, 961, 962, 964 et 965, et par conséquent sans recourir à l'expertise autorisée par l'art. 955.

1878. Un autre argument est tiré par le tribunal de Castelnaudary de l'impossibilité où l'on se trouverait de faire aboutir la procédure de conversion, si, en cas de résistance de l'un des intéressés à l'abaissement amiable de la mise à prix, après une tentative infructueuse de vente, on ne reconnaissait pas au tribunal le droit d'abaisser lui-même cette mise à prix, en recourant, au besoin, à une expertise. Ce raisonnement ne tient pas compte de l'obligation imposée par les art. 743 et 745 aux intéressés de se mettre d'accord pour pouvoir faire ordonner la conversion. La requête, contenant mention de la mise à prix, doit, d'après le dernier de ces articles, être signée par les avoués de toutes les parties. L'accord doit donc exister sur l'estimation des immeubles comme sur le fait même de la conversion ; et, par conséquent, si cette estimation, se trouvant trop élevée, n'est pas couverte par les enchères, les parties doivent s'entendre pour l'abaisser, et présenter une nouvelle requête au tribunal pour faire ordonner la vente sur une mise à prix moins forte. S'ils ne peuvent s'accorder sur ce point, il ne sera pas donné suite à la demande en conversion, et la poursuite de saisie immobilière reprendra son cours ; voilà tout. V. Bioche, *Dict. de proc.*, v° *Saisie immobilière*, n. 808 ; Boucher d'Argis, note insérée au *Journ. du Pal.*, 1858, p. 691. Attribuer au tribunal le droit d'imposer son appréciation aux dissidents, c'est méconnaître le texte et l'esprit des art. 743 et 745, Cod. proc.; c'est aussi oublier que le renvoi fait par l'art. 743 à diverses dispositions du titre de la *Vente d'immeubles* appartenant à des mineurs, ne comprend pas l'art. 963, qui charge le tribunal d'abaisser lui-même la mise à prix lorsqu'elle n'est pas couverte par les enchères. — Il ne peut donc pas être question de la faculté pour le tribunal d'ordonner, dans le cas dont nous nous occupons, une expertise afin d'être mis à même de fixer une nouvelle mise à prix ; et partant l'avoué poursuivant ne saurait avoir droit à la remise proportionnelle accordée par le § 16 de l'art. 11 du tarif, mais peut seulement réclamer celle que détermine le § 13 du même article.

1879. (*Id.*). Au cas où l'adjudication, après conversion de saisie immobilière, n'a pas lieu, par suite d'un accord des parties, l'avoué poursuivant a-t-il droit à une rémunération des démarches et travaux par lui faits en vue de cette adjudication ? Et, en cas d'affirmative, d'après quelle base la rémunération doit-elle être fixée ?

A cette question, qui nous a été également soumise, nous avons répondu que l'arrêt de la Cour de cassation du 23 nov. 1869 (*J. Av.*, t. 95, p. 95), qui décide que lorsque l'adjudication sur licitation n'a été empêchée que par la volonté des parties, les avoués de ces dernières peuvent, comme tout mandataire salarié, réclamer, en dehors des actes tarifés de la procédure, la rémunération des soins et démarches auxquels ils se sont livrés et des travaux qu'ils ont accomplis en vue de l'adjudication, consacre une solution qui doit s'appliquer à toutes les ventes judiciaires d'immeubles, comme la disposition de l'art. 11 de l'ordonnance du 10 oct. 1841 qu'elle interprète. Cette solution, en effet, avons-nous fait remarquer, est fondée sur le principe général d'après lequel les officiers ministériels ont droit à la rémunération des travaux extraordinaires qu'ils ont accomplis dans l'intérêt de leurs clients, soit en exécution d'un mandat formel de ces derniers, soit en vertu d'un quasi-contrat de gestion d'affaires (V. Cass., 1er fév. 1870 ; Bordeaux, 18 janv. 1872 ; Trib. de la Seine, 27 avril 1872 ; Trib. de Marseille, 4 avril 1873 (*J. Av.*, t. 95, p. 265 ; t. 97, p. 213 et 257 ; t. 98, p. 363). Or, l'application de ce principe n'est pas moins bien justifiée dans le cas de poursuite de vente sur saisie immobilière ou sur conversion, que dans le cas de licitation : les raisons de décider sont absolument les mêmes dans ces diverses hypothèses.

1880. Quant au mode de détermination des honoraires de l'avoué en pareille circonstance, il est nécessairement abandonné à l'appréciation des tribunaux. Il ne peut plus être question de remise proportionnelle, du moment que le prix d'adjudication qui devrait en être la base fait défaut. L'avoué n'est autorisé qu'à réclamer pour ses soins et ses démarches une indemnité que les juges devront déterminer d'après les circonstances (V. les décisions précitées), et qui sera plus ou moins élevée suivant le degré d'avancement de la procédure et la nature du travail et des peines de l'avoué.

1881. Sur l'un et l'autre point, le tribunal civil de la Seine a confirmé notre opinion par un jugement du 2 juillet 1878 (*J. Av.*, t. 104, p. 66), qui décide que si l'avoué, qui poursuit une vente sur conversion de saisie immobilière, n'a pas droit à la remise proportionnelle allouée par l'art. 11 de l'ordonnance du 10 octobre 1841, lorsque l'adjudication n'a pas eu lieu, il est néanmoins fondé à réclamer, pour les soins qu'ont exigés les actes de la procédure déjà accomplis, des honoraires dont il appartient aux tribunal de déterminer le chiffre.

§ 7. — Procédure relative aux incidents.

1882. (Q. 2412). *Les dispositions de l'art. 718, qui ordonnent de présenter les incidents par un simple acte d'avoué à avoué, sont-elles prescrites à peine de nullité, en ce sens qu'un incident introduit par exploit doive être déclaré nul?*

Qu'on décide que les frais occasionnés par une assignation à domicile ne seront pas passés en taxe, cela se conçoit, dit M. Chauveau; mais qu'on annule l'action ainsi introduite, ce serait trop sévère. Conf., M. Bioche, vº *Saisie immob.*, n. 581. Toutefois, la loi n'accorde pour comparaître que huitaine, sans augmentation de délai; et si le domicile du défendeur à l'incident se trouvait à un éloignement tel qu'il lui fût impossible de faire parvenir l'assignation à son avoué, il pourrait alors proposer la nullité de la demande, parce que le mode suivi n'aurait pas été celui indiqué par la loi, et que les prescriptions favorables à la défense auraient été méconnues. Conf., M Dalloz, n. 1009. V. aussi dans le même sens, sur les deux points, notre *Formul. annot.*, t. 2, p. 673, n. 2. Sans doute, ajoute M. Chauveau, il eût été préférable que l'art. 718 exigeât, à peine de nullité, la signification par acte d'avoué à avoué; mais elle ne l'a pas fait et les nullités ne se suppléent pas.

1883. Sous le Code de 1807, qui ne contenait, dans son art. 718, rien de spécial relativement au mode d'introduction de l'action, Carré avait posé les deux questions suivantes:

1º Les demandes en nullité de saisie immobilière sont-elles exceptées des dispositions d'après lesquelles les incidents doivent être signifiés à avoué? L'auteur citait, dans le sens de la négative, un arrêt de la Cour de Bruxelles, fondé sur les dispositions des art. 337 et 718, Cod. proc., et 124 du tarif.

1884. 2º La demande en nullité n'est-elle recevable qu'autant qu'elle est formée par requête d'avoué à avoué? Cette question, observait Carré, suppose que la demande en nullité a été faite, soit par exploit, au lieu de l'être par requête, soit verbalement et à l'audience, et présente à décider si cette demande est recevable. C'est là un point fort controversé. L'auteur exposait comme il suit les raisons invoquées de part et d'autre:

On dit, pour l'affirmative, qu'en prescrivant la nécessité de proposer, avant l'adjudication préparatoire (la publication du cahier des charges), les moyens de nullité contre la procédure qui l'a précédée, la loi n'a déterminé ni le mode d'après lequel ces moyens doivent être proposés, ni le temps dans lequel ils doivent l'être, qu'elle a voulu seulement qu'ils ne pussent l'être après l'adjudication préparatoire (la publication), puisqu'elle l'a dit nommément, et qu'elle ajoute qu'ils seront jugés avant l'adjudication; que de cette disposition il résulte que la loi a laissé la faculté de proposer ces moyens de nullité, soit verbalement, soit par écrit, à l'audience même indiquée pour l'adjudication (la publication), pourvu que cela soit fait avant le jugement qui la prononce; que la loi n'ayant ordonné que cela seulement, on ajouterait visiblement à sa disposition en exigeant quelque chose de plus; que l'on peut d'autant moins douter que ce ne soit là le véritable sens, le véritable esprit de la loi, que, par l'art. 735 (729), elle a bien expressément déterminé le mode et le temps pour la proposition des moyens de nullité contre les procédures postérieures à l'adjudication préparatoire (la publication), puisqu'elle exige qu'ils soient proposés par requête, avec avenir à jour indiqué.

1885. On réplique, dans le sens contraire, que des dispositions combinées des art. 733 (728) et 735 (729), il résulte que la demande en nullité de la procédure antérieure à l'adjudication préparatoire (la publication), comme la procédure postérieure, doit être formée par requête: qu'il y a, en effet, parité de raisons pour exiger une requête signifiée, dans les deux cas prévus par les art. 733 et 735 (728 et 729); que, s'il pouvait s'élever quelques doutes sur l'interprétation de ces articles, ils seraient levés par les dispositions de l'art. 124 du règlement contenant le tarif des frais et dépens, et qui rappelle expressément cet art. 733 (728) et s'y rattache; qu'il ne peut prescrire et taxer un acte inutile; qu'au contraire, ordonnant une requête, il doit la croire indispensable dans l'esprit du Code de procédure; qu'il est juste que le poursuivant, devenant défendeur à la demande en nullité, soit averti aussitôt de cette demande, pour pouvoir se défendre à l'audience même indiquée pour l'adjudication préparatoire (la publication), puisque, d'après l'art. 733 (728), cette adjudication (la publication) ne peut être remise, et doit être faite au jour fixé, en cas que les moyens de nullité soient rejetés.

1886. La première opinion semblait préférable à Carré, parce qu'elle était, suivant lui, fondée sur les principes d'après lesquels on doit interpréter les dispositions du Code de procédure. Il admettait que le Code de procédure et le tarif indiquent *la requête* comme l'acte par lequel *il convient* de proposer les moyens de nullité dont il s'agit ici. Mais, à son sens, on ne pouvait raisonnablement en conclure que cette manière de procéder doive être suivie *à peine de nullité*, puisque la loi ne s'explique pas à cet égard.

1887. M. Chauveau indique quelques monuments de jurisprudence survenus depuis 1841 sur cette question.

La Cour de Bastia a décidé, par arrêt du 4 mai 1857 (*J. Av.*, t. 83, p. 381), que la nullité résultant d'une désignation insuffisante dans le procès-verbal des immeubles saisis doit être demandée par acte d'avoué et non par des dires et observations à la suite du cahier des charges, et par arrêt du 17 fév. 1858 (S.-V.58.2.166), que cette forme de procédure est prescrite à peine de nullité, et qu'il ne peut y être suppléé par de simples conclusions prises à l'audience. Mais la Cour de Rouen a admis qu'on peut recourir indifféremment à l'acte d'avoué ou à l'exploit: arrêt du 19 oct. 1858 (*Journ.*, 1858, p. 312). L'auteur mentionne aussi un jugement du tribunal civil d'Arras (*J. Av.*, t. 74, p. 393), qui, tout en statuant dans le même sens, a cependant mis le coût de l'assignation à la charge du demandeur.

1888. Par un arrêt du 26 janv. 1847, la Cour de Dijon a décidé qu'une demande en nullité était recevable, quoique notifiée seulement deux jours avant la publication, si elle avait été proposée par un dire à la suite du cahier des charges dans le délai prescrit par la loi. Mais M. Chauveau repousse cette solution. De ce que la forme d'acte d'avoué à avoué n'est pas sacramentelle, et de ce que l'assignation directe serait valable, il ne s'ensuit pas, suivant lui, qu'on puisse se dispenser de toute notification d'une demande en nullité. Dans l'espèce soumise à la Cour de Dijon, la question qui se présentait était celle-ci: les moyens de nullité sont-ils proposés légalement par un dire sur le cahier des charges? Réduite à ces termes, la difficulté est-elle sérieuse, demande M. Chauveau? L'art. 691 veut que le poursuivant fasse sommation au saisi de prendre communication du cahier des charges; l'art. 694 accorde un délai de trois jours avant la publication au poursuivant, à la partie saisie, et aux créanciers inscrits pour faire insérer à la suite de la mise à prix les dires et observations ayant pour objet d'introduire des modifications dans le cahier des charges. Au jour indiqué par la publication (art. 695), le tribunal statue sur les dires et observations. La publication faite, le mode de procéder tout spécial, indiqué par ces divers articles, n'a plus d'objet. Les parties intéressées ont le droit d'élever des incidents. Le législateur s'en est occupé dans les art. 717, 718, 728, etc. Il a tracé les formes, il a indiqué les délais. Une partie ne peut substituer, par analogie, à ces formes et à ces délais, d'autres formes, d'autres délais applicables à une phase différente de la procédure. Ainsi, l'inscription d'un dire contenant demande en nullité de la poursuite, à la suite du cahier des charges, n'a aucune valeur; ce n'est qu'un avertissement extrajudiciaire; le poursuivant peut, s'il le juge convenable, en demander l'appréciation, mais il peut, impunément, n'en tenir aucun compte. Il n'est pas averti légalement. Le législateur a soigneusement distingué les dires des demandes en nullité. L'art. 694 a parlé des dires de nature à entraîner une modification du cahier des charges; l'art. 728 accorde un délai pour proposer les moyens de nullité contre la procédure qui précède la publication. Le rapporteur de la Chambre des pairs expliquait la pensée de la commission en ces termes : « Nous ne « parlons pas encore des nullités et incidents; le projet en a fait, comme le « Code de procédure, un titre à part. C'est le cahier des charges qu'il faut « examiner. » La Cour de Dijon considère l'insertion du dire comme une demande; c'est bien une demande, mais en rectification, et non en nullité. Le dire pouvait avoir date certaine comme dire provoquant une rectification, mais non comme introduisant une action incidente en nullité des poursuites. Autrement, il faudrait aller jusqu'à décider qu'aucune notification ne devrait être faite. Si le dire émane d'un créancier qui, comme il en a le droit, veut faire prononcer la nullité de la saisie, le saisi ne sera donc même pas averti par notification? Comment concilier cette étrange doctrine avec la disposition qui exige la signification à personne ou domicile pour la partie qui n'a pas constitué avoué? L'auteur termine en faisant observer qu'il y a toujours de graves inconvénients à méconnaître l'harmonie des diverses dispositions d'une loi, à créer un système nouveau en dehors des prévisions du législateur. Son opinion, dit-il, paraîtra peut être rigoureuse pour l'espèce dont il s'occupe; mais, appliquée d'une manière générale, elle doit, suivant lui, être considérée comme conforme à l'esprit et au texte de la loi. Du reste, elle a été consacrée par un arrêt de la Cour de Rouen, du 21 nov. 1849, qui a rejeté une demande en nullité formée par un dire au bas du cahier des charges, plus de trois jours avant celui de la publication : « Attendu que l'art. 718, Cod. proc., exige que toute demande incidente à une poursuite de saisie immobilière soit formée par acte d'avoué à avoué, contenant les moyens et conclusions, ou par exploit d'ajournement contre toute partie qui n'aurait point d'avoué en cause; que *cette formalité est substantielle*, puisque son accomplissement seul peut rendre possible la défense aux incidents. »

1889. Il a été, depuis, jugé aussi, d'une part, conformément à cette dernière solution, que la demande en nullité d'une saisie immobilière ne saurait être valablement formée par un simple dire sur le cahier des charges; un tel dire ne pouvant remplacer l'acte d'avoué à avoué exigé pour les demandes incidentes par l'art. 718, Cod. proc. : Alger, 18 déc. 1873 (*J. Av.*, t. 99, p. 224); Bordeaux, 28 fév. 1876 (t. 101, p. 419); et, d'autre part, dans le sens de la décision de la Cour de Bastia, mentionnée ci-dessus, n. 1887, que la demande en nullité d'une adjudication sur saisie immobilière, en admettant même qu'elle constitue un incident de la poursuite de saisie, ne peut être formée par des conclusions prises à la barre au moment même où l'adjudication est requise, mais doit l'être par acte d'avoué à avoué contenant les moyens et conclusions, et cela vis-à-vis de toutes les parties représentées par un avoué dans la cause : Montpellier, 17 avril 1874 (t. 100, p. 461).

1890. Mais la Cour de Bastia elle-même a décidé, par un arrêt du 21 mai 1866 (*J. Av.*, t. 92, p. 133), rentrant dans la doctrine de Carré, que les demandes incidentes à une saisie immobilière sont valablement formées par voie de requête, au lieu de l'être par acte d'avoué à avoué, si d'ailleurs la requête contient les moyens et conclusions. — Et, d'après le même arrêt, la requête ne peut être déclarée nulle par cela seul que l'exploit de signification ne contient pas sommation d'audience, les parties étant tenues de comparaître devant le tribunal au moins le jour fixé pour la publication du cahier des charges. — Au surplus, toute irrégularité se trouve couverte par les conclusions prises ce jour-là par les avoués des parties sans protestation.

1891. (Q. 2412 bis). *Quelle est la portée de ces expressions de l'art.* 718 : Toute demande incidente ?

Carré, au texte, soutenait que la forme de procéder prescrite par l'art. 718 était commune à toute contestation incidente à une poursuite de saisie immobilière, en observant toutefois qu'il était certaines contestations que l'on pouvait se dispenser d'introduire par requête ; telles, par exemple, que celles qui peuvent s'élever entre le saisissant et le saisi, ou quelqu'un des créanciers, sur la rédaction des charges et conditions de la vente ; qu'il pouvait suffire, dans ce cas, que l'avoué de la partie qui contesterait écrivît son dire sur le cahier des charges, sauf à l'avoué adverse à consentir ou à contester par un autre dire qu'il écrirait et signerait également ; sur quoi le tribunal prononcerait, lors de la publication à l'audience.

1892. Dans son rapport sur la loi de 1841, M. Persil père, après avoir dit que les incidents prévus étaient au nombre de huit, et les avoir énumérés, a ajouté : « S'il s'en présentait d'autres, ils devraient être instruits et « jugés d'après la règle générale de l'art. 718, et suivant les principes que « nous allons développer. » M. Persil fils, *Comm.*, t. 1, p. 26, n. 298, généralise encore davantage cette pensée, en disant : « L'art. 718 ne s'applique « pas seulement aux incidents prévus par la loi, mais encore à *tous ceux* qui « peuvent se présenter dans le cours de la poursuite. » — Suivant M. Paignon, t. 1, p. 196, n. 137 : « Par demande incidente, on doit entendre toute « demande qui *naît à l'occasion d'une saisie réelle* ; car, s'il s'agissait d'une « instance qui ne se référât pas directement à cette poursuite, et qui n'en fût « pas une émanation immédiate, il n'y aurait plus lieu à l'application de ce « titre pour son instruction. » Tel est aussi l'avis de M. Lachaize, t. 2, p. 81, n. 421.—M. Pascalis avait dit, en 1838, que les auteurs du projet de loi ne s'étaient pas arrêtés à l'opinion qui voulait que les seuls incidents relatifs à des nullités de procédure ou à des demandes en subrogation, fussent jugés avec célérité et économie, et que les incidents fondés sur la nullité du titre et les demandes en distraction fussent considérés comme affaires ordinaires. — La commission de la Cour de cassation avait proposé de rayer de l'article du projet le mot *demande*, et de rétablir celui de *contestation* employé par l'ancien art. 718, de peur qu'on n'en abusât pour mettre en cause un citoyen qui aurait à faire valoir un droit de servitude ou tout autre droit réel, sur la propriété mise en vente : « A l'égard de ce particulier, disait le « rapporteur de cette commission, un exploit d'ajournement à trois jours, « sans observation de délai de distances, conduirait à une spoliation ; on n'a « pas le droit, parce qu'il y a une saisie, d'appeler ainsi en cause des étran- « gers, et de porter atteinte à leurs droits de défense ; un ajournement, sans « observation du délai des distances, vis-à-vis d'une partie qui n'est point en « cause, n'est pas un ajournement, puisque cette partie peut être éloignée « de plus de trois jours, et être mise ainsi dans l'impossibilité de répondre « à la citation. Sous ce rapport, l'innovation proposée par le projet n'est pas « acceptable. L'article doit être restreint aux *contestations* véritablement in- « cidentes à la poursuite, élevées par le saisi déjà mis en demeure, le pour- « suivant ou les créanciers inscrits, à partir de la dénonciation qui leur a été

« faite. Si telle a été l'intention des auteurs du projet, si c'est le sens qu'il « faut attacher à ces expressions *toute demande incidente*, il n'y a aucun in- « convénient à rétablir les expressions du Code, *toute contestation incidente*, « qui sont plus claires et qui avertissent les juges de ne pas admettre, sous « prétexte d'incident, des demandes réelles et principales qu'on ne voudrait « rattacher à la poursuite que pour se dérober aux dispositions du droit com- « mun ; c'est un abus qu'il faut prévoir. » Enfin, dans une de ses séances, la commission du Gouvernement déclara que, dans son opinion, les contestations élevées sur le commandement resteraient dans les termes du droit commun.

1893. Après avoir rappelé toutes ces opinions, M. Chauveau observe que s'il pouvait s'élever, sous l'empire du Code de 1807, quelque controverse sur la question de savoir si un incident tenant au fond même du droit serait considéré comme une contestation incidente, il n'y a plus de doute aujourd'hui que tout incident élevé dans le cours de la poursuite, pour la faire annuler, l'entraver, la suspendre, ou en atténuer les effets, soit qu'il concerne la qualité des individus, les titres de créances, ou les formes de la procédure, doit être considéré comme une *demande incidente*, pourvu que cet incident émane d'une des parties naturellement présentes à la poursuite. Mais il est d'avis, comme l'estimait la commission de la Cour de cassation, que le saisissant, le saisi ou les créanciers inscrits ne peuvent pas, par forme d'interpellation incidentelle, assigner un tiers en déguerpissement, critiquer des prétentions qu'ils lui supposent, le forcer enfin à intervenir dans une instance à laquelle il veut rester étranger, à ses risques et périls. Par rapport à ce tiers, évidemment, une action de cette nature serait principale, introductive d'instance, sujette au préliminaire de concilation. Conf., MM. Bioche, v° *Saisie immob.*, n. 578 ; Colmet-Daage, t. 2, p. 403, n. 1018 ; Rodière, t. 3, p. 166; Duvergier, t. 1, p. 265; Jacob, t. 2, p. 2, n. 156.

1894. Il a été jugé, dans le sens de la doctrine de M. Chauveau, qu'une demande quoique formée au cours d'une procédure de saisie immobilière, n'est pas incidente à cette saisie, si elle n'intéresse pas exclusivement ceux qui sont parties essentielles dans la poursuite, et si elle ne se rattache pas d'une manière étroite et nécessaire à la procédure de saisie ; qu'ainsi, spécialement, l'action en nullité du bail à ferme et de la vente que le saisi a consentie d'une partie de ses immeubles, formée par le saisissant contre le fermier et l'acquéreur, n'a pas le caractère d'une demande incidente, et dès lors ne peut être valablement intentée ni instruite suivant les formes tracées par l'art. 718, Cod. proc., mais doit l'être suivant les formes ordinaires : Trib. civ. de Guéret, 26 août 1874 (*J. Av.*, t. 99, p. 438).

1895. Notre auteur a établi (*sup.*, n. 1253 et s.), que les demandes en résolution intentées par le vendeur forment des instances séparées, et ne doivent point être considérées comme des incidents de saisie immobilière. Pour les faire rentrer dans la procédure exceptionnelle de l'art. 718, il aurait fallu une disposition semblable à celle de l'art. 725, relatif à la demande en distraction, et les termes de l'art. 717 démontrent, au contraire, que cette action si importante se poursuit en dehors des parties qui figurent à la saisie.

1896. M. Chauveau admet, avec la commission du Gouvernement, que les contestations qui surgissent après le commandement, mais avant le procès-verbal de saisie, ne sont pas régies par l'art. 718. Ainsi il pense, contrairement à un arrêt de la Cour de cassation, du 10 déc. 1807 (*J. Av.*, t. 20, p. 123), dans l'espèce duquel le fait était singulièrement favorable au système qui a prévalu, qu'une demande en validité d'offres réelles qui serait, après la saisie, une demande incidente, devrait, avant le procès-verbal, être suivie dans les formes habituelles de cette procédure. — Tel est aussi l'avis de MM. Dalloz, n. 1024, et Colmet-Daage, *loc. cit.* — Compar. *suprà*, n. 1905.

1897. Un arrêt de la Cour de Bordeaux, du 23 août 1860 (*J. Av.*, t. 86, p. 51), a jugé, conformément à cette doctrine, que le jugement, qui ordonne la jonction d'une instance en nullité d'un commandement tendant à saisie immobilière et celle en nullité de saisie elle-même et statue sur le tout, ne peut être réputé rendu sur un incident de saisie; et qu'en conséquence, si l'une des parties intimées en appel fait défaut, il y a lieu de rendre un arrêt de défaut profit-joint.

1898. D'après les principes posés ci-dessus, le débiteur qui excipe des saisies-arrêts faites entre ses mains pour obtenir un sursis aux poursuites de saisie immobilière dirigées contre lui, ou pour faire prononcer la nullité de la saisie immobilière; le curateur à une succession vacante qui s'appuie, pour faire suspendre les poursuites en saisie immobilière contre la succession, sur ce qu'il est *tenu avant tout* d'en faire constater l'état par inventaire, forment des demandes incidentes qui ont été déclarées admissibles, quant à la forme, par la Cour de cassation, le 24 vendém. an XII (*J. Av.*, t. 12, p. 530); par la Cour de Paris, le 23 oct. 1811 (*J. Av.*, t. 20, p. 341), et par la Cour de Bruxelles, le 2 juill. 1817. — Ont été encore considérées comme des incidents régis par l'art. 718 : la demande en saisie plus ample autorisée par l'art. 743, Cod. proc. : Bastia, 17 fév. 1858 (S.-V.58.2. 166); la demande en radiation d'une précédente saisie formée par le second saisissant sur le refus du conservateur de transcrire la nouvelle saisie : Rouen, 19 oct. 1858 (*Journ. de proc.*, 1858, p. 312).

1899. Mais la Cour de Douai a décidé, le 21 mars 1849 (*J. Av.*, t. 74, p. 496); que la demande en dommages-intérêts pour défaut de contenance, dirigée contre le vendeur d'un immeuble qui poursuit contre son acquéreur, par voie de saisie immobilière, le paiement du prix de la vente, ne constitue pas un incident de saisie immobilière qui puisse être proposé dans la forme voulue par l'art. 718, Cod. proc., et qui doive l'être dans le délai prescrit par l'art. 728 du même Code. — Au premier examen, dit M. Chauveau, il semble que cet arrêt contrarie la doctrine qui vient d'être exposée. On doit remarquer, cependant, que, dans l'espèce, l'exception du saisi ne tendait pas à empêcher l'adjudication : 1° parce qu'elle n'avait pas trait à la procédure; 2° parce qu'elle ne diminuait en rien le droit du créancier de poursuivre la saisie; car, en la supposant fondée, elle eût amené seulement une légère diminution dans le chiffre de la créance, ce qui n'empêchait pas le vendeur de continuer les poursuites pour le surplus.

1900. V. encore *infrà*, la quest. 2424 (n. 1988 et s.), où sont cités de nombreux arrêts sur l'appréciation des circonstances qui constituent les incidents de saisie immobilière.

1901. (Q. 2412 ter). *Contre qui les demandes incidentes doivent-elles être introduites?*

Cette question paraît à M. Chauveau présenter une grave difficulté. Il indique comme il suit les points d'où naît l'embarras : — A compter de la sommation prescrite par l'art. 692, les créanciers inscrits sont considérés comme *parties* à la saisie. Pour eux, et aussi pour ceux inscrits plus tard, et pour les créanciers à hypothèque légale dispensée d'inscription, la purge sera complète (V. quest. 2394, v° *Surenchère*, n. 154 et s., et 2403, *suprà*, n. 1186 et s.); la conversion ne pourra pas s'opérer sans eux (art. 743); on ne pourra pas leur opposer des jugements qui, en leur absence, auraient prononcé la radiation de la saisie (Voy. *suprà*, n. 817 et s.). — Ne semblerait-il pas résulter alors de ces diverses solutions que les mots *toute partie* de l'article 718 comprennent non seulement les saisissants et le saisi, mais tous les créanciers inscrits à l'époque où la sommation a dû leur être faite, en vertu de l'art. 692?

1902. Néanmoins, on doit reculer devant les frais énormes que pourrait nécessiter la mise en cause de cent ou de deux cents créanciers différents. Et il y aurait une grande bizarrerie à permettre l'assignation de tous les créanciers inscrits, à l'occasion d'une simple demande en subrogation, ou même d'une demande en nullité, lorsqu'à l'occasion de l'incident le plus important de la saisie, *la demande en distraction*, l'action ne peut être formée que contre *le saisissant, la partie saisie et le créancier premier inscrit*. Pour conclure sur cette question, il faut donc suppléer au silence de la loi. Or, notre auteur pense que les incidents ordinaires, tels que les demandes en subrogation, en nullité, les poursuites en folle enchère, etc., doivent être discutées entre le demandeur, le poursuivant et le saisi ; que si, plus tard, un créancier s'oppose à ce que la radiation de la saisie soit opérée en vertu d'un jugement qui n'aura pas été rendu contre lui, ainsi qu'il lui en a reconnu le droit (V. *suprà*, n. 817 et s.), ce sera un nouvel incident qui sera vidé entre ce créancier et la partie intéressée au maintien de ce jugement. Conf., MM. Dalloz, n. 1011 ; Bioche, v° *Sais. imm.*, n. 582. — Quant aux autres incidents, tels que la demande en distraction, la demande en conversion, la loi, observe-t-il, a déterminé les rôles; *dans la première*, elle a constitué le créancier inscrit mandataire de tous les autres créanciers; le jugement sera commun à *toutes les parties intéressées ; dans la seconde*, il faut unanimité de consentement (V. *suprà*, n. 1836 et s.), c'est une procédure toute volontaire, et il ne peut pas s'élever un contentieux incidentel. — L'auteur ajoute que la pratique a, depuis 1841, confirmé son opinion.

1903. (Q. 12 *quater*). *Le saisi qui argue de nullité la saisie immobilière à raison des fausses désignations ou des omissions qui se trouvent dans le procès-verbal, peut-il être admis à prouver ses allégations par témoins comme par titres ?*

M. Berriat-Saint-Prix, p. 780, n. 50, professe l'affirmative, contrairement, il est vrai, à deux arrêts, l'un de la Cour de Paris, du 8 juin 1812 (*J. Av.*, t. 20, p. 362); l'autre, de la Cour de Bordeaux, du 8 déc. 1831 (*J. Av.*, t. 43, p. 724). M. Chauveau donne la préférence à la doctrine de ce jurisconsulte. Sans doute, dit-il, la loi du 2 juin 1841 s'est proposée d'imprimer à la procédure sur saisie immobilière autant de célérité *que possible ;* mais ces derniers mots, employés par M. Persil dans son rapport à la Chambre des pairs, impliquent nécessairement que, toutes les fois que la rapidité que le législateur a cherché à réaliser par les dispositions de la loi nouvelle serait de nature à porter une grave atteinte aux intérêts du saisi, il entrerait dans les attributions du juge d'en atténuer les effets par de sages modifications.— Or, il peut arriver que les fausses désignations ou les omissions commises dans les divers actes de publicité requis en cette matière aient retardé, empêché même l'arrivée des enchérisseurs, et l'on ne voit pas pourquoi, dans ce cas, on pourrait refuser une enquête sur les faits dont il a été impossible au saisi de se procurer une preuve écrite. L'opinion de notre auteur a été consacrée, d'une manière formelle par trois décisions des Cours de Dijon, 28 fév. 1818 ; Rennes, 23 nov. 1819 (*J. Av.*, t. 20, p. 513 et 549), et Paris, 3 janv. 1845 (t. 68, p. 380), et implicitement, par un arrêt de la Cour de Bordeaux, du 27 janv. 1838 (*J. Av.*, t. 55, p. 435).

1904. M. Chauveau fait, du reste, observer que par ces mots, *omissions ou fausses désignations*, il n'entend parler que de celles qui seraient l'effet d'une erreur commise par l'officier ministériel chargé de la rédaction des actes de publicité; car, si elles ne provenaient que d'une erreur matérielle commise sur la matrice du rôle, on ne pourrait les détruire ni par enquête, ni même par certificats, ainsi que l'a jugé la Cour de Besançon, le 26 nov. 1810 (*J. Av.*, t. 20, p. 290), parce qu'à l'impossible nul n'est tenu. Il suffira au défendeur d'établir, dans ce cas, l'identité parfaite de l'acte argué avec les indications portées en la matrice du rôle. L'enquête se fait alors à l'audience dans la forme sommaire : arrêt précité de la Cour de Paris.

1905. (Q. 2412 quinquies). *Quel est le tribunal compétent pour connaître des demandes incidentes en matière de saisie immobilière?*

En règle générale, observe M. Chauveau, les tribunaux saisis d'une demande principale sont compétents pour juger les incidents que peut faire naître cette demande, lorsque ces incidents appartiennent à la matière dont la loi leur a dévolu la connaissance. Notre auteur pense donc qu'en matière de saisie immobilière, le tribunal de la saisie est compétent pour connaître de toutes les demandes qui peuvent être suivies, incidemment à cette procédure.—Conf., MM. Rodière, t. 3, p. 167; Dalloz, n. 1005.—Cette doctrine est d'ailleurs celle qu'avait adoptée, après discussion, la commission du Gouvernement. Cette commission avait, en effet, déclaré qu'il demeurait bien entendu que le tribunal du lieu de la saisie était compétent pour connaître de tous les incidents nés à l'occasion de la saisie, quelle que fût d'ailleurs la nature des moyens ou exceptions proposés à raison de ces incidents.

1906. La jurisprudence a fait application de cette règle. Ainsi, il a été jugé par la Cour de Bruxelles, le 16 déc. 1857 (*Belg. jud.*, 1858, n. 84), que, lorsqu'une expropriation forcée est poursuivie en vertu d'un jugement rendu par un tribunal dans le ressort duquel n'est pas situé l'immeuble saisi, c'est au tribunal compétent pour statuer sur la validité de la saisie qu'il appartient de statuer sur la régularité du titre du saisissant; et par la Cour de Douai, le 15 mars 1858 (*J. Av.*, t. 84, p. 63), qu'en matière de saisie immobilière, le tribunal de la situation des biens est exclusivement compétent pour connaître des moyens de nullité proposés, soit contre la procédure, soit contre le titre, alors même que la compétence est déclinée *ratione materiæ*, et qu'il a été fait dans les actes élection de domicile hors la juridiction de ce même tribunal.

1907. (Q. 2412 septies). *Comment peut être proposée la nullité provenant de ce que le ministère public n'a pas été entendu ?*

Dans ses observations sur le projet de 1838, la Cour de Caen s'était exprimée à cet égard dans les termes suivants : « Il serait utile de dire que la « nullité résultant du défaut de conclusions du ministère public ne peut être « proposée que par voie d'appel et non de requête civile (art. 480, Cod. « proc., n° 8). » Suivant M. Chauveau, la Cour de Caen envisageait, sous un point de vue trop restreint, le vice de procédure qu'elle signalait. Car, ou le jugement peut n'être pas susceptible d'appel, ou bien, ce sera devant la Cour saisie d'un appel que le ministère public n'aura pas été entendu. Il ne peut s'agir, dans ces deux cas, de savoir si le défaut de conclusions sera un moyen d'appel ou un moyen de requête civile, mais bien si ce sera un moyen de cassation ou un moyen de requête civile. Mais alors la difficulté se rattache au commentaire de l'art. 480, n° 8, et l'auteur y renvoie (V. v° *Requête civile*). Quant aux jugements susceptibles d'appel, il est incontestable, dit-il, que le moyen pourra toujours être, devra même être proposé sur l'appel, et qu'il ne serait plus possible, après l'expiration des délais d'appel, d'en faire un moyen de requête civile. Conf. M. Dalloz, n. 1012.

1908. M. Chauveau fait ensuite remarquer qu'il a raisonné comme si le législateur avait attaché la peine de nullité à l'inobservation des prescriptions de l'art. 718, parce qu'il s'agit de prescriptions introduites dans l'intérêt public, et que l'expression impérative de la volonté de la loi, « *Tout jugement qui interviendra ne pourra être rendu que sur les conclusions du ministère public* », implique suffisamment cette sanction. La nullité du jugement rendu sans que le ministère public ait été entendu, a été d'ailleurs admise par la Cour de Bordeaux, le 21 juin 1842 (*J. Av.*, t. 63, p. 466). Conf.,

M. Rodière, t. 3, p. 167 ; et la Cour de Rennes a décidé que la nullité résultant de ce qu'un jugement sur incident de saisie immobilière ne constate pas l'audition du ministère public est d'ordre public, et qu'elle peut être proposée en appel, bien qu'elle n'ait pas été énoncée dans l'exploit d'appel : arrêt du 1er août 1851 (*J. Av.*, t. 77, p. 320).

1909. L'art. 718 ne parlant que des demandes incidentes, il ne peut pas être appliqué, observe M. Chauveau, aux jugements qui donnent acte des publications, ou qui prononcent l'adjudication. Conf., M. Bioche, vº *Sais. imm.*, n. 587.

1910. (Q. 2412 sexies). *Quelle doit être la forme des jugements sur incidents?*

M. Persil, *Comm.*, p. 262, n. 299, répond ainsi à cette question : « Les « jugements rendus sur incidents ne doivent pas être nécessairement rédigés « dans la forme ordinaire des jugements. Il n'est pas nécessaire qu'ils con« tiennent un point de fait et un point de droit. » Au contraire, la Cour de Caen, dans ses observations sur le projet de loi, avait dit : « On a jugé que « les jugements sur incidents dans une expropriation forcée ne doivent pas « être rédigés et expédiés dans les formes ordinaires. *On croit que c'est une « erreur*, mais il serait bon peut-être de la prévenir par une rédaction ex« plicite. » — Le 4 janv. 1813, la Cour de Rennes a décidé que ces jugements sont, en effet, soumis aux formalités ordinaires; et Carré citait cet arrêt, sans le combattre, dans une de ses notes.

1911. En présence de ces deux opinions, diamétralement contraires, M. Chauveau propose quelques distinctions qui lui paraissent résulter de la nature des choses. Certains jugements rendus sur incidents devront, dit-il, être signifiés avant leur mise à exécution. Par exemple, une demande en distraction est accueillie ; le demandeur doit veiller, avant d'en faire la signification, à ce que le jugement qu'il a obtenu réunisse toutes les mentions ordinaires des jugements. D'autres décisions, au contraire, peuvent être exécutées sans signification préalable, et ne sont même pas susceptibles d'appel (art. 728, 729 et 730) ; il paraît fort inutile qu'en ce cas les jugements soient expédiés, et, par conséquent, la rédaction des motifs et du dispositif doit suffire. C'est donc plutôt à raison de leur exécution qu'à raison de leur nature, que les jugements sont souvent dispensés de contenir le point de fait et de droit, et ce qu'on appelle *les qualités*. Mais, dans le cas où l'une des parties voudrait faire signifier un de ces jugements pour faire courir les délais du pourvoi en cassation, la signification en sera inutile, si le jugement ne renferme pas toutes les énonciations exigées par l'art. 141, Cod. proc. civ.

1912. Les incidents, observe M. Chauveau, forment une procédure spéciale, qui doit être vidée avant qu'on puisse passer outre. Le jugement qui intervient doit être complet par lui-même. N'est-il pas trop évident que des juges d'appel ne pourraient pas apprécier le bien ou le mal jugé d'une décision qui leur serait soumise, si le jugement ne contenait pas le point de fait? La Cour de cassation ne serait-elle pas également dans l'impuissance de statuer, si le jugement ou l'arrêt attaqué ne reproduisait pas les conclusions des parties? Seulement, ajoute l'auteur, les jugements sur incidents devront être rédigés de la manière la plus simple, comme les jugements des tribunaux de commerce, ou ceux rendus en matière sommaire, dans les affaires autres que les expropriations. — V. dans le même sens, MM. Bioche, vº *Vente d'imm.*, n. 443, et vº *Saisie imm.*, n. 592 ; Dalloz, n. 1021 et 1022, et Colmet-Daage, t. 2, p. 405, n. 1019.

1913. La Cour de Montpellier a décidé, le 27 nov. 1852 (*J. Av.*, t. 80, p. 44), que, dans ces jugements, la signification des qualités est inutile. Elle a donné pour motifs de cette solution que, si l'art. 142, Cod. proc., prescrit, en matière ordinaire, de signifier des qualités, il ne saurait en être ainsi dans une matière spéciale régie par des dispositions particulières; que les règles qui régissent la saisie immobilière et les jugements rendus sur les incidents qui s'élèvent pendant le cours de la procédure sont tracées dans un titre spécial; que l'art. 142 ne s'y trouve pas reproduit; et que la nature des jugements rendus sur des incidents en matière de saisie immobilière répugne à l'obligation de notifier des qualités —M. Chauveau regarde une telle décision comme trop absolue. —Ici, dit-il, doit s'appliquer la distinction faite plus haut entre les jugements susceptibles d'appel et ceux qui, ne comportant aucune voie de recours, sont exécutoires sans signification. Évidemment, les qualités de ces derniers n'ont pas besoin d'être signifiées; mais il en est autrement des qualités des premiers qui ressemblent aux jugements rendus en matière sommaire et qui, par conséquent, sont soumis aux règles générales sur la signification des qualités.

1914. (Q. 2412 octies). *Dans la disposition de l'art.* 718 *portant que les demandes incidentes seront instruites et jugées comme* en matière sommaire, *que doit-on entendre par ces mots?*

M. Chauveau rappelle que suivant Carré, au texte, n. D I, les mots *en matière sommaire* ne signifient autre chose, si ce n'est qu'on ne peut ordonner une instruction par écrit; mais que cela ne veut pas dire que les contestations dont il s'agit seront instruites comme *matières sommaires, sans écritures avant plaidoiries.* La législation nouvelle diffère donc essentiellement de l'ancienne, observe après cela M. Chauveau, en ce sens qu'il ne pourra plus y avoir d'écrits et de réponses par requêtes ordinaires, et que l'art. 405 devient applicable.

1915. M. Rogron, p. 901, dit que les incidents sont matière sommaire, alors même qu'ils portent sur le fond du droit du saisissant, et qu'ils sont élevés en appel. Telle est aussi l'opinion de MM. Decamps, p. 78, Dalloz, n. 1014, et Bioche, v° *Vente d'immeubles*, n. 434, qui tiennent que, là où la loi ne distingue pas, on ne doit pas distinguer, et que ses règles s'appliquent en général à tous les incidents de la saisie immobilière, même à ceux que le Code n'a point prévus. M. Chauveau partage aussi ce sentiment. *Adde.* M. Rodière, t. 3, p. 167. V. d'ailleurs l'art. 12, § 2, de l'ordonn. du 10 oct. 1841.

1916. M. Chauveau fait remarquer que l'exposé des motifs consigné dans le rapport sur lequel a été rendue l'ordonnance précitée de 1841, et l'art. 17, § 2, de cette ordonnance prévoient le cas où des contestations pourraient avoir un tout autre caractère que celui d'incident, et les laissent alors soumises au droit commun; un de ces cas, dit notre auteur, est sans doute, dans la pensée du rédacteur de l'ordonnance, la position spéciale du vendeur dont s'occupe l'art. 717. Voy. *Q.* 2405 *quater* (*suprà*, n. 1253 et s.).

1917. Nous avons été appelé à donner notre avis sur le point suivant :—Lorsque, sur le cahier des charges dressé pour l'adjudication d'immeubles saisis, la femme du débiteur a consigné un dire par lequel elle a revendiqué la propriété de ces immeubles, comme les ayant acquis de son mari, après séparation de biens, et que, le saisissant ayant argué de nullité, pour cause de fraude, la vente invoquée, il est intervenu sur cette exception un jugement ordonnant une expertise à l'effet de constater la valeur des immeubles dont il s'agit, puis un rapport d'experts et finalement un jugement définitif, les frais faits depuis le premier jugement ne doivent-ils pas être taxés comme en matière ordinaire, par application du § 2 de l'art. 17 de l'ordonn. du 10 oct. 1841 ?

La question de savoir dans quel cas les contestations élevées dans le cours d'une procédure immobilière constituent des incidents de cette procédure, comportant la taxe en matière sommaire, conformément aux art. 12, dernier paragraphe, et 17, § 1, de l'ordonn. du 10 oct. 1841, ou présentent le caractère d'affaires ordinaires et donnant lieu, en ce qui concerne la taxe, à l'application des règles propres à ces sortes d'affaires, selon le vœu du § 2 de l'art. 17 précité, est certainement, avons-nous dit, une question délicate, et qui ne peut guère recevoir de solution absolue. La nature de ces contestations peut tellement varier, qu'il serait téméraire de vouloir poser ici un principe général et embrassant toutes les hypothèses ; l'appréciation des circonstances particulières de chaque difficulté sera toujours nécessaire pour appliquer la distinction établie par les dispositions rappelées plus haut.

Mais, dans l'espèce qui nous est soumise, cette application ne nous semble pas embarrassante. Une contestation qui ne porte ni sur la forme ni sur le fond de la poursuite de saisie immobilière, mais qui est uniquement relative à la valeur du titre en vertu duquel un tiers revendique la propriété des immeubles saisis, ne saurait avoir le caractère de l'un des incidents de procédure dont parle le § 1er de l'art. 17 de l'ordonn. de 1841. Que cette revendication soit elle-même un incident, et que les frais qu'elle occasionne directement doivent, par suite, être taxés comme en matière sommaire, c'est ce qui nous paraît certain, malgré l'opinion contraire de Dalloz, *Répert.*, v° *Frais et dépens*, n. 671, car elle surgit pour empêcher la saisie de produire ses effets, et elle tend à faire décider que la procédure manque de base. Mais le débat qui s'élève ensuite sur le droit du revendiquant, bien que né à l'occasion de la saisie, est complètement étranger à la forme et au fond de la poursuite.

Ainsi, quand, dans notre espèce, en présence du contredit par lequel la femme du débiteur se disait propriétaire des immeubles saisis, comme les ayant acquis de son mari après séparation de biens, le saisissant a conclu à ce que l'acte de vente invoqué par elle fût annulé comme frauduleux, cette dernière prétention a bien pris naissance à l'occasion de la saisie, mais elle s'est évidemment placée en dehors de tout débat sur le mérite de la poursuite ; elle n'a eu d'autre objet que de faire tomber la revendication qui, elle, comme nous l'avons dit plus haut, tendait à engager un incident de la procédure de saisie; et l'on ne saurait soutenir sérieusement que le jugement ordonnant une expertise pour vérifier le fondement de l'exception de nullité pour cause de fraude, le rapport d'experts et le jugement définitif, ont été eux-mêmes des actes appartenant à cet incident. Pour nous, il nous semble que si le § 2 de l'ordonn. de 1841 ne s'applique pas à un débat de cette nature, il ne recevra jamais d'application. — Compar. Trib. de Guéret, 26 août 1874 (*J. Av.*, t. 99, p. 438), et la note.

1918. (Q. 2412 novies). *Les avoués peuvent-ils plaider les incidents de saisie immobilière ?*

M. Pascalis a donné sur ce point l'explication suivante :— « Nous croyons « nécessaire de dire que ces affaires sont *instruites* et *jugées* commes *affaires* « *sommaires*. Si cette explication n'était donnée, les avoués, dans les tribu- « naux même ou il y a un collège d'avocats, pourraient en réclamer la plai- « doirie, parce que les règlements leur attribuent le droit de plaider, dans « les affaires où ils occupent, les demandes incidentes de nature à être ju- « gées sommairement et les *incidents de procédure* (V. décret du 2 juill. « 1812; ord. du 27 fév. 1822; Cass., 11 déc. 1826 et 15 janv. 1829). La va- « riété des incidents sur saisie immobilière et l'importance de leurs résultats « sont telles qu'il peut être utile d'en entourer l'instruction des garanties « réclamées au moins pour les affaires sommaires. Or, d'après l'état actuel de « la jurisprudence, les avoués ne peuvent plaider ces sortes d'affaires, ex- « cepté devant les tribunaux qui ne jugent point aux chefs-lieux des dépar- « tements, et où, par délibération spéciale, ils ont été autorisés à défendre

« les causes dans lesquelles ils occupent, concurremment avec les avocats. » De cette explication et des termes de la loi, observe M. Chauveau, découle la conséquence forcée que les avoués ne peuvent pas plaider les incidents de saisie immobilière. Conf., M. Rodière, t. 3, p. 167.

1919. (Q. 2412 decies). *Dans une procédure de saisie immobilière, peut-il y avoir lieu à reprise d'instance?*

Sous l'empire de l'ancienne loi, la Cour de Paris avait jugé, le 11 juillet 1812 (*J. Av.*, t. 20, p. 371), que l'art. 342 s'appliquait au cas de saisie immobilière, parce que cette saisie formait une instance liée entre le saisi, le poursuivant et les créanciers inscrits, dont le jugement, lorsqu'elle était en état, ne pouvait être différé par la mort d'une des parties; qu'en conséquence, l'adjudication définitive ne pouvait être suspendue par le seul décès du saisi. Et Carré avait dit sur cette solution : « On objecterait vainement que l'art. 342 n'est pas applicable parce que, d'après l'art. 343, l'affaire n'est en état que quand les plaidoiries sont commencées par des conclusions contradictoirement prises. On répondrait qu'à l'audience des criées, il n'y a point de plaidoiries contradictoires autrement que sur des incidents. »

1920. La question est fort sérieuse, observe M. Chauveau, parce qu'elle se rattache au principe général, à savoir si la procédure en saisie immobilière est une véritable instance. A la traiter sous cette unique physionomie, l'auteur la regarderait presque comme insoluble. Il pense toutefois, ainsi qu'on l'a vu déjà *suprà*, n. 1866 et s., que cette procédure n'est pas une véritable instance. D'où il conclut que la reprise d'instance serait ici une superfétation. Cependant, si un incident était engagé, il concevrait alors, jusqu'à un certain point, la nécessité d'une reprise d'instance. Du reste, son opinion sur l'inutilité de la reprise d'instance en règle générale ne l'empêche pas de reconnaître qu'en cas de décès du saisi, il faut observer l'art. 877, Cod. civ. (Voy. *suprà*, n. 230 et s.).

1921. Conformément à la doctrine de notre auteur, il a été jugé par la Cour de cassation, le 19 mai 1847 (*J. Av.*, t. 73, p. 49), que si le saisi tombe en faillite avant l'adjudication quand la procédure est complète, il n'est pas nécessaire de reprendre l'instance avec le syndic; et par celle de Paris, le 26 mars 1851 (t. 76, p. 368), qu'en cette matière, il n'y a pas lieu à reprise d'instance.

1922. Mais depuis il a été décidé, dans un autre sens, qu'en matière de saisie immobilière, l'instance est réputée en état lorsque, après les sommations faites en vertu des art. 691 et 692, Cod. proc., a été rendu le jugement qui donne acte de la publication du cahier des charges et fixe le jour de l'adjudication; et qu'en conséquence, le décès du poursuivant survenu après ce jugement n'a pas pour effet de rendre nuls les actes de poursuites faits en son nom; il y a simplement lieu de donner acte aux héritiers de leur déclaration de reprendre les poursuites en leur nom personnel : Trib. civ. de la Seine, 19 juin 1872 (*J. Av.*, t. 98, p. 310).

1923. Consulté sur cette question : Lorsque le tribunal a renvoyé à 60 jours l'adjudication (par jugement de sursis), et que l'avoué du poursuivant meurt, qu'arrivera-t-il si le délai expire sans que le poursuivant fasse procéder à l'adjudication? M. Chauveau a répondu qu'après avoir signifié au saisi la constitution d'un nouvel avoué, le poursuivant doit obtenir du tribunal la fixation d'un nouveau jour et faire apposer de nouvelles affiches, le tout à ses frais, parce qu'il doit être puni de sa négligence.

1924. (Art. 718 et suiv.). *Les règles concernant la péremption d'instance sont-elles applicables en matière de saisie immobilière?*

L'affirmative a été admise par M. Chauveau, sous la quest. 2221 (V. *suprà*, n. 322 et suiv.)

Depuis, cette opinion a été implicitement confirmée par un arrêt de la Cour de Montpellier du 12 août 1865 (*J. Av.*, t. 91, p. 183) et un arrêt de la Cour de cassation du 13 juill. 1868 (t. 94, p. 56), qui ont décidé que la péremption d'une instance de saisie immobilière est interrompue par la contestation engagée entre les parties sur la validité du titre en vertu duquel il a été procédé à la saisie.

SECT. VIII. — VOIES DE RECOURS CONTRE LES JUGEMENTS EN MATIÈRE DE SAISIE IMMOBILIÈRE.

1925. (Q. 2423). *En matière de saisie immobilière, la voie de l'opposition est-elle permise contre les jugements par défaut rendus, soit sur les demandes en nullité, en subrogation, en distraction, soit sur tout autre incident ?*

Carré, au texte, avait adopté la négative sur la quest. 2440.

Dans le projet devenu la loi du 2 juin 1841, l'art. 730 contenait un paragraphe ainsi conçu : « *Aucun jugement par défaut en matière de saisie immobilière ne sera susceptible d'opposition.* » A la suite d'un renvoi de cet article à la commission pour certains changements de rédaction, le paragraphe dont il s'agit a disparu, et l'article a été voté sans que personne ait remarqué ce retranchement. Que décider? Il faut convenir de bonne foi, dit M. Chauveau, que pas un mot dans les exposés de motifs ou rapports, ou dans les discussions, n'indique que le retranchement ait été réfléchi. Néanmoins, comme rien non plus dans la loi n'autorise l'exclusion d'une voie qui est de droit commun, il faut raisonner de la même manière qu'on l'avait fait sous l'empire du Code de 1807.

1926. Les uns se fondaient, pour rejeter l'opposition, sur ce que les dispositions concernant la saisie immobilière forment une loi spéciale à laquelle on doit s'attacher uniquement, et que cette loi n'ayant point admis la voie de l'opposition contre un jugement par défaut, on ne peut recourir aux moyens généraux d'attaquer les jugements. Les autres considéraient, pour admettre l'opposition, que tout jugement par défaut est, en règle générale, susceptible d'opposition, et que l'on ne peut admettre contre ce principe d'autre exception que celle que la loi elle-même autorise. M. Chauveau, sous la quest. 621, avait déjà fait pressentir qu'il admettrait une distinction entre les jugements rendus sur simple incident de procédure, et ceux qui statuent sur des cas plus graves, comme une demande en distraction. Interdire la voie d'opposition au saisi, lorsqu'il a été assigné en revendication par un tiers, et qu'un jugement l'a dépouillé, lui paraissait par trop sévère. Cependant le texte du projet ne faisait aucune distinction ; il proscrivait la voie de l'opposition dans tous les cas. Mais il était assez singulier, disait notre auteur, qu'à côté de cette disposition générale, qui semblait suffisante pour toutes ces hypothèses, on eût cru nécessaire d'en écrire plusieurs analogues pour des cas spéciaux. Ainsi, l'art. 697 défendait tout recours contre l'ordonnance du président qui autorise une publicité plus grande ; l'art. 703, contre le jugement qui statue sur une demande en sursis ; l'art. 739 voulait qu'aucune opposition ne fût reçue contre les jugements qui vident les incidents sur la poursuite de folle enchère ; l'art. 746 déclarait non susceptibles d'opposition et d'appel les jugements rendus sur une demande en conversion. Le dernier paragraphe de l'art. 731 devait compléter la pensée du législateur, car ce paragraphe déclare que *les arrêts rendus par défaut ne seront pas susceptibles d'opposition.* Or, toutes ces dispositions du projet sont passées dans la rédaction définitive de la loi ; la disposition générale seule en a été exclue par l'effet d'une inadvertance. M. Chauveau aurait désiré que cette question eût été de droit transitoire, et que le garde des sceaux eût provoqué l'adoption d'un article supplétif destiné à combler une lacune fâcheuse. Mais ce vœu, qu'il exprimait en 1841, ne s'est pas réalisé.

1927. Interprète fidèle de la loi, M. Chauveau croit devoir s'attacher à son texte. L'esprit de la loi, dit-il, doit être recherché, lorsqu'un mot douteux rend l'interprétation indispensable ; mais ce n'est pas par induction qu'il est permis de décider qu'une voie naturelle est défendue à un plaideur. Il déplore l'erreur qui a été commise en ce qui concerne le saisi relativement aux simples incidents de procédure ; mais de l'ancien texte, jugé nécessaire par le Gouvernement et par les deux Chambres, il tire une conséquence forcée qui est la faculté d'opposition, puisque l'obstacle légal a disparu de la rédaction définitivement adoptée.

1928. M. Paignon, t. 1, p. 225, n. 174, se borne à exprimer son étonnement que le législateur ait laissé subsister la voie d'opposition contre les jugements quand il la proscrivait contre les arrêts. M. Rogron, p. 911, après avoir rappelé la suppression dont le paragraphe susmentionné du projet de l'art. 730 a été l'objet, observe que la question de savoir si on peut former opposition aux jugements par défaut en matière de saisie immobilière, reste livrée aux incertitudes de la jurisprudence, et que l'art. 730 actuel n'est plus en harmonie avec les art. 731 et 739, qui interdisent l'opposition en certains cas. M. Persil fils, *Comm.*, p. 301, n. 362, pense que les magistrats ne doivent pas hésiter en présence de l'art. 731, qui déclare que les arrêts par défaut ne sont pas susceptibles d'opposition. « N'y a-t-il pas, dit-il, même « raison de décider pour les jugements ? Ce ne peut être que par une *erreur de copiste* que la loi ne le déclare pas. » MM. Bioche, v° *Vente publiq. d'imm*, n. 527 et 528, et v° *Saisie immob.*, n. 716, Rodière, t. 3, p. 168, et Dalloz, n. 1457, sont du même avis. Est-ce donc la seule *erreur de copiste* irréparable qui existe dans la loi de 1841, objecte M. Chauveau ? et peut-on déclarer l'art. 695 prescrit à peine de nullité, quoiqu'il ne soit pas compris dans la nomenclature de l'art. 715, et l'art. 957 applicable à la conversion, quoique l'art. 743 n'en parle pas, en soutenant que c'est par suite d'une erreur matérielle que les art. 695 et 957 n'ont pas été relatés dans les deux art. 715 et 543 ? Non, certainement, et ce serait un système bien dangereux d'interprétation que celui qui comblerait toutes les lacunes de nos lois par les paroles dites dans les deux Chambres. Lorsque la loi est claire et précise, *la volonté certaine, avérée du législateur*, dont parle M. Persil, ne peut plus être consultée. Ce n'est pas ce qu'il aura voulu prescrire qui sera observé, c'est ce qu'il aura prescrit. M. Devilleneuve (S.-V.41.2.389) infère, comme notre auteur, du silence de la loi et de l'abrogation du décret de 1811, qui avait tranché la difficulté sous la législation précédente, que l'opposition est permise contre les jugements par défaut. M. Decamps, p. 93, va plus loin ; il l'admet, dans certains cas, même contre les arrêts par défaut, malgré le dernier paragraphe de l'art. 731. MM. Duvergier, t. 41, p. 268, note 3, Colmet-Daage, t. 2, p. 406, n. 1021, Gilbert, sous l'art. 718, n. 7, embrassent aussi l'opinion de M. Chauveau, en faveur de laquelle il semble qu'on puisse citer encore Boitard, t. 3, p. 402. M. Jacob, t. 2, p. 18, adoptant un système mixte, admet l'opposition contre les jugements par défaut qui statuent sur des demandes en subrogation et la refuse contre les autres.

1929. Après cet exposé de la doctrine, M. Chauveau, tout en déclarant persister dans son opinion, quels qu'en puissent être les inconvénients, prend soin d'ajouter qu'il ne faut pas en faire une application trop étendue. Lorsqu'il se croit forcé de déclarer l'opposition admissible, c'est évidemment contre les *jugements* rendus en matière de saisie immobilière, c'est-à-dire contre les décisions intervenues sur une contestation, un incident. Quant aux actes qui, bien qu'émanés des magistrats, n'ont pas le caractère d'une décision, mais celui d'un simple procès-verbal destiné à constater un fait, il leur refuse le nom de jugement, et, par conséquent, il n'admet contre ces actes aucune des voies de recours que le droit commun ou qu'une loi spéciale ouvre contre les jugements proprement dits : or, il range dans cette catégorie de simples procès-verbaux le jugement qui donne acte de la publication et celui qui prononce l'adjudication (V. *infrà*, n. 1945 et s.). Il signale diverses décisions : Trib. de la Seine, 17 nov. 1853 (*J. Av.*, t. 79, p. 222); Pau, 2 juin 1852, et Cass., 29 juin 1853 (t. 79, p. 220), comme ayant, sous ce rapport, consacré sa doctrine, en déclarant qu'en matière de saisie immobilière, le jugement rendu par défaut et qui se borne à ordonner la publication du cahier des charges est un acte qui n'est point susceptible d'opposition, puisqu'il ne prononce sur aucun moyen de nullité, et qu'admettre l'opposition à un tel jugement, ce serait méconnaître l'esprit de la loi, qui a voulu accélérer la marche de la procédure.

1930. Quant aux jugements sur incidents, la jurisprudence postérieure à la loi de 1841, dit-il, les déclare non sujets à opposition ; elle se base sur ce que les dispositions relatives à cette procédure spéciale n'ont pas prévu le recours par voie d'opposition ; qu'en plusieurs cas même, et notamment sur l'appel (art. 731), et pour le cas de surenchère (838), la loi la prohibe expressément ; que loin d'avoir entendu innover, par l'abrogation du décret de 1811, et rentrer dans le droit commun, la loi de 1841 a voulu maintenir les règles préexistantes, et que l'esprit de la loi nouvelle, son but et le témoignage unanime qui ressort de la discussion, suppléent suffisamment l'omission involontaire d'une prohibition explicite dans la rédaction ; que d'ailleurs l'art. 731, en limitant à dix jours, à partir de la signification à domicile, les délais d'appel contre les jugements rendus dans les causes où il n'y a pas d'avoué, a, par là même, implicitement repoussé le droit d'y former opposition, puisque, en déduisant les délais d'opposition du délai accordé pour l'appel, ce dernier délai resterait évidemment insuffisant et illusoire : Rouen, 4 juin 1842 (S.-V.42.2.367; D.P.43.2.27); Paris, 23 av. 1845 (*J. Av.*, t. 68, p. 383); Bourges, 14 mars 1853 (t. 81, p. 105); Lyon, 28 nov. 1856 (t. 82, p. 275); et le trib. de la Seine dans les motifs de son jugement précité du 27 nov. 1853. Enfin la Cour de cassation a formellement déclaré qu'en cette matière les décisions ne sont pas susceptibles d'opposition : arrêts des 23 avr. 1853 (D.P.53.1.329) et 31 mai 1858 (D.P.58.1.407). — La Cour de Paris a persisté dans cette jurisprudence par un arrêt du 16 fév. 1869 (*J. Av.*, t. 95, p. 41). Et l'interprétation suivant laquelle le jugement statuant par défaut sur une demande en subrogation dans des poursuites de saisie immobilière, n'est pas susceptible d'opposition, a été consacré par un arrêt de la Cour de Bordeaux du 12 fév. 1875 (*J. Av.*, t. 100, p. 406).

1931. En se plaçant dans le système admis par ces décisions, il est évident, observe M. Chauveau, qu'il n'y a pas lieu à la procédure du défaut profit-joint et à l'application de l'art. 153, Cod. proc. ; c'est ce qu'ont décidé plusieurs des arrêts précités.

1932. (Q. 2423 bis). *L'appel du jugement qui statue sur une demande en subrogation n'est-il recevable qu'autant que la demande a été basée sur la collusion ou la fraude ? La prohibition de l'appel s'applique-t-elle à toutes les parties en cause?*

La Cour de Paris a décidé, le 29 déc. 1844 (*J. Av.*, t. 75, p. 331), que l'appel est recevable lorsque, dans une demande en subrogation, il s'agit d'apprécier les effets d'une mainlevée donnée par le poursuivant. Il est bien vrai qu'en exceptant de la prohibition de l'appel le jugement rendu en matière de subrogation dans le cas de fraude ou de collusion, le législateur a entendu restreindre cette prohibition aux cas de négligence, qui intéressent plutôt les officiers ministériels que les parties, et qui ne donnent lieu le plus souvent qu'à des jugements de simple instruction. Mais la Cour de Paris a cru pouvoir poser en principe que la disposition de l'art. 730 ne peut s'entendre que du jugement qui, dans une poursuite non contestée, statue sur une question de subrogation pure et simple. Il paraît difficile à M. Chauveau de concilier cette décision avec les termes de l'article, qui ne distingue pas entre la demande en subrogation pure et simple et la demande en subrogation contestée et compliquée de certaines difficultés. — Toutefois, par un autre arrêt, du 13 juill. 1850 (*J. Av.*, t. 78, p. 319), la même Cour a persisté dans sa jurisprudence en déclarant que le jugement qui, pour statuer sur une subrogation, apprécie la qualité du demandeur et la question de savoir si la saisie existait au moment de la demande, est susceptible d'appel. M. Chauveau objecte que le sens et la tournure grammaticale de la disposition de l'art. 730 indiquent que, dans l'esprit du législateur, quels que soient les moyens invoqués pour faire prononcer la subrogation, les juges de première instance statuent en dernier ressort, si ces moyens ne reposent ni sur la fraude, ni sur la collusion; et il invoque en ce sens un arrêt de la Cour de Caen, du 15 nov. 1852 (*Journ. de cette Cour*, 1853, p. 10).

1933. Mais la doctrine suivant laquelle le jugement statuant sur une demande en subrogation cesse d'être non susceptible d'appel quand il prononce en même temps sur le fond du droit, a été depuis sanctionnée par un arrêt de la Cour de cassation du 22 avr. 1863 (*J. Av.*, t. 88, p. 530), un arrêt de la Cour de Rouen, du 25 août 1870 (t. 97, p. 152) et un arrêt de la Cour de Nîmes du 21 févr. 1872 (t. 98, p. 251).

1934. La conversion d'une saisie immobilière en vente volontaire ne fait point disparaître l'effet de la saisie (Voy. *suprà*, n. 1799 et s.) Ainsi, dit M. Chauveau, le jugement qui, depuis cette conversion, prononce la subrogation dans les poursuites, pour toute autre cause que pour fraude ou collusion, n'est pas susceptible d'appel. — *Sic*, Paris, 22 juin 1850 (*ibid.*, t. 76, p. 493).

1935. La même Cour a aussi décidé que le jugement qui déclare non recevable l'opposition à un jugement par défaut prononçant la subrogation à une poursuite de saisie immobilière, est susceptible d'appel : Arrêt du 16 fév. 1869 (t. 95, p. 41). — Mais la Cour de Bordeaux a, depuis, jugé le contraire, par arrêt du 12 fév. 1875 (t. 100, p. 406).

1936. D'après ce dernier arrêt, il ne suffit pas, pour rendre susceptible d'appel le jugement statuant sur une demande en subrogation dans des poursuites de saisie immobilière, d'alléguer pour la première fois dans l'acte d'appel l'existence d'une collusion.

1937. C'est d'ailleurs entre le poursuivant et la partie saisie, et non entre le poursuivant et le demandeur en subrogation, que doit avoir existé la collusion qui permet d'interjeter appel du jugement statuant sur la demande en subrogation : même arrêt.

1938. Sur la seconde question posée ci-dessus (n. 1932), M. Chauveau estime, avec un arrêt de la Cour de Toulouse du 7 déc. 1849 (*J. Av*, t. 75, p. 115), que le débiteur saisi, défendeur à une demande en subrogation qui n'est pas intentée pour cause de collusion ou de fraude, ne peut, pas plus que le créancier poursuivant, interjeter appel du jugement qui a prononcé la subrogation; et avec un arrêt de la même Cour, du 6 fév. 1850 (*ibid.*, p. 142), qu'il suffit que la demande en subrogation soit intentée pour négligence, dol ou fraude, pour que l'appel du jugement qui l'admet soit recevable, quoique, en première instance, on n'ait conclu et plaidé que sur la négligence.

1939. La première solution a été contestée. On a dit : Les dispositions de l'art. 730, Cod. proc., sont *exceptionnelles*; elles doivent être, par suite, *taxativement* renfermées dans les cas qui y sont indiqués. Sans doute la subrogation n'avait pas été demandée, dans l'espèce, pour collusion ou fraude, et pourtant on ne saurait admettre avec l'arrêt que, même au cas où le débiteur saisi défend à la demande en subrogation, il soit possible de dire que la position est exactement semblable à celle où le poursuivant serait seul défendeur. Pour se convaincre du contraire, il suffit de se rendre compte de la pensée du législateur, quand il a écrit la règle exceptionnelle de l'art. 730, et spécialement quand il n'a pas voulu que les jugements *sur les demandes en subrogation contre le poursuivant* fussent susceptibles d'appel. En effet, comment le poursuivant pourrait-il se plaindre qu'un créancier plus diligent se soit emparé de la poursuite?... Ses droits ne peuvent souffrir, en aucun cas, de la mesure prise par ce dernier; lorsque la poursuite qu'aura prise en main le créancier diligent aura atteint son but, celui contre lequel la subrogation aura été demandée retrouvera tout ce qu'il cherchait; le jugement de subrogation ne pouvait lui porter aucun grief. Si pour le cas de fraude ou de collusion l'appel est recevable, c'est qu'il y a un *intérêt moral* à ce qu'il en soit ainsi. — Mais pour le cas où le débiteur saisi est partie principale, quand il défend seul à la demande en subrogation, les raisons qui ont fait interdire l'appel au poursuivant, qui peut être coupable de négligence, ne se retrouvent plus. Le saisi peut avoir des exceptions particulières à opposer à la demande; souvent le créancier poursuivant se sera arrêté, parce qu'il aura reconnu la légitimité de ces exceptions; le demandeur en subrogation pourra s'arrêter lui-même. Dans l'espèce, les appelants opposaient à l'intimé un défaut de qualité; ils soutenaient que ce dernier n'était pas créancier du débiteur saisi; voilà une exception du plus haut intérêt pour laquelle on voudrait faire statuer toujours en dernier ressort par le juge de première instance! Cela n'est pas possible. Ici les appelants avaient un grief manifeste contre la décision des premiers juges, le poursuivant ne pouvait en avoir. Cette position doit faire comprendre qu'en dehors du texte de l'art. 730 et de l'exception qu'il indique, on se retrouve sous l'empire du droit commun, et que ses dispositions doivent être appliquées.

1940. Ces raisons ne paraissent pas décisives à M. Chauveau. La discussion à laquelle a donné lieu l'art. 730 fournit, suivant lui, des raisons de décider contraires à la doctrine qui vient d'être exposée. Dans le projet de loi rédigé par la commission de la Chambre des députés, l'art. 730 portait: « Les jugements qui statueront sur les demandes en subrogation de poursuite, ceux qui....., etc., ne pourront pas être attaqués par la voie de l'appel. » Bien certainement, observe notre auteur, si ces termes eussent été maintenus, nul ne pourrait prétendre qu'il faut distinguer entre le cas où c'est le poursuivant qui s'oppose à la subrogation, et le cas où c'est le saisi. Pourquoi en serait-il autrement, alors qu'il est établi par la discussion que la seule modification que le législateur ait voulu y introduire est relative à la faculté de relever appel dans le cas où la subrogation sera demandée pour cause de dol ou de fraude? On peut d'ailleurs se convaincre, par la lecture de la discussion précitée, que, sauf l'exception nominativement prévue, il fut reconnu que le tribunal de première instance statuerait en dernier ressort sur les questions de subrogation.

1941. Si le saisi, ajoute M. Chauveau, croit avoir à proposer des exceptions de nature à faire annuler la saisie, et s'il est encore dans les délais pour les proposer, il suivra cette voie, et il pourra interjeter appel du jugement qui statuera sur ces exceptions.

1942. (Q. 2423 ter). *Le § 3 de l'art. 730, qui prohibe l'appel du jugement statuant sur des nullités postérieures à la publication du cahier des* *charges, est-il applicable aux moyens de nullité touchant au fond du droit, même à ceux dont l'origine est postérieure à la publication?*

Le dernier paragraphe de l'art. 730, Cod. proc., dit un arrêt de la Cour de Grenoble, du 12 mars 1852 (*J. Av.*, t. 78, p. 581), s'applique aux nullités concernant le fond du droit comme à celles qui n'affectent que la procédure, sans distinguer entre celles dont l'origine est antérieure et celles dont l'origine est postérieure à la publication du cahier des charges; il suffit qu'elles ne soient proposées qu'après cette publication pour que le jugement qui y statue ne soit pas susceptible d'appel. — Cette fin de non-recevoir est opposable, spécialement, à l'appel du jugement qui a rejeté l'opposition du saisi à l'adjudication, opposition basée sur l'existence d'une instance en rescision de partage ayant pour objet les immeubles saisis. En fait, dit M. Chauveau, la Cour de Grenoble a bien jugé, parce que la demande du saisi n'était autre chose qu'une demande en sursis et que les tribunaux de première instance statuent toujours en dernier ressort sur ces sortes de demandes.

1943. Mais les motifs de l'arrêt de la Cour de Grenoble sont trop absolus, en ce qu'ils tendent à placer sous l'empire d'une règle identique les cas dont s'occupent les art. 728, 729 et 730, Cod. proc. civ. — L'économie de la loi, son texte et l'intention clairement exprimée dans les rapports aux Chambres et dans la discussion, établissent les distinctions suivantes :—1° Tous les moyens de nullité relatifs au fond ou à la procédure antérieure à la publication du cahier des charges doivent, à peine de déchéance, être proposés dans le délai fixé par l'art. 728. — 2° Après la publication du cahier des charges, les moyens de nullité au fond proposés par le saisi ou en son nom par des créanciers doivent être repoussés par la fin de non-recevoir insurmontable, puisée dans l'art. 728; mais il peut être proposé des moyens de nullité contre la procédure de publicité postérieure à la lecture du cahier des charges, dans le délai fixé impérativement par l'art. 729. — 3° Dans l'intervalle qui sépare la publication du cahier des charges de l'adjudication, il peut naître une foule d'incidents. Le jugement qui statue sur ces incidents est susceptible d'appel, aux termes du second paragraphe de l'art. 730. — La doctrine qui résulte de l'arrêt de la Cour de Grenoble ne conduit à rien moins qu'à la suppression de ce paragraphe.

1944. La Cour de cassation a cependant décidé, le 27 fév. 1856 (*J. Av.*, t. 81, p. 469), que le jugement qui statue sur un moyen de nullité touchant au fond du droit, proposé après la publication du cahier des charges, spécialement sur ce que le saisissant a été désintéressé avant cette publication, n'est pas plus susceptible d'appel que le jugement qui a statué sur une nullité de forme. La Cour s'est bornée à dire : le jugement dont était appel avait statué sur des nullités postérieures à la publication du cahier des charges; aux termes de l'art. 730, § 3, les jugements de cette espèce ne peuvent être entrepris par la voie de l'appel; en le jugeant ainsi, l'arrêt attaqué, loin d'avoir violé l'article précité, en a fait à la cause une juste application. Le moyen de nullité, dans l'espèce, remarque M. Chauveau, devait être repoussé par la déchéance de l'art. 728. S'il eût été proposé en temps utile, l'appel aurait été recevable; en le proposant tardivement, le saisi s'était mis dans l'impossibilité d'invoquer le bénéfice de l'art. 731 (V. *infrà*, *Q*. **2424**, n. 1988). La Cour suprême a donc bien jugé; mais le laconisme de son arrêt semble ne laisser place à aucune distinction.

1945. (Q. 2423 quater). *Doit-on considérer comme des jugements la publication du cahier des charges et les adjudications?*

De la solution de cette question, observe M. Chauveau, doit découler la conséquence, ou que le pourvoi en cassation pourra être formé pour faire annuler les actes dont il s'agit, et qu'alors, pour faire courir les délais du pourvoi, ils devront être signifiés aux parties intéressées, ou bien au contraire que leur annulation devra être poursuivie par une action en nullité. —En 1838, M. Pascalis, tout en admettant l'appel pour vices de forme, rappelait le sentiment de Merlin, qui, disait-il, considérait les jugements d'adjudication plutôt comme *des actes* et *des procès-verbaux* que comme *des jugements*. De son côté, la commission du Gouvernement, pour interdire l'appel contre les jugements donnant acte des publications ou prononçant des adjudications, se fondait sur ce qu'ils ne pouvaient être considérés que comme des *procès-verbaux judiciaires*. Et la commission de la Cour de cassation était tout aussi explicite. Voici comment s'exprimait le rapporteur : « Il a « paru aussi qu'il y avait quelque inexactitude à qualifier l'acte de publica- « tion du titre de *jugement*, lorsqu'il n'y a pas eu de *chose jugée*, faute de « contestation. Cette expression pourrait encourager les greffiers à rédiger « un jugement séparé, tandis qu'il ne doit y avoir qu'une mention sur le « cahier des charges..... Il a paru qu'on devait distinguer les jugements qui « statuent sur les incidents et qui sont rédigés en la forme ordinaire de l'acte « de publication et du jugement d'adjudication qui ne contiennent pas, à « proprement parler, de chose jugée, lorsqu'il n'y a pas de contestation. » Dans son rapport à la Chambre des pairs, M. Persil a dit que la commission avait étendu la prohibition de l'appel aux jugements qui donnent simplement acte de la publication ou prononcent l'adjudication, parce que *ces actes ne sont pas, à proprement parler, de juridiction contentieuse, et qu'il n'y avait nulle raison de les soumettre à la Cour royale.*—De ces explications, ainsi que du nouveau texte de la loi, M. Chauveau conclut que les jugements qui donnent acte de publications et qui prononcent des adjudications ne peuvent être considérés que comme des *actes* et non comme des jugements proprement dits. — Carré avait exprimé une opinion conforme dans un document que M. Chauveau a reproduit sous la quest. 2377 *quater* (V. *suprà*, p. 961). — V. aussi en ce sens, MM. Paignon, t. 1, p. 221; Bioche, v° *Vente publ. d'imm.*, n. 721 ; Duvergier, t. 41, p. 269, notes 3 et 4; Colmet-Daage, t. 2, p. 405, n. 1020. Un arrêt de la Cour de cassation, du 26 avril 1809 (S.9.2. 248), vient à l'appui de cette doctrine en décidant qu'il n'y a pas nullité de l'adjudication faute de communication au ministère public, dans les circonstances où cette communication serait exigée pour la validité d'un jugement. —Le 25 août 1847 (*J. Av.*, t. 75, p. 332), la Cour d'Orléans a décidé que l'adjudication prononcée par le juge tenant l'audience des criées est plutôt un procès-verbal qu'un jugement, et qu'il ne saurait y avoir lieu d'en demander l'infirmation par voie d'appel; la même décision a été consacrée par les Cours de Bordeaux, les 30 avril 1850 (t. 75, p. 556) et 5 fév. 1858 (*Journ. de cette Cour*, 1858, p. 61) ; de cassation, le 29 juin 1853 (*J. Av.*, t. 79, p. 220), et de Nîmes, le 7 mai 1853 (t. 79, p. 188). V. aussi *suprà*, n. 1925.

1946. Cependant la publication ou l'adjudication peuvent être entachées de nullité. Les parties peuvent avoir intérêt à les faire annuler; quelle sera alors la voie qui devra être suivie? C'est ce que M. Chauveau explique sous la question suivante.

1947. (Q. 2423 quinquies). *Quelle voie doivent prendre les parties intéressées pour faire annuler un jugement donnant acte de la publication ou prononçant l'adjudication ?*

Le jugement de publication, dit M. Chauveau, est un acte de la procédure qui, comme tous les autres, serait attaquable par la voie de nullité, si l'art. 695 était prescrit à peine de nullité. Quant au jugement d'adjudication, la difficulté est plus sérieuse. La procédure est terminée; il ne serait même plus possible de soulever l'incident de la demande en nullité. Le législateur, en prohibant l'appel contre les jugements d'adjudication, a eu en vue la fixité des adjudications judiciaires. En présence du texte de la loi, et les intentions du législateur étant bien connues, il est impossible d'admettre, soit le recours en cassation, soit la voie de la tierce opposition; l'action principale est la seule voie qui reste aux parties intéressées.

1948. Dans quels cas sera-t-il donc permis de prendre cette voie contre un jugement d'adjudication ? Eu égard à la difficulté de les déterminer tous, M. Chauveau se borne à donner quelques indications. Par exemple, dit-il, après la publication du cahier des charges, sans qu'aucune publicité ait eu lieu, sans que le jour de l'adjudication ait été indiqué, il est procédé à cette adjudication. Ou bien elle a lieu à un jour arbitrairement fixé par le poursuivant, ou un jour autre que celui qui avait été indiqué par le jugement de publication. Ou bien, au mépris des dispositions de l'art. 741, quoiqu'il y ait eu un incident, sans de nouvelles appositions d'affiches et insertions, l'adjudication se fait le lendemain du jour pour lequel elle avait été indiquée. Ou bien encore, le tribunal qui a prononcé l'adjudication n'a été composé que de deux juges; le notaire qui l'a reçue n'était pas celui qu'avait commis le tribunal. — Dans ces divers cas, l'action principale en nullité est admissible.

1949. D'autres hypothèses plus graves peuvent également se présenter. Les formalités prescrites par les art. 705 et 706, pour procéder à l'adjudication, n'ont pas été remplies, ou l'ont été irrégulièrement. Par suite de manœuvres frauduleuses de la part de l'adjudicataire lui-même, il a été seul pour enchérir. Il avait arraché toutes les affiches, au moment de leur apposition, ou il avait écarté les enchérisseurs par des *promesses*, des *dons* ou des *menaces*, etc. La nullité peut aussi alors être demandée. Enfin, la loi elle-même prononce la nullité de l'adjudication dans le cas prévu par l'art. 711, Cod. proc.

1950. Dans ces divers circonstances, les parties intéressées doivent assigner, par action principale, l'adjudicataire devant le tribunal de la situation de l'immeuble vendu, pour faire prononcer la nullité de l'adjudication. Conf., M. Persil fils, *Comm.*, p. 231, n. 276; Bioche, v° *Saisie immob.*, n. 762 et suiv.; Dalloz, n. 1609 et 1739 ; Colmet-Daage, t. 2, p. 415, n. 1020.

1951. La Cour de Bastia demandait que cette action fût dispensée du préliminaire de conciliation. Il fut répondu par un membre de la commission du Gouvernement que cela était de plein droit, d'après le § 8 de l'art. 49, Cod. proc. civ., et n'avait pas besoin d'être exprimé. C'est ce qu'observe aussi M. Chauveau.

1952. La commission du Gouvernement avait introduit une disposition qui limitait à un an, à partir du jour de l'adjudication, la durée de l'action en nullité. Quelques Cours d'appel proposaient d'autres délais; celle de Bourges voulait qu'on s'en tînt au droit commun. C'est ce dernier parti qui a prévalu ; et il est certain, comme l'observe M. Chauveau, qu'un délai de trente ans peut seul anéantir l'action en nullité dont il s'agit. L'auteur applique d'ailleurs ce principe à toutes les actions principales en nullité d'une adjudication, par ce motif, qui lui parait déterminant, qu'une prescription de moins de trente ans est une exception, qui ne pourrait résulter que d'un texte formel.

1953. M. Chauveau fait remarquer que, depuis 1841, la jurisprudence s'est prononcée en faveur de l'action principale. Ainsi l'appel a été déclaré non recevable contre un jugement de publication du cahier des charges par les Cours de Pau, le 2 juin 1852; de cassation, le 29 juin 1853 (*J. Av.*, t. 79, p. 220), et de Rennes, le 20 mai 1854 (t. 80, p. 431). Cette dernière Cour, dit-il, a eu raison de ne pas considérer comme un incident une demande de sursis renouvelée avant la publication et motivée sur ce que les héritiers saisis n'étaient pas encore décidés à accepter la succession de leur auteur ou à y renoncer (Compar., *suprà*, n. 1553 et s.).

1954. Quant au jugement d'adjudication, la Cour de Nîmes a décidé avec raison, le 7 mai 1853 (*J. Av.*, t. 79, p 188), selon l'observation de notre auteur, qu'un jugement, lorsqu'il ne statue point sur des incidents, n'est pas susceptible d'appel; que, par suite, la mise en possession de l'adjudicataire ne peut être retardée par l'appel du saisi, alors même qu'une clause du cahier des charges porte que l'adjudicataire ne prendra possession qu'à partir de l'arrêt confirmatif en cas d'appel. Le tribunal de Marvéjols avait décidé que la clause devait être exécutée. M. Chauveau ne saurait comprendre, dit-il, que les premiers juges aient pu consacrer les prétentions exorbitantes du saisi. Est-ce qu'il dépend du poursuivant d'insérer dans le cahier des charges une clause modifiant telle ou telle disposition formelle de la loi? Et parce que cette clause aura passé inaperçue, ou parce qu'aucune critique ne sera venue l'atteindre, les règles tracées avec soin par le législateur cesseront d'être observées! Est-il au pouvoir des parties de rendre susceptible d'appel un jugement que la loi déclare être en dernier ressort? La doctrine des premiers juges ne tendait à rien moins qu'au bouleversement de toutes les notions de compétence et de procédure.—La Cour de Bordeaux a décidé, le 30 avril 1850 (*J. Av.*, t. 75, p. 556), qu'il faut attaquer l'adjudication par voie d'action principale et non par appel, et la Cour de cassation, le 18 fév. 1846 (*J. Av.*, t. 71, p. 418), que c'est par voie principale et non par requête civile qu'on doit demander la réformation du jugement d'adjudication.

1955. En s'inspirant des principes qui ont guidé la Cour suprême, M. Chauveau n'admet pas, dit-il, qu'on puisse employer contre l'adjudication la voie de la tierce opposition. C'est pourquoi il ne saurait approuver les conséquences qu'on peut déduire d'un jugement du tribunal civil de la Seine, du 18 mai 1848, portant qu'en matière de saisie immobilière, l'avoué poursuivant représente tous les créanciers inscrits. Ces derniers ne doivent être appelés à l'adjudication que s'ils sont intervenus personnellement dans l'instance. Par suite, la tierce opposition formée au jugement d'adjudication par un créancier inscrit qui ne s'est pas porté intervenant avant ce jugement est non recevable.

1956. Au lieu de se pourvoir en nullité de l'adjudication, le saisi pourrait se borner à demander des dommages-intérêts contre le poursuivant devenu adjudicataire: Agen, 23 août 1854 (*J. Av.*, t. 80, p. 101).

1957. Lorsqu'une demande en nullité d'adjudication, formée tant contre l'adjudicataire que contre le saisi et les créanciers inscrits, a été, par suite d'un arrêt de cassation, renvoyée devant une seconde Cour, la demande nouvelle, formée par l'adjudicataire lui-même, en nullité de cette adjudication, quoique basée sur des motifs différents, doit être portée à la Cour saisie par l'arrêt de renvoi : Cass., 17 janv. 1849 (*Droit*, 1849, n. 14).

1958. La nullité une fois prononcée, quelles formalités faudra-t-il remplir pour faire procéder à une nouvelle mise aux enchères? M. Chauveau est d'avis que le nouveau jour de l'adjudication devra être annoncé par des insertions et des placards, de la manière prescrite par l'art. 704, pour un cas analogue. Mais le long espace de temps qui peut s'être écoulé entre l'adjudication et la déclaration de nullité devra souvent rendre utile le renouvellement de quelques autres formalités, comme seraient les sommations des art. 691 et 692. C'est aux tribunaux, suivant l'auteur, à décider de leur opportunité, le législateur ayant paru, quant à ce point, s'en remettre entièrement à leur sagesse.

1959. (Q. 2423 sexies), *Si le jugemement qui prononce l'adjudication* *statue en même temps sur des incidents, est-il susceptible d'appel? Quels sont les incidents qui rendent recevable l'appel du jugement d'adjudication?* Quid *des jugements sur les nullités après surenchère?*

Suivant M. Rogron, p. 914, il faut distinguer : ou c'est un jugement d'adjudication qui statue sur une nullité postérieure à la publication du cahier des charges, et, aux termes mêmes de l'art. 730, l'appel n'est pas permis; ou c'est un jugement d'adjudication après surenchère, et comme dans ce cas toutes les formalités antérieures à la publication sont *recommencées* (art. 709), et qu'elles peuvent donner lieu aux nullités également antérieures à la publication, l'appel doit être permis, comme il l'est lorsque le jugement qui donne acte de la publication a statué sur un de ces incidents. M. Chauveau déclare ne pas saisir le mérite de cette distinction. A ses yeux, la nature même des jugements qui donnent acte des publications, ou qui prononcent des adjudications répugne à l'idée de l'appel en aucun cas. Si des incidents ont été soulevés, il y a jugement sur ces incidents; puis, après publication ou adjudication; mais ce n'est pas la publication ou l'adjudication qui tranche ces incidents, elles ne sont que la conséquence du jugement qui a statué sur leur plus ou moins de fondement. S'il y a appel d'un jugement qui a statué sur un incident, et que cet appel soit admis, la publication tombera évidemment, sans qu'il soit aucunement besoin de diriger spécialement un appel contre cette publication, le jugement étant un, bien qu'il embrasse des opérations distinctes. Quant aux adjudications, inutile même de faire cette réflexion, puisque les incidents proposés après la publication sont jugés sans appel par le tribunal de première instance.

1960. La question de savoir quand il y a ou non un incident qui rende l'appel recevable n'est pas sans difficulté, poursuit notre auteur. La Cour de Riom a décidé, le 30 déc. 1844 (*J. Av.*, t. 68, p. 127) : 1° que l'appel du jugement d'adjudication n'est recevable qu'autant que ce jugement a prononcé simultanément sur un incident et sur l'adjudication; 2° qu'on ne peut considérer comme incident, dans le sens de la loi, cet ensemble de circonstances, à savoir : que le tribunal, au jour fixé pour l'adjudication, aurait sursis d'abord à cette adjudication sur le motif qu'un appel existait d'un jugement rendu sur un premier incident, jusqu'à ce que cet appel fût jugé; que, rapportant ensuite cette première décision, sur la demande du premier créancier inscrit, et en vertu de l'art. 702, il aurait ordonné immédiatement l'adjudication.— La Cour de Toulouse, par arrêt du 22 mars 1850 (t. 75, p. 334), a déclaré que le jugement qui refuse d'accorder une remise et prononce l'adjudication à la requête de l'un des créanciers inscrits, en l'absence du poursuivant, n'est pas susceptible d'appel.—Un arrêt de la Cour de Lyon, du 20 fév. 1851 (t. 76, p. 616), a jugé que la demande en sursis, formée le jour même de l'adjudication par la partie saisie, ne constitue pas un incident dans le sens de l'art. 730.—Le 4 mars 1856 (t. 81, p. 469), la Cour de cassation a décidé que le jugement qui, sans statuer sur aucun incident en matière de saisie immobilière, prononce l'adjudication, n'est pas susceptible d'appel, alors même qu'il est prétendu que la saisie a été dirigée contre une femme mariée non autorisée par son mari ni par la justice. — La Cour de Pau, le 30 juillet 1849, et après elle la Cour de cassation, le 28 déc. 1852 (t. 78, p. 370), ont admis que dans une poursuite de folle enchère l'addition au cahier des charges, au moment de l'adjudication, et en l'absence du fol enchérisseur, d'une clause ayant pour objet de faire déclarer exécutoires contre l'adjudicataire futur les bordereaux délivrés sur le fol enchérisseur, en principal et intérêts courus depuis la première adjudication, ne constitue pas un incident de nature à rendre susceptible d'appel le jugement d'adjudication, attendu que cette addition n'était que la reproduction des clauses précédentes avec leurs conséquences légales telles qu'elles résultaient des faits survenus postérieurement;

qu'ainsi cette insertion, d'ailleurs non contestée, n'avait le caractère ni d'un incident, ni d'un moyen de nullité, dans le sens des art. 730 et 739, Cod. proc.

1961. M. Chauveau reconnaît que, dans cette dernière espèce, la clause introduite n'était pas, à vrai dire, une clause nouvelle, modificative des conditions du cahier des charges, mais plutôt une clause interprétative destinée à approprier l'ancien cahier des charges aux exigences de la situation créée par la folle enchère. Sous ce rapport, elle ne tombait donc pas sous la prohibition de l'art. 694, Cod. proc., qui veut qu'après la publication, le cahier des charges ne puisse plus subir aucune altération dans ses dispositions. Cependant, l'auteur ne conseille pas aux avoués de prendre pour règle l'arrêt de la Cour de cassation. — Dans tous les cahiers des charges, il existe des clauses prévoyant le cas de folle enchère; pourquoi ne pas y insérer, la clause sur laquelle portait le débat?

1962. La jurisprudence a reconnu qu'il y avait incident rendant l'appel recevable dans les circonstances suivantes: lorsque le jugement d'adjudication, sur les conclusions du poursuivant, prescrit la lecture d'un dire additionnel consigné au cahier des charges, et ordonne que des bâtiments existant sur les biens saisis seront ajoutés à l'adjudication: Douai, 24 mai 1849 (*J. Av.*, t. 75, p. 334); solution approuvée par M. Chauveau; — Lorsque le jugement statue sur une opposition à l'adjudication, et que cette opposition a pour but, non d'obtenir une simple remise de l'adjudication, mais d'en mettre la validité en question. Ainsi, le jugement est susceptible d'appel quand l'opposition est fondée sur des manœuvres frauduleuses qui auraient eu pour résultat d'écarter les enchérisseurs, ou sur l'existence d'un appel dirigé contre un jugement précédent et dont l'effet suspensif s'opposerait à l'adjudication: Cass., 17 déc. 1849 (t. 76, p. 616); — Lorsque le jugement, après le décès du créancier poursuivant et sur la réquisition d'un créancier inscrit, déclare la succession adjudicataire, pour la mise à prix de l'immeuble saisi; ce jugement ayant statué sur un incident relatif à la mort du poursuivant: Paris, 26 mars 1851 (t. 76, p. 368); — Enfin, lorsque le jugement d'adjudication sur saisie immobilière statue en même temps sur un débat relatif au point de savoir quel était celui des avoués enchérisseurs qui avait mis la dernière enchère et devait dès lors rester adjudicataire: Cass., 6 avril 1857 (D.57.1.157).

1963. Consulté sur le point de savoir si le jugement d'adjudication qui statue sur un incident élevé le jour même de l'adjudication, qui le rejette et ordonne qu'il soit passé outre, est susceptible d'appel, M. Chauveau a répondu: — Posée d'une manière aussi absolue, cette question est à peu près insoluble. Il faut donc la décomposer pour la résoudre. Il ne peut s'agir de la faculté d'interjeter appel d'un jugement qui statue sur des nullités postérieures à la publication du cahier des charges; et cela par deux motifs: le premier, c'est que toute nullité postérieure à cette publication doit être proposée, à peine de déchéance, trois jours avant celui de l'adjudication: or, on parle d'un *incident élevé le jour même de l'adjudication*; le second, c'est que le § 3 de l'art. 730 prohibe formellement l'appel des jugements statuant sur des incidents de cette nature. — Il s'agit donc nécessairement d'un incident relatif au fond du droit, et là précisément est la difficulté. — Sous la quest. 2422 *undecies* (*suprà*, n. 1553 et s.), M. Chauveau a refusé d'admettre la possibilité d'élever, après la publication du cahier des charges, des moyens de nullité, quoiqu'ils se rattachent au fond du droit, même ceux résultant de la mort du saisi, du paiement de la créance ou autres semblables. Ainsi donc, observe-t-il ici, ces incidents, quoique relatifs au fond, rentrent dans la prohibition de l'art. 728, puisqu'ils ne peuvent pas être proposés: inutile de s'occuper de la question de savoir si l'on peut interjeter appel du jugement qui les a rejetés. — La doctrine de l'auteur se résume en ce point unique que toute exception, d'une nature quelconque, qui tend à empêcher l'adjudication de l'immeuble saisi, lorsqu'il est saisissable et qu'il appartient au saisi, ne peut plus être proposée après la publication ; de même qu'il a décidé qu'aucune modification du cahier des charges ne peut être demandée après la lecture de ce cahier, quoique cette demande émane d'un créancier à hypothèque spéciale, cas le plus favorable qui puisse se présenter. La rigueur de ces principes reçoit d'ailleurs un tempérament raisonnable du pouvoir illimité qui appartient au juge d'accorder des sursis lorsque la demande lui paraît fondée sur des causes graves et dûment justifiées.

1964. Dans quel cas donc, demande M. Chauveau, l'appel d'un incident élevé le jour de l'adjudication sera-t-il recevable ? L'auteur supposera : 1° qu'un acquéreur volontaire de l'immeuble saisi a voulu user du bénéfice que lui accorde l'art. 687, Cod. proc. civ. ; 2° que le propriétaire d'un immeuble saisi en demande la distraction ; 3° qu'après un sursis demandé et obtenu, l'adjudication étant poursuivie avant l'expiration du délai, on s'oppose à cette adjudication, soit parce que la fausseté du titre aurait été découverte, soit parce que le paiement aurait été effectué, ou pour autres motifs de cette nature ; 4° que le tribunal a passé outre à l'adjudication malgré la prohibition formelle de la loi imposant aux juges un sursis, notamment dans le cas du § 3 de l'art. 717, lorsqu'il s'agit d'une demande en résolution intentée par un précédent vendeur ; 5° que le tribunal a refusé de prononcer le sursis dans le cas de l'art. 2215, Cod. civ. — Dans tous ces cas, dit-il, l'appel du jugement qui statue sur l'incident est recevable de la part de toute partie intéressée, poursuivant, tiers et intervenants, débiteur saisi ou créanciers inscrits. Au premier abord, il semble qu'on pourrait opposer à cette doctrine un arrêt de la Cour de cassation du 1er juill. 1846 (*J. Av.*, t. 71, p. 719). En réalité, la question sur laquelle a statué cet arrêt était celle-ci : L'appel d'un jugement qui a prononcé une adjudication est-il recevable, sous le prétexte qu'en même temps il a prononcé sur un autre incident, si cet incident, élevé sous forme d'exception d'incompétence, n'est réellement dans son but qu'un moyen de nullité postérieur à la publication du cahier des charges ? Et la Cour a eu raison de décider la négative.

1965. En faveur de son opinion, M. Chauveau invoque un arrêt de la Cour de Paris, du 15 mars 1860 (*Gazette des trib.*, 28 mars 1860), portant : 1° que le jugement qui rejette la demande en remise de l'adjudication formée par la partie saisie et fondée sur l'appel du jugement en vertu duquel il est procédé à la saisie immobilière est sujet à l'appel, à la différence du jugement qui prononce cette remise et qui, d'après l'art. 703, Cod. proc., n'est susceptible d'aucun recours ; 2° que l'appel du jugement en vertu duquel on a procédé à la saisie étant nécessairement suspensif de l'adjudication, d'après les termes restrictifs de l'art. 2215, Cod. civ., le tribunal saisi de la demande en remise doit surseoir à l'adjudication jusqu'au jugement de l'appel, et ne peut, sans excès de pouvoir, ordonner qu'il y sera passé outre, par ce motif que le jugement attaqué serait en dernier ressort ; 3° que la Cour d'appel, en déclarant que l'appel du jugement sur le fond est en effet non recevable, s'agissant d'un jugement rendu en dernier ressort, et en réformant le jugement qui a rejeté à tort la demande en remise, peut, incidemment et par voie de conséquence, prononcer la nullité de l'adjudication, en présence de l'adjudicataire appelé devant la Cour en déclaration d'arrêt commun.

1966. Quant au cas de surenchère, M. Chauveau n'admet pas, comme M. Rogron, que les formalités antérieures à la publication doivent être recommencées ; car le seul paragraphe de l'art. 709 relatif aux formalités est celui-ci : « *L'indication du jour de cette adjudication sera faite de la manière prescrite par les art.* 696 *et* 699, » et ces articles sont postérieurs aux articles 694 et 695, qui parlent de la publication; donc il serait inutile et frustratoire de recommencer les formalités antérieures à la publication, et cette publication elle-même. La procédure tient, au contraire, à dater de cette publication; et elle ne peut conséquemment donner lieu, comme le suppose M. Rogron, à des nullités antérieures à la publication. On ne peut donc pas induire de l'art. 709 que l'appel soit permis. — Est-ce à dire, pour cela, qu'en matière de surenchère cette voie de recours soit interdite? Si d'un côté, observe M. Chauveau, on peut dire que toutes les nullités ne sauraient être que postérieures à la publication, et qu'il semble résulter de l'art. 729 que le jugement qui statue sur des nullités de cette nature n'est pas sujet à l'appel; si l'on peut faire valoir les raisons qui ont été données dans toutes les discussions législatives pour prohiber l'appel après la publication, afin que les enchérisseurs puissent se rendre adjudicataires avec plus de sécurité; d'un autre côté, rien dans les art. 708, 709, 728, 729 et 730, n'indique que le législateur ait entendu parler des nullités relatives à la surenchère. On peut aussi opposer les motifs donnés par M. Persil père dans son rapport à la Chambre des pairs pour faire adopter la prohibition de l'appel; il se fondait sur *ce que, après la publication, il ne resterait à apprécier qu'une seule chose, la publicité donnée à la vente*. Après la surenchère, au contraire, il peut y avoir des incidents fort importants sur le montant de la surenchère, sur la forme de cette surenchère, sa dénonciation, etc., etc. Bien plus, dans le rapport à la Chambre des députés, M. Pascalis a dit expressément : « Le droit d'appel s'étendra sur les incidents de surenchère », après avoir fait remarquer qu'il en serait autrement du jugement d'adjudication sur surenchère qui ne statuerait pas sur un incident. M. Chauveau regarde donc comme certain que l'art. 730 ne comprend pas les nullités relatives aux surenchères, et que dès lors l'appel, qui est une voie de droit commun dont on ne doit pas être privé par induction, peut être émis envers les jugements statuant sur ces nullités. — Quatre arrêts résolvant, sous l'empire de l'ancienne loi, la question de savoir dans quel délai devait être relevé l'appel d'un jugement statuant sur une demande en nullité de surenchère, ne permettent pas de douter, selon notre auteur, que cet appel ne fût alors regardé comme recevable (Montpellier, 7 déc. 1825, *J. Av.*, t. 30, p. 132; Limoges, 7 juill. 1827, *J. Av.*, t. 35, p. 95; Grenoble, 3 mars 1831, *J. Av.*, t. 41, p. 712; Aix, 9 fév. 1832, *J. Av.*, t. 44, p. 197).

1967. Nous complétons l'exposé de jurisprudence qui précède en résumant les solutions qui sont intervenues depuis la publication de l'ouvrage de M. Chauveau. — La Cour de cassation a jugé, conformément à la doctrine de notre auteur, par arrêt du 30 janv. 1873 (*J. Av.*, t. 99, p. 75), que la disposition du n. 2 de l'art. 730, Cod. proc., d'après laquelle la voie de l'appel n'est pas ouverte contre le jugement qui donne acte de la publication du cahier des charges, n'empêche pas que cette publication ne doive être déclarée nulle, si elle n'a pas été faite conformément aux prescriptions de l'art. 694 du même Code. Et la Cour suprême a même déclaré susceptible d'appel le jugement qui donne acte de la publication du cahier des charges, lorsqu'il a d'abord rejeté une demande en nullité de la procédure de saisie immobilière, demande fondée sur ce que les sommations d'assister à cette publication n'étaient pas régulières : arrêt du 30 juin 1868 (t. 94, p. 111).

1968. Tandis que, d'après un arrêt de la Cour de Nîmes du 4 juin 1860 (*J. Av.*, t. 86, p. 55), la voie de l'appel ne peut être exercée ni contre le jugement qui renvoie la publication du cahier des charges à un autre jour, ni contre celui qui, au jour indiqué, refuse un nouveau sursis et donne acte de la publication du cahier des charges, la Cour d'Agen a, le 28 janv. 1867 (t. 92, p. 291), déclaré d'une manière absolue que le jugement qui sursoit à la publication du cahier des charges est susceptible d'appel, et la Cour de

Toulouse, par arrêt du 16 nov. 1867 (t. 93, p. 169), a admis cette voie de recours contre le jugement qui prononce un semblable sursis, par le motif que la sincérité de la créance du poursuivant est discutée dans une instance non encore terminée, et alors que ce jugement est entaché d'excès de pouvoir.

1969. D'autre part, l'arrêt précité de la Cour de cassation du 30 juin 1873 a encore confirmé l'opinion de M. Chauveau en décidant que la nullité de la publication du cahier des charges, à raison de ce que cette publication n'a pas eu lieu au jour indiqué dans la sommation faite au saisi, étant une nullité inhérente à la publication même, et ne pouvant dès lors être rangée parmi les nullités postérieures à cette formalité dont parle l'art. 730-3°, Cod. proc., le jugement qui y statue est susceptible d'appel.

1970. La Cour de Dijon, qui avait d'abord décidé le contraire, par arrêt du 17 fév. 1857 (*J. Av.*, t. 82, p. 640), a jugé, le 24 déc. 1874 (t. 100, p. 338), que la disposition de l'art. 730, d'après laquelle les jugements qui statuent sur des nullités postérieures à la publication du cahier des charges, ne sont pas susceptibles d'appel, s'applique aux jugements prononçant sur les nullités du fond aussi bien qu'à ceux rendus sur les nullités de forme.

1971. (Q. 2423 septies). *Quel moyen ont les parties intéressées pour se plaindre de la violation des formes tracées par l'art.* 695 *pour la publication du cahier des charges, le jugement des dires et la fixation du jour de l'adjudication?*

Bien que les formes tracées par cet article ne soient pas prescrites à peine de nullité, il faut bien admettre cependant, dit M. Chauveau, que les parties doivent trouver les moyens de faire exécuter une loi qui commande ou qui prohibe. — S'il s'agit de la publication même, qui n'aurait pas eu lieu au jour indiqué par les sommations, les parties ont une ressource en dehors de l'art. 695; car cet article n'est pas le seul qui prescrive cette publication et qui la prescrive au jour indiqué. La première partie de l'art. 694 contient une disposition semblable; et, comme celui-ci est au nombre des articles dont l'inobservation emporte nullité (V. art. 715), rien n'empêchera qu'on emploie, pour ce cas, la voie de l'incident en nullité. Et cette nullité n'étant ni antérieure ni postérieure à la publication, l'on ne doit consulter ni l'art. 728, ni l'art. 729 pour régler l'époque de la présentation de cet incident. On y serait recevable jusqu'à l'adjudication, et le jugement qui y statuerait serait susceptible d'appel (V. *infrà*, n. 1988 et s.). —Quant au jugement sur les dires et observations insérés au cahier des charges, et à la fixation du jour de l'adjudication, si ces formalités ont été omises, ou remplies d'une manière contraire au vœu de la loi, les parties ne peuvent pas en demander la nullité (V. *suprà*, n. 837 *bis* et s.). Mais, si elles n'ont pas comparu au jugement, rien n'empêche qu'elles n'en demandent la régularisation par voie d'incident. — Dans le cas où elles auraient comparu sans élever la difficulté, leur silence devra sans doute être pris pour une ratification et le moyen de forme sera couvert. Mais si, en comparaissant, elles ont demandé la rectification de la procédure, le tribunal aura dû prononcer sur cette demande, et son jugement sera encore susceptible d'appel. — Si le jour de l'adjudication n'a pas été fixé, ou s'il l'a été en dehors des limites tracées par la loi, si le jugement n'a pas donné acte de la publication; si un vice substantiel quelconque entache cet acte, dans ces différents cas, le saisi pourra, à toute époque de la procédure, élever un incident, pour forcer le poursuivant à venir à l'audience voir réparer l'omission ou la violation. Et comme un tel incident n'est pas de ceux que l'art. 730 embrasse dans ses trois dispositions, et à l'égard desquels il prohibe l'appel, on pourra sans difficulté appeler du jugement qui interviendra, et qui rentrera dans la classe de ceux que l'art. 731 désigne par ces mots : *tous autres jugements* (V. *infrà*, n. 1988 et s.).

1972. Dans le cas où, par impossible, le tribunal aurait fixé d'office un délai plus long que celui qui est déterminé par la loi, il y aurait aussi incident, observe M. Chauveau, et l'appel du jugement qui aurait statué devrait être permis de la part des parties intéressées, puisque l'art. 730 n'interdit l'appel que du jugement qui donne acte de la publication.— D'un autre côté, l'auteur n'hésite pas à penser que l'arrêt qui, au mépris des dispositions formelles de l'art. 695, aurait validé un jugement, ne fixant pas le jour de l'adjudication ou en déterminant un plus long que celui qu'indique cet article, devrait être cassé (V. la question suivante).

Sous l'ancienne loi, on reconnaissait aussi des nullités qui ne rentraient dans aucune des deux catégories prévues par les art. 734 et 736, et qui, conséquemment, n'étaient pas soumises aux délais de ces articles. De ce nombre était la nullité tirée du défaut d'apposition des dernières affiches, que les Cours de Besançon, 27 fév. 1815, et de Grenoble, 18 août 1817 (*J. Av.*, t. 20, p. 60), déclaraient proposable, moins de vingt jours avant l'adjudication définitive, par la raison péremptoire que ces affiches ne devaient être apposées que dans cette période.

1973. (Q. 2423 octies). *Quels sont, en matière de saisie immobilière, les jugements qui peuvent être soumis à un recours en cassation ?*

De ce que les jugements qui donnent acte des publications, ou qui prononcent des adjudications, ne constituent, suivant lui, que de simples procès-verbaux, M. Chauveau conclut que le pourvoi en cassation n'est pas admissible contre ces décisions. Mais, pour tous autres jugements susceptibles ou non d'appel, notre auteur croit que cette voie extraordinaire de recours n'étant prohibée par aucune disposition de la loi de 1841, elle doit être ouverte.

1974. Il applique cette solution même aux jugements pour lesquels le législateur, comme dans l'art. 703, prohibe tout recours, parce que les recours dont s'est occupé le législateur sont l'opposition et l'appel, et que pas un mot n'indique qu'il s'agisse du pourvoi en cassation. Cependant la Cour suprême s'est prononcée en sens contraire relativement à l'art. 703 (V. *suprà*, n. 979 et s.), et cette jurisprudence est approuvée par M. Dalloz, n. 1611.

1975. Du reste, M. Chauveau admet lui-même que l'art. 697, en déclarant que l'ordonnance du président ne serait soumise à aucun recours, a voulu faire rentrer cet acte dans le pouvoir discrétionnaire du magistrat. C'est là, dit-il, une question de taxe du genre de celle dont s'occupe l'art. 7.

1976. Les parties qui veulent faire courir le délai du pourvoi en cassation ont le droit, suivant notre auteur, de signifier à leurs adversaires les jugements qui pourraient être attaqués par cette voie, et cela, malgré la prohibition même la plus formelle de la loi. L'art. 746 dit que le jugement ordonnant la conversion ne sera susceptible ni d'opposition ni d'appel, et qu'il ne sera pas signifié; mais, si une partie se plaint de ce que la demande en conversion a été prononcée sans son consentement, au mépris du texte formel de l'art. 745, son pourvoi en cassation sera nécessairement recevable, et si la demande en conversion a été rejetée sans rapport, sans audition du ministère public, n'en devra-t-il pas être de même? La nécessité de la signification devra donc souvent se faire sentir. Seulement, les frais de signification ne passeront pas en taxe dans les frais ordinaires de la saisie, à cause de la disposition prohibitive de l'art. 746.

1977. Pour montrer que, dans la pensée des auteurs de la loi nouvelle, le recours en cassation devait rester ouvert en faveur d'une partie qui se plaindrait d'une violation de loi, M. Chauveau rappelle que M. Persil disait aussi à la Chambre des pairs : « Si, ce qu'on ne peut supposer, il se rencon- « trait un tribunal qui vînt à décider qu'il ne fallait pas d'insertion ou d'af-

« fiches, ou que l'une et l'autre avaient été faites sans qu'on fût obligé d'en « rapporter la preuve légale, la partie lésée ne serait pas désarmée; *il y au- « rait violation de la loi, et, par conséquent, droit de se pourvoir en cassa- « tion;* » et que, de son côté, M. Pascalis disait, dans son rapport à la Chambre des députés : « Le pourvoi en cassation demeurera d'ailleurs ou- « vert, empêchera la continuation des mêmes erreurs de droit, et main- « tiendra l'unité de jurisprudence. » V. conf., Cass., 4 fév. 1811 (*J. Av.*, t. 20, p. 295), 1er déc. 1813 (*ibid.*) et 4 oct. 1814; MM. Thomine-Desmazures, t. 2, p. 290 ; Rogron, p. 914, et Bioche, n. 500.

1978. Il est bien évident d'ailleurs, comme l'a décidé la Cour de cassation, le 9 mai 1854 (*J. Av.*, t. 79, p. 361), ajoute M. Chauveau, qu'après avoir conclu à la validité d'une surenchère formée sur le prix de l'adjudication, la partie saisie n'est plus recevable à se pourvoir en cassation contre un arrêt qui, antérieurement à la surenchère, a rejeté son opposition aux poursuites de saisie immobilière.—L'acquiescement était manifeste.

1979. Citons, de notre côté, un arrêt de la Cour suprême du 26 juill. 1858 (*J. Av.*, t. 88, p. 28), qui décide que le jugement statuant sur une demande en subrogation à des poursuites de saisie immobilière formée pour cause de dol et de fraude, étant susceptible d'appel, ne peut être l'objet d'un pourvoi en cassation.

1980. (Q. 2423 novies). *Tous les jugements, quels qu'ils soient, sont-ils susceptibles d'appel si le tribunal qui les a rendus était incompétent, par exemple, s'il n'était pas le tribunal de la situation des biens saisis?*

La règle de l'art. 454, d'après laquelle l'appel est toujours recevable lorsqu'il s'agit d'incompétence, étant, selon M. Chauveau, d'ordre public, et, par conséquent, applicable à toutes les matières judiciaires, la solution affirmative de la question posée lui semble incontestable. Il a été décidé spécialement que le jugement qui rejette une exception d'incompétence et ordonne un sursis à l'adjudication sur folle enchère, basé sur l'existence d'une instance en nullité d'un bail consenti par le fol enchérisseur, est susceptible d'appel : Paris, 21 fév. 1850 (*J. Av.*, t. 76, p. 620).

1981. (Q. 2423 decies). *En matière de saisie immobilière lorsque, devant une Cour d'appel, de deux parties assignées l'une fait défaut et l'autre comparaît, doit-il être rendu un arrêt de défaut profit-joint? Dans quels cas les arrêts par défaut ne sont-ils pas susceptibles d'opposition?*

La solution négative de la première question paraît certaine à M. Chauveau qui l'a déjà adoptée sous la quest. 621 *quinquies*, où il cite l'opinion conforme de Carré (V. v° *Jugement par défaut*, n. 69). Sur l'appel, ajoute-t-il, il n'y a pas de défaut, puisque les arrêts sont censés contradictoires; on ne peut pas prononcer un défaut que la loi ne reconnaît pas. Dès le moment que la partie intimée ne comparaît pas, la Cour doit statuer; et la loi lui impose l'obligation de le faire dans un délai déterminé : elle viole la loi lorsque, la cause étant en état, elle refuse de statuer sous prétexte qu'il faut réassigner une des parties. Le législateur a fixé le délai d'appel avec beaucoup de soin; ce délai est fort court; toute l'économie des dispositions nouvelles serait bouleversée par un réassigné dont rien ne viendrait plus limiter la durée. — Conf., Grenoble, 5 avril 1848; Orléans, 18 déc. 1849 (*J. Av.*, t. 75, p. 338) ; Cass., 13 nov. 1852 (t. 78, p. 344) et 31 mai 1858 (S.-V.58. 1.821); Rodière, t. 3, p. 187; Dalloz, n. 1593; Bioche, n. 717.

1982. Cependant la Cour de Toulouse a décidé, le 15 janv. 1842, qu'un arrêt de défaut profit-joint était nécessaire : « Attendu que l'exception préjudicielle opposée par l'appelant, et prise de ce que sa demande ne peut être appréciée au fond qu'après que sa procédure aura été régularisée par l'exécution des prescriptions de l'art. 153, Cod. proc., rend nécessaires l'examen et la solution de cette question : l'article précité du Code de procédure civile doit-il recevoir son application dans les incidents sur saisie immobilière? — Attendu, à cet égard, que si l'art. 731 de la loi du 2 juin 1841, porte : « Dans « le cas où il y aura lieu à l'appel, la Cour statuera dans la quinzaine ; les « arrêts rendus par défaut ne seront point susceptibles d'opposition », cette disposition n'implique point contradiction avec l'exécution de l'art. 153 précité ; la première, en effet, dispose dans la présupposition d'une procédure régulière et celle-ci détermine les conditions ou les éléments de cette régularité ; son observation doit donc précéder l'appréciation des moyens au fond des parties. » Mais cette décision est restée isolée.

1983. Il a été décidé, ce qui est évident, puisque le texte est formel, que l'opposition n'est pas recevable contre les arrêts par défaut rendus sur incident : Alger, 23 août 1851 (*J. P.* d'Alger, 1851, n° 193) ; — et qu'il en est ainsi, soit en matière de surenchère sur saisie immobilière, comme en matière de surenchère après aliénation volontaire : Toulouse, 16 juin 1842 (*J. Av.*, t. 64, p. 156). Conf., M. Petit, p. 135 ; — soit lorsqu'il s'agit d'un arrêt par défaut rendu sur l'appel d'un jugement qui a statué sur une demande en nullité des poursuites pour cause de dotalité des immeubles saisis : même Cour, 29 juin 1843 (*J. Av.*, t. 75, p. 339).

1984. Par un autre arrêt, du 24 janv. 1850 (*J. Av.*, t. 75, p. 290), la Cour de Toulouse a jugé que l'arrêt par défaut qui statue sur l'appel interjeté dans la forme voulue par les art. 731 et 732, Cod. proc., d'un jugement rendu sur une opposition à un commandement, et sur une demande en nullité de saisie immobilière fondée uniquement sur l'opposition déjà faite après jonction des deux demandes, n'est pas susceptible d'opposition. Cette solution se rattache à la question de savoir en quel cas l'opposition au commandement constitue ou non un incident de saisie, et doit par suite être renvoyée à la quest. 2424 (V. *infrà*, n. 1988 et s.).

1985. L'arrêt par défaut accordant une provision à la partie qui poursuit la revente d'un immeuble sur folle enchère n'est pas susceptible d'opposition ; et il peut servir de base à l'adjudication, alors même que, mal à propos, il a été l'objet d'un tel recours : Cass., 17 août 1853 (*J. Av.*, t. 80, p. 106). Les art. 731 et 739 sont formels à ce sujet, dit M. Chauveau.

1986. Notre auteur approuve également une décision de la Cour de Bordeaux, du 9 janv. 1847 (t. 75, p. 338), d'après laquelle la disposition finale de l'art. 731, Cod. proc., qui déclare que les arrêts de défaut ne seront pas susceptibles d'opposition, s'applique aux arrêts de défaut rendus sur l'appel des jugements qui rejettent une demande en sursis, comme aux arrêts de défaut statuant sur tous autres incidents. — Au premier abord, il semble qu'on doive induire implicitement de cette décision que la Cour de Bordeaux reconnaît qu'un jugement qui refuse un sursis est susceptible d'appel. Il n'en est rien, remarque M. Chauveau. Le tribunal civil de Périgueux avait refusé le sursis à l'adjudication. Sur l'appel, l'appelant fait défaut. La Cour rejette l'appel en accueillant une exception de nullité, tirée de ce que l'exploit d'appel n'énonçait pas de griefs, et subsidiairement, en déclarant l'appel lui-même non recevable. C'est sur l'opposition que la Cour a appliqué le § 3 de l'art. 731.

1987. D'après un arrêt de la Cour de Montpellier du 13 janv. 1873 (*J. Av.*, t. 98, p. 247), l'arrêt par défaut rendu sur l'appel d'un jugement de subrogation dans des poursuites de saisie immobilière, est au nombre de ceux qui, aux termes de l'art. 731, Cod. proc. civ., ne sont pas susceptibles d'opposition. — Vainement l'opposant prétendrait-il qu'il ne s'agit pas d'un incident de saisie immobilière, mais bien d'une demande ordinaire, surtout s'il a lui-même procédé comme il s'agissait d'un tel incident en ne faisant pas opposition au jugement par défaut qui avait été rendu contre lui, et en signifiant l'acte d'appel de ce jugement au domicile de l'avoué, au lieu de le signifier à partie. Cette solution est-elle bien exacte? L'art. 730 ne faisant échapper à l'appel les jugements rendus sur les demandes en subrogation qu'autant qu'elles ont été intentées pour collusion ou fraude, ne doit-on pas en conclure que c'est dans ce dernier cas seulement que les arrêts statuant par défaut en matière de demande en subrogation ne sont pas susceptibles d'opposition, et que cette voie de recours est au contraire admissible si l'arrêt par défaut est intervenu sur l'appel, mal à propos interjeté, d'un jugement statuant en dehors du cas exceptionnel dont il s'agit?

1988. (Q. 2424). *Comment doit-on entendre cette disposition de l'art. 731, tous autres jugements?*

Elle doit être entendue dans le sens le plus large, répond M. Chauveau. Tous jugements qui peuvent être considérés comme rendus sur des incidents sont soumis aux prescriptions de l'art. 731. Conf., M. Colmet-Daage, t. 2, p. 407, n. 1022.

On s'était demandé si la validité de la surenchère pouvait être comprise dans la qualification du législateur. Voici ce que M. Parant disait à ce sujet, dans son premier rapport : « La question s'étant plusieurs fois élevée de « savoir si, en cas de contestation sur la validité de surenchère, le droit « commun en matière d'appel est le seul applicable, la commission a voulu « trancher cette question; elle l'a fait dans un sens favorable à la prompte « expédition d'une procédure qui, en définitive, n'est qu'une sorte d'incident « sur la saisie immobilière. » La commission de la Cour de cassation avait fait la même observation.

Dans l'article du projet, il avait été inséré un paragraphe qui rendait l'article commun à la surenchère; ce paragraphe n'a pas été maintenu dans la rédaction définitive, sans doute parce qu'on aura pensé qu'il était dangereux d'affaiblir par une mention partielle la force des expressions *tous autres jugements*. Aussi, malgré le silence du législateur, M. Chauveau regarde l'art. 731 comme applicable à la surenchère, quoique, sous l'ancienne loi, et par arrêt du 22 nov. 1841 (*Presse judiciaire* du 27), la Cour de Riom ait décidé le contraire. L'opinion de notre auteur est partagée par M. Bioche, v° *Saisie immob.*, n. 727.

1989. Que doit-on décider à l'égard des jugements en vertu desquels la saisie immobilière est poursuivie? L'art. 2215, Cod. civ., proscrit l'adjudication, tant que les délais d'appel ne sont pas expirés. Mais quels sont ces délais? L'art. 726 du Code de 1807 prescrivait au débiteur d'interjeter son appel trois jours avant la mise au greffe du cahier des charges.

Dans la loi nouvelle, on ne trouve plus aucune disposition analogue; l'art. 726 a été supprimé. Les exposés des motifs et les rapports sont complètement muets sur les raisons qui ont provoqué cette suppression. Seulement, on lit dans le rapport de M. Isambert : « Enfin, on a dû formuler la décision « prise par les auteurs du projet relativement à la suppression de l'art. 726 du « Code, et y appliquer les règles du jugement sur appel, dans les limites tra« cées par le nouvel article. On pense que, par ce moyen, est levée toute ob« jection relative à la suppression de l'art. 726. » Il est donc certain aujourd'hui, disait M. Chauveau en 1841, que le délai pour se pourvoir par appel contre le jugement qui sert de titre au poursuivant est le délai ordinaire. Conf., MM. Dalloz, n. 1312; Bioche, v° *Sais. immob.*, n. 736. Un arrêt de la Cour de Rennes, du 26 avril 1819 (*J. Av*, t. 20, p. 183), semble venir à l'appui de cette opinion (*suprà*, n. 1553 et s.). Les divers articles de l'ancienne loi, qui s'occupaient de l'appel en matière de saisie immobilière, fixaient, selon les cas, des délais différents, et en laissaient un assez grand nombre sans fixation précise, ce qui avait donné lieu à des difficultés sur le point de savoir quand devait être appliqué tel ou tel délai spécial, et si le délai de droit commun avait aussi son application. Carré avait traité deux de ces difficultés sous les nos 2466, 2498 et 2526, qu'il devient inutile de reproduire aujourd'hui que l'art. 731 fixe, pour tous les cas, un délai uniforme de dix jours.

1990. Depuis 1841, la doctrine et surtout la jurisprudence ont jeté, remarque M. Chauveau, de vives clartés sur cette matière, et il est facile aujourd'hui de se rendre un compte exact de la théorie de la loi. Comme l'appel est de règle générale, dit M. Rodière, t. 3, p. 184, et que les exceptions sont de droit étroit, il faut tenir pour certain qu'il est ouvert pour tous les incidents que la loi n'a pas formellement exceptés, sans distinguer entre ceux qu'elle a spécialement prévus, et ceux qui ont échappé à ses prévisions. C'est, en d'autres termes, ce qu'a dit M. Duvergier, t. 41, p. 269, note 1. — Ainsi, sont sujets à l'appel les jugements rendus sur une demande en jonction de saisies, en distraction, sur les moyens de nullité dirigés contre des procédures antérieures à la publication du cahier des charges, sur les demandes en rectification du cahier des charges, etc.

1991. Voici dans quels cas il a été jugé que l'appel était gouverné par les règles du droit commun ou par les règles exceptionnelles des art. 731 et 732 :

C'est le droit commun qui est applicable quand il s'agit d'un jugement statuant sur l'opposition d'un tiers détenteur à la sommation de payer ou de délaisser, formée avant la saisie, et sur la nullité de la saisie pratiquée au mépris de cette opposition : Trib. de Condom, 25 mai 1848 (*J. Av.*, t. 75, p. 527). M. Chauveau approuve cette solution.

1992. Que faut-il décider en ce qui concerne la demande en nullité du commandement? En principe, l'auteur n'admet pas que le commandement fasse partie intégrante de la saisie. (V. quest. 2422 *bis, suprà*, n. 1526 et s.). De là, il suit, à ses yeux, que l'appel du jugement qui statue sur l'opposition à cet acte, formée avant la saisie, est soumis aux règles et délais du droit commun ; et que les arrêts par défaut intervenus sur cet appel sont susceptibles d'opposition. La Cour de Caen, il est vrai, a jugé le contraire, le 1er mars 1852 (*Journal de cette Cour*, 1852, p. 157), mais elle est, plus tard, revenue aux principes enseignés par notre auteur, dont l'opinion a été consacrée par les arrêts suivants : Limoges, 17 juin 1848 (t. 74, p. 408 ; Nîmes, 23 janv. 1849 (t. 74, p. 196), et 3 août 1857 (t. 83, p. 239) ; Alger, 3 déc. 1850 (*J. Av.*, t. 76, p. 617) ; Limoges, 28 juillet 1851 (*Journal de cette Cour*, 1852, n. 243) ; Caen, 13 sept., 12 nov. et 7 déc. 1852 (*J. Av.*, t. 78, p. 356) ; Rouen, 1er juin 1853 (t. 78, p. 547), et 19 déc. 1855 (t. 82, p. 218) ; Cass., 9 janv. 1854 (t. 79, p. 213) ; décisions fondées sur le motif sans réplique que l'opposition au commandement qui précède la saisie, loin de constituer un incident de cette saisie, a, au contraire, pour but et peut avoir pour résultat d'en empêcher la réalisation.

1993. M. Chauveau a dès lors naturellement critiqué un arrêt de la Cour de Toulouse, du 14 déc. 1848 (*J. Av.*, t. 74, p. 81), qui considère le commandement comme un des actes constitutifs de la saisie ; mais il a dû, dit-il, à raison des faits, et parce que l'opposition au commandement n'avait été formée *qu'après la transcription* de la saisie, reconnaître qu'au fond, dans ce cas exceptionnel, l'art. 732 était applicable, la prescription du législateur étant pleinement justifiée par l'incurie du saisi.

1994. Notre auteur reconnaît, en effet, que l'opposition au commandement postérieur au procès-verbal de saisie constitue un véritable incident. *Sic*, Alger, 20 mars 1850 et 14 avril 1851 (*J. Av.*, t. 76, p. 617 ; Montpellier, 30 déc. 1853, t. 79, p. 619) ; et qu'il importe peu, quant à l'appel, comme l'a jugé l'arrêt précité de la Cour de Toulouse, que l'action ait été introduite conformément à l'art. 718 ou d'une manière principale.

1995. Un autre arrêt de la Cour de Toulouse, du 24 janv. 1850 (t. 75, p. 290), a décidé que l'arrêt par défaut qui statue sur l'appel interjeté dans la forme voulue par les art. 731 et 732, d'un jugement rendu sur une opposition au commandement et sur une demande en nullité de la saisie, fondée sur l'existence même de l'opposition dont il s'agit, n'est pas susceptible d'opposition. En joignant ces deux demandes et en prononçant par un seul et même jugement, le tribunal n'avait fait que réunir deux demandes évidemment connexes. D'où suit, dit M. Chauveau, que l'art. 731 était inapplicable. Prétendre que l'appelant, en adoptant le mode de procéder des art. 731 et 732, s'était volontairement soumis aux conséquences de ce choix; qu'il ne pouvait pas à la fois alléguer la régularité de son appel et soutenir que l'opposition à l'arrêt par défaut était recevable, puisqu'il aurait ainsi exécuté la première disposition de l'art. 731 et violé la dernière, c'est subordonner l'exécution de la loi à la volonté des parties; c'est leur permettre de dénaturer à leur gré une action pour laquelle le législateur a tracé des règles formelles. Ce qu'il fallait rechercher d'abord, c'était si l'appel devait être relevé suivant le droit commun, ou d'après l'exception des art. 731 et 732.

1996. Qu'arrivera-t-il si, outre l'opposition au commandement basée soit sur un moyen de forme, soit sur un moyen de fond, le saisi vient encore invoquer la nullité de l'un des actes de la poursuite, du procès-verbal ou de tout autre acte postérieur, et qu'après jonction des instances, le tribunal prononce? *Quid* de l'appel? Suffira-t-il de se conformer aux art. 443 et suiv., ou aux art. 731 et 732? Faudra-t-il, au contraire, recourir aux premiers pour le chef du jugement relatif à l'opposition au commandement, employer les seconds pour le chef qui concerne la nullité? Des raisons d'économie et de célérité recommandent, répond M. Chauveau, un seul appel, celui des art. 731 et 732. Un arrêt de la Cour de Bourges, du 9 avril 1845 (*J. Av.*, t. 72, p. 226), a admis qu'il faudrait deux appels dans une espèce où le jugement statuait non seulement sur des incidents, mais encore sur d'autres chefs distincts, opposition à saisie-arrêt et à partage. La Cour de Nîmes n'a admis qu'un appel, celui du droit commun, par son arrêt susénoncé du 3 août 1857. — Dans cette position, observe notre auteur, la première instance engagée a pour objet l'annulation du commandement, et il est évident que l'incident en nullité de la saisie n'a été provoqué que par suite de l'initiative du poursuivant, lequel, sans tenir compte de l'opposition, ce qu'il a d'ailleurs le droit de faire, a passé outre à la saisie. Le débiteur pouvait même se dispenser de demander la nullité de la saisie, il lui suffisait de s'en tenir au commandement, l'annulation de cet acte devant nécessairement entraîner celle de la saisie. Il eût ainsi évité la complication qu'on a voulu faire résulter de la jonction des causes.

1997. Dans une hypothèse différente, mais qui offre pourtant certaines analogies avec celle soumise à la Cour de Nîmes, un copropriétaire avait, d'un côté, demandé la distraction de partie d'un immeuble saisi sur la tête de l'autre copropriétaire, et, d'un autre côté, s'était pourvu en licitation contre son copropriétaire. Les deux instances ayant été jointes par un jugement, plus tard frappé d'appel, la question s'est produite, et la Cour de cassation a décidé que la demande en distraction constituait un incident de saisie immobilière, et que sa jonction avec celle-ci n'avait pas changé la nature de cette dernière : arrêt du 21 avril 1857 (*J. Av.*, t. 82, p. 620). Faut-il appliquer le même principe à l'espèce ci-dessus et dire que la jonction des causes a fait perdre à l'action principale en nullité du commandement son caractère, pour lui attribuer celui d'un incident? M. Chauveau ne le pense pas. Les circonstances ne sont pas les mêmes, dit-il, les deux attaques n'ont pas eu lieu pendant le cours de la procédure en saisie immobilière, et, s'il admet qu'après la saisie, les attaques dirigées contre le commandement font l'objet d'un incident, il n'accorde pas que l'action principale en nullité du commandement, antérieure à la saisie, dégénère en incident, par cela seul que la saisie a été poursuivie postérieurement. Voy. son *Formulaire de procédure*, 2e édit., t. 2, p. 3, et 147, note 1, et *infrà*.

1998. Dans le sens de la distinction qu'enseigne M. Chauveau, il a été jugé par la Cour de Montpellier, le 12 nov. 1874 (*J. Av.*, t. 100, p. 462), et par la Cour de Chambéry, le 31 mai 1875 (t. 101, p. 195), que si, en général, la demande en nullité du commandement tendant à saisie immobilière doit être considérée comme une action principale et non point comme un incident de la saisie, il en est autrement dans le cas où la demande n'a été formée que depuis la saisie; et, qu'en pareil cas, dès lors, l'appel du jugement rendu sur la demande en nullité du commandement doit, à peine de nullité, être interjeté dans le délai prescrit par l'art. 731 (arrêt de Chambéry), et signifié au domicile de l'avoué (arrêt de Montpellier).

1999. Après la saisie, les incidents qui se produisent sont jugés conformément à l'art. 718, et donnent lieu à l'appel dans les conditions prévues par les art. 730, 731 et 732. Tels sont, dit M. Chauveau : 1° Le jugement qui, statuant sur une opposition formée après le procès-verbal de saisie, prononce un sursis aux poursuites jusqu'après la décision à intervenir sur l'existence du titre de créance : Riom, 13 nov. 1855 (*J. Av.*, t. 82, p. 280). Il s'agissait bien d'un sursis prononcé par voie incidente aux poursuites en cours d'exécution, mais non de la remise réglée par les dispositions de l'art. 703, Cod. proc. De plus, le sursis ordonné par les juges ne pouvait pas être considéré comme une simple mesure d'instruction sans caractère offensif, puisqu'il supposait que les moyens de nullité ne paraissaient pas suffisants pour invalider d'ores et déjà les poursuites; le jugement était donc susceptible d'appel. La Cour de Bordeaux a aussi très bien jugé, le 12 août 1858, que l'art. 703 n'est pas applicable au jugement statuant sur une demande en sursis formée au moment de la lecture du cahier des charges, alors surtout que ce jugement prononce en même temps sur des moyens de nullité ;—2° le jugement qui prononce sur la validité d'offres réelles faites pour arrêter la saisie déjà pratiquée : Cass., 4 juin 1850 (t. 76, p. 617) ; — 3° le jugement qui a pour objet de déterminer les pouvoirs du séquestre et de l'autoriser à contracter un emprunt : Montpellier, 22 mars 1850 (t. 75, p. 610) ; — 4° celui qui statue sur une demande en nullité de saisie immobilière formée au cours de la poursuite par l'un des saisis, qui prétend n'être point débiteur : Caen, 15 mars 1852 (*J. P.* 52.2.436) ; — 5° ... sur la question de savoir si le paiement de la dette a éteint l'obligation : Caen, 5 janv. 1847 (*J. Av.*, t. 72, p. 437) ; — 6° ... sur la demande en nullité du titre servant de base à la saisie : Rouen, 13 fév. 1846 (t. 31, p. 482). Voy. *suprà, Q.* 2422 *ter*; — 7° ... sur une demande principale en nullité de poursuite de saisie immobilière, formée par le débiteur, et sur une demande subsidiaire de subrogation : Amiens, 19 juin 1852 (t. 78, p. 229) ; il en serait autrement en ce sens qu'il n'y aurait pas lieu à appel, si le jugement avait statué sur une subrogation demandée par un créancier à laquelle le saisi oppose la nullité des poursuites : Caen, 15 nov. 1852 (*Journ. de cette Cour*, 1853, p. 10). (V. quest. 2423 *bis, suprà*, n. 1932 et s.) ; — 8° le jugement qui a statué sur une action en reprise de poursuites interrompues par une transaction non exécutée : Caen, 25 mars 1855 (*J. Av.*, t. 81, p. 232) ; — 9° celui qui ordonne la jonction de deux saisies : Cass., 19 janv. 1853 (D.54.5.29) ; — 10° ... qui apprécie la demande en radiation d'une première saisie, formée par un second saisissant, quelle que soit la forme suivie pour engager la demande, acte d'avoué ou ajournement, parce que c'est là un incident de la seconde saisie : Rouen, 19 oct. 1857 (t. 84, p. 141) ; — 11° ... qui statue sur un moyen de nullité tiré du fond du droit et proposé par action principale devant le tribunal de la saisie : Riom, 15 mars 1852 (*Journal de cette Cour*,

11 juillet 1852) ;—12° le jugement prononçant à la fois sur une demande principale en revendication et sur une demande incidente en distraction d'immeubles saisis, ayant le même objet et jointes sur les conclusions des parties : Toulouse, 21 juillet 1851 (*J. Av.*, t. 77, p. 62) ; Cass., 21 fév. 1853 (*Droit*, 1853, n. 44, p. 173).

2000. A cette jurisprudence se rattachent, selon la remarque de M. Chauveau, les décisions suivantes. Un arrêt de la Cour de Bourges, du 25 août 1843 (*J. Av.*, t. 66, p. 367), duquel il résulte que les difficultés qui surgissent dans l'instruction d'un procès, relativement aux mesures nécessitées par cette instruction, ne sont que des incidents du procès et doivent être soumises aux formes de procédure qui le régissent ; d'où il suit que si, à l'occasion d'une demande en distraction d'immeubles saisis, un jugement intervient qui admette les parties à la preuve de certains faits, l'appel de ce jugement sera soumis, comme le jugement qui aurait statué sur la demande en distraction elle-même, aux formalités prescrites par les art. 731 et 732, Cod. proc. ; — un arrêt de la Cour suprême, du 13 avril 1847 (t. 75, p. 340), décidant que lorsque, incidemment à une saisie immobilière, le vendeur à réméré de l'immeuble saisi est actionné par les saisissants, pour se voir déclarer déchu de la faculté de réméré, si ce vendeur procède comme en matière d'incident, l'appel qu'il interjette est soumis aux dispositions des mêmes articles ; — une décision de la Cour d'Orléans, du 18 déc. 1849 (*ibid.*), portant que l'appel du jugement qui statue sur une contestation soulevée par la clause du cahier des charges qui oblige l'adjudicataire à laisser en possession le fermier et sur la demande en nullité du bail, doit être interjeté dans les dix jours de la signification à domicile, et jugé sommairement, quoique l'appelant ait été mis en cause par l'exploit à domicile ; — un arrêt de la Cour de Paris, du 29 janv. 1849 (*ibid.*, p. 341), d'après lequel l'appel d'un jugement qui, dans le cas de vente sur conversion volontaire, refuse de surseoir à l'adjudication, doit être interjeté dans les délais de l'art. 731, et la partie qui a formé un appel tardif doit être condamnée, à titre de dommages-intérêts, aux frais d'affiches, de placards, etc., nécessaires pour arriver à une adjudication nouvelle.

2001. Notre auteur signale encore comme soumis à l'appel, dans les conditions des art. 730 à 732 : — 1° Le jugement qui, après une requête en distraction de partie des immeubles saisis, statue sur une action en partage que le demandeur a formée par des conclusions d'audience, afin d'obtenir la distraction d'une autre partie des biens saisis : Montpellier, 15 déc. 1854 (*J. Av.*, t. 80, p. 626). La demande en partage formée incidemment à la saisie et ayant pour objet la distraction de partie des immeubles saisis, observe M. Chauveau, constitue un incident de saisie immobilière. On comprend qu'il en soit autrement, si l'action en partage a été intentée par un tiers par voie d'action principale, et si elle a été seulement dénoncée au saisissant avec sommation de surseoir à la poursuite jusqu'au jugement à intervenir. — Un arrêt de la Cour de Nîmes, du 15 mai 1854 (*Journal de cette Cour*, 1854, p. 205), a décidé que lorsqu'un tribunal a statué tout à la fois sur des nullités de saisie immobilière et sur une demande en partage, sa décision est susceptible d'être attaquée par appel dans le délai ordinaire. Entendue d'une manière absolue, cette décision serait susceptible de critique, selon notre auteur ;—2° le jugement qui, sur la demande en résolution régulièrement notifiée, prononce un sursis (art. 717, Cod. proc.), et qui est frappé d'appel par le créancier saisissant qui prétend que le demande ne lui est pas opposable : Bordeaux, 1er mai 1850 (*J. Av.*, t. 76, p. 614) ;— 3° les jugements rendus sur des incidents de surenchère : Toulouse, 20 mars 1848 (t. 72, p. 260) ; — 4° les jugements qui statuent sur des incidents de folle enchère. — C'est à tort, dit M. Chauveau, que la Cour d'Orléans a décidé, le 14 mai 1850 (*J. Av.*, t. 76, p. 618), que la demande en nullité d'une clause du cahier des charges formée par l'adjudicataire, menacé de folle enchère pour cause d'inexécution de cette clause, ne constitue pas un incident de saisie immobilière, et que l'appel est dans ce cas soumis aux règles ordinaires. La Cour de Bordeaux, le 14 juin 1852 (*Journ. de cette Cour*, 1852, p. 340), et sur le pourvoi, la Cour de cassation, le 28 mars 1854 (*J. Av.*, t. 79, p. 308), ont mieux appliqué les principes en déclarant que l'appel des jugements rendus sur des incidents nés à l'occasion de l'exécution par l'adjudicataire des clauses du cahier des charges, spécialement de celle qui l'oblige à consigner son prix, doit être interjeté dans les formes et suivant les délais prescrits par les art. 731 et 732, Cod. proc. Toute adjudication sur vente judiciaire en général est faite sous la condition que l'adjudicataire exécutera les clauses de l'adjudication, puisque, s'il n'y satisfait pas, l'immeuble est revendu à sa folle enchère, sur les mêmes procès-verbaux de saisie et cahier des charges, en procédant seulement à de nouvelles affiches et annonces par les journaux, sans que l'adjudication qui s'ensuit opère une seconde mutation, la première étant, en ce qui concerne la mutation de propriété, considérée comme non avenue. Il suit de là que les actes de procédure pratiqués, conformément aux art. 733, 734, 735, à l'effet de mettre l'adjudicataire en demeure d'accomplir les clauses de l'adjudication, sous menace de poursuite en folle enchère, classés dans le chapitre des incidents de saisie immobilière, font partie essentielle de la procédure en vente judiciaire, laquelle n'est pas encore définitivement arrivée à son terme. Ainsi, les contestations auxquelles ces actes donnent naissance rentrent sous l'application des règles générales prescrites par la loi pour les appels concernant les incidents de saisie immobilière.

2002. Mais la résistance que le saisi oppose à la prise de possession de l'adjudicataire, sous le prétexte que le jugement d'adjudication ne contient pas l'injonction prescrite par l'art. 712, Cod. proc., constitue-t-elle un incident de saisie immobilière, et l'appel du jugement qui statue sur cette contestation doit-il, à peine de déchéance, être interjeté dans les dix jours de la signification à avoué? — La Cour de Nîmes a décidé l'affirmative, le 21 mai 1850 (*J. Av.*, t. 75, p. 464). — M. Chauveau observe que la règle posée par lui sous la quest. 2423 *quinquies* (*suprà*, n. 1959), et suivant laquelle les parties intéressées doivent agir par voie d'action principale, sans recourir au préliminaire de conciliation, pour faire annuler un jugement d'adjudication, est générale, et s'applique d'une manière absolue à tous les cas où il s'agit de l'exécution d'un titre exécutoire ; d'où la conséquence que, dans l'espèce ci-dessus, l'appel du jugement rendu contre le saisi était soumis au délai ordinaire et nullement au délai restreint de l'art. 731. L'adjudicataire n'était, d'ailleurs, nullement obligé de s'arrêter devant l'opposition du saisi, ce dernier eût été obligé de prendre la voie du référé, voie prompte et simple. Mais, puisque l'adjudicataire avait suivi le saisi dans la procédure qui n'avait été introduite que pour retarder l'exécution, il ne dépendait pas des magistrats d'appliquer à un incident d'exécution postérieur à la saisie immobilière, des règles que le législateur n'a tracées que pour les incidents qui surviennent en cours de poursuite.

2003. M. Chauveau indique ensuite, comme ayant été déclarées régies par le droit commun et non par les art. 731 et 732, les espèces suivantes : — Lorsque, sur une poursuite en saisie immobilière, le saisissant a élevé une question de stellionat contre son débiteur : Bourges, 24 fév. 1826 ; — lorsqu'il s'agit d'une demande principale en résolution ou annulation de l'adjudication : Limoges, 18 nov. 1854 (S.-V.55.2.111) ; — enfin, lorsqu'il s'agit d'un jugement statuant sur la résolution prévue par l'art. 717 : Limoges, 8 janv. 1847 (*J. Av.*, t. 72, p. 442 ; Colmar, 23 août 1849 (t. 75, p. 342) ; Rouen, 31 déc. 1851 (t. 77, p. 471) ; Bourges, 13 juill. 1852 (t. 78, p. 399) ; Caen, 6 juin 1854 (t. 80, p. 525). Il en est ainsi même lorsque, sur une action principale en résolution d'une vente d'immeubles, il intervient un jugement par défaut faute de plaider, et qu'il n'est statué sur l'opposition qu'après la saisie de ces immeubles et un jugement de jonction qui réunit toutes les instances relatives aux biens saisis; le jugement qui démet de l'opposition et statue sur les incidents de la saisie est susceptible d'appel dans les dix jours de la signification à avoué en ce qui concerne les incidents, et dans les trois mois (aujourd'hui deux mois) de la signification à partie en ce qui concerne le chef relatif à la résolution : Grenoble, 15 juill. 1838 (t. 84, p. 493); en pareil cas, n'est pas applicable la règle énoncée plus haut, n. 2000.

2004. Nous avons à enregistrer, à notre tour, un certain nombre de solutions qui, depuis la publication de l'ouvrage de M. Chauveau, sont intervenues sur l'application des art. 730 à 732, Cod. proc. Ainsi, il a été jugé que l'appel doit être interjeté conformément à ces articles, lorsqu'il s'agit : 1° du jugement sur la demande en nullité d'une procédure de saisie immobilière formée par une femme dotale, pour cause de dotalité de l'immeuble saisi sur elle et sur son mari ; cette demande, bien que se rattachant au fond du droit, n'en constituant pas moins un incident de la procédure de la saisie : Caen, 29 août 1853 (*J. Av.*, t. 100, p. 464); 2° du jugement rendu sur la demande en nullité de saisie immobilière et en distraction d'immeubles saisis, formée par la femme du débiteur au cours de la procédure de saisie et sous forme d'opposition à cette saisie; l'appel de ce jugement doit, à peine de nullité, être notifié au greffier, conformément à l'art. 732 : Caen, 13 mars 1852 (t. 98, p. 34); 3° du jugement qui, lorsque dans une instance en distraction d'immeubles saisis, le saisissant excipe, par des conclusions d'avoué à avoué, de la nullité du titre du revendiquant, statue sur la demande en distraction par appréciation de ce titre; l'appel doit, à peine de nullité, en être interjeté dans les dix jours à compter de la signification à avoué : Amiens, 1er juill. 1861 (t. 88, p. 33); 4° du jugement qui lorsque, incidemment à une instance en distraction d'une partie des immeubles saisis, il est formé une demande en nullité de transport de loyers à échoir ; l'appel du jugement qui statue à la fois sur les deux demandes doit être interjeté dans le délai de dix jours à compter de la signification : Paris, 3 avril 1862 (t. 88, p. 34).

2005. D'autre part, il a été décidé que l'appel est soumis aux formes et délais de droit commun à l'égard : 1° du jugement qui intervient sur la demande en nullité de la vente de récoltes, formée par assignation donnée à la requête du saisissant au saisi (vendeur) et à l'acheteur devant le tribunal, cette demande ne constituant pas, par cela seul qu'elle est d'une date postérieure à la saisie, un incident à la poursuite, mais bien une demande principale. Il peut, du moins, en être ainsi suivant les circonstances : Riom, 6 janv. 1862 (*J. Av.*, t. 88, p. 35); 2° du jugement statuant sur la demande que le poursuivant forme, par action principale, en nullité du bail de l'immeuble saisi, ayant acquis date certaine avant le commandement, comme fait en fraude des droits des créanciers hypothécaires du saisi, encore bien que cette demande ne se soit produite qu'à la suite d'un dire sur le cahier des charges par lequel le preneur demandait que le jugement d'adjudication imposât à l'adjudicataire l'obligation d'exécuter le bail; l'appel de ce jugement doit être signifié à la personne ou au domicile de son avoué : Nîmes, 14 août 1860 (t. 88, p. 36); 3° du jugement rendu sur la demande en validité d'offres réelles faites par un créancier hypothécaire au créancier qui a poursuivi la saisie des biens du débiteur commun, et dont l'hypothèque est antérieure à la sienne, à l'effet d'être subrogé à ses droits, cette demande constituant une action principale, et non un incident de la saisie; en conséquence, l'appel de ce jugement est nul, s'il a été interjeté dans la huitaine de la prononciation, et s'il a été signifié au domicile de l'avoué, au lieu de l'être à la personne ou au domicile de la partie : Cass., 17 juill. 1867 (t. 93, p. 449) ; 4° du jugement qui, dans le cas d'inscription de faux formée, au cours d'une poursuite de saisie immobilière contre le titre en vertu duquel elle a été faite, rejette les moyens proposés à l'appui de cette inscription de faux, celle-ci n'ayant pas le caractère d'incident de la saisie : Nîmes, 16 mars 1869 (t. 95, p. 81).

2006. Sous la quest. 2431 *ter*, M. Chauveau examine dans quels cas l'appel est permis en matière de folle enchère. Il faut décider, dit-il, que les jugements de *sursis* ou *remise*, de *subrogation*, laquelle est admise au profit d'un créancier dans une procédure de folle enchère (Cass., 8 juill., 1828, *J. Av.*, t. 35, p. 64; M. Dalloz, n. 1876), et d'*adjudication*, ne sont pas susceptibles d'appel, quand ils ne statuent pas sur des incidents.

2007. L'auteur ne considère pas comme un incident ordinaire l'opposition à la délivrance du certificat, et il a, sous la quest. 2427 *bis* (*suprà*, n. 1572), exprimé l'opinion que l'ordonnance du président peut être attaquée par la voie de l'appel ; c'est la seule exception, ajoute-t-il, qui puisse être apportée à la prohibition absolue de l'art. 739.

2008. Quant au jugement d'adjudication, vicié de nullité, il peut être attaqué par voie d'action principale. V. la quest. 2423 *quinquies* (*suprà*, n. 1947 et s.), et la quest. 2431 (*suprà*, n. 1725 et s.), ainsi que M. Bioche, v° *Vente sur folle enchère*, n. 98.

2009. Au sujet de cette action, s'est présentée, devant la Cour de Montpellier, la question de savoir si l'appel du jugement qui y statue doit être relevé dans la forme ordinaire, ou bien conformément aux art. 731 et 732, Cod. proc. Par un arrêt du 15 mars 1849 (*J. Av.*, t. 76, p. 34), cette Cour a annulé l'appel qui, dans l'espèce, avait été notifié au domicile de l'avoué de l'intimé, au lieu de l'être à personne ou domicile.

2010. En indiquant que les jugements qui statuent sur des nullités, en matière de folle enchère, peuvent seuls être l'objet d'un appel, M. Rodière, t. 3, p. 199, fait remarquer, avec juste raison, selon l'observation de M. Chauveau, qu'il peut arriver que l'appel soit alors interjeté après l'adjudication, et que, s'il est admis, l'adjudication tombera. C'est aussi ce qui arrive dans une saisie immobilière, lorsque le jugement qui prononce l'adjudication statue sur un incident. V. quest. 2423 *sexties* (*suprà*, n. 1959 et s.). — Toutefois, ajoute M. Rodière, si le poursuivant craint que l'éventualité de l'appel n'écarte les enchérisseurs, il peut demander une remise, et le tribunal doit l'accorder (737). Évidemment, c'est là en effet une cause grave et dûment justifiée, dit M. Chauveau, dont l'opinion est adoptée par M. Dalloz, n. 1889.

2011. Si le jugement statuant sur une demande de simple remise de l'adjudication sur folle enchère n'est pas susceptible d'appel (V. *suprà*, n. 2006), il en est autrement du jugement rendu sur la demande de l'adjudicataire en nullité de la folle enchère poursuivie contre lui : Montpellier, 15 juin 1870 (*J. Av.*, t. 96, p. 227).

2012. D'après un arrêt de la Cour de cassation du 26 fév. 1868 (*J. Av.*, t. 92, p. 345), lorsque l'adjudicataire d'un immeuble a formé deux demandes distinctes, l'une contre un créancier porteur d'un bordereau de collocation, en nullité d'un commandement à fin de folle enchère signifié par celui-ci, et l'autre contre des sous-acquéreurs de cet immeuble, en paiement de leur prix entre les mains des créanciers porteurs des bordereaux, la jonction des deux instances, sur lesquelles il a été statué par un seul et même jugement, n'a pas changé la condition des deux demandes en ce qui touche les délais de l'appel. — Ainsi, l'appel du jugement quant au chef relatif à la validité du commandement doit être interjeté dans les dix jours de la signification à avoué (art. 731 et 739) ; mais l'appel quant au chef relatif à la demande contre les sous-acquéreurs peut, au contraire, être valablement interjeté dans le délai ordinaire.

2013. M. Chauveau examine, sous la quest. 2451 *bis*, si le jugement de conversion rendu par un tribunal compétent n'est jamais susceptible d'appel, et ce qu'il en est de cette voie de recours à l'égard des jugements rendus sur la procédure de vente après conversion. On a soutenu, dit-il, que la prohibition de l'appel n'est applicable qu'au cas où la demande est admise; mais il a été répondu avec raison que l'art. 746 contient trois paragraphes distincts : le premier, qui prescrit la forme dans laquelle le jugement doit être rendu; le deuxième, qui indique les mesures que le tribunal doit ordonner si la demande est admise; le troisième enfin, qui dit, d'une manière absolue, que le jugement ne sera susceptible ni d'opposition ni d'appel ; que subordonner cette prohibition d'opposition et d'appel à la condition de l'admission de la demande, ce serait non seulement dénaturer le texte, mais encore en faire un non-sens; car les principes généraux du droit et la simple raison auraient suffi pour dispenser le législateur de dire que les parties auxquelles on a accordé tout ce qu'elles ont demandé ne peuvent pas se plaindre du jugement qui leur a fait cette concession. Tels sont les motifs qui ont déterminé la Cour de Caen à déclarer, le 22 sept. 1849 (*J. Av.*, t. 75, p. 254), que l'appel n'est pas ici recevable. La Cour de Paris, par arrêt du 24 août 1847 (*J. Av.*, t. 76, p. 505), a cependant admis l'appel relevé contre un jugement qui, pour repousser une demande en conversion, s'était uniquement fondé sur le défaut de qualité du demandeur. D'après cette jurisprudence, la prohibition de recourir aux voies ordinaires serait restreinte au cas où les décisions sont motivées sur des moyens du fond. Cette distinction, dit M. Chauveau, n'est guère compatible avec les termes absolus de la loi. Du reste, la même Cour paraît être revenue sur cette jurisprudence dans un autre arrêt du 20 mars 1858 (*l'Audience*, 14 avril 1858). La Cour de Douai a admis l'appel par deux arrêts des 9 janv. et 16 mai 1860 (*J. Av.*, t. 86, p. 71), rendus sur un cas de refus de conversion, l'autre sur un cas de refus de renvoi de la vente devant notaire.

2014. Il ne faut pas confondre ces hypothèses avec celle où, la conversion étant déjà prononcée, il s'agit d'un jugement qui statue sur un autre incident, et, par exemple, sur un abaissement de mise à prix qui est refusé malgré l'accord des parties : Nancy, 16 août 1850, cité. V. quest. 2442 (*suprà*, n. 1822 et s,). En cette matière, dit M. Chauveau, sont applicables les principes exposés sous la quest. 2424 (*suprà*, n. 1988 et s.).

2015. Il n'est pas douteux, ajoute notre auteur, que l'appel, quand il est recevable, ne soit pas soumis aux règles des art. 730 et 731, Cod. proc.; ainsi l'ont décidé les Cours de Bourges, le 31 mars 1851, et de Paris, le 17 fév. 1853 (*J. Av.*, t. 78, p. 565). V. cependant M. Dalloz, n. 1433.

2016. Depuis que M. Chauveau a écrit ce qui précède, il a été jugé, conformément à sa doctrine, que le jugement statuant sur la demande en conversion d'une saisie immobilière en vente volontaire n'est pas susceptible d'appel, soit qu'il repousse ou qu'il admette cette demande : Bourges, 15 mai 1872 (*J. Av.*, t. 97, p. 430) ; qu'il en est de même du jugement qui, après conversion d'une saisie immobilière en vente volontaire, statue sur la demande en remise de l'adjudication, l'art. 703 étant ici inapplicable : Paris, 27 juin 1872 (t. 97, p. 429) ; ... de celui qui, dans le même cas, refuse d'accorder un nouveau sursis à l'adjudication demandé par le saisi : Rouen, 15 mars 1861 (t. 88, p. 39); ... de celui qui, toujours dans le cas de conversion, fixe, après une tentative infructueuse d'adjudication, le jour de la nouvelle mise en vente : Paris, 10 juillet 1835 (t. 101, p. 197) ; ... ou refuse l'abaissement de la mise à prix : Nancy, 16 août 1850.

2017. Mais, d'autre part, il a été décidé, en sens contraire, que l'appel est recevable à l'égard du jugement prononçant la remise de l'adjudication en matière de vente d'immeubles après conversion de saisie, est susceptible d'appel : Bordeaux, 13 janv. 1870 (t. 96, p. 237);— ... de celui qui, en pareil cas, détermine la mise à prix, si l'estimation de cette mise à prix est contestée : Paris, 10 juillet 1875 (t. 101, p. 197);— ... du jugement qui, lorsqu'une adjudication après conversion de saisie immobilière n'a pu avoir lieu au jour indiqué faute d'enchérisseur, réduit la mise à prix : Paris, 29 déc. 1865 (t. 92, p. 293).

2018. Il résulte encore des décisions ci-après que la disposition de l'art. 703, Cod. proc., qui déclare non susceptibles d'appel les jugements statuant sur les demandes en remise d'adjudication, est inapplicable dans le cas de vente après conversion de la saisie : Paris, 22 nov. 1864 (*J. Av.*, t. 90, p. 384) ; — que l'appel du jugement rendu en matière de conversion est assujetti aux formes et délais des art. 730 et 731 : Paris, 17 fév. 1853 (*J. Av.*, t. 78, p. 565); — que les contestations relatives à la prohibition d'aliéner les immeubles saisis peuvent, nonobstant la conversion de la saisie immobilière en vente sur publications volontaires, et si elles ont une influence directe sur la procédure de saisie, être considérées comme des incidents soumis aux règles particulières à cette voie d'exécution ; — qu'ainsi, spécialement, l'action intentée, après la conversion de la saisie, contre le poursuivant par l'acquéreur des immeubles saisis, à fin de mainlevée de la transcription de la saisie, a le caractère d'un incident de saisie immobilière, et ne perd point ce caractère par l'intervention au débat d'un autre acquéreur des mêmes immeubles prétendant devoir être préféré au premier; et qu'en conséquence, l'appel du jugement qui statue sur un tel litige est régulièrement signifié au domicile de l'avoué de l'intimé, conformément à l'art. 732 : Cass., 22 juillet 1872 (t. 98, p. 241).

2019. Sous l'empire de l'ancienne loi, la Cour de Metz, par arrêt du 12 avr. 1820 (*J. Av.*, t. 37, p. 58), a décidé que la demande en péremption d'une saisie immobilière est une action principale dont l'appel est soumis aux règles ordinaires. Il ne faudrait pas suivre cette décision, dit M. Chauveau, car la péremption dans le cas où elle est admissible est évidemment un incident de la saisie; les art. 731 et 732 seraient donc applicables. C'est ce qu'ont décidé la Cour de Montpellier, le 12 août 1865 (*J. Av.*, t. 91, p. 183), et la Cour de cassation, le 13 juill. 1868 (t. 94, p. 56).

2020. Un arrêt de la Cour de Riom, du 7 déc. 1852 (*J. Av.*, t. 78, p. 352), décide que le jugement qui statue sur un incident de nullité relatif à la créance du saisissant, en matière de saisie immobilière, et sur une demande en garantie dirigée contre le notaire qui a retenu l'acte constatant cette créance doit être considéré comme un jugement sur incident en ce qui touche le chef de nullité, et comme un jugement ordinaire en ce qui concerne le chef de garantie; et que, par suite, l'appel du saisi sur le premier chef est soumis aux formalités prescrites par l'art. 732, Cod. proc. civ., tandis que l'appel du notaire, sur le second chef, est régi par les règles ordinaires. — Cette solution n'est pas sans difficulté, observe M. Chauveau. En acceptant le débat tel qu'il lui était proposé, en consentant à procéder comme en matière d'incident de saisie immobilière, le notaire ne s'était-il pas soumis aux délais de l'art. 732 ? La demande en garantie qui se produisait incidemment à la demande en nullité à laquelle elle était demeurée jointe ne devenait-elle pas l'accessoire de celle-ci et ne devait-elle pas subir l'application des mêmes règles? L'affirmative peut être soutenue, car plusieurs arrêts l'ont adoptée dans des espèces peut-être plus favorables, mais dont on peut tirer néanmoins de très graves inductions dans le sens de cette opinion. V. le *Formulaire* de l'auteur, 2e éd., t. 2, p. 147, note 1, et divers arrêts, notamment celui de la Cour de cassation du 13 avr. 1857, *suprà*. — En tout cas, M. Chauveau ne conseille pas de trop compter sur l'autorité de la décision de la Cour de Riom. En pareille circonstance, suivant lui, le tiers appelé dans une instance assujettie à des formes de procéder extraordinaires, tandis que l'action qu'on exerce contre lui se trouve naturellement régie par les règles ordinaires, doit réclamer la disjonction, son silence pouvant être interprété comme un consentement de se conformer aux formalités et aux délais de la procédure exceptionnelle.

2021. (Q. 2424 bis). *Comment doit être faite la signification d'un jugement sur incident, pour faire courir le délai d'appel? Ce délai est-il franc? Est-il susceptible de l'augmentation à raison des distances? Lorsque le jugement a été rendu sur une demande en distraction, comment doit-on calculer les distances, afin d'augmenter les dix jours accordés pour l'appel, d'autant de jours qu'il sera convenable pour que toutes les parties puissent comparaître?*

Dans son édition de 1841, à la fin de la quest. 2424, M. Chauveau avait fait remarquer que l'art. 731 détermine, d'une manière fort précise, l'acte à partir duquel le délai d'appel commence à courir; c'est, avait-il dit, la signification du jugement à avoué, ou, s'il n'y a pas d'avoué, la signification à personne ou au domicile soit réel, soit élu; et il avait cité, à la note, un arrêt de la Cour de Nîmes du 29 juin 1825 (*J. Av.*, t. 30, p. 272), portant qu'à l'égard des mineurs le délai, en cette matière, comme dans le droit commun, ne court que du jour où le jugement a été signifié, tant au tuteur qu'au subrogé tuteur.

2022. La jurisprudence, ajoute-t-il ici, fournit des solutions nouvelles. Ainsi, la Cour de Limoges a décidé, le 5 mars 1844 (*J. Av.*, t. 68, p. 122), que la signification du jugement qui statue sur un incident de saisie immobilière, à la requête du poursuivant, aux parties en cause, fait courir vis-à-vis d'elles et contre elles les délais d'appel, même à l'égard d'un créancier intervenant dans l'instance. —La Cour de cassation a jugé, le 13 janv. 1846 (*J. Av.*, t. 70, p. 79), que la signification de la part d'une seule partie, du jugement qui repousse une demande en distraction, fait courir au profit de toutes les délais de l'appel contre le demandeur en distraction. — Enfin, la Cour de Nîmes a déclaré, le 2 juill. 1646 (*J. Av.*, t. 75, p. 343), que la signification du jugement statuant sur un incident de saisie immobilière fait courir les délais de l'appel, soit à l'encontre de celui qui l'a signifié, soit à l'encontre de la partie à laquelle il a été signifié.

2023. M. Chauveau déclare n'avoir rien à objecter contre une décision de la Cour de Rouen du 28 déc. 1843 (*J. Av.*, t. 67, p. 414, établissant que la loi du 2 juin 1841 n'admet aucune distinction entre l'appel des jugements qui statuent sur des moyens de forme, et l'appel de ceux qui statuent sur des moyens de fond. — Cependant, observe-t-il, pour que l'expiration du délai de dix jours entraîne déchéance, il faut qu'il ait pu légalement courir. Or, la signification du jugement à l'avoué de la femme demanderesse en distraction est insuffisante pour le faire courir, lorsque la femme a agi sans autorisation, que le mari n'a pas été mis en cause, et que le jugement ne lui a pas été signifié; partant, même après ce délai, l'appel peut être utilement interjeté. — C'est en ce sens que s'est prononcée la Cour de Bordeaux, dans un arrêt du 25 janv. 1850 (t. 75, p. 342).

2024. Un arrêt de la Cour de Toulouse du 5 déc. 1856 (*J. Av.*, t. 82, p. 267), porte que le jugement qui a statué sur une demande en distraction d'un immeuble saisi par des cohéritiers est valablement notifié par une seule copie à leur avoué commun; que la signification ainsi faite a pour effet de faire courir le délai de l'appel, alors même que ce délai étant proportionné à l'éloignement du domicile de chaque partie ne serait pas le même pour toutes. Les défendeurs en distraction avaient un intérêt collectif, la signification a-t-elle pu leur être faite collectivement? la négative résulte d'un arrêt de la Cour de Riom du 29 juill. 1848 (*J. Av.*, t. 75, p. 347); et M. Chauveau estime que, lorsqu'aucune indivisibilité n'existe entre les cohéritiers, il est prudent de notifier autant de copies qu'il y a de parties. Ces parties doivent être consultées, puisque la loi accorde une augmentation de délai à raison des distances (art. 725 et 731, Cod. proc.).

2025. La Cour de Bordeaux a jugé, le 20 janv. 1853 (*J. Av.*, t. 78, p. 330), que la signication par une seule copie à l'avoué du mari et de la femme est valable et suffit pour faire courir le délai de l'appel. Elle s'est basée sur cette considération, qu'en règle générale une copie doit être laissée pour chacun des époux, parce qu'ordinairement le point de départ du délai d'appel est la signification du jugement aux parties elles-mêmes; mais que la double copie n'a plus d'utilité et que la règle ne trouve plus son application, quand la signification doit être faite à l'avoué qui se trouve représenter à la fois les deux époux; qu'en un cas semblable, rien dans la lettre de loi ne conduit à considérer la remise des deux copies comme indispensable, et qu'en particulier l'art. 731, Cod. proc., en donnant, après la signification à avoué, un délai fort court pour interjeter appel, sans tenir compte de l'éloignement du domicile des parties, fait assez comprendre qu'il serait contraire à son esprit d'exiger ces deux copies. M. Chauveau incline à admettre cette solution.

2026. Le jugement sur incident est valablement signifié à l'avoué de la partie condamnée, bien qu'il se soit écoulé plus d'un an depuis la prononciation du jugement, si, postérieurement à ce délai, cet avoué a reçu la signification des qualités et y a formé opposition : Grenoble, 15 juill. 1858 (*J. Av.*, t. 84, p. 493). — Il a d'ailleurs été jugé qu'il n'y a pas nullité de la signification faite à M..., avoué adverse, sans désigner le nom de la partie à l'avoué de laquelle le jugement est signifié : Montpellier, 22 mars 1850 (t. 75, p. 610); il est mieux cependant, dit M. Chauveau, de ne pas se fier aux équipollents.

2027. Sous la quest. 2313 M. Chauveau a exprimé l'opinion que le délai de dix jours pour interjeter appel est franc. M. Rogron, p. 916, partage son opinion, sans l'appuyer sur les mêmes motifs. Carré résolvait aussi de la même manière la question, sous le n° 2472, où il l'examinait par rapport à l'appel du jugement rendu sur une demande en distraction et où il citait un arrêt conforme de la Cour de Besançon du 27 déc. 1807 (S.15.2.190). — M. Bioche, v° *Saisie immobilière*, n° 737, déclare que le délai n'est pas franc. M. Rodière, t. 3, p. 186, veut que le jour de l'échéance soit compris dans les dix jours. — M. Chauveau reconnaît que la jurisprudence incline vers cette dernière interprétation. V. Riom, 30 déc. 1850 (*J. Av.*, t.76, p. 617); Bordeaux, 20 janv. 1853 (t. 78, p. 330). Cette dissidence, observe-t-il, commande de ne pas attendre le dernier jour pour agir. V. aussi son *Formulaire de procédure*, 2e éd., t. 2, p. 149, note 1.

2028. D'un arrêt de la Cour de Grenoble, du 31 mai 1849 (t. 77, p. 73), il résulte que la déchéance, faute d'appel dans les dix jours de la signification d'un jugement statuant sur un incident de saisie immobilière, n'est pas soumise aux dispositions de l'art. 173, Cod. proc., mais qu'elle peut être opposée en tout état de cause, à moins que, d'après les circonstances, la renonciation à s'en prévaloir ne doive être présumée.

2029. Le délai d'appel, disait Carré sous la quest. 2423 *bis*, doit être augmenté à raison des distances, s'il s'agit d'une demande en distraction, puisque la disposition de la loi (art. 723 et 726) est formelle à cet égard; non, s'il s'agit de l'incident en subrogation, ou de tout autre. En effet, l'appel doit, dans ces derniers cas, être interjeté, non à domicile réel, mais à domicile élu, et dans les délais extrêmement brefs que la loi détermine. Il est évident que ces délais sont de rigueur et ne peuvent admettre d'extension. Cette solution, que la disposition du nouvel art. 731 rend évidente, dit M. Chauveau, avait été consacrée, sous l'ancienne loi, par arrêt de la Cour de cassation, du 8 août 1809, et de la Cour de Bruxelles, du 25 fév. 1810 (*J. Av.*, t. 20, p. 209). M. Rodière, t. 3, p. 186, veut qu'il y ait lieu également à augmentation toutes les fois que la partie reçoit la signification à domicile, parce qu'elle n'a pas d'avoué, comme aussi lorsqu'elle est obligée de signifier son appel au domicile de l'intimé. M. Chauveau pense que l'esprit de la loi permet cette interprétation, bien que la lettre du texte semble la repousser.

2030. Lorsqu'il s'agit d'une demande en distraction, notre auteur pense, avec Carré, que, comme les parties qu'on doit intimer sur l'appel peuvent avoir leur domicile à des distances différentes, on doit donner à chacune le temps nécessaire pour qu'elle comparaisse dans le délai fixé, à raison de la distance qui la sépare du lieu de la comparution, sauf à ne poursuivre l'audience qu'à l'expiration du plus long délai donné à la partie la plus éloignée (arg. de l'art. 175). *Sic*, Toulouse, 5 déc. 1856 (*suprà*, n. 2024).

2031. (Q. 2424 ter). *L'appel est-il suspensif?*

L'art. 457, qui déclare que l'appel est *suspensif*, doit, observe M. Chauveau, en l'absence de disposition modificative dans la loi de 1841, régir la matière avec toutes ses conséquences. Notre auteur a déjà signalé une de ces conséquences sous la quest. 2387 (v° *Surenchère*). Lorsque le jugement qui rejette les nullités, soit en la forme, soit au fond, est frappé d'appel, toutes les procédures sont arrêtées. Si l'incident était encore pendant devant le tribunal de première instance, le retard serait forcé : la Cour est saisie; la position est identique. Certes, il eût été mieux d'expliquer dans la loi que l'adjudication seule pourrait être remise, si la Cour n'avait pas statué avant le jour déterminé, et que les insertions et affiches pourraient avoir lieu; mais la loi ne l'a pas dit, et il serait difficile de suppléer au silence de son texte. Pourrait-on continuer une saisie-exécution, sauf à ne pas vendre? une saisie-arrêt, sauf à ne pas faire payer le tiers saisi? une enquête, une descente sur les lieux, une expertise, sauf à ne pas juger définitivement? Non, sans doute, parce qu'une procédure ne peut exister tout à la fois devant les premiers juges et devant la Cour d'appel. Compar. M. Dalloz, n. 1560. — V. aussi sous la quest. 2422 *undecies* (*suprà*, n. 1553 et s.), ce qui est dit pour le cas où l'adjudication a été prononcée au mépris d'un appel légalement interjeté.

2032. M. Persil fils, *Comm.*, p. 293 et 306, n. 354 et 367, enseigne que l'appel, *même irrégulier*, est suspensif. Cependant, remarque M. Chauveau, l'art. 731 dit formellement que l'appel *sera considéré comme non avenu*, s'il est interjeté après les dix jours; d'où MM. Paignon, t. 1, p. 223, n. 171; Dalloz, n. 1554; Bioche, n. 755; Colmet-Daage, t. 2, p. 408, n. 1022, et Rogron, p. 915, induisent avec raison qu'en ce cas l'appel n'est pas suspensif. V. aussi notre mot *Appel*, n. 599 et 600. Aux arrêts qui y sont indiqués, *adde* pour l'effet suspensif : Bourges, 22 avr. 1814 (S.-V., *Collect. nouv.*, 4.2.385); Caen, 15 nov. 1824; et pour l'absence d'un tel effet, Cass., 19 janv. 1829 (*J. Av.*, t. 20, p. 287; t. 35, p. 360); Toulouse, 6 avr. 1824 (*J. Av.*, t. 26, p. 202) et 18 mars 1834 (*J. Av.*, t. 47, p. 600). La Cour de Paris a également décidé que l'appel n'est pas légalement constaté par la représentation d'un exploit non enregistré, et qu'un pareil acte n'empêche pas de passer outre à l'adjudication. La Cour de cassation, le 12 nov. 1806 (*J. Av.*, t. 20, p. 87), a considéré également comme non suspensive une opposition formée tardivement contre le jugement de défaut qui sert de base à la saisie; c'est une application du dernier paragraphe de l'art. 2215, Cod. civ. — Enfin, M. Pascalis, dans son rapport à la Chambre des députés, avait posé la règle qu'a adoptée la majorité des auteurs qui viennent d'être cités.

2033. Il s'était élevé dans le sein de la commission du Gouvernement une longue discussion sur le point de savoir si l'on accorderait aux tribunaux la faculté d'ordonner l'exécution provisoire de leurs jugements. La commission avait été d'avis de l'affirmative, quant aux nullités de forme, et de la négative pour les nullités relatives au fond. Mais, à la Chambre des pairs, la proposition de proscrire l'appel des jugements rendus postérieurement à la publication rendit oiseuse cette longue discussion, et on ne s'occupa plus du sort de l'appel des jugements rendus sur les nullités antérieures à la publication.

2034. Malgré le silence de la loi, quant à l'effet suspensif de l'appel des jugements statuant sur les nullités antérieures à la publication, M. Chauveau déclare qu'il est embarrassé par certaines expressions de l'article 728. En effet, cet article prescrit aux juges qui ont statué sur un incident et qui l'ont rejeté, de donner immédiatement acte de la publication conformément à l'art. 695, c'est-à-dire de fixer les jour et heure de l'adjudication. Ce jugement, rendu en vertu d'une disposition de la loi et en exécution du jugement qui rejette les nullités, n'est-il pas une exécution provisoire virtuelle du premier jugement?

L'auteur a bien, sous la quest. 1520 *ter* (V. *Tribunal de commerce*, n. 226), exprimé l'opinion que l'appel relevé contre un jugement qui rejette le déclinatoire empêche de passer outre au jugement du fond; mais il a supposé qu'un intervalle se serait écoulé entre les deux jugements. Dans les cas prévus par l'art. 728, au contraire, le jugement qui rejette les nullités et celui qui consomme l'exécution sont simultanés et instantanés : l'appel ne peut pas être interjeté à la face du juge; l'exécution est donc consommée, bien qu'à la vérité elle ne soit pas entière, puisqu'il faut ensuite faire faire les insertions et les appositions d'affiches, et faire procéder à l'adjudication. Néanmoins, l'auteur est d'avis qu'une fois l'appel interjeté les poursuites devront être suspendues. Et si on n'adoptait pas son sentiment, dit-il, quant aux insertions et aux affiches, au moins devrait-on l'admettre relativement à l'adjudication, par les motifs qui ont fait prohiber l'appel des jugements qui statuent sur des nullités postérieures à la publication du cahier des charges.

2035. Après avoir dit que sous la quest. 2249, au texte, Carré avait lui-même admis, avec Pigeau et différents arrêts, que tout appel de jugement rendu sur un incident de saisie est *suspensif*, M. Chauveau mentionne les décisions ci-après : Cass., 1er déc. 1813 (S.V., *Collect. nouv.*, 4.1. 477); Bourges, 16 déc. 1815 (*J. Av.*, t. 20, p. 279 et 296), qui déclarent que l'appel n'est pas suspensif; et dans le sens contraire, Paris, 29 avril 1809 et 23 mai 1810; Turin, 14 sept. 1810 (*J. Av.*, t. 20, p. 280); Bruxelles, 27 fév. 1808 (*J. Av.*, t. 20, p 132); Bordeaux, 25 août 1810 (*J. Av.*, t. 5, p. 53); Lyon, 21 mars 1817; Bruxelles, 27 fév. 1808 et 19 juin 1823 (*Annales* de 1824, t. 2, p. 205); Cass., 7 janv. 1818; Montpellier, 21 juill. 1824, et Dijon, 25 août 1827 (*J. Av.*, t. 20, p. 132, 153, 427, 484 et 508; t. 27, p. 239; t. 40, p. 273). L'auteur cite, en outre, MM. Pigeau, *Comm.*, t. 2, p. 168, n. 6, et p. 169, n. 9; Persil père, *Quest.*, t. 2, p. 368; Favard de Langlade, t. 5, p. 73; Lachaize, t. 2, n. 490; Dalloz, v° *Vente d'immeubles*, n. 1548; Bioche, v° *Vente d'imm.*, n. 557, et v° *Saisie imm.*, n. 754; et Rodière, t. 3, p. 185, qui tous enseignent que l'appel est suspensif; et il fait remarquer que Thomine-Desmazure seul fait une distinction suivant laquelle l'appel ne serait suspensif que quant à l'adjudication, et n'empêcherait pas la continuation des actes de la poursuite.

2036. Un arrêt de la Cour de cassation, du 5 janv. 1837 (*J. Av.*, t. 53, p. 446), paraîtrait, d'après la notice du journal, avoir décidé, contrairement à l'opinion de notre auteur, que le poursuivant peut continuer la procédure, malgré l'appel, sauf à suspendre l'adjudication; mais la question, dit M. Chauveau, n'a été jugée *in terminis* que par l'arrêt de la Cour de Caen du 14 déc. 1830, contre lequel était dirigé le pourvoi; et de l'arrêt de rejet de la Cour suprême il résulte au contraire, selon notre auteur, que celle-ci a évité de se prononcer sur la question de l'appel suspensif. On peut encore invoquer, dans le sens de la décision de la Cour de Caen, deux arrêts des Cours de Bourges, 8 août 1812, et Paris, 5 janv. 1814 (*J. Av.*, t. 20, p. 376), que M. Coffinières a d'ailleurs critiqués en les rapportant.

2037. Signalons, quant à nous, deux arrêts, l'un de la Cour d'Agen, du 9 mai 1870 (*J. Av.*, t. 96, p. 325), l'autre de la Cour d'Aix, du 8 juin 1870 (t. 95, p. 380), qui ont décidé que si l'appel du jugement qui prononce la nullité d'une saisie immobilière met obstacle, par son effet suspensif à ce qu'il soit procédé à l'adjudication, il ne s'oppose pas à des actes destinés seulement à la préparer, tels, par exemple, que la publication du cahier des charges et la fixation du jour de l'adjudication; et, qu'en conséquence, ces actes peuvent être accomplis avant l'arrêt infirmatif du jugement dont il s'agit.

2038. (Q. 2424 quater). *La défense portée par l'art. 449, d'interjeter appel dans la huitaine de la prononciation du jugement, s'applique-t-elle à l'appel dont il est question en l'art.* 731?

Non, répond M. Chauveau; le court délai de dix jours que l'on a pour relever cet appel est un motif évident de ne pas appliquer la restriction de l'art. 449; car il dépendrait de la partie qui a obtenu gain de cause de réduire ce délai à deux jours seulement, en faisant signifier le jugement le jour même de sa prononciation. Cette opinion avait été consacrée, sous l'ancienne loi, par les Cours de Besançon, le 16 déc. 1812 (*J. Av.*, t. 20, p. 263); de Metz, le 17 juin 1826 (*J. Av.*, t. 34, p. 330); de Bordeaux, le 6 avril 1827 (*J. Av.*, t. 34, p. 345), et de Paris, le 5 juill. 1834 (*J. Av.*, t. 47, p. 606). Un seul arrêt de la Cour de Bourges, du 15 mai 1812 (*J. Av.*, t. 20, p. 357), l'avait repoussée. A la vérité, dans l'espèce jugée par la Cour de Paris, le jugement avait été signifié avant la huitaine de la prononciation; toutefois, le principe est adopté, car cet arrêt se borne à constater que le Code de procédure civile a, pour les appels des jugements rendus sur un incident à une poursuite de saisie immobilière, abrogé les délais et établi des règles particulières; que, conséquemment, l'art. 449 est inapplicable à l'appel dont il est question. — Compar., dans le même sens, ce qui a été dit sous la quest. 1812 (v° *Appel*, n. 175 et 176).

Depuis 1841, la jurisprudence s'est montrée aussi à peu près unanime en faveur de la doctrine de M. Chauveau. V. Paris, 30 nov. 1839 (t. 75, p. 343), Nîmes, 9 août 1849 (t. 75, p. 17); Riom, 31 août 1847 (t. 75, p. 311); Colmar, 13 avril 1850 (t. 76, p. 358); Bourges, 14 mars 1853 (t. 81, p. 105); Conf., MM. Rodière, t. 3, p. 185; Dalloz, n° 1526; Bioche, n. 740. Toutefois, la Cour de Toulouse, dans un arrêt du 22 mars 1850 (*J. Av.*, t. 75, p. 333), n'admet pas que l'art. 449 doive ici être appliqué, et elle semble ne concéder le droit d'interjeter appel dans la huitaine de la prononciation du jugement, qu'autant que la signification a eu lieu avant l'expiration de cette huitaine.

2039. (Q. 2424 quinquies). *Quand commence à courir le délai de quinzaine dont parle l'art.* 731?

Avant 1841, il avait été décidé que l'appelant n'était pas tenu, sous peine de déchéance et de voir continuer valablement les poursuites, de faire statuer sur son appel dans le délai imparti par la loi: Cass., 7 août 1811 (*J. Av.*, t. 20, p. 282). C'est ce que dit aussi M. Rogron, p. 916, et ce que M. Chauveau reconnaît avec lui.

2040. Mais est-il exact de dire, comme le fait M. Persil fils, *Comm.*, p. 306, n. 368, que le délai de quinzaine énoncé dans l'art. 731 «ne court

« qu'à dater du jour de la signification du jugement, soit que le jugement ait « admis ou rejeté les nullités, soit qu'il ait statué sur des nullités tirées du « fond ou de la forme? »

Comment le délai pour statuer, observe M. Chauveau, pourrait-il courir à dater du jour de la signification du jugement? L'appel peut être interjeté seulement le dixième jour. La Cour n'aurait donc qu'un délai de cinq jours pour être saisie et pour prononcer. Il paraît au contraire évident à notre auteur que le délai de quinzaine ne commence à courir qu'à dater du jour où l'appel a été signifié. Tel était d'ailleurs le vœu formel de l'art. 4 du décret du 2 fév. 1811, dont le législateur de 1841 a emprunté la disposition. V. en ce sens MM. Dalloz, n. 1591; Bioche, v° *Sais. imm.*, n. 756. — Et compar. la quest. 2425 *ter* (V. *infrà*, n. 2081 et s.).

2041. (Q. 2424 sexies). *Doit-on, avant de continuer la procédure, signifier à avoué et à partie l'arrêt qui a déclaré l'appel mal fondé?*

Suivant M. Chauveau, l'arrêt, en vertu de l'art. 147, doit être signifié seulement à avoué. Compar. *Enquête*, n. 351 et s. C'est, au reste, ce qu'a jugé la Cour de Pau, le 21 nov. 1818 (*J. Av.*, t. 20, p. 256). Un autre arrêt de la Cour de cassation, du 2 janv. 1844 (*J. Av.*, t. 66, p. 276), a décidé aussi, conformément à cette opinion, que si une demande en distraction de biens saisis a été rejetée par arrêt confirmatif, la signification de cet arrêt, faite à l'avoué d'appel, avant le jour fixé pour l'adjudication par le jugement, suffit pour qu'il soit procédé à l'adjudication, sans qu'il faille signifier aussi l'arrêt au domicile du saisi. V. Conf., M. Rodière, t. 3, p. 188.

2042. La Cour de cassation, par un autre arrêt, du 10 janv. 1814 (S.14.1.64), a décidé qu'en cas d'urgence, notamment lorsque l'adjudication a été indiquée au lendemain du jour où la Cour d'appel prononce sur le recours exercé contre des jugements relatifs à des incidents, cette Cour peut ordonner que son arrêt sera exécuté sur minute, et que c'est au greffier de le présenter, à cet effet, au tribunal qui doit procéder à l'adjudication. Mais c'est là, observe M. Chauveau, un cas tout exceptionnel, et le moyen indiqué serait impraticable toutes les fois que la saisie serait poursuivie devant un autre tribunal que celui du siége de la Cour.

2043. (Q. 2424 septies). *Quelles sont les règles concernant le dernier ressort, en matière de saisie immobilière?*

Sur ce point, M. Chauveau expose comme il suit sa théorie, conforme, remarque-t-il, à trois arrêts de la Cour de cassation, des 22 mai 1833 (*J. Av.*, t. 44, p. 386), 23 avril 1836 (S.-V.36.1.793) et 15 juill. 1840 (*J. Av.*, t. 59, p. 587). L'objet principal de la procédure de saisie immobilière est l'immeuble saisi. Toutes les fois que la valeur de cet immeuble est supérieure au taux du dernier ressort ou indéterminée, les incidents élevés soit par le saisi, soit par les créanciers, au sujet de la saisie seulement, ou à l'occasion d'une folle enchère ou d'une surenchère, ne peuvent pas être jugés souverainement par le tribunal de première instance. Si, au contraire, l'immeuble saisi est d'une valeur inférieure, tous les incidents relatifs à la forme, à la folle enchère et à la surenchère, sont jugés en dernier ressort.

2044. En ce qui concerne les incidents relatifs au fond, la voie de l'appel ne sera, sans doute pas permise, lorsque la somme en contestation ne dépassera pas 1,500 fr.; mais elle sera ouverte, lorsque la créance résultant du titre s'élèvera à une somme supérieure à la valeur du dernier ressort. Il en sera de même, si l'on conteste la qualité du poursuivant, et dans tous autres cas identiques.

2045. Quant à la demande en distraction, quoiqu'elle soit classée parmi les incidents, lorsqu'elle est intentée pendant les poursuites, son objet principal est la revendication d'un immeuble déterminé; quelquefois, cette revendication ne porte que sur une partie d'une très mince importance de l'immeuble saisi. C'est la valeur de l'objet revendiqué qui fixe le taux du premier et dernier ressort, et non le chiffre de la créance, comme le voulait un arrêt de la Cour d'Amiens, du 17 juill. 1826 (*J. Av.*, t. 34, p. 89).

2046. L'action en résolution des vendeurs dont parle l'art. 717, devant, d'après notre auteur, être considérée comme une action principale, les règles générales lui sont applicables.

2047. M. Bénech, *Tr. des trib. civ. de prem. inst.*, p. 262 et suiv., enseigne une opinion conforme à celle de M. Chauveau, et sur la demande en distraction et sur la surenchère, et sur les questions relatives aux titres; mais quant aux demandes en nullités de forme, sa doctrine est entièrement différente. Il veut que le ressort soit fixé d'après le montant de la créance du poursuivant, ou celle du créancier qui élève l'incident. Ce jurisconsulte raisonne ainsi : le débiteur peut désintéresser son créancier en lui faisant des offres réelles : donc c'est le montant de la somme due qui est l'objet principal de la demande. M. Chauveau répond que, dans une poursuite de saisie immobilière, il ne s'agit point de la réalisation des sommes dues. Le débiteur n'a pas d'argent; il n'a pas encore pu vendre ses immeubles pour satisfaire son créancier; il demande grâce on la lui refuse; on va le dépouiller de ses biens. L'objet de la poursuite sera donc, non le droit au paiement, qui n'est pas contesté, mais bien le mode du paiement qui peut être d'une valeur supérieure au taux du dernier ressort.

2048. M. Chauveau saisit difficilement comment son opinion serait attentatoire aux prérogatives inhérentes à toutes les juridictions régulièrement établies, comme le prétend M. Bénech. Il en est ainsi, selon cet auteur, parce qu'elle laisse remettre en question devant les tribunaux supérieurs le sort du titre que ces juridictions ont souverainement octroyé. M. Chauveau proteste contre cette conséquence, qui n'est nullement dans sa pensée, et à laquelle ne conduit pas sa doctrine. Le titre octroyé conserve toute sa force; mais, dans l'exécution, il faut que la loi soit observée; et, selon l'importance de l'objet auquel s'applique cette exécution, les tribunaux civils ou les Cours ont compétence pour connaître des incidents qui tendent à ramener les parties à l'observation de la loi. Il ne voit pas davantage qu'il rentre successivement dans les prérogatives des juridictions de premier degré, d'excercer une étendue illimitée de pouvoirs en ce qui concerne l'exécution, de même que les actes notariés conservent la plénitude de leur force, quoique les tribunaux de première instance annulent parfois des exécutions faites au nom de ceux qui les ont obtenues.

2049. M. Bénech fait, du reste, une distinction. « La demande en nullité, dit-il, est-elle formée, à une époque antérieure à l'enregistrement, en marge de la saisie, au bureau de la conservation, de l'exploit de notification aux créanciers inscrits du placard imprimé prescrit par l'art. 684, Cod. proc.? alors il ne faut considérer que la créance du saisissant, qui n'est censé agir jusque-là que pour son compte personnel. Mais la demande en nullité est-elle postérieure à cette phase si importante de la procédure en saisie immobilière? la poursuite est devenue commune à tous les créanciers inscrits; elle a formé entre eux une sorte de coalition vis-à-vis du saisi; le saisissant n'est plus maître de se désister; il n'est plus que le *negotiorum gestor* de la masse de ses cocréanciers (695, 696). Que faut-il conclure de là? que, dans ce dernier cas, la demande en nullité est toujours jugée en dernier ressort? Nous ne saurions le penser. La seule chose que nous devons en induire, c'est qu'il faut, pour déterminer le ressort, prendre en considération le montant de toutes les créances inscrites, en les appréciant toujours d'une manière individuelle. Ainsi, bien que, cumulées, les créances soient supérieures au taux du dernier ressort, si elles sont toutes, par leur chiffre individuel, inférieures à ce taux, le jugement sera souverain ; tandis que si une seule de ces créances est supérieure par son propre chiffre à la somme de 1,500 fr., l'appel sera autorisé en raison de cette créance, et cet appel profitera à tous les autres créanciers, la validité ou la nullité de la poursuite étant une chose indivisible. »

2050. M. Chauveau se demande si cette distinction n'est pas en désaccord avec le système général de M. Bénech, qui se résume en ceci, que « lorsqu'il s'agit d'une poursuite en saisie immobilière, le poursuivant ne revendique pas les immeubles qui sont le gage de sa créance ; qu'il ne demande qu'une seule chose, c'est d'être désintéressé ; qu'en payant le montant de la dette, le saisi peut toujours se faire tenir quitte, et que, dès lors, il ne faut pas vouloir apprécier rationnellement, par le revenu des biens saisis, la valeur d'une action de cette nature. » Après la notification aux créanciers inscrits, observe notre auteur, le saisi ne peut faire tomber la poursuite qu'en offrant au poursuivant et aux créanciers inscrits le montant de ce qui leur est dû. Que lui importe le taux individuel de chacune des créances, puisqu'il faut qu'il les rembourse toutes intégralement ?

2051. La loi de 1838 sur la compétence doit-elle avoir une grande influence sur la question, et a-t-elle, ainsi que l'écrit M. Bénech, p. 540, *renversé de fond en comble la doctrine de la Cour suprême?* M. Chauveau soutient la négative.—La doctrine de notre auteur est ramenée à ces termes : S'agit-il d'un incident relatif au fond, c'est-à-dire portant sur la somme ou le titre même pour lequel la saisie a été faite? le ressort est déterminé par le chiffre de la créance du poursuivant. S'agit-il d'un incident de procédure à raison d'un vice de forme? c'est la valeur de l'immeuble saisi, c'est-à-dire d'un objet dont la valeur est indéterminée, qui doit être prise en considération pour fixer le ressort.

2052. Cela posé, M. Chauveau analyse les décisions de la jurisprudence. D'après un arrêt de la Cour de Montpellier, du 10 déc. 1847 (*J. Av.*, t. 73, p. 303), est en dernier ressort le jugement qui statue sur la demande en nullité d'un commandement tendant à saisie immobilière, ayant pour objet le paiement d'une somme inférieure à 1,500 fr. Le caractère du jugement n'est pas modifié par la demande en dommages-intérêts fondée uniquement sur le commandement lui-même. En consacrant ces deux propositions, la Cour de Montpellier déclare que le commandement est en dehors de la saisie immobilière, qu'il n'est qu'un acte préliminaire à cette voie d'exécution, et elle déduit de ce principe la conséquence que la question doit être résolue abstraction faite de la saisie. M. Chauveau approuve cette solution. La Cour de Rouen a décidé le contraire, le 19 déc. 1855 (t. 82, p. 218) ; mais l'exception tirée du dernier ressort tendait, par suite d'un renvoi qui avait saisi la Cour, au maintien d'un arrêt cassé comme contraire aux principes. L'accueil de la fin de non-recevoir aurait donc eu pour résultat de maintenir une décision entachée d'illégalité. M. Chauveau pense que cette considération a déterminé l'opinion des magistrats, et que si la difficulté relative au dernier ressort se fût produite en toute autre circonstance, la décision eût été différente. — En effet, dit-il, le commandement n'est pas, à proprement parler, un acte d'exécution (V. Rouen, 13 juin 1853, *J. Av.*, t. 79, p. 487, et *suprà*, quest. 2422 *bis*, n. 1527 et s.) ; c'est une mesure préalable à l'exécution. Ce n'est donc pas l'exécution ultérieure qu'il faut considérer, mais l'injonction en elle-même. Or, cette injonction était motivée, dans l'espèce, sur une créance de 233 fr. ; le paiement de cette somme faisait tomber la saisie, l'intérêt du litige ne dépassait pas par conséquent cette somme. La Cour de Rouen reconnaissant que l'opposition au commandement ne constituait pas un incident de saisie, il semble illogique qu'elle s'appuie sur la probabilité de la saisie pour déterminer la portée du commandement (Voy. le *Formulaire de procédure*, 2e éd., t. 2, p. 146, note 1).

2053. L'opinion exprimée par M. Chauveau ne lui paraît avoir rien de contradictoire avec la doctrine qu'ont admise les Cours de Bordeaux, les 12 nov. 1852 et 28 janv. 1853, et de Caen, le 3 janv. 1853 (*J. Av.*, t. 78, p. 356), en décidant que le jugement qui statue sur la validité d'une sommation de payer ou de délaisser, notifiée à un tiers détenteur, est en premier ressort si le revenu de l'immeuble est supérieur à 60 fr. ou indéterminé, bien que la créance soit inférieure à 1,500 fr. Il s'agit ici, en effet, d'une action hypothécaire affectant l'immeuble, et dont la sommation est le premier élément. A ce titre, c'est la valeur de l'immeuble qui doit être prise en considération.

2054. La distinction faite par notre auteur entre les moyens de forme et ceux du fond a été repoussée par la Cour de Riom, le 7 août 1855 (*J. Av.*, t. 81, p. 108). D'après cette Cour, le jugement qui statue sur la demande en nullité d'une saisie immobilière faite par une somme inférieure à 1,500 fr. est en premier ressort, sans qu'il y ait lieu de distinguer entre le cas où la nullité est réclamée pour un vice de forme, et celui où elle est réclamée pour un motif se rapportant au fond, et cela parce que la dénomination, comme le résultat d'une saisie immobilière, indique assez que le litige qu'elle soulève est d'une valeur indéterminée, et que, par conséquent, il ne peut être décidé qu'en premier ressort. La même théorie résulte des arrêts suivants : Grenoble, 1er juillet 1846 (*J. Av.*, t. 75, p. 346); Limoges, 24 juillet 1847 (t. 73, p. 245); Agen, 26 mars 1852, rendu sur un moyen de dotalité; Bordeaux, 30 juin 1854 (*J. Av.*, t. 79, p. 656) et 20 janv. 1857 (t. 82, p. 233); Pau, 13 janv. 1858 (*Gaz. des Trib.*, 1858, 1er août); Riom, 5 août 1851 (*Journ. de cette Cour*, 1851, n. 680) et 12 janv. 1857 (*J. Av.*, t. 82, p. 317). Plusieurs de ces arrêts sont rendus sur des nullités de forme, et sous ce rapport ils seraient conformes à la doctrine de M. Chauveau; mais ils s'appuient tous sur ce que la saisie constitue une voie d'exécution immobilière, une action réelle, et que les moyens présentés, soit qu'ils tiennent à la forme, soit qu'ils tiennent au fond, ont, en définitive, pour objet de faire tomber la saisie.

2055. Un arrêt de la Cour de Toulouse, du 22 avril 1835 (*J. Av.*, t. 68, p. 319), a rejeté l'appel d'un jugement prononçant, vu l'extinction du titre par le paiement, la nullité d'une saisie immobilière formée pour une somme inférieure à 1,500 fr. Un arrêt de la Cour de Rouen, du 12 mars 1844 (*J. Av.*, t. 66, p. 318), a déclaré, au contraire, l'appel recevable dans une espèce où la créance du saisissant était inférieure à 1,500 fr., mais où il s'agissait d'une demande en nullité fondée sur ce que la formule exécutoire apposée au titre en vertu duquel on avait saisi était irrégulière.

2056. Une raison particulière de décider a été adoptée par la Cour de Montpellier dans deux arrêts des 30 déc. 1853 (*J. Av.*, t. 79, p. 619) et 13 janvier 1854 (t. 80, p. 511), où elle déclare qu'il ne faut pas, lorsque la saisie a été transcrite, avoir égard seulement à la créance du saisissant, mais à celle de tous les créanciers inscrits. En attribuant à la transcription l'effet de rendre la procédure commune à tous les créanciers inscrits, ces arrêts, remarque M. Chauveau, ont admis un argument inexact. Après comme avant la transcription, et jusqu'à la mention prescrite par l'art. 693, Cod. proc., la saisie est étrangère aux créanciers inscrits; le poursuivant et le saisi sont seuls maîtres de la procédure, qu'ils peuvent anéantir.

2057. D'un autre côté, la Cour de Bordeaux a adopté un système qui consiste à ne déterminer la limite du dernier ressort que d'après la quotité de la somme pour le paiement de laquelle la poursuite a été exercée, sans jamais prendre en considération la valeur des immeubles saisis. C'est dans ce sens qu'ont été rendus ses arrêts des 5 nov. 1839 (*J. Av.*, t. 61, p. 688); 6 fév. 1846, 17 août 1847, 30 mai 1848, 18 août 1849, 25 janv. 1850 (*J. Av.*, t. 75, p. 345), et 29 juillet 1858 (*Journ. de cette Cour*, 1858, p. 329). L'arrêt de 1850 déclare, dans une espèce où il s'agissait d'une demande en distraction d'une importance inférieure à 1,500 fr., l'appel recevable, parce que les causes de la saisie étaient supérieures à cette somme. Quelques-unes de ces décisions peuvent, à raison des faits, se rattacher à la doctrine de M. Chauveau. Mais, dans leurs motifs, les juges ont invariablement pris pour base le taux de la créance, et ne se sont nullement préoccupés de la valeur des immeubles saisis.

2058. L'arrêt de 1848 décide que les intérêts échus depuis la saisie jusqu'à la demande en nullité ne doivent pas être comptés pour la détermination du ressort. La même Cour avait déjà admis cette solution dans une décision antérieure que la Cour suprême avait cassée par arrêt du 8 sept. 1811 (*J. Av.*, t. 62, p. 178). — Il résulte de ce dernier arrêt que les dommages-intérêts réclamés par le saisi, demandeur en nullité, sont réputés avoir une cause antérieure à la demande; conséquemment, s'ils sont à donner par état, le jugement est rendu en premier ressort.

2059. M. Chauveau signale deux autres arrêts des 18 janv. 1854 (*J. Av.*, t. 79, p. 312) et 31 mai 1854 (t. 80, p. 656), par lesquels la Cour de Bordeaux s'est écartée de sa précédente théorie. D'après ces arrêts, la créance du saisissant devra seule être appréciée tant que la mention prescrite par l'art. 693, Cod. proc., n'aura pas été faite. A cette créance, il faudra ajouter toutes celles qui sont inscrites lorsque la demande en nullité sera postérieure à l'accomplissement de cette formalité; sans qu'il soit jamais question de la valeur de l'immeuble saisi. M. Chauveau, partant de la distinction qu'il a faite, se demande pourquoi les créances inscrites sont mises en ligne de compte par la Cour de Bordeaux, soit que la nullité repose sur un moyen de forme, soit qu'elle repose sur un moyen de fond. Si la difficulté n'a trait qu'à la créance du saisissant, quelle influence peut exercer sur l'instance le chiffre des créances inscrites? L'auteur comprendrait la force du motif donné par la Cour, si, du moment où la saisie est devenue commune aux créanciers inscrits, il dépendait de ceux-ci de faire revivre une procédure nulle par la faute du saisissant; mais est-ce que personne, dit-il, a jamais songé à soutenir que les créanciers inscrits aient le pouvoir, par une manifestation de leur volonté, de couvrir la nullité d'une poursuite attaquée en temps utile par le saisi?

2060. Lorsque la nullité affecte toute la procédure déjà faite, ou seulement une partie, la position, observe M. Chauveau, est, quant aux droits des créanciers inscrits, analogue à celle qui était signalée tout à l'heure. La poursuite a pour objet la vente de l'immeuble : il paraît donc logique de calculer, en pareil cas, la valeur de l'immeuble plutôt que le droit du saisissant, qui n'est pas contesté. Mais l'auteur se place, pour un instant, sur le terrain choisi par la Cour de Bordeaux. La saisie est nulle en totalité ou en partie, par la faute de qui? du saisissant seul et non des créanciers inscrits. Qui supportera les conséquences pénales de cette nullité? le saisissant et non les créanciers inscrits. Sans doute, la nullité existera pour ceux-ci aussi bien que pour le saisissant, en ce qu'ils ne pourront pas utiliser la procédure annulée. Mais la nullité ne provient pas de leur fait, ils n'ont pas été parties au jugement : à quel titre dès lors leurs créances viendraient-elles grossir l'importance du litige? Ces créances doivent d'autant moins être prises en considération qu'elles ne peuvent être réglées que dans l'ordre ouvert après que la saisie a été terminée; que jusqu'à cette époque elles offrent des éléments très incertains d'évaluation, et qu'il ne dépendrait pas du saisi, qui voudrait les contester, de faire de cette contestation un incident de la saisie, si les créanciers n'y étaient déjà intervenus activement. Si l'opinion adoptée par la Cour de Bordeaux devait prévaloir, il arriverait, dit M. Chauveau, que les jugements seraient en dernier ou en premier ressort, suivant que l'incident serait soulevé avant ou après la mention dont parle l'art. 693. Or, comme la loi accorde au saisi la faculté de se pourvoir utilement en nullité jusqu'aux trois jours qui précèdent la publication du cahier des charges, c'est-à-dire à une époque postérieure à la mention de l'art. 694, le saisi pourrait à son gré faire que les jugements fussent en premier ou en dernier ressort, en tardant de proposer la nullité, ou en s'empressant de la proposer dès qu'elle aurait été commise. La loi n'a pas certainement entendu laisser à la discrétion du saisi la solution d'une aussi importante question.

2061. Aux décisions relevées ci-dessus par M. Chauveau, il faut ajouter celles qui suivent et qui rentrent dans sa théorie : — Les jugements rendus sur les incidents soulevés dans le cours de la procédure de saisie immobilière sont en premier ressort, quelle que soit la quotité de la créance du poursuivant : Agen, 14 janv. 1868 (*J. Av.*, t. 93, p. 358). Spécialement sont susceptibles d'appel, le jugement statuant sur la demande en nullité d'une saisie immobilière pratiquée pour une créance inférieure à 1,500 fr., lorsque la contestation porte, non sur la réalité et la légitimité de la créance, mais bien sur la régularité et la validité de la saisie elle-même : Chambéry, 10 mai 1871 (*J. Av.*, t. 97, p. 149) ; — le jugement qui rejette la demande en nullité d'une saisie immobilière comme portant sur des immeubles dotaux, si la valeur de ces immeubles est indéterminée, encore bien que la créance du poursuivant soit inférieure à 1,500 fr. Cass., 19 déc. 1866 (t. 92, p. 306) ; —... ou qui, en pareil cas, annule la saisie : Rouen, 10 janv. 1867 (t. 92, p. 363). — Mais est en dernier ressort le jugement qui statue sur une demande en nullité d'une saisie immobilière pratiquée à raison d'une créance inférieure à 1,500 fr., lorsque c'est sur la réalité ou la légitimité de la créance que porte le litige, et qui annule la procédure de saisie en conséquence de l'annulation qu'il prononce du titre de créance : Cass., 23 août 1864 et 13 fév. 1865 (t. 90, p. 345).

2062. (Q. 2425). *Par qui l'appel peut-il être interjeté et contre qui doit-il l'être ?*

M. Persil fils, *Comm.*, p. 305, n. 356, répond ainsi à cette question : « L'appel ne peut être évidemment interjeté que par ceux qui ont été parties au jugement et contre ceux qui ont figuré en première instance. Ceux qui auraient été régulièrement cités seraient seuls admis à se plaindre de ce que toutes les parties n'auraient pas été appelées devant la Cour. Les intérêts de toutes ces personnes sont distincts. » Compar. Carré, au texte, quest. 2499. M. Rogron, p. 916, adopte cette opinion, en blâmant avec raison l'usage d'intimer sur l'appel tous les créanciers inscrits, usage qui produit une procédure frustratoire.

2063. La conséquence du principe posé par M. Persil, remarque M. Chauveau, est qu'en matière de distraction des immeubles saisis, on doit intimer sur l'appel non seulement le demandeur, le saisi, le poursuivant, mais encore le créancier premier inscrit, et le créancier inscrit au deuxième rang, si le créancier premier inscrit est poursuivant. D'un arrêt rendu par la Cour d'Agen, le 19 juill. 1849 (*J. Av.*, t. 76, p. 615), il résulte que, dans une procédure en distraction d'immeubles saisis, le second créancier inscrit qui n'a pas été partie dans l'instance n'est pas recevable à interjeter appel du jugement par défaut rendu contre le saisi et le premier créancier inscrit. Ce second créancier, dit notre auteur, est en effet non recevable, à se pourvoir, s'il n'est pas régulièrement intervenu dans l'incident en distraction ; mais il conserve, comme tous les créanciers postérieurs, un recours en garantie contre le premier inscrit, chargé par la loi de représenter la masse des créanciers inscrits, si, par fraude ou collusion, ce créancier a laissé acquérir au jugement par défaut l'autorité de la chose jugée.

2064. M. Chauveau ajoute que lorsqu'il s'agit du délai accordé au demandeur en résolution pour faire juger sa demande (art. 717), si ce demandeur, qui a dû être assigné par le poursuivant pour être partie au jugement qui fixe ce délai, ou les autres parties intéressées, *poursuivant, saisi*, ou *créanciers inscrits*, ont à se plaindre de la plus ou moins grande étendue du délai, l'appel pourra être relevé par chacune de ces parties, selon son intérêt.

2065. Les principes ci-dessus sont aussi enseignés par MM. Lachaize, t. 2, p. 260, n. 480; Bioche, n. 539 et 540, et v° *Sais. imm.*, n. 729; Rodière, t. 3, p. 187; Dalloz, n. 1478 et 1488, et résultent des arrêts des Cours de Paris, 26 août 1814 (*J. Av.*, t. 20, p. 426) ; Poitiers. 4 août 1824 (t. 27, p. 75), et Toulouse, 18 nov. 1829 (t. 39, p. 107).

2066. Il a été, en outre, jugé par la Cour de Bordeaux, le 27 mars 1833 (*J. Av.*, t. 45, p. 542), que le saisi peut appeler du jugement par lequel le poursuivant a obtenu, sur requête non signifiée, le changement du jour indiqué pour l'adjudication. M. Chauveau n'admet cette solution que dans le cas où le jugement contient un excès de pouvoir.

2067. Les parties qui ont le droit d'appel peuvent le perdre par l'acquiescement qui résulterait de leur part, par exemple, de l'exécution volontaire du jugement: Cass., 16 nov. 1848 (*J. Av.*, t. 20, p. 525); Rennes, 18 mai 1819 (t. 20, p. 543) ; sauf l'appel incident si la partie adverse relève appel : Montpellier, 14 janv. 1833 (*J. Av.*, t. 45, p. 546); Besançon, 26 nov. 1810 (t. 20, p. 290); Bourges, 10 fév. 1816 (t. 20, p. 457).—Il a été jugé que le poursuivant, qui, sur une demande en distraction d'une partie des biens saisis, déclare s'en remettre à justice, et, après jugement qui a ordonné la distraction, fait adjuger les autres biens saisis, ne peut être considéré comme ayant acquiescé à ce jugement, et, dès lors, est recevable à en interjeter appel: Bordeaux, 13 fév. 1861 (*J. Av.*, t. 88, p. 33).

2068. De même que le droit d'appeler appartient à tous ceux qui étaient parties en première instance, l'appelant doit intimer toutes ces parties ; par exemple, comme le disait Carré, sous le n° 2445, le saisi, doit, s'il y a des créanciers qui se soient rendus parties dans la saisie, intimer, outre le saisissant, l'avoué le plus ancien de ces créanciers. Si néanmoins le premier poursuivant s'est vu subroger un tiers, observe M. Chauveau, c'est le subrogé seulement qui doit être intimé en qualité de poursuivant, cette qualité n'appartenant plus à l'autre: *Sic*, Lyon, 21 mars 1817 (*J. Av.*, t. 20, p. 484).

2069. (Q. 2425 bis). *Quels sont les effets de l'élection de domicile faite dans le commandement? L'appel peut-il, doit-il être signifié au domicile élu?* Quid *des offres réelles ou de tout autre acte?*

M. Chauveau avait dit, en 1841, que si nulle disposition du Code de 1807 n'attribuait à l'élection de domicile faite dans le commandement qui précède la saisie immobilère, l'effet que l'art. 584 attache à celle que contient le commandement préalable à la saisie-exécution, comme un pareil commandement peut autoriser sans difficulté à faire toute autre saisie, la saisie-exécution, par exemple, on pouvait soutenir que c'était aussi bien un commandement en saisie-exécution qu'un commandement en saisie immobilière, et profiter, pour les significations, de l'élection de domicile qu'il contenait par application de l'art. 584. Cependant la question était très controversée. Elle se représentait sous une nouvelle physionomie, après le procès-verbal de saisie par lequel une nouvelle élection de domicile avait lieu chez l'avoué constitué. Peut-on signifier chez cet avoué les appels des jugements rendus sur la poursuite? Pourrait-on y signifier ces jugements mêmes? De nombreux arrêts s'étaient prononcés à cet égard en sens divers.

La commission chargée de préparer le projet de la nouvelle loi avait cru devoir trancher cette question par une disposition formelle insérée dans l'art. 673, et ainsi conçue : « Toutes les significations, même d'offres réelles, d'opposition ou d'appel, à la requête du débiteur, seront faites, jusqu'à la dénonciation de la saisie, soit au domicile élu dans le commandement, soit au domicile de l'avoué constitué par le procès-verbal de saisie; après la dénonciation, elles ne seront valablement faites qu'à ce dernier domicile. » Plusieurs Cours d'appel regardèrent cette disposition comme exorbitante, surtout en ce qui concerne les offres réelles. On la supprima. Mais, comme l'observe M. Chauveau, elle se trouve reproduite, pour ce qui concerne l'appel des jugements rendus dans le cours de la poursuite, par l'art. 732, aux termes duquel l'appel sera signifié *au domicile de l'avoué*, et s'il n'y a pas d'avoué, au domicile *réel* ou *élu* de l'intimé. Il n'y a donc plus de doute pour cette sorte d'appel, et il devient inutile d'indiquer les nombreuses autorités qui s'étaient occupées de la question sous ce point de vue.

2070. M. Chauveau est d'avis que la signification de l'appel ne peut même être faite *à personne*, lorsqu'il y a avoué constitué. La rapidité de la procédure lui paraît l'exiger ainsi.

2071. Mais à l'égard de l'appel du jugement en vertu duquel on poursuit, ou de significations d'un autre genre, d'offres réelles, par exemple, la question reste entière. Aux termes du § 6 de l'art. 1258, Cod. civ., les offres ne peuvent être faites qu'au lieu convenu pour le paiement, à la personne ou au domicile réel du créancier, ou enfin au domicile élu pour l'exécution de la convention; d'autre part, d'après l'art. 456, l'acte d'appel doit être signifié à personne ou domicile, et c'est incontestablement du domicile réel que cet article veut parler. Mais l'exception de l'art. 584 ne doit-elle pas s'appliquer ici? On dit pour la négative que, dans le cas de l'art. 584, la saisie-exécution devant suivre le commandement après l'expiration de 24 heures, il y a nécessité, pour le débiteur, de trouver promptement un lieu où il puisse adresser les significations qu'il destine à prévenir l'exécution; tandis que, dans le cas de l'art. 673, ce n'est qu'au bout de trente jours que le commandement doit être suivi de la saisie immobilière, et que le danger n'est donc pas si pressant. V. en ce sens, M. Persil fils, *Comm.*, p. 67, n. 74. Mais, dit M. Chauveau, n'est-il pas permis de répondre, comme le fait M. Lachaize, t. 1, p. 213, que ce délai de trente jours peut lui-même être trop restreint lorsque les parties sont domiciliées à de grandes distances, pour que, soit les offres réelles, soit l'acte d'appel puissent être signifiées au domicile réel et revenir en temps utile pour empêcher la saisie? D'ailleurs, le créancier qui a fait signifier un commandement à fin de saisie immobilière, peut vouloir abandonner cette voie et lui préférer celle de la saisie-exécution. Or, il n'a pas besoin pour cela de renouveler son commandement; car la saisie-exécution peut intervenir après tout acte qui, en signifiant au débiteur le titre exécutoire, le menace, faute de paiement, d'une exécution forcée. Le débiteur est donc toujours autorisé à regarder le commandement en saisie immobilière comme étant fait à toutes fins, comme contenant aussi la menace d'une saisie-exécution, et, par conséquent, à profiter de la faculté contenue dans l'art. 584, pour prévenir ce genre de saisie. Cependant la Cour de Grenoble a jugé, le 16 janv. 1826 (*J. Av.*, t. 32, p. 163), qu'un tiers détenteur qui a été démis d'une opposition par lui formée au commandement, ne peut signifier son appel au domicile qui s'y trouve élu.

2072. C'est avec raison, selon M. Chauveau, que la Cour de Caen a annulé, le 30 déc. 1846 (*J. Av.*, t. 72, p. 372), un appel qui avait été signifié au domicile réel de l'intimé et non à l'avoué constitué; que la Cour de

Nîmes a jugé le 2 juill. 1846 (t. 75, p. 343), que l'appel doit être, à peine de nullité, signifié au domicile de l'avoué, et non à celui de la partie, s'il y a avoué en cause, notifié au greffier du tribunal et visé par lui ; et que la Cour de Toulouse, le 7 déc. 1849 (*ibid.*, p. 115), a annulé l'appel signifié à partie et non au domicile de l'avoué, quoique le jugement eût été notifié à l'appelant après l'avoir été à son avoué. A ces décisions, notre auteur ajoute comme ayant appliqué la même nullité : Nîmes, 10 juill. 1850 (*J. Av.*, t. 76, p. 618); Toulouse, 20 août 1851 (*ibid.*); Montpellier, 31 août 1850 (*ibid.*); Bordeaux, 16 août 1851 (*Journ. de cette Cour*, 1851, p. 437); Alger, 5 déc. 1851 et 11 mars 1852 (*J. P.* d'Alger, 1852, n. 207 et 218); Riom, 7 déc. 1852 (*J. Av.*, t. 78, p. 352) et 23 juill. 1856 (t. 82, p. 410); Liège, 22 nov. 1855 (*Belgique judiciaire*, 1856, t. 14, p. 1453).

2073. Mais, observe M. Chauveau, le mode de notification d'appel dont il s'agit, est tout spécial à la saisie, et, comme l'a jugé la Cour de Bourges, le 9 avril 1845 (*J. Av.*, t. 72, p. 226), l'appel d'un jugement qui statue non seulement sur des incidents de saisie immobilière, mais encore sur d'autres chefs distincts, tels qu'une opposition à saisie-arrêt ou à partage, etc., n'a d'effet que relativement aux incidents de la saisie, s'il n'a été signifié qu'à avoué.

2074. Notre auteur admet aussi, avec un arrêt de la Cour de Riom, du 29 juillet 1848, qu'il y a nullité de l'appel signifié au domicile de l'avoué avec assignation aux parties dans la personne de leur avoué, quand il n'a pas été laissé autant de copies qu'il y a de parties, et que cette nullité n'est pas couverte par la comparution des intimés et la constitution d'un avoué pour eux. Quant à la signification, dit-il, les règles de droit commun doivent, en effet, être suivies (V. quest. 2424 *bis*, *suprà*, n. 2021 et s.). — C'est donc aussi avec raison, suivant lui, que la Cour de Colmar a décidé, le 23 août 1849 (*J. Av.*, t. 75, p. 342), qu'il y a nullité de l'acte d'appel qui ne fait pas mention expresse de la personne à laquelle la copie avait été remise ; qu'en conséquence, la signification d'avoué à avoué qui ne contient pas de *parlant à* ne fait pas courir le délai de dix jours fixé par l'art. 731.

2075. Mais, observe M. Chauveau, il est des formalités essentielles dans un exploit, qui ne sont pas exigées dans un acte d'avoué à avoué. Ainsi, la Cour d'Orléans a très bien pu décider, le 6 mars 1850 (*ibid.*), que l'acte d'avoué à avoué n'est pas soumis aux formalités des exploits et fait courir le délai d'appel contre un jugement sur incident. Voy. à cet égard, les quest. 282 (*suprà*, v° *Exploit*, n. 10) et 606 *ter* (*suprà*, v° *Jugement*, n. 149 et s.).

2076. En ce qui concerne la validité des offres réelles faites au domicile élu dans le commandement, V. ce qui a été dit sous la quest. 2205 (*suprà*, n. 269), où est cité un arrêt de la Cour de cassation, du 5 mars 1849 (*J. Av.*, t. 74, p. 581), annulant les offres faites à ce domicile élu.

2077. Les Cours de Paris, le 8 mai 1851 (*J. Av.*, t. 76, p. 282), et de Douai, 19 fév. 1857 (t. 82, p. 660), ont admis que l'élection de domicile dans le commandement tendant à saisie immobilière attribue au tribunal de la situation des immeubles compétence pour connaître de l'opposition à ce commandement. V. aussi quest. 2205 (*suprà*, n. 267 et s.).

2078. Voici quelques autres décisions sur la notification de l'appel dans notre matière. — L'appel a été déclaré nul, s'il a été signifié au domicile réel de l'intimé, au lieu de l'être au domicile de son avoué, et s'il n'a pas été notifié au greffier : Bordeaux, 23 août 1867 (*J. Av.*, t. 93, p. 127) ; Caen, 9 mai 1873 (t. 98, p. 312); si, étant signifié au domicile de l'avoué, il ne contient pas mention de la personne à laquelle la copie a été remise : Toulouse, 9 juin 1865 (t. 92, p. 57).

2079. La nullité de l'appel d'un jugement en matière de folle enchère, résultant du défaut de notification de l'acte d'appel au greffier, ne peut être proposée pour la première fois devant la Cour de renvoi après cassation de l'arrêt auquel cet appel avait donné lieu : Orléans, 16 juin 1869 (t. 96, p. 227). —Mais la nullité de l'appel d'un jugement rendu sur un incident en matière de saisie immobilière, pour défaut d'énonciation des griefs et de signification à l'avoué de l'intimé et au greffier, ou pour cause de tardiveté, n'est pas couverte par un avenir à l'audience pour voir confirmer le jugement, ni par une communication de pièces faite spontanément et amiablement, d'après un usage du barreau : Grenoble, 14 août 1866 (t. 92, p. 155).

2080. L'appel d'un jugement sur incident de saisie immobilière, interjeté contre plusieurs héritiers représentés par le même avoué, doit être signifié au domicile de cet avoué par autant de copies qu'il y a d'intimés : Cass., 9 avril 1877 (t. 102, p. 373).

2081. (Q. 2425 ter). *Quel doit être le délai de l'assignation devant la Cour d'appel*, c'est-à-dire *dans quel délai l'intimé doit-il comparaître?*

On conçoit, dit M. Chauveau, que si l'appel est notifié au domicile de l'avoué, cet avoué puisse envoyer la copie signifiée à son correspondant de la Cour, en le priant de se constituer et de défendre immédiatement. Mais si l'intimé est assigné à son domicile et que ce domicile soit éloigné de deux cents lieues de la ville où siège la Cour, comment fera-t-il pour pouvoir se défendre en temps utile, puisque la Cour doit statuer dans la quinzaine qui suit la notification de l'appel? Devra-t-on, au moins dans le cas où il s'agira d'une demande en distraction, appliquer, conformément à l'art. 718, le § 2 de l'art. 731 et accorder un jour par cinq myriamètres? Il sera fort rare, il est vrai, qu'un intimé n'ait pas d'avoué à qui la signification de l'appel puisse être faite; car le poursuivant a toujours un avoué, et le demandeur en nullité est forcé d'en constituer un. Il pourrait se faire, cependant, que le saisi assigné sur une demande en distraction eût fait défaut, et que la demande eût été rejetée; alors l'appel du demandeur en distraction devrait être notifié à personne ou domicile. Il pourrait arriver aussi que le créancier premier inscrit n'eût pas constitué d'avoué; la notification devrait lui être faite au domicile élu dans son inscription; ou bien encore l'avoué de ce poursuivant ou du demandeur, ou du saisi serait mort, ou aurait cessé ses fonctions; la notification à personne ou domicile serait encore nécessaire. La question posée n'est donc pas purement théorique. L'auteur avait dit, en 1841, que la rapidité de la procédure de saisie immobilière, et le texte de l'art. 731, § 3, ne lui semblaient pas permettre d'appliquer les dispositions du Code relatives à l'échéance des délais ordinaires des assignations, et que l'appel devant être notifié *en même temps* au greffier du tribunal, l'avoué à qui les parties accordent leur confiance peut toujours être en position de connaître cet appel assez à temps pour pouvoir écrire à un de ses confrères de la Cour. De tout cela, ajoute ici M. Chauveau, il résulte qu'il n'y a pas de délai fixe pour comparaître; ce sera un délai moral qu'accordera la Cour. M. Dalloz, n. 1590, adopte cette opinion.

2082. M. Rodière, t. 3, p. 187, n'hésite pas, au contraire, à dire que, conformément à la règle générale, le délai doit être de huitaine, à moins que l'appelant n'ait obtenu la permission d'assigner à bref délai, et qu'il doit être augmenté d'un jour par cinq myriamètres de distance entre le lieu où l'appel est signifié et le siège de la Cour. Dans son *Formulaire de procédure*, 2ᵉ édit., t. 2, p. 150, note 8, M. Chauveau a lui-même exprimé l'opinion que, bien que la concession du délai ordinaire de huitaine, avec augmentation à raison des distances, ne permette pas à la Cour de statuer dans la quinzaine, il est utile de l'accorder, pour éviter toute surprise; aussi a-t-il rédigé dans ce sens le texte de la formule 659. C'est qu'en effet, l'appel doit contenir intimation devant la Cour avec indication du délai pour comparaître. L'appelant ne peut pas se dispenser de fixer un délai : or, quel autre délai pourrait-il indiquer que celui qui est de droit commun, en l'absence de toute fixation restrictive édictée par la loi? En fait, dans la pratique, on procède toujours ainsi; et un arrêt de la Cour de Toulouse, du 20 août 1851 (*J. Av.*, t. 77, p. 62), porte que l'exploit d'appel d'un jugement sur incident de saisie immobilière est valable, lorsqu'il contient assignation à comparaître *dix jours après la date, jours suivants et utiles s'il y a lieu*, si, à raison des distances, le délai doit être augmenté.

2083. (Q. 2425 quater). *Ces mots de l'art.* 732, EN MÊME TEMPS, *veulent-ils dire que l'appel doit être signifié au greffier* PAR LE MÊME EXPLOIT *qu'à l'avoué ou à la partie?*

Non, répond M. Chauveau, car la partie peut être domiciliée assez loin du lieu où siége le tribunal pour qu'il ne soit pas possible au même huissier de faire les deux significations le même jour. Il faut bien alors qu'il y ait deux exploits. L'expression *en même temps* revient donc à celle-ci : *dans le même délai*; c'est-à-dire que l'appel devra être signifié non seulement à l'avoué ou à la partie, mais encore au greffier, dans le délai de dix jours, à compter de la signification du jugement. MM. Rodière, t. 3, p. 186; Dalloz, n. 1540; Bioche, n. 746, et Colmet-Daage, t. 2, p. 407, n. 1022, partagent cet avis, qui trouve une confirmation complète dans la jurisprudence : Nîmes, 10 juillet 1850 (*J. Av.*, t. 76, p. 618); Poitiers, 19 août 1851 (*Journ. de cette Cour*, 1851, p. 223); Toulouse, 20 août 1851 (*J. Av.*, t. 77, p. 62); Alger, 5 déc. 1851 (*J. P.* d'Alger, 1852, n. 207); Bordeaux, 21 juill. 1858 (*Journal de cette Cour*, 1858, p. 328).

2084. (Q. 2425 quinquies). *Y a-t-il nullité si l'appel n'est pas notifié au greffier? — S'il est notifié au greffier et non à la partie?*

Si l'appel est notifié au greffier et non à la partie, il est évidemment nul, répond M. Chauveau. Mais on ne peut faire résulter un moyen de nullité de ce que l'huissier fait mention dans son exploit de la notification au greffier et de son visa, avant d'énoncer que l'appel a été interjeté avec intimation à la partie. C'est ce que Carré enseignait lui-même au texte sous les nos 2493 et 2511. On peut, disait-il, décider, d'après l'arrêt de la Cour de cassation, du 8 août 1809 (*J. Av.*, t. 20, p. 209), qu'il n'est pas besoin de notifier l'appel au domicile de la partie; mais on ne saurait donner aucun motif raisonnable pour maintenir que la notification faite au greffier tient lieu de celle faite à l'intimé, au domicile de son avoué. C'est ce que la Cour d'Agen a formellement décidé par arrêt du 4 avril 1810 (*J. Av.*, t. 20, p. 176); c'est enfin ce que la Cour de cassation a jugé aussi par arrêt du 7 mai 1818 (*ibid.*). Il est évident, en effet, que la notification au greffier, et le visa de ce fonctionnaire sont des formalités que la loi exige, outre celle de la notification au domicile de l'avoué, et qu'elles ne sont point exclusives de celle-ci, d'autant plus que la notification au greffier a son objet particulier, qui est d'empêcher de passer outre à l'adjudication définitive. — Les mêmes motifs doivent faire résoudre négativement la question de savoir si la notification faite au greffier dispense d'intimer le poursuivant.

2085. Lorsque l'appel n'a pas été notifié au greffier, M. Chauveau déclare que la nullité lui paraît certaine. L'art. 732, finit ainsi : *le tout à peine de nullité*. Donc, chacune de ses dispositions doit être rigoureusement observée. L'inobservation d'une seule d'entre elles suffit pour que la nullité de l'appel doive nécessairement être prononcée. M. Persil fils, *Comm.*, p. 191, n. 224, après avoir tracé le tableau des incertitudes de la jurisprudence, sous l'empire du Code de 1807, termine en disant « que la nouvelle loi, art. 732, a donné gain de cause aux partisans de la nécessité de la notification au greffier, en exigeant cette notification à peine de nullité. » Mais M. Paignon, t. 1, p. 224, n. 172, sans se préoccuper des expressions énergiques de la loi, *le tout à peine de nullité*, s'exprime en ces termes : « Cette formalité supplé-« toire ne change rien à l'appel lui-même : son inobservation ne constitue-« rait même pas une nullité, parce que la notification de l'appel au greffier « n'est exigée qu'afin qu'il ne puisse pas être passé outre aux poursuites, « nonobstant l'appel interjeté. » M. Chauveau estime que cette opinion est diamétralement contraire au texte positif de la loi. V. dans le même sens, M. Dalloz, n. 1541.

2086. La jurisprudence postérieure à 1841 a consacré de la manière la plus explicite la doctrine de M. Chauveau. Pour la nullité, quand il y a eu omission vis-à-vis de la partie, V. Toulouse, 14 déc. 1848 (*J. Av.*, t. 74, p. 81); Riom, 7 déc. 1852 (t. 78, p. 352). — Pour la nullité, quand le greffier n'a pas reçu la notification de l'appel dans les dix jours et n'a pas donné son visa, V. Caen, 10 juin 1846 (*J. Av.*, t. 72, p. 41); Toulouse, 14 déc. 1848 (t. 74, p. 81); Alger, 15 juill. 1850 (t. 76, p. 618); Riom, 7 déc. 1852 (t. 78, p. 352); Caen, 6 mai 1852 (t. 77, p. 365); Cass., 27 janv. 1854 (t. 79, p. 301). Il ne suffit pas que l'appel ait été notifié au greffier dans les dix jours, il faut encore que le visa prescrit ait été notifié dans ce délai, sinon il y a nullité : Toulouse, 20 août 1851 (t. 77, p. 62). — V. aussi les décisions mentionnées *suprà*, n. 1954 et 1955. — Mais, lorsque le même exploit ne contient pas l'appel signifié aux parties et au greffier collectivement, bien que par actes séparés, et que l'appel, déjà notifié au domicile des avoués, est dénoncé au greffier, il est évident que le visa du greffier n'est requis que sur l'original de la dénonciation qui lui est faite, et non sur l'original de l'appel signifié aux parties : Bordeaux, 21 juill. 1858 (*Journ. de cette Cour*, 1858, p. 328).

2087. La Cour de Pau a décidé, le 21 janv. 1852 (*J. Av.*, t. 77, p. 372), qu'il y a nullité de l'appel d'un jugement statuant sur une demande en distraction d'immeubles saisis, lorsqu'il a été notifié par deux exploits séparés, adressés l'un à la partie saisie, l'autre au poursuivant, et que ce dernier exploit, qui ne mentionne nullement le saisi, a été seul notifié au greffier et visé par lui. En rapportant cette décision, M. Chauveau avait émis l'opinion que l'irrégularité commise ne devait pas entraîner une peine aussi grave que la nullité. — La Cour de cassation a donné raison à sa critique, le 27 janv. 1854 (*J. Av.*, t. 79, p. 301), en décidant qu'il suffit qu'un des appels soit notifié au greffier pour que l'appel soit valable à l'égard de toutes les parties; qu'en supposant même que l'appel non signifié au greffier soit nul, la nullité de cet exploit ne nuit pas aux appels qui ont été régulièrement formés; qu'elle ne nuit même pas à la partie qui a signifié l'appel nul, lorsque la procédure peut être considérée comme indivisible.—L'art. 712, Cod. proc., a dit la Cour suprême, en ordonnant, à peine de nullité, la notification de l'appel au greffier du tribunal, a eu pour objet d'empêcher qu'il ne fût passé outre à l'adjudication définitive au mépris de cet appel, dont il est ainsi donné connaissance au tribunal par l'intermédiaire de son greffier. Lorsqu'il existe plusieurs parties, et par suite plusieurs appels dans la même procédure, alors surtout qu'elle est considérée comme indivisible, la notification au greffier de tous les exploits d'appel n'est pas exigée par l'art. 732 précité; la nouvelle loi du 2 juin 1841, ayant voulu simplifier les formes au lieu de les multiplier, n'a entendu attacher la peine de nullité qu'à l'absence de toute notification au greffier de l'appel déclaré dans le délai prescrit, c'est-à-dire, de tout avertissement au tribunal de l'existence de cet appel suspensif.

2088. M. Chauveau admet, du reste, avec un arrêt de la Cour de Riom, du 24 janv. 1860 (*J. Av.*, t. 85, p. 202), que, si l'appel a été interjeté avant toute signication du jugement et n'a pas été notifié au greffier, la nullité demandée par l'intimé ne peut plus être couverte par la signification que ferait l'appelant.

2089. (Q. 2125 sexies A). *Comment doit-on entendre cette disposition qui défend à la partie saisie de proposer en appel d'autres moyens que ceux qui auront été proposés en première instance?*

Le législateur, en ne parlant que de la partie saisie, a-t-il voulu permettre aux autres parties intéressées de proposer en appel d'autres moyens que ceux proposés en première instance? M. Chauveau ne le pense pas, et il appliquerait, dit-il, par induction la disposition de la loi à tous ceux qui demandent la nullité de la saisie. D'ailleurs, si cette induction n'était pas admise, il opposerait l'art. 728, qui exige la présentation des moyens trois jours avant la publication. La publication devant avoir lieu au moment même où les moyens proposés sont rejetés, la partie condamnée ne sera plus évidemment devant la Cour d'appel en temps utile pour proposer de nouveaux moyens de nullité. — L'avis de notre auteur sur ce point est partagé par MM. Lachaize, t. 2, p. 276, n. 483; Favard de Langlade, t. 5, p. 80, n. 2; Bioche, v° *Vente d'imm.*, n. 553, et v° *Sais. imm.*, n. 748 et suiv.; Dalloz, n. 1579; Colmet-Daage, t. 2, p. 408, n. 1022. Il a été consacré par un arrêt de la Cour d'Amiens, du 23 mai 1812 (*J. Av.*, t. 20, p. 359).

2090. M. Chauveau fait remarquer que si la prohibition de proposer de nouveaux moyens est absolue, en ce sens qu'elle s'applique à toutes les parties qui demandent la nullité de la saisie, il estime, avec un arrêt de la Cour de Caen du 16 mai 1857 (*J. Av.*, t. 83, p. 254), qu'elle ne peut pas être étendue au poursuivant qui, au lieu de lutter contre la saisie, combat pour en assurer le maintien. Dans ce cas, c'est le droit commun qui est applicable. Les moyens nouveaux sont toujours proposables, les demandes nouvelles doivent seules être repoussées, lorsque d'ailleurs elles ne sont pas la défense à l'action principale (art. 464, Cod. proc.). — En rejetant le pourvoi dirigé contre cet arrêt de la Cour de Caen, la Cour de cassation, ch. req., a dit, le 23 juin 1858 (t. 84, p. 634): « L'art. 732 ne refuse qu'à la partie saisie le droit de proposer en appel des moyens autres que ceux qui ont été présentés en première instance; cette interdiction ne peut être étendue au saisissant que la loi laisse dans les termes du droit commun. » Faut-il induire de ces motifs que la Cour suprême a entendu accorder à d'autres qu'au saisi, pour la proposition des moyens de nullité, des facilités qu'elle refuse à ce dernier? M. Chauveau ne le croit pas. Mais la Cour de Colmar a méconnu cette distinction en déclarant le saisissant non recevable à proposer pour la première fois en appel le moyen de nullité tiré du défaut de mise en cause de la partie saisie et du créancier premier inscrit dans une demande en distraction: arrêt du 13 avr. 1850 (t. 76, p. 358).

2091. Quant aux expressions *autres moyens*, il est certain, dit M. Chauveau, qu'elles comprennent toute espèce de moyens en la forme ou au fond; l'art. 732 n'a fait que donner à cet égard la force législative à une solution presque unanimement reçue. M. Chauveau présente la nomenclature suivante des arrêts qui, avant 1841, avaient proclamé cette solution d'une manière absolue, et de ceux qui avaient admis des exceptions :

I. Les moyens nouveaux ne peuvent être proposés en appel dans aucun cas, soit qu'ils concernent la procédure, soit qu'ils aient rapport au fond, même par la partie qui avait fait défaut en première instance : Cass., 16 pluv. an XIII, 5 nov. 1806, 2 juill. 1816 (S.5.1.212); 29 nov. 1819 (*J. Av.*, t. 20, p. 50); 11 oct. 1808 (t. 20, p. 165); 23 mars 1820 (t. 20, p. 556); 20 août 1823 (t. 25, p. 315); 19 juill. 1824 (t. 27, p. 8); 4 janv. 1826 (t. 30, p. 380); 14 juin 1826 (t. 31, p. 218); 30 juin 1828 (t. 35, p. 306); 14 oct. 1828 (*J. P.* 22.310); 29 avr. 1829 (*J. Av.*, t. 37, p. 245); 13 déc. 1831 (t. 52, p. 131);

18 juill. 1832 (D.P.32.1.296; S.-V.32.1.523); 24 juin 1834 (D.P.34.1.293; S.-V.35.521); 16 juill. 1834 (S.-V.34.1.709); 12 mai 1835 (*J. Av.*, t. 51, p. 495); 28 déc. 1836 (*J.P.*37.362). La demande en distraction elle-même, quoiqu'elle puisse être proposée en tout état de cause, est soumise à la règle des deux degrés de juridiction; on ne peut la demander pour la première fois en appel, quand, en première instance, on n'a conclu qu'à un sursis pour faire statuer sur une demande en partage; c'est là une demande nouvelle et non un moyen nouveau : Cass., 11 nov. 1840 (*J. Av.*, t. 60, p. 113). — L'auteur renvoie ensuite, pour de nombreux arrêts de Cours d'appel, à son *Dict. gén. de proc.*, v° *Sais. imm.*, n. 823, 1020, 1063 à 1067, 1069 à 1071, 1073, 1075 à 1077, 1079, 1083, 1090, 1117, 1118, 1141, 1143, 1149, 1150, et au *J. Av.*, t. 51, p. 590 et 610; t. 52, p. 227, et t. 57, p. 511.

2092. Puis il signale, depuis 1841, les décisions ci-après : Cass., 21 avr. 1857 (*J. Av.*, t. 82, p. 620), opposant la fin de non-recevoir au saisi; 8 fév. 1858 (t. 83, p. 283), qui l'oppose au tiers détenteur contre lequel la poursuite était dirigée, et Cass., 6 avril 1857 (t. 82, p. 449), portant que l'art. 732, qui, en cas d'appel dirigé contre un jugement d'adjudication sur saisie immobilière, dispose que l'appelant ne pourra proposer de moyens de nullité autres que ceux présentés en première instance, est inapplicable aux moyens de nullité contre le jugement d'adjudication lui-même; qu'ainsi la partie qui a interjeté appel d'un jugement d'adjudication prononçant sur un incident peut, indépendamment de la difficulté concernant cet incident, demander devant la Cour la nullité du jugement d'adjudication comme intervenu sur des enchères dont le minimum avait été fixé à tort par le président seul, et sans l'assentiment des parties intéressées. Il est évident, dit M. Chauveau, que la prohibition n'est pas applicable, puisqu'en raison de leur nature, les moyens de nullité n'avaient pu être proposés en première instance.

2093. Il paraît aussi incontestable à M. Chauveau que, comme l'a dit la Cour de Douai, le 24 mai 1849 (*J. Av.*, t. 75, p. 334), si, postérieurement à la publication du cahier des charges, le poursuivant veut réparer par un dire additionnel une omission faite dans la saisie des immeubles, et qu'un jugement accueille cette prétention et prononce l'adjudication, la nullité de l'adjudication, en ce qui concerne les biens omis et ajoutés, peut être proposé pour la première fois en appel, alors surtout que le poursuivant a porté l'incident à l'audience sans avoir fait signifier au saisi des conclusions relatives au dire additionnel. — C'est encore avec raison, suivant notre auteur, que la Cour de Bordeaux a décidé, le 16 fév. 1850 (*ibid.*, p. 350), que la femme mariée qui, en première instance, a demandé, sans l'autorisation de son mari, la distraction d'un immeuble saisi, peut, pour la première fois, se prévaloir en appel de ce moyen de nullité. Il est, en effet, reconnu que le défaut d'autorisation peut être invoqué, même pour la première fois, devant la Cour de cassation.

2094. Mais M. Chauveau n'approuve point une solution d'après laquelle la prohibition de proposer en appel des moyens nouveaux empêche l'adjudicataire fol enchérisseur qui a fait défaut lors du jugement d'adjudication sur folle enchère, d'attaquer en appel le jugement qui, sur les conclusions du poursuivant, a ordonné l'addition au cahier des charges d'une clause portant que la vente comprendra certains objets non désignés auparavant : Cass., 28 juin 1858 (t. 84, p. 599). Par cela seul que le fol enchérisseur était défaillant, il n'était pas réputé avoir acquiescé à la demande du poursuivant, objecte notre auteur.

2095. M. Chauveau mentionne encore deux arrêts de la Cour de Bordeaux des 27 mai 1841 (*J. Av.*, t. 62, p. 115) et 28 juin 1845 (t. 75, p. 349), qui ont refusé d'accueillir des moyens qui n'avaient pas été proposés en première instance, quoique le saisi eût fait défaut; un arrêt de la Cour de Nîmes, du 15 déc. 1851 (t. 63, p. 551), repoussant un moyen de nullité qui n'avait été ni plaidé à l'audience en première instance, ni formulé dans la requête, encore bien que dans les écritures, on eût articulé le fait duquel on entendait l'induire; deux arrêts de Riom, des 10 août 1844 (*J. Av.*, t. 67, p. 579) et 18 mai 1847 (t. 75, p. 349), dont le premier porte que la prohibition de proposer pour la première fois sur appel un moyen quelconque de nullité s'applique au saisi et au tiers qui n'a pas, étant en droit de le faire, formé devant les premiers juges une demande en distraction ou en revendication; Bordeaux, 5 juill. 1850 (t. 76, p. 619); Paris, 26 mars 1851 (t. 76, p. 368); Caen, 27 sept. 1851 (*Journ. de cette Cour*, 1851, p. 292) et 18 déc. 1851 (*ibid.*, 1852, p. 50), déclarant que la partie saisie ne peut en appel proposer, pour faire confirmer le jugement qui a donné gain de cause, des moyens autres que ceux présentés en première instance, parce que l'art. 732 s'applique au saisi intimé comme au saisi appelant; Caen, 10 mars 1854 (*Journ. de cette Cour*, 1854, p. 289), appliquant la restriction à un intervenant; Rouen, 8 juill. 1858 (*J. Av.*, t. 84, p. 513), repoussant un moyen tiré du défaut de transcription de la saisie, ajouté sur l'appel au moyen de dotalité, seul proposé en première instance; Agen, 18 mars 1857 (*J. Av.*, t. 82, p. 347), décidant que, quand en première instance on s'est borné à demander la nullité de la saisie, on ne peut demander en appel la nullité du commandement qui l'a précédée; Bordeaux, 14 juill. 1858 (*Journ. de cette Cour*, 1858, p. 344) et 10 déc. 1858 (*ibid.*, 1859, p. 32).

Une doctrine conforme est enseignée par MM. Pigeau, *Comment.*, t. 2, p. 380 et 387; Lachaize, t. 2, p. 276 et 488; Favard de Langlade, t. 2, p. 90; Thomine-Desmazures, t. 2, p. 288; Dalloz, n. 1570, et Bioche, n. 553 à 556, et vº *Sais. imm.*, n. 748 et suiv.

2096. Avant 1841, les solutions qui suivent étaient intervenues en sens contraire :

Avaient été déclarés proposables pour la première fois en appel, les moyens qui se rattachent au fond du droit, et qui auraient pour objet de l'anéantir : Besançon, 26 fév. 1840 (*J. Av.*, t. 14, p. 672); Cass., 19 nov. 1817 (t. 20, p. 506); la nullité résultant de l'incapacité du poursuivant : Toulouse, 17 mars 1827 (*J. Av.*, t. 34, p. 350); ou de l'omission dans les placards de certaines portions de l'immeuble saisi : Paris, 1er prairial an XI (t. 20, p. 16); ou de la désignation insuffisante de leur contenance : Bordeaux, 31 janv. 1832 (t. 43, p. 588); ou de l'indication différente, soit dans les journaux, soit dans les placards, du jour de l'adjudication : Besançon, 3 juin 1817 (t. 20, p. 479); ou de ce qu'il ne s'est éteint que deux feux sans enchères au lieu de trois : Cass., 14 nov. 1808 (t. 20, p. 166). Ceci serait l'un des cas dans lesquels s'accorde contre l'adjudication l'action principale en nullité. V. quest. 2423 *quinquies* (*suprà*, n. 1947 et s.). Et, en général, tous les nouveaux moyens de nullité, pourvu qu'il n'ait pas été procédé à l'adjudication préparatoire : Nîmes, 22 juin 1808 (*J. Av.*, t. 20, p. 156); Grenoble, 3 sept. 1814; Montpellier, 27 déc. 1816.

2097. Notre auteur ne partage pas l'opinion de M. Persil fils, qui, n. 372, se demande si le saisi aura le droit de se prévaloir, en appel, des moyens de nullité proposés d'office au tribunal par le ministère public, et qui résout affirmativement cette question. Que la solution ait pu être douteuse avant la loi de 1841, M. Chauveau le conçoit; mais tout le système de la loi nouvelle a été, dit-il, de n'accorder aucun pouvoir *d'office* aux tribunaux. Ainsi le ministère public ne peut pas proposer d'office des mesures ou des moyens de nullité, pas plus que le tribunal tout entier ne pourrait les adopter sur son réquisitoire, ou les suppléer dans le silence des parties et du ministère public lui-même. Comment d'ailleurs le ministère public pourrait-il d'office, à l'audience, soulever des moyens, quand la partie elle-même doit, à peine de nullité, les proposer trois jours avant l'audience à laquelle ils seront discutés? Il s'ensuit donc nécessairement que, quelles que soient les conclusions du ministère public, en première instance, si l'appelant n'avait pas proposé les moyens que le membre du parquet avait cru devoir examiner, il serait non recevable à les invoquer en appel. M. Persil se fonde notamment sur ce que *toute la procédure de première instance appartient à l'appelant*; mais les conclusions du ministère public ne font nullement partie de la procédure. Son audition, sans doute, en fait partie, mais non ce qu'il dit. Ce jurisconsulte ajoute que le tribunal a eu à s'occuper des moyens de nullité présentés par le ministère public, et qu'*il a dû les discuter*, car *les convenances s'opposent* à ce qu'il passe sous silence une argumentation à laquelle le ministère public aurait attaché assez d'importance pour la croire capable d'entraîner la nullité de la procédure. M. Chauveau répond que le tribunal doit, au contraire, passer sous silence les argumentations du ministère public. En matière civile, il est de principe élémentaire que le juge ne statue que sur les conclusions des parties; autrement, sa décision pourrait être attaquée par la voie de la requête civile, comme ayant prononcé *ultrà petita*, et de prétendues convenances judiciaires ne peuvent modifier les pouvoirs du tribunal.

2098. M. Chauveau a cru devoir conserver ici un certain nombre de questions que Carré avait examinées au texte. Nous allons les indiquer également, mais en nous bornant à en rappeler sommairement la solution.

2099. (Q. 2425 sexies B). *De ce que les nullités antérieures à la publication ne peuvent être opposées après cette publication, s'ensuit-il qu'elles ne puissent, pour la première fois, être proposées en appel?*

Solution négative de la part de Carré au texte, même pour le cas où la partie saisie a fait défaut en première instance.

2100. (Q. 2425 sexies C). *La défense de proposer en appel des nullités non proposées en première instance, est-elle en faveur du créancier poursuivant comme de l'adjudicataire?*

Réponse affirmative de Carré, au texte.

2101. (Q. 2425 sexies D). *L'appelant qui a été condamné par défaut en première instance n'en est-il pas moins non recevable à proposer en appel ses moyens de nullité?*

Solution également affirmative de la part de Carré, au texte.

2102. (Q. 2425 sexies E). *Mais si la partie avait fait défaut sur une assignation irrégulière, devrait-on suivre la solution donnée sur la précédente question?*

Carré mentionne, au texte, en paraissant l'approuver, la solution négative donnée à cette question par Merlin, *Questions de droit*, v° *Expropriation forcée*, § 3.

2103. (Q. 2425 sexies F). *Si le saisi a négligé de proposer ses moyens, quarante jours avant l'adjudication définitive, peut-il, sur appel, demander la nullité de cette adjudication?*

Réponse négative de Carré, au texte, approuvée par M. Chauveau.

2104. (Q. 2425 sexies G). *Peut-on exciper, sur l'appel, d'un moyen de nullité qui n'aurait pas été proposé avant l'adjudication, si ce moyen a quelque rapport avec un autre moyen proposé et rejeté en première instance?*

Solution égalemement négative, soit de la part de Carré, au texte, soit de la part de M. Chauveau, qui se borne à une simple adhésion.

2105. (Q. 2425 sexies H). *Si la saisie frappe sur plusieurs débiteurs copropriétaires, l'un d'eux, qui seul interjette appel, peut-il faire valoir un-*

moyen qui n'a été présenté en première instance que par un de ses consorts non appelant?

Réponse négative au texte.

2106. Terminons, en ce qui concerne la défense faite à la partie saisie de présenter en appel des moyens nouveaux, par l'indication de quelques solutions survenues depuis la publication de l'ouvrage de M. Chauveau.

Un arrêt de la Cour d'Alger du 22 nov. 1872 (*J. Av.*, t. 98, p. 250), en appliquant le principe qu'un moyen de nullité contre la procédure de saisie immobilière ne peut être proposé pour la première fois en appel, a décidé, qu'en cette matière, d'une part, les juges ne peuvent d'office suppléer les nullités non proposées par les parties; et, d'autre part, tous les moyens que le saisi a à faire valoir doivent être proposés à la fois et non successivement.

2107. Il a été jugé, conformément à la doctrine de M. Chauveau, que, l'art. 732 ne distinguant pas entre les moyens de forme et les moyens du fond, l'on ne peut demander en appel la nullité d'une saisie immobilière, en se fondant sur ce que, s'agissant d'immeubles appartenant à des mineurs, le créancier aurait dû, avant de poursuivre l'expropriation de ces immeubles, discuter le mobilier, lorsque ce moyen n'a pas été proposé en première instance : Nîmes, 1er août 1860 (*J. Av.*, t. 88, p. 40).

2108. L'opinion professée par Carré, que la défense de proposer des moyens nouveaux en appel s'applique même à la partie saisie qui a fait défaut en première instance, a été confirmée par la jurisprudence avant et depuis la loi de 1841. Voy., indépendamment des arrêts cités par M. Chauveau (*suprà*, n. 2094 et 2095); Lyon, 17 juill. 1834 (S.-V.35.2.200); Poitiers, 11 août 1836 (*J. Av.*, t. 51, p. 590); Riom, 18 mars 1876 (t. 101, p. 181); Toulouse, 3 mars 1877 (t. 102, p. 321). Conf., Dalloz, v° *Vente publ. d'imm.*, n. 1584.

2109. La jurisprudence a continué aussi de se prononcer en faveur de l'interprétation, admise par M. Chauveau, suivant laquelle la défense que l'art. 732, Cod. proc., fait à la partie saisie de présenter en appel des moyens autres que ceux qui ont été présentés en première instance, ne s'étend point au saisissant. V. Paris, 3 avril 1862 (*J. Av.*, t. 88, p. 41); Bordeaux, 12 juin 1878 (t. 104, p. 69). Conf., notre *Formul. annot.*, p. 695, note 8, n. 2. L'arrêt précité de la Cour de Paris décide que le droit de proposer des moyens nouveaux appartient soit au saisissant, soit à tout autre créancier, et spécialement que le saisissant ou un autre créancier est recevable à opposer, sur l'appel du jugement qui a validé un transport de loyers à échoir excédant trois années, la nullité de ce transport pour défaut de transcription, quoique ce moyen n'ait pas été présenté en première instance.

2110. D'après l'arrêt de la Cour de Riom du 18 mars 1876, cité plus haut, n. 2108, les moyens nouveaux, dans le sens de l'art. 732, doivent seulement s'entendre de ceux qui soulèvent d'autres questions que celles qu'ont expressément ou virtuellement tranchées les premiers juges; mais l'on ne saurait y comprendre les arguments de fait et de droit qui ne sont qu'une défense directe aux moyens accueillis par le jugement attaqué.

2111. (Q. 2425 septies). *Quand y a-t-il énonciation suffisante de griefs dans l'acte d'appel ?*

Il est incontestable, en présence de la disposition finale de l'art. 732, que l'acte d'appel doit énoncer les griefs à peine de nullité. C'est d'ailleurs ce qu'a surabondamment proclamé la jurisprudence. V. Caen, 30 déc. 1846 (*J. Av.*, t. 72, p. 372); Rouen, 13 fév. 1846 (t. 71, p. 482) et 26 mars 1847 (t. 75, p. 348); Douai, 3 mai 1851 (t. 76, p. 618); Riom, 7 déc. 1852 (t. 78, p. 352); Caen, 9 mai 1873 (t. 98, p. 312). — L'arrêt de la Cour de Rouen, du 26 mars 1847, porte que la déclaration dans un exploit d'appel que l'appelant demandera, devant la Cour, l'admission des conclusions par lui prises en première instance, ne saurait tenir lieu de griefs; solution que M. Chauveau trouve rigoureuse. Un arrêt de la Cour de Montpellier, du 12 fév. 1848 (*ibid.*), rendu en matière de distraction, a déclaré nul un exploit d'appel qui ne contenait comme énonciation de griefs que ces mots : « Le jugement attaqué est nul en la forme et contraire à toutes les lois, au fond. » Il résulte d'un arrêt de la Cour de cassation du 8 août 1854 (t. 80, p. 224), qu'il y a nullité de l'acte d'appel, qui, au lieu d'énoncer les griefs, réserve à l'appelant le droit de les déduire devant la Cour. « Dans les appels de jugements rendus sur un incident de saisie immobilière, dit cet arrêt, la loi, qui se propose d'imprimer plus de célérité à la procédure et de déjouer les tentatives par lesquelles un débiteur de mauvaise foi cherche à paralyser l'action de ses créanciers légitimes, veut que, par l'acte d'appel même, ait lieu la formalité qu'en matière d'appel ordinaire, l'art. 462, Cod. proc. civ., n'exige que par un acte plus tard signifié, c'est-à-dire l'énonciation des griefs. » Par un arrêt du 14 mai 1857 (t. 82, p. 644), qui a annulé un appel parce que, dans l'exploit, l'appelant s'était borné à déclarer qu'il s'en référait, pour les griefs, aux motifs invoqués en première instance, notamment à ceux contenus dans l'opposition du..., ainsi qu'à tous autres à développer ultérieurement, cette Cour a considéré que l'appelant ayant déclaré qu'il entendait se prévaloir, en outre des motifs indiqués en première instance, de tous autres moyens qui seraient présentés en appel, un acte ainsi libellé n'avait point la précision exigée par l'art. 732 précité, et ne mettait pas suffisamment l'intimé en mesure de préparer sa défense. Mais M. Chauveau est d'avis qu'elle aurait pu n'admettre que les moyens développés en première instance et dans l'acte d'opposition, sans prononcer la nullité.

2112. Ces décisions prouvent, observe notre auteur, que les rédacteurs des exploits d'appel en cette matière ne doivent pas négliger d'énoncer les griefs avec exactitude. Il vaut mieux pécher par la prolixité que par trop de laconisme.

2113. Toutefois, d'après lui, pour qu'il y ait lieu de prononcer la nullité, il faut qu'il y ait absence de griefs, ou une énonciation tellement vague, qu'elle équivaille à l'absence de griefs, comme dans l'espèce de l'arrêt de Montpellier, cité plus haut; il ne suffit pas que les griefs aient été exposés d'une manière incomplète. C'est ce que lui paraît avoir décidé avec raison la Cour de Douai, le 10 mars 1849 (*J. Av.*, t. 75, p. 380), dans une espèce où l'appel était motivé sur les torts et griefs que le jugement causait à l'appelant en le déboutant de sa demande en distraction, et en ordonnant la continuation des poursuites. Ainsi encore, à ses yeux, il y a énonciation suffisante dans la mention, dans l'acte d'appel, que la fin de non-recevoir admise par les premiers juges n'était pas applicable dans la cause (Orléans, 11 juin 1850, t. 76, p. 618) ; ou lorsque l'appelant ayant conclu en première instance au maintien d'une clause du cahier des charges, dont la suppression était, au contraire, demandée par les intimés, il s'est borné à motiver son appel sur les torts et griefs résultant pour lui du jugement qui avait rejeté ses conclusions et accueilli celles des intimés : Colmar, 28 août 1851 (*Journ. de cette Cour*, 1852, p. 46).—L'auteur termine en observant que le défaut d'audition du ministère public pourrait être invoqué devant la Cour, malgré le silence de l'exploit d'appel. Voy. quest. 2412 *septies* (*suprà*, n. 1907 et s.).

2114. Ajoutons qu'un arrêt de la Cour de cassation du 17 juillet 1867 (*J. Av.*, t. 93, p. 449) a déclaré nul l'exploit d'appel d'un jugement sur un incident de saisie immobilière, qui se réfère, pour l'énonciation des griefs, aux moyens proposés en première instance ou à ceux qui seront ultérieurement déduits,... alors surtout qu'il s'agit d'un jugement qui a admis un déclinatoire, et qu'il n'apparaît pas que l'appelant ait pris en première instance aucunes conclusions sur l'incompétence proposée par la partie adverse.

2115. (Q. 2425 octies). *Les conclusions du ministère public sont-elles requises en appel, devant la Cour, comme elles le sont en première instance d'après l'art.* 718 ?

M. Rodière, t. 3, p. 187, pense que la disposition de l'art. 718, qui exige les conclusions du ministère public sur tous les incidents de saisie immobilière, ne concerne que les jugements de première instance. M. Chauveau déclare ne pas comprendre les motifs de cette restriction. Le législateur a entendu, dit-il, appeler l'attention du ministère public sur les incidents de cette grave procédure. Pourquoi la raison qui l'a déterminé pour les jugements ne subsisterait-elle pas en appel ? L'art. 718 pose une règle qui doit être suivie devant tous les degrés de juridiction. Que si on opposait la doctrine de notre auteur suivant laquelle les jugements par défaut sont susceptibles d'opposition (V. quest. 2423, *suprà*, n. 1925 et s.), quoique l'art. 731 déclare que les arrêts par défaut seront réputés contradictoires, il répondrait qu'il est de principe qu'on applique aux tribunaux d'appel les règles qui sont édictées pour les tribunaux de première instance, ce qui a lieu notamment en matière d'enquêtes et d'expertises ; et que si la loi du 2 juin 1841 avait dit que les jugements ne seraient pas susceptibles d'opposition, il n'hésiterait pas à appliquer cette règle aux Cours d'appel, tandis que les exceptions introduites dans les procédures d'appel ne peuvent exercer aucune influence sur la procédure des juges de premier degré. M. Chauveau a appliqué ce principe dans son *Code d'instruction administrative*, 2e éd., 179, n. 310.—Compar. quest. 2412 *septies* (*suprà*, n. 1907 et s.).

2116. (Art. 732). *Lorsque l'appelant ne comparaît pas, l'intimé peut-il prendre jugement de défaut contre lui sans avoir signifié des conclusions ?*

La Cour de cassation, par arrêt du 25 janv. 1869 (*J. Av.*, t. 94, p. 334), a décidé que les incidents de saisie immobilière devant, aux termes de l'art. 718, Cod. proc., être instruits et jugés comme en matière sommaire, les art. 470 du même Code et 30 du décret du 30 mars 1808 ne sont point applicables dans ce cas, qui est régi par les art. 154 et 463, lesquels donnent au défendeur qui a constitué avoué le droit de suivre l'audience et de prendre jugement sur un simple acte et sans avoir fourni de défenses.

2117. (*Id.*). *Est-il nécessaire de signifier des qualités pour pouvoir lever les arrêts rendus par défaut en matière d'incidents de saisie immobilière ?*

L'arrêt de la Cour de cassation cité au numéro précédent a consacré la négative, par le motif qu'il résulte de l'art. 88 du tarif que la signification des qualités n'est nécessaire que pour la levée des jugements et arrêts contradictoires.—Compar. quest. 2412 *sexies* (*suprà*, n. 1910 et s.).

—V. *Appel ; Autorisation de femme mariée ; Avoué ; Désaveu ; Désistement ; Distribution par contribution ; Exceptions ; Exécution forcée ; Exploit ; Faux incident civil ; Intervention ; Jugement ; Jugement par défaut ; Matières sommaires ; Nullités d'actes de procédure ; Offres réelles ; Ordre ; Partage ; Péremption d'instance ; Qualités de jugement ou arrêt ; Référé ; Requête civile ; Responsabilité des officiers ministériels ; Surenchère ; Tribunaux de commerce.*

APPENDICE (1)

I. — DISPOSITIONS GÉNÉRALES ET TRANSITOIRES.

ART. 7.

Lorsqu'il y aura lieu, dans l'un des cas prévus par les dispositions relatives aux différentes ventes judiciaires de biens immeubles, d'augmenter un délai à raison des distances, l'augmentation sera d'un jour par cinq myriamètres de distance.

Cod. proc. civ., art. 677, 690, 718, 725, 731 et 1033.

1. (DVI. septies vicies). Les voies de communication étant devenues, depuis la promulgation du Code de procédure, plus rapides et plus nombreuses, on a compris qu'il fallait abréger les délais accordés par ce Code à raison des distances. Aussi a-t-on modifié la disposition de l'art. 1033, qui augmentait les délais ordinaires d'un jour par *trois* myriamètres, et réduit cette augmentation à un jour par *cinq* myriamètres pour tous les cas prévus par la loi du 2 juin 1841. Les Cours d'Angers, de Montpellier, de Paris et de Riom, et la commission de la Cour de cassation avaient demandé même qu'on uniformisât le délai pour tous les cas auxquels s'applique l'art. 1033, Cod. proc. civ.; et le rapporteur de la commission à la Chambre des pairs s'était, de son côté, exprimé en ces termes : « Il faudrait aller plus loin, il faudrait étendre cette décision à toutes les augmentations de délai accordées par le « Code de procédure. Ce sera sans doute bientôt l'objet d'une mesure particulière, d'une rectification de cette partie de plusieurs articles de ce Code; « nous ne pouvons que l'indiquer, puisque notre mission ne s'étend pas au « delà des parties de ce Code qui nous sont soumises. » On sait que cette modification a été réalisée par la loi du 3 mai 1862.—V. le présent ouvrage v° *Délai*, n° 26 et s.

2. Sous la quest. 2313 (*suprà*, n. 644 et s.), M. Chauveau a indiqué dans quels cas les délais prescrits par la loi du 2 juin 1841 doivent être *francs*, et dans quels cas ils ne doivent pas l'être.— V. aussi quest. 2460, v° *Surenchère*, n. 190 et s., et les questions sous l'art. 1033, v° *Délai*, n. 11 et s., 17 et s.

ART. 8.

Les art. 708 et 709, substitués aux art. 710 et 711 du Code de procédure civile par la présente loi, seront mentionnés en remplacement de ces der-

(1) Sous ce titre, M. Chauveau a présenté, soit en 1841, soit en 1862, le commentaire de diverses dispositions de la loi du 2 juin 1841 qui ne remplacent aucun des articles du Code de procédure civile et dont quelques-unes ont un caractère transitoire. Quoique cette partie de son ouvrage ait aujourd'hui perdu beaucoup de son intérêt, nous avons cru devoir la conserver, au moins en substance, parce qu'on peut y trouver encore des indications utiles. — Nous la faisons d'ailleurs suivre de documents tout d'actualité, nous voulons dire la loi du 2 juin 1881, modificative de l'art. 693, Cod. proc. civ., accompagnée de l'exposé des motifs contenu dans la proposition de cette loi et du rapport fait à la Chambre des députés par la commission chargée d'examiner cette même proposition.

niers dans le troisième paragraphe de l'art. 573 du Code de commerce, au titre des faillites et banqueroutes.

L'art. 696 ci-dessus sera substitué à l'art. 683 du Code de procédure civile dans les différentes lois qui font mention de cette dernière disposition.

Il en sera de même de toutes dispositions auxquelles renvoie la législation, et qui se trouvent remplacées par les nouveaux articles de la présente loi.

Cod. proc. civ., art. 904, 1001 et 1002. — Cod. comm., art. 572 et 673. — Tar. de 1841, art. 9, § 8.

3. (DVI octies vicies). Sous la quest. 2198 (*suprà*), il a été examiné quelles personnes peuvent poursuivre la vente des immeubles du failli, et, dans le cas d'une expropriation à la requête des créanciers, contre qui elle doit être dirigée suivant les circonstances. La première disposition du présent article ramène à la forme qu'il faut employer pour ces ventes, lorsqu'elles sont faites volontairement, c'est-à-dire à la requête des syndics. L'art. 572, Cod. de comm. revisé, dispose qu'elles auront lieu suivant les formalités prescrites pour les ventes des immeubles des mineurs. La jurisprudence avait varié sur ce principe, devenu aujourd'hui incontestable. Ce qui concerne la surenchère en ces sortes de ventes est d'ailleurs réglé par l'art. 693, Cod. comm., qui renvoie, pour les formes, aux art. 708 et 709, Cod. proc., en leur faisant subir néanmoins deux notables modifications, l'une relative au délai qui est de quinzaine, pour les faillites, au lieu de huitaine; l'autre au taux de la surenchère, qui n'est que du dixième du prix principal.

4. La dernière disposition de l'art. 8 amène M. Chauveau à dire un mot *du bénéfice de cession, des successions vacantes et du délaissement par hypothèque*. Les articles du Code de procédure civile et du Code civil, placé sous ces diverses rubriques, n'ont subi aucune modification apparente, quoiqu'ils s'occupent de quelques cas où il y a lieu à vente judiciaire d'immeubles. Mais, quoique non exprimée, la modification, dit notre auteur, n'en existe pas moins réellement, puisque ces articles renvoient à quelques-uns de ceux que la loi nouvelle a ouvertement modifiés. Cette observation, qui ressort d'ailleurs de l'exposé des motifs à la Chambre des pairs et du rapport à celle des députés, était essentielle, pour compléter les explications données sur les ventes judiciaires d'immeubles.

ART. 9.

Les ventes judiciaires, qui seront commencées antérieurement à la promulgation de la présente loi, continueront à être régies par les anciennes dispositions du Code de procédure civile et du décret du 2 février 1811.

Les ventes seront censées commencées, savoir : pour la saisie immobilière, si le procès-verbal a été transcrit ; et, pour les autres ventes, si les placards ont été affichés.

Cod. proc. civ., art. 1041.

5. (DVI novies vicies). A l'époque de la promulgation du Code de procédure, on hésitait sur la question de savoir quelles formes devaient être appliquées aux ventes judiciaires de biens immeubles commencées sous la loi précédente. Le législateur de 1841 a voulu éviter de pareilles difficultés en déterminant d'une manière précise les poursuites qui seraient soumises aux formes nouvelles et celles qui continueraient d'après les anciennes règles.

6. 1° *Commandement et saisie*. — Il a été décidé avec raison par la Cour de Rouen, le 8 déc. 1841, qu'un commandement ayant été fait le 5 mai, la saisie était tardive le 5 août suivant, plus de 90 jours après. On soutenait à tort que le délai entre le commandement et la saisie ne devait pas être considéré comme faisant partie de la procédure régie par la nouvelle loi.

7. 2° *Procès-verbal, transcription.* — Consulté sur la question de savoir ce qui devait advenir des saisies qui n'étaient ni transcrites ni dénoncées à l'époque de la promulgation de la loi de 1841, M. Chauveau a décidé que la loi nouvelle les régissait, mais que le délai de quinzaine pour la dénonciation au saisi ne courait qu'à dater du jour légal de la promulgation de cette loi; mais si, antérieurement à cette promulgation, le créancier avait accordé un délai ou d'un mois, ou de six mois, ou d'un an, l'auteur n'aurait pas été d'avis que la dénonciation au saisi et la transcription dussent être faites immédiatement dans les délais prescrits par la loi du 2 juin 1841; les délais pour accomplir ces deux formalités n'auraient couru, suivant lui, qu'à dater du jour où aurait expiré le terme de faveur accordé au débiteur. M. Billequin a émis une opinion contraire dans le *Journal des Avoués*, t. 61, p. 415, mais les motifs sur lesquels il se fonde ne sont point déterminants, aux yeux de M. Chauveau.

8. 3° *Déclaration d'adjudicataire.* — Notre auteur fait remarquer que le délai pour faire déclaration de command aurait été celui du Code de 1807, conformément à l'art. 9 de la loi du 2 juin 1841, si le procès-verbal avait été transcrit avant la promulgation de cette loi.

9. 4° *Subrogation.* — La Cour de Riom, selon l'observation de M. Chauveau, a décidé avec raison, le 14 mai 1844 (*J. Av.*, t. 67, p. 428), que la demande en subrogation, formée depuis la loi nouvelle, à une saisie commencée et abandonnée sous l'empire de l'ancienne loi, devait être régie par les principes du Code de procédure de 1807.

10. 5° *Appel.* — La même Cour a décidé, le 14 mai 1844 (*J. Av.*, t. 67, p. 428), que dans le cas où une saisie avait été commencée sous l'empire de l'ancienne loi, il n'y avait pas lieu d'appliquer les dispositions des art. 730, 731 et 732, Cod. proc. Il suit de là, dit M. Chauveau, que si, en principe, les jugements qui aujourd'hui statuent sur une demande en subrogation ne sont pas, sauf l'exception prévue par l'art. 730, susceptibles d'appel, il n'en saurait être de même de ceux rendus dans une instance de saisie immobilière commencée avant la loi du 3 juin 1841. Cela a été reconnu par les Cours de Montpellier et de Riom, les 28 déc. 1843 et 14 mai 1844 (*J. Av.*, t. 66, p. 62, et t. 67, p. 428).

11. Il en résulte aussi que la demande en distraction incidente à une saisie transcrite avant la loi de 1841 est régie, à l'égard de la procédure et de l'appel, par l'ancien art. 730, et que l'acte d'appel doit être signifié au domicile de la partie, à peine de nullité.

12. 6° *Folle enchère.*— On ne devrait plus décider, observe M. Chauveau, comme la Cour de Colmar l'avait fait, le 30 nov. 1809 (*J. Av.*, t. 6, p. 687), qu'une poursuite de folle enchère doit se suivre d'après les formalités de la loi nouvelle : la folle enchère est une conséquence immédiate de la poursuite elle-même; elle demeure régie par la loi antérieure. *Sic*, Limoges, 31 déc. 1842 (*J. Av.*, t. 65, p. 694).

13. 7° *Surenchère.* — Suivant notre auteur, la solution devrait être la même en cas de surenchère. Cependant, il reconnaît que le tribunal civil de Toulouse a eu raison de juger, le 2 fév. 1842, qu'une surenchère du dixième, faite par suite des notifications prescrites aux créanciers inscrits après une adjudication en matière de partage et licitation, était soumise aux formalités de la loi nouvelle. Ce jugement s'est fondé sur ce qu'il ne s'agissait plus de statuer sur une procédure à suivre pour parvenir à une vente judiciaire, mais simplement d'une procédure en purge des hypothèques frappant l'immeuble acquis, et des conséquences qui dérivent de cette procédure.

14. L'art. 742, Cod. proc. civ., modifié par la loi du 2 juin 1841, qui prohibe la clause de voie parée, est-il applicable aux contrats passés avant la promulgation de cette loi ? M. Chauveau n'hésite pas à admettre l'affirmative; il se fonde sur l'*esprit*, sur le *texte* de l'art. 742, et sur les *principes* relatifs *à l'effet rétroactif des lois*. Au moment où la loi du 2 juin 1841 fut proposée aux Chambres, dit-il, la science était vivement préoccupée d'une clause introduite dans les actes de prêt, pour substituer une procédure très expéditive aux formalités lentes et dispendieuses du Code de procédure. Cette clause, qui, d'abord, avait été connue sous le nom de *mandat in rem suam*, et qui avait pris ensuite le nom de *clause de voie parée*, n'était pas unanimement approuvée; la doctrine et la jurisprudence étaient divisées; l'auteur l'avait repoussée dans le *Journal des Avoués*, et la Cour de cassation ne l'avait admise qu'avec certains tempéraments qui en indiquaient les dangereuses conséquences. La Cour de cassation ayant été consultée sur le projet de loi relatif aux ventes de biens immeubles, sa commission proposa un article qui déclarait la clause de voie parée *illicite et non avenue*. Dans l'exposé des motifs, fait à la Chambre des pairs, le garde des sceaux posa la question nettement : « On a dû, observa-t-il, proscrire la clause connue sous le titre de *clause d'exé-* « *cution parée*, soit parce qu'elle avait pour résultat de mobiliser en quelque « sorte les propriétés, soit parce qu'elle pèse de tout son poids sur les petits « propriétaires, soit parce que les formes protectrices de la loi et la garantie « des tribunaux sont *d'ordre public*. » Tel est le motif de la disposition nouvelle qui a passé de l'état de projet à l'état de *loi* sans modification aucune. A la Chambre des pairs, le rapporteur M. Persil développa longuement la thèse présentée par le garde des sceaux; il se fonda sur ce que le *principe, quoique non écrit dans la loi, était déjà dans l'esprit de la jurisprudence*, et sur ce que la stipulation de la clause de voie parée devait être proscrite comme l'avait été celle relative au gage mobilier (Cod. civ., 2078). La Chambre des pairs vota l'art. 742 sans discussion, M. Chauveau conclut de là qu'aux yeux de cette chambre, il est incontestable que cet article devait être considéré comme reposant sur un motif d'ordre public, de nature à régir les conventions passées et futures.

14 *bis*. Dans son rapport à la Chambre des députés, M. Pascalis, de son côté, frappa de réprobation la clause de voie parée, en la déclarant contraire aux art. 2078 et 2088, Cod. civ. : *Maintenue*, disait-il, *il y aurait le Code de la procédure conventionnelle et le Code de la procédure légale ; nous aurions à faire, non pas une, mais deux lois de saisies immobilières ;* et M. Pascalis, comme M. Persil, se préoccupait beaucoup des intérêts des créanciers, qui pouvaient être sacrifiés par l'exécution de cette clause. Ainsi, remarque M. Chauveau, dans la pensée de la commission de la Chambre des députés, si la clause avait dû recevoir une exécution quelconque pour les contrats déjà passés, il aurait fallu des dispositions au moins transitoires dans l'intérêt des créanciers étrangers à cette clause.

15. Lorsque l'art. 742 fut mis en discussion, un amendement fut proposé par M. Garnon. Cet amendement, dit notre auteur, prouve lui-même que la clause en soi n'était pas reconnue valable, puisqu'on voulait seulement permettre une procédure expéditive et déterminée. M. Dupin, qui avait, comme procureur général, soutenu et fait triompher le système de la clause devant la Cour de cassation, ne réussit pas, malgré le concours de M. Dufaure, à entraîner l'assentiment de la Chambre. L'amendement, qui était la clause parée restreinte dans des limites légales, fut donc rejeté, par ce motif déjà indiqué, que c'était créer une procédure conventionnelle à la place de la procédure légale, que d'admettre la clause de la voie parée.

16. Le texte de l'art. 742 a-t-il trahi la pensée du législateur ? M. Chauveau ne le pense pas. En voici les termes : « Toute convention portant qu'à

« défaut d'exécution des engagements pris envers lui, le créancier aura le « droit de faire vendre les immeubles de son débiteur, sans remplir les for- « malités prescrites par la saisie immobilière, EST NULLE et non avenue. » Il ne s'agit point là, observe l'auteur, d'une nullité établie pour l'avenir; l'article ne dit pas : *à partir de la promulgation de la présente loi*; et là on n'y trouve aucune de ces expressions équivalentes dont le législateur se sert pour abroger une loi existante. Il ne s'agit pas non plus des formalités prescrites spécialement par la nouvelle législation; mais, dans les termes les plus généraux, *des formalités de la saisie immobilière* : la disposition est donc indépendante de la loi de 1841; elle pourrait subsister isolément et s'appliquer aux anciennes formes, s'il ne leur en avait pas été substitué d'autres. M. Chauveau fait remarquer d'ailleurs que l'art. 742 est le seul de la loi dans lequel l'indicatif présent ait été employé, *la convention* EST *nulle et comme non avenue*.

17. Quant à *l'effet rétroactif des lois*, il est de principe, dit-il, même pour les lois relatives au fond du droit, qu'on ne doit considérer comme *acquis* qu'un droit fondé incontestablement sur une loi antérieure, et dont l'exercice n'a pu être détruit que par une abrogation formelle. V. Mailher de Chassat, *De la rétroactivité des lois*, notamment t. 1, p. 147 et suiv. Les art. 2078 et 2088, Cod. civ., repoussaient, du moins implicitement, la clause de voie parée; la doctrine et la jurisprudence hésitaient. Le droit n'était pas acquis, au contraire, il était vivement contesté: « Cette clause, qui, désormais, ne sera plus « *licite*, disait le garde des sceaux dans sa circulaire aux premiers présidents « et aux procureurs généraux, avait été *tolérée* lorsqu'aucun texte ne la pro- « hibait expressément. » L'art. 742 est donc une loi déclarative du véritable esprit des lois anciennes; car il repousse la clause comme illicite; elle l'était avant, comme elle l'était après. Cette condition était inhérente à sa nature et à ses résultats. Mais, au surplus, il est admis par tous les jurisconsultes anciens et modernes que les lois de procédure civile ont un effet rétroactif pour toutes les contestations qui ne sont pas commencées avant la promulgation de la loi nouvelle. Or, l'art. 742 n'a pas pour objet de changer la qualité des parties ni leurs obligations mutuelles, mais d'imposer des formes de procédure autres que celles que les parties étaient convenues de suivre. Supposons qu'avant la loi du 2 juin 1841, la clause de voie parée ait été licite. Qu'a fait le législateur? Il a substitué au Code de 1807 et aux formalités conventionnelles de la clause une nouvelle procédure. Or, s'il est de principe qu'une loi nouvelle peut modifier la procédure déterminée par une loi existante, même pour le jugement des faits antérieurs, à plus forte raison pourra-t-elle soustraire les parties à une forme de procéder qu'elles s'étaient tracée dans leurs conventions. S'il arrivait qu'une loi abrogeât complètement l'arbitrage volontaire, penserait-on que, malgré cette loi, les clauses des contrats qui la portent devaient être exécutées? Depuis la loi du 17 juillet 1856, on n'a jamais soutenu que les associés en matière commerciale par acte antérieur à cette loi pourraient revendiquer le prétendu bénéfice des dispositions du Code de commerce.

18. Cependant la Cour de Pau a jugé, le 28 janvier 1842, que la clause de voie parée, insérée dans un contrat antérieur à 1841, devait être exécutée. En faisant connaître cette décision, le journal *le Droit*, du 21 février 1842, n° 45, a adopté l'opinion de M. Chauveau. Quoiqu'il l'ait fait avec une certaine timidité, notre auteur donne ici un extrait de sa dissertation que nous croyons nous-même devoir reproduire. « Il est incontestable, lit-on dans cette dissertation, que les lois de procédure régissent, sans distinction aucune, tous les actes passés sous leur empire, encore bien que ces actes se rattachent à des conventions antérieures à leur promulgation; et si l'on repousse l'application de l'art. 742 du nouveau Code de procédure aux prêts faits avant 1841, c'est uniquement parce que l'on prétend que la prohibition de la clause de voie parée porte atteinte au fond du droit; mais cette prétention est-elle bien fondée? Le prêteur, dit-on, n'aurait pas consenti à livrer ses capitaux s'il n'avait trouvé dans le mode de vente par lui stipulé une garantie suffisante: lui enlever cette garantie par une disposition législative postérieure, c'est donc modifier une convention qui, dans l'esprit des parties, devait être irrévocable. Mais le même raisonnement ne pourrait-il pas être fait par le prêteur, qui voudrait suivre les formes d'expropriation au moment où il a contracté? Ne serait-il pas également recevable à soutenir que l'ancienne loi présentait des garanties que n'offre plus la loi nouvelle, et que l'existence de ces garanties a seule déterminé son consentement; dans l'un comme dans l'autre cas, ne s'agit-il pas uniquement d'un mode d'exécution qui laisse intact le fond du droit, et qui, par conséquent, doit être réglé par la loi en vigueur au moment où l'on poursuit l'exécution? Vainement argumenterait-on de ce qui arriverait dans le cas où le législateur tiendrait à modifier les règles établies en matière de preuve testimoniale; car il faut bien se garder de confondre ce qui est relatif à la preuve des obligations avec ce qui concerne leur exécution; il est évident, par exemple, qu'on ne saurait reprocher à un individu de ne pas s'être muni d'une preuve littérale, si au moment du contrat, la loi admettait la preuve testimoniale pour les obligations de la nature de celles qu'il a consenties, et que, dès lors, la loi nouvelle sur les cas de recevabilité d'enquête ne pourrait lui être opposée; mais il n'y a aucune analogie entre cette hypothèse et la question qui nous occupe Toute la difficulté consiste à savoir dans quelle forme le créancier poursuivra l'expropriation de son débiteur. Or, n'est-il pas certain que c'est là une loi de procédure; en outre, l'ordre public ne s'oppose-t-il pas à ce qu'on applique une procédure conventionnelle, que le législateur a formellement interdite pour l'avenir? »

19. La Cour de cassation qui, avant la loi de 1841, avait admis la clause de voie parée, et qui avait persisté, dans un arrêt du 1er juillet 1844, à appliquer sa doctrine à une procédure commencée en 1840, en cassant un arrêt de la Cour de Montpellier, a décidé, le 13 juill. 1842 (*J. Av.*, t. 63, p. 564), que l'art. 742 ne pouvait recevoir un effet rétroactif. Le 21 août 1843, la Cour de Bordeaux a consacré la même solution. Ces deux Cours se fondent sur ce que la clause étant licite avant 1841, la loi qui l'a proscrite n'est ni une loi de procédure, ni une loi d'interprétation d'une disposition obscure, et ne peut alors, sans violation du principe de la rétroactivité, être appliquée aux contrats antérieurs. M. Chauveau a répondu ci-dessus à ces motifs.

20. Le 19 août 1851, la Cour de Toulouse a rendu un arrêt contraire à la jurisprudence de la Cour de cassation, en s'appuyant sur ce que la clause de la voie parée, insérée dans un contrat, engendre les plus graves abus et expose les débiteurs qui la souscrivent à voir leurs biens vendus à vil prix; que le législateur de 1841, éclairé sur ces abus, a voulu en supprimer la cause pour le passé comme pour l'avenir; que tel est le caractère de la prohibition écrite dans l'art. 742, Cod. proc., soit parce qu'elle fait prévaloir l'esprit de l'ancienne législation, soit parce qu'elle est incontestablement basée sur un intérêt d'ordre public. La Cour de Toulouse, observe M. Chauveau, aurait pu s'appuyer sur les termes de la loi du 21 juin 1843, relative à la forme des actes notariés, qui, dans ses art. 1 et 2, a pris le soin de valider, *pour le passé*, les actes auxquels, *à l'avenir*, devraient s'appliquer rigoureusement les formes solennelles de la présence des notaires et des témoins.

21. 8° *Licitation.* — *Surenchère.* — Par application des dispositions de l'art. 9 de la loi du 2 juin 1841, la Cour de Limoges a décidé, le 10 fév. 1844 (*J. Av.*, t. 67, p. 640), que la surenchère faite postérieurement à cette loi, sur une adjudication par suite de licitation, était régie par l'ancien Code de procédure, si, à l'époque de la promulgation de la loi nouvelle, les placards avaient déjà été apposés; qu'ainsi il y avait nullité de la surenchère faite alors du dixième au lieu du quart, et non dénoncée aux avoués dans les vingt-quatre heures.

ART. 10.

L'emploi des bougies, dans les adjudications publiques, pourra être remplacé par un autre moyen, en vertu d'une ordonnance royale rendue suivant la forme des règlements d'administration publique.

Dans les six mois de la promulgation de la présente loi, il sera pourvu de la même manière :

1° Au tarif des frais et dépens relatifs aux ventes judiciaires biens des immeubles;

2° Au mode de conservation des affiches.

Cod. proc. civ., art. 69, 705 et 1042.

22. (DVI tricies A). Le Gouvernement, remarque M. Chauveau, n'a point profité de la faculté qui lui était donnée par cet article, de remplacer l'emploi des bougies par un autre moyen. Il a pourvu, par l'ordonnance du 10 oct. 1841, au tarif des frais et dépens; mais aucune disposition n'a été prise ponr régler le mode de conservation des affiches. Des grandes difficultés ont arrêté le garde des sceaux; cependant il faudra, dit notre auteur, que cette modification soit tôt ou tard régularisée, car les paroles des rapporteurs aux deux Chambres ne permettent pas au pouvoir exécutif de considérer l'art. 10 comme facultatif; c'est un devoir qui lui est imposé : « Il restait deux choses « essentielles à régler, a dit M. Persil : 1° ce qui concerne la taxe des frais; « 2° les précautions à prendre pour maintenir et conserver les affiches, si- « non jusqu'après l'adjudication, au moins pendant le temps suffisant pour « que l'annonce et la publication de la vente soient complètes; *c'est à cette* « *seule condition* qu'on a pu réduire ce mode de publicité à une seule appo- « sition d'affiches. » « Enfin, a dit de son côté M. Pascalis, dans les six mois « de la promulgation de la loi nouvelle, un règlement d'administration pu- « blique déterminera la taxe des frais et dépens en matière de ventes judi- « ciaires, ainsi que la condition *bien importante*, *sans laquelle cette loi ne* « *pourvoirait pas suffisamment, il faut le reconnaître, à la publicité des ventes*, « c'est-à-dire à la conservation des affiches. »

ART. 4, § 2.

L'art. 692, tel qu'il est modifié par la présente loi, sera appliqué aux poursuites de saisie immobilière, commencées lors de la promulgation, dans lesquelles l'art. 692 de la loi précédente n'aura pas encore été mis à exécution.

23. (DVI tricies B). Cette disposition a été introduite dans la loi, sur la demande de la commission du Corps législatif dont le rapport s'exprime en ces termes : « Quant aux saisies immobilières qui ne seraient pas parvenues au moment des sommations prescrites par l'ancien art. 692 ou de l'insertion ordonnée par l'ancien art. 696, les nouveaux art. 692 et 696 leur seront appliqués. Votre commission l'a proposé, et le Conseil d'Etat l'a trouvé convenable ; le texte ne s'est expliqué que pour l'art. 692, mais parité de motifs existe pour l'art. 696.

24. M. Duvergier, *Lois*, t. 58, p. 164, suite de la note 7, fait remarquer avec raison, dit M. Chauveau, qu'il faut entendre ce passage du rapport en ce sens que, si, dans une saisie commencée au moment de la promulgation de la loi de 1841, l'art. 692 n'avait pas encore été exécuté, il devait l'être suivant la loi nouvelle, et par suite l'art. 696 devait l'être également d'après cette loi; mais si les notifications prescrites par l'art. 692 avaient déjà été faites d'après la loi ancienne, l'art. 696 devait aussi être exécuté d'après cette loi, et le nouvel art. 717 ne devait pas recevoir son application. Sans être explicite, le texte du rapport n'est pas cependant contraire à cette interprétation, la seule admissible, selon l'observation de M. Chauveau. V. Conf., M. Seligman, p. 481, n. 740.

25. Mais que faudra-t-il décider si, après les sommations de l'art. 692, faites sous l'empire de la loi de 1841, le poursuivant s'était arrêté, et si, pour donner suite à la procédure et faire faire la lecture du cahier des charges, il y avait eu lieu de renouveler la sommation depuis la loi de 1858? M. Chauveau pense que les premières sommations étant considérées comme non avenues, puisqu'il fallait les renouveler, il y avait avantage pour tous à le faire, conformément aux nouvelles prescriptions qui associent la purge des hypothèques légales à la saisie.

II. — LOI DU 2 JUIN 1881 RELATIVE A LA PÉREMPTION DÉCENNALE DES SAISIES IMMOBILIÈRES NON SUIVIES D'ADJUDICATION.

Article unique. — L'art. 693 du Code de procédure civile est et demeure modifié ainsi qu'il suit :

Art. 693. — Mention de la notification prescrite par les deux articles précédents sera faite, dans les huit jours de la date du dernier exploit de notification en marge de la transcription de la saisie, au bureau des hypothèques..

Du jour de cette mention, la saisie immobilière ne pourra plus être rayée que du consentement des créanciers inscrits ou en vertu de jugements rendus contre eux.

Toutefois, la saisie immobilière transcrite cesse de plein droit de produire son effet, si, dans les dix ans de la transcription, il n'est pas intervenu une adjudication mentionnée en marge de cette transcription, conformément à l'art. 716 du Code de procédure civile.

Cette dernière disposition ne sera exécutoire que six mois après la promulgation de la présente loi.

1. Les motifs qui ont inspiré les modifications qu'a consacrées la loi ci-dessus, sont exposés comme il suit dans la proposition qu'avaient présentée, le 31 mai 1878, à la Chambre des députés, deux de ses membres, MM. Loustalot et Bernier :

« La loi du 23 mars 1855, lit-on dans ce document, revenant aux principes de celle du 11 brumaire an VII, a exigé que les actes translatifs de propriété soient soumis à la transcription. La transcription est, depuis cette époque, une formalité essentielle de la vente, et c'est par elle seule que l'acquéreur devient propriétaire. Aussi le premier soin de tout acheteur est-il de s'assurer s'il est le premier qui ait fait transcrire, et s'il existe sur l'immeuble par lui acquis quelque entrave pouvant empêcher le paiement du prix. Il arrive à cette constatation, en requérant du conservateur des hypothèques, lors du dépôt de son titre, un état des actes de mutation, des saisies immobilières transcrites et des hypothèques qui peuvent grever l'immeuble.

« La délivrance de ces états révèle journellement l'existence de nombreuses saisies transcrites, remontant souvent à dix, vingt, trente ans et au delà, dont les unes ont été suivies d'adjudication et ne présentent point de danger, mais dont les autres, quoique non suivies d'adjudication, subsistent toujours, parce que le créancier poursuivant ayant été désintéressé, le débiteur ne s'est point préoccupé de faire radier la saisie. Aucune loi n'ayant prononcé leur péremption de droit après un certain délai, l'acquéreur, qui a juste sujet de craindre l'éviction, refuse de se libérer vis-à-vis du vendeur avant la radiation de la saisie.

« Le vendeur n'a alors que deux partis à prendre : ou actionner l'acquéreur pour voir déclarer que l'existence de la saisie transcrite ne fait pas obstacle au paiement du prix ; ou poursuivre la radiation de la saisie vis-à-vis des créanciers inscrits à l'époque de sa transcription. Des deux côtés c'est un procès. Généralement le vendeur n'assigne l'acquéreur que lorsqu'il peut prouver que tous les créanciers inscrits, auxquels la saisie profite, ont été désintéressés ou ont donné mainlevée de leurs inscriptions, parce que, dans ce cas, il n'y a plus de péril d'éviction par l'acquéreur. Mais si, ce qui arrive le plus souvent, le vendeur ne peut point administrer cette preuve, il n'a plus que la ressource de poursuivre la radiation de la saisie contre les créanciers inscrits auxquels elle profite.

« De là un procès difficile, long et dispendieux ; si la saisie, en effet, remonte à une époque éloignée, quelques-uns des créanciers sont décédés, d'autres ont changé depuis longtemps de domicile ou ont disparu, d'autres encore sont tombés en état de faillite ; il faut, pour pouvoir intenter l'action, rechercher et retrouver les créanciers ou leurs représentants, quelquefois faire déclarer vacante leur succession, faire nommer un curateur, etc. Ces préliminaires remplis, le litige s'engage avec tous les délais des distances et toutes les lenteurs de la procédure ; puis, le jugement obtenu, il faut le signifier et attendre l'expiration des délais d'appel avant de le présenter au bureau des hypothèques pour faire opérer la radiation de la saisie.

« Toutes ces formalités exigent souvent de un à deux ans ; pendant cet intervalle, l'acquéreur a consigné le prix pour ne pas avoir à en payer les intérêts ; de sorte que ce n'est qu'après avoir perdu beaucoup de temps et beaucoup d'argent, que le vendeur se trouve en mesure de pouvoir toucher son prix.

« Ces saisies immobilières transcrites qui ont été abandonnées, soit parce que le créancier poursuivant a été désintéressé, soit pour tout autre motif, et qu'on a négligé de faire radier, n'ont pas de raison d'être ; mais, aucune loi ne les déclarant périmées, leur existence porte une entrave considérable dans les affaires et occasionne des procès longs et coûteux. A plusieurs reprises, les chambres de notaires ont réclamé contre cet état de choses. Nous vous proposons, dans l'intérêt de la propriété immobilière, de la facilité et de la régularité des transactions, de décider que, dorénavant, les saisies transcrites seront, à l'instar des inscriptions hypothécaires, soumises à la péremption décennale.

« En conséquence, nous avons l'honneur de soumettre à la Chambre la proposition suivante :

PROPOSITION DE LOI.

« Article unique. — Les saisies immobilières transcrites et non suivies d'adjudication, aussi bien celles qui existent que celles qui pourront exister à l'avenir, sont et demeureront nulles et de nul effet et périmées de plein droit après un délai de dix ans à partir de leur transcription.

« La présente disposition ne sera exécutoire que six mois après sa promulgation. »

2. Tout en acceptant le principe de cette proposition de loi, la commission de la Chambre des députés, chargée de l'examiner, y avait apporté des modifications qui sont expliquées dans le rapport ci-après de M. Loustalot :

« Tout ce qui touche à la propriété immobilière, à la facilité et à la sécurité des transactions, doit être l'objet des préoccupations constantes du législateur. C'est un intérêt d'ordre public. La proposition de MM. Loustalo et Bernier contient, en cette matière, une amélioration indiquée par la pratique et l'expérience, déjà réclamée à plusieurs reprises par les chambres de notaires.

« Elle est ainsi conçue : « Les saisies immobilières transcrites et non suivies d'adjudication, aussi bien celles qui existent que celles qui pourront « exister à l'avenir, sont et demeureront nulles et de nul effet et périmées de « plein droit après un délai de dix ans à partir de leur transcription —La présente disposition ne sera exécutoire que six mois après sa promulgation. »

« La commission a l'honneur de vous en proposer l'adoption, mais elle a pensé qu'il y avait lieu de la compléter et de la transformer. Nous allons exposer les motifs et les résultats de sa détermination.

« La transcription étant une formalité substantielle de la vente et de l'échange, tout acquéreur a d'abord soin de s'assurer s'il est le premier qui ait fait transcrire son titre et s'il existe sur l'immeuble quelque entrave pouvant empêcher le paiement du prix. Il y parvient en requérant du conservateur des hypothèques un état des actes affectant le droit de propriété qui grèvent le fonds aliéné.

« La délivrance de cet acte sur transcription, qui fait connaître les actes de mutation et les hypothèques concernant l'immeuble, révèle aussi journellement l'existence de nombreuses saisies immobilières transcrites qui remontent souvent à dix, vingt, trente ans et au delà. Les unes ont été suivies d'adjudication; les autres, quoique non suivies d'adjudication, subsistent toujours, parce que le créancier poursuivant ayant été désintéressé, on a négligé de les faire radier. Aucune loi n'ayant prononcé leur péremption, dans un délai déterminé, il en résulte que si, nonobstant la saisie qui n'a plus de cause et contrairement au texte de l'art. 686, Cod. proc. civ., l'immeuble vient à être aliéné, l'acquéreur cependant a juste sujet de craindre une éviction et refuse de se libérer vis-à-vis du vendeur avant la radiation de la saisie.

« Le vendeur n'a alors que deux partis à prendre : ou actionner l'acquéreur pour voir déclarer que l'existence de la saisie transcrite ne fait pas obstacle au paiement du prix; ou poursuivre la radiation de la saisie vis-à-vis des créanciers inscrits à l'époque de sa transcription. Des deux côtés, c'est un procès. Généralement, le vendeur n'assigne l'acquéreur que lorsqu'il peut prouver que tous les créanciers inscrits auxquels la saisie profite ont été désintéressés ou ont donné mainlevée de leurs inscriptions, parce que, dans ce cas, il n'y a plus de péril d'éviction pour l'acquéreur. Mais si, ce qui arrive le plus souvent, le vendeur ne peut point administrer cette preuve, il n'a plus que la ressource de poursuivre la radiation de la saisie contre les créanciers inscrits.

« De là un procès difficile, long et dispendieux ; si la saisie, en effet, remonte à une époque éloignée, quelques-uns des créanciers sont décédés, d'autres ont changé depuis longtemps de domicile ou ont disparu, d'autres encore sont tombés en état de faillite; il faut, pour pouvoir intenter l'action, rechercher et retrouver les créanciers ou leurs représentants, quelquefois faire déclarer vacante leur succession, faire nommer un curateur, etc. Ces préliminaires remplis, le litige s'engage avec tous les délais de distance et toutes les lenteurs de la procédure ; puis, le jugement obtenu, il faut le signifier et attendre l'expiration des délais d'appel avant de le présenter au bureau des hypothèques pour faire opérer la radiation de la saisie. Toutes ces formalités exigent souvent de un à deux ans. Pendant cet intervalle, l'acquéreur a consigné le prix pour ne pas avoir à en payer les intérêts, de sorte que ce n'est qu'après avoir perdu beaucoup de temps et d'argent, que le vendeur se trouve en mesure de pouvoir toucher son prix.

« Ces saisies immobilières transcrites et abandonnées n'ont aucune raison d'être, et leur existence occasionne, comme on l'a dit, une entrave considérable dans les affaires et des procès longs et coûteux. La commission vous propose de les déclarer périmées et caduques.

« Seront-elles soumises, comme le demandent les auteurs de la proposition, à la péremption décennale, à l'instar des inscriptions hypothécaires? Deux objections ont été formulées contre ce délai. Pour les uns, il est excessif et devrait être sensiblement réduit. Mais il faut considérer, d'une part, que les incidents sur saisie immobilière peuvent amener une longue procédure; d'autre part, que l'acquéreur, impatient, pourra abréger le délai en renonçant au bénéfice de la loi projetée et en se résignant à un procès en radiation de saisie; et enfin que le délai de dix ans est un délai pour ainsi dire usuel, déjà consacré par diverses prescriptions, notamment par celle qui frappe les inscriptions d'hypothèque, matière si analogue à celle qui nous occupe.

« Pour d'autres, un délai fatal ne saurait être édicté. On fait remarquer que la procédure en saisie immobilière peut durer plus de dix ans et que la prescription ne court pas pendant la durée des litiges. Cette objection, fondée en théorie, doit céder devant la réalité des faits. Il paraît impossible que des incidents sur saisie immobilière puissent se prolonger au delà de dix ans; la modification que nous vous proposons sera, du reste, un stimulant qui fera cesser des lenteurs peut-être calculées. C'est une véritable forclusion que nous demandons, dans l'intérêt de la propriété immobilière, contre des créanciers négligents.

« Par ailleurs, on ne peut condamner les conservateurs des hypothèques à suivre les phases d'un procès en vue de leur responsabilité si délicate, si fréquente et si grave. Il leur faut un délai fatal, il faut que, par la simple comparaison de deux dates, ils puissent s'assurer que leur responsabilité est à couvert comme cela se fait en matière d'inscription. Hors de là, nous ne ferions rien de pratique et tous les avantages de la proposition de loi disparaîtraient.

« Quel sera le point de départ de la péremption décennale? Sera-ce la date de la transcription de la saisie ou celle de la mention de la dernière des dénonciations du cahier des charges aux créanciers inscrits? On a fait remarquer que les créanciers ne connaissant la saisie que par la dénonciation du cahier des charges, il serait juridique de ne faire courir la prescription qu'à compter du jour de cette dénonciation. Mais on a répondu que les créanciers trouveront dans la dénonciation la date de la transcription de la saisie et seront ainsi avertis du moment où commence la prescription. Par ailleurs, le délai de la nouvelle péremption, déjà très long, se trouverait encore augmenté. Aussi la majorité de la commission a-t-elle été d'avis que la prescription devra partir du jour de la transcription de la saisie.

« La commission s'est demandé ensuite s'il n'y avait point lieu de compléter la proposition de la loi en ce qui concerne les saisies immobilières transcrites suivies d'adjudication. On a objecté contre cette extension que la transcription des saisies qui ont produit leur effet par la vente judiciaire ne gêne en rien, entre les mains de l'adjudicataire, l'aliénation de l'immeuble qui en était frappé, à la condition par lui d'avoir payé son prix. Cette transcription est une formalité substantielle de la saisie et il semble inutile, sinon imprudent de la radier; ce serait atteindre l'adjudication par sa base, car, s'il n'y a plus de transcription, il n'y a plus de saisie. C'est pourquoi, dans la pratique notariale, on ne se préoccupe point des mentions délivrées par les conservateurs des transcriptions de saisies suivies d'adjudication; mais le nouvel acquéreur exige avec raison la justification de paiement du prix d'adjudication; alors même que l'inscription prise d'office au profit du saisi serait périmée, il ne peut laisser derrière lui une action en folle enchère, subsistant indépendamment du privilège et de l'action résolutoire que l'inscription d'office avait pour objet de conserver.

« Ces considérations n'ont pas arrêté votre commission. Quand la saisie est suivie d'adjudication ou de vente volontaire après conversion, l'adjudicataire puise ses droits de propriété et son titre dans le jugement d'adjudication, l'acquéreur dans son contrat de vente. Il ne s'agit pas, d'ailleurs, de toucher aux saisies, ni même de faire disparaître leur transcription, mais d'empêcher leurs mentions de se perpétuer, au dam des acquéreurs qu'elles troublent et inquiètent.

« On a vu, on voit tous les jours des conservateurs, avec leur prudence proverbiale, délivrer mention des transcriptions de saisies, alors même que le juge-commissaire à l'ordre a ordonné la radiation de toutes les inscriptions hypothécaires. Cette coutume peut paraître exagérée; mais elle est sage devant le silence de la loi qui n'a point expressément autorisé le juge-commissaire à faire radier les transcriptions de saisies. Ajoutons enfin que, dans la pratique, on n'a pas encore cessé de se préoccuper de ces transcriptions de saisies suivies d'adjudication, et qu'il existe encore quelques divergences.

« C'est pour faire disparaître ces divergences et pour assurer entièrement la tranquillité des acquéreurs, que la commission vous propose de décider que les transcriptions des saisies suivies d'adjudication cesseront de plein droit de recevoir effet à compter du jour de la transcription du jugement d'adjudication. Pour y parvenir, mention serait faite de la transcription de ce jugement en marge de celle de la saisie, et à compter du jour de cette mention, le conservateur ne pourrait plus délivrer la transcription de la saisie.

« En terminant, la commission s'est préoccupée d'une question de forme. Au lieu de faire une loi spéciale de la proposition qu'elle vous présente, elle croit préférable et vous demande de la rattacher aux dispositions du Code de proc. civ. qui régissent la matière en les complétant par les modifications suivantes :

PROPOSITION DE LOI.

« Article unique. — L'article 693 du Cod. de proc. civ. est et demeure modifié ainsi qu'il suit :

« 693. Mention de la notification prescrite par les deux articles précédents sera faite dans les huit jours de la date du dernier exploit de notification, en marge de la transcription de la saisie au bureau des hypothèques.

« Du jour de cette mention, la saisie ne pourra plus être rayée que du consentement des créanciers inscrits ou en vertu de jugements rendus contre eux.

« Toutefois les saisies immobilières transcrites et non suivies d'adjudication seront nulles et de nul effet et périmées de plein droit après un délai de dix ans à partir de leur transcription.

« Quant aux saisies suivies d'adjudication ou de vente après conversion, leur transcription cessera de plein droit de recevoir effet à compter du jour de la transcription du jugement d'adjudication ou du procès-verbal de vente, au cas de conversion de la saisie et renvoi devant notaire.

« Par suite, mention sera faite, en marge de la transcription de la saisie, de celle de l'acte translatif de propriété.

« A compter soit de cette mention, soit du délai de dix ans ci-dessus fixé, le conservateur ne pourra plus délivrer les transcriptions des saisies, à moins qu'il n'en soit requis formellement. »

3. En comparant le texte de la proposition de loi de MM. Loustalot et

Bernier, d'une part, avec le texte de la proposition de la commission de la Chambre des députés, et, d'autre part, avec le texte voté par le parlement, on remarque : 1° Que la proposition primitive a été rattachée à l'art. 693, Cod. proc. civ., dont la loi nouvelle devient un complément ; — 2° que le premier paragraphe de l'article unique de cette même proposition a subi un changement de rédaction destiné à établir clairement que la péremption décennale de la saisie immobilière transcrite n'a lieu qu'autant que, dans les dix ans de la transcription, il n'est pas intervenu une adjudication mentionnée en marge de celle-ci ; — 3° que le Parlement a rejeté les dispositions que la commission de la Chambre des députés avait ajoutées à la proposition originaire au sujet des saisies suivies d'adjudication ou de vente après conversion.

FIN DU TROISIÈME VOLUME.

Paris. — Imprimerie BAUDOIN, rue Christine, 2.

Paris.—Imprimerie L. BAUDOIN et Cie, rue Christine, 2.

CODE CIVIL ANNOTÉ

www.ingramcontent.com/pod-product-compliance
Lightning Source LLC
LaVergne TN
LVHW020951300926
849160LV00007B/119